NUEVO MISAL
del
VATICANO II

NUEVO MISAL
DEL
VATICANO II

prologado por
Marcelo González Martín
Cardenal Arzobispo de Toledo, Primado de España
Presidente de la Comisión Episcopal Española de Liturgia

presentado por
Jaime Sancho
Profesor de Liturgia de la Facultad de Teología
San Vicente Ferrer de Valencia

Gabriel Ramis
Profesor de Liturgia de la Facultad de Teología de Santiago de
Compostela y del Instituto de Teología de Palma de Mallorca

(2ª Edición)

Editorial   Ediciones
Desclée de Brouwer   Mensajero

Han preparado esta edición
Luis Manuel de la Encina, S.I. y Angel Ríos, S.I.

Han colaborado
Pedro María Iraolagoitia, S.I. y Félix Movilla, S.I.

Imprimi potest:
Josephus Aloysius Cincunegui, S.I.
Praep. Prov. Loyola

Nihil obstat:
Aloysius Emmanuel de la Encina, S.I.
Censor Eccles.

Imprimatur:
† Ludovicus María, Episcopus Flaviobrigensis

© Textos oficiales aprobados por la Conferencia Episcopal
Española

© Ediciones Mensajero, S.A. Sancho de Azpeitia, 2
48014 BILBAO
I.S.B.N.: 84-271-1577-6

© Editorial Desclée de Brouwer. Henao, 6
48009 BILBAO
I.S.B.N.: 84-330-0777-7

Depósito legal: M. 43.246-1991

Printed in Spain

Impreso por: Impresos y Revistas, S. A. (IMPRESA). GETAFE (Madrid)

SUMARIO

PROLOGO

Coincidiendo prácticamente con la publicación de la segunda edición oficial del Ordinario de la Misa y del Misal Romano, reformados según los decretos del Concilio Vaticano II y promulgados por el Papa Pablo VI, recibo la invitación de las Editoriales Mensajero y Desclée de Brouwer, a través de los liturgistas Jaime Sancho y Gabriel Ramis, autores de las introducciones y comentarios, para prologar este NUEVO MISAL DEL VATICANO II, digno sucesor del anterior MISAL DEL VATICANO II, presentado por el prestigioso Pedro Jounel y publicado asimismo por ambas editoriales.

Me alegro mucho como Obispo, y de modo particular como Presidente de la Comisión Episcopal de Liturgia en España, de poder comprobar la riqueza de publicaciones, como la de este misal de los fieles, que ayudarán a vivir, de manera más profunda, la Eucaristía, centro y culmen de toda la vida de la Iglesia *(Sacrosanctum Concilium, 10). Sean bienvenidas todas aquellas obras que, teniendo como meta fomentar la vida cristiana, alimentada con la liturgia de la Iglesia, faciliten a los fieles, mediante diversas ediciones, la necesaria y deseada formación.*

La función, en concreto, de los misales manuales como el presente, sea para facilitar la labor pastoral de los sacerdotes como para fomentar la piedad de los fieles y los trabajos de los equipos pastorales de liturgia, es digna de ser tenida en cuenta y valorarla en su justo término. Porque, como decía el Cardenal Arturo Tabera, de feliz memoria, entonces «Prefecto de la Sagrada Congregación para el Culto Divino», en el prólogo del primer MISAL DEL VATICANO II, y refiriéndose al seglar: «El Misalito le ofrece un conjunto de lecturas y de oraciones, acompañadas de comentarios que, fuera de la celebración eucarística, pueden alimentar sus reflexiones personales y su diálogo con el Señor. Le da ocasión, también, de preparar cuidadosamente su participación litúrgica, y de sacar de ella un fruto continuado y duradero. Podrá ser el vademecum que puede servirle en la Iglesia y en casa, para participar en la Santa Misa y para prolongar la misma a lo largo del día.»

Este NUEVO MISAL DEL VATICANO II, en un solo tomo, sorprende por su fácil manejo. Su estructura está claramente definida y conduce a una utilización precisa, aún para aquellos fieles no excesivamente familiarizados con el uso del misal. Tanto el Sumario de las primeras páginas, como el detallado Indice de las últimas, favorecen una localización rápida de los textos litúrgicos buscados. Además cada domingo y fiesta importante van precedidos de introducciones concisas y claras que ayudan a comprender el sentido de los textos, especialmente de las lecturas, establecidas por la Iglesia en tres sabias programaciones a lo largo de los tres ciclos litúrgicos (A, B y C) de los domingos y fiestas, así como la vertebración de los días comunes en dos grandes grupos de lecturas (años pares e impares). De este modo, el misal manual que presentamos desea ser una pequeña «Guía del leccionario», de gran utilidad para preparar las homilías y las mismas celebraciones por los sacerdotes y los equipos de liturgia sin perder de vista el orden bíblico, teológico y pastoral con el que la Iglesia ha distribuido las lecturas en el Leccionario.

De igual modo hay que hacer mención de las introducciones al santoral litúrgico, que nos enmarcan histórica y vivencialmente a esos hombres y mujeres preclaros quienes, desde el Calendario Romano y de los propios de las Iglesias locales, se nos presentan como intercesores y testigos del Dios Vivo.

Al tratarse de un solo tomo, por razones prácticas, las introducciones son necesariamente muy breves. También se ha logrado que las oraciones de cada misa enmarquen todas las lecturas previstas para cada día en los diferentes ciclos, evitando la dispersión de los textos.

Encuentro muy útil toda la parte final de este NUEVO MISAL DEL VATICANO II, en la que se recogen los diversos sacramentos con una selección de los textos litúrgicos de cada uno, así como la novedad de incluir algunas bendiciones extraídas del nuevo Bendicional, con las variantes y circunstancias en las que un seglar puede impartirlas.

Y, por último, los completos Indices Bíblicos que nos remiten a las diferentes páginas donde se hallan los textos que, en determinadas circunstancias, queremos utilizar.

Es, pues, una obra que sin pretender, por supuesto, sustituir a los leccionarios, los rituales o al libro de altar oficiales, sí ayuda, en la medida de su recta utilización, a fomentar la piedad cristiana por un lado, y también a la tarea pastoral de los sacerdotes en aquellos momentos en que, fuera del templo, tengan celebraciones para grupos particulares.

En la presentación, que recoge este misal, del Nuevo Ordinario de la Misa, subrayo la satisfacción de poder contar ya con un texto enriquecido y único para todos los países de habla española. Son casi trescientos millones de católicos los que rezarán un mismo Credo y un mismo Padre Nuestro, así como las mismas Plegarias Eucarísticas. Este misal, que recoge también el santoral propio de América Latina, nos ayudará a «situarnos en unidad de fe y de palabra (a quienes) hablamos el mismo idioma, gozosos no sólo de haber podido conservar lo que la Santa Iglesia nos enseñó a creer, sino de poder expresarlo con idénticas locuciones como señal elocuente de que la unidad de texto entre las naciones de la misma lengua respeta la naturaleza inmutable de la fe y hace comprender a los fieles, de un solo golpe y mejor que mil discursos, la importancia de lo que se celebra y se proclama».

Por medio de Santa María Virgen, Madre de la Iglesia, pido al Señor que este misal sirva para fomentar las virtudes cristianas de todos aquellos que, con la Eucaristía como centro de su vida, deseen crecer en el conocimiento y estima del Dios del amor.

Toledo, 26 de marzo de 1989, Domingo de la Resurrección del Señor.

✠ **MARCELO GONZALEZ MARTIN**
Cardenal Arzobispo de Toledo
Primado de España
Presidente de la Comisión
Episcopal Española de Liturgia

INTRODUCCION

La finalidad de la reforma litúrgica promovida por el Concilio Vaticano II, no es una reforma de talante arqueológico o historicista, sino que es un cambio eminentemente pastoral: que el pueblo pueda participar *plena, activa y conscientemente* en las celebraciones litúrgicas (SC n.º 14).

Precisamente por esto es necesaria la reforma, porque a lo largo de los siglos se han ido introduciendo en las celebraciones litúrgicas elementos que no son apropiados o no responden bien a la naturaleza de la liturgia (cf. SC 21).

La Eucaristía es el sacramento del sacrificio de Cristo, de donde mana toda la salvación en la Iglesia. La Eucaristía es el ápice de todo el organismo sacramental, por medio del cual se hace presente la obra de nuestra redención. Es lógico, por tanto, que la celebración de la Eucaristía fuera objeto de revisión y modificaciones, para que la Iglesia que la celebra lograra una plena, consciente y activa participación en ella (cf. SC n.º 49).

El Concilio de Trento ya promovió la reforma litúrgica, y concretamente la de la misa, que cristalizó en el Misal Romano, promulgado por el papa San Pío V en el año 1570. También el Concilio Vaticano II ha afrontado la reforma de la misa, que se ha hecho realidad en el Misal Romano, promulgado por el papa Pablo VI el día del Jueves Santo, día 26 de marzo de 1970.

La reforma conciliar de la misa ha pasado por distintas etapas. A la edición del Misal Romano del año 1970, sucedió otra, promulgada por el mismo papa Pablo VI el día del Jueves Santo, día 27 de marzo del año 1975, en la que se tuvieron en cuenta los documentos de la reforma litúrgica publicados entre estas dos fechas, y que tenían relación explícita con la celebración de la misa, como son *Ministeria quaedam* y *Ad pascendum,* promulgados el 15 de agosto de 1972. Además, esta nueva edición del Misal Romano se enriqueció con nuevos formularios de misas rituales y votivas.

A las cuatro plegarias eucarísticas del Misal Romano se añaden, posteriormente con la debida autorización de la Santa Sede y para aquellas naciones que lo habían pedido, nuevas plegarias eucarísticas: las de las misas con niños, las de la reconciliación y otras.

Finalmente, en el año 1986, se elaboró el texto unificado del Ordinario de la Misa y de las plegarias eucarísticas, de común acuerdo con todas las Conferencias Episcopales de habla castellana; el texto fue aprobado en 1987.

La reforma de la misa promovida por el Concilio Vaticano II se ha llevado a cabo según estos principios:

— Reforma del Ordinario, para que, resultando más clara cada una de las partes y su mutua conexión, facilitara una más plena participación (cf. SC n.º 50).

— Mayor riqueza bíblica en el leccionario de la misa. Frente a un uso relativamente restringido de la Sgda. Escritura en los antiguos leccionarios romanos, el nuevo leccionario aporta una innovación, que redunda en un mayor conocimiento de la Escritura por parte de los fieles (cf. Sc. n.º 51).

— Se ha insistido en la práctica de la homilía (que no puede omitirse en los domingos y fiestas de precepto), y en la oración de los fieles. Estos elementos de la celebración eucarística, caídos en desuso, han sido reactualizados por la reforma conciliar. El primero, la homilía, instruye al pueblo fiel en los misterios de la fe y normas de vida cristiana; en el segundo, la oración de los fieles, la asamblea celebrante ejerce su sacerdocio común, intercediendo ante Dios por las necesidades del mundo y de la Iglesia (cf. SC n.º 52-53).

— Si la comunidad celebrante tiene que participar plena, activa y conscientemente en la celebración eucarística, es lógico que deba comprender la proclamación de la Palabra de Dios, los textos litúrgicos y los cantos que salen de su boca. Por esto, la reforma conciliar, aunque en ciertas circunstancias no descarte el latín, prevé el uso de las lenguas vulgares (cf. SC n.º 36. 54).

— El Señor instituyó la eucaristía con los elementos del pan y del vino, en el transcurso de una cena pascual. Aunque, comulgando solamente con la especie de pan, se reciba totalmente a Cristo y sus efectos de salvación, no obstante, para subrayar su plena capacidad de significado sacramental, se permite en ciertas circunstancias la participación en el cáliz (cf. SC n.º 55).

— Finalmente se ha restaurado la concelebración, en la cual se manifiesta la unidad del sacerdocio jerárquico (cf. SC n.º 57).

Ahora bien, la nueva celebración de la Eucaristía tiene que ser considerada dentro de la reforma del Año Litúrgico. En la celebración de la Eucaristía y de los Sacramentos se actualiza el único misterio pascual de Cristo, aunque bajo aspectos diversos. Estas celebraciones tienen lugar en el decurso del tiempo, que para los fieles es tiempo de salvación. El Año Litúrgico no es un recuerdo inerte del pasado, sino que es el mismo Cristo que vive en sus misterios, celebrados en la Iglesia (cf. *Mediator Dei:* AAS

39 (1947) 580). Al poner de relieve que el misterio pascual de Cristo ocupa el centro en el decurso del Año Litúrgico, la reforma conciliar resitúa y enaltece la celebración de la Eucaristía.

El nuevo Año Litúrgico tiene como bases fundamentales el domingo y el triduo pascual; la pascua semanal y la pascua anual (cf. SC 102. 106).

El domingo es el día de la Eucaristía por excelencia, porque es el día primero de la semana, el día de la resurrección, el día de las apariciones del Resucitado, cuando los Apóstoles lo reconocieron en la exposición de las Escrituras y en la fracción del pan (Lc 24, 31-35).

Por esto, la comunidad cristiana se reúne para escuchar la Palabra, para la fracción del pan, recordando la muerte y resurrección del Señor, y reconociéndolo presente en la celebración (cf. SC n.º 106).

La celebración dominical de la eucaristía debe ser fundamental para el cristiano, como lo fue para los mártires de Abitene (Africa), que, en el proceso civil que los llevaría al martirio, respondieron que ellos no podían pasar sin celebrar el día del Señor.

Muy pronto, a la celebración semanal de la Pascua, se unió la celebración de la Pascua anual, el domingo por excelencia, que poco a poco se fue concretando en el triduo de la pasión, muerte y sepultura del Señor.

En torno a este misterio de la Pascua del Señor, celebrada semanal y anualmente, se desarrolla el Año Litúrgico, al que progresivamente se ha ido añadiendo la celebración de otros misterios del Señor, como la Navidad y la Epifanía, además de las memorias de los Santos y de la Virgen María.

La celebración de la eucaristía, actualización en el tiempo de la Pascua de Cristo, es participada y asimilada por la Iglesia, por cada uno de los cristianos, hasta que El vuelva, y definitivamente nos siente en el banquete de la Pascua eterna.

TABLA DE LOS DÍAS LITÚRGICOS

dispuesta según el orden de precedencia

I

1. Triduo pascual de la Pasión y Resurrección del Señor.
2. Natividad del Señor, Epifanía, Ascensión y Pentecostés.
    Domingos de Adviento, Cuaresma y Pascua.
    Miércoles de Ceniza.
    Semana Santa, desde el lunes al jueves, inclusive.
    Días de la octava de Pascua.
3. Solemnidades del Señor, de la Santísima Virgen María y de los Santos, inscritas en el Calendario general.
    Conmemoración de todos los fieles difuntos.
4. Solemnidades propias, a saber:

    a) Solemnidad del Patrono principal del lugar, sea pueblo o ciudad.

    b) Solemnidad de la Dedicación y aniversario de la Dedicación de la iglesia propia.

    c) Solemnidad del Título de la iglesia propia.

    d) Solemnidad: o del Título,
    o del Fundador,
    o del Patrono principal de la Orden o Congregación.

II

5. Fiestas del Señor inscritas en el Calendario general.
6. Domingos del tiempo de Navidad y del tiempo ordinario.
7. Fiestas de la Santísima Virgen María y de los Santos, inscritas en el Calendario general.
8. Fiestas propias, a saber:

    a) Fiesta del Patrono principal de la diócesis.

    b) Fiesta del aniversario de la Dedicación de la iglesia catedral.

c) Fiesta del Patrono principal de la región o provincia, de la nación, de un territorio más extenso.

d) Fiesta o del Título, o del Fundador, o del Patrono principal de la Orden o Congregación y de la provincia religiosa, quedando a salvo lo prescrito en el n. 4.

e) Otras fiestas propias de alguna iglesia.

f) Otras fiestas inscritas en el Calendario de cada diócesis o de cada Orden o Congregación.

9. Las ferias de Adviento desde el día 17 al 24 de diciembre inclusive.
   Días de la octava de Navidad.
   Las ferias de Cuaresma.

III

10. Memorias obligatorias inscritas en el Calendario general.

11. Memorias obligatorias propias, a saber:

    a) Memorias del Patrono secundario del lugar, de la diócesis, de la región o provincia, de la nación, de un territorio más extenso, de la Orden o Congregación y de la provincia religiosa.

    b) Otras memorias obligatorias inscritas en el Calendario de cada diócesis, o de cada Orden o Congregación.

12. Memorias libres, que aun en los días señalados en el n. 9 se pueden celebrar, pero según el modo peculiar descrito en las Ordenaciones generales del Misal Romano y de la Liturgia de las Horas.

    De la misma manera se pueden celebrar como memorias libres las memorias obligatorias que accidentalmente caigan en las ferias de Cuaresma.

13. Ferias de Adviento hasta el día 16 de diciembre, inclusive.

    Ferias del tiempo de Navidad desde el día 2 de enero al sábado después de Epifanía.

    Ferias del tiempo pascual desde el lunes después de la octava de Pascua hasta el sábado antes de Pentecostés, inclusive.

    Ferias del tiempo ordinario.

[35]

9.º Fiesta del Patrono: prédica de la mañana o prédica en la función de la tarde en la iglesia.

10. Flores e del Fruto o del Pecador o del Preso o similares de Oficio o Congregaciones o de la presencia publica, exaltacion o el lo persona [...]

11.º Oraciones sociales de algun tribunal.

12. Otra buena muerte en el Cementerio o conmoración o calamidad o tempestad.

13. Canto nuevo y advierto desde el dia 17.º 25.º de diciembre inclusive.

14. Panegírico en voz de [...]ados.

Las Misas de Cuaresma:

10

10. Memorias obligatorias particulares en el Clausura general.

11. Memoria obligatoria propia o tabla.

a) Del propio del Parroco secundaria declarante de la liturgia de la funcion o congregacion de la nacion de su territorio mas Chilena de la Orden y Congregacion y de la provincia religiosa.

b) Otra memoria obligatoria [...]itas dirigida a cada [...] de cada Orden o Congregacion.

12. Memorias libres que son las señaladas en que se encuentran escritas por segun el modo recordar al rito en las Constituciones y rito del Misal Romano de la liturgia de las Horas.

Para la misma memoria e especie ordinaria como memorias libres las memorias obligatorias que [...]dinariamente a [...] letra de [...] la misa.

13a. Fiesta de Antífona Imac o fin [...] de dedicacion propuesto.

Para el tiempo de navidad [...]dad mar[...] de obrero el estado de [...] de Epifanía.

Para el tiempo pascual: Desde El lunes despues de la octava de Pascua hasta el sabado de Pentecostes inclusive.

Para el tiempo ordinario.

CALENDARIO ROMANO GENERAL
y calendario propio de España y de América Latina

ENERO

1 Octava de la Natividad del Señor:
SOLEMNIDAD DE SANTA MARÍA, MADRE DE
DIOS   Solemnidad
2 San Basilio Magno y san Gregorio Nacianceno,
obispos y doctores de la Iglesia   Memoria
3
4
5
6 LA EPIFANIA DEL SEÑOR   Solemnidad
7 *San Raimundo de Peñafort, presbítero* (*)
8
9 *San Eulogio de Córdoba, presbítero y mártir*
10
11
12
13 *San Hilario, obispo y doctor de la Iglesia*
14
15
16
17 San Antonio, abad   Memoria
18
19
20 *San Fructuoso, obispo y mártir, y sus diáconos,*
santos Augurio y Eulogio, mártires
San Fabián, papa y mártir
San Sebastián, mártir
21 Santa Inés, virgen y mártir   Memoria
22 San Vicente, diácono y mártir   Memoria

23 *San Ildefonso, obispo*
24 San Francisco de Sales, obispo y doctor de la
      Iglesia   Memoria
25 LA CONVERSIÓN DEL APÓSTOL SAN PABLO   Fiesta
26 San Timoteo y san Tito, obispos   Memoria
27 *Santa Angela de Mérici, virgen*
28 Santo Tomás de Aquino, presbítero y doctor
      de la Iglesia   Memoria
29
30
31 San Juan Bosco, presbítero   Memoria

Domingo después del 6 de enero: EL BAUTISMO
DEL SEÑOR   Fiesta

        En España y América Latina (**):

  9 E S. Eulogio de Córdoba, presbítero y
        mártir
20 E Stos. Fructuoso, obispo y sus diáconos
        Eulogio y Augurio, mártires
23 E S. Ildefonso, obispo

(*) Cuando no se indica el grado de la celebración, es Memoria libre.
(**) Abreviaturas:
E = España. AL = América Latina.

                        FEBRERO

 1
 2 LA PRESENTACIÓN DEL SEÑOR   Fiesta
 3 *San Blas, obispo y mártir*
    San Oscar, obispo
 4
 5 Santa Agueda, virgen y mártir   Memoria
 6 San Pablo Miki y compañeros, mártires   Memoria

7
8 *San Jerónimo Emiliani*
9
10 Santa Escolástica, virgen   Memoria
11 *Nuestra Señora de Lourdes*
12
13
14 SAN CIRILO, MONJE, Y SAN METODIO,
    OBISPO, PATRONOS DE EUROPA   Fiesta
15
16
17 *Los siete santos Fundadores de la Orden de los*
    Siervos de la Virgen María
18
19
20
21 *San Pedro Damiani, obispo y doctor de la Iglesia*
22 LA CÁTEDRA DEL APÓSTOL SAN PEDRO   Fiesta
23 San Policarpo, obispo y mártir   Memoria
24
25
26
27
28

MARZO

1
2
3
4 *San Casimiro*   Memoria
5
6
7 Santa Perpetua y santa Felicidad, mártires   Memoria

8 *San Juan de Dios, religioso*
9 *Santa Francisca Romana, religiosa*
10
11
12
13
14
15
16
17 *San Patricio, obispo*
18 *San Cirilo de Jerusalén, obispo y doctor de la
     Iglesia*
19 SAN JOSÉ, ESPOSO DE LA VIRGEN MARIA   Solemnidad
20
21
22
23 *Santo Toribio de Mogrovejo, obispo*
24
25 LA ANUNCIACION DEL SEÑOR   Solemnidad
26
27
28
29
30
31

En España y América Latina:

23 AL STO. TORIBIO DE MOGROVEJO, OBISPO   Fiesta

ABRIL

1
2 *San Francisco de Paula, ermitaño*
3

4
5 *San Vicente Ferrer, presbítero*
6
7 San Juan Bautista de la Salle, presbítero   Memoria
8
9
10
11 San Estanislao, obispo y mártir   Memoria
12
13 *San Martín I, papa y mártir*
   San Hermenegildo, mártir
14
15
16
17
18
19
20
21 *San Anselmo, obispo y doctor de la Iglesia*
22
23 *San Jorge, mártir*
24 *San Fidel de Sigmaringa, presbítero y mártir*
25 SAN MARCOS, EVANGELISTA   Fiesta
26 SAN ISIDORO, OBISPO Y DOCTOR DE LA
   IGLESIA   Fiesta
27
28 *San Pedro Chanel, presbítero y mártir*
29 Santa Catalina de Siena, virgen y doctora de
   la Iglesia   Memoria
30 *San Pío V, papa*

En España y América Latina:

4 AL S. Isidoro, obispo y doctor de la Iglesia
13 E S. Hermenegildo, mártir

26 E S. ISIDORO, OBISPO Y DOCTOR DE LA
        IGLESIA   Fiesta

MAYO

1   *San José, obrero*
2   San Atanasio, obispo y doctor de la Iglesia   Memoria
3   SAN FELIPE Y SANTIAGO, APÓSTOLES   Fiesta
4
5
6
7
8
9
10 San Juan de Avila, presbítero   Memoria
11
12 *San Nereo y san Aquiles, mártires*
    San Pancracio, mártir
13
14 SAN MATÍAS, APÓSTOL   Fiesta
15 San Isidro, labrador   Memoria
16
17 *San Pascual Bailón, religioso*
18 *San Juan I, papa y mártir*
19
20 *San Bernardino de Siena, presbítero*
21
22 *Santa Joaquina Vedruna, religiosa*
23
24
25 *San Beda el Venerable, presbítero y doctor de la*
       Iglesia
    San Gregorio VII, papa
    Santa María Magdalena de Pazzi, virgen
26 San Felipe Neri, presbítero   Memoria

27 *San Agustín de Cantorbery, obispo*
28
29
30 *San Fernando*
31 LA VISITACIÓN DE LA VIRGEN MARÍA   Fiesta

Jueves después de Pentecostés: JESUCRISTO, SUMO Y
ETERNO SACERDOTE   Fiesta
Domingo después de Pentecostés: LA SANTÍSIMA
TRINIDAD   Solemnidad
Jueves después de la Santísima Trinidad: EL
SANTÍSIMO CUERPO Y SANGRE DE CRISTO   Solemnidad

En España y América Latina:

3   AL   EXALTACION DE LA SANTA CRUZ   Fiesta
10   E   S. Juan de Avila, presbítero   Memoria
15   E   S. Isidro, labrador   Memoria
17   E   S. Pascual Bailón, religioso
22   E   Sta. Joaquina Vedruna, religiosa
26   AL   Sta. Mariana de Jesús Paredes y Flores,
     virgen   Memoria
30   E   S. Fernando

JUNIO

1 San Justino, mártir   Memoria
2 *San Marcelino y san Pedro, mártires*
3 San Carlos Luanga y compañeros, mártires   Memoria
4
5 San Bonifacio, obispo y mártir   Memoria
6 *San Norberto, obispo*
7
8

9	*San Efrén, diácono y doctor de la Iglesia*	
10		
11	San Bernabé, apóstol	Memoria
12		
13	San Antonio de Padua, presbítero y doctor de la Iglesia	Memoria
14		
15	*Santa María Micaela del Santísimo Sacramento, virgen*	
16		
17		
18		
19	*San Romualdo, abad*	
20		
21	San Luis Gonzaga, religioso	Memoria
22	*San Paulino de Nola, obispo*	
	San Juan Fisher, obispo, y santo Tomás Moro, mártires	
23		
24	La Natividad de San Juan Bautista	Solemnidad
25		
26	*San Pelayo, mártir*	
27	*San Cirilo de Alejandría, obispo y doctor de la Iglesia*	
28	San Ireneo, obispo y mártir	Memoria
29	San Pedro y San Pablo, Apóstoles	Solemnidad
30	*Santos Protomártires de la santa Iglesia Romana*	

Viernes posterior al II domingo después de Pentecostés:
EL SAGRADO CORAZON DE JESUS   Solemnidad

Sábado posterior al II domingo después de Pentecostés:
El Inmaculado Corazón de la Virgen María

En España y América Latina:

15 E Sta. María Micaela del Smo. Sacramento, virgen

26 E S. Pelayo, mártir

JULIO

1		
2		
3	SANTO TOMÁS, APÓSTOL	Fiesta
4	*Santa Isabel de Portugal*	
5	*San Antonio María Zaccaría, presbítero*	
6	*Santa María Goretti, virgen y mártir*	
7		
8		
9		
10		
*11	SAN BENITO, ABAD, PATRÓN DE EUROPA	Fiesta
12		
13	*San Enrique*	
14	*San Camilo de Lelis, presbítero*	
15	San Buenaventura, obispo y doctor de la Iglesia	Memoria
16	Nuestra Señora del Carmen	Memoria
17		
18		
19		
20		
21	*San Lorenzo de Brindis, presbítero y doctor de la Iglesia*	
22	Santa María Magdalena	Memoria
23	*Santa Brígida, religiosa*	
24		

25 SANTIAGO, APÓSTOL, PATRONO DE ESPAÑA   Solemnidad
26 San Joaquín y santa Ana, padres de la
      Virgen María   Memoria
27
28
29 Santa Marta   Memoria
30 *San Pedro Crisólogo, obispo y doctor de la Iglesia*
31 San Ignacio de Loyola, presbítero   Memoria

   En España y América Latina:

 9 AL NUESTRA SEÑORA DEL ROSARIO DE
        CHIQUINQUIRA   Fiesta
11 AL SAN BENITO, ABAD, PATRÓN DE EUROPA   Memoria
14 AL S. FRANCISCO SOLANO, PRESBÍTERO   Fiesta
16 AL *Nuestra Señora del Carmen*   Solemnidad
28 AL MARÍA, REINA DE LA PAZ   Fiesta

                           AGOSTO

 1 San Alfonso María de Ligorio, obispo y
      doctor de la Iglesia   Memoria
 2 *San Eusebio de Vercelli, obispo*
 3
 4 San Juan María Vianney, presbítero   Memoria
 5 *La Dedicación de la basílica de Santa María*
 6 LA TRANSFIGURACIÓN DEL SEÑOR   Fiesta
 7 *San Sixto II, papa, y compañeros, mártires*
    San Cayetano, presbítero
 8 Santo Domingo de Guzmán, presbítero   Memoria
 9
10 SAN LORENZO, DIÁCONO Y MÁRTIR   Fiesta
11 Santa Clara, virgen   Memoria
12

13 *San Ponciano, papa, y san Hipólito, presbítero,*
    mártires
14 San Maximiliano María Kolbe, presbítero y
    mártir   Memoria
15 LA ASUNCIÓN DE LA VIRGEN MARÍA   Solemnidad
16 *San Esteban de Hungría*
17
18
19 *San Juan Eudes, presbítero*
20 San Bernardo, abad y doctor de la Iglesia   Memoria
21 San Pío X, papa   Memoria
22 Santa María Virgen, Reina   Memoria
23 *Santa Rosa de Lima, virgen*
24 SAN BARTOLOMÉ, APÓSTOL   Fiesta
25 *San Luis de Francia*
    San José de Calasanz, presbítero
26 Santa Teresa de Jesús Jornet e Ibars, virgen,
    patrona de la ancianidad   Memoria
27 Santa Mónica   Memoria
28 San Agustín, obispo y doctor de la Iglesia   Memoria
29 El Martirio de san Juan Bautista   Memoria
30
31

En España y América Latina:

18 AL S. Roque   Memoria
23 AL *Sta. Rosa de Lima, virgen*   Solemnidad

SEPTIEMBRE

1
2
3 San Gregorio Magno, papa y doctor de la
   Iglesia   Memoria

4
5
6
7
8 LA NATIVIDAD DE LA SANTÍSIMA VIRGEN
   MARÍA   Fiesta
9
10
11
12
13 San Juan Crisóstomo, obispo y doctor de la
    Iglesia   Memoria
14 LA EXALTACIÓN DE LA SANTA CRUZ   Fiesta
15 Nuestra Señora, la Virgen de los Dolores   Memoria
16 San Cornelio, papa, y san Cipriano, obispo,
    mártires   Memoria
17 *San Roberto Belarmino, obispo y doctor de la
    Iglesia*
18
19 *San Jenaro, obispo y mártir*
20 San Andrés Kim Taegon, presbítero, y san
    Pablo Chong Hasang y compañeros,
    mártires   Memoria
21 SAN MATEO, APÓSTOL Y EVANGELISTA   Fiesta
22
23
24
25
26 *San Cosme y san Damián, mártires*
27 San Vicente de Paúl, presbítero   Memoria
28 *San Wenceslao, mártir*
    Santos Lorenzo Ruiz y Compañeros, mártires   Memoria
29 SANTOS ARCÁNGELES MIGUEL, GABRIEL Y
    RAFAEL   Fiesta

30 San Jerónimo, presbítero y doctor de la
    Iglesia   Memoria

En España y América Latina:

 9 AL S. Pedro Claver   Memoria
11 AL NUESTRA SEÑORA DE COROMOTO   Fiesta
16 AL Bto. Juan Macías   Memoria
24 AL NUESTRA SEÑORA DE LA MERCED   Fiesta

OCTUBRE

 1 Santa Teresa del Niño Jesús, virgen   Memoria
 2 Santos Angeles Custodios   Memoria
 3 *San Francisco de Borja, presbítero*
 4 San Francisco de Asís   Memoria
 5 TÉMPORAS DE ACCIÓN DE GRACIAS Y DE
    PETICIÓN   (Feria mayor)
 6 *San Bruno, presbítero*
 7 Nuestra Señora, la Virgen del Rosario   Memoria
 8
 9 *San Dionisio, obispo, y compañeros, mártires*
   San Juan Leonardi, presbítero
10 *Santo Tomás de Villanueva, obispo*
11 *Santa Soledad Torres Acosta, virgen*
12 NUESTRA SEÑORA DEL PILAR   Fiesta
13
14 *San Calixto I, papa y mártir*
15 SANTA TERESA DE JESÚS, VIRGEN Y
    DOCTORA DE LA IGLESIA   Fiesta
16 *Santa Eduwigis, religiosa*
   Santa Margarita María de Alacoque, virgen
17 San Ignacio de Antioquía, obispo y mártir   Memoria
18 SAN LUCAS, EVANGELISTA   Fiesta

19   *San Pedro de Alcántara, presbítero*
     San Juan de Brébeuf y san Isaac Jogues,
         presbíteros, y compañeros, mártires
     San Pablo de la Cruz, presbítero
20
21
22
23   *San Juan de Capistrano, presbítero*
24   *San Antonio María Claret, obispo*
25
26
27
28   SAN SIMÓN Y SAN JUDAS, APÓSTOLES   Fiesta
29
30
31
     En España y América Latina:
 3   E   S. Francisco de Borja, presbítero
10   E   Sto. Tomás de Villanueva, obispo
     AL S. LUIS BELTRÁN   Fiesta
11   E   Sta. Soledad Torres Acosta, virgen
12   E-AL Ntra. Señora del Pilar   Fiesta
19   E   S. Pedro de Alcántara, presbítero

NOVIEMBRE

 1   TODOS LOS SANTOS   Solemnidad
 2   CONMEMORACIÓN DE TODOS LOS FIELES
         DIFUNTOS
 3   *San Martín de Porres, religioso*
 4   San Carlos Borromeo, obispo   Memoria
 5
 6
 7
 8
 9   LA DEDICACIÓN DE LA BASÍLICA DE LETRÁN   Fiesta

10 San León Magno, papa y doctor de la Iglesia · Memoria
11 San Martín de Tours, obispo · Memoria
12 San Josafat, obispo y mártir · Memoria
13 *San Leandro, obispo*
14
15 *San Alberto Magno, obispo y doctor de la Iglesia*
16 *Santa Margarita de Escocia*
     Santa Gertrudis, virgen
17 Santa Isabel de Hungría · Memoria
18 *La Dedicación de las basílicas de los apóstoles San Pedro y San Pablo*
19
20
21 La Presentación de la Santísima Virgen · Memoria
22 Santa Cecilia, virgen y mártir · Memoria
23 *San Clemente I, papa y mártir*
     San Columbano, abad
24
25
26
27
28
29
30 SAN ANDRÉS, APÓSTOL · Fiesta

Ultimo domingo del tiempo ordinario: JESUCRISTO, REY DEL UNIVERSO · Solemnidad

En España y América Latina:

 3 AL SAN MARTÍN DE PORRES, RELIGIOSO
13 E S. Leandro, obispo · Solemnidad

DICIEMBRE

1
2
3 San Francisco Javier, presbítero   Memoria
4 *San Juan Damasceno, presbítero y doctor de la Iglesia*
5
6 *San Nicolás, obispo*
7 San Ambrosio, obispo y doctor de la Iglesia   Memoria
8 LA INMACULADA CONCEPCION DE
   SANTA MARIA VIRGEN   Solemnidad
9
10 *Santa Eulalia de Mérida, virgen y mártir*
11 *San Dámaso I, papa*
12 *Santa Juana Francisca de Chantal, religiosa*
13 Santa Lucía, vírgen y mártir   Memoria
14 San Juan de la Cruz, presbítero y doctor de
   la Iglesia   Memoria
15
16
17
18
19
20
21 *San Pedro Canisio, presbítero y doctor de la Iglesia*
22
23 *San Juan de Kety, presbítero*
24
25 NATIVIDAD DEL SEÑOR   Solemnidad
26 SAN ESTEBAN, PROTOMÁRTIR   Fiesta
27 SAN JUAN, APÓSTOL Y EVANGELISTA   Fiesta
28 LOS SANTOS INOCENTES, MÁRTIRES   Fiesta
29 *Santo Tomás Becket, obispo y mártir*

30
31 *San Silvestre I, papa*

Domingo dentro de la octava de Navidad (o, en su
 defecto, el 30 de diciembre): LA SAGRADA
 FAMILIA: JESÚS, MARÍA Y JOSÉ   Fiesta

    En España y América Latina:

10 E Sta. Eulalia, mártir
12 AL NUESTRA SEÑORA DE GUADALUPE   Solemnidad

TABLA TEMPORAL
de las principales celebraciones del año litúrgico

Año	Ciclo	Ceniza	Pascua	Ascensión	Pentecostés	Corpus	Semanas del Tiempo Ordinario				Primer domingo de Adviento	
							antes de Cuaresma		después del T. P.			
							hasta	Sem.	desde	Sem.	Ciclo	Día
1989	C	8 feb.	26 mar.	4 may.	14 may.	25 may.	7 feb.	5	15 may.	6	A	3 dic.
1990	A	28 feb.	15 abr.	24 may.	3 jun.	14 jun.	27 feb.	8	4 jun.	9	B	2 dic.
1991	B	13 feb.	31 mar.	9 may.	19 may.	30 may.	12 feb.	5	20 may.	7	C	1 dic.
1992	C	4 mar.	19 abr.	28 may.	7 jun.	18 jun.	3 mar.	8	8 jun.	10	A	29 nov.
1993	A	24 feb.	11 abr.	20 may.	30 may.	10 jun.	23 feb.	7	31 may.	9	B	28 nov.
1994	B	16 feb.	3 abr.	12 may.	22 may.	2 jun.	15 feb.	6	23 may.	8	C	27 nov.
1995	C	1 mar.	16 abr.	25 may.	4 jun.	15 jun.	28 feb.	8	5 jun.	9	A	3 dic.
1996	A	21 feb.	7 abr.	16 may.	26 may.	6 jun.	20 feb.	7	27 may.	8	B	1 dic.
1997	B	12 feb.	30 mar.	8 may.	18 may.	29 may.	11 feb.	5	19 may.	7	C	30 nov.
1998	C	25 feb.	12 abr.	21 may.	31 may.	11 jun.	24 feb.	7	1 jun.	9	A	29 nov.
1999	A	17 feb.	4 abr.	13 may.	23 may.	3 jun.	16 feb.	6	24 may.	8	B	28 nov.
2000	B	8 mar.	23 abr.	1 jun.	11 jun.	22 jun.	7 mar.	9	12 jun.	10	C	3 dic.
2001	C	28 feb.	15 abr.	24 may.	3 jun.	14 jun.	27 feb.	8	4 jun.	9	A	2 dic.
2002	A	13 feb.	31 mar.	9 may.	19 may.	30 may.	12 feb.	5	20 may.	7	B	1 dic.
2003	B	5 mar.	20 abr.	29 may.	8 jun.	19 jun.	4 mar.	8	9 jun.	10	C	30 nov.
2004	C	25 feb.	11 abr.	20 may.	30 may.	10 jun.	24 feb.	7	31 may.	9	A	28 nov.
2005	A	9 feb.	27 mar.	5 may.	15 may.	26 may.	8 feb.	5	16 may.	7	B	27 nov.
2006	B	1 mar.	16 feb.	25 may.	4 jun.	15 jun.	28 feb.	8	5 jun.	9	C	3 dic.
2007	C	21 feb.	8 abr.	17 may.	27 may.	7 jun.	20 feb.	7	28 may.	8	A	2 dic.
2008	A	6 feb.	23 mar.	1 may.	11 may.	22 may.	5 feb.	4	12 may.	6	B	30 nov.

ABREVIATURAS

Las referencias a las oraciones y lecturas contenidas en las introducciones han hecho necesario el empleo de las siguientes abreviaturas:

Para las oraciones

A1 = Antífona de entrada.
A2 = Antífona de comunión.
01 = Colecta.
02 = Oración sobre las ofrendas.
03 = Oración después de la comunión.
Pr = Prefacio.
PE = Plegaria Eucarística.
Sal = Salmo

Para las lecturas

1 = Primera lectura.
2 = Segunda lectura.
3 = Evangelio.

PROPIO
DEL TIEMPO

TIEMPO DE ADVIENTO

La palabra *Adviento*, «venida», nos habla de un principio, la llegada en la carne de nuestro Salvador, y de un final, la segunda venida del Señor para concluir la historia de la salvación y comenzar esa época definitiva, más allá de nuestra medida del tiempo, en que Dios será todo en todos. Entre estas dos venidas se desarrolla el tiempo de la Iglesia como un constante Adviento de Jesucristo por medio de la acción del Espíritu Santo: llega el Señor a sus fieles a través de su Palabra, se hace presente a su Iglesia para actuar en sus sacramentos, toca a nuestras puertas como hermano necesitado que invoca nuestra solidaridad.

El Señor, pues, vino, viene y vendrá; y la Iglesia, para cultivar las dimensiones morales de vigilancia y acogida ante estas ocasiones de encuentro con Jesucristo, ha ido desarrollando este tiempo litúrgico que en su primera parte corona el Tiempo Ordinario al anunciar la última y definitiva aparición de Cristo al final de los tiempos, y en su segunda parte prepara la conmemoración del nacimiento del Señor.

Las expresiones de esperanza que repetimos continuamente, como «Venga a nosotros tu reino» o «Ven, Señor Jesús», han de ser dichas con mayor énfasis y conciencia en este tiempo de gozosa expectación, de modo que el recuerdo de esta vivencia impregne el resto del año y estimule las actitudes de vigilancia y atención hacia el Señor y el prójimo que son esenciales para la vida cristiana.

LOS DOMINGOS DE ADVIENTO

El Misal Romano publicado después del concilio Vaticano II ha mantenido los cuatro domingos de Adviento tradicionales con un orden de oraciones propio para cada uno de ellos, pero ha enriquecido las lecturas de la Sagrada Escritura con la creación de

Domingos	Ciclos	El profeta	El apóstol	El evangelio
I Viene el Señor	A	Hacia Él confluirán los gentiles.	La noche está avanzada, el día se echa encima.	Velad.
	B	¡Ojalá rasgases el cielo y bajases!	...la manifestación de nuestro Señor.	Velad.
	C	Suscitaré a David un vástago legítimo.	...cuando Jesús nuestro Señor vuelva.	Velad.
II Juan el Precursor	A	Sobre Él se posará el Espíritu del Señor.	Cristo cumplió las promesas hechas.	Preparad el camino del Señor.
	B	Que los valles se levanten.	Esperamos un cielo y una tierra nuevos.	Preparad el camino del Señor.
	C	Dios ha mandado abajarse a todos los montes elevados.	...hasta el día de Cristo Jesús.	Preparad el camino del Señor.
III *Alegraos, han llegado los tiempos mesiánicos*	A	*El desierto se regocijará...* saltará el cojo.	Tened paciencia, hasta la venida del Señor.	Los inválidos andan.
	B	Me ha enviado para dar la buena noticia a los que sufren.	*Estad siempre alegres...* hasta la parusía de nuestro Señor.	En medio de vosotros hay uno que no conocéis.
	C	*Regocíjate, Israel.*	*Estad siempre alegres...* el Señor está cerca.	Viene el que puede más que yo.
IV La encarnación	A	La virgen está encinta y da a luz un hijo.	...nacido de la estirpe de David.	El anuncio a José: así se cumplió el oráculo.
	B	Tu casa durará por siempre...	Revelación del misterio manifestado ahora.	El anuncio a María: el Señor le dará el trono de David, su padre.
	C	...hasta el tiempo en que la madre dé a luz.	Cuando entró en el mundo dijo: Aquí estoy.	La Visitación.

tres ciclos, A, B y C, que incluyen los pasajes que se leían anteriormente, añadiendo otros más que han ampliado las perspectivas del Adviento.

Las primeras lecturas son siempre de los profetas del Antiguo Testamento y forman una cuidada selección de los textos más claros y explícitos acerca del Mesías y del reinado de Dios que aquél debía inaugurar. Los salmos responsariales son efectivamente una respuesta al mensaje profético, como la voz de la Esposa que, junto con el Espíritu, exclama de diferentes maneras el mismo deseo: ¡Ven, Señor! Las lecturas segundas recogen pasajes de las cartas de san Pablo y otros apóstoles, donde se insiste en el cumplimiento de las antiguas profecías acerca del Mesías mediante el nacimiento de Cristo y se prepara a los cristianos para atender vigilantemente, pero con paciencia y alegría, la definitiva aparición del Señor.

Los pasajes del evangelio son los textos que dan mayor personalidad a cada domingo: de la segunda venida o «Parusía», los dos de san Juan Bautista y el domingo de la encarnación o de María. En la introducción a cada domingo se detallarán más los temas de cada conjunto de lecturas.

PRIMER DOMINGO DE ADVIENTO

El Señor viene

Las oraciones y lecturas de este domingo insisten casi exclusivamente en el tema de la «Parusía» o segunda venida del Señor. Las ideas, pues, que dominaron la conclusión del año litúrgico anterior se prolongan en el inicio del siguiente. Sin embargo, las lecturas de los profetas anuncian también la primera venida del Mesías: «Hacia él caminarán las naciones» (1A), «Suscitaré a David un vástago legítimo» (1C), dando respuesta el Padre a la queja y oración más sentida del Antiguo Testamento, «¡Ojalá rasgases el cielo y bajases!» (1B). Las lecturas de san Pablo para los tres ciclos tratan de la firmeza en la fe (B), el amor y santidad (C) y la vigilancia (A) con las que hemos de aguardar la venida del Señor, virtudes que son también la consecuencia práctica de los evangelios de este domingo primero del año litúrgico en el que, como nos dice hoy san Pablo (en la 2.ª lectura A): «Ahora nuestra salvación está más cerca que cuando empezamos a creer». La celebración eucarística tiene una fuerte orientación hacia las realidades últimas, y así en este tiempo de Adviento hay que recibir el sacramento del altar como «prenda» de la salvación y de los bienes eternos (O2, O3), porque la evocación del encuentro definitivo con Cristo como Pastor y Juez nos ha de preparar para ser dignos de figurar entre las ovejas escogidas, «a su derecha» (O1).

ANTIFONA DE ENTRADA

Sal 24, 1-3

A ti, Señor, levanto mi alma: Dios mío, en ti confío; no quede yo defraudado; que no triunfen de mí mis enemigos, pues los que esperan en ti no quedan defraudados.

No se dice «Gloria»

ORACION COLECTA

Dios todopoderoso, aviva en tus fieles, al comenzar el Adviento, el deseo de salir al encuentro de Cristo, acompañados por las buenas obras, para que, colocados un día a su derecha, merezcan poseer el reino eterno. Por nuestro Señor.

ORACION SOBRE LAS OFRENDAS

Acepta, Señor, este pan y este vino, escogidos de entre los bienes que hemos recibido de ti, y concédenos que esta eucaristía, que nos permites celebrar ahora en nuestra vida mortal, sea para nosotros prenda de salvación eterna. Por Jesucristo.

Prefacio de Adviento I, p. 1054 o III, p. 1056.

ANTIFONA DE COMUNION   Sal 84, 13

El Señor nos dará sus bienes y nuestra tierra dará su fruto.

ORACION DESPUES DE LA COMUNION

Señor, que fructifique en nosotros la celebración de estos sacramentos, con los que tú nos enseñas, ya en nuestra vida mortal, a descubrir el valor de los bienes eternos y a poner en ellos nuestro corazón. Por Jesucristo.

Hoy comienza un nuevo ciclo de lecturas que se continúa durante todo el año hasta el próximo Adviento. Ver cuadro de la pág. 4.

CICLO A (Años 1989, 1992, 1995, 1998, 2001, 2004)

PRIMERA LECTURA

El Señor reúne a todos los pueblos en la paz eterna del Reino de Dios

LECTURA DEL LIBRO DE ISAIAS   2, 1-5

Visión de Isaías, hijo de Amós, acerca de Judá y de Jerusalén: Al final de los días estará firme el monte de la casa del Señor, en la cima de los montes, encumbrado sobre las montañas.

Hacia él confluirán los gentiles, caminarán pueblos numerosos. Dirán: Venid, subamos al monte del Señor, a la casa del Dios de Jacob. El nos instruirá en sus caminos y marcharemos por sus sendas; porque de Sión saldrá la ley, de Jerusalén la palabra del Señor. Será el árbitro de las naciones, el juez de pueblos numerosos. De las espadas forjarán arados; de las lanzas, podaderas. No alzará la espada pueblo contra pueblo, no se adiestrarán para la guerra.

Casa de Jacob, ven; caminemos a la luz del Señor.

Palabra de Dios.

SALMO RESPONSORIAL 121

℟ **Qué alegría cuando me dijeron: | «Vamos a la casa del Señor».**

Qué alegría cuando me dijeron: | «Vamos a la casa del Señor.» | Ya están pisando nuestros pies | tus umbrales, Jerusalén. ℟

Allá suben las tribus, | las tribus del Señor. | Según la costumbre de Israel, | a celebrar el nombre del Señor. | En ella están los tribunales de justicia | en el palacio de David. ℟

Desead la paz a Jerusalén: | vivan seguros los que te aman, | haya paz dentro de tus muros, | seguridad en tus palacios. ℟

Por mis hermanos y compañeros | voy a decir: «la paz contigo». | Por la casa del Señor nuestro Dios, | te deseo todo bien. ℟

SEGUNDA LECTURA

Nuestra salvación está cerca

LECTURA DE LA CARTA DEL APOSTOL
SAN PABLO A LOS ROMANOS   13, 11-14

Hermanos:

Daos cuenta del momento en que vivís; ya es hora de espabilarse, porque ahora nuestra salvación está más cerca que cuando empezamos a creer. La noche está avanzada, el día se echa encima: dejemos las actividades de las tinieblas y pertrechémonos con las armas de la luz. Conduzcámonos como en pleno día, con dignidad. Nada de comilonas ni borracheras, nada de lujuria ni desenfreno, nada de riñas ni pendencias. Vestíos del Señor Jesucristo y que el cuidado de nuestro cuerpo no fomente los malos deseos.

Palabra de Dios.

ALELUYA   Sal 84, 8

Muéstranos, Señor, tu misericordia y danos tu salvación.

EVANGELIO

Estad en vela para estar preparados

✠ LECTURA DEL SANTO EVANGELIO
SEGUN SAN MATEO   24, 37-44

En aquel tiempo dijo Jesús a sus discípulos: «Cuando venga el Hijo del Hombre pasará como en tiempo de Noé. Antes del diluvio la gente comía y bebía y se casaba, hasta el día en que Noé entró en el arca; y cuando menos lo esperaban llegó el diluvio y se los llevó a todos; lo mismo sucederá cuando venga el Hijo del Hombre: Dos hombres estarán en el campo: a uno se lo llevarán y a otro lo dejarán; dos mujeres estarán moliendo: a una se la llevarán y a otra la dejarán. Por tanto estad en vela, porque no sabéis qué día vendrá vuestro Señor. Comprended que si supiera el dueño de casa a qué hora de la noche viene el ladrón, estaría en vela y no dejaría abrir un boquete en su casa. Por eso estad también vosotros preparados, porque a la hora que menos penséis viene el Hijo del Hombre».

Palabra del Señor

Se dice «Credo».

CICLO B (Años 1990, 1993, 1996, 1999, 2002, 2005)

¡Oh, si rasgaras los cielos y descendieras!

LECTURA DEL LIBRO DE ISAIAS   63, 16b-17.19b; 64, 2b-7

Tú, Señor, eres nuestro padre, tu nombre de siempre es «Nuestro redentor». Señor, ¿por qué nos extravías de tus caminos y endureces nuestro corazón para que no te tema? Vuélvete por amor a tus siervos y a las tribus de tu heredad. ¡Ojalá rasgases el cielo y bajases, derritiendo los montes con tu presencia! Bajaste y los montes se derritieron con tu presencia. Jamás oído oyó ni ojo vio un Dios, fuera de ti, que hiciera tanto por el que espera en él. Sales al encuentro del que practica la justicia y se acuerda de tus caminos. Estabas airado y nosotros fracasamos: aparta nuestras culpas y seremos salvos. Todos éramos impuros, nuestra justicia era un paño manchado; todos nos marchitábamos como follaje, nuestras culpas nos arrebatan como el viento. Nadie invocaba tu nombre ni se esforzaba por aferrarse a ti; pues nos ocultabas tu rostro y nos entregabas al poder de nuestra culpa. Y, sin embargo, Señor, tú eres nuestro padre, nosotros la arcilla y tú el alfarero; somos todos obra de tu mano.

Palabra de Dios.

SALMO RESPONSORIAL 79

℟ **Oh Dios nuestro, restáuranos, │ que brille tu rostro y nos salve.**

Pastor de Israel, escucha, │ tú que te sientas sobre querubines, resplandece. │ Despierta tu poder y ven a salvarnos. ℟.

Dios de los ejércitos, vuélvete: │ mira desde el cielo, fíjate, │ ven a visitar tu viña, │ la cepa que tu diestra plantó │ y que tú hiciste vigorosa. ℟.

Que tu mano proteja a tu escogido, │ al hombre que tú fortaleciste. │ No nos alejaremos de ti; │ danos vida, para que invoquemos tu nombre. ℟.

SEGUNDA LECTURA

Esperamos la revelación de Nuestro Señor Jesucristo

LECTURA DE LA PRIMERA CARTA DEL
APOSTOL SAN PABLO A LOS CORINTIOS   1, 3-9

Hermanos:

La gracia y la paz de parte de Dios, nuestro Padre, y del Señor Jesucristo sean con vosotros. En mi Acción de Gracias a Dios os tengo siempre presentes, por la gracia que Dios os ha dado en Cristo Jesús. Pues por él habéis sido enriquecidos en todo: en el hablar y en el saber: porque en vosotros se ha probado el testimonio de Cristo. De hecho, no carecéis de ningún don, vosotros que aguardáis la manifestación de nuestro Señor Jesucristo. El os mantendrá firmes hasta el final, para que no tengan de qué acusaros en el tribunal de Jesucristo Señor Nuestro. Dios os llamó a participar en la vida de su Hijo, Jesucristo Señor Nuestro. ¡Y El es fiel!

Palabra de Dios.

ALELUYA   Sal 84, 8

Muéstranos, Señor, tu misericordia y danos tu salvación.

EVANGELIO

Estad alerta, ya que no sabéis cuándo será el tiempo

✠ LECTURA DEL SANTO EVANGELIO
SEGUN SAN MARCOS   13, 33-37

En aquel tiempo dijo Jesús a sus discípulos: «Mirad, vigilad: pues no sabéis cuándo es el momento. Es igual que un hombre que se fue de viaje, y dejó su casa y dio a cada uno de sus criados su tarea, encargando al portero que velara. Velad entonces, pues no sabéis cuándo vendrá el dueño de la casa, si al atardecer, o a medianoche, o al canto del gallo, o al amanecer: no sea que venga inesperadamente y os encuentre dormidos. Lo que os digo a vosotros, lo digo a todos: ¡Velad!»

Palabra del Señor.

Se dice «Credo».

CICLO C (Años 1991, 1994, 1997, 2000, 2003, 2006)

PRIMERA LECTURA

Suscitaré a David un vástago legítimo

LECTURA DEL LIBRO DE JEREMIAS   33, 14-16

«Mirad que llegan días —oráculo del Señor— en que cumpliré la promesa que hice a la casa de Israel y a la casa de Judá. En aquellos días y en aquella hora suscitaré a David un vástago legítimo, que hará justicia y derecho en la tierra. En aquellos días se salvará Judá y en Jerusalén vivirán tranquilos, y la llamarán así: Señor —nuestra— justicia.»

Palabra de Dios.

SALMO RESPONSORIAL 24

℟ **A ti, Señor, levanto mi alma.**

Señor, enséñame tus caminos, | instrúyeme en tus sendas, | haz que camine con lealtad; | enséñame, porque tú eres mi Dios y Salvador. ℟.

El Señor es bueno y recto, | y enseña el camino a los pecadores; | hace caminar a los humildes con rectitud, | enseña su camino a los humildes. ℟.

Las sendas del Señor son misericordia y lealtad, | para los que guardan su alianza y sus mandatos. | El Señor se confía con sus fieles | y les da a conocer su alianza. ℟.

SEGUNDA LECTURA

Que el Señor os fortalezca interiormente, para cuando Jesús vuelva

LECTURA DE LA PRIMERA CARTA DEL APOSTOL S. PABLO A LOS TESALONICENSES 3, 12—4, 2

Hermanos:

Que el Señor os colme y os haga rebosar de amor mutuo y de amor a todos, lo mismo que nosotros os amamos. Y que así os fortalezca internamente; para que, cuando Jesús nuestro Señor vuelva acompañado de todos sus santos, os presentéis santos e irreprensibles ante Dios nuestro Padre. Para terminar, hermanos, por Cristo Jesús os rogamos y exhortamos: Habéis aprendido de nosotros cómo proceder para agradar a Dios: pues proceded así y seguid adelante. Ya conocéis las instrucciones que os dimos en nombre del Señor Jesús.

Palabra de Dios.

ALELUYA

Sal 84, 8

Muéstranos, Señor, tu misericordia y danos tu salvación.

EVANGELIO

Se acerca vuestra liberación

✝ LECTURA DEL SANTO EVANGELIO SEGUN SAN LUCAS 21, 25-28.34-36

En aquel tiempo, dijo Jesús a sus discípulos: Habrá signos en el sol y la luna y las estrellas, y en la tierra angustia de las gentes, enloquecidas por el estruendo del mar y del oleaje. Los hombres quedarán sin aliento por el miedo y la ansiedad, ante lo que se le viene encima al mundo, pues los astros temblarán. Entonces verán al Hijo del Hombre venir en una nube, con gran poder y majestad. Cuando empiece a suceder esto, levantaos, alzad la cabeza; se acerca vuestra liberación.

Tened cuidado: no se os embote la mente con el vicio, la bebida y los agobios de la vida, y se os eche encima de repente aquel día; porque caerá como un lazo sobre todos los habitantes de la tierra. Estad siempre despiertos, pidiendo fuerza para escapar de todo lo que está por venir, y manteneos en pie ante el Hijo del Hombre.

Palabra del Señor.

Se dice «Credo».

PRIMERA SEMANA DE ADVIENTO   LUNES

ANTIFONA DE ENTRADA   Cf. Jr. 31, 10; Is 35, 4

Escuchad, pueblos, la palabra del Señor; anunciadla en los confines de la tierra: Mirad a nuestro Salvador que viene; no temáis.

ORACION COLECTA

Concédenos, Señor Dios nuestro, permanecer alerta a la venida de tu Hijo, para que cuando llegue y llame a la puerta nos encuentre velando en oración y cantando su alabanza. Por nuestro Señor.

Para la primera lectura se puede elegir entre dos textos, el primero de los cuales resulta más apropiado para los años B y C, en tanto que el segundo parece más acomodado para el año A, en el que la víspera se ha leído el texto de Isaías 2, 1-5.

PRIMERA LECTURA

El Señor congrega a todos los pueblos en su Reino para que gocen de una paz eterna

LECTURA DEL PROFETA ISAIAS   2, 1-5

Visión de Isaías, hijo de Amós, acerca de Judá y de Jerusalén: Al final de los días estará firme el monte de la casa del Señor, en la cima de los montes, encumbrado sobre las montañas. Hacia él confluirán los gentiles, caminarán pueblos numerosos. Dirán: Venid, subamos al monte del Señor, a la casa del Dios de Jacob: El nos instruirá en sus caminos y marcharemos por sus sendas; porque de Sión saldrá la ley, de Jerusalén la palabra del Señor. Será el árbitro de las naciones, el juez de pueblos numerosos. De las espadas forjarán arados, de las lanzas, podaderas. No alzará la espada pueblo contra pueblo, no se adiestrarán para la guerra. Casa de Jacob, ven, caminemos a la luz del Señor.

Palabra de Dios.

O bien:

El Mesías será la gloria de los supervivientes de Israel

LECTURA DEL PROFETA ISAIAS

4, 2-6

En aquel día, el vástago del Señor será joya y gloria, fruto del país, honor y ornamento para los supervivientes de Israel. A los que queden en Sión, a los restantes en Jerusalén, los llamarán santos: los inscritos en Jerusalén entre los vivos. Cuando lave el Señor la suciedad de las hijas de Sión y friegue la sangre de dentro de Jerusalén, con el soplo del juicio, con el soplo ardiente, creará el Señor en el templo del monte Sión y en su asamblea una nube de día, un humo brillante, un fuego llameante de noche. Baldaquino y tabernáculo cubrirán su gloria: serán sombra en la canícula, refugio en el aguacero, cobijo en el chubasco.

Palabra de Dios.

SALMO RESPONSORIAL 121

℟ **«Vamos alegres a la casa del Señor».**

Qué alegría cuando me dijeron: | «Vamos a la casa del Señor.» | Ya están pisando nuestros pies | tus umbrales, Jerusalén. ℟

Allá suben las tribus, | las tribus del Señor. | Según la costumbre de Israel, | a celebrar el nombre del Señor. | En ella están los tribunales de justicia | en el palacio de David. ℟.

Desead la paz a Jerusalén: | «Vivan seguros los que te aman, | haya paz dentro de tus muros, | seguridad en tus palacios.» ℟.

Por mis hermanos y compañeros, | voy a decir: «La paz contigo». | Por la casa del Señor nuestro Dios, | te deseo todo bien. ℟.

ALELUYA   Is 33, 22

El Señor nos gobierna, el Señor nos da leyes. El señor es nuestro rey; él es nuestra salvación.

EVANGELIO

Vendrán muchos de Oriente y Occidente y ocuparán un lugar en el banquete del Reino

✠ LECTURA DEL SANTO EVANGELIO
SEGUN SAN MATEO
                                                              8, 5-11

En aquel tiempo al entrar Jesús en Cafarnaum, un centurión se le acercó diciéndole:

«Señor, tengo en casa un criado que está en cama paralítico y sufre mucho.» Jesús le contestó: «Voy yo a curarlo.» Pero el centurión le replicó: «Señor, ¿quién soy yo para que entres bajo mi techo? Basta que lo digas de palabra y mi criado quedará sano. Porque yo también vivo bajo disciplina y tengo soldados a mis órdenes; y le digo a uno 've', y va; al otro, 'ven', y viene; a mi criado, 'haz esto', y lo hace.» Al oírlo, Jesús quedó admirado y dijo a los que le seguían: «Os aseguro que en Israel no he encontrado en nadie tanta fe. Os digo que vendrán muchos de Oriente y Occidente y se sentarán con Abraham, Isaac y Jacob en el Reino de los Cielos.»

Palabra del Señor.

ORACION SOBRE LAS OFRENDAS

Acepta, Señor, este pan y este vino, escogidos de entre los bienes que hemos recibido de ti, y concédenos que esta eucaristía, que nos permites celebrar ahora en nuestra vida mortal, sea para nosotros prenda de salvación eterna. Por Jesucristo nuestro Señor.

Prefacio de Adviento I, p. 1054 o III, p. 1056.

ANTIFONA DE COMUNION   Sal 105, 4-5; Is 38, 3

Ven, Señor, visítanos con tu paz y nos alegraremos en tu presencia de todo corazón.

ORACION DESPUES DE LA COMUNION

Señor: que fructifique en nosotros la celebración de estos sacramentos con los que tú nos enseñas, ya en nuestra vida mortal, a descubrir el valor de los bienes eternos y a poner en ellos nuestro corazón. Por Jesucristo.

PRIMERA SEMANA DE ADVIENTO   MARTES

ANTIFONA DE ENTRADA   Cf. Zac 14, 5.7

Vendrá el Señor y con él todos sus santos; aquel día brillará una gran luz.

ORACION COLECTA

Señor y Dios nuestro, acoge favorablemente nuestras súplicas y ayúdanos con tu amor en nuestro desvalimiento; que la presencia de tu Hijo, ya cercana, nos renueve y nos libre de volver a caer en la antigua servidumbre del pecado. Por nuestro Señor.

PRIMERA LECTURA

Sobre él se posará el Espíritu del Señor

LECTURA DEL PROFETA ISAIAS

11, 1-10

Aquel día, brotará un renuevo del tronco de Jesé, y de su raíz florecerá un vástago. Sobre él se posará el espíritu del Señor: espíritu de prudencia y sabiduría, espíritu de consejo y valentía, espíritu de ciencia y temor del Señor. Le inspirará el temor del Señor. No juzgará por apariencias ni sentenciará sólo de oídas; juzgará a los pobres con justicia, con rectitud a los desamparados. Herirá al violento con la vara de su boca, y al malvado con el aliento de sus labios. La justicia será cinturón de sus lomos, y la lealtad, cinturón de sus caderas. Habitará el lobo con el cordero, la pantera se tumbará con el cabrito, el novillo y el león pacerán juntos: un muchacho pequeño los pastorea. La vaca pastará con el oso, sus crías se tumbarán juntas; el león comerá paja con el buey. El niño jugará en la hura del áspid, la criatura meterá la mano en el escondrijo de la serpiente. No harán daño ni estrago por todo mi monte santo: porque está lleno el país de ciencia del Señor, como las aguas colman el mar. Aquel día, la raíz de Jesé se erguirá como enseña de los pueblos: la buscarán los gentiles, y será gloriosa su morada.

Palabra de Dios.

SALMO RESPONSORIAL 71

℟ **Que en sus días florezca la justicia | y la paz abunde eternamente.**

Para que rija a tu pueblo con justicia, | a tus humildes con rectitud. ℟

Que en sus días florezca la justicia | y la paz hasta que falte la luna; | que domine de mar a mar, | del Gran Río al confín de la tierra. ℟

Porque él librará al pobre que clamaba, | al afligido que no tenía protector; | él se apiadará del pobre y del indigente, | y salvará la vida de los pobres. ℟

Que su nombre sea eterno, | y su fama dure como el
sol: | Que él sea la bendición de todos los pueblos, | y lo procla-
men dichoso todas las razas de la tierra. ℟.

ALELUYA

Mirad, el Señor llega con poder e iluminará los ojos de
sus siervos.

EVANGELIO

Jesús se llenó de alegría bajo la acción del Espíritu Santo

✠ LECTURA DEL S. EVANGELIO SEGUN
SAN LUCAS   10, 21-24

En aquel tiempo, lleno de la alegría del Espíritu Santo, exclamó Jesús: «Te doy gracias, Padre, Señor del cielo y de la tierra,
porque has escondido estas cosas a los sabios y a los entendidos,
y las has revelado a la gente sencilla. Sí, Padre, porque así te ha
parecido bien. Todo me lo ha entregado mi Padre, y nadie conoce quién es el Hijo, sino el Padre; ni quién es el Padre, sino el
Hijo, y aquél a quien el Hijo se lo quiere revelar.» (Volviéndose
a los discípulos, les dijo: «¡Dichosos los ojos que ven lo que vosotros veis! Porque os digo que muchos profetas y reyes desearon
ver lo que vosotros veis, pero no lo vieron, y oír lo que oís,
pero no lo oyeron.»)

Palabra del Señor.

ORACION SOBRE LAS OFRENDAS

Que los ruegos y ofrendas de nuestra pobreza te conmuevan,
Señor, y al vernos desvalidos y sin méritos propios acude, compasivo, en nuestra ayuda. Por Jesucristo.

Prefacio de Adviento I, p. 1054 o III, p. 1056.

ANTIFONA DE COMUNION   2 Tm 4, 8

El juez justo premiará con la corona merecida a todos
los que tienen amor a su venida.

ORACION DESPUES DE LA COMUNION

Alimentados con esta Eucaristía te pedimos, Señor, que, por la comunión de tu sacramento, nos des sabiduría para sopesar los bienes de la tierra amando intensamente los del cielo. Por Jesucristo nuestro Señor.

PRIMERA SEMANA DE ADVIENTO   MIERCOLES

ANTIFONA DE ENTRADA   Hab 2, 3; 1 Cor 4, 5

El Señor llegará sin retrasarse, él iluminará lo que esconden las tinieblas y se manifestará a todos los pueblos.

ORACION COLECTA

Señor y Dios nuestro, prepara tú nuestros corazones con la fuerza de tu Espíritu para que cuando llegue Jesucristo, tu Hijo, nos encuentre dignos de sentarnos a su mesa y él mismo nos sirva en el festín eterno. Por nuestro Señor.

PRIMERA LECTURA

El Señor dispondrá un festín para todos los pueblos y enjugará las lágrimas de todos los rostros

LECTURA DEL PROFETA ISAIAS   25, 6-10a

Aquel día, el Señor de los Ejércitos preparará, para todos los pueblos, en este monte, un festín de manjares suculentos, un festín de vinos de solera; manjares enjundiosos, vinos generosos. Y arrancará en este monte el velo que cubre a todos los pueblos, el paño que tapa a todas las naciones. Aniquilará la muerte para siempre.

El Señor Dios enjugará las lágrimas de todos los rostros, y el oprobio de su pueblo lo alejará de todo el país. Lo ha dicho el Señor. Aquel día se dirá: «Aquí está nuestro Dios, de quien esperábamos que nos salvara; celebremos y gocemos con su salvación.»

Palabra de Dios.

SALMO RESPONSORIAL 22

R. **Habitaré en la casa del Señor | por años sin término.**

El Señor es mi pastor, nada me falta: | en verdes praderas me hace recostar; | me conduce hacia fuentes tranquilas | y repara mis fuerzas. R.

Me guía por el sendero justo, | por el honor de su nombre. | Aunque camine por cañadas oscuras, | nada temo, porque tú vas conmigo: | tu vara y tu cayado me sosiegan. R.

Preparas una mesa ante mí | enfrente de mis enemigos; | me unges la cabeza con perfume, | y mi copa rebosa. R.

Tu bondad y tu misericordia me acompañan | todos los días de mi vida, | y habitaré en la casa del Señor | por años sin término. R.

ALELUYA

Mirad que llega el Señor para salvar a su pueblo; dichosos los que están preparados para subir a su encuentro.

EVANGELIO

Jesús cura a muchos enfermos y multiplica los panes

✠ LECTURA DEL S. EVANGELIO SEGUN
SAN MATEO   15, 29-37

En aquel tiempo Jesús bordeando el lago de Galilea, subió al monte y se sentó en él. Acudió a él mucha gente llevando tullidos, ciegos, lisiados, sordomudos y muchos otros; los echaban a sus pies y él los curaba. La gente se admiraba al ver hablar a los mudos, sanos a los lisiados, andar a los tullidos y con vista a los ciegos, y dieron gloria al Dios de Israel. Jesús llamó a sus discípulos y les dijo: «Me da lástima de la gente, porque llevan ya tres días conmigo y no tienen qué comer. Y no quiero despedirlos en ayunas, no sea que se desmayen en el camino». Los discípulos le preguntaron: «¿De dónde vamos a sacar en un despoblado panes suficientes para saciar a tanta gente?». Jesús les preguntó: «¿Cuántos panes tenéis?». Ellos contestaron: «Siete y unos pocos peces.» El mandó que la gente se sentara en el suelo. Tomó los siete panes y los peces, dijo la acción de gracias, los partió y los fue dando a los discípulos, y los discípulos a la gente. Comieron todos hasta saciarse y recogieron las sobras: siete cestas llenas.

Palabra del Señor.

ORACION SOBRE LAS OFRENDAS

Haz, Señor, que te ofrezcamos siempre este sacrificio como expresión de nuestra propia entrega, para que así cumplamos el sacramento que tú nos diste y se lleve a cabo en nosotros la obra de tu salvación. Por Jesucristo nuestro Señor.

Prefacio de Adviento I, p. 1054 o III, p. 1056.

ANTIFONA DE COMUNION   Is 40, 10; cf. 34, 5

El Señor llega con poder e iluminará los ojos de sus siervos.

ORACION DESPUES DE LA COMUNION

Imploramos, Señor, tu misericordia, para que esta comunión que hemos recibido nos prepare a las fiestas que se acercan, purificándonos de todo pecado. Por Jesucristo.

PRIMERA SEMANA DE ADVIENTO   JUEVES

ANTIFONA DE ENTRADA   Cf. Sal 118, 151-152

Tú, Señor, estás cerca y todos tus mandatos son estables; hace tiempo comprendí tus preceptos, porque tú existes desde siempre.

ORACION COLECTA

Despierta tu poder, Señor, y ven a socorrernos con tu fuerza; que tu amor y tu perdón apresuren la salvación que nuestros pecados retardan. Por nuestro Señor Jesucristo.

PRIMERA LECTURA

Que entre el pueblo justo, el que es fiel

LECTURA DEL PROFETA ISAIAS   26, 1-6

Aquel día, se cantará este canto en el país de Judá: Tenemos una ciudad fuerte, ha puesto para salvarla murallas y baluartes: Abrid las puertas para que entre un pueblo justo, que observará la lealtad; su ánimo está firme y mantiene la paz, porque confía en ti. Confiad siempre en el Señor, porque el Señor es la Roca perpetua: doblegó a los habitantes de la altura y a la ciudad elevada; la humilló, la humilló hasta el suelo, la arrojó al polvo, y la pisan los pies, los pies del humilde, las pisadas de los pobres.

Palabra de Dios.

SALMO RESPONSORIAL 117

℟ **Bendito el que viene | en nombre del Señor** (o Aleluya).

Dad gracias al Señor porque es bueno, | porque es eterna su misericordia. | Mejor es refugiarse en el Señor | que fiarse de los hombres, | mejor es refugiarse en el Señor | que fiarse de los jefes. ℟.

Abridme las puertas del triunfo, | y entraré para dar gracias al Señor. | Esta es la puerta del Señor: | Los vencedores entrarán por ella. | Te doy gracias, porque me escuchaste | y fuiste mi salvación. ℟.

Señor, danos la salvación, | Señor, danos prosperidad. | Bendito el que viene en nombre del Señor; | os bendecimos desde la casa del Señor; | El Señor es Dios: El nos ilumina. ℟.

ALELUYA

Buscad al Señor mientras se le encuentra, invocadlo mientras esté cerca.

EVANGELIO

El que hace la voluntad del Padre entrará en el Reino de los Cielos

✠ LECTURA DEL S. EVANGELIO SEGUN
SAN MATEO   7, 21. 24-27

En aquel tiempo dijo Jesús a sus discípulos: «No todo el que me dice: ¡Señor, Señor!, entrará en el Reino de los Cielos, sino el que cumple la voluntad de mi Padre que está en el cielo. El que escucha estas palabras mías y las pone en práctica se parece a aquel hombre prudente que edificó su casa sobre roca. Cayó la lluvia, se salieron los ríos, soplaron los vientos y descargaron contra la casa; pero no se hundió, porque estaba cimentada sobre roca. El que escucha estas palabras mías y no las pone en práctica se parece a aquel hombre necio que edificó su casa sobre arena. Cayó la lluvia, se salieron los ríos, soplaron los vientos y rompieron contra la casa, y se hundió totalmente.»

Palabra del Señor.

ORACION SOBRE LAS OFRENDAS

Acepta, Señor, este pan y este vino, escogidos de entre los bienes que hemos recibido de ti, y concédenos que esta eucaristía, que nos permites celebrar ahora en nuestra vida mortal, sea para nosotros prenda de salvación eterna. Por Jesucristo nuestro Señor.

Prefacio de Adviento I, p. 1054 o III, p. 1056.

ANTIFONA DE COMUNION   Tit 2, 12-13

Llevemos desde ahora una vida sobria, honrada y religiosa, aguardando la dicha que esperamos: la aparición gloriosa del gran Dios.

ORACION DESPUES DE LA COMUNION

Señor, que fructifique en nosotros la celebración de estos sacramentos, con los que tú nos enseñas, ya en nuestra vida mortal, a descubrir el valor de los bienes eternos y a poner en ellos nuestro corazón. Por Jesucristo.

PRIMERA SEMANA DE ADVIENTO   VIERNES

ANTIFONA DE ENTRADA

El Señor viene con esplendor a visitar a su pueblo con la paz y comunicarle la vida eterna.

ORACION COLECTA

Despierta tu poder y ven Señor; que tu brazo liberador nos salve de los peligros que nos amenazan a causa de nuestros pecados. Tú, que vives y reinas.

PRIMERA LECTURA

Aquel día verán los ojos de los ciegos

LECTURA DEL PROFETA ISAIAS   29, 17-24

Así dice el Señor: Pronto, muy pronto, el Líbano se convertirá en vergel, el vergel parecerá un bosque; aquel día oirán los sordos las palabras del libro; sin tinieblas ni oscuridad verán los ojos de los ciegos. Los oprimidos volverán a alegrarse con el Señor y los pobres gozarán con el Santo de Israel; porque se acabó el opresor, terminó el cínico; y serán aniquilados los despiertos para el mal, los que van a coger a otro en el hablar, y al que defienden en el tribunal con trampas y por nada hunden al inocente. Así dice a la casa de Jacob el Señor, que rescató a Abraham: «Ya no se avergonzará Jacob, ya no se sonrojará su cara, pues cuando vea mis acciones en medio de él santificará mi nombre,

santificará al Santo de Jacob y temerá al Dios de Israel. Los que
habían perdido la cabeza comprenderán, y los que protestaban
aprenderán la enseñanza.»

Palabra de Dios.

SALMO RESPONSORIAL 26

R. **El Señor es mi luz y mi salvación.**

El Señor es mi luz y mi salvación, | ¿a quién temeré? | El Se-
ñor es la defensa de mi vida, | ¿quién me hará temblar? R.

Una cosa pido al Señor, | eso buscaré: | Habitar en la casa
del Señor | por los días de mi vida; | gozar de la dulzura del Se-
ñor, | contemplando su templo. R.

Espero gozar de la dicha del Señor | en el país de la vida. |
Espera en el Señor, sé valiente, | ten ánimo, espera en el
Señor. R.

ALELUYA

Mira, el Señor llega con poder e iluminará los ojos de sus
siervos.

EVANGELIO

Curación de dos ciegos que creen en Jesús

✠ LECTURA DEL S. EVANGELIO SEGUN
SAN MATEO
                                                              9, 27-31

En aquel tiempo, al marcharse Jesús, le siguieron dos ciegos
gritando: «Ten compasión de nosotros, Hijo de David». Al llegar a la casa se le acercaron los ciegos y Jesús les dijo: «¿Creéis
que puedo hacerlo?». Contestaron: Sí, Señor.» Entonces les tocó
los ojos diciendo: «Que os suceda conforme a vuestra fe». Y se
les abrieron los ojos. Jesús les ordenó severamente: «¡Cuidado,

con que lo sepa alguien!». Pero ellos, al salir, hablaron de él por toda la comarca.

Palabra del Señor.

ORACION SOBRE LAS OFRENDAS

Que los ruegos y ofrendas de nuestra pobreza te conmuevan, Señor, y al vernos desvalidos y sin méritos propios acude, compasivo, en nuestra ayuda. Por Jesucristo.

Prefacio de Adviento I, p. 1054 o III, p. 1056.

ANTIFONA DE COMUNION

Flp 3, 20-21

Aguardamos un Salvador: el Señor Jesucristo. El transformará nuestra condición humilde, según el modelo de su condición gloriosa.

ORACION DESPUES DE LA COMUNION

Alimentados con esta eucaristía te pedimos, Señor, por la comunión en tu sacramento, nos des sabiduría para sopesar los bienes de la tierra amando intensamente los del cielo. Por Jesucristo nuestro Señor.

PRIMERA SEMANA DE ADVIENTO   SABADO

ANTIFONA DE ENTRADA

Sal 79, 4.2

Ven, Señor, tú que te sientas sobre querubines, que brille tu rostro y nos salve.

ORACION COLECTA

Señor Dios, que para librar al hombre de la antigua esclavitud del pecado enviaste a tu Hijo a este mundo; concede a los que esperamos con devoción su venida, alcanzar la gracia de la libertad verdadera. Por nuestro Señor.

PRIMERA LECTURA

Cuando te quejes, el Señor se inclinará hacia ti

LECTURA DEL PROFETA ISAIAS   30, 18-21. 23-26

Así dice el Señor, el Santo de Israel: Pueblo de Sión, que habitas en Jerusalén, no tendrás que llorar, porque se apiadará a la voz de tu gemido: apenas te oiga, te responderá. Aunque el Señor te dé el pan medido y el agua tasada, ya no se esconderá tu Maestro, tus ojos verán a tu Maestro. Si te desvías a la derecha o a la izquierda, tus oídos oirán una palabra a la espalda: «Este es el camino, caminad por él.» Te dará lluvia para la semilla que siembras en el campo, y el grano de la cosecha del campo será rico y sustancioso; aquel día tus ganados pastarán en anchas praderas; los bueyes y asnos que trabajan el campo comerán forraje fermentado, aventado con bieldo y horquilla. En todo monte elevado, en toda colina alta, habrá ríos y cauces de agua el día de la gran matanza, cuando caigan las torres. La luz de la Cándida será como la luz del Ardiente, y la luz del Ardiente será siete veces mayor. Cuando el Señor vende la herida de su pueblo y cure la llaga de su golpe.

Palabra de Dios.

SALMO RESPONSORIAL 146

℞ **Dichosos los que esperan en el Señor** | (o Aleluya).

Alabad al Señor, que la música es buena, | nuestro Dios merece una alabanza armoniosa. | El Señor reconstruye Jerusalén, | reúne a los deportados de Israel. ℞.

El sana los corazones destrozados, | venda sus heridas. | Cuenta el número de las estrellas, | a cada una la llama por su nombre. ℞.

Nuestro Señor es grande y poderoso, | su sabiduría no tiene medida. | El Señor sostiene a los humildes, | humilla hasta el polvo a los malvados. R.

ALELUYA   Is 33, 32

El Señor nos gobierna, nos da Leyes, es nuestro rey, él es nuestra Salvación.

EVANGELIO

Jesús, al ver a las muchedumbres, se compadeció de ellas

✠ LECTURA DEL S. EVANGELIO SEGUN
SAN MATEO   9, 35—10, 1.6-8

En aquel tiempo, Jesús recorría todas las ciudades y aldeas, enseñando en sus sinagogas, anunciando el evangelio del Reino y curando todas las enfermedades y todas las dolencias. Al ver a las gentes se compadecía de ellas, porque estaban extenuadas y abandonadas, «como ovejas que no tienen pastor». Entonces dijo a sus discípulos: «La mies es abundante, pero los trabajadores son pocos; rogad, pues, al Señor de la mies que mande trabajadores a su mies.» Llamó a sus doce discípulos y les dio autoridad para expulsar espíritus inmundos y curar toda enfermedad y dolencia. A estos doce envió con estas instrucciones: «Id a las ovejas descarriadas de Israel. Id y proclamad diciendo que el Reino de los Cielos está cerca. Curad enfermos, resucitad muertos, limpiad leprosos, echad demonios. Lo que habéis recibido gratis: dadlo gratis.»

Palabra del Señor.

ORACION SOBRE LAS OFRENDAS

Haz, Señor, que te ofrezcamos siempre este sacrificio como expresión de nuestra propia entrega, para que así cumplamos el

sacramento que tú nos diste y se lleve a cabo en nosotros la obra
de tu salvación. Por Jesucristo nuestro Señor.

Prefacio de Adviento I, p. 1054 o III, p. 1056.

ANTIFONA DE COMUNION   Ap 22, 12

Mira, llego en seguida, dice el Señor, y traigo conmigo mi salario, para pagar a cada uno su propio trabajo.

ORACION DESPUES DE LA COMUNION

Imploramos, Señor, tu misericordia, para que esta comunión
que hemos recibido nos prepare a las fiestas que se acercan purificándonos de todo pecado. Por Jesucristo.

SEGUNDO DOMINGO DE ADVIENTO
Juan el Precursor

La impresionante figura de Juan el Bautista y su mensaje de
conversión para preparar el pueblo de Israel a recibir al Mesías,
domina los domingos segundo y tercero de Adviento; en él vuelve a resonar el pregón de Isaías: «Preparad el camino al Señor,
allanad sus senderos» (1B). Juan nos llama al desierto, a salir de
las ocupaciones que no nos dejan escuchar a Dios, para empren-
der un camino de conversión existencial y radical, en vistas a recibir al Esperado de las naciones y ser dignos de él. A este reclamo de preparación responde la Iglesia con salmos de súplica y
alegría, si «Una voz grita: En el desierto preparadle un camino
al Señor», pedimos: «Muéstranos, Señor tu misericordia y danos
tu salvación» (Sal B); si «Brotará un renuevo del tronco de Jesé»,
rey justo, consagrado por el Espíritu (1A), insistimos diciendo:
«Que en sus días florezca la justicia y la paz abunde eternamente»
(Sal A); y si Dios muestra su esplendor trayendo a los hijos desterrados, pues «ha mandado abajarse a todos los montes eleva-

dos» para facilitarles la vuelta (1C), declaramos: «El Señor ha estado grande con nosotros, y estamos alegres» (Sal C). Salimos animosos al encuentro del Señor, pero somos también conscientes de nuestra pobreza y del obstáculo que significan los afanes de este mundo (O2, O1); de ahí la importancia de la última petición de este día: que «nos des sabiduría para sopesar los bienes de la tierra amando intensamente los del cielo» (O3).

ANTIFONA DE ENTRADA Is 30, 19.30

Pueblo de Sión: mira al Señor que viene a salvar a los pueblos. El Señor hará oír su voz gloriosa en la alegría de vuestro corazón.

No se dice «Gloria»

ORACION COLECTA

Señor todopoderoso, rico en misericordia, cuando salimos animosos al encuentro de tu Hijo, no permitas que lo impidan los afanes de este mundo; guíanos hasta él con sabiduría divina para que podamos participar plenamente del esplendor de su gloria. Por nuestro Señor.

ORACION SOBRE LAS OFRENDAS

Que los ruegos y ofrendas de nuestra pobreza te conmuevan, Señor, y al vernos desvalidos y sin méritos propios, acude compasivo, en nuestra ayuda. Por Jesucristo.

Prefacio de Adviento I, p. 1054 o III, p. 1056.

ANTIFONA DE COMUNION Bar 5, 5; 4, 36

Ponte en pie, Jerusalén; sube a la altura, contempla el gozo que Dios te envía.

ORACION DESPUES DE LA COMUNION

Alimentados con esta eucaristía te pedimos, Señor, por la comunión de tu sacramento, nos des sabiduría para sopesar los bienes de la tierra amando intensamente los del cielo. Por Jesucristo.

CICLO A (Años 1989, 1992, 1995, 1998, 2001, 2004)

PRIMERA LECTURA

Con equidad dará sentencia al pobre

LECTURA DEL LIBRO DE ISAIAS   11, 1-10

Aquel día: Brotará un renuevo del tronco de Jesé, un vástago florecerá de su raíz. Sobre él se posará el espíritu del Señor: espíritu de ciencia y discernimiento, espíritu de consejo y valor, espíritu de piedad y temor del Señor. Le inspirará el temor del Señor. No juzgará por apariencias, ni sentenciará de oídas; defenderá con justicia al desamparado, con equidad dará sentencia al pobre. Herirá al violento con el látigo de su boca, con el soplo de sus labios matará al impío. Será la justicia ceñidor de sus lomos; la fidelidad, ceñidor de su cintura. Habitará el lobo con el cordero, la pantera se tumbará con el cabrito, el novillo y el león pacerán juntos: un muchacho pequeño los pastorea. La vaca pastará con el oso, sus crías se tumbarán juntas; el león comerá paja con el buey. El niño jugará con la hura del áspid, la criatura meterá la mano en el escondrijo de la serpiente. No harán daño ni estrago por todo mi Monte Santo: porque está lleno el país de la ciencia del Señor, como las aguas colman el mar. Aquel día la raíz de Jesé se erguirá como enseña de los pueblos: la buscarán los gentiles, y será gloriosa su morada.

Palabra de Dios.

SALMO RESPONSORIAL 71

℟ **Que en sus días florezca la justicia | y la paz abunde eternamente.**

Dios mío, confía tu juicio al rey, | tu justicia al hijo de reyes, | para que rija a tu pueblo con justicia, | a tus humildes con rectitud. ℟.

Que en sus días florezca la justicia | y la paz hasta que falte la luna; | que domine de mar a mar, | del Gran Río al confín de la tierra. ℟.

El librará al pobre que clamaba, | al afligido que no tenía protector; | él se apiadará del pobre y del indigente, | y salvará la vida de los pobres. ℟.

Que su nombre sea eterno | y su fama dure como el sol; | que él sea la bendición de todos los pueblos | y lo proclamen dichoso todas las razas de la tierra. ℟.

SEGUNDA LECTURA

Cristo salvó a todos los hombres

LECTURA DE LA CARTA DEL APOSTOL
SAN PABLO A LOS ROMANOS   15, 4-9

Hermanos: Todas las antiguas Escrituras se escribieron para enseñanza nuestra, de modo que entre nuestra paciencia y el consuelo que dan las Escrituras mantengamos la esperanza. Que Dios, fuente de toda paciencia y consuelo, os conceda estar de acuerdo entre vosotros, como es propio de cristianos, para que unánimes, a una voz, alabéis al Dios y Padre de Nuestro Señor Jesucristo. En una palabra, acogeos mutuamente como Cristo os acogió para gloria de Dios. Quiero decir con esto que Cristo se hizo servidor de los judíos para probar la fidelidad de Dios, cumpliendo las promesas hechas a los patriarcas, y, por otra parte, acoge a los gentiles para que alaben a Dios por su misericordia. Así dice la Escritura: «Te alabaré en medio de los gentiles y cantaré a tu nombre.»

Palabra de Dios.

ALELUYA   Lc 3, 4-6

Preparad el camino del Señor, allanad sus senderos. Todos los hombres verán la salvación de Dios.

EVANGELIO

Haced penitencia porque se acerca el Reino de los Cielos

✠ LECTURA DEL S. EVANGELIO SEGUN
SAN MATEO   3, 1-12

Por aquel tiempo, Juan Bautista se presentó en el desierto de
Judea predicando: «Convertíos, porque está cerca el Reino de los
Cielos. Este es el que anunció el Profeta Isaías diciendo: Una voz
grita en el desierto: preparad el camino del Señor, allanad sus
senderos.» Juan llevaba un vestido de piel de camello, con una
correa de cuero a la cintura, y se alimentaba de saltamontes y
miel silvestre. Y acudía a él toda la gente de Jerusalén, de Judea
y del valle del Jordán; confesaban sus pecados y él los bautizaba
en el Jordán.

Al ver que muchos fariseos y saduceos venían a que los bautizara, les dijo: «Raza de víboras, ¿quién os ha enseñado a escapar de la ira inminente? Dad el fruto que pide la conversión. Y
no os hagáis ilusiones pensando: "Abrahán es nuestro padre",
pues os digo que Dios es capaz de sacar hijos de Abrahán de estas piedras. Ya toca el hacha la base de los árboles, y el árbol que
no da fruto será talado y echado al fuego. Yo os bautizo con
agua para que os convirtáis; pero el que viene detrás de mí puede más que yo, y no merezco ni llevarle las sandalias. El os bautizará con Espíritu Santo y fuego. El tiene el bieldo en la mano:
aventará su parva, reunirá su trigo en el granero y quemará la
paja en una hoguera que no se apaga.»

Palabra del Señor.

Se dice «Credo».

CICLO B (Años 1990, 1993, 1996, 1999, 2002, 2005)

PRIMERA LECTURA

Preparad los caminos del Señor

LECTURA DEL LIBRO DE ISAIAS   40, 1-5.9-11

Consolad, consolad a mi pueblo, dice vuestro Dios; hablad al corazón de Jerusalén, gritadle: que se ha cumplido su servicio, y está pagado su crimen, pues de la mano del Señor ha recibido doble paga por sus pecados.

Una voz grita: «En el desierto preparadle un camino al Señor; allanad en la estepa una calzada para nuestro Dios; que los valles se levanten, que los montes y colinas se abajen, que lo torcido se enderece y lo escabroso se iguale. Se revelará la gloria del Señor, y la verán todos los hombres juntos —ha hablado la boca del Señor—.» Súbete a lo alto de un monte, heraldo de Sión, alza con fuerza la voz, heraldo de Jerusalén, álzala, no temas, di a las ciudades de Judá: aquí está vuestro Dios. Mirad: Dios, el Señor, llega con fuerza, su brazo domina. Mirad: le acompaña el salario, la recompensa le precede. Como un pastor apacienta el rebaño, su mano los reúne. Lleva en brazos los corderos, cuida de las madres.

Palabra de Dios.

SALMO RESPONSORIAL 84

℟ **Muéstranos, Señor, tu misericordia | y danos tu salvación.**

Voy a escuchar lo que dice el Señor: | «Dios anuncia la paz a su pueblo y a sus amigos.» | La salvación está ya cerca de sus fieles | y la gloria habitará en nuestra tierra. ℟.

La misericordia y la fidelidad se encuentran, | la justicia y la paz se besan; | la fidelidad brota de la tierra | y la justicia mira desde el cielo. ℟.

El Señor nos dará la lluvia, | y nuestra tierra dará su fruto. | La justicia marchará ante él, | la salvación seguirá sus pasos. ℟.

SEGUNDA LECTURA

Nuevos cielos y nueva tierra esperamos

LECTURA DE LA SEGUNDA CARTA DEL APOSTOL SAN PEDRO
3, 8-14

Queridos hermanos: No perdáis de vista una cosa: para el Señor, un día es como mil años y mil años, como un día. El Señor no tarda en cumplir su promesa, como creen algunos. Lo que ocurre es que tiene mucha paciencia con vosotros, porque no quiere que nadie perezca, sino que todos se conviertan. El día del Señor llegará como un ladrón. Entonces el cielo desaparecerá con gran estrépito; los elementos se desintegrarán abrasados y la tierra con todas sus obras se consumirá. Si todo este mundo se va a desintegrar de este modo, ¡qué santa y piadosa ha de ser nuestra vida! Esperad y apresurad la venida del Señor, cuando desaparecerán los cielos consumidos por el fuego y se derretirán los elementos. Pero nosotros, confiados en la promesa del Señor, esperamos un cielo nuevo y una tierra nueva, en que habite la justicia. Por tanto, queridos hermanos, mientras esperáis estos acontecimientos, procurad que Dios os encuentre en paz con El, inmaculados e irreprochables.

Palabra de Dios.

ALELUYA
Lc 3, 4-6

Preparad el camino del Señor, allanad sus senderos; y todos verán la salvación del Señor.

EVANGELIO

Allanad los senderos del Señor

✠ LECTURA DEL S. EVANGELIO SEGUN SAN MARCOS
1, 1-8

Comienza el Evangelio de Jesucristo, Hijo de Dios.

Está escrito en el Profeta Isaías: Yo envío mi mensajero delante de ti para que te prepare el camino. Una voz grita en el desierto: Preparadle el camino al Señor, allanad sus senderos. Juan bautizaba en el desierto: predicaba que se convirtieran y se bautizaran, para que se les perdonasen los pecados. Acudía la gente de Judea y de Jerusalén, confesaban sus pecados y él los bautizaba en el Jordán. Juan iba vestido de piel de camello, con una correa de cuero a la cintura y se alimentaba de saltamontes y miel silvestre. Y proclamaba: «Detrás de mí viene el que puede más que yo, y yo no merezco agacharme para desatarle las sandalias. Yo os he bautizado con agua, pero él os bautizará con Espíritu Santo.»

Palabra del Señor.

Se dice «Credo».

CICLO C (Años 1991, 1994, 1997, 2000, 2003, 2006)

PRIMERA LECTURA

Dios mostrará su esplendor sobre ti

LECTURA DEL LIBRO DE BARUC   5, 1-9

Jerusalén, despójate de tu vestido de luto y aflicción y viste las galas perpetuas de la gloria que Dios te da; envuélvete en el manto de la justicia de Dios y ponte a la cabeza la diadema de la gloria perpetua, porque Dios mostrará tu esplendor a cuantos viven bajo el cielo. Dios te dará un nombre para siempre: «Paz en la justicia, Gloria en la piedad.» Ponte en pie, Jerusalén, sube a la altura, mira hacia Oriente y contempla a tus hijos, reunidos de Oriente a Occidente, a la voz del Espíritu, gozosos, porque Dios se acuerda de ti. A pie se marcharon, conducidos por el enemigo, pero Dios te los traerá con gloria, como llevados en carroza real. Dios ha mandado abajarse a todos los montes elevados, a todas las colinas encumbradas, ha mandado que se llenen los barrancos hasta allanar el suelo, para que Israel camine con seguridad, guiado por la gloria de Dios; ha mandado al bosque

y a los árboles fragantes hacer sombra a Israel. Porque Dios
guiará a Israel entre fiestas, a la luz de su gloria, con su justicia
y su misericordia.

Palabra de Dios.

SALMO RESPONSORIAL 125

℟ **El Señor ha estado grande con nosotros, | y estamos
alegres.**

Cuando el Señor cambió la suerte de Sión, | nos parecía so-
ñar; | la boca se nos llenaba de risas, | la lengua de cantares. ℟.

Hasta los gentiles decían: | «El Señor ha estado grande con
ellos.» | El Señor ha estado grande con nosotros, | y estamos ale-
gres. ℟.

Que el Señor cambie nuestra suerte | como los torrentes del
Negueb. | Los que sembraban con lágrimas, | cosecharán entre
cantares. ℟.

Al ir, iban llorando, | llevando la semilla, | al volver, vuelven
cantando, | trayendo sus gavillas. ℟.

SEGUNDA LECTURA

Manteneos limpios e irreprochables para el Día de Cristo

LECTURA DE LA CARTA DEL APOSTOL S.
PABLO A LOS FILIPENSES   1, 4-6.8-11

Hermanos: Siempre que rezo por vosotros, lo hago con gran
alegría. Porque habéis sido colaboradores míos en la obra del
evangelio, desde el primer día hasta hoy. Esta es nuestra confianza: que el que ha inaugurado entre vosotros una empresa buena,
la llevará adelante hasta el Día de Cristo Jesús. Testigo me es
Dios de lo entrañablemente que os quiero en Cristo Jesús. Y ésta
es mi oración: que vuestra comunidad de amor siga creciendo
más y más en penetración y en sensibilidad para apreciar los valores. Así llegaréis al Día de Cristo limpios e irreprochables, car-

gados de frutos de justicia, por medio de Cristo Jesús, a gloria
y alabanza de Dios.

Palabra de Dios.

ALELUYA   Lc 3, 4-6

Preparad el camino del Señor, allanad sus senderos.
Todos verán la salvación de Dios.

EVANGELIO

Todos verán la salvación de Dios

✢ LECTURA DEL S. EVANGELIO SEGUN
SAN LUCAS   3, 1-6

En el año quince del reinado del emperador Tiberio, siendo
Poncio Pilato gobernador de Judea, y Herodes virrey de Galilea,
y su hermano Felipe virrey de Iturea y Traconítide, y Lisanio virrey de Abilene, bajo el sumo sacerdocio de Anás y Caifás, vino
la Palabra de Dios sobre Juan, hijo de Zacarías, en el desierto.

Y recorrió toda la comarca del Jordán, predicando un bautismo de conversión para perdón de los pecados, como está escrito
en el libro de los oráculos del Profeta Isaías: «Una voz grita en
el desierto: preparad el camino del Señor, allanad sus senderos;
elévense los valles, desciendan los montes y colinas; que lo torcido se enderece, lo escabroso se iguale. Y todos verán la salvación de Dios.»

Palabra del Señor.

Se dice «Credo».

SEGUNDA SEMANA DE ADVIENTO   LUNES

ANTIFONA DE ENTRADA   Jr 31, 10. Is 35, 4

Escuchad, pueblos, la palabra del Señor; anunciadla
en los confines de la tierra: Mirad a nuestro Salvador que
viene; no temáis.

ORACION COLECTA

Señor, suban a tu presencia nuestras súplicas y colma en tus siervos los deseos de llegar a conocer en plenitud el misterio admirable de la Encarnación de tu Hijo. Que vive y reina contigo.

PRIMERA LECTURA

Dios viene en persona y os salvará

LECTURA DEL PROFETA ISAIAS   35, 1-10

El desierto y el yermo se regocijarán, se alegrarán el páramo y la estepa, florecerá como flor de narciso, se alegrará con gozo y alegría. Tiene la gloria del Líbano, la belleza del Carmelo y del Sarión. Ellos verán la gloria del Señor, la belleza de nuestro Dios. Fortaleced las manos débiles, robusteced las rodillas vacilantes, decid a los cobardes de corazón: sed fuertes, no temáis. Mirad a vuestro Dios, que trae el desquite; viene en persona, resarcirá y os salvará. Se despegarán los ojos del ciego, los oídos del sordo se abrirán, saltará como un ciervo el cojo, la lengua del mudo cantará. Porque han brotado aguas en el desierto, torrentes en la estepa; el páramo será un estanque, lo reseco, un manantial. En el cubil donde se tumbaban los chacales brotarán cañas y juncos. Lo cruzará una calzada que llamarán Vía Sacra: No pasará por ellas el impuro y los inexpertos no se extraviarán. No habrá por allí leones, ni se acercarán las bestias feroces, sino que caminarán los redimidos y volverán por ella los rescatados del Señor. Vendrán a Sión con cánticos: en cabeza, alegría perpetua; siguiéndolos, gozo y alegría. Pena y aflicción se alejarán.

Palabra de Dios.

SALMO RESPONSORIAL 84

℟ **Nuestro Dios viene y nos salvará.**

                                                                    Is 35,4

Voy a escuchar lo que dice el Señor: | «Dios anuncia la paz a su pueblo y a sus amigos.» | La salvación está ya cerca de sus fieles | y la gloria habitará en nuestra tierra. ℟

La misericordia y la fidelidad se encuentran, | la justicia y la paz se besan; | la fidelidad brota de la tierra | y la justicia mira desde el cielo. ℞.

El Señor nos dará la lluvia, | y nuestra tierra dará su fruto. | La justicia marchará ante él, | la salvación seguirá sus pasos. ℞.

ALELUYA

Mirad, el Rey viene, el Señor de la tierra, y él romperá el yugo de nuestra cautividad.

EVANGELIO

Hoy hemos visto cosas admirables

✠ LECTURA DEL S. EVANGELIO SEGUN
SAN LUCAS   5, 17-26

Sucedió que un día estaba Jesús enseñando y estaban sentados unos fariseos y maestros de la ley, venidos de todas las aldeas de Galilea, Judea y Jerusalén. Y el poder del Señor lo impulsaba a curar. Llegaron unos hombres que traían en una camilla a un paralítico y trataban de introducirlo para colocarlo delante de él. No encontrando por dónde introducirlo, a causa del gentío, subieron a la azotea y, separando las losetas, lo descolgaron con la camilla hasta el centro, delante de Jesús. El, viendo la fe que tenían, dijo: «Hombre, tus pecados están perdonados.» Los letrados y los fariseos se pusieron a pensar: «¿Quién es éste que dice blasfemias? ¿Quién puede perdonar pecados más que Dios?» Pero Jesús, leyendo sus pensamientos, les replicó: «¿Qué pensáis en vuestro interior? ¿Qué es más fácil: decir "tus pecados quedan perdonados", o decir "levántate y anda"? Pues para que veáis que el Hijo del Hombre tiene poder en la tierra para perdonar pecados... —dijo al paralítico—: A ti te lo digo, ponte en pie, toma tu camilla y vete a tu casa.» El, levantándose al punto, a la vista de ellos, tomó la camilla donde estaba tendido y se marchó a su casa dando gloria a Dios. Todos quedaron asombrados, y daban gloria a Dios, diciendo llenos de temor: «Hoy hemos visto cosas admirables.»

Palabra del Señor.

ORACION SOBRE LAS OFRENDAS

Acepta, Señor, este pan y este vino, escogidos de entre los bienes que hemos recibido de ti y concédenos que esta eucaristía, que nos permites celebrar ahora en nuestra vida mortal, sea para nosotros prenda de salvación eterna. Por Jesucristo.

Prefacio de Adviento I, p. 1054 o III, p. 1056.

ANTIFONA DE COMUNION   Sal 105, 4-5; Is 38,3

Ven, Señor, visítanos con tu paz y nos alegraremos en tu presencia de todo corazón.

ORACION DESPUES DE LA COMUNION

Señor: que fructifique en nosotros la celebración de estos sacramentos con los que tú nos enseñas, ya en nuestra vida mortal, a descubrir el valor de los bienes eternos y a poner en ellos nuestro corazón. Por Jesucristo.

SEGUNDA SEMANA DE ADVIENTO   MARTES

ANTIFONA DE ENTRADA   Zc 15, 5.7

Vendrá el Señor y con él todos sus santos; aquel día brillará una gran luz.

ORACION COLECTA

Señor y Dios nuestro, que has manifestado tu salvación hasta los confines de la tierra; concédenos esperar con alegría la gloria del nacimiento de tu Hijo. Que vive y reina contigo.

PRIMERA LECTURA

Dios cónsuela a su pueblo

LECTURA DEL PROFETA ISAIAS 40, 1-11

«Consolad, consolad a mi pueblo, dice vuestro Dios. Hablad al corazón de Jerusalén, gritadle: que se ha cumplido su servicio y está pagado su crimen, pues de la mano del Señor ha recibido doble paga por sus pecados.»

Una voz grita: «En el desierto preparadle un camino al Señor; allanad en la estepa una calzada para nuestro Dios. Que los valles se levanten, que montes y colinas se abajen, que lo torcido se enderece, y lo escabroso se iguale. Se revelará la gloria del Señor y la verán todos los hombres juntos —ha hablado la boca del Señor.» Dice una voz: «Grita.» Respondo: «¿Qué debo gritar?» «Toda carne es hierba y su belleza como flor campestre: se agosta la hierba, se marchita la flor, cuando el aliento del Señor sopla sobre ellos; se agosta la hierba, se marchita la flor, pero la palabra de nuestro Dios permanece por siempre.» Súbete a lo alto de un monte, heraldo de Sión; alza con fuerza la voz, heraldo de Jerusalén; álzala, no temas; di a las ciudades de Judá: aquí está vuestro Dios. Mirad: Dios, el Señor, llega con fuerza, su brazo domina. Mirad: lo acompaña el salario, la recompensa lo precede. Como un pastor apacienta el rebaño, su mano los reúne. Toma en brazos los corderos, y hace recostar a las madres.

Palabra de Dios.

SALMO RESPONSORIAL 95

℟ **Nuestro Dios llega con poder.**

Cantad al Señor un cántico nuevo, | cantad al Señor, toda la tierra; | cantad al Señor, bendecid su nombre, | proclamad día tras día su victoria. ℟.

Contad a los pueblos su gloria, | sus maravillas a todas las naciones. | Decid a los pueblos: «El Señor es rey, | él gobierna a los pueblos rectamente.» ℟.

Alégrese el cielo, goce la tierra, | retumbe el mar y cuanto lo llena; | vitoreen los campos y cuanto hay en ellos, | aclamen los árboles del bosque. R.

Delante del Señor, que ya llega, | ya llega a regir la tierra: | regirá el orbe con justicia | y los pueblos con fidelidad. R.

ALELUYA

El día del Señor está cerca; él viene a salvarnos.

EVANGELIO

Dios no quiere que se pierda ni uno de estos pequeños

✝ LECTURA DEL S. EVANGELIO SEGUN SAN MATEO
18, 12-14

En aquel tiempo, dijo Jesús a sus discípulos: «¿Qué os parece? Suponed que un hombre tiene cien ovejas: si una se le pierde, ¿no deja a las noventa y nueve y va en busca de la perdida? Y si la encuentra, os aseguro que se alegra más por ella que por las noventa y nueve que no se habían extraviado. Lo mismo vuestro Padre del cielo: no quiere que se pierda ni uno de estos pequeños.»

Palabra del Señor.

ORACION SOBRE LAS OFRENDAS

Que los ruegos y ofrendas de nuestra pobreza te conmuevan, Señor, y al vernos desvalidos y sin méritos propios acude, compasivo, en nuestra ayuda. Por Jesucristo.

Prefacio de Adviento I, p. 1054 o III, p. 1056.

ANTIFONA DE COMUNION
2 Tim 4, 8

El juez justo premiará con la corona merecida a todos los que tienen amor a su venida.

ORACION DESPUES DE LA COMUNION

Alimentados con esta eucaristía te pedimos, Señor, por la comunión en tu sacramento, nos des sabiduría para sopesar los bienes de la tierra amando intensamente los del cielo. Por Jesucristo nuestro Señor.

SEGUNDA SEMANA DE ADVIENTO MIERCOLES

ANTIFONA DE ENTRADA Heb 2, 3; 1 Co 4, 5

El Señor llegará sin retrasarse, iluminará lo que esconden las tinieblas y se manifestará a todos los pueblos.

ORACION COLECTA

Señor, Dios, todopoderoso, que nos mandas abrir camino a Cristo, el Señor; no permitas que desfallezcamos en nuestra debilidad los que esperamos la llegada saludable del que viene a sanarnos de todos nuestros males. Por nuestro Señor.

PRIMERA LECTURA
El Señor todopoderoso da fuerza al cansado

LECTURA DEL PROFETA ISAIAS 40, 25-31

¿A quién podéis compararme, que me asemeje? —dice el Santo—. Alzad los ojos a lo alto y mirad: ¿Quién creó aquello? El que cuenta y despliega su ejército y a cada uno lo llama con su nombre; tan grande es su poder, tan robusta su fuerza, que no falta ninguno. ¿Por qué andas hablando, Jacob, y diciendo, Israel: «mi suerte está oculta al Señor, mi Dios ignora mi causa»? ¿Acaso no lo sabes, es que no lo has oído? El Señor es un Dios eterno y creó los confines del orbe. No se cansa, no se fatiga, es insondable su inteligencia. El da fuerza al cansado, acrecienta el vigor del inválido; se cansan los muchachos, se fatigan, los jóvenes tropiezan y vacilan; pero los que esperan en el Señor renuevan sus fuerzas, echan alas como de águilas, corren sin cansarse, marchan sin fatigarse.

Palabra de Dios.

SALMO RESPONSORIAL 102

℟ **Bendice, alma mía, al Señor.**

Bendice, alma mía, al Señor, | y todo mi ser a su santo nombre. | Bendice, alma mía, al Señor, | y no olvides sus beneficios. ℟.

El perdona todas tus culpas, | y cura todas tus enfermedades; | él rescata tu vida de la fosa | y te colma de gracia y de ternura. ℟.

El Señor es compasivo y misericordioso, | lento a la ira y rico en clemencia. | No nos trata como merecen nuestros pecados, | ni nos paga según nuestras culpas. ℟.

ALELUYA

Mirad que llega el Señor para salvar a su Pueblo; dichosos los que están preparados para salir a su encuentro.

EVANGELIO

Venid a mí todos los que estáis cansados y agobiados

✠ LECTURA DEL S. EVANGELIO SEGUN SAN MATEO   11, 28-30

En aquel tiempo, exclamó Jesús y dijo: «Venid a mí todos los que estáis cansados y agobiados, y yo os aliviaré. Cargad con mi yugo y aprended de mí, que soy manso y humilde de corazón, y encontraréis vuestro descanso. Porque mi yugo es llevadero y mi carga ligera.»

Palabra del Señor.

ORACION SOBRE LAS OFRENDAS

Haz, Señor, que te ofrezcamos siempre este sacrificio como expresión de nuestra propia entrega, para que así cumplamos el sacramento que tú nos diste y se lleve a cabo en nosotros la obra de tu salvación. Por Jesucristo nuestro Señor.

Prefacio de Adviento I, p. 1054 o III, p. 1056.

ANTIFONA DE COMUNION
Is 40, 10; cf. 34, 5

El Señor llega con poder e iluminará los ojos de sus siervos.

ORACION DESPUES DE LA COMUNION

Imploramos, Señor, tu misericordia, para que esta comunión que hemos recibido nos prepare a las fiestas que se acercan, purificándonos de todo pecado. Por Jesucristo.

SEGUNDA SEMANA DE ADVIENTO   JUEVES

ANTIFONA DE ENTRADA
Sal 118, 151-152

Tú, Señor, estás cerca y todos tus mandatos son estables; hace tiempo comprendí tus preceptos, porque tú existes desde siempre.

ORACION COLECTA

Despierta, Señor, nuestros corazones y muévelos a preparar los caminos de tu Hijo, para que cuando venga podamos servirte con conciencia pura. Por nuestro Señor.

PRIMERA LECTURA

Yo soy tu Redentor, el Santo de Israel

LECTURA DEL PROFETA ISAIAS   41, 13-20

Yo, el Señor, tu Dios, te agarro de la diestra y te digo: «No temas, yo mismo te auxilio.» No temas, gusanito de Jacob, oruga de Israel, yo mismo te auxilio —oráculo del Señor—, tu Redentor es el Santo de Israel. Mira, te convierto en trillo aguzado, nuevo, dentado: trillarás los montes y los triturarás; harás paja de las colinas; los aventarás y el viento los arrebatará, el vendaval los dispersará; y tú te alegrarás con el Señor, te gloriarás del Santo de Israel.

Los pobres y los indigentes buscan agua y no la hay; su lengua está reseca de sed. Yo, el Señor, les responderé. Yo, el Dios de Israel, no les abandonaré. Alumbraré ríos en cumbres peladas; en medio de las vaguadas, manantiales; transformaré el desierto en estanque y el yermo en fuentes de agua; pondré en el desierto cedros, y acacias, y mirtos, y olivos; plantaré juntos en la estepa cipreses, y olmos y alerces. Para que vean y conozcan, reflexionen y aprendan de una vez, que la mano del Señor lo ha hecho, que el Santo de Israel lo ha creado.

Palabra de Dios.

SALMO RESPONSORIAL 144

℟ **El Señor es clemente y misericordioso, | lento a la cólera y rico en piedad.**

Te ensalzaré, Dios mío, mi rey, | bendeciré tu nombre por siempre jamás. | El Señor es bueno con todos, | es cariñoso con todas sus criaturas. ℟.

Que todas tus criaturas te den gracias, Señor. | Que te bendigan tus fieles; | que proclamen la gloria de tu reinado; | que hablen de tus hazañas. ℟.

Explicando tus hazañas a los hombres, | la gloria y majestad de tu reinado. | Tu reinado es un reinado perpetuo, | tu gobierno va de edad en edad. ℟.

ALELUYA   Cf. Is 45, 8

Cielos, destilad el rocío; nubes, derramad al Justo. Ábrase
la tierra y brote la salvación.

EVANGELIO

No ha nacido uno más grande que Juan el Bautista

✠ LECTURA DEL S. EVANGELIO SEGUN
SAN MATEO   11, 11-15

En aquel tiempo, dijo Jesús a la gente: «Os aseguro que no
ha nacido de mujer uno más grande que Juan el Bautista; aunque
el más pequeño en el Reino de los Cielos es más grande que él.

Desde los días de Juan el Bautista hasta ahora, el Reino de
los Cielos hace fuerza y los esforzados se apoderan de él. Los
profetas y la Ley han profetizado hasta que vino Juan: él es
Elías, el que tenía que venir, con tal que queráis admitirlo. El
que tenga oídos que escuche.»

Palabra del Señor.

ORACION SOBRE LAS OFRENDAS

Acepta, Señor, los bienes que de ti hemos recibido, y por la
presentación de este pan y de este vino concédenos que la acción
santa, que celebramos ahora en nuestra vida mortal, sea para nosotros prenda de salvación eterna. Por Jesucristo nuestro Señor.

Prefacio de Adviento I, p. 1054 o III, p. 1056.

ANTIFONA DE COMUNION   Tit 2, 12-13

Llevemos desde ahora una vida sobria, honrada y religiosa, aguardando la dicha que esperamos: la aparición
gloriosa del gran Dios.

ORACION DESPUES DE LA COMUNION

Señor, que fructifique en nosotros la celebración de estos sacramentos, con los que tú nos enseñas, ya en nuestra vida mor-

tal, a descubrir el valor de los bienes eternos y a poner en ellos
nuestro corazón. Por Jesucristo.

SEGUNDA SEMANA DE ADVIENTO   VIERNES

ANTIFONA DE ENTRADA

El Señor viene con esplendor a visitar a su pueblo
con la paz y comunicarle la vida eterna.

ORACION COLECTA

Señor, que tu pueblo permanezca en vela aguardando la venida de tu Hijo, como el criado que espera la llegada del amo; para
que siguiendo las normas del Maestro salgamos a su encuentro,
cuando él llegue, con las lámparas encendidas. Por nuestro Señor.

PRIMERA LECTURA

¡Si hubieras atendido a mis mandamientos!

LECTURA DEL PROFETA ISAIAS   48, 17-19

Así dice el Señor, tu redentor, el Santo de Israel: «Yo, el Señor, tu Dios, te enseño para tu bien, te guío por el camino que
sigues. Si hubieras atendido a mis mandatos sería tu paz como
un río, tu justicia como las olas del mar; tu progenie sería como
arena, como sus granos los vástagos de tus entrañas; tu nombre
no sería aniquilado ni destruido ante mí.»

Palabra de Dios.

SALMO RESPONSORIAL 1

R **El que te sigue, Señor, | tendrá la luz
de la vida.**   Cf. Jn 8, 12

Dichoso el hombre | que no sigue el consejo de los im-
píos; | ni entra por la senda de los pecadores, | ni se sienta en la

reunión de los cínicos, | sino que su gozo es la ley del Señor, | y medita su ley día y noche. ℟.

Será como un árbol | plantado al borde de la acequia: | Da fruto en su sazón, | no se marchitan sus hojas. | Y cuanto emprenda tiene buen fin. ℟.

No así los impíos, no así: | Serán paja que arrebata el viento. | Porque el Señor protege el camino de los justos, | pero el camino de los impíos acaba mal. ℟.

ALELUYA

El Señor llega, salid a su encuentro; él es el Príncipe de la paz.

EVANGELIO

No hacen caso ni de Juan ni del Hijo del Hombre

✠ LECTURA DEL S. EVANGELIO SEGUN SAN MATEO

11, 16-19

En aquel tiempo, dijo Jesús a la gente: «¿A quién se parece esta generación? Se parece a los niños sentados en la plaza que gritan a otros: "Hemos tocado la flauta y no habéis bailado, hemos cantado lamentaciones y no habéis llorado." Porque vino Juan, que ni comía ni bebía, y dicen: "Tiene un demonio." Vino el Hijo del Hombre, que come y bebe, y dicen: "Ahí tenéis a un comilón y borracho, amigo de publicanos y pecadores." Pero los hechos dan razón a la Sabiduría de Dios.»

Palabra del Señor.

ORACION SOBRE LAS OFRENDAS

Que los ruegos y ofrendas de nuestra pobreza te conmuevan, Señor, y al vernos desvalidos y sin méritos propios acude, compasivo, en nuestra ayuda. Por Jesucristo.

Prefacio de Adviento I, p. 1054 o III, p. 1056.

ANTIFONA DE COMUNION   Flp 3, 20-21

Aguardamos un Salvador: el Señor Jesucristo. El transformará nuestra condición humilde, según el modelo de su condición gloriosa.

ORACION DESPUES DE LA COMUNION

Alimentados con esta eucaristía te pedimos, Señor, por la comunión en tu sacramento, nos des sabiduría para sopesar los bienes de la tierra amando intensamente los del cielo. Por Jesucristo nuestro Señor.

SEGUNDA SEMANA DE ADVIENTO   SABADO

ANTIFONA DE ENTRADA   Sal 79, 4.2

Ven, Señor, tú que te sientas sobre querubines, que brille tu rostro y nos salve.

ORACION COLECTA

Dios todopoderoso: que amanezca en nuestros corazones el resplandor de tu gloria, Cristo, tu Hijo, para que su venida ahuyente las tinieblas del pecado y nos manifieste como hijos de la luz. Por nuestro Señor.

PRIMERA LECTURA

Elías volverá nuevamente

LECTURA DEL LIBRO DEL ECLESIASTICO   48, 1-4.9-11

Surgió Elías, un profeta como un fuego, cuyas palabras eran horno encendido: les quitó el sustento del pan, con su celo los diezmó; con el oráculo divino sujetó el cielo e hizo bajar tres veces fuego. ¡Qué terrible eres, Elías!, ¿quién se te compara en gloria?

Un torbellino te arrebató a la altura, tropeles de fuego hacia el cielo. Está escrito que te reservan para el momento de aplacar la ira antes de que estalle, para reconciliar a padres con hijos, para restablecer las tribus de Israel. Dichoso quien te vea antes de morir, y más dichoso tú que vives.

Palabra de Dios.

SALMO RESPONSORIAL 79

℟. **Oh Dios, restáuranos, | que brille tu rostro y nos salve.**

Pastor de Israel, | tú que te sientas sobre querubines resplandece; | despierta tu poder y ven a salvarnos. ℟.

Dios de los Ejércitos, vuélvete: | Mira desde el cielo, fíjate, | ven a visitar tu viña, | la cepa que tu diestra plantó | y que tú hiciste vigorosa. ℟.

Que tu mano proteja a tu escogido, | al hombre que tú fortaleciste. | No nos alejaremos de ti; | danos vida, para que invoquemos tu nombre. ℟.

ALELUYA

Preparad el camino del Señor, allanad sus senderos. Todos verán la salvación de Dios.

EVANGELIO

Elías ya ha venido y no lo reconocieron

✠ LECTURA DEL S. EVANGELIO SEGUN
SAN MATEO   17, 10-13

Al bajar del monte le preguntaron a Jesús sus discípulos: «¿Por qué dicen los letrados que primero tiene que venir Elías?» El les contestó: «Elías vendrá y lo renovará todo. Pero os digo que Elías ya ha venido y no lo reconocieron, sino que lo trata-

ron a su antojo. Así también el Hijo del Hombre va a padecer
a manos de ellos.» Entonces entendieron los discípulos que se refería a Juan el Bautista.

Palabra del Señor.

ORACION SOBRE LAS OFRENDAS

Haz, Señor, que te ofrezcamos siempre este sacrificio como
expresión de nuestra propia entrega, para que así cumplamos el
sacramento que tú nos diste y se lleve a cabo en nosotros la obra
de tu salvación. Por Jesucristo nuestro Señor.

Prefacio de Adviento I, p. 1054 o III, p. 1056.

ANTIFONA DE COMUNION   Ap 22, 12

Mira, llego en seguida, dice el Señor, y traigo conmigo mi salario, para pagar a cada uno su propio trabajo.

ORACION DESPUES DE LA COMUNION

Imploramos, Señor, tu misericordia, para que esta comunión
que hemos recibido nos prepare a las fiestas que se acercan, purificándonos de todo pecado. Por Jesucristo.

TERCER DOMINGO DE ADVIENTO

Han llegado los tiempos mesiánicos

La antífona de entrada marca la tónica dominante de este domingo que es la alegría. «Estad siempre alegres» se convierte en
una consigna repetida en el Adviento que debe permanecer todo
el año; si el Señor está cerca, su proximidad no debe ser motivo
de tristeza sino de gozo. El viene en persona y nos salvará (1A),
hará brotar la justicia (1B) y cancelará nuestra condena (1C); por
eso los salmos y el cántico de la Virgen María proclaman la

grandeza del Señor y las segundas lecturas abundan en la invitación a la alegría (B, C) y a la firmeza y la paciencia en la espera (A). En los evangelios vuelve a presentarse Juan el Bautista en un contexto de preguntas acerca de él mismo y de Jesús: «¿Eres tú el que ha de venir?» (A), «¿Tú quién eres?» (B), «Entonces, ¿qué hacemos?» (C), cuyas respuestas vienen a confirmar que han llegado los tiempos esperados del Mesías que es reconocido por los pobres en el espíritu, mientras que otros se sienten defraudados por Jesús. Se acercan ya las fiestas del nacimiento del Salvador y estas celebraciones han de prepararnos para aquéllas tal como quería hacerlo el Bautista con su pueblo, «purificándonos de todo pecado» (O3).

ANTIFONA DE ENTRADA   Flp 4, 4.5

Estad siempre alegres en el Señor; os lo repito: estad alegres. El Señor está cerca.

No se dice «Gloria»

ORACION COLECTA

Estás viendo, Señor, cómo tu pueblo espera con fe la fiesta del nacimiento de tu Hijo; concédenos llegar a la Navidad —fiesta de gozo y salvación— y poder celebrarla con alegría desbordante. Por nuestro Señor.

ORACION SOBRE LAS OFRENDAS

Haz, Señor, que te ofrezcamos siempre este sacrificio como expresión de nuestra propia entrega, para que así cumplamos el sacramento que tú nos diste y se lleve a cabo en nosotros la obra de tu salvación. Por Jesucristo nuestro Señor.

Prefacio de Adviento I, p. 1054-57.

ANTIFONA DE COMUNION   Is 35, 4

Decid a los cobardes de corazón: «Sed fuertes, no temáis.» Mirad a nuestro Dios que va a venir a salvarnos.

ORACION DESPUES DE LA COMUNION

Imploramos, Señor, tu misericordia, para que esta comunión que hemos recibido nos prepare a las fiestas que se acercan, purificándonos de todo pecado. Por Jesucristo nuestro Señor.

CICLO A (Años 1989, 1992, 1995, 1998, 2001, 2004)

PRIMERA LECTURA

Dios vendrá y nos salvará

LECTURA DEL LIBRO DE ISAIAS   35, 1-6a.10

El desierto y el yermo se regocijarán, se alegrarán el páramo y la estepa, florecerá como flor de narciso, se alegrará con gozo y alegría. Tiene la gloria del Líbano, la belleza del Carmelo y del Sarón. Ellos verán la gloria del Señor, la belleza de nuestro Dios. Fortaleced las manos débiles, robusteced las rodillas vacilantes, decid a los cobardes de corazón: sed fuertes, no temáis. Mirad a vuestro Dios, que trae el desquite, viene en persona, resarcirá y os salvará. Se despegarán los ojos del ciego, los oídos del sordo se abrirán, saltará como un ciervo el cojo, la lengua del mudo cantará, y volverán los rescatados del Señor. Vendrá a Sión con cánticos: en cabeza, alegría perpetua, siguiéndolos, gozo y alegría. Pena y aflicción se alejarán.

Palabra de Dios.

SALMO RESPONSORIAL 145

℟ **Ven, Señor, a salvarnos. (o, Aleluya.)**
El Señor mantiene su fidelidad perpetuamente, | hace justicia a los oprimidos, | da pan a los hambrientos. | El Señor liberta a los cautivos. ℟.
El Señor abre los ojos al ciego, | el Señor endereza a los que ya se doblan, | el Señor ama a los justos, | el Señor guarda a los peregrinos. ℟.

Sustenta al huérfano y a la viuda | y trastorna el camino de los malvados. | El Señor reina eternamente; | tu Dios, Sión, de edad en edad. ℟.

SEGUNDA LECTURA

Manteneos firmes, porque la venida del Señor está cerca

LECTURA DE LA CARTA DEL APOSTOL SANTIAGO 5, 7-10

Tened paciencia, hermanos, hasta la venida del Señor. El labrador aguarda paciente el fruto valioso de la tierra mientras recibe la lluvia temprana y tardía. Tened paciencia también vosotros, manteneos firmes, porque la venida del Señor está cerca. No os quejéis, hermanos, unos de otros para no ser condenados. Mirad que el juez está ya a la puerta. Tomad, hermanos, como ejemplo de sufrimiento y de paciencia a los profetas, que hablaron en nombre del Señor.

Palabra de Dios.

ALELUYA Is 61, 1

El Espíritu del Señor está sobre mí; me ha enviado para dar la Buena Noticia a los pobres.

EVANGELIO

¿Eres tú el que ha de venir o tenemos que esperar a otro?

✠ LECTURA DEL S. EVANGELIO SEGUN SAN MATEO 11, 2-11

En aquel tiempo, Juan, que había oído en la cárcel las obras de Cristo, le mandó a preguntar por medio de dos de sus discípulos: «¿Eres tú el que ha de venir o tenemos que esperar a otro?» Jesús les respondió: «Id a anunciar a Juan lo que estáis viendo y oyendo: los ciegos ven y los inválidos andan; los leprosos quedan limpios y los sordos oyen; los muertos resucitan, y a los pobres se les anuncia la Buena Noticia. ¡Y dichoso el que no se sienta defraudado por mí!». Al irse ellos, Jesús se puso a hablar a la gente sobre Juan: «¿Qué salisteis a contemplar en el desierto, una caña sacudida por el viento? ¿O qué fuisteis a ver, un hombre vestido con lujo? Los que visten con lujo habitan en los palacios. Entonces, ¿a qué salisteis, a ver a un profeta? Sí, os digo, y más que profeta: él es de quien está escrito: «Yo envío mi mensajero delante de ti para que prepare el camino ante ti.» Os aseguro que no ha nacido de mujer uno más grande que Juan el Bautista, aunque el más pequeño en el Reino de los Cielos es más grande que él.»

Palabra del Señor.

Se dice «Credo».

CICLO B (Años 1990, 1993, 1996, 1999, 2002, 2005)

PRIMERA LECTURA

Yo me regocijaré con sumo gozo en el Señor

LECTURA DEL LIBRO DE ISAIAS   61, 1-2a.10-11

El Espíritu del Señor está sobre mí, porque el Señor me ha ungido. Me ha enviado para dar la buena noticia a los que sufren, para vendar los corazones desgarrados, para proclamar la amnistía a los cautivos y a los prisioneros la libertad, para proclamar el año de gracia del Señor. Desbordo de gozo con el Señor, y me alegro con mi Dios: porque me ha vestido un traje de gala y me ha envuelto en un manto de triunfo, como novio que se pone la corona, o novia que se adorna con sus joyas. Como el suelo echa sus brotes, como un jardín hace brotar sus semillas, así el Señor hará brotar la justicia y los himnos, ante todos los pueblos.

Palabra de Dios.

SALMO RESPONSORIAL   Lc 1, 46-50.53-54

R. **Me alegro con mi Dios.**

Proclama mi alma la grandeza del Señor, | se alegra mi espíritu en Dios mi salvador; | porque ha mirado la humillación de su esclava. R.

Desde ahora me felicitarán todas las generaciones | porque el Poderoso ha hecho obras grandes por mí; | su nombre es santo, | y su misericordia llega a sus fieles | de generación en generación. R.

A los hambrientos los colma de bienes | y a los ricos los despide vacíos. | Auxilia a Israel su siervo, | acordándose de la misericordia. R.

SEGUNDA LECTURA

Vuestro espíritu entero, se conserve para cuando venga el Señor

LECTURA DE LA PRIMERA CARTA DEL
APOSTOL SAN PABLO A LOS TESALONICENSES   5, 16-24

Hermanos: Estad siempre alegres. Sed constantes en orar. En toda ocasión tened la Acción de Gracias: ésta es la voluntad de Dios en Cristo Jesús respecto de vosotros. No apaguéis el espíritu, no despreciéis el don de profecía; sino examinadlo todo, quedándoos con lo bueno. Guardaos de toda forma de maldad. Que el mismo Dios de la paz os consagre totalmente, y que todo vuestro ser, alma y cuerpo, sea custodiado sin reproche hasta la Parusía de nuestro Señor Jesucristo. El que os ha llamado es fiel y cumplirá sus promesas.

Palabra de Dios.

ALELUYA   Is 61, 1

El Espíritu del Señor está sobre mí, me ha enviado para dar la Buena Noticia a los pobres.

EVANGELIO

En medio de vosotros está uno a quien no conocéis

✠ LECTURA DEL S. EVANGELIO SEGUN SAN JUAN
1, 6-8.19-28

Surgió un hombre enviado por Dios, que se llamaba Juan: éste venía como testigo, para dar testimonio de la luz, para que por él todos vinieran a la fe. No era él la luz, sino testigo de la luz, y este fue el testimonio de Juan, cuando los judíos enviaron desde Jerusalén sacerdotes y levitas a Juan, a que le preguntaran: «¿Tú quién eres?» El confesó sin reservas: «Yo no soy el Mesías.» Le preguntaron: «Entonces ¿qué? ¿Eres tú Elías?» El dijo: «No lo soy.» «¿Eres tú el Profeta?» Respondió: «No.» Y le dijeron: «¿Quién eres? Para que podamos dar una respuesta a los que nos han enviado, ¿qué dices de ti mismo?» El contestó: «Yo soy la voz que grita en el desierto: "Allanad el camino del Señor" (como dijo el Profeta Isaías).» Entre los enviados había fariseos y le preguntaron: «Entonces, ¿por qué bautizas, si tú no eres el Mesías, ni Elías, ni el Profeta?» Juan les respondió: «Yo bautizo con agua; en medio de vosotros hay uno que no conocéis, el que viene detrás de mí, que existía antes que yo y al que no soy digno de desatar la correa de la sandalia.» Esto pasaba en Betania, en la otra orilla del Jordán, donde estaba Juan bautizando.

Palabra del Señor.

Se dice «Credo».

CICLO C (Años 1991, 1994, 1997, 2000, 2003, 2006)

PRIMERA LECTURA

El Señor se alegrará en ti

LECTURA DEL LIBRO DE SOFONIAS
3, 14-18a

Regocíjate, hija de Sión, grita de júbilo, Israel, alégrate y gózate de todo corazón, Jerusalén. El Señor ha cancelado tu condena, ha expulsado a tus enemigos. El Señor será el rey de Israel, en medio de ti, y ya no temerás. Aquel día dirán a Jerusalén: No temas, Sión, no desfallezcan tus manos. El Señor tu Dios, en medio de ti, es un guerrero que salva. El se goza y se complace en ti, te ama y se alegra con júbilo como en día de fiesta.

SALMO RESPONSORIAL   Is 12, 2-3.4bcd.5-6

℞ **Gritad jubilosos: «Qué grande es en medio de ti | el Santo de Israel.»**

El Señor es mi Dios y salvador; | confiaré y no temeré, | porque mi fuerza y mi poder es el Señor | él fue mi salvación. | Sacaréis aguas con gozo | de las fuentes de la salvación. ℞.

Dad gracias al Señor, | invocad su nombre, | contad a los pueblos sus hazañas. | Proclamad que su nombre es excelso. ℞.

Tañed para el Señor, que hizo proezas, | anunciadlas a toda la tierra; | gritad jubilosos, habitantes de Sión: | «Qué grande es en medio de ti | el Santo de Israel.» ℞.

SEGUNDA LECTURA

El Señor está cerca

LECTURA DE LA CARTA DEL APOSTOL
SAN PABLO A LOS FILIPENSES   4, 4-7

Hermanos: Estad siempre alegres en el Señor; os lo repito, estad alegres. Que vuestra mesura la conozca todo el mundo. El Señor está cerca. Nada os preocupe; sino que, en toda ocasión, en la oración y súplica con acción de gracias, vuestras peticiones sean presentadas a Dios. Y la paz de Dios, que sobrepasa todo juicio, custodiará vuestros corazones y vuestros pensamientos en Cristo Jesús.

Palabra de Dios.

ALELUYA   Is 61, 1

El Espíritu del Señor está sobre mí; me ha enviado para dar la Buena Noticia a los pobres.

EVANGELIO

¿Qué hemos de hacer?

✠ LECTURA DEL S. EVANGELIO SEGUN
SAN LUCAS   3, 10-18

En aquel tiempo, la gente preguntó a Juan: «¿Entonces, qué
hacemos?» El contestó: «El que tenga dos túnicas, que se las reparta con el que no tiene; y el que tenga comida, haga lo mismo.» Vinieron también a bautizarse unos publicanos, y le preguntaron: «Maestro, ¿qué hacemos nosotros?» El les contestó:
«No exijáis más de lo establecido.» Unos militares le preguntaron: «¿Qué hacemos nosotros?» El les contestó: «No hagáis extorsión a nadie, ni os aprovechéis con denuncias, sino contentaos
con la paga.» El pueblo estaba en expectación y todos se preguntaban si no sería Juan el Mesías; él tomó la palabra y dijo a todos: «Yo os bautizo con agua; pero viene el que puede más que
yo, y no merezco desatarle la correa de sus sandalias. El os bautizará con Espíritu Santo y fuego: tiene en la mano la horca para
aventar su parva y reunir su trigo en el granero y quemar la paja
en una hoguera que no se apaga.» Añadiendo otras muchas cosas, exhortaba al pueblo y le anunciaba la Buena Noticia.

Palabra del Señor.

Se dice «Credo».

TERCERA SEMANA DE ADVIENTO   LUNES

*Si esta feria se celebra después del día 16 de diciembre, omitido el
formulario que sigue, se utiliza el formulario asignado al día del mes con
el cual coincida esta feria (pp. 84-106).*

ANTIFONA DE ENTRADA   Jr 31, 10; Is 35, 4

Escuchad, pueblos, la palabra del Señor; anunciadla
en los confines de la tierra: Mirad a nuestro Salvador que
viene; no temáis.

ORACION COLECTA

Escucha nuestra súplica, Señor, e ilumina las tinieblas de nuestro espíritu con la gracia de la venida de tu Hijo. Que vive y reina contigo.

PRIMERA LECTURA

Surge un astro, nacido de Jacob

LECTURA DEL LIBRO DE LOS NUMEROS   24, 2-7.15-17a

En aquellos días, Balaán, tendiendo la vista, divisó a Israel acampado por tribus. El espíritu del Señor vino sobre él y entonó sus versos: «Oráculo de Balaán, hijo de Beor; oráculo del hombre de ojos perfectos. Oráculo del que escucha palabras de Dios; que contempla visiones del Poderoso, en éxtasis, con los ojos abiertos. ¡Qué bellas las tiendas de Jacob y las moradas de Israel! Como vegas dilatadas, como jardines junto al río, como áloes que plantó el Señor o cedros junto a la corriente. Sale un héroe de su descendencia, domina sobre pueblos numerosos. Oráculo de Balaán, hijo de Beor; oráculo del hombre de ojos perfectos. Oráculo del que escucha palabras de Dios y conoce los planes del Altísimo, que contempla visiones del Poderoso, en éxtais, con lo ojos abiertos: lo veo, pero no es ahora; lo contemplo, pero no será pronto; avanza la constelación de Jacob y sube el cetro de Israel.»

Palabra de Dios.

SALMO RESPONSORIAL 24

℟ **Señor, enséñame tus caminos.**

Señor, enséñame tus caminos, | instrúyeme en tus sendas, | haz que camine con lealtad; | enséñame, porque tú eres mi Dios y mi salvador. ℟.

Recuerda, Señor, que tu ternura | y tu misericordia son eternas; | acuérdate de mí con misericordia, | por tu bondad, Señor. ℟.

El Señor es bueno y recto, | y enseña el camino a los pecadores; | hace caminar a los humildes con rectitud, | enseña su camino a los humildes. ℟.

ALELUYA   Sal 84, 8

Muéstranos, Señor, tu misericordia y danos tu salvación.

EVANGELIO

El bautismo de Juan, ¿de dónde venía?

✠ LECTURA DEL S. EVANGELIO SEGUN
SAN MATEO   21, 23-27

En aquel tiempo, Jesús fue al templo y, mientras enseñaba, se le acercaron los sumos sacerdotes y los ancianos del pueblo para preguntarle: «¿Con qué autoridad haces esto? ¿Quién te ha dado semejante autoridad?» Jesús les replicó: «Os voy a hacer yo también una pregunta; si me la contestáis os diré yo también con qué autoridad hago esto. El bautismo de Juan, ¿de dónde venía, del cielo o de los hombres?» Ellos se pusieron a deliberar: «Si decimos "del cielo", nos dirá "¿por qué no le habéis creído?" Si le decimos "de los hombres", tememos a la gente; porque todos tienen a Juan por profeta.» Y respondieron a Jesús: «No sabemos.» El, por su parte, les dijo: «Pues tampoco yo os digo con qué autoridad hago esto.»

Palabra del Señor.

ORACION SOBRE LAS OFRENDAS

Acepta, Señor, este pan y este vino, escogidos de entre los bienes que hemos recibido de ti, y concédenos que esta eucaristía, que nos permites celebrar ahora en nuestra vida mortal, sea para nosotros prenda de salvación eterna. Por Jesucristo nuestro Señor.

Prefacio de Adviento I, p. 1054 o III, p. 1056.

ANTIFONA DE COMUNION   Sal 105, 4, 5; Is 38, 3

Ven, Señor, visítanos con tu paz y nos alegraremos
en tu presencia de todo corazón.

ORACION DESPUES DE LA COMUNION

Señor: que fructifique en nosotros la celebración de estos sacramentos con los que tú nos enseñas, ya en nuestra vida mortal,
a descubrir el valor de los bienes eternos y a poner en ellos nuestro corazón. Por Jesucristo.

TERCERA SEMANA DE ADVIENTO   MARTES

*Si esta feria se celebra después del día 16 de diciembre, omitido el
formulario que sigue, se utiliza el formulario asignado al día del mes con
el cual coincida esta feria (pp. 84-107).*

ANTIFONA DE ENTRADA   Zc 15, 5.7

Vendrá el Señor y con él todos sus santos; aquel día
brillará una gran luz.

ORACION COLECTA

Señor y Dios nuestro, que por medio de tu Hijo nos has
transformado en nuevas criaturas, mira con amor esta obra de
tus manos y, por la venida de Cristo, tu Unigénito, límpianos de
las huellas de nuestra antigua vida de pecado. Por nuestro Señor.

PRIMERA LECTURA

La salvación traída por Cristo les es ofrecida a los pobres

LECTURA DEL PROFETA SOFONIAS   3, 1-2. 9-13

Así dice el Señor: ¡Ay de la ciudad rebelde, manchada y
opresora! No obedecía a la voz, no aceptaba la instrucción, no
confiaba en el Señor, no se acercaba a su Dios. Entonces daré a
los pueblos labios puros, para que invoquen todos el nombre del
Señor, para que le sirvan unánimes. Desde más allá de los ríos

de Etiopía, mis fieles dispersos me traerán ofrendas. Aquel día
no te avergonzarás de las obras con que ofendiste, porque arrancaré de tu interior tus soberbias bravatas y no volverás a gloriar-
te sobre mi monte santo. Dejaré en medio de ti un pueblo pobre
y humilde, que confiará en el nombre del Señor. El resto de Israel no cometerá maldades, ni dirá mentiras, ni se hallará en su
boca una lengua embustera; pastarán y se tenderán sin sobresaltos.

Palabra de Dios.

SALMO RESPONSORIAL 33

℟ **Si el afligido invoca al Señor, | él lo escucha.**

Bendigo al Señor en todo momento, | su alabanza está siem-
pre en mi boca; | mi alma se gloría en el Señor: | Que los humil-
des lo escuchen y se alegren. ℟

Contempladlo y quedaréis radiantes, | vuestro rostro no se
avergonzará. | Si el afligido invoca al Señor, él lo escucha | y lo
salva de sus angustias. ℟

El Señor se enfrenta con los malhechores | para borrar de la
tierra su memoria. | Cuando uno grita, el Señor lo escucha | y lo
libra de sus angustias. ℟

El Señor está cerca de los atribulados, | salva a los abatidos.
| El Señor redime a sus siervos, | no será castigado quien se aco-
ge a él. ℟

ALELUYA

Ven, Señor, y no tardes, perdona los pecados de tu
pueblo.

EVANGELIO

Vino Juan a vosotros, y los pecadores creyeron en su palabra

✠ LECTURA DEL S. EVANGELIO SEGUN
SAN MATEO   21, 28-32

En aquel tiempo, dijo Jesús a los sumos sacerdotes y a los
ancianos del pueblo: «¿Qué os parece? Un hombre tenía dos hi-

jos. Se acercó al primero y le dijo: "Hijo, ve hoy a trabajar en la viña." El le contestó: "No quiero." Pero después se arrepintió y fue. Se acercó al segundo y le dijo lo mismo. El le contestó: "Voy, señor." Pero no fue. ¿Quién de los dos hizo lo que quería el padre?» Contestaron: «El primero.» Jesús les dijo: «Os aseguro que los publicanos y las prostitutas os llevan la delantera en el camino del Reino de Dios. Porque vino Juan a vosotros enseñándoos el camino de la justicia y no le creísteis; en cambio, los publicanos y prostitutas le creyeron. Y, aun después de ver esto, vosotros no recapacitasteis ni le creísteis.»

Palabra del Señor.

ORACION SOBRE LAS OFRENDAS

Que los ruegos y ofrendas de nuestra pobreza te conmuevan, Señor, y al vernos desvalidos y sin méritos propios acude, compasivo, en nuestra ayuda. Por Jesucristo.

Prefacio de Adviento I, p. 1054 o III, p. 1056.

ANTIFONA DE COMUNION   2 Tim 4, 8

El juez justo premiará con la corona merecida a todos los que tienen amor a su venida.

ORACION DESPUES DE LA COMUNION

Alimentados con esta eucaristía te pedimos, Señor, que por la comunión de tu sacramento, nos des sabiduría para sopesar los bienes de la tierra amando intensamente los del cielo. Por Jesucristo nuestro Señor.

TERCERA SEMANA DE ADVIENTO   MIERCOLES

Si esta feria se celebra después del día 16 de diciembre, omitido el formulario que sigue, se utiliza el formulario asignado al día del mes con el cual coincida esta feria (pp. 84-107).

68

El Señor llegará sin retrasarse, él iluminará lo que esconden las tinieblas y se manifestará a todos los pueblos.

ORACION COLECTA

Concédenos, Dios todopoderoso, que la fiesta ya cercana del nacimiento de tu Hijo nos reconforte en esta vida y nos obtenga la recompensa eterna. Por nuestro Señor.

PRIMERA LECTURA

Abrase la tierra y brote la salvación

LECTURA DEL PROFETA ISAIAS   45, 6b-8.18.21b-26

«Yo soy el Señor, y no hay otro: artífice de la luz, creador de las tinieblas, autor de la paz, creador de la desgracia; yo, el Señor, hago todo esto. Cielos, destilad el rocío; nubes, derramad la victoria; ábrase la tierra y brote la salvación, y con ella germine la justicia; yo, el Señor, lo he creado.» Así dice el Señor, creador del cielo —él es Dios—, él modeló la tierra, la fabricó y la afianzó; no la creó vacía, sino que la formó habitable: «Yo soy el Señor, y no hay otro. No hay otro Dios fuera de mí. Yo soy un Dios justo y salvador, y no hay ninguno más. Volveos hacia mí para salvaros, confines de la tierra, pues yo soy Dios, y no hay otro. Yo juro por mi nombre, de mi boca sale una sentencia, una palabra irrevocable: «Ante mí se doblará toda rodilla, por mí jurará toda lengua»; dirán: «Sólo el Señor tiene la justicia y el poder.» A él vendrán avergonzados los que se enardecían contra él; con el Señor triunfará y se gloriará la estirpe de Israel.»

Palabra de Dios.

SALMO RESPONSORIAL 84

R̸ **Cielos, destilad el rocío; | nubes, derramad al Justo.**
     Is 45, 8

Voy a escuchar lo que dice el Señor: | «Dios anuncia la paz | a su pueblo y a sus amigos.» | La salvación está ya cerca de sus fieles | y la gloria habitará en nuestra tierra. R̸.

La misericordia y la fidelidad se encuentran, | la justicia y la paz se besan; | la fidelidad brota de la tierra | y la justicia mira desde el cielo. R̂.

El Señor nos dará la lluvia, | y nuestra tierra dará su fruto. | La justicia marchará ante él, | la salvación seguirá sus pasos. R̂.

ALELUYA Is 40, 9-10

Alza fuerte la voz, heraldo; mirad, el Señor Dios llega con poder.

EVANGELIO

Id a anunciar a Juan lo que habéis visto y oído

✠ LECTURA DEL S. EVANGELIO SEGUN
SAN LUCAS 7, 19-23

En aquel tiempo, Juan envió a dos de sus discípulos a preguntar al Señor: «¿Eres tú el que ha de venir, o tenemos que esperar a otro?» Los hombres se presentaron a Jesús y le dijeron: «Juan el Bautista nos ha mandado a preguntarte: "¿Eres tú el que ha de venir, o tenemos que esperar a otro?"» Y en aquella ocasión Jesús curó a muchos de enfermedades, achaques y malos espíritus, y a muchos ciegos les otorgó la vista. Después contestó a los enviados: «Id a anunciar a Juan lo que habéis visto y oído: los ciegos ven, los inválidos andan, los leprosos quedan limpios, los sordos oyen, los muertos resucitan y a los pobres se les anuncia la Buena Noticia. Y dichoso el que no se escandalice de mí.»

Palabra del Señor.

ORACION SOBRE LAS OFRENDAS

Haz, Señor, que te ofrezcamos siempre este sacrificio como expresión de nuestra propia entrega, para que así cumplamos el sacramento que tú nos diste y se lleve a cabo en nosotros la obra de tu salvación. Por Jesucristo nuestro Señor.

Prefacio de Adviento I, p. 1054 o III, p. 1056.

ANTIFONA DE COMUNION   Is 40, 10; cf. 34, 5

El Señor llega con poder. Iluminará los ojos de sus siervos.

ORACION DESPUES DE LA COMUNION

Imploramos, Señor, tu misericordia, para que esta comunión que hemos recibido nos prepare a las fiestas que se acercan, purificándonos de todo pecado. Por Jesucristo.

TERCERA SEMANA DE ADVIENTO   JUEVES

Si esta feria se celebra después del día 16 de diciembre, omitido el formulario que sigue, se utiliza el formulario asignado al día del mes con el cual coincida esta feria (pp. 84-107).

ANTIFONA DE ENTRADA   Sal 118, 151-152

Tú, Señor, estás cerca y todos tus mandatos son estables; hace tiempo comprendí tus preceptos, porque tú existes desde siempre.

ORACION COLECTA

Somos siervos indignos de ti, Señor, y estamos afligidos por nuestros pecados; haznos encontrar la alegría en la venida salvadora de tu Hijo. Que vive y reina contigo.

PRIMERA LECTURA

Te vuelve a llamar el Señor como a una mujer abandonada

LECTURA DEL PROFETA ISAIAS   54, 1-10

Alégrate, la estéril, que no dabas a luz; rompe a cantar de júbilo, la que no tenías dolores: porque la abandonada tendrá más
hijos que la casada —dice el Señor—. Ensancha el espacio de tu
tienda, despliega sin miedo tus lonas, alarga tus cuerdas, hincha
bien tus estacas, porque te extenderás a derecha e izquierda. Tu
estirpe heredará las naciones y poblará ciudades desiertas. No temas, no tendrás que avergonzarte; no te sonrojes, que no te
afrentarán. Olvidarás la vergüenza de tu soltería, ya no recorda-
rás la afrenta de tu viudez. El que te hizo te tomará por esposa:
su nombre es «Señor de los Ejércitos». Tu redentor es el Santo
de Israel, se llama «Dios de toda la tierra». Como a mujer abandonada y abatida te vuelve a llamar el Señor; como a esposa de
juventud, repudiada —dice tu Dios—. Por un instante te abandoné, pero con gran cariño te reuniré. En un arrebato de ira te
escondí un instante mi rostro, pero con misericordia eterna te
quiero —dice el Señor, tu redentor.— Me sucede como en
tiempo de Noé: juré que las aguas del diluvio no volverían a cubrir la tierra: así juro no airarme contra ti ni amenazarte. Aunque
se retiren los montes y vacilen las colinas, no se retirará de ti mi
misericordia, ni mi alianza de paz vacilará —dice el Señor que te
quiere—.

Palabra de Dios.

SALMO RESPONSORIAL 29

℟ **Te ensalzaré, Señor, porque me has librado.**

Te ensalzaré, Señor, porque me has librado | y no has dejado
que mis enemigos se rían de mí. | Señor, sacaste mi vida del
abismo, | me hiciste revivir cuando bajaba a la fosa. ℟.

Tañed para el Señor, fieles suyos, | dad gracias a su nombre
santo; | su cólera dura un instante, | su bondad, de por vida; | al
atardecer nos visita el llanto, | por la mañana, el júbilo. ℟.

Escucha, Señor, y ten piedad de mí, | Señor, socórreme. | Cambiaste mi luto en danzas; | Señor, Dios mío, te daré gracias por siempre. ℟.

ALELUYA   Lc 3, 4.6

Preparad el camino del Señor, allanad sus senderos. Todos los hombres verán la salvación de Dios.

EVANGELIO

Juan es el mensajero que prepara el camino ante el Señor

✠ LECTURA DEL S. EVANGELIO SEGUN SAN LUCAS   7, 24-30

Cuando se marcharon los mensajeros de Juan, Jesús se puso a hablar a la gente acerca de Juan: «¿Qué salisteis a contemplar en el desierto?, ¿una caña sacudida por el viento? ¿O qué salisteis a ver?, ¿un hombre vestido con lujo? Los que se visten fastuosamente y viven entre placeres están en los palacios. Entonces, ¿qué salisteis a ver? ¿Un profeta? Sí, os digo, y más que profeta. El es de quien está escrito: "Yo envío mi mensajero delante de ti para que prepare el camino ante ti." Os digo que entre los nacidos de mujer nadie es más grande que Juan. Aunque el más pequeño en el Reino de Dios es más grande que él.» Al oírlo toda la gente, incluso los publicanos, que habían recibido el bautismo de Juan, bendijeron a Dios. Pero los fariseos y los letrados, que no habían aceptado su bautismo, frustraron el designio de Dios para con ellos.

Palabra del Señor.

ORACION SOBRE LAS OFRENDAS

Acepta, Señor, este pan y este vino, escogidos de entre los bienes que hemos recibido de ti, y concédenos que esta eucaristía, que nos permites celebrar ahora en nuestra vida mortal, sea para nosotros prenda de salvación eterna. Por Jesucristo nuestro Señor.

Prefacio de Adviento I, p. 1054 o III, p. 1056.

ANTIFONA DE COMUNION   Tit 2, 12-13

Llevemos desde ahora una vida sobria, honrada y religiosa, aguardando la dicha que esperamos: la aparición gloriosa del gran Dios.

ORACION DESPUES DE LA COMUNION

Señor, que fructifique en nosotros la celebración de estos sacramentos, con los que tú nos enseñas, ya en nuestra vida mortal, a descubrir el valor de los bienes eternos y a poner en ellos nuestro corazón. Por Jesucristo.

TERCERA SEMANA DE ADVIENTO   VIERNES

Si esta feria se celebra después del día 16 de diciembre, omitido el formulario que sigue, se utiliza el formulario asignado al día del mes con el cual coincida esta feria (pp. 84-107).

ANTIFONA DE ENTRADA

El Señor viene con esplendor a visitar a su pueblo con la paz y comunicarle la vida eterna.

ORACION COLECTA

Que tu gracia, Señor, nos disponga y nos acompañe siempre; así los que anhelamos vivamente la venida de tu Hijo, a su llegada encontraremos auxilio para el tiempo presente y para la vida futura. Por nuestro Señor.

PRIMERA LECTURA

Mi casa es casa de oración y así la llamarán todos los pueblos

LECTURA DEL PROFETA ISAIAS   56, 1-3a.6-8

Así dice el Señor: Guardad el derecho, practicad la justicia, que mi salvación está para llegar y se va a revelar mi victoria. Dichoso el hombre que obra así; dichoso el mortal que persevera en ello, que guarda el sábado sin profanarlo y guarda su mano de obrar el mal. No diga el extranjero que se ha dado al Señor: «El Señor me excluirá de su pueblo.» A los extranjeros que se han dado al Señor, para servirlo, para amar el nombre del Señor y ser sus servidores, que guardan el sábado sin profanarlo y perseveran en mi alianza: los traeré a mi Monte Santo, los alegraré en mi casa de oración; aceptaré sobre mi altar sus holocaustos y sacrificios, porque mi casa es casa de oración, y así la llamarán todos los pueblos. Oráculo del Señor, que reúne a los dispersos de Israel, y reunirá otros a los ya reunidos.

Palabra de Dios.

SALMO RESPONSORIAL 66

℟ **Oh Dios, que te alaben los pueblos, | que todos los pueblos te alaben.**

El Señor tenga piedad y nos bendiga, | ilumine su rostro sobre nosotros: | Conozca la tierra tus caminos, | todos los pueblos tu salvación. ℟.

Que canten de alegría las naciones, | porque riges el mundo con justicia, | riges los pueblos con rectitud, | y gobiernas las naciones de la tierra. ℟.

La tierra ha dado su fruto, | nos bendice el Señor nuestro Dios. | Que Dios nos bendiga; que le teman | hasta los confines del orbe. ℟.

ALELUYA

Ven, Señor, visítanos con tu paz, y nos alegraremos en tu presencia de todo corazón.

EVANGELIO

Juan es la lámpara que arde y brilla

✠ LECTURA DEL S. EVANGELIO SEGUN SAN JUAN

5, 33-36

En aquel tiempo, dijo Jesús a los judíos: «Vosotros enviásteis mensajeros a Juan, y él ha dado testimonio a la verdad. No es que yo dependa del testimonio de un hombre; si digo esto es para que vosotros os salvéis. Juan era la lámpara que ardía y brillaba y vosotros quisisteis gozar un instante de su luz. Pero el testimonio que yo tengo es mayor que el de Juan: las obras que el Padre me ha concedido realizar; esas obras que hago dan este testimonio de mí: que el Padre me ha enviado.»

Palabra del Señor.

ORACION SOBRE LAS OFRENDAS

Que los ruegos y ofrendas de nuestra pobreza te conmuevan, Señor, y al vernos desvalidos y sin méritos propios acude, compasivo, en nuestra ayuda. Por Jesucristo.

Prefacio de Adviento I, p. 1054 o III, p. 1056.

ANTIFONA DE COMUNION

Flp 3, 20-21

Aguardamos un Salvador: el Señor Jesucristo. El transformará nuestra condición humilde, según el modelo de su condición gloriosa.

ORACION DESPUES DE LA COMUNION

Alimentados con esta eucaristía te pedimos, Señor, por la comunión en tu sacramento, nos des sabiduría para sopesar los bie-

nes de la tierra amando intensamente los del cielo. Por Jesucristo
nuestro Señor.

*La fecha más tardía del tercer sábado es el 17 de diciembre. Para
la misa ver p. 84.*

CUARTO DOMINGO DE ADVIENTO

La encarnación del Hijo de Dios

En vísperas de la Navidad la liturgia nos evoca los momentos previos al nacimiento del Mesías como fueron su anunciación
y encarnación en el seno de la Virgen María. En el ciclo A se lee
la anunciación a José, pasaje de san Mateo donde se tiene la intención de afirmar el carácter sobrenatural del nacimiento de Jesucristo. En los ciclos B y C se leen sucesivamente los pasajes de
la anunciación a María y la visitación de ésta a su pariente santa
Isabel, futura madre del Bautista, según el evangelio de Lucas.
Las primeras lecturas son profecías relacionadas con el evento
que se celebra, pues los vaticinios de Isaías (A) y de Natán (B)
son citados literalmente en los evangelios de su ciclo respectivo,
mientras que la profecía de Miqueas (C) señala a Belén como el
lugar donde ha de nacer el Mesías con palabras que se repetirán,
citándolas, en el evangelio de la solemnidad de la Epifanía. Las
segundas lecturas nos dan una interpretación más abstracta y universal del misterio de la humanización o encarnación del Hijo de
Dios; éste es Hijo de David en el doble sentido de la carne y del
Espíritu (A), con su aparición en el mundo comienza a desvelar-
se el misterio o plan secreto de Dios para la salvación de los
hombres (B), y la vida de Jesús es, desde el comienzo, una ofrenda permanente (C); es el servicio de Cristo al Padre como rey,
profeta y sacerdote.

ANTÍFONA DE ENTRADA   Is 45, 8

Cielos, destilad el rocío; nubes, derramad la victoria;
ábrase la tierra y brote la salvación.

No se dice «Gloria»

ORACION COLECTA

Derrama, Señor, tu gracia sobre nosotros, que por el anuncio del ángel hemos conocido la encarnación de tu Hijo, para que lleguemos por su pasión y su cruz a la gloria de la resurrección. Por nuestro Señor.

ORACION SOBRE LAS OFRENDAS

El mismo espíritu, que cubrió con su sombra y fecundó con su poder las entrañas de María, la Virgen Madre, santifique, Señor, estos dones que hemos colocado sobre tu altar. Por Jesucristo.

Prefacio de Adviento II, p. 1055 o IV, p. 1057.

ANTIFONA DE COMUNION   Is 7, 14

Mirad: La Virgen está encinta y dará a luz un hijo, y le pondrán por nombre Dios-con-nosotros.

ORACION DESPUES DE LA COMUNION

Señor, que este pueblo, que acaba de recibir la prenda de su salvación, se prepare con tanto mayor fervor a celebrar el misterio del nacimiento de tu Hijo cuanto más se acerca la fiesta de Navidad. Por Jesucristo nuestro Señor.

Cuando durante la semana se ha de decir misa de feria, se utilizan los textos que se proponen más adelante, pp. 84-107.

CICLO A (Años 1989, 1992, 1995, 1998, 2001, 2004)

PRIMERA LECTURA

La Virgen concebirá

LECTURA DEL LIBRO DE ISAIAS   7, 10-14

En aquellos días, dijo el Señor a Acaz: «Pide una señal al Señor tu Dios en lo hondo del abismo o en lo alto del cielo.» Res-

pondió Acaz: «No la pido, no quiero tentar al Señor.» Entonces
dijo Dios: «Escucha, casa de David: ¿no os basta cansar a los
hombres que cansáis incluso a Dios? Pues el Señor, por su cuenta, os dará una señal. Mirad: la virgen está encinta y da a luz un
hijo, y le pone por nombre Emmanuel (que significa: "Dios-con-
nosotros").»

Palabra de Dios.

SALMO RESPONSORIAL 23

℟ **Va a entrar el Señor: | El es el Rey de la Gloria.**

Del Señor es la tierra y cuanto la llena, | el orbe y todos sus
habitantes: | él la fundó sobre los mares, | él la afianzó sobre los
ríos. ℟.

¿Quién puede subir al monte del Señor? | ¿Quién puede estar
en el recinto sacro? | El hombre de manos inocentes | y puro de
corazón. ℟.

Ese recibirá la bendición del Señor, | le hará justicia el Dios
de salvación. | Ese es el grupo que busca al Señor, | que viene a
tu presencia, Dios de Jacob. ℟.

SEGUNDA LECTURA

Jesucristo, de la estirpe de David, Hijo de Dios

COMIENZO DE LA CARTA DEL APOSTOL
SAN PABLO A LOS ROMANOS

1, 1-7

Pablo, siervo de Cristo Jesús, llamado a ser apóstol, escogido
para anunciar el Evangelio de Dios. Este Evangelio, prometido
ya por sus profetas en las Escrituras Santas, se refiere a su Hijo,
nacido, según lo humano, de la estirpe de David; constituido, según el Espíritu Santo, Hijo de David, con pleno poder por su
resurrección de la muerte: Jesucristo nuestro Señor. Por él hemos recibido este don y esta misión: hacer que todos los gentiles
respondan a la fe, para gloria de su nombre. Entre ellos estáis

también vosotros, llamados por Cristo Jesús. A todos los de Roma, a quienes Dios ama y ha llamado a formar parte de su pueblo santo, os deseo la gracia y la paz de Dios nuestro Padre y del Señor Jesucristo.

Palabra de Dios.

ALELUYA   Mt 1, 23

Aleluya, aleluya.
Mirad, la virgen concebirá y dará a luz un hijo y le pondrá por nombre Emmanuel «Dios-con-nosotros»).

EVANGELIO

Jesús nacerá de María, desposada con José, hijo de David

✠ LECTURA DEL S. EVANGELIO SEGUN
SAN MATEO   1, 18-24

El nacimiento de Jesucristo fue de esta manera: La madre de Jesús estaba desposada con José, y antes de vivir juntos resultó que ella esperaba un hijo, por obra del Espíritu Santo. José, su esposo, que era bueno y no quería denunciarla, decidió repudiarla en secreto. Pero apenas había tomado esta resolución se le apareció en sueños un ángel del Señor, que le dijo: «José, hijo de David, no tengas reparo en llevarte a María, tu mujer, porque la criatura que hay en ella viene del Espíritu Santo. Dará a luz un hijo, y tú le pondrás por nombre Jesús, porque él salvará a su pueblo de los pecados.» Todo esto sucedió para que se cumpliese lo que había dicho el Señor por el profeta: «Mirad, la virgen concebirá y dará a luz un hijo, y le pondrá por nombre Emmanuel (que significa: "Dios-con-nosotros").» Cuando José se despertó hizo lo que le había mandado el ángel del Señor y se llevó a casa a su mujer.

Palabra del Señor.

Se dice «Credo».

CICLO B (Años 1990, 1993, 1996, 1999, 2002, 2205)

PRIMERA LECTURA

El reino de David permanecerá eternamente

LECTURA DEL LIBRO SEGUNDO DE SAMUEL

7, 1-5.8b-12.14a.16

Cuando el rey David se estableció en su palacio, y el Señor le dio la paz con todos los enemigos que le rodeaban, el rey dijo al Profeta Natán: «Mira: yo estoy viviendo en casa de cedro, mientras el arca del Señor vive en una tienda.» Natán respondió al rey: «Ve y haz cuanto piensas, pues el Señor está contigo.» Pero aquella noche recibió Natán la siguiente palabra del Señor: «Ve y dile a mi siervo David: ¿Eres tú quien va a construir una casa para que habite en ella? Yo te saqué de los apriscos, de andar tras las ovejas, para que fueras jefe de mi pueblo Israel. Yo estaré contigo en todas tus empresas, acabaré con tus enemigos, te haré famoso como a los más famosos de la tierra. Daré un puesto a Israel, mi pueblo: lo plantaré para que viva en él sin sobresaltos, y en adelante no permitiré que los malhechores lo aflijan como antes, desde el día que nombré jueces para gobernar a mi pueblo Israel. Te pondré en paz con todos tus enemigos, te haré grande y te daré una dinastía. Y cuando tus días se hayan cumplido y te acuestes con tus padres, afirmaré después de ti la descendencia que saldrá de tus entrañas y consolidaré el trono de su realeza. Yo seré para él padre, y él será para mí hijo. Tu casa y tu reino durarán por siempre en mi presencia y tu trono durará por siempre.»

Palabra de Dios.

SALMO RESPONSORIAL 88

℟ **Cantaré eternamente las misericordias del Señor.**

Cantaré eternamente las misericordias del Señor, | anunciaré tu fidelidad por todas las edades. | Porque dije: «Tu misericordia

es un edificio eterno, | más que el cielo has afianzado tu fide-
lidad.» ℟.

Sellé una alianza con mi elegido, | jurando a David mi sier-
vo: | «Te fundaré un linaje perpetuo, | edificaré tu trono para to-
das las edades.» ℟.

El me invocará: «Tú eres mi padre, | mi Dios, mi Roca sal-
vadora.» | Le mantendré eternamente mi favor, | y mi alianza
con él será estable. ℟.

SEGUNDA LECTURA

*Misterio que, después de haber permanecido oculto, acaba de ser
descubierto*

LECTURA DE LA CARTA DEL APOSTOL
SAN PABLO A LOS ROMANOS   16, 25-27

Hermanos: Al que puede fortalecernos según el Evangelio
que yo proclamo, predicando a Cristo Jesús —revelación del
misterio mantenido en secreto durante siglos eternos y manifestado ahora en la Sagrada Escritura, dado a conocer por decreto del
Dios eterno, para traer a todas las naciones a la obediencia de la
fe—, al Dios, único sabio, por Jesucristo, la gloria por los siglos
de los siglos. Amén.

Palabra de Dios.

ALELUYA   Lc 1, 38

Aquí está la esclava del Señor, hágase en mí según tu palabra.

EVANGELIO

Concebirás en tu seno y darás a luz un hijo

✠ LECTURA DEL S. EVANGELIO SEGUN
SAN LUCAS   1, 26-38

En aquel tiempo, el ángel Gabriel fue enviado por Dios a
una ciudad de Galilea, llamada Nazaret, a una virgen desposada

con un hombre llamado José, de la estirpe de David; la virgen se llamaba María. El ángel, entrando a su presencia, dijo: «Alégrate, llena de gracia, el Señor está contigo; bendita tú entre las mujeres.» Ella se turbó ante estas palabras, y se preguntaba qué saludo era aquél. El ángel le dijo: «No temas, María, porque has encontrado gracia ante Dios. Concebirás en tu vientre y darás a luz un hijo y le pondrás por nombre Jesús. Será grande, se llamará Hijo del Altísimo, el Señor Dios le dará el trono de David su padre, reinará sobre la casa de Jacob para siempre, y su reino no tendrá fin.» Y María dijo al ángel: «¿Cómo será eso, pues no conozco varón?» El ángel le contestó: «El Espíritu Santo vendrá sobre ti, y la fuerza del Altísimo te cubrirá con su sombra; por eso el santo que va a nacer se llamará Hijo de Dios. Ahí tienes a tu pariente Isabel que, a pesar de su vejez, ha concebido un hijo, y ya está de seis meses la que llamaban estéril, porque para Dios nada hay imposible.» María contestó: «Aquí está la esclava del Señor, hágase en mí según tu palabra.»

Y la dejó el ángel.

Palabra del Señor.

Se dice «Credo».

CICLO C (Años 1991, 1994, 1997, 2000, 2003, 2006)

PRIMERA LECTURA

De ti saldrá el jefe de Israel

LECTURA DEL LIBRO DE MIQUEAS

5, 1-4a

Así dice el Señor: «Pero tú, Belén de Efrata, pequeña entre las aldeas de Judá, de ti saldrá el jefe de Israel. Su origen es desde lo antiguo, de tiempo inmemorial. Los entrega hasta el tiempo en que la madre dé a luz, y el resto de sus hermanos retornarán a los hijos de Israel. En pie pastoreará con la fuerza del Señor, por el nombre glorioso del Señor su Dios. Habitarán tranquilos porque se mostrará grande hasta los confines de la tierra, y ésta será nuestra paz.»

SALMO RESPONSORIAL 79

R. **Oh Dios, restáuranos, | que brille tu rostro y nos salve.**

Pastor de Israel, escucha, | tú que te sientas sobre querubines, resplandece. | Despierta tu poder y ven a salvarnos. R.

Dios de los ejércitos, vuélvete: | mira desde el cielo, fíjate, | ven a visitar tu viña, | la cepa que tu diestra plantó | y que tú hiciste vigorosa. R.

Que tu mano proteja a tu escogido, | al hombre que tú fortaleciste, | no nos alejaremos de ti; | danos vida, para que invoquemos tu nombre. R.

SEGUNDA LECTURA

Aquí estoy para hacer tu voluntad

LECTURA DE LA CARTA A LOS HEBREOS   10, 5-10

Hermanos: Cuando Cristo entró en el mundo, dijo: Tú no quieres sacrificios ni ofrendas; pero me has preparado un cuerpo; no aceptas holocaustos ni víctimas expiatorias. Entonces yo dije lo que está escrito en el libro: «Aquí estoy, oh Dios, para hacer tu voluntad.» Primero dice: «No quieres ni aceptas sacrificios ni ofrendas, holocaustos ni víctimas expiatorias» —que se ofrecen según la ley—. Después añade: Aquí estoy yo para hacer tu voluntad. Niega lo primero, para afirmar lo segundo. Y conforme a esa voluntad todos quedamos santificados por la oblación del cuerpo de Jesucristo, hecha una vez para siempre.

Palabra de Dios.

ALELUYA   Lc 1, 38

Aquí está la esclava del Señor, hágase en mí según tu palabra.

EVANGELIO

¿Quién soy yo para que me visite la madre de mi Señor?

✠ LECTURA DEL S. EVANGELIO SEGUN
SAN LUCAS
                                                        1, 39-45

En aquellos días, María se puso en camino y fue aprisa a la montaña, a un pueblo de Judá; entró en casa de Zacarías y saludó a Isabel. En cuanto Isabel oyó el saludo de María, saltó la criatura en su vientre. Se llenó Isabel del Espíritu Santo, y dijo a voz en grito: «¡Bendita tú entre las mujeres y bendito el fruto de tu vientre! ¿Quién soy yo para que me visite la madre de mi Señor? En cuanto tu saludo llegó a mis oídos, la criatura saltó de alegría en mi vientre. ¡Dichosa tú, que has creído!, porque lo que te ha dicho el Señor se cumplirá.»

Palabra del Señor.

Se dice «Credo».

FERIAS DE ADVIENTO
del 17 al 24 de diciembre

El tiempo de Adviento tiene un cambio importante a partir de la octava anterior a la Navidad, pues tanto en la Liturgia de las Horas como en la Eucaristía se celebra ya sólo el acontecimiento de la venida en la carne del Hijo de Dios, leyéndose los llamados «evangelios de la infancia de Jesús» junto con pasajes proféticos alusivos a los evangélicos de cada día. En las oraciones se pide generalmente la plena participación en el misterio de la encarnación del Señor mediante la vida sacramental que comenzó en el bautismo y se acrecienta en la eucaristía.

17 DE DICIEMBRE

Las misas que siguen son propias del día asignado, excepto los domingos, que conservan su misa.

ANTIFONA DE ENTRADA   Cf. Is 49, 13

Exulta, cielo; alégrate, tierra, porque viene el Señor y se compadecerá de los desamparados.

ORACION COLECTA

Dios, creador y restaurador del hombre, que has querido que tu Hijo, Palabra eterna, se encarnase en el seno de María, siempre Virgen; escucha nuestras súplicas y que Cristo, tu Unigénito, hecho hombre por nosotros, se digne hacernos partícipes de su condición divina. Por nuestro Señor.

PRIMERA LECTURA

No se apartará de Judá el reino

LECTURA DEL LIBRO DEL GENESIS   49, 1-2.8-10

En aquellos días llamó Jacob a sus hijos y les dijo: «Reuníos, que os voy a contar lo que os va a suceder en el futuro; agrupaos y escuchadme, hijos de Jacob; escuchad a vuestro padre Israel: a ti, Judá, te alabarán tus hermanos, pondrás la mano sobre la cerviz de tus enemigos. Se postrarán ante ti los hijos de tu madre. Judá es un león agazapado, has vuelto de hacer presa, hijo mío; se agacha y se tumba como león, o como leona, ¿quién se atreve a desafiarlo? No se apartará de Judá el cetro ni el bastón de mando entre sus rodillas, hasta que le traigan tributos y le rindan homenajes los pueblos.»

Palabra de Dios.

SALMO RESPONSORIAL 71

℟ **Que en sus días florezca la justicia, | y la paz abunde eternamente.**

Dios mío, confía tu juicio al rey, | para que rija a tu pueblo con justicia, | a tus humildes con rectitud. ℟.

Que los montes traigan paz | y los collados, justicia. | Que él defienda a los humildes del pueblo, | y socorra a los hijos del pobre. ℞.

Que en sus días florezca la justicia, | y la paz hasta que falte la luna; | que domine de mar a mar, | del Gran Río al confín de la tierra. ℞.

Que su nombre sea eterno, | y su fama dure como el sol: | Que él sea la bendición de todos los pueblos, | y lo proclamen dichoso todas las razas de la tierra. ℞.

ALELUYA

Sabiduría del Altísimo, que lo ordenas todo con firmeza y suavidad, ven y muéstranos el camino de la prudencia.

EVANGELIO

Genealogía de Jesucristo, hijo de David

✠ LECTURA DEL S. EVANGELIO SEGUN SAN MATEO

1, 1-17

Genealogía de Jesucristo, hijo de David, hijo de Abraham: Abraham engendró a Isaac, Isaac a Jacob, Jacob a Judá y a sus hermanos. Judá engendró de Tamar a Farés y a Zará, Farés a Esrón, Esrón a Aram, Aram a Aminadab, Aminadab a Naasón, Naasón a Salmón, Salmón a Jesé, Jesé engendró a David, el rey.

David, de la mujer de Urías, engendró a Salomón, Salomón a Roboam, Roboam a Abías, Abías a Asaf, Asaf a Josafat, Josafat a Joram, Joram a Ozías, Ozías a Joatam, Joatam a Acaz, Acaz a Ezequías, Ezequías engendró a Manasés, Manasés a Amós, Amós a Josías, Josías engendró a Jeconías y a sus hermanos, cuando el destierro de Babilonia.

Después del destierro de Babilonia, Jeconías engendró a Salatiel, Salatiel a Zorobabel, Zorobabel a Abiud, Abiud a Eliaquín, Eliaquín a Azor, Azor a Sadoc, Sadoc a Aquim, Aquim a Eliud, Eliud a Eleazar, Eleazar a Matán, Matán a Jacob y Jacob engendró a José, el esposo de María, de la cual nació Jesús, llamado Cristo.

Así, las generaciones de Abraham a David fueron en total catorce; desde David hasta la deportación, catorce, y desde la deportación a Babilonia hasta el Mesías, catorce.

Palabra del Señor.

ORACION SOBRE LAS OFRENDAS

Santifica, Señor, las ofrendas de tu Iglesia y concédenos que siempre encontremos en la celebración de la eucaristía el pan que nos reanima y fortalece. Por Jesucristo.

Prefacio de Adviento II, p. 1055 o IV, p. 1057.

ANTIFONA DE COMUNION   Cf. Ag 2,8

Vendrá el deseado de las naciones y se llenará de gloria el templo del Señor.

ORACION DESPUES DE LA COMUNION

Dios todopoderoso, que nos has alimentado con el don eucarístico, te pedimos que, inflamados por el fuego de tu Espíritu, resplandezcamos delante del Señor, cuando venga, como luminarias de su gloria. Por Jesucristo nuestro Señor.

18 DE DICIEMBRE

ANTIFONA DE ENTRADA

El Mesías, que Juan nos anunció como Cordero, vendrá como Rey.

ORACION COLECTA

Concede, Señor, a los que vivimos oprimidos por la antigua esclavitud del pecado ser liberados por el nuevo y esperado nacimiento de tu Hijo. Que vive y reina contigo.

PRIMERA LECTURA

Suscitaré a David un vástago legítimo

LECTURA DEL PROFETA JEREMIAS   23, 5-8

Mirad que llegan días —Oráculo del Señor— en que suscitaré a David un vástago legítimo: reinará como rey prudente, hará justicia y derecho en la tierra. En su día se salvará Judá, Israel habitará seguro. Y lo llamarán con este nombre: «El-Señor-nuestra-justicia.» Por eso, mirad que llegan días —Oráculo del Señor— en que no se dirá: «vive el Señor que sacó a los israelitas de Egipto», sino que se dirá: «vive el Señor que sacó a la raza de Israel del país del Norte y de los países a donde los expulsó, y los trajo para que habitaran en sus campos».

Palabra de Dios.

SALMO RESPONSORIAL 71

℞. Que en sus días florezca la justicia, | y la paz abunde eternamente.

Dios mío, confía tu juicio al rey, | para que rija a tu pueblo con justicia, | a tus humildes con rectitud. ℞.

Porque él librará al pobre que clamaba, | al afligido que no tenía protector; | él se apiadará del pobre y del indigente, | y salvará la vida de los pobres. ℞.

Bendito sea el Señor, Dios de Israel, | el único que hace maravillas; | bendito por siempre su nombre glorioso, | que su gloria llene la tierra. | ¡Amén, amén! ℞.

ALELUYA

Pastor de la casa de Israel, que en el Sinaí diste a Moisés tu ley, ven a librarnos con el poder de tu brazo.

EVANGELIO

Jesús nacerá de María, esposa de José, que es hijo de David

✠ LECTURA DEL S. EVANGELIO SEGUN
SAN MATEO   1, 18-24

El nacimiento de Jesucristo fue así:

María, su madre estaba desposada con José y, antes de vivir juntos, resultó que ella esperaba un hijo, por obra del Espíritu Santo. José, su esposo, que era bueno, y no quería denunciarla, decidió repudiarla en secreto. Pero, apenas había tomado esta resolución, se le apareció en sueños un ángel del Señor que le dijo: «José, hijo de David, no tengas reparo en llevarte a María tu mujer, porque la criatura que hay en ella viene del Espíritu Santo. Dará a luz un hijo y tú le pondrás por nombre Jesús, porque él salvará a su pueblo de los pecados.» Todo esto sucedió para que se cumpliese lo que había dicho el Señor por el profeta: «Mirad: la Virgen concebirá y dará a luz un hijo, y le pondrán por nombre Emmanuel (que significa "Dios-con-nosotros").» Cuando José se despertó hizo lo que le había mandado el ángel del Señor, y se llevó a casa a su mujer.

Palabra del Señor.

ORACION SOBRE LAS OFRENDAS

Háganos agradables a tus ojos, Señor, la celebración de este sacrificio, para que participemos de la vida inmortal de tu Hijo, que nos curó de la muerte, al asumir nuestra naturaleza mortal. Por Jesucristo.

Prefacio de Adviento II, p. 1055 o IV, p. 1057.

ANTIFONA DE COMUNION   Mt 1, 23

Le pondrán por nombre Emmanuel, que significa: «Dios-con-nosotros.»

ORACION DESPUES DE LA COMUNION

Ayúdanos, Señor, a recibir en tu Iglesia el don de tu misericordia, y a preparar dignamente las fiestas, ya cercanas, de nuestra redención. Por Jesucristo.

19 DE DICIEMBRE

ANTIFONA DE ENTRADA   Cf. Heb 10, 37

El que viene llegará sin retraso, y ya no habrá temor en nuestra tierra, porque él es nuestro Salvador.

ORACION COLECTA

Dios y Señor nuestro, que en el parto de la Virgen María has querido revelar al mundo entero el esplendor de tu gloria; asístenos con tu gracia, para que proclamemos con fe íntegra y celebremos con piedad sincera el misterio admirable de la Encarnación de tu Hijo. Por nuestro Señor.

PRIMERA LECTURA

Un ángel anuncia el nacimiento de Sansón

LECTURA DEL LIBRO DE LOS JUECES   13, 2-7.24-25a

En aquellos días, había en Sorá un hombre de la tribu de Dan, llamado Manoj. Su mujer era estéril y no había tenido hijos. El ángel del Señor se apareció a la mujer y le dijo: —«Eres estéril y no has tenido hijos. Pero concebirás y darás a luz un hijo; ten cuidado de no beber vino ni licor, ni comer nada impuro, porque concebirás y darás a luz un hijo. No pasará la navaja por su cabeza, porque el niño estará consagrado a Dios desde antes de nacer. El empezará a salvar a Israel de los filisteos.» La mujer fue a decirle a su marido: —«Me ha visitado un hombre de Dios que, por su aspecto terrible, parecía un mensajero divino; pero no le pregunté de dónde era, ni él me dijo su nombre.

Sólo me dijo: "Concebirás y darás a luz un hijo: ten cuidado de no beber vino ni licor, ni comer nada impuro; porque el niño estará consagrado a Dios desde antes de nacer hasta el día de su muerte."» La mujer de Manoj dio a luz un hijo y le puso de nombre Sansón. El niño creció y el Señor lo bendijo. Y el espíritu del Señor comenzó a agitarlo.

Palabra de Dios.

SALMO RESPONSORIAL 70

R. **Que mi boca esté llena de tu alabanza | y cante tu gloria.**

Sé tú mi roca de refugio, | el alcázar donde me salve, | porque mi peña y mi alcázar eres tú. | Dios mío, líbrame de la mano perversa. R.

Porque tú, Dios mío, fuiste mi esperanza | y mi confianza, Señor, desde mi juventud. | En el vientre materno ya me apoyaba en ti, | en el seno, tú me sostenías. R.

Contaré tus proezas, Señor mío, | narraré tu victoria, tuya entera. | Dios mío, me instruiste desde mi juventud, | y hasta hoy relato tus maravillas. R.

ALELUYA

Renuevo del tronco de Jesé, que te alzas como un signo para los pueblos, ven a librarnos, no tardes más.

EVANGELIO

Gabriel anuncia el nacimiento de Juan Bautista

✠ LECTURA DEL S. EVANGELIO SEGUN SAN LUCAS   1, 5-25

En tiempos de Herodes, rey de Judea, había un sacerdote llamado Zacarías, del turno de Abías, casado con una descendiente de Aarón llamada Isabel. Los dos eran justos ante Dios, y caminaban sin falta según los mandamientos y leyes del Señor. No tenían hijos, porque Isabel era estéril, y los dos eran de edad avanzada. Una vez que oficiaba delante de Dios con el grupo de su turno, según el ritual de los sacerdotes, le tocó a él entrar en el santuario del Señor a ofrecer el incienso; la muchedumbre del pueblo estaba fuera rezando durante la ofrenda del incienso. Y se le apareció el ángel del Señor, de pie a la derecha del altar del incienso. Al verlo, Zacarías se sobresaltó y quedó sobrecogido de temor. Pero el ángel le dijo: «No temas, Zacarías, porque tu ruego ha sido escuchado: tu mujer Isabel te dará un hijo y le pondrás por nombre Juan. Te llenarás de alegría y muchos se alegrarán de su nacimiento, pues será grande a los ojos del Señor: no beberá vino ni licor; se llenará de Espíritu Santo ya en el vientre materno, y convertirá muchos israelitas al Señor, su Dios. Irá delante del Señor, con el espíritu y poder de Elías, para convertir los corazones de los padres hacia los hijos, y a los desobedientes a la sensatez de los justos, preparando para el Señor un pueblo bien dispuesto.» Zacarías replicó al ángel: «¿Cómo estaré seguro de eso? Porque yo soy viejo y mi mujer es de edad avanzada.» El ángel le contestó: «Yo soy Gabriel, que sirvo en presencia de Dios; he sido enviado a hablarte para darte esta buena noticia. Pero mira: guardarás silencio, sin poder hablar, hasta el día en que esto suceda, porque no has dado fe a mis palabras, que se cumplirán en su momento.»

El pueblo estaba aguardando a Zacarías sorprendido de que tardase tanto en el santuario. Al salir no podía hablarles, y ellos comprendieron que había tenido una visión en el santuario. Él les hablaba por señas, porque seguía mudo. Al cumplirse los días de su servicio en el templo volvió a casa. Días después concibió Isabel, su mujer, y estuvo sin salir cinco meses, diciendo: «Así me ha tratado el Señor cuando se ha dignado quitar mi afrenta ante los hombres.»

Palabra del Señor.

ORACION SOBRE LAS OFRENDAS

Señor, acepta con bondad estas ofrendas y consagra con tu poder lo que nuestra pobreza te presenta. Por Jesucristo.

Prefacio de Adviento II, p. 1055 o IV, p. 1057.

ANTIFONA DE COMUNION   Lc 1, 78-79

Nos visitará el sol que nace de lo alto, para guiar nuestros pasos en el camino de la paz.

ORACION DESPUES DE LA COMUNION

Al darte gracias por los dones recibidos te rogamos, Padre todopoderoso, que avives en nosotros el deseo de salir al encuentro de Cristo, ya cercano, para que así podamos, con limpieza de espíritu, celebrar el nacimiento de tu Hijo. Que vive y reina.

20 DE DICIEMBRE

ANTIFONA DE ENTRADA   Cf. Is 11, 1; 40, 5; Lc 3, 6

Brotará un renuevo del tronco de Jesé y la gloria del Señor llenará toda la tierra. Todos los hombres verán la salvación de Dios.

ORACION COLECTA

Señor y Dios nuestro, a cuyo designio se sometió la Virgen Inmaculada aceptando, al anunciárselo el ángel, encarnar en su seno a tu Hijo: tú que la has transformado, por obra del Espíritu Santo, en templo de tu divinidad, concédenos siguiendo su ejemplo, la gracia de aceptar tus designios con humildad de corazón. Por nuestro Señor.

PRIMERA LECTURA

Mirad: la virgen concebirá

LECTURA DEL PROFETA ISAIAS   7, 10-14

En aquellos días, habló el Señor a Acaz: «Pide una señal al Señor tu Dios en lo hondo del abismo o en lo alto del cielo.»

Respondió Acaz: «No la pido, no quiero tentar al Señor.» Entonces dijo Dios: «Escucha, casa de David: ¿no os basta cansar a los hombres, sino que cansáis incluso a Dios? Pues el Señor, por su cuenta, os dará una señal: Mirad: la Virgen está encinta y da a luz un hijo, y le pondrá por nombre "Dios-con-nosotros."»

Palabra de Dios.

SALMO RESPONSORIAL 23

R. **Ya llega el Señor, | él es el Rey de la gloria.**

Del Señor es la tierra y cuanto la llena, | el orbe, y todos sus habitantes: | El la fundó sobre los mares, | él la afianzó sobre los ríos. R.

¿Quién puede subir al monte del Señor?, | ¿quién puede estar en el recinto sacro? | El hombre de manos inocentes | y puro corazón. R.

Ese recibirá la bendición del Señor, | le hará justicia el Dios de salvación. | Este es el grupo que busca al Señor, | que viene a tu presencia, Dios de Jacob. R.

ALELUYA

Llave de David, que abres las puertas del reino eterno, ven y libra a los cautivos que viven en tinieblas.

EVANGELIO

Concebirás en tu vientre y darás a luz un hijo

✠ LECTURA DEL S. EVANGELIO SEGUN
SAN LUCAS
                                                                      1, 26-38

En el sexto mes, el ángel Gabriel fue enviado por Dios a una ciudad de Galilea, llamada Nazaret, a una Virgen, desposada con un hombre llamado José, de la estirpe de David; la Virgen se llamaba María. El ángel, entrando en su presencia, dijo: «Alégrate, llena de gracia, el Señor está contigo; bendita tú entre las mujeres.» Ella se turbó ante estas palabras y se preguntaba qué saludo era aquél. El ángel le dijo: «No temas, María, porque has encontrado gracia ante Dios. Concebirás en tu vientre y darás a luz un hijo, y le pondrás por nombre Jesús. Será grande, se llamará Hijo del Altísimo, el Señor Dios le dará el trono de David su padre, reinará sobre la casa de Jacob para siempre y su reino no tendrá fin.» Y María dijo al ángel: «¿Cómo será eso, pues no conozco varón?» El ángel le contestó: «El Espíritu Santo vendrá sobre ti, y la fuerza del Altísimo te cubrirá con su sombra; por eso el santo que va a nacer se llamará Hijo de Dios. Ahí tienes a tu pariente Isabel, que, a pesar de su vejez, ha concebido un hijo, y ya está de seis meses la que llamaban estéril, porque para Dios nada hay imposible.» María contestó: «Aquí está la esclava del Señor, hágase en mí según tu palabra.» Y la dejó el ángel.

Palabra del Señor.

ORACION SOBRE LAS OFRENDAS

Acepta, Señor, estas ofrendas por las que se va a renovar entre nosotros el sacrificio único de Cristo; y haz que, al participar de estos misterios, recibamos realmente los bienes que la fe nos invita a esperar. Por Jesucristo.

Prefacio de Adviento II, p. 1055 o IV, p. 1057.

ANTIFONA DE COMUNION   Lc 1, 31

El ángel dijo a María: Concebirás en tu vientre y darás a luz un hijo, y le pondrás por nombre Jesús.

ORACION DESPUES DE LA COMUNION

Protege, Señor, con tu poder a los que alimentas con la Eucaristía, y haz que encuentren en este sacramento la fuente del gozo y de la paz verdadera. Por Jesucristo.

21 DE DICIEMBRE

ANTIFONA DE ENTRADA   Cf. Is 7, 14; 8, 10

Muy pronto vendrá el Señor, que domina los pueblos, y se llamará Emmanuel, porque tenemos a Dios-con-nosotros.

ORACION COLECTA

Escucha, Señor, la oración de tu pueblo, alegre por la venida de tu Hijo en carne mortal, y haz que cuando vuelva en su gloria, al final de los tiempos, podamos alegrarnos de escuchar de sus labios la invitación a poseer el reino eterno. Por nuestro Señor.

Para la primera lectura hay dos textos a elección.

PRIMERA LECTURA

Mirad: ya viene mi Amado saltando por los montes

LECTURA DEL CANTAR DE LOS CANTARES   2, 8-14

Mirad: ya viene, saltando por los montes, brincando por las colinas; mi Amado es una gacela, es como un cervatillo. Mirad: se ha parado detrás de mi tapia; atisba por las ventanas, observa por las rejas. Mi Amado me habla así: «Levántate, Amada mía, hermosa mía, ven a mí. Mira que el invierno ha pasado, las lluvias han cesado, se han ido; ya se ven flores en los campos, se acerca el tiempo de la poda; el arrullo de la tórtola se escucha en nuestros campos; ya apuntan los frutos en la higuera, la viña florece y da perfume. Levántate, Amada mía, hermosa mía, ven a mí. Paloma mía que anidas en los huecos de la peña, en las griegas del barranco: déjame ver tu figura, déjame oír tu voz: tu voz es dulce, tu figura es hermosa.»

Palabra de Dios.

O bien:

El rey de Israel, el Señor, está contigo

LECTURA DEL PROFETA SOFONIAS

Regocíjate, hija de Sión, grita de júbilo, Israel, alégrate y gózate de todo corazón, Jerusalén. El Señor ha cancelado tu condena, ha expulsado a tus enemigos. El Señor será el rey de Israel, en medio de ti, y ya no temerás. Aquél día dirán a Jerusalén: «No temas, Sión, no desfallezcan tus manos. El Señor tu Dios, en medio de ti, es un guerrero que salva. El se goza y se complace en ti, te ama y se alegra con júbilo como en día de fiesta.»

Palabra de Dios.

SALMO RESPONSORIAL 32

℟ **Aclamad, justos, al Señor, | cantadle un cántico nuevo.**

Dad gracias al Señor con la cítara, | tocad en su honor el arpa de diez cuerdas; | cantadle un cántico nuevo, | acompañando los vítores con bordones. ℟.

El plan del Señor subsiste por siempre, | los proyectos de su corazón, de edad en edad. | Dichosa la nación, cuyo Dios es el Señor, | el pueblo que él se escogió como heredad. ℟.

Nosotros aguardamos al Señor: | El es nuestro auxilio y escudo; | con él se alegra nuestro corazón, | en su santo nombre confiamos. ℟.

ALELUYA

Emmanuel, rey y legislador nuestro, ven a salvarnos, Señor, Dios nuestro.

EVANGELIO

¿Quién soy yo para que me visite la madre de mi Señor?

✠ LECTURA DEL S. EVANGELIO SEGUN SAN LUCAS

Unos días después, María se puso en camino y fue aprisa a la montaña, a un pueblo de Judá; entró en casa de Zacarías y saludó a Isabel. En cuanto Isabel oyó el saludo de María, saltó la criatura en su vientre. Se llenó Isabel del Espíritu Santo y dijo a voz en grito: «¡Bendita tú entre las mujeres y bendito el fruto de tu vientre! ¿Quién soy yo para que me visite la madre de mi Señor? En cuanto tu saludo llegó a mis oídos, la criatura saltó de alegría en mi vientre. ¡Dichosa tú, que has creído!, porque lo que te ha dicho el Señor se cumplirá.»

Palabra del Señor.

ORACION SOBRE LAS OFRENDAS

Acepta, Señor, los dones que te presenta la Iglesia y que tú mismo le diste para que pueda ofrecértelos; dígnate transformarlos con divino poder en sacramento de salvación para tu pueblo. Por Jesucristo.

Prefacio de Adviento II, p. 1055 o IV, p. 1057.

ANTIFONA DE COMUNION   Lc 1, 45

¡Dichosa tú que has creído!, porque lo que te ha dicho el Señor se cumplirá.

ORACION DESPUES DE LA COMUNION

Que la participación en los divinos misterios sirva, Señor, de protección a tu pueblo, para que entregado a tu servicio obtenga, en plenitud, la salvación de alma y cuerpo. Por Jesucristo nuestro Señor.

22 DE DICIEMBRE

ANTIFONA DE ENTRADA   Sal 23, 7

¡Portones! alzad los dinteles; que se alcen las antiguas compuertas: va a entrar el Rey de la Gloria.

ORACION COLECTA

Señor Dios, que con la venida de tu Hijo has querido redimir al hombre sentenciado a muerte; concede a los que van a adorarlo, hecho niño en Belén, participar de los bienes de su redención. Por nuestro Señor.

PRIMERA LECTURA

Ana da gracias por el nacimiento de Samuel

LECTURA DEL LIBRO PRIMERO DE SAMUEL

1, 24-28

En aquellos días, llevó Ana a Samuel a la casa del Señor en Silo, y llevó también un toro de tres años, medio quintal de harina y un pellejo de vino. El muchacho era pequeño. Mataron el toro y presentaron el niño a Elí. Ana dijo: «Señor mío, por tu vida, yo soy la mujer que estuvo aquí en pie junto a ti, suplicando al Señor. Por este niño suplicaba y el Señor me ha concedido lo que pedía; por eso yo también se lo cedo al Señor y quedará cedido al Señor mientras viva.» Y adoraron allí al Señor.

Palabra de Dios.

SALMO RESPONSORIAL

1 Sm 2, 1.4-8

℟ **Mi corazón se regocija por el Señor, mi Salvador.**

Mi corazón se regocija por el Señor, | mi poder se exalta por Dios; | mi boca se ríe de mis enemigos, | porque gozo con tu salvación. ℟.

Se rompen los arcos de los valientes, | mientras los cobardes se ciñen de valor; | los hartos se contratan por el pan, | mientras los hambrientos engordan; | la mujer estéril da a luz siete hijos, | mientras la madre de muchos queda baldía. ℟.

El Señor da la muerte y la vida, | hunde en el abismo y levanta; | da la pobreza y la riqueza, | humilla y enaltece. ℟.

El levanta del polvo al desvalido, | alza de la basura al pobre, | para hacer que se siente entre príncipes | y que herede un

trono de gloria; | pues del Señor son los pilares de la tierra, | y
sobre ellos afianzó el orbe. R.

ALELUYA

Rey de las naciones y Piedra angular de la Iglesia, ven y
salva al hombre que formaste del barro de la tierra.

EVANGELIO

El Poderoso ha hecho obras grandes por mí

✠ LECTURA DEL S. EVANGELIO SEGUN
SAN LUCAS   1, 46-56

En aquel tiempo, María dijo: «Proclama mi alma la grandeza
del Señor, se alegra mi espíritu en Dios, mi salvador; porque ha
mirado la humillación de su esclava. Desde ahora me felicitarán
todas las generaciones, porque el Poderoso ha hecho obras grandes por mí: su nombre es santo. Y su misericordia llega a sus fieles de generación en generación. El hace proezas con su brazo:
dispersa a los soberbios de corazón, derriba del trono a los poderosos y enaltece a los humildes; a los hambrientos los colma de
bienes y a los ricos los despide vacíos. Auxilia a Israel, su siervo,
acordándose de la misericordia —como lo había prometido a
nuestros padres—, en favor de Abraham y su descendencia para
siempre». María se quedó con Isabel unos tres meses y después
volvió a su casa.

Palabra del Señor.

ORACION SOBRE LAS OFRENDAS

Señor, porque sabemos que nos amas, nos presentamos delante de tu altar con nuestras ofrendas; concédenos que los santos misterios, que ahora celebramos, nos purifiquen de nuestros
pecados. Por Jesucristo.

Prefacio de Adviento II, p. 1055 o IV, p. 1057.

ANTIFONA DE COMUNION Lc 1, 46.49

Proclama mi alma la grandeza del Señor, porque el poderoso ha hecho obras grandes por mí.

ORACION DESPUES DE LA COMUNION

La comunión que hemos recibido, Señor, sea para nosotros fuente de fortaleza; así, enriquecidos por nuestras buenas obras, podremos salir al encuentro de Cristo y recibir un día de sus manos el premio de los gozos eternos. Por Jesucristo nuestro Señor.

23 DE DICIEMBRE

ANTIFONA DE ENTRADA Cf. Is 9, 6; Sal 71, 17

Un niño nos va a nacer y su nombre es: Dios guerrero; él será la bendición de todos los pueblos.

ORACION COLECTA

Dios todopoderoso y eterno, al acercarnos a las fiestas de Navidad, te pedimos que tu Hijo, que se encarnó en las entrañas de la Virgen María y quiso vivir entre nosotros, nos haga partícipes de la abundancia de su misericordia. Por nuestro Señor.

PRIMERA LECTURA

Os enviaré al profeta Elías, antes de que llegue el día del Señor

LECTURA DEL PROFETA MALAQUIAS 3, 1-4.23-24

Así dice el Señor Dios: Mirad, yo envío mi mensajero, para que prepare el camino ante mí. De pronto entrará en el santuario el Señor a quien vosotros buscáis, el mensajero de la alianza que vosotros deseáis: miradlo entrar —dice el Señor de los ejércitos.— ¿Quién podrá resistir el día de su venida? ¿Quién quedará de pie cuando aparezca? Será un fuego de fundidor, una lejía de lavandero: se sentará como un fundidor que refina la plata, como a plata y a oro refinará a los hijos de Leví, y presentarán al Señor la ofrenda como es debido. Entonces agradará al Señor la ofrenda de Judá y de Jerusalén, como en los días pasados, como en los años antiguos. —Dice el Señor de los ejércitos—. Mirad, os enviaré al profeta Elías antes de que llegue el día del Señor, grande y terrible. Convertirá el corazón de los padres hacia los hijos, y el corazón de los hijos, hacia los padres, para que no tenga que venir yo a destruir la tierra.

Palabra de Dios.

SALMO RESPONSORIAL 24

℟ **Levantaos, alzad la cabeza: | se acerca vuestra redención.**

Lc 21, 28

Señor enséñame tus caminos, | instrúyeme en tus sendas, | haz que camine con lealtad; | enséñame, porque tú eres mi Dios y mi Salvador. ℟.

El Señor es bueno y recto, | y enseña el camino a los pecadores; | hace caminar a los humildes con rectitud, | enseña su camino a los humildes. ℟.

Las sendas del Señor son misericordia y lealtad, | para los que guardan su alianza y sus mandatos. | El Señor se confía con sus fieles | y les da a conocer su alianza. ℟.

ALELUYA

Rey de las naciones y Piedra angular de la Iglesia, ven y salva al hombre que tomaste del barro de la tierra.

EVANGELIO

Nacimiento de Juan Bautista

✠ **LECTURA DEL S. EVANGELIO SEGUN SAN LUCAS**

1, 57-66

A Isabel se le cumplió el tiempo y dio a luz un hijo. Se enteraron sus vecinos y parientes de que el Señor le había hecho una gran misericordia y la felicitaban. A los ocho días fueron a circuncidar al niño, y lo llamaban Zacarías, como a su padre. La madre intervino diciendo: «¡No! Se va a llamar Juan.» Le replicaron: «Ninguno de tus parientes se llama así.» Entonces preguntaban por señas al padre cómo quería que se llamase. El pidió una tablilla y escribió: «Juan es su nombre.» Todos se quedaron extrañados. Inmediatamente se le soltó la boca y la lengua y empezó a hablar bendiciendo a Dios. Los vecinos quedaron sobrecogidos, y corrió la noticia por toda la montaña de Judea. Y todos los que lo oían reflexionaban diciendo: «¿Qué va a ser este niño?» Porque la mano de Dios estaba con él.

Palabra del Señor.

ORACION SOBRE LAS OFRENDAS

Señor, que esta oblación, en la que alcanza su cumbre el culto que el hombre te tributa, restablezca nuestra amistad contigo: así celebraremos, renovados en gracia, el nacimiento de nuestro Redentor. Por Jesucristo.

Prefacio de Adviento II, p. 1055 o IV, p. 1057.

ANTIFONA DE COMUNION   Ap 3, 20

Estoy a la puerta llamando: si alguien oye y me abre, entraré y comeremos juntos.

ORACION DESPUES DE LA COMUNION

A los que has alimentado con el don del cielo dales tu paz, Señor, para que puedan salir sin temor, con las lámparas encendidas, al encuentro de Cristo que llega. Por Jesucristo.

24 DE DICIEMBRE
Misa de la mañana

ANTIFONA DE ENTRADA   Cf. Gal 4, 4

Ya se cumple el tiempo en el que Dios envió a su Hijo a la tierra.

ORACION COLECTA

Ven, Señor Jesús, y no tardes, para que tu venida consuele y fortalezca a los que esperan todo de tu amor. Tú, que vives y reinas.

PRIMERA LECTURA

La realeza de David durará por siempre en presencia del Señor

LECTURA DEL SEGUNDO LIBRO DE SAMUEL

7, 1-5.8b-12.14a

Cuando el rey David se estableció en su palacio y el Señor le dio paz con todos los enemigos que le rodeaban, el rey dijo al profeta Natán: «Mira: yo estoy viviendo en casa de cedro, mientras el arca de Dios vive en una tienda.» Natán respondió al rey: «Ve y haz cuanto piensas, pues el Señor está contigo.»

Pero aquella noche recibió Natán la siguiente palabra del Señor: «Ve y dile a mi siervo David: "¿Eres tú quien me va a construir una casa para que habite en ella?" Yo te saqué de los apriscos, de andar tras las ovejas, para que fueras el jefe de mi pueblo Israel. Yo estaré contigo en todas tus empresas, acabaré con tus enemigos, te haré famoso como a los más famosos de la tierra. Daré una tierra a Israel, mi pueblo, lo plantaré para que viva en ella sin sobresaltos, y en adelante no permitiré que animales lo aflijan como antes, desde el día en que nombré jueces para gobernar a mi pueblo Israel. Te pondré en paz con todos tus enemigos, te haré grande y te daré una dinastía. Tu casa y tu reino durarán por siempre en mi presencia y tu trono durará por siempre.»

Palabra de Dios.

SALMO RESPONSORIAL 88

R. **Cantaré eternamente | tus misericordias, Señor.**

Cantaré eternamente las misericordias del Señor, | anunciaré tu fidelidad por todas las edades. | Porque dije: «Tu misericordia

es un edificio eterno, | más que el cielo has afianzado tu fide-
lidad.» ℟.

Sellé una alianza con mi elegido, | jurando a David, mi sier-
vo: | «Te fundaré un linaje perpetuo, | edificaré tu trono por to-
das las edades.» ℟.

El me invocará: «Tú eres mi padre, | mi Dios, mi Roca sal-
vadora.» | Le mantendré eternamente mi favor | y mi alianza con
él será estable. ℟.

ALELUYA

Sol que naces de lo alto, Resplandor de la luz eterna, Sol
de Justicia, ven ahora a iluminar a los que viven en tinieblas y en sombra de muerte.

EVANGELIO

Nos visitará el sol que nace de lo alto

✠ LECTURA DEL S. EVANGELIO SEGUN
SAN LUCAS   1, 67-79

En aquel tiempo, Zacarías, padre de Juan, lleno del Espíritu
Santo, profetizó diciendo: «Bendito sea el Señor, Dios de Israel,
porque ha visitado y redimido a su pueblo, suscitándonos una
fuerza de salvación en la casa de David, su siervo; según lo había
predicho desde antiguo por boca de sus santos profetas. Es la
salvación que nos libra de nuestros enemigos y de la mano de todos los que nos odian; realizando la misericordia que tuvo con
nuestros padres, recordando su santa alianza y el juramento que
juró a nuestro padre Abraham. Para concedernos que, libres de
temor, arrancados de la mano de los enemigos, le sirvamos en
santidad y justicia, en su presencia todos nuestros días. Y a ti,
niño, te llamarán profeta del Altísimo, porque irás delante del
Señor, a preparar sus caminos, anunciando a su pueblo la salvación, el perdón de sus pecados. Por la entrañable misericordia de
nuestro Dios, nos visitará el sol que nace de lo alto, para ilumi-

nar a los que viven en tinieblas y en sombra de muerte; para guiar nuestros pasos en el camino de la paz.»

Palabra del Señor.

ORACION SOBRE LAS OFRENDAS

Acepta, Señor, con bondad los dones de esta ofrenda, y que al recibirlos nos purifiquen de nuestros pecados, para que podamos esperar dignamente la gloriosa venida de tu Hijo. Por Jesucristo.

Prefacio de Adviento II, p. 1055 o IV, p. 1057.

ANTIFONA DE COMUNION
Lc 1, 68

Bendito sea el Señor, Dios de Israel, porque ha visitado y redimido a su pueblo.

ORACION DESPUES DE LA COMUNION

Tú, que nos has renovado con la Eucaristía, ayúdanos, Señor, para que nos preparemos al nacimiento de tu Hijo y recibamos con gozo la abundancia de sus dones eternos. Por Jesucristo.

TIEMPO DE NAVIDAD

Después de la celebración anual del misterio pascual de la muerte y resurrección de Cristo, la Iglesia venera con mayor devoción la memoria de la Natividad del Señor y de sus primeras manifestaciones; esto es lo que hace en el tiempo de Navidad.

Este tiempo encierra un conjunto de festividades que van desde las primeras Vísperas de la Natividad del Señor hasta el domingo después de Epifanía, en que se celebra la fiesta del Bautismo del Señor. A los ocho días de Navidad se celebra la festividad de Santa María Madre de Dios junto con la circuncisión e imposición del nombre a Jesús; dentro de esta octava viene la fiesta de la Sagrada Familia. Todo este período rememora la infancia y la vida oculta de Jesús, hasta su manifestación al mundo en el Bautismo recibido en el Jordán en torno a la edad de treinta años; vuelve así la figura de Juan el Precursor que en el Adviento nos preparaba a recibir al Señor y que al final de su vida escondida en Nazaret le apadrina y presenta como Mesías y Cordero que quita el pecado del mundo.

Toda la festividad navideña es una continua epifanía: a los pastores, a sus padres, a los magos y al pueblo de Israel, en la que Jesús de niño va adulto va mostrando quién es: Hijo de David, Príncipe de la paz, hombre como nosotros, Salvador universal e Hijo de Dios. En Navidad nos sentimos más hijos de Dios, más cercanos a aquel que quiso hacerse partícipe de nuestra naturaleza mortal; y a ello ayuda la lectura de la primera carta de san Juan que se hace en las misas feriales. La caridad y la paz que Dios Padre nos muestra en el nacimiento y la manifestación de su Hijo hacen también de estos días un momento privilegiado para fomentar estos mismos sentimientos; ninguna otra fiesta ha sufrido más un proceso de secularización que ésta; todos celebran la Navidad, pero pocos saben por qué lo hacen. Precisamente es la liturgia cristiana, con todo el conjunto de celebraciones de estos días, la que puede dar cumplida respuesta a tanto vacío moral.

Mención aparte merecen los santos que se recuerdan dentro de este tiempo: el 26 de diciembre es la fiesta de san Esteban, el primer mártir de la Iglesia, nacido a la gloria por su muerte bienaventurada en Jerusalén; el 27 es la fiesta de san Juan, apóstol y evangelista especializado en escribir de la Palabra hecha carne; el 28 son los Santos Inocentes, sacrificados cuando Cristo empezaba a vivir, y el 2 de enero son los santos obispos Basilio Magno y Gregorio Nacianceno, doctores de la Iglesia oriental que se distinguieron por su doctrina acerca de Cristo como Dios y como hombre verdadero. Todos ellos tienen algo en común con el nacimiento de Cristo en nuestra carne.

Al surgimiento de la celebración de Navidad han contribuido diversas causas. El 25 de diciembre no es la fecha histórica del nacimiento de Jesús, sino que fue elegido para suplantar en Roma la fiesta pagana del «Nacimiento del sol invicto» con motivo del solsticio de invierno, proponiendo a Cristo como luz que ilumina a las naciones. Por otra parte los judíos celebraban anteriormente en estas fechas la fiesta de la Hanukkah (dedicación) o de las luces, recordando la purificación del templo de Jerusalén y su iluminación gracias a la victoria de Judas Macabeo (1 Mac 4,36-61), precisamente el 25 del mes noveno, Casleu, que es nuestro diciembre. Navidad es también la consagración del cuerpo de Cristo, templo luminoso de la divinidad.

25 de Diciembre
LA NATIVIDAD DEL SEÑOR
Solemnidad

MISA VESPERTINA DE LA VIGILIA

«Mañana quedará borrada la maldad de la tierra, y será nuestro rey el Salvador del mundo», «Mañana contemplaréis su gloria»; estas palabras de los cantos de entrada y del aleluya sitúan esta celebración entre el final del Adviento y el pórtico de la Navidad. Todo es futuro y presente a la vez, porque revivimos la historia y esperamos el nacimiento, pero desde la posesión de los frutos que nos mereció ya aquella encarnación del Señor que celebramos; pues, como decía san León Magno en esta fiesta, «mientras Dios está en la tierra, nosotros podemos subir al cielo».

Esta Misa se utiliza en la tarde del día 24 de diciembre, antes o después de las primeras Vísperas de Navidad.

ANTIFONA DE ENTRADA   Ex 16, 6-7

Hoy vais a saber que el Señor vendrá y nos salvará, y mañana contemplaréis su gloria.

Se dice «Gloria»

ORACION COLECTA

Señor y Dios nuestro, que cada año nos alegras con la fiesta esperanzadora de nuestra redención; concédenos que así como ahora acogemos, gozosos, a tu Hijo como Redentor, lo recibamos también confiados cuando venga como juez. Por nuestro Señor.

PRIMERA LECTURA

El Señor te prefiere a ti

LECTURA DEL LIBRO DE ISAIAS 62, 1-5

Por amor de Sión no callaré, por amor de Jerusalén no descansaré, hasta que rompa la aurora de su justicia y su salvación llamee como antorcha. Los pueblos verán tu justicia, y los reyes, tu gloria; te pondrán un nombre nuevo pronunciado por la boca del Señor. Serás corona fúlgida en la mano del Señor y diadema real en la palma de tu Dios. Ya no te llamarán «abandonada», ni a tu tierra «devastada»; a ti te llamarán «Mi favorita», porque el Señor te prefiere a ti y tu tierra tendrá marido. Como un joven se casa con su novia, así te desposa el que te construyó; la alegría que encuentra el marido con su esposa, la encontrará tu Dios contigo.

Palabra de Dios.

SALMO RESPONSORIAL 88

℟ **Cantaré eternamente | las misericordias del Señor.**

Cantaré eternamente las misericordias del Señor. | Sellé una alianza con mi elegido, | jurando a David, mi siervo: | «Te fundaré un linaje perpetuo, | edificaré tu trono para todas las edades.» ℟.

Dichoso el pueblo que sabe aclamarte: | caminará, oh Señor, a la luz de tu rostro; | tu nombre es su gozo cada día, | tu justicia es su orgullo. ℟.

El me invocará: «Tú eres mi padre, | mi Dios, mi Roca salvadora.» | Le mantendré eternamente mi favor, | y mi alianza con él será estable. ℟.

SEGUNDA LECTURA

Pablo da testimonio de Cristo, Hijo de David

LECTURA DEL LIBRO DE LOS HECHOS DE LOS APOSTOLES
13, 16-17.22-25

Al llegar a Antioquía de Pisidia, Pablo se puso en pie en la sinagoga y haciendo seña de que se callaran, dijo: «Israelitas y los que teméis a Dios, escuchad: El Dios de este pueblo, Israel, eligió a nuestros padres y multiplicó al pueblo cuando vivían como forasteros en Egipto, y con brazo poderoso los sacó de allí.» Y después suscitó a David por rey; de quien hizo esta alabanza: «Encontré a David, hijo de Jesé, hombre conforme a mi corazón, que cumplirá todos mis preceptos.» De su descendencia, según lo prometido, sacó Dios un Salvador para Israel: Jesús. Juan, antes de que él llegara, predicó a todo el pueblo de Israel un bautismo de conversión; y cuando estaba para acabar su vida, decía: Yo no soy quien pensáis, sino que viene detrás de mí uno a quien no merezco desatarle las sandalias.»

Palabra de Dios.

ALELUYA

Mañana quedará borrada la maldad de la tierra,
y será nuestro rey el Salvador del mundo.

EVANGELIO

Genealogía de Jesucristo, Hijo de David

✠ LECTURA DEL S. EVANGELIO SEGUN SAN MATEO
1, 1-25

El texto entre [ ] puede omitirse.

[Genealogía de Jesucristo, hijo de David, hijo de Abrahán. Abrahán engendró a Isaac, Isaac a Jacob, Jacob a Judá y a sus hermanos, Judá engendró, de Tamar, a Farés y a Zará, Farés a Esrón, Esrón a Aram, Aram a Aminadab, Aminadab a Naasón, Naasón a Salmón, Salmón engendró, de Rahab, a Booz; Booz

engendró, de Rut, a Obed; Obed a Jesé, Jesé engendró a David
el rey.

David, de la mujer de Urías, engendró a Salomón, Salomón
a Roboam, Roboam a Abías, Abías a Asaf, Asaf a Josafat, Josafat a Joram, Joram a Ozías, Ozías a Joatán, Joatán a Acaz, Acaz
a Ezequías, Ezequías engendró a Manasés, Manasés a Amós,
Amós a Josías; Josías engendró a Jeconías y a sus hermanos,
cuando el destierro de Babilonia.

Después del destierro de Babilonia, Jeconías engendró a Salatiel, Salatiel a Zorobabel, Zorobabel a Abiud, Abiud a Eliaquín,
Eliaquín a Azor, Azor a Sadoc, Sadoc a Aquim, Aquim a Eliud,
Eliud a Eleazar, Eleazar a Matán, Matán a Jacob; y Jacob engendró a José, el esposo de María, de la cual nació Jesús, llamado
Cristo. Así las generaciones desde Abrahán a David fueron en
total catorce, desde David hasta la deportación de Babilonia catorce y desde la deportación a Babilonia hasta el Mesías catorce.]

El nacimiento de Jesucristo fue de esta manera: La madre de
Jesús estaba desposada con José y, antes de vivir juntos, resultó
que ella esperaba un hijo, por obra del Espíritu Santo. José, su
esposo, que era bueno y no quería denunciarla, decidió repudiarla en secreto. Pero apenas había tomado esta resolución, se le
apareció en sueños un ángel del Señor que le dijo: «José, hijo de
David, no tengas reparo en llevarte a María, tu mujer, porque la
criatura que hay en ella viene del Espíritu Santo. Dará a luz un
hijo y tú le pondrás por nombre Jesús, porque él salvará a su
pueblo de los pecados.» Todo esto sucedió para que se cumpliese
lo que había dicho el Señor por el Profeta: Mirad: la virgen concebirá y dará a luz un hijo y le pondrá por nombre Emmanuel
(que significa «Dios con nosotros»). Cuando José se despertó,
hizo lo que le había mandado el ángel del Señor, y se llevó a
casa a su mujer. Y sin que él hubiera tenido relación con ella,
dio a luz un hijo; y él le puso por nombre Jesús.

Palabra del Señor.

*Se dice «Credo». A las palabras «Y por obra...» hay que arrodi-
llarse.*

ORACION SOBRE LAS OFRENDAS

Concédenos, Señor, empezar estas fiestas de Navidad con una entrega digna del santo misterio del nacimiento de tu Hijo, en el que has instaurado el principio de nuestra salvación. Por Jesucristo.

Prefacio de Navidad, pp. 1058. Cuando se emplea el Canon Romano, se dice Reunidos en comunión *propio, p. 1120.*

ANTIFONA DE COMUNION

Is 40, 5

Se revelará la gloria del Señor,
y todos los hombres juntos verán la salvación de nuestro Dios.

ORACION DESPUES DE LA COMUNION

Que renazca tu pueblo, Señor, al conmemorar el nacimiento de tu Hijo, y que los santos misterios que hemos recibido sean nuestro alimento y nuestra bebida. Por Jesucristo nuestro Señor.

En el día de Navidad todos los sacerdotes pueden celebrar o concelebrar tres Misas, con tal de que se celebren a su tiempo.

MISA DE MEDIANOCHE

El «Hoy» de la liturgia que escucharemos y cantaremos repetidas veces no debe interpretarse como si supiéramos el día del calendario en que nació Jesús, sino como una actualización repetida del acontecimiento salvador de la Natividad. Hoy, en efecto, viene Jesús a su Iglesia reunida en asamblea festiva, y llega con todas las gracias de su nacimiento: la buena voluntad y la paz de Dios hacia los hombres, la incorporación de éstos a la vida divina, la adopción como hijos por el Espíritu Santo... «Ha aparecido la gracia de Dios, que trae la salvación para todos los hombres» (2); hoy aparece esta misma gracia con renovado esplendor.

ANTIFONA DE ENTRADA   Sal 2, 7

El Señor me ha dicho: «Tú eres mi Hijo, yo te he engendrado hoy.»

o también:

Alegrémonos todos en el Señor, porque nuestro Salvador ha nacido en el mundo. Hoy, desde el cielo, ha descendido la paz sobre nosotros.

Se dice «Gloria».

ORACION COLECTA

Oh Dios, que has iluminado esta noche santa con el nacimiento de Cristo, la luz verdadera; concédenos gozar en el cielo del esplendor de su gloria a los que hemos experimentado la claridad de su presencia en la tierra. Por nuestro Señor.

PRIMERA LECTURA

Un hijo se nos ha dado

LECTURA DEL LIBRO DE ISAIAS

9, 1-3.5-6

El pueblo que caminaba en tinieblas vio una luz grande; habitaban tierras de sombras, y una luz les brilló. Acreciste la alegría, aumentaste el gozo: se gozan en tu presencia, como gozan al segar, como se alegran al repartirse el botín. Porque la bota que pisa con estrépito y la túnica empapada en sangre, serán combustible, pasto del fuego. Porque la vara del opresor, el yugo de su carga, el bastón de su hombro, los quebrantaste como el día de Madián. Porque un niño nos ha nacido, un hijo se nos ha dado: lleva al hombro el principado, y es su nombre: Maravilla de Consejero, Dios guerrero, Padre perpetuo, Príncipe de la paz. Para dilatar el principado con una paz sin límites, sobre el trono de David y sobre su reino. Para sostenerlo y consolidarlo con la justicia y el derecho, desde ahora y por siempre. El celo del Señor lo realizará.

Palabra de Dios.

SALMO RESPONSORIAL 95

℟ **Hoy nos ha nacido un Salvador: | el Mesías, el Señor.**

Cantad al Señor un cántico nuevo, | cantad al Señor, toda la tierra; | cantad al Señor, bendecid su nombre. ℟.

Proclamad día tras día su victoria, | contad a los pueblos su gloria, | sus maravillas a todas las naciones. ℟.

Alégrese el cielo, goce la tierra, | retumbe el mar y cuanto lo llena; | vitoreen los campos y cuanto hay en ellos, | aclamen los árboles del bosque. ℟.

Delante del Señor, que ya llega, | ya llega a regir la tierra. | El juzgará el orbe con justicia, | y a los pueblos en su verdad. ℟.

SEGUNDA LECTURA

Ha aparecido la gracia de Dios para todos los hombres

LECTURA DE LA CARTA DEL APOSTOL SAN PABLO A TITO

2, 11-14

Ha aparecido la gracia de Dios, que trae la salvación para todos los hombres; enseñándonos a renunciar a la vida sin religión y a los deseos mundanos, y a llevar ya desde ahora una vida sobria, honrada y religiosa, aguardando la dicha que esperamos: la aparición gloriosa del gran Dios y Salvador nuestro: Jesucristo. El se entregó por nosotros para rescatarnos de toda impiedad, y para prepararse un pueblo purificado, dedicado a las buenas obras.

Palabra de Dios.

ALELUYA   Lc 2, 10-11

Os traigo la buena noticia: nos ha nacido un Salvador: el
Mesías, el Señor.

EVANGELIO

Hoy os ha nacido un Salvador

✠ LECTURA DEL S. EVANGELIO SEGUN
SAN LUCAS
                                                  2, 1-14

En aquel tiempo salió un decreto del emperador Augusto,
ordenando hacer un censo del mundo entero. Este fue el primer
censo que se hizo siendo Cirino gobernador de Siria. Y todos
iban a inscribirse, cada cual a su ciudad. También José, que era
de la casa y familia de David, subió desde la ciudad de Nazaret
en Galilea a la ciudad de David, que se llama Belén, para inscribirse con su esposa María, que estaba encinta. Y mientras estaban allí le llegó el tiempo del parto y dio a luz a su hijo primogénito, lo envolvió en pañales y lo acostó en un pesebre, porque
no tenían sitio en la posada. En aquella región había unos pastores que pasaban la noche al aire libre, velando por turno su rebaño. Y un ángel del Señor se les presentó: la gloria del Señor
los envolvió de claridad y se llenaron de gran temor. El ángel les
dijo: «No temáis, os traigo la buena noticia, la gran alegría para
todo el pueblo: hoy, en la ciudad de David, os ha nacido un Salvador: el Mesías, el Señor. Y aquí tenéis la señal: encontraréis un
niño envuelto en pañales y acostado en un pesebre.» De pronto,
en torno al ángel, apareció una legión del ejército celestial, que
alababa a Dios, diciendo: «Gloria a Dios en el cielo y en la tierra
paz a los hombres que Dios ama.»

Palabra del Señor.

Se dice «Credo». A las palabras: «Y por obra...» todos se arrodillan

ORACION SOBRE LAS OFRENDAS

Acepta, Señor, nuestras ofrendas en esta noche santa, y por
este intercambio de dones en el que nos muestras tu divina lar-

gueza, haznos partícipes de la divinidad de tu Hijo que, al asumir la naturaleza humana, nos ha unido a la tuya de modo admirable. Por Jesucristo.

Prefacio de Navidad, p. 1058. Cuando se emplea el Canon Romano se dice Reunidos en comunión *propio, p. 1120.*

ANTIFONA DE COMUNION
Jn 1, 14

La Palabra se hizo carne y hemos contemplado su gloria.

ORACION DESPUES DE LA COMUNION

A cuantos celebramos rebosantes de gozo el misterio del nacimiento de Cristo, concédenos, Señor, la gracia de vivir una vida santa y llegar así un día a la perfecta comunión con Cristo en la gloria. Por Jesucristo.

MISA DE LA AURORA

En el comienzo de esta jornada festiva la circunstancia del amanecer nos recuerda a Jesús, «el sol que nace de lo alto», como lo proclama el cántico de Zacarías. «Hoy brillará una luz sobre nosotros», «la luz de tu Palabra, hecha carne» (A1, O1); también los antiguos cristianos situaron esta festividad cuando el sol comienza a crecer en su curso diario, imitando la fiesta pagana del «nacimiento del sol». Pero no se trata de una luz material, sino de una presencia interior, la fe que Dios hace brillar en nuestro espíritu y que ha de resplandecer también en nuestras obras. El evangelio de esta misa es la continuación del de medianoche, y si entonces se proclamaba a los pastores y al mundo la paz que Dios otorgaba al nacer el Hijo, ahora se recuerda la visita de los mismos pastores al lugar del nacimiento.

ANTIFONA DE ENTRADA
Is 9, 2.6; Lc 1, 33

Hoy brillará una luz sobre nosotros, porque nos ha nacido el Señor y tiene por nombre: «Admirable, Dios, Prín-

cipe de la paz, Padre del tiempo futuro»; y su reino no
tendrá fin.

Se dice «Gloria».

ORACION COLECTA

Concede, Señor todopoderoso, a los que vivimos inmersos
en la luz de tu Palabra, hecha carne, que resplandezca en nuestras
obras la fe que haces brillar en nuestro espíritu. Por nuestro
Señor.

PRIMERA LECTURA

Mira a tu salvador que llega

LECTURA DEL LIBRO DE ISAIAS   62, 11-12

El Señor hace oír esto hasta el confín de la tierra: Decid a la
hija de Sión: Mira a tu salvador que llega, el premio de su victoria lo acompaña, la recompensa lo precede. Los llamarán «Pueblo
santo», «redimidos del Señor»; y a ti te llamarán «Buscada»,
«Ciudad no abandonada».

Palabra de Dios.

SALMO RESPONSORIAL 96

℟ **Hoy brillará una luz sobre nosotros, | porque nos ha
nacido el Señor.**

El Señor reina, la tierra goza, | se alegran las islas innumera-
bles. | Los cielos pregonan justicia | y todos los pueblos con-
templan su gloria. ℟

Amanece la luz para el justo, | y la alegría para los rectos de
corazón. | Alegraos, justos, con el Señor, | celebrad su santo
nombre. ℟

SEGUNDA LECTURA

Según su misericordia nos ha salvado

LECTURA DE LA CARTA DEL APOSTOL
SAN PABLO A TITO

3, 4-7

Cuando ha aparecido la Bondad de Dios, nuestro Salvador, y su Amor al hombre, no por las obras de justicia que hayamos hecho nosotros, sino que según su propia misericordia nos ha salvado: con el baño del segundo nacimiento, y con la renovación por el Espíritu Santo; Dios lo derramó copiosamente sobre nosotros por medio de Jesucristo nuestro Salvador. Así, justificados por su gracia, somos, en esperanza, herederos de la vida eterna.

Palabra de Dios.

ALELUYA

Lc 2, 14

Gloria a Dios en el cielo, y en la tierra paz a los hombres que ama el Señor.

EVANGELIO

Los pastores encontraron a María y a José y al niño

✠ LECTURA DEL S. EVANGELIO SEGUN
SAN LUCAS

2, 15-20

Cuando los ángeles los dejaron, los pastores se decían unos a otros: «Vamos derechos a Belén, a ver eso que ha pasado y que nos ha comunicado el Señor.» Fueron corriendo y encontraron a María y a José y al niño acostado en el pesebre. Al verlo, les contaron lo que les habían dicho de aquel niño. Todos los que lo oían se admiraban de lo que decían los pastores. Y María conservaba todas estas cosas, meditándolas en su corazón. Los pastores se volvieron dando gloria y alabanza a Dios por lo que habían visto y oído; todo como les habían dicho.

Palabra del Señor.

Se dice «Credo». A las palabras: «Y por obra...» todos se arrodillan.

ORACION SOBRE LAS OFRENDAS

Señor, que estas ofrendas sean signo del misterio de tu Navidad que estamos celebrando: y así como tu Hijo, hecho hombre, se manifestó como Dios, así nuestras ofrendas de la tierra nos hagan partícipes de los dones del cielo. Por Jesucristo.

Prefacio de Navidad, p. 1058. Cuando se emplea el Canon Romano se dice Reunidos en comunión *propio, p. 1120*

ANTIFONA DE COMUNION   Zc 9, 9

Salta de alegría, hija de Sión; canta, hija de Jerusalén; mira, ya llega tu rey, el Santo, el Salvador del mundo.

ORACION DESPUES DE LA COMUNION

A los que hemos celebrado con cristiana alegría el nacimiento de tu Hijo, concédenos, Señor, penetrar con fe profunda en este misterio y amarlo cada vez con amor más entrañable. Por Jesucristo.

MISA DEL DIA

Si en las misas de medianoche y de la aurora se proclamaba y contemplaba sobre todo el hecho mismo del nacimiento de Jesús, en esta misa del día se proponen textos que se acercan a lo profundo del misterio, a lo invisible que es la obra de Dios y que aquella historia manifiesta y vela simultáneamente. La primera lectura y el salmo responsorial proclaman la finalidad universal de la encarnación, cuyos beneficios no se restringen a un solo pueblo; la carta a los Hebreos, en su prólogo, anuncia solemnemente las etapas de la salvación que llegan hasta la Palabra de Dios humanizada, este misterio del Verbo divino que «se hizo carne, y acampó entre nosotros» (Evangelio). De entre las oraciones destaca la Colecta, atribuida a san León Magno, que menciona y pide la gracia fundamental de la encarnación, compartir la vida de Dios, ya que él ha querido compartir la nuestra.

ANTIFONA DE ENTRADA

Is 9, 5

Un niño nos ha nacido, un hijo se nos ha dado; lleva a hombros el principado, y es su nombre: «Mensajero del designio divino».

Se dice «Gloria».

ORACION COLECTA

Oh Dios, que de modo admirable has creado al hombre a tu imagen y semejanza; y de un modo más admirable todavía restableciste su dignidad por Jesucristo; concédenos compartir la vida divina de aquél que hoy se ha dignado compartir con el hombre la condición humana. Que vive y reina.

PRIMERA LECTURA

Los confines de la tierra verán la victoria de nuestro Dios

LECTURA DEL LIBRO DE ISAIAS

52, 7-10

¡Qué hermosos son sobre los montes los pies del mensajero que anuncia la paz, que trae la buena nueva, que pregona la victoria, que dice a Sión: «Tu Dios es Rey»! Escucha: tus vigías gritan, cantan a coro, porque ven cara a cara al Señor, que vuelve a Sión.

Romped a cantar a coro, ruinas de Jerusalén, que el Señor
consuela a su pueblo, rescata a Jerusalén: el Señor desnuda su
santo brazo a la vista de todas las naciones, y verán los confines
de la tierra la victoria de nuestro Dios.

Palabra de Dios.

SALMO RESPONSORIAL 97

℟ **Los confines de la tierra han contemplado | la victoria
de nuestro Dios.**

Cantad al Señor un cántico nuevo, | porque ha hecho mara-
villas. | Su diestra le ha dado la victoria, | su santo brazo. ℟.

El Señor da a conocer su victoria, | revela a las naciones su
justicia: | se acordó de su misericordia y su fidelidad | en favor
de la casa de Israel. ℟.

Los confines de la tierra han contemplado | la victoria de
nuestro Dios. | Aclama al Señor, tierra entera, | gritad, vitoread,
tocad. ℟.

Tocad la cítara para el Señor, | suenen los instrumentos: |
con clarines y al son de trompetas | aclamad al Rey y Señor. ℟.

SEGUNDA LECTURA
Dios nos ha hablado por su Hijo

COMIENZO DE LA CARTA A LOS HEBREOS   1, 1-6

En distintas ocasiones y de muchas maneras habló Dios antiguamente a nuestros padres por los Profetas. Ahora, en esta etapa final, nos ha hablado por el Hijo, al que ha nombrado heredero de todo, y por medio del cual ha ido realizando las edades del
mundo. El es reflejo de su gloria, impronta de su ser. El sostiene
el universo con su palabra poderosa. Y, habiendo realizado la
purificación de los pecados, está sentado a la derecha de Su Majestad en las alturas; tanto más encumbrado sobre los ángeles,
cuanto más sublime es el nombre que ha heredado. Pues, ¿a qué

ángel dijo jamás: «Hijo mío eres tú, hoy te he engendrado»? O: ¿«Yo seré para él un padre y él será para mí un hijo»? Y en otro pasaje, al introducir en el mundo al primogénito, dice: «Adórenlo todos los ángeles de Dios.»

Palabra de Dios.

ALELUYA

Nos ha amanecido un día sagrado: venid, naciones, adorad al Señor, porque hoy una gran luz ha bajado a la tierra.

EVANGELIO

La Palabra se hizo carne, y acampó entre nosotros

✠ LECTURA DEL S. EVANGELIO SEGUN
SAN JUAN   1, 1-18

El texto entre [ ] puede omitirse.

En el principio ya existía la Palabra, y la Palabra estaba junto a Dios, y la palabra era Dios. La Palabra en el principio estaba junto a Dios. Por medio de la Palabra se hizo todo, y sin ella no se hizo nada de lo que se ha hecho. En la Palabra había vida, y la vida era la luz de los hombres. La luz brilla en la tiniebla, y la tiniebla no la recibió. [Surgió un hombre enviado por Dios, que se llamaba Juan: éste venía como testigo, para dar testimonio de la luz, para que por él todos vinieran a la fe. No era él la luz, sino testigo de la luz.] La Palabra era la luz verdadera, que alumbra a todo hombre. Al mundo vino y en el mundo estaba; el mundo se hizo por medio de ella, y el mundo no la conoció. Vino a su casa, y los suyos no la recibieron. Pero a cuantos la recibieron, les da poder para ser hijos de Dios, si creen en su nombre. Estos no han nacido de sangre, ni de amor carnal, ni de amor humano, sino de Dios. Y la Palabra se hizo carne, y acampó entre nosotros, y hemos contemplado su gloria: gloria propia del Hijo único del Padre, lleno de gracia y de verdad. [Juan da testimonio de él y grita diciendo: «Este es de quien dije: el que viene detrás de mí pasa delante de mí, porque existía antes que yo.» Pues de su plenitud todos hemos recibido gracia tras gracia: porque la ley se dio por medio de Moisés, la gracia y la verdad vinieron por medio de Jesucristo. A Dios nadie lo ha visto jamás: El Hijo único, que está en el seno del Padre, es quien lo ha dado a conocer.]

Palabra del Señor.

Se dice «Credo». A las palabras: «Y por obra...» todos se arrodillan.

ORACION SOBRE LAS OFRENDAS

Acepta, Señor, en la fiesta solemne de la Navidad esta ofrenda que nos reconcilia contigo de modo perfecto, porque en ella se encierra la plenitud del culto que el hombre puede tributarte. Por Jesucristo.

Prefacio de Navidad, p. 1058. Cuando se emplea el Canon Romano se dice Reunidos en comunión *propio, p. 1120.*

ANTIFONA DE COMUNION   Sal 97, 3

Los confines de la tierra han contemplado
la victoria de nuestro Dios.

ORACION DESPUES DE LA COMUNION

Dios de misericordia: hoy que nos ha nacido el Salvador para comunicarnos la vida divina, humildemente te pedimos que nos haga igualmente partícipes del don de su inmortalidad. Por Jesucristo.

LOS DIAS 26, 27 y 28 DE DICIEMBRE, en caso de que no coincidan en domingo, se celebran las fiestas de:
— *SAN ESTEBAN, protomártir, página 2306.*
— *SAN JUAN, Apóstol y Evangelista, página 2309.*

— *LOS SANTOS INOCENTES, mártires, página 2312.*

Domingo dentro de la octava de Navidad

(o, en su defecto, el 30 de diciembre)

LA SAGRADA FAMILIA: JESUS, MARIA Y JOSE

Fiesta

El domingo que sigue a la Navidad nos lleva a la intimidad de aquella santa familia en que se desarrolló el Hijo de Dios hecho hombre; es una fiesta de reciente creación que tiene como finalidad evocar las virtudes domésticas que reinaban en el hogar de Jesús: fidelidad, trabajo, honradez, obediencia, respeto mutuo entre los padres y el hijo... y pedir que tengan vigencia también ahora en nuestras familias. Se proponen tres evangelios, según los tres ciclos de lecturas, con otros tantos momentos en que aparece la Sagrada Familia, ya sea padeciendo el exilio en Egipto (A), en la presentación de Jesús en el templo de Jerusalén (B), y en el episodio de Jesús perdido y encontrado en el mismo lugar santo (C).

ANTIFONA DE ENTRADA   Is 2, 16

Los pastores fueron corriendo y encontraron a María y a José y al niño acostado en el pesebre.

Se dice «Gloria».

ORACION COLECTA

Dios, Padre nuestro, que has propuesto la Sagrada Familia como maravilloso ejemplo a los ojos de tu pueblo; concédenos, te rogamos, que, imitando sus virtudes domésticas y su unión en el amor, lleguemos a gozar de los premios eternos en el hogar del cielo. Por nuestro Señor.

ORACION SOBRE LAS OFRENDAS

Al ofrecerte, Señor, este sacrificio de expiación, te suplicamos, por intercesión de la Virgen, Madre de Dios, y de San José, que guardes nuestras familias en tu gracia y en tu paz verdadera. Por Jesucristo.

Prefacio de Navidad, p. 1054. Cuando se emplea el Canon Romano se dice el Reunidos en comunión *propio, p. 1120.*

ANTIFONA DE COMUNION   Bar 3, 38

Dios apareció en el mundo y vivió entre los hombres.

ORACION DESPUES DE LA COMUNION

Padre nuestro, que nos amas y nos perdonas, concede a cuantos has renovado con estos divinos sacramentos, imitar fielmente los ejemplos de la Sagrada Familia, para que, después de las pruebas de esta vida, podamos gozar en el cielo de tu eterna compañía. Por Jesucristo.

PRIMERA LECTURA

El que teme al Señor honra a sus padres

LECTURA DEL LIBRO DEL ECLESIASTICO   3, 2-6.12-14

Dios hace al padre más respetable que a los hijos y afirma la autoridad de la madre sobre la prole. El que honra a su padre expía sus pecados, el que respeta a su madre acumula tesoros; el que honra a su padre se alegrará de sus hijos y, cuando rece, será escuchado; el que respeta a su padre tendrá larga vida, al que honra a su madre el Señor le escucha.

Hijo mío, sé constante en honrar a tu padre, no lo abandones, mientras viva; aunque flaquee su mente, ten indulgencia, no lo abochornes, mientras vivas. La limosna del padre no se olvidará, será tenida en cuenta para pagar tus pecados; el día del peligro se acordará de ti y deshará tus pecados como el calor la escarcha.

Palabra de Dios.

SALMO RESPONSORIAL 127

℟. **¡Dichoso el que teme al Señor, | y sigue sus caminos!**

¡Dichoso el que teme al Señor, | y sigue sus caminos! ℟.

Comerás del fruto de tu trabajo, | serás dichoso, te irá bien. ℟.

Tu mujer, como parra fecunda, | en medio de tu casa; | tus hijos como renuevos de olivo, | alrededor de tu mesa. ℟.

Esta es la bendición del hombre | que teme al Señor. | Que el Señor te bendiga desde Sión, que veas la prosperidad de Jerusalén, todos los días de tu vida. ℟.

SEGUNDA LECTURA

La vida de familia vivida en el Señor

LECTURA DE LA CARTA DEL APOSTOL
SAN PABLO A LOS COLOSENSES

3, 12-21

Hermanos: Como pueblo elegido de Dios, pueblo sacro y amado, sea vuestro uniforme: la misericordia entrañable, la bondad, la humildad, la dulzura, la comprensión. Sobrellevaos mutuamente y perdonaos, cuando alguno tenga quejas contra otro. El Señor os ha perdonado: haced vosotros lo mismo. Y por encima de todo esto, el amor, que es el ceñidor de la unidad consumada. Que la paz de Cristo actúe de árbitro en vuestro corazón: a ella habéis sido convocados, en un solo cuerpo.

Y celebrad la Acción de Gracias: la Palabra de Cristo habite entre vosotros en toda su riqueza; enseñaos unos a otros con toda sabiduría; exhortaos mutuamente. Cantad a Dios, dadle gracias de corazón, con salmos, himnos y cánticos inspirados. Y todo lo que de palabra o de obra realicéis, sea todo en nombre de Jesús, ofreciendo la Acción de Gracias a Dios Padre por medio de él.

Mujeres, vivid bajo la autoridad de vuestros maridos, como conviene en el Señor. Maridos, amad a vuestras mujeres, y no seáis ásperos con ellas. Hijos, obedeced a vuestros padres en todo, que eso le gusta al Señor. Padres, no exasperéis a vuestros hijos, no sea que pierdan los ánimos.

Palabra del Dios.

CICLO A (Años 1989, 1992, 1995, 1998, 2001, 2004)

ALELUYA   Col 3, 15-16

Que la paz de Cristo actúe de árbitro en vuestro corazón; que la Palabra de Cristo habite entre vosotros en toda su riqueza.

EVANGELIO

Toma al niño y a su madre y huye a Egipto

✠ LECTURA DEL S. EVANGELIO SEGUN
SAN MATEO   2, 13-15.19.23

Cuando se marcharon los magos, el ángel del Señor se apareció en sueños a José y le dijo: «Levántate, toma al niño y a su madre y huye a Egipto; quédate allí hasta que yo te avise, porque Herodes va a buscar al niño para matarlo.» José se levantó, cogió al niño y a su madre de noche; se fue a Egipto y se quedó hasta la muerte de Herodes; así se cumplió lo que dijo el Señor por el Profeta: «Llamé a mi hijo para que saliera de Egipto.»

Cuando murió Herodes, el ángel del Señor se apareció de nuevo en sueños a José en Egipto y le dijo: «Levántate, toma al niño y a su madre y vuélvete a Israel; ya han muerto los que atentaban contra la vida del niño.» Se levantó, tomó al niño y a su madre y volvió a Israel. Pero al enterarse de que Arquelao reinaba en Judea como sucesor de su padre Herodes tuvo miedo de ir allá. Y avisado en sueños se retiró a Galilea y se estableció en un pueblo llamado Nazaret. Así se cumplió lo que dijeron los profetas, que se llamaría nazareno.

Palabra del Señor.

Cuando esta fiesta se celebra en domingo se dice «Credo».

CICLO B (Años 1990, 1993, 1996, 1999, 2002, 2005)

ALELUYA   Col 3, 15.16

Que la paz de Cristo actúe de árbitro en vuestro corazón; que la Palabra de Cristo habite entre vosotros en toda su riqueza.

EVANGELIO

El niño iba creciendo lleno de sabiduría

✠ LECTURA DEL S. EVANGELIO SEGUN SAN LUCAS   2, 22-40

El texto entre [ ] puede omitirse.

Cuando llegó el tiempo de la purificación, según la ley de Moisés, llevaron a Jesús a Jerusalén, para presentarlo al Señor.

[(De acuerdo con lo escrito en la ley del Señor: «Todo primogénito varón será consagrado al Señor») y para entregar la oblación como dice la ley del Señor: «un par de tórtolas o dos pichones».

Vivía entonces en Jerusalén un hombre llamado Simeón, hombre honrado y piadoso, que aguardaba el Consuelo de Israel; y el Espíritu Santo moraba en él. Había recibido un oráculo del Espíritu Santo: que no vería la muerte antes de ver al Mesías del Señor. Impulsado por el Espíritu Santo, fue al templo. Cuando entraban con el Niño Jesús sus padres para cumplir con él lo previsto por la ley, Simeón lo tomó en brazos y bendijo a Dios diciendo:

«Ahora, Señor, según tu promesa, puedes dejar a tu siervo irse en paz: porque mis ojos han visto a tu Salvador, a quien has presentado ante todos los pueblos: luz para alumbrar a las naciones, y gloria de tu pueblo, Israel.»

José y María, la madre de Jesús, estaban admirados por lo que se decía del niño.

Simeón los bendijo diciendo a María, su madre: «Mira: Este está puesto para que muchos en Israel caigan y se levanten; será como una bandera discutida: así quedará clara la actitud de muchos corazones. Y a ti una espada te traspasará el alma.»

Había también una profetisa, Ana, hija de Fanuel, de la tribu de Aser. Era una mujer muy anciana: de jovencita había vivido siete años, casada, y llevaba ochenta y cuatro de viuda; no se apartaba del templo día y noche, sirviendo a Dios con ayunos y oraciones. Acercándose en aquel momento, daba gracias a Dios y hablaba del niño a todos los que aguardaban la liberación de Jerusalén.]

Y cuando cumplieron todo lo que prescribía la Ley del Señor, se volvieron a Galilea, a su ciudad de Nazaret. El niño iba creciendo y robusteciéndose, y se llenaba de sabiduría; y la gracia de Dios lo acompañaba.

Palabra del Señor.

Cuando esta fiesta se celebra en domingo se dice «Credo».

CICLO C (Años 1991, 1994, 1997, 2000, 2003, 2006)

ALELUYA   Col 3, 15-16

Que la paz de Cristo actúe de árbitro en vuestro corazón y que la Palabra de Cristo habite entre vosotros en toda su riqueza.

EVANGELIO

Los padres de Jesús lo encuentran en medio de los doctores

✠ LECTURA DEL S. EVANGELIO SEGUN
SAN LUCAS

2, 41-52

Los padres de Jesús solían ir cada año a Jerusalén por las fiestas de Pascua. Cuando Jesús cumplió doce años, subieron a la fiesta según la costumbre, y cuando terminó, se volvieron; pero el niño Jesús se quedó en Jerusalén, sin que lo supieran sus padres. Estos, creyendo que estaba en la caravana, hicieron una jornada y se pusieron a buscarlo entre los parientes y conocidos; al no encontrarlo, se volvieron a Jerusalén en su busca. A los tres días, lo encontraron en el templo, sentado en medio de los maestros, escuchándolos y haciéndoles preguntas: todos los que le oían, quedaban asombrados de su talento y de las respuestas que daba. Al verlo, se quedaron atónitos, y le dijo su madre: «Hijo, ¿por qué nos has tratado así? Mira que tu padre y yo te buscábamos angustiados.» El les contestó: «¿Por qué me buscábais? ¿No sabíais que yo debía estar en la casa de mi Padre?» Pero ellos no comprendieron lo que quería decir. El bajó con ellos a Nazaret y siguió bajo su autoridad. Su madre conservaba todo esto en su corazón. Y Jesús iba creciendo en sabiduría, en estatura y en gracia ante Dios y los hombres.

Palabra del Señor.

Cuando esta fiesta se celebra en domingo se dice «Credo».

29 de diciembre
DIA 5.º DENTRO DE LA OCTAVA DE NAVIDAD

ANTIFONA DE ENTRADA

Jn 3, 16

Tanto amó Dios al mundo que entregó a su Hijo único para que no perezca ninguno de los que creen en él, sino que tengan vida eterna.

Se dice «Gloria»

ORACION COLECTA

Dios todopoderoso a quien nadie ha visto nunca: tú que has disipado las tinieblas del mundo con la venida de Cristo, la Luz verdadera, míranos complacido, para que podamos cantar dignamente la gloria del nacimiento de tu Hijo. Que vive y reina.

PRIMERA LECTURA

Quien ama a su hermano permanece en la luz

LECTURA DE LA PRIMERA CARTA DE SAN JUAN
2, 3-11

Queridos: En esto sabemos que le conocemos a Jesús: en que guardamos sus mandamientos. Quien dice: «yo le conozco» y no guarda sus mandamientos es un mentiroso, y la verdad no está en él. Pero quien guarda su Palabra, ciertamente el amor de Dios ha llegado en él a su plenitud. En esto conocemos que estamos en él. Quien dice que permanece en él, debe vivir como vivió él. Queridos: no os escribo un mandamiento nuevo, sino el mandamiento antiguo que tenéis desde el principio. Este mandamiento antiguo es la Palabra que habéis escuchado. Y, sin embargo, os escribo un mandamiento nuevo —lo cual es verdadero en él y en vosotros—, pues las tinieblas pasan y la luz verdadera brilla ya. Quien dice que está en la luz y aborrece a su hermano, está aún en las tinieblas. Quien ama a su hermano permanece en la luz y no tropieza. Pero quien aborrece a su hermano está en las tinieblas, camina en las tinieblas, no sabe a dónde va, porque las tinieblas han cegado sus ojos.

Palabra de Dios.

SALMO RESPONSORIAL 95

R Alégrese el cielo y goce la tierra.

Cantad al Señor un cántico nuevo, | cantad al Señor, toda la tierra; | cantad al Señor, bendecid su nombre. R.

Proclamad día tras día su victoria. | Contad a los pueblos su gloria, | sus maravillas a todas las naciones. ℞.

El Señor ha hecho el cielo; | honor y majestad le preceden, | fuerza y esplendor están en su templo. ℞.

ALELUYA

Luz para alumbrar a las naciones y gloria de tu pueblo Israel.

EVANGELIO

Luz para alumbrar a las naciones

✠ LECTURA DEL S. EVANGELIO SEGUN SAN LUCAS   2, 22-35

Cuando llegó el tiempo de la purificación, según la ley de Moisés, llevaron a Jesús a Jerusalén para presentarlo al Señor (de acuerdo con lo escrito en la ley del Señor: «todo primogénito varón será consagrado al Señor») y para entregar la oblación (como dice la ley del Señor: «un par de tórtolas o dos pichones»).

Vivía entonces en Jerusalén un hombre llamado Simeón, hombre honrado y piadoso, que aguardaba el consuelo de Israel; y el Espíritu Santo moraba en él. Había recibido un oráculo del Espíritu Santo: que no vería la muerte antes de ver al Mesías del Señor. Impulsado por el Espíritu Santo fue al templo. Cuando entraban con el Niño Jesús, sus padres (para cumplir con él lo previsto por la ley), Simeón lo tomó en brazos y bendijo a Dios diciendo:

«Ahora, Señor, según tu promesa, puedes dejar a tu siervo irse en paz; porque mis ojos han visto a tu Salvador, a quien has presentado ante todos los pueblos: luz para alumbrar a las naciones, y gloria de tu pueblo, Israel.»

Su padre y su madre estaban admirados por lo que se decía del niño. Simeón los bendijo diciendo a María, su madre: «Mira: Este está puesto para que muchos en Israel caigan y se levanten;

será como una bandera discutida: así quedará clara la actitud de muchos corazones. Y a ti, una espada te traspasará el alma.»

Palabra del Señor.

No se dice «Credo».

ORACION SOBRE LAS OFRENDAS

Acepta, Señor, estas ofrendas en las que vas a realizar con nosotros un admirable intercambio, pues al ofrecerte los dones que tú mismo nos diste, esperamos merecerte a ti mismo como premio. Por Jesucristo.

Prefacio de Navidad, p. 1058. Cuando se emplea el Canon Romano se dice Reunidos en comunión *propio, p. 1120.*

ANTIFONA DE COMUNION

Por la entrañable misericordia de nuestro Dios nos ha visitado el sol que nace de lo alto.

ORACION DESPUES DE LA COMUNION

Por la eficacia de estos santos misterios fortalece, Señor, cada vez más, nuestra vida cristiana. Por Jesucristo.

30 de diciembre
DIA 6.º DENTRO DE LA OCTAVA DE NAVIDAD

Si no cae ningún domingo dentro de la octava de Navidad en este día se celebra la fiesta de la Sagrada Familia (p. 125).

ANTIFONA DE ENTRADA   Sab 18, 14-15

Un silencio sereno lo envolvía todo, y, al mediar la noche su carrera, tu Palabra todopoderosa, Señor, vino desde el trono real de los cielos.

Se dice «Gloria»

ORACION COLECTA

Dios todopoderoso: por este nuevo nacimiento de tu Hijo en nuestra carne líbranos del yugo con que nos domina la antigua servidumbre del pecado. Por nuestro Señor.

PRIMERA LECTURA

El que hace la voluntad de Dios permanece para siempre

LECTURA DE LA PRIMERA CARTA DE SAN JUAN

2, 12-17

Os escribo a vosotros, hijos míos, porque se os han perdonado los pecados por su nombre. Os escribo a vosotros, padres, porque conocéis al que es desde el principio. Os escribo a vosotros, jóvenes, porque habéis vencido al maligno. Os he escrito a vosotros, hijos míos, porque conocéis al Padre. Os he escrito, padres, porque conocéis al que es desde el principio. Os escribo a vosotros, los jóvenes, porque sois fuertes, y la Palabra de Dios permanece en vosotros, y habéis vencido al maligno. No améis al mundo ni lo que hay en el mundo. Si alguno ama al mundo, no está en él el amor del Padre. Porque lo que hay en el mundo —las pasiones del hombre terreno, y la codicia de los ojos, y la arrogancia del dinero— eso no procede del Padre, sino que procede del mundo. Y el mundo pasa, con sus pasiones. Pero el que hace la voluntad de Dios permanece para siempre.

Palabra de Dios.

SALMO RESPONSORIAL 95

R. **Alégrese el cielo y goce la tierra.**

Familias de los pueblos, aclamad al Señor, | aclamad la gloria y el poder del Señor, | aclamad la gloria del nombre del Señor. R.

Entrad en sus atrios trayéndole ofrendas; | postraos ante el Señor en el atrio sagrado, | tiemble en su presencia la tierra toda. R.

Decid a los pueblos: «El Señor es Rey, | él afianzó el orbe, y no se moverá; | él gobierna a los pueblos rectamente. ℞.

ALELUYA

Heb 1, 1-2

Nos ha amanecido un día sagrado: venid, naciones, adorad al Señor, porque hoy una gran luz ha bajado a la tierra.

EVANGELIO

Ana hablaba del Niño a todos los que aguardaban la liberación de Israel

✠ LECTURA DEL S. EVANGELIO SEGUN SAN LUCAS

2, 36-40

En aquel tiempo, había una profetisa, Ana, hija de Fanuel, de la tribu de Aser. Era una mujer muy anciana: de jovencita había vivido siete años casada, y llevaba ochenta y cuatro de viuda; no se apartaba del templo día y noche, sirviendo a Dios con ayunos y oraciones. Acercándose en aquel momento, daba gracias a Dios y hablaba del niño a todos los que aguardaban la liberación de Israel. Y cuando cumplieron todo lo que prescribía la Ley del Señor se volvieron a Galilea, a su ciudad de Nazaret. El niño iba creciendo y robusteciéndose, y se llenaba de sabiduría, y la gracia de Dios lo acompañaba.

Palabra del Señor.

No se dice «Credo»

ORACION SOBRE LAS OFRENDAS

Acepta, Señor, con bondad la ofrenda de tu pueblo, y haz que cuanto creemos por la fe se haga vida en nosotros, por medio de este sacramento. Por Jesucristo.

Prefacio de Navidad, p. 1058. Si se emplea el Canon Romano se dice el Reunidos en comunión *propio, p. 1120.*

ANTIFONA DE COMUNION

Jn 1, 16

De su plenitud todos hemos recibido gracia tras gracia.

ORACION DESPUES DE LA COMUNION

Señor, tú que llegas hasta nosotros en la participación en la Eucaristía; concédenos obtener el fruto de este sacramento, y que al recibirlo nos hagamos cada día más dignos de este don que nos haces. Por Jesucristo.

31 de diciembre
DIA 7.º DENTRO DE LA OCTAVA DE NAVIDAD

ANTIFONA DE ENTRADA

Is 9, 6

Un niño nos ha nacido, un hijo se nos ha dado; lleva a hombros el principado, y es su nombre: «Mensajero del designio divino.»

Se dice «Gloria»

ORACION COLECTA

Dios todopoderoso y eterno, que has establecido el principio y la plenitud de toda religión en el nacimiento de tu Hijo Jesucristo; te suplicamos nos concedas la gracia de ser contados entre los miembros vivos de su Cuerpo, porque sólo en él radica la salvación del mundo. Por nuestro Señor.

PRIMERA LECTURA

En cuanto a vosotros, estáis ungidos por el Santo y todos vosotros lo sabéis

LECTURA DE LA PRIMERA CARTA DE SAN JUAN

2, 18-21

Hijos míos, es el momento final. Habéis oído que iba a venir un Anticristo; pues bien, muchos anticristos han aparecido, por lo cual nos damos cuenta que es ya la última hora. Salieron de entre nosotros, pero no eran de los nuestros. Si hubiesen sido de los nuestros habrían permanecido con nosotros. Pero sucedió así para poner de manifiesto que no todos son de los nuestros. En cuanto a vosotros, estáis ungidos por el Santo y todos vosotros lo sabéis. Os he escrito no porque desconozcáis la verdad, sino porque la conocéis y porque ninguna mentira viene de la verdad.

Palabra de Dios.

SALMO RESPONSORIAL 95

℟ **Alégrese el cielo y goce la tierra.**

Cantad al Señor un cántico nuevo, | cantad al Señor, toda la tierra; | cantad al Señor, bendecid su nombre, | proclamad día tras día su victoria. ℟.

Alégrese el cielo, goce la tierra, | retumbe el mar y cuanto lo llena; | vitoreen los campos y cuanto hay en ellos, | aclamen los árboles del bosque. ℟.

Delante del Señor, que ya llega, | ya llega a regir la tierra. ℟.

ALELUYA

Jn 1, 14, 12

La palabra se hizo carne y acampó entre nosotros. A cuantos la recibieron, les da poder para ser hijos de Dios.

EVANGELIO

La Palabra se hizo carne.

✠ **LECTURA DEL S. EVANGELIO SEGUN SAN JUAN**

1, 1-18

En el principio ya existía la Palabra, y la Palabra estaba junto a Dios, y la Palabra era Dios. La palabra en el principio estaba junto a Dios. Por medio de la Palabra se hizo todo, y sin ella no se hizo nada de lo que se ha hecho. En la Palabra había vida, y la vida era la luz de los hombres. La luz brilla en la tiniebla, y la tiniebla no la recibe. Surgió un hombre enviado por Dios, que se llamaba Juan: éste venía como testigo, para dar testimonio de la luz, para que por él todos vinieran a la fe. No era él la luz, sino testigo de la luz. La Palabra era la luz verdadera, que alumbra a todo hombre. Al mundo vino, y en el mundo estaba; el mundo se hizo por medio de ella, y el mundo no la conoció. Vino a su casa, y los suyos no la recibieron. (Pero a cuantos la recibieron les dio poder de hacerse hijos de Dios, a los que creen en su nombre; la cual no nació de sangre, ni de deseo de carne, ni de deseo de hombre, sino que nació de Dios. Y la palabra se hizo carne, y puso su Morada entre nosotros, y hemos visto su gloria, gloria que recibe del Padre como Hijo único, lleno de gracia y de verdad.) Juan da testimonio de él y grita diciendo: —Este es de quien dije: «El que viene detrás de mí pasa delante de mí, porque existía antes que yo.» Pues de su plenitud todos hemos recibido gracia tras gracia, porque la Ley se dio por medio de Moisés, la gracia y la verdad vinieron por medio de Jesucristo. A Dios nadie lo ha visto jamás: el Hijo único, que está en el seno del Padre, es quien lo ha contado.

Palabra del Señor.

No se dice «Credo»

ORACION SOBRE LAS OFRENDAS

Señor, Dios nuestro, fuente de la piedad sincera y del amor fraterno, que esta ofrenda glorifique tu nombre, y nuestra unión se haga fuerte por la participación en estos sacramentos. Por Jesucristo.

Prefacio de Navidad, p. 1058. Si se emplea el Canon Romano se dice el Reunidos en comunión *propio, p. 1120.*

ANTIFONA DE COMUNION
1 Jn 4, 9

Dios envió al mundo a su Hijo único para que vivamos por medio de él.

ORACION DESPUES DE LA COMUNION

Que tu pueblo, Señor, dirigido por tu ayuda continua, reciba los auxilios, presentes y futuros, que le envías, y sostenido —pues lo necesita— por el consuelo de las cosas temporales, ayúdale a aspirar con más confianza a los bienes eternos. Por Jesucristo.

1 de enero-Octava de la Natividad
SANTA MARIA MADRE DE DIOS
Solemnidad

En este día concluyen varios motivos de festividad que conviene distinguir junto con los textos que hacen referencia a cada uno de ellos. En primer lugar es la Octava de la Natividad del Señor, el día en que Jesús fue circuncidado y hecho miembro del Pueblo de Dios, Israel, recibiendo asimismo el nombre que significa «Yawéh salva», y a esto hace referencia el Evangelio de esta misa. En el nuevo calendario se incluye hoy la antigua fiesta del 2 de enero dedicada al Santísimo nombre de Jesús. Al ser la Octava del Nacimiento se ha dedicado también este día a la Santísima Virgen con su título más preciado y fuente de todos los demás como es el de Madre de Dios, consecuencia de la perfecta unión de las naturalezas divina y humana en Cristo desde el momento de la encarnación. Así pues, las oraciones de esta misa se elevan por la mediación de María, Madre también y protectora de la Iglesia; asimismo la lectura de san Pablo hace referencia al papel fundamental de María en la obra de la salvación, al hablar del Hijo de Dios nacido de una mujer y nacido bajo la Ley de Moisés (circuncisión).

El hecho de ser este día el primero del año civil y el ambiente que rodea a la Navidad han hecho que haya sido declarado Día de oración por la paz; este gran beneficio es visto en la primera lectura y el salmo responsorial como fruto de la bendición de Dios.

ANTIFONA DE ENTRADA

¡Salve, Madre santa!, Virgen Madre del Rey, que gobierna cielo y tierra por los siglos de los siglos.

O también: Is 9, 2.6; Lc 1, 33

Hoy brillará una luz sobre nosotros, porque nos ha nacido el Señor y es su nombre: «Admirable Dios, Príncipe de la paz, Padre perpetuo»; y su reino no tendrá fin.

ORACION COLECTA

Dios y Señor nuestro, que por la maternidad virginal de María entregaste a los hombres los bienes de la salvación; concédenos experimentar la intercesión de aquélla de quien hemos recibido a tu Hijo Jesucristo, el autor de la vida. Que vive y reina.

PRIMERA LECTURA

Invocarán mi nombre sobre los israelitas y yo los bendeciré

LECTURA DEL LIBRO DE LOS NUMEROS   6, 22-27

El Señor habló a Moisés: «Di a Aarón y a sus hijos: Esta es la fórmula con que bendeciréis a los israelitas: El Señor te bendiga y te proteja, ilumine su rostro sobre ti y te conceda su favor; el Señor se fije en ti y te conceda la paz. Así invocarán mi nombre sobre los israelitas y yo los bendeciré.»

Palabra de Dios.

SALMO RESPONSORIAL 66

℟. **El Señor tenga piedad y nos bendiga.**

El Señor tenga piedad y nos bendiga, | ilumine su rostro sobre nosotros: | conozca la tierra tus caminos, | todos los pueblos tu salvación. ℟.

Que canten de alegría las naciones, | porque riges el mundo con justicia, | riges los pueblos con rectitud, | y gobiernas las naciones de la tierra. ℟.

Oh Dios, que te alaben los pueblos, | que todos los pueblos te alaben. | Que Dios nos bendiga; que te teman | hasta los confines del orbe. ℟.

SEGUNDA LECTURA

Dios envió a su Hijo, nacido de una mujer

LECTURA DE LA CARTA DE SAN PABLO A LOS GALATAS

4, 4-7

Hermanos: Cuando se cumplió el tiempo, envió Dios a su Hijo, nacido de una mujer, nacido bajo la Ley, para rescatar a los que estaban bajo la Ley, para que recibiéramos el ser hijos por adopción. Como sois hijos, Dios envió a vuestros corazones al Espíritu de su Hijo que clama: «¡Abbá!» (Padre). Así que ya no eres esclavo, sino hijo; y si eres hijo, eres también heredero por voluntad de Dios.

Palabra de Dios.

ALELUYA

Heb 1, 1-2

En distintas ocasiones habló Dios antiguamente a nuestros padres por los Profetas: ahora, en esta etapa final, nos ha hablado por el Hijo.

EVANGELIO

María meditaba todas estas cosas en su corazón. Al cumplirse los ocho días, le pusieron por nombre Jesús

✝ LECTURA DEL S. EVANGELIO SEGUN SAN LUCAS

2, 16-21

En aquel tiempo los pastores fueron corriendo y encontraron a María y a José y al Niño acostado en el pesebre. Al verlo, les contaron lo que les habían dicho de aquel niño. Todos los que lo oían se admiraban de lo que decían los pastores. Y María conservaba todas estas cosas, meditándolas en su corazón. Los pastores se volvieron dando gloria y alabanza a Dios por lo que habían visto y oído; todo como les habían dicho.

Al cumplirse los ocho días tocaba circuncidar al niño, y le pusieron por nombre Jesús, como lo había llamado el ángel antes de su concepción.

Palabra del Señor.

Se dice «Credo».

ORACION SOBRE LAS OFRENDAS

Señor y Dios nuestro, que en tu providencia das principio y cumplimiento a todo bien, concede, te rogamos, a cuantos celebramos hoy la fiesta de la Madre de Dios, Santa María, que así como nos llena de gozo celebrar el comienzo de nuestra salvación, nos alegremos un día de alcanzar su plenitud. Por Jesucristo.

Prefacio de la Santísima Virgen, p. 1092. Cuando se emplea el Canon Romano se dice Reunidos en comunión *de Navidad, p. 1120.*

ANTIFONA DE COMUNION   Heb 13, 8

Jesucristo ayer y hoy; el mismo por los siglos.

ORACION DESPUES DE LA COMUNION

Hemos recibido con alegría los sacramentos del cielo. Te pedimos ahora, Señor, que ellos nos ayuden para la vida eterna, a cuantos proclamamos a María Madre de tu Hijo y Madre de la Iglesia. Por Jesucristo.

DOMINGO SEGUNDO DESPUES DE NAVIDAD

Este domingo es como un eco de la fiesta de Navidad, de la que toma las antífonas y oraciones de la misa del día, así como el evangelio. Como en la tercera de las misas de aquella solemnidad se contempla lo profundo e invisible del misterio de Dios hecho hombre. Acerca de esto resulta interesantísimo comparar el texto del libro del Eclesiástico que se lee en primer lugar con el prólogo del evangelio según san Juan que también se proclama hoy; en aquel pasaje los sabios de Israel parecen intuir que su severo monoteísmo dejaba lugar a una actividad y presencia divina en medio de su pueblo que manifestaba una vida inferior en Dios más rica y difusiva que lo descrito por la filosofía clásica. Cristo aparece hoy como la Sabiduría y la Palabra del Padre, enviado a plantar su tienda nómada en medio de un pueblo peregrinante que no lo supo reconocer ni recibir. Los que sí lo hemos acogido llegamos a ser hijos de Dios, como lo anuncia el evangelio, con aquella predestinación y adopción de que trata también san Pablo en la segunda lectura.

ANTIFONA DE ENTRADA

Sab 18, 14-15

Un silencio sereno lo envolvía todo, y, al mediar la noche su carrera, tu Palabra todopoderosa, Señor, vino desde el trono real de los cielos.

ORACION COLECTA

Dios todopoderoso y eterno, luz de los que en ti creen, que la tierra se llene de tu gloria y que te reconozcan los pueblos por el esplendor de tu luz. Por nuestro Señor Jesucristo.

PRIMERA LECTURA

La sabiduría habita en medio del pueblo elegido

LECTURA DEL LIBRO DEL ECLESIASTICO

24, 1-4.12-16

La sabiduría hace su propio elogio, se gloría en medio de su pueblo. Abre la boca en la asamblea del Altísimo y se gloría delante de sus Potestades. En medio de su pueblo será ensalzada y admirada en la congregación plena de los santos; recibirá alabanzas de la muchedumbre de los escogidos y será bendita entre los benditos. Entonces el Creador del Universo me ordenó, el Creador estableció mi morada: habita en Jacob, sea Israel tu heredad. Desde el principio, antes de los siglos, me creó, y no cesaré jamás. En la santa morada, en su presencia ofrecí culto y en Sión me estableció; en la ciudad escogida me hizo descansar, en Jerusalén reside mi poder. Eché raíces en un pueblo glorioso, en la porción del Señor, en su heredad.

Palabra de Dios.

SALMO RESPONSORIAL 147

℟ **La Palabra se hizo carne y acampó entre nosotros.**

Glorifica al Señor, Jerusalén, | Alaba a tu Dios, Sión: | Que ha reforzado los cerrojos de tus puertas, | y ha bendecido a tus hijos dentro de ti. ℟

Ha puesto paz en tus fronteras, | te sacia con flor de harina; | él envía su mensaje a la tierra, | y su palabra corre veloz. ℟

Anuncia su palabra a Jacob, | sus decretos y mandatos a Israel; | con ninguna nación obró así | ni les dio a conocer sus mandatos. ℟

SEGUNDA LECTURA

Nos predestinó a ser Hijos adoptivos suyos por Jesucristo

LECTURA DE LA CARTA DEL APOSTOL
SAN PABLO A LOS EFESIOS

1, 3-6.15-18

Bendito sea Dios, Padre de nuestro Señor Jesucristo, que nos ha bendecido en la persona de Cristo con toda clase de bienes espirituales y celestiales. El nos eligió en la persona de Cristo, antes de crear el mundo, para que fuésemos santos e irreprochables ante él por el amor. El nos ha destinado en la persona de Cristo, por pura iniciativa suya, a ser sus hijos, para que la gloria de su gracia, que tan generosamente nos ha concedido en su querido Hijo, redunde en alabanza suya.

Por eso yo, que he oído hablar de vuestra fe en el Señor Jesús y de vuestro amor a todos los santos, no ceso de dar gracias por vosotros, recordándoos en mi oración, a fin de que el Dios de nuestro Señor Jesucristo, el Padre de la gloria, os dé espíritu de sabiduría y revelación para conocerlo. Ilumine los ojos de vuestro corazón, para que comprendáis cuál es la esperanza a la que os llama, cuál la riqueza de gloria que da en herencia a los santos.

Palabra de Dios.

ALELUYA   1 Tim 3, 16

Gloria a ti, Cristo, proclamado a los paganos,
Gloria a ti, Cristo, creído en el mundo.

EVANGELIO

(El Evangelio, como el día de la Natividad, p. 123.)

ORACION SOBRE LAS OFRENDAS

Santifica, Señor, estas ofrendas en gracia del nacimiento de tu Hijo, por el que nos has señalado el camino de la verdad y nos has prometido la vida de la gloria. Por Jesucristo nuestro Señor.

Prefacio de Navidad, p. 1058.

ANTIFONA DE COMUNION   Jn 1, 12

A cuantos le recibieron les da poder para ser hijos de Dios.

ORACION DESPUES DE LA COMUNION

Humildemente te pedimos, Señor y Dios nuestro, que la eficacia de este sacramento nos purifique de nuestros pecados y dé cumplimiento a nuestros mejores deseos. Por Jesucristo nuestro Señor.

6 de enero
LA EPIFANIA DEL SEÑOR
Solemnidad

El término griego *Epifanía* tenía el significado de entrada poderosa, por méritos propios, en la fama de las gentes, y se refería a la llegada del rey a una ciudad. También servía para indicar la aparición de una divinidad o una intervención prodigiosa de ella. Esta fiesta nació en las iglesias de Oriente en la segunda mitad del s. IV al mismo tiempo que la Navidad en Occidente y tenía como objeto celebrar el nacimiento y el bautismo de Cristo. Posteriormente las dos fiestas se celebraron en todas partes, y la Epifanía quedó en Oriente como memoria del Bautismo mientras que en Occidente se propusieron celebrar sobre todo la venida de los Magos, presentados como primicia de los gentiles, manifestándose Jesús como Señor de todos los pueblos. Se revela así el misterio escondido en Dios: «Que también los gentiles son coherederos, miembros del mismo cuerpo y partícipes de la Promesa en Jesucristo, por el Evangelio» (2). Es, pues, una solemnidad que desborda el tema concreto de los Magos de Oriente, cuya venida se recuerda en la lectura evangélica y cuyo significado es profetizado en la primera lectura y el salmo responsorial. La Epifanía del Señor en la liturgia romana tiene tres momentos: la adoración de los Magos, el Bautismo en el Jordán y las bodas de Caná (domingo siguiente al Bautismo del Señor, ciclo C).

ANTIFONA DE ENTRADA   Mal 3, 1; 1 Cro 19, 12

Mirad que llega el Señor del señorío: en la mano tiene el reino, y la potestad y el imperio.

ORACION COLECTA

Señor, tú que en este día revelaste a tu Hijo Unigénito por medio de una estrella a los pueblos gentiles; concede a los que ya te conocemos por la fe poder gozar un día, cara a cara, la hermosura infinita de tu gloria. Por nuestro Señor.

PRIMERA LECTURA

La gloria del Señor amanece sobre ti

LECTURA DEL LIBRO DE ISAIAS

60, 1-6

¡Levántate, brilla, Jerusalén, que llega tu luz; la gloria del Señor amanece sobre ti! Mira: las tinieblas cubren la tierra, la oscuridad los pueblos, pero sobre ti amanecerá el Señor, su gloria aparecerá sobre ti; y caminarán los pueblos a tu luz; los reyes al resplandor de tu aurora. Levanta la vista en torno, mira: todos ésos se han reunido, vienen a ti: tus hijos llegan de lejos, a tus hijas las traen en brazos. Entonces lo verás, radiante de alegría; tu corazón se asombrará, se ensanchará, cuando vuelquen sobre ti los tesoros del mar, y te traigan las riquezas de los pueblos. Te inundará una multitud de camellos, los dromedarios de Madián y de Efá. Vienen todos de Sabá, trayendo incienso y oro, y proclamando las alabanzas del Señor.

Palabra de Dios.

SALMO RESPONSORIAL 71

℟ **Se postrarán ante ti, Señor, | todos los reyes de la tierra.**

Dios mío, confía tu juicio al rey, | tu justicia al hijo de reyes: | para que rija a tu pueblo con justicia, | a tus humildes con rectitud. ℟.

Que en sus días florezca la justicia | y la paz hasta que falte la luna; | que domine de mar en mar, | del Gran Río al confín de la tierra. ℟.

Que los reyes de Tarsis y de las islas le paguen tributos; | que los reyes de Saba y de Arabia le ofrezcan sus dones, | que se postren ante él todos los reyes, | y que todos los pueblos le sirvan. ℟.

El librará al pobre que clamaba, | al afligido que no tenía protector; | él se apiadará del pobre y del indigente, | y salvará la vida de los pobres. ℟.

SEGUNDA LECTURA

Ahora ha sido revelado que también los gentiles son coherederos

LECTURA DE LA CARTA DEL APOSTOL
SAN PABLO A LOS EFESIOS

3, 2-3a.5-6

Hermanos: Habéis oído hablar de la distribución de la gracia de Dios que se me ha dado en favor vuestro. Ya que se me dio a conocer por revelación el misterio que no había sido manifestado a los hombres en otros tiempos, como ha sido revelado ahora por el Espíritu a sus santos apóstoles y profetas: que también los gentiles son coherederos, miembros del mismo cuerpo y partícipes de la Promesa en Jesucristo, por el Evangelio.

Palabra de Dios.

ALELUYA

Mt 2, 2

Hemos visto salir su estrella,
y venimos a adorarlo.

EVANGELIO

Venimos de Oriente para adorar al Rey

✠ LECTURA DEL S. EVANGELIO SEGUN
SAN MATEO

2, 1-12

Jesús nació en Belén de Judá en tiempos del rey Herodes. Entonces, unos Magos de Oriente se presentaron en Jerusalén preguntando: «¿Dónde está el Rey de los Judíos que ha nacido?

Porque hemos visto salir su estrella y venimos a adorarlo.» Al enterarse el rey Herodes, se sobresaltó y todo Jerusalén con él; convocó a los sumos pontífices y a los letrados del país, y les preguntó dónde tenía que nacer el Mesías. Ellos le contestaron: «En Belén de Judá, porque así lo ha escrito el Profeta»: «Y tú, Belén, tierra de Judá, no eres ni mucho menos la última de las ciudades de Judá; pues de ti saldrá un jefe que será el pastor de mi pueblo Israel.»

Entonces Herodes llamó en secreto a los Magos, para que le precisaran el tiempo en que había aparecido la estrella, y los mandó a Belén diciéndoles: «Id y averiguad cuidadosamente qué hay del niño y, cuando lo encontréis, avisadme, para ir yo también a adorarlo.» Ellos, después de oír al rey, se pusieron en camino, y de pronto la estrella que habían visto salir comenzó a guiarlos hasta que vino a pararse encima de donde estaba el niño. Al ver la estrella, se llenaron de inmensa alegría. Entraron en la casa, vieron al niño con María, su madre, y cayendo de rodillas, lo adoraron; después, abriendo sus cofres, le ofrecieron regalos: oro, incienso y mirra.»

Y habiendo recibido en sueños un oráculo, para que no volvieran a Herodes, se marcharon a su tierra por otro camino.

Palabra del Señor.

Se dice «Credo»

ORACION SOBRE LAS OFRENDAS

Mira, Señor, los dones de tu Iglesia que no son oro, incienso y mirra, sino Jesucristo, tu Hijo, que en estos misterios se manifiesta, se inmola y se da en comida. Que vive y reina contigo.

PREFACIO

Cristo, luz de los pueblos

En verdad es justo y necesario, es nuestro deber y salvación, darte gracias siempre y en todo lugar, Señor, Padre Santo, Dios todopoderoso y eterno.

Porque hoy has revelado en Cristo, para luz de los pueblos, el verdadero misterio de nuestra salvación; pues al manifestarse Cristo en nuestra carne mortal nos hiciste partícipes de la gloria de su inmortalidad.

Por eso, con los ángeles y arcángeles y con todos los coros celestiales, cantamos sin cesar el himno de tu gloria:

Santo, Santo, Santo...

Cuando se emplea el Canon Romano, Reunidos en comunión *propio, p. 1121.*

ANTIFONA DE COMUNION   Mt 2, 2

Hemos visto salir la estrella del Señor
y venimos con regalos a adorarlo.

ORACION DESPUES DE LA COMUNION

Que tu luz nos disponga y nos guíe siempre, Señor, para que aceptemos con fe pura y vivamos con amor sincero el misterio del que hemos participado. Por Jesucristo.

Domingo después del 6 de enero
BAUTISMO DEL SEÑOR
Fiesta

El tiempo de Navidad termina en la fiesta del bautismo del Señor; este momento de la vida de Cristo indica el comienzo de su llamada «vida pública» y da final a unos treinta años de existencia sencilla y trabajadora, después de los episodios más reveladores de la infancia que han sido celebrados en las fechas pasadas inmediatas. El bautismo administrado por Juan a Jesús en el Jordán es un momento esencial para comprender el Evangelio. Los apóstoles comenzaban la narración de los hechos y dichos del Señor a partir de este acontecimiento (2), interpretándolo como la unción mesiánica del que sería llamado por eso «El Ungido» (Cristo) por el Espíritu Santo, consagrado para una misión predicha frecuentemente en los profetas, sobre todo en Isaías (1.ª lectura). Los cuatro evangelios relatan este episodio; y así, a los textos fijos se añaden evangelios para los tres ciclos conforme a los Sinópticos Mateo (A), Marcos (B) y Lucas (C). De cara a los cristianos esta fiesta presenta a Jesús como aquel a quien se ha de escuchar y seguir, completando en cada tiempo su misión, porque hemos recibido también su Espíritu en la Iniciación cristiana; por lo que hemos de pedir la perseverancia continua en el cumplimiento de nuestro compromiso bautismal y de la voluntad del Padre (C). El bautismo de Jesús es, finalmente, una gran epifanía trinitaria: del Padre que muestra al Hijo ante el mundo y lo consagra con el Espíritu.

ANTIFONA DE ENTRADA   Mt 3, 16-17

Apenas se bautizó el Señor, se abrió el cielo, y el Espíritu se posó sobre él como una paloma. Y se oyó la voz del Padre que decía: Este es mi Hijo, el amado, mi predilecto.

ORACION COLECTA

Dios todopoderoso y eterno, que en el bautismo de Cristo, en el Jordán, quisiste revelar solemnemente que él era tu Hijo amado enviándole tu Espíritu Santo; concede a tus hijos de adopción, renacidos del agua y del Espíritu Santo, la perseverancia continua en el cumplimiento de tu voluntad. Por nuestro Señor.

O también:

Señor, Dios nuestro, cuyo Hijo se manifestó en la realidad de nuestra carne; concédenos, poder transformarnos internamente a imagen de aquél que hemos conocido semejante a nosotros en su humanidad. Por nuestro Señor.

PRIMERA LECTURA

Mirad a mi siervo, a quien prefiero

LECTURA DEL LIBRO DE ISAIAS

42, 1-4.6-7

Así dice el Señor: Mirad a mi siervo, a quien sostengo; mi elegido, a quien prefiero. Sobre él he puesto mi espíritu, para que traiga el derecho a las naciones: No gritará, no clamará, no voceará por las calles. La caña cascada no la quebrará, el pábilo vacilante no lo apagará. Promoverá fielmente el derecho, no vacilará ni se quebrará hasta implantar el derecho en la tierra y sus leyes, que esperan las islas. Yo, el Señor, te he llamado con justicia, te he tomado de la mano, te he formado y te he hecho alianza de un pueblo, luz de las naciones. Para que abras los ojos de los ciegos, saques a los cautivos de la prisión, y de la mazmorra a los que habitan en las tinieblas.

Palabra de Dios.

SALMO RESPONSORIAL 28

R. **El Señor bendice a su pueblo con la paz.**

Hijos de Dios, aclamad al Señor, | aclamad la gloria del nombre del Señor, | postraos ante el Señor en el atrio sagrado. R.

La voz del Señor sobre las aguas, | el Señor sobre las aguas torrenciales. | La voz del Señor es potente, | la voz del Señor es magnífica. R.

El Dios de la gloria ha tronado. | El Señor descorteza las selvas. | En su templo un grito unánime: ¡Gloria! | El Señor se sienta por encima del aguacero, | el Señor se sienta como rey eterno. R.

SEGUNDA LECTURA

Dios ungió a Jesús con la fuerza del Espíritu Santo

LECTURA DEL LIBRO DE LOS HECHOS DE LOS APOSTOLES

10, 34-38

En aquellos días, Pedro tomó la palabra y dijo: «Está claro que Dios no hace distinciones; acepta al que lo teme y practica

la justicia, sea de la nación que sea. Envió su palabra a los israelitas anunciando la paz que traería Jesucristo, el Señor de todos.

Conocéis lo que sucedió en el país de los judíos, cuando Juan
predicaba el bautismo, aunque la cosa empezó en Galilea. Me refiero a Jesús de Nazaret, ungido por Dios con la fuerza del Espíritu Santo, que pasó haciendo el bien y curando a los oprimidos
por el diablo; porque Dios estaba con él.»

Palabra de Dios.

CICLO A (Años 1990, 1993, 1996, 1999, 2002, 2005)

ALELUYA   Mc 1, 11

Los cielos se abrieron y se oyó la voz del Padre:
Este es mi Hijo, el amado; escuchadle.

EVANGELIO

Apenas se bautizó Jesús, vio que el Espíritu de Dios bajaba
sobre él

✠ LECTURA DEL S. EVANGELIO SEGUN
SAN MATEO   3, 13-17

En aquel tiempo, fue Jesús desde Galilea al Jordán y se presentó a Juan para que lo bautizara. Pero Juan intentaba disuadir-
lo diciéndole: «Soy yo el que necesita que tú me bautices, ¿y tú
acudes a mí?» Jesús le contestó: «Déjalo ahora. Está bien que
cumplamos así todo lo que Dios quiere.» Entonces Juan se lo
permitió. Apenas se bautizó Jesús, salió del agua; se abrió el cielo y vio que el Espíritu de Dios bajaba como una paloma y se
posaba sobre él. Y vino una voz del cielo que decía: «Este es mi
Hijo, el amado, mi predilecto.»

Palabra del Señor.

Se dice «Credo».

CICLO B (Años 1991, 1994, 1997, 2000, 2003, 2006)

ALELUYA

Los cielos se abrieron y se oyó la voz del Padre: Este es
mi Hijo, el Amado, escuchadle.

EVANGELIO

Tú eres mi Hijo amado, mi preferido

✠ LECTURA DEL S. EVANGELIO SEGUN
SAN MARCOS   1, 7-11

En aquel tiempo proclamaba Juan: «Detrás de mí viene el
que puede más que yo, y yo no merezco ni agacharme para desatarle las sandalias. Yo os he bautizado con agua, pero él os bautizará con Espíritu Santo.» Por entonces llegó Jesús desde Nazaret
de Galilea a que Juan lo bautizara en el Jordán. Apenas salió del
agua, vio rasgarse el cielo y al Espíritu bajar hacia él como una
paloma. Se oyó una voz del cielo: «Tú eres mi Hijo amado, mi
predilecto.»

Palabra del Señor.

CICLO C (Años 1989, 1992, 1995, 1998, 2001, 2004)

ALELUYA   Mc 1, 11

Los cielos se abrieron y se oyó la voz del Padre: Ese es
mi Hijo, el amado; escuchadle.

EVANGELIO

Después del bautismo de Jesús, el cielo se abrió

✠ LECTURA DEL S. EVANGELIO SEGUN
SAN LUCAS   3, 15-16.21-22

En aquel tiempo, el pueblo estaba en expectación y todos se
preguntaban si no sería Juan el Mesías; él tomó la Palabra y dijo

a todos: «Yo os bautizo con agua; pero viene el que puede más que yo, y no merezco desatarle la correa de sus sandalias. El os bautizará con Espíritu Santo y fuego.» En un bautismo general, Jesús también se bautizó. Y, mientras oraba, se abrió el cielo, bajó el Espíritu Santo sobre él en forma de paloma, y vino una voz del cielo: «Tú eres mi Hijo, el amado, el predilecto.»

Palabra del Señor.

Se dice «Credo».

ORACION SOBRE LAS OFRENDAS

Recibe, Señor, los dones que te presentamos en este día en que manifestaste a tu Hijo predilecto, y haz que estas ofrendas de tu pueblo se conviertan en aquel sacrificio con el que Cristo purificó el pecado del mundo. Por Jesucristo.

PREFACIO
Jesús, el Mesías

En verdad es justo y necesario, es nuestro deber y salvación darte gracias siempre y en todo lugar, Señor, Padre Santo, Dios todopoderoso y eterno.

Porque en el bautismo de Cristo en el Jordán has realizado signos prodigiosos, para manifestar el misterio del nuevo bautismo: hiciste descender tu voz desde el cielo, para que el mundo creyese que tu Palabra habitaba entre nosotros; y por medio del Espíritu, manifestado en forma de paloma, ungiste a tu siervo Jesús, para que los hombres reconociesen en él al Mesías, enviado a anunciar la salvación a los pobres.

Por eso, como los ángeles te cantan en el cielo, así nosotros en la tierra te aclamamos, diciendo sin cesar:

Santo, Santo, Santo...

ANTIFONA DE COMUNION
Jn 1, 32-34

Este es de quien decía Juan: Yo lo he visto y he dado testimonio de que es el Hijo de Dios.

ORACION DESPUES DE LA COMUNION

Alimentados con estos dones santos te pedimos, Señor, humildemente que escuchemos con fe la palabra de tu Hijo para que podamos llamarnos, y ser en verdad, hijos tuyos. Por Jesucristo.

Los días que van desde el lunes después de este domingo hasta el martes antes de comenzar la Cuaresma forman parte del tiempo ordinario. En estos días, tanto en las misas de domingo como en las de feria, se utilizan los textos que se proponen más adelante, pp. 717ss. y 1249 ss.

FERIAS DEL TIEMPO DE NAVIDAD
Desde el 2 de enero hasta el sábado anterior a la fiesta del Bautismo del Señor
LUNES

ANTIFONA DE ENTRADA

Nos ha amanecido un día sagrado. Venid, naciones, y adorad al Señor, porque una gran luz ha bajado sobre la tierra.

ORACION COLECTA

Antes de la solemnidad de Epifanía:

Concede, Señor, a tu pueblo perseverancia y firmeza en la fe, y a cuantos confiesan que tu Hijo, Dios de gloria eterna como tú, nació de Madre Virgen con un cuerpo como el nuestro, líbralos de los males de esta vida y ayúdales a alcanzar las alegrías eternas. Por nuestro Señor.

Después de la solemnidad de Epifanía

Te pedimos, Señor, que tu divina luz ilumine nuestros corazones; con ella avanzaremos a través de las tinieblas del mundo, hasta llegar a la patria donde todo es eterna claridad. Por nuestro Señor.

Lecturas: Las que corresponden al día del mes, pp. 165ss. o 177ss.

ORACION SOBRE LAS OFRENDAS

Acepta, Señor, estas ofrendas en las que vas a realizar con nosotros un admirable intercambio, pues al ofrecerte los dones, que tú mismo nos diste, esperamos merecerte a ti mismo como premio. Por Jesucristo.

Antes de la solemnidad de Epifanía, prefacio de Navidad, pp. 1058-60. Después de la solemnidad de Epifanía, prefacio de Epifanía, p. 1061, o de Navidad, pp. 1058-60.

ANTIFONA DE COMUNION   Jn 1, 14

Hemos contemplado su gloria: gloria propia del Hijo único del Padre, lleno de gracia y de verdad.

ORACION DESPUES DE LA COMUNION

Por la eficacia de estos santos misterios fortalece, Señor, cada vez más, nuestra vida cristiana. Por Jesucristo.

MARTES

ANTIFONA DE ENTRADA   Sal 117, 26-27

Bendito el que viene en nombre del Señor. El Señor es Dios: él nos ilumina.

ORACION COLECTA

Antes de la solemnidad de Epifanía

Dios todopoderoso, tú has dispuesto que por el nacimiento virginal de tu Hijo, su humanidad no quedara sometida a la herencia del pecado: por este admirable misterio, humildemente te rogamos que cuantos hemos renacido, en Cristo, a una vida nueva, no volvamos otra vez a la vida caduca de la que nos sacaste. Por nuestro Señor.

Después de la solemnidad de Epifanía

Señor, Dios nuestro, cuyo Hijo se manifestó en la realidad de nuestra carne, concédenos, poder transformarnos internamente a imagen de aquél que hemos conocido semejante a nosotros en su humanidad. Por nuestro Señor.

Lecturas: Las que correspondan al día del mes, pp. 165ss, o 177ss.

ORACION SOBRE LAS OFRENDAS

Acepta, Señor, con bondad la ofrenda de tu pueblo, y haz que cuanto creemos por la fe se haga vida en nosotros por medio de este sacramento. Por Jesucristo.

Antes de la solemnidad de Epifanía, prefacio de Navidad, pp. 1058-60. Después de la solemnidad de Epifanía, prefacio de Epifanía, p. 1061, o de Navidad, pp. 1058-60.

ANTIFONA DE COMUNION   Cf. Ef 2, 4; Rom 8, 3

Por el gran amor con que Dios nos amó envió a su Hijo en una condición como la nuestra, pecadora.

ORACION DESPUES DE LA COMUNION

Señor, tú nos has regalado con la participación en la Eucaristía; concédenos, también obtener la eficacia de este sacramento, y que, al recibirlo, nos hagamos cada día más dignos de este don de tu amor. Por Jesucristo.

MIERCOLES

ANTIFONA DE ENTRADA   Is 9, 2

El pueblo que caminaba en tinieblas vio una luz grande; habitaban tierras de sombras y una luz les brilló.

ORACION COLECTA

Antes de la solemnidad de Epifanía:

Dios todopoderoso: que tu Salvador, luz de redención que surge en el cielo, amanezca también en nuestros corazones y los renueve siempre. Por nuestro Señor.

Después de la solemnidad de Epifanía:

Señor, luz radiante de todas las naciones, concede a los pueblos de la tierra una paz estable, e ilumina nuestros corazones con aquella luz espléndida que condujo a nuestros padres al conocimiento de tu Hijo. Por nuestro Señor.

Lecturas: Las que correspondan al día del mes, pp. 165ss. o 177ss.

ORACION SOBRE LAS OFRENDAS

Señor, Dios nuestro, fuente de la piedad sincera y del amor fraterno, que esta ofrenda glorifique tu nombre y nuestra unión se haga fuerte por la participación en estos sacramentos. Por Jesucristo.

Antes de la solemnidad de Epifanía, prefacio de Navidad, pp. 1058-60. Después de la solemnidad de Epifanía, prefacio de Epifanía, p. 1061, o de Navidad, pp. 1058-60.

ANTIFONA DE COMUNION   1 Jn 1, 2

La vida, que estaba con el Padre, se hizo visible y se nos manifestó.

ORACION DESPUES DE LA COMUNION

Que tu pueblo, Señor, dirigido por tu ayuda continua, reciba los auxilios, presentes y futuros, que le envías, y sostenido —pues lo necesita— por el consuelo de las cosas temporales, ayúdale a aspirar con más confianza a los bienes eternos. Por Jesucristo nuestro Señor.

JUEVES

ANTIFONA DE ENTRADA

Cf. Jn 1, 1

En el princpio y antes de los siglos la Palabra era Dios, y se ha dignado nacer como Salvador del mundo.

ORACION COLECTA

Antes de la solemnidad de la Epifanía:

Señor, que has comenzado de modo admirable la obra de la redención de los hombres con el nacimiento de tu Hijo: concédenos, te rogamos, una fe tan sólida que, guiados por el mismo Jesucristo, podamos alcanzar los premios eternos que nos has prometido. Por nuestro Señor.

Después de la solemnidad de la Epifanía:

Oh Dios, que por medio de tu Hijo has hecho clarear para todos los pueblos la aurora de tu eternidad, concede a tu pueblo reconocer la gloria de su Redentor y llegar un día a la luz eterna. Por nuestro Señor Jesucristo.

Lecturas: Las que correspondan al día del mes, pp. 165ss. o 177ss.

ORACION SOBRE LAS OFRENDAS

Acepta, Señor, estas ofrendas en las que vas a realizar con nosotros un admirable intercambio, pues al ofrecerte los dones, que tú mismo nos diste, esperamos merecerte a ti mismo como premio. Por Jesucristo.

Antes de la solemnidad de Epifanía, prefacio de Navidad, pp. 1058-60. Después de la solemnidad de Epifanía, prefacio de Epifanía, p. 1061, o de Navidad, pp. 1058-60.

ANTIFONA DE COMUNION   Jn 3, 16

Tanto amó Dios al mundo que entregó a su Hijo único para que no perezca ninguno de los que creen en él, sino que tengan vida eterna.

ORACION DESPUES DE LA COMUNION

Por la eficacia de estos santos misterios fortalece, Señor, cada vez más, nuestra vida cristiana. Por Jesucristo.

VIERNES

ANTIFONA DE ENTRADA   Sal 111, 4

En las tinieblas brilla como una luz el Señor justo, clemente y compasivo.

ORACION COLECTA

Antes de la solemnidad de Epifanía

Ilumina, Señor, a tus fieles; alumbra sus corazones con la luz de tu gloria: que siempre reconozcan a su Salvador y lo vivan como suprema verdad de su vida. Por nuestro Señor.

Después de la solemnidad de Epifanía

Dios todopoderoso: tú que has anunciado al mundo, por medio de la estrella, el nacimiento de nuestro Salvador, manifiéstanos siempre este misterio y haz que cada día avancemos en su contemplación. Por nuestro Señor.

Lecturas: Las que correspondan al día del mes, pp. 165ss o 177ss.

ORACION SOBRE LAS OFRENDAS

Acepta, Señor, con bondad la ofrenda de tu pueblo, y haz que cuanto creemos por la fe se haga vida en nosotros por medio de este sacramento. Por Jesucristo.

Antes de la solemnidad de Epifanía, prefacio de Navidad, pp. 1058-60. Después de la solemnidad de Epifanía, prefacio de Epifanía, p. 1061, o de Navidad, pp. 1058-60.

ANTIFONA DE COMUNION   1 Jn 4, 9

En esto se manifestó el amor que Dios nos tiene: en que Dios envió al mundo a su Hijo único para que vivamos por medio de él.

ORACION DESPUES DE LA COMUNION

Señor, tú nos has regalado con la participación en la Eucaristía; concédenos también obtener la eficacia de este sacramento, y que al recibirlo nos hagamos cada día más dignos de este don de tu amor. Por Jesucristo.

SABADO

ANTIFONA DE ENTRADA   Gal 4, 4-5

Envió Dios a su Hijo, nacido de una mujer, para que recibiéramos el ser hijos por adopción.

ORACION COLECTA

Antes de la solemnidad de Epifanía:

Dios todopoderoso y eterno: tú que has querido manifestarte con nueva claridad en el nacimiento de tu Hijo Jesucristo, concédenos, te rogamos, que así como él comparte con nosotros, naciendo de la Virgen, la condición humana, nosotros consigamos en su reino participar un día de la gloria de su divinidad. Por nuestro Señor.

Después de la solemnidad de Epifanía:

Dios todopoderoso y eterno: tú que nos has hecho renacer a una vida nueva por medio de tu Hijo, concédenos que la gracia nos modele a imagen de Cristo, en quien nuestra naturaleza mortal se une a tu naturaleza divina. Por nuestro Señor.

Lecturas: Las que correspondan al día del mes, pp. 165ss. o 177ss.

ORACION SOBRE LAS OFRENDAS

Señor, tú que has comenzado de modo admirable la obra de la redención de los hombres con el nacimiento de tu Hijo, concédenos, te rogamos, una fe tan sólida que, guiados por el mismo Jesucristo, podamos alcanzar los premios eternos que nos has prometido. Por Jesucristo.

Antes de la solemnidad de Epifanía, prefacio de Navidad, pp. 1058-60. Después de la solemnidad de Epifanía, prefacio de Epifanía, p. 1061, o de Navidad, pp. 1058-60.

ANTIFONA DE COMUNION   Jn 1, 16

De su plenitud todos hemos recibido gracia tras gracia.

ORACION DESPUES DE LA COMUNION

Que tu pueblo, Señor, dirigido por tu ayuda continua, reciba los auxilios, presentes y futuros, que le envías, y sostenido —pues lo necesita— por el consuelo de las cosas temporales, ayúdale a aspirar con más confianza a los bienes eternos. Por Jesucristo nuestro Señor.

LECTURAS PARA LAS FERIAS DE NAVIDAD

Antes de la Epifanía

2 DE ENERO

PRIMERA LECTURA

Permanezca en vosotros lo que habéis oído desde el principio

LECTURA DE LA PRIMERA CARTA DE SAN JUAN

2, 22-28

Queridos hermanos: ¿Quién es el mentiroso, sino el que niega que Jesús es el Cristo? Ese es el anticristo, el que niega al Padre y al Hijo. Todo el que niega al Hijo tampoco posee al Padre. Quien confiesa al Hijo posee también al Padre. En cuanto a vosotros, lo que habéis oído desde el principio permanezca en vosotros. Si permanece en vosotros lo que habéis oído desde el principio, también vosotros permaneceréis en el Hijo y en el Padre; y ésta es la promesa que él mismo os hizo: la vida eterna. Os he escrito esto respecto a los que tratan de engañaros. Y en cuanto a vosotros, la unción que de él habéis recibido permanece en vosotros y no necesitáis que nadie os enseñe. Pero como su unción os enseña acerca de todas las cosas —y es verdadera y no mentirosa—, según os enseñó, permaneced en él. Y ahora, hijos míos, permaneced en él para que, cuando se manifieste, tengamos plena confianza y no quedemos avergonzados lejos de él en su venida.

Palabra de Dios.

SALMO RESPONSORIAL 97

℟ **Los confines de la tierra han contemplado | la victoria de nuestro Dios.**

Cantad al Señor un cántico nuevo, | porque ha hecho maravillas. | Su diestra le ha dado la victoria, | su santo brazo. ℟

El Señor da a conocer su victoria, | revela a las naciones su justicia: | Se acordó de su misericordia y su fidelidad | en favor de la casa de Israel. R.

Los confines de la tierra han contemplado | la victoria de nuestro Dios. | Aclama al Señor, tierra entera, | gritad, vitoread, tocad. R.

ALELUYA   Heb 1, 1-2

En distintas ocasiones habló Dios antiguamente a nuestros padres por los profetas; ahora, en esta etapa final, nos ha hablado por el Hijo.

EVANGELIO

En medio de vosotros hay uno que no conocéis

✠ LECTURA DEL S. EVANGELIO SEGUN
SAN JUAN   1, 19-28

Este fue el testimonio de Juan, cuando los judíos enviaron desde Jerusalén sacerdotes y levitas a Juan a que le preguntaran: «¿Tú quién eres?» El confesó sin reservas: «Yo no soy el Mesías.» Le preguntaron: «¿Entonces, qué? ¿Eres tú Elías?» El dijo: «No lo soy.» «¿Eres tú el Profeta?» Respondió: «No.» Y le dijeron: «¿Quién eres? para que podamos dar una repuesta a los que nos han enviado, ¿qué dices de ti mismo?» El contestó: «Yo soy la voz que grita en el desierto: Allanad el camino del Señor (como dijo el Profeta Isaías).» Entre los enviados había fariseos y le preguntaron: «Entonces, ¿por qué bautizas si tú no eres el Mesías, ni Elías, ni el Profeta?» Juan les respondió: «Yo bautizo con agua; en medio de vosotros hay uno que no conocéis, el que viene detrás de mí, que existía antes que yo y al que no soy digno de desatar la correa de la sandalia.» Esto pasaba en Betania, en la otra orilla del Jordán, donde estaba Juan bautizando.

Palabra del Señor.

3 DE ENERO

En los lugares donde la Epifanía se celebra el domingo que cae entre los días 2 al 8 de enero, después de la Epifanía se toman las lecturas que se hallan en las pp. 177ss.

PRIMERA LECTURA

Todo el que permanece en Dios, no peca

LECTURA DE LA PRIMERA CARTA DE SAN JUAN

2, 29—3, 6

Queridos hermanos: Si sabéis que él es justo, reconoced que todo el que obra la justicia ha nacido de él. Mirad qué amor nos ha tenido el Padre para llamarnos hijos de Dios, pues ¡lo somos! El mundo no nos conoce porque no le conoció a él. Queridos, ahora somos hijos de Dios y aún no se ha manifestado lo que seremos. Sabemos que, cuando se manifieste, seremos semejantes a él, porque le veremos tal cual es. Todo el que tiene esperanza en él se purifica a sí mismo, como él es puro. Todo el que comete pecado quebranta también la ley, pues el pecado es quebrantamiento de la ley. Y sabéis que él se manifestó para quitar los pecados y en él no hay pecado. Todo el que permanece en él, no peca. Todo el que peca, no le ha visto ni conocido.

Palabra de Dios.

SALMO RESPONSORIAL 97

R Los confines de la tierra han contemplado | la victoria de nuestro Dios.

Cantad al Señor un cántico nuevo, | porque ha hecho maravillas, | su diestra le ha dado la victoria, | su santo brazo. R.

Los confines de la tierra han contemplado | la victoria de nuestro Dios. | Aclama al Señor, tierra entera, | gritad, vitoread, tocad. R.

Tocad la cítara para el Señor, | suenen los instrumentos: | Con clarines y al son de trompetas | aclamad al Rey y Señor. ℞.

ALELUYA   Jn 1, 14.12

La Palabra se hizo carne, y acampó entre nosotros. Pero a cuantos la recibieron, les da poder para ser hijos de Dios.

EVANGELIO
Este es el Cordero de Dios

✠ LECTURA DEL S. EVANGELIO SEGUN
SAN JUAN   1, 29-34

Al día siguiente, al ver Juan a Jesús que viene hacia él, exclama: «Este es el Cordero de Dios, que quita el pecado del mundo. Este es aquel de quien yo dije: "Tras de mí viene un hombre que está por delante de mí, porque existía antes que yo". Yo no lo conocía; pero he salido a bautizar con agua, para que sea manifestado a Israel.» Y Juan dio testimonio diciendo: «He contemplado al Espíritu que bajaba del cielo como una paloma y se posó sobre él. Yo no lo conocía; pero el que me envió a bautizar con agua me dijo: "Aquel sobre quien veas bajar el Espíritu y posarse sobre él, ése es el que ha de bautizar con Espíritu Santo." Y yo le he visto, y he dado testimonio de que éste es el Hijo de Dios.»

Palabra del Señor.

4 DE ENERO

En los lugares donde la Epifanía se celebra el domingo que cae entre los días 2 al 8 de enero, después de la Epifanía se toman las lecturas que se hallan en las pp. 177ss.

PRIMERA LECTURA

No puede pecar, porque ha nacido de Dios

LECTURA DE LA PRIMERA CARTA DE SAN JUAN

3, 7-10

Hijos míos, que nadie os engañe. Quien obra la justicia es justo, como él es justo. Quien comete el pecado es del diablo, pues el diablo peca desde el principio. El Hijo de Dios se manifestó para deshacer las obras del diablo. Todo el que ha nacido de Dios no comete pecado, porque su germen permanece en él, y no puede pecar, porque ha nacido de Dios. En esto se reconocen los hijos de Dios y los hijos del diablo: todo el que no obra la justicia no es de Dios, ni tampoco el que no ama a su hermano.

Palabra de Dios.

SALMO RESPONSORIAL 97

R. **Los confines de la tierra han contemplado | la victoria de nuestro Dios.**

Cantad al Señor un cántico nuevo, | porque ha hecho maravillas: | Su diestra le ha dado la victoria, | su santo brazo. R.

Retumbe el mar y cuanto contiene, | la tierra y cuantos la habitan, | aplaudan los ríos, aclamen los montes. R.

Al Señor que ya llega para regir la tierra. | Regirá el orbe con justicia | y los pueblos con rectitud. R.

ALELUYA

Heb 1, 1-2

En distintas ocasiones y de muchas maneras habló Dios antiguamente a nuestros padres por los profetas; ahora, en esta etapa final, nos ha hablado por el Hijo.

EVANGELIO

Hemos encontrado al Mesías

✠ LECTURA DEL S. EVANGELIO SEGUN
SAN JUAN
                                                          1, 35-42

En aquel tiempo estaba Juan con dos de sus discípulos y, fijándose en Jesús que pasaba, dice: «Este es el Cordero de Dios.» Los dos discípulos oyeron sus palabras y siguieron a Jesús, se volvió y, al ver que lo seguían, les pregunta: «¿Qué buscáis?» Ellos le contestarón: «Rabí (que significa Maestro), ¿dónde vives?» El les dijo: «Venid y lo veréis.» Entonces fueron, vieron dónde vivía y se quedaron con él aquel día; serían las cuatro de la tarde. Andrés, hermano de Simón Pedro, era uno de los dos que oyeron a Juan y siguieron a Jesús; encuentra primero a su hermano Simón y le dice: «Hemos encontrado al Mesías» (que significa Cristo). Y lo llevó a Jesús. Jesús se le quedó mirando y le dijo: 'Tú eres Simón, el hijo de Juan; tú te llamarás Cefas» (que se traduce Pedro).

Palabra del Señor.

5 DE ENERO

En los lugares donde la Epifanía se celebra el domingo que cae entre los días 2 al 8 de enero, después de la Epifanía se toman las lecturas que se hallan en las pp. 177ss.

PRIMERA LECTURA

Sabemos que hemos pasado de la muerte a la vida porque amamos a nuestros hermanos

LECTURA DE LA PRIMERA CARTA DE SAN
JUAN
                                                          3, 11-21

Queridos hermanos: Este es el mensaje que habéis oído desde el principio: que nos amemos unos a otros. No seamos como

Caín, que procedía del maligno y asesinó a su hermano. ¿Y por qué lo asesinó? Porque sus obras eran malas, mientras que las de su hermano eran buenas. No os sorprenda, hermanos, que el mundo os odie: nosotros hemos pasado de la muerte a la vida: lo sabemos porque amamos a los hermanos. El que no ama permanece en la muerte. El que odia a su hermano es un homicida. Y sabéis que ningún homicida lleva en sí vida eterna. En esto hemos conocido el amor: en que él dio su vida por nosotros. También nosotros debemos dar nuestras vidas por los hermanos. Pero si uno tiene de qué vivir y, viendo a su hermano en necesidad, le cierra sus entrañas, ¿cómo va a estar en él el amor de Dios? Hijos míos, no amemos de palabra y de boca, sino de verdad y con obras. En esto conoceremos que somos de la verdad y tranquilizaremos nuestra conciencia ante él, en caso de que nos condene nuestra conciencia, pues Dios es mayor que nuestra conciencia y conoce todo. Queridos, si la conciencia no nos condena tenemos plena confianza ante Dios.

Palabra de Dios.

SALMO RESPONSORIAL 99

R. **Aclama al Señor, tierra entera.**

Aclama al Señor, tierra entera | servid al Señor con alegría,- | entrad en su presencia con vítores. R.

Sabed que el Señor es Dios: | Que él nos hizo y somos suyos, | su pueblo y ovejas de su rebaño. R.

Entrad por sus puertas con acción de gracias, | por sus atrios con himnos, | dándole gracias y bendiciendo su nombre. R.

«El Señor es bueno, | su misericordia es eterna, | su fidelidad por todas las edades». R.

ALELUYA

Nos ha amanecido un día sagrado, venid, naciones a adorar al Señor, porque hoy una gran luz ha bajado a la tierra.

EVANGELIO

¡Tú eres el Hijo de Dios, tú eres el Rey de Israel!

✠ **LECTURA DEL S. EVANGELIO SEGUN SAN JUAN**

1, 43-51

En aquel tiempo, determinó Jesús salir para Galilea; encuentra a Felipe y le dice: «Sígueme.» Felipe era de Betsaida, ciudad de Andrés y de Pedro. Felipe encuentra a Natanael y le dice: «Aquél de quien escribieron Moisés en la Ley y los Profetas lo hemos encontrado: a Jesús, hijo de José, de Nazaret.» Natanael le replicó: «¿De Nazaret puede salir algo bueno?» Felipe le contestó: «Ven y verás.» Vio Jesús que se acercaba Natanael y dijo de él: «Ahí tenéis a un israelita de verdad, en quien no hay engaño.» Natanael le contesta: «¿De qué me conoces?» Jesús le responde: «Antes de que Felipe te llamara, cuando estabas debajo de la higuera, te vi.» Natanael respondió: «Rabí, tú eres el Hijo de Dios, tú eres el Rey de Israel.» Jesús le contestó: «¿Por haberte dicho que te vi debajo de la higuera, crees? Has de ver cosas mayores.» Y le añadió: «Yo os aseguro: veréis el cielo abierto y a los ángeles de Dios subir y bajar sobre el Hijo del Hombre.»

Palabra del Señor.

6 de enero

En los lugares donde la Epifanía se celebra el domingo que cae entre los días 2 al 8 de enero, después de la Epifanía se toman las lecturas que se hallan en las pp. 177ss.

PRIMERA LECTURA

El espíritu, el agua y la sangre

LECTURA DE LA PRIMERA CARTA DEL APOSTOL SAN JUAN

5, 5-13

Queridos hermanos: ¿Quién es el que vence al mundo, sino el que cree que Jesús es el Hijo de Dios? Este es el que vino con agua y con sangre: Jesucristo. No sólo con agua, sino con agua y con sangre; y el Espíritu es quien da testimonio, porque el Espíritu es la verdad. Porque tres son los testigos: el Espíritu, el agua y la sangre, y los tres están de acuerdo. Si aceptamos el testimonio humano, más fuerza tiene el testimonio de Dios. Este es el testimonio de Dios, un testimonio acerca de su Hijo. El que cree en el Hijo de Dios tiene dentro el testimonio. Quien no cree a Dios le hace mentiroso, porque no ha creído en el testimonio que Dios ha dado acerca de su Hijo. Y éste es el testimonio: Dios nos ha dado vida eterna, y esta vida está en su Hijo. Quien tiene al Hijo tiene la vida, quien no tiene al Hijo de Dios no tiene la vida. Os he escrito estas cosas a los que creéis en el nombre del Hijo de Dios, para que os deis cuenta de que tenéis vida eterna.

Palabra de Dios.

SALMO RESPONSORIAL 147

℟ **Glorifica al Señor, Jerusalén.**

Glorifica al Señor, Jerusalén; | alaba a tu Dios, Sión: | que ha reforzado los cerrojos de tus puertas, | y ha bendecido a tus hijos dentro de ti. ℟.

Ha puesto paz en tus fronteras, | te sacia con flor de harina. | El envía su mensaje a la tierra, | y su palabra corre veloz. ℟.

Anuncia su palabra a Jacob, | sus decretos y mandatos a Israel; | con ninguna nación obró así, | ni les dio a conocer sus mandatos. ℟.

ALELUYA Cf. Mc 9, 7

Se abrió el cielo, y se oyó la voz del Padre: Este es mi Hijo amado; escuchadlo.

✠ LECTURA DEL S. EVANGELIO SEGUN SAN MARCOS
1, 6b-11

En aquel tiempo, proclamaba Juan: «Detrás de mí viene el que puede más que yo, y yo no merezco agacharme para desatarle las sandalias. Yo os he bautizado con agua, pero él os bautizará con Espíritu Santo.» Por entonces llegó Jesús desde Nazaret de Galilea a que Juan lo bautizara en el Jordán. Apenas salió del agua, vio rasgarse el cielo y al Espíritu bajar hacia él como una paloma. Se oyó una voz del cielo: «Tú eres mi Hijo amado, mi predilecto.»

Palabra del Señor.

7 de enero

En los lugares donde la Epifanía se celebra el domingo que cae entre los días 2 al 8 de enero, después de la Epifanía se toman las lecturas que se hallan en las pp. 177ss.

LECTURA DE LA PRIMERA CARTA DEL APOSTOL SAN JUAN
5, 14-21

Queridos hermanos: En esto está la confianza que tenemos en él: en que si le pedimos algo según su voluntad, nos escucha. Y si sabemos que nos escucha en lo que le pedimos, sabemos que tenemos conseguido lo que le hayamos pedido. Si alguno ve que su hermano comete un pecado que no es de muerte, pida y le dará vida —a los que cometan pecados que no son de muerte, pues hay un pecado que es de muerte, por el cual no digo que pida—. Toda injusticia es pecado, pero hay pecado que no es de muerte. Sabemos que todo el que ha nacido de Dios no peca, sino que el Engendrado de Dios lo guarda, y el Maligno no llega a tocarle. Sabemos que somos de Dios, y que el mundo entero yace en poder del Maligno. Pero sabemos que el Hijo de Dios ha venido y nos ha dado inteligencia para que conozcamos al Verdadero. Nosotros estamos en el Verdadero, en su Hijo Jesucristo. Este es el Dios verdadero y la vida eterna. Hijos míos, guardaos de los ídolos. Amén.

Palabra de Dios.

SALMO RESPONSORIAL 149

℟ **El Señor ama a su pueblo.**

Cantad al Señor un cántico nuevo, | resuene su alabanza en la asamblea de los fieles; | que se alegre Israel por su Creador, | los hijos de Sión por su Rey. ℟.

Alabad su nombre con danzas, | cantadle con tambores y cítaras; | porque el Señor ama a su pueblo | y adorna con la victoria a los humildes. ℟.

Que los fieles festejen su gloria | y canten jubilosos en filas, | con vítores a Dios en la boca; | en un honor para todos sus fieles. ℟.

ALELUYA   Lc 7, 16

Un gran Profeta ha surgido entre nosotros. Dios ha visitado a su pueblo.

EVANGELIO

En Caná de Galilea Jesús comenzó sus signos

✠ **LECTURA DEL S. EVANGELIO SEGUN SAN JUAN**   2, 1-12

En aquel tiempo, había una boda en Caná de Galilea, y la madre de Jesús estaba allí. Jesús y sus discípulos estaban también invitados a la boda. Faltó el vino, y la madre de Jesús le dijo: «No les queda vino.» Jesús le contestó: «Mujer, déjame, todavía no ha llegado mi hora.» Su madre dijo a los sirvientes: «Haced lo que él diga.» Había allí colocadas seis tinajas de piedra, para las purificaciones de los judíos, de unos cien litros cada una. Jesús les dijo: «Llenad las tinajas de agua.» Y las llenaron hasta arriba. Entonces les mandó: «Sacad ahora y llevádselo al mayordomo.» Ellos se lo llevaron. El mayordomo probó el agua convertida en vino sin saber de dónde venía (los sirvientes sí lo sabían, pues habían sacado el agua), y entonces llamó al novio y le dijo: «Todo el mundo pone primero el vino bueno y cuando ya están bebidos, el peor; tú, en cambio, has guardado el vino bueno hasta ahora.» Así, en Caná de Galilea Jesús comenzó sus signos, manifestó su gloria, y creció la fe de sus discípulos en él. Después bajó a Cafarnaún con su madre y sus hermanos y sus discípulos, pero no se quedaron allí muchos días.

Palabra del Señor.

LECTURAS PARA LAS FERIAS DE NAVIDAD

Después de la Epifanía

Si la Epifanía se celebra el día 6 de enero, se dicen las lecturas correspondientes al día del mes; si se celebra el domingo que cae entre los días 2 al 8 de enero, se dicen las lecturas correspondientes al día de la semana.

7 de enero

o bien

LUNES DESPUES DEL DOMINGO DE EPIFANIA

PRIMERA LECTURA

Examinad si los espíritus vienen de Dios

LECTURA DE LA PRIMERA CARTA DE SAN JUAN

3, 22—4, 6

Queridos hermanos: Cuanto pidamos lo recibimos de él, porque guardamos sus mandamientos y hacemos lo que le agrada. Y éste es su mandamiento: que creamos en el nombre de su Hijo, Jesucristo, y que nos amemos unos a otros tal como nos lo mandó. Quien guarda sus mandamientos permanece en Dios y Dios en él; en esto conocemos que permanece en nosotros: por el Espíritu que nos dio. Queridos: no os fiéis de cualquier espíritu, sino examinad si los espíritus vienen de Dios, pues muchos falsos profetas han salido al mundo. Podréis conocer en esto el espíritu de Dios: todo espíritu que confiesa a Jesucristo venido en carne, es de Dios; y todo espíritu que no confiesa a Jesús, no es de Dios: es del anticristo. El cual habéis oído que iba a venir; pues bien, ya está en el mundo. Vosotros, hijos míos, sois de Dios y lo habéis vencido. Pues el que está en vosotros es más que el que está en el mundo. Ellos son del mundo, por eso hablan según el mundo y el mundo los escucha. Nosotros somos de Dios. Quien conoce a Dios nos escucha, quien no es de Dios no nos escucha. En esto conocemos el espíritu de la verdad y el espíritu del error.

Palabra de Dios.

SALMO RESPONSORIAL 2

R̠ **Te daré en herencia las naciones.** | **Voy a proclamar el decreto del Señor.**

El me ha dicho: «Tú eres mi Hijo: Yo te he engendrado hoy; | pídemelo: te daré en herencia las naciones, | en posesión, los confines de la tierra.» R.

Y ahora, reyes, sed sensatos, | y escarmentad, los que regís la tierra: | Servid al Señor con temor, | rendidle homenaje temblando. R.

ALELUYA

Mt 4, 23

Jesús proclamaba el Evangelio del reino, curando las dolencias del pueblo.

EVANGELIO

Está cerca el Reino de los Cielos

✠ LECTURA DEL S. EVANGELIO SEGUN SAN MATEO

4, 12-17.23-25

En aquel tiempo, al enterarse Jesús de que habían arrestado a Juan, se retiró a Galilea. Dejando Nazaret se estableció en Cafarnaum, junto al lago, en el territorio de Zabulón y Neftalí. Así se cumplió lo que había dicho el Profeta Isaías: «País de Zabulón y país de Neftalí, camino del mar, al otro lado del Jordán, Galilea de los gentiles. El pueblo que habitaba en tinieblas vio una luz grande; a los que habitaban en tierra y sombra de muerte una luz les brilló.» Entonces comenzó Jesús a predicar diciendo: «Convertíos, porque está cerca el Reino de los Cielos.» Recorría toda Galilea, enseñando en las sinagogas y proclamando el Evangelio del Reino, curando las enfermedades y dolencias del pueblo. Su fama se extendió por toda Siria y le traían todos los enfermos aquejados de toda clase de enfermedades y dolores, poseídos, lunáticos y paralíticos. Y él los curaba. Y le seguían multitudes venidas de Galilea, Decápolis, Jerusalén, Judea y Trasjordania.

Palabra del Señor.

8 de enero

o bien

MARTES DESPUES DEL DOMINGO DE EPIFANIA

PRIMERA LECTURA

Dios es amor

LECTURA DE LA PRIMERA CARTA DE SAN JUAN

4, 7-10

Queridos hermanos: Amémonos unos a otros, ya que el amor es de Dios y todo el que ama ha nacido de Dios y conoce a Dios. Quien no ama no ha conocido a Dios, porque Dios es amor. En esto se manifestó el amor que Dios nos tiene: en que Dios envió al mundo a su Hijo único para que vivamos por medio de él. En esto consiste el amor: no en que nosotros hayamos amado a Dios, sino en que él nos amó y nos envió a su Hijo como propiciación por nuestros pecados.

Palabra de Dios.

SALMO RESPONSORIAL 71

℞ **Que todos los pueblos te sirvan, Señor.**

Dios mío, confía tu juicio al rey | para que rija a tu pueblo con justicia, | a tus humildes con rectitud. ℞.

Que los montes traigan paz | y los collados, justicia. | Que él defienda a los humildes del pueblo, | y socorra a los hijos del pobre. ℞.

Que en sus días florezca la justicia | y la paz hasta que falte la luna; | que domine de mar a mar, | del Gran Río al confín de la tierra. ℞.

ALELUYA

Mt 4, 18

El Señor me ha enviado para anunciar el Evangelio a los pobres, para anunciar a los cautivos la libertad.

EVANGELIO

Jesús muestra que es profeta mediante la multiplicación de los panes

✠ LECTURA DEL S. EVANGELIO SEGUN SAN MARCOS

6, 34-44

En aquel tiempo, Jesús vio una multitud y le dio lástima de ellos, porque andaban como ovejas sin pastor, y empezó a enseñarles muchas cosas. Cuando se hizo tarde se acercaron sus discípulos a decirle: «Estamos en despoblado y ya es muy tarde. Despídelos, que vayan a los cortijos y aldeas de alrededor y se compren de comer.» El les replicó: «Dadles vosotros de comer.» Ellos le preguntaron: «¿Vamos a ir a comprar doscientos denarios de pan para darles de comer?» El les dijo: «¿Cuántos panes tenéis? Id a ver.» Cuando lo averiguaron le dijeron: «Cinco y dos peces.» El les mandó que hicieran recostarse a la gente sobre la hierba en grupos. Ellos se acomodaron por grupos de ciento y de cincuenta. Y tomando los cinco panes y los dos peces alzó la mirada al cielo, pronunció la bendición, partió los panes y se los dio a los discípulos para que se los sirvieran. Y repartió entre todos los dos peces. Comieron todos y se saciaron; y recogieron las sobras: doce cestos de pan y de peces. Los que comieron eran cinco mil hombres.

Palabra del Señor.

9 de enero

o bien

MIERCOLES DESPUES DEL DOMINGO DE EPIFANIA

PRIMERA LECTURA

Si nos amamos unos a otros, Dios permanece en nosotros

LECTURA DE LA PRIMERA CARTA DE SAN JUAN

4, 11-18

Queridos hermanos: Si Dios nos amó de esta manera, también nosotros debemos amarnos unos a otros. A Dios nadie le ha visto nunca. Si nos amamos unos a otros, Dios permanece en nosotros y su amor ha llegado en nosotros a su plenitud. En esto conocemos que permanecemos en él y él en nosotros: en que nos ha dado de su Espíritu. Y nosotros hemos visto y damos testimonio de que el Padre envió a su Hijo para ser salvador del mundo. Quien confiese que Jesús es el Hijo de Dios, Dios permanece en él y él en Dios. Y nosotros hemos conocido el amor que Dios nos tiene y hemos creído en él. Dios es amor y quien permanece en el amor permanece en Dios, y Dios en él. En esto ha llegado el amor a su plenitud con nosotros: en que tengamos confianza en el día del Juicio, pues como él es, así somos nosotros en este mundo. No hay temor en el amor, sino que el amor perfecto expulsa el temor, porque el temor mira el castigo; quien teme, no ha llegado a la plenitud en el amor.

Palabra de Dios.

SALMO RESPONSORIAL 71

℟. **Se postrarán ante ti, Señor, todos los pueblos de la tierra.**

Dios mío, confía tu juicio al rey, | para que rija a tu pueblo con justicia, | a tus humildes con rectitud. ℟.

Que los reyes de Tarsis y de las islas | le paguen tributos | que los reyes de Sabá y de Arabia | le ofrezcan sus dones. R.

Porque él librará al pobre que clamaba, | al afligido que no tenía protector; | él se apiadará del pobre y del indigente, | y salvará la vida de los pobres. R.

ALELUYA

Cf. 1 Tim 3, 16

Gloria a ti, Cristo, proclamado a las naciones; gloria a ti, Cristo, creído en el mundo.

EVANGELIO

Le vieron a Jesús andar sobre el lago

✠ LECTURA DEL S. EVANGELIO SEGUN SAN MARCOS

6, 45-52

Después que se saciaron los cinco mil hombres, Jesús en seguida apremió a los discípulos a que subieran a la barca y se le adelantaran hacia la orilla de Betsaida mientras él despedía a la gente. Y después de despedirse se retiró al monte a orar. Llegada la noche, la barca estaba en mitad del lago y Jesús solo en tierra. Viendo el trabajo con que remaban, porque tenían viento contrario, a eso de la cuarta vela de la noche, va hacia ellos andando sobre el lago, e hizo ademán de pasar de largo. Ellos, viéndolo andar sobre el lago, pensaron que era un fantasma y dieron un grito, porque al verlo se habían sobresaltado. Pero él les dirige en seguida la palabra y les dice: «Animo, soy yo, no tengáis miedo.» Entró en la barca con ellos y amainó el viento. Ellos estaban en el colmo del estupor, pues no habían comprendido cuando lo de los panes, porque eran torpes para entender.

Palabra del Señor.

10 de enero
o bien
JUEVES DESPUES DEL DOMINGO DE EPIFANIA

PRIMERA LECTURA

Quien ama a Dios, ame también a su hermano

LECTURA DE LA PRIMERA CARTA DE SAN JUAN

4, 19—5, 4

Queridos hermanos: Nosotros amemos a Dios, porque él nos amó primero. Si alguno dice: «Amo a Dios» y aborrece a su hermano, es un mentiroso; pues quien no ama a su hermano a quien ve, no puede amar a Dios a quien no ve. Y hemos recibido de él este mandamiento: Quien ama a Dios, ame también a su hermano. Todo el que cree que Jesús es el Cristo, ha nacido de Dios; y todo el que ama a aquel que da el ser ama también al que ha nacido de él. En esto conocemos que amamos a los hijos de Dios: si amamos a Dios y cumplimos sus mandamientos. Pues en esto consiste el amor a Dios: en que guardemos sus mandamientos. Y sus mandamientos no son pesados, pues todo lo que ha nacido de Dios vence al mundo. Y lo que ha conseguido la victoria sobre el mundo es nuestra fe.

Palabra de Dios.

SALMO RESPONSORIAL 71

℟ **Se postrarán ante ti, Señor, todos los pueblos de la tierra.**

Dios mío, confía tu juicio al rey | para que rija a tu pueblo con justicia, | a tus humildes con rectitud. ℟.

El rescatará sus vidas de la violencia, | su sangre será preciosa a sus ojos. | Que recen por él continuamente | y lo bendigan todo el día. ℟.

Que su nombre sea eterno, | y su fama dure como el sol: | Que él sea la bendición de todos los pueblos, | y lo proclamen dichoso todas las razas de la tierra. R̷.

ALELUYA   Lc 4, 18

El Señor me ha enviado para anunciar el Evangelio a los pobres, para anunciar a los cautivos la libertad.

EVANGELIO

Hoy se cumple esta Escritura

✠ LECTURA DEL S. EVANGELIO SEGUN SAN LUCAS   4, 14-22a

En aquel tiempo, Jesús, con la fuerza del Espíritu, volvió a Galilea y su fama se extendió por toda la comarca. Enseñaba en las sinagogas y todos lo alababan. Fue a Nazaret, donde se había criado, entró en la sinagoga, como era su costumbre los sábados, y se puso en pie para hacer la lectura. Le entregaron el libro del profeta Isaías y desenrollándolo encontró el pasaje donde estaba escrito: «El Espíritu del Señor está sobre mí, porque él me ha ungido. Me ha enviado para dar la buena noticia a los pobres, para anunciar a los cautivos la libertad y a los ciegos la vista. Para dar libertad a los oprimidos, para anunciar el año de gracia del Señor.»

Y enrollando el libro, lo devolvió al que le servía y se sentó. Toda la sinagoga tenía los ojos fijos en él. Y él se puso a decirles: «Hoy se cumple esta Escritura que acabáis de oír.» Y todos le expresaban su aprobación y se admiraban de las palabras de gracia que salían de sus labios.

Palabra del Señor.

11 de enero
o bien
VIERNES DESPUES DEL DOMINGO DE EPIFANIA

PRIMERA LECTURA

El Espíritu, el agua y la sangre dan testimonio

LECTURA DE LA PRIMERA CARTA DE SAN JUAN

5, 5-6.8-13

Queridos hermanos: ¿Quién es el que vence al mundo, sino el que cree que Jesús es el Hijo de Dios? Este es el que vino con agua y con sangre: Jesucristo. No sólo con agua, sino con agua y con sangre; y el Espíritu es quien da testimonio, porque el Espíritu es la verdad. Tres son los testigos en la tierra: el Espíritu, el agua y la sangre; y los tres están de acuerdo. Si aceptamos el testimonio humano, más fuerza tiene el testimonio de Dios. Este es el testimonio de Dios, un testimonio acerca de su Hijo: el que cree en el Hijo de Dios tiene dentro el testimonio. Quien no cree a Dios le hace mentiroso, porque no ha creído en el testimonio que Dios ha dado acerca de su Hijo. Y éste es el testimonio: Dios nos ha dado vida eterna y esta vida está en su Hijo. Quien tiene al Hijo tiene la vida; quien no tiene al Hijo de Dios, no tiene la vida. Os he escrito estas cosas a los que creéis en el nombre del Hijo de Dios, para que os deis cuenta de que tenéis vida eterna.

Palabra de Dios.

SALMO RESPONSORIAL 147

℞ **Glorifica al Señor, Jerusalén** (o Aleluya).

Glorifica al Señor, Jerusalén, | Alaba a tu Dios, Sión: | Que ha reforzado los cerrojos de tus puertas, | y ha bendecido a tus hijos dentro de ti. ℞.

Ha puesto paz en tus fronteras, | te sacia con flor de harina; | él envía su mensaje a la tierra, | y su palabra corre veloz. ℟.

Anuncia su palabra a Jacob, | sus decretos y mandatos a Israel; | con ninguna nación obró así | ni les dio a conocer sus mandatos. ℟.

ALELUYA   Cf. Mt 4, 23

Jesús proclamaba el Evangelio del Reino, curando las dolencias en el pueblo.

EVANGELIO

En seguida le dejó la lepra

✠ LECTURA DEL S. EVANGELIO SEGUN
SAN LUCAS
                                                               5, 12-16

Una vez, estando Jesús en su pueblo se presentó un leproso; al ver a Jesús cayó rostro a tierra y le suplicó: «Señor, si quieres puedes limpiarme.» Y Jesús extendió la mano y lo tocó diciendo: «Quiero, queda limpio.» Y en seguida le dejó la lepra. Jesús le recomendó que no lo dijera a nadie, y añadió: «Ve a presentarte al sacerdote y ofrece por tu purificación lo que mandó Moisés para darles testimonio.»

Se hablaba de él cada vez más, y acudía mucha gente a oirlo y a que los curara de sus enfermedades. Pero él solía retirarse a despoblado para orar.

Palabra del Señor.

12 de enero

o bien

SABADO DESPUES DEL DOMINGO DE EPIFANIA

PRIMERA LECTURA

Dios escucha nuestras peticiones

LECTURA DE LA PRIMERA CARTA DE SAN
JUAN   5, 14-21

Queridos hermanos: En esto está la confianza que tenemos en el Hijo de Dios: en que si le pedimos algo según su voluntad, nos escucha. Y si sabemos que nos escucha en lo que le pedimos, sabemos que tenemos conseguido lo que le hayamos pedido.

Si alguno ve que su hermano comete un pecado que no es de muerte, pida y le dará vida —a los que cometen pecados que no son de muerte, pues hay un pecado que es de muerte por el cual no digo que pida—. Toda injusticia es pecado, pero hay pecado que no es de muerte. Sabemos que todo el que ha nacido de Dios no peca, sino que el engendrado de Dios le guarda, y el maligno no llega a tocarle. Sabemos que somos de Dios, y que el mundo entero yace en poder del maligno. Pero sabemos que el Hijo de Dios ha venido y nos ha dado inteligencia para que conozcamos al Verdadero. Nosotros estamos en el Verdadero, en su Hijo Jesucristo. Este es el Dios verdadero y la vida eterna.

Hijos míos, guardaos de los ídolos. Amén.

Palabra de Dios.

SALMO RESPONSORIAL 149

R El Señor ama su pueblo (o Aleluya).

Cantad al Señor un cántico nuevo, | resuene su alabanza en la asamblea de los fieles; | que se alegre Israel por su Creador, | los hijos de Sión por su Rey. R.

Alabad su nombre con danzas, | cantadle con tambores y cítaras; | porque el Señor ama a su pueblo, | y adorna con la victoria a los humildes. ℟.

Que los fieles festejen su gloria | y canten jubilosos en filas: | Con vítores a Dios en la boca, | es un honor para todos sus fieles. ℟.

ALELUYA   Mt 4, 16

El pueblo que habitaba en tinieblas vio una luz grande; a los que habitaban en tierra y sombra de muerte una luz les brilló.

EVANGELIO

El amigo del esposo se alegra con la voz del esposo

✝ LECTURA DEL S. EVANGELIO SEGUN
SAN JUAN   3, 22-30

En aquel tiempo fue Jesús con sus discípulos a Judea, se quedó allí con ellos y bautizaba. También Juan estaba bautizando en Enón, cerca de Salín, porque había allí agua abundante; la gente acudía y se bautizaba (a Juan todavía no le habían metido en la cárcel). Se originó entonces una discusión entre un judío y los discípulos de Juan acerca de la purificación; ellos fueron a Juan y le dijeron: «Oye, Rabí, el que estaba contigo en la otra orilla del Jordán, de quien tú has dado testimonio, ése está bautizando y todo el mundo acude a él.» Contestó Juan: «Nadie puede tomarse algo para sí, si no se lo dan desde el cielo. Vosotros mismos sois testigos de que yo dije: "Yo no soy el Mesías, sino que me han enviado delante de él." El que lleva a la esposa es el esposo; en cambio, el amigo del esposo, que asiste y lo oye, se alegra con la voz del esposo. Pues esta alegría mía está colmada; él tiene que crecer y yo tengo que menguar.»

Palabra del Señor.

TIEMPO DE CUARESMA

El tiempo de Cuaresma va desde el miércoles de Ceniza hasta la Misa de la Cena del Señor exclusive, y está ordenado a la preparación de la Pascua. La liturgia cuaresmal prepara para la celebración del misterio pascual de la muerte y resurrección de Jesucristo tanto a los catecúmenos, haciéndolos pasar por los diversos grados de la iniciación cristiana, como a los fieles que recuerdan su llegada a ser cristianos completos por medio del bautismo, la confirmación y la eucaristía, y hacen penitencia, buscando una conversión cada vez más perfecta, por medio de la escucha más frecuente de la Palabra de Dios, la frecuencia de los sacramentos, la oración, las privaciones voluntarias de las que son ejemplo el ayuno y la abstinencia, y la limosna u otras obras de ayuda mutua que manifiestan el desprendimiento de los bienes materiales y la renuncia al egoísmo. La penitencia del tiempo cuaresmal no debe ser sólo interna e individual, sino también externa y social, por lo que los obispos de cada región pueden adaptar y recomendar a todos los fieles estas prácticas comunitarias que han de estimular a otras más personales. «Sin embargo —como dispuso el Concilio Vaticano II— ha de tenerse como sagrado el ayuno pascual; ha de celebrarse en todas partes el viernes de la pasión y muerte del Señor y aún extenderse, según las circunstancias, al Sábado Santo, para que de este modo se llegue al gozo del domingo de Resurrección, con elevación y apertura de espíritu» *(Sacrosanctum Concilium* n.110).

LOS DOMINGOS DE CUARESMA

Los cinco domingos de Cuaresma, con los tres ciclos de lecturas, contienen un programa catequético que en parte tuvo su origen en la Iglesia primitiva, y que expone a los fieles un conjunto de temas de la mayor importancia, de modo que cada año

1.—LAS LECTURAS DEL ANTIGUO TESTAMENTO

La letra (E) indica que la epístola enlaza con esta lectura

		A	B	C
Domingo 1.°	LOS ORIGENES	Caída (E)	Alianza con Noé	Profesión de fe del pueblo elegido (E)
Domingo 2.°	ABRAHAN	Vocación de Abrahán	Sacrificio de Isaac (E)	Alianza de Dios con Abrahán
Domingo 3.°	MOISES	Moisés golpea la roca	La Ley dada a Moisés	Dios revela su nombre a Moisés (E)
Domingo 4.°	EL PUEBLO EN LA TIERRA PROMETIDA	David	Exilio y retorno	Pascua de la tierra prometida
Domingo 5.°	PROFETAS	Ezequiel	Jeremías	Isaías

2.—LOS EVANGELIOS

La letra (E) indica que la epístola enlaza con esta lectura

	A	B	C
Domingo 1.°	Tentación	Tentación	Tentación
Domingo 2.°	Transfiguración (E)	Transfiguración	Transfiguración (E)
Domingo 3.°	Samaritana (E)	La señal del Templo (E)	El llamamiento a la conversión
Domingo 4.°	Ciego de nacimiento (E)	La exaltación de Cristo (E)	El hijo pródigo (E)
Domingo 5.°	Lázaro (E)	El anuncio de la cruz (E)	La mujer adúltera (E)

revisen su fe y las exigencias morales que conlleva, en orden a la renovación del compromiso bautismal en la Pascua.

Las lecturas del Antiguo Testamento

Las primeras lecturas forman un recorrido por la historia de la salvación: orígenes, Abrahán, Exodo, tierra prometida y profetas, que es uno de los argumentos tradicionales de la catequesis catecumenal y cuaresmal. Cada domingo se lee un pasaje correspondiente a uno de los momentos mencionados, pero se ha cuidado de que en cada ciclo la etapa de los «orígenes» comience a continuación del otro: pecado de los primeros padres (A), Pacto con Noé (B) y el llamado «credo israelita» (C). Los demás pasajes se han dispuesto en los tres ciclos buscando armonizar en lo posible con las lecturas evangélicas, lo que se hará constar en la explicación de cada domingo. Es de destacar que los pasajes del ciclo B forman una preciosa serie sobre el tema del *pacto* entre Dios y la humanidad.

Las lecturas apostólicas

Son breves pasajes que formulan el misterio pascual y la participación de los creyentes en él por medio de la Iniciación Cristiana, y han sido distribuidos en los tres ciclos de lecturas de modo que tengan conexión con alguna lectura del Antiguo Testamento o del Evangelio, lo que no siempre aparece claro.

Las lecturas del Evangelio

Forman, como las otras, tres ciclos autónomos que siguen un desarrollo común durante los dos primetos domingos en que se leen las narraciones de la Tentación y de la Transfiguración del Señor conforme a los tres Sinópticos: Mateo (A), Marcos (B) y Lucas (C). En los tres domingos siguientes, en el ciclo A se proclaman los pasajes «de la samaritana», «del ciego de nacimiento» y «de la resurrección de Lázaro», todos ellos del evangelio de san Juan, los cuales, siendo de gran importancia para comprender la

Iniciación Cristiana, pueden también leerse en los ciclos B y C, con sus lecturas primera y segunda, sobre todo donde hay catecúmenos o en las misas de grupos de candidatos a la confirmación o la primera comunión. En el ciclo B se contienen pasajes de san Juan donde se profetiza e interpreta la pasión y glorificación de Jesús (la señal del Templo, la serpiente de bronce, el grano enterrado), mientras que en el ciclo C se proponen textos que tratan de la conversión y del perdón de los pecados (parábolas de la higuera estéril y del hijo pródigo, la mujer adúltera).

LAS FERIAS DE CUARESMA

Las lecturas del Evangelio y del Antiguo Testamento han sido seleccionadas y distribuidas de forma que se relacionen e ilustren mutuamente, y tratan de los temas propios de la catequesis cuaresmal, acomodada al sentido espiritual de nuestra época. Algunas lecturas, sin embargo, conservan la relación con el título de las antiguas iglesias estacionales romanas. A partir del lunes de la semana cuarta se ofrece una lectura semicontinua de Juan, en la que se recuerdan textos de este evangelio que tratan de las controversias y mensajes de Jesús inmediatamente antes de su Pasión.

LA SEMANA SANTA

En el domingo de las palmas en la Pasión del Señor, para la procesión se han elegido textos que se refieren a la entrada solemne en Jerusalén conforme a los evangelios sinópticos; en la Misa se lee la narración de la Pasión también según el mismo criterio. En los primeros días de la Semana Santa las lecturas contemplan el misterio de la pasión, ya como profecía o como evocación de los acontecimientos inmediatamente anteriores. En la Misa Crismal las lecturas proclaman el misterio mesiánico de Cristo y su continuación en la Iglesia por medio de los sacramentos.

MIERCOLES DE CENIZA

En esta misa se omite la Preparación penitencial: ocupa su lugar la imposición de la ceniza.

ANTIFONA DE ENTRADA   Sab 11, 24-25, 27

Te compadeces de todos, Señor, y no odias nada de lo que has hecho; cierras los ojos a los pecados de los hombres, para que se arrepientan. Y los perdonas, porque tu eres nuestro Dios y Señor.

ORACION COLECTA

Señor, fortalécenos con tu auxilio al empezar la Cuaresma para que nos mantengamos en espíritu de conversión; que la austeridad penitencial de estos días nos ayude en el combate cristiano contra las fuerzas del mal. Por nuestro Señor.

PRIMERA LECTURA

Rasgad los corazones, no las vestiduras

LECTURA DEL LIBRO DE JOEL   2, 12-18

«Ahora —oráculo del Señor— Convertíos a mí de todo corazón: con ayuno, con llanto, con luto. Rasgad los corazones no las vestiduras: convertíos al Señor Dios vuestro; porque es compasivo y misericordioso, lento a la cólera, rico en piedad, y se arrepiente de las amenazas». Quizá se arrepienta y nos deje todavía la bendición, la ofrenda, la libación del Señor nuestro Dios. Tocad la trompeta en Sión, proclamad el ayuno, convocad la reunión; congregad al pueblo, santificad la asamblea, reunid a los ancianos, congregad a muchachos y niños de pecho. Salga el esposo de la alcoba; la esposa del tálamo. Entre el atrio y el altar lloren los sacerdotes, ministros del Señor, diciendo: «Perdona, Señor, perdona a tu pueblo, no entregues tu heredad al oprobio; no la dominen los gentiles, no se diga entre las naciones: ¿Dónde está su Dios? El Señor sienta celo por su tierra y perdone a su pueblo.»

Palabra de Dios.

SALMO RESPONSORIAL 50

R. **Misericordia, Señor: hemos pecado.**

Misericordia, Dios mío, por tu bondad, | por tu inmensa compasión borra mi culpa. | Lava del todo mi delito, limpia mi pecado. R.

Pues yo reconozco mi culpa, | tengo siempre presente mi pecado. | Contra ti, contra ti sólo pequé, | cometí la maldad que aborreces. R.

Oh Dios, crea en mí un corazón puro, | renuévame por dentro con espíritu firme; | no me arrojes lejos de tu rostro, | no me quites tu santo espíritu. R.

Devuélveme la alegría de tu salvación, | afiánzame con espíritu generoso. | Señor, me abrirás los labios, | y mi boca proclamará tu alabanza. R.

SEGUNDA LECTURA

Dejarse reconciliar con Dios; ahora es el tiempo de la gracia

LECTURA DE LA SEGUNDA CARTA DEL APOSTOL SAN PABLO A LOS CORINTIOS

5, 20—6, 2

Hermanos: Nosotros actuamos como enviados de Cristo, y es como si Dios mismo os exhortara por nuestro medio. En nombre de Cristo os pedimos que os reconciliéis con Dios. Al que no había pecado Dios lo hizo expiación por nuestro pecado, para que nosotros, unidos a él, recibamos la justificación de Dios. Secundando su obra, os exhortamos a no echar en saco roto la gracia de Dios, porque él dice: «En tiempo favorable te escuché, en día de salvación vine en tu ayuda»; pues mirad, ahora es tiempo favorable, ahora es el día de la salvación.

Palabra de Dios.

ACLAMACION   Mt 4, 17

Tu palabra, Señor, es la verdad y tu ley nuestra libertad. Convertíos, dice el Señor porque está cerca el Reino de los Cielos.

EVANGELIO

Tu Padre, que ve lo escondido, te recompensará

✠ LECTURA DEL S. EVANGELIO SEGUN
SAN MATEO   6, 1-6.16-18

En aquel tiempo, dijo Jesús a sus discípulos: «Cuidad de no practicar vuestra justicia delante de los hombres para ser vistos por ellos; de lo contrario, no tendréis recompensa de vuestro Padre celestial. Por tanto, cuando hagas limosna, no vayas tocando la trompeta por delante como hacen los hipócritas en las sinagogas y por las calles con el fin de ser honrados por los hombres; os aseguro que ya han recibido su paga. Tú, en cambio, cuando hagas limosna, que no sepa tu mano izquierda lo que hace tu derecha; así tu limosna quedará en secreto, y tu Padre, que ve en lo secreto, te lo pagará. Cuando recéis no seáis como los hipócritas, a quienes les gusta rezar de pie en las sinagogas y en las esquinas para que los vea la gente. Os aseguro que ya han recibido su paga. Cuando tú vayas a rezar entra en tu cuarto, cierra la puerta y reza a tu Padre, que está en lo escondido, y tu Padre, que ve en lo escondido, te lo pagará. Cuando ayunéis no andéis cabizbajos, como los farsantes que desfiguran su cara para hacer ver a la gente que ayunan. Os aseguro que ya han recibido su paga. Tú, en cambio, cuando ayunes, perfúmate la cabeza y lávate la cara, para que tu ayuno lo note, no la gente, sino tu Padre que está en lo escondido; y tu Padre, que ve en lo escondido, te recompensará.»

Palabra del Señor.

Si la bendición e imposición de la ceniza se hace sin Misa, oportunamente puede ser precedida por la liturgia de la palabra, tomando los textos señalados para la Misa de este día.

BENDICION E IMPOSICION DE LA CENIZA

Después de la homilía, el sacerdote dice:

Con actitud humilde oremos, hermanos, a Dios nuestro Padre, para que se digne bendecir con su gracia estas cenizas que vamos a imponer en nuestras cabezas en señal de penitencia.

Y después de un breve silencio, prosigue:

Oh Dios, que te dejas vencer por el que se humilla y encuentras agrado en quien expía sus pecados; escucha benignamente nuestras súplicas y derrama la gracia ✠ de tu bendición sobre estos siervos tuyos que van a recibir la ceniza, para que, fieles a las prácticas cuaresmales, puedan llegar, con el corazón limpio, a la celebración del misterio pascual de tu Hijo. Que vive y reina por los siglos de los siglos. ℟ Amén.

O bien:

Oh Dios, que no quieres la muerte del pecador, sino su arrepentimiento; escucha con bondad nuestras súplicas y dígnate bendecir ✠ esta ceniza que vamos a imponer sobre nuestra cabeza; y porque sabemos que somos polvo y al polvo hemos de volver, concédenos, por medio de las prácticas cuaresmales, el perdón de los pecados; así podremos alcanzar, a imagen de tu Hijo resucitado, la vida nueva de tu reino. Por Jesucristo nuestro Señor. ℟ Amén.

Y en silencio, rocía con agua bendita las cenizas. Seguidamente, el sacerdote impone la ceniza a todos los presentes que se acercan hasta él; a cada uno le dice:

> Convertíos y creed el Evangelio   Mc 1, 15

o bien:

> Acuérdate de que eres polvo
> y al polvo volverás.   Gn 3, 19

Mientras tanto se canta:

ANTÍFONA   Jl 2, 12-13

Cambiemos nuestro vestido por la ceniza y el cilicio;
ayunemos y oremos delante del Señor, porque nuestro
Dios es compasivo y misericordioso para perdonar nuestros pecados.

OTRA ANTÍFONA   Jl 2, 17; Est 13-17

Entre el atrio y el altar llorarán los sacerdotes, ministros del Señor, diciendo: perdona, Señor, perdona a tu
pueblo, no cierres la boca de los que te alaban.

OTRA ANTÍFONA   Sal 50, 3

Borra mi culpa, Señor.

*Puede repetirse después de cada uno de los versículos del sal-
mo 50, p. 202, Misericordia, Dios mío.*

RESPONSORIO   Bar 3, 2; Sal 78, 9

Corrijamos aquello que por ignorancia hemos cometido, no
sea que, sorprendidos por el día de la muerte, busquemos, sin
poder encontrarlo, el tiempo de hacer penitencia.

* Escúchanos, Señor, y ten piedad, porque hemos pecado
contra ti.

* Socórrenos, Dios Salvador nuestro; por el honor de tu
nombre, líbranos, Señor.

* Escúchanos, Señor, y ten piedad, porque hemos pecado
contra ti.

*Puede cantarse también otro canto apropiado. Acabada la imposición
de la ceniza, el rito se concluye con la Oración universal u Oración de los
fieles. No se dice «Credo».*

LITURGIA EUCARISTICA

ORACION SOBRE LAS OFRENDAS

Al ofrecerte este sacrificio que inaugura la Cuaresma, te pedimos, Señor, que nuestras obras de caridad y nuestras penitencias

nos ayuden al dominio de nosotros mismos, para que, limpios de pecado, merezcamos celebrar piadosamente los misterios de la pasión de tu Hijo. Que vive y reina.

Prefacio III o IV de Cuaresma, pp. 1064-65.

ANTIFONA DE COMUNION   Sal 1, 2-3

El que medita la ley del Señor día y noche, da fruto en su sazón.

ORACION DESPUES DE LA COMUNION

Señor, estos sacramentos que hemos recibido hagan nuestros ayunos agradables a tus ojos y obren como remedio saludable de todos nuestros males. Por Jesucristo.

La bendición e imposición de la ceniza se puede hacer también fuera de la misa. En este caso es recomendable que preceda una liturgia de la palabra, utilizando la antífona de entrada, la oración colecta, las lecturas con sus cantos, como en la misa. Sigue después la homilía y la bendición e imposición de la ceniza. El rito concluye con la oración universal.

JUEVES DESPUES DE CENIZA

ANTIFONA DE ENTRADA   Cf. Sal 54, 17-20.23

Cuando invoqué al Señor, él escuchó mi voz, rescató mi alma de la guerra que me hacían. Encomienda a Dios tus afanes, que él te sustentará.

ORACION COLECTA

Señor, que tu gracia inspire, sostenga y acompañe nuestras obras, para que nuestro trabajo comience en ti, como en su fuente, y tienda siempre a ti, como a su fin. Por nuestro Señor.

Pongo delante de ti la bendición y la maldición

LECTURA DEL LIBRO DEL DEUTERONOMIO

30, 15-20

Moisés habló al pueblo diciendo: «Mira: hoy pongo delante de ti la vida y el bien, la muerte y el mal. Si obedeces lo que yo te mando hoy, amando al Señor, tu Dios, siguiendo sus caminos, guardando sus preceptos, mandatos y decretos, vivirás y crecerás; el Señor tu Dios te bendecirá en la tierra donde vas a entrar para conquistarla. Pero si tu corazón se aparta y no obedeces, si te dejas arrastrar y te prosternas dando culto a dioses extranjeros, yo te anuncio hoy que morirás sin remedio; que, pasado el Jordán para entrar y poseer la tierra, no vivirás muchos años en ella. Hoy cito al cielo y a la tierra como testigos contra vosotros: te pongo delante la vida y la muerte, la bendición y la maldición; elige la vida, y vivirás tú y tu descendencia amando al Señor tu Dios, escuchando su voz pegándote a él, pues él es tu vida y tus largos años de habitar en la tierra que había prometido dar a tus padres, Abraham, Isaac y Jacob.»

Palabra de Dios.

SALMO RESPONSORIAL 1

℟ **Dichoso el hombre que ha puesto | su confianza en el Señor.**

Dichoso el hombre | que no sigue el consejo de los impíos; | ni entra por la senda de los pecadores, | ni se sienta en la reunión de los cínicos, | sino que su gozo es la Ley del Señor, | y medita su Ley día y noche. ℟.

Será como un árbol | plantado al borde de la acequia: | da fruto en su sazón, | no se marchitan sus hojas. | Cuanto emprende tiene buen fin. ℟.

No así los impíos, no así: | serán paja que arrebata el viento. | porque el Señor protege el camino de los justos, | pero el camino de los impíos acaba mal. ℟.

ACLAMACION
                                                                    Mt 4, 17

Convertíos —dice el Señor—, porque está cerca el reino de los cielos.

EVANGELIO

El que pierda su vida por mi causa, la salvará

✠ LECTURA DEL S. EVANGELIO SEGUN SAN LUCAS

                                                                    9, 22-25

En aquel tiempo, dijo Jesús: «El Hijo del hombre tiene que padecer mucho, ser desechado por los ancianos, sumos sacerdotes y letrados, ser ejecutado y resucitar al tercer día.» Y dirigiéndose a todos, dijo: «El que quiera seguirme que se niegue a sí mismo, cargue con su cruz cada día y se venga conmigo. Pues el que quiera salvar su vida, la perderá; pero el que pierda su vida por mi causa, la salvará ¿De qué le sirve a uno ganar el mundo entero si se pierde o se perjudica a sí mismo?»

Palabra del Señor.

ORACION SOBRE LAS OFRENDAS

Mira, Señor, benignamente la ofrenda que presentamos en tu altar, para que nos obtenga el perdón de los pecados y proclame la gloria de tu nombre. Por Jesucristo.

Prefacio de Cuaresma, pp. 1064-66.

ANTIFONA DE COMUNION
                                                                    Sal 50, 12

Oh Dios, crea en mí un corazón puro, renuévame por dentro con espíritu firme.

ORACION DESPUES DE LA COMUNION

Favorecidos con el don del cielo te pedimos, Dios todopoderoso, que esta Eucaristía se haga viva realidad en nosotros y nos alcance la salvación. Por Jesucristo.

VIERNES DESPUES DE CENIZA

ANTIFONA DE ENTRADA   Sal 29, 11

Escucha, Señor, y ten piedad de mí; Señor, socórreme.

ORACION COLECTA

Confírmanos, Señor, en el espíritu de penitencia con que hemos empezado la Cuaresma; y que la austeridad exterior que practicamos vaya siempre acompañada por la sinceridad de corazón. Por nuestro Señor.

PRIMERA LECTURA

¿Es ése el ayuno que deseo?

LECTURA DEL PROFETA ISAIAS   58, 1-9a

Así dice el Señor Dios: «Grita a plena voz, sin cesar, alza la voz como una trompeta, denuncia a mi pueblo sus delitos, a la casa de Jacob sus pecados. Consultan mi oráculo a diario, muestran deseo de conocer mi camino, como un pueblo que practicara la justicia y no abandonara el mandato de Dios. Me piden sentencias justas, desean tener cerca a Dios. "¿Para qué ayunar, si no haces caso?, ¿mortificarnos, si tú no te fijas?" Mirad: el día de ayuno buscáis vuestro interés y apremiáis a vuestros servidores. Mirad: ayunáis entre riñas y disputas, dando puñetazos sin piedad. No ayunéis como ahora, haciendo oír en el cielo vuestras voces.» ¿Es ése el ayuno que el Señor desea para el día en que el hombre se mortifica?, mover la cabeza como un junco, acostarse sobre saco y ceniza, ¿a eso lo llamáis ayuno, día agradable al Señor? El ayuno que yo quiero es éste —oráculo del Señor—: Abrir las prisiones injustas, hacer saltar los cerrojos de los cepos, dejar libres a los oprimidos, romper todos los cepos;

partir tu pan con el hambriento, hospedar a los pobres sin techo, vestir al que ves desnudo, y no cerrarte a tu propia carne. Entonces nacerá una luz como la aurora, en seguida te brotará la carne sana; te abrirá camino la justicia, detrás irá la gloria del Señor. Entonces clamarás al Señor y te responderá; gritarás y te dirá: Aquí estoy.»

Palabra de Dios.

SALMO RESPONSORIAL 50

℟ **Un corazón quebrantado y humillado, | tú, Dios mío, no lo desprecias.**

Misericordia, Dios mío, por tu bondad, | por tu inmensa compasión, borra mi culpa. | Lava del todo mi delito, | limpia mi pecado. ℟.

Pues yo reconozco mi culpa, | tengo siempre presente mi pecado. | Contra ti, contra ti sólo pequé, | cometí la maldad que aborreces. ℟.

Los sacrificios no te satisfacen, | si te ofreciere un holocausto, no lo querrías: | Mi sacrificio es un espíritu quebrantado, | un corazón quebrantado y humillado, | tú no lo desprecias. ℟.

ACLAMACION

Am 5, 14

Buscad el bien y no el mal, y viviréis, y así estará con vosotros el Señor.

EVANGELIO

Llegará un día en que se lleven al esposo y entonces ayunarán

✠ LECTURA DEL S. EVANGELIO SEGUN SAN MATEO

9, 14-15

En aquel tiempo, los discípulos de Juan se le acercaron a Jesús preguntándole: «¿Por qué nosotros y los fariseos ayunamos a menudo y, en cambio, tus discípulos no ayunan?» Jesús les dijo: «¿Es que pueden guardar luto los amigos del novio mientras el novio está con ellos? Llegará un día en que se lleven al novio y entonces ayunarán.»

Palabra del Señor.

ORACION SOBRE LAS OFRENDAS

Te ofrecemos, Señor, el sacrificio de nuestra observancia cuaresmal; que él nos haga más gratos a tus ojos y más diligentes en la práctica de la penitencia. Por Jesucristo.

Prefacio de Cuaresma, pp. 1064-66.

ANTIFONA DE COMUNION   Sal 24, 4

Señor, enséñame tus caminos e instrúyeme en tus sendas.

ORACION DESPUES DE LA COMUNION

Te pedimos, Señor todopoderoso, que la participación en tus sacramentos nos purifique de todo pecado y nos disponga a recibir los dones de tu bondad. Por Jesucristo.

SABADO DESPUES DE CENIZA

ANTIFONA DE ENTRADA   Sal 68, 17

Respóndenos, Señor, con la bondad de tu gracia; por tu gran compasión vuélvete hacia nosotros, Señor.

ORACION COLECTA

Dios todopoderoso y eterno, mira compasivo nuestra debilidad y extiende sobre nosotros tu mano poderosa. Por nuestro Señor Jesucristo.

PRIMERA LECTURA

Cuando partas tu pan con el hambriento, brillará tu luz en las tinieblas

LECTURA DEL PROFETA ISAIAS   58, 9b-14

Así dice el Señor Dios: «Cuando destierres de ti la opresión, el gesto amenazador y la maledicencia, cuando partas tu pan con el hambriento y sacies el estómago del indigente, brillará tu luz en las tinieblas, tu oscuridad se volverá mediodía. El Señor te dará reposo permanente, en el desierto saciará tu hambre, harás fuertes tus huesos, serás un huerto bien regado, un manantial de aguas cuya vena nunca engaña; reconstruirás viejas ruinas, levantarás sobre cimientos de antaño; te llamarán reparador de brechas, restaurador de casas en ruinas. Si detienes tus pies el sábado, y no traficas en mi día santo, si llamas al sábado tu delicia, y lo consagras a la gloria del Señor; si lo honras absteniéndote de viajes, de buscar tu interés, de tratar tus asuntos, entonces el Señor será tu delicia. Te asentaré sobre mis montañas, te alimentaré con la herencia de tu padre Jacob.» Ha hablado la boca del Señor.

Palabra de Dios.

SALMO RESPONSORIAL 85

R. **Enséñame, Señor, tu camino, | para que siga tu verdad.**

Inclina tu oído, Señor, escúchame, | que soy un pobre desamparado; | protege mi vida, que soy un fiel tuyo, | salva a tu siervo que confía en ti. R.

Tú eres mi Dios; piedad de mí, Señor, | que a ti te estoy llamando todo el día; | alegra el alma de tu siervo, | pues levanto mi alma hacia ti. R.

Porque tú, Señor, eres bueno y clemente, | rico en misericordia con los que te invocan. | Señor, escucha mi oración, | atiende a la voz de mi súplica. R.

ACLAMACION   Ez 33, 11

No quiero la muerte del malvado —dice el Señor—, sino que cambie de conducta y viva.

EVANGELIO

No he venido a llamar a los justos, sino a los pecadores a que se conviertan

✢ **LECTURA DEL S. EVANGELIO SEGUN SAN LUCAS**   5, 27-32

En aquel tiempo, al salir, Jesús vio a un recaudador llamado Leví sentado al mostrador de los impuestos y le dijo: «Sígueme.» El, dejándolo todo, se levantó y lo siguió. Leví ofreció en su honor un gran banquete en su casa y estaban a la mesa con ellos un gran número de recaudadores y otros. Los fariseos y los letrados dijeron a sus discípulos, criticándolo: «¿Cómo es que coméis y bebéis con publicanos y pecadores?» Jesús les replicó: «No necesitan médico los sanos, sino los enfermos. No he venido a llamar a los justos, sino a los pecadores a que se conviertan.»

Palabra del Señor.

ORACION SOBRE LAS OFRENDAS

Recibe, Señor, este sacrificio de reconciliación y alabanza; que su eficacia nos purifique de nuestros pecados para que podamos presentarnos a ti como ofrenda agradable a tus ojos. Por Jesucristo.

Prefacio de Cuaresma, pp. 1064-67.

ANTIFONA DE COMUNION   Mt 9, 13

Misericordia quiero y no sacrificio —dice el Señor—; que no he venido a llamar a los justos, sino a los pecadores.

ORACION DESPUES DE LA COMUNION

Alimentados con el pan de vida, te pedimos, Señor, que cuanto hemos vivido y celebrado como misterio, en esta Eucaristía, lo recibamos en el cielo como plenitud de salvación. Por Jesucristo.

PRIMER DOMINGO DE CUARESMA

Domingo de la tentación

El camino de la cuaresma es paralelo al de la historia de la salvación que hoy comienza a narrarse en la primera lectura a partir del pecado de los primeros padres (A), del pacto sellado por Dios con Noé tras el diluvio (B) y de la llamada «profesión de fe israelita» (C) que nos lleva hasta Abrahán; los apóstoles se sirvieron de esos mismos motivos para hablarnos de la gracia que sobreabunda por encima del pecado, del bautismo que tuvo una imagen profética en el diluvio y de la fe cristiana que no anula, sino que perfecciona la del pueblo elegido. Jesús, después de ser bautizado, mantuvo en el desierto un combate singular con Satanás que representa las tentaciones que hubo de superar durante toda su vida para ser fiel al Padre; de este modo el Señor es modelo para el cristiano que desea superar el pecado y hace penitencia. Jesús imita también en su retiro de cuarenta días a los antiguos profetas Moisés y Elías, como ahora hace la Iglesia siguiendo su ejemplo.

ANTIFONA DE ENTRADA   Sal 90, 15-16

Me invocará y lo escucharé; lo defenderé, lo saciaré de largos días.
No se dice «Gloria».

ORACION COLECTA

Al celebrar un año más la santa Cuaresma concédenos, Dios todopoderoso, avanzar en la inteligencia del misterio de Cristo y vivirlo en su plenitud. Por nuestro Señor.

ORACION SOBRE LAS OFRENDAS

Te rogamos, Señor, que nuestra vida sea conforme con las ofrendas que te presentamos y que inauguran el camino hacia la Pascua. Por Jesucristo.

PREFACIO
Las tentaciones del Señor

En verdad es justo y necesario, es nuestro deber y salvación darte gracias siempre y en todo lugar, Señor, Padre santo, Dios todopoderoso y eterno, por Cristo nuestro Señor. El cual, al abstenerse durante cuarenta días de tomar alimento, inauguró la práctica de nuestra penitencia cuaresmal, y al rechazar las tentaciones del enemigo nos enseñó a sofocar la fuerza del pecado; de este modo, celebrando con sinceridad el misterio de esta Pascua, podremos pasar un día a la Pascua que no acaba. Por eso, con los ángeles y los santos, te cantamos el himno de alabanza deciendo sin cesar:

Santo, Santo, Santo...

ANTIFONA DE COMUNION
Mt 4, 4

No sólo de pan vive el hombre, sino de toda palabra que sale de la boca de Dios.

O bien:
Sal 90, 4

El Señor te cubrirá con sus plumas, bajo sus alas te refugiarás.

ORACION DESPUES DE LA COMUNION

Después de recibir el pan del cielo que alimenta la fe, consolida la esperanza y fortalece el amor, te rogamos, Dios nuestro, que nos hagas sentir hambre de Cristo, pan vivo y verdadero, y nos enseñes a vivir constantemente de toda palabra que sale de tu boca. Por Jesucristo nuestro Señor.

CICLO A (Años 1990, 1993, 1996, 1999, 2002, 2005)

PRIMERA LECTURA

Creación y pecado de los primeros padres

LECTURA DEL LIBRO DEL GENESIS   2, 7-9; 3, 1-7

El Señor Dios modeló al hombre de arcilla del suelo, sopló en su nariz un aliento de vida, y el hombre se convirtió en ser vivo. El Señor Dios plantó un jardín en Edén, hacia oriente, y colocó en él al hombre que había modelado. El Señor Dios hizo brotar del suelo toda clase de árboles hermosos de ver y buenos de comer; además, el árbol de la vida, en mitad del jardín, y el árbol del conocimiento del bien y el mal. La serpiente era el más astuto de los animales del campo que el Señor Dios había hecho. Y dijo a la mujer: «¿Cómo es que os ha dicho Dios que no comáis de ningún árbol del jardín?» La mujer respondió a la serpiente: —«Podemos comer los frutos de los árboles del jardín; solamente del fruto del árbol que está en mitad del jardín nos ha dicho Dios: "No comáis de él ni lo toquéis, bajo pena de muerte."» La serpiente replicó a la mujer: «No moriréis. Bien sabe Dios que cuando comáis de él se os abrirán los ojos y seréis como Dios en el conocimiento del bien y el mal.» La mujer vio que el árbol era apetitoso, atrayente y deseable, porque daba inteligencia; tomó del fruto, comió y ofreció a su marido, el cual comió. Entonces se les abrieron los ojos a los dos y se dieron cuenta de que estaban desnudos; entrelazaron hojas de higuera y se las ciñeron.

Palabra de Dios.

SALMO RESPONSORIAL 50

R̄ **Misericordia, Señor: hemos pecado.**

Misericordia, Dios mío, por tu bondad, | por tu inmensa compasión borra mi culpa, | lava del todo mi delito, | limpia mi pecado. R̄

Pues yo reconozco mi culpa, | tengo siempre presente mi pecado: | contra ti, contra ti solo pequé, | cometí la maldad que aborreces. ℟.

Oh Dios, crea en mí un corazón puro, | renuévame por dentro con espíritu firme; | no me arrojes lejos de tu rostro, | no me quites tu santo espíritu. ℟.

Devuélveme la alegría de tu salvación, | afiánzame con espíritu generoso. | Señor, me abrirás los labios, | y mi boca proclamará tu alabanza. ℟.

SEGUNDA LECTURA

Si creció el pecado, más abundante fue la gracia

LECTURA DE LA CARTA DEL APOSTOL
SAN PABLO A LOS ROMANOS

5, 12-19

El texto entre [ ] puede omitirse.

Hermanos: Lo mismo que por un hombre entró el pecado en el mundo, y por el pecado la muerte, y así la muerte pasó a todos los hombres, porque todos pecaron.

[Porque, aunque antes de la Ley había pecado en el mundo, el pecado no se imputaba porque no había Ley. A pesar de eso, la muerte reinó desde Adán hasta Moisés, incluso sobre los que no habían pecado con una transgresión como la de Adán, que era figura del que había de venir. Sin embargo, no hay proporción entre el delito y el don: si por la transgresión de uno murieron todos, mucho más, la gracia otorgada por Dios, el don de la gracia que correspondía a un solo hombre, Jesucristo, sobró para la multitud. Y tampoco hay proporción entre la gracia que Dios concede y las consecuencias del pecado de uno: el proceso, a partir de un solo delito, acabó en sentencia condenatoria, mientras la gracia, a partir de una multitud de delitos, acaba en sentencia absolutoria. Por el delito de un solo hombre comenzó el reinado de la muerte, por culpa de uno solo. Cuanto más ahora, por un solo hombre, Jesucristo, vivirán y reinarán todos los que han recibido un derroche de gracia y el don de la justificación.]

En resumen: si el delito de uno trajo la condena a todos, también la justicia de uno traerá la justificación y la vida. Si por la desobediencia de uno todos se convirtieron en pecadores, así por la obediencia de uno todos se convertirán en justos.

Palabra de Dios.

ACLAMACION   Mt 4, 4b

No sólo de pan vive el hombre, sino de toda palabra que sale de la boca de Dios.

EVANGELIO

Jesús ayuna cuarenta días y es tentado

✠ LECTURA DEL SANTO EVANGELIO SEGUN SAN MATEO

4, 1-11

En aquel tiempo, Jesús fue llevado al desierto por el Espíritu para ser tentado por el diablo. Y después de ayunar cuarenta días con sus cuarenta noches, al fin sintió hambre. El tentador se le acercó y le dijo: «Si eres Hijo de Dios, di que estas piedras se conviertan en panes.» Pero él le contestó, diciendo: «Está escrito: "No sólo de pan vive el hombre, sino de toda palabra que sale de la boca de Dios."» Entonces el diablo lo lleva a la ciudad santa, lo pone en el alero del templo y le dice: «Si eres Hijo de Dios, tírate abajo, porque está escrito: "Encargará a los ángeles que cuiden de ti, y te sostendrán en sus manos, para que tu pie no tropiece con las piedras."» Jesús le dijo: «También está escrito: "No tentarás al Señor, tu Dios."» Después, el diablo lo lleva a una montaña altísima y, mostrándole los reinos del mundo y su gloria, le dijo: «Todo esto te daré, si te postras y me adoras.» Entonces le dijo Jesús: «Vete, Satanás, porque está escrito: "Al Señor, tu Dios, adorarás y a él solo darás culto."» Entonces lo dejó el diablo, y se acercaron los ángeles y le servían.

Palabra del Señor.

Se dice «Credo».

CICLO B (Años 1991, 1994, 1997, 2000, 2003, 2006)

PRIMERA LECTURA

El pacto de Dios con Noé salvado del diluvio

LECTURA DEL LIBRO DEL GENESIS   9, 8-15

Dios dijo a Noé y a sus hijos: «Yo hago un pacto con vosotros y con vuestros descendientes, con todos los animales que os acompañaron: aves, ganado y fieras; con todos los que salieron del arca y ahora viven en la tierra. Hago un pacto con vosotros: el diluvio no volverá a destruir la vida, ni habrá otro diluvio que devaste la tierra.» Y Dios añadió: «Esta es la señal del pacto que hago con vosotros y con todo lo que vive con vosotros, para todas las edades: pondré mi arco en el cielo, como señal de mi pacto con la tierra. Cuando traiga nubes sobre la tierra, aparecerá en las nubes el arco, y recordaré mi pacto con vosotros y con todos los animales, y el diluvio no volverá a destruir los vivientes.»

Palabra de Dios.

SALMO RESPONSORIAL 24

℟ **Tus sendas, Señor, son misericordia y lealtad para los que guardan tu alianza.**

Señor, enséñame tus caminos, | instrúyeme en tus sendas: | haz que camine con lealtad; | enséñame, porque tú eres mi Dios y Salvador. ℟.

Recuerda, Señor, que tu ternura | y tu misericordia son eternas. | Acuérdate de mí con misericordia, | por tu bondad, Señor. ℟.

El Señor es bueno y es recto, | y enseña el camino a los pecadores; | hace caminar a los humildes con rectitud, | enseña su camino a los humildes. ℟.

SEGUNDA LECTURA
Actualmente os salva el bautismo

LECTURA DE LA PRIMERA CARTA DEL APOSTOL SAN PEDRO

3, 18-22

Queridos hermanos: Cristo murió por los pecados una vez para siempre: el inocente por los culpables, para conducirnos a Dios. Como era hombre, lo mataron; pero, como poseía el Espíritu, fue devuelto a la vida. Con este Espíritu, fue a proclamar su mensaje a los espíritus encarcelados que en un tiempo habían sido rebeldes, cuando la paciencia de Dios aguardaba en tiempos de Noé, mientras se construía el arca, en la que unos pocos —ocho personas— se salvaron cruzando las aguas. Aquello fue un símbolo del bautismo que actualmente os salva: que no consiste en limpiar una suciedad corporal, sino en impetrar de Dios una conciencia pura, por la resurrección de Cristo Jesús, Señor nuestro, que llegó al cielo, se le sometieron ángeles, autoridades y poderes, y está a la derecha de Dios.

Palabra de Dios.

ACLAMACION

Mt 4, 4b

No sólo de pan vive el hombre, sino de toda palabra que sale de la boca de Dios.

EVANGELIO

Se dejaba tentar por Satanás, y los ángeles le servían

✠ LECTURA DEL SANTO EVANGELIO SEGUN SAN MARCOS

1, 12-15

En aquel tiempo el Espíritu empujó a Jesús al desierto. Se quedó en el desierto cuarenta días, dejándose tentar por Satanás; vivía entre alimañas, y los ángeles le servían. Cuando arrestaron a Juan, Jesús se marchó a Galilea a proclamar el Evangelio de

Dios. Decía: «Se ha cumplido el plazo, está cerca el reino de Dios: convertíos y creed en el Evangelio.»

Palabra del Señor.

Se dice «Credo».

CICLO C (Años 1989, 1992, 1995, 1998, 2001, 2004)

PRIMERA LECTURA

Profesión de fe del pueblo escogido

LECTURA DEL LIBRO DEL DEUTERONOMIO

26, 4-10

Dijo Moisés al pueblo: «El sacerdote tomará de tu mano la cesta con las primicias y la pondrá ante el altar del Señor, tu Dios. Entonces tú dirás ante el Señor, tu Dios: "Mi padre fue un arameo errante, que bajó a Egipto, y se estableció allí, con unas pocas personas. Pero luego creció, hasta convertirse en una raza grande, potente y numerosa. Los egipcios nos maltrataron y nos oprimieron, y nos impusieron una dura esclavitud. Entonces clamamos al Señor, Dios de nuestros padres, y el Señor escuchó nuestra voz, miró nuestra opresión, nuestro trabajo y nuestra angustia. El Señor nos sacó de Egipto con mano fuerte y brazo extendido, en medio de gran terror, con signos y portentos. Nos introdujo en este lugar, y nos dio esta tierra, una tierra que mana leche y miel. Por eso, ahora traigo aquí las primicias de los frutos del suelo que tú, Señor, me has dado." Lo pondrás ante el Señor, tu Dios, y te postrarás en presencia del Señor, tu Dios.»

Palabra de Dios.

SALMO RESPONSORIAL 90

℟ **Está conmigo, Señor, en la tribulación.**

Tú que habitas al amparo del Altísimo, | que vives a la sombra del Omnipotente, | di al Señor: «Refugio mío, alcázar mío, | Dios mío, confío en ti.» ℟.

No se te acercará la desgracia, | ni la plaga llegará hasta tu tienda, | porque a sus ángeles ha dado órdenes | para que te guarden en tus caminos. ℟.

Te llevarán en sus palmas, | para que tu pie no tropiece en la piedra; | caminarás sobre áspides y víboras, | pisotearás leones y dragones. ℟.

«Se puso junto a mí: lo libraré; | lo protegeré porque conoce mi nombre, | me invocará y lo escucharé. | Con él estaré en la tribulación, | lo defenderé, lo glorificaré.» ℟.

SEGUNDA LECTURA

Profesión de fe del que cree en Jesucristo

LECTURA DE LA CARTA DEL APOSTOL SAN PABLO A LOS ROMANOS

10, 8-13

Hermanos:

La Escritura dice: «La palabra está cerca de ti: la tienes en los labios y en el corazón.» Se refiere a la palabra de la fe que os anunciamos. Porque, si tus labios profesan que Jesús es el Señor, y tu corazón cree que Dios lo resucitó de entre los muertos, te salvarás. Por la fe del corazón llegamos a la justificación, y por la profesión de los labios, a la salvación. Dice la Escritura: «Nadie que cree en él quedará defraudado.» Porque no hay distinción entre judío y griego; ya que uno mismo es el Señor de todos, generoso con todos los que lo invocan. Pues «todo el que invoca el nombre del Señor se salvará.»

Palabra de Dios.

ACLAMACION

Mt 4, 4b

No sólo de pan vive el hombre, sino de toda palabra que sale de la boca de Dios.

EVANGELIO

El Espíritu lo fue llevando por el desierto, mientras era tentado

✠ LECTURA DEL SANTO EVANGELIO
SEGUN SAN LUCAS   4, 1-13

En aquel tiempo, Jesús, lleno del Espíritu Santo, volvió del Jordán y, durante cuarenta días, el Espíritu lo fue llevando por el desierto, mientras era tentado por el diablo. Todo aquel tiempo estuvo sin comer, y al final sintió hambre. Entonces el diablo le dijo: «Si eres Hijo de Dios, dile a esta piedra que se convierta en pan.» Jesús le contestó: «Está escrito: "No sólo de pan vive el hombre".» Después, llevándole a lo alto, el diablo le mostró en un instante todos los reinos del mundo y le dijo: «Te daré el poder y la gloria de todo eso, porque a mí me lo han dado, y yo lo doy a quien quiero. Si tú te arrodillas delante de mí, todo será tuyo.» Jesús le contestó: «Está escrito: "Al Señor, tu Dios, adorarás y a él solo darás culto".» Entonces lo llevó a Jerusalén y lo puso en el alero del templo y le dijo: «Si eres Hijo de Dios, tírate de aquí abajo, porque está escrito: "Encargará a los ángeles que cuiden de ti", y también: "Te sostendrán en sus manos, para que tu pie no tropiece con las piedras".» Jesús le contestó: «Está mandado: "No tentarás al Señor, tu Dios".» Completadas las tentaciones, el demonio se marchó hasta otra ocasión.

Palabra del Señor.

Se dice «Credo».

PRIMERA SEMANA DE CUARESMA   LUNES

ANTIFONA DE ENTRADA   Sal 122, 2-3

Como están los ojos de los esclavos fijos en las manos de sus señores, así están nuestros ojos en el Señor Dios nuestro esperando su misericordia. Misericordia, Señor, misericordia.

ORACION COLECTA

Conviértenos a ti, Dios Salvador nuestro; ilumínanos con la luz de tu palabra, para que la celebración de esta Cuaresma produzca en nosotros sus mejores frutos. Por nuestro Señor.

PRIMERA LECTURA
Juzgarás con justicia a tu prójimo

LECTURA DEL LIBRO DEL LEVITICO   19, 1-2.11-18

El Señor habló a Moisés: «Habla a la asamblea de los hijos de Israel y diles: Seréis santos, porque yo, el Señor vuestro Dios, soy santo. No robaréis. No mentiréis. No engañaréis a vuestro prójimo. No juraréis en falso por mi nombre: sería profanar el nombre de tu Dios. Yo soy el Señor.

No oprimirás ni explotarás a tu prójimo. No retendrás hasta el día siguiente el jornal de tu obrero. No maldecirás al sordo, y al ciego no le pondrás tropiezos: temerás a tu Dios. Yo soy el Señor. No serás injusto en la sentencia: ni por favorecer al pobre, ni por respeto al poderoso. Juzgarás con justicia a tu prójimo. No andarás calumniando a los tuyos, ni darás testimonio contra la vida de tu prójimo. Yo soy el Señor.

No odiarás de corazón a tu hermano. Reprenderás a tu pariente, para que no cargues tú con su pecado. No te vengarás ni guardarás rencor a tus parientes, sino que amarás a tu prójimo como a ti mismo. Yo soy el Señor.»

Palabra de Dios.

SALMO RESPONSORIAL 18

℟ **Tus palabras, Señor, son espíritu y vida.**   Sal 94, 8ab

La Ley del Señor es perfecta | y es descanso del alma; | el precepto del Señor es fiel | e instruye al ignorante. ℟.

Los mandatos del Señor son rectos | y alegran el corazón; | la norma del Señor es límpida | y da luz a los ojos. ℟.

La voluntad del Señor es pura | y eternamente estable; | los mandamientos del Señor son verdaderos | y enteramente justos. R.

Que te agraden las palabras de mi boca, | y llegue a tu presencia el meditar de mi corazón, | Señor, Roca mía, Redentor mío. R.

ACLAMACION   Sal 94, 8

Ahora es tiempo favorable, ahora es día de salvación.

EVANGELIO

Lo que hicisteis con uno de estos mis humildes hermanos, conmigo lo hicisteis

✠ LECTURA DEL S. EVANGELIO SEGUN
SAN MATEO   25, 31-46

En aquel tiempo, dijo Jesús a sus discípulos: «Cuando venga en su gloria el Hijo del Hombre, y todos los ángeles con él, se sentará en el trono de su gloria y serán reunidas ante él todas las naciones. El separará a unos de otros, como un pastor separa las ovejas de las cabras. Y pondrá las ovejas a su derecha y las cabras a su izquierda. Entonces dirá el rey a los de su derecha: "Venid vosotros, benditos de mi Padre; heredad el reino preparado para vosotros desde la creación del mundo: Porque tuve hambre y me disteis de comer, tuve sed y me disteis de beber, fui forastero y me hospedasteis, estuve desnudo y me vestisteis, enfermo y me visitasteis, en la cárcel y vinisteis a verme." Entonces los justos le contestarán: "Señor, ¿cuándo te vimos con hambre y te alimentamos, o con sed y te dimos de beber?; ¿cuándo te vimos forastero y te hospedamos, o desnudo y te vestimos?; ¿cuándo te vimos enfermo o en la cárcel y fuimos a verte?" Y el rey les dirá: "Os aseguro que cada vez que lo hicisteis con uno de estos mis humildes hermanos, conmigo lo hicisteis." Y entonces dirá a los de su izquierda: "Apartaos de mí, malditos, id al fuego eterno preparado para el diablo y sus ángeles. Porque tuve hambre y no me disteis de comer, tuve sed y no me disteis de beber, fui forastero y no me hospedasteis, estuve desnudo y no me vestisteis, enfermo y en la cárcel y no me visitasteis." Entonces también éstos contestarán: "Señor, ¿cuándo te vimos con hambre o con sed, o forastero o desnudo, o enfermo o en la cárcel, y no te asistimos?" Y él replicará: "Os aseguro que cada vez que no lo hicisteis con uno de éstos, los humildes, tampoco lo hicisteis conmigo." Y éstos irán al castigo eterno, y los justos a la vida eterna.»

Palabra del Señor.

ORACION SOBRE LAS OFRENDAS

Acepta, Señor, estas ofrendas, signo de nuestra entrega a tu servicio; que ellas santifiquen nuestra vida por obra de tu gracia y nos obtengan el perdón de nuestras culpas. Por Jesucristo.

Prefacio de Cuaresma, pp. 1064-67.

ANTIFONA DE COMUNION   Mt 25, 40. 34

Os aseguro —dice el Señor— que cada vez que lo hicisteis con alguno de éstos, mis humildes hermanos, conmigo lo hicisteis. Venid vosotros, benditos de mi Padre; heredad el reino preparado para vosotros desde la creación del mundo.

ORACION DESPUES DE LA COMUNION

Concédenos experimentar, Señor Dios nuestro, al recibir tu Eucaristía, alivio para el alma y para el cuerpo; y así, restaurada en Cristo la integridad de la persona, podremos gloriarnos de la plenitud de tu salvación. Por Jesucristo.

PRIMERA SEMANA DE CUARESMA   MARTES

ANTIFONA DE ENTRADA   Sal 89, 1-2

Señor, tú has sido nuestro refugio de generación en generación. Desde siempre y por siempre tú eres Dios.

ORACION COLECTA

Señor, mira con amor a tu familia y a los que moderan su cuerpo con la penitencia aviva en su espíritu el deseo de poseerte. Por nuestro Señor.

PRIMERA LECTURA

Mi Palabra no volverá a mí vacía, sino que hará mi voluntad

LECTURA DEL PROFETA ISAIAS 55, 10-11

Así dice el Señor: «Como bajan la lluvia y la nieve del cielo y no vuelven allá, sino después de empapar la tierra, de fecundarla y hacerla germinar, para que dé semilla al sembrador y pan al que come; así será mi palabra que sale de mi boca: no volverá a mí vacía, sino que hará mi voluntad y cumplirá mi encargo.»

Palabra de Dios.

SALMO RESPONSORIAL 33

R. **El Señor libra de sus angustias a los justos.**

Proclamad conmigo la grandeza del Señor, | ensalcemos juntos su nombre. | Yo consulté al Señor y me respondió, | me libró de todas mis ansias. R.

Contempladlo y quedaréis radiantes, | vuestro rostro no se avergonzará. | Si el afligido invoca al Señor, | él lo escucha y lo salva de sus angustias. R.

Los ojos del Señor miran a los justos, | sus oídos escuchan sus gritos; | pero el Señor se enfrenta con los malhechores | para borrar de la tierra su memoria. R.

Cuando uno grita, el Señor lo escucha | y lo libra de sus angustias; | el Señor está cerca de los atribulados, | salva a los abatidos. R.

ACLAMACION   Mt 4, 4b

No sólo de pan vive el hombre, sino de toda Palabra que sale de la boca de Dios.

EVANGELIO

Vosotros rezad así

✠ LECTURA DEL S. EVANGELIO SEGUN SAN MATEO

6, 7-15

En aquel tiempo, dijo Jesús a sus discípulos: «Cuando recéis no uséis muchas palabras como los paganos, que se imaginan que por hablar mucho les harán caso. No seáis como ellos, pues vuestro Padre sabe lo que os hace falta antes que se lo pidáis. Vosotros rezad así: Padre nuestro del cielo; santificado sea tu nombre; venga tu reino; hágase tu voluntad en la tierra como en el cielo. Danos hoy el pan nuestro, perdónanos nuestras ofensas, pues nosotros hemos perdonado a los que nos han ofendido, no nos dejes caer en tentación, sino líbranos del maligno. Porque si perdonáis a los demás sus culpas, también vuestro Padre del cielo os perdonará a vosotros. Pero si no perdonáis a los demás, tampoco vuestro Padre perdonará vuestras culpas.»

Palabra del Señor.

ORACION SOBRE LAS OFRENDAS

Dios y Señor nuestro, creador todopoderoso, acepta los dones que tú mismo nos diste y transforma en sacramento de vida eterna el pan y el vino que has creado para sustento temporal del hombre. Por Jesucristo.

Prefacio de Cuaresma, pp. 1064-67.

ANTIFONA DE COMUNION

Sal 4, 2

Escúchame cuando te invoco, Dios, defensor mío; tú, que en el aprieto me diste anchura, ten piedad de mí y escucha mi oración.

ORACION DESPUES DE LA COMUNION

Que esta Eucaristía nos ayude, Señor, a vencer nuestro apego a los bienes de la tierra y a desear los bienes del cielo. Por Jesucristo nuestro Señor.

PRIMERA SEMANA DE CUARESMA   MIERCOLES

Recuerda, Señor, que tu ternura y tu misericordia son eternas, pues los que esperan en ti no quedan defraudados. Salva, oh Dios, a Israel de todos sus peligros.

ORACION COLECTA

Señor, mira complacido a tu pueblo que desea entregarse a ti con una vida santa; y a los que moderan su cuerpo con la penitencia transfórmales interiormente mediante el fruto de las buenas obras. Por nuestro Señor.

PRIMERA LECTURA

Los habitantes de Nínive se arrepintieron de su mala conducta

LECTURA DEL PROFETA JONAS   3, 1-10

Vino la palabra del Señor a Jonás: «Levántate y vete a Nínive, la gran capital, y pregona allí el pregón que te diré.» Se levantó Jonás y fue a Nínive, como le había mandado el Señor. (Nínive era una ciudad enorme, tres días hacían falta para atravesarla.) Comenzó Jonás a entrar por la ciudad y caminó durante un día pregonando: «Dentro de cuarenta días Nínive será arrasada.» Los ninivitas creyeron en Dios, proclamaron un ayuno y se vistieron de sayal, grandes y pequeños. Llegó la noticia al rey de Nínive: se levantó del trono, dejó el manto, se vistió de sayal y se sentó en tierra, y mandó proclamar a Nínive en nombre suyo y del gobierno: «Que hombres y animales, vacas y ovejas, no prueben bocado, no pasten ni beban; vístanse de sayal hombres y animales, invoquen con ahínco a Dios, conviértase cada cual de su mala vida y de las injusticias cometidas. ¡Quién sabe si Dios se arrepentirá y nos dará respiro, si aplacará el incendio de su ira, y no pereceremos!». Y vio Dios sus obras y cómo se convertían de la mala vida; se compadeció y se arrepintió Dios de la catástrofe con que había amenazado a Nínive, y no la ejecutó.

Palabra de Dios.

SALMO RESPONSORIAL 50

℟ **Un corazón quebrantado y humillado, | tú, Dios mío, no lo desprecias.**

Misericordia, Dios mío, por tu bondad, | por tu inmensa compasión borra mi culpa. | Lava del todo mi delito, | limpia mi pecado. ℟.

Oh Dios, crea en mí un corazón puro, | renuévame por dentro con espíritu firme; | no me arrojes lejos de tu rostro, | no me quites tu santo espíritu. ℟.

Los sacrificios no te satisfacen, | si te ofreciera un holocausto no lo querrías. | Mi sacrificio es un espíritu quebrantado, | un corazón quebrantado y humillado, | tú no lo desprecias. ℟.

ACLAMACION   Jl 2, 12-13

Ahora —oráculo del Señor— convertíos a mí de todo corazón, porque soy compasivo y misericordioso.

EVANGELIO

A esta generación no se le dará más signo que el de Jonás

✠ LECTURA DEL S. EVANGELIO SEGUN SAN LUCAS
                                                                       11, 29-32

En aquel tiempo, la gente se apiñaba alrededor de Jesús y él se puso a decirles: «Esta generación es una generación perversa. Pide un signo, pero no se le dará más signo que el signo de Jonás. Como Jonás fue un signo para los habitantes de Nínive, lo mismo será el Hijo del Hombre para esta generación. Cuando sean juzgados los hombres de esta generación, la reina del Sur se levantará y hará que los condenen; porque ella vino desde los confines de la tierra para escuchar la sabiduría de Salomón, y aquí hay uno que es más que Salomón. Cuando sea juzgada esa generación, los hombres de Nínive se alzarán y harán que los condenen; porque ellos se convirtieron con la predicación de Jonás, y aquí hay uno que es más que Jonás.»

Palabra del Señor.

ORACION SOBRE LAS OFRENDAS

Te presentamos, Señor, estos dones que tú mismo nos diste para que nosotros te los ofreciéramos; y tú, que has hecho de este pan y este vino misterio de salvación, haz que en él encontremos una fuente de vida eterna. Por Jesucristo.

Prefacio de Cuaresma, pp. 1064-67.

ANTIFONA DE COMUNION   Sal 5, 12

Que se alegren los que se acogen a ti con júbilo eterno; protégelos, para que se llenen de gozo.

ORACION DESPUES DE LA COMUNION

Tú, Señor, que no cesas de invitarnos a tu mesa, concédenos que este banquete en el que hemos participado sea para nosotros fuente de vida eterna. Por Jesucristo.

PRIMERA SEMANA DE CUARESMA   JUEVES

ANTIFONA DE ENTRADA   Sal 5, 2-3

Señor, escucha mis palabras, atiende a mis gemidos, haz caso de mis gritos de socorro. Rey mío y Dios mío.

ORACION COLECTA

Concédenos la gracia, Señor, de pensar y practicar siempre el bien, y pues sin ti no podemos ni existir ni ser buenos, haz que vivamos siempre según tu voluntad. Por nuestro Señor.

PRIMERA LECTURA

No tengo otro defensor que tú

LECTURA DEL LIBRO DE ESTER
                                                        14, 1.3-5.12-14

En aquellos días, la reina Ester, temiendo el peligro inminente, acudió al Señor y suplicó al Señor Dios de Israel en estos términos: «Señor mío, único rey nuestro, protégeme, que estoy sola y no tengo otro defensor que tú. Yo misma me he expuesto al peligro. Mi padre me ha contado cómo tú, Señor, escogiste a Israel entre las naciones, a nuestros padres entre pueblos más poderosos, para ser tu heredad perpetua; y les cumpliste lo que habías prometido. Nosotros hemos pecado contra ti, por eso nos entregaste a nuestros enemigos, por haber dado culto a otros dioses. ¡Justo eres, Señor! Atiende, Señor; muéstrate a nosotros en la tribulación, dame valor, Señor, rey de dioses y poderosos: Pon en mi boca un discurso acertado cuando tenga que hablar al león: que cambie y aborrezca a nuestro enemigo y a todos sus cómplices. A nosotros líbranos con tu mano, y a mí, que no tengo otro auxilio, protégeme tú, Señor, que lo sabes todo.»

Palabra de Dios.

SALMO RESPONSORIAL 137

℟ **Cuando te invoqué, | me escuchaste, Señor.**

Te doy gracias, Señor, de todo corazón; | delante de los ángeles tañeré para ti. | Me postraré hacia tu santuario. ℟.

Daré gracias a tu nombre: | Por tu misericordia y tu lealtad. | Cuando te invoqué, me escuchaste, | acreciste el valor en mi alma. ℟.

Tu derecha me salva. | El Señor completará sus favores conmigo: | Señor, tu misericordia es eterna, | no abandones la obra de tus manos. ℞.

ACLAMACION   Sal 50, 12a.14a

Oh Dios, crea en mí un corazón puro, devuélveme la alegría de tu salvación.

EVANGELIO

Quien pide, recibe

✠ LECTURA DEL S. EVANGELIO SEGUN
SAN MATEO   7, 7-12

En aquel tiempo, dijo Jesús a sus discípulos: «Pedid y se os dará, buscad y encontraréis, llamad y se os abrirá; porque quien pide recibe, quien busca encuentra y al que llama se le abre. Si a alguno de vosotros le pide su hijo pan, ¿le va a dar una piedra?; y si le pide pescado, ¿le dará una serpiente? Pues si vosotros, que sois malos, sabéis dar cosas buenas a vuestros hijos, ¿cuánto más vuestro Padre del cielo dará cosas buenas a los que le piden? Tratad a los demás como queréis que ellos os traten: en esto consiste la ley y los profetas.»

Palabra del Señor.

ORACION SOBRE LAS OFRENDAS

Atiende, Señor, los deseos de tu pueblo, y al escuchar sus plegarias, y aceptar nuestras ofrendas, atrae hacia ti nuestros corazones. Por Jesucristo.

Prefacio de Cuaresma, pp. 1064-67.

ANTIFONA DE COMUNION   Mt 7, 8

Quien pide recibe, quien busca encuentra y al que llama se le abre.

ORACION DESPUES DE LA COMUNION

Señor, Dios nuestro, concédenos que este sacramento, garantía de nuestra salvación, sea nuestro auxilio en esta vida y nos alcance los bienes de la vida futura. Por Jesucristo.

PRIMERA SEMANA DE CUARESMA   VIERNES

ANTIFONA DE ENTRADA   Sal 24, 17-18

Señor, ensancha mi corazón oprimido y sácame de mis tribulaciones. Mira mis trabajos y mis penas y perdona todos mis pecados.

ORACION COLECTA

Que tu pueblo, Señor, como preparación a las fiestas de Pascua se entregue a las penitencias cuaresmales, y que nuestra austeridad comunitaria sirva para la renovación espiritual de tus fieles. Por nuestro Señor.

PRIMERA LECTURA

¿Acaso quiero yo la muerte del malvado y no que se convierta de su camino y viva?

LECTURA DEL LIBRO DE EZEQUIEL   18, 21-28

Así dice el Señor Dios: «Si el malvado se convierte de los pecados cometidos y guarda mis preceptos, practica el derecho y la justicia, ciertamente vivirá y no morirá. No se le tendrán en cuenta los delitos que cometió; por la justicia que hizo, vivirá. ¿Acaso quiero yo la muerte del malvado —oráculo del Señor—, y no que se convierta de su conducta y que viva? Si el justo se aparta de su justicia y comete maldad, imitando las abominaciones del malvado, no se tendrá en cuenta la justicia que hizo: por la iniquidad que perpetró y por el pecado que cometió, morirá.

Comentáis: "No es justo el proceder del Señor." Escuchad, casa de Israel: ¿Es injusto mi proceder?, ¿o no es vuestro proceder el que es injusto? Cuando el justo se aparta de su justicia, comete la maldad y muere, muere por la maldad que cometió. Y cuando el malvado se convierte de la maldad que hizo y practica el derecho y la justicia, él mismo salva su vida. Si recapacita y se convierte de los delitos cometidos, ciertamente vivirá y no morirá.»

Palabra de Dios.

SALMO RESPONSORIAL 129

R. **Si llevas cuenta de los delitos, Señor, | ¿quién podrá resistir?**

Desde lo hondo a ti grito, Señor, | Señor, escucha mi voz; | estén tus oídos atentos | a la voz de mi súplica. R.

Si llevas cuenta de los delitos, Señor, | ¿quién podrá resistir? | Pero de ti procede el perdón, | y así infundes respeto. R.

Mi alma espera en el Señor, | espera en su Palabra; | mi alma aguarda al Señor, | más que el centinela la aurora. | Aguarde Israel al Señor, | como el centinela la aurora. R.

Porque del Señor viene la misericordia, | la redención copiosa: | y él redimirá a Israel | de todos sus delitos. R.

ACLAMACION   Ez 18, 31

Quitaos de encima vuestros delitos —dice el Señor— y estrenad un corazón nuevo y un espíritu nuevo.

EVANGELIO

Vete primero a reconciliarte con tu hermano

✠ LECTURA DEL S. EVANGELIO SEGUN
SAN MATEO   5, 20-26

En aquel tiempo, dijo Jesús a sus discípulos: «Si no sois mejores que los letrados y fariseos no entraréis en el Reino de los Cielos. Habéis oído que se dijo a los antiguos: No matarás, y el que mate será procesado. Pero yo os digo: todo el que esté peleado con su hermano, será procesado. Y si uno llama a su hermano «imbécil», tendrá que comparecer ante el Sanedrín, y si lo llama «renegado», merece la condena del fuego. Por tanto, si cuando vas a poner tu ofrenda sobre el altar, te acuerdas allí mismo de que tu hermano tiene quejas contra ti, deja allí tu ofrenda ante el altar y vete primero a reconciliarte con tu hermano, y entonces vuelve a presentar tu ofrenda. Procura arreglarte con el que te pone pleito, en seguida, mientras vais todavía de camino, no sea que te entregue al juez, y el juez al alguacil, y te metan en la cárcel. Te aseguro que no saldrás de allí hasta que no hayas pagado el último cuarto.»

Palabra del Señor.

ORACION SOBRE LAS OFRENDAS

Acepta, Señor, estas ofrendas con las que tú has querido que el hombre te aplaque y por las que nos devuelves, con amor eficaz, la salvación eterna. Por Jesucristo.

Prefacio de Cuaresma, pp. 1064-67.

ANTIFONA DE COMUNION   Ez 33, 11

No me complazco en la muerte del pecador —dice el Señor—, sino en que se convierta y viva.

ORACION DESPUES DE LA COMUNION

Señor, que esta Eucaristía nos renueve y purificándonos de la corrupción del pecado, nos haga entrar en comunión con el misterio que nos salva. Por Jesucristo.

PRIMERA SEMANA DE CUARESMA   SABADO

ANTIFONA DE ENTRADA   Sal 18, 8

La ley del Señor es perfecta y es descanso del alma; el precepto del Señor es fiel e instruye al ignorante.

ORACION COLECTA

Dios, Padre eterno, vuelve hacia ti nuestros corazones, para que, consagrados a tu servicio, no busquemos sino a ti, lo único necesario, y nos entreguemos a la práctica de las obras de misericordia. Por nuestro Señor.

PRIMERA LECTURA

¡Serás un pueblo consagrado al Señor tu Dios!

LECTURA DEL LIBRO DEL DEUTERONOMIO

26, 16-19

Habló Moisés al pueblo diciendo: «Hoy te manda el Señor, tu Dios, que cumplas estos mandatos y decretos. Guárdalos y cúmplelos con todo el corazón y con toda el alma. Hoy te has comprometido a aceptar lo que el Señor te propone: Que él sea tu Dios, que tú irás por sus caminos, guardarás sus mandatos, preceptos y decretos, y escucharás su voz.

Hoy se compromete el Señor a aceptar lo que tú le propones: Que serás su propio pueblo, como te prometió, que guardarás todos sus preceptos, que él te elevará en gloria, nombre y esplendor, por encima de todas las naciones que ha hecho, y que serás el pueblo santo del Señor, como ha dicho.»

Palabra de Dios.

SALMO RESPONSORIAL 118

℟ **Dichoso el que camina | en la voluntad del Señor.**

Dichoso el que, con vida intachable, | camina en la voluntad del Señor; | dichoso el que, guardando sus preceptos, | lo busca de todo corazón. ℟.

Tú promulgas tus decretos, | para que se observen exactamente; | ojalá esté firme mi camino, | para cumplir tus consignas. ℟.

Te alabaré con sincero corazón; | cuando aprenda tus justos mandamientos, | quiero guardar tus leyes exactamente, | tú no me abandones. R.

ACLAMACION   2 Cor 6, 2b

Ahora es tiempo favorable, ahora es día de salvación.

EVANGELIO

Sed perfectos como vuestro Padre celestial es perfecto

✠ LECTURA DEL S. EVANGELIO SEGUN SAN MATEO
5, 43-48

En aquel tiempo dijo Jesús a sus discípulos: «Habéis oído que se dijo: Amarás a tu prójimo y aborrecerás a tu enemigo. Yo, en cambio, os digo: Amad a vuestros enemigos, haced el bien a los que os aborrecen y rezad por los que os persiguen y calumnian. Así seréis hijos de vuestro Padre que está en el cielo, que hace salir su sol sobre malos y buenos, y manda la lluvia a justos e injustos. Porque, si amáis a los que os aman, ¿qué premio tendréis? ¿No hacen lo mismo también los publicanos? Y si saludáis sólo a vuestro hermano, ¿qué hacéis de extraordinario? ¿No hacen lo mismo también los paganos? Por tanto, sed perfectos como vuestro Padre celestial es perfecto.»

Palabra del Señor.

ORACION SOBRE LAS OFRENDAS

Señor, que la celebración de estos santos misterios nos purifique de nuestros pecados y nos haga dignos de participar en la Eucaristía. Por Jesucristo.

Prefacio de Cuaresma, pp. 1064-67.

ANTIFONA DE COMUNION   Mt 5, 48

Sed perfectos como vuestro Padre celestial es perfecto.

ORACION DESPUES DE LA COMUNION

Asiste, Señor, con tu ayuda continua a los que alimentas con la Eucaristía; y a cuantos has iluminado con el don de tu palabra, acompáñales siempre con el consuelo de tu gracia. Por Jesucristo.

SEGUNDO DOMINGO DE CUARESMA

Domingo de Abrahán y de la Transfiguración

Abrahán llega este domingo con la segunda etapa de la historia de la salvación y es mostrado como Padre y modelo de los creyentes tanto al responder a la llamada de Dios y partir hacia lo desconocido (A), como al disponerse a sacrificar a su hijo (B), o al aceptar la alianza que Dios le otorgó (C). En el episodio de la Transfiguración de Jesús se tiene por una parte el anuncio del misterio de muerte y vida, éxodo pascual, que el Señor viviría en Jerusalén; y por otra se asiste a una epifanía del Hijo de Dios semejante a la del bautismo, pero con elementos como la luz, las vestiduras blancas y la nube que evocan la visión del futuro Mesías, Hijo del Hombre, en el profeta Daniel. Las lecturas de san Pablo se refieren a los grandes temas expuestos en las otras como son la vocación e iluminación de los creyentes (A), el Padre que consiente la muerte de Jesús, haciendo de nexo con el tema del Hijo en la transfiguración (B), y la futura gloria de los cuerpos de los cristianos, conforme a la resurrección y exaltación de Cristo profetizada en la visión del monte que se lee este domingo en el evangelio (C).

ANTIFONA DE ENTRADA   Sal 26, 8-9

Oigo en mi corazón: «Buscad mi rostro.» Tu rostro buscaré, Señor; no me escondas tu rostro.

O bien: Sal 24, 6.3.22

Recuerda, Señor, que tu ternura y tu misericordia son eternas, pues los que esperan en ti no quedan defraudados, mientras que el fracaso malogra a los traidores. Salva, oh Dios, a Israel de todos su peligros.

No se dice «Gloria»

ORACION COLECTA

Señor, Padre Santo, tú que nos has mandado escuchar a tu Hijo, el predilecto, alimenta nuestro espíritu con tu palabra; así, con mirada limpia contemplaremos gozosos la gloria de tu rostro. Por nuestro Señor.

ORACION SOBRE LAS OFRENDAS

Te pedimos, Señor, que esta oblación borre todos nuestros pecados, santifique los cuerpos y las almas de tus siervos y nos prepare a celebrar dignamente las fiestas pascuales. Por Jesucristo.

PREFACIO

La transfiguración del Señor

En verdad es justo y necesario, es nuestro deber y salvación darte gracias siempre y en todo lugar, Señor, Padre Santo, Dios todopoderoso y eterno, por Cristo nuestro Señor.

Porque él, después de anunciar su muerte a los discípulos, les mostró en el monte santo el esplendor de su gloria, para testimoniar, de acuerdo con la ley y los profetas, que la pasión es el camino de la resurrección.

Por eso, como los ángeles te cantan en el cielo, así nosotros en la tierra te aclamamos diciendo sin cesar:

Santo, Santo, Santo...

ANTIFONA DE COMUNION   Mt 17, 5

Este es mi Hijo, el amado, mi predilecto. Escuchadle.

ORACION DESPUES DE LA COMUNION

Te damos gracias, Señor, porque al darnos en este sacramento el cuerpo glorioso de tu Hijo, nos haces partícipes, ya en este mundo, de los bienes eternos de tu reino. Por Jesucristo.

CICLO A (Años 1990, 1993, 1996, 1999, 2002, 2005)

PRIMERA LECTURA

Vocación de Abrahán, padre del pueblo de Dios

LECTURA DEL LIBRO DEL GENESIS   12, 1-4a

En aquellos días, el Señor dijo a Abrahán: «Sal de tu tierra y de la casa de tu padre hacia la tierra que te mostraré. Haré de ti un gran pueblo, te bendeciré, haré famoso tu nombre y será una bendición. Bendeciré a los que te bendigan, maldeciré a los que te maldigan. Con tu nombre se bendecirán todas las familias del mundo.» Abrahán marchó, como le había dicho el Señor.

Palabra de Dios.

SALMO RESPONSORIAL 32

R̶ **Que tu misericordia, Señor, venga sobre nosotros, | como lo esperamos de ti.**

La palabra del Señor es sincera | y todas sus acciones son leales; | él ama la justicia y el derecho, | y su misericordia llena la tierra. R̶.

Los ojos del Señor están puestos en sus fieles, | en los que esperan en su misericordia, | para librar sus vidas de la muerte | y redimirlos en tiempo de hambre. R̶.

Nosotros aguardamos al Señor: | él es nuestro auxilio y escudo; | que tu misericordia, Señor, venga sobre nosotros, | como lo esperamos de ti. R̶.

SEGUNDA LECTURA

Dios nos llama y nos ilumina

LECTURA DE LA SEGUNDA CARTA DEL APOSTOL SAN PABLO A TIMOTEO
1, 8b-10

Querido hermano: Toma parte en los duros trabajos del Evangelio, según las fuerzas que Dios te dé. El nos salvó y nos llamó a una vida santa no por nuestros méritos, sino porque antes de la creación, desde tiempo inmemorial, Dios dispuso darnos su gracia, por medio de Jesucristo; y ahora, esa gracia se ha manifestado por medio del Evangelio, al aparecer nuestro Salvador Jesucristo, que destruyó la muerte y sacó a la luz la vida inmortal, por medio del Evangelio.

Palabra de Dios.

ACLAMACION
Mt 17, 5

En el esplendor de la nube se oyó la voz del Padre:
Este es mi Hijo, el amado; escuchadlo.

EVANGELIO

Su rostro resplandeció como el sol

✠ LECTURA DEL S. EVANGELIO SEGUN SAN MATEO
17, 1-9

En aquel tiempo, Jesús tomó consigo a Pedro, a Santiago y a su hermano Juan y se los llevó aparte a una montaña alta. Se transfiguró delante de ellos y su rostro resplandecía como el sol y sus vestidos se volvieron blancos como la luz. Y se les aparecieron Moisés y Elías conversando con él. Pedro, entonces, tomó la palabra y dijo a Jesús: «Señor, ¡qué hermoso es estar aquí! Si quieres, haré tres chozas: una para ti, otra para Moisés y otra para Elías.» Todavía estaba hablando cuando una nube luminosa los cubrió con su sombra, y una voz desde la nube decía: «Este es mi Hijo, el amado, mi predilecto. Escuchadle.» Al oírlo, los discípulos cayeron de bruces, llenos de espanto. Jesús se acercó y tocándoles les dijo: «Levantaos, no temáis.» Al alzar los ojos no vieron a nadie más que a Jesús, solo. Cuando bajaban de la montaña, Jesús les mandó: «No contéis a nadie la visión hasta que el Hijo del Hombre resucite de entre los muertos.»

Palabra del Señor.

Se dice «Credo».

CICLO B (Años 1991, 1994, 1997, 2000, 2003, 2006)

PRIMERA LECTURA

El sacrificio de nuestro padre y patriarca Abrahán

LECTURA DEL LIBRO DEL GENESIS 22, 1-2.9-13.15-18

En aquellos días Dios puso a prueba a Abrahán llamándole: «¡Abrahán!» El respondió: «Aquí me tienes.» Dios le dijo: «Toma a tu hijo único, al que quieres, a Isaac, y vete al país de Moria y ofrécemelo en sacrificio, sobre uno de los montes que yo te indicaré.» Cuando llegaron al sitio que le había dicho Dios, Abrahán levantó allí un altar y apiló la leña, luego ató a su hijo Isaac y lo puso sobre el altar, encima de la leña. Entonces Abrahán tomó el cuchillo para degollar a su hijo; pero el ángel del Señor gritó desde el cielo: «¡Abrahán, Abrahán!» El contestó: «Aquí me tienes.» Dios le ordenó: «No alargues la mano contra tu hijo ni le hagas nada. Ahora sé que temes a Dios, porque no te has reservado a tu hijo, tu único hijo.» Abrahán levantó los ojos y vio un carnero enredado por los cuernos en la maleza. Se acercó, tomó el carnero y lo ofreció en sacrificio en lugar de su hijo. El ángel del Señor volvió a gritar a Abrahán desde el cielo: «Juro por mí mismo —oráculo del Señor—: Por haber hecho eso, por no haberte reservado tu hijo, tu hijo único, te bendeciré; multiplicaré a tus descendientes como las estrellas del cielo y como la arena de la playa. Tus descendientes conquistarán las puertas de las ciudades enemigas. Todos los pueblos del mundo se bendecirán con tu descendencia, porque me has obedecido.»

Palabra de Dios.

SALMO RESPONSORIAL 115

℟ **Caminaré en presencia del Señor, | en el país de la vida.**

Tenía fe, aun cuando dije: | «Qué desgraciado soy.» | Mucho le cuesta al Señor | la muerte de sus fieles. ℟.

Señor, yo soy tu siervo, | siervo tuyo, hijo de tu esclava: | rompiste mis cadenas. | Te ofreceré un sacrificio de alabanza, | invocando tu nombre, Señor. ℟.

Cumpliré al Señor mis votos, | en presencia de todo el pueblo; | en el atrio de la casa del Señor, | en medio de ti, Jerusalén. ℟.

SEGUNDA LECTURA

Dios no perdonó a su propio Hijo

LECTURA DE LA CARTA DEL APOSTOL
SAN PABLO A LOS ROMANOS   8, 31b-34

Hermanos: Si Dios está con nosotros, ¿quién estará contra nosotros? El que no perdonó a su propio Hijo, sino que lo entregó a la muerte por nosotros, ¿cómo no nos dará todo con El? ¿Quién acusará a los elegidos de Dios? Dios es el que justifica. ¿Quién condenará? ¿Será acaso Cristo que murió, más aún, resucitó y está a la derecha de Dios, y que intercede por nosotros?

Palabra de Dios.

ACLAMACION   Mt 17, 5

En el esplendor de la nube se oyó la voz del Padre: «Este es mi Hijo, el Amado, escuchadle.»

EVANGELIO

Este es mi Hijo muy amado

✠ LECTURA DEL S. EVANGELIO SEGUN
SAN MARCOS   9, 2-10

En aquel tiempo, Jesús se llevó a Pedro, a Santiago y a Juan, subió con ellos solos a una montaña alta, y se transfiguró delante de ellos. Sus vestidos se volvieron de un blanco deslumbrador, como no puede dejarlos ningún batanero del mundo. Se les aparecieron Elías y Moisés conversando con Jesús. Entonces Pedro tomó la palabra y le dijo a Jesús; «Maestro. ¡Qué bien se está aquí! Vamos a hacer tres chozas, una para ti, otra para Moisés y otra para Elías.» Estaban asustados y no sabía lo que decía. Se formó una nube que los cubrió y salió una voz de la nube: «Este es mi Hijo amado; escuchadlo.» De pronto, al mirar alrededor, no vieron a nadie más que a Jesús, solo con ellos. Cuando bajaban de la montaña, Jesús les mandó: «No contéis a nadie lo que habéis visto hasta que el Hijo del Hombre resucite de entre los muertos.» Esto se les quedó grabado y discutían qué querría decir aquello de resucitar de entre los muertos.

Palabra del Señor.

Se dice «Credo».

CICLO C (Años 1989, 1992, 1995, 1998, 2001, 2004)

PRIMERA LECTURA

Dios hace alianza con el fiel Abrahán

LECTURA DEL LIBRO DEL GENESIS   15, 5-12.17-18

En aquellos días, Dios sacó afuera a Abrahán y le dijo: «Mira al cielo, cuenta las estrellas si puedes.» Y añadió: «Así será tu descendencia.» Abrahán creyó al Señor y se le contó en su haber. El Señor le dijo: «Yo soy el Señor que te sacó de Ur de los Caldeos, para darte en posesión esta tierra.» El replicó: «Señor Dios,

¿cómo sabré que voy a poseerla?» Respondió el Señor: «Tráeme una ternera de tres años, una cabra de tres años, un carnero de tres años, una tórtola y un pichón.» Abrahán los trajo y los cortó por el medio, colocando cada mitad frente a la otra, pero no descuartizó las aves. Los buitres bajaban a los cadáveres y Abrahán los espantaba. Cuando iba a ponerse el sol, un sueño profundo invadió a Abrahán y un terror intenso y oscuro cayó sobre él. El sol se puso y vino la oscuridad; una humareda de horno y una antorcha ardiendo pasaban entre los miembros descuartizados. Aquel día el Señor hizo alianza con Abrahán en estos términos: «A tus descendientes les daré esta tierra, desde el río de Egipto al Gran Río.»

Palabra de Dios.

SALMO RESPONSORIAL 26

R **El Señor es mi luz y mi salvación.**

El Señor es mi luz y mi salvación, | ¿a quién temeré? | El Señor es la defensa de mi vida, | ¿quién me hará temblar? R.

Escúchame, Señor, que te llamo, | ten piedad, respóndeme. | Oigo en mi corazón: «Buscad mi rostro.» R.

Tu rostro buscaré, Señor, | no me escondas tu rostro; | no rechaces con ira a tu siervo, | que tú eres mi auxilio. R.

Espero gozar de la dicha del Señor | en el país de la vida. | Espera en el Señor, sé valiente, | ten ánimo, espera en el Señor. R.

SEGUNDA LECTURA

Cristo nos transformará, según el modelo de su cuerpo glorioso

LECTURA DE LA CARTA DEL APOSTOL
SAN PABLO A LOS FILIPENSES

3, 17—4, 1

El texto entre [ ] puede omitirse.

Hermanos: [Seguid mi ejemplo y fijaos en los que andan según el modelo que tenéis en nosotros. Porque, como os decía muchas veces, y ahora lo repito con lágrimas en los ojos, hay muchos que andan como enemigos de la cruz de Cristo: su paradero es la perdición; su Dios, el vientre; su gloria, sus vergüenzas. Sólo aspiran a cosas terrenas.] Nosotros [por el contrario] somos ciudadanos del cielo, de donde aguardamos un Salvador: el Señor Jesucristo. El transformará nuestra condición humilde, según el modelo de su condición gloriosa, con esa energía que posee para sometérselo todo. Así, pues, hermanos míos queridos y añorados, mi alegría y mi corona, manteneos así, en el Señor, queridos.

Palabra de Dios.

ACLAMACION   Mt 17, 5

En el esplendor de la nube se oyó la voz del Padre:
Este es mi Hijo, el amado; escuchadle.

EVANGELIO

Mientras oraba, el aspecto de su rostro cambió

✠ LECTURA DEL S. EVANGELIO SEGUN
SAN LUCAS   9, 28b-36

En aquel tiempo, Jesús se llevó a Pedro, a Juan y a Santiago a lo alto de una montaña, para orar. Y mientras oraba, el aspecto de su rostro cambió, sus vestidos brillaban de blancos. De repente, dos hombres conversaban con él: erán Moisés y Elías, que aparecieron con gloria, hablaban de su muerte, que iba a consumar en Jerusalén. Pedro y sus compañeros se caían de sueño; y espabilándose vieron su gloria y a los dos hombres que estaban con él. Mientras éstos se alejaban, dijo Pedro a Jesús: «Maestro, qué hermoso es estar aquí. Haremos tres chozas: una para ti, otra para Moisés y otra para Elías.» No sabía lo que decía. Todavía estaba hablando cuando llegó una nube que los cubrió. Se asustaron al entrar en la nube. Una voz desde la nube decía: «Este es mi Hijo, el escogido, escuchadle.» Cuando sonó la voz, se encontró Jesús solo. Ellos guardaron silencio y, por el momento, no contaron a nadie nada de lo que habían visto.

Palabra del Señor.

Se dice «Credo».

SEGUNDA SEMANA DE CUARESMA   LUNES

ANTIFONA DE ENTRADA   Sal 25, 11-12

Sálvame, Señor, ten misericordia de mí. Mi pie se mantiene en el camino llano, en la asamblea bendeciré al Señor.

ORACION COLECTA

Señor, Padre Santo, que para nuestro bien espiritual nos mandaste dominar nuestro cuerpo mediante la austeridad; ayúdanos a librarnos de la seducción del pecado y a entregarnos al cumplimiento filial de tu santa ley. Por nuestro Señor Jesucristo.

PRIMERA LECTURA

Nosotros hemos pecado, hemos cometido iniquidad

LECTURA DEL PROFETA DANIEL   9, 4-10

Señor, Dios grande y terrible, que guardas la alianza y eres leal con los que te aman y cumplen tus mandamientos. Hemos pecado, hemos cometido crímenes y delitos, nos hemos rebelado apartándonos de tus mandatos y preceptos. No hicimos caso a tus siervos, los profetas, que hablaban en tu nombre a nuestros reyes, a nuestros príncipes, padres y terratenientes. Tú, Señor, tienes razón, a nosotros nos abruma hoy la vergüenza: a los habitantes de Jerusalén, a judíos e israelitas, cercanos y lejanos, en todos los países por donde los dispersaste por los delitos que cometieron contra ti. Señor, nos abruma la vergüenza: a nuestros reyes, príncipes y padres, porque hemos pecado contra ti. Pero, aunque nosotros nos hemos rebelado, el Señor, nuestro Dios, es compasivo y perdona. No obedecimos al Señor, nuestro Dios, siguiendo las normas que nos daba por sus siervos, los profetas.

Palabra de Dios.

SALMO RESPONSORIAL 78

R Señor, no nos trates | como merecen nuestros pecados.

Sal 102, 10

No recuerdes contra nosotros | las culpas de nuestros padres; | que tu compasión nos alcance pronto, | pues estamos agotados. R.

Socórrenos, Dios salvador nuestro, | por el honor de tu nombre; | líbranos y perdona nuestros pecados, | a causa de tu nombre. R.

Llegue a tu presencia el gemido del cautivo: | Con tu brazo poderoso salva a los condenados a muerte. R.

Mientras, nosotros, pueblo tuyo, | ovejas de tu rebaño, | te daremos gracias siempre, | contaremos tus alabanzas | de generación en generación. R.

ACLAMACION

Tus palabras, Señor, son espíritu y vida. Tú tienes palabras de vida eterna.

EVANGELIO

Perdonad, y seréis perdonados

✠ LECTURA DEL S. EVANGELIO SEGUN SAN LUCAS

6, 36-38

En aquel tiempo dijo Jesús a sus discípulos: «Sed compasivos como vuestro Padre es compasivo; no juzguéis, y no seréis juzgados; no condenéis, y no seréis condenados; perdonad, y seréis perdonados; dad, y se os dará: os verterán una medida generosa, colmada, remecida, rebosante. La medida que uséis, la usarán con vosotros.»

Palabra del Señor.

ORACION SOBRE LAS OFRENDAS

Escucha, Señor, nuestra oración y libra de las seducciones del mundo a los que has llamado a servirte en estos santos misterios. Por Jesucristo.

Prefacio de Cuaresma, pp. 1064-67.

ANTIFONA DE COMUNION   Lc 6, 36

Sed compasivos como vuestro Padre es compasivo, dice el Señor.

ORACION DESPUES DE LA COMUNION

Señor, que esta comunión nos limpie de pecado y nos haga partícipes de las alegrías del cielo. Por Jesucristo.

SEGUNDA SEMANA DE CUARESMA   MARTES

ANTIFONA DE ENTRADA   Sal 12, 4-5

Da luz a mis ojos para que no duerma en la muerte; para que no diga mi enemigo: «Lo he podido.»

ORACION COLECTA

Señor, vela con amor continuo sobre tu Iglesia; y pues sin tu ayuda no puede sostenerse lo que se cimienta en la debilidad humana, protege a tu Iglesia en el peligro y mantenla en el camino de la salvación. Por nuestro Señor.

PRIMERA LECTURA

Aprended a obrar bien, buscad la justicia

LECTURA DEL PROFETA ISAIAS   1, 10.16-20

Oíd la palabra del Señor, príncipes de Sodoma; escucha la enseñanza de nuestro Dios, pueblo de Gomorra: «Lavaos, purificaos, apartad de mi vista vuestras malas acciones: cesad de obrar mal, aprended a obrar bien, buscad la justicia, defended al oprimido, sed abogados del huérfano, defensores de la viuda. Entonces, venid y litigaremos —dice el Señor—: Aunque sean vuestros pecados como púrpura, blanquearán como nieve; aunque sean rojos como escarlata, quedarán como lana. Si sabéis obedecer, lo sabroso de la tierra comeréis. Si rehusáis y os rebeláis, la espada os comerá». —Lo ha dicho el Señor.

Palabra de Dios.

SALMO RESPONSORIAL 49

R. **Al que sigue buen camino | le haré ver la salvación de Dios.**

No te reprocho tus sacrificios; | pues siempre están tus holocaustos ante mí. | Pero no aceptaré un becerro de tu casa | ni un cabrito de tus rebaños. R.

«¿Por qué recitas mis preceptos, | y tienes siempre en la boca mi alianza, | tú que detestas mi enseñanza, | y te echas a la espalda mis mandatos?» R.

Esto haces, ¿y me voy a callar?, | ¿crees que soy como tú? | Te acusaré, te lo echaré en cara. | El que me ofrece acción de gracias, | ése me honra; | al que sigue buen camino | le haré ver la salvación de Dios. R.

ACLAMACION   Ez 18.31

Quitaos de encima vuestros delitos —dice el Señor— y estrenad un corazón nuevo y un espíritu nuevo.

EVANGELIO

Ellos no hacen lo que dicen

✠ LECTURA DEL S. EVANGELIO SEGUN
SAN MATEO

23, 1-12

En aquel tiempo, Jesús habló a la gente y a sus discípulos diciendo: «En la cátedra de Moisés se han sentado los letrados y los fariseos: haced y cumplid lo que os digan; pero no hagáis lo que ellos hacen, porque ellos no hacen lo que dicen. Ellos lían fardos pesados e insoportables y se los cargan a la gente en los hombros, pero ellos no están dispuestos a mover un dedo para empujar. Todo lo que hacen es para que los vea la gente: alargan las filacterias y ensanchan las franjas del manto; les gustan los primeros puestos en los banquetes y los asientos de honor en las sinagogas; que les hagan reverencias por la calle y que la gente los llame "maestro". Vosotros, en cambio, no os dejéis llamar maestro, porque uno solo es vuestro maestro, y todos vosotros sois hermanos. Y no llaméis padre vuestro a nadie en la tierra, porque uno solo es vuestro Padre, el del cielo. No os dejéis llamar jefes, porque uno solo es vuestro Señor, Cristo. El primero entre vosotros será vuestro servidor. El que se enaltece será humillado, y el que se humilla será enaltecido.»

Palabra del Señor.

ORACION SOBRE LAS OFRENDAS

Por estos misterios que estamos celebrando dígnate santificarnos, Señor; purifícanos de nuestros egoísmos terrenos y condúcenos a los bienes del cielo. Por Jesucristo.

Prefacio de Cuaresma, pp. 1064-67.

ANTIFONA DE COMUNION   Sal 9, 2-3

Proclamo todas tus maravillas, me alegro y exulto contigo y toco en honor de tu nombre, oh Altísimo.

ORACION DESPUES DE LA COMUNION

Te rogamos, Señor, que esta Eucaristía nos ayude a vivir más santamente y nos obtenga tu ayuda, constantemente. Por Jesucristo nuestro Señor.

SEGUNDA SEMANA DE CUARESMA   MIERCOLES

ANTIFONA DE ENTRADA   Sal 37, 22-23

No me abandones, Señor, Dios mío, no te quedes lejos; ven aprisa a socorrerme, Señor mío, mi salvación.

ORACION COLECTA

Señor, guarda a tu familia en el camino del bien que tú le señalaste; y haz que, protegida por tu mano en sus necesidades temporales, tienda con mayor libertad hacia los bienes eternos. Por nuestro Señor.

PRIMERA LECTURA

¡Venid, y le heriremos!

LECTURA DEL PROFETA JEREMIAS   18, 18-20

Dijeron: «Venid, maquinemos contra Jeremías porque no faltará la ley del sacerdote, ni el consejo del sabio, ni el oráculo del profeta; venid, lo heriremos con su propia lengua y no haremos caso de sus oráculos.» Señor, hazme caso, oye cómo me acusan: ¿es que se paga el bien con el mal, que han cavado una fosa para mí? Acuérdate de cómo estuve en tu presencia, intercediendo en su favor, para apartar de ellos tu enojo.

Palabra de Dios.

SALMO RESPONSORIAL 30

℟ **Sálvame, Señor, por tu misericordia.**

Sácame de la red que me han tendido, | porque tú eres mi amparo. | A tus manos encomiendo mi espíritu: | Tú, el Dios leal, me librarás. ℟

Oigo el cuchicheo de la gente, | y todo me da miedo; | se conjuran contra mí | y traman quitarme la vida. ℞.

Pero yo confío en ti, Señor, | te digo: «Tú eres mi Dios.» | En tu mano están mis azares: | Líbrame de los enemigos que me persiguen. ℞.

ACLAMACION   Jn 8, 12b

Yo soy la luz del mundo —dice el Señor—; el que me sigue tendrá la luz de la vida.

EVANGELIO

Lo condenarán a muerte

✠ LECTURA DEL S. EVANGELIO SEGUN SAN MATEO
                                                               20, 17-28

En aquel tiempo, mientras iba subiendo Jesús a Jerusalén, tomando aparte a los doce les dijo: «Mirad, estamos subiendo a Jerusalén y el Hijo del Hombre va a ser entregado a los sumos sacerdotes y a los letrados, y lo condenarán a muerte y lo entregarán a los gentiles para que se burlen de él, lo azoten y lo crucifiquen, y al tercer día resucitará.» Entonces se acercó a Jesús la madre de los Zebedeos con sus hijos y se postró para hacerle una petición. El le preguntó: «¿Qué deseas?» Ella contestó: «Ordena que estos dos hijos míos se sienten en tu reino, uno a tu derecha y el otro a tu izquierda.» Pero Jesús replicó: «No sabéis lo que pedís. ¿Sois capaces de beber el cáliz que yo he de beber?» Contestaron: «Lo somos.» El les dijo: «Mi cáliz lo beberéis; pero el puesto a mi derecha o a mi izquierda no me toca a mí concederlo, es para aquéllos para quienes lo tiene reservado mi Padre.» Los otros diez, que lo habían oído, se indignaron contra los dos hermanos. Pero Jesús reuniéndolos, les dijo: «Sabéis que los jefes de los pueblos los tiranizan y que los grandes los oprimen. No será así entre vosotros: el que quiera ser grande entre vosotros, que sea vuestro servidor, y el que quiera ser primero entre vosotros, que sea vuestro esclavo. Igual que el Hijo del Hombre no ha venido para que le sirvan, sino para dar su vida en rescate por muchos.»

Palabra del Señor.

ORACION SOBRE LAS OFRENDAS

Mira con bondad, Señor, la ofrenda que te presentamos; y por este intercambio de dones líbranos de las ataduras del pecado. Por Jesucristo.

Prefacio de Cuaresma, pp. 1064-67.

ANTIFONA DE COMUNION   Mt 20, 28

El Hijo del Hombre no ha venido para que le sirvan, sino para dar su vida en rescate por muchos.

ORACION DESPUES DE LA COMUNION

Te pedimos, Señor, Dios nuestro, que esta Eucaristía, prenda de inmortalidad, sea para nosotros causa de salvación eterna. Por Jesucristo nuestro Señor.

SEGUNDA SEMANA DE CUARESMA   JUEVES

ANTIFONA DE ENTRADA   Sal 138, 23-24

Señor, sondéame y conoce mi corazón, ponme a prueba y conoce mis sentimientos, mira si mi camino se desvía, guíame por el camino recto.

ORACION COLECTA

Señor, tú que amas la inocencia y la devuelves a quien la ha perdido, atrae hacia ti nuestros corazones y abrásalos en el fuego

de tu Espíritu, para que permanezcamos firmes en la fe y eficaces
en el bien obrar. Por nuestro Señor.

PRIMERA LECTURA

*Maldito quien confía en el hombre; bendito quien confía en el
Señor*

LECTURA DEL PROFETA JEREMIAS

17, 5-10

Así dice el Señor Dios: Maldito quien confía en el hombre,
y en la carne busca su fuerza, apartando su corazón del Señor:
será como un cardo en la estepa, no verá llegar el bien; habitará
la aridez del desierto, tierra salobre e inhóspita. Bendito quien
confía en el Señor, y pone en el Señor su confianza: será un árbol plantado junto al agua, que junto a la corriente echa raíces;
cuando llegue el estío no lo sentirá, su hoja estará verde; en año
de sequía no se inquieta, no deja de dar fruto. Nada más falso y
enfermo que el corazón, ¿quién lo entenderá? Yo, el Señor, pe-
netro el corazón, sondeo las entrañas; para dar al hombre según
su conducta, según el fruto de sus acciones.

Palabra de Dios.

SALMO RESPONSORIAL 1

℟ **Dichoso el hombre que ha puesto | su confianza en el
Señor.**

Dichoso el hombre | que no sigue el consejo de los im-
píos; | ni entra por la senda de los pecadores, | ni se sienta en la
reunión de los cínicos, | sino que su gozo es la Ley del Se-
ñor, | y medita su Ley día y noche. ℟.

Será como un árbol | plantado al borde de la acequia: | da
fruto en su sazón, | no se marchitan sus hojas. | Cuanto empren-
de tiene buen fin. ℟.

No así los impíos, no así: | Serán paja que arrebata el viento, | porque el Señor protege el camino de los justos, | pero el camino de los impíos acaba mal. ℞.

ACLAMACION   Cf. Lc 8, 15

Dichosos los que con un corazón noble y generoso guardan la palabra de Dios y dan fruto perseverando.

EVANGELIO

Tú recibiste bienes en vida y Lázaro a su vez males: por eso encuentra aquí consuelo mientras que tú padeces

✠ LECTURA DEL S. EVANGELIO SEGUN
SAN LUCAS   16, 19-31

En aquel tiempo, dijo Jesús a los fariseos: «Había un hombre rico que se vestía de púrpura y de lino y banqueteaba espléndidamente cada día. Y un mendigo llamado Lázaro estaba echado en su portal, cubierto de llagas, y con ganas de saciarse de lo que tiraban de la mesa del rico, pero nadie se lo daba. Y hasta los perros se le acercaban a lamerle las llagas. Sucedió que se murió el mendigo y los ángeles lo llevaron al seno de Abrahán. Se murió también el rico y lo enterraron. Y estando en el infierno, en medio de los tormentos, levantando los ojos, vio de lejos a Abrahán y a Lázaro en su seno, y gritó: «Padre Abrahán, ten piedad de mí y manda a Lázaro que moje en agua la punta del dedo y me refresque la lengua, porque me torturan estas llamas.» Pero Abrahán le contestó: «Hijo, recuerda que recibiste tú bienes en vida y Lázaro a su vez males: por eso encuentra aquí consuelo, mientras que tú padeces. Y además entre nosotros y vosotros se abre un abismo inmenso, para que no puedan cruzar, aunque quieran, desde aquí hacia vosotros, ni puedan pasar de ahí hasta nosotros.» El rico insistió: «Te ruego, entonces, padre, que mandes a Lázaro a casa de mi padre, porque tengo cinco hermanos, para que, con su testimonio, evites que vengan también ellos a este lugar de tormento.» Abrahán le dice: «Tienen a Moisés y a los profetas: que los escuchen.» El rico contestó: «No, padre Abrahán. Pero si un muerto va a verlos, se arrepentirán.» Abrahán le dijo: «Si no escuchan a Moisés y a los profetas, no harán caso ni aunque resucite un muerto.»

Palabra del Señor.

ORACION SOBRE LAS OFRENDAS

Santifica, Señor, por este sacrificio, nuestras prácticas cuaresmales, para que las penitencias exteriores transformen nuestro espíritu. Por Jesucristo.

Prefacio de Cuaresma, pp. 1064-67.

ANTIFONA DE COMUNION

Sal 118, 1

Dichoso el que con vida intachable camina en la voluntad del Señor.

ORACION DESPUES DE LA COMUNION

Te pedimos, Señor, que el fruto de este santo sacrificio persevere en nosotros y se manifieste siempre en nuestras obras. Por Jesucristo.

SEGUNDA SEMANA DE CUARESMA   VIERNES

ANTIFONA DE ENTRADA

Sal 30, 2.5

A ti, Señor, me acojo; no quede yo nunca defraudado: sácame de la red que me han tendido, porque tú eres mi amparo.

ORACION COLECTA

Concédenos, Dios todopoderoso, que, purificados por la penitencia cuaresmal, lleguemos a las fiestas de Pascua con perfecto espíritu de conversión. Por nuestro Señor.

PRIMERA LECTURA

¡Ahí viene el soñador! ¡Venid, matémosle!

LECTURA DEL LIBRO DEL GENESIS   37, 3-4.12-13a.17b-28

José era el preferido de Israel, porque le había nacido en la vejez, y le hizo una túnica con mangas. Al ver sus hermanos que su padre lo prefería a los demás, empezaron a odiarlo y le negaban el saludo. Sus hermanos trashumaron a Siquén con los rebaños de su padre. Israel dijo a José: «Tus hermanos deben estar con los rebaños en Siquén; ven, que te voy a mandar donde están ellos.» José fue tras sus hermanos y los encontró en Dotán. Ellos lo vieron desde lejos. Antes de que se acercara, maquinaron su muerte. Se decían unos a otros: «Ahí viene el de los sueños. Vamos a matarlo y a echarlo en un aljibe; luego diremos que una fiera lo ha devorado; veremos en qué paran sus sueños.» Oyó esto Rubén, e intentando salvarlo de sus manos, dijo: —«No le quitemos la vida.» Y añadió: «No derraméis sangre; echadlo en este aljibe, aquí en la estepa; pero no pongáis las manos en él.» Lo decía para librarlo de sus manos y devolverlo a su padre. Cuando llegó José al lugar donde estaban sus hermanos, lo sujetaron, le quitaron la túnica con mangas, lo cogieron y lo echaron en un pozo vacío, sin agua. Y se sentaron a comer. Levantando la vista, vieron una caravana de ismaelitas que transportaban en camellos goma, bálsamo y resina de Galaad a Egipto. Judá propuso a sus hermanos: «¿Qué sacaremos con matar a nuestro hermano y con tapar su sangre? Vamos a venderlo a los ismaelitas y no pondremos nuestras manos en él, que al fin es hermano nuestro y carne nuestra.» Los hermanos aceptaron. Al pasar unos comerciantes madianitas, tiraron de su hermano, lo sacaron del pozo y se lo vendieron a los ismaelitas por veinte monedas. Estos se llevaron a José a Egipto.

Palabra de Dios.

SALMO RESPONSORIAL 104

R. **Recordad las maravillas que hizo el Señor.**

Llamó al hambre sobre aquella tierra: | Cortando el sustento de pan; | por delante había enviado a un hombre, | a José, vendido como esclavo. R.

Le trabaron los pies con grillos, | le metieron el cuello en la argolla, | hasta que se cumplió su predicción, | y la Palabra del Señor lo acreditó. R.

El rey lo mandó desatar, | el Señor de pueblos le abrió la prisión, | lo nombró administrador de su casa, | Señor de todas sus posesiones. R.

ACLAMACION   Jn 3, 16

Tanto amó Dios al mundo que entregó a su Hijo único. Todos los que creen en él tienen vida eterna.

EVANGELIO

Este es el heredero, ¡venid, matémosle!

✠ LECTURA DEL S. EVANGELIO SEGUN
SAN MATEO   21, 33-43.45-46

En aquel tiempo, dijo Jesús a los sumos sacerdotes y a los ancianos del pueblo. «Escuchad esta parábola: Había un propietario que plantó una viña, la rodeó con una cerca, cavó en ella un lagar, construyó la casa del guarda, la arrendó a unos labradores y se marchó de viaje. Llegado el tiempo de la vendimia, envió sus criados a los labradores para percibir los frutos que le correspondían. Pero los labradores, agarrando a los criados, apalearon a uno, mataron a otro, y a otro lo apedrearon. Envió de nuevo otros criados, más que la primera vez, e hicieron con ellos lo mismo. Por último les mandó a su hijo, diciéndose: "Tendrán respeto a mi hijo". Pero los labradores, al ver al hijo se dijeron: "Este es el heredero: venid, lo matamos y nos quedamos con su herencia." Y, agarrándolo, lo empujaron fuera de la viña y lo mataron. Y ahora, cuando vuelva el dueño de la viña, ¿qué hará con aquellos labradores?» Le contestaron: «Hará morir de mala muerte a esos malvados y arrendará la viña a otros labradores que le entreguen los frutos a sus tiempos.» Y Jesús les dice: «¿No habéis leído nunca en la Escritura: "La piedra que desecharon los arquitectos es ahora la piedra angular. Es el Señor quien lo ha hecho, ha sido un milagro patente"? Por eso os digo que se os quitará a vosotros el Reino de los Cielos y se dará a un pueblo que produzca sus frutos. Los sumos sacerdotes y los fariseos, al oír sus parábolas, comprendieron que hablabla de ellos. Y aunque buscaban echarle mano, temieron a la gente que lo tenía por profeta.

Palabra del Señor.

ORACION SOBRE LAS OFRENDAS

Prepara, Señor, nuestros corazones para celebrar dignamente estos misterios, y concédenos que su fruto se haga realidad permanente en nuestra vida. Por Jesucristo.

Prefacio de Cuaresma, pp. 1064-67.

ANTIFONA DE COMUNION
1 Jn 4, 10

Dios nos amó y nos envió a su Hijo como propiciación por nuestros pecados.

ORACION DESPUES DE LA COMUNION

Señor, después de recibir la prenda de la eterna salvación, haz que de tal modo la deseemos y busquemos que podamos conseguirla por tu misericordia. Por Jesucristo.

SEGUNDA SEMANA DE CUARESMA   SABADO

ANTIFONA DE ENTRADA   Sal 144, 8-9

El Señor es clemente y misericordioso, lento a la cólera y rico en piedad; el Señor es bueno con todos, es cari-
ñoso con todas sus criaturas.

ORACION COLECTA

Señor, Dios nuestro, que, por medio de los sacramentos, nos
permites participar de los bienes de tu reino ya en nuestra vida
mortal; dirígenos tú mismo en el camino de la vida, para que lleguemos a alcanzar la luz en la que habitas con tus santos. Por
nuestro Señor.

PRIMERA LECTURA

Arrojará a lo hondo del mar todos nuestros delitos

LECTURA DEL PROFETA MIQUEAS   7, 14-15.18-20

«Señor, pastorea a tu pueblo con el cayado, a las ovejas de tu
heredad, a las que habitan apartadas en la maleza. Pastarán en
Basán y Galaad como en tiempos antiguos; como cuando saliste
de Egipto y te mostraba mis prodigios. ¿Qué Dios hay como tú,
que perdonas el pecado y absuelves la culpa al resto de tu heredad? No mantendrá por siempre la ira, pues se complace en la
misericordia. Volverá a compadecerse, y extinguirá nuestras culpas, arrojará a lo hondo del mar todos nuestros delitos. Serás fiel
a Jacob, piadoso con Abraham, como juraste a nuestros padres
en tiempos remotos, Señor Dios nuestro.»

Palabra de Dios.

SALMO RESPONSORIAL 102

℟ **El Señor es compasivo y misericordioso.**

Bendice, alma mía, al Señor, | y todo mi ser a su santo nom-
bre. | Bendice, alma mía, al Señor, | y no olvides sus benefi-
cios. ℟.

El perdona todas sus culpas, | y cura todas sus enfermedades; | él rescata tu vida de la fosa | y te colma de gracia y de ternura. ℟.

No está siempre acusando, | ni guarda rencor perpetuo. | No nos trata como merecen nuestros pecados, | ni nos paga según nuestras culpas. ℟.

Como se levanta el cielo sobre la tierra, | se levanta su bondad sobre sus fieles; | como dista el Oriente del Ocaso, | así aleja de nosotros nuestros delitos. ℟.

ACLAMACION   Lc 15, 18

Me pondré en camino a donde está mi padre, y le diré: «Padre, he pecado contra el cielo y contra ti.»

EVANGELIO

Este hermano tuyo estaba muerto y ha resucitado

✠ LECTURA DEL S. EVANGELIO SEGUN
SAN LUCAS   15, 1-3.11-32

En aquel tiempo, se acercaban a Jesús los publicanos y los pecadores a escucharle. Y los fariseos y los letrados murmuraban entre ellos: «Ese acoge a los pecadores y come con ellos.» Jesús les dijo esta parábola: «Un hombre tenía dos hijos: el menor de ellos dijo a su padre: "Padre, dame la parte que me toca de la fortuna". El padre les repartió los bienes.

No muchos días después, el hijo menor, juntando todo lo suyo, emigró a un país lejano, y allí derrochó su fortuna viviendo perdidamente. Cuando lo había gastado todo, vino por aquella tierra un hambre terrible, y empezó él a pasar necesidad. Fue entonces y tanto le insistió a un habitante de aquel país, que lo mandó a sus campos a guardar cerdos. Le entraban ganas de llenarse el estómago de las algarrobas que comían los cerdos; y nadie le daba de comer. Recapacitando entonces se dijo: "Cuántos jornaleros de mi padre tienen abundancia de pan, mientras yo

aquí me muero de hambre." Me pondré en camino adonde está
mi padre, y le diré: "Padre, he pecado contra el cielo y contra ti;
ya no merezco llamarme hijo tuyo; trátame como a uno de tus
jornaleros."

Se puso en camino adonde estaba su padre: cuando todavía
estaba lejos, su padre lo vio y se conmovió; y echando a correr,
se le echó al cuello, y se puso a besarlo. Su hijo le dijo: "Padre,
he pecado contra el cielo y contra ti; ya no merezco llamarme
hijo tuyo." Pero el padre dijo a sus criados: "Sacad en seguida
el mejor traje, y vestidlo; ponedle un anillo en la mano y sandalias en los pies; traed el ternero cebado y matadlo; celebremos un
banquete, porque este hijo mío estaba muerto, y ha revivido; estaba perdido, y lo hemos encontrado." Y empezaron el banquete.

Su hijo mayor estaba en el campo. Cuando al volver se acercaba a la casa, oyó la música y el baile, y llamando a uno de los
mozos, le preguntó qué pasaba. Este le contestó: "Ha vuelto tu
hermano; y tu padre ha matado el ternero cebado, porque lo ha
recobrado con salud." El se indignó y se negaba a entrar, pero
su padre salió e intentaba persuadirlo. Y él replicó a su padre:
"Mira: en tantos años como te sirvo, sin desobedecer nunca una
orden tuya, a mí nunca me has dado un cabrito para tener un
banquete con mis amigos; y cuando ha venido ese hijo tuyo que
se ha comido tus bienes con malas mujeres, le matas el ternero
cebado." El padre le dijo: "Hijo, tú estás siempre conmigo, y
todo lo mío es tuyo: deberías alegrarte, porque este hermano
tuyo estaba muerto y ha revivido, estaba perdido, y lo hemos encontrado."»

Palabra del Señor.

ORACION SOBRE LAS OFRENDAS

Comunícanos, Señor, los frutos de la redención por medio de
este sacramento, para que nunca se desvíe de ti nuestra vida y
podamos alcanzar los bienes del cielo. Por Jesucristo.

Prefacio de Cuaresma, pp. 1064-67.

ANTIFONA DE COMUNION   Lc 15, 32

Deberías alegrarte, hijo, porque este hermano tuyo estaba muerto y ha revivido; estaba perdido y lo hemos encontrado.

ORACION DESPUES DE LA COMUNION

Señor, que la gracia de tus sacramentos llegue a lo más hondo de nuestro corazón y nos comunique su fuerza divina. Por Jesucristo nuestro Señor.

TERCER DOMINGO DE CUARESMA

Domingo de Moisés y de la samaritana

En el camino de la Cuaresma Moisés representa la etapa del Exodo, de aquella Pascua que fue figura de la cumplida en Jesús y de aquella salida de la esclavitud que profetizó la ascensión de Jesús de este mundo al Padre y nuestra propia liberación del pecado y de la muerte. En el ciclo A comienza el tríptico catecumenal que respondería a la pregunta ¿Cómo se llega a ser cristiano? A partir del pasaje del diálogo de Jesús con la mujer samaritana podemos contestar: respondiendo a la llamada del amor de Dios y recibiendo el agua viva del bautismo que representa y contiene el don del Espíritu Santo. En este episodio Jesús aparece como el nuevo Moisés que da agua viva a su pueblo. En el ciclo B se comienza la serie de evangelios que anuncian e interpretan el misterio pascual de Jesucristo; así se lee hoy la profecía de Jesús sobre su muerte y resurrección comparando su cuerpo con el templo de Jerusalén de modo que la Pascua sea la consagración de un templo espiritual nuevo y definitivo. En el ciclo C se inicia una serie de lecturas evangélicas sobre la penitencia y el perdón de los pecados con una llamada de Cristo a la conversión y una parábola que muestra la paciencia y el amor de Dios hacia los pecadores. Las lecturas segundas de los dos primeros ciclos se refieren a la temática de sus evangelios, mientras que la del tercero recuerda a Moisés y los acontecimientos del Exodo como ejemplo y amonestación para los cristianos.

ANTIFONA DE ENTRADA

Sal 24, 15-16

Tengo los ojos puestos en el Señor, porque él saca mis pies de la red. Mírame, oh Dios, y ten piedad de mí, que estoy solo y afligido.

O bien:

Ez 36, 23-26

Cuando os haga ver mi santidad os reuniré de todos los países; derramaré sobre vosotros un agua pura que os purificará: de todas vuestras inmundicias e idolatrías os he de purificar. Y os infundiré un espíritu nuevo —dice el Señor.

No se dice «Gloria»

ORACION COLECTA

Señor, Padre de misericordia y origen de todo bien, que aceptas el ayuno, la oración y la limosna como remedio de nuestros pecados, mira con amor a tu pueblo penitente y restaura con tu misericordia a los que estamos hundidos bajo el peso de las culpas. Por nuestro Señor Jesucristo.

ORACION SOBRE LAS OFRENDAS

Te pedimos, Señor, que la celebración de esta eucaristía perdone nuestras ofensas y nos ayude a perdonar a los que nos ofenden. Por Jesucristo.

PREFACIO

La Samaritana

En verdad es justo y necesario, es nuestro deber y salvación darte gracias siempre y en todo lugar, Señor, Padre Santo, Dios todopoderoso y eterno por Cristo nuestro Señor.

Quien al pedir agua a la Samaritana, ya había infundido en ella la gracia de la fe, y si quiso estar sediento de la fe de aquella mujer fue para encender en ella el fuego del amor divino.

Por eso, Señor, te damos gracias y proclamamos tu grandeza cantando con los ángeles:

Santo, Santo, Santo...

Cuando no se lee el Evangelio de la Samaritana, se dice un prefacio de Cuaresma, pp. 1062-63.

ANTIFONA DE COMUNION

Jn 4, 13-14

Cuando se lee el Evangelio de la Samaritana.

El que beba del agua que yo le daré —dice el Señor—, no tendrá más sed; el agua que yo le daré se convertirá dentro de él en un surtidor de agua que salta hasta la vida eterna.

Cuando se lee otro Evangelio:

Sal 83, 4-5

Hasta el gorrión ha encontrado una casa, y la golondrina un nido, donde colocar sus polluelos; tus altares, Señor de los Ejércitos, Rey y Dios mío. Dichosos los que viven en tu casa alabándote por siempre.

ORACION DESPUES DE LA COMUNION

Alimentados ya en la tierra con el pan del cielo, prenda de eterna salvación, te suplicamos, Señor, que se haga realidad en nuestra vida futura lo que hemos recibido en este sacramento. Por Jesucristo.

CICLO A (Años 1990, 1993, 1996, 1999, 2002, 2005)

PRIMERA LECTURA

Danos agua para beber

LECTURA DEL LIBRO DEL EXODO

17, 3-7

En aquellos días, el pueblo, torturado por la sed, murmuraba contra Moisés: «¿Nos has hecho salir de Egipto para hacernos

morir de sed a nosotros, a nuestros hijos y a nuestros ganados?»
Clamó Moisés al Señor y dijo: «¿Qué puedo hacer con este pueblo? Poco falta para que me apedreen.» Respondió el Señor a
Moisés: «Preséntate al pueblo llevando contigo algunos de los
ancianos de Israel; lleva también en tu mano el cayado con que
golpeaste el río y vete, que allí estaré yo ante ti, sobre la peña,
en Horeb; golpearás la peña y saldrá de ella agua para que beba
el pueblo.» Moisés lo hizo así a la vista de los ancianos de Israel.
Y puso por nombre a aquel lugar Massá y Meribá, por la reyerta
de los hijos de Israel y porque habían tentado al Señor diciendo:
«¿Está o no está el Señor en medio de nosotros?»

Palabra de Dios.

SALMO RESPONSORIAL 94

℞ **Ojalá escuchéis hoy la voz del Señor:** | **«No endurez-
cáis vuestro corazón.**

Venid, aclamemos al Señor, | demos vítores a la Roca que
nos salva; | entremos a su presencia dándole gracias, | vitoreán-
dole al son de instrumentos. ℞.

Entrad, postrémonos por tierra, | bendiciendo al Señor, crea-
dor nuestro. | Porque él es nuestro Dios | y nosotros su pueblo, |
el rebaño que él guía. ℞.

Ojalá escuchéis hoy su voz: | «No endurezcáis el corazón
como en Meribá, | como el día de Masá en el desierto, | cuando
vuestros padres me pusieron a prueba | y me tentaron, aunque
habían visto mis obras.» ℞.

SEGUNDA LECTURA

El amor de Dios ha sido derramado en nuestros corazones con el
Espíritu Santo que se nos ha dado

LECTURA DE LA CARTA DEL APOSTOL
SAN PABLO A LOS ROMANOS   5, 1-2.5-8

Hermanos: Ya que hemos recibido la justificación por la fe,
estamos en paz con Dios, por medio de nuestro Señor Jesucris-

to. Por él hemos obtenido con la fe el acceso a esta gracia en que
estamos; y nos gloriamos apoyados en la esperanza de la gloria
de los Hijos de Dios. La esperanza no defrauda, porque el amor
de Dios ha sido derramado en nuestros corazones con el Espíritu
Santo que se nos ha dado. En efecto, cuando todavía estábamos
sin fuerzas, en el tiempo señalado, Cristo murió por los impíos;
—en verdad, apenas habrá quien muera por un justo; por un
hombre de bien tal vez se atrevería uno a morir—; mas la prueba de que Dios nos ama es que Cristo, siendo nosotros todavía
pecadores, murió por nosotros.

Palabra de Dios.

ACLAMACION   Jn 4, 42 y 15

Señor, tú eres de verdad el Salvador del mundo;
dame agua viva; así no tendré más sed.

EVANGELIO
Un surtidor de agua que salta hasta la vida eterna

✠ LECTURA DEL S. EVANGELIO SEGUN
SAN JUAN   4, 5-42

El texto entre [ ] puede omitirse.

En aquel tiempo llegó Jesús a un pueblo de Samaría llamado
Sicar, cerca del campo que dio Jacob a su hijo José: allí estaba
el manantial de Jacob. Jesús, cansado del camino, estaba allí sentado junto al manantial. Era alrededor del mediodía. Llega una
mujer de Samaría a sacar agua, y Jesús le dice: «Dame de beber.»
(Sus discípulos se habían ido al pueblo a comprar comida.) La
samaritana le dice: «¿Cómo tú, siendo judío, me pides de beber
a mí, que soy samaritana?» (porque los judíos no se tratan con
los samaritanos). Jesús le contestó: «Si conocieras el don de
Dios, y quién es el que te pide de beber, le pedirías tú, y él te
daría agua viva.» La mujer le dice: «Señor, si no tienes cubo y

el pozo es hondo, ¿de dónde sacas el agua viva?, ¿eres tú más que nuestro padre Jacob, que nos dio este pozo y de él bebieron él y sus hijos y sus ganados?» Jesús le contestó: «El que bebe de esta agua vuelve a tener sed; pero el que beba del agua que yo le daré, nunca más tendrá sed: el agua que yo le daré se convertirá dentro de él en un surtidor de agua que salta hasta la vida eterna.» La mujer le dice: «Señor, dame esa agua: así no tendré más sed, ni tendré que venir aquí a sacarla.» El le dice: «Anda, llama a tu marido y vuelve.» La mujer le contesta: «No tengo marido.» Jesús le dice: «Tienes razón, que no tienes marido: has tenido ya cinco y el de ahora no es tu marido. En eso has dicho la verdad.» La mujer le dice: «Señor, veo que tú eres un profeta. Nuestros padres dieron culto en este monte, y vosotros decís que el sitio donde se debe dar culto está en Jerusalén.» Jesús le dice: «Créeme, mujer: se acerca la hora en que ni en este monte, ni en Jerusalén daréis culto al Padre. Vosotros dais culto a uno que no conocéis; nosotros adoramos a uno que conocemos, porque la salvación viene de los judíos.» Pero se acerca la hora, ya está aquí, en que los que quieran dar culto verdadero adorarán al Padre en espíritu y verdad, porque el Padre desea que le den culto así. Dios es espíritu, y los que le dan culto deben hacerlo en espíritu y verdad. La mujer le dice: «Sé que va a venir el Mesías, el Cristo; cuando venga él nos lo dirá todo.» Jesús le dice: «Yo soy: el que habla contigo.»

[En esto llegaron sus discípulos y se extrañaban de que estuviera hablando con una mujer, aunque ninguno le dijo: «¿Qué le preguntas o de qué le hablas?». La mujer entonces dejó el cántaro, se fue al pueblo y dijo a la gente: «Venid a ver un hombre que me ha dicho todo lo que he hecho: ¿será éste el Mesías?» Salieron del pueblo y se pusieron en camino adonde estaba él. Mientras tanto sus discípulos le insistían: «Maestro, come.» El les dijo: «Yo tengo por comida un alimento que vosotros no conocéis.» Los discípulos comentaban entre ellos: «¿Le habrá traído alguien de comer?» Jesús les dijo: «Mi alimento es hacer la voluntad del que me envió y llevar a término su obra. ¿No decís vosotros que faltan todavía cuatro meses para la cosecha? Yo os digo esto: Levantad los ojos y contemplad los campos, que están ya dorados para la siega; el segador ya está recibiendo salario y almacenando fruto para la vida eterna: y así se alegran lo mismo sembrador y segador. Con todo, tiene razón el proverbio: Uno siembra y otro siega. Yo os envié segar lo que no habéis sudado. Otros sudaron, y vosotros recogisteis el fruto de sus sudores.»]

En aquel pueblo muchos samaritanos creyeron en él por el testimonio que había dado la mujer: «Me ha dicho todo lo que he hecho.» Así, cuando llegaron a verlo los samaritanos, le rogaban que se quedara con ellos. Y se quedó allí dos días. Todavía creyeron muchos más por su predicación, y decían a la mujer: «Ya no creemos por lo que tú dices, nosotros mismos lo hemos oído y sabemos que él es de verdad el Salvador del mundo.»

Palabra del Señor.

Se dice «Credo».

CICLO B (Años 1991, 1994, 1997, 2000, 2003, 2006)

PRIMERA LECTURA

La ley fue dada por Moisés

LECTURA DEL LIBRO DEL EXODO   20, 1-17

El texto entre [ ] puede omitirse.

En aquellos días, el Señor pronunció las siguientes palabras: Yo soy el Señor, tu Dios, que te saqué de Egipto, de la esclavitud. No tendrás otros dioses frente a mí. [No te harás ídolos —figura alguna de lo que hay arriba en el cielo, abajo en la tierra, o en el agua debajo de la tierra—. No te postrarás ante ellos, ni les darás culto; porque yo, el Señor, tu Dios, soy un dios celoso: castigo el pecado de los padres en los hijos, nietos y biznietos, cuando me aborrecen. Pero actúo con piedad por mil generaciones.] No pronunciarás el nombre del Señor, tu Dios, en falso. Porque no dejará el Señor impune a quien pronuncie su nombre en falso. Fíjate en el sábado para santificarlo.

[Durante seis días trabaja y haz tus tareas, pero el día séptimo es un día de descanso dedicado al Señor, tu Dios: No harás trabajo alguno, ni tú, ni tu hijo, ni tu hija, ni tu esclavo, ni tu esclava, ni tu ganado, ni el forastero que vive en tus ciudades. Porque en seis días hizo el Señor el cielo, la tierra, el mar y lo que hay en ellos. Y el séptimo día descansó; por eso bendijo el Señor el sábado y lo santificó.]

Honra a tu padre y a tu madre: así se prolongarán tus días en la tierra, que el Señor, tu Dios, te va a dar. No matarás. No cometerás adulterio. No robarás. No darás testimonio falso contra tu prójimo. No codiciarás los bienes de tu prójimo; no codiciarás la mujer de tu prójimo, ni su esclavo, ni su esclava, ni un buey, ni un asno, ni nada que sea de él.

Palabra de Dios.

SALMO RESPONSORIAL 18

℟ **Señor, tú tienes palabras de vida eterna.**

La ley del Señor es perfecta | y es descanso del alma; | el precepto del Señor es fiel | e instruye al ignorante. ℟.

Los mandatos del Señor son rectos | y alegran el corazón; | la norma del Señor es límpida | y da luz a los ojos. ℟.

La voluntad del Señor es pura | y eternamente estable; | los mandamientos del Señor son verdaderos | y enteramente justos. ℟.

Más preciosos que el oro, | más que el oro fino; | más dulces que la miel | de un panal que destila. ℟.

SEGUNDA LECTURA

Predicamos a Cristo crucificado, escándalo para los judíos, pero para los llamados, sabiduría de Dios

LECTURA DE LA PRIMERA CARTA DEL APOSTOL SAN PABLO A LOS CORINTIOS

1, 22-25

Hermanos: Los judíos exigen signos, los griegos buscan sabiduría. Pero nosotros predicamos a Cristo crucificado: escándalo para los judíos, necedad para los griegos; pero para los llamados a Cristo —judíos o griegos—: fuerza de Dios y sabiduría de Dios. Pues lo necio de Dios es más sabio que los hombres; y lo débil de Dios es más fuerte que los hombres.

Palabra de Dios.

ACLAMACION

Jn 3, 16

Tanto amó Dios al mundo, que entregó a su Hijo único. Todo el que cree en él, tiene vida eterna.

EVANGELIO

Destruid este templo y en tres días lo levantaré

✛ LECTURA DEL S. EVANGELIO SEGUN SAN JUAN

2, 13-25

Se acercaba la Pascua de los judíos y Jesús subió a Jerusalén. Y encontró en el templo a los vendedores de bueyes, ovejas y palomas, y a los cambistas sentados; y, haciendo un azote de cordeles, los echó a todos del templo, ovejas y bueyes; y a los cambistas les esparció las monedas y les volcó las mesas; y a los que vendían palomas les dijo: «Quitad esto de aquí: no convirtáis en un mercado la casa de mi Padre.» Sus discípulos se acordaron de lo que está escrito: «el celo de tu casa me devora». Entonces intervinieron los judíos y le preguntaron: «¿Qué signos nos muestras para obrar así?» Jesús contestó: «Destruid este templo, y en tres días lo levantaré.» Los judíos replicaron: «Cuarenta y seis años ha costado construir este templo, ¿y tú lo vas a levantar en tres días?» Pero él hablaba del templo de su cuerpo. Y cuando resucitó de entre los muertos, los discípulos se acordaron de que lo había dicho, y dieron fe a la Escritura y a la Palabra que había dicho Jesús. Mientras estaba en Jerusalén por las fiestas de Pascua, muchos creyeron en su nombre, viendo los signos que hacía; pero Jesús no se confiaba con ellos, porque los conocía a todos y no necesitaba el testimonio de nadie sobre un hombre, porque él sabía lo que hay dentro de cada hombre.

Palabra del Señor.

O bien puede sustituirse por el Evangelio del Ciclo A, de este mismo domingo, Jn 4, 5-42, p. 261.

Se dice «Credo».

CICLO C (Años 1989, 1992, 1995, 1998, 2001, 2004)

PRIMERA LECTURA

«Yo soy», me envía a vosotros

LECTURA DEL LIBRO DEL EXODO

3, 1-8a.13-15

En aquellos días, pastoreaba Moisés el rebaño de su suegro Jetró, sacerdote de Madián; llevó el rebaño transhumando por el desierto hasta llegar a Horeb, el monte de Dios. El ángel del Señor se le apareció en una llamarada entre las zarzas. Moisés se fijó: la zarza ardía sin consumirse. Moisés se dijo: «Voy a acercarme a mirar este espectáculo admirable, a ver cómo es que no se quema la zarza.» Viendo el Señor que Moisés se acercaba a mirar, lo llamó desde la zarza: «Moisés, Moisés.» Respondió él: «Aquí estoy.» Dijo Dios: «No te acerques; quítate las sandalias de los pies, pues el sitio que pisas es terreno sagrado.» Y añadió: «Yo soy el Dios de tus padres, el Dios de Abrahán, el Dios de Isaac, el Dios de Jacob.» Moisés se tapó la cara, temeroso de ver a Dios. El Señor le dijo: «He visto la opresión de mi pueblo en Egipto, he oído sus quejas contra los opresores, me he fijado en

sus sufrimientos. Voy a bajar a librarlos de los egipcios, a sacarlos de esta tierra, para llevarlos a una tierra fértil y espaciosa, tierra que mana leche y miel. Moisés replicó a Dios: «Mira, yo iré
a los israelitas y les diré: el Dios de vuestros padres me ha enviado a vosotros. Si ellos me preguntan cómo se llama este Dios,
¿qué les respondo?» Dios dijo a Moisés: «Soy el que soy.» Esto
dirás a los israelitas: «Yo soy, me envía a vosotros.» Dios añadió:
«Esto dirás a los israelitas: Yahvé (El-es) Señor Dios de vuestros
padres, Dios de Abrahán, Dios de Isaac, Dios de Jacob, me envía a vosotros. Este es mi nombre para siempre: así me llamaréis
de generación en generación.»

Palabra de Dios.

SALMO RESPONSORIAL 102

℞ **El Señor es compasivo y misericordioso.**

Bendice, alma mía, al Señor, | y todo mi ser a su santo nom-
bre. | Bendice, alma mía, al Señor, | y no olvides sus benefi-
cios. ℞.

El perdona todas tus culpas, | y cura todas tus enfermeda-
des; | él rescata tu vida de la fosa | y te colma de gracia y de ter-
nura. ℞.

El Señor hace justicia | y defiende a todos los oprimidos; |
enseñó sus caminos a Moisés | y sus hazañas a los hijos de Is-
rael. ℞.

El Señor es compasivo y misericordioso, | lento a la ira y
rico en clemencia; | como se levanta el cielo sobre la tierra, | se
levanta su bondad sobre sus fieles. ℞.

SEGUNDA LECTURA

*La vida del pueblo con Moisés en el desierto se escribió para
escarmiento nuestro*

LECTURA DE LA PRIMERA CARTA DEL
APOSTOL SAN PABLO A LOS CORINTIOS   10, 1-6.10-12

No quiero que ignoréis, hermanos, que nuestros padres estuvieron todos bajo la nube y todos atravesaron el mar y todos

fueron bautizados en Moisés por la nube y el mar; y todos comieron el mismo alimento espiritual; y todos bebieron la misma bebida espiritual, pues bebían de la roca espiritual que les seguía; y la roca era Cristo. Pero la mayoría de ellos no agradaron a Dios, pues sus cuerpos quedaron tendidos en el desierto. Estas cosas sucedieron en figura para nosotros, para que no codiciemos el mal como lo hicieron nuestros padres. No protestéis como protestaron algunos de ellos, y perecieron a manos del Exterminador. Todo esto les sucedía como un ejemplo: y fue escrito para escarmiento nuestro, a quienes nos ha tocado vivir en la última de las edades. Por lo tanto, el que se cree seguro, ¡cuidado!, no caiga.

Palabra de Dios.

ACLAMACION   Mt 4, 17

Convertíos, dice el Señor, porque está cerca el Reino de los Cielos.

EVANGELIO

Si no os convertís, todos pereceréis de la misma manera

✠ LECTURA DEL S. EVANGELIO SEGUN
SAN LUCAS
                                                            13, 1-9

En una ocasión se presentaron algunos a contar a Jesús lo de los galileos, cuya sangre vertió Pilato con la de los sacrificios que ofrecían. Jesús les contestó: «¿Pensáis que esos galileos eran más pecadores que los demás galileos, porque acabaron así? Os digo que no; y si no os convertís, todos pereceréis lo mismo. Y aquellos dieciocho que murieron aplastados por la torre de Siloé, ¿pensáis que eran más culpables que los demás habitantes de Jerusalén? Os digo que no. Y si no os convertís, todos pereceréis de la misma manera.» Y les dijo esta parábola: «Uno tenía una higuera plantada en su viña, y fue a buscar fruto en ella, y no lo encontró. Dijo entonces al viñador: "Ya ves: tres años llevo viniendo a buscar fruto en esta higuera, y no lo encuentro. Córtala. ¿Para qué va a ocupar terreno en balde?" Pero el viñador contestó: "Señor, déjala todavía este año; yo cavaré alrededor y le echaré estiércol, a ver si da fruto. Si no, la cortas."»

Palabra del Señor.

Se dice «Credo».
Si se prefiere, pueden escogerse las lecturas del ciclo A, p. 259.

TERCERA SEMANA DE CUARESMA

LECTURAS A ELEGIR

Las siguientes lecturas se pueden utilizar cualquier día de esta semana, en especial en los años B y C, en que no se lee el evangelio de la Samaritana el tercer domingo de Cuaresma.

PRIMERA LECTURA
De la peña saldrá agua para que beba el pueblo

LECTURA DEL LIBRO DEL EXODO   17, 1-7

En aquellos días, la asamblea de los israelitas se marchó del desierto de Sin, por etapas, según las órdenes del Señor y acamparon en Radifín, donde el pueblo no encontró agua para beber. El pueblo entonces se quejó contra Moisés, diciendo: «Danos agua para beber.» El les respondió: «¿Por qué os quejáis contra mí? ¿Por qué tentáis al Señor?» Pero el pueblo, torturado por la sed, siguió murmurando contra Moisés: «¿Nos has hecho salir de Egipto para hacernos morir de sed a nosotros, a nuestros hijos y a nuestros ganados?» Clamó Moisés al Señor y dijo: «¿Qué puedo hacer con este pueblo? Poco falta para que me apedreen.» Respondió el Señor a Moisés: «Preséntate al pueblo llevando contigo algunos de los ancianos de Israel; lleva también en tu mano el cayado con que golpeaste el río y vete, que allí estaré yo

ante ti, sobre la peña, en Horeb; golpearás la peña y saldrá de
ella agua para que beba el pueblo». Moisés lo hizo así a la vista
de los ancianos de Israel. Y puso por nombre a aquel lugar Massá y Meribá, por la reyerta de los hijos de Israel y porque habían
tentado al Señor diciendo: «¿Está o no está el Señor en medio de
nosotros?»

Palabra de Dios.

SALMO RESPONSORIAL 94

℟ **Ojalá escuchéis hoy su voz; | no endurezcáis vuestro
corazón.**

Venid, aclamemos al Señor, | demos vítores a la Roca que
nos salva; | entremos a su presencia dándole gracias, | vitoreán-
dolo al son de instrumentos. ℟.

Entrad, postrémonos por tierra, | bendiciendo al Señor, crea-
dor nuestro. | Porque él es nuestro Dios | y nosotros su pueblo, |
el rebaño que él guía. ℟.

Ojalá escuchéis hoy su voz: | «No endurezcáis el corazón
como en Meribá, | como el día de Masá en el desierto»: | Cuando
vuestros padres me pusieron a prueba | y me tentaron, aunque
habían visto mis obras. ℟.

ACLAMACION   Jn 4, 42.15

Señor, tú eres de verdad el Salvador del mundo,
dame agua viva: así no tendré más sed.

EVANGELIO

*Esta agua se convertirá en un surtidor que salta hasta la vida
eterna*

✠ LECTURA DEL S. EVANGELIO SEGUN
SAN JUAN   4, 5-42

En aquel tiempo, llegó Jesús a un pueblo de Samaría llamado
Sicar, cerca del campo que dio Jacob a su hijo José: allí estaba

el manantial de Jacob. Jesús, cansado del camino, estaba allí sentado junto al manantial. Era alrededor del mediodía. Llega una mujer de Samaría a sacar agua, y Jesús le dice: «Dame de beber.» (Sus discípulos se habían ido al pueblo a comprar comida.) La samaritana le dice: «¿Cómo tú, siendo judío, me pides de beber a mí, que soy samaritana?» (porque los judíos no se tratan con los samaritanos). Jesús le contestó: «Si conocieras el don de Dios, y quién es el que te pide de beber, le pedirías tú, y él te daría agua viva.» La mujer le dice: «Señor, si no tienes cubo y el pozo es hondo, ¿de dónde sacas el agua viva?; ¿eres tú más que nuestro padre Jacob, que nos dio este pozo y de él bebieron él y sus hijos y sus ganados?» Jesús le contestó: «El que bebe de esta agua vuelve a tener sed; pero el que beba del agua que yo le daré, nunca más tendrá sed: el agua que yo le daré se convertirá dentro de él en un surtidor de agua que salta hasta la vida eterna.» La mujer le dice: «Señor, dame esa agua: así no tendré más sed, ni tendré que venir aquí a sacarla.» El le dice: «Anda, llama a tu marido y vuelve.» La mujer le contesta: «No tengo marido.» Jesús le dice: «Tienes razón, que no tienes marido: has tenido ya cinco y el de ahora no es tu marido. En eso has dicho la verdad.» La mujer le dice: «Señor, veo que tú eres un profeta. Nuestros padres dieron culto en este monte, y vosotros decís que el sitio donde se debe dar culto está en Jerusalén.» Jesús le dice: «Créeme, mujer: se acerca la hora en que ni en este monte, ni en Jerusalén daréis culto al Padre. Vosotros dais culto a uno que no conocéis; nosotros adoramos a uno que conocemos, porque la salvación viene de los judíos. Pero se acerca la hora, ya está aquí, en que los que quieran dar culto verdadero adorarán al Padre en espíritu y verdad, porque el Padre desea que le den culto así. Dios es espíritu, y los que le dan culto deben hacerlo en espíritu y verdad.» La mujer le dice: «Sé que va a venir el Mesías, el Cristo; cuando venga él nos lo dirá todo.» Jesús le dice: «Soy yo: el que habla contigo.» En esto llegaron sus discípulos y se extrañaban de que estuviera hablando con una mujer, aunque ninguno le dijo: «¿Qué le preguntas o de qué le hablas?» La mujer entonces dejó su cántaro, se fue al pueblo y le dice a la gente: «Venid a ver un hombre que me ha dicho todo lo que he hecho: ¿será éste el Mesías?» Salieron del pueblo y se pusieron en camino adonde estaba él.

Mientras tanto sus discípulos le insistían: «Maestro, come.» Él les dijo: «Yo tengo por comida un alimento que vosotros no conocéis.» Los discípulos comentaban entre ellos: «¿Le habrá traído alguien de comer?» Jesús le dice: «Mi alimento es hacer la voluntad del que me envió y llevar a término su obra. ¿No decís vosotros que faltan todavía cuatro meses para la cosecha? Yo os digo esto: Levantad los ojos y contemplad los campos, que están ya dorados para la siega; el segador ya está recibiendo salario y almacenando fruto para la vida eterna: y así se alegran lo mismo sembrador y segador. Con todo, tiene razón el proverbio. "Uno siembra y el otro siega." Yo os envié a segar lo que no habéis sudado. Otros sudaron, y vosotros recogisteis el fruto de sus sudores.»

En aquel pueblo muchos samaritanos creyeron en él por el testimonio que había dado la mujer. «Me ha dicho todo lo que he hecho.» Así, cuando llegaron a verlo los samaritanos, le rogaban que se quedara con ellos. Y se quedó allí dos días. Todavía creyeron muchos más por su predicación, y decían a la mujer: «Ya no creemos por lo que tú dices, nosotros mismos lo hemos oído y sabemos que él es de verdad el Salvador del mundo.»

Palabra del Señor.

TERCERA SEMANA DE CUARESMA   LUNES

ANTÍFONA DE ENTRADA   Sal 83, 3

Mi alma se consume y anhela los atrios del Señor, mi corazón y carne retozan por el Dios vivo.

ORACION COLECTA

Señor, purifica y protege a tu Iglesia con misericordia continua, y pues sin tu ayuda no puede mantener su firmeza, que tu protección la dirija y la sostenga siempre. Por nuestro Señor.

PRIMERA LECTURA

Muchos leprosos había en Israel; sin embargo, ninguno de ellos fue curado más que Naamán, el sirio (Lc 4, 27)

LECTURA DEL SEGUNDO LIBRO DE LOS REYES

5, 1-15a

En aquellos días, Naamán, general del ejército del rey de Siria, era un hombre que gozaba de la estima y del favor de su señor, pues, por su medio, había dado el Señor la victoria a Siria. Pero este gran guerrero era leproso. En una de las correrías, una banda de sirios había traído cautiva de Israel a una jovencita, que pasó al servicio de Naamán. Ella dijo a su señora: «Ojalá mi señor fuera a ver al profeta de Samaria: él lo libraría de la lepra.» Naamán fue a informar a su señor. «Esto y esto dice la muchacha israelita.» El rey de Siria le respondió: «Ven, que te voy a dar una carta para el rey de Israel.»

Naamán se puso en camino, llevando tres quintales de plata, seis mil monedas de oro y diez trajes. Y presentó al rey de Israel la carta, que decía: «Cuando recibas esta carta verás que te envío a mi ministro Naamán para que lo libres de la lepra.» Cuando el rey de Israel leyó la carta rasgó sus vestiduras exclamando: «¿Soy yo acaso un dios capaz de dar muerte o de dar vida, para que éste me encargue de librar a un hombre de su lepra? Fijaos bien y veréis que está buscando un pretexto contra mí.» Cuando Eliseo, el hombre de Dios, se enteró de que el rey había rasgado sus vestiduras, le envió este recado: «¿Por qué has rasgado tus vestiduras? Que venga ése a mí y sabrá que hay un profeta en Israel.» Vino Naamán, con sus caballos y su carroza, y se detuvo a la puerta de la casa de Eliseo. Eliseo le mandó un mensajero a decirle: «Ve, báñate siete veces en el Jordán y tu carne quedará limpia.» Enojóse Naamán, y se marchaba gruñendo: «Yo me imaginaba que saldría en persona a encontrarme, y que en pie invocaría el nombre del Señor su Dios, pasaría su mano sobre la parte enferma y me libraría de la lepra. ¿Es que los ríos de Damasco, el Abana y el Farfar, no valen más que todas las aguas de Israel? ¿No puedo bañarme en ellos y quedar limpio?» Dio media vuelta y se marchó furioso. Pero sus siervos lo abordaron diciendo: «Señor, si el profeta te hubiera prescrito algo difícil, ¿no lo habrías hecho? Cuanto más si lo que te prescribe es simplemente que te bañes para quedar limpio.» Entonces Naamán bajó y se bañó siete veces en el Jordán, según la palabra del hombre de Dios, y su carne quedó limpia como la de un niño. Volvió con su comitiva al hombre de Dios y se le presentó diciendo: «Ahora reconozco que no hay dios en toda la tierra más que el de Israel.»

Palabra de Dios.

SALMO RESPONSORIAL 41

℞ **Mi alma tiene sed del Dios vivo: | ¿Cuándo veré el rostro de Dios?**

Como busca la cierva | corrientes de agua, | así mi alma te busca | a ti, Dios mío. ℞.

Tiene sed de Dios, | del Dios vivo: | ¿Cuándo entraré a ver | el rostro de Dios? ℞.

Envía tu luz y tu verdad: | Que ellas me guíen, | y me conduzcan hasta tu monte santo, | hasta tu morada. ℞.

Que yo me acerque al altar de Dios, | al Dios de mi alegría; | que te dé gracias al son de la cítara, | Dios, Dios mío. ℞.

ACLAMACION   Sal 129, 5.7

Espero en el Señor, espero en su palabra, porque de él viene la misericordia, la redención copiosa.

EVANGELIO

Jesús, al igual que Elías y Eliseo, no ha sido enviado en beneficio exclusivo de los judíos

✠ LECTURA DEL S. EVANGELIO SEGUN SAN LUCAS

4, 24-30

Vino Jesús a Nazaret y dijo al pueblo en la sinagoga: «Os aseguro que ningún profeta es bien mirado en su tierra. Os garantizo que en Israel había muchas viudas en tiempos de Elías, cuando estuvo cerrado el cielo tres años y seis meses, y hubo una gran hambre en todo el país; sin embargo, a ninguna de ellas fue enviado Elías, más que a una viuda de Sarepta en el territorio de Sidón. Y muchos leprosos había en Israel en tiempos del Profeta Eliseo; sin embargo, ninguno de ellos fue curado, más que Naamán el sirio.» Al oír esto, todos en la sinagoga se pusieron furiosos y, levantándose, lo empujaron fuera del pueblo hasta un barranco del monte en donde se alzaba su pueblo, con intención de despeñarlo. Pero Jesús se abrió paso entre ellos y se alejaba.

Palabra del Señor.

ORACION SOBRE LAS OFRENDAS

Te presentamos, Señor, esta ofrenda porque tú eres nuestro Dios; y te pedimos que conviertas estos dones en sacramento de salvación. Por Jesucristo.

Prefacio de Cuaresma, pp. 1064-67.

ANTIFONA DE COMUNION

Sal 116, 1-2

Alabad al Señor todas las naciones, firme es su misericordia con nosotros.

ORACION DESPUES DE LA COMUNION

Que la comunión en tu sacramento, Señor, nos purifique de nuestras culpas y nos conceda la unidad. Por Jesucristo.

TERCERA SEMANA DE CUARESMA   **MARTES**

ANTIFONA DE ENTRADA   Sal 16, 6.8

Yo te invoco porque tú me respondes, Dios mío; inclina el oído y escucha mis palabras. Guárdame como a las niñas de tus ojos, a la sombra de tus alas escóndeme.

ORACION COLECTA

Señor, que tu gracia no nos abandone, para que, entregados plenamente a tu servicio, sintamos sobre nosotros tu protección continua. Por nuestro Señor.

PRIMERA LECTURA

Acepta nuestro corazón contrito y nuestro espíritu humilde

LECTURA DEL PROFETA DANIEL   3, 25.34-43

En aquellos días, Azarías oró al Señor diciendo: «Por el honor de tu nombre, no nos desampares para siempre, no rompas tu alianza, no apartes de nosotros tu misericordia. Por Abrahán tu amigo, por Isaac tu siervo, por Israel tu consagrado: a quien prometiste multiplicar su descendencia como las estrellas del cielo, como la arena de las playas marinas. Pero ahora, Señor, somos los más pequeños de todos los pueblos; hoy estamos humillados por toda la tierra, a causa de nuestros pecados. En este momento no tenemos príncipes, ni profetas, ni jefes; ni holocaustos, ni sacrificios, ni ofrendas, ni incienso; ni un sitio donde ofrecerte primicias, para alcanzar misericordia. Por eso, acepta nuestro corazón contrito, y nuestro espíritu humilde, como un holocausto de carneros y toros, o una multitud de corderos cebados; que éste sea hoy nuestro sacrificio y que sea agradable en tu presencia: porque los que en ti confían no quedan defraudados. Ahora te seguimos de todo corazón, te respetamos y buscamos tu rostro: no nos defraudes Señor; trátanos según tu clemencia, y tu abundante misericordia; líbranos con tu poder maravilloso y da gloria a tu nombre, Señor.»

Palabra de Dios.

SALMO RESPONSORIAL 24

R. **Señor, recuerda tu misericordia.**

Enséñame tus caminos, | instrúyeme en tus sendas, | haz que camine con lealtad; | enséñame, porque tú eres mi Dios y salvador. R.

Recuerda, Señor, que tu ternura | y tu misericordia son eternas; | acuérdate de mí con misericordia, | por tu bondad, Señor. R.

El Señor es bueno y es recto, | y enseña el camino a los pecadores; | hace caminar a los humildes con rectitud, | enseña su camino a los humildes. R.

ACLAMACION   Jl 2, 12-13

Ahora —oráculo del Señor— convertíos a mí de todo corazón, porque soy compasivo y misericordioso.

EVANGELIO

El padre no os perdonará si cada cual no perdona de corazón a su hermano

✠ LECTURA DEL S. EVANGELIO SEGUN
SAN MATEO   18, 21-35

En aquel tiempo, se adelantó Pedro y preguntó a Jesús: «Señor, si mi hermano me ofende, ¿cuántas veces le tengo que perdonar? ¿Hasta siete veces?» Jesús le contesta: «No te digo hasta siete veces, sino hasta setenta veces siete.» Y les propuso esta parábola: «Se parece el Reino de los Cielos a un rey que quiso ajus-

tar las cuentas con sus empleados. Al empezar a ajustarlas, le
presentaron uno que debía diez mil talentos. Como no tenía con
qué pagar, el señor mandó que lo vendieran a él con su mujer
y sus hijos y todas sus posesiones, y que pagara así. El empleado, arrojándose a sus pies, le suplicaba diciendo: "Ten paciencia
conmigo y te lo pagaré todo." El señor tuvo lástima de aquel
empleado y lo dejó marchar, perdonándole la deuda. Pero al salir, el empleado aquel encontró a uno de sus compañeros que le
debía cien denarios, y, agarrándolo, lo estrangulaba diciendo:
"Págame lo que me debes." El compañero, arrojándose a sus
pies, le rogaba diciendo: "Ten paciencia conmigo, y te lo pagaré." Pero él se negó y fue y lo metió en la cárcel hasta que pagara lo que debía. Sus compañeros, al ver lo ocurrido, quedaron
consternados y fueron a contarle a su señor todo lo sucedido.
Entonces el señor lo llamó y le dijo: "¡Siervo malvado! Toda
aquella deuda te la perdoné porque me lo pediste. ¿No debías tú
también tener compasión de tu compañero, como yo tuve compasión de ti?" Y el señor, indignado, lo entregó a los verdugos
hasta que pagara toda la deuda. Lo mismo hará con vosotros mi
Padre del cielo si cada cual no perdona de corazón a su hermano.»

Palabra del Señor.

ORACION SOBRE LAS OFRENDAS

Concédenos, Señor, que este sacrificio, memorial de nuestra
redención, nos purifique de nuestros pecados y atraiga sobre
nosotros la ayuda de tu poder. Por Jesucristo.

Prefacio de Cuaresma, pp. 1064-67.

ANTIFONA DE COMUNION   Sal 14, 1-2

Señor, ¿quién puede hospedarse en tu tienda y habitar
en tu monte santo? El que procede honradamente y practica la justicia.

ORACION DESPUES DE LA COMUNION

La participación en este sacramento, Señor, acreciente nuestra vida cristiana, expíe nuestros pecados y nos otorgue tu protección. Por Jesucristo.

TERCERA SEMANA DE CUARESMA   MIERCOLES

ANTIFONA DE ENTRADA   Sal 118, 133

Asegura mis pasos con tu promesa, que ninguna maldad me domine.

ORACION COLECTA

Penetrados del sentido cristiano de la Cuaresma y alimentados con tu palabra, te pedimos, Señor, que te sirvamos fielmente con nuestras penitencias y perseveremos unidos en la plegaria. Por nuestro Señor.

PRIMERA LECTURA

Guardad los preceptos y cumplidlos

LECTURA DEL LIBRO DEL DEUTERONOMIO
4, 1.5-9

Moisés habló al pueblo, diciendo: «Ahora, Israel, escucha los mandatos y decretos que yo os mando cumplir: Así viviréis y entraréis a tomar posesión de la tierra que el Señor, Dios de nuestros padres, os va a dar. Mirad, yo os enseño los mandatos y decretos que me mandó el Señor, mi Dios, para que los cumpláis en la tierra donde vais a entrar para tomar posesión de ella. Ponedlos por obra, que ellos son vuestra sabiduría y vuestra inteligencia a los ojos de los pueblos que, cuando tengan noticia de todos ellos, dirán: "Cierto que esta gran nación es un pueblo sabio e inteligente." Y, en efecto, ¿hay alguna nación tan grande

que tenga los dioses tan cerca como lo está el Señor Dios de
nosotros, siempre que lo invocamos? Y, ¿cuál es la gran nación,
cuyos mandatos y decretos sean tan justos como toda esta ley
que hoy os doy? Pero, cuidado, guárdate muy bien de olvidar los
sucesos que vieron tus ojos, que no se aparten de tu memoria
mientras vivas; cuéntaselos a tus hijos y nietos.»

Palabra de Dios.

SALMO RESPONSORIAL 147

℟ **Glorifica al Señor, Jerusalén.**

Glorifica al Señor, Jerusalén, | alaba a tu Dios, Sión: | Que
ha reforzado los cerrojos de tus puertas, | y ha bendecido a tus
hijos dentro de ti. ℟

El envía su mensaje a la tierra, | y su Palabra corre ve-
loz; | manda la nieve como lana, | esparce la escarcha como ceni-
za. ℟

Anuncia su Palabra a Jacob, | sus decretos y mandatos a Is-
rael; | con ninguna nación obró así | ni les dio a conocer sus
mandatos. ℟

ACLAMACION   Jn 6, 63b.68b

Tus palabras, Señor, son espíritu y vida; tú tienes palabras de vida eterna.

EVANGELIO

Quien cumpla los mandamientos y los enseñe será grande en el
Reino de los Cielos

✠ LECTURA DEL S. EVANGELIO SEGUN
SAN MATEO
                                                                5, 17-19

En aquel tiempo, dijo Jesús a sus discípulos: «No creáis que
he venido a abolir la ley o los profetas: no he venido a abolir,
sino a dar plenitud. Os aseguro que antes pasarán el cielo y la

tierra que deje de cumplirse hasta la última letra o tilde de la ley. El que se salte uno solo de los preceptos menos importantes, y se lo enseñe así a los hombres, será el menos importante en el Reino de los Cielos. Pero quien los cumpla y enseñe será grande en el Reino de los Cielos.»

Palabra del Señor.

ORACION SOBRE LAS OFRENDAS

Con la ofrenda de estos dones, Señor, recibe las súplicas de tu pueblo, y defiende de todo peligro a los que ahora celebramos tus misterios. Por Jesucristo.

Prefacio de Cuaresma, pp. 1064-67.

ANTIFONA DE COMUNION
Sal 15, 11

Me enseñarás el sendero de la vida, me saciarás de gozo en tu presencia.

ORACION DESPUES DE LA COMUNION

Santifícanos, Señor, con este pan del cielo que hemos recibido, para que, libres de nuestros errores, podamos alcanzar las promesas eternas. Por Jesucristo.

TERCERA SEMANA DE CUARESMA JUEVES

ANTIFONA DE ENTRADA

Yo soy la salvación del pueblo —dice el Señor—. Cuando me llamen desde el peligro, yo les escucharé y seré para siempre su Señor.

ORACION COLECTA

Te pedimos humildemente, a medida que se acerca la fiesta de nuestra salvación, vaya creciendo en intensidad nuestra entre

ga para celebrar dignamente el misterio pascual. Por nuestro
Señor.

PRIMERA LECTURA

Aquí está la gente que no escuchó la voz del Señor su Dios

LECTURA DEL PROFETA JEREMIAS   7, 23-28

Así dice el Señor: Esta fue la orden que di a mi pueblo: «Escuchad mi voz. Yo seré vuestro Dios y vosotros seréis mi pueblo: caminad por el camino que os mando, para que os vaya bien. Pero no escucharon ni prestaron oído, caminaban según sus ideas, según la maldad de su corazón obstinado, me daban la espalda y no la frente. Desde que salieron vuestros padres de Egipto hasta hoy, les envié a mis siervos los profetas, un día y otro día; pero no me escucharon ni prestaron oído: endurecieron la cerviz, fueron peores que sus padres. Ya puedes repetirles este discurso, que no te escucharán; ya puedes gritarles, que no te responderán. Les dirás: "Aquí está la gente que no escuchó la voz del Señor su Dios y no quiso escarmentar. La sinceridad se ha perdido, se la han arrancado de la boca."»

Palabra de Dios.

SALMO RESPONSORIAL 94

℟ **Ojalá escuchéis hoy la voz del Señor: | no endurezcáis vuestro corazón.**

Venid, aclamemos al Señor, | demos vítores a la Roca que nos salva; | entremos a su presencia dándole gracias, | aclamándole con cantos. ℟

Entrad, postrémonos por tierra, | bendiciendo al Señor, creador nuestro. | Porque él es nuestro Dios | y nosotros su pueblo, | el rebaño que él guía. ℟

No endurezcáis el corazón como en Meribá, | como el día de Masá en el desierto: | Cuando vuestros padres me pusieron a prueba | y me tentaron, aunque habían visto mis obras. ℟

ACLAMACION   Jl 2, 12-13

Ahora —oráculo del Señor— convertíos a mí de todo corazón, porque soy compasivo y misericordioso.

EVANGELIO

El que no está conmigo, está contra mí

✠ LECTURA DEL S. EVANGELIO SEGUN
SAN LUCAS   11, 14-23

En aquel tiempo, Jesús estaba echando un demonio que era mudo, y apenas salió el demonio habló el mudo. La multitud se quedó admirada, pero algunos de ellos dijeron: «Si echa los demonios es por arte de Belzebú, el príncipe de los demonios.» Otros, para ponerlo a prueba, le pedían un signo en el cielo. El, leyendo sus pensamientos, les dijo: «Todo reino en guerra civil va a la ruina y se derrumba casa tras casa. Si también Satanás está en guerra civil, ¿cómo mantendrá su reino? Vosotros decís que yo echo los demonios con el poder de Belzebú; y vuestros hijos, ¿por arte de quién los echan? Por eso, ellos mismos serán vuestros jueces. Pero si yo echo los demonios con el dedo de Dios, entonces es que el Reino de Dios ha llegado a vosotros. Cuando un hombre fuerte y bien armado guarda su palacio, sus bienes están seguros. Pero si otro más fuerte lo asalta y lo vence, le quita las armas de que se fiaba y reparte el botín. El que no está conmigo, está contra mí; el que no recoge conmigo, desparrama.»

Palabra del Señor.

ORACION SOBRE LAS OFRENDAS

Señor, preserva de toda maldad a tu pueblo, para que este sacrificio sea grato a tus ojos; y tú que nos prometes, como premio, la plena posesión de tu verdad, no nos dejes entregarnos a los falsos placeres. Por Jesucristo.

Prefacio de Cuaresma; pp. 1064-67.

ANTIFONA DE COMUNION   Sal 118, 4-5

Tú promulgas tus decretos para que se observen exactamente; ojalá esté firme mi camino para cumplir tus consignas.

ORACION DESPUES DE LA COMUNION

Presta benigno tu ayuda, Señor, a quienes alimentas con tus
sacramentos, para que consigamos tu salvación en la celebración
de estos misterios y en la vida cotidiana. Por Jesucristo nuestro
Señor.

TERCERA SEMANA DE CUARESMA   VIERNES

ANTIFONA DE ENTRADA   Sal 85, 8.10

No tienes igual entre los dioses, Señor: «Grande eres
tú y haces maravillas, tú eres el único Dios.»

ORACION COLECTA

Infunde, Señor, tu gracia en nuestros corazones para que sepamos dominar nuestro egoísmo y secundar las inspiraciones que
nos vienen del cielo. Por nuestro Señor.

PRIMERA LECTURA

No volveremos a llamar Dios a la obra de nuestras manos

LECTURA DEL PROFETA OSEAS   14, 2-10

Así dice el Señor Dios: «Israel, conviértete al Señor Dios
tuyo, porque tropezaste por tu pecado. Preparad vuestro discurso, volved al Señor y decidle: "Perdona del todo la iniquidad, recibe benévolo el sacrificio de nuestros labios. No nos salvará
Asiria, no montaremos a caballo, no volveremos a llamar dios a

la obra de nuestras manos. En ti encuentra piedad el huérfano."
Yo curaré sus extravíos, los amaré sin que lo merezcan, mi cólera se apartará de ellos. Seré rocío para Israel, florecerá como azucena, arraigará como un álamo. Brotarán sus vástagos, como de
olivo será su esplendor, su aroma como del Líbano. Volverán a
descansar a su sombra: cultivarán el trigo, florecerán como la
viña, será su fama como la del vino del Líbano. Efraín, ¿qué me
importan los ídolos? Yo le respondo y lo miro: Yo soy ciprés
frondoso, de mí proceden tus frutos. ¿Quién será el sabio que lo
comprenda, el prudente que lo entienda? Rectos son los caminos
del Señor, los justos andan por ellos, los pecadores tropiezan en
ellos.»

Palabra de Dios.

SALMO RESPONSORIAL 80

℟ **Yo soy el Señor, Dios tuyo: | escucha mi voz.**

Oigo un lenguaje desconocido: | Retiré sus hombros de la
carga, | y sus manos dejaron la espuerta. | Clamaste en la aflic-
ción, y te libré. ℟.

Te respondí oculto entre los truenos, | te puse a prueba jun-
to a la fuente de Meribá. | Escucha, pueblo mío, doy testimonio
contra ti, | ojalá me escuchases, Israel. ℟.

No tendrás un dios extraño, | no adorarás un dios extranje-
ro, | Yo soy el Señor, Dios tuyo, | que te saqué del país de
Egipto. ℟.

Ojalá me escuchase mi pueblo, | y caminase Israel por mi ca-
mino: | Te alimentaría con flor de harina, | te saciaría con miel
silvestre. ℟.

ACLAMACION   Mt 4, 17

Convertíos —dice el Señor—, porque está cerca el
reino de los cielos.

EVANGELIO

El Señor nuestro Dios es el único Señor, y le amarás

✠ LECTURA DEL S. EVANGELIO SEGUN SAN MARCOS

12, 28b-34

En aquel tiempo, un escriba se acercó a Jesús y le preguntó: «¿Qué mandamiento es el primero de todos?» Respondió Jesús: «El primero es: "Escucha, Israel, el Señor nuestro Dios es el único Señor, y amarás al Señor tu Dios con todo tu corazón, con toda tu alma, con toda tu mente, con todo tu ser." El segundo es éste: "Amarás a tu prójimo como a ti mismo." No hay mandamiento mayor que éstos.» El letrado replicó: «Muy bien, Maestro, tienes razón cuando dices que el Señor es único y no hay otro más que él y hay que amarlo con todo el corazón, con todo el entendimiento y con todo el ser, y amar al prójimo como a uno mismo vale más que todos los holocaustos y sacrificios.» Jesús, viendo que había respondido sensatamente, le dijo: «No estás lejos del Reino de los Cielos.» Y nadie se atrevió a hacerle más preguntas.

Palabra del Señor.

ORACION SOBRE LAS OFRENDAS

Mira, Señor, con bondad los dones que te presentamos; que ellos sean gratos a tus ojos y nos alcancen la salvación. Por Jesucristo nuestro Señor.

Prefacio de Cuaresma, pp. 1064-67.

ANTIFONA DE COMUNION

Cf. Mc 12, 33

Amar a Dios con todo corazón y al prójimo como a ti mismo vale más que todos los sacrificios.

ORACION DESPUES DE LA COMUNION

Señor, que la acción de tu poder en nosotros penetre íntimamente nuestro ser, para que lleguemos un día a la plena posesión de lo que ahora recibimos en la Eucaristía. Por Jesucristo nuestro Señor.

TERCERA SEMANA DE CUARESMA SABADO

ANTIFONA DE ENTRADA
Sal 102, 2-3

Bendice alma mía, al Señor y no olvides sus beneficios. El perdona todas tus culpas.

ORACION COLECTA

Llenos de alegría, al celebrar un año más la Cuaresma, te pedimos, Señor vivir los sacramentos pascuales, y sentir en nosotros el gozo de su eficacia. Por nuestro Señor.

PRIMERA LECTURA

Quiero misericordia y no sacrificios

LECTURA DEL PROFETA OSEAS
6, 1b-6

Vamos a volver al Señor: él, que nos despedazó, nos sanará; él, que nos hirió, nos vendará. En dos días nos sanará; y viviremos delante de él. Esforcémonos por conocer al Señor: su amanecer es como la aurora, y su sentencia surge como la luz. Bajará sobre nosotros como lluvia temprana, como lluvia tardía que empapa la tierra. «¿Qué haré de ti, Efraín? ¿Qué haré de ti, Judá? Vuestra piedad es como nube mañanera, como rocío de madrugada que se evapora. Por eso os herí por medio de los profetas, os condené con la palabra de mi boca. Quiero misericordia, y no sacrificios; conocimiento de Dios, más que holocaustos.»

Palabra de Dios.

SALMO RESPONSORIAL 50

R Quiero misericordia y no sacrificios.

Misericordia, Dios mío, por tu bondad, | por tu inmensa compasión borra mi culpa. | Lava del todo mi delito, | limpia mi pecado. R.

Los sacrificios no te satisfacen, | si te ofreciera un holocausto, no lo querrías. | Mi sacrificio es un espíritu quebrantado, | un corazón quebrantado y humillado, tú no lo desprecias. ℟.

Señor, por tu bondad, favorece a Sión, | reconstruye las murallas de Jerusalén: | Entonces aceptarás los sacrificios rituales, | ofrendas y holocaustos. ℟.

ACLAMACION   Sal 94, 8ab

No endurezcáis hoy vuestro corazón; escuchad la voz del Señor.

EVANGELIO

El publicano bajó a su casa justificado, y el fariseo no

✠ LECTURA DEL S. EVANGELIO SEGUN
SAN LUCAS   18, 9-14

En aquel tiempo, dijo Jesús esta parábola por algunos que, teniéndose por justos, se sentían seguros de sí mismos y despreciaban a los demás: «Dos hombres subieron al templo a orar. Uno era fariseo; el otro, un publicano. El fariseo, erguido, oraba así en su interior: "¡Oh Dios!, te doy gracias porque no soy como los demás: ladrones, injustos, adúlteros; ni como ese publicano. Ayuno dos veces por semana y pago el diezmo de todo lo que tengo." El publicano, en cambio, se quedó atrás y no se atrevía ni a levantar los ojos al cielo; sólo se golpeaba el pecho diciendo: "¡Oh Dios!, ten compasión de este pecador." Os digo que éste bajó a su casa justificado, y aquél no. Porque todo el que se enaltece será humillado, y el que se humilla será enaltecido.»

Palabra del Señor.

ORACION SOBRE LAS OFRENDAS

Señor, tú que nos purificas con tu gracia para que nos acerquemos dignamente a tus santos misterios, concédenos que, al celebrar esta eucaristía que has entregado a tu Iglesia, podamos rendirte una alabanza perfecta. Por Jesucristo.

Prefacio de Cuaresma, pp. 1064-67.

ANTIFONA DE COMUNION   Lc 18, 13

El publicano, quedándose atrás, se golpeaba el pecho diciendo: ¡Oh Dios!, ten compasión de este pecador.

ORACION DESPUES DE LA COMUNION

Concédenos, Dios de misericordia, venerar con sincero respeto la santa Eucaristía que nos alimenta, y recibirla siempre con un profundo espíritu de fe. Por Jesucristo.

CUARTO DOMINGO DE CUARESMA

Domingo de Israel y del Ciego de nacimiento

La llegada a la tierra prometida y la celebración en ella de la Pascua (1.ª lectura C) tuvieron su continuidad en la institución de la monarquía que tiene como figura modélica a David (A) y que acabó desastrosamente al ser destruida la ciudad y el templo santos y comenzar el exilio de Babilonia (B); en esta etapa el creyente rememora su propia consagración por la Iniciación Cristiana y también el fracaso y la destrucción que el pecado ha podido obrar en él. En los evangelios de los tres ciclos se continúan los respectivos programas catequéticos, reseñándonos que se llega a ser cristiano (Iniciación) por medio y gracias a una iluminación espiritual como la que experimentó materialmente el ciego de nacimiento (A), y que esta gracia se recibe por medio del agua que es signo y vehículo del Espíritu Santo. La pasión es interpretada por el evangelio de Juan (B) como una elevación o exaltación; del mismo modo que Moisés levantó una serpiente de bronce en el desierto para que los israelitas la mirasen y quedasen salvos de la muerte, así la crucifixión es el comienzo de la glorificación de Cristo. En el ciclo C la parábola del hijo pródigo aporta su conocido mensaje de amor del Padre, a la vez que describe un proceso de pecado y conversión en el que cada cristiano puede verse reflejado. Los textos de san Pablo se refieren al evangelio a partir de las ideas de «iluminación» (A), «salvación de la muerte» (B) y «reconciliación» (C).

ANTIFONA DE ENTRADA   Is 66, 10-11

Festejad a Jerusalén, gozad con ella todos los que la amáis, alegraos de su alegría, los que por ella llevasteis luto; mamaréis a sus pechos y os saciaréis de sus consuelos.

No se dice «Gloria»

ORACION COLECTA

Señor, que reconcilias a los hombres contigo por tu Palabra hecha carne, haz que el pueblo cristiano se apresure, con fe viva y entrega generosa, a celebrar las próximas fiestas pascuales. Por nuestro Señor.

ORACION SOBRE LAS OFRENDAS

Al ofrecerte, Señor, en la celebración gozosa del domingo, los dones que nos traen la salvación, te rogamos nos ayudes a celebrar estos santos misterios con fe verdadera y a saber ofrecértelos por la salvación del mundo. Por Jesucristo.

PREFACIO

Cuando se lee el Evangelio del ciego de nacimiento, se dice el siguiente prefacio:

En verdad es justo y necesario, es nuestro deber y salvación darte gracias siempre y en todo lugar, Señor, Padre Santo, Dios todopoderoso y eterno, por Cristo nuestro Señor.

Que se hizo hombre para conducir al género humano, peregrino en tinieblas, al esplendor de la fe; y a los que nacieron esclavos del pecado, los hizo renacer por el bautismo, transformándolos en hijos adoptivos del Padre.

Por eso, Señor, todas tus criaturas, en el cielo y en la tierra, te adoran cantando un cántico nuevo, y también nosotros, con los ángeles, te aclamamos por siempre diciendo:

Santo, Santo, Santo...

Cuando no se lee el Evangelio del ciego de nacimiento, se dice un prefacio de Cuaresma, pp. 1062-63.

ANTIFONA DE COMUNION   Jn 9, 11

Cuando se lee el Evangelio del ciego de nacimiento.

El Señor me puso barro en los ojos,
me lavé y veo, y he empezado a creer en Dios.

Cuando se lee el Evangelio del hijo pródigo   Lc 15, 32

Deberías alegrarte, hijo, porque este hermano tuyo estaba muerto y ha revivido, estaba perdido y lo hemos encontrado.

Cuando se lee otro Evangelio   Sal 121, 3-4

Jerusalén está fundada como ciudad bien compacta. Allá suben las tribus, las tribus del Señor, según la costumbre de Israel, a celebrar el nombre del Señor.

ORACION DESPUES DE LA COMUNION

Señor Dios, luz que alumbras a todo hombre que viene a este mundo, ilumina nuestro espíritu con la claridad de tu gracia, para que nuestros pensamientos sean dignos de ti y aprendamos a amarte de todo corazón. Por Jesucristo nuestro Señor.

CICLO A (Años 1990, 1993, 1996, 1999, 2002, 2005)

PRIMERA LECTURA

David es ungido rey de Israel

LECTURA DEL LIBRO PRIMERO DE SAMUEL

16, 1b.6-7.10-13a

En aquellos días, dijo el Señor a Samuel: «Llena la cuerna de aceite y vete, por encargo mío, a Jesé, el de Belén, porque entre sus hijos me he elegido un rey.» Cuando llegó, vio a Eliab y pensó: «Seguro, el Señor tiene delante a su ungido.» Pero el Señor le dijo: «No te fijes en las apariencias ni en su buena estatura. Lo rechazo. Porque Dios no ve como los hombres, que ven la apariencia; el Señor ve el corazón.» Jesé hizo pasar a siete hijos suyos ante Samuel; y Samuel le dijo: «Tampoco a éstos los ha elegido el Señor.» Luego preguntó a Jesé: «¿Se acabaron los muchachos?» Jesé respondió: «Queda el pequeño, que precisamente está cuidando las ovejas.» Samuel dijo: «Manda por él, que no nos sentaremos a la mesa mientras no llegue.» Jesé mandó a por él y lo hizo entrar: era de buen color, de hermosos ojos y buen tipo. Entonces el Señor dijo a Samuel: «Anda, úngelo, porque es éste.» Samuel tomó la cuerna de aceite y lo ungió en medio de sus hermanos. En aquel momento, invadió a David el espíritu del Señor, y estuvo con él en adelante.

Palabra de Dios.

SALMO RESPONSORIAL 22

℟ **El Señor es mi pastor, nada me falta.**

El Señor es mi pastor, | nada me falta: | en verdes praderas me hace recostar; | me conduce hacia fuentes tranquilas | y repara mis fuerzas. ℟.

Me guía por el sendero justo, | por el honor de su nombre. | Aunque camine por cañadas oscuras, | nada temo, porque tú vas conmigo: | tu vara y tu cayado me sosiegan. ℟.

Preparas una mesa ante mí, | enfrente de mis enemigos; | me unges la cabeza con perfume, | y mi copa rebosa. ℟.

Tu bondad y tu misericordia me acompañan | todos los días de mi vida, | y habitaré en la casa del Señor | por años sin término. ℟.

SEGUNDA LECTURA

Levántate de entre los muertos y Cristo será tu luz

LECTURA DE LA CARTA DEL APOSTOL SAN PABLO A LOS EFESIOS   5, 8-14

Hermanos: En otro tiempo erais tinieblas, ahora sois luz en el Señor. Caminad como hijos de la luz (toda bondad, justicia y verdad son fruto de la luz), buscando lo que agrada al Señor, sin tomar parte en las obras estériles de las tinieblas, sino más bien poniéndolas en evidencia, pues hasta ahora da vergüenza mencionar las cosas que ellos hacen a escondidas. Pero la luz, denunciándolas, las pone al descubierto, y todo lo descubierto es luz. Por eso dice: «Despierta tú que duermes, levántate de entre los muertos y Cristo será tu luz.»

Palabra de Dios.

ACLAMACION   Jn 8, 12

Yo soy la luz del mundo, dice el Señor; quien me sigue tendrá la luz de la vida.

EVANGELIO

Fue, se lavó, y volvió con vista

✠ LECTURA DEL S. EVANGELIO SEGUN SAN JUAN   9, 1-41

El texto entre [ ] puede omitirse.

En aquel tiempo, al pasar Jesús vio a un hombre ciego de nacimiento. [Y sus discípulos le preguntaron: «Maestro, ¿quién

pecó: éste o sus padres, para que naciera ciego?» Jesús contestó:
«Ni éste pecó ni sus padres, sino para que se manifiesten en él
las obras de Dios. Mientras es de día tengo que hacer las obras
del que me ha enviado: viene la noche y nadie podrá hacerlas.
Mientras estoy en el mundo, soy la luz del mundo.» Dicho esto,]
escupió en la tierra, hizo barro con la saliva, se lo untó en los
ojos al ciego, y le dijo: «Ve a lavarte a la piscina de Siloé» (que
significa Enviado). El fue, se lavó, y volvió con vista.

Y los vecinos y los que antes solían verlo pedir limosna preguntaban: «¿No es ése el que se sentaba a pedir?» Unos decían:
«El mismo.» Otros decían: «No es él, pero se le parece.» El respondía: «Soy yo.» [Y le preguntaban: «¿Y cómo se te han abierto
los ojos?» El contestó: «Ese hombre que se llama Jesús hizo barro, me lo untó en los ojos y me dijo que fuese a Siloé y que me
lavase. Entonces fui, me lavé, y empecé a ver.» Le preguntaron:
«¿Dónde está él?» Contestó: «No sé.»]

Llevaron ante los fariseos al que había sido ciego. [Era sábado el día que Jesús hizo barro y le abrió los ojos.] También los
fariseos le preguntaban cómo había adquirido la vista. El les
contestó: «Me puso barro en los ojos, me lavé y veo.» Algunos
de los fariseos comentaban: «Este hombre no viene de Dios, porque no guarda el sábado.» Otros replicaban: «¿Cómo puede un
pecador hacer semejantes signos?»

Y estaban divididos. Y volvieron a preguntarle al ciego: «Y
tú, ¿qué dices del que te ha abierto los ojos?» El contestó: «Que
es un profeta.» [Pero los judíos no se creyeron que aquél había
sido ciego y había recibido la vista, hasta que llamaron a sus padres y les preguntaron: «¿Es este vuestro hijo, de quien decís
vosotros que nació ciego? ¿Cómo es que ahora ve?» Sus padres
contestaron: «Sabemos que éste es nuestro hijo y que nació ciego; pero cómo ve ahora, no lo sabemos nosotros, y quién le ha
abierto los ojos nosotros tampoco lo sabemos. Preguntádselo a
él, que es mayor y puede explicarse.» Sus padres respondieron así
porque tenían miedo a los judíos: porque los judíos ya habían
acordado excluir de la sinagoga a quien reconociera a Jesús por

Mesías. Por eso sus padres dijeron: «Ya es mayor, preguntádselo a él.»

Llamaron por segunda vez al que había sido ciego y le dijeron: «Confiésalo ante Dios: nosotros sabemos que ese hombre es un pecador.» Contestó él: «Si es un pecador, no lo sé; sólo sé que yo era ciego y ahora veo.» Le preguntaron de nuevo: «¿Qué te hizo, cómo te abrió los ojos?» Les contestó: «Os lo he dicho ya, y no me habéis hecho caso: ¿para qué queréis oírlo otra vez?, ¿también vosotros queréis haceros discípulos suyos?» Ellos lo llenaron de improperios y le dijeron: «Discípulo de ése lo serás tú; nosotros somos discípulos de Moisés. Nosotros sabemos que a Moisés le habló Dios, pero ése no sabemos de dónde viene.» Replicó él: «Pues eso es lo raro: que vosotros no sabéis de dónde viene, y, sin embargo, me ha abierto los ojos. Sabemos que Dios no escucha a los pecadores, sino al que es religioso y hace su voluntad. Jamás se oyó decir que nadie le abriera los ojos a un ciego de nacimiento; si éste no viniera de Dios, no tendría ningún poder.»] Le replicaron: «Empecatado naciste tú de pies a cabeza, ¿y nos vas a dar lecciones a nosotros?» Y lo expulsaron.

Oyó Jesús que lo habían expulsado, lo encontró y le dijo: «¿Crees tú en el Hijo del Hombre?» El contestó: «¿Y quién es, Señor, para que crea en él?» Jesús le dijo: «Lo estás viendo: el que te está hablando, ése es.» El dijo: «Creo, Señor.» Y se postró ante él. [Dijo Jesús: «Para un juicio he venido yo a este mundo: para que los que no ven, vean, y los que ven, se queden ciegos.» Los fariseos que estaban con él oyeron esto y le preguntaron: «¿También nosotros estamos ciegos?» Jesús les contestó: «Si estuvierais ciegos, no tendríais pecado; pero como decís que veis, vuestro pecado persiste.»]

Palabra del Señor.

Se dice «Credo».

CICLO B (Años 1988, 1991, 1994, 1997, 2000, 2006)

PRIMERA LECTURA

*La ira y la misericordia del Señor se manifestaron por el exilio
y la liberación del pueblo*

LECTURA DEL LIBRO SEGUNDO DE LAS CRONICAS

36, 14-16.19-23

En aquellos días, todos los jefes de los sacerdotes y el pueblo multiplicaron sus infidelidades, según las costumbres abominables de los gentiles, y mancharon la Casa del Señor, que él se había construido en Jerusalén. El Señor, Dios de sus Padres, les envió desde el principio avisos por medio de sus mensajeros, porque tenía compasión de su pueblo y de su Morada. Pero ellos se burlaron de los mensajeros de Dios, despreciaron sus palabras y se mofaron de sus profetas, hasta que subió la ira del Señor contra su pueblo a tal punto, que ya no hubo remedio. Incendiaron la casa de Dios y derribaron las murallas de Jerusalén; pegaron fuego a todos sus palacios y destruyeron todos sus objetos preciosos. Y a los que escaparon de la espada los llevaron cautivos a Babilonia, donde fueron esclavos del rey y de sus hijos hasta la llegada del reino de los persas; para que se cumpliera lo que dijo Dios por boca del Profeta Jeremías: «Hasta que el país haya pagado sus sábados, descansará todos los días de la desolación, hasta que se cumplan los setenta años.»

En el año primero de Ciro, rey de Persia, en cumplimiento de la Palabra del Señor, por boca de Jeremías, movió el Señor el espíritu de Ciro, rey de Persia, que mandó publicar de palabra y por escrito en todo su reino: «Así habla Ciro, rey de Persia: El Señor, el Dios de los Cielos me ha dado todos los reinos de la tierra. El me ha encargado que le edifique una Casa en Jerusalén, en Judá. Quien de entre vosotros pertenezca a su pueblo, ¡sea su Dios con él y suba!»

Palabra de Dios.

SALMO RESPONSORIAL 136

℞ **Que se me pegue la lengua al paladar | si no me acuerdo de ti.**

Junto a los canales de Babilonia | nos sentamos a llorar con nostalgia de Sión; | en los sauces de sus orillas | colgábamos nuestras cítaras. ℞.

Allí los que nos deportaron nos invitaban a cantar | nuestros opresores, a divertirlos: | «Cantadnos un cantar de Sión.» ℞.

¡Cómo cantar un cántico del Señor | en tierra extranjera! | Si me olvido de ti, Jerusalén, | que se me paralice la mano derecha. ℞.

Que se me pegue la lengua al paladar | si no me acuerdo de ti, | si no pongo a Jerusalén | en la cumbre de mis alegrías. ℞.

SEGUNDA LECTURA

Muertos por los pecados, por pura gracia estáis salvados

LECTURA DE LA CARTA DEL APOSTOL
SAN PABLO A LOS EFESIOS   2, 4-10

Hermanos: Dios, rico en misericordia, por el gran amor con que nos amó, estando nosotros muertos por los pecados, nos ha hecho vivir con Cristo —por pura gracia estáis salvados— nos ha resucitado con Cristo Jesús y nos ha sentado en el cielo con él. Así muestra en todos los tiempos la inmensa riqueza de su gracia, su bondad para con nosotros en Cristo Jesús. Porque estáis salvados por su gracia y mediante la fe. Y no se debe a vosotros, sino que es un don de Dios; y tampoco se debe a las obras, para que nadie pueda presumir. Somos, pues, obra suya. Dios nos ha creado en Cristo Jesús, para que nos dediquemos a las buenas obras, que él nos asignó para que las practicásemos.

Palabra de Dios.

ACLAMACION   Jn 3, 16

Tanto amó Dios al mundo, que entregó a su Hijo único. Todos los que creen en él tienen vida eterna.

EVANGELIO

Dios mandó a su Hijo para que el mundo se salve por Él

✠ LECTURA DEL S. EVANGELIO SEGUN
SAN JUAN   3, 14-21

En aquel tiempo dijo Jesús a Nicodemo: «Lo mismo que
Moisés elevó la serpiente en el desierto, así tiene que ser elevado
el Hijo del Hombre, para que todo el que cree en él tenga vida
eterna. Tanto amó Dios al mundo, que entregó a su Hijo único,
para que no perezca ninguno de los que creen en él, sino que
tengan vida eterna. Porque Dios no mandó su Hijo al mundo
para condenar al mundo, sino para que el mundo se salve por él.
El que cree en él, no será condenado; el que no cree, ya está
condenado, porque no ha creído en el nombre del Hijo único de
Dios. Esta es la causa de la condenación: que la luz vino al mundo, y los hombres prefirieron la tiniebla a la luz, porque sus
obras eran malas. Pues todo el que obra perversamente detesta la
luz, y no se acerca a la luz, para no verse acusado por sus obras.
En cambio, el que realiza la verdad se acerca a la luz, para que
se vea que sus obras están hechas según Dios.»

Palabra del Señor.

Se dice «Credo».
Si se prefiere, pueden escogerse las lecturas del ciclo A, p. 292.

CICLO C (Años 1989, 1992, 1995, 1998, 2001, 2004)

PRIMERA LECTURA

*El pueblo de Dios celebra la pascua al entrar en la tierra
prometida*

LECTURA DEL LIBRO DE JOSUE   5, 9a.10-12

En aquellos días, el Señor dijo a Josué: «Hoy os he despoja-
do del oprobio de Egipto. Los israelitas acamparon en Guilgal y

celebraron la pascua al atardecer del día catorce del mes, en la estepa de Jericó. El día siguiente a la pascua, ese mismo día, comieron el fruto de la tierra: panes ácimos y espigas fritas. Cuando comenzaron a comer del fruto de la tierra, cesó el maná. Los israelitas ya no tuvieron maná, sino que aquel año comieron de la cosecha de la tierra de Canaán.

Palabra de Dios.

SALMO RESPONSORIAL 33

℟ **Gustad y ved | qué bueno es el Señor.**

Bendigo al Señor en todo momento, | su alabanza está siempre en mi boca; | mi alma se gloría en el Señor: | que los humildes lo escuchen y se alegren. ℟.

Proclamad conmigo la grandeza del Señor, | ensalcemos juntos su nombre. | Yo consulté al Señor y me respondió, | me libró de todas mis ansias. ℟.

Contempladlo y quedaréis radiantes, | vuestro rostro no se avergonzará. | Si el afligido invoca al Señor, él lo escucha | y lo salva de sus angustias. ℟.

SEGUNDA LECTURA

Dios nos ha reconciliado consigo en Cristo

LECTURA DE LA SEGUNDA CARTA DEL APOSTOL SAN PABLO A LOS CORINTIOS

5, 17-21

Hermanos: El que es de Cristo es una criatura nueva: lo antiguo ha pasado, lo nuevo ha comenzado. Todo esto viene de Dios, que por medio de Cristo nos reconcilió consigo y nos encargó el servicio de reconciliar. Es decir, Dios mismo estaba en Cristo reconciliando al mundo consigo, sin pedirle cuentas de sus pecados, y a nosotros nos ha confiado el mensaje de la reconciliación. Por eso, nosotros actuamos como enviados de Cristo, y es como si Dios mismo os exhortara por medio nuestro. En nombre de Cristo os pedimos que os reconciliéis con Dios. Al

que no había pecado, Dios lo hizo expiar nuestros pecados, para
que nosotros, unidos a él, recibamos la salvación de Dios.

Palabra de Dios.

ACLAMACION   Lc 15, 18

Me pondré en camino adonde está mi padre, y le diré:
«Padre, he pecado contra el cielo y contra ti.»

EVANGELIO

«Este hermano tuyo estaba muerto y ha revivido»

✠ **LECTURA DEL S. EVANGELIO SEGUN
SAN LUCAS**
                                                        15, 1-3.11-32

En aquel tiempo, se acercaban a Jesús los publicanos y los
pecadores a escucharle. Y los fariseos y los letrados murmuraban
entre ellos: «Ese acoge a los pecadores y come con ellos.» Jesús
les dijo esta parábola: «Un hombre tenía dos hijos: el menor de
ellos dijo a su padre: "Padre, dame la parte que me toca de la
fortuna." El padre les repartió los bienes. No muchos días después, el hijo menor, juntando todo lo suyo, emigró a un país lejano, y allí derrochó su fortuna viviendo perdidamente. Cuando
lo había gastado todo, vino por aquella tierra un hambre terrible,
y empezó él a pasar necesidad. Fue entonces y tanto le insistió a
un habitante de aquel país, que lo mandó a sus campos a guardar
cerdos. Le entraban ganas de llenarse el estómago de las algarrobas que comían los cerdos; y nadie le daba de comer. Recapacitando entonces se dijo: "Cuántos jornaleros de mi padre tienen
abundancia de pan, mientras yo aquí me muero de hambre." Me
pondré en camino adonde está mi padre, y le diré: "Padre, he pecado contra el cielo y contra ti; ya no merezco llamarme hijo
tuyo: trátame como a uno de tus jornaleros." Se puso en camino
adonde estaba su padre: cuando todavía estaba lejos, su padre lo
vio y se conmovió; y echando a correr, se le echó al cuello y se
puso a besarlo. Su hijo le dijo: "Padre, he pecado contra el cielo
y contra ti; ya no merezco llamarme hijo tuyo." Pero el padre
dijo a sus criados: "Sacad en seguida el mejor traje, y vestidlo;

ponedle un anillo en la mano y sandalias en los pies; traed el ternero cebado y matadlo; celebremos un banquete; porque este
hijo mío estaba muerto y ha revivido; estaba perdido y lo hemos
encontrado." Y empezaron el banquete. Su hijo mayor estaba en
el campo. Cuando al volver se acercaba a la casa, oyó la música
y el baile, y llamando a uno de los mozos, le preguntó qué pasaba. Este le contestó: "Ha vuelto tu hermano; y tu padre ha matado el ternero cebado, porque lo ha recobrado con salud." El se
indignó y se negaba a entrar; pero su padre salió e intentaba persuadirlo. Y él replicó a su padre: "Mira: en tantos años como te
sirvo, sin desobedecer nunca una orden tuya, a mí nunca me has
dado un cabrito para tener un banquete con mis amigos; y cuando ha venido ese hijo tuyo que se ha comido tus bienes con malas mujeres le matas el ternero cebado." El padre le dijo: "Hijo,
tú estás siempre conmigo, y todo lo mío es tuyo: deberías alegrarte, porque este hermano tuyo estaba muerto y ha revivido,
estaba perdido, y lo hemos encontrado."»

Palabra del Señor.

Se dice «Credo».
Si se prefiere, pueden escogerse las lecturas del ciclo A, p. 292.

CUARTA SEMANA DE CUARESMA

LECTURAS A ELEGIR

*Pueden emplearse cualquier día de la semana, principalmente en los
ciclos B y C, cuando el Evangelio del ciego de nacimiento no se lee en el
cuarto domingo de Cuaresma.*

PRIMERA LECTURA
Si me siento en tinieblas, el Señor es mi luz

LECTURA DEL PROFETA MIQUEAS   7, 7-9

Yo miro atento al Señor, espero en Dios mi salvador; mi
Dios me escuchará. No te alegres, enemiga, de mi desgracia: si

caí, me alzaré; si me siento en tinieblas, el Señor es mi luz. So-
portaré la ira del Señor, pues pequé contra él, en tanto juzga mi
causa y me hace justicia; me conducirá a la luz y veré la justicia.

Palabra de Dios.

SALMO RESPONSORIAL 26

℟ **El Señor es mi luz y mi salvación.**

El Señor es mi luz y mi salvación, | ¿a quién temeré? | El Se-
ñor es la defensa de mi vida, | ¿quién me hará temblar? ℟.

Escúchame, Señor, que te llamo, | ten piedad, respóndeme. |
Oigo en mi corazón: «Buscad mi rostro.» ℟.

Tu rostro buscaré, Señor, | no me escondas tu rostro. | No
rechaces con ira a tu siervo, | que tú eres mi auxilio. ℟.

Espero gozar de la dicha del Señor | en el país de la vida. |
Espera en el Señor, sé valiente, | ten ánimo, espera en el
Señor. ℟.

ACLAMACION   Jn 8, 126

Yo soy la luz del mundo —dice el Señor—; el que
me sigue tendrá la luz de la vida.

EVANGELIO

El ciego fue a la piscina y se lavó, y volvió con vista

✠ LECTURA DEL S. EVANGELIO SEGUN
SAN JUAN
                                                                                 9, 1-41

En aquel tiempo, al pasar Jesús vio a un hombre ciego de
nacimiento. Y sus discípulos le preguntaron: «Maestro, ¿quién
pecó: éste o sus padres, para que naciera ciego?» Jesús contestó:
«Ni éste pecó ni sus padres, sino para que se manifiesten en él
las obras de Dios. Mientras es de día tengo que hacer las obras
del que me ha enviado: viene la noche y nadie podrá hacerlas.
Mientras estoy en el mundo, soy la luz del mundo.» Dicho esto

escupió en la tierra, hizo barro con la saliva, se lo untó en los ojos al ciego y le dijo: «Ve a lavarte a la piscina de Siloé» (que significa «Enviado»). El fue, se lavó, y volvió con vista.

Y los vecinos y los que antes solían verlo pedir limosna preguntaban: «¿No es ése el que se sentaba a pedir?» Unos decían: «El mismo.» Otros decían: «No es él, pero se le parece.» El respondía: «Soy yo.» Y le preguntaban: «¿Y cómo se te han abierto los ojos?» El contestó: «Ese hombre que se llama Jesús hizo barro, me lo untó en los ojos y me dijo que fuese a Siloé y que me lavase. Entonces fui, me lavé, y empecé a ver.» Le preguntaron: «¿Dónde está él?» Contesta: «No sé.»

Llevan ante los fariseos al que había sido ciego. (Era sábado el día que Jesús hizo barro y le abrió los ojos.) También los fariseos le preguntaban cómo había adquirido la vista. El les contestó: «Me puso barro en los ojos, me lavé, y veo.» Algunos de los fariseos comentaban: «Este hombre no viene de Dios, porque no guarda el sábado.» Otros replicaban: «¿Cómo puede un pecador hacer semejantes signos?» Y estaban divididos. Y vuelven a preguntarle al ciego: «Y tú, ¿qué dices del que te ha abierto los ojos?» El contestó: «Que es un profeta.» Pero los judíos no se creyeron que aquél había sido ciego y había recibido la vista, hasta que llamaron a sus padres y les preguntaron: «¿Es éste vuestro hijo de quién decís vosotros que nació ciego? ¿Cómo es que ahora ve?» Sus padres contestaron: «Sabemos que éste es nuestro hijo y que nació ciego; pero cómo ve ahora, no lo sabemos nosotros, y quién le ha abierto los ojos, nosotros tampoco lo sabemos. Preguntádselo a él, que es mayor y puede explicarse.» Sus padres respondieron así porque tenían miedo a los judíos: porque los judíos ya habían acordado excluir de la sinagoga a quien reconociera a Jesús por Mesías. Por eso sus padres dijeron: «Ya es mayor, preguntádselo a él.»

Llamaron por segunda vez al que había sido ciego y le dijeron: «Confiésalo ante Dios, nosotros sabemos que ese hombre es un pecador.» Contestó él: «Si es un pecador, no lo sé; sólo sé que yo era ciego y ahora veo.» Le preguntaron de nuevo: «¿Qué

te hizo, cómo te abrió los ojos?» Les contestó: «Os lo he dicho
ya y no me habéis hecho caso: ¿para qué queréis oírlo otra vez?,
¿también vosotros queréis haceros discípulos suyos?» Ellos lo llenaron de improperios y le dijeron: «Discípulo de ése lo serás tú,
nosotros somos discípulos de Moisés. Nosotros sabemos que a
Moisés le habló Dios, pero ése no sabemos de dónde viene.» Replicó él: «Pues eso es lo raro: que vosotros no sabéis de dónde
viene y, sin embargo, me ha abierto los ojos. Sabemos que Dios
no escucha a los pecadores, sino al que es religioso y hace su voluntad. Jamás se oyó decir que nadie le abriera los ojos a un ciego de nacimiento; si éste no viniera de Dios, no tendría ningún
poder.» Le replicaron: «Empecatado naciste tú de pies a cabeza,
¿y nos vas a dar lecciones a nosotros?» Y lo expulsaron. Oyó Jesús que lo habían expulsado, lo encontró y le dijo: «¿Crees tú en
el Hijo del Hombre?» El contestó: «¿Y quién es, Señor, para que
crea en él?» Jesús le dijo: «Lo estás viendo: el que te está hablando, ése es.» El dijo: «Creo, Señor.» Y se postró ante él. Dijo Jesús: «Para un juicio he venido yo a este mundo: para que los que
no ven, vean, y los que ven, queden ciegos.» Los fariseos que estaban con él oyeron esto y le preguntaron: «¿También nosotros
estamos ciegos?» Jesús les contestó: «Si estuvierais ciegos, no
tendríais pecado; pero como decís que veis, vuestro pecado persiste.»

Palabra del Señor.

CUARTA SEMANA DE CUARESMA   **LUNES**

ANTIFONA DE ENTRADA   Sal 30, 7-8

Yo confío en el Señor. Tu misericordia sea mi gozo
y mi alegría. Te has fijado en mi aflicción.

ORACION COLECTA

Oh Dios, que renuevas el mundo por medio de sacramentos
divinos: concede a tu Iglesia la ayuda de estos auxilios del cielo
sin que le falten los necesarios de la tierra. Por nuestro Señor.

Ya no se oirán gemidos ni llantos

LECTURA DEL PROFETA ISAIAS 65, 17-21

Así dice el Señor: Mirad, yo voy a crear un cielo nuevo y una tierra nueva: de lo pasado no habrá recuerdo ni vendrá pensamiento, sino que habrá gozo y alegría perpetua por lo que voy a crear. Mirad, voy a transformar a Jerusalén en alegría, y su pueblo en gozo; me alegraré de Jerusalén y me gozaré de mi pueblo, y ya no se oirán en ella gemidos ni llantos; ya no habrá allí niños malogrados ni adultos que no colmen sus años, pues será joven el que muera a los cien años, y el que no los alcance se tendrá por maldito. Construirán casas y las habitarán, plantarán viñas y comerán sus frutos.

Palabra de Dios.

SALMO RESPONSORIAL 29

R Te ensalzaré, Señor, | porque me has librado.

Te ensalzaré, Señor, porque me has librado | y no has dejado que mis enemigos se rían de mí. | Señor, sacaste mi vida del abismo, | me hiciste revivir cuando bajaba a la fosa. R.

Tañed para el Señor, fieles suyos, | dad gracias a su nombre santo; | su cólera dura un instante, | su bondad, de por vida; | al atardecer nos visita el llanto, | por la mañana, el júbilo. R.

Escucha, Señor, y ten piedad de mí, | Señor, socórreme. | Cambiaste mi luto en danzas. | Señor, Dios mío, te daré gracias por siempre. R.

ACLAMACION Am 5, 14

Buscad el bien y no el mal, y viviréis, y así estará con vosotros el Señor.

EVANGELIO

Anda, tu hijo está curado

✠ LECTURA DEL S. EVANGELIO SEGUN
SAN JUAN

4, 43-54

En aquel tiempo, salió Jesús de Samaria y se fue a Galilea. Jesús mismo había hecho esta afirmación: «Un profeta no es estimado en su propia Patria.» Cuando llegó a Galilea, los galileos lo recibieron bien, porque habían visto todo lo que había hecho en Jerusalén durante la fiesta, pues también ellos habían ido a la fiesta. Fue Jesús otra vez a Caná de Galilea, donde había convertido el agua en vino. Había un funcionario real que tenía un hijo enfermo en Cafarnaún. Oyendo que Jesús había llegado de Judea a Galilea fue a verle, y le pedía que bajase a curar a su hijo que estaba muriéndose, Jesús le dijo: «Como no veáis signos y prodigios, no creéis.» El funcionario insiste: «Señor, baja antes de que se muera mi niño.» Jesús le contesta: «Anda, tu hijo está curado.» El hombre creyó en la palabra de Jesús y se puso en camino. Iba ya bajando, cuando sus criados vinieron a su encuentro diciéndole que su hijo estaba curado. El les preguntó a qué hora había empezado la mejoría. Y le contestaron: «Hoy a la una lo dejó la fiebre.» El padre cayó en la cuenta de que ésa era la hora cuando Jesús le había dicho «tu hijo está curado». Y creyó él con toda su familia. Este segundo signo lo hizo Jesús al llegar de Judea a Galilea.

Palabra del Señor.

ORACION SOBRE LAS OFRENDAS

Señor, concédenos recibir todo el fruto de estas ofrendas que te presentamos, para que muera en nosotros el antiguo poder del pecado y nos renovemos con la participación en tu vida divina. Por Jesucristo.

Prefacio de Cuaresma, pp. 1064-67.

ANTIFONA DE COMUNION   Ez 36, 27

Os infundiré mi espíritu y haré que caminéis según
mis preceptos y que guardéis y cumpláis mis mandatos,
dice el Señor.

ORACION DESPUES DE LA COMUNION

Te pedimos, Señor, que estos santos misterios nos renueven,
nos llenen de vida y nos santifiquen, para que alcancemos, por
ellos, los premios eternos. Por Jesucristo.

CUARTA SEMANA DE CUARESMA   **MARTES**

ANTIFONA DE ENTRADA   Cf. Is 55, 1

Sedientos, acudid por agua —dice el Señor— venid
los que no tenéis dinero y bebed con alegría.

ORACION COLECTA

Te pedimos, Señor, que las prácticas santas de esta Cuaresma
dispongan el corazón de tus fieles para celebrar dignamente el
misterio pascual y anunciar a todos los hombres la grandeza de
tu salvación. Por nuestro Señor.

PRIMERA LECTURA

Por debajo del umbral del Templo manaba agua e iba bajando;
a cuantos toque este agua los salvará

LECTURA DEL PROFETA EZEQUIEL   47, 1-9.12

En aquellos días el ángel me hizo volver a la entrada del
templo; del zaguán del templo manaba agua hacia Levante —el
templo miraba a Levante—, el agua iba bajando por el lado derecho del templo, al mediodía del altar. Me hizo salir por la

puerta del Norte y me dirigió por fuera a la puerta exterior que
mira a Levante; el agua iba corriendo por el lado derecho. Saliendo hacia Levante, el hombre, cordel en mano, midió mil co-
dos, y me hizo atravesar las aguas: ¡agua hasta los tobillos! Midió
otros mil, y me hizo cruzar las aguas: ¡agua hasta las rodillas!
Midió otros mil, y me hizo pasar: ¡agua hasta la cintura! Midió
otros mil: era un torrente que no podía cruzar, pues habían crecido las aguas y no se hacía pie; un torrente que no se podía va-
dear. Me dijo entonces: «¿Has visto, hijo de Adán?» Me condujo
a la vuelta por la orilla del torrente. Al regresar vi a la vera del
río una gran arboleda en sus dos márgenes. Me dijo: «Estas
aguas corren a la comarca de Levante, bajarán hasta el Arabá y
desembocarán en el mar, el de las aguas pútridas, y lo sanearán.
Todos los seres vivos que bullan allí donde desemboque la corriente, tendrán vida, y habrá peces en abundancia; al desembocar allí estas aguas quedará saneado el mar y habrá vida dondequiera que llegue la corriente. A la vera del río, en sus dos riberas, crecerán toda clase de frutales; no se marchitarán sus hojas
ni sus frutos se acabarán; darán cosecha nueva cada luna, porque
los riegan aguas que manan del santuario; su fruto será comestible y sus hojas medicinales.»

Palabra de Dios.

SALMO RESPONSORIAL 45

℟. **El Señor de los ejércitos está con nosotros, | nuestro
alcázar es el Dios de Jacob.**

Dios es nuestro refugio y nuestra fuerza, | poderoso defensor
en el peligro. | Por eso no tememos aunque tiemble la tierra | y
los montes se desplomen en el mar. ℟.

El correr de las acequias alegra la ciudad de Dios, | el Altísi-
mo consagra su morada. | Teniendo a Dios en medio, no vaci-
la, | Dios la socorre al despuntar la aurora. ℟.

El Señor de los ejércitos está con nosotros, | nuestro alcázar
es el Dios de Jacob. | Venid a ver las obras del Señor, | las ma-
ravillas que hace en la tierra. ℟.

ACLAMACION   Sal 50, 12a.14a

> Oh Dios, crea en mí, un corazón puro. Devuélveme la alegría de tu salvación.

EVANGELIO

Al momento el hombre quedó sano

✠ LECTURA DEL S. EVANGELIO SEGUN
SAN JUAN   5, 1-3.5-16

En aquel tiempo, se celebraba una fiesta de los judíos y Jesús subió a Jerusalén. Hay en Jerusalén, junto a la puerta de las ovejas, una piscina que llaman en hebreo Betesda. Esta tiene cinco soportales, y allí estaban echados muchos enfermos, ciegos, cojos, paralíticos, que aguardaban el movimiento del agua. Estaba también allí un hombre que llevaba treinta y ocho años enfermo. Jesús, al verlo echado, y sabiendo que ya llevaba mucho tiempo, le dice: «¿Quieres quedar sano?» El enfermo le contestó: «Señor, no tengo a nadie que me meta en la piscina cuando se remueve el agua; para cuando llego yo, otro se me ha adelantado.» Jesús le dice: «Levántate, toma tu camilla y echa a andar.» Y al momento el hombre quedó sano, tomó su camilla y echó a andar.

Aquel día era sábado y los judíos dijeron al hombre que había quedado sano: «Hoy es sábado y no se puede llevar la camilla.» El les contestó: «El que me ha curado es quien me ha dicho: Toma tu camilla y echa a andar.» Ellos le preguntaron: «¿Quién es el que te ha dicho que tomes la camilla y eches a andar?» Pero el que había quedado sano no sabía quién era, porque Jesús, aprovechando el barullo de aquel sitio, se había alejado.

Más tarde lo encuentra Jesús en el templo y le dice: «Mira, has quedado sano, no peques más no sea que te ocurra algo peor.» Se marchó aquel hombre y dijo a los judíos que era Jesús quien lo había sanado. Por esto los judíos acosaban a Jesús, porque hacía tales cosas en sábado.

Palabra del Señor.

ORACION SOBRE LAS OFRENDAS

Te ofrecemos, Señor, estos dones que tú mismo has creado y que ahora nos entregas, como prueba de tu providencia sobre nuestra vida mortal; haz que lleguen a ser para nosotros alimento que da la vida eterna. Por Jesucristo.

Prefacio de Cuaresma, pp. 1064-67.

ANTIFONA DE COMUNION   Sal 22, 1-2

El Señor es mi pastor, nada me falta; en verdes praderas me hace recostar, me conduce hacia fuentes tranquilas.

ORACION DESPUES DE LA COMUNION

Purifícanos, Señor, y renuévanos de tal modo con tus sacramentos que también nuestro cuerpo encuentre en ellos fuerzas para la vida presente y el germen de su vida inmortal. Por Jesucristo nuestro Señor.

CUARTA SEMANA DE CUARESMA   MIERCOLES

ANTIFONA DE ENTRADA   Sal 68, 14

Mi oración se dirige hacia ti, Dios mío, el día de tu favor; que me escuche tu gran bondad, que tu fidelidad me ayude.

ORACION COLECTA

Señor, Dios nuestro, que concedes a los justos el premio de sus méritos y a los pecadores que hacen penitencia les perdonas sus pecados, ten piedad de nosotros y danos, por la humilde confesión de nuestras culpas, tu paz y tu perdón. Por nuestro Señor.

PRIMERA LECTURA

He constituido alianza con el pueblo para restaurar el país

LECTURA DEL PROFETA ISAIAS   49, 8-15

Así dice el Señor: En el tiempo de gracia te he respondido, en el día de salvación te he auxiliado; te he defendido y constituido alianza del pueblo: para restaurar el país, para repartir heredades desoladas, para decir a los cautivos: «¡Salid!» A los que están en tinieblas: «Venid a la luz.» Aun por los caminos pastarán, tendrán praderas en todas las dunas; no pasarán hambre ni sed, no les hará daño el bochorno ni el sol, porque los conduce el Compasivo y los guía a manantiales de agua. Convertiré mis montes en caminos y mis senderos se nivelarán. Miradlos venir de lejos, miradlos, del Norte y del Poniente, y los otros del país de Sin. Exulta, cielo; alégrate, tierra; romped a cantar, montañas, porque el Señor consuela a su pueblo, se compadece de los desamparados. Sión decía: «Me ha abandonado el Señor, mi dueño me ha olvidado.» ¿Es que puede una madre olvidarse de su criatura, no conmoverse por el hijo de sus entrañas? Pues, aunque ella se olvide, yo no te olvidaré.

Palabra de Dios.

SALMO RESPONSORIAL 144

℟ **El Señor es clemente y misericordioso.**

El Señor es clemente y misericordioso, | lento a la cólera y rico en piedad; | El Señor es bueno con todos, | es cariñoso con todas sus criaturas. ℟.

El Señor es fiel a sus palabras, | bondadoso en todas sus acciones. | El Señor sostiene a los que van a caer, | endereza a los que ya se doblan. ℟.

El Señor es justo en todos sus caminos, | es bondadoso en todas sus acciones; | cerca está el Señor de los que lo invocan, | de los que lo invocan sinceramente. ℟.

ACLAMACION   Jn 11, 25a.26

Yo soy la resurrección y la vida —dice el Señor—; el que cree en mí no morirá para siempre.

EVANGELIO

Lo mismo que el Padre resucita a los muertos y les da vida, así también el Hijo da la vida a los que quiere

✠ LECTURA DEL S. EVANGELIO SEGUN
SAN JUAN   5, 17-30

En aquel tiempo, dijo Jesús a los judíos: «Mi padre sigue actuando y yo también actúo.» Por eso los judíos tenían más ganas de matarlo: porque no sólo violaba el sábado, sino también llamaba a Dios Padre suyo, haciéndose igual a Dios. Jesús tomó la palabra y les dijo: «Os lo aseguro: el Hijo no puede hacer por su cuenta nada que no vea hacer al Padre. Lo que hace éste, eso mismo hace también el Hijo, pues el Padre ama al Hijo y le muestra todo lo que él hace, y le mostrará obras mayores que ésta para vuestro asombro. Lo mismo que el Padre resucita a los muertos y les da vida, así también el Hijo da vida a los que quiere. Porque el Padre no juzga a nadie, sino que ha confiado al Hijo el juicio de todos, para que todos honren al Hijo como honran al Padre. El que no honra al Hijo, no honra al Padre que lo envió. Os lo aseguro: quien escucha mi palabra y cree al que me envió, posee la vida eterna y no será condenado, porque ha pasado ya de la muerte a la vida. Os aseguro que llega la hora, y ya está aquí, en que los muertos oirán la voz del Hijo de Dios, y los que hayan oído vivirán. Porque igual que el Padre dispone de la vida, así ha dado también al Hijo el disponer de la vida. Y le ha dado potestad de juzgar, porque es el Hijo del Hombre. No os sorprenda que venga la hora en que los que están en el sepulcro oirán su voz: los que hayan hecho el bien saldrán a una resurrección de vida; los que hayan hecho el mal, a una resurrección de condena. Yo no puedo hacer nada por mí mismo; según le oigo, juzgo, y mi juicio es justo, porque no busco mi voluntad, sino la voluntad del que me envió.»

Palabra del Señor.

ORACION SOBRE LAS OFRENDAS

Señor, que la virtud de este sacrificio borre en nosotros los rastros del pecado, renueve nuestra vida según Cristo y nos haga participar más plenamente de tu salvación. Por Jesucristo nuestro Señor.

Prefacio de Cuaresma, pp. 1064-67.

ANTIFONA DE COMUNION   Jn 3, 17

Dios no mandó su Hijo al mundo para condenar al mundo sino para que el mundo se salve por él.

ORACION DESPUES DE LA COMUNION

No permitas, Señor, que estos sacramentos que hemos recibido sean causa de condenación para nosotros, pues los instituiste como auxilios de nuestra salvación. Por Jesucristo.

CUARTA SEMANA DE CUARESMA   JUEVES

ANTIFONA DE ENTRADA   Sal 104, 3-4

Que se alegren los que buscan al Señor. Recurrid al Señor y a su poder, buscad continuamente su rostro.

ORACION COLECTA

Padre lleno de amor, te pedimos que, purificados por la penitencia y por la práctica de las buenas obras, nos mantengamos fieles a tus mandamientos, para llegar, bien dispuestos, a las fiestas de Pascua. Por nuestro Señor.

PRIMERA LECTURA

Arrepiéntete de la amenaza contra tu pueblo

LECTURA DEL LIBRO DEL EXODO

32, 7-14

En aquellos días dijo el Señor a Moisés: «Anda, baja del monte, que se ha pervertido tu pueblo, al que tú sacaste de Egipto. Pronto se han desviado del camino que yo les había señalado. Se han hecho un toro de metal, se postran ante él, le ofrecen sacrificios y proclaman: "Este es tu Dios, Israel, el que te sacó de Egipto."» Y el Señor añadió a Moisés: «Veo que este pueblo es un pueblo de dura cerviz. Por eso, déjame: mi ira se va a encender contra ellos hasta consumirlos. Y de ti haré un gran pueblo.» Entonces Moisés suplicó al Señor su Dios: «¿Por qué, Señor, se va a encender tu ira contra tu pueblo, que tú sacaste de Egipto con grande poder y mano robusta? ¿Tendrán que decir los egipcios: "con mala intención los sacó para hacerlos morir en las montañas y exterminarlos de la superficie de la tierra"? Aleja el incendio de tu ira, arrepiéntete de la amenaza contra tu pueblo. Acuérdate de tus siervos, Abrahán, Isaac, a quienes juraste por ti mismo diciendo: "Multiplicaré vuestra descendencia como las estrellas del cielo, y toda esta tierra de que he hablado se la daré a vuestra descendencia para que la posea por siempre."» Y el Señor se arrepintió de la amenaza que había pronunciado contra su pueblo.

Palabra de Dios.

SALMO RESPONSORIAL 105

R. **Acuérdate de nosotros, por amor a tu pueblo.**

En Horeb se hicieron un becerro, | adoraron un ídolo de fundición; | cambiaron su Gloria por la imagen | de un toro que come hierba. R.

Se olvidaron de Dios su salvador, | que había hecho prodigios en Egipto, | maravillas en el país de Cam, | portentos junto al Mar Rojo. R.

Dios hablabla ya de aniquilarlos; | pero Moisés, su elegido, | se puso en la brecha frente a él, | para apartar su cólera del exterminio. R.

ACLAMACION

Jn 3, 16

Tanto amó Dios al mundo que entregó a su Hijo único; todos los que creen en él tienen vida eterna.

EVANGELIO

Moisés, en quien tenéis vuestra esperanza, será vuestro acusador

✛ LECTURA DEL S. EVANGELIO SEGUN SAN JUAN

5, 31-47

En aquel tiempo, dijo Jesús a los judíos: «Si yo doy testimonio de mí mismo, mi testimonio no es válido. Hay otro que da testimonio de mí y sé que es válido el testimonio que da de mí. Vosotros enviasteis mensajeros a Juan y él ha dado testimonio a la verdad. No es que yo dependa del testimonio de un hombre; si digo esto es para que vosotros os salvéis. Juan era la lámpara que ardía y brillaba, y vosotros quisisteis gozar un instante de su luz. Pero el testimonio que yo tengo es mayor que el de Juan: las obras que el Padre me ha concedido realizar; esas obras que hago dan testimonio de mí: que el Padre me ha enviado. Y el Padre que me envió, él mismo ha dado testimonio de mí. Nunca habéis escuchado su voz, ni visto su semblante, y su palabra no habita en vosotros, porque al que él envió no le creéis.

Estudiáis las Escrituras pensando encontrar en ellas vida eterna: pues ellas están dando testimonio de mí, ¡y no queréis venir a mí para tener vida! No recibo gloria de los hombres; además os conozco y sé que el amor de Dios no está en vosotros. Yo he venido en nombre de mi Padre y no me recibisteis; si otro viene en nombre propio a ése sí lo recibiréis.

¿Cómo podréis creer vosotros, que aceptáis gloria unos de otros y no buscáis la gloria que viene del único Dios? No pen-

séis que yo os voy a acusar ante el Padre, hay uno que os acusa:
Moisés, en quien tenéis vuestra esperanza. Si creyerais a Moisés,
me creeríais a mí, porque de mí escribió él. Pero si no dais fe a
sus escritos, ¿cómo daréis fe a mis palabras?»

Palabra del Señor.

ORACION SOBRE LAS OFRENDAS

Concédenos, Dios todopoderoso, que la ofrenda de este sacrificio fortifique y defienda nuestra debilidad contra todos los
males. Por Jesucristo.

Prefacio de Cuaresma, pp. 1064-67.

ANTIFONA DE COMUNION   Jr 31, 33

Meteré mi ley en su pecho, la escribiré en sus corazones; yo seré su Dios y ellos serán mi pueblo —dice el
Señor.

ORACION DESPUES DE LA COMUNION

Que esta comunión, Señor, nos purifique de todas nuestras
culpas, para que se gocen en la plenitud de tu auxilio quienes están agobiados por el peso de su conciencia. Por Jesucristo.

CUARTA SEMANA DE CUARESMA   VIERNES

ANTIFONA DE ENTRADA   Sal 53, 3-4

Oh Dios, sálvame por tu nombre, sal por mí con tu
poder. Oh Dios, escucha mi súplica, atiende a mis palabras.

ORACION COLECTA

Señor, tú que en nuestra fragilidad nos ayudas con medios
abundantes, concédenos recibir con alegría la salvación que nos

otorgas y manifestarla a los hombres con nuestra propia vida. Por nuestro Señor.

PRIMERA LECTURA

Lo condenaremos a muerte ignominiosa

LECTURA DEL LIBRO DE LA SABIDURIA   2, 1a.12-22

Se dijeron los impíos, razonando equivocadamente: «Acechemos al justo, que nos resulta incómodo: se opone a nuestras acciones, nos echa en cara nuestros pecados, nos reprende nuestra educación errada; declara que conoce a Dios y se da el nombre de Hijo del Señor; es un reproche para nuestras ideas y sólo verlo da grima; lleva una vida distinta de los demás y su conducta es diferente; nos considera de mala ley y se aparta de nuestras sendas como si fueran impuras; declara dichoso el fin de los justos y se gloría de tener por Padre a Dios. Veamos si sus palabras son verdaderas, comprobando el desenlace de su vida. Si es justo, hijo de Dios, lo auxiliará y lo librará del poder de sus enemigos; lo someteremos a la prueba de la afrenta y la tortura, para comprobar su moderación y apreciar su paciencia; lo condenaremos a muerte ignominiosa, pues dice que hay quien se ocupa de él.» Así discurren y se engañan, porque los ciega su maldad. No conocen los secretos de Dios, no esperan el premio de la virtud, ni valoran el galardón de una vida intachable.

Palabra de Dios.

SALMO RESPONSORIAL 33

℟. **El Señor está cerca de los atribulados.**

El Señor se enfrenta con los malhechores | para borrar de la tierra su memoria. | Cuando uno grita, el Señor lo escucha | y lo libra de sus angustias. ℟.

El Señor está cerca de los atribulados, | salva a los abatidos. | Aunque el justo sufra muchos males, | de todos lo libra el Señor. ℟.

El cuida de todos sus huesos, | y ni uno solo se quebrará. |
El Señor redime a sus siervos, | no será castigado quien se acoge
a él. ℞.

ACLAMACION   Mt 4, 4b

No sólo de pan vive el hombre, sino de toda palabra
que sale de la boca de Dios.

EVANGELIO

Intentaban agarrarlo, pero todavía no había llegado su hora

✠ LECTURA DEL S. EVANGELIO SEGUN
SAN JUAN   7, 1-2.10.25-30

En aquel tiempo, recorría Jesús la Galilea, pues no quería andar por Judea porque los judíos trataban de matarlo. Se acercaba
la fiesta judía de las tiendas. Cuando sus parientes habían subido
ya a la fiesta subió también él; no abiertamente, sino a escondidas. Entonces algunos que eran de Jerusalén, dijeron: «¿No es
éste al que intentan matar? Pues mirad cómo habla abiertamente
y no le dicen nada. ¿Será que los jefes se han convencido de que
éste es el Mesías? Pero éste sabemos de dónde viene, mientras
que el Mesías, cuando llegue, nadie sabrá de dónde viene.» Entonces Jesús, mientras enseñaba en el templo, gritó: «A mí me
conocéis y conocéis de dónde vengo. Sin embargo, yo no vengo
por mi cuenta, sino enviado por el que es veraz: a ése vosotros
no le conocéis; yo le conozco porque procedo de él y él me ha
enviado.» Entonces intentaban agarrarlo; pero nadie le pudo
echar mano, porque todavía no había llegado su hora.

Palabra del Señor.

ORACION SOBRE LAS OFRENDAS

Tú, Señor, que eres la fuente de este sacrificio, purifícanos
con su eficacia para que lleguemos más limpios a ti. Por Jesucristo nuestro Señor.

Prefacio de Cuaresma, pp. 1064-67.

ANTIFONA DE COMUNION   Ef 1, 7

Por Cristo, por su Sangre, hemos recibido la redención, el perdón de los pecados. El tesoro de su gracia ha sido un derroche para con nosotros.

ORACION DESPUES DE LA COMUNION

Señor, así como en la vida humana nos renovamos sin cesar, haz que, abandonando el pecado que envejece nuestro espíritu, nos renovemos ahora por tu gracia. Por Jesucristo.

CUARTA SEMANA DE CUARESMA   SABADO

ANTIFONA DE ENTRADA   Sal 17, 5-7

Me cercaban olas mortales, torrentes destructores me aterraban, me envolvían las redes del abismo: en el peligro invoqué al Señor; desde su templo él escuchó mi voz.

ORACION COLECTA

Que tu amor y tu misericordia dirijan nuestros corazones, Señor, ya que sin tu ayuda no podemos complacerte. Por nuestro Señor.

PRIMERA LECTURA

Yo era como un cordero manso llevado al matadero

LECTURA DEL PROFETA JEREMIAS   11, 18-20

El Señor me instruyó y comprendí, me explicó lo que hacían. Yo, como cordero manso, llevado al matadero, no sabía los planes homicidas que contra mí planeaban: «Talemos el árbol en su lozanía, arranquémosle de la tierra vital, que su nombre no se pronuncie más.» Pero tú, Señor de los ejércitos, juzgas rectamen-

te, pruebas las entrañas y el corazón; veré mi venganza contra
ellos porque a ti he encomendado mi causa. Señor Dios mío.

Palabra de Dios.

SALMO RESPONSORIAL 7

R Señor, Dios mío, a ti me acojo.

Señor, Dios mío, a ti me acojo, | líbrame de mis perseguido-
res y sálvame; | que no me atrapen como leones, | y me desga-
rren sin remedio. R.

Júzgame, Señor, según mi justicia, | según la inocencia que
hay en mí. | Cese la maldad de los culpables, y apoya tú al ino-
cente, | tú que sondeas el corazón y las entrañas, tú, el Dios jus-
to. R.

Mi escudo es Dios, | que salva a los rectos de corazón. |
Dios es juez justo, Dios amenaza cada día. R.

ACLAMACION   Jn 3, 16

Tanto amó Dios al mundo que entregó a su Hijo único; todos los que creen en él tienen vida eterna.

EVANGELIO

¿Es que de Galilea va a venir el Mesías?

✠ LECTURA DEL S. EVANGELIO SEGUN
SAN JUAN   7, 40-53

En aquel tiempo, de la gente que habían oído estos discursos
de Jesús, unos decían: «Este es de verdad el profeta.» Otros decían: «Este es el Mesías.» Pero otros decían: «¿Es que de Galilea
va a venir el Mesías? ¿No dice la Escritura que vendrá del linaje
de David, y de Belén, el pueblo de David?» Y así surgió entre
la gente una discordia por su causa. Algunos querían prenderlo,
pero nadie le puso la mano encima. Los guardias del templo acudieron a los sumos sacerdotes y fariseos, y éstos les dijeron:

«¿Por qué no lo habéis traído?» Los guardias respondieron: «Jamás ha hablado nadie así.» Los fariseos les replicaron: «¿También vosotros os habéis dejado embaucar? ¿Hay algún jefe o fariseo que haya creído en él? Esa gente que no entienden de la ley son unos malditos.» Nicodemo, el que había ido en otro tiempo a visitarlo y que era fariseo, les dijo: «¿Acaso nuestra ley permite juzgar a nadie sin escucharlo primero y averiguar lo que ha hecho?» Ellos le replicaron: «¿También tú eres galileo? Estudia y verás que de Galilea no salen profetas.» Y se volvieron cada uno a su casa.

Palabra del Señor.

ORACION SOBRE LAS OFRENDAS

Recibe con bondad nuestras ofrendas, Señor, y somete nuestras voluntades rebeldes a tu santa voluntad. Por Jesucristo.

Prefacio de Cuaresma, pp. 1064-67.

ANTIFONA DE COMUNION

1 Pe 1, 19

Hemos sido rescatados a precio de la Sangre de Cristo, el Cordero sin defecto ni mancha.

ORACION DESPUES DE LA COMUNION

Que tus santos misterios nos purifiquen, Señor, y por tu acción eficaz nos vuelvan agradables a tus ojos. Por Jesucristo.

QUINTO DOMINGO DE CUARESMA

Domingo de los profetas y de Lázaro

La promesa y los dones de Dios son irrevocables; por ello a la destrucción y el exilio siguen el perdón y la vuelta a la tierra prometida, una vez que el resto del pueblo elegido ha reconoci-

do sus culpas; esta etapa de los profetas que anuncian la salvación y el nuevo tiempo del Mesías describe estas gracias de Dios
como una resurrección de los muertos (ciclo A), como una nueva alianza, siguiendo la temática del pacto de las primeras lecturas del ciclo B, y como el don de un agua regeneradora que fa-
vorece el regreso de los desterrados (C). El proceso de la Iniciación Cristiana llega este domingo a su término en el episodio de
la resurrección de Lázaro, con la revelación de Jesús como Vida
eterna y la unión de la fe en Cristo con el paso a la existencia
perfecta; de modo que podemos decir: se llega a ser cristiano
merced al don de Dios (Samaritana), a una iluminación por el
agua y el Espíritu (Ciego) y por una resurrección después de morir al pecado (Lázaro). En el ciclo B el símbolo de la semilla en-
terrada que da mucho fruto al renacer profetiza y explica el sentido de la muerte de Jesús como principio de vida para los creyentes; mientras que en el ciclo C el Señor salva de la muerte a la
mujer adúltera perdonándole sus pecados, manifestándose así
como Vida y reconciliación nuestra. Las segundas lecturas están
sugeridas por los evangelios en torno a los temas de la resurrección (A), de Cristo obediente hasta la muerte (B), y de la humillación por causa de Jesús (C).

ANTÍFONA DE ENTRADA   Sal 42, 1-2

Hazme justicia, oh Dios, defiende mi causa, contra gente
sin piedad; sálvame del hombre traidor y malvado. Tú
eres mi Dios y protector.

No se dice «Gloria»

ORACIÓN COLECTA

Te rogamos, Señor Dios nuestro, que tu gracia nos ayude,
para que vivamos siempre de aquel mismo amor que movió a tu
Hijo a entregarse a la muerte por la salvación del mundo. Por
nuestro Señor.

ORACION SOBRE LAS OFRENDAS

Escúchanos, Dios todopoderoso, tú que nos has iniciado en la fe cristiana, y purifícanos por la acción de este sacrificio. Por Jesucristo.

PREFACIO

Cuando se lee el Evangelio de Lázaro, se dice el siguiente:

En verdad es justo y necesario, es nuestro deber y salvación darte gracias siempre y en todo lugar, Señor, Padre Santo, Dios todopoderoso y eterno, por Cristo, Señor nuestro.

El cual, hombre mortal como nosotros, que lloró a su amigo Lázaro, y Dios y Señor de la vida, que lo levantó del sepulcro, hoy extiende su compasión a todos los hombres y por medio de sus sacramentos los restaura a una vida nueva.

Por eso los mismos ángeles te cantan con júbilo eterno, y nosotros nos unimos a sus voces cantando humildemente tu alabanza:

Santo, Santo, Santo...

ANTIFONA DE COMUNION   Jn 11, 26

Cuando se lee el Evangelio de Lázaro:

El que está vivo y cree en mí no morirá para siempre.

Cuando se lee el Evangelio de la mujer adúltera: Jn 8, 10-11

Mujer, ¿ninguno te ha condenado? Tampoco yo te condeno. Anda, y en adelante no peques más.

Cuando se lee otro Evangelio   Jn 12, 24-25

Os aseguro que si el grano de trigo no cae en tierra y muere, queda infecundo; pero si muere, da mucho fruto.

ORACION DESPUES DE LA COMUNION

Te pedimos, Dios todopoderoso, que nos cuentes siempre entre los miembros de Cristo, en cuyo Cuerpo y Sangre hemos comulgado. Por Jesucristo.

CICLO A (Años 1990, 1993, 1996, 1999, 2002, 2005)

PRIMERA LECTURA

Os infundiré mi espíritu y viviréis

LECTURA DEL LIBRO DE EZEQUIEL   37, 12-14

Así dice el Señor: «Yo mismo abriré vuestros sepulcros, y os haré salir de vuestros sepulcros, pueblo mío, y os traeré a la tierra de Israel. Y cuando abra vuestros sepulcros, y os saque de vuestros sepulcros, pueblo mío, sabréis que soy el Señor: os infundiré mi espíritu y viviréis; os colocaré en vuestra tierra, y sabréis que yo el Señor lo digo y lo hago. Oráculo del Señor.»

Palabra de Dios.

SALMO RESPONSORIAL 129

℟ **Del Señor viene la misericordia, | la redención copiosa.**

Desde lo hondo a ti grito, Señor; | Señor, escucha mi voz:- | estén tus oídos atentos | a la voz de mi súplica. ℟.

Si llevas cuentas de los delitos, Señor, | ¿quién podrá resistir? | Pero de ti procede el perdón, | y así infundes respeto. ℟.

Mi alma espera en el Señor, | espera en su palabra; | mi alma aguarda al Señor, | más que el centinela la aurora. | Aguarde Israel al Señor | como el centinela la aurora. ℟.

Porque del Señor viene la misericordia, | la redención copiosa, | y él redimirá a Israel | de todos sus delitos. ℟.

SEGUNDA LECTURA

El Espíritu del que resucitó a Jesús de entre los muertos habita en vosotros

LECTURA DE LA CARTA DEL APOSTOL
SAN PABLO A LOS ROMANOS   8, 8-11

Hermanos: Los que están en la carne no pueden agradar a Dios. Pero vosotros no estáis en la carne, sino en el espíritu, ya que el Espíritu de Dios habita en vosotros. El que no tiene el Espíritu de Cristo no es de Cristo. Si Cristo está con vosotros, el cuerpo está muerto por el pecado, pero el espíritu vive por la justicia. Si el Espíritu del que resucitó a Jesús de entre los muertos habita en vosotros, el que resucitó de entre los muertos a Cristo Jesús vivificará también vuestros cuerpos mortales, por el mismo Espíritu que habita en vosotros.

Palabra de Dios.

ACLAMACION   Jn 11, 25a.26

Yo soy la resurrección y la vida, dice el Señor;
el que cree en mí no morirá para siempre.

EVANGELIO

Yo soy la resurrección y la vida

✠ LECTURA DEL S. EVANGELIO SEGUN
SAN JUAN   11, 1-45

El texto entre [ ] puede omitirse.

En aquel tiempo, [un cierto Lázaro, de Betania, la aldea de María y de Marta, su hermana, había caído enfermo. María era la que ungió al Señor con perfume y le enjugó los pies con su cabellera: el enfermo era su hermano Lázaro.] Las hermanas de Lázaro le mandaron recado a Jesús diciendo: «Señor, tu amigo está enfermo.» Jesús, al oírlo, dijo: «Esta enfermedad no acabará en la muerte, sino que servirá para la gloria de Dios, para que el Hijo de Dios sea glorificado por ella.» Jesús amaba a Marta, a su hermana y a Lázaro. Cuando se enteró de que estaba enfermo se quedó todavía dos días donde estaba. Sólo entonces dijo a sus discípulos: «Vamos otra vez a Judea.»

[Los discípulos le replicaron: «Maestro, hace poco intentaban apedrearte los judíos, ¿y vas a volver allí?» Jesús contestó: «¿No tiene el día doce horas? Si uno camina de día no tropieza, porque

ve la luz de este mundo; pero si camina de noche, tropieza porque le falta la luz.» Dicho esto añadió: «Lázaro, nuestro amigo,
está dormido: voy a despertarlo.» Entonces le dijeron sus discípulos: «Señor, si duerme, se salvará.» Jesús se refería a su muerte; en cambio, ellos creyeron que hablaba del sueño natural. Entonces Jesús les replicó claramente: «Lázaro ha muerto, y me alegro por vosotros de que no hayamos estado allí, para que creáis.
Y ahora vamos a su casa.» Entonces Tomás, apodado el Mellizo,
dijo a los demás discípulos: «Vamos también nosotros y muramos con él.»]

Cuando llegó Jesús, Lázaro llevaba ya cuatro días enterrado.
[Betania distaba poco de Jerusalén: unos tres kilómetros; y muchos judíos habían ido a ver a Marta y a María para darles el pésame por su hermano.] Cuando Marta se enteró de que llegaba
Jesús, salió a su encuentro, mientras María se quedó en casa. Y
dijo Marta a Jesús: «Señor, si hubieras estado aquí no habría
muerto mi hermano. Pero aún ahora sé que todo lo que pidas a
Dios, Dios te lo concederá.» Jesús le dijo: «Tu hermano resucitará.» Marta respondió: «Sé que resucitará en la resurrección del
último día.» Jesús le dijo: «Yo soy la resurrección y la vida: el
que cree en mí, aunque haya muerto, vivirá; y el que está vivo
y cree en mí, no morirá para siempre. ¿Crees esto?» Ella le contestó: «Sí, Señor: yo creo que tú eres el Mesías, el Hijo de Dios,
el que tenía que venir al mundo.» [Y dicho esto fue a llamar a
su hermana María, diciéndole en voz baja: «El Maestro está ahí
y te llama.» Apenas lo oyó, se levantó y salió adonde estaba él:
porque Jesús no había entrado todavía en la aldea, sino que estaba aún donde Marta lo había encontrado. Los judíos que estaban
con ella en casa consolándola, al ver que María se levantaba y salía deprisa la siguieron, pensando que iba al sepulcro a llorar allí.
Cuando llegó María adonde estaba Jesús, al verlo se echó a sus
pies diciéndole: «Señor, si hubieras estado aquí no habría muerto
mi hermano.»] Jesús, viéndola llorar a ella y viendo llorar a los
judíos que la acompañaban, sollozó y, muy conmovido, preguntó: «¿Dónde lo habéis enterrado?» Le contestaron: «Señor, ven a

verlo.» Jesús se echó a llorar. Los judíos comentaban: «¡Cómo lo
quería!» Pero algunos dijeron: «Y uno que le ha abierto los ojos
a un ciego, ¿no podía haber impedido que muriera éste?» Jesús,
sollozando de nuevo, llegó a la tumba. [Era una cavidad cubierta
con una losa.] Dijo Jesús: «Quitad la losa.» Marta, la hermana
del muerto, le dijo: «Señor, ya huele mal porque lleva cuatro
días.» Jesús le replicó: «¿No te he dicho que si crees verás la gloria de Dios?» Entonces quitaron la losa. Jesús, levantando los
ojos a lo alto, dijo: «Padre, te doy gracias porque me has escuchado; yo sé que tú me escuchas siempre; pero lo digo por la
gente que me rodea, para que crean que tú me has enviado.»

Y dicho esto, gritó con voz potente: «Lázaro, ven afuera.» El
muerto salió, los pies y las manos atadas con vendas, y la cara
envuelta en un sudario. Jesús les dijo: «Desatadlo y dejadlo andar.» Y muchos judíos que habían venido a casa de María, al ver
lo que había hecho Jesús, creyeron en él.

Palabra del Señor.

Se dice «Credo».

CICLO B (Años 1988, 1991, 1994, 1997, 2000, 2006)

PRIMERA LECTURA

Haré una alianza nueva y no recordaré sus pecados

LECTURA DEL LIBRO DE JEREMIAS   31, 31-34

Mirad que llegan días —oráculo del Señor— en que haré
con la casa de Israel y la casa de Judá una alianza nueva. No
como la que hice con vuestros padres, cuando los tomé de la
mano para sacarlos de Egipto: Ellos, aunque yo era su Señor,
quebrantaron mi alianza —oráculo del Señor—. Sino que así
será la alianza que haré con ellos, después de aquellos días
—oráculo del Señor—: Meteré mi ley en su pecho, la escribiré
en sus corazones; yo seré su Dios, y ellos serán mi pueblo. Y no

tendrá que enseñar uno a su prójimo, el otro a su hermano, diciendo: Reconoce al Señor. Porque todos me conocerán, desde el pequeño al grande —oráculo del Señor—, cuando perdone sus crímenes y no recuerde sus pecados.

Palabra de Dios.

SALMO RESPONSORIAL 50

℟ **Oh, Dios, crea en mí un corazón puro.**

Misericordia, Dios mío, por tu bondad; | por tu inmensa compasión borra mi culpa, | lava del todo mi delito, | limpia mi pecado. ℟.

Oh Dios, crea en mí un corazón puro, | renuévame por dentro con espíritu firme; | no me arrojes lejos de tu rostro, | no me quites tu santo espíritu. ℟.

Devuélveme la alegría de tu salvación, | afiánzame con espíritu generoso. | Enseñaré a los malvados tus caminos, | los pecadores volverán a ti. ℟.

SEGUNDA LECTURA

Aprendió a obedecer y se ha convertido en autor de salvación eterna

LECTURA DE LA CARTA A LOS HEBREOS   5, 7-9

Cristo, en los días de su vida mortal, a gritos y con lágrimas, presentó oraciones y súplicas al que podía salvarlo de la muerte, cuando en su angustia fue escuchado. El, a pesar de ser Hijo, aprendió, sufriendo, a obedecer. Y, llevado a la consumación, se ha convertido para todos los que le obedecen en autor de salvación eterna.

Palabra de Dios.

ACLAMACION   Jn 12, 26

El que quiera servirme, que me siga, dice el Señor; y donde esté yo, allí también estará mi servidor.

EVANGELIO

Si el grano de trigo que cae en tierra muere, dará mucho fruto

✠ LECTURA DEL S. EVANGELIO SEGUN
SAN JUAN   12, 20-33

En aquel tiempo, entre los que habían venido a celebrar la fiesta había algunos gentiles; éstos, acercándose a Felipe, el de Betsaida de Galilea, le rogaban: «Señor, quisiéramos ver a Jesús.» Felipe fue a decírselo a Andrés; y Andrés y Felipe fueron a decírselo a Jesús. Jesús les contestó: «Ha llegado la hora de que sea glorificado el Hijo del Hombre. Os aseguro, que si el grano de trigo no cae en tierra y muere, queda infecundo; pero si muere, da mucho fruto. El que se ama a sí mismo, se pierde, y el que se aborrece a sí mismo en este mundo, se guardará para la vida eterna. El que quiera servirme, que me siga y donde esté yo, allí también estará mi servidor; a quien me sirva, el Padre le premiará. Ahora mi alma está agitada y, ¿qué diré?: Padre, líbrame de esta hora. Pero si por esto he venido, para esta hora. Padre, glorifica tu nombre.» Entonces vino una voz del cielo: «Lo he glorificado y volveré a glorificarlo.» La gente que estaba allí y lo oyó decía que había sido un trueno; otros decían que le había hablado un ángel. Jesús tomó la palabra y dijo: «Esta voz no ha venido por mí, sino por vosotros. Ahora va a ser juzgado el mundo; ahora el Príncipe de este mundo va a ser echado fuera. Y cuando yo sea elevado sobre la tierra, atraeré a todos hacia mí.» Esto lo decía dando a entender la muerte de que iba a morir.

Palabra del Señor.

Se dice «Credo».

Si se prefiere, pueden escogerse las lecturas del ciclo A, p. 324.

CICLO C (Años 1989, 1992, 1995, 1998, 2001, 2004)

PRIMERA LECTURA

Mirad que realizo algo nuevo y daré bebida a mi pueblo

LECTURA DEL LIBRO DE ISAIAS   43, 16-21

Así dice el Señor, que abrió camino en el mar y senda en las aguas impetuosas; que sacó a batalla carros y caballos, tropa con sus valientes: caían para no levantarse, se apagaron como mecha que se extingue. No recordéis lo de antaño, no penséis en lo antiguo; mirad que realizo algo nuevo; ya está brotando, ¿no lo notáis? Abriré un camino por el desierto, ríos en el yermo; me glorificarán las bestias del campo, chacales y avestruces, porque ofreceré agua en el desierto, ríos en el yermo, para apagar la sed de mi pueblo, de mi escogido, el pueblo que yo formé, para que proclamara mi alabanza.

Palabra de Dios.

SALMO RESPONSORIAL 125

R. **El Señor ha estado grande con nosotros, | y estamos alegres.**

Cuando el Señor cambió la suerte de Sión, | nos parecía soñar: | la boca se nos llenaba de risas, | la lengua de cantares. R.

Hasta los gentiles decían: «El Señor | ha estado grande con ellos.» | El Señor ha estado grande con nosotros, | y estamos alegres. R.

Que el Señor cambie nuestra suerte, | como los torrentes del Negueb. | Los que sembraban con lágrimas, | cosechan entre cantares. R.

Al ir, iban llorando, | llevando la semilla; | al volver, vuelven cantando, | trayendo sus gavillas. R.

SEGUNDA LECTURA

Todo lo estimo pérdida, comparándolo con Cristo, configurado, como estoy, con su muerte

LECTURA DE LA CARTA DEL APOSTOL
SAN PABLO A LOS FILIPENSES

3, 8-14

Hermanos: Todo lo estimo pérdida, comparado con la excelencia del conocimiento de Cristo Jesús, mi Señor. Por él lo perdí todo, y todo lo estimo basura con tal de ganar a Cristo y existir en él, no con una justicia mía —la de la ley—, sino con la que viene de la fe de Cristo, la justicia que viene de Dios y se apoya en la fe. Para conocerlo a él, y la fuerza de su resurrección, y la comunión con sus padecimientos, muriendo su misma muerte, para llegar un día a la resurrección de entre los muertos. No es que ya haya conseguido el premio, o que ya esté en la meta: yo sigo corriendo. Y aunque poseo el premio, porque Cristo Jesús me lo ha entregado, hermanos, yo a mí mismo me considero como si aún no hubiera conseguido el premio. Sólo busco una cosa: olvidándome de lo que queda atrás y lanzándome hacia lo que está por delante, corro hacia la meta, para ganar el premio, al que Dios desde arriba llama en Cristo Jesús.

Palabra de Dios.

ACLAMACION

Jl 2, 12-13

Ahora —oráculo del Señor— convertíos a mí de todo corazón, porque soy compasivo y misericordioso.

EVANGELIO

El que esté sin pecado que tire la primera piedra

✠ LECTURA DEL S. EVANGELIO SEGUN
SAN JUAN

8, 1-11

En aquel tiempo, Jesús se retiró al monte de los Olivos. Al amanecer se presentó de nuevo en el templo y todo el pueblo acudía a él, y, sentándose, les enseñaba. Los letrados y los fariseos le traen una mujer sorprendida en adulterio, y colocándola en medio, le dijeron: «Maestro, esta mujer ha sido sorprendida en flagrante adulterio. La ley de Moisés nos manda apedrear a las adúlteras: tú, ¿qué dices?» Le preguntaban esto para comprometerlo, y poder acusarlo. Pero Jesús, inclinándose, escribía con el dedo en el suelo. Como insistían en preguntarle, se incorporó y les dijo: «El que esté sin pecado, que le tire la primera piedra.» E inclinándose otra vez, siguió escribiendo. Ellos, al oírlo, se fueron escabullendo uno a uno, empezando por los más viejos, hasta el último. Y quedó solo Jesús, y la mujer en medio de pie. Jesús se incorporó y le preguntó: «Mujer, ¿dónde están tus acusadores?, ¿ninguno te ha condenado?» Ella contestó: «Ninguno, Señor.» Jesús dijo: «Tampoco yo te condeno. Anda, y en adelante no peques más.»

Palabra del Señor.

Se dice «Credo».

QUINTA SEMANA DE CUARESMA

LECTURAS A ELEGIR

Puede emplearse cualquier día de la semana, principalmente en los ciclos B y C, cuando el Evangelio de Lázaro no se lee en el quinto domingo de Cuaresma.

PRIMERA LECTURA

Eliseo se echó sobre el niño, y la carne de éste fue entrando en calor

LECTURA DEL SEGUNDO LIBRO DE LOS REYES

4, 18b-21.32-37

Un día, el hijo de la sunamita fue adonde su padre, que estaba con los segadores, y dijo: «¡Me duele la cabeza!» Su padre dijo a un criado: «Llévalo a su madre.» El criado lo cogió y se lo llevó a su madre. Ella lo tuvo en sus rodillas hasta el mediodía, y el niño murió. Lo subió y lo acostó en la cama del profeta. Cerró la puerta y salió. Eliseo entró en su casa y encontró al niño muerto tendido en la cama. Entró, cerró la puerta y oró al Señor. Luego subió a la cama y se echó sobre el niño, boca con boca, ojos con ojos, manos con manos, encogido sobre él; la carne del niño fue entrando en calor. Entonces Eliseo se puso a pasear por la habitación, de acá para allá; subió de nuevo a la cama y se encogió sobre el niño, y así hasta siete veces; el niño estornudó y abrió los ojos. Eliseo llamó entonces a Guejazi y le dijo: «Llama a la sunamita.» La llamó, y cuando llegó le dijo Eliseo: «Toma a tu hijo.» Ella entró y se arrojó a sus pies, postrada en tierra. Luego cogió a su hijo y salió.

Palabra de Dios.

SALMO RESPONSORIAL 16

R̞. **Al despertar me saciaré de tu semblante, Señor.**

Señor, escucha mi apelación, | atiende a mis clamores, | presta oído a mi súplica, | que en mis labios no hay engaño. R̞.

Yo te invoco, porque tú me respondes, Dios mío, | inclina el oído y escucha mis palabras. | Muestra las maravillas de tu misericordia, | tú que salvas de los adversarios | a quien se refugia a tu derecha. R̞.

A la sombra de tus alas escóndeme. | Yo con mi apelación vengo a tu presencia, | y al despertar me saciaré de tu semblante. R̞.

ACLAMACION   Jn 11, 25-26

Yo soy la resurrección y la vida, dice el Señor; el que cree en mí no morirá jamás.

EVANGELIO
Yo soy la resurrección y la vida

✠ LECTURA DEL S. EVANGELIO SEGUN
SAN JUAN
                                                           11, 1-45

En aquel tiempo, un cierto Lázaro, de Betania, la aldea de
María y de Marta, su hermana, había caído enfermo. (María era
la que ungió al Señor con perfume y le enjugó los pies con su
cabellera: el enfermo era su hermano Lázaro.) Las hermanas le
mandaron recado a Jesús diciendo: «Señor, tu amigo está enfermo.» Jesús, al oírlo, dijo: «Esta enfermedad no acabará en la
muerte, sino que servirá para la gloria de Dios, para que el Hijo
de Dios sea glorificado por ella.» Jesús amaba a Marta, a su hermana y a Lázaro.

Cuando se enteró de que estaba enfermo se quedó todavía
dos días en donde estaba. Sólo entonces dice a sus discípulos:
«Vamos otra vez a Judea.» Los discípulos le replican: «Maestro,
hace poco intentaban apedrearte los judíos, ¿y vas a volver allí?»
Jesús contestó: «¿No tiene el día doce horas? Si uno camina de
día no tropieza, porque ve la luz de este mundo; pero si camina
de noche, tropieza porque le falta la luz.» Dicho esto añadió:
«Lázaro, nuestro amigo, está dormido: voy a despertarlo.» Entonces le dijeron sus discípulos: «Señor, si duerme, se salvará.»
(Jesús se refería a su muerte; en cambio, ellos creyeron que hablaba del sueño natural.) Entonces Jesús les replicó claramente:
«Lázaro ha muerto, y me alegro por vosotros de que no hayamos estado allí, para que creáis. Y ahora vamos a su casa.» Entonces Tomás, apodado el Mellizo, dijo a los demás discípulos:
«Vamos también nosotros y muramos con él.»

Cuando Jesús llegó, Lázaro llevaba ya cuatro días enterrado.
Betania distaba poco de Jerusalén: unos tres kilómetros; y muchos judíos habían ido a ver a Marta y a María para darles el pésame por su hermano. Cuando Marta se enteró de que llegaba
Jesús salió a su encuentro, mientras que María se quedaba en
casa. Y dijo Marta a Jesús: «Señor, si hubieras estado aquí no

habría muerto mi hermano. Pero aún ahora sé que todo lo que pidas a Dios, Dios te lo concederá.» Jesús le dijo: «Tu hermano resucitará.» Marta respondió: «Sé que resucitará en la resurrección del último día.» Jesús le dice: «Yo soy la resurrección y la vida: el que cree en mí, aunque haya muerto, vivirá; y el que está vivo y cree en mí, no morirá para siempre. ¿Crees esto?» Ella le contestó: «Sí, Señor: yo creo que tú eres el Mesías, el Hijo de Dios, el que tenía que venir al mundo.» Y dicho esto fue a llamar a su hermana María, diciéndole en voz baja: «El Maestro está ahí y te llama.» Apenas lo oyó, se levantó y salió adonde estaba él: porque Jesús no había entrado todavía en la aldea, sino que estaba aún donde Marta lo había encontrado. Los judíos que estaban con ella en casa consolándola, al ver que María se levantaba y salía deprisa, la siguieron, pensando que iba al sepulcro a llorar allí. Cuando llegó María donde estaba Jesús, al verlo se echó a sus pies diciéndole: «Señor, si hubieras estado aquí no habría muerto mi hermano.» Jesús, viéndola llorar a ella y viendo llorar a los judíos que la acompañaban, sollozó y, muy conmovido, preguntó: «¿Dónde lo habéis enterrado?» Le contestaron: «Señor, ven a verlo.» Jesús se echó a llorar. Los judíos comentaban: «¡Cómo lo quería!» Pero algunos dijeron: «Y uno que le ha abierto los ojos a un ciego, ¿no podía haber impedido que muriera éste?»

Jesús, sollozando de nuevo, llega a la tumba. (Era una cavidad cubierta con una losa.) Dice Jesús: «Quitad la losa.» Marta, la hermana del muerto, le dice: «Señor, ya huele mal porque lleva cuatro días.» Jesús le dice: «¿No te he dicho que si crees verás la gloria de Dios?» Entonces quitaron la losa. Jesús, levantando los ojos a lo alto, dijo: «Padre, te doy gracias porque me has escuchado; yo sé que tú me escuchas siempre; pero lo digo por la gente que me rodea, para que crean que tú me has enviado.» Y dicho esto, gritó con voz potente: «Lázaro, ven afuera.» El muerto salió, los pies y las manos atados con vendas, y la cara envuelta en un sudario. Jesús les dijo: «Desatadlo y dejadlo andar.» Y muchos judíos que habían venido a casa de María, al ver lo que había hecho Jesús, creyeron en él.

Palabra del Señor.

QUINTA SEMANA DE CUARESMA   LUNES

ANTIFONA DE ENTRADA   Sal 55, 2

Misericordia, Dios mío, que me hostigan, me atacan y me acosan todo el día.

ORACION COLECTA

Señor Dios nuestro, cuyo amor nos enriquece sin medida con toda bendición, haz que, abandonando nuestra vida caduca, fruto del pecado, nos preparemos como hombres nuevos a tomar parte en la gloria de tu reino. Por nuestro Señor Jesucristo.

PRIMERA LECTURA
Tengo que morir siendo inocente

LECTURA DEL LIBRO DE DANIEL   13, 1-9.15-17.19-30.33-62

El texto entre [ ] puede omitirse.

[En aquellos días vivía en Babilonia un hombre llamado Joaquín, casado con Susana, hija de Quelcías, mujer bellísima y religiosa. Sus padres eran honrados y habían educado a su hija según la ley de Moisés. Joaquín era muy rico y tenía un parque junto a su casa; y como era el más estimado de todos, los judíos solían reunirse allí. Aquel año fueron designados jueces dos ancianos del pueblo, de esos que acusa el Señor diciendo: «En Babilonia la maldad ha brotado de los viejos jueces que pasaban por guías del pueblo.» Estos solían venir a casa de Joaquín, y los que tenían pleitos que resolver acudían a ellos.

A mediodía, cuando la gente se marchaba, Susana salía a pasear en el parque de su marido. Los dos viejos la veían a diario, cuando salía a pasear en el parque, y se enamoraron de ella. «Desviaron su corazón y bajaron los ojos, para no mirar al cielo ni acordarse de su justo juicio.» Un día, mientras acechaban ellos el momento oportuno, salió ella como de ordinario, sola con dos criadas, y tuvo ganas de bañarse en el parque porque hacía mucho calor. Y no había nadie allí, fuera de los dos viejos escondidos y acechándola. Susana dijo a las criadas: «Traedme el perfume y las cremas y cerrad la puerta mientras me baño.» (Ellas hicieron lo que les mandaba, cerraron la puerta del parque y salieron por la puerta lateral para traer lo que les había mandado, sin darse cuenta de que los viejos estaban escondidos.)

Apenas salieron las criadas se levantaron los dos viejos, corrieron hacia ella y le dijeron: «Las puertas del parque están cerradas, nadie nos ve, y nosotros estamos enamorados de ti; consiente y acuéstate con nosotros. Si no, daremos testimonio contra ti diciendo que un joven estaba contigo, y que por eso habías despachado a las criadas.» Susana lanzó un gemido y dijo: «No tengo salida por ningún lado: si hago eso será la muerte para mí; si no lo hago, no escaparé de vuestras manos. Pero prefiero no hacerlo y caer en vuestras manos, que pecar delante de Dios.» Susana llamó a gritos, y los viejos por su parte, se pusieron también a gritar. Y uno de ellos fue corriendo y abrió la puerta del parque. Al oír los gritos en el parque, la servidumbre vino corriendo por la puerta lateral, a ver qué le había pasado. Y cuando los viejos contaron su historia, los criados quedaron abochornados, porque Susana nunca había dado que hablar.

Al día siguiente, cuando la gente vino a casa de Joaquín, su marido, vinieron también los dos viejos, llenos de rencor criminal contra Susana y dispuestos a hacerla matar. En presencia del pueblo, dijeron: «Id a buscar a Susana, hija de Quelcías, mujer de Joaquín.» Y fueron a buscarla. Vino ella con sus padres, sus hijos y sus parientes. Toda su familia y todos los que la veían lloraban. Entonces los dos viejos se levantaron en medio de la asamblea y pusieron las manos sobre la cabeza de Susana. Ella, llorando, levantó la vista al cielo, porque su corazón confiaba en el Señor. Los viejos dijeron: «Mientras paseábamos nosotros solos por el parque, salió ésta con dos criadas, cerró la puerta del parque y despidió a las criadas. Entonces se acercó a ella un joven que estaba escondido y se acostó con ella. Nosotros estábamos en un rincón del parque y al ver aquella maldad corrimos hacia ellos. Los vimos abrazados, pero no pudimos sujetar al joven, porque era más fuerte que nosotros, y, abriendo la puerta, salió corriendo. En cambio, a ésta le echamos mano y le preguntamos quién era el joven; pero no quiso decírnoslo. De esto damos testimonio.»]

En aquellos días, la asamblea condenó a muerte a Susana. Ella dijo gritando: «Señor eterno, que ves lo escondido, que lo sabes todo antes de que suceda: tú sabes que han dado testimonio falso contra mí. Y ahora tengo que morir siendo inocente de lo que su maldad ha inventado contra mí.» El Señor la escuchó. Mientras la llevaban para ejecutarla, despertó Dios el espíritu de santidad de un chiquillo llamado Daniel. Y éste dio una gran voz: «Inocente soy yo de esta sangre.» Toda la gente se volvió a mirarlo y le preguntaron: «¿Qué estás diciendo?» El, plantado en medio de ellos, les contestó: «¿Pero estáis locos, israelitas? ¿Conque, sin discutir la causa y sin poner en claro los hechos condenáis a una hija de Israel? Volved al tribunal, porque éstos han dado testimonio falso contra ella.» Ellos le dijeron: «Ven, siéntate con nosotros y explícate, porque Dios mismo te ha nombrado anciano.» Daniel les dijo: «Separadlos, lejos uno del otro, que los voy a interrogar yo.» Los apartaron, él llamó a uno, y le dijo: «¡Viejo en años y en crímenes! Ahora vuelven tus pecados pasados, cuando dabas sentencias injustas condenando inocentes y absolviendo culpables, contra el mandato del Señor: "No matarás al inocente ni al justo". Pues ya que la viste a ésta, dime debajo de qué árbol los viste abrazados.» El respondió: «Debajo de una acacia.» Respondió Daniel: «¡Muy bien! Tu mentira te va a caer sobre la cabeza. El ángel de Dios ha recibido la sentencia y te va a partir por medio.»

Lo apartó y mandó traer al otro, y le dijo: «¡Hijo de Canán, y no de Judá! La belleza te sedujo y la pasión pervirtió tu corazón. Lo mismo hacías con las hijas de Israel, y ellas por miedo se acostaban con vosotros; pero una hija de Judá no ha tolerado vuestra maldad. Y ahora dime, ¿bajo qué árbol los sorprendiste abrazados?» El contestó: «Debajo de una encina.» Replicó Daniel: «¡Muy bien! Tu mentira te va a caer sobre la cabeza. El ángel del Señor aguarda con la espada para dividirte por medio. Y así acabará con vosotros.» Entonces toda la asamblea se puso a gritar bendiciendo a Dios, que salva a los que esperan en él. Y se alzaron contra los dos viejos a quienes Daniel había puesto en evidencia, por propia confesión, de que habían dado testimonio falso, y les aplicaron la pena que ellos habían tramado contra su prójimo y los ajusticiaron.

Y aquel día se salvó una vida inocente.

Palabra de Dios.

SALMO RESPONSORIAL 22

R. **Aunque camine por cañadas oscuras, | nada temo, porque tú vas conmigo.**

El Señor es mi pastor, | nada me falta: | En verdes praderas me hace recostar, | me conduce hacia fuentes tranquilas | y repara mis fuerzas. R.

Me guía por el sendero justo, | por el honor de su nombre. | Aunque camine por cañadas oscuras, | nada temo, porque tú vas conmigo: | tu vara y tu cayado me sosiegan. R.

Preparas una mesa ante mí | enfrente de mis enemigos; | me unges la cabeza con perfume, | y mi copa rebosa. R.

Tu bondad y tu misericordia me acompañan | todos los días de mi vida, | y habitaré en la casa del Señor | por años sin término. R.

ACLAMACION   Ez 33, 11

No quiero la muerte del malvado —dice el Señor—
sino que cambie de conducta y viva.

EVANGELIO

Para el año C se utiliza otro evangelio, que viene a continuación.

El que esté sin pecado, que le tire la primera piedra

✠ LECTURA DEL S. EVANGELIO SEGUN SAN JUAN

8, 1-11

En aquel tiempo, Jesús se retiró al monte de los Olivos. Al
amanecer se presentó de nuevo en el templo y todo el pueblo
acudía a él y, sentándose, les enseñaba. Los letrados y los fariseos
le traen una mujer sorprendida en adulterio, y, colocándola en
medio, le dijeron: «Maestro, esta mujer ha sido sorprendida en
flagrante adulterio. La ley de Moisés nos manda apedrear a las
adúlteras: tú ¿qué dices?» Le preguntaban esto para comprometerlo y poder acusarlo. Pero Jesús, inclinándose, escribía con el
dedo en el suelo. Como insistían en preguntarle, se incorporó y
les dijo: «El que esté sin pecado, que le tire la primera piedra.»
E inclinándose otra vez siguió escribiendo. Ellos, al oírlo, se fueron escabullendo uno a uno, empezando por los más viejos, hasta el último. Y quedó solo Jesús, y la mujer en medio, de pie.
Jesús se incorporó y le preguntó: «Mujer, ¿dónde están tus acusadores?, ¿ninguno te ha condenado?» Ella contestó: «Ninguno,
Señor.» Jesús dijo: «Tampoco yo te condeno. Anda, y en adelante no peques más.»

Palabra del Señor.

ACLAMACION   Jn 11, 25. 26

Yo soy la resurrección y la vida, dice el Señor, el que
cree en mí, no morirá jamás.

Evangelio para el año C, en el que el 5.° domingo se ha leído el prece-
dente:

EVANGELIO

Yo soy la luz del mundo

✠ LECTURA DEL S. EVANGELIO SEGUN
SAN JUAN   8, 12-20

En aquel tiempo, Jesús volvió a hablar a los fariseos: «Yo
soy la luz del mundo: el que me sigue no camina en las tinieblas,
sino que tendrá la luz de la vida.» Le dijeron los fariseos: «Tú
das testimonio de ti mismo, tu testimonio no es válido.» Jesús
les contestó: «Aunque yo doy testimonio de mí mismo, mi testimonio es válido, porque sé de dónde he venido y a dónde voy;
en cambio, vosotros no sabéis de dónde vengo ni a dónde voy.
Vosotros juzgáis por lo exterior; yo no juzgo a nadie; o, si juzgo
yo, mi juicio es legítimo, porque no estoy yo solo, sino que estoy con el que me ha enviado, el Padre. Y en vuestra ley está escrito que el testimonio de dos es válido. Yo doy testimonio de
mí mismo, y además da testimonio de mí el que me envió, el Padre.» Ellos le preguntaban: «¿Dónde está tu Padre?» Jesús contestó: «Ni me conocéis a mí ni a mi Padre: si me conocierais a
mí, conoceríais también a mi Padre.» Jesús tuvo esta conversación junto al arca de las ofrendas, cuando enseñaba en el templo.
Y nadie le echó mano, porque todavía no había llegado su hora.

Palabra del Señor.

ORACION SOBRE LAS OFRENDAS

Te pedimos, Señor, que quienes nos disponemos a celebrar
los santos misterios, tengamos la alegría de poder ofrecerte,
como fruto de nuestra penitencia corporal, un espíritu plenamente renovado. Por Jesucristo.

Prefacio I de la Pasión del Señor, pp. 1064-67.

ANTIFONA DE COMUNION   Jn 8, 10-11

Cuando se lee el Evangelio de la mujer adúltera:

Mujer, ¿ninguno te ha condenado? Tampoco yo te condeno. Anda, y en adelante no peques.

Cuando se lee otro Evangelio: Jn 8, 12

Yo soy la luz del mundo —dice el Señor—. El que me sigue no camina en tinieblas, sino que tendrá la luz de la vida.

ORACION DESPUES DE LA COMUNION

Te pedimos, Señor, que estos sacramentos que nos fortalecen sean siempre para nosotros fuente de perdón y, siguiendo las huellas de Cristo, nos lleven a ti, que eres nuestra vida. Por Jesucristo.

QUINTA SEMANA DE CUARESMA   MARTES

ANTIFONA DE ENTRADA   Sal 26, 14

Espera en el Señor, sé valiente, ten ánimo, espera en el Señor.

ORACION COLECTA

Concédenos, Señor, perseverar en el fiel cumplimiento de tu santa voluntad, para que, en nuestros días, crezca en santidad y en número el pueblo dedicado a tu servicio. Por nuestro Señor.

PRIMERA LECTURA

Los mordidos de serpiente quedarán sanos al mirar la serpiente de bronce

LECTURA DEL LIBRO DE LOS NUMEROS   21, 4-9

En aquellos días, desde el monte Hor se encaminaron los hebreos hacia el mar Rojo rodeando el territorio de Edom. El pueblo estaba extenuado del camino y habló contra Dios y contra Moisés: «¿Por qué nos has sacado de Egipto para morir en el desierto? No tenemos pan ni agua y nos da náusea ese pan sin cuerpo.» El Señor envió contra el pueblo serpientes venenosas que los mordían, y murieron muchos israelitas. Entonces el pueblo acudió a Moisés diciendo: «Hemos pecado hablando contra el Señor y contra ti; reza al Señor para que aparte de nosotros las serpientes.» Moisés rezó al Señor por el pueblo, y el Señor le respondió: «Haz una serpiente y colócala en un estandarte: los mordidos de serpiente quedarán sanos al mirarla.» Moisés hizo una serpiente de bronce y la colocó en un estandarte; cuando una serpiente mordía a uno, miraba la serpiente de bronce y quedaba curado.

Palabra de Dios.

SALMO RESPONSORIAL 101

R Señor, escucha mi oración, | que mi grito llegue hasta ti.

Señor, escucha mi oración, | que mi grito llegue hasta ti; | no me escondas tu rostro | el día de la desgracia. | Inclina tu oído hacia mí, | cuando te invoco, escúchame en seguida. R.

Los gentiles temerán tu nombre, | los reyes del mundo, tu gloria. | Cuando el Señor reconstruya Sión, | y aparezca en su gloria, | y se vuelva a las súplicas de los indefensos, | y no desprecie sus peticiones. R.

Quede esto escrito para la generación futura, | y el pueblo que será creado alabará al Señor: | Que el Señor ha mirado desde su excelso santuario, | desde el cielo se ha fijado en la tierra, | para escuchar los gemidos de los cautivos, | y librar a los condenados a muerte. R.

ACLAMACION

La semilla es la palabra de Dios, el sembrador es Cristo; quien lo encuentra vive para siempre.

EVANGELIO

Cuando levantéis al Hijo del Hombre sabréis que soy yo

✠ LECTURA DEL S. EVANGELIO SEGUN SAN JUAN

8, 21-30

En aquel tiempo, dijo Jesús a los fariseos: «Yo me voy y me buscaréis, y moriréis por vuestro pecado. Donde yo voy no podéis venir vosotros.» Y los judíos comentaban: «¿Será que va a suicidarse, y por eso dice "donde yo voy no podéis venir vosotros"?» Y él continuaba: «Vosotros sois de aquí abajo, yo soy de allá arriba: vosotros sois de este mundo, yo no soy de este mundo. Con razón os he dicho que moriréis por vuestros pecados: pues si no creéis que yo soy, moriréis por vuestros pecados.» Ellos le decían: «¿Quién eres tú?» Jesús les contestó: «Después de todo, ¿para qué seguir hablándoos? Podría decir y condenar muchas cosas en vosotros; pero el que me envió es veraz y yo comunico al mundo lo que he aprendido de él.» Ellos no comprendieron que les hablaba del Padre. Y entonces dijo Jesús: «Cuando levantéis al Hijo del Hombre sabréis que yo soy, y que no hago nada por mi cuenta, sino que hablo como el Padre me ha enseñado. El que me envió está conmigo, no me ha dejado solo, porque yo hago siempre lo que le agrada.»

Cuando les exponía esto, muchos creyeron en él.

Palabra del Señor.

ORACION SOBRE LAS OFRENDAS

Te ofrecemos, Señor, este sacrificio de reconciliación, para que, en tu piedad, perdones nuestras faltas y guíes tú mismo nuestro corazón vacilante. Por Jesucristo.

Prefacio I de la Pasión del Señor, pp. 1067.

ANTIFONA DE COMUNION

Jn 12, 32

Cuando yo sea elevado sobre la tierra atraeré a todos hacia mí —dice el Señor.

ORACION DESPUES DE LA COMUNION

Concédenos, Dios todopoderoso, que, participando asiduamente en tus divinos misterios, merezcamos alcanzar los dones del cielo. Por Jesucristo.

QUINTA SEMANA DE CUARESMA   MIERCOLES

ANTIFONA DE ENTRADA   Sal 17, 48-49s

Dios, me libró de mis enemigos, me levantó sobre los que resistían y me salvó del hombre cruel.

ORACION COLECTA

Ilumina, Señor, el corazón de tus fieles purificado por las penitencias de Cuaresma; y tú, que nos infundes el piadoso deseo de servirte, escucha paternalmente nuestras súplicas. Por nuestro Señor.

PRIMERA LECTURA

Dios envió a su ángel a librar a sus siervos

LECTURA DEL LIBRO DE DANIEL   3, 14-20.91-92.95

En aquellos días, el rey Nabucodonosor dijo: «¿Es cierto, Sidrac, Misac y Abdénago, que no respetáis a mis dioses ni adoráis la estatua que he erigido? Mirad: si al oír tocar la trompa, la flauta, la cítara, el laúd, el arpa, la vihuela y todos los demás instrumentos, estáis dispuestos a postraros adorando la estatua que he hecho, hacedlo; pero, si no la adoráis, seréis arrojados al punto al horno encendido, y ¿qué Dios os librará de mis manos?» Sidrac, Misac y Abdénago contestaron: «Majestad, a eso no tenemos por qué responder. El Dios a quien veneramos puede librarnos del horno encendido y nos librará de tus manos. Y aunque no lo haga, conste, majestad, que no veneramos a tus dioses ni adoramos la estatua de oro que has erigido.» Nabucodonosor, furioso contra Sidrac, Misac y Abdénago, y con el rostro desencajado por la rabia, mandó encender el horno siete veces más fuerte que de costumbre, y ordenó a sus soldados más robustos que atasen a Sidrac, Misac y Abdénago y los echasen en el horno encendido. El rey los oyó cantar himnos; extrañado, se levantó y, al verlos vivos, preguntó, estupefacto, a sus consejeros: «¿No eran tres los hombres que atamos y echamos al horno?» Le respondieron: «Así es, majestad.» Preguntó: «¿Entonces, cómo es que veo cuatro hombres, sin atar, paseando por el horno sin sufrir nada? Y el cuarto parece un ser divino.» Nabucodonosor entonces dijo: «Bendito sea el Dios de Sidrac, Misac y Abdénago, que envió un ángel a salvar a sus siervos que, confiando en él, desobedecieron el decreto real y prefirieron arrostrar el fuego antes que venerar y adorar otros dioses que el suyo.»

Palabra de Dios.

CANTICO DE DANIEL   Dn 3, 52-56

℟. **A ti gloria y alabanza por los siglos.**

Bendito eres, Señor, Dios de nuestros padres, | a ti gloria y alabanza por los siglos. | Bendito tu nombre santo y glorioso, | a él gloria y alabanza por los siglos. ℟.

Bendito eres en el templo de tu santa gloria. | A ti gloria y alabanza por los siglos. | Bendito eres sobre el trono de tu reino. ℟.

Bendito eres tú, | que, sentado sobre querubines, sondeas los abismos. | A ti gloria y alabanza por los siglos. | Bendito eres en la bóveda del cielo. ℟.

ACLAMACION   Jn 3, 16

Dichosos los que con un corazón noble y generoso guardan la palabra de Dios y dan fruto perseverando.

EVANGELIO

Si el Hijo os hace libres, seréis realmente libres

✠ LECTURA DEL S. EVANGELIO SEGUN
SAN JUAN   8, 31-42

En aquel tiempo, dijo Jesús a los judíos que habían creído en
él: «Si os mantenéis en mi palabra seréis de verdad discípulos
míos; conoceréis la verdad y la verdad os hará libres.» Le replicaron: «Somos linaje de Abrahán y nunca hemos sido esclavos de
nadie. ¿Cómo dices tú: seréis libres?» Jesús les contestó: «Os aseguro que quien comete pecado es esclavo. El esclavo no se queda en la casa para siempre, el hijo se queda para siempre. Y si
el Hijo os hace libres seréis realmente libres. Ya sé que sois linaje
de Abrahán; sin embargo, tratáis de matarme, porque no dais ca-
bida a mis palabras. Yo hablo de lo que he visto junto a mi Padre, pero vosotros hacéis lo que le habéis oído a vuestro padre.»
Ellos replicaron: «Nuestro padre es Abrahán.» Jesús les dijo: «Si
fuérais hijos de Abrahán, haríais lo que hizo Abrahán. Sin embargo, tratáis de matarme a mí, que os he hablado de la verdad
que le escuché a Dios, y eso no lo hizo Abrahán. Vosotros hacéis lo que hace vuestro padre.» Le replicaron: «Nosotros no somos hijos de prostituta; tenemos un solo padre: Dios.» Jesús les
contestó: «Si Dios fuera vuestro padre me amaríais, porque yo
salí de Dios y aquí estoy. Pues no he venido por mi cuenta, sino
que él me envió.»

Palabra del Señor.

ORACION SOBRE LAS OFRENDAS

Acepta, Señor, nuestras ofrendas y haz que estos dones que
presentamos en honor de tu nombre sean remedio de nuestra debilidad. Por Jesucristo.

Prefacio I de la Pasión del Señor, pp. 1067.

ANTIFONA DE COMUNION   Col 1, 13-14

Dios nos ha trasladado al reino de su Hijo querido,
por cuya Sangre hemos recibido la redención, el perdón
de los pecados.

ORACION DESPUES DE LA COMUNION

Dios todopoderoso, el sacramento que acabamos de recibir
sea medicina para nuestra debilidad, sane las enfermedades de
nuestro espíritu y nos asegure tu constante protección. Por Jesucristo.

QUINTA SEMANA DE CUARESMA   JUEVES

ANTIFONA DE ENTRADA   Heb 9, 15

Cristo es mediador de una alianza nueva; en ella ha
habido una muerte, y así los llamados pueden recibir la
promesa de la herencia eterna.

ORACION COLECTA

Escucha nuestras súplicas, Señor, y mira con amor a los que
han puesto su esperanza en tu misericordia; límpialos de todos
sus pecados, para que perseveren en una vida santa y lleguen de
este modo a heredar tus promesas. Por nuestro Señor.

PRIMERA LECTURA

Serás padre de muchedumbre de pueblos

LECTURA DEL LIBRO DEL GENESIS   17, 3-9

En aquellos días, Abrán cayó de bruces y Dios le dijo: «Mira,
este es mi pacto contigo: serás padre de muchedumbre de pueblos. Ya no te llamarás Abrán, sino Abrahán, porque te hago

padre de muchedumbre. Te haré crecer sin medida, sacando pueblos de ti, y reyes nacerán de ti. Cumpliré mi pacto contigo y con tu descendencia en futuras generaciones, como pacto perpetuo. Seré tu Dios y el de tus descendientes futuros. Os daré a ti y a tu descendencia futura la tierra en que peregrinas, como posesión perpetua, y seré su Dios.» Dios añadió a Abrahán: «Guardad mi alianza, tú y tus descendientes, por siempre.»

Palabra de Dios.

SALMO RESPONSORIAL 104

R. **El Señor se acuerda de su alianza eternamente.**

Recurrid al Señor y a su poder, | buscad continuamente su rostro. | Recordad las maravillas que hizo, | sus prodigios, las sentencias de su boca. R.

¡Estirpe de Abrahán, su siervo, | hijos de Jacob, su elegido! | El Señor es nuestro Dios, | él gobierna toda la tierra. R.

Se acuerda de su alianza eternamente, | de la palabra dada, por mil generaciones; | de la alianza sellada con Abrahán, | del juramento hecho a Isaac. R.

ACLAMACION   Sal 94, 8ab

No endurezcáis hoy vuestro corazón; escuchad la voz del Señor.

EVANGELIO

Abrahán, vuestro padre, saltaba de gozo pensando ver mi día

✠ LECTURA DEL S. EVANGELIO SEGUN
SAN JUAN   8, 51-59

En aquel tiempo, dijo Jesús a los judíos: «Os aseguro: quien guarda mi palabra no sabrá lo que es morir para siempre.» Los judíos le dijeron: «Ahora vemos claro que estás endemoniado;

Abrahán murió, los profetas también, ¿y tú dices "quien guarde mi palabra no conocerá lo que es morir para siempre"? ¿Eres tú más que nuestro padre Abrahán, que murió? También los profetas murieron, ¿por quién te tienes?» Jesús contestó: «Si yo me glorificara a mí mismo, mi gloria no valdría nada. El que me glorifica es mi Padre, de quien vosotros decís: "Es nuestro Dios", aunque no lo conocéis. Yo sí lo conozco, y si dijera "no lo conozco" sería, como vosotros, un embustero; pero yo lo conozco y guardo su palabra. Abrahán, vuestro padre, saltaba de gozo pensando ver mi día: lo vio, y se llenó de alegría.» Los judíos le dijeron: «No tienes todavía cincuenta años, ¿y has visto a Abrahán?» Jesús les dijo: «Os aseguro que antes que naciera Abrahán existo yo.» Entonces cogieron piedras para tirárselas, pero Jesús se escondió y salió del templo.

Palabra del Señor.

ORACION SOBRE LAS OFRENDAS

Mira complacido, Señor, los dones que te presentamos; concédenos que sirvan para nuestra conversión y alcancen la salvación al mundo entero. Por Jesucristo.

Prefacio I de la Pasión del Señor, p. 1067.

ANTIFONA DE COMUNION   Rom 8, 32

Dios no perdonó a su propio Hijo, sino que lo entregó a la muerte por nosotros: con él nos lo ha dado todo.

ORACION DESPUES DE LA COMUNION

Después de haber recibido los dones de nuestra salvación, te pedimos, Padre de misericordia, que este sacramento con que ahora nos alimentas nos haga partícipes de la vida eterna. Por Jesucristo.

QUINTA SEMANA DE CUARESMA   **VIERNES**

ANTIFONA DE ENTRADA   Sal 30, 10. 16. 18

Piedad, Señor, que estoy en peligro; líbranos de los enemigos que me persiguen, Señor, que no me avergüence de haberte invocado.

ORACION COLECTA

Perdona las culpas de tu pueblo, Señor, y que tu amor y tu bondad nos libren del poder del pecado, al que nos ha sometido nuestra debilidad. Por nuestro Señor.

PRIMERA LECTURA
El Señor está conmigo como fuerte soldado

LECTURA DEL PROFETA JEREMIAS   20, 10-13

Oía el cuchicheo de la gente: «Pavor en torno. Delatadlo, vamos a delatarlo.» Mis amigos acechaban mi traspiés: «A ver si se deja seducir y lo violaremos, lo cogeremos y nos vengaremos de él.» Pero el Señor está conmigo, como fuerte soldado; mis enemigos tropezarán y no podrán conmigo. Se avergonzarán de su fracaso con sonrojo eterno que no se olvidará. Señor de los ejércitos, que examinas al justo y sondeas lo íntimo del corazón, que yo vea la venganza que tomas de ellos, porque a tí te encomendé mi causa. Cantad al Señor, alabad al Señor, que libró la vida del pobre de manos de los impíos.

Palabra de Dios.

SALMO RESPONSORIAL 17

R. **En el peligro invoqué al Señor | y me escuchó.**

Yo te amo, Señor, tú eres mi fortaleza, | Señor, mi roca, mi alcázar, mi libertador. R.

Dios mío, peña mía, refugio mío, escudo mío, | mi fuerza salvadora, mi baluarte. | Invoco al Señor de mi alabanza | y quedo libre de mis enemigos. R̸.

Me cercaban olas mortales, | torrentes destructores, | me envolvían las redes del abismo, | me alcanzaban los lazos de la muerte. R̸.

En el peligro invoqué al Señor, | grité a mi Dios: | Desde su templo él escuchó mi voz | y mi grito llegó a sus oídos. R̸.

ACLAMACION   Jn 6, 63b.68b.

Tus palabras, Señor, son espíritu y vida; tú tienes palabras de vida eterna.

EVANGELIO

Intentaron detener a Jesús, pero se les escabulló de las manos

✠ LECTURA DEL S. EVANGELIO SEGUN
SAN JUAN   10, 31-42

En aquel tiempo, los judíos agarraron piedras para apedrear a Jesús: El les replicó: «Os he hecho ver muchas obras buenas por encargo de mi Padre: ¿por cuál de ellas me apedreáis?» Los judíos le contestaron: «No te apedreamos por una obra buena, sino por una blasfemia: porque tú, siendo un hombre, te haces Dios.» Jesús les replicó: «¿No está escrito en vuestra Ley: "yo os digo: sois dioses"? Si la Escritura llama dioses a aquellos a quienes vino la palabra de Dios (y no puede faltar la Escritura), a quien el Padre consagró y envió al mundo, ¿decís vosotros que blasfema porque dice: soy hijo de Dios? Si no hago las obras de mi Padre, no me creáis; pero si las hago, aunque no me creáis a mí, creed a las obras, para que comprendáis y sepáis que el Padre está en mí y yo en el Padre.» Intentaron de nuevo detenerlo, pero se les escabulló de las manos. Se marchó de nuevo al otro lado del Jordán, al lugar donde antes había bautizado Juan, y se quedó allí. Muchos acudieron a él y decían: «Juan no hizo ningún signo; pero todo lo que Juan dijo de éste era verdad.» Y muchos creyeron en él allí.

Palabra del Señor.

ORACION SOBRE LAS OFRENDAS

Concédenos, Dios de misericordia, servir siempre a tu altar con dignidad, y, participando en él frecuentemente, danos la salvación. Por Jesucristo.

Prefacio I de la Pasión del Señor, p. 1067.

ANTIFONA DE COMUNION   1 Pe 2, 24

Jesús, cargado con nuestros pecados, subió al leño, para que, muertos al pecado, vivamos la justicia. Sus heridas nos han curado.

ORACION DESPUES DE LA COMUNION

Este don que hemos recibido, Señor, nos proteja siempre y aleje de nosotros todo mal. Por Jesucristo.

QUINTA SEMANA DE CUARESMA   SABADO

ANTIFONA DE ENTRADA   Sal 21, 20. 7

Señor, no te quedes lejos; fuerza mía, ven corriendo a ayudarme. Soy un gusano, no un hombre; vergüenza de la gente, desprecio del pueblo.

ORACION COLECTA

Señor, tú que realizas sin cesar la salvación de los hombres y concedes a tu pueblo, en los días de Cuaresma, gracias más abundantes, dígnate mirar con amor a tus elegidos y concede tu auxilio protector a los catecúmenos y a los bautizados. Por nuestro Señor.

Los haré un solo pueblo

LECTURA DEL PROFETA EZEQUIEL 37, 21-28

Así dice el Señor Dios: Voy a recoger a los israelitas, de las naciones a las que marcharon; voy a congregarlos de todas partes, los voy a repatriar. Los haré un solo pueblo en su país, en los montes de Israel, y un solo rey reinará sobre todos ellos. No volverán a ser dos naciones ni volverán a desmembrarse en dos monarquías. No volverán a profanarse con sus abominables idolatrías y con sus crímenes; los libraré de los sitios donde pecaron; los purificaré. Ellos serán mi pueblo y yo seré su Dios. Mi siervo David será su rey, pastor único de todos ellos; caminarán según mis mandatos, guardarán y cumplirán mis preceptos. Habitarán en la tierra que le di a mi siervo Jacob, en la que habitaron vuestros padres; allí vivirán para siempre ellos y sus hijos y sus nietos; y mi siervo David será su príncipe para siempre. Haré con ellos alianza de paz, alianza eterna pactaré con ellos: los estableceré, los multiplicaré y pondré mi santuario entre ellos para siempre. Con ellos moraré, yo seré su Dios y ellos serán mi pueblo. Y sabrán las naciones que yo soy el Señor, el que consagra a Israel, cuando esté entre ellos mi santuario para siempre.

Palabra de Dios.

SALMO RESPONSORIAL Jr 31, 10-13

℟ **El Señor nos guardará como un pastor a su rebaño.**

Escuchad, pueblos, la Palabra del Señor, | anunciadla en las islas remotas: | «El que dispersó a Israel lo reunirá, | lo guardará como pastor a su rebaño.» ℟.

Porque el Señor redimió a Jacob, | lo rescató de una mano más fuerte. | Vendrán con aclamaciones a la altura de Sión, | afluirán hacia los bienes del Señor. ℟.

Entonces se alegrará la doncella en la danza, | gozarán los jóvenes y los viejos; | convertiré su tristeza en gozo, | los alegraré y aliviaré sus penas. ℟.

ACLAMACION   Ez 18, 31

Quitaos de encima vuestros delitos —dice el Señor— y estrenad un corazón nuevo y un espíritu nuevo.

EVANGELIO

Jesús debía morir para reunir a los hijos de Dios dispersos

✠ LECTURA DEL S. EVANGELIO SEGUN
SAN JUAN   11, 45-57

En aquel tiempo, muchos judíos que habían venido a casa de María, al ver lo que había hecho Jesús, creyeron en él. Pero algunos acudieron a los fariseos y les contaron lo que había hecho Jesús. Los sumos sacerdotes y los fariseos convocaron el sanedrín y dijeron: «¿Qué estamos haciendo? Este hombre hace muchos milagros. Si lo dejamos seguir, todos creerán en él y vendrán los romanos y nos destruirán el lugar santo y la nación.» Uno de ellos, Caifás, que era sumo sacerdote aquel año, les dijo: «Vosotros no entendéis ni palabra: no comprendéis que os conviene que uno muera por el pueblo, y que no perezca la nación entera.» Esto no lo dijo por propio impulso, sino que, por ser sumo sacerdote aquel año, habló proféticamente anunciando que Jesús iba a morir por la nación; y no sólo por la nación, sino también para reunir a los hijos de Dios dispersos. Y aquel día decidieron darle muerte. Por eso Jesús ya no andaba públicamente con los judíos, sino que se retiró a la región vecina al desierto, a una ciudad llamada Efraín, y pasaba el tiempo con los discípulos. Se acercaba la Pascua de los judíos, y muchos de aquella región subían a Jerusalén, antes de la pascua, para purificarse. Buscaban a Jesús y, estando en el templo, se preguntaban: «¿Qué os parece? ¿No vendrá a la fiesta?» Los sumos sacerdotes y fariseos habían mandado que el que se enterase de dónde estaba les avisara para prenderlo.

Palabra del Señor.

ORACION SOBRE LAS OFRENDAS

Señor todopoderoso, que por la confesión de tu nombre y el sacramento del bautismo nos haces renacer a la vida eterna, recibe nuestros dones y atiende nuestras súplicas, para que cuantos en ti esperan puedan ver realizados sus deseos y perdonadas sus culpas. Por Jesucristo.

Prefacio I de la Pasión del Señor, p. 1067.

ANTIFONA DE COMUNION   Jn 11, 52

Cristo fue entregado para reunir a los hijos de Dios dispersos.

ORACION DESPUES DE LA COMUNION

Humildemente te pedimos, Señor, que así como nos alimentas con el Cuerpo y Sangre de tu Hijo nos des también parte en su naturaleza divina. Por Jesucristo.

SEMANA SANTA

La Semana Santa o Mayor está formada por los últimos días de la Cuaresma (del Domingo de Ramos en la Pasión del Señor a la Misa en la Cena del Señor exclusive) y el Triduo Pascual de la Pasión, Muerte, Sepultura y Resurrección del Señor, que comienza con la Misa vespertina de la Cena del Señor, el Jueves Santo, tiene su centro en la Vigilia Pascual y acaba con las Vísperas del Domingo de Resurrección. Este conjunto de ocho días encierra un gran número de celebraciones ligadas a los diferentes momentos de la Pasión y glorificación de Jesús. Estos actos proceden del desglose de la primitiva y única celebración pascual cristiana que tenía lugar la noche del sábado al domingo de Pascua con la iniciación de los nuevos cristianos; entonces se celebraba el misterio de muerte y vida que encierra esta fiesta, y la misma hora de la liturgia, de la noche al día, servía de ambientación. Sin embargo, tras dar libertad a la Iglesia a comienzos del siglo IV, el emperador Constantino y su madre santa Elena dispusieron la construcción de grandes basílicas o de sencillas ermitas sobre los lugares donde real o supuestamente habían ocurrido los momentos más importantes de la vida de Jesús; la práctica siguió incrementándose y los peregrinos llegados a Tierra Santa querían, sobre todo, visitar los santos lugares de la Pasión del Señor. De aquí vino también el organizar celebraciones en estos lugares y en el mismo día y hora en que ocurrieron. Nació así en Jerusalén la Semana Santa y los peregrinos extendieron este uso por todas las Iglesias; la Vigilia Pascual perdió entonces ante los fieles la consideración de memoria de la muerte de Cristo, celebrándose sólo la resurrección y perdiéndose la unidad del Misterio Pascual; lo que no debe ocurrir, porque en cada acto se celebra siempre a Cristo, muerto y resucitado. Estas celebraciones no son simples recuerdos o escenificaciones teatrales porque, como enseña el Concilio Vaticano II: «La santa madre Iglesia... conmemorando así los misterios de la redención abre las riquezas del poder santificador y de los méritos de su Señor, de tal manera que, en cierto modo, esos misterios se hacen presentes en todo tiempo para que los fieles puedan ponerse en contacto con ellos y llenarse de la gracia de la salvación» *(Sacrosanctum Concilium* n.º 102). Estas celebraciones reciben con la mayor propiedad el nombre de «misterio litúrgico» y de «misterios o sacramentos pascuales». La palabra *misterio* no quiere decir algo indescifrable, sino que designa el plan salvífico de Dios, su realización en la historia del pueblo de Israel y, llegada la plenitud de los tiempos, en los principales acontecimientos de la vida de Jesucristo, en particular en su muerte y resurrección; y luego quiere decir también la actualización de tal obra salvífica en la Iglesia y en las acciones sagradas de su liturgia; pero, como la salvación realizada en Cristo no fue otra cosa que la Pascua de su muerte y resurrección reales, la liturgia será la actualización de la Pascua por medio del misterio, o sea, por medio de signos reales y eficaces.

En una reconstrucción litúrgica de los últimos días de Jesús, el domingo de Ramos recordamos su entrada en Jerusalén y el conjunto de la Pasión; el lunes, martes y miércoles santos hacemos memoria respectivamente de la unción en Betania, del anuncio de la traición de Judas y del hecho mismo de la traición. El jueves se celebra la eucaristía queriendo revivir el ambiente de la última Cena y se vela en oración acompañando a Jesús en Getsemaní. El viernes está dedicado al misterio de la cruz y la muerte gloriosa de Cristo. El sábado es el día del silencio ante la sepultura del Señor, y el domingo, finalmente, en la noche santa que lo inicia, es la celebración integral del Misterio Pascual, con particular énfasis en el triunfo del Señor sobre la muerte. Esta es la Semana Santa y el Triduo santo pascual, punto culminante de todo el año litúrgico. La preeminencia que tiene el domingo en la semana, la tiene la solemnidad de la Pascua en el año litúrgico.

DOMINGO DE RAMOS
EN LA PASION DEL SEÑOR

Este domingo es el pórtico de la Semana Santa, y recibe sus nombres del doble motivo que preside su celebración eucarística en la que, tras aclamar a Jesús como Rey y Mesías en su entrada triunfal en Jerusalén, anuncia el misterio de su Pasión a través de las lecturas de la Misa. Para los que no asisten a la liturgia del Viernes Santo, hoy es el encuentro con Cristo paciente en contraste con su manifestación gloriosa en el próximo domingo, día de Pascua. La procesión inicial se hacía ya en Jerusalén durante el siglo V, recorriendo el mismo itinerario de aquella memorable entrada, y posteriormente se comenzó a realizar también en las Iglesias de Occidente. Antes de comenzar el recorrido según las fórmulas 1.ª ó 2.ª se proclama cada año el relato del acontecimiento según el evangelista sinóptico que corresponda al ciclo de lecturas vigente. En la Misa se lee en primer lugar el tercer cántico del Siervo de Yawéh que prefigura a Cristo en la pasión e ilustra su sentido expiatorio abierto a la esperanza. Cuando en el salmo responsorial la asamblea va repitiendo «Dios mío, Dios mío, ¿por qué me has abandonado?» intenta ser la voz de Jesús en la cruz cuando él mismo recitó este salmo 21 que, leído en su integridad, no es un grito desesperado sino una súplica llena de confianza. La segunda lectura pudo ser un himno de la primitiva Iglesia recogido por san Pablo en el que se ensalza la humildad de Cristo y la autenticidad de su encarnación cuando se rebajó hasta la muerte; también se proclama su exaltación a la gloria como respuesta del Padre a su obediencia. Todos los años se reserva la lectura de la Pasión según san Juan para el Viernes Santo, y se proclama en este domingo según el evangelio sinóptico que se lee preferentemente ese año. El relato según Mateo acentúa lo ocurrido a Jesús como cumplimiento de las profecías del Antiguo Testamento, mientras que en Marcos es presentado como el cumplimiento y el hecho culminante de la vida de Jesús que finalmente es reconocido como Hijo de Dios. Según la línea directriz de su evangelio, Lucas presenta la Pasión como testimonio de la voluntad salvadora universal de Dios y de su misericordia por medio de Cristo. Los tres relatos son, a pesar de todo, tan semejantes, que deben partir de una fuente literaria común, conservada con mayor pureza en san Marcos.

CONMEMORACION DE LA ENTRADA DEL SEÑOR EN JERUSALEN

En este día la Iglesia recuerda la entrada de Cristo, el Señor, en Jerusalén para consumar su misterio pascual. Por esa razón, en todas las misas se hace memoria de esta entrada del Señor: por la procesión o entrada solemne antes de la misa principal, o por la entrada simple antes de las restantes misas. La entrada solemne —no así la procesión— puede repetirse antes de aquellas misas que se celebran con gran asistencia de fieles.

FORMA 1.ª   LA PROCESION

A la hora señalada se reúnen todos en una iglesia menor o en otro lugar apto fuera de la iglesia a la que se va a ir en procesión. Los fieles tienen en sus manos los ramos.

El sacerdote y los ministros se dirigen al lugar donde se ha congregado el pueblo. El sacerdote, en lugar de la casulla, puede ponerse la capa pluvial, que se quita una vez acabada la procesión.

Mientras tanto se canta la siguiente antífona o un canto apropiado:

ANTIFONA   Mt 21, 9

Hosanna al Hijo de David, bendito el que viene en nombre del Señor, el Rey de Israel. ¡Hosanna en el cielo!

El sacerdote, al llegar, saluda al pueblo como de costumbre; y seguidamente hace una breve monición, en la que invita a los fieles a partici-

par activa y conscientemente en la celebración de este día. Dice estas pala-
bras u otras semejantes:

Queridos hermanos: Ya desde el principio de Cuaresma nos
venimos preparando con obras de penitencia y caridad. Hoy, cercana ya la Noche Santa de la Pascua, nos disponemos a inaugurar, en comunión con toda la Iglesia, la celebración anual de los
misterios de la Pasión y Resurrección de Jesucristo, misterios
que empezaron con la solemne entrada del Señor en Jerusalén.
Por ello, recordando con fe y devoción la entrada triunfal de Jesucristo en la ciudad santa, le acompañaremos con nuestros cantos, para que participando ahora de su cruz, merezcamos un día
tener parte en su resurrección.

Después de la monición, el sacerdote dice una de las siguientes oracio-
nes:

Oremos.
Dios todopoderoso y eterno, santifica con tu bendición ✠ es-
tos ramos, y a cuantos vamos a acompañar a Cristo aclamándole
con cantos, concédenos, por él, entrar en la Jerusalén del cielo.
Por Jesucristo.
℞ Amén.

o bien:

Oremos.
Acrecienta, Señor, la fe de los que en ti esperan y escucha las
plegarias de los que a ti acuden, para que quienes alzamos hoy
los ramos en honor de Cristo victorioso, permanezcamos en él,
dando frutos abundantes. Por Jesucristo nuestro Señor.
℞ Amén.

Y, en silencio rocía con agua bendita los ramos.

Seguidamente se proclama el Evangelio de la entrada del Señor, según
uno de los cuatro evangelistas. Es leído por un diácono o, en su ausencia,
por un sacerdote, en la forma acostumbrada.

CICLO A (1990, 1993, 1996, 1999, 2002, 2005)

EVANGELIO

Bendito el que viene en nombre del Señor

✠ LECTURA DEL S. EVANGELIO SEGUN
SAN MATEO

21, 1-11

Cuando se acercaban a Jerusalén y llegaron a Betfagé, junto al monte de los Olivos, Jesús mandó dos discípulos, diciéndoles: «Id a la aldea de enfrente, encontraréis enseguida una borrica atada con su pollino, desatadlos y traédmelos. Si alguien os dice algo contestadle que el Señor los necesita y los devolverá pronto.» Esto ocurrió para que se cumpliese lo que dijo el profeta: «Decid a la hija de Sión: Mira a tu rey, que viene a ti, humilde, montado en un asno, en un pollino, hijo de acémila.» Fueron los discípulos e hicieron lo que les había mandado Jesús: trajeron la borrica y el pollino, echaron encima sus mantos y Jesús se montó. La multitud extendió sus mantos por el camino; algunos cortaban ramas de árboles y alfombraban la calzada. Y la gente que iba delante y detrás gritaba: «¡Viva el Hijo de David!» «¡Bendito el que viene en nombre del Señor!» «¡Viva el Altísimo!» Al entrar en Jerusalén, toda la ciudad preguntaba alborotada: «¿Quién es éste?» La gente que venía con él decía: «Es Jesús, el profeta de Nazaret de Galilea.»

Palabra del Señor.

CICLO B (1991, 1994, 1997, 2000, 2003, 2006)

EVANGELIO

Bendito el que viene en nombre del Señor

✠ LECTURA DEL S. EVANGELIO SEGUN
SAN MARCOS

11, 1-10

Se acercaban a Jerusalén, por Betfagé y Betania, junto al Monte de los Olivos, y Jesús mandó a dos de sus discípulos, diciéndoles: «Id a la aldea de enfrente, y en cuanto entréis, encontraréis un borrico atado, que nadie ha montado todavía. Desatadlo y traedlo. Y si alguien os pregunta por qué lo hacéis, contestadle: «El Señor lo necesita, y lo devolverá pronto.» Fueron y encontraron el borrico en la calle atado a una puerta; y lo soltaron. Algunos de los presentes les preguntaron: ¿Por qué tenéis que desatar el borrico?» Ellos les contestaron como había dicho Jesús; y se lo permitieron. Llevaron el borrico, le echaron encima los mantos, y Jesús se montó. Muchos alfombraron el camino con sus mantos, otros con ramas cortadas en el campo. Los que iban delante y detrás, gritaban: «Hosanna, bendito el que viene en nombre del Señor. Bendito el reino que llega, el de nuestro padre David. ¡Hosanna en el cielo!»

Palabra del Señor.

CICLO C (1989, 1992, 1995, 1998, 2001, 2004)

EVANGELIO

Bendito el que viene en nombre del Señor

✠ LECTURA DEL S. EVANGELIO SEGUN
SAN LUCAS   19, 28-40

En aquel tiempo, Jesús echó a andar delante, subiendo hacia Jerusalén. Al acercarse a Betfagé y Betania, junto al monte llamado de los Olivos, mandó a dos discípulos diciéndoles: «Id a la aldea de enfrente: al entrar encontraréis un borrico atado, que nadie ha montado todavía. Desatadlo y traedlo. Y si alguien os pregunta: ¿por qué lo desatáis?, contestadle: el Señor lo necesita.» Ellos fueron y lo encontraron como les había dicho. Mientras desataban el borrico, los dueños les preguntaron: «¿Por qué desatáis el borrico?» Ellos contestaron: «El Señor lo necesita.» Se lo llevaron a Jesús, lo aparejaron con sus mantos, y le ayudaron a montar. Según iba avanzando, la gente alfombraba el camino con los mantos. Y cuando se acercaba ya la bajada del monte de los Olivos, la masa de los discípulos, entusiasmados, se pusieron a alabar a Dios a gritos por todos los milagros que habían visto, diciendo: «¡Bendito el que viene como rey, en nombre del Señor! Paz en el cielo y gloria en lo alto.» Algunos fariseos de entre la gente le dijeron: «Maestro, reprende a tus discípulos.» El replicó: «Os digo, que si éstos callan, gritarán las piedras.»

Palabra del Señor.

Después del Evangelio, oportunamente, se puede tener una breve homilía. Antes de comenzar la procesión, el sacerdote, u otro ministro idóneo, puede hacer una monición con estas o semejantes palabras:

Como la muchedumbre que aclamaba a Jesús, acompañemos también nosotros con júbilo al Señor.

Y comienza la procesión hacia la iglesia donde se va a celebrar la misa. Si se emplea el incienso, va delante el turiferario con el incensario, seguidamente el que lleva la cruz adornada, en medio de dos ministros con velas encendidas. A continuación el sacerdote con los ministros, y por último, los fieles, que llevan los ramos en las manos.

Durante la procesión, la «schola» canta los siguientes cantos u otros aptos.

ANTÍFONA

Los niños hebreos, llevando ramos de olivo, salieron al encuentro del Señor, aclamando: «¡Hosanna en el cielo!»

SALMO 23

1. Del Señor es la tierra y cuanto la llena, | el orbe y todos sus habitantes, | él la fundó sobre los mares, | él la afianzó sobre los ríos. | ¿Quién puede subir al monte del Señor? | ¿Quién puede estar en el recinto sagrado?

2. El hombre de manos inocentes, | y puro corazón, | que no confía en los ídolos, | ni jura contra el prójimo en falso. | Ese recibirá la bendición del Señor, | le hará justicia el Dios de salvación. | Este es el grupo que busca al Señor, | que viene a tu presencia, Dios de Jacob.

3. ¡Portones!, alzad los dinteles, | que se alcen las antiguas compuertas: | va a entrar el Rey de la Gloria | ¿Quién es ese Rey de la Gloria? | El Señor, héroe valeroso; | el Señor, héroe de la guerra.

4. ¡Portones!, alzad los dinteles, | que se alcen las antiguas compuertas: | va a entrar el Rey de la Gloria. | ¿Quién es ese Rey de la Gloria? | El Señor, Dios de los Ejércitos: | él es el Rey de la Gloria.

ANTIFONA

Los niños hebreos extendían mantos por el camino y aclamaban: «¡Hosanna al Hijo de David, bendito el que viene en nombre del Señor!»

SALMO 46

1. Pueblos todos, batid palmas, | aclamad a Dios con gritos de júbilo: | porque el Señor es sublime y terrible, | emperador de toda la tierra.

2. El nos somete los pueblos | y nos sojuzga las naciones; | él nos escogió por heredad suya: | gloria de Jacob, su amado.

3. Dios asciende entre aclamaciones, | el Señor a son de trompeta: | tocad para Dios, tocad, | tocad para nuestro Rey, tocad; | porque Dios es Rey del mundo: | tocad con maestría.

4. Dios reina sobre las naciones, | Dios se sienta en su trono sagrado: | los príncipes de los gentiles se reúnen | con el pueblo del Dios de Abrahán, | porque de Dios son los grandes de la tierra, | y él es excelso.

HIMNO A CRISTO REY

CORO

¡Gloria, alabanza y honor! | ¡Gritad Hosanna, y haceos | como los niños hebreos | al paso del Redentor! | ¡Gloria y honor | al que viene en el nombre del Señor!

ESTROFAS

1.   Como Jerusalén con su traje festivo, | vestida de palme-
ras, coronada de olivos, | viene la cristiandad en son de romería |
a inaugurar tu Pascua con himnos de alegría.
2.   Ibas como va el sol a un ocaso de gloria; | cantaban ya
tu muerte al cantar tu victoria. | Pero tú eres el Rey, el Señor, el
Dios Fuerte, | la Vida que renace del fondo de la Muerte.
3.   Tú, que amas a Israel y bendices sus cantos, | complácete
en nosotros, el pueblo de los santos; | Dios de toda bondad que
acoges en tu seno | cuanto hay entre los hombres sencillamente
bueno.

*A la entrada de la procesión en la iglesia se canta el siguiente respon-
sorio u otro canto que hable de la entrada del Señor.*

Al entrar el Señor en la ciudad santa, | los niños hebreos |
profetizaban la resurrección de Cristo, | proclamando, con ramos
de palmas, | «Hosanna en el cielo.» | «Hosanna en el cielo.»
Como el pueblo oyese | que Jesús llegaba a Jerusalén, | salió
a su encuentro: | proclamando con ramos de palmas, | «Hosanna
en el cielo.» | «Hosanna en el cielo.»

*El sacerdote, al llegar al altar, lo venera y, si lo juzga oportuno, lo
inciensa. Después va a la sede, se quita la capa pluvial y se pone la casulla y, omitiendo otros ritos, para terminar la procesión dice la oración colecta de la misa, que seguidamente ya se desarrolla como de costumbre.*

FORMA 2.ª   ENTRADA SOLEMNE

*Cuando no se ha hecho procesión fuera de la iglesia, la entrada del Se-
ñor se celebra dentro de la iglesia, por medio de la entrada solemne antes
de la misa principal.*

*Los fieles se reúnen o en la puerta de la Iglesia o en la misma iglesia,
teniendo los ramos en la mano. El sacerdote, los ministros y una representación de fieles se dirige al lugar más apto de la iglesia —fuera del presbiterio— donde la mayor parte de los fieles pueda ver el rito.*

Mientras el sacerdote se dirige al lugar escogido, se canta la antífona
«Hosanna» *u otro canto adecuado. Se tiene seguidamente la bendición de*

los ramos y la proclamación del Evangelio de la entrada del Señor en Je-
rusalén, como se ha indicado más arriba. Después del Evangelio el sacer-
dote con los ministros y unos cuantos fieles se dirigen solemnemente por la
iglesia hacia el presbiterio, mientras se canta el responsorio u otro canto
apto.

Cuando ha llegado al altar, el sacerdote lo venera, después va a la
sede, y, omitiendo otros ritos, dice la oración colecta de la misa, que segui-
damente se desarrolla como de costumbre.

FORMA 3.ª   ENTRADA SIMPLE

En las restantes misas de este domingo en las que no se tiene entrada
solemne, se hace memoria de la entrada del Señor en Jerusalén por medio
de la entrada simple.

Mientras el sacerdote se dirige al altar, se canta la antífona de entra-
da con el salmo u otro canto sobre el mismo tema.

El sacerdote, después que ha llegado al altar, lo venera, se dirige a
la sede y saluda al pueblo. Seguidamente la misa se desarrolla como de
costumbre.

En las misas sin pueblo y en las otras misas en que no se puede tener
canto de entrada, el sacerdote, inmediatamente después de haber llegado al
altar y haberlo venerado, saluda al pueblo, lee la antífona de entrada y
prosigue la misa como de costumbre.

ANTÍFONA DE ENTRADA   Jn 12, 13; Mc 11, 10

Seis días antes de la solemnidad de la Pascua, cuando
el Señor subía a la ciudad de Jerusalén, los niños, con ramos de palmas, salieron a su encuentro, y con júbilo proclamaban: «Hosanna en el cielo». ¡Bendito el que viene y
nos trae la misericordia de Dios!

Sal 23, 9-10

¡Portones!, alzad los dinteles, que se alcen las antiguas
compuertas: va a entrar el Rey de la Gloria. ¿Quién es ese
Rey de la Gloria? El Señor, Dios de los Ejércitos: él es

el Rey de la Gloria. «Hosanna en el cielo.» ¡Bendito el que viene y nos trae la misericordia de Dios!

Es conveniente, donde no se haya podido tener procesión ni entrada solemne, que se tenga una celebración de la palabra sobre la entrada mesiánica y la pasión del Señor, o en la tarde del sábado o en una hora oportuna del domingo.

MISA DE LA PASION

Después de la procesión o de la entrada solemne, el sacerdote comienza la misa por la oración, omitiendo el acto penitencial y el kyrie.

ORACION COLECTA

Dios todopoderoso y eterno, tú quisiste que nuestro Salvador se anonadase, haciéndose hombre y muriendo en la cruz, para que todos nosotros sigamos su ejemplo; concédenos que las enseñanzas de su pasión nos sirvan de testimonio, y que un día participemos en su resurrección gloriosa. Por nuestro Señor.

Teniendo en cuenta la importancia de la lectura de la Historia de la Pasión del Señor, le está permitido al sacerdote, leer una sola lectura antes del Evangelio, o solamente la Pasión del Señor.

Las dos primeras lecturas son comunes a los tres ciclos.

PRIMERA LECTURA

No oculté el rostro a insultos; y sé que no quedaré avergonzado (3.er cántico del Siervo del Señor)

LECTURA DEL LIBRO DE ISAIAS   50, 4-7

Mi Señor me ha dado una lengua de iniciado, para saber decir al abatido una palabra de aliento. Cada mañana me espabila el oído, para que escuche como los iniciados. El Señor Dios me ha abierto el oído; y yo no me he rebelado ni me he echado atrás.

Ofrecí la espalda a los que me golpeaban, la mejilla a los que me saban mi barba. No oculté el rostro a insultos y salivazos. Mi Señor me ayudaba, por eso no quedaba confundido; por eso ofrecí el rostro como pedernal, y sé que no quedaré avergonzado.

Palabra de Dios.

SALMO RESPONSORIAL 21

R. **Dios mío, Dios mío, | ¿por qué me has abandonado?**

Al verme se burlan de mí, | hacen visajes, menean la cabeza: | «Acudió al Señor, que lo ponga a salvo; | que lo libre si tanto lo quiere.» R.

Me acorrala una jauría de mastines, | me cerca una banda de malhechores: | me taladran las manos y los pies, | puedo contar mis huesos. R.

Se reparten mi ropa, | echan a suerte mi túnica. | Pero tú, Señor, no te quedes lejos; | fuerza mía, ven corriendo a ayudarme. R.

Contaré tu fama a mis hermanos, | en medio de la asamblea te alabaré. | Fieles del Señor, alabadlo, | linaje de Jacob, glorificadlo, | temedlo, linaje de Israel. R.

SEGUNDA LECTURA

Se rebajó a sí mismo; por eso Dios lo levantó sobre todo

LECTURA DE LA CARTA DEL APOSTOL SAN PABLO A LOS FILIPENSES

2, 6-11

Cristo, a pesar de su condición divina, no hizo alarde de su categoría de Dios; al contrario, se despojó de su rango, y tomó la condición de esclavo, pasando por uno de tantos. Y así, actuando como un hombre cualquiera, se rebajó hasta someterse incluso a la muerte, y una muerte de cruz. Por eso Dios lo levantó sobre todo, y le concedió el «Nombre-sobre-todo-nombre»; de modo que al nombre de Jesús toda rodilla se doble —en el Cielo, en la Tierra, en el Abismo—, y toda lengua proclame: ¡Jesucristo es Señor!, para gloria de Dios Padre.

Palabra de Dios.

ACLAMACION   Fil 2, 8-9

Cristo por nosotros se sometió incluso a la muerte, y una muerte de cruz. Por eso Dios lo levantó sobre todo, y le concedió el «Nombre-sobre-todo-nombre».

La historia de la Pasión del Señor se lee sin cirios, sin incienso, sin saludo y sin signación del libro. Es leída por el diácono o, en su defecto, por el sacerdote. Puede ser leída también por lectores laicos, reservándose el sacerdote, si es posible, la parte correspondiente a Cristo.

CICLO A (1990, 1993, 1996, 1999, 2002, 2005)

EVANGELIO   26, 14—27, 66

Pasión de nuestro Señor Jesucristo según San Mateo

Instrucciones para la lectura dialogada: Las siglas que designan a los diversos interlocutores son las siguientes: ✠ = Jesús; S = Otros personajes; C = Cronista.

¿Qué me queréis dar, si yo os lo entrego?

C. En aquel tiempo uno de los doce, llamado Judas Iscariote, fue a los sumos sacerdotes y les propuso:
S. «¿Qué estáis dispuestos a darme si os lo entrego?»
C. Ellos se ajustaron con él en treinta monedas. Y desde entonces andaba buscando ocasión propicia para entregarlo.

¿Dónde quieres que te preparemos la cena de Pascua?

El primer día de los ázimos se acercaron los discípulos a Jesús y le preguntaron: S. «¿Dónde quieres que te preparemos la cena de Pascua?» C. El contestó: ✠ «Id a casa de Fulano y decidle: "El Maestro dice: mi momento está cerca; deseo celebrar la Pascua en tu casa con mis discípulos".» C. Los discípulos cumplieron las instrucciones de Jesús y prepararon la Pascua.

Uno de vosotros me va a entregar

Al atardecer se puso a la mesa con los doce. Mientras comían dijo: ✠ «Os aseguro que uno de vosotros me va a entregar.» C. Ellos, consternados, se pusieron a preguntarle uno tras otro: S. «¿Soy yo acaso, Señor?» C. El respondió: ✠ «El que ha mojado en la misma fuente que yo, ése me va a entregar. El Hijo del Hombre se va como está escrito de él; pero ¡ay del que va a entregar al Hijo del Hombre!, más le valdría no haber nacido.» C. Entonces preguntó Judas, el que lo iba a entregar: S. «¿Soy yo acaso, Maestro?» C. El respondió ✠ «Así es.»

Esto es mi cuerpo. Y esta es mi sangre

C. Durante la cena, Jesús cogió pan, pronunció la bendición, lo partió y lo dio a sus discípulos diciendo: ✠ «Tomad, comed: esto es mi cuerpo.» C. Y cogiendo un cáliz pronunció la acción de gracias y se lo pasó diciendo: ✠ «Bebed todos; porque ésta es mi sangre, sangre de la alianza cerrada por todos para el perdón de los pecados. Y os digo que no beberé más del fruto de la vid hata el día que beba con vosotros el vino en el reino de mi Padre.»

Heriré al pastor y se dispersarán las ovejas del rebaño

C. Cantaron el salmo y salieron para el monte de los Olivos. Entonces Jesús les dijo: ✠ «Esta noche vais a caer todos por mi causa, porque está escrito: Heriré al pastor y se dispersarán las ovejas del rebaño. Pero cuando resucite, iré antes que vosotros a Galilea.» C. Pedro replicó: S. «Aunque todos caigan por tu causa, yo jamás caeré.» C. Jesús le dijo: ✠ «Te aseguro que esta noche, antes que el gallo cante tres veces, me negarás.» C. Pedro

le replicó: S. «Aunque tenga que morir contigo, no te negaré.»
C. Y lo mismo decían los demás discípulos.

Jesús empezó a entristecerse y a angustiarse

Entonces Jesús se fue con ellos a un huerto, llamado Getsemaní, y les dijo: ✠ «Sentaos aquí, mientras voy allá a orar.» C.
Y llevándose a Pedro y a los dos hijos de Zebedeo, empezó a entristecerse y a angustiarse. Entonces dijo: ✠ «Me muero de tristeza: quedaos aquí y velad conmigo.» C. Y adelantándose un
poco cayó rostro en tierra y oraba diciendo: ✠ «Padre mío, si es
posible, que pase y se aleje de mí ese cáliz. Pero no se haga lo
que yo quiero, sino lo que tú quieres.» S. Y se acercó a los discípulos y los encontró dormidos. Dijo a Pedro: ✠ «¿No habéis podido velar una hora conmigo? Velad y orad para no caer en la
tentación, pues el espíritu es decidido, pero la carne es débil.» C.
De nuevo se apartó por segunda vez y oraba diciendo: ✠ «Padre
mío, si este cáliz no puede pasar sin que yo lo beba, hágase tu
voluntad.» C. Y viniendo otra vez, los encontró dormidos, porque estaban muertos de sueño. Dejándolos de nuevo, por tercera
vez oraba repitiendo las mismas palabras. Luego se acercó a sus
discípulos y les dijo: ✠ «Ya podéis dormir y descansar. Mirad,
está cerca la hora y el Hijo del Hombre va a ser entregado en
manos de los pecadores. ¡Levantaos, vamos! Ya está cerca el que
me entrega.»

Echaron mano a Jesús para detenerlo

C. Todavía estaba hablando, cuando apareció Judas, uno de
los doce, acompañado de un tropel de gente con espadas y palos,
mandado por los sumos sacerdotes y los senadores del pueblo.
El traidor les había dado esta contraseña: S. «Al que yo bese, ése
es: detenedlo.» C. Después se acercó a Jesús y le dijo: S. «¡Salve,
Maestro!» C. Y lo besó. Pero Jesús le contestó: ✠ «Amigo, ¿a
qué vienes?» C. Entonces se acercaron a Jesús y le echaron mano
para detenerlo. Uno de los que estaban con él agarró la espada,

la desenvainó y de un tajo le cortó la oreja al criado del sumo sacerdote. Jesús le dijo: ✠ «Envaina la espada: quien usa espada, a espada morirá. ¿Piensas tú que no puedo acudir a mi Padre? El me mandaría enseguida más de doce legiones de ángeles. Pero entonces no se cumpliría la Escritura que dice que esto tiene que pasar.» C. Entonces dijo Jesús a la gente: ✠ «¿Habéis salido a prenderme con espadas y palos como a un bandido? A diario me sentaba en el templo a enseñar y, sin embargo, no me detuvisteis.» C. Todo esto ocurrió para que se cumpliera lo que escribieron los profetas. En aquel momento todos los discípulos lo abandonaron y huyeron.

Veréis que el Hijo del hombre está sentado a la derecha del Todopoderoso

Los que detuvieron a Jesús lo llevaron a casa de Caifás, el sumo sacerdote, donde se habían reunido los letrados y los senadores. Pedro lo seguía de lejos hasta el palacio del sumo sacerdote y entrando dentro, se sentó con los criados para ver en qué paraba aquello. Los sumos sacerdotes y el consejo en pleno buscaban un falso testimonio contra Jesús para condenarlo a muerte y no lo encontraban, a pesar de los muchos falsos testigos que comparecían. Finalmente, comparecieron dos que declararon: S. «Este ha dicho: Puedo destruir el templo de Dios y reconstruirlo en tres días.» C. El sumo sacerdote se puso en pie y le dijo: S. «¿No tienes nada que responder? ¿Qué son estos cargos que levantan contra ti?» C. Pero Jesús callaba. Y el sumo sacerdote le dijo: S. «Te conjuro por Dios vivo a que nos digas si tú eres el Mesías, el Hijo de Dios.» C. Jesús le respondió: ✠ «Tú lo has dicho. Más aún, yo os digo: desde ahora veréis que el Hijo del Hombre está sentado a la derecha del Todopoderoso y que viene sobre las nubes del cielo.» C. Entonces el sumo sacerdote rasgó sus vestiduras diciendo: S. «Ha blasfemado. ¿Qué necesidad tenemos ya de testigos? Acabáis de oír la blasfemia. ¿Qué decidís?» C. Y ellos contestaron: S. «Es reo de muerte.» C. Entonces le escupieron a la cara y lo abofetearon; otros lo golpearon diciendo: S. «Haz de profeta, Mesías; dinos quién te ha pegado.»

Antes de que cante el gallo me negarás tres veces

C. Pedro estaba sentado fuera en el patio y se le acercó una criada y le dijo: S. «También tú andabas con Jesús el Galileo.» C. El lo negó delante de todos diciendo: S. «No sé qué quieres decir.» C. Y al salir al portal lo vio otra y dijo a los que estaban allí: S. «Este andaba con Jesús el Nazareno.» C. Otra vez negó él con juramento: S. «No conozco a ese hombre.» C. Poco después se acercaron los que estaban allí y dijeron: S. «Seguro; tú también eres de ellos, se te nota en el acento.» C. Entonces él se puso a echar maldiciones y a jurar diciendo: S. «No conozco a ese hombre.» C. Y enseguida cantó un gallo. Pedro se acordó de aquellas palabras de Jesús: «Antes de que cante el gallo me negarás tres veces.» Y saliendo afuera, lloró amargamente.

Lo entregaron a Poncio Pilato, el gobernador

Al hacerse de día, todos los sumos sacerdotes y los senadores del pueblo se reunieron para preparar la condena a muerte de Jesús. Y atándolo lo llevaron y lo entregaron a Pilato, el gobernador.

No es lícito echar las monedas en el arca de las ofrendas porque son precio de sangre

Entonces el traidor sintió remordimiento y devolvió las treinta monedas de plata a los sumos sacerdotes y senadores diciendo: S. «He pecado, he entregado a la muerte a un inocente.» C. Pero ellos dijeron: S. «¿A nosotros qué? ¡Allá tú!» C. El, arrojando las monedas en el templo, se marchó; y fue y se ahorcó. Los sacerdotes, recogiendo las monedas, dijeron: S. «No es lícito echarlas en el arca de las ofrendas porque son precio de sangre.» C. Y, después de discutirlo, compraron con ellos el Campo del Alfarero para cementerio de forasteros. Por eso aquel campo se llama todavía «Campo de Sangre». Así se cumplió lo escrito por Jeremías el profeta: «Y tomaron las treinta monedas de plata, el precio de uno que fue tasado, según la tasa de los hijos de Israel, y pagaron con ellas el Campo del Alfarero, como me lo había ordenado el Señor.»

¿Eres tú el rey de los judíos?

Jesús fue llevado ante el gobernador, y el gobernador le preguntó: S. «¿Eres tú el rey de los judíos?» C. Jesús respondió: ✠ «Tú lo dices.» C. Y mientras lo acusaban los sumos sacerdotes y los senadores, no contestaba nada. Entonces Pilato le preguntó: S. «¿No oyes cuántos cargos presentan contra ti?» C. Como no contestaba a ninguna pregunta, el gobernador estaba muy extrañado. Por la fiesta, el gobernador solía soltar un preso, el que la gente quisiera. Tenía entonces un preso famoso, llamado Barrabás. Cuando la gente acudió, dijo Pilato: S. «¿A quién queréis que os suelte, a Barrabás o a Jesús, a quien llaman el Mesías?» C. Pues sabía que se lo habían entregado por envidia. Y mientras estaba sentado en el tribunal, su mujer le mandó decir: S. «No te metas con ese justo porque esta noche he sufrido mucho soñando con él.» C. Pero los sumos sacerdotes y los senadores convencieron a la gente que pidiera el indulto de Barrabás y la muerte de Jesús. El gobernador preguntó: S. «¿A cuál de los dos queréis que os suelte?» C. Ellos dijeron: S. «A Barrabás.» C. Pilato les preguntó: S. «¿Qué hago con Jesús, llamado el Mesías?» C. Contestaron todos: S. «Que lo crucifiquen.» C. Pilato insistió: S. «Pues, ¿qué mal ha hecho?» C. Pero ellos gritaban más fuerte: S. «¡Que lo crucifiquen!» C. Al ver Pilato que todo era inútil y que, al contrario, se estaba formando un tumulto, tomó agua y se lavó la manos en presencia del pueblo, diciendo: S. «Soy inocente de esta sangre. ¡Allá vosotros!» C. Y el pueblo entero contestó: S. «¡Su sangre caiga sobre nosotros y sobre nuestros hijos!» C. Entonces les soltó a Barrabás; y a Jesús, después de azotarlo, lo entregó para que lo crucificaran.

¡Salve, rey de los judíos!

Los soldados del gobernador se llevaron a Jesús al pretorio y reunieron alrededor de él a toda la compañía: lo desnudaron y le pusieron un manto de color púrpura y trenzando una corona de espinas se la ciñeron a la cabeza y le pusieron una caña en la mano derecha. Y, doblando ante él la rodilla, se burlaban de él diciendo: S. «¡Salve, rey de los judíos!» C. Luego lo escupían, le quitaban la caña y le golpeaban con ella la cabeza. Y terminada la burla, le quitaron el manto, le pusieron su ropa y lo llevaron a crucificar.

Crucificaron con él a dos bandidos

Al salir, encontraron a un hombre de Cirene, llamado Simón, y lo forzaron a que llevara la cruz. Cuando llegaron al lugar llamado Gólgota (que quiere decir «La Calavera»), le dieron a beber vino mezclado con hiel; él lo probó, pero no quiso beberlo. Después de crucificarlo, se repartieron su ropa echándola a suertes y luego se sentaron a custodiarlo. Encima de la cabeza colocaron un letrero con la acusación: ESTE ES JESUS, EL REY DE LOS JUDIOS. Crucificaron con él a dos bandidos, uno a la derecha y otro a la izquierda.

Si eres Hijo de Dios, baja de la cruz

Los que pasaban, lo injuriaban y decían meneando la cabeza: S. «Tú que destruías el templo y lo reconstruías en tres días, sálvate a ti mismo; si eres Hijo de Dios, baja de la cruz.» C. Los sumos sacerdotes con los letrados y los senadores se burlaban también diciendo: S. «A otros ha salvado y él no se puede salvar. ¿No es el Rey de Israel? Que baje ahora de la cruz y le creeremos. ¿No ha confiado en Dios? Si tanto lo quiere Dios, que lo libre ahora. ¿No decía que era Hijo de Dios?» C. Hasta los bandidos que estaban crucificados con él lo insultaban.

Dios mío, Dios mío, ¿por qué me has abandonado?

Desde el mediodía hasta la media tarde vinieron tinieblas sobre toda aquella región. A media tarde, Jesús gritó: ✠ «Elí, Elí, lamá sabaktaní.» C. (Es decir: «Dios mío, Dios mío, ¿por qué me has abandonado?»). C. Al oírlo, algunos de los que estaban por allí dijeron: S. «A Elías llama éste.» C. Uno de ellos fue corriendo; enseguida cogió una esponja empapada en vinagre y, sujetándola en una caña, le dio de beber. Los demás decían: S. «Déjalo, a ver si viene Elías, a salvarlo.» C. Jesús dio otro grito fuerte y exhaló el espíritu.

(Se arrodillan todos y se hace una pausa.)

Entonces el velo del templo se rasgó en dos de arriba abajo, la tierra tembló, las rocas se rajaron, las tumbas se abrieron y muchos cuerpos de santos que habían muerto resucitaron. Después que él resucitó salieron de las tumbas, entraron en la Ciudad Santa y se aparecieron a muchos. El centurión y sus hombres, que custodiaban a Jesús, al ver el terremoto y lo que pasaba dijeron aterrorizados: S. «Realmente éste era Hijo de Dios.» C. Había allí muchas mujeres que miraban desde lejos, aquéllas que habían seguido a Jesús desde Galilea para atenderle; entre ellas, María Magdalena y María, la madre de Santiago y José, y la Madre de los Zebedeos.

José puso el cuerpo de Jesús en un sepulcro nuevo

Al anochecer llegó un hombre rico de Arimatea, llamado José, que era también discípulo de Jesús. Este acudió a Pilato a pedirle el cuerpo de Jesús. Y Pilato mandó que se lo entregaran. José, tomando el cuerpo de Jesús, lo envolvió en una sábana limpia, lo puso en el sepulcro nuevo que se había excavado en una roca, rodó una piedra grande a la entrada del sepulcro y se marchó. María Magdalena y la otra María se quedaron allí sentadas enfrente del sepulcro.

Ahí tenéis la guardia: Id vosotros y asegurad la vigilancia como sabéis

A la mañana siguiente, pasado el día de la Preparación, acudieron en grupo los sumos sacerdotes y los fariseos a Pilato y le dijeron: S. «Señor, nos hemos acordado que aquel impostor estando en vida» anunció: «A los tres días resucitaré». Por eso da orden de que vigilen el sepulcro hasta el tercer día, no sea que vayan sus discípulos, se lleven el cuerpo y digan al pueblo: «Ha resucitado de entre los muertos.» La última impostura sería peor que la primera.» C. Pilato contestó: S. «Ahí tenéis la guardia: Id vosotros y asegurad la vigilancia como sabéis.» C. Ellos fueron, sellaron la piedra y con la guardia aseguraron la vigilancia del sepulcro.

Palabra del Señor.

CICLO B (1991, 1994, 1997, 2000, 2003, 2006)

EVANGELIO   14, 1—15, 47

Pasión de nuestro Señor Jesucristo según San Marcos
El texto entre [ ] puede omitirse.

Instrucciones para la lectura dialogada: Las siglas que designan a los diversos interlocutores son las siguientes: ✠ = Jesús; S = Otros personajes; C = Cronista.

Pretendían prender a Jesús a traición y darle muerte

[C. Faltaban dos días para la Pascua y los Azimos. Los sumos sacerdotes y los letrados pretendían prender a Jesús a traición y darle muerte. Pero decían: S. «No durante las fiestas; podría amotinarse el pueblo.»

Se ha adelantado a embalsamar mi cuerpo para la sepultura

C. Estando Jesús en Betania, en casa de Simón, el leproso, sentado a la mesa, llegó una mujer con un frasco de perfume muy caro, de nardo puro; quebró el frasco y se lo derramó en la cabeza. Algunos comentaban indignados: S. «¿A qué viene este derroche de perfume? Se podía haber vendido por más de trescientos denarios para dárselo a los pobres.» C. Y regañaban a la mujer. Pero Jesús replicó: ✠ «Dejadla, ¿por qué la molestáis? Lo que ha hecho conmigo está bien. Porque a los pobres los tenéis siempre con vosotros y podéis socorrerlos cuando queráis; pero a mí no me tenéis siempre. Ella ha hecho lo que podía: se ha adelantado a embalsamar mi cuerpo para la sepultura. Os aseguro que, en cualquier parte del mundo donde se proclame el Evangelio, se recordará también lo que ha hecho ésta.»

A Judas Iscariote le prometieron dinero

C. Judas Iscariote, uno de los Doce, se presentó a los sumos sacerdotes para entregarles a Jesús. Al oírlo, se alegraron y le prometieron dinero. El andaba buscando ocasión propicia para entregarlo.

¿Dónde está la habitación en que voy a comer la Pascua con mis discípulos?

El primer día de los ázimos, cuando se sacrificaba el cordero pascual, le dijeron a Jesús sus discípulos: S. «¿Dónde quieres que vayamos a prepararte la cena de Pascua?» C. El envió a dos discípulos diciéndoles: ✠ «Id a la ciudad, encontraréis un hombre que lleva un cántaro de agua; seguidlo, y en la casa en que entre, decidle al dueño: "El Maestro pregunta: ¿Dónde está la habitación en que voy a comer la Pascua con mis discípulos?" Os enseñará una sala grande en el piso de arriba, arregladla con divanes. Preparadnos allí la cena.» C. Los discípulos se marcharon, llegaron a la ciudad, encontraron lo que les había dicho y prepararon la cena de Pascua.

Uno de vosotros, que me va a entregar, está comiendo conmigo

Al atardecer fue él con los Doce. Estando a la mesa comiendo dijo Jesús: ✠ «Os aseguro, que uno de vosotros me va a entregar: uno que está comiendo conmigo.» C. Ellos, consternados, empezaron a preguntarle uno tras otro: S. «¿Seré yo?» C. Respondió: ✠ «Uno de los Doce, el que está mojando en la misma fuente que yo. El Hijo del Hombre se va, como está escrito;

pero ¡ay del que va a entregar al Hijo del hombre!; ¡más le valdría no haber nacido!»

Esto es mi cuerpo. Esta es mi sangre de la nueva alianza

C. Mientras comían, Jesús tomó un pan, pronunció la bendición, lo partió y se lo dio diciendo: ✠ «Tomad, esto es mi cuerpo.» C. Cogiendo una copa, pronunció la acción de gracias, se la dio y todos bebieron. Y les dijo: ✠ «Esta es mi sangre, sangre de la alianza, derramada por todos. Os aseguro, que no volveré a beber del fruto de la vid hasta el día que beba el vino nuevo en el Reino de Dios.»

Antes de que el gallo cante dos veces, me habrás negado tres

C. Después de cantar el salmo, salieron para el Monte de los Olivos. Jesús les dijo: ✠ «Todos vais a caer, como está escrito»: "Heriré al pastor y se dispersarán las ovejas." C. Pedro replicó: S. «Aunque todos caigan, yo no.» C. Jesús le contestó: ✠ «Te aseguro, que tú hoy, esta noche, antes de que el gallo cante dos veces, me habrás negado tres.» C. Pero él insistía: S. «Aunque tenga que morir contigo, no te negaré.» C. Y los demás decían lo mismo.

Empezó a sentir terror y angustia

C. Fueron a una finca, que llaman Getsemaní y dijo a sus discípulos: ✠ «Sentaos aquí mientras voy a orar.» C. Se llevó a Pedro, a Santiago y a Juan, empezó a sentir terror y angustia, y les dijo: ✠ «Me muero de tristeza: quedaos aquí velando.» C. Y, adelantándose un poco, se postró en tierra pidiendo que, si era posible, se alejase de él aquella hora; y dijo: ✠ «¡Abbá! (Padre): tú lo puedes todo, aparta de mí ese cáliz. Pero no lo que yo quiero, sino lo que tú quieres.» C. Volvió, y al encontrarlos dormidos, dijo a Pedro: ✠ «Simón, ¿duermes?, ¿no has podido velar ni una hora? Velad y orad, para no caer en la tentación; el espíritu es decidido, pero la carne es débil.» C. De nuevo se apartó y oraba repitiendo las mismas palabras. Volvió, y los encontró otra vez dormidos, porque tenían los ojos cargados. Y no sabían qué contestarle. Volvió y les dijo: ✠ «Ya podéis dormir y descansar. ¡Basta! Ha llegado la hora; mirad que el Hijo del Hombre va a ser entregado en manos de los pecadores. ¡Levantaos, vamos! Ya está cerca el que me entrega.»

Prendedlo y conducidlo bien sujeto

C. Todavía estaba hablando, cuando se presentó Judas, uno de los doce, y con él gente con espadas y palos, mandada por los sumos sacerdotes, los letrados y los ancianos. El traidor les había dado una contraseña, diciéndoles: S. «Al que yo bese, es él: prendedlo y conducidlo bien sujeto.» C. Y en cuanto llegó, se acercó y le dijo: S. «¡Maestro!» C. Y lo besó. Ellos le echaron mano y lo prendieron. Pero uno de los presentes, desenvainando la espada, de un golpe le cortó la oreja al criado del sumo sacerdote. Jesús tomó la palabra y les dijo: ✠ «¿Habéis salido a prenderme con espadas y palos, como a caza de un bandido? A diario os estaba enseñando en el templo, y no me detuvisteis. Pero, que se cumplan las Escrituras.» C. Y todos lo abandonaron y huyeron. Lo iba siguiendo un muchacho envuelto sólo en una sábana; y le echaron mano; pero él, soltando la sábana, se les escapó desnudo.

¿Eres tú el Mesías, el Hijo de Dios bendito?

Condujeron a Jesús a casa del sumo sacerdote, y se reunieron todos los sumos sacerdotes y los letrados y los ancianos. Pedro lo fue siguiendo de lejos, hasta el interior del patio del sumo sacerdote; y se sentó con los criados a la lumbre para calentarse. Los sumos sacerdotes y el sanedrín en pleno buscaban un testimonio contra Jesús, para condenarlo a muerte; y no lo encontraban. Pues, aunque muchos daban falso testimonio contra él, los testimonios no concordaban. Y algunos, poniéndose en pie, daban testimonio contra él diciendo: S. «Nosotros le hemos oído decir: "Yo destruiré este templo, edificado por hombres, y en tres días construiré otro no edificado por hombres."» C. Pero ni en esto concordaban los testimonios. El sumo sacerdote se puso en pie en medio e interrogó a Jesús: S. «¿No tienes nada que responder? ¿Qué son estos cargos que levantan contra ti?» C. Pero él callaba, sin dar respuesta. El sumo sacerdote lo interrogó de nuevo preguntándole: S. «¿Eres tú el Mesías, el Hijo de Dios bendito?» C. Jesús contestó: ✠ «Sí, lo soy. Y veréis que el Hijo del Hombre está sentado a la derecha del Todopoderoso y que viene entre las nubes del cielo.» C. El sumo sacerdote se rasgó las vestiduras diciendo: S. «¿Qué falta hacen más testigos? Habéis oído la blasfemia. ¿Qué decidís?» C. Y todos lo declararon reo de muerte. Algunos se pusieron a escupirle, y tapándole la cara, lo abofeteaban y le decían: S. «Haz de profeta.» C. Y los criados le daban bofetadas.

No conozco a ese hombre que decís

Mientras Pedro estaba abajo en el patio, llegó una criada del sumo sacerdote y, al ver a Pedro calentándose, lo miró fijamente y dijo: S. «También tú andabas con Jesús el Nazareno.» C. El lo negó diciendo: S. «Ni sé ni entiendo lo que quieres decir.» C. Salió fuera al zaguán, y un gallo cantó. La criada, al verlo, volvió a decir a los presentes: S. «Este es uno de ellos.» C. Y él lo volvió a negar. Al poco rato también los presentes dijeron a Pedro: S. «Seguro que eres uno de ellos, pues eres galileo.» C. Pero él se puso a echar maldiciones y a jurar: S. «No conozco a ese hombre que decís.» C. Y en seguida, por segunda vez, cantó el gallo. Pedro se acordó de las palabras que le había dicho Jesús: «Antes de que cante el gallo dos veces, me habrás negado tres», y rompió a llorar.]

¿Queréis que os suelte al rey de los judíos?

Apenas se hizo de día, los sumos sacerdotes con los ancianos, los letrados y el sanedrín en pleno, prepararon la sentencia; y, atando a Jesús, lo llevaron y lo entregaron a Pilato. Pilato le preguntó: S. «¿Eres tú el rey de los judíos?» C. El respondió: ✠ «Tú lo dices.» C. Y los sumos sacerdotes lo acusaban de muchas cosas. Pilato le preguntó de nuevo: S. «¿No contestas nada? Mira de cuántas cosas te acusan». C. Jesús no contestó más; de modo que Pilato estaba muy extrañado. Por la fiesta solía soltarse un preso, el que le pidieran. Estaba en la cárcel un tal Barrabás con los revoltosos que habían cometido un homicidio en la revuelta. La gente subió y empezó a pedir el indulto de costumbre. Pilato les contestó: S. «¿Queréis que os suelte al rey de los judíos?» C. Pues sabía que los sumos sacerdotes se lo habían entregado por envidia. Pero los sumos sacerdotes soliviantaron a la gente para que pidieran la libertad de Barrabás. Pilato tomó de nuevo la palabra y les preguntó: S. «¿Qué hago con el que llamáis rey de los judíos? C. Ellos gritaron de nuevo: S. «Crucifícale». C. Pilato les dijo: S. «Pues, ¿qué mal ha hecho?» C. Ellos gritaron más fuerte. S. «Crucifícale.» C. Y Pilato, queriendo dar gusto a la gente, les soltó a Barrabás; y a Jesús, después de azotarlo, lo entregó para que lo crucificaran.

Le pusieron una corona de espinas, que habían trenzado

Los soldados se lo llevaron al interior del palacio —al pretorio— y reunieron a toda la compañía. Lo vistieron de púrpura, le pusieron una corona de espinas, que habían trenzado, y comenzaron a hacerle el saludo: S. «¡Salve, rey de los judíos!». C. Le golpearon la cabeza con una caña, le escupieron; y, doblando las rodillas, se postraban ante él. Terminada la burla, le quitaron la púrpura y le pusieron su ropa. Y lo sacaron para crucificarle.

Y llevaron a Jesús al Gólgota y lo crucificaron

Y a uno que pasaba, de vuelta del campo, a Simón de Cirene, el padre de Alejandro y de Rufo, lo forzaron a llevar la cruz. Y llevaron a Jesús al Gólgota (que quiere decir lugar de «La Calavera»), y le ofrecieron vino con mirra; pero él no lo aceptó. Lo crucificaron y se repartieron sus ropas, echándolas a suerte, para ver lo que se llevaba cada uno. Era media mañana cuando lo crucificaron. En el letrero de la acusación estaba escrito: «El rey de los Judíos». Crucificaron con él a dos bandidos, uno a su derecha y otro a su izquierda. Así se cumplió la Escritura, que dice: «Lo consideraron como un malhechor.»

A otros ha salvado y a sí mismo no se puede salvar

Los que pasaban lo injuriaban, meneando la cabeza y diciendo: S. «¡Anda!, tú que destruías el templo y lo reconstruías en tres días, sálvate a ti mismo bajando de la cruz.» C. Los sumos sacerdotes se burlaban también de él diciendo: S. «A otros ha salvado y a sí mismo no se puede salvar. Que el Mesías, el rey de Israel, baje ahora de la cruz, para que lo veamos y creamos.» C. También los que estaban crucificados con él lo insultaban.

Y Jesús, dando un fuerte grito, expiró

Al llegar el mediodía, toda la región quedó en tinieblas hasta la media tarde. Y a la media tarde, Jesús clamó con voz potente: ✠ «Eloí, Eloí, lamá sabactaní. (Que significa: Dios mío, Dios mío, ¿por qué me has abandonado?).» C. Algunos de los presentes, al oírlo, decían: S. «Mira, está llamando a Elías.» C. Y uno echó a correr y, empapando una esponja en vinagre, la sujetó a una caña, y le daba de beber diciendo: S. «Dejad, a ver si viene Elías a bajarlo.» C. Y Jesús, dando un fuerte grito, expiró.

(Se arrodillan todos y se hace una breve pausa.)

El velo del templo se rasgó en dos, de arriba abajo. El centurión, que estaba enfrente, al ver cómo había expirado dijo: S. «Realmente, este hombre era el Hijo de Dios.»

[C. Había también unas mujeres que miraban desde lejos; entre ellas, María Magdalena, María, la madre de Santiago el Menor y de José, y Salomé, que cuando él estaba en Galilea, lo seguían para atenderlo; y otras muchas que habían subido con él a Jerusalén.

José rodó una piedra a la entrada del sepulcro

Al anochecer, como era el día de la preparación, víspera del sábado, vino José de Arimatea, noble magistrado, que también aguardaba el Reino de Dios; se presentó decidido ante Pilato y le pidió el cuerpo de Jesús. Pilato se extrañó de que hubiera muerto ya; y, llamando al centurión, le preguntó si hacía mucho tiempo que había muerto. Informado por el centurión, concedió el cadáver a José. Este compró una sábana y, bajando a Jesús, lo envolvió en la sábana y lo puso en un sepulcro, excavado en una roca, y rodó una piedra a la entrada del sepulcro.

María Magdalena y María, la madre de José, observaban dónde lo ponían.]

Palabra del Señor.

CICLO C (1989, 1992, 1995, 1998, 2001, 2004)

EVANGELIO DE LA PASION   22, 14—23, 56

Pasión de nuestro Señor Jesucristo según San Lucas

El texto entre [ ] puede omitirse.

Instrucciones para la lectura dialogada: Las siglas que designan a los diversos interlocutores son las siguientes: ✠ = Jesús; S = Otros personajes; C = Cronista.

He deseado enormemente comer esta comida pascual con vosotros antes de padecer

C. [Llegada la hora, se sentó Jesús con sus discípulos, y les dijo: ✠ «He deseado enormemente comer esta comida pascual con vosotros antes de padecer, porque os digo que ya no la volveré a comer hasta que se cumpla en el Reino de Dios.» C. Y tomando una copa, dio gracias y dijo: ✠ «Tomad esto, repartidlo entre vosotros, porque os digo que no beberé desde ahora del fruto de la vid hasta que venga el Reino de Dios.»

Haced esto en memoria mía

C. Y tomando pan, dio gracias, lo partió y se lo dio diciendo: ✠ «Esto es mi cuerpo, que se entrega por vosotros; haced

esto en memoria mía.» C. Después de cenar hizo lo mismo con
la copa diciendo: ✠ «Esta copa es la Nueva Alianza sellada con
mi sangre, que se derrama por vosotros.»

¡Ay de quien entrega al Hijo del Hombre!

Pero mirad: la mano del que me entrega está con la mía en
la mesa. Porque el Hijo del Hombre se va, según lo establecido;
pero, ¡ay de ése que lo entrega!

Yo estoy en medio de vosotros como el que sirve

C. Ellos empezaron a preguntarse unos a otros quién de ellos
podía ser el que iba a hacer eso. Los discípulos se pusieron a
disputar sobre quién de ellos debía ser tenido como el primero.
Jesús les dijo: ✠ «Los reyes de los gentiles los dominan y los
que ejercen la autoridad se hacen llamar bienhechores. Vosotros
no hagáis así, sino que el primero entre vosotros pórtese como
el menor, y el que gobierne, como el que sirve. Porque, ¿quién
es más, el que está en la mesa o el que sirve? ¿verdad que el que
está en la mesa? Pues yo estoy en medio de vosotros como el
que sirve. Vosotros sois los que habéis perseverado conmigo en
mis pruebas, y yo os transmito el Reino como me lo transmitió
mi Padre a mí: comeréis y beberéis a mi mesa en mi Reino, y os
sentaréis en tronos para regir a las doce tribus de Israel.»

Y tú, cuando te recobres, da firmeza a tus hermanos

C. Y añadió: ✠ «Simón, Simón, mira que Satanás os ha recla-
mado para cribaros como trigo. Pero yo he pedido por ti para
que tu fe no se apague. Y tú, cuando te recobres, da firmeza a
tus hermanos.» C. El le contestó: S. «Señor, contigo estoy dispuesto a ir a la cárcel y a la muerte.» C. Jesús le replicó: ✠ «Te
digo, Pedro, que no cantará hoy el gallo antes que tres veces hayas negado conocerme.»

Tiene que cumplirse en mí lo que está escrito

C. Y dijo a todos: ✠ «Cuando os envié sin bolsa ni alforja, ni sandalias, ¿os faltó algo?» C. Contestaron: S. «Nada.» C. El añadió: ✠ «Pero ahora, el que tenga bolsa que la coja, y lo mismo la alforja; y el que no tiene espada, que venda su manto y compre una. Porque os aseguro que tiene que cumplirse en mí lo que está escrito: "fue contado con los malhechores". Lo que se refiere a mí toca a su fin.» C. Ellos dijeron: S. «Señor, aquí hay dos espadas.» C. El les contestó: ✠ «Basta.»

En medio de su angustia, Jesús oraba con más insistencia

C. Y salió Jesús, como de costumbre, al monte de los Olivos, y lo siguieron los discípulos. Al llegar al sitio, les dijo: ✠ «Orad, para no caer en la tentación.» C. El se arrancó de ellos, alejándose como a un tiro de piedra y arrodillado, oraba diciendo: ✠ «Padre, si quieres, aparta de mí ese cáliz. Pero que no se haga mi voluntad, sino la tuya.» C. Y se le apareció un ángel del cielo que lo animaba. En medio de su angustia oraba con más insistencia. Y le bajaba el sudor a goterones, como de sangre, hasta el suelo. Y, levantándose de la oración, fue hacia sus discípulos, los encontró dormidos por la pena, y les dijo: ✠ «¿Por qué dormís? Levantaos y orad, para no caer en la tentación.»

Judas, ¿con un beso entregas al Hijo del Hombre?

C. Todavía estaba hablando, cuando aparece gente: y los guiaba el llamado Judas, uno de los Doce. Y se acercó a besar a Jesús. Jesús le dijo: ✠ «Judas, ¿con un beso entregas al Hijo del Hombre?» C. Al darse cuenta los que estaban con él de lo que iba a pasar, dijeron: S. «Señor, ¿herimos con la espada?» C. Y uno de ellos hirió al criado del Sumo Sacerdote, y le cortó la oreja derecha. Jesús intervino diciendo: ✠ «Dejadlo, basta.» C. Y, tocándole la oreja, lo curó. Jesús dijo a los sumos sacerdotes y a los oficiales del templo, y a los ancianos que habían venido contra él: ✠ «¿Habéis salido con espadas y palos como a caza de un bandido? A diario estaba en el templo con vosotros, y no me echasteis mano. Pero ésta es vuestra hora: la del poder de las tinieblas.»

Y saliendo afuera, Pedro lloró amargamente

C. Ellos lo prendieron, se lo llevaron y lo hicieron entrar en casa del sumo sacerdote. Pedro lo seguía desde lejos. Ellos encendieron fuego en medio del patio, se sentaron alrededor y Pedro se sentó entre ellos. Al verlo una criada junto a la lumbre, se le quedó mirando y le dijo: S. «También éste estaba con él.» C. Pero él lo negó diciendo: S. «No lo conozco, mujer.» C. Poco después lo vio otro y le dijo: S. «Tú también eres uno de ellos.» C. Pedro replicó: S. «Hombre, no lo soy.» C. Pasada cosa de una hora, otro insistía: S. «Sin duda, también éste estaba con él, porque es galileo.» C. Pedro contestó: S. «Hombre, no sé de qué hablas.» C. Y estaba todavía hablando cuando cantó un gallo. El Señor, volviéndose, le echó una mirada a Pedro, y Pedro se acordó de la palabra que el Señor le había dicho: «Antes de que cante hoy el gallo, me negarás tres veces». Y, saliendo afuera, lloró amargamente.

Haz de profeta: ¿quién te ha pegado?

Y los hombres que sujetaban a Jesús se burlaban de él dándole golpes. Y, tapándole la cara, le preguntaban: S. «Haz de profeta: ¿quién te ha pegado?» C. Y proferían contra él otros muchos insultos.

Le hicieron comparecer ante su Sanedrín

Cuando se hizo de día, se reunió el senado del pueblo, o sea, sumos sacerdotes y letrados, y, haciéndole comparecer ante su Sanedrín, le dijeron: S. «Si tú eres el Mesías, dínoslo.» C. El les contestó: ✠ «Si os lo digo, no lo vais a creer; y si os pregunto, no me vais a responder.» Desde ahora el Hijo del Hombre estará sentado a la derecha de Dios Todopoderoso. C. Dijeron todos: S. «Entonces, ¿tú eres el Hijo de Dios?» C. El les contestó: ✠ «Vosotros lo decís, yo lo soy.» C. Ellos dijeron: S. «¿Qué necesidad tenemos ya de testimonios? Nosotros mismos lo hemos oído de su boca.»] C. El senado del pueblo, o sea, sumos sacerdotes y letrados, se levantaron y llevaron a Jesús a presencia de Pilato.

No encuentro ninguna culpa en este hombre

Y se pusieron a acusarlo diciendo: S. «Hemos comprobado que éste anda amotinando a nuestra nación, y oponiéndose a que se paguen tributos al César, y diciendo que él es el Mesías rey.» C. Pilato preguntó a Jesús: S. «¿Eres tú el rey de los judíos?» C. El le contestó: ✠ «Tú lo dices.» C. Pilato dijo a los sumos sacerdotes y a la turba: S. «No encuentro ninguna culpa en este hombre.» C. Ellos insistían con más fuerza diciendo: S. «Solivianta al pueblo enseñando por toda Judea, desde Galilea hasta aquí.» C. Pilato, al oírlo, preguntó si era galileo; y al enterarse que era de la jurisdicción de Herodes, se lo remitió. Herodes estaba precisamente en Jerusalén por aquellos días.

Herodes, con su escolta, lo trató con desprecio

Herodes, al ver a Jesús, se puso muy contento; pues hacía bastante tiempo que quería verlo, porque oía hablar de él y esperaba verlo hacer algún milagro. Le hizo un interrogatorio bastante largo; pero él no le contestó ni palabra. Estaban allí los sumos sacerdotes y los letrados acusándolo con ahínco. Herodes, con su escolta, lo trató con desprecio y se burló de él; y, poniéndole una vestidura blanca, se lo remitió a Pilato. Aquel mismo día se hicieron amigos Herodes y Pilato, porque antes se llevaban muy mal.

Y Pilato entregó a Jesús al arbitrio de ellos

Pilato, convocando a los sumos sacerdotes, a las autoridades y al pueblo, les dijo: S. «Me habéis traído a este hombre, alegando que alborotaba al pueblo; y resulta que yo lo he interrogado

delante de vosotros, y no he encontrado en este hombre ninguna
de las culpas que le imputáis; ni Herodes tampoco, porque nos
lo ha remitido: ya veis que nada digno de muerte se le ha probado. Así que le daré un escarmiento y lo soltaré.» C. Por la fiesta
tenía que soltarles a uno. Ellos vociferaban en masa diciendo: S.
«¡Fuera ése! Suéltanos a Barrabás.» C. (A éste lo habían metido
en la cárcel por una revuelta acaecida en la ciudad y un homicidio.) Pilato volvió a dirigirles la palabra con intención de soltar
a Jesús. Pero ellos seguían gritando: S. «¡Crucifícale, crucifícale!»
C. El les dijo por tercera vez: S. «Pues, ¿qué mal ha hecho éste?
No he encontrado en él ningún delito que merezca la muerte.
Así es que le daré un escarmiento y lo soltaré.» C. Ellos se le
echaban encima pidiendo a gritos que lo crucificara; e iba creciendo el griterío. Pilato decidió que se cumpliera su petición:
soltó al que le pedían (al que había metido en la cárcel por revuelta y homicidio), y a Jesús se lo entregó a su arbitrio.

Hijas de Jerusalén, no lloréis por mí

Mientras lo conducían, echaron mano de un cierto Simón de
Cirene, que volvía del campo, y le cargaron la cruz para que la
llevase detrás de Jesús. Lo seguían un gran gentío del pueblo, y
de mujeres que se daban golpes y lanzaban lamentos por él. Jesús se volvió hacia ellas y les dijo: ✠ «Hijas de Jerusalén, no lloréis por mí, llorad por vosotras y por vuestros hijos, porque mirad que llegará el día en que dirán: "Dichosas las estériles y los
vientres que no han dado a luz y los pechos que no han criado."
Entonces empezarán a decirles a los montes: "desplomaos sobre
nosotros" y a las colinas: "sepultadnos"; porque si así tratan al
leño verde, ¿qué pasará con el seco?»
    C. Conducían también a otros dos malhechores para ajus-
ticiarlos por él.

Padre, perdónalos porque no saben lo que hacen

Y cuando llegaron al lugar llamado «La Calavera», lo crucificaron allí, a él y a los malhechores, uno a la derecha y otro a la

izquierda. Jesús decía: ✠ «Padre, perdónalos porque no saben lo que hacen.» C. Y se repartieron sus ropas echándolas a suerte.

Este es el Rey de los judíos

El pueblo estaba mirando. Las autoridades le hacían muecas diciendo: S. «A otros ha salvado; que se salve a sí mismo, si él es el Mesías de Dios, el Elegido.» C. Se burlaban de él también los soldados, ofreciéndole vinagre y diciendo: S. «Si eres tú el rey de los judíos, sálvate a ti mismo.» C. Había encima un letrero en escritura griega, latina y hebrea: ESTE ES EL REY DE LOS JUDIOS.»

Hoy estarás conmigo en el Paraíso

Uno de los malhechores crucificados lo insultaba diciendo: S. «¿No eres tú el Mesías? Sálvate a ti mismo y a nosotros.» C. Pero el otro le increpaba: S. «¿Ni siquiera temes tú a Dios, estando en el mismo suplicio? Y lo nuestro es justo, porque recibimos el pago de lo que hicimos; en cambio, éste no ha faltado en nada.» C. Y decía: S. «Jesús, acuérdate de mí cuando llegues a tu Reino.» C. Jesús le respondió: ✠ «Te lo aseguro: hoy estarás conmigo en el Paraíso.»

Padre, a tus manos encomiendo mi espíritu

C. Era ya eso de mediodía y vinieron las tinieblas sobre toda la región, hasta la media tarde; porque se oscureció el sol. El velo del templo se rasgó por medio. Y Jesús, clamando con voz potente, dijo: ✠ «Padre, a tus manos encomiendo mi espíritu.» C. Y dicho esto, expiró.

(Se arrodillan todos y se hace una pausa.)

El centurión, al ver lo que pasaba, daba gloria a Dios diciendo: S. «Realmente, este hombre era justo.» C. Toda la muchedumbre que había acudido a este espectáculo, habiendo visto lo que ocurría, se volvían dándose golpes de pecho. Todos sus conocidos se mantenían a distancia, y lo mismo las mujeres que lo habían seguido desde Galilea y que estaban mirando.

José colocó el cuerpo de Jesús en un sepulcro excavado en la roca

[Un hombre llamado José, que era senador, hombre bueno y honrado (que no había votado a favor de la decisión y del crimen de ellos), que era natural de Arimatea y que aguardaba el Reino de Dios, acudió a Pilato a pedirle el cuerpo de Jesús. Y bajándolo, lo envolvió en una sábana y lo colocó en un sepulcro excavado en la roca, donde no habían puesto a nadie todavía. Era el día de la Preparación y rayaba el sábado. Las mujeres que lo habían acompañado desde Galilea fueron detrás a examinar el sepulcro y cómo colocaban su cuerpo. A la vuelta prepararon aromas y ungüentos. Y el sábado guardaron reposo, conforme al mandamiento.]

Palabra del Señor.

Se dice «Credo»

ORACION SOBRE LAS OFRENDAS

Por la pasión de tu Hijo sé propicio a tu pueblo, Señor, y concédenos, por esta celebración que actualiza el único sacrificio de Jesucristo, la misericordia que no merecen nuestros pecados. Por Jesucristo.

PREFACIO

Justificados en Cristo

En verdad es justo y necesario, es nuestro deber y salvación darte gracias siempre y en todo lugar, Señor, Padre Santo, Dios todopoderoso y eterno, por Cristo, nuestro Señor. El cual siendo inocente, se entregó a la muerte por los pecadores, y aceptó la injusticia de ser contado entre los criminales. De esta forma, al morir, destruyó nuestra culpa, y al resucitar, fuimos justificados.

Por eso, le alaban los cielos y la tierra, los ángeles y los arcángeles, proclamando sin cesar: Santo...

ANTIFONA DE COMUNION

Mt 26, 42

Padre mío, si este cáliz no puede pasar sin que yo lo beba, hágase tu voluntad.

ORACION DESPUES DE LA COMUNION

Fortalecidos con tan santos misterios, te dirigimos esta súplica, Señor: del mismo modo que la muerte de tu Hijo nos ha hecho esperar lo que nuestra fe nos promete, que su resurrección nos alcance la plena posesión de lo que anhelamos. Por Jesucristo.

LUNES SANTO

ANTIFONA DE ENTRADA

Sal 34, 1-2; Sal 139, 8

Pelea, Señor, contra los que me atacan, guerrea contra los que me hacen guerra; empuña el escudo y la adarga, levántate y ven en mi auxilio, Señor Dios, mi fuerte salvador.

ORACION COLECTA

Dios todopoderoso, mira la fragilidad de nuestra naturaleza, y, con la fuerza de la pasión de tu Hijo, levanta nuestra débil esperanza. Por nuestro Señor.

PRIMERA LECTURA

No gritará, ni voceará por las calles

LECTURA DEL PROFETA ISAIAS

42, 1-7

Así dice el Señor: «Mirad a mi siervo, a quien sostengo; mi elegido, a quien prefiero. Sobre él he puesto mi espíritu, para que traiga el derecho a las naciones. No gritará, no clamará, no voceará por las calles. La caña cascada no la quebrará, el pábilo vacilante no lo apagará. Promoverá fielmente el derecho, no vacilará ni se quebrará, hasta implantar el derecho en la tierra, y sus leyes que esperan las islas.» Así dice el Señor Dios, que creó y desplegó los cielos, consolidó la tierra con su vegetación, dio el respiro al pueblo que la habita y el aliento a los que se mueven en ella. «Yo, el Señor, te he llamado con justicia, te he cogido de la mano, te he formado, y te he hecho alianza de un pueblo, luz de las naciones. Para que abras los ojos de los ciegos, saques a los cautivos de la prisión, y de la mazmorra a los que habitan las tinieblas.»

Palabra de Dios.

SALMO RESPONSORIAL 26

℟ **El Señor es mi luz y mi salvación.**

El Señor es mi luz y mi salvación, | ¿a quién temeré? | El Señor es la defensa de mi vida, | ¿quién me hará temblar? ℟

Cuando me asaltan los malvados, | para devorar mi carne, | ellos, enemigos y adversarios, | tropiezan y caen. ℟

Si un ejército acampa contra mí, | mi corazón no tiembla; | si me declaran la guerra, | me siento tranquilo. ℟

Espero gozar de la dicha del Señor | en el país de la vida. | Espera en el Señor, sé valiente, | ten ánimo, espera en el Señor. ℟

ACLAMACION

Salve, Rey nuestro, solamente tú te has compadecido de nuestros errores.

EVANGELIO

¡Déjala! Tenía guardado este perfume para el día de mi sepultura

✠ LECTURA DEL S. EVANGELIO SEGUN
SAN JUAN   12, 1-11

Seis días antes de la Pascua, fue Jesús a Betania, donde vivía Lázaro, a quien había resucitado de entre los muertos. Allí le ofrecieron una cena: Marta servía y Lázaro era uno de los que estaban con él a la mesa. María tomó una libra de perfume de nardo, auténtico y costoso, le ungió a Jesús los pies y se los enjugó con su cabellera. Y la casa se llenó de la fragancia del perfume. Judas Iscariote, uno de sus discípulos, el que lo iba a entregar, dice: «¿Por qué no se ha vendido este perfume por trescientos denarios para dárselos a los pobres?» (Esto lo dijo no porque le importasen los pobres, sino porque era un ladrón; y como tenía la bolsa llevaba lo que iban echando.) Entonces Jesús dijo: «Déjala: lo tenía guardado para el día de mi sepultura; porque a los pobres los tenéis siempre con vosotros, pero a mí no siempre me tenéis.»

Una muchedumbre de judíos se enteró de que estaba allí y fueron no sólo por Jesús, sino también para ver a Lázaro, al que había resucitado de entre los muertos. Los sumos sacerdotes decidieron matar también a Lázaro, porque muchos judíos, por su causa, se les iban y creían en Jesús.

Palabra del Señor.

ORACION SOBRE LAS OFRENDAS

Mira, Señor, con bondad el sacramento que estamos celebrando y haz que fructifique para la eternidad, pues tu amor providente lo instituyó para perdón de los pecados. Por Jesucristo.

Prefacio II de la Pasión del Señor, p. 1068.

ANTIFONA DE COMUNION   Sal 101,3

No me escondas tu rostro el día de la desgracia. Inclina tu oído hacia mí, cuando te invoco, escúchame en seguida.

ORACION DESPUES DE LA COMUNION

Ven, Señor, y protege con amor solícito al pueblo que has santificado en esta celebración, para que conserve siempre los dones que ha recibido de tu misericordia. Por Jesucristo.

MARTES SANTO

ANTIFONA DE ENTRADA   Sal 26, 12

No me entregues a la saña de mi adversario, porque se levantan contra mí testigos falsos, que respiran violencia.

ORACION COLECTA

Dios todopoderoso y eterno, concédenos participar tan vivamente en las celebraciones de la pasión del Señor, que alcancemos tu perdón. Por nuestro Señor.

PRIMERA LECTURA

Te hago luz de las naciones, para que mi salvación alcance hasta el confín de la tierra

LECTURA DEL PROFETA ISAIAS   49, 1-6

Escuchadme, islas; atended, pueblos lejanos: Estaba yo en el vientre, y el Señor me llamó en las entrañas maternas, y pronunció mi nombre. Hizo de mi boca una espada afilada, me escondió en la sombra de su mano; me hizo flecha bruñida, me guardó en su aljaba y me dijo: «Tú eres mi esclavo (Israel), de quien estoy orgulloso.» Mientras yo pensaba: «En vano me he cansado, en viento y en nada he gastado mis fuerzas», en realidad mi derecho lo llevaba el Señor, mi salario lo tenía mi Dios. Y ahora habla el Señor, que desde el vientre me formó siervo suyo, para que le trajese a Jacob, para que le reuniese a Israel —tanto me honró el Señor y mi Dios fue mi fuerza—: «Es poco que seas mi siervo y restablezcas las tribus de Jacob y conviertas a los supervivientes de Israel; te hago luz de las naciones, para que mi salvación alcance hasta el confín de la tierra.»

Palabra de Dios.

SALMO RESPONSORIAL 70

R. **Mi boca contará tu salvación, Señor.**

A ti, Señor, me acojo: | no quede yo derrotado para siempre; | tú que eres justo, líbrame y ponme a salvo, | inclina a mí tu oído, y sálvame. R.

Sé tú mi roca de refugio | el alcázar donde me salve, | porque mi peña y mi alcázar eres tú. | Dios mío, líbrame de la mano perversa. R.

Porque tú, Dios mío, fuiste mi esperanza | y mi confianza, Señor, desde mi juventud. | En el vientre materno ya me apoyaba en ti, | en el seno tú me sostenías. R.

Mi boca contará tu auxilio, | y todo el día tu salvación. | Dios mío, me instruiste desde mi juventud, | y hasta hoy relato tus maravillas. R.

ACLAMACION

Salve, Rey nuestro, obediente al Padre, fuiste llevado a la crucifixión, como manso cordero a la matanza.

EVANGELIO

Uno de vosotros me va a entregar... No cantará el gallo antes de que me hayas negado tres veces

✠ **LECTURA DEL S. EVANGELIO SEGUN SAN JUAN**   13, 21-33.36-38

En aquel tiempo, Jesús, profundamente conmovido, dijo: «Os aseguro que uno de vosotros me va a entregar.» Los discípulos se miraron unos a otros perplejos, por no saber de quien lo decía. Uno de ellos, al que Jesús tanto amaba, estaba a la mesa a su derecha. Simón Pedro le hizo señas para que averiguase por quién lo decía. Entonces él, apoyándose en el pecho de Jesús, le preguntó: «Señor, ¿quién es?» Le contestó Jesús: «Aquél a quien yo le dé este trozo de pan untado.» Y untando el pan se lo dio a Judas, hijo de Simón el Iscariote. Detrás del pan, entró en él Satanás. Entonces Jesús le dijo: «Lo que tienes que hacer hazlo en seguida.» Ninguno de los comensales entendió a qué se refería. Como Judas guardaba la bolsa, algunos suponían que Jesús le encargaba comprar lo necesario para la fiesta o dar algo a los pobres. Judas, después de tomar el pan, salió inmediatamente. Era de noche.

Cuando salió dijo Jesús: «Ahora es glorificado el Hijo del Hombre y Dios es glorificado en él. (Si Dios es glorificado en él, también Dios lo glorificará en sí mismo: pronto lo glorificará.)» Simón Pedro le dijo: «Señor, ¿a dónde vas?» Jesús le respondió: «Adonde yo voy no me puedes acompañar ahora, me acompañarás más tarde.» Pedro replicó: «Señor, ¿por qué no puedo acompañarte ahora? Daré mi vida por ti.» Jesús le contestó: «¿Conque darás tu vida por mí? Te aseguro que no cantará el gallo antes que me hayas negado tres veces.»

Palabra del Señor.

ORACION SOBRE LAS OFRENDAS

Mira, Señor, con bondad las ofrendas de esta familia a la que invitas a tomar parte en tus sacramentos; concédele alcanzar la plenitud de lo que ellos significan y contienen. Por Jesucristo.

Prefacio II de la Pasión del Señor, p. 1068.

ANTIFONA DE COMUNION

Rom 8, 32

Dios no perdonó a su propio Hijo, sino que lo entregó a la muerte por nosotros.

ORACION DESPUES DE LA COMUNION

Señor, tú que nos has alimentado con el Cuerpo y la Sangre de tu Hijo, concédenos que este mismo sacramento, que sostiene nuestra vida temporal, nos lleve a participar de la vida eterna. Por Jesucristo.

MIERCOLES SANTO

ANTIFONA DE ENTRADA   Flp 2, 10. 8. 11

Al nombre de Jesús toda rodilla se doble —en el cielo, en la tierra, en el abismo—, porque el Señor se rebajó hasta someterse incluso a la muerte y una muerte de cruz; por eso Jesucristo es Señor, para gloria de Dios Padre.

ORACION COLECTA

Oh Dios, que, para librarnos del poder del enemigo, quisiste que tu Hijo muriera en la cruz; concédenos alcanzar la gracia de la resurrección. Por nuestro Señor.

PRIMERA LECTURA

No oculté el rostro a insultos y salivazos

LECTURA DEL PROFETA ISAIAS   50, 4-9a

Mi Señor me ha dado una lengua de iniciado, para saber decir al abatido una palabra de aliento. Cada mañana me espabila el oído, para que escuche como los iniciados. El Señor Dios me ha abierto el oído y yo no me he rebelado ni me he echado atrás. Ofrecí la espalda a los que golpeaban, la mejilla a los que mesaban mi barba. No oculté el rostro a insultos y salivazos. Mi Señor me ayudaba, por eso no quedaba confundido, por eso ofrecí el rostro como pedernal, y sé que no quedaré avergonzado. Tengo cerca a mi abogado, ¿quién pleiteará contra mí? Vamos a enfrentarnos: ¿quién es mi rival? Que se acerque. Mirad, el Señor me ayuda; ¿quién me condenará.

Palabra de Dios.

SALMO RESPONSORIAL 68

℟ **Señor, que me escuche tu gran bondad | en el día de tu favor.**

Por ti he aguantado afrentas, | la vergüenza cubrió mi rostro. | Soy un extraño para mis hermanos, | un extranjero para los hijos de mi madre; | porque me devora el celo de tu templo, | y las afrentas con que te afrentan caen sobre mí. ℟.

La afrenta me destroza el corazón, | y desfallezco. | Espero compasión, y no la hay, | consoladores, y no los encuentro. | En mi comida me echaron hiel, | para mi sed me dieron vinagre. ℟.

Alabaré el nombre de Dios con cantos, | proclamaré su grandeza con acción de gracias. | Miradlo, los humildes, y alegraos, | buscad al Señor, y vivirá vuestro corazón. | Que el Señor escucha a sus pobres, | no desprecia a sus cautivos. ℟.

ACLAMACION

Salve, Rey nuestro, solamente tú te has compadecido de nuestros errores.

O bien:

Salve, Rey nuestro, obediente al Padre, fuiste llevado a la crucifixión, como manso cordero a la matanza.

EVANGELIO

El Hijo del Hombre se va como está escrito de él; pero ¡ay del que va a entregar al Hijo del Hombre!

✠ LECTURA DEL S. EVANGELIO SEGUN
SAN MATEO
                                                      26, 14-25

En aquel tiempo, uno de los doce, llamado Judas Iscariote, fue a los sumos sacerdotes y les propuso: «¿Qué estáis dispuestos a darme si os lo entrego?» Ellos se ajustaron con él en treinta monedas. Y desde entonces andaba buscando ocasión propicia para entregarlo. El primer día de los ázimos se acercaron los discípulos a Jesús y le preguntaron: «¿Dónde quieres que te preparemos la cena de Pascua?» El contestó: «Id a casa de fulano y decidle: "El Maestro dice: mi momento está cerca; deseo celebrar la Pascua en tu casa con mis discípulos."» Los discípulos cumplieron las instrucciones de Jesús y prepararon la Pascua. Al atardecer se puso a la mesa con los doce. Mientras comían, dijo: «Os aseguro que uno de vosotros me va a entregar.» Ellos, consternados, se pusieron a preguntarle uno tras otro: «¿Soy yo acaso, Señor?» El respondió: «El que ha mojado en la misma fuente que yo, ése me va a entregar. El Hijo del Hombre se va como está escrito de él; pero, ¡ay del que va a entregar al Hijo del Hombre!, más le valdría no haber nacido.» Entonces preguntó Judas, el que lo iba a entregar: «¿Soy yo acaso, Maestro?» El respondió: «Tú lo has dicho.»

Palabra del Señor.

ORACION SOBRE LAS OFRENDAS

Recibe, Señor, las ofrendas que te presentamos, y muestra la eficacia de tu poder, para que, al celebrar sacramentalmente la pasión de Cristo, consigamos todos sus frutos. Por Jesucristo nuestro Señor.

Prefacio II de la Pasión del Señor, p. 1068.

ANTIFONA DE COMUNION
Mt 20, 28

El Hijo del Hombre no ha venido para que le sirvan, sino para dar su vida en rescate por muchos.

ORACION DESPUES DE LA COMUNION

Dios todopoderoso, concédenos creer y sentir profundamente que por la muerte temporal de tu Hijo, representada en estos misterios santos, tú nos has dado la vida eterna. Por Jesucristo.

JUEVES SANTO

MISA CRISMAL

La bendición del óleo de los enfermos, del óleo de los catecúmenos y la consagración del crisma, ordinariamente la hace el obispo de cada diócesis en este día, en la Misa que se celebra por la mañana. Pero si la reunión del clero y el pueblo con el obispo resulta más difícil en este día, la celebración puede anticiparse a otro, siempre cercano a la Pascua, sin que se pierda el mensaje originario de este acto: que los sacramentos son acciones salvadoras cuya eficacia les viene de la actualización en ellos del Misterio Pascual de Jesucristo. La concelebración en la bendición y en la eucaristía muestra la comunión de los presbíteros con su obispo, que tiene una privilegiada manifestación en este acto, que fue elegido por el papa Pablo VI para que en él renovasen los sacerdotes las promesas hechas el día de su ordenación.

La Iglesia se sirve con frecuencia del signo de la unción con los santos óleos, expresando así la fortaleza, consuelo y consagración que obra la unción invisible del Espíritu Santo que se invoca en los sacramentos.

RITOS INICIALES

ANTIFONA DE ENTRADA

Ap 1, 6

Jesucristo nos ha convertido en un reino, y hecho sacerdotes de Dios, su Padre. A él la gloria y el poder por los siglos de los siglos. Amén.

Se dice «Gloria»

ORACION COLECTA

Oh Dios, que por la unción del Espíritu Santo constituiste a tu Hijo Mesías y Señor, y a nosotros, miembros de su cuerpo, nos haces partícipes de su misma unción; ayúdanos a ser en el mundo testigos fieles de la redención que ofreces a todos los hombres. Por nuestro Señor.

LITURGIA DE LA PALABRA

PRIMERA LECTURA

El Señor me ha ungido y me ha enviado para dar la Buena Noticia a los que sufren, y para derramar sobre ellos perfume de fiesta

LECTURA DEL LIBRO DE ISAIAS

61, 1-3a.6a.8b-9

El Espíritu del Señor está sobre mí, porque el Señor me ha ungido. Me ha enviado para dar la Buena Noticia a los que sufren, para vendar los corazones desgarrados, para proclamar la amnistía a los cautivos y a los prisioneros la libertad; para proclamar el año de gracia del Señor, el día del desquite de nuestro Dios; para consolar a los afligidos, los afligidos de Sión; para cambiar su ceniza en corona, su traje de luto en perfume de fiesta, su abatimiento en cánticos. Vosotros os llamaréis «Sacerdotes del Señor», dirán de vosotros: «Ministros de Nuestro Dios.» Les daré su salario fielmente y haré con ellos un pacto perpetuo. Su estirpe será célebre entre las naciones, y sus vástagos entre los pueblos. Los que los vean reconocerán que son la estirpe que bendijo el Señor.

Palabra de Dios.

SALMO RESPONSORIAL 88

℞ Cantaré eternamente las misericordias del Señor.

Encontré a David mi siervo | y lo he ungido con óleo sagrado; | para que mi mano esté siempre con él | y mi brazo lo haga valeroso. ℞.

Mi fidelidad y misericordia lo acompañarán, | por mi nombre crecerá su poder. | El me invocará: «Tú eres mi Padre, | mi Dios, mi Roca salvadora.» ℟.

SEGUNDA LECTURA

Cristo nos ha convertido en su reino, y nos ha hecho sacerdotes de Dios, su Padre

LECTURA DEL LIBRO DEL APOCALIPSIS

1, 5-8

Gracia y paz a vosotros de parte de Jesucristo, el Testigo fiel, el Primogénito entre los fuertes, el Príncipe de los reyes de la tierra. A aquél que nos amó, nos ha librado de nuestros pecados por su sangre, nos ha convertido en un reino, y hecho sacerdotes de Dios, su Padre. A El la gloria y el poder por los siglos de los siglos. Amén. Mirad: El viene en las nubes. Todo ojo lo verá; también los que lo atravesaron. Todos los pueblos de la tierra se lamentarán por su causa. Sí. Amén. Dice Dios: «Yo soy el Alfa y la Omega, el que es, el que era y el que viene, el Todopoderoso.»

Palabra de Dios.

ACLAMACION

Is 61, 1

El Espíritu del Señor está sobre mí.
Me ha enviado para dar la Buena Noticia a los pobres.

EVANGELIO

El Espíritu del Señor está sobre mí, porque él me ha ungido

✠ LECTURA DEL S. EVANGELIO SEGUN SAN LUCAS

4, 16-21

En aquel tiempo fue Jesús a Nazaret, donde se había criado, entró en la sinagoga, como era su costumbre los sábados, y se puso en pie para hacer la lectura. Le entregaron el Libro del Profeta Isaías y, desenrollándolo, encontró el pasaje donde estaba escrito: «El Espíritu del Señor está sobre mí, porque él me ha ungido. Me ha enviado para dar la Buena Noticia a los pobres, para anunciar a los cautivos la libertad, y a los ciegos, la vista. Para dar libertad a los oprimidos; para anunciar el año de gracia del Señor.» Y, enrollando el libro, lo devolvió al que le ayudaba, y se sentó. Toda la sinagoga tenía los ojos fijos en él. Y él se puso a decirles: «Hoy se cumple esta Escritura que acabáis de oír.»

Palabra del Señor.

RENOVACION DE LAS PROMESAS SACERDOTALES

Acabada la homilía, el obispo dialoga con los presbíteros con estas o semejantes palabras:

Obispo:

Hijos amadísimos: En esta conmemoración anual del día en que Cristo confirió su sacerdocio a los Apóstoles y a nosotros, ¿queréis renovar las promesas que hicisteis un día ante vuestro obispo y ante el pueblo santo de Dios?

Sacerdotes:

Sí, quiero.

Obispo:

¿Queréis uniros más fuertemente a Cristo y configuraros con él, renunciando a vosotros mismos y reafirmando la promesa de cumplir los sagrados deberes que, por amor a Cristo, aceptasteis gozosos el día de vuestra ordenación para el servicio de la Iglesia?

Sacerdotes:

Sí, quiero.

Obispo:

¿Deseáis permanecer como fieles dispensadores de los misterios de Dios en la celebración eucarística y en las demás acciones litúrgicas, y desempeñar fielmente el ministerio de la predica-

ción como seguidores de Cristo, Cabeza y Pastor, sin pretender
los bienes temporales, sino movidos únicamente por el celo de
las almas?

Sacerdotes:

Sí, quiero.

Seguidamente, dirigiéndose al pueblo, prosigue el Obispo:

Y ahora vosotros, hijos muy queridos, orad por vuestros
sacerdotes, para que el Señor derrame abundantemente sobre
ellos sus bendiciones: que sean ministros fieles de Cristo Sumo
Sacerdote, y os conduzcan a él, única fuente de salvación.

Pueblo:

Cristo, óyenos. Cristo, escúchanos.

Obispo:

Y rezad también por mí, para que sea fiel al ministerio apostólico confiado a mi humilde persona y sea imagen, cada vez más
viva y perfecta, de Cristo Sacerdote, Buen Pastor, Maestro y
Siervo de todos.

Pueblo:

Cristo, óyenos. Cristo, escúchanos.

Obispo:

El Señor nos guarde en su caridad y nos conduzca a todos,
pastores y grey, a la vida eterna.

Todos:

Amén.

No se dice «Credo» ni oración de los fieles.

PROCESION DE LAS OFRENDAS

*Después de la renovación de las promesas sacerdotales, los diáconos y
ministros designados para llevar los óleos, así como los fieles que han de*

presentar sobre el altar el pan, el vino y el agua, van en su busca, y se los presentan al Obispo trayéndolos en procesión, mientras se entona un canto apropiado. Se presenta sucesivamente al Obispo el óleo para el santo crisma, el óleo de los enfermos y el de los catecúmenos, allá donde se use éste en el bautismo.

La bendición de los óleos y la consagración del crisma pueden tener lugar bien inmediatamente, bien al final de la Plegaria eucarística para el óleo de los enfermos, y después de la comunión los restantes.

Si el rito tiene lugar inmediatamente, el Obispo se aproxima junto con los sacerdotes concelebrantes a la mesa en donde se han colocado los vasos llenos de óleo.

Cuando llegan al altar o a la sede, el obispo recibe los dones. El diácono que lleva la vasija para el Santo crisma, se la presenta al obispo, diciendo en voz alta: Oleo para el santo crisma; *el obispo la recibe y se la entrega a uno de los diáconos que le ayudan, el cual la coloca sobre la mesa que se ha preparado. Lo mismo hacen los que llevan las vasijas para el óleo de los enfermos y de los catecúmenos. El primero dice:* Oleo de los enfermos; *el otro:* Oleo de los catecúmenos. *El obispo recibe ambas vasijas, y los ministros las colocan sobre la mesa que se ha preparado.*

La misa se desarrolla como en el rito de la concelebración, hasta el final de la plegaria eucarística, a no ser que todo el rito de la bendición se tenga inmediatamente. En este caso todo se dispone según se describirá más adelante.

LITURGIA EUCARISTICA

ORACION SOBRE LAS OFRENDAS

Te pedimos, Señor, que la eficacia de este sacrificio nos purifique del antiguo pecado, acreciente en nosotros la vida nueva y nos otorgue la plena salvación. Por Jesucristo nuestro Señor.

PREFACIO

Sacerdocio real del Pueblo de Dios

En verdad es justo y necesario, es nuestro deber y salvación darte gracias siempre y en todo lugar, Señor, Padre Santo, Dios todopoderoso y eterno.

Que constituiste a tu único Hijo Pontífice de la Alianza nueva y eterna por la unción del Espíritu Santo, y determinaste, en tu designio salvífico, perpetuar en la Iglesia su único sacerdocio.

El no sólo confiere el honor del sacerdocio real a todo su pueblo santo, sino también, con amor de hermano, ha elegido a hombres de este pueblo, para que, por la imposición de las manos, participen de su sagrada misión.

Ellos renuevan en nombre de Cristo el sacrificio de la redención, y preparan a tus hijos el banquete pascual, donde el pueblo santo se reúne en tu amor, se alimenta con tu palabra y se fortalece con los sacramentos.

Tus sacerdotes, Señor, al entregar su vida por ti y por la salvación de los hermanos, van configurándose a Cristo, y así dan testimonio constante de fidelidad y amor.

Por eso, nosotros, Señor, con los ángeles y los santos cantamos tu gloria diciendo: Santo...

BENDICION DEL OLEO DE LOS ENFERMOS

Antes de que el obispo diga: «Por él sigues creando todos los bienes...», *en la plegaria eucarística I o antes de la doxología* «Por Cristo, con él y en él», *en las otras plegarias eucarísticas, el que llevó la vasija del óleo de los enfermos, la lleva cerca del altar y la sostiene delante del obispo, mientras bendice el óleo de los enfermos, diciendo esta oración:*

Señor Dios, Padre de todo consuelo, que has querido sanar las dolencias de los enfermos por medio de tu Hijo: escucha con amor la oración de nuestra fe y derrama desde el cielo tu Espíritu Santo Paráclito sobre este óleo. Tú que has hecho que el leño verde del olivo produzca aceite abundante para vigor de nuestro cuerpo enriquece con tu bendición ✠ este óleo para que cuando sean ungidos con él sientan en su cuerpo y alma tu divina protección y experimenten alivio en sus enfermedades y dolores. Que por tu acción, Señor, este aceite sea para nosotros óleo santo, en nombre de Jesucristo nuestro Señor.

(Que vive y reina por los siglos de los siglos.
℟ Amén.)

La conclusión «Que vive y reina» se dice solamente cuando la bendición se hace fuera de la plegaria eucarística.

Acabada la bendición, la vasija del óleo de los enfermos se lleva de nuevo a su lugar, y la misa prosigue hasta después de la comunión.

ANTIFONA DE COMUNION   Sal 88, 2

Cantaré eternamente las misericordias del Señor, anunciaré tu fidelidad por todas las edades.

ORACION DESPUES DE LA COMUNION

Concédenos, Dios todopoderoso, que quienes han participado en tus sacramentos manifiesten en el mundo la presencia de Jesucristo. Que vive y reina.

BENDICION DEL OLEO DE LOS CATECUMENOS

Dicha la oración después de la comunión, los ministros colocan las vasijas con los óleos que se han de bendecir sobre una mesa que se ha dispuesto oportunamente en medio del presbiterio. El obispo, teniendo a ambos lados suyos a los presbíteros concelebrantes, que forman un semicírculo, y a los otros ministros detrás de él, procede a la bendición del óleo de los catecúmenos y a la consagración del crisma. Estando todo dispuesto, el obispo, de pie y cara al pueblo, con las manos extendidas, dice la siguiente oración:

Señor Dios, fuerza y defensa de tu pueblo, que has hecho del aceite un símbolo de vigor, dígnate bendecir ✠ este óleo y concede tu fortaleza a los catecúmenos que han de ser ungidos con él, para que al aumentar en ellos el conocimiento de las realidades divinas y la valentía en el combate de la fe, vivan más hondamente el evangelio de Cristo, emprendan animosos la tarea

cristiana, y admitidos entre tus hijos de adopción, gocen de la
alegría de sentirse renacidos y de formar parte de la Iglesia. Por
Jesucristo nuestro Señor.

℞ Amén.

CONSAGRACION DEL CRISMA

*Seguidamente el obispo derrama los aromas sobre el óleo y hace el
crisma en silencio, a no ser que ya estuviese preparado de antemano.*
Una vez hecho esto, dice la siguiente invitación a orar:

Hermanos: Pidamos a Dios Padre todopoderoso que se digne
bendecir y santificar este ungüento para que aquellos, cuyos
cuerpos van a ser ungidos con él, sientan interiormente la unción
de la bondad divina y sean dignos de los frutos de la redención.

*Entonces el obispo, oportunamente, sopla sobre la boca de la vasija
del crisma, y con las manos extendidas dice una de las siguientes oraciones
de consagración:*

I

Señor, autor de todo crecimiento y de todo progreso espiritual: recibe complacido la acción de gracias que gozosamente,
por nuestro medio, te dirige la Iglesia. Al principio del mundo,
tú mandaste que de la tierra brotasen árboles que dieran fruto, y
entre ellos, el olivo que ahora nos suministra el aceite con el que
hemos preparado el santo crisma.

Ya David, en los tiempos antiguos, previendo con espíritu
profético los sacramentos que tu amor instituiría en favor de los
hombres, nos invitaba a ungir nuestros rostros con óleo en señal
de alegría.

También, cuando en los días del diluvio las aguas purificaron
de pecado la tierra, una paloma, signo de la gracia futura, anunció con un ramo de olivo la restauración de la paz entre los
hombres.

Y en los últimos tiempos, el símbolo de la unción alcanzó su plenitud: después que el agua bautismal lava los pecados, el óleo santo consagra nuestros cuerpos y da paz y alegría a nuestros rostros.

Por eso, Señor, tú mandaste a tu siervo Moisés que, tras purificar en el agua a su hermano Aarón, lo consagrase sacerdote con la unción de este óleo.

Todavía alcanzó la unción mayor grandeza cuando tu Hijo, nuestro Señor Jesucristo, después de ser bautizado por Juan en el Jordán, recibió el Espíritu Santo en forma de paloma y se oyó tu voz declarando que él era tu Hijo, el Amado, en quien te complacías plenamente.

De este modo se hizo manifiesto que David ya hablaba de Cristo cuando dijo: «El Señor, tu Dios, te ha ungido con aceite de júbilo entre todos tus compañeros.»

Todos los concelebrantes, en silencio, extienden la mano derecha hacia el crisma, y la mantienen así hasta el final de la oración.

A la vista de tantas maravillas, te pedimos, Señor, que te dignes santificar con tu bendición ✠ este óleo y que, con la cooperación de Cristo, tu Hijo, de cuyo nombre le viene a este óleo el nombre de crisma, infundas en él la fuerza del Espíritu Santo con la que ungiste a sacerdotes, reyes, profetas y mártires y hagas que este crisma sea sacramento de la plenitud de la vida cristiana para todos los que van a ser renovados por el baño espiritual del bautismo.

Haz que los consagrados por esta unción, libres del pecado en que nacieron, y convertidos en templo de tu divina presencia, exhalen el perfume de una vida santa; que, fieles al sentido de la unción, vivan según su condición de reyes, sacerdotes y profetas y que este óleo sea para cuantos renazcan del agua y del Espíritu Santo, crisma de salvación, les haga partícipes de la vida eterna y herederos de la gloria celestial. Por Jesucristo...

℟ Amén.

o bien esta oración:

II

Señor Dios, fuente de la vida y autor de los sacramentos: te damos gracias porque en tu bondad inefable anunciaste en la Antigua Alianza el misterio de la santificación por la unción con el óleo, y lo llevaste a plenitud, al llegar los últimos tiempos, en Cristo, tu Hijo amado; pues cuando Cristo, nuestro Señor, salvó al mundo por el misterio pascual, quiso derramar sobre la Iglesia la abundancia del Espíritu Santo y la enriqueció con sus dones celestiales, para que en el mundo se realizase plenamente, por medio de la Iglesia, la obra de la salvación.

Por eso, Señor, en el sacramento del crisma concedes a los hombres el tesoro de tus gracias y haces que tus hijos renacidos por el agua bautismal reciban fortaleza en la unción del Espíritu Santo y, hechos a imagen de Cristo, tu Hijo, participen de su misión profética, sacerdotal y real.

Todos los concelebrantes, en silencio, extienden la mano derecha hacia el crisma, y la mantienen así hasta el final de la oración.

Por tanto, te pedimos, Señor, que mediante el poder de tu gracia hagas que esta mezcla de aceite y perfume sea para nosotros instrumento y signo de tus ✠ bendiciones; derrama sobre nuestros hermanos, cuando sean ungidos con este crisma, la abundancia de los dones del Espíritu Santo, y que los lugares y objetos consagrados por este óleo sean para tu pueblo motivo de santificación. Pero ante todo, Señor, te suplicamos que por medio del sacramento del crisma hagas crecer a tu Iglesia en el número y santidad de sus hijos, hasta que, según la medida de Cristo, alcance aquella plenitud en la que tú, en el esplendor de tu gloria, junto con tu Hijo y en la unidad del Espíritu Santo, lo serás todo en todos por los siglos de los siglos.

℟ Amén.

Cuando todo el rito de la bendición de los óleos se realiza después de la liturgia de la Palabra, acabada la oración de los fieles, el obispo con los concelebrantes se acerca a la mesa donde se va a tener la bendición del óleo de los catecúmenos y del óleo de los enfermos, y la consagración del crisma. Todo se hace según se ha escrito más arriba.

Dada la bendición conclusiva de la misa, el obispo pone incienso en el incensario y se organiza la procesión hacia la sacristía.

Los óleos bendecidos son llevados por sus ministros inmediatamente después de la cruz. La «schola» o el pueblo cantan algunos versos del himno «O Redemptor» u otro canto apropiado.

TRIDUO PASCUAL

JUEVES SANTO

MISA VESPERTINA DE LA CENA DEL SEÑOR

Celebrada a la misma hora del atardecer en que Jesucristo celebró por primera vez la eucaristía y encargó a los apóstoles su reiteración, la Misa vespertina de este día abre el Triduo Pascual y continúa presentando el carácter austero y conmovedor de profecía de la Pasión, interpretando a ésta como sacrificio redentor de la humanidad. No es una «fiesta» de la eucaristía como sacramento, sino que ha de preparar para la gran eucaristía del año, la de la noche santa. Las prescripciones sobre la cena pascual en el Antiguo Testamento (1.ª lectura) fueron seguidas por Jesús en aquella reunión de despedida, cambiando el contenido de las bendiciones tradicionales sobre el pan y el vino, y refiriéndolas a su propio cuerpo y sangre; tal como lo recuerda san Pablo en la segunda lectura y lo confesamos en el salmo responsorial. El Evangelio rememora la acción cargada de enseñanzas que fue el lavatorio de los pies de los discípulos por Jesús, sólo relatada por el pasaje de san Juan que se lee hoy y que, rompiendo el protocolo de aquella liturgia, completaba el sentido de la Pasión como el mayor servicio de Cristo al Padre y a los hombres; digno de ser imitado por sus seguidores.

RITOS INICIALES

ANTÍFONA DE ENTRADA   Gal 6, 14

Nosotros hemos de gloriarnos en la cruz de nuestro Señor Jesucristo: en él está nuestra salvación, vida y resurrección, él nos ha salvado y libertado.

Se dice el «Gloria». Mientras se canta, se pulsan las campanas, que ya no se vuelven a tocar hasta la Vigilia Pascual.

ORACION COLECTA

Señor Dios nuestro, nos has convocado hoy (esta tarde) para celebrar aquella misma memorable Cena en que tu Hijo, antes de entregarse a la muerte, confió a la Iglesia el banquete de su amor, el sacrificio nuevo de la Alianza eterna; te pedimos que la celebración de estos santos misterios nos lleve a alcanzar plenitud de amor y de vida. Por nuestro Señor.

LITURGIA DE LA PALABRA

PRIMERA LECTURA

Prescripciones sobre la cena pascual

LECTURA DEL LIBRO DEL EXODO

12, 1-8.11-14

En aquellos días, dijo el Señor a Moisés y a Aarón en tierra de Egipto: «Este mes será para vosotros el principal de los meses; será para vosotros el primer mes del año. Decid a toda la asamblea de Israel: el diez de este mes cada uno procurará un animal para su familia, uno por casa. Si la familia es demasiado pequeña para comérselo, que se junte con el vecino de casa, hasta completar el número de personas; y cada uno comerá su parte hasta terminarlo. Será un animal sin defecto, macho, de un año, cordero o cabrito. Lo guardaréis hasta el día catorce del mes y toda la asamblea de Israel lo matará al atardecer. Tomaréis la sangre y rociaréis las dos jambas y el dintel de la casa donde los hayáis comido. Esa noche comeréis la carne, asada a fuego, y comeréis panes sin fermentar y verduras amargas.

Y lo comeréis así: la cintura ceñida, las sandalias en los pies, un bastón en la mano; y os lo comeréis a toda prisa, porque es la Pascua, el Paso del Señor. Yo pasaré esa noche por la tierra de Egipto y heriré a todos los primogénitos del país de Egipto, desde los hombres hasta los ganados, y me tomaré justicia de todos los dioses de Egipto. Yo, el Señor. La sangre será vuestra señal en las casas donde habitáis. Cuando yo vea la sangre, pasaré de largo ante vosotros, y no habrá entre vosotros plaga exterminadora, cuando yo hiera al país de Egipto.»

«Este día será para vosotros memorable, en él celebraréis la fiesta del Señor, ley perpetua para todas las generaciones.»

Palabra de Dios.

SALMO RESPONSORIAL 115

℟. **El cáliz de la bendición | es la comunión con la sangre de Cristo.**

¿Cómo pagaré al Señor | todo el bien que me ha hecho? | Alzaré la copa de la salvación, | invocando su nombre. ℟.

Mucho le cuesta al Señor | la muerte de sus fieles. | Señor, yo soy tu siervo, | hijo de tu esclava; | rompiste mis cadenas. ℟.

Te ofreceré un sacrificio de alabanza, | invocando tu nombre, Señor. | Cumpliré al Señor mis votos, | en presencia de todo el pueblo. ℟.

SEGUNDA LECTURA

Cada vez que coméis del pan y bebéis de la copa, proclamáis la muerte del Señor

LECTURA DE LA PRIMERA CARTA DEL APOSTOL SAN PABLO A LOS CORINTIOS
11, 23-26

Hermanos: Yo he recibido una tradición, que procede del Señor y que a mi vez os he transmitido: Que el Señor Jesús, en la noche en que iban a entregarlo, tomó un pan y, pronunciando la Acción de Gracias, lo partió y dijo: «Esto es mi cuerpo, que se entrega por vosotros. Haced esto en memoria mía.» Lo mismo hizo con el cáliz, después de cenar, diciendo: «Este cáliz es la nueva alianza sellada con mi sangre; haced esto cada vez que bebáis, en memoria mía.» Por eso, cada vez que coméis de este pan y bebéis del cáliz, proclamáis la muerte del Señor, hasta que vuelva.

Palabra de Dios.

ACLAMACION   Jn 13, 34

Os doy el mandamiento nuevo: que os améis mutuamente como yo os he amado, dice el Señor.

EVANGELIO

Los amó hasta el extremo

✠ LECTURA DEL S. EVANGELIO SEGUN SAN JUAN

13, 1-15

Antes de la fiesta de la Pascua, sabiendo Jesús que había llegado la hora de pasar de este mundo al Padre, habiendo amado a los suyos que estaban en el mundo, los amó hasta el extremo.

Estaban cenando (ya el diablo le había metido en la cabeza a Judas Iscariote, el de Simón, que lo entregara) y Jesús, sabiendo que el Padre había puesto todo en sus manos, que venía de Dios y a Dios volvía, se levanta de la cena, se quita el manto y, tomando una toalla, se la ciñe; luego echa agua en la jofaina y se pone a lavarles los pies a los discípulos, secándoselos con la toalla que se había ceñido.

Llegó a Simón Pedro y éste le dijo: «Señor, ¿lavarme los pies tú a mí?» Jesús le replicó: «Lo que yo hago, tú no lo entiendes ahora, pero lo comprenderás más tarde.» Pedro le dijo: «No me lavarás los pies jamás.» Jesús le contestó: «Si no te lavo, no tienes nada que ver conmigo.» Simón Pedro le dijo: «Señor, no sólo los pies, sino también las manos y la cabeza.» Jesús le dijo: «Uno que se ha bañado no necesita lavarse más que los pies, porque todo él está limpio. También vosotros estáis limpios, aunque no todos.» (Porque sabía quién lo iba a entregar, por eso dijo: «No todos estáis limpios».)

Cuando acabó de lavarles los pies, tomó el manto, se lo puso otra vez y les dijo: «¿Comprendéis lo que he hecho con vosotros? Vosotros me llamáis "El Maestro" y "El Señor", y decís bien, porque lo soy. Pues si yo, el Maestro y el Señor, os he lavado los pies, también vosotros debéis lavaros los pies unos a otros: os he dado ejemplo para que lo que yo he hecho con vosotros, vosotros también lo hagáis.»

Palabra del Señor.

LAVATORIO DE LOS PIES

Después de la homilía, en la que se exponen los grandes misterios que se recuerdan en esta misa, a saber: la institución de la Sagrada Eucaristía y del orden sacerdotal y el mandato del Señor sobre la caridad fraterna, tiene lugar —allí donde lo aconseje el bien pastoral— el lavatorio de los pies.

Los ministros invitan a los varones designados a que ocupen los asientos que se han preparado en un lugar apto, donde fácilmente el rito sea visible a los fieles. Entonces el celebrante se acerca a cada uno, echa agua sobre sus pies y se los seca.

Mientras tanto se canta alguna de las siguientes antífonas u otros cantos apropiados.

ANTIFONA 1   Jn 13, 4.5.15

El Señor, después de levantarse de la Cena, echó agua en la jofaina y se puso a lavar los pies a los discípulos. Este fue el ejemplo que les dejó.

ANTIFONA 2   Jn 13, 6.7.8

«Señor, ¿lavarme los pies tú a mí?» Jesús le replicó: «Si no te lavo a ti los pies, no tienes nada que ver conmigo.» Llega a Simón Pedro y éste le dice: «Señor, ¿lavarme los pies tú a mí?». «Lo que yo hago tú no lo entiendes ahora, pero lo comprenderás más tarde.» «Señor, ¿lavarme los pies tú a mí?»

ANTIFONA 3   Cf. Jn 13, 14

Si yo, vuestro Maestro y Señor, os he lavado los pies, cuánto más vosotros debéis lavaros los pies unos a otros.

ANTIFONA 4   Jn 13, 35

La señal por la que conocerán que sois mis discípulos, será que os amáis unos a otros.

ANTIFONA 5   Jn 13, 34

Os doy un mandamiento nuevo: que os améis mutuamente como yo os he amado, dice el Señor.

ANTIFONA 6   1 Cor 13, 13

Queden en vosotros la fe, la esperanza, el amor, de estas tres: la más grande es el amor.

Inmediatamente después del lavatorio de los pies o, si éste no ha tenido lugar, después de la homilía, se hace la oración de los fieles. En esta misa no hay «Credo».

LITURGIA EUCARISTICA

Al comienzo de la liturgia eucarística se puede organizar una procesión de los fieles con dones para los pobres. Mientras tanto se canta el siguiente canto u otro apropiado.

Ant. **Ubi cháritas et amor, Deus ibi est.**
℣ Congregávit nos in unum Christi amor.
℣ Exultémus, et in ipso jucundémur.
℣ Timeámus et amémus Deum vivum.
℣ Et ex corde diligámus nos sincéro.
Ant. **Ubi cháritas et amor, Deus ibi est.**
℣ Simul ergo cum in unum congregámur:
℣ Ne nos mente dividámur, caveámus.

℣   Cessent jurgia maligna, cessent lites.
℣   Et in médio nostri sit Christus Deus.

Ant.   **Ubi cháritas et amor, Deus ibi est.**

℣   Simul quoque cum beátis videámus
℣   Gloriánter vultum tuum, Christe Deus:
℣   Gáudium, quod est imménsum, atque probum,
℣   Saécula per infinita saeculórum. Amen.

ORACION SOBRE LAS OFRENDAS

Concédenos, Señor, participar dignamente en estos santos misterios, pues cada vez que celebramos este memorial de la muerte de tu Hijo, se realiza la obra de nuestra redención. Por Jesucristo.

Prefacio I de la Santísima Eucaristía, p. 1087.

Cuando se emplea el Canon Romano, se dice Reunidos en comunión, Acepta, Señor, en tu bondad *y* El cual, la víspera de su Pasión *propios, siguientes:*

Reunidos en comunión para celebrar el día santo en que nuestro Señor Jesucristo fue entregado por nosotros, veneramos la memoria, ante todo, de la gloriosa siempre Virgen María, Madre de Jesucristo, nuestro Dios y Señor; la de su esposo, San José; la de los santos apóstoles y mártires Pedro, Pablo, Andrés, [Santiago y Juan, Tomás, Santiago, Felipe, Bartolomé, Mateo, Simón y Tadeo; Lino, Cleto, Clemente, Sixto, Cornelio, Cipriano, Lorenzo, Crisógono, Cosme y Damián,] y la de todos los santos; por sus méritos y oraciones concédenos en todo tu protección. [Por Cristo nuestro Señor. Amén.]

con las manos extendidas prosigue:

Acepta, Señor, en tu bondad, esta ofrenda de tus siervos y de toda tu familia santa, que te presentamos en el día mismo en que nuestro Señor Jesucristo encomendó a sus discípulos la celebración de los misterios de su Cuerpo y de su Sangre; ordena en tu paz nuestros días; líbranos de la condenación eterna y cuéntanos entre tus elegidos.

Junta las manos.
[Por Cristo nuestro Señor. Amén.]

Con las manos extendidas sobre las ofrendas, dice:
Bendice y acepta, ¡oh Padre!, esta ofrenda haciéndola espiritual, para que sea cuerpo y sangre de tu Hijo amado, Jesucristo, nuestro Señor.

Junta las manos
El cual, hoy, la víspera de padecer por nuestra salvación y la de todos los hombres, tomó pan en sus santas y venerables manos, y, elevando los ojos al cielo, hacia ti, Dios Padre suyo todopoderoso, dándote gracias y bendiciendo, lo partió, lo dio a sus discípulos y dijo:

TOMAD Y COMED TODOS DE EL,
PORQUE ESTO ES MI CUERPO,
QUE SERA ENTREGADO POR VOSOTROS.

Lo restante, como el Canon Romano, p. 1125.

ANTIFONA DE COMUNION   1 Cor 11, 24-25

Esto es mi cuerpo, que se entrega por vosotros. Esta copa es la nueva alianza sellada con mi sangre; haced esto cada vez que bebáis, en memoria mía.

Acabada la distribución de la comunión, se deja sobre el altar la patena o copón que contiene el pan consagrado para la comunión del día siguiente. La misa acaba con la oración después de la comunión.

ORACION DESPUES DE LA COMUNION

Concédenos, Dios todopoderoso, que la Cena de tu Hijo, que nos alimenta en el tiempo, llegue a saciarnos un día en la eternidad de tu reino. Por Jesucristo.

TRASLADO DEL SANTISIMO SACRAMENTO

Concluida la oración después de la comunión, el sacerdote acompañado de los ministros lleva el Santísimo Sacramento hasta el lugar en que se reserva hasta el día siguiente. Durante la procesión se canta el himno «Pange lingua» (excepto las dos últimas estrofas) u otro cántico eucarístico.

Después de un tiempo de adoración en silencio delante del Santísimo Sacramento, el sacerdote y los ministros vuelven a la sacristía. Es conveniente prosigan su adoración durante algún rato de la noche. Sin embargo, pasada la medianoche esta adoración ha de hacerse sin ninguna solemnidad.

VIERNES SANTO

LA PASION DEL SEÑOR

Según una antiquísima tradición, la Iglesia no celebra la eucaristía ni en este día ni en el siguiente. El altar sigue desde la víspera desnudo por completo: sin cruz, sin candelabros ni manteles. Después del mediodía, cerca de las tres, a no ser que por razones pastorales se elija una hora más tardía, tiene lugar la celebración de la Pasión del Señor, que consta de tres partes. En la liturgia de la Palabra se lee el cuarto cántico del Siervo de Yawéh, profecía del Mesías en su Misterio Pascual, el salmo 30 con la invocación de Jesús en la cruz «Padre, a tus manos encomiendo mi espíritu», el pasaje de la carta a los Hebreos donde se proclama el sentido sacerdotal de la vida de Jesús y especialmente en la Pasión, y el relato evangélico de ésta según san Juan que la expone como una progresiva exaltación del Señor, Cordero sacrificado en la Pascua que quita el pecado del mundo, y de cuyo costado abierto nació el sacramento de la Iglesia entera. La liturgia de la palabra termina con la Oración Universal. La segunda parte es la adoración de la cruz, ceremonia que se originó en Jerusalén en torno a la reliquia del santo leño venerado este día junto al monte Calvario. Por último se distribuye la comunión con el pan consagrado en la Misa de la Cena del Señor.

El viernes santo es, para todos los cristianos adultos, un día de ayuno: el ayuno pascual que es el origen de la penitencia de la Cuaresma y que recuerda la Pasión del Señor; la Iglesia aconseja que lo practiquemos también el día siguiente, hasta la comunión en la vigilia pascual, en la que lo romperemos con alegría.

CELEBRACION DE LA PASION

El celebrante y los ministros sagrados, revestidos de color rojo como para la misa, se acercan al altar y, hecha la debida reverencia, se tienden rostro en tierra'o, según la oportunidad, se arrodillan, y todos oran en silencio durante algún espacio de tiempo.

Después el celebrante con los ministros se dirige a la sede, donde dice una de las siguientes oraciones. No se dice «Oremos».

Recuerda, Señor, que tu ternura y tu misericordia son eternas; santifica a tus hijos y protégelos siempre, pues Jesucristo, tu Hijo, en favor nuestro instituyó por medio de su sangre el misterio pascual. Por Jesucristo nuestro Señor.

℞ Amén.

O bien:

Oh Dios, tu Hijo, Jesucristo, Señor nuestro, por medio de su pasión ha destruido la muerte que, como consecuencia del antiguo pecado, a todos los hombres alcanza. Concédenos hacernos semejantes a él. De este modo, los que hemos llevado grabada, por exigencia de la naturaleza humana, la imagen de Adán, el hombre terreno, llevaremos grabada en adelante, por la acción santificadora de tu gracia, la imagen de Jesucristo, el hombre celestial. Que vive y reina por los siglos de los siglos.

℞ Amén.

LITURGIA DE LA PALABRA

PRIMERA LECTURA

El fue traspasado por nuestras rebeliones

LECTURA DEL LIBRO DE ISAIAS   52, 13—53, 12

Mirad, mi siervo tendrá éxito, subirá y crecerá mucho.
Como muchos se espantaron de él, porque desfigurado no parecía hombre, ni tenía aspecto humano; así asombrará a mu-

chos pueblos: ante El los reyes cerrarán la boca, al ver algo inenarrable y contemplar algo inaudito. ¿Quién creyó nuestro anuncio? ¿A quién se reveló el brazo del Señor? Creció en su presencia, como un brote, como raíz en tierra árida, sin figura, sin belleza.

Lo vimos sin aspecto atrayente, despreciado y evitado por los
hombres, como un hombre de dolores, acostumbrado a sufrimientos, ante el cual se ocultan los rostros; despreciado y desestimado. El soportó nuestros sufrimientos y aguantó nuestros dolores; nosotros lo estimamos leproso, herido de Dios y humillado, traspasado por nuestras rebeliones, triturado por nuestros
crímenes.

Nuestro castigo saludable vino sobre él, sus cicatrices nos curaron. Todos errábamos como ovejas, cada uno siguiendo su camino, y el Señor cargó sobre él todos nuestros crímenes.

Maltratado, voluntariamente se humillaba y no abría la boca;
como un cordero llevado al matadero, como oveja ante el esquilador, enmudecía y no abría la boca. Sin defensa, sin justicia, se
lo llevaron. ¿Quién meditó en su destino? Lo arrancaron de la
tierra de los vivos, por los pecados de mi pueblo lo hirieron. Le
dieron sepultura con los malhechores; porque murió con los malvados, aunque no había cometido crímenes, ni hubo engaño en
su boca.

El Señor quiso triturarlo con el sufrimiento. Cuando entregue su vida como expiación, verá su descendencia, prolongará
sus años; lo que el Señor quiere prosperará por sus manos. A
causa de los trabajos de su alma, verá y se hartará; con lo aprendido, mi Siervo justificará a muchos, cargando con los crímenes
de ellos. Por eso le daré una parte entre los grandes, con los poderosos tendrá parte en los despojos; porque expuso su vida a la
muerte y fue contado entre los pecadores, y él tomó el pecado de
muchos e intercedió por los pecadores.

Palabra de Dios.

SALMO RESPONSORIAL 30

R. **Padre, a tus manos encomiendo mi espíritu.**

A ti, Señor, me acojo: | no quede yo nunca defraudado; | tú que eres justo, ponme a salvo. | A tus manos encomiendo mi espíritu: | tú, el Dios leal, me librarás. R.

Soy la burla de todos mis enemigos, | la irrisión de mis vecinos, | el espanto de mis conocidos; | me ven por la calle y escapan de mí. | Me han olvidado como a un muerto, | me han desechado como a un cacharro inútil. R.

Pero yo confío en ti, Señor, | te digo: «Tú eres mi Dios». | En tu mano están mis azares; | líbrame de los enemigos que me persiguen. R.

Haz brillar tu rostro sobre tu siervo, | sálvame por tu misericordia. | Sed fuertes y valientes de corazón, | los que esperáis en el Señor. R.

SEGUNDA LECTURA

Experimentó la obediencia, y se convirtió en causa de salvación eterna para todos los que le obedecen

LECTURA DE LA CARTA A LOS HEBREOS 4, 14-16; 5, 7-9

Hermanos: Mantengamos la confesión de la fe ya que tenemos un Sumo Sacerdote que ha atravesado el cielo —Jesús, el Hijo de Dios—. No tenemos un Sumo Sacerdote incapaz de compadecerse de nuestras flaquezas, sino probado en todo, igual que nosotros, menos en el pecado. Acerquémonos, por tanto, confiadamente al trono de gracia, para alcanzar misericordia y encontrar gracia para ser socorridos en el tiempo oportuno.

Cristo, en los días de su vida mortal, a gritos y con lágrimas, presentó oraciones y súplicas al que podía salvarlo de la muerte, cuando en su angustia fue escuchado. El, a pesar de ser Hijo, aprendió, sufriendo, a obedecer. Y, llevado a la consumación, se ha convertido para todos los que obedecen en autor de salvación eterna.

Palabra de Dios.

Cristo, por nosotros, se sometió incluso a la muerte, y una muerte de cruz. Por eso Dios lo levantó sobre todo, y le concedió el «Nombre-sobre-todo-nombre».

Pasión de Nuestro Señor Jesucristo según San Juan

Indicaciones para la lectura dialogada: Las siglas que designan a los diversos interlocutores son las siguientes: ✠ = Jesús; S = Otros personajes; C = Cronista.

Prendieron a Jesús y lo ataron

C. En aquel tiempo Jesús salió con sus discípulos al otro lado del torrente Cedrón, donde había un huerto, y entraron allí él y sus discípulos. Judas, el traidor, conocía también el sitio, porque Jesús se reunía a menudo allí con sus discípulos. Judas entonces, tomando la patrulla y unos guardias de los sumos sacerdotes y de los fariseos, entró allá con faroles, antorchas y armas. Jesús, sabiendo todo lo que venía sobre él, se adelantó y les dijo: ✠ «¿A quién buscáis?» C. Le contestaron: S. «A Jesús el Nazareno.» C. Les dijo Jesús: ✠ «Yo soy.» C. Estaba también con ellos Judas, el traidor. Al decirles «Yo soy», retrocedieron y cayeron a tierra. Les preguntó otra vez: ✠ «¿A quién buscáis?» C. Ellos dijeron: S. «A Jesús el Nazareno.» ✠ «Os he dicho que soy yo. Si me buscáis a mí, dejad marchar a éstos.» C. Y así se cumplió lo que había dicho: «No he perdido a ninguno de los que me diste.» Entonces Simón Pedro, que llevaba una espada, la sacó e hirió al criado del Sumo Sacerdote, cortándole la oreja derecha. Este criado se llamaba Malco. Dijo entonces Jesús a Pedro: ✠ «Mete la espada en la vaina. ¿El cáliz que me ha dado mi Padre, no lo voy a beber?»

Llevaron a Jesús primero a Anás

C. La patrulla, el tribuno y los guardias de los judíos prendieron a Jesús, lo ataron y lo llevaron primero a Anás, porque era suegro de Caifás, sumo sacerdote aquel año; era Caifás el que había dado a los judíos este consejo: «Conviene que muera un solo hombre por el pueblo.» Simón Pedro y otro discípulo seguían a Jesús. Este discípulo era conocido del sumo sacerdote y entró con Jesús en el palacio del sumo sacerdote, mientras Pedro se quedó fuera a la puerta. Salió el otro discípulo, el conocido del sumo sacerdote, habló a la portera e hizo entrar a Pedro. La criada que hacía de portera dijo entonces a Pedro: S. «¿No eres tú también de los discípulos de ese hombre?» C. El dijo: S. «No lo soy.» C. Los criados y los guardias habían encendido un brasero, porque hacía frío, y se calentaban. También Pedro estaba con ellos de pie, calentándose. El sumo sacerdote interrogó a Jesús acerca de sus discípulos y de la doctrina. Jesús le contestó: ✠ «Yo he hablado abiertamente al mundo; yo he enseñado continuamente en la sinagoga y en el templo, donde se reúnen todos los judíos, y no he dicho nada a escondidas. ¿Por qué me interrogas a mí? Interroga a los que me han oído, de qué les he hablado. Ellos saben lo que he dicho yo.» C. Apenas dijo esto, uno de los guardias que estaba allí le dio una bofetada a Jesús, diciendo: S. «¿Así contestas al sumo sacerdote?» C. Jesús respondió: ✠ «Si he faltado al hablar, muestra en qué he faltado; pero si he hablado como se debe, ¿por qué me pegas?» C. Entonces Anás lo envió atado a Caifás, sumo sacerdote.

¿No eres tú también de sus discípulos? No lo soy

C. Simón Pedro estaba en pie, calentándose, y le dijeron: S. «¿No eres tú también de sus discípulos?» C. El lo negó, diciendo: S. «No lo soy.» C. Uno de los criados del sumo sacerdote, pariente de aquél a quien Pedro le cortó la oreja, le dijo: S. «¿No te he visto yo con él en el huerto?» C. Pedro volvió a negar, y en seguida cantó un gallo.

Mi reino no es de este mundo

Llevaron a Jesús de casa de Caifás al Pretorio. Era el amanecer y ellos no entraron en el Pretorio para no incurrir en impureza y poder así comer la Pascua. Salió Pilato, afuera, adonde estaban ellos y dijo: S. «¿Qué acusación presentáis contra este hombre?» C. Le contestaron: S. «Si éste no fuera un malhechor, no te lo entregaríamos.» C. Pilato les dijo: S. «Lleváoslo vosotros y juzgadle según vuestra ley.» C. Los judíos le dijeron: S. «No estamos autorizados para dar muerte a nadie.» C. Y así se cumplió lo que había dicho Jesús, indicando de qué muerte iba a morir. Entró otra vez Pilato en el Pretorio, llamó a Jesús y le dijo: S. «¿Eres tú el rey de los judíos?» S. Jesús le contestó: ✠ «¿Dices eso por tu cuenta o te lo han dicho otros de mí?» C. Pilato replicó: S. «¿Acaso soy yo judío? Tu gente y los sumos sacerdotes te han entregado a mí; ¿qué has hecho?» C. Jesús le contestó: ✠ «Mi reino no es de este mundo. Si mi reino fuera de este mundo, mi guardia habría luchado para que no cayera en manos de los judíos. Pero mi reino no es de aquí.» C. Pilato le dijo: S. «Conque, ¿tú eres rey?» C. Jesús le contestó: ✠ «Tú lo dices: Soy rey. Yo para esto he nacido y para esto he venido al mundo; para ser testigo de la verdad. Todo el que es de la verdad, escucha mi voz.» C. Pilato le dijo: S. «Y, ¿qué es la verdad?» C. Dicho esto, salió otra vez adonde estaban los judíos y les dijo: S. «Yo no encuentro en él ninguna culpa. Es costumbre entre vosotros que por Pascua ponga a uno en libertad. ¿Queréis que os suelte al rey de los judíos?» C. Volvieron a gritar: S. «A ése no, a Barrabás.» C. (El tal Barrabás era un bandido.)

¡Salve, Rey de los judíos!

Entonces Pilato tomó a Jesús y lo mandó azotar. Y los soldados trenzaron una corona de espinas, se la pusieron en la cabeza y le echaron por encima un manto color púrpura; acercándose a él, le decían: S. «¡Salve, rey de los judíos!» C. Y le daban bofetadas. Pilato salió otra vez afuera y les dijo: S. «Mirad, os lo saco afuera, para que sepáis que no encuentro en él ninguna culpa.» C. Y salió Jesús afuera, llevando la corona de espinas y el manto color púrpura. Pilato les dijo: S. «Aquí lo tenéis.» C. Cuando lo vieron los sacerdotes y los guardias gritaron: S. «¡Crucifícale, crucifícale!» C. Pilato les dijo: S. «Lleváosle vosotros y crucificadle, porque yo no encuentro culpa en él.» C. Los judíos le contestaron: S. «Nosotros tenemos una ley, y según esa ley tiene que morir, porque se ha declarado Hijo de Dios.» C. Cuando Pilato oyó estas palabras, se asustó aún más y, entrando otra vez en el Pretorio, dijo a Jesús: S. «¿De dónde eres tú?» C. Pero Jesús no le dio respuesta. Y Pilato le dijo: S. «¿A mí no me hablas? ¿No sabes que tengo autoridad para soltarte y autoridad para crucificarte?» C. Jesús le contestó: ✠ «No tendrías ninguna autoridad sobre mí si no te la hubieran dado de lo alto. Por eso el que me ha entregado a ti tiene un pecado mayor.»

¡Fuera, fuera! ¡Crucifícale!

C. Desde este momento Pilato trataba de soltarlo, pero los judíos gritaban: S. «Si sueltas a ése, no eres amigo del César. Todo el que se declara rey está contra el César.» C. Pilato entonces, al oír estas palabras, sacó afuera a Jesús y lo sentó en el tribunal, en el sitio que llaman «El Enlosado» (en hebreo Gábbata). Era el día de la Preparación de la Pascua, hacia el mediodía. Y dijo Pilato a los judíos: S. «Aquí tenéis a vuestro Rey.» C. Ellos gritaron: S. «¡Fuera, fuera; crucifícale!» C. Pilato les dijo: S. «¿A vuestro rey voy a crucificar?» C. Contestaron los Sumos Sacerdotes: S. «No tenemos más rey que al César.» C. Entonces se lo entregó para que lo crucificaran.

Le crucificaron, y con él a otros dos

Tomaron a Jesús, y él, cargado con la Cruz, salió al sitio llamado «de la Calavera» (que en hebreo se dice Gólgota), donde lo crucificaron; y con él a otros dos, uno a cada lado, y en medio Jesús. Y Pilato escribió un letrero y lo puso encima de la cruz; en él estaba escrito: JESUS EL NAZARENO, EL REY DE

LOS JUDIOS. Leyeron el letrero muchos judíos, porque estaba cerca el lugar donde crucificaron a Jesús y estaba escrito en hebreo, latín y griego. Entonces los sumos sacerdotes de los judíos le dijeron a Pilato: S. «No escribas "El rey de los judíos", sino "Este ha dicho: Soy el rey de los judíos".» C. Pilato les contestó: S. «Lo escrito, escrito está.»

Se repartieron mis ropas

C. Los soldados, cuando crucificaron a Jesús, cogieron su ropa, haciendo cuatro partes, una para cada soldado, y apartaron la túnica. Era una túnica sin costura, tejida toda de una pieza de arriba abajo. Y se dijeron: S. «No la rasguemos, sino echemos a suertes a ver a quién le toca.» C. Así se cumplió la Escritura: «Se repartieron mis ropas y echaron a suerte mi túnica.» Esto hicieron los soldados.

Mujer, ahí tienes a tu hijo. Ahí tienes a tu madre

Junto a la cruz de Jesús estaban su madre, la hermana de su Madre María de Cleofás, y María la Magdalena. Jesús, al ver a su madre y cerca al discípulo que tanto quería, dijo a su madre: ✠ «Mujer, ahí tienes a tu hijo.» C. Luego dijo al discípulo: ✠ «Ahí tienes a tu madre.» C. Y desde aquella hora, el discípulo la recibió en su casa.

Está cumplido

Después de esto, sabiendo Jesús que todo había llegado a su término, para que se cumpliera la Escritura dijo: ✠ «Tengo sed.» C. Había allí un jarro lleno de vinagre. Y, sujetando una esponja empapada en vinagre a una caña de hisopo, se la acercaron a la boca. Jesús, cuando tomó el vinagre, dijo: ✠ «Está cumplido.» C. E, inclinando la cabeza, entregó el espíritu.

Todos se arrodillan y se hace una pausa.

Y al punto salió sangre y agua

Los judíos entonces, como era el día de la Preparación, para que no se quedaran los cuerpos en la cruz el sábado, porque aquel sábado era un día solemne, pidieron a Pilato que les quebraran las piernas y que los quitaran. Fueron los soldados, le quebraron las piernas al primero y luego al otro que habían crucificado con él; pero al llegar a Jesús, viendo que ya había muerto, no le quebraron las piernas, sino que uno de los soldados con la lanza le traspasó el costado y al punto salió sangre y agua. El que lo vio da testimonio y su testimonio es verdadero y él sabe que dice verdad, para que también vosotros creáis. Esto ocurrió para que se cumpliera la Escritura: «No le quebrarán un hueso»; y en otro lugar la Escritura dice: «Mirarán al que atravesaron.»

Tomaron el cuerpo de Jesús y lo vendaron todo, con los aromas

Después de esto, José de Arimatea, que era discípulo clandestino de Jesús por miedo a los judíos, pidió a Pilato que le dejara llevarse el cuerpo de Jesús. Y Pilato lo autorizó. El fue entonces y se llevó el cuerpo. Llegó también Nicodemo, el que había ido a verlo de noche, y trajo unas cien libras de una mixtura de mirra y áloe. Tomaron el cuerpo de Jesús y lo vendaron todo, con los aromas, según se acostumbra a enterrar entre los judíos. Había un huerto en el sitio donde lo crucificaron, y en el huerto un sepulcro nuevo donde nadie había sido enterrado todavía. Y como para los judíos era el día de la Preparación, y el sepulcro estaba cerca, pusieron allí a Jesús.

Palabra del Señor

ORACION UNIVERSAL

La liturgia de la Palabra se concluye con la Oración universal que, en este día, se hace de este modo: el sacerdote dice la invitación que expresa la intención. Después todos oran en silencio y seguidamente el celebrante dice la oración, a la que el pueblo responde con su: Amén.

Durante estas oraciones los fieles pueden permanecer de rodillas o de pie.

De entre las oraciones que se proponen en el misal, el celebrante puede escoger aquéllas que resulten más acomodadas para la piedad de los fieles, pero de tal modo que se mantenga el orden de las intenciones que se propone para la Oración universal.

1. POR LA SANTA IGLESIA

Oremos, hermanos, por la Iglesia santa de Dios, para que el Señor le dé la paz, la mantenga en unidad, la proteja en toda la tierra, y a todos nos conceda una vida confiada y serena, para gloria de Dios, Padre todopoderoso.

Oración en silencio. Prosigue el celebrante:

Dios todopoderoso y eterno, que en Cristo manifiestas tu gloria a todas las naciones, vela solícito por la obra de tu amor, para que la Iglesia, extendida por todo el mundo, persevere con fe inquebrantable en la confesión de tu nombre. Por Jesucristo nuestro Señor.

℟ Amén.

2. POR EL PAPA

Oremos también por nuestro Santo Padre el Papa N., para que Dios, que lo llamó al orden episcopal, lo asista y proteja para bien de la Iglesia como guía del pueblo santo de Dios.

Oración en silencio. Prosigue el celebrante:

Dios todopoderoso y eterno, cuya sabiduría gobierna todas las cosas: atiende bondadoso nuestras súplicas y protege al Papa, para que el pueblo cristiano, gobernado por ti bajo el cayado del Sumo Pontífice, progrese siempre en la fe. Por Jesucristo nuestro Señor.

℟ Amén.

3. POR TODOS LOS MINISTROS Y POR LOS FIELES

Oremos también por nuestro Obispo N., por todos los obispos, presbíteros y diáconos, por los que ejercen algún ministerio en la Iglesia, y por todos los miembros del pueblo santo de Dios.

Oración en silencio. Prosigue el celebrante:

Dios todopoderoso y eterno, cuyo Espíritu santifica y gobierna todo el cuerpo de la Iglesia; escucha las súplicas que te dirigimos por todos sus miembros, para que, con la ayuda de tu gracia, cada uno te sirva fielmente en la vocación a que le has llamado. Por Jesucristo nuestro Señor.

℟ Amén.

4. POR LOS CATECUMENOS

Oremos también por (nuestros) los catecúmenos, para que Dios nuestro Señor les ilumine interiormente, les abra con amor las puertas de la Iglesia, y así encuentren en el Bautismo el perdón de sus pecados y la incorporación plena a Cristo, nuestro Señor.

Oración en silencio. Prosigue el celebrante:

Dios todopoderoso y eterno, que haces fecunda a tu Iglesia dándole constantemente nuevos hijos; acrecienta la fe y la sabiduría de los (nuestros) catecúmenos, para que, al renacer en la fuente bautismal, sean contados entre los hijos de adopción. Por Jesucristo nuestro Señor.

℟ Amén.

5. POR LA UNIDAD DE LOS CRISTIANOS

Oremos también por todos aquellos hermanos nuestros, que creen en Cristo, para que Dios nuestro Señor asista y congregue en una sola Iglesia a cuantos viven de acuerdo con la verdad que han conocido.

Oración en silencio. Prosigue el celebrante:

Dios todopoderoso y eterno, que vas reuniendo a tus hijos dispersos y velas por la unidad ya lograda: mira con amor a toda la grey que sigue a Cristo, para que la integridad de la fe y el vínculo de la caridad congregue en una sola Iglesia a los que consagró un solo bautismo. Por Jesucristo nuestro Señor.

℟ Amén.

6. POR LOS JUDIOS

Oremos también por el pueblo judío, el primero a quien Dios habló desde antiguo por los profetas, para que el Señor acreciente en ellos el amor de su Nombre y la fidelidad a la Alianza que selló con sus padres.

Oración en silencio. Prosigue el celebrante:

Dios todopoderoso y eterno, que confiaste tus promesas a Abrahán y su descendencia; escucha con piedad las súplicas de tu Iglesia, para que el pueblo de la primera Alianza llegue a conseguir en plenitud la redención. Por Jesucristo nuestro Señor.

℟ Amén.

7. POR LOS QUE NO CREEN EN CRISTO

Oremos por los que no creen en Cristo, para que, iluminados por el Espíritu Santo, encuentren también ellos el camino de la salvación.

Oración en silencio. Prosigue el celebrante:

Dios todopoderoso y eterno, concede a quienes no creen en Cristo, que, viviendo con sinceridad ante ti, lleguen al conocimiento pleno de la verdad; y a nosotros concédenos también que, progresando en la caridad fraterna y en el deseo de conocerte más, seamos ante el mundo testigos más convincentes de tu amor. Por Jesucristo nuestro Señor.

℟ Amén.

8. POR LOS QUE NO CREEN EN DIOS

Oremos por los que no admiten a Dios, para que por la rectitud y sinceridad de su vida alcancen el premio de llegar a él.

Oración en silencio. Prosigue el celebrante:

Dios todopoderoso y eterno, que creaste a todos los hombres para que te busquen, y, cuando te encuentren, descansen en ti;

concédeles, que en medio de sus dificultades, los signos de tu amor y el testimonio de los creyentes les lleven al gozo de reconocerte como Dios y Padre de todos los hombres. Por Jesucristo nuestro Señor.

℟ Amén.

9. POR LOS GOBERNANTES

Oremos por los gobernantes de todas las naciones, para que Dios nuestro Señor, según sus designios, les guíe en sus pensamientos y decisiones hacia la paz y libertad de todos los hombres.

Oración en silencio. Prosigue el celebrante:

Dios todopoderoso y eterno, que tienes en tus manos el destino de los hombres y los derechos de todos los pueblos; asiste a los que gobiernan, para que, por tu gracia, se logre en todas las naciones la paz, el desarrollo y la libertad religiosa de todos los hombres. Por Jesucristo nuestro Señor.

℟ Amén.

10. POR LOS ATRIBULADOS

Oremos, hermanos, a Dios Padre todopoderoso, por todos los que en el mundo sufren las consecuencias del pecado, para que cure a los enfermos, dé alimento a los que padecen hambre, libere de la injusticia a los perseguidos, redima a los encarcelados, conceda volver a casa a los emigrantes y desterrados, proteja a los que viajan, y dé la salvación a los moribundos.

Oración en silencio. Prosigue el celebrante:

Dios todopoderoso y eterno, consuelo de los que lloran y fuerza de los que sufren, lleguen hasta ti las súplicas de quienes te invocan en su tribulación, para que sientan en sus adversidades la ayuda de tu misericordia. Por Jesucristo nuestro Señor.

℟ Amén.

ADORACION DE LA CRUZ

Acabada la oración universal, tiene lugar la solemne adoración de la santa cruz. Según las exigencias pastorales, se puede elegir una de las dos formas que se proponen para mostrarla.

Primera forma de mostrar la Santa Cruz

Se lleva la cruz cubierta al altar, en medio de dos ministros con velas encendidas. El celebrante, de pie ante el altar, toma la cruz, descubre un poco la parte superior y la eleva, comenzando la invitación:

> Mirad el árbol de la cruz,
> donde estuvo clavada la salvación del mundo.

El pueblo responde:

> Venid a adorarlo.

Acabado el canto se arrodillan y la adoran en silencio durante unos momentos, permaneciendo el celebrante de pie con la cruz en alto.

Seguidamente el celebrante descubre el brazo derecho de la cruz, y de nuevo, elevándola, canta la invitación **Mirad el árbol** *y se hace como arriba.*

Finalmente descubre totalmente la cruz y, elevándola, canta por terce-ra vez la invitación **Mirad el árbol,** *haciendo todo como la primera vez.*

Seguidamente lleva la cruz a la entrada del presbiterio o a otro lugar apto, donde tiene lugar la adoración de la cruz, como se indica más abajo.

Segunda forma de mostrar la Santa Cruz

El celebrante, o el diácono, con los ministros se dirige a la puerta de la iglesia donde toma la cruz descubierta, los ministros le acompañan con unos candelabros encendidos y van procesionalmente por la iglesia hacia el presbiterio. Cerca de la puerta, en medio de la iglesia y antes de subir al presbiterio, el que lleva la cruz descubierta canta la invitación.

Después de cada una de las respuestas se arrodillan y la adoran en silencio durante unos momentos, como se ha indicado más arriba.

*Después se coloca la cruz con los candelabros a la entrada del presbi-
terio.*

Adoración de la Santa Cruz

*Para adorar la cruz se acercan el celebrante, clero y fieles, como si
fuesen en procesión, y hacen reverencia a la cruz por medio de una genuflexión simple u otro signo apto según la costumbre de la región, por ejemplo, besando la cruz.*

Mientras tanto se canta la antífona **Tu cruz adoramos**, *los Improperios u otros cantos adecuados; los que ya hicieron la adoración de la cruz
están sentados.*

Cantos para la adoración de la Cruz

*Las partes que corresponden a cada uno se indican con números: «1»,
para el primer coro, y el «2», para el segundo coro; las partes que han
de ser cantadas conjuntamente se indican de este modo: 1 y 2.*

ANTÍFONA

1 y 2. *Antífona.*
Tu cruz adoramos, Señor, y tu santa resurrección alabamos y glorificamos. Por el madero ha venido la alegría al
mundo entero.

1. *Salmo 66, 2*
El Señor tenga piedad y nos bendiga, ilumine su rostro
sobre nosotros y tenga piedad.

1 y 2. *Antífona.*
Tu cruz adoramos, Señor, y tu santa resurrección alabamos y glorificamos. Por el madero ha venido la alegría al
mundo entero.

IMPROPERIOS

I

1 y 2. ¡Pueblo mío! ¿Qué te he hecho,
en qué te he ofendido?

Respóndeme.

1. Yo te saqué de Egipto: tú preparaste una cruz
   para tu salvador.
2. ¡Pueblo mío! ¿Qué te he hecho,
   en qué te he ofendido?
   Respóndeme.
1. Hágios o Théos.
2. Santo es Dios.
1. Hágios Ischyrós.
2. Santo y fuerte.
1. Hágios Athánatos, eléison himás.
2. Santo e inmortal, ten piedad de nosotros.

1 y 2. Yo te guié cuarenta años por el desierto,
   te alimenté con el maná,
   te introduje en una tierra excelente;
   tú preparaste una cruz para tu Salvador.
1. Hágios o Théos.
2. Santo es Dios.
1. Hágios Ischyrós.
2. Santo y fuerte.
1. Hágios Athánatos, eléison himás.
2. Santo e inmortal, ten piedad de nosotros.

1 y 2. ¿Qué más pude hacer por ti?
   Yo te planté como viña mía,
   escogida y hermosa.
   ¡Qué amarga te has vuelto conmigo!
   Para mi sed me diste vinagre,
   con la lanza traspasaste el costado
   a tu Salvador.
1. Hágios o Théos.
2. Santo es Dios.
1. Hágios Ischyrós.
2. Santo y fuerte.
1. Hágios Athánatos, eléison himás.
2. Santo e inmortal, ten piedad de nosotros.

II

1. Por ti yo azoté a Egipto y a sus primogénitos;
   tú me azotaste y me entregaste.
2. ¡Pueblo mío! ¿Qué te he hecho,
   en qué te he ofendido?
   Respóndeme.
1. Yo te saqué de Egipto, sumergiendo al Faraón
   en el Mar Rojo;
   tú me entregaste a los sumos sacerdotes.
2. ¡Pueblo mío! ¿Qué te he hecho,
   en qué te he ofendido?
   Respóndeme.
1. Yo abrí el mar delante de ti;
   tú con la lanza abriste mi costado.
2. ¡Pueblo mío! ¿Qué te he hecho,
   en qué te he ofendido?
   Respóndeme.
1. Yo te guiaba con una columna de nubes;
   tú me guiaste al pretorio de Pilato.
2. ¡Pueblo mío! ¿Qué te he hecho,
   en qué te he ofendido?
   Respóndeme.
1. Yo te sustenté con maná en el desierto;
   tú me abofeteaste y me azotaste.
2. ¡Pueblo mío! ¿Qué te he hecho,
   en qué te he ofendido?
   Respóndeme.
1. Yo te di a beber el agua salvadora,
   que brotó de la peña;
   tú me diste a beber vinagre y hiel.
2. ¡Pueblo mío! ¿Qué te he hecho,
   en qué te he ofendido?
   Respóndeme.
1. Por ti herí a los reyes cananeos;
   tú me heriste la cabeza con la caña.

2. ¡Pueblo mío! ¿Qué te he hecho,
   en qué te he ofendido?
   Respóndeme.
1. Yo te di un cetro real;
   tú me pusiste una corona de espinas.
2. ¡Pueblo mío! ¿Qué te he hecho,
   en qué te he ofendido?
   Respóndeme.
1. Yo te levanté con gran poder;
   tú me colgaste del patíbulo de la cruz.
2. ¡Pueblo mío! ¿Qué te he hecho,
   en qué te he ofendido?
   Respóndeme.

HIMNO

1 y 2.   Antífona.
   ¡Oh cruz fiel, árbol único en nobleza!
   Jamás el bosque dio mejor tributo
   en hoja, en flor y en fruto.
   ¡Dulces clavos! ¡Dulce árbol donde la Vida empieza
   con un peso tan dulce en su corteza!

Himno.

1. Cantemos la nobleza de esta guerra,
   el triunfo de la sangre y del madero;
   y un Redentor, que en trance de Cordero,
   sacrificado en cruz, salvó la tierra.
2. ¡Oh cruz fiel, árbol único en nobleza!
   Jamás el bosque dio mejor tributo
   en hoja, en flor y en fruto.
1. Dolido mi Señor por el fracaso
   de Adán, que mordió muerte en la manzana,
   otro árbol señaló, de flor humana,
   que reparase el daño paso a paso.
2. ¡Dulces clavos! ¡Dulce árbol donde la Vida empieza

    con un peso tan dulce en su corteza!

1. Y así dijo el Señor: ¡Vuelva la Vida
   y que Amor redima la condena!
   La gracia está en el fondo de la pena
   y la salud naciendo de la herida.

2. ¡Oh cruz fiel, árbol único en nobleza!
   Jamás el bosque dio mejor tributo
   en hoja, en flor y en fruto.

1. ¡Oh plenitud del tiempo consumado!
   Del seno de Dios Padre en que vivía,
   ved la Palabra entrando por María
   en el misterio mismo del Pecado.

2. ¡Dulces clavos! ¡Dulce árbol donde la Vida empieza
   con un peso tan dulce en su corteza!

1. ¿Quién vio en más estrechez gloria más plena
   y a Dios como el menor de los humanos?
   Llorando en el pesebre, pies y manos
   le faja una doncella nazarena.

2. ¡Oh cruz fiel, árbol único en nobleza!
   Jamás el bosque dio mejor tributo
   en hoja, en flor y en fruto.

1. En plenitud de vida y de sendero,
   dio el paso hacia la muerte porque él quiso.
   Mirad de par en par el paraíso
   abierto por la fuerza de un Cordero.

2. ¡Dulces clavos! ¡Dulce árbol donde la Vida empieza
   con un peso tan dulce en su corteza!

1. Vinagre y sed la boca, apenas gime;
   y al golpe de los clavos y la lanza,
   un mar de sangre fluye, inunda, avanza
   por tierra, mar y cielo y los redime.

2. ¡Oh cruz fiel, árbol único en nobleza!
   Jamás el bosque dio mejor tributo
   en hoja, en flor y en fruto.

1. Ablándate, madero, tronco abrupto

de duro corazón y fibra inerte;
doblégate a este peso y esta muerte
que cuelga de tus ramas como un fruto.

2. ¡Dulces clavos! ¡Dulce árbol donde la Vida empieza
con un peso tan dulce en su corteza!

1. Tú sólo entre los árboles, crecido
para tender a Cristo en tu regazo;
tú el arca que nos salva, tú el abrazo
de Dios con los verdugos del Ungido.

2. ¡Oh cruz fiel, árbol único en nobleza!
Jamás el bosque dio mejor tributo
en hoja, en flor y en fruto.

Esta conclusión no debe omitirse.

1 y 2. Al Dios de los designios de la Historia,
que es Padre, Hijo y Espíritu, alabanza;
al que en cruz devuelve la esperanza
de toda salvación, honor y gloria. Amén.

SAGRADA COMUNION

*Sobre el altar se extiende el mantel y se coloca el corporal y el libro.
Después el diácono o —en su defecto— el celebrante trae al altar, por
el camino más breve, el Santísimo Sacramento desde el lugar de la reserva.*

*Después que el diácono haya colocado sobre el altar el Santísimo Sa-
cramento, se acerca el celebrante y asciende hasta el altar. Allí dice en
voz alta:*

Fieles a la recomendación del Señor y siguiendo su divina enseñanza, nos atrevemos a decir:

El celebrante y todos los presentes prosiguen:

Padre nuestro,
que estás en el cielo,
santificado sea tu Nombre,

venga a nosotros tu Reino,
hágase tu voluntad
en la tierra como en el cielo.
Danos hoy
nuestro pan de cada día;
perdona nuestras ofensas,
como también nosotros
perdonamos a los que nos ofenden;
no nos dejes caer en la tentación
y líbranos del mal.

El celebrante solo prosigue:

Líbranos, Señor, de todos los males y concédenos la paz en nuestros días, para que, ayudados por tu misericordia, vivamos siempre libres de pecado y protegidos de toda perturbación, mientras esperamos la gloriosa venida de nuestro Salvador Jesucristo.

El pueblo concluye la oración aclamando:

Tuyo es el reino, tuyo el poder y la gloria, por siempre, Señor.

El celebrante dice en secreto:

La comunión de tu Cuerpo, Señor Jesucristo, no me sea ocasión de juicio y condenación; antes por tu piedad me sirva para defensa de alma y cuerpo y para alcanzar remedio.

Seguidamente toma una partícula, la mantiene un poco elevada sobre el copón y dice en voz alta, de cara al pueblo:

Este es el Cordero de Dios, que quita el pecado del mundo. Dichosos los llamados a la cena del Señor.

Y juntamente con el pueblo prosigue:

Señor, no soy digno de que entres en mi casa, pero una palabra tuya bastará para sanarme.

Luego, comulga el cuerpo de Cristo. Después distribuye la comunión a los fieles. Durante la comunión se pueden entonar cantos apropiados.

Acabada la comunión, el copón es llevado por un ministro idóneo al lugar preparado.

Después, el celebrante, hecho un rato de silencio sagrado, dice la siguiente oración:

Dios todopoderoso, rico en misericordia, que nos has renovado con la gloriosa muerte y resurrección de Jesucristo; no dejes de tu mano la obra que has comenzado en nosotros, para que nuestra vida, por la comunión en este misterio, se entregue con verdad a tu servicio. Por Jesucristo nuestro Señor.

R Amén.

Para acabar la celebración, el celebrante, de pie cara al pueblo, y con las manos extendidas sobre él, dice la siguiente oración:

ORACION SOBRE EL PUEBLO

Que tu bendición, Señor, descienda con abundancia sobre este pueblo, que ha celebrado la muerte de tu Hijo con la esperanza de su santa resurrección; venga sobre él tu perdón, concédele tu consuelo, acrecienta su fe, y guíalo a la salvación eterna. Por Jesucristo nuestro Señor.

R Amén.

Y todos salen en silencio.

SABADO SANTO

Durante el sábado santo la Iglesia permanece junto al sepulcro del Señor, meditando su pasión y muerte y aquel «descenso a los infiernos» —al lugar de los muertos— que confesamos en el Credo y que prolonga la humillación de la cruz, manifestando el realismo de la muerte de Jesús, cuya alma conoció en verdad la separación del cuerpo y se unió a las restantes almas de los justos. Pero el descenso al reino de la muerte es también el primer movimiento de la victoria de Cristo sobre la misma. Hoy no se celebra el sacrificio de la Misa ni se recibe la comunión —a no ser en caso de viático—, aunque se reza la liturgia de las Horas. El altar permanece por todo ello desnudo hasta que, después de la solemne Vigilia o expectación nocturna de la resurrección, se inauguren los gozos de la Pascua, cuya exuberancia inundará los cincuenta días pascuales.

DOMINGO DE PASCUA
DE LA RESURRECCION DEL SEÑOR

EN LA NOCHE SANTA
VIGILIA PASCUAL

El Misterio Pascual de Cristo, crucificado y resucitado, tiene en esta liturgia nocturna, «Madre de todas las demás vigilias» como la llamó san Agustín, su celebración culminante. Según una antiquísima tradición, ésta es una noche de vela en honor del Señor, como lo hizo el pueblo elegido desde el comienzo del Exodo de Egipto (Ex 12,42). Los fieles, tal como lo recomienda el Evangelio (Lc 12,35 ss.), deben asemejarse a los criados que, con las lámparas encendidas en sus manos, esperan el retorno de su Señor, para que cuando llegue les encuentre en vela y los invite a sentarse a su mesa.

La celebración de esta Vigilia se desarrolla de la siguiente manera: después de un breve lucernario o liturgia de la luz (que es la primera parte de la Vigilia), la santa Iglesia, llena de fe en la Palabra y en las promesas del Señor, contempla las maravillas que el Señor Dios realizó desde el principio en favor de su pueblo, desde la creación del mundo a la resurrección de Cristo (segunda parte de la Vigilia o liturgia de la Palabra); hasta que, al acercarse el día de la resurrección y acompañada ya de sus nuevos hijos renacidos en el bautismo o que han renovado su compromiso bautismal (tercera parte de la Vigilia o liturgia bautismal), es invitada a la mesa que el Señor, por medio de su muerte y resurrección, ha preparado para su pueblo (cuarta parte de la Vigilia o liturgia eucarística).

Toda la celebración de la Vigilia pascual debe hacerse durante la noche, sin comenzar antes del inicio de la noche ni terminar después del alba del domingo. Los fieles que participan en la Misa de la Vigilia pueden comulgar de nuevo en otra misa del día de Pascua.

PRIMERA PARTE

LUCERNARIO O SOLEMNE COMIENZO DE LA VIGILIA

BENDICION DEL FUEGO Y PREPARACION DEL CIRIO PASCUAL

El Oficio puede comenzarse a la caída de la noche, y ha de concluir antes de salir el sol.

En un lugar adecuado fuera de la iglesia, se enciende fuego. Allí se congrega el pueblo, llevando cada uno su cirio. En caso de que no se pueda hacerlo fuera, el pueblo se reúne ya en la iglesia, agrupándose junto a la entrada, a fin de poder después proceder a la procesión tras el cirio hacia la luz de la liturgia de la Palabra.

Una vez reunido el pueblo, acuden junto al fuego el celebrante y los ministros, uno de los cuales lleva el cirio pascual. El celebrante saluda al pueblo y le amonesta brevemente sobre el sentido de la Vigilia nocturna, con estas palabras u otras semejantes.

Hermanos: En esta noche santa, en que nuestro Señor Jesucristo ha pasado de la muerte a la vida, la Iglesia invita a todos sus hijos, diseminados por el mundo, a que se reúnan para velar en oración. Si recordamos así la Pascua del Señor, oyendo su palabra y celebrando sus misterios, podremos esperar tener parte en su triunfo sobre la muerte y vivir con él siempre en Dios.

Seguidamente se bendice el fuego.

Oremos. Oh Dios, que por medio de tu Hijo has dado a tus fieles el fuego de tu luz: santifica ✠ este fuego, y enciende en nosotros, durante estas fiestas pascuales, un deseo tan grande del cielo, que podamos llegar con corazón limpio a las fiestas de la eterna luz. Por Jesucristo nuestro Señor.

℞ Amén.

Del nuevo fuego se enciende el cirio pascual.

Bendecido el nuevo fuego, un acólito o uno de los ministros lleva el cirio pascual ante el celebrante, que con un punzón graba la cruz en el mis-

mo cirio. Después hace sobre él la letra griega Alfa, *y debajo la letra* Omega, *y entre los brazos de la cruz los cuatro números que expresan el año en curso, mientras dice:*

1.   Cristo ayer y hoy.

(Graba el trazo vertical.)

2.   Principio y Fin.

(Graba el trazo horizontal.)

3.   Alfa.

(Graba la letra Alfa encima del trazo vertical.)

4.   Y Omega.

(Graba la letra Omega debajo del trazo vertical.)

5.   Suyo es el tiempo.

(Graba el primer número del año en curso en el ángulo izquierdo superior de la cruz.)

6.   Y la eternidad.

(Graba el segundo número del año en curso en el ángulo derecho superior de la cruz.)

7.   A él la gloria y el poder.

(Graba el tercer número del año en curso en el ángulo izquierdo inferior de la cruz.)

8.   Por los siglos de los siglos. Amén.

(Graba el cuarto número del año en curso en el ángulo derecho inferior de la cruz.)

Acabada la incisión de la cruz y de los otros signos, el celebrante pue-de incrustar en el cirio cinco granos de incienso, en forma de cruz, mien-tras dice:

1. Por sus llagas santas
2. y gloriosas
3. nos proteja
4. y nos guarde
5. Jesucristo nuestro Señor. Amén.

El celebrante enciende el cirio pascual con el fuego nuevo, diciendo:

La luz de Cristo, que resucita glorioso, disipe las tinieblas del corazón y del espíritu.

Cuando no es posible bendecir el fuego fuera de la iglesia, el rito se hará en el interior, a ser posible al fondo, a fin de que pueda hacerse la procesión.

PROCESION

Seguidamente, el diácono o, en su defecto, el celebrante, toma el cirio pascual y, teniéndolo elevado, canta él solo:

¡Luz de Cristo!

Y todos responden:

Demos gracias a Dios.

o bien:

Oh luz gozosa de la santa gloria, del Padre celeste e inmortal. ¡Santo y feliz Jesucristo!

Después todos entran en la iglesia precediéndoles el diácono con el cirio pascual.

A la puerta de la iglesia, el diácono, de pie y elevando el cirio, canta de nuevo: Luz de Cristo. *Y todos responden:* Demos gracias a Dios.

Y encienden sus velas de la llama del cirio pascual, y avanzan.

El diácono, cuando hubiese llegado ante el altar, de pie y vuelto al pueblo, canta por tercera vez: Luz de Cristo. *Y todos responden:* Demos gracias a Dios.

Y se encienden las luces de la iglesia.

PREGON PASCUAL

Cuando el celebrante ha llegado al altar, va a su sede. El diácono pone el cirio pascual sobre un candelabro colocado en medio del presbiterio o junto al ambón.

El diácono, o en su defecto el celebrante, anuncia el pregón pascual, estando todos de pie y con las velas encendidas en las manos.

El pregón pascual puede ser anunciado, según las necesidades, por un cantor que no sea diácono, el cual omite las palabras: Por eso, queridos hermanos, *hasta el fin de la invitación, y el saludo:* El Señor esté con vosotros.

El pregón puede ser cantado también en su forma más breve.

Exulten por fin los coros de los ángeles, exulten las jerarquías del cielo, y por la victoria de rey tan poderoso que las trompetas anuncien la salvación.

Goce también la tierra, inundada de tanta claridad, y que, radiante con el fulgor del Rey eterno, se sienta libre de la tiniebla que cubría el orbe entero.

Alégrese también nuestra madre la Iglesia, revestida de luz tan brillante; resuene este templo con las aclamaciones del pueblo.

[Por eso queridos hermanos, que asistís a la admirable claridad de esta luz santa, invocad conmigo la misericordia de Dios omnipotente, para que aquél que, sin mérito mío, me agregó al número de sus ministros (diáconos), infundiendo el resplandor de su luz, me ayude a cantar las alabanzas de este cirio.]

[℣. El Señor esté con vosotros.

R. Y con tu espíritu.

V. Levantemos el corazón.

R. Lo tenemos levantado hacia el Señor.

V. Demos gracias al Señor nuestro Dios.

R. Es justo y necesario.

En verdad es justo y necesario aclamar con nuestras voces y con todo el afecto del corazón a Dios invisible, el Padre todopoderoso, y a su único Hijo, nuestro Señor Jesucristo.

Porque él ha pagado por nosotros al eterno Padre la deuda de Adán y, derramando su sangre, canceló el recibo del antiguo pecado.

Porque éstas son las fiestas de Pascua, en las que se inmola el verdadero Cordero, cuya sangre consagra las puertas de los fieles.

Esta es la noche en que sacaste de Egipto a los israelitas, nuestros padres, y los hiciste pasar a pie el mar Rojo.

Esta es la noche en que la columna de fuego esclareció las tinieblas del pecado.

Esta es la noche en la que, por toda la tierra, los que confiesan su fe en Cristo son arrancados de los vicios del mundo y de la oscuridad del pecado, son restituidos a la gracia y son agregados a los santos.

Esta es la noche en que, rotas las cadenas de la muerte, Cristo asciende victorioso del abismo. ¿De qué nos serviría haber nacido si no hubiéramos sido rescatados?

¡Qué asombroso beneficio de tu amor por nosotros! ¡Qué incomparable ternura y caridad! ¡Para rescatar al esclavo, entregaste al Hijo!

Necesario fue el pecado de Adán, que ha sido borrado por la muerte de Cristo. ¡Feliz la culpa que mereció tal Redentor!

¡Qué noche tan dichosa! Sólo ella conoció el momento en que Cristo resucitó de entre los muertos.

Esta es la noche de la que estaba escrito: «Será la noche clara como el día, la noche iluminada por mi gozo.» Y así, esta noche santa ahuyenta los pecados, lava las culpas, devuelve la inocencia a los caídos, la alegría a los tristes, expulsa el odio, trae la concordia, doblega a los poderosos.

En esta noche de gracia, acepta, Padre santo, el sacrificio vespertino de esta llama que la santa Iglesia te ofrece en la solemne ofrenda de este cirio, obra de las abejas.

Sabemos ya lo que anuncia esta columna de fuego, ardiendo en llama viva para gloria de Dios. Y aunque distribuye su luz, no mengua al repartirla, porque se alimenta de esta cera fundida, que elaboró la abeja fecunda para hacer esta lámpara preciosa.

¡Qué noche tan dichosa en que se une el cielo con la tierra, lo humano y lo divino!

Te rogamos, Señor, que este cirio, consagrado a tu nombre, arda sin apagarse para destruir la oscuridad de esta noche y, como ofrenda agradable, se asocie a las lumbreras del cielo. Que el lucero matinal lo encuentre ardiendo, ese lucero que no conoce ocaso y es Cristo, tu Hijo resucitado que, al salir del sepulcro, brilla sereno para el linaje humano, y vive y reina glorioso por los siglos de los siglos.

R Amén.

Se puede terminar el pregón pascual con un canto de aclamación. Apagan todos sus velas y se sientan.

SEGUNDA PARTE
LITURGIA DE LA PALABRA

En esta vigilia, «Madre de todas las vigilias» (San Agustín), se proponen nueve lecturas: siete del Antiguo Testamento y dos del Nuevo (epístola y evangelio).

Por causas pastorales puede reducirse el número de lecturas del Antiguo Testamento. Se leen, por lo menos, tres lecturas del Antiguo Testamento, que en casos muy especiales pueden reducirse a dos. Nunca puede omitirse el relato del capítulo 14 del Éxodo (lectura tercera).

Antes de comenzar las lecturas, el sacerdote amonesta al pueblo sobre la importancia de la liturgia de la Palabra en la Vigilia pascual, con estas palabras u otras semejantes:

Hermanos: Con el pregón solemne de la Pascua, hemos entrado ya en la noche santa de la Resurrección del Señor. Escuchemos, en silencio meditativo, la Palabra de Dios. Recordemos las maravillas que Dios ha realizado para salvar al primer Israel, y cómo en el avance continuo de la Historia de la Salvación, al llegar los últimos tiempos, envió al mundo a su Hijo, para que, con su muerte y resurrección, salvara a todos los hombres. Mientras contemplamos la gran trayectoria de esta Historia Santa, oremos intensamente, para que el designio de salvación universal, que Dios inició con Israel, llegue a su plenitud y alcance a toda la humanidad por el misterio de la resurrección de Jesucristo.

Después comienzan las lecturas. El lector se dirige al ambón y lee la primera. Seguidamente el salmista o un cantor dice el salmo, proclamando el pueblo la respuesta. Acabado el salmo todos se levantan y el sacerdote dice: Oremos, *y, después que todos han orado en silencio durante algún tiempo, dice la colecta.*

En lugar del salmo responsorial se puede guardar un espacio de silencio sagrado, omitiendo en este caso la pausa después de Oremos.

LECTURA 1

Vio Dios todo lo que había hecho: y era muy bueno

LECTURA DEL LIBRO DEL GENESIS

1, 1—2, 2

Al principio creó Dios el cielo y la tierra. [La tierra era un caos informe; sobre la faz del Abismo, la tiniebla. Y el Aliento de Dios se cernía sobre la faz de las aguas. Y dijo Dios: Que exista la luz. Y la luz existió. Y vio Dios que la luz era buena. Y separó Dios la luz de la tiniebla: llamó Dios a la luz «Día»; a la tiniebla «Noche» —pasó una tarde, pasó una mañana: el día primero.

Y dijo Dios: Que exista una bóveda entre las aguas, que separe aguas de aguas. E hizo Dios una bóveda y separó las aguas

de debajo de la bóveda de las aguas de encima de la bóveda. Y
así fue. Y llamó Dios a la bóveda «Cielo». —Pasó una tarde,
pasó una mañana: el día segundo.

Y dijo Dios: Que se junten las aguas de debajo del cielo en
un solo sitio, y que aparezcan los continentes. Y así fue. Y llamó
Dios a los continentes «Tierra» y a la masa de las aguas la llamó
«Mar». Y vio Dios que era bueno.

Y dijo Dios: Verdee la tierra hierba verde, que engendre semilla y árboles frutales que den fruto según su especie, y que lleven semilla sobre la tierra. Y así fue. La tierra brotó hierba verde
que engendraba semilla según su especie, y árboles que daban
fruto y llevaban semilla según su especie. Y vio Dios que era
bueno. —Pasó una tarde, pasó una mañana: el día tercero.

Y dijo Dios: Que existan lumbreras en la bóveda del cielo,
para separar el día de la noche, para señalar las fiestas, los días
y los años; y sirvan de lumbreras en la bóveda del cielo para dar
luz sobre la tierra. Y así fue. E hizo Dios dos lumbreras grandes:
la lumbrera mayor para regir el día, y la lumbrera menor para regir la noche; y las estrellas. Y las puso Dios en la bóveda del cielo para dar luz sobre la tierra; para regir el día y la noche, para
separar la luz de la tiniebla. Y vio Dios que era bueno. —Pasó
una tarde, pasó una mañana: el día cuarto.

Y dijo Dios: Pululen las aguas un pulular de vivientes, y pájaros vuelen sobre la tierra frente a la bóveda del cielo. Y creó
Dios los cetáceos y los vivientes que se deslizan y que el agua
hace pulular según sus especies, y las aves aladas según sus especies. Y vio Dios que era bueno. Y Dios los bendijo diciendo:
Creced, multiplicaos, llenad las aguas del mar; que las aves se
multipliquen en la tierra. —Pasó una tarde, pasó una mañana: el
día quinto.

Y dijo Dios: Produzca la tierra vivientes según sus especies:
animales domésticos, reptiles y fieras según sus especies, los animales domésticos según sus especies y los reptiles según sus especies. Y vio Dios que era bueno.]

Y dijo Dios: Hagamos al hombre a nuestra imagen y seme-janza; que domine los peces del mar, las aves del cielo, los ani-males domésticos, los reptiles de la tierra. Y creó Dios al hombre a su imagen; a imagen de Dios lo creó; hombre y mujer los creó. Y los bendijo Dios y les dijo: Creced, multiplicaos, llenad la tie-rra y sometedla; dominad los peces del mar, las aves del cielo, los vivientes que se mueven sobre la tierra.

Y dijo Dios: Mirad, os entrego todas las hierbas que engen-dran semilla sobre la faz de la tierra; y todos los árboles frutales que engendran semilla os servirán de alimento; y a todas las fie-ras de la tierra, a todas las aves del cielo, a todos los reptiles de la tierra —a todo ser que respira— la hierba verde les servirá de alimento. Y así fue. Y vio Dios todo lo que había hecho: y era muy bueno.

[Pasó una tarde, pasó una mañana: el día sexto. Quedaron concluidos el cielo, la tierra y sus ejércitos. Y concluyó Dios para el día séptimo todo el trabajo que había hecho; y descansó el día séptimo de todo el trabajo que había hecho.]

Palabra de Dios.

SALMO RESPONSORIAL 103

℟ **Envía tu espíritu, Señor, | y repuebla la faz de la tie-rra.**

Bendice, alma mía, al Señor, | ¡Dios mío, qué grande eres! | Te vistes de belleza y majestad, | la luz te envuelve como un manto. ℟

Asentaste la tierra sobre sus cimientos, | y no vacilará ja-más; | la cubriste con el manto del océano, | y las aguas se posa-ron sobre las montañas. ℟.

De los manantiales sacas los ríos | para que fluyan entre los montes, | junto a ellos habitan las aves del cielo | y entre las frondas se oye su canto. ℟.

Desde tu morada riegas los montes, | y la tierra se sacia de tu acción fecunda; | haces brotar hierba para los ganados | y forraje para los que sirven al hombre. ℟.

458 *Vigilia Pascual*

¡Cuántas son tus obras, Señor!, | y todas las hiciste con sabiduría, | la tierra está llena de tus criaturas. | ¡Bendice, alma mía al Señor! ℟.

O bien puede cantarse el siguiente Salmo:

SALMO RESPONSORIAL 32

℟ **La misericordia del Señor | llena la tierra.**

La palabra del Señor es sincera, | y todas sus acciones son leales. | El ama la justicia y el derecho, | y su misericordia llena la tierra. ℟.

La palabra del Señor hizo el cielo, | el aliento de su boca, sus ejércitos; | encierra en un odre las aguas marinas, | mete en un depósito el océano. ℟.

Dichosa la nación cuyo Dios es el Señor, | el pueblo que El se escogió como heredad. | El Señor mira desde el cielo, | se fija en todos los hombres. ℟.

Nosotros aguardamos al Señor: | él es nuestro auxilio y escudo. | Que tu misericordia, Señor, venga sobre nosotros, | como lo esperamos de ti. ℟.

ORACION

Oremos. Dios todopoderoso y eterno, admirable siempre en todas tus obras; que tus redimidos comprendan cómo la creación del mundo en el comienzo de los siglos, no fue obra de mayor grandeza que el sacrificio pascual de Cristo en la plenitud de los tiempos. Por Jesucristo nuestro señor.
℟ Amén.

o esta oración:

Oremos. Oh Dios, que con acción maravillosa creaste al hombre y con mayor maravilla lo redimiste. Concédenos resistir a los atractivos del pecado, guiados por la sabiduría del Espíritu, para llegar a las alegrías del cielo. Por Jesucristo nuestro Señor.
℟ Amén.

LECTURA 2

El Sacrificio de Abrahán, nuestro padre en la fe

LECTURA DEL LIBRO DEL GENESIS
22, 1-18

En aquellos días, Dios puso a prueba a Abrahán llamándole: «¡Abrahán!» El respondió: «Aquí me tienes.» Dios le dijo: «Toma a tu hijo único, al que quieres, a Isaac, y vete al país de Moria y ofrécemelo allí en sacrificio en uno de los montes que yo te indicaré.» [Abrahán madrugó, aparejó el asno y se llevó consigo a dos criados y a su hijo Isaac; cortó leña para el sacrificio y se encaminó al lugar que le había indicado Dios. El tercer día levantó Abrahán los ojos y descubrió el sitio de lejos. Y Abrahán dijo a sus criados: «Quedaos aquí con el asno; yo con el muchacho iré hasta allá para adorar y después volveremos con vosotros.»

Abrahán tomó la leña para el sacrificio, se la cargó a su hijo Isaac, y él llevaba el fuego y el cuchillo. Los dos caminaban juntos. Isaac dijo a Abrahán, su padre: «Padre.» El respondió: «Aquí estoy, hijo mío.» El muchacho dijo: «Tenemos fuego y leña, pero, ¿dónde está el cordero para el sacrificio?» Abrahán contestó: «Dios proveerá el cordero para el sacrificio, hijo mío.» Y siguieron caminando juntos.

Cuando llegaron al sitio que le había dicho Dios, [Abrahán levantó allí el altar y apiló la leña, luego ató a su hijo Isaac y lo puso sobre el altar, encima de la leña. Entonces] Abrahán tomó el cuchillo para degollar a su hijo; pero el ángel del Señor le gritó desde el cielo: «¡Abrahán, Abrahán!» El contestó: «Aquí me tienes.» El ángel le ordenó: «No alargues la mano contra tu hijo ni le hagas nada. Ahora sé que temes a Dios, porque no te has reservado a tu hijo, tu único hijo.»

Abrahán levantó los ojos y vio un carnero enredado por los cuernos en la maleza. Se acercó, tomó el carnero y lo ofreció en sacrificio en lugar de su hijo.

[Abrahán llamó aquel sitio «El Señor ve», por lo que se dice aún hoy «El monte del Señor ve».] El ángel del Señor volvió a gritar a Abrahán desde el cielo: «Juro por mí mismo —oráculo del Señor—: por haber hecho esto, por no haberte reservado tu hijo, tu hijo único, te bendeciré, multiplicaré a tus descendientes como las estrellas del cielo y como la arena de la playa. Tus descendientes conquistarán las puertas de las ciudades enemigas. Todos los pueblos del mundo se bendecirán con tu descendencia, porque me has obedecido.»

Palabra de Dios.

SALMO RESPONSORIAL 15

℟ **Protégeme, Dios mío, | que me refugio en ti.**

El Señor es el lote de mi heredad y mi copa, | mi suerte está en tu mano. | Tengo siempre presente al Señor, | con él a mi derecha no vacilaré. ℟.

Por eso se me alegra el corazón, | se gozan mis entrañas, | y mi carne descansa serena: | porque no me entregarás a la muerte | ni dejarás a tu fiel conocer la corrupción. ℟.

Me enseñarás el sendero de la vida, | me saciarás de gozo en tu presencia, | de alegría perpetua a tu derecha. ℟.

ORACION

Oremos. Oh Dios, Padre supremo de los creyentes, que multiplicas sobre la tierra los hijos de tu promesa con la gracia de la adopción y, por el misterio pascual, hiciste de tu siervo Abrahán el padre de todas las naciones, como lo habías prometido: concede a tu pueblo responder dignamente a la gracia de tu llamada. Por Jesucristo nuestro Señor.

℟ Amén.

LECTURA 3

Los israelitas entraron en medio del mar a pie enjuto
(Lectura obligatoria)

LECTURA DEL LIBRO DEL EXODO

14, 15—51, 1

En aquellos días, dijo el Señor a Moisés: «¿Por qué sigues clamando a mí? Di a los israelitas que se pongan en marcha. Y tú, alza tu cayado, extiende tu mano sobre el mar y divídelo, para que los israelitas entren en medio del mar a pie enjuto. Que yo voy a endurecer el corazón de los egipcios para que los persigan, y me cubriré de gloria a costa del Faraón y de todo su ejército, de sus carros y de los guerreros. Sabrán los egipcios que yo soy el Señor, cuando me haya cubierto de gloria a costa del Faraón, de sus carros y de los guerreros.»

Se puso en marcha el ángel del Señor, que iba al frente del ejército de Israel, y pasó a retaguardia. También la columna de nube de delante se desplazó de allí y se colocó detrás, poniéndose entre el campamento de los egipcios y el campamento de los israelitas. La nube era tenebrosa y transcurrió toda la noche sin que los ejércitos pudieran trabar contacto. Moisés extendió su mano sobre el mar, y el Señor hizo soplar durante toda la noche un fuerte viento del Este que secó el mar y se dividieron las aguas. Los israelitas entraron en medio del mar a pie enjuto, mientras que las aguas formaban muralla a derecha e izquierda. Los egipcios se lanzaron en su persecución, entrando tras ellos en medio del mar todos los caballos del Faraón y los carros con sus guerreros.

Mientras velaban al amanecer, miró el Señor al campamento egipcio desde la columna de fuego y nube y sembró el pánico en el campamento egipcio. Trabó las ruedas de sus carros y las hizo avanzar pesadamente. Y dijo Egipto: «Huyamos de Israel, porque el Señor lucha en su favor contra Egipto.» Dijo el Señor a Moisés: «Extiende tu mano sobre el mar y vuelvan las aguas sobre los egipcios, sus carros y sus jinetes.»

Y extendió Moisés su mano sobre el mar; y al amanecer volvía el mar a su curso de siempre. Los egipcios huyendo iban a su encuentro y el Señor derribó a los egipcios en medio del mar. Y volvieron las aguas y cubrieron los carros, los jinetes y todo el ejército del Faraón, que lo había seguido por el mar. Ni uno solo se salvó. Pero los hijos de Israel caminaban por lo seco en medio del mar; las aguas les hacían de muralla a derecha e izquierda.

Aquel día salvó el Señor a Israel de las manos de Egipto. Israel vio a los egipcios muertos, en la orilla del mar. Israel vio la mano grande del Señor obrando contra los egipcios, y el pueblo temió al Señor y creyó en el Señor y en Moisés, su siervo. Entonces Moisés y los hijos de Israel cantaron este canto al Señor:

Palabra de Dios.

SALMO RESPONSORIAL

Ex 15, 1-6.17-18

℟. **Cantaré al Señor, | sublime es su victoria.**

Cantaremos al Señor, sublime es su victoria: | caballos y carros ha arrojado en el mar. | Mi fuerza y mi poder es el Señor, él fue mi salvación. | El es mi Dios: yo lo alabaré; | el Dios de mis padres: yo lo ensalzaré. ℟.

El Señor es un guerrero, | su nombre es el Señor. | Los carros del Faraón los lanzó al mar, | ahogó en el mar Rojo a sus mejores capitanes. ℟.

Las olas los cubrieron, | bajaron hasta el fondo como piedras. | Tu diestra, Señor, es fuerte y terrible, | tu diestra, Señor, tritura al enemigo. ℟.

Los introduces y los plantas en el monte de tu heredad, | lugar del que hiciste tu trono, Señor; | santuario, Señor, que fundaron tus manos. | El Señor reina por siempre jamás. ℟.

ORACION

Oremos. También ahora, Señor, vemos brillar tus antiguas maravillas, y lo mismo que en otro tiempo manifestabas tu poder al librar a un solo pueblo de la persecución del Faraón, hoy aseguras la salvación de todas las naciones, haciéndolas renacer por las aguas del bautismo. Te pedimos que los hombres del mundo entero lleguen a ser hijos de Abrahán y miembros del nuevo Israel. Por Jesucristo nuestro Señor.

℟. Amén.

O esta oración:

Oremos. Oh Dios, que has iluminado los prodigios de los tiempos antiguos con la luz del Nuevo Testamento: el mar Rojo fue imagen de la fuente bautismal, y el pueblo liberado de la esclavitud imagen de la familia cristiana; concede que todos los pueblos, elevados por su fe a la dignidad de pueblo elegido, se regeneren por la participación de tu Espíritu. Por Jesucristo nuestro Señor.

R. Amén.

LECTURA 4
Con misericordia eterna te quiere el Señor, tu redentor

LECTURA DEL LIBRO DE ISAIAS
54, 5-14

El que te hizo te tomará por esposa: su nombre es el Señor de los Ejércitos. Tu redentor es el Santo de Israel, se llama Dios de toda la tierra. Como a mujer abandonada y abatida te vuelve a llamar el Señor; como a esposa de juventud, repudiada —dice tu Dios. Por un instante te abandoné, pero con gran cariño te reuniré. En un arrebato de ira te escondí un instante mi rostro, pero con misericordia eterna te quiero —dice el Señor, tu Redentor.

Me sucede como en tiempo de Noé: Juré que las aguas del diluvio no volverían a cubrir la tierra; así juro no airarme contra ti ni amenazarte. Aunque se retiren los montes y vacilen las colinas, no se retirará de ti mi misericordia ni mi alianza de paz vacilará —dice el Señor, que te quiere.

¡Oh, afligida, zarandeada, desconsolada! Mira, yo mismo coloco tus piedras sobre azabaches, tus cimientos sobre zafiros; te pondré almenas de rubí, y puertas de esmeralda, y muralla de piedras preciosas. Tus hijos serán discípulos del Señor, tendrán gran paz tus hijos. Tendrás firme asiento en la justicia. Estarás lejos de la opresión, y no tendrás que temer; y lejos del terror, que no se acercará.

Palabra de Dios.

SALMO RESPONSORIAL 29

℟ **Te ensalzaré, Señor, porque me has librado.**

Te ensalzaré, Señor, porque me has librado | y no has dejado que mis enemigos se rían de mí. | Señor, sacaste mi vida del abismo, | me hiciste revivir cuando bajaba a la fosa. ℟.

Tañed para el Señor, fieles suyos, | dad gracias a su nombre santo; | su cólera dura un instante, su bondad de por vida; | al atardecer nos visita el llanto, | por la mañana, el júbilo. ℟.

Escucha, Señor, y ten piedad de mí, | Señor, socórreme. | Cambiaste mi luto en danzas. | Señor, Dios mío, te daré gracias por siempre. ℟.

ORACION

Oremos. Dios todopoderoso y eterno, multiplica, fiel a tu palabra, la descendencia que aseguraste a la fe de nuestros padres, y aumenta con tu adopción los hijos de la promesa; para que tu Iglesia vea en qué medida se ha cumplido ya cuanto los patriarcas creyeron y esperaron. Por Jesucristo nuestro Señor.

℟ Amén.

U otra de las oraciones que siguen a las lecturas omitidas.

LECTURA 5

Venid a mí, y viviréis; sellaré con vosotros alianza perpetua

LECTURA DEL LIBRO DE ISAIAS
55, 1-11

Así dice el Señor: Oíd, sedientos todos, acudid por agua, también los que no tenéis dinero: venid, comprad trigo, comed sin pagar vino y leche de balde. ¿Por qué gastáis dinero en lo que no alimenta y el salario en lo que no da hartura? Escuchadme atentos y comeréis bien, saborearéis platos sustanciosos. Inclinad el oído, venid a mí: escuchadme y viviréis.

Sellaré con vosotros alianza perpetua, la promesa que aseguré a David: a él lo hice mi testigo para los pueblos, caudillo y soberano de naciones; tú llamarás a un pueblo desconocido, un pueblo que no te conocía correrá hacia ti; por el Señor, tu Dios, por el Santo de Israel que te honra.

Buscad al Señor mientras se le encuentra, invocadlo mientras está cerca; que el malvado abandone su camino, y el criminal sus planes; que regrese al Señor, y él tendrá piedad, a nuestro Dios, que es rico en perdón. Mis planes no son vuestros planes, vuestros caminos no son mis caminos —oráculo del Señor.

Como el cielo es más alto que la tierra, mis caminos son más altos que los vuestros, mis planes, que vuestros planes.

Como bajan la lluvia y la nieve desde el cielo, y no vuelven allá, sino después de empapar la tierra, de fecundarla y hacerla germinar, para que dé semilla al sembrador y pan al que come; así será mi Palabra, que sale de mi boca: no volverá a mí vacía, sino que hará mi voluntad, y cumplirá mi encargo.

Palabra de Dios.

SALMO RESPONSORIAL   Is 12, 2-3.4bcd.5-6

R. **Sacaréis aguas con gozo de las fuentes de la salvación.**

El Señor es mi Dios y Salvador: | confiaré y no temeré, | porque mi fuerza y mi poder es el Señor, | él fue mi salvación. R.

Dad gracias al Señor, | invocad su nombre, | contad a los pueblos sus hazañas, | proclamad que su nombre es excelso. R.

Tañed para el Señor que hizo proezas, | anunciadlas a toda la tierra; | gritad jubilosos, habitantes de Sión: | «Qué grande es en medio de ti el Santo de Israel.» R.

ORACION

Oremos. Dios todopoderoso y eterno, esperanza única del mundo, que anunciaste por la voz de tus profetas los misterios de los tiempos presentes; atiende los deseos de tu pueblo, porque ninguno de tus fieles puede progresar en la virtud sin la inspiración de tu gracia. Por Jesucristo nuestro Señor.

R. Amén.

LECTURA 6

Camina a la claridad del resplandor del señor

LECTURA DEL LIBRO DE BARUC

3, 9-15.32—4, 4

Escucha, Israel, mandatos de vida, presta oído para aprender prudencia.

¿A qué se debe, Israel, que estés aún en país enemigo, que envejezcas en tierra extranjera, que estés impuro con los muertos, que te cuenten con los habitantes del Abismo? —Es que abandonaste la fuente de la sabiduría. Si hubieras seguido el camino de Dios, habitarías en paz para siempre. Aprende dónde se encuentra la prudencia, el valor y la inteligencia, así aprenderás dónde se encuentra la vida larga, la luz de los ojos y la paz.

¿Quién encontró su puesto o entró en sus almacenes? El que todo lo sabe la conoce, la examina y la penetra. El que creó la tierra para siempre y la llenó de animales cuadrúpedos; el que manda a la luz, y ella va, la llama, y le obedece temblando; a los astros, que velan gozosos en sus puestos de guardia los llama y responden: «Presentes»; y brillan gozosos para su Creador.

El es nuestro Dios y no hay otro frente a él: investigó el camino del saber y se lo dio a su hijo Jacob, a su amado, Israel. Después apareció en el mundo y vivió entre los hombres. Es el libro de los mandatos de Dios, la ley de la validez eterna: los que la guardan, vivirán, los que la abandonan, morirán. Vuélvete, Jacob, a recibirla, camina a la claridad de su resplandor; no entregues a otros tu gloria ni tu dignidad a un pueblo extranjero. ¡Dichosos nosotros, Israel, que conocemos lo que agrada al Señor!

Palabra de Dios.

SALMO RESPONSORIAL 18

℞ **Señor, tienes palabras de vida eterna.**

La ley del Señor es perfecta | y es descanso del alma; | el precepto del Señor es fiel | e instruye al ignorante. ℞

Los mandatos del Señor son rectos | y alegran el corazón; | la norma del Señor es límpida | y da luz a los ojos. ℞

La voluntad del Señor es pura | y eternamente estable; | los mandamientos del Señor son verdaderos | y eternamente justos. ℟.

Más preciosos que el oro, | más que el oro fino; | más dulces que la miel | de un panal que destila. ℟.

ORACION

Oremos. Oh Dios, que sin cesar haces crecer a tu Iglesia agregando a ella nuevos hijos: defiende con tu constante protección a cuantos purificas en el agua del bautismo. Por Jesucristo nuestro Señor.

℟. Amén.

LECTURA 7

Derramaré sobre vosotros un agua pura, y os daré un corazón nuevo

LECTURA DEL LIBRO DE EZEQUIEL 36, 16-28

Me vino esta Palabra del Señor: Cuando la casa de Israel habitaba en su tierra, la profanó con su conducta, con sus acciones, como sangre inmunda fue su proceder ante mí. Entonces derramé mi cólera sobre ellos, por la sangre que habían derramado en el país, por haberlo profanado con sus idolatrías. Los esparcí entre las naciones, anduvieron dispersos por los países; según su proceder, según sus acciones los sentencié. Cuando llegaron a las naciones donde se fueron, profanaron mi santo nombre; decían de ellos: «Estos son el pueblo del Señor, de su tierra han salido.» Sentí lástima de mi santo nombre, profanado por la casa de Israel en las naciones a las que se fue. Por eso, di a la casa de Israel: Esto dice el Señor: No lo hago por vosotros, casa de Israel, sino por mi santo nombre, profanado por vosotros, en las naciones a las que habéis ido. Mostraré la santidad de mi nombre grande, profanado entre los gentiles, que vosotros habéis profanado en medio de ellos; y conocerán los gentiles que yo soy el Señor —oráculo del Señor—, cuando les haga ver mi santidad al castigaros. Os recogeré de entre las naciones, os reuniré de todos los países, y os llevaré a vuestra tierra. Derramaré sobre vosotros un agua pura que os purificará: de todas vuestras inmundicias e idolatrías os he de purificar; y os daré un corazón nuevo, y os infundiré un espíritu nuevo; arrancaré de vuestra carne el corazón de piedra, y os daré un corazón de carne. Os infundiré mi espíritu, y haré que caminéis según mis preceptos, y que guardéis y cumpláis mis mandatos. Y habitaréis en la tierra que di a vuestros padres. Vosotros seréis mi pueblo y yo seré vuestro Dios.

Palabra de Dios.

Se puede tomar como himno el cántico de Isaías (Is 12, 2-6), en caso de que no se haya cantado después de la lectura quinta (p. 465), o uno de los dos salmos siguientes.

SALMO RESPONSORIAL 41, 42

℟ **Como busca la cierva corrientes de agua, | así mi alma te busca a ti, Dios mío.**

Tiene sed de Dios, | del Dios vivo: | ¿cuándo entraré a ver | el rostro de Dios? ℟.

Cómo marchaba a la cabeza del grupo | hacia la casa de Dios, | entre cantos de júbilo y alabanza, | en el bullicio de la fiesta. ℟.

Envía tu luz y tu verdad; | que ellos me guíen | y me conduzcan hasta tu monte santo, | hasta tu morada. ℟.

Que yo me acerque al altar de Dios, | al Dios de mi alegría; | que te dé gracias al son de la cítara, | Dios, Dios mío. ℟.

SALMO RESPONSORIAL 50

℟ **Oh Dios, crea en mí | un corazón puro.**

Oh Dios, crea en mí un corazón puro, | renuévame por dentro con espíritu firme; | no me arrojes de tu rostro, | no me quites tu santo espíritu. ℟.

Devuélveme la alegría de tu salvación, | afiánzame con espíritu generoso. | Enseñaré a los malvados tus caminos, | los pecadores volverán a ti. ℞.

Los sacrificios no te satisfacen, | si te ofreciera un holocausto, no lo querrías. | Mi sacrificio es un espíritu quebrantado, | un corazón quebrantado y humillado | tú no lo desprecias. ℞.

Palabra de Dios.

ORACION

Oremos. Oh Dios, poder inmutable y luz sin ocaso, mira con bondad a tu Iglesia, sacramento de la nueva Alianza, y, según tus eternos designios, lleva a término la obra de la salvación humana; que todo el mundo experimente y vea cómo lo abatido se levanta, lo viejo se renueva y vuelve a su integridad primera, por medio de nuestro Señor Jesucristo, de quien todo procede. Que vive y reina contigo por los siglos de los siglos.

℞ Amén.

o esta oración:

Oremos. Oh Dios, que para celebrar el misterio pascual nos instruyes con las enseñanzas de los dos Testamentos; concédenos penetrar en los designios de tu amor, para que, en los dones que hemos recibido, percibamos la esperanza de los bienes futuros. Por Jesucristo.

℞ Amén.

HIMNO PASCUAL

Después de la última oración, se encienden los cirios del altar, y el sacerdote entona el himno Gloria a Dios en el cielo, *que todos prosiguen mientras suenan las campanas, según las costumbres de los lugares.*

Acabado el himno, el sacerdote dice la colecta, como de costumbre.

Oremos. Oh Dios, que iluminas esta noche santa con la gloria de la resurrección del Señor, aviva en tu Iglesia el espíritu filial, para que, renovados en cuerpo y alma, nos entreguemos plenamente a tu servicio. Por nuestro Señor Jesucristo.

EPISTOLA

Cristo, una vez resucitado de entre los muertos, ya no muere más

LECTURA DE LA CARTA DEL APOSTOL
SAN PABLO A LOS ROMANOS

6, 3-11

Hermanos: Los que por el bautismo nos incorporamos a Cristo, fuimos incorporados a su muerte. Por el bautismo fuimos sepultados con El en la muerte, para que, así como Cristo fue despertado de entre los muertos por la gloria del Padre, así también nosotros andemos en una vida nueva. Porque, si nuestra existencia está unida a El en una muerte como la suya, lo estará también en una resurrección como la suya. Comprendamos que nuestra vieja condición ha sido crucificada con Cristo, quedando destruida nuestra personalidad de pecadores y nosotros libres de la esclavitud al pecado; porque el que muere ha quedado absuelto del pecado.

Por tanto, si hemos muerto con Cristo, creemos que también viviremos con El; pues sabemos que Cristo, una vez resucitado de entre los muertos, ya no muere más; la muerte ya no tiene dominio sobre El. Porque su morir fue un morir al pecado de una vez para siempre; y su vivir es un vivir para Dios.

Lo mismo vosotros, consideraos muertos al pecado y vivos para Dios en Cristo Jesús Señor Nuestro.

Palabra de Dios.

Acabada la Epístola, todos se levantan, y el sacerdote entona solemnemente el Aleluya, *que repiten todos.*

Después el salmista, o un cantor proclama el salmo, respondiendo el pueblo Aleluya.

SALMO RESPONSORIAL 117

℟ **Aleluya, aleluya, aleluya.**

Dad gracias al Señor porque es bueno, | porque es eterna su misericordia. | Diga la casa de Israel: | eterna es su misericordia. ℟.

La diestra del señor es poderosa, | la diestra del Señor es excelsa. | No he de morir, viviré, | para contar las hazañas del Señor. ℟.

La piedra que desecharon los arquitectos, | es ahora la piedra angular. | Es el Señor quien lo ha hecho, | ha sido un milagro patente. ℟.

CICLO A (Años 1990, 1993, 1996, 1999, 2002, 2005)

EVANGELIO

Ha resucitado y va por delante de vosotros a Galilea

✠ LECTURA DEL S. EVANGELIO SEGUN
SAN MATEO   28, 1-10

En la madrugada del sábado, al alborear el primer día de la semana, fueron María la Magdalena y la otra María a ver el sepulcro. Y de pronto tembló fuertemente la tierra, pues un ángel del Señor, bajando del cielo y acercándose, corrió la piedra y se sentó encima. Su aspecto era de relámpago y su vestido blanco como la nieve; los centinelas temblaron de miedo y quedaron como muertos. El ángel habló a las mujeres: «Vosotras no temáis, ya sé que buscáis a Jesús el crucificado. No está aquí: HA RESUCITADO, como había dicho. Venid a ver el sitio donde yacía e id aprisa a decir a sus discípulos: "Ha resucitado de entre los muertos y va por delante de vosotros a Galilea. Allí lo veréis." Mirad, os lo he anunciado.» Ellas se marcharon a toda prisa del sepulcro; impresionadas y llenas de alegría corrieron a anunciarlo a los discípulos. De pronto, Jesús les salió al encuentro y les dijo: «Alegraos.» Ellos se acercaron, se postraron ante él y le abrazaron los pies. Jesús les dijo: «No tengáis miedo: id a comunicar a mis hermanos que vayan a Galilea; allí me verán.»

Palabra del Señor.

CICLO B (Años 1991, 1994, 1997, 2000, 2003, 2006)

EVANGELIO

Jesús Nazareno, el crucificado, ha resucitado

✠ LECTURA DEL S. EVANGELIO SEGUN
SAN MARCOS
                                                                16, 1-7

Pasado el sábado, María Magdalena, María la de Santiago y
Salomé, compraron aromas para ir a embalsamar a Jesús. Y muy
temprano, el primer día de la semana, al salir el sol, fueron al sepulcro. Y se decían unas a otras: «¿Quién nos correrá la piedra
a la entrada del sepulcro?» Al mirar vieron que la piedra estaba
corrida, y eso que era muy grande. Entraron en el sepulcro y
vieron un joven sentado a la derecha, vestido de blanco. Y se
asustaron. El les dijo: «No os asustéis. ¿Buscáis a Jesús el Nazareno, el crucificado? No está aquí. Ha resucitado. Mirad el sitio
donde lo pusieron. Ahora id a decir a sus discípulos y a Pedro:
El va por delante de vosotros a Galilea. Allí lo veréis, como os
dijo.»

Palabra del Señor.

CICLO C (Años 1989, 1992, 1995, 1998, 2001, 2004)

EVANGELIO

¿Por qué buscáis entre los muertos al que vive?

✠ LECTURA DEL S. EVANGELIO SEGUN
SAN LUCAS
                                                                24, 1-12

El primer día de la semana, de madrugada, las mujeres fueron al sepulcro llevando los aromas que habían preparado. Encontraron corrida la piedra del sepulcro. Y entrando no encontraron el cuerpo del Señor Jesús. Mientras estaban desconcerta-
das por esto, se les presentaron dos hombres con vestidos

refulgentes. Ellas, despavoridas, miraban al suelo, y ellos les dijeron: «Por qué buscáis entre los muertos al que vive? No está aquí. HA RESUCITADO. Acordaos de lo que os dijo estando todavía en Galilea: 'El Hijo del hombre tiene que ser entregado en manos de pecadores, ser crucifidado y al tercer día resucitará'.» Recordaron sus palabras, volvieron del sepulcro y anunciaron todo esto a los Once y a los demás. María Magdalena, Juana y María la de Santiago, y sus compañeras contaban esto a los Apóstoles. Ellos lo tomaron por un delirio y no las creyeron. Pedro se levantó y fue corriendo al sepulcro. Asomándose vio sólo las vendas por el suelo. Y se volvió admirándose de lo sucedido.

Palabra del Señor.

Inmediatamente después del Evangelio tiene lugar la homilía. Después comienza la liturgia bautismal.

TERCERA PARTE
LITURGIA BAUTISMAL

En caso de que no haya ningún bautismo en la Vigilia pascual y de que no se tenga que bendecir el agua bautismal para los bautismos que tengan lugar durante el Tiempo pascual, se procede a la bendición del agua común, p. 477.

El sacerdote con los ministros se dirige a la fuente bautismal, si es que ésta se encuentra a la vista de los fieles reunidos. De lo contrario se pone un recipiente con agua en el presbiterio.

Si hay bautismo, se invita a quienes han de ser bautizados a que se aproximen a la fuente bautismal. Los adultos acuden acompañados por sus padrinos y madrinas; los que sean muy pequeños son llevados por sus padres, acompañados por sus padrinos y madrinas.

El sacerdote amonesta a los presentes con estas u otras palabras:

Hermanos: Acompañemos con nuestra oración a estos catecúmenos que anhelan renacer a una nueva vida en la fuente bautismal y pidamos insistentemente todos juntos a Dios, nuestro Padre, que guíe y acompañe sus pasos hacia la fuente bautismal.

Si se bendice la fuente, pero no hay bautizandos:

Invoquemos, queridos hermanos, a Dios todopoderoso, y pidámosle que con su poder santifique esta agua, para que cuantos en ella renazcan por el bautismo sean incorporados a Cristo y contados entre los hijos de adopción.

Dos cantores entonan las letanías a las que, todos responden, estando en pie (por razón del tiempo pascual).

Si la procesión hasta el bautisterio es larga, las letanías se cantan durante dicha procesión; en este caso, se llama a los catecúmenos antes de empezar la procesión. Esta procesión se organiza de la siguiente manera: abre la procesión un ministro con el cirio pascual, siguen los catecúmenos con los padrinos y, finalmente, va el sacerdote con los ministros. En este caso, la monición precedente se hace antes de la bendición del agua.

Si no hay bautizandos ni se ha de bendecir el agua bautismal, omitidas las letanías, se procede inmediatamente a la bendición del agua común (p. 477).

En las letanías se pueden añadir algunos nombres de santos, especialmente el del titular de la iglesia y los de los patronos del lugar y de los que van a ser bautizados.

Señor, ten piedad.
Señor, ten piedad.
Cristo, ten piedad
Cristo, ten piedad.
Señor, ten piedad.
Señor, ten piedad.

Santa María, Madre de Dios.	Ruega por nosotros.
San Miguel.	Ruega por nosotros.
Santos ángeles de Dios.	Ruega por nosotros.
San Juan Bautista.	Ruega por nosotros.
San José.	Ruega por nosotros.
Santos Pedro y Pablo.	Ruega por nosotros.
San Andrés.	Ruega por nosotros.

San Juan.	Ruega por nosotros.
Santa María Magdalena.	Ruega por nosotros.
San Esteban.	Ruega por nosotros.
San Ignacio de Antioquía.	Ruega por nosotros.
San Lorenzo.	Ruega por nosotros.
Santas Perpetua y Felicidad.	Rogad por nosotros.
Santa Inés.	Ruega por nosotros.
San Gregorio.	Ruega por nosotros.
San Agustín.	Ruega por nosotros.
San Atanasio.	Ruega por nosotros.
San Basilio.	Ruega por nosotros.
San Martín.	Ruega por nosotros.
San Benito.	Ruega por nosotros.
Santos Francisco y Domingo.	Rogad por nosotros.
San Francisco Javier.	Ruega por nosotros.
San Juan María Vianney.	Ruega por nosotros.
Santa Catalina de Siena.	Ruega por nosotros.
Santa Teresa de Avila.	Ruega por nosotros.
Santos y Santas de Dios.	Rogad por nosotros.
Muéstrate propicio.	Líbranos, Señor.
De todo mal.	Líbranos, Señor.
De todo pecado.	Líbranos, Señor.
De la muerte eterna.	Líbranos, Señor.
Por tu encarnación.	Líbranos, Señor.
Por tu muerte y resurrección.	Líbranos, Señor.
Por el envío del Espíritu Santo.	Líbranos, Señor.
Nosotros, que somos pecadores.	Te rogamos, óyenos.

Si hay bautizandos:

Para que regeneres a estos elegidos con la gracia del Bautismo.	Te rogamos, óyenos.

Si no hay bautizandos:

Para que santifiques esta agua en la que renacerán tus nuevos hijos.	Te rogamos, óyenos.
Jesús, Hijo de Dios vivo.	Te rogamos, óyenos.

Oremos. Que tu eficacia, Dios todopoderoso y eterno, se manifieste en estos sacramentos, obra de tu amor. Que el espíritu de adopción descienda sobre los nuevos hijos que van a nacer de la fuente bautismal. Que tu poder dé eficacia a la acción de tu ministro. Por Jesucristo nuestro Señor.

℟ Amén.

BENDICION DEL AGUA BAUTISMAL

El sacerdote bendice el agua bautismal, diciendo la siguiente oración:

Oh Dios, que realizas en tus sacramentos obras admirables con tu poder invisible, y de diversos modos te has servido de tu criatura el agua para significar la gracia del Bautismo.

Oh Dios, cuyo espíritu, en los orígenes del mundo, se cernía sobre las aguas, para que ya desde entonces concibieran el poder de santificar.

Oh Dios, que incluso en las aguas torrenciales del diluvio prefiguraste el nacimiento de la nueva humanidad, de modo que una misma agua pusiera fin al pecado y diera origen a la santidad.

Oh Dios, que hiciste pasar a pie enjuto por el mar Rojo a los hijos de Abrahán, para que el pueblo liberado de la esclavitud del Faraón fuera imagen de la familia de los bautizados.

Oh Dios, cuyo Hijo, al ser bautizado en el agua del Jordán, fue ungido por el Espíritu Santo; colgado en la cruz vertió de su costado agua, junto con la sangre; y después de su resurrección mandó a sus apóstoles: «Id y haced discípulos de todos los pueblos, bautizándoles en el nombre del Padre, y del Hijo, y del Espíritu Santo.»

Mira ahora a tu Iglesia en oración y abre para ella la fuente del Bautismo. Que esta agua reciba, por el Espíritu Santo, la gracia de tu Unigénito, para que el hombre, creado a tu imagen y limpio en el Bautismo, muera al hombre viejo y renazca, como niño, a nueva vida por el agua y el Espíritu.

Y metiendo, si lo cree oportuno, el cirio pascual una o tres veces, prosigue:

Te pedimos, Señor, que el poder del Espíritu Santo, por tu Hijo, descienda sobre el agua de esta fuente,

Y teniendo el cirio en el agua prosigue:

Para que los sepultados con Cristo en su muerte, por el Bautismo, resuciten con él a la vida. Por Jesucristo nuestro Señor.

℟ Amén.

Seguidamente saca el cirio del agua, aclamando el pueblo:

Manantiales, bendecid al Señor, ensalzadlo con himnos por los siglos.

Cada uno de los catecúmenos hace la renuncia a Satanás y la profesión de fe y, a continuación, recibe el bautismo.

Si está presente el obispo, los catecúmenos adultos reciben inmediatamente la confirmación; en caso contrario, el presbítero que ha administrado el bautismo puede también confirmar a los catecúmenos adultos.

BENDICION DEL AGUA COMUN

Si no hay bautizandos ni se bendice la fuente bautismal, el sacerdote bendice el agua con la siguiente oración:

Invoquemos, queridos hermanos, a Dios Padre todopoderoso, para que bendiga esta agua, que va a ser derramada sobre nosotros en memoria de nuestro bautismo; y pidamos al Señor que nos renueve interiormente, para que permanezcamos fieles al Espíritu que recibimos en el día de nuestra regeneración.

Y después de una breve pausa de oración en silencio, prosigue:

Señor Dios nuestro, en esta noche en que celebramos la acción maravillosa de nuestra creación y la maravilla aún más grande de nuestra redención, dígnate bendecir esta agua.

La creaste para hacer fecunda la tierra y para favorecer nuestros cuerpos con el frescor y la limpieza. La hiciste también instrumento de misericordia al librar a tu pueblo de la esclavitud y al apagar con ella su sed en el desierto; por los profetas la revelaste como signo de la nueva alianza que quisiste sellar con los hombres. Y cuando Cristo descendió a ella en el Jordán, renovaste nuestra naturaleza pecadora en el baño del nuevo nacimiento. Que de nuevo nos vivifique ahora y nos haga participar en el gozo de nuestros hermanos bautizados en la Pascua. Por Jesucristo nuestro Señor.

℞ Amén.

RENOVACION DE LAS PROMESAS BAUTISMALES

Acabado el rito del bautismo (y de la confirmación) si ha tenido lugar, o después de la bendición del agua, todos de pie y con las velas encendidas en sus manos, renuevan las promesas de la fe bautismal.

El sacerdote se dirige a los fieles con estas o semejantes palabras:

Hermanos: Por el misterio pascual hemos sido sepultados con Cristo en el Bautismo, para que vivamos una vida nueva. Por tanto, terminado el ejercicio de la cuaresma, renovemos las promesas del santo bautismo, con las que en otro tiempo renunciamos a Satanás y a sus obras, y prometimos servir fielmente a Dios en la Santa Iglesia católica.

Así, pues:

¿Renunciáis a Satanás?

Todos:

Sí, renuncio.

¿Y a todas sus obras?

Todos:

Sí, renuncio.

¿Y a todas sus seducciones?

Todos:

Sí, renuncio.

Segunda fórmula:

¿Renunciáis al pecado para vivir en la libertad de los hijos de Dios?

Todos: Sí, renuncio.

¿Renunciáis a todas las seducciones del mal, para que no domine en vosotros el pecado?

Todos: Sí, renuncio.

¿Renunciáis a Satanás, padre y príncipe del pecado?

Todos: Sí, renuncio.

Tercera fórmula:

Renunciáis a Satanás, esto es: al pecado, como negación de Dios; al mal, como signo del pecado en el mundo; al error, como ofuscación de la verdad; a la violencia, como contraria a la caridad; al egoísmo, como falta de testimonio del amor.

Todos: Sí, renuncio.

Renunciáis a sus obras, que son: vuestras envidias y odios; vuestras perezas e indiferencias; vuestras cobardías y complejos; vuestras tristezas y desconfianzas; vuestras injusticias y favoritismos; vuestros materialismos y sensualidades; vuestras faltas de fe, de esperanza y de caridad.

Todos: Sí, renuncio.

Renunciáis a todas sus seducciones como pueden ser: el creeros los mejores; el veros superiores; el estar muy seguros de vosotros mismos; el creer que ya estáis convertidos del todo; el quedaros en las cosas, medios, instituciones, métodos, reglamentos, y no ir a Dios.

Todos: Sí, renuncio.

Prosigue el celebrante:

¿Creéis en Dios, Padre todopoderoso, Creador del cielo y de la tierra?

Todos: Sí, creo.

¿Creéis en Jesucristo, su único Hijo, nuestro Señor, que nació de Santa María Virgen, murió, fue sepultado, resucitó de entre los muertos y está sentado a la derecha del Padre?

Todos: Sí, creo.

¿Creéis en el Espíritu Santo, en la santa Iglesia católica, en la comunión de los santos, en el perdón de los pecados, en la resurrección de la carne y en la vida eterna?

Todos: Sí, creo.

Y concluye el celebrante:

Que Dios todopoderoso, Padre de nuestro Señor Jesucristo, que nos regeneró por el agua y el Espíritu Santo y que nos concedió la remisión de los pecados, nos guarde en su gracia, en el mismo Jesucristo nuestro Señor, para la vida eterna.

℟ Amén.

El celebrante asperja al pueblo con agua bendita, mientras todos cantan:

Vi un agua, que manaba del lado derecho del templo, aleluya. Vi que en todos aquellos, que recibían el agua, brotaba nueva vida y cantaban con gozo: aleluya, aleluya, aleluya.

Mientras tanto los neófitos son llevados a su lugar entre los fieles.

Acabada la aspersión, el sacerdote vuelve a la sede, donde, omitiendo el Credo *modera la oración de los fieles, en la que los neófitos participan por primera vez.*

CUARTA PARTE
LITURGIA EUCARISTICA

El sacerdote se dirige al altar y comienza, como de costumbre, la liturgia eucarística. Conviene que el pan y el vino sean llevados por los neófitos.

ORACION SOBRE LAS OFRENDAS

Escucha, Señor, la oración de tu pueblo y acepta sus ofrendas para que la nueva vida que nace de estos sacramentos pascuales sea, por tu gracia, prenda de vida eterna. Por Jesucristo.

(Se puede emplear cualquiera de las cuatro Plegarias Eucarísticas).

Prefacio pascual, I: «En esta noche», p. 1069. *Cuando se emplea el Canon Romano, se dicen* Reunidos en comunión y Acepta Señor, en tu bondad *propios, pp. 1121 y 1123.*

ANTIFONA DE COMUNION   1 Cor 5, 7-8

Ha sido inmolado nuestra víctima pascual Cristo; celebremos la Pascua con los panes ázimos de la sinceridad y la verdad. Aleluya.

ORACION DESPUES DE LA COMUNION

Derrama, Señor, sobre nosotros tu espíritu de caridad, para que vivamos siempre unidos en tu amor los que hemos participado en un mismo sacramento pascual. Por Jesucristo.

Para la despedida el diácono o el mismo celebrante, dice:

Podéis ir en paz, aleluya, aleluya.

℟ Demos gracias a Dios, aleluya, aleluya.

TIEMPO PASCUAL

Los cincuenta días que van desde el domingo de Resurrección hasta el domingo de Pentecostés han de ser celebrados con alegría y exultación como si se tratase de un sólo y único día festivo, más aún, como un «gran domingo». Esta frase de las Normas Universales sobre el año litúrgico y sobre el calendario (n.22) resume la característica esencial de este tiempo: el formar una sola jornada festiva, tal como lo proclamaba el himno israelita de la Pascua que repite también frecuentemente nuestra liturgia en estas fechas: «Este es el día en que actuó el Señor; sea nuestra alegría y nuestro gozo» (Sal 117,24).

El término *Pentecostés* o Cincuentena no designa solamente a la fiesta que cierra el tiempo pascual, sino originariamente a todo ese período litúrgico en que se conmemora la obra de Dios a partir de la creación del mundo y de la humanidad, pasando por la acción liberadora del Exodo israelita y culminando en el Misterio Pascual de Jesucristo crucificado y resucitado. Es, sobre todo, el tiempo del Espíritu Santo, don de Cristo exaltado a la derecha del Padre, que obró el prodigio de la nueva creación que tuvo su comienzo en la glorificación del cuerpo del Señor y prosiguió en el nacimiento de la Iglesia, cuyos primeros pasos recogen los Hechos de los Apóstoles que se leen todos estos días como primera lectura. La acción del Espíritu prosigue en la Iglesia dándole y perfeccionando nuevos hijos, sobre todo en este tiempo especialmente «sacramental», de primeras comuniones y confirmaciones, y manteniendo la tensión escatológica en la Iglesia que, como Esposa de Cristo, ansía pasar de esta Pascua a la eterna y que, junto con el mismo Espíritu clama: «¡Ven, Señor Jesús!» (Ap 22, 17 y 20).

1.— Los Hechos de los Apóstoles

	A	B	C
Domingo 1.°	CRISTO HA RESUCITADO		
Domingo 2.°	LA COMUNIDAD CRISTIANA	Fracción del pan	El testimonio de Pedro en Cesarea
Domingo 3.°	LA PREDICACION APOSTOLICA	Pedro	Un solo corazón
Domingo 4.°	LA PREDICACION APOSTOLICA	Pedro	Pedro
Domingo 5.°	LOS MINISTERIOS	Los diáconos	Bernabé y Saulo
Domingo 6.°	EL IMPULSO MISIONERO	Felipe en Samaria	Pedro en Cesarea
Domingo 7.°	DESPUES DE LA ASCENSION	Los Apóstoles en el cenáculo	La elección de Matías
			Esteban ve a Cristo en la gloria
Domingo 8.°	PENTECOSTES		La efusión del Espíritu Santo

Columna C (Domingo 2.°): La Iglesia de los Apóst.
Columna C (Domingo 3.°): Pedro
Columna C (Domingo 4.°): Pablo
Columna C (Domingo 5.°): Pablo y Bernabé
Columna C (Domingo 6.°): Concilio de Jerusalén

2.— Los evangelios

	A	B	C
Domingo 1.°	CRISTO HA RESUCITADO	Pedro y Juan encuentran el sepulcro vacío	
Domingo 2.°	LAS APARICIONES	Las apariciones de la tarde de Pascua y del 8.° día	
Domingo 3.°	LAS APARICIONES	A los apóstoles la tarde de Pascua	En la orilla del lago de Genesaret
Domingo 4.°	EL BUEN PASTOR	A los discípulos de Emaús	Jesús el buen Pastor	Jesús conoce a sus ovejas
Domingo 5.°	EL SERMON DE LA CENA	Jesús la puerta del aprisco	Jn 15, 1-8	Jn 13, 31-35
Domingo 6.°	EL SERMON DE LA CENA	Jn 14, 1-12	Jn 15, 9-17	Jn 14, 23-29
Domingo 7.°	LA ORACION SACERDOTAL	Jn 14, 15-21	Jn 17, 11b-19	Jn 17, 20-26
Domingo 8.°	PENTECOSTES	Jn 17, 1-11a		

Víspera: La promesa del Espíritu: el agua viva
Día: El don del Espíritu después de la resurrección

LOS DOMINGOS DEL TIEMPO PASCUAL

Los ocho domingos de Pascua tienen una temática paralela en los tres ciclos de lecturas, las oraciones fijas ayudan a conservar la unidad del mensaje de cada día. Hasta el tercer domingo de Pascua, las lecturas del Evangelio relatan las apariciones de Cristo resucitado. El cuarto domingo trae en los tres ciclos pasajes sucesivos del capítulo 10 de san Juan sobre el Buen Pastor, y en el quinto, sexto y séptimo se han seleccionado fragmentos del discurso de despedida y de la «plegaria sacerdotal» de Jesús en la conclusión de la Última Cena, palabras de adiós y de promesa del Espíritu Santo que la liturgia saca de su contexto para incluirlas en el esquema del evangelio de san Lucas, que muestra un tiempo de cuarenta días, hasta la Ascensión del Señor, en el que Cristo instruye a los apóstoles, y de cincuenta días hasta la venida del Espíritu. En el Evangelio según san Juan el don del Paráclito tenía lugar el mismo día de Pascua; por eso, cuando el domingo de Pentecostés se vuelve a leer ese pasaje joanneo, por una parte se sitúa fuera de su lugar original, pero por otra se presenta todo el tiempo de Pascua como un solo «día».

Las lecturas apostólicas

En el ciclo A se lee parte de la primera carta de san Pedro, en el B de la primera carta de san Juan, y en el C del libro del Apocalipsis. Estos textos resultan adecuados para animar la fe alegre y la firme esperanza que son propias de este tiempo.

Las primeras lecturas

Se toman del libro de los Hechos de los Apóstoles de modo paralelo y progresivo, de modo que todos los años se recuerde el testimonio y el desarrollo de la Iglesia primitiva. El orden litúrgico, sin embargo, no sigue exactamente la secuencia de los Hechos, pues según san Lucas los discursos de Pedro y los primeros pasos de la Iglesia tuvieron lugar después de Pentecostés.

DOMINGO DE PASCUA
DE LA RESURRECCION DEL SEÑOR

Este día termina el Triduo Pascual. Las oraciones de la Misa insisten en pedir la participación plena en las gracias del Misterio de Cristo: la renovación por el Espíritu y la resurrección final. La primera lectura proclama el «kerigma» o solemne anuncio de la resurrección de Cristo hecho por Pedro el día de Pentecostés; las dos lecturas de san Pablo, a elegir, se refieren al misterio de la Pascua que ha de ser vivido en la Iglesia por medio de la Iniciación cristiana y la novedad de conducta consiguiente. La lectura evangélica se toma de san Juan y narra el hallazgo del sepulcro vacío, pero también puede proclamar en su lugar uno de los evangelios propuestos para la Vigilia pascual. Cuando se celebra la Misa vespertina se puede leer la aparición de Jesús a los dos discípulos en el camino de Emaús, que san Lucas sitúa en el atardecer de este mismo día. El gozo pascual se manifiesta en el canto repetido del aleluya y, sobre todo, en el salmo responsorial 117, el himno pascual que Cristo y los apóstoles cantaron al terminar la cena, conforme al rito judío, y que los cristianos hacemos nuestro aplicándolo a Cristo, «piedra desechada por los arquitectos» en la Pasión, pero que por su resurrección de entre los muertos ha llegado a ser «la piedra angular».

MISA DEL DIA
ANTIFONA DE ENTRADA   Sal 138, 18.5-6

He resucitado y aún estoy contigo, has puesto sobre mí tu mano: tu sabiduría ha sido maravillosa, aleluya.

O bien:
                                                    Lc 24, 34; cfr. Ap 1, 6

Era verdad, ha resucitado el Señor, aleluya. A él la gloria y el poder por toda la eternidad.

ORACION COLECTA

Señor Dios, que en este día has abierto las puertas de la vida por medio de tu Hijo, vencedor de la muerte; concédenos, al celebrar la solemnidad de su resurrección, que, renovados por el Espíritu, vivamos en la esperanza de nuestra resurrección futura. Por nuestro Señor.

PRIMERA LECTURA

Nosotros hemos comido y bebido con él después de su resurrección

LECTURA DEL LIBRO DE LOS HECHOS DE LOS APOSTOLES

10, 34a.37-43

En aquellos días, Pedro tomó la palabra y dijo: Vosotros conocéis lo que sucedió en el país de los judíos, cuando Juan predicaba el bautismo, aunque la cosa empezó en Galilea. Me refiero a Jesús de Nazaret, ungido por Dios con la fuerza del Espíritu Santo, que pasó haciendo el bien y curando a los oprimidos por el diablo; porque Dios estaba con él. Nosotros somos testigos de todo lo que hizo en Judea y en Jerusalén. Lo mataron colgándolo de un madero. Pero Dios lo resucitó al tercer día y nos lo hizo ver, no a todo el pueblo, sino a los testigos que él había designado: a nosotros, que hemos comido y bebido con él después de la resurrección. Nos encargó predicar al pueblo, dando solemne testimonio de que Dios lo ha nombrado juez de vivos y muertos. El testimonio de los profetas es unánime: que los que creen en él reciben, por su nombre, el perdón de los pecados».

Palabra de Dios.

SALMO RESPONSORIAL 117

℟ **Este es el día en que actuó el Señor: | sea nuestra alegría y nuestro gozo.** (o, Aleluya.)

Dad gracias al Señor porque es bueno, | porque es eterna su misericordia. | Diga la casa de Israel: | eterna es su misericordia.

La diestra del Señor es poderosa, | la diestra del Señor es excelsa. | No he de morir, viviré | para contar las hazañas del Señor. ℟

La piedra que desecharon los arquitectos, | es ahora la piedra angular. | Es el Señor quien lo ha hecho, | ha sido un milagro patente. R̄.

SEGUNDA LECTURA

Buscad los bienes de allá arriba, donde está Cristo

LECTURA DE LA CARTA DEL APOSTOL SAN PABLO A LOS COLOSENSES

3, 1-4

Hermanos: Ya que habéis resucitado con Cristo, buscad los bienes de allá arriba, donde está Cristo, sentado a la derecha de Dios; aspirad a los bienes de arriba, no a los de la tierra. Porque habéis muerto; y vuestra vida está con Cristo escondida en Dios. Cuando aparezca Cristo, vida nuestra, entonces también vosotros apareceréis, juntamente con él, en gloria.

Palabra de Dios.

(o bien, puede sustituirse por la siguiente):

Barred la levadura vieja, para ser una masa nueva

LECTURA DE LA PRIMERA CARTA DEL APOSTOL SAN PABLO A LOS CORINTIOS

5, 6b-8

Hermanos: ¿No sabéis que un poco de levadura fermenta toda la masa? Barred la levadura vieja para ser una masa nueva, ya que sois panes ázimos. Porque ha sido inmolada nuestra víctima pascual: Cristo.

Así, pues, celebremos la Pascua, no con levadura vieja (levadura de corrupción y de maldad), sino con los panes ázimos de la sinceridad y la verdad.

Palabra de Dios.

SECUENCIA

Ofrezcan los cristianos ofrendas de alabanza | a gloria de la Víctima propicia de la Pascua.

Cordero sin pecado que a las ovejas salva, | a Dios y a los culpables unió con nueva alianza. | Lucharon vida y muerte en singular batalla | y, muerto el que es la Vida, triunfante se levanta.

¿Qué has visto de camino, María, en la mañana? | A mi Señor glorioso, la tumba abandonada, | los ángeles testigos, sudarios y mortaja. | ¡Resucitó de veras mi amor y mi esperanza!

Venid a Galilea, allí el Señor aguarda; | allí veréis los suyos la gloria de la Pascua. | Primicia de los muertos, sabemos por tu gracia | que estás resucitado; la muerte en ti no manda.

Rey vencedor, apiádate de la miseria humana | y da a tus fieles parte en tu victoria santa. | Amén. Aleluya.

ALELUYA   1 Cor 5, 7-8

Ha sido inmolada nuestra víctima pascual: Cristo. Así pues, celebremos la Pascua.

EVANGELIO
El había de resucitar de entre los muertos

✠ LECTURA DEL S. EVANGELIO SEGUN
SAN JUAN   20, 1-9

El primer día de la semana, María Magdalena fue al sepulcro al amanecer, cuando aún estaba oscuro, y vio la losa quitada del sepulcro. Echó a correr y fue donde estaba Simón Pedro y el otro discípulo, a quien quería Jesús, y les dijo: «Se han llevado del sepulcro al Señor y no sabemos dónde lo han puesto.» Salieron Pedro y el otro discípulo camino del sepulcro. Los dos corrían juntos, pero el otro discípulo corría más que Pedro; se adelantó y llegó primero al sepulcro; y, asomándose, vio las vendas en el suelo; pero no entró. Llegó también Simón Pedro detrás de él y entró en el sepulcro: vio las vendas en el suelo y el sudario con que le habían cubierto la cabeza, no por el suelo con las vendas, sino enrollado en un sitio aparte. Entonces entró también el otro discípulo, el que había llegado primero al sepulcro; vio y creyó. Pues hasta entonces no habían entendido la Escritura: que Él había de resucitar de entre los muertos.

Palabra del Señor.

Se dice «Credo».

En lugar de este Evangelio se puede tomar el de la Vigilia Pascual. En las misas vespertinas, puede también hacerse el siguiente evangelio:

EVANGELIO

Lo reconocieron al partir el pan

✠ LECTURA DEL S. EVANGELIO SEGUN
SAN LUCAS   24, 13-35

Dos discípulos de Jesús iban andando aquel mismo día a una aldea llamada Emaús, distante unas dos leguas de Jerusalén; iban comentando todo lo que había sucedido.

Mientras conversaban y discutían, Jesús en persona se acercó y se puso a caminar con ellos. Pero sus ojos no eran capaces de reconocerlo. El les dijo: «¿Qué conversación es esa que traéis mientras vais de camino?» Ellos se detuvieron preocupados. Y uno de ellos, que se llamaba Cleofás, le replicó: «¿Eres tú el único forastero en Jerusalén que no sabes lo que ha pasado allí estos días?» El les preguntó: «¿Qué?» Ellos le contestaron: «Lo de Jesús el Nazareno, que fue un profeta poderoso en obras y palabras, ante Dios y ante todo el pueblo; cómo lo entregaron los sumos sacerdotes y nuestros jefes para que lo condenaran a muerte, y lo crucificaron. Nosotros esperábamos que él fuera el liberador de Israel. Y ya ves: hace ya dos días que sucedió esto. Es verdad que algunas mujeres de nuestro grupo nos han sobresaltado: pues fueron muy de mañana al sepulcro, no encontraron su cuerpo, e incluso vinieron diciendo que habían visto una aparición de ángeles, que les habían dicho que estaba vivo. Algunos de los nuestros fueron también al sepulcro y lo encontraron como habían dicho las mujeres; pero a él no le vieron.»

Entonces Jesús les dijo: «¡Qué necios y torpes sois para creer lo que anunciaron los profetas. ¿No era necesario que el Mesías padeciera esto para entrar en su gloria?» Y comenzando por Moisés y siguiendo por los profetas, les explicó lo que se refería a él en toda la Escritura. Ya cerca de la aldea donde iban, él les hizo ademán de seguir adelante; pero ellos le apremiaron diciendo: «Quédate con nosotros porque atardece y el día va de caída.» Y entró para quedarse con ellos.

Sentado a la mesa con ellos, tomó el pan, pronunció la bendición, lo partió y se lo dio. A ellos se les abrieron los ojos y lo reconocieron. Pero él desapareció. Ellos comentaron: «¿No ardía nuestro corazón mientras nos hablaba por el camino y nos explicaba las Escrituras?»

Y levantándose al momento, se volvieron a Jerusalén, donde encontraron reunidos a los Once con sus compañeros, que estaban diciendo: «Era verdad, ha resucitado el Señor y se ha aparecido a Simón.» Ellos contaron lo que les había pasado por el camino y cómo lo habían reconocido al partir el pan.

Palabra del Señor.

Se dice «Credo».

ORACION SOBRE LAS OFRENDAS

Rebosantes de gozo pascual, celebramos, Señor, estos sacramentos en los que tan maravillosamente ha renacido y se alimenta tu Iglesia. Por Jesucristo.

Prefacio pascual, I: En este día, *p. 1069. Cuando se utiliza el Canon romano, se dicen* Reunidos en comunión *y* Acepta, Señor en tu bondad *propios, pp. 1121 y 1123.*

ANTIFONA DE COMUNION
1 Cor 5, 7-8

Ha sido inmolado, nuestra víctima pascual, Cristo; celebremos, pues, la Pascua con los panes ázimos de la sinceridad y la verdad. Aleluya.

ORACION DESPUES DE LA COMUNION

Protege, Señor, a tu Iglesia con amor paternal, para que, renovada por los sacramentos pascuales, llegue a la gloria de la resurrección. Por Jesucristo.

Para despedir al pueblo, durante toda la octava, se dice:

V   Podéis ir en paz, aleluya, aleluya.

R   Demos gracias a Dios, aleluya, aleluya.

LUNES DE LA OCTAVA DE PASCUA

ANTIFONA DE ENTRADA   Ex 13, 5-9

El Señor nos ha introducido en una tierra que mana leche y miel, para que tengáis en los labios la Ley del Señor. Aleluya.

O bien:

El Señor ha resucitado de entre los muertos, como lo había dicho; alegrémonos y regocijémonos todos, porque reina para siempre. Aleluya.

Se dice «Gloria».

ORACION COLECTA

Señor Dios, que por medio del bautismo haces crecer a tu Iglesia, dándole siempre nuevos hijos, concede a cuantos han renacido en la fuente bautismal vivir siempre de acuerdo con la fe que profesaron. Por nuestro Señor.

No se dice «Credo».

PRIMERA LECTURA

Dios resucitó a este Jesús y todos nosotros somos testigos.

LECTURA DE LOS HECHOS DE LOS
APOSTOLES   2, 14.22-33

El día de Pentecostés, Pedro, de pie con los Once, pidió atención y les dirigió la palabra: «Judíos y vecinos todos de Jerusalén, escuchad mis palabras y enteraos bien de lo que pasa. Escuchadme, israelitas: Os hablo de Jesús Nazareno, el hombre que Dios acreditó ante vosotros realizando por su medio los milagros, signos y prodigios que conocéis. Conforme al designio previsto y sancionado por Dios, os lo entregaron, y vosotros, por mano de paganos, lo matasteis en una cruz. Pero Dios lo resucitó, rompiendo las ataduras de la muerte; no era posible que la muerte lo retuviera bajo su dominio, pues David dice: "Tengo siempre presente al Señor, con él a mi derecha no vacilaré. Por eso se me alegra el corazón, exulta mi lengua, y mi carne descansa esperanzada. Porque no me entregarás a la muerte ni dejarás a tu fiel conocer la corrupción. Me has enseñado el sendero de la vida, me saciarás de gozo en tu presencia." Hermanos, permitidme hablaros con franqueza: El patriarca David murió y lo enterraron, y conservamos su sepulcro hasta el día de hoy. Pero era profeta y sabía que Dios le había prometido con juramento sentar en su trono a un descendiente suyo; cuando dijo que "no lo entregaría a la muerte y que su carne no conocería la corrupción", hablaba previendo la resurrección del Mesías. Pues bien, Dios resucitó a este Jesús, y todos nosotros somos testigos. Ahora, exaltado por la diestra de Dios, ha recibido del Padre el Espíritu Santo que estaba prometido, y lo ha derramado. Esto es lo que estáis viendo y oyendo.»

Palabra de Dios.

SALMO RESPONSORIAL 15

R. **Protégeme, Dios mío,** | **que me refugio en ti** (o Aleluya).

Protégeme, Dios mío, que me refugio en ti; | yo digo al Señor: «Tú eres mi bien.» | El Señor es el lote de mi heredad y mi copa, | mi suerte está en tu mano. R.

Bendeciré al Señor, que me aconseja, | hasta de noche me instruye internamente. | Tengo siempre presente al Señor, | con él a mi derecha no vacilaré. R.

Por eso se me alegra el corazón, | se gozan mis entrañas, | y mi carne descansa serena: | porque no me entregarás a la muerte | ni dejarás a tu fiel conocer la corrupción. R̸ .

Me enseñarás el sendero de la vida, | me saciarás de gozo en tu presencia, | de alegría perpetua a tu derecha. R̸ .

ALELUYA   Sal 117

Este es el día en que actuó el Señor, sea nuestra alegría y nuestro gozo.

EVANGELIO

Id a comunicar a mis hermanos que vayan a Galilea; allí me verán

✠ LECTURA DEL SANTO EVANGELIO
SEGUN SAN MATEO
                                                            28, 8-15

En aquel tiempo, las mujeres se marcharon a toda prisa del sepulcro; impresionadas y llenas de alegría, corrieron a anunciarlo a sus discípulos. De pronto, Jesús les salió al encuentro y les dijo: «Alegraos.» Ellas se acercaron, se postraron ante él y le abrazaron los pies. Jesús les dijo: «No tengáis miedo: id a comunicar a mis hermanos que vayan a Galilea; allí me verán.»

Mientras las mujeres iban de camino, algunos de la guardia fueron a la ciudad y comunicaron a los sumos sacerdotes lo ocurrido. Ellos, reunidos con los ancianos, llegaron a un acuerdo y dieron a los soldados una fuerte suma, encargándoles: «Decid que sus discípulos fueron de noche y robaron el cuerpo mientras vosotros dormíais. Y si esto llega a oídos del gobernador, nosotros nos lo ganaremos y os sacaremos de apuros.» Ellos tomaron el dinero y obraron conforme a las instrucciones. Y esta historia se ha ido difundiendo entre los judíos hasta hoy.

Palabra del Señor.

No se dice «Credo».

ORACION SOBRE LAS OFRENDAS

Recibe, Señor, en tu bondad las ofrendas de tu pueblo, para que, renovados por la fe y el bautismo, consigamos la eterna bienaventuranza. Por Jesucristo.

Prefacio pascual, I: En este día, *p. 1069. Cuando se utiliza el Canon Romano, se dice* Reunidos en comunión *y* Acepta, Señor, en tu bondad, *propios, pp. 1121 y 1123.*

ANTIFONA DE COMUNION   Rom 6, 9

Cristo, una vez resucitado de entre los muertos, ya no muere más; la muerte ya no tiene dominio sobre él. Aleluya.

ORACION DESPUES DE LA COMUNION

Te pedimos, Señor, que la gracia del misterio pascual llene totalmente nuestro espíritu, para que, quienes estamos en el camino de la salvación, seamos dignos de tus beneficios. Por Jesucristo nuestro Señor.

MARTES DE LA OCTAVA DE PASCUA

ANTIFONA DE ENTRADA   Cf. Si 15, 3-4

Les dio a beber del agua de la sabiduría; en ellos se hizo fuerza y no cederá, los ensalzará por encima de todos para siempre. Aleluya.

Se dice «Gloria».

ORACION COLECTA

Tú, Señor, que nos has salvado por el misterio pascual, continúa favoreciendo con dones celestes a tu pueblo, para que alcance la libertad verdadera y pueda gozar de la alegría del cielo, que ya ha empezado a gustar en la tierra. Por nuestro Señor Jesucristo.

PRIMERA LECTURA

Convertíos y bautizaos todos en nombre de Jesucristo

LECTURA DE LOS HECHOS DE LOS APOSTOLES

2, 36-41

El día de Pentecostés, decía Pedro a los judíos: «Todo Israel esté cierto de que al mismo Jesús, a quien vosotros crucificasteis, Dios lo ha constituido Señor y Mesías.» Estas palabras les traspasaron el corazón y preguntaron a Pedro y a los demás apóstoles: «¿Qué tenemos que hacer, hermanos?» Pedro les contestó: 'Convertíos y bautizaos todos en nombre de Jesucristo para que se os perdonen los pecados, y recibiréis al Espíritu Santo. Porque la promesa vale para vosotros y para vuestros hijos y, además, para todos los que llame el Señor Dios nuestro, aunque estén lejos'.» Con estas y otras muchas razones les urgía, y los exhortaba diciendo: «Escapad de esta generación perversa.»

Los que aceptaron sus palabras se bautizaron, y aquel día se les agregaron unos tres mil.

Palabra de Dios.

SALMO RESPONSORIAL 32

℟. **La misericordia del Señor | llena la tierra (**o Aleluya**).**

La palabra del Señor es sincera, | y todas sus acciones son leales; | él ama la justicia y el derecho, | y su misericordia llena la tierra. ℟.

Los ojos del Señor están puestos en sus fieles, | en los que esperan en su misericordia, | para librar sus vidas de la muerte | y reanimarlos en tiempo de hambre. ℟.

Nosotros aguardamos al Señor; | él es nuestro auxilio y escudo. | Que tu misericordia, Señor, venga sobre nosotros, | como lo esperamos de ti. ℟.

ALELUYA Sal 117, 24

Aleluya, aleluya.
Este es el día en que actuó el Señor, sea nuestra alegría
y nuestro gozo. Aleluya.

EVANGELIO

He visto al Señor y ha dicho esto

✠ LECTURA DEL S. EVANGELIO SEGUN
SAN JUAN 20, 11-18

En aquel tiempo, estaba María junto al sepulcro, fuera, llorando. Mientras lloraba se asomó al sepulcro y vio dos ángeles
vestidos de blanco, sentados, uno a la cabecera y otro a los pies
donde había estado el cuerpo de Jesús. Ellos le preguntan: «Mujer, ¿por qué lloras?» Ella les contesta: 'Porque se han llevado a
mi Señor y no sé dónde lo han puesto'.» Dicho esto da media
vuelta y ve a Jesús de pie, pero no sabía que era Jesús, Jesús le
dice: «Mujer, ¿por qué, lloras?, ¿a quién buscas?» Ella, tomándolo por el hortelano, le contesta: «Señor, si tú te lo has llevado,
dime dónde lo has puesto y yo lo recogeré.» Jesús le dice: «¡María!» Ella se vuelve y dice: «¡Rabboní!» (que significa Maestro).
Jesús le dice: «Suéltame, que todavía no he subido al Padre.
Anda, vé a mis hermanos y diles: Subo al Padre mío y Padre
vuestro, al Dios mío y Dios vuestro.» María Magdalena fue y
anunció a los discípulos: «He visto al Señor y ha dicho esto.»

Palabra del Señor.

No se dice «Credo».

ORACION SOBRE LAS OFRENDAS

Acoge, Señor, con bondad las ofrendas de tu pueblo, para
que, bajo tu protección, no pierda ninguno de tus bienes y descubra los que permanecen para siempre. Por Jesucristo.

Prefacio pascual, I: En este día, *p. 1069. Cuando se utiliza el Canon Romano, se dice* Reunidos en comunión *y* Acepta, Señor, en tu
bondad, *propios, pp. 1121 y 1123.*

ANTIFONA DE COMUNION

Col 3, 1-2

Ya que habéis resucitado con Cristo buscad los bienes de arriba, donde está Cristo, sentado a la derecha de Dios; aspirad a los bienes de arriba. Aleluya.

ORACION DESPUES DE LA COMUNION

Escúchanos, Dios todopoderoso, y concede a estos hijos tuyos, que han recibido la gracia incomparable del bautismo, poder gozar un día de la felicidad eterna. Por Jesucristo.

MIERCOLES DE LA OCTAVA DE PASCUA

ANTIFONA DE ENTRADA

Mt 25, 34

Venid vosotros, benditos de mi Padre; heredad el reino preparado para vosotros desde la creación del mundo. Aleluya.

Se dice «Gloria.»

ORACION COLECTA

Oh Dios, que todos los años nos alegras con la solemnidad de la resurrección del Señor; concédenos, a través de la celebración de estas fiestas, llegar un día a la alegría eterna. Por nuestro Señor.

PRIMERA LECTURA

Te doy lo que tengo: en nombre de Jesucristo, echa a andar

LECTURA DE LOS HECHOS DE LOS APOSTOLES

3, 1-10

En aquellos días Pedro y Juan subían al templo, a la oración de media tarde, cuando vieron traer a cuestas a un lisiado de nacimiento. Solían colocarlo todos los días en la Puerta Hermosa del templo para que pidiera limosna a los que entraban. Al ver entrar en el templo a Pedro y a Juan, les pidió limosna. Pedro, con Juan a su lado, se le quedó mirando y le dijo: «Míranos.» Clavó los ojos en ellos esperando que le darían algo; Pedro le dijo: «No tengo plata ni oro, te doy lo que tengo: en nombre de Jesucristo Nazareno, echa a andar.» Agarrándolo de la mano derecha lo incorporó. Al instante se le fortalecieron los pies y los tobillos, se puso en pie de un salto, echó a andar y entró con ellos en el templo por su pie, dando brincos y alabando a Dios. La gente lo vio andar alabando a Dios; al caer en la cuenta de que era el mismo que pedía limosna sentado en la Puerta Hermosa, quedaron estupefactos ante lo sucedido.

Palabra de Dios.

SALMO RESPONSORIAL 104

R. **Que se alegren los que buscan al Señor** (o Aleluya).

Dad gracias al Señor, invocad su nombre, | dad a conocer sus hazañas a los pueblos; | cantadle al son de instrumentos, | hablad de sus maravillas. R.

Gloriaos de su nombre santo, | que se alegren los que buscan al Señor. | Recurrid al Señor y a su poder, | buscad continuamente su rostro. R.

¡Estirpe de Abraham, su siervo, | hijos de Jacob, su elegido! | El Señor es nuestro Dios, | él gobierna toda la tierra. R.

Se acuerda de su alianza eternamente, | de la palabra dada por mil generaciones; | de la alianza sellada con Abraham, | del juramento hecho a Isaac. R.

ALELUYA

Este es el día en que actuó el Señor, sea nuestra alegría y nuestro gozo.

EVANGELIO

Reconocieron a Jesús al partir el pan

✠ LECTURA DEL S. EVANGELIO SEGUN
SAN LUCAS
                                                              24, 13-35

Dos discípulos de Jesús iban andando aquel mismo día a una aldea llamada Emaús, distante unas dos leguas de Jerusalén; iban comentando todo lo que había sucedido.

Mientras conversaban y discutían, Jesús en persona se acercó y se puso a caminar con ellos. Pero sus ojos no eran capaces de reconocerlo. El les dijo: «¿Qué conversación es esa que traéis mientras vais de camino?» Ellos se detuvieron preocupados. Y uno de ellos, que se llamaba Cleofás, le replicó: «¿Eres tú el único forastero en Jerusalén, que no sabes lo que ha pasado allí estos días?» El les preguntó: «¿Qué?» Ellos le contestaron: «Lo de Jesús el Nazareno, que fue un profeta poderoso en obras y palabras, ante Dios y ante todo el pueblo; cómo lo entregaron los sumos sacerdotes y nuestros jefes para que lo condenaran a muerte, y lo crucificaron. Nosotros esperábamos que él fuera el futuro liberador de Israel. Y ya ves: hace ya dos días que sucedió esto. Es verdad que algunas mujeres de nuestro grupo nos han sobresaltado: pues fueron muy de mañana al sepulcro, no encontraron su cuerpo, e incluso vinieron diciendo que habían visto una aparición de ángeles, que les habían dicho que estaba vivo. Algunos de los nuestros fueron también al sepulcro y lo encontraron como habían dicho las mujeres; pero a él no le vieron.» Entonces Jesús les dijo: «¡Qué necios y torpes sois para creer lo que anunciaron los profetas! ¿No era necesario que el Mesías padeciera esto para entrar en su gloria?» Y comenzando por Moisés y siguiendo por los profetas, les explicó lo que se refería a él en toda la Escritura.

Ya cerca de la aldea donde iban, él hizo ademán de seguir adelante; pero ellos le apremiaron diciendo: «Quédate con nosotros porque atardece y el día va de caída.» Y entró para quedarse con ellos.

Sentado a la mesa con ellos, tomó el pan, pronunció la bendición, lo partió y se lo dio. A ellos se les abrieron los ojos y lo reconocieron. Pero él desapareció. Ellos comentaron: «¿No ardía nuestro corazón mientras nos hablaba por el camino y nos explicaba las Escrituras?» Y, levantándose al momento se volvieron a Jerusalén, donde encontraron reunidos a los Once con sus compañeros, que estaban diciendo: «Era verdad, ha resucitado el Señor y se ha aparecido a Simón.» Y ellos contaron lo que les había pasado por el camino y cómo lo habían reconocido al partir el pan.

Palabra del Señor.

No se dice «Credo».

ORACION SOBRE LAS OFRENDAS

Acepta, Señor, este sacrificio, con el que has redimido a todos los hombres, y concédenos bondadosamente la salud del alma y del cuerpo. Por Jesucristo.

Prefacio pascual, I: En este día, *p. 1069. Cuando se utiliza el Canon romano se dice* Reunidos en comunión *y* Acepta, Señor, en tu bondad, *propios, pp. 1121 y 1123.*

ANTIFONA DE COMUNION Lc 24, 35

Los discípulos conocieron al Señor Jesús al partir el pan. Aleluya.

ORACION DESPUES DE LA COMUNION

Te pedimos, Señor, que la participación en los sacramentos de tu Hijo nos libre de nuestros antiguos pecados y nos transforme en hombres nuevos. Por Jesucristo.

JUEVES DE LA OCTAVA DE PASCUA

ANTIFONA DE ENTRADA

Sab 10, 20-21

Ensalzaron a coro tu brazo victorioso, Señor, porque la sabiduría abrió la boca de los mudos y soltó la lengua de los niños. Aleluya.

Se dice «Gloria».

ORACION COLECTA

Oh Dios, que has reunido pueblos diversos en la confesión de tu nombre; concede a los que han renacido en la fuente bautismal, una misma fe en su espíritu y una misma caridad en su vida. Por nuestro Señor.

PRIMERA LECTURA

Matasteis al autor de la vida; pero Dios le resucitó de entre los muertos

LECTURA DE LOS HECHOS DE LOS APOSTOLES

3, 11-26

En aquellos días, mientras el paralítico curado seguía aún con Pedro y Juan, la gente asombrada acudió corriendo al Pórtico de Salomón donde ellos estaban.

Pedro, al ver a la gente, les dirigió la palabra: «Israelitas, ¿qué os llama la atención?, ¿de qué os admiráis?, ¿por qué nos miráis como si hubiéramos hecho andar a éste con nuestro poder o virtud? El Dios de Abraham, de Isaac y de Jacob, el Dios de nuestros padres, ha glorificado a su siervo Jesús, al que vosotros entregasteis y rechazasteis ante Pilato, cuando había decidido soltarlo. Rechazasteis al santo, al justo, y pedisteis el indulto de un asesino; matasteis al autor de la vida; pero Dios lo resucitó de entre los muertos, y nosotros somos testigos. Como éste que veis aquí y que conocéis, ha creído en su nombre, su nombre le ha dado vigor; su fe le ha restituido completamente la salud, a vista de todos vosotros. Sin embargo, hermanos, sé que lo hicisteis por ignorancia, y vuestras autoridades lo mismo; pero Dios cumplió de esta manera lo que había predicho por los profetas, que su Mesías tenía que padecer.

Por tanto, arrepentíos y convertíos, para que se borren vuestros pecados; a ver si el Señor manda tiempos de consuelo, y envía a Jesús, el Mesías que os estaba destinado. Aunque tiene que quedarse en el cielo hasta la restauración universal que Dios anunció por boca de los santos profetas antiguos. Moisés dijo: «El Señor Dios sacará de entre vosotros un profeta como yo: escucharéis todo lo que os diga; y quien no escuche al profeta, será excluido del pueblo. Y desde Samuel, todos los profetas anunciaron también estos días. Vosotros sois los hijos de los profetas, los hijos de la alianza que hizo Dios con vuestros padres, cuando le dijo a Abraham: 'tu descendencia será la bendición de todas las razas de la tierra'. Dios resucitó a su siervo y os lo envía en primer lugar a vosotros, para que os traiga la bendición si os apartáis de vuestros pecados.»

Palabra de Dios.

SALMO RESPONSORIAL 8

R. ¡Señor, Dios nuestro, | qué admirable es tu nombre | en toda la tierra! (o Aleluya).

¡Señor, dueño nuestro, | qué admirable es tu nombre | en toda la tierra! | ¿Qué es el hombre, para que te acuerdes de él, | el ser humano para darle poder? R.

Lo hiciste poco inferior a los ángeles | lo coronaste de gloria y dignidad; | le diste el mando sobre las obras de tus manos, | todo lo sometiste bajo sus pies. R.

Rebaños de ovejas y toros, | y hasta las bestias del campo, | las aves del cielo, los peces del mar, | que trazan sendas por el mar. R.

ALELUYA

Este es el día en que actuó el Señor, sea nuestra alegría y nuestro gozo.

EVANGELIO

Estaba escrito: el Mesías padecerá y resucitará de entre los muertos al tercer día

✝ LECTURA DEL S. EVANGELIO SEGUN SAN LUCAS
24, 35-48

En aquel tiempo, contaban los discípulos lo que les había pasado por el camino y cómo lo habían reconocido al partir el pan. Estaban hablando de estas cosas, cuando se presenta Jesús en medio de ellos y les dice: «Paz a vosotros.» Llenos de miedo por la sorpresa, creían ver a un fantasma. El les dijo: «¿Por qué os alarmáis?, ¿por qué surgen dudas en vuestro interior? Mirad mis manos y mis pies: soy yo en persona. Palpadme y daos cuenta de que un fantasma no tiene carne y huesos, como veis que yo tengo.» Dicho esto, les mostró las manos y los pies. Y como no acababan de creer por la alegría, y seguían atónitos, les dijo: «¿Tenéis ahí algo que comer?» Ellos le ofrecieron un trozo de pez asado. El lo tomó y comió delante de ellos. Y les dijo: «Esto es lo que os decía mientras estaba con vosotros: que todo lo escrito en la ley de Moisés y en los profetas y salmos acerca de mí tenía que cumplirse. Entonces les abrió el entendimiento para comprender las Escrituras.»

Y añadió: «Así estaba escrito: el Mesías padecerá, resucitará de entre los muertos al tercer día, y en su nombre se predicará la conversión y el perdón de los pecados a todos los pueblos, comenzando por Jerusalén. Vosotros sois testigos de esto.»

Palabra del Señor.

No se dice «Credo».

ORACION SOBRE LAS OFRENDAS

Recibe, Señor, en tu bondad las ofrendas que te presentamos en acción de gracias por los nuevos bautizados, para que venga sobre ellos la ayuda del cielo. Por Jesucristo.

Prefacio pascual, I: En este día, *p. 1069. Cuando se utiliza el Canon Romano, se dice* Reunidos en comunión *y* Acepta, Señor, en tu bondad, *propios, pp. 1121 y 1123.*

ANTIFONA DE COMUNION
1 Pe 2, 9

Pueblo adquirido por Dios, proclamad las hazañas del que os llamó a salir de la tiniebla y a entrar en su luz maravillosa. Aleluya.

ORACION DESPUES DE LA COMUNION

Escucha, Señor, nuestras oraciones, para que, este santo intercambio, en el que has querido realizar nuestra redención, nos sostenga durante la vida presente y nos dé las alegrías eternas. Por Jesucristo.

VIERNES DE LA OCTAVA DE PASCUA

ANTIFONA DE ENTRADA
Sal 77, 53

El Señor condujo a su pueblo seguro, sin alarmas, mientras el mar cubría a sus enemigos.

Se dice «Gloria».

ORACION COLECTA

Dios todopoderoso y eterno, que por el misterio pascual has restaurado tu alianza con los hombres; concédenos realizar en la vida cuanto celebramos en la fe. Por nuestro Señor Jesucristo.

Ningún otro puede salvar

LECTURA DE LOS HECHOS DE LOS APOSTOLES

4, 1-12

En aquellos días, mientras hablaban al pueblo Pedro y Juan, se presentaron los sacerdotes, el comisario del templo y los saduceos, indignados de que enseñaran al pueblo y anunciaran la resurrección de los muertos por el poder de Jesús. Les echaron mano y, como ya era tarde, los metieron en la cárcel hasta el día siguiente.

Muchos de los que habían oído el discurso, unos cinco mil hombres, abrazaron la fe. Al día siguiente, se reunieron en Jerusalén los jefes del pueblo, los senadores y los letrados; entre ellos el sumo sacerdote Anás, Caifás y Alejandro, y los demás que eran familia de sumos sacerdotes. Hicieron comparecer a Pedro y a Juan y los interrogaron: «¿Con qué poder o en nombre de quién habéis hecho eso?» Pedro, lleno de Espíritu Santo, respondió: «Jefes del pueblo y senadores, escuchadme: Porque le hemos hecho un favor a un enfermo, nos interrogáis hoy para averiguar qué poder ha curado a ese hombre; pues quede bien claro a todos vosotros y a todo Israel que ha sido el nombre de Jesucristo Nazareno, a quien vosotros crucificasteis y a quien Dios resucitó de entre los muertos: por su nombre, se presenta éste, sano ante vosotros. Jesús es la piedra que desechasteis vosotros los arquitectos y que se ha convertido en piedra angular: ningún otro puede salvar; bajo el cielo no se nos ha dado otro nombre que pueda salvarnos.»

Palabra de Dios.

SALMO RESPONSORIAL 117

R⎵ **La piedra que desecharon los arquitectos ∣ es ahora la piedra angular (o Aleluya).**

Dad gracias al Señor, porque es bueno, ∣ porque es eterna su misericordia. ∣ Diga la casa de Israel: ∣ eterna es su misericordia. Digan los fieles del Señor: ∣ eterna es su misericordia. R⎵.

La piedra que desecharon los arquitectos | es ahora la piedra angular | Es el Señor quien lo ha hecho, | ha sido un milagro patente. | Este es el día en que actuó el Señor: | sea nuestra alegría y nuestro gozo. ℟.

Señor, danos la salvación, | Señor, danos prosperidad. | Bendito el que viene en nombre del Señor, | os bendecimos desde la casa del Señor; | el Señor es Dios: él nos ilumina. ℟.

ALELUYA

Este es el día en que actuó el Señor, sea nuestra alegría y nuestro gozo.

EVANGELIO

Jesús se acerca, toma el pan y se lo da, y lo mismo el pescado

✠ LECTURA DEL S. EVANGELIO SEGUN SAN JUAN   21, 1-14

En aquel tiempo, Jesús se apareció otra vez a los discípulos junto al lago de Tiberíades. Y se apareció de esta manera: Estaban juntos Simón Pedro, Tomás apodado el Mellizo, Natanael el de Caná de Galilea, los Zebedeos y otros dos discípulos suyos. Simón Pedro les dice: «Me voy a pescar.» Ellos contestan: «Vamos también nosotros contigo.» Salieron y se embarcaron; y aquella noche no cogieron nada. Estaba ya amaneciendo, cuando Jesús se presentó en la orilla; pero los discípulos no sabían que era Jesús. Jesús les dice: «Muchachos, ¿tenéis pescado?» Ellos contestaron: «No.» El les dice: «Echad la red a la derecha de la barca y encontraréis.» La echaron, y no tenían fuerzas para sacarla, por la multitud de peces. Y aquel discípulo que Jesús tanto quería le dice a Pedro: «Es el Señor.» Al oír que era el Señor, Simón Pedro, que estaba desnudo, se ató la túnica y se echó al agua. Los demás discípulos se acercaron en la barca, porque no distaban de tierra más que unos cien metros, remolcando la red con los peces. Al saltar a tierra, ven unas brasas con un pescado puesto encima y pan. Jesús les dice: «Traed de los peces que acabáis de coger.» Simón Pedro subió a la barca y arrastró hasta la orilla la red repleta de peces grandes: ciento cincuenta y tres. Y aunque eran tantos, no se rompió la red. Jesús les dice: «Vamos, almorzad.» Ninguno de los discípulos se atrevía a preguntarle quién era, porque sabían bien que era el Señor. Jesús se acerca, toma el pan, se lo da, y lo mismo el pescado. Esta fue la tercera vez que Jesús se apareció a los discípulos, después de resucitar de entre los muertos.

Palabra del Señor.

No se dice «Credo».

ORACION SOBRE LAS OFRENDAS

Realiza, Señor, en nosotros el intercambio que significa esta ofrenda pascual, para que el amor a las cosas de la tierra se transfigure en amor a los bienes del cielo. Por Jesucristo.

Prefacio pascual, I: En este día, *p. 1069. Cuando se utiliza el Canon Romano, se dice* Reunidos en comunión *y* Acepta, Señor, en tu bondad, *propios, pp. 1121 y 1123.*

ANTIFONA DE COMUNION   Cf. Jn 21, 12-13

Jesús dijo a sus discípulos: vamos, comed. Y tomó el pan y se lo dió. Aleluya.

ORACION DESPUES DE LA COMUNION

Dios todopoderoso, no ceses de proteger con amor a los que has salvado, para que así, quienes hemos sido redimidos por la pasión de tu Hijo, podamos alegrarnos en su resurrección. Por Jesucristo.

SABADO DE LA OCTAVA DE PASCUA

ANTIFONA DE ENTRADA   Sal 104, 43

El Señor sacó a su pueblo con alegría, a sus escogidos con gritos de triunfo. Aleluya.

Se dice «Gloria».

ORACION COLECTA

Oh Dios, que con la abundancia de tu gracia no cesas de aumentar el número de tus hijos; mira con amor a los que has elegido como miembros de tu Iglesia, para que, quienes han renacido por el bautismo, obtengan también la resurrección gloriosa. Por nuestro Señor.

PRIMERA LECTURA

No podemos menos de contar lo que hemos visto y oído

LECTURA DE LOS HECHOS DE LOS APOSTOLES

4, 13-21

En aquellos días, los jefes del pueblo, los ancianos y los escribas estaban sorprendidos, viendo el aplomo de Pedro y Juan, sabiendo que eran hombres sin letras ni instrucción, y descubrieron que habían sido compañeros de Jesús. Pero viendo junto a ellos al hombre que habían curado, no encontraban respuesta. Les mandaron salir fuera del consejo, y se pusieron a deliberar: «¿Qué vamos a hacer con esta gente? Es evidente que han hecho un milagro: lo sabe todo Jerusalén y no podemos negarlo; pero para evitar que se siga divulgando, les prohibiremos que vuelvan a mencionar a nadie ese nombre.»

Los llamaron y les prohibieron en absoluto predicar y enseñar en nombre de Jesús. Pedro y Juan replicaron: «¿Puede aprobar Dios que os obedezcamos a vosotros en vez de a él? Juzgarlo vosotros. Nosotros no podemos menos de contar lo que hemos visto y oído.» Repitiendo la prohibición los soltaron. No encontraron la manera de castigarlos, porque el pueblo entero daba gloria a Dios por lo sucedido.

Palabra de Dios.

SALMO RESPONSORIAL 117

℟ **Te doy gracias, Señor, | porque me escuchaste** (o Aleluya).

Dad gracias al Señor, porque es bueno, | porque es eterna su misericordia. | El Señor es mi fuerza y mi energía, | él es mi salvación. | Escuchad: hay cantos de victoria | en las tiendas de los justos: | La diestra del Señor es poderosa. ℟.

La diestra del Señor es excelsa, | la diestra del Señor es poderosa, | No he de morir, viviré | para contar las hazañas del Señor. | Me castigó, me castigó el Señor, | pero no me entregó a la muerte. ℟.

Abridme las puertas del triunfo, | y entraré para dar gracias al Señor. | Esta es la puerta del Señor: | los vencedores entrarán por ella. | Te doy gracias, porque me escuchaste | y fuiste mi salvación. ℟.

ALELUYA

Este es el día en que actuó el Señor, sea nuestra alegría y nuestro gozo.

EVANGELIO

Id al mundo entero y predicad el Evangelio

✝ LECTURA DEL S. EVANGELIO SEGUN
SAN MARCOS   16, 9-15

Jesús, resucitado al amanecer del primer día de la semana, se apareció primero a María Magdalena, de la que había echado siete demonios. Ella fue a anunciárselo a sus compañeros que estaban tristes y llorando. Ellos, al oírle decir que estaba vivo y que lo había visto, no la creyeron.

Después se apareció en figura de otro a dos de ellos que iban caminando a una finca. También ellos fueron a anunciarlo a los demás, pero no les creyeron.

Por último, se apareció Jesús a los Once, cuando estaban a la mesa, y les echó en cara su incredulidad y dureza de corazón porque no habían creído a los que lo habían visto resucitado. Y les dijo: «Id al mundo entero y predicad el Evangelio a toda la creación.»

Palabra del Señor.

No se dice «Credo»

ORACION SOBRE LAS OFRENDAS

Concédenos, Señor, que la celebración de estos misterios pascuales nos llene siempre de alegría; y que la actualización repetida de nuestra redención sea para nosotros fuente de gozo incesante. Por Jesucristo nuestro Señor.

Prefacio pascual, I: En este día, *p. 1069. Cuando se utiliza el Canon Romano, se dice* Reunidos en comunión *y* Acepta, Señor, en tu bondad, *propios, pp. 1121 y 1123.*

ANTIFONA DE COMUNION   Gal 3, 27

Los que os habéis incorporado a Cristo por el bautismo, os habéis revestido de Cristo. Aleluya.

ORACION DESPUES DE LA COMUNION

Mira, Señor, con bondad a tu pueblo, y ya que has querido renovarlo con estos sacramentos de vida eterna, concédele también la resurrección gloriosa. Por Jesucristo.

SEGUNDO DOMINGO DE PASCUA

Domingo de Tomás

Lo que da personalidad a este domingo es la reiterada aparición de Jesús al cumplirse los ocho días de la Pascua, teniendo entonces lugar la duda y la confirmación de la fe del apóstol Tomás. La institución del primer día de la semana como Día del Señor (eso quiere decir «domingo») en sustitución del venerable sábado tuvo lugar a causa de estos encuentros con el Resucitado. Por eso la misma existencia del domingo cristiano, dejándose atrás la legislación del Antiguo Testamento, es una de las principales pruebas de la veracidad de la resurrección y de la manifestación de Jesucristo a sus discípulos elegidos. La importancia de lo anteriormente dicho se refuerza al leerse todos los años el mismo pasaje de san Juan donde se relatan aquellos hechos. Ahora somos nosotros quienes recibimos la felicitación del Señor: «Dichosos los que crean sin haber visto».

La primera lectura de cada ciclo describe la novedad de vida que se manifestaba en la primitiva Iglesia de Jerusalén, animada por una verdadera comunión de vida y por las numerosas conversiones que recibía. Este domingo sigue resonando el mismo salmo 117, responsorial del día de Pascua, y las segundas lecturas inician la serie de las cartas de san Pedro y san Juan y del Apocalipsis que se continuará en los restantes domingos; sus temas son, respectivamente, la regeneración bautismal, la nueva vida en Cristo y la gloria celeste del Señor resucitado.

ANTIFONA DE ENTRADA

1 Pe 2, 2

Como el niño recién nacido, ansiad la leche auténtica, no adulterada, para crecer con ellas sanos. Aleluya.

O bien:

4 Esd 2, 36-37

Alegraos en vuestra gloria, dando gracias a Dios, que os ha llamado al reino celestial. Aleluya.

ORACION COLECTA

Dios de misericordia infinita, que reanimas la fe de tu pueblo con la celebración anual de las fiestas pascuales; acrecienta en nosotros los dones de tu gracia, para que comprendamos mejor que el bautismo nos ha purificado, que el Espíritu nos ha hecho renacer y que la sangre nos ha redimido. Por nuestro Señor.

ORACION SOBRE LAS OFRENDAS

Recibe, Señor, las ofrendas que (junto con los recién bautizados) te presentamos, y haz que, renovados por la fe y el bautismo, consigamos la eterna bienaventuranza. Por Jesucristo.

Prefacio pascual, I: En este tiempo, *p. 1069. Cuando se utiliza el Canon Romano, se dice* Reunidos en comunión *y* Acepta, Señor, en tu bondad, *propios, pp. 1121 y 1123.*

ANTIFONA DE COMUNION   Jn 20, 27

Trae tu mano y toca la señal de los clavos; y no seas incrédulo, sino creyente.

ORACION DESPUES DE LA COMUNION

Concédenos, Dios Todopoderoso, que la fuerza del sacramento pascual, que hemos recibido, persevere siempre en nosotros. Por Jesucristo.

CICLO A (Años 1990, 1993, 1996, 1999, 2002, 2005)

PRIMERA LECTURA

Los creyentes vivían todos unidos y lo tenían todo en común

LECTURA DEL LIBRO DE LOS HECHOS DE LOS APOSTOLES
2, 42-47

Los hermanos eran constantes en escuchar la enseñanza de los apóstoles, en la vida común, en la fracción del pan y en las oraciones. Todo el mundo estaba impresionado por los muchos prodigios y signos que los apóstoles hacían en Jerusalén. Los creyentes vivían todos unidos y lo tenían todo en común; vendían posesiones y bienes y lo repartían entre todos, según la necesidad de cada uno. A diario acudían al templo todos unidos, celebraban la fracción del pan en las casas y comían juntos alabando a Dios con alegría y de todo corazón; eran bien vistos de todo el pueblo y día tras día el Señor iba agregando al grupo los que se iban salvando.

Palabra de Dios.

SALMO RESPONSORIAL 117

R. **Dad gracias al Señor porque es bueno, | porque es eterna su misericordia** (o, Aleluya.)

Diga la casa de Israel: eterna es su misericordia. | Diga la casa de Aarón: eterna es su misericordia. | Digan los fieles del Señor: | eterna es su misericordia. R.

Empujaban y empujaban para derribarme, | pero el Señor me ayudó; | El Señor es mi fuerza y mi energía, | él es mi salvación. | Escuchad: hay cantos de victoria | en las tiendas de los justos. ℟.

La piedra que desecharon los arquitectos, | es ahora la piedra angular. | Es el Señor quien lo ha hecho, | ha sido un milagro patente. | Este es el día en que actuó el Señor: | sea nuestra alegría y nuestro gozo. ℟.

SEGUNDA LECTURA

Por la resurrección de Jesucristo nos ha hecho nacer de nuevo para una esperanza viva

LECTURA DE LA PRIMERA CARTA DEL APOSTOL SAN PEDRO   1, 3-9

Bendito sea Dios, Padre de nuestro Señor Jesucristo, que en su gran misericordia, por la resurrección de Jesucristo de entre los muertos, nos ha hecho nacer de nuevo para una esperanza viva, para una herencia incorruptible, pura, imperecedera, que os está reservada en el cielo. La fuerza de Dios os custodia en la fe para la salvación que aguarda a manifestarse en el momento final. Alegraos de ello, aunque de momento tengáis que sufrir un poco, en pruebas diversas: así la comprobación de vuestra fe —de más precio que el oro que, aunque perecedero, lo aquilatan a fuego— llegará a ser alabanza y gloria y honor cuando se manifieste Jesucristo nuestro Señor. No habéis visto a Jesucristo, y lo amáis; no lo veis, y creéis en él; y os alegráis con un gozo inefable y transfigurado, alcanzando así la meta de vuestra fe: vuestra propia salvación.

Palabra de Dios.

ALELUYA   Jn 20, 29

Porque me has visto, Tomás, has creído dice el Señor:
Dichosos los que creen sin haber visto.

EVANGELIO

A los ocho días, se les apareció Jesús

✠ LECTURA DEL S. EVANGELIO SEGUN SAN JUAN

20, 19-31

Al anochecer de aquel día, el día primero de la semana, estaban los discípulos en una casa con las puertas cerradas, por miedo a los judíos. Y en esto entró Jesús, se puso en medio y les dijo: «Paz a vosotros.» Y diciendo esto, les enseñó las manos y el costado. Y los discípulos se llenaron de alegría al ver al Señor. Jesús repitió: «Paz a vosotros. Como el Padre me ha enviado, así también os envío yo.» Y dicho esto, exhaló su aliento sobre ellos y les dijo: «Recibid el Espíritu Santo; a quienes les perdonéis los pecados les quedan perdonados; a quienes se los retengáis les quedan retenidos.» Tomás, uno de los Doce, llamado el Mellizo, no estaba con ellos cuando vino Jesús. Y los otros discípulos le decían: «Hemos visto al Señor.» Pero él les contestó: «Si no veo en sus manos la señal de los clavos, si no meto el dedo en el agujero de los clavos y no meto la mano en su costado, no lo creo.»

A los ocho días estaban otra vez dentro los discípulos y Tomás con ellos. Llegó Jesús, estando cerradas las puertas, se puso en medio y dijo: «Paz a vosotros.» Luego dijo a Tomás: «Trae tu dedo, aquí tienes mis manos; trae tu mano y métela en mi costado; y no seas incrédulo, sino creyente.» Contestó Tomás: «¡Señor mío y Dios mío!» Jesús le dijo: «¿Porque me has visto has creído? Dichosos los que crean sin haber visto.»

Muchos otros signos, que no están escritos en este libro, hizo Jesús a la vista de los discípulos. Estos se han escrito para que creáis que Jesús es el Mesías, el Hijo de Dios, y para que, creyendo, tengáis vida en su Nombre.

Palabra del Señor.

Se dice «Credo».

CICLO B (Años 1991, 1994, 1997, 2000, 2003, 2006)

PRIMERA LECTURA

Todos pensaban y sentían lo mismo

LECTURA DEL LIBRO DE LOS HECHOS DE LOS APOSTOLES

4, 32-35

En el grupo de los creyentes, todos pensaban y sentían lo mismo: lo poseían todo en común y nadie llamaba suyo propio nada de lo que tenían. Los apóstoles daban testimonio de la resurrección del Señor con mucho valor.

Y Dios los miraba a todos con mucho agrado. Ninguno pasaba necesidad, pues los que poseían tierras o casas las vendían, traían el dinero y lo ponían a disposición de los apóstoles; luego se distribuía según lo que necesitaba cada uno.

Palabra de Dios.

SALMO RESPONSORIAL 117

℟ **Dad gracias al Señor porque es bueno,** | **porque es eterna su misericordia** (o, Aleluya.)

Diga la casa de Israel: | eterna es su misericordia. | Diga la casa de Aarón: | eterna es su misericordia. | Digan los fieles del Señor: | eterna es su misericordia. ℟.

La diestra del Señor es poderosa, | la diestra del Señor es excelsa. | No he de morir, viviré | para contar las hazañas del Señor. | Me castigó, me castigó el Señor, | pero no me entregó a la muerte. ℟.

La piedra que desecharon los arquitectos, | es ahora la piedra angular. | Es el Señor quien lo ha hecho, | ha sido un milagro patente. | Este es el día en que actuó el Señor: | sea nuestra alegría y nuestro gozo. ℟.

Todo el que ha nacido de Dios vence al mundo

LECTURA DE LA PRIMERA CARTA DEL
APOSTOL SAN JUAN   5, 1-6

Queridos hermanos: Todo el que cree que Jesús es el Cristo
ha nacido de Dios; y todo el que ama a Aquel que da el ser, ama
también al que ha nacido de El. En esto conocemos que amamos
a los hijos de Dios: si amamos a Dios y cumplimos sus mandamientos.

Pues en esto consiste el amor a Dios: en que guardemos sus
mandamientos. Y sus mandamientos no son pesados, pues todo
lo que ha nacido de Dios vence al mundo.

Y lo que ha conseguido la victoria sobre el mundo es nuestra
fe. ¿Quién es el que vence al mundo, sino que el cree que Jesús
es el Hijo de Dios? Este es el que vino con agua y con sangre:
Jesucristo. No sólo con agua, sino con agua y con sangre: y el
Espíritu es quien da testimonio, porque el espíritu es la verdad.

Palabra de Dios.

El Evangelio es el mismo que el del Ciclo A, p. 515.

CICLO C (Años 1989, 1992, 1995, 1998, 2001, 2004)

PRIMERA LECTURA

Crecía el número de los creyentes

LECTURA DEL LIBRO DE LOS HECHOS DE
LOS APOSTOLES   5, 12-16

Los Apóstoles hacían muchos signos y prodigios en medio
del pueblo. Los fieles se reunían de común acuerdo en el pórtico
de Salomón; los demás no se atrevían a juntárseles, aunque la
gente se hacía lenguas de ellos; más aún, crecía el número de creyentes, hombres y mujeres, que se adherían al Señor.

La gente sacaba los enfermos a la calle, y los ponía en catres y camillas, para que al pasar Pedro, su sombra por lo menos cayera sobre alguno. Mucha gente de los alrededores acudía a Jerusalén llevando enfermos y poseídos de espíritu inmundo, y todos se curaban.

Palabra de Dios.

SALMO RESPONSORIAL 117

R Dad gracias al Señor porque es bueno, | porque es eterna su misericordia (o, Aleluya.)

Diga la casa de Israel: | eterna es su misericordia. | Diga la casa de Aarón: | eterna es su misericordia. | Digan los fieles del Señor: | eterna es su misericordia. R

La piedra que desecharon los arquitectos, | es ahora la piedra angular. | Es el Señor quien lo ha hecho, ha sido un milagro patente. | Este es el día en que actuó el Señor: | sea nuestra alegría y nuestro gozo. R

Señor, danos la salvación, | Señor, danos prosperidad. | Bendito el que viene en nombre del Señor, | os bendecimos desde la casa del Señor; | el Señor es Dios: él nos ilumina. R

SEGUNDA LECTURA

Estaba muerto, y ya ves, vivo por los siglos de los siglos

LECTURA DEL LIBRO DEL APOCALIPSIS 1, 9-11a.12-13.17-19

Yo, Juan, vuestro hermano y compañero en la tribulación, en el reino y en la constancia en Jesús, estaba desterrado en la isla de Patmos, por haber predicado la palabra de Dios y haber dado testimonio de Jesús. Un domingo caí en éxtasis y oí a mis espaldas una voz potente, como una trompeta, que decía: Lo que veas escríbelo en un libro, y envíaselo a las siete iglesias de Asia.

Me volví a ver quién me hablaba, y al volverme, vi siete lámparas de oro, y en medio de ellas una figura humana, vestida de larga túnica con un cinturón de oro a la altura del pecho. Al verla, caí a sus pies como muerto. El puso la mano derecha sobre mí y dijo: «No temas: Yo soy el primero y el último, yo soy el que vive. Estaba muerto, y ya ves, vivo por los siglos de los siglos; y tengo las llaves de la Muerte y del Infierno. Escribe, pues, lo que veas: lo que está sucediendo y lo que ha de suceder más tarde.»

Palabra de Dios.

El Evangelio es el mismo que el del Ciclo A, p. 515.

SEGUNDA SEMANA DE PASCUA   LUNES

ANTIFONA DE ENTRADA   Rom 6, 9

Cristo, una vez resucitado de entre los muertos, ya no muere más; la muerte ya no tiene dominio sobre él.

ORACION COLECTA

Dios todopoderoso y eterno, que nos permites que te llamemos Padre, aumenta en nuestros corazones el espíritu filial, para que merezcamos alcanzar la herencia prometida. Por nuestro Señor.

PRIMERA LECTURA

Al terminar la oración, los llenó a todos el Espíritu Santo y anunciaban con valentía la palabra de Dios

LECTURA DE LOS HECHOS DE LOS APOSTOLES   4, 23-31

En aquellos días, puestos en libertad, Pedro y Juan volvieron al grupo de los suyos y les contaron lo que les habían dicho los sumos sacerdotes y los senadores. Al oírlo, todos juntos invocaron a Dios en voz alta: «Señor, tú hiciste el cielo, la tierra, el

mar y todo lo que contienen; tú inspiraste a tu siervo, nuestro
padre David, para que dijera: '¿Por qué se amotinan las naciones
y los pueblos planean un fracaso? Se alían los reyes de la tierra,
los príncipes conspiran contra el Señor y contra su Mesías.' Así
fue: en esta ciudad se aliaron Herodes y Poncio Pilato con los
gentiles y el pueblo de Israel contra tu santo siervo, Jesús, tu
Ungido; realizaron el plan que tu autoridad había determinado.
Ahora, Señor, mira cómo nos amenazan, y da a tus siervos valentía para anunciar tu Palabra; mientras tu brazo realiza curaciones, signos y prodigios, por el nombre de tu santo siervo Jesús.»
Al terminar la oración, tembló el lugar donde estaban reunidos,
los llenó a todos el Espíritu Santo, y anunciaban con valentía la
Palabra de Dios.

Palabra de Dios.

SALMO RESPONSORIAL 2

℟ **Dichosos los que se refugian en ti, Señor** (o Aleluya).

¿Por qué se amotinan las naciones | y los pueblos planean un
fracaso? | Se alían los reyes de la tierra, | los príncipes cons-
piran, | contra el Señor y contra su Mesías: | «Rompamos sus co-
yundas, | sacudamos su yugo.» ℟.

El que habita en el cielo sonríe, | el Señor se burla de
ellos. | Luego les habla con ira, | los espanta con su cólera. | «Yo
mismo he establecido a mi rey | en Sión, en mi monte santo.» ℟.

Voy a proclamar el decreto del Señor: | él me ha dicho: | «Tú
eres mi Hijo: Yo te he engendrado hoy; | pídemelo: te daré en
herencia las naciones, | en posesión, los confines de la tierra. | Los
gobernarás con cetro de hierro, | los quebrarás como jarro de
loza.» ℟.

ALELUYA   Col 3, 1

Ya que habéis resucitado en Cristo, buscad los bienes de
allá arriba, donde está Cristo, sentado a la derecha de
Dios.

EVANGELIO

El que no nazca de agua y de Espíritu no puede entrar en el Reino de Dios

✠ **LECTURA DEL S. EVANGELIO SEGUN SAN JUAN**

3, 1-8

Había un fariseo llamado Nicodemo, jefe judío. Este fue a ver a Jesús de noche y le dijo: «Rabí, sabemos que has venido de parte de Dios, como maestro; porque nadie puede hacer los signos que tú haces si Dios no está con él.» Jesús le contestó: «Te lo aseguro, el que no nazca de nuevo no puede ver el Reino de Dios.» Nicodemo le pregunta: «¿Cómo puede nacer un hombre siendo viejo? ¿Acaso puede por segunda vez entrar en el vientre de su madre y nacer?» Jesús le contestó: «Te lo aseguro, el que no nazca de agua y de Espíritu, no puede entrar en el Reino de Dios. Lo que nace de la carne es carne, lo que nace del Espíritu es espíritu. No te extrañes de que te haya dicho: Tenéis que nacer de nuevo; el viento sopla donde quiere y oyes su ruido, pero no sabes de dónde viene ni a dónde va. Así es todo el que ha nacido del Espíritu.»

Palabra del Señor.

ORACION SOBRE LAS OFRENDAS

Recibe, Señor, las ofrendas de tu Iglesia exultante de gozo, y pues en la resurrección de tu Hijo nos diste motivo de tanta alegría, concédenos participar de este gozo eterno. Por Jesucristo nuestro Señor.

Prefacio pascual, pp. 1069-73.

ANTIFONA DE COMUNION

Jn 20, 19

Jesús, se puso en medio de sus discípulos y les dijo: Paz a vosotros. Aleluya.

ORACION DESPUES DE LA COMUNION

Mira, Señor, con bondad a tu pueblo, y ya que has querido renovarlo con estos sacramentos de vida eterna, concédele también la resurrección gloriosa. Por Jesucristo.

SEGUNDA SEMANA DE PASCUA   MARTES

ANTIFONA DE ENTRADA   Ap 19, 7.6

Con alegría y regocijo demos gloria a Dios, porque el Señor ha establecido su reinado. Aleluya.

ORACION COLECTA

Te pedimos, Señor, que nos hagas capaces de anunciar la victoria de Cristo resucitado; y pues en ella nos has dado la prenda de los dones futuros, haz que un día los poseamos en plenitud. Por nuestro Señor.

PRIMERA LECTURA

Los creyentes todos pensaban y sentían lo mismo

LECTURA DE LOS HECHOS DE LOS APOSTOLES
                                                     4, 32-37

En el grupo de los creyentes todos pensaban y sentían lo mismo: lo poseían todo en común y nadie llamaba suyo propio, nada de lo que tenía. Los apóstoles daban testimonio de la resurrección del Señor Jesús con mucho valor. Todos eran muy bien vistos, ninguno pasaba necesidad, pues los que poseían tierras o casas las vendían, traían el dinero y lo ponían a disposición de los apóstoles: luego se distribuían según lo que necesitaba cada uno. José, a quien los apóstoles apellidaron Bernabé (que significa Consolado), que era levita y natural de Chipre, tenía un campo y lo vendió; llevó el dinero y lo puso a disposición de los apóstoles.

Palabra de Dios.

SALMO RESPONSORIAL 92

℟ **El Señor reina, vestido de majestad** (o Aleluya.)

El Señor reina, vestido de majestad, | el Señor, vestido y ceñido de poder. ℟.

Así está firme el orbe y no vacila. | Tu trono está firme desde siempre, | y tú eres eterno. ℟.

Tus mandatos son fieles y seguros, | la santidad es el adorno de tu casa, | Señor, por días sin término. ℟.

ALELUYA   Cor 3, 1

El Hijo del hombre tiene que ser elevado, para que todo el que cree en él tenga vida eterna.

EVANGELIO

Nadie ha subido al cielo, sino el que bajó del cielo, el Hijo del Hombre

✠ **LECTURA DEL S. EVANGELIO SEGUN SAN JUAN**   3, 5a-7b-15

En aquel tiempo, dijo Jesús a Nicodemo: «Te lo aseguro, tenéis que nacer de nuevo; el viento sopla donde quiere y oyes su ruido, pero no sabes de dónde viene ni a dónde va. Así es todo el que ha nacido del Espíritu. Nicodemo le preguntó: ¿Cómo puede suceder eso? Le contestó Jesús: Y tú, el maestro de Israel, ¿no lo entiendes?»

Palabra del Señor.

ORACION SOBRE LAS OFRENDAS

Concédenos, Señor, darte gracias siempre por medio de estos misterios pascuales; y ya que continúan en nosotros la obra de tu redención, sean también fuente de gozo incesante. Por Jesucristo nuestro Señor.

Prefacio pascual, pp. 1069-73.

ANTIFONA DE COMUNION   Cf. Lc 24, 46.26

Era necesario que el Mesías padeciera y resucitara de entre los muertos, para entrar en su gloria. Aleluya.

ORACION DESPUES DE LA COMUNION

Escucha, Señor, nuestras oraciones, para que este santo intercambio, en el que has querido realizar nuestras redenciones, nos sostenga durante la vida presente y nos dé las alegrías eternas. Por Jesucristo.

SEGUNDA SEMANA DE PASCUA   MIERCOLES

ANTIFONA DE ENTRADA   Sal 17, 50; 12, 23

Te daré gracias entre las naciones, Señor; contaré tu fama a mis hermanos. Aleluya.

ORACION COLECTA

Al revivir nuevamente este año el misterio pascual, en el que la humanidad recobra la dignidad perdida y adquiere la esperanza de la resurrección futura, te pedimos, Señor de clemencia, que el misterio celebrado en la fe se actualice siempre en el amor. Por nuestro Señor.

PRIMERA LECTURA

Los hombres que metisteis en la cárcel están ahí en el Templo y siguen enseñando al pueblo

LECTURA DE LOS HECHOS DE LOS APOSTOLES

5, 17-26

En aquellos días, el sumo sacerdote y los de su partido —la secta de los saduceos—, llenos de coraje, mandaron prender a los apóstoles y meterlos en la cárcel común. Pero por la noche el ángel del Señor les abrió las puertas y los sacó fuera, diciéndoles: «Id al templo y explicadle allí al pueblo este modo de vida.»

Entonces ellos entraron en el templo al amanecer y se pusieron a enseñar. Llegó entre tanto el sumo sacerdote con los de su partido, convocaron el Consejo y el pleno del senado israelita y mandaron por los presos a la cárcel. Fueron los guardias, pero no los encontraron en la celda, y volvieron a informar: «Hemos encontrado la cárcel cerrada, con las barras echadas, y a los centinelas guardando las puertas; pero al abrir no encontramos a nadie dentro.»

El comisario del templo y los sumos sacerdotes no atinaban a explicarse qué había pasado con los presos. Uno se presentó avisando: «Los hombres que metisteis en la cárcel están ahí en el templo y siguen enseñando al pueblo.» El comisario salió con los guardias y se los trajo, sin emplear la fuerza, por miedo a que el pueblo los apedrease.

Palabra de Dios.

SALMO RESPONSORIAL 33

R Si el afligido invoca al Señor, | él lo escucha (o Aleluya).

Bendigo al Señor en todo momento, | su alabanza está siempre en mi boca; | mi alma se gloría en el Señor: | que los humildes lo escuchen y se alegren. R

Proclamad conmigo la grandeza del Señor, | ensalcemos juntos su nombre. | Yo consulté al Señor y me respondió, | me libró de todas mis ansias. ℟.

Contempladlo y quedaréis radiantes, | vuestro rostro no se avergonzará. | Si el afligido invoca al Señor, él lo escucha | y lo salva de sus angustias. ℟.

El ángel del Señor acampa | en torno a sus fieles, y los protege. | Gustad y ved qué bueno es el Señor, | dichoso el que se acoge a él. ℟.

ALELUYA   Jn 3, 16

Tanto amó Dios al mundo que entregó a su Hijo único; todos los que creen en él tienen vida eterna.

EVANGELIO

Dios mandó su Hijo al mundo para que el mundo se salve por él

✠ LECTURA DEL S. EVANGELIO SEGUN
SAN JUAN   3, 16-21

Tanto amó Dios al mundo, que entregó a su Hijo único, para que no perezca ninguno de los que creen en él, sino que tengan vida eterna.

Porque Dios no mandó su Hijo al mundo para condenar al mundo, sino para que el mundo se salve por él. El que cree en él, no será condenado; el que no cree, ya está condenado, porque no ha creído en el nombre del Hijo único de Dios. Esta es la causa de la condenación: que la luz vino al mundo, y los hombres prefirieron la tiniebla a la luz, porque sus obras eran malas. Pues todo el que obra perversamente, detesta la luz y no se acerca a la luz, para no verse acusado por sus obras. En cambio, el que realiza la verdad, se acerca a la luz, para que se vea que sus obras están hechas según Dios.

Palabra del Señor.

ORACION SOBRE LAS OFRENDAS

Oh Dios, que por el admirable trueque de este sacrificio nos haces partícipes de tu divinidad; concédenos que nuestra vida sea manifestación y testimonio de esta verdad que conocemos. Por Jesucristo.

Prefacio pascual, pp. 1069-73.

ANTIFONA DE COMUNION
Cf. Jn 15, 16.19

Dice el Señor: Yo os he escogido sacándoos del mundo y os he destinado para que vayáis y deis fruto y vuestro fruto dure. Aleluya.

ORACION DESPUES DE LA COMUNION

Ven, Señor, en ayuda de tu pueblo, y, ya que nos has iniciado en los misterios de tu reino, haz que abandonemos nuestra antigua vida de pecado y vivamos, ya desde ahora, la novedad de la vida eterna. Por Jesucristo.

SEGUNDA SEMANA DE PASCUA
JUEVES

ANTIFONA DE ENTRADA
Cf. Sal 67, 8-9.20

Oh Dios, cuando salías al frente de tu pueblo, y acampabas con ellos y llevabas sus cargas, la tierra tembló, el cielo destiló. Aleluya.

ORACION DE COLECTA

Te pedimos, Señor, que los dones recibidos en esta Pascua den fruto abundante en toda nuestra vida. Por nuestro Señor.

PRIMERA LECTURA

Testigos de esto somos nosotros y el Espíritu Santo

LECTURA DE LOS HECHOS DE LOS APOSTOLES

5, 27-33

En aquellos días, los guardias condujeron a los apóstoles a presencia del Consejo, y el sumo sacerdote les interrogó: «¿No os habíamos prohibido formalmente enseñar en nombre de ése? En cambio, habéis llenado Jerusalén con vuestra enseñanza y queréis hacernos responsables de la sangre de ese hombre.»

Pedro y los apóstoles replicaron: «Hay que obedecer a Dios antes que a los hombres. El Dios de nuestros padres resucitó a Jesús, a quien vosotros matasteis colgándolo de un madero. La diestra de Dios lo exaltó haciéndolo jefe y salvador, para otorgarle a Israel la conversión con el perdón de los pecados. Testigos de esto somos nosotros y el Espíritu Santo, que Dios da a los que le obedecen.»

Esta respuesta los exasperó y decidieron acabar con ellos.

Palabra de Dios.

SALMO RESPONSORIAL 33

℟ **Si el afligido invoca al Señor,** | **él lo escucha** (o Aleluya).

Bendigo al Señor en todo momento | su alabanza está siempre en mi boca. | Gustad y ved qué bueno es el Señor, | dichoso el que se acoge a él. ℟

El Señor se enfrenta con los malhechores | para borrar de la tierra su memoria. | Cuando uno grita, el Señor lo escucha | y lo libra de sus angustias. ℟

El Señor está cerca de los atribulados, | salva a los abatidos. | Aunque el justo sufra muchos males, | de todos lo libra el Señor. ℟

ALELUYA   Jn 20, 29

Porque me has visto, Tomás, has creído. Dichosos los
que crean sin haber visto.

EVANGELIO

El Padre ama al Hijo y todo lo ha puesto en sus manos

✠ LECTURA DEL S. EVANGELIO SEGUN
SAN JUAN   3, 31-36

El que viene de lo alto está por encima de todos. El que es
de la tierra, es de la tierra y habla la tierra. El que viene del
cielo está por encima de todos. De lo que ha visto y ha oído da
testimonio y nadie acepta su testimonio. El que acepta su testimonio certifica la veracidad de Dios. El que Dios envió habla
las Palabras de Dios porque no da el espíritu con medida. El Padre ama al Hijo y todo lo ha puesto en su mano. El que cree en
el Hijo posee la vida eterna; el que no crea al Hijo no verá la
vida sino que la ira de Dios pesa sobre él.

Palabra del Señor.

ORACION SOBRE LAS OFRENDAS

Que nuestra oración, Señor, y nuestras ofrendas sean gratas
en tu presencia, para que así, purificados por tu gracia, podamos
participar más dignamente en los sacramentos de tu amor. Por
Jesucristo.

Prefacio pascual, pp. 1069-1073.

ANTIFONA DE COMUNION   Mt 28, 20

Sabed que estoy con vosotros todos los días, hasta el
fin del mundo. Aleluya.

ORACION DESPUES DE LA COMUNION

Dios todopoderoso y eterno, que en la resurrección de Jesucristo nos has hecho renacer a la vida eterna; haz que los sacra-

mentos pascuales den en nosotros fruto abundante, y que el alimento de salvación que acabamos de recibir fortalezca nuestra vida. Por Jesucristo.

SEGUNDA SEMANA DE PASCUA   VIERNES

                                                                    Ap 5, 9-10

Con tu Sangre, Señor, has comprado para Dios hombres de toda tribu, lengua, pueblo y nación; has hecho de ellos una dinastía sacerdotal que sirva a Dios. Aleluya.

ORACION COLECTA

Oh Dios, que, para librarnos del poder del enemigo, quisiste que tu Hijo muriera en la cruz; concédenos alcanzar la gracia de su resurrección. Por nuestro Señor.

PRIMERA LECTURA

Salieron contentos de haber merecido aquel ultraje por el nombre de Jesús

LECTURA DE LOS HECHOS DE LOS APOSTOLES

                                                                    5, 34-42

En aquellos días un fariseo llamado Gamaliel, doctor de la ley, respetado por todo el pueblo, se levantó en el Consejo; mandó que sacaran fuera un momento a aquellos hombres y dijo: «Israelitas, pensad bien lo que vais a hacer con esos hombres. No hace mucho salió un tal Teudas, dándoselas de hombre importante y se le juntaron unos cuatrocientos hombres. Fue ejecutado, dispersaron a todos sus secuaces, y todo acabó en nada. Más tarde, cuando el censo, salió Judas el Galileo arrastrando detrás de sí gente del pueblo: también pereció y dispersaron a todos sus secuaces. En el caso presente, mi consejo es éste: No os metáis con esos hombres; soltadlos. Si su idea y su nación son cosa de hombres, se dispersarán; pero si es cosa de Dios, no lograréis dispersarlos, y os expondríais a luchar contra Dios.» Le dieron la razón y llamaron a los apóstoles, los azotaron, les prohibieron hablar en nombre de Jesús y los soltaron. Los apóstoles salieron contentos de haber merecido aquel ultraje por el nombre de Jesús.

Ningún día dejaban de enseñar, en el templo y por las casas, anunciando el Evangelio de Jesucristo.

Palabra de Dios.

SALMO RESPONSORIAL 26

R̃ **Una cosa pido al Señor: | habitar en su casa** (o Aleluya.)

El Señor es mi luz y mi salvación, | ¿a quién temeré? | El Señor es la defensa de mi vida, | ¿quién me hará temblar? R̃.

Una cosa pido al Señor, | eso buscaré: | habitar en la casa del Señor | por los días de mi vida; | gozar de la dulzura del Señor | contemplando su templo. R̃.

Espero gozar de la dicha del Señor | en el país de la vida. | Espera en el Señor, sé valiente, | ten ánimo, espera en el Señor. R̃.

ALELUYA   Mt 4, 46

No sólo de pan vive el hombre, sino de toda palabra que sale de la boca de Dios.

EVANGELIO

Jesús repartió los panes, todo lo que quisieron

✠ LECTURA DEL S. EVANGELIO SEGUN
SAN JUAN   6, 1-15

En aquel tiempo, Jesús se marchó a la otra parte del lago de Galilea (o de Tiberíades). Lo seguía mucha gente, porque habían visto los signos que hacía con los enfermos. Subió Jesús entonces a la montaña y se sentó allí con sus discípulos. Estaba cerca la Pascua, la fiesta de los judíos. Jesús entonces levantó los ojos, y al ver que acudía mucha gente, dice a Felipe: «¿Con qué compraremos panes para que coman éstos?» (lo decía para tantearlo, pues bien sabía él lo que iba a hacer). Felipe le contestó: «Doscientos denarios de pan no bastan para que a cada uno le toque un pedazo.» Uno de sus discípulos, Andrés, el hermano de Simón Pedro le dice: «Aquí hay un muchacho que tiene cinco panes de cebada y un par de peces; pero ¿qué es eso para tantos?»

Jesús dijo: «Decid a la gente que se siente en el suelo.» Había mucha hierba en aquel sitio. Se sentaron: sólo los hombres eran unos cinco mil. Jesús tomó los panes, dijo la acción de gracias y los repartió a los que estaban sentados, y lo mismo todo lo que quisieron del pescado.

Cuando se saciaron dijo a sus discípulos: «Recoged los pedazos que han sobrado; que nada se desperdicie.» Los recogieron y llenaron doce canastas con los pedazos de los cinco panes de cebada, que sobraron a los que habían comido. La gente entonces, al ver el signo que había hecho, decía: «Este sí que es el Profeta que tenía que venir al mundo.» Jesús, sabiendo que iban a llevárselo para proclamarlo Rey, se retiró otra vez a la montaña, él solo.

Palabra del Señor.

ORACION SOBRE LAS OFRENDAS

Acoge, Señor, con bondad las ofrendas de tu pueblo, para que, bajo tu protección, conserve los dones pascuales y alcance la felicidad eterna. Por Jesucristo nuestro Señor.

Profecía pascual, pp. 1069-73.

ANTIFONA DE COMUNION   Rom 4, 25

Cristo nuestro Señor fue entregado por nuestros pecados y resucitado para nuestra justificación. Aleluya.

ORACION DESPUES DE LA COMUNION

Dios todopoderoso, no ceses de proteger con amor a los que has salvado, para que así quienes hemos sido redimidos por la pasión de tu Hijo podamos alegrarnos en su resurrección. Por Jesucristo.

SEGUNDA SEMANA DE PASCUA
SABADO

ANTIFONA DE ENTRADA
1 Pe 2, 9

Pueblo adquirido por Dios, proclamad las hazañas del que os llamó a salir de la tiniebla y a entrar en su luz maravillosa. Aleluya.

ORACION COLECTA

Señor, tú que te has dignado redimirnos y has querido hacernos hijos tuyos, míranos siempre con amor de padre y haz que cuantos creemos en Cristo, tu Hijo, alcancemos la libertad verdadera y la herencia eterna. Por nuestro Señor.

PRIMERA LECTURA
Eligieron siete hombres llenos de Espíritu Santo

LECTURA DE LOS HECHOS DE LOS APOSTOLES
6, 1-7

En aquellos días, al crecer el número de los discípulos, los de lengua griega se quejaron contra los de lengua hebrea, diciendo que en el suministro diario no atendían a sus viudas. Los apóstoles convocaron al grupo de los discípulos y les dijeron: «No nos parece bien descuidar la Palabra de Dios para ocuparnos de la administración. Por tanto, hermanos, escoged a siete de vosotros, hombres de buena fama, llenos de espíritu de sabiduría, y los encargaremos de esta tarea: nosotros nos dedicaremos a la

oración y al servicio de la palabra.» La propuesta les pareció bien
a todos y eligieron a Esteban, hombre lleno de fe y de Espíritu
Santo, a Felipe, Prócoro, Nicanor, Simón, Parmenas y Nicolás,
prosélito de Antioquía. Se los presentaron a los apóstoles y ellos
les impusieron las manos orando. La Palabra de Dios iba cundiendo, y en Jerusalén crecía mucho el número de discípulos; incluso muchos sacerdotes aceptaban la fe.

Palabra de Dios.

SALMO RESPONSORIAL 32

℟ **Que tu misericordia, Señor, venga sobre nosotros, | co-
mo lo esperamos de ti (**(o Aleluya)**.**

Aclamad, justos, al Señor, | que merece la alabanza de los
buenos; | dad gracias al Señor con la cítara, | tocad en su honor
el arpa de diez cuerdas. ℟

La palabra del Señor es sincera, | y todas sus acciones son
leales; | él ama la justicia y el derecho, | y su misericordia llena la
tierra. ℟

Los ojos del Señor están puestos en sus fieles, | en los que
esperan en su misericordia, | para librar sus vidas de la muer-
te | y reanimarlos en tiempo de hambre. ℟

ALELUYA

Ha resucitado Cristo, que creó todas las cosas y se compadeció del género humano.

EVANGELIO

Vieron a Jesús caminando sobre el lago

✝ LECTURA DEL S. EVANGELIO SEGUN
SAN JUAN

6, 16-21

Al oscurecer, los discípulos de Jesús bajaron al lago, embarcaron y empezaron a atravesar hacia Cafarnaúm. Era ya noche
cerrada y todavía Jesús no los había alcanzado; soplaba un vien-

to fuerte y el lago se iba encrespando. Habían remado unos cinco o seis kilómetros, cuando vieron a Jesús que se acercaba a la barca, caminando sobre el lago, y se asustaron. Pero él les dijo: «Soy yo, no temáis.» Querían recogerlo a bordo, pero la barca tocó tierra en seguida, en el sitio a donde iban.

Palabra del Señor.

ORACION SOBRE LAS OFRENDAS

Santifica, Señor, con tu bondad estos dones, acepta la ofrenda de este sacrificio espiritual y a nosotros transfórmanos en oblación perenne. Por Jesucristo.

Prefacio pascual, pp. 1069-73.

ANTIFONA DE COMUNION   Jn 17, 24

Padre, éste es mi deseo: que los que me confiaste estén conmigo donde yo estoy y contemplen la gloria que me has dado. Aleluya.

ORACION DESPUES DE LA COMUNION

Después de recibir los santos misterios, humildemente te pedimos, Señor, que esta Eucaristía, celebrada como memorial de tu Hijo, nos haga progresar en el amor. Por Jesucristo.

TERCER DOMINGO DE PASCUA
Domingo de las apariciones

Las tres apariciones de Jesús resucitado, que se leen en el Evangelio según los tres ciclos de este domingo, tienen de común el marco de una comida; no es de extrañar, pues, que Pedro diera testimonio de que «Comimos y bebimos con él después de que resucitase de entre los muertos» (Hech 10,41). Tanto en el camino de Emaús (ciclo A), como en la inmediata aparición en el cenáculo (B) y en la orilla del mar de Galilea (C), Jesús habla y parte el pan; de modo que comienza a presidir, como lo hace ahora de modo invisible, la asamblea eclesial con sus dos partes de la liturgia de la Palabra y de la eucaristía. En estas apariciones se destaca también que la Pasión y la resurrección ocurrieron conforme a las antiguas Escrituras, que los apóstoles comienzan a comprender como referidas a Cristo; por eso los cristianos, que recibimos el don del Espíritu con el conocimiento de las sagradas Escrituras, veneramos y leemos «todo lo escrito en la ley de Moisés y en los profetas y salmos» (B), porque habla de Cristo y nos ayuda a comprenderlo mejor.

Las segundas lecturas se refieren a la muerte de Cristo como sacrificio pascual y propiciatorio por los pecados del mundo, siendo Jesús el Cordero inmaculado prescrito en la ley de Moisés, designado por Juan el Bautista, y cuya inmolación abolió cualquier otro sacrificio futuro. Con el libro de los Hechos proclamamos en la asamblea el «kerigma» o solemne anuncio de la resurrección hecho por Pedro y los demás apóstoles. Recibir este pregón hace nacer en la Iglesia esa alegría espiritual y profunda que tiene como motivo la victoria de Cristo y haber recobrado nosotros la adopción filial, con la esperanza de resucitar también gloriosamente (O1).

ANTIFONA DE ENTRADA   Sal 65, 1-2

Aclamad al Señor, tierra entera; tocad en honor de su nombre, cantad himnos a su gloria. Aleluya.

ORACION COLECTA

Que tu pueblo, Señor, exulte siempre al verse renovado y rejuvenecido en el espíritu; y que la alegría de haber recobrado la adopción filial afiance su esperanza de resurrección gloriosamente. Por nuestro Señor.

ORACION SOBRE LAS OFRENDAS

Recibe, Señor, las ofrendas de tu Iglesia exultante de gozo; y pues en la resurrección de tu Hijo nos diste motivo para tanta alegría, concédenos participar de este gozo eterno. Por Jesucristo.

Prefacio pascual, pp. 1069-73.

ANTIFONA DE COMUNION

Año A   Lc 24, 35

Los discípulos conocieron al Señor Jesús
al partir el pan. Aleluya.

Año B   Lc 24, 46-47

Así estaba escrito: el Mesías padecerá, resucitará de entre
los muertos al tercer día y en su nombre se predicará la
conversión y el perdón de los pecados a todos los pueblos. Aleluya.

Año C   Jn 21, 12-13

Jesús dice a sus discípulos: vamos, comed. Y tomó el pan
y se lo dio. Aleluya.

ORACION DESPUES DE LA COMUNION

Mira, Señor, con bondad a tu pueblo, y ya que has querido
renovarlo con estos sacramentos de vida eterna, concédele también la resurrección gloriosa. Por Jesucristo.

CICLO A (Años 1990, 1993, 1996, 1999, 2002, 2005)

PRIMERA LECTURA

No era posible que la muerte lo retuviera bajo su dominio

LECTURA DEL LIBRO DE LOS HECHOS DE LOS APOSTOLES

2, 14.22-33

El día de Pentecostés, Pedro, de pie con los Once, pidió
atención y les dirigió la palabra: «Judíos y vecinos todos de Je-

rusalén, escuchad mis palabras y enteraos bien de lo que pasa. Escuchadme, israelitas: Os hablo de Jesús Nazareno, el hombre que Dios acreditó ante vosotros realizando por su medio los milagros, signos y prodigios que conocéis. Conforme al designio previsto y sancionado por Dios, os lo entregaron, y vosotros, por mano de paganos, lo matasteis en una cruz. Pero Dios lo resucitó, rompiendo las ataduras de la muerte; no era posible que la muerte lo retuviera bajo su dominio, pues David dice: "Tengo siempre presente al Señor, con él a mi derecha no vacilaré. Por eso se me alegra el corazón, exulta mi lengua, y mi carne descansa esperanzada. Porque no me entregarás a la muerte ni dejarás a tu fiel conocer la corrupción. Me has enseñado el sendero de la vida, me saciarás de gozo en tu presencia." Hermanos, permitidme hablaros con franqueza: El patriarca David murió y lo enterraron, y conservamos su sepulcro hasta el día de hoy. Pero era profeta y sabía que Dios le había prometido con juramento sentar en su trono a un descendiente suyo; cuando dijo que "no lo entregaría a la muerte y que su carne no conocería la corrupción", hablaba previendo la resurrección del Mesías. Pues bien, Dios resucitó a este Jesús, y todos nosotros somos testigos. Ahora, exaltado por la diestra de Dios, ha recibido del Padre el Espíritu Santo que estaba prometido, y lo ha derramado. Esto es lo que estáis viendo y oyendo.»

Palabra de Dios.

SALMO RESPONSORIAL 15

R. **Señor, me enseñarás el sendero de la vida** (o, Aleluya.)

Protégeme, Dios mío, que me refugio en ti; | yo digo al Señor: «Tú eres mi bien». | El Señor es el lote de mi heredad y mi copa, | mi suerte está en tu mano. R.

Bendeciré al Señor que me aconseja; | hasta de noche me instruye internamente. | Tengo siempre presente al Señor, | con él a mi derecha no vacilaré. R.

Por eso se me alegra el corazón, | se gozan mis entrañas, | y mi carne descansa serena: | porque no me entregarás a la muerte | ni dejarás a tu fiel conocer la corrupción. ℞.

Me enseñarás el sendero de la vida, | me saciarás de gozo en tu presencia, | de alegría perpetua a tu derecha. ℞.

SEGUNDA LECTURA

Habéis sido redimidos con la sangre de Cristo, el cordero sin defecto

LECTURA DE LA PRIMERA CARTA DEL APOSTOL SAN PEDRO
1, 17-21

Queridos hermanos: Si llamáis Padre al que juzga a cada uno, según sus obras, sin parcialidad, tomad en serio vuestro proceder en esta vida. Ya sabéis con qué os rescataron de ese proceder inútil recibido de vuestros padres: no con bienes efímeros, con oro o plata, sino a precio de la sangre de Cristo, el cordero sin defecto ni mancha, previsto antes de la creación del mundo y manifestado al final de los tiempos por nuestro bien. Por Cristo vosotros creéis en Dios, que lo resucitó y le dio gloria, y así habéis puesto en Dios vuestra fe y vuestra esperanza.

Palabra de Dios.

ALELUYA
Lc 24, 32

Señor Jesús: explícanos las Escrituras. Enciende nuestro corazón mientras nos hablas.

EVANGELIO

Le reconocieron al partir el pan

✠ LECTURA DEL S. EVANGELIO SEGUN SAN LUCAS
24, 13-35

Dos discípulos de Jesús iban andando aquel mismo día, el primero de la semana, a una aldea llamada Emaús, distante unas dos leguas de Jerusalén; iban comentando todo lo que había sucedido. Mientras conversaban y discutían, Jesús en persona se acercó y se puso a caminar con ellos. Pero sus ojos no eran capaces de reconocerlo. El les dijo: «¿Qué conversación es esa que traéis mientras vais de camino? Ellos se detuvieron preocupados. Y uno de ellos, que se llamaba Cleofás, le replicó: «¿Eres tú el único forastero en Jerusalén que no sabes lo que ha pasado allí estos días?» El les preguntó: «¿Qué?» Ellos le contestaron: «Lo de Jesús el Nazareno, que fue un profeta poderoso en obras y palabras ante Dios y todo el pueblo; cómo lo entregaron los sumos sacerdotes y nuestros jefes para que lo condenaran a muerte, y lo crucificaron. Nosotros esperábamos que él fuera el futuro liberador de Israel. Y ya ves, hace dos días que sucedió esto. Es verdad que algunas mujeres de nuestro grupo nos han sobresaltado, pues fueron muy de mañana al sepulcro, no encontraron su cuerpo, e incluso vinieron diciendo que habían visto una aparición de ángeles, que les habían dicho que estaba vivo. Algunos de los nuestros fueron también al sepulcro y lo encontraron como habían dicho las mujeres; pero a él no le vieron.» Entonces Jesús les dijo: «¡Qué necios y torpes sois para no creer lo que anunciaron los profetas! ¿No era necesario que el Mesías padeciera esto para entrar en su gloria?» Y comenzando por Moisés y siguiendo por los profetas les explicó lo que se refería a El en toda la Escritura. Ya cerca de la aldea donde iban, El hizo ademán de seguir adelante, pero ellos le apremiaron diciendo: «Quédate con nosotros porque atardece y el día va de caída.» Y entró para quedarse con ellos.

Sentado a la mesa con ellos tomó el pan, pronunció la bendición, lo partió y se lo dio. A ellos se les abrieron los ojos y lo reconocieron. Pero El desapareció. Ellos comentaron: «¿No ardía nuestro corazón mientras nos hablaba por el camino y nos explicaba las Escrituras?» Y levantándose al momento, se volvieron a Jerusalén, donde encontraron reunidos a los Once con sus compañeros, que estaban diciendo: «Era verdad, ha resucitado el Señor y se ha aparecido a Simón.» Y ellos contaron lo que les había pasado por el camino y cómo lo habían reconocido al partir el pan.

Palabra del Señor.

Se dice «Credo».

CICLO B (Años 1991, 1994, 1997, 2000, 2003, 2006)

PRIMERA LECTURA

Matasteis al autor de la vida, pero Dios lo resucitó de entre los muertos

LECTURA DEL LIBRO DE LOS HECHOS DE LOS APOSTOLES

3, 13-15.17-19

En aquellos días, Pedro dijo a la gente: «El Dios de Abrahán, de Isaac y de Jacob, el Dios de nuestros padres, ha glorificado a su siervo Jesús, al que vosotros entregásteis ante Pilato, cuando había decidido soltarlo.

Rechazasteis al santo, al justo y pedisteis el indulto de un asesino; matasteis al autor de la vida, pero Dios lo resucitó de entre los muertos y nosotros somos testigos. Sin embargo, hermanos, sé que lo hicisteis por ignorancia y vuestras autoridades lo mismo; pero Dios cumplió de esta manera lo que había dicho por los profetas: que su Mesías tenía que padecer.

Por tanto, arrepentíos y convertíos, para que se borren vuestros pecados.»

Palabra de Dios.

SALMO RESPONSORIAL 4

℟ **Haz brillar sobre nosotros | el resplandor de tu rostro (o, Aleluya.)**

Escúchame cuanto te invoco, Dios, defensor mío, | tú que en el aprieto me diste anchura, | ten piedad de mí y escucha mi oración. ℟.

Hay muchos que dicen: «¿Quién nos hará ver la dicha, | si la luz de tu rostro ha huido de nosotros?» R.

En paz me acuesto y en seguida me duermo, | porque tú sólo Señor, me haces vivir tranquilo. R.

SEGUNDA LECTURA

El es víctima de propiciación por nuestros pecados y por los de todo el mundo

LECTURA DE LA PRIMERA CARTA DEL APOSTOL SAN JUAN

2, 1-5a

Hijos míos: Os escribo esto para que no pequéis. Pero si alguno peca, tenemos a uno que abogue ante el Padre: a Jesucristo, el Justo. El es víctima de propiciación por nuestros pecados, no sólo por los nuestros, sino también por los del mundo entero. En esto sabemos que le conocemos: en que guardamos sus mandamientos. Quien dice: «Yo le conozco» y no guarda sus mandamientos, es un mentiroso y la verdad no está en él. Pero quien guarda su Palabra, ciertamente en él el amor de Dios ha llegado a su plenitud. En esto conocemos que estamos en El.

Palabra de Dios.

ALELUYA

Lc 24, 32

Señor Jesús: explícanos las Escrituras. Enciende nuestro corazón mientras nos hablas.

EVANGELIO

Así convenía que Cristo padeciese y resucitase al tercer día, de entre los muertos

✠ LECTURA DEL S. EVANGELIO SEGUN SAN LUCAS

24, 35-48

En aquel tiempo contaban los discípulos lo que les había acontecido en el camino y cómo reconocieron a Jesús en el partir el pan. Mientras hablaban, se presentó Jesús en medio de sus discípulos y les dijo: «Paz a vosotros.» Llenos de miedo por la sorpresa, creían ver un fantasma. El les dijo: «¿Por qué os alarmáis?, ¿por qué surgen dudas en vuestro interior? Mirad mis manos y mis pies: soy yo en persona. Palpadme y daos cuenta de que un fantasma no tiene carne y huesos, como véis que yo tengo.» Dicho esto, les mostró las manos y los pies. Y como no acababan de creer por la alegría, y seguían atónitos, les dijo: «¿Tenéis ahí algo que comer?» Ellos le ofrecieron un trozo de pez asado. El lo tomó y comió delante de ellos. Y les dijo: «Esto es lo que os decía mientras estaba con vosotros: que todo lo escrito en la ley de Moisés y en los profetas y salmos acerca de mí tenía que cumplirse.» Entonces les abrió el entendimiento para comprender las Escrituras. Y añadió: «Así estaba escrito: el Mesías padecerá, resucitará de entre los muertos al tercer día, y en su nombre se predicará la conversión y el perdón de los pecados a todos los pueblos, comenzando por Jerusalén. Vosotros sois testigos de esto.»

Palabra del Señor.

Se dice «Credo».

CICLO C (Años 1989, 1992, 1995, 1998, 2001, 2004)

PRIMERA LECTURA

Testigos de esto somos nosotros y el Espíritu Santo

LECTURA DEL LIBRO DE LOS HECHOS DE LOS APOSTOLES

5, 27b-32.40b-41

En aquellos días, el sumo sacerdote interrogó a los Apóstoles y les dijo: «¿No os habíamos prohibido formalmente enseñar en nombre de ése? En cambio, habéis llenado Jerusalén con vuestra enseñanza y queréis hacernos responsables de la sangre de ese hombre.»

Pedro y los Apóstoles replicaron: «Hay que obedecer a Dios antes que a los hombres. El Dios de nuestros padres resucitó a

Jesús a quien vosotros matasteis colgándole de un madero. La
diestra de Dios lo exaltó haciéndolo jefe y salvador, para otorgarle a Israel la conversión con el perdón de los pecados. Testigos de esto somos nosotros y el Espíritu Santo, que Dios da a
los que le obedecen.»

Prohibieron a los Apóstoles hablar en nombre de Jesús y los
soltaron. Los Apóstoles salieron del Consejo, contentos de haber
merecido aquel ultraje por el nombre de Jesús.

Palabra de Dios.

SALMO RESPONSORIAL 29

℟ **Te ensalzaré, Señor, porque me has librado** (o, Aleluya.)

Te ensalzaré, Señor, porque me has librado | y no has dejado
que mis enemigos se rían de mí. | Señor, sacaste mi vida del
abismo, | me hiciste revivir cuando bajaba a la fosa. ℟.

Tañed para el Señor, fieles suyos, | dad gracias a su nombre
santo; | su cólera dura un instante, | su bondad, de por vida; | al
atardecer nos visita el llanto; | por la mañana, el júbilo. ℟.

Escucha, Señor, y ten piedad de mí, | Señor, socórreme. |
Cambiaste mi luto en danzas, | Señor, Dios mío, te daré gracias
por siempre. ℟.

SEGUNDA LECTURA

Digno es el cordero degollado de recibir el poder y la alabanza

LECTURA DEL LIBRO DEL APOCALIPSIS   5, 11-14

Yo, Juan, en la visión escuché la voz de muchos ángeles;
eran millares y millones alrededor del trono y de los vivientes y
de los ancianos, y decían con voz potente: «Digno es el Cordero
degollado de recibir el poder, la riqueza, la sabiduría, la fuerza,
el honor, la gloria y la alabanza.» Y oí a todas las criaturas que
hay en el cielo, en la tierra, bajo la tierra, en el mar —todo lo
que hay en ellos—, que decían: «Al que se sienta en el trono y

al Cordero la alabanza, el honor, la gloria y el poder por los siglos de los siglos.» Y los cuatro vivientes respondían: «Amén».
Y los ancianos se postraron rindiendo homenaje.

Palabra de Dios.

ALELUYA

Ha resucitado Cristo, el que creó todo, y se compadeció
de los hombres.

EVANGELIO

Jesús se acercó, tomó el pan y se lo dio; lo mismo el pescado

✠ LECTURA DEL S. EVANGELIO SEGUN
SAN JUAN
21, 1-19

El texto entre [ ] puede omitirse.

En aquel tiempo, Jesús se apareció otra vez a los discípulos
junto al lago de Tiberíades. Y se apareció de esta manera: Estaban juntos Simón Pedro, Tomás apodado el Mellizo, Natanael el
de Caná de Galilea, los Zebedeos y otros dos discípulos suyos.
Simón Pedro les dice: «Me voy a pescar.» Ellos contestaban:
«Vamos también nosotros contigo.» Salieron y se embarcaron; y
aquella noche no cogieron nada.

Estaba ya amaneciendo, cuando Jesús se presentó en la orilla;
pero los discípulos no sabían que era Jesús. Jesús les dice: «Muchachos, ¿tenéis pescado?» Ellos contestaron: «No.» El les dice:
«Echad la red a la derecha de la barca y encontraréis.» La echaron, y no tenían fuerzas para sacarla, por la multitud de peces.
Y aquel discípulo que Jesús tanto quería le dice a Pedro: «Es el
Señor.»

Al oír que era el Señor, Simón Pedro, que estaba desnudo, se
ató la túnica y se echó al agua. Los demás discípulos se acercaron en la barca, porque no distaba de tierra más que unos cien
metros, remolcando la red con los peces.

Al saltar a tierra, ven unas brasas con un pescado puesto encima y pan. Jesús les dice: «Traed de los peces que acabáis de co-

ger.» Simón Pedro subió a la barca y arrastró hasta la orilla la red repleta de peces grandes: ciento cincuenta y tres. Y aunque eran tantos, no se rompió la red. Jesús les dice: «Vamos, almorzad.»

Ninguno de los discípulos se atrevía a preguntarle quién era, porque sabían bien que era el Señor. Jesús se acerca, toma el pan y se lo da; y lo mismo el pescado. Esta fue la tercera vez que Jesús se apareció a los discípulos, después de resucitar de entre los muertos.

Después de comer dice Jesús a Simón Pedro: «Simón, hijo de Juan, ¿me amas más que éstos?» El le contestó: «Sí, Señor, tú sabes que te quiero.» Jesús le dice: «Apacienta mis corderos.» Por segunda vez le pregunta: «Simón, hijo de Juan, ¿me amas?» El le contesta: «Sí, Señor, tu sabes que te quiero.» El le dice: «Pastorea mis ovejas.» Por tercera vez le pregunta: «Simón, hijo de Juan, ¿me quieres?» Se entristeció Pedro de que le preguntara por tercera vez si lo quería y le contestó: «Señor, tú conoces todo, tú sabes que te quiero.»

Jesús le dice: «Apacienta mis ovejas. Te lo aseguro: cuando eras joven, tú mismo te ceñías e ibas adonde querías; pero cuando seas viejo, extenderás las manos, otro te ceñirá y te llevará adonde no quieras.» Esto dijo aludiendo a la muerte con que iba a dar gloria a Dios. Dicho esto, añadió: «Sígueme.»]

Palabra del Señor.

Se dice «Credo».

TERCERA SEMANA DE PASCUA   LUNES

ANTIFONA DE ENTRADA

Ha resucitado el Buen Pastor, que dio la vida por sus ovejas y que se dignó morir por su grey. Aleluya.

ORACION COLECTA

Oh Dios que muestras la luz de tu verdad a los que andan extraviados, para que puedan volver al camino de la santidad; concede a todos los cristianos rechazar lo que es indigno de este nombre y cumplir cuanto en él significa. Por nuestro Señor Jesucristo.

PRIMERA LECTURA

No lograban hacer frente a la sabiduría y al Espíritu con que hablaba

LECTURA DE LOS HECHOS DE LOS APOSTOLES

6, 8-15

En aquellos días, Esteban, lleno de gracia y poder, realizaba grandes prodigios y signos en medio del pueblo. Unos cuantos de la sinagoga llamada de los Libertos, oriundos de Cirene, Alejandría, Cilia y Asia, se pusieron a discutir con Esteban; pero no lograban hacer frente a la sabiduría y al espíritu con que hablaba. Indujeron a unos que asegurasen: «Le hemos oído palabras blasfemas contra Moisés y contra Dios.» Alborotaban al pueblo, a los senadores y a los letrados, agarraron a Esteban por sorpresa y lo condujeron al Consejo, presentando testigos falsos que decían: «Este individuo no para de hablar contra el templo y la ley. Le hemos oído decir que ese Jesús de Nazaret destruirá el templo y cambiará las tradiciones que recibimos de Moisés.» Los miembros del Sanedrín miraron a Esteban, y su rostro les pareció el de un ángel.

Palabra de Dios.

SALMO RESPONSORIAL 118

℟ **Dichoso el que camina | en la voluntad del Señor** (o Aleluya).

Aunque los nobles se sientan a murmurar de mí, | tu siervo medita tus leyes; | tus preceptos son mi delicia, | tus decretos son mis consejeros. ℟

Te expliqué mi camino y me escuchaste: | enséñame tus leyes; | instrúyeme en el camino de tus decretos, | y meditaré tus maravillas. R̄.

Apártame del camino falso, | y dame la gracia de tu voluntad; | escogí el camino verdadero, | deseé tus mandamientos. R̄.

ALELUYA   Mt 4, 46

No sólo de pan vive el hombre, sino de toda palabra que sale de la boca de Dios.

EVANGELIO

Trabajad no por el alimento que perece, sino por el alimento que perdura

✠ LECTURA DEL S. EVANGELIO SEGUN SAN JUAN   6, 22-29

Después que Jesús hubo saciado a cinco mil hombres, sus discípulos lo vieron, caminando sobre el lago.

Al día siguiente, la gente que se había quedado al otro lado del lago, notó que allí no había habido más que una lancha y que Jesús no había embarcado con sus discípulos, sino que sus discípulos se habían marchado solos. Entre tanto, unas lanchas de Tiberíades llegaron cerca del sitio donde habían comido el pan (sobre el que el Señor pronunció la acción de gracias). Cuando la gente vio que ni Jesús ni sus discípulos estaban allí, se embarcaron y fueron a Cafarnaúm en busca de Jesús. Al encontrarlo en la otra orilla del lago le preguntaron: «Maestro, ¿cuándo has venido aquí?» Jesús les contestó: «Os lo aseguro: me buscáis, no porque habéis visto signos, sino porque comisteis pan hasta saciaros. Trabajad no por el alimento que perece, sino por el alimento que perdura, el que os dará el Hijo del Hombre; pues a éste lo ha sellado el Padre, Dios.» Ellos le preguntaron: «¿Y qué obras tenemos que hacer para trabajar en lo que Dios quiere?» Respondió Jesús: «La obra que Dios quiere es ésta: que creáis en el que El ha enviado.»

Palabra del Señor.

ORACION SOBRE LAS OFRENDAS

Que nuestra oración, Señor, y nuestras ofrendas sean gratas en tu presencia, para que así, purificados por tu gracia, podamos participar más dignamente en los sacramentos de tu amor. Por Jesucristo.

Prefacio pascual, pp. 1069-73.

ANTIFONA DE COMUNION
Jn 14, 27

La paz os dejo, mi paz os doy. No os la doy como la da el mundo, dice el Señor. Aleluya.

ORACION DESPUES DE LA COMUNION

Dios todopoderoso y eterno, que en la resurrección de Jesucristo nos has hecho renacer a la vida eterna; haz que los sacramentos pascuales den en nosotros fruto abundante y que el alimento de salvación que acabamos de recibir fortalezca nuestras vidas. Por Jesucristo.

TERCERA SEMANA DE PASCUA
MARTES

ANTIFONA DE ENTRADA
Ap 19, 5; 12, 10

Alabad a nuestro Dios todos sus siervos, y los que le teméis, pequeños y grandes, porque ya llega la victoria, el poder y el mando de su Mesías. Aleluya.

ORACION COLECTA

Señor, tú que abres las puertas de tu reino a los que han renacido del agua y del Espíritu, acrecienta la gracia que has dado a tus hijos, para que, purificados de sus pecados, alcancen todas tus promesas. Por nuestro Señor.

PRIMERA LECTURA
Señor Jesús, recibe mi espíritu

LECTURA DE LOS HECHOS DE LOS APOSTOLES

7, 51—8, 1a

En aquellos días, Esteban decía a la plebe, a los ancianos y a los escribas: «¡Rebeldes, infieles de corazón y cerrados de oídos! Siempre resistís al Espíritu Santo, lo mismo que vuestros padres. ¿Hubo un profeta que vuestros padres no persiguieran? Ellos mataron a los que anunciaban la venida del Justo, y ahora vosotros lo habéis traicionado y asesinado; recibisteis la ley por mediación de ángeles y no la habéis observado.» Oyendo estas palabras se recomían por dentro y rechinaban los dientes de rabia. Esteban, lleno de Espíritu Santo, fijó la mirada en el cielo, vio la gloria de Dios, y a Jesús de pie a la derecha de Dios, y dijo: «Veo el cielo abierto y al Hijo del Hombre de pie a la derecha de Dios.» Dando un grito estentóreo, se taparon los oídos; y como un solo hombre, se abalanzaron sobre él, lo empujaron fuera de la ciudad y se pusieron a apedrearlo. Los testigos, dejando sus capas a los pies de un joven llamado Saulo, se pusieron también a apedrear a Esteban, que repetía esta invocación: «Señor Jesús, recibe mi espíritu.» Luego, cayendo de rodillas, lanzó un grito: «Señor, no les tengas en cuenta este pecado.» Y con estas palabras expiró. Saulo aprobaba la ejecución.

Palabra de Dios.

SALMO RESPONSORIAL 30

R̄ **A tus manos, Señor, encomiendo mi espíritu** (o Aleluya).

Señor, sé la roca de mi refugio, | un baluarte donde me salve, | tú que eres mi roca y mi baluarte; | por tu nombre dirígeme y guíame. R̄.

A tus manos, Señor, encomiendo mi espíritu, | tú el Dios leal, me librarás; | yo confío en el Señor. | Tu misericordia sea mi gozo y mi alegría. ℟.

Haz brillar tu rostro sobre tu siervo, | sálvame por tu misericordia. | En el asilo de tu presencia nos escondes | de las conjuras humanas. ℟.

ALELUYA
Jn 6, 35ab

Yo soy el pan de la vida —dice el Señor—; el que viene a mí no pasará hambre.

EVANGELIO

No fue Moisés, sino que es mi Padre el que os da el verdadero pan del cielo

✠ LECTURA DEL S. EVANGELIO SEGUN SAN JUAN
6, 30-35

En aquel tiempo dijo la gente a Jesús: «¿Y que signo vemos que haces tú, para que creamos en ti? ¿Cuál es tu obra? Nuestros padres comieron el maná en el desierto, como está escrito: Les dio a comer pan del cielo.» Jesús les replicó: «Os aseguro que no fue Moisés quien os dio pan del cielo, sino que es mi Padre el que os da el verdadero pan del cielo. Porque el pan de Dios es el que baja del cielo y da vida al mundo.» Entonces le dijeron: «Señor, danos siempre de este pan.» Jesús les contestó: «Yo soy el pan de vida. El que viene a mí no pasará hambre, y el que cree en mí nunca pasará sed.»

Palabra del Señor.

ORACION SOBRE LAS OFRENDAS

Recibe, Señor, las ofrendas de tu Iglesia exultante de gozo; y pues en la resurrección de tu Hijo nos diste motivo de tanta alegría, concédenos participar de este gozo eterno. Por Jesucristo.

Prefacio pascual, pp. 1069-73.

ANTIFONA DE COMUNION   Rom 6, 8

Si hemos muerto con Cristo, creemos que también viviremos con él. Aleluya.

ORACION DESPUES DE LA COMUNION

Mira, Señor, con bondad a tu pueblo, y ya que has querido renovarlo con estos sacramentos de vida eterna, concédele también la resurrección gloriosa. Por Jesucristo.

TERCERA SEMANA DE PASCUA   MIERCOLES

ANTIFONA DE ENTRADA   Sal 70, 8. 23

Llena estaba mi boca de tu alabanza y de tu gloria todo el día. Te aclamarán mis labios, Señor.

ORACION COLECTA

Ven, Señor, en ayuda de tu familia, y a cuantos hemos recibido el don de la fe concédenos tener parte en la herencia eterna de tu Hijo resucitado. Que vive y reina.

PRIMERA LECTURA

Al ir de un lugar para otro, iban difundiendo la Buena Noticia

LECTURA DE LOS HECHOS DE LOS
APOSTOLES
                                                         8, 1-8

Aquel día, se desató una violenta persecución contra la Iglesia de Jerusalén: todos, menos los apóstoles, se dispersaron por Judea y Samaria. Unos hombres piadosos enterraron a Esteban e hicieron gran duelo por él. Saulo se ensañaba con la Iglesia; penetraba en las casas y arrastraba a la cárcel a hombres y mujeres.

Al ir de un lugar para otro, los prófugos iban difundiendo la Buena Noticia. Felipe bajó a la ciudad de Samaria y predicaba allí a Cristo. El gentío escuchaba con aprobación lo que decía Felipe, porque habían oído hablar de los signos que hacía, y los estaban viendo: de muchos poseídos salían los espíritus inmundos lanzando gritos, y muchos paralíticos y lisiados se curaban. La ciudad se llenó de alegría.

Palabra de Dios.

SALMO RESPONSORIAL 65

℟ **Aclamad al Señor, tierra entera** (o Aleluya).

Aclamad al Señor, tierra entera, | tocad en honor de su nombre, | cantad himnos a su gloria; | decid a Dios: «Qué temibles son tus obras.» ℟.

Que se postre ante ti la tierra entera, | que toquen en tu honor, | que toquen para tu nombre. | Venid a ver las obras de Dios, | sus temibles proezas en favor de los hombres. ℟.

Transformó el mar en tierra firme, | a pie atravesaron el río. | Alegrémonos con Dios, | que con su poder gobierna eternamente. ℟.

ALELUYA   Cf. Jn 6, 40

Todo el que cree en el Hijo tiene vida eterna, y yo lo resucitaré en el último día —dice el Señor—.

EVANGELIO

La voluntad de mi Padre es que todo el que ve al Hijo tenga vida eterna

✠ LECTURA DEL S. EVANGELIO SEGUN
SAN JUAN   6, 35-40

En aquel tiempo, dijo Jesús a la gente: «Yo soy el pan de vida. El que viene a mí no pasará hambre, y el que cree en mí no pasará nunca sed; pero como os he dicho, habéis visto y no creéis. Todo lo que me da el Padre vendrá a mí, y el que venga a mí, no lo echaré fuera; porque he bajado del cielo, no para hacer mi voluntad, sino la voluntad del que me ha enviado. Esta es la voluntad del que me ha enviado: que no pierda nada de lo que me dio, sino que lo resucite en el último día. Esta es la voluntad de mi Padre: que todo el que ve al Hijo y cree en él, tenga vida eterna, y yo lo resucitaré en el último día.

Palabra del Señor.

ORACION SOBRE LAS OFRENDAS

Concédenos, Señor, darte gracias siempre por medio de estos misterios pascuales; y ya que continúan en nosotros la obra de tu redención sean también fuente de gozo incesante. Por Jesucristo.

Prefacio pascual, pp. 1069-73.

ANTIFONA DE COMUNION

El Señor ha resucitado, él nos ilumina, a nosotros, los redimidos por su sangre. Aleluya.

ORACION DESPUES DE LA COMUNION

Escucha, Señor, nuestras oraciones, para que la participación en los sacramentos de nuestra redención, nos sostenga durante la vida presente y nos dé las alegrías eternas. Por Jesucristo.

TERCERA SEMANA DE PASCUA   JUEVES

ANTIFONA DE ENTRADA   Ex 15, 1-2

Cantemos al Señor; sublime es su victoria. Mi fuerza y mi poder es el Señor, él fue mi salvación. Aleluya.

ORACION COLECTA

Dios todopoderoso y eterno, que en estos días de Pascua nos has revelado claramente tu amor y nos has permitido conocerlo con más profundidad; concede a quienes has librado de las tinieblas del error adherirse con firmeza a las enseñanzas de tu verdad. Por nuestro Señor.

PRIMERA LECTURA

Mira, agua. ¿Qué dificultad hay en que me bautice?

LECTURA DE LOS HECHOS DE LOS APOSTOLES

8, 26-40

En aquellos días, el ángel del Señor le dijo a Felipe: «Ponte en camino hacia el sur, por la carretera de Jerusalén a Gaza, que cruza el desierto.» Se puso en camino y de pronto vio venir a un etíope; era un eunuco, ministro de Candaces, reina de Etiopía e intendente del tesoro, que había ido en peregrinación a Jerusalén. Iba de vuelta, sentado en su carroza, leyendo al Profeta Isaías. El Espíritu dijo a Felipe: «Acércate y pégate a la carroza.» Felipe se acercó corriendo, le oyó leer al Profeta Isaías, y le preguntó: «¿Entiendes lo que estás leyendo?» Contestó: «¿Y cómo voy a entenderlo, si nadie me guía?» Invitó a Felipe a subir y a sentarse con el.

El pasaje de la escritura que estaba leyendo era éste: Como cordero llevado al matadero, como oveja ante el esquilador, enmudecía y no abría la boca. Sin defensa, sin justicia se lo llevaron, ¿quién meditó en su destino? Lo arrancaron de los vivos. El eunuco le preguntó a Felipe: «Por favor, ¿de quién dice esto el Profeta?, ¿de él mismo o de otro?» Felipe se puso a hablarle, y tomando pie de este pasaje, le anunció la Buena Noticia de Jesús.

En el viaje llegaron a un sitio donde había agua y dijo el eunuco: «Mira, agua. ¿Qué dificultad hay en que me bautice?» Felipe le contestó: «Si crees de todo corazón, se puede.» Respondió el eunuco: «Creo que Jesús es el Hijo de Dios.» Mandó parar la carroza, bajaron los dos al agua, y Felipe lo bautizó. Cuando

salieron del agua, el Espíritu del Señor arrebató a Felipe. El
eunuco no volvió a verlo, y siguió su viaje lleno de alegría. Felipe fue a parar a Azoto y fue evangelizando los poblados hasta
que llegó a Cesarea.

Palabra de Dios.

SALMO RESPONSORIAL 65

R. **Aclama al Señor, tierra entera** (o Aleluya).

Bendecid, pueblos, a nuestro Dios, | haced resonar sus ala-
banzas: | Porque él nos ha devuelto la vida, | y no dejó que tro-
pezaran nuestros pies. R.

Fieles de Dios, venid a escuchar, | os contaré lo que ha he-
cho conmigo: | A él gritó mi boca, | y lo ensalzó mi lengua. R.

Bendito sea Dios, | que no rechazó mi súplica, | ni me retiró
su favor. R.

ALELUYA   Jn 6, 51

Yo soy el pan vivo que ha bajado del cielo —dice el Señor—; el que coma de este pan vivirá para siempre.

EVANGELIO

Yo soy el pan vivo que ha bajado del cielo

✠ LECTURA DEL S. EVANGELIO SEGUN
SAN JUAN   6, 44-51

En aquel tiempo, dijo Jesús a los judíos: «Nadie puede venir
a mí, si no lo trae el Padre que me ha enviado. Y yo lo resucitaré el último día. Está escrito en los profetas: 'Serán todos discípulos de Dios.' Todo el que escucha lo que dice el Padre y
aprende, viene a mí. No es que nadie haya visto al Padre, a no
ser el que viene de Dios: ése ha visto al Padre. Os lo aseguro:
el que cree, tiene vida eterna. Yo soy el pan de la vida. Vuestros
padres comieron en el desierto el maná y murieron; éste es el pan
que baja del cielo, para que el hombre coma de él y no muera.

Yo soy el pan vivo que ha bajado del cielo: el que coma de este pan vivirá para siempre. Y el pan que yo daré es mi carne, para vida del mundo.»

Palabra del Señor.

ORACION SOBRE LAS OFRENDAS

Oh Dios, que por el admirable trueque de este sacrificio nos haces partícipes de tu divinidad; concédenos que nuestra vida sea manifestación y testimonio de esta verdad que conocemos. Por Jesucristo.

Prefacio pascual, pp. 1069-73.

ANTIFONA DE COMUNION
2 Cor 5, 15

Cristo murió por todos, para que los que viven ya no vivan para sí, sino para el que murió y resucitó por ellos. Aleluya.

ORACION DESPUES DE LA COMUNION

Ven, Señor, en ayuda de tu pueblo, y, ya que nos has iniciado en los misterios de tu reino, haz que abandonemos nuestra antigua vida de pecado y vivamos, ya desde ahora, la novedad de la vida eterna. Por Jesucristo.

TERCERA SEMANA DE PASCUA   VIERNES

ANTIFONA DE ENTRADA
Ap 5, 12

Digno es el Cordero degollado de recibir el poder, la riqueza, la sabiduría, la fuerza, el honor, la gloria y la alabanza. Aleluya.

ORACION COLECTA

Te pedimos, Señor, que ya que nos has dado la gracia de conocer la resurrección de tu Hijo, nos concedas también que el

Espíritu Santo, con su amor, nos haga resucitar a una vida nueva. Por nuestro Señor.

PRIMERA LECTURA

Este hombre es un instrumento elegido por mí para dar a conocer mi nombre a los pueblos

LECTURA DE LOS HECHOS DE LOS APOSTOLES

9, 1-20

En aquellos días, Saulo seguía echando amenazas de muerte contra los discípulos del Señor. Fue a ver al sumo sacerdote y le pidió cartas para las sinagogas de Damasco, autorizándolo a traerse presos a Jerusalén a todos los que seguían el nuevo camino, hombres y mujeres. En el viaje, cerca ya de Damasco, de repente, un relámpago lo envolvió con su resplandor. Cayó a tierra y oyó una voz que le decía: «Saulo, Saulo, ¿por qué me persigues?» Preguntó él: «¿Quién eres, Señor?» Respondió la voz: «Soy Jesús, a quien tú persigues. Levántate, entra en la ciudad y allí te dirán lo que tienes que hacer.» Sus compañeros de viaje se quedaron mudos de estupor, porque oían la voz, pero no veían a nadie. Saulo se levantó del suelo y aunque tenía los ojos abiertos, no veía. Lo llevaron de la mano hasta Damasco. Allí estuvo tres días ciego, sin comer ni beber.

Había en Damasco un discípulo, que se llamaba Ananías. El Señor lo llamó en una visión: «Ananías.» Respondió él: «Aquí estoy, Señor.» El Señor le dijo: «Vé a la Calle Mayor, a casa de Judas y pregunta por un tal Saulo de Tarso. Está orando, y ha visto a un cierto Ananías que entra y le impone las manos para que recobre la vista.» Ananías contestó: «Señor, he oído a muchos hablar de ese individuo y del daño que ha hecho a tus fieles en Jerusalén. Además trae autorización de los sumos sacerdotes para llevarse presos a todos los que invocan tu nombre.» El Señor le dijo: «Anda, vé; que ese hombre es un instrumento elegido por mí para dar a conocer mi nombre a pueblos y reyes, y a los israelitas. Yo le enseñaré lo que tiene que sufrir por mi nombre.» Salió Ananías, entró en la casa, le impuso las manos y dijo: «Hermano Saulo, el Señor Jesús que se te apareció cuando venías por el camino, me ha enviado para que recobres la vista y te llenes de Espíritu Santo.» Inmediatamente se le cayeron de los ojos una especie de escamas, y recobró la vista. Se levantó y lo bautizaron. Comió y le volvieron las fuerzas.

Se quedó unos días con los discípulos de Damasco, y luego se puso a predicar en las sinagogas afirmando que Jesús es el Hijo de Dios.

Palabra de Dios.

SALMO RESPONSORIAL 116

℟ **Id a todo el mundo | y proclamad el Evangelio** (o Aleluya).

Alabad al Señor todas las naciones, | aclamadlo, todos los pueblos. ℟.

Firme es su misericordia con nosotros, | su fidelidad permanece por siempre. ℟.

ALELUYA   Jn 6, 56

El que come mi carne y bebe mi sangre habita en mí y yo en él —dice el Señor—.

EVANGELIO

Mi carne es verdadera comida y mi sangre es verdadera bebida

✠ **LECTURA DEL S. EVANGELIO SEGUN SAN JUAN**   6, 52-59

En aquel tiempo, disputaban los judíos entre sí: «¿Cómo puede éste darnos a comer su carne? Entonces Jesús les dijo: «Os aseguro, que si no coméis la carne del Hijo del Hombre y no bebéis su sangre, no tenéis vida en vosotros. El que come mi carne y bebe mi sangre, tiene vida eterna, y yo lo resucitaré en el último día. Mi carne es verdadera comida y mi sangre es verdadera bebida. El que come mi carne y bebe mi sangre, habita en mí y yo en él. El Padre que vive me ha enviado y yo vivo por el Padre; del mismo modo, el que me come, vivirá por mí. Este es el pan que ha bajado del cielo: no como el de vuestros padres, que lo comieron y murieron: el que come este pan vivirá para siempre. Esto lo dijo Jesús en la sinagoga, cuando enseñaba en Cafarnaún.

Palabra del Señor.

ORACION SOBRE LAS OFRENDAS

Santifica, Señor, estos dones, acepta la ofrenda de este sacrificio espiritual y a nosotros transfórmanos en oblación perenne. Por Jesucristo.

Prefacio pascual, pp. 1069-73.

ANTIFONA DE COMUNION

El crucificado resucitó de entre los muertos y nos rescató. Aleluya.

ORACION DESPUES DE LA COMUNION

Después de recibir los santos misterios, humildemente te pedimos, Señor, que esta Eucaristía, celebrada, como memorial de tu Hijo, nos haga progresar en el amor. Por Jesucristo nuestro Señor.

TERCERA SEMANA DE PASCUA   SABADO

ANTIFONA DE ENTRADA   Col 2, 12

Por el bautismo fuisteis sepultados con Cristo y habéis resucitado con él, porque habéis creído en la fuerza de Dios que lo resucitó. Aleluya.

ORACION COLECTA

Oh Dios, que has renovado por las aguas del bautismo a los que creen en ti; concede tu ayuda a los que han renacido en Cristo, para que venzan las insidias del mal y permanezcan siempre fieles a los dones que de ti han recibido. Por nuestro Señor.

PRIMERA LECTURA

La Iglesia se iba construyendo y se multiplicaba animada por el Espíritu Santo

LECTURA DE LOS HECHOS DE LOS APOSTOLES

9, 31-42

En aquellos días, la Iglesia gozaba de paz en toda Judea, Galilea y Samaria. Se iba construyendo y progresaba en la fidelidad al Señor, y se multiplicaba animada por el Espíritu Santo.

Pedro recorría el país y bajó a ver a los fieles que residían en Lida. Encontró allí a un cierto Eneas, un paralítico que desde hacía ocho años no se levantaba de la camilla. Pedro le dijo: «Eneas, Jesucristo te da la salud: levántate y haz la cama.» Se levantó inmediatamente.

Lo vieron todos los vecinos de Lida y de Sarón, y se convirtieron al Señor.

Había en Jafa una discípula llamada Tabita (que significa Gacela). Tabita hacía infinidad de obras buenas y de limosnas. Por entonces cayó enferma y murió. La lavaron y la pusieron en la sala de arriba.

Lida está cerca de Jafa. Al enterarse los discípulos de que Pedro estaba allí, enviaron dos hombres a rogarle que fuera a Jafa sin tardar. Pedro se fue con ellos. Al llegar a Jafa, lo llevaron a la sala de arriba, y se le presentaron las viudas mostrándole con lágrimas los vestidos y mantos que hacía Gacela cuando vivía. Pedro mandó salir fuera a todos. Se arrodilló, se puso a rezar y dirigiéndose a la muerta dijo: «Tabita, levántate.» Ella abrió los ojos y al ver a Pedro se incorporó. El la cogió de la mano, la levantó y llamando a los fieles y a las viudas, se la presentó viva.

Esto se supo por todo Jafa, y muchos creyeron en el Señor.

Palabra de Dios.

SALMO RESPONSORIAL 115

R. **¿Cómo pagaré al Señor | todo el bien que me ha hecho?** (o Aleluya).

¿Cómo pagaré al Señor | todo el bien que me ha hecho? | Alzaré la copa de la salvación, | invocando su nombre. R.

Cumpliré al Señor mis votos, | en presencia de todo el pueblo. | Mucho le cuesta al Señor | la muerte de sus fieles. R.

Señor, yo soy tu siervo, | siervo tuyo, hijo de tu esclava: | Rompiste mis cadenas. | Te ofreceré un sacrificio de alabanza, | invocando tu nombre, Señor. R.

ALELUYA   Cf. Jn 6, 63b,68b

Tus palabras, Señor, son espíritu y vida; tú tienes palabras de vida eterna.

EVANGELIO

¿A quién vamos a acudir? Tú tienes Palabras de vida eterna

✠ **LECTURA DEL S. EVANGELIO SEGUN SAN JUAN**
                                                               6, 60-69

En aquel tiempo, muchos discípulos de Jesús al oírlo, dijeron: «Este modo de hablar es duro, ¿quién puede hacerle caso?» Adivinando Jesús que sus discípulos lo criticaban les dijo: «¿Esto os hace vacilar?, ¿y si viérais al Hijo del Hombre subir a donde estaba antes? El Espíritu es quien da vida; la carne no sirve de nada. Las Palabras que os he dicho son espíritu y vida. Y con todo, algunos de vosotros no creen.» (Pues Jesús sabía desde el principio quiénes no creían y quién lo iba a entregar.) Y dijo:

«Por eso os he dicho que nadie puede venir a mí si el Padre no se lo concede.» Desde entonces, muchos discípulos suyos se echaron atrás y no volvieron a ir con él. Entonces Jesús les dijo a los Doce: «¿También vosotros queréis marcharos?» Simón Pedro le contestó: «Señor, ¿a quién vamos a acudir? Tú tienes Palabras de vida eterna; nosotros creemos y sabemos que tú eres el Santo consagrado por Dios.»

Palabra del Señor.

ORACION SOBRE LAS OFRENDAS

Acoge Señor, con bondad las ofrendas de tu pueblo, para que, bajo tu protección, conserve los dones pascuales y alcance la felicidad eterna. Por Jesucristo.

Prefacio pascual, pp. 1069-73.

ANTIFONA DE COMUNION   Jn 17, 20-21

Padre, por ellos ruego, para que todos sean uno en nosotros y así crea el mundo que tú me has enviado, dice el Señor. Aleluya.

ORACION DESPUES DE LA COMUNION

Dios todopoderoso, no ceses de proteger con amor a los que has salvado, para que así, quienes hemos sido redimidos por la pasión de tu Hijo, podamos alegrarnos en su resurrección. Por Jesucristo.

CUARTO DOMINGO DE PASCUA
Domingo del Buen Pastor

«El Señor es mi pastor, nada me falta», «Dad gracias al Señor porque es bueno», «Somos su pueblo y ovejas de su rebaño» son frases de los salmos responsoriales de este domingo orientado al título de Cristo como Buen Pastor. Por su éxodo pascual Jesús

es el que ha cruzado las fronteras de la muerte y puede conducirnos a través de ellas a la vida eterna; así en el Evangelio A dice:
«Yo soy la puerta de las ovejas: quien entre por mí se salvará».
En los ciclos B y C se sigue leyendo el mismo capítulo 10 de san
Juan donde Jesús se define a sí mismo como el Buen Pastor que
da la vida por sus ovejas, que escuchan su voz y le siguen. La
segunda lectura A abunda en el tema evangélico recordando la
imagen de Isaías que profetizaba al Siervo de Yawéh como un
cordero inofensivo ante la muerte; cordero y pastor, Cristo nos
dejó marcado un camino con sus huellas ensangrentadas. También el Apocalipsis (2, B) presenta a Cristo con los mismos títulos, pero glorioso en el cielo, víctima inmortal y guía universal.

Nosotros somos ahora el débil rebaño del Hijo de Dios (Oración colecta) que recibe de su Pastor el agua, la unción y la mesa
donde somos iniciados como hijos adoptivos del Padre celestial,
por eso pedimos hoy que toda la Iglesia, y dentro de ella quienes
ejercen por vocación de Cristo su ministerio pastoral, tenga parte
en la admirable victoria del Resucitado.

ANTIFONA DE ENTRADA

Sal 32, 5-6

La misericordia del Señor llena la tierra, la palabra de
Dios hizo el cielo.

ORACION COLECTA

Dios todopoderoso y eterno, que has dado a tu Iglesia el
gozo inmenso de la resurrección de Jesucristo; concédenos también la alegría eterna del reino de tus elegidos, para que así el débil rebaño de tu Hijo tenga parte en la admirable victoria de su
Pastor. Por nuestro Señor.

ORACION SOBRE LAS OFRENDAS

Concédenos, Señor, darte gracias siempre por estos misterios
pascuales, para que esta actualización repetida de nuestra redención sea para nosotros fuente de gozo incesante. Por Jesucristo.

Prefacio pascual, pp. 1069-73.

ANTIFONA DE COMUNION

Ha resucitado el Buen Pastor que dio la vida por sus ovejas y se dignó morir por su grey. Aleluya.

ORACION DESPUES DE LA COMUNION

Pastor bueno, vela con solicitud sobre nosotros y haz que el rebaño adquirido por la sangre de tu Hijo pueda gozar eternamente de las verdes praderas de tu Reino. Por Jesucristo.

CICLO A (Años 1990, 1993, 1996, 1999, 2002, 2005)

PRIMERA LECTURA

Dios lo ha constituido Señor y Mesías

LECTURA DEL LIBRO DE LOS HECHOS DE LOS APOSTOLES

2, 14a.36-41

El día de Pentecostés se presentó Pedro con los Once, pidió atención y les dirigió la palabra: «Todo Israel esté cierto de que al mismo Jesús, a quien vosotros crucificasteis, Dios lo ha constituido Señor y Mesías.» Estas palabras les traspasaron el corazón, y preguntaron a Pedro y a los demás apóstoles: «¿Qué tenemos que hacer, hermanos?» Pedro les contestó: «Convertíos y bautizaos todos en nombre de Jesucristo para que se os perdonen los pecados, y recibiréis al Espíritu Santo. Porque la promesa vale para vosotros y para vuestros hijos, y además, para todos los que llame el Señor Dios nuestro, aunque estén lejos.» Con estas y otras muchas razones les urgía y los exhortaba diciendo: «Escapad de esta generación perversa.» Los que aceptaron sus palabras se bautizaron, y aquel día se les agregaron unos tres mil.

Palabra de Dios.

SALMO RESPONSORIAL 22

℟ **El Señor es mi pastor,** | **nada me falta** (o, Aleluya.)

El Señor es mi pastor, | nada me falta: | en verdes praderas
me hace recostar, | me conduce hacia fuentes tranquilas | y repa-
ra mis fuerzas. ℟

Me guía por el sendero justo, | por el honor de su nombre. |
Aunque camine por cañadas oscuras, | nada temo, porque tú vas
conmigo: | tu vara y tu cayado me sosiegan. ℟

Preparas una mesa ante mí | enfrente de mis enemigos; | me
unges la cabeza con perfume, | y mi copa rebosa. ℟

Tu bondad y tu misericordia me acompañan | todos los días
de mi vida, | y habitaré en la casa del Señor | por años sin tér-
mino. ℟

SEGUNDA LECTURA

Habéis vuelto al pastor y guardián de vuestras vidas

LECTURA DE LA PRIMERA CARTA DEL
APOSTOL SAN PEDRO   2, 20b-25

Queridos hermanos: Si obrando el bien soportáis el sufrimiento, hacéis una cosa hermosa ante Dios, pues para esto habéis
sido llamados, ya que también Cristo padeció su pasión por vosotros, dejándoos un ejemplo para que sigáis sus huellas. El no
cometió pecado ni encontraron engaño en su boca; cuando lo insultaban, no devolvía el insulto; en su pasión no profería amenazas; al contrario se ponía en manos del que juzga justamente.
Cargado con nuestros pecados subió al leño, para que, muertos
al pecado, vivamos para la justicia. Sus heridas os han curado.
Andabais descarriados como ovejas, pero ahora habéis vuelto al
pastor y guardián de vuestras vidas.

Palabra de Dios.

ALELUYA   Jn 10, 14

Yo soy el buen Pastor, dice el Señor, conozco a mis ovejas y las mías me conocen.

EVANGELIO

Yo soy la puerta de las ovejas

✠ LECTURA DEL S. EVANGELIO SEGUN
SAN JUAN   10, 1-10

En aquel tiempo, dijo Jesús: «Os aseguro que el que no entra
por la puerta en el aprisco de las ovejas, sino que salta por otra
parte, ése es ladrón y bandido; pero el que entra por la puerta es
pastor de las ovejas. A éste le abre el guarda y las ovejas atien-
den a su voz, y él va llamando por el nombre a sus ovejas y las
saca fuera. Cuando ha sacado todas las suyas camina delante de
ellas, y las ovejas lo siguen, porque conocen su voz: a un extraño
no lo seguirán, sino que huirán de él, porque no conocen la voz
de los extraños.» Jesús les puso esta comparación pero ellos no
entendieron de qué les hablaba. Por eso añadió Jesús: «Os aseguro que yo soy la puerta de las ovejas. Todos los que han venido
antes de mí son ladrones y bandidos; pero las ovejas no los escucharon. Yo soy la puerta: quien entre por mí se salvará y podrá
entrar y salir, y encontrará pastos. El ladrón no entra sino para
robar y matar y hacer estrago; yo he venido para que tengan
vida y la tengan abundante.»

Palabra del Señor.

Se dice «Credo».

CICLO B (Años 1991, 1994, 1997, 2000, 2003, 2006)

PRIMERA LECTURA

Ningún otro puede salvar

LECTURA DEL LIBRO DE LOS HECHOS DE
LOS APOSTOLES   4, 8-12

En aquellos días, Pedro, lleno del Espíritu Santo, dijo: «Jefes
del pueblo y senadores, escuchadme: porque le hemos hecho un

favor a un enfermo, nos interrogáis hoy para averiguar qué poder ha curado a este hombre. Pues quede bien claro, a vosotros y a todo Israel, que ha sido el nombre de Jesucristo Nazareno, a quien vosotros crucificasteis y a quien Dios resucitó de entre los muertos; por su nombre, se presenta éste sano ante vosotros. Jesús es la piedra que desechasteis vosotros, los arquitectos, y que se ha convertido en piedra angular; ningún otro puede salvar y, bajo el cielo, no se nos ha dado otro nombre que pueda salvarnos.»

Palabra de Dios.

SALMO RESPONSORIAL 117

℟ **La piedra que desecharon los arquitectos, | es ahora la piedra angular** (o, Aleluya.)

Dad gracias al Señor porque es bueno, | porque es eterna su misericordia. | Mejor es refugiarse en el Señor | que fiarse de los hombres; | mejor es refugiarse en el Señor, | que fiarse de los jefes. ℟.

Te doy gracias, porque me escuchaste | y fuiste mi salvación. | La piedra que desecharon los arquitectos, | es ahora la piedra angular. | Es el Señor quien lo ha hecho, | ha sido un milagro patente. ℟.

Bendito el que viene en nombre del Señor, | os bendecimos desde la casa del Señor. | Tú eres mi Dios, te doy gracias. | Dios mío, yo te ensalzo. | Dad gracias al Señor porque es bueno, | porque es eterna su misericordia. ℟.

SEGUNDA LECTURA

Veremos a Dios tal cual es

LECTURA DE LA PRIMERA CARTA DEL APOSTOL SAN JUAN   3, 1-2

Queridos hermanos: Mirad qué amor nos ha tenido el Padre para llamarnos hijos de Dios, pues, ¡lo somos! El mundo no nos conoce porque no le conoció a El. Queridos: ahora somos hijos de Dios y aún no se ha manifestado lo que seremos. Sabemos que, cuando se manifieste, seremos semejantes a El, porque le veremos tal cual es.

Palabra de Dios.

ALELUYA   Jn 10, 14

Yo soy el buen Pastor, dice el Señor, conozco a mis ovejas y las mías me conocen.

EVANGELIO
El buen pastor da la vida por sus ovejas

✠ LECTURA DEL S. EVANGELIO SEGUN
SAN JUAN   10, 11-18

En aquel tiempo dijo Jesús: «Yo soy el buen Pastor. El buen pastor da la vida por las ovejas; el asalariado, que no es pastor ni dueño de las ovejas, ve venir al lobo, abandona las ovejas y huye; y el lobo hace estragos y las dispersa; y es que a un asalariado no le importan las ovejas. Yo soy el buen Pastor, que conozco a las mías y las mías me conocen, igual que el Padre me conoce y yo conozco al Padre; yo doy mi vida por las ovejas.

Tengo, además, otras ovejas que no son de este redil; también a ésas las tengo que traer, y escucharán mi voz y habrá un solo rebaño, un solo Pastor. Por eso me ama el Padre: porque yo entrego mi vida para poder recuperarla. Nadie me la quita, sino que yo la entrego libremente. Tengo poder para quitarla y tengo poder para recuperarla. Este mandato he recibido de mi Padre.»

Palabra del Señor.

Se dice «Credo».

CICLO C (Años 1989, 1992, 1995, 1998, 2001, 2004)

PRIMERA LECTURA

Nos dedicamos a los gentiles

LECTURA DEL LIBRO DE LOS HECHOS DE LOS APOSTOLES

13, 14.43-52

En aquellos días, Pablo y Bernabé desde Perge siguieron hasta Antioquía de Pisidia; el sábado entraron en la sinagoga y tomaron asiento.

Muchos judíos y prosélitos practicantes se fueron con Pablo y Bernabé, que siguieron hablando con ellos, exhortándolos a ser fieles a la gracia de Dios. El sábado siguiente casi toda la ciudad acudió a oír la Palabra de Dios. Al ver el gentío, a los judíos les dio mucha envidia y respondían con insultos a las palabras de Pablo. Entonces Pablo y Bernabé dijeron sin contemplaciones: «Teníamos que anunciaros primero a vosotros la Palabra de Dios; pero como la rechazáis y no os consideráis dignos de la vida eterna, sabed que nos dedicamos a los gentiles. Así nos lo ha mandado el Señor: Yo te haré luz de los gentiles, para que lleves la salvación hasta el extremo de la tierra.» Cuando los gentiles oyeron esto, se alegraron mucho y alababan la Palabra del Señor; y los que estaban destinados a la vida eterna, creyeron. La Palabra del Señor se iba difundiendo por toda la región. Pero los judíos incitaron a las señoras distinguidas y devotas y a los principales de la ciudad, provocando una persecución contra Pablo y Bernabé y los expulsaron del territorio. Ellos sacudieron el polvo de los pies, como protesta contra la ciudad y se fueron a Iconio. Los discípulos quedaron llenos de alegría y de Espíritu Santo.

Palabra de Dios.

SALMO RESPONSORIAL 99

℞ **Somos su pueblo y ovejas de su rebaño** (o, Aleluya.)

Aclama al Señor, tierra entera | servid al Señor con alegría, | entrad en su presencia con vítores. ℞.

Sabed que el Señor es Dios: | que él nos hizo y somos suyos, | su pueblo y ovejas de su rebaño. ℟.

El Señor es bueno, | su misericordia es eterna, | su fidelidad por todas las edades. ℟.

SEGUNDA LECTURA

El Cordero será su pastor, y los conducirá hacia fuentes de aguas vivas

LECTURA DEL LIBRO DEL APOCALIPSIS 7, 9.14b-17

Yo, Juan, vi una muchedumbre inmensa, que nadie podría contar, de toda nación, razas, pueblos y lenguas, de pie delante del trono y del Cordero, vestidos con vestiduras blancas y con palmas en sus manos. Y uno de los ancianos me dijo: «Estos son los que vienen de la gran tribulación, han lavado y blanqueado sus mantos en la sangre del Cordero. Por eso están ante el trono de Dios dándole culto día y noche en su templo.

El que se sienta en el trono acampará entre ellos. Ya no pasarán hambre ni sed, no les hará daño ni el sol ni el bochorno. Porque el Cordero que está delante del trono será su pastor, y los conducirá hacia fuentes de aguas vivas. Y Dios enjugará las lágrimas de sus ojos.»

Palabra de Dios.

ALELUYA Jn 10,14

Yo soy el Buen Pastor, dice el Señor,
conozco mis ovejas y ellas me conocen.

EVANGELIO

Yo doy la vida eterna a mis ovejas

✠ LECTURA DEL S. EVANGELIO SEGUN SAN JUAN 10, 27-30

En aquel tiempo, dijo Jesús: «Mis ovejas escuchan mi voz, y yo las conozco y ellas me siguen, y yo les doy la vida eterna; no perecerán para siempre y nadie las arrebatará de mi mano. Mi Padre, que me las has dado, supera a todos y nadie puede arrebatarlas de la mano de mi Padre. Yo y el Padre somos uno.»

Palabra del Señor.

Se dice «Credo».

CUARTA SEMANA DE PASCUA   LUNES

ANTIFONA DE ENTRADA   Rom 6, 9

Cristo, una vez resucitado entre los muertos, ya no muere más; la muerte ya no tiene dominio sobre él. Aleluya.

ORACION COLECTA

Oh Dios, que por medio de la humillación de tu Hijo levantaste la humanidad caída; concede a tus fieles la verdadera alegría, para que quienes han sido librados de la esclavitud del pecado alcancen también la felicidad eterna. Por nuestro Señor Jesucristo.

PRIMERA LECTURA

También a los gentiles les ha otorgado Dios la conversión que lleva a la vida

LECTURA DE LOS HECHOS DE LOS APOSTOLES   11, 1-18

En aquellos días, los apóstoles y los hermanos de Judea se enteraron de que también los gentiles habían recibido la Palabra de Dios. Cuando Pedro subió a Jerusalén, los partidarios de la circuncisión le reprocharon: «Has entrado en casa de incircuncisos y has comido con ellos.»

Pedro entonces se puso a exponerles los hechos por su orden: «Estaba yo orando en la ciudad de Jafa, cuando tuve en éxtasis una visión: Algo que bajaba, una especie de toldo grande, cogido de los cuatro picos, que se descolgaba del cielo hasta donde yo estaba. Miré dentro y vi cuadrúpedos, fieras, reptiles y pájaros. Luego oí una voz que me decía: 'Anda, Pedro, mata y come' Yo respondí: 'Ni pensarlo, Señor; jamás ha entrado en mi boca nada profano o impuro'. La voz del cielo habló de nuevo: 'Lo que Dios ha declarado puro, no lo llames tú profano'. Esto se repitió tres veces, y de un tirón lo subieron todo al cielo.

En aquel preciso momento se presentaron en la casa donde estábamos tres hombres que venían de Cesarea con un recado para mí. El Espíritu me dijo que me fuera con ellos sin más. Me acompañaron estos seis hermanos y entramos en casa de aquel hombre. El nos contó que había visto en su casa al ángel que le decía: 'Manda recado a Jafa e invita a Simón Pedro a que venga; lo que te diga te traerá la salvación a ti y a tu familia'. En cuanto empecé a hablar, bajó sobre ellos el Espíritu Santo, igual que había bajado sobre nosotros al principio; me acordé de lo que había dicho el Señor: 'Juan bautizó con agua, pero vosotros seréis bautizados con Espíritu Santo'. Pues si Dios les ha dado a ellos el mismo don que a nosotros por haber creído en el Señor Jesucristo, ¿quién era yo para oponerme a Dios?»

Con esto se calmaron y alabaron a Dios diciendo: «También a los gentiles les ha otorgado la conversión que lleva a la vida.»

Palabra de Dios.

SALMO RESPONSORIAL 41-42

℟ **Mi alma tiene sed de ti, | Dios vivo** (o Aleluya).

Como busca la cierva corrientes de agua, | así mi alma te busca | a ti, Dios mío; | Tiene sed de Dios, | del Dios vivo: | ¿Cuando entraré a ver | el rostro de Dios? ℟

Envía tu luz y tu verdad: | Que ellas me guíen | y me con-
duzcan hasta tu monte santo, | hasta tu morada. ℞.

Que yo me acerque al altar de Dios, | al Dios de mi ale-
gría; | que te dé gracias al son de la cítara, | Dios, Dios mío. ℞.

ALELUYA   Jn 10, 14

Yo soy el Buen Pastor, dice el Señor, conozco mis ovejas
y ellas me conocen.

EVANGELIO

Yo soy la puerta de las ovejas

✠ LECTURA DEL S. EVANGELIO SEGUN
SAN JUAN   10, 1-10

En aquel tiempo, dijo Jesús: «Os aseguro que el que no entra
por la puerta en el aprisco de las ovejas, sino que salta por otra
parte, ése es ladrón y bandido; pero el que entra por la puerta
es pastor de las ovejas. A éste le abre el guarda y las ovejas atien-
den a su voz, y él va llamando por el nombre a sus ovejas y las
saca fuera. Cuando ha sacado todas las suyas, camina delante de
ellas y las ovejas lo siguen, porque conocen su voz: a un extraño
no lo seguirán, sino que huirán de él, porque no conocen la voz
de los extraños.»

Jesús les puso esta comparación, pero ellos no entendieron
de qué les hablaba. Por eso añadió Jesús: «Os aseguro que yo
soy la puerta de las ovejas. Todos los que han venido antes de
mí son ladrones y bandidos: pero las ovejas no los escucharon.
Yo soy la puerta: quien entra por mí, se salvará, y podrá entrar
y salir, y encontrará pastos. El ladrón no entra sino para robar
y matar, y hacer estrago: yo he venido para que tengan vida y
la tengan abundante.»

Palabra del Señor.

*Para los Años A, en que se ha leído el Evangelio de San Juan (10,
1-10) el domingo anterior:*

EVANGELIO

El Buen Pastor da la vida por sus ovejas

✠ LECTURA DEL S. EVANGELIO SEGUN SAN JUAN

10, 11-18

En aquel tiempo, dijo Jesús: «Yo soy el buen Pastor. El buen Pastor da la vida por las ovejas: el asalariado, que no es pastor ni dueño de las ovejas, ve venir al lobo, abandona las ovejas y huye; y el lobo hace estrago y las dispersa; y es que a un asalariado no le importan las ovejas. Yo soy el buen Pastor, que conozco a las mías y las mías me conocen, igual que el Padre me conoce y yo conozco al Padre; yo doy mi vida por las ovejas.

Tengo, además, otras ovejas que no son de este redil: también a ésas las tengo que traer; y escucharán mi voz y habrá un solo rebaño y un solo Pastor. Por esto me ama el Padre: porque yo entrego mi vida para poder recuperarla. Nadie me la quita, sino que yo la entrego libremente. Tengo poder para entregarla y tengo poder para recuperarla: Este mandato he recibido de mi Padre.»

Palabra del Señor.

ORACION SOBRE LAS OFRENDAS

Recibe, Señor, las ofrendas de tu Iglesia exultante de gozo, y pues en la resurrección de tu Hijo nos diste motivo de tanta alegría, concédenos participar de este gozo eterno. Por Jesucristo nuestro Señor.

Prefacio pascual, pp. 1069-73.

ANTIFONA DE COMUNION

Jn 20, 19

Jesús se puso en medio de sus discípulos y les dijo: Paz a vosotros, Aleluya.

ORACION DESPUES DE LA COMUNION

Mira, Señor, con bondad a tu pueblo, y ya que has querido renovarlo con estos sacramentos de vida eterna, concédele también la resurreción gloriosa. Por Jesucristo.

CUARTA SEMANA DE PASCUA

MARTES

ANTIFONA DE ENTRADA   Ap 19, 7. 6

Con alegría y regocijo demos gloria a Dios, porque ha establecido su reinado el Señor, nuestro Dios todopoderoso. Aleluya.

ORACION COLECTA

Te pedimos, Señor, todopoderoso, que la celebración de las fiestas de Cristo resucitado aumente en nosotros la alegría de sabernos salvados. Por nuestro Señor.

PRIMERA LECTURA

Se pusieron a hablar también a los griegos, anunciándoles al Señor Jesús

LECTURA DE LOS HECHOS DE LOS APOSTOLES

11, 19-26

En aquellos días, los que se habían dispersado en la persecución provocada por lo de Esteban, llegaron hasta Fenicia, Chipre y Antioquía, sin predicar la palabra más que a los judíos. Pero algunos, naturales de Chipre y de Cirene, al llegar a Antioquía, se pusieron a hablar también a los griegos, anunciándoles al Señor Jesús. Como la mano del Señor estaba con ellos, se convirtieron muchos y abrazaron la fe. Llegó noticia a la Iglesia de Jerusalén y enviaron a Bernabé a Antioquía; al llegar y ver la acción de la gracia de Dios, se alegró mucho, y exhortó a todos a seguir unidos al Señor con todo empeño; como era hombre de bien, lleno de Espíritu Santo y de fe, una multitud considerable se adhirió al Señor. Más tarde salió para Tarso, en busca de Saulo: lo encontró y se lo llevó a Antioquía. Durante un año fueron huéspedes de aquella iglesia e instruyeron a muchos. Fue en Antioquía donde por primera vez llamaron a los discípulos «cristianos».

Palabra de Dios.

SALMO RESPONSORIAL 86

℟ **Alabad al Señor todas las naciones** (o Aleluya).

El Señor ha cimentado a Sión sobre el monte santo, | y prefiere sus puertas | a todas las moradas de Jacob. | ¡Qué pregón tan glorioso para ti, | ciudad de Dios! ℟.

«Contaré a Egipto y a Babilonia | entre mis fieles; | filisteos, tirios y etíopes | han nacido allí.» | Se dirá de Sión: «Uno por uno | todos han nacido en ella: | el Altísimo en persona la ha fundado.» ℟.

El Señor escribirá en el registro de los pueblos: | «Este ha nacido allí.» | Y cantarán mientras danzan: | «Todas mis fuentes están en ti.»

ALELUYA   Jn 10, 27

Mis ovejas escuchan mi voz, dice el Señor, y yo las conozco y ellas me siguen.

EVANGELIO

Yo y el Padre somos uno

✠ LECTURA DEL S. EVANGELIO SEGUN
SAN JUAN   10, 22-30

En aquel tiempo, se celebraba en Jerusalén la fiesta de la Dedicación del Templo. Era invierno, y Jesús se paseaba en el templo por el pórtico de Salomón. Los judíos, rodeándolo, le preguntaban: «¿Hasta cuándo nos vas a tener en suspenso? Si tú eres el Mesías, dínoslo francamente.» Jesús les respondió: «Os lo he dicho y no creéis: las obras que yo hago en nombre de mi Padre, ésas dan testimonio de mí. Pero vosotros no creéis, porque no sois ovejas mías. Mis ovejas escuchan mi voz, y yo las conozco y ellas me siguen, y yo les doy la vida eterna; no perecerán para siempre y nadie las arrebatará de mi mano. Mi Padre, que me las ha dado, supera a todos y nadie puede arrebatarlas de la mano de mi Padre. Yo y el Padre somos uno.»

Palabra del Señor.

ORACION SOBRE LAS OFRENDAS

Concédenos, Señor, que la celebración de estos misterios pascuales nos llene siempre de alegría y que la actualización repetida de nuestra redención sea para nosotros fuente de gozo incesante. Por Jesucristo nuestro Señor.

Prefacio pascual, pp. 1069-73.

ANTIFONA DE COMUNION   Cf. Lc 24, 46.26

Cristo tenía que padecer y resucitar de entre los muertos, para entrar en su gloria. Aleluya.

ORACION DESPUES DE LA COMUNION

Escucha, Señor, nuestras oraciones, para que este santo intercambio, en el que has querido realizar nuestra redención, nos sostenga durante la vida presente y nos dé las alegrías eternas. Por Jesucristo.

CUARTA SEMANA DE PASCUA   MIERCOLES

ANTIFONA DE ENTRADA   Sal 17, 50; 12, 23

Te daré gracias entre las naciones, Señor; contaré tu fama a mis hermanos. Aleluya.

ORACION COLECTA

Señor, tú que eres la vida de los fieles, la gloria de los humildes y la felicidad de los santos, escucha nuestras súplicas y sacia con abundancia de tus dones a los que tienen sed de tus promesas. Por nuestro Señor.

Apartadme a Bernabé y Saulo

LECTURA DE LOS HECHOS DE LOS APOSTOLES

12, 24—13, 5a

En aquellos días, la Palabra del Señor cundía y se propagaba. Cuando cumplieron su misión, Bernabé y Saulo se volvieron a Jerusalén, llevándose con ellos a Juan Marcos.

En la Iglesia de Antioquía había profetas y maestros: Bernabé, Simeón, apodado el Moreno, Lucio el Cireneo, Manahén, hermano de leche del rey Herodes, y Saulo. Un día que ayunaban y daban culto al Señor, dijo el Espíritu Santo: «Apartadme a Bernabé y a Saulo para la tarea a que los he llamado.»

Volvieron a ayunar y a orar, les impusieron las manos y los despidieron. Con esta misión del Espíritu Santo, bajaron a Seleucia y de allí zarparon para Chipre. Llegados a Salamina, anunciaron la Palabra de Dios en las sinagogas de los judíos, llevando como asistente a Juan.

Palabra de Dios.

SALMO RESPONSORIAL 66

℟ **Oh Dios, que te alaben los pueblos, | que todos los pueblos te alaben** (o Aleluya).

El Señor tenga piedad y nos bendiga, | ilumine su rostro sobre nosotros: | Conozca la tierra tus caminos, | todos los pueblos tu salvación. ℟.

Que canten de alegría las naciones, | porque riges el mundo con justicia, | riges los pueblos con rectitud, | y gobiernas las naciones de la tierra. ℟.

Oh Dios, que te alaben los pueblos, | que todos los pueblos te alaben. | Que Dios nos bendiga; que le teman | hasta los confines del orbe. ℟.

ALELUYA

Yo soy la luz del mundo —dice el Señor—; el que me sigue tendrá la luz de la vida.

EVANGELIO

Yo he venido al mundo como luz

✠ LECTURA DEL S. EVANGELIO SEGUN SAN JUAN
                                                          12, 44-50

En aquel tiempo, exclamó Jesús: «El que cree en mí, no cree en mí, sino en el que me ha enviado. Y el que me ve a mí, ve al que me ha enviado. Yo he venido al mundo como luz, y así el que cree en mí no quedará en tinieblas. Al que oiga mis Palabras y no las cumpla, yo no le juzgo, porque no he venido para juzgar al mundo, sino para salvar al mundo. El que me rechaza y no acepta mis Palabras, tiene quien lo juzgue: la Palabra que yo he pronunciado, ésa lo juzgará en el último día. Porque yo no he hablado por cuenta mía; el Padre que me envió es quien me ha ordenado lo que he de decir y cómo he de hablar. Y sé que su mandato es vida eterna. Por tanto, lo que yo hablo, lo hablo como me ha encargado el Padre.»

Palabra del Señor.

ORACION SOBRE LAS OFRENDAS

Oh Dios, que por el admirable trueque de este sacrificio nos haces partícipes de tu divinidad; concédenos que nuestra vida sea manifestación y testimonio de esta verdad que conocemos. Por Jesucristo.

Prefacio pascual, pp. 1069-73.

ANTIFONA DE COMUNION   Cf. Jn 15, 16.19

Dice el Señor: Yo os he escogido sacándoos del mundo y os he destinado para que vayáis y deis fruto y vuestro fruto dure. Aleluya.

ORACION DESPUES DE LA COMUNION

Ven, Señor, en ayuda de tu pueblo, y, ya que nos has iniciado en los misterios de tu reino, haz que abandonemos nuestra antigua vida de pecado y vivamos, ya desde ahora, la novedad de la vida eterna. Por Jesucristo.

CUARTA SEMANA DE PASCUA   JUEVES

ANTIFONA DE ENTRADA   Cf. Sal 67, 8-9.20

Oh Dios, cuando salías al frente de tu pueblo, y acampabas con ellos, y llevabas sus cargas, la tierra tembló, el cielo destiló. Aleluya.

ORACION COLECTA

Oh Dios, que has restaurado la naturaleza humana elevándola sobre su condición original, no olvides tus inefables designios de amor y conserva en quienes han renacido por el bautismo los dones que tan generosamente han recibido. Por nuestro Señor.

PRIMERA LECTURA

Dios sacó de la descendencia de David un salvador para Israel, Jesús

LECTURA DE LOS HECHOS DE LOS APOSTOLES   13, 13-25

En aquellos días, Pablo y sus compañeros se hicieron a la vela en Pafos y llegaron a Perge de Panfilia. Juan los dejó y se volvió a Jerusalén. Desde Perge siguieron hasta Antioquía de Pisidia; el sábado entraron en la sinagoga y tomaron asiento. Acabada la lectura de la ley y los profetas, los jefes de la sinagoga les mandaron a decir: «Hermanos, si queréis exhortar al pueblo, hablad.» Pablo se puso en pie y haciendo seña de que se callaran dijo: «Israelitas y los que teméis a Dios, escuchad. El Dios de este pueblo, Israel, eligió a nuestros padres y multiplicó al pueblo cuando vivían como forasteros en Egipto. Los sacó de allí con brazo poderoso; unos cuarenta años los alimentó en el desierto, aniquiló siete naciones en el país de Canaán y les dio en posesión su territorio unos cuatrocientos años. Les dio jueces hasta el Profeta Samuel. Pidieron un rey, y Dios les dio a Saúl, hijo de Quis, de la tribu de Benjamín, que reinó cuarenta años. Lo depuso y nombró rey a David, de quien hizo esta alabanza: 'Encontré a David, hijo de Jesé, hombre conforme a mi corazón, que cumplirá todos mis preceptos'. Según lo prometido, Dios sacó de su descendencia un salvador para Israel, Jesús. Antes de que llegara, Juan predicó a todo Israel un bautismo de conversión; y cuando estaba para acabar su vida decía: 'Yo no soy quien pensáis; viene uno detrás de mí a quien no merezco desatarle las sandalias'.»

Palabra de Dios.

SALMO RESPONSORIAL 88

R Cantaré eternamente las misericordias del Señor (o Aleluya.)

Cantaré eternamente la misericordia del Señor, | anunciaré tu fidelidad por todas las edades. | Porque dije: «Tu misericordia es un edificio eterno, | más que el cielo has afianzado tu fidelidad.» R.

Encontré a David, mi siervo | y lo he ungido con óleo sagrado; | para que mi mano esté siempre con él | y mi brazo lo haga valeroso. R.

Mi fidelidad y misericordia lo acompañarán, | por mi nombre crecerá su poder. | El me invocará: «Tú eres mi padre, | mi Dios, mi Roca salvadora.» R.

ALELUYA

Ap 1, 5ab

Jesucristo, tú eres el testigo fiel, el primogénito de entre los muertos; tú nos amaste y nos has librado de nuestros pecados por tu sangre.

EVANGELIO

El que recibe a mi enviado, me recibe a mí

✠ LECTURA DEL S. EVANGELIO SEGUN
SAN JUAN

13, 16-20

Cuando Jesús acabó de lavar los pies a sus discípulos, les dijo: «Os aseguro: el criado no es más que su amo, ni el enviado es más que el que lo envía. Puesto que sabéis esto, dichosos vosotros si lo ponéis en práctica. No lo digo por todos vosotros; yo sé bien a quiénes he elegido, pero tiene que cumplirse la Escritura: 'El que compartía mi pan me ha traicionado'. Os lo digo ahora, antes de que suceda, para que cuando suceda creáis que yo soy. Os lo aseguro: El que recibe a mi enviado, me recibe a mí; y el que a mí me recibe, recibe al que me ha enviado.»

Palabra del Señor.

ORACION SOBRE LAS OFRENDAS

Que nuestra oración, Señor, y nuestras ofrendas sean gratas en tu presencia, para que así, purificados por tu gracia, podamos participar más dignamente en los sacramentos de tu amor. Por Jesucristo.

Prefacio pascual, pp. 1069-73.

ANTIFONA DE COMUNION

Mt 28, 20

Sabed que estoy con vosotros todos los días, hasta el fin del mundo. Aleluya.

ORACION DESPUES DE LA COMUNION

Dios todopoderoso y eterno, que en la resurrección de Jesucristo nos has hecho renacer a la vida eterna; haz que los sacramentos pascuales den en nosotros fruto abundante, y que el alimento de salvación que acabamos de recibir fortalezca nuestras vidas. Por Jesucristo.

CUARTA SEMANA DE PASCUA   VIERNES

ANTIFONA DE ENTRADA   Ap 5, 9-10

Con tu sangre Señor, has comprado para Dios hombres de toda tribu, lengua, pueblo y nación; has hecho de ellos una dinastía sacerdotal que sirva a Dios. Aleluya.

ORACION COLECTA

Señor Dios, origen de nuestra libertad y de nuestra salvación, escucha las súplicas de quienes te invocamos; y pues nos has salvado por la Sangre de tu Hijo, haz que vivamos siempre de ti y en ti encontremos la felicidad eterna. Por nuestro Señor Jesucristo.

PRIMERA LECTURA

Dios ha cumplido la promesa a los hijos resucitando a Jesús

LECTURA DE LOS HECHOS DE LOS APOSTOLES
                                                              13, 26-33

En aquellos días, habiendo llegado Pablo a Antioquía decía en la sinagoga: «Hermanos, descendientes de Abraham y todos los que teméis a Dios: a vosotros se os ha enviado este mensaje de salvación. Los habitantes de Jerusalén y sus autoridades no reconocieron a Jesús ni entendieron las profecías que se leen los sábados, pero las cumplieron al condenarlo. Aunque no encontraron nada que mereciera la muerte, le pidieron a Pilato que lo mandara ejecutar. Y cuando cumplieron todo lo que estaba escrito de él, lo bajaron del madero y lo enterraron. Pero Dios lo resucitó de entre los muertos. Durante muchos días se apareció a los que lo habían acompañado de Galilea a Jerusalén, y ellos son ahora sus testigos ante el pueblo. Nosotros os anunciamos que la promesa que Dios hizo a nuestros padres, nos la ha cumplido a los hijos resucitando a Jesús. Así está escrito en el salmo segundo: Tú eres mi Hijo: yo te he engendrado hoy.»

Palabra de Dios.

SALMO RESPONSORIAL 2

℟ **Tú eres mi hijo: Yo te he engendrado hoy** (o Aleluya.)

«Yo mismo he establecido a mi rey | en Sión, mi monte santo.» | Voy a proclamar el decreto del Señor: | él me ha dicho: | «Tú eres mi hijo: | Yo te he engendrado hoy.» ℟.

Pídemelo: Te daré en herencia las naciones, | en posesión, los confines de la tierra. | Los gobernarás con cetro de hierro, | los quebrarás como jarro de loza. ℟.

Y ahora reyes, sed sensatos, | escarmentad, los que regís la tierra: | Servid al Señor con temor, | rendidle homenaje temblando. ℟.

ALELUYA   Jn 14, 6

Yo soy el camino, y la verdad, y la vida —dice el Señor—; nadie va al Padre, sino por mí.

EVANGELIO
Yo soy el Camino y la Verdad y la Vida

✠ LECTURA DEL S. EVANGELIO SEGUN
SAN JUAN   14, 1-6

En aquel tiempo, dijo Jesús a sus discípulos: «Que no tiemble vuestro corazón: creed en Dios y creed también en mí. En la casa de mi Padre hay muchas estancias, y me voy a prepararos sitio. Cuando vaya y os prepare sitio, volveré y os llevaré conmigo, para que donde estoy yo, estéis también vosotros. Y adonde yo voy, ya sabéis el camino.» Tomás le dice: «Señor, no sabemos adónde vas, ¿cómo podemos saber el camino?» Jesús le responde: «Yo soy el camino, y la verdad, y la vida. Nadie va al Padre, sino por mí.»

Palabra del Señor.

ORACION SOBRE LAS OFRENDAS

Acoge, Señor, con bondad las ofrendas de tu pueblo, para que, bajo tu protección, no pierda ninguno de tus bienes y descubra los que permanecen para siempre. Por Jesucristo.

Prefacio pascual, pp. 1069-73.

ANTIFONA DE COMUNION
Rom 4, 25

Cristo nuestro Señor Jesús fue entregado por nuestros pecados y resucitado para nuestra santificación. Aleluya.

ORACION DESPUES DE LA COMUNION

Dios todopoderoso, no ceses de proteger con amor a los que has salvado, para que así quienes hemos sido redimidos por la pasión de tu Hijo podamos alegrarnos en su resurrección. Por Jesucristo.

CUARTA SEMANA DE PASCUA
SABADO

ANTIFONA DE ENTRADA
1 Pe 2, 9

Pueblo adquirido por Dios, proclamad las hazañas del que os llamó a salir de la tiniebla y a entrar en su luz maravillosa. Aleluya.

ORACION COLECTA

Dios todopoderoso y eterno, concédenos vivir siempre en plenitud el misterio pascual, para que, renacidos en el bautismo, demos fruto abundante de vida cristiana y alcancemos, finalmente, las alegrías eternas. Por nuestro Señor.

PRIMERA LECTURA

Nos dedicamos a los gentiles

LECTURA DE LOS HECHOS DE LOS APOSTOLES

13, 44-52

El sábado siguiente casi toda la ciudad acudió a oír la Palabra de Dios. Al ver el gentío, a los judíos les dio mucha envidia y respondían con insultos a las palabras de Pablo. Entonces Pablo y Bernabé dijeron sin contemplaciones: «Teníamos que anunciaros primero a vosotros la Palabra de Dios; pero como la rechazáis y no os consideráis dignos de la vida eterna, sabed que nos dedicamos a los gentiles. Así nos lo ha mandado el Señor: Yo te haré luz de los gentiles, para que seas la salvación hasta el extremo de la tierra.» Cuando los gentiles oyeron esto, se alegraron mucho y alababan la Palabra del Señor; y los que estaban destinados a la vida eterna, creyeron. La Palabra del Señor se iba difundiendo por toda la región. Pero los judíos incitaron a las señoras distinguidas y devotas y a los principales de la ciudad, provocaron una persecución contra Pablo y Bernabé y los expulsaron del territorio. Ellos sacudieron el polvo de los pies, como protesta contra la ciudad, y se fueron a Iconio. Los discípulos quedaron llenos de alegría y de Espíritu Santo.

Palabra de Dios.

SALMO RESPONSORIAL 97

℟. **Los confines de la tierra han contemplado | la victoria de nuestro Dios** (o Aleluya.)

Cantad al Señor un cántico nuevo, | porque ha hecho maravillas. | Su diestra se la ha dado la victoria, | su santo brazo. ℟.

El Señor da a conocer su victoria | revela a las naciones su justicia: | Se acordó de su misericordia y su fidelidad | en favor de la casa de Israel. ℟.

Los confines de la tierra | han contemplado la victoria de nuestro Dios. | Aclama al Señor, tierra entera, | gritad, vitoread, tocad. ℞.

ALELUYA   Jn 8, 31b-32

Si os mantenéis en mi palabra, seréis de verdad discípulos míos y conoceréis la verdad —dice el Señor—.

EVANGELIO

Quien me ha visto a mí, ha visto al Padre

✠ LECTURA DEL S. EVANGELIO SEGUN
SAN JUAN
14, 7-14

En aquel tiempo, dijo Jesús a sus discípulos: «Si me conocierais a mí, conoceríais también a mi Padre. Ahora ya lo conocéis y lo habéis visto.» Felipe le dice: «Señor, muéstranos al Padre y nos basta.» Jesús le replica: «Hace tanto que estoy con vosotros, ¿y no me conoces, Felipe? Quien me ha visto a mí, ha visto al Padre. ¿Cómo dices tú: Muéstranos al Padre? ¿No crees que yo estoy en el Padre y el Padre en mí? Lo que yo os digo no lo hablo por cuenta propia. El Padre, que permanece en mí, él mismo hace las obras. Creedme: yo estoy en el Padre y el Padre en mí. Si no, creed a las obras. Os lo aseguro: el que cree en mí, también él hará las obras que yo hago, y aun mayores. Porque yo me voy al Padre: y lo que pidáis en mi nombre, yo lo haré, para que el Padre sea glorificado en el Hijo. Si me pedís algo en mi nombre, yo lo haré.»

Palabra del Señor.

ORACION SOBRE LAS OFRENDAS

Santifica, Señor, con tu bondad estos dones, acepta la ofrenda de este sacrificio espiritual y a nosotros transfórmanos en oblación perenne. Por Jesucristo.

Prefacio pascual, pp. 1069-73.

ANTIFONA DE COMUNION   Jn 17, 24

Padre, éste es mi deseo: que los que me confiaste estén conmigo donde yo estoy y contemplen la gloria que me has dado. Aleluya.

ORACION DESPUES DE LA COMUNION

Después de recibir los santos misterios, humildemente te pedimos, Señor, que esta Eucaristía, celebrada como memorial de tu Hijo, nos haga progresar en el amor. Por Jesucristo, nuestro Señor.

QUINTO DOMINGO DE PASCUA

Domingo de los ministerios

La gracia pascual del Espíritu Santo hizo fecunda a la Iglesia primitiva, lo mismo en conversiones que en nuevos ministerios o servicios, que iban naciendo en su seno a medida que crecía y su actividad se iba haciendo más compleja y expansiva. De este modo se superó el grupo inicial de los doce apóstoles y de los discípulos directos de Cristo al asociarse primero un grupo de hombres de cultura griega, los llamados «siete diáconos» (1, A) y misioneros como Bernabé y Pablo, llamado este último al apostolado mediante una especial aparición de Jesús (1, B), que dilataban las fronteras de la Iglesia e iban instituyendo ministros (presbíteros, al modo de las sinagogas judías) (1, C) mediante la oración y la imposición de las manos. Toda la jerarquía de la Iglesia viene, pues de los apóstoles mediante el sacramento del orden, y, por aquéllos, de Cristo.

Las segundas lecturas anuncian el carácter sagrado de todos los miembros del nuevo Pueblo de Dios (A), hechos por el bautismo miembros de Cristo, sacerdote, profeta y rey; la ley de este pueblo es la del amor activo y desinteresado, imitando y obedeciendo a Jesús, en quien hemos creído (B). Este pueblo de la Nueva Alianza tiene su patria definitiva en el nuevo cielo y la nueva tierra descritos simbólicamente en el Apocalipsis (C).

En el Evangelio de los tres ciclos se comienza la lectura de pasajes escogidos del «discurso de despedida» tras la Ultima Cena, donde Jesús instruye a los discípulos en la esencia de la vida cristiana, la unión íntima con él (alegoría de la vid, ciclo B), y en la ley fundamental para su seguidores, que no es otra que él mismo como camino, verdad y vida (A), y amar como él amó (C). Este el camino de la «libertad verdadera» que nos ha de llevar a conseguir la herencia eterna (O1).

ANTIFONA DE ENTRADA   Sal 97, 1-2

Cantad al Señor un cántico nuevo, porque ha hecho maravillas; revela a las naciones su justicia.

ORACION COLECTA

Señor, tú que te has dignado redimirnos y has querido hacernos hijos tuyos; míranos siempre con amor de padre y haz que cuantos creemos en Cristo, tu Hijo, alcancemos la libertad verdadera y la herencia eterna. Por nuestro Señor Jesucristo.

ORACION SOBRE LAS OFRENDAS

Oh Dios, que por el admirable trueque de este sacrificio nos haces partícipes de tu divinidad; concédenos que nuestra vida sea manifestación y testimonio de esta verdad que conocemos. Por Jesucristo.

Prefacio pascual, pp. 1069-73.

ANTIFONA DE COMUNION   Jn 15, 1.5

Yo soy la verdadera vid, vosotros los sarmientos; el que permanece en mí y yo en él, ése da fruto abundante. Aleluya.

ORACION DESPUES DE LA COMUNION

Ven, Señor, en ayuda de tu pueblo y, ya que nos has iniciado en los misterios de tu Reino, haz que abandonemos nuestra antigua vida de pecado y vivamos, ya desde ahora, la novedad de la vida eterna. Por Jesucristo.

CICLO A (Años 1990, 1993, 1996, 1999, 2002, 2005)

PRIMERA LECTURA

Escogieron a siete hombres llenos de Espíritu Santo

LECTURA DEL LIBRO DE LOS HECHOS DE LOS APOSTOLES

6, 1-7

En aquellos días, al crecer el número de los discípulos, los de lengua griega se quejaron contra los de lengua hebrea, diciendo que en el suministro diario no atendían a sus viudas. Los apóstoles convocaron al grupo de los discípulos y les dijeron: No nos parece bien descuidar la Palabra de Dios para ocuparnos de la administración. Por tanto, hermanos, escoged a siete de vosotros, hombres de buena familia, llenos de espíritu de sabiduría, y los encargaremos de esta tarea; nosotros nos dedicaremos a la oración y al servicio de la palabra. La propuesta les pareció bien a todos y eligieron a Esteban, hombre lleno de fe y de Espíritu Santo, a Felipe, Prócoro, Nicanor, Simón, Parmenas y Nicolás, prosélito de Antioquía. Se los presentaron a los apóstoles y ellos les impusieron las manos orando.

La Palabra de Dios iba cundiendo y en Jerusalén crecía mucho el número de discípulos; incluso muchos sacerdotes aceptaban la fe.

Palabra de Dios.

SALMO RESPONSORIAL 32

℟ **Que tu misericordia, Señor, venga sobre nosotros, |
como lo esperamos de ti** (o, Aleluya.)

Aclamad, justos, al Señor, | que merece la alabanza de los
buenos; | dad gracias al Señor con la cítara, | tocad en su honor
el arpa de diez cuerdas. ℟.

La palabra del Señor es sincera | y todas sus acciones son lea-
les; | él ama la justicia y el derecho, | y su misericordia llena la
tierra. ℟.

Los ojos del Señor están puestos en sus fieles, | en los que
esperan en su misericordia, | para librar sus vidas de la muer-
te | y reanimarlos en tiempo de hambre. ℟.

SEGUNDA LECTURA

Vosotros sois una raza elegida, un sacerdocio real

LECTURA DE LA PRIMERA CARTA DEL
APOSTOL SAN PEDRO

2, 4-9

Queridos hermanos: Acercándose al Señor, la piedra viva desechada por los hombres, pero escogida y preciosa ante Dios,
también vosotros, como piedras vivas, entráis en la construcción
del templo del Espíritu, formando un sacerdocio sagrado para
ofrecer sacrificios espirituales que Dios acepta por Jesucristo.
Dice la Escritura: «Yo coloco en Sión una piedra angular, escogida y preciosa; el que crea en ella no quedará defraudado». Para
vosotros, los creyentes, es de gran precio, pero para los incrédulos es la piedra que desecharon los constructores; ésta se ha convertido en piedra angular, en piedra de tropezar y en roca de es-
trellarse. Y ellos tropiezan al no creer en la palabra: ése es su
destino. Vosotros sois una raza elegida, un sacerdocio real, una
nación consagrada, un pueblo adquirido por Dios para proclamar las hazañas del que nos llamó a salir de la tiniebla y a entrar
en su luz maravillosa.

Palabra de Dios.

ALELUYA   Jn 14, 5

Yo soy el camino y la verdad y la vida —dice el Señor.
Nadie va al Padre, sino por mí.

EVANGELIO

Yo soy el camino y la verdad y la vida

✠ LECTURA DEL S. EVANGELIO SEGUN
SAN JUAN   14, 1-12

En aquel tiempo dijo Jesús a sus discípulos: «No perdáis la
calma, creed en Dios y creed también en mí. En la casa de mi
Padre hay muchas estancias; si no, os lo habría dicho, y me voy
a prepararos sitio. Cuando vaya y os prepare sitio volveré y os
llevaré conmigo, para que donde estoy yo estéis también vosotros. Y adonde yo voy, ya sabéis el camino.» Tomás le dice:
«Señor, no sabemos a dónde vas. ¿Cómo podemos saber el camino?» Jesús le responde: «Yo soy el camino y la verdad y la vida.
Nadie va al Padre sino por mí. Si me conocierais a mí, conoceríais también a mi Padre. Ahora ya lo conocéis y lo habéis visto.» Felipe le dice: «Señor, muéstranos al Padre y nos basta.» Jesús le replica: «Hace tanto que estoy con vosotros, ¿y no me conoces, Felipe? Quien me ha visto a mí ha visto al padre. ¿Cómo
dices tú: 'Muéstranos al Padre'? ¿No crees que yo estoy en el Padre y el Padre en mí? Lo que yo os digo no lo hablo por cuenta
propia. El Padre, que permanece en mí, él mismo hace las obras.
Creedme: yo estoy en el Padre y el Padre en mí. Si no, creed a
las obras. Os lo aseguro: el que cree en mí, también él hará las
obras que yo hago, y aun mayores. Porque yo me voy al Padre.»

Palabra del Señor.

Se dice «Credo».

CICLO B (Años 1991, 1994, 1997, 2000, 2003, 2006)

PRIMERA LECTURA

Les contó cómo había visto al Señor en el camino

LECTURA DEL LIBRO DE LOS HECHOS DE LOS APOSTOLES

9, 26-31

En aquellos días, llegado Pablo a Jerusalén, trataba de juntarse con los discípulos, porque no se fiaban de que fuera realmente discípulo. Entonces Bernabé se lo presentó a los apóstoles.

Saulo les contó cómo había visto al Señor en el camino, lo que le había dicho y cómo en Damasco había predicado públicamente el nombre de Jesús.

Saulo se quedó con ellos y se movía libremente en Jerusalén predicando públicamente el nombre del Señor. Hablaba y discutía también con los judíos de lengua griega, que se propusieron suprimirlo. Al enterarse los hermanos, lo bajaron a Cesarea y lo hicieron embarcarse para Tarso.

Entre tanto, la Iglesia gozaba de paz en toda Judea, Galilea y Samaria. Se iba construyendo y progresaba en la fidelidad del Señor y se multiplicaba animada por el Espíritu Santo.

Palabra de Dios.

SALMO RESPONSORIAL 21

℟ **El Señor es mi alabanza** | **en la gran asamblea** (o, Aleluya.)

Cumpliré mis votos delante de sus fieles. | Los desvalidos comerán hasta saciarse, | alabarán al Señor los que lo buscan: | viva su corazón por siempre. ℟.

Lo recordarán y volverán al Señor | hasta de los confines de la tierra; | en su presencia se postrarán | las familias de los pueblos. | Ante él se postrarán las cenizas de la tumba, | ante él se inclinarán los que bajan al polvo. ℟.

Me hará vivir para él, mi descendencia le servirá, | hablarán del Señor a la generación futura, | contarán su justicia al pueblo que ha de nacer: | todo lo que hizo el Señor. ℟.

SEGUNDA LECTURA

Este es su mandamiento que creamos y que nos amemos

LECTURA DE LA PRIMERA CARTA DEL APOSTOL SAN JUAN
3, 18-24

Hijos míos, no amemos de palabra ni de boca, sino con obras y según la verdad.

En esto conoceremos que somos de la verdad, y tranquilizaremos nuestra conciencia ante El, en caso de que condene nuestra conciencia, pues Dios es mayor que nuestra conciencia y conoce todo. Queridos, si la conciencia no nos condena, tenemos plena confianza ante Dios; y cuanto pidamos lo recibiremos de él, porque guardamos sus mandamientos y hacemos lo que le agrada.

Y éste es su mandamiento: que creamos en el nombre de su Hijo Jesucristo, y que nos amemos unos a otros tal como nos lo mandó. Quien guarda sus mandamientos permanece en Dios y Dios en él; en esto conocemos que permanece en nosotros: por el Espíritu que nos dio.

Palabra de Dios.

ALELUYA
Jn 15, 4.5b

Permaneced en mí y yo en vosotros, dice el Señor,
el que permanece en mí da fruto abundante.

EVANGELIO

El que permanece en mí y yo en él; ése da fruto abundante

✠ LECTURA DEL S. EVANGELIO SEGUN SAN JUAN
15, 1-8

En aquel tiempo dijo Jesús a sus discípulos: «Yo soy la verdadera vid y mi Padre es el labrador. A todo sarmiento mío que no da fruto lo poda para que dé más fruto. Vosotros estáis limpios por las palabras que os he hablado; permaneced en mí y yo en vosotros. Como el sarmiento no puede dar fruto por sí, si no permanece en la vid, así tampoco vosotros, si no permanecéis en mí. Yo soy la vid, vosotros los sarmientos; el que permanece en mí y yo en él ése da fruto abundante; porque sin mí no podéis hacer nada. Al que no permanece en mí, lo tiran fuera, como al sarmiento, y se seca; luego los recogen y los echan al fuego, y arden. Si permanecéis en mí y mis palabras permanecen en vosotros, pediréis lo que deseéis, y se realizará. Con esto recibe gloria mi Padre, con que deis fruto abundante; así seréis discípulos míos.»

Palabra del Señor.

Se dice «Credo».

CICLO C (Años 1989, 1992, 1995, 1998, 2001, 2004)

PRIMERA LECTURA

Contaron a la Iglesia lo que Dios había hecho por medio de ellos

LECTURA DEL LIBRO DE LOS HECHOS DE LOS APOSTOLES

14, 21b-27

En aquellos días, Pablo y Bernabé volvieron a Listra, a Iconio y a Antioquía, animando a los discípulos y exhortándolos a perseverar en la fe, diciéndoles que hay que pasar mucho para entrar en el Reino de Dios. En cada iglesia designaban presbíteros, oraban, ayunaban y los encomendaban al Señor en quien habían creído. Atravesaron Pisidia y llegaron a Panfilia. Predicaron en Perge, bajaron a Atalía y allí se embarcaron para Antioquía, de donde los habían enviado, con la gracia de Dios, a la misión que acababan de cumplir. Al llegar, reunieron a la comunidad, les contaron lo que Dios había hecho por medio de ellos y cómo había abierto a los gentiles la puerta de la fe.

Palabra de Dios.

SALMO RESPONSORIAL 144

℟. **Bendeciré tu nombre por siempre jamás, | Dios mío, mi Rey** (o, Aleluya.)

El Señor es clemente y misericordioso | lento a la cólera y rico en piedad; | el Señor es bueno con todos, | es cariñoso con todas sus criaturas. ℟.

Que todas tus criaturas te den gracias, Señor, | que te bendigan tus fieles; | que proclamen la gloria de tu reinado, | que hablen de tus hazañas. ℟.

Explicando sus hazañas a los hombres, | la gloria y majestad de tu reinado. | Tu reinado es un reinado perpetuo, | tu gobierno va de edad en edad. ℟.

SEGUNDA LECTURA

Dios enjugará las lágrimas de sus ojos

LECTURA DEL LIBRO DEL APOCALIPSIS   21, 1-5a

Yo, Juan, vi un cielo nuevo y una tierra nueva, porque el primer cielo y la primera tierra han pasado, y el mar ya no existe. Vi la ciudad santa, la nueva Jerusalén, que descendía del cielo, enviada por Dios, arreglada como una novia que se adorna para su esposo. Y escuché una voz potente que decía desde el trono:

«Esta es la morada de Dios con los hombres: acampará entre ellos. Ellos serán su pueblo y Dios estará con ellos. Enjugará las lágrimas de sus ojos. Ya no habrá muerte, ni luto, ni llanto, ni dolor. Porque el primer mundo ha pasado.» Y el que estaba sentado en el trono dijo «Todo lo hago nuevo.»

Palabra de Dios.

ALELUYA   Jn 13, 34

Os doy un mandamiento nuevo, que os améis unos a otros como yo os he amado, dice el Señor.

EVANGELIO

Os doy un mandamiento nuevo: que os améis unos a otros

✠ LECTURA DEL S. EVANGELIO SEGUN
SAN JUAN
13, 31-33a.34-35

Cuando salió Judas del cenáculo, dijo Jesús: «Ahora es glorificado el Hijo del Hombre y Dios es glorificado en él.» (Si Dios es glorificado en él, también Dios lo glorificará en sí mismo: pronto lo glorificará.)

Hijos míos, me queda poco de estar con vosotros. Os doy un mandamiento nuevo: que os améis unos a otros como yo os he amado. La señal por la que conocerán que sois discípulos míos, será que os améis unos a otros.»

Palabra del Señor.

Se dice «Credo».

QUINTA SEMANA DE PASCUA   LUNES

ANTIFONA DE ENTRADA

Ha resucitado el Buen Pastor, que dio la vida por sus ovejas y se dignó morir por su grey. Aleluya.

ORACION COLECTA

Oh Dios, que unes los corazones de tus fieles en un mismo deseo; inspira a tu pueblo el amor a tus preceptos y la esperanza en tus promesas, para que, en medio de las vicisitudes del mundo, nuestros corazones estén firmes en la verdadera alegría. Por nuestro Señor.

PRIMERA LECTURA

Os predicamos la Buena Noticia para que dejéis los dioses falsos y os convirtáis al Dios vivo

LECTURA DE LOS HECHOS DE LOS APOSTOLES
14, 5-18

En aquellos tiempos, al producirse en Iconio conatos de parte de los gentiles y de los judíos, a sabiendas de las autoridades, empezaron a moverse con intención de maltratar y apedrear a Pablo y Bernabé; ellos se dieron cuenta de la situación y se escaparon a Licaonia, a las ciudades de Listra y Derbe y alrededores, donde predicaron el Evangelio.

Había en Listra un hombre lisiado y cojo de nacimiento, que nunca había podido andar y estaba siempre sentado. Escuchaba las palabras de Pablo, y Pablo, viendo que tenía una fe capaz de curarlo, le gritó mirándolo: «Levántate, ponte derecho.» El hombre dio un salto y echó a andar. Al ver lo que Pablo había hecho, el gentío exclamó en la lengua de Licaonia: «Dioses en figura de hombres han bajado a visitarnos.» A Bernabé le llamaban Zeus y a Pablo, Hermes, porque se encargaba de hablar. El sacerdote del templo de Zeus que estaba a la entrada de la ciudad, trajo a las puertas toros adornados con guirnaldas, y, con la gente, quería ofrecerles un sacrificio.

Al darse cuenta los apóstoles Bernabé y Pablo, se rasgaron el manto e irrumpieron por medio del gentío gritando: «Hombres, ¿qué hacéis? Nosotros somos mortales igual que vosotros; os predicamos la Buena Noticia para que dejéis los dioses falsos y os convirtáis al Dios vivo que hizo el cielo, la tierra y el mar y todo lo que contienen. En el pasado dejó que cada pueblo siguiera su camino; aunque siempre se dio a conocer por sus beneficios, mandando la lluvia y las cosechas a su tiempo, dándoos comida y alegría en abundancia. Con estas palabras disuadieron al gentío, aunque a duras penas, de que les ofrecieran sacrificio.»

Palabra de Dios.

SALMO RESPONSORIAL 113 B

℟ **No a nosotros, Señor, no a nosotros, | sino a tu nombre da la gloria** (o Aleluya).

No a nosotros, Señor, no a nosotros, | sino a tu nombre da la gloria: | Por tu bondad, por tu lealtad. | ¿Por qué han de decir las naciones: | «Dónde está su Dios.»? ℟.

Nuestro Dios está en el cielo, | lo que quiere lo hace. | Sus ídolos, en cambio, son plata y oro, | hechura de manos humanas. ℟.

Benditos seáis del Señor, | que hizo el cielo y la tierra. | El cielo pertenece al Señor, | la tierra se la ha dado a los hombres. ℟.

ALELUYA   Jn 14, 26

El Espíritu Santo será quien os lo enseñe todo y os vaya recordando lo que os he dicho.

EVANGELIO

El Paráclito, el Espíritu Santo, que enviará el Padre en mi nombre, será quien os lo enseñe todo

✠ LECTURA DEL S. EVANGELIO SEGUN SAN JUAN   14, 21-26

En aquel tiempo, dijo Jesús a sus discípulos: «El que sabe mis mandamientos y los guarda, ése me ama: y al que me ama lo amará mi Padre y lo amaré yo, y me mostraré a él.» Le dijo Judas, no el Iscariote: «Señor, ¿qué ha sucedido para que te muestres a nosotros y no al mundo?» Respondió Jesús y les dijo: «El que me ama guardará mi palabra y mi Padre lo amará, y vendremos a él y haremos morada en él. El que no me ama no guardará mis palabras. Y la palabra que estáis oyendo no es mía, sino del Padre que me envió. Os he hablado de esto ahora que estoy a vuestro lado; pero el Defensor, el Espíritu Santo, que enviará el Padre en mi nombre, será quien os lo enseñe todo y os vaya recordando todo lo que os he dicho.»

Palabra del Señor.

ORACION SOBRE LAS OFRENDAS

Que nuestra oración, Señor, y nuestras ofrendas sean gratas en tu presencia, para que así, purificados por tu gracia, podamos participar más dignamente en los sacramentos de tu amor. Por Jesucristo.

Prefacio pascual, pp. 1069-73.

ANTIFONA DE COMUNION　　　　　　　　Jn 14, 27

La paz os dejo, mi paz os doy. No os la doy como la da el mundo, dice el Señor. Aleluya.

ORACION DESPUES DE LA COMUNION

Dios todopoderoso y eterno, que en la resurrección de Jesucristo nos has hecho renacer a la vida eterna; haz que los sacramentos pascuales den en nosotros fruto abundante y que el alimento de salvación que acabamos de recibir fortalezca nuestras vidas. Por Jesucristo.

QUINTA SEMANA DE PASCUA　　　　　　MARTES

ANTIFONA DE ENTRADA　　　　　　　Ap 19, 5; 12, 10

Alabad a nuestro Dios todos sus siervos, y los que le teméis, pequeños y grandes, porque ya llega la victoria, el poder y el mando de su Mesías. Aleluya.

ORACION COLECTA

Señor, tú que en la resurrección de Jesucristo nos has engendrado de nuevo para que renaciéramos a una vida eterna, fortifica la fe de tu pueblo y afianza su esperanza, a fin de que nunca dudemos que llegará a realizarse lo que nos tienes prometido. Por nuestro Señor.

PRIMERA LECTURA

Contaron a la comunidad lo que Dios había hecho por medio de ellos

LECTURA DE LOS HECHOS DE LOS APOSTOLES

14, 19-28

En aquellos días, llegaron unos judíos de Antioquía y de Iconio y se ganaron a la gente; apedrearon a Pablo y lo arrastraron fuera de la ciudad dejándolo por muerto. Entonces lo rodearon los discípulos: él se levantó y volvió a la ciudad.

Al día siguiente salió con Bernabé para Derbe; después de predicar el Evangelio en aquellas ciudades y de ganar bastantes discípulos, volvieron a Listra, a Iconio y a Antioquía. Animando a los discípulos y exhortándolos a perseverar en la fe, diciéndoles que hay que pasar mucho para entrar en el Reino de Dios. En cada Iglesia designaban presbíteros, oraban, ayunaban y los encomendaban al Señor en quien habían creído.

Atravesaron Pisidia y llegaron a Panfilia. Predicaron en Perge, bajaron a Atalía y allí se embarcaron para Antioquía, de donde los habían enviado, con la gracia de Dios, a la misión que acababan de cumplir.

Al llegar, reunieron a la comunidad, les contaron lo que Dios había hecho por medio de ellos y cómo había abierto a los gentiles la puerta de la fe. Se quedaron allí bastante tiempo con los discípulos.

Palabra de Dios.

SALMO RESPONSORIAL 144

℟ **Que tus fieles, Señor, proclamen | la gloria de tu reinado** (o Aleluya).

Que todos tus criaturas te den gracias, Señor. | Que te bendigan tus fieles, | que proclamen la gloria de tu reinado, | que hablen de tus hazañas. ℟.

Explicando tus hazañas a los hombres, | la gloria y majestad de tu reinado. | Tu reinado es un reinado perpetuo, | tu gobierno va de edad en edad. ℟.

Pronuncie mi boca la alabanza del Señor, | todo viviente bendiga su santo nombre, | por siempre jamás. ℟.

ALELUYA

Lc 24, 26

Era necesario que el Mesías padeciera, y resucitara de entre los muertos, para entrar en su gloria.

EVANGELIO

Mi paz os doy

✠ LECTURA DEL S. EVANGELIO SEGUN
SAN JUAN

14, 27-31a

En aquel tiempo dijo Jesús a sus discípulos: «La Paz os dejo, mi Paz os doy: no os la doy yo como la da el mundo. Que no tiemble vuestro corazón ni se acobarde. Me habéis oído decir: Me voy y vuelvo a vuestro lado. Si me amarais, os alegraríais de que vaya al Padre, porque el Padre es más que yo. Os lo he dicho ahora, antes de que suceda, para que cuando suceda, sigáis creyendo. Ya no hablaré mucho con vosotros, pues se acerca el Príncipe de este mundo; no es que él tenga poder sobre mí, pero es necesario que el mundo comprenda que yo amo al Padre, y que lo que el Padre me manda, yo lo hago.»

Palabra del Señor.

ORACION SOBRE LAS OFRENDAS

Recibe, Señor, las ofrendas de tu Iglesia exultante de gozo; y pues en la resurrección de tu Hijo nos diste motivo de tanta alegría, concédenos participar de este gozo eterno. Por Jesucristo nuestro Señor.

Prefacio pascual, pp. 1069-73.

ANTIFONA DE COMUNION   Rom 6, 8

Si hemos muerto con Cristo, creemos que también viviremos con él. Aleluya.

ORACION DESPUES DE LA COMUNION

Mira, Señor, con bondad a tu pueblo, y ya que has querido renovarlo con estos sacramentos de vida eterna, concédele también la resurrección gloriosa. Por Jesucristo.

QUINTA SEMANA DE PASCUA   MIERCOLES

ANTIFONA DE ENTRADA   Sal 70, 8. 23

Llena estaba mi boca de tu alabanza y de tu gloria todo el día. Te aclamarán mis labios, Señor. Aleluya.

ORACION COLECTA

Oh Dios, que amas la inocencia y la devuelves a quienes la han perdido; atrae hacia ti el corazón de tus fieles, para que siempre vivan a la luz de tu verdad los que han sido librados de las tinieblas del error. Por nuestro Señor.

PRIMERA LECTURA

Se decidió que subieran a Jerusalén a consultar a los Apóstoles y presbíteros sobre la controversia

LECTURA DE LOS HECHOS DE LOS APOSTOLES

15, 1-6

En aquellos días, unos que bajaron de Judea se pusieron a enseñar a los hermanos que, si no se circuncidaban como manda la tradición de Moisés, no podían salvarse. Esto provocó un altercado y una violenta discusión con Pablo y Bernabé; y se decidió que Pablo, Bernabé y algunos más subieran a Jerusalén a consultar a los apóstoles y presbíteros sobre la controversia.

La Iglesia los proveyó para el viaje; atravesaron Fenicia y Samaria contando a los hermanos cómo se convertían los gentiles y alegrándolos con la noticia. Al llegar a Jerusalén, la Iglesia, los apóstoles y los presbíteros los recibieron muy bien; ellos contaron lo que había hecho con la ayuda de Dios. Pero algunos de la secta de los fariseos que habían abrazado la fe, intervinieron, diciendo: «Hay que circuncidarlos y exigirles que guarden la ley de Moisés.» Los apóstoles y los presbíteros se reunieron a examinar el asunto.

Palabra de Dios.

SALMO RESPONSORIAL 121

R Vamos alegres a la casa del Señor. (o Aleluya).

Qué alegría cuando me dijeron: | «Vamos a la casa del Señor.» | Ya están pisando nuestros pies | tus umbrales, Jerusalén. R.

Allá suben las tribus, | las tribus del Señor | según la costumbre de Israel, | a celebrar el nombre del Señor. | En ella están los tribunales de justicia | en el palacio de David. R.

ALELUYA   Jn 15, 4a.5b

Permaneced en mí, y yo en vosotros —dice el Señor—; el que permanece en mí da fruto abundante.

EVANGELIO

El que permanece en mí y yo en él, ése da fruto abundante

✠ LECTURA DEL S. EVANGELIO SEGUN
SAN JUAN   15, 1-8

En aquel tiempo, dijo Jesús a sus discípulos: «Yo soy la verdadera vid y mi Padre es el labrador. A todo sarmiento mío que no da fruto, lo arranca; y a todo el que da fruto lo poda, para que dé más fruto. Vosotros ya estáis limpios por las palabras que os he hablado; permaneced en mí y yo en vosotros. Como el sarmiento no puede dar fruto por sí, si no permanece en la vid, así tampoco vosotros si no permanecéis en mí. Yo soy la vid, vosotros los sarmientos: el que permanece en mí y yo en él, ése da fruto abundante; porque sin mí no podéis hacer nada. Al que no permanece en mí, lo tiran fuera como el sarmiento, y se seca: luego los recogen y los echan al fuego, y arden. Si permanecéis en mí, y mis palabras permanecen en vosotros, pediréis lo que deseáis, y se realizará. Con esto recibe gloria mi Padre, con que déis fruto abundante; así seréis discípulos míos.»

Palabra del Señor.

ORACION SOBRE LAS OFRENDAS

Concédenos, Señor, darte gracias siempre por medio de estos misterios pascuales; y ya que continúan en nosotros la obra de tu redención sean también fuente de gozo incesante. Por Jesucristo.

Prefacio pascual, pp. 1069-73.

ANTIFONA DE COMUNION

El Señor ha resucitado, él nos ilumina, a nosotros, los redimidos por su sangre. Aleluya.

ORACION DESPUES DE LA COMUNION

Escucha, Señor, nuestras oraciones, para que la participación en los sacramentos de nuestra redención, nos sostenga durante la vida presente y nos dé las alegrías eternas. Por Jesucristo.

QUINTA SEMANA DE PASCUA   JUEVES

ANTIFONA DE ENTRADA   Ex 15, 1-2

Cantemos al Señor; sublime es su victoria. Mi fuerza y mi poder es el Señor, él fue mi salvación. Aleluya.

ORACION COLECTA

Señor Dios todopoderoso, que, sin mérito alguno de nuestra parte, nos has hecho pasar de la muerte a la vida y de la tristeza al gozo; no pongas fin a tus dones, ni ceses de realizar tus maravillas en nosotros, y concede a quienes ya hemos sido justificados por la fe la fuerza necesaria para perseverar siempre en ella. Por nuestro Señor.

PRIMERA LECTURA

A mi parecer no hay que molestar a los gentiles que se convierten

LECTURA DE LOS HECHOS DE LOS APOSTOLES
15, 7-21

En aquellos días, después de una fuerte discusión, se levantó Pedro y dijo a los apóstoles y a los ancianos: «Hermanos, desde los primeros días, como sabéis, Dios me escogió para que los gentiles oyeran de mi boca el mensaje del Evangelio y creyeran. Y Dios que penetra los corazones, mostró su aprobación dándoles el Espíritu Santo igual que a nosotros. No hizo distinción entre ellos y nosotros, pues ha purificado sus corazones con la fe. ¿Por qué provocáis a Dios ahora imponiendo a esos discípulos una carga que ni nosotros ni nuestros padres hemos podido soportar? No; creemos que lo mismo ellos que nosotros nos salvamos por la gracia del Señor Jesús.» Toda la asamblea hizo silencio para escuchar a Bernabé y Pablo, que les contaron los signos y prodigios que habían hecho entre los gentiles con la ayuda de Dios.

Cuando terminaron, Santiago resumió la discusión diciendo: «Escuchadme, hermanos: Simón ha contado la primera intervención de Dios para escogerse un pueblo entre los gentiles. Esto responde a lo que dijeron los profetas: 'Después volveré para levantar la choza caída de David: levantaré sus ruinas y las pondré en pie; para que los demás hombres busquen al Señor, y a todos los gentiles que llevarán mi nombre: lo dice el Señor que lo anunció desde antiguo. Por eso, a mi parecer, no hay que moles-

tar a los gentiles que se convierten, basta escribirles que no se
contaminen con la idolatría ni con la fornicación y que no coman
sangre ni animales estrangulados. Porque durante muchas generaciones, en la sinagoga de cada ciudad, han leído a Moisés todos
los sábados y lo han explicado.»

Palabra de Dios.

SALMO RESPONSORIAL 95

R̶ **Contad las maravillas del Señor a todas las naciones**
(o Aleluya).

Cantad al Señor un cántico nuevo, | cantad al Señor toda la
tierra; | cantad al Señor, bendecid su nombre. R̶.

Proclamad día tras día su victoria. | Contad a los pueblos su
gloria, | sus maravillas a todas las naciones. R̶.

Decid a los pueblos: «El Señor es rey, | él afianzó el orbe, y
no se moverá; | él gobierna a los pueblos rectamente.» R̶.

ALELUYA   Jn 10, 27

Mis ovejas escuchan mi voz —dice el Señor—, y yo las
conozco, y ellas me siguen.

EVANGELIO

*Permaneced en mi amor para que vuestra alegría llegue a
plenitud*

✠ LECTURA DEL S. EVANGELIO SEGUN
SAN JUAN   15, 9-11

En aquel tiempo, dijo Jesús a sus discípulos: «Como el Padre
me ha amado, así os he amado yo: permaneced en mi amor. Si
guardáis mis mandamientos, permaneceréis en mi amor, lo mismo que yo he guardado los mandamientos de mi Padre y perma-

nezco en su amor. Os he hablado de esto para que mi alegría esté en vosotros, y vuestra alegría llegue a plenitud.»

Palabra del Señor.

ORACION SOBRE LAS OFRENDAS

Oh Dios, que por el admirable trueque de este sacrificio nos haces partícipes de tu divinidad; concédenos que nuestra vida sea manifestación y testimonio de esta verdad que conocemos. Por Jesucristo.

Prefacio pascual, pp. 1069-73.

ANTIFONA DE COMUNION
2 Cor 5, 15

Cristo murió por todos, para que los que viven ya no vivan para sí, sino para el que murió y resucitó por ellos. Aleluya.

ORACION DESPUES DE LA COMUNION

Ven, Señor, en ayuda de tu pueblo, y, ya que nos has iniciado en los misterios de tu reino, haz que abandonemos nuestra antigua vida de pecado y vivamos, ya desde ahora, la novedad de la vida eterna. Por Jesucristo.

QUINTA SEMANA DE PASCUA   VIERNES

ANTIFONA DE ENTRADA
Ap 5, 12

Digno es el Cordero degollado de recibir el poder, la riqueza, la sabiduría, la fuerza, el honor, la gloria y la alabanza. Aleluya.

ORACION COLECTA

Danos, Señor, una plena vivencia del misterio pascual, para que la alegría que experimentamos en estas fiestas sea siempre nuestra fuerza y nuestra salvación. Por nuestro Señor.

PRIMERA LECTURA

Hemos decidido, el Espíritu Santo y nosotros, no imponeros más cargas que las indispensables

LECTURA DE LOS HECHOS DE LOS
APOSTOLES   15, 22-31

En aquellos días, los apóstoles y los presbíteros con toda la Iglesia acordaron elegir algunos de ellos y mandarlos a Antioquía con Pablo y Bernabé. Eligieron a Judas Barsabá y a Silas, miembros eminentes de la comunidad, y les entregaron esta carta: «Los apóstoles, los presbíteros y los hermanos, saludan a los hermanos de Antioquía, Siria y Cilicia convertidos del paganismo. Nos hemos enterado de que algunos de aquí, sin encargo nuestro, os han alarmado e inquietado con sus palabras. Hemos decidido, por unanimidad, elegir algunos y enviároslos con nuestros queridos Bernabé y Pablo, que han dedicado su vida a la causa de Nuestro Señor Jesucristo. En vista de esto, mandamos a Silas y a Judas, que os referirán de palabra lo que sigue: Hemos decidido, el Espíritu Santo y nosotros, no imponeros más cargas que las indispensables: que no os contaminéis con la idolatría, que no comáis sangre ni animales estrangulados y que os abstengáis de la fornicación. Haréis bien en apartaros de todo esto. Salud.»

Los despidieron, y ellos bajaron a Antioquía, donde reunieron a la comunidad y entregaron la carta. Al leer aquellas palabras alentadoras, se alegraron mucho.

Palabra de Dios.

SALMO RESPONSORIAL 56

℟ **Te daré gracias ante los pueblos, Señor** (o Aleluya).

Mi corazón está firme, Dios mío, | mi corazón está firme. | Voy a cantar y a tocar: | Despierta, gloria mía; | despertad, cítara y arpa, | despertaré a la aurora. ℟

Te daré gracias ante los pueblos, Señor, | tocaré para ti ante las naciones: | Por tu bondad que es más grande que los cielos, | por tu fidelidad que alcanza a las nubes. | Elévate sobre el cielo, Dios mío, | y llene la tierra tu gloria. ℟.

ALELUYA   Jn 15, 15b

A vosotros os llamo amigos —dice el Señor—, porque todo lo que he oído a mi Padre os lo he dado a conocer.

EVANGELIO

Esto os mando: que os améis unos a otros

✛ LECTURA DEL S. EVANGELIO SEGUN
SAN JUAN   15, 12-17

En aquel tiempo dijo Jesús a sus discípulos: «Este es mi mandamiento: Que os améis unos a otros como yo os he amado. Nadie tiene amor más grande que el que da la vida por sus amigos. Vosotros sois mis amigos si hacéis lo que yo os mando. Ya no os llamo siervos, porque el siervo no sabe lo que hace su Señor: a vosotros os llamo amigos, porque todo lo que he oído a mi Padre os lo he dado a conocer. No sois vosotros los que me habéis elegido, soy yo quien os he elegido; y os he destinado para que vayáis y deis fruto, y vuestro fruto dure. De modo que lo que pidáis al Padre en mi nombre, os lo dé. Esto os mando: que os améis unos a otros.»

Palabra del Señor.

ORACION SOBRE LAS OFRENDAS

Santifica, Señor, con tu bondad estos dones, acepta la ofrenda de este sacrificio espiritual y a nosotros transfórmanos en oblación perenne. Por Jesucristo.

Prefacio pascual, pp. 1069-73.

ANTIFONA DE COMUNION

El crucificado resucitó de entre los muertos y nos rescató. Aleluya.

ORACION DESPUES DE LA COMUNION

Después de recibir los santos misterios, humildemente te pedimos, Señor, que esta Eucaristía, celebrada como memorial de tu Hijo, nos haga progresar en el amor. Por Jesucristo.

QUINTA SEMANA DE PASCUA   SABADO

ANTIFONA DE ENTRADA   Col 2, 12

Por el bautismo fuisteis sepultados con Cristo y habéis resucitado con él, porque habéis creído en la fuerza de Dios que lo resucitó. Aleluya.

ORACION COLECTA

Señor, Dios todopoderoso, que por las aguas del bautismo nos has engendrado a la vida eterna; ya que has querido hacernos capaces de la vida inmortal, no nos niegues ahora tu ayuda para conseguir los bienes eternos. Por nuestro Señor.

PRIMERA LECTURA

Ven a Macedonia y ayúdanos

LECTURA DE LOS HECHOS DE LOS APOSTOLES   16, 1-10

En aquellos días, Pablo fue a Derbe y luego a Listra. Había allí un discípulo que se llamaba Timoteo, hijo de un griego y de una judía cristiana. Los hermanos de Listra y de Iconio daban buenos informes de él. Pablo quiso llevárselo y lo circuncidó, por consideración a los judíos de la región, pues todos sabían que su padre era pagano. Al pasar por las ciudades comunicaban las decisiones de los apóstoles y presbíteros de Jerusalén para que las observasen. Las Iglesias se robustecían en la fe y crecían en número de día en día.

Como el Espíritu Santo les impidió anunciar la palabra en la provincia de Asia, atravesaron Frigia y Galacia. Al llegar a la frontera de Misia, intentaron entrar en Bitinia, pero el Espíritu de Jesús no se lo consintió. Entonces dejaron Misia a un lado y bajaron a Troas. Aquella noche Pablo tuvo una visión: un macedonio le rogaba: «Ven a Macedonia y ayúdanos.» Apenas tuvo la visión, inmediatamente tratamos de salir para Macedonia, seguros de que Dios nos llamaba a predicarles el Evangelio.

Palabra de Dios.

SALMO RESPONSORIAL 99

℟ **Aclama al Señor, tierra entera** (o Aleluya).

Aclama al Señor, tierra entera, | servid al Señor con alegría,- | entrad en su presencia con vítores. ℟.

Sabed que el Señor es Dios: | Que él nos hizo y somos suyos, | su pueblo y ovejas de su rebaño. ℟.

El Señor es bueno, | su misericordia es eterna, | su fidelidad por todas las edades. ℟.

ALELUYA   Col 3, 1

Ya que habéis resucitado con Cristo, buscad los bienes de allá arriba, donde está Cristo, sentado a la derecha de Dios.

EVANGELIO

No sois del mundo, sino que yo os he escogido sacándoos del mundo

✠ LECTURA DEL S. EVANGELIO SEGUN
SAN JUAN   15, 18-21

En aquel tiempo, dijo Jesús a sus discípulos: «Si el mundo os odia, sabed que me ha odiado a mí antes que a vosotros. Si fuerais del mundo, el mundo os amaría como cosa suya, pero como no sois del mundo, sino que yo os he escogido sacándoos del mundo, por eso el mundo os odia. Recordad lo que os dije: No es el siervo más que su amo. Si a mí me han perseguido, también a vosotros os perseguirán; si han guardado mi Palabra, también guardarán la vuestra. Y todo eso lo harán con vosotros a causa de mi nombre, porque no conocen al que me envió.»

Palabra del Señor.

ORACION SOBRE LAS OFRENDAS

Acoge, Señor, con bondad las ofrendas de tu pueblo, para que, bajo tu protección, conserve los dones pascuales y alcance la felicidad eterna. Por Jesucristo.

Prefacio pascual, pp. 1069-73.

ANTIFONA DE COMUNION   Jn 17, 20-21

Padre, por ellos ruego, para que todos sean uno en nosotros y así crea el mundo que tú me has enviado —dice el Señor—. Aleluya.

ORACION DESPUES DE LA COMUNION

Dios todopoderoso, no ceses de proteger con amor a los que has salvado, para que así, quienes hemos sido redimidos por la pasión de tu Hijo, podamos alegrarnos en su resurrección. Por Jesucristo nuestro Señor.

SEXTO DOMINGO DE PASCUA

Domingo de la expansión misionera

Las primeras lecturas muestran cómo las seculares fronteras del antiguo Pueblo de Dios caían bajo la acción del Espíritu Santo, que no sólo perfeccionaba la Iniciación Cristiana de los conversos samaritanos (A), sino que se adelanta al bautismo cuando Pedro vacilaba en admitir a los paganos en la Iglesia (B). El llamado «Concilio de Jerusalén» rompió definitivamente con las normas rituales de la antigua Ley, posibilitando a los gentiles el libre acceso a la Iglesia sin hacerse antes israelitas por la circuncisión. La asamblea fue consciente entonces en actuar con la asistencia del Espíritu Santo que garantiza la infalibilidad del magisterio solemne de la Iglesia: «Hemos decidido, el Espíritu Santo y nosotros, no imponernos más cargas que las indispensables» (C).

La nueva vida en el Espíritu se caracteriza por una mansedumbre y una no-violencia activa, razonada y confesante (2.ª lectura A), por una imitación del amor de Dios manifestado en Cristo, porque Dios es «agapé», caridad creadora y benéfica, que se adelanta al amor ajeno (B). La nueva Ciudad de Dios que muestra el Apocalipsis se está ya construyendo en la Iglesia, edificada sobre el fundamento de los apóstoles, siendo toda ella un templo iluminado por la gloria de Cristo sacrificado y resucitado, el Cordero de Dios (2.ª lectura C). Jesús continúa declarando en el Evangelio lo que ha de ser la realidad profunda de la Iglesia, cuya actividad estará animada por el Espíritu consolador, llamado en auxilio, abogado, defensor e intercesor, pues todo esto significa el término griego *paráclito* utilizado en el Evangelio. Al seguir la ley del amor se establece una relación personal con la santísima Trinidad (A) y de amistad íntima con Cristo (B) que alcanza a ser una verdadera inhabilitación de Dios en el cristiano (C). Cristo se despide de los suyos antes de iniciar su Éxodo por la Pasión y la Ascensión, pero es para volver con el don pascual del Espíritu y permanecer así en su Iglesia.

ANTÍFONA DE ENTRADA
Is 48, 20

Con gritos de júbilo anunciadlo y proclamadlo; publicadlo hasta el confín de la tierra. Decid: el Señor ha redimido a su pueblo. Aleluya.

ORACION COLECTA

Concédenos, Dios todopoderoso, continuar celebrando con fervor estos días de alegría en honor de Cristo resucitado; y que los misterios que estamos recordando transformen nuestra vida y se manifiesten en nuestras obras. Por nuestro Señor.

ORACION SOBRE LAS OFRENDAS

Que nuestra oración, Señor, y nuestras ofrendas sean gratas en tu presencia, para que así, purificados por tu gracia, podamos participar más dignamente en los sacramentos de tu amor. Por Jesucristo.

Prefacio pascual, pp. 1069-73.

ANTIFONA DE COMUNION   Jn 14, 15-16

Si me amáis, guardaréis mis mandamientos, dice el Señor. Yo le pediré al Padre que os dé otro defensor, que esté siempre con vosotros. Aleluya.

ORACION DESPUES DE LA COMUNION

Dios todopoderoso y eterno, que en la resurrección de Jesucristo nos has hecho renacer a la vida eterna; haz que los sacramentos pascuales den en nosotros fruto abundante, y que el alimento de salvación que acabamos de recibir fortalezca nuestras vidas. Por Jesucristo.

CICLO A (Años 1990, 1993, 1996, 1999, 2005)

PRIMERA LECTURA

Les imponían las manos y recibían el Espíritu Santo

LECTURA DEL LIBRO DE LOS HECHOS DE LOS APOSTOLES

8, 5-8.14-17

En aquellos días, Felipe bajó a la ciudad de Samaria y predicaba allí a Cristo. El gentío escuchaba con aprobación lo que decía Felipe, porque había oído hablar de los signos que hacía y los estaban viendo: de muchos poseídos salían los espíritus inmundos lanzando gritos, y muchos paralíticos y lisiados se curaban. La ciudad se llenó de alegría.

Cuando los apóstoles, que estaban en Jerusalén, se enteraron de que Samaria había recibido la palabra de Dios, enviaron a Pedro y a Juan; ellos bajaron hasta allí y oraron por los fieles, para que recibieran el Espíritu Santo; aún no había bajado sobre ninguno, estaban sólo bautizados en el nombre del Señor Jesús. Entonces les imponían las manos y recibían el Espíritu Santo.

Palabra de Dios.

SALMO RESPONSORIAL 65

℟ **Aclamad al Señor, tierra entera** (o Aleluya.)

Aclamad al Señor, tierra entera; | tocad en honor de su nombre, | cantad himnos a su gloria. | Decid a Dios: «Qué temibles son tus obras». ℟.

Que se postre ante ti la tierra entera, | que toquen en tu honor, | que toquen para tu nombre. | Venid a ver las obras de Dios, | sus temibles proezas en favor de los hombres. ℟.

Transformó el mar en tierra firme, | a pie atravesaron el río. | Alegrémonos con Dios, | que con su poder gobierna eternamente. ℟.

Fieles de Dios, venid a escuchar; | os contaré lo que ha hecho conmigo. | Bendito sea Dios que no rechazó mi súplica | ni me retiró su favor. ℟.

SEGUNDA LECTURA

Murió en la carne, pero volvió a la vida por el Espíritu

LECTURA DE LA PRIMERA CARTA DEL APOSTOL SAN PEDRO

3, 15-18

Queridos hermanos: Glorificad en vuestros corazones a Cristo Señor y estad siempre prontos para dar razón de vuestra esperanza a todo el que os la pidiere; pero con mansedumbre y respeto y en buena conciencia, para que en aquello mismo en que sois calumniados queden confundidos los que denigran vuestra conducta en Cristo; que mejor es padecer haciendo el bien, si tal es la voluntad de Dios, que padecer haciendo el mal. Porque también Cristo murió una vez por los pecados y una vez para siempre: el inocente por los culpables, para conducirnos a Dios. Como era hombre, lo mataron; pero, como poseía el Espíritu, fue devuelto a la vida.

Palabra de Dios.

ALELUYA   Jn 14, 23

El que me ama, guardará mi palabra, dice el Señor;
y mi Padre lo amará, y vendremos a él.

EVANGELIO

Yo le pediré al Padre que os dé otro Defensor

✠ LECTURA DEL S. EVANGELIO SEGUN
SAN JUAN
                                                                     14, 15-21

En aquel tiempo, dijo Jesús a sus discípulos: «Si me amáis, guardaréis mis mandamientos. Yo le pediré al Padre que os dé otro Defensor que esté siempre con vosotros, el Espíritu de la verdad. El mundo no puede recibirlo porque no lo ve ni lo conoce; vosotros, en cambio, lo conocéis porque vive con vosotros y está con vosotros. No os dejaré desamparados, volveré. Dentro de poco el mundo no me verá, pero vosotros me veréis, y viviréis, porque yo sigo viviendo. Entonces sabréis que yo estoy con mi Padre, vosotros conmigo y yo con vosotros. El que acepta mis mandamientos y los guarda, ése me ama; al que me ama, lo amará mi Padre, y yo también lo amaré y me revelaré a él.»

Palabra del Señor.

Se dice «Credo».

CICLO B (Años 1991, 1994, 1997, 2000, 2003, 2006)

El don del Espíritu Santo se derramó también sobre los gentiles

LECTURA DEL LIBRO DE LOS HECHOS DE LOS APOSTOLES

10, 25-26.34-35.44-48

Cuando iba a entrar Pedro, Cornelio salió a su encuentro y se echó a sus pies a modo de homenaje, pero Pedro lo levantó diciendo: «Levántate, que soy un hombre como tú.» Pedro tomó la palabra y dijo: «Está claro que Dios no hace distinciones: acepta al que lo teme y practica la justicia, sea de la nación que sea.» Todavía estaba hablando Pedro, cuando cayó el Espíritu Santo sobre todos los que escuchaban sus palabras. Al oírlos hablar en lenguas extrañas y proclamar la grandeza de Dios, los creyentes circuncisos, que habían venido con Pedro, se sorprendieron de que el don del Espíritu Santo se derramara también sobre los gentiles. Pedro añadió: «¿Se puede negar el agua del bautismo a los que han recibido el Espíritu Santo igual que nosotros?» Y mandó bautizarlos en el nombre de Jesucristo. Le rogaron que se quedara unos días con ellos.

Palabra de Dios.

SALMO RESPONSORIAL 97

℟ **El Señor revela a las | naciones su justicia** (o Aleluya.)

Cantad al Señor un cántico nuevo, | porque ha hecho maravillas, | su diestra le ha dado la victoria, | su santo brazo. ℟.

El Señor da a conocer su victoria, | revela a las naciones su justicia: | Se acordó de su misericordia y su fidelidad | en favor de la casa de Israel. ℟.

Los confines de la tierra han contemplado | la victoria de nuestro Dios. | Aclamad al Señor, tierra entera, | gritad, vitoread, tocad. ℟.

SEGUNDA LECTURA

Dios es amor

LECTURA DE LA PRIMERA CARTA DEL APOSTOL SAN JUAN

4, 7-10

Queridos hermanos: Amémonos unos a otros, ya que el amor es de Dios, y todo el que me ama ha nacido de Dios y conoce a Dios. Quien no ama no ha conocido a Dios, porque Dios es amor.

En esto se manifestó el amor que Dios nos tiene: en que Dios mandó al mundo a su Hijo único, para que vivamos por medio de él. En esto consiste el amor: no en que nosotros hayamos amado a Dios, sino en que él nos amó y nos envió a su Hijo, como víctima de propiciación por nuestros pecados.

Palabra de Dios.

ALELUYA   Jn 14, 23

El que me ama guardará mi palabra, dice el Señor;
y mi Padre lo amará, y vendremos a él.

EVANGELIO

Nadie tiene amor más grande que el que da la vida por sus amigos

✠ LECTURA DEL S. EVANGELIO SEGUN SAN JUAN

15, 9-17

En aquel tiempo dijo Jesús a sus discípulos: Como el Padre me ha amado, así os he amado yo; permaneced en mi amor. Si guardáis mis mandamientos, permaneceréis en mi amor; lo mismo que yo he guardado los mandamientos de mi Padre y permanezco en su amor. Os he hablado de esto para que mi alegría esté en vosotros, y vuestra alegría llegue a plenitud. Este es mi mandamiento: que os améis unos a otros como yo os he amado. Nadie tiene amor más grande que el que da la vida por sus ami-

gos. Vosotros sois mis amigos, si hacéis lo que yo os mando. Ya
no os llamo siervos, porque el siervo no sabe lo que hace su señor: a vosotros os llamo amigos, porque todo lo que he oído a
mi Padre os lo he dado a conocer. No sois vosotros los que me
habéis elegido, soy yo quien os he elegido; y os he destinado
para que vayáis y deis fruto, y vuestro fruto dure. De modo que
lo que pidáis al Padre en mi nombre, os lo dé. Esto os mando:
que os améis unos a otros.

Palabra del Señor.

Se dice «Credo».

CICLO C (Años 1989, 1992, 1995, 1998, 2001, 2004)

PRIMERA LECTURA

*Hemos decidido, el Espíritu Santo y nosotros, no imponeros más
cargas que las indispensables*

LECTURA DEL LIBRO DE LOS HECHOS DE LOS APOSTOLES
15, 1-2.22-29

En aquellos días, unos que bajaban de Judea se pusieron a
enseñar a los hermanos que, si no se circuncidaban como manda
la ley de Moisés, no podían salvarse. Esto provocó un altercado
y una violenta discusión con Pablo y Bernabé; y se decidió que
Pablo, Bernabé y algunos más subieran a Jerusalén a consultar a
los Apóstoles y presbíteros sobre la controversia.

Los Apóstoles y los presbíteros con toda la Iglesia acordaron
entonces elegir algunos de ellos y mandarlos a Antioquía con Pablo y Bernabé. Eligieron a Judas Barsabá y a Silas, miembros
eminentes de la comunidad, y les entregaron esta carta: «Los
Apóstoles, los presbíteros y los hermanos saludan a los hermanos
de Antioquía, Siria y Cilicia convertidos del paganismo. Nos hemos enterado de que algunos de aquí, sin encargo nuestro, os
han alarmado e inquietado con sus palabras. Hemos decidido,

por unanimidad, elegir algunos y enviároslos con nuestros queridos Bernabé y Pablo, que han dedicado su vida a la causa de nuestro Señor Jesucristo. En vista de esto mandamos a Silas y a Judas, que os referirán de palabra lo que sigue: Hemos decidido, el Espíritu Santo y nosotros, no imponeros más cargas que las indispensables: que no os contaminéis con la idolatría, que no comáis sangre ni animales estrangulados y que os abstengáis de la fornicación. Haréis bien en apartaros de todo esto. Salud.»

Palabra de Dios.

SALMO RESPONSORIAL 66

℟ **Oh Dios, que te alaben los pueblos, | que todos los pueblos te alaben** (o, Aleluya.)

El Señor tenga piedad y nos bendiga, | ilumine su rostro sobre nosotros; | conozca la tierra tus caminos, | todos los pueblos tu salvación. ℟.

Que canten de alegría las naciones, | porque riges el mundo con justicia, | riges los pueblos con rectitud, | y gobiernas las naciones de la tierra. ℟.

Oh Dios, que te alaben los pueblos, | que todos los pueblos te alaben. | Que Dios nos bendiga, que le teman | hasta los confines del orbe. ℟.

SEGUNDA LECTURA

Me enseñó la ciudad santa, que bajaba del cielo

LECTURA DEL LIBRO DEL APOCALIPSIS   21, 10-14.22-23

El ángel me transportó en éxtasis a un monte altísimo y me enseñó la ciudad santa, Jerusalén, que bajaba del cielo, enviada por Dios trayendo la gloria de Dios. Brillaba como una piedra preciosa, como jaspe traslúcido. Tenía una muralla grande y alta y doce puertas custodiadas por doce ángeles, con doce nombres grabados; los nombres de las tribus de Israel. A oriente tres puertas, al norte tres puertas, al sur tres puertas, y a occidente tres puertas. El muro tenía doce cimientos que llevaban doce nombres: los nombres de los Apóstoles del Cordero. Templo no vi ninguno, porque es su templo el Señor Dios Todopoderoso y el Cordero. La ciudad no necesita sol ni luna que la alumbre, porque la gloria de Dios la ilumina y su lámpara es el Cordero.

Palabra de Dios.

ALELUYA Jn 14, 23

El que me ama, guardará mi palabra, dice el Señor; y mi Padre lo amará, y vendremos a él.

EVANGELIO

El Espíritu Santo os irá recordando todo lo que os he dicho

LECTURA DEL S. EVANGELIO SEGUN SAN JUAN
14, 23-29

En aquel tiempo, dijo Jesús a sus discípulos: «El que me ama guardará mi Palabra y mi Padre lo amará, y vendremos a él y haremos morada en él. El que no me ama no guardará mis palabras. Y la palabra que estáis oyendo no es la mía, sino del Padre que me envió. Os he hablado ahora que estoy a vuestro lado; pero el Paráclito, el Espíritu Santo, que enviará el Padre en mi nombre, será quien os lo enseñe todo y os vaya recordando todo lo que os he dicho.

La Paz os dejo, mi Paz os doy: No os la doy como la da el mundo. Que no tiemble vuestro corazón ni se acobarde. Me habéis oído decir: «Me voy y vuelvo a vuestro lado.» Si me amarais os alegraríais de que vaya al Padre, porque el Padre es más que yo. Os lo he dicho ahora, antes de que suceda, para que cuando suceda, sigáis creyendo.»

Palabra del Señor.

Se dice «Credo».

SEXTA SEMANA DE PASCUA   **LUNES**

ANTIFONA DE ENTRADA   Rom 6, 9

Cristo, una vez resucitado de entre los muertos, ya no muere más; la muerte ya no tiene dominio sobre él.

ORACION COLECTA

Te pedimos, Señor de misericordia, que los dones recibidos en esta Pascua den fruto abundante en toda nuestra vida. Por nuestro Señor.

PRIMERA LECTURA

El Señor abrió el corazón de Lidia para que aceptara lo que decía Pablo

LECTURA DE LOS HECHOS DE LOS APOSTOLES

16, 11-15

En aquellos días, zarpamos de Troas rumbo a Samotracia; al día siguiente salimos para Neápolis y de allí para Filipos, colonia romana, capital del distrito de Macedonia. Allí nos detuvimos unos días. El sábado salimos de la ciudad y fuimos por la orilla del río a un sitio donde pensábamos que se reunían para orar; nos sentamos y trabamos conversación con las mujeres que habían acudido. Una de ellas, que se llamaba Lidia, natural de Tiatira, vendedora de púrpura, que adoraba al verdadero Dios, estaba escuchando; y el Señor le abrió el corazón para que aceptara lo que decía Pablo. Se bautizó con toda su familia y nos invitó: «Si estáis convencidos de que creo en el Señor, venid a hospedaros en mi casa.» Y nos obligó a aceptar.

Palabra de Dios.

SALMO RESPONSORIAL 149

℟ **El Señor ama a su pueblo** (o, Aleluya.)

Cantad al Señor un cántico nuevo, | resuene su alabanza en la asamblea de los fieles; | que se alegre Israel por su creador, | los hijos de Sión por su Rey. ℟.

Alabad su nombre con danzas, | cantadle con tambores y cítaras; | porque el Señor ama su pueblo, | y adorna con la victoria a los humildes. ℟.

Que los fieles festejen su gloria | y canten jubilosos en filas: | Con vítores a Dios en la boca. ℟.

ALELUYA   Jn 15, 26b. 27a

El Espíritu de la verdad dará testimonio de mí —dice el Señor—; y también vosotros daréis testimonio.

EVANGELIO

El Espíritu de la Verdad dará testimonio de mí

✠ LECTURA DEL S. EVANGELIO SEGUN
SAN JUAN   15, 26—16, 4a

En aquel tiempo, dijo Jesús a sus discípulos: «Cuando venga el Defensor, que os enviaré desde el Padre, el Espíritu de la Verdad, que procede del Padre, él dará testimonio de mí: y también vosotros daréis testimonio, porque desde el principio estáis conmigo. Os he hablado de esto, para que no se tambalee vuestra fe. Os excomulgarán de la Sinagoga; más aún, llegará incluso una hora cuando el que os dé muerte, pensará que da culto a Dios. Y esto lo harán porque no han conocido ni al Padre ni a mí. Os he hablado de esto para que, cuando llegue la hora, os acordéis de que yo os lo había dicho.»

Palabra del Señor.

ORACION SOBRE LAS OFRENDAS

Recibe, Señor, las ofrendas de tu Iglesia exultante de gozo, y pues en la resurrección de tu Hijo nos diste motivo de tanta alegría, concédenos participar de este gozo eterno. Por Jesucristo nuestro Señor.

Prefacio pascual, pp. 1069-73.

ANTIFONA DE COMUNION
Jn 20, 19

Entró Jesús, se puso en medio y les dijo: Paz a vosotros. Aleluya.

ORACION DESPUES DE LA COMUNION

Mira, Señor, con bondad a tu pueblo, y ya que has querido renovarlo con estos sacramentos de vida eterna, concédele también la resurrección gloriosa. Por Jesucristo.

SEXTA SEMANA DE PASCUA   **MARTES**

ANTIFONA DE ENTRADA
Ap 19, 7. 6

Con alegría y regocijo demos gloria a Dios, porque el Señor ha establecido su reinado. Aleluya.

ORACION COLECTA

Que tu pueblo, Señor, exulte siempre al verse renovado y rejuvenecido en el espíritu; y que la alegría de haber recobrado la adopción filial afiance su esperanza de resucitar gloriosamente. Por nuestro Señor.

PRIMERA LECTURA

Cree en el Señor Jesús y te salvarás tú y tu familia

LECTURA DE LOS HECHOS DE LOS APOSTOLES
16, 22-34

En aquellos días, la plebe de Filipos se amotinó contra Pablo y Silas, y los magistrados dieron orden de que los desnudaran y los apalearan; después de molerlos a palos, los metieron en la cárcel, encargando al carcelero que los vigilara bien; según la orden recibida, los metió en la mazmorra y les sujetó los pies en el cepo.

A eso de media noche, Pablo y Silas oraban cantando himnos a Dios. Los otros presos escuchaban. De repente vino una sacudida tan violenta, que temblaron los cimientos de la cárcel. Las puertas se abrieron de golpe y a todos se les soltaron las cadenas. El carcelero se despertó, y al ver las puertas de la cárcel de par en par, sacó la espada para suicidarse, imaginando que los presos se habían fugado. Pablo lo llamó a gritos: «No te hagas nada, que estamos todos aquí.»

El carcelero pidió una lámpara, saltó dentro, y se echó temblando a los pies de Pablo y Silas; los sacó y les preguntó: «Señores, ¿qué tengo que hacer para salvarme?» Le contestaron: «Cree en el Señor Jesús y te salvarás tú y tu familia.» Y le explicaron la Palabra del Señor a él y a todos los de su casa. El carcelero se los llevó a aquellas horas de la noche, les lavó las heridas, y se bautizó en seguida con todos los suyos, los subió a su casa, les preparó la mesa, y celebraron una fiesta de familia por haber creído en Dios.

Palabra de Dios.

SALMO RESPONSORIAL 137

℟. **Señor, tu derecha me salva** (o Aleluya.)

Te doy gracias, Señor, de todo corazón; | delante de los ángeles tañeré para ti. | Me postraré hacia tu santuario. ℟.

Daré gracias a tu nombre: | Por tu misericordia y tu lealtad, | porque tu promesa supera a tu fama. | Cuando te invoqué, me escuchaste, | acreciste el valor en mi alma. ℟.

El Señor completará sus favores conmigo: | Señor, tu misericordia es eterna, | no abandones la obra de tus manos. ℟.

ALELUYA   Jn 16, 7.13

Os enviaré el Espíritu de la verdad —dice el Señor—; él os enseñará la verdad plena.

EVANGELIO

Si no me voy, no vendrá a vosotros el Paráclito

✠ LECTURA DEL S. EVANGELIO SEGUN
SAN JUAN
16, 5-11

En aquel tiempo, dijo Jesús a sus discípulos: «Me voy al que
me envió, y ninguno de vosotros me pregunta: '¿adónde vas?'
Sino que, por haberos dicho esto, la tristeza os ha llenado el corazón. Sin embargo, lo que os digo es la verdad: os conviene
que yo me vaya; porque si no me voy, no vendrá a vosotros el
Paráclito. En cambio, si me voy, os lo enviaré. Y cuando venga,
dejará convicto al mundo con la prueba de un pecado, de
una justicia, de una condena. De un pecado, porque no creen en mí;
de una justicia, porque me voy al Padre y no me veréis; de una
condena, porque el Príncipe de este mundo está condenado.»

Palabra del Señor.

ORACION SOBRE LAS OFRENDAS

Concédenos, Señor, darte gracias siempre por medio de estos
misterios pascuales nos llene siempre de alegría y que la actualización repetida de nuestra redención, sea para nosotros fuente de
gozo incesante. Por Jesucristo.

Prefacio pascual, pp. 1069-73.

ANTIFONA DE COMUNION   Cf. Lc 24, 46. 26

Era necesario que el Mesías padeciera y resucitara de
entre los muertos, para entrar en su gloria. Aleluya.

ORACION DESPUES DE LA COMUNION

Escucha, Señor, nuestras oraciones, para que la participación
de nuestra redención nos sostenga durante la vida presente y nos
dé las alegrías eternas. Por Jesucristo.

SEXTA SEMANA DE PASCUA

MIERCOLES

ANTIFONA DE ENTRADA

Sal 17, 50; 12-23

Te daré gracias entre las naciones, Señor; contaré tu fama a mis hermanos. Aleluya.

ORACION COLECTA

Escucha, Señor, nuestra oración y concédenos que así como celebramos en la fe la gloriosa resurrección de Jesucristo, así también, cuando él vuelva con todos sus santos, podamos alegrarnos con su victoria. Por nuestro Señor.

PRIMERA LECTURA

Eso que veneráis sin conocerlo, os lo anuncio yo

LECTURA DE LOS HECHOS DE LOS APOSTOLES

17, 15.22—18, 1

En aquellos días, los guías condujeron a Pablo hasta Atenas y, después, se volvieron con encargo de que Silas y Timoteo se reuniesen con Pablo cuanto antes.

Pablo, de pie en medio del Areópago, dijo: «Atenienses, veo que sois casi nimios en lo que toca a religión. Porque paseándome por ahí y fijándome en vuestros monumentos sagrados, me encontré un altar con esta inscripción: 'Al Dios desconocido.'

Pues eso que veneráis sin conocerlo, os lo anuncio yo: El Dios que hizo el mundo y lo que contiene. El es Señor de cielo y tierra y no habita en templos construidos por hombres ni lo sirven manos humanas; como si necesitara de alguien él, que a todos da la vida y el aliento y todo. De un solo hombre sacó el género humano para que habitara la tierra entera, determinando las épocas de su historia y las fronteras de sus territorios. Quería que lo buscasen a él, a ver si, al menos a tientas, lo encontraban; aunque no está lejos de ninguno de nosotros, pues en él vivimos, nos movemos y existimos; así lo dicen incluso algunos de vues-

tros poetas: 'somos estirpe suya'. Por tanto, si somos estirpe de
Dios, no podemos pensar que la divinidad se parezca a imágenes
de oro o de plata o de piedra, esculpidas por la destreza y la fantasía de un hombre. Dios pasa por alto aquellos tiempos de ignorancia, pero ahora manda a todos los hombres en todas partes
que se conviertan. Porque tiene señalado un día en que juzgará
el universo con justicia, por medio del hombre designado por él;
y ha dado a todos la prueba de esto resucitándolo de entre los
muertos.» Al oír 'resurrección de muertos', unos lo tomaban a
broma, otros dijeron: «De esto te oiremos hablar en otra ocasión.» Pablo se marchó del grupo. Algunos se le juntaron y creyeron, entre ellos Dionisio el aeropagita, una mujer llamada Dá-
maris y algunos más. Después de esto, dejó Atenas y se fue a
Corinto.

Palabra de Dios.

SALMO RESPONSORIAL 148

℟ **Llenos están el cielo y la tierra | de tu gloria** (o Alelu-
ya.)

Alabad al Señor en el cielo, | alabad al Señor en lo alto; | ala-
badlo, todos sus ángeles, | alabadlo, todos sus ejércitos. ℟.

Reyes y pueblos del orbe, | príncipes y jefes del mundo; | los
jóvenes y también las doncellas, | los viejos junto con los ni-
ños. ℟.

Alaben el nombre del Señor, | el único nombre sublime. | Su
majestad sobre el cielo y la tierra. ℟.

El acrece el vigor de su pueblo. | Alabanza de todos sus fie-
les, | de Israel, su pueblo escogido. ℟.

ALELUYA   Jn 14, 16

Le pediré al Padre que os dé otro Defensor, que esté
siempre con vosotros.

EVANGELIO

El espíritu de la Verdad os guiará hasta la verdad plena

✠ LECTURA DEL S. EVANGELIO SEGUN SAN JUAN
16, 12-15

En aquel tiempo, dijo Jesús a sus discípulos: «Muchas cosas me quedan por deciros, pero no podéis cargar con ellas por ahora: cuando venga él, el Espíritu de la Verdad, os guiará hasta la verdad plena. Pues lo que hable no será suyo: hablará de lo que oye y os comunicará lo que está por venir. El me glorificará, porque recibirá de mí lo que os irá comunicando. Todo lo que tiene el Padre es mío. Por eso os he dicho que tomará de lo mío y os lo anunciará.»

Palabra del Señor.

ORACION SOBRE LAS OFRENDAS

Oh Dios, que por el admirable trueque de este sacrificio, nos haces partícipes de tu divinidad; concédenos que nuestra vida sea manifestación y testimonio de esta verdad que conocemos. Por Jesucristo.

Prefacio pascual, pp. 1069-73.

ANTIFONA DE COMUNION   Cf. Jn 15, 16. 19

Dice el Señor: Yo os he escogido sacándoos del mundo —dice el Señor— y os he destinado para que vayáis y deis fruto y vuestro fruto dure. Aleluya.

ORACION DESPUES DE LA COMUNION

Ven, Señor, en ayuda de tu pueblo, y, ya que nos has iniciado en los misterios de tu reino, haz que abandonemos nuestra antigua vida de pecado y vivamos, ya desde ahora, la novedad de la vida eterna. Por Jesucristo.

SEXTA SEMANA DE PASCUA   JUEVES

LA ASCENSION DEL SEÑOR
Solemnidad

Esta solemnidad ha sido transferida al domingo 7.º de Pascua en muchos lugares desde su día originario, el jueves de la sexta semana, cuando se cumplen cuarenta días después de la Resurrección, conforme al relato de san Lucas en su evangelio y en los Hechos de los Apóstoles; pero sigue conservando el simbolismo de la cuarentena: como el Pueblo de Dios anduvo cuarenta años en su Exodo de Egipto hasta llegar a la tierra prometida, así Jesús cumple su éxodo pascual en cuarenta días de apariciones y enseñanzas hasta ir al Padre. La Ascensión es un momento más del único Misterio Pascual de la muerte y resurrección de Jesucristo, y expresa sobre todo la dimensión de exaltación y glorificación de la naturaleza humana de Jesús como contrapunto a la humillación padecida en el suplicio y la muerte. La primera lectura es la misma todos los años y aporta el relato más completo del misterio que hoy se celebra; en ella está también el anuncio del acontecimiento final de la Pascua: el don del Espíritu Santo que se celebrará al cumplirse la cincuentena pascual. La lectura fija de san Pablo extiende la gracia del misterio de la Ascensión a la Iglesia, cuerpo de Cristo, y a cada cristiano llamado a participar en la gloria de su Señor, lo que proclaman en forma de acción de gracias los dos prefacios de la solemnidad (especialmente el II). Cada ciclo se lee el episodio de la Ascensión en uno de los evangelios sinópticos, destacando en los dos primeros la misión que Jesús encomendó a sus discípulos al despedirse: anunciar y realizar la salvación por medio de la Palabra y los sacramentos; mientras que en la lectura de san Lucas se resalta el cumplimiento de las profecías en Cristo y la espera del Espíritu, conforme al esquema propio de este evangelista. Este es un día que nos enseña a comprender y vivir el misterio litúrgico, proclamando un momento de la existencia de Cristo y participando por la Eucaristía en El, «en quien nuestra naturaleza humana ha sido tan ex-

traordinariamente enaltecida que participa de su misma gloria»
(O3).

ANTIFONA DE ENTRADA   Hch 1, 11

Galileos, ¿qué hacéis ahí plantados mirando al cielo? El
mismo Jesús que os ha dejado para subir al cielo volverá
como le habéis visto marcharse. Aleluya.

ORACION COLECTA

Concédenos, Dios todopoderoso, exultar de gozo y darte
gracias en esta liturgia de alabanza, porque la ascensión de Jesucristo, tu Hijo, es ya nuestra victoria, y donde nos ha precedido
él, que es nuestra cabeza, esperamos llegar también nosotros
como miembros de su cuerpo. Por nuestro Señor Jesucristo.

PRIMERA LECTURA
Se elevó a la vista de ellos

LECTURA DEL LIBRO DE LOS HECHOS DE
LOS APOSTOLES   1, 1-11

En mi primer libro, querido Teófilo, escribí de todo lo que
Jesús fue haciendo y enseñando hasta el día en que dio instrucciones a los apóstoles, que había escogido, movido por el Espíritu Santo, y ascendió al cielo. Se les presentó después de su pasión, dándoles numerosas pruebas de que estaba vivo y, apare-
ciéndose durante cuarenta días, les habló del reino de Dios.

Una vez que comían juntos les recomendó: «No os alejéis de
Jerusalén; aguardad que se cumpla la promesa de mi Padre, de la
que yo os he hablado. Juan bautizó con agua; dentro de pocos
días vosotros seréis bautizados con Espíritu Santo.» Ellos lo rodearon preguntándole: «Señor, ¿es ahora cuando vas a restaurar
la soberanía de Israel?» Jesús contestó: «No os toca a vosotros
conocer los tiempos y las fechas que el Padre ha establecido con

su autoridad. Cuando el Espíritu Santo descienda sobre vosotros, recibiréis fuerza para ser mis testigos en Jerusalén, en toda Judea, en Samaria y hasta los confines del mundo.»

Dicho esto, lo vieron levantarse hasta que una nube se lo quitó de la vista. Mientras miraban fijos al cielo, viéndole irse, se les presentaron dos hombres vestidos de blanco que les dijeron: «Galileos, ¿qué hacéis ahí plantados mirando al cielo? El mismo Jesús que os ha dejado para subir al cielo, volverá como le habéis visto marcharse.»

Palabra de Dios.

SALMO RESPONSORIAL 46

℟ **Dios asciende entre aclamaciones,** | **el Señor, al son de trompetas** (o, Aleluya).

Pueblos todos, batid palmas, | aclamad a Dios con gritos de júbilo; | porque el Señor es sublime y terrible, | emperador de toda la tierra. ℟.

Dios asciende entre aclamaciones, | el Señor al son de trompetas; | tocad para Dios, tocad, | tocad para nuestro Rey, tocad. ℟.

Porque Dios es el rey del mundo; | tocad con maestría. | Dios reina sobre las naciones, | Dios se sienta en su trono sagrado. ℟.

SEGUNDA LECTURA

Lo sentó a su derecha en el cielo

LECTURA DE LA CARTA DEL APOSTOL
SAN PABLO A LOS EFESIOS
1, 17-23

Hermanos: Que el Dios del Señor nuestro Jesucristo, el Padre de la gloria, os dé espíritu de sabiduría y revelación para conocerlo. Ilumine los ojos de vuestro corazón para que comprendáis cuál es la esperanza a la que os llama, cuál la riqueza de gloria que da en herencia a los santos y cuál la extraordinaria grandeza de su poder para nosotros, los que creemos, según la eficacia de su fuerza poderosa, que desplegó en Cristo, resucitándolo de entre los muertos y sentándolo a su derecha en el cielo, por encima de todo principado, potestad, fuerza y dominación, y por encima de todo nombre conocido, no sólo en este mundo, sino en el futuro. Y todo lo puso bajo sus pies y lo dio a la Iglesia, como Cabeza, sobre todo. Ella es su cuerpo, plenitud de lo que acaba todo en todos.

Palabra de Dios.

ALELUYA Mt 28, 19-20

Id y haced discípulos de todos los pueblos, dice el Señor. Y sabed que yo estoy con vosotros todos los días hasta el fin del mundo.

CICLO A (Años 1990, 1993, 1996, 1999, 2002, 2005)

EVANGELIO

Se me ha dado pleno poder en el cielo y en la tierra

✠ LECTURA DEL S. EVANGELIO SEGUN
SAN MATEO 28, 16-20

En aquel tiempo, los Once discípulos se fueron a Galilea, al monte que Jesús les había indicado. Al verlo, ellos se postraron, pero algunos vacilaban. Acercándose a ellos, Jesús les dijo: «Se me ha dado pleno poder en el cielo y en la tierra. Id y haced discípulos de todos los pueblos bautizándolos en el nombre del Padre, y del Hijo y del Espíritu Santo; y enseñándoles a guardar todo lo que os he mandado. Y sabed que yo estoy con vosotros todos los días hasta el fin del mundo.»

Palabra del Señor.

Se dice «Credo».

CICLO B (Años 1991, 1994, 1997, 2000, 2003, 2006)

EVANGELIO

Ascendió al cielo y se sentó a la derecha de Dios

✠ LECTURA DEL S. EVANGELIO SEGUN
SAN MARCOS   16, 15-20

En aquel tiempo se apareció Jesús a los Once, y les dijo: «Id al mundo entero y proclamad el Evangelio a toda la creación. El que crea y se bautice, se salvará; el que se resista a creer, será condenado. A los que crean, les acompañarán estos signos: echarán demonios en mi nombre, hablarán lenguas nuevas, cogerán serpientes en sus manos, y si beben un veneno mortal no les hará daño. Impondrán las manos a los enfermos y quedarán sanos.» Después de hablarles, el Señor Jesús, ascendió al cielo y se sentó a la derecha de Dios. Ellos fueron y proclamaron el Evangelio por todas partes, y el Señor actuaba con ellos y confirmaba la Palabra con los signos que los acompañaban.

Palabra del Señor.

Se dice «Credo».

CICLO C (Años 1989, 1992, 1995, 1998, 2001, 2004)

EVANGELIO

Mientras los bendecía, iba subiendo al cielo

✠ LECTURA DEL S. EVANGELIO SEGUN
SAN LUCAS   24, 46-53

En aquel tiempo, dijo Jesús a sus discípulos: Así estaba escrito: el Mesías padecerá, resucitará de entre los muertos al tercer día y en su nombre predicará la conversión y el perdón de los pecados a todos los pueblos, comenzando por Jerusalén. Y vosotros sois testigos de esto. Yo os enviaré lo que mi Padre ha prometido; vosotros quedaos en la ciudad, hasta que os revistáis de la fuerza de lo alto. Después los sacó hacia Betania, y levantando las manos, los bendijo. Y mientras los bendecía, se separó de ellos (subiendo hacia el cielo). Ellos se volvieron a Jerusalén con gran alegría; y estaban siempre en el templo bendiciendo a Dios.

Palabra del Señor.

Se dice «Credo».

ORACION SOBRE LAS OFRENDAS

Te presentamos, Señor, nuestro sacrificio para celebrar la gloriosa ascensión de tu Hijo; que la participación en este misterio eleve nuestro espíritu a los bienes del cielo. Por Jesucristo nuestro Señor.

Prefacio de la Ascensión, pp. 1074. Cuando se utiliza el Canon romano, se dice Reunidos en comunión *propio, p. 1121.*

ANTIFONA DE COMUNION   Mt 28, 20

Y sabed que estoy con vosotros todos los días,
hasta el fin del mundo. Aleluya.

ORACION DESPUES DE LA COMUNION

Dios todopoderoso y eterno, que, mientras vivimos aún en la tierra, nos das ya parte en los bienes del cielo; haz que deseemos vivamente estar junto a Cristo, en quien nuestra naturaleza humana ha sido tan extraordinariamente enaltecida que participa de tu misma gloria. Por Jesucristo nuestro Señor.

SEXTA SEMANA DE PASCUA   JUEVES

En los lugares donde la celebración de la Ascensión del Señor se traslada al séptimo domingo de Pascua, hoy se celebra esta liturgia ferial

ANTIFONA DE ENTRADA   Cf. Sal 67, 8-9. 20

Oh Dios, cuando salías al frente de tu pueblo, y acampabas con ellos y llevabas sus cargas, la tierra tembló, el cielo destiló. Aleluya.

ORACION COLECTA

Oh Dios, que nos haces partícipes de la redención, concéde-nos vivir siempre la alegría de la resurrección de tu Hijo. Que vive y reina contigo.

PRIMERA LECTURA

Se quedó a trabajar en su casa. Todos los sábados discutía en la sinagoga

LECTURA DEL LIBRO DE LOS HECHOS DE LOS APOSTOLES

18, 1-8

En aquellos días, Pablo dejó Atenas y se fue a Corinto. Allí encontró a un tal Aquila, judío natural del Ponto, y a su mujer Priscila; habían llegado hacía poco de Italia, porque Claudio había decretado que todos los judíos abandonasen Roma. Se juntó con ellos y, como ejercía el mismo oficio, se quedó a trabajar en su casa; eran tejedores de lona. Todos los sábados discutía en la sinagoga, esforzándose por convencer a judíos y griegos. Cuando Silas y Timoteo bajaron de Macedonia, Pablo se dedicó entera-mente a predicar, sosteniendo ante los judíos que Jesús es el Me-sías. Como ellos se oponían y respondían con insultos, Pablo se sacudió la ropa y les dijo: «Vosotros sois responsables de lo que os ocurra, yo no tengo culpa. En adelante me voy con los genti-les.» Se marchó de allí y se fue a casa de Ticio Justo, hombre te-meroso de Dios, que vivía al lado de la sinagoga. Crispo, el jefe de la sinagoga, creyó en el Señor con toda su familia; también otros muchos corintios que escuchaban creían y se bautizaban.

Palabra de Dios.

SALMO RESPONSORIAL 97

℟ **El Señor revela a las naciones su victoria** (o, Aleluya).

Cantad al Señor un cántico nuevo, | porque ha hecho mara-villas: | su diestra le ha dado la victoria, | su santo brazo. ℟.

El Señor da a conocer su victoria, | revela a las naciones su justicia; | se acordó de su misericordia y su fidelidad | en favor de la casa de Israel. ℟.

Los confines de la tierra han contemplado | la victoria de nuestro Dios. | Aclama al Señor, tierra entera; | gritad, vitoread, tocad. ℟.

ALELUYA   Jn 14, 18

No os dejaré huérfanos —dice el Señor—; me voy y vuelvo a vuestro lado, y se alegrará vuestro corazón.

EVANGELIO

Estaréis tristes, pero vuestra tristeza se convertirá en alegría

✠ LECTURA DEL SANTO EVANGELIO
SEGUN SAN JUAN   16, 16-20

En aquel tiempo, dijo Jesús a sus discípulos: «Dentro de poco ya no me veréis, pero poco más tarde me volveréis a ver.» Comentaron entonces algunos discípulos: «¿Qué significa eso de "dentro de poco ya no me veréis, pero poco más tarde me volveréis a ver", y eso de "me voy con el Padre"?» Y se preguntaban: «¿Qué significa ese "poco"? No entendemos lo que dice.» Comprendió Jesús que querían preguntarle y les dijo: «¿Estáis discutiendo de eso que os he dicho: "Dentro de poco ya no me veréis, pero poco más tarde me volveréis a ver"? Pues sí, os aseguro que lloraréis y os lamentaréis vosotros, mientras el mundo estará alegre; vosotros estaréis tristes, pero vuestra tristeza se convertirá en alegría.»

Palabra del Señor.

ORACION SOBRE LAS OFRENDAS

Que nuestra oración, Señor, y nuestras ofrendas sean gratas en tu presencia, para que así, purificados por tu gracia, podamos participar más dignamente en los sacramentos de tu amor. Por Jesucristo nuestro Señor.

Prefacio pascual, pp. 1069-73.

ANTIFONA DE COMUNION   Mt 28, 20

Sabed que yo estoy con vosotros todos los días, hasta el fin del mundo. Aleluya.

ORACION DESPUES DE LA COMUNION

Dios todopoderoso y eterno que en la resurrección de Jesucristo nos has hecho renacer a la vida eterna, haz que los sacramentos pascuales den en nosotros fruto abundante, y que el alimento de salvación que acabamos de recibir fortalezca nuestras vidas. Por Jesucristo nuestro Señor.

SEXTA SEMANA DE PASCUA   VIERNES

ANTIFONA DE ENTRADA   Ap 5, 9-10

Con tu sangre, Señor, has comprado para Dios hombres de toda tribu, lengua, pueblo y nación; has hecho de ellos una dinastía sacerdotal que sirva a Dios. Aleluya.

ORACION COLECTA

Escucha, Señor, nuestras súplicas para que la predicación del Evangelio extienda por todo el mundo la prometida salvación de tu Hijo y todos los hombres alcancen la plenitud de la adopción filial que él anunció dando testimonio de la verdad. Por nuestro Señor Jesucristo.

Donde la solemnidad de la Ascensión del Señor se celebra el jueves de la VI Semana del tiempo pascual se reza:

ORACION COLECTA

Oh Dios, que por la resurrección de tu Hijo nos has hecho renacer a la vida eterna; levanta nuestros corazones hacia el Salvador, que está sentado a tu derecha, a fin de que cuando venga de nuevo, los que hemos renacido en el bautismo seamos revestidos de una inmortalidad gloriosa. Por nuestro Señor Jesucristo.

PRIMERA LECTURA

Muchos de esta ciudad son pueblo mío

LECTURA DE LOS HECHOS DE LOS APOSTOLES
18, 9-18

Estando Pablo en Corinto, durante la noche le dijo el Señor en una visión: «No temas, sigue hablando y no te calles, que yo estoy contigo y nadie se atreverá a hacerte daño; muchos de esta ciudad son pueblo mío.» Pablo se quedó allí un año y medio, explicándoles la Palabra de Dios.

Pero siendo Galión procónsul de Acaya, los judíos se abalanzaron en masa contra Pablo y lo condujeron al tribunal y lo acusaron: «Este induce a la gente a dar a Dios un culto contrario a la ley.» Iba Pablo a tomar la palabra, cuando Galión dijo a los judíos: «Judíos, si se tratara de un crimen o de un delito grave, sería razón escucharos con paciencia; pero si discutís de palabras, de nombres y de vuestra ley, arreglaos vosotros. Yo no quiero meterme a juez de esos asuntos.» Y ordenó despejar el tribunal. Entonces agarraron a Sóstenes, jefe de la sinagoga y le dieron una paliza delante del tribunal. Galión no hizo caso.

Pablo se quedó allí algún tiempo; luego se despidió de los hermanos y se embarcó para Siria con Priscila y Aquila. En Cencreas se afeitó la cabeza, porque había hecho un voto.

Palabra de Dios.

SALMO RESPONSORIAL 46

R. **Dios es el rey del mundo** (o, Aleluya).

Pueblos todos, batid palmas. | Aclamad a Dios con vítores de júbilo: | Porque el Señor es sublime y terrible, | emperador de toda la tierra. R.

El nos somete los pueblos | y nos sojuzga las naciones; | él nos escogió por heredad suya: | Gloria de Jacob, su amado. R.

Dios asciende entre aclamaciones, | el Señor, al son de trompetas: | Tocad para Dios, tocad, | tocad para nuestro Rey, tocad. R.

Donde la Ascensión del Señor se celebra el jueves de la sexta semana de Pascua, en lugar del versículo antes del evangelio propuesto para cada día, se puede escoger alguno de los que se hallan en la p. 671.

ALELUYA   Lc 24, 26

Era necesario que el Mesías padeciera y resucitara de entre los muertos, para entrar en su gloria.

EVANGELIO

Se alegrará vuestro corazón y nadie os quitará vuestra alegría

✠ LECTURA DEL S. EVANGELIO SEGUN SAN JUAN   16, 20-23a

En aquel tiempo, dijo Jesús a sus discípulos: «Os aseguro que lloraréis y os lamentaréis vosotros, mientras el mundo estará alegre y vosotros estaréis tristes, pero vuestra tristeza se convertirá en alegría. La mujer, cuando va a dar a luz, siente tristeza, porque ha llegado su hora; pero en cuanto da a luz al niño, ni se acuerda del apuro, por la alegría de que al mundo le ha nacido un hombre. También vosotros ahora sentís tristeza; pero volveré a veros y se alegrará vuestro corazón y nadie os quitará vuestra alegría. Ese día no me preguntaréis nada.»

Palabra del Señor.

ORACION SOBRE LAS OFRENDAS

Acoge, Señor, con bondad las ofrendas de tu pueblo, para que, bajo su protección, no pierda ninguno de tus bienes y descubra los que permanecen para siempre. Por Jesucristo.

ANTIFONA DE COMUNION   Rom 4, 25

Cristo nuestro Señor fue entregado por nuestros pecados y resucitado para nuestra santificación. Aleluya.

ORACION DESPUES DE LA COMUNION

Dios todopoderoso, no ceses de proteger con amor a los que has salvado, para que así quienes hemos sido redimidos por la pasión de tu Hijo podamos alegrarnos en su resurrección. Por Jesucristo nuestro Señor.

SEXTA SEMANA DE PASCUA   **SABADO**

ANTIFONA DE ENTRADA   1 Pe 2, 9

Pueblo adquirido por Dios, proclamad las hazañas del que os llamó a salir de la tiniebla y a entrar en su luz maravillosa. Aleluya.

ORACION COLECTA

Mueve, Señor, nuestros corazones para que fructifiquen en buenas obras y, al tender siempre hacia lo mejor, concédenos vivir plenamente el misterio pascual. Por nuestro Señor Jesucristo.

Donde la solemnidad de la Ascensión del Señor se celebra el jueves de la VI Semana del tiempo pascual se reza:

ORACION COLECTA

Tu Hijo, Señor, después de subir al cielo, envió sobre los apóstoles el Espíritu Santo, que había prometido, para que penetraran en los misterios del reino; te pedimos que repartas también entre nosotros los dones de este mismo Espíritu. Por nuestro Señor.

PRIMERA LECTURA

Apolo demostraba con la Escritura que Jesús es el Mesías

LECTURA DE LOS HECHOS DE LOS APOSTOLES

18, 23-28

Pasado algún tiempo en Antioquía, emprendió Pablo otro viaje y recorrió Galacia y Frigia animando a los discípulos. Llegó a Efeso un judío llamado Apolo, natural de Alejandría, hombre elocuente y muy versado en la Escritura. Lo habían instruido en el camino del Señor, y era muy entusiasta; aunque no conocía más que el bautismo de Juan, exponía la vida de Jesús con mucha exactitud.

Apolo se puso a hablar públicamente en la sinagoga. Cuando lo oyeron Priscila y Aquila, lo tomaron por su cuenta y le explicaron con más detalle el camino del Señor. Decidió pasar a Acaya y los hermanos le animaron y escribieron a los discípulos de allí que lo recibieran bien. Su presencia, con la ayuda de la gracia, constribuyó mucho al provecho de los creyentes; pues rebatía vigorosamente en público a los judíos, demostrando con la Escritura que Jesús es el Mesías.

Palabra de Dios.

SALMO RESPONSORIAL 46

R Dios es el rey del mundo (o, Aleluya).

Pueblos todos, batid palmas. | Aclamad a Dios con gritos de júbilo: | porque el Señor es sublime y terrible, | emperador de toda la tierra. R.

Porque Dios es el rey del mundo: | Tocad con maestría. | Dios reina sobre las naciones, | Dios se sienta en su trono sagrado. R.

Los príncipes de los gentiles se reúnen | con el pueblo del Dios de Abraham. | Porque de Dios son los grandes de la tierra, | y él es excelso. R.

ALELUYA   Jn 16, 28

Salí del Padre y he venido al mundo, otra vez dejo el mundo y me voy al Padre.

EVANGELIO

El Padre os ama, porque vosotros me queréis y habéis creído

✠ LECTURA DEL S. EVANGELIO SEGUN
SAN JUAN   16, 23b-28

En aquel tiempo, dijo Jesús a sus discípulos: «Yo os aseguro: Si pedís algo al Padre en mi nombre, os lo dará. Hasta ahora no habéis pedido nada en mi nombre: pedid y recibiréis, para que vuestra alegría sea completa. Os he hablado de esto en comparaciones: viene la hora en que ya no hablaré en comparaciones, sino que os hablaré del Padre claramente. Aquel día pediréis en mi nombre y no os digo que yo rogaré al Padre por vosotros, pues el Padre mismo os quiere, porque vosotros me queréis y creéis que yo salí de Dios. Salí del Padre y he venido al mundo, otra vez dejo el mundo y me voy al Padre.»

Palabra del Señor.

ORACION SOBRE LAS OFRENDAS

Santifica, Señor, con tu bondad estos dones, acepta la ofrenda de este sacrificio espiritual y a nosotros transfórmanos en oblación perenne. Por Jesucristo.

Prefacio pascual, pp. 1069-73.

ANTIFONA DE COMUNION   Jn 17, 24

Padre, éste es mi deseo: que los que me confiaste estén conmigo donde yo estoy y contemplen la gloria que me has dado. Aleluya.

ORACION DESPUES DE LA COMUNION

Después de recibir los santos misterios, humildemente te pedimos, Señor, que esta Eucaristía, celebrada como memorial de tu Hijo, nos haga progresar en el amor. Por Jesucristo.

SEPTIMO DOMINGO DE PASCUA

Domingo de la oración de Jesús

El siguiente formulario y las correspondientes lecturas se utilizan donde la solemnidad de la Ascensión del Señor se celebra el jueves de la VI Semana del tiempo pascual

Las lecturas de este domingo continúan relatando los primeros pasos de la primitiva comunidad después de la partida del Señor en la carne: la Iglesia en oración aguardando la venida del Espíritu (1.ª lectura A), la elección de Matías para completar el número de doce testigos de la resurrección y el martirio de san Esteban, uno de los siete «diáconos» (primeras lecturas B y C). Las segundas lecturas A y B animan a profundizar en la vida en Cristo resucitado, mientras que la del ciclo C está tomada del último capítulo del Apocalipsis, y proclama la tensión pascual de la Iglesia como Esposa que aguarda a su Señor que dice: «Mira, llego en seguida». Los pasajes evangélicos seleccionan párrafos de la maravillosa plegaria de Jesús al final de su discurso de despedida, llamada también «oración sacerdotal» porque en ella el Señor se ofrece a sí mismo en sacrificio y pide para la Iglesia el don de la unidad, tal como aquélla hace ahora en la celebración de la eucaristía.

ANTIFONA DE ENTRADA

Sal 26, 7-9

Escúchame, Señor, te llamo; ten piedad, respóndeme. Oigo en mi corazón: «Buscad mi rostro.» Tu rostro buscaré, Señor; no me escondas tu rostro. Aleluya.

ORACION COLECTA

Escucha, Señor, nuestras plegarias y, ya que confesamos que Cristo, el Salvador de los hombres, vive junto a ti en la gloria, haz que le sintamos presente también entre nosotros hasta el fin de los tiempos, como él mismo nos lo prometió. Por nuestro Señor.

ORACION SOBRE LAS OFRENDAS

Con estas ofrendas, Señor, recibe las súplicas de tus hijos, para que esta eucaristía, celebrada con amor, nos lleve a la gloria del cielo. Por Jesucristo.

Prefacio pascual, p. 1073, o de la Ascensión, p. 1074.

ANTIFONA DE COMUNION

Jn 17, 22

Padre, que todos sean uno; como tú en mí y yo en ti. Aleluya.

ORACION DESPUES DE LA COMUNION

Escúchanos, Dios salvador nuestro, y por la comunión de estos santos misterios afiánzanos en la esperanza de que toda la Iglesia alcanzará un día la misma gloria de Jesucristo resucitado. Que vive y reina.

CICLO A (Años 1990, 1993, 1996, 1999, 2002, 2005)

PRIMERA LECTURA

Se dedicaban a la oración en común

LECTURA DEL LIBRO DE LOS HECHOS DE LOS APOSTOLES

1, 12-14

Después de subir Jesús al cielo, los apóstoles se volvieron a Jerusalén, desde el monte que llaman de los Olivos, que dista de Jerusalén lo que se permite caminar en sábado. Llegados a casa subieron a la sala, donde se alojaban: Pedro, Juan, Santiago, Andrés, Felipe, Tomás, Bartolomé y Mateo, Santiago el de Alfeo, Simón el Celotes, y Judas el de Santiago. Todos ellos se dedicaban a la oración en común, junto con algunas mujeres, entre ellas María, la madre de Jesús, y con sus hermanos.

Palabra de Dios.

SALMO RESPONSORIAL 26

R. **Espero gozar de la dicha del Señor | en el país de la vida** (o, Aleluya).

El Señor es mi luz y mi salvación, | ¿a quién temeré? | El Señor es la defensa de mi vida, | ¿quién me hará temblar? R.

Una cosa pido al Señor, eso buscaré: | habitar en la casa del Señor | por los días de mi vida; | gozar de la dulzura del Señor | contemplando su templo. R.

Escúchame, Señor, que te llamo; | ten piedad, respóndeme. | Oigo en mi corazón: «Buscad mi rostro». R.

SEGUNDA LECTURA

Si os ultrajan por el nombre de Cristo, dichosos vosotros

LECTURA DE LA PRIMERA CARTA DEL APOSTOL SAN PEDRO

4, 13-16

Queridos hermanos: Estad alegres cuando compartís los padecimientos de Cristo, para que cuando se manifieste su gloria, reboséis de gozo. Si os ultrajan por el nombre de Cristo, dichosos vosotros, porque el Espíritu de la gloria, el Espíritu de Dios, reposa sobre vosotros. Que ninguno de vosotros tenga que sufrir por homicida, ladrón, malhechor o entrometido. Pero si sufre por ser cristiano que no se avergüence, que dé gloria a Dios por este nombre.

Palabra de Dios.

ALELUYA Jn 14, 18

No os dejaré desamparados —dice el Señor—;
me voy, pero volveré y os llenaré de gozo.

EVANGELIO

Padre, glorifica a tu Hijo

✠ LECTURA DEL S. EVANGELIO SEGUN SAN JUAN 17, 1-11a

En aquel tiempo, levantando los ojos al cielo, Jesús dijo: «Padre, ha llegado la hora, glorifica a tu Hijo, para que tu Hijo te glorifique y, por el poder que tú le has dado sobre toda carne, dé la vida eterna a los que le confiaste. Esta es la vida eterna: que te conozcan a ti único Dios verdadero, y a tu enviado, Jesucristo. Yo te he glorificado sobre la tierra, he coronado la obra que me encomendaste. Y ahora, Padre, glorifícame cerca de ti, con la gloria que yo tenía cerca de ti antes que el mundo existiese. He manifestado tu Nombre a los hombres que me diste de en medio del mundo. Tuyos eran y tú me los diste, y ellos han guardado tu palabra. Ahora han conocido que todo lo que me diste procede de ti, porque yo les he comunicado las palabras que tú me diste y han conocido verdaderamente que yo salí de ti, y han creído que tú me has enviado.

Te ruego por ellos: no ruego por el mundo, sino por éstos que tú me diste y son tuyos. Sí, todo lo mío es tuyo y lo tuyo mío; y en ellos he sido glorificado. Ya no voy a estar en el mundo, pero ellos están en el mundo mientras yo voy a ti.

Palabra del Señor.

Se dice «Credo».

CICLO B (Años 1991, 1994, 1997, 2000, 2003, 2006)

PRIMERA LECTURA

Hace falta que uno se asocie a nosotros como testigo de su resurrección

LECTURA DEL LIBRO DE LOS HECHOS DE LOS APOSTOLES

1, 15-17.20a.20c-26

Uno de aquellos días, Pedro se puso en pie en medio de los hermanos y dijo: «Hermanos, tenía que cumplirse lo que el Espíritu Santo, por boca de David, había predicho, en la Escritura, acerca de Judas, que hizo de guía a los que arrestaron a Jesús. Era uno de nuestro grupo y compartía el mismo servicio. En el libro de los Salmos está escrito: que su morada quede desierta, y también: que su cargo lo ocupe otro. Hace falta, por tanto, que uno se asocie a nosotros como testigo de la resurrección de Jesús, uno de los que nos acompañaron mientras convivió con nosotros el Señor Jesús, desde que Juan bautizaba, hasta el día de su ascensión.» Propusieron dos nombres: José, apellidado Barsabá, de sobrenombre Justo, y Matías. Y rezaron así: «Señor, tú penetras el corazón de todos; muéstranos a cuál de los dos has elegido para que, en este servicio apostólico, ocupe el puesto que dejó Judas para marcharse al suyo propio.» Echaron suertes, le tocó a Matías y lo asociaron a los Once apóstoles.

Palabra de Dios.

SALMO RESPONSORIAL 102

℟. **El Señor puso en el cielo su trono** (o, Aleluya).

Bendice, alma mía, al Señor, | y todo mi ser a su santo nombre. | Bendice, alma mía, al Señor, | y no olvides sus beneficios. ℟.

Como se levanta el cielo sobre la tierra, | se levanta su bondad sobre sus fieles; | como dista el Oriente del Ocaso, | así aleja de nosotros nuestros delitos. ℟.

El Señor puso en el cielo su trono, | su soberanía gobierna el universo. | Bendecid al Señor, ángeles suyos, | poderosos ejecutores de sus órdenes. ℟.

SEGUNDA LECTURA

Quien permanece en el amor permanece en Dios y Dios en él

LECTURA DE LA PRIMERA CARTA DEL
APOSTOL SAN JUAN   4, 11-16

Queridos hermanos: Si Dios nos amó de esta manera, también nosotros debemos amarnos unos a otros. A Dios nadie le ha visto nunca. Si nos amamos unos a otros, Dios permanece en nosotros y su amor ha llegado en nosotros a su plenitud. En esto conocemos que permanecemos en él y él en nosotros: en que nos ha dado su Espíritu. Y nosotros hemos visto y damos testimonio de que el Padre envió a su Hijo, para ser Salvador del mundo. Quien confiese que Jesús es el Hijo de Dios, Dios permanece en él y él en Dios. Y nosotros hemos conocido el amor que Dios nos tiene, y hemos creído en él. Dios es Amor y quien permanece en el amor, permanece en Dios y Dios en él.

Palabra de Dios.

ALELUYA   Jn 14, 18

No os dejaré desamparados —dice el Señor—,
me voy y vuelvo a vuestro lado, y se alegrará
vuestro corazón.

EVANGELIO

Que se consagren en la verdad

✠ LECTURA DEL S. EVANGELIO SEGUN
SAN JUAN   17, 11b-19

En aquel tiempo, levantando los ojos al cielo, Jesús dijo:
«Padre santo: guárdalos en tu nombre a los que me has dado,
para que sean uno, como nosotros. Cuando estaba con ellos, yo
guardaba en tu nombre a los que me diste, y los custodiaba; y
ninguno de ellos se perdió, sino el hijo de la perdición, para que
se cumpliera la Escritura. Ahora voy a ti, y digo esto en el mundo, para que en ellos mismos tengan mi alegría cumplida. Yo les
he dado tu Palabra, y el mundo los ha odiado porque no son del
mundo, como tampoco yo soy del mundo. No ruego que los retires del mundo, sino que los guardes del mal. No son del mundo, como tampoco yo soy del mundo. Santifícalos en la verdad:
tu Palabra es verdad. Como tú me enviaste al mundo, así los envío yo también al mundo. Y por ellos me consagro yo, para que
también se consagren ellos en la verdad.»

Palabra del Señor.

Se dice «Credo».

CICLO C (Años 1989, 1992, 1995, 1998, 2001, 2004)

PRIMERA LECTURA

Veo al Hijo del Hombre de pie a la derecha de Dios

LECTURA DEL LIBRO DE LOS HECHOS DE
LOS APOSTOLES   7, 55-60

En aquellos días, Esteban, lleno de Espíritu Santo, fijó la mirada en el cielo, vio la gloria de Dios y a Jesús de pie a la derecha de Dios, y dijo: «Veo el cielo abierto y al Hijo del Hombre
de pie a la derecha de Dios.» Dando un grito estentóreo, se tapa-

ron los oídos; y como un sólo hombre se abalanzaron sobre él, lo empujaron fuera de la ciudad y se pusieron a apedrearlo. Los presentes, dejando sus capas a los pies de un joven llamado Saulo, se pusieron también a apedrear a Esteban, que repetía esta invocación: «Señor Jesús, recibe mi espíritu.» Luego, cayendo de rodillas, lanzó un grito: «Señor, no les tengas en cuenta este pecado.» Y con estas palabras expiró.

Palabra de Dios.

SALMO RESPONSORIAL 96

R. **El Señor reina altísimo sobre toda la tierra** (o, Aleluya).

El Señor reina, la tierra goza, | se alegran las islas innumerables. | Justicia y Derecho sostienen su trono. R.

Los cielos pregonan su justicia | y todos los pueblos contemplan su gloria. | Ante él se postran todos los dioses. R.

Porque tú eres, Señor, | altísimo sobre toda la tierra. | Encumbrado sobre todos los dioses. R.

SEGUNDA LECTURA

¡Ven, Señor, Jesús!

LECTURA DEL LIBRO DEL APOCALIPSIS 22, 12-14.16-17.20

Yo, Juan, escuché una voz que me decía: «Mira, llego en seguida y traigo conmigo mi salario, para pagar a cada uno su propio trabajo. Yo soy el Alfa y la Omega, el primero y el último, el principio y el fin. Dichosos los que lavan su ropa, para tener derecho al árbol de la vida y poder entrar por las puertas de la ciudad. Yo, Jesús, os envío mi ángel con este testimonio para las Iglesias. Yo soy el retoño y el vástago de David, la estrella luciente de la mañana. El Espíritu y la novia dicen: «¡Ven!» El que lo oiga, que repita: «¡Ven!» El que tenga sed y quiera, que venga a beber de balde el agua de la vida. El que atestigua esto responde: «Sí, vengo en seguida.» Amén. ¡Ven, Señor, Jesús!

Palabra de Dios.

ALELUYA   Jn 14, 18

No os dejaré huérfanos, dice el Señor;
me voy, y se alegrará vuestro corazón.

EVANGELIO

Que sean completamente uno

✠ LECTURA DEL S. EVANGELIO SEGUN
SAN JUAN
                                                             17, 20-26

En aquel tiempo, levantando los ojos al cielo, Jesús dijo «Padre santo: No sólo por ellos ruego, sino también por los que
crean en mí por la palabra de ellos, para que todos sean uno,
como tú, Padre, en mí y yo en ti, que ellos también lo sean en
nosotros, para que el mundo crea que tú me has enviado. También les di a ellos la gloria que me diste, para que sean uno,
como nosotros somos uno: yo en ellos y tú en mí, para que sean
completamente uno, de modo que el mundo sepa que tú me has
enviado y los has amado como me has amado a mí. Padre, éste
es mi deseo: que los que me confiaste estén conmigo, donde yo
estoy y contemplen mi gloria, la que me diste, porque me amabas antes de la fundación del mundo. Padre justo, si el mundo
no te ha conocido, yo te he conocido, y éstos han conocido que
tú me enviaste. Les he dado a conocer y les daré a conocer tu
Nombre, para que el amor que me tenías esté en ellos, como
también yo estoy en ellos.»

Palabra del Señor.

Se dice «Credo».

SEPTIMA SEMANA DE PASCUA   LUNES

ANTIFONA DE ENTRADA   Hch 1, 8

Cuando el Espíritu Santo descienda sobre vosotros,
recibiréis fuerza para ser mis testigos en Jerusalén y hasta
los confines del mundo. Aleluya.

ORACION COLECTA

Derrama, Señor, sobre nosotros la fuerza del Espíritu Santo, para que podamos cumplir fielmente tu voluntad y demos testimonio de ti con nuestras obras. Por nuestro Señor.

PRIMERA LECTURA

¿Recibisteis el Espíritu Santo al aceptar la fe?

LECTURA DE LOS HECHOS DE LOS APOSTOLES

19, 1-8

Mientras Apolo estaba en Corinto, Pablo atravesó la meseta y llegó a Efeso. Allí encontró unos discípulos y les preguntó: «¿Recibisteis el Espíritu Santo al aceptar la fe?» Contestaron: «Ni siquiera hemos oído hablar de un Espíritu Santo.» Pablo les volvió a preguntar: «Entonces, ¿qué bautismo habéis recibido?» Respondieron: «El bautismo de Juan.» Pablo les dijo: «El bautismo de Juan era signo de conversión, y él decía al pueblo que creyesen en el que iba a venir después, es decir, en Jesús.» Al oír esto, se bautizaron en el nombre del Señor Jesús; cuando Pablo les impuso las manos, bajó sobre ellos el Espíritu Santo y se pusieron a hablar en lenguas y a profetizar. Eran en total unos doce hombres. Pablo fue a la sinagoga y durante tres meses habló en público del Reino de Dios, tratando de persuadirlos.

Palabra de Dios.

SALMO RESPONSORIAL 67

R̥ **Reyes de la tierra, | cantad al Señor** (o Aleluya).

Se levanta Dios, y se dispersan sus enemigos, | huyen de su presencia los que lo odian; | como el humo se disipa, se disipan ellos, | como se derrite la cera ante el fuego, | así perecen los impíos ante Dios. R̥

En cambio, los justos se alegran, | gozan en la presencia de Dios, | rebosando de alegría. | Cantad a Dios, tocad en su honor, | su nombre es el Señor. R̥

Padre de huérfanos, protector de viudas, | Dios vive en su santa morada. | Dios prepara casa a los desvalidos, | libera a los cautivos y los enriquece. R.

ALELUYA

Col 3, 1

Ya que habéis resucitado con Cristo, buscad los bienes de allá arriba, donde está Cristo, sentado a la derecha de Dios.

EVANGELIO

¡Tened valor! Yo he vencido al mundo

✝ LECTURA DEL S. EVANGELIO SEGUN SAN JUAN

16, 29-33

En aquel tiempo, dijeron los discípulos a Jesús: «Ahora sí que hablas claro y no usas comparaciones. Ahora vemos que lo sabes todo y no necesitas que te pregunten; por ello creemos que saliste de Dios.» Les contestó Jesús: «¿Ahora creéis? Pues mirad: está para llegar la hora, mejor, ya ha llegado, en que os disperséis cada cual por su lado y a mí me dejéis solo. Pero no estoy solo, porque está conmigo el Padre. Os he hablado de esto, para que encontréis la paz en mí. En el mundo tendréis luchas; pero tened valor: Yo he vencido al mundo.»

Palabra del Señor.

ORACION SOBRE LAS OFRENDAS

Este sacrificio santo nos purifique, Señor, y derrame en nuestras almas la fuerza divina de tu gracia. Por Jesucristo.

Prefacio pascual, p. 1069, o de la Ascensión, p. 1074.

ANTIFONA DE COMUNION

Jn 14, 18; 16, 22

No os dejaré desamparados, volveré —dice el Señor— y se alegrarán vuestros corazones. Aleluya.

ORACION DESPUES DE LA COMUNION

Ven, Señor, en ayuda de tu pueblo, y, ya que nos has iniciado en los misterios de tu reino, haz que abandonemos nuestra antigua vida de pecado y vivamos, ya desde ahora, la novedad de la vida eterna. Por Jesucristo.

SEPTIMA SEMANA DE PASCUA   MARTES

ANTIFONA DE ENTRADA   Ap 1, 17-18

Yo soy el primero y el último, yo soy el que vive. Estaba muerto y, ya veis, vivo por los siglos de los siglos. Aleluya.

ORACION COLECTA

Te pedimos, Dios de poder y misericordia, que envíes tu Espíritu Santo, para que, haciendo morada en nosotros, nos convierta en templos de su gloria. Por nuestro Señor.

PRIMERA LECTURA

Lo que me importa es completar mi carrera y cumplir el encargo que me dio el Señor Jesús

LECTURA DE LOS HECHOS DE LOS APOSTOLES   20, 17-27

En aquellos días, desde Mileto, mandó Pablo llamar a los presbíteros de la iglesia de Efeso. Cuando se presentaron les dijo: «Vosotros sabéis que todo el tiempo que he estado aquí, desde el día que por primera vez puse pie en Asia, he servido al Señor con toda humildad, en las penas y pruebas que me han procurado las maquinaciones de los judíos. Sabéis que no he ahorrado medio alguno, que he predicado y enseñado en público y en privado, insistiendo a judíos y griegos a que se conviertan y crean en nuestro Señor Jesús.

Y ahora me dirijo a Jerusalén, forzado por el Espíritu. No sé lo que me espera allí, solo sé que el Espíritu Santo, de ciudad en ciudad, me asegura que me aguardan cárceles y luchas. Pero a mí no me importa la vida; lo que me importa es completar mi carrera y cumplir el encargo que me dio el Señor Jesús: ser testigo del Evangelio, que es la gracia de Dios.

He pasado por aquí predicando el reino, y ahora sé que ninguno de vosotros me volverá a ver. Por eso declaro hoy que no soy responsable de la suerte de nadie: nunca me he reservado nada, os he anunciado enteramente el plan de Dios.»

Palabra de Dios.

SALMO RESPONSORIAL 67

℟ **Reyes de la tierra,** | **cantad al Señor** (o Aleluya).

Derramaste en tu heredad, oh Dios, una lluvia copiosa, | aliviaste la tierra extenuada; | y tu rebaño habitó en la tierra | que tu bondad, oh Dios, preparó para los pobres. ℟.

Bendito el Señor cada día, | Dios lleva nuestras cargas, es nuestra salvación. | Nuestro Dios es un Dios que salva, | el Señor Dios nos hace escapar de la muerte. ℟.

ALELUYA
Jn 14, 16

Le pediré al Padre y os enviará otro Abogado, que estará siempre con vosotros.

EVANGELIO
Padre, glorifica a tu Hijo

✠ LECTURA DEL S. EVANGELIO SEGUN SAN JUAN
17, 1-11a

En aquel tiempo, Jesús levantando los ojos al cielo, dijo: «Padre, ha llegado la hora, glorifica a tu Hijo, para que tu Hijo te glorifique y, por el poder que tú le has dado sobre toda carne, dé la vida eterna a los que le confiaste. Esta es la vida eterna: que te conozcan a ti, único Dios verdadero, y a tu enviado, Jesucristo. Yo te he glorificado sobre la tierra, he coronado la obra que me encomendaste. Y ahora, Padre glorifícame cerca de ti, con la gloria que yo tenía cerca de ti antes que el mundo existiese. He manifestado tu Nombre a los hombres que me diste de en medio del mundo. Tuyos eran, y tú me los diste, y ellos han guardado tu palabra. Ahora han conocido que todo lo que me diste procede de ti; porque yo les he comunicado las palabras que tú me diste, y ellos las han recibido, y han conocido verdaderamente que yo salí de ti, y han creído que tú me has enviado. Te ruego por ellos; no ruego por el mundo, sino por estos que tú me diste y son tuyos. Sí, todo lo mío es tuyo y lo tuyo mío; y en ellos he sido glorificado. Ya no voy a estar en el mundo; pero ellos están en el mundo, mientras yo voy a ti.»

Palabra del Señor.

ORACION SOBRE LAS OFRENDAS

Con estas ofrendas, Señor, recibe las súplicas de tus hijos, para que esta Eucaristía, celebrada con amor, nos lleve a la gloria del cielo. Por Jesucristo.

Prefacio pascual, p. 1069, o de la Ascensión, p. 1074.

ANTIFONA DE COMUNION   Jn 14, 26

El Espíritu Santo, que enviará el Padre en mi nombre, será quien os lo enseñe todo y os vaya recordando todo lo que os he dicho —dice el Señor—. Aleluya.

ORACION DESPUES DE LA COMUNION

Después de recibir los santos misterios, humildemente te pedimos, Señor, que esta Eucaristía, celebrada como memorial de tu Hijo, nos haga progresar en el amor. Por Jesucristo.

SEPTIMA SEMANA DE PASCUA   **MIERCOLES**

ANTIFONA DE ENTRADA   Sal 46, 2

Pueblos todos, batid palmas, aclamad a Dios con gritos de júbilo. Aleluya.

ORACION COLECTA

Padre, lleno de amor, concede a tu Iglesia, congregada por el Espíritu Santo, dedicarse plenamente a tu servicio y vivir unida en el amor, según tu voluntad. Por nuestro Señor.

PRIMERA LECTURA

Os dejo en manos de Dios que tiene poder para construiros y daros parte en la herencia

LECTURA DE LOS HECHOS DE LOS APOSTOLES
                                                      20, 28-38

En aquellos días, decía Pablo a los principales de la iglesia de Efeso: «Tened cuidado de vosotros y del rebaño que el Espíritu Santo os ha encargado guardar, como pastores de la Iglesia de Dios, que él adquirió con la sangre de su Hijo. Ya sé que cuando os deje, se meterán entre vosotros lobos feroces que no tendrán piedad del rebaño. Incluso algunos de vosotros deformarán la doctrina y arrastrarán a los discípulos. Por eso, estad alerta: acordaos que durante tres años, de día y de noche, no he cesado de aconsejar con lágrimas en los ojos a cada uno en particular. Ahora os dejo en manos de Dios y de su palabra, que es gracia, y tiene poder para construiros y daros parte en la herencia de los santos. A nadie le he pedido dinero, oro ni ropa. Bien sabéis que estas manos han ganado lo necesario para mí y mis compañeros. Siempre os he enseñado que es nuestro deber trabajar para socorrer a los necesitados, acordándonos de las Palabras del Señor Jesús: Hay más dicha en dar que en recibir.»

Cuando terminó de hablar, se pusieron todos de rodillas, y rezó. Se echaron a llorar y abrazando a Pablo lo besaban; lo que más pena les daba era lo que había dicho que no volverían a verlo. Y lo acompañaron hasta el barco.

Palabra de Dios.

SALMO RESPONSORIAL 67

R Reyes de la tierra, | cantad a Dios (o Aleluya).

Oh Dios, despliega tu poder, | tu poder, oh Dios, que actúa en favor nuestro. | A tu templo de Jerusalén | traigan los reyes su tributo. R.

Reyes de la tierra, cantad a Dios, | tocad para el Señor | que avanza por los cielos, | los cielos antiquísimos, | que lanza su voz, su voz poderosa: | «Reconoced el poder de Dios.» R.

Sobre Israel resplandece su majestad, | y su poder, sobre las nubes. | ¡Dios sea bendito! R.

ALELUYA   Cf. Jn 17, 17b.a

Tu palabra, Señor, es verdad; conságranos en la verdad.

EVANGELIO

Que sean uno, como nosotros

✠ LECTURA DEL S. EVANGELIO SEGUN SAN JUAN   17, 11b-19

En aquel tiempo Jesús, levantando los ojos al cielo, oró diciendo «Padre santo: guárdalos en tu nombre a los que me has dado, para que sean uno, como nosotros. Cuando estaba con ellos, yo guardaba en tu nombre a los que me diste, y los custodiaba, y ninguno de ellos se perdió, sino el hijo de la perdición, para que se cumpliera la Escritura. Ahora voy a ti, y digo esto en el mundo para que ellos mismos tengan mi alegría cumplida. Yo les he dado tu palabra, y el mundo los ha odiado porque no son del mundo, como tampoco yo soy del mundo. No ruego que los retires del mundo, sino que los guardes del mal. No son del mundo, como tampoco yo soy del mundo. Santifícalos en la verdad: tu palabra es verdad. Como tú me enviaste al mundo, así los envío yo también al mundo. Y por ellos me consagro yo para que también se consagren ellos en la verdad.»

Palabra del Señor.

ORACION SOBRE LAS OFRENDAS

Recibe, Señor, este sacrificio que tú mismo has querido que te ofreciéramos, y por esta Eucaristía, que celebramos para glorificarte, dígnate santificarnos y darnos tu salvación. Por Jesucristo nuestro Señor.

Prefacio pascual, p. 1069, o de la Ascensión, p. 1074.

ANTIFONA DE COMUNION   Jn 15, 26-27

Cuando venga el Paráclito, que os enviaré desde el Padre, el Espíritu de la Verdad, que procede del Padre, él dará testimonio de mí y también vosotros daréis testimonio —dice el Señor—. Aleluya.

ORACION DESPUES DE LA COMUNION

La participación en los santos misterios aumente, Señor, nuestra santidad, y, al purificarnos de nuestros pecados, nos haga cada vez más capaces de recibir tus dones. Por Jesucristo nuestro Señor.

SEPTIMA SEMANA DE PASCUA   JUEVES

ANTIFONA DE ENTRADA   Heb 4, 16

Acerquémonos confiadamente al trono de la gracia, a fin de alcanzar misericordia y hallar gracia en el tiempo oportuno. Aleluya.

ORACION COLECTA

Que tu Espíritu, Señor, nos penetre con su fuerza, para que nuestro pensar te sea grato y nuestra obra concuerde con tu voluntad. Por nuestro Señor.

PRIMERA LECTURA

Tienes que dar testimonio en Roma

LECTURA DE LOS HECHOS DE LOS APOSTOLES

22, 30; 23, 6-11

En aquellos días, queriendo el tribuno poner en claro de qué lo acusaban los judíos, mandó desatarlo, ordenó que se reunieran los sumos sacerdotes y el Consejo en pleno, bajó a Pablo y se lo presentó ante ellos.

Pablo sabía que una parte del Sanedrín eran fariseos y otra saduceos y gritó: «Hermanos, yo soy fariseo, hijo de fariseo, y me juzgan porque espero la resurrección de los muertos.» Apenas dijo esto, se produjo un altercado entre fariseos y saduceos y la asamblea quedó dividida. (Los saduceos sostienen que no hay resurrección ni ángeles ni espíritus, mientras que los fariseos admiten todo esto.) Se armó un griterío, y algunos letrados del partido fariseo se pusieron en pie porfiando: «No encontramos ningún delito en este hombre; ¿y si le ha hablado un espíritu o un ángel?» El altercado arreciaba, y el comandante, temiendo que hicieran pedazos a Pablo, mandó bajar a la guarnición para sacarlo de allí y llevárselo al cuartel. La noche siguiente el Señor se le presentó y le dijo: «¡Animo! Lo mismo que has dado testimonio a favor mío en Jerusalén, tienes que darlo en Roma.»

Palabra de Dios.

SALMO RESPONSORIAL 15

℞ **Protégeme, Dios mío, | que me refugio en ti** (o Aleluya).

Protégeme, Dios mío, que me refugio en ti; | yo digo al Señor: «Tú eres mi bien.» | El Señor es el lote de mi heredad y mi copa, | mi suerte está en tu mano. ℞

Bendeciré al Señor que me aconseja, | hasta de noche me instruye internamente. | Tengo siempre presente al Señor, | con él a mi derecha no vacilaré. ℞.

Por eso se me alegra el corazón, | se gozan mis entrañas, | y mi carne descansa serena: | Porque no me entregarás a la muerte | ni dejarás a tu fiel conocer la corrupción. ℞.

Me enseñarás el sendero de la vida, | me saciarás de gozo en tu presencia, | de alegría perpetua a tu derecha. ℞.

ALELUYA   Jn 17, 21

Que todos sean uno, como tú, Padre, en mí, y yo en ti, para que el mundo crea que tú me has enviado —dice el Señor—.

EVANGELIO

Que sean completamente uno

✠ LECTURA DEL S. EVANGELIO SEGUN
SAN JUAN   17, 20-26

En aquel tiempo, Jesús levantando los ojos al cielo, oró diciendo: «Padre Santo, no sólo por ellos ruego, sino también por los que crean en mí por la palabra de ellos, para que todos sean uno, como tú, Padre, en mí y yo en ti, que ellos también lo sean en nosotros, para que el mundo crea que tú me has enviado. También les di a ellos la gloria que me diste, para que sean uno, como nosotros somos uno: yo en ellos y tú en mí, para que sean completamente uno, de modo que el mundo sepa que tú me has enviado y los has amado como me has amado a mí. Padre, ése es mi deseo: que los que me confiaste estén conmigo, donde yo estoy y contemplen mi gloria, la que me diste, porque me amabas, antes de la fundación del mundo. Padre justo, si el mundo no te ha conocido, yo te he conocido, y éstos han conocido que tú me enviaste. Les he dado a conocer y les daré a conocer tu Nombre, para que el amor que me tenías esté en ellos, como también yo estoy en ellos.»

Palabra del Señor.

ORACION SOBRE LAS OFRENDAS

Santifica, Señor, con tu bondad estos dones, acepta la ofrenda de este sacrificio espiritual y a nosotros transfórmanos en oblación perenne. Por Jesucristo.

Prefacio pascual, p. 1069, o de la Ascensión, p. 1074.

ANTIFONA DE COMUNION
Jn 16, 7

Lo que os digo es la verdad: os conviene que yo me vaya, porque si no me voy no vendrá a vosotros el Paráclito. Aleluya.

ORACION DESPUES DE LA COMUNION

Te pedimos, Señor, que los santos misterios nos hagan comprender tus designios y nos comuniquen tu misma vida divina, para que así logremos vivir en plenitud las riqueza de tu Espíritu. Por Jesucristo.

SEPTIMA SEMANA DE PASCUA   VIERNES

ANTIFONA DE ENTRADA
Ap 1, 5-6

Cristo nos amó, nos ha librado de nuestros pecados por su Sangre, nos ha convertido en un reino y hecho sacerdotes de Dios, su Padre. Aleluya.

ORACION COLECTA

Oh Dios, que por la glorificación de Jesucristo y la venida del Espíritu Santo nos has abierto las puertas de tu reino; haz que la recepción de dones tan grandes nos mueva a dedicarnos con mayor empeño a tu servicio y a vivir con mayor plenitud las riquezas de nuestra fe. Por nuestro Señor.

PRIMERA LECTURA

Se trataba de ciertas discusiones acerca de un difunto llamado Jesús, que Pablo sostiene que está vivo

LECTURA DE LOS HECHOS DE LOS APOSTOLES

25, 13-21

En aquellos días, el rey Agripa llegó a Cesarea con Berenice para cumplimentar a Festo, y se entretuvieron allí bastantes días. Festo expuso al rey el caso de Pablo, diciéndole: «Tengo aquí un preso, que ha dejado Félix; cuando fui a Jerusalén, los sumos sacerdotes y los senadores judíos presentaron acusación contra él pidiendo su condena. Les respondí que no es costumbre romana condenar a un hombre por las buenas; primero el acusado tiene que carearse con sus acusados, para que tenga ocasión de defenderse. Vinieron conmigo a Cesarea, y yo, sin dar largas al asunto, al día siguiente me senté en el tribunal y mandé traer a este hombre. Pero, cuando los acusadores tomaron la palabra, no adujeron ningún cargo grave de los que yo suponía; se trataba sólo de ciertas discusiones acerca de su religión y de un difunto llamado Jesús, que Pablo sostiene que está vivo. Yo, perdido en semejante discusión, le pregunté si quería ir a Jerusalén a que lo juzgase allí. Pero, como Pablo ha apelado, pidiendo que lo deje en la cárcel, para que decida el Emperador, he dado orden de tenerlo en prisión hasta que pueda remitirlo al César.»

Palabra de Dios.

SALMO RESPONSORIAL 102

℟ **El Señor puso en el cielo su trono** (o Aleluya).

Bendice, alma mía, al Señor, | y todo mi ser a su santo nombre. | Bendice, alma mía, al Señor, | y no olvides sus beneficios. ℟.

Como se levanta el cielo sobre la tierra, | se levanta su bondad sobre sus fieles; | como dista el oriente del ocaso, | así aleja de nosotros nuestros delitos. ℟.

El Señor puso en el cielo su trono, | su soberanía gobierna el universo. | Bendecid al Señor, ángeles suyos: | poderosos ejecutores de sus órdenes. ℞.

ALELUYA Jn 14, 26

El Espíritu Santo será quien os lo enseñe todo y os vaya recordando todo lo que os he dicho.

EVANGELIO

Apacienta mis corderos, apacienta mis ovejas

✠ LECTURA DEL S. EVANGELIO SEGUN
SAN JUAN 21, 15-19

Habiéndose aparecido Jesús a sus discípulos, y comiendo con ellos, preguntó a Simón Pedro: «Simón, hijo de Juan, ¿me amas más que éstos?» El le contestó: «Sí, Señor, tú sabes que te quiero.» Jesús le dice: «Apacienta mis corderos.» Por segunda vez le pregunta: «Simón, hijo de Juan, ¿me amas?» El le contesta: «Sí, Señor, tú sabes que te quiero.» El le dice: «Pastorea mis ovejas.» Por tercera vez le pregunta: «Simón, hijo de Juan, ¿me quieres?» Se entristeció Pedro de que le preguntara por tercera vez si lo quería y le contestó: «Señor, tú conoces todo, tú sabes que te quiero.» Jesús le dice: «Apacienta mis ovejas.» Te lo aseguro: cuando eras joven, tú mismo te ceñías e ibas a donde querías; pero cuando seas viejo, extenderás las manos, otro te ceñirá y te llevará adonde no quieras.» Esto dijo aludiendo a la muerte con que iba a dar gloria a Dios. Dicho esto, añadió: «Sígueme.»

Palabra del Señor.

ORACION SOBRE LAS OFRENDAS

Mira complacido, Señor, las ofrendas de tu pueblo, y haz que el Espíritu Santo nos purifique para que podamos presentarte un sacrificio agradable. Por Jesucristo.

Prefacio pascual, p. 1069, o de la Ascensión, p. 1074.

ANTIFONA DE COMUNION
Jn 16, 13

Cuando venga el Espíritu Santo de la Verdad os guiará hasta la verdad plena —dice el Señor—. Aleluya.

ORACION DESPUES DE LA COMUNION

Tus sacramentos, Señor, nos han purificado y alimentado; haz que nuestra participación en la Eucaristía nos lleve también a la posesión de tu reino. Por Jesucristo.

SEPTIMA SEMANA DE PASCUA   SABADO
MISA MATUTINA

ANTIFONA DE ENTRADA
Hch 1, 14

Los discípulos se dedicaban a la oración en común, junto con algunas mujeres, entre ellas María, la Madre de Jesús, y con sus hermanos. Aleluya.

ORACION COLECTA

Dios todopoderoso, concédenos conservar siempre en nuestra vida y en nuestras costumbres la alegría de estas fiestas de pascua que nos disponemos a clausurar. Por nuestro Señor.

PRIMERA LECTURA
Pablo vivió en Roma predicándoles el Reino de Dios

LECTURA DE LOS HECHOS DE LOS APOSTOLES
26, 16-20.30-31

Cuando llegamos a Roma, le permitieron a Pablo vivir por su cuenta en una casa, con un soldado que lo vigilase. Tres días después convocó a los judíos principales; cuando se reunieron les dijo: «Hermanos, estoy aquí preso sin haber hecho nada contra el pueblo ni las tradiciones de nuestros padres; en Jerusalén me entregaron a los romanos. Me interrogaron y querían ponerme en libertad porque no encontraban nada que mereciera la muerte; pero como los judíos se oponían, tuve que apelar al César; aunque no es que tenga intención de acusar a mi pueblo. Por este motivo he querido veros y hablar con vosotros; pues por la esperanza de Israel llevo encima estas cadenas.» Vivió allí dos años enteros a su costa, recibiendo a todos los que acudían, predicándoles el Reino de Dios y enseñando la vida del Señor Jesucristo con toda libertad, sin estorbos.

Palabra de Dios.

SALMO RESPONSORIAL 10

R Los buenos verán tu rostro, Señor (o Aleluya).

El Señor está en su templo santo, | el Señor tiene su trono en el cielo: | sus ojos están observando, | sus pupilas examinan a los hombres. R.

El Señor examina a inocentes y culpables, | y al que ama la violencia él lo odia. | Porque el Señor es justo y ama la justicia, | los buenos verán su rostro. R.

ALELUYA   Jn 16, 7.13

Os enviaré el Espíritu Santo de la verdad, dice el Señor, él os comunicará toda la verdad.

EVANGELIO

Este es el discípulo que ha escrito todo esto y nosotros sabemos que su testimonio es verdadero

✠ LECTURA DEL S. EVANGELIO SEGUN
SAN JUAN   21, 20-25

En aquel tiempo Pedro, volviéndose, vio que los seguía el discípulo a quien Jesús tanto amaba (el mismo que en la cena se había apoyado en su pecho y le había preguntado: Señor, ¿quien es el que te va a entregar?). Al verlo, Pedro, dice a Jesús: «Señor, y éste ¿qué?» Jesús le contesta: «Si quiero que se quede hasta que yo venga, ¿a ti qué? Tú sígueme.»

Entonces se empezó a correr entre los hermanos el rumor de que ese discípulo no moriría. Pero no le dijo Jesús que no moriría, sino: «Si quiero que se quede hasta que yo venga, ¿a ti qué?» Este es el discípulo que da testimonio de todo esto y lo ha escrito: y nosotros sabemos que su testimonio es verdadero. Muchas otras cosas hizo Jesús. Si se escribieran una por una, pienso que los libros no cabrían ni en todo el mundo.

Palabra del Señor.

ORACION SOBRE LAS OFRENDAS

Que la venida del Espíritu Santo nos prepare, Señor, a participar fructuosamente en tus sacramentos, porque él es el perdón de todos los pecados. Por Jesucristo.

Prefacio pascual, p. 1069, o de la Ascensión, p. 1074.

ANTIFONA DE COMUNION
Jn 16, 14

El Espíritu Santo me glorificará, porque recibirá de mí lo que os irá comunicando, dice el Señor. Aleluya.

ORACION DESPUES DE LA COMUNION

Señor de misericordia, escucha nuestras súplicas, y, ya que nos has hecho pasar de los ritos antiguos a los sacramentos de la nueva alianza, ayúdanos a pasar de la vida caduca, fruto del pecado, a la nueva vida del Espíritu. Por Jesucristo.

VERSICULOS PARA EL ALELUYA

Ferias del tiempo pascual después de la Ascensión

Estos textos pueden usarse en lugar de los que se hallan cada día antes del evangelio.

Mt 28, 19.20

Id y haced discípulos de todos los pueblos; yo estoy con vosotros todos los días, hasta el fin del mundo.

Jn 14, 16

Le pediré al Padre que os dé otro Defensor, que esté siempre con vosotros.

Jn 14, 18

No os dejaré huérfanos —dice el Señor—; me voy y vuelvo a vuestro lado, y se alegrará vuestro corazón.

Jn 14, 26

El Espíritu Santo será quien os lo enseñe todo y os vaya recordando todo lo que os he dicho.

Jn 15, 26b. 27a

El Espíritu de la verdad dará testimonio de mí —dice el Señor—; y también vosotros daréis testimonio.

DOMINGO DE PENTECOSTES

MISA VESPERTINA DE LA VIGILIA

Esta misa se utiliza en la tarde del sábado, antes o después de las primeras vísperas del Domingo de Pentecostés

Para la primera lectura puede elegirse una de las cuatro del Antiguo Testamento que se proponen. La del Génesis recuerda la confusión de lenguas en Babel como castigo de Dios superado el día de Pentecostés; la del libro del Exodo relata la entrega de la Ley al Pueblo de Dios por medio de Moisés en el Sinaí, con signos portentosos renovados en la entrega del Espíritu; en la profecía de Ezequiel el Espíritu ha de dar nueva vida al Pueblo muerto en el destierro, como el mismo Espíritu será el alma de la Iglesia naciente; por último, la cita del profeta Joel: «Derramaré mi espíritu sobre toda carne» fue utilizada como argumento en el primer discurso de san Pedro a los judíos. San Pablo describe en su carta a los Romanos la acción del Espíritu en nuestro interior, viniendo en ayuda de nuestra debilidad como verdadero *Paráclito*. En la lectura del evangelio de san Juan el Espíritu es anunciado con la metáfora del agua viva que se ofrecerá a todos después de la muerte y glorificación de Cristo.

ANTIFONA DE ENTRADA   Rom 5, 5; 10.11

El amor de Dios ha sido derramado en nuestros corazones por el Espíritu Santo que habita en nosotros. Aleluya.

Se dice «Gloria».

ORACION COLECTA

Dios todopoderoso y eterno, que has querido que celebráramos el misterio pascual durante cincuenta días, renueva entre nosotros el prodigio de Pentecostés, para que los pueblos divididos por el odio y el pecado se congreguen por medio de tu Espíritu y, reunidos, confiesen tu nombre en la diversidad de sus lenguas. Por nuestro Señor Jesucristo.

o bien:

Dios todopoderoso, brille sobre nosotros el esplendor de tu gloria y que el Espíritu Santo, luz de tu luz, fortalezca los corazones de los regenerados por tu gracia. Por nuestro Señor.

Para la 1.ª lectura se puede elegir una de las cuatro que siguen:

PRIMERA LECTURA

Se llamó Babel, porque allí confundió el Señor la lengua de toda la tierra

LECTURA DEL LIBRO DEL GENESIS   11, 1-9

Toda la tierra hablaba una sola lengua con las mismas palabras. Al emigrar (el hombre) de Oriente, encontraron una llanura en el país de Sinaar y se establecieron allí. Y se dijeron unos a otros. Vamos a preparar ladrillos y a cocerlos (emplearon ladrillos en vez de piedras, y alquitrán en vez de cemento). Y dijeron: Vamos a construir una ciudad y una torre que alcance al cielo, para hacernos famosos, y para no dispersarnos por la superficie de la tierra.

El Señor bajó a ver la ciudad y la torre que estaban construyendo los hombres y se dijo: Son un solo pueblo con una sola lengua. Si esto no es más que el comienzo de su actividad, nada de lo que decidan hacer les resultará imposible. Voy a bajar y a confundir su lengua, de modo que uno no entienda la lengua del prójimo. El Señor los dispersó por la superficie de la tierra y cesaron de construir la ciudad. Por eso se llama Babel, porque allí confundió el Señor la lengua de toda la tierra, y desde allí los dispersó por la superficie de la tierra.

Palabra de Dios.

* * *

El Señor bajará al monte Sinaí a la vista del pueblo

LECTURA DEL LIBRO DEL EXODO   19, 3-8a.16-20b

En aquellos días Moisés subió hacia Dios. El Señor lo llamó desde el monte, diciendo: «Así dirás a la casa de Jacob y esto

anunciarás a los israelitas: Ya habéis visto lo que he hecho con
los egipcios, y cómo a vosotros os he llevado sobre alas de águila y os he traído a mí. Ahora pues, si de veras escucháis mi voz
y guardáis mi alianza, vosotros seréis mi propiedad personal entre todos los pueblos, porque mía es toda la tierra; seréis para mí
un reino de sacerdotes y una nación santa. Estas son las palabras
que has de decir a los israelitas.» Moisés convocó a los ancianos
del pueblo y les expuso todo lo que el Señor le había mandado.
Todo el pueblo, a una respondió: «Haremos todo cuanto ha dicho el Señor.» Al tercer día, al rayar el alba, hubo truenos y relámpagos y una densa nube sobre el monte y un poderoso resonar de trompeta; y todo el pueblo que estaba en el campamento
se echó a temblar. Moisés hizo salir al pueblo del campamento
para ir al encuentro de Dios y se detuvieron al pie del monte.
Todo el Sinaí humeaba, porque el Señor había descendido sobre
él en forma de fuego. Subía el humo como de un horno, y todo
el monte retemblaba con violencia. El sonar de la trompeta se
hacía cada vez más fuerte; Moisés hablaba y Dios le respondía
con el trueno. El Señor bajó al monte Sinaí, a la cumbre del
monte, y llamó a Moisés a la cima de la montaña.

Palabra de Dios.

* * *

¡Huesos secos! Os infundiré espíritu y viviréis

LECTURA DEL LIBRO DE EZEQUIEL   37, 1-14

En aquellos días, la mano del Señor se posó sobre mí, y con
su Espíritu el Señor me sacó y me colocó en medio de un valle
todo lleno de huesos. Me hizo dar vueltas en torno a ellos: eran
innumerables sobre la superficie del valle y estaban completamente secos. Me preguntó: «Hombre mortal, ¿podrán revivir estos huesos?» Yo respondí: «Señor, tú lo sabes.» El me dijo: «Pronuncia un oráculo sobre estos huesos y diles: ¡Huesos secos, escuchad la Palabra del Señor! Así dice el Señor a estos huesos: Yo

mismo traeré sobre vosotros espíritu y viviréis. Y sabréis que yo soy el Señor.»

Y profeticé como me había ordenado, y a la voz de mi oráculo, hubo un estrépito, y los huesos se juntaron hueso con hueso. Me fijé en ellos: tenían encima tendones, la carne había crecido y la piel los recubría; pero no tenían espíritu. Entonces me dijo: «Conjura al espíritu, conjura, hombre mortal, y di al espíritu: Así dice el Señor: De los cuatro vientos ven, espíritu, y sopla sobre estos muertos para que vivan.» Yo profeticé como me había ordenado; vino sobre ellos el espíritu y revivieron y se pusieron en pie. Era una multitud innumerable.

Y me dijo: «Hombre mortal, estos huesos son la entera casa de Israel, que dice: Nuestros huesos están secos, nuestra esperanza ha perecido, estamos destrozados. Por eso profetiza y diles: Así dice el Señor: Yo mismo abriré vuestros sepulcros, y os haré salir de vuestros sepulcros, pueblo mío, y os traeré a la tierra de Israel. Y cuando abra vuestros sepulcros y os saque de vuestros sepulcros, pueblo mío, sabréis que soy el Señor. Os infundiré mi espíritu y viviréis; os colocaré en vuestra tierra y sabréis que yo, el Señor, lo digo y lo hago.» Oráculo del Señor.

Palabra de Dios.

* * *

Sobre mis siervos y siervas derramaré mi Espíritu

LECTURA DEL LIBRO DE JOEL
3, 1-5

Así dice el Señor Dios: Derramaré mi espíritu sobre toda carne: profetizarán vuestros hijos e hijas, vuestros ancianos soñarán sueños, y vuestros jóvenes verán visiones. También sobre mis siervos y siervas derramaré mi espíritu en aquellos días. Haré prodigios en el cielo y en la tierra: sangre, fuego, columnas de humo. El sol se entenebrecerá, la luna se pondrá color sangre, antes de que llegue el día del Señor, grande y terrible. Cuantos invoquen el nombre del Señor se salvarán. Porque en el monte

Sión y en Jerusalén quedará un resto; como lo ha prometido el Señor a los supervivientes que llamó.

Palabra de Dios.

SALMO RESPONSORIAL 103

℟. **Envía tu Espíritu, Señor, | y repuebla la faz de la tierra** (o, Aleluya).

Bendice, alma mía, al Señor. | ¡Dios mío, qué grande eres! | Te vistes de belleza y majestad, | la luz te envuelve como un manto. ℟.

Cuántas son tus obras, Señor, | y todas las hiciste con sabiduría; | la tierra está llena de tus criaturas. ℟.

Todos ellos aguardan | a que les eches comida a su tiempo; | se la echas y la atrapan, | abres tu mano y se sacian de bienes. ℟.

Les retiras el aliento, y expiran, | y vuelven a ser polvo; | envías tu aliento y los creas, | y repueblas la faz de la tierra. ℟.

SEGUNDA LECTURA

El espíritu intercede por nosotros con gemidos inefables

LECTURA DE LA CARTA DEL APOSTOL SAN PABLO A LOS ROMANOS
8, 22-27

Hermanos: Sabemos que hasta hoy la creación entera está gimiendo toda ella con dolores de parto. Y no sólo eso: también nosotros, que poseemos las primicias del Espíritu, gemimos en nuestro interior, aguardando la hora de ser hijos de Dios, la redención de nuestro cuerpo. Porque en esperanza fuimos salvados. Y una esperanza que se ve, ya no es esperanza. ¿Cómo seguirá esperando uno aquello que ve? Cuando esperamos lo que no vemos, esperamos con perseverancia. Así también el Espíritu viene en ayuda de nuestra debilidad, porque nosotros no sabemos pedir lo que nos conviene, pero el Espíritu mismo intercede por nosotros con gemidos inefables. El que escudriña los corazones sabe cuál es el deseo del Espíritu, y que su intercesión por los santos es según Dios.

Palabra de Dios.

ALELUYA

Ven, Espíritu Santo, llena los corazones de tus fieles y enciende en ellos la llama de tu amor.

EVANGELIO

Manarán torrentes de agua viva

✠ LECTURA DEL S. EVANGELIO SEGUN SAN JUAN

7, 37-39

El último día, el más solemne de las fiestas, Jesús en pie gritaba: «El que tenga sed, que venga a mí; el que cree en mí, que beba. Como dice la Escritura: de sus entrañas manarán torrentes de agua viva.» Decía esto refiriéndose al Espíritu, que habían de recibir los que creyeran en él. Todavía no se había dado el espíritu, porque Jesús no había sido glorificado.

Palabra del Señor.

Se dice «Credo».

ORACION SOBRE LAS OFRENDAS

Derrama, Señor, la bendición de tu Espíritu, sobre estos dones que te presentamos para que tu Iglesia quede inundada de tu amor y sea ante todo el mundo signo visible de la salvación. Por Jesucristo.

Prefacio de Pentecostés, como en la misa siguiente, p. 682. Cuando se utiliza el Canon romano, se dice: Reunidos en comunión *própio, p. 1121.*

ANTIFONA DE COMUNION

Jn 7, 37

El último día, de las fiestas,
Jesús en pie gritaba:
el que tenga sed, que venga a mí. Aleluya.

ORACION DESPUES DE LA COMUNION

La comunión que acabamos de recibir, Señor, nos comunique el mismo ardor del Espíritu Santo que tan maravillosamente inflamó a los apóstoles de tu Hijo. Que vive y reina.

MISA DEL DIA

Como en el caso de la Pascua, esta solemnidad confiere sentido cristiano a una antigua fiesta israelita, la «de las semanas», que se celebraba siete semanas después de la primera ofrenda de cebada, y que posteriormente incluyó el recuerdo de la llegada al Sinaí, con la entrega de la Ley entre manifestaciones prodigiosas de truenos, viento huracanado y fuego. Las tradiciones posteriores fueron detallándolas hasta llegar a una descripción semejante a la empleada por san Lucas para relatar el momento capital de la historia de la Iglesia: la primera predicación pública de Cristo hecha por Pedro y los demás apóstoles en Jerusalén bajo la influencia del Espíritu Santo prometido por el Resucitado y entregado como nueva Ley de los cristianos. Esta fiesta clausura el tiempo pascual, la cincuentena de días o Pentecostés que forman una sola jornada festiva, «el día en que actuó el Señor»; como lo muestra el evangelio de san Juan que hoy se proclama y que relata la entrega del Espíritu por Cristo en el mismo día de su Resurrección. La lectura de los Hechos de los Apóstoles es continuación de la de la Ascensión y narra el acontecimiento que hoy se celebra, mientras que la segunda lectura explica los efectos unificadores del Espíritu Santo en la Iglesia, haciendo superar las diferencias de toda clase entre los creyentes y animando la actividad de la comunidad. Los ciclos B y C tienen segundas lecturas y evangelios alternativos. El prefacio proclama entusiásticamente el motivo de la fiesta y los efectos de la participación de los fieles en este misterio salvador, culmen de la Pascua del Señor. Por la invocación del Espíritu cada Eucaristía es un Pentecostés renovado, por eso pedimos que el *Paráclito,* consuelo, maestro y abogado, «nos haga comprender la realidad misteriosa de este sacrificio y nos lleve al conocimiento pleno de toda verdad revelada» (O2).

ANTIFONA DE ENTRADA

Sab 1, 7

El Espíritu del Señor llena la tierra y, como da consistencia al universo, no ignora ningún sonido. Aleluya.

o bien

Rom 5, 5; 10.11

El amor de Dios ha sido derramado en nuestros corazones por el Espíritu que se nos ha dado. Aleluya.

ORACION COLECTA

Oh Dios, que por el misterio de Pentecostés santificas a tu Iglesia, extendida por todas las naciones; derrama los dones de tu Espíritu sobre todos los confines de la tierra y no dejes de realizar hoy, en el corazón de tus fieles, aquellas mismas maravillas que obraste en los comienzos de la predicación evangélica. Por nuestro Señor Jesucristo.

CICLOS A, B y C

PRIMERA LECTURA

Se llenaron todos de Espíritu Santo y empezaron a hablar

LECTURA DEL LIBRO DE LOS HECHOS DE LOS APOSTOLES

2, 1-11

Al llegar el día de Pentecostés, estaban todos reunidos en el mismo lugar. De repente, un ruido del cielo, como de un viento recio, resonó en toda la casa donde se encontraban. Vieron aparecer unas lenguas, como llamaradas, que se repartían posándose encima de cada uno. Se llenaron todos de Espíritu Santo y empezaron a hablar en lenguas extranjeras, cada uno en la lengua que el Espíritu le sugería.

Se encontraban entonces en Jerusalén judíos devotos de todas las naciones de la tierra. Al oír el ruido, acudieron en masa y quedaron desconcertados, porque cada uno los oía hablar en su propio idioma. Enormemente sorprendidos preguntaban: «¿No son galileos todos esos que están hablando? Entonces, ¿cómo es

que cada uno los oímos hablar en nuestra lengua nativa? Entre
nosotros hay partos, medos y elamitas, otros vivimos en Meso-
potamia, Judea, Capadocia, en el Ponto y en Asia, en Frigia o en
Panfilia, en Egipto o en la zona de Libia, que limita con Cirene;
algunos somos forasteros de Roma, otros judíos o prosélitos;
también hay cretenses y árabes; y cada uno los oímos hablar de
las maravillas de Dios en nuestra propia lengua.»

Palabra de Dios.

SALMO RESPONSORIAL 103

℟ **Envía tu espíritu, Señor, | y repuebla la faz de la tierra
(o, Aleluya).**

Bendice, alma mía, al Señor. | ¡Dios mío, qué grande
eres! | Cuántas son tus obras, Señor; | la tierra está llena de tus
criaturas. ℟.

Les retiras el aliento, y expiran, | y vuelven a ser polvo; |
envías tu aliento y los creas, | y repueblas la faz de la tierra. ℟.

Gloria a Dios para siempre, | goce el Señor con sus obras. |
Que le sea agradable mi poema, | y yo me alegraré con el
Señor. ℟.

SEGUNDA LECTURA

*Hemos sido bautizados en un mismo Espíritu, para formar un
solo cuerpo*

LECTURA DE LA PRIMERA CARTA DEL
APOSTOL SAN PABLO A LOS CORINTIOS   12, 3b-7.12-13

Hermanos: Nadie puede decir «Jesús es Señor», si no es bajo
la acción del Espíritu Santo. Hay diversidad de dones, pero un
mismo Espíritu; hay diversidad de servicios, pero un mismo Señor; y hay diversidad de funciones, pero un mismo Dios que
obra todo en todos. En cada uno se manifiesta el Espíritu para
el bien común.

Porque, lo mismo que el cuerpo es uno y tiene muchos
miembros, y todos los miembros del cuerpo, a pesar de ser mu-

chos, son un solo cuerpo, así es también Cristo. Todos nosotros, judíos y griegos, esclavos y libres, hemos sido bautizados en un mismo Espíritu, para formar un solo cuerpo. Y todos hemos bebido de un solo Espíritu.

Palabra de Dios.

SECUENCIA

Ven, Espíritu divino, | manda tu luz desde el cielo.

Padre amoroso del pobre; | don, en tus dones espléndido; | luz que penetra las almas; | fuente del mayor consuelo.

Ven, dulce huésped del alma, | descanso de nuestro esfuerzo, | tregua en el duro trabajo, | brisa en las horas de fuego, | gozo que enjuga las lágrimas | y reconforta en los duelos.

Entra hasta el fondo del alma, | divina luz, y enriquécenos. | Mira el vacío del hombre | si tú le faltas por dentro; | mira el poder del pecado | cuando no envías tu aliento.

Riega la tierra en sequía, | sana el corazón enfermo, | lava las manchas, infunde | calor de vida en el hielo, | doma el espíritu indómito, | guía al que tuerce el sendero.

Reparte tus siete dones | según la fe de tus siervos. | Por tu bondad y tu gracia | dale al esfuerzo su mérito; | salva al que busca salvarse | y danos tu gozo eterno. | Amén.

ALELUYA

Ven, Espíritu Santo, llena los corazones de tus fieles y enciende en ellos la llama de tu amor.

EVANGELIO

Como el Padre me ha enviado, así también os envío yo. Recibid el Espíritu Santo

✠ LECTURA DEL S. EVANGELIO SEGUN SAN JUAN   20, 19-23

Al anochecer de aquel día, el día primero de la semana, estaban los discípulos en una casa, con las puertas cerradas, por mie-

do a los judíos. En esto entró Jesús, se puso en medio y les dijo:
«Paz a vosotros.» Y diciendo esto, les enseñó las manos y el costado. Y los discípulos se llenaron de alegría al ver al Señor. Jesús repitió: «Paz a vosotros. Como el Padre me ha enviado, así
también os envío yo.» Y dicho esto, exhaló su aliento sobre ellos
y les dijo: «Recibid el Espíritu Santo; a quienes les perdonéis los
pecados, les quedan perdonados; a quienes se los retengáis, les
quedan retenidos.»

Palabra del Señor.

Se dice «Credo».

ORACION SOBRE LAS OFRENDAS

Te pedimos, Señor, que, según la promesa de tu Hijo, el Espíritu Santo nos haga comprender la realidad misteriosa de este
sacrificio y nos lleve al conocimiento pleno de toda la verdad revelada. Por Jesucristo.

PREFACIO

Plenitud del misterio pascual

En verdad es justo y necesario, es nuestro deber y salvación
darte gracias siempre y en todo lugar, Señor, Padre Santo, Dios
todopoderoso y eterno.

Pues, para llevar a plenitud el misterio pascual, enviaste hoy
el Espíritu Santo sobre los que habías adoptado como hijos por
su participación en Cristo.

Aquel mismo Espíritu que, desde el comienzo, fue el alma de
la Iglesia naciente; el Espíritu que infundió el conocimiento de
Dios a todos los pueblos; el Espíritu que congregó en la confesión de una misma fe a los que el pecado había dividido en diversidad de lenguas.

Por eso, con esta efusión de gozo pascual, el mundo entero
se desborda de alegría y también los coros celestiales, los ángeles
y los arcángeles, cantan sin cesar el himno de tu gloria:

Santo, Santo, Santo...

ANTIFONA DE COMUNION   Hch 2, 4-11

Se llenaron todos de Espíritu Santo,
y cada uno hablaba de las maravillas de Dios.
Aleluya.

ORACION DESPUES DE LA COMUNION

Oh Dios, que has comunicado a tu Iglesia los bienes del cielo: que el Espíritu Santo sea siempre nuestra fuerza y la eucaristía que acabamos de recibir acreciente en nosotros la salvación. Por Jesucristo.

En el ciclo B (1991, 1994, 1997, 2000, 2003, 2006) pueden utilizarse también las siguientes lecturas

SEGUNDA LECTURA
El fruto del Espíritu

LECTURA DE LA CARTA DEL APOSTOL SAN PABLO A LOS GALATAS

        5, 16-25

Hermanos:
Andad según el Espíritu y no realicéis los deseos de la carne; pues la carne desea contra el espíritu y el espíritu contra la carne. Hay entre ellos un antagonismo tal que no hacéis lo que quisierais. En cambio, si os guía el Espíritu, no estáis bajo el dominio de la ley. Las obras de la carne están patentes: fornicación, impureza, libertinaje, idolatría, hechicería, enemistades, contiendas, envidias, rencores, rivalidades, partidismo, sectarismo, discordias, borracheras, orgías y cosas por el estilo. Y os prevengo, como ya os previne, que los que así obran no heredarán el reino de Dios. En cambio, el fruto del Espíritu es: amor, alegría, paz, comprensión, servicialidad, bondad, lealtad, amabilidad, dominio de sí. Contra esto no va la ley. Y los que son de Cristo Jesús han cru-

cificado su carne con sus pasiones y sus deseos. Si vivimos por el Espíritu, marchemos tras el Espíritu.

Palabra de Dios.

EVANGELIO

El Espíritu de la verdad os guiará hasta la verdad plena

✠ LECTURA DEL S. EVANGELIO SEGUN
SAN JUAN
                                                            15, 26-27; 16, 12-15

En aquel tiempo, dijo Jesús a sus discípulos: «Cuando venga el Defensor, que os enviaré desde el Padre, el Espíritu de la verdad, que procede del Padre, él dará testimonio de mí; y también vosotros daréis testimonio, porque desde el principio estáis conmigo. Muchas cosas me quedan por deciros, pero no podéis cargar con ellas por ahora; cuando venga él, el Espíritu de la verdad, os guiará hasta la verdad plena. Pues lo que hable no será suyo: hablará de lo que oye y os comunicará lo que está por venir. El me glorificará, porque recibirá de mí lo que os irá comunicado. Todo lo que tiene el Padre es mío. Por eso os he dicho que tomará de lo mío y os lo anunciará.»

Palabra del Señor.
Se dice «Credo».

En el ciclo C (1989, 1992, 1995, 1998, 2001, 2004), pueden utilizarse también las siguientes lecturas:

SEGUNDA LECTURA

Los que se dejan llevar por el Espíritu de Dios, ésos son hijos de Dios

LECTURA DE LA CARTA DEL APOSTOL
SAN PABLO A LOS ROMANOS
                                                                  8, 8-17

Hermanos:

Los que viven sujetos a la carne no pueden agradar a Dios. Pero vosotros no estáis sujetos a la carne, sino al espíritu, ya que el Espíritu de Dios habita en vosotros. El que no tiene el Espíritu de Cristo no es de Cristo. Pues bien, si Cristo está en vosotros, el cuerpo está muerto por el pecado, pero el espíritu vive por la justificación obtenida. Si el Espíritu del que resucitó a Jesús de entre los muertos habita en vosotros, el que resucitó de entre los muertos a Cristo Jesús vivificará también vuestros cuerpos mortales, por el mismo Espíritu que habita en vosotros.

Así pues, hermanos, estamos en deuda, pero no con la carne para vivir carnalmente. Pues si vivís según la carne, vais a la muerte; pero si con el Espíritu dais muerte a las obras del cuerpo, viviréis. Los que se dejan llevar por el Espíritu de Dios, ésos son hijos de Dios.

Habéis recibido, no un espíritu de esclavitud, para recaer en el temor, sino un espíritu de hijos adoptivos, que nos hace gritar: «¡Abba!» (Padre). Ese Espíritu y nuestro espíritu dan un testimonio concorde: que somos hijos de Dios; y, si somos hijos, también herederos; herederos de Dios y coherederos con Cristo, ya que sufrimos con él para ser también con él glorificados.

Palabra de Dios.

EVANGELIO
El Espíritu Santo os lo enseñará todo

✠ LECTURA DEL SANTO EVANGELIO
SEGUN SAN JUAN   14, 15-16.23b-26

En aquel tiempo, dijo Jesús a sus discípulos: «Si me amáis, guardaréis mis mandamientos. Yo le pediré al Padre que os dé otro defensor, que esté siempre con vosotros. El que me ama guardará mi palabra, y mi Padre lo amará, y vendremos a él y haremos morada en él. El que no me ama no guardará mis palabras. Y la palabra que estáis oyendo no es mía, sino del Padre que me envió. Os he hablado de esto ahora que estoy a vuestro lado, pero el Defensor, el Espíritu Santo, que enviará el Padre en mi nombre, será quien os lo enseñe todo y os vaya recordando todo lo que os he dicho.»

Palabra del Señor.

Se dice «Credo».

TIEMPO ORDINARIO

Además de los llamados «tiempos fuertes» del año litúrgico que preparan y celebran los grandes misterios del Nacimiento y de la Pascua del Señor, se encuentra el «tiempo ordinario» o «durante el año» en el que se va evocando la vida pública de Cristo desde el Bautismo en el Jordán a sus predicciones sobre el final de Jerusalén y del cosmos creado. Este tiempo comienza el domingo que sigue al 6 de enero y prosigue hasta el miércoles de Ceniza, que da paso a la Cuaresma y al Tiempo Pascual; interrumpido hasta Pentecostés, continúa de nuevo desde el lunes siguiente hasta la solemnidad de Jesucristo, Rey del Universo, y el comienzo del Adviento; contándose en total treinta y tres o treinta y cuatro semanas, según los años.

Algunos domingos del tiempo ordinario son celebrados como fiestas del Señor; así el domingo que sigue al 6 de enero se celebra el Bautismo del Señor, el domingo siguiente a Pentecostés es la solemnidad de la Santísima Trinidad, y el otro posterior, en algunos países, el Santísimo Cuerpo y Sangre de Cristo. El último domingo del tiempo ordinario es la solemnidad de Jesucristo, Rey del universo; también algunas fiestas del Señor o de los santos se celebran en alguno de estos domingos si coinciden en ellos o lo dispone la autoridad eclesiástica. Pese a estas interrupciones de su curso, el tiempo ordinario ha de verse como unidad regida en cada ciclo por la lectura semicontinua de los evangelios sinópticos, Mateo, Marcos y Lucas.

En las oraciones y plegarias eucarísticas el misterio cristiano es celebrado como un todo unitario, sin referirse a momentos concretos de la vida de Cristo de modo exclusivo —lo que, al contrario es normal en los «tiempos fuertes»— de modo que se hace memoria de la totalidad del designio salvador de Dios. Las oraciones colecta, sobre las ofrendas y después de la comunión proceden

en su mayoría de los libros litúrgicos latinos de los siglos VIII y
IX, conservadas en el antiguo Misal Romano dentro de los domingos llamados «después de Epifanía» y «después de Pentecostés», si bien a veces se ha modificado alguna expresión para ade-
cuarla a la sensibilidad religiosa contemporánea, con una valoración más positiva del mundo. Las antífonas de entrada son fijas
para cada domingo, pero para la comunión se proponen dos
antífonas: la primera, de los salmos; la otra, casi siempre del
Evangelio. Puede elegirse una de las dos, según convenga, prefiriendo, si se da el caso, la que concuerde ese año con el Evangelio de la misa.

SOLEMNIDADES DEL SEÑOR DURANTE EL TIEMPO ORDINARIO

Domingo después de Pentecostés
LA SANTISIMA TRINIDAD
Solemnidad

La devoción a la Santísima Trinidad se inició en el siglo X, y a partir de esta época se fue también difundiendo su fiesta litúrgica, entrando en el calendario romano en 1331. Si bien desde el comienzo del cristianismo la oración litúrgica se ha dirigido al Padre, por mediación del Hijo y en el Espíritu Santo, y el mismo Jesús habló de Dios como una comunión de amor y manifestó el misterio de las tres divinas personas, lo original de esta fiesta es honrar específicamente a Dios sin tener como motivo un acontecimiento salvífico, ni la memoria de un santo. Tal como dice la oración colecta, se trata de «profesar la fe verdadera, conocer la gloria de la eterna Trinidad y adorar su unidad todopoderosa». A lo largo de los tres ciclos de lecturas, las primeras (del A.T.) nos hablan de la revelación del Dios único a Israel; los evangelios proclaman las palabras de Jesús en las que se refiere al Padre, se manifiesta a sí mismo como el Hijo igual a él y anuncia el envío del Espíritu Santo. Por último, las lecturas apostólicas recogen la experiencia profunda de la filiación divina adoptiva, por la que los cristianos pueden conocer el amor del Padre, la gracia que manifiesta y comunica el Dios y hombre Jesucristo, y la comunión del Espíritu Santo, vínculo de unidad en la intimidad de Dios y en la comunidad eclesial. La antigua Iglesia hispánica, en los siglos V al VII, enseñó magníficamente la fe trinitaria, sobre todo en los concilios de Toledo, y de su liturgia procede el prefacio propio de esta solemnidad. Es consolador saber que nuestro Dios es «uno solo, pero no solitario» (Concilio VI de Toledo, año 638), amor puro que sólo busca darse de forma creadora y llevarnos a participar en su unidad vital eterna.

ANTIFONA DE ENTRADA

Bendito sea Dios Padre, y su Hijo Unigénito, y el Espíritu Santo, porque ha tenido misericordia de nosotros.

ORACION COLECTA

Dios, Padre todopoderoso, que has enviado al mundo la Palabra de la verdad y el Espíritu de la santificación para revelar a los hombres tu admirable misterio; concédenos profesar la fe verdadera, conocer la gloria de la eterna Trinidad y adorar su Unidad todopoderosa. Por nuestro Señor.

ORACION SOBRE LAS OFRENDAS

Por la invocación de tu santo nombre, santifica, Señor, estos dones que te presentamos, y transfórmanos por ellos en ofrenda perenne a tu gloria. Por Jesucristo.

PREFACIO

Un solo Dios, un solo Señor

En verdad es justo y necesario, es nuestro deber y salvación darte gracias siempre y en todo lugar, Señor, Padre Santo, Dios todopoderoso y eterno.

Que con tu Unico Hijo y el Espíritu Santo eres un solo Dios, un solo Señor; no una sola Persona, sino tres Personas en una sola naturaleza.

Y lo que creemos de tu gloria, porque tú lo revelaste, lo afirmamos también de tu Hijo, y también del Espíritu Santo, sin diferencia ni distinción.

De modo que, al proclamar nuestra fe en la verdadera y eterna divinidad, adoramos tres Personas distintas, de única naturaleza e iguales en su dignidad.

A quien alaban los ángeles y los arcángeles y todos los coros celestiales, que no cesan de aclamarte con una sola voz:

Santo, Santo, Santo...

Gal 4, 6

Como sois hijos, Dios envió a vuestros corazones al Espíritu de su Hijo, que clama: ¡Abba! (Padre).

ORACION DESPUES DE LA COMUNION

Al confesar nuestra fe en la Trinidad santa y eterna y en su unidad indivisible concédenos, Señor y Dios nuestro, encontrar la salud del alma y del cuerpo en el sacramento que hemos recibido. Por Jesucristo.

CICLO A (Años 1990, 1993, 1996, 1999, 2002, 2005)

PRIMERA LECTURA

Señor, Señor, Dios compasivo y misericordioso

LECTURA DEL LIBRO DEL EXODO 34, 4b-6.8-9

En aquellos días, Moisés subió de madrugada al monte Sinaí, como le había mandado el Señor, llevando en la mano las dos tablas de piedra. El Señor bajó en la nube y se quedó con él allí, y Moisés pronunció el nombre del Señor. El Señor pasó ante él proclamando: Señor, Señor, Dios compasivo y misericordioso, lento a la ira y rico en clemencia y lealtad. Moisés al momento se inclinó y se echó por tierra. Y le dijo: «Si he obtenido tu favor, que mi Señor vaya con nosotros, aunque ése es un pueblo de cerviz dura; perdona nuestras culpas y pecados y tómanos como heredad tuya.»

Palabra de Dios.

SALMO RESPONSORIAL Dn 3, 52-56

℟ **A ti gloria y alabanza por los siglos.**

Bendito eres, Señor, Dios de nuestros padres; | Bendito tu nombre santo y glorioso; ℟.

Bendito eres en el templo de tu santa gloria. ℞.

Bendito eres sobre el trono de tu reino. ℞.

Bendito eres tú, que, sentado sobre querubines, | sondeas los abismos. ℞.

Bendito eres en la bóveda del cielo. ℞.

SEGUNDA LECTURA

La gracia de Jesucristo, el amor de Dios y la comunión del Espíritu Santo

LECTURA DE LA SEGUNDA CARTA DEL APOSTOL SAN PABLO A LOS CORINTIOS

13, 11-13

Hermanos: Alegraos, trabajad por vuestra perfección, animaos; tened un mismo sentir y vivid en paz. Y el Dios del amor y de la paz estará con vosotros. Saludaos mutuamente en el beso santo. Os saludan todos los fieles. La gracia de nuestro Señor Jesucristo, el amor de Dios y la comunión del Espíritu Santo esté siempre con vosotros.

Palabra de Dios.

ALELUYA

Ap 1, 8

Gloria al Padre, y al Hijo y al Espíritu Santo.
Al Dios que es, que era y que vendrá.

EVANGELIO

Dios mandó su hijo al mundo, para que se salve por él

✠ LECTURA DEL S. EVANGELIO SEGUN SAN JUAN

3, 16-18

Tanto amó Dios al mundo que entregó a su Hijo único, para que no perezca ninguno de los que creen en él, sino que tengan vida eterna. Porque Dios no mandó a su Hijo al mundo para juzgar al mundo, sino para que el mundo se salve por él. El que cree en él, no será juzgado; el que no cree, ya está juzgado, porque no ha creído en el nombre del Hijo único de Dios.

Palabra del Señor.

Se dice «Credo».

CICLO B (Años 1991, 1994, 1997, 2000, 2003, 2006)

PRIMERA LECTURA

El Señor es el único Dios allá arriba en el cielo y aquí abajo en la tierra; no hay otro

LECTURA DEL LIBRO DEL DEUTERONOMIO

4, 32-34.39-40

Moisés habló al pueblo, diciendo: «Pregunta, pregunta a los tiempos antiguos, que te han precedido, desde el día en que Dios creó al hombre sobre la tierra: ¿hubo jamás desde un extremo al otro del cielo palabra tan grande como ésta?, ¿se oyó cosa semejante?, ¿hay algún pueblo que haya oído, como tú has oído, la voz del Dios vivo, hablando desde el fuego, y haya sobrevivido?, ¿algún Dios intentó jamás venir a buscarse una nación entre las otras por medio de pruebas, signos, prodigios y guerra, con mano fuerte y brazo poderoso, por grandes terrores, como todo lo que el Señor, vuestro Dios, hizo con vosotros en Egipto?» Reconoce, pues, hoy y medita en tu corazón, que el Señor es el único Dios allá arriba en el cielo, y aquí abajo en la tierra; no hay otro. Guarda los preceptos y mandamientos que yo te prescribo hoy, para que seas feliz, tú y tus hijos, despues de ti, y prolongues tus días en el suelo que el Señor tu Dios te da siempre.

Palabra de Dios.

SALMO RESPONSORIAL 32

℟ **Dichoso el pueblo que el Señor se escogió en heredad.**

La palabra del Señor es sincera, | y todas sus acciones son leales; | El ama la justicia y el derecho, | y su misericordia llena la tierra. ℟.

La palabra del Señor hizo el cielo, | el aliento de su boca, sus ejércitos, | porque El lo dijo y existió, | El lo mandó, y surgió. R.

Los ojos del Señor están puestos en su fieles, | en los que esperan en su misericordia, | para librar sus vidas de la muerte | y reanimarlos en tiempo de hambre. R.

Nosotros aguardamos al Señor: | El es nuestro auxilio y escudo; | que tu misericordia, Señor, venga sobre nosotros, | como lo esperamos de ti. R.

SEGUNDA LECTURA

Habéis recibido un espíritu de hijos adoptivos que nos hace gritar: ¡Abba! (Padre)

LECTURA DE LA CARTA DEL APOSTOL SAN PABLO A LOS ROMANOS
8, 14-17

Hermanos: Los que se dejan llevar por el Espíritu de Dios, ésos son hijos de Dios. Habéis recibido, no un espíritu de esclavitud, para recaer en el temor, sino un espíritu de hijos adoptivos, que nos hace gritar: ¡Abba! (Padre). Ese Espíritu y nuestro espíritu dan un testimonio concorde: que somos hijos de Dios; y si somos hijos, también herederos de Dios y coherederos con Cristo, ya que sufrimos con él para ser también con él glorificados.

Palabra de Dios.

ALELUYA
Ap 1, 8

Gloria al Padre, y al Hijo y al Espíritu Santo.
Al Dios que es, que era y que vendrá.

EVANGELIO

Bautizándolos en el nombre del Padre y del Hijo y del Espíritu Santo

✠ LECTURA DEL S. EVANGELIO SEGUN
SAN MATEO   28, 16-20

En aquel tiempo los once discípulos se fueron a Galilea, al monte que Jesús les había indicado. Al verlo, ellos se postraron, pero algunos vacilaban. Acercándose a ellos, Jesús les dijo: «Se me ha dado pleno poder en el cielo y en la tierra. Id y haced discípulos de todos los pueblos, bautizándolos en el nombre del Padre y del Hijo y del Espíritu Santo; y enseñándoles a guardar todo lo que os he mandado. Y sabed que yo estoy con vosotros todos los días, hasta el fin del mundo.»

Palabra del Señor.

Se dice «Credo».

CICLO C (Años 1989, 1992, 1995, 1998, 2001, 2004)

PRIMERA LECTURA

Antes de comenzar la tierra, la Sabiduría ya había sido engendrada

LECTURA DEL LIBRO DE LOS
PROVERBIOS   8, 22-31

Así dice la Sabiduría de Dios:

«El Señor me estableció al principio de sus tareas al comienzo de sus obras antiquísimas. En un tiempo remotísimo fui formada, antes de comenzar la tierra. Antes de los abismos fui engendrada, antes de los manantiales de las aguas. Todavía no estaban aplomados los montes, antes de las montañas fui engendrada. No había hecho aún la tierra y la hierba, ni los primeros terrones del orbe. Cuando colocaba los cielos, allí estaba

yo; cuando trazaba la bóveda sobre la faz del Abismo; cuando
sujetaba el cielo en la altura, y fijaba las fuentes bautismales.
Cuando ponía un límite al mar: y las aguas no traspasaban sus
mandatos; cuando asentaba los cimientos de la tierra, yo estaba
junto a él, como aprendiz, yo era su encanto cotidiano, todo el
tiempo jugaba en su presencia: jugaba con la bola de la tierra,
gozaba con los hijos de los hombres.

Palabra de Dios.

SALMO RESPONSORIAL 8

R ¡Señor, dueño nuestro, | qué admirable es tu nombre-
| en toda la tierra!

Cuando contemplo el cielo, obra de tus dedos, | la luna y las
estrellas que has creado, | ¿qué es el hombre, para que te acuer-
des de él, | el ser humano, para darle poder? R.

Lo hiciste poco inferior a los ángeles, | lo coronaste de gloria
y dignidad, | le diste el mando sobre las obras de tus manos. R.

Todo lo sometiste bajo sus pies: | rebaños de ovejas y to-
ros, | y hasta las bestias del campo, | las aves del cielo, los peces
del mar, | que trazan sendas por el mar. R.

SEGUNDA LECTURA

*Caminamos hacia Dios, por medio de Cristo, en el amor
derramado en nuestros corazones por el Espíritu*

LECTURA DE LA CARTA DEL APOSTOL
SAN PABLO A LOS ROMANOS
                                                              5, 1-5

Hermanos: Ya que hemos recibido la justificación por la fe,
estamos en paz con Dios, por medio de nuestro Señor Jesucristo. Por él hemos obtenido con la fe el acceso a esta gracia en que
estamos: y nos gloriamos apoyados en la esperanza de la gloria
de los hijos de Dios. Más aún, hasta nos gloriamos en las tribulaciones, sabiendo que la tribulación produce constancia, la constancia, virtud probada, la virtud, esperanza, y la esperanza no de-

frauda, porque el amor de Dios ha sido derramado en nuestros corazones con el Espíritu Santo que se nos ha dado.

Palabra de Dios.

ALELUYA
Ap 1, 8

Gloria al Padre, y al Hijo y al Espíritu Santo.
Al Dios que es, que era y que vendrá.

EVANGELIO

Todo lo que tiene el Padre es mío; el Espíritu recibirá de lo mío y os lo anunciará

✠ LECTURA DEL S. EVANGELIO SEGUN
SAN JUAN
16, 12-15

En aquel tiempo, dijo Jesús a sus discípulos: «Muchas cosas me quedan por deciros, pero no podéis cargar con ellas por ahora: cuando venga él, el Espíritu de la Verdad, os guiará hasta la verdad plena. Pues lo que hable no será suyo: hablará de lo que oye y os comunicará lo que está por venir. El me glorificará, porque recibirá de mí lo que os irá comunicando. Todo lo que tiene el Padre es mío. Por eso os he dicho que tomará de lo mío y os lo anunciará.»

Palabra del Señor.

Se dice «Credo».

Jueves después de la Santísima Trinidad
SANTISIMO CUERPO Y SANGRE DE CRISTO
Solemnidad
Donde esta solemnidad no es de precepto, se celebra el domingo después de la solemnidad de la Santísima Trinidad

Esta fiesta se comenzó a celebrar en Lieja en 1246, siendo extendida a toda la Iglesia occidental por el papa Urbano IV en

1264, teniendo como finalidad proclamar la fe en la presencia
real de Jesucristo en la eucaristía. Presencia permanente y subs-
tancial más allá de la celebración de la Misa y que es digna de ser
adorada en la exposición solemne y en las procesiones con el
Santísimo Sacramento que entonces comenzaron a celebrarse y
que han llegado a ser verdaderos monumentos de la piedad católica. Ocurre, como en la solemnidad de la Trinidad, que lo que
se celebra todos los días tiene una ocasión exclusiva para profundizar en lo que se hace con otros motivos. Este es el día de la
eucaristía en sí misma, ocasión para creer y adorar, pero también
para conocer mejor la riqueza de este misterio a partir de las oraciones y de los textos bíblicos distribuidos en los tres ciclos de
lecturas. En el año A se trata del sacramento del pan, prefigura-
do en el *maná* del desierto, alimento providencial para el camino (1); pan eucarístico único sobre todos los altares, que nos
hace formar un solo cuerpo en Cristo (2); pan que es presentado
por Cristo en el Evangelio como su misma carne para la vida del
mundo. En el ciclo B se confiesa el valor redentor de la sangre
de Cristo, sangre de la nueva alianza (3) que supera y hace ya
inútil la sangre de los sacrificios que sellaron la antigua alianza
en tiempos de Moisés (1); la Carta a los Hebreos expone definitivamente la fe cristiana en el sacrificio expiatorio y liberador de
Cristo, sacerdote y víctima eternos por medio de su propia sangre. En el año C prevalece la idea de la eucaristía como banquete
mesiánico y de acción de gracias, memorial de la muerte de Cristo por su propia institución en la Ultima Cena (2), compartiendo
el pan y el vino que ya fueron designados como sacrificio in-
cruento por medio de Melquisedec en el A.T. (1); banquete que
Cristo preside y distribuye por medio de los apóstoles y sus sucesores en la actualidad, como lo anunció de forma concreta en la
multiplicación de los panes (3).

ANTIFONA DE ENTRADA   **Sal 80, 17**

El Señor los alimentó con flor de harina,
y los sació con miel silvestre.

ORACION COLECTA

Oh Dios, que en este sacramento admirable nos dejaste el memorial de tu pasión; te pedimos nos concedas venerar de tal modo los sagrados misterios de tu Cuerpo y de tu Sangre, que experimentemos constantemente en nosotros el fruto de tu redención. Tú que vives y reinas.

ORACION SOBRE LAS OFRENDAS

Concede, Señor, a tu Iglesia el don de la paz y la unidad, significado en las ofrendas sacramentales que te presentamos. Por Jesucristo.

Prefacio de la Eucaristía, pp. 1087-88.

ANTIFONA DE COMUNION

Jn 6, 57

El que come de mi Carne y bebe de mi Sangre
habita en mí y yo en él, dice el Señor.

ORACION DESPUES DE LA COMUNION

La comunión de tu Cuerpo y tu Sangre, Señor, signo del banquete del reino, que hemos gustado en nuestra vida mortal, nos llene del gozo eterno de tu divinidad. Tú que vives.

CICLO A (Años 1990, 1993, 1996, 1999, 2002, 2005)

PRIMERA LECTURA

Te alimentó con el maná, que tú no conocías ni conocieron tus padres

LECTURA DEL LIBRO DEL DEUTERONOMIO

8, 2-3.14b-16a

Habló Moisés al pueblo y dijo: «Recuerda el camino que el Señor tu Dios te ha hecho recorrer estos cuarenta años por el desierto, para afligirte, para ponerte a prueba y conocer tus intenciones: si guardas sus preceptos o no. El te afligió haciéndote pasar hambre y después te alimentó con el maná —que tú no conocías ni conocieron tus padres— para enseñarte que no sólo de pan vive el hombre, sino de todo cuanto sale de la boca de Dios. No te olvides del Señor tu Dios que te sacó de Egipto, de la esclavitud, que te hizo recorrer aquel desierto inmenso y terrible, con dragones y alacranes, un sequedal sin una gota de agua; que te alimentó en el desierto con un maná que no conocían tus padres.»

Palabra de Dios.

SALMO RESPONSORIAL 147

R̄. **Glorifica al Señor Jerusalén** (o, Aleluya.)

Glorifica al Señor, Jerusalén, | alaba a tu Dios, Sión, | que ha reforzado los cerrojos de tus puertas | y ha bendecido a tus hijos dentro de ti. R̄.

Ha puesto paz en tus fronteras, | te sacia con flor de harina; | él envía su mensaje a la tierra | y su palabra corre veloz. R̄.

Anuncia su palabra a Jacob, | sus decretos y mandatos a Israel; | con ninguna nación obró así | ni les dio a conocer sus mandatos. R̄.

SEGUNDA LECTURA

El pan es uno, y así nosotros, aunque somos muchos, formamos un solo cuerpo

LECTURA DE LA PRIMERA CARTA DEL APOSTOL SAN PABLO A LOS CORINTIOS   10, 16-17

Hermanos: El cáliz de nuestra Acción de Gracias, ¿no nos une a todos en la sangre de Cristo? Y el pan que partimos, ¿no nos une a todos en el cuerpo de Cristo? El pan es uno, y así nosotros, aunque somos muchos, formamos un solo cuerpo, porque comemos todos del mismo pan.

Palabra de Dios.

ALELUYA

Yo soy el pan vivo bajado del cielo, dice el Señor;
quien coma de este pan, vivirá siempre.

EVANGELIO

Mi carne es verdadera comida y mi sangre es verdadera bebida

✠ LECTURA DEL S. EVANGELIO SEGUN
SAN JUAN

En aquel tiempo, dijo Jesús a los judíos: «Yo soy el pan vivo
que ha bajado del cielo: el que come de este pan vivirá siempre.
Y el pan que yo daré es mi carne para la vida del mundo.»
Disputaban entonces los judíos entre sí: «¿Cómo puede éste darnos a comer su carne?» Entonces Jesús les dijo: «Os aseguro que
si no coméis la carne del Hijo del Hombre y no bebéis su sangre
no tenéis vida en vosotros. El que come mi carne y bebe mi sangre tiene vida eterna, y yo lo resucitaré en el último día. Mi carne es verdadera comida y mi sangre es verdadera bebida. El que
come mi carne y bebe mi sangre habita en mí y yo en él. El Padre que vive me ha enviado y yo vivo por el Padre; del mismo
modo, el que me come vivirá por mí. Este es el pan que ha bajado del cielo; no como el de vuestros padres, que lo comieron y
murieron: el que come este pan vivirá para siempre.»

Palabra del Señor.

Se dice «Credo».

CICLO B (Años 1991, 1994, 1997, 2000, 2003, 2006)

PRIMERA LECTURA

Esta es la sangre de la alianza que hace el Señor con vosotros

LECTURA DEL LIBRO DEL EXODO

En aquellos días Moisés bajó y contó al pueblo todo lo que
había dicho el Señor y todos sus mandatos; y el pueblo contestó

a una: «Haremos todo lo que dice el Señor.» Moisés puso por escrito todas las palabras del Señor. Se levantó temprano y edificó un altar en la falda del monte, y doce estelas, por las doce tribus de Israel. Y mandó a algunos jóvenes israelitas ofrecer al Señor holocaustos y vacas, como sacrificio de comunión. Tomó la mitad de la sangre y la puso en vasijas, y la otra mitad la derramó sobre el altar. Después tomó el documento de la alianza, se lo leyó en alta voz al pueblo, el cual respondió: «Haremos todo lo que manda el Señor y le obedeceremos.» Tomó Moisés la sangre y roció al pueblo, diciendo: «Esta es la sangre de la alianza que hace el Señor con vosotros, sobre todos estos mandatos.»

Palabra de Dios.

SALMO RESPONSORIAL 115

℟ **Alzaré la copa de la salvación, | invocando el nombre del Señor** (o, Aleluya.)

¿Cómo pagaré al Señor | todo el bien que me ha hecho?- | Alzaré la copa de la salvación, invocando su nombre. ℟.

Mucho le cuesta al Señor | la muerte de sus fieles. | Señor, yo soy tu siervo, hijo de tu esclava | rompiste mis cadenas. ℟.

Te ofreceré un sacrificio de alabanza, | invocando tu nombre, Señor. | Cumpliré al Señor mis votos, | en presencia de todo el pueblo. ℟.

SEGUNDA LECTURA

La sangre de Cristo purificará nuestra conciencia

LECTURA DE LA CARTA A LOS HEBREOS

9, 11-15

Hermanos: Cristo ha venido como Sumo Sacerdote de los bienes definitivos. Su templo es más grande y más perfecto: no hecho por manos de hombre, es decir, no de este mundo creado. No usa sangre de machos cabríos ni de becerros, sino la suya propia; y así ha entrado en el santuario una vez para siempre, consiguiendo la liberación eterna. Si la sangre de machos cabríos y de toros y el rociar de las cenizas de una becerra tienen el poder de consagrar a los profanos, devolviéndoles la pureza externa; cuánto más la sangre de Cristo que, en virtud del Espíritu eterno, se ha ofrecido a Dios como sacrificio sin mancha, podrá purificar nuestra conciencia de las obras muertas, llevándonos al culto del Dios vivo. Por esa razón es mediador de una alianza nueva: en ella ha habido una muerte que ha redimido de los pecados cometidos durante la primera alianza; y así los llamados pueden recibir la promesa de la herencia eterna.

Palabra de Dios.

ALELUYA   Jn 6, 51-52

Yo soy el pan vivo bajado del cielo, dice el Señor; quien coma de este pan vivirá siempre.

EVANGELIO

Esto es mi cuerpo. Esta es mi sangre

✠ LECTURA DEL S. EVANGELIO SEGUN
SAN MARCOS   14, 12-16.22-26

El primer día de los ázimos, cuando se sacrificaba el cordero pascual, le dijeron a Jesús sus discípulos: «¿Dónde quieres que vayamos a prepararte la cena de Pascua?» El envió a dos discípulos diciéndoles: «Id a la ciudad, encontraréis un hombre que lleva un cántaro de agua; seguidlo, y en la casa en que entre, decidle al dueño: 'El maestro pregunta: ¿Dónde está la habitación en que voy a comer la Pascua con mis discípulos?' Os enseñará una sala grande en el piso de arriba, arreglada con divanes. Preparadnos allí la cena.» Los discípulos se marcharon, llegaron a la ciudad, encontraron lo que les había dicho y prepararon la cena de Pascua.

Mientras comían, Jesús tomó un pan, pronunció la bendición, lo partió y se lo dio, diciendo: «Tomad, esto es mi cuerpo».

Cogiendo una copa, pronunció la acción de gracias, se la dio y todos bebieron. Y les dijo: «Esta es mi sangre, sangre de la alianza, derramada por todos. Os aseguro que no volveré a beber del fruto de la vid hasta el día que beba el vino nuevo en el Reino de Dios.»

Después de cantar el salmo, salieron para el Monte de los Olivos.

Palabra del Señor.

Se dice «Credo».

CICLO C (Años 1989, 1992, 1995, 1998, 2001, 2004)

PRIMERA LECTURA

Melquisedec ofreció pan y vino

LECTURA DEL LIBRO DEL GENESIS   14, 18-20

En aquellos días, Melquisedec, rey de Salem, ofreció pan y vino. Era sacerdote del Dios Altísimo. Y bendijo a Abrahán diciendo: «Bendito sea Abrahán de parte del Dios Altísimo, que creó el cielo y la tierra. Y bendito sea el Dios Altísimo que ha entregado tus enemigos a tus manos.» Y Abrahán le dio el diezmo de cada cosa.

Palabra de Dios.

SALMO RESPONSORIAL 109

℟. **Tú eres sacerdote eterno, | según el rito de Melquisedec.**

Oráculo del Señor a mi Señor: | «Siéntate a mi derecha, | y haré de tus enemigos | estrado de tus pies.» ℟.

Desde Sión extenderá el Señor | el poder de tu cetro: | somete en la batalla a tus enemigos. ℟.

«Eres príncipe desde el día de tu nacimiento, | entre esplendores sagrados; | yo mismo te engendré, como rocío, | antes de la aurora.» ℞.

El Señor lo ha jurado y no se arrepiente: | «Tú eres sacerdote eterno, | según el rito de Melquisedec.» ℞.

SEGUNDA LECTURA

Cada vez que coméis y bebéis, proclamáis la muerte del Señor

LECTURA DE LA PRIMERA CARTA DEL APOSTOL SAN PABLO A LOS CORINTIOS   11, 23-26

Hermanos: Yo he recibido una tradición, que procede del Señor, y que a mi vez os he transmitido: Que el Señor Jesús, en la noche en que iban a entregarlo, tomó un pan y pronunciando la Acción de Gracias, lo partió y dijo: «Esto es mi cuerpo, que se entrega por vosotros. Haced esto en memoria mía.» Lo mismo hizo con la copa después de cenar, diciendo: «Este cáliz es la nueva alianza sellada con mi sangre; haced esto cada vez que bebáis, en memoria mía.» Por eso, cada vez que coméis de este pan y bebéis de la copa, proclamaréis la muerte del Señor, hasta que vuelva.

Palabra de Dios.

ALELUYA   Jn 6, 51-52

Yo soy el pan vivo que ha bajado del cielo, dice el Señor; quien coma de este pan vivirá para siempre.

EVANGELIO

Comieron todos y se saciaron

✠ LECTURA DEL S. EVANGELIO SEGUN SAN LUCAS   9, 11b-17

En aquel tiempo, Jesús se puso a hablar a la gente del Reino de Dios, y curó a los que lo necesitaban. Caía la tarde y los Doce

se le acercaron a decirle: «Despide a la gente; que vayan a las aldeas y cortijos de alrededor a buscar alojamiento y comida; porque aquí estamos en descampado.» El les contestó: «Dadles vosotros de comer.» Ellos replicaron: «No tenemos más que cinco
panes y dos peces; a no ser que vayamos a comprar de comer
para todo este gentío.» Porque eran unos cinco mil hombres. Jesús dijo a sus discípulos: «Decidles que se echen en grupos de
unos cincuenta.» Lo hicieron así, y todos se echaron. El, tomando los cinco panes y los dos peces, alzó la mirada al cielo, pronunció la bendición sobre ellos, los partió y se los dio a los discípulos para que se los sirvieran a la gente. Comieron todos y se
saciaron, y cogieron las sobras: doce cestos.

Palabra del Señor.

Se dice «Credo».

Viernes posterior al 2.º domingo después de Pentecostés
EL SAGRADO CORAZON DE JESUS
Solemnidad

La devoción al Corazón de Jesús como símbolo de su amor
humano y divino hacia los hombres tuvo sus comienzos en la
Edad Media con san Bernardo y comenzó a ser celebrada litúrgicamente a instancias de san Juan Eudes y de las revelaciones a
santa Margarita María de Alacoque en el siglo XVII. La primera
aprobación pontificia de este culto fue en 1765. En 1856 Pío IX
extendió la fiesta a toda la Iglesia de rito romano, y en 1928
Pío XI la elevó a la máxima categoría litúrgica. Centrada originariamente en un sentido de reparación y de afectividad, los textos del nuevo Misal han renovado esta festividad de forma que
las oraciones y el mayor número de lecturas proclamen la magnitud del amor de Dios a los hombres manifestado en Cristo, cuyo
corazón abierto en la cruz fue la máxima prueba de generosidad
y la fuente donde manaron los sacramentos de la Iglesia, siendo

allí ésta lavada en el agua y la sangre y asociada como Esposa a la obra de su Señor (Pr.).

Las lecturas de los tres años tienen una temática semejante; así los pasajes del Antiguo Testamento hablan del amor de Dios al pueblo de Israel, imagen profética de la Iglesia; amor gratuito y fiel que espera fidelidad (A), amor paternal y misericordioso (B) que encuentra una imagen predilecta en el cuidado pastoral del rebaño elegido, atendiendo con predilección a las ovejas más débiles y a las descarriadas (C). Las segundas lecturas son, para el año A, el precioso texto de la primera carta de san Juan donde se define a Dios como *agapé*, amor de donación que se anticipa al nuestro; en los ciclos B y C se leen fragmentos de san Pablo donde el apóstol se admira de la grandeza del amor de Dios y pide su imitación. Finalmente, los pasajes evangélicos presentan a Cristo «manso y humilde de corazón» (A), sacrificado en la cruz con el corazón abierto por la lanza del soldado (B), y mostrándose a sí mismo como Buen Pastor, haciendo propia la imagen de Dios en el Antiguo testamento en su aspecto más misericordioso y abierto a la reconciliación de los pecadores (C).

ANTIFONA DE ENTRADA   Sal 32, 11-19

Los proyectos de su corazón, de edad en edad, para librar sus vidas de la muerte y reanimarlos en tiempo de hambre.

ORACION COLECTA

Dios todopoderoso, al celebrar la solemnidad del Corazón de tu Hijo Unigénito, recordamos los beneficios de tu amor para con nosotros; concédenos recibir de esta fuente divina una inagotable abundancia de gracia. Por nuestro Señor Jesucristo.

o bien:

Oh Dios que en el corazón de tu Hijo, herido por nuestros pecados, has depositado infinitos tesoros de caridad; te pedimos que, al rendirle el homenaje de nuestro amor, le ofrezcamos una cumplida reparación. Por nuestro Señor Jesucristo.

ORACION SOBRE LAS OFRENDAS

Mira, Señor, el amor del corazón de tu Hijo, para que este don que te ofrecemos sea agradable a tus ojos y sirva para el perdón de nuestras culpas. Por Jesucristo nuestro Señor.

PREFACIO

El corazón de Cristo fuente de la salvación

En verdad es justo y necesario, es nuestro deber y salvación darte gracias siempre y en todo lugar, Señor, Padre Santo, Dios todopoderoso y eterno, por Cristo, Señor nuestro.

El cual con amor sincero se entregó por nosotros, y elevado sobre la cruz hizo que de su corazón traspasado brotaran, con el agua y la sangre, los sacramentos de la Iglesia; para que así, acercándose al corazón abierto del Salvador, todos puedan beber con gozo de la fuente de la salvación.

Por eso, con los ángeles y arcángeles y todos los coros celestiales, cantamos sin cesar el himno de tu gloria:

Santo, Santo, Santo...

ANTIFONA DE COMUNION   Jn 7, 37-38

Dice el Señor: el que tenga sed, que venga a mí; el que cree en mí, que beba. De sus entrañas manarán torrentes de agua viva.

o bien: Jn 19, 34

Uno de los soldados con la lanza le traspasó el costado, y al punto salió sangre y agua.

ORACION DESPUES DE LA COMUNION

Este sacramento de tu amor, Dios nuestro, encienda en nosotros el fuego de la caridad que nos mueva a unirnos más a Cristo y a reconocerle presente en los hermanos. Por Jesucristo nuestro Señor.

CICLO A (Años 1990, 1993, 1996, 1999, 2002, 2005)

PRIMERA LECTURA

El Señor se enamoró de vosotros y os eligió

LECTURA DEL LIBRO DEL DEUTERONOMIO   7, 6-11

En aquellos días, Moisés habló al pueblo diciendo: «Tú eres un pueblo santo para el Señor tu Dios: él te eligió para que fueras, entre todos los pueblos de la tierra, el pueblo de su propiedad. Si el Señor se enamoró de vosotros y os eligió, no fue por ser vosotros más numerosos que los demás —porque sois el pueblo más pequeño—, sino que, por puro amor vuestro, por mantener el juramento que había hecho a vuestros padres, os sacó de Egipto con mano fuerte y os rescató de la esclavitud, del dominio del Faraón, rey de Egipto. Así sabrás que el Señor tu Dios es Dios: el Dios fiel que mantiene su alianza y su favor con los que lo llaman y guardan sus preceptos por mil generaciones. Pero paga en su persona a quien lo aborrece acabando con él. No se hace esperar, paga a quien lo aborrece en su persona. Pon por obra estos preceptos y los mandatos y decretos que te mando hoy.»

Palabra de Dios.

SALMO RESPONSORIAL 102

℟ **La misericordia del Señor dura siempre, | para los que cumplen sus mandatos.**

Bendice, alma mía, al Señor, | y todo mi ser a su santo nombre. | Bendice, alma mía, al Señor, | y no olvides sus beneficios. ℟

El perdona todas tus culpas | y cura todas tus enfermedades; | él rescata tu vida de la fosa | y te colma de gracia y de ternura. ℟.

El Señor hace justicia | y defiende a todos los oprimidos; | enseñó sus caminos a Moisés | y sus hazañas a los hijos de Israel. ℟.

El Señor es compasivo y misericordioso, | lento a la ira y rico en clemencia. | No nos trata como merecen nuestros pecados, | ni nos paga según nuestras culpas. ℟.

SEGUNDA LECTURA

El nos amó

LECTURA DE LA PRIMERA CARTA DEL APOSTOL SAN JUAN

4, 7-16

Queridos hermanos: Amémonos unos a otros, ya que el amor es de Dios, y todo el que ama ha nacido de Dios y conoce a Dios. Quien no ama no ha conocido a Dios, porque Dios es amor.   En esto se manifestó el amor que Dios nos tiene: en que Dios mandó al mundo a su Hijo único, para que vivamos por medio de él. En esto consiste el amor: no en que nosotros hayamos amado a Dios, sino en que él nos amó y nos envió a su Hijo como propiciación por nuestros pecados. Queridos hermanos: Si Dios nos amó de esta manera, también nosotros debemos amarnos unos a otros. A Dios nadie lo ha visto nunca. Si nos amamos unos a otros, Dios permanece en nosotros y su amor ha llegado en nosotros a su plenitud. En esto conocemos que permanecemos en él y él en nosotros: en que nos ha dado de su Espíritu. Y nosotros hemos visto y damos testimonio de que el Padre envió a su Hijo para ser Salvador del mundo. Quien confiese que Jesús es el Hijo de Dios, Dios permanece en él y él en Dios. Y nosotros hemos conocido el amor que Dios nos tiene y hemos creído en él. Dios es amor y quien permanece en el amor permanece en Dios y Dios en él.

Palabra de Dios.

ALELUYA

Cargad con mi yugo —dice el Señor—
y aprended de mí,
que soy manso y humilde de corazón.

EVANGELIO

Soy manso y humilde de corazón

✠ LECTURA DEL S. EVANGELIO SEGUN
SAN MATEO   11, 25-30

En aquel tiempo, Jesús exclamó: «Te doy gracias, Padre, Señor de cielo y tierra, porque has escondido estas cosas a los sabios y entendidos y se las has revelado a la gente sencilla. Sí, Padre, así te ha parecido mejor. Todo me lo ha entregado mi Padre, y nadie conoce al Hijo más que el Padre, y nadie conoce al Padre sino el Hijo y aquél a quien el Hijo se lo quiera revelar. Venid a mí todos los que estáis cansados y agobiados y yo os aliviaré. Cargad con mi yugo y aprended de mí, que soy manso y humilde de corazón, y encontraréis vuestro descanso. Porque mi yugo es llevadero y mi carga ligera.»

Palabra del Señor.

Se dice «Credo».

CICLO B (Años 1991, 1994, 1997, 2000, 2003, 2006)

PRIMERA LECTURA

Se me conmueven las entrañas

LECTURA DEL LIBRO DE OSEAS   11, 1b.3-4.8c-9

Así dice el Señor: «Cuando Israel era joven le amé, desde Egipto llamé a mi hijo. Yo enseñé a andar a Efraín, le alzaba en brazos, y él no comprendía que yo le curaba. Con cuerdas humanas, con correas de amor le atraía; era para ellos como el que levanta el yugo de la cerviz, me inclinaba y le daba de comer.

Se me revuelve el corazón, se me conmueven las entrañas. No cederé al ardor de mi cólera, no volveré a destruir a Efraín; que soy Dios y no hombre, santo en medio de ti, y no enemigo a la puerta.»

Palabra de Dios.

R. **Sacaréis aguas con gozo | de las fuentes de la salvación.**

El Señor es mi Dios y Salvador: | confiaré y no temeré, | porque mi fuerza y mi poder es el Señor. | El fue mi salvación. | Y sacaréis aguas con gozo | de las fuentes de la salvación. R.

Dad gracias al Señor, | invocad su nombre, | contad a los pueblos sus hazañas, | proclamad que su nombre es excelso. R.

Tañed para el Señor que hizo proezas, | anunciadlas a toda la tierra; | gritad jubilosos, habitantes de Sión: | «Qué grande es en medio de ti | el santo de Israel.» R.

SEGUNDA LECTURA

Conocer aquel amor de Cristo que sobrepuja a todo conocimiento

LECTURA DE LA CARTA DEL APOSTOL SAN PABLO A LOS EFESIOS

3, 8-12.14-19

Hermanos: A mí, el más insignificante de todo el pueblo santo, se me ha dado esta gracia: anunciar a los gentiles la riqueza insondable que es Cristo; e iluminar la realización del misterio, escondido desde el principio de los siglos en Dios, creador de todo. Así, mediante la Iglesia, los Principados y Potestades en los cielos conocen ahora la multiforme sabiduría de Dios; según el designio eterno, realizado en Cristo Jesús, Señor Nuestro, por quien tenemos libre y confiado acceso a Dios por la fe en él.

Por esta razón doblo las rodillas ante el Padre, de quien toma nombre toda familia en el cielo y en la tierra, pidiéndole que, de los tesoros de su gloria, os conceda por medio de su Espíritu: robusteceros en lo profundo de vuestro ser; que Cristo habite por la fe en vuestros corazones, que el amor sea vuestra raíz y vuestro cimiento; y así, con todo el pueblo de Dios, lograréis abarcar lo ancho, lo largo, lo alto y lo profundo, comprendiendo lo que trasciende toda filosofía: el amor cristiano. Así llegaréis a vuestra plenitud, según la plenitud total de Dios.

Palabra de Dios.

ALELUYA   Mt 11, 29 ab

Cargad con mi yugo —dice el Señor— y aprended de mí, que soy manso y humilde de corazón.

o bien: Jn 4, 10b

Dios nos ha amado y nos envió a su Hijo,
como víctima de propiación por nuestros pecados.

EVANGELIO

Le atravesó el costado con una lanza y salió sangre y agua

✠ LECTURA DEL S. EVANGELIO SEGUN
SAN JUAN   19, 31-37

En aquel tiempo los judíos, como era el día de la Preparación, para que no se quedaran los cuerpos en la cruz el sábado, porque aquel sábado era un día solemne, pidieron a Pilato que les quebraran las piernas y que los quitaran. Fueron los soldados, le quebraron las piernas al primero y luego al otro que habían crucificado con él; pero al llegar a Jesús, viendo que ya había muerto, no le quebraron las piernas, sino que uno de los soldados con la lanza le traspasó el costado, y al punto salió sangre y agua.

El que lo vio da testimonio y su testimonio es verdadero, y él sabe que dice verdad, para que también vosotros creáis. Esto ocurrió para que se cumpliera la Escritura: «No le quebrarán un hueso»; y en otro lugar la Escritura dice: «Mirarán al que atravesaron.»

Palabra del Señor.

Se dice «Credo».

CICLO C (Años 1989, 1992, 1995, 1998, 2001, 2004)

PRIMERA LECTURA

Yo mismo apacentaré mis ovejas y las haré sestear

LECTURA DEL LIBRO DE EZEQUIEL   34, 11-16

Así dice el Señor Dios:

«Yo mismo en persona buscaré a mis ovejas, siguiendo su rastro. Como un pastor sigue el rastro de su rebaño cuando se encuentra las ovejas dispersas, así seguiré yo el rastro de mis ovejas; y las libraré, sacándolas de todos los lugares donde se desperdigaron el día de los nubarrones y de la oscuridad. Las sacaré de entre los pueblos, las congregaré de los países, las traeré a la tierra, las apacentaré por los montes de Israel, por las cañadas y por los poblados del país. Las apacentaré en pastizales escogidos, tendrán sus dehesas en lo alto de los montes de Israel, se recostarán en fértiles dehesas, y pastarán pastos jugosos en la montaña de Israel. Yo mismo apacentaré mis ovejas, yo mismo las haré sestear —oráculo del Señor Dios—. Buscaré las ovejas perdidas, haré volver a las descarriadas, vendaré a las heridas, curaré a las enfermas; a las gordas y fuertes las guardaré, y las apacentaré como es debido.

Palabra de Dios.

SALMO RESPONSORIAL 22

℟. **El Señor es mi pastor, nada me falta.**

El Señor es mi pastor, nada me falta; | en verdes praderas me hace recostar; | me conduce hacia fuentes tranquilas | y repara mis fuerzas. ℟.

Me guía por el sendero justo, | por el honor de su nombre. | Aunque camine por cañadas oscuras, | nada temo, porque tú vas conmigo: | tu vara y tu cayado me sosiegan. ℟.

Preparas una mesa ante mí | enfrente de mis enemigos; | me unges la cabeza con perfume, | y mi copa rebosa. ℟.

Tu bondad y tu misericordia me acompañan | todos los días de mi vida, | y habitaré en la casa del Señor | por años sin término. ℟.

SEGUNDA LECTURA

Dios nos da pruebas de su amor

LECTURA DE LA CARTA DEL APOSTOL
SAN PABLO A LOS ROMANOS   5, 5b-11

Hermanos: El amor de Dios ha sido derramado en nuestros corazones con el Espíritu Santo que se nos ha dado. En efecto, cuando nosotros estábamos todavía sin fuerza, Cristo, en el tiempo fijado, murió por los impíos —difícilmente se encuentra uno que quiera morir por un justo; puede ser que se esté dispuesto a morir por un hombre bueno—, pero la prueba del amor que Dios nos tiene nos la ha dado en esto: Cristo murió por nosotros cuando todavía éramos pecadores. Y ya que ahora estamos justificados por su sangre, con más razón seremos salvados por él de la cólera. En efecto, si cuando éramos todavía enemigos de Dios fuimos reconciliados con él por la muerte de su Hijo, con más razón, reconciliados ya, seremos salvados por su vida. Más aún, ponemos nuestro orgullo en Dios por nuestro Señor Jesucristo por el que ahora hemos recibido la reconciliación.

Palabra de Dios.

ALELUYA   Mt 11, 29ab

Cargad con mi yugo y aprended de mí
que soy manso y humilde de corazón.

o bién: Jn 10, 14

Yo soy el Buen Pastor, dice el Señor,
conozco a mis ovejas y ellas me conocen.

EVANGELIO

¡Felicitadme!, he encontrado la oveja que se me había perdido

✠ LECTURA DEL S. EVANGELIO SEGUN
SAN LUCAS
                                                              15, 3-7

En aquel tiempo, dijo Jesús a los fariseos y letrados esta parábola: «Si uno de vosotros tiene cien ovejas y se le pierde una,
¿no deja las noventa y nueve en el campo y va tras la descarriada, hasta que la encuentra? Y cuando la encuentra, se la carga sobre los hombros, muy contento; y al llegar a casa, reúne a los
amigos y a los vecinos para decirles: "¡Felicitadme!, he encontrado la oveja que se me había perdido." Os digo que así también
habrá más alegría en el cielo por un solo pecador que se convierta, que por noventa y nueve justos que no necesitan convertirse.»

Palabra del Señor.

Se dice «Credo».

DOMINGOS DEL TIEMPO ORDINARIO

Durante el período más extenso del año litúrgico, los tres ciclos de lecturas quieren exponer la vida pública de Jesús, excepto aquellos pasajes que se leen durante los «tiempos fuertes»; esto se hace a través de los evangelios sinópticos principalmente, pero con la serie de primeras lecturas tomadas del Antiguo Testamento, que hacen de prólogo a cada texto evangélico a modo de «profecía» y «cumplimiento». La segunda lectura es siempre de las cartas apostólicas. A continuación se explica más detalladamente el plan de cada serie de lecturas.

Lecturas del Evangelio

Después de la solemnidad del Bautismo del Señor, que ocupa el lugar del 1.º domingo del Tiempo Ordinario, el domingo 2.º todavía se refiere a la manifestación del Señor que celebró la Epifanía, por medio de los pasajes de san Juan referentes a la proclamación de Jesús como Cordero de Dios por el Bautista (años A y B) y las bodas de Caná (C). Desde el domingo 3.º comienza la lectura semicontinua de los tres Evangelios sinópticos: Mateo (año A), Marcos (B) y Lucas (C); estas series de textos están ordenadas de modo que cada año se conozca la doctrina propia de cada Evangelio mientras se desarrolla la vida y la predicación del Señor. Además, con este orden se ha buscado una cierta armonía entre el sentido de cada lectura y la evolución del año litúrgico: después de la Epifanía se leen los comienzos de la predicación del Señor, conectando con el Bautismo, las primeras manifestaciones de Cristo y la vocación de los discípulos. Al final del Tiempo Ordinario, que es también el del año litúrgico, se llega naturalmente a los discursos de Jesús sobre las realidades últimas (escatológicas) que forman los capítulos de los sinópticos que preceden a la Pasión. En el año B, después del 16.º domingo, se interpolan cinco lecturas del capítulo 6 de san Juan («sermón sobre el pan de la vida»); esta inclusión se hace de modo coherente, porque la multiplicación de los panes en san Juan se lee cuando correspondería hacerlo según san Marcos. Cuando comienza la lectura semicontinua de san Lucas en el año C (en el domingo 3.°), se comienza con el prólogo del Evangelio donde el autor muestra la intención del escrito y las fuentes donde se ha informado para redactarlo.

Lecturas del Antiguo Testamento

Estas lecturas han sido elegidas y ordenadas de modo que se evitase la excesiva diversidad de temas entre las lecturas de cada Misa y, sobre todo, para manifestar la unidad de mensaje de los dos Testamentos, de modo que, como enseñaba san Agustín, «El Nuevo Testamento está oculto en el Antiguo, y el Antiguo está patente en el Nuevo». La clave de la relación entre la primera lectura y el Evangelio de cada una de estas misas se encuentra en la cita que a modo de título precede a los textos e indica la idea clave por la que ha sido elegido. A veces el Evangelio es cumplimiento de lo profetizado en el A.T., otras veces se repite la misma enseñanza o se corrige con la autoridad de Cristo, que no vino a abolir la Ley de Moisés sino a darle plenitud (Mt 5,17), y otras finalmente para mostrar las expresiones o géneros literarios del A.T. que pudieron servir de fuente de inspiración para los evangelistas.

A través de estos domingos los cristianos pueden conocer los pasajes más importantes del A.T. que «Manifiestan a todos el conocimiento de Dios y del hombre, y las formas de obrar de Dios justo y misericordioso con los hombres, según la condición del género humano en los tiempos que precedieron a la salvación establecida por Cristo, que expresan el sentimiento vivo de Dios y una sabiduría salvadora sobre la vida del hombre, junto con tesoros admirables de oración, y en que, por fin, está latente el misterio de nuestra salvación» (Vaticano II, *Constitución sobre la divina relación* n.15).

Segundas lecturas (del Apóstol)

Son la lectura semicontinua de las Cartas de san Pablo y de Santiago (las cartas de Pedro y de Juan se leen en los tiempos de

Pascua y de Navidad), y forman un conjunto completamente in-dependiente de las otras lecturas, de forma que no se debe buscar entre ellas más relación que la que aparece a veces casualmente.

Como la I carta a los Corintios es muy extensa, y trata de cuestiones diversas, se ha distribuido entre los tres años, al co-mienzo del Tiempo Ordinario. También se ha hecho lo mismo con la carta a los Hebreos, con una parte en el año B y otra en el C. Se han evitado las lecturas demasiado breves y los pasajes difíciles, que, de todos modos, se encuentran en las lecturas feria-les de este tiempo litúrgico.

Una breve monición antes de estas lecturas o la predicación de algún año centrada en ellas impediría que pasasen desapercibi-das para los fieles.

En lugar del primer domingo del tiempo ordinario, se celebra la fies-ta del Bautismo del Señor, p. 151ss.

SEGUNDO DOMINGO
DEL TIEMPO ORDINARIO

ANTIFONA DE ENTRADA
Sal 65, 4

Que se postre ante ti, oh Dios, la tierra entera; que to-quen en tu amor; que toquen para tu nombre.

ORACION COLECTA

Dios todopoderoso, que gobiernas a un tiempo cielo y tierra; escucha paternalmente la oración de tu pueblo, y haz que los días de nuestra vida se fundamenten en tu paz. Por nuestro Señor.

ORACION SOBRE LAS OFRENDAS

Concédenos, Señor, participar dignamente de estos santos misterios, pues cada vez que celebramos este memorial del sacri-ficio de Cristo se realiza la obra de nuestra redención. Por Jesu-cristo.

ANTIFONA DE COMUNION   Sal 22, 5

Preparas una mesa ante mí y mi copa rebosa.

o bien: 1 Jn 4, 16

Nosotros hemos conocido el amor que Dios nos tiene y
hemos creído en él.

ORACION DESPUES DE LA COMUNION

Derrama, Señor, sobre nosotros tu espíritu de caridad para
que, alimentados con el mismo pan del cielo, permanezcamos
unidos en el mismo amor. Por Jesucristo.

CICLO A (Años 1990, 1993, 1996, 1999, 2002, 2005)

El bautismo en el Jordán marca el comienzo de la vida pública de Jesús, el Evangelio de san Juan relata el episodio como
testimonio del Bautista sobre Jesús, al que designa como ungido
por el Espíritu y Cordero de Dios que quita el pecado del mundo (3). En Cristo se cumple la profecía del Siervo de Yawéh, humilde y paciente, con una misión universal, «Luz de las naciones» (1).

Comienza este domingo la lectura de la I carta de san Pablo
a los Corintios que seguirá durante seis domingos más; escrita en
Efeso probablemente en el año 57, como respuesta a las informa-
ciones recibidas acerca de graves desórdenes en la Iglesia de Corinto, fundada por el mismo apóstol (2).

PRIMERA LECTURA

Te hago luz de las naciones para que seas mi salvación

LECTURA DEL LIBRO DE ISAIAS   49, 3.5-6

El Señor me dijo: «Tú eres mi siervo de quien estoy orgulloso.» Y ahora habla el Señor, que desde el vientre me formó sier-

vo suyo, para que le trajese a Jacob, para que le reuniese a Israel —tanto me honró el Señor y mi Dios fue mi fuerza—: «Es poco que seas mi siervo y restablezcas las tribus de Jacob y conviertas a los supervivientes de Israel; te hago luz de las naciones, para que mi salvación alcance hasta el confín de la tierra.»

Palabra de Dios.

SALMO RESPONSORIAL 39

R. **Aquí estoy, Señor, para hacer tu voluntad.**

Yo esperaba con ansia al Señor: | él se inclinó y escuchó mi grito; | me puso en la boca un cántico nuevo, | un himno a nuestro Dios. R.

Tú no quieres sacrificios ni ofrendas, | y en cambio me abriste el oído; | no pides sacrificio expiatorio, | entonces yo digo: «Aquí estoy.» R.

Como está escrito en mi libro: | «para hacer tu voluntad». | Dios mío, lo quiero, | y llevo tu ley en las entrañas. R.

He proclamado tu salvación | ante la gran asamblea; | no he cerrado los labios: | Señor, tú lo sabes. R.

SEGUNDA LECTURA

Gracias y paz os dé Dios nuestro Padre y Jesucristo nuestro Señor

COMIENZO DE LA PRIMERA CARTA DEL APOSTOL SAN PABLO A LOS CORINTIOS   1, 1-3

Yo, Pablo, llamado a ser apóstol de Jesucristo, por voluntad de Dios, y Sóstenes, nuestro hermano, escribimos a la Iglesia de Dios en Corinto, a los consagrados por Jesucristo, al pueblo santo que él llamó y a todos los demás que en cualquier lugar invocan el nombre de Jesucristo Señor nuestro y de ellos. La gracia y la paz de parte de Dios, nuestro Padre, y del Señor Jesucristo sean con vosotros. R.

Palabra de Dios.

ALELUYA Jn 1, 14.12ab

La Palabra se hizo carne y acampó entre nosotros.
A cuantos la recibieron,
les dio poder para ser hijos de Dios.

EVANGELIO

Este es el Cordero de Dios que quita el pecado del mundo

✠ LECTURA DEL S. EVANGELIO SEGUN
SAN JUAN

1, 29-34

En aquel tiempo, al ver Juan a Jesús que venía hacia él, exclamó: «Este es el Cordero de Dios, que quita el pecado del mundo. Este es aquél de quien yo dije: Tras de mí viene un hombre que está por delante de mí, porque existía antes que yo. Yo no lo conocía, pero he salido a bautizar con agua, para que sea manifestado a Israel.» Y Juan dio testimonio diciendo: «He contemplado el Espíritu que bajaba del cielo como una paloma y se posó sobre él. Yo no lo conocía, pero el que me envió a bautizar con agua me dijo: "Aquél sobre quien veas bajar el Espíritu y posarse sobre él, ése es el que ha de bautizar con Espíritu Santo". Y yo lo he visto, y he dado testimonio de que éste es el Hijo de Dios.»

Palabra del Señor.

Se dice «Credo».

CICLO B (Años 1991, 1994, 1997, 2000, 2003, 2006)

Después del bautismo de Jesús y de dar testimonio sobre él, Juan el Bautista le transfiere dos de sus discípulos que, a su vez, llevan ante el Señor a Simón Pedro. Los primeros discípulos comienzan por escuchar la voz de Dios que les invita a seguir a Jesús, primero en la boca de Juan, y luego del mismo Señor en la intimidad de su compañía (3). La «escucha» atenta y la «vocación» de Dios son temas constantes del A.T. magníficamente descritos en la historia de la llamada del joven Samuel, modelo profético de los discípulos cristianos (1).

Hasta el domingo 6.º se leerá la I carta de Pablo a los Corintios; el apóstol argumenta la malicia de los pecados relacionados con la sexualidad a partir de la dignidad del cuerpo de los cristianos, consagrados en la iniciación bautismal.

PRIMERA LECTURA

Habla, Señor, que tu siervo escucha

LECTURA DEL LIBRO PRIMERO DE SAMUEL

3, 3b-10.19

En aquellos días, Samuel estaba acostado en el templo, donde estaba el arca de Dios. El Señor llamó a Samuel y él respondió: «Aquí estoy.» Fue corriendo a donde estaba Elí y le dijo: «Aquí estoy, vengo porque me has llamado.» Respondió Elí: «No te he llamado; vuelve a acostarte.» Samuel volvió a acostarse. Volvió a llamar el Señor a Samuel. El se levantó y fue a donde estaba Elí y le dijo: «Aquí estoy, vengo porque me has llamado.» Respondió Elí: «No te he llamado; vuelve a acostarte.» Aún no conocía Samuel al Señor, pues no le había sido revelada la palabra del Señor. Por tercera vez llamó el Señor a Samuel y él se fue a donde estaba Elí y le dijo: «Aquí estoy; vengo porque me has llamado.» Elí comprendió que era el Señor quien llamaba al muchacho y dijo a Samuel: «Anda, acuéstate; y si te llama alguien responde: Habla, Señor, que tu siervo te escucha. Samuel fue y se acostó en su sitio. El Señor se presentó y le llamó como antes: «¡Samuel, Samuel!» El respondió: «Habla, Señor, que tu siervo te escucha.» Samuel crecía, y el Señor estaba con él, y ninguna de sus palabras dejó de cumplirse.

Palabra de Dios.

SALMO RESPONSORIAL 39

℟ **Aquí estoy, para hacer tu voluntad.**

Yo esperaba con ansia al Señor; | El se inclinó y escuchó mi grito; | me puso en la boca un cántico nuevo, | un himno a nuestro Dios. ℟

Tú no quieres sacrificios ni ofrendas, | y en cambio me abriste el oído; | no pides sacrificio expiatorio, | entonces, yo digo: «Aquí estoy | —como está escrito en mi libro— | para hacer tu voluntad.» ℟

Dios mío, lo quiero | y llevo tu ley en las entrañas. | He proclamado tu salvación | ante la gran asamblea; | no he cerrado los labios, | Señor, tú lo sabes. ℟

SEGUNDA LECTURA

Vuestros cuerpos son miembros de Cristo

LECTURA DE LA PRIMERA CARTA DEL
APOSTOL SAN PABLO A LOS CORINTIOS   6, 13c-15a.17-20

Hermanos: El cuerpo no es para la fornicación, sino para el Señor; y el Señor para el cuerpo. Dios, con su poder, resucitó al Señor y nos resucitará también a nosotros. ¿No sabéis que vuestros cuerpos son miembros de Cristo? El que se une al Señor es un espíritu con él. Huid de la fornicación. Cualquier pecado que cometa el hombre, queda fuera de su cuerpo. Pero el que fornica, peca en su propio cuerpo. ¿O es que no sabéis que vuestro cuerpo es templo del Espíritu Santo? El habita en vosotros porque lo habéis recibido de Dios. No os poseéis en propiedad, porque os han comprado pagando un precio por vosotros. Por tanto, ¡glorificad a Dios con vuestro cuerpo!

Palabra de Dios.

ALELUYA   Jn 1, 41.17b

Hemos encontrado al Mesías, al Cristo.
La gracia y la verdad nos han llegado por El.

EVANGELIO

Vieron dónde vivía y se quedaron con él

✠ LECTURA DEL S. EVANGELIO SEGUN
SAN JUAN   1, 35-42

En aquel tiempo estaba Juan con dos de sus discípulos y fijándose en Jesús que pasaba, dijo: «Este es el cordero de Dios.»
Los dos discípulos oyeron sus palabras y siguieron a Jesús, Jesús
se volvió y al ver que lo seguían, les preguntó: «¿Qué buscáis?»
Ellos le contestaron: «Rabí (que significa Maestro), ¿dónde vives?» El les dijo: «Venid y lo veréis.» Entonces fueron, vieron
dónde vivía y se quedaron con él aquel día; serían las cuatro de
la tarde.

Andrés, hermano de Simón Pedro, era uno de los dos que
oyeron a Juan y siguieron a Jesús; encontró primero a su hermano Simón y le dijo: «Hemos encontrado al Mesías (que significa
Cristo).» Y lo llevó a Jesús. Jesús se le quedó mirando y le dijo:
«Tú eres Simón, el hijo de Juan; tú te llamarás Cefas (que significa Pedro).»

Palabra del Señor.

Se dice «Credo».

CICLO C (Años 1989, 1992, 1995, 1998, 2001, 2004)

El milagro de las bodas de Caná tiene muchos significados:
eucarístico, matrimonial, mariano...; pero, litúrgicamente, es la
tercera parte del tríptico de la Epifanía del Señor, junto con la
adoración de los Magos y el bautismo en el Jordán. Aparece
también la figura de María, figura de la Iglesia esposa-madre-in-
tercesora (3). El Mesías había sido también profetizado como el
Esposo de Israel que había de llenar de alegría a su pueblo (1).

Hasta el domingo 8.º se leerá la parte de la I carta a los Corintios donde san Pablo respondía a preguntas que le había he-

cho aquella comunidad acerca de los carismas y la resurrección
de los muertos (2).

El marido se alegrará con su esposa

LECTURA DEL LIBRO DE ISAIAS

62, 1-5

Por amor de Sión no callaré, por amor de Jerusalén no descansaré, hasta que rompa la aurora de su justicia y su salvación
llamee como antorcha. Los pueblos verán su justicia, y los reyes,
tu gloria; te pondrán un nombre nuevo, pronunciado por la boca
del Señor. Serás corona fúlgida en la mano del Señor y diadema
real en la palma de tu Dios. Ya no te llamarán «abandonada», ni
a tu tierra «devastada»; a ti te llamarán «Mi favorita», y a tu tierra «Desposada»; Porque el Señor te prefiere a ti y tu tierra tendrá marido. Como un joven se casa con su novia, así se desposa
el que te construyó; la alegría que encuentra el marido con su esposa, la encontrará tu Dios contigo.

Palabra de Dios.

SALMO RESPONSORIAL 95

℟ **Contad las maravillas del Señor a todas las naciones.**

Cantad al Señor un cántico nuevo, | cantad al Señor, toda la
tierra; | cantad al Señor, bendecid su nombre. ℟.

Proclamad día tras día su victoria, | contad a los pueblos su
gloria, | sus maravillas a todas las naciones. ℟.

Familias de los pueblos, aclamad al Señor, | aclamad la gloria
y el poder del Señor, | aclamad la gloria del nombre del
Señor. ℟.

Postraos ante el Señor en el atrio sagrado, | tiemble en su
presencia la tierra toda. | Decid a los pueblos: «El Señor es rey, |
él gobierna a los pueblos rectamente.» ℟.

El mismo y único Espíritu reparte a cada uno, como a él le parece

LECTURA DE LA PRIMERA CARTA DEL APOSTOL SAN PABLO A LOS CORINTIOS

12, 4-11

Hermanos: Hay diversidad de dones, pero un mismo Espíritu; hay diversidad de servicios, pero un mismo Señor; y hay diversidad de funciones, pero un mismo Dios que obra todo en todos. En cada uno se manifiesta el Espíritu para el bien común. Y así uno recibe del Espíritu el hablar con sabiduría; otro, el hablar con inteligencia, según el mismo Espíritu. Hay quien, por el mismo Espíritu, recibe el don de la fe; y otro, por el mismo Espíritu, don de curar. A éste le han concedido hacer milagros; a aquél, profetizar. A otro, distinguir los buenos y los malos espíritus. A uno, la diversidad de lenguas; a otro, el don de interpretarlo. El mismo y único Espíritu obra todo esto, repartiendo a cada uno en particular como a él le parece.

Palabra de Dios.

ALELUYA

2 Tes 2, 14

Dios nos llamó por medio del Evangelio para que consigamos la gloria de nuestro Señor Jesucristo.

EVANGELIO

En Caná de Galilea Jesús comenzó sus signos

✠ LECTURA DEL S. EVANGELIO SEGUN SAN JUAN

2, 1-11

En aquel tiempo, había una boda en Caná de Galilea y la madre de Jesús estaba allí; Jesús y sus discípulos estaban también invitados a la boda. Faltó el vino y la madre de Jesús le dijo: «No les queda vino.» Jesús le contestó: «Mujer, déjame, todavía no ha llegado mi hora.» Su madre dijo a los sirvientes: «Haced lo que él os diga.» Había allí colocadas seis tinajas de piedra, para las purificaciones de los judíos, de unos cien litros cada una. Jesús les dijo: «Llenad las tinajas de agua.» Y las llenaron hasta arriba. Entonces les mandó: «Sacad ahora, y llevádselo al mayordomo.» Ellos se lo llevaron. El mayordomo probó el agua convertida en vino sin saber de dónde venía (los sirvientes sí lo sabían, pues habían sacado el agua), y entonces llamó al novio y le dijo: «Todo el mundo pone primero el vino bueno y cuando ya están bebidos, el peor; tú en cambio has guardado el vino bueno hasta ahora.» Así, en Caná de Galilea Jesús comenzó sus signos, manifestó su gloria y creció la fe de sus discípulos en él.

Palabra del Señor.

Se dice «Credo».

TERCER DOMINGO
DEL TIEMPO ORDINARIO

ANTIFONA DE ENTRADA   Sal 95, 1.6

Cantad al Señor un cántico nuevo, cantad al Señor toda la tierra. Honor y majestad le preceden, fuerza y esplendor están en su templo.

ORACION COLECTA

Dios todopoderoso y eterno: ayúdanos a llevar una vida, según tu voluntad, para que podamos dar en abundancia frutos de buenas obras en nombre de tu Hijo predilecto. Que vive y reina.

ORACION SOBRE LAS OFRENDAS

Señor: recibe con bondad nuestros dones y, al santificarlos para nuestro bien, haz que lleguen a ser para nosotros dones de salvación. Por Jesucristo.

ANTIFONA DE COMUNION   Sal 33, 6

Contemplad al Señor y quedaréis radiantes;
vuestro rostro no se avergonzará.

o bien: Jn 8, 12

Yo soy la luz del mundo —dice el Señor—. El que me
sigue no camina en las tinieblas, sino que tendrá la luz de
la vida.

ORACION DESPUES DE LA COMUNION

Dios todopoderoso: te pedimos que cuantos hemos alcanzado
la gracia de vivir una vida nueva, nos alegremos siempre de este
don admirable que nos haces. Por Jesucristo nuestro Señor.

CICLO A (Años 1990, 1993, 1996, 1999, 2002, 2005)

Galilea era considerada como tierra medio pagana, pero allí
había dicho el profeta que comenzaría a despuntar la luz del Mesías (1); por eso Mateo sitúa el comienzo del ministerio de Cristo
en el país del norte de Israel, donde llama el Señor a sus primeros discípulos (3). Comienza este domingo la lectura del Evangelio de Mateo, que seguirá durante todo este año A.

San Pablo critica las diversiones y personalismos de los corintios y les anima a unirse sólo en el nombre de Cristo.

PRIMERA LECTURA

En la Galilea de los gentiles el pueblo vio una luz grande

LECTURA DEL LIBRO DE ISAIAS   8, 23b—9, 3

En otro tiempo el Señor humilló el país de Zabulón y el país
de Neftalí: ahora ensalzará el camino del mar, al otro lado del
Jordán, la Galilea de los gentiles. El pueblo que caminaba en ti-

nieblas vio una luz grande; habitaban tierras de sombras, y una
luz les brilló. Acreciste la alegría, aumentaste el gozo; se gozan
en tu presencia como gozan al segar, como se alegran al repartirse el botín. Porque la vara del opresor, el yugo de su carga, el
bastón de su hombro los quebrantaste como el día de Madián.

Palabra de Dios.

SALMO RESPONSORIAL 26

R. **El Señor es mi luz y mi salvación.**

El Señor es mi luz y mi salvación; | ¿a quién temeré? | El Se-
ñor es la defensa de mi vida; | ¿quién me hará temblar? R..

Una cosa pido al Señor, eso buscaré: | habitar en la casa del
Señor | por todos los días de mi vida; | gozar de la dulzura del
Señor | contemplando su templo. R.

Espero gozar de la dicha del Señor | en el país de la vida. |
Espera en el Señor, sé valiente, | ten ánimo, espera en el Se-
ñor. R.

SEGUNDA LECTURA

Poneos de acuerdo y no andéis divididos

LECTURA DE LA PRIMERA CARTA DEL
APOSTOL SAN PABLO A LOS CORINTIOS

1, 10-13.17

Hermanos: Os ruego en nombre de nuestro Señor Jesucristo:
poneos de acuerdo y no andéis divididos. Estad bien unidos con
un mismo pensar y sentir. Hermanos, me he enterado por los de
Cloe de que hay discordias entre vosotros. Y por eso hablo así,
porque andáis divididos diciendo: «Yo soy de Pablo, yo soy de
Apolo, yo soy de Pedro, yo soy de Cristo.» ¿Está dividido Cristo? ¿Ha muerto Pablo en la cruz por vosotros? ¿Habéis sido bautizados en nombre de Pablo? No me envió Cristo a bautizar, sino

a anunciar el Evangelio, y no con sabiduría de palabras, para no hacer ineficaz la cruz de Cristo.

Palabra de Dios.

ALELUYA   Mt 4, 23

Jesús proclamaba el Evangelio del Reino,
curando las dolencias del pueblo.

EVANGELIO

Vino a Cafarnaún para que se cumpliese lo que había dicho el Profeta Isaías

✠ LECTURA DEL S. EVANGELIO SEGUN
SAN MATEO   4, 12-23

El texto entre [ ] puede omitirse.

Al enterarse Jesús de que habían arrestado a Juan se retiró a Galilea. Dejando Nazaret se estableció en Cafarnaún, junto al lago, en el territorio de Zabulón y Neftalí. Así se cumplió lo que había dicho el Profeta Isaías: «País de Zabulón y país de Neftalí, camino del mar, al otro lado del Jordán, Galilea de los gentiles. El pueblo que habitaba en tinieblas vio una luz grande; a los que habitaban en tierra y sombras de muerte, una luz les brilló.» Entonces comenzó Jesús a predicar diciendo: «Convertíos, porque está cerca el Reino de los cielos.»

[Paseando junto al lago de Galilea vio a dos hermanos, a Simón, al que llaman Pedro, y a Andrés, que estaban echando el copo en el lago, pues eran pescadores. Les dijo: «Venid y seguidme y os haré pescadores de hombres.» Inmediatamente dejaron las redes y le siguieron. Y pasando adelante vio a otros dos hermanos, a Santiago, hijo de Zebedeo, y a Juan, que estaban en la barca repasando las redes con Zebedeo, su padre. Jesús los llamó también. Inmediatamente dejaron la barca y a su padre y lo siguieron. Recorría toda Galilea enseñando en las sinagogas y proclamando el Evangelio del Reino, curando las enfermedades y dolencias del pueblo.]

Palabra del Señor.

Se dice «Credo».

CICLO B (Años 1991, 1994, 1997, 2000, 2003, 2006)

Comienza este domingo la lectura semicontinua del Evange-io según san Marcos, propio del año B. En Galilea proclama Je-sús por primera vez lo esencial de su mensaje: la llegada del Rei-no de Dios y la necesidad de convertirse; llama también a los primeros discípulos junto al lago de Genesaret (3). La Palabra de Dios puede ser creída sin necesidad de signos prodigiosos, gra-cias al don de la fe, como ocurrió en Nínive con la predicación de Jonás invitando a la penitencia (1).

El apóstol responde a la pregunta sobre la conveniencia del matrimonio, y sitúa a éste en el contexto de provisionalidad que tienen todas las cosas mundanas de cara a lo fundamental que es la salvación eterna (2).

PRIMERA LECTURA

Se convirtieron los ninivitas de su mala vida

LECTURA DEL LIBRO DE JONAS   3, 1-5.10

En aquellos días, vino de nuevo la Palabra del Señor a Jonás: «Levántate y vete a Nínive, la gran capital, y pregona allí el pre-gón que te diré.» Se levantó Jonás y fue a Nínive, como le había mandado el Señor. (Nínive era una ciudad enorme; tres días ha-cían falta para atravesarla.) Comenzó Jonás a entrar en la ciudad y caminó durante un día pregonando: «Dentro de cuarenta días Nínive será arrasada.» Los ninivitas creyeron en Dios, proclama-ron un ayuno, y se vistieron de saco, grandes y pequeños. Y vio

Dios sus obras, su conversión de la mala vida; se compadeció y se arrepintió Dios de la catástrofe con que había amenazado a Nínive, y no la ejecutó.

Palabra de Dios.

SALMO RESPONSORIAL 24

℟ **Señor, enséñame tus caminos.**

Señor, enséñame tus caminos, | instrúyeme en tus sendas. | Haz que camine con lealtad; | enséñame, porque tú eres mi Dios y Salvador. ℟

Recuerda, Señor, que tu ternura | y tu misericordia son eternas; | acuérdate de mí con misericordia, | por tu bondad, Señor. ℟

El Señor es bueno y es recto, | y enseña el camino a los pecadores; | hace caminar a los humildes con rectitud, | enseña su camino a los humildes. ℟

SEGUNDA LECTURA

La presentación de este mundo se termina

LECTURA DE LA PRIMERA CARTA DEL APOSTOL SAN PABLO A LOS CORINTIOS   7, 29-31

Hermanos: Os digo esto: el momento es apremiante. Queda como solución: que los que tienen mujer vivan como si no la tuvieran; los que lloran, como si no lloraran; los que están alegres, como si no lo estuvieran; los que compran, como si no poseyeran; los que negocian en el mundo, como si no disfrutaran de él; porque la presentación de este mundo se termina.

Palabra de Dios.

ALELUYA   Mc 1, 15

Está cerca el reino de Dios; creed la Buena Noticia.

EVANGELIO

Convertíos y creed la Buena Nueva

✠ LECTURA DEL S. EVANGELIO SEGUN
SAN MARCOS

1, 14-20

Cuando arrestaron a Juan, Jesús se marchó a Galilea a proclamar el Evangelio de Dios. Decía: «Se ha cumplido el plazo, está cerca el Reino de Dios: Convertíos y creed en el Evangelio.»

Pasando junto al lago de Galilea, vio a Simón y a su hermano Andrés, que eran pescadores y estaban echando el copo en el lago. Jesús les dijo: «Venid conmigo y os haré pescadores de hombres.» Inmediatamente dejaron las redes y lo siguieron.

Un poco más adelante vio a Santiago, hijo de Zebedeo, y a su hermano Juan, que estaban en la barca repasando las redes. Los llamó, dejaron a su padre Zebedeo en la barca con los jornaleros y se marcharon con El.

Palabra del Señor.

Se dice «Credo».

CICLO C (Años 1989, 1992, 1995, 1998, 2001, 2004)

En el principio de la vida pública de Jesús según el Evangelio de Lucas, que se lee durante el año C, está su presentación como Maestro en la sinagoga de Nazaret. La profecía de Isaías se cumplió en Jesús que se manifiesta como Cristo, el Ungido por el Espíritu, comenzando el «Hoy» de la salvación que llega hasta nosotros (3). La primera lectura relata la solemne lectura de la Ley en el templo de Jerusalén reconstruido a la vuelta del exilio de Babilonia y nos describe el ritual de la sinagoga que siguió también Jesús y que es ejemplar para nuestra liturgia de la Palabra (1).

La unidad de la Iglesia, expuesta con la metáfora del cuerpo humano, nace de la Iniciación Cristiana; el bautismo, la confirmación y la eucaristía nos unen vitalmente a Cristo, y en él todos los cristianos tienen la misma dignidad, pero diferentes misiones y funciones.

Leyeron el libro de la ley y todo el pueblo estaba atento

LECTURA DEL LIBRO DE NEHEMIAS

8, 2-4a.5-6.8-10

En aquellos días, el sacerdote Esdras, trajo el libro a la asamblea de hombres y mujeres y de todos los que podían comprender. Era mediados del mes séptimo. Leyó el libro, en la plaza de la puerta del agua, desde el amanecer hasta el mediodía, en presencia de hombres, mujeres y a los que tenían uso de razón; y todo el pueblo estaba atento al libro de la ley. Esdras, el sacerdote, estaba de pie sobre un estrado de madera, que habían hecho para el caso. Esdras abrió el libro a vista de todo el pueblo, pues se hallaba en un puesto elevado, y cuando lo abrió, el pueblo entero se puso en pie. Esdras pronunció la bendición del Señor Dios grande y el pueblo entero, alzando las manos, respondió: «Amén, Amén»; se inclinó y se postró rostro a tierra ante el Señor. Los levitas leían el libro de la ley de Dios con claridad y explicando el sentido, de forma que comprendieron la lectura. Nehemías, el Gobernador, Esdras, el sacerdote y letrado, y los levitas que enseñaban al pueblo decían al pueblo entero: «Hoy es un día consagrado a nuestro Dios: No hagáis duelo ni lloréis.» (Porque el pueblo entero lloraba al escuchar las palabras de la ley.) Y añadieron: «Andad, comed buenas tajadas, bebed vino dulce y enviad porciones a quien no tiene, pues es un día consagrado a nuestro Dios. No estéis tristes, pues el gozo en el Señor es vuestra fortaleza.»

Palabra de Dios.

SALMO RESPONSORIAL 18

℟ **Tus palabras, Señor, son espíritu y vida.**

La Ley del Señor es perfecta | y es descanso del alma; | el precepto del Señor es fiel | e instruye al ignorante. ℟.

Los mandatos del Señor son rectos | y alegran el corazón; | la norma del Señor es límpida | y da luz a los ojos. ℞.

La voluntad del Señor es pura | y eternamente estable; | los mandamientos del Señor son verdaderos | y enteramente justos. ℞.

Que te agraden las palabras de mi boca, | y llegue a tu presencia el meditar de mi corazón, | Señor, roca mía, redentor mío. ℞.

SEGUNDA LECTURA

Vosotros sois el cuerpo de Cristo y cada uno es un miembro

LECTURA DE LA PRIMERA CARTA DEL
APOSTOL SAN PABLO A LOS CORINTIOS   12, 12-30

El texto entre [ ] puede omitirse.

Hermanos: Lo mismo que el cuerpo es uno y tiene muchos miembros, y todos los miembros del cuerpo, a pesar de ser muchos, son un solo cuerpo, así es también Cristo. Todos nosotros, judíos y griegos, esclavos y libres, hemos sido bautizados en un mismo Espíritu, para formar un solo cuerpo. Y todos hemos bebido de un solo Espíritu.

El cuerpo tiene muchos miembros, no uno solo.

[Si el pie dijera: «No soy mano, luego no formo parte del cuerpo», ¿dejaría por eso de ser parte del cuerpo? Si el oído dijera: «No soy ojo, luego no formo parte del cuerpo», ¿dejaría por eso de ser parte del cuerpo? Si el cuerpo entero fuera ojo, ¿cómo oiría? Si el cuerpo entero fuera oído, ¿cómo olería? Pues bien, Dios distribuyó el cuerpo y cada uno de los miembros como él quiso. Si todos fueran un mismo miembro, ¿dónde estaría el cuerpo? Los miembros son muchos, es verdad, pero el cuerpo es uno solo. El ojo no puede decir a la mano: «no te necesito»; y la cabeza no puede decir a los pies: «no os necesito». Más aún, los miembros que parecen más débiles son más necesarios. Los que nos parecen despreciables, los apreciamos más. Los menos decentes, los tratamos con más decoro. Porque los miembros más decentes no lo necesitan. Ahora bien, Dios organizó los miembros del cuerpo dando mayor honor a los más necesitados. Así no hay divisiones en el cuerpo, porque todos los miembros por igual se preocupan unos de otros. Cuando un miembro sufre, todos sufren con él; cuando un miembro es honrado, todos le felicitan.] Vosotros sois el cuerpo de Cristo y cada uno es un miembro.

[Y Dios os ha distribuido en la Iglesia: en el primer puesto los apóstoles, en el segundo los profetas, en el tercero los maestros, después vienen los milagros, luego el don de curar, la beneficencia, el gobierno, la diversidad de lenguas, el don de interpretarlas. ¿Acaso son todos apóstoles?, ¿o todos son profetas?, ¿o todos maestros?, ¿o hacen todos milagros?, ¿tienen todos don para curar?, ¿hablan todos en lenguas o todos las interpretan?]

Palabra de Dios.

ALELUYA   Lc 4, 18-19

El Señor me ha enviado a dar la Buena Noticia,
a proclamar la liberación a los cautivos.

EVANGELIO

Hoy se cumple la Escritura

✠ LECTURA DEL S. EVANGELIO SEGUN SAN LUCAS
1, 1-4; 4, 14-21

Ilustre Teófilo: Muchos han emprendido la tarea de componer un relato de los hechos que se han verificado entre nosotros, siguiendo las tradiciones transmitidas por los que primero fueron testigos oculares y luego predicadores de la Palabra. Yo también, después de comprobarlo todo exactamente desde el principio, he resuelto escribírtelos por su orden, para que conozcas la solidez de las enseñanzas que has recibido.

En aquel tiempo, Jesús volvió a Galilea, con la fuerza del Espíritu; y su fama se extendió por toda la comarca. Enseñaba en las sinagogas y todos lo alababan. Fue Jesús a Nazaret, donde se había criado, entró en la sinagoga, como era su costumbre los sábados, y se puso en pie para hacer la lectura. Le entregaron el Libro del Profeta Isaías y, desenrollándolo, encontró el pasaje donde estaba escrito:

«El Espíritu del Señor está sobre mí, porque él me ha ungido. Me ha enviado para dar la Buena Noticia a los pobres, para anunciar a los cautivos la libertad, y a los ciegos, la vista. Para dar libertad a los oprimidos; para anunciar el año de gracia del Señor.» Y, enrollando el libro, lo devolvió al que le ayudaba, y se sentó. Toda la sinagoga tenía los ojos fijos en él. Y él se puso a decirles: «Hoy se cumple esta Escritura que acabáis de oír.»

Palabra del Señor.

Se dice «Credo».

CUARTO DOMINGO
DEL TIEMPO ORDINARIO

ANTIFONA DE ENTRADA   Sal 105, 47

Sálvanos, Señor Dios nuestro; reúnenos de entre los gentiles: daremos gracias a tu santo nombre, y alabarte será nuestra gloria.

ORACION COLECTA

Señor: concédenos amarte con todo el corazón y que nuestro amor se extienda, en consecuencia, a todos los hombres. Por nuestro Señor.

ORACION SOBRE LAS OFRENDAS

Presentamos, Señor, estas ofrendas en tu altar como signo de nuestra servidumbre; concédenos que, al ser aceptadas por ti, se conviertan para tu pueblo en sacramento de vida y redención. Por Jesucristo.

ANTIFONA DE COMUNION   Sal 30, 17-18

Haz brillar tu rostro sobre tu siervo, sálvame por tu misericordia, Señor, que no me avergüence de haberte invocado.

o bien: Mt 5, 3-4

Dichosos los pobres en el espíritu, porque de ellos es el Reino de los cielos. Dichosos los sufridos, porque ellos heredarán la tierra.

ORACION DESPUES DE LA COMUNION

Reanimados por estos dones de nuestra salvación, te suplicamos, Señor, que el pan de vida eterna nos haga crecer continuamente en la fe verdadera. Por Jesucristo.

CICLO A (Años 1990, 1993, 1996, 1999, 2002, 2005)

Como un nuevo Moisés, Jesús expone desde lo alto de un monte la nueva ley de su Reino; es el «Sermón de la montaña» que comienza con las «Bienaventuranzas», todas ellas se resumen en la primera: la de los pobres en el espíritu, aquellos que lo dejan todo para seguir e imitar a Cristo (3). Ya en el A.T. la pobreza voluntaria como signo de humildad, sinceridad y mansedumbre era la característica fundamental del «resto de Israel» que debía recibir en su seno al Mesías (1).

La Iglesia de la gran ciudad de Corinto recuerda nuestras actuales comunidades cristianas, que han de sentirse fuertemente insertadas en Cristo que es quien actúa con su poder en medio de ellas (2).

PRIMERA LECTURA

Dejaré en medio de ti un pueblo pobre y humilde

LECTURA DEL LIBRO DE SOFONIAS   2, 3; 3, 12-13

Buscad al Señor los humildes, que cumplís sus mandamientos; buscad la justicia, buscad la moderación, quizá podáis ocultaros el día de la ira del Señor. «Dejaré en medio de ti un pueblo pobre y humilde, que confiará en el nombre del Señor. El resto de Israel no cometerá maldades, ni dirá mentiras, ni se hallará en su boca una lengua embustera; pastarán y se tenderán sin sobresaltos.»

Palabra de Dios.

SALMO RESPONSORIAL 145

R Dichosos los pobres en el Espíritu, | porque de ellos es el Reino de los Cielos.

El Señor hace justicia a los oprimidos, | da pan a los hambrientos. | El Señor liberta a los cautivos. R.

El Señor abre los ojos al ciego, | el Señor endereza a los que ya se doblan, | el Señor ama a los justos, | el Señor guarda a los peregrinos. R.

El Señor sustenta al huérfano y a la viuda | y trastorna el camino de los malvados. | El Señor reina eternamente, | tu Dios, Sión, de edad en edad. R.

SEGUNDA LECTURA

Dios ha escogido lo débil del mundo

LECTURA DE LA PRIMERA CARTA DEL APOSTOL SAN PABLO A LOS CORINTIOS   1, 26-31

Hermanos: Fijaos en vuestra asamblea, no hay en ella muchos sabios en lo humano, ni muchos poderosos, ni muchos aristócratas: todo lo contrario, lo necio del mundo lo ha escogido

Dios para humillar a los sabios. Aún más, ha escogido la gente baja del mundo, la despreciable, lo que no cuenta para anular a lo que cuenta, de modo que nadie pueda gloriarse en presencia del Señor. Por él vosotros sois en Cristo Jesús, en este Cristo que Dios ha hecho para nosotros sabiduría, justicia, santificación y redención. Y así —como dice la Escritura— «el que se gloríe que se gloríe en el Señor.»

Palabra de Dios.

ALELUYA   Mt 5, 12a

Estad alegres y contentos, porque vuestra recompensa será grande en el cielo.

EVANGELIO
Dichosos los pobres de espíritu

✠ LECTURA DEL S. EVANGELIO SEGUN
SAN MATEO   5, 1-12a

En aquel tiempo, al ver Jesús el gentío subió a la montaña, se sentó y se acercaron sus discípulos, y él se puso a hablar enseñándoles:

«Dichosos los pobres en el espíritu, porque de ellos es el Reino de los Cielos.

Dichosos los sufridos, porque ellos heredarán la tierra.

Dichosos los que lloran, porque ellos serán consolados.

Dichosos los que tienen hambre y sed de justicia, porque ellos quedarán saciados.

Dichosos los misericordiosos, porque ellos alcanzarán misericordia.

Dichosos los limpios de corazón, porque ellos verán a Dios.

Dichosos los que trabajan por la paz, porque ellos se llamarán los Hijos de Dios.

Dichosos los perseguidos por causa de la justicia, porque de ellos es el Reino de los Cielos.

Dichosos vosotros cuando os insulten, y os persigan, y os calumnien de cualquier modo por mi causa.

Estad alegres y contentos, porque vuestra recompensa será grande en el cielo.»

Palabra del Señor.

Se dice «Credo».

CICLO B (Años 1991, 1994, 1997, 2000, 2003, 2006)

Jesús comienza a enseñar con autoridad profética propia, no como los rabinos que siempre se referían a maestros anteriores; esta autoridad viene ratificada por su poder personal sobre el demonio (3). Ya Moisés había anunciado la llegada de un Profeta de su misma categoría, pero también la duda sobre la autenticidad del carisma de Jesús podría atraerle, como ocurrió, la pena de muerte prescrita para los falsos profetas (1).

La provisionalidad del tiempo presente lleva a san Pablo a recomendar el celibato, a ejemplo suyo y de Cristo, para poder servir al Señor con un corazón indiviso, por amor al Reino de los cielos (2).

PRIMERA LECTURA

Suscitaré un profeta y pondré mis palabras en su boca

LECTURA DEL LIBRO DEL DEUTERONOMIO

18, 15-20

Moisés habló al pueblo diciendo: El Señor, tu Dios, te suscitará un profeta como yo, de entre tus hermanos. A él le escucharéis. Es lo que pediste al Señor, tu Dios, en el Horeb, el día de la asamblea: «No quiero volver a escuchar la voz del Señor, mi Dios, ni quiero ver más ese terrible incendio, no quiero morir.» El Señor me respondió: «Tienen razón; suscitaré un profeta de entre sus hermanos, como tú. Pondré mis palabras en su boca y les dirá lo que yo le mande. A quien no escuche las palabras que pronuncie en mi nombre, yo le pediré cuentas. Y el profeta que tenga la arrogancia de decir en mi nombre lo que yo no le haya mandado, o hable en nombre de dioses extranjeros, ese profeta morirá.»

Palabra de Dios.

SALMO RESPONSORIAL 94

℟ **Ojalá escuchéis hoy la voz del Señor; | no endurezcáis vuestro corazón.**

Venid, aclamemos al Señor, | demos vítores a la Roca que nos salva; | entremos en su presencia dándole gracias, | aclamándolo con cantos. ℟.

Entrad, postrémonos por tierra, | bendiciendo al Señor, creador nuestro. | Porque él es nuestro Dios | y nosotros su pueblo, | el rebaño que él guía. ℟.

Ojalá escuchéis hoy su voz: | «No endurezcáis el corazón como en Meribá, | como el día de Masá en el desierto: | cuando vuestros padres me pusieron a prueba | y me tentaron, aunque habían visto mis obras.» ℟.

SEGUNDA LECTURA

La mujer soltera se preocupa de los asuntos del Señor, para ser santa

LECTURA DE LA PRIMERA CARTA DEL APOSTOL SAN PABLO A LOS CORINTIOS
7, 32-35

Hermanos: Quiero que os ahorréis preocupaciones: el célibe se preocupa de los asuntos del Señor, buscando contentar al Señor; en cambio, el casado se preocupa de los asuntos del mundo, buscando contentar a su mujer, y anda dividido. Lo mismo, la mujer sin marido y la soltera se preocupan de los asuntos del Señor, consagrándose a ellos en cuerpo y alma; en cambio, la casada se preocupa de los asuntos del mundo, buscando contentar a su marido. Os digo todo esto para vuestro bien, no para poneros una trampa, sino para induciros a una cosa noble y al trato con el Señor sin preocupaciones.

Palabra de Dios.

ALELUYA

El pueblo que habitaba en tinieblas ha visto una intensa luz; a los que habitaban en tierra y sombras de muerte una luz les brilló.

EVANGELIO

No enseñaba como los letrados, sino con autoridad

✠ LECTURA DEL SANTO EVANGELIO
SEGUN SAN MARCOS   1, 21-28

En aquel tiempo, Jesús y sus discípulos entraron en Cafarnaún, y cuando el sábado siguiente fue a la sinagoga a enseñar, se quedaron asombrados de su enseñanza, porque no enseñaba como los letrados, sino con autoridad. Estaba precisamente en la sinagoga un hombre que tenía un espíritu inmundo, y se puso a gritar: «¿Qué quieres de nosotros, Jesús Nazareno? ¿Has venido a acabar con nosotros? Sé quién eres: El Santo de Dios.» Jesús lo increpó: «Cállate y sal de él.» El espíritu inmundo lo retorció y, dando un grito muy fuerte, salió. Todos se preguntaron estupefactos: «¿Qué es esto? Este enseñar con autoridad es nuevo. Hasta a los espíritus inmundos los manda y le obedecen.» Su fama se extendió en seguida por todas partes, alcanzando la comarca entera de Galilea.

Palabra del Señor.

Se dice «Credo».

CICLO C (Años 1989, 1992, 1995, 1998, 2001, 2004)

Continuando con la lectura del episodio de la sinagoga de Nazaret, se crea en torno a Jesús la división profetizada por el anciano Simeón: «Será como una bandera discutida», signo de contradicción (Lc 2,34) (3). Este es el destino de todos los verdaderos profetas como Jeremías, destinados a contradecir las apetencias de las masas. La vocación del profeta en la primera lectura prefigura perfectamente la trayectoria de la vida de Cristo (1).

El «Himno del amor», una de las mejores páginas de san Pablo, invita a la comunidad a fijarse en lo sustancial por encima de los demás carismas: imitar y hacer propio el amor que es la esencia de Dios, no formado por deseos o preferencias sino por la donación de sí, la comprensión y la mansedumbre.

PRIMERA LECTURA

Te nombraré profeta de los gentiles

LECTURA DEL LIBRO DE JEREMIAS   1, 4-5.17-19

En los días de Josías, recibí esta palabra del Señor: «Antes de formarte en el vientre te escogí, antes de que salieras del seno materno, te consagré; te nombré profeta de los gentiles. Tú cíñete los lomos, ponte en pie y diles lo que yo te mando. No les tengas miedo, que si no, yo te meteré miedo de ellos. Mira: yo te convierto hoy en plaza fuerte, en columna de hierro, en muralla de bronce, frente a todo el país: Frente a los reyes y príncipes de Judá, frente a los sacerdotes y la gente del campo; lucharán contra ti, pero no te podrán, porque yo estoy contigo para librarte» —oráculo del Señor.

Palabra de Dios.

SALMO RESPONSORIAL 70

℟ **Mi boca contará tu salvación, Señor.**

A ti, Señor, me acojo; | no quede yo derrotado para siempre; | tú que eres justo, líbrame y ponme a salvo, | inclina a mí tu oído, y sálvame. ℟.

Sé tú mi roca de refugio, | el alcázar donde me salve, | porque mi peña y mi alcázar eres tú, | Dios mío, líbrame de la mano perversa. R̞.

Porque tú, Dios mío, fuiste mi esperanza | y mi confianza, Señor, desde mi juventud. | En el vientre materno ya me apoyaba en ti, | en el seno, tú me sostenías. R̞.

Mi boca contará tu auxilio, | y todo el día tu salvación. | Dios mío, me instruiste desde mi juventud, | y hasta hoy relato tus maravillas. R̞.

SEGUNDA LECTURA

Quedan la fe, la esperanza, el amor; pero lo más grande es el amor

LECTURA DE LA PRIMERA CARTA DEL APOSTOL SAN PABLO A LOS CORINTIOS   12, 31—13, 13

El texto entre [ ] puede omitirse.

Hermanos: [Ambicionad los carismas mejores. Y aún os voy a mostrar un camino mejor.

Ya podría yo hablar las lenguas de los hombres y de los ángeles; si no tengo amor, no soy más que un metal que resuena o unos platillos que aturden. Ya podría tener el don de predicción y conocer todos los secretos y todo el saber; podría tener fe como para mover montañas; si no tengo amor, no soy nada. Podría repartir en limosnas todo lo que tengo y aun dejarme quemar vivo; si no tengo amor de nada me sirve.]

El amor es paciente, afable; no tiene envidia; no presume ni se engríe; no es mal educado ni egoísta; no se irrita, no lleva cuentas del mal; no se alegra de la injusticia, sino que goza con la verdad. Disculpa sin límites, cree sin límites, espera sin límites, aguanta sin límites. El amor no pasa nunca. ¿El don de predicar?, se acabará. ¿El don de lenguas?, enmudecerá. ¿El saber?, se acabará. Porque inmaduro es nuestro saber e inmaduro nuestro predicar; pero cuando venga la madurez, lo inmaduro se acabará. Cuando yo era niño, hablaba como un niño, sentía como un niño, razonaba como un niño. Cuando me hice un hombre, acabé con las cosas de niño. Ahora vemos como en un espejo de adivinar; entonces veremos cara a cara. Mi conocer es por ahora inmaduro, entonces podré conocer como Dios me conoce. En una palabra: quedan la fe, la esperanza, el amor: estas tres. La más grande es el amor.

Palabra de Dios.

ALELUYA   Lc 4, 18-19

Aleluya, aleluya.
El Señor me ha enviado para anunciar el Evangelio a los pobres, para anunciar a los cautivos la libertad.

EVANGELIO

Jesús, como Elías y Eliseo, no es enviado sólo a los judíos

✝ LECTURA DEL S. EVANGELIO SEGUN SAN LUCAS   4, 21-30

En aquel tiempo, comenzó Jesús a decir en la sinagoga: «Hoy se cumple esta Escritura que acabáis de oír.» Y todos le expresaban su aprobación y se admiraban de las palabras de gracia que salían de sus labios. Y decían: «¿No es éste el hijo de José?» Y Jesús les dijo: «Sin duda me recitaréis aquel refrán: 'Médico, cúrate a ti mismo': haz también aquí en tu tierra lo que hemos oído que has hecho en Cafarnaún.» Y añadió: «Os aseguro que ningún profeta es bien mirado en su tierra. Os garantizo que en Israel había muchas viudas en tiempos de Elías, cuando estuvo cerrado el cielo tres años y seis meses y hubo una gran hambre en todo el país; sin embargo, a ninguna de ellas fue enviado Elías más que a una viuda de Sarepta, en el territorio de Sidón. Y muchos leprosos había en Israel en tiempos del Profeta Eliseo, sin embargo, ninguno de ellos fue curado más que Naamán, el sirio.» Al oír esto, todos en la sinagoga se pusieron furiosos y, levantándose, lo empujaron fuera del pueblo hasta un barranco del monte en donde se alzaba su pueblo, con intención de despeñarlo. Pero Jesús se abrió paso entre ellos y se alejaba.

Palabra del Señor.

Se dice «Credo».

QUINTO DOMINGO
DEL TIEMPO ORDINARIO

ANTIFONA DE ENTRADA   Sal 94, 6-7

Entrad, postrémonos por tierra, bendiciendo al Señor, creador nuestro. Porque él es nuestro Dios.

ORACION COLECTA

Vela, Señor, con amor continuo sobre tu familia; protégela y defiéndela siempre, ya que solo en ti ha puesto su esperanza. Por nuestro Señor.

ORACION SOBRE LAS OFRENDAS

Señor, Dios nuestro, que has creado este pan y este vino para reparar nuestras fuerzas, concédenos que sean también para nosotros sacramento de eternidad. Por Jesucristo.

ANTIFONA DE COMUNION   Sal 106, 8-9

Den gracias al Señor por su misericordia, por las maravillas que hace con los hombres. Calmó el ansia de los sedientos y a los hambrientos los colmó de bienes.

o bien: Mt 5, 5-6

Dichosos los que lloran, porque ellos serán consolados. Dichosos los que tienen hambre y sed de justicia, porque ellos quedarán saciados.

ORACION DESPUES DE LA COMUNION

Oh, Dios, que has querido hacernos partícipes de un mismo pan y de un mismo cáliz; concédenos vivir tan unidos a Cristo que fructifiquemos con gozo en bien de la salvación de los hombres. Por Jesucristo.

CICLO A (Años 1990, 1993, 1996, 1999, 2002, 2005)

En la Ley de Cristo todos sus discípulos tienen una misión universal, dar sentido a la vida de todos, como hace la sal, y orientar la conducta de los demás con el testimonio de las buenas obras. Si Cristo es «Luz de las naciones», los cristianos han de ser luz del mundo (3). Isaías concreta más en qué consisten las obras luminosas que Dios quiere: compartir con el pobre, liberar de la opresión, hablar y actuar con caridad... (1).

San Pablo se presenta al comienzo de su carta como instrumento del Espíritu Santo, débil y temeroso, portador, sin embargo, del conocimiento de Cristo crucificado y confiando en el poder de la gracia de la fe que acompaña a la predicación del Evangelio (2).

PRIMERA LECTURA

Entonces nacerá tu luz como la aurora

LECTURA DEL LIBRO DE ISAIAS 58, 7-10

Así dice el Señor: «Parte tu pan con el hambriento, hospeda a los pobres sin techo, viste al que va desnudo, y no te cierres a tu propia carne. Entonces romperá tu luz como la aurora, en seguida te brotará la carne sana; te abrirá camino la justicia, detrás irá la gloria del Señor. Entonces clamarás al Señor y te responderá. Gritarás y te dirá: "Aquí estoy." Cuando destierres de ti la opresión, en gesto amenazador y la maledicencia, cuando partas tu pan con el hambriento y sacies el estómago del indigen-

te, brillará tu luz en las tinieblas, tu oscuridad se volverá mediodía.»

Palabra de Dios.

SALMO RESPONSORIAL 111

℟ **El justo brilla en las tinieblas como una luz.**

En las tinieblas brilla como una luz | el que es justo, clemen-
te y compasivo. | Dichoso el que se apiada y presta, | y adminis-
tra rectamente sus asuntos. ℟.

El justo jamás vacilará, | su recuerdo será perpetuo. | No te-
merá las malas noticias, | su corazón está firme en el Señor. ℟.

Su corazón está seguro, sin temor, | reparte limosnas a los
pobres, | su caridad es constante, sin falta, | y alzará la frente con
dignidad. ℟.

SEGUNDA LECTURA

Os he anunciado a Cristo crucificado

LECTURA DE LA PRIMERA CARTA DEL
APOSTOL SAN PABLO A LOS CORINTIOS   2, 1-5

Yo, hermanos, cuando vine a vosotros a anunciaros el testimonio de Dios no lo hice con sublime elocuencia o sabiduría,
pues nunca entre vosotros me precié de saber cosa alguna, sino
a Jesucristo, y éste crucificado. Me presenté a vosotros débil y
temeroso; mi palabra y mi predicación no fue con persuasiva sabiduría humana, sino en la manifestación y el poder del Espíritu,
para que vuestra fe no se apoye en la sabiduría de los hombres,
sino en el poder de Dios.

Palabra de Dios.

ALELUYA   Jn 8, 12

Yo soy la luz del mundo —dice el Señor. El que me sigue no camina en las tinieblas, sino que tendrá la luz de
la vida.

EVANGELIO

Vosotros sois la luz del mundo

✠ LECTURA DEL S. EVANGELIO SEGUN
SAN MATEO   5, 13-16

En aquel tiempo dijo Jesús a sus discípulos: «Vosotros sois la sal de la tierra. Pero si la sal se vuelve sosa, ¿con qué la salarán? No sirve más que para tirarla fuera y que la pise la gente.

Vosotros sois la luz del mundo. No se puede ocultar una ciudad puesta en lo alto de un monte. Tampoco se enciende una vela para meterla debajo del celemín, sino para ponerla en el candelero y que alumbre a todos los de casa. Alumbre así vuestra luz a los hombres, para que vean nuestras buenas obras y den gloria a vuestro Padre que está en el cielo.»

Palabra del Señor.

Se dice «Credo».

CICLO B (Años 1991, 1994, 1997, 2000, 2001, 2004)

Jesús vino a salvar al hombre de las consecuencias del pecado, entre ellas de la inseguridad y la angustia que provocan la enfermedad, tal como vienen descritas estas dolencias en el libro de Job (1). La curación de los enfermos por Cristo es señal de que ha llegado el Reino de Dios. La suegra de Simón, liberada de la fiebre, se pone a servir a Jesús y a los suyos; así el bautismo y la penitencia nos liberan de la debilidad del pecado para que sirvamos con diligencia (1).

Sigue presentándose Pablo a los corintios y muestra la inquietud y la humildad del verdadero apóstol, su capacidad de adaptación a la condición de cada momento imitada ahora por la Iglesia cuando se incultura en las diferentes regiones del mundo (2).

PRIMERA LECTURA

Me harto de dolores hasta la noche

LECTURA DEL LIBRO DE JOB   7, 1-4.6-7

Habló Job diciendo: «El hombre está en la tierra cumpliendo un servicio, sus días son los de un jornalero. Como el esclavo, suspira por la sombra, como el jornalero, aguarda el salario. Mi herencia son meses baldíos, me asignan noches de fatiga; al acostarme pienso: ¿cuándo me levantaré? Se alarga la noche y me harto de dar vueltas hasta el alba. Mis días corren más que la lanzadera y se consumen sin esperanza. Recuerdo que mi vida es un soplo, y que mis ojos no verán más la dicha.»

Palabra de Dios.

SALMO RESPONSORIAL 146

R Alabad al Señor | que sana los corazones destrozados.

Alabad al Señor, que la música es buena; | nuestro Dios merece una alabanza armoniosa. | El Señor reconstruye Jerusalén, | reúne a los deportados de Israel. R.

El sana los corazones destrozados, | venda sus heridas. | Cuenta el número de las estrellas, | a cada una la llama por su nombre. R.

Nuestro Señor es grande y poderoso, | su sabiduría no tiene medida. | El Señor sostiene a los humildes, | humilla hasta el polvo a los malvados. R.

SEGUNDA LECTURA

¡Ay de mí si no anuncio el Evangelio!

LECTURA DE LA PRIMERA CARTA DEL
APOSTOL SAN PABLO A LOS CORINTIOS   9, 16-19.22-23

Hermanos: El hecho de predicar no es para mí motivo de soberbia. No tengo más remedio y, ¡ay de mí si no anuncio el Evangelio! Si yo lo hiciera por mi propio gusto, eso mismo sería mi paga. Pero si lo hago a pesar mío es que me han encargado este oficio. Entonces, ¿cuál es la paga? Precisamente dar a conocer el Evangelio, anunciándolo de balde, sin usar el derecho que me da la predicación de esta Buena Noticia. Me he hecho débil con los débiles, para ganar a los débiles; me he hecho todo a todos, para ganar, sea como sea, a algunos. Y hago todo esto por el Evangelio, para participar yo también de sus bienes.

Palabra de Dios.

ALELUYA   Mt 8, 17

Cristo tomó nuestras dolencias
y cargó con nuestras enfermedades.

EVANGELIO

Curó a muchos enfermos de diversos males

✠ LECTURA DEL S. EVANGELIO SEGUN
SAN MARCOS   1, 29-39

En aquel tiempo, al salir Jesús de la sinagoga, fue con Santiago y Juan a casa de Simón y Andrés. La suegra de Simón estaba en cama con fiebre, y se lo dijeron. Jesús se acercó, la cogió de la mano y la levantó. Se le pasó la fiebre y se puso a servirles.

Al anochecer, cuando se puso el sol, le llevaron todos los enfermos y poseídos. La población entera se agolpaba a la puerta. Curó a muchos enfermos de diversos males y expulsó muchos demonios; y como los demonios lo conocían no les permitía hablar.

Se levantó de madrugada, se marchó al descampado y allí se puso a orar. Simón y sus compañeros fueron y, al encontrarlo, le dijeron: «Todo el mundo te busca.» El les respondió: «Vámonos a otra parte, a las aldeas cercanas, para predicar también allí; que para eso he venido.» Así recorrió toda Galilea, predicando en las sinagogas y expulsando demonios.

Palabra del Señor.

Se dice «Credo».

CICLO C (Años 1989, 1992, 1995, 1998, 2001, 2004)

La vocación de los primeros discípulos tiene en san Lucas el prólogo de la pesca milagrosa; con este signo llama Jesús la atención de aquellos hombres y les indica lo prodigioso de su labor cuando sean «pescadores de hombres» (3). Ellos responden con prontitud, dejándolo todo, como Isaías y los demás profetas del A.T., llamados para ser instrumento de Dios a pesar de su fragilidad personal. La vocación que Jesús hace no tiene el marco de «misterio tremendo», como en la primera lectura (1), pero manifiesta también un poder insondable y capaz de alcanzar el corazón del hombre sin necesidad de grandes manifestaciones.

Comienza la parte de la carta dedicada a responder a las preguntas de los corintios sobre la resurrección de los muertos; y Pablo escribe un texto fundamental del N.T.: su testimonio y la relación de los demás testigos de la resurrección de Jesucristo, algunos vivos todavía cuando escribió esta carta.

PRIMERA LECTURA

Aquí estoy, mándame

LECTURA DEL LIBRO DE ISAIAS   6, 1-2a.3-8

El año de la muerte del rey Ozías, vi al Señor sentado sobre un trono alto y excelso: la orla de su manto llenaba el templo. Y vi serafines en pie junto a él. Y se gritaban uno a otro diciendo; «¡Santo, santo, santo, el Señor de los Ejércitos, la tierra está llena de su gloria!» Y temblaban las jambas de las puertas al clamor de su voz, y el templo estaba lleno de humo. Yo dije: «¡Ay de mí, estoy perdido! Yo, hombre de labios impuros, que habito en medio de un pueblo de labios impuros, he visto con mis ojos al Rey y Señor de los Ejércitos.» Y voló hacia mí uno de los serafines, con un ascua en la mano, que había cogido del altar con unas tenazas; la aplicó a mi boca y me dijo: «Mira; esto ha tocado tus labios, ha desaparecido tu culpa, está perdonado tu pecado.» Entonces escuché la voz del Señor, que decía: «¿A quién mandaré? ¿Quién irá por mí?» Contesté: «Aquí estoy, mándame.»

Palabra de Dios.

SALMO RESPONSORIAL 137

℟ **Delante de los ángeles tañeré para ti, Señor.**

Te doy gracias, Señor, de todo corazón; | delante de los ángeles tañeré por ti, | me postraré hacia tu santuario. ℟.

Daré gracias a tu nombre | por tu misericordia y tu lealtad. | Cuando te invoqué, me escuchaste, | acreciste el valor de mi alma. ℟.

Que te den gracias, Señor, los reyes de la tierra, | al escuchar el oráculo de tu boca; | canten los caminos del Señor, | porque la gloria del Señor es grande. ℟.

Tu derecha me salva. | El Señor completará sus favores conmigo: | Señor, tu misericordia es eterna, | no abandones la obra de tus manos. ℟.

SEGUNDA LECTURA

Esto es lo que predicamos; esto es lo que habéis creído

LECTURA DE LA PRIMERA CARTA DEL APOSTOL SAN PABLO A LOS CORINTIOS 15, 1-11

El texto entre [ ] puede omitirse.

Hermanos: [Os recuerdo el Evangelio que os proclamé y que vosotros aceptasteis, y en el que estais fundados, y que os está salvando, si es que conserváis el Evangelio que os proclamé; de lo contrario, se ha malogrado nuestra adhesión a la fe. Porque] lo primero que yo os transmití, tal como lo había recibido, fue esto: que Cristo murió por nuestros pecados, según las Escrituras; que fue sepultado y que resucitó al tercer día, según las Escrituras; que se le apareció a Cefas y más tarde a los Doce; después se apareció a más de quinientos hermanos juntos, la mayoría de los cuales viven todavía, otros han muerto; después se le apareció a Santiago, después a todos los Apóstoles; por último, como a un aborto, se me apareció también a mí.

[Porque yo soy el menor de los Apóstoles, y no soy digno de llamarme apóstol, porque he perseguido a la Iglesia de Dios. Pero por la gracia de Dios soy lo que soy y su gracia no se ha frustrado en mí. Antes bien, he trabajado más que todos ellos. Aunque no he sido yo, sino la gracia de Dios conmigo.]

Pues bien; tanto ellos como yo esto es lo que predicamos; esto es lo que habéis creído.

Palabra de Dios.

ALELUYA   Mt 4, 19

Venid a mí, —dice el Señor—, y os haré pescadores de hombres.

EVANGELIO

Dejándolo todo, lo siguieron

✠ LECTURA DEL S. EVANGELIO SEGUN
SAN LUCAS
                                                                    5, 1-11

En aquel tiempo, la gente se agolpaba alrededor de Jesús para oír la Palabra de Dios, estando él a orillas del lago de Genesaret; y vio dos barcas que estaban junto a la orilla: los pescadores habían desembarcado y estaban lavando las redes. Subió a una de las barcas, la de Simón, y le pidió que la apartara un poco de tierra. Desde la barca, sentado, enseñaba a la gente. Cuando acabó de hablar, dijo a Simón: «Rema mar adentro y echad las redes para pescar.» Simón contestó: «Maestro, nos hemos pasado la noche bregando y no hemos cogido nada; pero, por tu palabra, echaré las redes.» Y, puestos a la obra, hicieron una redada de peces tan grande, que reventaba la red. Hicieron señas a los socios de la otra barca, para que vinieran a echarles una mano.

Se acercaron ellos y llenaron las dos barcas, que casi se hundían. Al ver esto, Simón Pedro se arrojó a los pies de Jesús, diciendo: «Apártate de mí, Señor, que soy un pecador.» Y es que el asombro se había apoderado de él y de los que estaban con él, al ver la redada de peces que habían cogido; y lo mismo les pasaba a Santiago y Juan, hijos de Zebedeo, que eran compañeros de Simón. Jesús dijo a Simón: «No temas: desde ahora, serás pescador de hombres.» Ellos sacaron las barcas a tierra y, dejándolo todo, lo siguieron.

Palabra del Señor.

Se dice «Credo».

SEXTO DOMINGO
DEL TIEMPO ORDINARIO

ANTIFONA DE ENTRADA   Sal 30, 3-4

Sé la roca de mi refugio, un baluarte donde me salve, tú que eres mi roca y mi baluarte; por tu nombre dirígeme y guíame.

ORACION COLECTA

Señor, tú que te complaces en habitar en los limpios y sinceros de corazón; concédenos vivir de tal modo la vida de la gracia que merezcamos tenerte siempre con nosotros. Por nuestro Señor.

ORACION SOBRE LAS OFRENDAS

Señor, que esta oblación nos purifique y nos renueve, y sea causa de eterna recompensa para los que cumplen tu santa voluntad. Por Jesucristo.

ANTIFONA DE COMUNION   Sal 77, 29-30

Comieron y se hartaron,
así el Señor satisfizo su avidez.

o bien:
                                                              Jn 3, 16

Tanto amó Dios al mundo, que entregó a su Hijo único,
para que no perezca ninguno de los que creen en él, sino
que tengan vida eterna.

ORACION DESPUES DE LA COMUNION

Alimentados con el manjar del cielo, te pedimos, Señor, que
apetezcamos siempre las fuentes de donde brota la vida verdadera. Por Jesucristo.

CICLO A (Años 1990, 1993, 1996, 1999, 2002, 2005)

La Ley de Dios manifestada en el A.T. era un camino sabio
para que el hombre pudiera decidir entre el bien y el mal con libertad. Dios no quiere el mal, ni mandó pecar al hombre, pero
tolera la existencia del pecado y del mal porque respeta nuestro
libre albedrío (1). Jesús respetó y mantuvo la Ley de Moisés,
pero la interpretó en el sentido personal, espiritual propio de los
mejores sabios de Israel, y no en el material y legalista de sus
contemporáneos letrados y fariseos. Con varios ejemplos el
Evangelio nos muestra cómo Jesús llevó a plenitud los antiguos
mandamientos que siguen siendo nuestros (3).

San Pablo sigue presentando sus credenciales a los corintios
para merecerles autoridad cuando los corrija; su sabiduría y enseñanza vienen de Dios por la revelación que los apóstoles han recibido de Cristo y completado por obra del Espíritu Santo (2).

PRIMERA LECTURA

No mandó pecar al hombre

LECTURA DEL LIBRO DEL ECLESIASTICO 15, 16-21

Si quieres, guardarás los mandatos del Señor, porque es prudencia cumplir su voluntad; ante ti están puestos fuego y agua, echa mano a lo que quieras; delante del hombre están muerte y vida: le darán lo que él escoja.

Es inmensa la sabiduría del Señor, es grande su poder y lo ve todo; los ojos de Dios ven las acciones, él conoce todas las obras del hombre; no mandó pecar al hombre, ni deja inmunes a los mentirosos.

Palabra de Dios.

SALMO RESPONSORIAL 118

℟ **Dichosos los que caminan | en la voluntad del Señor.**

Dichoso el que con vida intachable | camina en la voluntad del Señor; | dichoso el que guardando sus preceptos | lo busca de todo corazón. ℟.

Tú promulgas tus decretos | para que se observen exactamente; | ¡ojalá esté firme mi camino | para cumplir tus consignas! ℟.

Haz bien a tu siervo: viviré | y cumpliré tus palabras; | ábreme los ojos y contemplaré | las maravillas de tu voluntad. ℟.

Muéstrame, Señor, el camino de tus leyes | y lo seguiré puntualmente; | enséñame a cumplir tu voluntad | y a guardarla de todo corazón. ℟.

SEGUNDA LECTURA

Dios predestinó la sabiduría antes de los siglos para nuestra gloria

LECTURA DE LA PRIMERA CARTA DEL APOSTOL SAN PABLO A LOS CORINTIOS
2, 6-10

Hermanos: Hablamos, entre los perfectos, una sabiduría que no es de este mundo ni de los príncipes de este mundo, que quedan desvanecidos, sino que enseñamos una sabiduría divina, misteriosa, encendida, predestinada por Dios antes de los siglos para nuestra gloria. Ninguno de los príncipes de este mundo la ha conocido, pues si la hubiesen conocido, nunca hubieran crucificado al Señor de la gloria. Sino, como está escrito: «Ni el ojo vio, ni el oído oyó, ni el hombre puede pensar lo que Dios ha preparado para los que lo aman.» Y Dios nos lo ha revelado por el Espíritu, y el Espíritu todo lo penetra, hasta la profundidad de Dios.

Palabra de Dios.

ALELUYA
Mt 11, 25

Bendito seas, Padre, Señor de cielo y tierra, porque has revelado los secretos del Reino a la gente sencilla.

EVANGELIO

Se dijo a los antiguos, pero yo os digo

✠ LECTURA DEL S. EVANGELIO SEGUN SAN MATEO
5, 17-37

El texto entre [ ] puede omitirse.

En aquel tiempo, dijo Jesús a sus discípulos: [No creáis que he venido a abolir la ley o los profetas: no he venido a abolir, sino a dar plenitud. Os aseguro que antes pasarán el cielo y la tierra que deje de cumplirse hasta la última letra o tilde de la ley.

El que se salte uno solo de los preceptos menos importantes, y se lo enseñe así a los hombres, será el menos importante en el Reino de los Cielos. Pero quien los cumpla y enseñe, será grande en el Reino de los Cielos.]

Os lo aseguro: si no sois mejores que los letrados y fariseos, no entraréis en el Reino de los Cielos. Habéis oído que se dijo a los antiguos: no matarás, y el que mate será procesado. Pero yo os digo: todo el que esté peleado con su hermano será procesado.

[Y si uno llama a su hermano «imbécil», tendrá que comparecer ante el Sanedrín, y si lo llama «renegado», merece la condena del fuego. Por tanto, si cuando vas a poner tu ofrenda sobre el altar, te acuerdas allí mismo de que tu hermano tiene quejas contra ti, deja allí tu ofrenda ante el altar y vete primero a reconciliarte con tu hermano, y entonces vuelve a presentar tu ofrenda. Con el que te pone pleito procura arreglarte en seguida, mientras vais todavía de camino, no sea que te entregue al juez, y el juez al alguacil, y te metan en la cárcel. Te aseguro que no saldrás de allí hasta que hayas pagado el último cuarto.]

Habéis oído el mandamiento «no cometerás adulterio». Pues yo os digo: el que mira a una mujer casada deseándola, ya ha sido adúltero con ella en su interior. [Si tu ojo derecho te hace caer, sácatelo y tíralo. Más te vale perder un miembro que ser echado entero en el Abismo. Si tu mano derecha te hace caer, córtatela y tírala, porque más te vale perder un miembro que ir a parar entero al Abismo. Está mandado: «El que se divorcie de su mujer, que le dé acta de repudio.» Pues yo os digo: el que se divorcie de su mujer —excepto en caso de prostitución— la induce al adulterio, y el que se casa con la divorciada comete adulterio.]

Sabéis que se mandó a los antiguos: «No jurarás en falso» y «Cumplirás tus votos al Señor.». Pues yo os digo que no juréis en absoluto: [ni por el cielo, que es el trono de Dios; ni por la tierra, que es estrado de sus pies; ni por Jerusalén, que es la ciudad del Gran Rey. Ni jures por tu cabeza, pues no puedes volver

blanco o negro un solo pelo. | A vosotros os basta decir sí o no.
Lo que pasa de ahí viene del Maligno.

Palabra del Señor.

Se dice «Credo».

CICLO B (Años 1991, 1994, 1997, 2000, 2003, 2006)

La lectura del Levítico muestra la terrible condición de los
leprosos en la antigüedad (1). Jesús con su poder rompe la barre-
ra de la marginación, toca al leproso y lo limpia (3). En el comienzo del Evangelio de Marcos se nos describe la salvación con
una serie de curaciones que manifiestan diferentes aspectos del
encuentro salvador con Cristo: liberación del demonio, de la debilidad (fiebre), de la marginación (lepra) y del pecado (paralítico), siendo todo ello una primitiva catequesis bautismal que conserva aún todo su valor.

En el cristianismo no hay oposición entre lo material y lo espiritual como entre lo malo y lo bueno; todo es susceptible de
ser utilizado para gloria de Dios. Jesús dio ejemplo de amplitud
de espíritu y Pablo lo imitó, enseñando a hacer lo mismo que el
Maestro.

PRIMERA LECTURA

Vivirá solo el leproso y tendrá su morada fuera del campamento

LECTURA DEL LIBRO DEL LEVITICO

13, 1-2.44-46

El Señor dijo a Moisés y a Aarón: «Cuando alguno tenga una
inflamación, una erupción o una mancha en la piel y se le produzca la lepra, será llevado ante el sacerdote Aarón o cualquiera
de sus hijos sacerdotes. Se trata de un hombre con lepra, y es
impuro. El sacerdote lo declarará impuro de lepra en la cabeza.
El que haya sido declarado enfermo de lepra, andará harapiento

y despeinado, con la barba rapada y gritando: «¡Impuro, impuro!» Mientras le dure la lepra, seguirá impuro: vivirá solo y tendrá su morada fuera del campamento.»

Palabra de Dios.

SALMO RESPONSORIAL 31

℟ **Tú eres mi refugio; | me rodeas de cantos de liberación.**

Dichoso el que está absuelto de su culpa, | a quien le han sepultado su pecado; | dichoso el hombre a quien el Señor | no le apunta el delito. ℟.

Había pecado, lo reconocí, | no te encubrí mi delito; | propuse: «Confesaré al Señor mi culpa», | y tú perdonaste mi culpa y mi pecado. ℟.

Alegraos, justos, con el Señor, | aclamadlo, los de corazón sincero. ℟.

SEGUNDA LECTURA

Seguid mi ejemplo como yo sigo el de Cristo

LECTURA DE LA PRIMERA CARTA DEL APOSTOL SAN PABLO A LOS CORINTIOS   10, 31—11, 1

Hermanos: Cuando comáis o bebáis o hagáis cualquier otra cosa, hacedlo todo para gloria de Dios. No deis motivo de escándalo a los judíos, ni a los griegos, ni a la Iglesia de Dios. Por mi parte, yo procuro contentar en todo a todos, no buscando mi propio bien, sino el de ellos, para que todos se salven. Seguid mi ejemplo, como yo sigo el de Cristo.

Palabra de Dios.

ALELUYA   Lc 7, 16

Un gran profeta ha surgido entre nosotros,
y Dios ha visitado a su pueblo.

EVANGELIO
Se le quitó la lepra y quedó limpio

✠ LECTURA DEL S. EVANGELIO SEGUN
SAN MARCOS   1, 40-45

En aquel tiempo se acercó a Jesús un leproso, suplicándole
de rodillas: «Si quieres, puedes limpiarme.» Sintiendo lástima, extendió la mano y lo tocó diciendo: «Quiero: queda limpio.» La
lepra se le quitó inmediatamente y quedó limpio. El lo despidió,
encargándole severamente: «No se lo digas a nadie; pero para
que conste, vé a presentarte al sacerdote y ofrece por tu purificación lo que mandó Moisés.» Pero cuando se fue, empezó a divulgar el hecho con grandes ponderaciones, de modo que Jesús ya
no podía entrar abiertamente en ningún pueblo; se quedaban fuera, en descampado; y aun así acudían a él de todas partes.

Palabra del Señor.

Se dice «Credo».

CICLO C (Años 1989, 1992, 1995, 1998, 2001, 2004)

Después de elegir a los doce discípulos a quienes llamó
«apóstoles» o «enviados», Jesús comienza un discurso dirigido a
toda la gente que le rodea; comienza con una serie de «bienaventuranzas» y de lamentos, las primeras sobre los que sean pobres
y perseguidos por la causa del Mesías, los ayes por los que se
acomoden al mundo y le halaguen como los falsos profetas (3).
Del mismo modo los profetas y los salmos habían ya distinguido
entre los buenos y malos, teniendo como criterio la confianza en
Dios y la obediencia a su voluntad (1).

La fe en la resurrección de los muertos no se basa en razonamientos filosóficos sobre la inmortalidad, sino que es consecuencia de la fe en la resurrección de Jesucristo; sin ésta carece de
sentido el ser cristiano (2).

PRIMERA LECTURA

Maldito quien confía en el hombre; bendito quien confía en el Señor

LECTURA DEL LIBRO DE JEREMIAS   17, 5-8

Así dice el Señor: «Maldito quien confía en el hombre, y en la carne busca su fuerza, apartando su corazón del Señor. Será como un cardo en la estepa, no verá llegar el bien; habitará la aridez del desierto, tierra salobre e inhóspita. Bendito quien confía en el Señor y pone en el Señor su confianza: será un árbol plantado junto al agua, que junto a la corriente echa raíces; cuando llegue el estío no lo sentirá, su hoja estará verde; en año de sequía no se inquieta, no deja de dar fruto.»

Palabra de Dios.

SALMO RESPONSORIAL 1

℟ **Dichoso el hombre | que ha puesto su confianza en el Señor.**

Dichoso el hombre | que no sigue el consejo de los impíos; | ni entra por la senda de los pecadores, | ni se sienta en la reunión de los cínicos, | sino que su gozo es la ley del Señor, | y medita su ley día y noche. ℟.

Será como un árbol | plantado al borde de la acequia: | Da fruto en su sazón, | y no se marchitan sus hojas; | y cuanto emprende tiene buen fin. ℟.

No así los impíos, no así; | serán paja que arrebata el viento. | Porque el Señor protege el camino de los justos, | pero el camino de los impíos acaba mal. ℟.

SEGUNDA LECTURA

Si Cristo no ha resucitado, vuestra fe no tiene sentido

LECTURA DE LA PRIMERA CARTA DEL APOSTOL SAN PABLO A LOS CORINTIOS   15, 12.16-20

Hermanos: Si anunciamos que Cristo resucitó de entre los muertos, ¿cómo es que decía alguno que los muertos no resucitan? Si los muertos no resucitan, tampoco Cristo ha resucitado. Y si Cristo no ha resucitado, vuestra fe no tiene sentido, seguís con vuestros pecados; y los que murieron con Cristo, se han perdido. Si nuestra esperanza en Cristo acaba con esta vida, somos los hombres más desgraciados. ¡Pero no! Cristo resucitó de entre los muertos: el primero de todos.

Palabra de Dios.

ALELUYA   Lc 6, 23a

Alegraos y saltad de gozo, porque vuestra recompensa será grande en el cielo.

EVANGELIO

Dichosos los pobres: ¡ay de vosotros, los ricos!

✠ LECTURA DEL S. EVANGELIO SEGUN SAN LUCAS
                                                                    6, 17.20-26

En aquel tiempo, bajó Jesús del monte con los Doce y se paró en un llano con un grupo grande de discípulos y de pueblo, procedente de toda Judea, de Jerusalén y de la costa de Tiro y de Sidón. El, levantando los ojos hacia sus discípulos, les dijo:

«Dichosos los pobres, porque vuestro es el Reino de Dios.

Dichosos los que ahora tenéis hambre, porque quedaréis saciados.

Dichosos los que ahora lloráis, porque reiréis.

Dichosos vosotros cuando os odien los hombres, y os excluyan, y os insulten y proscriban vuestro nombre como infame, por causa del Hijo del Hombre.

Alegraos ese día y saltad de gozo; porque vuestra recompensa será grande en el cielo. Eso es lo que hacían vuestros padres con los profetas.

Pero, ¡ay de vosotros, los ricos, porque ya tenéis vuestro consuelo!

¡Ay de vosotros, los que estáis saciados, porque tendréis hambre!

¡Ay de los que ahora reís, porque haréis duelo y lloraréis!

¡Ay si todo el mundo habla bien de vosotros! Eso es lo que hacían vuestros padres con los falsos profetas.

Palabra del Señor.

Se dice «Credo».

SEPTIMO DOMINGO
DEL TIEMPO ORDINARIO

ANTIFONA DE ENTRADA   Sal 12, 6

Señor, yo confío en tu misericordia; alegra mi corazón con tu auxilio y cantaré al Señor por el bien que me ha hecho.

ORACION COLECTA

Dios todopoderoso y eterno: concede a tu pueblo que la meditación de tu doctrina le enseñe a cumplir siempre, de palabra y de obra, lo que a ti te complace. Por nuestro señor.

ORACION SOBRE LAS OFRENDAS

Al celebrar tus misterios con culto reverente te rogamos, Señor, que los dones ofrecidos para glorificarte nos obtengan de ti la salvación. Por Jesucristo.

ANTIFONA DE COMUNION   Sal 9, 2-3

Proclamo todas tus maravillas, me alegro y exulto contigo y toco en honor de tu nombre, oh Altísimo.

o bien: Jn 11, 27

Señor, yo creo que tú eres el Mesías, el Hijo de Dios, el que tenía que venir al mundo.

ORACION DESPUES DE LA COMUNION

Concédenos, Dios todopoderoso, alcanzar un día la salvación eterna, cuyas primicias nos has entregado en estos sacramentos. Por Jesucristo.

CICLO A (Años 1990, 1993, 1996, 1999, 2002, 2005)

Continuando el «Sermón de la montaña», proclama Jesús el mandamiento del amor, dándole una amplitud y una generosidad tales que hacen de este pasaje uno de los más característicos del cristianismo. El Maestro va más allá de lo prescrito en la Ley de Moisés (3) y desborda los límites de parentesco y vecindad que definían al prójimo en la legislación del A. Testamento (1). Amar como amó Jesús a sus propios enemigos, pidiendo por ellos en la cruz, es acercarse a la perfección de Dios, que es amor.

El apóstol comienza a exponer los criterios para la verdadera valoración cristiana de los predicadores del Evangelio; la asistencia del Espíritu ayuda a distinguir al servidor de Dios y a recibir su mensaje, relativizando el carácter y las cualidades de cada persona (2).

PRIMERA LECTURA

Amarás a tu prójimo como a ti mismo

LECTURA DEL LIBRO DEL LEVITICO   19, 1-2.17-18

El Señor habló a Moisés: «Habla a la asamblea de los hijos de Israel y diles: Seréis santos, porque yo, el Señor vuestro Dios, soy santo. No odiarás de corazón a tu hermano. Reprenderás a tu pariente para que no cargues tú con su pecado. No te vengarás ni guardarás rencor a tus parientes, sino que amarás a tu prójimo como a ti mismo. Yo soy el Señor.»

Palabra de Dios.

SALMO RESPONSORIAL 102

℟ **El Señor es compasivo y misericordioso.**

Bendice, alma mía, al Señor, | y todo mi ser a su santo nombre. | Bendice, alma mía, al Señor, | y no olvides sus beneficios. ℟.

El perdona todas tus culpas | y cura todas tus enfermedades; | él rescata tu vida de la fosa | y te colma de gracia y de ternura. ℟.

El Señor es compasivo y misericordioso, | lento a la ira y rico en clemencia. | No nos trata como merecen nuestros pecados, | ni nos paga según nuestras culpas. ℟.

Como dista el oriente del ocaso, | así aleja de nosotros nuestros delitos; | como un padre siente ternura de sus hijos, | siente el Señor ternura por sus fieles. ℟.

SEGUNDA LECTURA

Todo es vuestro, vosotros de Cristo, Cristo de Dios

LECTURA DE LA PRIMERA CARTA DEL APOSTOL SAN PABLO A LOS CORINTIOS

3, 16-23

Hermanos: ¿No sabéis que sois templos de Dios y que el Espíritu de Dios habita en vosotros? Si alguno destruye el templo de Dios, Dios lo destruirá a él; porque el templo de Dios es santo: ese templo sois vosotros. Que nadie se engañe. Si alguno de vosotros se cree sabio en este mundo, que se haga necio para llegar a ser sabio. Porque la sabiduría de este mundo es necedad ante Dios, como está escrito: «El caza a los sabios en su astucia.» Y también: «El Señor penetra los pensamientos de los sabios y conoce que son vanos.» Así, pues, que nadie se gloríe en los hombres, pues todo es vuestro: Pablo, Apolo, Cefas, el mundo, la vida, la muerte, lo presente, lo futuro. Todo es vuestro, vosotros de Cristo y Cristo de Dios.

Palabra de Dios.

ALELUYA   1 Jn 2, 5

Quien guarda la palabra de Cristo, ciertamente el amor de Dios ha llegado a su plenitud.

EVANGELIO

Amad a vuestros enemigos

✠ LECTURA DEL S. EVANGELIO SEGUN SAN MATEO

5, 38-48

En aquel tiempo dijo Jesús a sus discípulos: «Sabéis que está mandado: 'Ojo por ojo, diente por diente'. Pues yo os digo: No hagáis frente al que os agravia. Al contrario si uno te abofetea en la mejilla derecha, preséntale la otra; al que quiera ponerte pleito para quitarte la túnica, dale también la capa; a quien te requiera para caminar una milla, acompáñale dos; a quien te pide, dale, y al que te pide prestado, no lo rehuyas.

Habéis oído que se dijo: 'Amarás a tu prójimo y aborrecerás a tu enemigo'. Yo, en cambio, os digo; Amad a vuestros enemigos, haced el bien a los que os aborrecen y rezad por los que os persiguen y calumnian. Así seréis hijos de vuestro Padre que está en el cielo, que hace salir su sol sobre malos y buenos y manda la lluvia a justos e injustos. Porque si amáis a los que os aman, ¿qué premio tendréis? ¿No hacen lo mismo también los publicanos? Y si saludáis sólo a vuestros hermanos, ¿qué hacéis de extraordinario? ¿No hacen lo mismo también los gentiles? Por tanto, sed perfectos como vuestro Padre celestial es perfecto.»

Palabra del Señor.

Se dice «Credo».

CICLO B (Años 1991, 1994, 1997, 2000, 2003, 2006)

Sólo Dios puede perdonar los pecados y devuelve la salud espiritual y corporal a quienes se lo suplican (Sal 40), adelantándose incluso con su buena voluntad a la del hombre (1). Así Jesús concedió al paralítico más de lo que le pedía, e hizo de su curación un signo de la salvación integral que traía al mundo como Hijo del Hombre, título del Mesías esperado para el final de los tiempos por Israel (3). Termina de este modo la serie de milagros con los que, a modo de catequesis bautismal sobre la salvación, comienza el Evangelio según Marcos.

Comienza la lectura de la II carta de san Pablo a los Corintios, que se prolongará hasta el domingo 14.º; en ella el apóstol justifica el aplazamiento de su viaje a Corinto, haciendo de su sinceridad un testimonio de la firmeza y autenticidad del «Sí» de Dios al hombre (2).

PRIMERA LECTURA

Por mi cuenta borra tus crímenes

LECTURA DEL LIBRO DE ISAIAS   43, 18-19.21-22.24b-25

Esto dice el Señor: «No recordéis lo de antaño, no penséis en lo antiguo; mirad que realizo algo nuevo; ya está brotando, ¿no lo notáis? Abriré un camino por el desierto, ríos en el yermo, para apagar la sed del pueblo que yo formé, para que proclamara mi alianza. Pero tú no me invocabas, Jacob; no te esforzabas por mí, Israel; no me saciabas con la grasa de tus sacrificios; pero me avasallabas con tus pecados, y me cansabas con tus culpas. Yo, yo era quien por mi cuenta borraba tus crímenes, y no me acordaba de tus pecados.»

Palabra de Dios.

SALMO RESPONSORIAL 40

℟ **Sáname, Señor, porque he pecado contra ti.**

Dichoso el que cuida del pobre y desvalido, | en el día aciago lo pondrá a salvo el Señor. | El Señor lo guarda y lo conserva en vida | para que sea dichoso en la tierra, | y no lo entrega a la saña de sus enemigos. ℟

El Señor lo sostendrá en el lecho del dolor, | calmará los dolores de su enfermedad. | Yo dije: «Señor, ten misericordia, | sáname, porque he pecado contra ti.» ℟

A mí, en cambio, me conservas la salud, | me mantienes siempre en tu presencia. | Bendito el Señor, Dios de Israel, | ahora y por siempre. Amén, Amén. ℟.

SEGUNDA LECTURA

Cristo Jesús no fue primero «sí» y luego «no»; en él todo se ha convertido en un «sí»

LECTURA DE LA SEGUNDA CARTA DEL APOSTOL SAN PABLO A LOS CORINTIOS

1, 18-22

Hermanos: ¡Dios me es testigo! La palabra que os dirigimos no fue primero «sí» y luego «no». Cristo Jesús, el Hijo de Dios, el que Silvano, Timoteo y yo os hemos anunciado, no fue primero «sí» y luego «no»; en él todo se ha convertido en un «sí»; en él todas las promesas han recibido un «sí». Y por él podemos responder «Amén» a Dios, para gloria suya. Dios es quien nos confirma en Cristo a nosotros junto con vosotros. El nos ha ungido. El nos ha sellado, y ha puesto en nuestros corazones, como prenda suya, el Espíritu.

Palabra de Dios.

ALELUYA   Lc 4, 18-19

El Señor me ha enviado para anunciar el Evangelio a los pobres, para anunciar a los cautivos la libertad.

EVANGELIO

El hijo del hombre tiene potestad en la tierra para perdonar pecados

✠ LECTURA DEL S. EVANGELIO SEGUN SAN MARCOS

2, 1-12

Cuando a los pocos días volvió Jesús a Cafarnaún, se supo que estaba en casa. Acudieron tantos, que no quedaba sitio en la puerta. El les proponía la Palabra. Llegaron cuatro llevando un paralítico, y como no podían meterlo por el gentío, levantaron unas tejas encima de donde estaba Jesús, abrieron un boquete y descolgaron la camilla con el paralítico. Viendo Jesús la fe que tenían, le dijo al paralítico: «Hijo, tus pecados quedan perdonados.» Unos letrados, que estaban allí sentados, pensaban para sus adentros: ¿Por qué habla éste así? Blasfema. ¿Quién puede perdonar pecados fuera de Dios? Jesús se dio cuenta de lo que pensaban y les dijo: «¿Por qué pensáis eso? ¿Qué es más fácil: decirle al paralítico «tus pecados quedan perdonados» o decirle «levántate, coge tu camilla y echa a andar»? Pues, para que veáis que el Hijo del Hombre tiene potestad en la tierra para perdonar pecados... entonces le dijo al paralítico: «Contigo hablo: Levántate, coge tu camilla y vete a tu casa.» Se levantó inmediatamente, cogió la camilla y salió a la vista de todos. Se quedaron atónitos y daban gloria a Dios diciendo: «Nunca hemos visto una cosa igual.»

Palabra del Señor.

Se dice «Credo».

CICLO C (Años 1989, 1992, 1995, 1998, 2001, 2004)

La generosidad con que David perdonó a su enemigo mortal Saúl es un ejemplo de la compasión y misericordia divinas (Sal 102) (1), y sirve de modelo al mandamiento del amor a los enemigos que Jesús propone en términos semejantes a los del «Sermón de la montaña» en el Evangelio según Mateo. Para Cristo el modelo supremo de conducta es el Padre, con su amor infinitamente generoso y compasivo. No propone un imposible, sino una forma de conducta ordinaria para merecer la comprensión de Dios hacia nuestras propias faltas (3).

Cristo resucitado es testimonio de la forma de vida gloriosa a la que están llamados los cristianos, es el nuevo Adán, primicia de una nueva humanidad (2).

El Señor te puso hoy en mis manos, pero yo no quise atentar contra ti

LECTURA DEL PRIMER LIBRO DEL SAMUEL

26, 2.7-9.12-13.22-23

En aquellos días, Saúl emprendió la bajada hacia el páramo de Zif, con tres mil soldados israelitas, para dar una batida en busca de David. David y Abisay fueron de noche al campamento; Saúl estaba echado, durmiendo en medio del cercado de carros, la lanza hincada en tierra a la cabecera. Abner y la tropa estaban echados alrededor. Entonces Abisay dijo a David:

—«Dios te pone el enemigo en la mano. Voy a clavarlo en tierra de una lanzada; no hará falta repetir el golpe.»

Pero David replicó:

—«¡No lo mates!, que no se puede atentar impunemente contra el ungido del Señor.»

David tomó la lanza y el jarro de agua de la cabecera de Saúl, y se marcharon. Nadie los vio, ni se enteró, ni se despertó: estaban todos dormidos, porque el Señor les había enviado un sueño profundo. David cruzó a la otra parte, se plantó en la cima del monte, lejos, dejando mucho espacio en medio, y gritó:

—«Aquí está la lanza del rey. Que venga uno de los mozos a recogerla. El Señor pagará a cada uno su justicia y su lealtad. Porque él te puso hoy en mis manos, pero yo no quise atentar contra el ungido del Señor.»

Palabra de Dios.

SALMO RESPONSORIAL 102

℟ **El Señor es compasivo y misericordioso.**

Bendice, alma mía, al Señor, | y todo mi ser a su santo nombre. | Bendice, alma mía, al Señor, | y no olvides sus beneficios. ℟.

El perdona todas tus culpas, | y cura todas tus enfermedades; | él rescata tu vida de la fosa | y te colma de gracia y de ternura. R̸.

El Señor es compasivo y misericordioso, | lento a la ira y rico en clemencia; | no nos trata como merecen nuestros pecados, | ni nos paga según nuestras culpas. R̸.

Como dista el oriente del ocaso, | así aleja de nosotros nuestros delitos; | como un padre siente ternura por sus hijos, | siente el Señor ternura por sus fieles. R̸.

SEGUNDA LECTURA

Nosotros, que somos imagen del hombre terreno seremos también imagen del hombre celestial

LECTURA DE LA PRIMERA CARTA DEL APOSTOL SAN PABLO A LOS CORINTIOS   15, 45-49

Hermanos: El primer hombre, Adán, fue un ser animado. El último Adán, un espíritu que da vida. No es primero lo espiritual sino lo animal. Lo espiritual viene después. El primer hombre, hecho de tierra, era terreno; el segundo hombre es del cielo. Pues igual que el terreno son los hombres terrenos; igual que el celestial son los hombres celestiales. Nosotros, que somos imagen del hombre terreno, seremos también imagen del hombre celestial.

Palabra de Dios.

ALELUYA   Jn 13, 34

Un mandamiento nuevo os doy, —dice el Señor—, que os améis los unos a los otros como yo os he amado.

EVANGELIO

Sed compasivos, como vuestro Padre es compasivo

✣ LECTURA DEL S. EVANGELIO SEGUN
SAN LUCAS
6, 27-38

En aquel tiempo, dijo Jesús a sus discípulos: «A los que me escucháis os digo: Amad a vuestros enemigos, haced el bien a los que os odian, bendecid a los que os maldicen, orad por los que os injurian. Al que te pegue en una mejilla, preséntale la otra; al que te quite la capa, déjale también la túnica. A quien te pide, dale; al que se lleve lo tuyo, no se lo reclames. Tratad a los demás como queréis que ellos os traten. Pues, si amáis sólo a los que os aman, ¿qué mérito tenéis? También los pecadores aman a los que los aman. Y si hacéis bien sólo a los que os hacen bien, ¿qué mérito tenéis? También los pecadores lo hacen. Y si prestáis sólo cuando esperáis cobrar, ¿qué mérito tenéis? También los pecadores prestan a otros pecadores con intención de cobrárselo. ¡No! Amad a vuestros enemigos, haced el bien y prestad sin esperar nada: tendréis un gran premio y seréis hijos del Altísimo, que es bueno con los malvados y desagradecidos.

Sed compasivos como vuestro Padre es compasivo; no juzguéis y no seréis juzgados; no condenéis y no seréis condenados; perdonad y seréis perdonados; dad y se os dará: os verterán una medida generosa, colmada, remecida, rebosante. La medida que uséis la usarán con vosotros.»

Palabra del Señor.

Se dice «Credo».

OCTAVO DOMINGO
DEL TIEMPO ORDINARIO

ANTIFONA DE ENTRADA   Sal 17, 19-20

El Señor fue mi apoyo: me sacó a un lugar espacioso, me libró, porque me amaba.

ORACION COLECTA

Concédenos tu ayuda, Señor, para que el mundo progrese, según tus designios, gocen las naciones de una paz estable y tu Iglesia se alegre de poder servirte con una entrega confiada y pacífica. Por nuestro Señor.

ORACION SOBRE LAS OFRENDAS

Señor, Dios nuestro: tú mismo nos das lo que hemos de ofrecerte y miras esta ofrenda como un gesto de nuestro devoto servicio; confiadamente suplicamos que lo que nos otorgas, para que redunde en mérito nuestro, nos ayude también a alcanzar los premios eternos. Por Jesucristo nuestro Señor.

ANTIFONA DE COMUNION   Sal 12, 6

Cantaré al Señor por el bien que me ha hecho,
entonaré himnos al Dios Altísimo.

o bien: Mt 28, 20

Yo estoy con vosotros todos los días,
hasta el fin del mundo, dice el Señor.

ORACION DESPUES DE LA COMUNION

Alimentados con los dones de la salvación, te pedimos, Padre de misericordia, que por este sacramento con que ahora nos fortaleces nos hagas un día ser partícipes de la vida eterna. Por Jesucristo.

CICLO A (Años 1990, 1993, 1996, 1999, 2002, 2005)

El pasaje sobre los lirios del campo es una de las joyas del «Sermón de la montaña»; de los ejemplos pasa Jesús a la recomendación final: la confianza ilimitada en Dios Padre que es la forma más humana de vivir en la fe (3). Dios merece esta fe, pues, como dijo Juan Pablo I, «más que Padre es Madre». El rostro maternal de Dios que nos muestra Isaías (1) completa la imagen paterna a la que estamos acostumbrados y que podría limitar la grandeza del amor creador y providente que nos cobija.

Termina san Pablo su presentación a los corintios, aplicando a todos los cristianos lo que ha dicho antes de sí mismo: lo fundamental es el misterio de salvación que todos llevamos y que hemos de comunicar a los demás, sin ser dueños de él, sino solamente administradores que han de dar cuenta al Señor (2).

PRIMERA LECTURA

Yo no te olvidaré

LECTURA DEL LIBRO DE ISAIAS
49, 14-15

Sión decía: «Me ha abandonado el Señor, mi dueño me ha olvidado.» ¿Es que puede una madre olvidarse de su criatura, no conmoverse por el hijo de sus entrañas? Pues aunque ella se olvide, yo no te olvidaré.

Palabra de Dios.

SALMO RESPONSORIAL 61

R. **Descansa sólo en Dios, alma mía.**

Sólo en Dios descansa mi alma, | porque de él viene mi salvación; | sólo él es mi roca y mi salvación, | mi alcázar: no vacilaré. R.

Descansa sólo en Dios, alma mía, | porque él es mi esperanza; | sólo él es mi roca y mi salvación, | mi alcázar: no vacilaré. R.

De Dios viene mi salvación y mi gloria; | él es mi roca firme, | Dios es mi refugio. | Pueblo suyo, confiad en él, | desahogad ante él vuestro corazón. R.

SEGUNDA LECTURA

El Señor manifestará los designios del corazón

LECTURA DE LA PRIMERA CARTA DEL APOSTOL SAN PABLO A LOS CORINTIOS

4, 1-5

Hermanos: Que la gente sólo vea en vosotros servidores de Cristo y administradores de los misterios de Dios. Ahora, en un administrador lo que se busca es que sea fiel. Para mí lo de menos es que me pidáis cuentas vosotros o un tribunal humano; ni siquiera yo me pido cuentas. La conciencia, es verdad, no me remuerde; pero tampoco por eso quedo absuelto: mi juez es el Señor. Así, pues, no juzguéis antes de tiempo, dejad que venga el Señor. El iluminará lo que esconden las tinieblas y pondrá al descubierto los designios del corazón; entonces cada uno recibirá la alabanza de Dios.

Palabra de Dios.

ALELUYA

Heb 4, 12

La Palabra de Dios es viva y eficaz, y escruta los sentimientos y pensamientos del corazón.

EVANGELIO

No os angustiéis por el mañana

✠ LECTURA DEL S. EVANGELIO SEGUN SAN MATEO

6, 24-34

En aquel tiempo dijo Jesús a sus discípulos: «Nadie puede estar al servicio de dos amos. Porque despreciará a uno y querrá al otro; o, al contrario, se dedicará al primero y no hará caso del segundo. No podéis servir a Dios y al dinero. Por eso os digo: no estéis agobiados por la vida pensando qué vais a comer, ni por el cuerpo pensando con qué os vais a vestir. ¿No vale más la vida que el alimento, y el cuerpo que el vestido? Mirad a los pájaros: ni siembran, ni siegan, ni almacenan y, sin embargo, vuestro Padre celestial los alimenta. ¿No valéis vosotros más que ellos? ¿Quién de vosotros, a fuerza de agobiarse, podría añadir una hora al tiempo de su vida? ¿Por qué os agobiáis por el vestido? Fijaos cómo crecen los lirios del campo: ni trabajan, ni hilan. Y os digo que ni Salomón, en todo su fasto, estaba vestido como uno de ellos. Pues si a la hierba, que hoy está en el campo y mañana se quema en el horno, Dios la viste así, ¿no hará mucho más por vosotros, gente de poca fe? No andéis agobiados pensando qué vais a comer, o qué vais a beber, o con qué os vais a vestir. Los paganos se afanan por esas cosas. Ya sabe vuestro Padre del cielo que tenéis necesidad de todo eso. Sobre todo buscad el Reino de Dios y su justicia; lo demás se os dará por añadidura. Por tanto, no os agobiéis por el mañana, porque el mañana traerá su propio agobio. A cada día le bastan sus disgustos.»

Palabra del Señor.

Se dice «Credo».

CICLO B (Años 1991, 1994, 1997, 2000, 2003, 2006)

La relación de Dios con su pueblo es descrita frecuentemente en el A.T. con la imagen del compromiso matrimonial. Las atrevidas y realistas metáforas de Oseas (1) proclaman la intensidad y fidelidad del afecto divino hacia los suyos. Por ello Jesús se manifiesta como el Esposo aguardado por Israel para inaugurar la nueva alianza, los tiempos nuevos y definitivos de la fiesta eterna que tendrán, no obstante, el prólogo de la Pasión y la «viudez» transitoria de la Iglesia (3).

La nueva alianza inaugurada por Cristo se basa en la Ley del Espíritu escrita en el corazón de los creyentes. Asumiendo el Evangelio y toda la Escritura de modo nuevo, personalizado, cada cristiano es testimonio y escritura, carta de Cristo, para los no creyentes.

LECTURA DEL LIBRO DE OSEAS 2, 14b.15b.19-20

Esto dice el Señor: «Yo me la llevaré al desierto, le hablaré al corazón. Y me responderá allí como en los días de su juventud, como el día en que la saqué de Egipto. Me casaré contigo en matrimonio perpetuo; me casaré contigo en derecho y justicia, en misericordia y compasión; me casaré contigo en fidelidad, y te penetrarás del Señor.»

Palabra de Dios.

℟ **El Señor es compasivo y misericordioso.**

Bendice, alma mía, al Señor, | y todo mi ser a su santo nombre. | Bendice, alma mía, al Señor | y no olvides sus beneficios. ℟.

El perdona todas tus culpas, | y cura todas tus enfermedades; | él rescata tu vida de la fosa | y te colma de gracia y de ternura. ℟.

El Señor es compasivo y misericordioso, | lento a la ira y rico en clemencia. | No nos trata como merecen nuestros pecados, | ni nos paga según nuestras culpas. ℟.

Como dista el Oriente del Ocaso, | así aleja de nosotros nuestros delitos; | como un padre siente ternura por sus hijos, | siente el Señor ternura por sus fieles. ℟.

LECTURA DE LA SEGUNDA CARTA DEL APOSTOL SAN PABLO A LOS CORINTIOS 3, 1b-6

Hermanos: ¿Necesitamos presentaros o pediros cartas de recomendación? Vosotros sois nuestra carta, escrita en nuestros corazones, conocida y leída por todos los hombres. Sois una carta de Cristo, redactada por nuestro ministerio, escrita no con tinta, sino con el Espíritu del Dios vivo; no en tablas de piedra, sino en las tablas de carne del corazón. Esta confianza con Dios la tenemos por Cristo. No es que por nosotros mismos estemos capacitados para apuntarnos algo, como realización nuestra; nuestra capacidad nos viene de Dios, que nos ha capacitado para ser servidores de una alianza nueva; no basada en pura letra, porque la pura letra mata y, en cambio, el Espíritu da vida.

Palabra de Dios.

ALELUYA

Sant 1, 18

El Padre por propia iniciativa, con la Palabra de verdad, nos engendró para que seamos como la primicia de sus criaturas.

EVANGELIO

Tienen al novio con ellos

✠ LECTURA DEL S. EVANGELIO SEGUN SAN MARCOS

2, 18-22

En aquel tiempo los discípulos de Juan y los fariseos estaban de ayuno. Vinieron unos y le preguntaron a Jesús. «Los discípulos de Juan y los discípulos de los fariseos ayunan. ¿Por qué los tuyos no?» Jesús les contestó: «¿Es que pueden ayunar los amigos del novio, mientras el novio está con ellos? Mientras tienen al novio con ellos, no pueden ayunar. Llegará un día en que se lleven al novio; aquel día sí que ayunarán. Nadie le echa un remiendo de paño sin remojar a un manto pasado; porque la pieza tira del manto —lo nuevo de lo viejo— y deja un roto peor. Nadie echa vino nuevo en odres viejos; porque revienta los odres, y se pierden el vino y los odres; a vino nuevo, odres nuevos.»

Palabra del Señor.

Se dice «Credo».

CICLO C (Años 1989, 1992, 1995, 1998, 2001, 2004)

Los sabios consejos del Antiguo testamento, cuando aconseja no precipitarse en el juicio de los demás hasta observar bien su razonamiento (1), son asumidos por Cristo, que enseña a juzgar al prójimo por sus obras. Insiste también el Maestro en criticar la presunción y la hipocresía de quienes se proponen como modelos y no descubren antes sus propios defectos (3).

Termina el capítulo I de Corintios dedicado a la resurrección de los muertos y la lectura de esta carta con un himno a la victoria de Cristo sobre la muerte; la recomendación final es la confianza y el trabajo sin reservas en la obra del Señor.

PRIMERA LECTURA

No alabes a nadie antes de que razone

LECTURA DEL LIBRO DEL ECLESIASTICO   27, 4-7

Se agita la criba y queda el desecho, así el desperdicio del hombre cuando es examinado; el horno prueba la vasija del alfarero, el hombre se prueba en su razonar; el fruto muestra el cultivo de un árbol, la palabra la mentalidad del hombre; no alabes a nadie antes de que razone, porque esa es la prueba del hombre.

Palabra de Dios.

SALMO RESPONSORIAL 91

℟ **Es bueno dar gracias al Señor.**

Es bueno dar gracias al Señor, | y tañer para tu nombre, oh Altísimo; | proclamar por la mañana tu misericordia | y de noche tu fidelidad. ℟.

El justo crecerá como palmera, | se alzará como cedro del Líbano: | plantado en la casa del Señor, | crecerá en los atrios de nuestro Dios. ℟.

En la vejez seguirá dando fruto | y estará lozano y frondoso; | para proclamar que el Señor es justo, | que en mi Roca no existe la maldad. R.

SEGUNDA LECTURA

Nos da la victoria por nuestro Señor Jesucristo

LECTURA DE LA PRIMERA CARTA DEL APOSTOL SAN PABLO A LOS CORINTIOS   15, 54-58

Hermanos: Cuando esto corruptible se vista de incorrupción y esto mortal se vista de inmortalidad, entonces se cumplirá la palabra escrita: «La muerte ha sido absorbida en la victoria. ¿Dónde está, muerte, tu victoria? ¿Dónde está, muerte, tu aguijón?»

El aguijón de la muerte es el pecado, y la fuerza del pecado es la ley. ¡Demos gracias a Dios, que nos da la victoria por nuestro Señor Jesucristo! Así, pues, hermanos míos queridos, manteneos firmes y constantes. Trabajad siempre por el Señor, sin reservas, convencidos de que el Señor no dejará sin recompensa vuestra fatiga.

Palabra de Dios.

ALELUYA   Flp 2, 15-16

Brilláis como lumbreras del mundo,
mostrando una razón para vivir.

EVANGELIO

Lo que rebosa del corazón, lo habla la boca

✠ LECTURA DEL S. EVANGELIO SEGUN SAN LUCAS   6, 39-45

En aquel tiempo, dijo Jesús a sus discípulos esta parábola: «¿Acaso puede un ciego guiar a otro ciego? ¿No caerán los dos en el hoyo? Un discípulo no es más que su maestro, si bien, cuando termine su aprendizaje, será como su maestro. ¿Por qué te fijas en la mota que tiene tu hermano en el ojo y no reparas en la viga que llevas en el tuyo? ¿Cómo puedes decirle a tu hermano: 'hermano, déjame que te saque la mota del ojo', sin fijarte en la viga que llevas en el tuyo? ¡Hipócrita! Sácate primero la viga de tu ojo y entonces verás claro para sacar la mota del ojo de tu hermano. No hay árbol sano que dé fruto dañado, ni árbol dañado que dé fruto sano. Cada árbol se conoce por su fruto: porque no se cosechan higos de las zarzas, ni se vendimian racimos de los espinos. El que es bueno, de la bondad que atesora en su corazón saca el bien, y el que es malo, de la maldad saca el mal; porque lo que rebosa del corazón, lo habla la boca.»

Palabra del Señor.

Se dice «Credo».

NOVENO DOMINGO
DEL TIEMPO ORDINARIO

ANTÍFONA DE ENTRADA   Sal 24, 16.18

Mírame, oh Dios, y ten piedad de mí, que estoy solo y afligido. Mira mis trabajos y mis penas y perdona todos mis pecados, Dios mío.

ORACIÓN COLECTA

Señor, nos acogemos confiadamente a tu providencia, que nunca se equivoca; y te suplicamos que apartes de nosotros todo mal y nos concedas aquellos beneficios, que pueden ayudarnos para la vida presente y futura. Por nuestro Señor.

ORACIÓN SOBRE LAS OFRENDAS

Señor, llenos de confianza en el amor que nos tienes, presentamos en tu altar esta ofrenda para que, purificados por tu gracia, nos limpien de toda mancha los mismos sacramentos que estamos celebrando. Por Jesucristo nuestro Señor.

ANTIFONA DE COMUNION

Sal 16, 6

Yo te invoco porque tú me respondes, Dios mío; inclina el oído y escucha mis palabras.

o bien:

Mc 11, 23.24

Cualquier cosa que pidáis en oración, creed que os la han concedido y la obtendréis, dice el Señor.

ORACION DESPUES DE LA COMUNION

Guía, Señor, por medio de tu Espíritu a los que has alimentado con el Cuerpo y la Sangre de tu Hijo; y haz que confesando tu nombre no sólo de palabra y con los labios, sino con las obras y el corazón, merezcamos entrar en el Reino de los cielos. Por Jesucristo.

CICLO A (Años 1990, 1993, 1996, 1999, 2002, 2005)

Llegamos a la conclusión del «Sermón de la montaña». El verdadero discípulo será reconocido por Cristo porque cumpla la voluntad del Padre, resumida fundamentalmente en el mandamiento del amor; para ello es preciso fundamentar la vida sobre la roca que es Dios (Sal 30), sin confiar en lo que se haya sido en la Iglesia, ni siquiera predicador o taumaturgo (3). Antes que Jesús, Moisés dio término a su instrucción recomendando que no se olvidase y que se siguiese con fidelidad (1), si bien sus palabras fueron luego observadas con una materialidad, en forma de bandas y filacterias con sus palabras, que Jesús criticó fuertemente (Mt 23,5).

Comienza la lectura de la carta de san Pablo a los Romanos, parte fundamental del Nuevo Testamento, escrita en Corinto probablemente en el invierno del año 57 al 58 d.C., antes de su viaje a Roma. Se inicia este domingo el desarrollo del tema fundamental de la carta en forma positiva: la justicia de Dios se manifiesta en Cristo y participamos de ella mediante la fe (2).

PRIMERA LECTURA

Mirad: os pongo delante maldición y bendición

LECTURA DEL LIBRO DEL DEUTERONOMIO
11, 18.26-28

Moisés habló al pueblo diciendo; «Meteos mis palabras en el corazón y en el alma, atadlas a la muñeca como un signo y ponedlas de señal en vuestra frente. Mirad: hoy os pongo delante maldición y bendición: la bendición, si escucháis los preceptos del Señor vuestro Dios que yo os mando hoy; la maldición, si no escucháis los preceptos del Señor vuestro Dios y os desviáis del camino que hoy os marco, yendo detrás de dioses extranjeros que no habíais conocido. Pondréis por obra todos los mandatos y decretos que yo os promulgo hoy.»

Palabra de Dios.

SALMO RESPONSORIAL 30

R. Sé la roca de mi refugio, Señor.

A ti, Señor, me acojo: | no quede yo nunca defraudado; | tú que eres justo, ponme a salvo; | inclina tu oído hacia mí, | ven aprisa a librarme. R.

Sé la roca de mi refugio, | un baluarte donde me salve, | tú que eres mi roca y mi baluarte | por tu nombre dirígeme y guíame. R.

Haz brillar tu rostro sobre tu siervo, | sálvame por tu misericordia. | Sed fuertes y valientes de corazón, | los que esperáis en el Señor. R.

SEGUNDA LECTURA

El hombre es justificado por la fe, sin las obras de la Ley

LECTURA DE LA CARTA DEL APOSTOL
SAN PABLO A LOS ROMANOS   3, 21-25a.28

Hermanos: Ahora, la justicia de Dios, atestiguada por la Ley y los Profetas, se ha manifestado independiente de la ley. Por la fe en Jesucristo viene la justicia de Dios a todos los que creen, sin distinción alguna. Pues todos pecaron y todos están privados de la gloria de Dios, y son justificados gratuitamente por su gracia, mediante la redención de Cristo Jesús, a quien constituyó sacrificio de propiación mediante la fe en su sangre. Sostenemos, pues, que el hombre es justificado por la fe, sin las obras de la Ley.

Palabra de Dios.

ALELUYA   Jn 15, 5

Yo soy la vid, vosotros los sarmientos —dice el Señor—, el que permanece en mí y yo en él, ése da fruto abundante.

EVANGELIO

La casa edificada sobre roca y la casa edificada sobre arena

✠ LECTURA DEL S. EVANGELIO SEGUN
SAN MATEO   7, 21-27

En aquel tiempo, dijo Jesús a sus discípulos: «No todo el que me dice 'Señor, Señor' entrará en el Reino de los Cielos, sino el que cumple la voluntad de mi Padre que está en el cielo. Aquel día muchos dirán: 'Señor, Señor, ¿no hemos profetizado en tu nombre, y en tu nombre echado demonios, y no hemos he-

cho en tu nombre muchos milagros?' Yo entonces les declararé:
'Nunca os he conocido. Alejaos de mí, malvados'. El que escucha estas palabras mías y las pone en práctica se parece a aquel
hombre prudente que edificó su casa sobre roca. Cayó la lluvia,
se salieron los ríos, soplaron los vientos y descargaron contra la
casa; pero no se hundió, porque estaba cimentada sobre roca.

El que escucha estas palabras mías y no las pone en práctica
se parece a aquel hombre necio que edificó su casa sobre arena.
Cayó la lluvia, se salieron los ríos, soplaron los vientos y rompieron contra la casa, y se hundió totalmente.»

Palabra del Señor.

Se dice «*Credo*».

CICLO B (Años 1991, 1994, 1997, 2000, 2003, 2006)

El tercer mandamiento de la Ley mosaica estaba en pleno vigor en tiempo de Jesús, y aun ahora la observancia del descanso
sabático es una de las principales notas del judaísmo; la lectura
del Deuteronomio explica los motivos religiosos y la enseñanza
que conlleva este precepto (1) que los cristianos hemos transferi-
do al primer día de la semana, nuestro domingo o «día del Señor», en memoria del día de la resurrección y aparición de Jesucristo. Pero la fiesta cristiana no tiene la rigidez de la israelita,
porque Jesús demostró con su libertad de acción que el mandamiento no podía ser un fin en sí mismo, sino una pedagogía para
el hombre (3).

Pablo muestra los sufrimientos asumidos con la tarea apostólica y la finalidad por la que los soporta; dar conocer la gloria
de Dios. La vida del apóstol está en plena sintonía con el Misterio Pascual de Cristo, participando en su muerte para llegar a
la vida eterna (2).

PRIMERA LECTURA

Recuerda que fuiste esclavo de Egipto

LECTURA DEL LIBRO DEL
DEUTERONOMIO
5, 12-15

Así dice el Señor: «Guarda el día del sábado santificándolo, como el Señor tu Dios te ha mandado. Durante seis días puedes trabajar y hacer tus tareas; pero el día séptimo es día de descanso dedicado al Señor tu Dios. No haréis trabajo alguno, ni tú, ni tu hijo, ni tu hija, ni tu esclavo, ni tu esclava, ni tu buey, ni tu asno, ni tu ganado, ni tu forastero que resida en tus ciudades: para que descansen como tú el esclavo y la esclava. Recuerda que fuiste esclavo en Egipto y que te sacó de allí el Señor tu Dios con mano fuerte y con brazo extendido. Por eso te manda el Señor tu Dios guardar el día del sábado.»

Palabra de Dios.

SALMO RESPONSORIAL 80

R. **Aclamad a Dios, nuestra fuerza.**

Acompañad, tocad los panderos, | las cítaras templadas y las arpas; | tocad la trompeta por la luna nueva, | por la luna llena, que es nuestra fiesta. R.

Porque es una ley de Israel, | un precepto del Dios de Jacob, | una norma establecida para José, | al salir de la tierra de Egipto. R.

Oigo un lenguaje desconocido: | —Retiré sus hombros de la carga, | y sus manos dejaron la espuerta, | clamaste en la aflicción y te libré. R.

No tendrás un dios extraño, | no adorarás un dios extranjero. | Yo soy el Señor Dios tuyo, | que te saqué del país de Egipto. R.

La vida de Jesús se manifiesta en vuestra carne mortal

LECTURA DE LA SEGUNDA CARTA DEL APOSTOL SAN PABLO A LOS CORINTIOS

4, 6-11

Hermanos: El Dios que dijo: «Brille la luz del seno de la tiniebla» ha brillado en nuestros corazones, para que nosotros iluminemos, dando a conocer la gloria de Dios, reflejada en Cristo. Este tesoro lo llevamos en vasijas de barro, para que se vea que una fuerza extraordinaria es de Dios y no proviene de nosotros. Nos aprietan por todos lados, pero no nos aplastan; estamos apurados, pero no desesperados; acosados, pero no abandonados; nos derriban, pero no nos rematan; en toda ocasión y por todas partes llevamos en el cuerpo la muerte de Jesús, para que también la vida de Jesús se manifieste en nuestro cuerpo. Mientras vivimos, continuamente nos están entregando a la muerte, por causa de Jesús; para que también la vida de Jesús se manifieste en nuestra carne mortal.

Palabra de Dios.

ALELUYA   Jn 17, 17ba

Tu palabra, Señor, es verdad. Conságranos en la verdad.

EVANGELIO

El Hijo del Hombre es Señor también del sábado

✠ LECTURA DEL S. EVANGELIO SEGUN SAN MARCOS

2, 23—3, 6

El texto entre [ ] puede omitirse.

Un sábado atravesaba el Señor un sembrado; mientras andaban, los discípulos iban arrancando espigas. Los fariseos le dijeron: «Oye, ¿por qué hacen en sábado lo que no está permitido?» El les respondió: «¿No habéis leído nunca lo que hizo David, cuando él y sus hombres se vieron faltos y con hambre? Entró en la casa de Dios, en tiempo del sumo sacerdote Abiatar, comió de los panes presentados, que sólo pueden comer los sacerdotes, y les dio también a sus compañeros.» Y añadió: «El sábado se hizo para el hombre y no el hombre para el sábado; así que el Hijo del Hombre es Señor también del sábado.» [Entró otra vez en la sinagoga y había allí un hombre con parálisis en un brazo. Estaban al acecho, para ver si curaba en sábado y acusarlo... Jesús le dijo al que tenía la parálisis: «Levántate y ponte ahí en medio.» Y a ellos les preguntó: «¿Qué está permitido en sábado?, ¿hacer lo bueno o lo malo?, ¿salvarle la vida a un hombre o dejarlo morir?» Se quedaron callados. Echando en torno una mirada de ira y dolido de su obstinación, le dijo al hombre: «Extiende el brazo.» Lo extendió y quedó restablecido. En cuanto salieron de la sinagoga, los fariseos se pusieron a planear con los herodianos el modo de acabar con él.]

Palabra del Señor.

Se dice «Credo».

CICLO C (Años 1989, 1992, 1995, 1998, 2001, 2004)

Acabado el primer discurso de Jesús en san Lucas, se presenta la narración de dos milagros que lo muestran como Salvador universal que tenía que venir al mundo. La curación a distancia del criado del centurión es tan portentosa como la fe sin reticencias de aquel extranjero, que asombra a Jesús (3). Han llegado los tiempos vaticinados en el A.T., en textos como la oración de dedicación del templo de Jerusalén, cuando los gentiles se acerquen al Dios de Israel para suplicarle (1); Yaweh les atendería, como Jesús al centurión romano.

Comienza la lectura de la carta de san Pablo a los Gálatas, escrita hacia el año 54-55 d.C., antes de la carta a los Romanos, de la que es como un esbozo en clave polémica y apasionada (2).

Cuando venga un extranjero, escúchalo

LECTURA DEL LIBRO PRIMERO DE LOS REYES

8, 41-43

En aquellos días, Salomón oró en el templo diciendo: «Los extranjeros oirán hablar de tu nombre famoso, de tu mano poderosa, de tu brazo extendido. Cuando uno de ellos, no israelita, venga de un país extranjero, atraído por tu nombre, para rezar en este templo, escúchale tú desde el cielo, tu morada, y haz lo que te pide el extranjero. Así te reconocerán y te temerán todos los pueblos de la tierra, lo mismo que tu pueblo Israel; y sabrán que este templo, que he construido, está dedicado a tu nombre.»

Palabra de Dios.

SALMO RESPONSORIAL 116

R **Id al mundo entero | y predicad el Evangelio** (o Aleluya.)
Cf. Mc 16, 15

Alabad al Señor todas las naciones, | aclamadlo, todos los pueblos. R.
Firme es su misericordia con nosotros, | su fidelidad dura por siempre. R.

SEGUNDA LECTURA

Si siguiera agradando a los hombres, no sería servidor de Cristo

COMIENZO DE LA CARTA DEL APOSTOL SAN PABLO A LOS GALATAS

1, 1-2.6-10

Yo, Pablo, enviado no de hombres, nombrado Apóstol no por un hombre, sino por Jesucristo y por Dios Padre que lo resucitó, y conmigo todos los hermanos, escribimos a las Iglesias de Galacia.

Me sorprende que tan pronto hayáis abandonado al que os llamó por amor a Cristo, y os hayáis pasado a otro evangelio.

No es que haya otro evangelio, lo que pasa es que algunos os turban para volver del revés el evangelio de Cristo. Pues bien, si alguien os predica un evangelio distinto del que os hemos predicado —seamos nosotros mismos o un ángel del cielo—, ¡sea maldito! Os lo dije antes y os lo repito ahora: Si alguien os predica un evangelio distinto del que habéis recibido, ¡sea maldito! Cuando digo esto, ¿busco la aprobación de los hombres o la de Dios?, ¿trato de agradar a los hombres? Si siguiera agradando a los hombres, no sería siervo de Cristo.

Palabra de Dios.

ALELUYA   Jn 3, 16

Tanto amó Dios al mundo que entregó a su Hijo único. Todo el que cree en El, tiene vida eterna.

EVANGELIO
Ni en Israel he encontrado tanta fe

✠ LECTURA DEL S. EVANGELIO SEGUN SAN LUCAS
                                                                        7, 1-10

En aquel tiempo, cuando terminó Jesús de hablar a la gente, entró en Cafarnaún. Un centurión tenía enfermo, a punto de morir, a un criado a quien estimaba mucho. Al oír hablar de Jesús, le envió unos ancianos de los judíos, para rogarle que fuera a curar a su criado. Ellos, presentándose a Jesús, le rogaban encarecidamente: «Merece que se lo concedas, porque tiene afecto a nuestro pueblo y nos ha construido la sinagoga.» Jesús se fue con ellos. No estaba lejos de la casa, cuando el centurión le envió unos amigos a decirle: «Señor, no te molestes; no soy yo quién para que entres bajo mi techo; por eso tampoco me creí digno de venir personalmente. Dilo de palabra, y mi criado quedará sano. Porque yo también vivo bajo disciplina y tengo soldados a mis órdenes, y le digo a uno: 'vé', y va; al otro: 'ven', y viene; y a mi criado: 'haz esto', y lo hace.» Al oír esto, Jesús se admiró de él, y, volviéndose a la gente que lo seguía, dijo: «Os digo que ni en Israel he encontrado tanta fe.» Y al volver a casa, los enviados encontraron al siervo sano.

Palabra del Señor.

Se dice «Credo».

DECIMO DOMINGO
DEL TIEMPO ORDINARIO

ANTIFONA DE ENTRADA   Sal 26, 1-2

El Señor es mi luz y mi salvación: ¿a quién temeré? El Señor es la defensa de mi vida: ¿quién me hará temblar? Ellos, mis enemigos y adversarios, tropiezan y caen.

ORACION COLECTA

Oh Dios, fuente de todo bien, escucha sin cesar nuestras súplicas; y concédenos, inspirados por ti, pensar lo que es recto y cumplirlo con tu ayuda. Por nuestro Señor.

ORACION SOBRE LAS OFRENDAS

Mira complacido, Señor, nuestro humilde servicio, para que esta ofrenda te sea agradable y nos haga creer en el amor. Por Jesucristo.

ANTIFONA DE COMUNION   Sal 17, 3

Señor, mi roca, mi alcázar, mi libertador,
Dios mío, peña mía.

o bien: 1 Jn 4, 16

Dios es amor, y quien permanece en el amor permanece en Dios y Dios en él.

ORACION DESPUES DE LA COMUNION

Padre de misericordia, que la fuerza curativa de tu Espíritu
en este sacramento cure nuestras maldades y nos conduzca por el
camino del bien. Por Jesucristo.

CICLO A (Años 1990, 1993, 1996, 1999, 2002, 2005)

La cita del profeta Oseas: «Quiero misericordia y no sacrificios» (1), resume lo mejor del mensaje del A.T. y fue recordada
por Jesús cuando lo criticaron por acercarse a los pecadores «oficiales» y comer con ellos, como en la fiesta que siguió a la vocación del recaudador o publicano Mateo, futuro apóstol. Paso a
paso Jesús se va distanciando de las formas religiosas vigentes y
se inicia la oposición que lo llevará a la muerte (3).

San Pablo ilustra su enseñanza sobre la justificación por la fe
con el ejemplo de Abrahán. La fe del Padre de los creyentes no
era sólo adherirse mentalmente a unas ideas, sino también confiar
y esperar sin reparos en el poder de Dios para cumplir sus promesas. Nosotros seremos justificados por la fe en el Misterio
Pascual de Cristo muerto y resucitado, en el que confiamos también participar (2).

PRIMERA LECTURA

Quiero misericordia y no sacrificios

LECTURA DEL LIBRO DE OSEAS

6, 3-6

Esforcémonos por conocer al Señor: su amanecer es como la
aurora y su sentencia surge como la luz. Bajará sobre nosotros
como lluvia temprana, como lluvia tardía que empapa la tierra.
«¿Qué haré de ti, Efraín? ¿Qué haré de ti, Judá? Vuestra misericordia es como nube mañanera, como rocío de madrugada que
se evapora. Por eso os herí por medio de profetas, os condené

con las palabras de mi boca. Porque quiero misericordia y no sacrificios, conocimiento de Dios más que holocaustos.»

Palabra de Dios.

SALMO RESPONSORIAL 49

℞ **Al que sigue buen camino, | le haré ver la salvación de Dios.**

El Dios de los dioses, el Señor habla: | convoca la tierra de Oriente a Occidente. | No te reprocho tus sacrificios, | pues siempre están tus holocaustos ante mí. ℞

Si tuviera hambre no te lo diría, | pues el orbe y cuanto lo llena es mío. | ¿Comeré yo carne de toros, beberé sangre de cabritos? ℞

Ofrece a Dios un sacrificio de alabanza, | cumple tus votos al Altísimo | e invócame el día del peligro, | yo te libraré y tú me darás gloria. ℞

SEGUNDA LECTURA

Fue confortado en la fe por la gloria dada a Dios

LECTURA DE LA CARTA DEL APOSTOL
SAN PABLO A LOS ROMANOS
4, 18-25

Hermanos: Abrahán, apoyado en la esperanza, creyó, contra toda esperanza, que llegaría a ser padre de muchas naciones, según lo que se le había dicho: «Así será tu descendencia». No vaciló en la fe, aun dándose cuenta de que su cuerpo estaba medio muerto —tenía unos cien años— y estéril el seno de Sara. Ante la promesa no fue incrédulo, sino que se hizo fuerte en la fe por la gloria dada a Dios al persuadirse de que Dios es capaz de hacer lo que promete, por lo cual le fue computado como justicia. Y no sólo por él está escrito: «le fue computado», sino también por nosotros a quienes se computará si creemos en el que resucitó de entre los muertos, nuestro Señor Jesús, que fue entregado por nuestros pecados y resucitado para nuestra justificación.

Palabra de Dios.

ALELUYA   Lc 4, 18-19

El Señor me ha enviado para anunciar el Evangelio, para anunciar a los cautivos la libertad.

EVANGELIO

No he venido a llamar a los justos, sino a los pecadores

✠ LECTURA DEL S. EVANGELIO SEGUN
SAN MATEO   9, 9-13

En aquel tiempo, vio Jesús a un hombre llamado Mateo sentado al mostrador de los impuestos, y le dijo: «Sígueme.» El se levantó y lo siguió. Y estando en la mesa en casa de Mateo, muchos publicanos y pecadores, que habían acudido, se sentaron con Jesús y sus discípulos. Los fariseos, al verlo, preguntaron a los discípulos: «¿Cómo es que vuestro maestro come con publicanos y pecadores?» Jesús lo oyó y dijo: «No tienen necesidad de médico los sanos, sino los enfermos. Andad, aprended lo que significa 'misericordia quiero y no sacrificios': que no he venido a llamar a los justos, sino a los pecadores.»

Palabra del Señor.

Se dice «Credo».

CICLO B (Años 1991, 1994, 1997, 2000, 2003, 2006)

El evangelio de Marcos entra en la fase de controversias acerca de Jesús. Si el domingo pasado se criticaba su libertad hacia el sábado, en éste se le acusa de loco e incluso de endemoniado; éste es el «pecado contra el Espíritu Santo» que actúa en Jesús, culpa que es imperdonable porque impide acercarse a Cristo como Salvador. Sin embargo Jesús es el nuevo Adán, origen de una nueva familia humana a partir de la fe (3), restaurador de la ruina del pecado original, y elegido entre la descendencia de los primeros padres para aplastar el poder de Satanás (1).

El apóstol, en la presentación de sus trabajos a los Corintios, hace una magnífica exposición del Misterio Pascual de Jesucristo, refiriéndolo a sí mismo, en un texto fundamental para la fe cristiana en la resurrección de los muertos, con expresiones recogidas en la liturgia de las exequias (2).

PRIMERA LECTURA

Establezco hostilidades entre ti y la mujer, entre tu estirpe y la suya

LECTURA DEL LIBRO DEL GENESIS   3, 9-15

Después que Adán comió del árbol, el Señor lo llamó: «¿Dónde estás?» El contestó: «Oí tu ruido en el jardín, me dio miedo, porque estaba desnudo, y me escondí.» El Señor le replicó: «¿Quién te informó de que estabas desnudo?, ¿es que has comido del árbol del que te prohibí comer?» Adán respondió: «La mujer que me diste como compañera me ofreció del fruto y comí.» El Señor Dios dijo a la mujer: «¿Qué es lo que has hecho?» Ella respondió: «La serpiente me engañó y comí.» El Señor Dios dijo a la serpiente: «Por haber hecho eso, serás maldita entre todo el ganado y todas las fieras del campo; te arrastrarás sobre el vientre y comerás polvo toda la vida; establezco hostilidades entre ti y la mujer, entre tu estirpe y la suya; ella te herirá en la cabeza cuando tú la hieras en el talón.»

Palabra de Dios.

SALMO RESPONSORIAL 129

℟ **Del Señor viene la misericordia, | la redención copiosa.**

Desde lo hondo a ti grito, Señor: | Señor, escucha mi voz; | estén tus oídos atentos | a la voz de mi súplica. ℟.

Si llevas cuenta de los delitos, Señor, | ¿quién podrá resistir? | Pero de ti procede el perdón | y así infundes respeto. ℟.

Mi alma espera en el Señor, | espera en su palabra; | mi alma aguarda al Señor, | más que el centinela la aurora. ℟.

Aguarde Israel al Señor, | como el centinela la aurora; | porque del Señor viene la misericordia, | la redención copiosa; | y él redimirá a Israel | de todos sus delitos. ℟.

SEGUNDA LECTURA

Creemos y por eso hablamos

LECTURA DE LA SEGUNDA CARTA DEL APOSTOL SAN PABLO A LOS CORINTIOS   4, 13—5, 1

Hermanos: Teniendo el mismo espíritu de fe, según lo que está escrito: «Creí, por eso hablé», también nosotros creemos y por eso hablamos; sabiendo que quien resucitó al Señor Jesús, también con Jesús nos resucitará y nos hará estar con vosotros. Todo es para vuestro bien. Cuantos más reciban la gracia, mayor será el agradecimiento para gloria de Dios. Por eso no nos desanimemos. Aunque nuestra condición física se vaya deshaciendo, nuestro interior se renueva día a día. Y una tribulación pasajera y liviana produce un inmenso e incalculable tesoro de gloria. No nos fijamos en lo que se ve, sino en lo que no se ve. Lo que se ve, es transitorio; lo que no se ve, es eterno. Si se destruye este nuestro tabernáculo terreno, tenemos un sólido edificio construido por Dios, una casa que no ha sido levantada por mano de hombre y que tiene una duración eterna en los cielos.

Palabra de Dios.

ALELUYA   Jn 12, 31b-32

Ahora el príncipe de este mundo va a ser echado fuera, —dice el Señor— y yo cuando sea levantado de la tierra, atraeré a todos hacia mí.

EVANGELIO

Satanás no puede subsistir

✠ LECTURA DEL S. EVANGELIO SEGUN
SAN MARCOS   3, 20-35

En aquel tiempo volvió Jesús a casa y se juntó tanta gente, que no los dejaban ni comer. Al enterarse su familia, vinieron a llevárselo, porque decían que no estaba en sus cabales. Unos letrados de Jerusalén decían: «Tiene dentro a Belzebú y expulsa a los demonios con el poder del jefe de los demonios.» El los invitó a acercarse y les puso estas comparaciones: «¿Cómo va a echar Satanás a Satanás? Un reino en guerra civil, no puede subsistir; una familia dividida, no puede subsistir. Si Satanás se rebela contra sí mismo, para hacerse la guerra, no puede subsistir, está perdido. Nadie puede meterse en casa de un hombre forzudo para arramblar con su ajuar, si primero no lo ata; entonces podrá arramblar con la casa. Creedme, todo se les podrá perdonar a los hombres: los pecados y cualquier blasfemia que digan; pero el que blasfeme contra el Espíritu Santo, no tendrá perdón jamás, cargará con su pecado para siempre.» Se refería a los que decían que tenía dentro un espíritu inmundo.

Llegaron su madre y sus hermanos, y desde fuera lo mandaron llamar. La gente que tenía sentada alrededor le dijo: «Mira, tu madre y tus hermanos están fuera y te buscan.» Les contestó: «¿Quiénes son mi madre y mis hermanos?» Y paseando la mirada por el corro, dijo: «Estos son mi madre y mis hermanos. El que cumple la voluntad de Dios, ése es mi hermano y mi hermana y mi madre.»

Palabra del Señor.

Se dice «Credo».

CICLO C (Años 1989, 1992, 1995, 1998, 2001, 2004)

El poder de Cristo Salvador alcanza también a la muerte. La resurrección del joven de Naín acredita a Jesús como «el que ha-

bía de venir» en el mensaje dirigido al Bautista encarcelado (Lc
7,22): «los muertos resucitan». El Señor hizo también ese milagro movido por la compasión y la misericordia que le caracteri-
zan especialmente en el Evangelio de Lucas (3); la libertad soberana con que actuaba contrasta con el trabajoso esfuerzo del profeta Elías para hacer revivir a otro hijo de una viuda (1); Jesús
recuerda a Elías, pero es mucho más que él.

Pablo se presenta a los Gálatas haciendo constar el origen divino de su evangelio, la buena noticia de la justificación por la
fe, sin las obras de la Ley de Moisés, aprobado por los jefes de
la Iglesia de Jerusalén y en especial por Pedro (2).

PRIMERA LECTURA
Tu hijo está vivo

LECTURA DEL LIBRO PRIMERO DE LOS REYES

17, 17-24

En aquellos días cayó enfermo el hijo de la señora de la casa.
La enfermedad era tan grave que se quedó sin respiración. Entonces la mujer dijo a Elías: «¿Qué tienes tú que ver conmigo?,
¿has venido a mi casa para avivar el recuerdo de mis culpas y hacer morir a mi hijo?» Elías respondió: «Dame a tu hijo.» Y tomándolo de su regazo, lo subió a la habitación donde él dormía
y lo acostó en su cama. Luego invocó al Señor: «Señor, Dios
mío, ¿también a esta viuda que me hospeda la vas a castigar haciendo morir a su hijo?» Después se echó tres veces sobre el
niño, invocando al Señor: «Señor, Dios mío, que vuelva al niño
la respiración.» El Señor escuchó la súplica de Elías: al niño le
volvió la respiración y revivió. Elías tomó al niño, lo llevó al
piso bajo y se lo entregó a su madre diciendo: «Mira, tu hijo está
vivo.» Entonces la mujer dijo a Elías: «Ahora reconozco que
eres un hombre de Dios y que la palabra del Señor en tu boca
es verdad.»

Palabra de Dios.

SALMO RESPONSORIAL 29

℟ **Te ensalzaré, Señor, | porque me has librado.**

Te ensalzaré, Señor, porque me has librado, | y no has deja-
do que mis enemigos se rían de mí. | Señor, sacaste mi vida del
abismo, | me hiciste revivir cuando bajaba a la fosa. ℟.

Tañed para el Señor, fieles suyos, | dad gracias a su nombre
santo; | su cólera dura un instante, | su bondad, de por vida. ℟.

Escucha, Señor, y ten piedad de mí, | Señor, socórreme. |
Cambiaste mi luto en danzas, | Señor, Dios mío, te daré gracias
por siempre. ℟.

SEGUNDA LECTURA

*Se dignó revelar a su Hijo en mí, para que yo lo anunciara a los
gentiles*

LECTURA DE LA CARTA DEL APOSTOL
SAN PABLO A LOS GALATAS   1, 11-19

Os notifico hermanos: que el evangelio anunciado por mí no
es de origen humano; yo no lo he recibido ni aprendido de ningún hombre, sino por revelación de Jesucristo. Habéis oído hablar de mi conducta pasada en el judaísmo: con qué saña perseguía a la Iglesia de Dios y la asolaba, y me señalaba en el judaísmo más que muchos de mi edad y de mi raza, como partidario
fanático de las tradiciones de mis antepasados. Pero cuando
Aquel que me escogió desde el seno de mi madre y me llamó a
su gracia, se dignó revelar a su Hijo en mí, para que yo lo anunciara a los gentiles, en seguida, sin consultar con hombres, sin
subir a Jerusalén a ver a los Apóstoles anteriores a mí, me fui a
Arabia, y después volví a Damasco. Más tarde, pasados tres
años, subí a Jerusalén para conocer a Pedro, y me quedé quince
días con él. Pero no vi a ningún otro Apóstol excepto a Santiago, el pariente del Señor.

Palabra de Dios.

ALELUYA   Lc 7, 16

Un gran Profeta ha surgido entre nosotros, Dios ha visitado a su pueblo.

EVANGELIO

¡Muchacho, a ti te lo digo, levántate!

✝ LECTURA DEL S. EVANGELIO SEGUN
SAN LUCAS   7, 11-17

En aquel tiempo, iba Jesús camino de una ciudad llamada Naím, e iban con él sus discípulos y mucho gentío. Cuando estaba cerca de la ciudad, resultó que sacaban a enterrar a un muerto, hijo único de su madre, que era viuda; y un gentío considerable de la ciudad la acompañaba. Al verla el Señor, le dio lástima y le dijo: «No llores.» Se acercó al ataúd (los que lo llevaban se pararon) y dijo: «¡Muchacho, a ti te lo digo, levántate!» El muerto se incorporó y empezó a hablar y Jesús se lo entregó a su madre. Todos, sobrecogidos, daban gloria a Dios diciendo: «Un gran Profeta ha surgido entre nosotros. Dios ha visitado a su pueblo.» La noticia del hecho se divulgó por toda la comarca y por Judea entera.

Palabra del Señor.

Se dice «Credo».

UNDECIMO DOMINGO
DEL TIEMPO ORDINARIO

ANTIFONA DE ENTRADA   Sal 26, 7.9

Escúchame, Señor, que te llamo. Tú eres mi auxilio; no me deseches, no me abandones, Dios de mi salvación.

ORACION COLECTA

Oh Dios, fuerza de los que en ti esperan, escucha nuestras súplicas; y pues el hombre es frágil y sin ti nada puede, concédenos la ayuda de tu gracia para guardar tus mandamientos y agradarte con nuestras acciones y deseos. Por nuestro Señor.

ORACION SOBRE LAS OFRENDAS

Tú nos has dado, Señor, por medio de estos dones que te presentamos, el alimento del cuerpo y el sacramento que renueva nuestro espíritu; concédenos con bondad que siempre gocemos del auxilio de estos dones. Por Jesucristo nuestro Señor.

ANTIFONA DE COMUNION
Sal 26, 4

Una cosa pido al Señor, eso buscaré; habitar en la casa del Señor por los días de mi vida.

o bien:
Jn 17, 11

Padre Santo: guárdalos en tu nombre a los que me has dado, para que sean uno como nosotros, dice el Señor.

ORACION DESPUES DE LA COMUNION

Que esta comunión de tus misterios, Señor, expresión de nuestra unión contigo, realice la unidad en tu Iglesia. Por Jesucristo nuestro Señor.

CICLO A (Años 1990, 1993, 1996, 1999, 2002, 2005)

La institución de los doce discípulos como apóstoles, enviados, tiene carácter fundacional de un nuevo Pueblo de Dios, del que aquéllos serán como los patriarcas de las doce tribus de Israel. El Reino de los Cielos está cerca y la salvación alcanza a los cuerpos y las almas de los hombres, pero hacen falta muchos más colaboradores: «La mies es abundante, pero los trabajadores son pocos» (3). Se universalizará después de la resurrección de Jesús la misión dirigida en primer lugar al pueblo elegido por Dios en el Antiguo Testamento (1).

Pablo anuncia el tema fundamental de la carta a los Romanos: los cristianos reconciliados serán salvados, participando en la fe-esperanza de la vida de Cristo resucitado (2).

PRIMERA LECTURA

Seréis para mí un reino de sacerdotes y una nación santa

LECTURA DEL LIBRO DEL EXODO   19, 2-6a

En aquellos días, los israelitas, al llegar al desierto de Sinaí, acamparon allí, frente al monte. Moisés subió hacia Dios. El Señor le llamó desde el monte diciendo: «Así dirás a la casa de Jacob y esto anunciarás a los israelitas: 'Ya habéis visto lo que he hecho con los egipcios y cómo a vosotros os he llevado sobre alas de águila y os he traído a mí. Ahora, pues, si de veras escucháis mi voz y guardáis mi alianza vosotros seréis mi propiedad personal entre todos los pueblos, porque mía es toda la tierra; seréis para mí un reino de sacerdotes y una nación santa'.»

Palabra de Dios.

SALMO RESPONSORIAL 99

℟ **Nosotros somos su pueblo | y ovejas de su rebaño.**

Aclamad al Señor, tierra entera, | servid al Señor con alegría, | entrad en su presencia con vítores. ℟.

Sabed que el Señor es Dios: | que él nos hizo y somos suyos, | su pueblo y ovejas de su rebaño. ℟.

El Señor es bueno, | y su misericordia es eterna, | su fidelidad por todas las edades. ℟.

SEGUNDA LECTURA

Si fuimos reconciliados con Dios por la muerte de su Hijo, con cuánta más razón seremos salvos por su vida

LECTURA DE LA CARTA DEL APOSTOL SAN PABLO A LOS ROMANOS   5, 6-11

Hermanos: Cuando nosotros todavía estábamos sin fuerza, en el tiempo señalado, Cristo murió por los impíos —en verdad, apenas habrá quien muera por un justo; por un hombre de bien tal vez se atreviera uno a morir—; mas la prueba de que Dios nos ama es que Cristo, siendo nosotros todavía pecadores, murió por nosotros. ¡Con cuánta más razón, pues, justificados ahora por su sangre, seremos por él salvos de la cólera! Si cuando éramos enemigos, fuimos reconciliados con Dios por la muerte de su Hijo, ¡con cuánta más razón, estando ya reconciliados, seremos salvos por su vida! Y no sólo eso, sino que también nos gloriamos en Dios, por nuestro Señor Jesucristo, por quien hemos obtenido ahora la reconciliación.

Palabra de Dios.

ALELUYA   Mc 1, 15

Está cerca el reino de Dios:
convertíos y creed en el Evangelio.

EVANGELIO

Llamó a sus doce discípulos y los envió

✠ LECTURA DEL S. EVANGELIO SEGUN
SAN MATEO   9, 36—10, 8

En aquel tiempo, al ver Jesús a las gentes se compadecía de ellas, porque estaban extenuadas y abandonadas, como ovejas que no tienen pastor. Entonces dijo a sus discípulos: «La mies es abundante, pero los trabajadores son pocos; rogad pues, al Señor de la mies que mande trabajadores a su mies.» Llamó a sus Doce discípulos y les dio autoridad para expulsar espíritus inmundos y curar toda enfermedad y dolencia. Estos son los nombres de los Doce apóstoles: el primero, Simón, el llamado Pedro, y su hermano Andrés; Santiago el Zebedeo, y su hermano Juan; Felipe y Bartolomé, Tomás y Mateo el publicano; Santiago el Alfeo y Tadeo; Simón el fanático, y Judas Iscariote, el que lo entregó. A estos Doce los envió Jesús con estas instrucciones: «No vayáis a tierra de paganos ni entréis en las ciudades de Samaría, sino id a las ovejas descarriadas de Israel. Id y proclamad que el Reino de los Cielos está cerca. Curad enfermos, resucitad muertos, limpiad leprosos, arrojad demonios. Lo que gratis habéis recibido, dadlo gratis.»

Palabra del Señor.

Se dice «Credo».

CICLO B (Años 1991, 1994, 1997, 2000, 2003, 2006)

La profecía de Ezequiel referida al resto de Israel, pueblo humilde y reducido al volver del exilio de Babilonia que había de ser hogar de los pueblos poderosos en tiempos del Mesías (1), es aplicada por Jesús al Reino de Dios que él inaugura por medio de la Iglesia, reducida en sus orígenes, pero con vocación de universalidad (3).

Sigue el apóstol mostrando su confianza en la recompensa final que Dios promete a los que le sirven. esta vida es como un destierro que finalizará con el encuentro y la vida junto al Señor; allí espera también el juicio sobre la conducta observada (2).

PRIMERA LECTURA

Ensalcé un árbol humilde

LECTURA DEL LIBRO DE EZEQUIEL   17, 22-24

Así dice el Señor Dios: «Arrancaré una rama del alto cedro y la plantaré. De sus ramas más altas arrancaré una tierna y la plantaré en la cima de un monte elevado; la plantaré en la montaña más alta de Israel, para que eche brotes y dé fruto y se haga un cedro noble. Anidarán en él aves de toda pluma, anidarán al abrigo de sus ramas. Y todos los árboles silvestres sabrán que yo soy el Señor, que humilla los árboles altos y ensalza los árboles humildes, que seca los árboles lozanos y hace florecer los árboles secos. Yo, el Señor, lo he dicho y lo haré.»

Palabra de Dios.

SALMO RESPONSORIAL 91

℟ **Es bueno dar gracias al Señor.**

Es bueno dar gracias al Señor | y tañer para tu nombre, oh Altísimo; | proclamar por la mañana tu misericordia | y por la noche tu fidelidad. ℟.

El justo crecerá como la palmera, | se alzará como cedro del Líbano; | plantado en la casa del Señor, | crecerá en los atrios de nuestro Dios. ℟.

En la vejez seguirá dando fruto | y estará lozano y frondoso; | para proclamar que el Señor es justo, | que en mi Roca no existe la maldad. ℟.

SEGUNDA LECTURA

En destierro o en patria nos esforzamos en agradar a Dios

LECTURA DE LA SEGUNDA CARTA DEL APOSTOL SAN PABLO A LOS CORINTIOS

5, 6-10

Hermanos: Siempre tenemos confianza, aunque sabemos que, mientras vivimos, estamos desterrados lejos del Señor. Caminamos sin verlo, guiados por la fe. Y es tal nuestra confianza, que preferimos desterrarnos del cuerpo y vivir junto al Señor. Por lo cual, en destierro o en Patria, nos esforzamos en agradarle. Porque todos tendremos que comparecer ante el tribunal de Cristo, para recibir premio o castigo por lo que hayamos hecho mientras teníamos este cuerpo.

Palabra de Dios.

ALELUYA

La semilla es la Palabra de Dios, el sembrador Cristo; quien lo encuentra, vive para siempre.

EVANGELIO

Era la semilla más pequeña, pero se hace más alta que las demás hortalizas

✠ LECTURA DEL S. EVANGELIO SEGUN
SAN MARCOS   4, 26-34

En aquel tiempo decía Jesús a las turbas: «El Reino de Dios se parece a un hombre que echa simiente en la tierra. El duerme de noche, y se levanta de mañana; la semilla germina y va creciendo, sin que él sepa cómo. La tierra va produciendo la cosecha ella sola: primero los tallos, luego la espiga, después el grano. Cuando el grano está a punto, se mete la hoz, porque ha llegado la siega.»

Dijo también: «¿Con qué podemos comparar el Reino de Dios? ¿Qué parábola usaremos? Con un grano de mostaza: al sembrarlo en la tierra es la semilla más pequeña, pero después, brota, se hace más alta que las demás hortalizas y echa ramas tan grandes, que los pájaros pueden cobijarse y anidar en ellas.»

Con muchas parábolas parecidas les exponía la Palabra, acomodándose a su entender. Todo se lo exponía con parábolas, pero a sus discípulos se lo explicaba todo en privado.

Palabra del Señor.

Se dice «Credo».

CICLO C (Años 1989, 1992, 1995, 1998, 2001, 2004)

Ya en el Antiguo testamento se creía que Dios estaba dispuesto a perdonar los mayores pecados como el de David, cuando mediaba el arrepentimiento (1). Jesús, sin embargo, se mueve a perdonar movido por el amor hacia él; el perdón es gracia, gratuidad divina, respuesta a la pena por no ser digno del amor infinito de Dios, antes que respuesta al horror por la maldad cometida o al miedo al castigo (3).

La síntesis de la buena noticia anunciada por Pablo es que el cristiano es justificado, esto es, hecho justo, reconciliado y santi-

ficado, por la fe en Cristo muerto y resucitado, participando en
su Misterio Pascual desde el bautismo, y no por cumplir los preceptos de la Ley mosaica, como la circuncisión (2).

PRIMERA LECTURA

El Señor perdona tu pecado. No morirás

LECTURA DEL LIBRO SEGUNDO DE SAMUEL

12, 7-10.13

En aquellos días, dijo Natán a David: «Así dice el Señor
Dios de Israel: Yo te ungí rey de Israel, te libré de las manos de
Saúl, te entregué a la casa de tu señor, puse sus mujeres en tus
brazos, te entregué la Casa de Israel y la de Judá, y por si fuera
poco pienso darte otro tanto. ¿Por qué has despreciado tú la palabra del Señor, haciendo lo que a él le parece mal? Mataste a espada a Urías el hitita y te quedaste con su mujer. Pues, bien, la
espada no se apartará nunca de tu casa; por haberme despreciado, quedándote con la mujer de Urías.» David respondió a Natán: «He pecado contra el Señor.» Y Natán le dijo: «Pues el Señor perdona tu pecado. No morirás.»

Palabra de Dios.

SALMO RESPONSORIAL 31

℟ **Perdona, Señor, | mi culpa y mi pecado.**

Dichoso el que está absuelto de su culpa, | a quien le han se-
pultado su pecado; | dichoso el hombre a quien el Señor | no le
apunta el delito. ℟.

Había pecado, lo reconocí, | no te encubrí mi delito; | propu-
se: «Confesaré al Señor mi culpa», | y tú perdonaste mi culpa y
mi pecado. ℟.

Tú eres mi refugio: me libras del peligro, | me rodeas de can-
tos de liberación. | Alegraos, justos, y gozad con el Señor, |
aclamadlo, los de corazón sincero. ℟.

SEGUNDA LECTURA

No soy yo, es Cristo quien vive en mí

LECTURA DE LA CARTA DEL APOSTOL
SAN PABLO A LOS GALATAS
2, 16.19-21

Hermanos: Sabemos que el hombre no se justifica por cumplir la ley, sino por creer en Cristo Jesús. Por eso hemos creído en Cristo Jesús para ser justificados por la fe de Cristo y no por cumplir la ley. Porque el hombre no se justifica por cumplir la ley. Para la ley yo estoy muerto, porque la ley me ha dado muerte; pero así vivo para Dios. Estoy crucificado con Cristo: vivo yo, pero no soy yo, es Cristo quien vive en mí. Y mientras vivo en esta carne, vivo de la fe en el Hijo de Dios, que me amó hasta entregarse por mí. Yo no anulo la gracia de Dios. Pero si la justificación fuera efecto de la ley, la muerte de Cristo sería inútil.

Palabra de Dios.

ALELUYA
1 Jn 4, 10b

Dios nos amó y nos envió a su Hijo como víctima de propiciación por nuestros pecados.

EVANGELIO

Sus muchos pecados están perdonados, porque tiene mucho amor

✠ LECTURA DEL SANTO EVANGELIO
SEGUN SAN LUCAS
7, 36—8, 3

El texto entre [ ] puede omitirse.

En aquel tiempo, un fariseo rogaba a Jesús que fuera a comer con él. Jesús, entrando en casa del fariseo se recostó a la mesa. Y una mujer de la ciudad, una pecadora, al enterarse de que estaba comiendo en casa del fariseo, vino con un frasco de perfume, y, colocándose detrás junto a sus pies, llorando, se puso a regarle los pies con sus lágrimas, se los enjugaba con sus cabellos, los cubría de besos y se los ungía con el perfume. Al ver esto, el fariseo que lo había invitado, se dijo: «Si éste fuera profeta, sabría quién es esta mujer que lo está tocando y lo que es: una pecadora.» Jesús tomó la palabra y le dijo: «Simón, tengo algo que decirte.» Él respondió: «Dímelo, maestro.» Jesús le dijo: «Un prestamista tenía dos deudores: uno le debía quinientos denarios y el otro cincuenta. Como no tenían con qué pagar, los perdonó a los dos. ¿Cuál de los dos lo amará más?» Simón contestó: «Supongo que aquel a quien le perdonó más.» Jesús le dijo: «Has juzgado rectamente.» Y, volviéndose a la mujer, dijo a Simón: «¿Ves a esta mujer? Cuando yo entré a tu casa, no me pusiste agua para los pies; ella, en cambio, me ha lavado los pies con sus lágrimas y me los ha enjugado con su pelo. Tú no me besaste; ella, en cambio, desde que entró, no ha dejado de besarme los pies. Tú no me ungiste la cabeza con ungüento; ella, en cambio, me ha ungido los pies con perfume. Por eso te digo, sus muchos pecados están perdonados, porque tiene mucho amor: pero al que poco se le perdona, poco ama.» Y a ella le dijo: «Tus pecados están perdonados.» Los demás convidados empezaron a decir entre sí: «¿Quién es éste, que hasta perdona pecados?» Pero Jesús dijo a la mujer: «Tu fe te ha salvado, vete en paz.»

[Más tarde iba caminando de ciudad en ciudad y de pueblo en pueblo predicando la Buena Noticia del Reino de Dios; lo acompañaron los Doce y algunas mujeres que él había curado de malos espíritus y enfermedades: María la Magdalena, de la que habían salido siete demonios; Juana, mujer de Cusa, intendente de Herodes; Susana y otras muchas que la ayudaban con sus bienes.]

Palabra del Señor.

Se dice «Credo».

DUODECIMO DOMINGO
DEL TIEMPO ORDINARIO

ANTIFONA DE ENTRADA
Sal 27, 8-9

El Señor es fuerza para su pueblo, apoyo y salvación para
su Ungido. Salva a tu pueblo y bendice tu heredad, sé su
pastor y llévalos siempre.

ORACION COLECTA

Concédenos vivir siempre, Señor, en el amor y respeto a tu
santo nombre, porque jamás dejas de dirigir a quienes estableces
en el sólido fundamento de tu amor. Por nuestro Señor.

ORACION SOBRE LAS OFRENDAS

Acepta, Señor, este sacrificio de reconciliación y alabanza,
para que, purificados por su poder, te agrademos con la ofrenda
de nuestro amor. Por Jesucristo.

ANTIFONA DE COMUNION
Sal 144, 15

Los ojos de todos te están aguardando, Señor tú les das
la comida a su tiempo.

o bien:
Jn 10, 11.15

Yo soy el Buen Pastor, yo doy mi vida por las ovejas
—dice el Señor.

ORACION DESPUES DE LA COMUNION

Renovados con el Cuerpo y la Sangre de tu Hijo, imploramos de tu bondad, Señor, que cuanto celebramos en cada eucaristía sea para nosotros prenda de salvación. Por Jesucristo nuestro Señor.

CICLO A (Años 1990, 1993, 1996, 1999, 2002, 2005)

Jesús instruye a los apóstoles que había designado, para que tengan valor ante las contradicciones y confianza ante los fracasos. Ellos habrán de dar testimonio, martirio, de Jesucristo ante los hombres (3). No sólo el Mesías habría de cumplir la profecía del siervo de Yawéh, humilde y paciente; también los discípulos continuarán la tradición del justo perseguido por los que rechazan la verdad, pero confortado y salvado por Dios, como en el caso del profeta Jeremías (1).

Entrando en la explicación del tema principal de la carta a los Romanos, Pablo enseña que la nueva vida cristiana produce una triple liberación: de la muerte y el pecado, por la gracia de Cristo, nuevo Adán; del propio «yo» mediante la unión con Cristo, y, finalmente, de la antigua Ley (2).

PRIMERA LECTURA

Libró la vida del pobre de manos de los impíos

LECTURA DEL LIBRO DE JEREMIAS
20, 10-13

Dijo Jeremías: «Oía el cuchicheo de la gente: "pavor en torno". Delatadlo, vamos a delatarlo, mis amigos acechaban mis traspiés. A ver si se deja seducir y lo violaremos, lo cogeremos y nos vengaremos de él. Pero el Señor está conmigo, como fuerte soldado; mis enemigos tropezarán y no podrán conmigo. Se avergonzarán de su fracaso con sonrojo eterno que no se olvidará. Señor de los Ejércitos, que examinas al justo y sondeas lo íntimo del corazón, que yo vea la venganza que tomas de ellos, porque a ti encomendé mi causa. Cantad al Señor, alabad al Señor, que libró la vida del pobre de manos de los impíos.»

Palabra de Dios.

SALMO RESPONSORIAL 68

℟ **Que me escuche tu gran bondad, Señor.**

Por ti he aguantado afrentas, | la vergüenza cubrió mi rostro. | Soy un extraño para mis hermanos, | un extranjero para los hijos de mi madre, | porque me devora el celo de tu templo, | y las afrentas con que te afrentan caen sobre mí. ℞.

Pero mi oración se dirige a ti, | Dios mío, el día de tu favor; | que me escuche tu gran bondad, | que tu fidelidad me ayude. | Respóndeme, Señor, con la bondad de tu gracia; | por tu gran compasión vuélvete hacia mí. ℞.

Miradlo los humildes y alegraos, | buscad al Señor y vivirá vuestro corazón. | Que el Señor escucha a sus pobres, | no desprecia a sus cautivos. | Alábenlo el cielo y la tierra, | las aguas y cuanto bulle en ellas. ℞.

SEGUNDA LECTURA

El don no se puede comparar con la caída

LECTURA DE LA CARTA DEL APOSTOL
SAN PABLO A LOS ROMANOS

                                                            5, 12-15

Hermanos: Lo mismo que por un hombre entró el pecado en el mundo y por el pecado la muerte, y así la muerte pasó a todos los hombres porque todos pecaron. Porque, aunque antes de la ley había pecado en el mundo, el pecado no se imputaba porque no había ley. Pues a pesar de eso, la muerte reinó desde Adán hasta Moisés, incluso sobre los que no habían pecado con un delito como el de Adán, que era figura del que había de venir. Sin embargo, no hay proporción entre el delito y el don: si por la culpa de uno murieron todos, mucho más, la gracia otorgada por Dios, el don de la gracia que correspondía a un solo hombre, Jesucristo, sobró para la multitud.

Palabra de Dios.

ALELUYA   Jn 15, 26b.27a

El Espíritu de la Verdad dará testimonio de mí, —dice el Señor—. y también vosotros daréis testimonio.

EVANGELIO

No tengáis miedo a los que matan el cuerpo

✤ LECTURA DEL S. EVANGELIO SEGUN
SAN MATEO   10, 26-33

En aquel tiempo dijo Jesús a sus apóstoles: «No tengáis miedo a los hombres porque nada hay cubierto que no llegue a descubrirse; nada hay escondido que no llegue a saberse. Lo que os
digo de noche decidlo en pleno día, y lo que os digo al oído pregonadlo desde la azotea. No tengáis miedo a los que matan el
cuerpo, pero no pueden matar el alma. No; temed al que puede
destruir con el fuego alma y cuerpo. ¿No se venden un par de
gorriones por unos cuartos? y, sin embargo, ni uno solo cae al
suelo sin que lo disponga vuestro Padre. Pues vosotros hasta los
cabellos de la cabeza tenéis contados. Por eso, no tengáis miedo,
no hay comparación entre vosotros y los gorriones. Si uno se
pone de mi parte ante los hombres, yo también me pondré de su
parte ante mi Padre del cielo. Y si uno me niega ante los hombres, yo también lo negaré ante mi Padre del cielo.»

Palabra del Señor.

Se dice «Credo».

CICLO B (Años 1991, 1994, 1997, 2000, 2003, 2006)

La primera lectura y el salmo responsorial muestran el temor
que inspiraba a los antiguos el mar tempestuoso que, sin embargo, no dejaba de ser una criatura de Dios, sujeta a su poder (1).
Así Jesús pudo calmar la tempestad con su poder divino; se trata
también de una imagen de la Iglesia, pequeña nave zarandeada
por la historia, que transporta la presencia latente pero eficaz del
Señor (3).

Pablo confiesa que en el pasado había juzgado a Cristo a partir de referencias y aspectos meramente exteriores y lo había per-

seguido en su Iglesia, pero ahora lo considera sólo a la luz de la revelación que había recibido en su conversión. La redención de Jesús cambia radicalmente a los que se dejan influenciar por ella (2).

PRIMERA LECTURA
Aquí se romperá la arrogancia de tus olas

LECTURA DEL LIBRO DE JOB   38, 1.8-11

El Señor habló a Job desde la tormenta: ¿Quién cerró el mar con una puerta, cuando salía impetuoso del seno materno, cuando le puse nubes por mantillas y niebla por pañales, cuando le impuse un límite con puertas y cerrojos, y le dije: «Hasta aquí llegarás y no pasarás, aquí se romperá la arrogancia de tus olas»?

Palabra de Dios.

SALMO RESPONSORIAL 106

R. **Dad gracias al Señor, | porque es eterna su misericordia (o, Aleluya.)**

Entraron en naves por el mar | comerciando por las aguas inmensas. | Contemplaron las obras de Dios, | sus maravillas en el océano. R.

El habló y levantó un viento tormentoso, | que alzaba las olas a lo alto; | subían al cielo, bajaban al abismo, | el estómago revuelto por el mareo. R.

Pero gritaron al Señor en su angustia, | y los arrancó de la tribulación. | Apaciguó la tormenta en suave brisa, | y enmudecieron las olas del mar. R.

Se alegraron de aquella bonanza, | y él los condujo al ansiado puerto. | Den gracias al Señor por su misericordia, | por las maravillas que hace con los hombres. R.

SEGUNDA LECTURA

Lo viejo ha pasado, ha llegado lo nuevo

LECTURA DE LA SEGUNDA CARTA DEL APOSTOL SAN PABLO A LOS CORINTIOS   5, 14-17

Hermanos: Nos apremia el amor de Cristo, al considerar que, si uno murió por todos, todos murieron. Cristo murió por todos, para que los que viven, ya no vivan para sí, sino para el que murió y resucitó por ellos. Por tanto, no valoramos a nadie por criterios humanos. Si alguna vez juzgamos a Cristo según tales criterios, ahora ya no. El que vive con Cristo, es una creatura nueva. Lo viejo ha pasado, lo nuevo ha comenzado.

Palabra de Dios.

ALELUYA   Lc 7, 16

Un gran Profeta ha surgido entre nosotros. Dios ha visitado a su pueblo.

EVANGELIO

¿Quién es éste, a quien hasta el viento y las aguas le obedecen?

✠ LECTURA DEL S. EVANGELIO SEGUN SAN MARCOS   4, 35-40

Un día, al atardecer, dijo Jesús a sus discípulos: «Vamos a la otra orilla.» Dejando a la gente, se lo llevaron en barca, como estaba; otras barcas lo acompañaban. Se levantó un fuerte huracán y las olas rompían contra la barca hasta casi llenarla de agua. El estaba a popa, dormido sobre un almohadón. Lo despertaron diciendo: «Maestro, ¿no te importa que nos hundamos?» Se puso en pie, increpó al viento y dijo al lago: «¡Silencio, cállate!» El viento cesó y vino una gran calma. El les dijo: «¿Por qué sois tan cobardes? ¿Aún no tenéis fe?» Se quedaron espantados y se decían unos a otros: «¿Pero, quién es éste? ¡Hasta el viento y las aguas le obedecen!»

Palabra del Señor.

Se dice «Credo».

CICLO C (Años 1989, 1992, 1995, 1998, 2001, 2004)

Tras la primera etapa de la vida pública de Jesús, consistente en su manifestación con palabras y obras, el Señor fue tomado por la gente como un profeta reencarnado; Pedro, sin embargo, lo confiesa como el Mesías de Dios. Jesús ordena entonces a los doce el llamado «secreto mesiánico», porque solamente podrá ser comprendida su misión luego de sufrir la muerte (3). Cristo en la cruz será el primogénito traspasado por la lanza, fuente de gracia y de clemencia (1).

Comienza la parte de la carta a los Gálatas dedicada a comentar pasajes del A.T. desde la nueva perspectiva de Cristo. Estamos en el reino de la fe, en el que se entra por el bautismo que borra las diferencias ancestrales, antes actuadas por los ritos de la Ley mosaica (2).

PRIMERA LECTURA

Mirarán al que traspasaron

LECTURA DEL LIBRO DE ZACARIAS   12, 10-11; 13, 1

Así dice el Señor:
Derramaré sobre la dinastía de David y sobre los habitantes de Jerusalén un espíritu de gracia y de clemencia. Me mirarán a mí, a quien traspasaron, harán llanto como llanto por el hijo único, y llorarán como se llora al primogénito. Aquel día será grande el luto de Jerusalén, como el luto de Hadad-Rimón en el valle del Meguido.

Palabra de Dios.

SALMO RESPONSORIAL 62

℟ **Mi alma está sedienta de ti, | Señor, Dios mío.**

Oh Dios, tú eres mi Dios, por ti madrugo, | mi alma está sedienta de ti; | mi carne tiene ansia de ti, | como tierra reseca, agostada, sin agua. ℟.

¡Cómo te contemplaba en el santuario | viendo tu fuerza y tu gloria! | Tu gracia vale más que la vida, | te alabarán mis labios. ℟.

Toda mi vida te bendeciré, | y alzaré las manos invocándote. | Me saciaré como de enjundia y de manteca, | y mis labios te alabarán jubilosos. ℟.

Porque fuiste mi auxilio, | y a la sombra de tus alas canto con júbilo; | mi alma está unida a ti | y tu diestra me sostiene. ℟.

SEGUNDA LECTURA

Los que habéis sido bautizados os habéis revestido de Cristo

LECTURA DE LA CARTA DEL APOSTOL SAN PABLO A LOS GALATAS
3, 26-29

Hermanos: Todos sois hijos de Dios por la fe en Cristo Jesús. Los que os habéis incorporado a Cristo por el bautismo, os habéis revestido de Cristo. Ya no hay distinción entre judíos y gentiles, esclavos y libres, hombres y mujeres, porque todos sois uno en Cristo Jesús. Y si sois de Cristo, sois descendientes de Abrahán y herederos de la promesa.

Palabra de Dios.

ALELUYA
Jn 10, 27

Mis ovejas escuchan mi voz —dice el Señor— y yo las conozco, y ellas me siguen.

EVANGELIO

Tú eres el Mesías de Dios. El Hijo del Hombre tiene que padecer mucho

✠ LECTURA DEL S. EVANGELIO SEGUN SAN LUCAS
9, 18-24

Una vez que Jesús estaba orando solo, en presencia de sus discípulos, les preguntó: «¿Quién dice la gente que soy yo?»

Ellos contestaron: «Unos que Juan el Bautista, otros que Elías, otros dicen que ha vuelto a la vida uno de los antiguos profetas.» El les preguntó: «Y vosotros, ¿quién decís que soy yo?» Pedro tomó la palabra y dijo: «El Mesías de Dios.» El les prohibió terminantemente decírselo a nadie. Y añadió: «El Hijo del Hombre tiene que padecer mucho, ser desechado por los ancianos, sumos sacerdotes y letrados, ser ejecutado y resucitar al tercer día.» Y, dirigiéndose a todos, dijo: «El que quiera seguirme, que se niegue a sí mismo, cargue con su cruz cada día y se venga conmigo. Pues el que quiera salvar su vida, la perderá; pero el que pierda su vida por mi causa, la salvará.»

Palabra del Señor.

Se dice «Credo».

DECIMOTERCER DOMINGO
DEL TIEMPO ORDINARIO

ANTIFONA DE ENTRADA   Sal 46, 2

Pueblos todos, batid palmas, aclamad a Dios con gritos de júbilo.

ORACION COLECTA

Padre de bondad, que por medio de tu gracia nos has hecho hijos de la luz; concédenos vivir fuera de las tinieblas del error y permanecer siempre en el esplendor de la verdad. Por nuestro Señor.

ORACION SOBRE LAS OFRENDAS

Oh Dios, que obras con poder en tus sacramentos; concédenos que nuestro servicio sea digno de estos dones sagrados. Por Jesucristo.

ANTIFONA DE COMUNION   Sal 102, 1

Bendice, alma mía, al Señor y todo mi ser a su santo
nombre.

o bien: Jn 17, 20-21

Padre, por ellos ruego; para que todos sean uno en nosotros para que el mundo crea que tú me has enviado
—dice el Señor.

ORACION DESPUES DE LA COMUNION

La víctima eucarística que hemos ofrecido y recibido en comunión nos vivifique. Señor, para que, unidos a ti, en caridad
perpetua, demos frutos que siempre permanezcan. Por Jesucristo.

CICLO A (Años 1990, 1993, 1996, 1999, 2002, 2005)

El Señor concluye su instrucción a los apóstoles exigiéndoles
total entrega a su misión y absoluto desprendimiento de los bienes materiales; las comunidades que los reciban habrán de asis-
tirles, y serán recompensados quienes les ayuden aun en las cosas
más humildes (3). Ya los antiguos profetas como Eliseo eran
atendidos por personas que creían en ellos (1).

En el bautismo somos liberados del propio «yo» pecador por
la participación en el Misterio Pascual de Cristo. En la Iniciación
Cristiana comienza una vida nueva dirigida a Dios y en comunión con Cristo (2).

PRIMERA LECTURA

Ese hombre de Dios es un santo, se quedará aquí

LECTURA DEL LIBRO SEGUNDO DE LOS REYES
4, 8-11.14-16a

Un día pasaba Eliseo por Sunem y una mujer rica lo invitó
con insistencia a comer. Y siempre que pasaba por allí iba a co-

mer a su casa. Ella dijo a su marido: «Me consta que ese hombre de Dios es un santo; con frecuencia pasa por nuestra casa. Vamos a prepararle una habitación pequeña, cerrada, en el piso superior; le ponemos allí una cama, una mesa, una silla y un candil y así cuando venga a visitarnos se quedará aquí.» Un día llegó allí, entró en la habitación y se acostó. Dijo a su criado Guiezi: «¿Qué podíamos hacer por ella?» Contestó Guiezi: «¡Qué sé yo! No tiene hijos y su marido ya es viejo.» El dijo: «Llama a la Sunamita.» La llamó. Ella se quedó junto a la puerta. Eliseo dijo: «El año que viene, por estas mismas fechas abrazarás a un hijo.»

Palabra de Dios.

SALMO RESPONSORIAL 88

℟ **Cantaré eternamente las misericordias del Señor.**

Cantaré eternamente las misericordias del Señor, | anunciaré tu fidelidad por todas las edades. | Porque dije: «Tu misericordia es un edificio eterno, | más que el cielo has afianzado tu fidelidad.» ℟.

Dichoso el pueblo que sabe aclamarte: | caminaré, oh Señor, a la luz de tu rostro; | tu nombre es su gozo cada día, | tu justicia es su orgullo. ℟.

Porque tú eres su honor y su fuerza, | y con tu favor realzas nuestro poder. | Porque el Señor es nuestro escudo, | y el santo de Israel, nuestro rey. ℟.

SEGUNDA LECTURA

Por el bautismo fuimos sepultados con él en la muerte, para que andemos en una vida nueva

LECTURA DE LA CARTA DEL APOSTOL
SAN PABLO A LOS ROMANOS   6, 3-4.8-11

Hermanos: Los que por el bautismo nos incorporamos a Cristo, fuimos incorporados a su muerte. Por el bautismo fuimos sepultados con él en la muerte, para que, así como Cristo fue despertado de entre los muertos por la gloria del Padre, así también nosotros andemos en una vida nueva.

Por tanto, si hemos muerto con Cristo, creemos que también viviremos con él, pues sabemos que Cristo, una vez resucitado de entre los muertos, ya no muere más; la muerte ya no tiene dominio sobre él. Porque su morir fue un morir al pecado de una vez para siempre, y su vivir es un vivir para Dios. Lo mismo vosotros consideraos muertos al pecado y vivos para Dios en Cristo Jesús.

Palabra de Dios.

ALELUYA
1 Pe 2, 9

Vosotros sois una raza elegida, un sacerdocio real, una nación consagrada; proclamad las hazañas del que os llamó a salir de la tiniebla y a entrar en su luz maravillosa.

EVANGELIO

El que no toma su cruz, no es digno de mí. El que os recibe a vosotros, me recibe a mí

✠ LECTURA DEL S. EVANGELIO SEGUN SAN MATEO
10, 37-42

En aquel tiempo, dijo Jesús a sus apóstoles: «El que quiere a su padre o a su madre más que a mí, no es digno de mí; y el que quiere a su hijo o a su hija más que a mí, no es digno de mí; y el que no toma su cruz y me sigue, no es digno de mí. El que encuentre su vida, la perderá, y el que pierda su vida por mí, la encontrará. El que os recibe a vosotros, me recibe a mí, y el que me recibe, recibe al que me ha enviado. El que recibe a un profeta porque es profeta, tendrá paga de profeta; y el que recibe a un justo porque es justo, tendrá paga de justo. El que dé a beber, aunque no sea más que un vaso de agua fresca a uno de estos pobrecillos, sólo porque es mi discípulo, no perderá su paga, os lo aseguro.»

Palabra del Señor.

Se dice «Credo».

CICLO B (Años 1991, 1994, 1997, 2000, 2003, 2006)

La resurrección de la hija de Jairo, como las otras obradas por Jesús, manifiestan la llegada del Reino de Dios y anuncian la verdadera vida gloriosa que inauguró la propia resurrección del Señor (3). Comienza así la restauración del orden originariamente querido por Dios y trastocado por los pecados de los hombres (1).

Comienza este domingo la parte de la II carta a los Corintios dedicada a pedir ayuda para los pobres de la Iglesia de Jerusalén. Pablo hizo una colecta entre las comunidades procedentes de la gentilidad en favor de la Iglesia madre, como se lo habían pedido Pedro y Santiago durante su primera estancia en aquella ciudad (2).

PRIMERA LECTURA

Por envidia del diablo entró la muerte en el mundo

LECTURA DEL LIBRO DE LA SABIDURIA   1, 13-15; 2, 23-25

Dios no hizo la muerte, ni se recrea en la destrucción de los vivientes; todo lo creó para que subsistiera; las criaturas del mundo son saludables, no hay en ellas veneno de muerte ni imperio del Abismo sobre la tierra, porque la justicia es inmortal. Dios creó al hombre para la inmortalidad y lo hizo a imagen de su propio ser; pero la muerte entró en el mundo por la envidia del diablo, y los de su partido pasarán por ella.

Palabra de Dios.

SALMO RESPONSORIAL 29

℟ **Te ensalzaré, Señor, porque me has librado.**

Te ensalzaré, Señor, porque me has librado | y no has dejado que mis enemigos se rían de mí. | Señor, sacaste mi vida del abismo, | me hiciste revivir cuando bajaba a la fosa. ℟.

Tañed para el Señor, fieles suyos, | dad gracias a su nombre santo; | su cólera dura un instante, | su bondad, de por vida; | al atardecer nos visita el llanto, | por la mañana, el júbilo. ℟.

Escucha, Señor, y ten piedad de mí; | Señor, socórreme. | Cambiaste mi luto en danzas, | Señor, Dios mío, te daré gracias por siempre. ℟.

SEGUNDA LECTURA

Vuestra abundancia remedie la falta de los hermanos pobres

LECTURA DE LA SEGUNDA CARTA DEL APOSTOL SAN PABLO A LOS CORINTIOS

8, 7-9.13-15

Hermanos: Ya que sobresalís en todo: en la fe, en la palabra, en el conocimiento, en el empeño y en el cariño que nos tenéis, distinguíos también ahora por vuestra generosidad. Bien sabéis lo generoso que ha sido nuestro Señor Jesucristo: siendo rico, por vosotros se hizo pobre, para que vosotros, con su pobreza, os hagáis ricos. Pues no se trata de aliviar a otros pasando vosotros estrecheces; se trata de nivelar. En el momento actual, vuestra abundancia remedia la falta que ellos tienen; y un día, la abundancia de ellos remediará vuestra falta; así habrá nivelación. Es lo que dice la Escritura: «Al que recogía mucho, no le sobraba; y al que recogía poco, no le faltaba.»

Palabra de Dios.

ALELUYA

2 Tim 1, 10b

Vuestro Salvador Jesucristo destruyó la muerte y sacó a la luz la vida, por medio del Evangelio.

EVANGELIO

Contigo hablo, niña, levántate

✠ LECTURA DEL S. EVANGELIO SEGUN
SAN MARCOS   5, 21-43

El texto entre [ ] puede omitirse.

En aquel tiempo, Jesús atravesó de nuevo a la otra orilla, se
le reunió mucha gente a su alrededor, y se quedó junto al lago.
Se acercó un jefe de la sinagoga, que se llamaba Jairo, y al verlo
se echó a sus pies, rogándole con insistencia: «Mi niña está en las
últimas; ven, pon las manos sobre ella, para que se cure y viva.»
Jesús se fue con él, acompañado de mucha gente [que lo apretujaba.

Había una mujer que padecía flujos de sangre desde hacía
doce años. Muchos médicos la habían sometido a toda clase de
tratamientos y se había gastado en eso toda su fortuna; pero en
vez de mejorar, se había puesto peor. Oyó hablar de Jesús y,
acercándose por detrás, entre la gente, le tocó el manto, pensando que con sólo tocarle el vestido, curaría. Inmediatamente se
secó la fuente de sus hemorragias y notó que su cuerpo estaba
curado. Jesús, notando que había salido fuerza de él, se volvió
en seguida, en medio de la gente, preguntando: «¿Quién me ha
tocado el manto?» Los discípulos le contestaron: «Ves cómo te
apretuja la gente y preguntas: '¿quién me ha tocado?'.» El seguía
mirando alrededor, para ver quién había sido. La mujer se acercó
asustada y temblorosa, al comprender lo que había pasado, se le
echó a los pies y le confesó todo. El le dijo: «Hija, tu fe te ha
curado. Vete en paz y con salud.»

Todavía estaba hablando, cuando] llegaron de casa del jefe de
la sinagoga para decirle: «Tu hija se ha muerto. ¿Para qué molestar más al maestro?» Jesús alcanzó a oír lo que hablaban y le dijo
al jefe de la sinagoga: «No temas; basta que tengas fe.» No permitió que lo acompañara nadie, más que Pedro, Santiago y Juan,
el hermano de Santiago. Llegaron a casa del jefe de la sinagoga
y encontró el alboroto de los que lloraban y se lamentaban. En-

tró y les dijo: «¿Qué estrépito y qué lloros son estos? La niña no está muerta, está dormida.» Se reían de él. Pero él los echó fuera a todos, y con el padre y la madre de la niña y sus acompañantes entró donde estaba la niña, la cogió de la mano, y le dijo: «Talitha qumi» (que significa: contigo hablo, niña, levántate). La niña se puso en pie inmediatamente y echó a andar —tenía doce años—. Y se quedaron viendo visiones. Les insistió en que nadie se enterase; y les dijo que dieran de comer a la niña.

Palabra del Señor.

Se dice «Credo».

CICLO C (Años 1989, 1992, 1995, 1998, 2001, 2004)

Después de anunciar la Pasión, Jesús inicia el camino de Jerusalén; entre tanto va rechazando como discípulos a quienes no están dispuestos a seguirlo en la pobreza y la renuncia a todo lo mundano (3). Las palabras de Jesús evocan la generosidad y radicalidad con que Eliseo dejó todas sus cosas para seguir al profeta Elías (1).

El apóstol instruye a los nuevos cristianos para que no pierdan la libertad lograda en Cristo, y les advierte sobre el uso correcto de esa gracia. La nueva Ley del Espíritu tiene también sus exigencias: el servicio mutuo con amor y el dominio de las pasiones (2).

PRIMERA LECTURA

Eliseo se levantó y marchó tras Elías

LECTURA DEL LIBRO PRIMERO DE LOS REYES
19, 16b.19-21

En aquellos días, el Señor dijo a Elías: «Unge como profeta sucesor a Eliseo, hijo de Safat, natural de Abel-Mejolá.» Elías marchó y encontró a Eliseo, hijo de Safat, arando, con doce yuntas en fila y él llevaba la última. Elías pasó a su lado y le echó encima su manto. Entonces Eliseo, dejando los bueyes, corrió tras Elías y le pidió: «Déjame decir adiós a mis padres; luego vuelvo y te sigo.» Elías contestó: «Ve y vuelve, ¿quién te lo impide?» Eliseo dio la vuelta, cogió la yunta de bueyes y los mató, hizo fuego con los aperos, asó la carne y ofreció de comer a su gente. Luego se levantó, marchó tras Elías y se puso a su servicio.

Palabra de Dios.

SALMO RESPONSORIAL 15

R. **Tú Señor, eres el lote de mi heredad.**

Protégeme, Dios mío, que me refugio en ti; | yo digo al Señor: «Tú eres mi bien.» | El Señor es el lote de mi heredad y mi copa, | mi suerte está en tu mano. R.

Bendeciré al Señor que me aconseja, | hasta de noche me instruye internamente. | Tengo siempre presente al Señor, | con él a mi derecha no vacilaré. R.

Por eso se me alegra el corazón, | se gozan mis entrañas, | y mi carne descansa serena: | porque no me entregarás a la muerte, | ni dejarás a tu fiel conocer la corrupción. R.

Me enseñarás el sendero de la vida, | me saciarás de gozo en tu presencia, | de alegría perpetua a tu derecha. R.

SEGUNDA LECTURA

Vuestra vocación es la libertad

LECTURA DE LA CARTA DEL APOSTOL
SAN PABLO A LOS GALATAS
5, 1.13-18

Hermanos: Para vivir en libertad, Cristo nos ha liberado. Por tanto, manteneos firmes, y no os sometáis de nuevo al yugo de la esclavitud. Hermanos, vuestra vocación es la libertad: no una libertad para que se aproveche el egoísmo; al contrario, sed esclavos unos de otros por amor. Porque toda la ley se concentra en esta frase: «amarás al prójimo como a ti mismo». Pero, atención: que si os mordéis y os devoráis unos a otros, terminaréis por destruiros mutuamente. Yo os lo digo: andad según el Espíritu y no realicéis los deseos de la carne; pues la carne desea contra el espíritu y el espíritu contra la carne. Hay entre ellos un antagonismo tal, que no hacéis lo que quisierais. En cambio si os guía el Espíritu, no estáis bajo el dominio de la ley.

Palabra de Dios.

ALELUYA   1 Sm 3, 9; Jn 5, 6.69b

Habla, Señor, que tu siervo escucha; tú tienes palabras de vida eterna.

EVANGELIO

Jesús tomó la decisión de ir a Jerusalén. Te seguiré donde vayas

✠ LECTURA DEL S. EVANGELIO SEGUN
SAN LUCAS   9, 51-62

Cuando se iba cumpliendo el tiempo de ser llevado al cielo. Jesús tomó la decisión de ir a Jerusalén. Y envió mensajeros por delante. De camino entraron en una aldea de Samaría para prepararle alojamiento. Pero no lo recibieron, porque se dirigía a Jerusalén. Al ver esto, Santiago y Juan, discípulos suyos, le preguntaron: «Señor, ¿quieres que mandemos bajar fuego del cielo que acabe con ellos?» El se volvió y les regañó. Y se marcharon a otra aldea.

Mientras iban de camino, le dijo uno: «Te seguiré adonde vayas.» Jesús le respondió: «Las zorras tienen madriguera y los pájaros nido, pero el Hijo del Hombre no tiene dónde reclinar la cabeza.» A otro le dijo: «Sígueme.» El respondió: «Déjame primero ir a enterrar a mi padre.» Le contestó: «Deja que los muertos entierren a sus muertos; tú vete a anunciar el Reino de

Dios.» Otro le dijo: «Te seguiré, Señor. Pero déjame primero despedirme de mi familia.» Jesús le contestó: «El que echa mano al arado y sigue mirando atrás, no vale para el Reino de Dios.»

Palabra del Señor.

Se dice «Credo».

DECIMOCUARTO DOMINGO
DEL TIEMPO ORDINARIO

ANTIFONA DE ENTRADA   Sal 47, 10-11

Oh Dios, meditamos tu misericordia en medio de tu templo: con tu renombre, oh Dios, tu alabanza llega al confín de la tierra; tu diestra está llena de justicia.

ORACION COLECTA

Oh Dios, que por medio de la humillación de tu Hijo levantaste a la humanidad caída; concede a tus fieles la verdadera alegría, para que, quienes hemos sido librados de la esclavitud del pecado, alcancemos también la felicidad eterna. Por nuestro Señor.

ORACION SOBRE LAS OFRENDAS

La oblación que te ofrecemos, Señor, nos purifique y cada día nos haga participar con mayor plenitud de la vida del reino glorioso. Por Jesucristo.

ANTIFONA DE COMUNION   Sal 33, 9

Gustad y ved qué bueno es el Señor;
dichoso el que se acoge a él.

o bien: Mt 11, 28

Venid a mí todos los que estáis cansados y agobiados y yo os aliviaré, dice el Señor.

ORACION DESPUES DE LA COMUNION

Alimentados, Señor, con un sacramento tan admirable, concédenos sus frutos de salvación y haz que perseveremos siempre cantando tu alabanza. Por Jesucristo.

CICLO A (Años 1990, 1993, 1996, 1999, 2002, 2005)

La instrucción del Señor a los apóstoles termina con una plegaria de acción de gracias, la eucaristía de Jesús, por la revelación del Padre que ha llegado a los hombres sencillos por medio de él; y que concluye en una invitación a aceptar su nueva Ley, a la que califica del mismo modo que llamaban a la de Moisés: yugo y carga. Pero la norma de Cristo es llevadera y ligera, y consiste en imitar su mansedumbre y humildad de corazón (3). Así responde Jesús a las profecías sobre el Rey mesiánico (1) y en su entrada en Jerusalén querrá reproducir la imagen profética que hoy se describe en la primera lectura.

El tema de gran carta paulina alcanza un nuevo desarrollo: la vida cristiana es vivida en el Espíritu y está destinada a la gloria. La justificación es también una consagración por el don del Espíritu Santo (2).

PRIMERA LECTURA

Tu rey viene pobre a ti

LECTURA DEL LIBRO DE ZACARIAS   9, 9-10

Así dice el Señor: «Alégrate, hija de Sión; canta, hija de Jerusalén; mira a tu rey que viene a ti justo y victorioso, modesto y cabalgando en un asno, en un pollino de borrica. Destruirá los carros de Efraín, los caballos de Jerusalén, romperá los arcos guerreros, dictará la paz a las naciones. Dominará de mar a mar, desde el Eufrates hasta los confines de la tierra.»

Palabra de Dios.

SALMO RESPONSORIAL 144

℞ **Bendeciré tu nombre por siempre, Dios mío, mi rey** (o, **Aleluya.**)

Te ensalzaré, Dios mío, mi rey, | bendeciré tu nombre por siempre jamás. | Día tras día te bendeciré | y alabaré tu nombre por siempre jamás. ℞.

El Señor es clemente y misericordioso, | lento en la cólera y rico en piedad; | el Señor es bueno con todos, | es cariñoso con todas sus criaturas. ℞.

Que todas las criaturas te den gracias, Señor. | Que te bendigan tus fieles, | que proclamen la gloria de tu reino, | que hablen de tus hazañas. ℞.

El Señor es fiel a sus palabras, | bondadoso en todas sus acciones. | El Señor sostiene a los que van a caer, | endereza a los que ya se doblan. ℞.

SEGUNDA LECTURA

Si con el Espíritu dais muerte a las obras del cuerpo, viviréis

LECTURA DE LA CARTA DEL APOSTOL
SAN PABLO A LOS ROMANOS

8, 9.11-13

Hermanos: Vosotros no estáis sujetos a la carne, sino al espíritu, ya que el Espíritu de Dios habita en vosotros. El que no tiene el Espíritu de Cristo, no es de Cristo. Si el Espíritu del que resucitó a Jesús de entre los muertos habita en vosotros, el que resucitó de entre los muertos a Cristo Jesús vivificará también vuestros cuerpos mortales por el mismo Espíritu que habita en vosotros. Por tanto, estamos en deuda, pero no con la carne para vivir carnalmente. Pues si vivís según la carne, vais a la muerte; pero si con el Espíritu dais muerte a las obras del cuerpo, viviréis.

Palabra de Dios.

ALELUYA   Mt 11, 25

Bendito eres padre, Señor de cielo y tierra, porque has revelado los misterios del reino a la gente sencilla.

EVANGELIO

Soy manso y humilde de corazón

✠ LECTURA DEL S. EVANGELIO SEGUN
SAN MATEO   11, 25-30

En aquel tiempo, Jesús exclamó: «Te doy gracias, Padre, Señor de cielo y tierra, porque has escondido estas cosas a los sabios y entendidos y las has revelado a la gente sencilla. Sí, Padre, así te ha parecido mejor. Todo me lo ha entregado mi Padre, y nadie conoce al Padre sino el Hijo y aquél a quien el Hijo se lo quiera revelar. Venid a mí todos los que estáis cansados y agobiados y yo os aliviaré. Cargad con mi yugo y aprended de mí, que soy manso y humilde de corazón, y encontraréis vuestro descanso. Porque mi yugo es llevadero y mi carga ligera.»

Palabra del Señor.

Se dice «Credo».

CICLO B (Años 1991, 1994, 1997, 2000, 2003, 2006)

Los milagros y la sabiduría de Jesús no producían automáticamente la fe; en su pueblo de Nazaret es rechazado por segunda vez, y la cercanía y familiaridad de la encarnación se convierten en obstáculos para aceptar la verdadera personalidad del Nazareno (3). Este pueblo se convierte en ejemplo de la testarudez y obstinación con que los israelitas recibieron a todos los profetas a lo largo de su historia (1).

Termina la lectura de la II carta de san Pablo a los Corintios con una defensa propia en la que él argumenta a favor de su apostolado. Si humanamente es débil y se comporta con humildad, tiene a su favor la revelación y la fuerza de Dios (2).

PRIMERA LECTURA

Soy un pueblo rebelde, sabrán que hubo un profeta en medio de ellos

LECTURA DEL LIBRO DE EZEQUIEL   2, 2-5

En aquellos días, el espíritu entró en mí, me puso en pie y oí que me decía: «Hijo de Adán, yo te envío a los israelitas, a un pueblo rebelde que se ha rebelado contra mí. Sus padres y ellos me han ofendido hasta el presente día. También los hijos son testarudos y obstinados; a ellos te envío para que les digas: 'Esto dice el Señor'. Ellos, te hagan caso o no te hagan caso (pues son un pueblo rebelde), sabrán que hubo un profeta en medio de ellos.»

Palabra de Dios.

SALMO RESPONSORIAL 122

℟ **Nuestros ojos están en el Señor, esperando su misericordia.**

A ti levanto mis ojos, | a ti que habitas en el cielo. | Como están los ojos de los esclavos | fijos en las manos de sus señores. ℟.

Como están los ojos de la esclava | fijos en las manos de su señora, | así están nuestros ojos | en el Señor nuestro, | esperando su misericordia. ℟.

Misericordia, Señor, misericordia, | que estamos saciados de desprecios; | nuestra alma está saciada | del sarcasmo de los satisfechos, | del desprecio de los orgullosos. ℟.

SEGUNDA LECTURA

Muy a gusto presumo de mis debilidades, porque así residirá en mí la fuerza de Cristo

LECTURA DE LA SEGUNDA CARTA DEL APOSTOL SAN PABLO A LOS CORINTIOS   12, 7b-10

Hermanos: Para que no tenga soberbia, me han metido una espina en la carne: un emisario de Satanás que me apalea, para que no sea soberbio. Tres veces le he pedido al Señor verme libre de él y me ha respondido: «Te basta mi gracia: la fuerza se realiza en la debilidad.» Por eso, muy a gusto presumo de mis debilidades, porque así residirá en mí la fuerza de Cristo. Por eso vivo contento en medio de mis debilidades, de los insultos, las privaciones, las persecuciones y las dificultades sufridas por Cristo. Porque cuando soy débil, entonces soy fuerte.

Palabra de Dios.

ALELUYA   Lc 4, 18

El Espíritu del Señor está sobre mí, me ha enviado a anunciar el Evangelio a los pobres.

EVANGELIO
No desprecian a un profeta más que en su tierra

✠ LECTURA DEL S. EVANGELIO SEGUN SAN MARCOS   6, 1-6

En aquel tiempo fue Jesús a su tierra en compañía de sus discípulos. Cuando llegó el sábado, empezó a enseñar en la sinagoga; la multitud que lo oía se preguntaba asombrada: «¿De dónde saca todo eso? ¿Qué sabiduría es esa que le han enseñado? ¿Y esos milagros de sus manos? ¿No es éste el carpintero, el hijo de María, hermano de Santiago y José y Judas y Simón? ¿Y sus hermanas no viven con nosotros aquí?» Y desconfiaban de él. Jesús les decía: «No desprecian a un profeta más que en su tierra, entre sus parientes y en su casa.» No pudo hacer allí ningún milagro, sólo curó algunos enfermos imponiéndoles las manos. Y se extrañó de su falta de fe. Y recorría los pueblos del contorno enseñando.

Palabra del Señor.

Se dice «Credo».

CICLO C (Años 1989, 1992, 1995, 1998, 2001, 2004)

Además de a los doce apóstoles, Jesús envió un grupo más numeroso de discípulos para anunciar la llegada del Reino de Dios. El número de setenta y dos recuerda el de los ancianos que participaron del espíritu y la misión de Moisés en el Sinaí (Num 11,25); Jesús les instruye de forma semejante a los apóstoles: que vayan con pobreza y dignidad (3).

Concluye la lectura de la carta a los Gálatas. Las últimas palabras de Pablo son un sumario del tema principal: la vida nueva ha comenzado en Cristo crucificado y el apóstol proclama una buena nueva legitimada por el Propio Señor Jesucristo (2).

PRIMERA LECTURA

Yo haré derivar hacia ella, como un río, la paz

LECTURA DEL LIBRO DE ISAIAS

66, 10-14c

Festejad a Jerusalén, gozad con ella, todos los que la amáis, alegraos de su alegría, los que por ella llevasteis luto; mamaréis a sus pechos y os saciaréis de sus consuelos, y apuraréis las delicias de sus ubres abundantes. Porque así dice el Señor: «Yo haré derivar hacia ella, como un río, la paz, como un torrente en crecida, las riquezas de las naciones. Llevarán en brazos a sus criaturas y sobre las rodillas las acariciarán; como a un niño a quien su madre consuela, así os consolaré yo (en Jerusalén seréis consolados). Al verlo se alegrará vuestro corazón y vuestros huesos florecerán como un prado; la mano del Señor se manifestará a sus siervos.»

Palabra de Dios.

SALMO RESPONSORIAL 65

℟ **Aclamad al Señor, | tierra entera.**

Aclamad al Señor, tierra entera, | tocad en honor de su nombre, | cantad himnos a su gloria; | decid a Dios: «Qué temibles son tus obras.» ℟

Que se postre ante ti la tierra entera, | que toquen en tu honor, | que toquen para tu nombre. | Venid a ver las obras de Dios, | sus temibles proezas en favor de los hombres. ℟.

Transformó el mar en tierra firme, | a pie atravesaron el río. | Alegrémonos con Dios, | que con su poder gobierna eternamente. ℟.

Fieles de Dios, venid a escuchar, | os contaré lo que ha hecho conmigo. | Bendito sea Dios, que no rechazó mi súplica, | ni me retiró su favor. ℟.

SEGUNDA LECTURA

Yo llevo en mi cuerpo las marcas de Jesús

LECTURA DE LA CARTA DEL APOSTOL SAN PABLO A LOS GALATAS   6, 14-18

Hermanos: Dios me libre de gloriarme si no es en la cruz de nuestro Señor Jesucristo, en la cual el mundo está crucificado para mí, y yo para el mundo. Pues lo que cuenta no es circuncisión o incircuncisión, sino criatura nueva. La paz y la misericordia de Dios venga sobre todos los que se ajustan a esta norma; también sobre Israel. En adelante, que nadie me venga con molestias, porque yo llevo en mi cuerpo las marcas de Jesús. La gracia de nuestro Señor Jesucristo esté con vuestro espíritu, hermanos. Amén.

Palabra de Dios.

ALELUYA   Col 3, 15a.16a

Que la paz de Cristo reine en vuestro corazón; la Palabra de Cristo habite en vosotros con toda su riqueza.

EVANGELIO

Vuestra paz descansará sobre ellos

✠ LECTURA DEL S. EVANGELIO SEGUN
SAN LUCAS
                                                      10, 1-12.17-20

El texto entre [ ] puede omitirse.

En aquel tiempo, designó el Señor otros setenta y dos, y los
mandó por delante, de dos en dos, a todos los pueblos y lugares
adonde pensaba ir él. Y les decía: «La mies es abundante y los
obreros pocos: rogad, pues, al dueño de la mies que mande obreros a su mies. ¡Poneos en camino! Mirad que os mando como
corderos en medio de lobos. No llevéis talega, ni alforja, ni sandalias; y no os detengáis a saludar a nadie por el camino. Cuando
entréis en casa, decid primero: 'Paz a esta casa.' Y si allí hay gente de paz, descansará sobre ellos vuestra paz; si no, volverá a
vosotros. Quedaos en la misma casa, comed y bebed de lo que
tengan: porque el obrero merece su salario. No andéis cambiando de casa. Si entráis en un pueblo y os reciben bien, comed lo
que os pongan, curad a los enfermos que hay, y decid: 'está cerca
de vosotros el Reino de Dios'.

[Cuando entréis en un pueblo y no os reciban, salid a la plaza
y decid: 'Hasta el polvo de vuestro pueblo, que se nos ha pegado
a los pies, nos lo sacudimos sobre vosotros.' 'De todos modos,
sabed que está cerca el Reino de Dios.' Os digo que aquel día
será más llevadero para Sodoma que para ese pueblo.

Los setenta y dos volvieron muy contentos y le dijeron: «Señor, hasta los demonios se nos someten en tu nombre.» El les
contestó: «Veía a Satanás caer del cielo como un rayo. Mirad: os
he dado potestad para pisotear serpientes y escorpiones y todo el
ejército del enemigo. Y no os hará daño alguno. Sin embargo,
no estéis alegres porque se os someten los espíritus; estad alegres, porque vuestros nombres están inscritos en el cielo.]

Palabra del Señor.

Se dice «Credo».

DECIMOQUINTO DOMINGO
DEL TIEMPO ORDINARIO

ANTIFONA DE ENTRADA
Sal 16, 15

Yo, con mi apelación, vengo a tu presencia y al despertar me saciaré de tu semblante.

ORACION COLECTA

Oh Dios que muestras la luz de tu verdad, a los que andan extraviados, para que puedan volver al camino, concede a todos los cristianos rechazar lo que es indigno de este nombre, y cumplir cuanto en él se significa. Por nuestro Señor.

ORACION SOBRE LAS OFRENDAS

Mira, Señor, los dones de tu Iglesia en oración y concede a quienes van a recibirlos crecer continuamente en santidad. Por Jesucristo.

ANTIFONA DE COMUNION
Sal 83, 4-5

Hasta el gorrión ha encontrado una casa, y la golondrina, un nido, donde colocar sus polluelos; tus altares, Señor de los ejércitos, rey y Dios mío. Dichosos los que viven en tu casa, alabándote por siempre.

o bien:
Jn 6, 57

El que come mi Carne y bebe mi Sangre habita en mí y yo en él, dice el Señor.

ORACION DESPUES DE LA COMUNION

Alimentados con esta eucaristía, te pedimos, Señor, que cuantas veces celebramos este sacramento se acreciente en nosotros el fruto de la salvación. Por Jesucristo.

CICLO A (Años 1990, 1993, 1996, 1999, 2002, 2005)

Comienza la parte del Evangelio de Mateo llamada «Libro de las parábolas»; se leerán cinco de ellas: el sembrador, la cizaña, el tesoro escondido, la perla y la red. En ellas se esconden los «secretos del Reino de los cielos», como los diferentes grados de aceptación que tiene la Palabra de Dios según la disposición personal de cada oyente. Dios no fuerza la libertad para escucharle o no (3). Sin embargo, la Palabra es poderosa y eficaz para producir siempre alguna forma de fruto, porque procede de Dios (1).

Toda la creación ha de participar también de la gloria a la que están destinados los creyentes. Pablo muestra su visión del mundo creado que, en su estado caótico, manifiesta su ansiosa espera cósmica de alcanzar la misma meta a la que tiende el hombre: la libertad gloriosa de los hijos de Dios (2).

PRIMERA LECTURA
La lluvia hace germinar la tierra

LECTURA DEL LIBRO DE ISAIAS   55, 10-11

Así dice el Señor: Como bajan la lluvia y la nieve desde el cielo, y no vuelven allá, sino después de empapar la tierra, de fecundarla y hacerla germinar, para que dé semilla al sembrador y pan al que come, así será mi palabra que sale de mi boca: no volverá a mí vacía, sino que hará mi voluntad y cumplirá mi encargo.

Palabra de Dios.

SALMO RESPONSORIAL 64

℟ **La semilla cayó en tierra buena | y dio fruto.**

Tú cuidas de la tierra, la riegas | y la enriqueces sin medida; | la acequia de Dios va llena de agua. | Preparas los trigales: ℟

Riegas los surcos, igualas los terrenos, | tu llovizna los deja mullidos, | bendices sus brotes. ℞.

Coronas el año con tus bienes, | tus carriles rezuman abundancia; | rezuman los pastos del páramo, | y las colinas se orlan de alegría. ℞.

Las praderas se cubren de rebaños, | y los valles se visten de mieses | que aclaman y cantan. ℞.

SEGUNDA LECTURA

La creación expectante está aguardando la plena manifestación de los hijos de Dios

LECTURA DE LA CARTA DEL APOSTOL SAN PABLO A LOS ROMANOS   8, 18-23

Hermanos: Considero que los trabajos de ahora no pesan lo que la gloria que un día se nos descubrirá. Porque la creación expectante está aguardando la plena manifestación de los hijos de Dios; ella fue sometida a la frustación no por su voluntad, sino por uno que la sometió; pero fue con la esperanza de que la creación misma se vería libre de la esclavitud de la corrupción, para entrar en la libertad gloriosa de los hijos de Dios. Porque sabemos que hasta hoy la creación entera está gimiendo toda ella con dolores de parto. Y no sólo eso; también nosotros, que poseemos las primicias del Espíritu, gemimos en nuestro interior aguardando la hora de ser hijos de Dios, la redención de nuestro cuerpo.

Palabra de Dios.

ALELUYA

La semilla es la palabra de Dios, Cristo es el sembrador. Quién lo encuentra vive para siempre.

EVANGELIO

Salió el sembrador a sembrar

✠ LECTURA DEL S. EVANGELIO SEGUN
SAN MATEO
                                                                    13, 1-23

El texto entre [ ] puede omitirse.

Aquel día salió Jesús de casa y se sentó junto al lago. Y acudió a él tanta gente que tuvo que subirse a una barca; se sentó y la gente se quedó de pie en la orilla. Les habló mucho rato en parábolas: «Salió el sembrador a sembrar. Al sembrar, un poco cayó al borde del camino; vinieron los pájaros y se lo comieron. Otro poco cayó en terreno pedregoso, donde apenas tenía tierra, y como la tierra no era profunda brotó enseguida; pero en cuanto salió el sol, se abrasó y por falta de raíz se secó. Otro poco cayó entre zarzas, que crecieron y lo ahogaron. El resto cayó en tierra buena y dio grano: unos, ciento; otros, sesenta; otros, treinta. El que tenga oídos que oiga.»

[Se le acercaron los discípulos y le preguntaron: «¿Por qué les hablas en parábolas?» El les contestó: «A vosotros se os ha concedido conocer los secretos del Reino de los Cielos y a ellos no. Porque al que tiene se le dará y tendrá de sobra, y al que no tiene, se le quitará hasta lo que tiene. Por eso les hablo en parábolas, porque miran sin ver y escuchan sin oír ni entender. Así se cumplirá en ellos la profecía de Isaías: 'Oiréis con los oídos sin entender; miraréis con los ojos sin ver; porque está embotado el corazón de este pueblo, son duros de oídos, han cerrado los ojos; para no ver con los ojos, ni oír con los oídos, ni entender con el corazón, ni convertirse para que yo los cure'. Dichosos vuestros ojos porque ven y vuestros oídos porque oyen. Os aseguro que muchos profetas y justos desearon ver lo que veis vosotros y no lo vieron, y oír lo que oís y no lo oyeron.

Vosotros oíd lo que significa la parábola del sembrador: Si uno escucha la palabra del Reino sin entenderla, viene el Maligno y roba lo sembrado en su corazón. Esto significa lo sembrado al borde del camino.

Lo sembrado en terreno pedregoso significa el que la escucha y la acepta enseguida con alegría; pero no tiene raíces, es inconstante, y en cuanto viene una dificultad o persecución por la Palabra, sucumbe.

Lo sembrado entre zarzas significa el que escucha la Palabra; pero los afanes de la vida y la seducción de las riquezas la ahogan y se queda estéril.

Lo sembrado en tierra buena significa el que escucha la Palabra y la entiende; ése dará fruto y producirá ciento o setenta o treinta por uno.»

Palabra del Señor.

Se dice «Credo».

CICLO B (Años 1991, 1994, 1997, 2000, 2003, 2006)

Los doce apóstoles fueron enviados por Jesús por primera vez antes de su Resurrección. En Marcos esta misión refleja, sin embargo, la actuación pospascual: no se limita a Israel, permite el uso del bastón y las sandalias... La salvación que anunciaban alcanzaba también a los cuerpos en forma de curaciones. En este texto se anuncia lo que será en la Iglesia el sacramento de la unión de enfermos. Los apóstoles no eran ni profetas ni sacerdotes de profesión; el Señor los apartó de la vida ordinaria y los envió por un camino nuevo para ellos, como en el caso del antiguo profeta Amós (1).

Comienza la lectura de la carta de san Pablo a los cristianos de Efeso, escrita en fecha imprecisa durante la cautividad del apóstol en Cesarea (dos años, Hech 24, 27) o en Roma. La carta comienza con un himno que ensalza el misterio del plan de Dios de hacer a Cristo cabeza de una nueva comunidad que abrazase a judíos y gentiles (2).

PRIMERA LECTURA

Ve y profetiza a mi pueblo

LECTURA DEL LIBRO DE AMOS   7, 12-15

En aquellos días dijo Amasías, sacerdote de Casa-de-Dios, a Amós: «Vidente, vete y refúgiate en tierra de Judá: come allí tu pan y profetiza allí. No vuelvas a profetizar en 'Casa-de-Dios', porque es el santuario real, el templo del país.» Respondió Amós: «No soy profeta ni hijo del profeta, sino pastor y cultivador de higos.» El Señor me sacó de junto al rebaño y me dijo: «Ve y profetiza a mi pueblo de Israel.»

Palabra de Dios.

SALMO RESPONSORIAL 84

℟ **Muéstranos, Señor, tu misericordia | y danos tu salvación.**

Voy a escuchar lo que dice el Señor: | «Dios anuncia la paz a su pueblo y a sus amigos.» | La salvación está ya cerca de sus fieles | y la gloria habitará en nuestra tierra. ℟.

La misericordia y la fidelidad se encuentran, | la justicia y la paz se besan; | la fidelidad brota de la tierra | y la justicia mira desde el cielo. ℟.

El Señor os dará la lluvia, | y nuestra tierra dará su fruto. | La justicia marchará ante él, | la salvación seguirá sus pasos. ℟.

SEGUNDA LECTURA

Nos eligió en la persona de Cristo antes de crear el mundo

LECTURA DE LA CARTA DEL APOSTOL SAN PABLO A LOS EFESIOS   1, 3-14

El texto entre [ ] puede omitirse.

Bendito sea Dios, Padre de Nuestro Señor Jesucristo. El nos eligió en la Persona de Cristo —antes de crear el mundo— para que fuésemos consagrados e irreprochables ante él por el amor. El nos ha destinado en la Persona de Cristo —por pura iniciativa suya— a ser sus hijos, para que la gloria de su gracia, que tan generosamente nos ha concedido en su querido hijo, redunde en alabanza suya. Por este Hijo, por su sangre, hemos recibido la redención, el perdón de los pecados. El tesoro de su gracia, sabiduría y prudencia ha sido un derroche para con nosotros, dándonos a conocer el Misterio de su Voluntad. Este es el plan que había proyectado realizar por Cristo, cuando llegase el momento culminante; recapitular en Cristo todas las cosas del cielo y de la tierra.

[Por su medio hemos heredado también nosotros. A esto estábamos destinados por decisión del que hace todo según su voluntad. Y así, nosotros, los que ya esperábamos en Cristo, seremos alabanza de su gloria. Y también vosotros —que habéis escuchado la Verdad, la extraordinaria noticia de que habéis sido salvados y habéis creído— habéis sido marcados por Cristo con el Espíritu Santo prometido, el cual, es prenda de nuestra herencia para liberación de su propiedad, para alabanza de su gloria.]

Palabra de Dios.

ALELUYA   Ef 1, 17-18

El Padre de nuestro Señor Jesucristo ilumine los ojos de nuestro corazón, para que conozcamos cuál es la esperanza a la que nos llama.

EVANGELIO

Y comenzó a enviarlos

✠ LECTURA DEL S. EVANGELIO SEGUN
SAN MARCOS   6, 7-13

En aquel tiempo llamó Jesús a los Doce y los fue enviando de dos en dos, dándoles autoridad sobre los espíritus inmundos. Les encargó que llevaran para el camino un bastón y nada más,

pero ni pan ni alforja, ni dinero suelto en la faja; que llevasen
sandalias, pero no una túnica de repuesto. Y añadió: «Quedaos
en la casa donde entréis, hasta que os vayáis de aquel sitio. Y si
un lugar no os recibe ni os escucha, al marcharos sacudíos el
polvo de los pies, para probar su culpa.» Ellos salieron a predicar la conversión, echaban muchos demonios, ungían con aceite
a muchos enfermos y los curaban.

Palabra del Señor.

Se dice «Credo».

CICLO C (Años 1989, 1992, 1995, 1998, 2001, 2004)

Jesús no vino para anular la Ley del A. Testamento en lo
que tenía de válido y permanente; los mandamientos fundamentales eran suficientemente conocidos (1), de modo que el Señor
no debía sino recordarlos. Pero amplió y espiritualizó los antiguos preceptos como el del amor al prójimo: después de Cristo
hay que «hacerse prójimo» del necesitado, aproximarse a él,
como el buen samaritano de la parábola (3).

La carta a los Colosenses que se empieza a leer este domingo
es una de las «de la cautividad», escrita por san Pablo en una de
sus frecuentes detenciones en prisión, tal vez en Roma (Hech
28,16-31). El tema fundamental de la carta, la primacía absoluta
de Cristo en el universo y en la Iglesia, se anuncia con un himno
litúrgico (2).

PRIMERA LECTURA

El mandamiento está muy cerca de ti; cúmplelo

LECTURA DEL LIBRO DEL
DEUTERONOMIO
                                                               30, 10-14

Habló Moisés al pueblo diciendo: «Escucha la voz del Señor
tu Dios, guardando sus preceptos y mandatos, lo que está escrito

en el Código de esta ley; conviértete al Señor tu Dios con todo el corazón y con toda el alma. Porque el precepto que yo te mando hoy no es cosa que te exceda ni inalcanzable; no está en el cielo, no vale decir: '¿quién de nosotros subirá al cielo y nos lo traerá y nos lo proclamará para que lo cumplamos?'. No está más allá del mar, no vale decir: '¿quién de nosotros cruzará el mar y nos los traerá y nos lo proclamará para que lo cumplamos?'. El mandamiento está muy cerca de ti: en tu corazón y en tu boca. Cúmplelo.»

Palabra de Dios.

SALMO RESPONSORIAL 68

R. **Humildes, buscad al Señor, y vivirá vuestro corazón.**

Mi oración se dirige a ti, | Dios mío, el día de tu favor; | que me escuche tu gran bondad, | que tu fidelidad me ayude. | Respóndeme, Señor, con la bondad de tu gracia, | por tu gran compasión vuélvete hacia mí. R.

Yo soy un pobre malherido, | Dios mío, tu salvación me levante. | Alabaré el nombre de Dios con cantos, | proclamaré su grandeza con acción de gracias. R.

Miradlo, los humildes, y alegraos, | buscad al Señor, y vivirá vuestro corazón. | Que el Señor escucha a sus pobres, | no desprecia a sus cautivos. R.

El Señor salvará a Sión, | reconstruirá las ciudades de Judá. | La estirpe de sus siervos la heredará, | los que aman su nombre vivirán en ella. R.

SEGUNDA LECTURA

Todo fue creado por él y para él

LECTURA DE LA CARTA DEL APOSTOL
SAN PABLO A LOS COLOSENSES

1, 15-20

Cristo Jesús es imagen de Dios invisible, primogénito de toda criatura; porque por medio de él fueron creadas todas las

cosas: celestes y terrestres, visibles e invisibles. Tronos, Dominaciones, Principados, Potestades: todo fue creado por él y para él.
El es anterior a todo, y todo se mantiene en él.

El es también la cabeza del cuerpo: de la Iglesia. El es el
principio, el primogénito de entre los muertos, y así es el primero en todo. Porque en él quiso Dios que residiera toda la plenitud. Y por él quiso reconciliar consigo todos los seres: los del
cielo y los de la tierra, haciendo la paz por la sangre de su cruz.

Palabra de Dios.

ALELUYA   Jn 6, 64b.69b

Tus palabras, Señor, son espíritu y vida; tú tienes palabra
de vida eterna.

EVANGELIO

¿Quién es mi prójimo?

✠ LECTURA DEL S. EVANGELIO SEGUN
SAN LUCAS
                                                                10, 25-37

En aquel tiempo, se presentó un letrado y le preguntó a Jesús para ponerlo a prueba: «Maestro, ¿qué tengo que hacer para
heredar la vida eterna?» El le dijo: «¿Qué está escrito en la Ley?,
¿qué lees en ella?» El letrado contestó: «Amarás al Señor tu Dios
con todo tu corazón y con toda tu alma y con todas tus fuerzas
y con todo tu ser. Y al prójimo como a ti mismo.» El le dijo:
«Bien dicho. Haz esto y tendrás la vida.» Pero el letrado, queriendo aparecer como justo, preguntó a Jesús: «¿Y quién es mi
prójimo?» Jesús dijo: «Un hombre bajaba de Jerusalén a Jericó,
cayó en manos de unos bandidos, que lo desnudaron, lo molieron a palos y se marcharon, dejándole medio muerto. Por casualidad un sacerdote bajaba por aquel camino y, al verlo, dio un
rodeo y pasó de largo. Y lo mismo hizo un levita que llegó a
aquel sitio: al verlo dio un rodeo y pasó de largo. Pero un samaritano que iba de viaje, llegó a donde estaba él y, al verlo, le dio

lástima, se le acercó, le vendó las heridas, echándoles aceite y vino y, montándolo en su propia cabalgadura, lo llevó a una posada y lo cuidó. Al día siguiente sacó dos denarios y, dándoselos al posadero, le dijo: 'Cuida de él y lo que gastes de más yo te lo pagaré a la vuelta.' ¿Cuál de estos tres te parece que se portó como prójimo del que cayó en manos de los bandidos?» El letrado contestó: «El que practicó la misericordia con él.» Díjole Jesús: «Anda, haz tú lo mismo.»

Palabra del Señor.

Se dice «Credo».

DECIMOSEXTO DOMINGO DEL TIEMPO ORDINARIO

ANTIFONA DE ENTRADA Sal 53, 6.8

Dios es mi auxilio, el Señor sostiene mi vida. Te ofreceré un sacrificio voluntario dando gracias a tu nombre, que es bueno.

ORACION COLECTA

Muéstrate propicio con tus hijos, Señor, y multiplica sobre ellos los dones de tu gracia, para que, encendidos de fe, esperanza y caridad, perseveren fielmente en el cumplimiento de tu ley. Por nuestro Señor.

ORACION SOBRE LAS OFRENDAS

Oh Dios, que has llevado a la perfección del sacrificio único los diferentes sacrificios de la Antigua Alianza; recibe y santifica las ofrendas de tus fieles, como bendijiste la de Abel, para que la oblación que ofrece cada uno de nosotros en honor de tu nombre sirva para la salvación de todos. Por Jesucristo.

ANTIFONA DE COMUNION   Sal 110, 4-5

Ha hecho maravillas memorables, el Señor es piadoso y
clemente: él da alimento a los fieles.

o bien:
                                                          Ap 3, 20

Estoy a la puerta llamando, —dice el Señor—. Si alguien oye y me abre, entraré y comeremos juntos.

ORACION DESPUES DE LA COMUNION

Muéstrate propicio a tu pueblo, Señor, y a quienes has iniciado en los misterios del reino concédeles abandonar el pecado y
pasar a una vida nueva. Por Jesucristo.

CICLO A (Años 1990, 1993, 1996, 1999, 2002, 2005)

La parábola de la cizaña explica otro de los «secretos» del
Reino de los Cielos: cuál es el origen del mal y por qué consiente
Dios que en la Iglesia haya una mezcla de buenos y malos; la clave está en la paciencia de Dios (3) que ya había sido revelado en
el Antiguo Testamento como moderado, indulgente y dando lugar tras el pecado al arrepentimiento (1).

Las aspiraciones del hombre a la libertad perfecta pueden
quedar ineficaces a causa de su natural debilidad, pero el Espíritu
conforta a los cristianos con su intercesión que trasciende toda
contingencia (2).

PRIMERA LECTURA

En el pecado das lugar al arrepentimiento

LECTURA DEL LIBRO DE LA SABIDURIA   12, 13.16-19

Fuera de ti, no hay otro dios al cuidado de todo, ante quien
tengas que justificar tu sentencia. Tu poder es el principio de la
justicia, y tu soberanía universal te hace perdonar a todos. Tú
demuestras tu fuerza a los que dudan de tu poder total y repri-

mes la audacia de los que no lo conocen. Tú, poderoso sobera-no, juzgas con moderación y nos gobiernas con gran indulgencia, porque puedes hacer cuanto quieres. Obrando así enseñaste a tu pueblo que el justo debe ser humano, y diste a tus hijos la dulce esperanza de que, en el pecado, das lugar al arrepentimiento.

Palabra de Dios.

SALMO RESPONSORIAL 85

℟. **Tú, Señor, eres bueno y clemente.**

Tú, Señor, eres bueno y clemente, | rico en misericordia con los que te invocan. | Señor, escucha mi oración, | atiende a la voz de mi súplica. ℟.

Todos los pueblos vendrán | a postrarse en tu presencia, Señor, | bendecirán tu nombre: | «Grande eres tú y haces maravillas, | tú eres el único Dios». ℟.

Pero tú, Señor, | Dios clemente y misericordioso, | lento a la cólera, rico en piedad y leal, | mírame, ten compasión de mí. ℟.

SEGUNDA LECTURA
El Espíritu intercede por nosotros con gemidos inefables

LECTURA DE LA CARTA DEL APOSTOL SAN PABLO A LOS ROMANOS
8, 26-27

Hermanos: El Espíritu viene en ayuda de nuestra debilidad porque nosotros no sabemos pedir lo que nos conviene, pero el Espíritu mismo intercede por nosotros con gemidos inefables. El que escudriña los corazones sabe cuál es el deseo del Espíritu, y que su intercesión, por los santos es según Dios.

Palabra de Dios.

ALELUYA
Mt 11, 25

Bendito seas, Padre, Señor de cielo y tierra, porque has revelado los misterios del Reino a la gente sencilla.

EVANGELIO

Dejadlos crecer juntos hasta la siega

✠ LECTURA DEL S. EVANGELIO SEGUN
SAN MATEO
                                                              13, 24-43

El texto entre [ ] puede omitirse.

En aquel tiempo, Jesús propuso otra parábola a la gente: «El
Reino de los Cielos se parece a un hombre que sembró buena semilla en su campo; pero, mientras la gente dormía, un enemigo
fue y sembró cizaña en medio del trigo y se marchó. Cuando empezaba a verdear y se formaba la espiga apareció también la cizaña. Entonces fueron los criados a decirle al amo: 'Señor, ¿no
sembraste buena semilla en tu campo? ¿De dónde sale la cizaña?'
El les dijo: Un enemigo lo ha hecho.' Los criados le preguntaron: '¿Quieres que vayamos a arrancarla?' Pero él les respondió:
'No, que podríais arrancar también el trigo. Dejadlos crecer juntos hasta la siega, y cuando llegue la siega diré a los segadores:
Arrancad primero la cizaña y atadla en gavillas para quemarla, y
el trigo almacenadlo en mi granero'.»

[Les propuso esta otra parábola: «El Reino de los Cielos se
parece a un grano de mostaza que uno siembra en su huerta;
aunque es la más pequeña de las semillas, cuando crece es más
alta que las hortalizas; se hace un arbusto más alto que las hortalizas y vienen los pájaros a anidar en sus ramas.»

Les dijo otra parábola: «El Reino de los Cielos se parece a la
levadura; una mujer la amasa con tres medidas de harina y basta
para que todo fermente.» Jesús expuso todo esto a la gente en
parábolas y sin parábolas no les exponía nada. Así se cumplió el
oráculo del profeta: «Abriré mi boca diciendo parábolas; anunciaré los secretos desde la fundación del mundo».

Luego dejó a la gente y se fue a casa. Los discípulos se le
acercaron a decirle: «Acláranos la parábola de la cizaña en el
campo.» El les contestó: «El que siembra la buena semilla es el
Hijo del Hombre; el campo es el mundo; la buena semilla son
los ciudadanos del Reino; la cizaña son los partidarios del Malig-

no; el enemigo que la siembra es el diablo; la cosecha es el fin del tiempo, y los segadores los ángeles. Lo mismo que se arranca la cizaña y se quema, así será el fin del tiempo: el Hijo del Hombre enviará a sus ángeles, y arrancarán de su Reino a todos los corruptores y malvados y los arrojarán al horno encendido; allí será el llanto y el rechinar de dientes. Entonces los justos brillarán como el sol en el Reino de su Padre. El que tenga oídos, que oiga.»]

Palabra del Señor.

Se dice «Credo».

CICLO B (Años 1991, 1994, 1997, 2000, 2003, 2006)

A la vuelta de los apóstoles de su primera misión, Jesús escucha sus experiencias y los invita a un tiempo de retiro, descanso y reflexión, en un gesto que manifiesta la delicadeza humana de Cristo; pero la realidad se impone en forma de muchedumbres ansiosas, «ovejas sin pastor», que obliga a cambiar los planes del Señor (3), Buen Pastor, conforme al modelo profetizado por Ezequiel y Jeremías, así como en el salmo 22 (1).

San Pablo declara a los efesios que el plan misterioso de Dios se ha revelado ya en Cristo, comenzando en él a vivir un hombre nuevo capaz de unir con un mismo Espíritu a judíos y gentiles (2).

PRIMERA LECTURA

Reuniré el resto de mis ovejas y les pondré pastores

LECTURA DEL LIBRO DE JEREMIAS 23, 1-6

¡Ay de los pastores que dispersan y dejan perecer las ovejas de mi rebaño! —oráculo del Señor—. Por eso, así dice el Señor, Dios de Israel: A los Pastores que pastorean a mi pueblo: Vosotros dispersasteis mis ovejas, las expulsasteis, no las guardasteis; pues yo os tomaré cuenta, por la maldad de vuestras acciones —oráculo del Señor—. Yo mismo reuniré el resto de mis ovejas, de todos los países a donde las expulsé, y las volveré a traer a sus dehesas, para que crezcan y se multipliquen. Les pondré pastores que las pastoreen: ya no temerán ni se espantarán y ninguna se perderá —oráculo del Señor—. Mirad que llegan los días —oráculo del Señor— en que suscitaré a David un vástago legítimo: reinará como rey prudente, hará justicia y derecho en la tierra. En sus días se salvará Judá, Israel habitará seguro. Y lo llamarán con este nombre: «El-Señor-nuestra-justicia.»

Palabra de Dios.

SALMO RESPONSORIAL 22

℟ **El Señor es mi pastor, nada me falta.**

El Señor es mi Pastor, nada me falta: | En verdes praderas me hace recostar. | Me conduce hacia fuentes tranquilas | y repara mis fuerzas. ℟.

Me guía por sendero justo, | por el honor de su nombre. | Aunque camine por cañadas oscuras, | nada temo, porque tú vas conmigo: | Tu vara y tu cayado me sosiegan. ℟.

Preparas una mesa ante mí | enfrente de mis enemigos; | me unges la cabeza con perfume | y mi copa rebosa. ℟.

Tu bondad y tu misericordia me acompañan | todos los días de mi vida, | y habitaré en la casa del Señor | por años sin término. ℟.

SEGUNDA LECTURA

El es nuestra paz, que ha hecho de los dos pueblos (judíos y gentiles) una sola cosa

LECTURA DE LA CARTA DEL APOSTOL SAN PABLO A LOS EFESIOS

2, 13-18

Hermanos: Ahora estáis en Cristo Jesús. Ahora, por la sangre de Cristo, estáis cerca los que antes estabais lejos. El es nuestra paz. El ha hecho de los dos pueblos, Judíos y Gentiles, una sola cosa, derribando con su cuerpo el muro que los separaba: el odio. El ha abolido la Ley con sus mandamientos y reglas, haciendo las paces, para crear, en él, un solo hombre nuevo. Reconcilió con Dios a los dos pueblos, uniéndolos en un solo cuerpo mediante la cruz, dando muerte, en él, al odio. Vino y trajo la noticia de la paz; paz a vosotros los de lejos, paz también a los de cerca. Así, unos y otros, podemos acercarnos al Padre con un mismo Espíritu.

Palabra de Dios.

ALELUYA
Jn 10, 27

Mis ovejas escuchan mi voz —dice el Señor—. Yo las conozco y ellas me siguen.

EVANGELIO
Andaban como ovejas sin pastor

✠ **LECTURA DEL S. EVANGELIO SEGUN SAN MARCOS**
6, 30-34

En aquel tiempo los Apóstoles volvieron a reunirse con Jesús, y le contaron todo lo que habían hecho y enseñado. El les dijo: «Venid vosotros solos a un sitio tranquilo a descansar un poco.» Porque eran tantos los que iban y venían, que no encontraban tiempo ni para comer. Se fueron en barca a un sitio tranquilo y apartado. Muchos los vieron marcharse y los reconocieron; entonces de todas las aldeas fueron corriendo por tierra a aquel sitio y se les adelantaron. Al desembarcar, Jesús vio una multitud y le dio lástima de ellos, porque andaban como ovejas sin pastor; y se puso a enseñarles con calma.

Palabra del Señor.

Se dice «Credo».

CICLO C (Años 1989, 1992, 1995, 1998, 2001, 2004)

El deber de la hospitalidad está fuertemente grabado entre los pueblos de Oriente Medio desde la antigüedad; de ello fue buena muestra Abrahán en el episodio de Mambré (1). Jesús también era recibido con frecuencia y agrado por ambas partes en casa de Marta y María, y allí enseñó prácticamente a preferir sobre todas las cosas la relación directa con su palabra y con su persona, por encima de las costumbres y las ceremonias (3).

El apóstol «completa en su carne los dolores de Cristo» a medida que va anunciando el Evangelio y surgen divisiones y contradicciones; esta buena noticia, escondida anteriormente, es la plena incorporación de los gentiles a la Iglesia (2).

PRIMERA LECTURA

Señor, no pases de largo junto a tu siervo

LECTURA DEL LIBRO DEL GENESIS   18, 1-10a

En aquellos días, el Señor se apareció a Abrahán junto a la encina de Mambré, mientras él estaba sentado a la puerta de la tienda, porque hacía calor. Alzó la vista y vio tres hombres en pie frente a él. Al verlos, corrió a su encuentro desde la puerta de la tienda y se prosternó en tierra, diciendo: «Señor, si he alcanzado tu favor, no pases de largo junto a tu siervo. Haré que traigan agua para que os lavéis los pies y descanséis junto al árbol. Mientras, traeré un pedazo de pan para que cobréis fuerzas antes de seguir, ya que habéis pasado junto a vuestro siervo.» Contestaron: «Bien, haz lo que dices.» Abrahán entró corriendo en la tienda donde estaba Sara y le dijo: «Aprisa, tres cuartillos de flor de harina, amásalos y haz una hogaza. El corrió a la vacada, escogió un ternero hermoso y se lo dio a un criado para que lo guiase en seguida. Tomó también cuajada, leche, y el ternero guisado y se lo sirvió. Mientras él estaba en pie bajo el árbol, ellos comieron. Después le dijeron: «¿Dónde está Sara tu mujer?» Contestó: «Aquí, en la tienda.» Añadió uno: «Cuando vuelva a verte, dentro del tiempo de costumbre, Sara habrá tenido un hijo.»

Palabra de Dios.

SALMO RESPONSORIAL 14

R̂ **Señor, ¿quién puede hospedarse en tu tienda?**

El que procede honradamente | y practica la justicia, | el que tiene intenciones leales | y no calumnia con su lengua. R̂.

El que no hace mal al prójimo | ni difama al vecino; | el que considera despreciable al impío | y honra a los que temen al Señor. R̂.

El que no presta dinero a usura, | ni acepta soborno contra el inocente. | El que así obra, nunca fallará. R̂.

SEGUNDA LECTURA

El misterio que Dios ha tenido escondido, lo ha revelado ahora a su pueblo santo

LECTURA DE LA CARTA DEL APOSTOL SAN PABLO A LOS COLOSENSES
1, 24-28

Hermanos: Me alegro de sufrir por vosotros: así completo en mi carne los dolores de Cristo, sufriendo por su cuerpo que es la Iglesia. Dios me ha nombrado ministro de la Iglesia, asignándome la tarea de anunciaros a vosotros su mensaje completo: el misterio que Dios ha tenido escondido desde siglos y generaciones y que ahora ha revelado a su pueblo santo. Dios ha querido dar a conocer a los suyos la gloria y riqueza que este misterio encierra para los gentiles: es decir, que Cristo es para vosotros la esperanza de la gloria. Nosotros anunciamos a este Cristo; amonestamos a todo, enseñamos a todos, con todos los recursos de la sabiduría, para que todos lleguen a la madurez en su vida de Cristo.

Palabra de Dios.

ALELUYA   Lc 8, 15

Dichosos los que con su corazón, noble y generoso guardan la palabra de Dios y dan fruto perseverando.

EVANGELIO

Marta lo recibió en su casa. María ha escogido la parte mejor

✠ LECTURA DEL S. EVANGELIO SEGUN
SAN LUCAS   10, 38-42

En aquel tiempo, entró Jesús en una aldea, y una mujer llamada Marta lo recibió en su casa. Esta tenía una hermana llamada María, que, sentada a los pies del Señor, escuchaba su palabra. Y Marta se multiplicaba para dar abasto con el servicio; hasta que se paró y dijo: «Señor, ¿no te importa que mi hermana me haya dejado sola con el servicio? Dile que me eche una mano.» Pero el Señor le contestó: «Marta, Marta: andas inquieta y nerviosa con tantas cosas: sólo una es necesaria. María ha escogido la parte mejor, y no se la quitarán.»

Palabra del Señor.

Se dice «Credo».

DECIMOSEPTIMO DOMINGO
DEL TIEMPO ORDINARIO

ANTIFONA DE ENTRADA   Sal 67, 6-7.36

Dios vive en su santa morada: Dios prepara casa a los desvalidos, da fuerza y poder a su pueblo.

ORACION COLECTA

Oh Dios, protector de los que en ti esperan; sin ti nada es fuerte ni santo. Multiplica sobre nosotros los signos de tu misericordia, para que, bajo tu guía providente, de tal modo nos sirvamos de los bienes pasajeros, que podamos adherirnos a los eternos. Por nuestro Señor.

ORACION SOBRE LAS OFRENDAS

Recibe, Señor, las ofrendas que podemos presentar gracias a tu generosidad, para que estos santos misterios, donde tu Espíritu actúa eficazmente, santifiquen los días de nuestra vida y nos conduzcan a las alegrías eternas. Por Jesucristo.

ANTIFONA DE COMUNION   Sal 102, 2

Bendice, alma mía, al Señor y no olvides sus beneficios.

o bien: Mt 5, 7-8

Dichosos los misericordiosos, porque ellos alcanzarán misericordia. Dichosos los limpios de corazón, porque ellos verán a Dios.

ORACION DESPUES DE LA COMUNION

Hemos recibido, Señor, este sacramento, memorial perpetuo de la pasión de tu Hijo; concédenos que este don de su amor inefable nos aproveche para la salvación. Por Jesucristo.

CICLO A (Años 1990, 1993, 1996, 1999, 2002, 2005)

Una enseñanza semejante a la contenida en la parábola de la cizaña se expone en la de la red de arrastre, con su revoltijo de peces buenos y malos antes de la separación final: hay que confiar en Dios paciente y justo. Las parábolas del tesoro escondido y de la perla enseñan que el Reino de los Cielos está por encima de todo y por él se ha de sacrificar todo lo demás (3), del mismo modo que el joven Salomón prefirió el don de la sabiduría a los bienes materiales (1).

En el pasaje fundamental de la carta a los Romanos que se lee este domingo se expone el plan completo de Dios (vocación, elección, predestinación y justificación) que tiene como finalidad el destino de gloria para quienes participen en la vida resucitada de Cristo. No se trata de una predestinación individual, sino de los cristianos como grupo (2).

PRIMERA LECTURA

Pediste discernimiento

LECTURA DEL LIBRO PRIMERO DE LOS REYES

3, 5.7-12

En aquellos días, el Señor se apareció en sueños a Salomón y le dijo: «Pídeme lo que quieras.» Respondió Salomón: «Señor Dios mío, tú has hecho que tu siervo suceda a David, mi padre, en el trono, aunque yo soy un muchacho y no sé desenvolverme. Tu siervo se encuentra en medio de tu pueblo, un pueblo inmenso, incontable, innumerable. Da a tu siervo un corazón dócil para gobernar a tu pueblo, para discernir el mal del bien, pues ¿quién sería capaz de gobernar a este pueblo tan numeroso?»

Al Señor le agradó que Salomón hubiera pedido aquello y Dios le dijo: «Por haber pedido esto y no haber pedido para ti vida larga ni riquezas ni la vida de tus enemigos, sino que pediste discernimiento para escuchar y gobernar, te cumplo tu petición: te doy un corazón sabio e inteligente, como no lo ha habido antes ni lo habrá después de ti.»

Palabra de Dios.

SALMO RESPONSORIAL 118

℟ **¡Cuánto amo tu voluntad, Señor!**

Mi porción es el Señor, | he resuelto guardar tus palabras. | Más estimo yo los preceptos de tu boca, | que miles de monedas de oro y plata. ℟ .

Que tu bondad me consuele, | según la promesa hecha a tu siervo; | cuando me alcance tu compasión, viviré, | y mis delicias serán tu voluntad. ℟.

Yo amo tus mandatos, | más que el oro purísimo; | por eso aprecio tus decretos, | y detesto el camino de la mentira. ℟.

Tus preceptos son admirables, | por eso los guarda mi alma; | la explicación de tus palabras ilumina, | da inteligencia a los ignorantes. ℟.

SEGUNDA LECTURA

Nos predestinó a ser imagen de su Hijo

LECTURA DE LA CARTA DEL APOSTOL SAN PABLO A LOS ROMANOS
8, 28-30

Hermanos: Sabemos que a los que aman a Dios todo les sirve para el bien: a los que ha llamado conforme a su designio. A los que había escogido, Dios los predestinó a ser imagen de su Hijo para que él fuera el primogénito de muchos hermanos. A los que predestinó, los llamó; a los que llamó, los justificó; a los que justificó, los glorificó.

Palabra de Dios.

ALELUYA
Mt 11, 25

Bendito eres, Padre, Señor de cielo y tierra, porque has revelado los secretos del Reino a la gente sencilla.

EVANGELIO

Vende todo lo que tiene y compra el campo

✠ LECTURA DEL S. EVANGELIO SEGUN SAN MATEO
13, 44-52

El texto entre [ ] puede omitirse.

En aquel tiempo, dijo Jesús a la gente: «El Reino de los Cielos se parece a un tesoro escondido en el campo: el que lo encuentra, lo vuelve a esconder, y, lleno de alegría, va a vender todo lo que tiene y compra el campo.

El Reino de los Cielos se parece también a un comerciante en perlas finas, que al encontrar una de gran valor se va a vender todo lo que tiene y la compra.

[El Reino de los Cielos se parece también a la red que echan en el mar y recoge toda clase de peces: cuando está llena, la arrastran a la orilla, se sientan, y reúnen los buenos en cestos y los malos los tiran. Lo mismo sucederá al final del tiempo: saldrán los ángeles, separarán a los malos de los buenos y los echarán al horno encendido. Allí será el llanto y el rechinar de dientes. «¿Entendéis bien todo esto?» Ellos le contestaron: «Sí.» El les dijo: «Ya veis, un escriba que entiende del Reino de los Cielos es como un padre de familia que va sacando del arca lo nuevo y lo antiguo.»]

Palabra del Señor.

Se dice «Credo».

CICLO B (Años 1991, 1994, 1997, 2000, 2003, 2006)

Este domingo se interrumpe la lectura del Evangelio según san Marcos para proclamar el entero capítulo 6.º de san Juan, el «discurso sobre el pan de vida» que tiene como punto de partida la multiplicación de los panes, signo realizado por Cristo como Buen Pastor preocupado por alimentar material y espiritualmente a sus ovejas (3). El significado cristológico y eucarístico del milagro se expone a lo largo del capítulo en los próximos cuatro domingos. La gente recordó un prodigio semejante atribuido al profeta Eliseo (1) y se dijeron: «Este sí que es el profeta que tenía que venir al mundo».

La segunda parte de la carta a los Efesios trata sobre la vida cristiana. Los que fueron llamados a participar del plan de Dios ahora revelado han de llevar una vida digna de aquella vocación, especialmente en la humildad, el amor y la unidad (2).

PRIMERA LECTURA

Comerán y sobrará

LECTURA DEL LIBRO SEGUNDO DE LOS REYES

4, 42-44

En aquellos días vino un hombre de Bal-Salisá trayendo en la alforja el pan de las primicias, veinte panes de cebada y grano reciente para el profeta del Señor. Eliseo dijo: «Dáselos a la gente para que coman.» El criado replicó: «¿Qué hago yo con esto para cien personas?» Eliseo insistió: «Dáselos a la gente para que coman.» Porque esto dice el Señor: «Comerán y sobrará.» El criado se los sirvió a la gente; comieron y sobró, como había dicho el Señor.

Palabra de Dios.

SALMO RESPONSORIAL 144

R Abres tú la mano, Señor, | y nos sacias.

Que todas tus criaturas te den gracias, Señor, | que te bendigan tus fieles; | que proclamen la gloria de tu reinado, | que hablen de tus hazañas. R.

Los ojos de todos te están aguardando, | tú les das la comida a su tiempo; | abres tú la mano, | y sacias de favores a todo viviente. R.

El Señor es justo en todos sus caminos, | es bondadoso en todas sus acciones; | cerca está el Señor de los que lo invocan, | de los que lo invocan sinceramente. R.

SEGUNDA LECTURA

Un solo cuerpo, un solo Señor, una sola fe, un solo bautismo

LECTURA DE LA CARTA DEL APOSTOL SAN PABLO A LOS EFESIOS

4, 1-6

Hermanos: Yo, el prisionero por el Señor, os ruego que andéis como pide la vocación a la que habéis sido convocados. Sed siempre humildes y amables, sed comprensivos; sobrellevaos mutuamente con amor; esforzaos en mantener la unidad del Espíritu, con el vínculo de la paz. Un solo cuerpo y un solo Espíritu, como una sola es la meta de la esperanza en la vocación a la que habéis sido convocados. Un Señor, una fe, un bautismo. Un Dios, Padre de todo, que lo trasciende todo, y lo penetra todo, y lo invade todo.

Palabra de Dios.

ALELUYA   Lc 7, 16

Un gran Profeta ha surgido entre nosotros: Dios ha visitado a su pueblo.

EVANGELIO

Repartió a los que estaban sentados todo lo que quisieron

✠ LECTURA DEL S. EVANGELIO SEGUN
SAN JUAN   6, 1-15

En aquel tiempo, Jesús se marchó a la otra parte del lago de Galilea (o de Tiberíades). Lo seguía mucha gente, porque habían visto los signos que hacía con los enfermos. Subió Jesús entonces a la montaña y se sentó allí con sus discípulos. Estaba cerca la Pascua, la fiesta de los judíos. Jesús entonces levantó los ojos, y al ver que acudía mucha gente dijo a Felipe: «¿Con qué compraremos panes para que coman éstos?» (lo decía para tentarlo, pues bien sabía él lo que iba a hacer). Felipe le contestó: «Doscientos denarios de pan no bastan para que a cada uno le toque un pedazo.» Uno de sus discípulos, Andrés, el hermano de Simón Pedro, le dijo: «Aquí hay un muchacho que tiene cinco panes de cebada y un par de peces, pero, ¿qué es eso para tantos?» Jesús dijo: «Decid a la gente que se siente en el suelo.» Había mucha hierba en aquel sitio. Se sentaron: sólo los hombres eran unos cinco mil. Jesús tomó los panes, dijo la acción de gracias y los repartió a los que estaban sentados; lo mismo todo lo que quisieron del pescado. Cuando se saciaron, dijo a sus discípulos: «Recoged los pedazos que han sobrado; que nada se desperdicie.» Los recogieron y llenaron doce canastas con los pedazos de los cinco panes de cebada que sobraron a los que habían comido.

La gente entonces, al ver el signo que había hecho, decía: «Este sí que es el Profeta que tenía que venir al mundo.» Jesús entonces, sabiendo que iban a llevárselo para proclamarlo rey, se retiró otra vez a la montaña, él solo.

Palabra del Señor.

Se dice «Credo».

CICLO C (Años 1989, 1992, 1995, 1998, 2001, 2004)

La catequesis de Jesús sobre la oración tiene dos partes. En la primera se enseña la plegaria modélica, el «Padre nuestro», en la segunda se exponen las cualidades de la oración cristiana: constancia y confianza en la buena disposición de Dios Padre hacia sus hijos (3). La confiada insistencia de Abrahán cuando intercedía por las ciudades condenadas de Sodoma y Gomorra halló eco en la paciente condescendencia de Dios (1).

El pasaje de la carta a los Colosenses tiene gran importancia para comprender que el Misterio Pascual de Cristo se actualiza en el bautismo y que su poder regenerador se aprovecha mediante la fe (2).

PRIMERA LECTURA

No se enfade mi Señor, si sigo hablando

LECTURA DEL LIBRO DEL GENESIS   18, 20-32

En aquellos días, el Señor dijo: «La acusación contra Sodoma y Gomorra es fuerte y su pecado es grave: voy a bajar, a ver si realmente sus acciones responden a la acusación y si no, lo sabré.» Los hombres se volvieron y se dirigieron a Sodoma, mientras el Señor seguía en compañía de Abrahán. Entonces Abrahán se acercó y dijo a Dios: «¿Es que vas a destruir al inocente con el culpable? Si hay cincuenta inocentes en la ciudad, ¿los destruirás y no perdonarás al lugar por los cincuenta inocentes que hay en él? ¡Lejos de ti tal cosa!, matar al inocente con el culpable, de modo que la suerte del inocente sea como la del culpable; ¡lejos de ti! El juez de todo el mundo ¿no hará justicia?» El Señor contestó: «Si encuentro en la ciudad de Sodoma cincuenta inocentes, perdonaré a toda la ciudad en atención a ellos.» Abrahán respondió: «Me he atrevido a hablar a mi Señor, yo que soy polvo y ceniza. Si faltan cinco para el número de cincuenta inocentes, ¿destruirás, por cinco, toda la ciudad?» Respondió el Señor: «No la destruiré, si es que encuentro allí cuarenta y cinco.» Abrahán insistió: «Quizá no se encuentren más que cuarenta.» «En atención a los cuarenta, no lo haré.» Abrahán siguió hablando: «Que no se enfade mi Señor si sigo hablando. ¿Y si se encuentran treinta?» «No lo haré, si encuentro allí treinta.» Insistió Abrahán: «Me he atrevido a hablar a mi Señor, ¿y si se encuentran veinte?» Respondió el Señor: «En atención a los veinte no la destruiré.» Abrahán continuó: «Que no se enfade mi Señor si hablo una vez más. ¿Y si se encuentran diez?» Contestó el Señor: «En atención a los diez no la destruiré.»

Palabra de Dios.

SALMO RESPONSORIAL 137

℟ **Cuando te invoqué, Señor, me escuchaste.**

Te doy gracias, Señor, de todo corazón; | delante de los ángeles tañeré para ti, | me postraré hacia tu santuario. ℟.

Daré gracias a tu nombre, | por tu misericordia y tu lealtad, | porque tu promesa supera a tu fama. | Cuando te invoqué, me escuchaste, | acreciste el valor de mi alma. ℟.

El Señor es sublime, se fija en el humilde, | y de lejos conoce al soberbio. | Cuando camino entre peligros, | me conservas la vida; | extiendes tu brazo contra la ira de mi enemigo. ℟.

Y tu derecha me salva. | El Señor completará sus favores conmigo: | Señor, tu misericordia es eterna, | no abandones la obra de tus manos. ℞.

SEGUNDA LECTURA

Os dio la vida en Cristo, perdonándoos todos los pecados

LECTURA DE LA CARTA DEL APOSTOL SAN PABLO A LOS COLOSENSES   2, 12-14

Hermanos: Por el bautismo fuisteis sepultados con Cristo y habéis resucitado con él, porque habéis creído en la fuerza de Dios que lo resucitó. Estabais muertos por vuestros pecados, porque no estabais circuncidados; pero Dios os dio vida en Cristo, perdonándoos todos los pecados. Borró el protocolo que nos condenaba con sus cláusulas y era contrario a nosotros; lo quitó de en medio, clavándolo en la cruz.

Palabra de Dios.

ALELUYA   Rom 8, 15

Habeis recibido un espíritu de hijos adoptivos, que nos hace exclamar: ¡Abba, Padre!

EVANGELIO

Pedid y se os dará

✠ LECTURA DEL S. EVANGELIO SEGUN SAN LUCAS   11, 1-13

Una vez que estaba Jesús orando en cierto lugar, cuando terminó, uno de sus discípulos le dijo; «Señor, enséñanos a orar, como Juan enseñó a sus discípulos.» El les dijo: «Cuando oréis decid: 'Padre, santificado sea tu nombre; venga tu reino, danos cada día nuestro pan del mañana, perdónanos nuestros pecados, porque también nosotros perdonamos a todo el que nos debe algo, y no nos dejes caer en la tentación'.»

Y les dijo: «Si alguno de vosotros tiene un amigo y viene durante la medianoche para decirle: Ámigo, préstame tres panes, pues uno de mis amigos ha venido de viaje y no tengo nada que ofrecerle.' Y, desde dentro, el otro le responde: 'No me molestes; la puerta está cerrada; mis niños y yo estamos acostados: no puedo levantarme para dártelos.' Si el otro insiste llamando, yo os digo que si no se levanta y se los da por ser amigo suyo, al menos por la importunidad se levantará y le dará cuanto necesite. Pues así os digo a vosotros: Pedid y se os dará, buscad y hallaréis, llamad y se os abrirá; porque quien pide, recibe; quien busca, halla; y al que llama, se le abre. ¿Qué padre entre vosotros, cuando el hijo le pide pan, le dará una piedra? ¿O si le pide un pez, le dará un serpiente? ¿O si le pide un huevo, le dará un escorpión? Si vosotros, pues, que sois malos, sabéis dar cosas buenas a vuestros hijos, ¿cuánto más vuestro Padre celestial dará el Espíritu Santo a los que se lo piden?»

Palabra del Señor.

Se dice «Credo».

DECIMOCTAVO DOMINGO
DEL TIEMPO ORDINARIO

ANTIFONA DE ENTRADA   Sal 69, 2-6

Dios mío, dígnate librarme; Señor, date prisa en socorrerme. Que tú eres mi auxilio y mi liberación: Señor, no tardes.

ORACION COLECTA

Ven Señor, en ayuda de tus hijos; derrama tu bondad inagotable sobre los que te suplican, y renueva y protege tu creación en favor de los que te alaban como creador y como guía. Por nuestro Señor.

ORACION SOBRE LAS OFRENDAS

Santifica, Señor, con tu bondad estos dones; acepta la ofrenda de este sacrificio espiritual y transfórmanos a nosotros en oblación perenne. Por Jesucristo.

ANTIFONA DE COMUNION

Sal 16, 20

Nos has dado pan del cielo, Señor, que brinda toda delicia y sacia todos los gustos.

o bien:

Jn 6, 35

Yo soy el pan de vida. El que viene a mí no pasará hambre, y el que cree en mí no pasará sed —dice el Señor.

ORACION DESPUES DE LA COMUNION

A quienes has renovado con el pan del cielo, protégelos siempre con tu auxilio, Señor, y ya que no cesas de reconfortarlos, haz que sean dignos de la redención eterna. Por Jesucristo.

CICLO A (Años 1990, 1993, 1996, 1999, 2001, 2004)

La noticia de la ejecución del Bautista causó profunda impresión en Jesús, de modo que se dedicó en adelante a formar a sus discípulos, mientras que su vida pública se hizo más discreta, bajo el presentimiento de la muerte. Al retirarse al despoblado el Señor se despidió de las gentes de Galilea con una comida inesperada y prodigiosa, la multiplicación de los panes y los peces (3), banquete mesiánico como el vaticinado por Isaías para los tiempos de la nueva alianza (1).

San Pablo cierra el tema principal de su carta sintetizándolo en que el amor de Dios a los hombres es el fundamento indestructible de la vida y de la esperanza cristianas (2).

Daos prisa y comed

LECTURA DEL LIBRO DE ISAIAS   55, 1-3

Así dice el Señor: «Oíd, sedientos todos, acudid por agua
también los que no tenéis dinero: Venid, comprad trigo; comed
sin pagar vino y leche de balde. ¿Por qué gastáis dinero en lo
que no alimenta? ¿Y el salario en lo que no da hartura? Escúchad
atentos y comeréis bien, saborearéis platos sustanciosos. Inclinad
el oído, venid a mí: escuchadme y viviréis. Sellaré con vosotros
alianza perpetua, la promesa que aseguré a David.»

Palabra de Dios.

SALMO RESPONSORIAL 144

℟ **Abres tú la mano, Señor, | y nos sacias de favores.**

El Señor es clemente y misericordioso, | lento en la cólera y
rico en piedad; | el Señor es bueno con todos, | es cariñoso con
todas sus criaturas. ℟.

Los ojos de todos te están aguardando, | tú les das la comida
a su tiempo; | abres tú la mano, | y sacias de favores a todo vi-
viente. ℟.

El Señor es justo en todos sus caminos, | es bondadoso en
todas sus acciones; | cerca está el Señor de los que lo invo-
can, | de los que lo invocan sinceramente. ℟.

*Ninguna criatura podrá apartarnos del amor de Dios,
manifestado en Cristo*

LECTURA DE LA CARTA DEL APOSTOL
SAN PABLO A LOS ROMANOS   8, 35.37-39

Hermanos: ¿Quién podrá apartarnos del amor de Cristo?: ¿la
aflicción?, ¿la angustia?, ¿la persecución?, ¿el hambre?, ¿la desnudez?, ¿el peligro?, ¿la espada? Pero en todo esto vencemos fácil-

mente por Aquél que nos ha amado. Pues estoy convencido de que ni muerte, ni vida, ni ángeles, ni principados, ni presente, ni futuro, ni potencias, ni altura, ni profundidad, ni criatura alguna podrá apartarnos del amor de Dios manifestado en Cristo Jesús, Señor nuestro.

Palabra de Dios.

ALELUYA   Mt 4, 4b

No sólo de pan vive el hombre, sino de toda palabra que sale de la boca de Dios.

EVANGELIO

Comieron todos hasta quedar satisfechos

✠ LECTURA DEL S. EVANGELIO SEGUN SAN MATEO   14, 13-21

En aquel tiempo, al enterarse Jesús de la muerte de Juan el Bautista, se marchó de allí en barca, a un sitio tranquilo y apartado. Al saberlo la gente, lo siguió por tierra desde los pueblos. Al desembarcar vio Jesús el gentío, le dio lástima y curó a los enfermos. Como se hizo tarde, se acercaron los discípulos a decirle: «Estamos en despoblado y es muy tarde, despide a la multitud para que vayan a las aldeas y se compren de comer.» Jesús les replicó: «No hace falta que vayan, dadles vosotros de comer.» Ellos le replicaron: «Si aquí no tenemos más que cinco panes y dos peces.» Les dijo: «Traédmelos.» Mandó a la gente que se recostara en la hierba y tomando los cinco panes y los dos peces alzó la mirada al cielo, pronunció la bendición, partió los panes y se los dio a los discípulos; los discípulos se los dieron a la gente. Comieron todos hasta quedar satisfechos y recogieron doce cestos llenos de sobras. Comieron unos cinco mil hombres, sin contar mujeres y niños.

Palabra del Señor.

Se dice «Credo».

CICLO B (Años 1991, 1994, 1997, 2000, 2003, 2006)

Jesús da comienzo a su discurso del pan de la vida dirigiendo la atención de los oyentes desde el pan material que han recibido hacia un pan espiritual, celeste, que viene del Padre y que es Jesús mismo (3). El recuerdo de Moisés y del alimento para el camino, el «maná», que llegaba como llovido del cielo (1) sirven para empezar a comprender el misterio de la comunicación espiritual de Cristo con sus fieles por medio de la Palabra y la eucaristía.

Con términos que evocan la liturgia bautismal (abandonar, vestirse) el apóstol recuerda a los cristianos la penosa condición anterior a la conversión, cuando sólo tenían los recursos de la empecatada naturaleza humana. Ahora tienen la ayuda del Espíritu (2).

PRIMERA LECTURA

Yo haré llover pan del cielo

LECTURA DEL LIBRO DEL EXODO   16, 2-4.12-15

En aquellos días, la comunidad de los israelitas protestó contra Moisés y Aarón en el desierto diciendo: «¡Ojalá hubiéramos muerto a manos del Señor en Egipto, cuando nos sentábamos alrededor de la olla de carne y comíamos pan hasta hartarnos! Nos habéis sacado a este desierto para matar de hambre a toda la comunidad.»

El Señor dijo a Moisés: «Yo haré llover pan del cielo: que el pueblo salga a recoger la ración de cada día; lo pondré a prueba a ver si guarda mi ley o no. He oído las murmuraciones de los israelitas. Diles de mi parte: Al atardecer comeréis carne, por la mañana os hartaréis de pan; para que sepáis que yo soy el Señor Dios vuestro.» Por la tarde una banda de codornices cubrió todo el campamento; por la mañana había una capa de rocío alrededor de él. Cuando se evaporó la capa de rocío apareció en la superfi-

cie del desierto un polvo parecido a la escarcha. Al verlo los israelitas se dijeron: «¿Qué es esto?» Pues no sabían lo que era.
Moisés les dijo: «Es el pan que el Señor os da de comer.»

Palabra de Dios.

SALMO RESPONSORIAL 77

℟ **El Señor les dio un trigo celeste.**

Lo que oímos y aprendimos, | lo que nuestros padres nos
contaron, | lo contaremos a la futura generación: | Las alabanzas
del Señor, su poder. ℟

Dio orden a las altas nubes, | abrió las compuertas del cie-
lo: | Hizo llover sobre ellos maná, | les dio un trigo celeste. ℟.

El hombre comió pan de ángeles, | el Señor les mandó pro-
visiones hasta la hartura. | Los hizo entrar por las santas fronte-
ras | hasta el monte que su diestra había adquirido. ℟

SEGUNDA LECTURA

Vestíos de la nueva condición humana, creada a imagen de Dios

LECTURA DE LA CARTA DEL APOSTOL
SAN PABLO A LOS EFESIOS

4, 17.20-24

Hermanos: Esto es lo que digo y aseguro en el Señor: que
no andéis ya, como en el caso de los gentiles, que andan en la
vaciedad de sus criterios. Vosotros, en cambio, no es así como
habéis aprendido a Cristo, si es que es él a quien habéis oído y
en él fuisteis adoctrinados, tal como es la verdad en Cristo Jesús.
Cristo os ha enseñado a abandonar el anterior modo de vivir, el
hombre viejo corrompido por deseos de placer, a renovaros en
la mente y en el espíritu. Dejad que el Espíritu renueve vuestra
mentalidad y vestíos de la nueva condición humana, creada a
imagen de Dios: justicia y santidad verdaderas.

Palabra de Dios.

ALELUYA   Mt 4, 4b

No sólo de pan vive el hombre, sino de toda palabra que
sale de la boca de Dios.

EVANGELIO

El que viene a mí no pasará hambre, y el que cree en mí no
pasará nunca sed

✠ LECTURA DEL S. EVANGELIO SEGUN
SAN JUAN
                                                          6, 24-35

En aquel tiempo, cuando la gente vio que ni Jesús ni sus discípulos estaban allí, se embarcaron y fueron a Cafarnaún en busca de Jesús. Al encontrarlo en la otra orilla del lago, le preguntaron: «Maestro, ¿cuándo has venido aquí?» Jesús les contestó: «Os
lo aseguro: me buscáis no porque habéis visto signos, sino porque comisteis pan hasta saciaros. Trabajad no por el alimento
que perece, sino por el alimento que perdura, dando vida eterna,
el que os dará el Hijo del Hombre; pues a éste lo ha sellado el
Padre, Dios.» Ellos le preguntaron: «¿Cómo podremos ocuparnos en los trabajos que Dios quiere?» Respondió Jesús: «Este es
el trabajo que Dios quiere: que creáis en el que El ha enviado.»
Ellos le replicaron: «¿Y qué signo vemos que haces tú, para que
creamos en ti? Nuestros padres comieron el maná en el desierto,
como está escrito: Les dio a comer pan del cielo.» Jesús les replicó: «Os aseguro que no fue Moisés quien os dio pan del cielo,
sino que es mi Padre quien os da el verdadero pan del cielo. Porque el pan de Dios es el que baja del cielo y da vida al mundo.»
Entonces le dijeron: «Señor, danos siempre de ese pan.» Jesús les
contestó: «Yo soy el pan de vida. El que viene a mí no pasará
hambre, y el que cree en mí no pasará nunca sed.»

Palabra del Señor.

Se dice «Credo».

CICLO C (Años 1989, 1992, 1995, 1998, 2001, 2004)

Como en otras muchas ocasiones, una pregunta espontánea o una petición del público sirve para que Jesús desarrolle una catequesis como la de este domingo sobre la inutilidad de las riquezas materiales cuando se poseen con egoísmo y se confía totalmente en ellas (3). El Maestro enseñaba en la misma dirección que los antiguos sabios de Israel, como el «Predicador» de quien se lee hoy un fragmento (1). Unicamente Dios puede salvarnos definitivamente, es la Roca en quien podemos apoyarnos con seguridad (Sal 94).

Llega a su fin la lectura de la carta a los Colosenses. El bautismo es el principio de una vida nueva, sus ritos expresan y crean la nueva humanidad sin las antiguas distinciones, y comprometen a seguir una conducta pura, digna de ser vivida en Cristo resucitado (2).

PRIMERA LECTURA

¿Qué saca el hombre de todo su trabajo?

LECTURA DEL LIBRO DEL ECLESIASTES   1, 2; 2, 21-23

¡Vanidad de vanidades, dice Qohelet; vanidad de vanidades, todo es vanidad! Hay quien trabaja con sabiduría, ciencia y acierto, y tiene que dejarle su porción a uno que no ha trabajado. También esto es vanidad y grave desgracia. Entonces, ¿qué saca el hombre de todos los trabajos y preocupaciones que lo fatigan bajo el sol? De día su tarea es sufrir y penar, de noche no descansa su mente. También esto es vanidad.

Palabra de Dios.

SALMO RESPONSORIAL 89

R. **Señor, tú has sido nuestro refugio | de generación en generación.**

Tú reduces el hombre a polvo, | diciendo: «Retornad, hijos de Adán.» | Mil años en tu presencia | son un ayer, que pasó; | una vela nocturna. R.

Los siembras año por año, | como hierba que se renueva: | que florece y se renueva por la mañana, | y por la tarde la siegan y se seca. ℞.

Enséñanos a calcular nuestros años, | para que adquiramos un corazón sensato. | Vuélvete, Señor, ¿hasta cuando? | Ten compasión de tus siervos. ℞.

Por la mañana sácianos de tu misericordia, | y toda nuestra vida será alegría y júbilo. | Baje a nosotros la bondad del Señor | y haga prósperas las obras de nuestras manos. ℞.

SEGUNDA LECTURA

Buscad los bienes de arriba, donde está Cristo

LECTURA DE LA CARTA DEL APOSTOL SAN PABLO A LOS COLOSENSES

3, 1-5.9-11

Hermanos: Ya que habéis resucitado con Cristo, buscad los bienes de allá arriba, donde está Cristo, sentado a la derecha de Dios; aspirad a los bienes de arriba, no a los de la tierra.

Porque habéis muerto; y vuestra vida está con Cristo escondida en Dios. Cuando aparezca Cristo, vida nuestra, entonces también vosotros apareceréis, juntamente con él, en gloria. Dad muerte a todo lo terreno que hay en vosotros: la fornicación, la impureza, la pasión, la codicia y la avaricia, que es una idolatría. No sigáis engañándoos unos a otros. Despojaos de la vieja condición humana, con sus obras, y revestíos de la nueva condición, que ya se va renovando como imagen de su creador, hasta llegar a conocerlo. En este orden nuevo no hay distinción entre judíos y gentiles, circuncisos, bárbaros y escitas, esclavos y libros; porque Cristo es la síntesis de todo y está en todos.

Palabra de Dios.

ALELUYA

Mt 5, 3

Dichosos los pobres en el espíritu, porque de ellos es el reino de los cielos.

EVANGELIO

Lo que has acumulado, ¿de quién será?

✠ LECTURA DEL S. EVANGELIO SEGUN
SAN LUCAS   12, 13-21

En aquel tiempo, dijo uno del público a Jesús: «Maestro, dile
a mi hermano que reparta conmigo la herencia.» El le contestó:
«Hombre, ¿quién me ha nombrado juez o árbitro entre vosotros?» Y dijo a la gente: «Mirad: guardaos de toda clase de codicia. Pues aunque uno ande sobrado, su vida no depende de sus
bienes.» Y les propuso una parábola: «Un hombre rico tuvo una
gran cosecha. Y empezó a echar cálculos: ¿Qué haré? No tengo
donde almacenar la cosecha. Y se dijo: Haré lo siguiente: derribaré los graneros y construiré otros más grandes, y almacenaré
allí todo el grano y el resto de mi cosecha. Y entonces me diré
a mí mismo: 'Hombre, tienes bienes acumulados para muchos
años: túmbate, come, bebe y date buena vida.' Pero Dios le dijo:
'Necio esta noche te van a exigir la vida. Lo que has acumulado,
¿de quién será?'» Así será el que amasa riqueza para sí y no es
rico ante Dios.

Palabra del Señor.

Se dice «Credo».

DECIMONOVENO DOMINGO
DEL TIEMPO ORDINARIO

ANTIFONA DE ENTRADA   Sal 73, 20.19.22.23

Piensa, Señor, en tu alianza, no olvides sin remedio la
vida de los pobres. Levántate, oh Dios, defiende tu causa,
no olvides las voces que acuden a ti.

ORACION COLECTA

Dios todopoderoso y eterno, a quien podemos llamar Padre,
aumenta en nuestros corazones el espíritu filial, para que merezcamos alcanzar la herencia prometida. Por nuestro Señor.

ORACION SOBRE LAS OFRENDAS

Acepta, Señor, los dones que le has dado a tu Iglesia, para que pueda ofrecértelos, y transformarlos en sacramento de nuestra salvación. Por Jesucristo.

ANTIFONA DE COMUNION   Sal 147, 12.14

Glorificad al Señor, Jerusalén, que te sacia con flor de harina.

o bien: Jn 6, 52

El pan que yo daré es mi carne para la vida del mundo.

ORACION DESPUES DE LA COMUNION

La comunión en tus sacramentos nos salve, Señor, y nos afiance en la luz de tu verdad. Por Jesucristo.

CICLO A (Años 1990, 1993, 1996, 1999, 2001, 2005)

La barca de Pedro es una imagen evangélica de la Iglesia; san Mateo nos la describe azotada por el temporal y aparentemente abandonada por el Señor. Cuando él se acerca sobre las aguas y calma el mar recuerda que la fe en su presencia invisible debería bastar para superar las dificultades (3). En el Antiguo Testamento la tormenta, el huracán y el fuego eran signos de la presencia de Dios, pero otras veces su llegada era más silenciosa y espiritual, como un susurro que pedía atención para discernirlo (1).

Comienza la sección de la carta a los Romanos dedicada a explicar el enigma de la infidelidad de Israel a Jesucristo; el A.T. muestra que el plan de salvación que ahora se está realizando no está en contradicción con las promesas hechas por Dios a los hebreos (2).

LECTURA DEL LIBRO PRIMERO DE LOS REYES

19, 9a.11-13a

En aquellos días, al llegar Elías al monte de Dios, al Horeb, se refugió en una cueva donde pasó la noche. El Señor le dijo: «Sal y aguarda al Señor en el monte, que el Señor va a pasar.» Pasó antes del Señor un viento huracanado, que agrietaba los montes y rompía los peñascos: pero en el viento no estaba el Señor. Vino después un terremoto, y en el terremoto no estaba el Señor. Después vino un fuego, y en el fuego no estaba el Señor. Después se escuchó un susurro. Elías, al oírlo, se cubrió el rostro con el manto y salió a la entrada de la cueva.

Palabra de Dios.

SALMO RESPONSORIAL 84

℟ **Muéstranos, Señor, tu misericordia | y danos tu salvación.**

Voy a escuchar lo que dice el Señor. | Dios anuncia la paz. | La salvación está ya cerca de sus fieles | y la gloria habitará en nuestra tierra. ℟.

La misericordia y la fidelidad se encuentran, | la justicia y la paz se besan; | la fidelidad brota de la tierra | y la justicia mira desde el cielo. ℟.

El Señor nos dará la lluvia | y nuestra tierra dará su fruto. | La justicia marchará ante él, | la salvación seguirá sus pasos. ℟.

LECTURA DE LA CARTA DEL APOSTOL SAN PABLO A LOS ROMANOS

9, 1-5

Hermanos: Digo la verdad en Cristo; mi conciencia iluminada por el Espíritu Santo, me asegura que no miento. Siento una

gran pena y un dolor incesante, pues por el bien de mis hermanos, los de mi raza y sangre, quisiera incluso ser un proscrito lejos de Cristo. Ellos descienden de Israel, fueron adoptados como
hijos, tienen la presencia de Dios, la alianza, la ley, el culto y las
promesas. Suyos son los patriarcas, de quienes, según lo humano, nació el Mesías, el que está por encima de todo: Dios bendito por los siglos. Amén.

Palabra de Dios.

ALELUYA   Sal 129, 5

Espero en el Señor, espero en su Palabra.

EVANGELIO

Mándame ir hacia ti andando sobre el agua

✠ LECTURA DEL S. EVANGELIO SEGUN
SAN MATEO
                                                                              14, 22-33

Después que se sació la gente, Jesús apremió a sus discípulos
a que subieran a la barca y se le adelantaran a la otra orilla mientras él despedía a la gente. Y después de despedir a la gente subió al monte a solas para orar. Llegada la noche estaba allí solo.
Mientras tanto la barca iba ya muy lejos de la tierra, sacudida
por las olas, porque el viento era contrario.

De madrugada se les acercó Jesús andando sobre el agua.
Los discípulos, viéndole andar sobre el agua, se asustaron y gritaron de miedo, pensando que era un fantasma. Jesús les dijo en
seguida: «¡Animo, soy yo, no tengáis miedo!» Pedro le contestó:
«Señor, si eres tú, mándame ir hacia ti andando sobre el agua.»
El le dijo: «Ven.» Pedro bajó de la barca y echó a andar sobre
el agua acercándose a Jesús; pero, al sentir la fuerza del viento,
le entró miedo, empezó a hundirse y gritó: «Señor, sálvame.» En
seguida Jesús extendió la mano, lo agarró y le dijo: «¡Qué poca
fe! ¿Por qué has dudado?» En cuanto subieron a la barca amainó

el viento. Los de la barca se postraron ante él diciendo: «Realmente eres Hijo de Dios.»

Palabra del Señor.

Se dice «Credo».

CICLO B (Años 1991, 1994, 1997, 2000, 2003, 2006)

Cristo llega a nosotros como pan espiritual por medio de su palabra, de su enseñanza propia o difundida en toda la Sagrada Escritura; creer en él es comulgar con su vida inmortal: «El que cree, tiene vida eterna». De este modo llamamos a la liturgia de las lecturas en la Misa «la mesa de la Palabra de Dios» (3). Este alimento espiritual aprovecha a los cristianos como «viático», pan para el camino providentemente dado por Dios como hizo con el profeta Elías, salvándolo de la muerte y ayudándole a llegar a su destino (1).

La vida en Cristo y en Espíritu que comienza en el bautismo tiene una exigencia moral, la Ley de Cristo basada en la imitación del amor de Cristo, amor de entrega desinteresada manifestado en su sacrificio voluntario (2).

PRIMERA LECTURA

Con la fuerza de aquel alimento caminó hasta el monte de Dios

LECTURA DEL LIBRO PRIMERO DE LOS REYES

19, 4-8

En aquellos días, Elías continuó por el desierto una jornada de camino, y al final se sentó bajo una retama, y se deseó la muerte diciendo: «Basta ya, Señor, quítame la vida, pues yo no valgo más que mis padres.» Se echó debajo de la retama y se quedó dormido. De pronto un ángel lo tocó y le dijo: «Levántate, come.» Miró Elías y vio a su cabecera un pan cocido en las brasas y una jarra de agua. Comió, bebió y volvió a echarse. Pero el ángel del Señor le tocó por segunda vez diciendo: «Levántate, come, que el camino es superior a tus fuerzas.» Se levantó Elías, comió y bebió, y con la fuerza de aquel alimento caminó cuarenta días y cuarenta noches, hasta el Horeb, el monte de Dios.

Palabra de Dios.

SALMO RESPONSORIAL 33

R Gustad y ved | qué bueno es el Señor.

Bendigo al Señor en todo momento, | su alabanza está siempre en mi boca. | Mi alma se gloría en el Señor: | que los humildes lo escuchen y se alegren. R.

Proclamad conmigo la grandeza del Señor, | ensalcemos juntos su nombre. | Yo consulté al Señor y me respondió, | me libró de todas mis ansias. R.

Contempladlo y quedaréis radiantes, | vuestro rostro no se avergonzará. | Si el afligido invoca al Señor, él lo escucha | y lo salva de sus angustias. R.

El ángel del Señor acampa | en torno a tus fieles, y los protege. | Gustad y ved qué bueno es el Señor, | dichoso el que se acoge a él. R.

SEGUNDA LECTURA

Vivid en el amor, como Cristo

LECTURA DE LA CARTA DEL APOSTOL SAN PABLO A LOS EFESIOS

4, 30—5, 2

Hermanos: No pongáis triste al Espíritu Santo. Dios os ha marcado con él para el día de la liberación final. Desterrad de vosotros la amargura, la ira, los enfados e insultos y toda la maldad. Sed buenos, comprensivos, perdonándoos unos a otros como Dios os perdonó en Cristo.

Sed imitadores de Dios, como hijos queridos, y vivid en el amor como Cristo os amó y se entregó por nosotros como oblación y víctima de suave olor.

Palabra de Dios.

ALELUYA   Jn 6, 51-52

Yo soy el pan vivo bajado del cielo —dice el Señor—; el que coma de este pan vivirá para siempre.

EVANGELIO

Yo soy el pan vivo que ha bajado del cielo

✠ LECTURA DEL S. EVANGELIO SEGUN
SAN JUAN   6, 41-51

En aquel tiempo, los judíos criticaban a Jesús porque había dicho «Yo soy el pan bajado del cielo», y decían: «¿No es éste Jesús, el hijo de José? ¿No conocemos a su padre y a su madre?, ¿cómo dice ahora que ha bajado del cielo?» Jesús tomó la palabra y les dijo: «No critiquéis. Nadie puede venir a mí, si no lo trae el Padre que me ha enviado.» Y yo le resucitaré el último día. Está escrito en los profetas: «Serán todos discípulos de Dios.» Todo el que escucha lo que dice el Padre y aprende, viene a mí. No es que nadie haya visto al Padre, a no ser el que viene de Dios: éste ha visto al Padre. Os lo aseguro: el que cree, tiene vida eterna. Yo soy el pan de vida. Vuestros padres comieron en el desierto el maná y murieron: éste es el pan que baja del cielo, para que el hombre coma de él y no muera. Yo soy el pan vivo que ha bajado del cielo: el que coma de este pan vivirá para siempre. Y el pan que yo daré es mi carne, para la vida del mundo.»

Palabra del Señor.

Se dice «Credo».

CICLO C (Años 1989, 1992, 1995, 1998, 2001, 2004)

La extensa enseñanza de Jesús que va recorriendo el evangelio de Lucas llega a la recomendación de la vigilancia. El Señor volverá inesperadamente al final de los tiempos, como un ladrón nocturno o un amo que está muchos años lejos de su hacienda. Espera y vigilancia son dos características fundamentales de la vida cristiana, abierta a la eternidad (3). También los israelitas aguardaron la venida de Dios en la noche de Pascua para ser liberados de la opresión (1) y esta vigilia nocturna sigue siendo para los cristianos un recordatorio de la definitiva venida de Cristo.

La carta a los Hebreos cuya última parte empieza a leerse este domingo no tiene autor conocido; su tema principal es la superioridad del sacerdocio de Cristo sobre el de la antigua alianza en que vivieron los patriarcas, ilustres por su fe en las promesas de Dios que ahora se han realizado (2).

PRIMERA LECTURA

Castigaste a los enemigos y nos honraste llamándonos a ti

LECTURA DEL LIBRO DE LA SABIDURIA   18, 6-9

La noche de la liberación se les anunció de antemano a nuestros padres, para que tuvieran ánimo al conocer con certeza la promesa de que se fiaban. Tu pueblo esperaba ya la salvación de los inocentes y la perdición de los culpables. Pues con una misma acción castigabas a los enemigos y nos honrabas llamándonos a ti. Los hijos piadosos de un pueblo justo ofrecían sacrificios a escondidas y de común acuerdo se imponían esta ley sagrada; que todos los santos serían solidarios en los peligros y en los bienes; y empezaron a entonar los himnos tradicionales.

Palabra de Dios.

SALMO RESPONSORIAL 32

℟ **Dichoso el pueblo a quien Dios escogió como heredad.**

Aclamad, justos, al Señor, | que merece la alabanza de los buenos; | dichosa la nación cuyo Dios es el Señor, | el pueblo que él se escogió como heredad. ℟.

Los ojos del Señor están puestos en sus fieles, | en los que esperan en su misericordia, | para librar sus vidas de la muerte | y reanimarlos en tiempo de hambre. ℟.

Nosotros aguardamos al Señor: | él es nuestro auxilio y escudo; | que tu misericordia, Señor, venga sobre nosotros, | como lo esperamos de ti. ℟.

SEGUNDA LECTURA

Esperaba la ciudad cuyo arquitecto y constructor iba a ser Dios

LECTURA DE LA CARTA A LOS HEBREOS   11, 1-2.8-19

El texto entre [ ] puede omitirse.

Hermanos: La fe es seguridad de lo que se espera, y prueba de lo que no se ve. Por su fe son recordados los antiguos: por fe obedeció Abrahán a la llamada y salió hacia la tierra que iba a recibir en heredad. Salió sin saber a dónde iba. Por fe vivió como extranjero en la tierra prometida, habitando en tiendas —y lo mismo Isaac y Jacob, herederos de la misma promesa— mientras esperaba la ciudad de sólidos cimientos cuyo arquitecto y constructor iba a ser Dios. Por fe también Sara, cuando ya le había pasado la edad, obtuvo fuerza para fundar un linaje, porque se fió de la promesa. Y así de una persona, y ésa estéril, nacieron hijos numerosos, como las estrellas del cielo y como la arena incontable de las playas.

[Con fe murieron todos éstos, sin haber recibido la tierra prometida; pero viéndola y saludándola de lejos, confesando que eran huéspedes y peregrinos en la tierra. Es claro que los que así hablan, están buscando una patria; pues si añoraban la patria de donde habían salido, estaban a tiempo para volver. Pero ellos ansiaban una patria mejor, la del cielo. Por eso Dios no tiene reparo en llamarse su Dios: porque les tenía preparada una ciudad.

Por fe Abrahán, puesto a prueba, ofreció a Isaac: y era su hijo único lo que ofrecía, el destinatario de la promesa, del cual le había dicho Dios: «Isaac continuará tu descendencia.» Pero Abrahán pensó que Dios tiene poder hasta para resucitar muertos. Y así recobró a Isaac como figura del futuro.]

Palabra de Dios.

ALELUYA   Mt 24, 42-44

Estad en vela y estad preparados, porque a la hora que menos penséis, viene el Hijo del Hombre.

EVANGELIO

Estad preparados

✠ LECTURA DEL S. EVANGELIO SEGUN
SAN LUCAS   12, 32-48

El texto entre [ ] puede omitirse.

En aquel tiempo, dijo Jesús a sus discípulos:

[«No temas, pequeño rebaño; porque vuestro Padre ha tenido a bien daros el reino. Vended vuestros bienes, y dad limosna; haceos talegas que no se echen a perder, y un tesoro inagotable en el cielo, adonde no se acercan los ladrones ni roe la polilla. Porque donde está vuestro tesoro, allí estará también vuestro corazón.]

Tened ceñida la cintura y encendidas las lámparas: vosotros estad como los que aguardan a que su señor vuelva de la boda, para abrirle, apenas venga y llame. Dichosos los criados a quienes el Señor, al llegar, los encuentre en vela: os aseguro que se ceñirá, los hará sentar a la mesa y los irá sirviendo. Y si llega entrada la noche o de madrugada, y los encuentra así, dichosos ellos. Comprended que si supiera el dueño de casa a qué hora viene el ladrón, no le dejaría abrir un boquete. Lo mismo vosotros, estad preparados, porque a la hora que menos penséis, viene el Hijo del Hombre.»

[Pedro le preguntó: «Señor, ¿has dicho esa parábola por nosotros o por todos?» El Señor le respondió: «¿Quién es el administrador fiel y solícito a quien el amo ha puesto al frente de su servidumbre para que les reparta la ración a sus horas? Dichoso el criado a quien su amo al llegar lo encuentre portándose así. Os aseguro que lo pondrá al frente de todos sus bienes. Pero si el empleado piensa: 'Mi amo tarda en llegar', y empieza a pegarles a los mozos y a las muchachas, a comer y beber y emborracharse; llegará el amo de ese criado el día y a la hora que menos lo espera y lo despedirá, condenándole a la pena de los que no son fieles. El criado que sabe lo que su amo quiere y no está dispuesto a ponerlo por obra, recibirá muchos azotes; el que no lo sabe, pero hace algo digno de castigo, recibirá pocos. Al que mucho se le dio, mucho se le exigirá: al que mucho se le confió, más se le exigirá».]

Palabra del Señor.

Se dice «Credo».

VIGESIMO DOMINGO
DEL TIEMPO ORDINARIO

ANTIFONA DE ENTRADA   Sal 83, 10-11

Fíjate, oh Dios, en nuestro escudo; mira el rostro de tu Ungido, pues vale más un día en tus atrios que mil en mi casa.

ORACION COLECTA

Oh Dios, que has preparado bienes inefables para los que te aman; infunde tu amor en nuestros corazones, para que, amándote en todo y sobre todas las cosas, consigamos alcanzar tus promesas, que superan todo deseo. Por nuestro Señor.

ORACION SOBRE LAS OFRENDAS

Acepta, Señor, nuestros dones, en los que se realiza un admirable intercambio, para que, al ofrecerte lo que tú nos diste, merezcamos recibirte a ti mismo. Por Jesucristo nuestro Señor.

ANTIFONA DE COMUNION   Sal 129, 7

Del Señor viene la misericordia, la redención copiosa.

o bien: Jn 6, 51-52

Yo soy el pan vivo que ha bajado del cielo: el que coma de este pan vivirá para siempre.

ORACION DESPUES DE LA COMUNION

Señor, después de haber recibido a Cristo en estos sacramentos, imploramos de tu misericordia que, transformados en la tierra a su imagen, merezcamos participar de su gloria en el cielo. Por Jesucristo.

CICLO A (Años 1990, 1993, 1996, 1999, 2002, 2005)

Si bien el ministerio de Jesús se dirigía exclusivamente al pueblo de Israel, para que éste fuera luego el hogar y crisol de todos los demás pueblos, no pudo resistirse a la fe de algunos extranjeros como el centurión romano o la mujer fenicia de quien se trata este domingo. La confianza pura y total en Cristo es el principio de la salvación (3). Los profetas habían esbozado la revelación del plan de Dios que tenía al pueblo elegido como centro de reunión de todas las naciones, llamadas también a la salvación (1).

Pablo sufría por la resistencia de los israelitas que no aceptaban a Jesús como Mesías. El plan de Dios se cumplirá, pero de modo diferente, gracias a la fe de los gentiles que podría despertar los celos en el pueblo de la primera elección (2).

PRIMERA LECTURA

A los extranjeros los traeré a mi Monte Santo

LECTURA DEL LIBRO DE ISAIAS   56, 1.6-7

Así dice el Señor: «Guardad el derecho, practicad la justicia, que mi salvación está para llegar y se va a revelar mi victoria. A los extranjeros que se han dado al Señor, para servirlo, para amar el nombre del Señor y ser sus servidores, que guardan el sábado sin profanarlo y perseveran en mi alianza: los traeré a mi Monte Santo, los alegraré en mi casa de oración; aceptaré sobre mi altar sus holocaustos y sacrificios, porque mi casa es casa de oración y así la llamarán todos los pueblos.»

Palabra de Dios.

SALMO RESPONSORIAL 66

R. **Oh Dios, que te alaben los pueblos, | que todos los pueblos te alaben.**

El Señor tenga piedad y nos bendiga, | ilumine su rostro sobre nosotros: | conozca la tierra tus caminos, | todos los pueblos tu salvación. R.

Que canten de alegría las naciones, | porque riges la tierra con justicia, | riges los pueblos con rectitud | y gobiernas las naciones de la tierra. R.

Oh Dios, que te alaben los pueblos, | que todos los pueblos te alaben. | Que Dios nos bendiga; que le teman | hasta los confines del orbe. R.

SEGUNDA LECTURA

Los dones y la llamada de Dios son irrevocables para Israel

LECTURA DE LA CARTA DEL APOSTOL
SAN PABLO A LOS ROMANOS   11, 13-15.29-32

Hermanos: Os digo a vosotros, gentiles: Mientras sea vuestro apóstol, haré honor a mi ministerio, por ver si despierto emulación en los de mi raza y salvo a algunos de ellos. Si su reprobación es reconciliación del mundo, ¿qué será su reintegración sino un volver de la muerte a la vida? Los dones y la llamada de Dios son irrevocables. Vosotros, en otro tiempo, desobedecisteis a Dios; pero ahora, al desobedecer ellos, habéis obtenido misericordia. Así también ellos que ahora no obedecen, con ocasión de la misericordia obtenida por vosotros, alcanzarán misericordia. Pues Dios nos encerró a todos en desobediencia, para tener misericordia de todos.

Palabra de Dios.

ALELUYA   Mt 4, 23

Jesús proclamaba la Buena Noticia del Reino curando las dolencias del pueblo.

EVANGELIO

Mujer, qué grande es tu fe

✠ LECTURA DEL S. EVANGELIO SEGUN
SAN MATEO   15, 21-28

En aquel tiempo, Jesús salió y se retiró al país de Tiro y Sidón. Entonces una mujer cananea, saliendo de uno de aquellos lugares, se puso a gritarle: «Ten compasión de mí, Señor Hijo de David. Mi hija tiene un demonio muy malo.» El no le respondió nada. Entonces los discípulos se le acercaron a decirle: «Atiéndela, que viene detrás gritando.» El les contestó: «Sólo me han enviado a las ovejas descarriadas de Israel.» Ella los alcanzó y se postró ante él, y le pidió de rodillas: «Señor, socórreme.» El le contestó: «No está bien echar a los perros el pan de los hijos.» Pero ella repuso: «Tienes razón, Señor; pero también los perros comen las migajas que caen de la mesa de los amos.» Jesús le respondió: «Mujer, qué grande es tu fe: que se cumpla lo que deseas.» En aquel momento quedó curada su hija.

Palabra del Señor.

Se dice «Credo».

CICLO B (Años 1991, 1994, 1997, 2000, 2003, 2006)

Avanzando en el discurso sobre el pan de la vida, Jesús trata de su comunicación a los creyentes de forma real, después de haberse descrito como pan-Palabra: «El que come mi carne y bebe mi sangre, tiene vida eterna.» Es el anuncio del banquete eucarístico que será instituido en la Ultima Cena, la liturgia de comunión que sigue a la de la palabra en la celebración de la Misa (3). La comunicación de la divina Sabiduría en la sinagoga también había sido descrita como un banquete con pan y vino (1), pero las palabras de Jesús fueron más allá de todo lo esperado.

La celebración de la liturgia y en especial de la eucaristía, con la participación ordenada y jubilosa de todos, aumenta la vida nueva en el Espíritu; el éxtasis o embriaguez espiritual que aquél produce no tiene nada que ver con las fiestas y banquetes mundanos (2).

PRIMERA LECTURA

Venid a comer mi pan y a beber el vino que he mezclado

LECTURA DEL LIBRO DE LOS PROVERBIOS
9, 1-6

La sabiduría se ha construido su casa plantando siete columnas; ha preparado el banquete, mezclado el vino y puesto la mesa; ha despachado sus criados para que lo anuncien en los puntos que dominan la ciudad: «Los inexpertos, que vengan aquí, voy a hablar a los faltos de juicio: Venid a comer mi pan y a beber mi vino que he mezclado; dejad la inexperiencia y viviréis, seguid el camino de la prudencia.»

Palabra de Dios.

SALMO RESPONSORIAL 33

℞ **Gustad y ved | qué bueno es el Señor.**

Bendigo al Señor en todo momento, | su alabanza está siempre en mi boca; | mi alma se gloría en el Señor: | Que los humildes lo escuchen y se alegren. ℞.

Todos sus santos, temed al Señor, | porque nada les falta a los que lo temen; | los ricos empobrecen y pasan hambre, | los que buscan al Señor no carecen de nada. ℞.

Venid, hijos, escuchadme: | os instruiré en el temor del Señor; | ¿Hay alguien que ame la vida | y desee días de prosperidad? ℞.

Guarda tu lengua del mal, | tus labios, de la falsedad; | apártate del mal, obra el bien, | busca la paz y corre tras ella. ℞.

SEGUNDA LECTURA

Daos cuenta de lo que el Señor quiere

LECTURA DE LA CARTA DEL APOSTOL SAN PABLO A LOS EFESIOS

5, 15-20

Hermanos: Fijaos bien cómo andáis; no seáis insensatos, sino sensatos, aprovechando la ocasión, porque vienen días malos. Por eso, no estéis aturdidos, daos cuenta de lo que el Señor quiere. No os emborrachéis con vino, que lleva al libertinaje; sino dejaos llenar del Espíritu. Recitad, alternando, salmos, himnos y cánticos inspirados; cantad y tocad con toda el alma para el Señor. Celebrad constantemente la Acción de Gracias a Dios Padre, por todo, en nombre de Nuestro Señor Jesucristo.

Palabra de Dios.

El que come mi carne y bebe mi sangre —dice el Señor—, habita en mí y yo en él.

EVANGELIO

Mi carne es verdadera comida y mi sangre es verdadera bebida

✠ LECTURA DEL S. EVANGELIO SEGUN
SAN JUAN   6, 51-58

En aquel tiempo, dijo Jesús a la gente: «Yo soy el pan vivo que ha bajado del cielo: el que coma de este pan, vivirá para siempre. Y el pan que yo daré es mi carne, para la vida del mundo.» Disputaban los judíos entre sí: «¿Cómo puede éste darnos a comer su carne?» Entonces Jesús les dijo: «Os aseguro que si no coméis la carne del Hijo del Hombre y no bebéis su sangre, no tenéis vida en vosotros. El que come mi carne y bebe mi sangre, tiene vida eterna, y yo le resucitaré en el último día. Mi carne es verdadera comida y mi sangre es verdadera bebida. El que come mi carne y bebe mi sangre, habita en mí y yo en él. El Padre que vive me ha enviado y yo vivo por el Padre; del mismo modo, el que me come, vivirá por mí. Este es el pan que ha bajado del cielo: no como el de vuestros padres, que lo comieron y murieron: el que come este pan vivirá para siempre.»

Palabra del Señor.

Se dice «Credo».

CICLO C (Años 1989, 1992, 1995, 1998, 2001, 2004)

Los verdaderos profetas como Jeremías crearon a su alrededor fuertes divisiones y contradicciones (1); no es de extrañar por eso que Jesús anunciara crisis semejantes cuando su mensaje se difundiera y los hombres tuviesen que definirse a favor o en contra. La disolución de la unidad familiar era uno de los signos del final de los tiempos (3).

El ejemplo de los antiguos patriarcas es propuesto a los cristianos que sí saben hacia dónde se encaminan, gracias a la nueva fe que comenzó y termina en Cristo (2).

PRIMERA LECTURA

Me engendraste hombre de pleitos para todo el país

LECTURA DEL LIBRO DE JEREMIAS   38, 4-6.8-10

En aquellos días, los príncipes dijeron al rey: «Muera ese Jeremías, porque está desmoralizando a los soldados que quedan en la ciudad, y a todo el pueblo, con semejantes discursos. Ese hombre no busca el bien del pueblo, sino su desgracia.» Respondió el rey Sedecías: «Ahí lo tenéis, en vuestro poder: El Rey no puede nada contra vosotros.» Ellos cogieron a Jeremías y lo arrojaron en el aljibe de Melquías, príncipe real, en el patio de la guardia, descolgándolo con sogas. En el aljibe no había agua, sino lodo, y Jeremías se hundió en el lodo. Ebedmelek salió del palacio y habló al rey: «Mi rey y señor, esos hombres han tratado inicuamente al profeta Jeremías, arrojándolo al aljibe, donde morirá de hambre» (porque no quedaba pan en la ciudad). Entonces el rey ordenó a Ebedmelek el cusita: «Toma tres hombres a tu mando, y sacad al profeta Jeremías del aljibe antes de que muera.»

Palabra de Dios.

SALMO RESPONSORIAL 39

℞. **Señor, date prisa en socorrerme.**

Yo esperaba con ansia al Señor; | él se inclinó y escuchó mi grito. ℞.

Me levantó de la fosa fatal, | de la charca fangosa; | afianzó mis pies sobre roca | y aseguró mis pasos. ℞.

Me puso en la boca un cántico nuevo, | un himno a nuestro Dios. | Muchos al verlo quedaron sobrecogidos | y confiaron en el Señor. ℞.

Yo soy pobre y desgraciado, | pero el Señor se cuida de mí; | tú eres mi auxilio y mi liberación, | Dios mío, no tardes. ℟.

SEGUNDA LECTURA

Corramos la carrera que nos toca, sin retirarnos

LECTURA DE LA CARTA A LOS HEBREOS   12, 1-4

Hermanos: Una nube ingente de testigos nos rodea: por tanto, quitémonos lo que nos estorba y el pecado que nos ata, y corramos en la carrera que nos toca, sin retirarnos, fijos los ojos en el que inició y completa nuestra fe: Jesús, que renunciando al gozo inmediato, soportó la cruz, sin miedo a la ignominia, y ahora está sentado a la derecha del Padre. Recordad al que soportó la oposición de los pecadores, y no os canséis ni perdáis el ánimo. Todavía no habéis llegado a la sangre en vuestra pelea contra el pecado.

Palabra de Dios.

ALELUYA   Jn 10, 27

Mis ovejas escuchan mi voz —dice el Señor—. Yo las conozco y ellas me siguen.

EVANGELIO

No he venido a traer paz, sino división

✠ LECTURA DEL S. EVANGELIO SEGUN SAN LUCAS   12, 49-53

En aquel tiempo, dijo Jesús a sus discípulos: «He venido a prender fuego en el mundo: ¡y ojalá estuviera ya ardiendo! Tengo que pasar por un bautismo, ¡y qué angustia hasta que se cumpla! ¿Pensáis que he venido a traer al mundo paz? No, sino división. En adelante, una familia de cinco estará dividida: tres contra dos y dos contra tres; estarán divididos: el padre contra el hijo y el hijo contra el padre, la madre contra la hija y la hija contra la madre, la suegra contra la nuera y la nuera contra la suegra.»

Palabra del Señor.

Se dice «Credo».

VIGESIMO PRIMER DOMINGO
DEL TIEMPO ORDINARIO

ANTIFONA DE ENTRADA   Sal 85, 1-3

Inclina tu oído, Señor, escúchame. Salva a tu siervo que confía en ti. Piedad de mí, Señor, que a ti estoy llamando todo el día.

ORACION COLECTA

Oh Dios, que unes los corazones de tus fieles en un mismo deseo; inspira a tu pueblo el amor a tus preceptos y la esperanza en tus promesas, para que, en medio de las vicisitudes del mundo, nuestros corazones estén firmes en la verdadera alegría. Por nuestro Señor.

ORACION SOBRE LAS OFRENDAS

Por el único sacrificio de Cristo, tu Unigénito, te has adquirido, Señor, un pueblo de hijos; concédenos propicio los dones de la unidad y de la paz en tu Iglesia. Por Jesucristo.

ANTIFONA DE COMUNION   Sal 103, 13-15

La tierra se sacia de tu acción fecunda, Señor, para sacar pan de los campos y vino que alegra el corazón del hombre.

o bien: Jn 6, 55

El que come mi Carne y bebe mi Sangre —dice el Señor— tiene vida eterna y yo le resucitaré en el último día.

ORACION DESPUES DE LA COMUNION

Te pedimos, Señor, que lleves en nosotros a su plenitud la obra salvadora de tu misericordia; condúcenos a perfección tan alta y mantennos en ella de tal forma que en todo sepamos agradarte. Por Jesucristo.

CICLO A (Años 1990, 1993, 1996, 1999, 2002, 2005)

En su caminar fuera de los territorios de Herodes Antipas, Jesús y los doce llegaron a la región de Cesarea de Filipo donde el Señor recibió la confesión de fe en su mesianismo y divinidad proclamadas por Simón, quien recibió entonces el sobrenombre de Pedro, roca firme como será la fe del apóstol, primero también en anunciar a Cristo resucitado. Es una fe sobrenatural, gracia de Dios (3). La primera lectura ayuda a comprender el sentido de las palabras de Jesús a Pedro: cambiar el nombre a alguien significaba que se le encargaba una misión, así como la entrega de la llave era confiar el poder sobre una casa o un reino (1). La sección de la carta dedicada a explicar la infidelidad de Israel termina con un himno a la misericordiosa sabiduría de Dios que ha preordenado una ayuda recíproca entre los judíos y los gentiles en sus esfuerzos por asegurarse la salvación (2).

PRIMERA LECTURA

Colgaré de su hombro la llave del palacio de David

LECTURA DEL LIBRO DE ISAIAS   22, 19-23

Así dice el Señor a Sobná, mayordomo de palacio: «Te echaré de tu puesto, te destituiré de tu cargo. Aquel día llamaré a mi siervo, a Eliacín, hijo de Elcías: le vestiré tu túnica, le ceñiré tu banda, le daré tus poderes; será padre para los habitantes de Jerusalén, para el pueblo de Judá. Colgaré de su hombro la llave del palacio de David; lo que él abra nadie lo cerrará, lo que él cierre nadie lo abrirá. Lo hincaré como un clavo en sitio firme, dará un trono glorioso a la casa paterna.»

Palabra de Dios.

SALMO RESPONSORIAL 137

℞ **Señor, tu misericordia es eterna, | no abandones la obra de tus manos.**

Te doy gracias, Señor, de todo corazón; | delante de los ángeles tañeré para ti. | Me postraré hacia tu santuario, | daré gracias a tu nombre. ℞.

Por tu misericordia y tu lealtad, | porque tu promesa supera a tu fama. | Cuando te invoqué me escuchaste, | acreciste el valor de mi alma. ℞.

El Señor es sublime, se fija en el humilde | y de lejos conoce al soberbio. | Señor, tu misericordia es eterna, | no abandones la obra de tus manos. ℞.

SEGUNDA LECTURA

El es origen, guía y meta del universo

LECTURA DE LA CARTA DEL APOSTOL SAN PABLO A LOS ROMANOS
                                                                       11, 33-36

¡Qué abismo de generosidad, de sabiduría y de conocimiento el de Dios! ¡Qué insondables sus decisiones y qué irrastreables sus caminos! ¿Quién conoció la mente del Señor? ¿Quién fue su consejero? ¿Quién le ha dado primero para que él le devuelva? El es el origen, guía y meta del universo. A él la gloria por los siglos. Amén.

Palabra de Dios.

ALELUYA
                                                                       Mt 16, 18

Tú eres Pedro, y sobre esta piedra edificaré mi Iglesia, y el poder del infierno no la derrotará.

EVANGELIO

Tú eres Pedro y te daré las llaves del Reino de los cielos

✠ LECTURA DEL S. EVANGELIO SEGUN
SAN MATEO   16, 13-20

En aquel tiempo llegó Jesús a la región de Cesarea de Filipo
y preguntaba a sus discípulos: «¿Quién dice la gente que es el
Hijo del Hombre?» Ellos contestaron: «Unos que Juan Bautista,
otros que Elías, otros que Jeremías o uno de los profetas.» El les
preguntó: «Y vosotros, ¿quién decís que soy yo?» Simón Pedro
tomó la palabra y dijo: «Tú eres el Mesías, el Hijo de Dios
vivo.» Jesús le respondió: «¡Dichoso tú, Simón, hijo de Jonás!,
porque eso no te lo ha revelado nadie de carne y hueso, sino mi
Padre que está en el cielo.» Ahora te digo yo: «Tú eres Pedro,
y sobre esta piedra edificaré mi Iglesia, y el poder del Infierno
no la derrotará. Te daré las llaves del Reino de los Cielos; lo que
ates en la tierra, quedará atado en el cielo, y lo que desates en la
tierra, quedará desatado en el cielo.» Y les mandó a los discípulos que no dijesen a nadie que él era el Mesías.

Palabra del Señor.

Se dice «Credo».

CICLO B (Años 1991, 1994, 1997, 2000, 2003, 2006)

El discurso del pan de la vida termina con una opción: aceptar o no las palabras de Cristo, seguirlo o dejarlo (3). La libertad
en que Jesús deja a los discípulos para decidirse recuerda la actuación de Josué en la asamblea de Siquén (1); la fe es una gracia
de Dios en la que se puede cooperar, pero no imponer. Cada
vez que se nos presenta el cuerpo de Cristo en la comunión hemos de decir con fe «Amén», «Sí», movidos por el Espíritu
Santo.

La relación matrimonial con la entrega mutua de los esposos encerraba para san Pablo un mensaje o plan de Dios que ahora se ha revelado al contemplarse la relación de Cristo con la Iglesia. Para todos ha de servir de norma suprema el amor sacrificado de Jesucristo. El apóstol mitiga la condición inferior de las esposas en su tiempo mediante el amor entrega y renuncia de sí mismo que pide a los maridos (2).

PRIMERA LECTURA

Serviremos al Señor, porque él es nuestro Dios

LECTURA DEL LIBRO DE JOSUE

24, 1-2a.15-17.18b

En aquellos días, Josué reunió todas las tribus de Israel en Siquén y llamó a los ancianos, a los jefes, a los jueces, a los magistrados para que se presentasen ante Dios. Josué dijo a todo el pueblo: «Si no os parece bien servir al Señor escoged a quién servir: a los dioses a quienes sirvieron vuestros antepasados al este del Eufrates o a los dioses de los amorreos, en cuyo país habitáis. Yo y mi casa serviremos al Señor.» El pueblo respondió: «¡Lejos de nosotros abandonar al Señor para servir a dioses extranjeros! El Señor es nuestro Dios; él nos sacó a nosotros y a nuestros padres de Egipto, de la esclavitud; él hizo a vuestra vista grandes signos, nos protegió en el camino que recorrimos y entre los pueblos por donde cruzamos. También nosotros serviremos al Señor: ¡es nuestro Dios!»

Palabra de Dios.

SALMO RESPONSORIAL 33

R. **Gustad y ved | qué bueno es el Señor.**

Bendigo al Señor en todo momento, | su alabanza está siempre en mi boca; | mi alma se gloría en el Señor: | que los humildes lo escuchen y se alegren. R.

Los ojos del Señor miran a los justos, | sus oídos escuchan sus gritos; | pero el Señor se enfrenta con los malhechores, | para borrar de la tierra su memoria. R.

Cuando uno grita, el Señor lo escucha | y lo libra de sus angustias; | el Señor está cerca de los atribulados, | salva a los abatidos. ℞.

Aunque el justo sufra muchos males, | de todos lo libra el Señor; | él cuida de todos sus huesos, | y ni uno solo se quebrará. ℞.

La maldad da muerte al malvado, | y los que odian al justo serán castigados. | El Señor redime a sus siervos, | no será castigado quien se acoge a él. ℞.

SEGUNDA LECTURA

Es éste un gran misterio y yo lo refiero a Cristo y a la Iglesia

LECTURA DE LA CARTA DEL APOSTOL SAN PABLO A LOS EFESIOS

5, 21-32

Hermanos: Sed sumisos unos a otros con respeto cristiano. Las mujeres, que se sometan a sus maridos como al Señor; porque el marido es cabeza de la mujer, así como Cristo es cabeza de la Iglesia; él, que es el salvador del cuerpo. Pues como la Iglesia se somete a Cristo, así también las mujeres a sus maridos en todo.

Maridos, amad a vuestras mujeres como Cristo amó a su Iglesia: El se entregó a sí mismo por ella, para consagrarla, purificándola con el baño del agua y la palabra, y para colocarla ante sí gloriosa, la Iglesia sin mancha ni arruga ni nada semejante, sino santa e inmaculada. Así deben también los maridos amar a sus mujeres, como cuerpos suyos que son. Amar a su mujer es amarse a sí mismo. Pues nadie jamás ha odiado su propia carne, sino que le da alimento y calor, como Cristo hace con la Iglesia, porque somos miembros de su cuerpo. «Por eso abandonará el hombre a su padre y a su madre, y se unirá a su mujer y serán los dos una sola carne.» Es éste un gran misterio: y yo lo refiero a Cristo y a la Iglesia.

Palabra de Dios.

ALELUYA   Jn 6, 64b.69b

Tus palabras, Señor, son espíritu y vida; Tú tienes palabras de vida eterna.

EVANGELIO

¿A quién vamos a acudir? Tú tienes palabras de vida eterna

✠ LECTURA DEL S. EVANGELIO SEGUN
SAN JUAN

6, 60-69

En aquel tiempo, muchos discípulos de Jesús, al oírlo, dijeron: «Este modo de hablar es inaceptable, ¿quién puede hacerle
caso?» Adivinando Jesús que sus discípulos lo criticaban, les
dijo: «¿Esto os hace vacilar?, ¿y si viérais al Hijo del Hombre subir adonde estaba antes? El Espíritu es quien da vida; la carne no
sirve de nada. Las palabras que os he dicho son espíritu y son
vida.» Y con todo, algunos de vosotros no creen. Pues Jesús sabía desde el principio quiénes no creían y quién lo iba a entregar.
Y dijo: «Por eso os he dicho que nadie puede venir a mí, si el
Padre no se lo concede.» Desde entonces muchos discípulos se
echaron atrás y no volvieron a ir con él. Entonces Jesús les dijo
a los Doce: «¿También vosotros queréis marcharos?» Simón Pedro le contestó: «Señor, ¿a quién vamos a acudir? Tú tienes palabras de vida eterna; nosotros creemos. Y sabemos que tú eres el
Santo consagrado por Dios.»

Palabra del Señor.

Se dice «Credo».

CICLO C (Años 1989, 1992, 1995, 1998, 2001, 2004)

Otra pregunta espontánea dio lugar a Jesús a tratar sobre
cuál será el número de los que se salven. Ciertamente Dios quie-

re que todos los hombres se salven, pero hay que esforzarse por hacer el bien, sacrificando lo que haga falta, pues la puerta es estrecha (3). Después de la Resurrección, Jesús envió los discípulos a todas las naciones, rompiendo las fronteras religiosas y tribales de Israel, incluso para el sacerdocio, como profetizó Isaías (1).

En el caminar hacia Dios, guiados por la fe, hay lugar para las penalidades que conviene sobrellevar con espíritu penitencial, como advertencias y correctivos divinos (2).

PRIMERA LECTURA

Traerán a todos vuestros hermanos de entre todas las naciones

LECTURA DEL LIBRO DE ISAIAS   66, 18-21

Así dice el Señor: «Yo vendré para reunir a las naciones de toda lengua: vendrán para ver mi gloria, les daré una señal, y de entre ellos despacharé supervivientes a las naciones: a Tarsis, Etiopía, Libia, Masac, Tubal y Grecia; a las costas lejanas que nunca oyeron mi fama ni vieron mi gloria y anunciarán mi gloria a las naciones. Y de todos los países, como ofrenda al Señor traerán a todos vuestros hermanos a caballo y en carros y en literas, en mulos y dromedarios, hasta mi Monte Santo de Jerusalén —dice el Señor—, como los israelitas, en vasijas puras, traen ofrendas al templo del Señor. De entre ellos escogeré sacerdotes y levitas —dice el Señor.»

Palabra de Dios.

SALMO RESPONSORIAL 116

R. **Id al mundo entero y predicad el Evangelio** (o, Aleluya.)   Mc 16, 15

Alabad al Señor todas las naciones, | aclamadlo, todos los pueblos. R.

Firme es su misericordia con nosotros, | su fidelidad dura por siempre. R.

El Señor reprende a los que ama

LECTURA DE LA CARTA A LOS HEBREOS

12, 5-7.11-13

Hermanos: «Habéis olvidado la exhortación paternal que os dieron: Hijo mío, no rechaces el castigo del Señor, no te enfades por su represión; porque el Señor reprende a los que ama y castiga a sus hijos preferidos. Aceptad la corrección, porque Dios os trata como a hijos, pues ¿qué padre no corrige a sus hijos? Ningún castigo nos gusta cuando lo recibimos, sino que nos duele; pero da como fruto una vida honrada y en paz. Por eso, fortaleced las manos débiles, robusteced las rodillas vacilantes, y caminad por una senda llana: así el pie cojo, en vez de retorcerse, se curará.»

Palabra de Dios.

ALELUYA

Jn 14, 5

Yo soy el Camino, la Verdad y la Vida —dice el Señor—. Nadie va al Padre sino por mí.

EVANGELIO

Vendrán de Oriente y Occidente y se sentarán a la mesa en el Reino de Dios

✠ LECTURA DEL S. EVANGELIO SEGUN SAN LUCAS

13, 22-30

En aquel tiempo, Jesús, de camino hacia Jerusalén, recorría ciudades y aldeas enseñando. Uno le preguntó: «Señor, ¿serán pocos los que se salven?» Jesús les dijo: «Esforzaos en entrar por la puerta estrecha. Os digo que muchos intentarán entrar y no podrán. Cuando el amo de la casa se levante y cierre la puerta, os quedaréis fuera y llamaréis a la puerta diciendo: 'Señor, ábrenos' y él os replicará: 'No sé quiénes sois.' Entonces comenzaréis a decir: 'Hemos comido y bebido contigo y tú has enseñado a nuestras plazas.' Pero él os replicará: 'No sé quiénes sois. Alejaos de mí, malvados.' Entonces será el llanto y el rechinar de dientes, cuando veáis a Abrahán, Isaac y Jacob y a todos los profetas en el Reino de Dios y vosotros os veáis echados fuera. Y vendrán de Oriente y Occidente, del Norte y del Sur y se sentarán a la mesa en el Reino de Dios. Mirad: hay últimos que serán primeros y primeros que serán últimos.»

Palabra del Señor.

Se dice «Credo».

VIGESIMO SEGUNDO DOMINGO
DEL TIEMPO ORDINARIO

ANTIFONA DE ENTRADA   Sal 85, 3.5

Piedad de mí, Señor; que a ti te estoy llamando todo el día, porque tú eres bueno y clemente, rico en misericordia con los que te invocan.

ORACION COLECTA

Dios todopoderoso, de quien procede todo bien, siembra en nuestros corazones el amor de tu nombre, para que, haciendo más religiosa nuestra vida, acrecientes el bien en nosotros y con solicitud amorosa lo conserves. Por nuestro Señor.

ORACION SOBRE LAS OFRENDAS

Esta ofrenda, Señor, nos atraiga siempre tu bendición salvadora, para que se cumpla por tu poder lo que celebramos en estos misterios. Por Jesucristo.

ANTIFONA DE COMUNION   Sal 30, 20

Qué bondad tan grande, Señor, reservas para tus fieles.

o bien: Mt 5, 9-10

Dichosos los que trabajan por la paz, porque ellos se llamarán «los hijos de Dios». Dichosos los perseguidos por causa de la justicia, porque de ellos es el Reino de los cielos.

ORACION DESPUES DE LA COMUNION

Saciados con el pan del cielo, te pedimos, Señor, que el amor con que nos alimentas fortalezca nuestros corazones y nos mueva a servirte en nuestros hermanos. Por Jesucristo nuestro Señor.

CICLO A (Años 1990, 1993, 1996, 1999, 2001, 2004)

Si en el Evangelio del domingo anterior Pedro había hablado movido por Dios al confesar a Jesús como Mesías, luego se dejó llevar por su impulso humano al querer impedir que Jesús asumiera su sacrificio redentor. Cristo vio entonces en el apóstol la imagen del Tentador que desde el principio intentaba apartarlo de su fidelidad a la misión recibida del Padre (3). No es que Dios deseara el sufrimiento de Jesús, sino que la palabra de Dios es tan contraria a los valores del mundo que ocasiona infaliblemente la persecución del que la pregona con autenticidad (1).

Imitando a Jesucristo, los cristianos no pueden amoldarse tanto a los criterios del mundo que pierdan su identidad; como Jesús éstos no ofrecen ninguna víctima sustitutoria, sino sus propias vidas en un sacrificio razonable y consciente (2).

PRIMERA LECTURA
La Palabra del Señor se volvió oprobio para mí

LECTURA DEL LIBRO DE JEREMIAS   20, 7-9

Me sedujiste, Señor, y me dejé seducir; me forzaste y me pudiste. Yo era el hazmerreír todo el día, todos se burlaban de mí. Siempre que hablo tengo que gritar «Violencia», y proclamar «Destrucción». La palabra del Señor se volvió para mí oprobio y desprecio todo el día. Me dije: no me acordaré de él, no hablaré más en su nombre; pero la palabra era en mis entrañas fuego ardiente, encerrado en los huecos; intentaba contenerla, y no podía.

Palabra de Dios.

SALMO RESPONSORIAL 62

℟ **Mi alma está sedienta de tí, Señor, Dios mío.**

Oh Dios, tú eres mi Dios, por ti madrugo, | mi alma está sedienta de ti; | mi carne tiene ansia de ti, | como tierra reseca, agostada, sin agua. ℟.

¡Cómo te contemplaba en el santuario | viendo tu fuerza y tu gloria! | Tu gracia vale más que la vida, | te alabarán mis labios. ℟.

Toda mi vida te bendeciré | y alzaré las manos invocándote. | Me saciaré como de enjundia y de manteca | y mis labios te alabarán jubilosos. ℟.

Porque fuiste mi auxilio, | y a la sombra de tus alas canto con júbilo; | mi alma está unida a ti, | y tu diestra me sostiene. ℟.

SEGUNDA LECTURA

Ofreceos vosotros mismos como sacrificio vivo

LECTURA DE LA CARTA DEL APOSTOL
SAN PABLO A LOS ROMANOS

12, 1-2

Hermanos: Os exhorto, por la misericordia de Dios, a presentar vuestros cuerpos como hostia viva, santa, agradable a Dios; éste es vuestro culto razonable. Y no os ajustéis a este mundo, sino transformaos por la renovación de la mente, para que sepáis discernir lo que es la voluntad de Dios, lo bueno, lo que agrada, lo perfecto.

Palabra de Dios.

ALELUYA   Ef 1, 17-18

El Padre de nuestro Señor Jesucristo ilumine los ojos de nuestro corazón, para que comprendamos cuál es la esperanza a la que nos llama.

EVANGELIO

El que quiera venirse conmigo que se niegue a sí mismo

LECTURA DEL S. EVANGELIO SEGUN SAN MATEO
16, 21-27

En aquel tiempo, empezó Jesús a explicar a sus discípulos que tenía que ir a Jerusalén y padecer allí mucho por parte de los senadores, sumos sacerdotes y letrados y que tenía que ser ejecutado y resucitar al tercer día. Pedro se lo llevó aparte y se puso a increparle: «¡No lo permita Dios, Señor! Eso no puede pasarte.» Jesús se volvió y dijo a Pedro: «Quítate de mi vista, Satanás, que me haces tropezar; tú piensas como los hombres, no como Dios.»

Entonces dijo a los discípulos: «El que quiera venirse conmigo que se niegue a sí mismo, que cargue con su cruz y me siga. Si uno quiere salvar la vida, la perderá; pero el que la pierda por mí, la encontrará. ¿De qué le sirve a un hombre ganar el mundo entero si malogra su vida? ¿O qué podrá dar para recobrarla? Porque el Hijo del Hombre vendrá entre sus ángeles, con la gloria de su Padre, y entonces pagará a cada uno según su conducta.»

Palabra del Señor.

Se dice «Credo».

CICLO B (Años 1991, 1994, 1997, 2000, 2003, 2006)

Este domingo se vuelve a la lectura del Evangelio de Marcos, y en él se llega al pasaje donde Jesús critica la perversión de la Ley de Moisés hecha por los intérpretes posteriores y los fariseos. La antigua Ley era sabia y justa en grado superior a las de los demás pueblos (1) y Jesús la respetaba, pero criticaba la hipocresía de un cumplimiento externo, sin atender a la pureza de conducta que nace del corazón (3). El código de alimentos puros e impuros fue abolido definitivamente por la Iglesia apostólica, conforme al espíritu de Cristo, en el concilio de Jerusalén (Hech 15).

Comienza la lectura de la carta de Santiago, identificado tradicionalmente con el «pariente del Señor» y jefe de la Iglesia de Jerusalén. En todo el escrito se previene contra una fe abstracta, desencarnada y sin compromiso en las obras buenas que prueben su autenticidad (2).

PRIMERA LECTURA

No añadáis a las palabras que yo os hablo... guardad los mandamientos del Señor

LECTURA DEL LIBRO DEL DEUTERONOMIO

4, 1-2.6-8

Moisés habló al pueblo diciendo: «Ahora, Israel, escucha los mandatos y decretos que yo os mando cumplir. Así viviréis y entraréis a tomar posesión de la tierra que el Señor Dios de vuestros padres os va a dar. Estos mandatos son vuestra sabiduría y vuestra inteligencia a los ojos de los pueblos que, cuando tengan noticia de todos ellos, dirán: «Cierto que esta gran nación es un pueblo sabio e inteligente.» Y, en efecto, ¿hay alguna nación tan grande que tenga los dioses tan cerca como lo está el Señor Dios de nosotros siempre que lo invocamos? Y, ¿cuál es la gran nación, cuyos mandatos y decretos sean tan justos como toda esta Ley que hoy os doy?»

Palabra de Dios.

SALMO RESPONSORIAL 14

R. **Señor, ¿quién puede hospedarse en tu tienda?**

El que procede honradamente | y practica la justicia, | el que tiene intenciones legales | y no calumnia con su lengua. R.

El que no hace mal a su prójimo | ni difama al vecino, | el que considera despreciable al impío | y honra a los que temen al Señor. ℞.

El que no retracta lo que juró | aun en daño propio, | el que no presta dinero a usura | ni acepta soborno contra el inocente. | El que así obra, nunca fallará. ℞.

SEGUNDA LECTURA
Llevad la palabra a la práctica

LECTURA DE LA CARTA DEL APOSTOL SANTIAGO

1, 17-18.21b-22.27

Mis queridos hermanos: Todo beneficio y todo don perfecto viene de arriba, del Padre de los astros, en el cual no hay fases ni períodos de sombra. Por propia iniciativa, con la Palabra de la verdad, nos engendró, para que seamos como la primicia de sus criaturas. Aceptad dócilmente la Palabra que ha sido plantada y es capaz de salvarnos. Llevadla a la práctica y no os limitéis a escucharla, engañándoos a vosotros mismos. La religión pura e intachable a los ojos de Dios Padre es ésta: visitar huérfanos y viudas en sus tribulaciones y no mancharse las manos con este mundo.

Palabra de Dios.

ALELUYA
Sant 1, 17-18

El Padre por propia iniciativa, nos engendró con la Palabra de la verdad, para que seamos como las primicias de sus criaturas.

EVANGELIO

Dejáis a un lado el mandamiento de Dios para aferraros a la tradición de los hombres

✠ LECTURA DEL S. EVANGELIO SEGUN
SAN MARCOS   7, 1-8.14-15.21-23

En aquel tiempo se acercó a Jesús un grupo de fariseos con algunos letrados de Jerusalén y vieron que algunos discípulos comían con manos impuras (es decir, sin lavarse las manos). (Los fariseos, como los demás judíos, no comen sin lavarse antes las manos, restregando bien, aferrándose a la tradición de sus mayores, y al volver de la plaza no comen sin lavarse antes, y se aferran a otras muchas tradiciones, de lavar vasos, jarras y ollas). Según eso, los fariseos y los letrados preguntaron a Jesús: «¿Por qué comen tus discípulos con manos impuras y no siguen tus discípulos la tradición de los mayores?» El les contestó: «Bien profetizó Isaías de vosotros, hipócritas, como está escrito: 'Este pueblo me honra con los labios, pero su corazón está lejos de mí. El culto que me dan está vacío, porque la doctrina que enseñan son preceptos humanos.' Dejáis a un lado el mandamiento de Dios para aferraros a la tradición de los hombres.» En otra ocasión llamó Jesús a la gente y les dijo: «Escuchad y entended todos: Nada que entre de fuera puede hacer al hombre impuro; lo que sale de dentro es lo que hace impuro al hombre. Porque de dentro del corazón del hombre salen los malos propósitos, las fornicaciones, robos, homicidios, adulterios, codicias, injusticias, fraudes, desenfreno, envidia, difamación, orgullo, frivolidad. Todas esas maldades salen de dentro y hacen al hombre impuro.»

Palabra del Señor.

Se dice «Credo».

CICLO C (Años 1992, 1995, 1998, 2001, 2004, 2007)

La antigua sabiduría de Israel recomendaba frecuentemente la práctica de la humildad (1). También Jesús insistió en ello como

norma habitual de conducta: «El que se humilla será enaltecido» (3).

El autor de la carta a los Hebreos muestra la cara invisible de
la asamblea litúrgica cristiana, donde no se dan los prodigios del
Sinaí, pero se está en comunicación real con Dios en la presencia
espiritual de Jesucristo y de la Iglesia celeste (2). Esta es la última enseñanza de este documento que se lee en este Tiempo Ordinario.

PRIMERA LECTURA

Hazte pequeño y alcanzarás el favor de Dios

LECTURA DEL LIBRO DEl ECLESIASTICO   3, 17-18.20.28-29

Hijo mío, en tus asuntos procede con humildad y te querrán
más que al hombre generoso. Hazte pequeño en las grandezas
humanas, y alcanzarás el favor de Dios; porque es grande la misericordia de Dios, y revela sus secretos a los humildes. No co-
rras a curar la herida del cínico, pues no tiene cura, es brote de
mala planta. El sabio aprecia las sentencias de los sabios, el oído
atento a la sabiduría se alegrará.

Palabra de Dios.

SALMO RESPONSORIAL 67

℞ **Prepárate, oh Dios, casa para los pobres.**

Los justos se alegran, | gozan en la presencia de Dios, | re-
bosando de alegría. | Cantad a Dios, tocad en su honor, | su
nombre es el Señor. ℞.

Padre de huérfanos, | protector de viudas, | Dios vive en su
santa morada, | Dios prepara a los desvalidos, | libera a los cauti-
vos y los enriquece. ℞.

Derramaste en tu heredad, oh Dios, una lluvia copiosa, | ali-
viaste la tierra extenuada; | y tu rebaño habitó en la tierra | que
tu bondad, oh Dios, preparó para los pobres. ℞.

SEGUNDA LECTURA

Os habéis acercado al monte Sión, ciudad del Dios vivo

LECTURA DE LA CARTA A LOS HEBREOS   12, 18-19.22-24a

Hermanos: Vosotros no os habéis acercado a un monte tangible, a un fuego encendido, a densos nubarrones, a la tormenta, al sonido de la trompeta; ni habéis oído aquella voz que el pueblo, al oírla, pidió que no les siguiera hablando. Vosotros os habéis acercado al monte Sión, ciudad del Dios vivo, Jerusalén del cielo, a la asamblea de innumerables ángeles, a la congregación de los primogénitos inscritos en el cielo, a Dios, juez de todos, a las almas de los justos que han llegado a su destino y al Mediador de la nueva alianza, Jesús.

Palabra de Dios.

ALELUYA   Mt 11, 29ab

Cargad con mi yugo —dice el Señor—, y aprended de mí que soy manso y humilde de corazón.

EVANGELIO

Todo el que se enaltece, será humillado; y el que se humilla, será enaltecido

✠ LECTURA DEL S. EVANGELIO SEGUN SAN LUCAS   14, 1.7-14

Un sábado entró Jesús en casa de uno de los principales fariseos para comer, y ellos le estaban espiando. Notando que los convidados escogían los primeros puestos, les propuso este ejemplo: «Cuando te conviden a una boda, no te sientes en el puesto principal no sea que hayan convidado a otro de más categoría que tú; y vendrá el que os convidó a ti y al otro, y te dirá: 'Cédele el puesto a éste.' Entonces, avergonzado, irás a ocupar el último puesto. Al revés, cuando te conviden, vete a sentarte en el último puesto, para que cuando venga el que te convidó, te diga: Ámigo, sube más arriba.' Entonces quedarás muy bien ante todos los comensales. Porque todo el que se enaltece será humillado; y el que se humilla será enaltecido.»

Y dijo al que lo había invitado: «Cuando des una comida o una cena, no invites a tus amigos ni a tus hermanos ni a tus parientes ni a los vecinos ricos; porque corresponderán invitándote y quedarás pagado. Cuando des un banquete, invita a pobres, lisiados, cojos y ciegos; dichoso tú, porque no pueden pagarte; te pagarán cuando resuciten los justos.»

Palabra del Señor.

Se dice «Credo».

VIGESIMO TERCER DOMINGO
DEL TIEMPO ORDINARIO

ANTIFONA DE COMUNION   Sal 118, 137.124

Señor, tú eres justo, tus mandamientos son rectos. Trata con misercordia a tu siervo.

ORACION COLECTA

Padre y Señor nuestro, que nos has redimido y adoptado como hijos, mira con bondad a los que tanto amas; y haz que cuantos creemos en Cristo tu Hijo, alcancemos la libertad verdadera y la herencia eterna. Por nuestro Señor.

ORACION SOBRE LAS OFRENDAS

Oh Dios, fuente de la paz y del amor sincero, concédenos glorificarte por estas ofrendas y unirnos fielmente a ti por la participación en esta eucaristía. Por Jesucristo.

ANTIFONA DE COMUNION   Sal 41, 2-3

Como busca la cierva corrientes de agua, así mi alma te
busca a ti, Dios mío; tiene sed de Dios, del Dios vivo.

o bien: Jn 8, 12

Yo soy la luz del mundo —dice el Señor. El que me sigue no camina en tinieblas, sino que tendrá la luz de la
vida.

ORACION DESPUES DE LA COMUNION

Con tu palabra, Señor, y con tu pan del cielo, alimentas y vivificas a tus fieles; concédenos que estos dones de tu Hijo nos
aprovechen de tal modo que merezcamos participar siempre de
su vida. Por Jesucristo.

CICLO A (Años 1990, 1993, 1996, 1999, 2001, 2004)

Somos responsables de la salvación de los demás, porque hemos recibido la Palabra portadora de la norma divina de conducta que ha de ser observada por todos. No podemos callar y dejar
sin advertencia al prójimo ignorante (1). Los cristianos en particular y comunitariamente han de ejercer con caridad la corrección mutua; la comunidad tiene además, en virtud de la presencia
de Cristo en ella, poder para reconciliar a los pecadores y para
apartar a los recalcitrantes (3).

«Amar es cumplir la ley eterna», el resumen de todas sus normas y mandamientos. También los rabinos contemporáneos de
Cristo lo entendían así, pero el Señor y san Pablo extienden el
concepto de «prójimo», que tiene alcance universal y no es sólo
el israelita vecino, como en la tradición del Antiguo Testamento (2).

Si no hablas al malvado, te pediré cuenta de su sangre

LECTURA DEL LIBRO DE EZEQUIEL

33, 7-9

Así dice el Señor: «A ti, hijo de Adán, te he puesto de atalaya en la casa de Israel; cuando escuches palabras de mi boca, les darás la alarma de mi parte. Si yo digo al malvado: 'Malvado, eres reo de muerte', y tú no hablas, poniendo en guardia al malvado, para que cambie de conducta; el malvado morirá por su culpa, pero a ti te pediré cuenta de su sangre. Pero si tú pones en guardia al malvado, para que cambie de conducta, si no cambia de conducta, él morirá por su culpa, pero tú has salvado la vida.»

Palabra de Dios.

SALMO RESPONSORIAL 94

℟ **Ojalá escuchéis hoy la voz del Señor: | «No endurezcáis vuestro corazón».**

Venid, aclamemos al Señor, | demos vítores a la Roca que nos salva; | entremos a su presencia dándole gracias, | aclamándolo con cantos. ℟.

Entrad postrémonos por tierra, | bendiciendo al Señor, creador nuestro. | Porque él es nuestro Dios | y nosotros su pueblo, | el rebaño que él guía. ℟.

Ojalá escuchéis hoy su voz: | «No endurezcáis el corazón como en Meribá, | como el día de Masá en el desierto: | cuando vuestros padres me pusieron a prueba | y me tentaron, aunque habían visto mis obras». ℟.

La plenitud de la ley es el amor

LECTURA DE LA CARTA DEL APOSTOL SAN PABLO A LOS ROMANOS

13, 8-10

Hermanos: A nadie le debáis nada, más que amor; porque el que ama tiene cumplido el resto de la ley. De hecho, el «no cometerás adulterio, no matarás, no robarás, no envidiarás», y los demás mandamientos que haya, se resumen en esta frase: «Amarás a tu prójimo como a ti mismo». Uno que ama a su prójimo no le hace daño; por eso amar es cumplir la ley entera.

Palabra de Dios.

ALELUYA   2 Cor 5, 19

Dios estaba en Cristo reconciliando al mundo consigo, y a nosotros nos ha confiado la palabra de reconciliación.

EVANGELIO

Si te hace caso, has salvado a tu hermano

✠ LECTURA DEL S. EVANGELIO SEGUN
SAN MATEO   18, 15-20

En aquel tiempo, dijo Jesús a sus discípulos: «Si tu hermano peca, repréndelo a solas entre los dos. Si te hace caso, has salvado a tu hermano. Si no te hace caso, llama a otro o a otros dos, para que todo el asunto quede confirmado por boca de dos o tres testigos. Si no les hace caso, díselo a la comunidad, y si no hace caso ni siquiera a la comunidad, considéralo como un pagano o un publicano. Os aseguro que todo lo que atéis en la tierra quedará atado en el cielo, y todo lo que desatéis en la tierra quedará desatado en el cielo. Os aseguro además que si dos de vosotros se ponen de acuerdo en la tierra para pedir algo, se lo dará mi Padre del cielo. Porque donde dos o tres están reunidos en mi nombre, allí estoy yo en medio de ellos.»

Palabra del Señor.

Se dice «Credo».

CICLO B (Años 1991, 1994, 1997, 2000, 2003, 2006)

Cuando Jesús abrió los sentidos de un sordomudo estaba anunciando la libertad para escuchar y proclamar la palabra de

Dios, como todavía se hace en la celebración del bautismo con el rito del «Effetá» (ábrete); pero asimismo estaba proclamando la llegada del Reino de Dios, tal como lo reconocieron los asistentes al milagro (3). La curación de las secuelas de las enfermedades que atan a los hombres: ceguera, sordera, mudez, parálisis eran signos previstos por los profetas (1).

Santiago pone un ejemplo de falta de caridad en la misma asamblea litúrgica, mientras que la preferencia de Dios con los pobres debería ser una forma normal de actuación para la Iglesia, sin tener otra aceptación de personas (2).

PRIMERA LECTURA

Los oídos del sordo se abrirán, la lengua del mudo cantará

LECTURA DEL LIBRO DE ISAIAS
35, 4-7a

Decid a los cobardes de corazón: «Sed fuertes, no temáis. Mirad a vuestro Dios, que trae el desquite, viene en persona, resarcirá y os salvará. Se despegarán los ojos del ciego, los oídos del sordo se abrirán, saltará como un ciervo el cojo, la lengua del mudo cantará. Porque han brotado aguas en el desierto, torrentes en la estepa; el páramo será un estanque, lo reseco un manantial.»

Palabra de Dios.

SALMO RESPONSORIAL 145

℟ **Alaba, alma mía, al Señor** (o, Aleluya.)

Alaba, alma mía, al Señor. | Que mantiene su fidelidad perpetuamente, | que hace justicia a los oprimidos, | que da pan a los hambrientos. ℟.

El Señor liberta a los cautivos. | El Señor abre los ojos al ciego, | el Señor endereza a los que ya se doblan, | el Señor ama a los justos, | el Señor guarda a los peregrinos. ℟.

El Señor sustenta al huérfano y a la viuda | y trastorna el camino de los malvados. | El Señor reina eternamente, tu Dios, Sión, de edad en edad. ℟.

SEGUNDA LECTURA

¿Acaso no ha elegido Dios a los pobres del mundo para hacerlos herederos del reino?

LECTURA DE LA CARTA DEL APOSTOL
SANTIAGO
2, 1-5

Hermanos: No juntéis la fe en Nuestro Señor Jesucristo glorioso con la acepción de personas. Por ejemplo; llegan dos hombres a la reunión litúrgica. Uno va bien vestido y hasta con anillos en los dedos; el otro es un pobre andrajoso. Veis al bien vestido y le decís: «Por favor, siéntate aquí, en el puesto reservado.» Al otro, en cambio: «Estate ahí de pie o siéntate en el suelo». Si hacéis eso, ¿no sois inconsecuentes y juzgáis con criterios malos? Queridos hermanos, escuchad: ¿Acaso no ha elegido Dios a los pobres del mundo para hacerlos ricos en la fe y herederos del reino, que prometió a los que le aman?

Palabra de Dios.

ALELUYA
Mt 4, 23

Jesús proclamaba la Buena Noticia del Reino, y curaba toda enfermedad en el pueblo.

EVANGELIO

Hizo oír a los sordos y hablar a los mudos

✠ LECTURA DEL S. EVANGELIO SEGUN
SAN MARCOS
7, 31-37

En aquel tiempo, dejó Jesús el territorio de Tiro, pasó por Sidón, camino del lago de Galilea, atravesando la Decápolis. Y le presentron un sordo, que, además, apenas podía hablar; y le piden que le imponga las manos. El, apartándolo de la gente a un lado, le metió los dedos en los oídos y con la saliva le tocó la lengua. Y mirando al cielo, suspiró y le dijo: «Effetá» (esto es, «ábrete»). Y al momento se le abrieron los oídos, se le soltó la traba de la lengua y hablaba sin dificultad. El les mandó que no lo dijeran a nadie; pero, cuanto más se lo mandaba, con más insistencia lo proclamaban ellos. Y en el colmo del asombro decían: «Todo lo ha hecho bien: hace oír a los sordos y hablar a los mudos.»

Palabra del Señor.

Se dice «Credo».

CICLO C (Años 1989, 1992, 1995, 1998, 2001, 2004)

En el camino hacia Jerusalén Jesús hizo un alto para clarificar a sus muchos seguidores las condiciones que pedía para aceptarlos como discípulos; debían estar dispuestos a renunciar a todo: familia, riquezas y al propio egoísmo. Dura renuncia para quienes confiaban en Jesús como futuro rey que los llenaría de prosperidad y libertad (3). Como se lee en el libro de la Sabiduría, sólo es posible comprender el designio de Dios cuando se es iluminado por la fe con la gracia del Espíritu Santo (1).

Sólo este domingo se lee un pasaje de la carta más breve de san Pablo; en ella exhorta a tratar a los esclavos como hermanos, poniendo las bases para la abolición de ese sistema degradante, pero tan arraigado en la antigüedad (2).

PRIMERA LECTURA
¿Quién comprende lo que Dios quiere?

LECTURA DEL LIBRO DE LA SABIDURIA   9, 13-18

¿Qué hombre conoce el designio de Dios, quién comprende lo que Dios quiere? Los pensamientos de los mortales son mezquinos y nuestros razonamientos son falibles; porque el cuerpo mortal es lastre del alma y la tienda terrestre abruma la mente que medita. Apenas conocemos las cosas terrenas y con trabajo encontramos lo que está a mano: ¿Pues quién rastreará las cosas del cielo, quién conocerá tu designio, si tú no le das sabiduría enviando tu Santo Espíritu desde el cielo? Sólo así fueron rectos los caminos de los terrestres, los hombres aprendieron lo que te agrada; y la sabiduría los salvó.

Palabra de Dios.

SALMO RESPONSORIAL 89

R. **Señor, tú has sido nuestro refugio | de generación en generación.**

Tú reduces al hombre a polvo, | diciendo: «Retornad, hijos de Adán.» | Mil años en tu presencia | son un ayer, que pasó, | una vela nocturna. R.

Los siembras año por año, | como hierba que se renueva; | que florece y se renueva por la mañana, | y por la tarde la siegan y se seca. R.

Enséñanos a calcular nuestros años, | para que adquiramos un corazón sensato. | Vuélvete, Señor, ¿hasta cuándo? | Ten compasión de tus siervos. R.

Por la mañana sácianos de tu misericordia, | y toda nuestra vida será alegría y júbilo; | baje a nosotros la bondad del Señor | y haga prósperas las obras de nuestras manos. R.

SEGUNDA LECTURA

Recíbelo no como esclavo, sino como hermano querido

LECTURA DE LA CARTA DEL APOSTOL SAN PABLO A FILEMON

9b-10.12-17

Querido hermano: Yo, Pablo, anciano y prisionero por Cristo Jesús, te recomiendo a Onésimo, mi hijo, a quien he engendrado en la prisión. Te lo envío como algo de mis entrañas. Me hubiera gustado retenerlo junto a mí, para que me sirviera en tu lugar en esta prisión que sufro por el Evangelio; pero no he querido retenerlo sin contar contigo: así me harás este favor no a la fuerza, sino con toda libertad. Quizá se apartó de ti para que le recobres ahora para siempre; y no como esclavo, sino mucho mejor: como hermano querido. Si yo lo quiero tanto, cuánto más lo has de querer tú como hombre y como cristiano. Si me consideras compañero tuyo, recíbelo a él como a mí mismo.

Palabra de Dios.

ALELUYA Sal 118, 135

Haz brillar tu rostro sobre tu siervo, enséñame tus Leyes.

EVANGELIO

El que no renuncia a todos sus bienes, no puede ser discípulo mío

✠ LECTURA DEL S. EVANGELIO SEGUN SAN LUCAS
14, 25-33

En aquel tiempo, mucha gente acompañaba a Jesús; él se volvió y les dijo: «Si alguno se viene conmigo y no pospone a su padre y a su madre, y a su mujer y a sus hijos, y a sus hermanos y a sus hermanas, e incluso a sí mismo, no puede ser discípulo mío. Quien no lleve su cruz detrás de mí, no puede ser discípulo mío. Así, ¿quién de vosotros, si quiere construir una torre, no se sienta primero a calcular los gastos, a ver si tiene para terminarla? No sea que, si echa los cimientos y no puede acabarla, se pongan a burlarse de él los que miran diciendo: Éste hombre empezó a construir y no ha sido capaz de acabar' ¿O qué rey, si va a dar la batalla a otro rey, no se sienta primero a deliberar si con diez mil hombres podrá salir al paso del que le ataca con veinte mil? Y si no, cuando el otro está todavía lejos, envía legados para pedir condiciones de paz. Lo mismo vosotros: el que no renuncia a todos sus bienes, no puede ser discípulo mío.»

Palabra del Señor.

Se dice «Credo».

VIGESIMO CUARTO DOMINGO
DEL TIEMPO ORDINARIO

ANTIFONA DE ENTRADA
Si 36, 18

Señor, da la paz a tus fieles; que tus profetas te sean leales. Escucha la súplica de tu siervo y la de tu pueblo Israel.

ORACION COLECTA

Oh Dios, creador y dueño de todas las cosas, míranos; y para que sintamos el efecto de su amor, concédenos servirte de todo corazón. Por nuestro Señor.

ORACION SOBRE LAS OFRENDAS

Sé propicio a nuestras súplicas, Señor, y recibe con bondad las ofrendas de tus siervos, para que la oblación que ofrece cada uno en honor de tu nombre sirva para la salvación de todos. Por Jesucristo.

ANTIFONA DE COMUNION
Sal 35, 8

¡Qué inapreciable es tu misericordia, oh Dios! Los humanos se acogen a la sombra de tus alas

o bien:
1 Cor 10, 16

El cáliz de nuestra Acción de Gracias nos une a todos en la Sangre de Cristo. Y el Pan que partimos nos une a todos en el Cuerpo de Cristo.

ORACION DESPUES DE LA COMUNION

La gracia de este sacramento, Señor, penetre en nuestro cuerpo y nuestro espíritu, para que sea su fuerza, no nuestro sentimiento, quien mueva nuestra vida. Por Jesucristo nuestro Señor.

CICLO A (Años 1990, 1993, 1996, 1999, 2002, 2005)

La parábola de los empleados deudores es una catequesis sobre el perdón de los pecados por Dios y el mutuo perdón de las ofensas entre los cristianos, imitando a Dios; conforme a la petición del «Padre nuestro»: Perdónanos nuestras ofensas, así como nosotros perdonamos a quienes nos han ofendido (3). La enseñanza del Evangelio es idéntica a la de los sabios del antiguo Israel (1).

Termina este domingo la lectura de pasajes escogidos de la carta a los Romanos, documento capital del Nuevo Testamento que ha tenido una profunda influencia en el pensamiento occidental. San Pablo concluye las recomendaciones morales de la carta recordando la condición del cristiano participante en el Misterio Pascual: «En la vida y en la muerte somos del Señor» (2).

PRIMERA LECTURA

Perdona la ofensa de tu prójimo y se te perdonarán los pecados cuando lo pidas

LECTURA DEL LIBRO DEL ECLESIASTICO   27, 33—28, 9

El furor y la cólera son odiosos: el pecador los posee. Del vengativo se vengará el Señor y llevará estrecha cuenta de sus culpas. Perdona las ofensas a tu prójimo, y se te perdonarán los pecados cuando lo pidas. ¿Cómo puede un hombre guardar rencor a otro y pedir la salud al Señor? No tiene compasión de su semejante, ¿y pide perdón de sus pecados? Si él, que es carne, conserva la ira, ¿quién expiará por sus pecados? Piensa en tu fin y cesa en tu enojo, en la muerte y corrupción y guarda los mandamientos. Recuerda los mandamientos y no te enojes con tu prójimo, la alianza del Señor, y perdona el error.

Palabra de Dios.

SALMO RESPONSORIAL 102

℟ **El Señor es compasivo y misericordioso, | lento a la ira y rico en clemencia.**

Bendice, alma mía, al Señor, | y todo mi ser a su santo nombre. | Bendice, alma mía, al Señor, | y no olvides sus beneficios. ℟.

El perdona todas las culpas | y cura todas tus enfermedades; | él rescata tu vida de la fosa | y te colma de gracia y de ternura. ℟.

No está siempre acusando, | ni guarda rencor perpetuo. | No nos trata como merecen nuestros pecados, | ni nos paga según nuestras culpas. ℟.

Como se levanta el cielo sobre la tierra, | se levanta su bondad sobre sus fieles; | como dista el oriente del ocaso, | así aleja de nosotros nuestros delitos. ℟.

SEGUNDA LECTURA

En la vida y en la muerte somos del Señor

LECTURA DE LA CARTA DEL APOSTOL SAN PABLO A LOS ROMANOS
14, 7-9

Hermanos: Ninguno de nosotros vive para sí mismo y ninguno muere para sí mismo. Si vivimos, vivimos para el Señor; si morimos, morimos para el Señor. En la vida y en la muerte somos del Señor. Para esto murió y resucitó Cristo, para ser Señor de vivos y muertos.

Palabra de Dios.

ALELUYA
Jn 13, 34

Os doy un mandamiento nuevo —dice el Señor—, que os améis los unos a los otros, como Yo os he amado.

EVANGELIO

No te digo que le perdones hasta siete veces, sino hasta setenta veces siete

✠ LECTURA DEL S. EVANGELIO SEGUN SAN MATEO

18, 21-35

En aquel tiempo, se adelantó Pedro y preguntó a Jesús: «Si mi hermano me ofende, ¿cuántas veces le tengo que perdonar? ¿Hasta siete veces?» Jesús le contesta: «No te digo hasta siete veces, sino hasta setenta veces siete.» Y les propuso esta parábola: «Se parece el Reino de los cielos a un rey que quiso ajustar las cuentas con sus empleados. Al empezar a ajustarlas, le presentaron uno que debía diez mil talentos. Como no tenía con qué pagar, el señor mandó que lo vendieran a él con su mujer y sus hijos y todas sus posesiones, y que pagara así. El empleado, arrojándose a sus pies, le suplicaba diciendo: 'Ten paciencia conmigo y te lo pagaré todo.' El señor tuvo lástima de aquel empleado y lo dejó marchar, perdonándole la deuda. Pero al salir, el empleado aquel encontró a uno de sus compañeros que le debía cien denarios, y agarrándolo lo estrangulaba diciendo: 'Págame lo que me debes.' El compañero, arrojándose a sus pies, le rogaba diciendo: 'Ten paciencia conmigo y te lo pagaré.' Pero él se negó y fue y lo metió en la cárcel hasta que pagara lo que debía. Sus compañeros, al ver lo ocurrido, quedaron consternados y fueron a contarle a su señor todo lo sucedido. Entonces el señor lo llamó y le dijo: '¡Siervo malvado' Toda aquella deuda te la perdoné porque me lo pediste. ¿no debías tú también tener compasión de tu compañero, como yo tuve compasión de ti?' Y el Señor, indignado, lo entregó a los verdugos hasta que pagara toda la deuda. Lo mismo hará con vosotros mi Padre del cielo si cada cual no perdona de corazón a su hermano.»

Palabra del Señor.

Se dice «Credo».

CICLO B (Años 1991, 1994, 1997, 2000, 2003, 2006)

Al acercarse el final de su ministerio en Galilea, Jesús pide a los suyos un resumen u opinión sobre lo que se piensa de él tras sus palabras y milagros. Pedro declara: «Tú eres el Mesías»; pero este título estaba cargado de un contenido político que era una constante tentación para Jesús (3), mientras que su mesianismo incluía la Pasión expiatoria y redentora, conforme al modelo profético del Siervo de Yawéh (1).

Santiago polemiza con los que confiaban en la salvación por la fe, según la doctrina de san Pablo, pero entendiendo esta virtud como algo intelectual, sin comprometerse en la caridad y demostrar con buenas obras su autenticidad (2).

PRIMERA LECTURA
Ofrecí la espalda a los que me golpeaban

LECTURA DEL LIBRO DE ISAIAS   50, 5-9a

El Señor Dios me abrió el oído; yo no resistí, ni me eché atrás. Ofrecí la espalda a los que me golpeaban, la mejilla a los que mesaban mi barba. No oculté el rostro a insultos y salivazos. Mi Señor me ayudaba, por eso no quedaba confundido, por eso ofrecí el rostro como pedernal, y sé que no quedaré avergonzado. Tengo cerca a mi abogado, ¿quién pleiteará contra mí? Vamos a enfrentarnos: ¿quién es mi rival? que se acerque. Mirad, mi Señor me ayuda: ¿quién me condenará?

Palabra de Dios.

SALMO RESPONSORIAL 114

℞ **Caminaré en presencia del Señor, | en el país de la vida (o, Aleluya.)**

Amo al Señor, porque escucha | mi voz suplicante; | porque inclina su oído hacia mí, | el día que lo invoco. ℞.

Me envolvían redes de muerte, | me alcanzaron los lazos del abismo, | caí en tristeza y angustia. | Invoqué el nombre del Señor: | «Señor, salva mi vida.» ℞.

El Señor es benigno y justo, | nuestro Dios es compasivo;
| el Señor guarda a los sencillos: | estando yo sin fuerzas me
salvó. R.

Arrancó mi alma de la muerte, | mis ojos de las lágri-
mas, | mis pies de la caída. | Caminaré en presencia del Señor,
| en el país de la vida. R.

SEGUNDA LECTURA

La fe, si no tiene obras, está muerta por dentro

LECTURA DE LA CARTA DEL APOSTOL SANTIAGO

2, 14-18

¿De qué le sirve a uno decir que tiene fe, si no tiene obras?
¿Es que esa fe lo podrá salvar? Supongamos que un hermano o
una hermana andan sin ropa y faltos del alimento diario, y que
uno de vosotros les dice: «Dios os ampare: abrigaos y llenaos el
estómago», y no le dais lo necesario para el cuerpo: ¿de qué sirve? Esto pasa con la fe: si no tiene obras, está muerta por dentro. Alguno dirá: «Tú tienes fe y yo tengo obras. Enséñame tu
fe sin obras y yo, por las obras, te probaré mi fe.»

Palabra de Dios.

ALELUYA

Gal 6, 14

Dios me libre de gloriarme si no es en la cruz del Señor
en la cual el mundo está crucificado para mí y yo para el
mundo.

EVANGELIO

Tú eres Cristo... el Hijo del Hombre tiene que padecer mucho

✠ LECTURA DEL S. EVANGELIO SEGUN SAN MARCOS

8, 27-35

En aquel tiempo, Jesús y sus discípulos se dirigieron a las aldeas de Cesarea de Felipe; por el camino preguntó a sus discípu-

los: «¿Quién dice la gente que soy yo?» Ellos le contestaron:
«Unos, Juan Bautista; otros, Elías, y otros, uno de los profetas.»
El les preguntó: «Y vosotros, ¿quien decís que soy?» Pedro le
contestó: «Tú eres el Mesías.» El les prohibió terminantemente
decírselo a nadie. Y empezó a instruirles: «El Hijo del Hombre
tiene que padecer mucho, tiene que ser condenado por los senadores, sumos sacerdotes y letrados, ser ejecutado y resucitar a los
tres días.» Se lo explicaba con toda claridad. Entonces Pedro se
lo llevó aparte y se puso a increparlo. Jesús se volvió, y de cara
a los discípulos increpó a Pedro: «¡Quítate de mi vista, Satanás!
¡Tú piensas como los hombres, no como Dios!» Después llamó
a la gente y a sus discípulos y les dijo: «El que quiera venirse
conmigo, que se niegue a sí mismo, que cargue con su cruz y me
siga. Mirad, el que quiera salvar su vida, la perderá; pero el que
pierda su vida por el Evangelio, la salvará.»

Palabra del Señor.

Se dice «Credo».

CICLO C (Años 1989, 1992, 1995, 1998, 2001, 2004)

Se leen este domingo tres parábolas sobre la misericordia de
Dios que son propias del Evangelio de Lucas: las de la oveja y
la moneda perdidas y la del hijo pródigo; en las tres destaca la
alegría por la reconciliación de los alejados, en contraste con la
aprensión y descontento de los viejos creyentes, como los fariseos que se escandalizaban de la acogida de Jesús a los considerados oficialmente como pecadores (3). En el Antiguo Testamento
la misericordia de Dios, que da una nueva oportunidad a los pecadores, se designa con el término tan humano de «arrepentimiento», poco acorde con la idea filosófica de la inmutabilidad
de Dios (1).

Comienza la lectura de una de las cartas pastorales de san Pablo. El apóstol es buena muestra de la generosa misericordia de

Dios que le perdonó su pasada vida de perseguidor de la Iglesia (2).

PRIMERA LECTURA

El Señor se arrepintió de la amenaza que había pronunciado

LECTURA DEL LIBRO DEL EXODO

32, 7-11.13-14

En aquellos días dijo el Señor a Moisés: «Anda, baja del monte, que se ha pervertido tu pueblo, el que tú sacaste de Egipto. Pronto se han desviado del camino que yo les había señalado. Se han hecho un toro de metal, se postran ante él, le ofrecen sacrificios y proclaman: 'Éste es tu Dios, Israel, el que te sacó de Egipto'.» Y el Señor añadió a Moisés: «Veo que este pueblo es un pueblo de dura cerviz. Por eso déjame: mi ira se va a encender contra ellos hasta consumirlos. Y de ti haré un gran pueblo.» Entonces Moisés suplicó al Señor su Dios: «¿Por qué, Señor, se va a encender tu ira contra tu pueblo, que tú sacaste de Egipto con gran poder y mano robusta? ¿Acuérdate de tus siervos, Abrahán, Isaac y Jacob a quienes juraste por ti mismo diciendo: Multiplicaré vuestra descendencia como las estrellas del cielo, y toda esta tierra de que he hablado se la daré a vuestra descendencia para que la posea por siempre.» Y el Señor se arrepintió de la amenaza que había pronunciado contra su pueblo.

Palabra de Dios.

SALMO RESPONSORIAL 50

℟ Me pondré en camino adonde está mi padre.

Misericordia, Dios mío, por tu bondad, | por tu inmensa compasión borra mi culpa. | Lava del todo mi delito, | limpia mi pecado. ℟.

Oh Dios, crea en mí un corazón puro, | renuévame por dentro con espíritu firme; | no me arrojes lejos de tu rostro, | no me quites tu santo, espíritu. ℟.

Señor, me abrirás los labios, | y mi boca proclamará tu alabanza. | Mi sacrificio es un espíritu quebrantado, | un corazón quebrantado y humillado | tú no lo desprecias. ℞.

SEGUNDA LECTURA

Jesús vino al mundo para salvar a los pecadores

LECTURA DE LA PRIMERA CARTA DEL APOSTOL SAN PABLO A TIMOTEO

1, 12-17

Querido hermano: doy gracias a Cristo Jesús nuestro Señor que me hizo capaz, se fió de mí y me confió este misterio. Eso que yo antes era un blasfemo, un perseguidor y un violento. Pero Dios tuvo compasión de mí, porque yo no era creyente y no sabía lo que hacía, Dios derrochó su gracia en mí, dándome la fe y el amor cristiano. Podéis fiaros y aceptar sin reserva lo que os digo: Que Jesús vino al mundo para salvar a los pecadores, y yo soy el primero. Y por eso se compadeció de mí: para que en mí, el primero, mostrara Cristo toda su paciencia, y pudiera ser modelo de todos los que creerán en él y tendrán vida eterna. Al rey de los siglos, inmortal, invisible, único Dios, honor y gloria por los siglos de los siglos. Amen.

Palabra de Dios.

ALELUYA

2 Cor 5, 19

Dios estaba en Cristo reconciliando al mundo consigo, y a nosotros nos ha confiado la palabra de la reconciliación.

EVANGELIO

Habrá alegría en el cielo por un solo pecador que se convierta

✠ LECTURA DEL S. EVANGELIO SEGUN SAN LUCAS

15, 1-32

El texto entre [ ] puede omitirse.

En aquel tiempo, solían acercarse a Jesús los publicanos y los pecadores a escucharle. Y los fariseos y los letrados murmuraban

entre ellos: «Ese acoge a los pecadores y come con ellos.» Jesús
les dijo esta parábola: «Si uno de vosotros tiene cien ovejas y se
le pierde una, ¿no deja las noventa y nueve en el campo y va tras
la descarriada, hasta que la encuentra? Y cuando la encuentra, se
la carga sobre los hombros, muy contento; y al llegar a casa, reúne a los amigos y a los vecinos para decirles: '¡Felicitadme!, he
encontrado la oveja que se me había perdido.' Os digo que así
también habrá más alegría en el cielo por un solo pecador que se
convierta, que por noventa y nueve justos que no necesitan convertirse. Y si una mujer tiene diez monedas y se le pierde una,
¿no enciende una lámpara y barre la casa y busca con cuidado,
hasta que la encuentra? Y cuando la encuentra, reúne a las vecinas para decirles: '¡Felicitadme!, he encontrado la moneda que se
me había perdido.' Os digo que la misma alegría habrá entre los
ángeles de Dios por un solo pecador que se convierta.»

[También les dijo: Un hombre tenía dos hijos: el menor de
ellos dijo a su padre: «Padre, dame la parte que me toca de la
fortuna.» El padre les repartió los bienes. No muchos días después, el hijo menor, juntando todo lo suyo, emigró a un país lejano y allí derrochó su fortuna viviendo perdidamente. Cuando
lo había gastado todo, vino por aquella tierra un hambre terrible,
y empezó él a pasar necesidad. Fue entonces y tanto le insistió a
un habitante de aquel país, que lo mandó a sus campos a guardar
cerdos. Le entraban ganas de llenarse el estómago de las algarrobas que comían los cerdos; y nadie le daba de comer. Recapacitando entonces se dijo: 'Cuántos jornaleros de mi padre tienen
abundancia de pan, mientras yo aquí me muero de hambre. Me
pondré en camino adonde está mi padre, y le diré: Padre, he pecado contra el cielo y contra ti; ya no merezco llamarme hijo
tuyo: trátame como a uno de tus jornaleros.' Se puso en camino
adonde estaba su padre. Cuando todavía estaba lejos, su padre lo
vio y se conmovió; y echando a correr, se le echó al cuello, y se
puso a besarlo. Su hijo le dijo: 'Padre, he pecado contra el cielo
y contra ti; ya no merezco llamarme hijo tuyo.' Pero el padre
dijo a sus criados: 'Sacad en seguida el mejor traje, y vestidlo;

ponedle un anillo en la mano y sandalias en los pies; traed el ternero cebado y matadlo; celebremos un banquete, porque este hijo mío estaba muerto y ha revivido; estaba perdido, y lo hemos encontrado.' Y empezaron el banquete.

Su hijo mayor estaba en el campo. Cuando al volver se acercaba a la casa, oyó la música y el baile, y llamado a uno de los mozos, le preguntó qué pasaba. Este le contestó: 'Ha vuelto tu hermano; y tu padre ha matado el ternero cebado, porque lo ha recobrado con salud.' El se indignó y se negaba a entrar; pero su padre salió e intentaba persuadirlo. Y él replicó a su padre: 'Mira: en tantos años como te sirvo, sin desobedecer nunca una orden tuya, a mí nunca me has dado un cabrito para tener un banquete con mis amigos; y cuando ha venido ese hijo tuyo que se ha comido tus bienes con malas mujeres, le matas el ternero cebado.' El padre le dijo: «Hijo, tú estás siempre conmigo, y todo lo mío es tuyo: deberías alegrarte, porque este hermano tuyo estaba muerto y ha revivido, estaba perdido, y lo hemos encontrado.'»

Palabra del Señor.

Se dice «Credo».

VIGESIMO QUINTO DOMINGO DEL TIEMPO ORDINARIO

ANTIFONA DE ENTRADA

Yo soy la salvación del pueblo —dice el Señor—. Cuando me llamen desde el peligro, yo les escucharé, y seré para siempre su Señor.

ORACION COLECTA

Oh Dios, que has puesto la plenitud de la ley en el amor a ti y al prójimo; concédenos cumplir tus mandamientos para llegar así a la vida eterna. Por nuestro Señor Jesucristo.

ORACION SOBRE LAS OFRENDAS

Acepta propicio, Señor, las ofrendas de tu pueblo, para que alcance en el sacramento eucarístico los bienes en que ha creído por la fe. Por Jesucristo.

ANTIFONA DE COMUNION   Sal 118, 4-5

Tú Señor, promulgas tus decretos para que se observen exactamente; ojalá esté firme mi camino para cumplir tus consignas.

o bien: Jn 10, 14

Yo soy el Buen Pastor, que conozco a mis ovejas, y mis ovejas me conocen.

ORACION DESPUES DE LA COMUNION

Que tu auxilio, Señor, nos acompañe siempre a los que alimentas con tus sacramentos, para que en tus misterios y en nuestra propia vida recibamos los frutos de la redención. Por Jesucristo.

CICLO A (Años 1990, 1993, 1996, 1999, 2002, 2005)

La generosa misericordia de Dios se muestra en su plan de salvación que supera las previsiones de los hombres (1). En el proyecto divino estaba la equiparación de los gentiles y los pecadores, «los últimos», con los fieles de la primera alianza; esto enseña la parábola de los denarios, exclusiva de Mateo. El premio de los llamados antes será la seguridad y la alegría de trabajar en la obra de Dios (3).

Comienza la lectura de cuatro pasajes de una carta dirigida a los cristianos de Filipos por san Pablo, prisionero en Efeso o en Roma. Pablo analiza su situación personal bajo la amenaza de muerte, y son impresionantes su visión sobrenatural de la vida y su preocupación por los cristianos que ha evangelizado (2).

PRIMERA LECTURA

Mis planes no son vuestros planes

LECTURA DEL LIBRO DE ISAIAS   55, 6-9

Buscad al Señor mientras se le encuentra, invocadlo mientras está cerca; que el malvado abandone su camino, y el criminal sus planes; que regrese al Señor, y él tendrá piedad; a nuestro Dios, que es rico en perdón. Mis planes no son vuestros planes, vuestros caminos no son mis caminos —oráculo del Señor—. Como el cielo es más alto que la tierra, mis caminos son más altos que los vuestros, mis planes, que vuestros planes.

Palabra de Dios.

SALMO RESPONSORIAL 144

R. **Cerca está el Señor de los que lo invocan.**

Día tras día te bendeciré, Dios mío, | y alabaré tu nombre por siempre jamás. | Grande es el Señor y merece toda alabanza, | es incalculable su grandeza. R.

El Señor es clemente y misericordioso, | lento a la cólera y rico en piedad; | el Señor es bueno con todos, | es cariñoso con todas sus criaturas. R.

El Señor es justo en todos sus caminos, | es bondadoso en todas sus acciones; | cerca está el Señor de los que lo invocan, | de los que lo invocan sinceramente. R.

SEGUNDA LECTURA

Para mí la vida es Cristo

LECTURA DE LA CARTA DEL APOSTOL
SAN PABLO A LOS FILIPENSES   1, 20c-24.27a

Hermanos: Cristo será glorificado en mi cuerpo, sea por mi vida o por mi muerte. Para mí la vida es Cristo, y una ganancia

el morir. Pero si el vivir esta vida mortal me supone trabajo
fructífero no sé qué escoger. Me encuentro en esta alternativa:
por un lado deseo partir para estar con Cristo, que es con mucho
lo mejor; pero por otro, quedarme en esta vida, veo que es más
necesario para vosotros.

Lo importante es que vosotros llevéis una vida digna del
Evangelio de Cristo.

Palabra de Dios.

ALELUYA   Hch 16, 14b

Señor, abre nuestro corazón, para que aceptemos las Palabras de tu Hijo.

EVANGELIO

¿Vas a tener tú envidia porque soy bueno?

✠ LECTURA DEL S. EVANGELIO SEGUN
SAN MATEO   20, 1-16

En aquel tiempo, dijo Jesús a sus discípulos esta parábola:
«El Reino de los Cielos se parece a un propietario que al amanecer salió a contratar jornaleros para su viña. Después de ajustarse
con ellos en un denario por jornada, los mandó a la viña. Salió
otra vez a media mañana, vio a otros que estaban en la plaza sin
trabajo, y les dijo: Id también vosotros a mi viña, y os pagaré lo
debido.' Ellos fueron. Salió de nuevo hacia mediodía y a media
tarde e hizo lo mismo. Salió al caer la tarde y encontró a otros,
parados, y les dijo: '¿Cómo es que estáis aquí el día entero sin
trabajar?' Le respondieron: 'Nadie nos ha contratado.' El les
dijo: Id también vosotros a mi viña.' Cuando oscureció, el dueño
dijo al capataz: 'Llama a los jornaleros y págales el jornal, empezando por los últimos y acabando por los primeros.' Vinieron
los del atardecer, y recibieron un denario cada uno. Cuando llegaron los primeros, pensaban que recibirían más pero ellos también recibieron un denario cada uno. Entonces se pusieron a

protestar contra el amo: Éstos últimos han trabajado sólo una hora y los has tratado igual que a nosotros, que hemos aguantado el peso del día y el bochorno.' El replicó a uno de ellos: Ámigo, no te hago ninguna injusticia. ¿No nos ajustamos en un denario? Toma lo tuyo y vete. Quiero darle a este último igual que a ti. ¿Es qué no tengo libertad para hacer lo que quiera en mis asuntos? ¿O vas a tener tú envidia porque yo soy bueno?' Así, los últimos serán los primeros y los primeros los últimos.»

Palabra del Señor.

Se dice «Credo».

CICLO B (Años 1991, 1994, 1997, 2000, 2003, 2006)

El rechazo y la condena del Mesías había sido profetizado de forma enigmática en el Antiguo Testamento por medio de las figuras del Siervo de Yawéh, del Profeta y del Justo perseguidos a causa de su bondad y fidelidad a Dios; esto no responde a un deseo malo de Dios, sino a la condición pecadora de los hombres, que no soportan la justicia (1). La humildad de Jesús en la Ultima Cena (lavatorio de los pies) y su mansedumbre en la Pasión han de ser modelo de actuación para los futuros jefes de la Iglesia (3).

El olvido del ejemplo de Jesús hizo nacer en las primitivas comunidades cristianas las luchas y conflictos que denuncia Santiago en su carta (2).

PRIMERA LECTURA

Lo condenaremos a muerte ignominiosa

LECTURA DEL LIBRO DE LA SABIDURIA   2, 12.17-20

Se dijeron los impíos: «Acechemos al justo, que nos resulta incómodo: se opone a nuestras acciones, nos echa en cara nuestros pecados, nos reprende nuestra educación errada; declara que conoce a Dios y se da el nombre de hijo del Señor; es un reproche para nuestras ideas y sólo verlo da grima; lleva una vida distinta de los demás y su conducta es diferente; nos considera de mala ley y se aparta de nuestras sendas como si fueran impuras; declara dichoso el fin de los justos y se gloría de tener por padre a Dios. Veamos si sus palabras son verdaderas, comprobando el desenlace de su vida. Si es el justo hijo de Dios, lo auxiliará, y lo librará del poder de sus enemigos; lo someteremos a la prueba de la afrenta y la tortura, para comprobar su moderación y apreciar su paciencia; lo condenaremos a muerte ignominiosa, pues dice que hay quien se ocupa de él.»

Palabra de Dios.

SALMO RESPONSORIAL 53

℟ **El Señor sostiene mi vida.**

Oh Dios, sálvame por tu nombre, | sal por mí con tu poder. | Oh Dios, escucha mi súplica, | atiende a mis palabras. ℟.

Porque unos insolentes se alzan contra mí, | y hombres violentos me persiguen a muerte | sin tener presente a Dios. ℟.

Pero Dios es mi auxilio, | el Señor sostiene mi vida. | Te ofreceré un sacrificio voluntario | dando gracias a tu nombre que es bueno. ℟.

SEGUNDA LECTURA

Los que procuran la paz están sembrando la paz; y su fruto es la justicia

LECTURA DE LA CARTA DEL APOSTOL SANTIAGO

                                                        3, 16—4, 3

Queridos hermanos: Donde hay envidias y peleas, hay desorden y toda clase de males. La sabiduría que viene de arriba, ante todo es pura, y, además, es amante de la paz, comprensiva, dócil, llena de misericordia y buenas obras, constante, sincera. Los que procuran la paz están sembrando la paz; y su fruto es la justicia.

¿De dónde proceden las guerras y los conflictos entre vosotros? ¿No es acaso de los deseos de placer que combaten en vuestro cuerpo? Codiciáis lo que no podéis tener; y acabáis asesinando. Ambicionáis algo y no podéis alcanzarlo; así que lucháis y peleáis. No tenéis, porque no lo pedís. Pedís y no recibís, porque pedís mal, para derrocharlo en placeres.

Palabra de Dios.

ALELUYA
2 Tes 2, 14

Dios nos llamó por medio del Evangelio, para que sea nuestra la gloria de nuestro Señor Jesucristo.

EVANGELIO

El Hijo del Hombre va a ser entregado... Quien quiera ser el primero, que sea el servidor de todos

✠ LECTURA DEL S. EVANGELIO SEGUN
SAN MARCOS
9, 30-37

En aquel tiempo, Jesús y sus discípulos se marcharon de la montaña y atravesaron Galilea; no quería que nadie se enterase, porque iba instruyendo a sus discípulos. Les decía: «El Hijo del Hombre va a ser entregado en manos de los hombres, y lo matarán; y después de muerto, a los tres días resucitará.» Pero no entendían aquello, y les daba miedo preguntarle. Llegaron a Cafarnaún, y una vez en casa, les preguntó: «¿De qué discutíais por el camino?» Ellos no contestaron, pues por el camino habían discutido quién era el más importante. Jesús se sentó, llamó a los Doce y les dijo: «Quien quiera ser el primero, que sea el último de todos y el servidor de todos.» Y acercando a un niño, lo puso en medio de ellos, lo abrazó y les dijo: «El que acoge a un niño como éste en mi nombre, me acoge a mí; y el que me acoge a mí, no me acoge a mí, sino al que me ha enviado.»

Palabra del Señor.

Se dice «Credo».

CICLO C (Años 1989, 1992, 1995, 1998, 2001, 2004)

La ambición del dinero lleva frecuentemente al abuso de los más pobres e indefensos ante la corrupción (1). La denuncia del profeta Amós tiene su prolongación en la parábola del administrador infiel, donde Jesús advierte a los discípulos, futuros responsables de la Iglesia, que no podrán servirle bien si tienen apego a las riquezas (3).

En su escrito pastoral, el apóstol encomienda las plegarias litúrgicas de forma semejante a como se hace todavía en la «Oración universal o de los fieles» en la Misa. La voluntad universal de salvación manifestada en Cristo hace que los cristianos no olviden a nadie en sus peticiones (2).

PRIMERA LECTURA

Contra los que compran por dinero al pobre

LECTURA DEL LIBRO DE AMOS
                                                                    8, 4-7

Escuchad esto los que exprimís al pobre, despojáis a los miserables, diciendo: «¿cuándo pasará la luna nueva para vender el trigo, y el sábado para ofrecer el grano?» Disminuís la medida, aumentáis el precio, usáis balanzas con trampa, compráis por dinero al pobre, al mísero por un par de sandalias, vendiendo hasta el salvado del trigo. Jura el Señor por la Gloria de Jacob que no olvidará jamás vuestras acciones.

Palabra de Dios.

SALMO RESPONSORIAL 112

℟ **Alabad al Señor, que ensalza al pobre** (o, Aleluya.)

Alabad, siervos del Señor, | alabad el nombre del Señor. | Bendito sea el nombre del Señor, | ahora y por siempre. ℟.

El Señor se eleva sobre todos los pueblos, | su gloria sobre el cielo; | ¿quién como el Señor Dios nuestro | que se eleva en su trono | y se abaja para mirar | al cielo y a la tierra? R̥.

Levanta del polvo al desvalido, | alza de la basura al pobre, | para sentarlo con los príncipes, | los príncipes de su pueblo. R̥.

SEGUNDA LECTURA

Pedid por todos los hombres a Dios, que quiere que todos se salven

LECTURA DE LA PRIMERA CARTA DEL APOSTOL SAN PABLO A TIMOTEO

2, 1-8

Querido hermano: Te ruego, pues, lo primero de todo, que hagáis oraciones, plegarias, súplicas, acciones de gracias por todos los hombres, por los reyes y por todos los que están en el mundo, para que podamos llevar una vida tranquila y apacible, con toda piedad y decoro. Esto es bueno y grato ante los ojos de nuestro Salvador, Dios, que quiere que todos los hombres se salven y lleguen al conocimiento de la verdad. Pues Dios es uno, y uno solo es el mediador entre Dios y los hombres, el hombre Cristo Jesús, que se entregó en rescate por todos: éste es el testimonio en el tiempo apropiado: para él estoy puesto como anunciador y apóstol —digo la verdad, no miento—, maestro de los paganos en fe y verdad. Encargo a los hombres que recen en cualquier lugar alzando las manos limpias de ira y divisiones.

Palabra de Dios.

ALELUYA

2 Cor 8, 9

Jesucristo, siendo rico, por nosotros se hizo pobre, para enriquecernos con su pobreza.

EVANGELIO

No podéis servir a Dios y al dinero

✛ LECTURA DEL S. EVANGELIO SEGUN
SAN LUCAS
                                                        16, 1-13

El texto entre [ ] puede omitirse.

En aquel tiempo, dijo Jesús a sus discípulos: [«Un hombre
rico tenía un administrador y le llegó la denuncia de que derro-
chaba sus bienes. Entonces lo llamó y le dijo: '¿Qué es lo que me
cuentan de ti? Entrégame el balance de tu gestión, porque quedas despedido.' El administrador se puso a echar sus cálculos:
'¿Qué voy a hacer ahora que mi amo me quita el empleo? Para
cavar no tengo fuerzas; mendigar, me da vergüenza. Yo sé lo
que voy a hacer para que cuando me echen de la administración,
encuentre quien me reciba en su casa.' Fue llamando uno a uno
a los deudores de su amo, y dijo al primero: '¿Cuánto debes a mi
amo?' Este respondió: 'Cien barriles de aceite.' El le dijo: Aquí
está tu recibo: aprisa, siéntate y escribe «cincuenta».' Luego dijo
a otro: 'Y tú, ¿cuánto debes?' El contestó: 'Cien fanegas de trigo.' Le dijo: Aquí está tu recibo: Escribe «ochenta».' Y el amo
felicitó al administrador injusto, por la astucia con que había
procedido. Ciertamente, los hijos de este mundo son más astutos
con su gente que los hijos de la luz. Y yo os digo: 'Ganaos amigos con el dinero injusto para que cuando os falte, os reciban en
las moradas eternas.]

El que es de fiar en lo menudo, también en lo importante es
de fiar; el que no es honrado en lo menudo, tampoco en lo importante es honrado. Si no fuisteis de fiar en el vil dinero, ¿quién
os confiará lo que vale de veras? Si no fuisteis de fiar en lo ajeno, ¿lo vuestro quién os lo dará? Ningún siervo puede servir a
dos amos: porque o bien aborrecerá a uno y amará al otro, o
bien se dedicará al primero y no hará caso del segundo. No podéis servir a Dios y al dinero.»

Palabra del Señor.

Se dice «Credo».

VIGESIMO SEXTO DOMINGO
DEL TIEMPO ORDINARIO

ANTIFONA DE ENTRADA   Dn 3, 31.29.30.43.42

Lo que has hecho con nosotros, Señor, es un castigo merecido, porque hemos pecado contra ti y no pusimos por
obra lo que nos habías mandado; pero da gloria a tu
nombre y trátanos según tu abundante misericordia.

ORACION COLECTA

Oh Dios, que manifiestas especialmente tu poder con el perdón y la misericordia; derrama incesantemente sobre nosotros tu
gracia, para que, deseando lo que nos prometes, consigamos los
bienes del cielo. Por nuestro Señor Jesucristo.

ORACION SOBRE LAS OFRENDAS

Dios de misericordia, que nuestra oblación te sea grata y abra
para nosotros la fuente de toda bendición. Por Jesucristo.

ANTIFONA DE COMUNION   Sal 118, 49-50

Recuerda la palabra que diste a tu siervo, Señor, de la
que hiciste mi esperanza. Este es mi consuelo en la aflicción.

o bien: 1 Jn 3, 16

En esto hemos conocido el amor de Dios: en que él dio
su vida por nosotros. También nosotros debemos dar
nuestra vida por los hermanos.

ORACION DESPUES DE LA COMUNION

Que esta eucaristía, Señor, renueve nuestro cuerpo y nuestro
espíritu, para que participemos de la herencia gloriosa de tu

Hijo, cuya muerte hemos anunciado y compartido. Por Jesucristo.

CICLO A (Años 1990, 1993, 1996, 1999, 2002, 2005)

Después que Jesús entró triunfalmente en Jerusalén, sitúa el Evangelio de Mateo una serie de parábolas que denuncian el rechazo de Cristo por los fariseos, letrados y sacerdotes de la ciudad santa. La primera de ellas es la de los dos hijos: en el primero, que obedece sólo de palabra, están representados los jefes de Israel, mientras que en el obediente después del rechazo inicial son alabados los pecadores que se convirtieron y siguieron a Jesús (3). La justicia de Dios aguarda siempre el arrepentimiento del pecador (1).

San Pablo recoge en su carta un himno de la liturgia cristiana primitiva en que se ensalza a Cristo, humillado hasta la muerte y glorificado por el Padre; los cristianos han de sentir como el Señor, imitando su ejemplo de humildad para conservarse unidos (2).

PRIMERA LECTURA

Cuando el malvado se convierta de su maldad, salvará su vida

LECTURA DEL LIBRO DE EZEQUIEL

18, 25-28

Así dice el Señor: «Comentáis: no es justo el proceder del Señor. Escucha, casa de Israel: ¿acaso no es justo mi proceder?; ¿o no es vuestro proceder el que es injusto? Cuando el justo se aparta de su justicia, comete la maldad y muere, muere por la maldad que cometió. Y cuando el malvado se convierte de la maldad que hizo, y practica el derecho y la justicia, él mismo salva su vida. Si recapacita y se convierte de los delitos cometidos, ciertamente vivirá y no morirá.»

Palabra de Dios.

SALMO RESPONSORIAL 24

℟ **Recuerda, Señor, que tu misericordia es eterna.**

Señor, enséñame tus caminos, | instrúyeme en tus sendas, | haz que camine con lealtad; | enséñame, porque tú eres mi Dios y Salvador, | y todo el día te estoy esperando. ℟.

Recuerda, Señor, que tu ternura | y tu misericordia son eternas; | no te acuerdes de los pecados | ni de las maldades de mi juventud; | acuérdate de mí con misericordia, | por tu bondad, Señor. ℟.

El Señor es bueno y es recto | y enseña el camino a los pecadores; | hace caminar a los humildes con rectitud, | enseña su camino a los humildes. ℟.

SEGUNDA LECTURA

Tened entre vosotros los sentimientos propios de una vida en Cristo Jesús

LECTURA DE LA CARTA DEL APOSTOL SAN PABLO A LOS FILIPENSES

2, 1-11

El texto entre [ ] puede omitirse.

Hermanos: Si queréis darme el consuelo de Cristo y aliviarme con vuestro amor, si nos une el mismo Espíritu y tenéis entrañas compasivas, dadme esta gran alegría: manteneos unánimes y concordes con un mismo amor y un mismo sentir. No obréis por envidia ni por ostentación, dejaos guiar por la humildad y considerad siempre superiores a los demás. No os encerréis en vuestros intereses, sino buscad todos el interés de los demás. Tened entre vosotros los sentimientos propios de una vida en Cristo Jesús. [El, a pesar de su condición divina, no hizo alarde de su categoría de Dios; al contrario, se despojó de su rango y tomó la condición de esclavo, pasando por uno de tantos. Y así, actuando como un hombre cualquiera, se rebajó hasta someterse incluso a la muerte, y una muerte de cruz. Por eso Dios lo levantó sobre todo y le concedió el «Nombre-sobre-todo-nombre», de modo que al nombre de Jesús toda rodilla se doble —en el Cielo, en la Tierra, en el Abismo— y toda lengua proclame: «¡Jesucristo es Señor!» para gloria de Dios Padre.]

Palabra de Dios.

Mis ovejas escuchan mi voz —dice el Señor—, y yo las conozco y ellas me siguen.

EVANGELIO

Los publicanos y las prostitutas os llevan la delantera en el camino del Reino de Dios

✠ LECTURA DEL S. EVANGELIO SEGUN SAN MATEO
                                                                     21, 28-32

En aquel tiempo dijo Jesús a los sumos sacerdotes y a los ancianos del pueblo: «¿Qué os parece? Un hombre tenía dos hijos. Se acercó al primero y le dijo: "Hijo, ve hoy a trabajar en la viña." El le contestó: "No quiero." Pero después se arrepintió y fue. Se acercó al segundo y le dijo lo mismo. El le contestó: "Voy, señor." Pero no fue. ¿Quién de los dos hizo lo que quería el padre?» Contestaron: «El primero.» Jesús les dijo: «Os aseguro que los publicanos y las prostitutas os llevan la delantera en el camino del Reino de Dios. Porque vino Juan a vosotros enseñándoos el camino de la justicia y no le creísteis; en cambio, los publicanos y prostitutas le creyeron. Y aun después de ver esto vosotros no os arrepentisteis ni le creísteis.»

Palabra del Señor.

Se dice «Credo».

CICLO B (Años 1991, 1994, 1997, 2000, 2003, 2006)

San Marcos recoge algunas sentencias de Jesús sobre el escándalo de los pequeños, los pobres, los ignorantes y los niños, que creen en él, así como sobre lo radical que ha de ser la opción por seguirlo. Otro dicho declara que Dios no sólo actúa a través de los discípulos elegidos de Cristo, la Iglesia como institución: «El que no está contra nosotros está a favor nuestro» (3). Del mismo modo Moisés no fue celoso del poder del Espíritu Santo y se alegró de que actuase también fuera del círculo de sus colaboradores más directos (1).

Santiago clama contra los ricos de su tiempo con la fuerza de los antiguos profetas; al oprimir a los pobres y a los honrados están repitiendo la condena de Jesús, el Justo por excelencia (2).

PRIMERA LECTURA

¿Estás celoso de mí? ¡Ojalá todo el pueblo del Señor fuera profeta!

LECTURA DEL LIBRO DE LOS NUMEROS   11, 25-29

En aquellos días el Señor bajó en la nube, habló con Moisés y, apartando algo del espíritu que poseía, se lo pasó a los sesenta ancianos; al posarse sobre ellos el espíritu se pusieron en seguida a profetizar. Habían quedado en el campamento dos del grupo, llamados Eldad y Medad; aunque estaban en la lista no habían acudido a la tienda, pero el espíritu se posó sobre ellos y se pusieron a profetizar en el campamento. Un muchacho corrió a contárselo a Moisés: «Eldad y Medad están profetizando en el campamento.» Josué, hijo de Nun, ayudante de Moisés desde joven, intervino: «Moisés, señor mío, prohíbeselo.» Moisés le respondió: «¿Estás celoso de mí? ¡Ojalá todo el pueblo del Señor fuera profeta y recibiera el espíritu del Señor!»

Palabra de Dios.

SALMO RESPONSORIAL 18

℟ **Los mandatos del Señor son rectos | y alegran el corazón.**

La ley del señor es perfecta | y es descanso del alma; | el precepto del Señor es fiel | e instruye al ignorante. ℟.

La voluntad del Señor es pura | y eternamente estable; | los mandamientos del Señor son verdaderos | y enteramente justos. ℟.

Aunque tu siervo vigila | para guardarlos con cuidado, | ¿quién conoce sus faltas? | Absuélveme de lo que se me oculta. ℟.

Preserva a tu siervo de la arrogancia, | para que no me domine: | así quedaré libre e inocente | del gran pecado. ℟.

SEGUNDA LECTURA

Vuestra riqueza está corrompida

LECTURA DE LA CARTA DEL APOSTOL SANTIAGO

5, 1-6

Ahora, vosotros, los ricos, llorad y lamentaos por las desgracias que os han tocado. Vuestra riqueza está corrompida y vuestros vestidos están apolillados. Vuestro oro y vuestra plata derrumbados, y esa herrumbre será un testimonio contra vosotros y devorará vuestra carne como el fuego. ¡Habéis amontonado riqueza, precisamente ahora, en el tiempo final! El jornal defraudado a los obreros que han cosechado vuestros campos está clamando contra vosotros; y los gritos de los segadores han llegado hasta el oído del Señor de los ejércitos. Habéis vivido en este mundo con lujo y entregados al placer. Os habéis cebado para el día de la matanza. Condenasteis y matasteis al justo; él no os resiste.

Palabra de Dios.

ALELUYA

Jn 17, 17b-a

Tu Palabra, Señor, es la Verdad; conságranos en la verdad.

EVANGELIO

El que no está contra vosotros, está a vuestro favor. Si tu mano te hace caer, córtatela

✠ LECTURA DEL S. EVANGELIO SEGUN
SAN MARCOS   9, 38-43.45.47-48

En aquel tiempo, dijo Juan a Jesús: «Maestro, hemos visto a uno que echaba demonios en tu nombre, y se lo hemos querido impedir, porque no es de los nuestros.» Jesús respondió: «No se lo impidáis, porque uno que hace milagros en mi nombre no puede luego hablar mal de mí. El que no está contra nosotros está a favor nuestro. Y, además, el que os dé a beber un vaso de agua, porque seguís al Mesías, os aseguro que no se quedará sin recompensa. El que escandalice a uno de estos pequeñuelos que creen, más le valdría que le encajasen en el cuello una piedra de molino y lo echasen al mar. Si tu mano te hace caer, córtatela: más te vale entrar manco en la vida que ir con las dos manos al abismo, al fuego que no se apaga. Y si tu pie te hace caer, córtatelo: más te vale entrar cojo en la vida que ser echado con los dos pies al abismo. Y si tu ojo te hace caer, sácatelo: más te vale entrar tuerto en el Reino de Dios que ser echado al abismo con los dos ojos, donde el gusano no muere y el fuego no se apaga.»

Palabra del Señor.

Se dice «Credo».

CICLO C (Años 1989, 1992, 1995, 1998, 2001, 2004)

La parábola del rico y del pobre Lázaro sólo está en el Evangelio de Lucas, y es una nueva crítica de Jesús a los ricos que no se preocupan de los necesitados; declara también la inutilidad de los milagros para quien rechaza la fe y la enseñanza que se imparten continuamente cuando se proclama y explica la Palabra de Dios, pero tiene los sentidos del alma embotados por el excesivo bienestar (3). El profeta Amós destaca en el Antiguo Testamento por la dureza de los términos con que condena el egoísmo y la ambición desmesurada de los ricos (1).

El resumen de las recomendaciones pastorales al joven Timoteo, obispo de la Iglesia de Efeso por encargo de Pablo, es la fidelidad a Cristo y a su Mandamiento que es el entero depósito de la fe confiado al sucesor del apóstol, toda la verdad del cristianismo (2).

PRIMERA LECTURA

Los que lleváis una vida disoluta, iréis al destierro

LECTURA DEL LIBRO DE AMOS

6, 1a.4-7

Así dice el Señor todopoderoso: «Ay de los que se fían de Sión, confían en el monte de Samaria. Os acostáis en lechos de marfil, tumbados sobre las camas, coméis los carneros del rebaño y las terneras del establo; canturreáis al son del arpa, inventáis, como David, instrumentos musicales, bebéis vinos generosos, os ungís con los mejores perfumes, y no os doléis de los desastres de José. Por eso irán al destierro, a la cabeza de los cautivos. Se acabó la orgía de los disolutos.»

Palabra de Dios.

SALMO RESPONSORIAL 145

R. **Alaba, alma mía, al Señor** (o Aleluya).

El mantiene su fidelidad perpetuamente, | el hace justicia a los oprimidos, | da pan a los hambrientos, | liberta a los cautivos. R.

El Señor abre los ojos al ciego, | el Señor endereza a los que ya se doblan, | el Señor ama a los justos, | el Señor guarda a los peregrinos. R.

Sustenta al huérfano y a la viuda, | y trastorna el camino de los malvados. | El Señor reina eternamente, | tu Dios, Sión, de edad en edad. R.

SEGUNDA LECTURA

Guarda el mandamiento, hasta la venida del Señor

LECTURA DE LA PRIMERA CARTA DEL APOSTOL SAN PABLO A TIMOTEO

6, 11-16

Hombre de Dios, practica la justicia, la piedad, la fe, el amor, la paciencia, la delicadeza. Combate el buen combate de la fe. Conquista la vida eterna a la que fuiste llamado, y de la que hiciste noble profesión ante muchos testigos. En presencia de Dios que da la vida al universo y de Cristo Jesús que dio testimonio ante Poncio Pilato: te insisto en que guardes el Mandamiento sin mancha ni reproche, hasta la venida de Nuestro Señor Jesucristo, que en tiempo oportuno mostrará el bienaventurado y único Soberano, Rey de los reyes y Señor de los señores, el único poseedor de la inmortalidad, que habita en una luz inaccesible a quien ningún hombre ha visto ni puede ver. A él honor e imperio eterno. Amén.

Palabra de Dios.

ALELUYA   2 Cor 8, 9

Jesucristo siendo rico, se hizo pobre, para enriquecernos con su pobreza.

EVANGELIO

Recibiste bienes y Lázaro males; ahora él encuentra consuelo, mientras que tú padeces

✝ LECTURA DEL S. EVANGELIO SEGUN SAN LUCAS

16, 19-31

En aquel tiempo, dijo Jesús a los fariseos: «Había un hombre rico que vestía de púrpura y de lino y banqueteaba espléndidamente cada día. Y un mendigo llamado Lázaro estaba echado en su portal, cubierto de llagas, y con ganas de saciarse de lo que tiraban de la mesa del rico, pero nadie se lo daba. Y hasta los pe-

rros se le acercaban a lamerle las llagas. Sucedió que se murió el
mendigo y los ángeles lo llevaron al seno de Abrahán. Se murió
también el rico y lo enterraron. Y estando en el infierno, en medio de los tormentos, levantando los ojos, vio de lejos a Abrahán
y a Lázaro en su seno, y gritó: "Padre Abrahán, ten piedad de
mí y manda a Lázaro que moje en agua la punta del dedo y me
refresque la lengua, porque me torturan estas llamas." Pero
Abrahán le contestó: "Hijo, recuerda que recibiste tus bienes en
vida y Lázaro a su vez males: por eso encuentra aquí consuelo,
mientras que tú padeces. Y además entre nosotros y vosotros se
abre un abismo inmenso, para que no puedan cruzar, aunque
quieran, desde aquí hacia vosotros, ni puedan pasar de ahí hasta
nosotros." El rico insistió: "Te ruego, entonces, padre, que mandes a Lázaro a casa de mi padre, porque tengo cinco hermanos,
para que, con su testimonio, evites que vengan también ellos a
este lugar de tormento." Abrahán le dice: "Tienen a Moisés y a
los profetas: que los escuchen." El rico contestó: "No, padre
Abrahán. Pero si un muerto va a verlos, se arrepentirán." Abrahán le dijo: "Si no escuchan a Moisés y a los profetas, no harán
caso ni aunque resucite un muerto."»

Palabra del Señor.

Se dice «Credo».

VIGESIMO SEPTIMO DOMINGO
DEL TIEMPO ORDINARIO

ANTIFONA DE ENTRADA   Est 13, 9.10-11

En tu poder, Señor, está todo; nadie puede resistir a tu
decisión. Tú creaste el cielo y la tierra y las maravillas todas que hay bajo el cielo. Tú eres dueño del universo.

ORACION COLECTA

Dios todopoderoso y eterno, que con amor generoso desbordas los méritos y deseos de los que te suplican; derrama sobre

nosotros tu misericordia, para que libres nuestra conciencia de toda inquietud y nos concedas aun aquello que no nos atrevemos a pedir. Por nuestro Señor Jesucristo.

ORACION SOBRE LAS OFRENDAS

Recibe, Señor, la oblación que tú has instituido, y por estos santos misterios, que celebramos para darte gracias, santifica a los que tú mismo has redimido. Por Jesucristo.

ANTIFONA DE COMUNION   Lam 3, 25

Bueno es el Señor para el que espera en él, para el alma que le busca.

o bien: 1 Cor 10, 17

El pan es uno, y así nosotros, aunque somos muchos, formamos un solo cuerpo, porque comemos todos del mismo pan y bebemos del mismo cáliz.

ORACION DESPUES DE LA COMUNION

Concédenos, Señor todopoderoso, que de tal manera saciemos nuestra hambre y nuestra sed en estos sacramentos, que nos transformemos en lo que hemos recibido. Por Jesucristo nuestro Señor.

CICLO A (Años 1990, 1993, 1996, 1999, 2002, 2005)

Una nueva parábola, la de los viñadores homicidas, pone al descubierto la mala disposición de los jefes de Israel, reacios desde antiguo a reformarse obedeciendo a los profetas y, últimamente, a Cristo. Su deformación moral venía de creerse dueños de la religión y del pueblo elegido (3), la viña escogida de Dios conforme a la metáfora utilizada por Isaías en su hermoso poema; el amor de Dios a su pueblo tuvo como respuesta los frutos amargos de la injusticia (1).

Pablo hace una personificación de la paz que viene de Dios; como un centinela ella custodiará las mentes y los corazones de los cristianos; esa clase de paz supera todo juicio, porque es un estado de serenidad tan sublime que ningún esfuerzo humano puede producirlo (2).

PRIMERA LECTURA

La viña del Señor de los Ejércitos es la casa de Israel

LECTURA DEL LIBRO DE ISAIAS

5, 1-7

Voy a cantar en nombre de mi amigo un canto de amor a su viña. Mi amigo tenía una viña en fértil collado. La entrecavó, la descantó y plantó buenas cepas; construyó en medio una atalaya y cavó un lagar. Y esperó que diese uvas, pero dio agrazones. Pues ahora, habitantes de Jerusalén, hombres de Judá, por favor, sed jueces entre mí y mi viña. ¿Qué más cabía hacer por mi viña que yo no lo haya hecho? ¿Por qué, esperando que diera uvas, dio agrazones? Pues ahora os diré a vosotros lo que voy a hacer con mi viña: quitar su valla para que sirva de pasto, derruir su tapia para que la pisoteen. La dejaré arrasada: no la podarán ni la escardarán, crecerán zarzas y cardos, prohibiré a las nubes que lluevan sobre ella. La viña del Señor de los Ejércitos es la casa de Israel; son los hombres de Judá su plantel preferido. Esperó de ellos derecho, y ahí tenéis: asesinatos; esperó justicia, y ahí tenéis: lamentos.

Palabra de Dios.

SALMO RESPONSORIAL 79

℟ **La viña del Señor es la casa de Israel.**

Sacaste, Señor, una vid de Egipto, | expulsaste a los gentiles, y la trasplantaste. | Extendió sus sarmientos hasta el mar | y sus brotes hasta el Gran Río. ℟

¿Por qué ha derribado su cerca, | para que la saqueen los viandantes, | la pisoteen los jabalíes | y se la coman las alimañas? ℟

Dios de los Ejércitos, vuélvete: | mira desde el cielo, fíjate, | ven a visitar tu viña, | la cepa que tu diestra plantó, | y que tú hiciste vigorosa. ℞.

No nos alejaremos de ti; | danos vida, para que invoquemos tu nombre. | Señor Dios de los Ejércitos, restáuranos, | que brille tu rostro y nos salve. ℞.

SEGUNDA LECTURA

El Dios de la paz estará con vosotros

LECTURA DE LA CARTA DEL APOSTOL
SAN PABLO A LOS FILIPENSES

4, 6-9

Hermanos: Nada os preocupe; sino que en toda ocasión, en la oración y súplica con acción de gracias, vuestras peticiones sean presentadas a Dios. Y la paz de Dios, que sobrepasa todo juicio, custodiará vuestros corazones y vuestros pensamientos en Cristo Jesús. Finalmente, hermanos, todo lo que es verdadero, noble, justo, puro, amable, laudable; todo lo que es virtud o mérito tenedlo en cuenta. Y lo que aprendisteis, recibisteis, oisteis y visteis en mí, ponedlo por obra. Y el Dios de la paz estará con vosotros.

Palabra de Dios.

ALELUYA

Jn 15, 16

Yo os he elegido del mundo, para que vayáis y déis fruto, y vuestro fruto dure —dice el Señor.

EVANGELIO

Arrendará la viña a otros labradores

✠ LECTURA DEL S. EVANGELIO SEGUN
SAN MATEO

21, 33-43

En aquel tiempo dijo Jesús a los sumos sacerdotes y a los senadores del pueblo: «Escuchad otra parábola: Había un propietario que plantó una viña, la rodeó con una cerca, cavó en ella un lagar, construyó la casa del guarda, la arrendó a unos labradores y se marchó de viaje. Llegado el tiempo de la vendimia, envió sus criados a los labradores para recibir los frutos que le correspondían. Pero los labradores, agarrando a los criados, apalearon a uno, mataron a otro, y a otro lo apedrearon. Envió de nuevo otros criados, más que la primera vez, e hicieron con ellos lo mismo. Por último, les mandó a su hijo diciéndose: "Tendrán respeto a mi hijo." Pero los labradores, al ver al hijo se dijeron: "Este es el heredero: venid, lo matamos y nos quedamos con su herencia." Y, agarrándolo, lo empujaron fuera de la viña y lo mataron. Y ahora, cuando vuelva el dueño de la viña, ¿qué hará con aquellos labradores? Le contestaron: "Hará morir de mala muerte a esos malvados y arrendará la viña a otros labradores que le entreguen los frutos a sus tiempos." Y Jesús les dice: «¿No habéis leído nunca en la Escritura: "La piedra que desecharon los arquitectos es ahora la piedra angular. Es el Señor quien lo ha hecho, ha sido un milagro patente?" Por eso os digo que se os quitará a vosotros el Reino de Dios y se dará a un pueblo que produzca sus frutos.»

Palabra del Señor.

Se dice «Credo».

CICLO B (Años 1991, 1994, 1997, 2000, 2003, 2006)

La lectura del Evangelio según san Marcos sigue con la llegada de Jesús a Judea, de camino a Jerusalén. En ese territorio donde abundaban los fariseos más observantes de la Ley del Señor supera la legislación mosaica sobre el matrimonio y el divorcio, reclamando la indisolubilidad querida en el principio por Dios (3). Jesús citó el pasaje del Génesis donde en forma de relato no histórico se expone la revelación sobre la naturaleza del hombre, superior a los animales y formando dos sexos diferentes pero complementarios, llamados a unirse con fidelidad e igual dignidad (1).

Hasta el final del Tiempo Ordinario se leerán fragmentos escogidos de la carta a los Hebreos, documento anónimo dirigido a los cristianos procedentes del judaísmo, en el que se quiere demostrar la superioridad del sacerdocio y del sacrificio de Cristo sobre los ritos de la antigua alianza que se realizaban en el templo de Jerusalén (2).

PRIMERA LECTURA

Y serán los dos una sola carne

LECTURA DEL LIBRO DEL GENESIS 2, 18-24

El Señor Dios se dijo: «No está bien que el hombre esté solo; voy a hacerle alguien como él que le ayude.» Entonces el Señor Dios modeló de arcilla todas las bestias del campo y todos los pájaros del cielo, y se los presentó al hombre, para ver qué nombre les ponía. Y cada ser vivo llevaría el nombre que el hombre le pusiera. Así el hombre puso nombre a todos los animales domésticos, a los pájaros del cielo y a las bestias del campo; pero no se encontraba ninguno como él que le ayudase. Entonces el Señor Dios dejó caer sobre el hombre un letargo, y el hombre se durmió. Le sacó una costilla y le cerró el sitio con carne. Y el Señor Dios trabajó la costilla que le había sacado al hombre haciendo una mujer, y se la presentó al hombre. El hombre dijo: "¡Esta sí que es hueso de mis huesos y carne de mi carne!" Su nombre será Mujer, porque ha salido del hombre. Por eso abandonará el hombre a su padre y a su madre, se unirá a su mujer y serán los dos una sola carne.»

Palabra de Dios.

SALMO RESPONSORIAL 127

℟ **Que el Señor nos bendiga | todos los días de nuestra vida.**

¡Dichoso el que teme al Señor, | y sigue sus caminos! | Comerás del fruto de tu trabajo, | serás dichoso, te irá bien. ℟

Tu mujer, como parra fecunda, | en medio de tu casa; | tus hijos, como renuevos de olivo, | alrededor de tu mesa. ℟.

Esta es la bendición del hombre | que teme al Señor. | Que el Señor te bendiga desde Sión, | que veas la prosperidad de Jerusalén | todos los días de tu vida. ℟.

Que veas a los hijos de tus hijos. | ¡Paz a Israel! ℟.

SEGUNDA LECTURA

El santificador y los santificados tienen todos el mismo origen

LECTURA DE LA CARTA A LOS HEBREOS   2, 9-11

Hermanos: Al que Dios había hecho un poco inferior a los ángeles, a Jesús, lo vemos ahora coronado de gloria y honor por su pasión y muerte. Así, por la gracia de Dios, ha padecido la muerte para bien de todos. Dios, para quien y por quien existe todo, juzgó conveniente, para llevar a una multitud de hijos a la gloria, perfeccionar y consagrar con sufrimientos al guía de su salvación. El santificador y los santificados proceden todos del mismo. Por eso no se avergüenza de llamarlos hermanos.

Palabra de Dios.

ALELUYA   1 Jn 4, 12

Si nos amamos unos a otros, Dios permanece en nosotros y su amor ha llegado en nosotros a su plenitud.

EVANGELIO

Lo que Dios ha unido, que no lo separe el hombre

✠ LECTURA DEL S. EVANGELIO SEGUN SAN MARCOS   10, 2-16

El texto entre [ ] puede omitirse.

En aquel tiempo, se acercaron unos fariseos y le preguntaron a Jesús para ponerlo a prueba: «¿Le es lícito a un hombre divorciarse de su mujer?» El les replicó: «¿Qué os ha mandado Moisés?» Contestaron: «Moisés permitió divorciarse dándole a la mujer un acta de repudio.» Jesús les dijo: «Por vuestra terquedad dejó escrito Moisés este precepto. Al principio de la creación Dios los creó hombre y mujer. Por eso abandonará el hombre a su padre y a su madre, se unirá a su mujer y serán los dos una sola carne. De modo que ya no son dos, sino una sola carne. Lo que Dios ha unido, que no lo separe el hombre.» En casa, los discípulos volvieron a preguntarle sobre lo mismo. El les dijo: «Si uno se divorcia de su mujer y se casa con otra, comete adulterio contra la primera. Y si ella se divorcia de su marido y se casa con otro, comete adulterio.» [Le acercaban niños para que los tocara, pero los discípulos les regañaban. Al verlo, Jesús se enfadó y les dijo: «Dejad que los niños se acerquen a mí: no se lo impidáis; de los que son como ellos es el Reino de Dios. Os aseguro que el que no acepte el Reino de Dios como un niño, no estará en él.» Y los abrazaba y los bendecía imponiéndoles las manos.]

Palabra del Señor.

Se dice «Credo».

CICLO C (Años 1989, 1992, 1995, 1998, 2001, 2004)

La frase del profeta Habacuc «El justo vivirá por su fe» que se lee este domingo (1) fue citada por san Pablo como argumento fundamental en su carta a los Romanos (1, 17); esta virtud es un don gratuito de Dios y, como tal, susceptible de ser incrementado y de ser objeto de petición constante por parte de los creyentes que, como los apóstoles, podemos decir al Señor: «Auméntanos la fe» (3).

La II carta pastoral a Timoteo, como rector de la Iglesia de Efeso, recuerda el don del Espíritu que el discípulo de Pablo recibió en su ordenación como sucesor de los apóstoles, Espíritu de gobierno y de fortaleza para mantener con fidelidad el tesoro de la fe cristiana (2).

PRIMERA LECTURA

El justo vivirá por su fe

LECTURA DEL LIBRO DE HABACUC

1, 2-3; 2, 2-4

¿Hasta cuando clamaré, Señor, sin que me escuches? ¿Te gritaré «Violencia», sin que me salves? ¿Por qué me haces ver desgracias, me muestras trabajos, violencias y catástrofes, surgen luchas, se alzan contiendas?» El Señor me respondió así: «Escribe la visión, grábala en tablillas, de modo que se lea de corrido. La visión espera su momento, se acerca su término y no fallará; si tarda, espera, porque ha de llegar sin retrasarse. El injusto tiene el alma hinchada, pero el justo vivirá por su fe.»

Palabra de Dios.

SALMO RESPONSORIAL 94

℟ **Ojalá escuchéis la voz del Señor: | No endurezcáis vuestro corazón.**

Venid, aclamemos al Señor, | demos vítores a la Roca que nos salva; | entremos a su presencia dándole gracias, | aclamándolo con cantos. ℟.

Entrad, postrémonos por tierra, | bendiciendo al Señor, creador nuestro. | Porque él es nuestro Dios | y nosotros su pueblo, el rebaño que él guía. ℟.

«No endurezcáis el corazón como en Meribá, | como el día de Masá en el desierto, | cuando vuestros padres me pusieron a prueba | y me tentaron, aunque habían visto mis obras.» ℟.

SEGUNDA LECTURA

No tengas miedo de dar la cara por nuestro Señor

LECTURA DE LA SEGUNDA CARTA DEL APOSTOL SAN PABLO A TIMOTEO

1, 6-8.13-14

Querido hermano: Reaviva el don de Dios que recibiste cuando te impuse las manos; porque Dios no nos ha dado un es-

píritu cobarde, sino un espíritu de energía, amor y buen juicio.
No tengas miedo de dar la cara por nuestro Señor y por mí, su
prisionero. Toma parte en los duros trabajos del Evangelio según las fuerzas que Dios te dé. Ten delante la visión que yo te
di con mis palabras sensatas, y vive con fe y amor cristiano.
Guarda este tesoro con la ayuda del Espíritu Santo que habita en
nosotros.

Palabra de Dios.

ALELUYA 1 Pe 1, 25

La Palabra del Señor permanece eternamente; y esa Palabra es el Evangelio que os anunciamos.

EVANGELIO

¡Si tuvierais fe...!

✠ **LECTURA DEL S. EVANGELIO SEGUN
SAN LUCAS** 17, 5-10

En aquel tiempo, los Apóstoles le pidieron al Señor:
«Auméntanos la fe.» El Señor contestó: «Si tuvierais fe como un
granito de mostaza, diríais a esa morera: "Arráncate de raíz y
plántate en el mar", y os obedecería. Suponed que un criado
vuestro trabaja como labrador o como pastor, cuando vuelve del
campo, ¿quién de vosotros le dice: "En seguida, ven y ponte a
la mesa?" ¿No le diréis: "Prepárame de cenar, cíñete y sírveme
mientras como y bebo; y después comerás y beberás tú?" ¿Tenéis
que estar agradecidos al criado porque ha hecho lo mandado? Lo
mismo vosotros: Cuando hayáis hecho todo lo mandado, decid:
"Somos unos pobres siervos, hemos hecho lo que teníamos que
hacer."»

Palabra del Señor.

Se dice «Credo».

VIGESIMO OCTAVO DOMINGO
DEL TIEMPO ORDINARIO

ANTIFONA DE ENTRADA   Sal 129, 3-4

Si llevas cuenta de los delitos, Señor, ¿quién podrá resistir? Pero de ti procede el perdón, Dios de Israel.

ORACION COLECTA

Te pedimos, Señor, que tu gracia continuamente nos preceda y acompañe, de manera que estemos dispuestos a obrar siempre el bien. Por nuestro Señor.

ORACION SOBRE LAS OFRENDAS

Con estas ofrendas, Señor, recibe las súplicas de tus hijos, para que esta eucaristía celebrada con amor nos lleve a la gloria del cielo. Por Jesucristo.

ANTIFONA DE COMUNION   Sal 33, 11

Los ricos empobrecen y pasan hambre, los que buscan al Señor no carecen de nada.

o bien: 1 Jn 3, 2

Cuando Cristo se manifieste seremos semejantes a él, porque le veremos tal cual es.

ORACION DESPUES DE LA COMUNION

Dios soberano, te pedimos humildemente que, así como nos alimentas con el Cuerpo y la Sangre de tu Hijo, nos hagas participar de su naturaleza divina. Por Jesucristo nuestro Señor.

CICLO A (Años 1990, 1993, 1996, 1999, 2002, 2005)

En la parábola de los invitados al banquete, Jesús anuncia a las autoridades de Jerusalén que los pecadores y los gentiles ocuparán en el Reino de los cielos el lugar que fue ofrecido en un primer momento al pueblo elegido en la antigua alianza (3). La vocación de todos los pueblos a participar en la fiesta eterna del Mesías había sido ya profetizada con la imagen del banquete, como aparece en la primera lectura de esta misa (1).

San Pablo agradece la ayuda de los filipenses para aliviar sus penalidades en la cárcel. Dios los recompensará, mientras que el apóstol se adapta a cualquier situación, pues como dice, «Todo lo puedo en aquel que me conforta» (2).

PRIMERA LECTURA

El Señor preparará un festín y enjugará las lágrimas de todos los rostros

LECTURA DEL LIBRO DE ISAIAS

25, 6-10a

Aquel día, preparará el Señor de los Ejércitos para todos los pueblos, en este monte, un festín de manjares suculentos, un festín de vinos de solera; manjares enjundiosos, vinos generosos. Y arrancará en este monte el velo que cubre a todos los pueblos, el paño que tapa a todas las naciones. Aniquilará la muerte para siempre. El Señor Dios enjugará las lágrimas de todos los rostros, y el oprobio de su pueblo lo alejará de todo el país —lo ha dicho el Señor—. Aquel día se dirá: «Aquí está nuestro Dios, de quien esperábamos que nos salvara: celebremos y gocemos con su salvación. La mano del Señor se posará sobre este monte.»

Palabra de Dios.

SALMO RESPONSORIAL 22

℟ **Habitaré en la casa del Señor, | por años sin término.**

El Señor es mi pastor, | nada me falta: | en verdes praderas me hace recostar: | me conduce hacia fuentes tranquilas | y repara mis fuerzas. ℟.

Me guía por el sendero justo, | por el honor de su nombre. | Aunque camine por cañadas oscuras, | nada temo, porque tú vas conmigo: | tu vara y tu cayado me sosiegan. ℟.

Preparas una mesa ante mí, | enfrente de mis enemigos; | me unges la cabeza con perfume, | y mi copa rebosa. ℞.

Tu bondad y tu misericordia me acompañan | todos los días de mi vida, | y habitaré en la casa del Señor, | por años sin término. ℞.

Todo lo puedo en aquel que me conforta

LECTURA DE LA CARTA DEL APOSTOL
SAN PABLO A LOS FILIPENSES
4, 12-14.19-20

Hermanos: Sé vivir en pobreza y abundancia. Estoy entrenado para todo y en todo: la hartura y el hambre, la abundancia y la privación. Todo lo puedo en aquel que me conforta. En todo caso hicisteis bien en compartir mi tribulación. En pago, mi Dios proveerá a todas vuestras necesidades con magnificencia, conforme a su riqueza en Cristo Jesús. A Dios, nuestro Padre, la gloria por los siglos de los siglos. Amén.

Palabra de Dios.

ALELUYA   Ef 1, 17-18

El Padre de nuestro Señor Jesucristo ilumine los ojos de nuestro corazón, para que comprendamos cuál es la esperanza a la que nos llama.

EVANGELIO

A todos los que encontréis convidadles a la boda

✠ LECTURA DEL S. EVANGELIO SEGUN
SAN MATEO   22, 1-14

El texto entre [ ] puede omitirse.

En aquel tiempo de nuevo tomó Jesús la palabra y habló en parábolas a los sumos sacerdotes y a los ancianos del pueblo, diciendo: «El Reino de los Cielos se parece a un rey que celebraba la boda de su hijo. Mandó criados para que avisaran a los convidados, pero no quisieron ir. Volvió a mandar criados encargándoles que les dijeran: tengo preparado el banquete, he matado terneros y reses cebadas y todo está a punto. Venid a la boda. Los convidados no hicieron caso; uno se marchó a sus tierras, otro a sus negocios, los demás les echaron mano a los criados y los maltrataron hasta matarlos. El rey montó en cólera, envió sus tropas, que acabaron con aquellos asesinos y prendieron fuego a la ciudad. Luego dijo a sus criados: "La boda está preparada, pero los convidados no se la merecían. Id ahora a los cruces de los caminos y a todos los que encontréis, convidadlos a la boda." Los criados salieron a los caminos y reunieron a todos los que encontraron, malos y buenos. La sala del banquete se llenó de comensales. [Cuando el rey entró a saludar a los comensales reparó en uno que no llevaba traje de fiesta y le dijo: "Amigo, ¿cómo has entrado aquí sin vestirte de fiesta?" El otro no abrió la boca. Entonces el rey dijo a los camareros: "Atadlo de pies y manos y arrojadlo fuera, a las tinieblas. Allí será el llanto y el rechinar de dientes. Porque muchos son los llamados y pocos los escogidos."]

Palabra del Señor.

Se dice «Credo».

CICLO B (Años 1991, 1994, 1997, 2000, 2003, 2006)

Siguiendo el relato de san Marcos, acompañamos a Jesús ya en el territorio de Judea, aproximándose a Jerusalén. También allí se le acercan aspirantes a discípulos, a quienes reitera la exigencia de renunciar a todo para poder seguirle; esta renuncia tendrá una compensación ya en esta vida a través de la nueva fraternidad cristiana (3). Del mismo modo, Salomón prefirió sobre todos los bienes a la Sabiduría que viene de Dios, y con ella le vinieron toda clase de riquezas (1).

La Palabra de Dios es la misma en la antigua y en la nueva alianza, ella descubre la infidelidad de los judíos que no quisieron reconocer a Jesucristo porque sus deseos e intenciones no estaban con él (2).

PRIMERA LECTURA

En comparación de la sabiduría, tuve en nada la riqueza

LECTURA DEL LIBRO DE LA SABIDURIA
7, 7-11

Supliqué y se me concedió la prudencia, invoqué y vino a mí un espíritu de sabiduría. La preferí a cetros y a tronos, y en su comparación tuve en nada la riqueza. No le equiparé la piedra más preciosa, porque todo el oro a su lado es un poco de arena y junto a ella la plata vale lo que el barro. La preferí a la salud y a la belleza, y me propuse tenerla por luz, porque su resplandor no tiene ocaso. Con ella, me vinieron todos los bienes juntos, en sus manos había riquezas incontables.

Palabra de Dios.

SALMO RESPONSORIAL 89

R̸ **Sácianos de tu misericordia, Señor, | y toda nuestra vida será alegría y júbilo.**

Enséñanos a calcular nuestros años, | para que adquiramos un corazón sensato. | Vuélvete, Señor, ¿hasta cuándo? | Ten compasión de tus siervos. R̸

Por la mañana sácianos de tu misericordia, | y toda nuestra vida será alegría y júbilo; | danos alegría por los días en que nos afligiste, | por los años en que sufrimos desdichas. R̸

Que tus siervos vean tu acción | y sus hijos tu gloria. | Baje a nosotros la bondad del Señor | y haga prósperas las obras de nuestras manos. R̸

SEGUNDA LECTURA

La palabra de Dios, juzga los deseos e intenciones del corazón

LECTURA DE LA CARTA A LOS HEBREOS
4, 12-13

La palabra de Dios es viva y eficaz, más tajante que espada de doble filo, penetrante hasta el punto donde se dividen alma y espíritu, coyunturas y tuétanos. Juzga los deseos e intenciones del corazón. No hay criatura que escape a su mirada; todo está patente y descubierto a los ojos de Aquel a quien hemos de rendir cuentas.

Palabra de Dios.

ALELUYA   Mt 5, 3

Dichosos los pobres en el espíritu, porque de ellos es el Reino de los cielos.

EVANGELIO

Vende lo que tienes y sígueme

✠ LECTURA DEL S. EVANGELIO SEGUN
SAN MARCOS   10, 17-30

El texto entre [ ] puede omitirse.

En aquel tiempo, cuando salía Jesús al camino, se le acercó uno corriendo, se arrodilló y le preguntó: «Maestro bueno, ¿qué haré para heredar la vida eterna?» Jesús le contestó: «¿Por qué me llamas bueno? No hay nadie bueno más que Dios. Ya sabes los mandamientos: no matarás, no cometerás adulterio, no robarás, no darás falso testimonio, no estafarás, honra a tu padre y a tu madre.» El replicó: «Maestro, todo esto lo he cumplido desde pequeño.» Jesús se le quedó mirando con cariño y le dijo: «Una cosa te falta: anda, vende lo que tienes, da el dinero a los pobres —así tendrás un tesoro en el cielo—, y luego sígueme.» A estas palabras, él frunció el ceño y se marchó pesaroso, porque era muy rico. Jesús, mirando alrededor, dijo a sus discípulos: «¡Qué difícil les va a ser a los ricos entrar en el Reino de Dios!» Los discípulos se extrañaron de estas palabras. Jesús añadió: «Hijos, ¡qué difícil les es entrar en el Reino de Dios a los que ponen su confianza en el dinero! Más fácil le es a un camello pasar por el ojo de una aguja, que a un rico entrar en el Reino de Dios.»

Ellos se espantaron y comentaban: «Entonces, ¿quién puede salvarse?» Jesús se les quedó mirando y les dijo: «Es imposible para los hombres, no para Dios. Dios lo puede todo.» [Pedro se puso a decirle: «Ya ves que nosotros lo hemos dejado todo y te hemos seguido.» Jesús dijo: «Os aseguro, que quien deje casa, o hermanos o hermanas, o madre o padre, o hijos o tierras, por mí y por el Evangelio, recibirá ahora, en este tiempo, cien veces más —casas y hermanos y hermanas y madres e hijos y tierras, con persecuciones—, y en la edad futura vida eterna.]

Palabra del Señor.

Se dice «Credo».

CICLO C (Años 1989, 1992, 1995, 1998, 2001, 2004)

En los tres evangelios sinópticos la vida pública de Jesús termina con su viaje a Jerusalén, donde dará su último testimonio y sufrirá la Pasión De camino al país de los judíos el Señor curó a diez leprosos, pero sólo recibió el agradecimiento de uno que era extranjero. Así se anunciaba ya el rechazo de Cristo por Israel y la buena acogida de su Evangelio entre los gentiles (3). Aquel extranjero repitió el gesto de generosidad del sirio Naamán, curado de la lepra por el profeta Eliseo (1), aunque, comentaba Jesús, «Había muchos leprosos en Israel» (Lc 4,27).

El Evangelio anunciado por Pablo y confiado a su sucesor Timoteo consistía en la proclamación del Misterio Pascual de Cristo muerto y resucitado; quienes participen en ese Misterio por la Iniciación Cristiana y perseveren, se salvarán (2).

PRIMERA LECTURA

Volvió Naamán a Eliseo, y alabó al Señor

LECTURA DEL LIBRO SEGUNDO DE LOS REYES

5, 14-17

En aquellos días, Naamán el sirio bajó y se bañó siete veces en el Jordán, como se lo había mandado Eliseo, el hombre de

Dios, y su carne quedó limpia de la lepra, como la de un niño. Volvió con su comitiva al hombre de Dios y se le presentó diciendo: «Ahora reconozco que no hay dios en toda la tierra más que el de Israel. Y tú acepta un presente de tu servidor.» Contestó Eliseo: «Juro por Dios, a quien sirvo, que no aceptaré nada.» Y aunque le insistía, lo rehusó. Naamán dijo: «Entonces, que entreguen a tu servidor una carga de tierra, que pueda llevar un par de mulas; porque en adelante tu servidor no ofrecerá holocaustos ni sacrificios de comunión a otros dioses fuera del Señor.»

Palabra de Dios.

SALMO RESPONSORIAL 97

℟ **El Señor revela a las naciones su salvación.**

Cantad al Señor un cántico nuevo, | porque ha hecho maravillas. | Su diestra le ha dado la victoria, | su santo brazo. ℟.

El Señor da a conocer su victoria, | revela a las naciones su justicia: | se acordó de su misericordia y su fidelidad | en favor de la casa de Israel. ℟.

Los confines de la tierra han contemplado | la victoria de nuestro Dios. | Aclama al Señor, tierra entera, | gritad, vitoread, tocad. ℟.

SEGUNDA LECTURA

Si perseveramos, reinaremos con Cristo

LECTURA DE LA SEGUNDA CARTA DEL APOSTOL SAN PABLO A TIMOTEO
2, 8-13

Querido hermano: Haz memoria de Jesucristo el Señor, resucitado de entre los muertos, nacido del linaje de David. Este ha sido mi Evangelio, por el que sufro hasta llevar cadenas, como un malhechor. Pero la palabra de Dios no está encadenada. Por eso lo aguanto todo por los elegidos, para que ellos también alcancen la salvación, lograda por Cristo Jesús, con la gloria eterna. Es doctrina segura: Si morimos con él, viviremos con él. Si perseveramos, reinaremos con él. Si lo negamos, también él nos negará. Si somos infieles, él permanecerá fiel, porque no puede negarse a sí mismo.

Palabra de Dios.

ALELUYA   1 Tim 5, 18

Dad gracias en toda ocasión: esta es la voluntad de Dios, en Cristo Jesús, respecto de vosotros.

EVANGELIO

¿No ha vuelto más que este extranjero para dar gloria a Dios?

✠ LECTURA DEL S. EVANGELIO SEGUN SAN LUCAS   17, 11-19

Yendo Jesús camino de Jerusalén, pasaba entre Samaria y Galilea. Cuando iba a entrar en un pueblo, vinieron a su encuentro diez leprosos, que se pararon a lo lejos y a gritos le decían: «Jesús, maestro, ten compasión de nosotros.» Al verlos, les dijo: «Id a presentaros a los sacerdotes.» Y mientras iban de camino quedaron limpios. Uno de ellos, viendo que estaba curado, se volvió alabando a Dios a grandes gritos, y se echó por tierra a los pies de Jesús, dándole gracias. Este era un samaritano. Jesús tomó la palabra y dijo: «¿No han quedado limpios los diez?; los otros nueve, ¿dónde están? ¿No ha vuelto más que un extranjero para dar gloria a Dios?» Y le dijo: «Levántate, vete: tu fe te ha salvado.»

Palabra del Señor.

Se dice «Credo».

VIGESIMO NOVENO DOMINGO DEL TIEMPO ORDINARIO

ANTIFONA DE ENTRADA   Sal 16, 6.8

Yo te invoco porque tú me respondes, Dios mío; inclina el oído y escucha mis palabras. Guárdame como a las niñas de tus ojos; a la sombra de tus alas escóndeme.

ORACION COLECTA

Dios todopoderoso y eterno, te pedimos entregarnos a ti con fidelidad y servirte con sincero corazón. Por nuestro Señor Jesucristo.

ORACION SOBRE LAS OFRENDAS

Concédenos, Señor, ofrecerte estos dones con un corazón libre, para que tu gracia pueda purificarnos en estos misterios que ahora celebramos. Por Jesucristo.

ANTIFONA DE COMUNION   Sal 32, 18-19

Los ojos del Señor están puestos en sus fieles, en los que esperan en su misericordia, para librar sus vidas de la muerte y reanimarlos en tiempo de hambre.

o bien: Mc 10, 45

El Hijo del Hombre ha venido para dar su vida en rescate por todos.

ORACION DESPUES DE LA COMUNION

La partición frecuente en esta eucaristía nos sea provechosa, Señor, para que disfrutemos de tus beneficios en la tierra y crezca nuestro conocimiento de los bienes del cielo. Por Jesucristo.

CICLO A (Años 1900, 1993, 1996, 1999, 2002, 2005)

La oposición de las autoridades de Jerusalén a Jesús fue tomando forma de conjura para terminar con él. Respondiendo sabiamente a la traidora pregunta sobre el tributo al César, Jesús dejó claro que su reino no era de este mundo (Jn 18,36) y que no venía a cambiar el mundo políticamente sino a curarlo desde dentro, enseñando a «dar a Dios lo que es de Dios» (3). Del mis-

mo modo los apóstoles pedían que se obedeciese a las autoridades y que se rezase por ellas; mientras que la adoración y la fe
sólo pueden dirigirse a Dios, único Señor y Rey de la historia (1).

La lectura de la I carta a los Tesalonicenses se reserva para
los últimos domingos del Tiempo Ordinario. Escrita por san Pablo en Atenas el año 51 d.C. es el primer documento que se conserva del Nuevo Testamento. La Iglesia de Tesalónica era ejemplar (2).

PRIMERA LECTURA

Llevó de la mano a Ciro para doblegar ante él las naciones

LECTURA DEL LIBRO DE ISAIAS   45, 1.4-6

Así dice el Señor a su Ungido, a Ciro, a quien lleva de la
mano: «Doblegaré ante él las naciones, desceñiré las cinturas de
los reyes, abriré ante él las puertas, los batientes no se le cerrarán. Por mi siervo Jacob, por mi escogido Israel, te llamé por tu
nombre, te di un título, aunque no me conocías. Yo soy el Señor
y no hay otro, fuera de mí no hay dios. Te pongo la insignia,
aunque no me conoces, para que sepan de Oriente a Occidente
que no hay otro fuera de mí. Yo soy el Señor y no hay otro.»

Palabra de Dios.

SALMO RESPONSORIAL 95

R. **Aclamad la gloria y el poder del Señor.**

Cantad al Señor un cántico nuevo, | cantad al Señor, toda la
tierra. | Contad a los pueblos su gloria, | sus maravillas a todas
las naciones. R.

Porque es grande el Señor, y muy digno de alabanza, | más
temible que todos los dioses. | Pues los dioses de los gentiles son
apariencia, | mientras que el Señor ha hecho el cielo. R.

Familias de los pueblos, aclamad al Señor, | aclamad la gloria
y el poder del Señor, | aclamad la gloria del nombre del Señor,
| entrad en sus atrios trayéndole ofrendas. R.

Postraos ante el Señor en el atrio sagrado, | tiemble en su presencia la tierra toda. | Decid a los pueblos: «El Señor es rey, | él gobierna a los pueblos rectamente.» ℟.

SEGUNDA LECTURA

Recordamos vuestra fe, esperanza y caridad

LECTURA DE LA PRIMERA CARTA DEL APOSTOL SAN PABLO A LOS TESALONICENSES 1, 1-5b

Pablo, Silvano y Timoteo a la Iglesia de los Tesalonicenses, en Dios Padre y en el Señor Jesucristo. A vosotros, gracia y paz. Siempre damos gracias a Dios por todos vosotros y os tenemos presentes en nuestras oraciones. Ante Dios, nuestro Padre, recordamos sin cesar la actividad de vuestra fe, el esfuerzo de vuestro amor y el aguante de vuestra esperanza en Jesucristo nuestro Señor. Bien sabemos, hermanos amados de Dios, que él os ha elegido y que, cuando se proclamó el Evangelio entre vosotros, no hubo sólo palabras, sino además fuerza del Espíritu Santo y convicción profunda.

Palabra de Dios.

ALELUYA Flp 2, 15-16

Brilláis como lumbreras del mundo, mostrando una razón para vivir.

EVANGELIO

Pagadle al César lo que es del César y a Dios lo que es de Dios

✠ LECTURA DEL S. EVANGELIO SEGUN SAN MATEO 22, 15-21

En aquel tiempo, se retiraron los fariseos y llegaron a un acuerdo para comprometer a Jesús con una pregunta. Le enviaron unos discípulos, con unos partidarios de Herodes, y le dijeron: «Maestro, sabemos que eres sincero y que enseñas el camino de Dios conforme a la verdad; sin que te importe nadie, porque

no te fijas en las apariencias. Dinos, pues, qué opinas: ¿es lícito
pagar impuesto al César o no?» Comprendiendo su mala voluntad, les dijo Jesús: «¡Hipócritas!, ¿por qué me tentáis? Enseñad-
me la moneda del impuesto.» Le presentaron un denario. El les
preguntó: «¿De quién son esta cara y esta inscripción?» Le respondieron: «Del César.» Entonces les replicó: «Pues pagadle al
César lo que es del César y a Dios lo que es de Dios.»

Palabra del Señor.

Se dice «Credo».

CICLO B (Años 1991, 1994, 1997, 2000, 2003, 2006)

Mientras subían a Jerusalén, los hermanos Santiago y Juan
aprovecharon para pedirle a Jesús ser sus primeros ministros en
el reino que creían que iba a comenzar pronto. El Señor aprovechó la ocasión para dejar claras las normas para la jerarquía en
la Iglesia: sólo habrá primacía para el martirio y para el servicio
a los humildes; el sacrificio voluntario de Cristo será el modelo
de los ministerios en la Iglesia, contrariamente a lo que ocurre
con los poderes del mundo (3). Nuevamente alude Jesús a las
profecías del Siervo de Yawéh, fundamentales para comprender
el sentido de su Pasión y muerte (1).

Como sumo Sacerdote y Mediador de la nueva alianza, Jesucristo es digno de la fe y la confianza de sus fieles, porque ha entrado en el santuario del cielo y sigue siendo verdadero Dios y
verdadero hombre, capaz de comprender y compadecerse de los
suyos (2).

PRIMERA LECTURA

*Cuando entrege su vida como expiación, verá su descendencia,
prolongará sus años*

LECTURA DEL LIBRO DE ISAIAS   53, 10-11

El Señor quiso triturarlo con el sufrimiento. Cuando entregue su vida como expiación, verá su descendencia, prolongará

sus años; lo que el Señor quiere prosperará por sus manos. A causa de los trabajos de su alma, verá y se hartará; con lo aprendido mi Siervo justificará a muchos, porque cargó con los crímenes de ellos.

Palabra de Dios.

SALMO RESPONSORIAL 32

R. **Que tu misericordia, Señor venga sobre nosotros, | como lo esperamos de ti.**

Aclamad, justos, al Señor, | que la palabra del Señor es sincera, | y todas sus acciones son leales; | él ama la justicia y el derecho, | y su misericordia llena la tierra. R.

Los ojos del Señor están puestos en sus fieles, | en los que esperan en su misericordia | para librar sus vidas de la muerte | y reanimarlos en tiempo de hambre. R.

Nosotros aguardamos al Señor: | El es nuestro auxilio y nuestro escudo. | Que tu misericordia, Señor, venga sobre nosotros, | como lo esperamos de ti. R.

SEGUNDA LECTURA

Acerquémonos con seguridad al trono de la gracia

LECTURA DE LA CARTA A LOS HEBREOS 4, 14-16

Hermanos. Mantengamos la confesión de la fe, ya que tenemos un sumo sacerdote grande que ha atravesado el cielo, Jesús, Hijo de Dios. No tenemos un sumo sacerdote incapaz de compadecerse en nuestras debilidades, sino que ha sido probado en todo exactamente como nosotros, menos en el pecado. Por eso, acerquémonos con seguridad al trono de la gracia, para alcanzar misericordia y encontrar gracia que nos auxilie oportunamente.

Palabra de Dios.

ALELUYA Mt 10, 45

El Hijo del Hombre ha venido para servir y dar su vida en rescate por todos.

EVANGELIO

El Hijo del Hombre ha venido a dar su vida en rescate por todos

✠ LECTURA DEL S. EVANGELIO SEGUN
SAN MARCOS

10, 35-45

El texto entre [ ] puede omitirse.

En aquel tiempo [se acercaron a Jesús los hijos de Zebedeo, Santiago y Juan, y le dijeron: «Maestro, queremos que hagas lo que te vamos a pedir.» Les preguntó: «¿Qué queréis que haga por vosotros?» Contestaron: «Concédenos sentarnos en tu gloria uno a tu derecha y otro a tu izquierda.» Jesús replicó: «No sabéis lo que pedís, ¿sois capaces de beber el cáliz que yo he de beber, o de bautizaros con el bautismo con que yo me voy a bautizar?» Contestaron: «Lo somos.» Jesús les dijo: «El cáliz que yo voy a beber lo beberéis, y os bautizaréis con el bautismo con que yo me voy a bautizar, pero el sentarse a mi derecha o a mi izquierda no me toca a mí concederlo; está ya reservado.» Los otros diez al oír aquello, se indignaron contra Santiago y Juan.] Jesús, reuniéndolos, les dijo: [*en la forma abreviada:* reuniendo a los doce...]: «Sabéis que los que son reconocidos como jefes de los pueblos los tiranizan, y que los grandes los oprimen. Vosotros nada de eso: el que quiera ser grande, sea vuestro servidor; y el que quiera ser primero, sea esclavo de todos. Porque el Hijo del Hombre no ha venido para que le sirvan, sino para servir y dar su vida en rescate por todos.»

Palabra del Señor.

Se dice «Credo».

CICLO C (Años 1989, 1992, 1995, 1998, 2001, 2004)

La enseñanza de Jesús sobre la oración insiste en que debe practicarse con fe y constancia, sin desanimarse por el momentá-

neo silencio de Dios. El Señor se pregunta si a su vuelta al final
de los tiempos encontrará esa misma fe (3). Un gran ejemplo de
orante fue Moisés, y el episodio de su vida que se lee este domingo recuerda el poder de la plegaria hecha con perseverancia (1).

La Palabra de Dios contenida en la Sagrada Escritura es el
principal instrumento para que los sucesores de los apóstoles
ejerzan su ministerio. La divina inspiración que suscitó en Israel
y en la Iglesia los escritos sagrados, garantiza su verdad en lo
que se refiere a la salvación (2).

PRIMERA LECTURA

Mientras Moisés tenía en alto la mano, vencía Israel

LECTURA DEL LIBRO DEL EXODO   17, 8-13

En aquellos días, Amalec vino y atacó a los israelitas en Rafi-
dín. Moisés dijo a Josué: «Escoge unos cuantos hombres, haz
una salida y ataca a Amalec. Mañana yo estaré en pie en la cima
del monte con el bastón maravilloso en la mano.» Hizo Josué lo
que le decía Moisés y atacó a Amalec: Moisés, Aarón y Jur subieron a la cima del monte. Mientras Moisés tenía en alto la
mano, vencía Israel; mientras la tenía bajada, vencía Amalec. Y
como le pesaban las manos, sus compañeros cogieron una piedra
y se la pusieron debajo para que se sentase; Aarón y Jur le sos-
tenían los brazos, uno a cada lado. Así sostuvo en alto las manos
hasta la puesta del sol. Josué derrotó a Amalec y a su tropa, a
filo de espada.

Palabra de Dios.

SALMO RESPONSORIAL 120

R. **El auxilio me viene del Señor, | que hizo el cielo y la
tierra.**

Levanto mis ojos a los montes: | ¿de dónde me vendrá el
auxilio?, | el auxilio me viene del Señor, | que hizo el cielo y la
tierra. R.

No permitirá que resbale tu pie, | tu guardián no duer-
me; | no duerme ni reposa | el guardián de Israel. R.

El Señor te guarda a su sombra, | está a tu derecha; | de día el sol no te hará daño, | ni la luna de noche. ℞.

El Señor te guarda de todo mal, | él guarda tu alma; | el Señor guarda tus entradas y salidas, | ahora y por siempre. ℞.

SEGUNDA LECTURA

El hombre de Dios estará perfectamente equipado para toda obra buena

LECTURA DE LA SEGUNDA CARTA DEL APOSTOL SAN PABLO A TIMOTEO

3, 14—4, 2

Querido hermano: Permanece en lo que has aprendido y se te ha confiado; sabiendo de quién lo aprendiste, y que desde niño conoces la Sagrada Escritura: Ella puede darte la sabiduría que por la fe en Cristo Jesús conduce a la salvación. Toda Escritura inspirada por Dios es también útil para enseñar, para reprender, para corregir, para educar en la virtud: así el hombre de Dios estará perfectamente equipado para toda obra buena. Ante Dios y ante Cristo Jesús, que ha de juzgar a vivos y muertos, te conjuro por su venida en majestad: proclama la Palabra, insiste a tiempo y a destiempo, reprende, reprocha, exhorta, con toda comprensión y pedagogía.

Palabra de Dios.

ALELUYA

Heb 4, 12

La Palabra de Dios es viva y eficaz, juzga los deseos e intenciones del corazón.

EVANGELIO

Dios hará justicia a sus elegidos, que claman a él

✠ LECTURA DEL S. EVANGELIO SEGUN SAN LUCAS

18, 1-8

En aquel tiempo, Jesús, para explicar a los discípulos cómo tenían que orar siempre sin desanimarse, les propuso esta parábola: «Había un juez en una ciudad, que ni temía a Dios ni le importaban los hombres. En la misma ciudad había una viuda que solía ir a decirle: "Hazme justicia frente a mi adversario"; por algún tiempo se negó, pero después se dijo: "Aunque ni temo a Dios ni me importan los hombres, como esa viuda me está fastidiando, le haré justicia, no vaya a acabar pegándome en la cara."» Y el Señor respondió: «Fijaos en lo que dice el juez injusto; pues Dios, ¿no hará justicia a sus elegidos que le gritan día y noche?, ¿o les dará largas? Os digo que les hará justicia sin tardar. Pero cuando venga el Hijo del Hombre, ¿encontrará esta fe en la tierra?»

Palabra del Señor.

Se dice «Credo».

TRIGESIMO DOMINGO
DEL TIEMPO ORDINARIO

ANTIFONA DE ENTRADA
Sal 104, 3-4

Que se alegren los que buscan al Señor. Recurrid al Señor y a su poder, buscad continuamente su rostro.

ORACION COLECTA

Dios todopoderoso y eterno, aumenta nuestra fe, esperanza y caridad; y para conseguir tus promesas, concédenos amar tus preceptos. Por nuestro Señor.

ORACION SOBRE LAS OFRENDAS

Vuelve tu mirada, Señor, sobre las ofrendas que te presentamos, para que nuestra celebración sea para tu gloria y tu alabanza. Por Jesucristo.

ANTIFONA DE COMUNION   Sal 19, 6

Que podamos celebrar tu victoria y en el nombre de
nuestro Dios alzar estandartes.

o bien: Ef 5, 2

Cristo nos amó y se entregó por nosotros como oblación
y víctima de suave olor.

ORACION DESPUES DE LA COMUNION

Lleva a su término en nosotros, Señor, lo que significan estos sacramentos, para que un día poseamos verdaderamente
cuanto celebramos ahora en estos ritos sagrados. Por Jesucristo
nuestro Señor.

CICLO A (Años 1990, 1993, 1996, 1999, 2002, 2005)

Después de varias preguntas comprometedoras, Jesús fue
consultado por los fariseos de Jerusalén acerca del mandamiento
principal de la Ley; el Señor respondió citando la frase que los
judíos decían cada mañana en la oración: «Escucha, Israel...,
amarás al Señor tu Dios con todo tu corazón.» A este precepto
equiparó el del amor al prójimo, conforme al Antiguo Testamento y a sus intérpretes (1); pero lo original de Jesús era la universalidad de su concepto de prójimo, que comprendía incluso a los
enemigos.

La Iglesia de Tesalónica se convirtió en misionera de toda su
región gracias al ejemplo de la nueva vida de sus miembros; su
testimonio hizo innecesarias las palabras (2).

PRIMERA LECTURA

*Si explotáis a viudas y huérfanos se encenderá mi ira contra
vosotros*

LECTURA DEL LIBRO DEL EXODO   22, 20-26

Así dice el Señor: «No oprimirás ni vejarás al forastero porque forasteros fuisteis vosotros en Egipto. No explotarás a viu-

das ni a huérfanos, porque si los explotas y ellos gritan a mí yo los escucharé. Se encenderá mi ira y os haré morir a espada, dejando a vuestras mujeres viudas y a vuestros hijos huérfanos. Si prestas dinero a uno de mi pueblo, a un pobre que habita contigo, no serás con él un usurero cargándole intereses. Si tomas en prenda el manto de tu prójimo, se lo devolverás antes de ponerse el sol, porque no tiene otro vestido para cubrir su cuerpo, ¿y dónde, si no, se va a acostar? Si grita a mí yo lo escucharé, porque yo soy compasivo.»

Palabra de Dios.

SALMO RESPONSORIAL 17

R. **Yo te amo, Señor, tú eres mi fortaleza.**

Yo te amo, Señor, tú eres mi fortaleza, | Señor, mi roca, mi alcázar, mi libertador. R.

Dios mío, peña mía, refugio mío, escudo mío, | mi fuerza salvadora, mi baluarte. | Invoco al Señor de mi alabanza | y quedo libre de mis enemigos. R.

Viva el Señor, bendita sea mi Roca, | sea ensalzado mi Dios y Salvador. | Tú diste gran victoria a tu rey, | tuviste misericordia de tu Ungido. R.

SEGUNDA LECTURA

Abandonasteis los ídolos para servir a Dios y esperar la vuelta de su Hijo

LECTURA DE LA PRIMERA CARTA DEL APOSTOL SAN PABLO A LOS TESALONICENSES   1, 5c-10

Hermanos: Sabéis cuál fue nuestra actuación entre vosotros para vuestro bien. Y vosotros seguisteis nuestro ejemplo y el del Señor, acogiendo la Palabra entre tanta lucha con alegría del Espíritu Santo. Así llegasteis a ser un modelo para todos los creyentes de Macedonia y de Acaya. Desde vuestra comunidad, la Palabra del Señor ha resonado no sólo en Macedonia y en Acaya,

sino en todas partes; vuestra fe en Dios había corrido de boca en
boca, de modo que nosotros no teníamos necesidad de explicar
nada, ya que ellos mismos cuentan los detalles de la visita que os
hicimos: cómo, abandonando los ídolos, os volvisteis a Dios,
para servir al Dios vivo y verdadero, y vivir aguardando la vuelta de su Hijo Jesús desde el cielo, a quien ha resucitado de entre
los muertos y que nos libra del castigo futuro.

Palabra de Dios.

ALELUYA   Jn 14, 23

El que me ama, guardará mi Palabra —dice el Señor—,
y mi Padre le amará y vendremos a él.

EVANGELIO

Amarás al Señor tu Dios y a tu prójimo como a ti mismo

✞ LECTURA DEL S. EVANGELIO SEGUN
SAN MATEO   22, 34-40

En aquel tiempo, los fariseos, al oír que había hecho callar a
los saduceos, se acercaron a Jesús y uno de ellos le preguntó
para ponerlo a prueba: «Maestro, ¿cuál es el mandamiento principal de la Ley?» El le dijo: «"Amarás al Señor tu Dios con todo
tu corazón, con toda tu alma, con todo tu ser." Este mandamiento es el principal y primero. El segundo es semejante a él:
"Amarás a tu prójimo como a ti mismo." Estos dos mandamientos sostienen la Ley entera y los profetas.»

Palabra del Señor.
Se dice «Credo».

CICLO B (Años 1991, 1994, 1997, 2000, 2003, 2006)

Cuando Jesús emprendió la última etapa hacia Jerusalén llevó
consigo al ciego que había recobrado la vista (3) como ejemplo

de todos los librados de las consecuencias del pecado, reproduciéndose de este modo la jubilosa procesión de la vuelta desde el destierro hacia la ciudad santa (1).

Cristo es semejante a los sumos sacerdotes de la antigua alianza en la humanidad y en su función intercesora, pero se diferencia en estar limpio de pecado (2).

PRIMERA LECTURA

Ciegos y cojos, los guiaré entre consuelos

LECTURA DEL LIBRO DE JEREMIAS   31, 7-9

Así dice el Señor: «Gritad de alegría por Jacob, regocijaos por el mejor de los pueblos; proclamad, alabad y decid: el Señor ha salvado a su pueblo, al resto de Israel. Mirad que yo os traeré del país del Norte, os congregaré de los confines de la tierra. Entre ellos hay ciegos y cojos, preñadas y paridas: una gran multitud retorna. Se marcharon llorando, los guiaré entre consuelos; los llevaré a torrentes de agua, por un camino llano en que no tropezarán. Seré un padre para Israel. Efraín será mi primogénito.»

Palabra de Dios.

SALMO RESPONSORIAL 125

℟. **El Señor ha estado grande con nosotros, | y estamos alegres.**

Cuando el Señor cambió la suerte de Sión, | nos parecía soñar: | La boca se nos llenaba de risas, | la lengua de cantares. ℟.

Hasta los gentiles decían: | «El Señor ha estado grande con ellos.» | El Señor ha estado grande con nosotros, | y estamos alegres. ℟.

Que el Señor cambie nuestra suerte, | como los torrentes del Negueb. | Los que sembraban con lágrimas, | cosechan entre cantares. ℟.

Al ir, iba llorando, | llevando la semilla. | Al volver, vuelve cantando, | trayendo sus gavillas. ℟.

SEGUNDA LECTURA

Tú eres Sacerdote eterno, según el rito de Melquisedec

LECTURA DE LA CARTA A LOS HEBREOS   5, 1-6

Hermanos: Todo Sumo Sacerdote, escogido entre los hombres, está puesto para representar a los hombres en el culto a Dios: para ofrecer dones y sacrificios por los pecados. El puede comprender a los ignorantes y extraviados, ya que él mismo está envuelto en debilidades. A causa de ellas tiene que ofrecer sacrificios por sus propios pecados, como por los del pueblo. Nadie puede arrogarse este honor: Dios es quien llama, como en el caso de Aarón. Tampoco Cristo se confirió a sí mismo la dignidad de Sumo Sacerdote, sino Aquel que le dijo: «Tú eres mi hijo, yo te he engendrado hoy», o como dice otro pasaje de la Escritura: «Tú eres Sacerdote eterno, según el rito de Melquisedec.»

Palabra de Dios.

ALELUYA   2 Tim 1, 10b

Nuestro Salvador Jesucristo destruyó la muerte, y sacó a la luz la vida, por medio del Evangelio.

EVANGELIO

Maestro, que pueda ver

✠ LECTURA DEL S. EVANGELIO SEGUN SAN MARCOS   10, 46-52

En aquel tiempo, al salir Jesús de Jericó con sus discípulos y bastante gente, el ciego Bartimeo (el hijo de Timeo) estaba sentado al borde del camino pidiendo limosna. Al oír que era Jesús Nazareno, empezó a gritar: «Hijo de David, ten compasión de mí.» Muchos le regañaban para que se callara. Pero él gritaba más: «Hijo de David, ten compasión de mí.» Jesús se detuvo y dijo: «Llamadlo.» Llamaron al ciego diciéndole: «Animo, levántate, que te llama.» Soltó el manto, dio un salto y se acercó a Jesús. Jesús le dijo: «¿Qué quieres que haga por ti?» El ciego le contestó: «Maestro, que pueda ver.» Jesús le dijo: «Anda, tu fe te ha curado.» Y al momento recobró la vista y lo seguía por el camino.

Palabra del Señor.

Se dice «Credo».

CICLO C (Años 1989, 1992, 1995, 1998, 2001, 2004)

La oración, además de confiada y constante, ha de ser humilde, comenzando por el reconocimiento de los propios pecados; esto enseña la parábola del fariseo y el publicano y éste es el sentido del acto penitencial al comienzo de la Misa (3). La perseverancia de los humildes en la oración mueve a Dios. Si el afligido invoca al Señor, él lo escucha (1).

Las últimas palabras de la II carta a Timoteo son como el testimonio espiritual de san Pablo; el apóstol ha mantenido la fe y ésta le mantiene sereno y confiado ante la prueba definitiva de la muerte (2).

PRIMERA LECTURA

Los gritos del pobre atraviesan las nubes

LECTURA DEL LIBRO DEL ECLESIASTICO 35, 15b-17.20-22a

El Señor es un Dios justo que no puede ser parcial; no es parcial contra el pobre, escucha las súplicas del oprimido; no desoye los gritos del huérfano o de la viuda cuando repite su queja; sus penas consiguen su favor y su grito alcanza las nubes; los gritos del pobre atraviesan las nubes y hasta alcanzar a Dios no descansa; no ceja hasta que Dios le atiende y el juez justo le hace justicia.

Palabra de Dios.

SALMO RESPONSORIAL 33

R **Si el afligido invoca al Señor, él lo escucha.**

Bendigo al Señor en todo momento, | su alabanza está siempre en mi boca, | mi alma se gloría en el Señor: | que los humildes lo escuchen y se alegren. R.

El Señor se enfrenta con los malhechores, | para borrar de la tierra su memoria. | Cuando uno grita, el Señor lo escucha | y lo libra de sus angustias. R.

El Señor está cerca de los atribulados, | salva a los abatidos. | El Señor redime a sus siervos, | no será castigado quien se acoge a él. R.

SEGUNDA LECTURA

Ahora me aguarda la corona merecida

LECTURA DE LA SEGUNDA CARTA DEL APOSTOL SAN PABLO A TIMOTEO

4, 6-8.16-18

Querido hermano: Yo estoy a punto de ser sacrificado y el momento de mi partida es inminente. He combatido bien mi combate, he corrido hasta la meta, he mantenido la fe. Ahora me aguarda la corona merecida, con la que el Señor, juez justo, me premiará en aquel día; y no sólo a mí, sino a todos los que tienen amor a su venida. La primera vez que me defendí ante el tribunal, todos me abandonaron y nadie me asistió. —Que Dios los perdone—. Pero el Señor me ayudó y me dio fuerzas para anunciar íntegro el mensaje, de modo que lo oyeran todos los gentiles. El me libró de la boca del león. El Señor seguirá librándome de todo mal, me salvará y me llevará a su reino del cielo. A él la gloria por los siglos de los siglos. Amén.

Palabra de Dios.

ALELUYA   2 Cor 5, 19

Dios estaba en Cristo reconciliando al mundo consigo, y a nosotros nos ha confiado la palabra de la reconciliación.

EVANGELIO

El publicano bajó a su casa justificado; el fariseo, no

✠ LECTURA DEL S. EVANGELIO SEGUN
SAN LUCAS   18, 9-14

En aquel tiempo, dijo Jesús esta parábola a algunos que, te-
niéndose por justos, se sentían seguros de sí mismos y despreciaban a los demás: «Dos hombres subieron al templo a orar. Uno
era un fariseo; el otro, un publicano. El fariseo, erguido, oraba
así en su interior: "¡Oh Dios!, te doy gracias, porque no soy
como los demás: ladrones, injustos, adúlteros; ni como ese publicano. Ayuno dos veces por semana y pago el diezmo de todo lo
que tengo." El publicano, en cambio, se quedó atrás y no se
atrevía ni a levantar los ojos al cielo; sólo se golpeaba el pecho,
diciendo: "¡Oh Dios!, ten compasión de este pecador." Os digo
que éste bajó a su casa justificado y aquél no. Porque todo el que
se enaltece será humillado y el que se humilla será enaltecido.»

Palabra del Señor.

Se dice «Credo».

TRIGESIMO PRIMER DOMINGO
DEL TIEMPO ORDINARIO

ANTIFONA DE ENTRADA   Sal 37, 22.23

No me abandones, Señor, Dios mío, no te quedes lejos;
ven aprisa a socorrerme, Señor mío, mi salvación.

ORACION COLECTA

Señor de poder y de misericordia, que has querido hacer digno y agradable por favor tuyo el servicio de tus fieles; concédenos caminar sin tropiezos hacia los bienes que nos prometes. Por
nuestro Señor.

ORACION SOBRE LAS OFRENDAS

Que este sacrificio, Señor, sea para ti una ofrenda pura, y para nosotros una generosa efusión de tu misericordia. Por Jesucristo.

ANTIFONA DE COMUNION   Sal 15, 11

Me enseñarás el sendero de la vida, me saciarás de gozo en tu presencia, Señor.

o bien: Jn 6, 58

El Padre que vive me ha enviado y yo vivo por el Padre; del mismo modo, el que me come vivirá por mí —dice el Señor.

ORACION DESPUES DE LA COMUNION

Te rogamos, Señor, que aumente en nosotros la acción de tu poder, para que, alimentados con estos sacramentos, tu gracia nos disponga a recibir las promesas con que los enriqueces. Por Jesucristo.

CICLO A (Años 1900, 1993, 1996, 1999, 2002, 2005)

Jesús denunció ante el pueblo de Jerusalén la hipocresía de los fariseos y los maestros de la Ley que pervertían la enseñanza espiritual de Moisés y los profetas, y la convertían en una carga insoportable para la gente sencilla; eso no habrá de ocurrir en la comunidad cristiana (3). También los profetas habían condenado la doblez y la mala conducta de los sacerdotes y los falsos maestros que convertían la Ley en motivo de pecado para muchos (1), multiplicando interesadamente sus preceptos.

Pablo recuerda las circunstancias de la fundación de la Iglesia de Tesalónica, el amor y el desinterés con que trabajó el apóstol así como la pronta y generosa fe de aquellos cristianos (2).

PRIMERA LECTURA

Os apartasteis del camino y habéis hecho tropezar a muchos en la ley

LECTURA DEL LIBRO DE MALAQUIAS 1, 14b—2, 2b.8-10

«Yo soy el Gran Rey, y mi nombre es temido entre las naciones, dice el Señor de los Ejércitos: Y ahora os toca a vosotros, sacerdotes: Si no obedecéis y no os proponéis dar la gloria a mi nombre, —dice el Señor de los Ejércitos— os enviaré mi maldición. Os apartasteis del camino, habéis hecho tropezar a muchos en la ley, habéis invalidado mi alianza con Leví —dice el Señor de los Ejércitos—. Pues yo os haré despreciables y viles ante el pueblo, por no haber guardado mis caminos y porque os fijáis en las personas al aplicar la ley. ¿No tenemos todos un solo Padre? ¿No nos creó el mismo Señor? ¿Por qué, pues, el hombre despoja a su prójimo profanando la alianza de nuestros padres?»

Palabra de Dios.

SALMO RESPONSORIAL 130

R. **Guarda mi alma en la paz, junto a ti, Señor.**

Señor, mi corazón no es ambicioso, | ni mis ojos altaneros; | no pretendo grandezas | que superan mi capacidad. R.

Sino que acallo y modero mis deseos, | como un niño en brazos de su madre. R.

Espere Israel en el Señor, | ahora y por siempre. R.

SEGUNDA LECTURA

Deseábamos no sólo entregaros el Evangelio de Dios, sino hasta nuestras propias personas

LECTURA DE LA PRIMERA CARTA DEL APOSTOL SAN PABLO A LOS TESALONICENSES 2, 7b-9.13

Hermanos: Os tratamos con delicadeza, como una madre cuida de sus hijos. Os teníamos tanto cariño que deseábamos entregaros no sólo el Evangelio de Dios, sino hasta nuestras propias personas, porque os habíais ganado nuestro amor. Recordad, si no, hermanos, nuestros esfuerzos y fatigas; trabajando día y noche para no serle gravoso a nadie proclamamos entre vosotros el Evangelio de Dios. También, por nuestra parte, no cesamos de dar gracias a Dios porque al recibir la Palabra de Dios, que os predicamos, la acogisteis no como palabra de hombre, sino, cual es en verdad, como Palabra de Dios, que permanece operante en vosotros los creyentes.

Palabra de Dios.

ALELUYA   Mt 23, 9a.10b

Uno solo es vuestro Padre, el del cielo; y uno solo es vuestro consejero, Cristo.

EVANGELIO

No hacen lo que dicen

✠ LECTURA DEL S. EVANGELIO SEGUN
SAN MATEO   23, 1-12

En aquel tiempo, Jesús habló a la gente y a sus discípulos diciendo: «En la cátedra de Moisés se han sentado los letrados y los fariseos: haced y cumplid lo que os digan; pero no hagáis lo que ellos hacen, porque ellos no hacen lo que dicen. Ellos lían fardos pesados e insoportables y se los cargan a la gente en los hombros; pero no están dispuestos a mover un dedo para empujar. Todo lo que hacen es para que los vea la gente: alargan las filacterias y ensanchan las franjas del manto; les gustan los primeros puestos en los banquetes y los asientos de honor en las sinagogas; que les hagan reverencias por la calle y que la gente los llame "maestros". Vosotros, en cambio, no os dejéis llamar maestro, porque uno solo es vuestro maestro y todos vosotros sois hermanos. Y no llaméis padre vuestro a nadie en la tierra, porque uno solo es vuestro padre, el del cielo. No os dejéis llamar jefes, porque uno solo es vuestro Señor, Cristo. El primero entre vosotros será vuestro servidor. El que se enaltece será humillado, y el que se humilla será enaltecido.

Palabra del Señor.

Se dice «Credo».

CICLO B (Años 1991, 1994, 1997, 2000, 2003, 2006)

Después de entrar triunfalmente en Jerusalén, Jesús se vio envuelto en controversias con los sacerdotes y los fariseos que deseaban encontrar motivos para acusarlo; pero no pudieron contradecir la pureza de su doctrina sobre el amor a Dios y al prójimo (3), apoyada en las palabras de Moisés, en «Escucha, Israel» que los judíos recitan en la oración de la mañana (1). Jesús no anuló las antiguas Escrituras, sino que les dio un sentido más espiritual y universal.

Jesucristo supera a los sacerdotes del Antiguo Testamento en que permanece para siempre, es único y supremo como su sacrificio que no se repite más, sino que se va actualizando en la eucaristía (2).

PRIMERA LECTURA

Escucha, Israel: Amarás al Señor tu Dios con todo el corazón

LECTURA DEL LIBRO DEL DEUTERONOMIO
6, 2-6

En aquellos días, habló Moisés al pueblo, diciendo: «Teme al Señor tu Dios, guardando todos los mandatos y preceptos que te manda, tú, tus hijos y tus nietos, mientras viváis; así prolongarás tu vida. Escúchalo Israel, y ponlo por obra para que te vaya bien y crezcas en número. Ya te dijo el Señor Dios de tus padres: "Es una tierra que mana leche y miel." Escucha, Israel: El Señor nuestro Dios es solamente uno. Amarás al Señor tu Dios con todo el corazón, con todo el alma, con todas las fuerzas. Las palabras que yo te digo quedarán en tu memoria.»

Palabra de Dios.

SALMO RESPONSORIAL 17

℟ **Yo te amo, Señor, tú eres mi fortaleza.**

Yo te amo, Señor, tú eres mi fortaleza, | Señor, mi roca, mi alcázar, mi libertador. ℟

Dios mío, peña mía, refugio mío, escudo mío, | mi fuerza salvadora, mi baluarte. | Invoco al Señor de mi alabanza | y quedo libre de mis enemigos. ℟

Viva el Señor, bendita sea mi Roca, | sea ensalzado mi Dios y Salvador. | Tú diste gran victoria a tu rey, | tuviste misericordia de tu Ungido. ℟

SEGUNDA LECTURA

Como permanece para siempre, tiene el sacerdocio que no pasa

LECTURA DE LA CARTA A LOS HEBREOS   7, 23-28

Hermanos: Ha habido multitud de sacerdotes del antiguo Testamento, porque la muerte les impedía permanecer; como éste, en cambio, permanece para siempre, tiene el sacerdocio que no pasa. De ahí que pueda salvar definitivamente a los que por medio de él se acercan a Dios, porque vive siempre para interceder en su favor. Y tal convenía que fuese nuestro sumo sacerdote: santo, inocente, sin mancha, separado de los pecadores y encumbrado sobre el cielo. El no necesita ofrecer sacrificios cada día —como los sumos sacerdotes, que ofrecían primero por los propios pecados, después por los del pueblo—, porque lo hizo de una vez para siempre, ofreciéndose a sí mismo. En efecto, la Ley hace a los hombres sumos sacerdotes llenos de debilidades. En cambio, las palabras del juramento, posterior a la Ley, consagran al Hijo, perfecto para siempre.

Palabra de Dios.

ALELUYA   Jn 14, 23

El que me ama guardará mi palabra —dice el Señor—, y mi Padre lo amará, y vendremos a él.

EVANGELIO

No estás lejos del reino de Dios

✠ LECTURA DEL S. EVANGELIO SEGUN
SAN MARCOS   12, 28b-34

En aquel tiempo, un escriba se acercó a Jesús y le preguntó: «¿Qué mandamiento es el primero de todos?» Respondió Jesús: «El primero es: "Escucha, Israel, el Señor nuestro Dios es el único Señor: amarás al Señor tu Dios con todo tu corazón, con toda tu alma, con toda tu mente, con todo tu ser." El segundo es éste: "Amarás a tu prójimo como a ti mismo." No hay mandamiento mayor que éstos.» El replicó: «Muy bien, Maestro, tienes razón cuando dices que el Señor es uno solo y no hay otro fuera de él; y que amarlo con todo el corazón, con todo el entendimiento y con todo el ser y amar al prójimo como a uno mismo vale más que todos los holocaustos y sacrificios.» Jesús, viendo que había respondido sensatamente le dijo; «No estás lejos del Reino de Dios.» Y nadie se atrevió a hacerle más preguntas.

Palabra del Señor.

Se dice «Credo».

CICLO C (Años 1989, 1992, 1995, 1998, 2001, 2004)

La última etapa antes de llegar Jesús a Jerusalén fue Jericó; allí mostró el Señor una vez más su misericordia acercándose al pecador más marginado, el jefe de los recaudadores, y provocando su conversión. El ejemplo de Zaqueo, palabras y obras, será en adelante modelo de la verdadera penitencia cristiana (3). La conducta de Jesús imita la misericordia del Padre revelada en el Antiguo Testamento (1).

La II carta a los Tesalonicenses, escrita poco después de la primera, se leerá en los tres últimos domingos del Tiempo Ordinario; su enseñanza sobre el fin de los tiempos es apropiada a este momento terminal del año litúrgico (2).

PRIMERA LECTURA

Te compadeces, Señor, de todos, porque amas a todos los seres

LECTURA DEL LIBRO DE LA SABIDURIA   11, 23—12, 2

Señor, el mundo entero es ante ti como un grano de arena en la balanza, como gota de rocío mañanero que cae sobre la tierra. Te compadeces de todos, porque todo lo puedes, cierras los ojos a los pecados de los hombres, para que se arrepientan. Amas a todos los seres y no odias nada de lo que has hecho; si hubieras odiado alguna cosa, no la habrías creado. Y ¿cómo subsistirían las cosas si tú no lo hubieses querido? ¿Cómo conservarían su existencia, si tú no las hubieses llamado? Pero a todos perdonas, porque son tuyos, Señor, amigo de la vida. En todas las cosas está tu soplo incorruptible. Por eso, corriges poco a poco a los que caen, les recuerdas su pecado y lo reprendes, para que se conviertan y crean en ti, Señor.

Palabra de Dios.

SALMO RESPONSORIAL 144

℟. **Bendeciré tu nombre por siempre, Dios mío, mi Rey.**

Te ensalzaré, Dios mío, mi Rey, | bendeciré tu nombre por siempre jamás. | Día tras día te bendeciré, | y alabaré tu nombre por siempre jamás. ℟.

El Señor es clemente y misericordioso, | lento a la cólera y rico en piedad, | el Señor es bueno con todos, | es cariñoso con todas sus criaturas. ℟.

Que todas tus criaturas te den gracias, Señor, | que te bendigan tus fieles; | que proclamen la gloria de tu reinado, | que hablen de tus hazañas. ℟.

Te ensalzaré, Dios mío, mi Rey. | El Señor es fiel a sus palabras, | bondadoso en todas sus acciones. | El Señor sostiene a los que van a caer, | endereza a los que ya se doblan. ℞.

SEGUNDA LECTURA

Que Jesús nuestro Señor sea vuestra gloria y vosotros seáis la gloria de él

LECTURA DE LA SEGUNDA CARTA DEL APOSTOL SAN PABLO A LOS TESALONICENSES

1, 11—2, 2

Hermanos: Pedimos continuamente a Dios que os considere dignos de vuestra vocación, para que con su fuerza os permita cumplir buenos deseos y la tarea de la fe; y para que así Jesús nuestro Señor sea vuestra gloria y vosotros seáis la gloria de él, según la gracia de Dios y del Señor Jesucristo. Os rogamos, a propósito de la última venida de nuestro Señor Jesucristo y de nuestro encuentro con él, que no perdáis fácilmente la cabeza ni os alarméis por supuestas revelaciones, dichos o cartas nuestras: como si afirmásemos que el día del Señor está encima.

Palabra de Dios.

ALELUYA

Jn 3, 16

Tanto amó Dios al mundo que entregó a su Hijo único. Todo el que cree en El tiene vida eterna.

EVANGELIO

El Hijo del Hombre ha venido a buscar y a salvar lo que estaba perdido

✝ LECTURA DEL S. EVANGELIO SEGUN SAN LUCAS

19, 1-10

En aquel tiempo, entró Jesús en Jericó y atravesaba la ciudad. Un hombre llamado Zaqueo, jefe de publicanos y rico, trataba de distinguir quién era Jesús, pero la gente se lo impedía, porque era bajo de estatura. Corrió más adelante y se subió a una higuera para verlo, porque tenía que pasar por allí. Jesús, al llegar a aquel sitio, levantó los ojos y dijo: «Zaqueo, baja en seguida, porque hoy tengo que alojarme en tu casa.» El bajó en seguida, y lo recibió muy contento. Al ver esto, todos murmuraban diciendo: «Ha entrado a hospedarse en casa de un pecador.» Pero Zaqueo se puso en pie, y dijo al Señor: «Mira, la mitad de mis bienes, Señor, se la doy a los pobres; y si de alguno me he aprovechado, le restituiré cuatro veces más.» Jesús le contestó: «Hoy ha sido la salvación de esta casa; también éste es hijo de Abrahán. Porque el Hijo del Hombre ha venido a buscar y a salvar lo que estaba perdido.»

Palabra del Señor.

Se dice «Credo».

TRIGESIMO SEGUNDO DOMINGO
DEL TIEMPO ORDINARIO

ANTIFONA DE ENTRADA   Sal 87, 3

Llegue hasta ti mi súplica; inclina tu oído a mi clamor, Señor.

ORACION COLECTA

Dios omnipotente y misericordioso, aparta de nosotros todos los males, para que, bien dispuesto nuestro cuerpo y nuestro espíritu, podamos libremente cumplir tu voluntad. Por nuestro Señor.

ORACION SOBRE LAS OFRENDAS

Mira con bondad, Señor, los sacrificios que te presentamos, para que, al celebrar la pasión de tu Hijo en este sacramento, gocemos de sus frutos en nuestro corazón. Por Jesucristo.

ANTIFONA DE COMUNION   Sal 22, 1-2

El Señor es mi pastor, nada me falta; en verdes praderas
él me hace recostar, me conduce hacia fuentes tranquilas.

o bien: Lc 24, 35

Los discípulos conocieron al Señor Jesús al partir el pan.

ORACION DESPUES DE LA COMUNION

Alimentados con esta eucaristía, te hacemos presente, Señor,
nuestra acción de gracias, implorando de tu misericordia que el
Espíritu Santo mantenga siempre vivo el amor a la verdad en
quienes han recibido la fuerza de lo alto. Por Jesucristo.

CICLO A (Años 1990, 1993, 1996, 1999, 2002, 2005)

En vísperas de la Pasión, Jesús instruye a los discípulos sobre la manera de estar preparados para el final de los tiempos; la
primera condición es la vigilancia, porque no se sabe el día ni la
hora de la segunda venida de Cristo. La parábola de las doncellas
prudentes anima a los cristianos a mantener encendida la luz de
la fe y la gracia que recibieron en el bautismo (3). Jesús es la encarnación de la Sabiduría divina que había de ser buscada sin
descanso, velando por ella (1).

En estos domingos finales del año litúrgico, san Pablo explica la esperanzadora doctrina cristiana sobre los últimos tiempos
y sobre la suerte de los difuntos (2).

PRIMERA LECTURA

Encuentran la sabiduría los que la buscan

LECTURA DEL LIBRO DE LA SABIDURIA   6, 12-16

La sabiduría es radiante e inmarcesible, la ven fácilmente los
que la aman, y la encuentran los que la buscan; ella misma se da

a conocer a los que la desean. Quien madruga por ella no se cansa: la encuentra sentada a la puerta. Meditar en ella es prudencia consumada, el que vela por ella pronto se ve libre de preocupaciones; ella misma va de un lado a otro buscando a los que la merecen; los aborda benigna por los caminos y les sale al paso en cada pensamiento.

Palabra de Dios.

SALMO RESPONSORIAL 62

R̄. **Mi alma está sedienta de ti, Señor, Dios mío.**

Oh Dios, tú eres mi Dios, por ti madrugo, | mi alma está sedienta de ti; | mi carne tiene ansia de ti, | como tierra reseca, agotada, sin agua. R̄.

¡Cómo te contemplaba en el santuario | viendo tu fuerza y tu gloria. | Tu gracia vale más que la vida, | te alabarán mis labios. R̄.

Toda mi vida te bendeciré | y alzaré las manos invocándote. | Me saciaré como de enjundia y de manteca | y mis labios te alabarán jubilosos. R̄.

En el lecho me acuerdo de ti | y velando medito en ti, | porque fuiste mi auxilio, | y a la sombra de tus alas canto con júbilo. R̄.

SEGUNDA LECTURA

A los que han muerto en Jesús, Dios los llevará con él

LECTURA DE LA PRIMERA CARTA DEL APOSTOL SAN PABLO A LOS TESALONICENSES 4, 13-17

Hermanos: No queremos que ignoréis la suerte de los difuntos para que no os aflijáis como los hombres sin esperanza. Pues si creemos que Jesús ha muerto y resucitado, del mismo modo a los que han muerto en Jesús, Dios los llevará con él. Esto es lo que os decimos como Palabra del Señor: Nosotros, los que vivimos y quedamos para su venida, no aventajaremos a los difuntos. Pues él mismo, el Señor, a la voz del arcángel y al son de la trompeta divina, descenderá del cielo, y los muertos en Cristo resucitarán en primer lugar. Después nosotros, los que aún vivimos, seremos arrebatados con ellos en la nube, al encuentro del Señor, en el aire. Y así estaremos siempre con el Señor. Consolaos, pues, mutuamente con estas palabras.

Palabra de Dios.

ALELUYA   Mt 24, 42.44

Estad en vela y preparados, porque en el momento que menos penséis, viene el Hijo del Hombre.

EVANGELIO

Que llega el esposo, salid a recibirlo

✠ LECTURA DEL S. EVANGELIO SEGUN
SAN MATEO   25, 1-13

En aquel tiempo dijo Jesús a sus discípulos esta parábola: «El Reino de los Cielos se parecerá a diez doncellas que tomaron sus lámparas y salieron a esperar el esposo. Cinco de ellas eran necias y cinco sensatas. Las necias, al tomar las lámparas, se dejaron el aceite; en cambio, las sensatas se llevaron alcuzas de aceite con las lámparas. El esposo tardaba, les entró sueño a todas y se durmieron. A medianoche se oyó una voz: "¡Que llega el esposo, salid a recibirlo!" Entonces se despertaron todas aquellas doncellas y se pusieron a preparar sus lámparas. Y las necias dijeron a las sensatas: "Dadnos un poco de vuestro aceite, que se nos apagan las lámparas." Pero las sensatas contestaron: "Por si acaso no hay bastante para vosotras y nosotras, mejor es que vayáis a la tienda y os lo compréis." Mientras iban a comprarlo llegó el esposo y las que estaban preparadas entraron con él al banquete de bodas, y se cerró la puerta. Más tarde llegaron también las otras doncellas, diciendo: "Señor, señor, ábrenos." Pero él respondió: "Os lo aseguro: no os conozco." Por lo tanto, velad, porque no sabéis el día ni la hora.»

Palabra del Señor.

Se dice «Credo».

CICLO B (Años 1991, 1994, 1997, 2000, 2003, 2006)

Aprovechando la ocasión, Jesús opuso la autenticidad de la modesta ofrenda que una pobre viuda depositó en el cepillo del templo de Jerusalén con la ostentación de las ofrendas de los ricos (3). El gesto de esa mujer enlazaba con el de aquella otra viuda extranjera que, a pesar de su pobreza, acogió al profeta Elías. La primera mereció el elogio de Jesús; en favor de la segunda, el profeta obró un milagro (1).

El sacrificio de Cristo no tuvo víctimas sustitutorias; revestido con su propia sangre entró en el santuario del cielo para cumplir la expiación de los pecados, como hacía el sumo sacerdote en el Templo el «día de la expiación» conforme a la liturgia mosaica (2).

PRIMERA LECTURA

La viuda hizo con su harina un panecillo y se lo llevó a Elías

LECTURA DEL LIBRO PRIMERO DE LOS REYES
17, 10-16

En aquellos días, Elías se puso en camino hacia Sarepta, y al llegar a la puerta de la ciudad encontró allí una viuda que recogía leña. La llamó y le dijo: «Por favor, tráeme un poco de agua en un jarro para que beba.» Mientras iba a buscarla le gritó: «Por favor, tráeme también en la mano un trozo de pan.» Respondió ella: «Te juro por el Señor tu Dios, que no tengo ni pan; me queda sólo un puñado de harina en el cántaro y un poco de aceite en la alcuza. Ya ves que estaba recogiendo un poco de leña. Voy a hacer un pan para mí y para mi hijo; nos lo comeremos y luego moriremos.» Respondió Elías: «No temas. Anda, prepáralo como has dicho, pero primero hazme a mí un panecillo y tráemelo; para ti y para tu hijo lo harás después. Porque así dice el Señor Dios de Israel: "La orza de harina no se vaciará, la alcuza de aceite no se agotará, hasta el día en que el Señor envíe la lluvia sobre la tierra."» Ella se fue, hizo lo que le había dicho Elías y comieron él, ella y su hijo. Ni la orza de harina se vació, ni la alcuza de aceite se agotó: como lo había dicho el Señor por medio de Elías.

Palabra de Dios.

SALMO RESPONSORIAL 145

R. **Alaba, alma mía, al Señor** (o Aleluya.)

Que mantiene su fidelidad perpetuamente, | que hace justicia a los oprimidos, | que da pan a los hambrientos. | El Señor liberta a los cautivos. R.

El Señor abre los ojos al ciego, | el Señor endereza a los que se doblan, | el Señor ama a los justos, | el Señor guarda a los peregrinos. R.

Sustenta al huérfano y a la viuda | y trastorna el camino de los malvados. | El Señor reina eternamente, | tu Dios, Sión, de edad en edad. R.

SEGUNDA LECTURA

Cristo se ha ofrecido una sola vez para quitar los pecados de todos

LECTURA DE LA CARTA A LOS HEBREOS 9, 24-28

Cristo ha entrado no en un santuario construido por hombres —imagen del auténtico—, sino en el mismo cielo, para ponerse ante Dios, intercediendo por nosotros. Tampoco se ofrece a sí mismo muchas veces —como el sumo sacerdote que entraba en el santuario todos los años y ofrecía sangre ajena. Si hubiese sido así, Cristo tendría que haber padecido muchas veces, desde el principio del mundo—. De hecho, él se ha manifestado una sola vez, en el momento culminante de la historia, para destruir el pecado con el sacrificio de sí mismo. El destino de los hombres es morir una sola vez. Y después de la muerte, el juicio. De la misma manera Cristo se ha ofrecido una sola vez para quitar los pecados de todos. La segunda vez aparecerá, sin ninguna relación al pecado, para salvar definitivamente a los que lo esperan.

Palabra de Dios.

ALELUYA   Mt 5,3

Dichosos los pobres en el espíritu, porque de ellos es el Reino de los cielos.

EVANGELIO

Esa pobre viuda ha echado en el cepillo más que nadie

✠ LECTURA DEL S. EVANGELIO SEGUN SAN MARCOS   12, 38-44

El texto entre [ ] puede omitirse.

En aquel tiempo [enseñaba Jesús a la multitud y les decía: «¡Cuidado con los letrados! Les encanta pasearse con amplio ropaje y que les hagan reverencias en la plaza, buscan los asientos de honor en las sinagogas y los primeros puestos en los banquetes; y devoran los bienes de las viudas con pretexto de largos rezos. Esos recibirán una sentencia más rigurosa.] Estando Jesús sentado enfrente del cepillo del templo, observaba a la gente que iba echando dinero: muchos ricos echaban en cantidad; se acercó una viuda pobre y echó dos reales. Llamando a sus discípulos les dijo: «Os aseguro que esa pobre viuda ha echado en el cepillo más que nadie. Porque los demás han echado de lo que les sobra, pero ésta, que pasa necesidad, ha echado todo lo que tenía para vivir.»

Palabra del Señor.

Se dice «Credo».

CICLO C (Años 1992, 1995, 1998, 2001, 2004)

En la última etapa del Antiguo Testamento era bastante común la creencia en la resurrección de los muertos, si bien limitada a los justos y a los mártires, como los siete hermanos de que nos habla la primera lectura (1); por eso Jesús se remontó al más antiguo testimonio de Moisés para fundamentar su doctrina acerca de la vida eterna y la resurrección de los muertos contra los saduceos de Jerusalén, cuya mentalidad tradicionalista negaba ambas cosas, e incluso ironizaban sobre ellas como en la pregunta que hicieron a Cristo (3).

Los cristianos no hemos de sentir temor ante el fin de los tiempos, lo importante es tener la fuerza de Dios «para toda clase de palabras y obras buenas» (2).

PRIMERA LECTURA

El rey del universo nos resucitará para una vida eterna

LECTURA DEL LIBRO SEGUNDO DE LOS MACABEOS

7, 1-2.9-14

En aquellos días, arrestaron a siete hermanos con su madre. El rey los hizo azotar con látigos y nervios para forzarles a comer carne de cerdo, prohibida por la ley. Uno de ellos habló en nombre de los demás: «¿Qué pretendes sacar de nosotros? Estamos dispuestos a morir antes que quebrantar la ley de nuestros padres.» El segundo, estando para morir, dijo: «Tú, malvado, nos arrancas la vida presente; pero, cuando hayamos muerto por

su ley, el rey del universo nos resucitará para una vida eterna.»
Después se divertían con el tercero. Invitado a sacar la lengua, lo
hizo en seguida y alargó las manos con gran valor. Y habló dignamente: «De Dios las recibí y por sus leyes las desprecio; espero
recobrarlas del mismo Dios.» El rey y su corte se asombraron
del valor con que el joven despreciaba los tormentos. Cuando
murió éste, torturaron de modo semejante al cuarto. Y cuando
estaba a la muerte, dijo: «Vale la pena morir a manos de los
hombres cuando se espera que Dios mismo nos resucitará. Tú en
cambio no resucitarás para la vida.»

Palabra de Dios.

SALMO RESPONSORIAL 16

℟ **Al despertar me saciaré de tu semblante, Señor.**

Señor, escucha mi apelación, | atiende a mis clamores, | pres-
ta oído a mi súplica, | que en mis labios no hay engaño. ℟.

Mis pies estuvieron firmes en tus caminos, | y no vacilaron
mis pasos. | Yo te invoco porque tú me respondes, Dios mío, |
inclina el oído y escucha mis palabras. ℟.

Guárdame como a las niñas de tus ojos. | A la sombra de tus
alas escóndeme. | Yo con mi apelación vengo a tu presencia, | y
al despertar me saciaré de tu semblante. ℟.

SEGUNDA LECTURA

*El Señor os dé fuerza para toda clase de palabras y de obras
buenas*

LECTURA DE LA SEGUNDA CARTA DEL
APOSTOL SAN PABLO
A LOS TESALONICENSES   2, 16—3, 5

Hermanos: Que Jesucristo nuestro Señor y Dios nuestro Padre —que nos ha amado tanto y nos ha regalado un consuelo
permanente y una gran esperanza— os consuele internamente y

os dé fuerza para toda clase de palabras y de obras buenas. Por lo demás, hermanos, rezad por nosotros, para que la palabra de Dios siga el avance glorioso que comenzó entre vosotros, y para que nos libre de los hombres perversos y malvados; porque la fe no es de todos. El Señor que es fiel os dará fuerzas y os librará del malo. Por el Señor, estamos seguros de que ya cumplís y seguiréis cumpliendo todo lo que os hemos enseñado. Que el Señor dirija vuestro corazón, para que améis a Dios y tengáis la constancia en Cristo.

Palabra de Dios.

ALELUYA   Ap 1, 5-6

Jesucristo es el primogénito de entre los muertos; a El la gloria y el poder por los siglos de los siglos.

EVANGELIO

Dios no es un Dios de muertos, sino de vivos

LECTURA DEL S. EVANGELIO SEGUN SAN LUCAS   20, 27-38

El texto entre [ ] puede omitirse.

En aquel tiempo, se acercaron a Jesús unos saduceos, que niegan la resurrección [y le preguntaron: «Maestro, Moisés nos dejó escrito: Si a uno se le muere su hermano, dejando mujer pero sin hijos, cásese con la viuda y dé descendencia a su hermano. Pues bien, había siete hermanos: el primero se casó y murió sin hijos. Y el segundo y el tercero se casaron con ella, y así los siete murieron sin dejar hijos. Por último murió la mujer. Cuando llegue la resurrección, ¿de cuál de ellos será la mujer? Porque los siete han estado casados con ella].» Jesús les contestó: «En esta vida hombres y mujeres se casan; pero los que sean juzgados dignos de la vida futura y de la resurrección de entre los muertos, no se casarán. Pues ya no pueden morir, son como ángeles;

son hijos de Dios, porque participan en la resurrección. Y que resucitan los muertos, el mismo Moisés lo indica en el episodio de la zarza, cuando llama al Señor: "Dios de Abrahán, Dios de Isaac, Dios de Jacob." No es Dios de muertos, sino de vivos: porque para él todos están vivos.»

Palabra del Señor.

Se dice «Credo».

TRIGESIMO TERCER DOMINGO
DEL TIEMPO ORDINARIO

ANTIFONA DE ENTRADA   Jr 29, 11.12.14

Dice el Señor: tengo designios de paz y no de aflicción, me invocaréis y yo os escucharé, os congregaré sacándoos de los países y comarcas por donde os dispersé.

ORACION COLECTA

Señor, Dios nuestro, concédenos vivir siempre alegres en tu servicio, porque en servirte a ti, creador de todo bien, consiste el gozo pleno y verdadero. Por nuestro Señor Jesucristo.

ORACION SOBRE LAS OFRENDAS

Concédenos, Señor, que esta ofrenda sea agradable a tus ojos, nos alcance la gracia de sentir con amor y nos consiga los gozos eternos. Por Jesucristo.

ANTIFONA DE COMUNION   Sal 72, 28

Para mí lo bueno es estar junto a Dios, hacer del Señor mi refugio.

o bien: Mc 11, 23.24

Os lo aseguro, cualquier cosa que pidáis en la oración creed que ya lo habéis recibido y lo obtendréis.

ORACION DESPUES DE LA COMUNION

Ahora que hemos recibido el don sagrado de tu sacramento, humildemente te pedimos, Señor, que el memorial que tu Hijo nos mandó celebrar aumente la caridad en todos nosotros. Por Jesucristo.

CICLO A (Años 1990, 1993, 1996, 1999, 2002, 2005)

La sana preocupación por el trabajo y las cuestiones del mundo es una virtud que las antiguas Escrituras alababan frecuentemente, como en el poema de la mujer hacendosa (1) que se lee este domingo. Esta laboriosidad concreta y comprometida deben tener también los cristianos para su vida laboral y familiar, lo mismo que en el servicio de Dios en la Iglesia. La parábola de los talentos es una seria advertencia del Señor dirigida a los que esperan su segunda venida (3).

San Pablo advierte de la incertidumbre acerca del tiempo de la definitiva vuelta de Cristo a la tierra; por eso los cristianos han de ejercitarse en la vigilancia llevando una vida laboriosa, austera y siempre en la presencia de la luz de Dios (2).

PRIMERA LECTURA

Trabaja con la destreza de tus manos

LECTURA DEL LIBRO DE LOS PROVERBIOS

31, 10-13.19-20.30-31

Una mujer hacendosa, ¿quién la hallará?, vale mucho más que las perlas. Su marido se fía de ella y no le faltan riquezas. Le trae ganancias y no pérdidas todos los días de su vida. Adquiere lana y lino, los trabaja con la destreza de sus manos. Extiende la mano hacia el huso y sostiene con la palma la rueca. Abre sus manos al necesitado y extiende el brazo al pobre. Engañosa es la gracia, fugaz la hermosura; la que teme al Señor merece alabanza. Cantadle por el éxito de su trabajo, que sus obras la alaben en la plaza.

Palabra de Dios.

SALMO RESPONSORIAL 127

℟ **Dichoso el que teme al Señor.**

¡Dichoso el que teme al Señor | y sigue sus caminos! | Comerás del fruto de tu trabajo, | serás dichoso, te irá bien. ℟.

Tu mujer como parra fecunda, | en medio de tu casa; | tus hijos como renuevos de olivo | alrededor de tu mesa. ℟.

Esta es la bendición del hombre | que teme al Señor. | Que el Señor te bendiga desde Sión, | que veas la prosperidad de Jerusalén, | todos los días de tu vida. ℟.

SEGUNDA LECTURA

El día del Señor llegará como un ladrón en la noche

LECTURA DE LA PRIMERA CARTA DEL APOSTOL SAN PABLO A LOS TESALONICENSES   5, 1-6

Hermanos: En lo referente al tiempo y a las circunstancias no necesitáis que os escriba. Sabéis perfectamente que el Día del Señor llegará como un ladrón en la noche. Cuando estén diciendo: «paz y seguridad», entonces, de improviso, les sobrevendrá la ruina, como los dolores de parto a la que está encinta, y no podrán escapar. Pero vosotros, hermanos, no vivís en tinieblas para que ese día os sorprenda como un ladrón, porque todos sois hijos de la luz e hijos del día; no lo sois de la noche ni de las tinieblas. Así, pues, no durmamos como los demás, sino estemos vigilantes y despejados.

Palabra de Dios.

ALELUYA   Jn 15, 4.5b

Permaneced en mí, como yo en vosotros —dice el Señor—, el que permanece en mí da mucho fruto.

EVANGELIO

Como has sido fiel en lo poco, pasa al banquete de tu Señor

✠ LECTURA DEL S. EVANGELIO SEGUN
SAN MATEO   25, 14-30

El texto entre [ ] puede omitirse.

En aquel tiempo dijo Jesús a sus discípulos esta parábola:
«Un hombre, al irse de viaje llamó a sus empleados y les dejó encargados de sus bienes: a uno le dejó cinco talentos de plata; a
otro, dos; a otro, uno; a cada cual según su capacidad. Luego se
marchó. [El que recibió cinco talentos fue en seguida a negociar
con ellos y ganó otros cinco. El que recibió dos hizo lo mismo
y ganó otros dos. En cambio el que recibió uno hizo un hoyo
en la tierra y escondió el dinero de su señor.] Al cabo de mucho
tiempo volvió el señor de aquellos empleados y se puso a ajustar
las cuentas con ellos. Se acercó el que había recibido cinco talentos y le presentó otros cinco, diciendo: "Señor, cinco talentos me
dejaste; mira, he ganado otros cinco." [Su señor le dijo: "Muy
bien. Eres un empleado fiel y cumplidor; como has sido fiel en
lo poco, te daré un cargo importante; pasa al banquete de tu señor." Se acercó luego el que había recibido dos talentos, y dijo:
"Señor, dos talentos me dejaste; mira, he ganado otros dos." Su
señor le dijo; "Muy bien. Eres un empleado fiel y cumplidor;
como has sido fiel en lo poco, te daré un cargo importante; pasa
al banquete de tu señor." Finalmente, se acercó el que había recibido un talento y dijo: "Señor, sabía que eres exigente, que siegas donde no siembras y recoges donde no esparces; tuve miedo
y fui a esconder tu talento bajo tierra. Aquí tienes lo tuyo." El
señor le respondió: "Eres un empleado negligente y holgazán.
¿Conque sabías que siego donde no siembro y recojo donde no
esparzo? Pues debías haber puesto mi dinero en el banco para
que al volver yo pudiera recoger lo mío con los intereses. Quitadle el talento y dádselo al que tiene diez. Porque al que tiene
se le dará y le sobrará; pero al que no tiene, se le quitará hasta

lo que tiene. Y a ese empleado inútil echadlo fuera, a las tinieblas; allí será el llanto y el rechinar de dientes."»]

Palabra del Señor.

Se dice «Credo».

CICLO B (Años 1991, 1994, 1997, 2000, 2003, 2006)

La profecía de Daniel es un texto clásico de la literatura apocalíptica del Antiguo Testamento, que unía la venida del Mesías con el fin de los tiempos y la resurrección de los muertos (1). Utilizando la misma forma de expresión Jesús anuncia su próxima muerte en la doble perspectiva de la destrucción de Jerusalén que iba a ocurrir antes que pasara su generación contemporánea y el fin del mundo, cuyo día y hora sólo sabe el Padre (3).

El sacrificio personal de Cristo tiene validez universal, se ofreció con la unicidad e irreversibilidad de la muerte; ahora se va aplicando en el tiempo en favor de los que se arrepienten y «van siendo consagrados» (2).

PRIMERA LECTURA

En aquel tiempo se salvará tu pueblo

LECTURA DEL LIBRO DE DANIEL   12, 1-3

Por aquel tiempo se levantará Miguel, el arcángel que se ocupa de tu pueblo: Serán tiempos difíciles, como no los ha habido desde que hubo naciones hasta ahora. Entonces se salvará tu pueblo: todos los inscritos en el libro. Muchos de los que duermen en el polvo despertarán: unos para vida perpetua, otros para ignominia perpetua. Los sabios brillarán como el fulgor del firmamento, y los que enseñaron a muchos la justicia, como las estrellas, por toda la eternidad.

Palabra de Dios.

SALMO RESPONSORIAL 15

℟. **Protégeme, Dios mío, que me refugio en ti.**

El Señor es el lote de mi heredad y mi copa | mi suerte está en tu mano. | Tengo siempre presente al Señor, | con él a mi derecha no vacilaré. ℟.

Por eso se me alegra el corazón, | se gozan mis entrañas, | y mi carne descansa serena: | Porque no me entregarás a la muerte | ni dejarás a tu fiel conocer la corrupción. ℟.

Me enseñarás el sendero de la vida, | me saciarás de gozo en tu presencia | de alegría perpetua a tu derecha. ℟.

SEGUNDA LECTURA

Con una sola ofrenda ha perfeccionado para siempre a los que van siendo consagrados

LECTURA DE LA CARTA A LOS HEBREOS   10, 11-14.18

Hermanos: Cualquier otro sacerdote ejerce su ministerio diariamente ofreciendo muchas veces los mismos sacrificios, porque de ningún modo pueden borrar los pecados. Pero Cristo ofreció por los pecados, para siempre jamás, un solo sacrificio; está sentado a la derecha de Dios y espera el tiempo que falta hasta que sus enemigos sean puestos como estrado de sus pies. Con una sola ofrenda ha perfeccionado para siempre a los que van siendo consagrados. Donde hay perdón, no hay ofrenda por los pecados.

Palabra de Dios.

ALELUYA   Lc 21, 36

Estad siempre despiertos, pidiendo fuerza para manteneros en pie ante el Hijo del Hombre.

EVANGELIO

Reunirá a sus elegidos de los cuatro vientos

✠ LECTURA DEL S. EVANGELIO SEGUN
SAN MARCOS
                                                              13, 24-32

En aquel tiempo, dijo Jesús a sus discípulos: «En aquellos
días, después de una gran tribulación, el sol se hará tinieblas, la
luna no dará su resplandor, las estrellas caerán del cielo, los ejércitos celestes temblarán. Entonces verán venir al Hijo del Hombre sobre las nubes con gran poder y majestad; enviará a los ángeles para reunir a sus elegidos de los cuatro vientos del extremo
de la tierra al extremo del cielo. Aprended lo que os enseña la higuera: Cuando las ramas se ponen tiernas y brotan las yemas, sabéis que la primavera está cerca; pues cuando veáis vosotros suceder esto, sabed que él está cerca, a la puerta. Os aseguro que
no pasará esta generación antes que todo se cumpla. El cielo y
la tierra pasarán, mis palabras no pasarán. El día y la hora nadie
lo sabe, ni los ángeles del cielo ni el Hijo, sólo el Padre.»

Palabra del Señor.

Se dice «Credo».

CICLO C (Años 1989, 1992, 1995, 1998, 2001, 2004)

A pesar de la brillantez de la entrada de Jesús en Jerusalén,
el presagio de la Pasión ya cercana oscureció los últimos días del
Maestro en la ciudad santa, que aprovechó para instruir a los discípulos acerca de la próxima destrucción del Templo y la ciudad,
así como sobre las persecuciones que acompañarían al nacimiento
de la Iglesia, teniendo como perspectiva última el final de los
tiempos (3), el día del Señor grande y terrible que anunciaron los
últimos profetas anteriores a Cristo (1).

Pablo critica a los que viven sin trabajar, a costa de los demás, con la excusa de esperar la venida del Señor; el ejemplo del

apóstol, viviendo de su trabajo manual, debe enseñarles a mantenerse vigilantes pero con serenidad y laboriosidad (2).

PRIMERA LECTURA
Os iluminará un sol de justicia

LECTURA DEL LIBRO DE MALAQUIAS   3, 19-20a

Mirad que llega el día, ardiente como un horno: malvados y perversos serán la paja, y los quemaré el día que ha de venir —dice el Señor de las Huestes—, y no quedará de ellos ni rama ni raíz. Pero a los que honran mi nombre los iluminará un sol de justicia que lleva la salud en las alas.

Palabra de Dios.

SALMO RESPONSORIAL 97

℟ **El Señor llega para | regir la tierra con justicia.**

Tocad la cítara para el Señor, | suenen los instrumentos: | con clarines y al son de trompetas, | aclamad al Rey y Señor. ℟.

Retumbe el mar y cuanto contiéne, | la tierra y cuantos la habitan, | aplaudan los ríos, aclamen los montes, | al Señor que llega para regir la tierra. ℟.

Regirá el orbe con justicia, | y los pueblos con rectitud. ℟.

SEGUNDA LECTURA
El que no trabaja, que no coma

LECTURA DE LA SEGUNDA CARTA DEL
APOSTOL SAN PABLO A LOS TESALONICENSES   3, 7-12

Hermanos: Ya sabéis cómo tenéis que imitar mi ejemplo: No viví entre vosotros sin trabajar, nadie me dio de balde el pan que comí, sino que trabajé y me cansé día y noche, a fin de no ser carga para nadie. No es que no tuviera derecho para hacerlo,

pero quise daros un ejemplo que imitar. Cuando viví con vosotros os lo dije: el que no trabaja, que no coma. Porque me he
enterado de que algunos viven sin trabajar, muy ocupados en no
hacer nada. Pues a esos les digo y les recomiendo, por el Señor
Jesucristo, que trabajen con tranquilidad para ganarse el pan.

Palabra de Dios.

ALELUYA   Lc 21, 28

Levantaos, alzad la cabeza: se acerca vuestra liberación.

EVANGELIO

Con vuestra perseverancia, salvaréis vuestras almas

✠ LECTURA DEL S. EVANGELIO
SEGUN SAN LUCAS
                                                                   21, 5-19

En aquel tiempo, algunos ponderaban la belleza del templo,
por la calidad de la piedra y los exvotos. Jesús les dijo: «Esto
que contempláis, llegará un día en que no quedará piedra sobre
piedra: todo será destruido.» Ellos preguntaron: «Maestro,
¿cuándo va a ser eso?, ¿y cuál será la señal de que todo esto está
para suceder?» El contestó: «Cuidado con que nadie os engañe.
Porque muchos vendrán usando mi nombre diciendo: "Yo soy"
o bien "el momento está cerca"; no vayáis tras ellos. Cuando oigáis noticias de guerras y de revoluciones, no tengáis pánico.
Porque eso tiene que ocurrir primero, pero el final no vendrá en
seguida.» Luego les dijo: «Se alzará pueblo contra pueblo y reino
contra reino, habrá grandes terremotos, y en diversos países epidemias y hambre. Habrá también espantos y grandes signos en el
cielo. Pero antes de todo eso os echarán mano, os perseguirán,
entregándoos a los tribunales y a la cárcel, y os harán comparecer ante reyes y gobernadores por causa de mi nombre: así tendréis ocasión de dar testimonio. Haced propósito de no preparar
vuestra defensa, porque yo os daré palabras y sabiduría a las que

no podrá hacer frente ni contradecir ningún adversario vuestro. Y hasta vuestros padres y parientes y hermanos y amigos os traicionarán, y matarán a algunos de vosotros, y todos os odiarán por causa de mi nombre. Pero ni un cabello de vuestra cabeza perecerá: con vuestra perseverancia salvaréis vuestras almas.»

Palabra del Señor.

Se dice «Credo».

TRIGESIMO CUARTO DOMINGO DEL TIEMPO ORDINARIO
JESUCRISTO, REY DEL UNIVERSO
Solemnidad

El papa Pío XI instituyó esta solemnidad con la carta encíclica *Quas primas* el 11 de diciembre de 1925, y después del Vaticano II ha sido colocada el último domingo del Tiempo Ordinario, como final del año litúrgico, para expresar el sentido de consumación del plan de Dios que conlleva este título de Cristo por encima de malas interpretaciones político-religiosas.

ANTIFONA DE ENTRADA   Ap 5, 12; 1.6

Digno es el Cordero degollado de recibir el poder, la riqueza, la sabiduría, la fuerza, el honor, la gloria y la alabanza. A él la gloria y el poder, por los siglos de los siglos.

ORACION COLECTA

Dios todopoderoso y eterno, que quisiste fundar todas las cosas en tu Hijo muy amado, Rey del Universo; haz que toda la creación, liberada de la esclavitud del pecado, sirva a tu majestad y te glorifique sin fin. Por nuestro Señor.

ORACION SOBRE LAS OFRENDAS

Te ofrecemos, Señor, la víctima de la redención de los hombres, pidiéndote humildemente que tu Hijo conceda a todos los pueblos los bienes de la unidad y de la paz. Por Jesucristo.

PREFACIO

Jesucristo, sacerdote eterno y Rey del Universo

En verdad es justo y necesario, es nuestro deber y salvación darte gracias siempre y en todo lugar, Señor, Padre Santo, Dios todopoderoso y eterno.

Porque consagraste Sacerdote eterno y Rey del Universo a tu Unico Hijo, nuestro Señor Jesucristo, ungiéndolo con óleo de alegría, para que ofreciéndose a sí mismo, como víctima perfecta y pacificadora en el altar de la Cruz, consumara el misterio de la redención humana; y sometiendo a su poder la creación entera, entregara a tu majestad infinita un reino eterno y universal: el reino de la verdad y la vida, el reino de la santidad y la gracia, el reino de la justicia, el amor y la paz.

Por eso, con los ángeles y arcángeles y con todos los coros celestiales, cantamos sin cesar el himno de tu gloria:

Santo, Santo, Santo...

ANTIFONA DE COMUNION   Sal 28, 10-11

El Señor se sienta como rey eterno, el Señor bendice a su pueblo con la paz.

ORACION DESPUES DE LA COMUNION

Después de recibir el alimento de la inmortalidad, te pedimos, Señor, que quienes nos gloriamos de obedecer los manda-

tos de Cristo, Rey del Universo, podamos vivir eternamente con
él en el Reino del cielo. Por Jesucristo.

CICLO A (Años 1990, 1993, 1996, 1999, 2002, 2005)

El discurso de Jesús sobre las realidades últimas según san
Mateo termina este día con la manifestación de Cristo como supremo Pastor, Rey y Juez de todos los hombres, conforme a la
profecía de Ezequiel (1), para realizar la definitiva separación de
buenos y malos según el criterio del trato que dieron al prójimo
en esta vida (3).

Cristo comenzó su reinado junto al Padre como verdadero
Dios y hombre a partir de su Resurrección. Al final de los tiempos, incorporará a su reino a todos los justos con sus cuerpos y
almas glorificados (2).

PRIMERA LECTURA

A vosotras, ovejas mías, os voy a juzgar

LECTURA DEL LIBRO DE EZEQUIEL   34, 11-12.15-17

Así dice el Señor Dios: «Yo mismo en persona buscaré a mis
ovejas siguiendo su rastro. Como un pastor sigue el rastro de su
rebaño cuando se encuentra las ovejas dispersas, así seguiré yo el
rastro de mis ovejas; y las libraré, sacándolas de todos los lugares
donde se desperdigaron un día de oscuridad y nubarrones. Yo
mismo apacentaré mis ovejas, yo mismo las haré sestear
—oráculo del Señor Dios—. Buscaré las ovejas perdidas, haré
volver las descarriadas, vendaré a las heridas, curaré a las enfermas; a las gordas y fuertes las guardaré y las apacentaré como es
debido. Y a vosotras, ovejas mías, así dice el Señor: Voy a juzgar entre oveja y oveja, entre carnero y macho cabrío.»

Palabra de Dios.

SALMO RESPONSORIAL 22

℞ **El Señor es mi pastor, nada me falta.**

El Señor es mi pastor, nada me falta, | en verdes praderas me hace recostar. ℞.

Me conduce hacia fuentes tranquilas, | y repara mis fuerzas; | me guía por el sendero justo, | por el honor de su nombre. ℞.

Preparas una mesa ante mí | enfrente de mis enemigos; | me unges la cabeza con perfume, | y mi copa rebosa. ℞.

Tu bondad y tu misericordia me acompañan | todos los días de mi vida, | y habitaré en la casa del Señor, | por años sin término. ℞.

SEGUNDA LECTURA

Devolverá el Reino de Dios Padre para que Dios sea todo en todos

LECTURA DE LA PRIMERA CARTA DEL APOSTOL SAN PABLO A LOS CORINTIOS   15, 20-26.28

Hermanos: Cristo resucitó de entre los muertos: el primero de todos. Si por un hombre vino la muerte, por un hombre ha venido la resurrección. Si por Adán murieron todos, por Cristo todos volverán a la vida. Pero cada uno en su puesto: primero Cristo como primicia; después, cuando él vuelva, todos los cristianos; después los últimos, cuando Cristo devuelve a Dios Padre su reino, una vez aniquilado todo principado, poder y fuerza. Cristo tiene que reinar hasta que Dios «haga de sus enemigos estrado de sus pies.» El último enemigo aniquilado será la muerte. Al final, cuando todo esté sometido, entonces también el Hijo se someterá a Dios, al que se lo había sometido todo. Y así Dios lo será todo para todos.

Palabra de Dios.

ALELUYA   Mc 11, 10

Bendito el que viene en nombre del Señor: Bendito el reino que llega, el de nuestro padre David.

EVANGELIO

Se sentará en el trono de su gloria y separará a unos de otros

✠ LECTURA DEL S. EVANGELIO SEGUN
SAN MATEO   25, 31-46

En aquel tiempo dijo Jesús a sus discípulos: «Cuando venga en su gloria el Hijo del Hombre y todos los ángeles con él, se sentará en el trono de su gloria y serán reunidas ante él todas las naciones. El separará a unos de otros, como un pastor separa las ovejas de las cabras. Y pondrá las ovejas a su derecha y las cabras a su izquierda. Entonces dirá el rey a los de su derecha: "Venid vosotros, benditos de mi Padre; heredad el reino preparado para vosotros desde la creación del mundo. Porque tuve hambre y me disteis de comer, tuve sed y me disteis de beber, fui forastero y me hospedasteis, estuve desnudo y me vestisteis, enfermo y me visitasteis, en la cárcel y vinisteis a verme." Entonces los justos le contestarán: "Señor, ¿cuándo te vimos con hambre y te alimentamos, o con sed y te dimos de beber?; ¿cuándo te vimos forastero y te hospedamos, o desnudo y te vestimos?; ¿cuándo te vimos enfermo o en la cárcel y fuimos a verte?" Y el rey les dirá: "Os aseguro que cada vez que lo hicisteis con uno de éstos mis humildes hermanos, conmigo lo hicisteis." Y entonces dirá a los de su izquierda: "Apartaos de mí, malditos; id al fuego eterno preparado para el diablo y sus ángeles. Porque tuve hambre y no me disteis de comer, tuve sed y no me disteis de beber, fui forastero y no me hospedasteis, estuve desnudo y no me vestisteis, enfermo y en la cárcel y no me visitasteis." Entonces también éstos contestarán: "Señor, ¿cuándo te vimos con hambre o con sed, o forastero o desnudo, o enfermo o en la cárcel y no te asistimos?" Y él replicará: "Os aseguro que cada vez que no lo hicisteis con uno de éstos, los humildes, tampoco lo hicisteis conmigo." Y éstos irán al castigo eterno y los justos a la vida eterna.»

Palabra del Señor.

Se dice «Credo».

CICLO B (Años 1991, 1994, 1997, 2000, 2003, 2006)

La visión del Hijo del Hombre como imagen del Rey Mesías propia del libro de Daniel (1) fue aplicada por Jesús a sí mismo repetidas veces, pero ante Pilato el Señor declaró el carácter espiritual de su reinado de justicia, amor y paz; súbditos suyos son los que son partidarios de la verdad y escuchan su voz (3).

El libro del Apocalipsis proclama la gloria celestial del Hijo del Hombre, «el Primogénito de entre los muertos, el Príncipe de los reyes de la tierra» (2).

PRIMERA LECTURA
Su poder es eterno

LECTURA DEL LIBRO DE DANIEL   7, 13-14

Mientras miraba, en la visión nocturna vi venir en las nubes del cielo como un hijo de hombre, que se acercó al anciano y se presentó ante él. Le dieron poder real y dominio; todos los pueblos, naciones y lenguas lo respetarán. Su dominio es eterno y no pasa, su reino no tendrá fin.

Palabra de Dios.

SALMO RESPONSORIAL 92

℟ **El Señor reina, vestido de majestad.**

El Señor reina, vestido de majestad, | el Señor, vestido y ceñido de poder. ℟.

Así está firme el orbe y no vacila. | Tu trono está firme desde siempre, | y tú eres eterno. ℟.

Tus mandatos son fieles y seguros, | la santidad es el adorno de tu casa, | Señor, por días sin término. ℟.

El Príncipe de los reyes de la tierra nos ha convertido en un reino y hecho sacerdotes de Dios

LECTURA DEL LIBRO DEL APOCALIPSIS

1, 5-8

A Jesucristo, el Testigo fiel, el Primogénito de entre los muertos, el Príncipe de los reyes de la tierra. A aquel que nos amó, nos ha liberado de nuestros pecados por su sangre, nos ha convertido en un reino y hecho sacerdotes de Dios, su Padre, a El, la gloria y el poder por los siglos de los siglos. Amén. ¡Mirad! El viene en las nubes. Todo ojo lo verá; también los que le atravesaron. Todos los pueblos de la tierra se lamentarán por su causa. Sí. Amén. Dice Dios: «Yo soy el Alfa y la Omega, el que es, el que era y el que viene, el Todopoderoso.»

Palabra de Dios.

ALELUYA

Mc 11, 10

Bendito el que viene en nombre del Señor: Bendito el reino que llega, el de nuestro padre David.

EVANGELIO

Tú lo dices: Soy Rey

✠ LECTURA DEL S. EVANGELIO SEGUN SAN JUAN

18, 33b-37

En aquel tiempo, preguntó Pilato a Jesús: «¿Eres tú el rey de los judíos?» Jesús le contestó: «¿Dices eso por tu cuenta o te lo han dicho otros de mí?» Pilato replicó: «¿Acaso soy yo judío? Tu gente y los sumos sacerdotes te han entregado a mí: ¿Qué has hecho?» Jesús le contestó: «Mi reino no es de este mundo. Si mi reino fuera de este mundo, mi guardia habría luchado para que no cayera en manos de los judíos. Pero mi reino no es de aquí.» Pilato le dijo: «Conque, ¿tú eres rey?» Jesús le contestó: «Tú lo dices: Soy Rey. Yo para esto he nacido y para esto he venido al mundo; para ser testigo de la verdad. Todo el que es de la verdad, escucha mi voz.»

Palabra del Señor.

Se dice «Credo».

CICLO C (Años 1989, 1992, 1995, 1998, 2001, 2004)

El nombre de «Cristo» significaba originariamente la unción con que se consagraba a los reyes, como en el caso de David, «el ungido del Señor». Jesús fue ungido por el Espíritu en el bautismo, y en la consumación de su vida pública en la cruz fue asimismo proclamado como Rey por el título de su condena y por la invocación del crucificado junto a él: «Jesús, acuérdate de mí cuando llegues a tu reino» (3).

Los redimidos por Cristo han de ser trasladados a su reino eterno, del que es primer ciudadano y soberano a partir de la Resurrección. El himno de san Pablo acumula título sobre título para exaltar la indecible grandeza de nuestro Señor.

PRIMERA LECTURA

Ungieron a David como rey de Israel

LECTURA DEL LIBRO SEGUNDO DE SAMUEL

5, 1-3

En aquellos días, todas las tribus de Israel fueron a Hebrón a ver a David y le dijeron: «Hueso y carne tuya somos; ya hace tiempo, cuando todavía Saúl era nuestro rey, eras tú quien dirigías las entradas y salidas de Israel. Además el Señor te ha prometido: Tú serás el pastor de mi pueblo, Israel, tú serás el jefe de Israel.» Todos los ancianos de Israel fueron a Hebrón a ver al rey, y el rey David hizo con ellos un pacto en Hebrón, en presencia del Señor, y ellos ungieron a David como rey de Israel.

Palabra de Dios.

SALMO RESPONSORIAL 121

℟ **Qué alegría cuando me dijeron: | Vamos a la casa del Señor.»**

Qué alegría cuando me dijeron: | «Vamos a la casa del Señor.» | Ya están pisando nuestros pies | tus umbrales, Jerusalén. ℟.

Allá suben las tribus, | las tribus del Señor. | Según la costumbre de Israel, | a celebrar el nombre del Señor. | En ella están los tribunales de justicia, | en el palacio de David. ℟.

SEGUNDA LECTURA

Nos ha trasladado al reino de su Hijo querido

LECTURA DE LA CARTA DEL APOSTOL SAN PABLO A LOS COLOSENSES

1, 12-20

Hermanos: Damos gracias a Dios Padre, que nos ha hecho capaces de compartir la herencia del pueblo santo en la luz. El nos ha sacado del dominio de las tinieblas, y nos ha trasladado al reino de su Hijo querido, por cuya sangre hemos recibido la redención, el perdón de los pecados. El es imagen de Dios invisible, primogénito de toda criatura; porque por medio de él fueron creadas todas las cosas: celestes y terrestres, visibles e invisibles, tronos, dominaciones, principados, potestades; todo fue creado por él y para él. El es anterior a todo, y todo se mantiene en él. El es también la cabeza del cuerpo: de la Iglesia. El es el principio, el primogénito de entre los muertos, y así es el primero en todo. Porque en él quiso Dios que residiera toda la plenitud. Y por él quiso reconciliar consigo todos los seres: los del cielo y los de la tierra, haciendo la paz por la sangre de su cruz.

Palabra de Dios.

ALELUYA

Mc 11, 10

Bendito el que viene en nombre del Señor: Bendito el reino que viene de nuestro padre David.

EVANGELIO

Señor, acuérdate de mí, cuando llegues a tu reino

✠ LECTURA DEL S. EVANGELIO SEGUN
SAN LUCAS   **23, 35-43**

En aquel tiempo, las autoridades y el pueblo hacían muecas
a Jesús diciendo: «A otros ha salvado; que se salve a sí mismo,
si él es el Mesías de Dios, el Elegido.» Se burlaban de él también
los soldados, ofreciéndole vinagre y diciendo: «Si eres tú el rey
de los judíos, sálvate a ti mismo.» Había encima un letrero en escritura griega, latina y hebrea: «Este es el rey de los judíos.» Uno
de los malhechores crucificado lo insultaba diciendo: «¿No eres
tú el Mesías? Sálvate a ti mismo y a nosotros.» Pero el otro lo
increpaba: «¿Ni siquiera temes tú a Dios estando en el mismo suplicio? Y lo nuestro es justo, porque recibimos el pago de lo que
hicimos; en cambio, éste no ha faltado en nada.» Y decía: «Jesús,
acuérdate de mí cuando llegues a tu reino.» Jesús le respondió:
«Te lo aseguro: hoy estarás conmigo en el paraíso.»

Palabra del Señor.

Se dice «Credo».

ORDINARIO
DE LA MISA

PRESENTACION
DEL NUEVO ORDINARIO
DE LA MISA

La publicación de la segunda edición oficial del *Ordinario de la Misa* y del *Misal Romano* reformados según los Decretos del Concilio Vaticano II y promulgados por el papa Pablo VI, de venerada memoria, pide una palabra de explicación que ayude a entender su contenido.

I. TEXTO UNICO

Es, ante todo, un motivo de muy noble satisfacción poder disponer de un texto único para todos los países de habla española. Era una aspiración hondamente sentida por cuya realización ha trabajado nuestra Comisión Episcopal de Liturgia, sobre todo a partir del Congreso de Presidentes y Secretarios de Comisiones Nacionales de Liturgia de todo el mundo, celebrado en Roma en octubre de 1984 para conmemorar el XX aniversario de la Constitución *Sacrosanctum Concilium*.

La Santa Sede y personalmente el papa Juan Pablo II han alentado este trabajo desde el primer momento y han manifestado en distintas ocasiones su interés porque se llegara al resultado ahora obtenido.

La Conferencia Episcopal Española, durante la XLV Asamblea Plenaria de noviembre de 1986, aprobó el texto único del Ordinario de la Misa y las restantes adiciones y modificaciones en el Misal. La Congregación para el Culto Divino lo confirmó en julio de 1987. Por último, nuestra Conferencia Episcopal, en la XLVII Asamblea Plenaria de noviembre de 1987 decidió que la entrada en vigor de dichos textos en España tuviera lugar el 27 de noviembre de 1988, Domingo I de Adviento.

Se ha logrado así que los casi trescientos millones de hombres y mujeres que hablamos la lengua española, la más usada dentro de la Iglesia Católica, como señalaba el Cardenal Casaroli en su carta del 30 de enero de 1986 al Prefecto de la Congregación para el Culto Divino (cf. *Notitiae* 236/237, 1986, p. 171), celebremos la Eucaristía con la misma versión de la plegaria eucarística y nos dirijamos al Padre común con las mismas palabras en la oración dominical. Cuando en 1992, celebremos el V Centenario del Descubrimiento y comienzo de la Evangelización de América, podremos situarnos en unidad de fe y de palabra los que hablamos el mismo idioma, gozosos no sólo de haber podido conservar lo que la Santa Iglesia nos enseñó a creer, sino de poder expresarlo con idénticas locuciones como señal elocuente de que la unidad de texto entre naciones de la misma lengua respeta la naturaleza inmutable de la fe y hace comprender a los fieles, de un solo golpe y mejor que mil discursos, la importancia de lo que se celebra y se proclama.

II. ENRIQUECIMIENTO

También se enriquece el Misal con textos nuevos, no traducidos del latín, sino compuestos directamente en alguna lengua moderna como obsequio a la particular sensibilidad de nuestro tiempo. Estos textos se ajustan plenamente a la tradición eucológica romana en cuanto a las estructuras y a la forma, y a la vez incorporan con su expresión ciertas como vibraciones de la espiritualidad contemporánea.

Tal sucede, por ejemplo, con la que se conoce con el nombre de plegaria eucarística del Sínodo suizo, aprobada por la Santa Sede, que se centra en el tema del «camino» y recurre a la escena de la aparición del Señor a los discípulos de Emaús (cf. Lc 24, 13-35) para poner de relieve que, en la Eucaristía, Cristo mismo es nuestro compañero en la marcha que nos ilumina para que comprendamos su palabra y nos alimentemos con su Cuerpo sacramental.

Los nuevos simbolismos de las plegarias eucarísticas permiten poner de manifiesto la íntima relación de todos los sacramentos con la Eucaristía. Y las nuevas colectas para las misas del común de la Virgen se refieren a diversos aspectos de la doctrina del Vaticano II y de la Exhortación apostólica *Marialis Cultus* de Pablo VI sobre la santísima Virgen María.

Nuevos son también dieciséis prefacios, dos formularios para la bendición y aspersión del agua en los domingos, algunas fórmulas de bendición solemne, varias series de invocaciones presidenciales y otros textos de carácter alternativo.

III. UN MEJOR USO PASTORAL DEL MISAL

Esta nueva edición de los sagrados textos, con sus adiciones y modificaciones, constituye una ocasión privilegiada para que tanto los presidentes de las celebraciones como los responsables de la liturgia en las diversas comunidades reflexionemos una vez más sobre la importancia pastoral que tiene la Eucaristía, centro y culmen de toda la vida de la Iglesia (cf. *Sacrosanctum Concilium,* 10; *Lumen gentium,* 11).

El Misal, juntamente con el Leccionario de la Palabra de Dios, es el libro litúrgico que regula y ordena la celebración de la Eucaristía. Sólo cuando el presbítero se ha impregnado profundamente de la riqueza que contienen los ritos y los textos con que la Iglesia celebra el Memorial de la Pascua del Señor, puede iniciar de manera eficaz a su pueblo en los divinos misterios. No cumplirá bien su oficio de presidente y guía de la asamblea del

Pueblo de Dios si no hace uso responsable de todas las posibilidades de elección y de adaptación que están previstas en las normas del Misal.

En este sentido, gran parte de los textos nuevos que ahora se incorporan a la edición española del *Misal Romano* son fórmulas alternativas para ayudar a los celebrantes a presidir y a realizar su función de una manera creativa dentro de la más esmerada fidelidad.

Pido al Señor, por intercesión de la Virgen María, modelo de la Iglesia en el ejercicio del culto, que el *Ordinario de la Misa y el Misal Romano* que la Conferencia Episcopal Española pone de nuevo —tras esta unificación y enriquecimiento de texto— en manos de los sacerdotes y de los fieles, inspiren y nutran la piedad de todo el Pueblo de Dios en la celebración del Misterio de nuestra Fe.

Toledo, 31 de marzo de 1988, Jueves Santo de la Cena del Señor.

✠ Marcelo González Martín

Cardenal Arzobispo de Toledo
Primado de España

Presidente de la Comisión
Episcopal Española de Liturgia

RITOS INICIALES

Reunido el pueblo, el sacerdote con los ministros va al altar, mientras se entona el canto de entrada.

Cuando llega al altar, el sacerdote con los ministros hace la debida reverencia, besa el altar y, si se juzga oportuno, lo inciensa. Después se dirige con los ministros a la sede.

Terminado el canto de entrada, el sacerdote y los fieles, de pie, se santiguan, mientras el sacerdote dice:

En el nombre del Padre, y del Hijo, y del Espíritu Santo.

El pueblo responde:

Amén.

Saludo

El sacerdote, extendiendo las manos, saluda al pueblo con una de las fórmulas siguientes:

El Señor esté con vosotros.

O bien:

La gracia de nuestro Señor Jesucristo, el amor del Padre y la comunión del Espíritu Santo estén con todos vosotros.

O bien:

La gracia y la paz de parte de Dios, nuestro Padre, y de Jesucristo, el Señor, esté con todos vosotros.

O bien:

El Señor, que dirige nuestros corazones para que amemos a Dios, esté con todos vosotros.

Otras fórmulas de saludo propias para los diversos tiempos litúrgicos

Tiempo de Adviento:

El Señor, que viene a salvarnos,
esté con vosotros.

Tiempo de Navidad:

La paz y el amor de Dios, nuestro Padre,
que se han manifestado en Cristo,
nacido para nuestra salvación,
esté con vosotros.

Tiempo de Cuaresma:

La gracia y el amor de Jesucristo,
que nos llama a la conversión,
esté con todos vosotros.

Cincuentena pascual:

El Dios de la vida,
que ha resucitado a Jesucristo,
rompiendo las ataduras de la muerte,
esté con todos vosotros.

Respuesta

El pueblo responde con una de las siguientes fórmulas:

Y con tu espíritu.

O bien:

Bendito seas por siempre, Señor.

O bien:

Bendito sea Dios,
Padre de nuestro Señor Jesucristo.

El sacerdote, el diácono, u otro ministro idóneo, puede hacer una monición muy breve para introducir la misa del día.

Acto penitencial

A continuación se hace el Acto penitencial con alguno de los siguientes formularios:

1

El sacerdote invita a los fieles al arrepentimiento:

Hermanos:
Para celebrar dignamente estos sagrados misterios, reconozcamos nuestros pecados.

O bien:

El señor Jesús, que nos invita a la mesa de la Palabra y de la Eucaristía, nos llama ahora a la conversión. Reconozcamos, pues, que somos pecadores e invoquemos con esperanza la misericordia de Dios.

O bien, pero sólo en los domingos y durante la octava de Pascua:

En el día en que celebramos la victoria de Cristo sobre el pecado y sobre la muerte, reconozcamos que estamos necesitados de la misericordia del Padre para morir al pecado y resucitar a la vida nueva.

Se hace una breve pausa en silencio.

Después, hacen todos en común la confesión de sus pecados:

Yo confieso ante Dios todopoderoso y ante vosotros, hermanos, que he pecado mucho de pensamiento, palabra, obra y omisión.

Golpeándose el pecho, dicen:

Por mi culpa, por mi culpa, por mi gran culpa.

Luego prosiguen:

Por eso ruego a santa María, siempre Virgen, a los ángeles, a los santos y a vosotros, hermanos, que intercedáis por mí ante Dios, nuestro Señor.

El sacerdote concluye con la siguiente plegaria:

Dios todopoderoso tenga misericordia de nosotros, perdone nuestros pecados y nos lleve a la vida eterna.

El pueblo responde:

Amén.

2

El sacerdote invita a los fieles al arrepentimiento:

Al comenzar esta celebración eucarística, pidamos a Dios que nos conceda la conversión de nuestros corazones; así obtendremos la reconciliación y se acrecentará nuestra comunión con Dios y con nuestros hermanos.

O bien:

Humildes y penitentes, como el publicano en el templo, acerquémonos al Dios Justo, y pidámosle que tenga piedad de nosotros, que también nos reconocemos pecadores.

Se hace una breve pausa en silencio.

Después el sacerdote dice:

Señor, ten misericordia de nosotros.

El pueblo responde:

Porque hemos pecado contra ti.

El sacerdote prosigue:

Muéstranos, Señor, tu misericordia.

El pueblo responde:

Y danos tu salvación.

El sacerdote concluye con la siguiente plegaria:

Dios todopoderoso tenga misericordia de nosotros, perdone nuestros pecados y nos lleve a la vida eterna.

El pueblo responde:

Amén.

3

El sacerdote invita a los fieles al arrepentimiento:

Jesucristo, el justo, intercede por nosotros y nos reconcilia con el Padre. Abramos, pues, nuestro espíritu al arrepentimiento, para acercarnos a la mesa del Señor.

O bien:

El Señor ha dicho: El que esté en pecado, que tire la primera piedra. Reconozcámonos, pues, pecadores y perdonémonos los unos a los otros desde lo más íntimo de nuestro corazón.

Se hace una breve pausa en silencio.

Después el sacerdote, u otro ministro idóneo, dice las siguientes invocaciones u otras semejantes:

Tú que has sido enviado a sanar los corazones afligidos: Señor, ten piedad. (O bien: Kýrie, eléison).

El pueblo responde:

Señor, ten piedad. (O bien: Kýrie, eléison).

Sacerdote o ministro:

Tú que has venido a llamar a los pecadores: Cristo ten piedad. (O bien: Christe, eléison).

El pueblo responde:

Cristo, ten piedad. (O bien: Kýrie, eléison).

Sacerdote o ministro:

Tú que estás sentado a la derecha del Padre para interceder por nosotros: Señor, ten piedad. (O bien: Kýrie, eléison).

El pueblo responde:

Señor, ten piedad. (O bien: Kýrie, eléison).

El sacerdote concluye con la siguiente plegaria:

Dios todopoderoso tenga misericordia de nosotros, perdone nuestros pecados y nos lleve a la vida eterna.

El pueblo responde:

Amén.

También pueden usarse las invocaciones siguientes.

Otras invocaciones para la tercera fórmula del Acto penitencial

Tiempo ordinario:

Tú que eres el camino que conduce al Padre: Señor, ten piedad.
R. Señor, ten piedad.

Tú que eres la verdad que ilumina los pueblos: Cristo, ten piedad.
R. Cristo, ten piedad.

Tú que eres la vida que renueva el mundo: Señor, ten piedad.
R. Señor, ten piedad.

Tiempo de Adviento:

Tú que viniste al mundo para salvarnos: Señor, ten piedad.
R. Señor, ten piedad.

Tú que nos visitas continuamente con la gracia de tu Espíritu: Cristo, ten piedad.
R. Cristo, ten piedad.

Tú que vendrás un día a juzgar nuestras obras: Señor, ten piedad.

℞. Señor, ten piedad.

Hijo de Dios, que, nacido de María, te hiciste nuestro hermano:
Señor, ten piedad.
℞. Señor, ten piedad.

Hijo del hombre, que conoces y comprendes nuestra debilidad:
Cristo, ten piedad.
℞. Cristo, ten piedad.

Hijo primogénito del Padre, que haces de nosotros una sola familia: Señor, ten piedad.
℞. Señor, ten piedad.

Tú que nos has hecho renacer por el agua y el Espíritu: Señor,
ten piedad.
℞. Señor, ten piedad.

Tú que enviaste al Espíritu Santo para crear en nosotros un corazón nuevo: Cristo, ten piedad.
℞. Cristo, ten piedad.

Tú que eres el autor de la salvación eterna: Señor, ten piedad.
℞. Señor, ten piedad.

Tú que has destruido el pecado y la muerte con tu resurrección:
Señor, ten piedad.
℞. Señor, ten piedad.

Tú que has renovado la creación entera con tu resurrección:
Cristo, ten piedad.

R̠. Cristo, ten piedad.

Tú que das la alegría a los vivos y la vida a los muertos con tu resurrección: Señor, ten piedad.

R̠. Señor, ten piedad.

RITO PARA LA BENDICION Y ASPERSION DEL AGUA EN LOS DOMINGOS

El rito de la bendición y aspersión del agua bendita sustituye el acto penitencial y puede usarse todos los domingos —desde las misas vespertinas de los sábados— y es recomendable especialmente durante el tiempo de Pascua.

Para el rito de esta bendición, véase el Apéndice, p. 1238.

* * *

Siguen las invocaciones **Señor, ten piedad**, a no ser que ya se hayan utilizado en alguna de las fórmulas del acto penitencial.

V̠. Señor, ten piedad. R̠. Señor, ten piedad.
V̠. Cristo, ten piedad. R̠. Cristo, ten piedad.
V̠. Señor, ten piedad. R̠. Señor, ten piedad.

A continuación, si la Liturgia del día lo prescribe, se canta o se dice el himno:

Gloria a Dios en el cielo,
y en la tierra paz a los hombres
que ama el Señor.
Por tu inmensa gloria

te alabamos,
te bendecimos,
te adoramos,
te glorificamos,
te damos gracias,
Señor Dios, Rey celestial,
Dios Padre todopoderoso.
Señor, Hijo único, Jesucristo.
Señor Dios, Cordero de Dios,
Hijo del Padre;
tú que quitas el pecado del mundo,
ten piedad de nosotros;
tú que quitas el pecado del mundo,
atiende nuestra súplica;
tú que estás sentado a la derecha del Padre,
ten piedad de nosotros;
porque sólo tú eres Santo,
sólo tú, Señor,
sólo tu Altísimo, Jesucristo,
con el Espíritu Santo
en la gloria de Dios Padre.
Amén.

Acabado el himno, el sacerdote, con las manos juntas dice:

Oremos.

Y todos, junto con el sacerdote, oran en silencio durante unos momentos.

Después el sacerdote, con las manos extendidas, dice la oración colecta.

La colecta termina siempre con la conclusión larga:

Si la oración se dirige al Padre:

Por nuestro Señor Jesucristo, tu Hijo,
que vive y reina contigo
en la unidad del Espíritu Santo y es Dios
por los siglos de los siglos.

Si la oración se dirige al Padre, pero al final de ella se menciona al Hijo:

El, que vive y reina contigo
en la unidad del Espíritu Santo y es Dios
por los siglos de los siglos.

Si la oración se dirige al Hijo:

Tú que vives y reinas con el Padre
en la unidad del Espíritu Santo y eres Dios
por los siglos de los siglos.

Al final de la oración el pueblo aclama:

Amén.

LITURGIA DE LA PALABRA

El lector va al ambón y lee la primera lectura, que todos escuchan sentados.

Para indicar el fin de la lectura, el lector dice:

Palabra de Dios.

Todos aclaman:

Te alabamos, Señor.

El salmista o el cantor proclama el salmo, y el pueblo intercala la respuesta, a no ser que el salmo se diga seguido sin estribillo del pueblo.

Si hay segunda lectura, se lee en el ambón, como la primera.

Para indicar el fin de la lectura, el lector dice:

Palabra de Dios.

Todos aclaman:

Te alabamos, Señor.

Sigue el **Aleluya** o, en tiempo de Cuaresma, el canto antes del evangelio.

Mientras tanto, si se usa incienso, el sacerdote lo pone en el incensario.

Después el diácono (o el concelebrante que ha de proclamar el evangelio, en la misa presidida por el Obispo), inclinado ante el sacerdote, pide la bendición, diciendo en voz baja:

Padre, dame tu bendición.

El sacerdote en voz baja dice:

El Señor esté en tu corazón y en tus labios,
para que anuncies dignamente su Evangelio;
en el nombre del Padre, y del Hijo ✠,

y del Espíritu Santo.

El diácono o el concelebrante responde:

Amén.

Si el mismo sacerdote debe proclamar el evangelio, inclinado ante el altar, dice en secreto:

Purifica mi corazón y mis labios,
Dios todopoderoso,
para que anuncie dignamente tu Evangelio.

Después el diácono (o el sacerdote) va al ambón, acompañado eventualmente por los ministros que llevan el incienso y los cirios; ya en el ambón dice:

El Señor esté con vosotros.

El pueblo responde:

Y con tu espíritu.

El diácono (o el sacerdote):

Lectura del santo Evangelio según san N.

Y mientras tanto hace la señal de la cruz sobre el libro y sobre su frente, labios y pecho.

El pueblo aclama:

Gloria a ti, Señor.

El diácono (o el sacerdote), si se usa incienso, inciensa el libro.
Luego proclama el evangelio.

Acabado el evangelio el diácono (o el sacerdote) dice:

Palabra del Señor.

Todos aclaman:

Gloria a ti, Señor Jesús.

Si la aclamación es cantada pueden usarse otras respuestas de alabanza a Jesucristo, por ejemplo:

Tu palabra, Señor, es la verdad,
y tu ley nuestra libertad.

O bien:

Tu palabra, Señor,
es lámpara que alumbra nuestros pasos.

O bien:

Tu palabra, Señor,
permanece por los siglos.

Después el diácono lleva el libro al celebrante, y éste lo besa, diciendo en secreto:

Las palabras del Evangelio borren nuestros pecados.

O bien el mismo diácono besa el libro, diciendo en secreto las mismas palabras.

Luego tiene lugar la homilía; ésta es obligatoria todos los domingos y fiestas de precepto y se recomienda en los restantes días.

Acabada la homilía, si la liturgia del día lo prescribe, se hace la profesión de fe:

Creo en un solo Dios,
Padre todopoderoso,
Creador del cielo y de la tierra,

de todo lo visible y lo invisible.

Creo en un solo Señor, Jesucristo,
Hijo único de Dios,
nacido del Padre antes de todos los siglos:
Dios de Dios,
Luz de Luz,
Dios verdadero de Dios verdadero,
engendrado, no creado,
de la misma naturaleza del Padre,
por quien todo fue hecho;
que por nosotros, los hombres,
y por nuestra salvación
bajó del cielo,
y por obra del Espíritu Santo
se encarnó de María, la Virgen,
y se hizo hombre;
y por nuestra causa fue crucificado
en tiempos de Poncio Pilato;
padeció y fue sepultado,
y resucitó al tercer día, según las Escrituras,
y subió al cielo,
y está sentado a la derecha del Padre;
y de nuevo vendrá con gloria
para juzgar a vivos y muertos,
y su reino no tendrá fin.

Creo en el Espíritu Santo,
Señor y dador de vida,
que procede del Padre y del Hijo,

que con el Padre y el Hijo
recibe una misma adoración y gloria,
y que habló por los profetas.

Creo en la Iglesia,
que es una, santa, católica y apostólica.
Confieso que hay un solo bautismo
para el perdón de los pecados.
Espero la resurrección de los muertos
y la vida del mundo futuro.
Amén.

Para utilidad de los fieles, en lugar del símbolo niceno-constantinopolita-
no, la profesión de fe se puede hacer, especialmente en el tiempo de Cuaresma y en la Cincuentena pascual, con el siguiente símbolo llamado «de
los apóstoles»:

Creo en Dios, Padre todopoderoso,
Creador del cielo y de la tierra.

Creo en Jesucristo, su único Hijo, nuestro Señor,

En las palabras que siguen, hasta **María Virgen,** todos se inclinan.

que fue concebido por obra y gracia del Espíritu Santo,
nació de santa María Virgen,
padeció bajo el poder de Poncio Pilato,
fue crucificado, muerto y sepultado,
descendió a los infiernos,
al tercer día resucitó de entre los muertos,
subió a los cielos
y está sentado a la derecha de Dios, Padre todopoderoso.
Desde allí ha de venir a juzgar a vivos y muertos.

Creo en el Espíritu Santo,
la santa Iglesia católica,
la comunión de los santos,
el perdón de los pecados,
la resurrección de la carne
y la vida eterna.
Amén.

Después se hace la plegaria universal u oración de los fieles, que se desarrolla de la siguiente forma:

Invitatorio

El sacerdote invita a los fieles a orar, por medio de una breve monición.

Intenciones

Las intenciones son propuestas por un diácono o, en su defecto, por un lector o por otra persona idónea. (Ver p. 1241).

El pueblo manifiesta su participación con una invocación u orando en silencio.

La sucesión de intenciones ordinariamente debe ser la siguiente:

a) por las necesidades de la Iglesia;
b) por los gobernantes y por la salvación del mundo entero;
c) por aquellos que se encuentran en necesidades particulares;
d) por la comunidad local.

Conclusión

El sacerdote termina la plegaria común con una oración conclusiva.

LITURGIA EUCARISTICA

Acabada la Liturgia de la palabra, los ministros colocan en el altar el corporal, el purificador, el cáliz y el misal; mientras tanto puede ejecutarse un canto adecuado.

Conviene que los fieles expresen su participación en la ofrenda, bien sea llevando el pan y el vino para la celebración de la eucaristía, bien aportando otros dones para las necesidades de la Iglesia o de los pobres.

El sacerdote se acerca al altar, toma la patena con el pan y, manteniéndola un poco elevada sobre el altar, dice en secreto:

Bendito seas, Señor, Dios del universo,
por este pan,
fruto de la tierra y del trabajo del hombre,
que recibimos de tu generosidad y ahora te presentamos;
él será para nosotros pan de vida.

Después deja la patena con el pan sobre el corporal.

Si no se canta durante la presentación de las ofrendas, el sacerdote puede decir en voz alta estas palabras; al final el pueblo puede aclamar:

Bendito seas por siempre, Señor.

El diácono, o el sacerdote, echa vino y un poco de agua en el cáliz, diciendo en secreto:

El agua unida al vino
sea signo de nuestra participación en la vida divina
de quien ha querido compartir nuestra condición humana.

Después el sacerdote toma el cáliz y, manteniéndolo un poco elevado sobre el altar, dice en secreto:

Bendito seas, Señor, Dios del universo,
por este vino,

fruto de la vid y del trabajo del hombre,
que recibimos de tu generosidad y ahora te presentamos;
él será para nosotros bebida de salvación.

Después deja el cáliz sobre el corporal.

Si no se canta durante la presentación de las ofrendas, el sacerdote puede decir en voz alta estas palabras; al final el pueblo puede aclamar:

Bendito seas por siempre, Señor.

A continuación, el sacerdote, inclinado, dice en secreto:

Acepta, Señor, nuestro corazón contrito
y nuestro espíritu humilde;
que éste sea hoy nuestro sacrificio
y que sea agradable en tu presencia,
Señor, Dios nuestro.

Y, si se juzga oportuno, inciensa las ofrendas y el altar. A continuación el diácono o un ministro inciensa al sacerdote y al pueblo.

Luego el sacerdote, de pie a un lado del altar, se lava las manos, diciendo en secreto:

Lava del todo mi delito, Señor, limpia mi pecado.

Después, de pie en el centro del altar y de cara al pueblo, extendiendo y juntando las manos, dice una de las siguientes fórmulas:

Orad, hermanos,
para que este sacrificio, mío y vuestro,
sea agradable a Dios, Padre todopoderoso.

El pueblo responde:

El Señor reciba de tus manos este sacrificio, para alabanza y gloria de su nombre, para nuestro bien y el de toda su santa Iglesia.

Luego el sacerdote, con las manos extendidas, dice la oración sobre las ofrendas.

La oración sobre las ofrendas termina siempre con la conclusión breve.

Si la oración se dirige al Padre:

Por Jesucristo, nuestro Señor.

Si la oración se dirige al Padre, pero al final de la misma se menciona al Hijo:

El, que vive y reina por los siglos de los siglos.

Si la oración se dirige al Hijo:

Tú que vives y reinas por los siglos de los siglos.

El pueblo aclama:

Amén.

PLEGARIA EUCARISTICA

En las plegarias eucarísticas se pueden nombrar junto al Obispo diocesano a los Obispos coadjutores o auxiliares y al Obispo que eventualmente preside una concelebración.

Si el celebrante es Obispo, siempre se nombra a sí mismo; el Obispo, diocesano se nombra después del papa; los otros Obispos se nombran a sí mismos después del Obispo diocesano.

En la plegaria eucarística primera o Canon romano pueden omitirse aquellas partes que están incluidas dentro de corchetes.

El sacerdote comienza la plegaria eucarística con el prefacio.

Con las manos extendidas dice:

El Señor esté con vosotros.

El pueblo responde:

Y con tu espíritu.

El sacerdote, elevando las manos, prosigue:

Levantemos el corazón.

El pueblo responde:

Lo tenemos levantado hacia el Señor.

El sacerdote, con las manos extendidas, añade:

Demos gracias al Señor, nuestro Dios.

El pueblo responde:

Es justo y necesario.

El sacerdote prosigue el prefacio con las manos extendidas.

Al final del prefacio junta las manos y, en unión del pueblo, concluye el prefacio, cantando o diciendo en voz alta:

Santo, Santo, Santo es el Señor,
Dios del Universo.
Llenos están el cielo y la tierra de tu gloria.
Hosanna en el cielo.
Bendito el que viene en nombre del Señor.
Hosanna en el cielo.

PREFACIOS

PREFACIO I DE ADVIENTO

LAS DOS VENIDAS DE CRISTO

Este prefacio se dice en las misas del tiempo, desde el primer domingo
de Adviento hasta el día 16 de diciembre, y en las restantes misas que se
celebran durante este mismo tiempo y no tienen prefacio propio.

En verdad es justo y necesario,
es nuestro deber y salvación
darte gracias
siempre y en todo lugar,
Señor, Padre santo,
Dios todopoderoso y eterno,
por Cristo, Señor nuestro.

Quien al venir por vez primera
en la humildad de nuestra carne,
realizó el plan de redención trazado desde antiguo
y nos abrió el camino de la salvación;
para que cuando venga de nuevo
en la majestad de su gloria,
revelando así la plenitud de su obra,
podamos recibir los bienes prometidos
que ahora, en vigilante espera,
confiamos alcanzar.

Por eso,
con los ángeles y arcángeles
y con todos los coros celestiales,
cantamos sin cesar
el himno de tu gloria:

Santo, Santo, Santo...

PREFACIO II DE ADVIENTO

LA DOBLE EXPECTACIÓN DE CRISTO

Este prefacio se dice en las misas del tiempo, desde el 17 al 24 de diciembre, y en las restantes misas que se celebran durante este mismo tiempo y no tienen prefacio propio.

En verdad es justo y necesario,
es nuestro deber y salvación
darte gracias
siempre y en todo lugar,
Señor, Padre santo,
Dios todopoderoso y eterno,
por Cristo, Señor nuestro.

A quien todos los profetas anunciaron,
la Virgen esperó con inefable amor de Madre,
Juan lo proclamó ya próximo
y señaló después entre los hombres.
El mismo Señor nos concede ahora prepararnos con alegría
al misterio de su nacimiento,
para encontrarnos así, cuando llegue,
velando en oración y cantando su alabanza.

Por eso,
con los ángeles y arcángeles
y con todos los coros celestiales,
cantamos sin cesar
el himno de tu gloria:

Santo, Santo, Santo...

PREFACIO III DE ADVIENTO

Cristo, Señor y Juez de la Historia

Este prefacio se dice en las misas del tiempo, desde el primer domingo de Adviento hasta el día 16 de diciembre, y en las restantes misas que se celebran durante este mismo tiempo y no tienen prefacio propio.

En verdad es justo darte gracias,
es nuestro deber cantar en tu honor
himnos de bendición y de alabanza,
Padre todopoderoso,
principio y fin de todo lo creado.

Tú nos has ocultado el día y la hora
en que Cristo, tu Hijo,
Señor y Juez de la historia,
aparecerá, revestido de poder y de gloria,
sobre las nubes del cielo.

En aquel día terrible y glorioso
pasará la figura de este mundo
y nacerán los cielos nuevos y la tierra nueva.

El mismo Señor que se nos mostrará entonces lleno de gloria
viene ahora a nuestro encuentro
en cada hombre y en cada acontecimiento,
para que lo recibamos en la fe
y por el amor demos testimonio
de la espera dichosa de su reino.

Por eso, mientras aguardamos su última venida,
unidos a los ángeles y a los santos,
cantamos el himno de tu gloria:

Santo, Santo, Santo...

PREFACIO IV DE ADVIENTO

María, nueva Eva

Este prefacio se dice en las misas del tiempo, desde el 17 al 24 de diciembre, y en las restantes misas que se celebran durante este mismo tiempo y no tienen prefacio propio.

En verdad es justo darte gracias,
Señor, Padre santo,
Dios todopoderoso y eterno.

Te alabamos, te bendecimos y te glorificamos
por el misterio de la Virgen Madre.

Porque, si del antiguo adversario nos vino la ruina,
en el seno virginal de la hija de Sión ha germinado
aquel que nos nutre con el pan de los ángeles,
y ha brotado para todo el género humano
la salvación y la paz.

La gracia que Eva nos arrebató
nos ha sido devuelta en María.
En ella, madre de todos los hombres,
la maternidad, redimida del pecado y de la muerte,
se abre al don de una vida nueva.

Así, donde había crecido el pecado,
se ha desbordado tu misericordia
en Cristo, nuestro Salvador.

Por eso nosotros,
mientras esperamos la venida de Cristo,
unidos a los ángeles y a los santos,
cantamos el himno de tu gloria:

Santo, Santo, Santo...

PREFACIO I DE NAVIDAD

CRISTO, LUZ DEL MUNDO

Este prefacio se dice en las misas del día de Navidad y de su octava; durante la octava, se dice incluso en aquellas misas que, si se celebraran en otro tiempo, tendrían prefacio propio, a no ser que se trate de la misa de un misterio o Persona divina, que tiene prefacio propio. También se dice en las ferias del tiempo de Navidad.

En verdad es justo y necesario,
es nuestro deber y salvación
darte gracias
siempre y en todo lugar,
Señor, Padre santo,
Dios todopoderoso y eterno,

Porque gracias al misterio de la Palabra hecha carne,
la luz de tu gloria brilló ante nuestros ojos
con nuevo resplandor,
para que conociendo a Dios visiblemente,
él nos lleve al amor de lo invisible.

Por eso,
con los ángeles y arcángeles
y con todos los coros celestiales,
cantamos sin cesar
el himno de tu gloria:

Santo, Santo, Santo...

Cuando se utiliza el Canon romano, se dice **Reunidos en comunión** propio, página 1120. En la misa que se celebra en la vigilia o en la noche de Navidad se dice: **para celebrar la noche santa en que...**; después se dice siempre: **para celebrar el día santo en que...**, hasta la octava de Navidad inclusive.

PREFACIO II DE NAVIDAD
LA RESTAURACIÓN DEL UNIVERSO EN LA ENCARNACIÓN

Este prefacio se dice en las misas del día de Navidad y de su octava; durante la octava, se dice incluso en aquellas misas que, si se celebraran en otro tiempo, tendrían prefacio propio, a no ser que se trate de la misa de un misterio o Persona divina, que tiene prefacio propio. También se dice en las ferias del tiempo de Navidad.

En verdad es justo y necesario,
es nuestro deber y salvación
darte gracias siempre y en todo lugar,
Señor, Padre santo,
Dios todopoderoso y eterno,
por Cristo, Señor nuestro.

Porque en el misterio santo que hoy celebramos,
Cristo, el Señor, sin dejar la gloria del Padre,
se hace presente entre nosotros de un modo nuevo:
el que era invisible en su naturaleza
se hace visible al adoptar la nuestra;
el eterno, engendrado antes del tiempo,
comparte nuestra vida temporal
para asumir en sí todo lo creado,
para reconstruir lo que estaba caído
y restaurar de este modo el universo,
para llamar de nuevo al reino de los cielos
al hombre sumergido en el pecado.

Por eso, unidos a los coros angélicos,
te aclamamos llenos de alegría:

Santo, Santo, Santo...

Cuando se utiliza el Canon romano, se dice **Reunidos en comunión** propio, página 1120. En la misa que se celebra en la vigilia o en la noche de Navidad se dice: **para celebrar la noche santa en que...**; después se dice siempre: **para celebrar el día santo en que...**, hasta la octava de Navidad inclusive.

PREFACIO III DE NAVIDAD

El intercambio realizado en la Encarnación del Verbo

Este prefacio se dice en las misas del día de Navidad y de su octava; durante la octava, se dice incluso en aquellas misas que, si se celebraran en otro tiempo, tendrían prefacio propio, a no ser que se trate de la misa de un misterio o Persona divina, que tiene prefacio propio. También se dice en las ferias del tiempo de Natividad.

En verdad es justo y necesario,
es nuestro deber y salvación
darte gracias
siempre y en todo lugar,
Señor, Padre santo,
Dios todopoderoso y eterno,
por Cristo, Señor nuestro.

Por él,
hoy resplandece ante el mundo
el maravilloso intercambio que nos salva:
pues al revestirse tu Hijo de nuestra frágil condición
no sólo confiere dignidad eterna
a la naturaleza humana,
sino que por esta unión admirable
nos hace a nosotros eternos.

Por eso,
unidos a los coros angélicos,
te aclamamos llenos de alegría:

Santo, Santo, Santo...

Cuando se utiliza el Canon romano, se dice **Reunidos en comunión** propio, página 1120. En la misa que se celebra en la vigilia o en la noche de Navidad se dice: **para celebrar la noche santa en que...**; después se dice siempre: **para celebrar el día santo en que...**, hasta la octava de Navidad inclusive.

PREFACIO DE LA EPIFANIA DEL SEÑOR

Este prefacio se dice en las misas de la solemnidad de la Epifanía. También puede decirse este prefacio, o bien uno de los de Navidad, en los días que van desde la solemnidad de la Epifanía hasta el sábado antes del domingo del Bautismo del Señor.

En verdad es justo y necesario,
es nuestro deber y salvación
darte gracias
siempre y en todo lugar,
Señor, Padre santo,
Dios todopoderoso y eterno,

Porque hoy has revelado en Cristo,
para luz de los pueblos,
el verdadero misterio de nuestra salvación;
pues al manifestarse Cristo en nuestra carne mortal
nos hiciste partícipes de la gloria
de su inmortalidad.

Por eso,
con los ángeles y arcángeles
y con todos los coros celestiales,
cantamos sin cesar el himno de tu gloria:

Santo, Santo, Santo...

En la solemnidad de la Epifanía, cuando se utiliza el Canon romano, se dice **Reunidos en comúnión** propio, p 1121.

PREFACIO I DE CUARESMA

Significación espiritual de la Cuaresma

Este prefacio se dice en el tiempo de Cuaresma, sobre todo en los domingos, cuando no tienen prefacio propio.

En verdad es justo y necesario,
es nuestro deber y salvación
darte gracias
siempre y en todo lugar,
Señor, Padre santo,
Dios todopoderoso y eterno,
por Cristo, Señor nuestro.

Por él concedes a tus hijos
anhelar, año tras año,
con el gozo de habernos purificado,
la solemnidad de la Pascua,
para que, dedicados con mayor entrega
a la alabanza divina y al amor fraterno,
por la celebración de los misterios que nos dieron nueva vida,
lleguemos a ser con plenitud hijos de Dios.

Por eso,
con los ángeles y arcángeles
y con todos los coros celestiales,
cantamos sin cesar
el himno de tu gloria:

Santo, Santo, Santo...

PREFACIO II DE CUARESMA

LA PENITENCIA ESPIRITUAL

Este prefacio se dice en el tiempo de Cuaresma, sobre todo los domingos, cuando no tienen prefacio propio.

℣. El Señor esté con vosotros.
℟. Y con tu espíritu.

℣. Levantemos el corazón.
℟. Lo tenemos levantado hacia el Señor.

℣. Demos gracias al Señor, nuestro Dios.
℟. Es justo y necesario.

En verdad es justo y necesario,
es nuestro deber y salvación
darte gracias
siempre y en todo lugar,
Señor, Padre santo,
Dios todopoderoso y eterno,

Porque has establecido generosamente
este tiempo de gracia
para renovar en santidad a tus hijos,
de modo que, libres de todo afecto desordenado,
vivamos las realidades temporales
como primicias de las realidades eternas.

Por eso,
con todos los ángeles y santos,
te alabamos, proclamando sin cesar:

Santo, Santo, Santo...

PREFACIO III DE CUARESMA

Este prefacio se dice en las misas de feria de Cuaresma y en los días de ayuno.

℣. El Señor esté con vosotros.
℟. Y con tu espíritu.

℣. Levantemos el corazón.
℟. Lo tenemos levantado hacia el Señor.

℣. Demos gracias al Señor, nuestro Dios.
℟. Es justo y necesario.

En verdad es justo y necesario,
es nuestro deber y salvación
darte gracias
siempre y en todo lugar,
Señor, Padre santo,
Dios todopoderoso y eterno,

Porque con nuestras privaciones voluntarias
nos enseñas a reconocer y agradecer tus dones,
a dominar nuestro afán de suficiencia
y a repartir nuestros bienes con los necesitados,
imitando así tu generosidad.

Por eso,
con todos los ángeles,
te glorificamos y te aclamamos diciendo:

Santo, Santo, Santo...

PREFACIO IV DE CUARESMA

LOS FRUTOS DEL AYUNO

Este prefacio se dice en las misas de feria de Cuaresma y en los días de ayuno.

℣. El Señor esté con vosotros.

℞. Y con tu espíritu.

℣. Levantemos el corazón.

℞. Lo tenemos levantado hacia el Señor.

℣. Demos gracias al Señor, nuestro Dios.

℞. Es justo y necesario.

En verdad es justo y necesario,
es nuestro deber y salvación
darte gracias
siempre y en todo lugar,
Señor, Padre santo,
Dios todopoderoso y eterno.

Porque con el ayuno corporal
refrenas nuestras pasiones,
elevas nuestro espíritu,
nos das fuerza y recompensa,
por Cristo, Señor nuestro.

Por él,
los ángeles y los arcángeles
y todos los coros celestiales
celebran tu gloria,
unidos en común alegría.
Permítenos asociarnos a sus voces
cantando humildemente tu alabanza:

Santo, Santo, Santo...

PREFACIO V DE CUARESMA

Este prefacio se dice en las misas de las ferias de Cuaresma.

℣. El Señor esté con vosotros.

℟. Y con tu espíritu.

℣. Levantemos el corazón.

℟. Lo tenemos levantado hacia el Señor.

℣. Demos gracias al Señor, nuestro Dios.

℟. Es justo y necesario.

En verdad es justo bendecir tu nombre,
Padre rico en misericordia,
ahora que, en nuestro itinerario hacia la luz pascual,
seguimos los pasos de Cristo,
maestro y modelo de la humanidad
reconciliada en el amor.

Tú abres a la Iglesia
el camino de un nuevo éxodo
a través del desierto cuaresmal,
para que, llegados a la montaña santa,
con el corazón contrito y humillado,
reavivemos nuestra vocación de pueblo de la alianza,
convocado para bendecir tu nombre,
escuchar tu Palabra,
y experimentar con gozo tus maravillas.

Por estos signos de salvación,
unidos a los ángeles, ministros de tu gloria,
proclamamos el canto de tu alabanza:

Santo, Santo, Santo...

PREFACIO I DE LA PASION DEL SEÑOR

LA FUERZA DE LA CRUZ

Este prefacio se dice en las ferias de la quinta semana de Cuaresma y en las misas de los misterios de la cruz y de la pasión del Señor.

℣. El Señor esté con vosotros.
℟. Y con tu espíritu.

℣. Levantemos el corazón.
℟. Lo tenemos levantado hacia el Señor.

℣. Demos gracias al Señor, nuestro Dios.
℟. Es justo y necesario.

En verdad es justo y necesario,
es nuestro deber y salvación
darte gracias
siempre y en todo lugar,
Señor, Padre santo,
Dios todopoderoso y eterno,

Porque en la pasión salvadora de tu Hijo
el universo aprende a proclamar tu grandeza
y, por la fuerza de la cruz,
el mundo es juzgado como reo
y el Crucificado exaltado como juez poderoso.

Por eso,
ahora nosotros, llenos de alegría,
te aclamamos con los ángeles y los santos
diciendo:

Santo, Santo, Santo...

PREFACIO II DE LA PASION DEL SEÑOR

LA VICTORIA DE LA PASIÓN

Este prefacio se dice el lunes, martes y miércoles de la Semana Santa.

℣. El Señor esté con vosotros.
℟. Y con tu espíritu.

℣. Levantemos el corazón.
℟. Lo tenemos levantado hacia el Señor.

℣. Demos gracias al Señor, nuestro Dios.
℟. Es justo y necesario.

En verdad es justo y necesario,
es nuestro deber y salvación
darte gracias
siempre y en todo lugar,
Señor, Padre santo,
Dios todopoderoso y eterno,
por Cristo, Señor nuestro.

Porque se acercan ya los días santos
de su pasión salvadora
y de su resurrección gloriosa;
en ellos celebramos su triunfo
sobre el poder de nuestro enemigo
y renovamos el misterio de nuestra redención.

Por eso,
los ángeles te cantan con júbilo eterno
y nosotros nos unimos a sus voces
cantando humildemente tu alabanza:

Santo, Santo, Santo...

PREFACIO PASCUAL, I

Este prefacio se dice durante el tiempo pascual.

En la misa de la Vigilia pascual se dice: **en esta noche**; el día de Pascua y durante la octava: **en este día**; en las restantes misas: **en este tiempo**.

℣. El Señor esté con vosotros.
℟. Y con tu espíritu.
℣. Levantemos el corazón.
℟. Lo tenemos levantado hacia el Señor.
℣. Demos gracias al Señor, nuestro Dios.
℟. Es justo y necesario.

En verdad es justo y necesario,
es nuestro deber y salvación
glorificarte siempre, Señor;
pero más que nunca en esta noche (este día) (este tiempo)
en que Cristo, nuestra Pascua, ha sido inmolado.

Porque él es el verdadero Cordero
que quitó el pecado del mundo;
muriendo destruyó nuestra muerte,
y resucitando restauró la vida.

Por eso,
con esta efusión de gozo pascual,
el mundo entero se desborda de alegría,
y también los coros celestiales,
los ángeles y los arcángeles,
cantan sin cesar el himno de tu gloria:

Santo, Santo, Santo...

Cuando se utiliza el Canon romano, se dicen **Reunidos en comunión** y **Acepta, Señor, en tu bondad**, propios, pp. 1121 y 1123. En la misa de la Vigilia pascual se dice: **para celebrar la noche santa...**

PREFACIO PASCUAL, II

LA NUEVA VIDA EN CRISTO

Este prefacio se dice durante el tiempo pascual.

℣. El Señor esté con vosotros.
℟. Y con tu espíritu.
℣. Levantemos el corazón.
℟. Lo tenemos levantado hacia el Señor.
℣. Demos gracias al Señor, nuestro Dios.
℟. Es justo y necesario.

En verdad es justo y necesario,
es nuestro deber y salvación
glorificarte siempre, Señor;
pero más que nunca en este tiempo
en que Cristo, nuestra Pascua, ha sido inmolado.

Por él, los hijos de la luz
amanecen a la vida eterna,
los creyentes atraviesan los umbrales
del reino de los cielos;
porque en la muerte de Cristo
nuestra muerte ha sido vencida
y en su resurrección
hemos resucitado todos.

Por eso,
con esta efusión de gozo pascual,
el mundo entero se desborda de alegría,
y también los coros celestiales,
los ángeles y los arcángeles,
cantan sin cesar el himno de tu gloria:

Santo, Santo, Santo...

PREFACIO PASCUAL, III

CRISTO VIVO E INTERCESOR PERPETUO EN FAVOR NUESTRO

Este prefacio se dice durante el tiempo pascual.

℣. El Señor esté con vosotros.
℟. Y con tu espíritu.

℣. Levantemos el corazón.
℟. Lo tenemos levantado hacia el Señor.

℣. Demos gracias al Señor, nuestro Dios.
℟. Es justo y necesario.

En verdad es justo y necesario,
es nuestro deber y salvación
glorificarte siempre, Señor;
pero más que nunca en este tiempo
en que Cristo, nuestra Pascua, ha sido inmolado.

Porque él no cesa de ofrecerse por nosotros,
de interceder por todos ante ti;
inmolado, ya no vuelve a morir;
sacrificado, vive para siempre.

Por eso,
con esta efusión de gozo pascual,
el mundo entero se desborda de alegría,
y también los coros celestiales,
los ángeles y los arcángeles,
cantan sin cesar el himno de tu gloria:

Santo, Santo, Santo...

PREFACIO PASCUAL, IV

LA RESTAURACIÓN DEL UNIVERSO POR EL MISTERIO PASCUAL

Este prefacio se dice durante el tiempo pascual.

℣. El Señor esté con vosotros.
℟. Y con tu espíritu.

℣. Levantemos el corazón.
℟. Lo tenemos levantado hacia el Señor.

℣. Demos gracias al Señor, nuestro Dios.
℟. Es justo y necesario.

En verdad es justo y necesario,
es nuestro deber y salvación
glorificarte siempre, Señor;
pero más que nunca en este tiempo
en que Cristo, nuestra Pascua, ha sido inmolado.

Porque en él
fue demolida nuestra antigua miseria,
reconstruido cuanto estaba derrumbado
y renovada en plenitud la salvación.

Por eso,
con esta efusión de gozo pascual,
el mundo entero se desborda de alegría,
y también los coros celestiales,
los ángeles y los arcángeles,
cantan sin cesar el himno de tu gloria:

Santo, Santo, Santo...

PREFACIO PASCUAL, V

CRISTO, SACERDOTE Y VÍCTIMA

Este prefacio se dice durante el tiempo pascual.

℣. El Señor esté con vosotros.

℣. Levantemos el corazón.

℣. Demos gracias al Señor, nuestro Dios.

En verdad es justo y necesario,
es nuestro deber y salvación
glorificarte siempre, Señor;
pero más que nunca en este tiempo
en que Cristo, nuestra Pascua, ha sido inmolado.

Porque él,
con la inmolación de su cuerpo en la cruz,
dio pleno cumplimiento a lo que anunciaban
los sacrificios de la antigua alianza,
y ofreciéndose a sí mismo
por nuestra salvación,
quiso ser al mismo tiempo
sacerdote, víctima y altar.

Por eso,
con esta efusión de gozo pascual,
el mundo entero se desborda de alegría,
y también los coros celestiales,
los ángeles y los arcángeles,
cantan sin cesar el himno de tu gloria:

Santo, Santo, Santo...

PREFACIO I DE LA ASCENSION DEL SEÑOR

EL MISTERIO DE LA ASCENSIÓN

Este prefacio se dice en el día de la Ascensión del Señor. También puede decirse este prefacio, o bien uno de los de Pascua, en los días siguientes hasta el sábado antes del domingo de Pentecostés, en las misas que no tienen prefacio propio.

En verdad es justo y necesario,
es nuestro deber y salvación
darte gracias siempre y en todo lugar,
Señor, Padre santo,
Dios todopoderoso y eterno.

Porque Jesús, el Señor,
el rey de la gloria, vencedor del pecado y de la muerte,
ha ascendido [hoy] ante el asombro de los ángeles
a lo más alto del cielo,
como mediador entre Dios y los hombres,
como juez de vivos y muertos.
No se ha ido para desentenderse de este mundo,
sino que ha querido precedernos como cabeza nuestra
para que nosotros, miembros de su Cuerpo,
vivamos con la ardiente esperanza
de seguirlo en su reino

Por eso,
con esta efusión de gozo pascual,
el mundo entero se desborda de alegría,
y también los coros celestiales,
los ángeles y los arcángeles,
cantan sin cesar el himno de tu gloria:

Santo, Santo, Santo...

En el día de la Ascensión, cuando se utiliza el Canon romano, se dice
Reunidos en comunión propio, p. 1121.

PREFACIO II DE LA ASCENSION DEL SEÑOR

El misterio de la Ascensión

Este prefacio se dice en el día de la Ascensión del Señor. También puede decirse este prefacio, o bien uno de los de Pascua, en los días siguientes hasta el sábado antes del domingo de Pentecostés, en las misas que no tienen prefacio propio.

En verdad es justo y necesario,
es nuestro deber y salvación
darte gracias,
siempre y en todo lugar,
Señor, Padre santo,
Dios todopoderoso y eterno,
por Cristo, Señor nuestro.

Que después de su resurrección
se apareció visiblemente a todos sus discípulos
y, ante sus ojos, fue elevado al cielo
para hacernos compartir su divinidad.

Por eso,
con esta efusión de gozo pascual,
el mundo entero se desborda de alegría,
y también los coros celestiales,
los ángeles y los arcángeles,
cantan sin cesar el himno de tu gloria:

Santo, Santo, Santo...

En el día de la Ascensión, cuando se utiliza el Canon romano, se dice **Reunidos en comunión** propio, p. 1121.

PREFACIO PARA DESPUES DE LA ASCENSION

EN LA ESPERA DE LA VENIDA DEL ESPÍRITU SANTO

Este prefacio se dice en los días que siguen a la Ascensión hasta el sábado antes del domingo de Pentecostés.

℣. El Señor esté con vosotros.

℣. Levantemos el corazón.

℣. Demos gracias al Señor, nuestro Dios.

℣. Demos gracias al Señor, nuestro Dios.

En verdad es justo y necesario
que todas las criaturas, en el cielo y en la tierra,
se unan en tu alabanza,
Dios todopoderoso y eterno,
por Jesucristo, tu Hijo,
Señor del universo.

El cual,
habiendo entrado una vez para siempre
en el santuario del cielo,
ahora intercede por nosotros,
como mediador que asegura
la perenne efusión del Espíritu.

Pastor y obispo de nuestras almas,
nos invita a la plegaria unánime,
a ejemplo de María y los Apóstoles,
en la espera de un nuevo Pentecostés.

Por este misterio de santificación y de amor,
unidos a los ángeles y a los santos,
cantamos sin cesar el himno de tu gloria:

Santo, Santo, Santo...

PREFACIO I DOMINICAL
DEL TIEMPO ORDINARIO

EL MISTERIO PASCUAL HA HECHO DE NOSOTROS EL PUEBLO DE DIOS

Este prefacio se dice en los domingos del tiempo ordinario.

℣. El Señor esté con vosotros.

℣. Levantemos el corazón.

℣. Demos gracias al Señor, nuestro Dios.

En verdad es justo y necesario,
es nuestro deber y salvación
darte gracias
siempre y en todo lugar,
Señor, Padre santo,
Dios todopoderoso y eterno,
por Cristo, Señor nuestro.

Quien, por su misterio pascual,
realizó la obra maravillosa
de llamarnos del pecado y de la muerte
al honor de ser estirpe elegida,
sacerdocio real,
nación consagrada,
pueblo de su propiedad,
para que, trasladados de las tinieblas a tu luz admirable,
proclamemos ante el mundo tus maravillas.

Por eso,
con los ángeles y arcángeles
y con todos los coros celestiales,
cantamos sin cesar
el himno de tu gloria:

Santo, Santo, Santo...

PREFACIO II DOMINICAL
DEL TIEMPO ORDINARIO

EL PLAN DIVINO DE LA SALVACIÓN

Este prefacio se dice en los domingos del tiempo ordinario.

℣. El Señor esté con vosotros.
℟. Y con tu espíritu.
℣. Levantemos el corazón.
℟. Lo tenemos levantado hacia el Señor.
℣. Demos gracias al Señor, nuestro Dios.
℟. Es justo y necesario.

En verdad es justo y necesario,
es nuestro deber y salvación
darte gracias
siempre y en todo lugar,
Señor, Padre santo,
Dios todopoderoso y eterno,
por Cristo, Señor nuestro.

El cual,
compadecido del extravío de los hombres,
quiso nacer de la Virgen;
sufriendo la cruz, nos libró de eterna muerte,
y, resucitando, nos dio vida eterna.

Por eso,
con los ángeles y arcángeles
y con todos los coros celestiales,
cantamos sin cesar
el himno de tu gloria:
Santo, Santo, Santo...

PREFACIO III DOMINICAL
DEL TIEMPO ORDINARIO

EL HOMBRE SALVADO POR UN HOMBRE

Este prefacio se dice en los domingos del tiempo ordinario.

℣. El Señor esté con vosotros.
℟. Y con tu espíritu.
℣. Levantemos el corazón.
℟. Lo tenemos levantado hacia el Señor.
℣. Demos gracias al Señor, nuestro Dios.
℟. Es justo y necesario.

En verdad es justo y necesario,
es nuestro deber y salvación
darte gracias
siempre y en todo lugar,
Señor, Padre santo,
Dios todopoderoso y eterno,

Porque reconocemos como obra de tu poder admirable
no sólo haber socorrido nuestra débil naturaleza
con la fuerza de tu divinidad,
sino haber previsto el remedio
en la misma debilidad humana,
y de lo que era nuestra ruina
haber hecho nuestra salvación,
por Cristo, Señor nuestro.

Por él,
los ángeles te cantan con júbilo eterno,
y nosotros nos unimos a sus voces
cantando humildemente tu alabanza:

Santo, Santo, Santo...

PREFACIO IV DOMINICAL
DEL TIEMPO ORDINARIO

<small>LAS ETAPAS DE LA HISTORIA DE LA SALVACIÓN EN CRISTO</small>

Este prefacio se dice en los domingos del tiempo ordinario.

℣. El Señor esté con vosotros.

℣. Levantemos el corazón.

℣. Demos gracias al Señor, nuestro Dios.

En verdad es justo y necesario,
es nuestro deber y salvación
darte gracias
siempre y en todo lugar,
Señor, Padre santo,
Dios todopoderoso y eterno,
por Cristo, Señor nuestro.

Porque él,
con su nacimiento,
restauró nuestra naturaleza caída;
con su muerte,
destruyó nuestro pecado;
al resucitar,
nos dio nueva vida;
y en su ascensión,
nos abrió el camino de tu reino.

Por eso,
con los ángeles y los santos,
te cantamos el himno de alabanza
diciendo sin cesar:

Santo, Santo, Santo...

PREFACIO V DOMINICAL
DEL TIEMPO ORDINARIO

LAS MARAVILLAS DE LA CREACIÓN

Este prefacio se dice en los domingos del tiempo ordinario.

℣. El Señor esté con vosotros.
℟. Y con tu espíritu.
℣. Levantemos el corazón.
℟. Lo tenemos levantado hacia el Señor.
℣. Demos gracias al Señor, nuestro Dios.
℟. Es justo y necesario.

En verdad es justo y necesario,
es nuestro deber y salvación
darte gracias
siempre y en todo lugar,
Señor, Padre santo,
Dios todopoderoso y eterno.

Porque creaste el universo entero,
estableciste el continuo retorno de las estaciones,
y al hombre, formado a tu imagen y semejanza,
sometiste las maravillas del mundo,
para que, en nombre tuyo,
dominara la creación,
y, al contemplar tus grandezas,
en todo momento te alabara,
por Cristo, Señor nuestro.

A quien cantan los ángeles y los arcángeles,
proclamando sin cesar:

Santo, Santo, Santo...

PREFACIO VI DOMINICAL
DEL TIEMPO ORDINARIO

La prenda de nuestra Pascua eterna

Este prefacio se dice en los domingos del tiempo ordinario.

℣. El Señor esté con vosotros.

℟. Y con tu espíritu.

℣. Levantemos el corazón.

℟. Lo tenemos levantado hacia el Señor.

℣. Demos gracias al Señor, nuestro Dios.

℟. Es justo y necesario.

En verdad es justo y necesario,
es nuestro deber y salvación
darte gracias
siempre y en todo lugar,
Señor, Padre santo,
Dios todopoderoso y eterno.

En ti vivimos, nos movemos y existimos;
y, todavía peregrinos en este mundo,
no sólo experimentamos
las pruebas cotidianas de tu amor,
sino que poseemos ya en prenda la vida futura,
pues esperamos gozar de la Pascua eterna,
porque tenemos las primicias del Espíritu
por el que resucitaste a Jesús de entre los muertos.

Por eso,
Señor, te damos gracias
y proclamamos tu gradeza
cantando con los ángeles:

Santo, Santo, Santo...

PREFACIO VII DOMINICAL
DEL TIEMPO ORDINARIO

LA SALVACIÓN, FRUTO DE LA OBEDIENCIA DE CRISTO

Este prefacio se dice en los domingos del tiempo ordinario.

℣. El Señor esté con vosotros.

℣. Levantemos el corazón.

℣. Demos gracias al Señor, nuestro Dios.

En verdad es justo y necesario,
es nuestro deber y salvación
darte gracias
siempre y en todo lugar,
Señor, Padre santo,
Dios todopoderoso y eterno.

Porque tu amor al mundo
fue tan misericordioso
que no sólo nos enviaste como redentor
a tu propio Hijo,
sino que en todo lo quisiste semejante al hombre,
menos en el pecado,
para poder así amar en nosotros
lo que amabas en él.
Con su obediencia has restaurado aquellos dones
que por nuestra desobediencia habíamos perdido.

Por eso,
ahora nosotros, llenos de alegría,
te aclamamos con los ángeles y los santos
diciendo:

Santo, Santo, Santo...

PREFACIO VIII DOMINICAL
DEL TIEMPO ORDINARIO

La Iglesia unificada por virtud y a imagen de la Trinidad

Este prefacio se dice en los domingos del tiempo ordinario.

℣. El Señor esté con vosotros.

℣. Levantemos el corazón.

℣. Demos gracias al Señor, nuestro Dios.

En verdad es justo y necesario,
es nuestro deber y salvación
darte gracias
siempre y en todo lugar,
Señor, Padre santo,
Dios todopoderoso y eterno.

Porque has querido reunir de nuevo,
por la sangre de tu Hijo
y la fuerza del Espíritu,
a los hijos dispersos por el pecado;
de este modo tu Iglesia,
unificada por virtud y a imagen de la Trinidad,
aparece ante el mundo
como cuerpo de Cristo y templo del Espíritu,
para alabanza de tu infinita sabiduría.

Por eso,
unidos a los coros angélicos,
te aclamamos llenos de alegría:

Santo, Santo, Santo...

PREFACIO IX DOMINICAL
DEL TIEMPO ORDINARIO

(Prefacio II del Espíritu Santo)

LA ACCIÓN DEL ESPÍRITU EN LA IGLESIA

Este prefacio se dice en los domingos del tiempo ordinario.

℣. El Señor esté con vosotros.
℟. Y con tu espíritu.

℣. Levantemos el corazón.
℟. Lo tenemos levantado hacia el Señor.

℣. Demos gracias al Señor, nuestro Dios.
℟. Es justo y necesario.

En verdad es justo y necesario,
es nuestro deber y salvación
darte gracias
siempre y en todo lugar,
Señor, Padre santo,
Dios todopoderoso y eterno.

Porque nos concedes en cada momento lo que más conviene
y diriges sabiamente la nave de tu Iglesia,
asistiéndola siempre con la fuerza del Espíritu Santo,
para que, a impulso de su amor confiado,
no abandone la plegaria en la tribulación,
ni la acción de gracias en el gozo,
por Cristo, Señor nuestro.

A quien alaban los cielos y la tierra,
los ángeles y los arcángeles,
proclamando sin cesar:

Santo, Santo, Santo...

PREFACIO X DOMINICAL
DEL TIEMPO ORDINARIO

EL DÍA DEL SEÑOR

Este prefacio se dice en los domingos del tiempo ordinario.

℣. El Señor esté con vosotros.

℟. Y con tu espíritu.

℣. Levantemos el corazón.

℟. Lo tenemos levantado hacia el Señor.

℣. Demos gracias al Señor, nuestro Dios.

℟. Es justo y necesario.

En verdad es justo bendecirte y darte gracias,
Padre santo, fuente de la verdad y de la vida,
porque nos has convocado en tu casa
en este día de fiesta.

Hoy, tu familia,
reunida en la escucha de tu Palabra,
y en la comunión del pan único y partido,
celebra el memorial del Señor resucitado,
mientras espera el domingo sin ocaso
en el que la humanidad entera
entrará en tu descanso.

Entonces contemplaremos tu rostro
y alabaremos por siempre tu misericordia.

Con esta gozosa esperanza,
y unidos a los ángeles y a los santos,
cantamos unánimes
el himno de tu gloria:

Santo, Santo, Santo...

Los domingos en las plegarias eucarísticas I, II y III se puede hacer el
recuerdo dominical propio.

PREFACIO I DE LA SANTISIMA EUCARISTIA

EL SACRIFICIO Y EL SACRAMENTO DE CRISTO

Este prefacio se dice en la misa de la Cena del Señor; puede decirse también en la solemnidad del Santísimo Cuerpo y Sangre de Cristo y en las misas votivas de la Santísima Eucaristía.

En verdad es justo y necesario,
es nuestro deber y salvación
darte gracias
siempre y en todo lugar,
Señor, Padre santo,
Dios todopoderoso y eterno,
por Cristo, Señor nuestro,
verdadero y único sacerdote.

El cual,
al instituir el sacrificio de la eterna alianza,
se ofreció a sí mismo como víctima de salvación,
y nos mandó perpetuar esta ofrenda
en conmemoración suya.
Su carne, inmolada por nosotros,
es alimento que nos fortalece;
su sangre, derramada por nosotros,
es bebida que nos purifica.

Por eso,
con los ángeles y los arcángeles
y con todos los coros celestiales,
cantamos sin cesar
el himno de tu gloria:

Santo, Santo, Santo...

En la misa de la Cena del Señor, cuando se utiliza el Canon romano, se dicen **Reunidos en comunión, Acepta, Señor, en tu bondad El cual, la víspera de su Pasión** propios, pp. 1121 y 1123.

PREFACIO II DE LA SANTÍSIMA EUCARISTÍA

LOS FRUTOS DE LA SANTÍSIMA EUCARISTÍA

Este prefacio se dice en la solemnidad del Santísimo Cuerpo y Sangre de
Cristo y en las misas votivas de la Santísima Eucaristía.

En verdad es justo y necesario,
es nuestro deber y salvación
darte gracias
siempre y en todo lugar,
Señor, Padre santo,
Dios todopoderoso y eterno,
por Cristo, Señor nuestro.
El cual,
en la última cena con los apóstoles,
para perpetuar su pasión salvadora,
se entregó a sí mismo
como Cordero inmaculado y Eucaristía perfecta.
Con este sacramento
alimentas y santificas a tus fieles,
para que una misma fe ilumine
y un mismo amor congregue
a todos los hombres que habitan un mismo mundo.
Así, pues, nos reunimos
en torno a la mesa de este sacramento admirable,
para que la abundancia de tu gracia
nos lleve a poseer la vida celestial.
Por eso,
Señor, todas tus criaturas,
en el cielo y en la tierra,
te adoran cantando un cántico nuevo;
y también nosotros, con los ángeles,
te aclamamos por siempre diciendo:
Santo, Santo, Santo...

PREFACIO III DE LA SANTISIMA EUCARISTIA

LA EUCARISTÍA, VIÁTICO PARA LA PASCUA ETERNA

Este prefacio se puede decir en la misa del viático.

℣. El Señor esté con vosotros.
℟. Y con tu espíritu.

℣. Levantemos el corazón.
℟. Lo tenemos levantado hacia el Señor.

℣. Demos gracias al Señor, nuestro Dios.
℟. Es justo y necesario.

En verdad es justo darte gracias,
es bueno bendecir tu nombre,
Padre santo,
Dios de misericordia y de paz.

Porque has querido que tu Hijo
obediente hasta la muerte de cruz,
nos precediera en el camino del retorno a ti,
término de toda esperanza humana.

En la Eucaristía, testamento de su amor,
él se hace comida y bebida espiritual,
para alimentarnos en nuestro viaje
hacia la Pascua eterna.

Con esta prenda de la resurrección futura,
en la esperanza participamos ya
de la mesa gloriosa de tu reino
y, unidos a los ángeles y a los santos,
proclamamos el himno de tu gloria:

Santo, Santo, Santo...

PREFACIO DE LA PENITENCIA

El sacramento de la reconciliación en el Espíritu

Este prefacio se puede decir en el tiempo de Cuaresma. Se dice también en las misas de reconciliación y en las otras misas de carácter penitencial.

℣. El Señor esté con vosotros.
℟. Y con tu espíritu.

℣. Levantemos el corazón.
℟. Lo tenemos levantado hacia el Señor.

℣. Demos gracias al Señor, nuestro Dios.
℟. Es justo y necesario.

En verdad es justo alabarte y darte gracias,
Padre santo, Dios todopoderoso,
por tus beneficios,
sobre todo por la gracia del perdón.

Al hombre, náufrago a causa del pecado,
con el sacramento de la reconciliación
le abres el puerto de la misericordia y de la paz,
en Cristo muerto y resucitado.

Con el poder de tu Espíritu,
has dispuesto para la Iglesia,
santa y al mismo tiempo necesitada de penitencia,
una segunda tabla de salvación después del Bautismo,
y así las renuevas incesantemente,
para congregarla en el banquete festivo de tu amor.

Por este don de tu benevolencia,
unidos a los ángeles y a los santos,
cantamos, a una voz, el himno de tu gloria:

Santo, Santo, Santo...

PREFACIO DE LA UNCION DE LOS ENFERMOS

EL SUFRIMIENTO, PARTICIPACIÓN EN LA PASCUA DE CRISTO

Este prefacio se puede decir en las misas de Unción de los enfermos.

℣. El Señor esté con vosotros.
℟. Y con tu espíritu.

℣. Levantemos el corazón.
℟. Lo tenemos levantado hacia el Señor.

℣. Demos gracias al Señor, nuestro Dios.
℟. Es justo y necesario.

En verdad es justo darte gracias,
Dios de misericordia,
Señor todopoderoso,
por Jesucristo, Señor y Redentor nuestro.

Porque has querido que tu único Hijo,
autor de la vida,
médico de los cuerpos y de las almas,
tomase sobre sí nuestras debilidades,
para socorrernos en los momentos de prueba
y santificarnos en la experiencia del dolor.

En el signo sacramental de la Unción,
por la oración de la Iglesia,
nos libras del pecado,
nos confortas con la gracia del Espíritu Santo
y nos haces partícipes de la victoria pascual.

Por este signo de tu benevolencia,
unidos a los ángeles y a los santos,
cantamos, a una voz, el himno de tu gloria:

Santo, Santo, Santo...

PREFACIO I DE SANTA MARIA VIRGEN

Este prefacio se dice en las misas de la Santísima Virgen, añadiendo en su lugar (***) la mención de la celebración del día, según se indica en cada misa.

℣. El Señor esté con vosotros.

℣. Levantemos el corazón.

℣. Demos gracias al Señor, nuestro Dios.

En verdad es justo y necesario,
es nuestro deber y salvación
darte gracias
siempre y en todo lugar,
Señor, Padre santo,
Dios todopoderoso y eterno,

Y alabar, bendecir y proclamar tu gloria
en la *** de santa María, siempre virgen.

Porque ella concibió a tu único Hijo
por obra del Espíritu Santo,
y, sin perder la gloria de su virginidad,
derramó sobre el mundo la luz eterna,
Jesucristo, Señor nuestro.

Por él,
los ángeles y los arcángeles
y todos los coros celestiales
celebran tu gloria,
unidos en común alegría.

Permítenos asociarnos a sus voces
cantando humildemente tu alabanza:

Santo, Santo, Santo...

PREFACIO II DE SANTA MARIA VIRGEN

LA IGLESIA ALABA A DIOS INSPIRÁNDOSE EN LAS PALABRAS DE MARÍA

Este prefacio se dice en las misas de la Santísima Virgen.

℣. El Señor esté con vosotros.

℣. Levantemos el corazón.

℣. Demos gracias al Señor, nuestro Dios.

En verdad es justo y necesario,
es nuestro deber y salvación
darte gracias, Señor,
y proclamar tus maravillas
en la perfección de tus santos;
y, al conmemorar a la bienaventurada Virgen María,
exaltar especialmente tu generosidad
inspirándonos en su mismo cántico de alabanza.

En verdad hiciste obras grandes
en favor de todos los pueblos,
y has mantenido tu misericordia
de generación en generación,
cuando, al mirar la humillación de tu esclava,
por ella nos diste al autor de la vida,
Jesucristo, Hijo tuyo y Señor nuestro.

Por él,
los ángeles y los arcángeles
te adoran eternamente,
gozosos en tu presencia.
Permítenos unirnos a sus voces
cantando tu alabanza:

Santo, Santo, Santo...

PREFACIO III DE SANTA MARIA VIRGEN

(Prefacio de la misa votiva B de la Santísima Virgen María)

MARÍA, MODELO Y MADRE DE LA IGLESIA

Este prefacio se dice en las misas de la Santísima Virgen.

En verdad es justo y necesario, es nuestro deber y salvación
darte gracias siempre y en todo lugar,
Señor, Padre santo, Dios todopoderoso y eterno,
y alabarte debidamente
en esta celebración en honor de la Virgen María.

Ella, al aceptar tu Palabra con limpio corazón,
mereció concebirla en su seno virginal,
y al dar a luz a su Hijo preparó el nacimiento de la Iglesia.

Ella, al recibir junto a la cruz
el testamento de tu amor divino,
tomó como hijos a todos los hombres,
nacidos a la vida sobrenatural
por la muerte de Cristo.

Ella, en la espera pentecostal del Espíritu,
al unir sus oraciones a las de los discípulos,
se convirtió en el modelo de la Iglesia suplicante.

Desde su asunción a los cielos,
acompaña con amor materno a la Iglesia peregrina,
y protege sus pasos hacia la patria celeste,
hasta la venida gloriosa del Señor.

Por eso,
con todos los ángeles y santos,
te alabamos diciendo sin cesar:

Santo, Santo, Santo...

PREFACIO IV DE SANTA MARIA VIRGEN

MARÍA, SIGNO DE CONSUELO Y DE ESPERANZA

Este prefacio se dice en las misas de la Santísima Virgen.

En verdad es justo y necesario,
es bueno cantar tu gloria,
Padre santo,
Dios todopoderoso y eterno.

Te alabamos y te bendecimos,
por Jesucristo, tu Hijo,
en esta fiesta (memoria) de la bienaventurada Virgen María.

Ella, como humilde sierva, escuchó tu palabra
y la conservó en su corazón;
admirablemente unida al misterio de la redención,
perseveró con los apóstoles en la plegaria,
mientras esperaban al Espíritu Santo,
y ahora brilla en nuestro camino
como signo de consuelo y de firme esperanza.

Por este don de tu benevolencia,
unidos a los ángeles y a los santos,
te entonamos nuestro canto
y proclamamos tu alabanza:

Santo, Santo, Santo...

PREFACIO V DE SANTA MARIA VIRGEN

María, imagen de la humanidad nueva

Este prefacio se dice en las misas de la Santísima Virgen.

℣. El Señor esté con vosotros.

℣. Levantemos el corazón.

℣. Demos gracias al Señor, nuestro Dios.

En verdad es justo darte gracias,
Padre santo,
fuente de la vida y de la alegría.

Porque en esta etapa final de la historia
has querido revelarnos
el misterio escondido desde siglos,
para que así el mundo entero
retorne a la vida y recobre la esperanza.

En Cristo, nuevo Adán,
y en María, nueva Eva,
se revela el misterio de tu Iglesia,
como primicia de la humanidad redimida.

Por este inefable don
la creación entera,
con la fuerza del Espíritu Santo,
emprende de nuevo
su camino hacia la Pascua eterna.

Por eso nosotros,
unidos a los ángeles y a los santos,
cantamos a una voz
el himno de tu gloria:
Santo, Santo, Santo...

PREFACIO DE LOS ANGELES

LA GLORIA DE DIOS MANIFESTADA EN LOS ÁNGELES

Este prefacio se dice en las misas de los santos Angeles.

℣. El Señor esté con vosotros.
℟. Y con tu espíritu.
℣. Levantemos el corazón.
℟. Lo tenemos levantado hacia el Señor.
℣. Demos gracias al Señor, nuestro Dios.
℟. Es justo y necesario.

En verdad es justo y necesario,
es nuestro deber y salvación
darte gracias
siempre y en todo lugar,
Señor, Padre santo,
Dios todopoderoso y eterno.

Y proclamar tus alabanzas
por la creación de los ángeles y los arcángeles,
objeto de tu complacencia.
El honor que les tributamos manifiesta tu gloria,
y la veneración que merecen
es signo de tu inmensidad y excelencia
sobre todas tus criaturas.

Por eso,
con los ángeles y los arcángeles
y con todos los coros celestiales,
cantamos sin cesar
el himno de tu gloria:
Santo, Santo, Santo...

PREFACIO DE SAN JOSE,
ESPOSO DE LA VIRGEN MARIA

LA MISIÓN DE SAN JOSÉ

Este prefacio se dice en las misas de san José, añadiendo en su lugar (***) la mención de la celebración del día, según se indica en cada misa.

En verdad es justo y necesario,
es nuestro deber y salvación
darte gracias
siempre y en todo lugar,
Señor, Padre santo,
Dios todopoderoso y eterno.

Y alabar, bendecir y proclamar tu gloria
en la *** de san José.
Porque él es el hombre justo
que diste por esposo
a la Virgen Madre de Dios;
el servidor fiel y prudente
que pusiste al frente de tu Familia
para que, haciendo las veces de padre,
cuidara a tu único Hijo,
concebido por obra del Espíritu Santo,
Jesucristo, Señor nuestro.

Por él,
los ángeles y los arcángeles
y todos los coros celestiales
celebran tu gloria,
unidos en común alegría.
Permítenos asociarnos a sus voces
cantando humildemente tu alabanza:

Santo, Santo, Santo...

PREFACIO I DE LOS APOSTOLES

LOS APÓSTOLES, PASTORES DEL PUEBLO DE DIOS

Este prefacio se dice en las misas de los Apóstoles, principalmente en las de san Pedro y san Pablo.

℣. El Señor esté con vosotros.

℟. Y con tu espíritu.

℣. Levantemos el corazón.

℟. Lo tenemos levantado hacia el Señor.

℣. Demos gracias al Señor, nuestro Dios.

℟. Es justo y necesario.

En verdad es justo y necesario,
es nuestro deber y salvación
darte gracias
siempre y en todo lugar,
Señor, Padre santo,
Dios todopoderoso,
Pastor eterno.

Porque no abandonas nunca a tu rebaño,
sino que por medio de los santos apóstoles
lo proteges y conservas,
y quieres que tenga siempre por guía
la palabra de aquellos mismos pastores
a quienes tu Hijo dio la misión
de anunciar el Evangelio.

Por eso,
con los ángeles y arcángeles
y con todos los coros celestiales
cantamos sin cesar
el himno de tu gloria:

Santo, Santo, Santo...

PREFACIO II DE LOS APOSTOLES

LOS APÓSTOLES, FUNDAMENTO DE LA IGLESIA Y TESTIMONIO PARA EL
MUNDO

Este prefacio se dice en las misas de los Apóstoles y de los Evangelistas.

℣. El Señor esté con vosotros.

℟. Y con tu espíritu.

℣. Levantemos el corazón.

℟. Lo tenemos levantado hacia el Señor.

℣. Demos gracias al Señor, nuestro Dios.

℟. Es justo y necesario.

En verdad es justo y necesario,
es nuestro deber y salvación
darte gracias
siempre y en todo lugar,
Señor, Padre santo,
Dios todopoderoso y eterno,
por Cristo, Señor nuestro.

Porque has cimentado tu Iglesia
sobre la roca de los apóstoles,
para que permanezca en el mundo
como signo de santidad
y señale a todos los hombres
el camino que nos lleva hacia ti.

Por eso,
Señor, con todos los ángeles
te alabamos ahora y por siempre
diciendo con humilde fe:

Santo, Santo, Santo...

PREFACIO I DE LOS SANTOS

LA GLORIA DE LOS SANTOS

Este prefacio se dice en las misas de «Todos los Santos», de los santos Patronos y Titulares de la iglesia, y en las solemnidades y fiestas de los Santos, a no ser que haya que decir un prefacio más propio. Se puede decir también en las memorias de los Santos.

℣. El Señor esté con vosotros.

℣. Levantemos el corazón.

℣. Demos gracias al Señor, nuestro Dios.

En verdad es justo darte gracias,
y deber nuestro glorificarte,
Padre santo,
porque manifiestas tu gloria
en la asamblea de los santos,
y, al coronar sus méritos,
coronas tu propia obra.

Tú nos ofreces el ejemplo de su vida,
la ayuda de su intercesión
y la participación en su destino,
para que, animados por su presencia alentadora,
luchemos sin desfallecer en la carrera
y alcancemos, como ellos,
la corona de gloria que no se marchita,
por Cristo, Señor nuestro.

Por eso,
con los ángeles y arcángeles
y con la multitud de los santos,
cantamos sin cesar
el himno de alabanza:

Santo, Santo, Santo...

PREFACIO II DE LOS SANTOS

EFICACIA DE LA ACCIÓN DE LOS SANTOS

Este prefacio se dice en las misas de «Todos los Santos», de los santos Patronos y Titulares de la iglesia, y en las solemnidades y fiestas de los Santos, a no ser que haya que decir un prefacio más propio. Se puede decir también en las memorias de los Santos.

℣. El Señor esté con vosotros.

℣. Levantemos el corazón.

℣. Demos gracias al Señor, nuestro Dios.

En verdad es justo y necesario,
es nuestro deber y salvación
darte gracias
siempre y en todo lugar,
Señor, Padre santo,
Dios todopoderoso y eterno,
por Cristo, Señor nuestro.

Porque mediante el testimonio admirable de tus santos
fecundas sin cesar a tu Iglesia
con vitalidad siempre nueva,
dándonos así pruebas evidentes de tu amor.
Ellos nos estimulan con su ejemplo
en el camino de la vida
y nos ayudan con su intercesión.

Por eso
ahora, nosotros, llenos de alegría,
te aclamamos con los ángeles y los santos
diciendo:

Santo, Santo, Santo...

PREFACIO DE LOS SANTOS MARTIRES

SIGNIFICADO Y EJEMPLARIDAD DEL MARTIRIO

Este prefacio se dice en las solemnidades y fiestas de los santos Mártires.
Se puede decir también en las memorias de los mismos.

℣. El Señor esté con vosotros.

℣. Levantemos el corazón.

℣. Demos gracias al Señor, nuestro Dios.

En verdad es justo y necesario,
es nuestro deber y salvación
darte gracias
siempre y en todo lugar,
Señor, Padre santo,
Dios todopoderoso y eterno.

Porque la sangre del glorioso mártir san N.,
derramada, como la de Cristo,
para confesar tu nombre,
manifiesta las maravillas de tu poder;
pues en su martirio, Señor,
has sacado fuerza de lo débil,
haciendo de la fragilidad
tu propio testimonio;
por Cristo, Señor nuestro.

Por eso,
como los ángeles te cantan en el cielo,
así nosotros en la tierra te aclamamos
diciendo sin cesar:

Santo, Santo, Santo...

PREFACIO DE LOS SANTOS PASTORES

LA PRESENCIA DE LOS SANTOS PASTORES EN LA IGLESIA

Este prefacio se dice en las solemnidades y fiestas de los santos Pastores.
Se puede decir también en las memorias de los mismos.

℣. El Señor esté con vosotros.

℟. Y con tu espíritu.

℣. Levantemos el corazón.

℟. Lo tenemos levantado hacia el Señor.

℣. Demos gracias al Señor, nuestro Dios.

℟. Es justo y necesario.

En verdad es justo y necesario,
es nuestro deber y salvación
darte gracias
siempre y en todo lugar,
Señor, Padre santo,
Dios todopoderoso y eterno,
por Cristo, Señor nuestro.

Porque nos concedes la alegría
de celebrar hoy la fiesta de san N.,
fortaleciendo a tu Iglesia
con el ejemplo de su vida,
instruyéndola con su palabra
y protegiéndola con su intercesión.

Por eso,
con los ángeles y los santos,
te cantamos el himno de alabanza
diciendo sin cesar:

Santo, Santo, Santo...

PREFACIO DE SANTAS VÍRGENES Y RELIGIOSOS

<small>SIGNIFICADO DE LA VIDA DE CONSAGRACIÓN EXCLUSIVA A DIOS</small>

Este prefacio se dice en las solemnidades y fiestas de las santas Vírgenes y de los santos Religiosos. Se puede decir también en las memorias de los mismos.

℣. El Señor esté con vosotros.
℟. Y con tu espíritu.

℣. Levantemos el corazón.
℟. Lo tenemos levantado hacia el Señor.

℣. Demos gracias al Señor, nuestro Dios.
℟. Es justo y necesario.

En verdad es justo y necesario,
que te alaben, Señor,
tus criaturas del cielo y de la tierra,
y, al recordar a los santos
que por el reino de los cielos se consagraron a Cristo,
celebramos la grandeza de tus designios.

En ellos recobra el hombre
la santidad primera que de ti había recibido,
y gusta ya en la tierra
los dones reservados para el cielo.

Por eso,
con todos los ángeles y santos,
te alabamos proclamando sin cesar:

Santo, Santo, Santo...

PREFACIO COMUN, I

Este prefacio se dice en las misas que carecen de prefacio propio y no deben tomar un prefacio del tiempo.

℣. El Señor esté con vosotros.

℣. Levantemos el corazón.

℣. Demos gracias al Señor, nuestro Dios.

En verdad es justo y necesario,
es nuestro deber y salvación
darte gracias
siempre y en todo lugar,
Señor, Padre santo,
Dios todopoderoso y eterno,
por Cristo, Señor nuestro.

A quien hiciste fundamento de todo
y de cuya plenitud quisiste que participáramos todos.
Siendo él de condición divina
se despojó de su rango,
y por su sangre derramada en la cruz
puso en paz todas las cosas;
y así, constituido Señor del universo,
es fuente de salvación eterna
para cuantos creen en él.

Por eso,
con los ángeles y arcángeles
y con todos los coros celestiales,
cantamos sin cesar
el himno de tu gloria:

Santo, Santo, Santo...

PREFACIO COMUN, II

Este prefacio se dice en las misas que carecen de prefacio propio y no deben tomar un prefacio del tiempo.

℣. El Señor esté con vosotros.
℟. Y con tu espíritu.

℣. Levantemos el corazón.
℟. Lo tenemos levantado hacia el Señor.

℣. Demos gracias al Señor, nuestro Dios.
℟. Es justo y necesario.

En verdad es justo y necesario,
es nuestro deber y salvación
darte gracias
siempre y en todo lugar,
Señor, Padre santo,
Dios todopoderoso y eterno,
que por amor creaste al hombre,
y, aunque condenado justamente,
con tu misericordia lo redimiste,
por Cristo, Señor nuestro.

Por él,
los ángeles y los arcángeles
y todos los coros celestiales
celebran tu gloria,
unidos en común alegría.
Permítenos asociarnos a sus voces
cantando humildemente tu alabanza:

Santo, Santo, Santo...

PREFACIO COMUN, III

ALABANZA A DIOS QUE NOS CREÓ Y NOS HA CREADO DE NUEVO EN CRISTO

Este prefacio se dice en las misas que carecen de prefacio propio y no deben tomar un prefacio del tiempo.

℣. El Señor esté con vosotros.

℟. Y con tu espíritu.

℣. Levantemos el corazón.

℟. Lo tenemos levantado hacia el Señor.

℣. Demos gracias al Señor, nuestro Dios.

℟. Es justo y necesario.

En verdad es justo y necesario,
es nuestro deber y salvación
darte gracias
siempre y en todo lugar,
Señor, Padre santo,
Dios todopoderoso y eterno.

Porque has querido ser,
por medio de tu amado Hijo,
no sólo el creador del género humano,
sino también el autor generoso
de la nueva creación.

Por eso,
con razón te sirven todas las criaturas,
con justicia te alaban todos los redimidos
y unánimes te bendicen tus santos.
Con ellos, unidos a los ángeles,
nosotros queremos celebrarte
y te alabamos diciendo:

Santo, Santo, Santo...

PREFACIO COMUN, IV

NUESTRA MISMA ACCIÓN DE GRACIAS ES UN DON DE DIOS

Este prefacio se dice en las misas que carecen de prefacio propio y no deben tomar un prefacio del tiempo.

℣. El Señor esté con vosotros.
℟. Y con tu espíritu.

℣. Levantemos el corazón.
℟. Lo tenemos levantado hacia el Señor.

℣. Demos gracias al Señor, nuestro Dios.
℟. Es justo y necesario.

En verdad es justo y necesario,
es nuestro deber y salvación
darte gracias
siempre y en todo lugar,
Señor, Padre santo,
Dios todopoderoso y eterno.

Pues aunque no necesitas nuestra alabanza,
ni nuestras bendiciones te enriquecen,
tú inspiras y haces tuya nuestra acción de gracias,
para que nos sirva de salvación,
por Cristo, Señor nuestro.

A quien alaban los ángeles y los arcángeles,
proclamando sin cesar:

Santo, Santo, Santo...

PREFACIO COMUN, V

PROCLAMACIÓN DEL MISTERIO DE CRISTO

Este prefacio se dice en las misas que carecen de prefacio propio y no deben tomar un prefacio del tiempo.

℣. El Señor esté con vosotros.
℟. Y con tu espíritu.

℣. Levantemos el corazón.
℟. Lo tenemos levantado hacia el Señor.

℣. Demos gracias al Señor, nuestro Dios.
℟. Es justo y necesario.

En verdad es justo y necesario,
es nuestro deber y salvación
darte gracias
siempre y en todo lugar,
Señor, Padre santo,
Dios todopoderoso y eterno,
por Cristo, Señor nuestro.

Porque unidos en la caridad,
celebramos la muerte de tu Hijo,
con fe viva proclamamos su resurrección,
y con esperanza firme anhelamos su venida gloriosa.

Por eso,
con todos los ángeles y santos,
te alabamos, proclamando sin cesar:

Santo, Santo, Santo...

PREFACIO COMUN, VI

EL MISTERIO DE LA SALVACIÓN EN CRISTO

Este prefacio, tomado de la Plegaria eucarística II (p. 1130), se dice en las misas que carecen de prefacio del tiempo.

℣. El Señor esté con vosotros.

℣. Levantemos el corazón.

℣. Demos gracias al Señor, nuestro Dios.

En verdad es justo y necesario,
es nuestro deber y salvación
darte gracias, Padre santo,
siempre y en todo lugar,
por Jesucristo, tu Hijo amado.

Por él, que es tu Palabra, hiciste todas las cosas;
tú nos lo enviaste
para que, hecho hombre por obra del Espíritu Santo
y nacido de María la Virgen,
fuera nuestro Salvador y Redentor.

El, en cumplimiento de tu voluntad,
para destruir la muerte
y manifestar la resurrección,
extendió sus brazos en la cruz,
y así adquirió para ti un pueblo santo.

Por eso,
con los ángeles y los santos,
proclamamos tu gloria, diciendo:

Santo, Santo, Santo...

PREFACIO COMUN VII

Este prefacio se dice en las misas que carecen de prefacio propio y no deben tomar un prefacio del tiempo.

℣. El Señor esté con vosotros.

℣. Levantemos el corazón.

℣. Demos gracias al Señor, nuestro Dios.

En verdad es justo y necesario
Señor, Padre santo,
Dios de la alianza y de la paz.

Porque tú llamaste a Abrahán
y le mandaste salir de su tierra,
para constituirlo padre de todas las naciones.
Tú suscitaste a Moisés para librar a tu pueblo
y guiarlo a la tierra de promisión.

Tú, en la etapa final de la historia,
has enviado a tu Hijo,
como huésped y peregrino en medio de nosotros,
para redimirnos del pecado y de la muerte;
y has derramado el Espíritu,
para hacer de todas la naciones un solo pueblo nuevo,
que tiene como meta, tu reino,
como estado, la libertad de tus hijos,
como ley, el precepto del amor.

Por estos dones de tu benevolencia,
unidos a los ángeles y a los santos,
cantamos con gozo el himno de tu gloria:
Santo, Santo, Santo...

PREFACIO COMUN VIII

JESÚS, BUEN SAMARITANO

Este prefacio se dice en las misas que carecen de prefacio propio y no deben tomar un prefacio del tiempo. Especialmente es recomendable usarlo en el domingo XV del tiempo ordinario del año C y el lunes de la semana XXVII del tiempo ordinario.

En verdad es justo darte gracias,
y deber nuestro alabarte,
Padre Santo, Dios todopoderoso y eterno,
en todos los momentos y circunstancias de la vida,
en la salud y en la enfermedad,
en el sufrimiento y en el gozo,
por tu siervo, Jesús, nuestro Redentor.

Porque él, en su vida terrena, pasó haciendo el bien
y curando a los oprimidos por el mal.

También hoy, como buen samaritano,
se acerca a todo hombre
que sufre en su cuerpo o en su espíritu,
y cura sus heridas con el aceite del consuelo
y el vino de la esperanza.

Por este don de tu gracia,
incluso cuando nos vemos sumergidos en la noche del dolor,
vislumbramos la luz pascual
en tu Hijo, muerto y resucitado.

Por eso,
unidos a los ángeles y los santos,
cantamos a una voz
el himno de tu gloria:
Santo, Santo, Santo...

PREFACIO COMUN IX

Este prefacio se dice en las misas que carecen de prefacio propio y no deben tomar un prefacio del tiempo.

℣. El Señor esté con vosotros.

℟. Y con tu espíritu.

℣. Levantemos el corazón.

℟. Lo tenemos levantado hacia el Señor.

℣. Demos gracias al Señor, nuestro Dios.

℟. Es justo y necesario.

En verdad es justo y necesario,
es nuestro deber y salvación
darte gracias
siempre y en todo lugar,
Señor, Padre santo,
Dios todopoderoso y eterno.

Tú eres el Dios vivo y verdadero;
el universo está lleno de tu presencia,
pero sobre todo
has dejado la huella de tu gloria
en el hombre, creado a tu imagen.

Tú lo llamas a cooperar con el trabajo cotidiano
en el proyecto de la creación
y le das tu Espíritu
para que sea artífice de justicia y de paz,
en Cristo, el hombre nuevo.

Por eso,
unidos a los ángeles y a los santos,
cantamos con alegría
el himno de tu alabanza:

Santo, Santo, Santo...

PREFACIO I DE DIFUNTOS

Este prefacio se dice en las misas de difuntos.

℣. El Señor esté con vosotros.

℣. Levantemos el corazón.

℣. Demos gracias al Señor, nuestro Dios.

En verdad es justo y necesario,
es nuestro deber y salvación
darte gracias
siempre y en todo lugar,
Señor, Padre santo,
Dios todopoderoso y eterno,
por Cristo, Señor nuestro.

En él brilla la esperanza
de nuestra feliz resurrección;
y así,
aunque la certeza de morir nos entristece,
nos consuela la promesa
de tu futura inmortalidad.
Porque la vida de los que en ti creemos, Señor,
no termina, se transforma;
y, al deshacerse nuestra morada terrenal,
adquirimos una mansión eterna en el cielo.

Por eso,
con los ángeles y arcángeles
y con todos los coros celestiales,
cantamos sin cesar
el himno de tu gloria:

Santo, Santo, Santo...

PREFACIO II DE DIFUNTOS

Este prefacio se dice en las misas de difuntos.

℣. El Señor esté con vosotros.
℞. Y con tu espíritu.

℣. Levantemos el corazón.
℞. Lo tenemos levantado hacia el Señor.

℣. Demos gracias al Señor, nuestro Dios.
℞. Es justo y necesario.

En verdad es justo y necesario,
es nuestro deber y salvación
darte gracias
siempre y en todo lugar,
Señor, Padre santo,
Dios todopoderoso y eterno,
por Cristo, Señor nuestro.

Porque él aceptó la muerte, uno por todos,
para librarnos del morir eterno;
es más, quiso entregar su vida
para que todos tuviéramos vida eterna.

Por eso,
unidos a los coros angélicos,
te aclamamos llenos de alegría:

Santo, Santo, Santo...

PREFACIO III DE DIFUNTOS

CRISTO, SALVACIÓN Y VIDA

Este prefacio se dice en las misas de difuntos.

℣. El Señor esté con vosotros.
℟. Y con tu espíritu.

℣. Levantemos el corazón.
℟. Lo tenemos levantado hacia el Señor.

℣. Demos gracias al Señor, nuestro Dios.
℟. Es justo y necesario.

En verdad es justo y necesario,
es nuestro deber y salvación
darte gracias
siempre y en todo lugar,
Señor, Padre santo,
Dios todopoderoso y eterno,
por Cristo, Señor nuestro.

Porque él es la salvación del mundo,
la vida de los hombres,
la resurrección de los muertos.

Por él,
los ángeles te cantan con júbilo eterno
y nosotros nos unimos a sus voces
cantando humildemente tu alabanza:

Santo, Santo, Santo...

PLEGARIAS EUCARISTICAS

PLEGARIA EUCARISTICA I
o Canon romano

El sacerdote, con las manos extendidas, dice:

Padre misericordioso,
te pedimos humildemente
por Jesucristo, tu Hijo, nuestro Señor,

Junta las manos y dice:

que aceptes y bendigas

Traza, una sola vez, el signo de la cruz sobre el pan y el vino conjuntamente, diciendo:

estos ✠ dones,
este sacrificio santo y puro que te ofrecemos,

Con las manos extendidas, prosigue:

ante todo, por tu Iglesia santa y católica,
para que le concedas la paz, la protejas,
la congregues en la unidad
y la gobiernes en el mundo entero,
con tu servidor el Papa N.,
con nuestro Obispo N.,

Puede hacerse también mención de los Obispos coadjutores o auxiliares.

y todos los demás Obispos que, fieles a la verdad,
promueven la fe católica y apostólica.

CONMEMORACION DE LOS VIVOS

Acuérdate, Señor,
de tus hijos N. y N.

Puede decir los nombres de aquellos por quienes tiene intención de orar,
o bien junta las manos y ora por ellos unos momentos. Después, con las
manos extendidas, prosigue:

y de todos los aquí reunidos,
cuya fe y entrega bien conoces;
por ellos y todos los suyos,
por el perdón de sus pecados
y la salvación que esperan,
te ofrecemos,
y ellos mismos te ofrecen,
este sacrificio de alabanza,
a ti, eterno Dios,
vivo y verdadero.

CONMEMORACION DE LOS SANTOS

Reunidos en comunión con toda la Iglesia,

En los domingos, cuando no hay otro **Reunidos en comunión** propio, puede decirse:

para celebrar el domingo,
día en que Cristo ha vencido a la muerte
y nos ha hecho partícipes de su vida inmortal,

veneramos la memoria,
ante todo, de la gloriosa siempre Virgen María,
Madre de Jesucristo, nuestro Dios y Señor;
la de su esposo, san José;
la de los santos apóstoles y mártires
Pedro y Pablo, Andrés,
    [Santiago y Juan,
     Tomás, Santiago, Felipe,
     Bartolomé, Mateo, Simón y Tadeo;
     Lino, Cleto, Clemente,
     Sixto, Cornelio, Cipriano,
     Lorenzo, Crisógono,
     Juan y Pablo,
     Cosme y Damián,]
y la de todos los santos;
por sus méritos y oraciones
concédenos en todo tu protección.
    [Por Cristo, nuestro Señor. Amén.]

REUNIDOS EN COMUNION
PROPIOS DE ALGUNAS SOLEMNIDADES

En la Natividad del Señor y durante su octava:

Reunidos en comunión con toda la Iglesia para celebrar (la noche santa) el día santo en que la Virgen María, conservando intacta su virginidad, dio a luz al Salvador del mundo, veneramos la memoria, ante todo, de esta gloriosa siempre Virgen María, Madre de Jesucristo, nuestro Dios y Señor;

En la Epifanía del Señor:

Reunidos en comunión con toda la Iglesia para celebrar el día santo en que tu único Hijo, eterno como tú en la gloria, se manifestó en la verdad de nuestra carne, hecho hombre como nosotros, veneramos la memoria, ante todo, de la gloriosa siempre Virgen María, Madre de Jesucristo, nuestro Dios y Señor*

En el Jueves santo:

Reunidos en comunión con toda la Iglesia para celebrar el día santo en que nuestro Señor Jesucristo fue entregado por nosotros, veneramos la memoria, ante todo, de la gloriosa siempre Virgen María, Madre de Jesucristo, nuestro Dios y Señor;*

Desde la misa de la Vigilia pascual hasta el segundo domingo de Pascua:

Reunidos en comunión con toda la Iglesia para celebrar (la noche santa) el día santo de la resurrección de nuestro Señor Jesucristo según la carne, veneramos la memoria, ante todo, de la gloriosa siempre Virgen María, Madre de Jesucristo, nuestro Dios y Señor;*

En la Ascensión del Señor:

Reunidos en comunión con toda la Iglesia para celebrar el día santo en que tu único Hijo, nuestro Señor Jesucristo, habiendo tomado nuestra débil condición humana, la exaltó a la derecha de tu gloria, veneramos la memoria, ante todo, de la gloriosa siempre Virgen María, Madre de Jesucristo, nuestro Dios y Señor;*

En el domingo de Pentecostés

Reunidos en comunión con toda la Iglesia para celebrar el día de Pentecostés, en que el Espíritu Santo se manifestó a los apóstoles en lenguas de fuego, veneramos la memoria, ante todo, de la gloriosa siempre Virgen María, Madre de Jesucristo, nuestro Dios y Señor; *

* la de su esposo, san José;
la de los santos apóstoles y mártires
Pedro y Pablo, Andrés,
    [Santiago y Juan,
    Tomás, Santiago, Felipe,
    Bartolomé, Mateo, Simón y Tadeo;
    Lino, Cleto, Clemente,
    Sixto, Cornelio, Cipriano,
    Lorenzo, Crisógono,
    Juan y Pablo,
    Cosme y Damián,]
y la de todos los santos;
por sus méritos y oraciones
concédenos en todo tu protección.
    [Por Cristo, nuestro Señor. Amén.]

Con las manos extendidas, prosigue:

Acepta, Señor, en tu bondad,
esta ofrenda de tus siervos
y de toda tu familia santa;
ordena en tu paz nuestros días,
líbranos de la condenación eterna
y cuéntanos entre tus elegidos.

Junta las manos.

    [Por Cristo, nuestro Señor. Amén.]

En la misa del Jueves santo:

Acepta, Señor en tu bondad, esta ofrenda de tus siervos y de toda tu familia santa, que te presentamos en el día mismo en que nuestro Señor Jesucristo encomendó a sus discípulos la celebración del sacramento de su Cuerpo y de su Sangre; ordena en tu paz nuestros días, líbranos de la condenación eterna y cuéntanos entre tus elegidos.

[Por Cristo, nuestro Señor. Amén.]

Desde la misa de la Vigilia pascual hasta el segundo domingo de Pascua:

Acepta, Señor, en tu bondad, esta ofrenda de tus siervos y de toda tu familia santa, que hoy te ofrecemos especialmente por N. y N. (aquellos) que has hecho renacer del agua y del Espíritu Santo, perdonándoles todos sus pecados; ordena en tu paz nuestros días, líbranos de la condenación eterna y cuéntanos entre tus elegidos.

[Por Cristo, nuestro Señor. Amén.]

En la misa del bautismo:

Acepta, Señor, en tu bondad, esta ofrenda de tus siervos y de toda tu familia santa, que hoy te ofrecemos especialmente por N. y N. (aquellos) que has hecho renacer del agua y del Espíritu Santo, perdonándoles todos sus pecados, para incorporarlos a Cristo Jesús, Señor nuestro, e inscribe sus nombres en el libro de la vida.

[Por Cristo, nuestro Señor. Amén.]

Extendiendo las manos sobre las ofrendas, dice:

Bendice y santifica, oh Padre, esta ofrenda,

haciéndola perfecta, espiritual y digna de ti,
de manera que sea para nosotros
Cuerpo y Sangre de tu Hijo amado,
Jesucristo, nuestro Señor.

Junta las manos.

*En las fórmulas que siguen, las palabras del Señor han de pronunciarse
con claridad, como lo requiere la naturaleza de éstas.*

El cual, la víspera de su Pasión,

En la misa vespertina del Jueves santo:

El cual, hoy,
la víspera de padecer por nuestra salvación
y la de todos los hombres,

Toma el pan y, sosteniéndolo un poco elevado sobre el altar, prosigue:

tomó pan en sus santas y venerables manos,

Eleva los ojos.

y, elevando los ojos al cielo,
hacia ti, Dios, Padre suyo todopoderoso,
dando gracias te bendijo,
lo partió,
y lo dio a sus discípulos, diciendo:

Se inclina un poco.

Tomad y comed todos de él,
porque esto es mi Cuerpo,
que será entregado por vosotros

Muestra el pan consagrado al pueblo, lo deposita luego sobre la patena y lo adora haciendo genuflexión.

Después prosigue:

Del mismo modo, acabada la cena,

Toma el cáliz y, sosteniéndolo un poco elevado sobre el altar, dice:

tomó este cáliz glorioso
en sus santas y venerables manos,
dando gracias te bendijo,
y lo dio a sus discípulos, diciendo:

Se inclina un poco.

Tomad y bebed todos de él,
porque éste es el cáliz de mi Sangre,
Sangre de la alianza nueva y eterna,
que será derramada por vosotros
y por todos los hombres
para el perdón de los pecados.
Haced esto en conmemoración mía.

Muestra el cáliz al pueblo, lo deposita luego sobre el corporal y lo adora haciendo genuflexión.

Luego dice una de las siguientes fórmulas:

1

Este es el Sacramento de nuestra fe

O bien:

Este es el Misterio de la fe

Y el pueblo prosigue, aclamando:

Anunciamos tu muerte, | proclamamos tu resurrección. | ¡Ven, Señor Jesús!

2

Aclamad el Misterio de la redención.

Y el pueblo prosigue, aclamando:

Cada vez que comemos de este pan | y bebemos de este cáliz, | anunciamos tu muerte, Señor, | hasta que vuelvas.

3

Cristo se entregó por nosotros.

Y el pueblo prosigue, aclamando:

Por tu cruz y resurrección | nos has salvado, Señor.

Después el sacerdote, con las manos extendidas, dice:

Por eso, Padre,
nosotros, tus siervos, y todo tu pueblo santo,
al celebrar este memorial de la muerte gloriosa
de Jesucristo, tu Hijo, nuestro Señor;
de tu santa resurrección del lugar de los muertos
y de su admirable ascensión a los cielos,
te ofrecemos, Dios de gloria y majestad,
de los mismos bienes que nos has dado,
el sacrificio puro, inmaculado y santo:

pan de vida eterna
y cáliz de eterna salvación.

Y prosigue:

Mira con ojos de bondad esta ofrenda
y acéptala,
como aceptaste los dones del justo Abel,
el sacrificio de Abrahán, nuestro padre en la fe,
y la oblación pura
de tu sumo sacerdote Melquisedec.

Inclinado, con las manos juntas, prosigue:

Te pedimos humildemente,
Dios todopoderoso,
que esta ofrenda sea llevada a tu presencia,
hasta el altar del cielo,
por manos de tu ángel,
para que cuantos recibimos
el Cuerpo y la Sangre de tu Hijo,
al participar aquí de este altar,

Se endereza y se signa, diciendo:

seamos colmados
de gracia y bendición.
    [Por Cristo, nuestro Señor. Amén.]

CONMEMORACION DE LOS DIFUNTOS

Acuérdate también, Señor,
de tus hijos N. y N.

Puede decir los nombres de los difuntos por quienes se quiere orar.

que nos han precedido con el signo de la fe
y duermen ya el sueño de la paz.

Junta las manos y ora unos momentos por los difuntos por quienes tiene
intención de orar.

Después, con las manos extendidas, prosigue:

A ellos, Señor, y a cuantos descansan en Cristo,
concédeles el lugar del consuelo,
de la luz y de la paz.

Junta las manos.

   [Por Cristo, nuestro Señor. Amén.]

Con la mano derecha se golpea el pecho, diciendo:

Y a nosotros, pecadores, siervos tuyos,

Con las manos extendidas prosigue:

que confiamos en tu infinita misericordia,
admítenos en la asamblea
de los santos apóstoles y mártires
Juan el Bautista, Esteban,
Matías y Bernabé,
   [Ignacio, Alejandro,
   Marcelino y Pedro,
   Felicidad y Perpetua,
   Agueda, Lucía,
   Inés, Cecilia, Anastasia.]
y de todos los santos;

y acéptanos en su compañía,
no por nuestros méritos,
sino conforme a tu bondad.

Junta las manos y prosigue:

Por Cristo, Señor nuestro,
por quien sigues creando todos los bienes,
los santificas, los llenas de vida,
los bendices y los repartes entre nosotros.

Toma la patena, con el pan consagrado, y el cáliz y, sosteniéndolos elevados, dice:

Por Cristo, con él y en él,
a ti, Dios Padre omnipotente,
en la unidad del Espíritu Santo,
todo honor y toda gloria
por los siglos de los siglos

El pueblo aclama:

Amén.

PLEGARIA EUCARISTICA II

Esta plegaria eucarística tiene un prefacio propio que forma parte de su misma estructura. Con todo, se pueden usar también con esta plegaria otros prefacios, especialmente aquellos que presentan una breve síntesis del misterio de la salvación.

℣. El Señor esté con vosotros.
℟. Y con tu espíritu.

℣. Levantemos el corazón.
℟. Lo tenemos levantado hacia el Señor.

℣. Demos gracias al Señor, nuestro Dios.
℟. Es justo y necesario.

En verdad es justo y necesario,
es nuestro deber y salvación
darte gracias, Padre santo,
siempre y en todo lugar,
por Jesucristo, tu Hijo amado.

Por él, que es tu Palabra, hiciste todas las cosas;
tú nos lo enviaste
para que, hecho hombre por obra del Espíritu Santo
y nacido de María, la Virgen,
fuera nuestro Salvador y Redentor.

El, en cumplimiento de tu voluntad,
para destruir la muerte
y manifestar la resurrección,
extendió sus brazos en la cruz,
y así adquirió para ti un pueblo santo.

Por eso,
con los ángeles y los santos,

proclamamos tu gloria, diciendo:

Santo, Santo, Santo es el Señor,
Dios del Universo.
Llenos están el cielo y la tierra de tu gloria.
Hosanna en el cielo.
Bendito el que viene en nombre del Señor.
Hosanna en el cielo.

El sacerdote, con las manos extendidas, dice:

Santo eres en verdad, Señor,
fuente de toda santidad;

Junta las manos y, manteniéndolas extendidas sobre las ofrendas, dice:

por eso te pedimos que santifiques estos dones
con la efusión de tu Espíritu,

Junta las manos y traza el signo de la cruz sobre el pan y el cáliz conjuntamente, diciendo:

de manera que sean para nosotros
Cuerpo y ✛ Sangre
de Jesucristo, nuestro Señor.

Junta las manos.

En las fórmulas que siguen, las palabras del Señor han de pronunciarse
con claridad, como lo requiere la naturaleza de éstas.

El cual,

En la misa vespertina del Jueves santo:

en esta misma noche,

---

cuando iba a ser entregado a su Pasión,
voluntariamente aceptada,

Toma el pan y, sosteniéndolo un poco elevado sobre el altar, prosigue:

tomó pan, dándote gracias, lo partió
y lo dió a sus discípulos, diciendo:

Se inclina un poco.

Tomad y comed todos de él,
porque esto es mi Cuerpo,
que será entregado por vosotros.

Muestra el pan consagrado al pueblo, lo deposita luego sobre la patena
y lo adora haciendo genuflexión.

Después prosigue:

Del mismo modo, acabada la cena,

Toma el cáliz y, sosteniéndolo un poco elevado sobre el altar, prosigue:

tomó el cáliz,
y, dándote gracias de nuevo,
lo pasó a sus discípulos, diciendo:

Se inclina un poco.

Tomad y bebed todos de él,
porque éste es el cáliz de mi Sangre,
Sangre de la alianza nueva y eterna,
que será derramada por vosotros
y por todos los hombres
para el perdón de los pecados.
Haced esto en conmemoración mía.

Muestra el cáliz al pueblo, lo deposita luego sobre el corporal y lo adora haciendo genuflexión.

Luego dice una de las siguientes fórmulas:

1

Este es el Sacramento de nuestra fe.

O bien:

Este es el Misterio de la fe.

Y el pueblo prosigue, aclamando:

Anunciamos tu muerte,
proclamamos tu resurrección.
¡Ven, Señor Jesús!

2

Aclamad el Misterio de la redención.

Y el pueblo prosigue, aclamando:

Cada vez que comemos de este pan
y bebemos de este cáliz,
anunciamos tu muerte, Señor,
hasta que vuelvas.

3

Cristo se entregó por nosotros.

Y el pueblo prosigue, aclamando:

Por tu cruz y resurrección

nos has salvado, Señor.

Después el sacerdote, con las manos extendidas, dice:

Así, pues, Padre,
al celebrar ahora el memorial
de la muerte y resurrección de tu Hijo,
te ofrecemos
el pan de vida y el cáliz de salvación,
y te damos gracias
porque nos haces dignos de servirte en tu presencia.

Te pedimos humildemente
que el Espíritu Santo congregue en la unidad
a cuantos participamos
del Cuerpo y Sangre de Cristo.

Acuérdate, Señor,
de tu Iglesia extendida por toda la tierra;

En los domingos, cuando no hay otro recuerdo más propio, puede decirse:

y reunida aquí en el domingo,
día en que Cristo ha vencido a la muerte
y nos ha hecho partícipes de su vida inmortal;

y con el Papa N.,
con nuestro Obispo N.

Puede hacerse también mención de los Obispos coadjutores o auxiliares y, en las concelebraciones, del Obispo que preside la celebración.

y todos los pastores que cuidan de tu pueblo,

llévala a su perfección por la caridad.

En la misa por los difuntos:

Recuerda a tu hijo (hija) N.,
a quien llamaste (hoy)
de este mundo a tu presencia;
concédele que, así como ha compartido ya
la muerte de Jesucristo,
comparta también con él
la gloria de la resurrección.

Acuérdate también de nuestros hermanos
que durmieron con la esperanza
de la resurrección,
y de todos los que han muerto en tu misericordia;
admítelos a contemplar la luz de tu rostro.

Ten misericordia de todos nosotros,
y así, con María, la Virgen Madre de Dios,
los apóstoles
y cuantos vivieron en tu amistad
a través de los tiempos,
merezcamos, por tu Hijo Jesucristo,
compartir la vida eterna
y cantar tus alabanzas.

Junta las manos.

Toma la patena, con el pan consagrado, y el cáliz y, sosteniéndolos elevados, dice:

Por Cristo, con él y en él,
a ti, Dios Padre omnipotente,

en la unidad del Espíritu Santo,
todo honor y toda gloria
por los siglos de los siglos

El pueblo aclama:

Amén.

PLEGARIA EUCARISTICA III

El sacerdote, con las manos extendidas, dice:

Santo eres en verdad, Padre,
y con razón te alaban todas tus criaturas,
ya que por Jesucristo, tu Hijo, Señor nuestro,
con la fuerza del Espíritu Santo,
das vida y santificas todo,
y congregas a tu pueblo sin cesar,
para que ofrezca en tu honor
un sacrificio sin mancha
desde donde sale el sol hasta el ocaso.

Junta las manos y, manteniéndolas extendidas sobre las ofrendas, dice:

Por eso, Padre, te suplicamos
que santifiques por el mismo Espíritu
estos dones que hemos separado para ti,

Junta las manos y traza el signo de la cruz sobre el pan y el cáliz conjuntamente, diciendo:

de manera que sean
Cuerpo y ✠ Sangre de Jesucristo,
Hijo tuyo y Señor nuestro,

Junta las manos.

que nos mandó celebrar estos misterios.

En las fórmulas que siguen, las palabras del Señor han de pronunciarse con claridad, como lo requiere la naturaleza de éstas.

Porque él mismo

la noche en que iba a ser entregado,

En la misa vespertina del Jueves santo:

habiendo amado a los suyos que estaban en el mundo,
los amó hasta el extremo
y, mientras cenaba con sus discípulos,

Toma el pan y, sosteniéndolo un poco elevado sobre el altar, prosigue:

tomó pan,
y dando gracias te bendijo,
lo partió
y lo dio a sus discípulos, diciendo:

Se inclina un poco.

Tomad y comed todos de él,
porque esto es mi Cuerpo,
que será entregado por vosotros.

Muestra el pan consagrado al pueblo, lo deposita luego sobre la patena
y lo adora haciendo genuflexión.

Después prosigue:

Del mismo modo, acabada la cena,

Toma el cáliz y, sosteniéndolo un poco elevado sobre el altar, prosigue:

tomó el cáliz,
dando gracias te bendijo,
y lo pasó a sus discípulos, diciendo:

Se inclina un poco.

Tomad y bebed todos de él,

porque este es el cáliz de mi Sangre,
Sangre de la alianza nueva y eterna,
que será derramada por vosotros
y por todos los hombres
para el perdón de los pecados.

Haced esto en conmemoración mía.

Muestra el cáliz al pueblo, lo deposita luego sobre el corporal y lo adora
haciendo genuflexión.

Luego dice una de las siguientes fórmulas:

1

Este es el Sacramento de nuestra fe

O bien:

Este es el Misterio de la fe

Y el pueblo prosigue, aclamando:

Anunciamos tu muerte, | proclamamos tu resurrección. | ¡Ven,
Señor Jesús!

2

Aclamad el Misterio de la redención.

Y el pueblo prosigue, aclamando:

Cada vez que comemos de este pan | y bebemos de este cáliz,
| anunciamos tu muerte, Señor, | hasta que vuelvas.

3

Cristo se entregó por nosotros.

Y el pueblo prosigue, aclamando:

Por tu cruz y resurrección | nos has salvado, Señor.

Después el sacerdote, con las manos extendidas, dice:

Así, pues, Padre,
al celebrar ahora el memorial
de la pasión salvadora de tu Hijo,
de su admirable resurrección y ascensión al cielo,
mientras esperamos su venida gloriosa,
te ofrecemos, en esta acción de gracias,
el sacrificio vivo y santo.

Dirige tu mirada sobre la ofrenda de tu Iglesia,
y reconoce en ella la Víctima
por cuya inmolación quisiste devolvernos tu amistad,
para que, fortalecidos con el Cuerpo y la Sangre de tu
Hijo
y llenos de su Espíritu Santo,
formemos en Cristo un sólo cuerpo y un sólo espíritu.

Que él nos transforme en ofrenda permanente,
para que gocemos de su heredad
junto con tus elegidos:
con María, la Virgen Madre de Dios,
los apóstoles y los mártires,
    [san N.: Santo del día o patrono]

y todos los santos,
por cuya intercesión
confiamos obtener siempre tu ayuda.

Te pedimos, Padre, que esta Víctima de reconciliación
traiga la paz y la salvación al mundo entero.
Confirma en la fe y en la caridad
a tu Iglesia, peregrina en la tierra:
a tu servidor, el Papa N., a nuestro Obispo N.,

Puede hacerse también mención a los Obispos coadjutores o auxiliares y, en las concelebraciones, del Obispo que preside la celebración.

al orden episcopal, a los presbíteros y diáconos,
y a todo el pueblo redimido por ti.
Atiende los deseos y súplicas de esta familia
que has congregado en tu presencia.

En los domingos, cuando no hay otro recuerdo más propio, puede decirse:

en el domingo, día en que Cristo
ha vencido a la muerte
y nos ha hecho partícipes de su vida inmortal

Reúne en torno a ti, Padre misericordioso,
a todos tus hijos dispersos por el mundo.

† A nuestros hermanos difuntos
y a cuantos murieron en tu amistad
recíbelos en tu reino,
donde esperamos gozar todos juntos

de la plenitud eterna de tu gloria,

Junta las manos.

por Cristo, Señor nuestro,
por quien concedes al mundo todos los bienes.

Cuando esta Plegaria se utiliza en las misas de difuntos, puede decirse:

† Recuerda a tu hijo (hija) N.,
a quien llamaste [hoy]
de este mundo a tu presencia:
concédele que, así como ha compartido ya la muerte de Jesu-
comparta también con él   [cristo,
la gloria de la resurrección,
cuando Cristo haga resurgir de la tierra a los muertos,
y transforme nuestro cuerpo frágil
en cuerpo glorioso como el suyo.
Y a todos nuestros hermanos difuntos
y a cuantos murieron en tu amistad
recíbelos en tu reino,
donde esperamos gozar todos juntos
de la plenitud eterna de tu gloria;
allí enjugarás las lágrimas de nuestros ojos,
porque, al contemplarte como tú eres, Dios nuestro,
seremos para siempre semejantes a ti
y cantaremos eternamente tus alabanzas,

Junta las manos.

por Cristo, Señor nuestro,
por quien concedes al mundo todos los bienes.

Toma la patena con el pan consagrado y el cáliz y, sosteniéndolos elevados, dice:

Por Cristo, con él y en él,
a ti, Dios Padre omnipotente,
en la unidad del Espíritu Santo,
todo honor y toda gloria
por los siglos de los siglos.

El pueblo aclama:

Amén.

PLEGARIA EUCARISTICA IV

Esta plegaria eucarística forma un todo con su prefacio, el cual nunca puede cambiarse. Por consiguiente, no puede decirse cuando está prescrito un prefacio propio. En todos los casos puede decirse, incluso cuando las rúbricas prescriban un prefacio del tiempo.

℣. El Señor esté con vosotros.
℟. Y con tu espíritu.

℣. Levantemos el corazón.
℟. Lo tenemos levantado hacia el Señor.

℣. Demos gracias al Señor, nuestro Dios.
℟. Es justo y necesario.

En verdad es justo darte gracias
y deber nuestro glorificarte, Padre santo,
porque tú eres el único Dios vivo y verdadero
que existes desde siempre
y vives para siempre;
luz sobre toda luz.

Porque tú solo eres bueno y la fuente de la vida,
hiciste todas las cosas
para colmarlas de tus bendiciones
y alegrar su multitud con la claridad de tu gloria.

Por eso,
innumerables ángeles en tu presencia,
contemplando la gloria de tu rostro,
te sirven siempre y te glorifican sin cesar.
Y con ellos también vosotros, llenos de alegría,
y por nuestra voz las demás criaturas,
aclamamos tu nombre cantando:

Santo, Santo, Santo es el Señor,
Dios del Universo.
Llenos están el cielo y la tierra de tu gloria.
Hosanna en el cielo.
Bendito el que viene en nombre del Señor.
Hosanna en el cielo.

El sacerdote, con las manos extendidas, dice:

Te alabamos, Padre santo,
porque eres grande
y porque hiciste todas las cosas con sabiduría y amor.

A imagen tuya creaste al hombre
y le encomendaste el universo entero,
para que, sirviéndote sólo a ti, su Creador,
dominara todo lo creado.

Y cuando por desobediencia perdió tu amistad,
no lo abandonaste al poder de la muerte,
sino que, compadecido, tendiste la mano a todos,
para que te encuentre el que te busca.

Reiteraste, además, tu alianza a los hombres;
por los profetas
los fuiste llevando con la esperanza de salvación.

Y tanto amaste al mundo, Padre santo,
que, al cumplirse la plenitud de los tiempos,
nos enviaste como salvador a tu único Hijo.

El cual se encarnó por obra del Espíritu Santo,
nació de María, la Virgen,

y así compartió en todo nuestra condición humana
menos en el pecado;
anunció la salvación a los pobres,
la liberación a los oprimidos
y a los afligidos el consuelo.

Para cumplir tus designios,
él mismo se entregó a la muerte,
y, resucitando, destruyó la muerte y nos dio nueva vida.

Y porque no vivamos ya para nosotros mismos,
sino para él, que por nosotros murió y resucitó,
envió, Padre, al Espíritu Santo
como primicia para los creyentes,
a fin de santificar todas las cosas,
llevando a la plenitud su obra en el mundo.

Junta las manos y, manteniéndolas extendidas sobre las ofrendas, dice:

Por eso, Padre, te rogamos
que este mismo Espíritu
santifique estas ofrendas,

Junta las manos y traza el signo de la cruz sobre el pan y el cáliz conjuntamente, diciendo:

para que sean
Cuerpo y ✠ Sangre
de Jesucristo, nuestro Señor,

Junta las manos.

y así celebremos el gran misterio
que nos dejó como alianza eterna.

En las fórmulas que siguen, las palabras del Señor han de pronunciarse
con claridad, como lo requiere la naturaleza de éstas.

Porque él mismo,
llegada la hora en que había de ser glorificado
por ti, Padre santo,
habiendo amado a los suyos
que estaban en el mundo,
los amó hasta el extremo.
Y, mientras cenaba con sus discípulos,

Toma el pan y, sosteniéndolo un poco elevado sobre el altar, prosigue:

tomó pan,
te bendijo,
lo partió
y se lo dio, diciendo:

Se inclina un poco.

Tomad y comed todos de él,
porque esto es mi Cuerpo,
que será entregado por vosotros.

Muestra el pan consagrado al pueblo, lo deposita luego sobre la patena
y lo adora haciendo genuflexión.

Después prosigue:

Del mismo modo,

Toma el cáliz y, sosteniéndolo un poco elevado sobre el altar, prosigue:

tomó el cáliz lleno del fruto de la vid,
te dio gracias
y lo pasó a sus discípulos, diciendo:

Se inclina un poco.

Tomad y bebed todos de él,
porque éste es el cáliz de mi Sangre,
Sangre de la alianza nueva y eterna,
que será derramada por vosotros
y por todos los hombres
para el perdón de los pecados.

Haced esto en conmemoración mía.

Muestra el cáliz al pueblo, lo deposita luego sobre el corporal y lo adora
haciendo genuflexión.

Luego dice una de las siguientes fórmulas:

1

Este es el Sacramento de nuestra fe.

O bien:

Este es el Misterio de la fe.

Y el pueblo prosigue, aclamando:

Anunciamos tu muerte,
proclamamos tu resurrección.
¡Ven, Señor Jesús!

2

Aclamad el Misterio de la redención.

Y el pueblo prosigue, aclamando:

Cada vez que comemos de este pan

y bebemos de este cáliz,
anunciamos tu muerte, Señor,
hasta que vuelvas.

3

Cristo se entregó por nosotros.

Y el pueblo prosigue, aclamando:

Por tu cruz y resurrección
nos has salvado, Señor.

Después el sacerdote, con las manos extendidas, dice:

Por eso, Padre,
al celebrar ahora el memorial de nuestra redención,
recordamos la muerte de Cristo
y su descenso al lugar de los muertos,
proclamamos su resurrección y ascensión a tu derecha;
y mientras esperamos su venida gloriosa,
te ofrecemos su Cuerpo y su Sangre,
sacrificio agradable a ti
y salvación para todo el mundo.

Dirige tu mirada sobre esta Víctima
que tú mismo has preparado a tu Iglesia,
y concede a cuantos compartimos
este pan y este cáliz,
que, congregados en un solo cuerpo por el Espíritu Santo,
seamos en Cristo
víctima viva para alabanza de tu gloria.

Y ahora, Señor, acuérdate
de todos aquellos por quienes te ofrecemos este sacrificio:
de tu servidor el Papa N.,
de nuestro Obispo N.,

Puede hacerse también mención de los Obispos coadjutores o auxiliares
y, en las concelebraciones, del Obispo que preside la celebración.

del orden episcopal y de los presbíteros y diáconos,
de los oferentes y de los aquí reunidos,
de todo tu pueblo santo
y de aquéllos que te buscan con sincero corazón.

Acuérdate también
de los que murieron en la paz de Cristo
y de todos los difuntos,
cuya fe sólo tú conociste.

Padre de bondad,
que todos tus hijos nos reunamos
en la heredad de tu reino,
con María, la Virgen Madre de Dios,
con los apóstoles y los santos;
y allí, junto con toda la creación
libre ya del pecado y de la muerte,

Junta las manos.

te glorifiquemos por Cristo, Señor nuestro,
por quien concedes al mundo todos los bienes.

Toma la patena, con el pan consagrado, y el cáliz y, sosteniéndolos eleva-
dos, dice:

Por Cristo, con él y en él,
a ti, Dios Padre omnipotente,
en la unidad del Espíritu Santo,
todo honor y toda gloria
por los siglos de los siglos.

El pueblo aclama:

Amén.

RITO DE LA COMUNION

Una vez que ha dejado el cáliz y la patena, el sacerdote, con las manos juntas, dice:

Fieles a la recomendación del Salvador
y siguiendo su divina enseñanza,
nos atrevemos a decir:

O bien

Llenos de alegría por ser hijos de Dios,
dígamos confiadamente
la oración que Cristo nos enseñó:

O bien:

El amor de Dios ha sido derramado en nuestros corazones
con el Espíritu Santo que se nos ha dado;
dígamos con fe y esperanza:

O bien:

Antes de participar en el banquete de la Eucaristía,
signo de reconciliación
y vínculo de unión fraterna,
oremos juntos como el Señor nos ha enseñado:

Extiende las manos y, junto con el pueblo, continúa:

Padre nuestro, que estás en el cielo,
santificado sea tu Nombre;
venga a nosotros tu reino;
hágase tu voluntad en la tierra como en el cielo.
Danos hoy nuestro pan de cada día;

perdona nuestras ofensas,
como también nosotros perdonamos
a los que nos ofenden;
no nos dejes caer en la tentación,
y líbranos del mal.

El sacerdote, con las manos extendidas, prosigue él solo:

Líbranos de todos los males, Señor,
y concédenos la paz en nuestros días,
para que, ayudados por tu misericordia,
vivamos siempre libres de pecado
y protegidos de toda perturbación,
mientras esperamos la gloriosa venida
de nuestro Salvador Jesucristo.

Junta las manos.

El pueblo concluye la oración, aclamando:

Tuyo es el reino, | tuyo el poder y la gloria, por siempre, Señor.

Después el sacerdote, con las manos extendidas, dice en voz alta:

Señor Jesucristo,
que dijiste a tus apóstoles:
«La paz os dejo, mi paz os doy»,
no tengas en cuenta nuestros pecados,
sino la fe de tu Iglesia
y, conforme a tu palabra,
concédele la paz y la unidad.

Junta las manos.

Tú que vives y reinas

por los siglos de los siglos.

El pueblo responde:

Amén.

El sacerdote, extendiendo y juntando las manos, añade:

La paz del Señor esté siempre con vosotros.

El pueblo responde:

Y con tu espíritu.

Luego, si se juzga oportuno, el diácono, o el sacerdote, añade:

Daos fraternalmente la paz.

O bien:

Como hijos de Dios, intercambiad ahora
un signo de comunión fraterna.

O bien:

En Cristo, que nos ha hecho hermanos con su cruz,
daos la paz como signo de reconciliación.

O bien:

En el Espíritu de Cristo resucitado,
daos fraternalmente la paz.

Y todos, según la costumbre del lugar, se dan la paz..

El sacerdote da la paz al diácono o al ministro.

Después toma el pan consagrado, lo parte sobre la patena, y deja caer
una parte del mismo en el cáliz, diciendo en secreto:

El Cuerpo y la Sangre de nuestro Señor Jesucristo,
unidos en este cáliz,
sean para nosotros
alimento de vida eterna.

Mientras tanto se canta o se dice:

Cordero Dios, que quitas el pecado del mundo,
ten piedad de nosotros.
Cordero Dios, que quitas el pecado del mundo,
ten piedad de nosotros.
Cordero Dios, que quitas el pecado del mundo,
danos la paz.

Si la fracción del pan se prolonga, el canto precedente puede repetirse
varias veces. La última vez se dice: **danos la paz.**

A continuación el sacerdote, con las manos juntas, dice en secreto una de
las dos oraciones siguientes:

Señor Jesucristo, Hijo de Dios vivo,
que por voluntad del Padre,
cooperando el Espíritu Santo,
diste con tu muerte la vida al mundo,
líbrame, por la recepción de tu Cuerpo y de tu Sangre,
de todas mis culpas y de todo mal.
Concédeme cumplir siempre tus mandamientos
y jamás permitas que me separe de ti.

O bien:

Señor Jesucristo,
la comunión de tu Cuerpo y de tu Sangre
no sea para mí un motivo de juicio y condenación,

sino que, por tu piedad,
me aproveche para defensa de alma y cuerpo
y como remedio saludable.

El sacerdote hace genuflexión, toma el pan consagrado y, sosteniéndolo
un poco elevado sobre la patena, lo muestra al pueblo, diciendo:

Este es el Cordero de Dios,
que quita el pecado del mundo.
Dichosos los invitados a la cena del Señor.

Y, juntamente con el pueblo, añade:

Señor, no soy digno
de que entres en mi casa,
pero una palabra tuya
bastará para sanarme.

El sacerdote dice en secreto:

El Cuerpo de Cristo me guarde para la vida eterna.

Y comulga reverentemente el Cuerpo de Cristo.

Después toma el cáliz y dice en secreto:

La Sangre de Cristo me guarde para la vida eterna.

Y bebe reverentemente la Sangre de Cristo.

Después toma la patena o la píxide, se acerca a los que quieren comulgar
y les presenta el pan consagrado, que sostiene un poco elevado, diciendo
a cada uno de ellos:

El Cuerpo de Cristo.

El que va a comulgar responde:

Amén.

Y comulga.

El diácono y los ministros que distribuyen la Eucaristía observan los mismos ritos.

Si se comulga bajo las dos especies, se observa el rito descrito en su lugar.

Cuando el sacerdote comulga el Cuerpo de Cristo, comienza el canto de comunión.

Acabada la comunión, el diácono, el acólito, o el mismo sacerdote, purifica la patena sobre el cáliz y también el mismo cáliz, a no ser que se prefiera purificarlo en la credencia después de la misa.

Si el sacerdote hace la purificación, dice en secreto:

**Haz, Señor,
que recibamos con un corazón limpio
el alimento que acabamos de tomar,
y que el don que nos haces en esta vida
nos aproveche para la eterna.**

Después el sacerdote puede ir a la sede. Si se juzga oportuno, se pueden guardar unos momentos de silencio o cantar un salmo o cántico de alabanza.

Luego, de pie en la sede o en el altar, el sacerdote dice:

Oremos.

Y todos, junto con el sacerdote, oran en silencio durante unos momentos, a no ser que este silencio ya se haya hecho antes.

Después el sacerdote, con las manos extendidas, dice la oración después de la comunión.

La oración después de la comunión termina con la conclusión breve.

Si la oración se dirige al Padre:

Por Jesucristo, nuestro Señor.

Si la oración se dirige al Padre, pero al final de la misma se menciona al Hijo:

El, que vive y reina
por los siglos de los siglos.

Si la oración se dirige al Hijo:

Tú que vives y reinas
por los siglos de los siglos.

El pueblo aclama:

Amén.

RITO DE CONCLUSION

En este momento se hacen, si es necesario y con brevedad, los oportunos anuncios o advertencias al pueblo.

Después tiene lugar la despedida. El sacerdote extiende las manos hacia el pueblo y dice:

El Señor esté con vosotros.

El pueblo responde:

Y con tu espíritu.

El sacerdote bendice al pueblo, diciendo:

La bendición de Dios todopoderoso,
Padre, Hijo ✠ , y Espíritu Santo,
descienda sobre vosotros.

El pueblo responde.

Amén.

BENDICIONES SOLEMNES Y ORACIONES SOBRE EL PUEBLO

BENDICIONES SOLEMNES

Las siguientes bendiciones pueden utilizarse, a voluntad del sacerdote, al final de la celebración de la misa, o de una celebración de la palabra, o de la Liturgia de las Horas, o de los sacramentos.

El diácono o, en su defecto, el mismo sacerdote puede amonestar a los fieles con estas palabras u otras parecidas:

Inclinaos para recibir la bendición.

Luego, el sacerdote, con las manos extendidas sobre el pueblo, dice la bendición. Todos responden:

Amén.

I. En las celebraciones del tiempo

Adviento

El Dios todopoderoso y rico en misericordia, por su Hijo Jesucristo, cuya venida en carne creéis y cuyo retorno glorioso esperáis, en la celebración de los misterios del Adviento, os ilumine y os llene de sus bendiciones.

R. Amén.

Dios os mantenga durante esta vida firmes en la fe, alegres por la esperanza y diligentes en el amor.

℟. Amén.

Y así, los que ahora os alegráis por el próximo nacimiento de nuestro Redentor, cuando venga de nuevo en la majestad de su gloria recibáis el premio de la vida eterna.

℟. Amén.

Y la bendición de Dios todopoderoso, Padre, Hijo ✠ y Espíritu Santo, descienda sobre vosotros.

℟. Amén.

Natividad del Señor

El Dios de bondad infinita que disipó las tinieblas del mundo con la Encarnación de su Hijo y con su nacimiento glorioso iluminó esta noche santa (este día santo) aleje de vosotros las tinieblas del pecado y alumbre vuestros corazones con la luz de la gracia.

℟. Amén.

El que encomendó al ángel anunciar a los pastores la gran alegría del nacimiento del Salvador os llene de gozo y os haga también a vosotros mensajeros del Evangelio.

℟. Amén.

Y el que por la encarnación de su Hijo reconcilió lo humano y lo divino os conceda la paz a vosotros, amados de Dios, y un día os admita entre los miembros de la Iglesia del cielo.

℟. Amén.

Y la bendición de Dios todopoderoso, Padre, Hijo ✠ y Espíritu Santo, descienda sobre vosotros.

℟. Amén.

Primer día del año

El Dios, fuente y origen de toda bendición, os conceda su gracia, derrame sobre vosotros la abundancia de sus bendiciones y os proteja durante todo este año que hoy comenzamos.

℟. Amén.

El os mantenga íntegros en la fe, inconmovibles en la esperanza y, en medio de las dificultades, perseverantes hasta el fin en la caridad.

℟. Amén.

El os conceda un feliz y próspero año nuevo, escuche siempre vuestras súplicas y os lleve a la vida eterna.

℟. Amén.

Y la bendición de Dios todopoderoso, Padre, Hijo ✠ y Espíritu Santo, descienda sobre vosotros.

℟. Amén.

Epifanía del Señor

El Dios que os llamó de las tinieblas a su luz admirable derrame abundantemente sus bendiciones sobre vosotros y afiance vuestros corazones en la fe, la esperanza y la caridad.

℟. Amén.

Y él, a todos vosotros, fieles seguidores de Cristo, manifestado hoy al mundo como luz en la tiniebla, os haga testigos de la verdad ante los hermanos.

R̸. Amén.

Y así, cuando termine vuestra peregrinación por este mundo, lleguéis a encontraros con Cristo, luz de luz, a quien los Magos, guiados por la estrella, contemplaron con inmensa alegría.

R̸. Amén.

Y la bendición de Dios todopoderoso, Padre, Hijo ✠ y Espíritu Santo, descienda sobre vosotros.

R̸. Amén.

Cuaresma

Dios, Padre misericordioso, os conceda a todos vosotros, como al hijo pródigo, el gozo de volver a la casa paterna.

R̸. Amén.

Cristo, modelo de oración y de vida, os guíe a la auténtica conversión del corazón, a través del camino de la Cuaresma.

R̸. Amén.

El Espíritu de sabiduría y fortaleza os sostenga en la lucha contra el maligno, para que podáis celebrar con Cristo la victoria pascual.

R̸. Amén.

Y la bendición de Dios todopoderoso, Padre, Hijo ✠ y Espíritu Santo, descienda sobre vosotros y os acompañe siempre.

R̸. Amén.

Pasión del Señor

El Dios, Padre de misericordia, que en la pasión de su Hijo os ha dado ejemplo de amor, os conceda, por vuestra entrega a Dios y a los hombres, la mejor de sus bendiciones.

R̷. Amén.

Y que gracias a la muerte temporal de Cristo, que alejó de vosotros la muerte eterna, obtengáis el don de una vida sin fin.

R̷. Amén.

Y así, imitando su ejemplo de humildad, participéis un día en su resurrección gloriosa.

R̷. Amén.

Y la bendición de Dios todopoderoso, Padre, Hijo ✠ y Espíritu Santo, descienda sobre vosotros.

R̷. Amén.

Vigilia pascual y día de Pascua

Que os bendiga Dios todopoderoso en esta noche (este día) solemne de Pascua, y que su misericordia os guarde de todo pecado.

R̷. Amén.

Y el que os ha redimido por la resurrección de Jesucristo, os enriquezca con el premio de la vida eterna.

R̷. Amén.

Y a vosotros, que al terminar los días de la pasión del Señor celebráis con gozo la fiesta de Pascua, os conceda también alegraros con el gozo de la Pascua eterna.

R̷. Amén.

Y la bendición de Dios todopoderoso, Padre, Hijo ✠ y Espíritu Santo, descienda sobre vosotros.

R̷. Amén.

Tiempo pascual

El Dios, que por la resurrección de su Unigénito os ha redimido y adoptado como hijos, os llene de alegría con sus bendiciones.

R̷. Amén.

Y ya que por la redención de Cristo recibisteis el don de la libertad verdadera, por su bondad recibáis también la herencia eterna.

R̷. Amén.

Y, pues confesando la fe habéis resucitado con Cristo en el bautismo, por vuestras buenas obras merezcáis ser admitidos en la patria del cielo.

R̷. Amén.

Y la bendición de Dios todopoderoso, Padre, Hijo ✠ y Espíritu Santo, descienda sobre vosotros.

R̷. Amén.

Ascensión del Señor

El Dios todopoderoso, por medio de su Hijo, que ascendió hoy a lo alto de los cielos y os abrió el camino para seguirle hasta su reino, os colme de bendiciones.

R̷. Amén.

Jesucristo, que después de su resurrección se manifestó visiblemente a sus discípulos, se os manifieste también como Juez benigno cuando vuelva para juzgar al mundo.

R̸. Amén.

Y a quienes confesáis que está sentado a la derecha del Padre os conceda la alegría de sentir que, según su promesa, está con vosotros todos los días hasta el fin del mundo.

R̸. Amén.

Y la bendición de Dios todopoderoso, Padre, Hijo ✠ y Espíritu Santo, descienda sobre vosotros.

R̸. Amén.

Espíritu santo

El Dios, Padre de los astros, que [en el día de hoy] iluminó las mentes de sus discípulos derramando sobre ellas el Espíritu Santo, os alegre con sus bendiciones y os llene con los dones del Espíritu consolador.

R̸. Amén.

Que el mismo fuego divino, que de manera admirable se posó sobre los apóstoles, purifique vuestros corazones de todo pecado y los ilumine con su claridad.

R̸. Amén.

Y que el Espíritu que congregó en la confesión de una misma fe a los que el pecado había dividido en la diversidad de lenguas os conceda el don de la perseverancia en esta misma fe, y así podáis pasar de la esperanza a la plena visión.

R̥. Amén.

Y la bendición de Dios todopoderoso, Padre, Hijo ✠ y Espíritu Santo, descienda sobre vosotros.

R̥. Amén.

Tiempo ordinario, I

(Bendición aaronítica: Nm 6, 24-26)

El Señor os bendiga y os guarde.

R̥. Amén.

Haga brillar su rostro sobre vosotros y os conceda su favor.

R̥. Amén.

Vuelva su mirada a vosotros y os conceda la paz.

R̥. Amén.

Y la bendición de Dios todopoderoso, Padre, Hijo ✠ y Espíritu Santo, descienda sobre vosotros.

R̥. Amén.

Tiempo ordinario, II

(Flp 4, 7)

La paz de Dios, que sobrepasa todo juicio, custodie vuestros corazones y vuestros pensamientos en el conocimiento y el amor de Dios y de su Hijo Jesucristo nuestro Señor.

R̥. Amén.

Y la bendición de Dios todopoderoso, Padre, Hijo ✠ y Espíritu Santo, descienda sobre vosotros.

℟. Amén.

El Dios todopoderoso os bendiga con su misericordia y os llene de la sabiduría eterna.

℟. Amén.

El aumente en vosotros la fe y os dé la perseverancia en el bien obrar.

℟. Amén.

Atraiga hacia sí vuestros pasos y os muestre el camino del amor y de la paz.

℟. Amén.

Y la bendición de Dios todopoderoso, Padre, Hijo ✠ y Espíritu Santo, descienda sobre vosotros.

℟. Amén.

El Dios de todo consuelo disponga vuestros días en su paz y os otorgue el don de su bendición.

℟. Amén.

Que él os libre de toda perturbación y afiance vuestros corazones en su amor.

℟. Amén.

Para que, enriquecidos por los dones de la fe, la esperanza y la caridad, abundéis en esta vida en buenas obras y alcancéis sus frutos en la eterna.

℟. Amén.

Y la bendición de Dios todopoderoso, Padre, Hijo ✠ y Espíritu Santo, descienda sobre vosotros.

℟. Amén.

II.   En las celebraciones de los santos

Santa María Virgen

El Dios, que en su providencia amorosa quiso salvar al género humano por el fruto bendito del seno de la Virgen María, os colme de sus bendiciones.

℟. Amén.

Que os acompañe siempre la protección de la Virgen, por quien habéis recibido al Autor de la vida.

℟. Amén.

Y a todos vosotros, reunidos hoy para celebrar con devoción esta fiesta de María, el Señor os conceda la alegría del Espíritu y los bienes de su reino.

℟. Amén.

Y la bendición de Dios todopoderoso, Padre, Hijo ✠ y Espíritu Santo, descienda sobre vosotros.

℟. Amén.

Santos Pedro y Pablo

El Dios todopoderoso, que por la confesión de Pedro os ha fortalecido y os ha edificado sobre la roca de la fe de la Iglesia, os dé su bendición.

R. Amén.

Dios, que os ha instruido con la predicación de Pablo, cuya palabra sigue resonando en la Iglesia, os ayude a seguir el ejemplo de ganar hermanos para Cristo.

R. Amén.

Para que así, por las llaves de Pedro, la palabra de Pablo y la oración de ambos, nos sintamos animados a luchar por aquella patria a la que ellos llegaron muriendo en la cruz uno y otro bajo la espada.

R. Amén.

Y la bendición de Dios todopoderoso, Padre, Hijo ✠ y Espíritu Santo, descienda sobre vosotros.

R. Amén.

Apóstoles

El Dios que os ha edificado sobre el cimiento de los apóstoles por la intercesión gloriosa de los santos apóstoles N. y N. (de san N., apóstol) os llene de sus bendiciones.

R. Amén.

El que os ha enriquecido con la palabra y el ejemplo de los apóstoles os conceda su ayuda para que seáis testigos de la verdad ante el mundo.

R. Amén.

Para que así obtengáis la heredad del reino eterno, por la intercesión de los apóstoles, por cuya palabra os mantenéis firmes en la fe.

R̥. Amén.

Y la bendición de Dios todopoderoso, Padre, Hijo ✠ y Espíritu Santo, descienda sobre vosotros.

R̥. Amén.

Todos los santos

El Dios, gloria y felicidad de los santos, que os ha concedido celebrar hoy esta solemnidad [de san N.], os otorgue sus bendiciones eternas.

R̥. Amén.

Que por intercesión de los santos (de san N.) os veáis libres de todo mal, y, alentados por el ejemplo su vida, perseveréis constantes en el servicio de Dios y de los hermanos.

R̥. Amén.

Y que Dios os conceda reuniros con los santos en la felicidad del reino, donde la Iglesia contempla con gozo a sus hijos entre los moradores de la Jerusalén celeste.

R̥. Amén.

Y la bendición de Dios todopoderoso, Padre, Hijo ✠ y Espíritu Santo, descienda sobre vosotros.

R̥. Amén.

Fiesta de un santo

Dios, nuestro Padre, que nos ha congregado para celebrar hoy la fiesta de san N., [Patrón de nuestra comunidad N. parroquial, diocesana, nacional], os bendiga, os proteja, y os confirme en su paz.

℞. Amén.

Cristo, el Señor, que ha manifestado en san N. la fuerza renovadora del misterio pascual, os haga auténticos testigos de su Evangelio.

℞. Amén.

El Espíritu Santo, que en san N. nos ha ofrecido un ejemplo de caridad evangélica, os conceda la gracia de acrecentar en la Iglesia la verdadera comunión de fe y amor.

℞. Amén.

Y la bendición de Dios todopoderoso, Padre, Hijo ✠ y Espíritu Santo, descienda sobre vosotros.

℞. Amén.

docemos, enséñanos que hay esperanza, y no confundir en su
paz.

R. Amén

Cristo, el Señor, que ha manifestado en su Nacimiento la
dicha del que ha nacido, os haga anunciadores testigos de su
Evangelio.

R. Amén

El Padre de todo, que en su ... nos ha ofrecido un ejemplo de
caridad evangélica, os conceda la gracia de permanecer en la fe
en la verdadera comunión de fe y amor.

R. Amén

Y la bendición de Dios todopoderoso, Padre, Hijo, y Espíritu
Santo, descienda sobre vosotros.

R. Amén

APENDICE

PLEGARIA EUCARISTICA V/a

Esta plegaria eucarística forma un todo con su prefacio, el cual nunca puede cambiarse. Por consiguiente, no puede decirse cuando está prescrito un prefacio propio. En los otros casos puede decirse, incluso cuando las rúbricas prescriban un prefacio del tiempo.

℣. El Señor esté con vosotros.
℟. Y con tu espíritu.

℣. Levantemos el corazón.
℟. Lo tenemos levantado hacia el Señor.

℣. Demos gracias al Señor, nuestro Dios.
℟. Es justo y necesario.

Te damos gracias,
Señor y Padre nuestro,
te bendecimos y te glorificamos,
porque has creado todas las cosas
y nos has llamado a la vida.

Tú nunca nos dejas solos,
te manifiestas vivo y presente
en medio de nosotros.

Ya en tiempos antiguos
guiaste a Israel, tu pueblo,
con mano poderosa y brazo extendido,

a través de un inmenso desierto.

Hoy acompañas a tu Iglesia peregrina,
dándole la fuerza de tu Espíritu.
Por medio de tu Hijo
nos abres el camino de la vida,
para que, a través de este mundo,
lleguemos al gozo perfecto de tu reino.

Por eso,
con los ángeles y los santos,
cantamos sin cesar el himno de tu gloria:

Santo, Santo, Santo es el Señor,
Dios del Universo.
Llenos están el cielo y la tierra de tu gloria.
Hosanna en el cielo.
Bendito el que viene en nombre del Señor.
Hosanna en el cielo.

El sacerdote, con las manos extendidas, dice:

Te glorificamos, Padre santo,
porque estás siempre con nosotros
en el camino de la vida,
sobre todo cuando Cristo, tu Hijo, nos congrega
para el banquete pascual de su amor.
Como hizo en otro tiempo con los discípulos de Emaús,
él nos explica las Escrituras
y parte para nosotros el pan.

Junta las manos y, manteniéndolas extendidas sobre las ofrendas, dice:

Te rogamos, pues, Padre todopoderoso,

que envíes tu Espíritu sobre este pan y este vino,

Junta las manos y traza el signo de la cruz sobre el pan y el cáliz conjuntamente, diciendo:

de manera que sean para nosotros
Cuerpo y ✠ Sangre de Jesucristo,
Hijo tuyo y Señor nuestro.

Junta las manos.

En las fórmulas que siguen, las palabras del Señor han de pronunciarse con claridad, como lo requiere la naturaleza de éstas.

Él mismo, la víspera de su Pasión,
mientras estaba a la mesa con sus discípulos,

Toma el pan y, sosteniéndolo un poco elevado sobre el altar, prosigue:

tomó pan,
te dio gracias, lo partió
y se lo dio, diciendo:

Se inclina un poco.

Tomad y comed todos de él,
porque esto es mi Cuerpo,
que será entregado por vosotros.

Muestra el pan consagrado al pueblo, lo deposita luego sobre la patena y lo adora haciendo genuflexión.

Después prosigue:

Del mismo modo,

Toma el cáliz y, sosteniéndolo un poco elevado sobre el altar, prosigue:

tomó el cáliz lleno de vino,

te dio gracias con la plegaria de bendición
y lo pasó a sus discípulos, diciendo:

Se inclina un poco.

Tomad y bebed todos de él,
porque éste es el cáliz de mi Sangre,
Sangre de la alianza nueva y eterna,
que será derramada por vosotros
y por todos los hombres
para el perdón de los pecados.

Haced esto en conmemoración mía.

*Muestra el cáliz al pueblo, lo deposita luego sobre el corporal y lo adora
haciendo genuflexión.*

Luego dice una de las siguientes fórmulas:

1

Este es el Sacramento de nuestra fe.

O bien:

Este es el Misterio de la fe.

Y el pueblo prosigue, aclamando:

Anunciamos tu muerte, proclamamos tu resurrección. ¡Ven, Señor Jesús!

2

Aclamad el Misterio de la redención.

Y el pueblo prosigue, aclamando:

Cada vez que comemos de este pan y bebemos de este cáliz,
anunciamos tu muerte, Señor, hasta que vuelvas.

3

Cristo se entregó por nosotros.

Y el pueblo prosigue, aclamando:

Por tu cruz y resurrección, nos has salvado, Señor.

Después el sacerdote, con las manos extendidas, dice:

Por eso, Padre de bondad,
celebramos ahora el memorial de nuestra reconciliación,
y proclamamos la obra de tu amor:
Cristo, tu Hijo,
a través del sufrimiento y de la muerte en cruz,
ha resucitado a la vida nueva
y ha sido glorificado a tu derecha.
Dirige tu mirada, Padre santo, sobre esta ofrenda;
es Jesucristo que se ofrece con su Cuerpo y con su Sangre
y, por este sacrificio,
nos abre el camino hacia ti.

Señor,
Padre de misericordia,
derrama sobre nosotros
el Espíritu del Amor,
el Espíritu de tu Hijo.

Fortalécenos con este mismo Espíritu
a todos los que hemos sido invitados a tu mesa,
para que todos nosotros, pueblo de Dios,
con nuestros pastores,

el Papa N.,
nuestro obispo N.,

Puede hacerse también mención de los Obispos coadjutores o auxiliares
y, en las concelebraciones, del Obispo que preside la celebración.

los presbíteros y los diáconos,
caminemos alegres en la esperanza
y firmes en la fe,
y comuniquemos al mundo el gozo del Evangelio.
Acuérdate también, Padre, de nuestros hermanos
que murieron en la paz de Cristo,
y de todos los demás difuntos,
cuya fe sólo tú conociste;
admítelos a contemplar la luz de tu rostro
y llévalos a la plenitud de la vida en la resurrección.

Y, cuando termine nuestra peregrinación por este mundo,
recíbenos también a nosotros en tu reino,
donde esperamos gozar todos juntos
de la plenitud eterna de tu gloria.
En comunión con la Virgen María, Madre de Dios,
los apóstoles y los mártires,
        [san N.: Santo del día o patrono]
y todos los santos,
te invocamos, Padre, y te glorificamos,

Junta las manos

por Cristo, Señor nuestro.

Toma la patena, con el pan consagrado, y el cáliz y, sosteniéndolos elevados, dice:

Por Cristo, con él y en él,
a ti, Dios Padre omnipotente,
en la unidad del Espíritu Santo,
todo honor y toda gloria
por los siglos de los siglos.

El pueblo aclama:

Amén.

PLEGARIA EUCARISTICA V/b

JESÚS, NUESTRO CAMINO

Esta plegaria eucarística forma un todo con su prefacio, el cual nunca
puede cambiarse. Por consiguiente, no puede decirse cuando está prescrito un prefacio propio. En los otros casos puede decirse, incluso cuando
las rúbricas prescriban un prefacio del tiempo.

℣. El Señor esté con vosotros.
℟. Y con tu espíritu.

℣. Levantemos el corazón.
℟. Lo tenemos levantado hacia el Señor.

℣. Demos gracias al Señor, nuestro Dios.
℟. Es justo y necesario.

Te damos gracias y te bendecimos,
Dios santo y fuerte,
porque diriges con sabiduría los destinos del mundo
y cuidas con amor de cada uno de los hombres.

Tú nos invitas a escuchar tu palabra,
que nos reúne en un sólo cuerpo,
y a mantenernos siempre firmes
en el seguimiento de tu Hijo.

Porque sólo él es el camino que nos conduce hacia ti,
Dios invisible,
la verdad que nos hace libres,
la vida que nos colma de alegría.

Por eso, Padre,
porque tu amor es grande para con nosotros,
te damos gracias,
por medio de Jesús, tu Hijo amado,
y unimos nuestras voces a las de los ángeles,
para cantar y proclamar tu gloria:

Santo, Santo, Santo es el Señor,
Dios del Universo.
Llenos están el cielo y la tierra de tu gloria.

Hosanna en el cielo.
Bendito el que viene en nombre del Señor.
Hosanna en el cielo.

El sacerdote, con las manos extendidas, dice:

Te glorificamos, Padre santo,
porque estás siempre con nosotros
en el camino de la vida,
sobre todo cuando Cristo, tu Hijo, nos congrega
para el banquete pascual de su amor.
Como hizo en otro tiempo con los discípulos de Emaús,
él nos explica las Escrituras
y parte para nosotros el pan.

Junta las manos y, manteniéndolas extendidas sobre las ofrendas, dice:

Te rogamos, pues, Padre todopoderoso,
que envíes tu Espíritu sobre este pan y este vino,

*Junta las manos y traza el signo de la cruz sobre el pan y el cáliz conjun-
tamente, diciendo:*

de manera que sean para nosotros
Cuerpo y ✠ Sangre de Jesucristo,
Hijo tuyo y Señor nuestro.

Junta las manos.

En las fórmulas que siguen, las palabras del Señor han de pronunciarse
con claridad, como lo requiere la naturaleza de éstas.

Él mismo, la víspera de su Pasión,
mientras estaba a la mesa con sus discípulos,

Toma el pan y, sosteniéndolo un poco elevado sobre el altar, prosigue:

tomó pan,
te dio gracias, lo partió
y se lo dio, diciendo:

Se inclina un poco.

Tomad y comed todos de él,
porque esto es mi Cuerpo,
que será entregado por vosotros.

Muestra el pan consagrado al pueblo, lo deposita luego sobre la patena
y lo adora haciendo genuflexión.

Después prosigue:

Del mismo modo,

Toma el cáliz y, sosteniéndolo un poco elevado sobre el altar, prosigue:

tomó el cáliz lleno de vino,
te dio gracias con la plegaria de bendición
y lo pasó a sus discípulos, diciendo:

Se inclina un poco.

**Tomad y bebed todos de él,
porque éste es el cáliz de mi Sangre,
Sangre de la alianza nueva y eterna,
que será derramada por vosotros
y por todos los hombres
para el perdón de los pecados.**

Haced esto en conmemoración mía.

Muestra el cáliz al pueblo, lo deposita luego sobre el corporal y lo adora haciendo genuflexión.

Luego dice una de las siguientes fórmulas:

1

Este es el Sacramento de nuestra fe.

O bien:

Este es el Misterio de la fe.

Y el pueblo prosigue, aclamando:

Anunciamos tu muerte, proclamamos tu resurrección. ¡Ven, Señor Jesús!

2

Aclamad el Misterio de la redención.

Y el pueblo prosigue, aclamando:

Cada vez que comemos de este pan y bebemos de este cáliz, anunciamos tu muerte, Señor, hasta que vuelvas.

3

Cristo se entregó por nosotros.

Por tu cruz y resurrección nos has salvado, Señor.

Por eso, Padre de bondad,
celebramos ahora el memorial de nuestra reconciliación,
y proclamamos la obra de tu amor:
Cristo, tu Hijo,
a través del sufrimiento y de la muerte en cruz,
ha resucitado a la vida nueva
y ha sido glorificado a tu derecha.
Dirige tu mirada, Padre santo, sobre esta ofrenda;
es Jesucristo que se ofrece con su Cuerpo y con su Sangre
y, por este sacrificio,
nos abre el camino hacia ti.

Señor, Padre de misericordia,
derrama sobre nosotros
el Espíritu del Amor,
el Espíritu de tu Hijo.

Fortalécenos a cuantos nos disponemos a recibir
el Cuerpo y la Sangre de tu Hijo
y haz que, unidos al Papa N.
y a nuestro Obispo N.,

seamos uno en la fe y en el amor.

Danos entrañas de misericordia ante toda miseria humana,
inspíranos el gesto y la palabra oportuna
frente al hermano solo y desamparado,
ayúdanos a mostrarnos disponibles
ante quien se siente explotado y deprimido.
Que tu Iglesia, Señor, sea un recinto de verdad y de amor,
de libertad, de justicia y de paz,
para que todos encuentren en ella
un motivo para seguir esperando.

Acuérdate también, Padre, de nuestros hermanos
que murieron en la paz de Cristo,
y de todos los demás difuntos,
cuya fe sólo tú conociste;
admítelos a contemplar la luz de tu rostro
y llévalos a la plenitud de la vida en la resurrección.

Y, cuando termine nuestra peregrinación por este mundo,
recíbenos también a nosotros en tu reino,
donde esperamos gozar todos juntos
de la plenitud eterna de tu gloria.

En comunión con la Virgen María, Madre de Dios,
los apóstoles y los mártires,
(san N.: Santo del día o patrono)
y todos los santos,
te invocamos, Padre, y te glorificamos,

Junta las manos.

Por Cristo, Señor nuestro.

Toma la patena, con el pan consagrado, y el cáliz y, sosteniéndolos elevados, dice:

Por Cristo, con él y en él,
a ti, Dios Padre omnipotente,
en la unidad del Espíritu Santo,
todo honor y toda gloria
por los siglos de los siglos.

El pueblo aclama:

Amén.

PLEGARIA EUCARISTICA V/c

Esta plegaria eucarística forma un todo con su prefacio, el cual nunca puede cambiarse. Por consiguiente, no puede decirse cuando está prescrito un prefacio propio. En los otros casos puede decirse, incluso cuando las rúbricas prescriban un prefacio del tiempo.

℣. El Señor esté con vosotros.
℟. Y con tu espíritu.

℣. Levantemos el corazón.
℟. Lo tenemos levantado hacia el Señor.

℣. Demos gracias al Señor, nuestro Dios.
℟. Es justo y necesario.

Te damos gracias,
Padre fiel y lleno de ternura,
porque tanto amaste al mundo
que le has entregado a tu Hijo,
para que fuera nuestro Señor y nuestro hermano.

El manifiesta su amor
para con los pobres y los enfermos,
para con los pequeños y los pecadores.

El nunca permaneció indiferente
ante el sufrimiento humano;
su vida y su palabra son para nosotros
la prueba de tu amor;
como un padre siente ternura por sus hijos,

así tú sientes ternura por tus fieles.

Por eso,
te alabamos y te glorificamos
y, con los ángeles y los santos,
cantamos tu bondad y tu fidelidad,
proclamando el himno de tu gloria:

Santo, Santo, Santo es el Señor,
Dios del Universo.
Llenos están el cielo y la tierra de tu gloria.
Hosanna en el cielo.
Bendito el que viene en nombre del Señor.
Hosanna en el cielo.

El sacerdote, con las manos extendidas, dice:

Te glorificamos, Padre santo,
porque estás siempre con nosotros
en el camino de la vida,
sobre todo cuando Cristo, tu Hijo, nos congrega
para el banquete pascual de su amor.
Como hizo en otro tiempo con los discípulos de Emaús,
él nos explica las Escrituras
y parte para nosotros el pan.

Junta las manos y, manteniéndolas extendidas sobre las ofrendas, dice:

Te rogamos, pues, Padre todopoderoso,
que envíes tu Espíritu sobre este pan y este vino,

Junta las manos y traza el signo de la cruz sobre el pan y el cáliz conjuntamente, diciendo:

de manera que sean para nosotros
Cuerpo y ✠ Sangre de Jesucristo,
Hijo tuyo y Señor nuestro.

Junta las manos.

En las fórmulas que siguen, las palabras del Señor han de pronunciarse
con claridad, como lo requiere la naturaleza de éstas.

Él mismo, la víspera de su Pasión,
mientras estaba a la mesa con sus discípulos,

Toma el pan y, sosteniéndolo un poco elevado sobre el altar, prosigue:

tomó pan,
te dio gracias, lo partió
y se lo dio, diciendo:

Se inclina un poco.

Tomad y comed todos de él,
porque esto es mi Cuerpo,
que será entregado por vosotros.

Muestra el pan consagrado al pueblo, lo deposita luego sobre la patena
y lo adora haciendo genuflexión.

Después prosigue:

Del mismo modo,

Toma el cáliz y, sosteniéndolo un poco elevado sobre el altar, prosigue:

tomó el cáliz lleno de vino,
te dio gracias con la plegaria de bendición
y lo pasó a sus discípulos, diciendo:

Se inclina un poco.

Tomad y bebed todos de él,
porque éste es el cáliz de mi Sangre,
Sangre de la alianza nueva y eterna,
que será derramada por vosotros
y por todos los hombres
para el perdón de los pecados.

Haced esto en conmemoración mía.

Muestra el cáliz al pueblo, lo deposita luego sobre el corporal y lo adora
haciendo genuflexión.

Luego dice una de las siguientes fórmulas:

1

Este es el Sacramento de nuestra fe.

O bien:

Este es el Misterio de la fe.

Y el pueblo prosigue, aclamando:

Anunciamos tu muerte, proclamamos tu resurrección. ¡Ven, Señor Jesús!

2

Aclamad el Misterio de la redención.

Y el pueblo prosigue, aclamando:

Cada vez que comemos de este pan y bebemos de este cáliz,
anunciamos tu muerte, Señor, hasta que vuelvas.

3

Cristo se entregó por nosotros.

Y el pueblo prosigue, aclamando:

Por tu cruz y resurrección, nos has salvado, Señor.

Después el sacerdote, con las manos extendidas, dice:

Por eso, Padre de bondad,
celebramos ahora el memorial de nuestra reconciliación,
y proclamamos la obra de tu amor:
Cristo, tu Hijo,
a través del sufrimiento y de la muerte en cruz,
ha resucitado a la vida nueva
y ha sido glorificado a tu derecha.

Dirige tu mirada, Padre santo, sobre esta ofrenda;
es Jesucristo que se ofrece con su Cuerpo y con su Sangre
y, por este sacrificio,
nos abre el camino hacia ti.

Señor, Padre de misericordia,
derrama sobre nosotros
el Espíritu del Amor,
el Espíritu de tu Hijo.

Fortalece a tu pueblo
con el Cuerpo y la Sangre de tu Hijo
y renuévanos a todos a su imagen.
Derrama tu bendición abundante sobre el Papa N.
y sobre nuestro Obispo N.

Puede hacerse también mención de los Obispos coadjutores o auxiliares
y, en las concelebraciones, del Obispo que preside la celebración.

que todos los miembros de la Iglesia
sepamos discernir los signos de los tiempos
y crezcamos en la fidelidad al Evangelio;
que nos preocupemos de compartir en la caridad
las angustias y las tristezas,
las alegrías y las esperanzas de los hombres,
y así les mostremos el camino de la salvación.

Acuérdate también, Padre, de nuestros hermanos
que murieron en la paz de Cristo,
y de todos los demás difuntos,
cuya fe sólo tú conociste;
admítelos a contemplar la luz de tu rostro
y llévalos a la plenitud de la vida en la resurrección.

Y, cuando termine nuestra peregrinación por este mundo,
recíbenos también a nosotros en tu reino,
donde esperamos gozar todos juntos
de la plenitud eterna de tu gloria.

En comunión con la Virgen María, Madre de Dios,
los apóstoles y los mártires,
[san N.: Santo del día o patrono]
y todos los santos,
te invocamos, Padre, y te glorificamos,

Junta las manos.

por Cristo, Señor nuestro.

Toma la patena, con el pan consagrado, y el cáliz y, sosteniéndolos elevados, dice:

Por Cristo, con él y en él,

a ti, Dios Padre omnipotente,
en la unidad del Espíritu Santo,
todo honor y toda gloria
por los siglos de los siglos.

El pueblo aclama:

Amén.

PLEGARIA EUCARISTICA V/d

Esta plegaria eucarística forma un todo con su prefacio, el cual nunca
puede cambiarse. Por consiguiente, no puede decirse cuando está prescrito un prefacio propio. En los otros casos puede decirse, incluso cuando
las rúbricas prescriban un prefacio del tiempo.

℣. El Señor esté con vosotros.
℟. Y con tu espíritu.

℣. Levantemos el corazón.
℟. Lo tenemos levantado hacia el Señor.

℣. Demos gracias al Señor, nuestro Dios.
℟. Es justo y necesario.

Te damos gracias, Padre de bondad,
y te glorificamos, Señor, Dios del Universo,
porque no cesas de convocar
a los hombres de toda raza y cultura,
por medio del Evangelio de tu Hijo,
y los reúnes en un sólo cuerpo,
que es la Iglesia.

Esta Iglesia, vivificada por tu Espíritu,
resplandece como signo de la unidad
de todos los hombres,
da testimonio de tu amor en el mundo
y abre a todos las puertas de la esperanza.

De esta forma se convierte

en un signo de fidelidad a la alianza,
que has sellado con nosotros para siempre.

Por ello, Señor,
te enaltecen el cielo y la tierra,
y también nosotros, unidos a toda la Iglesia,
proclamamos el himno de tu gloria:

Santo, Santo, Santo es el Señor,
Dios del Universo.
Llenos están el cielo y la tierra de tu gloria.
Hosanna en el cielo.
Bendito el que viene en nombre del Señor.
Hosanna en el cielo.

El sacerdote, con las manos extendidas, dice:

Te glorificamos, Padre santo,
porque estás siempre con nosotros
en el camino de la vida,
sobre todo cuando Cristo, tu Hijo, nos congrega
para el banquete pascual de su amor.
Como hizo en otro tiempo con los discípulos de Emaús,
él nos explica las Escrituras
y parte para nosotros el pan.

Junta las manos y, manteniéndolas extendidas sobre las ofrendas, dice:

Te rogamos, pues, Padre todopoderoso,
que envíes tu Espíritu sobre este pan y este vino,

Junta las manos y traza el signo de la cruz sobre el pan y el cáliz conjuntamente, diciendo:

de manera que sean para nosotros
Cuerpo y ✠ Sangre de Jesucristo,
Hijo tuyo y Señor nuestro.

Junta las manos.

En las fórmulas que siguen, las palabras del Señor han de pronunciarse
con claridad, como lo requiere la naturaleza de éstas.

Él mismo, la víspera de su Pasión,
mientras estaba a la mesa con sus discípulos,

Toma el pan y, sosteniéndolo un poco elevado sobre el altar, prosigue:

tomó pan,
te dio gracias, lo partió
y se lo dio, diciendo:

Se inclina un poco.

Tomad y comed todos de él,
porque esto es mi Cuerpo,
que será entregado por vosotros.

Muestra el pan consagrado al pueblo, lo deposita luego sobre la patena
y lo adora haciendo genuflexión.

Después prosigue:

Del mismo modo,

Toma el cáliz y, sosteniéndolo un poco elevado sobre el altar, prosigue:

tomó el cáliz lleno de vino,
te dio gracias con la plegaria de bendición
y lo pasó a sus discípulos, diciendo:

Se inclina un poco.

Tomad y bebed todos de él,
porque éste es el cáliz de mi Sangre,
Sangre de la alianza nueva y eterna,
que será derramada por vosotros
y por todos los hombres
para el perdón de los pecados.

Haced esto en conmemoración mía.

Muestra el cáliz al pueblo, lo deposita luego sobre el corporal y lo adora
haciendo genuflexión.

Luego dice una de las siguientes fórmulas:

1

Este es el Sacramento de nuestra fe.

O bien:

Este es el Misterio de la fe.

Y el pueblo prosigue, aclamando:

Anunciamos tu muerte, proclamamos tu resurrección. ¡Ven, Señor Jesús!

2

Aclamad el Misterio de la redención.

Y el pueblo prosigue, aclamando:

Cada vez que comemos de este pan y bebemos de este cáliz,
anunciamos tu muerte, Señor, hasta que vuelvas.

3

Cristo se entregó por nosotros.

Y el pueblo prosigue, aclamando:

Por tu cruz y resurrección, nos has salvado, Señor.

Después el sacerdote, con las manos extendidas, dice:

Por eso, Padre de bondad,
celebramos ahora el memorial de nuestra reconciliación,
y proclamamos la obra de tu amor:
Cristo, tu Hijo,
a través del sufrimiento y de la muerte en cruz,
ha resucitado a la vida nueva
y ha sido glorificado a tu derecha.

Dirige tu mirada, Padre santo, sobre esta ofrenda;
es Jesucristo que se ofrece con su Cuerpo y con su Sangre
y, por este sacrificio,
nos abre el camino hacia ti.

Señor, Padre de misericordia,
derrama sobre nosotros
el Espíritu del Amor,
el Espíritu de tu Hijo.

Haz que nuestra Iglesia de N.
se renueve constantemente a la luz del Evangelio
y encuentre siempre nuevos impulsos de vida;
consolida los vínculos de unidad
entre los laicos y los pastores de tu Iglesia,

entre nuestro Obispo N.
y sus presbíteros y diáconos,

Puede hacerse también mención de los Obispos coadjutores o auxiliares y, en las concelebraciones, del Obispo que preside la celebración.

entre todos los obispos y el Papa N.;
que la Iglesia sea, en medio de nuestro mundo,
dividido por las guerras y discordias,
instrumento de unidad, de concordia y de paz.

Acuérdate también, Padre, de nuestros hermanos
que murieron en la paz de Cristo,
y de todos los demás difuntos,
cuya fe sólo tú conociste;
admítelos a contemplar la luz de tu rostro
y llévalos a la plenitud de la vida en la resurrección.

Y, cuando termine nuestra peregrinación por este mundo,
recíbenos también a nosotros en tu reino,
donde esperamos gozar todos juntos
de la plenitud eterna de tu gloria.

En comunión con la Virgen María, Madre de Dios,
los apóstoles y los mártires,
    [san N.: Santo del día o patrono]
y todos los santos,
te invocamos, Padre, y te glorificamos,

Junta las manos.

por Cristo, Señor nuestro.

Toma la patena, con el pan consagrado, y el cáliz y, sosteniéndolos elevados, dice:

Por Cristo, con él y en él,
a ti, Dios Padre omnipotente,
en la unidad del Espíritu Santo,
todo honor y toda gloria
por los siglos de los siglos.

El pueblo aclama:

Amén.

PLEGARIA EUCARISTICA
SOBRE LA RECONCILIACION I

LA RECONCILIACIÓN COMO RETORNO AL PADRE

Esta plegaria eucarística forma un todo con su prefacio, el cual nunca puede cambiarse. Por consiguiente, no puede decirse cuando está prescrito un prefacio propio. En los otros casos puede decirse, incluso cuando las rúbricas prescriban un prefacio del tiempo.

℣. El Señor esté con vosotros.
℟. Y con tu espíritu.

℣. Levantemos el corazón.
℟. Lo tenemos levantado hacia el Señor.

℣. Demos gracias al Señor, nuestro Dios.
℟. Es justo y necesario.

En verdad es justo y necesario
darte gracias, Señor, Padre santo,
porque no dejas de llamarnos a una vida plenamente feliz.
Tú, Dios de bondad y misericordia,
ofreces siempre tu perdón
e invitas a los pecadores
a recurrir confiadamente a tu clemencia.

Muchas veces los hombres hemos quebrantado tu alianza;
pero tú, en vez de abandonarnos,
has sellado de nuevo con la familia humana,
por Jesucristo, tu Hijo, nuestro Señor,
un pacto tan sólido, que ya nada lo podrá romper.

Y ahora,
mientras ofreces a tu pueblo
un tiempo de gracia y reconciliación,
lo alientas en Cristo
para que vuelva a ti,
obedeciendo más plenamente al Espíritu Santo,
y se entregue al servicio de todos los hombres.

Por eso, llenos de admiración y agradecimiento,
unimos nuestras voces
a las de los coros celestiales
para cantar la grandeza de tu amor
y proclamar la alegría de nuestra salvación:

Santo, Santo, Santo es el Señor,
Dios del Universo.
Llenos están el cielo y la tierra de tu gloria.
Hosanna en el cielo.
Bendito el que viene en nombre del Señor.
Hosanna en el cielo.

El sacerdote, con las manos extendidas, dice:

Oh Dios, que desde el principio del mundo
haces cuanto nos conviene,
para que seamos santos como tú mismo eres santo,
mira a tu pueblo aquí reunido.

Junta las manos y, manteniéndolas extendidas sobre las ofrendas, dice:

y derrama la fuerza de tu Espíritu,
de manera que estos dones sean para nosotros

Junta las manos y traza el signo de la cruz sobre el pan y el cáliz conjuntamente, diciendo:

Cuerpo y ✠ Sangre

Junta las manos.

de tu amado Hijo Jesucristo,
en quien nosotros somos hijos tuyos,

El sacerdote, con las manos extendidas, prosigue:

Cuando nosotros estábamos perdidos
y éramos incapaces de volver a ti,
nos amaste hasta el extremo.
Tu Hijo, que es el único justo,
se entregó a sí mismo en nuestras manos
para ser clavado en la cruz.

Junta las manos.

Pero, antes de que sus brazos extendidos
entre el cielo y la tierra
trazasen el signo indeleble de tu alianza,
quiso celebrar la Pascua con sus discípulos.

En las fórmulas que siguen, las palabras del Señor han de pronunciarse
con claridad, como lo requiere la naturaleza de éstas.

Mientras cenaba con ellos,

Toma el pan y, sosteniéndolo un poco elevado sobre el altar, prosigue:

tomó pan,
dando gracias, te bendijo
lo partió y se lo dio, diciendo:

Se inclina un poco.

**Tomad y comed todos de él,
porque esto es mi Cuerpo,
que será entregado por vosotros.**

Muestra el pan consagrado al pueblo, lo deposita luego sobre la patena y lo adora haciendo genuflexión.

Después prosigue:

**Igualmente, depués de haber cenado,
sabiendo que él iba a reconciliar
todas las cosas en sí mismo
por su sangre derramada en la cruz,**

Toma el cáliz y, sosteniéndolo un poco elevado sobre el altar, prosigue:

**tomó el cáliz, lleno del fruto de la vid,
de nuevo te dio gracias
y lo pasó a sus amigos, diciendo:**

Se inclina un poco.

**Tomad y bebed todos de él,
porque éste es el cáliz de mi Sangre,
Sangre de la alianza nueva y eterna,
que será derramada por vosotros
y por todos los hombres
para el perdón de los pecados.
Haced esto en conmemoración mía.**

Muestra el cáliz al pueblo, lo deposita luego sobre el corporal y lo adora haciendo genuflexión.

Luego dice una de las siguientes fórmulas:

1

Este es el Sacramento de nuestra fe.

O bien:

Este es el Misterio de la fe.

Y el pueblo prosigue, aclamando:

Anunciamos tu muerte, proclamamos tu resurrección. ¡Ven, Señor Jesús!

2

Aclamad el Misterio de la redención.

Y el pueblo prosigue, aclamando:

Cada vez que comemos de este pan y bebemos de este cáliz, anunciamos tu muerte, Señor, hasta que vuelvas.

3

Cristo se entregó por nosotros.

Y el pueblo prosigue, aclamando:

Por tu cruz y resurrección, nos has salvado, Señor.

Después el sacerdote, con las manos extendidas, dice:

Así, pues, al hacer el memorial de Jesucristo,
nuestra Pascua y nuestra paz definitiva,
y celebrar su muerte y resurrección,

en la esperanza del día feliz de su retorno,
te ofrecemos, Dios fiel y verdadero,
la Víctima que devuelve tu gracia a los hombres.

Mira con amor, Padre de bondad,
a quienes llamas a unirse a ti,
y concédeles que,
participando del único sacrificio de Cristo,
formen, por la fuerza del Espíritu Santo,
un solo cuerpo, en el que no haya ninguna división.

Guárdanos a todos en comunión de fe y amor
con el Papa N.
y nuestro Obispo N.

Puede hacerse también mención de los Obispos coadjutores o auxiliares
y, en las concelebraciones, del Obispo que preside la celebración.

Ayúdanos a preparar la venida de tu reino,
hasta la hora en que nos presentemos ante ti,
santos entre los santos del cielo,
con santa María, la Virgen, y los apóstoles,
y con nuestros hermanos difuntos,
que confiamos a tu misericordia.

Entonces, en la creación nueva,
liberada por fin de toda corrupción,
te cantaremos la acción de gracias de Jesucristo,
tu Ungido, que vive eternamente.

Junta las manos.

Toma la patena, con el pan consagrado, y el cáliz y, sosteniéndolos elevados, dice:

Por Cristo, con él y en él,
a ti, Dios Padre omnipotente,
en la unidad del Espíritu Santo,
todo honor y toda gloria
por los siglos de los siglos.

El pueblo aclama:

Amén.

PLEGARIA EUCARISTICA
SOBRE LA RECONCILIACION II

LA RECONCILIACIÓN CON DIOS, FUNDAMENTO DE LA CONCORDIA HUMANA

Esta plegaria eucarística forma un todo con su prefacio, el cual nunca puede cambiarse. Por consiguiente, no puede decirse cuando está prescrito un prefacio propio. En los otros casos puede decirse, incluso cuando las rúbricas prescriban un prefacio del tiempo.

℣. El Señor esté con vosotros.
℟. Y con tu espíritu.

℣. Levantemos el corazón.
℟. Lo tenemos levantado hacia el Señor.

℣. Demos gracias al Señor, nuestro Dios.
℟. Es justo y necesario.

Te damos gracias, Dios nuestro y Padre todopoderoso,
por medio de Jesucristo, nuestro Señor,
y te alabamos por la obra admirable de la redención.

Pues, en una humanidad dividida
por la enemistades y las discordias,
tú diriges las voluntades
para que se dispongan a la reconciliación.
Tu Espíritu mueve los corazones
para que los enemigos vuelvan a la amistad,
los adversarios se den la mano
y los pueblos busquen la unión.

Con tu acción eficaz consigues

que las luchas se apacigüen
y crezca el deseo de la paz;
que el perdón venza al odio
y la indulgencia a la venganza.

Por eso,
debemos darte gracias continuamente
y alabarte con los coros celestiales,
que te aclaman sin cesar:

Santo, Santo, Santo es el Señor,
Dios del Universo.
Llenos están el cielo y la tierra de tu gloria.
Hosanna en el cielo.
Bendito el que viene en nombre del Señor.
Hosanna en el cielo.

El sacerdote, con las manos extendidas, dice:

A ti, pues, Padre,
que gobiernas el universo,
te bendecimos por Jesucristo, tu Hijo,
que ha venido en tu nombre.
El es la palabra que nos salva,
la mano que tiendes a los pecadores,
el camino que nos conduce a la paz.

Dios, Padre nuestro,
nos habíamos apartado de ti
y nos has reconciliado por tu Hijo,
a quien entregaste a la muerte

para que nos convirtiéramos a tu amor
y nos amáramos unos a otros.

Por eso,
celebrando este misterio de reconciliación,
te rogamos

Junta las manos y, manteniéndolas extendidas sobre las ofrendas, dice:

que santifiques con el rocío de tu Espíritu estos dones,

Junta las manos y traza el signo de la cruz sobre el pan y el cáliz conjuntamente, diciendo:

para que sean el Cuerpo y ✠ la Sangre de tu Hijo,
mientras cumplimos su mandato.

Junta las manos.

En las fórmulas que siguen, las palabras del Señor han de pronunciarse con claridad, como lo requiere la naturaleza de éstas.

Porque él mismo,
cuando iba a entregar su vida por nuestra liberación,
estando sentado a la mesa,

Toma el pan y, sosteniéndolo un poco elevado sobre el altar, prosigue:

tomó pan en sus manos,
dando gracias, te bendijo
lo partió
y lo dio a sus discípulos, diciendo:

Se inclina un poco.

Tomad y comed todos de él,
porque esto es mi Cuerpo,

que será entregado por vosotros.

Muestra el pan consagrado al pueblo, lo deposita luego sobre la patena y lo adora haciendo genuflexión.

Después prosigue:

Del mismo modo, aquella noche,

Toma el cáliz y, sosteniéndolo un poco elevado sobre el altar, prosigue:

tomó el cáliz,
y, proclamando tu misericordia,
lo pasó a sus discípulos, diciendo:

Se inclina un poco.

Tomad y bebed todos de él,
porque éste es el cáliz de mi Sangre,
Sangre de la alianza nueva y eterna,
que será entregada por vosotros
y por todos los hombres
para el perdón de los pecados.
Haced esto en conmemoración mía.

Muestra el cáliz al pueblo, lo deposita luego sobre el corporal y lo adora haciendo genuflexión.

Luego dice una de las siguientes fórmulas:

1

Este es el Sacramento de nuestra fe.

O bien:

Este es el Misterio de la fe.

Y el pueblo prosigue, aclamando:

Anunciamos tu muerte, proclamamos tu resurrección. ¡Ven, Señor Jesús!

2

Aclamad el Misterio de la redención.

Y el pueblo prosigue, aclamando:

Cada vez que comemos de este pan y bebemos de este cáliz, anunciamos tu muerte, Señor, hasta que vuelvas.

3

Cristo se entregó por nosotros.

Y el pueblo prosigue, aclamando:

Por tu cruz y resurrección, nos has salvado, Señor.

Después el sacerdote, con las manos extendidas, dice:

Señor, Dios nuestro,
tu Hijo nos dejó esta prenda de tu amor.
Al celebrar, pues, el memorial
de su muerte y resurrección,
te ofrecemos lo mismo que tú nos entregaste:
el sacrificio de la reconciliación perfecta.

Acéptanos también a nosotros, Padre santo,
juntamente con la ofrenda de tu Hijo;
y en la participación de este banquete

concédenos tu Espíritu,
para que desaparezca todo obstáculo
en el camino de la concordia
y la Iglesia resplandezca en medio de los hombres
como signo de unidad e instrumento de tu paz.

Que este Espíritu, vínculo de amor,
nos guarde en comunión
con el Papa N.,
con nuestro Obispo N.,

Puede hacerse también mención de los Obispos coadjutores o auxiliares
y, en las concelebraciones, del Obispo que preside la celebración.

con los demás Obispos y todo tu pueblo santo.

Recibe en tu reino a nuestros hermanos
que se durmieron en el Señor
y a todos los difuntos cuya fe sólo tú conociste.

Así como nos has reunido aquí
en torno a la mesa de tu Hijo,
unidos con María, la Virgen Madre de Dios,
y con todos los santos,
reúne también a los hombres
de cualquier clase y condición, de toda raza y lengua,
en el banquete de la unidad eterna,
en un mundo nuevo
donde brille la plenitud de tu paz,

Junta las manos.

por Cristo, Señor nuestro.

Toma la patena, con el pan consagrado, y el cáliz y, sosteniéndolos elevados, dice:

**Por Cristo, con él y en él,
a ti, Dios Padre omnipotente,
en la unidad del Espíritu Santo,
todo honor y toda gloria
por los siglos de los siglos.**

El pueblo aclama:

Amén.

PLEGARIAS EUCARISTICAS
PARA LAS MISAS CON NIÑOS

1. El uso de estas plegarias eucarísticas deben tender siempre a que los niños se vayan introduciendo progresivamente en la participación activa y consciente en las misas habituales de toda la comunidad cristiana.

2. Por ello el uso de estas plegarias está limitado a las misas con niños, salvo siempre el derecho del Obispo, que puede autorizarlas en aquellas misas en las que la presencia de los niños, sin ser exclusiva, es, con todo, muy relevante (cf. Directorio para las misas con niños, núm. 19). El uso de estas plegarias puede ser especialmente aconsejable en las misas de las catequesis, en las celebradas en las escuelas y, sobre todo, en las de primera comunión.

3. Esta finalidad de introducir a los niños en la celebración de toda la familia cristiana es la razón por la cual no conviene que se modifiquen en estas plegarias las expresiones más comunes, como son el diálogo del prefacio, el canto del Santo (salvo lo que se dice con referencia al Santo en la Plegaria I) y sobre todo las palabras de la consagración.

4. La participación más activa de los niños en la Eucaristía aconseja que, en algunas ocasiones, se aumente el número de las aclamaciones en el interior de la plegaria; con todo, hay que velar para que no se pierda en la celebración el carácter presidencial de la oración eucarística.

5. Para que los niños descubran con mayor facilidad que el sacerdote que preside la celebración representa a Jesucristo, no resulta ni pedagógico ni aconsejable en estas misas la concelebración. Si, con todo, en algún caso concreto parece conveniente la concelebración, ha de velarse el modo especial en que los celebrantes observen la norma de pronunciar la plegaria eucarística —sobre todo las palabras de la consagración— en voz secreta. Por esta misma razón es mejor no usar en estas misas la posibilidad —siempre facultativa (cf. Ordenación General del Misal romano, núms. 172, 181, 185 y 189)— de distribuir entre los concelebrantes las diversas intercesiones.

PLEGARIA EUCARISTICA
PARA LAS MISAS CON NIÑOS I

℣. El Señor esté con vosotros.
℟. Y con tu espíritu.

℣. Levantemos el corazón.
℟. Lo tenemos levantado hacia el Señor.

℣. Demos gracias al Señor, nuestro Dios.
℟. Es justo y necesario.

Dios y Padre nuestro,
tú has querido que nos reunamos delante de ti
para celebrar una fiesta contigo,
para alabarte
y para decirte lo mucho que te admiramos.

Te alabamos por todas las cosas bellas
que has hecho en el mundo
y por la alegría que has dado a nuestros corazones.

Te alabamos por la luz del sol
y por tu Palabra que ilumina nuestras vidas.

Te damos gracias por esta tierra tan hermosa
que nos has dado,
por los hombres que la habitan
y por habernos hecho el regalo de la vida.
De veras, Señor, tú nos amas, eres bueno
y haces maravillas por nosotros.

Por eso todos juntos te cantamos:

Todos aclaman:

Llenos están el cielo y la tierra de tu gloria. Hosanna en el cielo.

El sacerdote, con las manos extendidas, dice:

Tú, Señor, te preocupas siempre
de nosotros y de todos los hombres
y no quieres estar lejos de ellos.
Tú nos has enviado a Jesús, tu Hijo muy querido.
Él vino para salvarnos,
curó a los enfermos,
perdonó a los pecadores.
A todos les dijo que tú nos amas.
Se hizo amigo de los niños
y los bendecía.
Por eso, Padre, te estamos agradecidos y te aclamamos:

Todos aclaman:

Bendito el que viene en nombre del Señor. Hosanna en el cielo.

El sacerdote, con las manos extendidas, prosigue:

Pero no estamos solos para alabarte, Señor.
La Iglesia entera, que es tu pueblo,
extendida por toda la tierra,
canta tus alabanzas.
Nosotros nos unimos a su canto
con el santo Padre, el Papa N., y nuestro Obispo N.

Puede hacerse también mención de los Obispos coadjutores o auxiliares.

También en el cielo la Virgen María,

los apóstoles y los santos,
te alaban sin cesar.
Con ellos y con todos los ángeles
te cantamos el himno de tu gloria:

Todos aclaman:

Santo, Santo, Santo es el Señor,
Dios del Universo.
Hosanna en el cielo.

El sacerdote, con las manos extendidas, prosigue:

Padre santo,
para mostrarte nuestro agradecimiento,
hemos traído este pan y este vino;

Junta las manos y, manteniéndolas extendidas sobre las ofrendas, dice:

haz que, por la fuerza de tu Espíritu,
sean para nosotros

Junta las manos y traza el signo de la cruz sobre el pan y el cáliz conjuntamente, diciendo:

el Cuerpo ✠ y la Sangre de Jesucristo,
tu Hijo resucitado.

Junta las manos.

Así podremos ofrecerte, Padre santo,
lo que tú mismo nos regalas.

En las fórmulas que siguen, las palabras del Señor han de pronunciarse con claridad, como lo requiere la naturaleza de éstas.

Porque Jesús,

un poco antes de su muerte,
mientras cenaba con sus apóstoles,

Toma el pan y, sosteniéndolo un poco elevado sobre el altar, prosigue:

tomó pan de la mesa
y, dándote gracias, te bendijo,
lo partió y se lo dio, diciendo:

Se inclina un poco.

Tomad y comed todos de él,
porque esto es mi Cuerpo,
que será entregado por vosotros.

Muestra el pan consagrado al pueblo, lo deposita luego sobre la patena
y lo adora haciendo genuflexión.

Después prosigue:

Del mismo modo, al terminar la cena,

Toma el cáliz y, sosteniéndolo un poco elevado sobre el altar, prosigue:

tomó el cáliz lleno de vino,
y, dándote gracias de nuevo,
lo pasó a sus amigos, diciendo:

Se inclina un poco.

Tomad y bebed todos de él,
porque éste es el cáliz de mi Sangre,
Sangre de la alianza nueva y eterna,
que será derramada por vosotros
y por todos los hombres
para el perdón de los pecados.

Y les dijo también:

Haced esto en conmemoración mía.

Muestra el cáliz al pueblo, lo deposita luego sobre el corporal y lo adora
haciendo genuflexión.

Después el sacerdote, con las manos extendidas, dice:

Padre santo,
lo que Jesús nos mandó que hiciéramos,
ahora lo cumplimos en esta Eucaristía:
te ofrecemos el pan de la vida y el cáliz de la salvación,
proclamando así la muerte y resurrección de tu Hijo.
El es quien nos conduce hacia ti;
acéptanos a nosotros juntamente con él.

Junta las manos.

Todos aclaman:

Cristo murió por nosotros. Cristo ha resucitado. Cristo vendrá
de nuevo. Te esperamos, Señor Jesús.

Pueden emplearse también las aclamaciones de las otras plegarias eucarísticas.

Después el sacerdote, con las manos extendidas, dice:

Padre, tú que tanto nos amas,
deja que nos acerquemos a esta mesa santa
para recibir el Cuerpo y la Sangre de tu Hijo,
unidos como una sola familia
en la alegría del Espíritu Santo.

A ti, Señor, que nunca olvidas a nadie,
te pedimos por todas las personas que amamos

(en especial por N. y N.)
y por todos los que han muerto en tu paz.

En la misa de primera comunión:

Hoy en especial te pedimos por tus hijos [N. y N.],
que por vez primera invitas en este día
a participar del pan de vida y del cáliz de salvación,
en la mesa de tu familia;
concédeles crecer siempre en tu amistad.

Acuérdate de todos los que sufren y viven tristes,
de la gran familia de los cristianos
y de cuantos viven en este mundo.

Al ver todo lo que tú haces
por medio de tu Hijo Jesús,
nos quedamos admirados
y de nuevo te damos gracias y te bendecimos.

Junta las manos.

Toma la patena, con el pan consagrado, y el cáliz y, sosteniéndolos elevados, dice:

Por Cristo, con él y en él,
a ti, Dios Padre omnipotente,
en la unidad del Espíritu Santo,
todo honor y toda gloria
por los siglos de los siglos.

Todos aclaman:

Amén.

PLEGARIA EUCARISTICA
PARA LAS MISAS DE LOS NIÑOS II

℣. El Señor esté con vosotros.
℟. Y con tu espíritu.

℣. Levantemos el corazón.
℟. Lo tenemos levantado hacia el Señor.

℣. Demos gracias al Señor, nuestro Dios.
℟. Es justo y necesario.

En verdad, Padre bueno,
hoy estamos de fiesta:
nuestro corazón está lleno de agradecimiento
y con Jesús te cantamos nuestra alegría:

Todos aclaman:

¡Gloria a ti, Señor, porque nos amas!

El sacerdote, con las manos extendidas, prosigue:

Tú nos amas tanto,
que has hecho para nosotros
este mundo inmenso y maravilloso.
Por eso te aclamamos:

Todos aclaman:

¡Gloria a ti, Señor, porque nos amas!

El sacerdote, con las manos extendidas, prosigue:

Tú nos amas tanto,

que nos das a tu Hijo, Jesús,
para que él nos acompañe hasta ti.
Por eso te aclamamos:

Todos aclaman:

¡Gloria a ti, Señor, porque nos amas!

El sacerdote, con las manos extendidas, prosigue:

Tú nos amas tanto,
que nos reúnes con Jesús
como a los hijos de una misma familia.
Por eso te aclamamos:

Todos aclaman:

¡Gloria a ti, Señor, porque nos amas!

El sacerdote, con las manos extendidas, prosigue:

Por ese amor tan grande
queremos darte gracias y cantarte
con los ángeles y los santos
que te adoran en el cielo:

Todos aclaman:

Santo, Santo, Santo es el Señor, Dios del Universo. Llenos están
el cielo y la tierra de tu gloria. Hosanna en el cielo. Bendito el
que viene en nombre del Señor. Hosanna en el cielo.

El sacerdote, con las manos extendidas, dice:

Bendito sea Jesús, tu enviado,
el amigo de los niños y de los pobres.

El vino para enseñarnos
cómo debemos amarte a ti
y amarnos los unos a los otros.

El vino para arrancar de nuestros corazones
el mal que nos impide ser amigos
y el odio que no nos deja ser felices.

El ha prometido que su Espíritu Santo
estará siempre con nosotros
para que vivamos como verdaderos hijos tuyos.

Todos aclaman:

Bendito el que viene en nombre del Señor. Hosanna en el cielo.

Junta las manos y, manteniéndolas extendidas sobre las ofrendas, dice:

A ti, Dios y Padre nuestro, te pedimos
que nos envíes tu Espíritu,
para que este pan y este vino

Junta las manos y traza el signo de la cruz sobre el pan y el cáliz conjuntamente, diciendo:

sean el Cuerpo ✠ y la Sangre de Jesús, nuestro Señor.

Junta las manos.

En las fórmulas que siguen, las palabras del Señor han de pronunciarse con claridad, como lo requiere la naturaleza de éstas.

El mismo Jesús, poco antes de morir,
nos dio la prueba de tu amor.
Cuando estaba sentado a la mesa con sus discípulos,

Toma el pan y, sosteniéndolo un poco elevado sobre el altar, prosigue:

tomó el pan,
dijo una oración para bendecirte y darte gracias,
lo partió y lo dio a sus discípulos, diciéndoles:

Se inclina un poco:

Tomad y comed todos de él,
porque esto es mi Cuerpo,
que será entregado por vosotros.

Muestra el pan consagrado al pueblo, mientras todos aclaman:

¡Señor Jesús, tú te entregaste por nosotros!

Deposita luego el pan consagrado en la patena y lo adora haciendo genuflexión.

Después toma el cáliz y, sosteniéndolo un poco elevado sobre el altar, prosigue:

Después, tomó el cáliz lleno de vino
y, dándote gracias de nuevo,
lo pasó a sus discípulos, diciendo:

Se inclina un poco.

Tomad y bebed todos de él,
porque éste es el cáliz de mi Sangre,
Sangre de la alianza nueva y eterna,
que será derramada por vosotros
y por todos los hombres
para el perdón de los pecados.

Muestra el cáliz al pueblo, mientras todos aclaman:

¡Señor Jesús, tú te entregaste por nosotros!

El sacerdote prosigue:

Y les dijo también:

Haced esto en conmemoración mía.

Deposita luego el cáliz sobre el corporal y lo adora haciendo genuflexión.

Después el sacerdote, con las manos extendidas, dice:

Por eso, Padre bueno, recordamos ahora
la muerte y resurrección de Jesús, el Salvador del mundo.
El se ha puesto en nuestras manos
para que te lo ofrezcamos como sacrificio nuestro
y junto con él nos ofrezcamos a ti.

Todos aclaman:

¡Gloria y alabanza a nuestro Dios!

O bien:

¡Te alabamos, te bendecimos, te damos gracias!

El sacerdote, con las manos extendidas, prosigue:

Escúchanos, Señor Dios nuestro;
danos tu Espíritu de amor
a los que participamos en esta comida,
para que vivamos cada día
más unidos en la Iglesia,
con el santo Padre, el Papa N.,
con nuestro Obispo N.,

Puede hacerse también mención de los Obispos coadjutores o auxiliares.

los demás obispos,

y todos los que trabajan por tu pueblo.

Todos aclaman:

¡Que todos seamos una sola familia para gloria tuya!

El sacerdote, con las manos extendidas, prosigue:

No te olvides de las personas que amamos
ni de aquéllas a las que debiéramos querer más.

En la misa de primera comunión:

Acuérdate de nuestros amigos [N. y N.],
que por vez primera invitas en este día
a participar del pan de vida y del cáliz de salvación,
en la mesa de tu familia.
Concédeles crecer siempre en tu amistad.

Acuérdate también de los que ya murieron
y recíbelos con amor en tu casa.

Todos aclaman:

¡Que todos seamos una sola familia para gloria tuya!

El sacerdote, con las manos extendidas, prosigue:

Y un día, reúnenos cerca de ti
con María la Virgen, Madre de Dios y Madre nuestra,
para celebrar en tu reino la gran fiesta del cielo.
Entonces, todos los amigos de Jesús, nuestro Señor,
podremos cantarte sin fin.

Todos aclaman:

¡Que todos seamos una sola familia para gloria tuya!

El sacerdote junta las manos, toma la patena, con el pan consagrado, y el cáliz y, sosteniéndolos elevados, dice:

Por Cristo, con él y en él,
a ti, Dios Padre omnipotente,
en la unidad del Espíritu Santo,
todo honor y toda gloria
por los siglos de los siglos.

Todos aclaman:

Amén.

PLEGARIA EUCARISTICA
PARA LAS MISAS CON NIÑOS III

℣. El Señor esté con vosotros.

℟. Y con tu espíritu.

℣. Levantemos el corazón.

℟. Lo tenemos levantado hacia el Señor.

℣. Demos gracias al Señor, nuestro Dios.

℟. Es justo y necesario.

Tiempo ordinario:

Te damos gracias, Señor.
Tú nos has creado
para que vivamos para ti
y nos amemos los unos a los otros.
Tú que quieres que nos miremos y dialoguemos como hermanos,
de manera que podamos compartir
las cosas buenas y también las difíciles.

Tiempo de Adviento:

Te damos gracias, Señor.
Tú nos has creado
para que podamos conocerte, amarte
y vivir siempre contigo.
Muchas veces has ofrecido a los hombres tu amistad
y por medio de los profetas
nos has enseñado a esperar en tus promesas.
Cuando llegó el tiempo,
que tu pueblo había deseado tanto,

nos mandaste a tu único Hijo
como hermano mayor de nuestra familia,
para que todos pudiéramos vivir como amigos tuyos.
Cuando él vuelva al fin del mundo
nos invitará a la fiesta de la vida
en la felicidad de su casa.

Tiempo de Navidad:

Te damos gracias, Señor,
porque en tu amor creaste el mundo
y no abandonaste en el mal
a los hombres que habían pecado,
sino que viniste a su encuentro.
Ahora nos has mandado a tu querido Hijo Jesús,
como luz que resplandece en las tinieblas.
El era rico y se hizo pobre por nosotros,
para que nosotros fuéramos ricos con su amor.

Tiempo de Cuaresma:

Te damos gracias, Señor,
porque haces cosas maravillosas
para darnos a conocer lo bueno que eres.
No sólo a los buenos sino también a los malos
les concedes días repletos de flores, de frutos
y de muchas cosas buenas,
para que las admiremos
y juntos gocemos de ellas.
Como Padre bueno tienes paciencia
con los que caen en el pecado
y esperas que se conviertan y sean mejores.

Cincuentena pascual:

Te damos gracias, Señor,

porque tú eres el Dios de los vivientes,
que nos llamas a la vida
y quieres que gocemos de una felicidad eterna.
Tú has resucitado a Jesucristo
de entre los muertos,
el primero entre todos,
y le has dado una vida nueva.
A nosotros nos has prometido lo mismo:
una vida sin fin, sin penas ni dolores.

Por eso, Padre, estamos contentos y te damos gracias.
Nos unimos a todos los que creen en ti,
y con los santos y los ángeles
te cantamos con gozo:

Todos aclaman:

Santo, Santo, Santo es el Señor,
Dios del Universo.
Llenos están el cielo y la tierra de tu gloria.
Hosanna en el cielo.
Bendito el que viene en nombre del Señor.
Hosanna en el cielo.

El sacerdote, con las manos extendidas, dice:

Señor, tú eres santo.
Tú eres siempre bueno con nosotros
y misericordioso con todos.
Te damos gracias, sobre todo, por tu Hijo Jesucristo.

Tiempo ordinario:

El quiso venir al mundo

porque los hombres se habían separado de ti
y no lograban entenderse.
El nos abrió los ojos
para que veamos que todos somos hermanos
y que tú eres el Padre de todos.

Tiempo de Adviento:

El es tu Palabra que nos mantiene despiertos;
y en las cosas pequeñas y en las grandes
nos ayuda a descubrir
las pruebas de tu amor
y la alegría que viene de ti.

Tiempo de Navidad:

El es la verdadera luz del mundo,
que ha venido a iluminar
a todos los que buscan sinceramente.
El es el Príncipe de la paz,
que nos hace renacer como hijos de Dios,
portadores de paz entre los hombres.
El es Dios con nosotros,
que quiere que experimentemos ya desde este mundo
lo que será la alegría eterna del cielo.

Tiempo de Cuaresma:

El llama a todos los hombres
para que se conviertan y crean en el Evangelio.
Ofreciendo su vida en la cruz
nos ha librado del pecado y de la muerte
y nos ha dado un corazón nuevo
para que vivamos como él.

Cincuentena pascual:

El nos anunció la vida
que viviremos junto a ti
en la luz y en la eternidad;
nos enseñó también el camino de esa vida,
camino que hay que andar en el amor
y que él recorrió primero.

El nos reúne ahora en torno a esta mesa,
porque quiere que hagamos
lo mismo que él hizo en la última Cena.

Junta las manos y, manteniéndolas extendidas sobre las ofrendas, dice:

Padre bueno,
envía tu Espíritu para santificar este pan y este vino,

Junta las manos y traza el signo de la cruz sobre el pan y el cáliz conjuntamente, diciendo:

de manera que sean
el Cuerpo ✠ y la Sangre de tu Hijo Jesucristo.

Junta las manos.

En las fórmulas que siguen, las palabras del Señor han de pronunciarse con claridad, como lo requiere la naturaleza de éstas:

Porque Jesús, antes de morir por nosotros,
mientras estaba cenando por última vez
con sus discípulos,

Toma el pan y, sosteniéndolo un poco elevado sobre al altar, prosigue:

tomó el pan, te dio gracias,

lo partió y se lo dio, diciendo:

Se inclina un poco.

Tomad y comed todos de él,
porque esto es mi Cuerpo,
que será entregado por vosotros.

Muestra el pan consagrado al pueblo, lo deposita luego sobre la patena
y lo adora haciendo genuflexión.

Después prosigue:

Del mismo modo,

Toma el cáliz y, sosteniéndolo un poco elevado sobre el altar, prosigue:

tomó el cáliz lleno de vino,
te dio gracias de nuevo
y lo pasó a sus discípulos, diciendo:

Se inclina un poco.

Tomad y bebed todos de él,
porque éste es el cáliz de mi Sangre,
Sangre de la alianza nueva y eterna,
que será derramada por vosotros
y por todos los hombres
para el perdón de los pecados.

Y les dijo también:

Haced esto en conmemoración mía.

Muestra el cáliz al pueblo, lo deposita luego sobre el corporal y lo adora
haciendo genuflexión.

Después el sacerdote, con las manos extendidas, dice:

Por eso, Padre bueno, estamos reunidos delante de ti
y recordamos llenos de alegría
todo lo que Jesús hizo para salvarnos.
En este santo sacrificio,
que él mismo entregó a la Iglesia,
celebramos su muerte y su resurrección.
Padre, que estás en el cielo,
te pedimos que nos recibas a nosotros
con tu Hijo querido.
El aceptó libremente la muerte por nosotros,
pero tú lo resucitaste.
Por eso, llenos de alegría, te cantamos:

Todos aclaman:

Señor, tú eres bueno, te alabamos, te damos gracias.

El sacerdote, con las manos extendidas, prosigue:

El vive ahora junto a ti
y está también con nosotros.

Todos aclaman:

Señor, tú eres bueno, te alabamos, te damos gracias.

El sacerdote, con las manos extendidas, prosigue:

El vendrá lleno de gloria al fin del mundo
y en su reino no habrá ya pobreza ni dolor,
nadie estará triste, nadie tendrá que llorar.

Todos aclaman:

Señor, tú eres bueno, te alabamos, te damos gracias.

El sacerdote, con las manos extendidas, prosigue:

Padre santo, tú nos has llamado a esta mesa,
para que en la alegría del Espíritu Santo,
comamos el Cuerpo de tu Hijo.
Haz que este Pan de vida eterna
nos dé fuerza y nos ayude a servirte cada día mejor.
Acuérdate, Señor, del santo Padre el Papa N.,
de nuestro Obispo N.,

Puede hacerse también mención de los Obispos coadjutores o auxiliares.

y de todos los Obispos.

Tiempo ordinario:

Ayuda a todos los que creemos en Cristo,
para que trabajemos por la paz del mundo
y sepamos comunicar a los demás nuestra alegría.

Tiempo de Adviento:

Da a tus hijos la gracia de hacerlo todo bien,
incluso las cosas pequeñas de cada día,
y de disponernos así para recibir a Jesús que se acerca.

Tiempo de Navidad:

Haz que tus hijos te den gloria en el cielo
y trabajen para que haya paz en la tierra
entre los hombres que tú amas.

Tiempo de Cuaresma:

Concede a tus hijos la gracia
de hacer cada día las cosas que a ti te gustan,

para que así seamos luz del mundo
y ejemplo de bondad ante todos nuestros hermanos.

Cincuentena pascual:

Llena los corazones de tus hijos
con la alegría de la Pascua,
para que la anuncien a todos los hombres que viven tristes.

Acuérdate también de nuestros hermanos que han muerto,
admítelos a contemplar la luz de tu rostro;
y concédenos que todos, un día,
junto con Cristo, con María, la Madre de Jesús,
y todos los santos,
vivamos contigo en el cielo para siempre.

Junta las manos.

Toma la patena, con el pan consagrado, y el cáliz y, sosteniéndolos elevados, dice:

Por Cristo, con él y en él,
a ti, Dios Padre omnipotente,
en la unidad del Espíritu Santo,
todo honor y toda gloria
por los siglos de los siglos.

Todos aclaman:

Amén.

RITO DE LA BENDICION
Y ASPERSION DEL AGUA
EN LOS DOMINGOS

1.   Este rito puede hacerse en todas las misas dominicales, incluso en las celebradas en las últimas horas de los sábados por la tarde.

2.   La bendición y aspersión del agua se hace después del saludo inicial y ocupa el lugar y la función del acto penitencial del comienzo de la misa.

Formulario I

El sacerdote invita al pueblo a la plegaria, con estas palabras u otras semejantes:

Invoquemos, queridos hermanos, a Dios Padre todopoderoso, para que bendiga esta agua, que va a ser derramada sobre nosotros en memoria de nuestro bautismo, y pidámosle que nos renueve interiormente, para que permanezcamos fieles al Espíritu que hemos recibido.

Después de una breve oración en silencio, prosigue con las manos juntas:

Dios todopoderoso y eterno,
que por medio del agua,
fuente de vida y medio de purificación,
quisiste limpiarnos del pecado
y darnos el don de la vida eterna,
dígnate bendecir ✠ este agua,
para que sea signo de tu protección
en este día consagrado a ti, Señor.

Por medio de este agua
renueva también en nosotros la fuente viva de tu gracia,
y líbranos de todo mal de alma y cuerpo,
para que nos acerquemos a ti
con el corazón limpio
y recibamos dignamente tu salvación.
Por Jesucristo, nuestro Señor.

℟. Amén.

Cuando las circunstancias locales o la costumbre popular aconsejen conservar el rito de mezclar sal en el agua bendita, el sacerdote bendice la sal, diciendo:

Te pedimos humildemente,
Dios todopoderoso,
que te dignes bendecir ✠ esta sal,
del mismo modo que mandaste al profeta Eliseo
que la arrojase al agua
para remedir su esterilidad.
Concédenos, Señor,
que allí donde se derrame esta mezcla de sal y agua,
sea ahuyentado el poder del enemigo
y nos proteja siempre
la presencia del Espíritu Santo.
Por Jesucristo, nuestro Señor.

℟. Amén.

Terminada la bendición, el sacerdote toma el hisopo, se rocía a sí mismo y, luego, rocía a los ministros, al clero y a los fieles. Si le parece conveniente, puede recorrer la iglesia para la aspersión de los fieles.

Mientras tanto, se canta un canto apropiado.

Una vez acabado el canto, el sacerdote, de pie y de cara al pueblo, con
las manos juntas, dice:

Que Dios todopoderoso nos purifique del pecado
y, por la celebración de esta eucaristía,
nos haga dignos de participar
del banquete de su reino.

℟. Amén.

A continuación se dice o se canta **Gloria a Dios**, si lo hay en la misa.

ORACION DE LOS FIELES

Los textos que aquí se proponen no excluyen el uso de otras fórmulas.

1

Invoquemos, hermanos, la misericordia de Dios Padre, para nosotros y los que no están en esta santa reunión, y oremos por las necesidades de todos los hombres.

1   Por la santa Iglesia de Dios extendida de oriente a occidente: para que el Señor la reúna, purifique y acreciente hasta el fin de los tiempos, roguemos al Señor.

2   Por nuestro Papa N., y por los Obispos de la santa Iglesia: para que Dios los llene de su gracia, los ilumine y les dé fuerza, roguemos al Señor.

3   Por la paz de todo el mundo: para que frenen las ambiciones, desaparezcan las enemistades, y brote el amor y la concordia en el corazón de todos los hombres, roguemos al Señor.

4   Por el progreso espiritual y material de todos los pueblos: para que no falte a nadie libertad, escuela, hogar y el pan de cada día, roguemos al Señor.

5   Por los emigrantes, los prisioneros y los que están lejos de sus hogares: para que en todo momento se sientan hijos de la gran familia de Dios, y encuentren consuelo en sus penas, roguemos al Señor.

6   Por todos los que estamos aquí reunidos en el Señor: para que Dios nos conceda perseverar en la fe, y crecer siempre en la caridad, roguemos al Señor.

Protege, Dios de bondad, con mano poderosa, al pueblo que implora tu misericordia: para que obtenga alivio y consuelo en la

vida presente y alcance el gozo eterno. Por Jesucristo nuestro
Señor.
℞. Amén.

2

Oremos, hermanos, por los hombres y sus necesidades, a fin de
que a nadie le falte la ayuda de nuestra caridad.

1   Por el Papa N., y por todos los Obispos de la Iglesia católi-
    ca, por los sacerdotes y ministros que les asisten en el servi-
    cio del pueblo de Dios: para que apacienten santamente el re-
    baño a ellos confiado, roguemos al Señor.

2   Por los responsables del gobierno de las naciones: para que
    fomenten siempre la paz y el desarrollo y respeten la justicia
    y la libertad, roguemos al Señor.

3   Por todos los hombres del mundo que padecen hambre o en-
    fermedad, por los emigrantes, los desterrados y los oprimi-
    dos, por los privados de libertad y por todos los que sufren:
    para que sientan el auxilio y el consuelo de Dios, roguemos
    al Señor.

4   Por todos y cada uno de los presentes, por los miembros de
    nuestra parroquia (comunidad) que no están ahora con nos-
    otros: para que todos experimentemos en el alma y en el
    cuerpo la plenitud de la salvación, roguemos al Señor.

Dios todopoderoso y eterno que gobiernas cielo y tierra: escucha
las oraciones de tu Iglesia y concede a nuestro tiempo los dones
de tu bondad. Por Jesucristo.
℞. Amén.

3

Alegres por el anuncio de la venida del Señor, oremos hermanos,
a Dios nuestro Padre, en la esperanza de nuestra total liberación.

1 Para que visite su santa Iglesia, le conceda la unidad y la libertad y la gobierne con su asistencia, roguemos al Señor.

2 Para que bajo la protección divina nuestros tiempos sean tranquilos y nuestra vida feliz, roguemos al Señor.

3 Para que con su venida cure los dolores de los enfermos, dé paz y alegría a cuantos carecen de ellas y libre al mundo de todos los males, roguemos al Señor.

4 Para que cuantos recordamos, con piedad, su primera venida merezcamos llegar, con sentimientos de fiesta, a su gloriosa aparición al fin de los tiempos, roguemos al Señor.

Te pedimos, Dios todopoderoso y eterno, que escuches nuestras oraciones y derrames sobre nosotros los dones de tu piedad; para que cuantos confían en la venida de tu Hijo, se vean libres de todo mal. Por el mismo Jesucristo nuestro Señor.

℞. Amén.

4

Oremos, amados hermanos, a Dios Padre todopoderoso que ha proclamado por sus ángeles la gloria en el cielo, la paz en la tierra y la renovación en todo el universo, para que se digne llenarnos con sus bienes.

1 Por la santa Iglesia de Dios: para que al celebrar las fiestas de Navidad, todos sus fieles renazcan a una vida de justicia, de libertad, de amor y de paz, roguemos al Señor.

2 Por nuestro santo Padre el Papa N., y por los obispos de todo el mundo: para que Dios les dé prudencia y acierto en promover la renovación constante de la Iglesia, roguemos al Señor.

3 Por todas las naciones del mundo: para que reine en ellas la paz, sus magistrados las gobiernen con espíritu de servicio y

cada día sea más estrecha la hermandad universal que Cristo ha traído con su nacimiento, roguemos al Señor.

4   Por los pobres y los enfermos, por los prisioneros y los refugiados, por los desterrados, los emigrantes y los que sufren los horrores de la guerra: para que en estos días de Navidad sientan de alguna forma, la paz y el amor, roguemos al Señor.

5   Por todos los que en otros años celebraban con nosotros estas santas fiestas (esta santa noche) y han partido de este mundo: para que en el Reino eterno contemplen el rostro de Cristo, roguemos al Señor.

Escucha, Dios de misericordia, nuestras súplicas y ayuda a los que padecen, para que consolados con la presencia de tu Hijo, no tengan ya que temer ningún mal. Por el mismo Jesucristo nuestro Señor.
℟. Amén.

5

Pidamos, hermanos, a Dios todopoderoso, que mire con bondad a su pueblo penitente y escuche la oración de quienes ha llamado a su santa Iglesia.

1   Por la santa Iglesia de Dios, para que al celebrar los misterios de la Redención, pueda gozarse en la gracia pascual, roguemos al Señor.

2   Para que con la protección divina nuestros tiempos sean pacíficos, aumente en el mundo el espíritu de justicia y vivamos con tranquilidad y concordia, roguemos al Señor.

3   Para que Dios Padre todopoderoso cure los dolores de los enfermos, dé paz y alegría a los que sufren y libre al mundo de todos los males, roguemos al Señor.

4   Para que sean perdonados nuestros pecados y absueltas nuestras iniquidades, roguemos al Señor.

Oh Dios, que restableces y amas la inocencia, dirige hacia ti el corazón de tus fieles y escucha sus oraciones, para que cuantos mortifican su carne con la penitencia, lleguen a la gloria de la Resurrección. Por Jesucristo nuestro Señor.

℟. Amén.

6

Invoquemos, hermanos, con todo el ardor de nuestro espíritu, a Dios, nuestro Padre, por medio de nuestro Señor Jesucristo, triunfador glorioso del pecado y de la muerte.

1 Para que llene con sus dones a la santa Iglesia, purificada con la sangre de Cristo y glorificada con su exaltación, roguemos al Señor.

2 Para que conceda al mundo la paz, a todos los pueblos creciente desarrollo; a los magistrados, la justicia; y a los esposos, la fidelidad, roguemos al Señor.

3 Para que cure las enfermedades, desaparezca el hambre y aleje todos los males, roguemos al Señor.

4 Para que Cristo salve y bendiga a esta comunidad (parroquia) que ha sido redimida con el misterio de su cruz y resurrección, roguemos al Señor.

Oh Dios, que por el árbol de la cruz restableciste la antigua dignidad del hombre; concédenos el auxilio de los bienes que te pedimos para que conservemos siempre la alegría pascual, los que hemos renacido del Espíritu Santo. Por Jesucristo nuestro Señor.

℟. Amén.

7

Unidos en el Espíritu Santo, oremos, hermanos, a Dios todopoderoso.

1   Para que el Señor envíe su Espíritu sobre la Iglesia, la llene
    de sus dones y la congregue en la unidad, roguemos al
    Señor.

2   Para que Dios se digne santificar a los Obispos, a los sacer-
    dotes y diáconos y les dé el Espíritu de sabiduría, roguemos
    al Señor.

3   Para que reine la concordia en nuestro pueblo (ciudad), la
    prudencia, la justicia y la caridad en nuestros gobernantes y
    la paz duradera entre las naciones, roguemos al Señor.

4   Para que los pobres y los enfermos, los tristes y los abando-
    nados, los emigrantes, los presos y los perseguidos reciban en
    abundancia los bienes de la tierra y el gozo del Espíritu, ro-
    guemos al Señor.

5   Para que el Espíritu del Señor sane nuestras debilidades, nos
    fortalezca en la fe, nos revele toda la verdad y nos lleve al
    gozo eterno, roguemos al Señor.

Oh Dios, que en el misterio de esta festividad santificas a tu
Iglesia, extendida por todas las naciones: escucha la oración de tu
pueblo y multiplica los dones de tu Espíritu, para que realice
también en nosotros las maravillas de Pentecostés. Por Jesucristo
nuestro Señor.
R̹. Amén.

PROPIO
DEL TIEMPO

TIEMPO ORDINARIO

LAS FERIAS DEL TIEMPO ORDINARIO

Las oraciones de las «Misas cotidianas»

Forman un conjunto de 34 formularios que se pueden utilizar libremente los días en que no cae una fiesta o memoria obligada. En las memorias se puede decir sólo la oración colecta del santo que se celebra, y las restantes oraciones de una misa cotidiana. No es obligatorio, pues, que el número de la misa corresponda a la semana del tiempo ordinario en que se está.

Las lecturas

Hay un orden de Evangelios que se repite cada año, y otros dos de primeras lecturas con sus salmos responsoriales para los años pares e impares.

Según los *Praenotanda* del Leccionario del Misal Romano, los Evangelios se han ordenado de modo que se lea primero Marcos (semanas 1-9), luego Mateo (semanas 10-21), y finalmente Lucas (semanas 22-24). Los capítulos 1-12 de Marcos se leen íntegramente, excepto dos pasajes del capítulo 6 que se leen en las ferias de otros tiempos litúrgicos. De Mateo y de Lucas se leen todas aquellas partes que no están en Marcos. Se vuelve dos o tres veces sobre aquellos pasajes que o tienen en cada Evangelio características absolutamente propias, o son necesarios para comprender el desarrollo del texto. El discurso escatológico se lee íntegramente, según san Lucas, al final del año litúrgico. Esta distribución se debe a la moderna investigación sobre el Nuevo Testamento, que otorga la mayor antigüedad al Evangelio de Marcos, que sirvió de modelo y fuente para Mateo y Lucas.

La primera lectura se hace de modo que durante algunas semanas se tengan de uno de los Testamentos, y luego del otro, según la extensión de los libros que se lean. De los libros del Nuevo Testamento se leen pasajes bastante largos, para que se exponga lo fundamental de cada carta apostólica. Del Antiguo Testamento no se han podido recoger más que fragmentos elegidos para mostrar, en lo posible, las características de cada libro. Los textos históricos han sido elegidos de modo que se tenga una visión bastante completa de la historia de la salvación antes de la Encarnación del Señor. Como las narraciones demasiado largas no se podían utilizar, se ha hecho una selección de versículos para hacerlas más breves. El significado religioso de los acontecimientos y personajes históricos se ve ilustrado a veces por pasajes tomados de los libros sapienciales, a modo de prólogo o de conclusión de determinadas series históricas.

Casi todos los libros del Antiguo Testamento se encuentran en las ferias del Tiempo Ordinario. Sólo se han omitido los libros proféticos más breves (Abdías, Sofonías) y el libro poético «Cantar de los cantares». De entre las narraciones no históricas escritas para la edificación de los fieles, que piden una lectura bastante larga para ser comprendidas, se proclaman los libros de Tobías y de Ruth, omitidos otros (Esther, Judith), de los que hay pasajes en los domingos o en ferias de otros tiempos litúrgicos.

Al final del año litúrgico, en correspondencia con los Evangelios, se leen libros que responden al carácter escatológico, terminal, de estos días: Daniel y el Apocalipsis.

MISAS COTIDIANAS
DEL TIEMPO ORDINARIO

I

ANTIFONA DE ENTRADA

En un trono excelso vi sentado a un hombre, a quien adora muchedumbre de ángeles, que canta a una sola voz: «Su imperio es eterno.»

ORACION COLECTA

Muéstrate propicio, Señor, a los deseos y plegarias de tu pueblo; danos luz para conocer tu voluntad y la fuerza necesaria para cumplirla. Por nuestro Señor.

ORACION SOBRE LAS OFRENDAS

Dígnate, Señor, aceptar la ofrenda de tu pueblo: que ella nos santifique y nos alcance lo que ahora imploramos de tu misericordia. Por Jesucristo.

ANTIFONA DE COMUNION   Sal 35, 10

Señor, en ti está la fuente de la vida y tu luz nos hace ver la luz.

o bien: Jn 10, 10

Yo he venido para que tengan vida y la tengan abundante, dice el Señor.

ORACION DESPUES DE LA COMUNION

Te suplicamos, Dios todopoderoso, que concedas a quienes alimentas con tus sacramentos la gracia de poder servirte llevando una vida según tu voluntad. Por Jesucristo.

II

Que se postre ante ti, oh Dios, la tierra entera; que toquen en tu honor; que toquen para tu nombre, oh Altísimo.

ORACION COLECTA

Dios todopoderoso, que gobiernas a un tiempo cielo y tierra, escucha paternalmente la oración de tu pueblo, y haz que los días de nuestra vida se fundamenten en tu paz. Por nuestro Señor Jesucristo.

ORACION SOBRE LAS OFRENDAS

Concédenos, Señor, participar dignamente de estos santos misterios, pues cada vez que celebramos este memorial del sacrificio de Cristo se realiza la obra de nuestra redención. Por Jesucristo.

ANTIFONA DE COMUNION Sal 22, 5

Preparas una mesa ante mí y mi copa rebosa.

o bien: 1 Jn 4, 16

Nosotros hemos conocido el amor que Dios nos tiene y hemos creído en él.

ORACION DESPUES DE LA COMUNION

Derrama, Señor, sobre nosotros tu espíritu de caridad para que, alimentados por el mismo pan del cielo, permanezcamos unidos en el mismo amor. Por Jesucristo.

III

ANTIFONA DE ENTRADA

Sal 95. 1.6

Cantad al Señor un cántico nuevo, cantad al Señor toda la tierra. Honor y majestad le preceden, fuerza y esplendor están en su templo.

ORACION COLECTA

Dios todopoderoso y eterno: ayúdanos a llevar una vida, según tu voluntad, para que podamos dar en abundancia frutos de buenas obras en nombre de tu Hijo predilecto. Que vive y reina contigo.

ORACION DE LAS OFRENDAS

Señor: recibe con bondad nuestros dones, y, al santificarlos para nuestro bien, haz que lleguen a ser para nosotros dones de salvación. Por Jesucristo.

ANTIFONA DE COMUNION

Sal 33, 6

Contemplad al Señor y quedaréis radiantes; vuestro rostro no se avergonzará.

o bien:

Jn 8, 12

Yo soy la luz del mundo: el que me sigue no camina en las tinieblas, sino que tendrá la luz de la vida.

ORACION DESPUES DE LA COMUNION

Dios todopoderoso: te pedimos que cuantos hemos recibido tu gracia vivificadora, nos alegremos siempre de este don admirable que nos haces. Por Jesucristo.

IV

ANTIFONA DE ENTRADA   Sal 105, 47

Sálvanos, Señor Dios nuestro; reúnenos de entre los gentiles: daremos gracias a tu santo nombre, y alabarte será nuestra gloria.

ORACION COLECTA

Señor: concédenos amarte con todo el corazón y que nuestro amor se extienda, en consecuencia, a todos los hombres. Por nuestro Señor.

ORACION SOBRE LAS OFRENDAS

Presentamos, Señor, estas ofrendas en tu altar como signo de nuestra servidumbre; concédenos que, al ser aceptadas por ti, se conviertan para tu pueblo en sacramento de vida y redención. Por Jesucristo.

ANTIFONA DE COMUNION   Sal 30, 17-18

Haz brillar tu rostro sobre tu siervo, sálvame por tu misericordia, Señor, que no me avergüence de haberte invocado.

o bien: Mt 5, 3-4

Dichosos los pobres en el espíritu, porque de ellos es el Reino de los cielos. Dichosos los sufridos, porque ellos heredarán la tierra.

ORACION DESPUES DE LA COMUNION

Reanimados por estos dones de nuestra salvación te suplicamos, Señor, que el pan de vida eterna nos haga crecer continuamente en la fe verdadera. Por Jesucristo.

V

ANTIFONA DE ENTRADA   Sal 94, 6-7

Entrad, postrémonos por tierra, bendiciendo al Señor, creador nuestro. Porque él es nuestro Dios.

ORACION COLECTA

Vela, Señor, con amor continuo sobre tu familia; protégela y defiéndela siempre, ya que sólo en ti ha puesto su esperanza. Por nuestro Señor.

ORACION SOBRE LAS OFRENDAS

Señor, Dios nuestro, que has creado este pan y este vino para reparar nuestras fuerzas, concédenos que sean también para nosotros sacramento de vida eterna. Por Jesucristo.

ANTIFONA DE COMUNION   Sal 106, 8-9

Den gracias al Señor por su misericordia, por las maravillas que hace con los hombres. Calmó el ansia de los sedientos y a los hambrientos los colmó de bienes.

o bien: Mt 5, 5-6

Dichosos los que lloran, porque ellos serán consolados. Dichosos los que tienen hambre y sed de la justicia, porque ellos quedarán saciados.

ORACION DESPUES DE LA COMUNION

Oh Dios, que has querido hacernos partícipes de un mismo pan y de un mismo cáliz; concédenos vivir tan unidos a Cristo que fructifiquemos con gozo en bien de la salvación del mundo. Por Jesucristo.

VI

ANTIFONA DE ENTRADA   Sal 30, 3-4

Sé la roca de mi refugio, Señor, un baluarte donde me salve, tú que eres mi roca y mi baluarte; por tu nombre dirígeme y guíame.

ORACION COLECTA

Señor, tú que te complaces en habitar en los rectos y sencillos de corazón; concédenos vivir por tu gracia de tal manera que merezcamos tenerte siempre con nosotros. Por nuestro Señor.

ORACION SOBRE LAS OFRENDAS

Señor, que esta oblación nos purifique y nos renueve, y sea causa eterna de recompensa, para los que cumplen tu santa voluntad. Por Jesucristo.

ANTIFONA DE COMUNION   Sal 77, 29-30

Comieron y se hartaron, así el Señor satisfizo su avidez.

o bien: Jn 3, 16

Tanto amó Dios al mundo, que entregó a su Hijo único, para que no perezca ninguno de los que creen en él, sino que tengan vida eterna.

ORACION DESPUES DE LA COMUNION

Alimentados con el manjar del cielo te pedimos, Señor, que busquemos siempre las fuentes de donde brota la vida verdadera. Por Jesucristo.

VII

ANTIFONA DE ENTRADA   Sal 12, 6

Señor, yo confío en tu misericordia: alegra mi corazón con tu auxilio y cantaré al Señor por el bien que me ha hecho.

ORACION COLECTA

Dios todopoderoso y eterno: concede a tu pueblo que la meditación asidua de tu doctrina le enseñe a cumplir siempre, de palabra y de obra, lo que a ti te complace. Por nuestro Señor.

ORACION SOBRE LAS OFRENDAS

Al celebrar tus misterios con culto reverente te rogamos, Señor, que los dones ofrecidos para glorificarte nos obtengan de ti la salvación. Por Jesucristo.

ANTIFONA DE COMUNION   Sal 9, 2-3

Proclamo todas tus maravillas, me alegro y exulto contigo y toco en honor de tu nombre, oh Altísimo.

o bien: Jn 11, 27

Señor, yo creo que tú eres el Mesías, el Hijo de Dios, el que tenía que venir al mundo.

ORACION DESPUES DE LA COMUNION

Concédenos, Dios todopoderoso, alcanzar un día la salvación eterna, cuyas primicias nos has entregado en estos sacramentos. Por Jesucristo.

VIII

ANTIFONA DE ENTRADA

Sal 17, 19-20

El Señor fue mi apoyo: me sacó a un lugar espacioso, me libró, porque me amaba.

ORACION COLECTA

Concédenos tu ayuda, Señor, para que el mundo progrese, según tus designios, gocen las naciones de una paz estable y tu Iglesia se alegre de poder servirte con una entrega confiada y pacífica. Por nuestro Señor.

ORACION SOBRE LAS OFRENDAS

Señor, Dios nuestro: tú mismo nos das lo que hemos de ofrecerte y miras estas ofrendas como un gesto de nuestro devoto servicio; confiadamente suplicamos que lo que nos otorgas, para que redunde en mérito nuestro, nos ayude también a alcanzar los premios eternos. Por Jesucristo.

ANTIFONA DE COMUNION

Sal 12, 6

Cantaré al Señor por el bien que me ha hecho, entonaré himnos al Dios Altísimo.

o bien:

Mt 28, 20

Yo estoy con vosotros todos los días, hasta el fin del mundo, dice el Señor.

ORACION DESPUES DE LA COMUNION

Alimentados con los dones de la salvación, te pedimos, Padre de misericordia, que por este sacramento, con que ahora nos fortaleces, nos hagas un día ser partícipes de la vida eterna. Por Jesucristo.

IX

ANTIFONA DE ENTRADA   Sal 24, 16, 18

Mírame, oh Dios, y ten piedad de mí, que estoy solo y afligido. Mira mis trabajos y mis penas y perdona todos mis pecados, Dios mío.

ORACION COLECTA

Señor, nos acogemos confiadamente a tu providencia, que nunca se equivoca; y te suplicamos que apartes de nosotros todo mal y nos concedas aquellos beneficios, que pueden ayudarnos para la vida presente y la futura. Por nuestro Señor.

ORACION SOBRE LAS OFRENDAS

Señor, llenos de confianza en el amor que nos tienes, presentamos en tu altar esta ofrenda para que, tu gracia, nos purifique por estos sacramentos que ahora celebramos. Por Jesucristo.

ANTIFONA DE COMUNION   Sal 16, 3

Yo te invoco porque tú me respondes, Dios mío; inclina el oído y escucha mis palabras.

o bien: Mc 11, 23. 24

Os lo aseguro: Cualquier cosa que pidáis en oración, creed que os la han concedido y la obtendréis, dice el Señor.

ORACION DESPUES DE LA COMUNION

Guía, Señor, por medio de tu Espíritu, a los que has alimentado con el Cuerpo y la Sangre de tu Hijo; y haz que confesando tu nombre no sólo de palabra y con los labios, sino con las obras, merezcamos entrar en el Reino de los cielos. Por Jesucristo nuestro Señor.

X

ANTIFONA DE ENTRADA   Sal 26, 1-2

El Señor es mi luz y mi salvación: ¿ a quién temeré? El
Señor es la defensa de mi vida: ¿quién me hará temblar?
Ellos, mis enemigos y adversarios, tropiezan y caen.

ORACION COLECTA

Oh Dios, fuente de todo bien, escucha sin cesar nuestras súplicas; y concédenos, inspirados por ti, pensar lo que es recto y
cumplirlo con tu ayuda. Por nuestro Señor.

ORACION SOBRE LAS OFRENDAS

Mira complacido, Señor, nuestro humilde servicio, para que
esta ofrenda te sea agradable y nos haga crecer en el amor. Por
Jesucristo.

ANTIFONA DE COMUNION   Sal 17, 3

Señor, mi roca, mi alcázar, mi libertador: Dios mío, peña
mía.

o bien: 1 Jn 4, 16

Dios es amor, y quien permanece en el amor permanece
en Dios y Dios en él.

ORACION DESPUES DE LA COMUNION

Padre de misericordia, que la fuerza curativa de tu Espíritu
en este sacramento sane nuestras maldades y nos conduzca por el
camino del bien. Por Jesucristo.

XI

ANTIFONA DE ENTRADA   Sal 27, 7.9

Escúchame, Señor, que te llamo. Tu eres mi auxilio; no me deseches, no me abandones, Dios de mi salvación.

ORACION COLECTA

Oh Dios, fuerza de los que en ti esperan, escucha nuestras súplicas; y pues el hombre es frágil y sin ti nada puede, concédenos la ayuda de tu gracia para guardar tus mandamientos y agradarte con nuestras acciones y deseos. Por nuestro Señor.

ORACION SOBRE LAS OFRENDAS

Tú nos has dado, Señor, por medio de estos dones que te presentamos, el alimento del cuerpo y el sacramento que renueva nuestro espíritu; concédenos con bondad, que siempre gocemos del auxilio de estos dones. Por Jesucristo.

ANTIFONA DE COMUNION   Sal 26, 4

Una cosa pido al Señor, eso buscaré: habitar en la casa del Señor por los días de mi vida.

o bien: Jn 17, 11

Padre Santo: guárdalos en tu nombre a los que me has dado, para que sean uno como nosotros, dice el Señor.

ORACION DESPUES DE LA COMUNION

Que esta comunión en tus misterios, Señor, expresión de nuestra unión contigo, realice la unidad en tu Iglesia. Por Jesucristo nuestro Señor.

XII

ANTIFONA DE ENTRADA   Sal 27, 8-9

El Señor es fuerza para su pueblo, apoyo y salvación para
su Ungido. Salva a tu pueblo y bendice tu heredad, sé su
pastor y llévalos siempre.

ORACION COLECTA

Concédenos vivir siempre, Señor, en el amor y respeto a tu
santo nombre, porque jamás dejas de dirigir a quienes estableces
en el sólido fundamento de tu amor. Por nuestro Señor Jesucristo.

ORACION SOBRE LAS OFRENDAS

Acepta, Señor, este sacrificio de reconciliación y alabanza,
para que, purificados por su poder, te agrademos con la ofrenda
de nuestro amor. Por Jesucristo.

ANTIFONA DE COMUNION   Sal 144, 15

Los ojos de todos te están aguardando, tú les das la comida a su tiempo.

o bien: Jn 10, 11. 15

Yo soy el Buen Pastor, yo doy mi vida por las ovejas
—dice el Señor.

ORACION DESPUES DE LA COMUNION

Renovados con el Cuerpo y la Sangre de tu Hijo, imploramos de tu bondad, Señor, que cuanto celebramos en cada Eucaristía sea para nosotros prenda de salvación. Por Jesucristo nuestro Señor.

XIII

ANTIFONA DE ENTRADA   Sal 46, 2

Pueblos todos, batid palmas, aclamad a Dios con gritos de júbilo.

ORACION COLECTA

Padre de bondad, que por la gracia de la adopción nos has hecho hijos de la luz; concédenos vivir fuera de las tinieblas del error y permanecer siempre en el esplendor de la verdad. Por nuestro Señor.

ORACION SOBRE LAS OFRENDAS

Oh Dios, que obras con poder en tus sacramentos; concédenos que nuestro servicio sea digno de estos dones sagrados. Por Jesucristo.

ANTIFONA DE COMUNION   Sal 102, 1

Bendice, alma mía, al Señor y todo mi ser a su santo nombre.

o bien: Jn 17, 20-21

Padre, por ellos ruego: para que todos sean uno en nosotros para que el mundo crea que tú me has enviado —dice el Señor.

ORACION DESPUES DE LA COMUNION

La víctima eucarística que hemos ofrecido y recibido en comunión nos vivifique, Señor, para que, unidos a ti, en caridad perpetua, demos frutos que siempre permanezcan. Por Jesucristo nuestro Señor.

XIV

ANTIFONA DE ENTRADA   Sal 47, 10-11

Oh Dios, meditamos tu misericordia en medio de tu templo: como tu renombre, oh Dios, tu alabanza llega al confín de la tierra; tu diestra está llena de justicia.

ORACION COLECTA

Oh Dios, que por medio de la humillación de tu Hijo levantaste a la humanidad caída; concede a tus fieles una alegría santa, para que, quienes han sido librados de la esclavitud del pecado, alcancen también la felicidad eterna. Por nuestro Señor.

ORACION SOBRE LAS OFRENDAS

La oblación que te ofrecemos, Señor, nos purifique, y cada día nos haga participar con mayor plenitud de la vida del reino glorioso. Por Jesucristo.

ANTIFONA DE COMUNION   Sal 33, 9

Gustad y ved qué bueno es el Señor; dichoso el que se acoge a él.

o bien: Mt 11, 28

Venid a mí todos los que estáis cansados y agobiados y yo os aliviaré —dice el Señor.

ORACION DESPUES DE LA COMUNION

Alimentados, Señor, con un sacramento tan admirable, concédenos sus frutos de salvación y haz que perseveremos siempre cantando tu alabanza. Por Jesucristo.

XV

ANTIFONA DE ENTRADA

Sal 16, 15

Yo, con mi apelación, vengo a tu presencia y al despertar me saciaré de tu semblante.

ORACION COLECTA

Oh Dios, que muestras la luz de tu verdad a los que andan extraviados, para que puedan volver al buen camino, concede a todos los cristianos rechazar lo que es indigno de este nombre, y cumplir cuanto en él se significa. Por nuestro Señor.

ORACION SOBRE LAS OFRENDAS

Mira, Señor, los dones de tu iglesia en oración, y concede a quienes van a recibirlos crecer continuamente en santidad. Por Jesucristo.

ANTIFONA DE COMUNION

Sal 83, 4-5

Hasta el gorrión ha encontrado una casa, y la golondrina, un nido, donde colocar sus polluelos; tus altares, Señor de los ejércitos, rey y Dios mío. Dichosos los que viven en tu casa alabándote por siempre.

o bien: Jn 6, 57

El que come mi Carne y bebe mi Sangre habita en mí y yo en él —dice el Señor.

ORACION DESPUES DE LA COMUNION

Alimentados con esta Eucaristía, te pedimos, Señor, que cuantas veces celebramos este sacramento se acreciente en nosotros el fruto de la salvación. Por Jesucristo.

XVI

ANTIFONA DE ENTRADA   Sal 53, 6.8

Dios es mi auxilio, el Señor sostiene mi vida. Te ofreceré un sacrificio voluntario dando gracias a tu nombre, que es bueno.

ORACION COLECTA

Muéstrate propicio con tus hijos, Señor, y multiplica sobre ellos los dones de tu gracia, para que, encendidos de fe, esperanza y caridad, perseveren fielmente en el cumplimiento de tu ley. Por nuestro Señor.

ORACION SOBRE LAS OFRENDAS

Oh Dios, que has llevado a la perfección del sacrificio único los diferentes sacrificios de la Antigua Alianza; recibe y santifica las ofrendas de tus fieles, como bendijiste la de Abel, para que la oblación que ofrece cada uno de nosotros en honor de tu nombre sirva para la salvación de todos. Por Jesucristo nuestro Señor.

ANTIFONA DE COMUNION   Sal 110 4-5

Ha hecho maravillas memorables, el Señor es piadoso y clemente: él da alimento a sus fieles.

o bien: Ap 3, 20

Estoy a la puerta llamando —dice el Señor—: Si alguien oye y me abre, entraré y comeremos juntos.

ORACION DESPUES DE LA COMUNION

Muéstrate propicio a tu pueblo, Señor, y a quienes has iniciado en los misterios del reino concédeles abandonar el pecado y pasar a una vida nueva. Por Jesucristo.

XVII

ANTIFONA DE ENTRADA

Sal 67, 6-7. 36

Dios vive en su santa morada. Dios prepara casa a los desvalidos, da fuerza y poder a su pueblo.

ORACION COLECTA

Oh Dios, protector de los que en ti esperan; sin ti nada es fuerte ni santo. Multiplica sobre nosotros los signos de tu misericordia, para que, bajo tu guía providente, de tal modo nos sirvamos de los bienes pasajeros, que podamos adherirnos a los eternos. Por nuestro Señor.

ORACION SOBRE LAS OFRENDAS

Recibe, Señor, las ofrendas que podemos presentar gracias a tu generosidad, para que estos santos misterios, donde tu espíritu actúa eficazmente, santifiquen los días de nuestra vida y nos conduzcan a las alegrías eternas. Por Jesucristo.

ANTIFONA DE COMUNION

Sal 102, 2

Bendice, alma mía, al Señor y no olvides sus beneficios.

o bien:

Mt 5, 7-8

Dichosos los misericordiosos, porque ellos alcanzarán misericordia. Dichosos los limpios de corazón, porque ellos verán a Dios.

ORACION DESPUES DE LA COMUNION

Hemos recibido, Señor, este sacramento, memorial perpetuo de la pasión de tu Hijo; concédenos que este don de tu amor inefable nos aproveche para la salvación. Por Jesucristo.

XVIII

ANTIFONA DE ENTRADA   Sal 69, 2-6

Dios mío, dígnate librarme; Señor, date prisa en socorrerme. Que tú eres mi auxilio y mi liberación; Señor, no tardes.

ORACION COLECTA

Ven, Señor, en ayuda de tus hijos; derrama tu bondad inagotable sobre los que te suplican, y renueva y protege la obra de tus manos en favor de los que te alaban como creador y como guía. Por nuestro Señor.

ORACION SOBRE LAS OFRENDAS

Santifica, Señor estos dones, acepta la ofrenda de este sacrificio espiritual y a nosotros transfórmanos en oblación perenne. Por Jesucristo.

ANTIFONA DE COMUNION   Sb 16, 20

Nos has dado pan del cielo, Señor, que brinda toda delicia y sacia todos los gustos.

o bien: Jn 6, 35

Yo soy el pan de vida. El que viene a mí no pasará hambre y el que cree en mí no pasará sed —dice el Señor.

ORACION DESPUES DE LA COMUNION

A quienes has renovado con el pan del cielo, protégelos siempre con tu auxilio, Señor, y, ya que no cesas de reconfortarlos, haz que sean dignos de la redención eterna. Por Jesucristo nuestro Señor.

XIX

ANTIFONA DE ENTRADA   Sal 73, 20.19.22.23

Piensa, Señor, en tu alianza, no olvides sin remedio la
vida de tus pobres. Levántate, oh Dios, defiende tu causa, no olvides las voces de los que acuden a ti.

ORACION COLECTA

Dios todopoderoso y eterno, a quien podemos llamar Padre,
aumenta en nuestros corazones el espíritu filial, para que merezcamos alcanzar la herencia prometida. Por nuestro Señor Jesucristo.

ORACION SOBRE LAS OFRENDAS

Acepta, Señor, los dones que le has dado a tu Iglesia para
que pueda ofrecértelos, y transfórmarlos en sacramento de nuestra salvación. Por Jesucristo.

ANTIFONA DE COMUNION   Sal 147, 12. 14

Glorificad al Señor, que sacia con flor de harina.

o bien: Jn 6, 52

El pan que yo daré es mi carne para la vida del mundo.

ORACION DESPUES DE LA COMUNION

La comunión en tus sacramentos nos salve, Señor, y nos
afiance en la luz de tu verdad. Por Jesucristo.

XX

ANTIFONA DE ENTRADA   Sal 83, 10-11

Fíjate, oh Dios, en nuestro escudo; mira el rostro de tu Ungido, pues vale más un día en tus atrios que mil en mi casa.

ORACION COLECTA

Oh Dios, que has preparado bienes inefables para los que te aman; infunde el amor de tu nombre en nuestros corazones, para que, amándote en todo y sobre todas las cosas, consigamos alcanzar tus promesas, que superan todo deseo. Por nuestro Señor.

ORACION SOBRE LAS OFRENDAS

Acepta, Señor, nuestros dones, en los que se realiza un admirable intercambio, para que, al ofrecerte lo que tú nos diste, merezcamos recibirte a ti mismo. Por Jesucristo.

ANTIFONA DE COMUNION   Sal 129, 7

Del Señor viene la misericordia, la redención copiosa.

o bien: Jn 6, 51-52

Yo soy el pan vivo que ha bajado del cielo: el que coma de este pan vivirá para siempre.

ORACION DESPUES DE LA COMUNION

Señor, después de haber recibido a Cristo en estos sacramentos, imploramos de tu misericordia que, transformados en la tierra a su imagen, merezcamos participar de su gloria en el cielo. Por Jesucristo.

XXI

ANTIFONA DE ENTRADA   Sal 85, 1-3

Inclina tu oído, Señor, escúchame. Salva a tu siervo que confía en ti. Ten piedad de mí, Señor, que a ti estoy llamando todo el día.

ORACION COLECTA

Oh Dios, que unes los corazones de tus fieles en un mismo deseo; inspira a tu pueblo el amor a tus preceptos y la esperanza en tus promesas, para que, en medio de las vicisitudes del mundo, nuestros corazones estén firmes en la verdadera alegría. Por nuestro Señor.

ORACION SOBRE LAS OFRENDAS

Por el único sacrificio de Cristo, tu Unigénito, te has adquirido, Señor, un pueblo de hijos; concédenos propicio los dones de la unidad y de la paz en tu Iglesia. Por Jesucristo.

ANTIFONA DE COMUNION   Sal 103, 13-15

La tierra se sacia de tu acción fecunda, Señor, para sacar pan de los campos y vino que alegra el corazón.

o bien: Jn 6, 55

El que come mi Carne y bebe mi Sangre —dice el Señor—, tiene vida eterna y yo lo resucitaré en el último día.

ORACION DESPUES DE LA COMUNION

Te pedimos, Señor, que lleves en nosotros a su plenitud la obra salvadora de tu misericordia; condúcenos a perfección tan alta y mantennos en ella de tal forma que en todo sepamos agradarte. Por Jesucristo.

XXII

ANTIFONA DE ENTRADA   Sal 85, 3. 5

Piedad de mí, Señor; que a ti te estoy llamando todo el día, porque tú eres bueno y clemente, rico en misericordia con los que te invocan.

ORACION COLECTA

Dios todopoderoso, de quien procede todo bien, siembra en nuestros corazones el amor de tu nombre, para que, haciendo más religiosa nuestra vida, acrecientes el bien en nosotros y con solicitud amorosa lo conserves. Por nuestro Señor.

ORACION SOBRE LAS OFRENDAS

Esta ofrenda, Señor, nos atraiga siempre tu bendición salvadora, para que se cumpla por tu poder lo que celebramos en estos misterios. Por Jesucristo.

ANTIFONA DE COMUNION   Sal 30, 20

Qué bondad tan grande, Señor, reservas para tus fieles.

o bien: Mt 5, 9-10

Dichosos los que trabajan por la paz, porque ellos se llamarán «los hijos de Dios». Dichosos los perseguidos por causa de la justicia, porque de ellos es el Reino de los Cielos.

ORACION DESPUES DE LA COMUNION

Saciados con el pan del cielo, te pedimos, Señor, que el amor con que nos alimentas fortaleza nuestros corazones y nos mueva a servirte en nuestros hermanos. Por Jesucristo.

XXIII

ANTIFONA DE ENTRADA   Sal 118, 137. 124

Señor, tú eres justo, los mandamientos son rectos. Trata con misericordia a tu siervo.

ORACION COLECTA

Señor, tú que te has dignado redimirnos y has querido hacernos hijos tuyos, míranos siempre con amor de padre y haz que cuantos creemos en Cristo, tu Hijo, alcancemos la libertad verdadera y la herencia eterna. Por nuestro Señor.

ORACION SOBRE LAS OFRENDAS

Oh Dios, fuente de la paz y del amor sincero, concédenos glorificarte por estas ofrendas y unirnos fielmente a ti por la participación en esta Eucaristía. Por Jesucristo.

ANTIFONA DE COMUNION   Sal 41, 2-3

Como busca la cierva corrientes de agua, así mi alma te busca a ti, Dios mío; mi alma tiene sed de Dios, del Dios vivo.

o bien: Jn 8, 12

Yo soy la luz del mundo —dice el Señor—. El que me sigue no camina en tinieblas, sino que tendrá la luz de la vida.

ORACION DESPUES DE LA COMUNION

Con tu palabra, Señor, y con tu pan del cielo, alimentas y vivificas a tus fieles; concédenos que estos dones de tu Hijo nos aprovechen de tal modo que merezcamos participar siempre de su vida. Por Jesucristo.

XXIV

ANTIFONA DE ENTRADA   Cf. Si 36, 18

Señor, da la paz a los que esperan en ti y deja bien a tus
profetas, escucha la súplica de tu siervo y las de tu pueblo Israel.

ORACION COLECTA

Oh Dios, creador y dueño de todas las cosas, míranos, y para
que sintamos el efecto de tu amor, concédenos servirte de todo
corazón. Por nuestro Señor.

ORACION SOBRE LAS OFRENDAS

Sé propicio a nuestras súplicas, Señor, y recibe con bondad
las ofrendas de tus siervos, para que la obligación que ofrece
cada uno en honor de tu nombre sirva para la salvación de todos. Por Jesucristo.

ANTIFONA DE COMUNION   Sal 35, 8

¡Qué inapreciable es tu misericordia, oh Dios! Los humanos se acogen a la sombra de tus alas.

o bien: Cf. 1 Cor 10, 16

El cáliz de nuestra Acción de Gracias nos une a todos en
la Sangre de Cristo; el Pan que partimos nos une a todos
en el Cuerpo de Cristo.

ORACION DESPUES DE LA COMUNION

La acción de este sacramento, Señor, penetre en nuestro
cuerpo y nuestro espíritu, para que sea su fuerza, no nuestro sentimiento, quien mueva nuestra vida. Por Jesucristo.

XXV

ANTIFONA DE ENTRADA

Yo soy la salvación del pueblo —dice el Señor—. Cuando me llamen desde el peligro, yo les escucharé, y seré para siempre su Señor.

ORACION COLECTA

Oh Dios, que has puesto la plenitud de la ley en el amor a ti y al prójimo; concédenos cumplir tus mandamientos para llegar así a la vida eterna. Por nuestro Señor.

ORACION SOBRE LAS OFRENDAS

Acepta propicio, Señor, las ofrendas de tu pueblo, para que alcance en el sacramento eucarístico los bienes en que ha creído por la fe. Por Jesucristo.

ANTIFONA DE COMUNION   Sal 118, 4-5

Tú promulgas tus decretos para que se observen exactamente; ojalá esté firme mi camino para cumplir tus consignas.

o bien: Jn 10, 14

Yo soy el Buen Pastor, que conozco a mis ovejas, y mis ovejas me conocen a mí.

ORACION DESPUES DE LA COMUNION

Que tu auxilio, Señor, nos acompañe siempre a los que alimentas con tus Sacramentos, para que por ellos y en nuestra propia vida recibamos los frutos de la redención. Por Jesucristo nuestro Señor.

XXVI

ANTIFONA DE ENTRADA   Dn 3, 31. 29. 30. 43. 42

Lo que has hecho con nosotros, Señor, es un castigo merecido, porque hemos pecado contra ti y no pusimos por obra lo que nos habías mandado; pero da gloria a tu nombre y trátanos según tu abundante misericordia.

ORACION COLECTA

Oh Dios, que manifiestas especialmente tu poder con el perdón y la misericordia; derrama incesantemente sobre nosotros tu gracia, para que, deseando lo que nos prometes, consigamos los bienes del cielo. Por nuestro Señor.

ORACION SOBRE LAS OFRENDAS

Dios de misericordia, que nuestra oblación te sea grata y abra para nosotros la fuente de toda bendición. Por Jesucristo.

ANTIFONA DE COMUNION   Sal 118, 49-50

Recuerda la palabra que diste a tu siervo, de la que hiciste mi esperanza. Este es mi consuelo en la aflicción.

o bien: 1 Jn 3, 16

En esto hemos conocido el amor de Dios: en que él dio su vida por nosotros. También nosotros debemos dar nuestra vida por los hermanos.

ORACION DESPUES DE LA COMUNION

Que esta Eucaristía, Señor, renueve nuestro cuerpo y nuestro espíritu, para que participemos de la herencia gloriosa de tu Hijo, cuya muerte hemos anunciado y compartido. Por Jesucristo.

XXVII

ANTIFONA DE ENTRADA
Sal 13, 9. 10-11

En tu poder, Señor, está todo; nadie puede resistir a tu decisión. Tú creaste el cielo y la tierra y las maravillas todas que hay bajo el cielo. Tú eres dueño del universo.

ORACION COLECTA

Dios todopoderoso y eterno, que con amor generoso desbordas los méritos y deseos de los que te suplican; derrama sobre nosotros tu misericordia, para que libres nuestra conciencia de toda inquietud y nos concedas aun aquello que no nos atrevemos a pedir. Por nuestro Señor.

ORACION SOBRE LAS OFRENDAS

Recibe, Señor, la oblación que tú has instituido, y por estos santos misterios, que celebramos para darte gracias, santifica a los que tú mismo has redimido. Por Jesucristo.

ANTIFONA DE COMUNION
Lam 3, 25

Bueno es el Señor para el que espera en él, para el alma que le busca.

o bien:
Cf. 1 Cor 10, 17

El pan es uno, y así nosotros, aunque somos muchos, formamos un solo cuerpo, porque comemos todos del mismo pan y bebemos del mismo cáliz.

ORACION DESPUES DE LA COMUNION

Concédenos, Señor todopoderoso, que de tal manera saciemos nuestra hambre y nuestra sed en estos sacramentos, que nos transformemos en lo que hemos recibido. Por Jesucristo.

XXVIII

ANTIFONA DE ENTRADA   Sal 129, 3-4

Si llevas cuenta de los delitos, Señor, ¿quién podrá resistir? Pero de ti procede el perdón, Dios de Israel.

ORACION COLECTA

Te pedimos, Señor, que tu gracia continuamente nos preceda y acompañe, de manera que estemos dispuestos a obrar siempre el bien. Por nuestro Señor.

ORACION SOBRE LAS OFRENDAS

Con estas ofrendas, Señor, recibe las súplicas de tus hijos, para que esta Eucaristía celebrada con amor nos lleve a la gloria del cielo. Por Jesucristo.

ANTIFONA DE COMUNION   Sal 33, 11

Los ricos empobrecen y pasan hambre, los que buscan al Señor no carecen de nada.

o bien: 1 Jn 3, 2

Cuando Cristo se manifieste seremos semejantes a él, porque le veremos tal cual es.

ORACION DESPUES DE LA COMUNION

Dios soberano, te pedimos humildemente que, así como nos alimentas con el Cuerpo y la Sangre de tu Hijo, nos hagas participar de su naturaleza divina. Por Jesucristo.

XXIX

ANTIFONA DE ENTRADA   Sal 16, 6. 8

Yo te invoco porque tú me respondes, Dios mío; inclina el oído y escucha mis palabras. Guárdame como a las niñas de tus ojos; a la sombra de tus alas escóndeme.

ORACION COLECTA

Dios todopoderoso y eterno, te pedimos entregarnos a ti con fidelidad y servirte con sincero corazón. Por nuestro Señor.

ORACION SOBRE LAS OFRENDAS

Concédenos, Señor, ofrecerte estos dones con un corazón libre, para que tu gracia pueda purificarnos en estos misterios que ahora celebramos. Por Jesucristo.

ANTIFONA DE COMUNION   Sal 32, 18-19

Los ojos del Señor están puestos en sus fieles, en los que esperan en su misericordia, para librar sus vidas de la muerte y reanimarlos en tiempo de hambre.

o bien: Mc 10, 45

El Hijo del Hombre ha venido para dar su vida en rescate por todos.

ORACION DESPUES DE LA COMUNION

La participación frecuente en esta Eucaristía nos sea provechosa, Señor, para que disfrutemos de tus beneficios en la tierra y crezca nuestro conocimiento de los bienes del cielo. Por Jesucristo nuestro Señor.

XXX

ANTIFONA DE ENTRADA   Sal 104, 3-4

Que se alegren los que buscan al Señor. Recurrid al Señor y a su poder, buscad continuamente su rostro.

ORACION COLECTA

Dios todopoderoso y eterno, aumenta nuestra fe, esperanza y caridad; y, para conseguir tus promesas, concédenos amar tus preceptos. Por nuestro Señor.

ORACION SOBRE LAS OFRENDAS

Vuelve tu mirada, Señor, sobre las ofrendas que te presentamos, para que nuestra celebración sea para tu gloria y tu alabanza. Por Jesucristo.

ANTIFONA DE COMUNION   Sal 19, 6

Que podamos celebrar tu victoria y en el nombre de nuestro Dios alzar estandartes.

o bien: Ef 5, 2

Cristo nos amó y se entregó por nosotros como oblación de suave olor.

ORACION DESPUES DE LA COMUNION

Lleva a su término en nosotros, Señor, lo que significan estos sacramentos, para que un día poseamos verdaderamente cuanto celebramos ahora en estos ritos sagrados. Por Jesucristo.

XXXI

ANTIFONA DE ENTRADA
Sal 37, 22-23

No me abandones, Señor, Dios mío, no te quedes lejos; ven aprisa a socorrerme, Señor mío, mi salvación.

ORACION COLECTA

Señor de poder y de misericordia, que has querido hacer digno y agradable por favor tuyo el servicio de tus fieles; concédenos caminar sin tropiezos hacia los bienes que nos prometes. Por nuestro Señor.

ORACION SOBRE LAS OFRENDAS

Que este sacrificio, Señor, sea para ti una ofrenda pura, y para nosotros una generosa efusión de tu misericordia. Por Jesucristo.

ANTIFONA DE COMUNION
Sal 15, 11

Me enseñarás el sendero de la vida, me saciarás de gozo en tu presencia, Señor.

o bien:
Jn 6, 58

El Padre que vive me ha enviado y yo vivo por el Padre; del mismo modo, el que me come vivirá por mí, dice el Señor.

ORACION DESPUES DE LA COMUNION

Te rogamos, Señor, que aumente en nosotros la acción de tu poder, para que, alimentados con estos sacramentos, tu gracia nos disponga a recibir las promesas con que los enriqueces. Por Jesucristo.

XXXII

ANTIFONA DE ENTRADA   Sal 87, 3

Llegue hasta ti mi súplica; inclina tu oído a mi clamor, Señor.

ORACION COLECTA

Dios omnipotente y misericordioso, aparta de nosotros todos los males, para que, bien dispuesto nuestro cuerpo y nuestro espíritu, podamos libremente cumplir tu voluntad. Por nuestro Señor.

ORACION SOBRE LAS OFRENDAS

Mira con bondad, Señor, los sacrificios que te presentamos, para que, al celebrar el misterio de la pasión de tu Hijo en este sacramento, gocemos de sus frutos en nuestro corazón. Por Jesucristo.

ANTIFONA DE COMUNION   Sal 22, 1-2

El Señor es mi pastor, nada me falta; en verdes praderas él me hace recostar, me conduce hacia fuentes tranquilas.

o bien: Lc 24, 35

Los discípulos conocieron al Señor Jesús al partir el pan.

ORACION DESPUES DE LA COMUNION

Alimentados con esta Eucaristía, te hacemos presente, Señor, nuestra acción de gracias, implorando de tu misericordia que el Espíritu Santo mantenga siempre vivo el amor a la verdad en quienes han recibido la fuerza de lo alto. Por Jesucristo nuestro Señor.

XXXIII

ANTIFONA DE ENTRADA   Jr 29, 11-12, 14

Dice el Señor: tengo designios de paz y no de aflicción,
me invocaréis y yo os escucharé, os congregaré sacándoos
de los países y comarcas por donde os dispersé.

ORACION COLECTA

Señor, Dios nuestro, concédenos vivir siempre alegres en tu
servicio, porque en servirte a ti, creador de todo bien, consiste
el gozo pleno y verdadero. Por nuestro Señor.

ORACION SOBRE LAS OFRENDAS

Concédenos, Señor, que esta ofrenda sea agradable a tus ojos,
nos alcance la gracia de sentir con amor y nos consiga los gozos
eternos. Por Jesucristo.

ANTIFONA DE COMUNION   Sal 72, 28

Para mí lo bueno es estar junto a Dios, hacer del Señor
mi refugio.

o bien: Mc 11, 23. 24

Yo os aseguro que todo cuanto pidáis en la oración creed
que ya lo habéis recibido y lo obtendréis, dice el Señor.

ORACION DESPUES DE LA COMUNION

Ahora que hemos recibido el don sagrado de tu sacramento,
humildemente te pedimos, Señor, que el memorial que tu Hijo
nos mandó celebrar resalte la caridad en todos nosotros. Por Jesucristo.

XXXIV

La solemnidad de Cristo Rey ocupa el lugar de este domingo. Para los días de entre semana se utilizan los textos siguientes:

ANTIFONA DE ENTRADA   Sal 84, 9

Dios anuncia la paz a su pueblo y a sus amigos, y a los que se convierten de corazón.

ORACION COLECTA

Mueve, Señor, los corazones de tus hijos, para que, correspondiendo generosamente a tu gracia, reciban con mayor abundancia la ayuda de tu bondad. Por nuestro Señor.

ORACION SOBRE LAS OFRENDAS

Recibe, Señor, estos dones sagrados que nos mandaste consagrar a tu nombre, y para que ellos nos hagan gratos a tus ojos, concédenos obedecer siempre tus mandatos. Por Jesucristo.

ANTIFONA DE COMUNION   Sal 116, 1-2

Alabad al Señor todas las naciones, firme es su misericordia con nosotros.

o bien: Mt 28, 20

Y sabed que estoy con vosotros todos los días hasta el fin del mundo, dice el Señor.

ORACION DESPUES DE LA COMUNION

Dios todopoderoso, ya que nos has alegrado con la participación en tu sacramento, no permitas que nos separemos de ti. Por Jesucristo.

LECTURAS PARA
EL TIEMPO ORDINARIO

PRIMERA SEMANA

LUNES

Años impares

PRIMERA LECTURA

Dios nos ha hablado por el Hijo

COMIENZO DE LA CARTA A LOS HEBREOS

1, 1-6

En distintas ocasiones y de muchas maneras habló Dios antiguamente a nuestros padres por los Profetas. Ahora, en esta etapa final, nos ha hablado por el Hijo, al que ha nombrado heredero de todo, y por medio del cual ha ido realizando las edades del mundo. El es reflejo de su gloria, impronta de su ser. El sostiene el universo con su palabra poderosa. Y, habiendo realizado la purificación de los pecados, está sentado a la derecha de Su Majestad en las alturas; tanto más encumbrado sobre los ángeles, cuanto más sublime es el nombre que ha heredado. Pues, ¿a qué ángel dijo jamás: «Hijo mío eres tú, hoy te he engendrado?» O: «¿Yo seré para él un padre y él será para mí un hijo?» Y en otro pasaje, al introducir en el mundo al primogénito, dice: «Adórenlo todos los ángeles de Dios.»

Palabra de Dios.

SALMO RESPONSORIAL 96

R Adorad a Dios, todos sus ángeles.

El Señor reina, la tierra goza | se alegran las islas innumerables; | justicia y derecho sostienen su trono. R.

Los cielos pregonan su justicia | y todos los pueblos contemplan su gloria. | Ante él se postran todos los dioses. R.

Porque tú eres Señor, | Altísimo sobre toda la tierra, | encumbrado sobre todos los dioses. R.

ALELUYA p. 1932ss.
EVANGELIO p. 1287

LUNES   Años pares

PRIMERA LECTURA

Su rival insultaba a Ana, porque el Señor la había hecho estéril

COMIENZO DEL PRIMER LIBRO DE
SAMUEL   1, 1-8

Había un hombre sufita oriundo de Ramá, en la serranía de
Efraín, llamado Elcaná, hijo de Yeroján, hijo de Elihu, hijo de
Toju, hijo de Suf, efraimita. Tenía dos mujeres: una se llamaba
Ana y la otra Fenina; Fenina tenía hijos, y Ana no los tenía.
Aquel hombre solía subir todos los años desde su pueblo, para
adorar y ofrecer sacrificios al Señor de los Ejércitos en Siló, donde estaban de sacerdotes del Señor los dos hijos de Elí, Jofní y
Fineés. Llegado el día de ofrecer el sacrificio, repartía raciones a
su mujer Fenina para sus hijos e hijas, mientras que a Ana le
daba sólo una ración; y eso que la quería, pero el Señor la había
hecho estéril. Su rival la insultaba, ensañándose con ella para
mortificarla, porque el Señor la había hecho estéril. Así hacía año
tras año; siempre que subían al templo del Señor, solía insultarla
así. Una vez Ana lloraba y no comía. Y Elcaná, su marido, le
dijo: «Ana, ¿por qué lloras y no comes?, ¿por qué te afliges? ¿No
te valgo yo más que diez hijos?»

Palabra de Dios.

SALMO RESPONSORIAL 115

R Te ofreceré, Señor, un sacrificio de alabanza (o, Aleluya.)

¿Cómo pagaré al Señor | todo el bien que me ha hecho?
| Alzaré la copa de la salvación, | invocando su nombre. R.

Cumpliré al Señor mis votos | en presencia de todo el pueblo. | Te ofreceré un sacrificio de alabanza, | invocando tu nombre, Señor. R̶.

Cumpliré al Señor mis votos | en presencia de todo el pueblo; | en el atrio de la casa del Señor, | en medio de ti, Jerusalén. R̶.

ALELUYA p. 1932ss.

EVANGELIO

Convertíos y creed la Buena Noticia.

✠ LECTURA DEL S. EVANGELIO SEGUN
SAN MARCOS   1, 14-20

Cuando arrestaron a Juan, Jesús se marchó a Galilea a proclamar el Evangelio de Dios. Decía: «Se ha cumplido el plazo, está cerca el Reino de Dios: Convertíos y creed la Buena Noticia.» Pasando junto al lago de Galilea, vio a Simón y a su hermano Andrés, que eran pescadores y estaban echando el copo en el lago. Jesús les dijo: «Venid conmigo y os haré pescadores de hombres.» Inmediatamente dejaron las redes y lo siguieron. Un poco más adelante vio a Santiago, hijo de Zebedeo, y a su hermano Juan, que estaban en la barca repasando las redes. Los llamó, dejaron a su padre Zebedeo en la barca con los jornaleros y se marcharon con él.

Palabra del Señor.

MARTES   Años impares

PRIMERA LECTURA

Dios juzgó conveniente perfeccionar y consagrar con sufrimientos al guía de su salvación

LECTURA DE LA CARTA A LOS HEBREOS   2, 5-12

Hermanos: Dios no sometió a los ángeles el mundo venidero, del que estamos hablando; de ello dan fe estas palabras:

«¿Qué es el hombre, para que te acuerdes de él, o el ser humano, para que mires por él? Lo hiciste poco inferior a los ángeles, lo coronaste de gloria y dignidad, todo lo sometiste bajo sus pies.» En efecto, puesto a someterle todo, nada dejó fuera de su dominio. Pero ahora no vemos todavía que todo le esté sometido. Al que Dios había hecho un poco inferior a los ángeles, a Jesús, lo vemos ahora coronado de gloria y honor por su pasión y muerte. Así, por la gracia de Dios, ha padecido la muerte para bien de todos. Dios, para quien y por quien existe todo, juzgó conveniente, para llevar a una multitud de hijos a la gloria, perfeccionar y consagrar con sufrimientos al guía de su salvación. El santificador y los santificados proceden todos del mismo. Por eso no se avergüenza de llamarlos hermanos, pues dice: «Anunciaré tu nombre a mis hermanos, en medio de la asamblea te alabaré.»

Palabra de Dios.

SALMO RESPONSORIAL 8

R. **Diste a tu Hijo el mando | sobre las obras de tus manos.**

¡Señor, dueño nuestro, | qué admirable es tu nombre en toda la tierra! R.

¿Qué es el hombre, para que te acuerdes de él, | el ser humano, para darle poder? R.

Lo hiciste poco inferior a los ángeles, | lo coronaste de gloria y dignidad; | y le diste el mando sobre las obras de tus manos. R.

Todo lo sometiste bajo sus pies: | rebaños de ovejas y toros, | y hasta las bestias del campo, | las aves del cielo, los peces del mar, | que trazan sendas por el mar. R.

ALELUYA p. 1932ss.

EVANGELIO p. 1290

MARTES   **Años pares**

PRIMERA LECTURA

El Señor se acordó de Ana y dio a luz un hijo, Samuel

LECTURA DEL PRIMER LIBRO DE SAMUEL   1, 9-20

En aquellos días, después de la comida de Siló, mientras el sacerdote Elí estaba sentado en su silla junto a la puerta del templo del Señor, Ana se levantó y, desconsolada, rezó al Señor deshaciéndose en lágrimas e hizo este voto: «Señor de los Ejércitos, si te dignas mirar la aflicción de tu esclava, si te acuerdas de mí y no me olvidas, si concedes a tu esclava un hijo varón, se lo ofreceré al Señor para toda la vida y la navaja no pasará por su cabeza.» Mientras repetía su oración al Señor, Elí la observaba. Ana hablaba para sus adentros: movía los labios, sin que se oyera su voz. Elí, creyendo que estaba borracha, le dijo: «¿Hasta cuándo vas a seguir borracha? Devuelve el vino que has bebido.» Ana respondió: «No es eso, señor; no he bebido vino ni licores; lo que pasa es que estoy afligida y me desahogo con el Señor. No me tengas por una mujer perdida, que hasta ahora he hablado movida por mi gran desazón y pesadumbre.» Entonces dijo Elí: «Vete en paz. Que el Señor de Israel te conceda lo que le has pedido.» Y ella respondió: «Que tu sierva halle gracia ante ti.» La mujer se marchó, comió, y se transformó su semblante. A la mañana siguiente madrugaron, adoraron al Señor y se volvieron. Llegados a su casa de Ramá, Elcaná se unió a su mujer Ana, y el Señor se acordó de ella. Ana concibió, dio a luz un hijo y le puso de nombre Samuel, diciendo; «¡Al Señor se lo pedí!»

Palabra de Dios.

SALMO RESPONSORIAL   1 Sm 2, 1.4-5.6-7.8abcd

℟. **Mi corazón se regocija | por el Señor, mi salvador.**

Mi corazón se regocija por el Señor, | mi poder se exalta por Dios; | mi boca se ríe de mis enemigos, | porque gozo con tu salvación. ℟.

Se rompen los arcos de los valientes, | mientras los cobardes
se ciñen de valor; | los hartos se contratan por el pan, | mientras
los hambrientos engordan; | la mujer estéril da a luz siete hi-
jos; | mientras la madre de muchos queda baldía. R⃝.

El Señor da la muerte y la vida, | hunde en el abismo y le-
vanta; | da la pobreza y la riqueza, | humilla y enaltece. R⃝.

El levanta del polvo al desvalido, | alza de la basura al po-
bre, | para hacer que se siente entre príncipes | y que herede un
trono de gloria. R⃝.

ALELUYA, p. 1932ss.

EVANGELIO

Le enseñaba con autoridad

✠ LECTURA DEL S. EVANGELIO SEGUN
SAN MARCOS   1, 21-28

Llegó Jesús a Cafarnaúm, y cuando el sábado siguiente fue a
la sinagoga a enseñar, se quedaron asombrados de su enseñanza,
porque no enseñaba como los letrados, sino con autoridad. Estaba precisamente en la sinagoga un hombre que tenía un espíritu
inmundo, y se puso a gritar: «¿Qué quieres de nosotros, Jesús
Nazareno? ¿Has venido a acabar con nosotros? Sé quién eres: El
Santo de Dios.» Jesús lo increpó: «Cállate y sal de él.» El espíritu
inmundo lo retorció y, dando un grito muy fuerte, salió. Todos
se preguntaron estupefactos: «¿Qué es esto? Este enseñar con
autoridad es nuevo. Hasta a los espíritus inmundos les manda y
le obedecen.» Su fama se extendió en seguida por todas partes,
alcanzando la comarca entera de Galilea.

Palabra del Señor.

MIERCOLES

PRIMERA LECTURA

*Tenía que parecerse en todo a sus hermanos para ser compasivo
y pontífice fiel*

LECTURA DE LA CARTA A LOS HEBREOS

2, 14-18

Hermanos: Los hijos de una familia son todos de la misma
carne y sangre, y de nuestra carne y sangre participó también Jesús; así, muriendo, aniquiló al que tenía el poder de la muerte,
es decir, al diablo, y liberó a todos los que por miedo a la muerte pasaban la vida entera como esclavos. Notad que tiende una
mano a los hijos de Abrahán, no a los ángeles. Por eso tenía que
parecerse en todo a sus hermanos, para ser compasivo y pontífice
fiel en lo que a Dios se refiere, y expiar así los pecados del pueblo. Como él ha pasado por la prueba del dolor, puede auxiliar
a los que ahora pasan por ella.

Palabra de Dios.

SALMO RESPONSORIAL 104

℟ **El Señor se acuerda de su alianza eternamente** (o Aleluya.)

Dad gracias al Señor, invocad su nombre, | dad a conocer
sus hazañas a los pueblos; | cantadle al son de instrumentos, |
hablad de sus maravillas. ℟.

Gloriaos de su nombre santo, | que se alegren los que buscan
al Señor. | Recurrid al Señor y a su poder, | buscad continua-
mente su rostro. ℟.

¡Estirpe de Abrahán, su siervo, | hijos de Jacob, su elegido!
| El Señor es nuestro Dios, | él gobierna toda la tierra. ℟.

Se acuerda de su alianza eternamente, | de la palabra dada,
por mil generaciones; | de la alianza sellada con Abrahán, | del
juramento hecho a Isaac. ℟.

ALELUYA p. 1932ss.

EVANGELIO, p. 1293

MIERCOLES   **Años pares**

PRIMERA LECTURA

Habla, Señor, que tu siervo escucha

LECTURA DEL PRIMER LIBRO DE SAMUEL   3, 1-10.19-20

En aquellos días, el pequeño Samuel servía en el templo del
Señor bajo la vigilancia de Elí. Por aquellos días las palabras del
Señor eran raras y no eran frecuentes las visiones. Un día estaba
Elí acostado en su habitación; se le iba apagando la vista y casi
no podía ver. Aún ardía la lámpara de Dios, y Samuel estaba
acostado en el templo del Señor, donde estaba el arca de Dios.
El Señor llamó a Samuel y él respondió: «Aquí estoy.» Fue corriendo adonde estaba Elí y le dijo: «Aquí estoy; vengo porque
me has llamado.» Respondió Elí: «No te he llamado; vuelve a
acostarte.» Samuel volvió a acostarse. Volvió a llamar el Señor a
Samuel. El se levantó y fue adonde estaba Elí y le dijo: «Aquí
estoy, vengo porque me has llamado.» Respondió Elí: «No te he
llamado, hijo mío; vuelve a acostarte.» Aún no conocía Samuel
al Señor, pues no le había sido revelada la palabra del Señor. Por
tercera vez llamó el Señor a Samuel y él se fue adonde estaba Elí
y le dijo: «Aquí estoy; vengo porque me has llamado.» Elí comprendió que era el Señor quien llamaba al muchacho y dijo a Samuel: «Anda, acuéstate; y si te llama alguien, responde: "Habla,
Señor, que tu siervo te escucha".» Samuel fue y se acostó en su
sitio. El Señor se presentó y le llamó como antes: «¡Samuel, Samuel!» El respondió: «Habla, Señor, que tu siervo te escucha.»
Samuel crecía, Dios estaba con él, y ninguna de sus palabras dejó
de cumplirse; y todo Israel, desde Dan hasta Berseba, supo que
Samuel era profeta acreditado ante el Señor.

Palabra de Dios.

SALMO RESPONSORIAL 39

℟ **Aquí estoy Señor, para hacer tu voluntad.**

Yo esperaba con ansia al Señor: | él se inclinó y escuchó mi grito. | Dichoso el hombre que ha puesto | su confianza en el Señor, | y no acude a los idólatras | que se extravían con engaños. ℟

Tú no quieres sacrificios ni ofrendas, | y en cambio me abriste el oído; | no pides sacrificio expiatorio, | entonces yo digo: «Aquí estoy.» ℟

Como está escrito en mi libro: | «Para hacer tu voluntad.» | Dios mío, lo quiero, | y llevo tu ley en las entrañas. ℟

He proclamado tu salvación | ante la gran asamblea; | no he cerrado los labios: | Señor, tú lo sabes. ℟

ALELUYA p. 1932ss.

EVANGELIO
Curó a muchos enfermos de diversos males

✠ LECTURA DEL S. EVANGELIO SEGUN
SAN MARCOS   1, 29-39

En aquel tiempo, al salir Jesús de la sinagoga, fue con Santiago y Juan a casa de Simón y Andrés. La suegra de Simón estaba en cama con fiebre, y se lo dijeron. Jesús se acercó, la cogió de la mano y la levantó. Se le pasó la fiebre y se puso a servirles. Al anochecer, cuando se puso el sol, le llevaron todos los enfermos y poseídos. La población entera se agolpaba a la puerta. Curó a muchos enfermos de diversos males y expulsó muchos demonios; y como los demonios lo conocían, no les permitía hablar. Se levantó de madrugada, se marchó al descampado y allí se puso a orar. Simón y sus compañeros fueron y, al encontrarlo, le dijeron: «Todo el mundo te busca.» El les respondió: «Vámonos a otra parte, a las aldeas cercanas, para predicar también allí;

que para eso he venido.» Así recorrió toda Galilea, predicando en las sinagogas y expulsando los demonios.

Palabra del Señor.

JUEVES   Años impares

PRIMERA LECTURA

Animaos los unos a los otros mientras dure este «hoy»

LECTURA DE LA CARTA A LOS HEBREOS   3, 7-14

Hermanos: Dice el Espíritu Santo: Hoy, si oís su voz, no endurezcáis vuestros corazones, como cuando el Desafío, cuando la Provocación del desierto, donde me provocaron vuestros padres, poniéndome a prueba, a pesar de haber visto mis obras durante cuarenta años; por eso me indigné contra aquella generación y dije: Siempre tienen el corazón extraviado; no han conocido mis caminos, por eso he jurado en mi cólera que no entrarán en mi descanso. ¡Atención, hermanos! Que ninguno de vosotros tenga corazón malo e incrédulo, que lo lleve a desertar del Dios vivo. Animaos, por el contrario, los unos a los otros, día tras día, mientras dure este «hoy», para que ninguno de vosotros se endurezca, engañado por el pecado. En efecto, somos partícipes de Cristo, si conservamos firme hasta el final el temple primitivo de nuestra fe.

Palabra de Dios.

SALMO RESPONSORIAL 94

℟ **Ojalá escuchéis hoy la voz del Señor: «No endurezcáis el corazón.»**

Entrad, postrémonos por tierra, | bendiciendo al Señor, creador nuestro. | Porque él es nuestro Dios | y nosotros su pueblo, el rebaño que él guía. ℟.

Ojalá escuchéis hoy su voz: | «No endurezcáis el corazón como en Meribá, | como el día de Masá en el desierto: | cuando vuestros padres me pusieron a prueba | y me tentaron, aunque habían visto mis obras.» ℞.

Durante cuarenta años aquella generación me asqueó, y dije: | «Es un pueblo de corazón extraviado, | que no reconoce mi camino; | por eso he jurado en mi cólera | que no entrarán en mi descanso.» ℞.

ALELUYA p. 1932ss.

EVANGELIO p. 1296

JUEVES Años pares

PRIMERA LECTURA

Derrotaron a los israelitas y el Arca de Dios fue capturada

LECTURA DEL PRIMER LIBRO DE SAMUEL 4, 1-11

Por entonces se reunieron los filisteos para atacar a Israel. Los israelitas salieron a enfrentarse con ellos y acamparon junto a Piedrayuda, mientras que los filisteos acampaban en El Cerco. Los filisteos formaron en orden de batalla frente a Israel. Entablada la lucha, Israel fue derrotado por los filisteos; de sus filas murieron en el campo unos cuatro mil hombres. La tropa volvió al campamento, y los ancianos de Israel deliberaron: «¿Por qué el Señor nos ha hecho sufrir hoy una derrota a manos de los filisteos? Vamos a Siló, a traer el Arca de la Alianza del Señor, para que esté entre nosotros y nos salve del poder enemigo.» Mandaron gente a Siló, a por el Arca de la Alianza del Señor de los Ejércitos entronizado sobre Querubines. Los dos hijos de Elí, Jofní y Fineés, fueron con el Arca de la Alianza de Dios. Cuando el Arca de la Alianza del Señor llegó al campamento, todo Israel lanzó a pleno pulmón el alarido de guerra, y la tierra retembló. Al oír los filisteos el estruendo del alarido, se preguntaron: «¿Qué significa ese alarido que retumba en el campamento hebreo?» Entonces se enteraron de que el Arca del Señor había llegado al campamento, y, muertos de miedo, decían: «¡Ha llegado su dios al campamento! ¡Ay de nosotros! Es la primera vez que nos pasa esto. ¡Ay de nosotros! ¿Quién nos librará de la mano de esos dioses poderosos, los dioses que hirieron a Egipto con toda clase de calamidades y epidemias? ¡Valor, filisteos! Sed hombres, y no seréis esclavos de los hebreos como lo han sido ellos de nosotros. ¡Sed hombres, y al ataque!» Los filisteos se lanzaron a la lucha y derrotaron a los israelitas, que huyeron a la desbandada. Fue una derrota tremenda: cayeron treinta mil de la infantería israelita. El Arca de Dios fue capturada, y los dos hijos de Elí, Jofni y Fineés, murieron.

Palabra de Dios.

SALMO RESPONSORIAL 43

℟ **Redímenos, Señor, por tu misericordia.**

Ahora nos rechazas y nos avergüenzas, | y ya no sales, Señor, con nuestras tropas; | nos haces retroceder ante el enemigo, | y nuestro adversario nos saquea. ℟.

Nos haces el escarnio de nuestros vecinos, | irrisión y burla de los que nos rodean. | Nos has hecho el refrán de los gentiles, | nos hacen muecas las naciones. ℟.

Despierta, Señor, ¿por qué duermes? | levántate, no nos rechaces más. | ¿Por qué nos escondes tu rostro | y olvidas nuestra desgracia y opresión? ℟.

ALELUYA p. 1932ss.

EVANGELIO

La lepra se le quitó y quedó limpio.

✠ LECTURA DEL S. EVANGELIO SEGUN
SAN MARCOS
1, 40-45

En aquel tiempo, se acercó a Jesús un leproso, suplicándole de rodillas: «Si quieres, puedes limpiarme.» Sintiendo lástima, extendió la mano y lo tocó diciendo: «Quiero: queda limpio.» La lepra se le quitó inmediatamente y quedó limpio. El lo despidió, encargándole severamente: «No se lo digas a nadie; pero para que conste, ve a presentarte al sacerdote y ofrece por tu purificación lo que mandó Moisés.» Pero cuando se fue, empezó a divulgar el hecho con grandes ponderaciones, de modo que Jesús ya no podía entrar abiertamente en ningún pueblo; se quedaba fuera, en descampado; y aun así acudían a él de todas partes.

Palabra del Señor.

VIERNES   Años impares

PRIMERA LECTURA

Empeñémonos en entrar en aquel descanso

LECTURA DEL LA CARTA A LOS HEBREOS   4, 1-5.11

Hermanos: Temamos, no sea que, estando aún en vigor la promesa de entrar en su descanso, alguno de vosotros crea que ha perdido la oportunidad. También nosotros hemos recibido la buena noticia, igual que ellos; pero el mensaje que oyeron de nada les sirvió, porque no se adhirieron por la fe a los que lo habían escuchado. En efecto, entramos en el descanso los creyentes, de acuerdo con lo dicho: «He jurado en mi cólera que no entrarán en mi descanso», y eso que sus obras estaban terminadas desde la creación del mundo. Acerca del día séptimo se dijo: «Y descansó Dios el día séptimo de todo el trabajo que había hecho». En nuestro pasaje añade: «No entrarán en mi descanso». Empeñémonos, por tanto, en entrar en aquel descanso, para que nadie caiga, siguiendo aquel ejemplo de desobediencia.

Palabra de Dios.

SALMO RESPONSORIAL 77

℟ **No olvidéis las acciones de Dios.**

Lo que oímos y aprendimos, | lo que nuestros padres nos contaron, | lo contaremos a la futura generación; | las alabanzas del Señor, y su poder. ℟.

Que surjan y lo cuenten a sus hijos, | para que pongan en Dios su confianza | y no olviden las acciones de Dios, | sino que guarden sus mandamientos. ℟.

Para que no imiten a sus padres, | generación rebelde y pertinaz; | generación de corazón inconstante, | de espíritu infiel a Dios. ℟.

ALELUYA p. 1932ss.

EVANGELIO p. 1299

VIERNES   Años pares

PRIMERA LECTURA

Gritaréis contra el rey, pero Dios no os responderá

LECTURA DEL PRIMER LIBRO DE SAMUEL   8, 4-7.10-22a

En aquellos días, los ancianos de Israel se reunieron y fueron a entrevistarse con Samuel en Ramá. Le dijeron: «Mira, tú eres ya viejo, y tus hijos no se comportan como tú. Nómbranos un rey que nos gobierne, como se hace en todas las naciones.» A Samuel le disgustó que le pidieran ser gobernados por un rey, y se puso a orar al Señor. El Señor le respondió: «Haz caso al pueblo en todo lo que te pidan. No te rechazan a ti sino a mí; no me quieren por rey.» Samuel comunicó la palabra del Señor a la gente que le pedía un rey: «Estos son los derechos del rey que os regirá: A vuestros hijos los llevará para enrolarlos en sus destacamentos de carros y caballería, y para que vayan delante de su carroza; los empleará como jefes y oficiales en su ejército, como aradores de sus campos y segadores de su cosecha, como fabricantes de armamento y de pertrechos para sus carros. A vuestras hijas se las llevará como perfumistas, cocineras, y reposteras. Vuestros campos, viñas y los mejores olivares, os los quitará para dárselos a sus ministros. De vuestro grano y vuestras viñas, os exigirá diezmos, para dárselos a sus funcionarios y ministros. A vuestros criados y criadas, y a vuestros mejores burros y bueyes, se los llevará para usarlos en su hacienda. De vuestros rebaños os exigirá diezmos. ¡Y vosotros mismos seréis sus esclavos! Entonces gritaréis contra el rey que os elegisteis, pero Dios no os responderá.» El pueblo no quiso hacer caso a Samuel, e insistió: «No importa. ¡Queremos un rey! Así seremos nosotros como los demás pueblos. Que nuestro rey nos gobierne y salga al frente de nosotros a luchar en nuestra guerra.» Samuel oyó lo que pedía el pueblo y se lo comunicó al Señor. El Señor le respondió: «Hazles caso y nómbrales un rey.»

Palabra de Dios.

SALMO RESPONSORIAL 88

℞ **Cantaré eternamente tus misericordias, Señor.**

Dichoso el pueblo que sabe aclamarte: | caminará, oh Señor, a la luz de tu rostro; | tu nombre es su gozo cada día, | tu justicia es su orgullo. ℞

Porque tú eres su honor y su fuerza, | y con tu favor realzas nuestro poder. | Porque el Señor es nuestro escudo | y el Santo de Israel, nuestro rey. ℞

ALELUYA p. 1932ss.

EVANGELIO

El Hijo del Hombre tiene potestad en la tierra para perdonar pecados

✛ LECTURA DEL S. EVANGELIO SEGUN
SAN MARCOS   2, 1-12

Cuando a los pocos días volvió Jesús a Cafarnaúm, se supo que estaba en casa. Acudieron tantos, que no quedaba sitio ni a la puerta. El les proponía la Palabra. Llegaron cuatro llevando un paralítico, y como no podían meterlo por el gentío, levantaron unas tejas encima de donde estaba Jesús, abrieron un boquete y descolgaron la camilla con el paralítico. Viendo Jesús la fe que tenían, le dijo al paralítico: «Hijo, tus pecados quedan perdonados.» Unos letrados, que estan allí sentados, pensaban para sus adentros: «¿Por qué habla éste así? Blasfema. ¿Quién puede perdonar pecados fuera de Dios?» Jesús se dio cuenta de lo que pensaban y dijo: »¿Por qué pensáis eso? ¿Qué es más fácil: decirle al paralítico tus pecados quedan perdonados, o decirle: levántate, coge la camilla y echa a andar? Pues, para que veáis que el Hijo del Hombre tiene potestad en la tierra para perdonar pecados... entonces le dijo al paralítico: Contigo hablo: Levántate, coge tu camilla y vete a tu casa.» Se levantó inmediatamente, cogió la camilla y salió a la vista de todos. Se quedaron atónitos y daban gloria a Dios diciendo: «Nunca hemos visto una cosa igual.»

Palabra del Señor.

SABADO   **Años impares**

PRIMERA LECTURA

Acerquémonos con seguridad al trono de gracia

LECTURA DE LA CARTA A LOS HEBREOS   4, 12-16

Hermanos: La Palabra de Dios es viva y eficaz, más tajante que espada de doble filo, penetrante hasta el punto donde se dividen alma y espíritu, coyunturas y tuétanos. Juzga los deseos e intenciones del corazón. Nada se oculta; todo está patente y descubierto a los ojos de Aquel a quien hemos de rendir cuentas. Mantengamos la confesión de la fe, ya que tenemos un sumo sacerdote grande que ha atravesado el cielo, Jesús, Hijo de Dios. No tenemos un sumo sacerdote incapaz de compadecerse de nuestras debilidades, sino que ha sido probado en todo exactamente como nosotros, menos en el pecado. Por eso, acerquémonos con seguridad al trono de la gracia, para alcanzar misericordia y encontrar gracia que nos auxilie oportunamente.

Palabra de Dios.

SALMO RESPONSORIAL 18

℟ **Tus palabras, Señor, son espíritu y vida.**

La ley del Señor es perfecta | y es descanso del alma; | el precepto del Señor es fiel | e instruye al ignorante. ℟.

Los mandatos del Señor son rectos | y alegran el corazón; | la norma del Señor es límpida | y da luz a los ojos. ℟.

La voluntad del Señor es pura | y eternamente estable; | los mandatos del Señor son verdaderos | y enteramente justos. ℟.

Que te agraden las palabras de mi boca, | y llegue a tu presencia | el meditar de mi corazón, | Señor, roca mía, redentor mío. ℟.

ALELUYA p. 1932ss.

EVANGELIO p. 1302

SABADO   **Años pares**

PRIMERA LECTURA

Ese es el hombre de quien habló el Señor; Saúl regirá a su pueblo

LECTURA DEL PRIMER LIBRO
DE SAMUEL   9, 1-4.17-19; 10, 1a

Había un hombre de Loma de Benjamín, llamado Quis, hijo de Abiel, de Seror, de Becorá, de Afiaj, benjaminita, de buena posición. Tenía un hijo que se llamaba Saúl, un mozo bien plantado; era el israelita más alto; sobresalía por encima de todos, de los hombros arriba. A su padre Quis se le habían extraviado unas burras; y dijo a su hijo Saúl: «Llévate a uno de los criados y vete a buscar las burras.» Cruzaron la serranía de Efraín y atravesaron la comarca de Salisá, pero no las encontraron. Atravesaron la comarca de Saalín, y nada. Atravesaron la comarca de Benjamín, y tampoco. Cuando Samuel vio a Saúl, el Señor le avisó: «Ese es el hombre de quien te hablé; ése regirá a mi pueblo.» Saúl se acercó a Samuel en medio de la entrada y le dijo: «Haga el favor de decirme dónde está la casa del vidente.» Samuel le respondió: «Yo soy el vidente. Sube delante de mí al altozano; hoy coméis conmigo, y mañana te dejaré marchar y te diré todo lo que piensas.» Tomó la aceitera, derramó aceite sobre la cabeza de Saúl y lo besó diciendo: «¡El Señor te unge como jefe de su heredad! Tú regirás al pueblo del Señor y le librarás de la mano de los enemigos que lo rodean.»

Palabra de Dios.

SALMO RESPONSORIAL 20

R. **Señor, el rey se alegra por tu fuerza.**

¡Señor, el rey se alegra por tu fuerza, | y cuánto goza con tu victoria! | Le has concedido el deseo de su corazón, | no le has negado lo que pedían sus labios. R.

Te adelantaste a bendecirlo con el éxito, | y has puesto en su cabeza una corona de oro fino. | Te pidió vida y se la has concedido, | años que se prolongan sin término. R.

Tu victoria ha engrandecido su fama, | lo has vestido de honor y majestad. | Le concedes bendiciones incesantes, | lo colmas de gozo en tu presencia. R.

ALELUYA p. 1932ss.

EVANGELIO

No he venido a llamar justos, sino pecadores

✠ LECTURA DEL S. EVANGELIO SEGUN SAN MARCOS
2, 13-17

En aquel tiempo, Jesús salió de nuevo a la orilla del lago; la gente acudía a él y les enseñaba. Al pasar vio a Leví, el de Alfeo, sentado al mostrador de los impuestos y le dijo: «Sígueme.» Se levantó y lo siguió. Estando Jesús a la mesa en su casa, de entre los muchos que lo seguían un grupo de recaudadores y otra gente de mala fama les sentaron con Jesús y sus discípulos. Algunos letrados fariseos, al ver que comía con recaudadores y otra gente de mala fama, les dijeron a los discípulos: «¡De modo que come con recaudadores y pecadores!» Jesús lo oyó y les dijo: «No necesitan médico los sanos, sino los enfermos. No he venido a llamar justos, sino pecadores.»

Palabra del Señor.

SEGUNDA SEMANA

LUNES   Años impares

PRIMERA LECTURA

A pesar de ser Hijo, aprendió, sufriendo, a obedecer

LECTURA DE LA CARTA A LOS HEBREOS   5, 1-10

Hermanos: El Sumo Sacerdote, escogido entre los hombres, está puesto para representar a los hombres en el culto a Dios: para ofrecer dones y sacrificios por los pecados. El puede comprender a los ignorantes y extraviados, ya que él mismo está envuelto en debilidades. A causa de ellas tiene que ofrecer sacrificios por sus propios pecados, como por los del pueblo. Nadie puede arrogarse este honor: Dios es quien llama, como en el caso de Aarón. Tampoco Cristo se confirió a sí mismo la dignidad de Sumo Sacerdote, sino Aquel que le dijo: «Tú eres mi hijo, yo te he engendrado hoy», o como dice otro pasaje de la Escritura: «Tú eres Sacerdote eterno, según el rito de Melquisedec.» Cristo, en los días de su vida mortal, a gritos y con lágrimas, presentó oraciones y súplicas al que podía salvarlo de la muerte, cuando en su angustia fue escuchado. El, a pesar de ser Hijo, aprendió, sufriendo, a obedecer. Y, llevado a la consumación, se ha convertido para todos los que le obedecen en autor de salvación eterna, proclamado por Dios Sumo Sacerdote, según el rito de Melquisedec.

Palabra de Dios.

SALMO RESPONSORIAL 109

℟ **«Tú eres sacerdote eterno, | según el rito de Melquisedec.»**

Oráculo del Señor a mi Señor: | «Siéntate a mi derecha, | y haré de tus enemigos estrado de tus pies.» ℟

Desde Sión extenderá el Señor el poder de su cetro: | somete en la batalla a tus enemigos. ℟

«Eres príncipe desde el día de tu nacimiento, | entre esplendores sagrados; | yo mismo te engendré como rocío, | antes de la aurora.» ℟.

El Señor lo ha jurado y no se arrepiente: | «Tú eres sacerdote eterno, | según el rito de Melquisedec.» ℟.

ALELUYA p. 1932ss.

EVANGELIO p. 1306

LUNES   Años pares

PRIMERA LECTURA

Obedecer vale más que un sacrificio. El Señor te rechaza como rey

LECTURA DEL PRIMER LIBRO DE SAMUEL   15, 16-23

En aquellos días, Samuel dijo a Saúl: «Déjame que te cuente lo que el Señor me ha dicho esta noche.» Contestó Saúl: «Dímelo.» Samuel dijo: «Aunque te creías pequeño, eres la cabeza de las tribus de Israel, porque el Señor te ha nombrado rey de Israel. El Señor te envió a esta campaña con orden de exterminar a esos pecadores amalecitas, combatiendo hasta acabar con ellos. ¿Por qué no has obedecido al Señor? ¿Por qué has echado mano a los despojos, haciendo lo que el Señor reprueba?» Saúl replicó: «¡Pero si he obedecido al Señor! He hecho la campaña a la que me envió, he traído a Agag, rey de Amalec, y he exterminado a los amalecitas. Si la tropa tomó del botín ovejas y vacas, lo mejor de lo destinado al exterminio, lo hizo para ofrecérselas en sacrificio al Señor tu Dios en Guilgal.» Samuel contestó: «¿Quiere el Señor sacrificios y holocaustos, o quiere que obedezcan al Señor? Obedecer vale más que un sacrificio; ser dócil, más que grasa de carneros. Pecado de adivinos es la rebeldía, crimen de idolatría es la obstinación. Por haber rechazado al Señor, el Señor te rechaza hoy como rey.»

Palabra de Dios.

SALMO RESPONSORIAL 49

℟ **Al que sigue buen camino | le haré ver la salvación de Dios**

No te reprocho tus sacrificios, | pues siempre están tus holocaustos ante mí. | Pero no aceptaré un becerro de tu casa | ni un cabrito de tus rebaños. ℟.

¿Por qué recitas mis preceptos | y tienes siempre en la boca mi alianza, | tú que detestas mi enseñanza | y te echas a la espalda mis mandatos? ℟.

Esto haces, ¿y me voy a callar? | ¿crees que soy como tú? | Te acusaré, te lo echaré en cara. ℟.

El que me ofrece acción de gracias, | ése me honra; | al que sigue buen camino | le haré ver la salvación de Dios. ℟.

ALELUYA p. 1932ss.

EVANGELIO

El novio está con ellos

✠ LECTURA DEL S. EVANGELIO SEGUN
SAN MARCOS   2, 18-22

En aquel tiempo, los discípulos de Juan y los fariseos estaban de ayuno. Vinieron unos y le preguntaron a Jesús. «Los discípulos de Juan y los discípulos de los fariseos ayunan. ¿Por qué los tuyos no?» Jesús les contestó: «¿Es que pueden ayunar los amigos del novio, mientras el novio está con ellos? Mientras tienen al novio con ellos, no pueden ayunar. Llegará un día en que se lleven al novio; aquel día sí que ayunarán. Nadie le echa un remiendo de paño sin remojar a un manto pasado; porque la pieza tira del manto —lo nuevo de lo viejo— y deja un roto peor.

Nadie echa vino nuevo en odres viejos; porque revienta los odres, y se pierden el vino y los odres; a vino nuevo, odres nuevos.»

Palabra del Señor.

MARTES   Años impares

PRIMERA LECTURA

La esperanza que se nos ha ofrecido es para nosotros como ancla segura y fuerte

LECTURA DE LA CARTA A LOS HEBREOS   6, 10-20

Hermanos: Dios no es tan injusto como para olvidarse de vuestro trabajo y del amor que le habéis demostrado sirviendo a los santos ahora igual que antes. Deseamos que cada uno de vosotros demuestre el mismo empeño hasta el final, para que se cumpla vuestra esperanza; y no seáis indolentes, sino imitad a los que, con fe y perseverancia, consiguen lo prometido. Cuando Dios hizo la promesa a Abrahán, no teniendo a nadie mayor por quien jurar, juró por sí mismo, diciendo: «Te llenaré de bendiciones y te multiplicaré abundantemente.» Abrahán, perseverando, alcanzó lo prometido. Los hombres juran por alguien que sea mayor y, con la garantía del juramento, queda zanjada toda discusión. De la misma manera, queriendo Dios demostrar a los beneficiarios de la promesa la inmutabilidad de su designio, se comprometió con juramento, para que por dos cosas inmutables, en las que es imposible que Dios mienta, cobremos ánimos y fuerza los que buscamos refugio en él, agarrándonos a la esperanza que se nos ha ofrecido. La cual es para nosotros como ancla del alma, segura y firme, que penetra más allá de la cortina, donde entró por nosotros como precursor Jesús, Sumo Sacerdote para siempre, según el rito de Melquisedec.

Palabra de Dios.

SALMO RESPONSORIAL 110

℟ **El Señor recuerda siempre su alianza** (o Aleluya.)

Doy gracias al Señor de todo corazón, | en compañía de los
rectos, en la asamblea. | Grandes son las obras del Señor, | dig-
nas de estudio para los que las aman. ℟

El Señor ha hecho maravillas memorables, | es piadoso y cle-
mente: | él da alimento a sus fieles, | recordando siempre su
alianza. ℟

Envió la redención a su pueblo, | ratificó para siempre su
alianza: | su nombre es sagrado y temible; | la alabanza del Señor
dura por siempre. ℟

ALELUYA p. 1932ss.

EVANGELIO, p. 1310

MARTES   Años pares

PRIMERA LECTURA

*Ungió Samuel a David en medio de sus hermanos, y en aquel
momento lo invadió el Espíritu del Señor*

LECTURA DEL PRIMER LIBRO DE SAMUEL   16, 1-13

En aquellos días, el Señor dijo a Samuel, «¿Hasta cuándo vas
a estar lamentándote por Saúl, si yo lo he rechazado como rey de
Israel? Llena tu cuerno de aceite y vete. Voy a enviarte a Jesé,
de Belén, porque he visto entre sus hijos un rey para mí.» Samuel contestó: «¿Cómo voy a ir? Si se entera Saúl, me mata.» El
Señor le dijo: «Llevas una novilla y dices que vas a a hacer un
sacrificio al Señor. Convidas a Jesé al sacrificio, y yo te indicaré
lo que tienes que hacer; me ungirás al que yo te diga.» Samuel
hizo lo que le mandó el Señor. Cuando llegó a Belén, los ancia-

nos del pueblo fueron ansiosos a su encuentro: «¿Vienes en son de paz?» Respondió: «Sí, vengo a hacer un sacrificio al Señor. Purificaos y venid conmigo al sacrificio.» Purificó a Jesé y a sus hijos y los convidó al sacrificio. Cuando llegaron, vio a Eliab y se dijo: «Sin duda está ante el Señor su ungido.» Pero el Señor dijo a Samuel: «No mires su apariencia ni su gran estatura, pues yo le he descartado. La mirada de Dios no es como la mirada del hombre, pues el hombre mira las apariencias, pero el Señor mira el corazón.» Jesé llamó a Abinadab y lo hizo pasar ante Samuel; y Samuel dijo: «Tampoco a éste lo ha elegido el Señor.» Jesé hizo pasar a Sama; y Samuel dijo: «Tampoco a éste lo ha elegido el Señor.» Hizo pasar Jesé a sus siete hijos ante Samuel, pero Samuel dijo: «A ninguno de éstos ha elegido el Señor.» Preguntó entonces Samuel a Jesé: «¿No quedan ya más muchachos?» El respondió: «Todavía falta el más pequeño, que está guardando el rebaño.» Dijo entonces Samuel a Jesé: «Manda que lo traigan, porque no comeremos hasta que haya venido.» Mandó, pues, que lo trajeran; era rubio, de bellos ojos y hermosa presencia. Dijo el Señor: «Levántate y úngelo, porque éste es.» Tomó Samuel el cuerno de aceite y lo ungió en medio de sus hermanos. En aquel momento invadió a David el espíritu del Señor, y estuvo con él en adelante. Samuel emprendió la vuelta a Ramá.

Palabra de Dios.

SALMO RESPONSORIAL 88

℟ **Encontré a David mi siervo.**

Un día hablaste en visión a tus amigos: | He ceñido la corona a un héroe, | he levantado a un soldado sobre el pueblo. ℟.

Encontré a David mi siervo | y lo he ungido con óleo sagrado; | para que mi mano esté siempre con él | y mi brazo lo haga valeroso. ℟.

El me invocará: Tú eres mi Padre, | mi Dios, mi Roca salvadora, | y yo lo nombraré mi primogénito, | excelso entre los reyes de la tierra. ℟.

ALELUYA p. 1932ss.

EVANGELIO

El sábado se hizo para el hombre y no el hombre para el sábado

✠ LECTURA DEL S. EVANGELIO SEGUN
SAN MARCOS
2, 23-28

Un sábado atravesaba el Señor un sembrado; mientras andaban, los discípulos iban arrancando espigas. Los fariseos le dijeron: «Oye, ¿por qué hacen en sábado lo que no está permitido?» El les respondió: «¿No habéis leído nunca lo que hizo David, cuando él y sus hombres se vieron faltos y con hambre? Entró en la casa de Dios, en tiempo del sumo sacerdote Abiatar, comió de los panes presentados, que sólo pueden comer los sacerdotes, y les dio también a sus compañeros.» Y añadió: «El sábado se hizo para el hombre y no el hombre para el sábado; así que el Hijo del Hombre es señor también del sábado.»

Palabra del Señor.

MIERCOLES   Años impares

PRIMERA LECTURA

Tú eres sacerdote para siempre según el rito de Melquisedec

LECTURA DE LA CARTA A LOS HEBREOS
7, 1-3.15-17

Hermanos: Melquisedec, rey de Salem, sacerdote del Dios Altísimo, cuando Abrahán regresaba de derrotar a los reyes, lo abordó y lo bendijo, recibiendo de él el diezmo del botín. Su nombre significa «rey de justicia», y lleva también el título de «rey de Salem», es decir, «rey de paz». Sin padre, sin madre, sin genealogía; no se menciona el principio de sus días ni el fin de su vida. En virtud de esta semejanza con el Hijo de Dios, su sacerdocio dura eternamente. Y esto resulta mucho más evidente si surge otro sacerdote a semejanza de Melquisedec, que lo sea, no en virtud de una legislación carnal, sino en fuerza de una vida imperecedera; pues está atestiguado: «Tú eres sacerdote para siempre según el rito de Melquisedec.»

Palabra de Dios.

SALMO RESPONSORIAL 109

R. **Tú eres sacerdote eterno | según el rito de Melquisedec.**

Oráculo del Señor a mi Señor: | «Siéntate a mi derecha, | y haré de tus enemigos estrado de tus pies.» R.

Desde Sión extenderá el Señor el poder de tu cetro: | somete en la batalla a tus enemigos. R.

«Eres príncipe desde el día de tu nacimiento, | entre esplendores sagrados; | yo mismo te engendré como rocío, | antes de la aurora.» R.

El Señor lo ha jurado y no se arrepiente: | «Tú eres sacerdote eterno, | según el rito de Melquisedec.» R.

ALELUYA p. 1932ss.

EVANGELIO, p. 1313

MIERCOLES   Años pares

PRIMERA LECTURA

Venció David al filisteo con la honda y una piedra

LECTURA DEL PRIMER LIBRO DE SAMUEL 17, 32-33.37.40-51

En aquellos días, Saúl mandó llamar a David, y éste le dijo: «Majestad, no os desaniméis. Este servidor tuyo irá a luchar con ese filisteo.» Pero Saúl le contestó: «No podrás acercarte a ese filisteo para luchar con él, porque eres un muchacho, y él es un guerrero desde mozo.» David replicó: «El Señor, que me ha librado de las garras del león y de las garras del oso, me librará

de las manos de ese filisteo.» Entonces Saúl le dijo: «Anda con
Dios.» Agarró la cayada, escogió cinco cantos de arroyo, se los
echó al zurrón, empuñó la honda y se acercó al filisteo. Este,
precedido de su escudero, iba avanzando, acercándose a David;
lo miró de arriba abajo y lo despreció, porque era un muchacho
de buen color y guapo, y le gritó: «¿Soy yo un perro, para que
vengas a mí con un palo?» Luego maldijo a David, invocando a
sus dioses, y le dijo: «Ven acá, y echaré tu carne a las aves del
cielo y a las fieras del campo.» Pero David le contestó: «Tú vienes hacia mí armado de espada, lanza y jabalina; yo voy hacia ti
en nombre del Señor de los Ejércitos, Dios de las huestes de Israel, a las que has desafiado. Hoy te entregará el Señor en mis
manos, te venceré, te arrancaré la cabeza de los hombros y echaré tu cadáver y los cadáveres del campamento filisteo a las aves
del cielo y las fieras de la tierra; y todo el mundo reconocerá que
hay un Dios en Israel; y todos los aquí reunidos reconocerán que
el Señor da la victoria sin necesidad de espadas ni lanzas, porque
ésta es una guerra del Señor y él os entregará en nuestro poder.»
Cuando el filisteo se puso en marcha y se acercaba en dirección
a David, éste salió de la formación y corrió velozmente en dirección al filisteo; echó mano al zurrón, sacó una piedra, disparó la
honda y le pegó al filisteo en la frente: la piedra se le clavó en
la frente, y cayó de bruces en tierra. Así venció David al filisteo,
con la honda y una piedra; lo mató de un golpe, sin empuñar espada. David corrió y se paró junto al filisteo, le agarró la espada,
la desenvainó y lo remató, cortándole la cabeza. Los filisteos,
viendo que su campeón había muerto, huyeron.

Palabra de Dios.

SALMO RESPONSORIAL 143

℟ **Bendito el Señor, mi Roca.**

Bendito el Señor, mi Roca | que adiestra mis manos para el
combate, | mis dedos para la pelea. ℟.

Mi bienhechor, mi alcázar, | baluarte donde me pongo a sal-
vo, | mi escudo y mi refugio, | que me somete los pueblos. ℟.

Dios mío, te cantaré un cántico nuevo, | tocaré para ti el arpa de diez cuerdas: | para ti, que das la victoria a los reyes | y salvas a David tu siervo. | Defiéndeme de la espada cruel. ℞.

ALELUYA p. 1932ss.

EVANGELIO

¿Está permitido en sábado salvarle la vida a un hombre o dejarle morir?

✠ LECTURA DEL S. EVANGELIO SEGUN
SAN MARCOS   3, 1-6

En aquel tiempo entró Jesús otra vez en la sinagoga y había allí un hombre con parálisis en un brazo. Estaban al acecho, para ver si curaba en sábado y acusarlo. Jesús le dijo al que tenía la parálisis: «Levántate y ponte ahí en medio.» Y a ellos les preguntó: «¿Qué está permitido en sábado?, ¿hacer lo bueno o lo malo?, ¿salvarle la vida a un hombre o dejarlo morir? Se quedaron callados. Echando en torno una mirada de ira y dolido de su obstinación, le dijo al hombre: «Extiende el brazo.» Lo extendió y quedó restablecido. En cuanto salieron de la sinagoga, los fariseos se pusieron a planear con los herodianos el modo de acabar con él.

Palabra del Señor.

JUEVES   **Años impares**

PRIMERA LECTURA

Ofreció sacrificios de una vez para siempre, ofreciéndose a sí mismo

LECTURA DE LA CARTA A LOS HEBREOS   7, 25—8, 6

Hermanos; Jesús puede salvar definitivamente a los que por medio de él se acercan a Dios, porque vive siempre para interceder en su favor. Y tal convenía que fuese nuestro Pontífice: san-

to, inocente, sin mancha, separado de los pecadores y encumbrado sobre el cielo. El no necesita ofrecer sacrificios cada día
—como los sumos sacerdotes, que ofrecían primero por los propios pecados, después por los del pueblo—, porque lo hizo de
una vez para siempre, ofreciéndose a sí mismo. En efecto, la ley
hace a los hombres sacerdotes llenos de debilidades. En cambio,
las palabras del juramento posterior a la ley, consagran al Hijo,
perfecto para siempre. Esto es lo principal de todo el discurso:
Tenemos un Sumo Sacerdote tal que está sentado a la derecha
del trono de la Majestad en los cielos, y es ministro del Santuario
y de la Tienda verdadera, construida por el Señor y no por hombre. En efecto, todo Sumo Sacerdote está puesto para ofrecer
dones y sacrificios; de ahí la necesidad de que también tenga algo
que ofrecer. Ahora bien, si estuviera en la tierra, no sería siquiera sacerdote, habiendo otros que ofrecen los dones según la Ley.
Estos sacerdotes están al servicio de una copia y vislumbre de las
cosas celestes, según el oráculo que recibió Moisés cuando iba a
construir la Tienda: «Mira, le dijo Dios, te ajustarás al modelo
que te fue mostrado en la montaña.» Mas ahora a Cristo le ha
correspondido un ministerio tanto más excelente, cuanto mejor
es la alianza de la que es mediador, una alianza basada en promesas mejores.

Palabra de Dios.

SALMO RESPONSORIAL 39

℟ **Aquí estoy, Señor, para hacer tu voluntad.**

Tú no quieres sacrificios ni ofrendas, | y en cambio me abris-
te el oído; | no pides sacrificio expiatorio, | entonces yo digo;
«Aquí estoy.» ℟.

Como está escrito en mi libro: | «para hacer tu volun-
tad». | Dios mío, lo quiero, | y llevo tu ley en las entrañas. ℟.

He proclamado tu salvación | ante la gran asamblea; | no he
cerrado los labios: | Señor, tú lo sabes. ℟.

Alégrense y gocen contigo, | todos los que te buscan; | digan
siempre: «Grande es el Señor», | los que desean tu salvación. ℟.

ALELUYA p. 1932ss.

EVANGELIO p. 1316

JUEVES   Años pares

PRIMERA LECTURA

Mi padre Saúl te busca para matarte

LECTURA DEL PRIMER LIBRO DE SAMUEL   18, 6-9; 19, 1-7

Cuando volvieron de la guerra, después de haber matado David al filisteo, las mujeres de todas las poblaciones de Israel salieron a cantar y recibir con bailes al rey Saúl, al son alegre de panderos y sonajas. Y cantaban a coro esta copla: «Saúl mató a mil, David a diez mil.» A Saúl le sentó mal aquella copla, y comentó enfurecido: «¡Diez mil a David, y a mí mil! ¡Ya sólo le falta ser rey!» Y a partir de aquel día Saúl le tomó ojeriza a David. Delante de su hijo Jonatán y de sus ministros, Saúl habló de matar a David. Jonatán, hijo de Saúl, quería mucho a David y le avisó: «Mi padre Saúl te busca para matarte. Estate atento mañana y escóndete en sitio seguro; yo saldré e iré al lado de mi padre, al campo donde tú estés; le hablaré de ti y, si saco algo en limpio, te lo comunicaré.» Así pues, Jonatán habló a su padre Saúl en favor de David: «¡Que el rey no ofenda a su siervo David! El no te ha ofendido, y lo que él hace es en tu provecho: se jugó la vida cuando mató al filisteo y el Señor dio a Israel una gran victoria; bien que te alegraste al verlo. ¡No vayas a pecar derramando sangre inocente, matando a David sin motivo!» Saúl hizo caso a Jonatán y juró: «¡Vive Dios, no morirá!» Jonatán llamó a David y le contó la conversación; luego lo llevó donde Saúl y David siguió en palacio como antes.

Palabra de Dios.

SALMO RESPONSORIAL 55

℟ **En Dios confío y no temo.**

Misericordia, Dios mío, que me hostigan, | me atacan y me acosan todo el día; | todo el día me hostigan mis enemigos, | me atacan en masa. ℟.

Anota en tu libro mi vida errante, | recoge mis lágrimas en tu odre, Dios mío. | Que retrocedan mis enemigos cuando te invoco | y así sabré que eres mi Dios. ℟.

En Dios, cuya promesa alabo, | en el Señor, cuya promesa alabo, | en Dios confío y no temo: | ¿qué podrá hacerme un hombre? ℟.

Te debo, Dios mío, los votos que hice; | los cumpliré con acción de gracias. ℟.

ALELUYA p. 1932ss.

EVANGELIO

Los espíritus inmundos gritaban: «Tú eres el Hijo de Dios», les prohibía que lo diesen a conocer

✠ LECTURA DEL S. EVANGELIO SEGUN
SAN MARCOS
                                                              3, 7-12

En aquel tiempo, Jesús se retiró con sus discípulos a la orilla del lago, y lo siguió una muchedumbre de Galilea. Al enterarse de las cosas que hacía, acudía mucha gente de Judea, de Jerusalén y de Idumea, de la Transjordania, de las cercanías de Tiro y Sidón. Encargó a sus discípulos que le tuviesen preparada una lancha, no lo fuera a estrujar el gentío. Como había curado a muchos, todos los que sufrían de algo se le echaban encima para tocarlo. Cuando lo veían, hasta los espíritus inmundos se postraban ante él, gritando: «Tú eres el Hijo de Dios.» Pero él les prohibía severamente que lo diesen a conocer.

Palabra del Señor.

VIERNES

PRIMERA LECTURA

Es mediador de una alianza mejor

LECTURA DE LA CARTA A LOS HEBREOS

8, 6-13

Hermanos: Ahora a nuestro Sumo Sacerdote le ha correspondido un ministerio tanto más excelente, cuanto mejor es la alianza de la que es mediador, una alianza basada en promesas mejores. En efecto, si la primera hubiera sido perfecta, no tendría objeto la segunda. Pero a los antiguos les echa en cara: «Mirad que llegan días —oráculo del Señor— en que haré con la Casa de Israel y con la Casa de Judá una alianza nueva; no como la alianza que hice con sus padres, cuando los tomé de la mano para sacarlos de Egipto. Ellos fueron infieles a mi alianza y yo me desentendí de ellos —oráculo del Señor—. Así será la alianza que haré con la Casa de Israel después de aquellos días —oráculo del Señor—: pondré mis leyes en su mente y las escribiré en sus corazones; yo seré su Dios y ellos serán mi pueblo. Y no tendrá que enseñar uno a su prójimo, el otro a su hermano, diciendo: ¡conoce al Señor!, porque todos me conocerán, del menor al mayor, pues perdonaré sus delitos y no me acordaré ya de sus pecados.» Al decir alianza «nueva», dejó anticuada la anterior; y lo que está anticuado y se hace viejo está a punto de desaparecer.

Palabra de Dios.

SALMO RESPONSORIAL 84

℞ **La misericordia y la fidelidad se encuentran.**

Muéstranos, Señor, tu misericordia | y danos tu salvación. | La salvación está ya cerca de sus fieles | y la gloria habitará en nuestra tierra. ℞

La misericordia y la fidelidad se encuentran, | la justicia y la paz se besan; | la fidelidad brota de la tierra | y la justicia mira desde el cielo. ℞

El Señor nos dará la lluvia, | y nuestra tierra dará su fruto. | La justicia marchará ante él, | la salvación seguirá sus pasos. R̶.

ALELUYA p. 1932ss.

EVANGELIO p. 1320

VIERNES   Años pares

PRIMERA LECTURA

No extenderá la mano contra él, porque es el ungido del Señor

LECTURA DEL PRIMER LIBRO DE SAMUEL   24, 3-21

En aquellos días, Saúl, con tres mil soldados de todo Israel marchó en busca de David y su gente hacia las Peñas de los Rebecos; llegó a unos apriscos de ovejas junto al camino, donde había una cueva, y entró a hacer sus necesidades. David y los suyos estaban en lo más hondo de la cueva, y le dijeron a David sus hombre: «Este es el día del que te dijo el Señor: Yo te entrego tu enemigo. Haz con él lo que quieras.» Pero él les respondió: «¡Dios me libre de hacer eso a mi Señor, el ungido del Señor, extender la mano contra él!» Y les prohibió enérgicamente echarse contra Saúl, pero él se levantó sin meter ruido y le cortó a Saúl el borde del manto, aunque más tarde le remordió la conciencia por haberle cortado a Saúl el borde del manto. Cuando Saúl salió de la cueva y siguió su camino, David se levantó, salio de la cueva detrás de Saúl y le gritó: «¡Majestad!» Saúl se volvió a ver, y David se postró en tierra rindiéndole vasallaje. Le dijo: ¿Por qué haces caso a lo que dice la gente, que David anda buscando tu ruina? Mira, lo que estás viendo hoy con tus propios ojos: el Señor te había puesto en mi poder dentro de la cueva; me dijeron que te matara, pero te respeté y dije que no extendería la mano contra mi señor, porque eres el Ungido del Señor. Padre mío, mira en mi mano el borde de tu manto; si te corté el borde del manto y no te maté, ya ves que mis manos no están manchadas de maldad, ni de traición, ni de ofensa contra ti, mientras que tú me acechas para matarme. Que el Señor sea nuestro juez. Y que él me vengue de ti: que mi mano no se alzará contra ti. Como dice el viejo refrán: "La maldad sale de los malos..." mi mano no se alzará contra ti. ¿Tras de quién ha salido el rey de Israel? ¿A quién vas persiguiendo? ¡A un perro muerto, a una pulga! El Señor sea juez y sentencie nuestro pleito, vea y defienda mi causa, librándome de tu mano.» Cuando David terminó de decir esto a Saúl, Saúl exclamó: «Pero, ¿es ésta tu voz, David, hijo mío?» Luego levantó la voz, llorando, mientras decía a David: «¡Tú eres inocente, y no yo! Porque tú me has pagado con bienes, y yo te he pagado con males; y hoy me has hecho el favor más grande, pues el Señor me entregó a ti y tú no me mataste. Porque si uno encuentra a su enemigo, ¿lo deja marchar por las buenas? ¡El Señor te pague lo que hoy has hecho conmigo! Ahora, mira, sé que tú serás rey y el reino de Israel se consolidará en tu mano.»

Palabra de Dios.

SALMO RESPONSORIAL 56

℟ **Misericordia, Dios mío, misericordia.**

Misericordia, Dios mío, misericordia, | que mi alma se refugia en ti; | me refugio a la sombra de tus alas, | mientras pasa la calamidad. ℟.

Invoco al Dios altísimo, | al Dios que hace tanto por mí. | Desde el cielo me enviará la salvación, | confundirá a los que ansían matarme, | enviará su gracia y su lealtad. ℟.

Elévate sobre el cielo, Dios mío, | y llene la tierra tu gloria. | Por tu bondad que es más grande que los cielos, | por tu fidelidad que alcanza a las nubes. ℟.

ALELUYA p. 1932ss.

EVANGELIO

Llamó a los que quiso y los hizo sus compañeros

✤ LECTURA DEL S. EVANGELIO SEGUN
SAN MARCOS   3, 13-19

En aquel tiempo, Jesús subió a la montaña, llamó a los que
quiso, y se fueron con él. A los doce los hizo sus compañeros,
para enviarlos a predicar, con poder para expulsar demonios: Simón, a quien dio el sobrenombre de Pedro, Santiago el de Zebedeo y su hermano Juan, a quienes dio el sobrenombre de Boanerges —Los Truenos—, Andrés, Felipe, Bartolomé, Mateo,
Tomás, Santiago el de Alfeo, Tadeo, Simón el Cananeo y Judas
Iscariote, que lo entregó.

Palabra del Señor.

SABADO   Años impares

PRIMERA LECTURA

*Usando su propia sangre ha entrado en el santuario una vez para
siempre*

LECTURA DE LA CARTA A LOS HEBREOS
                                                             9, 2-3.11-14

Hermanos: La tienda tenía un primer recinto, llamado «santo», donde estaban el candelabro, la mesa y los panes presentados; detrás de la segunda cortina estaba el recinto llamado «santísimo». Pero Cristo ha venido como Sumo Sacerdote de los bienes definitivos. Su templo es más grande y más perfecto; no
hecho por manos de hombre, es decir, no de este mundo creado.
No usa sangre de machos cabríos ni de becerros, sino la suya
propia; y así ha entrado en el santuario una vez para siempre,
consiguiendo la liberación eterna. Si la sangre de machos cabríos

y de toros y el rociar con las cenizas de una becerra tienen el poder de consagrar a los profanos, devolviéndoles la pureza externa; cuánto más la sangre de Cristo que, en virtud del Espíritu eterno, se ha ofrecido a Dios como sacrificio sin mancha, podrá purificar nuestra conciencia de las obras muertas, llevándonos al culto del Dios vivo.

Palabra de Dios.

SALMO RESPONSORIAL 46

℟ **Dios asciende entre aclamaciones, el Señor, al son de trompetas.**

Pueblos todos, batid palmas, | aclamad a Dios con gritos de júbilo: | porque el Señor es sublime y terrible, | emperador de toda la tierra. ℟.

Dios asciende entre aclamaciones, | el Señor, al son de trompetas: | tocad para Dios, tocad, | tocad para nuestro rey, tocad. ℟.

Porque el Señor es el rey del mundo: | tocad con maestría. | Dios reina sobre las naciones, | Dios se sienta en su trono sagrado. ℟.

ALELUYA p. 1932ss.

EVANGELIO p.1323

SABADO   Años pares

PRIMERA LECTURA

¡Cómo cayeron los valientes en medio del combate!

COMIENZO DEL SEGUNDO LIBRO DE
SAMUEL   1, 1-4.11-12.19.23-27

En aquellos días, al volver de su victoria sobre los amalecitas, David se detuvo dos días en Sicelag. Al tercer día de la

muerte de Saúl, llegó uno del ejército con la ropa hecha jirones
y polvo en la cabeza; cuando llegó, cayó a tierra, postrándose
ante David. David le preguntó: «¿De dónde vienes?» Respondió;
«Me he escapado del campamento israelita.» David dijo; «¿Qué
ha ocurrido? Cuéntame.» El respondió: «Pues que la tropa ha
huido de la batalla y ha habido muchas bajas entre la tropa, y
muchos muertos, y hasta han muerto Saúl y su hijo Jonatán.»
Entonces David agarró sus vestiduras y las rasgó, y sus acompañantes hicieron lo mismo. Hicieron duelo, lloraron y ayunaron
hasta el atardecer por Saúl y por su hijo Jonatán, por el pueblo
del Señor, por la casa de Israel, porque habían muerto a espada.
Y dijo David; «¡Ay, la flor de Israel, herida en tus alturas!
¡Cómo cayeron los valientes! Saúl y Jonatán, mis amigos queridos: ni vida ni muerte los pudo separar; más rápidos que águilas,
más bravos que leones. Muchachas de Israel, llorad por Saúl, que
os vestía de púrpura y joyas, que enjoyaba con oro vuestros vestidos. ¡Cómo cayeron los valientes en medio del combate! ¡Jonatán, herido en tus alturas! ¡Cómo sufro por ti, Jonatán, hermano
mío! ¡Ay, cómo te quería! Tu amor era para mí más maravilloso
que el amor de mujeres. ¡Cómo cayeron los valientes, los rayos
de la guerra perecieron!»

Palabra de Dios.

SALMO RESPONSORIAL 79

℟ **Que brille tu rostro, Señor, y nos salve.**

Pastor de Israel, escucha, | tú que guías a José como a un re-
baño; | tú que te sientas sobre querubines, resplandece | ante
Efraín, Benjamín y Manasés. ℟.

Despierta tu poder y ven a salvarnos. | Señor Dios de los
Ejércitos, | ¿hasta cuándo estarás airado | mientras tu pueblo te
suplica? ℟.

Le diste a comer llanto, | a beber lágrimas a tragos; | nos en-
tregaste a las contiendas de nuestros vecinos, | nuestros enemi-
gos se burlan de nosotros. ℟.

ALELUYA p. 1932ss.

EVANGELIO

Su familia decía que no estaba en sus cabales

✠ **LECTURA DEL S. EVANGELIO SEGUN**
SAN MARCOS　　　　　　　　　　　　　　　　　3, 20-21

En aquel tiempo, volvió Jesús con sus discípulos a casa y se
juntó tanta gente, que no les dejaban ni comer. Al enterarse su
familia, vinieron a llevárselo, porque decían que no estaba en sus
cabales.

Palabra del Señor.

TERCERA SEMANA

LUNES   Años impares

*Se ha ofrecido una sola vez para quitar los pecados. La segunda
vez aparecerá a los que lo esperan*

LECTURA DE LA CARTA A LOS HEBREOS   9, 15.24-28

Hermanos: Cristo es mediador de una alianza nueva: en él ha
habido una muerte que ha redimido de los pecados cometidos
durante la primera alianza; y así los llamados pueden recibir la
promesa de la herencia eterna. Pues Cristo ha entrado no en un
santuario construido por hombres —imagen del auténtico—,
sino en el mismo cielo, para ponerse ante Dios, intercediendo
por nosotros. Tampoco se ofrece a sí mismo muchas veces
—como el sumo sacerdote que entraba en el santuario todos los
años y ofrecía sangre ajena. Si hubiese sido así, Cristo tendría
que haber padecido muchas veces, desde el principio del mundo—. De hecho, él se ha manifestado una sola vez, en el momento culminante de la historia, para destruir el pecado con el
sacrificio de sí mismo. El destino de los hombres es morir una
sola vez. Y después de la muerte, el juicio. De la misma manera,
Cristo se ha ofrecido una sola vez para quitar los pecados de todos. La segunda vez aparecerá, sin ninguna relación al pecado,
para salvar definitivamente a los que lo esperan.

Palabra de Dios.

SALMO RESPONSORIAL 97

℟ **Cantad al Señor un cántico nuevo, | porque ha hecho
maravillas.**

Cantad al Señor un cántico nuevo, | porque ha hecho mara-
villas: | su diestra le ha dado la victoria, | su santo brazo. ℟

El Señor da a conocer su victoria | revela a las naciones su
justicia: | se acordó de su misericordia y su fidelidad | en favor
de la casa de Israel. ℟

Los confines de la tierra | han contemplado la victoria de nuestro Dios. | Aclama al Señor, tierra entera, | gritad, vitoread, tocad. ℟.

Tocad la cítara para el Señor, | suenen los instrumentos: | con clarines y al son de trompetas | aclamad al Rey y Señor. ℟.

ALELUYA p. 1932ss.

EVANGELIO p. 1326

LUNES   **Años pares**

PRIMERA LECTURA

Tú eres el pastor de mi pueblo Israel

LECTURA DEL SEGUNDO LIBRO DE SAMUEL   5, 1-7. 10

En aquellos días, todas las tribus de Israel fueron a Hebrón a ver a David y le dijeron: «Hueso y carne tuya somos; ya hace tiempo, cuando todavía Saúl era nuestro rey, eras tú quien dirigías las entradas y salidas de Israel. Además el Señor te ha prometido: «Tú serás el pastor de mi pueblo Israel, tú serás el jefe de Israel.» Todos los ancianos de Israel fueron a Hebrón a ver al rey, y el rey David hizo con ellos un pacto en Hebrón, en presencia del Señor, y ellos ungieron a David como rey de Israel. Tenía treinta años cuando empezó a reinar y reinó cuarenta años; en Hebrón reinó sobre Judá siete años y medio, y en Jerusalén reinó treinta y tres años sobre Israel y Judá. El rey y sus hombres marcharon sobre Jerusalén, contra los jebuseos que habitaban el país. Los jebuseos dijeron a David: «No entrarás aquí. Te rechazarán los ciegos y los cojos. (Era una manera de decir que David no entraría.) Pero David conquistó el alcázar de Sión, o

sea, la llamada «Ciudad de David». David iba creciendo en poderío y el Señor de los Ejércitos estaba con él.

Palabra de Dios.

SALMO RESPONSORIAL 88

R Mi fidelidad y misericordia | lo acompañarán.

Un día hablaste en visión a tus amigos: | He ceñido la corona
a un héroe, | he levantado a un soldado sobre el pueblo. R.

Encontré a David mi siervo | y lo he ungido con óleo sagra-
do; | para que mi mano esté siempre con él | y mi brazo lo haga
valeroso. R.

Mi fedilidad y misericordia lo acompañarán, | por mi nombre
crecerá su poder: | extenderé su izquierda hasta el mar | y su de-
recha hasta el Gran Río. R.

ALELUYA p. 1932ss.

EVANGELIO

Satanás está perdido

✠ LECTURA DEL S. EVANGELIO SEGUN
SAN MARCOS
3, 22-30

En aquel tiempo, unos letrados de Jerusalén decían: «Tiene
dentro a Belzebú y expulsa a los demonios con el poder del jefe
de los demonios.» El los invitó a acercarse y les puso estas comparaciones: «¿Cómo va a echar Satanás a Satanás? Un reino en
guerra civil no puede subsistir; una familia dividida no puede
subsistir. Si Satanás se rebela contra sí mismo, para hacerse la
guerra, no puede subsistir, está perdido. Nadie puede meterse en
casa de un hombre forzudo para arramblar con su ajuar, si primero no lo ata; entonces podrá arramblar con la casa. Creedme,
todo se les podrá perdonar a los hombres: los pecados y cualquier blasfemia que digan; pero el que blasfeme contra el Espíri-

tu Santo no tendrá perdón jamás, cargará con su pecado para siempre.» Se refería a los que decían que tenía dentro un espíritu inmundo.

Palabra del Señor.

MARTES   **Años impares**

PRIMERA LECTURA

Aquí estoy, ¡oh Dios!, para hacer tu voluntad

LECTURA DEL LA CARTA A LOS HEBREOS   10, 1-10

Hermanos: La Ley, que presenta sólo un vislumbre de los bienes futuros y no la imagen auténtica de la realidad, siempre, con los mismos sacrificios, año tras año, no puede nunca hacer perfectos a los que se acercan a ofrecerlos. Si no fuera así, habrían dejado de ofrecerse, porque los ministros del culto, purificados una vez, no tendrían ya ningún pecado sobre su conciencia. Pero en estos mismos sacrificios se recuerdan los pecados año tras año. Porque es imposible que la sangre de los toros y de los machos cabríos quite los pecados. Por eso, cuando Cristo entró en el mundo, dijo: «Tú no quieres sacrificios ni ofrendas, pero me has preparado un cuerpo; no aceptas holocaustos ni víctimas expiatorias. Entonces yo dije lo que está escrito en el libro: Aquí estoy, ¡oh Dios!, para hacer tu voluntad.» Primero dice: No quieres ni aceptas sacrificios ni ofrendas, holocaustos ni víctimas expiatorias, —que se ofrecen según la ley—. Después añade: Aquí estoy yo para hacer tu voluntad. Niega lo primero, para afirmar lo segundo. Y conforme a esa voluntad todos quedamos santificados por la oblación del cuerpo de Jesucristo, hecha una vez para siempre.

Palabra de Dios.

SALMO RESPONSORIAL 39

℟ **Aquí estoy, Señor, para hacer tu voluntad.**

Yo esperaba con ansia al Señor: | él se inclinó y escuchó mi grito; | me puso en la boca un cántico nuevo, | un himno a nuestro Dios. ℟.

Tú no quieres sacrificios ni ofrendas, | y en cambio me abriste el oído; | no pides sacrificio expiatorio, | entonces yo digo: «Aquí estoy.» ℟.

He proclamado tu salvación ante la gran asamblea; | no he cerrado los labios: | Señor, tú lo sabes. ℟.

No he guardado en el pecho tu defensa, | he contado tu fidelidad y tu salvación, | no he negado tu misericordia y tu lealtad,- | ante la gran asamblea. ℟.

ALELUYA p. 1932ss.

EVANGELIO p. 1329

MARTES   Años pares

PRIMERA LECTURA

Iban llevando David y los israelitas el Arca del Señor entre vítores

LECTURA DEL SEGUNDO LIBRO DE SAMUEL
                                                  6, 12b-15.17-19

En aquellos días, fue David y llevó el Arca de Dios desde la casa de Obededón a la Ciudad de David, haciendo fiesta. Cuando los portadores del Arca avanzaron seis pasos, sacrificó un toro y un ternero cebado. E iba danzando ante el Señor con todo entusiasmo, vestido sólo con un roquete de lino. Así iban llevando David y los israelitas el Arca del Señor, entre vítores y al son de las trompetas. Metieron el Arca del Señor y la instalaron en su sitio, en el centro de la tienda que David le había preparado. David ofreció holocaustos y sacrificios de comunión al Señor, y, cuando terminó de ofrecerlos, bendijo al pueblo con el nombre del Señor de los Ejércitos; luego repartió a todos, hombres y mujeres de la multitud israelita, un bollo de pan, una tajada de carne y un pastel de uvas pasas a cada uno; después se marcharon todos, cada cual a su casa.

Palabra de Dios.

SALMO RESPONSORIAL 23

R̟ **¿Quién es ese Rey de la Gloria?** | **Es el Señor en persona.**

¡Portones!, alzad los dinteles, | que se alcen las antiguas compuertas: | va a entrar el Rey de la Gloria. R̟

¿Quién es ese Rey de la Gloria? | El Señor, héroe valeroso;- | el Señor, héroe de la guerra. R̟

¡Portones!, alzad los dinteles, | que se alcen las antiguas compuertas: | va a entrar el Rey de la Gloria. R̟

¿Quién es ese Rey de la Gloria? | El Señor, Dios de los Ejércitos: | él es el Rey de la Gloria. R̟

ALELUYA p. 1932ss.

EVANGELIO

El que cumple la voluntad de Dios, ése es mi hermano y mi hermana y mi madre

✠ LECTURA DEL S. EVANGELIO SEGUN SAN MARCOS
3, 31-35

En aquel tiempo, llegaron la madre y los hermanos de Jesús, y desde fuera lo mandaron llamar. La gente que tenía sentada alrededor le dijo: «Mira, tu madre y tus hermanos están fuera y te buscan.» Les contestó: «¿Quiénes son mi madre y mis hermanos?» Y paseando la mirada por el corro, dijo: «Estos son mi madre y mis hermanos. El que cumple la voluntad de Dios, ése es mi hermano y mi hermana y mi madre.»

Palabra del Señor.

MIERCOLES   **Años impares**

PRIMERA LECTURA

Ha perfeccionado para siempre a los que van siendo consagrados.

LECTURA DE LA CARTA A LOS HEBREOS   10, 11-18

Hermanos: Cualquier otro sacerdote ejerce su ministerio diariamente ofreciendo muchas veces los mismos sacrificios, porque de ningún modo pueden borrar los pecados. Pero Cristo ofreció por los pecados, para siempre jamás, un solo sacrificio: está sentado a la derecha de Dios y espera el tiempo que falta hasta que «sus enemigos sean puestos como estrado de sus pies.» Con una sola ofrenda ha perfeccionado para siempre a los que van siendo consagrados. Esto nos lo atestigua también el Espíritu Santo. En efecto, después de decir: «Así será la alianza que haré con ellos después de aquellos días», añade el Señor: «Pondré mis leyes en sus corazones y las escribiré en su mente, y no me acordaré ya de sus pecados ni de sus culpas.» Donde hay perdón, no hay ofrenda por los pecados.

Palabra de Dios.

SALMO RESPONSORIAL 109

℟ **«Tú eres sacerdote eterno, | según el rito de Melquisedec.»**

Oráculo del Señor a mi Señor: | «siéntate a mi derecha, | y haré de tus enemigos estrado de tus pies.» ℟.

Desde Sión extenderá el Señor el poder de tu cetro: | somete en la batalla a tus enemigos. ℟.

«Eres príncipe desde el día de tu nacimiento, | entre esplendores sagrados; | yo mismo te engendré como rocío, | antes de la aurora.» ℟.

El Señor lo ha jurado y no se arrepiente: | «Tú eres sacerdote eterno, | según el rito de Melquisedec.» ℟.

ALELUYA p. 1932ss.

EVANGELIO p. 1332

MIERCOLES   **Años pares**

PRIMERA LECTURA

Estableceré después de ti un descendiente tuyo, y consolidaré su reino

LECTURA DEL SEGUNDO LIBRO DE SAMUEL   7, 4-17

En aquellos días, recibió Natán la siguiente palabra del Señor: «Ve y dile a mi siervo David: Así dice el Señor: ¿Eres tú quien me va a construir una casa para que habite en ella? Desde el día en que saqué a los israelitas de Egipto hasta hoy, no he habitado en una casa, sino que he viajado de acá para allá con los israelitas; ¿encargué acaso a algún juez de Israel, a los que mandé pastorear a mi pueblo Israel, que me construyese una casa de cedro?» Pues bien, di esto a mi siervo David: Así dice el Señor de los Ejércitos: «Yo te saqué de los apriscos, de andar tras las ovejas, para que fueras jefe de mi pueblo Israel. Yo estaré contigo en todas tus empresas, acabaré con tus enemigos, te haré famoso como a los más famosos de la tierra. Daré un puesto a Israel, mi pueblo: lo plantaré para que viva en él sin sobresaltos, y en adelante no permitiré que animales lo aflijan como antes, desde el día que nombré jueces para gobernar a mi pueblo Israel. Te pondré en paz con todos tus enemigos, te haré grande y te daré una dinastía. Cuando hayas llegado al término de tu vida y descanses con tus padres, estableceré después de ti a un descendiente tuyo, un hijo de tus entrañas, y consolidaré su reino. El edificará un templo en mi honor y yo consolidaré su trono real para siempre. Yo seré para él un padre y él será para mí un hijo; si se tuerce, lo corregiré con varas y golpes, como suelen los hombres, pero no le retiraré mi lealtad, como se la retiré a Saúl, al que aparté de mi presencia. Tu casa y tu reino durarán por siempre en mi presencia y tu trono durará por siempre.» Natán comunicó a David toda la visión y todas estas palabras.

Palabra de Dios.

SALMO RESPONSORIAL 88

R. **Le mantendré eternamente mi favor.**

Sellé una alianza con mi elegido, | jurando a David mi siervo: | Te fundaré un linaje perpetuo, | edificaré tu trono para todas las edades. R.

El me invocará: Tú eres mi Padre, | mi Dios, mi Roca salvadora; | y yo le nombraré mi primogénito, | excelso entre los reyes de la tierra. R.

Le mantendré eternamente mi favor, | y mi alianza con él será estable; | le daré una posteridad perpetua | y un trono duradero como el cielo. R.

ALELUYA p. 1932ss.

EVANGELIO

Salió el sembrador a sembrar

✠ LECTURA DEL S. EVANGELIO SEGUN
SAN MARCOS
                                                              4, 1-20

En aquel tiempo, Jesús se puso a enseñar otra vez junto al lago. Acudió un gentío tan enorme, que tuvo que subirse a una barca; se sentó y el gentío se quedó en la orilla. Les enseñó mucho rato con parábolas, como él solía enseñar: «Escuchad: Salió el sembrador a sembrar; al sembrar, algo cayó al borde del camino, vinieron los pájaros y se lo comieron. Otro poco cayó en terreno pedregoso, donde apenas tenía tierra; como la tierra no era profunda, brotó en seguida; pero en cuanto salió el sol, se abrasó y, por falta de raíz, se secó. Otro poco cayó entre zarzas; las zarzas crecieron, lo ahogaron y no dio grano. El resto cayó en tierra buena; nació, creció y dio grano; y la cosecha fue del treinta o del sesenta o del ciento por uno.» Y añadió; «El que tenga oídos para oír que oiga.» Cuando se quedó solo, los que estaban alrededor y los Doce le preguntaban el sentido de las parábolas. El les dijo: «A vosotros se os han comunicado los secretos del reino de Dios; en cambio a los de fuera todo se les presenta en parábolas, para que: por más que miren, no vean, por más que oigan, no entiendan, no sea que se conviertan y los perdone. Y añadió; «¿No entendéis esta parábola? ¿Pues cómo vais a entender las demás? El sembrador siembra la palabra. Hay unos que están al borde del camino donde se siembra la palabra; pero en cuanto la escuchan, viene Satanás y se lleva la palabra sembrada en ellos. Hay otros que reciben la simiente como terreno pedregoso, al escucharla la acogen con alegría, pero no tienen raíces, son inconscientes, y cuando viene una dificultad o persecución por la Palabra, en seguida sucumben. Hay otros que reciben la simiente entre zarzas; éstos son los que escuchan la Palabra, pero los afanes de la vida, la seducción de las riquezas y el deseo de todo lo demás los invaden, ahogan la Palabra, y se queda estéril. Los otros son los que reciben la simiente en tierra buena; escuchan la Palabra, la aceptan y dan una cosecha del treinta o del sesenta o del ciento por uno.»

Palabra del Señor.

JUEVES   Años impares

PRIMERA LECTURA

Llenos de fe, mantengámonos firmes en la esperanza que profesamos; fijémonos los unos en los otros para estimularnos a la caridad

LECTURA DE LA CARTA A LOS HEBREOS   10, 19-25

Hermanos; Teniendo entrada libre al santuario, en virtud de la sangre de Jesús; contando con el camino nuevo y vivo que él ha inagurado para nosotros a través de la cortina, o sea, de su carne; y teniendo un gran sacerdote al frente de la casa de Dios, acerquémonos con corazón sincero y llenos de fe, con el corazón purificado de mala conciencia y con el cuerpo lavado en agua pura. Mantengámonos firmes en la esperanza que profesamos, porque es fiel quien hizo la promesa; fijémonos los unos en los otros para estimularnos a la caridad y a las buenas obras. No desertéis de las asambleas, como algunos tienen por costumbre, sino animaos tanto más cuanto más cercano veis el Día.

Palabra de Dios.

SALMO RESPONSORIAL 23

R̸ **Estos son los que buscan al Señor.**

Del Señor es la tierra y cuanto la llena, | el orbe y todos sus habitantes: | él la fundó sobre los mares, | él la afianzó sobre los ríos. R̸.

¿Quién puede subir al monte del Señor? | ¿Quién puede estar en el recinto sacro? | El hombre de manos inocentes, | y corazón puro, | que no confía en los ídolos. R̸.

Ese recibirá la bendición del Señor, | le hará justicia el Dios de salvación. | Este es el grupo que busca al Señor, | que viene a tu presencia, Dios de Jacob. R̸.

ALELUYA p. 1932ss.

EVANGELIO p. 1336

JUEVES   Años pares

PRIMERA LECTURA

¿Quién soy yo, mi Señor, y qué es mi familia?

LECTURA DEL SEGUNDO LIBRO DE SAMUEL

7, 18-19.24-29

Después que Natán habló a David, el rey David fue a presentarse ante el Señor y dijo: «¿Quién soy yo, mi Señor, y qué es mi familia, para que me hayas hecho llegar hasta aquí? ¡Y por si fuera poco para ti, mi Señor, has hecho a la casa de tu siervo una promesa para el futuro, mientras existan hombres, mi Señor! Has establecido a tu pueblo Israel como pueblo tuyo para siempre, y tú, Señor, eres su Dios. Ahora, pues, Señor Dios, mantén siempre la promesa que has hecho a tu siervo y su familia, cumple tu palabra. Que tu Nombre sea siempre famoso. Que digan: ¡El Señor de los Ejércitos es Dios de Israel! Y que la casa de David permanezca en tu presencia. Tú, Señor de los Ejércitos, Dios de Israel, has hecho a tu siervo esta revelación: «Te edificaré una casa; por eso tu siervo se ha atrevido a dirigirte esta plegaria. Ahora, mi Señor, tú eres el Dios verdadero, tus palabras son de fiar, y has hecho esta promesa a tu siervo. Dígnate, pues, bendecir a la casa de tu siervo, para que esté siempre en tu presencia; ya que tú, mi Señor, lo has dicho, sea siempre bendita la casa de tu siervo.»

Palabra de Dios.

SALMO RESPONSORIAL 131

℟ **El Señor Dios le dará el trono de David su padre.**

Señor, tenle en cuenta a David | todos sus afanes: | cómo juró al Señor | e hizo voto al Fuerte de Jacob. ℟.

No entraré bajo el techo de mi casa, | no subiré al lecho de mi descanso, | no daré sueño a mis ojos, | ni reposo a mis párpados, | hasta que encuentre un lugar para el Señor, | una morada para el Fuerte de Jacob. ℟.

El Señor ha jurado a David | una promesa que no retractará: | A uno de tu linaje | pondré sobre tu trono. R̥.

Si tus hijos guardan mi alianza | y los mandatos que les enseño, | también sus hijos, por siempre, | se sentarán sobre tu trono. R̥.

Porque el Señor ha elegido a Sión, | ha deseado vivir en ella: | Esta es mi mansión por siempre; | aquí viviré, porque la deseo. R̥.

ALELUYA p. 1932ss.

EVANGELIO

El candil se trae para ponerlo en el candelero. La medida que uséis la usarán con vosotros

✠ LECTURA DEL S. EVANGELIO SEGUN
SAN MARCOS   4, 21-25

En aquel tiempo, dijo Jesús a la muchedumbre: «¿Se trae el candil para meterlo debajo del celemín o debajo de la cama, o para ponerlo en el candelero? Si se esconde algo es para que se descubra; si algo se hace a ocultas, es para que salga a la luz. El que tenga oídos para oír que oiga.» Les dijo también: «Atención a lo que estáis oyendo: La medida que uséis la usarán con vosotros y con creces. porque al que tiene se le dará, y al que no tiene se le quitará hasta lo que tiene.»

Palabra del Señor.

VIERNES   **Años impares**

PRIMERA LECTURA

Soportasteis múltiples combates. No renunciéis, pues, a vuestra valentía

LECTURA DE LA CARTA A LOS HEBREOS   10, 32-39

Hermanos: Recordad aquellos días primeros, cuando recién iluminados soportasteis múltiples combates y sufrimientos: ya sea cuando os exponían públicamente a insultos y tormentos, ya cuando os hacíais solidarios de los que así eran tratados. Pues compartisteis el sufrimiento de los encarcelados, aceptasteis con alegría que os confiscaran los bienes, sabiendo que teníais bienes mejores, y permanentes. No renunciéis, pues, a vuestra valentía que tendrá una gran recompensa. Os hace falta constancia para cumplir la voluntad de Dios y alcanzar la promesa. «Un poquito de tiempo todavía y el que viene llegará sin retraso; mi justo vivirá de fe, pero si se arredra le retiraré mi favor.» Pero nosotros no somos gente que se arredra para su perdición, sino hombres de fe para salvar el alma.

Palabra de Dios.

SALMO RESPONSORIAL 36

℟ **El Señor es quien salva a los justos.**

Confía en el Señor y haz el bien, | habita tu tierra y practica la lealtad; | sea el Señor tu delicia, | y él te dará lo que pide tu corazón. ℟.

Encomienda tu camino al Señor, | confía en él, y él actuará: | hará tu justicia como el amanecer, | tu derecho, como el mediodía. ℟.

El Señor asegura los pasos del hombre, | se complace en sus caminos; | si tropieza, no caerá, | Porque el Señor lo tiene en la mano. ℟.

El Señor es quien salva a los justos, | él es su alcázar en el peligro; | el Señor los protege y los libra, | los libra de los malvados y los salva, | porque se acogen a él. ℟.

ALELUYA p. 1932ss.

EVANGELIO p. 1339

VIERNES   **Años pares**

PRIMERA LECTURA

Te has burlado de mí casándote con la mujer de Urías

LECTURA DEL SEGUNDO LIBRO DE
SAMUEL   11, 1-4a.5-10a.13-17

Al año siguiente, en la época en que los reyes van a la guerra, David envió a Joab con sus oficiales y todo Israel a devastar
la región de los amonitas y sitiar a Rabá. David, mientras tanto,
se quedó en Jerusalén; y un día, a eso del atardecer, se levantó
de la cama y se puso a pasear por la azotea del palacio, y desde
la azotea vio a una mujer bañándose, una mujer muy bella. David mandó preguntar por la mujer, y le dijeron: «Es Betsabé, hija
de Alián, esposa de Urías, el hitita.» David mandó a unos para
que se la trajesen. Después Betsabé volvió a su casa; quedó encinta y mandó este aviso a David: «Estoy encinta.» Entonces David mandó esta orden a Joab: «Mándame a Urías, el hitita.» Joab
se lo mandó. Cuando llegó Urías, David le preguntó por Joab,
el ejército y la guerra. Luego le dijo: «Anda a casa a lavarte los
pies.» Urías salió del palacio, y detrás de él le llevaron un regalo
del rey. Pero Urías durmió a la puerta del palacio, con los guardias de su señor; no fue a su casa. Avisaron a David que Urías
no había ido a su casa. Al día siguiente David lo convidó a un
banquete y lo emborrachó. Al atardecer, Urías salió para acostarse con los guardias de su señor y no fue a su casa. A la mañana
siguiente David escribió una carta a Joab y se la mandó por medio de Urías. El texto de la carta era: «Pon a Urías en primera
línea, donde sea más recia la lucha; y retiraos dejándolo solo,
para que lo hieran y muera.» Joab, que tenía cercada la ciudad,
puso a Urías donde sabía que estaban los defensores más aguerri-
dos. Los de la ciudad hicieron una salida, trabaron combate con
Joab y hubo bajas en el ejército entre los oficiales de David; murió también Urías, el hitita.

Palabra de Dios.

SALMO RESPONSORIAL 50

℟ **Misericordia, Señor, que hemos pecado.**

Misericordia, Dios mío, por tu bondad, | por tu inmensa compasión borra mi culpa. | Lava del todo mi delito, | limpia mi pecado. ℟.

Pues yo reconozco mi culpa, | tengo siempre presente mi pecado. | Contra ti, contra ti sólo pequé, | cometí la maldad que aborreces. ℟.

En la sentencia tendrás razón, | en el juicio resultarás inocente. | Mira, en la culpa nací, | pecador me concibió mi madre. ℟.

Hazme oír el gozo y la alegría, | que se alegren los huesos quebrantados. | Aparta de mi pecado tu vista, | borra en mí toda culpa. ℟.

ALELUYA p. 1932ss.

EVANGELIO

Echa simiente, duerme, y la semilla va creciendo sin que él sepa cómo

✠ LECTURA DEL S. EVANGELIO SEGUN SAN MARCOS   4, 26-34

En aquel tiempo, decía Jesús a las turbas: «El Reino de Dios se parece a un hombre que echa simiente en la tierra. El duerme de noche, y se levanta de mañana; la semilla germina y va creciendo, sin que él sepa cómo. La tierra va produciendo la cosecha ella sola: primero los tallos, luego la espiga, después el grano. Cuando el grano está a punto, se mete la hoz, porque ha llegado la siega.» Dijo también: «¿Con qué podemos comparar el Reino de Dios? ¿Qué parábola usaremos? Con un grano de mostaza: al sembrarlo en la tierra es la semilla más pequeña; pero después, brota, se hace más alta que las demás hortalizas y echa ramas tan grandes, que los pájaros pueden cobijarse y anidar en ellas.» Con muchas parábolas parecidas les exponía la Palabra, acomodándose a su entender. Todo se lo exponía con parábolas, pero a sus discípulos se lo explicaba todo en privado.

Palabra del Señor.

SABADO   Años impares

PRIMERA LECTURA

Esperaba la ciudad cuyo arquitecto y constructor iba a ser Dios

LECTURA DE LA CARTA A LOS HEBREOS   11, 1-2.8-19

Hermanos: La fe es seguridad de lo que se espera, y prueba de lo que no se ve. Por su fe son recordados los antiguos: por fe obedeció Abrahán a la llamada y salió hacia la tierra que iba a recibir en heredad. Salió sin saber adónde iba. Por fe vivió como extranjero en la tierra prometida, habitando en tiendas —y lo mismo Isaac y Jacob, herederos de la misma promesa— mientras esperaba la ciudad de sólidos cimientos cuyo arquitecto y constructor iba a ser Dios. Por fe también Sara, cuando ya le había pasado la edad, obtuvo fuerza, para fundar un linaje, porque se fió de la promesa. Y así de una persona, y esa estéril, nacieron hijos numerosos, como las estrellas del cielo y como la arena incontable de las playas. Con fe murieron todos éstos, sin haber recibido la tierra prometida; pero viéndola y saludándola de lejos, confesando que eran huéspedes y peregrinos en la tierra. Es claro que los que así hablan, están buscando una patria; pues si añoraban la patria de donde habían salido, estaban a tiempo para volver. Pero ellos ansiaban una patria mejor, la del cielo. Por eso Dios no tiene reparo en llamarse su Dios: porque les tenía preparada una ciudad. Por fe, Abrahán, puesto a prueba, ofreció a Isaac: y era su hijo único lo que ofrecía, el destinatario de la promesa del cual le había dicho Dios: «Isaac continuará tu descendencia». Pero Abrahán pensó que Dios tiene poder hasta para resucitar muertos. Y así recobró a Isaac como figura del futuro.

Palabra de Dios.

SALMO RESPONSORIAL   Lc 1, 69-75

℟ **Bendito sea el Señor, Dios de Israel, porque ha visitado a su pueblo.**

Nos ha suscitado una fuerza de salvación | en la casa de David, su siervo: | según lo había predicho desde antiguo | por boca de sus santos profetas. ℟

Es la salvación que nos libra de nuestros enemigos | y de la mano de todos los que nos odian; | realizando la misericordia que tuvo con nuestros padres, | recordando su santa alianza. ℟

El juramento que juró a nuestro padre Abrahán, | para concedernos que, libres de temor, | arrancados de la mano de los enemigos, | le sirvamos con santidad y justicia, | en su presencia, todos nuestros días. ℟

ALELUYA p. 1932ss.

EVANGELIO p. 1343

SABADO   **Años pares**

PRIMERA LECTURA

He pecado contra el Señor

LECTURA DEL SEGUNDO LIBRO DE SAMUEL

12, 1-7a.10-17

En aquellos días, el Señor envió a Natán donde David. Entró Natán ante el rey y le dijo: «Había dos hombres en un pueblo: uno rico y otro pobre. El rico tenía muchos rebaños de ovejas y bueyes; el pobre sólo tenía una corderilla que había comprado; la iba criando, y ella crecía con él y sus hijos, comiendo de su pan, bebiendo de su vaso, durmiendo en su regazo: era

como una hija. Llegó una visita a casa del rico; y, no queriendo
perder una oveja o un buey para invitar a su huésped, cogió la
cordera del pobre y convidó a su huésped.» David se puso furioso contra aquel hombre y dijo a Natán: «¡Vive Dios, que el que
ha hecho eso es reo de muerte! No quiso respetar lo del otro,
pues pagará cuatro veces el valor de la cordera.» Entonces Natán
dijo a David: «¡Eres tú! Pues bien, la espada no se apartará nunca de tu casa; por haberme despreciado, quedándote con la mujer
de Urías, el hitita. Así dice el Señor: Yo haré que de tu propia
casa nazca tu desgracia; te arrebataré tus mujeres, y ante tus ojos
se las daré a otro, que se acostará con ellas a la luz del sol que
nos alumbra. Tú lo hiciste a escondidas, yo lo haré ante todo Israel, en pleno día.» David respondió a Natán: «He pecado contra
el Señor.» Y Natán le dijo: «Pues el Señor perdona tu pecado.
Pero, por haber despreciado al Señor con lo que has hecho, el
hijo que te ha nacido morirá.» Natán marchó a su casa. El Señor
hirió al niño que la mujer de Urías había dado a David, y cayó
gravemente enfermo. David pidió a Dios por el niño, prolongó
su ayuno y de noche se acostaba en el suelo. Los ancianos de su
casa intentaron levantarlo, pero él se negó, y no quiso comer
nada con ellos.

Palabra de Dios.

SALMO RESPONSORIAL 59

℟ **Oh Dios, crea en mí un corazón puro.**

Oh Dios, crea en mí un corazón puro, | renuévame por den-
tro con espíritu firme; | no me arrojes lejos de tu rostro, | no me
quites tu santo espíritu. ℟.

Devuélveme la alegría de tu salvación, | afiánzame con espíri-
tu generoso, | Enseñaré a los malvados tus caminos, | los peca-
dores volverán a ti. ℟.

¡Líbrame de la sangre, oh Dios, | Dios, Salvador mío! | y
cantará mi lengua tu justicia. | Señor, me abrirás los labios, | y
mi boca proclamará tu alabanza. ℟.

ALELUYA p. 1932ss.

EVANGELIO

¿Quién es éste? ¡Hasta el viento y las aguas le obedecen

✠ **LECTURA DEL S. EVANGELIO SEGUN SAN MARCOS**

4, 35-40

Aquel día, al atardecer, dijo Jesús a sus discípulos: «Vamos a la otra orilla.» Dejando a la gente, se lo llevaron en barca, como estaba; y otras barcas lo acompañaban. Se levantó un fuerte huracán y la olas rompían contra la barca hasta casi llenarla de agua. El estaba a popa, dormido sobre un almohadón. Lo despertaron, diciéndole: «Maestro, ¿no te importa que nos hundamos?» Se puso en pie, increpó al viento y dijo al lago: «¡Silencio cállate!» El viento cesó y vino una gran calma. El les dijo: «¿Por qué sois tan cobardes? ¿Aún no tenéis fe?» Se quedaron espantados y se decían unos a otros: «¿Pero, quién es éste? ¡Hasta el viento y las aguas le obedecen!»

Palabra del Señor.

CUARTA SEMANA

LUNES   **Años impares**

PRIMERA LECTURA

Por medio de la fe subyugaron reinos. Dios tiene preparado algo mejor para nosotros

LECTURA DE LA CARTA A LOS HEBREOS   11, 32-40

Hermanos: ¿Para qué seguir? No me da tiempo de referir la historia de Gedeón. Barac, Sansón, Jefté, David, Samuel y los profetas; éstos, por medio de la fe, subyugaron reinos, practicaron la justicia, obtuvieron promesas, amordazaron fauces de leones, apagaron hogueras voraces, esquivaron el filo de la espada, se curaron de enfermedades, fueron valientes en la guerra, derrotaron ejércitos extranjeros; hubo mujeres que recobraron resucitados a sus caídos. Pero otros fueron tundidos a golpes y rehusaron el rescate para obtener una resurrección mejor; otros pasaron por la prueba de la flagelación ignominiosa, de las cadenas y la cárcel; los apedrearon, los serraron, murieron a espada, rodaron por el mundo vestidos con pieles de oveja y de cabra, faltos de todo, oprimidos, maltratados; el mundo no era digno de ellos: vagabundos por desiertos y montañas, por grutas y cavernas de la tierra. Y todos éstos, aun acreditados por su fe, no consiguieron lo prometido; Dios tenía preparado algo mejor para nosotros, para que no llegaran sin nosotros a la perfección.

Palabra de Dios.

SALMO RESPONSORIAL 30

℟ **Sed fuertes y valientes de corazón, | los que esperáis en el Señor.**

Qué bondad tan grande, Señor, | reservas para tus fieles, | y concedes a los que a ti se acogen | a la vista de todos. ℟.

En el asilo de tu presencia los escondes | de las conjuras humanas; | los ocultas en tu tabernáculo, | frente a las lenguas pendencieras. ℟.

Bendito el Señor que ha hecho por mí | prodigios de miseri-
cordia en la ciudad amurallada. R̶.

Yo decía en mi ansiedad: | «Me has arrojado de tu vis-
ta»; | pero tú escuchaste mi voz suplicante, | cuando yo te gri-
taba. R̶.

Amad al Señor, fieles suyos: | el Señor guarda a sus leales | y
paga con creces a los soberbios. R̶.

ALELUYA p. 1932ss.

EVANGELIO p. 1346

LUNES   Años pares

PRIMERA LECTURA

*Huyamos de Absalón. Dejad a Semeí que me maldiga, porque se
lo ha mandado el Señor*

LECTURA DEL SEGUNDO LIBRO DE
SAMUEL   15, 13-14. 30; 16, 5-13a

En aquellos días, uno llevó esta noticia a David: «Los israelitas se han puesto de parte de Absalón.» Entonces David dijo a
los cortesanos que estaban con él en Jerusalén: «¡Ea, huyamos!
Que, si se presenta Absalón, no nos dejará escapar. Salgamos a
toda prisa, no sea que él se adelante, nos alcance y precipite la
ruina sobre nosotros, y pase a cuchillo la población.» David subió la Cuesta de los Olivos; la subió llorando, la cabeza cubierta
y los pies descalzos. Y todos sus acompañantes llevaban cubierta
la cabeza y subían llorando. Al llegar el rey David a Bajurín, salió de allí uno de la familia de Saúl, llamado Semeí, hijo de Gue-
rá, insultándole según venía. Y empezó a tirar piedras a David y
a sus cortesanos —toda la gente y los militares iban a derecha e
izquierda del rey—, y le maldecía: «¡Vete, vete, asesino, canalla!
El Señor te paga la matanza de la familia de Saúl, cuyo trono has
usurpado. El Señor ha entregado el reino a tu hijo Absalón,

mientras tú has caído en desgracia, porque eres un asesino.» Abisay, hijo de Seruyá, dijo al rey: «Ese perro muerto, ¿se pone a
maldecir a mi señor? ¡Déjame ir allá y le corto la cabeza!» Pero
el rey dijo: «¡No os metáis en mis asuntos, hijos de Seruyá! Déjale que maldiga, que si el Señor le ha mandado que maldiga a David, ¿quién va a pedirle cuentas?» Luego dijo a Abisay y a todos
sus cortesanos: «Ya veis. Un hijo mío, salido de mis entrañas, intenta matarme, ¡y os extraña ese benjaminita! Dejadlo que me
maldiga, porque se lo ha mandado el Señor. Quizás el Señor se
fije en mi humillación y me pague con bendiciones estas maldiciones de hoy.» David y los suyos siguieron su camino.

Palabra de Dios.

SALMO RESPONSORIAL 3

℟ **Levántate, Señor, sálvame.**

Señor, cuántos son mis enemigos, | cuántos se levantan con-
tra mí; | cuántos dicen de mí: | Ya no lo protege Dios. ℟.

Pero tú, Señor, eres mi escudo y mi gloria, | tú mantienes
alta mi cabeza. | Si grito, invocando al Señor, | él me escucha
desde su monte santo. ℟.

Puedo acostarme y dormir y despertar: | el Señor me sos-
tiene. | No tendré al pueblo innumerable | que acampa a mi alre-
dedor. ℟.

ALELUYA p. 1932ss.

EVANGELIO

Espíritu inmundo, sal de este hombre

✠ LECTURA DEL S. EVANGELIO SEGUN
SAN MARCOS   5, 1-20

En aquel tiempo, Jesús y sus discípulos llegaron a la orilla
del lago en la región de los Gerasenos. Apenas desembarcó, le
salió al encuentro, desde el cementerio, donde vivía en las tumbas, un hombre poseído de espíritu inmundo; ni con cadenas podía ya nadie sujetarlo; muchas veces lo habían sujetado con cepos
y cadenas, pero él rompía las cadenas y destrozaba los cepos, y

nadie tenía fuerza para domarlo. Se pasaba el día y la noche en los sepulcros y en los montes, gritando e hiriéndose con piedras. Viendo de lejos a Jesús, echó a correr, se postró ante él y gritó a voz en cuello: «¿Qué tienes que ver conmigo, Jesús Hijo de Dios Altísimo? Por Dios te lo pido, no me atormentes.» Porque Jesús le estaba diciendo: «Espíritu inmundo, sal de este hombre.» Jesús le preguntó: «¿Cómo te llamas?» El respondió: «Me llamo Legión, porque somos muchos.» Y le rogaba con insistencia que no los expulsara de aquella comarca. Había cerca una gran piara de cerdos hozando en la falda del monte. Los espíritus le rogaron: «Déjanos ir y meternos en los cerdos.» El se lo permitió. Los espíritus inmundos salieron del hombre y se metieron en los cerdos; y la piara, unos dos mil, se abalanzó acantilado abajo al lago y se ahogó en el lago. Los porquerizos echaron a correr y dieron la noticia en el pueblo y en el campo. Y la gente fue a ver qué había pasado. Se acercaron a Jesús y vieron al endemoniado que había tenido la legión, sentado, vestido y en su juicio. Se quedaron espantados. Los que lo habían visto les contaron lo que había pasado al endemoniado y a los cerdos. Ellos le rogaban que se marchase de su país. Mientras se embarcaba, el endemoniado le pidió que lo admitiese en su compañía. Pero no se lo permitió, sino que le dijo: «Vete a casa con los tuyos y anúnciales lo que el Señor ha hecho contigo por su misericordia.» El hombre se marchó y empezó a proclamar por la Decápolis lo que Jesús había hecho con él; todos se admiraban.

Palabra del Señor.

MARTES   Años impares

PRIMERA LECTURA

Cerramos la carrera que nos toca, sin retirarnos

LECTURA DE LA CARTA A LOS HEBREOS   12, 1-4

Hermanos: Una nube ingente de espectadores nos rodea: por tanto, quitémonos lo que nos estorba y el pecado que nos ata, y corramos en la carrera que nos toca, sin retirarnos, fijos los ojos en el que inició y completa nuestra fe: Jesús, que renunciando al gozo inmediato, soportó la cruz, sin miedo a la ignominia, y ahora está sentado a la derecha del Padre. Recordad al que soportó la oposición de los pecadores, y no os canséis ni perdáis el ánimo. Todavía no habéis llegado a la sangre en vuestra pelea contra el pecado.

Palabra de Dios.

SALMO RESPONSORIAL 21

℟ **Te alabarán, Señor, los que te buscan.**

Cumpliré mis votos delante de sus fieles. | Los desvalidos comerán hasta saciarse, | alabarán al Señor los que lo buscan: | viva su corazón por siempre. ℟.

Lo recordarán y volverán al Señor | hasta de los confines del orbe; | en su presencia se postrarán | las familias de los pueblos. | Ante él se postrarán las cenizas de la tumba, | ante él se inclinarán los que bajan al polvo. ℟.

Me hará vivir para él, mi descendencia la servirá, | hablarán del Señor a la generación futura, | contarán su justicia al pueblo que ha de nacer: | todo lo que hizo el Señor. ℟.

ALELUYA p. 1932ss.

EVANGELIO p. 1350

MARTES   Años pares

PRIMERA LECTURA

Hijo mío, Absalón, ¡ojalá hubiera muerto yo en vez de ti!

LECTURA DEL SEGUNDO LIBRO DE SAMUEL   18, 9-10.14b.24-25a.30—19, 3

En aquellos días, Absalón fue a dar en un destacamento de David. Iba montado en un mulo, y, al meterse el mulo bajo el ramaje de una encina copuda, se le enganchó a Absalón la cabeza en la encina y quedó colgando entre el cielo y la tierra, mientras el mulo que cabalgaba se le escapó. Lo vio uno y avisó a Joab: «¡Acabo de ver a Absalón colgado de una encina!» Agarró Joab tres venablos y se los clavó en el corazón de Absalón. David estaba sentado entre las dos puertas. El centinela subió al mirador de encima de la puerta sobre la muralla, levantó la vista y miró: un hombre venía corriendo solo. El centinela gritó y avisó al rey. El rey dijo: «Retírate y espera ahí.» Se retiró y esperó allí. Y en aquel momento llegó el etíope y dijo: «¡Albricias, Majestad! ¡El Señor te ha hecho hoy justicia de los que se habían rebelado contra ti!» El rey le preguntó: «¿Está bien mi hijo Absalón?» Respondió el etíope: «¡Acaben como él los enemigos de Vuestra Majestad y cuantos se rebelen contra ti!» Entonces el rey se estremeció, subió al mirador de encima de la puerta y se echó a llorar, diciendo mientras subía: «Hijo mío, Absalón, hijo mío! ¡Hijo mío, Absalón! ¡Ojalá hubiera muerto yo en vez de ti, Absalón, hijo mío, hijo mío!» A Joab le avisaron: «El rey está llorando y lamentándose por Absalón.» Así la victoria de aquel día fue duelo para el ejército, porque los soldados oyeron decir que el rey estaba afligido a causa de su hijo. Y el ejército entró aquel día en la ciudad a escondidas, como se esconden los soldados abochornados cuando han huído del combate.

Palabra de Dios.

SALMO RESPONSORIAL 85

℞ **Inclina tu oído, Señor, escúchame.**

Inclina tu oído, Señor, escúchame, | que soy un pobre desamparado; | protege mi vida, que soy un fiel tuyo, | salva a tu siervo que confía en ti. ℞.

Tú eres mi Dios, piedad de mí, Señor, | que a ti te estoy llamando todo el día; | alegra el alma de tu siervo, | pues levanto mi alma hacia ti. ℞.

Porque tú, Señor, eres bueno y clemente, | rico en misericordia con los que te invocan. | Señor, escucha mi oración, | atiende a la voz de mi súplica. ℟.

ALELUYA p. 1932ss

EVANGELIO

Contigo hablo, niña, levántate

✠ LECTURA DEL S. EVANGELIO SEGUN
SAN MARCOS   5, 21-43

En aquel tiempo, Jesús atravesó de nuevo a la otra orilla, se le reunió mucha gente a su alrededor, y se quedó junto al lago. Se acercó un jefe de la sinagoga, que se llamaba Jairo, y al verlo se echó a sus pies, rogándole con insistencia: «Mi niña está en las últimas; ven, pon las manos sobre ella, para que se cure y viva.» Jesús se fue con él, acompañado de mucha gente que lo apretujaba. Había una mujer que padecía flujos de sangre desde hacía doce años. Muchos médicos la habían sometido a toda clase de tratamientos y se había gastado en eso toda su fortuna; pero en vez de mejorar, se había puesto peor. Oyó hablar de Jesús y, acercándose por detrás, entre la gente, le tocó el manto, pensando que con solo tocarle el vestido, curaría. Inmediatamente se secó la fuente de sus hemorragias y notó que su cuerpo estaba curado. Jesús, notando que había salido fuerza de él, se volvió en seguida, en medio de la gente, preguntando: «¿Quién me ha tocado el manto?» Los discípulos le contestaron: «Ves cómo te apretuja la gente y preguntas: "¿quién me ha tocado?"» El seguía mirando alrededor, para ver quién había sido. La mujer se acercó asustada y temblorosa, al comprender lo que había pasado, se le echó a los pies y le confesó todo. El le dijo: «Hija, tu fe te ha curado. Vete en paz y con salud.» Todavía estaba hablando cuando llegaron de casa del jefe de la sinagoga para decirle: «Tu hija se ha muerto. ¿Para qué molestar más al maestro?» Jesús alcanzó a oír lo que hablaban y le dijo al jefe de la sinagoga: «No temas; basta que tengas fe.» No permitió que lo acompañara nadie, más que Pedro, Santiago y Juan, el hermano de Santiago. Llegaron a casa del jefe de la sinagoga y encontró el alboroto de los que lloraban y se lamentaban a gritos. Entró y les dijo: «¿Qué estrépito y qué lloros son estos? La niña no está muerta, está dormida.» Se reían de él. Pero él los echó fuera a todos, y con el padre y la madre de la niña, la cogió de la mano y le dijo: «Talitha qumi» (que significa: contigo hablo, niña, levántate»). La niña se puso en pie inmediatamente y echó a andar —tenía doce años—. Y se quedaron viendo visiones. Les insistió en que nadie se enterase; y les dijo que dieran de comer a la niña.

Palabra del Señor.

MIERCOLES   Años impares

PRIMERA LECTURA

Dios reprende a los que ama

LECTURA DE LA CARTA A LOS HEBREOS   12, 4-7.11-15

Hermanos: Todavía no habéis llegado a la sangre en vuestra pelea contra el pecado. Habéis olvidado la exhortación paternal que os dieron: Hijo mío, no rechaces el castigo del Señor, no te enfades por su represión; porque el Señor reprende a los que ama y castiga a sus hijos preferidos. Aceptad la corrección, porque Dios os trata como a hijos, pues, ¿qué padre no corrige a sus hijos? Ningún castigo nos gusta cuando lo recibimos, sino que nos duele; pero después de pasar por él, nos da como fruto una vida honrada y en paz. Por eso, fortaleced las manos débiles, robusteced las rodillas vacilantes, y caminad por una senda llana: así el pie cojo, en vez de retorcerse, se curará. Buscad la paz con todos y la santificación, sin la cual nadie verá al Señor. Procurad que nadie se quede sin la gracia de Dios y que ninguna raíz amarga rebrote y haga daño, contaminando a muchos.

Palabra de Dios.

SALMO RESPONSORIAL 102

℟ **La misericordia del Señor dura siempre | para los que cumplen sus mandatos.**

Bendice, alma mía, al Señor, | y todo mi ser a su santo nombre. | Bendice, alma mía, al Señor, | y no olvides sus beneficios. ℟.

Como un padre siente ternura por sus hijos, | siente el Señor ternura por sus fieles; | porque él conoce nuestra masa, | se acuerda de que somos barro. ℟.

Pero la misericordia del Señor dura siempre, | su justicia pasa de hijos a nietos: | para los que guardan la alianza. ℟.

ALELUYA p. 1932ss.

EVANGELIO p. 1354

MIERCOLES   Años pares

PRIMERA LECTURA

Soy yo el que he pecado, haciendo el censo de la población. ¿Qué han hecho estas ovejas?

LECTURA DEL SEGUNDO LIBRO DE SAMUEL
24, 2.9-17

En aquellos días, el rey ordenó a Joab y a los jefes del ejército que estaban con él: «Id por todas las tribus de Israel, desde Dan hasta Berseba, a hacer el censo de la población, para que yo sepa cuánta gente tengo.» Joab entregó al rey los resultados del censo: en Israel había ochocientos mil hombres aptos para el servicio militar, y en Judá quinientos mil. Pero, después de haber hecho el censo del pueblo, a David le remordió la conciencia, y dijo al Señor: «He cometido un grave error. Ahora, Señor, perdona la culpa de tu siervo, porque he hecho una locura.» Antes que David se levantase por la mañana, el profeta Gad, vidente de David, recibió la palabra del Señor: «Vete a decir a David: Así dice el Señor: Te propongo tres castigos; elige uno y yo lo ejecutaré.» Gad se presentó a David y le notificó: «¿Qué castigo escoges: tres años de hambre en tu territorio, tres meses huyendo perseguido por tu enemigo, o tres días de peste en tu territorio: ¿Qué le respondo al Señor que me ha enviado? David contestó: «Estoy en un gran apuro. Mejor es caer en manos de Dios, que es compasivo, que caer en manos de hombres.» El Señor mandó entonces la peste a Israel, desde la mañana hasta el tiempo señalado. Y, desde Dan hasta Berseba, murieron setenta mil hombres del pueblo. El ángel extendió su mano hacia Jerusalén para asolarla. Entonces David, al ver al ángel que estaba hiriendo a la población, dijo al Señor: «¡Soy yo el que ha pecado! ¡Soy yo el culpable! ¿Qué han hecho estas ovejas? Carga la mano sobre mí y sobre mi familia.» El Señor se arrepintió del castigo, y dijo al ángel que estaba asolando a la población: «¡Basta! ¡Detén tu mano!»

Palabra de Dios.

SALMO RESPONSORIAL 31

℟ **Perdona, Señor, mi culpa y mi pecado.**

Dichoso el que está absuelto de su culpa, | a quien le han sepultado su pecado; | dichoso el hombre a quien el Señor | no le apunta el delito. ℟.

Había pecado, lo reconocí, | no te encubrí mi delito; | propuse: Confesaré al Señor mi culpa, | y tú perdonaste mi culpa y mi pecado. ℟.

Por eso, que todo fiel te suplique | en el momento de la desgracia: | la crecida de las aguas caudalosas | no lo alcanzará. ℟.

Tú eres mi refugio: me libras del peligro, | me rodeas de cantos de liberación. ℟.

ALELUYA p. 1932ss.

EVANGELIO

No desprecian a un profeta más que en su tierra

✠ LECTURA DEL S. EVANGELIO SEGUN
SAN MARCOS   6, 1-6

En aquel tiempo, fue Jesús a su tierra en compañía de sus discípulos. Cuando llegó el sábado, empezó a enseñar en la sinagoga; la multitud que lo oía se preguntaba asombrada: «¿De dónde saca todo eso? ¿Qué sabiduría es ésa que le han enseñado? ¿Y esos milagros de sus manos? ¿No es éste el carpintero, el hijo de María, hermano de Santiago y José y Judas y Simón? Y sus hermanas ¿no viven con nosotros aquí?» Y desconfiaban de él. Jesús les decía: «No desprecian a un profeta más que en su tierra, entre sus parientes y en su casa.» No pudo hacer allí ningún milagro, sólo curó algunos enfermos imponiéndoles las manos. Y se extrañó de su falta de fe. Y recorría los pueblos de alrededor enseñando.

Palabra del Señor.

JUEVES   **Años impares**

PRIMERA LECTURA

Os habéis acercado al monte Sión, ciudad del Dios vivo

LECTURA DE LA CARTA A LOS HEBREOS   12, 18-19.21-24

Hermanos: Vosotros no os habéis acercado a un monte tangible, a un fuego encendido, a densos nubarrones, a la tormenta, al sonido de la trompeta; ni habéis oído aquella voz que el pueblo, al oírla, pidió que no les siguiera hablando. Y tan terrible era el espectáculo que Moisés exclamó: «Estoy temblando de miedo». Vosotros os habéis acercado al monte Sión, ciudad del

Dios vivo, Jerusalén del cielo, a la asamblea de innumerables ángeles, a la congregación de los primogénitos inscritos en el cielo, a Dios, juez de todos, a las almas de los justos que han llegado a su destino y al Mediador de la nueva alianza, Jesús, y a la aspersión purificadora de una sangre que habla mejor que la de Abel.

Palabra de Dios.

SALMO RESPONSORIAL 47

R Oh Dios, meditamos tu misericordia en medio de tu templo.

Grande es el Señor, y muy digno de alabanza | en la ciudad de nuestro Dios. | Su monte santo, una altura hermosa, | alegría de toda la tierra. R.

El monte Sión, vértice del cielo, | ciudad del gran Rey. | Entre sus palacios, Dios | descuella como un alcázar. R.

Lo que habíamos oído lo hemos visto | en la ciudad del Señor de los Ejércitos, | en la ciudad de nuestro Dios, | que Dios ha fundado para siempre. R.

Oh Dios, meditamos tu misericordia | en medio de tu templo: | como tu renombre, oh Dios, tu alabanza | llega al confín de la tierra; | tu diestra está llena de justicia. R.

ALELUYA p. 1932ss.
EVANGELIO p. 1356

JUEVES   Años pares

PRIMERA LECTURA

Yo emprendo el viaje de todos. ¡Ánimo, Salomón, sé un hombre!

LECTURA DEL PRIMER LIBRO DE LOS REYES   2, 1-4.10-12

Estando ya próximo a morir, David hizo estas recomendaciones a su hijo Salomón: «Yo emprendo el viaje de todos. ¡Ánimo, sé un hombre! Guarda las consignas del Señor tu Dios, caminando por sus sendas, guardando sus preceptos, mandatos, decretos y normas, como están escritos en la Ley de Moisés; para que tengas éxito en todas tus empresas dondequiera que vayas; para que el Señor cumpla la promesa que me hizo: "Si tus hijos saben comportarse, caminando sinceramente en mi presencia, con todo el corazón y con toda el alma, no te fallará un descendiente en el trono de Israel".» David murió, y lo enterraron en la ciudad de David». Reinó en Israel cuarenta años: siete en Hebrón y treinta y tres en Jerusalén. Salomón le sucedió en el trono, y su reino se consolidó.

Palabra de Dios.

SALMO RESPONSORIAL   1 Cro 29, 10-11ab.11d-12

R. **Tú eres Señor del universo.**

Bendito eres, Señor, | Dios de nuestro padre Israel, | por los siglos de los siglos. R.

Tuyos son, Señor, la grandeza y el poder, | la gloria, el esplendor, la majestad, | porque tuyo es cuanto hay en cielo y tierra. R.

Tú eres rey soberano de todo; | de ti viene la riqueza y la gloria. R.

Tú eres Señor del universo, | en tu mano está el poder y la fuerza, | tú engrandeces y confortas a todos. R.

ALELUYA p. 1932ss.

EVANGELIO

Los fue enviando

✠ **LECTURA DEL S. EVANGELIO SEGUN SAN MARCOS**   6, 7-13

En aquel tiempo, llamó Jesús a los Doce y los fue enviando de dos en dos, dándoles autoridad sobre los espíritus inmundos. Les encargó que llevaran para el camino un bastón y nada más,

pero ni pan ni alforja, ni dinero suelto en la faja; que llevasen
sandalias, pero no una túnica de repuesto. Y añadió: «Quedaos
en la casa donde entréis, hasta que os vayáis de aquel sitio. Y si
un lugar no os recibe ni os escucha, al marcharos sacudíos el
polvo de los pies, para probar su culpa.» Ellos salieron a predicar la conversión, echaban muchos demonios, ungían con aceite
a muchos enfermos y los curaban.

Palabra del Señor.

VIERNES   Años impares

PRIMERA LECTURA

Jesucristo es el mismo ayer y hoy y siempre

LECTURA DE LA CARTA A LOS HEBREOS   13, 1-8

Hermanos: Conservad el amor fraterno y no olvidéis la hospitalidad: por ella algunos recibieron sin saberlo la visita de unos
ángeles. Acordaos de los que están presos como si estuvierais
presos con ellos; de los que son maltratados como si estuvierais
en su carne. Que todos respeten el matrimonio, el lecho nupcial
que nadie lo mancille, porque a los impuros y adúlteros Dios los
juzgará. Vivid sin ansia de dinero, contentándoos con lo que tengáis, pues él mismo dijo: «Nunca te dejaré ni te abandonaré»; así
tendremos valor para decir: «El Señor es mi auxilio: nada temo;
¿qué podrá hacerme el hombre?» Acordaos de vuestros jefes, que
os anunciaron la palabra de Dios; fijaos en el desenlace de su
vida e imitad su fe. Jesucristo es el mismo ayer y hoy y siempre.

Palabra de Dios.

SALMO RESPONSORIAL 26

R̸. **El Señor es mi luz y mi salvación.**

El Señor es mi luz y mi salvación, | ¿a quién temeré? | El Se-
ñor es la defensa de mi vida, | ¿quién me hará temblar? R̸.

Si un ejército acampa contra mí, | mi corazón no tiembla; | si me declaran la guerra, | me siento tranquilo. R̶.

El me protegerá en su tienda | el día del peligro; | me esconderá en lo escondido de su morada, | me alzará sobre la roca. R̶.

Tu rostro buscaré, Señor, | no me escondas tu rostro. | No rechaces con ira a tu siervo, | que tú eres mi auxilio; | no me deseches. R̶.

ALELUYA p. 1932ss.

EVANGELIO p. 1359

VIERNES   Años pares

PRIMERA LECTURA

De todo corazón amó David a su Creador, entonando salmos cada día

LECTURA DEL LIBRO DEL ECLESIASTICO   47, 2-13

Como la grasa es lo mejor del sacrificio, así David es el mejor de Israel. Jugaba con leones como con cabritos, y con osos como con corderillos; siendo un muchacho mató a un gigante, removiendo la afrenta del pueblo, cuando su mano hizo girar la honda, y derribó el orgullo de Goliat. Invocó al Dios Altísimo, quien hizo fuerte su diestra para eliminar al hombre aguerrido y restaurar el honor de su pueblo. Por eso le cantaban las mozas, alabándole por sus diez mil. Ya coronado, peleó y derrotó a sus enemigos vecinos, derrotó a los filisteos hostiles, quebrantando su poder hasta hoy. De todas sus empresas daba gracias, alabando la gloria del Dios Altísimo; de todo corazón amó a su Creador, entonando salmos cada día; trajo instrumentos para servicio del altar y compuso música de acompañamiento; celebró solemnemente fiestas y ordenó el ciclo de las solemnidades; cuando alababa el nombre santo, de madrugada, resonaba el rito. El Señor perdonó su delito y exaltó su poder para siempre; le confirió el poder real y le dio un trono en Jerusalén.

Palabra de Dios.

SALMO RESPONSORIAL 17

R Sea ensalzado mi Dios y Salvador.

Perfecto es el camino de Dios, | acendrada es la promesa del Señor, | él es escudo para los que a él se acogen. R.

Viva el Señor, bendita sea mi Roca, | sea ensalzado mi dios y Salvador: | Te daré gracias entre las naciones, Señor, | y tañeré en honor de tu nombre. R.

Tú diste gran victoria a tu rey, | tuviste misericordia de tu Ungido, | de David y su linaje por siempre. R.

ALELUYA p. 1932ss.

EVANGELIO

Es Juan, a quien yo decapité, que ha resucitado

✠ LECTURA DEL S. EVANGELIO SEGUN
SAN MARCOS   6, 14-29

En aquel tiempo, como la fama de Jesús se había extendido, el rey Herodes oyó hablar de él. Unos decían: «Juan Bautista ha resucitado, y por eso los ángeles actúan en él.» Otros decían: «Es Elías.» Otros: «Es un profeta como los antiguos.» Herodes, al oírlo, decía: «Es Juan, a quien yo decapité, que ha resucitado.» Es que Herodes había mandado prender a Juan y lo había metido en la cárcel encadenado. El motivo era que Herodes se había casado con Herodías, mujer de su hermano Felipe, y Juan le decía que no le era lícito tener la mujer de su hermano. Herodías aborrecía a Juan y quería quitarlo de enmedio; no acababa de conseguirlo, porque Herodes respetaba a Juan, sabiendo que era un hombre honrado y santo, y lo defendía. En muchos asuntos seguía su parecer y lo escuchaba con gusto. La ocasión llegó cuando Herodes, por su cumpleaños, dio un banquete a sus magnates, a sus oficiales y a la gente principal de Galilea. La hija de Herodías entró y danzó, gustando mucho a Herodes y a los convidados. El rey le dijo a la joven: «Pídeme lo que quieras, que te lo doy.» Y le juró: «Te daré lo que me pidas, aunque sea la mitad de mi reino.» Ella salió a preguntarle a su madre: «¿Qué le pido?» la madre le contestó: «La cabeza de Juan el Bautista.» Entró en seguida, a toda prisa, se acercó al rey y le pidió: «Quiero que ahora mismo me des en una bandeja la cabeza de Juan el Bautista.» El rey se puso muy triste; pero por el juramento y los convidados no quiso desairarla. En seguida le mandó a uno de su guardia que trajese la cabeza de Juan. Fue, lo decapitó en la cárcel, trajo la cabeza en una bandeja y se la entregó a la joven; la joven se la entregó a su madre. Al enterarse sus discípulos fueron a recoger el cadáver y lo enterraron.

Palabra del Señor.

SABADO   Años impares

PRIMERA LECTURA

Que el Dios de la paz, que hizo subir de entre los muertos al gran pastor, os ponga a punto en todo bien

LECTURA DE LA CARTA A LOS HEBREOS   13, 15-17.20-21

Hermanos: Por medio de Jesús ofrezcamos continuamente a Dios un sacrificio de alabanza, es decir, el fruto de unos labios que profesan su nombre. No os olvidéis de hacer el bien y de ayudaros mutuamente; esos son los sacrificios que agradan a Dios. Obedeced con docilidad a vuestros jefes, pues son responsables de vuestras almas y velan por ellas; así lo harán con alegría y sin lamentarse, con lo que salís ganando. Que el Dios de la paz, que hizo subir de entre los muertos al gran pastor de las ovejas, nuestro Señor Jesús, en virtud de la sangre de la alianza eterna, os ponga a punto en todo bien para que cumpláis su voluntad. El realizará en nosotros lo que es de su agrado por medio de Jesucristo; a él la gloria por los siglos de los siglos. Amén.

Palabra de Dios.

SALMO RESPONSORIAL 22

℟ **El Señor es mi pastor, nada me falta.**

El Señor es mi pastor, nada me falta: | en verdes praderas me hace recostar; | me conduce hacia fuentes tranquilas | y repara mis fuerzas. ℟

Me guía por el sendero justo, | por el honor de su nombre. | Aunque camine por cañadas oscuras, | nada temo, porque tú vas conmigo: | tu vara y tu cayado me sosiegan. ℟

Preparas una mesa ante mí | enfrente de mis enemigos; | me unges la cabeza con perfume, | y mi cáliz rebosa. ℟

Tu bondad y tu misericordia me acompañan | todos los días de mi vida, | y habitaré en la casa del Señor | por años sin término. ℟

ALELUYA p. 1932ss.

EVANGELIO p. 1363

SABADO

Años pares

PRIMERA LECTURA

Da a tu siervo un corazón dócil para gobernar a tu pueblo

LECTURA DEL PRIMER LIBRO DE LOS REYES

3, 4-15

En aquellos días, Salomón fue a Gabaón a ofrecer sacrificios, porque allí está la ermita principal. En aquel altar ofreció Salomón mil holocaustos. En Gabaón el Señor se apareció en sueños a Salomón y le dijo: «Pídeme lo que quieras.» Respondió Salomón: «Tú trataste con misericordia a mi padre, tu siervo David, porque caminó en tu presencia con lealtad, justicia y rectitud de corazón; y, fiel a esa misericordia, le diste un hijo que se sentase en su trono: es lo que sucede hoy. Pues bien, Señor Dios mío, tú has hecho que tu siervo suceda a David, mi padre, en el trono, aunque yo soy un muchacho y no sé desenvolverme. Tu siervo se encuentra en medio de tu pueblo, un pueblo inmenso, incontable, innumerable. Da a tu siervo un corazón dócil para gobernar a tu pueblo, para discernir el mal del bien, pues, ¿quién sería capaz de gobernar a este pueblo tan numeroso?» Al Señor le agradó que Salomón hubiera pedido aquello y Dios le dijo: «Por haber pedido esto, y no una vida larga, ni riquezas, ni la muerte de tus enemigos, sino inteligencia para acertar en el gobierno, te daré lo que has pedido: un corazón sabio y prudente, como no lo ha habido antes de ti ni lo habrá después de ti. Y te daré también lo que no has pedido: riquezas y fama mayores que las de rey alguno.»

Palabra de Dios.

SALMO RESPONSORIAL 118

℟ **Enséñame, Señor, tus leyes.**

¿Cómo podrá un joven andar honestamente? | Cumpliendo tus palabras. ℟.

Te busco de todo corazón, | no consientas que me desvíe de tus mandamientos. ℟.

En mi corazón escondo tus consignas, | así no pecaré contra ti. ℟.

Bendito eres, Señor; | enséñame tus leyes. ℟.

Mis labios van enumerando | los mandamientos de tu boca. ℟.

Mi alegría es el camino de tus preceptos, | más que todas las riquezas. ℟.

ALELUYA p. 1932ss.

EVANGELIO
Jn 10, 27

Andaban como ovejas sin pastor

✠ **LECTURA DEL S. EVANGELIO SEGUN SAN MARCOS**
6, 30-34

En aquel tiempo, los apóstoles volvieron a reunirse con Jesús, y le contaron todo lo que habían hecho y enseñado. El les dijo: «Venid vosotros solos a un sitio tranquilo a descansar un poco.» Porque eran tantos los que iban y venían, que no encontraban tiempo ni para comer. Se fueron en barca a un sitio tranquilo y apartado. Muchos los vieron marcharse y los reconocieron; entonces de todas las aldeas fueron corriendo por tierra a aquel sitio y se les adelantaron. Al desembarcar, Jesús vio una multitud y le dio lástima de ellos, porque andaban como ovejas sin pastor; y se puso a enseñarles con calma.

Palabra del Señor.

QUINTA SEMANA

LUNES   **Años impares**

PRIMERA LECTURA
Dijo Dios, y así fue

COMIENZO DEL LIBRO DEL GENESIS   1, 1-19

Al principio creó Dios el cielo y la tierra. La tierra era un caos informe; sobre la faz del Abismo, la tiniebla. Y el Aliento de Dios se cernía sobre la faz de las aguas. Y dijo Dios: «Que exista la luz.» Y la luz existió. Y vio Dios que la luz era buena. Y separó Dios la luz de la tiniebla: llamó Dios a la luz Día; a la tiniebla, Noche. —Pasó una tarde, pasó una mañana: el día primero—. Y dijo Dios: «Que exista una bóveda entre las aguas, que separe aguas de aguas.» E hizo Dios una bóveda y separó las aguas de debajo de la bóveda de las aguas de encima de la bóveda. Y así fue. Y llamó Dios a la bóveda Cielo. —Pasó una tarde, pasó una mañana: el día segundo—. Y dijo Dios: «Que se junten las aguas de debajo del cielo en un solo sitio, y que aparezcan los continentes.» Y así fue. Y llamó Dios a los continentes Tierra, y a la masa de las aguas la llamó Mar. Y vio Dios que era bueno. Y dijo Dios: «Verdee la tierra hierba verde, que engendre semilla y árboles frutales que den fruto según su especie, y que lleven semilla sobre la tierra.» Y así fue. La tierra brotó hierba verde que engendraba semilla según su especie, y árboles que daban fruto y llevaban semilla según su especie. Y vio Dios que era bueno. —Pasó una tarde, pasó una mañana: el día tercero—. Y dijo Dios: «Que existan lumbreras en la bóveda del cielo, para separar el día de la noche, para señalar las fiestas, los días y los años; y sirvan de lumbreras en la bóveda del cielo, para dar luz sobre la tierra.» Y así fue. E hizo Dios dos lumbreras grandes: la lumbrera mayor para regir el día, la lumbrera menor para regir la noche; y las estrellas. Y las puso Dios en la bóveda del cielo, para dar luz sobre la tierra; para regir el día y la noche, para separar la luz de la tiniebla. Y vio Dios que era bueno. —Pasó una tarde, pasó una mañana: el día cuarto—.

Palabra de Dios.

SALMO RESPONSORIAL 103

R. **El Señor goce con sus obras.**

Bendice, alma mía, al Señor, | ¡Dios mío, qué grande eres! | Te vistes de belleza y majestad, | la luz te envuelve como un manto. R.

Asentaste la tierra sobre sus cimientos, | y no vacilará jamás; | la cubriste con el manto del océano, | y las aguas se posaron sobre las montañas. R.

De los manantiales sacas los ríos, | para que fluyan entre los montes; | junto a ellos habitan las aves del cielo, | y entre las frondas se oye su canto. R.

Cuántas son tus obras, Señor, | y todas las hiciste con sabiduría, | la tierra está llena de tus criaturas. | Bendice, alma mía, al Señor. R.

ALELUYA p. 1932ss.

EVANGELIO, p. 1367

LUNES   Años pares

PRIMERA LECTURA

Llevaron al Arca de la Alianza al Santísimo, y la Nube llenó el Templo

LECTURA DEL PRIMER LIBRO DE LOS REYES   8, 1-7.9-13

En aquellos días, Salomón convocó a palacio, en Jerusalén, a los ancianos de Israel, a los jefes de tribu y a los cabezas de familia de los israelitas, para trasladar el Arca de la Alianza del Señor desde la Ciudad de David (o sea Sión). Todos los israelitas se congregaron en torno al rey Salomón en el mes de Etanín (el mes séptimo), en la fiesta de los Tabernáculos. Cuando llegaron los ancianos de Israel, los sacerdotes cargaron con el Arca del Señor, y los sacerdotes levitas llevaron la Tienda del Encuentro, más los utensilios del culto que había en la Tienda. El rey Salomón, acompañado de toda la asamblea de Israel reunida con él ante el Arca, sacrificaba una cantidad incalculable de ovejas y bueyes. Los sacerdotes llevaron el Arca de la Alianza del Señor a su sitio, el camarín del templo, al Santísimo, bajo las alas de los querubines, pues los querubines extendían las alas sobre el sitio del Arca y cubrían el Arca y los varales por encima. En el Arca sólo había las dos Tablas de piedra que colocó allí Moisés en el Horeb, cuando el Señor pactó con los israelitas al salir del país de Egipto, y allí se conservan actualmente. Cuando los sacerdotes salieron del Santo, la nube llenó el templo, de forma que los sacerdotes no podían seguir oficiando a causa de la nube, porque la gloria del Señor llenaba el templo. Entonces Salomón dijo: «El Señor quiere habitar en las tinieblas; y yo te he construido un palacio, un sitio donde vivas para siempre.»

Palabra de Dios.

SALMO RESPONSORIAL 131

R̥ **Levántate, Señor, ven a tu mansión.**

Oímos que estaba en Efrata, | la encontramos en el soto de Jaar: | entremos en su morada, | postrémonos ante el estrado de sus pies. R̥.

Levántate, Señor, ven a tu mansión, | ven con el arca de tu poder: | que tus sacerdotes se vistan de gala, | que tus fieles vitoreen. | Por amor a tu siervo David, | no niegues audiencia a tu Ungido. R̥.

ALELUYA p. 1932ss.

EVANGELIO

Los que lo tocaban se ponían sanos

✠ LECTURA DEL S. EVANGELIO SEGUN
SAN MARCOS   6, 53-56

En aquel tiempo, cuando Jesús y sus discípulos terminaron la travesía, tocaron tierra en Genesaret, y atracaron. Apenas desembarcados, algunos lo reconocieron, y se pusieron a recorrer toda la comarca; cuando se enteraba la gente dónde estaba Jesús, le llevaba los enfermos en camillas. En la aldea o pueblo o caserío donde llegaba, colocaban a los enfermos en la plaza, y le rogaban que les dejase tocar al menos el borde de su manto; y los que lo tocaban se ponían sanos.

Palabra del Señor.

MARTES   **Años impares**

PRIMERA LECTURA

Hagamos al hombre a nuestra imagen y semejanza

LECTURA DEL LIBRO DEL GENESIS   1, 20—2.4a

Y dijo Dios: «Pululen las aguas un pulular de vivientes, y pájaros vuelen sobre la tierra frente a la bóveda del cielo.» Y creó Dios los cetáceos y los vivientes que se deslizan y que el agua hace pulular según sus especies, y las aves aladas según sus especies. Y vio Dios que era bueno. Y Dios los bendijo diciendo: «Creced, multiplicaos, llenad las aguas del mar; que las aves se multipliquen en la tierra.» —Pasó una tarde, pasó una mañana: el día quinto—. Y dijo Dios: «Produzca la tierra vivientes según sus especies: animales domésticos, reptiles y fieras según sus especies.» Y así fue. E hizo Dios las fieras según sus especies, los animales domésticos según sus especies y los reptiles según sus especies. Y vio Dios que era bueno. Y dijo Dios: «Hagamos al hombre a nuestra imagen y semejanza; que domine los peces del mar, las aves del cielo, los animales domésticos, los reptiles de la tierra.» Y creó Dios al hombre a su imagen; a imagen de Dios lo creó; hombre y mujer los creó. Y los bendijo Dios y les dijo: «Creced, multiplicaos, llenad la tierra y sometedla; dominad los peces del mar, las aves del cielo, los vivientes que se mueven sobre la tierra.» Y dijo Dios: «Mirad, os entrego todas las hierbas que engendran semilla sobre la faz de la tierra; y todos los árboles frutales que engendran semilla os servirán de alimento; y a todas las fieras de la tierra, a todas las aves del cielo, a todos los reptiles de la tierra —a todo ser que respira— la hierba verde les servirá de alimento.» Y así fue. Y vio Dios todo lo que había hecho: y era muy bueno. —Pasó una tarde, pasó una mañana: el día sexto—. Y quedaron concluidos el cielo, la tierra y sus ejércitos. Y concluyó Dios para el día séptimo todo el trabajo que había hecho; y descansó el día séptimo de todo el trabajo que había hecho. Y bendijo Dios el día séptimo y lo consagró, porque en él descansó de todo trabajo que Dios había hecho cuando creó. Esta es la historia de la creación del cielo y de la tierra.

Palabra de Dios.

SALMO RESPONSORIAL 8

R⁄ **¡Señor, dueño nuestro, | qué admirable es tu nombre en toda la tierra!**

Cuando contemplo el cielo, obra de tus dedos, | la luna y las estrellas que has creado, | ¿qué es el hombre, para que te acuerdes de él, | el ser humano, para darle poder? R⁄.

Lo hiciste poco inferior a los ángeles, | lo coronaste de gloria y dignidad; | le diste el mando sobre las obras de tus manos, | todo lo sometiste bajo sus pies. R⁄.

Rebaños de ovejas y toros, | y hasta las bestias del campo, | las aves del cielo, los peces del mar, | que trazan sendas por el mar. R⁄.

ALELUYA p. 1932ss.

EVANGELIO p. 1370

MARTES   Años pares

PRIMERA LECTURA

Sobre este Templo quisiste que residiera tu Nombre. Escucha la súplica de tu pueblo Israel.

LECTURA DEL PRIMER LIBRO DE LOS REYES

8, 22-23.27-30

En aquellos días, Salomón, en pie ante el altar del Señor, en presencia de toda la asamblea de Israel, extendió las manos al cielo y dijo: «¡Señor, Dios de Israel! Ni arriba en el cielo ni abajo en la tierra hay un Dios como tú, fiel a la alianza con tus vasallos, si caminan de todo corazón en tu presencia. ¿Es posible que Dios habite en la tierra? Si no cabes en el cielo y en lo más alto del cielo, ¡cuánto menos en este templo que te he construido! Vuelve tu rostro a la oración y súplica de tu siervo, Señor Dios mío; escucha el clamor y la oración que te dirige hoy tu siervo. Día y noche estén tus ojos abiertos sobre este templo, sobre el sitio donde quisiste que residiera tu Nombre. Escucha la oración que tu siervo te dirige en este sitio. Escucha la súplica de tu siervo y de tu pueblo Israel, cuando reces en este sitio; escucha tú desde tu morada del cielo y perdona.»

Palabra de Dios.

SALMO RESPONSORIAL 83

℟ **¡Qué deseables son tus moradas, | Señor de los Ejércitos!**

Mi alma se consume y anhela | los atrios del Señor; | mi corazón y mi carne | retozan por el Dios vivo. ℟.

Hasta el gorrión ha encontrado una casa, | y la golondrina, un nido | donde colocar sus polluelos: | tus altares, Señor de los Ejércitos, | rey mío y Dios mío. ℟.

Dichosos los que viven en tu casa, | alabándote siempre. | Fíjate, oh Dios, en nuestro Escudo, | mira el rostro de tu Ungido. ℟.

Vale más un día en tus atrios | que mil en mi casa, | y prefiero el umbral de la casa de Dios | a vivir con los malvados. ℟.

ALELUYA p. 1932ss.

EVANGELIO

Dejáis a un lado el mandamiento de Dios para aferraros a la tradición de los hombres

✠ LECTURA DEL S. EVANGELIO SEGUN
SAN MARCOS   7, 1-13

En aquel tiempo, se acercó a Jesús un grupo de fariseos con algunos letrados de Jerusalén y vieron que algunos discípulos comían con manos impuras (es decir, sin lavarse las manos). (Los fariseos, como los demás judíos, no comen sin lavarse antes las manos, restregando bien, aferrándose a la tradicción de sus mayores, y al volver de la plaza no comen sin lavarse antes, y se aferran a otras muchas tradiciones, de lavar vasos, jarras y ollas.) Según eso, los fariseos y los letrados preguntaron a Jesús: «¿Por qué comen tus discípulos con manos impuras y no siguen tus discípulos la tradición de los mayores?» El les contestó: «Bien profetizó Isaías de vosotros, hipócritas, como está escrito: Este pueblo me honra con los labios, pero su corazón está lejos de mí. El culto que me dan está vacío, porque la doctrina que enseñan son preceptos humanos. Dejáis a un lado el mandamiento de Dios para aferraros a la tradición de los hombres.» Y añadió: «Anuláis el mandamiento de Dios por mantener vuestra tradición. Moisés dijo: Honra a tu padre y a tu madre y el que maldiga a su padre o a su madre tiene pena de muerte. En cambio vosotros decís: "Si uno le dice a su padre o a su madre: Los bienes con que podría ayudarte los ofrezco al templo", ya no le permitís hacer nada por su padre o por su madre; invalidando la palabra de Dios con esa tradición que os transmitís; y como éstas hacéis muchas.»

Palabra del Señor.

En 1989, 1992, 1995, 1998, 2001..., mañana hay que volver a la pág. 193 (Miércoles de Ceniza.)

MIERCOLES   Años impares

PRIMERA LECTURA

El Señor Dios tomó al hombre y lo colocó en el jardín del Edén

LECTURA DEL LIBRO DEL GENESIS   2, 4b-9.15-17

Cuando el Señor Dios hizo tierra y cielo, no había aún matorrales en la tierra, ni brotaba hierba en el campo, porque el Señor Dios no había enviado lluvia sobre la tierra, ni había hombre que cultivase el campo. Sólo un manantial salía del suelo y regaba la superficie del campo. Entonces el Señor Dios modeló al hombre de arcilla del suelo, sopló en su nariz un aliento de vida, y el hombre se convirtió en ser vivo. El Señor Dios plantó un jardín en Edén, hacia Oriente, y colocó en él al hombre que había modelado. El Señor Dios hizo brotar del suelo toda clase de árboles hermosos de ver y buenos de comer; además el árbol de la vida en mitad del jardín, y el árbol del conocimiento del bien y el mal. El Señor Dios tomó al hombre y lo colocó en el jardín de Edén, para que lo guardara y lo cultivara. El Señor Dios dio este mandato al hombre: «Puedes comer de todos los árboles del jardín; pero del árbol del conocimiento del bien y el mal no comas; porque el día en que comas de él, tendrás que morir.»

Palabra de Dios.

SALMO RESPONSORIAL 103

℟ **Bendice, alma mía, al Señor.**

Bendice, alma mía, al Señor, | ¡Dios mío, qué grande
eres! | Te vistes de belleza y majestad, | la luz te envuelve como
un manto. ℟.

Todos (ellos) aguardan | a que eches comida a su tiempo; |
se la echas, y la atrapan, | abres tu mano, y se sacian de bie-
nes. ℟.

Les retiras el aliento, y expiran, | y vuelven a ser polvo;
| envías tu aliento, y los creas, | y repueblas la faz de la tierra. ℟.

ALELUYA p. 1932ss.

EVANGELIO p. 1373

MIERCOLES   **Años pares**

PRIMERA LECTURA

La reina de Sabá vio la sabiduría de Salomón

LECTURA DEL PRIMER LIBRO DE LOS REYES

                                                             10, 1-10

En aquellos días, la reina de Sabá oyó la fama de Salomón y
fue a probarle con enigmas. Vino a Jerusalén con una gran caravana de camellos cargados de perfumes y oro en gran cantidad
y piedras preciosas. Entró en el palacio de Salomón y le propuso
todo lo que pensaba. Salomón resolvió todas sus consultas; no
hubo una cuestión tan oscura que el rey no la pudiera resolver.
Cuando la reina de Sabá vio la sabiduría de Salomón, la casa que
había construido, los manjares de su mesa, toda la corte sentada
a la mesa, los camareros sirviendo, con sus uniformes, las bebi-
das, los holocaustos que ofrecía en el templo del Señor, se quedó

asombrada y dijo al rey: «¡Es verdad lo que me contaron en mi
país de ti y tu sabiduría! Yo no quería creerlo, pero, ahora que
he venido y lo veo con mis propios ojos, resulta que no me habían dicho ni la mitad. En sabiduría y riquezas superas todo lo
que yo había oído. ¡Dichosa tu gente, dichosos esos tus cortesanos que están siempre en tu presencia, aprendiendo de tu sabiduría! ¡Bendito sea el Señor tu Dios que, por el amor eterno que
tiene a Israel, te ha elegido para colocarte en el trono de Israel
y te ha nombrado rey para que gobiernes con justicia!» La reina
regaló al rey cuatro mil quilos de oro, gran cantidad de perfumes
y piedras preciosas; nunca llegaron tantos perfumes como los
que la reina de Sabá regaló al rey Salomón.

Palabra de Dios.

SALMO RESPONSORIAL 36

℟ **La boca del justo expone la sabiduría.**

Encomienda tu camino al Señor, | confía en él, y él actua-
rá: | hará tu justicia como el amanecer, | tu derecho, como el
mediodía. ℟.

La boca del justo expone la sabiduría, | su lengua explica el
derecho: | porque lleva en el corazón la ley de su Dios, | y sus
pasos no vacilan. ℟.

El Señor es quien salva a los justos, | él es su alcázar en el
peligro; | el Señor los protege y los libra, | los libra de los mal-
vados y los salva, | porque se acogen a él. ℟.

ALELUYA p. 1932ss.

EVANGELIO

Lo que sale de dentro es lo que hace impuro al hombre

✠ LECTURA DEL S. EVANGELIO SEGUN
SAN MARCOS   7, 14-23

En aquel tiempo, llamó Jesús de nuevo a la gente y les dijo:
«Escuchad y entended todos: Nada que entre de fuera puede ha-

cer al hombre impuro; lo que sale de dentro es lo que hace impuro al hombre. El que tenga oídos para oír que oiga.» Cuando dejó a la gente y entró en casa, le pidieron sus discípulos que les explicara la comparación. El les dijo: «¿Tan torpes sois también vosotros? ¿No comprendéis? Nada que entre de fuera puede hacer impuro al hombre, porque no entra en el corazón sino en el vientre y se echa en la letrina.» (Con esto declaraba puros todos los alimentos.) Y siguió: «Lo que sale de dentro, eso sí mancha al hombre. Porque de dentro, del corazón del hombre, salen los malos propósitos, las fornicaciones, robos, homicidios, adulterios, codicias, injusticias, fraudes, desenfreno, envidia, difamación, orgullo, frivolidad. Todas esas maldades salen de dentro y hacen al hombre impuro.»

Palabra del Señor.

JUEVES   Años impares

PRIMERA LECTURA

Dios presentó la mujer al hombre. Y serán los dos una sola carne

LECTURA DEL LIBRO DEL GENESIS   2, 18-25

El Señor Dios se dijo: «No está bien que el hombre esté solo; voy a hacerle alguien como él que le ayude.» Entonces el Señor Dios modeló de arcilla todas las bestias del campo y todos los pájaros del cielo, y se los presentó al hombre, para ver qué nombre les ponía. Y cada ser vivo llevaría el nombre que el hombre le pusiera. Así el hombre puso nombre a todos los animales domésticos, a los pájaros del cielo y a las bestias del campo; pero no encontraba ninguno como él que le ayudase. Entonces el Señor Dios dejó caer sobre el hombre un letargo, y el hombre se durmió. Le sacó una costilla y le cerró el sitio con

carne. Y el Señor Dios trabajó la costilla que le había sacado al
hombre, haciendo una mujer, y se la presentó al hombre. Y el
hombre dijo: «¡Esta sí que es hueso de mis huesos y carne de mi
carne! Su nombre será Mujer, porque ha salido del hombre.» Por
eso abandonará el hombre a su padre y a su madre, se unirá a su
mujer y serán los dos una sola carne. Los dos estaban desnudos,
el hombre y su mujer, pero no sentían vergüenza uno de otro.

Palabra de Dios.

SALMO RESPONSORIAL 127

℞ **Dichosos los que temen al Señor.**

¡Dichoso el que teme al Señor, | y sigue sus caminos! | Co-
merás del fruto de tu trabajo, | serás dichoso, te irá bien. ℞.

Tu mujer, como parra fecunda, | en medio de tu casa; | tus
hijos como renuevos de olivo, | alrededor de tu mesa. ℞.

Esta es la bendición del hombre | que teme al Señor. | Que
el Señor te bendiga desde Sión, | que veas la prosperidad de Je-
rusalén, | todos los días de tu vida. ℞.

ALELUYA p. 1932ss.

EVANGELIO p. 1376

JUEVES   Años pares

PRIMERA LECTURA

*Por haber sido infiel al pacto, te voy a arrancar el reino de las
manos; pero dejaré a tu hijo una tribu, en consideración a David*

LECTURA DEL PRIMER LIBRO DE LOS
REYES   11, 4-13

Cuando el rey Salomón llegó a viejo, sus mujeres le desviaron su corazón tras otros dioses; su corazón ya no perteneció
por entero al Señor, como el corazón de su padre David. Salomón siguió a Astarté, diosas de los fenicios y a Malcón, ídolo de
los amonitas. Hizo lo que el Señor reprueba; no siguió plena-

mente al Señor, como su padre David. Entonces construyó una ermita a Camós, ídolo de Moab, en el monte que se alza frente a Jerusalén, y a Malcón, ídolo de los amonitas. Hizo otro tanto para sus mujeres extranjeras, que quemaban incienso y sacrificaban en honor de sus dioses. El Señor se encolerizó contra Salomón, porque había desviado su corazón del Señor Dios de Israel, que se le había aparecido dos veces, y que precisamente le había prohibido seguir a otros dioses; pero Salomón no cumplió esta orden. Entonces el Señor le dijo: Por haberte portado así conmigo, siendo infiel al pacto y a los mandatos que te di, te voy a arrancar el reino de las manos para dárselo a un siervo tuyo. No lo haré mientras vivas, en consideración a tu padre David; se lo arrancaré de la mano a tu hijo. Y ni siquiera le arrancaré todo el reino; dejaré a tu hijo una tribu, en consideración a mi siervo David y a Jerusalén, mi ciudad elegida.

Palabra de Dios.

SALMO RESPONSORIAL 105

R. **Acuérdate de mí Señor, por amor a tu pueblo.**

Dichosos los que respetan el derecho | y practican siempre la justicia. | Acuérdate de mí por amor a tu pueblo, | visítame con tu salvación. R.

Emparentaron con los gentiles, | imitaron sus costumbres; | adoraron sus ídolos | y cayeron en sus lazos. R.

Inmolaron a los demonios | sus hijos y sus hijas; | la ira del Señor se encendió contra su pueblo, | y aborreció su heredad. R.

ALELUYA p. 1932ss.

EVANGELIO

Los perros, debajo de la mesa, comen las migajas que tiran los niños

✠ LECTURA DEL S. EVANGELIO SEGUN SAN MARCOS
7, 24-30

En aquel tiempo, Jesús fue a la región de Tiro. Se alojó en una casa procurando pasar desapercibido, pero no lo consiguió;

una mujer que tenía una hija poseída por un espíritu impuro se enteró en seguida, fue a buscarlo y se le echó a los pies. La mujer era pagana, una fenicia de Siria, y le rogaba que echase el demonio de su hija. El le dijo: «Deja que coman primero los hijos. No está bien echarles a los perros el pan de los hijos.» Pero ella replicó: «Tienes razón, Señor; pero también los perros, debajo de la mesa, comen las migajas que tiran los niños.» El le contestó: «Anda vete, que por eso que has dicho, el demonio ha salido de tu hija.» Al llegar a su casa, se encontró a la niña echada en la cama; el demonio se había marchado.

Palabra del Señor.

VIERNES

Años impares

PRIMERA LECTURA

Seréis como Dios en el conocimiento del bien y el mal

LECTURA DEL LIBRO DEL GENESIS 3, 1-8

La serpiente era más astuta que las demás bestias del campo que el Señor había hecho. Y dijo a la mujer: «¿Con que Dios os ha dicho que no comáis de ningún árbol del jardín?» La mujer contestó a la serpiente: «Podemos comer los frutos de los árboles del jardín; sólo del fruto del árbol que está en mitad del jardín nos ha dicho Dios: ''No comáis de él ni lo toquéis, bajo pena de muerte''.» La serpiente replicó a la mujer: «No es verdad que tengáis que morir. Bien sabe Dios que cuando comáis de él, se os abrirán los ojos, y seréis como Dios en el conocimiento del bien y el mal.» La mujer se dio cuenta de que el árbol era apetitoso, atrayente y deseable porque daba inteligencia; y cogió un fruto, comió, se lo alargó a su marido, y él también comió. Se les abrieron los ojos a los dos, y descubrieron que estaban desnudos; entrelazaron hojas de higuera y se las ciñeron. Oyeron al Señor que se paseaba por el jardín a la hora de la brisa; el hombre y su mujer se escondieron de la vista del Señor Dios entre los árboles del jardín.

Palabra de Dios.

SALMO RESPONSORIAL 31

℟. **Dichoso el que está absuelto de su culpa.**

Dichoso el que está absuelto de su culpa, | a quien le han sepultado su pecado; | dichoso el hombre a quien el Señor | no le apunta el delito, | y en cuyo espíritu no hay fraude. ℟.

Había pecado, lo reconocí, | no te encubrí mi delito; | propuse: «Confesaré al Señor mi culpa», | y tú perdonaste mi culpa y mi pecado. ℟.

Por eso, que todo fiel te suplique | en el momento de la desgracia: | la crecida de las aguas caudalosas | no lo alcanzará. ℟.

Tú eres mi refugio: me libras del peligro, | me rodeas de cantos de liberación. ℟.

ALELUYA p. 1932ss.
EVANGELIO p. 1379

VIERNES

Años pares

PRIMERA LECTURA

Se independizó Israel de la casa de David

LECTURA DEL PRIMER LIBRO DE LOS REYES 11, 29-32; 12, 19

Un día salió Jeroboán de Jerusalén; y el profeta Ajías de Siló, envuelto en un manto nuevo, se lo encontró en el camino; estaban los dos solos, en descampado. Ajías agarró su manto nuevo, lo rasgó en doce trozos y dijo a Jeroboán: «Coge diez trozos, porque así dice el Señor Dios de Israel: Voy a desgarrarle el reino a Salomón y voy a darte a ti diez tribus; lo restante será para él, en consideración a mi siervo David y a Jerusalén, la ciudad que elegí entre todas las tribus de Israel.» Así fue como se independizó Israel de la casa de David hasta hoy.

Palabra de Dios.

SALMO RESPONSORIAL 80

℟. **Yo soy el Señor Dios tuyo: escucha mi voz.**

No tendrás un dios extraño, | no adorarás un dios extranjero; | yo soy el Señor Dios tuyo, | que te saqué del país de Egipto. ℟.

Pero mi pueblo no escuchó mi voz, | Israel no quiso obedecer: | los entregué a su corazón obstinado, | para que anduviesen según sus antojos. ℟.

Ojalá me escuchase mi pueblo | y caminase Israel por mi camino: | en un momento humillaría a sus enemigos | y volvería mi mano contra sus adversarios. ℟.

ALELUYA p. 1932ss.

EVANGELIO

Hace oír a los sordos y hablar a los mudos

✠ LECTURA DEL S. EVANGELIO SEGUN
SAN MARCOS   7, 31-37

En aquel tiempo, dejando Jesús el territorio de Tiro, pasó por Sidón, camino del lago de Galilea, atravesando la Decápolis. Y le presentaron un sordo, que, además, apenas podía hablar; y le piden que le imponga las manos. El, apartándolo de la gente a un lado, le metió los dedos en los oídos y con la saliva le tocó la lengua. Y mirando al cielo, suspiró y le dijo: «Effetá» (esto es, «ábrete»). Y al momento se le abrieron los oídos, se le soltó la

traba de la lengua y hablaba sin dificultad. El les mandó que no
lo dijeran a nadie; pero, cuanto más se lo mandaba, con más insistencia lo proclamaban ellos. Y en el colmo del asombro, decían: «Todo lo ha hecho bien: hace oír a los sordos y hablar a
los mudos.»

Palabra del Señor.

SABADO   Años impares

PRIMERA LECTURA

*El Señor lo expulsó del jardín del Edén, para que labrase el
suelo*

LECTURA DEL LIBRO DEL GENESIS   3, 9-24

El Señor Dios llamó al hombre: «¿Dónde estás?» El contestó:
«Oí un ruido en el jardín, me dio miedo, porque estaba desnudo,
y me escondí.» El Señor le replicó: «¿Quién te informó de que
estabas desnudo?, ¿es que has comido del árbol del que te prohibí comer?» Adán respondió: «La mujer que me diste como compañera me ofreció del fruto y comí.» El Señor Dios dijo a la mujer: «¿Que es lo que has hecho?» Ella respondió: «La serpiente
me engañó y comí.» El Señor Dios dijo a la serpiente: «Por haber hecho eso, serás maldita entre todo el ganado y todas las fieras del campo; te arrastrarás sobre el vientre y comerás polvo
toda tu vida; establezco hostilidades entre ti y la mujer, entre tu
estirpe y la suya; ella te herirá en la cabeza, cuando tú la hieras
en el talón.» A la mujer le dijo: «Mucho te haré sufrir en tu pre-
ñez, parirás hijos con dolor, tendrás ansia de tu marido, y él te
dominará.» Al hombre le dijo: «Porque le hiciste caso a tu mujer
y comiste del árbol del que te prohibí comer. Maldito sea el suelo por tu culpa: comerás de él con fatiga mientras vivas; brotará
para ti cardos y espinas, y comerás hierba del campo. Con sudor

de tu frente comerás el pan, hasta que vuelvas a la tierra, porque
de ella te sacaron; pues eres polvo y al polvo volverás.» El hombre llamó a su mujer Eva, por ser la madre de todos los que viven. El Señor Dios hizo pellizas para el hombre y su mujer y se
las vistió. Y el Señor Dios dijo: «Mirad, el hombre es ya como
uno de nosotros en el conocimiento del bien y del mal. No vaya
a echarle mano al árbol de la vida, coja de él, coma y viva para
siempre.» Y el Señor Dios lo expulsó del jardín de Edén, para
que labrase el suelo de donde lo habían sacado. Echó al hombre,
y a oriente del jardín de Edén colocó a los querubines y la espada llameante que se agitaba, para cerrar el camino del árbol de
la vida.

Palabra de Dios.

SALMO RESPONSORIAL 89

R. **Señor, tú has sido nuestro refugio de generación en
generación.**

Antes que naciesen los montes, | o fuera engendrado el orbe
de la tierra, | desde siempre y por siempre tú eres Dios. R.

Tú reduces el hombre a polvo, | diciendo: «Retornad, hijos
de Adán.» | Mil años en tu presencia | son un ayer, que pasó,
| una vela nocturna. R.

Los siembras año por año, | como hierba que se renue-
va: | que florece y se renueva por la mañana, | y por la tarde la
siegan y se seca. R.

Enséñanos a calcular nuestros años, | para que adquiramos
un corazón sensato. | Vuélvete, Señor, ¿hasta cuándo? | Ten
compasión de tus siervos. R.

ALELUYA p. 1932ss.

EVANGELIO p. 1383

SABADO   **Años pares**

PRIMERA LECTURA

Jeroboán hizo dos becerros de oro

LECTURA DEL PRIMER LIBRO DE LOS REYES

12, 26-32; 13, 33-34

En aquellos días, Jeroboán pensó para sus adentros: «Todavía puede volver el reino a la casa de David. Si la gente sigue yendo a Jerusalén para hacer sacrificios en el templo del Señor, terminarán poniéndose de parte de su señor, Roboán, rey de Judá; me matarán y volverán a unirse a Roboán, rey de Judá.» Después de aconsejarse, el rey hizo dos becerros de oro y dijo a la gente: «¡Ya está bien de subir a Jerusalén! ¡Este es tu Dios, Israel, el que te sacó de Egipto!» Luego colocó un becerro en Betel y el otro en Dan. Esto incitó a pecar a Israel, porque la gente iba, unos a Betel y otros a Dan. También edificó ermitas en los altozanos; puso de sacerdotes a gente de la plebe, que no pertenecía a la tribu de Leví. Instituyó también una fiesta el día quince del mes octavo, como la fiesta que se celebraba en Judá, y subió al altar que había levantado en Betel, a ofrecer sacrificios al becerro que había hecho. En Betel estableció a los sacerdotes de las ermitas que había construido. Jeroboán no se convirtió de su mala conducta y volvió a nombrar a gente de la plebe como sacerdotes de las ermitas de los altozanos. Este proceder llevó al pecado a la dinastía de Jeroboán y motivó su destrucción y exterminio de la tierra.

Palabra de Dios.

SALMO RESPONSORIAL 105

℟ **Acuérdate de mí, Señor, por amor a tu pueblo.**

Hemos pecado con nuestros padres, | hemos cometido maldades e iniquidades. | Nuestros padres en Egipto | no comprendieron tus maravillas. ℟.

En Horeb se hicieron un becerro, | adoraron un ídolo de fundición; | cambiaron su Gloria por la imagen | de un toro que come hierba. R̃.

Se olvidaron de Dios su salvador, | que había hecho prodigios en Egipto, | maravillas en el país de Cam, | portentos junto al Mar Rojo. R̃.

ALELUYA p. 1932ss.

EVANGELIO

La gente comió hasta quedar satisfecha

✠ LECTURA DEL S. EVANGELIO SEGUN
SAN MARCOS   8, 1-10

Uno de aquellos días, como había mucha gente y no tenían qué comer, Jesús llamó a sus discípulos y les dijo: «Me da lástima de esta gente; llevan ya tres días conmigo y no tienen qué comer, y si los despido a sus casas en ayunas, se van a desmayar por el camino. Además, algunos han venido desde lejos.» Le replicaron sus discípulos: «¿Y de dónde se puede sacar pan, aquí, en desplobado, para que se queden satisfechos?» El les preguntó: «¿Cuántos panes tenéis?» Ellos contestaron: «Siete.» Mandó que la gente se sentara en el suelo: tomó los siete panes, pronunció la Acción de Gracias, los partió y los fue dando a sus discípulos para que los sirvieran. Ellos los sirvieron a la gente. Tenían también unos cuantos peces: Jesús los bendijo, y mandó que los sirvieran también. La gente comió hasta quedar satisfecha, y de los trozos que sobraron llenaron siete canastas; eran unos cuatro mil. Jesús los despidió, luego se embarcó con sus discípulos y se fue a la región de Dalmanuta.

Palabra del Señor.

SEXTA SEMANA

LUNES   **Años impares**

PRIMERA LECTURA

Caín atacó a su hermano Abel y lo mató

LECTURA DEL LIBRO DEL GENESIS   4, 1-15.25

El hombre se llegó a Eva: ella concibió, dio a luz a Caín, y dijo: «He adquirido un hombre con la ayuda del Señor.» Después dio a luz a Abel, el hermano. Abel era pastor de ovejas, y Caín trabajaba en el campo. Pasado un tiempo, Caín ofreció al Señor dones de los frutos del campo, y Abel ofreció las primicias y la grasa de sus ovejas. El Señor se fijó en Abel y en su ofrenda, y no se fijó en Caín ni en su ofrenda; por lo cual Caín se enfureció y andaba abatido. El Señor dijo a Caín: «¿Por qué te enfureces y andas abatido?» Cierto, si obraras bien, estarías animado; pero si no obras bien, el pecado acecha a la puerta; y aunque viene por ti, tú puedes dominarlo. Caín dijo a su hermano Abel: «Vamos al campo.» Y cuando estaban en el campo, Caín atacó a su hermano Abel y lo mató. El Señor dijo a Caín: «¿Dónde está Abel tu hermano?» Respondió Caín: «No sé; ¿soy yo el guardián de mi hermano?» El Señor le replicó: «¿Qué has hecho? la sangre de tu hermano me está gritando desde la tierra. Por eso te maldice esa tierra que ha abierto sus fauces para recibir de tus manos la sangre de tu hermano. Aunque trabajes la tierra, no volverá a darte su fecundidad. Andarás errante y perdido por el mundo.» Caín contestó al Señor: «Mi culpa es demasiado grande para soportarla. Hoy me destierras de aquí; tendré que ocultarme de ti, andando errante y perdido por el mundo; el que tropiece conmigo, me matará.» El Señor le dijo: «El que mate a Caín lo pagará siete veces.» Y el Señor puso una señal a Caín para que, si alguien tropezase con él, no lo matara. Adán se llegó otra vez a su mujer, que concibió, dio a luz un hijo y lo llamo Set, pues dijo: «El Señor me ha dado un descendiente a cambio de Abel, asesinado por Caín.»

Palabra de Dios.

SALMO RESPONSORIAL 49

R. **Ofrece al Señor un sacrificio de alabanza.**

El Dios de los dioses, el Señor, habla: | convoca la tierra de Oriente a Occidente. | No te reprocho tus sacrificios, | pues siempre están tus holocaustos ante mí. R.

¿Por qué recitas mis preceptos, | tú que detestas mi enseñanza, | y te echas a la espalda mis mandatos? R.

Te sientas a hablar contra tu hermano, | deshonras al hijo de tu madre: | esto haces, ¿y me voy a callar?, | ¿crees que soy como tú? | Te acusaré, te lo echaré en cara. R.

ALELUYA p. 1932ss.

EVANGELIO p. 1386

LUNES   Años pares

PRIMERA LECTURA

*Al ponerse a prueba vuestra fe, os dará aguante, y seréis
perfectos e íntegros*

COMIENZO DE LA CARTA DEL APOSTOL
SANTIAGO   1, 1-11

Santiago, servidor de Dios y del Señor Jesucristo, saluda a las doce tribus dispersas. Hermanos: Que el colmo de vuestra dicha sea pasar por toda clase de pruebas. Sabed que al ponerse a prueba vuestra fe, os dará aguante. Y si el aguante llega hasta el final, seréis perfectos e íntegros, sin falta alguna. En caso de que alguno de vosotros se vea falto de acierto, que se lo pida a Dios. Dios da generosamente y sin echar en cara, y él se lo dará. Pero tiene que pedir con fe, sin titubear lo más mínimo, porque quien titubea, se parece al oleaje del mar sacudido y agitado por el viento. Un individuo así no se piense que va a recibir nada del

Señor; no sabe lo que quiere y no sigue rumbo fijo. El cristiano de condición humilde, esté orgulloso de su alta dignidad, y el rico, de su pobre condición, pues pasará como la flor del campo: sale el sol y con su ardor seca la hierba, cae la flor y su bello aspecto perece; así se marchitará también el rico en sus empresas.

Palabra de Dios.

SALMO RESPONSORIAL 118

R⸱ **Cuando me alcance tu compasión, viviré, Señor.**

Antes de sufrir, yo andaba extraviado; | pero ahora me ajusto a tu promesa. R⸱

Tú eres bueno y haces el bien; | instrúyeme en tus leyes. R⸱

Me estuvo bien el sufrir, | así aprendí tus mandamientos. R⸱

Más estimo yo los preceptos de tu boca | que miles de monedas de oro y plata. R⸱

Reconozco, Señor, que tus mandamientos son justos, | que con razón me hiciste sufrir. R⸱

Que tu bondad me consuele, | según la promesa hecha a tu siervo. R⸱

ALELUYA p. 1932ss.

EVANGELIO

¿Por qué esta generación reclama un signo?

✠ LECTURA DEL S. EVANGELIO SEGUN SAN MARCOS   8, 11-13

En aquel tiempo, se presentaron los fariseos y se pusieron a discutir con Jesús; para ponerlo a prueba, le pidieron un signo del cielo. Jesús dio un profundo suspiro y dijo: «¿Por qué esta generación reclama un signo? Os aseguro que no se le dará un signo a esta generación.» Los dejó, se embarcó de nuevo y fue a la otra orilla.

Palabra del Señor.

MARTES   **Años impares**

PRIMERA LECTURA

Borraré de la superficie de la tierra al hombre que he creado

LECTURA DEL LIBRO DEL GENESIS   6, 5-8; 7, 1-5, 10

Al ver el Señor que la maldad del hombre crecía sobre la tierra, y que todo su modo de pensar era siempre perverso, se arrepintió de haber creado al hombre en la tierra, y le pesó de corazón. Y dijo: «Borraré de la superficie de la tierra al hombre que he creado; al hombre con los cuadrúpedos, reptiles y aves, pues me pesa haberlos hecho.» Pero Noé alcanzó el favor del Señor. El Señor dijo a Noé: «Entra en el arca con toda tu familia, pues tú eres el único justo que he encontrado en tu generación. De cada animal puro toma siete parejas, macho y hembra; de los no puros, una pareja, macho y hembra; y lo mismo de los pájaros, siete parejas, macho y hembra, para que conserven la especie en la tierra. Dentro de siete días haré llover sobre la tierra cuarenta días con sus noches, y borraré de la superficie de la tierra a todos los vivientes que he creado.» Noé hizo todo lo que le mandó el Señor. Pasados siete días vino el diluvio a la tierra.

Palabra de Dios.

SALMO RESPONSORIAL 28

℟. **El Señor bendice a su pueblo con la paz.**

Hijos de Dios, aclamad al Señor, | aclamad la gloria del nombre del Señor, | postraos ante el Señor | en el atrio sagrado. ℟.

La voz del Señor sobre las aguas, | el Señor sobre las aguas torrenciales. | La voz del Señor es potente, | la voz del Señor es magnífica. ℟.

El Señor de la gloria ha tronado; | en su templo un grito unánime: ¡Gloria! | El Señor se sienta por encima del aguacero, | el Señor se sienta como rey eterno. ℟.

ALELUYA p. 1932ss.

EVANGELIO p. 1389

MARTES

Años pares

PRIMERA LECTURA

Dios no tienta a nadie

LECTURA DE LA CARTA DEL APOSTOL SANTIAGO

1, 12-18

Queridos hermanos: Dichoso el hombre que soporta la prueba, porque, una vez aquilatado, recibirá la corona de la vida que el Señor ha prometido a los que le aman. Cuando alguien se ve tentado, no diga que Dios lo tienta; Dios no conoce la tentación al mal y él no tienta a nadie. A cada uno le viene la tentación cuando su propio deseo lo arrastra y seduce; el deseo concibe y da a luz el pecado, y el pecado, cuando se comete, engendra muerte. Queridos hermanos, no os engañéis. Todo beneficio y todo don perfecto viene de arriba, del Padre de los Astros, en el cual no hay fases ni períodos de sombra. Por propia iniciativa, con la palabra de la verdad, nos engendró, para que seamos como la primicia de sus criaturas.

Palabra de Dios.

SALMO RESPONSORIAL 93

R. **Dichoso el hombre a quien tu educas, Señor.**

Dichoso el hombre a quién tú educas, | al que enseñas tu ley, | dándole descanso tras los años duros. R.

Porque el Señor no rechaza a su pueblo | ni abandona su heredad: | el justo obtendrá su derecho, | y un porvenir, los rectos de corazón. R.

Cuando me parece que voy a tropezar, | tu misericordia, Señor, me sostiene; | cuando se multiplican mis preocupaciones, | tus consuelos son mi delicia. ℟.

ALELUYA p. 1932ss.

EVANGELIO

Tened cuidado con la levadura de los fariseos y con la de Herodes

✠ LECTURA DEL S. EVANGELIO SEGUN
SAN MARCOS   8, 14-21

En aquel tiempo, a los discípulos se les olvidó llevar pan, y no tenían más que un pan en la barca. Jesús les recomendó: «Tened cuidado con la levadura de los fariseos y con la de Herodes.» Ellos comentaban: «Lo dice porque no tenemos pan.» Dándose cuenta, les dijo Jesús: «¿Por qué comentáis que no tenéis pan? ¿No acabáis de entender? ¿Tan torpes sois? ¿Para qué os sirven los ojos si no veis, y los oídos si no oís? A ver, ¿cuántos cestos de sobras recogisteis cuando repartí cinco panes entre cinco mil? ¿Os acordáis?» Ellos contestaron: «Doce.» «¿Y cuántas canastas de sobras recogisteis cuando repartí siete entre cuatro mil?» Le respondieron: «Siete.» El les dijo: «¿Y no acabáis de entender?»

Palabra del Señor.

En 1991, 1994, 1997, 2000, 2003, etc., mañana hay que volver a la pág. 193 (Miércoles de Ceniza).

MIERCOLES   Años impares

PRIMERA LECTURA

Miró Noé y vio que la superficie estaba seca

LECTURA DEL LIBRO DEL GENESIS   8, 6-13.20-22

Pasados cuarenta días, Noé abrió el tragaluz que había hecho en el arca y soltó el cuervo, que voló de un lado para otro, hasta

que se secó el agua en la tierra. Después soltó la paloma, para
ver si el agua sobre la superficie estaba ya somera. La paloma, no
encontrando donde posarse volvió al arca con Noé, porque todavía había agua sobre la superficie. Noé alargó el brazo, la agarró
y la metió consigo en el arca. Espero otros siete días y de nuevo
soltó la paloma desde el arca; ella volvió al atardecer con una
hoja de olivo en el pico. Noé comprendió que el agua sobre la
tierra estaba somera; esperó otros siete días, y soltó la paloma,
que ya no volvió. El año seiscientos uno, el día primero del mes
primero se secó el agua en la tierra. Noé abrió el tragaluz del
arca, miró y vio que la superficie estaba seca. Noé construyó un
altar al Señor, tomó animales y aves de toda especie pura y los
ofreció en holocausto sobre el altar. El Señor olió el aroma que
aplaca y se dijo: «No volveré a maldecir la tierra a causa del
hombre, porque el corazón humano piensa mal desde la juventud. No volveré a matar a los vivientes como acabo de hacerlo.
Mientras dure la tierra no han de faltar siembra y cosecha, frío
y calor, verano e invierno, día y noche.»

Palabra de Dios.

SALMO RESPONSORIAL 115

℞ **Te ofreceré, Señor, un sacrificio de alabanza.**

¿Cómo pagaré al Señor | todo el bien que me ha hecho?
| Alzaré la copa de la salvación, | invocando su nombre. ℞.

Cumpliré al Señor mis votos, | en presencia de todo el pue-
blo. | Mucho le cuesta al Señor | la muerte de sus fieles. ℞.

Cumpliré al Señor mis votos, | en presencia de todo el pue-
blo; | en el atrio de la casa del Señor, | en medio de ti, Jeru-
salén. ℞.

ALELUYA p. 1932ss.

EVANGELIO p. 1392

MIERCOLES

Años pares

LECTURA DE LA CARTA DEL APOSTOL SANTIAGO

1, 19-27

Tened esto presente, mis queridos hermanos: sed todos prontos para escuchar, lentos para hablar y lentos para la ira. Porque la ira del hombre no produce la justicia que Dios quiere. Por lo tanto, eliminad toda suciedad y esa maldad que os sobra y aceptad dócilmente la Palabra que ha sido plantada y es capaz de salvaros. Llevadla a la práctica y no os limitéis a escucharla, engañándoos a vosotros mismos, pues quien escucha la Palabra y no la pone en práctica, se parece a aquel que se miraba la cara en el espejo, y apenas se miraba, daba media vuelta y se olvidaba de cómo era. Pero el que se concentra en la ley perfecta, la de la libertad, y es constante, no para oír y olvidarse, sino para ponerla por obra, éste encontrará la felicidad en practicarla. Hay quien se cree religioso y no tiene a raya su lengua; pero se engaña, su religión no tiene contenido. La religión pura e intachable a los ojos de Dios Padre es ésta: visitar huérfanos y viudas en sus tribulaciones y no mancharse las manos con este mundo.

Palabra de Dios.

SALMO RESPONSORIAL 14

℟ **¿Quién puede habitar en tu monte, Señor?**

El que procede honradamente | y practica la justicia, | el que tiene intenciones leales | y no calumnia con su lengua. ℟.

El que no hace mal a su prójimo | ni difama al vecino, | el que considera despreciable al impío | y honra a los que temen al Señor. ℟.

El que no presta dinero a usura | ni acepta soborno contra el inocente. | El que así obra nunca fallará. ℟.

ALELUYA p. 1392ss.

EVANGELIO

El ciego quedó curado, y veía con toda claridad

✠ LECTURA DEL S. EVANGELIO SEGUN
SAN MARCOS

8, 22-26

En aquel tiempo, Jesús y sus dicípulos llegaron a Betsaida. Le trajeron un ciego pidiéndole que lo tocase. El lo sacó de la aldea, llevándolo de la mano, le untó saliva en los ojos, le impuso las manos y le preguntó: «¿Ves algo?» Empezó a distinguir y dijo: «Veo hombres, me parecen árboles, pero andan.» le puso otra vez las manos en los ojos; el hombre miró: estaba curado, y veía todo con claridad. Jesús lo mandó a casa diciéndole: «No se lo digas a nadie en el pueblo.»

Palabra del Señor.

JUEVES   Años impares

PRIMERA LECTURA

Pondré mi arco en el cielo, como señal de mi pacto con la tierra

LECTURA DEL LIBRO DEL GENESIS

9, 1-13

Dios bendijo a Noé y a sus hijos diciéndoles: «Creced, multiplicaos y llenad la tierra. Todos los animales de la tierra os temerán y os respetarán: aves del cielo, reptiles del suelo, peces del mar, están en vuestro poder. Todo lo que vive y se mueve os servirá de alimento: os lo entrego, lo mismo que los vegetales. Pero no comáis carne con sangre, que es su vida. Pediré cuentas de vuestra sangre y vida, se las pediré a cualquier animal; y al hombre le pediré cuentas de la vida de su hermano. Si uno derrama la sangre de un hombre, otro derramará la suya; porque

Dios hizo al hombre a su imagen. Vosotros creced y multipli-caos, moveos por la tierra y dominadla.» Dios dijo a Noé y a sus hijos: «Yo hago un pacto con vosotros y con vuestros descen-dientes, con todos los animales que os acompañaron, aves, gana-do y fieras, con todos los que salieron del arca y ahora viven en la tierra. Hago un pacto con vosotros: El diluvio no volverá a destruir la vida ni habrá otro diluvio que devaste la tierra.» Y Dios añadió: «Esta es la señal del pacto que hago con vosotros y con todo lo que vive con vosotros, para todas las edades: Pon-dré mi arco en el cielo, como señal de mi pacto con la tierra.»

Palabra de Dios.

SALMO RESPONSORIAL 101

R. **El Señor, desde el cielo, | se ha fijado en la tierra.**

Los gentiles temerán su nombre, | los reyes del mundo, su gloria. | Cuando el Señor reconstruya Sión, | y aparezca en su gloria, | y se vuelva a las súplicas de los indefensos, | y no des-precie sus peticiones. R.

Quede esto escrito para la generación futura, | y el pueblo que será creado alabará al Señor: | Que el Señor ha mirado desde su excelso santuario, | desde el cielo se ha fijado en la tierra, | para escuchar los gemidos de los cautivos, | y librar a los conde-nados a muerte. R.

Los hijos de tus siervos vivirán seguros, | su linaje durará en tu presencia: | para anunciar en Sión el nombre del Señor, | y su alabanza en Jerusalén; | cuando se reúnan unánimes los pue-blos | y los reyes, para dar culto al Señor. R.

ALELUYA p. 1932ss.

EVANGELIO p. 1395

JUEVES   **Años pares**

¿Acaso no ha elegido Dios a los pobres? Vosotros, en cambio, habéis afrentado al pobre

LECTURA DE LA CARTA DEL APOSTOL SANTIAGO
                                                        2, 1-9

Hermanos: No juntéis la fe en Nuestro Señor Jesucristo glorioso con la acepción de personas. Por ejemplo: llegan dos hombres a la reunión litúrgica. Uno va bien vestido y hasta con anillos en los dedos; el otro es un pobre andrajoso. Veis al bien vestido y le decís: «Por favor, siéntate aquí, en el puesto reservado.» Al otro, en cambio: «Estate ahí de pie o siéntate en el suelo.» Si hacéis eso, ¿no sois inconsecuentes y juzgáis con criterios malos? Queridos hermanos, escuchad: ¿Acaso no ha elegido Dios a los pobres del mundo para hacerlos ricos en la fe y herederos del reino, que prometió a los que le aman? Vosotros, en cambio, habéis afrentado al pobre. Y sin embargo, ¿no son los ricos los que os tratan con despotismo y los que os arrastran a los tribunales? ¿No son ellos los que denigran ese nombre tan hermoso que lleváis como apellido? ¿Cumplís la ley soberana que enuncia la Escritura: Amarás a tu prójimo como a ti mismo? Perfectamente. Pero si mostráis favoritismo, cometéis un pecado y la Escritura prueba vuestro delito.

Palabra de Dios.

SALMO RESPONSORIAL 33

℟ **Si el afligido invoca al Señor, él lo escucha.**

Bendigo al Señor en todo momento, | su alabanza está siempre en mi boca; | mi alma se gloría en el Señor: | que los humildes lo escuchen y se alegren. ℟.

Proclamad conmigo la grandeza del Señor, | ensalcemos juntos su nombre. | Yo consulté al Señor y me respondió, | me libró de todas mis ansias. ℟.

Contempladlo y quedaréis radiantes, | vuestro rostro no se avergonzará. | Si el afligido invoca al Señor, él lo escucha | y lo salva de sus angustias.. ℟.

ALELUYA p. 1932ss.

EVANGELIO

Tú eres el Mesías. El Hijo del Hombre tiene que padecer mucho

✠ LECTURA DEL S. EVANGELIO SEGUN
SAN MARCOS   8, 27-33

En aquel tiempo, Jesús y sus discípulos se dirigieron a las aldeas de Cesarea de Felipe; por el camino preguntó a sus discípulos: «¿Quién dice la gente que soy yo?» Ellos le contestaron: «Unos, Juan Bautista; otros, Elías, y otros, uno de los profetas.» El les preguntó: «Y vosotros, ¿quién decís que soy?» Pedro le contestó: «Tú eres el Mesías.» El les prohibió terminantemente decírselo a nadie. Y empezó a instruirlos: «El Hijo del Hombre tiene que padecer mucho, tiene que ser condenado por los senadores, sumos sacerdotes y letrados, ser ejecutado y resucitar a los tres días.» Se lo explicaba con toda claridad. Entonces Pedro se lo llevó aparte y se puso a increparlo. Jesús se volvió, y de cara a los discípulos increpó a Pedro: «¡Quítate de mi vista, Satanás! ¡Tú piensas como los hombres, no como Dios!»

Palabra del Señor.

VIERNES   **Años impares**

PRIMERA LECTURA

Voy a bajar y a confundir su lengua

LECTURA DEL LIBRO DEL GENESIS   11, 1-9

Toda la tierra hablaba una sola lengua con las mismas palabras. Al emigrar el hombre de Oriente, encontraron una llanura en el país de Sinaar y se establecieron allí. Y se dijeron unos a otros: «Vamos a preparar ladrillos y a cocerlos» (emplearon ladrillos en vez de piedras, y alquitrán en vez de cemento). Y dijeron: «Vamos a construir una ciudad y una torre que alcance al cielo, para hacernos famosos, y para no dispersarnos por la superficie de la tierra.» El Señor bajó a ver la ciudad y la torre que estaban construyendo los hombres y se dijo: «Son un solo pueblo con una sola lengua. Si esto no es más que el comienzo de su actividad, nada de lo que decidan hacer les resultará imposible. Voy a bajar y a confundir su lengua, de modo que uno no entienda la lengua del prójimo.» El Señor los dispersó por la superficie de la tierra y cesaron de construir la ciudad. Por eso se llama Babel, porque allí confundió el Señor la lengua de toda la tierra, y desde allí los dispersó por la superficie de la tierra.

Palabra de Dios.

SALMO RESPONSORIAL 32

℞ **Dichoso el pueblo que el Señor | se escogió como heredad.**

El Señor deshace los planes de las naciones, | frustra los proyectos de los pueblos; | pero el plan del Señor subsiste por siempre, | los proyectos de su corazón, de edad en edad. ℞.

Dichosa la nación cuyo Dios es el Señor, | el pueblo que él se escogió como heredad. | El Señor mira desde el cielo, | se fija en todos los hombres. ℞.

Desde su morada observa | a todos los habitantes de la tierra:- | él modeló cada corazón, | y comprende todas sus acciones. ℞.

ALELUYA p. 1932ss.

EVANGELIO p. 1398

VIERNES   Años pares

*Lo mismo que un cuerpo que no respira es un cadáver, también
la fe sin obras*

LECTURA DE LA CARTA DEL APOSTOL SANTIAGO
                                                    2, 14-24.26

Hermanos míos: ¿De qué le sirve a uno decir que tiene fe, si
no tiene obras? ¿Es que esa fe la podrá salvar? Supongamos que
un hermano o una hermana andan sin ropa y faltos de alimento
diario, y que uno de vosotros les dice: «Dios os ampare: abrigaos
y llenaos el estómago», y no les dais lo necesario para el cuerpo;
¿de qué sirve? Esto pasa con la fe: si no tiene obras, está muerta
por dentro. Alguno dirá: «Tú tienes fe y yo tengo obras. Enséñame tu fe sin obras y yo, por las obras, te probaré mi fe.» Tú
crees que hay un solo Dios; muy bien, pero eso lo creen también
los demonios y los hace temblar. ¿Quieres enterarte, tonto, de
que la fe sin obras es inútil? ¿No aceptó Dios a Abrahán nuestro
padre por sus obras, por ofrecer a su hijo Isaac en el altar? Ya
ves que la fe actuaba en sus obras, y que por las obras la fe llegó
a su madurez. Así se cumplió lo que dice aquel pasaje de la Escritura: «Abrahán creyó a Dios y se lo contó en su haber.» Y en
otro pasaje se le llama «amigo de Dios». Veis que Dios acepta al
hombre cuando tiene obras, no cuando tiene sólo fe. Por lo tanto, lo mismo que un cuerpo que no respira es un cadáver, también la fe sin obras es un cadáver.

Palabra de Dios.

SALMO RESPONSORIAL 111

R̄ **Dichoso quien ama de corazón | los mandatos del
Señor.**

Dichoso quien teme al Señor | y ama de corazón sus manda-
tos. | Su linaje será poderoso en la tierra, | la descendencia del
justo será bendita. R̄.

En su casa habrá riquezas y abundancia, | su caridad es constante, sin falta. | En las tinieblas brilla como una luz | el que es justo, clemente y compasivo. ℟.

Dichoso el que se apiada y presta, | y administra rectamente sus asuntos. | El justo jamás vacilará, | su recuerdo será perpetuo. ℟.

ALELUYA p. 1932ss.

EVANGELIO

El que pierda su vida por mí y por el Evangelio, la salvará

✠ LECTURA DEL S. EVANGELIO SEGUN
SAN MARCOS   8, 34-39

En aquel tiempo, Jesús llamó a la gente y a sus discípulos y les dijo: «El que quiera venirse conmigo, que se niegue a sí mismo, que cargue con su cruz y me siga. Mirad, el que quiera salvar su vida, la perderá; pero el que pierda su vida por mí y por el Evangelio, la salvará. Pues, ¿de qué le sirve al hombre ganar el mundo entero si arruina su vida? ¿O qué podrá dar uno para recobrarla? Quien se avergüence de mí y de mis palabras en esta época descreída y malvada, también el Hijo del Hombre se avergonzará de él cuando venga con la gloria de su Padre entre sus santos ángeles.» Y añadió: «Os aseguro que algunos de los aquí presentes no morirán sin haber visto llegar el reino de Dios en toda su potencia.»

Palabra del Señor.

SABADO   **Años impares**

PRIMERA LECTURA

Por la fe sabemos que la palabra de Dios configuró el universo

LECTURA DE LA CARTA A LOS HEBREOS   11, 1-7

Hermanos: La fe es seguridad de lo que se espera, y prueba de lo que no se ve. Por su fe son recordados los antiguos. Por la fe sabemos que la palabra de Dios configuró el universo, de manera que lo que está a la vista no proviene de nada visible. Por la fe, Abel ofreció a Dios un sacrificio mejor que Caín; por ella, Dios mismo, al recibir sus dones lo acreditó como justo; por ella sigue hablando después de muerto. Por la fe, fue arrebatado Henoc, sin pasar por la muerte; no lo encontraban, porque Dios lo había arrebatado; en efecto, antes de ser arrebatado se le acreditó que había complacido a Dios, y sin fe es imposible complacerle, pues el que se acerca a Dios debe creer que existe y que recompensa a quienes lo buscan. Por la fe, Noé, advertido por Dios de lo que aún no se veía, tomó precauciones y construyó un arca para salvar a su familia; por la fe condenó al mundo y consiguió la justicia que viene de la fe.

Palabra de Dios.

SALMO RESPONSORIAL 144

℟ **Bendeciré tu nombre, Señor, por siempre.**

Día tras día te bendeciré | y alabaré tu nombre por siempre jamás. | Grande es el Señor, y merece toda alabanza, | es incalculable su grandeza. ℟

Una generación pondera tus obras a la otra, | y le cuenta tus hazañas; | alaban ellos la gloria de tu majestad, | y yo repito tus maravillas. ℟

Que todas tus criaturas te den gracias, Señor, | que te bendigan tus fieles; | que proclamen la gloria de tu reinado, | que hablen de tus hazañas. ℟

ALELUYA p. 1932ss.

EVANGELIO p. 1401

SABADO   **Años pares**

PRIMERA LECTURA

La lengua, ningún hombre es capaz de domarla

LECTURA DE LA CARTA DEL APOSTOL
SANTIAGO

3, 1-10

Hermanos míos: Sois demasiados los que pretendéis ser maestros, y tened por cierto que nuestra sentencia será más severa. Todos faltamos a menudo, y si hay uno que no falte en el hablar, es un hombre perfecto, capaz de tener a raya a su persona entera. A los caballos les ponemos el bocado para que nos obedezcan, y así dirigimos a todo el animal; fijaos también en los barcos: por grandes que sean y por recio que sople el viento, se gobiernan con un timón pequeñísimo y siguen el rumbo que quiere el piloto. Eso pasa con la lengua: como miembro es pequeño, pero puede alardear de muchas hazañas. Mirad cómo una chispa de nada prende fuego a tanta madera. También la lengua es una chispa; entre los miembros del cuerpo, la lengua representa un mundo de iniquidad, contamina a la persona entera, pone al rojo el curso de la existencia y sus llamas vienen del infierno. Toda especie de fieras y pájaros, de reptiles y bestias marinas, se pueden domar y han sido domadas por el hombre; la lengua, en cambio, ningún hombre es capaz de domarla: es dañina e inquieta, cargada de veneno mortal; con ella bendecimos al que es Señor y Padre; con ella maldecimos a los hombres, creados a semejanza de Dios; de la misma boca salen bendiciones y maldiciones. Eso no puede ser, hermanos míos.

Palabra de Dios.

SALMO RESPONSORIAL 11

℞ **Tú nos guardarás, Señor.**

Sálvanos, Señor, que se acaban los buenos, | que desaparece la lealtad entre los hombres: | no hacen más que mentir a su prójimo, | hablan con labios embusteros | y con doblez de corazón. ℞.

Extirpe el Señor los labios embusteros | y la lengua fanfarrona | de los que dicen: La lengua es nuestra fuerza, | nuestros labios nos defienden, | ¿quién será nuestro amo? ℞.

Las palabras del Señor son palabras auténticas, | como plata limpia de ganga, | refinada siete veces. | Tú nos guardarás, Señor, | nos librarás para siempre de esa gente. ℞.

ALELUYA p. 1932ss.

EVANGELIO

Se transfiguró delante de ellos

✠ LECTURA DEL S. EVANGELIO SEGUN
SAN MARCOS   9, 1-12

En aquel tiempo, Jesús se llevó a Pedro, a Santiago y a Juan, subió con ellos solos a una montaña alta, y se transfiguró delante de ellos. Sus vestidos se volvieron de un blanco deslumbrador, como no puede dejarlos ningún batanero del mundo. Se les aparecieron Elías y Moisés, conversando con Jesús. Entonces Pedro tomó la palabra y le dijo a Jesús: «Maestro. ¡Qué bien se está aquí! Vamos a hacer tres chozas, una para ti, otra para Moisés y otra para Elías.» Estaban asustados y no sabía lo que decía. Se formó una nube que lo cubrió y salió una voz de la nube: «Este es mi Hijo amado; escuchadlo.» De pronto, al mirar alrededor, no vieron a nadie más que a Jesús, solo con ellos. Cuando bajaban de la montaña, Jesús les mandó: «No contéis a nadie lo que habéis visto hasta que el Hijo del Hombre resucite de entre los muertos.» Esto se les quedó grabado y discutían qué querría decir aquello de resucitar de entre los muertos. Le preguntaron: «¿Por qué dicen los letrados que primero tiene que venir Elías?» Les contestó él: «Elías vendrá primero y lo restablecerá todo. Ahora, ¿por qué está escrito que el Hijo del Hombre tiene que padecer mucho y ser despreciado? Os digo que Elías ya ha venido y han hecho con él lo que han querido, como estaba escrito.»

Palabra del Señor.

SEPTIMA SEMANA

LUNES   Años impares

PRIMERA LECTURA
Antes que todo fue creada la sabiduría

COMIENZO DEL LIBRO DEL ECLESIASTICO   1, 1-10

Toda sabiduría viene del Señor y está con él eternamente. La arena de las playas, las gotas de la lluvia, los días de los siglos, ¿quién los contará? La altura del cielo, la anchura de la tierra, la hondura del abismo, ¿quién los rastreará? Antes que todo fue creada la sabiduría, la inteligencia y la prudencia, antes de los siglos. La raíz de la sabiduría, ¿a quién se reveló? La destreza de sus obras, ¿quién la conoció? Uno solo es sabio, temible en extremo; está sentado en su trono. El Señor en persona la creó, la conoció y la midió, la derramó sobre todas sus obras; la repartió entre los vivientes; según su generosidad se la regaló a los que lo temen.

Palabra de Dios.

SALMO RESPONSORIAL 92

R. **El Señor reina, vestido de majestad.**

El Señor reina, vestido de majestad, | el Señor, vestido y ceñido de poder: R.

Así está firme el orbe y no vacila. | Tu trono está firme desde siempre, | y tú eres eterno. R.

Tus mandatos son fieles y seguros, | la santidad es el adorno de tu casa, | Señor, por días sin término. R.

ALELUYA p. 1932ss.

EVANGELIO p. 1404

LUNES   Años pares

Si tenéis el corazón amargado por la envidia y el egoísmo, no andéis gloriándoos

LECTURA DE LA CARTA DEL APOSTOL SANTIAGO
3, 13-18

Queridos hermanos: ¿Hay alguno entre vosotros sabio y entendido? Que lo demuestre con una buena conducta y con la amabilidad propia de la sabiduría. Pero si tenéis el corazón amargado por la envidia y el egoísmo, no andéis gloriándoos, porque sería pura falsedad. Esa sabiduría no viene del cielo, sino que es terrena, animal, diabólica. Donde hay envidias y peleas, hay desorden y toda clase de males. La sabiduría que viene de arriba, ante todo es pura y, además, es amante de la paz, comprensiva, dócil, llena de misericordia y buenas obras, constante, sincera. Los que procuran la paz están sembrando la paz; y su fruto es la justicia.

Palabra de Dios.

SALMO RESPONSORIAL 18

℟ **Los mandatos del Señor son rectos y alegran el corazón.**

La ley del Señor es perfecta | y es descanso del alma; | el precepto del Señor es fiel | e instruye al ignorante. ℟.

Los mandatos del Señor son rectos | y alegran el corazón; | la norma del Señor es límpida | y da luz a los ojos. ℟.

La voluntad del Señor es pura | y eternamente estable; | los mandamientos del Señor son verdaderos | y enteramente justos. ℟.

ALELUYA p. 1932ss.

EVANGELIO

Tengo fe, pero dudo, ayúdame

✠ LECTURA DEL S. EVANGELIO SEGUN
SAN MARCOS   9, 13-28

En aquel tiempo, cuando Jesús hubo bajado del monte, al
llegar adonde estaban los demás discípulos, vieron mucha gente
alrededor, y a unos letrados discutiendo con ellos. Al ver a Jesús, la gente se sorprendió, y corrió a saludarlo. El les preguntó:
«¿De qué discutís?» Uno le contestó: «Maestro, te he traído a mi
hijo; tiene un espíritu que no le deja hablar; y cuando lo agarra,
lo tira al suelo, echa espumarajos, rechina los dientes y se queda
tieso. He pedido a tus discípulos que lo echen, y no han sido capaces.» El les contestó: «¡Gente sin fe! ¿Hasta cuándo estaré con
vosotros? ¿Hasta cuándo os tendré que soportar? Traédmelo.» Se
lo llevaron. El espíritu, en cuanto vio a Jesús, retorció al niño;
cayó por tierra y se revolcaba echando espumarajos. Jesús preguntó al padre: «¿Cuánto tiempo hace que le pasa esto?» Contestó él: «Desde pequeño. Y muchas veces hasta lo ha echado al
fuego y el agua para acabar con él. Si algo puedes, ten lástima
de nosotros y ayúdanos.» Jesús replicó: «¿Si puedo? Todo es posible al que tiene fe.» Entonces el padre del muchacho gritó:
«Tengo fe, pero dudo, ayúdame.» Jesús, al ver que acudía gente,
increpó al espíritu inmundo, diciendo: «Espíritu mudo y sordo,
yo te lo mando: Vete y no vuelvas a entrar en él.» Gritando y
sacudiéndolo violentamente, salió. El niño se quedó como un cadáver, de modo que la multitud decía que estaba muerto. Pero
Jesús lo levantó cogiéndolo de la mano, y el niño se puso en pie.
Al entrar en casa, sus discípulos le preguntaron a solas: «¿Por
qué no pudimos echarlo nosotros?» El les respondió: «Esta especie sólo puede salir con oración y ayuno.»

Palabra del Señor.

MARTES **Años impares**

PRIMERA LECTURA

Prepárate para las pruebas

LECTURA DEL LIBRO DEL ECLESIASTICO 2, 1-13

Hijo mío, cuando te acerques al temor de Dios, prepárate para las pruebas; mantén el corazón firme, sé valiente, no te asustes en el momento de la prueba; pégate a él, no lo abandones, y al final serás enaltecido. Acepta cuanto te suceda, aguanta enfermedad y pobreza; porque el oro se acrisola en el fuego, y el hombre que Dios ama, en el horno de la pobreza. Confía en Dios, que él te ayudará, espera en él, y te allanará el camino. Los que teméis al Señor esperad en su misericordia, y no os apartéis para no caer; los que teméis al Señor confiad en él, que no retendrá vuestro salario hasta mañana; los que teméis al Señor esperad bienes, gozo perpetuo y salvación. Fijaos en las generaciones pretéritas: ¿Quién confió en el Señor y quedó defraudado? ¿Quién esperó en él y quedó abandonado? ¿Quién gritó a él y no fue escuchado? Porque el Señor es clemente y misericordioso, perdona el pecado y salva del peligro.

Palabra de Dios.

SALMO RESPONSORIAL 36

℟ **Encomienda tu camino al Señor, y él actuará.**

Confía en el Señor y haz el bien, | habita tu tierra y practica la lealtad; | sea el Señor tu delicia, | y él te dará lo que pide tu corazón. ℟

El Señor vela por los días de los buenos, | y su herencia durará siempre; | no se agostarán en tiempo de sequía, | en tiempo de hambre se saciarán. ℟

Apártate del mal y haz el bien, | y siempre tendrás una casa; | porque el Señor ama la justicia | y no abandona a sus fieles. | Los inicuos son exterminados, | la estirpe de los malvados se extinguirá. ℟.

El Señor es quien salva a los justos, | él es su alcázar en el peligro; | el Señor los protege y los libra, | los libra de los malvados y los salva, | porque se acogen a él. ℟.

ALELUYA p. 1932ss.

EVANGELIO p. 1407

MARTES   Años pares

PRIMERA LECTURA

Pedís y no recibís, porque pedís mal

LECTURA DE LA CARTA DEL APOSTOL SANTIAGO
4, 1-10

Queridos hermanos: ¿De dónde proceden las guerras y las contiendas entre vosotros? ¿No es de vuestras pasiones, que luchan en vuestros miembros? Codiciáis y no tenéis; matáis, ardéis en envidia y no alcanzáis nada; os combatís y os hacéis la guerra. No tenéis, porque no pedís. Pedís y no recibís, porque pedís mal, para dar satisfacción a vuestras pasiones. ¡Adúlteros! ¿No sabéis que amar el mundo es odiar a Dios? El que quiere ser amigo del mundo, se hace enemigo de Dios. No en vano dice la Escritura: «El espíritu que Dios nos infundió está inclinado al mal». Pero mayor es la gracia que Dios nos da. Por eso dice la Escritura: Dios se enfrenta con los soberbios y da su gracia a los humildes. Someteros, pues, a Dios y enfrentaos con el diablo, que huirá de vosotros. Acercaos a Dios y Dios se acercará a vosotros. Pecadores, lavaos las manos; hombres indecisos, sed sinceros, lamentad vuestra miseria, llorad y haced duelo; que vues-

tra risa se convierta en llanto y vuestra alegría en tristeza. Humi-
llaos ante el Señor, que él os levantará.

Palabra de Dios.

SALMO RESPONSORIAL 54

℞ **Encomienda a Dios tus afanes, que él te sustentará.**

Pienso: ¡Quién me diera alas de paloma | para volar y posar-
me! | Emigraría lejos, | habitaría en el desierto. ℞ .

Me pondría en seguida a salvo de la tormenta, | del huracán
que devora, Señor, | del torrente de sus lenguas. ℞ .

Veo en la ciudad violencia y discordia: | día y noche hacen la
ronda | sobre sus murallas. ℞ .

Encomienda a Dios tus afanes, | que él te sustentará; | no
permitirá jamás | que el justo caiga. ℞ .

ALELUYA p. 1932ss.

EVANGELIO

El Hijo del Hombre va a ser entregado. Quien quiera ser el
primero, que sea el último de todos

✠ LECTURA DEL S. EVANGELIO SEGUN
SAN MARCOS   9, 29-36

En aquel tiempo, Jesús y sus discípulos se marcharon del
monte y atravesaron Galilea; no quería que nadie se enterase,
porque iba instruyendo a sus discípulos. Les decía: «El Hijo del
Hombre va a ser entregado en manos de los hombres, y lo matarán; y después de muerto, a los tres días resucitará.» Pero no entendían aquello, y les daba miedo preguntarle. Llegaron a Cafarnaúm, y una vez en casa, les preguntó: «¿De qué discutíais por
el camino?» Ellos no contestaron, pues por el camino habían discutido quién era el más importante. Jesús se sentó, llamó a los
Doce y les dijo: «Quien quiera ser el primero, que sea el último
de todos y el servidor de todos.» Y acercando a un niño, lo puso
en medio de ellos, lo abrazó y les dijo: «El que acoge a un niño

como éste en mi nombre, me acoge a mí; y el que me acoge a
mí, no me acoge a mí, sino al que me ha enviado.»

Palabra del Señor.

---

*Para la Misa de mañana en 1988, 1991, 1994... se vuelve a la
p. 193 (Miércoles de Ceniza).*

MIERCOLES   Años impares

PRIMERA LECTURA
Dios ama a los que aman la sabiduría

LECTURA DEL LIBRO DEL ECLESIASTICO   4, 12-22

La sabiduría instruye a sus hijos, estimula a los que la com-
prenden. Los que la aman, aman la vida, los que la buscan alcanzan el favor del Señor; los que la retienen consiguen gloria del
Señor, el Señor bendecirá su morada; los que la sirven, sirven al
Santo, Dios ama a los que la aman. Quien me escucha juzgará
rectamente, quien me hace caso habitará en mis atrios; disimulada caminaré con él, comenzaré probándolo con tentaciones;
cuando su corazón se entregue a mí, volveré a él para guiarlo y
revelarle mis secretos; pero si se desvía, lo rechazaré y lo encer-
rraré en la prisión; si se aparta de mí, lo arrojaré y lo entregaré
a la ruina.

Palabra de Dios.

SALMO RESPONSORIAL 118

℟ **Mucha paz tienen, Señor, los que aman tus leyes.**

Mucha paz tienen los que aman tus leyes, | y nada los hace
tropezar. ℟

Guardo tus decretos, | y tú tienes presentes mis caminos. ℟

De mis labios brota la alabanza, | porque me enseñaste tus le-
yes. ℟

Mi lengua canta tu fidelidad, | porque todos tus preceptos son justos. ℞.

Ansío tu salvación, Señor; | tu voluntad es mi delicia. ℞.

Que mi alma viva para alabarte, | que tus mandamientos me auxilien. ℞.

ALELUYA p. 1932ss.

EVANGELIO p. 1410

MIERCOLES   Años pares

PRIMERA LECTURA

¿Qué es vuestra vida? Debéis decir así: Si el Señor lo quiere

LECTURA DE LA CARTA DEL APOSTOL SANTIAGO
4, 13b-17

Queridos hermanos: Vosotros decís: «Mañana o pasado iremos a esa ciudad y pasaremos allí el año negociando y ganando dinero.» Y ni siquiera sabéis qué pasará mañana. Pues, ¿qué es vuestra vida? Una nube que aparece un momento y en seguida desaparece. Debéis decir así: «Si el Señor lo quiere y vivimos, haremos esto o lo otro.» En vez de eso, no paráis de hacer grandes proyectos, fanfarroneando; y toda jactancia de ese estilo es mala cosa. Al fin y al cabo, quien conoce el bien que debe hacer y no lo hace, es culpable.

Palabra de Dios.

SALMO RESPONSORIAL 48

℞ **Dichosos los pobres en el espíritu, | porque de ellos es el Reino de los Cielos.**

Oíd esto, todas las naciones, | escuchadlo, habitantes del orbe: | plebeyos y nobles, ricos y pobres. ℞.

¿Por qué habré de temer los días aciagos, | cuando me cerquen y acechen los malvados | que confían en su opulencia | y se jactan de sus inmensas riquezas? R̷.

¿Si nadie puede salvarse | ni dar a Dios un rescate? | Es tan caro el rescate de la vida, | que nunca les bastará | para vivir perpetuamente, | sin bajar a la fosa. R̷.

Mirad: los sabios mueren | lo mismo que perecen los ignorantes y necios, | y legan sus riquezas a extraños. R̷.

ALELUYA p. 1932ss.

EVANGELIO

El que no está contra nosotros está a favor nuestro

✠ LECTURA DEL S. EVANGELIO SEGUN SAN MARCOS

9, 37-39

En aquel tiempo, dijo Juan a Jesús: «Maestro, hemos visto a uno que echaba demonios en tu nombre, y se lo hemos querido impedir, porque no es de los nuestros.» Jesús respondió: «No se lo impidáis, porque uno que hace milagros en mi nombre no puede luego hablar mal de mí. El que no está contra nosotros está a favor nuestro.»

Palabra del Señor.

JUEVES   **Años impares**

PRIMERA LECTURA

No tardes en volverte al Señor

LECTURA DEL LIBRO DEL ECLESIASTICO

5, 1-10

No confíes en tus riquezas ni digas: «Soy poderoso»; no confíes en tus fuerzas para seguir tus caprichos; no sigas tus antojos y codicias ni camines según tus pasiones. No digas: «¿quién me podrá?», porque el Señor te exigirá cuentas; no digas: «he pecado y nada malo me ha sucedido», porque él es un Dios paciente; no digas: «el Señor es compasivo y borrará todas mis culpas». No te fíes de su perdón para añadir culpas a culpas, pensando: «es grande su compasión y perdonará mis muchas culpas»; porque tiene compasión y cólera, y su ira recae sobre los malvados. No tardes en volverte a él ni des largas de un día para otro; porque su furor brota de repente, y el día de la venganza perecerás. No confíes en riquezas injustas, que no te servirán el día de la ira.

Palabra de Dios.

SALMO RESPONSORIAL 1

℟ **Dichoso el hombre | que ha puesto su confianza en el Señor.**

Dichoso el hombre | que no sigue el consejo de los impíos; | ni entra por la senda de los pecadores, | ni se sienta en la reunión de los cínicos, | sino que su gozo es la ley del Señor, | y medita su ley día y noche. ℟.

Será como un árbol | plantado al borde de la acequia: | da fruto en su sazón; | y no se marchitan sus hojas; | y cuanto emprende tiene buen fin. ℟.

No así los impíos, no así: | serán paja que arrebata el viento. | Porque el Señor protege el camino de los justos, | pero el camino de los impíos acaba mal. ℟.

ALELUYA p. 1932ss.
EVANGELIO p. 1036

JUEVES   Años pares

PRIMERA LECTURA

El jornal defraudado a los obreros está clamando contra vosotros, y su clamor ha llegado hasta el oído del Señor

LECTURA DE LA CARTA DEL APOSTOL SANTIAGO   5, 1-6

Ahora, vosotros, los ricos, llorad y lamentaos por las desgracias que os han tocado. Vuestra riqueza está corrompida y vuestros vestidos están apolillados. Vuestro oro y vuestra plata están herrumbrados, y esa herrumbre será un testimonio contra vosotros y devorará vuestra carne como el fuego. ¡Habéis amontonado riqueza precisamente ahora, en el tiempo final! El jornal defraudado a los obreros que han cosechado vuestros campos está clamando contra vosotros; y los gritos de los segadores han llegado hasta el oído del Señor de los ejércitos. Habéis vivido en este mundo con lujo y entregados al placer. Os habéis cebado para el día de la matanza. Condenasteis y matasteis al justo; él no os resiste.

Palabra de Dios.

SALMO RESPONSORIAL 48

R̶ **Dichosos los pobres en el espíritu, | porque de ellos es el Reino de los Cielos.**

Este es el camino de los confiados, | el destino de los hombres satisfechos: | son un rebaño para el abismo, | la muerte es su pastor. R̶.

Bajan derechos a la tumba; | se desvanece su figura, | y el Abismo es su casa. | Pero a mí Dios me salva, | me saca de las garras del Abismo | y me lleva consigo. R̶.

No te preocupes si se enriquece un hombre | y aumenta el fasto de su casa: | cuando muera, no se llevará nada, | su fasto no bajará con él. R̶.

Aunque en vida se felicitaba: | «ponderan lo bien que lo pasas», | irá a reunirse con sus antepasados, | que no verán nunca la luz. R̶.

ALELUYA p. 1932ss.

EVANGELIO

Más te vale entrar manco en la vida, que ir con las dos manos al abismo

✠ LECTURA DEL S. EVANGELIO SEGUN
SAN MARCOS   9, 40-49

En aquel tiempo, dijo Jesús a sus discípulos: «El que os dé a beber un vaso de agua, porque seguís al Mesías, os aseguro que no se quedará sin recompensa. El que escandalice a uno de estos pequeñuelos que creen, más le valdría que le encajasen en el cuello una piedra de molino y lo echasen al mar. Si tu mano te hace caer, córtatela: más te vale entrar manco en la vida, que ir con las dos manos al abismo, al fuego que no se apaga. Y si tu pie te hace caer, córtatelo: más te vale entrar cojo en la vida, que ser echado con los dos pies al abismo. Y si tu ojo te hace caer, sácatelo: más te vale entrar tuerto en el Reino de Dios, que ser echado con los dos ojos al abismo, donde el gusano no muere y el fuego no se apaga. Todos serán salados a fuego. Buena es la sal; pero si la sal se vuelve sosa, ¿con qué la sazonaréis? Repartíos la sal y vivid en paz unos con otros.»

Palabra del Señor.

VIERNES   **Años impares**

PRIMERA LECTURA

Un amigo fiel no tiene precio

LECTURA DEL LIBRO DEL ECLESIASTICO   6, 5-17

Una voz suave aumenta los amigos, unos labios amables aumentan los saludos. Sean muchos los que te saluden, pero confidente, uno entre mil; si adquieres un amigo, hazlo con tiento, no te fíes en seguida de él; porque hay amigos de un momento que no duran en tiempo de peligro; hay amigos que se vuelven enemigos y te afrentan descubriendo tus riñas; hay amigos que acompañan en la mesa y no aparecen a la hora de la desgracia; cuando te va bien, están contigo, cuando te va mal, huyen de ti; si te alcanza la desgracia, cambian de actitud y se esconden de tu vista. Apárate de tu enemigo y sé cauto con tu amigo. Al amigo fiel tenlo por amigo, el que lo encuentra, encuentra un tesoro; un amigo fiel no tiene precio ni se puede pagar su valor; un amigo fiel es un talismán: el que teme a Dios lo alcanza; su camarada será como él y sus acciones como su fama.

Palabra de Dios.

SALMO RESPONSORIAL 118

℟ **Guíame, Señor por la senda de tus mandatos.**

Bendito eres, Señor | enséñame tus leyes. ℟

Tu voluntad es mi delicia, | no olvidaré tus palabras. ℟

Abreme los ojos y contemplaré | las maravillas de tu voluntad. ℟

Instrúyeme en el camino de tus decretos, | y meditaré tus maravillas. ℟

Enséñame a cumplir tu voluntad, | y a guardarla de todo corazón. ℟

Guíame por la senda de tus mandatos, | porque ella es mi gozo. ℟

ALELUYA p. 1932ss.

EVANGELIO p. 1415

VIERNES   Años pares

PRIMERA LECTURA

Mirad que el juez está ya a la puerta

LECTURA DE LA CARTA DEL APOSTOL SANTIAGO
5, 9-12

No os quejéis hermanos, unos de otros, para no ser condenados. Mirad que el juez está ya a la puerta. Tomad, hermanos, como ejemplo de sufrimiento y de paciencia a los profetas, que hablaron en nombre del Señor. Llamamos dichosos a los que tuvieron constancia. Habéis oído ponderar la paciencia de Job y conocéis el fin que le otorgó el Señor. Porque el Señor es compasivo y misericordioso. Pero ante todo, hermanos míos, no juréis ni por el cielo ni por la tierra, ni pronunciéis ningún otro juramento; vuestro sí sea un sí y vuestro no un no, para no exponeros a ser juzgados.

Palabra de Dios.

SALMO RESPONSORIAL 102

R. **El Señor es compasivo y misericordioso.**

Bendice, alma mía, al Señor, | y todo mi ser a su santo nombre. | Bendice, alma mía, al Señor, | y no olvides sus beneficios. R.

El perdona todas tus culpas, | y cura todas tus enfermedades; | él rescata tu vida de la fosa | y te colma de gracia y de ternura. R.

El Señor es compasivo y misericordioso, | lento a la ira y rico en clemencia; | no está siempre acusando | ni guarda rencor perpetuo. R.

Como se levanta el cielo sobre la tierra, | se levanta su bondad sobre sus fieles; | como dista el oriente del ocaso, | así aleja de nosotros nuestros delitos. R.

ALELUYA p. 1932ss.

EVANGELIO

Lo que Dios ha unido, que no lo separe el hombre

✠ **LECTURA DEL S. EVANGELIO SEGUN SAN MARCOS**   10, 1-12

En aquel tiempo, Jesús se marchó a Judea y a Transjordania; otra vez se le fue reuniendo gente por el camino, y según costumbre les enseñaba. Se acercaron unos fariseos y le preguntaron para ponerlo a prueba: «¿Le es lícito a un hombre divorciarse de su mujer?» Él les replicó: «Qué os ha mandado Moisés?» Contestaron: «Moisés permitió divorciarse, dándole a la mujer un acta de repudio.» Jesús les dijo: «Por vuestra terquedad dejó escrito Moisés este precepto. Al principio de la creación Dios los creó hombre y mujer. Por eso abandonará el hombre a su padre y a su madre, se unirá a su mujer y serán los dos una sola carne. De modo que ya no son dos, sino una sola carne. Lo que Dios ha unido, que no lo separe el hombre.» En casa, los discípulos volvieron a preguntarle sobre lo mismo. Él les dijo: «Si uno se divorcia de su mujer y se casa con otra, comete adulterio contra la primera. Y si ella se divorcia de su marido y se casa con otro, comete adulterio.»

Palabra del Señor.

SÁBADO **Años impares**

PRIMERA LECTURA

Dios hizo el hombre a su imagen

LECTURA DEL LIBRO DEL ECLESIASTICO 17, 1-13

El Señor formó al hombre de tierra y le hizo volver de nuevo a ella; le concedió un plazo de días contados y le dio dominio sobre la tierra; lo revisitió de un poder como el suyo y lo hizo a su propia imagen; impuso su temor a todo viviente, para que dominara a bestias y aves. Les formó boca y lengua y ojos y oídos y mente para entender; los colmó de inteligencia y sabiduría y les enseñó el bien y el mal; les mostró sus maravillas, para que se fijaran en ellas, para que alaben el santo nombre y cuenten sus grandes hazañas. Les concedió inteligencia y en herencia una ley que da vida; hizo con ellos alianza eterna enseñándoles sus mandamientos. Sus ojos vieron la grandeza de su gloria y sus oídos oyeron la majestad de su voz. Les ordenó abstenerse de toda idolatría y les dio preceptos acerca del prójimo. Sus caminos están siempre en su presencia no se ocultan a sus ojos.

Palabra de Dios.

SALMO RESPONSORIAL 102

℞ **La misericordia del Señor sobre sus fieles dura siempre.**

Como un padre siente ternura por sus hijos, | siente el Señor ternura por sus fieles; | porque él conoce nuestra masa, | se acuerda de que somos de barro. ℞.

Los días del hombre duran lo que la hierba, | florecen como flor del campo, | que el viento la roza, y ya no existe, | su terreno no volverá a verla. ℞.

Pero la misericordia del Señor dura siempre, | su justicia pasa de hijos a nietos: | para los que guardan la alianza. ℞.

ALELUYA p. 1932ss.

EVANGELIO p. 1418

SABADO   **Años pares**

PRIMERA LECTURA

Mucho puede hacer la oración del justo

LECTURA DE LA CARTA DEL APOSTOL
SANTIAGO   5, 13-20

Queridos hermanos: ¿Sufre alguno de vosotros? Rece. ¿Está alegre alguno? Cante cánticos. ¿Está enfermo alguno de vosotros. Llame a los presbíteros de la Iglesia, y que recen sobre él, después de ungirlo con óleo, en el nombre del Señor. Y la oración de fe salvará al enfermo, y el Señor lo curará, y, si ha cometido pecado, lo perdonará. Así pues, confesaos los pecados unos a otros, y rezad unos por otros, para que os curéis. Mucho puede hacer la oración del justo. Elías, que era un hombre de la misma condición que nosotros, oró fervorosamente para que no lloviese; y no llovió sobre la tierra durante tres años y seis meses. Luego volvió a orar, y el cielo derramó lluvia y la tierra produjo sus frutos. Hermanos míos, si alguno de vosotros se desvía de la verdad y otro lo encamina, sabed que uno que convierte al pecador de su extravío, se salvará de la muerte y sepultará un sinfín de pecados.

Palabra de Dios.

SALMO RESPONSORIAL 140

℟ **Suba mi oración como incienso en tu presencia, Señor.**

Señor, te estoy llamando, ven deprisa, | escucha mi voz cuando te llamo. | Suba mi oración como incienso en tu presencia, | el alzar de mis manos como ofrenda de la tarde. ℟.

Coloca, Señor una guardia en mi boca, | un centinela a la puerta de mis labios. | Señor, mis ojos están vueltos a ti, | en ti me refugio, no me dejes indefenso. ℟.

ALELUYA p. 1932ss.

EVANGELIO

El que no acepte el Reino de Dios, como un niño, no entrará en él

✠ LECTURA DEL S. EVANGELIO SEGUN
SAN MARCOS   10, 13-16

En aquel tiempo, presentaron a Jesús unos niños para que los tocara, pero los discípulos les regañaban. Al verlo, Jesús se enfadó y les dijo: «Dejad que los niños se acerquen a mí: no se lo impidáis; de los que son como ellos es el Reino de Dios. Os aseguro que el que no acepte el Reino de Dios como un niño, no entrará en él.» Y los abrazaba y los bendecía imponiéndoles las manos.

Palabra del Señor.

OCTAVA SEMANA

LUNES   Años impares

PRIMERA LECTURA

Retorna al Altísimo, aléjate de la injusticia

LECTURA DEL LIBRO DEL ECLESIASTICO   17, 20-28

A los que se arrepienten Dios les deja volver y reanima a los que pierden la paciencia. Vuelve al Señor, abandona el pecado, suplica en su presencia y disminuye tus faltas; retorna al Altísimo, aléjate de la injusticia y detesta de corazón la idolatría. En el Abismo, ¿quién alaba al Señor como los vivos que le dan gracias? El muerto como si no existiera deja de alabarlo, el que está vivo y sano alaba al Señor. ¡Qué grande es la misericordia del Señor y su perdón para los que vuelven a él!

Palabra de Dios.

SALMO RESPONSORIAL 31

℟ **Alegraos, justos, y gozad en el Señor.**

Dichoso el que está absuelto de su culpa, | a quien le han sepultado su pecado; | dichoso el hombre a quien el Señor | no le apunta el delito, | y en cuyo espíritu no hay fraude. ℟.

Había pecado, lo reconocí, | no te encubrí mi delito; | propuse: «Confesaré al Señor mi culpa», | y tú perdonaste mi culpa y mi pecado. ℟.

Por eso, que todo fiel te suplique | en el momento de la desgracia: | la crecida de las aguas caudalosas | no lo alcanzará. ℟.

Tú, eres mi refugio: me libras del peligro, | me rodeas de cantos de liberación. ℟.

ALELUYA p. 1932ss.

EVANGELIO p. 1422

LUNES   **Años pares**

No habéis visto a Jesucristo, y lo amáis; creéis en él, y os alegráis con un gozo inefable

LECTURA DE LA PRIMERA CARTA DE SAN PEDRO

1, 3-9

Bendito sea Dios, Padre de nuestro Señor Jesucristo, que en su gran misericordia, por la resurrección de Jesucristo de entre los muertos, nos ha hecho nacer de nuevo para una esperanza viva, para una herencia incorruptible, pura, imperecedera, que os está reservada en el cielo. La fuerza de Dios os custodia en la fe para la salvación que aguarda a manifestarse en el momento final. Alegraos de ello, aunque de momento tengáis que sufrir un poco, en pruebas diversas: así la comprobación de vuestra fe —de más precio que el oro que, aunque perecedero, lo aquilatan a fuego— llegará a ser alabanza y gloria y honor cuando se manifieste Jesucristo. No habéis visto a Jesucristo y lo amáis; no lo veis, y creéis en él; y os alegráis con un gozo inefable y transfigurado, alcanzando así la meta de vuestra fe: vuestra propia salvación.

Palabra de Dios.

SALMO RESPONSORIAL 110

℟ **El Señor recuerda siempre su alianza.**

Doy gracias al Señor de todo corazón, | en compañía de los rectos, en la asamblea. | Grandes son las obras del Señor, | dignas de estudio para los que las aman. ℟

El da alimento a sus fieles, | recordando siempre su alianza. | Mostró a su pueblo la fuerza de su obrar, | dándoles la heredad de los gentiles. ℟

Envió la redención a su pueblo, | ratificó para siempre su alianza; | la alabanza del Señor dura por siempre. ℟

ALELUYA p. 1932ss.

EVANGELIO

Vende lo que tienes y sígueme

✠ LECTURA DEL S. EVANGELIO SEGUN
SAN MARCOS   10, 17-27

En aquel tiempo, cuando salía Jesús al camino, se le acercó
uno corriendo, se arrodilló y le preguntó: «Maestro bueno, ¿qué
haré para heredar la vida eterna?» Jesús le contestó: «¿Por qué
me llamas bueno? No hay nadie bueno más que Dios. Ya sabes
los mandamientos: no matarás, no cometerás adulterio, no robarás, no darás falso testimonio, no estafarás, honra a tu padre y a
tu madre.» El replicó: «Maestro, todo eso lo he cumplido desde
pequeño.» Jesús se le quedó mirando con cariño y le dijo: «Una
cosa te falta: anda, vende lo que tienes, dale el dinero a los pobres —así tendrás un tesoro en el cielo—, y luego, sígueme.» A
estas palabras, él frunció el ceño y se marchó pesaroso, porque
era muy rico. Jesús, mirando alrededor, dijo a sus discípulos:
«¡Qué difícil les va a ser a los ricos entrar en el Reino de Dios!»
Los discípulos se extrañaron de estas palabras. Jesús añadió: «Hijos, ¡qué difícil les es entrar en el Reino de Dios a los que ponen
su confianza en el dinero! Más fácil le es a un camello pasar por
el ojo de una aguja, que a un rico entrar en el Reino de Dios.»
Ellos se espantaron y comentaron: «Entonces, ¿quién puede salvarse?» Jesús se les quedó mirando y les dijo: «Es imposible para
los hombres, no para Dios. Dios lo puede todo.»

Palabra del Señor.

MARTES

Años impares

El que guarda los mandamientos ofrece sacrificio de acción de gracias

LECTURA DEL LIBRO DEL ECLESIASTICO   35, 1-15

El que observa la ley hace una buena ofrenda, el que guarda los mandamientos ofrece sacrificio de acción de gracias, el que hace favores ofrenda flor de harina, el que da limosna ofrece sacrificio de alabanza. Apartarse del mal es agradable a Dios, apartarse de la injusticia es expiación. No te presentes a Dios con las manos vacías: esto es lo que pide la ley. La ofrenda del justo enriquece el altar, y su aroma llega hasta el Altísimo. El sacrificio del justo es aceptado, su ofrenda memorial no se olvidará. Honra al Señor con generosidad y no seas mezquino en tus ofrendas; cuando ofreces pon buena cara, y paga de buena gana los diezmos. Da al Altísimo como él te dio: generosamente, según tus posibilidades, porque el Señor sabe pagar y te dará siete veces más. No le sobornes, porque no lo acepta, no confíes en sacrificios injustos; porque es un Dios justo que no puede ser parcial.

Palabra de Dios.

℟ **Al que sigue buen camino, | le haré ver la salvación de Dios.**

«Congregadme a mis fieles | que sellaron mi pacto con un sacrificio.» | Proclame el cielo su justicia: | Dios en persona va a juzgar. ℟.

«Escucha, pueblo mío, que voy a hablarte; | Israel, voy a dar testimonio contra ti: | yo Dios, tu Dios. | No te reprocho tus sacrificios, | pues siempre están tus holocaustos ante mí. ℟.

Ofrece a Dios un sacrificio de alabanza, | cumple tus votos al Altísimo. | El que me ofrece acción de gracias, | ése me honra;

| al que sigue buen camino, | le haré ver la salvación de Dios.» ℞.

ALELUYA p. 1932ss.

EVANGELIO p. 1425

MARTES   **Años pares**

PRIMERA LECTURA

Predecían la gracia destinada a vosotros; por eso, controlaos bien, estando a la expectativa

LECTURA DE LA PRIMERA CARTA DE SAN PEDRO

1, 10-16

Queridos hermanos: La salvación fue el tema que investigaron y escrutaron los profetas, los que predecían la gracia destinada a vosotros. El Espíritu de Cristo que estaba en ellos les declaraba por anticipado los sufrimientos de Cristo y la gloria que seguiría; ellos indagaron para cuándo y para qué circunstancia lo indicaba el Espíritu. Se les reveló que aquello de que trataban no era para su tiempo, sino para el vuestro. Y ahora os anuncia por medio de predicadores que os han traído el Evangelio con la fuerza del Espíritu enviado del cielo. Son cosas que los ángeles ansían penetrar. Por eso, estad interiormente preparados para la acción, controlándoos bien, a la expectativa del don que os va a traer la revelación de Jesucristo. Como hijos obedientes, no os amoldéis más a los deseos que teníais antes, en los días de vuestra ignorancia. El que os llamó es santo; como él, sed también vosotros santos en toda vuestra conducta, porque dice la Escritura: «Seréis santos, porque yo soy santo.»

Palabra de Dios.

SALMO RESPONSORIAL 97

℟ **El Señor da a conocer su victoria.**

Cantad al Señor un cántico nuevo, | porque ha hecho maravillas: | su diestra le ha dado la victoria, | su santo brazo. ℟

El Señor da a conocer su victoria, | revela a las naciones su justicia: | se acordó de su misericordia y su fidelidad | en favor de la casa de Israel. ℟

Los confines de la tierra han contemplado | la victoria de nuestro Dios. | Aclama al Señor, tierra entera, | gritad, vitoread, tocad. ℟

ALELUYA p. 1932ss.

EVANGELIO

Recibiréis en este tiempo cien veces más, con persecuciones, y en la edad futura, vida eterna

✛ LECTURA DEL S. EVANGELIO SEGUN
SAN MARCOS
10, 28-31

En aquel tiempo, Pedro se puso a decirle a Jesús: «Ya ves que nosotros lo hemos dejado todo y te hemos seguido.» Jesús dijo: «Os aseguro que quien deje casa, o hermanos o hermanas, o madre o padre, o hijos o tierras, por mí y por el Evangelio, recibirá ahora, en este tiempo, cien veces más —casas y hermanos y hermanas y madres e hijos y tierras, con persecuciones—, y en la edad futura, vida eterna. Muchos primeros serán últimos, y muchos últimos primeros.»

Palabra del Señor.

Para la Misa de mañana en 1990, 1993, 1995..., vuelve a la página 193 (Miércoles de Ceniza.)

MIERCOLES   **Años impares**

Que sepan las naciones que no hay Dios fuera de ti

LECTURA DEL LIBRO DEL ECLESIASTICO   36, 1-2a.5-6.13-19

Sálvanos, Dios del universo, infunde tu terror a todas las naciones; para que sepan, como nosotros lo sabemos, que no hay Dios fuera de ti. Renueva los prodigios, repite los portentos. Reúne a todas las tribus de Jacob, y dales su heredad como antiguamente, para que sepan que no hay Dios fuera de ti. Ten compansión del pueblo que lleva tu nombre, de Israel, a quien nombraste tu primogénito; ten compasión de tu ciudad santa, de Jerusalén, lugar de tu reposo. Llena a Sión de tu majestad, y al templo, de tu gloria. Da una prueba de tus obras antiguas, cumple las profecías por el honor de tu nombre, recompensa a los que esperan en ti y deja bien a tus profetas, escucha la súplica de tus siervos, según la bendición de Aarón sobre tu pueblo, y reconozcan los confines del orbe que tú eres Dios eterno.

Palabra de Dios.

SALMO RESPONSORIAL 78

℟. **Muéstranos, Señor, la luz de tu misericordia.**

No recuerdes contra nosotros | las culpas de nuestros padres; | que tu compasión nos alcance pronto, | pues estamos agotados. ℟.

Socórrenos, Dios, Salvador nuestro, | por el honor de tu nombre; | líbranos y perdónanos nuestros pecados, | a causa de tu nombre. ℟.

Llegue a tu presencia el gemido del cautivo: | con tu brazo poderoso | salva a los condenados a muerte. ℟.

Mientras, nosotros, pueblo tuyo, | ovejas de tu rebaño, | te damos gracias siempre, | cantaremos tus alabanzas | de generación en generación. ℟.

ALELUYA p. 1932ss.

EVANGELIO p. 1428

MIERCOLES

Años pares

PRIMERA LECTURA

Os rescataron a precio de la sangre de Cristo, el cordero sin defecto

LECTURA DE LA PRIMERA CARTA DE SAN PEDRO

1, 18-25

Queridos hermanos: Ya sabéis con qué os rescataron de ese proceder inútil recibido de vuestros padres: no con bienes efímeros, con oro o plata, sino a precio de la sangre de Cristo, el cordero sin defecto ni mancha, previsto antes de la creación del mundo y manifestado al final de los tiempos por nuestro bien. Por Cristo vosotros creéis en Dios, que lo resucitó y le dio gloria, y así habéis puesto en Dios vuestra fe y vuestra esperanza. Ahora que estáis purificados por vuestra respuesta a la verdad y habéis llegado a quereros sinceramente como hermanos, amaos unos a otros de corazón e intensamente. Mirad que habéis vuelto a nacer, y no de un padre mortal, sino de uno inmortal, por medio de la Palabra de Dios viva y duradera, porque «todo mortal es hierba y su belleza como flor campestre: se agosta la hierba, la flor se cae; pero la palabra del Señor permanece para siempre.» Y esa palabra es el Evangelio que os anunciamos.

Palabra de Dios.

SALMO RESPONSORIAL 147

R. **Glorifica al Señor, Jerusalén.**

Glorifica al Señor, Jerusalén, | alaba a tu Dios, Sión: | que ha reforzado los cerrojos de tus puertas | y ha bendecido a tus hijos dentro de ti. R.

Ha puesto paz en tus fronteras, | te sacia con flor de harina; | él envía su mensaje a la tierra | y su palabra corre veloz. ℞.

Anuncia su palabra a Jacob, | sus decretos y mandatos a Israel; | con ninguna nación obró así | ni les dio a conocer sus mandatos. ℞.

ALELUYA p. 1932ss.

EVANGELIO

Mirad, estamos subiendo a Jerusalén, y el Hijo del Hombre va a ser entregado

✛ LECTURA DEL S. EVANGELIO SEGUN SAN MARCOS
                                                        10, 32-45

En aquel tiempo, los discípulos iban subiendo camino de Jerusalén, y Jesús se les adelantaba; los discípulos se extrañaban y los que seguían iban asustados. El tomó aparte otra vez a los Doce y se puso a decirles lo que le iba a suceder: «Mirad, estamos subiendo a Jerusalén, y el Hijo del Hombre va a ser entregado a los sumos sacerdotes y a los letrados, lo condenarán a muerte y lo entregarán a los gentiles, se burlarán de él, le escupirán, lo azotarán y lo matarán; y a los tres días resucitará.» Se le acercaron los hijos de Zebedeo, Santiago y Juan, y le dijeron: «Maestro, queremos que hagas lo que te vamos a pedir.» Les preguntó: «¿Qué queréis que haga por vosotros?» Contestaron: «Concédenos sentarnos en tu gloria uno a tu derecha y otro a tu izquierda.» Jesús replicó: «No sabéis lo que pedís, ¿sois capaces de beber el cáliz que yo he de beber, o de bautizaros con el bautismo con que yo me voy a bautizar?» Contestaron: «Lo somos.» Jesús les dijo: «El cáliz que yo voy a beber lo beberéis, y os bautizaréis con el bautismo con que yo me voy a bautizar, pero el sentarse a mi derecha o a mi izquierda no me toca a mí concederlo; está ya reservado.» Los otros diez, al oír aquello, se indignaron contra Santiago y Juan. Jesús, reuniéndolos, les dijo: «Sabéis que los que son reconocidos como jefes de los pueblos los tiranizan, y que los grandes los oprimen. Vosotros, nada de eso:

el que quiera ser grande, sea vuestro servidor; y el que quiera ser primero, sea esclavo de todos. Porque el Hijo del Hombre no ha venido para que le sirvan, sino para servir y dar su vida en rescate por todos.»

Palabra del Señor.

JUEVES **Años impares**

PRIMERA LECTURA

La gloria del Señor se muestra a todas sus obras

LECTURA DEL LIBRO DEL ECLESIASTICO 42, 15-26

Voy a recordar las obras de Dios y a contar lo que he visto: por la palabra de Dios son creadas y de su voluntad reciben su tarea. El sol sale mostrándose a todos, la gloria del Señor a todas sus obras. Aun los santos de Dios no bastaron para contar las maravillas del Señor. Dios fortaleció sus ejércitos, para que estén firmes en presencia de su gloria. Sondea el abismo y el corazón, penetra todas sus tramas, declara el pasado y el futuro y revela los misterios escondidos. No se le oculta ningún pensamiento ni se le escapa palabra alguna. Ha establecido el poder de su sabiduría, es el único desde la eternidad; no puede crecer ni menguar ni le hace falta un maestro. ¡Qué amables son todas tus obras! Y eso que no vemos más que una chispa. Todas viven y duran eternamente y obedecen en todas sus funciones. Todas difieren unas de otras, y no ha hecho ninguna inútil. Una excede a otra en belleza: ¿quién se saciará de contemplar su hermosura?

Palabra de Dios.

SALMO RESPONSORIAL 32

R. **La palabra de Dios hizo el cielo.**

Dad gracias al Señor con la cítara, | tocad en su honor el arpa de diez cuerdas; | cantadle un cántico nuevo, | acompañando los vítores con bordones. R.

Que la palabra del Señor es sincera, | y todas sus acciones son leales; | El ama la justicia y el derecho, | y su misericordia llena la tierra. ℞.

La palabra del Señor hizo el cielo, | el aliento de su boca, sus ejércitos; | encierra en su odre las aguas marinas, | mete en un depósito el océano. ℞.

Tema al Señor la tierra entera, | tiemblen ante él los habitantes del orbe: | porque él lo dijo, y existió, | él lo mandó, y surgió. ℞.

ALELUYA p. 1932ss.

EVANGELIO p. 1431

JUEVES   Años pares

PRIMERA LECTURA

Vosotros sois un sacerdocio real, una nación consagrada, para proclamar las hazañas del que nos llamó

LECTURA DE LA PRIMERA CARTA DE SAN PEDRO
                                        2, 2-5.9-12

Queridos hermanos: Como el niño recién nacido ansía la leche, ansiad vosotros la auténtica, no adulterada, para crecer con ella sanos; ya que habéis saboreado lo bueno que es el Señor. Acercándoos a él, la piedra viva desechada por los hombres, pero escogida y preciosa ante Dios, también vosotros, como piedras vivas, entráis en la construcción del templo del Espíritu, formando un sacerdocio sagrado para ofrecer sacrificios espirituales que Dios acepta por Jesucristo. Vosotros sois una raza elegida, un sacerdocio real, una nación consagrada, un pueblo adquirido por Dios para proclamar las hazañas del que os llamó a salir de la tiniebla y a entrar en su luz maravillosa. Antes erais

«no pueblo», ahora sois «Pueblo de Dios»; antes erais «no compadecidos», ahora sois «compadecidos». Queridos hermanos,
como forasteros en país extraño, os recomiendo que os apartéis
de los bajos deseos que os hacen la guerra. Vuestra conducta entre los gentiles sea buena; así, mientras os calumnian como si
fueráis criminales, verán con sus propios ojos que os portáis
honradamente y darán gloria a Dios el día de la cuenta.

Palabra de Dios.

SALMO RESPONSORIAL 99

℟ **Entrad en la presencia del Señor con vítores.**

Aclama al Señor, tierra entera, | servid al Señor con alegría,
| entrad en su presencia con vítores. ℟

Sabed que el Señor es Dios: | que él nos hizo y somos su-
yos, | su pueblo y ovejas de su rebaño. ℟

Entrad por sus puertas con acción de gracias, | por sus atrios
con himnos, | dándole gracias y bendiciendo su nombre. ℟

El Señor es bueno, | su misericordia es eterna, | su fidelidad
por todas las edades. ℟

ALELUYA p. 1932ss.

EVANGELIO

Maestro haz que vea

✠ LECTURA DEL S. EVANGELIO SEGUN
SAN MARCOS   10, 46-52

En aquel tiempo, al salir Jesús de Jericó con sus discípulos
y bastante gente, el ciego Bartimeo (el hijo de Timeo) estaba sentado al borde del camino pidiendo limosna. Al oír que era Jesús
Nazareno, empezó a gritar: «Hijo de David, Jesús, ten compasión de mí.» Muchos le regañaban para que se callara. Pero él
gritaba más: «Hijo de David, ten compasión de mí.» Jesús se detuvo y dijo: «Llamadlo.» Llamaron al ciego, diciéndole: «Animo,

levántate, que te llama.» Soltó el manto, dio un salto y se acercó a Jesús. Jesús le dijo: «¿Qué quieres que haga por ti». El ciego le contestó: «Maestro, que pueda ver.» Jesús le dijo: «Anda, tu fe te ha curado.» Y al momento recobró la vista y lo seguía por el camino.

Palabra del Señor.

VIERNES   Años impares

PRIMERA LECTURA

Nuestros antepasados fueron hombres de bien, vive su fama por generaciones

LECTURA DEL LIBRO DEL ECLESIASTICO

44, 1.9-12

Hagamos el elogio de los hombres de bien, de la serie de nuestros antepasados. Hay quienes no dejaron recuerdo, y acabaron al acabar su vida: fueron como si no hubieran sido, y lo mismo sus hijos tras ellos. No así los hombres de bien: su esperanza no se acabó, sus bienes perduran en su descendencia, su heredad pasa de hijos a nietos. Sus hijos siguen fieles a la alianza, y también sus nietos, gracias a ellos. Su recuerdo dura por siempre, su caridad no se olvidará.

Palabra de Dios.

SALMO RESPONSORIAL 149

R. **El Señor ama a su pueblo.**

Cantad al Señor un cántico nuevo, | resuene su alabanza | en la asamblea de los fieles; | que se alegre Israel por su Creador, | los hijos de Sión por su Rey. R.

Alabad su nombre con danzas, | cantadle con tambores y cítaras; | porque el Señor ama a su pueblo, | y adorna con la victoria a los humildes. ℞.

Que los fieles festejen su gloria | y canten jubilosos en filas: | con vítores a Dios en la boca; | es un honor para todos sus fieles. ℞.

ALELUYA p. 1932ss.

EVANGELIO p. 1434

VIERNES   Años pares

PRIMERA LECTURA

Sed buenos administradores de la múltiple gracia de Dios

LECTURA DE LA PRIMERA CARTA DE SAN PEDRO   4, 7-13

Queridos hermanos: El fin de todas las cosas está cercano. Sed, pues, moderados y sobrios, para poder orar. Ante todo, mantened en tensión el amor mutuo, porque el amor cubre la multitud de los pecados. Ofreceos mutuamente hospitalidad sin protestar. Que cada uno, con el don que ha recibido, se ponga al servicio de los demás, como buenos administradores de la múltiple gracia de Dios. El que toma la palabra, que hable Palabra de Dios. El que se dedica al servicio, que lo haga en virtud del encargo recibido de Dios. Así, Dios será glorificado en todo, por medio de Jesucristo, a quien corresponden la gloria y el poder por los siglos de los siglos. Amén. Queridos hermanos: No os extrañéis de ese fuego abrasador que os pone a prueba, como si os sucediera algo extraordinario. Estad alegres cuando compartís los padecimientos de Cristo, para que, cuando se manifieste su gloria, reboséis de gozo.

Palabra de Dios.

SALMO RESPONSORIAL 95

R︎ **Llega el Señor a regir la tierra.**

Decid a los pueblos: El Señor es rey, | él afianzó el orbe, y no se moverá; | él gobierna a los pueblos rectamente. R︎.

Alégrese el cielo, goce la tierra, | retumbe el mar y cuanto lo llena; | vitoreen los campos y cuanto hay en ellos, | aclamen los árboles del bosque. R︎.

Delante del Señor, que ya llega, | ya llega a regir la tierra: | regirá el orbe con justicia | y los pueblos con fidelidad. R︎.

ALELUYA p. 1932ss.

EVANGELIO

Mi casa se llama Casa de Oración para todos los pueblos. Tened fe en Dios

✠ LECTURA DEL S. EVANGELIO SEGUN
SAN MARCOS   11, 11-26

Después que la muchedumbre lo hubo aclamado, entró Jesús en Jerusalén, en el templo, lo estuvo observando todo, y, como era ya tarde, se marchó a Betania con los Doce. Al día siguiente, cuando salió de Betania, sintió hambre. Vio de lejos una higuera con hojas, y se acercó para ver si encontraba algo; al llegar no encontró más que hojas, porque no era tiempo de higos. Entonces le dijo: «Nunca jamás coma nadie de ti.» Los discípulos lo oyeron. Llegaron a Jerusalén, entró en el templo, se puso a echar a los que traficaban allí, volcando las mesas de los cambistas y los puestos de los que vendían palomas. Y no consentía a nadie transportar objetos por el templo. Y los instruía diciendo: «¿No está escrito: Mi casa se llama Casa de Oración para todos los pueblos? Vosotros en cambio la habéis convertido en cueva de bandidos.» Se enteraron los sumos sacerdotes y los letrados, y como le tenían miedo, porque todo el mundo estaba asombrado de su enseñanza, buscaban una manera de acabar con él. Cuando atardeció, salieron de la ciudad. A la mañana siguiente, al pasar, vieron la higuera seca de raíz. Pedro cayó en la cuenta y dijo a Jesús: «Maestro, mira, la higuera que maldijiste se ha secado.» Jesús contestó: «Tened fe en Dios. Os lo aseguro que si uno dice a este monte: "Quítate de ahí y tírate al mar", no con dudas, sino con fe en que sucederá lo que dice, lo obtendrá. Por eso os digo: Cualquier cosa que pidáis en la oración, creed que os la han concedido, y la obtendréis. Y cuando os pongáis a orar, perdonad lo que tengáis contra otros, para que también vuestro Padre del cielo os perdone vuestras culpas.»

Palabra del Señor.

SABADO   Años impares

Daré gracias al que me enseñó

LECTURA DEL LIBRO DEL ECLESIASTICO   51, 17-27

Doy gracias y alabo y bendigo el nombre del Señor. Siendo aún joven, antes de torcerme, deseé la sabiduría con toda el alma, la busqué desde mi juventud y hasta la muerte la perseguiré; crecía como racimo que madura, y mi corazón gozaba con ella, mis pasos caminaban fielmente siguiendo sus huellas desde joven, presté oído un poco para recibirla, y alcancé doctrina copiosa; su yugo me resultó glorioso, daré gracias al que me enseñó; decidí seguirla fielmente cuando la alcance no me avergonzaré; mi alma se apegó a ella, y no apartaré de ella el rostro; mi alma saboreó sus frutos, y jamás me apartaré de ella; mi mano abrió sus puertas, la miraré y la contemplaré; mi alma la siguió fielmente y la poseyó con pureza.

Palabra de Dios.

SALMO RESPONSORIAL 18

℟ **Los mandatos del Señor son rectos y alegran el corazón.**

La ley del Señor es perfecta | y es descanso del alma; | el precepto del Señor es fiel | e instruye al ignorante. ℟

Los mandatos del Señor son rectos | y alegran el corazón; | la norma del Señor es límpida | y da luz a los ojos. ℟

La voluntad del Señor es pura | y eternamente estable; | los mandamientos del Señor son verdaderos | y enteramente justos. ℟

Más precioso que el oro, | más que el oro fino; | más dulces que la miel | de un panal que destila. ℟

ALELUYA p. 1932ss.

EVANGELIO p. 1437

SABADO   Años pares

PRIMERA LECTURA

Dios puede preservaros de tropiezos y presentaros ante su gloria sin mancha

LECTURA DE LA CARTA DEL APOSTOL
SAN JUDAS   17. 20b-25

Queridos hermanos: Acordaos de lo que predijeron los apóstoles de nuestro Señor Jesucristo. Continuando el edificio de vuestra santa fe y orando movidos por el Espíritu Santo, manteneos en el amor de Dios, aguardando a que nuestro Señor Jesucristo, por su misericordia, os dé la vida eterna. Algunos titubean: tened compasión de ellos; a unos salvadlos arrancándolos del fuego, a otros mostradles compasión, pero con prudencia, aborreciendo hasta el vestido que esté manchado por los bajos instintos. Al único Dios, nuestro Salvador, que puede preservaros de tropiezos y preservaros ante su gloria exultantes y sin mancha, sea la gloria y majestad, imperio y poderío, por Jesucristo Señor nuestro desde siempre y ahora y por todos los siglos. Amén.

Palabra de Dios.

SALMO RESPONSORIAL 62

R̸ **Mi alma está sedienta de ti, Señor, Dios mío.**

Oh Dios, tú eres mi Dios, por ti madrugo, | mi alma está sedienta de ti; | mi carne tiene ansia de ti, | como tierra reseca, agostada, sin agua. R̸

¡Cómo te contemplaba en el santuario | viendo tu fuerza y tu gloria! | Tu gracia vale más que la vida, | te alabarán mis labios. R̸

Toda mi vida te bendeciré | y alzaré las manos invocándote. | Me saciaré como de enjundia y de manteca | y mis labios te alabarán jubilosos. R̸

ALELUYA p. 1932ss.

EVANGELIO

¿Con qué autoridad haces esto?

✠ LECTURA DEL S. EVANGELIO SEGUN SAN MARCOS   11, 27-33

En aquel tiempo, Jesús y los discípulos volvieron a Jerusalén, y, mientras paseaba por el templo, se le acercaron los sumos sacerdotes, los letrados y los senadores, y le preguntaron: «¿Con qué autoridad haces esto? ¿Quién te ha dado semejante autoridad?» Jesús les replicó: «Os voy a hacer una pregunta y, si me contestáis, os diré con qué autoridad hago esto. El bautismo de Juan, ¿era cosa de Dios o de los hombres? Contestadme.» Se pusieron a deliberar: «Si decimos que es de Dios, dirá: "¿Y por qué no le habéis creído?" Pero como digamos que es de los hombres...» (Temían a la gente, porque todo el mundo estaba convencido de que Juan era un profeta) Y respondieron a Jesús: «No sabemos.» Jesús les replicó: «Pues tampoco yo os digo con qué autoridad hago esto.»

Palabra del Señor.

NOVENA SEMANA

LUNES   **Años impares**

PRIMERA LECTURA
Tobías temía a Dios más que al rey

LECTURA DEL LIBRO DE TOBÍAS   1, 1a.2; 2, 1-9

Tobías, ciudadano de la tribu de Neftalí, fue deportado en tiempo de Salmansar, rey de Asiria; a pesar de vivir en el exilio no abandonó el camino de la verdad. El día de la fiesta del Señor, Tobías, que tenía preparada una buena comida en su casa, dijo a su hijo: «Vete a invitar a algunos hombres piadosos de nuestra tribu, para que coman con nosotros.» A poco de marchar, regresó diciendo que habían estrangulado a un israelita y lo habían tirado en la plaza. Pegó un salto, dejó la mesa sin probar bocado y fue a donde estaba el cadáver; lo recogió y a escondidas se lo llevó a casa, para enterrarlo sigilosamente a la caída del sol. Una vez escondido el cadáver, se puso a comer, apenado y desazonado, recordando lo que había dicho el Señor por medio del profeta Amós: vuestras fiestas se convertirán en funerales y elegías. Una vez puesto el sol, se fue a enterrarlo. Los vecinos le regañaban, diciéndole: «Por este motivo te condenaron una vez a muerte, y a duras penas te libraste de la ejecución, ¿cómo es posible que vuelvas a lo mismo?» Pero Tobías, que temía a Dios más que al rey, seguía recogiendo los cadáveres de los asesinados, los escondía en su casa y a media noche los enterraba.

Palabra de Dios.

SALMO RESPONSORIAL 111

℟ **Dichoso quien teme al Señor.**

Dichoso quien teme al Señor | y ama de corazón sus mandatos. | Su linaje será poderoso en la tierra, | la descendencia del justo será bendita. ℟.

En su casa habrá riquezas y abundancia, | su caridad es constante, sin falta. | En las tinieblas brilla como una luz | el que es justo, clemente y compasivo. ℟

Dichoso el que se apiada y presta, | y administra rectamente sus asuntos. | El justo jamás vacilará, | su recuerdo será perpetuo. ℟

ALELUYA p. 1932ss.

EVANGELIO p. 1441

LUNES   Años pares

PRIMERA LECTURA

Nos ha dado los bienes prometidos, con los cuales podéis participar del mismo ser de Dios

COMIENZO DE LA SEGUNDA CARTA DE SAN PEDRO   1, 1-7

Simón Pedro, siervo y apóstol de Jesucristo, a los que por la justicia de nuestro Dios y Salvador Jesucristo les ha cabido en suerte una fe tan preciosa como a nosotros. Crezca vuestra gracia y paz por el conocimiento de Dios y de Jesús nuestro Señor. Su divino poder nos ha concedido todo lo que conduce a la vida y a la piedad, dándonos a conocer al que nos ha llamado con su propia gloria y potencia. Con esos nos ha dado los bienes prometidos, con los cuales podéis escapar de la corrupción que reina en el mundo por la ambición, y participar del mismo ser de Dios. En vista de eso, poned todo empeño en añadir a vuestra fe la honradez, a la honradez el criterio, al criterio el dominio propio, al dominio propio la constancia, a la constancia la piedad, a la piedad el cariño fraterno, al cariño fraterno el amor.

Palabra de Dios.

SALMO RESPONSORIAL 90

℞ **Dios mío, confío en ti.**

Tú que habitas al amparo del Altísimo, | que vives a la sombra del Omnipotente, | di al Señor: Refugio mío, alcázar mío, | Dios mío, confío en ti. ℞.

Se puso junto a mí: lo libraré; | lo protegeré porque conoce mi nombre, | me invocará y lo escucharé. ℞.

Con él estaré en la tribulación. | Lo defenderé, lo glorificaré; | lo saciaré de largos días, | y le haré ver mi salvación. ℞.

ALELUYA p. 1932ss.

EVANGELIO

Agarraron al hijo querido, lo mataron y lo arrojaron fuera de la viña

✠ LECTURA DEL S. EVANGELIO SEGUN SAN MARCOS   12, 1-12

En aquel tiempo, Jesús se puso a hablar en parábolas a los sumos sacedotes, a los letrados y a los senadores: «Un hombre plantó una viña, la rodeó con una cerca, cavó un lagar, construyó la casa del guarda, la arrendó a unos labradores y se marchó de viaje. A su tiempo envió un criado a los labradores, para percibir su tanto del fruto de la viña. Ellos lo agarraron, lo apalearon y lo despidieron con las manos vacías. Les envió otro criado: a éste lo insultaron y lo descalabraron. Envió a otro y lo mataron; y a otros muchos, los apalearon o los mataron. Le quedaba uno, su hijo querido, y lo envió el último, pensando que a su hijo lo respetarían. Pero los labradores se dijeron: "Este es el heredero. Venga, lo matamos, y será nuestra la herencia." Y agarrándolo, lo mataron y lo arrojaron fuera de la viña. ¿Qué hará el dueño de la viña? Acabará con los labradores y arrendará la viña a otros. ¿No habéis leído aquel texto: «La piedra que desecharon los arquitectos es ahora la piedra angular. Es el Señor quien lo ha hecho, ha sido un milagro patente?» Intentaron echarle mano, porque veían que la parábola iba por ellos; pero temieron a la gente, y se marcharon.

Palabra del Señor.

MARTES   Años impares

LECTURA DEL LIBRO DE TOBIAS   2, 10-23

Un buen día, Tobías, cansado de tanto enterrar, regresó a su casa, se tumbó al pie de la tapia y se quedó dormido; mientras dormía, le cayó en los ojos excremento caliente de un nido de golondrinas y se quedó ciego. Dios permitió que le sucediese esta desgracia para que, como Job, diera ejemplo de paciencia. Como desde niño había temido a Dios, guardando sus mandamientos, no se agrió ni se rebeló contra Dios por la ceguera, sino que siguió imperturbable en el temor de Dios, dándole gracias todos los días de su vida. Y lo mismo que a Job le insultaban los reyes, también los parientes y familiares de Tobías se burlaban de él y le decían: «Te ha fallado la recompensa que esperabas cuando dabas limosna y enterrabas a los muertos.» Pero Tobías respondía: «No digáis eso, que somos descendientes de un pueblo santo y esperamos la vida que Dios da a los que perseveran en su fe.» Ana, la mujer de Tobías, iba todos los días a hacer labores textiles para ganarse el sustento con el trabajo de sus manos. Un día le dieron un cabrito y se lo llevó a casa. Su marido, al oír los balidos, dijo: «¿No será acaso robado? Devuélveselo a sus dueños, porque no podemos comer, ni siquiera tocar nada robado.» Su mujer replicó enfadada: «Sí, tu esperanza se ha visto frustrada, ya ves de lo que te ha servido hacer limosnas.» Y continuó ofendiéndole con estas palabras y otras por el estilo.

Palabra de Dios.

SALMO RESPONSORIAL 111

℞ **El corazón del justo está firme en el Señor.**

Dichoso quien teme al Señor | y ama de corazón sus manda-
tos. | Su linaje será poderoso en la tierra, | la descendencia del
justo será bendita. ℞.

No temeré las malas noticias, | su corazón está firme en el
Señor; | su corazón está seguro, sin temor, | hasta ver derrotados
a sus enemigos. ℞.

Reparte limosna a los pobres, | su caridad es constante, sin
falta | y alzará la frente con dignidad. ℞.

ALELUYA p. 1932ss.

EVANGELIO p. 1444

MARTES   Años pares

PRIMERA LECTURA

Esperamos un cielo nuevo y una tierra nueva

LECTURA DE LA SEGUNDA CARTA DE
SAN PEDRO   3, 12-15a.17-18

Queridos hermanos: Esperad y apresurad la venida del Señor, cuando desaparecerán los cielos consumidos por el fuego y
se derretirán los elementos. Pero nosotros, confiados en la promesa del Señor, esperamos un cielo nuevo y una tierra nueva, en
que habite la justicia. Por tanto, queridos hermanos, mientras esperáis estos acontecimientos, procurad que Dios os encuentre en
paz con él inmaculados e irreprochables. Considerad que la paciencia de nuestro Señor es nuestra salvación. Así, pues, vosotros, queridos hermanos, estáis prevenidos; tened cuidado de
que no os arrastre el error de esos hombres sin principios y per-

dáis pie. Creced en la gracia y el conocimiento de nuestro Señor y Salvador Jesucristo, a quien sea la gloria ahora y hasta el día eterno. Amén.

Palabra de Dios.

SALMO RESPONSORIAL 89

℟ **Señor, tú has sido nuestro refugio de generación en generación.**

Antes que naciesen los montes, | o fuera engendrado el orbe de la tierra, | desde siempre y por siempre tú eres Dios. ℟.

Tú reduces el hombre a polvo, | diciendo: Retornad, hijos de Adán. | Mil años en tu presencia | son un ayer que pasó, | una vela nocturna. ℟.

Aunque uno viva setenta años, | y el más robusto hasta ochenta, | la mayor parte son fatiga inútil, | porque pasan aprisa y vuelan. ℟.

Por la mañana sácianos de tu misericordia, | y toda nuestra vida será alegría y júbilo; | que tus siervos vean tu acción | y sus hijos, tu gloria. ℟.

ALELUYA p. 1932ss.

EVANGELIO

Lo que es del César pagádselo al César, y lo que es de Dios, a Dios

✠ **LECTURA DEL S. EVANGELIO SEGUN SAN MARCOS**
                                                                    12, 13-17

En aquel tiempo, mandaron a Jesús unos fariseos y partidarios de Herodes, para cazarlo con una pregunta. Se acercaron y le dijeron: «Maestro, sabemos que eres sincero y que no te importa de nadie; porque no te fijas en apariencias, sino que enseñas el camino de Dios sinceramente. ¿Es lícito pagar impuesto al César o no? ¿Pagamos o no pagamos?» Jesús, viendo su hipocresía, les replicó: «¿Por qué intentáis cogerme? Traedme un denario, que lo vea.» Se lo trajeron. Y él les preguntó: «¿De quién es esta cara y esta inscripción?» Le contestaron: «Del César.» Les replicó: «Lo que es del César pagádselo al César, y lo que es de Dios a Dios.» Se quedaron admirados.

Palabra del Señor.

En 1990, 1993, 1996... se vuelve a la pág. 193 (Miércoles de Ceniza).

MIERCOLES   Años impares

PRIMERA LECTURA

Llegaron las oraciones de los dos a la presencia del Dios Altísimo

LECTURA DEL LIBRO DE TOBIAS   3, 1-11.24-25

En aquellos días, Tobías se echó a llorar; rezaba entre sollozos y decía: «Señor, tú eres justo y justas son tus sentencias; actúas siempre con misericordia, con lealtad y con justicia. Señor, acuérdate de mí; no me castigues por mis pecados, no tengas en cuenta mis culpas ni las de mis padres. Por desobedecer tus mandamientos nos entregaste al saqueo, al destierro y a la muerte; nos hiciste refrán y burla de las naciones donde nos dispersaste. Señor, tus sentencias son graves, pues no cumplimos tus mandamientos ni nos portamos lealmente contigo. Señor, haz de mí lo que quieras, hazme expirar en paz, que prefiero la muerte a la vida.» Aquel mismo día, Sara, hija de Ragüel, vecino de Ragés, ciudad de Media, tuvo que soportar también los insultos de una criada de su padre; en efecto, Sara se había casado siete veces, y el demonio Asmodeo había ido matando a todos sus maridos, apenas se acercaban a ella. Pues bien, Sara regañó a la criada con razón, pero ésta replicó así: «¡Que no veamos nunca sobre la tierra hijo ni hija tuya, asesina de tus maridos! ¿Es que quieres matarme también a mí, lo mismo que mataste ya a siete hombres?» Oyendo esto, Sara subió al piso de arriba de su casa y estuvo tres días y tres noches sin comer ni beber; lloraba y rezaba sin cesar, pidiéndole a Dios que la librase de semejante baldón. Por entonces llegaron las oraciones de los dos a la presencia gloriosa del Dios Altísimo y fue enviado el santo ángel Rafael a curarlos a los dos, que habían elevado sus oraciones a Dios al mismo tiempo.

Palabra de Dios.

SALMO RESPONSORIAL 24

℟ **A ti, Señor, levanto mi alma.**

Dios mío, en ti confío, | no quede yo defraudado, | que no triunfen de mí mis enemigos; | pues los que esperan en ti | no quedan defraudados, | mientras que el fracaso malogra a los traidores. ℟

Señor, enséñame tus caminos, | instrúyeme en tus sendas, | haz que camine con lealtad; | enséñame, porque tú eres mi Dios y Salvador. ℟

Recuerda, Señor, que tu ternura | y misericordia son eternas; | acuérdate de mí con misericordia, | por tu bondad, Señor. ℟

El Señor es bueno y recto, | y enseña el camino a los pecadores; | hace caminar a los humildes con rectitud, | enseña su camino a los humildes. ℟

ALELUYA p. 1932ss.
EVANGELIO p. 1448

MIERCOLES   Años pares

PRIMERA LECTURA

Aviva el fuego de la gracia de Dios que recibiste cuando te impuse las manos

COMIENZO DE LA SEGUNDA CARTA DE
SAN PABLO A TIMOTEO
                                                    1, 1-3.6-12

Pablo, apóstol de Jesucristo por designio de Dios, llamado a anunciar la promesa de vida que hay en Cristo Jesús, a Timoteo, hijo querido: te deseo la gracia, misericordia y paz de Dios Padre y de Cristo Jesús, Señor nuestro. Doy gracias a Dios, a quien sirvo con pura conciencia, como mis antepasados, porque tengo siempre tu nombre en mis labios cuando rezo, de noche y de día. Aviva el fuego de la gracia de Dios, que recibiste cuando te impuse las manos; porque Dios no nos ha dado un espíritu cobarde, sino un espíritu de energía, amor y buen juicio. No tengas miedo de dar la cara por nuestro Señor y por mí, su prisionero. Toma parte en los duros trabajos del Evangelio, según las fuerzas que Dios te dé. El nos salvó y nos llamó a una vida santa, no por nuestros méritos, sino porque antes de la creación, desde tiempo inmemorial, Dios dispuso darnos su gracia, por medio de Jesucristo; y ahora, esa gracia se ha manifestado por medio del Evangelio, al aparecer nuestro Salvador Jesucristo, que destruyó la muerte y sacó a la luz la vida inmortal. De este Evangelio me han nombrado heraldo, apóstol y maestro, y ésta es la razón de mi penosa situación presente; pero no me siento derrotado, pues sé de quién me he fiado y estoy firmemente persuadido de que tiene poder para asegurar hasta el último día el encargo que me dio.

Palabra de Dios.

SALMO RESPONSORIAL 122

℟. **A ti, Señor, levanto mis ojos.**

A ti levanto mis ojos, | a ti, que habitas en el cielo. | Como están los ojos de los esclavos | fijos en las manos de sus señores. ℟.

Como están los ojos de la esclava | fijos en las manos de su señora, | así están nuestros ojos | en el Señor Dios nuestro, | esperando su misericordia. ℟.

ALELUYA p. 1932ss.

EVANGELIO

No es Dios de muertos, sino de vivos

✠ LECTURA DEL S. EVANGELIO SEGUN
SAN MARCOS   12, 18-27

En aquel tiempo, se acercaron a Jesús saduceos, de los que
dicen que no hay resurrección, y le preguntaron: «Maestro, Moisés nos dejó escrito: "Si a uno se le muere su hermano, dejando
mujer pero no hijos, cásese con la viuda y dé descendencia a su
hermano." Pues bien, había siete hermanos: el primero se casó y
murió sin hijos; el segundo se casó con la viuda y murió también
sin hijos; lo mismo el tercero; y ninguno de los siete dejó hijos.
Por último murió la mujer. Cuando llegue la resurrección y vuelvan a la vida, ¿de cuál de ellos será la mujer? Porque los siete
han estado casados con ella.» Jesús les respondió: «Estáis equivocados, porque no entendéis la Escritura ni el poder de Dios.
Cuando resuciten, ni los hombres ni las mujeres se casarán: serán
como ángeles del cielo. Y a propósito de que los muertos resucitan, ¿no habéis leído en el libro de Moisés, en el episodio de la
zarza, lo que le dijo Dios: Yo soy el Dios de Abrahán, el Dios
de Isaac, el Dios de Jacob? No es Dios de muertos, sino de vivos. Estáis muy equivocados.»

Palabra del Señor.

JUEVES   **Años impares**

PRIMERA LECTURA

Os ha traído Dios a mi casa para que mi hija se case contigo

LECTURA DEL LIBRO DE TOBIAS   6, 10-11a; 7, 1.9-17; 8, 4-10

En aquellos días, Tobías dijo al ángel: «¿Dónde quieres que
nos quedemos?» El ángel respondió: «Aquí vive un tal Ragüel,

de tu tribu y pariente tuyo; tiene una hija que se llama Sara.» Y
fueron a casa de Ragüel, que los recibió encantado. Después de
cruzar las primeras palabras, mandó Ragüel que mataran un carnero y preparasen un banquete. Cuando les invitó a sentarse a la
mesa, dijo Tobías: «Yo no pienso probar bocado si antes no me
concedes lo que te pido y me prometes la mano de Sara, tu hija.»
Ragüel se asustó al oír esto, sabiendo lo que les había pasado a
los siete hombres que se habían acercado a ella; le entró miedo
de que a éste le fuera a suceder lo mismo. Ragüel se quedó cortado, sin soltar prenda. Entonces intervino el ángel: «Puedes darle la mano de tu hija sin reparo; a éste, que teme a Dios, le corresponde como esposa; por eso ningún otro ha podido tenerla.»
Entonces dijo Ragüel: «No cabe duda, Dios ha acogido en su
presencia mis rezos y mis lágrimas; creo que precisamente por
eso os ha traído a mi casa, para que mi hija se case con un pariente suyo, según la ley de Moisés; así que no lo dudes un momento, te concedo a mi hija.» Tomando la mano derecha de su
hija la puso en la derecha de Tobías, diciendo: «El Dios de
Abrahán, el Dios de Isaac y el Dios de Jacob esté con vosotros;
que él os una y os llene de bendiciones.» Cogieron papel e hicieron la escritura matrimonial. Acto seguido celebraron el banquete, bendiciendo a Dios. Luego Tobías le dijo a la novia: «Levántate, Sara; vamos a rezar a Dios hoy, mañana y pasado; estas tres
noches las pasamos unidos a Dios, y luego viviremos nuestro
matrimonio. Somos descendientes de un pueblo santo y no podemos unirnos como los paganos que no conocen a Dios.» Se levantaron los dos y, juntos, se pusieron a orar con fervor. Pidiendo a Dios su protección. Tobías dijo: «Señor, Dios de nuestros
padres, que te bendigan el cielo y la tierra, el mar, las fuentes,
los ríos y todas las criaturas que en ellos se encuentran. Tú hiciste a Adán del barro de la tierra y le diste a Eva como ayuda.
Ahora, Señor, tú lo sabes: si yo me caso con esta hija de Israel,
no es para satisfacer mis pasiones, sino solamente para fundar
una familia, en la que se bendiga tu nombre por siempre.» Y
Sara, a su vez, dijo: «Ten compasión de nosotros, Señor, ten

compasión. Que los dos juntos vivamos felices hasta nuestra vejez.»

Palabra de Dios.

SALMO RESPONSORIAL 127

R. **Dichosos los que temen al Señor.**

¡Dichoso el que teme al Señor, | y sigue sus caminos! | Comerás del fruto de tu trabajo | serás dichoso, te irá bien. R.

Tu mujer, como parra fecunda, | en medio de tu casa; | tus hijos como renuevos de olivo, | alrededor de tu mesa. R.

Esta es la bendición del hombre | que teme al Señor. | Que el Señor te bendiga desde Sión, | que veas la prosperidad de Jerusalén, | todos los días de tu vida. R.

ALELUYA p. 1932ss.

EVANGELIO p. 1451

JUEVES   Años pares

PRIMERA LECTURA

La palabra de Dios no está encadenada. Si morimos con él, viviremos con él

LECTURA DE LA SEGUNDA CARTA DE
SAN PABLO A TIMOTEO
2, 8-15

Querido hermano: Haz memoria de Jesucristo el Señor, resucitado de entre los muertos, nacido del linaje de David. Este ha sido mi Evangelio, por el que sufro hasta llevar cadenas, como un malhechor. Pero la Palabra de Dios no está encadenada. Por eso lo aguanto todo por los elegidos, para que ellos también alcancen la salvación, lograda por Cristo Jesús, con la gloria eterna. Es doctrina segura: «Si morimos con él, viviremos con él. Si perseveramos, reinaremos con él. Si lo negamos, también él nos negará. Si somos infieles, él permanece fiel, porque no puede negarse a sí mismo.» Sígueles recordando todo esto, avisándole seriamente en nombre de Dios que no disputen sobre palabras; no sirve para nada y es catastrófico para los oyentes. Esfuérzate por presentarte ante Dios y merecer su aprobación como un obrero irreprensible que predica la verdad sin desviaciones.

Palabra de Dios.

SALMO RESPONSORIAL 24

R̸ **Señor, enséñame tus caminos.**

Señor, enséñame tus caminos, | instrúyeme en tus sendas, | haz que camine con lealtad; | enséñame, porque tú eres mi Dios y Salvador. R̸.

El Señor es bueno y recto | y enseña el camino a los pecadores; | hace caminar a los humildes con rectitud, | enseña su camino a los humildes. R̸.

Las sendas del Señor son misericordia y lealtad | para los que guardan su alianza y sus mandatos. | El Señor se confía con sus fieles | y les da a conocer su alianza. R̸.

ALELUYA p. 1932ss.

EVANGELIO

Este es el primer mandamiento. El segundo es semejante a éste

✠ LECTURA DEL S. EVANGELIO SEGUN
SAN MARCOS   12, 28b-34

En aquel tiempo, un letrado se acercó a Jesús y le preguntó: «¿Qué mandamiento es el primero de todos?» Respondió Jesús: «El primero es: Escucha, Israel, el Señor nuestro Dios es el único Señor: amarás al Señor tu Dios con todo tu corazón, con toda tu alma, con toda tu mente, con todo tu ser. El segundo es éste:

Amarás a tu prójimo como a ti mismo. No hay mandamiento mayor que éstos.» El letrado replicó: «Muy bien, Maestro, tienes razón cuando dices que el Señor es uno solo y no hay otro fuera de él; y que amarlo con todo el corazón, con todo el entendimiento y con todo el ser, y amar al prójimo como a uno mismo, vale más que todos los holocaustos y sacrificios.» Jesús, viendo que había respondido sensatamente, le dijo: «No estás lejos del Reino de Dios.» Y nadie se atrevió a hacerle más preguntas.

Palabra del Señor.

VIERNES   Años impares

PRIMERA LECTURA

Si antes me castigaste, Señor, ahora me has salvado y puedo ver a mi hijo

LECTURA DEL LIBRO DE TOBIAS   11, 5-17

Ana iba a sentarse todos los días en la cima de un otero, junto al camino, desde donde dominaba el paisaje. Un buen día, mientras estaba allí, mirando a ver si venía su hijo, lo divisó a lo lejos y lo reconoció al instante. Echó a correr y le dijo a su marido: «Oye, tu hijo está llegando.» Rafael le había dicho a Tobías: «Nada más entrar en tu casa, adoras al Señor tu Dios y le das gracias; te acercas a tu padre y le besas; luego le frotas los ojos con la hiel de ese pez que llevas contigo. Ten la seguridad de que en seguida se le abrirán los ojos a tu padre y podrá ver la luz del cielo y al verte se pondrá muy contento.» Entonces el perro que llevaban durante el viaje salió corriendo delante de ellos y, como si fuera un mensajero llegado a su destino, exteriorizaba su alegría haciendo carantoñas con el rabo. El padre de Tobías, ciego como era, se levantó y echó a correr a trompicones. De la mano de un criado salió al encuentro de su hijo. El y su mujer le recibieron con besos y rompieron a llorar de alegría. Luego adoraron a Dios, le dieron gracias y se sentaron. Tobías frotó los ojos de su padre con la hiel del pez. Aguardó cosa de media hora y empezó a salir de sus ojos una telilla blanca, como la fárfara de un huevo. Tobías la cogió y se la extrajo de los ojos, y así recobró la vista. Entonces él, su mujer y todos los vecinos glorificaron a Dios. Tobías, dijo: «Te bendigo, Señor, Dios de Israel, que si antes me castigaste, ahora me has salvado y puedo ver a mi hijo Tobías.»

Palabra de Dios.

SALMO RESPONSORIAL 145

℟ **Alaba, alma mía, al Señor.**

Alaba, alma mía, al Señor: | alabaré al Señor mientras viva, | tañeré para mi Dios mientras exista. ℟

Que mantiene su fidelidad perpetuamente, | que hace justicia a los oprimidos, | que da pan a los hambrientos. | El Señor liberta a los cautivos. ℟

El Señor abre los ojos al ciego, | el Señor endereza a los que ya se doblan, | el Señor ama a los justos, | el Señor guarda a los peregrinos. ℟

Sustenta al huérfano y a la viuda, | y trastorna el camino de los malvados. | El Señor reina eternamente, | tu Dios, Sión, de edad en edad. ℟

ALELUYA p. 1932ss.
EVANGELIO p. 1454

VIERNES   Años pares

PRIMERA LECTURA

El que se proponga vivir como buen cristiano será perseguido

LECTURA DE LA SEGUNDA CARTA DE SAN PABLO A TIMOTEO   3, 10-17

Querido hermano: Tú seguiste paso a paso mi doctrina y mi conducta, mis planes, fe y paciencia, mi amor fraterno y mi aguante en las persecuciones y sufrimientos, como aquellos que me ocurrieron en Antioquía, Iconio y Listra. ¡Qué persecuciones padecí! Pero de todas me libró el Señor. Por otra parte, todo el que se proponga vivir como buen cristiano será perseguido. En cambio, esos perversos embaucadores irán de mal en peor, extraviando a los demás y extraviándose ellos mismos. Pero tú permanece en lo que has aprendido y se te ha confiado; sabiendo de quién lo aprendiste, y que desde niño conoces la Sagrada Escritura: Ella puede darte la sabiduría que por la fe en Cristo Jesús conduce a la salvación. Toda Escritura inspirada por Dios es también útil para enseñar, para reprender, para corregir, para educar en la virtud: así el hombre de Dios estará perfectamente equipado para toda obra buena.

Palabra de Dios.

SALMO RESPONSORIAL 118

R̰. **Mucha paz tienen los que aman tus leyes, Señor.**

Muchos son los enemigos que me persiguen, | pero yo no me aparto de tus preceptos. R̰.

El compendio de tu palabra es la verdad, | y tus justos juicios son eternos. R̰.

Los nobles me perseguían sin motivo, | pero mi corazón respetaba tus palabras. R̰.

Mucha paz tienen los que aman tus leyes | y nada los hace tropezar. R̰.

Aguardo tu salvación, Señor, | y cumplo tus mandatos. R̰.

Guardo tus decretos, | y tú tienes presentes mis caminos. R̰.

ALELUYA p. 1932ss.

EVANGELIO

¿Cómo dicen que el Mesías es Hijo de David?

✠ LECTURA DEL S. EVANGELIO SEGUN
SAN MARCOS   12, 35-37

En aquel tiempo, mientras enseñaba en el templo, Jesús preguntó: «¿Cómo dicen los letrados que el Mesías es hijo de David? El mismo David, movido por el Espíritu Santo, dice: "Dijo el Señor a mi Señor: siéntate a mi derecha, y haré de tus enemigos estrado de tus pies". Si el mismo David lo llama Señor, ¿cómo puede ser hijo suyo?» La gente, que era mucha, disfrutaba escuchándolo.

Palabra del Señor.

SABADO   Años impares

PRIMERA LECTURA

Vuelvo al que me envió. Vosotros bendecid al Señor

LECTURA DEL LIBRO DE TOBIAS   12, 1.5-15.20

En aquellos días, Tobías llamó a su hijo y le dijo: «¿Qué podríamos darle a este santo varón que ha venido contigo?» Le llamaron aparte, padre e hijo, y le rogaron que aceptara la mitad de todo lo que habían traído. Y él les dijo en secreto: Bendecid al Dios del cielo y proclamadle ante todos los vivientes, porque ha sido misericordioso con vosotros. Es bueno guardar el secreto del rey, y es un honor revelar y proclamar las obras de Dios. Buena es la oración con el ayuno. Mejor es hacer limosna que atesorar dinero: porque la limosna libra de la muerte y limpia de pecado, alcanza la misericordia y la vida eterna. Los que cometen pecados y maldades son enemigos de sí mismos. Os diré toda la verdad, no os ocultaré ningún hecho: Cuando tú orabas con lágrimas y dabas sepultura a los muertos; cuando dejabas la comida, para esconder de día los muertos en tu casa y sepultarlos de noche, yo presentaba tu oración al Señor. Eras agradable al Señor, por eso tuviste que pasar por la prueba. Ahora el Señor me ha enviado para que te cure y libre del demonio a Sara, la mujer de tu hijo. Yo soy el ángel Rafael, uno de los siete que estamos en presencia del Señor. Pero ya es hora de que regrese al que me envió. Vosotros, bendecid al Señor y divulgad sus obras maravillosas.»

Palabra de Dios.

SALMO RESPONSORIAL   Tob 13, 2.6-8

℞ **Bendito sea Dios, que vive eternamente.**

El azota y se compadece, | hunde hasta el abismo y saca de él, | y no hay quien escape de su mano. ℞

Veréis lo que hará con vosotros, | le daréis gracias a boca llena, | bendeciréis al Señor de la justicia | y ensalzaréis al Rey de los siglos. ℞

Yo le doy gracias en mi cautiverio, | anuncio su grandeza y su poder | a un pueblo pecador. ℞

Convertíos, pecadores, | obrad rectamente en su presencia: | quizá os mostrará benevolencia | y tendrá compasión. ℞

ALELUYA p. 1932ss.

EVANGELIO p. 1457

SABADO   Años pares

PRIMERA LECTURA

Cumple tu tarea de evangelizador. Yo estoy a punto de ser sacrificado, y el Señor me premiará con la corona merecida

LECTURA DE LA SEGUNDA CARTA DE SAN PABLO A TIMOTEO   4, 1-8

Querido hermano: Ante Dios y ante Cristo Jesús, que ha de juzgar a vivos y muertos, te conjuro por su venida en majestad: Proclama la palabra, insiste a tiempo y a destiempo, reprende, reprocha, exhorta, con toda paciencia y deseo de instruir. Porque vendrá un tiempo en que la gente no soportará la doctrina sana, sino que, para halagarse el oído, se rodearán de maestros a la medida de sus deseos; y, apartando el oído de la verdad, se volverán a las fábulas. Tú estás siempre alerta: soporta lo adverso, cumple tu tarea de evangelizador, desempeña tu servicio. Yo estoy a punto de ser sacrificado y el momento de mi partida es inminente. He combatido bien mi combate, he corrido hasta la meta, he mantenido la fe. Ahora me aguarda la corona merecida, con la que el Señor, juez justo, me premiará en aquel día; y no sólo a mí, sino a todos los que tienen amor a su venida.

Palabra de Dios.

SALMO RESPONSORIAL 70

℟. **Mi boca contará tu auxilio, Señor.**

Llena estaba mi boca de tu alabanza | y de tu gloria, todo el día. | No me rechaces ahora en la vejez, | me van faltando las fuerzas, no me abandones. ℟.

Yo seguiré esperando, | redoblaré tus alabanzas; | mi boca contará tu auxilio, | y todo el día tu salvación. ℟.

Contaré tus proezas, Señor mío, | narraré tu victoria, tuya entera. | Dios mío, me instruiste desde mi juventud, | y hasta hoy relato tus maravillas. ℟.

Yo te daré gracias, Dios mío, | con el arpa, por tu lealtad; | tocaré para ti la cítara, | Santo de Israel. ℟.

ALELUYA p. 1932ss.

EVANGELIO

Esa pobre viuda ha echado más que nadie

✠ LECTURA DEL S. EVANGELIO SEGUN
SAN MARCOS   12, 38-44

En aquel tiempo, enseñaba Jesús a la multitud y les decía: «¡Cuidado con los letrados! Les encanta pasearse con amplio ropaje y que les hagan reverencias en la plaza, buscan los asientos de honor en las sinagogas y los primeros puestos en los banquetes; y devoran los bienes de las viudas con pretexto de largos rezos. Esos recibirán una sentencia más rigurosa.» Estando Jesús sentado enfrente del cepillo del templo, observaba a la gente que iba echando dinero: muchos ricos echaban en cantidad; se acercó una viuda pobre y echó dos reales. Llamando a sus discípulos, les dijo: «Os aseguro que esa pobre viuda ha echado en el cepillo más que nadie. Porque los demás han echado de lo que les sobra, pero ésta, que pasa necesidad, ha echado todo lo que tenía para vivir.»

Palabra del Señor.

DECIMA SEMANA

LUNES   Años impares

PRIMERA LECTURA

Dios nos alienta hasta el punto de poder nosotros alentar a los demás

COMIENZO DE LA SEGUNDA CARTA DE
SAN PABLO A LOS CORINTIOS   1, 1-7

Pablo, apóstol de Cristo Jesús por designio de Dios, y el hermano Timoteo, a la Iglesia de Dios que está en Corinto y a todo el pueblo santo que reside en Grecia: Os deseamos la gracia y la paz de Dios nuestro Padre y del Señor Jesucristo. ¡Bendito sea Dios, Padre de nuestro Señor Jesucristo, Padre de misericordia y Dios del consuelo! El nos alienta en nuestras luchas hasta el punto de poder nosotros alentar a los demás en cualquier lucha, repartiendo con ellos el ánimo que nosotros recibimos de Dios. Si los sufrimientos de Cristo rebosan sobre nosotros, gracias a Cristo rebosa en proporción nuestro ánimo. Si nos toca luchar, es para vuestro aliento y salvación; si recibimos aliento, es para comunicaros un aliento con el que podáis aguantar los mismos sufrimientos que padecemos nosotros. Nos dais firmes motivos de esperanza, pues sabemos que si sois compañeros en el sufrir, también lo sois en el buen ánimo.

Palabra de Dios.

SALMO RESPONSORIAL 33

R̃. **Gustad y ved qué bueno es el Señor.**

Bendigo al Señor en todo momento, | su alabanza está siempre en mi boca; | mi alma se gloría en el Señor: | que los humildes lo escuchen y se alegren. R̃.

Proclamad conmigo la grandeza del Señor, | ensalcemos juntos su nombre. | Yo consulté al Señor y me respondió, | me libró de todas mis ansias. R̃.

Contempladlo y quedaréis radiantes, | vuestro rostro no se avergonzará. | Si el afligido invoca al Señor, él lo escucha | y lo salva de sus angustias. ℞.

El ángel del Señor acampa | en torno a sus fieles, y los protege. | Gustad y ved qué bueno es el Señor, | dichoso el que se acoge a él. ℞.

ALELUYA p. 1932ss.

EVANGELIO p. 1461

LUNES　　　　　　　　　　　　　　　　　Años pares

PRIMERA LECTURA

Elías sirve al Señor Dios de Israel

LECTURA DEL PRIMER LIBRO DE LOS REYES　　　　　　　　　　　　　　　　17, 1-6

En aquellos días, Elías el tesbita (de Tisbé de Galaad) dijo a Ajab: «¡Vive el Señor Dios de Israel a quien sirvo! En estos años no caerá rocío ni lluvia, si yo no lo mando.» Luego el Señor le dirigió la palabra: «Vete de aquí hacia el oriente y escóndete junto al torrente Carit, que queda cerca del Jordán. Bebe del torrente, y yo mandaré a los cuervos que te lleven allí la comida.» Elías hizo lo que le mandó el Señor y fue a vivir junto al torrente Carit, que queda cerca del Jordán. Los cuervos le llevaban pan por la mañana y carne por la tarde, y bebía del torrente.

Palabra de Dios.

SALMO RESPONSORIAL 120

℞　El auxilio me viene del Señor, | que hizo el cielo y la tierra.

Levanto mis ojos a los montes: | ¿de dónde me vendrá el auxilio? | El auxilio me viene del Señor, | que hizo el cielo y la tierra. ℞.

No permitirá que resbale tu pie, | tu guardián no duerme; | no duerme ni reposa | el guardián de Israel. ℟.

El Señor te guarda a su sombra, | está a tu derecha; | de día el sol no te hará daño, | ni la luna de noche. ℟.

El Señor te guarda de todo mal, | él guarda tu alma; | el Señor guarda tus entradas y salidas, | ahora y por siempre. ℟.

ALELUYA p. 1932ss.

EVANGELIO

Dichosos los pobres de espíritu

✠ LECTURA DEL S. EVANGELIO SEGUN SAN MATEO   5, 1-12

En aquel tiempo, al ver Jesús el gentío, subió a la montaña, se sentó, y se acercaron sus discípulos; y él se puso a hablar, enseñándoles: «Dichosos los pobres en el espíritu, porque de ellos es el Reino de los Cielos. Dichosos los sufridos, porque ellos heredarán la Tierra. Dichosos los que lloran, porque ellos serán consolados. Dichosos los que tienen hambre y sed de la justicia, porque ellos quedarán saciados. Dichosos los misericordiosos, porque ellos alcanzarán misericordia. Dichosos los limpios de corazón, porque ellos verán a Dios. Dichosos los que trabajan por la paz, porque ellos se llamarán «los Hijos de Dios». Dichosos los perseguidos por causa de la justicia, porque de ellos es el Reino de los Cielos. Dichosos vosotros cuando os insulten y os persigan y os calumnien de cualquier modo por mi causa. Estad alegres y contentos, porque vuestra recompensa será grande en el cielo, que de la misma manera persiguieron a los profetas anteriores a vosotros.»

Palabra del Señor.

MARTES   Años impares

Jesús no fue primero «sí» y luego «no»; en él todo se ha convertido en un «sí»

LECTURA DE LA SEGUNDA CARTA DE SAN PABLO A LOS CORINTIOS
1, 18-22

Hermanos: ¡Dios me es testigo! La palabra que os dirigimos no fue primero «sí» y luego «no». Cristo Jesús, el Hijo de Dios, el que Silvano, Timoteo y yo os hemos anunciado, no fue primero «sí» y luego «no»; en él todo se ha convertido en un «sí»; en él todas las promesas han recibido un «sí». Y por él podemos responder «Amén» a Dios, para gloria suya. Dios es quien nos confirma en Cristo a nosotros junto con vosotros. El nos ha ungido, El nos ha sellado, y ha puesto en nuestros corazones, como prenda suya, el Espíritu.

Palabra de Dios.

SALMO RESPONSORIAL 118

℟ **Haz brillar, Señor, tu rostro sobre tu siervo.**

Tus preceptos son admirables, | por eso los guarda mi alma. ℟

La explicación de tus palabras ilumina, | da inteligencia a los ignorantes. ℟

Abro la boca y respiro | ansiando tus mandamientos. ℟

Vuélvete a mí y ten misericordia, | como es tu norma | con los que aman tu nombre. ℟

Asegura mis pasos con tu promesa, | que ninguna maldad me domine. ℟

Haz brillar tu rostro sobre tu siervo, | enséñame tus leyes. ℟

ALELUYA p. 1932ss.

EVANGELIO p. 1463

MARTES   Años pares

La orza de harina no se vació, como lo había dicho el Señor por medio de Elías

LECTURA DEL PRIMER LIBRO DE LOS REYES
17, 7-16

En aquellos días, se secó el torrente donde se había escondido Elías, porque no había llovido en la región. Entonces el Señor dirigió la palabra a Elías: «Anda, vete a Sarepta de Fenicia a vivir allí; yo mandaré a una viuda que te dé la comida.» Elías se puso en camino hacia Sarepta, y, al llegar a la puerta de la ciudad, encontró allí una viuda que recogía leña. La llamó y le dijo: «Por favor, tráeme un poco de agua en un jarro para que beba.» Mientras iba a buscarlo, le gritó: «Por favor, tráeme también en la mano un trozo de pan.» Respondió ella: «Te juro por el Señor tu Dios, que no tengo ni pan; me queda sólo un puñado de harina en el cántaro y un poco de aceite en la alcuza. Ya ves que estaba recogiendo un poco de leña. Voy a hacer un pan para mí y para mi hijo; nos lo comeremos y luego moriremos.» Respondió Elías: «No temas. Anda, prepáralo como has dicho, pero primero hazme a mí un panecillo y tráemelo; para ti y para tu hijo lo harás después. Porque así dice el Señor Dios de Israel: La orza de harina no se vaciará, la alcuza de aceite no se agotará, hasta el día en que el Señor envíe la lluvia sobre la tierra.» Ella se fue, hizo lo que había dicho Elías y comieron él, ella y su hijo. Ni la orza de harina se vació, ni la alcuza de aceite se agotó: como lo había dicho el Señor por medio de Elías.

Palabra de Dios.

℟ **Haz brillar sobre nosotros, Señor, la luz de tu rostro.**

Escúchame cuando te invoco, Dios defensor mío, | tú que en el aprieto me diste anchura, | ten piedad de mí y escucha mi oración. | Y vosotros, ¿hasta cuándo ultrajaréis mi honor, | ameráis la falsedad y buscaréis el engaño? ℟.

Sabedlo: el Señor hizo milagros en mi favor, | y el Señor me escuchará cuando lo invoque. | Temblad y no pequéis, reflexionad | en el silencio de vuestro lecho. ℟.

Hay muchos que dicen: ¿Quién nos hará ver la dicha, | si la luz de tu rostro ha huido de nosotros? | Pero tú, Señor, has puesto en mi corazón más alegría | que si abundara en trigo y en vino. ℟.

ALELUYA p. 1932ss.

EVANGELIO

Vosotros sois la luz del mundo

✠ LECTURA DEL S. EVANGELIO SEGUN SAN MATEO   5, 13-16

En aquel tiempo, dijo Jesús a sus discípulos: «Vosotros sois la sal de la tierra. Pero si la sal se vuelve sosa, ¿con qué la salarán? No sirve más que para tirarla fuera y que la pise la gente. Vosotros sois la luz del mundo. No se puede ocultar una ciudad puesta en lo alto de un monte. Tampoco se enciende una vela para meterla debajo del celemín, sino para ponerla en el candelero y que alumbre a todos los de casa. Alumbre así vuestra luz a los hombres, para que vean vuestras buenas obras y den gloria a vuestro Padre que está en el cielo.»

Palabra del Señor.

MIERCOLES   Años impares

PRIMERA LECTURA

Nos ha hecho servidores de una nueva alianza, no basada en pura letra, sino en el Espíritu

LECTURA DE LA SEGUNDA CARTA DE SAN PABLO A LOS CORINTIOS   3, 4-11

Hermanos: Esta confianza con Dios la tenemos por Cristo. No es que por nosotros mismos estemos capacitados para apuntarnos algo, como realización nuestra; nuestra capacidad nos viene de Dios, que nos ha capacitado para ser servidores de una alianza nueva: no basada en pura letra, sino en el Espíritu, porque la pura letra mata y, en cambio, el Espíritu da la vida. El código que procuraba la muerte —letras grabadas en piedra— se inauguró con gloria; tanto que los israelitas no podían fijar la vista en el rostro de Moisés, «por el resplandor de su rostro», caduco y todo como era. Pues, ¡con cuánta mayor razón la alianza que procura el Espíritu resplandecerá de gloria! Si procurar la condena se hizo con resplandor, ¡cuánto más resplandecerá procurar el perdón! El resplandor aquel ya no es resplandor, eclipsado por esta gloria incomparable. Si lo caduco tuvo su resplandor, figuraos cuál será el de lo permanente.

Palabra de Dios.

SALMO RESPONSORIAL 98

℟ **Santo es el Señor nuestro Dios.**

Ensalzad al Señor, Dios nuestro, | postraos ante el estrado de sus pies: | El es santo. ℟.

Moisés y Aarón son sus sacerdotes, | Samuel con los que invocan su nombre, | invocaban al Señor, y él respondía. ℟.

Dios les hablaba desde la columna de nube, | oyeron sus mandatos y la ley que les dio. ℟.

Señor, Dios nuestro, tú les respondías, | tú eras para ellos un Dios de perdón, | y un Dios vengador de sus maldades. ℟.

Ensalzad al Señor, Dios nuestro, | postraos ante su monte santo: | Santo es el Señor nuestro Dios. R.

ALELUYA p. 1932ss.

EVANGELIO p. 1468

MIERCOLES   Años pares

PRIMERA LECTURA

Que sepa esta gente que tú eres el Dios verdadero y que tú les cambiarás el corazón

LECTURA DEL PRIMER LIBRO DE LOS REYES   18, 20-39

En aquellos días, el rey Ajab despachó órdenes a todo Israel, y los profetas de Baal se reunieron en el monte Carmelo. Elías se acercó a la gente y dijo: «¿Hasta cuándo vais a caminar con muletas? Si el Señor es el verdadero Dios, seguidlo; si lo es Baal, seguid a Baal.» La gente no respondió una palabra. Entonces Elías les dijo: «He quedado yo solo como profeta del Señor, mientras que los profetas de Baal son cuatrocientos cincuenta. Que nos den dos novillos; vosotros elegid uno; que lo descuarticen y lo pongan sobre la leña sin prenderle fuego; yo prepararé el otro novillo y lo pondré sobre la leña sin prenderle fuego. Vosotros invocaréis a vuestro dios y yo invocaré al Señor; y el dios que responda enviando fuego, ése es el Dios verdadero.» Toda la gente asintió: «¡Buena idea!» Elías dijo a los profetas de Baal: «Elegid un novillo y preparadlo vosotros primero, porque sois más. Luego invocad a vuestro dios, pero sin encender el fuego.» Cogiendo el novillo que les dieron, lo prepararon y estuvieron invocando a Baal desde la mañana hasta el mediodía: «¡Baal, respóndenos!» Pero no se oía una voz, ni una respuesta, mientras brincaban alrededor del altar que habían hecho. Al mediodía Elías empezó a reírse de ellos: «¡Gritad más fuerte! Baal es dios, pero estará meditando, o bien ocupado, o estará de viaje; a lo mejor está durmiendo y se despierta.» Entonces gritaron más fuerte; y se hicieron cortaduras, según su costumbre, con cuchillos y punzones, hasta chorrear sangre por todo el cuerpo. Pasado el mediodía entraron en trance, y así estuvieron hasta la hora de la ofrenda. Pero no se oía una voz, ni una palabra, ni una respuesta. Entonces Elías dijo a la gente: «¡Acercaos!» Se acercaron todos, y reconstruyó el altar del Señor, que estaba demolido; cogió doce piedras, una por cada tribu de Jacob (a quien el Señor le había dicho: «Te llamarás Israel»); con las piedras levantó un altar en honor del Señor, hizo una zanja alrededor del altar, como para sembrar dos fanegas; apiló la leña, descuartizó el novillo, lo puso sobre la leña y dijo: «Llenad cuatro cántaros de agua y derramadla sobre la víctima y la leña.» Luego dijo: «¡Otra vez!» Y lo hicieron otra vez. Y dijo: «¡Otra vez!» Y lo repitieron por tercera vez. El agua corrió alrededor del altar e incluso la zanja se llenó de agua. Llegada la hora de la ofrenda, el profeta Elías se acercó y oró: «¡Señor, Dios de Abrahán, Isaac e Israel! Que se vea hoy que tú eres el Dios de Israel y yo tu siervo, y que he hecho esto por orden tuya. Respóndeme, Señor, respóndeme, para que sepa esta gente que tú, Señor, eres el Dios verdadero y que eres tú quien les cambiará el corazón.» Entonces el Señor envió un rayo que abrasó la víctima, la leña, las piedras y el polvo, y secó el agua de la zanja. Al verlo, cayeron todos sobre su rostro, exclamando: «¡El Señor es el Dios verdadero! ¡El Señor es el Dios verdadero!»

Palabra de Dios.

SALMO RESPONSORIAL 15

R Protégeme, Dios mío, que me refugio en ti.

Protégeme, Dios mío, que me refugio en ti; | yo digo al Señor: Tú eres mi bien. R.

Multiplican las estatuas | de dioses extraños; | yo no derramaré sus libaciones con mis manos, | ni tomaré sus nombres en mis labios. R.

El Señor es el lote de mi heredad y mi copa, | mi suerte está en tu mano. | Tengo siempre presente al Señor, | con él a mi derecha no vacilaré. R.

Me enseñarás el sendero de la vida, | me saciarás de gozo en tu presencia, | de alegría perpetua a tu derecha. R.

ALELUYA p. 1932ss.

EVANGELIO

No he venido a abolir, sino a dar plenitud

✠ LECTURA DEL S. EVANGELIO SEGUN
SAN MATEO   5, 17-19

En aquel tiempo, dijo Jesús a sus discípulos: «No creáis que he venido a abolir la ley o los profetas: no he venido a abolir, sino a dar plenitud. Os aseguro que antes pasarán el cielo y la tierra que deje de cumplirse hasta la última letra o tilde de la ley. El que se salte uno solo de los preceptos menos importantes, y se lo enseñe así a los hombres, será el menos importante en el Reino de los cielos. Pero quien los cumpla y enseñe será grande en el Reino de los Cielos.»

Palabra del Señor.

JUEVES   Años impares

PRIMERA LECTURA

Dios ha brillado en nuestros corazones, para que nosotros iluminemos, dando a conocer la gloria de Dios

LECTURA DE LA SEGUNDA CARTA DE
SAN PABLO A LOS CORINTIOS   3, 15—4, 1.3-6

Hermanos: Hasta hoy, cada vez que los israelitas leen los libros de Moisés, un velo cubre sus mentes; «pero cuando se vuelve hacia el Señor, se quitará el velo». El Señor del que se habla es el Espíritu; y donde hay el Espíritu del Señor, hay libertad. Y nosotros todos, que llevamos la cara descubierta, reflejamos la gloria del Señor y nos vamos transformando en su imagen con resplandor creciente; así es como actúa el Señor que es Espíritu. Por esto, encargados de este servicio por la misericordia de Dios, no nos acobardamos. Si nuestro Evangelio sigue velado, es para los que van a la perdición, o sea, para los incrédulos; el dios de este mundo ha obcecado su mente para que no distingan el fulgor del glorioso Evangelio de Cristo, imagen de Dios. Porque no nos predicamos a nosotros, predicamos que Cristo es Señor, y nosotros siervos vuestros por Jesús. El Dios que dijo: «Brille la luz del seno de la tiniebla» ha brillado en nuestros corazones, para que nosotros iluminemos, dando a conocer la gloria de Dios, reflejada en Cristo.

Palabra de Dios.

SALMO RESPONSORIAL 84

R La gloria del Señor habitará en nuestra tierra.

Voy a escuchar lo que dice el Señor: | Dios anuncia la paz | a su pueblo y a sus amigos. | La salvación está ya cerca de sus fieles | y la gloria habitará en nuestra tierra. R

La misericordia y la fidelidad se encuentran, | la justicia y la paz se besan; | la fidelidad brota de la tierra | y la justicia mira desde el cielo. R

El Señor nos dará la lluvia, | y nuestra tierra dará su fruto. | La justicia marchará ante él, | la salvación seguirá sus pasos. R

ALELUYA p. 1932ss.

EVANGELIO p. 1471

JUEVES   Años pares

PRIMERA LECTURA

Elías oró, y el cielo dio su lluvia

LECTURA DEL PRIMER LIBRO DE LOS REYES   18, 41-46

En aquellos días, Elías dijo a Ajab: «Vete a comer y beber, que ya se oyó el ruido de la lluvia.» Ajab fue a comer y beber, mientras Elías subía a la cima del Carmelo; allí se encorvó hacia tierra, con el rostro en las rodillas, y ordenó a su criado: «Sube a otear el mar.» El criado subió, miró y dijo: «No se ve nada.» Elías ordenó: «Vuelve otra vez.» El criado volvió siete veces, y a la séptima dijo: «Sube del mar una nubecilla como la palma de una mano.» Entonces Elías le mandó: «Vete a decirle a Ajab que se enganche y se vaya, no le coja la lluvia.» En un instante se oscureció el cielo con nubes empujadas por el viento y empezó a diluviar. Ajab montó en el carro y marchó a Yezrael. Y Elías, con la fuerza del Señor, se ciñó y fue delante de Ajab, corriendo hasta la entrada de Yezrael.

Palabra de Dios.

SALMO RESPONSORIAL 64

℟ **Oh, Dios, tú mereces un himno en Sión.**

Tú cuidas de la tierra, la riegas | y la enriqueces sin medida; | la acequia de Dios va llena de agua, | preparas los trigales. ℟.

Riegas los surcos, igualas los terrenos, | tu llovizna los deja mullidos, | bendices sus brotes. ℟.

Coronas el año con tus bienes, | tus carriles rezuman abundancia; | rezuman los pastos del páramo, | y las colinas se orlan de alegría. ℟.

ALELUYA p. 1932ss.

EVANGELIO

Todo el que esté peleado con su hermano, será procesado

✠ **LECTURA DEL S. EVANGELIO SEGUN SAN MATEO** 5, 20-26

En aquel tiempo, dijo Jesús a sus discípulos: «Si no sois mejores que los letrados y fariseos, no entraréis en el Reino de los Cielos. Habéis oído que se dijo a los antiguos: No matarás, y el que mate será procesado. Pero yo os digo: todo el que esté peleado con su hermano, será procesado. Y si uno llama a su hermano «imbécil», tendrá que comparecer ante el Sanedrín, y si lo llama «renegado», merece la condena del fuego. Por tanto, si cuando vas a poner tu ofrenda sobre el altar, te acuerdas allí mismo de que tu hermano tiene quejas contra ti deja allí tu ofrenda ante el altar y vete primero a reconciliarte con tu hermano, y entonces vuelve a presentar tu ofrenda. Procura arreglarte con el que pone pleito, en seguida, mientras vais todavía de camino, no sea que te entregue al juez, y el juez al alguacil, y te metan en la cárcel. Te aseguro que no saldrás de allí hasta que no hayas pagado el último cuarto.

Palabra del Señor.

VIERNES **Años impares**

PRIMERA LECTURA

Quien resucitó al Señor Jesús, también con Jesús nos resucitará y nos hará estar con vosotros

LECTURA DE LA SEGUNDA CARTA DE SAN PABLO A LOS CORINTIOS 4, 7-15

Hermanos: Este tesoro lo llevamos en vasijas de barro, para que se vea que una fuerza tan extraordinaria es de Dios y no proviene de nosotros. Nos aprietan por todos lados, pero no nos aplastan; estamos apurados, pero no desesperados; acosados, pero no abandonados; nos derriban, pero no nos rematan; en toda ocasión y por todas partes llevamos en el cuerpo la muerte de Jesús, para que también la vida de Jesús se manifieste en nuestro cuerpo. Mientras vivimos, continuamente nos están entregando a la muerte, por causa de Jesús; para que también la vida de Jesús se manifieste en nuestra carne mortal. Así, la muerte está actuando en nosotros, y la vida en vosotros. Teniendo el mismo espíritu de fe, según lo que está escrito: «Creí, por eso hablé», también nosotros creemos y por eso hablamos, sabiendo que quien resucitó al Señor Jesús, también con Jesús nos resucitará y nos hará estar con vosotros. Todo es para vuestro bien. Cuantos más reciban la gracia, mayor será el agradecimiento, para gloria de Dios.

Palabra de Dios.

SALMO RESPONSORIAL 115

R Te ofreceré, Señor, un sacrificio de alabanza.

Tenía fe, aun cuando dije: | Qué desgraciado soy. | Yo decía en mi apuro: | Los hombres son unos mentirosos. R.

Mucho le cuesta al Señor | la muerte de sus fieles. | Señor, yo soy tu siervo, | siervo tuyo, hijo de tu esclava: | rompiste mis cadenas. R.

Te ofreceré un sacrificio de alabanza, | invocando tu nombre, Señor. | Cumpliré al Señor mis votos, | en presencia de todo el pueblo. R.

ALELUYA p. 1932ss.

EVANGELIO p. 1474

VIERNES   **Años pares**

Aguarda al Señor en el monte

LECTURA DEL PRIMER LIBRO DE LOS REYES

19, 9a.11-16

En aquellos días, al llegar Elías al monte de Dios, al Horeb, se refugió en una gruta. El Señor le dijo: «Sal y aguarda al Señor en el monte, que el Señor va a pasar.» Pasó antes del Señor un viento huracanado, que agrietaba los montes y rompía los peñascos: en el viento no estaba el Señor. Vino después un terremoto, y en el terremoto no estaba el Señor. Después vino un fuego, y en el fuego no estaba el Señor. Después se escuchó un susurro. Elías, al oírlo, se cubrió el rostro con el manto y salió a la entrada de la gruta. Una voz le preguntó; «¿Qué te trae por aquí, Elías?» Contestó: «Mi pasión por el Señor Dios de los Ejércitos. Porque los israelitas han abandonado tu alianza, han derribado tus altares y han pasado a cuchillo a tus profetas. He quedado yo sólo, y ahora me persiguen para matarme. El Señor le dijo: «Desanda el camino hasta el desierto de Damasco, y, cuando llegues, unge rey de Siria a Jazael, rey de Israel a Jesú hijo de Nimsí, y como profeta sucesor suyo a Eliseo hijo de Safat, natural de Abel-Mejolá.»

Palabra de Dios.

SALMO RESPONSORIAL 26

℟ **Tu rostro buscaré, Señor.**

Escúchame, Señor que te llamo, | ten piedad, respóndeme. | Oigo en mi corazón: Buscad mi rostro. ℟.

Tu rostro buscaré, Señor, | no me escondas tu rostro. | No rechaces con ira a tu siervo, | que tú eres mi auxilio; no me deseches. ℟.

Espero gozar de la dicha del Señor | en el país de la vida. | Espera en el Señor, sé valiente, | ten ánimo, espera en el Señor. ℟.

ALELUYA p. 1932ss.

EVANGELIO   Hch 16, 14

El que mira a una mujer casada deseándola, ya ha sido adúltero

✠ LECTURA DEL S. EVANGELIO SEGUN
SAN MATEO   5, 27-32

En aquel tiempo dijo Jesús a sus discípulos: «Habéis oído el mandamiento "no cometerás adulterio". Pues yo os digo: el que mira a una mujer casada deseándola, ya ha sido adúltero con ella en su interior. Si tu ojo derecho te hace caer, sácatelo y tíralo. Más te vale perder un miembro, que ser echado entero en el Abismo. Si tu mano derecha te hace caer, córtatela y tírala, porque más te vale perder un miembro, que ir a parar entero al Abismo. Está mandado: El que se divorcie de su mujer, que le dé acta de repudio. Pues yo os digo: el que se divorcie de su mujer —excepto en caso de prostitución— le induce al adulterio, y el que se case con la divorciada comete adulterio.»

Palabra del Señor.

SABADO   Años impares

PRIMERA LECTURA

Al que no había pecado, Dios le hizo expiar nuestros pecados

LECTURA DE LA SEGUNDA CARTA DE
SAN PABLO A LOS CORINTIOS   5, 14-21

Hermanos: Nos apremia el amor de Cristo, al considerar que, si uno murió por todos, todos murieron. Cristo murió por todos, para que los que viven, ya no vivan para sí, sino para el que murió y resucitó por ellos. Por tanto, no valoramos a nadie por criterios humanos. Si alguna vez juzgamos a Cristo según tales criterios, ahora ya no. El que es de Cristo es una criatura nueva: lo antiguo ha pasado, lo nuevo ha comenzado. Todo esto viene de Dios, que por medio de Cristo nos reconcilió consigo y nos encargó el servicio de reconciliar. Es decir, Dios mismo estaba en Cristo reconciliando al mundo consigo, sin pedirle cuentas de sus pecados, y a nosotros nos ha confiado el mensaje de la reconciliación. Por eso, nosotros actuamos como enviados de Cristo, y es como si Dios mismo os exhortara por medio nuestro. En nombre de Cristo os pedimos que os reconciliéis con Dios. Al que no había pecado, Dios lo hizo expiar por nuestros pecados, para que nosotros, unidos a él, recibamos la salvación de Dios.

Palabra de Dios.

SALMO RESPONSORIAL 102

℟ **El Señor es compasivo y misericordioso.**

Bendice, alma mía, al Señor, | y todo mi ser a su santo nombre. | Bendice, alma mía, al Señor, | y no olvides sus beneficios. ℟.

El perdona todas tus culpas, | y cura todas tus enfermedades; | él rescata tu vida de la fosa | y te colma de gracia y de ternura. ℟.

El Señor es compasivo y misericordioso, | lento a la ira y rico en clemencia; | no está siempre acusando, | ni guarda rencor perpetuo. ℟.

Como se levanta el cielo sobre la tierra, | se levanta su bondad sobre sus fieles; | como dista el oriente del ocaso, | así aleja de nosotros nuestros delitos. ℟.

ALELUYA p. 1932ss.

EVANGELIO p. 1477

SABADO   **Años pares**

PRIMERA LECTURA

Eliseo se marchó tras Elías

LECTURA DEL PRIMER LIBRO DE LOS REYES   19, 19-21

En aquellos días, Elías se marchó del monte y encontró a Eliseo, hijo de Safat, arando con doce yuntas en fila, y él llevaba la última. Elías pasó a su lado y le echó encima su manto. Entonces Eliseo, dejando los bueyes, corrió tras Elías y le pidió: «Déjame decir adiós a mis padres; luego vuelvo y te sigo.» Elías contestó: «Ve y vuelve, ¿quién te lo impide?» Eliseo dio la vuelta, cogió la yunta de bueyes y los mató, hizo fuego con los aperos, asó la carne y ofreció de comer a su gente. Luego se levantó, marchó tras Elías y se puso a sus órdenes.

Palabra de Dios.

SALMO RESPONSORIAL 15

℟ **Tu eres, Señor, el lote de mi heredad.**

Protégeme, Dios mío, que me refugio en ti; | yo digo al Señor: Tú eres mi bien. | El Señor es el lote de mi heredad y mi copa, | mi suerte está en tu mano. ℟.

Bendeciré al Señor que me aconseja, | hasta de noche me instruye internamente. | Tengo siempre presente al Señor, | con él a mi derecha no vacilaré. ℟.

Por eso se me alegra el corazón, | se gozan mis entrañas | y mi carne descansa serena: | porque no me entregarás a la muerte | ni dejarás a tu fiel conocer la corrupción. ℟.

ALELUYA p. 1932ss.

EVANGELIO   Sal 118, 36 29

Yo os digo que no juréis en absoluto

✠ LECTURA DEL S. EVANGELIO SEGUN
SAN MATEO   5, 33-37

En aquel tiempo, dijo Jesús a sus discípulos: «Sabéis que se
mandó a los antiguos: No jurarás en falso y cumplirás tus votos
al Señor. Pues yo os digo que no juréis en absoluto: ni por el
cielo, que es el trono de Dios; ni por la tierra, que es estrado de
sus pies; ni por Jerusalén, que es la ciudad del Gran Rey. Ni jures por tu cabeza, pues no puedes volver blanco o negro un solo
pelo. A vosotros os basta decir sí o no. Lo que pasa de ahí viene
del Maligno.»

Palabra del Señor.

UNDECIMA SEMANA

LUNES   Años impares

PRIMERA LECTURA

Damos prueba de que somos servidores de Dios

LECTURA DE LA SEGUNDA CARTA DE
SAN PABLO A LOS CORINTIOS

6, 1-10

Hermanos: Como cooperadores suyos que somos, os exhortamos a no echar en saco roto la gracia de Dios. Porque él dice: En el tiempo de la gracia te escucho, en el día de la salvación te ayudo. Pues mirad: Ahora es el tiempo de la gracia, ahora es el día de la salvación. Para no poner en ridículo nuestro servicio, nunca damos a nadie motivo de escándalo; antes bien, continuamente damos prueba de que somos servidores de Dios con lo mucho que pasamos: luchas, infortunios, apuros, golpes, cárceles, motines, fatigas, noches sin dormir y días sin comer; procedemos con limpieza, saber, paciencia y amabilidad; con los dones del Espíritu y con amor sincero, llevando el mensaje de la verdad y la fuerza de Dios. Con la derecha y con la izquierda empuñamos la armas de la salvación, a través de honra y afrenta, de mala y buena fama. Somos los impostores que dicen la verdad, los desconocidos conocidos de sobra, los moribundos que están bien vivos, los sentenciados nunca ajusticiados, los afligidos siempre alegres, los pobres que enriquecen a muchos, los necesitados que todo lo poseen.

Palabra de Dios.

SALMO RESPONSORIAL 97

℞ **El Señor da a conocer su victoria.**

Cantad al Señor un cántico nuevo, | porque ha hecho maravillas; | su diestra le ha dado la victoria, | su santo brazo. ℞.

El Señor da a conocer su victoria | revela a las naciones su justicia; | se acordó de su misericordia y su fidelidad | en favor de la casa de Israel. ℞.

Los confines de la tierra han contemplado | la victoria de nuestro Dios. | Aclama al Señor, tierra entera, | gritad, vitoread, tocad. R.

ALELUYA p. 1932ss.

EVANGELIO p. 1480

LUNES
Años pares

PRIMERA LECTURA

Nabot ha muerto apedreado

LECTURA DEL PRIMER LIBRO DE LOS REYES
21, 1-16

Nabot el de Yezrael tenía una viña pegando al palacio de Ajab, rey de Samaría. Ajab le propuso: «Dame la viña para hacerme yo una huerta, ya que está cerca, pegando a mi casa; yo te daré en cambio una viña mejor, o, si prefieres, te pago en dinero.» Nabot le respondió: "¡Dios me libre de cederte la heredad de mis padres!" Ajab marchó a casa malhumorado y enfurecido por la respuesta de Nabot el de Yezrael, aquello de: No te cederé la heredad de mis padres. Se tumbó en la cama, volvió la cara y no quiso probar alimento. Su esposa Jezabel se le acercó y le dijo: «¿Por qué estás de mal humor y no quieres probar alimento?» Él contestó: «Es que hablé a Nabot el de Yezrael y le propuse: Véndeme la viña, o, si prefieres, te la cambio por otra. Y me dice: No te doy mi viña». Entonces Jezabel dijo: «¿Y eres tú el que manda en Israel? ¡Arriba! A comer, que te sentará bien. ¡Yo te daré la viña de Nabot el de Yezabel!» Escribió unas cartas en nombre de Ajab, las selló con el sello del rey y las envió a los ancianos y notables de la ciudad, paisanos de Nabot. Las cartas decían: «Proclamad un ayuno y sentad a Nabot en primera fila.

Sentad en frente a dos canallas que depongan contra él. ¡Has maldecido a Dios y al rey! Lo sacáis afuera y lo apedreáis hasta que muera.» Los paisanos de Nabot, los ancianos y notables que vivían en la ciudad, hicieron tal como les decía Jezabel, tal como estaba escrito en las cartas que habían recibido. Proclamaron un ayuno y sentaron a Nabot en primera fila; llegaron dos canallas, se le sentaron en frente y testificaron contra Nabot públicamente: «Nabot ha maldecido a Dios y al rey.» Lo sacaron fuera de la ciudad y lo apedrearon hasta que murió. Entonces informaron a Jezabel: «Nabot ha muerto apedreado.» En cuanto oyó Jezabel que Nabot había muerto apedreado, dijo a Ajab: «Hala, toma posesión de la viña de Nabot, el de Yezrael, que no quiso vendértela. Nabot ya no vive, ha muerto.» En cuanto oyó Ajab que Nabot había muerto, se levantó y bajó a tomar posesión de la viña de Nabot el de Yezrael.

Palabra de Dios.

SALMO RESPONSORIAL 5

R Atiende a mis gemidos, Señor.

Señor, escucha mis palabras, | atiende a mis gemidos, | haz caso de mis gritos de socorro, | Rey mío y Dios mío. R.

Tú no eres un Dios que ame la maldad, | ni el malvado es tu huésped, | ni el arrogante se mantiene en tu presencia. R.

Detestas a los malhechores, | destruyes a los mentirosos; | al hombre sanguinario y traicionero | lo aborrece el Señor. R.

ALELUYA p. 1932ss.

EVANGELIO

Yo os digo: No hagáis frente al que os agravia

✠ LECTURA DEL SANTO EVANGELIO
SEGUN SAN MATEO
                                                            5, 38-42

En aquel tiempo, dijo Jesús a sus discípulos: «Sabéis que está mandado: Ojo por ojo, diente por diente. Pues yo os digo: No

hagáis frente al que os agravia. Al contrario, si uno te abofetea
en la mejilla derecha, preséntale la otra; al que quiera ponerte
pleito para quitarte la túnica, dale también la capa; a quien te requiera para caminar una milla, acompáñalo dos; a quien te pide,
dale; y al que te pide prestado, no lo rehúyas.»

Palabra del Señor.

MARTES   **Años impares**

PRIMERA LECTURA

Cristo por vosotros se hizo pobre

LECTURA DE LA SEGUNDA CARTA DE
SAN PABLO A LOS CORINTIOS   8, 1-9

Hermanos: Os informo del favor que Dios ha hecho a las
iglesias de Macedonia: En las pruebas y desgracias creció su alegría; y su pobreza extrema se desbordó en un derroche de generosidad. Con todas sus fuerzas y aun por encima de sus fuerzas
—os lo aseguro—, con toda espontaneidad e insistencia me pidieron como un favor que aceptara su aportación en la colecta a
favor de los hermanos. Y dieron más de lo que yo esperaba: se
dieron a sí mismos; primero al Señor y luego, como Dios quería,
también a mí. En vista de eso, como fue Tito quien empezó la
cosa, le he pedido que dé el último toque entre vosotros a esta
obra de caridad. Ya que sobresalís en todo; en la fe, en la palabra, en el conocimiento, en el empeño y en el cariño que nos tenéis, distinguíos también ahora por vuestra generosidad. No es
que os lo mande, os hablo del empeño de otros para comprobar
si también vuestra caridad es genuina. Bien sabéis lo generoso
que ha sido nuestro Señor Jesucristo: siendo rico, por vosotros
se hizo pobre, para que vosotros, con su pobreza, os hagáis ricos.

Palabra de Dios.

SALMO RESPONSORIAL 145

℟ **Alaba, alma mía, al Señor.**

Alabaré al Señor mientras viva, | tañeré para mi Dios mientras exista. ℟.

Dichoso a quien auxilia el Dios de Jacob, | el que espera en el Señor su Dios, | que hizo el cielo y la tierra, | el mar y cuanto hay en él; | que mantiene su fidelidad perpetuamente. ℟.
Que hace justicia a los oprimidos, | que da pan a los hambrientos, | el Señor liberta a los cautivos. ℟.

El Señor abre los ojos al ciego, | el Señor endereza a los que ya se doblan; | el Señor ama a los justos, | el Señor guarda a los peregrinos. ℟.

ALELUYA p. 1932ss.
EVANGELIO p. 1483

MARTES　　　　　　　　　　　　　　　**Años pares**

PRIMERA LECTURA

Has hecho pecar a Israel

LECTURA DEL PRIMER LIBRO DE LOS REYES

21, 17-29

Después de la muerte de Nabot, el Señor dirigió la palabra a Elías, el tesbita: «Anda, baja al encuentro de Ajab de Israel, que vive en Samaria. Mira, está en la viña de Nabot, adonde ha bajado para tomar posesión. Dile: Así dice el Señor: ¿Has asesinado, y encima robas? Por eso, así dice el Señor: En el mismo sitio donde los perros han lamido la sangre de Nabot, también a ti los perros te lamerán la sangre.» Ajab dijo a Elías: «¡Con que me has sorprendido, enemigo mío!» Y Elías repuso: «¡Te he sorprendido! Por haberte vendido, haciendo lo que el Señor reprueba, aquí estoy para castigarte; te dejaré sin descendencia, te exterminaré todo israelita varón, esclavo o libre. Haré con tu casa como con la de Jeroboán, hijo de Nabat, y la de Basá, hijo de Ajías,

porque me has irritado y has hecho pecar a Israel. (También ha
hablado el Señor contra Jezabel: Los perros la devorarán en el
campo de Yezrael.) A los de Ajab que mueran en poblado los
devorarán los perros, y a los que mueran en descampado los devorarán las aves del cielo.» Y es que no hubo otro que se ven-
diera como Ajab para hacer lo que el Señor reprueba, empujado
por su mujer Jezabel. Procedió de una manera abominable, siguiendo a los ídolos, igual que hacían los amorreos a quienes el
Señor había expulsado ante los israelitas. En cuanto Ajab oyó
aquellas palabras, se rasgó las vestiduras, se vistió un sayal y ayu-
nó; se acostaba con el sayal puesto y andaba taciturno. El Señor
dirigió la palabra a Elías el tesbita: «¿Has visto cómo se ha humillado Ajab ante mí? Por haberse humillado ante mí, no le castigaré mientras viva; castigaré a su familia en tiempo de su hijo.»

Palabra de Dios.

SALMO RESPONSORIAL 50

℟ **Misericordia, Señor, hemos pecado.**

Misericordia, Dios mío, por tu bondad, | por tu inmensa
compasión borra mi culpa. | Lava del todo mi delito, | limpia mi
pecado. ℟.

Pues yo reconozco mi culpa, | tengo siempre presente mi pe-
cado. | Contra ti, contra ti solo pequé, | cometí la maldad que
aborreces. ℟.

Aparta de mi pecado tu vista, | borra en mí toda cul-
pa. | ¡Líbrame de la sangre, oh Dios, | Dios, Salvador mío! | y
cantará mi lengua tu justicia. ℟.

ALELUYA p. 1932ss.

EVANGELIO   1 Jn 2, 5

Amad a vuestros enemigos

✠ **LECTURA DEL S. EVANGELIO SEGUN
SAN MATEO**   5, 43-48

En aquel tiempo, dijo Jesús a sus discípulos: «Habéis oído
que se dijo: Amarás a tu prójimo y aborrecerás a tu enemigo.

Yo, en cambio, os digo: Amad a vuestros enemigos, haced el
bien a los que os aborrecen y rezad por los que os persiguen y
calumnian. Así seréis hijos de vuestro padre que está en el cielo,
que hace salir su sol sobre malos y buenos, y manda la lluvia a
justos e injustos. Porque, si amáis a los que os aman, ¿qué premio tendréis? ¿No hacen lo mismo también los publicanos? Y si
saludáis sólo a vuestro hermano, ¿qué hacéis de extraordinario?
¿No hacen lo mismo también los paganos? Por tanto, sed perfectos como vuestro Padre celestial es perfecto.»

Palabra del Señor.

MIERCOLES   Años impares

PRIMERA LECTURA

Al que da de buena gana lo ama Dios

LECTURA DE LA SEGUNDA CARTA DE
SAN PABLO A LOS CORINTIOS   9, 6-11

Hermanos: El que siembra tacañamente, tacañamente cosechará; y el que siembra generosamente, generosamente cosechará.
Cada uno dé como haya decidido su conciencia; no a disgusto ni
por compromiso; porque al que da de buena gana lo ama Dios.
Tiene Dios poder para colmaros de toda clase de favores, de
modo que, teniendo siempre lo suficiente, os sobre para obras de
caridad. Como dice la Escritura: «Reparte limosna a los pobres,
su caridad es constante, sin falta.» El que proporciona «semilla
para sembrar y pan para comer», os proporcionará y aumentará
la semilla, y multiplicará la cosecha de vuestra caridad. Siempre
seréis ricos para ser generosos, y así, por medio nuestro, se dará
gracias a Dios.

Palabra de Dios.

SALMO RESPONSORIAL 111

℞ **Dichoso quien teme al Señor.**

Dichoso quien teme al Señor | y ama de corazón sus manda-
tos. | Su linaje será poderoso en la tierra, | la descendencia del
justo será bendita. ℞.

En su casa habrá riquezas y abundancia, | su caridad es cons-
tante, sin falta. | En las tinieblas brilla como una luz | el que es
justo, clemente y compasivo. ℞.

Reparte limosna a los pobres, | su caridad es constante, sin
falta | y alzará la frente con dignidad. ℞.

ALELUYA p. 1932ss.

EVANGELIO p. 1486

MIERCOLES　　　　　　　　　　　　　　**Años pares**

PRIMERA LECTURA

Los separó un carro de fuego, y Elías subió al cielo

LECTURA DEL SEGUNDO LIBRO DE LOS REYES　　　2, 1.6-14

Cuando el Señor iba a arrebatar a Elías al cielo en el torbellino, Elías y Eliseo se marcharon de Guilgal. Llegaron a Jericó, y
Elías dijo a Eliseo: «Quédate aquí, porque el Señor sólo me envía hasta el Jordán.» Eliseo respondió: «¡Vive Dios! Por tu vida,
no te dejaré.» Y los dos siguieron caminando. También marcharon cincuenta hombres de la comunidad de profetas y se pararon
frente a ellos, a cierta distancia. Los dos se detuvieron frente al
Jordán; Elías cogió su manto, lo enrolló, golpeó el agua, el agua
se dividió por medio, y así pasaron ambos a pie enjuto. Mientras
pasaban el río, dijo Elías a Eliseo: «Pídeme lo que quieras antes

de que me aparte de tu lado.» Eliseo pidió: «Déjame en herencia dos tercios de tu espíritu.» Elías comentó: «¡No pides nada! Si logras verme cuando me aparten de tu lado, lo tendrás; pero si no me ves, no lo tendrás.» Mientras ellos seguían conversando por el camino, los separó un carro de fuego con caballos de fuego, y Elías subió al cielo en el torbellino. Eliseo lo miraba y gritaba: «¡Padre mío, padre mío, carro y auriga de Israel!» Y ya no lo vio más. Entonces agarró su túnica y la rasgó en dos; luego recogió el manto que se le había caído a Elías, se volvió y se detuvo a la orilla del Jordán; y, agarrando el manto de Elías, golpeó el agua, diciendo: «¿Dónde está el Dios de Elías, dónde?» Golpeó el agua, el agua se dividió por medio y Eliseo cruzó.

Palabra de Dios.

SALMO RESPONSORIAL 30

R Sed fuertes y valientes de corazón, los que esperáis en el Señor.

Qué bondad tan grande, Señor, | reservas para tus fieles | y concedes a los que a ti se acogen | a la vista de todos. R.

En el asilo de tu presencia los escondes | de las conjuras humanas; | los ocultas en tu tabernáculo, | frente a las lenguas pendencieras. R.

Amad al Señor, fieles suyos: | el Señor guarda a sus leales | y paga con creces a los soberbios. R.

ALELUYA p. 1932ss.

EVANGELIO   Sal 24, 4, 5

Tu Padre, que ve en lo escondido, te recompensará

✠ LECTURA DEL S. EVANGELIO SEGUN SAN MATEO   6, 1-6.16-18

En aquel tiempo, dijo Jesús a sus discípulos: «Cuidad de no practicar vuestra justicia delante de los hombres para ser vistos por ellos; de lo contrario no tendréis recompensa de vuestro Padre celestial. Por tanto, cuando hagas limosna, no vayas tocando la trompeta por delante, como hacen los hipócritas en las sinagogas y por las calles, con el fin de ser honrados por los hombres; os aseguro que ya han recibido su paga. Tú, en cambio, cuando hagas limosna, que no sepa tu mano izquierda lo que hace tu derecha; así tu limosna quedará en secreto, y tu Padre, que ve en lo secreto, te lo pagará. Cuando recéis, no seáis como los hipócritas, a quienes les gusta rezar de pie en las sinagogas y en las esquinas de las plazas, para que los vea la gente. Os aseguro que ya han recibido su paga. Cuando tú vayas a rezar, entra en tu cuarto, cierra la puerta y reza a tu Padre, que está en lo escondido, y tu Padre, que ve en lo escondido, te lo pagará. Cuando ayunéis, no andéis cabizbajos, como los farsantes que desfiguran su cara para hacer ver a la gente que ayunan. Os aseguro que ya han recibido su paga. Tú, en cambio, cuando ayunes, perfúmate la cabeza y lávate la cara, para que tu ayuno lo note, no la gente, sino tu Padre, que está en lo escondido; y tu Padre, que ve en lo escondido, te recompensará.»

Palabra del Señor.

JUEVES   Años impares

PRIMERA LECTURA

Os anuncié de balde el Evangelio de Dios

LECTURA DE LA SEGUNDA CARTA DE SAN PABLO A LOS CORINTIOS   11, 1-11

Hermanos: Ojalá me toleraseis unos cuantos desvaríos; bueno, ya sé que me los toleráis. Tengo celos de vosotros, los celos de Dios; quise desposaros con un solo marido, presentándoos a Cristo como una virgen fiel. Pero me temo que, igual que la serpiente sedujo a Eva con su astucia, se pervierta vuestro modo de pensar y abandone la entrega y fidelidad a Cristo. Se presenta cualquiera predicando un Jesús diferente del que yo predico, os propone un espíritu diferente del que recibisteis, y un Evangelio diferente del que aceptasteis, y lo toleráis tan tranquilos. ¿En qué soy yo menos que esos superapóstoles? En el hablar soy inculto, de acuerdo, pero en el saber no, como os lo he demostrado siempre y en todo. ¿Hice mal en abajarme para elevaros a vosotros? Lo digo porque os anuncié de balde el Evangelio de Dios. Para estar a vuestro servicio tuve que saquear a otras comunidades, aceptando un subsidio. Mientras estuve con vosotros, aunque pasara necesidad, no me aproveché de nadie; los hermanos que llegaron de Macedonia pagaron mis cuentas. Mi norma fue y seguirá siendo no seros gravoso en nada. Tan verdad como que soy cristiano, que nadie en toda Grecia me quitará esta satisfacción. ¿Por qué? ¿Porque no os quiero? Bien lo sabe Dios.

Palabra de Dios.

SALMO RESPONSORIAL 110

℟ **Justicia y verdad son las obras de tus manos, Señor.**

Doy gracias al Señor de todo corazón, | en compañía de los rectos, en la asamblea. | Grandes son las obras del Señor, | dignas de estudio para los que las aman. ℟.

Esplendor y belleza son su obra, | su generosidad dura por siempre; | ha hecho maravillas memorables, | el Señor es piadoso y clemente. ℟.

Justicia y verdad son las obras de sus manos, | todos sus preceptos merecen confianza: | son estables para siempre jamás, | se han de cumplir con verdad y rectitud. ℟.

ALELUYA p. 1932ss.

EVANGELIO p. 1490

JUEVES   Años pares

Elías fue arrebatado en el torbellino y Eliseo recibió dos tercios de su espíritu

LECTURA DEL LIBRO DEL ECLESIÁSTICO   48, 1-15

Surgió Elías, un profeta como un fuego, cuyas palabras eran horno encendido; les quitó el sustento del pan, con su celo los diezmó; con oráculo divino sujetó el cielo e hizo bajar tres veces fuego. ¡Qué terrible era, Elías!, ¿quién se te compara en gloria? Tú resucitaste un muerto, sacándolo del Abismo por voluntad del Señor; hiciste bajar reyes a la tumba y nobles desde sus lechos; ungiste reyes vengadores y nombraste un profeta como sucesor. Escuchaste en Sinaí amenazas y sentencias vengadoras en Horeb. Un torbellino te arrebató a la altura, tropeles de fuego hacia el cielo. Está escrito que te reservan para el momento de aplacar la ira antes de que estalle, para reconciliar a padres con hijos, para restablecer las tribus de Israel. Dichoso quien te vea antes de morir y más dichoso tú que vives. Elías fue arrebatado en el torbellino y Eliseo recibió dos tercios de su espíritu. En vida hizo múltiples milagros y prodigios con sólo decirlo; en vida no temió a ninguno, nadie pudo sujetar su espíritu; no hubo milagro que lo excediera: bajo él revivió la carne; en vida hizo maravillas y en muerte, obras asombrosas.

Palabra de Dios.

SALMO RESPONSORIAL 96

℞ **Alegraos, justos, con el Señor.**

El Señor reina, la tierra goza, | se alegran las islas innumerables. | Tiniebla y Nube lo rodean, | Justicia y Derecho sostienen su trono. ℞.

Delante de él avanza fuego, | abrasando en torno a los enemigos; | sus relámpagos deslumbran el orbe, | y, viéndolos, la tierra se estremece. ℞.

Los montes se derriten como cera | ante el dueño de toda la tierra. | Los cielos pregonan su justicia | y todos los pueblos contemplan su gloria. ℞.

Los que adoran estatuas se sonrojan, | y los que ponen su orgullo en los ídolos. | Ante él se postran todos los dioses. ℞.

ALELUYA p. 1932ss.

EVANGELIO

Vamos, rezad así

✠ LECTURA DEL S. EVANGELIO SEGUN
SAN MATEO   6, 7-15

En aquel tiempo, dijo Jesús a sus discípulos: «Cuando recéis no uséis muchas palabras como los paganos, que se imaginan que por hablar mucho les harán caso. No seáis como ellos, pues vuestro Padre sabe lo que os hace falta antes que se lo pidáis. Vosotros rezad así: Padre nuestro del cielo, santificado sea tu nombre, venga tu reino, hágase tu voluntad en la tierra como en el cielo, danos hoy el pan nuestro, perdónanos nuestras ofensas, pues nosotros hemos perdonado a los que nos han ofendido, no nos dejes caer en tentación, sino líbranos del maligno. Porque si perdonáis a los demás sus culpas, también vuestro Padre del cielo os perdonará a vosotros. Pero si no perdonáis a los demás, tampoco vuestro Padre perdonará vuestras culpas.»

Palabra del Señor.

VIERNES   Años impares

PRIMERA LECTURA

Aparte todo lo demás, llevo la carga de cada día, la preocupación por todas las comunidades

LECTURA DE LA SEGUNDA CARTA DE
SAN PABLO A LOS CORINTIOS   11, 18.21b-30

Hermanos: Son tantos los que presumen de títulos humanos, que también yo voy a presumir. Pues si otros se dan importancia, voy a ponerme tonto y a dármela yo también. ¿Que son hebreos? También yo. ¿Que son linaje de Israel? También yo. ¿Que son descendientes de Abrahán? También yo. ¿Que sirven a Cristo? Voy a decir un disparate: mucho más yo. Les gano en fatigas, les gano en cárceles, no digamos en palizas, y en peligros de muerte les gano muchísimo. Los judíos me han azotado cinco veces, con los cuarenta golpes menos uno; tres veces he sido apaleado, una vez me han apedreado, he tenido tres naufragios y pasé una noche y un día en el agua. Cuántos viajes a pie, con peligros de ríos, con peligros de bandoleros, peligros entre mi gente, peligros entre paganos, peligros en la ciudad, peligros en despoblado, peligros en el mar, peligros con los falsos hermanos. Muerto de cansancio, sin dormir muchas noches, con hambre y sed, a menudo en ayunas, con frío y sin ropa. Y aparte todo lo demás, la carga de cada día, la preocupación por todas las comunidades. ¿Quién enferma sin que yo enferme? ¿Quién cae sin que a mí me dé fiebre? Si hay que presumir, presumiré de lo que muestra mi debilidad.

Palabra de Dios.

SALMO RESPONSORIAL 33

℞ **El Señor libra a los justos de todas sus angustias**

Bendigo al Señor en todo momento, | su alabanza está siempre en mi boca; | mi alma se gloría en el Señor: | que los humildes lo escuchen y se alegren. ℞.

Proclamad conmigo las grandezas del Señor, | ensalcemos juntos su nombre. | Yo consulté al Señor y me respondió, | me libró de todas mis ansias. ℞.

Contempladlo y quedaréis radiantes, | vuestro rostro no se avergonzará. | Si el afligido invoca al Señor, él lo escucha | y lo salva de sus angustias. ℞.

ALELUYA p. 1932ss.
EVANGELIO p. 1493

VIERNES　　　　　　　　　　　　　　　**Años pares**

Ungió a Joás y todos aclamaron: ¡Viva el rey!

LECTURA DEL SEGUNDO LIBRO DE LOS REYES
　　　　　　　　　　　　　　　　　　11, 1-4.9-18.20

En aquellos días, cuando Atalía, madre de Ocozías, vio que su hijo había muerto, empezó a exterminar a toda la familia real. Pero cuando los hijos del rey estaban siendo asesinados, Joseba, hija del rey Jorán y hermana de Ocozías, raptó a Joás, hijo de Ocozías, y lo escondió con su nodriza en el dormitorio; así se lo ocultó a Atalía y lo libró de la muerte. El niño estuvo escondido con ella en el templo durante seis años, mientras en el país reinaba Atalía. Al año séptimo, Yehoyadá mandó a buscar a los oficiales de los Carios y de la escolta; los llamó a su presencia, en el templo, se juramentó con ellos y les presentó al hijo del rey. Los centuriones hicieron lo que les mandó el sacerdote Yehoyadá; cada uno reunió a sus hombres, los que estaban de servicio el sábado y los que quedaban libres, y se presentaron al sacerdote Yehoyadá. El sacerdote entregó a los oficiales las lanzas y los escudos del rey David, que se guardaban en el templo. Los de la escolta se colocaron, empuñando las armas, desde el ángulo sur hasta el ángulo norte del templo, entre el altar y el templo, para proteger al rey. Entonces Yehoyadá sacó al hijo del rey, le colocó la diadema y las insignias, lo ungió rey, y todos aplaudieron, aclamando «¡Viva el rey!» Atalía oyó el clamor de la tropa y se fue hacia la gente, al templo. Pero cuando vio al rey en pie sobre el estrado, como es costumbre, y a los oficiales y la banda cerca del rey, toda la población en fiesta, y las trompetas tocando, se rasgó las vestiduras y gritó: «¡Traición, traición!» El sacerdote Yehoyadá ordenó a los oficiales que mandaban las fuerzas: «Sacadla del atrio. Al que la siga, lo matáis» (pues no quería que la matasen en el templo). La fueron empujando con las manos y, cuando llegaba al palacio por la puerta de las Caballerizas, allí la mataron. Yehoyadá selló el pacto entre el Señor, el rey y el pueblo, para que fuera el pueblo del Señor. Toda la población se dirigió luego al templo de Baal; lo destruyeron, derribaron sus altares, trituraron las imágenes, y a Matán, sacerdote de Baal, lo degollaron ante el altar. El sacerdote Yehoyadá puso guardias en el templo. Toda la población hizo fiesta y la ciudad quedó tranquila. A Atalía la habían matado en el palacio.

Palabra de Dios.

SALMO RESPONSORIAL 131

℟ **El señor ha elegido a Sión, ha deseado vivir en ella.**

El señor ha jurado a David | una promesa que no retractará: | A uno de tu linaje | pondré sobre tu trono. ℟·

Si tus hijos guardan mi alianza | y los mandatos que les enseño, | también sus hijos, por siempre, | se sentarán sobre tu trono. ℟·

Porque el Señor ha elegido a Sión, | ha deseado vivir en ella: | Esta es mi mansión por siempre; | aquí viviré, porque la deseo. ℟·

Haré germinar el vigor de David, | enciendo una lámpara para mi Ungido. | A sus enemigos los vestiré de ingnominia, | sobre él brillará mi diadema. ℟·

ALELUYA p. 1932ss.

EVANGELIO

Donde está tu tesoro, allí está tu corazón

✠ LECTURA DEL S. EVANGELIO SEGUN SAN MATEO   6, 19-23

En aquel tiempo, dijo Jesús a sus discípulos: «No amontonéis tesoros en la tierra, donde la polilla y carcoma los roen, donde los ladrones abren boquetes y los roban. Amontonad tesoros en el cielo, donde no hay polilla ni carcoma que se los roan,

ni ladrones que abran boquetes y roben. Porque donde está tu
tesoro, allí está tu corazón. La lámpara del cuerpo es el ojo. Si
tu ojo está sano, tu cuerpo entero tendrá luz; si tu ojo está enfermo, tu cuerpo entero estará a oscuras. Y si la única luz que tienes está oscura, ¡cuánta será la oscuridad!»

Palabra del Señor.

SABADO   Años impares

PRIMERA LECTURA

Muy a gusto presumo de mis debilidades

LECTURA DE LA SEGUNDA CARTA DE
SAN PABLO A LOS CORINTIOS
                                             12, 1-10

Hermanos: Toca presumir. Ya sé que no está bien, pero paso
a las visiones y revelaciones del Señor. Yo sé de un cristiano que
hace catorce años fue arrebatado hasta el tercer cielo, con el
cuerpo o sin cuerpo, ¿qué sé yo? Dios lo sabe; lo cierto es que
ese hombre fue arrebatado al paraíso y oyó palabras arcanas, que
un hombre no es capaz de repetir; con el cuerpo o sin cuerpo,
¿qué sé yo? Dios lo sabe. De uno como ése podría presumir; lo
que es yo, sólo presumiré de mis debilidades. Y eso que, si quisiera presumir, no haría el tonto, diría la pura verdad; pero lo
dejo, para que se hagan una idea de mí sólo por lo que ven y
oyen. Por la grandeza de estas revelaciones, para que no tenga
soberbia, me han metido una espina en la carne: un emisario de
Satanás que me apalea, para que no sea soberbio. Tres veces le
he pedido al Señor verme libre de él y me ha respondido: «Te
basta mi gracia: la fuerza se realiza en la debilidad.» Por eso,
muy a gusto presumo de mis debilidades, porque así residirá en
mí la fuerza de Cristo. Por eso vivo contento en medio de mis
debilidades, de los insultos, las privaciones, las persecuciones y

las dificultades sufridas por Cristo. Porque cuando soy débil, entonces soy fuerte.

Palabra de Dios.

SALMO RESPONSORIAL 33

℟ **Gustad y ved qué bueno es el Señor.**

El ángel del Señor acampa | en torno a sus fieles, y los protege. | Gustad y ved qué bueno es el Señor, | dichoso el que se acoge a él. ℟.

Todos sus santos, temed al Señor, | porque nada les falta a los que lo temen; | los ricos empobrecen y pasan hambre, | los que buscan al Señor no carecen de nada. ℟.

Venid, hijos, escuchadme: | os instruiré en el temor del Señor; | ¿hay alguien que ame la vida | y desee días de prosperidad?

ALELUYA p. 1932ss.

EVANGELIO p. 1497

SABADO   Años pares

PRIMERA LECTURA

Zacarías, a quien matasteis entre el templo y el altar

LECTURA DEL SEGUNDO LIBRO DE LAS CRONICAS
24, 17-25

Cuando murió Yehoyadá, los jefes de Judá fueron a postrarse ante el rey y éste siguió sus consejos. Se olvidaron del templo del Señor, Dios de sus padres, y dieron culto a las estelas y a los ídolos. Este pecado provocó la ira de Dios sobre Judá y Jerusalén. Les envió profetas para que se convirtiesen, pero no hicie-

ron caso a sus amonestaciones. Entonces el Espíritu de Dios re-
vistió a Zacarías, hijo del sacerdore Yehoyadá, que se presentó
ante el pueblo y le dijo: «Esto dice el Señor: ¿Por qué no cumplís los preceptos del Señor? Vais al fracaso. Habéis abandonado
al Señor y él os abandonará a su vez.» Pero ellos conspiraron
contra él y lo apedrearon en el atrio del templo por orden del
rey. El rey Joás, sin tener en cuenta el bien que le había hecho
Yehoyadá, mató a su hijo Zacarías, que murió diciendo: «¡Que el
Señor te lo tome en cuenta!» Al cabo de un año, un ejército de
Siria se dirigió contra Joás, penetró en Judá, hasta Jerusalén;
mataron a todos los jefes del pueblo y enviaron todo el botín al
rey de Damasco. El ejército de Siria no era muy numeroso, pero
el Señor le entregó un ejército enorme, porque el pueblo había
abandonado al Señor, Dios de sus padres. Así se vengaron de
Joás. Al retirarse los sirios, dejándolo gravemente herido, sus
cortesanos conspiraron contra él para vengar al hijo del sacerdote Yehoyadá. Lo asesinaron en la cama y murió. Lo enterraron
en la Ciudad de David, pero no le dieron sepultura en las tumbas
de los reyes.

Palabra de Dios.

SALMO RESPONSORIAL 88

R. **Le mantendré eternamente mi favor.**

Sellé una alianza con mi elegido, | jurando a David mi sier-
vo: | Te fundaré un linaje perpetuo, | edificaré tu trono para to-
das las edades. R.

Le mantendré eternamente mi favor | y mi alianza con él será
estable; | le daré una posteridad perpetua | y un trono duradero
como el cielo. R.

Si sus hijos abandonan mi ley | y no siguen mis mandamien-
tos, | si profanan mis preceptos | y no guardan mis manda-
tos. R.

Castigaré con la vara sus pecados | y a latigazos sus cul-
pas; | Pero no les retiraré mi favor | ni desmentiré mi fide-
lidad. R.

ALELUYA p. 1932ss.

EVANGELIO   Mt 4, 4

No os agobiéis por el mañana

✠ LECTURA DEL S. EVANGELIO SEGUN
SAN MATEO   6, 24-34

En aquel tiempo, dijo Jesús a sus discípulos: «Nadie puede
estar al servicio de dos amos. Porque despreciará a uno y querrá
al otro; o al contrario, se dedicará al primero y no hará caso del
segundo. No podéis servir a Dios y al dinero. Por eso os digo:
no estéis agobiados por la vida pensando qué vais a comer, ni
por el cuerpo pensando con qué os vais a vestir. ¿No vale más
la vida que el alimento, y el cuerpo que el vestido? Mirad a los
pájaros: ni siembran, ni siegan, ni almacenan y, sin embargo,
vuestro Padre celestial los alimenta. ¿No valéis vosotros más que
ellos? ¿Quién de vosotros, a fuerza de agobiarse, podrá añadir
una hora al tiempo de su vida? ¿Por qué os agobiáis por el vestido? Fijaos cómo crecen los lirios del campo: ni trabajan ni hilan. Y os digo que ni Salomón, en todo su fasto, estaba vestido
como uno de ellos. Pues si a la hierba, que hoy está en el campo
y mañana se quema en el horno, Dios la viste así, ¿no hará mucho más por vosotros, gente de poca fe? No andéis agobiados
pensando qué vais a comer, o qué vais a beber, o con qué os
vais a vestir. Los paganos se afanan por esas cosas. Ya sabe
vuestro Padre del cielo que tenéis necesidad de todo eso. Sobre
todo buscad el Reino de Dios y su justicia; lo demás se os dará
por añadidura. Por tanto, no os agobiéis por el mañana, porque
el mañana traerá su propio agobio. A cada día le bastan sus disgustos.»

Palabra del Señor.

DUODECIMA SEMANA

LUNES   Años impares

PRIMERA LECTURA

Abrahán marchó, como le había dicho el Señor

LECTURA DEL LIBRO DEL GENESIS   12, 1-9

En aquellos días, el Señor dijo a Abrahán: «Sal de tu tierra, de tu patria y de la casa de tu padre hacia la tierra que te mostraré. Haré de ti un gran pueblo, te bendeciré, haré famoso tu nombre, y será una bendición. Bendeciré a los que te bendigan, maldeciré a los que maldigan. Con tu nombre se bendecirán todas las familias del mundo.» Abrahán marchó, como le había dicho el Señor, y con él marchó Lot. Abrahán tenía setenta y cinco años cuando salió de Harán. Abrahán llevó consigo a Saray, su mujer; a Lot, su sobrino; todo lo que había adquirido y todos los esclavos que había ganado en Harán. Salieron en dirección de Canaán y llegaron a la tierra de Canaán. Abrahán atravesó el país hasta la región de Siquén, hasta la encina de Moré (en aquel tiempo habitaban allí los cananeos). El Señor se apareció a Abrahán y le dijo: «A tu descendencia le daré esta tierra.» El construyó allí un altar en honor del Señor que se le había aparecido. Desde allí continuó hacia las montañas al este de Betel, y plantó allí su tienda, con Betel a poniente y Ay a levante; construyó allí un altar al Señor e invocó el nombre del Señor. Abrahán se trasladó por etapas al Negueb.

Palabra de Dios.

SALMO RESPONSORIAL 32

℟ **Dichoso el pueblo que el Señor se escogió como heredad**

Dichosa la nación cuyo Dios es el Señor, | el pueblo que él se escogió como heredad. | El Señor mira desde el cielo, | se fija en todos los hombres. ℟.

Los ojos del Señor están puesto en sus fieles, | en los que esperan en su misericordia, | para librar sus vidas de la muerte | y a reanimarlos en tiempo de hambre. ℞.

Nosotros aguardamos al Señor: | él es nuestro auxilio y escudo. | Que tu misericordia, Señor, venga sobre nosotros, | como lo esperamos de ti. ℞.

ALELUYA p. 1932ss.

EVANGELIO p. 1560

LUNES   Años pares

PRIMERA LECTURA

El Señor arrojó a Israel y sólo quedó la tribu de Judá

LECTURA DEL SEGUNDO LIBRO DE LOS REYES   17, 5-8.13-15a.18

En aquellos días, Salmanasar, rey de Asiria, invadió el país y asedió a Samaria durante tres años. El año noveno de Oseas, el rey de Asiria conquistó Samaria, deportó a los israelitas a Asiria y los instaló en Jalaj, junto al Jabor, río de Gozán, y en las poblaciones de Media. Eso sucedió porque, sirviendo a otros dioses, los israelitas habían pecado contra el Señor su dios que los había sacado de Egipto, del poder del faraón, rey de Egipto; procedieron según las costumbres de las naciones que el Señor había expulsado ante ellos, y que introdujeron los reyes que ellos se habían nombrado. El Señor había advertido a Israel y Judá por medio de los profetas y videntes: «Volveos de vuestro mal camino, guardad mis mandatos y preceptos, siguiendo la Ley que di a vuestros padres, que les comuniqué por medio de mis siervos los profetas.» Pero no hicieron caso, sino que se pusieron tercos, como sus padres, que no confiaron en el Señor su Dios.

Rechazaron sus mandatos y el pacto que había hecho el Señor
con sus padres, y las advertencias que les hizo. El Señor se irritó
tanto contra Israel, que los arrojó de su presencia. Sólo quedó la
tribu de Judá.

Palabra de Dios.

SALMO RESPONSORIAL 59

R. **Que tu mano salvadora, Señor, nos responda.**

Oh Dios, nos rechazaste y rompiste nuestras filas, | estabas
airado, pero restáuranos. R.

Has sacudido y agrietado el país: | repara sus grietas, que se
desmorona. | Hiciste sufrir un desastre a tu pueblo, | dándole a
beber un vino de vértigo. R.

Tú, oh Dios, nos has rechazado | y no sales ya con nuestras
tropas. | Auxílianos contra el enemigo, | que la ayuda del hom-
bre es inútil. | Con Dios haremos proezas, | él pisoteará a nues-
tros enemigos. R.

ALELUYA p. 1932ss.

EVANGELIO   Sal 24, 4. 5

Sácate primero la viga del ojo

✠ LECTURA DEL S. EVANGELIO SEGUN
SAN MATEO   7, 1-5

En aquel tiempo, dijo Jesús a sus discípulos: «No juzguéis y
no os juzgarán.» Porque os van a juzgar como juzguéis vosotros,
y la medida que uséis, la usarán con vosotros. ¿Por qué te fijas
en la mota que tiene tu hermano en el ojo y no reparas en la
viga que llevas en el tuyo? ¿Cómo puedes decirle a tu hermano:
"Déjame que te saque la mota del ojo", teniendo una viga en el
tuyo? Hipócrita: sácate primero la viga del ojo; entonces verá
claro y podrás sacar la mota del ojo de tu hermano.»

Palabra del Señor.

MARTES **Años impares**

PRIMERA LECTURA

No haya disputas entre nosotros dos pues somos hermanos

LECTURA DEL LIBRO DEL GENESIS 13, 2.5-18

Abrahán era muy rico en ganado, plata y oro. También Lot, que acompañaba a Abrahán, poseía ovejas, vacas y tiendas; de modo que ya no podían vivir juntos en el país, porque sus posesiones eran inmensas y ya no cabían juntos. Por ello surgieron disputas entre los pastores de Abrahán y los de Lot. (En aquel tiempo cananeos y fereceos ocupaban el país.) Abrahán dijo a Lot: «No haya disputas entre nosotros dos, ni entre nuestros pastores, pues somos hermanos. Tienes delante todo el país, sepárate de mí: si vas a la izquierda, yo iré a la derecha; si vas a la derecha, yo iré a la izquierda.» Lot echó una mirada y vio que toda la vega del Jordán, hasta la entrada de Zear era de regadío (esto era antes de que el Señor destruyera a Sodoma y Gomorra); parecía un jardín y marchó hacia levante; y así se separaron los dos hermanos. Abrahán habitó en Canaán; Lot en las ciudades de la vega, plantando las tiendas hasta Sodoma. Los habitantes de Sodoma eran malvados y pecaban gravemente contra el Señor. El Señor habló a Abrahán, después que Lot se había separado de él: «Desde tu puesto dirige la mirada hacia el norte, mediodía, levante y poniente. Toda la tierra que abarques te la daré a ti y a tus descendientes para siempre. Haré a tus descendientes como el polvo: el que pueda contar el polvo podrá contar a tus descendientes. Anda, pasea el país a lo largo y a lo ancho, pues te lo voy a dar.» Abrahán alzó la tienda y fue a establecerse junto a la encina de Mambré, en Hebrón, donde construyó un altar en honor del Señor.

Palabra de Dios.

SALMO RESPONSORIAL 14

R. **Señor, ¿quién puede hospedarse en tu tienda.**

El que procede honradamente | y practica la justicia, | el que tiene intenciones leales | y no calumnia con su lengua. R..

El que no hace mal a su prójimo, | ni difama al vecino, | el que considera despreciable al impío | y honra a los que temen al Señor. R..

El que no presta dinero a usura | ni acepta soborno contra el inocente. | El que así obra nunca fallará. R..

ALELUYA p. 1932ss.

EVANGELIO p. 1504

MARTES

Años pares

PRIMERA LECTURA

Yo escudaré a esta ciudad para salvarla, por mi honor y el de David

LECTURA DEL SEGUNDO LIBRO DE LOS REYES

19, 9b-11.14-21.31-35a.36

En aquellos días, Senaquerib, rey de Asiria, envió mensajeros a Ezequías, para decirle: «Decid a Ezequías, rey de Judá: Que no te engañe tu Dios en quien confías, pensando que Jerusalén no caerá en manos del rey de Asiria. Tú mismo has oído cómo han tratado los reyes de Asiria a todos los países, exterminándolos, ¿y tú te vas a librar?» Ezequías tomó la carta de manos de los mensajeros y la leyó; después subió al templo, la desplegó ante el Señor y oró: «Señor Dios de Israel, sentado sobre querubines: Tú solo eres el dios de todos los reinos del mundo. Tú hiciste el cielo y la tierra. Inclina tu oído, Señor, y escucha; abre tus ojos, Señor, y mira. Escucha el mensaje que ha enviado Senaquerib para ultrajar al Dios vivo. Es verdad, Señor: los reyes de Asiria han asolado todos los países y su territorio, han quemado todos sus dioses, —porque no son dioses, sino hechura de manos humanas, leño y piedra—, y los han destruido. Ahora, Señor Dios nuestro, sálvanos de su mano, para que sepan todos los reinos del mundo que tú solo, Señor eres Dios.» Isaías, hijo de Amós, mandó a decir a Ezequías: «Así dice el Señor Dios de Israel: He oído lo que me pides acerca de Senaquerib, rey de Asiria. Esta es la palabra que el Señor pronuncia contra él: Te desprecia y te burla la doncella, ciudad de Sión; menea la cabeza, a tu espalda la ciudad de Jerusalén, pues de Jerusalén saldrá un resto, del monte Sión los supervivientes. ¡El celo del Señor lo cumplirá! Por eso, así dice el Señor acerca del rey de Asiria: No entrará en esta ciudad, no disparará contra ella su flecha, no se acercará con escudo ni levantará contra ella un talud; por el camino por donde vino se volverá, pero no entrará en esta ciudad —oráculo del Señor—. Yo escucharé a esta ciudad para salvarla, por mi honor y el de David, mi siervo». Aquella misma noche salió el ángel del Señor e hirió en el campamento asirio a ciento ochenta y cinco mil hombres. Por la mañana, al despertar, los encontraron ya cadáveres. Senaquerib, rey de Asiria, levantó el campamento, se volvió a Nínive y se quedó allí.

Palabra de Dios.

SALMO RESPONSORIAL 47

℟ **Dios ha fundado su ciudad para siempre.**

Grande es el Señor y muy digno de alabanza | en la ciudad de nuestro Dios. | Su Monte Santo, una altura hermosa, | alegría de toda la tierra. ℟.

El monte Sión, vértice del cielo, | ciudad del gran rey. | Entre sus palacios, Dios | descuella como un alcázar. ℟.

Oh Dios, meditamos tu misericordia | en medio de tu templo: | como tu renombre, oh Dios, tu alabanza | llega al confín de la tierra; | tu diestra está llena de justicia. ℟.

ALELUYA p. 1932ss.

EVANGELIO

Tratad a los demás como queréis que ellos os traten

✠ LECTURA DEL S. EVANGELIO SEGUN
SAN MATEO   7, 6.12-14

En aquel tiempo, dijo Jesús a sus discípulos: «No deis lo santo a los perros, ni les echéis vuestras perlas a los cerdos; las piso-
tearán y luego se volverán para destrozaros. Tratad a los demás
como queréis que ellos os traten; en esto consiste la ley y los
profetas. Entrad por la puerta estrecha. Ancha es la puerta y espacioso el camino que lleva a la perdición, y muchos entran por
ellos. ¡Qué estrecha es la puerta y qué angosto el camino que lleva a la vida! Y pocos dan con ellos.»

Palabra del Señor.

MIERCOLES   **Años impares**

PRIMERA LECTURA

*Abrahán creyó al Señor y se lo contó en su haber, y el Señor
hizo alianza con él*

LECTURA DEL LIBRO DEL GENESIS   15, 1-12.17-18

En aquellos días, Abrahán recibió en visión la palabra del Señor: «No temas, Abrahán, yo soy tu escudo, y tu paga será abundante.» Abrahán contestó: «Señor, ¿de qué me sirven tus dones
si soy estéril, y Eliezer de Damasco será el amo de mi casa?» Y
añadió: «No me has dado hijos, y un criado de casa me herede-
rá.» La palabra del Señor le respondió: «No te heredará ése, sino
uno salido de tus entrañas.» Y el Señor lo sacó afuera y le dijo:
«Mira al cielo, cuenta las estrellas si puedes». Y añadió: «Así será
tu descendencia.» Abrahán creyó al Señor y se lo contó en su ha-

ber. El Señor le dijo: «Yo soy el Señor que te sacó de Ur de los
Caldeos, para darte en posesión esta tierra.» El replicó: «Señor
Dios, ¿cómo sabré que voy a poseerla?» Respondió el Señor:
«Tráeme una ternera de tres años, una cabra de tres años, un carnero de tres años, una tórtola y un pichón.» Abrahán los trajo y
los cortó por el medio, colocando cada mitad frente a la otra,
pero no descuartizó las aves. Los buitres bajaban a los cadáveres
y Abrahán los espantaba. Cuando iba a ponerse el sol, un sueño
profundo invadió a Abrahán y un terror intenso y oscuro cayó
sobre él. El sol se pusó y vino la oscuridad; una humareda de
horno y una antorcha ardiendo pasaban entre los miembros descuartizados. Aquel día el Señor hizo una alianza con Abrahán en
estos términos: «A tus descendientes les daré esta tierra, desde el
río de Egipto al Gran Río.»

Palabra de Dios.

SALMO RESPONSORIAL 104

℟ **El Señor se acuerda de su alianza eternamente.**

Dad gracias al Señor, invocad su nombre, | dad a conocer
sus hazañas a los pueblos; | cantadle al son de instrumentos, |
hablad de sus maravillas. ℟.

Gloriaos de su nombre santo, | que se alegren los que buscan
al Señor. | Recurrid al Señor y a su poder, | buscad continua-
mente su rostro. ℟.

¡Estirpe de Abrahán, su siervo, | hijos de Jacob, su elegido! |
El Señor es nuestro Dios, | él gobierna toda la tierra. ℟.

Se acuerda de su alianza eternamente, | de la palabra dada,
por mil generaciones; | de la alianza sellada con Abrahán, | del
juramento hecho a Isaac. ℟.

ALELUYA p. 1932ss.

EVANGELIO p. 1507

MIERCOLES   **Años pares**

PRIMERA LECTURA

El rey leyó al pueblo el Libro de la Alianza encontrado en el
templo y selló ante el Señor la Alianza

LECTURA DEL SEGUNDO LIBRO DE LOS
REYES   22, 8-13; 23, 1-3

En aquellos días, el Sumo Sacerdote Helcías dijo al cronista
Safán: «He encontrado en el templo el Libro de la Ley.» Entregó
el libro a Safán y éste lo leyó. Luego fue a dar cuenta al rey Josías: «Tus siervos han juntado el dinero que había en el templo
y se lo han entregado a los encargados de las obras y le comunicó la noticia: «El sacerdote Helcías me ha dado un libro.» Safán
lo leyó ante el rey; y cuando el rey oyó el contenido del Libro
de la Ley se rasgó las vestiduras y ordenó al sacerdote Helcías,
a Ajicán, hijo de Safán, a Akbor, hijo de Miqueas, al cronista Safán y a Asaías, funcionario real: «Id a consultar al Señor por mí
y por el pueblo y todo Judá a propósito de este libro que han
encontrado; porque el Señor estará enfurecido contra nosotros,
porque nuestros padres no obedecieron los mandatos de este libro, cumpliendo lo prescrito en él.» Ellos llevaron la respuesta al
rey, y el rey dio órdenes para que se presentasen ante él todos
los ancianos de Judá y de Jerusalén. Luego subió al templo,
acompañado de todos los judíos y los habitantes de Jerusalén,
los sacerdotes, los profetas y todo el pueblo, chicos y grandes. El
rey les leyó el Libro de la Alianza encontrado en el templo. Después, en pie sobre el estrado, selló ante el Señor la Alianza, com-
prometiéndose a seguirle y cumplir sus preceptos, normas y
mandatos, con todo el corazón y con toda el alma, cumpliendo
las cláusulas de la Alianza escritas en aquel libro. El pueblo entero suscribió la Alianza.

Palabra de Dios.

SALMO RESPONSORIAL 118

℟ **Muéstrame, Señor, el camino de tus leyes.**

Muéstrame, Señor, el camino de tus leyes, | y lo seguiré puntualmente. ℟.

Enséñame a cumplir tu voluntad | y a guardarla de todo corazón. ℟.

Guíame por la senda de tus mandatos, | porque ella es mi gozo. ℟.

Inclina mi corazón a tus preceptos, | y no al interés. ℟.

Aparta mis ojos de las vanidades, | dame vida con tu palabra. ℟.

Mira cómo ansío tus decretos; | dame vida con tu justicia. ℟.

ALELUYA p. 1932ss.

EVANGELIO

Por sus frutos los conoceréis

✠ LECTURA DEL S. EVANGELIO SEGUN
SAN MATEO   7, 15-20

En aquel tiempo, dijo Jesús a sus discípulos: «Cuidado con los profetas falsos; se acercan con piel de oveja, pero por dentro son lobos rapaces. Por sus frutos los conoceréis. A ver, ¿acaso se cosechan uvas de las zarzas o higos de los cardos? Los árboles sanos dan frutos buenos; los árboles dañados dan frutos malos. Un árbol sano no puede dar frutos malos, ni un árbol dañado dar frutos buenos. El árbol que no da fruto bueno se tala y se echa al fuego. Es decir, que por sus frutos los conoceréis.»

Palabra del Señor.

JUEVES   **Años impares**

PRIMERA LECTURA

Hagar dio un hijo a Abrahán, y Abrahán lo llamó Ismael

LECTURA DEL LIBRO DEL GENESIS

16, 1-12.15-16

El texto entre [ ] puede omitirse.

[Saray, la mujer de Abrahán, no le daba hijos; pero tenía una sierva egipcia llamada Hagar. Y Saray dijo a Abrahán: «El Señor no me deja tener hijos, llégate a mi sierva a ver si por ella tengo hijos.» Abrahán aceptó la propuesta. A los diez años de habitar en Canaán, Saray, la mujer de Abrahán, tomó a Hagar, la esclava egipcia, y se la dio a Abrahán, su marido, como esposa. El se llegó a Hagar y ella concibió. Y al verse encinta le perdió el respeto a su señora. Entonces Saray dijo a Abrahán: «Tú eres responsable de esta injusticia; yo he puesto en tus brazos a mi esclava, y ella al verse encinta me desprecia. El Señor juzgue entre nosotros dos.» Abrahán dijo a Saray: «En tu poder está tu esclava, trátala como te parezca.»] Saray la maltrató y ella se escapó. El ángel del Señor la encontró junto a la fuente del desierto, la fuente del camino del sur, y le dijo: «Hagar, esclava de Saray, ¿de dónde vienes y adónde vas?» Ella respondió: «Vengo huyendo de mi señora.» El ángel del Señor le dijo: «Vuelve a tu señora y sométete a su poder.» Y el ángel del Señor añadió: «Haré tan numerosa tu descendencia, que no se podrá contar.» Y el ángel del Señor concluyó: «Mira, estás encinta y darás a luz un hijo y lo llamarás Ismael, porque el Señor ha escuchado tu aflicción. Será un potro salvaje: su mano irá contra todos y la de todos contra él; vivirá separado de sus hermanos.» Hagar dio un hijo a Abrahán, y Abrahán llamó al hijo que le había dado Hagar, Ismael. Abrahán tenía ochenta y seis años cuando Hagar le engendró a Ismael.

Palabra de Dios.

SALMO RESPONSORIAL 105

℟ **Dad gracias al Señor, porque es bueno.**

Dad gracias al Señor, porque es bueno, | porque es eterna su misericordia. | ¿Quién podrá contar las hazañas de Dios, | pregonar toda su alabanza? ℟

Dichosos los que respetan el derecho | y practican siempre la justicia. | Acuérdate de mí por amor a tu pueblo. ℟

Visítame con tu salvación: | para que vea la dicha de tus escogidos, | y me alegre con la alegría de tu pueblo, | y me gloríe con tu heredad. ℟

ALELUYA p. 1932ss.

EVANGELIO p. 1510

JUEVES   Años pares

PRIMERA LECTURA

Nabucodonosor deportó a Jeconías y a todos los ricos a Babilonia

LECTURA DEL SEGUNDO LIBRO DE LOS REYES   24, 8-17

Cuando Jeconías subió al trono tenía dieciocho años, y reinó tres meses en Jerusalén. Su madre se llamaba Nejustá, hija de Elnatán, natural de Jerusalén. Hizo lo que el Señor reprueba, igual que su padre. En aquel tiempo los oficiales de Nabucodonosor, rey de Babilonia, subieron contra Jerusalén y la cercaron. Nabucodonosor, rey de Babilonia, llegó a Jerusalén cuando sus oficiales la tenían cercada. Jeconías de Judá se rindió al rey de Babilonia, con su madre, sus ministros, generales y funcionarios. El rey de Babilonia los apresó al año octavo de su reinado. Se llevó los tesoros del templo y del palacio y destrozó todos los utensilios de oro que Salomón, rey de Israel, había hecho para el templo según las órdenes del Señor. Deportó a todo Jerusalén, los generales, los ricos (diez mil deportados), los herreros y cerrajeros; sólo quedó la plebe. Nabucodonosor deportó a Jeconías a Babilonia. Llevó deportados, de Jerusalén a Babilonia, al rey y sus mujeres, sus funcionarios y grandes del reino, todos los ricos (siete mil deportados), los herreros y cerrajeros (mil deportados), todos aptos para la guerra. Nombró rey a Matanías, sucesor de su tío, y le cambió el nombre en Sedecías.

Palabra de Dios.

SALMO RESPONSORIAL 78

R. **Líbranos, Señor, por el honor de tu nombre.**

Dios mío, los gentiles han entrado en tu heredad, | han profanado tu santo templo, | han reducido Jerusalén a ruinas; | echaron los cadáveres de tus siervos | en pastos a las aves del cielo, | y la carne de tus fieles a las fieras de la tierra. R.

Derramaron su sangre como agua | en torno a Jerusalén, | nadie la enterraba. | Fuimos el escarnio de nuestros vecinos, | la irrisión y la burla de los que nos rodean. | ¿Hasta cuándo, Señor? | ¿Vas a estar siempre enojado? | ¿Va a arder como fuego tu cólera? R.

No recuerdes contra nosotros | las culpas de nuestros padres; | que tu compasión nos alcance pronto, | pues estamos agotados. R.

Socórrenos, Dios Salvador nuestro, | por el honor de tu nombre; | líbranos y perdona nuestros pecados, | a causa de tu nombre. R.

ALELUYA p. 1932ss.

EVANGELIO

La casa edificada sobre roca y la casa edificada sobre arena

✠ **LECTURA DEL S. EVANGELIO SEGUN SAN MATEO**   7, 21-29

En aquel tiempo, dijo Jesús a sus discípulos: «No todo el que me dice "Señor, Señor" entrará en el Reino de los Cielos, sino el que cumple la voluntad de mi Padre que está en el cielo. Aquel día muchos dirán: "Señor, Señor, ¿no hemos profetizado en tu nombre, y en tu nombre echado demonios, y no hemos hecho en tu nombre muchos milagros?" Yo entonces les declararé: "Nunca os he conocido. Alejaos de mí, malvados." El que escucha estas palabras mías y las pone en práctica se parece a aquel hombre prudente que edificó su casa sobre roca. Cayó la lluvia, se salieron los ríos, soplaron los vientos y descargaron contra la casa; pero no se hundió, porque estaba cimentada sobre roca. El que escucha estas palabras mías y no las pone en práctica se parece a aquel hombre necio que edificó su casa sobre arena. Cayó la lluvia, se salieron los ríos, soplaron los vientos y rompieron contra la casa, y se hundió totalmente.» Al terminar Jesús este discurso, la gente estaba admirada de su enseñanza, porque les enseñaba con autoridad y no como los letrados.

Palabra del Señor.

VIERNES   Años impares

PRIMERA LECTURA

Circuncidad a todos vuestros varones en señal de mi pacto. Sara te va a dar un hijo

LECTURA DEL LIBRO DEL GENESIS   17, 1.9-10.15-22

Cuando Abrahán tenía noventa y nueve años, se le apareció el Señor y le dijo: «Yo soy el Dios Saday. Camina en mi presencia, con lealtad.» El Señor añadió a Abrahán: «Tú guarda mi pacto, que hago contigo y tus descendientes por generaciones. Este es el pacto que hago con vosotros y con tus descendientes y que habéis de guardar: circuncidad a todos vuestros varones.» El Señor dijo a Abrahán: «Saray, tu mujer, ya no se llamará Saray, sino que se llamará Sara. La bendeciré y te dará un hijo y lo bendeciré; de ella nacerán pueblos y reyes de naciones.» Abrahán cayó rostro en tierra y se dijo sonriendo: «¿Un centenario va a tener un hijo, y Sara va a dar a luz a los noventa?» Y Abrahán dijo a Dios: «Me contento con que conserves sano a Ismael en tu presencia.» Dios replicó: «No, es Sara quien te va a dar un hijo; lo llamarás Isaac; con él estableceré mi pacto y, con sus descendientes, un pacto perpetuo. En cuanto a Ismael escucho tu petición: lo bendeciré, lo haré fecundo, lo haré crecer en extremo, engendrará doce príncipes y se hará un pueblo numeroso. Pero mi pacto lo establezco con Isaac, el hijo que te dará Sara, el año que viene por estas fechas.» Cuando el Señor terminó de hablar con Abrahán, se retiró.

Palabra de Dios.

SALMO RESPONSORIAL 127

R̞ **Esta es la bendición del hombre que teme al Señor.**

¡Dichoso el que teme al Señor, | y sigue sus caminos! | Comerás del fruto de tu trabajo, | serás dichoso, te irá bien. R̞.

Tu mujer, como parra fecunda, | en medio de tu casa; | tus hijos como renuevos de olivo, | alrededor de tu mesa. R̞.

Esta es la bendición del hombre que teme al Señor. | Que el Señor te bendiga desde Sión, | que veas la prosperidad de Jerusalén, | todos los días de tu vida. R̞.

ALELUYA p. 1932ss.

EVANGELIO p. 1514

VIERNES   **Años pares**

PRIMERA LECTURA

Marchó Judá al desierto

LECTURA DEL SEGUNDO LIBRO
DE LOS REYES   25, 1-12

El año noveno del reinado de Sedecías, el día diez del décimo mes, Nabucodonosor, rey de Babilonia, vino a Jerusalén con todo su ejército, acampó frente a ella y construyó torres de asalto alrededor. La ciudad quedó sitiada hasta el año once del reinado de Sedecías, el día noveno del mes cuarto. El hambre apretó en la ciudad, y no había pan para la población. Se abrió brecha en la ciudad, y los soldados huyeron de noche por la puerta entre las dos murallas, junto a los jardines reales, mientras los caldeos rodeaban la ciudad, y se marcharon por el camino de la estepa. El ejército caldeo persiguió al rey: lo alcanzaron en la estepa de Jericó, mientras sus tropas se dispersaban abandonándolo. Apresaron al rey y se lo llevaron al rey de Babilonia, que estaba en Ribla, y lo procesó. A los hijos de Sedecías los hizo ajusticiar ante su vista; a Sedecías lo cegó, le echó cadenas de bronce y lo llevó a Babilonia. El día primero del quinto mes (que corresponde al año diecinueve del reinado de Nabucodonosor en Babilonia) llegó a Jerusalén Nabusardán, jefe de la guardia, funcionario del rey de Babilonia. Incendió el templo, el palacio real y las casas de Jerusalén, y puso fuego a todos los palacios. El ejército caldeo, a las órdenes del jefe de la guardia, derribó las murallas que rodeaban a Jerusalén. Nabusardán, jefe de la guardia, se llevó cautivos al resto del pueblo que había quedado en la ciudad, a los que se habían pasado al rey de Babilonia y al resto de la plebe. De la clase baja dejó algunos como viñadores y hortelanos.

Palabra de Dios.

SALMO RESPONSORIAL 136

℞ **Que se me pegue la lengua al paladar si no me acuerdo de ti.**

Junto a los canales de Babilonia | nos sentamos a llorar con nostalgia de Sión; | en los sauces de sus orillas | colgábamos nuestras cítaras. ℞.

Allí los que nos deportaron nos invitaban a cantar, | nuestros opresores, a divertirlos: | Cantadnos un cantar de Sión. ℞.

¡Cómo cantar un cántico del Señor | en tierras extranjeras! | Si me olvido de ti, Jerusalén, | que se me paralice la mano derecha. ℞.

Que se me pegue la lengua al paladar | si no me acuerdo de ti, | si no pongo a Jerusalén | en la cumbre de mis alegrías. ℞.

ALELUYA p. 1932ss.

EVANGELIO

Si quieres, puedes limpiarme

✠ LECTURA DEL S. EVANGELIO SEGUN
SAN MATEO   8, 1-4

En aquel tiempo, al bajar Jesús del monte, lo siguió mucha gente. En esto, se le acercó un leproso, se arrodilló y le dijo: «Señor, si quieres, puedes limpiarme.» Extendió la mano y lo tocó diciendo: «¡Quiero, queda limpio!» Y en seguida quedó limpio de la lepra. Jesús le dijo: «No se lo digas a nadie, pero para que conste, ve a presentarte al sacerdote y entrega la ofrenda que mandó Moisés.»

Palabra del Señor.

SABADO   **Años impares**

PRIMERA LECTURA

¿Hay algo difícil para Dios? Cuando vuelva a visitarte, Sara habrá tenido un hijo

LECTURA DEL LIBRO DEL GENESIS   18, 1-15

En aquellos días, el Señor se apareció a Abrahán junto a la encina de Mambré, mientras él estaba sentado a la puerta de la tienda, porque hacía calor. Alzó la vista y vio tres hombres en pie frente a él. Al verlos, corrió a su encuentro desde la puerta de la tienda y se prosternó en tierra, diciendo: «Señor, si he alcanzado tu favor, no pases de largo junto a tu siervo. Haré que traigan agua para que os lavéis los pies y descanséis junto al árbol. Mientras, traeré un pedazo de pan para que cobréis fuerzas antes de seguir, ya que habéis pasado junto a vuestro siervo.» Contestaron: «Bien, haz lo que dices.» Abrahán entró corriendo en la tienda donde estaba Sara y le dijo: «Aprisa, tres cuartillos de flor de harina, amásalos y haz una hogaza.» El corrió a la vacada, escogió un ternero hermoso y se lo dio a un criado para que lo guisase en seguida. Tomó también cuajada, leche, y el ternero guisado y se lo sirvió. Mientras él estaba en pie bajo el árbol, ellos comieron. Después le dijeron: «¿Dónde está Sara, tu mujer?» Contestó: «Aquí, en la tienda.» Añadió uno: «Cuando vuelva a verte, dentro del tiempo de costumbre, Sara habrá tenido un hijo.» Sara la oyó, detrás de la entrada de la tienda. (Abrahán y Sara eran ancianos, de edad muy avanzada, y Sara ya no tenía sus períodos.) Y Sara se rió por lo bajo, pensando: «Cuando ya estoy seca, ¿voy a tener placer, con un marido tan viejo?» Pero el Señor dijo a Abrahán: «¿Por qué se ha reído Sara, diciendo: "De verdad que voy a tener un hijo, yo tan vieja"? ¿Hay algo difícil para Dios? Cuando vuelva a visitarse por esta época, dentro del tiempo de costumbre, Sara habrá tenido un hijo.» Pero Sara lo negó: «No me he reído.» Porque estaba asustada. El replicó «No lo niegues, te has reído.»

Palabra de Dios.

SALMO RESPONSORIAL   Lc 1, 46-50.53-55

℟ **El Señor se acuerda de su misericordia.**

Proclama mi alma la grandeza del Señor, | se alegra mi espíritu en Dios mi salvador. ℟.

Porque ha mirado la humillación de su esclava; | desde ahora me felicitarán todas las generaciones. | Porque el Poderoso ha hecho obras grandes por mí: | su nombre es santo. ℟.

Y su misericordia llega a sus fieles | de generación en generación: | a los hambrientos los colma de bienes, | y a los ricos los despide vacíos. ℟.

Auxilia a Israel su siervo, | acordándose de la misericordia, | como lo había prometido a nuestros padres, | en favor de Abrahán y su descendencia para siempre. R.

ALELUYA p. 1932ss.

EVANGELIO p. 1517

SABADO   Años pares

PRIMERA LECTURA

Grita al Señor, laméntate, Sión

LECTURA DEL LIBRO DE LAS LAMENTACIONES   2, 2.10-14.18-19

El Señor destruyó sin compasión todas las moradas de Jacob; con su indignación demolió las plazas fuertes de Judá; derribó por tierra, deshonrados, al rey y a los príncipes. Los ancianos de Sión se sientan en el suelo silenciosos, se echan polvo en la cabeza y se visten de sayal; las doncellas de Jerusalén humillan hasta el suelo la cabeza. Se consumen en lágrimas mis ojos, de amargura, mis entrañas; se derrama por tierra mi hiel, por la ruina de la capital de mi pueblo; muchachos y niños desfallecen por las calles de la ciudad. Preguntaban a sus madres: «¿dónde hay pan y vino?» mientras desfallecían, como los heridos, por las calles de la ciudad, mientras expiraban en brazos de sus madres. ¿Quién se te iguala, quién se te asemeja, ciudad de Jerusalén? ¿A quién te compararé, para consolarte, Sión, la doncella? Inmensa como el mar es tu desgracia: ¿quién podrá curarte? Tus profetas te ofrecían visiones falsas y engañosas; y no te denunciaban tus culpas, para cambiar tu suerte; sino que te anunciaban visiones falsas y seductoras. Grita con toda el alma al Señor, laméntate, Sión; derrama torrentes de lágrimas de día y de noche; no te concedas reposo, no descansen tus ojos. Levántate y grita de noche, al relevo de la guardia; derrama con agua tu corazón en presencia del Señor; levanta hacia él las manos por la vida de tus niños, desfallecidos de hambre en las encrucijadas.

Palabra de Dios.

SALMO RESPONSORIAL 73

℞. **No olvides sin remedio la vida de tus pobres.**

¿Por qué, oh Dios, nos tienes siempres abandonados, | y está ardiendo tu cólera contra las ovejas de tu rebaño? | Acuérdate de la comunidad que adquiriste desde antiguo, | de la tribu que rescataste para posesión tuya, | del monte de Sión donde pusiste tu morada. ℞.

Dirige tus pasos a estas ruinas sin remedio: | el enemigo ha arrasado del todo el santuario. | Rugían los agresores en medio de tu asamblea, | levantaron sus propios estandartes. ℞.

En la entrada superior | abatieron a hachazos el entramado; | después, con martillos y mazas, | destrozaron todas las esculturas; | prendieron fuego a tu santuario, | derribaron y profanaron la morada de tu nombre. ℞.

Piensa en tu alianza: que los rincones del país | están llenos de violencias. | Que el humilde no se marche defraudado, | que pobres y afligidos alaben tu nombre. ℞.

ALELUYA p. 1932ss.

EVANGELIO

Vendrán muchos de Oriente y Occidente y se sentarán con Abrahán, Isaac y Jacob

✠ LECTURA DEL S. EVANGELIO SEGUN SAN MATEO

8, 5-17

En aquel tiempo, al entrar Jesús en Cafarnaum, un centurión se le acercó diciéndole: «Señor, tengo en casa un criado que está

en cama paralítico y sufre mucho.» El le contestó: «Voy yo a curarlo.» Pero el centurión le replicó: «Señor, ¿quién soy yo para
que entres bajo mi techo? Basta que lo digas de palabra y mi
criado quedará sano. Porque yo también vivo bajo disciplina y
tengo soldados a mis órdenes: y le digo a uno "ve", y va; al
otro, "ven", y viene; a mi criado, "haz esto", y lo hace.» Cuando
Jesús lo oyó quedó admirado y dijo a los que le seguían: «Os
aseguro que en Israel no he encontrado en nadie tanta fe. Os
digo que vendrán muchos de Oriente y Occidente y se sentarán
con Abrahán, Isaac y Jacob en el Reino de los Cielos; en cambio
a los ciudadanos del Reino los echarán afuera, a las tinieblas. Allí
será el llanto y el rechinar de dientes. Y al centurión le dijo:
«Vuelve a casa, que se cumpla lo que has creído.» Y en aquel
momento se puso bueno el criado. Al llegar Jesús a casa de Pedro, encontró a la suegra en cama con fiebre; la cogió de la
mano, y se le pasó la fiebre; se levantó y se puso a servirles. Al
anochecer, le llevaron muchos endemoniados; él con su palabra
expulsó los espíritus y curó a todos los enfermos. Así se cumplió
lo que dijo el profeta Isaías: «El tomó nuestras dolencias y cargó
con nuestras enfermedades.»

Palabra del Señor.

DECIMOTERCERA SEMANA
LUNES   Años impares

PRIMERA LECTURA
¿Es que me vas a destruir al inocente con el culpable?

LECTURA DEL LIBRO DEL GENESIS   18, 16-33

Cuando los hombres se levantaron de junto a la encina de Mambré, miraron hacia Sodoma; Abrahán los acompañaba para despedirlos. El Señor pensó; «¿Puedo ocultarle a Abrahán lo que pienso hacer? Abrahán se convertirá en pueblo grande y numeroso, con su nombre se bendecirán todos los pueblos de la tierra; lo he escogido para que instruya a sus pueblos de la tierra; lo he escogido para que instruya a sus hijos, su casa y sus sucesores, para mantenerse en el camino del Señor haciendo justicia y derecho; y así cumplirá el Señor a Abrahán lo que le ha prometido. El Señor dijo: «La acusación contra Sodoma y Gomorra es fuerte y su pecado es grave: voy a bajar, a ver si realmente sus acciones responden a la acusación; y si no, lo sabré.» Los hombres se volvieron y se dirigieron a Sodoma, mientras el Señor seguía en compañía de Abrahán. Entonces Abrahán se acercó y dijo a Dios: «¿Es que vas a destruir al inocente con el culpable? Si hay cincuenta inocentes en la ciudad, ¿los destruirás y no perdonarás al lugar por los cincuenta inocentes que hay en él? ¡Lejos de ti tal cosa!, matar al inocente con el culpable, de modo que la suerte del inocente sea como la del culpable; ¡lejos de ti! El juez de todo el mundo, ¿no hará justicia?» El Señor contesto: «Si encuentro en la ciudad de Sodoma cincuenta inocentes, perdonaré a toda la ciudad en atención a ellos.» Abrahán respondió: «Me he atrevido a hablar a mi Señor, yo que soy polvo y ceniza. Si faltan cinco para el número de cincuenta inocentes, ¿destruirás, por cinco, toda la ciudad?» Respondió el Señor: «No la destruiré, si es que encuentro allí cuarenta y cinco. Abrahán insistió: «Quizá no se encuentren más que cuarenta.» «En atención a los cuarenta, no lo haré.» Abrahán siguió hablando: «Que no se enfade mi Señor si sigo hablando. ¿Y si se encuentran treinta?» «No lo haré, si encuentro allí treinta.» Insistió Abrahán: «Me he atrevido a hablar a mi Señor, ¿y si se encuentran veinte?» Respondió el Señor: «En atención a los veinte no la destruiré.» Abrahán continuó: «Que no se enfade mi Señor si hablo una vez más. ¿Y si se encuentran diez?» Contestó el Señor: «En atención a los diez no la destruiré.» Cuando terminó de hablar con Abrahán, el Señor se fue; y Abrahán volvió a su puesto.

Palabra de Dios.

SALMO RESPONSORIAL 102

R. **El Señor es compasivo y misericordioso.**

Bendice, alma mía, al Señor, | y todo mi ser a su santo nombre. | Bendice, alma mía, al Señor, | y no olvides sus beneficios. R.

El perdona todas tus culpas, | y cura todas tus enfermedades; | él rescata tu vida de la fosa | y te colma de gracia y de ternura. R.

El Señor es compasivo y misericordioso, | lento a la ira y rico en clemencia; | no está siempre acusando, | ni guarda rencor perpetuo. R.

No nos trata como merecen nuestros pecados, | ni nos paga según nuestras culpas; | como se levanta el cielo sobre la tierra, | se levanta su bondad sobre sus fieles. R.

ALELUYA p. 1932ss.
EVANGELIO p. 1522

LUNES   Años pares

PRIMERA LECTURA

Oprimen contra el polvo la cabeza de los míseros

LECTURA DEL PROFETA AMOS   2, 6-10.13-16

Así dice el Señor: A Israel, por tres pecados, y por el cuarto, no le perdonaré. Porque venden al justo por dinero, al pobre por un par de sandalias. Oprimen contra el polvo la cabeza de los míseros y tuercen el camino de los indigentes. Padre e hijo van juntos a una mujer, infamando mi nombre santo. Se acuestan sobre ropas dejadas en fianza, junto a cualquier altar; beben vino de multas, en el templo de su Dios. Yo destruí al amorreo al llegar ellos; era alto como los altos cedros, fuerte como las encinas. Destruí por arriba el fruto, la raíz por abajo. Yo os saqué de Egipto, os conduje por el desierto cuarenta años, para daros en posesión la tierra de los amorreos. Mirad, yo os aplastaré en el suelo, como un carro lleno de gavillas. El veloz no encontrará huida, el fuerte no conservará su fuerza, el soldado no salvará la vida. El arquero no se mantendrá en pie, el hombre ágil no se escapará, el jinete no salvará la vida. El fuerte y valiente entre los soldados huirá desnudo aquel día —oráculo del Señor—.

Palabra de Dios.

SALMO RESPONSORIAL 49

℟ **Atención, los que olvidáis a Dios.**

¿Por qué recitas mis preceptos | y tienes siempre en la boca mi alianza, | tú que detestas mi enseñanza | y te echas a la espalda mis mandatos? ℟.

Cuando ves un ladrón, corres con él, | te mezclas con los adúlteros; | sueltas tu lengua para el mal, | tu boca urde el engaño. ℟.

Te sientas a hablar contra tu hermano, | deshonras al hijo de tu madre: | esto haces, ¿y me voy a callar? | ¿crees que soy como tú? | Te acusaré, te lo echaré en cara. ℟.

Atención, los que olvidáis a Dios, | no sea que os destroce sin remedio; | el que me ofrece acción de gracias, | ése me honra; | al que sigue buen camino | le haré ver la salvación de Dios. ℟.

ALELUYA p. 1932ss.

EVANGELIO

Sígueme

✠ LECTURA DEL S. EVANGELIO SEGUN SAN MATEO

8, 18-22

En aquel tiempo, viendo Jesús que lo rodeaba mucha gente, dio orden de atravesar a la otra orilla. Se le acercó un letrado y le dijo: «Maestro, te seguiré adonde vayas.» Jesús le respondió: «Las zorras tienen madrigueras y los pájaros nidos, pero el Hijo del Hombre no tiene dónde reclinar la cabeza.» Otro que era discípulo, le dijo: «Señor, déjame ir primero a enterrar a mi padre.» Jesús le replicó: «Tú, sígueme. Deja que los muertos entierren a sus muertos.»

Palabra del Señor.

MARTES   Años impares

PRIMERA LECTURA

El Señor hizo llover sobre Sodoma y Gomorra azufre y fuego

LECTURA DEL LIBRO DEL GENESIS

19, 15-29

En aquellos días, los ángeles urgieron a Lot: «Vamos, toma a tu mujer y a tus dos hijas que están aquí, para que no perezcan por culpa de Sodoma.» Y como no se decidía, les agarraron de la mano a él, a su mujer y a las dos hijas —el Señor los perdonaba—, los sacaron y los guiaron fuera de la ciudad. Y cuando los sacaron fuera, le dijeron: «Ponte a salvo; no mires atrás. No te detengas en la vega; ponte a salvo en los montes, para no perecer.» Lot les respondió: «No, por favor. Vuestro siervo ha alcanzado vuestro favor, pues me habéis tratado con gran misericordia, salvándome la vida; yo no puedo ponerme a salvo en los

montes, la desgracia me alcanzará y moriré. Mira, hay ahí cerca
una ciudad pequeña, donde puedo refugiarme y salvar la vida.
La ciudad es pequeña, y yo quedaré vivo.» Le contestó: «Accedo
a lo que pides, no arrasaré la ciudad que dices. Aprisa, ponte a
salvo allí, pues no puedo hacer nada hasta que llegues allá.» Por
eso se llama la ciudad Zoar. Salía el sol cuando Lot llegó a Zoar.
El Señor hizo llover sobre Sodoma y Gomorra azufre y fuego
desde el cielo. Arrasó aquellas ciudades y toda la vega; los habitantes de la ciudades y la hierba del campo. La mujer de Lot
miró atrás, y se convirtió en estatua de sal. Abrahán madrugó y
se dirigió al sitio donde había estado delante del Señor. Miró en
dirección de Sodoma y Gomorra, toda la extensión de la vega, y
vio humo que subía del suelo, como humo de horno. Cuando el
Señor destruyó las ciudades de la vega, se acordó de Abrahán y
sacó a Lot de la catástrofe, al arrasar las ciudades en que había
vivido Lot.

Palabra de Dios.

SALMO RESPONSORIAL 25

℟ **Tengo ante mis ojos, Señor, tu bondad.**

Escrútame, Señor, ponme a prueba, | sondea mis entrañas y
mi corazón; | porque tengo ante los ojos tu bondad, | y camino
en tu verdad. ℟.

No arrebates mi alma con los pecadores, | ni mi vida con los
sanguinarios, | que en su izquierda llevan infamias, | y su dere-
cha está llena de sobornos. ℟.

Yo, en cambio, camino en la integridad; | sálvame, ten mise-
ricordia de mí. | Mi pie se mantiene en el camino llano, | en la
asamblea bendeciré al Señor. ℟.

ALELUYA p. 1932ss.

EVANGELIO p. 1525

MARTES   **Años pares**

Habla el Señor, ¿quién no profetiza?

LECTURA DEL PROFETA AMOS

3, 1-8; 4, 11-12

Escuchad esta palabra que dice el Señor, hijos de Israel, a todas las familias que saqué de Egipto. A vosotros solos os escogí,
entre todas las familias de la tierra; por eso os tomaré cuentas
por vuestros pecados. ¿Caminan juntos dos que no se conocen?
¿Ruge el león en la espesura sin tener presa? ¿Alza su voz el ca-
chorro en la guarida sin haber cazado? ¿Cae el pájaro por tierra
si no hay una trampa? ¿Se alza del suelo el lazo sin haber hecho
presa? ¿Suena la trompeta en la ciudad sin que el pueblo se alar-
me? ¿Sucede en la ciudad una desgracia que no la mande el Señor? Que no hará cosa el Señor sin revelar su plan a sus siervos
los profetas. Ruge el león, ¿quién no teme? Habla el Señor,
¿quién no profetiza? Os envié una catástrofe como la de Sodoma
y Gomorra, y fuisteis como tizón salvado del incendio, pero no
os convertisteis a mí —oráculo del Señor—. Por eso así te voy
a tratar, Israel, y porque así te voy a tratar, prepárate a encararte
con tu Dios.

Palabra de Dios.

SALMO RESPONSORIAL 5

℟ **Señor, guíame con tu justicia.**

Tú no eres un Dios que ame la maldad, | ni el malvado es tu
huésped, | ni el arrogante se mantiene en tu presencia. ℟.

Detestas a los malhechores, | destruyes a los mentirosos; | al
hombre sanguinario y traicionero | lo aborrece el Señor. ℟.

Pero yo, por tu gran bondad, | entraré en tu casa, | me pos-
traré ante tu templo santo | con toda reverencia. ℟.

ALELUYA p. 1932ss.

EVANGELIO

Se puso en pie, increpó a los vientos y al lago y vino una gran calma

✢ LECTURA DEL S. EVANGELIO SEGUN
SAN MATEO   8, 23-27

En aquel tiempo, subió Jesús a la barca, y sus discípulos lo siguieron. De pronto se levantó un temporal tan fuerte, que la barca desaparecía entre las olas; él dormía. Se acercaron los discípulos y lo despertaron gritándole: «¡Señor, sálvanos, que nos hundimos!» El les dijo: «¡Cobardes! ¡Que poca fe!» Se puso en pie, increpó a los vientos y al lago, y vino una gran calma. Ellos se preguntaban admirados: «¿Quién es éste? ¡Hasta el viento y el agua le obedecen!»

Palabra del Señor.

MIERCOLES   Años impares

PRIMERA LECTURA

El hijo de la criada no va a repartir la herencia con mi hijo Isaac

LECTURA DEL LIBRO DEL GENESIS   21, 5.8-20

Abrahán tenía cien años cuando le nació su hijo Isaac. El chico creció y lo destetaron. Y Abrahán dio un gran banquete el día que destetaron a Isaac. Pero Sara vio que el hijo de Hagar, la egipcia, y de Abrahán jugaba con Isaac; y dijo a Abrahán: «Expulsa a esa criada y a su hijo; porque el hijo de esa criada no va a repartir la herencia con mi hijo Isaac.» Abrahán se llevó un disgusto, pues era hijo suyo. Pero Dios dijo a Abrahán: «No te aflijas por el muchacho y la criada; haz todo lo que dice Sara, porque Isaac es quien continúa tu descendencia. También el hijo de la criada lo convertiré en un gran pueblo, pues es descendiente tuyo.» Abrahán madrugó, tomo pan y un odre de agua, se lo cargó a hombros de Hagar y la despidió con el muchacho. Ella marchó y fue vagando por el desierto de Berseba. Cuando se le acabó el agua del odre, colocó al niño debajo de unas matas; se apartó y se sentó a solas, a la distancia de un tiro de arco. Pues se decía: «no puedo ver morir a mi hijo». Y se sentó aparte. El niño rompió a llorar; Dios oyó la voz del niño y el ángel de Dios llamó a Hagar desde el cielo, y le dijo: «¿Qué te pasa, Hagar? No temas; porque Dios ha oído la voz del chico, allí donde está. Levántate, toma al niño y agárrale fuerte de la mano, porque haré que sea un pueblo grande.» Dios le abrió los ojos, y divisó un pozo de agua; fue allá, llenó el odre y dio de beber al muchacho. Dios estaba con el muchacho, que creció, habitó en el desierto y se hizo un experto arquero.

Palabra de Dios.

SALMO RESPONSORIAL 33

R. **Si el afligido invoca al Señor, él lo escucha.**

Si el afligido invoca al Señor, él lo escucha | y lo salva de sus angustias; | el ángel del Señor acampa | en torno a sus fieles, y los protege. R.

Todos sus santos, temed al Señor, | porque nada les falta a los que le temen; | los ricos empobrecen y pasan hambre, | los que buscan al Señor no carecen de nada. R.

Venid, hijos, escuchadme: | os instruiré en el temor del Señor; | ¿hay alguien que ame la vida | y desee días de prosperidad? R.

ALELUYA p. 1932ss.

EVANGELIO p. 1528

MIERCOLES   **Años pares**

PRIMERA LECTURA

*Retirad de mi presencia el estruendo del canto; fluya la justicia
como arroyo perenne*

LECTURA DEL PROFETA AMOS   5, 14-15.21-24

Buscad el bien y no el mal, y viviréis, y así estará con vosotros el Señor Dios de los ejércitos, como deseáis. Odiad el mal,
amad el bien, defended la justicia en el tribunal. Quizá se apiade
el Señor, Dios de los ejércitos, de los supervivientes de José. Detesto y rehuso vuestras fiestas —oráculo del Señor— no quiero
oler vuestras ofrendas. Aunque me ofrezcáis holocaustos y dones, no me agradarán; no aceptaré los terneros cebados que sacrificáis en acción de gracias. Retirad de mi presencia el estruendo
del canto, no quiero escuchar el son de la cítara; fluya como el
agua el juicio, la justicia como arroyo perenne.

Palabra de Dios.

SALMO RESPONSORIAL 49

℟ **Al que sigue buen camino le haré ver la salvación de
Dios.**

Escucha, pueblo mío, que voy a hablarte; | Israel, voy a dar
testimonio contra ti, | yo, Dios, tu Dios. ℟.

No reprocho tus sacrificios, | pues siempre están tus holo-
caustos ante mí, | Pero no aceptaré un becerro de tu casa | ni un
cabrito de tus rebaños. ℟.

Pues las fieras de la selva son mías, | y hay miles de bestias
en mis montes. | Conozco a todos los pájaros del cielo, | tengo a
mano cuanto se agita en los campos. ℟.

Si tuviera hambre, no te lo diría: | pues el orbe y cuanto lo
llena es mío. | ¿Comeré yo carne de toros, | beberé sangre de ca-
britos? ℟.

¿Por qué recitas mis preceptos | y tienes siempre en la boca
mi alianza, | tú que detestas mi enseñanza | y te echas a la espal-
da mis mandatos? R.

ALELUYA p. 1932ss.

EVANGELIO

¿Has venido a atormentar a los demonios antes de tiempo?

✠ LECTURA DEL S. EVANGELIO SEGUN
SAN MATEO   8, 28-34

En aquel tiempo, llegó Jesús a la otra orilla, a la región de
los gerasenos. Desde el cementerio dos endemoniados salieron a
su encuentro; eran tan furiosos que nadie se atrevía a transitar
por aquel camino. Y le dijeron a gritos: «¿Qué quieres de nosotros, Hijo de Dios? ¿Has venido a atormentarnos antes de tiempo?» Una gran piara de cerdos a distancia estaba hozando. Los
demonios le rogaron: «Si nos echas, mándanos a la piara.» Jesús
les dijo: «Id.» Salieron y se metieron en los cerdos. Y la piara entera se abalanzó acantilado abajo y se ahogó en el agua. Los porquerizos huyeron al pueblo y lo contaron todo, incluyendo lo de
los endemoniados. Entonces el pueblo entero salió a donde estaba Jesús y, al verlo, le rogaron que se marchara de su país.

Palabra del Señor.

JUEVES   **Años impares**

PRIMERA LECTURA

El sacrificio de Abrahán, nuestro padre en la fe

LECTURA DEL LIBRO DEL GENESIS   22, 1-19

En aquellos días, Dios puso a prueba a Abrahán llamándole:
«¡Abrahán!» El respondió: «Aquí me tienes.» Dios le dijo:
«Toma a tu hijo único, al que quieres, a Isaac, y vete al país de

Moria y ofrécemelo allí en sacrificio en uno de los montes que yo te indicaré.» Abrahán madrugó, aparejó el asno y se llevó consigo a dos criados y a su hijo Isaac; cortó leña para el sacrificio y se encaminó al lugar que le había indicado Dios. El tercer día levantó Abrahán los ojos y descubrió el sitio de lejos. Y Abrahán dijo a sus criados: «Quedaos aquí con el asno; yo con el muchacho iré hasta allá para adorar y después volveremos con vosotros.» Abrahán tomó la leña para el sacrificio, se la cargó a su hijo Isaac, y él llevaba el fuego y el cuchillo. Los dos caminaban juntos. Isaac dijo a Abrahán, su padre: «Padre.» El respondió: «Aquí estoy, hijo mío.» El muchacho dijo: «Tenemos fuego y leña, pero ¿dónde está el cordero para el sacrificio?» Abrahán contestó: «Dios proveerá el cordero para el sacrificio, hijo mío.» Y siguieron caminando juntos. Cuando llegaron al sitio que le había dicho Dios, Abrahán levantó allí el altar y apiló la leña, luego ató a su hijo Isaac y lo puso sobre el altar, encima de la leña. Entonces Abrahán tomó el cuchillo para degollar a su hijo; pero el ángel del Señor le gritó desde el cielo: «¡Abrahán, Abrahán!» El contestó: «Aquí me tienes.» El ángel le ordenó: «No alargues la mano contra tu hijo ni le hagas nada. Ahora sé que temes a Dios, porque no te has reservado a tu hijo, tu único hijo.» Abrahán levantó los ojos y vio un carnero enredado por los cuernos en la maleza. Se acercó, tomó el carnero y lo ofreció en sacrificio en lugar de su hijo. Abrahán llamó aquel sitio «El Señor ve», por lo que se dice aún hoy «El monte del Señor ve». El ángel del Señor volvió a gritar a Abrahán desde el cielo: «Juro por mí mismo —oráculo del Señor—: por haber hecho esto, por no haberte reservado tu hijo, tu hijo único, te bendeciré, multiplicaré a tus descendientes como las estrellas del cielo y como la arena de la playa. Tus descendientes conquistarán las puertas de las ciudades enemigas. Todos los pueblos del mundo se bendecirán con tu descendencia, porque me has obedecido.» Abrahán volvió a sus criados, y juntos se pusieron en camino hacia Berseba, y Abrahán se quedó a vivir en Berseba.

Palabra de Dios.

℟ **Caminaré en presencia del Señor | en el país de la vida.**

Amo al Señor, porque escucha | mi voz suplicante; | porque inclina su oído hacia mí, | el día que lo invoco. ℟.

Me envolvían redes de muerte, | me alcanzaron los lazos del Abismo, | caí en tristeza y angustia. | Invoqué el nombre del Señor: | «Señor, salva mi vida.» ℟.

El Señor es benigno y justo, | nuestro Dios es compasivo; | el Señor guarda a los sencillos: | estando yo sin fuerzas me salvó. ℟.

Arrancó mi alma de la muerte, | mis ojos de las lágrimas, | mis pies de la caída. | Caminaré en presencia del Señor, | en el país de la vida. ℟.

ALELUYA p. 1932ss.

EVANGELIO p. 1531

JUEVES   Años pares

PRIMERA LECTURA

Ve y profetiza a mi pueblo

LECTURA DEL PROFETA AMOS   7, 10-17

En aquellos días, Amasías, sacerdote de «Casa-de-Dios», envió un mensaje a Jeroboam, rey de Israel: «Amós conjura contra ti en medio de Israel; la tierra ya no puede soportar sus palabras. Porque así predica Amós: Morirá a espada Jeroboam. Israel saldrá de su país al destierro.» Dijo Amasías a Amós: «Vidente, vete y refúgiate en tierra de Judá: come allí tu pan, y profetiza allí. No vuelvas a profetizar en "Casa-de-Dios", porque es el santuario real, el templo del país.» Respondió Amós: «No soy profeta ni hijo de profeta, sino pastor y cultivador de higos. El Señor me sacó de junto al rebaño, y me dijo: Ve y profetiza a mi pueblo de Israel. Y ahora escucha la palabra del Señor: Tú dices: No profetices contra la casa de Israel, no prediques contra la casa de Isaac. Pues bien, así dice el Señor: Tu mujer será deshonrada en la ciudad, tus hijos e hijas caerán a espada; tu tierra será repartida a cordel, tu morirás en tierra pagana, Israel saldrá de su país al destierro.»

Palabra de Dios.

SALMO RESPONSORIAL 18

℟ **Los mandamientos del Señor son verdaderos y entera-mente justos.**

La ley del Señor es perfecta | y es descanso del alma; | el pre-cepto del Señor es fiel | e instruye al ignorante. ℟.

Los mandatos del Señor son rectos | y alegran el corazón; | la norma del Señor es límpida | y da luz a los ojos. ℟.

La voluntad del Señor es pura | y eternamente estable; | los mandamientos del Señor son verdaderos | y enteramente jus-tos. ℟.

Más preciosos que el oro, | más que el oro fino; | más dulces que la miel | de un panal que destila. ℟.

ALELUYA p. 1932ss.

EVANGELIO

La gente alababa a Dios, que da a los hombres tal potestad

✠ LECTURA DEL S. EVANGELIO SEGUN
SAN MATEO   9, 1-8

En aquel tiempo, subió Jesús a una barca, cruzó a la otra ori-lla y fue a su ciudad. Le presentaron un paralítico, acostado en una camilla. Viendo la fe que tenían, dijo al paralítico: «¡Animo, hijo!, tus pecados están perdonados.» Algunos de los letrados se dijeron: «Este blasfema.» Jesús, sabiendo lo que pensaban, les dijo: «¿Por qué pensáis mal? ¿Qué es más fácil decir: "tus pecados están perdonados" o, decir "levántate y anda"? Pues para que veáis que el Hijo del hombre tiene potestad en la tierra para perdonar pecados —dijo dirigiéndose al paralítico—: Ponte en pie, coge tu camilla y vete a tu casa.» Se puso en pie, y se fue a su casa. Al ver esto, la gente quedó sobrecogida y alababa a Dios, que da a los hombres tal potestad.

Palabra del Señor.

VIERNES   Años impares

PRIMERA LECTURA

Isaac amó tanto a Rebeca que se consoló de la muerte de su madre

LECTURA DEL LIBRO DEL GENESIS   23, 1-4.19; 24, 1-8.62-67

Sara vivió ciento veintisiete años; y murió en Quiriat Arbá (hoy Hebrón), en país cananeo. Abrahán fue a hacer duelo y a llorar a su mujer. Después dejó a su difunta y habló a los hititas: «Yo soy un forastero, residente entre vosotros. Dadme un sepulcro en propiedad, entre vosotros, para enterrar a mi difunta.» Después Abrahán enterró a Sara, su mujer, en la cueva del campo de Macpela, frente a Mambré (hoy Hebrón), en país cananeo. Abrahán era viejo, de edad avanzada, el Señor le había bendecido en todo. Abrahán dijo al criado más viejo de su casa, que administraba todas las posesiones: «Pon tu mano bajo mi muslo, y júrame por el Señor Dios del cielo y de la tierra, que cuando le busques mujer a mi hijo, no la escogerás entre los cananeos, en cuya tierra habito, sino que irás a mi tierra nativa, y allí buscarás mujer a mi hijo Isaac.» El criado contestó: «Y si la mujer no quiere venir conmigo a esta tierra, ¿tengo que llevar a tu hijo a la tierra de donde saliste?» Abrahán le replicó: «De ninguna manera lleves a mi hijo allá. El Señor Dios del cielo, que me sacó de la casa paterna y del país nativo, que me juró: A tu descendencia daré esta tierra, enviará su ángel delante de ti, y traerás de allí mujer para mi hijo. Pero si la mujer no quiere venir contigo, quedas libre del juramento. Sólo que a mi hijo no lo lleves allá.» Entretanto, Isaac había venido al desierto del pozo de Lajay-Roí, pues habitaba en el país de Negueb. Después de mucho tiempo una tarde había salido Isaac de paseo por el campo; al alzar la vista vio que venían unos camellos. Rebeca, a su vez, alzó los ojos, y viendo a Isaac, se apeó del camello y dijo al criado: «¿Quién es aquel hombre que viene por el campo a nuestro encuentro?» El criado respondió: «Es mi Señor.» Entonces ella tomó el velo y se cubrió. El criado contó a Isaac todo lo que había hecho. Isaac introdujo a Rebeca en la tienda de su madre Sara, la tomó por mujer y la amó tanto que se consoló de la muerte de su madre.

Palabra de Dios.

SALMO RESPONSORIAL 105

℟ **Dad gracias al Señor, porque es bueno.**

Dad gracias al Señor, porque es bueno, | porque es eterna su misericordia. | ¿Quién podrá contar las hazañas de Dios, | pregonar toda su alabanza? ℟.

Dichosos los que respetan el derecho | y practican siempre la justicia. | Acuérdate de mí por amor a tu pueblo. ℟.

Visítame con tu salvación, | para que vea la dicha de tus escogidos, | y me alegre con la alegría de tu pueblo, | y me gloríe con tu heredad. ℟.

ALELUYA p. 1932ss.

EVANGELIO p. 1535

VIERNES   **Años pares**

PRIMERA LECTURA

Enviaré hambre, no de pan, sino de escuchar la palabra del Señor

LECTURA DEL PROFETA AMOS   8, 4-6.9-12

Escuchad esto, los que exprimís al pobre, despojáis a los miserables, diciendo: «¿Cuándo pasará la luna nueva para vender el trigo, y el sábado para ofrecer el grano? Disminuís la medida, aumentáis el precio, usáis balanzas con trampa; compráis por dinero al pobre, al mísero por un par de sandalias, vendiendo hasta el salvado del trigo.» Aquel día —oráculo del Señor— haré ponerse el sol a mediodía, y en pleno día oscureceré la tierra. Cambiaré vuestras fiestas en luto, vuestros cantos en elegía; vestirá de saco toda cintura, quedará calva toda cabeza. Y habrá un llanto como por el hijo único, y será el final, como día amargo. Mirad que llegan días —oráculo del Señor— en que enviaré hambre a la tierra: No hambre de pan ni sed de agua, sino de escuchar la palabra del Señor. Irán vacilantes de Oriente a Occidente, de Norte a Sur; vagarán buscando la palabra del Señor, y no la encontrarán.

Palabra de Dios.

SALMO RESPONSORIAL 118

℟ **No sólo de pan vive el hombre, sino de toda palabra que sale de la boca de Dios.**

Dichoso el que, guardando sus preceptos, | lo busca de todo corazón. ℟.

Te busco de todo corazón, | no consientas que me desvíe de tus mandamientos. ℟.

Mi alma se consume, deseando | continuamente tus mandamientos. ℟.

Escogí el camino verdadero, | deseé tus mandamientos. ℟.

Mira cómo ansío tus decretos: | dame vida con tu justicia. ℟.
Abro la boca y respiro, | ansiando tus mandamientos. ℟.

ALELUYA p. 1932ss.

EVANGELIO

No tienen necesidad de médico los sanos; misericordia quiero y no sacrificios

✝ LECTURA DEL S. EVANGELIO SEGUN
SAN MATEO   9, 9-13

En aquel tiempo, vio Jesús a un hombre llamado Mateo sentado al mostrador de los impuestos, y le dijo: «Sígueme.» El se levantó y lo siguió. Y estando en la mesa en casa de Mateo, muchos publicanos y pecadores, que habían acudido, se sentaron con Jesús y sus discípulos. Los fariseos, al verlo, preguntaron a los discípulos: «¿Cómo es que vuestro maestro come con publicanos y pecadores?» Jesús lo oyó y dijo: «No tienen necesidad de médico los sanos, sino los enfermos. Andad, aprended lo que significa "misericordia quiero y no sacrificios": que no he venido a llamar a los justos sino a los pecadores.»

Palabra del Señor.

SABADO   Años impares

PRIMERA LECTURA

Jacob echó la zancadilla a Esaú y le quitó su bendición

LECTURA DEL LIBRO DEL GENESIS   27, 1-5.15-29

Cuando Isaac se hizo viejo y perdió la vista, llamó a su hijo mayor: «Hijo mío.» Contestó: «Aquí estoy.» El le dijo: «Mira, yo soy viejo y no sé cuándo moriré. Toma tus aparejos, arco y aljaba, y sal al campo a buscarme caza; después me guisas un buen plato, como sabes que me gusta, y me lo traes para que coma; pues quiero darte mi bendición antes de morir.» Rebeca escuchó

1536   *Tiempo ordinario - 13.ª semana*

la conversación de Isaac con Esaú, su hijo. Salió Esaú al campo
a cazar para su padre. Rebeca tomó un traje de su hijo mayor,
Esaú, el traje de fiesta, que tenía en el arcón, y vistió con él a
Jacob, su hijo menor; con la piel de los cabritos le cubrió los
brazos y la parte lisa del cuello. Y puso en manos de su hijo Jacob el guiso sabroso que había preparado y el pan. El entró en
la habitación de su padre y dijo: «Padre.» Respondió Isaac:
«Aquí estoy; ¿quién eres, hijo mío?» Respondió Jacob a su padre: «Soy Esaú tu primogénito, he hecho lo que me mandaste;
incorpórate, siéntate y come lo que he cazado; después me bendecirás tú.» Isaac dijo a su hijo: «¡Qué prisa te has dado para en-
contrarla!» El respondió: «El Señor tu Dios me la puso al alcance.» Isaac dijo a Jacob: «Acércate que te palpe, hijo mío a ver si
eres tú mi hijo Esaú o no.» Se acercó Jacob a su padre Isaac, y
éste le palpó, y dijo: «La voz es la voz de Jacob, los brazos son
los brazos de Esaú.» Y no lo reconoció porque sus brazos estaban peludos como los de su hermano Esaú. Y lo bendijo. Le
volvió a preguntar: «¿Eres tú mi hijo Esaú?» Respondió Jacob:
«Yo soy.» Isaac dijo: «Sírveme la caza, hijo mío, que coma yo de
tu caza, y así te bendeciré yo.» Se la sirvió, y él comió. Le trajo
vino, y bebió. Isaac le dijo: «Acércate y bésame, hijo mío.» Se
acercó y lo besó. Y al oler el aroma del traje, lo bendijo, diciendo: «Aroma de campo que bendijo el Señor es el aroma de
mi hijo: que Dios te conceda el rocío del cielo, la fertilidad de
la tierra, abundancia de trigo y de vino. Que te sirvan los pueblos, y se postren ante ti las naciones. Sé señor de tus hermanos,
que ellos se postren ante ti. Maldito quien te maldiga, bendito
quien te bendiga.»

Palabra de Dios.

SALMO RESPONSORIAL 134

℟ **Alabad al Señor, porque es bueno.**

Alabad el nombre del Señor, | alabadlo, siervos del Se-
ñor, | que estáis en la casa del Señor, | en los atrios de la casa de
nuestro Dios. ℟.

Alabad al Señor, porque es bueno; | tañed para su nombre, que es amable. | Porque él se escogió a Jacob, | a Israel en posesión suya. ℟.

Yo sé que el Señor es grande, | nuestro dueño más que todos los dioses. | El Señor todo lo que quiere lo hace: | en el cielo y en la tierra, | en los mares y en los océanos. ℟.

ALELUYA p. 1932ss.

EVANGELIO p. 1538

SABADO   Años pares

PRIMERA LECTURA

Haré volver los cautivos de Israel y los plantaré en su campo

LECTURA DEL PROFETA AMOS   9, 11-15

Así dice el Señor: Aquel día levantaré la choza caída de David, taparé sus brechas, levantaré sus ruinas como en otros tiempos. Para que posean las primicias de Edom y de todas las naciones donde se invocó mi nombre —oráculo del Señor—. Mirad que llegan días —oráculo del Señor— en que el que ara sigue de cerca al segador; el que pisa las uvas, al sembrador; los montes manarán vino, y fluirán los collados. Haré volver los cautivos de Israel, edificarán ciudades destruidas y las habitarán, plantarán viñas y beberán de su vino, cultivarán huertos y comerán de sus frutos. Los plantaré en su campo, y no serán arrancados del campo que yo les di, dice el Señor tu Dios.

Palabra de Dios.

SALMO RESPONSORIAL 84

℟ **Dios anuncia la paz a su pueblo.**

Voy a escuchar lo que dice el Señor: | Dios anuncia la paz | a su pueblo y a sus amigos | y a los que se convierten de corazón. ℟.

La misericordia y la fidelidad se encuentran, | la justicia y la paz se besan; | la fidelidad brota de la tierra | y la justicia mira desde el cielo. ℟.

El Señor nos dará la lluvia | y nuestra tierra dará su fruto. | La justicia marchará ante él, | la salvación seguirá sus pasos. ℟.

ALELUYA

EVANGELIO

¿Es que pueden guardar luto los amigos del novio, mientras el novio está con ellos?

✠ LECTURA DEL S. EVANGELIO SEGUN
SAN MATEO   9, 14-17

En aquel tiempo, los discípulos de Juan se le acercaron a Jesús, preguntándole: «¿Por qué nosotros y los fariseos ayunamos a menudo y, en cambio, tus discípulos no ayunan?» Jesús les dijo: «¿Es que pueden guardar luto los amigos del novio, mientras el novio está con ellos?» Llegará un día en que se lleven al novio y entonces ayunarán. Nadie echa un remiendo de paño sin remojar a un manto pasado; porque la pieza tira del manto y deja un roto peor. Tampoco se echa vino nuevo en odres viejos; porque revientan los odres: se derrama el vino y los odres se estropean; el vino nuevo se echa en odres nuevos, y así las dos cosas se conservan.»

Palabra del Señor.

DECIMOCUARTA SEMANA

LUNES   **Años impares**

PRIMERA LECTURA

Vio una escalinata y ángeles de Dios que subían y bajaban y a Dios que hablaba

LECTURA DEL LIBRO DEL GENESIS   28, 10-22

En aquellos días, Jacob salió de Berseba en dirección a Harán. Casualmente llegó a un lugar y se quedó allí a pernoctar porque ya se había puesto el sol. Cogió de allí mismo una piedra, se la colocó a guisa de almohada y se echó a dormir en aquel lugar. Y tuvo un sueño: Una escalinata apoyada en la tierra, con la cima tocaba el cielo. Angeles de Dios subían y bajaban por ella. El Señor estaba en pie sobre ella y dijo: «Yo soy el Señor, el Dios de tu padre Abrahán y el Dios de Isaac. La tierra, sobre la que estás acostado, te la daré a ti y a tu descendencia. Tu descendencia se multiplicará como el polvo de la tierra, y ocuparás el oriente y el occidente, el norte y el sur; y todas las naciones del mundo se llamarán benditas por causa tuya y de tu descendencia. Yo estoy contigo; yo te guardaré donde quiera que vayas, y te volveré a esta tierra y no te abandonaré hasta que cumpla lo que he prometido.» Cuando Jacob despertó dijo: «Realmente el Señor está en este lugar y yo no lo sabía.» Y, sobrecogido, añadió: «Qué terrible es este lugar: no es sino la casa de Dios y la puerta del cielo.» Jacob se levantó de madrugada, tomó la piedra que le había servido de almohada, la levantó como estela y derramó aceite por encima. Y llamó a aquel lugar «Casa de Dios»; antes la ciudad se llamaba Luz. Jacob hizo un voto diciendo: «Si Dios está conmigo y me guarda en el camino que estoy haciendo, si me da pan para comer y vestidos para cubrirme, si vuelvo sano y salvo a casa de mi padre, entonces el Señor será mi Dios, y esta piedra que he levantado como estela será una casa de Dios; y de todo lo que me des, te daré el diezmo.»

Palabra de Dios.

SALMO RESPONSORIAL 90

℟ **Dios mío, confío en ti.**

Tú que habitas al amparo del Altísimo, | que vives a la sombra del Omnipotente, | di al Señor: «Refugio mío, alcázar mío, | Dios mío, confío en ti.» ℟.

El te librará de la red del cazador, | de la peste funesta. | Te cubrirá con sus plumas, | bajo sus alas te refugiarás. ℟.

Se puso junto a mí: lo libraré; | lo protegeré porque conoce mi nombre, | me invocará y lo escucharé; | con él estaré en la tribulación. ℟.

ALELUYA p. 1932ss.

EVANGELIO p. 1541

LUNES   Años pares

PRIMERA LECTURA

Me casaré contigo en matrimonio perpetuo

LECTURA DEL PROFETA OSEAS   2, 14-16.19-20

Esto dice el Señor: «Yo la cortejaré, me la llevaré al desierto, le hablaré al corazón. Y me responderá allí como en los días de su juventud, como el día en que la saqué de Egipto. Aquel día —oráculo del Señor— me llamará "Esposo mío", no me llamará "Idolo mío". Me casaré contigo en matrimonio perpetuo, me casaré contigo en derecho y justicia, en misericordia y compasión; me casaré contigo en felicidad, y te penetrarás del Señor.»

Palabra de Dios.

SALMO RESPONSORIAL 144

℟ **El Señor es clemente y misericordioso.**

Día tras día te bendeciré | y alabaré tu nombre por siempre jamás. | Grande es el Señor y merece toda alabanza, | es incalculable su grandeza. ℟.

Una generación pondera tus obras a la otra | y le cuenta tus hazañas; | alaban ellos la gloria de tu majestad, | y yo repito tus maravillas. ℟.

Encarecen ellos tus temibles proezas, | y yo narro tus grandes acciones; | difunden la memoria de tu inmensa bondad, | y aclaman tus victorias. ℟.

El Señor es clemente y misericordioso, | lento a la cólera y rico en piedad; | el Señor es bueno con todos, | es cariñoso con todas sus criaturas. ℟.

ALELUYA p. 1932ss.

EVANGELIO

Mi hija acaba de morir. Pero ven tú y vivirá

✠ LECTURA DEL S. EVANGELIO SEGUN SAN MATEO 9, 18-26

En aquel tiempo, mientras Jesús hablaba, se acercó un personaje que se arrodilló ante él y le dijo: «Mi hija acaba de morir. Pero ven tú, ponle la mano en la cabeza, y vivirá.» Jesús lo siguió con sus discípulos. Entretanto, una mujer que sufría flujos de sangre desde hacía doce años, se le acercó por detrás y le tocó el borde del manto, pensando que con sólo tocarle el manto se curaría. Jesús se volvió, y al verla le dijo: «¡Animo, hija! Tu fe te ha curado.» Y en aquel momento quedó curada la mujer. Jesús llegó a casa del personaje y, al ver a los flautistas y el alboroto de la gente, dijo: «¡Fuera! La niña no está muerta, está dormida.» Se reían de él. Cuando echaron a la gente, entró él, cogió a la niña de la mano, y ella se puso en pie. La noticia se divulgó por toda aquella comarca.

Palabra del Señor.

MARTES   **Años impares**

PRIMERA LECTURA

Te llamaré Israel, porque has luchado con dioses y has podido

LECTURA DEL LIBRO DEL GENESIS   32, 22-32

En aquellos días, todavía de noche se levantó Jacob, tomó a las dos mujeres, las dos siervas y los once hijos y cruzó el vado de Yaboc; pasó con ellos el torrente e hizo pasar cuanto poseía. Y él se quedó solo. Un hombre luchó con él hasta la aurora; y viendo que no le podía, le tocó la articulación del muslo, y se la dejó tiesa mientras peleaba con él. Y el hombre le dijo: «Suéltame que llega la aurora.» Respondió: «No te soltaré hasta que me bendigas.» Y le preguntó: «¿Cómo te llamas?» Contestó: «Jacob.» Le replicó: «Ya no te llamarás Jacob, sino Israel, porque has luchado con dioses y con hombres y has podido.» Jacob, a su vez, preguntó: «Dime tu nombre.» Respondió: «¿Por qué me preguntas mi nombre?» Y le bendijo. Jacob llamó aquel lugar Penuel, diciendo: «He visto a Dios cara a cara y he quedado vivo.» Cuando atravesaba Penuel salía el sol, y él iba cojeando. Por eso los israelitas hasta hoy no comen el tendón de la articulación del muslo, porque Jacob fue herido en dicho tendón del muslo.

Palabra de Dios.

SALMO RESPONSORIAL 16

℟ **Con mi apelación, Señor, vengo a tu presencia.**

Señor, escucha mi apelación, | atiende a mis clamores, | presta oído a mi súplica, | que en mis labios no hay engaño. ℟.

Emane de ti la sentencia, | miren tus ojos la rectitud. | Aunque sondees mi corazón, visitándolo de noche, | aunque me pruebes al fuego, | no encontrarás malicia en mí. ℟.

Yo te invoco porque tú me respondes, Dios mío, | inclina el oído y escucha mis palabras. | Muestra las maravillas de tu misericordia, | tú que salvas de los adversarios | a quien se refugia a tu derecha. ℟.

Guárdame como a las niñas de tus ojos, | a la sombra de tus alas escóndeme. | Pero yo con mi apelación vengo a tu presencia, | y al despertar me saciaré de tu semblante. ℟.

ALELUYA p. 1932ss.
EVANGELIO p. 1544

MARTES   Años pares

PRIMERA LECTURA
Siembran vientos y cosechan tempestades

LECTURA DEL PROFETA OSEAS   8, 4-7.11-13

Así dice el Señor: Se nombraron un rey en Israel sin contar conmigo, se nombraron príncipes sin pedirme consejo. Con su plata y su oro se hacían ídolos para hundirse. Tu toro, Samaria, es abominable, contra ellos arde mi cólera. ¿Hasta cuándo no podréis ser limpios, hijos de Israel? Un escultor lo hizo, y no es Dios. Se romperá en pedazos el toro de Samaria. Siembran vientos y cosechan tempestades. No brotan tallos; las espigas no tienen harina, y, si la diesen, la comerían extraños. Efraín multiplicó sus altares para pecar, para pecar le sirvieron sus altares. Cuando les escribía mi doctrina, la consideraban extraña. Que sacrifiquen sus víctimas y se coman la carne, que al Señor no le agradan. Recordará sus iniquidades, castigará sus pecados, volverán a Egipto.

Palabra de Dios.

SALMO RESPONSORIAL 113 B

℟ **Israel confía en el Señor.**

Nuestro Dios está en el cielo, | lo que quiere lo hace. | Sus ídolos en cambio, son plata y oro, | hechura de manos humanas. ℟.

Tienen boca y no hablan, | tienen ojos y no ven, | tienen orejas y no oyen, | tienen nariz y no huelen. ℟.

Tienen manos y no tocan, | tienen pies y no andan. | Que sean igual los que los hacen, | cuantos confían en ellos. ℞.

Israel confía en el Señor: | él es su auxilio y su escudo; | la casa de Aarón confía en el Señor: | él es su auxilio y su escudo. ℞.

ALELUYA p. 1932ss.

EVANGELIO

La mies es abundante, pero los trabajadores son pocos

✠ LECTURA DEL S. EVANGELIO SEGUN
SAN MATEO
9, 32-38

En aquel tiempo, llevaron a Jesús un endemoniado mudo. Echó al demonio, y el mudo habló. La gente decía admirada: «Nunca se ha visto en Israel cosa igual.» En cambio, los fariseos decían: «Este echa los demonios con el poder del jefe de los demonios.» Jesús recorría todas las ciudades y aldeas, enseñando en sus sinagogas, anunciando el evangelio del Reino y curando todas las enfermedades y todas las dolencias. Al ver a las gentes, se compadecía de ellas, porque estaban extenuadas y abandonadas, «como ovejas que no tienen pastor». Entonces dijo a sus discípulos: «La mies es abundante, pero los trabajadores son pocos; rogad, pues, al Señor de la mies que mande trabajadores a su mies.»

Palabra del Señor.

MIERCOLES   **Años impares**

PRIMERA LECTURA

Estamos pagando el delito contra nuestro hermano

LECTURA DEL LIBRO DEL GENESIS   41, 55-57; 42, 5-7.17-24a

En aquellos días, llegó el hambre a todo Egipto, y el pueblo reclamaba pan al Faraón; el Faraón decía a los egipcios: «Dirigíos a José y haced lo que os diga.» Cuando el hambre cubrió toda la tierra, José abrió los graneros y repartió raciones a los egipcios, mientras arreciaba el hambre en Egipto. Y de todos los países venían a Egipto a comprarle a José, porque el hambre arreciaba en toda la tierra. Los hijos de Israel fueron entre otros a comprar grano, pues había hambre en Canaán. José mandaba en el país y distribuía las raciones a todo el mundo. Vinieron, pues, los hermanos de José y se postraron ante él, rostro en tierra. Al ver a sus hermanos José los reconoció, pero él no se dio a conocer, sino que les habló duramente: «¿De dónde venís?» Contestaron: «De tierra de Canaán a comprar provisiones.» Y los hizo detener durante tres días. Al tercer día les dijo: «Yo temo a Dios, por eso haréis lo siguiente, y salvaréis la vida: Si sois gente honrada, uno de vosotros quedará aquí encarcelado, y los demás irán a llevar víveres a vuestras familias hambrientas; después me traeréis a vuestro hermano menor; así probaréis que habéis dicho la verdad y no moriréis.» Ellos aceptaron, y se decían: «Estamos pagando el delito contra nuestro hermano, cuando le veíamos suplicarnos angustiado y no le hicimos caso; por eso nos sucede esta desgracia.» Intervino Rubén: «¿No os lo decía yo: "no pequéis contra el muchacho", y no me hicisteis caso? Ahora nos piden cuentas de su sangre.» Ellos no sabían que José les entendía, pues había usado intérprete. El se retiró y lloró; después volvió a ellos.

Palabra de Dios.

SALMO RESPONSORIAL 32

R̄ **Que tu misericordia, Señor, venga sobre nosotros, como lo esperamos de ti.**

Dad gracias al Señor con la cítara, | tocad en su honor el arpa de diez cuerdas; | cantadle un cántico nuevo, | acompañando los vítores con bordones. R̄

El Señor deshace los planes de las naciones, | frustra los proyectos de los pueblos; | pero el plan del Señor subsiste por siempre, | los proyectos de su corazón, de edad en edad. R̄

Los ojos del Señor están puestos en sus fieles, | en los que esperan en su misericordia, | para librar sus vidas de la muerte | y a reanimarlos en tiempo de hambre. ℟.

ALELUYA p. 1932ss.

EVANGELIO p. 1547

MIERCOLES   Años pares

PRIMERA LECTURA

Es tiempo de consultar al Señor

LECTURA DEL PROFETA OSEAS   10, 1-3.7-8.12

Israel era una viña frondosa, y daba fruto: cuanto más eran sus frutos, más aumentó sus altares; cuanto mejor era la tierra, mejores monumentos eregía. Tiene el corazón dividido, ahora lo expiará: El mismo destruirá sus altares, abatirá sus estelas. Ahora dicen: «No tenemos rey, no respetamos al Señor, ¿que podrá hacernos el rey?» Desaparece Samaria, y su rey, como espuma sobre la superficie del agua. Son destruidos los altozanos de los ídolos, el pecado de Israel. Cardos y abrojos crecen sobre sus altares; gritan los montes: «Cubridnos», a los collados: «Caed sobre nosotros». Sembrad justicia y cosecharéis misericordia. Roturad un campo, que es tiempo de consultar al Señor, hasta que venga y llueva sobre vosotros la justicia.

Palabra de Dios.

SALMO RESPONSORIAL 104

℟ **Buscad continuamente el rostro del Señor.**

Cantadle al son de instrumentos, | hablad de sus maravillas; | gloriaos de su nombre santo, | que se alegren los que buscan al Señor. ℟.

Recurrid al Señor y a su poder, | buscad continuamente su rostro. | Recordad las maravillas que hizo, | sus prodigios, las sentencias de su boca. ℞.

¡Estirpe de Abraham, su siervo, | hijos de Jacob, su elegido! | El Señor es nuestro Dios, | él gobierna toda la tierra. ℞.

ALELUYA p. 1932ss.

EVANGELIO

Id a las ovejas descarriadas de Israel

✠ LECTURA DEL S. EVANGELIO SEGUN SAN MATEO   10, 1-7

En aquel tiempo, Jesús llamó a sus doce discípulos y les dio autoridad para expulsar espíritus inmundos y curar toda enfermedad y dolencia. Estos son los nombres de los doce apóstoles; el primero, Simón, el llamado Pedro, y su hermano Andrés; Santiago el Zebedeo, y su hermano Juan; Felipe y Bartolomé, Tomás y Mateo el publicano; Santiago el Alfeo, y Tadeo; Simón el fanático, y Judas Iscariote, el que lo entregó. A estos doce los envió Jesús con estas instrucciones: «No vayáis a tierra de paganos no entréis en las ciudades de Samaria, sino id a la ovejas descarriadas de Israel. Id y proclamad que el Reino de los Cielos está cerca.»

Palabra del Señor.

JUEVES   **Años impares**

PRIMERA LECTURA

Para salvación me envió Dios a Egipto

LECTURA DEL LIBRO DEL GENESIS   44, 18-21.23b-29; 45, 1-5

En aquellos días, Judá se acercó a José y le dijo: «Permite a tu siervo hablar en presencia de su señor; no se enfade mi señor conmigo, pues eres como el Faraón.» Mi Señor interrogó a sus siervos: «¿Tenéis padre o algún hermano?», y respondimos a mi señor: «Tenemos un padre anciano y un hijo pequeño que le ha nacido en la vejez; un hermano suyo murió, y sólo le queda éste de aquella mujer; su padre lo adora.» Tú dijiste: «Traédmelo para que lo conozca. Si no baja vuestro hermano menor con vosotros, no volveréis a verme.» Cuando subimos a casa de tu siervo, nuestro padre, le contamos todas las palabras de mi señor; y nuestro padre nos dijo: «Volved a comprar unos pocos víveres.» Le dijimos: «No podemos bajar si no viene nuestro hermano menor con nosotros»; él replicó: «Sabéis que mi mujer me dio dos hijos: uno se apartó de mí y pienso que lo ha despedazado una fiera, pues no he vuelto a verlo; si arrancáis también a éste de mi presencia y le sucede una desgracia, daréis con mis canas, de pena, en el sepulcro.» José no pudo contenerse en presencia de su corte y ordenó: «Salid todos de mi presencia.» Y no había nadie cuando se dio a conocer a sus hermanos. Rompió a llorar fuerte, de modo que los egipcios lo oyeron y la noticia llegó a casa del Faraón. José dijo a sus hermanos: «Yo soy José; ¿vive todavía mi padre?» Sus hermanos, perplejos, se quedaron sin respuesta. José dijo a sus hermanos: «Acercaos a mí.» Se acercaron y les repitió: «Yo soy José vuestro hermano, el que vendisteis a los egipcios. Pero ahora no os preocupéis, ni os pese el haberme vendido aquí; para salvación me envió Dios delante de vosotros.»

Palabra de Dios.

SALMO RESPONSORIAL 104

℟ **Recordad las maravillas que hizo el Señor.**

Llamó al hambre sobre aquella tierra: | cortando el sustento del pan; | por delante había enviado a un hombre, | a José, vendido como esclavo. ℟.

Le trabaron los pies con grillos, | le metieron el cuello en la argolla, | hasta que se cumpla su predicción, | y la palabra del Señor lo acreditó. ℟.

El rey lo mandó desatar, | el Señor de pueblos le abrió la prisión, | lo nombró administrador de su casa, | señor de todas sus posesiones. ℞.

ALELUYA p. 1932ss.

EVANGELIO p. 1550

JUEVES   Años pares

PRIMERA LECTURA

Se me revuelve el corazón

LECTURA DEL PROFETA OSEAS   11, 1b-4.8c-9

Esto dice el Señor: «Cuando Israel era joven, le amé, desde Egipto llamé a mi hijo. Cuando le llamaba, él se alejaba, sacrificaba a los Baales, ofrecía incienso a los ídolos. Yo enseñé a andar a Efraín, le alzaba en brazos, y él no comprendía que yo le curaba». Con ataduras humanas, con lazos de amor le atraía; era para ellos como el que levanta el yugo de la cerviz, me inclinaba y le daba de comer. Se me revuelve el corazón, se me conmueven las entrañas. No cederá el ardor de mi cólera, no volveré a destruir a Efraín; que soy Dios y no hombre, santo en medio de ti, y no enemigo a la puerta.

Palabra de Dios.

SALMO RESPONSORIAL 79

℞ **Que brille tu rostro, Señor, y nos salve.**

Pastor de Israel, escucha, | tú que te sientas sobre querubines, resplandece, | despierta tu poder y ven a salvarnos. ℞.

Dios de los Ejércitos, vuélvete: | mira desde el cielo, fíjate; | ven a visitar tu viña, | la capa que tu diestra plantó | y que tú hiciste vigorosa. ℞.

ALELUYA p. 1932ss.

EVANGELIO

Lo que habéis recibido gratis, dadlo gratis

✠ LECTURA DEL S. EVANGELIO SEGUN
SAN MATEO   10, 7-15

En aquel tiempo, dijo Jesús a sus Apóstoles: «Id y proclamad
que el Reino de los Cielos está cerca: Curad enfermos, resucitad
muertos, limpiad leprosos, echad demonios. Lo que habéis recibido gratis, dadlo gratis. No llevéis en la faja oro, plata ni calderilla, ni tampoco alforja para el camino, ni otra túnica, ni sandalias, ni bastón; bien merece el obrero su sustento. Cuando entréis
en un pueblo o aldea, averiguad quién hay allí de confianza y
quedaos en su casa hasta que os vayáis. Al entrar en una casa saludad; si la casa se lo merece, la paz que le deseáis vendrá a ella.
Si no se lo merece, la paz volverá a vosotros. Si alguno no os
recibe o no os escucha, al salir de su casa o del pueblo, sacudid
el polvo de los pies. Os aseguro que el día del juicio les será más
llevadero a Sodoma y Gomorra, que a aquel pueblo.»

Palabra del Señor.

VIERNES   **Años impares**

PRIMERA LECTURA

Puedo morir, después de haberte visto en persona

LECTURA DEL LIBRO DEL GENESIS   46, 1-7.28-30

En aquellos días, Israel con todo lo suyo se puso en camino,
llegó a Berseba y allí ofreció sacrificios al Dios de su padre Isaac.
Dios le dijo a Israel en una visión de noche: «Jacob, Jacob.»
Respondió: «Aquí estoy.» Dios le dijo: «Yo soy Dios, el Dios de
tu padre; no temas bajar a Egipto, porque allí te convertiré en

un pueblo numeroso. Yo bajaré contigo a Egipto, y yo te haré subir; y José te cerrará los ojos.» Al salir Jacob de Berseba, los hijos de Israel hicieron montar a su padre con los niños y las mujeres en las carretas que el Faraón había enviado para transportarlos. Tomaron el ganado y las posesiones que habían adquirido en Canaán y emigraron a Egipto Jacob con todos sus descendientes: hijos y nietos, hijas y nietas y todos los descendientes los llevó consigo a Egipto. Jacob envió por delante a Judá, a visitar a José, y a preparar el sitio en Gosén. Cuando llegaron a Gosén, José mandó preparar la carroza y se dirigió a Gosén a recibir a su padre. Al verlo se le echó al cuello y lloró abrazado a él. Israel dijo a José: «Ahora puedo morir, después de haber visto tu rostro, y que vives.»

Palabra de Dios.

SALMO RESPONSORIAL 36

R. El Señor es quien salva a los justos.

Confía en el Señor y haz el bien, | habita tu tierra y practica la lealtad; | sea el Señor, tu delicia, | y él te dará lo que pide tu corazón. R.

El Señor vela por los días de los buenos, | y su herencia durará siempre; | no se agostarán en tiempo de sequía, | en tiempo de hambre se saciarán. R.

Apártate del mal y haz el bien, | y siempre tendrás una casa; | porque el Señor ama la justicia | y no abandona a sus fieles. | Los inicuos son exterminados, | la estirpe de los malvados se extinguirá. R.

El Señor es quien salva a los justos, | él es su alcázar en el peligro; | el Señor los protege y los libra, | los libra de los malvados y los salva, | porque se acogen a él. R.

ALELUYA p. 1932ss.

EVANGELIO p. 1553

VIERNES   **Años pares**

PRIMERA LECTURA

No volveremos a llamar dios a la obra de nuestras manos

LECTURA DEL PROFETA OSEAS   14, 2-10

Esto dice el Señor: «Israel, conviértete al Señor Dios tuyo, porque tropezaste con tu pecado. Preparad vuestro discurso, volved al Señor y decidle: Perdona del todo la iniquidad, recibe benévolo el sacrificio de nuestros labios. No nos salvará Asiria, no montaremos a caballo; no volveremos a llamar dios a la obra de nuestras manos. —En ti encuentra piedad el huérfano—.» Yo curaré sus extravíos, los amaré sin que lo merezcan, mi cólera se apartará de ellos. Seré rocío para Israel, florecerá como azucena, arraigará como un álamo. Brotarán sus vástagos, como de olivo será su esplendor, su aroma como del Líbano. Volverán a descansar a su sombra: cultivarán el trigo, florecerán como la viña, será su fama como la del vino del Líbano. Efraín, ¿qué me importan los ídolos? Yo le respondo y lo miro: Yo soy ciprés frondoso, de mí proceden tus frutos. ¿Quién será el sabio que lo comprenda, el prudente que lo entienda? Rectos son los caminos del Señor, los justos andan por ellos, los pecadores tropiezan en ellos.»

Palabra de Dios.

SALMO RESPONSORIAL 50

R. **Mi boca proclamará tu alabanza, Señor.**

Misericordia, Dios mío, por tu bondad, | por tu inmensa compasión borra mi culpa. | Lava del todo mi delito, | limpia mi pecado. R.

Te gusta un corazón sincero | y en mi interior me inculcas sabiduría. | Rocíame con el hisopo: quedaré limpio; | lávame: quedaré más blanco que la nieve. R.

Oh Dios, crea en mí un corazón puro, | renuévame por dentro con espíritu firme; | no me arrojes lejos de tu rostro, | no me quites tu santo espíritu. R.

Devuélveme la alegría de tu salvación, | afiánzame con espíritu generoso. | Señor, me abrirás los labios, | y mi boca proclamará tu alabanza. R̄.

ALELUYA p. 1932ss.

EVANGELIO

No seréis vosotros los que habléis, sino el Espíritu de vuestro Padre

✠ LECTURA DEL S. EVANGELIO SEGUN
SAN MATEO   10, 16-23

En aquel tiempo, dijo Jesús a sus Apóstoles: «Mirad que os mando como ovejas entre lobos; por eso, sed sagaces como serpientes y sencillos como palomas. Pero no os fiéis de la gente, porque os entregarán a los tribunales, os azotarán en las sinagogas y os harán comparecer ante gobernadores y reyes por mi causa; así daréis testimonio ante ellos y ante los gentiles. Cuando os arresten, no os preocupéis de lo que vais a decir o de cómo lo diréis: en su momento se os sugerirá lo que tenéis que decir; no seréis vosotros los que habléis, el Espíritu de vuestro Padre hablará por vosotros. Los hermanos entregarán a sus hermanos para que los maten, los padres a los hijos; se rebelarán los hijos contra sus padres, y los matarán. Todos os odiarán por mi nombre: el que persevere hasta el final, se salvará. Cuando os persigan en una ciudad, huid a otra. Creedme, no terminaréis con las ciudades de Israel antes de que vuelva el Hijo del Hombre.»

Palabra del Señor.

SABADO   Años impares

PRIMERA LECTURA

Dios cuidará de vosotros y os sacará de esta tierra

LECTURA DEL LIBRO DEL GENESIS   49, 29-33; 50, 15-24

En aquellos días, Jacob dio las siguientes instrucciones a sus hijos: «Cuando me reúna con los míos, enterradme con mis padres en la cueva del campo de Efrón, el hitita, la cueva del campo de Macpela, frente a Mambré, en Canaán, la que compró Abrahán a Efrón, el hitita, como sepulcro en propiedad. Allí enterraron a Abrahán y Sara, su mujer, allí enterraron a Isaac y a Rebeca, su mujer, allí enterré yo a Lía. El campo y la cueva fueron comprados a los hititas.» Cuando Jacob terminó de dar instrucciones a sus hijos, recogió los pies en la cama, expiró y se reunió con los suyos. Al ver los hermanos de José que había muerto su padre, se dijeron: «A ver si José nos guarda rencor y quiere pagarnos el mal que le hicimos.» Y mandaron decirle: «Antes de morir tu padre nos encargó: "Esto diréis a José: Perdona a tus hermanos su crimen y su pecado y el mal que te hicieron." Por tanto, perdona el crimen de los siervos del Dios de tu padre.» José al oírlo se echó a llorar. Entonces vinieron los hermanos, se echaron al suelo ante él, y le dijeron: «Aquí nos tienes, somos tus siervos.» Pero José les respondió: «No tengáis miedo, ¿soy yo acaso Dios?» Vosotros intentasteis hacerme mal, pero Dios intentaba hacer bien, para dar vida a un pueblo numeroso, como hoy somos. Por tanto, no temáis; yo os mantendré a vosotros y a vuestros hijos. Y los consoló hablándoles al corazón. José vivió en Egipto con la familia de su padre y cumplió ciento diez años; llegó a conocer los hijos de Efraín, hasta la tercera generación, y también los hijos de Maquir, hijo de Manasés; los llevó en las rodillas. José dijo a sus hermanos: «Yo voy a morir. Dios cuidará de vosotros y os llevará de esta tierra a la tierra que prometió a Abrahán, Isaac y Jacob.» Y los hizo jurar: «Cuando Dios cuide de vosotros, llevaréis mis huesos de aquí.»

Palabra de Dios.

SALMO RESPONSORIAL 104

℟. **Humildes, buscad al Señor, y vivirá vuestro corazón.**

Dad gracias al Señor, invocad su nombre, | dad a conocer sus hazañas a los pueblos; | cantadle al son de instrumentos, | hablad de sus maravillas. ℟.

Gloriaos de su nombre santo, | que se alegren los que buscan al Señor. | Recurrid al Señor y a su poder, | buscad continuamente su rostro. ℞.

¡Estirpe de Abrahán, su siervo, | hijos de Jacob, su elegido! El Señor es nuestro Dios, | él gobierna toda la tierra. ℞.

ALELUYA p. 1932ss.

EVANGELIO p. 1556

SABADO   Años pares

PRIMERA LECTURA

Yo, hombre de labios impuros, he visto con mis ojos al Rey y Señor de los Ejércitos

LECTURA DEL PROFETA ISAIAS   6, 1-8

El año de la muerte del rey Ozías, vi al Señor sentado sobre un trono alto y excelso: la orla de su manto llenaba el templo. Y vi serafines en pie junto a él, cada uno con seis alas: con dos alas se cubrían el rostro, con dos alas se cubrían el cuerpo, con dos alas se cernían. Y se gritaban uno a otro, diciendo: «¡Santo, santo, santo, el Señor de los Ejércitos, la tierra está llena de su gloria!» Y temblaban las jambas de las puertas al clamor de su voz, y el templo estaba lleno de humo. Yo dije: «¡Ay de mí, estoy perdido! Yo, hombre de labios impuros, que habito en medio de un pueblo de labios impuros, he visto con mis ojos al Rey y Señor de los Ejércitos.» Y voló hacia mí uno de los serafines, con un ascua en la mano, que había cogido del altar con unas tenazas; la aplicó a mi boca y me dijo: «Mira: esto ha tocado tus labios, ha desaparecido tu culpa, está perdonado tu pecado.» Entonces escuché la voz del Señor, que decía: «¿A quién mandaré? ¿Quién irá por mí?» Contesté: «Aquí estoy, mándame.»

Palabra de Dios.

SALMO RESPONSORIAL 92

R⁄ **El Señor reina, vestido de majestad.**

El Señor reina, vestido de majestad, | el Señor, vestido y ceñido de poder. R⁄.

Así está firme el orbe y no vacila. | Tu trono está firme desde siempre | y tú eres eterno. R⁄.

Tus mandatos son fieles y seguros, | la santidad es el adorno de tu casa, | Señor, por días sin término. R⁄.

ALELUYA p. 1932ss.

EVANGELIO

No tengáis miedo a los que matan el cuerpo

✠ LECTURA DEL S. EVANGELIO SEGUN
SAN MATEO   10, 24-33

En aquel tiempo, dijo Jesús a sus Apóstoles: «Un discípulo no es más que su maestro, ni un esclavo más que su amo; ya le basta al discípulo con ser como su maestro, y al esclavo como su amo. Si al dueño de la casa lo han llamado Belzebú, ¡cuánto más a los criados! No les tengáis miedo, porque nada hay cubierto, que no llegue a descubrirse; nada hay escondido, que no llegue a saberse. Lo que os digo de noche, decidlo en pleno día, y lo que os digo al oído, pregonadlo desde la azotea. No tengáis miedo a los que matan el cuerpo, pero no pueden matar el alma. No, temed al que puede destruir con el fuego alma y cuerpo. ¿No se venden un par de gorriones por unos cuartos? Y, sin embargo, ni uno solo cae al suelo sin que lo disponga vuestro Padre. Pues vosotros hasta los cabellos de la cabeza tenéis contados. Por eso, no tengáis miedo: no hay comparación entre vosotros y los gorriones. Si uno se pone de mi parte ante los hombres, yo también me pondré de su parte ante mi Padre del cielo. Y si uno me niega ante los hombres, yo también lo negaré ante mi Padre del cielo.»

Palabra del Señor.

DECIMOQUINTA SEMANA
LUNES   Años impares

*Vamos a vencer a Israel, porque está siendo más fuerte y
numeroso que nosotros*

LECTURA DEL LIBRO DEL EXODO   1, 8-14.22

En aquellos días, subió al trono en Egipto un Faraón nuevo
que no había conocido a José, y dijo a su pueblo: «Mirad, el
pueblo de Israel está siendo más numeroso y fuerte que nosotros: vamos a vencerlo con astucia, pues si no, cuando se decla-
re la guerra, se aliará con el enemigo, nos atacará, y después se
marchará de nuestra tierra.» Así, pues, nombraron capataces que
los oprimieran con cargas, en la construcción de las ciudades-
granero, Pitom y Ramsés. Pero cuanto más los oprimían, ellos
crecían y se propagaban más. Hartos de los israelitas, los egipcios les impusieron trabajos crueles, y les amargaron la vida con
dura esclavitud: el trabajo del barro, de los ladrillos, y toda clase
de trabajos del campo; les imponían trabajos crueles. Entonces el
Faraón ordenó a su gente: «Cuando nazca un niño, echadlo al
Nilo; si es niña, dejadla con vida.»

Palabra de Dios.

SALMO RESPONSORIAL 123

R. **Nuestro auxilio es el nombre del Señor.**

Si el Señor no hubiera estado de nuestra parte | —que lo
diga Israel—, | si el Señor no hubiera estado de nuestra par-
te, | cuando nos asaltaban los hombres, | nos habrían tragado vi-
vos, | tanto ardía su ira contra nosotros. R.

Nos habrían arrollado las aguas, | llegándonos el torrente
hasta el cuello; | nos habrían llegado hasta el cuello | las aguas
espumantes. | Bendito el Señor que no nos entregó | en presa a
sus dientes. R.

Hemos salvado la vida como un pájaro | de la trampa del cazador; | la trampa se rompió y escapamos. | Nuestro auxilio es el nombre del Señor, | que hizo el cielo y la tierra. ℞.

ALELUYA p. 1932ss.

EVANGELIO p. 1559

LUNES   Años pares

PRIMERA LECTURA

Lavaos, apartad de mi vista vuestras malas acciones

LECTURA DEL PROFETA ISAIAS   1, 11-17

¿Qué me importa el número de vuestros sacrificios? —dice el Señor—. Estoy harto de holocaustos de carneros de grasas de cebones; la sangre de toros, corderos y chivos no me agrada. ¿Por qué entráis a visitarme? ¿Quién pide algo de vuestras manos cuando pisáis mis atrios? No me traigáis más dones vacíos, más incienso execrable. Novilunios, sábados, asambleas, no los aguanto. Vuestras solemnidades y fiestas las detesto; se me han vuelto una carga que no soporto más. Cuando extendéis las manos, cierro los ojos; aunque multipliquéis las plegarias, no os escucharé. Vuestras manos están llenas de sangre. Lavaos, purificaos, apartad de mi vista vuestras malas acciones: cesad de obrar mal, aprended a obrar bien; buscad la justicia, defended al oprimido; sed abogados del huérfano, defensores de la viuda.

Palabra de Dios.

SALMO RESPONSORIAL 49

℞ **Al que sigue buen camino le haré ver la salvación de Dios.**

No te reprocho tus sacrificios, | pues siempre están tus holocaustos ante mí. | Pero no aceptaré un becerro de tu casa | ni un cabrito de tus rebaños. ℞.

¿Por qué recitas mis preceptos | y tienes siempre en la boca mi alianza, | tú que detestas mi enseñanza | y te echas a la espalda mis mandatos? ℟.

Esto haces, ¿y me voy a callar? | ¿crees que soy como tú? | Te acusaré, te lo echaré en cara. | El que me ofrece acción de gracias, | ése me honra; | al que sigue buen camino | le haré ver la salvación de Dios. ℟.

ALELUYA p. 1932ss.

EVANGELIO

No he venido a sembrar la paz, sino espadas

✠ LECTURA DEL S. EVANGELIO SEGUN
SAN MATEO   10, 34—11, 1

En aquel tiempo, dijo Jesús a sus Apóstoles: «No penséis que he venido a la tierra a sembrar paz: no he venido a sembrar paz, sino espadas. He venido a enemistar al hombre con su padre, a la hija con su madre, a la nuera con su suegra; los enemigos de cada uno serán los de su propia casa. El que quiere a su padre o a su madre más que a mí, no es digno de mí; el que quiere a su hijo o a su hija más que a mí, no es digno de mí; y el que no coge su cruz y me sigue, no es digno de mí. El que encuentre su vida la perderá, y el que pierde su vida por mí, la encontrará. El que os recibe a vosotros, me recibe a mí, y el que me recibe, recibe al que me ha enviado; el que recibe a un profeta porque es profeta, tendrá paga de profeta; y el que recibe a un justo porque es justo, tendrá paga de justo. El que dé a beber, aunque no sea más que un vaso de agua fresca, a uno de esos pobrecillos, sólo porque es mí discípulo, no perderá su paga, os lo aseguro.» Cuando Jesús acabó de dar instrucciones a sus doce discípulos, partió de allí para enseñar y predicar en sus ciudades.

Palabra del Señor.

MARTES   **Años impares**

Lo llamó Moisés, porque lo había sacado del agua; cuando creció, fue a donde estaban sus hermanos

LECTURA DEL LIBRO DEL EXODO   2, 1-15a

En aquellos días, un hombre de la tribu de Leví se casó con una mujer de la misma tribu; ella concibió y dio a luz un niño. Viendo que era hermoso, lo tuvo escondido tres meses. No pudiendo tenerlo escondido por más tiempo, tomó una cesta de mimbre, la embadurnó de barro y pez, colocó en ella a la criatura y la depositó entre los juncos, junto a la orilla del Nilo. Una hermana del niño observaba a distancia para ver en qué paraba. La hija del Faraón bajó a bañarse en el Nilo, mientras sus criadas la seguían por la orilla. Al descubrir la cesta entre los juncos, mandó a la criada a recogerla. La abrió, miró dentro y encontró un niño llorando. Conmovida comentó: «Es un niño de los hebreos.» Entonces la hermana del niño dijo a la hija del Faraón: «¿Quieres que vaya a buscarle una nodriza hebrea que críe al niño?» Respondió la hija del Faraón: «Anda.» La muchacha fue y llamó a la madre del niño. La hija del Faraón le dijo: «Llévate al niño y críamelo, y yo te pagaré.» La mujer tomó al niño y lo crió. Cuando creció el muchacho, se lo llevó la hija del Faraón, que lo adoptó como hijo y lo llamó Moisés, diciendo: «lo he sacado del agua.» Pasaron los años, Moisés creció, fue a donde estaban su hermanos, y los encontró transportando cargas. Y vio cómo un egipcio mataba a un hebreo, uno de sus hermanos. Miró a un lado y a otro, y viendo que no había nadie, mató al egipcio y lo enterró en la arena. Al día siguiente salió y encontró a dos hebreos riñendo, y dijo al culpable: «¿Por qué golpeas a tu compañero?» El le contestó: «¿Quién te ha nombrado jefe y juez nuestro? ¿Es que pretendes matarme como mataste al egipcio?» Moisés se asustó pensando: la cosa se ha sabido. Cuando el Faraón se enteró del hecho, buscó a Moisés para darle muerte; pero Moisés huyó del Faraón y se refugió en el país de Madián.

Palabra de Dios.

SALMO RESPONSORIAL 68

℟ **Humildes, buscad al Señor, y vivirá vuestro corazón.**

Me estoy hundiendo en un cieno profundo | y no puedo hacer pie; | he entrado en la hondura del agua, | me arrastra la corriente. ℟.

Pero mi oración se dirige hacia ti, | Dios mío, el día de tu favor; | que me escuche tu gran bondad, | que tu fidelidad me ayude. ℟.

Yo soy un pobre malherido, | Dios mío, tu salvación me levante. | Alabaré el nombre de Dios con cantos, | proclamaré su grandeza con acción de gracias. ℟.

Miradlo, los humildes, y alegraos, | buscad al Señor, y vivirá vuestro corazón. | Que el Señor escucha a sus pobres, no desprecia a sus cautivos. ℟.

ALELUYA p. 1932ss.

EVANGELIO p. 1562

MARTES   Años pares

PRIMERA LECTURA

Si no creéis, no subsistiréis

LECTURA DEL PROFETA ISAIAS   7, 1-9

Reinaba en Judá Acaz, hijo de Yotán, hijo de Ozías, rey de Judá. Rasín, rey de Damasco, y Pécaj, hijo de Romelía, rey de Israel, subieron a Jerusalén para atacarla; pero no lograron conquistarla. Llegó la noticia al heredero de David: Los sirios acampan en Efraín. Y se agitó su corazón y el del pueblo como se

agitan los árboles del bosque con el viento. Entonces el Señor
dijo a Isaías: «Sal al encuentro de Acaz, con tu hijo Sear Yasub,
hacia el extremo del canal de la Alberca de Arriba, junto a la
Calzada del Batanero; y le dirás: ¡Vigilancia y calma! No temas,
no te acobardes ante esos dos cabos de tizones humeantes (la ira
ardiente de Rasín y los sirios y del hijo de Romelía). Aunque tra-
men tu ruina, diciendo: "Subamos contra Judá, sitiémosla, apo-
derémonos de ella, y nombraremos en ella rey al hijo de Tabeel".
Así dice el Señor: No se cumplirá ni sucederá: Damasco es capital de Siria, y Rasín, capitán de Damasco. Samaria es capital de
Efraín, y el hijo de Romelía, capitán de Samaria. (Dentro de cinco o seis años, Efraín, destruido, dejará de ser pueblo.) Si no
creéis, no subsistiréis.»

Palabra de Dios.

SALMO RESPONSORIAL 47

℟ **Dios ha fundado su ciudad para siempre.**

Grande es el Señor, y muy digno de alabanza | en la ciudad
de nuestro Dios. | Su Monte Santo, una altura hermosa, | alegría
de toda la tierra. ℟.

El monte Sión, vértice del cielo, | ciudad del gran rey. | En-
tre sus palacios, Dios | descuella como un alcázar. ℟.

Mirad: los reyes se aliaron | para atacarla juntos; | pero, al
verla, quedaron aterrados | y huyeron despavoridos. ℟.

Y allí los agarró el temblor | y dolores como de parto; |
como un viento del desierto que destroza | las naves de Tarsis. ℟.

ALELUYA p. 1932ss.

EVANGELIO

*El día del juicio le será más llevadera a Tiro y a Sidón y a
Sodoma que a vosotras*

✠ LECTURA DEL S. EVANGELIO SEGUN
SAN MATEO   11, 20-24

En aquel tiempo, se puso Jesús a recriminar a las ciudades
donde había hecho casi todos sus milagros, porque no se habían

convertido: «¡Ay de ti, Corozaín, ay de ti, Betsaida! Si en Tiro
y Sidón se hubieran hecho los milagros que en vosotras, hace
tiempo que se habrían convertido, cubiertas de sayal y ceniza. Os
digo que el día del juicio les será más llevadero a Tiro y a Sidón
que a vosotras. Y tú, Cafarnaúm, ¿piensas escalar el cielo? Bajarás al Abismo. Porque si en Sodoma se hubieran hecho los milagros que en ti, habría durado hasta hoy. Os digo que el día del
juicio le será más llevadero a Sodoma que a ti.»

Palabra del Señor.

MIERCOLES   Años impares

PRIMERA LECTURA
El ángel del Señor se apareció entre las zarzas

LECTURA DEL LIBRO DEL EXODO   3, 1-6.9-12

En aquellos días, pastoreaba Moisés el rebaño de su suegro
Jetró, sacerdote de Madián; llevó el rebaño trashumando por el
desierto hasta llegar a Horeb, el monte de Dios. El ángel del Señor se le apareció en una llamarada entre las zarzas. Moisés se
fijó: la zarza ardía sin consumirse. Moisés se dijo: «Voy a acercarme a mirar este espectáculo admirable, a ver cómo es que no
se quema la zarza.» Viendo el Señor que Moisés se acercaba a
mirar, lo llamó desde la zarza: «Moisés, Moisés.» Respondió él:
«Aquí estoy.» Dijo Dios: «No te acerques; quítate las sandalias
de los pies, pues el sitio que pisas es terreno sagrado.» Y añadió:
«Yo soy el Dios de tus padres, el Dios de Abrahán, el Dios de
Isaac, el Dios de Jacob.» Moisés se cubrió el rostro, porque temía ver a Dios. Y el Señor le dijo: «El clamor de los israelitas
ha llegado a mí y he visto cómo los tiranizan los egipcios. Y
ahora marcha, te envío al Faraón para que saques a mi pueblo,
a los israelitas.» Moisés replicó a Dios: «¿Quién soy yo para acu-

dir al Faraón o para sacar a los israelitas de Egipto?» Respondió
Dios: «Yo estoy contigo; y ésta es la señal que yo te envío: cuando saques al pueblo de Egipto, daréis culto a Dios en esta montaña.»

Palabra de Dios.

SALMO RESPONSORIAL 102

R. **El Señor es compasivo y misericordioso.**

Bendice, alma mía, al Señor, | y todo mi ser a su santo nom-
bre. | Bendice, alma mía, al Señor, | y no olvides sus benefi-
cios. R.

El perdona todas tus culpas, | y cura todas tus enfermeda-
des; | él rescata tu vida de la fosa | y te colma de gracia y de ter-
nura. R.

El Señor hace justicia | y defiende a todos los oprimidos;
| enseñó sus caminos a Moisés | y sus hazañas a los hijos de Is-
rael. R.

ALELUYA p. 1932ss.

EVANGELIO p. 1565

MIERCOLES   Años pares

PRIMERA LECTURA

¿Se envanece el hacha contra quien la blande?

LECTURA DEL PROFETA ISAIAS   10, 5-7.13-16

Así dice el Señor: ¡Ay Asur, vara de mi ira, bastón de mi furor! Contra una nación impía lo envié, lo mandé contra el pueblo
de mi cólera, para entrarlo a saco y despojarlo, para hollarlo
como barro de las calles. Pero él no pensaba así, no eran éstos
los planes de su corazón; su propósito era aniquilar, exterminar
naciones numerosas. El decía: «Con la fuerza de mi mano lo he

hecho, con mi saber, porque soy inteligente. Cambié las fronteras de las naciones, saqueé sus tesoros y derribé como un héroe a sus jefes. Mi mano cogió, como un nido, las riquezas de los pueblos; como quien recoge huevos abandonados, cogí toda su tierra; y no hubo quien batiese las alas, quien abriese el pico para piar.» ¿Se envanece el hacha contra quien la blande? ¿Se gloría la sierra contra quien la maneja? Como si el bastón manejase a quien lo levanta, como si la vara alzase a quien no es leño. Por eso, el Señor de los Ejércitos meterá enfermedad en su gordura; y debajo del hígado le encenderá una fiebre, como incendio de fuego.

Palabra de Dios.

SALMO RESPONSORIAL 93

℟ **El Señor no rechaza a su pueblo.**

Trituran, Señor, a tu pueblo, | oprimen a tu heredad; | asesinan a viudas y forasteros, | degüellan a los huérfanos. ℟.

Y comentan: Dios no lo ve, | el Dios de Jacob no se entera. | Enteraos, los más necios del pueblo, | ignorantes, ¿cuándo discurriréis? ℟.

El que plantó el oído, ¿no va a oír? | El que formó el ojo, ¿no va a ver? | El que educa a los pueblos, ¿no va a castigar? | El que instruye al hombre, ¿no va a saber? ℟.

Porque el Señor no rechaza a su pueblo, | ni abandona su heredad: | el justo obtendrá su derecho, | y un porvenir, los rectos de corazón. ℟.

ALELUYA p. 1932ss.

EVANGELIO

Has escondido estas cosas a los sabios, y se las has revelado a la gente sencilla

✠ **LECTURA DEL S. EVANGELIO SEGUN SAN MATEO**   11, 25-27

En aquel tiempo, Jesús exclamó: «Te doy gracias, padre, Señor de cielo y tierra, porque has escondido estas cosas a los sabios y entendidos, y se las has revelado a la gente sencilla. Sí Padre, así te ha parecido mejor. Todo me lo ha entregado mi Padre, y nadie conoce al Hijo más que el Padre, y nadie conoce al Padre sino el Hijo, y aquél a quien el Hijo se lo quiera revelar.»

Palabra del Señor.

JUEVES   Años impares

PRIMERA LECTURA

Soy el que soy. «Yo-soy» me envía a vosotros

LECTURA DEL LIBRO DEL EXODO
3, 13-20

En aquellos días, Moisés, después de oír la voz del Señor desde la zarza ardiendo, le replicó: «Mira, yo iré a los israelitas y les diré: el Dios de vuestros padres me ha enviado a vosotros. Si ellos me preguntan cómo se llama este Dios, ¿qué les repondo?» Dios dijo a Moisés: «"Soy el que soy". Esto dirás a los israelitas: "Yo-soy" me envía a vosotros.» Dios añadió: «Esto dirás a los israelitas: "el Señor Dios de vuestros padres, Dios de Abrahán, Dios de Isaac, Dios de Jacob, me envía a vosotros. Este es mi nombre para siempre: así me llamaréis de generación en generación. Vete, reúne a los ancianos de Israel y diles: El Señor Dios de vuestros padres se me ha aparecido, el Dios de Abrahán, Dios de Isaac, Dios de Jacob, y me ha dicho: os estoy observando a vosotros y cómo os tratan en Egipto. He decidido sacaros de la opresión egipcia y llevaros al país de los cananeos, hititas, amorreos, fereceos, heveos y jebuseos, a una tierra que mana leche y miel." Ellos te harán caso; y tú, con los ancianos de Israel, te presentarás al rey de Egipto y le dirás: "El Señor Dios de los hebreos nos ha encontrado, y nosotros tenemos que hacer un viaje de tres jornadas por el desierto para ofrecer sacrificios al Señor nuestro Dios." Yo sé que el rey de Egipto no os dejará marchar ni a la fuerza; pero yo extenderé la mano, heriré a Egipto con prodigios que haré en medio de él, y entonces os dejará marchar.»

Palabra de Dios.

SALMO RESPONSORIAL 104

℟ **El Señor se acuerda de su alianza eternamente.**

Dad gracias al Señor, invocad su nombre, | dad a conocer sus hazañas a los pueblos. | Recordad las maravillas que hizo, | sus prodigios, las sentencias de su boca. ℟.

Se acuerda de su alianza eternamente, | de la palabra dada, por mil generaciones; | de la alianza sellada con Abrahán, | del juramento hecho a Isaac. ℟.

Dios hizo a su pueblo muy fecundo, | más poderoso que sus enemigos. | A éstos les cambió el corazón | para que odiasen a su pueblo, | y usaran malas artes con sus siervos. ℟.

Pero envió a Moisés su siervo, | y a Aarón su escogido: | que hicieron contra ellos sus signos, | prodigios en la tierra de Cam. ℟.

ALELUYA p. 1932ss.

EVANGELIO p. 1568

JUEVES   Años pares

PRIMERA LECTURA

Despertarán jubilosos los que habitan en el polvo

LECTURA DEL PROFETA ISAIAS   26, 7-9.12.16-19

La senda del justo es recta. Tú allanas el sendero del justo; en la senda de tus juicios, Señor, te esperamos, ansiando tu nombre y tu recuerdo. Mi alma te ansía de noche, mi espíritu en mi interior madruga por ti, porque tus juicios son luz de la tierra, y aprenden justicia los habitantes del orbe. Señor, tú nos darás la paz, porque todas nuestras empresas nos las realizas tú. Señor, en el peligro acudíamos a ti, cuando apretaba la fuerza de tu escarmiento. Como la preñada cuando le llega el parto se retuerce y grita angustiada, así éramos en tu presencia, Señor: concebimos, nos retorcimos, dimos a luz... viento; no trajimos salvación al país, no le nacieron habitantes al mundo. ¡Vivirán tus muertos, tus cadáveres se alzarán, despertarán jubilosos los que habitan en el polvo! Porque tu rocío es rocío de luz, y la tierra de las sombras parirá.

Palabra de Dios.

SALMO RESPONSORIAL 101

℟ **El Señor desde el cielo se ha fijado en la tierra.**

Tú permaneces para siempre, | y tu nombre de generación en generación. | Levántate y ten misericordia de Sión, | que ya es hora y tiempo de misericordia. | Tus siervos aman sus piedras, | se compadecen de sus ruinas. ℟.

Los gentiles temerán tu nombre, | los reyes del mundo, tu gloria. | Cuando el Señor reconstruya Sión, | y aparezca en su gloria, | y se vuelva a las súplicas de los indefensos, | y no desprecie sus peticiones. ℟.

Quede esto escrito para la generación futura, | y el pueblo que será creado alabará al Señor: | Que el Señor ha mirado desde su excelso santuario, | desde el cielo se ha fijado en la tierra, | para escuchar los gemidos de los cautivos | y librar a los condenados a muerte. ℟.

ALELUYA p. 1932ss.

EVANGELIO

Soy manso y humilde de corazón

✚ LECTURA DEL S. EVANGELIO SEGUN SAN MATEO

11, 28-30

En aquel tiempo, Jesús exclamó: «Venid a mí todos los que estáis cansados y agobiados, y yo os aliviaré. Cargad con mi yugo y aprended de mí, que soy manso y humilde de corazón, y encontraréis vuestro descanso. Porque mi yugo es llevadero y mi carga ligera.»

Palabra del Señor.

VIERNES **Años impares**

PRIMERA LECTURA

Mataréis un cordero al atardecer; cuando yo vea la sangre, pasaré de largo ante vosotros.

LECTURA DEL LIBRO DEL EXODO 11, 10—12, 14

En aquellos días, Moisés y Aarón hicieron muchos prodigios en presencia del Faraón; pero el Señor hizo que el Faraón se empeñara en no dejar marchar a los israelitas de su tierra. Dijo el Señor a Moisés y a Aarón en tierra de Egipto: «Este mes será para vosotros el principal de los meses; será para vosotros el primer mes del año. Decid a toda la asamblea de Israel: el diez de este mes cada uno procurará un animal para su familia, uno por casa. Si la familia es demasiado pequeña para comérselo, que se junte con el vecino de casa, hasta completar el número de personas; y cada uno comerá su parte hasta terminarlo. Será un animal sin defecto, macho, de un año, cordero o cabrito. Lo guardaréis hasta el día catorce del mes y toda la asamblea de Israel lo matará al atardecer. Tomaréis la sangre y rociaréis las dos jambas y el dintel de la casa donde lo hayáis comido. Esa noche comeréis la carne, asada a fuego, y comeréis panes sin fermentar y verduras amargas. No comeréis de ella nada crudo, ni cocido en agua, sino asado a fuego: con cabeza, patas y tripas. No dejaréis restos para la mañana siguiente; y si sobra algo, lo quemaréis. Y lo comeréis así: la cintura ceñida, las sandalias en los pies, un bastón en la mano; y os lo comeréis a toda prisa, porque es la Pascua, el Paso del Señor. Yo pasaré esta noche por la tierra de Egipto y heriré a todos los primogénitos del país de Egipto, desde los hombres hasta los ganados, y me tomaré justicia de todos los dioses de Egipto. Yo, el Señor. La sangre será vuestra señal en las casas donde habitáis. Cuando yo vea la sangre, pasaré de largo ante vosotros, y no habrá entre vosotros plaga exterminadora, cuando yo hiera al país de Egipto. Este será un día memorable para vosotros y lo celebraréis como fiesta en honor del Señor, de generación en generación. Decretaréis que sea fiesta para siempre.»

Palabra de Dios.

SALMO RESPONSORIAL 115

℟ **Alzaré el cáliz de la salvación, invocando el nombre del Señor.**

¿Cómo pagaré al Señor | todo el bien que me ha hecho? | Alzaré el cáliz de la salvación, | invocando su nombre. ℟.

Mucho le cuesta al Señor | la muerte de sus fieles. | Siervo tuyo soy, hijo de tu esclava, | rompiste mis cadenas. ℟.

Te ofreceré un sacrificio de alabanza, | invocando tu nombre, Señor. | Cumpliré al Señor mis votos, | en presencia de todo el pueblo. ℟.

ALELUYA p. 1932ss.

EVANGELIO p. 1571

VIERNES　　　　　　　　　　　　　　　　　　　**Años pares**

PRIMERA LECTURA

He escuchado tu oración, he visto tus lágrimas

LECTURA DEL PROFETA ISAIAS　　　　　　　38, 1-6.21-22.7-8

En aquel tiempo Ezequías cayó enfermo de muerte; y vino a visitarlo el profeta Isaías, hijo de Amós, y le dijo: «Así dice el Señor: Haz testamento, porque vas a morir y no vivirás.» Entonces, Ezequías volvió la cara a la pared y oró al Señor: «Señor, acuérdate que he caminado en tu presencia, con corazón sincero e íntegro, y que he hecho lo que te agrada.» Y Ezequías lloró con largo llanto. Y vino la palabra del Señor a Isaías: «Ve y dile a Ezequías: Así dice el Señor Dios de David, tu padre. He escuchado tu oración, he visto tus lágrimas. Mira, añado a tus días otros quince años. Te libraré de las manos del rey de Asiria, a ti y a esta ciudad, y la protegeré.» Isaías dijo: «Que traigan un emplasto de higos y lo apliquen a la herida para que se cure.» Ezequías dijo: «¿Cuál es la prueba de que subiré a la casa del Señor?» «Esta es la señal del Señor, de que cumplirá el Señor la palabra dada: En el reloj de sol de Acaz haré que la sombra suba los diez grados que ha bajado.» Y desandó el sol en el reloj los diez grados que había avanzado.

Palabra de Dios.

SALMO RESPONSORIAL   Is 38, 10-12.16

℟ **Tú, Señor, detuviste mi alma ante la tumba vacía.**

Yo pensé: En medio de mis días | tengo que marchar hacia las puertas del Abismo; | me privan del resto de mis años. ℟.

Yo pensé: Ya no veré más al Señor | en la tierra de los vivos, | ya no miraré a los hombres | entre los habitantes del mundo. ℟.

Levantan y enrollan mi vida | como una tienda de pastores. | Como un tejedor devanaba yo mi vida, | y me cortan la trama. ℟.

Los que Dios protege, viven, | y entre ellos vivirá mi espíritu: | me has curado, me has hecho revivir. ℟.

ALELUYA p. 1932ss.

EVANGELIO

El Hijo del Hombre es señor del sábado

✠ LECTURA DEL S. EVANGELIO SEGUN
SAN MATEO   12, 1-8

Un sábado de aquellos, Jesús atravesaba un sembrado; los discípulos, que tenían hambre, empezaron a arrancar espigas y a comérselas. Los fariseos, al verlo, le dijeron: «Mira, tus discípulos están haciendo una cosa que no está permitida en sábado.» Les replicó: «¿No habéis leído lo que hizo David, cuando él y sus hombres sintieron hambre? Entró en la casa de Dios y comieron de los panes presentados, cosa que no les estaba permitida ni a él ni a sus compañeros, sino sólo a los sacerdotes. ¿Y no habéis leído en la ley que los sacerdotes pueden violar el sábado en el templo sin incurrir en culpa? Pues os digo que aquí hay uno que es más que el templo. Si comprendierais lo que significa "quiero misericordia y no sacrificio", no condenaríais a los que no tienen culpa. Porque el Hijo del Hombre es señor del sábado.»

Palabra del Señor.

SABADO   **Años impares**

PRIMERA LECTURA

Noche en que el Señor sacó a Israel de Egipto

LECTURA DEL LIBRO DEL EXODO   12, 37-42

En aquellos días, los israelitas marcharon de Ramsés hacia Sucot: eran setecientos mil hombres de a pie, sin contar los niños; y les seguía una multitud inmensa, con ovejas y vacas y enorme cantidad de ganado. Cocieron la masa que habían sacado de Egipto haciendo hogazas de pan ázimo, pues no había fermentado, porque los egipcios los echaban y no los dejaban detenerse; y tampoco se llevaron provisiones. La estancia de los israelitas en Egipto duró cuatrocientos treinta años. Cumplidos los cuatrocientos treinta años, el mismo día, salieron de Egipto las legiones del Señor. Noche en que veló el Señor para sacarlos de Egipto: noche de vela para los israelitas por todas las generaciones.

Palabra de Dios.

SALMO RESPONSORIAL 135

R̸ **Dad gracias al Señor, porque es bueno:**

Porque es eterna su misericordia. | En nuestra humillación se acordó de nosotros: R̸.
Y nos libró de nuestos opresores: R̸.
El hirió a Egipto en sus primogénitos: R̸.
Y sacó a Israel de aquel país: R̸.
Con mano poderosa y brazo extendido: R̸.
El dividió en dos partes el mar Rojo: R̸.
Y condujo por en medio a Israel: R̸.
Y arrojó en el mar Rojo al Faraón: R̸.

ALELUYA p. 1932ss.

EVANGELIO p. 1574

SABADO   Años pares

PRIMERA LECTURA

Codician los campos y se apoderan de las casas

LECTURA DEL PROFETA MIQUEAS   2, 1-5

Ay de los que meditan maldades, traman iniquidades en sus camas; al amanecer las cumplen, porque tienen el poder. Codician los campos y los roban, las casas, y se apoderan de ellas: oprimen al hombre y a su casa, al varón y a sus posesiones. Por eso, dice el Señor: Mirad, yo medito una desgracia contra esa familia. No lograréis apartar el cuello de ella; no podréis caminar erguidos, porque será un tiempo calamitoso. Aquel día entonarán contra vosotros una sátira, cantarán una elegía: han acabado con nosotros; venden la heredad de mi pueblo; nadie lo impedía, reparten a extraños nuestra tierra. Nadie os sortea los lotes en la asamblea del Señor.

Palabra de Dios.

SALMO RESPONSORIAL 10

℟ **No te olvides de los humildes, Señor.**

¿Por qué te quedas lejos, Señor, | y te escondes en el momento del aprieto? | La soberbia del impío oprime al infeliz | y lo enreda en las intrigas que ha tramado. ℟.

El malvado se gloría de su ambición, | el codicioso blasfema y desprecia al Señor. | El malvado dice con insolencia: | No hay Dios que me pida cuentas. ℟.

Su boca está llena de maldiciones, | de engaños y de fraudes; | su lengua encubre maldad y opresión; | en el zaguán se sienta al acecho, | para matar a escondidas al inocente. ℟.

Pero tú ves las penas y los trabajos, | tú miras y los tomas en tus manos. | A ti se encomienda el pobre, | tú socorres al huérfano. ℟.

ALELUYA p. 1932ss.

EVANGELIO

Les mandó que no lo descubrieran, para que se cumpliera lo que dijo el profeta

✠ LECTURA DEL S. EVANGELIO SEGUN
SAN MATEO   12, 14-21

En aquel tiempo, los fariseos, al salir, planearon el modo de acabar con Jesús. Pero Jesús se enteró, se marchó de allí y muchos le siguieron. El los curó a todos, mandándoles que no lo descubrieran. Así se cumplió lo que dijo el profeta Isaías: Mirad a mi siervo, mi elegido, mi amado, mi predilecto. Sobre él he puesto mi espíritu para que anuncie el derecho a las naciones. No porfiará, no gritará, no voceará por las calles. La caña cascada no la quebrará, el pabilo vacilante no lo apagará, hasta implantar el derecho; en su nombre esperarán las naciones.

Palabra del Señor.

DECIMOSEXTA SEMANA

LUNES **Años impares**

PRIMERA LECTURA

Sabrán que yo soy el Señor, cuando me haya cubierto de gloria a costa del Faraón

LECTURA DEL LIBRO DEL EXODO 14, 5-18

En aquellos días, comunicaron al rey de Egipto que el pueblo había escapado; el Faraón y su corte cambiaron de parecer sobre el pueblo y dijeron: «¿Qué hemos hecho? Hemos dejado marchar a nuestros esclavos israelitas.» Hizo preparar un carro y tomó consigo sus tropas; tomó seiscientos carros escogidos y los demás carros de Egipto con sus correspondientes oficiales. El Señor hizo que el Faraón se empeñase en perseguir a los israelitas, mientras éstos salían triunfantes. Los egipcios los persiguieron con caballos, carros y jinetes, y les dieron alcance mientras acampaban en Fehirot, frente a Baal Safón. Se acercaba el Faraón, los israelitas alzaron la vista y vieron los egipcios que avanzaban detrás de ellos y muertos de miedo gritaron al Señor. Y dijeron a Moisés: «¿No había sepulcros en Egipto?, nos has traído a morir en el desierto; ¿qué es lo que nos has hecho sacándonos de Egipto? ¿No te lo decíamos en Egipto: "Déjanos en paz y serviremos a los egipcios; más nos vale servir a los egipcios que morir en el desierto"?» Moisés respondió al pueblo: «No tengáis miedo; estad firmes y veréis la victoria que el Señor os va a conceder hoy: esos egipcios que estáis viendo hoy, no los volveréis a ver jamás. El Señor peleará por vosotros: vosotros esperad en silencio.» El Señor dijo a Moisés: «¿Por qué sigues clamando a mí? Di a los israelitas que se pongan en marcha. Y tú, alza tu cayado, extiende tu mano sobre el mar y divídelo, para que los israelitas entren en medio del mar a pie enjuto. Que yo voy a endurecer el corazón de los egipcios para que os persigan, y me cubriré de gloria a costa del Faraón y de todo su ejército, de sus carros y de los guerreros. Sabrán los egipcios que yo soy el Señor, cuando me haya cubierto de gloria a costa del Faraón, de sus carros y de los guerreros.»

Palabra de Dios.

SALMO RESPONSORIAL   Ex 15, 1-6

R **Cantemos al Señor: sublime es su victoria.**

Cantaré al Señor, sublime es su victoria, | caballos y carros ha arrojado al mar. | Mi fuerza y mi poder es el Señor, | él fue mi salvación. | El es mi Dios: yo le alabaré, | el Dios de mis padres: yo lo ensalzaré. R.

El Señor es un guerrero, | su nombre es el Señor. | Los carros del Faraón los lanzó al mar, | ahogó en el mar Rojo a sus mejores capitanes. R.

Las olas los cubrieron, | bajaron hasta el fondo como piedras. | Tu diestra, Señor, es fuerte y terrible, | tu diestra, Señor, tritura al enemigo. R.

ALELUYA p. 1932ss.

EVANGELIO p. 1577

LUNES   Años pares

PRIMERA LECTURA

Te ha explicado, hombre, lo que Dios desea de ti

LECTURA DEL PROFETA MIQUEAS   6, 1-4.6-8

Escuchad lo que dice el Señor: «Levántate y llama a juicio a los montes, que escuchen los collados tu voz.» Escuchad montes, el juicio del Señor, atended, cimientos de la tierra: El Señor entabla juicio con su pueblo y pleitea con Israel. Pueblo mío, ¿qué te hice o en qué te molesté? Respóndeme. Te saqué de Egipto, de la esclavitud te redimí, y envié por delante a Moisés, Aarón y Mirián. «¿Con qué me acercaré al Señor, me inclinaré ante el

Dios de las alturas? ¿Me acercaré con holocaustos, con novillos de un año? ¿Se complacerá el Señor en un millar de carneros, o en diez mil arroyos de grasa? ¿Le daré un primogénito para expiar mi culpa, el fruto de mi vientre, para expiar mi pecado? Te he explicado, hombre, el bien, lo que Dios desea de ti: simplemente que respetes el derecho, que ames la misericordia y que andes humilde con tu Dios.»

Palabra de Dios.

SALMO RESPONSORIAL 49

R Al que sigue buen camino le haré ver la salvación de Dios.

Congregadme a mis fieles | que sellaron mi pacto con un sacrificio. | proclame el cielo su justicia: | Dios en persona va a juzgar. R.

No te reprocho tus sacrificios, | pues siempre están tus holocaustos ante mí. | Pero no aceptaré un becerro de tu casa | ni un cabrito de tus rebaños. R.

¿Por qué recitas mis preceptos | y tienes siempre en la boca mi alianza, | tú que detestas mi enseñanza | y te echas a la espalda mis mandatos? R.

Esto haces, ¿y me voy a callar? | ¿Crees que soy como tú? | Te acusaré, te lo echaré en cara. | El que me ofrece acción de gracias, ése me honra; | al que sigue buen camino | le haré ver la salvación de Dios. R.

ALELUYA p. 1932ss.

EVANGELIO

Cuando juzguen a esta generación, la reina del Sur se levantará

✠ LECTURA DEL S. EVANGELIO SEGUN
SAN MATEO   12, 38-42

En aquel tiempo, un grupo de letrados y fariseos dijeron a Jesús: «Maestro, queremos ver un milagro tuyo.» El les contestó:

«Esta generación perversa y adúltera exige una señal, pues no se le dará más signo que el del profeta Jonás. Tres días y tres noches estuvo Jonás en el vientre del cetáceo: pues tres días y tres noches estará el Hijo del Hombre en el seno de la tierra. Cuando juzguen a esta generación, los hombres de Nínive se alzarán y harán que la condenen, porque ellos se convirtieron con la predicación de Jonás, y aquí hay uno que es más que Jonás. Cuando juzguen a esta generación, la reina del Sur se levantará y hará que la condenen, porque ella vino desde los confines de la tierra para escuchar la sabiduría de Salomón, y aquí hay uno que es más que Salomón.»

Palabra del Señor.

MARTES Años impares

PRIMERA LECTURA

Los israelitas entraron en medio del mar a pie enjuto

LECTURA DEL LIBRO DEL EXODO 14, 21—15, 1

En aquellos días, Moisés extendió su mano sobre el mar, y el Señor hizo soplar durante toda la noche un fuerte viento del Este que secó el mar y se dividieron las aguas. Los israelitas entraron en medio del mar a pie enjuto, mientras que las aguas formaban muralla a derecha e izquierda. Los egipcios se lanzaron en su persecución, entrando tras ellos en medio del mar, todos los caballos del Faraón y los carros con sus guerreros. Mientras velaban al amanecer, miró el Señor al campamento egipcio desde la columna de fuego y nube y sembró el pánico en el campamento egipcio. Trabó las ruedas de sus carros y las hizo avanzar pesadamente. Y dijo Egipto: «Huyamos de Israel, porque el Señor lucha en su favor contra Egipto.» Dijo el Señor a Moisés: «Extiende tu mano sobre el mar y vuelvan las aguas sobre los egipcios, sus carros y sus jinetes.» Y extendió Moisés su mano sobre el mar; y al amanecer volvía el mar a su curso de siempre. Los egipcios huyendo iban a su encuentro y el Señor derribó a los egipcios en medio del mar. Y volvieron las aguas y cubrieron los carros, los jinetes y todo el ejército del Faraón, que lo había seguido por el mar. Ni uno solo se salvó. Pero los hijos de Israel caminaban por lo seco en medio del mar; las aguas les hacían de muralla a derecha e izquierda. Aquel día salvó el Señor a Israel de las manos de Egipto. Israel vio a los egipcios muertos, en la orilla del mar. Israel vio la mano grande del Señor obrando contra los egipcios y el pueblo temió al Señor y creyó en el Señor y en Moisés, su siervo. Entonces Moisés y los hijos de Israel cantaron un cántico al Señor:

Palabra de Dios.

SALMO RESPONSORIAL   Ex 15, 8-10.12.17

℟. **Cantemos al Señor: sublime es su victoria.**

Al soplo de tu nariz se amontonaron las aguas, | las corrientes se alzaron como un dique, | las olas se cuajaron en el mar. ℟.

Decía el enemigo: «Los perseguiré y los alcanzaré, | repartiré el botín, se saciará mi codicia, | empuñaré la espada, los agarrará mi mano.» ℟.

Pero sopló tu aliento y los cubrió el mar, | se hundieron como plomo en las aguas formidables. | Extendiste tu diestra: se los tragó la tierra. ℟.

Lo introduces y lo plantas en el monte de tu heredad, | lugar del que hiciste tu trono, Señor, | santuario, Señor, que fundaron tus manos. ℟.

ALELUYA p. 1932ss.

EVANGELIO p. 1581

MARTES   **Años pares**

PRIMERA LECTURA

Arrojará a lo hondo del mar todos nuestros delitos

LECTURA DEL PROFETA MIQUEAS   7, 14-15.18-20

«Pastorea a tu pueblo con el cayado, a las ovejas de tu heredad, a las que habitan en la maleza, en medio del Carmelo. Pastarán en Basán y Galaad como en tiempos antiguos; como cuando
saliste de Egipto y te mostraba mis prodigios. ¿Qué Dios hay
como tú, que perdonas el pecado y absuelves la culpa al resto de
tu heredad? No mantendrá por siempre la ira, pues se complace
en la misericordia. Volverá a compadecerse y extinguirá nuestras
culpas, arrojará a lo hondo del mar todos nuestros delitos. Serás
fiel a Jacob, compasivo con Abrahán, como juraste a nuestros
padres en tiempos remotos.»

Palabra de Dios.

SALMO RESPONSORIAL 84

R. **Muéstranos, Señor, tu misericordia.**

Señor, has sido bueno con tu tierra, | has restaurado la suerte
de Jacob; | has perdonado la culpa de tu pueblo, | has sepultado
todos sus pecados; | has reprimido tu cólera, | has frenado el in-
cendio de tu ira. R.

Restáuranos, Dios salvador nuestro, | cesa en tu rencor con-
tra nosotros. | ¿Vas a estar siempre enojado, | o a prolongar tu
ira de edad en edad? R.

¿No vas a devolvernos la vida, | para que tu pueblo se alegre
contigo? | Muéstranos, Señor, tu misericordia | y danos tu salva-
ción. R.

ALELUYA p. 1932ss.

EVANGELIO

*Señalando con la mano a los discípulos, dijo: Estos son mi
madre y mis hermanos*

✠ LECTURA DEL S. EVANGELIO SEGUN
SAN MATEO   12, 46-50

En aquel tiempo estaba Jesús hablando a la gente cuando su
madre y sus hermanos se presentaron fuera, tratando de hablar
con él. Uno se lo avisó: «Oye, tu madre y tus hermanos están
fuera y quieren hablar contigo.» Pero él contestó al que le avisaba: «¿Quién es mi madre y quiénes son mis hermanos?» Y señalando con la mano a los discípulos, dijo: «Estos son mi madre y
mis hermanos. El que cumple la voluntad de mi Padre del cielo,
ése es mi hermano y mi hermana y mi madre.»

Palabra del Señor.

MIERCOLES   **Años impares**

PRIMERA LECTURA

Yo haré llover pan del cielo

LECTURA DEL LIBRO DEL EXODO   16, 1-5.9-15

Toda la comunidad de Israel partió de Elim y llegó al desierto de Sin, entre Elim y Sinaí, el día quince del segundo mes después de salir de Egipto. La comunidad de los israelitas protestó
contra Moisés y Aarón en el desierto diciendo: «¡Ojalá hubiéramos muerto a manos del Señor en Egipto, cuando nos sentábamos alrededor de la olla de carne y comíamos pan hasta hartarnos! Nos habéis sacado a este desierto para matar de hambre a
toda la comunidad.» El Señor dijo a Moisés: «Yo haré llover pan
del cielo: que el pueblo salga a recoger la ración de cada día; lo

pondré a prueba a ver si guarda mi ley o no. El día sexto prepararán lo que hayan recogido, y será el doble de lo que recogen a diario.» Moisés dijo a Aarón: «Di a la comunidad de los israelitas: Acercaos al Señor, que ha escuchado vuestras murmuraciones.» Mientras Aarón hablaba a la asamblea, ellos se volvieron hacia el desierto y vieron la gloria del Señor que aparecía en una nube. El Señor dijo a Moisés: «He oído las murmuraciones de los israelitas. Diles de mi parte: Al atardecer comeréis carne, por la mañana os hartaréis de pan; para que sepáis que yo soy el Señor Dios vuestro.» Por la tarde una bandada de codornices cubrió todo el campamento; por la mañana había una capa de rocío alrededor de él. Cuando se evaporó la capa de rocío, apareció en la superficie del desierto un polvo parecido a la escarcha. Al verlo, los israelitas se dijeron: «¿Qué es esto?» Pues no sabían lo que era. Moisés les dijo: «Es el pan que el Señor os da de comer.»

Palabra de Dios.

SALMO RESPONSORIAL 77

R. **El Señor les dio pan del cielo.**

Tentaron a Dios en sus corazones, | pidiendo una comida a su gusto; | hablaron contra Dios: «¿Podrá Dios | preparar una mesa en el desierto?» R.

Pero dio orden a las altas nubes, | abrió las compuertas del cielo: | hizo llover sobre ellos maná, | les dio un trigo celeste. R.

Y el hombre comió pan de ángeles, | les mandó provisiones hasta la hartura. | Hizo soplar desde el cielo el Levante, | y dirigió con su fuerza el viento Sur. R.

Hizo llover carne como una polvareda, | y volátiles como arena del mar; | los hizo caer en mitad del campamento, | alrededor de sus tienda. R.

ALELUYA p. 1932ss.

EVANGELIO p. 1584

MIERCOLES

Años pares

Te nombré profeta de los gentiles

COMIENZO DEL PROFETA JEREMIAS

1, 1.4-10

Palabras de Jeremías, hijo de Helcías, de los sacerdotes residentes en Anatot, territorio de Benjamín. Recibí esta palabra del Señor: «Antes de formarte en el vientre, te escogí, antes de que salieras del seno materno, te consagré: Te nombré profeta de los gentiles. Yo repuse: ¡Ay, Señor mío! Mira que no sé hablar, que soy un muchacho.» El Señor me contestó: «No digas: soy un muchacho, que a donde yo te envíe, irás, y lo que yo te mande, lo dirás. No les tengas miedo, que yo estoy contigo para librarte —oráculo del Señor—.» El Señor extendió la mano y me tocó la boca; y me dijo: «Mira: yo pongo mis palabras en tu boca; hoy te establezco sobre pueblos y reyes para arrancar y arrasar, para destruir y demoler, para edificar y plantar.»

Palabra de Dios.

SALMO RESPONSORIAL 70

℟ **Mi boca contará tu auxilio, Señor.**

A ti, Señor, me acojo: | no quede yo derrotado para siempre; | tú eres justo, líbrame y ponme a salvo, | inclina a mí tu oído y sálvame. ℟.

Sé tú mi roca de refugio, | el alcázar donde me salve, | porque mi peña y mi alcázar eres tú. | Dios mío, líbrame de la mano perversa. ℟.

Porque tú, Dios mío, fuiste mi esperanza | y mi confianza, Señor, desde mi juventud. | En el vientre materno ya me apoyaba en ti, | en el seno, tú me sostenías. ℟.

Mi boca contará tu auxilio, | y todo el día tu salvación. | Dios mío, me instruiste desde mi juventud, | y hasta hoy relato tus maravillas. ℟.

ALELUYA p. 1932ss.
EVANGELIO

Cayó en tierra buena y dio grano

✠ LECTURA DEL S. EVANGELIO SEGUN
SAN MATEO   13, 1-9

Aquel día, salió Jesús de casa y se sentó junto al lago. Acudió tanta gente, que tuvo que subirse a una barca; se sentó y la gente se quedó de pie en la orilla. Les habló mucho rato en parábolas: «Salió el sembrador a sembrar. Al sembrar, un poco cayó al borde del camino: vinieron los pájaros y se lo comieron. Otro poco cayó en terreno pedregoso, donde apenas tenía tierra; como la tierra no era profunda, brotó en seguida; pero en cuanto salió el sol, se abrasó, y por falta de raíz se secó. otro poco cayó entre zarzas, que crecieron y lo ahogaron. El resto cayó en tierra buena y dio grano: unos, ciento, otros sesenta; otros, treinta. El que tenga oídos que oiga.»

Palabra del Señor.

JUEVES   Años impares

PRIMERA LECTURA

El Señor bajará al monte Sinaí a la vista del pueblo

LECTURA DEL LIBRO DEL EXODO   19, 1-2.9-11.16-20b

Aquel día, a los tres meses de salir de Egipto, los israelitas llegaron al desierto de Sinaí; saliendo de Rafidim llegaron al desierto de Sinaí y acamparon allí, frente al monte. El Señor dijo a Moisés: «Voy a acercarme a ti en una nube espesa, para que el pueblo pueda escuchar lo que te digo, y te crea en adelante.» Moisés comunicó al Señor lo que el pueblo había dicho. Y el Señor le dijo: «Vuelve a tu pueblo, purifícalos hoy y mañana, que se laven la ropa y estén preparados para pasado mañana; pues el Señor bajará al monte Sinaí a la vista del pueblo.» Al tercer día, al rayar el alba, hubo truenos y relámpagos y una densa nube so-

bre el monte y un poderoso resonar de trompeta; y todo el pueblo que estaba en el campamento se echó a temblar. Moisés hizo
salir al pueblo del campamento para ir al encuentro de Dios y se
detuvieron al pie del monte. Todo el Sinaí humeaba, porque el
Señor había descendido sobre él en forma de fuego. Subía el
humo como de un horno, y todo el monte retemblaba con violencia. El sonar de la trompeta se hacía cada vez más fuerte;
Moisés hablaba y Dios le respondía con el trueno. El Señor bajó
al monte Sinaí, a la cumbre del monte, y llamó a Moisés a la
cima de la montaña.

Palabra de Dios.

SALMO RESPONSORIAL   Dn 3, 52-56

℟ **Bendito eres, Señor, Dios de nuestros padres:**

A ti gloria y alabanza por los siglos: ℟.

Bendito tu nombre santo y glorioso: ℟.

Bendito eres en el templo de tu santa gloria: ℟.

Bendito eres sobre el trono de tu reino: ℟.

Bendito eres tú, que sentado sobre querubines, | sondeas los
abismos: ℟.

Bendito eres en la bóveda del cielo: ℟.

ALELUYA p. 1932ss.

EVANGELIO p. 1586

JUEVES   Años pares

PRIMERA LECTURA

*Me abandonaron a mí, fuente de agua viva, y cavaron aljibes
agrietados*

LECTURA DEL PROFETA JEREMIAS   2, 1-3.7-8.12-13

Recibí esta palabra del Señor: Ve y grita a los oídos de Jerusalén: Así dice el Señor: —Recuerdo tu cariño de joven, tu amor

de novia, cuando me seguías por el desierto, por tierra yerma. Israel era sagrada para el Señor, primicia de su cosecha: quien se atrevía a comer de ella lo pagaba, la desgracia caía sobre él, —oráculo del Señor—. Yo os conduje a un país de huertos, para que comieseis sus buenos frutos; pero entrasteis y profanasteis mi tierra, hicisteis abominable mi heredad. Los sacerdotes no preguntaban: «¿Dónde está el Señor?», los doctores de la ley no me reconocían; los pastores se rebelaron contra mí, los profetas profetizaban por Baal, siguiendo dioses que de nada sirven. Espantaos, cielos, de ello, horrorizaos y pasmaos —oráculo del Señor—. Porque dos maldades ha cometido mi pueblo: Me abandonaron a mí, fuente de agua viva, y cavaron aljibes, aljibes agrietados, que no retienen el agua.

Palabra de Dios.

SALMO RESPONSORIAL 35

R En ti, Señor, está la fuente viva.

Señor, tu misericordia llega al cielo, | tu fidelidad hasta las nubes; | tu justicia, hasta las altas cordilleras, | tus sentencias son como el océano inmenso. R.

¡Qué inapreciable es tu misericordia, oh Dios! | Los humanos se acogen a la sombra de tus alas, | se nutren de lo sabroso de tu casa, | les das a beber del torrente de tus delicias. R.

Porque en ti está la fuente viva | y tu luz nos hace ver la luz. | Prolonga tu misericordia con los que te reconocen, | tu justicia, con los rectos de corazón. R.

ALELUYA p. 1932ss.

EVANGELIO

A vosotros se os ha concedido conocer los secretos del Reino de los Cielos y a ellos no

✝ LECTURA DEL S. EVANGELIO SEGUN SAN MATEO   13, 10-17

En aquel tiempo, se acercaron a Jesús los discípulos y le preguntaron: «¿Por qué les hablas en parábolas?» El les contestó: «A

vosotros se os ha concedido conocer los secretos del Reino de
los Cielos y a ellos no. Porque al que tiene se le dará y tendrá
de sobra, y al que no tiene, se le quitará hasta lo que tiene. Por
eso les hablo en parábolas, porque miran sin ver y escuchan sin
oír ni entender. Así se cumplirá en ellos la profecía de Isaías:
"Oiréis con los oídos sin entender; miraréis con los ojos sin ver;
porque está embotado el corazón de este pueblo, son duros de
oído, han cerrado los ojos; para no ver con los ojos, ni oír con
los oídos, ni entender con el corazón, ni convertirse para que yo
los cure." Dichosos vuestros ojos porque ven y vuestros oídos
porque oyen. Os aseguro que muchos profetas y justos desearon
ver lo que veis vosotros y no lo vieron, y oír lo que oís y no lo
oyeron.»

Palabra del Señor.

VIERNES   Años impares

PRIMERA LECTURA

La ley se dio por medio de Moisés

LECTURA DEL LIBRO DEL EXODO   20, 1-17

En aquellos días, el Señor pronunció las siguientes palabras:
«Yo soy el Señor, tu Dios, que te saqué de Egipto, de la esclavitud. No tendrás otros dioses frente a mí. No te harás ídolos
—figura alguna de lo que hay arriba en el cielo, abajo en la tierra, o en el agua debajo de la tierra—. No te postrarás ante
ellos, ni les darás culto; porque yo, el Señor, tu Dios, soy un
dios celoso: castigo el pecado de los padres en los hijos, nietos
y biznietos, cuando me aborrecen. Pero actúo con piedad por mil
generaciones cuando me aman y guardan mis preceptos. No pronunciarás el nombre del Señor, tu Dios, en falso. Porque no dejará el Señor impune a quien pronuncie su nombre en falso. Fíjate en el sábado para santificarlo. Durante seis días trabaja y haz
tus tareas, pero el día séptimo es un día de descanso, dedicado
al Señor, tu Dios: no harás trabajo alguno, ni tú, ni tu hijo, ni

tu hija, ni tu esclavo, ni tu esclava, ni tu ganado, ni el forastero que vive en tus ciudades. Porque en seis días hizo el Señor el cielo, la tierra, el mar y lo que hay en ellos. Y el séptimo día descansó; por eso bendijo el Señor el sábado y lo santificó. Honra a tu padre y a tu madre: así se prolongarán tus días en la tierra, que el Señor, tu Dios, te va a dar. No matarás. No cometerás adulterio. No robarás. No darás testimonio falso contra tu prójimo. No codiciarás los bienes de tu prójimo, no codiciarás la mujer de tu prójimo, ni su esclavo, ni su esclava, ni un buey, ni un asno, ni nada que sea de él.

Palabra de Dios.

SALMO RESPONSORIAL 18

R̸ **Señor, tú tienes palabras de vida eterna.**

La ley del Señor es perfecta | y es descanso del alma; | el precepto del Señor es fiel | e instruye al ignorante. R̸

Los mandatos del Señor son rectos | y alegran el corazón; | la norma del Señor es límpida | y da luz a los ojos. R̸

La voluntad del Señor es pura | y eternamente estable; | los mandamientos del Señor son verdaderos | y enteramente justos. R̸

Más preciosos que el oro, | más que el oro fino; | más dulces que la miel | de un panal que destila. R̸

ALELUYA p. 1932ss.

EVANGELIO p. 1589

VIERNES   Años pares

PRIMERA LECTURA

Os daré pastores conforme a mi corazón: esperarán en Jerusalén todas las naciones

LECTURA DEL PROFETA JEREMIAS   3, 14-17

Volved, hijos apóstatas —oráculo del Señor—, que yo soy vuestro dueño. Os escogeré a uno de una ciudad, a dos de una tribu, y os traeré a Sión. Os daré pastores conforme a mi corazón, que os apacienten con ciencia y experiencia. Cuando os multipliquéis y crezcáis en el país, en aquellos días —oráculo del Señor—, ya no se nombrará el arca de la alianza del Señor: no se recordará ni se mencionará, no se echará de menos, ni se hará otra. En aquel tiempo llamarán a Jerusalén «Trono del Señor», esperarán en ella todas las naciones, por el nombre del Señor que está en Jerusalén; y ya no seguirán la maldad de su corazón obstinado.

Palabra de Dios.

℟ **El Señor nos guardará como pastor a su rebaño.**

Escuchad, pueblos, la palabra del Señor, | anunciadla en las islas remotas: | El que dispersó a Israel lo reunirá, | lo guardará como pastor a su rebaño. ℟.

Porque el Señor redimió a Jacob, | lo rescató de una mano más fuerte. | Vendrán con aclamaciones a la altura de Sión, | afluirán hacia los bienes del Señor. ℟.

Entonces se alegrará la doncella en la danza, | gozarán los jóvenes y los viejos; | convertiré su tristeza en gozo, | los alegraré y aliviaré sus penas. ℟.

ALELUYA p. 1932ss.

EVANGELIO

El que escucha la Palabra y la entiende, ése dará fruto

✠ **LECTURA DEL S. EVANGELIO SEGUN SAN MATEO**   13, 18-23

En aquel tiempo, dijo Jesús a sus discípulos: «Vosotros oíd lo que significa la parábola del sembrador. Si uno escucha la palabra del Reino sin entenderla, viene el Maligno y roba lo sembrado en su corazón. Esto significa lo sembrado al borde del camino. Lo sembrado en terreno pedregoso significa el que la escucha y la acepta en seguida con alegría; pero no tiene raíces, es inconstante, y, en cuanto viene una dificultad o persecución por la Palabra, sucumbe. Lo sembrado entre zarzas significa el que escucha la Palabra; pero los afanes de la vida y la seducción de las riquezas la ahogan y se queda estéril. Lo sembrado en tierra buena significa el que escucha la Palabra y la entiende; ése dará fruto y producirá ciento o sesenta o treinta por uno.»

Palabra del Señor.

SABADO   Años impares

PRIMERA LECTURA

Esta es la sangre de la Alianza que hace el Señor con vosotros

LECTURA DEL LIBRO DEL EXODO   24, 3-8

En aquellos días, Moisés bajó y contó al pueblo todo lo que había dicho el Señor y todos sus mandatos; y el pueblo contestó a una: «Haremos todo lo que dice el Señor.» Moisés puso por escrito todas las palabras del Señor. Se levantó temprano y edificó un altar en la falda del monte, y doce estelas, por las doce tribus de Israel. Y mandó a algunos jóvenes israelitas ofrecer al Señor holocausto y vacas, como sacrificio de comunión. Tomó la mitad de la sangre y la puso en vasijas, y la otra mitad la derramó sobre el altar. Después tomó el documento de la alianza y se lo leyó en alta voz al pueblo, el cual respondió: «Haremos todo lo que manda el Señor y le obedeceremos.» Tomó Moisés la sangre y roció al pueblo, diciendo: «Esta es la sangre de la alianza que hace el Señor con vosotros, sobre todos estos mandatos.»

Palabra de Dios.

SALMO RESPONSORIAL 49

℟ **Ofrece a Dios un sacrificio de alabanza.**

El Dios de los dioses, el Señor, habla: | convoca la tierra de Oriente a Occidente. | Desde Sión, la Hermosa, | Dios resplandece. ℟

«Congregadme a mis fieles | que sellaron mi pacto con un sacrificio.» | Proclame el cielo su justicia: | Dios en persona va a juzgar. ℟

Ofrece a Dios un sacrificio de alabanza, | cumple tus votos al Altísimo, | e invócame el día del peligro: | yo te libraré, y tú me darás gloria. ℟

ALELUYA p. 1932ss.

EVANGELIO p. 1592

SABADO   Años pares

PRIMERA LECTURA

¿Creéis que es una cueva de bandidos el Templo que lleva mi nombre?

LECTURA DEL PROFETA JEREMIAS   7, 1-11

Palabra del Señor que recibió Jeremías: «Ponte a la puerta del Templo y grita allí esta palabra: ¡Escucha, Judá, la palabra del Señor, los que entráis por estas puertas para adorar al Señor! Así dice el Señor de los Ejércitos, Dios de Israel: —Enmendad vuestra conducta y vuestras acciones, y habitaré con vosotros en este lugar. No os creáis seguros con palabras engañosas, repitiendo: "Es el templo del Señor, el Templo del Señor, el Templo del Señor." Si enmendáis vuestra conducta y vuestras acciones, si juzgáis rectamente entre un hombre y su prójimo; si no explotáis al forastero, al huérfano, a la viuda, si no derramáis sangre inocente en este lugar, si no seguís a dioses extranjeros, para vuestro mal, entonces habitaré con vosotros en este lugar, en la tierra que di a vuestros padres, desde hace tiempo y para siempre. Mirad: Vosotros os fiáis de palabras engañosas que no sirven de nada. ¿De modo que robáis, matáis, adulteráis, juráis en falso, quemáis incienso a Baal, seguís a dioses extranjeros y desconocidos, y después entráis a presentaros ante mí en este templo, que lleva mi nombre, y os decís: "Estamos salvos", para seguir cometiendo esas abominaciones? ¿Creéis que es una cueva de bandidos este templo que lleva mi nombre? Atención, que yo lo he visto.» —oráculo del Señor.

Palabra de Dios.

SALMO RESPONSORIAL 83

℟ **¡Qué deseables son tus moradas, Señor de los Ejércitos!**

Mi alma se consume y anhela | los atrios del Señor, | mi corazón y mi carne | retozan por el Dios vivo. ℟.

Hasta el gorrión ha encontrado una casa, | y la golondrina, un nido | donde colocar sus polluelos: | tus altares, Señor de los Ejércitos, | rey mío y Dios mío. ℟.

Dichosos los que viven en tu casa, | alabándote siempre. | Dichosos los que encuentran en ti su fuerza; | caminan de baluarte en baluarte. ℟.

Vale más un día en tus atrios | que mil en mi casa, | y prefiero el umbral de la casa de Dios | a vivir con los malvados. ℟.

ALELUYA p. 1932ss.

EVANGELIO

Dejadlos crecer juntos hasta la siega

✠ LECTURA DEL S. EVANGELIO SEGUN
SAN MATEO   13, 24-30

En aquel tiempo, Jesús propuso esta otra parábola a la gente: «El Reino de los Cielos se parece a un hombre que sembró bue-

na semilla en su campo; pero, mientras la gente dormía, un enemigo fue y sembró cizaña en medio del trigo y se marchó. Cuando empezaba a verdear y se formaba la espiga, apareció también
la cizaña. Entonces fueron los criados a decirle al amo: "Señor,
¿no sembraste buena semilla en tu campo? ¿De dónde sale la cizaña?" El les dijo: "Un enemigo lo ha hecho." Los criados le
preguntaron: "¿Quieres que vayamos a arrancarla?" Pero él les
respondió: "No, que podrías arrancar también el trigo. Dejadlos
crecer juntos hasta la siega, y cuando llegue la siega diré a los segadores: Arrancad primero la cizaña y atadla en gavillas para
quemarla y el trigo almacenadlo en mi granero".»

Palabra del Señor.

DECIMOSEPTIMA SEMANA
LUNES   Años impares

PRIMERA LECTURA

Este pueblo ha cometido un pecado gravísimo haciéndose dioses de oro

LECTURA DEL LIBRO DEL EXODO   32, 15-24.30-34

En aquellos días, Moisés se volvió y bajó del monte con las dos tablas de la alianza en la mano. Las tablas estaban escritas por ambos lados; eran hechura de Dios y la escritura era escritura de Dios grabada en las tablas. Al oír Josué el griterío del pueblo dijo a Moisés: «Se oyen gritos de victoria, no es grito de derrota, que son cantos lo que oigo.» Al acercarse al campamento y ver el becerro y las danzas, Moisés, enfurecido, tiró las tablas y las rompió al pie del monte. Después agarró el becerro que había hecho, lo quemó y lo trituró hasta hacerlo polvo, que echó en agua, haciéndoselo beber a los israelitas. Moisés dijo a Aarón: «¿Qué te ha hecho este pueblo para que nos acarreases tan enorme pecado?» Contestó Aarón: «No se irrite mi señor. Sabes que este pueblo es perverso. Me dijeron: "haznos un Dios que vaya delante de nosotros, pues a ese Moisés que nos sacó de Egipto no sabemos qué le ha pasado". Yo les dije: "quien tenga oro que se desprenda de él y me lo dé; yo lo eché al fuego y salió este becerro. Al día siguiente Moisés dijo al pueblo: «Habéis cometido un pecado gravísimo; pero ahora subiré al Señor a expiar vuestro pecado."» Volvió, pues, Moisés al Señor y le dijo: «Este pueblo ha cometido un pecado gravísimo haciéndose dioses de oro. Pero ahora, o perdonas su pecado o me borras del libro de tu registro.» El Señor respondió: «Al que haya pecado contra mí lo borraré del libro. Ahora ve y guía a tu pueblo al sitio que te dije: mi ángel irá delante de ti; y cuando llegue el día de la cuenta, les pediré cuentas de su pecado.»

Palabra de Dios.

SALMO RESPONSORIAL 105

℟ **Dad gracias al Señor porque es bueno.**

En Horeb se hicieron un becerro, | adoraron un ídolo de fundición; | cambiaron su gloria por la imagen | de un toro que come hierba. ℟.

Se olvidaron de Dios, su salvador, | que había hecho prodigios en Egipto, | maravillas en el país de Cam, | portentos junto al mar Rojo. ℟.

Dios hablaba ya de aniquilarlos; | pero Moisés, su elegido, | se puso en la brecha frente a él, | para apartar su cólera del exterminio. ℟.

ALELUYA p. 1932ss.

EVANGELIO p. 1596

LUNES   Años pares

PRIMERA LECTURA

El pueblo será como ese cinturón que ya no sirve para nada

LECTURA DEL PROFETA JEREMIAS   13, 1-11

Así me dijo el Señor: «Vete y cómprate un cinturón de lino y rodéate con él la cintura; pero que no toque el agua.» Me compré el cinturón, según me lo mandó el Señor, y me lo ceñí. Me volvió a hablar el Señor: «Toma el cinturón que has comprado y llevas ceñido; levántate y ve al río Eufrates, y escóndelo allí, entre las hendiduras de las piedras.» Fui y lo escondí en el Eufrates, según me había mandado el Señor. Pasados muchos días me dijo el Señor: «Levántate, vete al río Eufrates y recoge el cinturón que te mandé esconder allí.» Fui al Eufrates, cavé, y recogí el cinturón del sitio donde lo había escondido: estaba estropeado,

no servía para nada. Entonces me vino la siguiente palabra del
Señor: Así dice el Señor: «De este modo consumiré la soberbia
de Judá, la gran soberbia de Jerusalén. Este pueblo malvado que
se niega a escuchar mis palabras, que se comporta con corazón
obstinado y sigue a dioses extranjeros, para rendirles culto y adoración, será como ese cinturón que ya no sirve para nada. Como
se adhiere el cinturón a la cintura del hombre, así me adherí la
casa de Judá y la casa de Israel —oráculo del Señor—, para que
ellas fueran mi pueblo, mi fama, mi alabanza, mi ornamento;
pero no me escucharon.»

Palabra de Dios.

SALMO RESPONSORIAL   Dt 32, 18-21

℟ **Despreciaste a la Roca que te engendró.**

¡Despreciaste a la Roca que te engendró, | y olvidaste al Dios
que te dio a luz! | Lo vio el Señor, e irritado | rechazó a sus hi-
jos e hijas. ℟.

Pensando: Les esconderé mi rostro | y veré en qué aca-
ban, | porque son una generación depravada, | unos hijos deslea-
les. ℟.

Ellos me han dado celos con un dios ilusorio, | me han irri-
tado con ídolos vacíos: | pues yo les daré celos con un pueblo
ilusorio, | los irritaré con una nación fatua. ℟.

ALELUYA p. 1932ss.

EVANGELIO

*El grano de mostaza se hace un arbusto y vienen los pájaros a
anidar en sus ramas*

✠ LECTURA DEL S. EVANGELIO SEGÚN
SAN MATEO   13, 31-35

En aquel tiempo, Jesús propuso esta otra parábola a la gente:
«El Reino de los Cielos se parece a un grano de mostaza que uno

siembra en su huerta; aunque es la más pequeña de las semillas, cuando crece es más alta que las hortalizas; se hace un arbusto más alto que las hortalizas y vienen los pájaros a anidar en sus ramas.» Les dijo otra parábola: «El Reino de los Cielos se parece a la levadura; una mujer la amasa con tres medidas de harina y basta para que todo fermente.» Jesús expuso todo esto a la gente en parábolas, y sin parábolas no les exponía nada. Así se cumplió el oráculo del profeta: Abriré mi boca diciendo parábolas; anunciaré lo secreto desde la fundación del mundo.

Palabra del Señor.

MARTES   Años impares

PRIMERA LECTURA

El Señor hablaba con Moisés cara a cara

LECTURA DEL LIBRO DEL EXODO   33, 7-11; 34, 5b-9.28

En aquellos días, Moisés levantó la tienda de Dios y la plantó fuera a distancia del campamento y la llamó «Tienda del Encuentro». El que tenía que visitar al Señor, salía fuera del campamento y se dirigía a la Tienda del Encuentro. Cuando Moisés salía en dirección a la Tienda, todo el pueblo se levantaba y esperaba a la entrada de sus tiendas, mirando a Moisés hasta que éste entraba en la tienda; en cuanto él entraba, la columna de nube bajaba y se quedaba a la entrada de la Tienda, mientras él hablaba con el Señor, y el Señor hablaba con Moisés. Cuando el pueblo veía la columna de nube a la puerta de la Tienda, se levantaba y se prosternaba cada uno a la entrada de su tienda. El Señor hablaba con Moisés cara a cara, como habla un hombre con un amigo. Después él volvía al campamento, mientras Josué, hijo de Nun, su joven ayudante, no se apartaba de la Tienda. Y Moisés pronunció el nombre del Señor. El Señor pasó ante él proclamando: «Señor, Señor, Dios compasivo y misericordioso, lento a la ira y rico en clemencia y lealtad. Misericordioso hasta la milésima generación, que perdona culpa, delito y pecado, pero no deja impune y castiga la culpa de los padres en los hijos y nietos, hasta la tercera y cuarta generación.» Moisés al momento se inclinó y se echó por tierra. Y le dijo: «Si he obtenido tu favor, que mi Señor vaya con nosotros, aunque es un pueblo de cerviz dura; perdona nuestras culpas y pecados y tómanos como heredad tuya.» Moisés estuvo allí con el Señor cuarenta días con sus noches: no comió pan ni bebió agua; y escribió en las tablas las cláusulas del pacto, los diez mandamientos.

Palabra de Dios.

SALMO RESPONSORIAL 102

R El Señor es compasivo y misericordioso.

El Señor hace justicia | y defiende a todos los oprimidos; | enseñó sus caminos a Moisés | y sus hazañas a los hijos de Israel. R.

El Señor es compasivo y misericordioso, | lento a la ira y rico en clemencia; | no está siempre acusando, | ni guarda rencor perpetuo. R.

No nos trata como merecen nuestros pecados, | ni nos paga según nuestras culpas; | como se levanta el cielo sobre la tierra, | se levanta su bondad sobre sus fieles. R.

Como dista el oriente del ocaso, | así aleja de nosotros nuestros delitos; | como un padre siente ternura por sus hijos, | siente el Señor ternura por sus fieles. R.

ALELUYA p. 1932ss.
EVANGELIO p. 1599

MARTES   Años pares

PRIMERA LECTURA

Recuerda, Señor, y no rompas tu Alianza con nosotros

LECTURA DEL PROFETA JEREMIAS   14, 17-22

Mis ojos se deshacen en lágrimas, día y noche no cesan: por la terrible desgracia de la Doncella de mi pueblo, una herida de fuertes dolores. Salgo al campo: muertos a espada; entro en la ciudad: desfallecidos de hambre; tanto el profeta como el sacerdote vagan sin sentido por el país. «¿Por qué has rechazado del todo a Judá? ¿Tiene asco tu garganta de Sión? ¿Por qué nos has herido sin remedio? Se espera la paz, y no hay bienestar, al tiempo de la cura sucede la turbación. Señor, reconocemos nuestra impiedad, la culpa de nuestros padres, porque pecamos contra ti. No nos rechaces, por tu nombre, no desprestigies tu trono glorioso; recuerda y no rompas tu alianza con nosotros. ¿Existe entre los ídolos de los gentiles quien dé la lluvia? ¿Soltarán los cielos aguas torrenciales? ¿No eres, Señor Dios nuestro, nuestra esperanza, porque tú lo hiciste todo?»

Palabra de Dios.

SALMO RESPONSORIAL 78

℟ **Líbranos, Señor, por el honor de tu nombre.**

No recuerdes contra nosotros | las culpas de nuestros padres; | que tu compasión nos alcance pronto, | pues estamos agotados. ℟.

Socórrenos, Dios salvador nuestro, | por el honor de tu nombre; | líbranos y perdona nuestros pecados, | a causa de tu nombre. ℟.

Llegue a tu presencia el gemido del cautivo: | con tu brazo poderoso salva a los condenados a muerte. | Mientras, nosotros, pueblo tuyo, | ovejas de tu rebaño, | te daremos gracias siempre, | contaremos tus alabanzas de generación en generación. ℟.

ALELUYA p. 1932ss.

EVANGELIO

Lo mismo que se arranca la cizaña y se quema, así será al fin del tiempo

✠ LECTURA DEL S. EVANGELIO SEGUN SAN MATEO   13, 36-43

En aquel tiempo, Jesús dejó a la gente y se fue a casa. Los discípulos se le acercaron a decirle: «Acláranos la parábola de la

cizaña en el campo.» El les contestó: «El que siembra la buena
semilla es el Hijo del Hombre; el campo es el mundo; la buena
semilla son los ciudadanos del Reino; la cizaña son los partidarios del Maligno; el enemigo que la siembra es el diablo; la cosecha es el fin del tiempo, y los segadores los ángeles. Lo mismo
que se arranca la cizaña y se quema, así será al fin del tiempo: el
Hijo del Hombre enviará a sus ángeles, y arrancarán de su Reino
a todos los corruptores y malvados y los arrojarán al horno encendido; allí será el llanto y el rechinar de dientes. Entonces los
justos brillarán como el sol en el Reino de su Padre. El que tenga oídos, que oiga.»

Palabra del Señor.

MIERCOLES   Años impares

PRIMERA LECTURA

Al ver la cara de Moisés, no se atrevieron a acercarse a él

LECTURA DEL LIBRO DEL EXODO   34, 29-35

Cuando Moisés bajó del monte Sinaí con las dos tablas de la
alianza en la mano, no sabía que tenía radiante la piel de la cara,
de haber hablado con el Señor. Pero Aarón y todos los israelitas
vieron a Moisés con la piel de la cara radiante, y no se atrevieron
a acercarse a él. Cuando Moisés los llamó, se acercaron Aarón y
los jefes de la comunidad, y Moisés les habló. Después se acercaron todos los israelitas, y Moisés les comunicó las órdenes que el
Señor le había dado en el monte Sinaí. Y cuando terminó de hablar con ellos se echó un velo por la cara. Cuando entraba a la
presencia del Señor para hablar con él, se quitaba el velo hasta
la salida. Cuando salía comunicaba a los israelitas lo que le habían mandado. Los israelitas veían la piel de su cara radiante, y
Moisés se volvía a echar el velo por la cara, hasta que volvía a
hablar con Dios.

Palabra de Dios.

SALMO RESPONSORIAL 98

℟ **Santo eres, Señor, Dios nuestro.**

Ensalzad al Señor, Dios nuestro, | postraos ante el estrado de sus pies: | «El es santo». ℟.

Moisés y Aarón con sus sacerdotes, | Samuel con los que invocan su nombre, | invocaban al Señor, y él respondía. ℟.

Dios les hablaba desde la columna de nube, | oyeron sus mandatos y la ley que les dio. ℟.

Ensalzad al Señor, Dios nuestro, | postraos ante su monte santo: | «Santo es el Señor, nuestro Dios». ℟.

ALELUYA p. 1932ss.

EVANGELIO p. 1602

MIERCOLES   Años pares

PRIMERA LECTURA

¿Por qué se ha vuelto crónica mi llaga? Si vuelves, estarás en mi presencia

LECTURA DEL PROFETA JEREMIAS   15, 10.16-21

¡Ay de mí, madre mía, que me engendraste hombre de pleitos y contiendas para todo el país! Ni he prestado ni me han prestado, y todos me maldicen. Cuando encontraba palabras tuyas, las devoraba; tus palabras eran mi gozo y la alegría de mi corazón, porque tu nombre fue pronunciado sobre mí, Señor Dios de los Ejércitos. No me senté a disfrutar con los que se divertían; forzado por tu mano me senté solitario, porque me llenaste de ira. ¿Por qué se ha vuelto crónica mi llaga, y mi herida, enconada e incurable? Te me has vuelto arroyo engañoso, de aguas inconstantes. Entonces respondió el Señor: «Si vuelves, te haré volver a mí, estarás en mi presencia; si separas lo precioso de la escoria, serás mi boca. Que ellos se conviertan a ti, no te conviertas tú a ellos. Frente a este pueblo te pondré como muralla de bronce inexpugnable: lucharán contra ti y no te podrán, porque yo estoy contigo para librarte y salvarte —oráculo del Señor—. Te libraré de manos de los perversos, te rescataré del puño de los opresores.»

Palabra de Dios.

SALMO RESPONSORIAL 58

℟ **Dios es mi refugio en el peligro.**

Líbrame de mi enemigo, Dios mío, | protégeme de mis agresores; | líbrame de los malhechores, | sálvame de los hombres sanguinarios. ℟.

Mira que me están acechando | y me acosan los poderosos. | Sin que yo haya pecado ni faltado, Señor, | sin culpa mía, avanzan para acometerme. ℟.

Estoy velando contigo, fuerza mía, | porque tú, oh Dios, eres mi alcázar; | que tu favor se adelante, oh Dios, | y me haga ver la derrota del enemigo. ℟.

Yo cantaré tu fuerza, | por la mañana aclamaré tu misericordia: | porque has sido mi alcázar | y mi refugio en el peligro. ℟.

Y tañeré en tu honor, fuerza mía, | porque tú, oh Dios, eres mi alcázar. ℟.

ALELUYA p. 1932ss.

EVANGELIO

Vende todo lo que tiene y compra el campo

✠ LECTURA DEL S. EVANGELIO SEGUN SAN MATEO

13, 44-45

En aquel tiempo, dijo Jesús a la gente: «El Reino de los Cielos se parece a un tesoro escondido en el campo: el que lo encuentra, lo vuelve a esconder, y, lleno de alegría, va a vender todo lo que tiene y compra el campo.» «El Reino de los Cielos se parece también a un comerciante en perlas finas, que, al encontrar una de gran valor, se va a vender todo lo que tiene y la compra.»

Palabra del Señor.

JUEVES   Años impares

PRIMERA LECTURA

La nube cubrió la Tienda del Encuentro y la gloria del Señor llenó el Santuario

LECTURA DEL LIBRO DEL EXODO   40, 14-19.32-36

En aquellos días, Moisés hizo todo ajustándose a lo que el Señor le había mandado. El día uno del mes primero del segundo año fue construido el santuario. Moisés construyó el santuario, colocó las bases, puso los tablones con sus trancas y plantó las columnas; montó la tienda sobre el santuario y puso la cubierta sobre la tienda; como el Señor se lo había ordenado a Moisés. Colocó el documento de la alianza en el arca, sujetó al arca los varales y la cubrió con la placa. Después la metió en el santuario y colocó la cortina de modo que tapase el arca de la alianza; como el Señor se lo había ordenado a Moisés. Entonces la nube cubrió la tienda del encuentro y la gloria del Señor llenó el santuario. Moisés no pudo entrar en la tienda del encuentro, porque la nube se había posado sobre ella y la gloria del Señor llenaba el santuario. Cuando la nube se alzaba del santuario, los israelitas levantaban el campamento, en todas las etapas. Pero cuando la nube no se alzaba, los israelitas esperaban hasta que se alzase. De día la nube del Señor se posaba sobre el santuario, y de noche el fuego, en todas sus etapas, a la vista de toda la casa de Israel.

Palabra de Dios.

SALMO RESPONSORIAL 83

℟ **¡Qué deseables son tus moradas, | Señor de los Ejércitos!**

Mi alma se consume y anhela | los atrios del Señor, | mi corazón y mi carne | retozan por el Dios vivo. ℟.

Hasta el gorrión ha encontrado una casa, | y la golondrina, un nido | donde colocar sus polluelos: | tus altares, Señor de los Ejércitos, | rey mío y Dios mío. ℟.

Dichosos los que viven en tu casa | alabándote siempre. | Dichosos los que encuentran en ti su fuerza: | caminan de baluarte en baluarte. ℟.

Vale más un día en tus atrios | que mil en mi casa, | y prefiero el umbral de la casa de Dios | a vivir con los malvados. ℟.

ALELUYA p. 1932ss.

EVANGELIO p. 1605

JUEVES   **Años pares**

PRIMERA LECTURA

Como está el barro en manos del alfarero, así estáis vosotros en mi mano

LECTURA DEL PROFETA JEREMIAS   18, 1-6

Palabra del Señor que recibió Jeremías: «Levántate y baja al taller del alfarero, y allí te comunicaré mi palabra.» Bajé al taller del alfarero, que estaba trabajando en el torno. Le salía mal una vasija de barro que estaba haciendo (como pasa al barro en mano del alfarero), y volvía a hacer otra vasija, según le parecía al alfarero. Entonces me vino la palabra del Señor: «¿Y no podré yo trataros a vosotros, casa de Israel, como este alfarero? —oráculo del Señor—. Mirad: como· está el barro en manos del alfarero, así estáis vosotros en mi mano, casa de Israel.»

Palabra de Dios.

SALMO RESPONSORIAL 145

R. **Dichoso a quien auxilia el Dios de Jacob.**

Alaba, alma mía, al Señor: | alabaré al Señor mientras viva, | tañeré para mi Dios mientras exista. R.

No confiéis en los príncipes, | seres de polvo que no pueden salvar: | exhalan el espíritu y vuelven al polvo, | ese día perecen sus planes. R.

Dichoso a quien auxilia el Dios de Jacob, | el que espera en el Señor su Dios, | que hizo el cielo y la tierra, | el mar y cuanto hay en él. R.

ALELUYA p. 1932ss.

EVANGELIO

Reúnen los peces buenos en cestos y tiran los malos

✠ **LECTURA DEL S. EVANGELIO SEGUN SAN MATEO**   13, 47-53

En aquel tiempo dijo Jesús a la gente: «El Reino de los Cielos se parece también a la red que echan en el mar y recoge toda clase de peces: cuando está llena, la arrastran a la orilla, se sientan, y reúnen los buenos en cestos y a los malos los tiran. Lo mismo sucederá al final del tiempo: saldrán los ángeles, separarán a los malos de los buenos y los echarán al horno encendido. Allí será el llanto y el rechinar de dientes. «¿Entendéis bien todo esto?» Ellos le contestaron: «Sí». El les dijo: «Ya veis, un letrado que entiende del Reino de los Cielos es como un padre de familia que va sacando del arca lo nuevo y lo antiguo.» Cuando Jesús acabó estas parábolas, partió de allí.

Palabra del Señor.

VIERNES   **Años impares**

En las festividades del Señor os reuniréis en asamblea litúrgica

LECTURA DEL LIBRO DEL LEVITICO   23, 1. 4-11.15-16.27.34b-37

El Señor habló a Moisés: «Estas son las festividades del Señor, las asambleas litúrgicas que convocaréis a su debido tiempo.
El día catorce del primer mes, al atardecer, es la Pascua del Señor. El día quince del mismo mes, es la fiesta de los panes ázimos dedicada al Señor. Comeréis panes ázimos durante siete días.
El primer día os reuniréis en asamblea litúrgica, y no haréis trabajo alguno. Los siete días ofreceréis oblaciones al Señor. Al séptimo os volveréis a reunir en asamblea litúrgica, y no haréis trabajo alguno.» El Señor habló a Moisés: «Di a los israelitas:
Cuando entréis en la tierra que yo os voy a dar, y seguéis la
mies, la primera gavilla se la llevaréis al sacerdote. Este la agitará
ritualmente en presencia del Señor, para que os sea aceptada; la
agitará el sacerdote el día siguiente al sábado. Pasadas siete semanas completas a contar desde el día siguiente al sábado —día en
que lleváis la gavilla para la agitación ritual—, hasta el día siguiente al séptimo sábado, es decir, a los cincuenta días, haréis
una nueva ofrenda al Señor. El día diez del séptimo mes es el
Día de la expiación. Os reuniréis en asamblea litúrgica, haréis penitencia y ofreceréis una oblación al Señor. El día quince del séptimo mes comienza la fiesta de las Tiendas dedicada al Señor; y
dura siete días. El día primero os reuniréis en asamblea litúrgica.
No haréis trabajo alguno. Los siete días ofreceréis oblaciones al
Señor. Al octavo volveréis a reuniros en asamblea litúrgica y a
ofrecer una oblación al Señor. Es día de reunión religiosa solemne. No haréis trabajo alguno. Estas son las festividades del Señor, en las que os reuniréis en asamblea litúrgica, y ofreceréis al
Señor oblaciones, holocaustos y ofrendas, sacrificios de comunión y libaciones, según corresponda a cada día.»

Palabra de Dios.

SALMO RESPONSORIAL 80

℟ **Aclamad a Dios nuestra fuerza.**

Acompañad, tocad los panderos, | las cítaras templadas y las arpas; | tocad la trompeta por la luna nueva, | por la luna llena que es nuestra fiesta. ℟.

Porque es una ley en Israel, | un precepto del Dios de Jacob, | una norma establecida para José, | al salir de la tierra de Egipto. ℟.

«No tendrás un Dios extraño, | no adorarás un dios extranjero, | yo soy el Señor, Dios tuyo, | que te saqué del país de Egipto. ℟.

ALELUYA p. 1932ss.

EVANGELIO p. 1608

VIERNES   **Años pares**

PRIMERA LECTURA

El pueblo se juntó en el Templo del Señor

LECTURA DEL PROFETA JEREMIAS   26, 1-9

Al comienzo del reinado de Joaquín, hijo de Josías, rey de Judá, vino esta palabra del Señor a Jeremías: «Así dice el Señor: Ponte en el atrio del templo y di a todos los ciudadanos de Judá que entran en el templo para adorar, las palabras que yo te mandé decirles; no dejes ni una sola. A ver si escuchan y se convierte cada cual de su mala conducta, y me arrepiento del mal que medito hacerles, a causa de sus malas acciones. Les dirás: Así dice el Señor: —Si no me obedecéis cumpliendo la ley que os di en vuestra presencia, y escuchando las palabras de mis siervos los profetas, que os enviaba sin cesar (y vosotros no escuchábais);

entonces trataré a este templo como al de Silo, y a esta ciudad
la haré fórmula de maldición para todos los pueblos de la tierra.»
Los profetas, los sacerdotes y el pueblo oyeron a Jeremías decir
estas palabras en el templo del Señor. Y cuando terminó Jeremías de decir cuanto el Señor le había mandado decir al pueblo,
lo agarraron los sacerdotes y los profetas y el pueblo, diciendo:
«Eres reo de muerte. ¿Por qué profetizas en nombre del Señor
que este templo será como el de Silo, y esta ciudad quedará en
ruinas, deshabitada?» Y el pueblo se juntó contra Jeremías en el
templo del Señor.

Palabra de Dios.

SALMO RESPONSORIAL 68

℟ **Que me escuche tu gran bondad, Señor.**

Más que los pelos de mi cabeza | son los que me odian sin
razón; | más duros que mis huesos, | los que me atacan injusta-
mente. | ¿Es que voy a devolver | lo que no he robado? ℟.

Por ti he aguantado afrentas, | la vergüenza cubrió mi ros-
tro. | Soy un extraño para mis hermanos, | un extranjero para los
hijos de mi madre; | por que me devora el celo de tu templo | y
las afrentas con que te afrentan caen sobre mí. ℟.

Pero mi oración se dirige a ti, | Dios mío, el día de tu fa-
vor; | que me escuche tu gran bondad, | que tu fidelidad me
ayude. ℟.

ALELUYA p. 1932ss.

EVANGELIO

¿No es el hijo del carpintero? Entonces, ¿de dónde saca todo eso?

✠ **LECTURA DEL S. EVANGELIO SEGUN
SAN MATEO**
                                                          13, 54-58

En aquel tiempo, fue Jesús a su ciudad y se puso a enseñar
en la sinagoga. La gente decía admirada: «¿De dónde saca éste
esa sabiduría y esos milagros? ¿No es el hijo del carpintero? ¿No

es su madre María y sus hermanos Santiago, José, Simón y Judas? ¿No viven aquí todas sus hermanas? Entonces, ¿de dónde saca todo eso? Y desconfiaban de él.» Jesús les dijo: «Sólo en su tierra y en su casa desprecian a un profeta.» Y no hizo allí muchos milagros, porque les faltaba fe.

Palabra del Señor.

SABADO   Años impares

PRIMERA LECTURA

El año jubilar cada uno recobrará su propiedad

LECTURA DEL LIBRO DEL LEVITICO   25, 1.8-17

El Señor habló a Moisés en el monte Sinaí: «Haz el cómputo de siete semanas de años, siete por siete, o sea, cuarenta y nueve años. A toque de trompeta darás un bando por todo el país, el día diez del séptimo mes. El día de la expiación haréis resonar la trompeta por todo vuestro país. Santificaréis el año cincuenta y promulgaréis manumisión en el país para todos sus moradores. Celebraréis jubileo: cada uno recobrará su propiedad y retornará a su familia. El año cincuenta es para vosotros jubilar: no sembraréis ni segaréis el grano de ricio ni cortaréis las uvas de cepas bordes. Porque es jubileo; lo considerarás sagrado. Comeréis de la cosecha de vuestros campos. En este año jubilar cada uno recobrará su propiedad. Cuando realices operaciones de compra y venta con alguien de tu pueblo, no le perjudiques. Lo que compres a uno de tu pueblo se tasará según el número de años transcurridos después del jubileo. El a su vez te lo cobrará según el número de cosechas anuales: Cuantos más años falten, más alto será el precio; cuanto menos, menor será el precio. Porque él te cobra según el número de cosechas. Nadie perjudicará a uno de su pueblo. Teme a tu Dios. Yo soy el Señor vuestro Dios.»

Palabra de Dios.

SALMO RESPONSORIAL 66

℞ **Oh Dios, que te alaben los pueblos, | que todos los pueblos te alaben.**

El Señor tenga piedad y nos bendiga, | ilumine su rostro sobre nosotros: | conozca la tierra tus caminos, | todos los pueblos tu salvación. ℞.

Que canten de alegría las naciones, | porque riges el mundo con justicia, | riges los pueblos con rectitud, | y gobiernas las naciones de la tierra. ℞.

La tierra ha dado su fruto, | nos bendice el Señor nuestro Dios. | Que Dios nos bendiga; que le teman | hasta los confines del orbe. ℞.

ALELUYA p. 1932ss.

EVANGELIO p. 1611

SABADO   Años pares

PRIMERA LECTURA

Ciertamente me ha enviado el Señor a vosotros, a predicar estas palabras

LECTURA DEL PROFETA JEREMIAS   26, 11-16.24

En aquellos días, los sacerdotes y los profetas dijeron a los príncipes y al pueblo: «Este hombre es reo de muerte, porque ha profetizado contra esta ciudad, como lo habéis oído con vuestros oídos.» Jeremías respondió a los príncipes y al pueblo: «El Señor me envió a profetizar contra este templo y esta ciudad las palabras que habéis oído. Pero ahora enmendad vuestra conducta y vuestras acciones, escuchad la voz del Señor vuestro Dios; y el Señor se arrepentirá de la amenaza que pronunció contra vosotros. Yo por mi parte estoy en vuestras manos; haced de mí lo que mejor os parezca. pero sabedlo bien: si vosotros me matáis, echáis sangre inocente sobre vosotros, sobre esta ciudad y sus habitantes. Porque ciertamente me ha enviado el Señor a vosotros, a predicar a vuestros oídos estas palabras.» Los príncipes del pueblo dijeron a los sacerdotes y profetas: «Este hombre no es reo de muerte, porque no ha hablado en nombre del Señor nuestro Dios.» Entonces Ajicán, hijo de Safán, se hizo cargo de Jeremías, para que no lo entregaran al pueblo para matarlo.

Palabra de Dios.

SALMO RESPONSORIAL 68

℟ **Escúchame, Señor, el día de tu favor.**

Arráncame del cieno, que no me hunda, | líbrame de los que me aborrecen | y de las aguas sin fondo. ℟.

Que no me arrastre la corriente, | que no me trague el torbellino, | que no se cierre la poza sobre mí. ℟.

Yo soy un pobre malherido, | Dios mío, tu salvación me levante. | Alabaré el nombre de Dios con cantos, | proclamaré su grandeza con acción de gracias. ℟.

Miradlo, los humildes, y alegraos, | buscad al Señor, y vivirá vuestro corazón. | Que el Señor escucha a sus pobres, | no desprecia a sus cautivos. ℟.

ALELUYA p. 1932ss.

EVANGELIO

Herodes mandó decapitar a Juan, y sus discípulos fueron a contárselo a Jesús

✠ LECTURA DEL S. EVANGELIO SEGUN
SAN MATEO　　　　　　　　　　　　　　　　　14, 1-12

En aquel tiempo, oyó el virrey Herodes lo que se contaba de Jesús y dijo a sus ayudantes: «Ese es Juan Bautista, que ha resu-

citado de entre los muertos, y por eso los Poderes actúan en él.»
Es que Herodes había mandado prender a Juan y lo había metido en la cárcel encadenado, por motivo de Herodías, mujer de su
hermano Felipe: porque Juan le decía que no le estaba permitido
vivir con ella. Quería mandarlo matar, pero tuvo miedo de la
gente, que lo tenía por profeta. El día del cumpleaños de Herodes, la hija de Herodías danzó delante de todos y le gustó tanto
a Herodes, que juró darle lo que pidiera. Ella, instigada por su
madre, le dijo: «Dame ahora mismo en una bandeja la cabeza de
Juan Bautista.» El rey lo sintió; pero por el juramento y los invitados, ordenó que se la dieran; y mandó decapitar a Juan en la
cárcel. Trajeron la cabeza en una bandeja, se la entregaron a la
joven, y ella se la llevó a su madre. Sus discípulos recogieron el
cadáver, lo enterraron, y fueron a contárselo a Jesús.

Palabra del Señor.

DECIMOCTAVA SEMANA

LUNES   Años impares

Yo sólo no puedo cargar con este pueblo

LECTURA DEL LIBRO DE LOS NUMEROS   11, 4b-15

En aquellos días, los israelitas dijeron: «¡Quién pudiera comer carne! Cómo nos acordamos del pescado que comíamos gratis en Egipto, y de los pepinos y melones y puerros y cebollas y ajos. Pero ahora se nos quita el apetito de no ver más que maná. (El maná se parecía a semilla de coriandro con color de bedelio; el pueblo se dispersaba a recogerlo, lo molían en el molino o lo machacaban en el almirez, lo cocían en la olla y hacían con ello hogazas que sabían a pan de aceite. Por la noche caía el rocío en el campamento y encima de él el maná). Moisés oyó cómo el pueblo, familia por familia, lloraba, cada uno a la entrada de su tienda, provocando la ira del Señor; y disgustado dijo al Señor: «¿Por qué tratas mal a tu siervo y no le concedes tu favor, sino que le haces cargar con todo este pueblo? ¿He concebido yo a todo este pueblo o lo he dado a luz, para que me digas: "Coge en brazos a este pueblo, como una nodriza a la criatura, y llévalo a la tierra que prometí a sus padres?" ¿De dónde sacaré pan para repartirlo a todo el pueblo? Vienen a mí llorando: "Danos de comer carne." Yo solo no puedo cargar con todo este pueblo, pues supera mis fuerzas. Si me vas a tratar así, más vale que me hagas morir; concédeme este favor, y no tendré que pasar tales penas.»

Palabra de Dios.

SALMO RESPONSORIAL 80

℞ **Aclamad a Dios, nuestra fuerza.**

Mi pueblo no escuchó mi voz, | Israel no quiso obedecer: | los entregué a su corazón obstinado, | para que anduviesen según sus antojos. ℞.

Ojalá me escuchase mi pueblo, | y caminase Israel por mi camino: | en un momento humillaría a sus enemigos | y volvería mi mano contra sus adversarios. R.

Los que aborrecen al Señor te adularían, | y su muerte quedaría fijada; | te alimentaría con flor de harina, | te saciaría con miel silvestre. R.

ALELUYA p. 1932ss.

EVANGELIO p. 1616

LUNES   Años pares

PRIMERA LECTURA

Ananías, el Señor no te ha enviado, y tú has inducido al pueblo a una falsa confianza

LECTURA DEL PROFETA JEREMIAS   28, 1-17

El mismo año, el año cuarto de Sedecías, rey de Judá, el quinto mes, me dijo Ananías, hijo de Azur, profeta de Gabaón, en el templo, en presencia de los sacerdotes y de todo el pueblo: Así dice el Señor de los Ejércitos, Dios de Israel: «Rompo el yugo del rey de Babilonia. Antes de dos años devolveré a este lugar el ajuar del templo, que Nabucodonosor, rey de Babilonia, tomó de este lugar para llevárselo a Babilonia. A Jeconías, hijo de Joaquín, rey de Judá, y a todos los desterrados de Judá que marcharon a Babilonia, yo mismo los haré volver a este lugar —oráculo del Señor— cuando rompa el yugo del rey de Babilonia.» Respondió Jeremías profeta al profeta Ananías, delante de los sacerdotes y del pueblo que estaba en el templo. Dijo Jeremías profeta: «¡Amén, así lo haga el Señor! Cumpla el Señor tu palabra, que tú has profetizado, devolviendo a este lugar el ajuar del templo y todos los desterrados de Babilonia. Pero escucha esta palabra que yo pronuncio en presencia tuya y de todo el pueblo: Los profetas que vinieron antes de mí y antes de ti, desde tiempos antiguos, profetizaron a países numerosos y a reyes poderosos guerras, calamidades y pestes. El profeta que profetizaba prosperidad, sólo al cumplirse su palabra era reconocido como profeta auténtico, enviado por el Señor.» Entonces Ananías agarró el yugo del cuello de Jeremías profeta y lo rompió. Y dijo Ananías en presencia de todo el pueblo: «Así dice el Señor: De este modo romperé del cuello de todas las naciones el yugo de Nabucodonosor, antes de dos años.» El profeta Jeremías se marchó por su camino. Después que Ananías rompió el yugo del cuello del profeta Jeremías, vino la palabra del Señor a Jeremías: «Ve y dile a Ananías: Así dice el Señor: Tú has roto un yugo de madera, yo haré un yugo de hierro. Porque así dice el Señor de los Ejércitos, Dios de Israel: Pondré yugo de hierro al cuello de todas estas naciones, para que sirvan a Nabucodonosor, rey de Babilonia; y se le someterán, y hasta las bestias del campo le entregaré.» El profeta Jeremías dijo a Ananías profeta: «Escúchame, Ananías; el Señor no te ha enviado, y tú has inducido a este pueblo a una falsa confianza. Por eso, así dice el Señor: "Mira: yo te echaré de la superficie de la tierra; este año morirás, porque has predicado rebelión contra el Señor."» Y el profeta Ananías murió aquel mismo año, el séptimo mes.

Palabra de Dios.

SALMO RESPONSORIAL 118

℟ **Instrúyeme, Señor, en tus leyes.**

Apártame del camino falso, | y dame la gracia de tu voluntad. ℟.

No quites de mi boca las palabras sinceras, | porque yo espero en tus mandamientos. ℟.

Vuelvan a mí tus fieles | que hacen caso de tus preceptos. ℟.

Sea mi corazón perfecto en tus leyes, | así no quedaré avergonzado. ℟.

Los malvados me esperaban para perderme, | pero yo meditaba tus preceptos. ℟.

No me aparto de tus mandamientos, | porque tú me has instruido. ℟.

ALELUYA p. 1932ss.

El año A, por haberse ya leído este Evangelio el domingo precedente, se lee el Evangelio que sigue a continuación (Mt 14, 22-36). En ese caso, el martes se leerá Mt 15, 1-2. 10-14, página 1620.

EVANGELIO

Alzó la mirada al cielo, pronunció la bendición y dio los panes a los discípulos; los discípulos se los dieron a la gente

✠ LECTURA DEL S. EVANGELIO SEGUN
SAN MATEO   14, 13-21

En aquel tiempo, al enterarse Jesús de la muerte de Juan el Bautista, se marchó de allí en barca a un sitio tranquilo y apartado. Al saberlo la gente, lo siguió por tierra desde los pueblos. Al desembarcar vio Jesús el gentío, le dio lástima y curó a los enfermos. Como se hizo tarde, se acercaron los discípulos a decirle: «Estamos en despoblado y es muy tarde, despide a la multitud para que vayan a las aldeas y se compren de comer.» Jesús les replicó: «No hace falta que vayan, dadles vosotros de comer.» Ellos le replicaron: «Si aquí no tenemos más que cinco panes y dos peces.» Les dijo: «Traédmelos.» Mandó a la gente que se recostara en la hierba y, tomando los cinco panes y los dos peces, alzó la mirada al cielo, pronunció la bendición, partió los panes y se los dio a los discípulos; los discípulos se los dieron a la gente. Comieron todos hasta quedar satisfechos y recogieron doce cestos llenos de sobras. Comieron unos cinco mil hombres, sin contar mujeres y niños.

Palabra del Señor.

MARTES **Años impares**

PRIMERA LECTURA

Moisés no es como los profetas; ¿cómo os habéis atrevido a hablar contra él?

LECTURA DEL LIBRO DE LOS NUMEROS 12, 1-13

En aquellos días, María y Aarón hablaron contra Moisés a causa de la mujer cusita que había tomado por esposa: Dijeron: «¿Ha hablado el Señor sólo a Moisés? ¿No nos ha hablado también a nosotros?» El Señor lo oyó. Moisés era el hombre de más aguante del mundo. El Señor habló de repente a Moisés, Aarón y María: «Salid los tres hacia la tienda del encuentro.» Y los tres salieron. El Señor bajó en la columna de nube y se colocó a la entrada de la tienda, y llamó a Aarón y María. Ellos se adelantaron y el Señor les dijo: «Escuchad mis palabras: Cuando hay entre vosotros un profeta del Señor, me doy a conocer a él en visión y le hablo en sueños; no así a mi siervo Moisés, el más fiel de todos mis siervos. A él le hablo cara a cara; en presencia y no por enigmas contempla la figura del Señor. ¿Cómo os habéis atrevido a hablar contra mi siervo Moisés?» La ira del Señor se encendió contra ellos, y el Señor se marchó. Al apartarse la nube de la tienda, María tenía toda la piel descolorida, como nieve. Aarón se volvió y la vio con toda la piel descolorida. Entonces Aarón dijo a Moisés: «Perdón, Señor. No nos exijas cuentas del pecado que hemos cometido insensatamente. No la dejes a María como un aborto que sale del vientre con la mitad de la carne comida.» Moisés suplicó al Señor: «Por favor, cúrala.»

Palabra de Dios.

SALMO RESPONSORIAL 50

℟ **Misericordia, Señor: hemos pecado.**

Misericordia, Dios mío, por tu bondad, | por tu inmensa compasión borra mi culpa. | Lava del todo mi delito, | limpia mi pecado. ℟.

Pues yo reconozco mi culpa, | tengo siempre presente mi pecado. | Contra ti, contra ti sólo pequé, | cometí la maldad que aborreces. | En la sentencia tendrás razón, | en el juicio resultarás inocente. ℟.

Oh Dios, crea en mí un corazón puro, | renuévame por dentro con espíritu firme; | no me arrojes lejos de tu rostro, | no me quites tu santo espíritu. ℟.

ALELUYA p. 1932ss.

EVANGELIO p. 1619

MARTES   Años pares

PRIMERA LECTURA

Por la muchedumbre de tus pecados te he tratado así. Cambiaré la suerte de las tiendas de Jacob

LECTURA DEL PROFETA JEREMIAS   30, 1-2.12-15.18-22

Palabras que recibió Jeremías del Señor: «Así dice el Señor Dios de Israel: Escribe en un libro todas las palabras que he dicho. Porque así dice el Señor: tu fractura es incurable, tu herida está enconada; no hay remedio para tu llaga, no hay medicinas que te cierren la herida. Tus amigos te olvidaron, ya no te buscan, porque te alcanzó el golpe enemigo, un cruel escarmiento; por el número de tus crímenes, por la muchedumbre de tus pecados. ¿Por qué gritas por tu herida? Tu llaga es incurable: por el número de tus crímenes, por la muchedumbre de tus pecados te he tratado así. Así dice el Señor: Yo cambiaré la suerte de las tiendas de Jacob, me compadeceré de sus moradas; sobre sus ruinas será reconstruida la ciudad, su palacio se asentará en su puesto. De ella saldrán alabanzas y gritos de alegría. Los multiplicaré y no disminuirán, los honraré y no serán despreciados. Serán sus hijos como en otro tiempo, la asamblea será estable en mi presencia. Castigaré a sus opresores. Saldrá de ella un príncipe, su señor saldrá de en medio de ella; me lo acercaré y se llegará a mí, pues, ¿quién, si no, se atrevería a acercarse a mí? —oráculo del Señor—. Vosotros seréis mi pueblo y yo seré vuestro Dios.»

Palabra de Dios.

SALMO RESPONSORIAL 101

℟ **El Señor reconstruyó Sión | y apareció en su gloria.**

Los gentiles temerán tu nombre, | los reyes del mundo tu gloria. | Cuando el Señor reconstruya Sión | y aparezca su gloria, | y se vuelva a la súplica de los indefensos | y no desprecie sus peticiones. ℟.

Quede esto escrito para generación futura, | y el pueblo que será creado alabará al Señor; | Que el Señor ha mirado desde su excelso santuario, | desde el cielo se ha fijado en la tierra, | para escuchar los gemidos de los cautivos | y librar los condenados a muerte. ℟.

Los hijos de tus siervos vivirán seguros, | su linaje durará en tu presencia, | para anunciar en Sión el nombre del Señor, | y su alabanza en Jerusalén; | cuando se reúnan unánimes los pueblos | y los reyes, para dar culto al Señor. ℟.

ALELUYA p. 1932ss.

EVANGELIO

Mándame ir hacia ti andando sobre el agua

✠ LECTURA DEL S. EVANGELIO SEGUN SAN MATEO

14, 22-36

Después que se sació la gente, Jesús apremió a sus discípulos a que subieran a la barca y se le adelantaran a la otra orilla, mientras él despedía a la gente. Y, después de despedir a la gente, subió al monte a solas para orar. Llegada la noche, estaba allí solo. Mientras tanto la barca iba ya muy lejos de tierra, sacudida por las olas, porque el viento era contrario. De madrugada se les acercó Jesús andando sobre el agua. Los discípulos, viéndole andar sobre el agua, se asustaron y gritaron de miedo, pensando que era un fantasma. Jesús les dijo en seguida: «¡Ánimo, soy yo, no tengáis miedo!» Pedro le contestó: «Señor, si eres tú, mándame ir hacia ti andando sobre el agua.» El le dijo: «Ven.» Pedro bajó de la barca y echó a andar sobre el agua acercándose a Jesús; pero, al sentir la fuerza del viento, le entró miedo, empezó a hundirse y gritó: «Señor, sálvame.» En seguida Jesús extendió la mano, lo agarró y le dijo; «¡Qué poca fe! ¿Por qué has dudado?» En cuanto subieron a la barca, amainó el viento. Los de la barca se postraron ante él diciendo: «Realmente eres Hijo de Dios.» Terminada la travesía, llegaron a tierra en Genesaret. Y los hombres de aquel lugar, apenas le reconocieron, pregonaron la noticia por toda aquella comarca y trajeron donde él a todos los enfermos. Le pedían tocar siquiera la orla de su manto; y cuantos la tocaron quedaron curados.

Palabra del Señor.

O bien este otro, principalmente el año A, en que el Evangelio anterior se ha leído el día precedente.

ALELUYA p. 1932ss.

EVANGELIO

La planta que no haya plantado mi Padre, será arrancada de raíz

✠ LECTURA DEL S. EVANGELIO SEGUN SAN MATEO

15, 1-2.10-14

En aquel tiempo, se acercaron a Jesús unos fariseos y letrados de Jerusalén y le preguntaron: «¿Por qué tus discípulos desprecian la tradición de nuestros mayores y no se lavan las manos antes de comer?» Y, llamando a la gente, les dijo: «Escuchad y entended: No mancha al hombre lo que entra por la boca, sino lo que sale de la boca, eso es lo que mancha al hombre.» Se acercaron los discípulos y le dijeron: «¿Sabes que los fariseos se han escandalizado al oírte?» Respondió él: «La planta que no haya plantado mi Padre del cielo, será arrancada de raíz. Dejadlos, son ciegos, guías de ciegos. Y si un ciego guía a otro ciego, los dos caerán en el hoyo.»

Palabra del Señor.

MIERCOLES   Años impares

PRIMERA LECTURA

Despreciaron una tierra envidiable

LECTURA DEL LIBRO
DE LOS NUMEROS   13, 2-3a.26—14, 1.26-30.34-35

En aquellos días, el Señor dijo a Moisés en el desierto de Farán: «Envía gente a explorar el país de Canaán, el que yo voy a entregar a los israelitas: envía uno de cada tribu, y que todos sean jefes.» Al cabo de cuarenta días volvieron de explorar el país; y se presentaron a Moisés, Aarón y a toda la comunidad israelita, en el desierto de Farán, en Cadés. Presentaron su informe a toda la comunidad y les enseñaron los frutos del país. y les contaron: «Hemos entrado en el país adonde nos enviaste; es una tierra que mana leche y miel; aquí tenéis sus frutos. Pero el pueblo que habita el país es poderoso, tienen grandes ciudades fortificadas (hemos visto allí hijos de Anac). Amalec vive en la región del desierto, los hititas, jebuseos y amorreos viven en la montaña, los cananeos junto al mar y junto al Jordán.» Caleb hizo callar al pueblo ante Moisés y dijo: «Tenemos que subir y apoderarnos de ella, porque podemos con ella.» Pero los que habían subido con él replicaron: «No podemos atacar el pueblo, porque es más fuerte que nosotros.» Y desacreditaban la tierra que habían explorado delante de los israelitas: «La tierra que hemos cruzado y explorado es una tierra que devora a sus habitantes; el pueblo que hemos visto en ella es de gran estatura. Hemos visto allí Nefileos, hijos de Anac: parecíamos saltamontes a su lado, y así nos veían ellos.» Entonces toda la comunidad empezó a dar gritos, y el pueblo lloró toda la noche. El Señor dijo a Moisés y Aarón: «¿Hasta cuándo seguirá esta comunidad malvada murmurando contra mí? He oído a los israelitas murmurar de mí. Diles: «¡Por mi vida! —oráculo del Señor—, que os haré lo que me habéis dicho en la cara: En este desierto caerán vuestros cadáveres; y de todo vuestro censo, contando de veinte años para arriba, los que murmurasteis contra mí, no entraréis en la tierra donde juré que os establecería. Sólo exceptúo a Josué hijo de Nun y a Caleb hijo de Jefoné. Contando los días que explorasteis la tierra, cuarenta días, cargaréis con vuestra culpa un año por cada día, cuarenta años. Para que sepáis lo que es desobedecerme. Yo, el Señor, juro que haré esto a la comunidad que se ha reunido contra mí: en este desierto se consumirán y en él morirán.»

Palabra de Dios.

SALMO RESPONSORIAL 105

℟ **Acuérdate de mí, Señor, por amor a tu pueblo.**

Hemos pecado con nuestros padres, | hemos cometido maldades e iniquidades. | Nuestros padres en Egipto | no comprendieron tus maravillas. ℟.

Bien pronto olvidaron sus obras | y no se fiaron de sus planes: | ardían de avidez en el desierto | y tentaron a Dios en la estepa. ℟.

Se olvidaron de Dios, su salvador, | que había hecho prodigios en Egipto, | maravillas en el país de Cam, | portentos junto al Mar Rojo. ℟.

Dios hablaba ya de aniquilarlos; | pero Moisés, su elegido, | se puso en la brecha frente a él, | para apartar su cólera del exterminio. ℟.

ALELUYA p. 1932ss.

EVANGELIO p. 1624

MIERCOLES   Años pares

PRIMERA LECTURA

Con amor eterno te amé

LECTURA DEL PROFETA JEREMIAS   31, 1-7

En aquel tiempo —oráculo del Señor—, seré el Dios de todas las tribus de Israel, y ellas serán mi pueblo. Así dice el Señor: Halló gracia en el desierto el pueblo escapado de la espada;
camina Israel a su descanso, el Señor se le apareció de lejos. Con
amor eterno te amé, por eso prolongué mi misericordia. Todavía
te construiré, y serás reconstruida, Doncella de Israel; todavía te
adornarás y saldrás con panderos a bailar en corros; todavía
plantarás viñas en los montes de Samaría, y los que plantan cose-
charán. «Es de día» gritarán los centinelas en la montaña de
Efraín: «Levantaos y marchemos a Sión, al Señor nuestro Dios.»
Porque así dice el Señor: «Gritad de alegría por Jacob, regocijaos por el amor de los pueblos; proclamad, alabad y decid: "El
Señor ha salvado a su pueblo, al resto de Israel."»

Palabra de Dios.

SALMO RESPONSORIAL   Jr 31, 10-13

℟ **El Señor nos guardará como pastor a su rebaño.**

Escuchad, pueblos, la palabra del Señor, | anunciadla en las
islas remotas: | «El que dispersó a Israel lo reunirá, | lo guardará
como pastor a su rebaño.» ℟.

Porque el Señor redimió a Jacob, | lo rescató de una mano
más fuerte. | Vendrán con aclamaciones a la altura de Sión, |
afluirán hacia los bienes del Señor. ℟.

Entonces se alegrará la doncella en la danza, | gozarán los jóvenes y los viejos; | convertiré su tristeza en gozo, | los alegraré y aliviaré sus penas. ℟.

ALELUYA p. 1932ss.

EVANGELIO

Mujer, qué grande es tu fe

✠ LECTURA DEL S. EVANGELIO SEGUN
SAN MATEO   15, 21-28

En aquel tiempo, Jesús salió y se retiró al país de Tiro y Sidón. Entonces una mujer cananea, saliendo de uno de aquellos lugares, se puso a gritarle: «Ten compasión de mí, Señor, Hijo de David. Mi hija tiene un demonio muy malo.» El no le respondió nada. Entonces los discípulos se le acercaron a decirle: «Atiéndela, que viene detrás gritando». El les contestó: «Sólo me han enviado a las ovejas descarriadas de Israel.» Ella los alcanzó y se postró ante él, y le pidió de rodillas: «Señor, socórreme.» El le contestó: «No está bien echar a los perros el pan de los hijos.» Pero ella repuso: «Tienes razón, Señor; pero también los perros se comen las migajas que caen de la mesa de los amos.» Jesús le respondió: «Mujer, qué grande es tu fe: que se cumpla lo que deseas.» En aquel momento quedó curada su hija.

Palabra del Señor.

JUEVES   Años impares

PRIMERA LECTURA

Abreles tu tesoro, la fuente de agua viva

LECTURA DEL LIBRO DE LOS NUMEROS   20, 1-13

En aquellos días, la comunidad entera de los israelitas llegó al desierto de Sin el mes primero, y el pueblo se instaló en Cadés. Allí murió María y allí la enterraron. Faltó agua al pueblo y se amotinaron contra Moisés y Aarón. El pueblo riñó con Moisés diciendo: «¡Ojalá hubiéramos muerto como nuestros hermanos, delante del Señor! ¿Por qué has traído a la comunidad del Señor a este desierto, para que muramos en él nosotros y nuestras bestias? ¿Por qué nos has sacado de Egipto para traernos a este sitio horrible, que no tiene grano ni higueras ni viñas ni granados ni agua para beber?» Moisés y Aarón se apartaron de la comunidad y se dirigieron a la tienda del encuentro, y delante de ella se echaron rostro en tierra. La gloria del Señor se les apareció, y el Señor dijo a Moisés: «Coge el bastón, reúne la asamblea tú con tu hermano Aarón, y en presencia de ellos ordenad a la roca que dé agua. Sacarás agua de la roca para darles de beber a ellos y a sus bestias.» Moisés retiró la vara de la presencia del Señor, como se lo mandaba; ayudado de Aarón reunió la asamblea delante de la roca, y les dijo: «Escuchad, rebeldes: ¿Creéis que podemos sacaros agua de esta roca?» Moisés alzó la mano y golpeó la roca con el bastón dos veces, y brotó agua tan abundante que bebió toda la gente y las bestias. El Señor dijo a Moisés y a Aarón: «Por no haberme creído, por no haber reconocido mi santidad en presencia de los israelitas, no haréis entrar a esta comunidad en la tierra que les voy a dar.» (Esta es Fuente de Meribá, donde los israelitas disputaron con el Señor y él les mostró su santidad.)

Palabra de Dios.

SALMO RESPONSORIAL 94

℟ **Ojalá escuchéis hoy la voz del Señor: «No endurezcáis vuestro corazón.»**

Venid, aclamemos al Señor, | demos vítores a la Roca que nos salva. | Entremos a su presencia dándole gracias, | aclamándolo con cantos. ℟.

Entrad, postrémonos por tierra, | bendiciendo al Señor, creador nuestro. | Porque él es nuestro Dios | y nosotros su pueblo, | el rebaño que él guía. ℟.

Ojalá escuchéis hoy su voz: | «No endurezcáis el corazón como en Meribá, | como el día de Masá en el desierto: | cuando vuestros padres me pusieron a prueba | y me tentaron, aunque habían visto mis obras.» ℟.

ALELUYA p. 1932ss.

EVANGELIO p. 1629

JUEVES   Años pares

PRIMERA LECTURA

Haré una alianza nueva, y no recordaré sus pecados

LECTURA DEL PROFETA JEREMIAS
                                                              31, 31-34

Mirad que llegan días —oráculo del Señor— en que haré con la casa de Israel y la casa de Judá una alianza nueva. No como la que hice con vuestros padres, cuando los tomé de la mano para sacarlos de Egipto: Ellos, aunque yo era su Señor, quebrantaron mi alianza —oráculo del Señor—. Sino que así será la alianza que haré con ellos, después de aquellos días —oráculo del Señor—: Meteré mi ley en su pecho, la escribiré en sus corazones; yo seré su Dios y ellos serán mi pueblo. Y no tendrá que enseñar uno a su prójimo, el otro a su hermano, diciendo: «Reconoce al Señor.» Porque todos me conocerán, desde el pequeño al grande —oráculo del Señor—, cuando perdone sus crímenes y no recuerde sus pecados.

Palabra de Dios.

SALMO RESPONSORIAL 50

℟ **Oh Dios, crea en mí un corazón puro.**

Oh Dios, crea en mí un corazón puro, | renuévame por dentro con espíritu firme; | no me arrojes lejos de tu rostro, | no me quites tu santo espíritu. ℟.

Devuélveme la alegría de tu salvación, | afiánzame con espíritu generoso. | Enseñaré a los malvados tus caminos, | los pecadores volverán a ti. ℟.

Los sacrificios no te satisfacen; | si te ofrecieran un holocausto, no lo querrías. | Mi sacrificio es un espíritu quebrantado, | un corazón quebrantado y humillado tú no lo desprecias. ℟.

ALELUYA p. 1932ss.

EVANGELIO

Tú eres Pedro y te daré las llaves del Reino de los Cielos

✠ LECTURA DEL S. EVANGELIO SEGUN
SAN MATEO   16, 13-23

En aquel tiempo llegó Jesús a la región de Cesarea de Felipe y preguntaba a sus discípulos: «¿Quién dice la gente que es el Hijo del Hombre?» Ellos contestaron: «Unos que Juan Bautista, otros que Elías, otros que Jeremías o uno de los profetas.» El les preguntó: «Y vosotros, ¿quién decís que soy yo?» Simón Pedro tomó la palabra y dijo: «Tú eres el Mesías, el Hijo de Dios vivo.» Jesús le respondió: «¡Dichoso tú, Simón, hijo de Jonás!, porque eso no te lo ha revelado nadie de carne y hueso, sino mi Padre que está en el cielo. Ahora te digo yo: Tú eres Pedro, y sobre esta piedra edificaré mi Iglesia, y el poder del infierno no la derrotará. Te daré las llaves del Reino de los cielos; lo que ates en la tierra, quedará atado en el cielo, y lo que desates en la tierra, quedará desatado en el cielo.» Y les mandó a los discípulos que no dijesen a nadie que él era el Mesías. Desde entonces empezó Jesús a explicar a sus discípulos que tenía que ir a Jerusalén y padecer allí mucho por parte de los senadores, sumos sacerdotes y letrados, y que tenía que ser ejecutado y resucitar al tercer día. Pedro se lo llevó aparte y se puso a increparlo: «¡No lo permita Dios, Señor! Eso no puede pasarte.» Jesús se volvió y dijo a Pedro: «Quítate de mi vista, Satanás, que me haces tropezar; tú piensas como los hombres, no como Dios.»

Palabra del Señor.

VIERNES   **Años impares**

PRIMERA LECTURA

Amó a tus padres y después eligió a su descendencia

LECTURA DEL LIBRO DEL
DEUTERONOMIO   4, 32-40

Habló Moisés al pueblo y dijo: «Pregunta, pregunta a los
tiempos antiguos, que te han precedido, desde el día en que Dios
creó al hombre sobre la tierra: ¿hubo jamás desde un extremo al
otro del cielo palabra tan grande como ésta?, ¿se oyó cosa semejante?, ¿hay algún pueblo que haya oído, como tú has oído, la
voz del Dios vivo, hablando desde el fuego, y haya sobrevivido?,
¿algún Dios intentó jamás venir a buscarse una nación entre las
otras por medio de pruebas, signos, prodigios y guerra, con
mano fuerte y brazo poderoso, por grandes terrores, como todo
lo que el Señor, vuestro Dios, hizo con vosotros en Egipto? Te
lo han hecho ver para que reconozcas que el Señor es Dios, y no
hay otro fuera de él. Desde el cielo hizo resonar su voz para enseñarte, en la tierra te mostró aquel gran fuego, y oíste sus palabras que salían del fuego. Porque amó a tus padres y después eligió a su descendencia, él en persona te sacó de Egipto con gran
fuerza, para desposeer ante ti a pueblos más grandes y fuertes
que tú, para traerte y darte sus tierras en heredad; como ocurre
hoy. Reconoce, pues, hoy y medita en tu corazón, que el Señor
es el único Dios allá arriba en el cielo, y aquí abajo en la tierra;
no hay otro. Guarda los preceptos y mandamientos que yo te
prescribo hoy, para que seas feliz, tú y tus hijos, después de ti,
y prolongues tus días en el suelo que el Señor tu Dios te da para
siempre.»

Palabra de Dios.

SALMO RESPONSORIAL 76

℟ **Recuerdo las proezas del Señor.**

Recuerdo las proezas del Señor: | sí, recuerdo tus antiguos
portentos, | medito todas tus obras | y considero tus hazañas. ℟.

Dios mío, tus caminos son santos: | ¿qué dios es grande como nuestro Dios? | Tú, oh Dios, haciendo maravillas | mostraste tu poder a los pueblos. ℞.

Con tu brazo rescataste a tu pueblo, | a los hijos de Jacob y de José. | Guiabas a tu pueblo como a un rebaño, | por la mano de Moisés y de Aarón. ℞.

ALELUYA p. 1932ss.
EVANGELIO p. 1630

VIERNES   Años pares

PRIMERA LECTURA

¡Ay de la ciudad sangrienta!

LECTURA DEL PROFETA NAHUM   1, 15; 2, 2; 3, 1-3.6-7

Mirad sobre los montes los pies del heraldo que pregona la paz, festeja tu fiesta, Judá; cumple tus votos, porque «Sinprovecho» no volverá a pasar por ti, pues ha sido aniquilado. Porque el Señor restaura la gloria de Jacob y la gloria de Israel; le habían desolado los salteadores, habían destruido sus sarmientos. Ay de la ciudad sangrienta, toda ella mentirosa, llena de crueldades, insaciable de despojos. ¡Escuchad!: látigos, estrépito de ruedas, caballos al galope, carros rebotando, jinetes al asalto, llamear de espadas, relampagueo de lanzas, muchos heridos, masas de cadáveres, cadáveres sin fin, se tropieza en cadáveres. Arrojaré basura sobre ti, haré de ti un espectáculo vergonzoso. Quien te vea se apartará de ti, diciendo: «Desolada está Nínive, ¿quién lo sentirá?, ¿dónde encontrar quien te consuele?»

Palabra de Dios.

SALMO RESPONSORIAL   Dt 32, 35cd-36ab.39.41

℞ **Yo doy la muerte y la vida.**

El día de su perdición se acerca | y su suerte se apresura. | Porque el Señor defenderá a su pueblo | y tendrá compasión de sus siervos. ℞.

Pero ahora mirad: Yo, soy yo, | y no hay otro fuera de
mí: | yo doy la muerte y la vida, | yo desgarro y yo curo. ℟.

Cuando afile el relámpago de mi espada | y tome en mi mano
la justicia, | haré venganza del enemigo | y daré su paga al ad-
versario. ℟.

ALELUYA p. 1932ss.

EVANGELIO

¿Qué podrá dar un hombre para recobrar su vida?

✠ LECTURA DEL S. EVANGELIO SEGUN
SAN MATEO   16, 24-28

En aquel tiempo, dijo Jesús a sus discípulos: «El que quiera
venirse conmigo, que se niegue a sí mismo, que cargue con su
cruz y me siga. Si uno quiere salvar su vida, la perderá; pero el
que la pierda por mí, la encontrará. ¿De qué le sirve a un hombre ganar el mundo entero si malogra su vida? ¿O qué podrá dar
para recobrarla? Porque el Hijo del Hombre vendrá entre sus ángeles, con la gloria de su Padre, y entonces pagará a cada uno según su conducta. Os aseguro que algunos de los aquí presentes
no morirán sin antes haber visto llegar al Hijo del Hombre con
majestad.»

Palabra del Señor.

SABADO   **Años impares**

PRIMERA LECTURA

Amarás al Señor tu Dios con todo tu corazón

LECTURA DEL LIBRO DEL
DEUTERONOMIO   6, 4-13

Habló Moisés al pueblo y dijo: «Escucha, Israel: El Señor
nuestro Dios es solamente uno. Amarás al Señor tu Dios con
todo el corazón, con toda el alma, con todas las fuerzas. Las palabras que hoy te digo quedarán en tu memoria; se las repetirás

a tus hijos y hablarás de ellas estando en casa y yendo de camino, acostado y levantado; las atarás a tu muñeca como un signo, serán en tu frente una señal; las escribirás en las jambas de tu casa y en tus portales. Cuando el Señor tu Dios te introduzca en la tierra que juró a tus padres —a Abrahán, Isaac y Jacob— que te había de dar, con ciudades grandes y ricas que tú no has construido, casas rebosantes de riquezas que tú no has llenado, pozos ya excavados que tú no has excavado, viñas y olivares que tú no has plantado, comerás hasta hartarte. Pero cuidado: No olvides al Señor que te sacó de Egipto, de la esclavitud. Al Señor tu Dios temerás, a él sólo servirás, sólo en su nombre jurarás.»

Palabra de Dios.

SALMO RESPONSORIAL 17

℟ **Yo te amo, Señor, tú eres mi fortaleza.**

Yo te amo, Señor, tú eres mi fortaleza, | Señor, mi roca, mi alcázar, mi libertador. ℟.

Dios mío, peña mía, refugio mío, escudo mío, | mi fuerza salvadora, mi baluarte. | Invoco al Señor de mi alabanza | y quedo libre de mis enemigos. ℟.

Viva el Señor, bendita sea mi Roca, | sea ensalzado mi Dios y Salvador; | tú diste gran victoria a tu rey, | tuviste misericordia de tu Ungido. ℟.

ALELUYA p. 1932ss.
EVANGELIO p. 1632

SABADO   **Años pares**

PRIMERA LECTURA

El justo vivirá por su fe

LECTURA DEL PROFETA HABACUC   1, 12—2, 4

¿No eres tú, Señor, desde antiguo mi Santo Dios que no muere? ¿Has destinado al pueblo de los caldeos para castigo; oh, Roca, le encomendaste la sentencia? Tus ojos son demasiado puros para mirar el mal, no puedes contemplar la opresión. ¿Por qué contemplas en silencio a los bandidos, cuando el malvado devora al inocente? Tú hiciste a los hombres como peces del mar, como reptiles sin jefe: los saca a todos con el anzuelo, los apresa en la red, los reúne en la cesta y después ríe de gozo; ofrece sacrificios al anzuelo, incienso a la red, porque en ellos cogió rica presa, comida abundante. ¿Seguirá vaciando sus redes? ¿matando pueblos sin compasión? Me pondré de centinela, en pie vigilaré; velaré para escuchar lo que me dice, qué responde a mis quejas. El Señor me respondió así: «Escribe la visión, grábala en tablillas, de modo que se lea de corrido. La visión espera su momento, se acercará su término y no fallará; si tarda, espera, porque ha de llegar sin retrasarse. El injusto tiene el alma hinchada, pero el justo vivirá por su fe.»

Palabra de Dios.

SALMO RESPONSORIAL 9

R. **No abandonas, Señor, a los que te buscan.**

Dios está sentado por siempre | en el trono que ha colocado para juzgar. | Él juzgará el orbe con justicia | y regirá las naciones con rectitud. R.

Él será refugio del oprimido, | su refugio en los momentos de peligro. | Confiarán en ti los que conocen tu nombre, | porque no abandonas a los que te buscan. R.

Tañed en honor del Señor, que reside en Sión, | narrad sus hazañas a los pueblos; | él venga la sangre, él recuerda | y no olvida los gritos de los humildes. R.

ALELUYA p. 1932ss.

EVANGELIO

Si tuvierais fe, nada os sería imposible

✠ **LECTURA DEL S. EVANGELIO SEGUN SAN MATEO**   17, 14-19

En aquel tiempo, se acercó a Jesús un hombre, que le dijo de rodillas: «Señor, ten compasión de mi hijo, que tiene epilepsia y le dan ataques: muchas veces se cae en el fuego o en el agua. Se lo he traído a tus discípulos, y no han sido capaces de curarlo. Jesús contestó: «¡Gente sin fe y perversa! ¿Hasta cuándo os tendré que soportar? Traédmelo.» Jesús increpó al demonio, y salió; en aquel momento se curó el niño. Los discípulos se acercaron a Jesús y le preguntaron aparte: «¿Y por qué no pudimos echarlo nosotros?» Les contestó: «Por vuestra poca fe.» Os aseguro que, si fuera vuestra fe como un grano de mostaza, le diríais a aquella montaña que viniera aquí, y vendría. Nada os sería imposible.»

Palabra del Señor.

DECIMONOVENA SEMANA
LUNES   Años impares

PRIMERA LECTURA

Circuncidad vuestro corazón. Amaréis al forastero, porque forasteros fuisteis

LECTURA DEL LIBRO DEL DEUTERONOMIO   10, 12-22

Habló Moisés al pueblo y dijo: «Ahora Israel, ¿qué es lo que te exige el Señor tu Dios? Que temas al Señor tu Dios, que sigas sus caminos y le ames, que sirvas al Señor tu Dios con todo el corazón y con toda el alma, que guardes los preceptos del Señor tu Dios y los mandatos que yo te mando hoy, para tu bien. Cierto: del Señor son los cielos, hasta el último cielo, tierra y todo cuanto la habita, con todo, sólo de vuestros padres se enamoró el Señor, los amó, y de su descendencia os escogió a vosotros entre todos los pueblos, como sucede hoy. Circuncidad vuestro corazón, no endurezcáis vuestra cerviz: que el Señor vuestro Dios es Dios de dioses y Señor de señores, Dios grande, fuerte y terrible, no es parcial ni acepta soborno, hace justicia al huérfano y a la viuda, ama al forastero, dándole pan y vestido. Amaréis al forastero, porque forasteros fuisteis en Egipto. Temerás al Señor tu Dios, le servirás, te pegarás a él, en su nombre jurarás. El será tu orgullo, él será tu Dios, pues él hizo a tu favor las terribles hazañas que tus ojos han visto. Setenta eran tus padres cuando bajaron a Egipto, y ahora el Señor tu Dios te ha hecho numeroso como las estrellas del cielo.»

Palabra de Dios.

SALMO RESPONSORIAL 147

℞ **Glorifica al Señor, Jerusalén.**

Glorifica al Señor, Jerusalén, | alaba a tu Dios, Sión: | que ha reforzado los cerrojos de tus puertas, | y ha bendecido a tus hijos dentro de ti. ℞.

Ha puesto paz en tus fronteras, | te sacia con flor de harina; | él envía su mensaje a la tierra, | y su palabra corre veloz. ℞.

Anuncia su palabra a Jacob, | sus decretos y mandatos a Israel; | con ninguna nación obró así | ni les dio a conocer sus mandatos. ℞.

ALELUYA p. 1932ss.

EVANGELIO p. 1636

LUNES   Años pares

PRIMERA LECTURA

Era la apariencia visible de la Gloria del Señor

LECTURA DEL PROFETA EZEQUIEL   1, 2-5.24—2, 1a

El año quinto de la deportación del rey Joaquín, el día cinco del mes cuarto, vino la palabra del Señor a Ezequiel, hijo de Buzi, sacerdote, en tierra de los caldeos, a orillas del río Queba. Entonces se apoyó sobre mí la mano del Señor, y vi que venía del norte un viento huracanado, una gran nube y un zigzagueo de relámpagos. Nube nimbada de resplandor, y entre el relampagueo como el brillo del electro. En medio de éstos aparecía la figura de cuatro seres vivientes; tenían forma humana. Y oí el rumor de sus alas, como estruendo de aguas caudalosas, como la voz del Todopoderoso, cuando caminaban; griterío de multitudes como estruendo de tropas; cuando se detenían, abatían las alas. También se oyó un estruendo sobre la plataforma que estaba encima de sus cabezas; cuando se detenían, abatían las alas. Y por encima de la plataforma, que estaba sobre sus cabezas, había una especie de zafiro en forma de trono; sobre esta especie de trono sobresalía una figura que parecía un hombre. Y vi un brillo como de electro (algo así como fuego lo enmarcaba) de lo

que parecía su cintura para arriba, y de lo que parecía su cintura
para abajo vi algo así como fuego. Estaba nimbado de resplandor. El resplandor que los nimbaba era como el arco que aparece
en las nubes cuando llueve. Era la apariencia visible de la Gloria
del Señor. Al contemplarla, caí rostro en tierra.

Palabra de Dios.

SALMO RESPONSORIAL 148

℟ **Llenos están el cielo y la tierra de tu gloria.**

Alabad al Señor en el cielo, | alabad al Señor en lo alto; |
alabadlo, todos sus ángeles, | alabadlo, todos sus ejércitos. ℟.

Reyes y pueblos del orbe, | príncipes y jefes del mundo; | los
jóvenes y también las doncellas, | los viejos junto con los ni-
ños. ℟.

Alaben el nombre del Señor, | el único nombre sublime. | Su
Majestad sobre el cielo y la tierra. ℟.

El acrece el vigor de su pueblo. | Alabanza de todos sus fie-
les, | de Israel, su pueblo escogido. ℟.

ALELUYA p. 1932ss.

EVANGELIO

*Lo matarán, pero resucitará. Los hijos están exentos de
impuestos*

✠ LECTURA DEL S. EVANGELIO SEGUN
SAN MATEO   17, 21-26

En aquel tiempo, mientras Jesús y los discípulos recorrían
juntos la Galilea, les dijo Jesús; «Al Hijo del Hombre lo van a
entregar en manos de los hombres, lo matarán, pero resucitará al
tercer día.» Ellos se pusieron muy tristes. Cuando llegaron a Cafarnaum, los que cobraban el impuesto de las dos dracmas se
acercaron a Pedro y le preguntaron: «¿Vuestro maestro no paga
las dos dracmas?» Contestó: «Sí.» Cuando llegó a casa, Jesús se

adelantó a preguntarle: «¿Qué te parece, Simón? Los reyes del mundo, ¿a quién le cobran impuestos y tasas, a sus hijos o a los extraños?» Contestó: «A los extraños.» Jesús le dijo: «Entonces, los hijos están exentos. Sin embargo, para no darles mal ejemplo, ve al lago, echa el anzuelo, coge el primer pez que pique, ábrele la boca y encontrarás una moneda de plata. Cógela y págales por mí y por ti.»

Palabra del Señor.

MARTES   Años impares

PRIMERA LECTURA

Sé fuerte y valiente, Josué, porque tú has de introducir al pueblo en la tierra

LECTURA DEL LIBRO DEL DEUTERONOMIO   31, 1-8

Moisés dijo estas palabras a los israelitas: «He cumplido ya ciento veinte años, y me encuentro impedido; además el Señor me ha dicho: "No pasarás ese Jordán." El Señor tu Dios pasará delante de ti. El destruirá delante de ti esos pueblos, para que te apoderes de ellos. Josué pasará delante de ti, como ha dicho el Señor. El Señor los tratará como a los reyes amorreos Sijón y Og, y como a sus tierras, que arrasó. Cuando el Señor os los entregue, haréis con ellos lo que yo os he ordenado. ¡Sed fuertes y valientes, no temáis, no os acobardéis ante ellos!, que el Señor tu Dios avanza a tu lado, no te dejará ni te abandonará.» Después Moisés llamó a Josué, y le dijo en presencia de todo Israel: «Sé fuerte y valiente, porque tú has de introducir a este pueblo en la tierra que el Señor tu Dios prometió dar a tus padres; y tú les repartirás la heredad. El Señor avanzará ante ti. El estará contigo: no te dejará ni te abandonará. No temas ni te acobardes.»

Palabra de Dios.

SALMO RESPONSORIAL   Dt 32, 3-4a.7-9.12

℟. **La porción del Señor fue su pueblo.**

Voy a proclamar el nombre del Señor: | dad gloria a nuestro Dios. ℟.

Acuérdate de los días remotos, | considera las edades pretéritas, | pregunta a tu padre y te lo contará, | a tus ancianos y te lo dirán. ℟.

Cuando el Altísimo daba a cada pueblo su heredad, | y distribuía a los hijos de Adán, | trazando las fronteras de las naciones, | según el número de los hijos de Dios. ℟.

La porción del Señor fue su pueblo, | Jacob fue el lote de su heredad. | El Señor solo los condujo, | no hubo dioses extraños con él. ℟.

ALELUYA p. 1932ss.

EVANGELIO p. 1639

MARTES   Años pares

PRIMERA LECTURA

Me dio a comer el volumen y me supo en la boca dulce como la miel

LECTURA DEL PROFETA EZEQUIEL   2, 8—3, 4

Así dice el Señor: «Tú, hijo de Adán, oye lo que te digo: ¡No seas rebelde, como la Casa Rebelde! Abre la boca y come lo que te doy.» Vi entonces una mano extendida hacia mí, con un documento enrollado. Lo desenrolló ante mí: estaba escrito en el anverso y en el reverso; tenía escritas elegías, lamentos y ayes. Y me dijo: «Hijo de Adán, come lo que tienes ahí, cómete este volumen y vete a hablar a la Casa de Israel.» Abrí la boca y me dio a comer el volumen, diciéndome: «Hijo de Adán, alimenta tu vientre y sacia tus entrañas con este volumen que te doy.» Lo comí y me supo en la boca dulce como la miel. Y me dijo: «Hijo de Adán, anda, vete a la Casa de Israel y diles mis palabras.»

Palabra de Dios.

SALMO RESPONSORIAL 118

℟ **¡Qué dulce, Señor, es al paladar tu promesa!**

Mi alegría es el camino de tus preceptos, | más que todas las riquezas. ℟.

Tus preceptos son mi delicia, | tus decretos son mis consejeros. ℟.

Más estimo yo los preceptos de tu boca, | que miles de monedas de oro y plata. ℟.

¡Qué dulce al paladar tu promesa! | más que miel en la boca. ℟.

Tus preceptos son mi herencia perpetua, | la alegría de mi corazón. ℟.

Abro la boca y respiro, | ansiando tus mandamientos. ℟.

ALELUYA p. 1932ss.

EVANGELIO

Cuidado con despreciar a uno de estos pequeños

✠ LECTURA DEL S. EVANGELIO SEGUN
SAN MATEO   18, 1-5.10.12-14

En aquel tiempo, se acercaron los discípulos a Jesús y le preguntaron: «¿Quién es el más importante en el Reino de los Cielos?» El llamó a un niño, lo puso en medio, y dijo: «Os digo que, si no volvéis a ser como niños, no entraréis en el Reino de los Cielos. Por lo tanto, el que se haga pequeño como este niño, ése es el más grande en el Reino de los Cielos. El que acoge a un niño como éste en mi nombre, me acoge a mí. Cuidado con

despreciar a uno de estos pequeños, porque os digo que sus ángeles están viendo siempre en el cielo el rostro de mi Padre celestial. ¿Qué os parece? Suponed que un hombre tiene cien ovejas: si una se le pierde, ¿no deja las noventa y nueve y va en busca de la perdida? Y si la encuentra, os aseguro que se alegra más
por ella que por las noventa y nueve que no se habían extraviado. Lo mismo vuestro Padre del cielo: no quiere que se pierda
ni uno de estos pequeños.»

Palabra del Señor.

MIERCOLES   Años impares

PRIMERA LECTURA

*Murió Moisés, como había dicho el Señor, y ya no surgió otro
profeta como él*

LECTURA DEL LIBRO DEL
DEUTERONOMIO   34, 1-12

En aquellos días, Moisés subió de la estepa de Moab al monte Nebo, a la cima del Fasga, que mira a Jericó; y el Señor le
mostró toda la tierra: Galaad hasta Dan, el territorio de Neftalí,
de Efraín y de Manasés, el de Judá hasta el mar occidental, el
Negueb y la comarca del valle de Jericó (la ciudad de las palme-
ras) hasta Soar; y le dijo: «Esta es la tierra que prometí a Abrahán, a Isaac y a Jacob, diciéndoles: Se la daré a tu descendencia.
Te la he hecho ver con tus propios ojos, pero no entrarás en
ella.» Y allí murió Moisés, siervo del Señor, en Moab, como había dicho el Señor. Lo enterraron en el valle de Moab, frente a
Bet Fegor; y hasta el día de hoy nadie ha conocido el lugar de
su tumba. Moisés murió a la edad de ciento veinte años: no había perdido vista ni había decaído su vigor. Los israelitas lloraron a Moisés en la estepa de Moab treinta días hasta que terminó

el tiempo del duelo por Moisés. Josué, hijo de Nun estaba lleno del espíritu de sabiduría, porque Moisés le había impuesto las manos, los israelitas le obedecieron e hicieron lo que el Señor había mandado a Moisés. Pero ya no surgió en Israel otro profeta como Moisés, con quien el Señor trataba cara a cara; ni semejante a él en los signos y prodigios que el Señor le envió a hacer en Egipto contra el Faraón, su corte y su país; ni en la mano poderosa, en los terribles portentos que obró Moisés en presencia de todo Israel.

Palabra de Dios.

SALMO RESPONSORIAL 65

℟ **Bendito sea Dios, que nos ha devuelto la vida.**

Aclama al Señor, tierra entera, | tocad en honor de su nombre, | cantad himnos a su gloria: | decid a Dios: «Qué temibles son tus obras.» ℟.

Venid a ver las obras de Dios, | sus temibles proezas en favor de los hombres. | Bendecid, pueblos, a nuestro Dios, | haced resonar sus alabanzas. ℟.

Fieles de Dios, venid a escuchar, | os contaré lo que ha hecho conmigo: | a él gritó mi boca, | y lo ensalzó mi lengua. ℟.

ALELUYA p. 1932ss.
EVANGELIO p. 1643

MIERCOLES   Años pares

PRIMERA LECTURA

La marca en la frente de los que gimen afligidos por las abominaciones de Jerusalén

LECTURA DEL PROFETA EZEQUIEL   9, 1-7.10.18-22

Oí al Señor llamar en voz alta: «Acercaos, verdugos de la ciudad, empuñando cada uno su arma mortal.» Entonces aparecieron seis hombres por el camino de la puerta de arriba, la que da al norte, empuñando mazas. En medio de ellos, un hombre vestido de lino, con los avíos de escribano a la cintura. Al llegar se detuvieron junto al altar de bronce. La Gloria del Dios de Israel se había levantado del Querubín en que se apoyaba, yendo a ponerse en el umbral del templo. Llamó al hombre vestido de lino, con los avíos de escribano a la cintura, y le dijo el Señor: «Recorre la ciudad, atraviesa Jerusalén, y marca en la frente a los que gimen afligidos por las abominaciones que en ella se cometen.» A los otros les dijo en mi presencia: «Recorred la ciudad detrás de él, golpeando sin compasión y sin piedad. A viejos, mozos y muchachas, a niños y mujeres, matadlos, acabad con ellos; pero a ninguno de los marcados lo toquéis. Empezad por mi santuario.» Y empezaron por los ancianos que estaban frente al templo. Luego les dijo: «Profanad el templo, llenando sus atrios de cadáveres, y salid a matar por la ciudad.» Luego la Gloria del Señor salió levantándose del umbral del templo y se colocó sobre los querubines. Vi a los querubines levantar las alas, remontarse del suelo sin separarse de las ruedas y salir. Y se detuvo junto a la puerta oriental de la casa del Señor; mientras tanto la Gloria del Dios de Israel sobresalía por encima de ellos. Eran los seres vivientes que yo había visto debajo del Dios de Israel a orillas del río Quebar, y me di cuenta de que eran querubines. Tenían cuatro rostros y cuatro alas cada uno, y una especie de brazos humanos debajo de las alas, y su fisonomía era la de los rostros que yo había contemplado a orilla del río Quebar. Caminaban de frente.

Palabra de Dios.

SALMO RESPONSORIAL 112

R̶ **La gloria del Señor se eleva sobre el cielo.**

Alabad, siervos del Señor, | alabad el nombre del Señor. | Bendito sea el nombre del Señor | ahora y por siempre. R̶.

De la salida del sol hasta su ocaso, | alabado sea el nombre del Señor. | El Señor se eleva sobre todos los pueblos, | su gloria sobre el cielo. R̶.

¿Quién como el Señor Dios nuestro | que se eleva en su trono, | y se abaja para mirar | al cielo y a la tierra?. ℟.

ALELUYA p. 1932ss.

EVANGELIO

Si te hace caso, has salvado a tu hermano

✛ LECTURA DEL S. EVANGELIO SEGUN
SAN MATEO   18, 15-20

En aquel tiempo, dijo Jesús a sus discípulos: «Si tu hermano peca, repréndelo a solas entre los dos. Si te hace caso, has salvado a tu hermano. Si no te hace caso, llama a otro o a otros dos, para que todo el asunto quede confirmado por boca de dos o tres testigos. Si no les hace caso, díselo a la comunidad, y si no hace caso ni siquiera a la comunidad, considéralo como un pagano o un publicano. Os aseguro que todo lo que atéis en la tierra quedará atado en el cielo, y todo lo que desatéis en la tierra quedará desatado en el cielo. Os aseguro, además, que si dos de vosotros se ponen de acuerdo en la tierra para pedir algo, se lo dará mi Padre del cielo. Porque donde dos o tres están reunidos en mi nombre, allí estoy yo en medio de ellos.»

Palabra del Señor.

JUEVES   **Años impares**

PRIMERA LECTURA

El Arca de la Alianza del Señor va a pasar el Jordán delante de vosotros

LECTURA DEL LIBRO DE JOSUE   3, 7-10a.11.13-17

En aquellos días, el Señor dijo a Josué: «Hoy empezaré a engrandecerte ante todo Israel, para que vean que estoy contigo como estuve con Moisés. Tú ordena a los sacerdotes portadores del Arca de la Alianza que cuando lleguen a la orilla, se detengan en el Jordán.» Josué dijo a los israelitas: «Acercaos aquí a escuchar las palabras del Señor vuestro Dios. Así conoceréis que un Dios vivo está en medio de vosotros, y que va a expulsar ante vosotros a los cananeos. Mirad, el Arca de la Alianza del Dueño de toda la tierra va a pasar el Jordán delante de vosotros. Y cuando los pies de los sacerdotes que llevan el Arca de la Alianza del Dueño de toda la tierra pisen el Jordán, la corriente del Jordán se cortará: el agua que viene de arriba se detendrá formando un embalse.» Cuando la gente levantó el campamento para pasar el Jordán, los sacerdotes que llevaban el Arca de la Alianza caminaron delante de la gente. Y al llegar al Jordán, en cuanto mojaron los pies en el agua —el Jordán va hasta los bordes todo el tiempo de la siega—, el agua que venía de arriba se detuvo (creció formando un embalse que llegaba muy lejos, hasta Adam, un pueblo cerca de Sartán), y el agua que bajaba al mar del desierto, el Mar Muerto, se cortó del todo. La gente pasó frente a Jericó. Los sacerdotes que llevaban el Arca de la Alianza del Señor estaban quietos en el cauce seco, firme en medio del Jordán, mientras Israel iba pasando por el cauce seco, hasta que acabaron de pasar todos.

Palabra de Dios.

SALMO RESPONSORIAL 113 A

℞ **Aleluya.**

Cuando Israel salió de Egipto, | los hijos de Jacob, de un pueblo balbuciente, | Judá fue su santuario, | Israel fue su dominio. ℞.

El mar, al verlos, huyó, | el Jordán se echó atrás; | los montes saltaron como carneros, | las colinas, como corderos. ℞.

¿Qué te pasa, mar, que huyes, | a ti Jordán, que te echas atrás? | ¿y a vosotros, montes, que saltáis como carneros, | colinas, que saltáis como corderos? ℞.

ALELUYA p. 1932ss.

EVANGELIO p. 1646

JUEVES   Años pares

PRIMERA LECTURA

Emigra a la luz del día, a la vista de todos

LECTURA DEL PROFETA EZEQUIEL   12, 1-12

Me vino esta palabra del Señor: «Hijo de Adán, vives en la
Casa Rebelde: tienen ojos para ver, y no ven, tienen oídos para
oír y no oyen, pues son Casa Rebelde. Tú, hijo de Adán, prepara
el ajuar del destierro, y emigra a la luz del día, a la vista de todos; a la vista de todos emigra a otro lugar, a ver si lo ven; pues
son Casa Rebelde. Saca tu ajuar, como quien va al destierro, a la
luz del día, a la vista de todos; y tú sal al atardecer, a la vista de
todos, como quien va al destierro. A la vista de todos abre un
boquete en el muro y saca por allí tu ajuar. Cárgate al hombro
el hatillo, a la vista de todos, sácalo en la oscuridad; tápate la
cara, para no ver la tierra, porque hago de ti una señal para la
Casa de Israel. Yo hice lo que me mandó; saqué mi ajuar como
quien va al destierro, a la luz del día; al atardecer abrí un boquete en el muro, lo saqué en la oscuridad, me cargué al hombro el
hatillo, a la vista de todos. A la mañana siguiente me vino esta
palabra del Señor: «Hijo de Adán, ¿no te ha preguntado la Casa
de Israel, la Casa Rebelde, "qué es lo que hacías"? Pues respón-
deles: Esto dice el Señor: Este oráculo contra Jerusalén va por
el príncipe y por toda la Casa de Israel que vive allí. Di: Soy señal para vosotros: lo que yo he hecho lo tendrán que hacer ellos.
Irán cautivos al destierro. El Príncipe que vive entre ellos se cargará al hombro el hatillo, abrirá un boquete en el muro para sacarlo, lo sacará en la oscuridad, y se tapará la cara para que no
lo reconozcan.»

Palabra de Dios.

SALMO RESPONSORIAL 77

℟. **No olvidéis las acciones de Dios.**

Tentaron a Dios Altísimo y se rebelaron, | negándose a guardar sus preceptos: | desertaron y traicionaron como sus padres, | fallaron como un arco engañoso. ℟.

Con sus altozanos lo irritaban, | con sus ídolos provocaban sus celos. | Dios los oyó y se indignó, | y rechazó totalmente a Israel. ℟.

Abandonó sus valientes al cautiverio, | su orgullo, a las manos enemigas; | entregó su pueblo a la espada, | encolerizado contra su heredad. ℟.

ALELUYA p. 1932ss.

EVANGELIO

No te digo que perdones hasta siete veces, sino hasta setenta veces siete

✣ LECTURA DEL S. EVANGELIO SEGUN
SAN MATEO
                                                        18, 21—19, 1

En aquel tiempo, acercándose Pedro a Jesús le preguntó: «Señor, si mi hermano me ofende, ¿cuántas veces le tengo que perdonar? ¿Hasta siete veces?» Jesús le contesta: «No te digo hasta siete veces, sino hasta setenta veces siete.» Y les propuso esta parábola: «Se parece el Reino de los Cielos a un rey que quiso ajustar las cuentas con sus empleados. Al empezar a ajustarlas, le presentaron uno que debía diez mil talentos. Como no tenía con qué pagar, el señor mandó que lo vendieran a él con su mujer y sus hijos y todas sus posesiones, y que pagara así. El empleado, arrojándose a sus pies, le suplicaba diciendo: "Ten paciencia conmigo y te lo pagaré todo." El Señor tuvo lástima de aquel empleado y lo dejó marchar, perdonándole la deuda. Pero al salir, el empleado aquel encontró a uno de sus compañeros que le debía cien denarios, y, agarrándolo, lo estrangulaba diciendo: "Págame lo que me debes". El compañero, arrojándose a sus pies, le rogaba diciendo: "Ten paciencia conmigo, y te lo pagaré." Pero él se negó y fue y lo metió en la cárcel hasta que pagara lo que debía. Sus compañeros, al ver lo ocurrido, quedaron consternados y fueron a contarle a su señor todo lo sucedido. Entonces el señor lo llamó y le dijo: "¡Siervo malvado! Toda aquella deuda te la perdoné porque me lo pediste. ¿No debías tú también tener compasión de tu compañero, como yo tuve compasión de ti? Y el señor, indignado, lo entregó a los verdugos hasta que pagara toda la deuda. Lo mismo hará con vosotros mi Padre del cielo, si cada cual no perdona de corazón a su hermano.» Cuando acabó Jesús estos discursos, partió de Galilea y vino a la región de Judea, al otro lado del Jordán.

Palabra del Señor.

VIERNES   Años impares

PRIMERA LECTURA

Tomé a vuestro padre del otro lado del río; os saqué de Egipto; os di una tierra

LECTURA DEL LIBRO DE JOSUE   24, 1-13

En aquellos días, Josué reunió todas las tribus de Israel en Siquén y llamó a los ancianos, a los jefes, a los jueces y a los magistrados para que se presentasen ante Dios. Josué dijo a todo el pueblo: «Así dice el Señor Dios de Israel: Al otro lado del río Eufrates vivieron antaño vuestros padres: Téraj, padre de Abrahán y de Najor, sirviendo a otros dioses. Tomé a Abrahán vuestro padre del otro lado del río, lo conduje por todo el país de Canaán y multipliqué su descendencia, dándole a Isaac. A Isaac le di Jacob y Esaú. A Esaú le di en propiedad la montaña de Seir, mientras que Jacob y sus hijos bajaron a Egipto. Envié a Moisés y Aarón para castigar a Egipto con los portentos que hice, y después os saqué de allí. Saqué de Egipto a vuestros padres, y llegasteis al mar. Los egipcios persiguieron a vuestros padres con caballería y carros hasta el Mar Rojo; pero gritaron al Señor, y él puso una nube oscura entre vosotros y los egipcios; después desplomó sobre ellos el mar, anegándolos. Vuestros ojos vieron lo que hice en Egipto. Después vivisteis en el desierto muchos años. Os llevé al país de los amorreos que vivían en Transjordania: os atacaron, y os los entregué. Tomasteis posesión de sus tierras, y yo los exterminé ante vosotros. Entonces Balac, hijo de Sipor, rey de Moab, atacó a Israel; mandó llamar a Balaán, hijo de Beor, para que os maldijera; pero yo no quise oír a Balaán, que no tuvo más remedio que bendeciros, y os libré de sus manos. Pasasteis el Jordán y llegasteis a Jericó. Los jefes de Jericó, los amorreos, fereceos, cananeos, hititas, guirgaseos, heveos y jebuseos, os atacaron, pero yo os los entregué; mandé pánico ante vosotros y expulsasteis a los dos reyes amorreos, no con vuestra espada ni con vuestro arco. Y os di una tierra por la que no habíais sudado, ciudades que no habíais construido y en las que ahora vivís, viñedos y olivares que no habíais plantado y de los que ahora coméis.»

Palabra de Dios.

SALMO RESPONSORIAL 135

R. **Dad gracias al Señor, porque es bueno.**

Porque es eterna su misericordia. | Dad gracias al Dios de los dioses. R.

Dad gracias al Señor de los señores. R.

Guió por el desierto a su pueblo. R.

El hirió a reyes famosos. R.

Dio muerte a reyes poderosos. R.

Les dio su tierra en heredad. R.

En heredad a Israel, su siervo. R.

Y nos libró de nuestros opresores. R.

ALELUYA p. 1932ss.

EVANGELIO p. 1651

VIERNES   Años pares

PRIMERA LECTURA

Tu belleza era completa con las galas con que te atavié; y te prostituiste

LECTURA DEL PROFETA EZEQUIEL   16, 1-15.60.63

Me vino esta palabra del Señor: «Hijo de Adán, denuncia a Jerusalén sus abominaciones, diciendo: Esto dice el Señor: ¡Jerusalén! Eres cananea de casta y de cuna: tu padre era amorreo y tu madre era hitita. Fue así tu alumbramiento: El día en que naciste, no te cortaron el ombligo, no te bañaron, ni frotaron con sal, ni te envolvieron en pañales. Nadie se apiadó de ti haciéndote uno de estos menesteres, por compasión, sino que te arrojaron a campo abierto, asqueados de ti, el día que naciste. Pasando yo a tu lado, te vi chapoteando en tu propia sangre, y te dije mientras yacías en tu sangre: "Sigue viviendo y crece como brote campestre"». Creciste y te hiciste moza, llegaste a la sazón; tus senos se afirmaron y el vello te brotó, pero estabas desnuda y en cueros. Pasando de nuevo a tu lado, te vi en la edad del amor; extendí sobre ti mi manto para cubrir tu desnudez; te comprometí con juramento, hice alianza contigo —oráculo del Señor— y fuiste mía. Te bañé, te limpié la sangre, y te ungí con aceite. Te vestí de bordado, te calcé de marsopa; te ceñí de lino, te revestí de seda. Te engalané con joyas: te puse pulseras en los brazos y un collar al cuello. Te puse un anillo en la nariz, pendientes en las orejas y diadema de lujo en la cabeza. Lucías joyas de oro y plata, y vestidos de lino, seda y bordado; comías flor de harina, miel y aceite; estabas guapísima y prosperaste más que una reina. Cundió entre los pueblos la fama de tu belleza, completa con las galas con que te atavié —oráculo del Señor—. Te sentiste segura en tu belleza y, amparada en tu fama, fornicaste y te prostituiste con el primero que pasaba. Pero yo me acordé de la alianza que hice contigo cuando eras moza, y haré contigo una alianza eterna, para que te acuerdes y te sonrojes y no vuelvas a abrir la boca de vergüenza, cuando yo te perdone todo lo que hiciste —oráculo del Señor.

Palabra de Dios.

O bien, si se prefiere:

Me acordaré de la alianza que hice contigo, y tú te sonrojarás

LECTURA DEL PROFETA EZEQUIEL   16, 59-63

Así dice el Señor: «Actuaré contigo conforme a tus acciones, pues menospreciaste el juramento o quebrantaste la alianza. Pero yo me acordaré de la alianza que hice contigo cuando eras moza, y haré contigo una alianza eterna. Tú te acordarás de tu conducta y te sonrojarás, al acoger a tus hermanas, las mayores y las más pequeñas; pues yo te las daré como hijas, mas no en virtud de tu alianza. yo mismo haré alianza contigo y sabrás que yo soy el Señor, para que te acuerdes y te sonrojes y no vuelvas a abrir la boca de vergüenza, cuando yo te perdone todo lo que hiciste —oráculo del Señor.

Palabra de Dios.

SALMO RESPONSORIAL   Is 12, 2-3.4bcd-6

℟ **Ha cesado tu ira y me has consolado.**

El Señor es mi Dios y salvador: | confiaré y no temeré, | porque mi fuerza y mi poder es el Señor, | él fue mi salvación. | Y sacaréis agua con gozo | de las fuentes de la salvación. ℟.

Dad gracias al Señor, | invocad su nombre; | contad a los pueblos sus hazañas, | proclamad que su nombre es excelso. R̝.

Tañed para el Señor, que hizo proezas, | anunciadlas a toda la tierra; | gritad jubilosos, habitantes de Sión: | »Qué grande es en medio de ti | el Santo de Israel». R̝.

ALELUYA p. 1932ss.

EVANGELIO

Por lo tercos que sois os permitió Moisés divorciaros de vuestras mujeres; pero al principio no era así

✠ LECTURA DEL S. EVANGELIO SEGUN
SAN MATEO   19, 3-12

En aquel tiempo, se acercaron a Jesús unos fariseos y le preguntaron para ponerlo a prueba: «¿Es lícito a uno despedir a su mujer por cualquier motivo?» El les respondió: «¿No habéis leído que el Creador en el principio los creó hombre y mujer, y dijo: "Por eso abandonará el hombre a su padre y a su madre, y se unirá a su mujer, y serán los dos una sola carne"? De modo que ya no son dos sino una sola carne. Pues lo que Dios ha unido que no lo separe el hombre. Ellos insistieron: «¿Y por qué mandó Moisés darle acta de repudio y divorciarse?» El les contestó: «Por lo tercos que sois os permitió Moisés divorciaros de vuestras mujeres; pero al principio no era así. Ahora os digo yo que si uno se divorcia de su mujer —no hablo de prostitución— y se casa con otra comete adulterio.» Los discípulos le replicaron: «Si esa es la situación del hombre con la mujer, no trae cuenta casarse.» Pero él les dijo: «No todos pueden con eso, sólo los que han recibido ese don.» Hay eunucos que salieron así del vientre de su madre, a otros los hicieron los hombres, y hay quienes se hacen eunucos por el Reino de los Cielos. El que pueda con esto, que lo haga.»

Palabra del Señor.

SABADO   **Años impares**

PRIMERA LECTURA

Elegid hoy a quién queréis servir

LECTURA DEL LIBRO DE JOSUE   24, 14-29

En aquellos días, Josué continuó hablando al pueblo: «Pues bien: Temed al Señor; servidle con toda sinceridad; quitad de en medio los dioses a los que sirvieron vuestros padres al otro lado del río y en Egipto; y servid al Señor. Y si os resulta duro servir al Señor, elegid hoy a quién queréis servir: a los dioses que sirvieron vuestros padres al otro lado del río, o a los dioses de los amorreos en cuyo país habitáis, que yo y mi casa serviremos al Señor.» El pueblo respondió: «Lejos de nosotros abandonar al Señor para ir a servir a otros dioses. Porque el Señor nuestro Dios es quien nos sacó, a nosotros y a nuestros padres, de la esclavitud de Egipto; quien hizo ante nuestros ojos aquellos grandes prodigios y nos guardó en todo nuestro peregrinar y entre todos los pueblos que atravesamos. El Señor expulsó ante nosotros a los pueblos amorreos que habitaban el país. También nosotros serviremos al Señor ¡es nuestro Dios!» Josué dijo al pueblo: «No lograréis servir al Señor, porque es un Dios santo, un Dios celoso. No perdonará vuestros delitos ni vuestros pecados. Si abandonáis al Señor y servís a dioses extranjeros, se volverá contra vosotros y, después de haberos tratado bien, os maltratará y os aniquilará.» El pueblo le respondió: «¡No! Serviremos al Señor.» Josué insistió: «Sois testigos contra vosotros mismos de que habéis elegido servir al Señor.» Respondieron: «¡Somos testigos!» «Pues bien, quitad de en medio los dioses extranjeros que conserváis, y poneos de parte del Señor Dios de Israel.» El pueblo respondió: «Serviremos al Señor nuestro Dios y le obedeceremos.» Aquel día Josué selló el pacto con el pueblo, y les dio leyes y mandatos en Siquén. Escribió las cláusulas en el Libro de la Ley de Dios, cogió una gran piedra, y la erigió allí, bajo la encina del santuario del Señor, y dijo a todo el pueblo: «Mirad esta piedra, que será testigo contra vosotros, porque ha oído todo lo que el Señor nos ha dicho. Será testigo contra vosotros, para que no podáis renegar de vuestro Dios.» Luego despidió al pueblo, cada cual a su heredad. Algún tiempo después murió Josué, hijo de Nun, siervo del Señor, a la edad de ciento diez años.

Palabra de Dios.

SALMO RESPONSORIAL 15

℟ **Tú eres, Señor, mi heredad.**

Protégeme, Dios mío, que me refugio en ti. | Yo digo al Señor: «Tú eres mi bien.» | El Señor es el lote de mi heredad y mi cáliz, | mi suerte está en tu mano. ℟.

Bendeciré al Señor que me aconseja, | hasta de noche me instruye internamente. | Tengo siempre presente al Señor, | con él a mi derecha no vacilaré. ℟.

Me enseñarás el sendero de la vida, | me saciarás de gozo en tu presencia, | de alegría perpetua a tu derecha. ℟.

ALELUYA p. 1932ss.

EVANGELIO p. 1655

SABADO   Años pares

PRIMERA LECTURA

Os juzgaré a cada uno según su proceder

LECTURA DEL PROFETA EZEQUIEL   18, 1-10.13b.30-32

Me vino esta palabra del Señor: ¿Por qué andáis repitiendo este refrán en la tierra de Israel: Los padres comieron agraces y los hijos tuvieron dentera? Por mi vida os juro —oráculo del Señor—, que nadie volverá a repetir ese refrán en Israel. Sabedlo: todas las vidas son mías; lo mismo que la vida del padre, es mía la vida del hijo; el que peca es el que morirá. El hombre que es justo, que observa el derecho y la justicia, que no come en los montes levantando los ojos a los ídolos de Israel; que no profana a la mujer de su prójimo ni se llega a la mujer en su regla; que no explota, sino que devuelve la prenda empeñada; que no roba, sino que da su pan al hambriento y viste al desnudo; que no presta con usura ni acumula intereses; que aparta la mano de la iniquidad y juzga imparcialmente los delitos; que camina según mis preceptos y guarda mis mandamientos, cumpliéndolos fielmente: ese hombre es justo, y ciertamente vivirá —oráculo del Señor—. Si éste engendra un hijo criminal y homicida, que quebranta alguna de estas prohibiciones, ciertamente no vivirá; por haber cometido todas esas abominaciones, morirá ciertamente y será responsable de sus crímenes. Yo os juzgaré, pues, a cada uno según su proceder, Casa de Israel —oráculo del Señor—. Convertíos y apartaos de todos vuestros crímenes; no haya para vosotros más ocasión del mal. Descargaos de todos los crímenes que habéis cometido contra mí. Y haceos un corazón y un espíritu nuevo. ¿Por qué queréis morir, Casa de Israel? Yo no me complazco en la muerte de nadie, sea quien sea —oráculo del Señor—. Convertíos y vivid.

Palabra de Dios.

SALMO RESPONSORIAL 50

℟ **Oh Dios, crea en mí un corazón puro.**

Oh Dios, crea en mí un corazón puro, | renuévame por dentro con espíritu firme; | no me arrojes lejos de tu rostro, | no me quites tu santo espíritu. ℟.

Devuélveme la alegría de tu salvación, | afiánzame con espíritu generoso. | Enseñaré a los malvados tus caminos, | los pecadores volverán a ti. ℟.

Los sacrificios no te satisfacen; | si te ofreciera un holocausto, no lo querrías. | Mi sacrificio es un espíritu quebrantado, | un corazón quebrantado y humillado | tú no lo desprecias. ℟.

ALELUYA p. 1932ss.

EVANGELIO

No impidáis a los niños acercarse a mí; de los que son como ellos es el Reino de los Cielos

✠ LECTURA DEL S. EVANGELIO SEGUN
SAN MATEO   19, 13-15

En aquel tiempo, le presentaron unos niños a Jesús para que les impusiera las manos y rezara por ellos, pero los discípulos les regañaban. Jesús dijo: «Dejadlos, no impidáis a los niños acercarse a mí; de los que son como ellos es el Reino de los Cielos.» Les impuso las manos y se marchó de allí.

Palabra del Señor.

VIGESIMA SEMANA

LUNES   Años impares

PRIMERA LECTURA

El Señor hacía surgir Jueces, pero ni a los Jueces hacían caso

LECTURA DEL LIBRO DE LOS JUECES   2, 11-19

En aquellos días, los israelitas hicieron lo que el Señor reprueba; dieron culto a los ídolos, abandonaron al Señor Dios de sus padres, que los había sacado de Egipto, y se fueron tras otros dioses, dioses de las naciones vecinas, y los adoraron, irritando al Señor. Abandonaron al Señor y dieron culto a Baal y Astarté. El Señor se encolerizó contra Israel: los entregó a bandas de saqueadores que los saqueaban, los vendió a los enemigos de alrededor, y los israelitas no podían resistirles. En todo lo que emprendían, la mano del Señor se les ponía en contra, exactamente como él les había dicho y jurado, llegando así a una situación desesperada. Entonces el Señor hacía surgir Jueces, que los libraban de las bandas de salteadores; pero ni a los Jueces hacían caso, sino que se prostituían con otros dioses, dándoles culto, desviándose muy pronto de la senda por donde habían caminado sus padres, obedientes al Señor. No hacían como ellos. Cuando el Señor hacía surgir Jueces, el Señor estaba con el Juez; y, mientras vivía el Juez, los salvaba de sus enemigos, porque le daba lástima oírlos gemir bajo la tiranía de sus opresores. Pero en cuanto moría el Juez, recaían y se portaban peor que sus padres, yendo tras otros dioses, rindiéndoles adoración; no se apartaban de sus maldades ni de su conducta obstinada.

Palabra de Dios.

SALMO RESPONSORIAL 105

℟ **Acuérdate de mí, Señor, | por amor a tu pueblo.**

No exterminaron a los pueblos | que el Señor les había mandado; | emparentaron con los gentiles, | imitaron sus costumbres. ℟.

Adoraron sus ídolos | y cayeron en sus lazos; | inmolaron a los demonios | sus hijos y sus hijas. ℞.

Se mancharon con sus acciones, | y se prostituyeron con sus maldades. | La ira del Señor se encendió contra su pueblo | y aborreció su heredad. ℞.

Cuántas veces los libró: | mas ellos, obstinados en su actitud, | perecían por sus culpas. | Pero él miró su angustia | y escuchó sus gritos. ℞.

ALELUYA p. 1932ss.

EVANGELIO p. 1658

LUNES   Años pares

PRIMERA LECTURA

Ezequiel os servirá de señal: haréis lo mismo que él ha hecho

LECTURA DEL PROFETA EZEQUIEL   24, 15-24

Me vino esta palabra del Señor: «Hijo de Adán, voy a arrebatarte repentinamente el encanto de tus ojos; no llores ni hagas duelo ni derrames lágrimas; aflígete en silencio como un muerto, sin hacer duelo; líate el turbante y cálzate las sandalias; no te emboces la cara ni comas el pan del duelo.» Por la mañana yo hablaba a la gente, por la tarde se murió mi mujer, y a la mañana siguiente hice lo que se me había mandado. Entonces me dijo la gente: «¿quieres explicarnos qué nos anuncia lo que estás haciendo?» Les respondí: «Me vino esta palabra del Señor: Dile a la Casa de Israel: Esto dice el Señor: Mira, voy a profanar mi santuario, vuestro soberbio baluarte, el encanto de vuestros ojos, el tesoro de vuestras almas. Los hijos e hijas que dejasteis caerán a espada. Entonces haréis lo que yo he hecho: no os embozaréis la cara ni comeréis el pan del duelo; seguiréis con el turbante en la cabeza y las sandalias en los pies, no lloraréis ni haréis luto; os consumiréis por vuestra culpa y os lamentaréis unos con otros. Ezequiel os servirá de señal: haréis lo mismo que él ha hecho. Y, cuando suceda, sabréis que yo soy el Señor.»

Palabra de Dios.

SALMO RESPONSORIAL   Dt 32, 18-21

℟ **¡Despreciaste a la Roca que te engendró!**

¡Despreciaste a la Roca que te engendró | y olvidaste al Dios que te dio a luz! | Lo vio el Señor e, irritado, | rechazó a sus hijos e hijas. ℟.

Pensando: «Les esconderé mi rostro | y veré en qué acaban, | porque son una generación depravada, | unos hijos desleales. ℟.

Ellos me han dado celos con un dios ilusorio, | me han irritado con ídolos vacíos: | pues yo les daré celos con un pueblo ilusorio, | los irritaré con una nación fatua. ℟.

ALELUYA p. 1932ss.

EVANGELIO

Si quieres llegar hasta el final, vende lo que tienes, así tendrás un tesoro en el cielo

✠ LECTURA DEL S. EVANGELIO SEGUN SAN MATEO   19, 16-22

En aquel tiempo, se acercó uno a Jesús y le preguntó: «Maestro, ¿qué tengo que hacer de bueno para obtener la vida eterna?» Jesús le contestó: «¿Por qué me preguntas qué es bueno? Uno solo es Bueno. Mira, si quieres entrar en la vida, guarda los mandamientos.» El le preguntó: «¿Cuáles?» Jesús le contestó: «No matarás, no cometerás adulterio, no robarás, no darás falso testimonio, honra a tu padre y a tu madre, y ama a tu prójimo como a ti mismo.» El muchacho le dijo: «Todo eso lo he cumplido. ¿Qué me falta?» Jesús le contestó: «Si quieres llegar hasta el final, vende lo que tienes, da el dinero a los pobres —así tendrás un tesoro en el cielo— y luego vente conmigo.» Al oír esto, el joven se fue triste, porque era rico.

Palabra del Señor.

MARTES Años impares

PRIMERA LECTURA

Gedeón, salva a Israel. ¡Yo te envío!

LECTURA DEL LIBRO DE LOS JUECES 6, 11-24a

En aquellos días, el ángel del Señor vino y se sentó bajo la encina de Ofrá, propiedad de Joá de Abiezer, mientras su hijo Gedeón estaba trillando trigo a látigo en el lagar, para esconderse de los madianitas. El ángel del Señor se le apareció y le dijo: «El Señor está contigo, valiente.» Gedeón respondió: «Perdón; si el Señor está con nosotros, ¿por qué nos ha venido encima todo esto? ¿Dónde han quedado aquellos prodigios que nos contaban nuestros padres: "De Egipto nos sacó el Señor..."? La verdad es que ahora el Señor nos ha desamparado y nos ha entregado a los madianitas.» El Señor se volvió a él y le dijo: «Vete, y con tus propias fuerzas salva a Israel de los madianitas. ¡Yo te envío!» Gedeón replicó: «Perdón; ¿cómo puedo yo librar a Israel? Precisamente mi familia es la menor de Manasés, y yo soy el más pequeño en casa de mi padre.» El Señor contestó: «Yo estaré contigo, y derrotarás a los madianitas como a un solo hombre.» Gedeón insistió: «Si he alcanzado tu favor, dame una señal de que eres tú quien habla conmigo. No te vayas de aquí hasta que yo vuelva con una ofrenda y te la presente.» El Señor dijo: «Aquí me quedaré hasta que vuelvas.» Gedeón marchó a preparar un cabrito y unos panes ázimos con media fanega de harina; colocó luego la carne en la cesta y echó el caldo en el puchero; se los llevó al Señor y se los ofreció bajo la encina. El ángel del Señor le dijo: «Coge la carne y los panes ázimos, colócalos sobre esta roca y derrama el caldo.» Así lo hizo. Entonces el ángel del Se-

ñor alargó el cayado que llevaba, tocó la carne y los panes, y se
levantó de la roca una llamarada que los consumió. Y el ángel
del Señor desapareció de su vista. Cuando Gedeón vio que se
trataba del ángel del Señor, exclamó: «¡Ay, Dios mío!, que he
visto el ángel del Señor cara a cara.» Pero el Señor le dijo: «¡Paz!
No temas, no morirás.» Entonces Gedeón levantó allí un altar al
Señor y le puso el nombre de Señor-de-la-Paz.

Palabra de Dios.

SALMO RESPONSORIAL 84

℟ **El Señor anuncia la paz a su pueblo.**

Voy a escuchar lo que dice el Señor: | «Dios anuncia la paz
| a su pueblo y a sus amigos | y a los que se convierten de co-
razón.» ℟

La misericordia y la fidelidad se encuentran, | la justicia y la
paz se besan; | la fidelidad brota de la tierra | y la justicia mira
desde el cielo. ℟

El Señor nos dará la lluvia, | y nuestra tierra dará su fru-
to. | La justicia marchará ante él, | la salvación seguirá sus pa-
sos. ℟

ALELUYA p. 1932ss.

EVANGELIO p. 1661

MARTES   Años pares

PRIMERA LECTURA

Eres hombre y no Dios; te creías listo como los dioses

LECTURA DEL PROFETA EZEQUIEL   28, 1-10

En aquellos días, me vino esta palabra del Señor: Hijo de
Adán, di al príncipe de Tiro: Esto dice el Señor: Se hinchó tu
corazón y dijiste: «Soy Dios, entronizado en solio de dioses en el
corazón del mar», tú que eres hombre y no dios; te creías listo
como los dioses; ¡si eres más sabio que Daniel!; ningún enigma
se te resiste. Con tu talento, con tu habilidad, te hiciste una for-

tuna; acumulaste oro y plata en tus tesoros. Con agudo talento
de mercader, ibas acrecentando tu fortuna; y tu fortuna te llenó
de presunción. Por eso, así dice el Señor: Por haberte creído sabio como los dioses, por eso, traigo contra ti bárbaros pueblos
feroces; desenvainarán la espada contra tu belleza y tu sabiduría,
profanando tu esplendor. Te hundirán en la fosa, morirás con
muerte ignominiosa en el corazón del mar. Tú que eres hombre
y no dios, ¿osarás decir: «Soy Dios», delante de tus asesinos, en
poder de los que te apuñalen? Morirás con muerte de incircunci-
so, a manos de bárbaros. Yo lo he dicho —oráculo del Señor.

Palabra de Dios.

SALMO RESPONSORIAL   Dt 32, 26-28.30.35cd-36ab

℟ **Yo doy la muerte y la vida.**

Yo pensaba: «Voy a dispersarlos | y a borrar su memoria en-
tre los hombres.» | Pero no; que temo la jactancia del enemi-
go | y la mala interpretación del adversario. ℟.

Y dirían: «Nuestra mano ha vencido, | no es el Señor quien
lo ha hecho.» | Porque son una nación que ha perdido el
juicio. ℟.

¿Cómo es que uno persigue a mil, | y dos ponen en fuga a
diez mil? | ¿No es porque su Roca los ha vencido, | porque el
Señor los ha entregado? ℟.

El día de su perdición se acerca | y su suerte se apresura. |
Porque el Señor defenderá a su pueblo | y tendrá compasión de
sus siervos. ℟.

ALELUYA p. 1932ss.

EVANGELIO

Más fácil le es a un camello pasar por el ojo de una aguja, que
a un rico entrar en el Reino de los Cielos

✠ LECTURA DEL S. EVANGELIO SEGUN
SAN MATEO   19, 23-30

En aquel tiempo, dijo Jesús a sus discípulos: «Creedme: difícilmente entrará un rico en el Reino de los Cielos. Lo repito:

Más fácil le es a un camello pasar por el ojo de una aguja, que a un rico entrar en el Reino de los Cielos.» Al oírlo, los discípulos dijeron espantados: «Entonces, ¿quién puede salvarse?» Jesús se les quedó mirando y les dijo: «Para los hombres es imposible; pero Dios lo puede todo.» Entonces le dijo Pedro: «Pues nosotros lo hemos dejado todo y te hemos seguido. ¿Qué nos va a tocar?» Jesús les dijo: «Creedme, cuando llegue la renovación, y el Hijo del Hombre se siente en el trono de su gloria, también vosotros, los que me habéis seguido, os sentaréis en doce tronos, para regir a las doce tribus de Israel. El que por mí deja casa, hermanos o hermanas, padre o madre, mujer, hijos o tierras, recibirá cien veces más, y heredará la vida eterna. Muchos primeros serán últimos y muchos últimos serán primeros.»

Palabra del Señor.

MIERCOLES   Años impares

PRIMERA LECTURA

Habéis dicho: Que reine un rey sobre nosotros, siendo así que vuestro rey es el Señor

LECTURA DEL LIBRO DE LOS JUECES   9, 6-15

En aquellos días, los de Siquén y todos los de El Terraplén se reunieron para proclamar rey a Abimélec, junto a la encina de Siquén. En cuanto se enteró Yotán fue y, en pie sobre la cumbre del monte Garizín, les dijo a voz en grito: «¡Oídme, vecinos de Siquén, así Dios os escuche! Una vez fueron los árboles a elegirse rey, y dijeron al olivo: "¡Sé nuestro rey!" Pero dijo el olivo: "¿Y voy a dejar mi aceite, con el que engordan dioses y hombres, para ir a mecerme sobre los árboles?" Entonces dijeron a la higuera: "¡Ven a ser nuestro rey!" Pero dijo la higuera: "¿Y voy a dejar mi dulce fruto sabroso, para ir a mecerme sobre los árboles?" Entonces dijeron a la vid: "¡Ven a ser nuestro rey!" Pero dijo la vid: "¿Y voy a dejar mi mosto, que alegra a dioses y hombres, para ir a mecerme sobre los árboles?" Entonces dijeron a la zarza: "¡Ven a ser nuestro rey!" Y les dijo la zarza: "Si de veras queréis ungirme rey vuestro, venid a cobijaros bajo mi sombra; y si no, salga fuego de la zarza y devore a los cedros del Líbano".»

Palabra de Dios.

SALMO RESPONSORIAL 20

℟ **Señor, el rey se alegra por tu fuerza.**

Señor, el rey se alegra por tu fuerza, ¡y cuánto goza con tu victoria! | Le has concedido el deseo de su corazón, | no le has negado lo que pedían sus labios. ℟.

Te adelantaste a bendecirlo con el éxito, | y has puesto en su cabeza | una corona de oro fino. | Te pidió vida, y se la has concedido, | años que se prolongan sin término. ℟.

Tu victoria ha engrandecido su fama, | lo has vestido de honor y de majestad. | Le concedes bendiciones incesantes, | lo colmas de gozo en tu presencia. ℟.

ALELUYA p. 1932ss.
EVANGELIO p. 1665

MIERCOLES   Años pares

PRIMERA LECTURA

Libraré a mis ovejas de sus fauces, para que no sean su manjar

LECTURA DEL PROFETA EZEQUIEL   34, 1-11

En aquellos días, me vino esta palabra del Señor: «Hijo de Adán, profetiza contra los pastores de Israel, profetiza diciéndoles: ¡Pastores!, esto dice el Señor:» ¡Ay de los pastores de Israel

que se apacientan a sí mismos! ¿No son las ovejas lo que tienen
que apacentar los pastores? Os coméis su enjundia, os vestís con
su lana; matáis las más gordas, y las ovejas no las apacentáis. No
fortalecéis a las débiles, ni curáis a las enfermas, ni vendáis a las
heridas; no recogéis las descarriadas, ni buscáis las perdidas, y
maltratáis brutalmente a las fuertes. Al no tener pastor, se desperdigaron y fueron pasto de las fieras del campo. Mis ovejas se
desperdigaron y vagaron sin rumbo por montes y altos cerros;
mis ovejas se dispersaron por toda la tierra, sin que nadie las
buscase siguiendo su rastro. Por eso, pastores, escuchad la palabra del Señor: ¡Lo juro por mi vida! —oráculo del Señor—.
Mis ovejas fueron presa, mis ovejas fueron pasto de las fieras del
campo, por falta de pastor; pues los pastores no las cuidaban, los
pastores se apacentaban a sí mismos; por eso, pastores, escuchad
la palabra del Señor: Esto dice el Señor: Me voy a enfrentar con
los pastores: les reclamaré mis ovejas, los quitaré de pastores de
mis ovejas, para que dejen de apacentarse a sí mismos los pastores; libraré a mis ovejas de sus fauces, para que no sean su
manjar. Así dice el Señor: Yo mismo en persona buscaré a mis
ovejas, siguiendo su rastro.

Palabra de Dios.

SALMO RESPONSORIAL 22

℟ **El Señor es mi Pastor, nada me falta.**

El Señor es mi Pastor, nada me falta: | en verdes praderas me
hace recostar; | me conduce hacia fuentes tranquilas | y repara
mis fuerzas. ℟.

Me guía por el sendero justo, | por el honor de su nombre.
| Aunque camine por cañadas oscuras, | nada temo, porque tú
vas conmigo: | tu vara y tu cayado me sosiegan. ℟.

Preparas una mesa ante mí | enfrente de mis enemigos; | me
unges la cabeza con perfume, | y mi copa rebosa. ℟.

Tu bondad y tu misericordia me acompañan | todos los días
de mi vida, | y habitaré en la casa del Señor | por años sin tér-
mino. ℟.

ALELUYA p. 1932ss.

EVANGELIO

¿Vas a tener tú envidia porque soy yo bueno?

✠ LECTURA DEL S. EVANGELIO SEGUN
SAN MATEO   20, 1-16a

En aquel tiempo, dijo Jesús a sus discípulos esta parábola: «El Reino de los Cielos se parece a un propietario que al amanecer salió a contratar jornaleros para su viña. Después de ajustarse con ellos en un denario por jornada, los mandó a la viña. Salió otra vez a media mañana, vio a otros que estaban en la plaza sin trabajo, y les dijo: "Id también vosotros a mi viña y os pagaré lo debido." Ellos fueron: Salió de nuevo hacia mediodía y a media tarde e hizo lo mismo. Salió al caer la tarde y encontró a otros, parados, y les dijo: "¿Cómo es que estáis aquí el día entero sin trabajar?" Le respondieron: "Nadie nos ha contratado." El les dijo: "Id también vosotros a mi viña." Cuando oscureció, el dueño dijo al capataz: "Llama a los jornaleros y págales el jornal, empezando por los últimos y acabando por los primeros." Vinieron los del atardecer y recibieron un denario cada uno. Cuando llegaron los primeros, pensaban que recibirían más, pero ellos también recibieron un denario cada uno. Entonces se pusieron a protestar contra el amo: "Estos últimos han trabajado sólo una hora y los has tratado igual que a nosotros, que hemos aguantado el peso del día y el bochorno." El replicó a uno de ellos: "Amigo, no te hago ninguna injusticia. ¿No nos ajustamos en un denario? Toma lo tuyo y vete. Quiero darle a este último igual que a ti. ¿Es que no tengo libertad para hacer lo que quiera en mis asuntos? ¿O vas a tener tú envidia porque yo soy bueno?" Así, los últimos serán los primeros y los primeros los últimos.»

Palabra del Señor.

JUEVES   **Años impares**

PRIMERA LECTURA

*El primero que salga de mi casa a recibirme, será para el
Señor, y lo ofreceré en holocausto*

LECTURA DEL LIBRO DE LOS JUECES   11, 29-39a

En aquellos días, el espíritu del Señor vino sobre Jefté. Jefté
atravesó Galaad, de allí marchó contra los amonitas, e hizo un
voto al Señor: «Si entregas a los amonitas en mi poder, el primero que salga a recibirme a la puerta de mi casa cuando vuelva
victorioso de la campaña contra los amonitas, será para el Señor,
y lo ofreceré en holocausto.» Luego marchó a la guerra contra
los amonitas. El Señor se los entregó: los derrotó desde Arcer
hasta la entrada de Minit (veinte pueblos) y hasta Prado-Viñas.
Fue una gran derrota, y los amonitas quedaron sujetos a Israel.
Jefté volvió a su casa de Atalaya. Y fue precisamente su hija
quien salió a recibirlo, con panderos y danzas; su hija única, pues
Jefté no tenía más hijos o hijas. En cuanto la vio se rasgó la túnica, gritando: «¡Ay, hija mía, qué desdichado soy! Tú eres mi
desdicha, porque hice una promesa al Señor y no puedo volverme a atrás.» Ella le dijo: «Padre, si hiciste una promesa al Señor,
cumple lo que prometiste, ya que el Señor te ha permitido ven-
garte de tus enemigos.» Y le pidió a su padre: «Dame este permi-
so: déjame andar dos meses por los montes, llorando con mis
amigas, porque quedaré virgen». Su padre le dijo: «Vete.» Y la
dejó marchar dos meses, y anduvo con sus amigas por los montes, llorando porque iba a quedar virgen. Acabado el plazo de
los dos meses, volvió a casa, y su padre cumplió con ella el voto
que había hecho.

Palabra de Dios.

SALMO RESPONSORIAL 39

℟ **Aquí estoy, Señor, para hacer tu voluntad.**

Dichoso el hombre que ha puesto | su confianza en el Señor, | y no acude a los idólatras | que se extravían con engaños. ℟.

Tú no quieres sacrificios ni ofrendas, | y en cambio me abriste el oído; | no pides sacrificio expiatorio | entonces yo digo: «Aquí estoy.» ℟.

—Como está escrito en mi libro— | «para hacer tu voluntad». | Dios mío, lo quiero, | y llevo tu ley en las entrañas. ℟.

He proclamado tu salvación | ante la gran asamblea; | no he cerrado los labios: | Señor, tú lo sabes. ℟.

ALELUYA p. 1932ss.

EVANGELIO p. 1668

JUEVES   Años pares

PRIMERA LECTURA

Os daré un corazón nuevo y os infundiré mi espíritu

LECTURA DEL PROFETA EZEQUIEL   36, 23-28

Así dice el Señor: «Mostraré la santidad de mi nombre grande, profanado entre los gentiles, que vosotros habéis profanado en medio de ellos; y conocerán los gentiles que yo soy el Señor —oráculo del Señor—, cuando les haga ver mi santidad al castigaros. Os recogeré de entre las naciones, os reuniré de todos los países y os llevaré a vuestra tierra. Derramaré sobre vosotros un agua pura que os purificará: de todas vuestras inmundicias e idolatrías os he de purificar; y os daré un corazón nuevo y os infundiré un espíritu nuevo; arrancaré de vuestra carne el corazón de piedra y os daré un corazón de carne. Os infundiré mi espíritu y haré que caminéis según mis preceptos, y que guardéis y cumpláis mis mandatos. Y habitaréis en la tierra que di a vuestros padres. Vosotros seréis mi pueblo y yo seré vuestro Dios.

Palabra de Dios.

SALMO RESPONSORIAL 50

℟ **Derramaré sobre vosotros un agua pura y os purificaré de todas vuestras inmundicias.**

Oh Dios, crea en mí un corazón puro, | renuévame por dentro con espíritu firme; | no me arrojes lejos de tu rostro, | no me quites tu santo espíritu. ℟.

Devuélveme la alegría de tu salvación, | afiánzame con espíritu generoso. | Enseñaré a los malvados tus caminos, | los pecadores volverán a ti. ℟.

Los sacrificios no te satisfacen; | si te ofreciera un holocausto, no lo querrías. | Mi sacrificio es un espíritu quebrantado, | un corazón quebrantado y humillado tú no lo desprecias. ℟.

ALELUYA p. 1932ss.

EVANGELIO

A todos los que encontréis convidadlos a la boda

✠ LECTURA DEL S. EVANGELIO SEGUN SAN MATEO
                                                              22, 1-14

En aquel tiempo, volvió a hablar Jesús en parábolas a los sumos sacerdotes y a los senadores del pueblo, diciendo: «El Reino de los Cielos se parece a un rey que celebraba la boda de su hijo. Mandó criados para que avisaran a los convidados, pero no quisieron ir. Volvió a mandar criados encargándoles que les dijeran: tengo preparado el banquete, he matado terneros y reses cebadas y todo está a punto. Venid a la boda. Los convidados no hicieron caso; uno se marchó a sus tierras, otro a sus negocios, los

demás les echaron mano a los criados y los maltrataron hasta matarlos. El rey montó en cólera, envió sus tropas, que acabaron
con aquellos asesinos y prendieron fuego a la ciudad. Luego dijo
a sus criados: "La boda está preparada, pero los convidados no
se la merecían. Id ahora a los cruces de los caminos, y a todos
los que encontréis, convidadlos a la boda." Los criados salieron
a los caminos y reunieron a todos los que encontraron, malos y
buenos. La sala del banquete se llenó de comensales. Cuando el
rey entró a saludar a los comensales, reparó en uno que no llevaba traje de fiesta y le dijo: "Amigo, ¿cómo has entrado aquí sin
vestirte de fiesta?" El otro no abrió la boca. Entonces el rey dijo
a los camareros: "Atadlo de pies y manos y arrojadlo fuera, a las
tinieblas." Allí será el llanto y el rechinar de dientes. Porque muchos son los llamados y pocos los escogidos.»

Palabra del Señor.

VIERNES   Años impares

PRIMERA LECTURA

Noemí, con Rut la moabita, volvió a Belén

COMIENZO DEL LIBRO DE RUT   1, 1.3-6.14b-16.22

En tiempo de los Jueces, hubo hambre en el país, y un individuo emigró, con su mujer Noemí y sus dos hijos, desde Belén
de Judá a la campiña de Moab. Elimélec, el marido de Noemí,
murió, y quedaron con ella sus dos hijos, que se casaron con dos
mujeres moabitas: una se llamaba Orfá y la otra Rut. Pero al
cabo de diez años de residir allí, murieron también los dos hijos,
y la mujer se quedó sin marido y sin hijos. Al enterarse de que
el Señor se había ocupado de su pueblo, dándole pan, Noemí,
con sus dos nueras emprendió el camino de vuelta desde la campiña de Moab. De nuevo rompieron a llorar. Orfá se despidió de
su suegra y volvió a su pueblo, mientras que Rut se quedó con

Noemí. Noemí le dijo: «Mira, tu cuñada se ha vuelto a su pueblo y a su dios. Vuélvete tú con ella.» Pero Rut contestó: «No insistas en que te deje y me vuelva. Donde tú vayas, yo iré; donde tú vivas, yo viviré; tu pueblo es el mío, tu Dios es mi Dios.» Así fue como Noemí, con su nuera Rut la moabita, volvió de la campiña de Moab. Empezaba la siega de la cebada cuando llegaron a Belén.

Palabra de Dios.

SALMO RESPONSORIAL 145

R̃ **Alaba, alma mía, al Señor.**

Dichosos a quien auxilia el Dios de Jacob, | el que espera en el Señor, su Dios, | que hizo el cielo y la tierra, | el mar, y cuanto hay en él. R̃.

Que mantiene su fidelidad perpetuamente, | que hace justicia a los oprimidos, | que da pan a los hambrientos, | El Señor liberta a los cautivos. R̃.

El Señor abre los ojos al ciego, | el Señor endereza a los que ya se doblan, | el Señor ama a los justos, | el Señor guarda a los peregrinos. R̃.

Sustenta al huérfano y a la viuda | y trastorna el camino de los malvados. | El Señor reina eternamente, | tu Dios, Sión, de edad en edad. R̃.

ALELUYA p. 1932ss.

EVANGELIO p. 1672

VIERNES   Años pares

PRIMERA LECTURA

Huesos secos, escuchad la Palabra del Señor. Os haré salir de vuestros sepulcros, casa de Israel

LECTURA DEL PROFETA EZEQUIEL   37, 1-14

En aquellos días, la mano del Señor se posó sobre mí, y con su Espíritu el Señor me sacó y me colocó en medio de un valle todo lleno de huesos. Me hizo dar vueltas y vueltas en torno a ellos: eran innumerables sobre la superficie del valle y estaban completamente secos. Me preguntó: «Hombre mortal, ¿podrían vivir estos huesos?» Yo respondí: «Señor, tú lo sabes.» El me dijo: «Pronuncia un oráculo sobre estos huesos y diles: ¡Huesos secos, escuchad la Palabra del Señor! Así dice el Señor a estos huesos: Yo mismo traeré sobre vosotros espíritu y viviréis. Pondré sobre vosotros tendones, haré crecer sobre vosotros carne, extenderé sobre vosotros piel, os infundiré espíritu y viviréis. Y sabréis que yo soy el Señor.» Y profeticé como me había ordenado, y a la voz de mi oráculo, hubo un estrépito, y los huesos se juntaron hueso con hueso. Me fijé en ellos: tenían encima tendones, la carne había crecido y la piel los recubría; pero no tenían espíritu. Entonces me dijo: «Conjura al espíritu, conjura, hombre mortal, y di al espíritu: Así dice el Señor: De los cuatro vientos ven, espíritu, y sopla sobre estos muertos para que vivan.» Yo profeticé como me había ordenado; vino sobre ellos el espíritu y revivieron y se pusieron en pie. Era una multitud innumerable. Y me dijo: «Hombre mortal, estos huesos son la entera casa de Israel, que dice: Nuestros huesos están secos, nuestra esperanza ha perecido, estamos destrozados. Por eso, profetiza y diles: Así dice el Señor: Yo mismo abriré vuestros sepulcros, y os haré salir de vuestros sepulcros, pueblo mío, y os traeré a la tierra de Israel. Y cuando abra vuestros sepulcros y os saque de vuestros sepulcros, pueblo mío, sabréis que soy el Señor. Os infundiré mi espíritu y viviréis; os colocaré en vuestra tierra y sabréis que yo, el Señor, lo digo y lo hago.» —Oráculo del Señor.

Palabra de Dios.

SALMO RESPONSORIAL 106

℟ **Dad gracias al Señor, porque es eterna su misericordia.**

Que lo confiesen los redimidos por el Señor, | los que él rescató de la mano del enemigo, | los que reunió de todos los países: | Norte, Sur, Oriente y Occidente. ℟.

Erraban por un desierto solitario, | no encontraban el camino de ciudad habitada; | pasaban hambre y sed, | se les iba agotando la vida. ℞.

Pero gritaron al Señor en su angustia, | y los arrancó de la tribulación. | Los guió por un camino derecho, | para que llegaran a la ciudad habitada. ℞.

Den gracias al Señor por su misericordia, | por las maravillas que hace con los hombres. | Calmó el ansia de los sedientos, | y a los hambrientos los colmó de bienes. ℞.

ALELUYA p. 1932ss.

EVANGELIO

Amarás al Señor tu Dios y a tu prójimo como a ti mismo

✠ LECTURA DEL S. EVANGELIO SEGUN
SAN MATEO   22, 34-40

En aquel tiempo, los fariseos, al oír que había hecho callar a los saduceos, se acercaron a Jesús y uno de ellos le preguntó para ponerlo a prueba: «Maestro, ¿cuál es el mandamiento principal de la Ley?» El le dijo: «Amarás al Señor tu Dios con todo tu corazón, con toda tu alma, con todo tu ser. Este mandamiento es el principal y primero. El segundo es semejante a él: Amarás a tu prójimo como a ti mismo. Estos dos mandamientos sostienen la Ley entera y los profetas.»

Palabra del Señor.

SABADO   Años impares

PRIMERA LECTURA

El Señor te ha dado hoy quien responda por ti. Fue el padre de Jesé, padre de David

LECTURA DEL LIBRO DE RUT   2, 1-3.8-11; 4, 13-17

Noemí tenía, por parte de su marido, un pariente de muy buena posición, llamado Boaz, de la familia de Elimelec. Rut, la moabita, dijo a Noemí: «Déjame ir al campo, a espigar donde me admitan por caridad.» Noemí le contestó: «Anda, hija mía.» Ella marchó y fue a espigar en las tierras, siguiendo a los segadores. Entonces Boaz dijo a Rut: «Escucha, hija. No vayas a espigar a otra parte, no te vayas de aquí ni te alejes de mis criadas. Fíjate en qué tierra siegan los hombres y sigue a las espigadoras. Yo he mandado a mis criados que no te molesten. Cuando tengas sed, vete adonde están los botijos y bebe de lo que saquen los criados.» Rut se echó por tierra ante él y le dijo: «Yo soy una forastera; ¿por qué te he caído en gracia y te has interesado por mí?» «Me han contado todo lo que hiciste por tu suegra después que murió tu marido: que dejaste a tus padres y tu pueblo natal y has venido a vivir con un pueblo que no conocías.» Así fue cómo Boaz se casó con Rut. Se unió a ella; el Señor hizo que Rut quedara encinta, y dio a luz un hijo. Las mujeres dijeron a Noemí: «Bendito sea el Señor, que te ha dado hoy quien responda por ti. El nombre del difunto se pronunciará en Israel. Y el niño te será un descanso y una ayuda en tu vejez; pues te lo ha dado a luz tu nuera, la que tanto te quiere, que te vale más que siete hijos.» Noemí tomó al niño, lo puso en su regazo y se encargó de criarlo. Las vecinas le buscaban un nombre, diciendo: «¡Noemí ha tenido un niño!», y le pusieron por nombre Obed. Fue el padre de Jesé, padre de David.

Palabra de Dios.

SALMO RESPONSORIAL 127

R. **Esta es la bendición del hombre que teme al Señor.**

¡Dichoso el que teme al Señor, | y sigue sus caminos! | Comerás del fruto de tu trabajo, | serás dichoso, te irá bien. R.

Tu mujer, como parra fecunda, | en medio de tu casa; | tus hijos, como renuevos de olivo, | alrededor de tu mesa. R.

Esta es la bendición del hombre | que teme al Señor. R.

Que el Señor te bendiga desde Sión, | que veas la prosperidad de Jerusalén, | todos los días de tu vida. R.

ALELUYA p. 1932ss.

EVANGELIO p. 1675

SABADO   Años pares

PRIMERA LECTURA

La Gloria del Señor entró en el templo

LECTURA DEL PROFETA EZEQUIEL   43, 1-7a

En aquellos días el ángel me condujo a la puerta oriental: Vi la Gloria del Dios de Israel que venía de Oriente, con estruendo de aguas caudalosas: la tierra reflejó su Gloria. La visión que tuve era como la visión que había contemplado cuando vino a destruir la ciudad, como la visión que había contemplado a orillas del río Quebar. Y caí rostro en tierra. La Gloria del Señor entró en el templo por la puerta oriental. Entonces me arrebató el espíritu y me llevó al atrio interior. La Gloria del Señor llenaba el templo. Entonces oí a uno que me hablaba desde el templo —el hombre seguía a mi lado—, y me decía: «Hijo de Adán, éste es el sitio de mi trono, el sitio de las plantas de mis pies, donde voy a residir para siempre en medio de los hijos de Israel.»

Palabra de Dios.

SALMO RESPONSORIAL 84

℟ **La gloria del Señor habitará en nuestra tierra.**

Voy a escuchar lo que dice el Señor: | Dios anuncia la paz a su pueblo y a sus amigos. | La salvación está ya cerca de sus fieles | y la gloria habitará en nuestra tierra. ℟.

La misericordia y la fidelidad se encuentran, | la justicia y la paz se besan; | la fidelidad brota de la tierra | y la justicia mira desde el cielo. ℟.

El Señor dará la lluvia | y nuestra tierra dará su fruto. | La justicia marchará ante él, | la salvación seguirá sus pasos. R̥.

ALELUYA p. 1932ss.

EVANGELIO

No hacen lo que dicen

✝ LECTURA DEL S. EVANGELIO SEGUN SAN MATEO   23, 1-12

En aquel tiempo, Jesús habló a la gente y a sus discípulos diciendo: «En la cátedra de Moisés se han sentado los letrados y los fariseos: haced y cumplid lo que os digan; pero no hagáis lo que ellos hacen, porque ellos no hacen lo que dicen. Ellos lían fardos pesados e insoportables y se los cargan a la gente en los hombros, pero ellos no están dispuestos a mover un dedo para empujar. Todo lo que hacen es para que los vea la gente: alargan las filacterias y ensanchan las franjas del manto; les gustan los primeros puestos en los banquetes y los asientos de honor en las sinagogas; que les hagan reverencias por la calle y que la gente los llame «maestro». Vosotros, en cambio, no os dejéis llamar maestro, porque uno solo es vuestro maestro, y todos vosotros sois hermanos. Y no llaméis padre vuestro a nadie en la tierra, porque uno solo es vuestro Padre, el del cielo. No os dejéis llamar jefes, porque uno solo es vuestro Señor, Cristo. El primero entre vosotros será vuestro servidor. El que se enaltece será humillado, y el que se humilla será enaltecido.»

Palabra del Señor.

VIGESIMA PRIMERA SEMANA
LUNES   Años impares

PRIMERA LECTURA

*Abandonando los ídolos, os volvisteis a Dios, para vivir
aguardando la vuelta de su Hijo, a quien ha resucitado*

COMIENZO DE LA PRIMERA CARTA DEL
APOSTOL S. PABLO A LOS TESALONICENSES   1, 1-5.8b-10

Pablo, Silvano y Timoteo a la Iglesia de los Tesalonicenses,
en Dios Padre y en el Señor Jesucristo. A vosotros, gracia y paz.
Siempre damos gracias a Dios por todos vosotros y os tenemos
presentes en nuestras oraciones. Ante Dios, nuestro Padre, recordamos sin cesar la actividad de vuestra fe, el esfuerzo de vuestro
amor y el aguante de vuestra esperanza en Jesucristo nuestro Señor. Bien sabemos, hermanos amados de Dios, que él os ha elegido y que cuando se proclamó el Evangelio entre vosotros no
hubo sólo palabras, sino además fuerza del Espíritu Santo y convicción profunda. Sabéis cuál fue nuestra actuación entre vosotros para vuestro bien. Vuestra fe en Dios había corrido de
boca en boca, de modo que nosotros no teníamos necesidad de
explicar nada, ya que ellos mismos cuentan los detalles de la visita que os hicimos: cómo, abandonando los ídolos, os volvisteis
a Dios, para servir al Dios vivo y verdadero, y vivir aguardando
la vuelta de su Hijo Jesús desde el cielo, a quien ha resucitado
de entre los muertos y que os libra del castigo futuro.

Palabra de Dios.

SALMO RESPONSORIAL 149

℟ **El Señor ama a su pueblo.**

Cantad al Señor un cántico nuevo, | resuene su alabanza en la
asamblea de los fieles; | que se alegre Israel por su Creador, | los
hijos de Sión por su Rey. ℟

Alabad su nombre con danzas, | cantadle con tambores y cítaras; | porque el Señor ama a su pueblo, | y adorna con la victoria a los humildes. ℟.

Que los fieles festejen su gloria | y canten jubilosos en filas, | con vítores a Dios en la boca; | es un honor para todos sus fieles. ℟.

ALELUYA p. 1932ss.

EVANGELIO p. 1678

LUNES   Años pares

PRIMERA LECTURA

El Señor sea vuestra gloria y vosotros seáis la gloria de él

COMIENZO DE LA SEGUNDA CARTA DEL APOSTOL S. PABLO A LOS TESALONICENSES   1, 1-5.11b-12

Pablo, Silvano y Timoteo a los tesalonicenses que forman la iglesia de Dios nuestro Padre y del Señor Jesucristo. Os deseamos la gracia y la paz de Dios Padre y del Señor Jesucristo. Es deber nuestro dar continuas gracias a Dios por vosotros, hermanos; y es justo, pues vuestra fe crece vigorosamente, y vuestro amor, de cada uno por todos y de todos por cada uno, sigue aumentando. Esto hace que nos mostremos orgullosos de vosotros ante las iglesias de Dios, viendo que vuestra fe permanece constante en medio de todas las persecuciones y luchas que sostenéis. Así se pone a la vista la justa sentencia de Dios, que pretende concederos su reino, por el cual bien que padecéis. Nuestro Dios os considere dignos de vuestra vocación; para que con su fuerza os permita cumplir buenos deseos y la tarea de la fe; para que así Jesús nuestro Dios sea vuestra gloria y vosotros seáis la gloria de él, según la gracia de Dios y del Señor Jesucristo.

Palabra de Dios.

SALMO RESPONSORIAL 95

℟ **Contad a los pueblos las maravillas del Señor.**

Cantad al Señor un cántico nuevo, | cantad al Señor, toda la tierra; | cantad al Señor, bendecid su nombre. ℟.

Proclamad día tras día su victoria. | Contad a los pueblos su gloria, | sus maravillas a todas las naciones. ℟.

Porque es grande el Señor y muy digno de alabanza, | más temible que todos los dioses. | Pues los dioses de los gentiles son apariencia, | mientras que el Señor ha hecho el cielo. ℟.

ALELUYA p. 1932ss.

EVANGELIO

¡Ay de vosotros, guías ciegos!

✝ LECTURA DEL S. EVANGELIO SEGUN SAN MATEO
23, 13-22

En aquel tiempo, habló Jesús diciendo: «¡Ay de vosotros, letrados y fariseos hipócritas, que cerráis a los hombres el Reino de los Cielos! Ni entráis vosotros, ni dejáis entrar a los que quieren. ¡Ay de vosotros, letrados y fariseos hipócritas, que devoráis los bienes de las viudas con pretexto de largas oraciones! Vuestra sentencia será por eso más severa. ¡Ay de vosotros, letrados y fariseos hipócritas, que viajáis por tierra y mar para ganar un prosélito, y cuando lo conseguís, lo hacéis digno del fuego el doble que vosotros! ¡Ay de vosotros, guías ciegos, que decís: Jurar por el templo no obliga, jurar por el oro del templo sí obliga! ¡Necios y ciegos! ¿Qué es más, el oro o el templo que consagra el oro? O también: Jurar por el altar no obliga, jurar por la ofrenda que está en el altar sí obliga. ¡Ciegos! ¿Qué es más, la ofrenda o el altar que consagra la ofrenda? Quien jura por el altar, jura también por todo lo que está sobre él; quien jura por el templo, jura también por el que habita en él; y quien jura por el cielo, jura por el trono de Dios y también por el que está sentado en él.»

Palabra del Señor.

MARTES   Años impares

PRIMERA LECTURA

Deseábamos entregaros no sólo el Evangelio de Dios, sino hasta nuestras propias personas

LECTURA DE LA PRIMERA CARTA DEL APOSTOL SAN PABLO A LOS TESALONICENSES   2, 1-8

Sabéis muy bien, hermanos, que nuestra visita no fue inútil ni mucho menos; a pesar de los sufrimientos e injurias padecidos en Filipos, que ya conocéis, tuvimos valor —apoyados en nuestro Dios— para predicaros el Evangelio de Dios en medio de fuerte oposición. Nuestra exhortación no procedía de error o de motivos turbios, ni usaba engaños, sino que Dios nos ha probado y nos ha confiado el Evangelio, y así lo predicamos no para contentar a los hombres, sino a Dios, que prueba nuestras intenciones. Como bien sabéis, nunca hemos tenido palabras de adulación ni codicia disimulada. Dios es testigo. No pretendimos honor de los hombres, ni de vosotros, ni de los demás, aunque, como apóstoles de Cristo, podíamos haberos hablado autoritariamente; por el contrario, os tratamos con delicadeza, como una madre cuida de sus hijos. Os teníamos tanto cariño que deseábamos entregaros no sólo el Evangelio de Dios, sino hasta nuestras propias personas, porque os habíais ganado nuestro amor.

Palabra de Dios.

SALMO RESPONSORIAL 138

℟ **Señor, tú me sondeas y me conoces.**

Señor, tú me sondeas y me conoces: | me conoces cuando me siento y me levanto, | de lejos penetras mis pensamientos, | distingues mi camino y mi descanso, | todas mis sendas te son familiares. ℟.

No ha llegado la palabra a mi lengua. | Me estrechas detrás y delante, | me cubres con tu palma. | Tanto saber me sobrepasa; | es sublime, y no lo abarco. ℟.

ALELUYA p. 1932ss.

EVANGELIO p.1681

MARTES   **Años pares**

PRIMERA LECTURA

Conservad las tradiciones que habéis aprendido

LECTURA DE LA SEGUNDA CARTA DEL APOSTOL S. PABLO A LOS TESALONICENSES 2, 1-3a.13-16

Hermanos: Os rogamos a propósito de la última venida de nuestro Señor Jesucristo y de nuestro encuentro con él, que no perdáis fácilmente la cabeza ni os alarméis por supuestas revelaciones, dichos o cartas nuestras: como si afirmásemos que el día del Señor está encima. Que nadie en modo alguno os desoriente. Dios os llamó por medio del Evangelio que predicamos, para que sea vuestra la gloria de nuestro Señor Jesucristo. Así, pues, hermanos, manteneos firmes y conservad las tradiciones que habéis aprendido de nosotros, de viva voz o por carta. Que Jesucristo nuestro Señor y Dios nuestro Padre —que nos ha amado tanto y nos ha regalado un consuelo permanente y una gran esperanza— os consuele internamente y os dé fuerza para toda clase de palabras y de obras buenas.

Palabra de Dios.

SALMO RESPONSORIAL 95

℟ **El Señor llega a regir la tierra.**

Decid a los pueblos: «El Señor es rey, | él afianzó el orbe, y no se moverá; | él gobierna a los pueblos rectamente. ℟

Alégrese el cielo, goce la tierra, | retumbe el mar y cuanto lo llena; | vitoreen los campos y cuanto hay en ellos. ℟

Aclamen los árboles del bosque, | delante del Señor, que ya llega, | ya llega a regir la tierra; | regirá el orbe con justicia | y los pueblos con fidelidad. ℟

ALELUYA p. 1932ss.

EVANGELIO

Esto es lo que habría que practicar, aunque sin descuidar aquello

✠ LECTURA DEL S. EVANGELIO SEGUN
SAN MATEO   23, 23-26

En aquel tiempo, habló Jesús diciendo: «¡Ay de vosotros, letrados y fariseos hipócritas, que pagáis el décimo de la menta, del anís y del comino, y descuidáis lo más grave de la ley: el derecho, la compasión y la sinceridad! Esto es lo que habría que practicar, aunque sin descuidar aquello. ¡Guías ciegos, que filtráis el mosquito y os tragáis el camello! ¡Ay de vosotros, letrados y fariseos hipócritas, que limpiáis por fuera la copa y el plato, mientras por dentro estáis rebosando de robo y desenfreno! ¡Fariseo ciego!, limpia primero la copa por dentro y así quedará limpia también por fuera.»

Palabra del Señor.

MIERCOLES   **Años impares**

PRIMERA LECTURA

Trabajando día y noche proclamamos el Evangelio de Dios

LECTURA DE LA PRIMERA CARTA DEL
APOSTOL SAN PABLO A LOS TESALONICENSES   2, 9-13

Recordad, hermanos, nuestros esfuerzos y fatigas; trabajando día y noche para no serle gravoso a nadie, proclamamos entre vosotros el Evangelio de Dios. Vosotros sois testigos, y Dios también, de lo leal, recto e irreprochable que fue nuestro proceder con vosotros los creyentes; sabéis perfectamente que tratamos con cada uno de vosotros personalmente, como un padre con sus hijos, animando con tono suave o enérgico a vivir como se merece Dios, que os ha llamado a su reino y gloria. También, por nuestra parte, no cesamos de dar gracias a Dios, porque al recibir la palabra de Dios, que os predicamos, la acogisteis no como palabra de hombre, sino, cual es en verdad, como palabra de Dios, que permanece operante en vosotros los creyentes.

Palabra de Dios.

SALMO RESPONSORIAL 138

℟. **Señor, tú me sondeas y me conoces.**

¿A dónde iré lejos de tu aliento, | a dónde escaparé de tu mirada? | Si escalo el cielo, allí estás tú; | si me acuesto en el abismo, allí te encuentro. ℟.

Si vuelvo hasta el margen de la aurora, | si emigro hasta el confín del mar, | allí me alcanzará tu izquierda, | me agarrará tu derecha. ℟.

Si digo: «Que al menos la tiniebla me encubra, | que la luz se haga en torno a mí», | ni la tiniebla es oscura para ti, | la noche es clara como el día. ℟.

ALELUYA p. 1932ss.

EVANGELIO p. 1684

MIERCOLES   Años pares

PRIMERA LECTURA

El que no trabaja, que no coma

LECTURA DE LA SEGUNDA CARTA DEL
APOSTOL S. PABLO A LOS TESALONICENSES   3, 6-10.16-18

Hermanos: En nombre del Señor Jesucristo os exhortamos: no tratéis con los hermanos que llevan una vida desordenada y se apartan de las tradiciones que recibieron de mí. Ya sabéis cómo tenéis que imitar mi ejemplo: No viví entre vosotros sin trabajar, nadie me dio de balde el pan que comí, sino que trabajé y me cansé día y noche, a fin de no ser carga para nadie. No es que no tuviera derecho para hacerlo, pero quise daros un ejemplo que imitar. Cuando viví con vosotros os lo dije: El que no trabaja, que no coma. Que el Señor de la paz os dé la paz siempre y en todo lugar. El Señor esté con todos vosotros. La despedida va de mi mano, Pablo; ésta es la contraseña en toda carta; ésta es mi letra. La gracia de nuestro Señor Jesucristo esté con todos vosotros. Amén.

Palabra de Dios.

SALMO RESPONSORIAL 127

℟. **Dichosos los que temen al Señor.**

Dichoso el que teme al Señor | y sigue sus caminos. | Comerás el fruto de tu trabajo, | serás dichoso, te irá bien. ℟.

Esta es la bendición del hombre | que teme al Señor. | Que el Señor te bendiga desde Sión, | que veas la prosperidad de Jerusalén | todos los días de tu vida. ℟.

ALELUYA p. 1932ss.

EVANGELIO

Sois hijos de los que asesinaron a los profetas

✠ LECTURA DEL S. EVANGELIO SEGUN
SAN MATEO
                                                          23, 27-32

En aquel tiempo, habló Jesús diciendo: «¡Ay de vosotros, letrados y fariseos hipócritas, que os parecéis a los sepulcros encalados! Por fuera tienen buena apariencia, pero por dentro están
llenos de huesos y podredumbre; lo mismo vosotros: por fuera
parecéis justos, pero por dentro estáis repletos de hipocresía y
crímenes. ¡Ay de vosotros, letrados y fariseos hipócritas, que edificáis sepulcros a los profetas y ornamentáis los mausoleos de los
justos, diciendo: "Si hubiéramos vivido en tiempo de nuestros
padres, no habríamos sido cómplices suyos en el asesinato de los
profetas!" Con esto atestiguáis en contra vuestra, que sois hijos
de los que asesinaron a los profetas. ¡Colmad también vosotros
la medida de vuestros padres!»

Palabra del Señor.

JUEVES   Años impares

PRIMERA LECTURA

Que el Señor os haga rebosar de amor mutuo y de amor a todos

LECTURA DE LA PRIMERA CARTA DEL
APOSTOL SAN PABLO A LOS TESALONICENSES   3, 7-13

Hermanos: En medio de todos nuestros aprietos y luchas,
vosotros con vuestra fe nos animáis; ahora respiramos, sabiendo
que os mantenéis fieles al Señor. ¿Cómo podremos agradecérselo
bastante a Dios? ¡Tanta alegría como gozamos delante de Dios
cuando pedimos día y noche veros cara a cara y remediar las de

ficiencias de vuestra fe! Que Dios nuestro Padre y nuestro Señor Jesús nos allanen el camino para ir a veros. Que el Señor os colme y os haga rebosar de amor mutuo y de amor a todos, lo mismo que nosotros os amamos. Y que así os fortalezca internamente; para que cuando Jesús nuestro Señor vuelva acompañado de sus santos, os presentéis santos e irreprensibles ante Dios nuestro Padre.

Palabra de Dios.

SALMO RESPONSORIAL 89

℟ **Sácianos de tu misericordia, Señor, y estaremos alegres.**

Tú reduces al hombre a polvo, | diciendo: «Retornad, hijos de Adán.» | Mil años en tu presencia | son un ayer que pasó, | una vela nocturna. ℟.

Enséñanos a calcular nuestros años, | para que adquiramos un corazón sensato. | Vuélvete, Señor, ¿hasta cuándo? | Ten compasión de tus siervos. ℟.

Por la mañana sácianos de tu misericordia, | y toda nuestra vida será alegría y júbilo. | Baje a nosotros la bondad del Señor | y haga prósperas las obras de nuestras manos. ℟.

ALELUYA p. 1932ss.

EVANGELIO p. 1686

JUEVES   Años pares

PRIMERA LECTURA

Por él habéis sido enriquecidos en todo

COMIENZO DE LA PRIMERA CARTA DEL APOSTOL SAN PABLO A LOS CORINTIOS   1, 1-9

Yo Pablo, llamado a ser Apóstol de Jesucristo por voluntad de Dios, y Sóstenes nuestro hermano escribimos a la iglesia de Dios en Corinto, a los consagrados por Jesucristo, al pueblo san-

to que él llamó y a todos los demás que en cualquier lugar invocan el nombre de Jesucristo, Señor nuestro y de ellos. La gracia
y la paz de parte de Dios, nuestro Padre, y del Señor Jesucristo
sean con vosotros. En mi Acción de Gracias a Dios os tengo
siempre presentes, por la gracia que Dios os ha dado en Cristo
Jesús. Pues por él habéis sido enriquecidos en todo: en el hablar
y en el saber; porque en vosotros se ha probado el testimonio de
Cristo. De hecho, no carecéis de ningún don, vosotros que
aguardáis la manifestación de nuestro Señor Jesucristo. El os
mantendrá firmes hasta el final, para que no tengan de qué acusaros en el tribunal de Jesucristo Señor nuestro. Dios os llamó
a participar en la vida de su Hijo, Jesucristo Señor nuestro. ¡Y
él es fiel!

Palabra de Dios.

SALMO RESPONSORIAL 144

R Bendeciré tu nombre por siempre jamás, Dios mío,
mi Rey.

Días tras día te bendeciré | y alabaré tu nombre por siempre
jamás. | Grande es el Señor y merece toda alabanza, | es incalcu-
lable su grandeza. R.

Una generación pondera tus obras a otra | y le cuenta tus ha-
zañas; | alaban ellos la gloria de tu majestad, | y yo repito tus
maravillas. R.

Encarecen ellos tus temibles proezas, | y yo narro tus gran-
des acciones; | difunden la memoria de tu inmensa bondad | y
aclaman tus victorias. R.

ALELUYA p. 1932ss.

EVANGELIO

Estad preparados

✠ LECTURA DEL S. EVANGELIO SEGUN
SAN MATEO
24, 42-51

En aquel tiempo, dijo Jesús a sus discípulos: «Estad en vela,
porque no sabéis qué día vendrá vuestro Señor. Comprended

que si supiera el dueño de casa a qué hora de la noche viene el
ladrón, estaría en vela y no dejaría abrir un boquete en su casa.
Por eso estad también vosotros preparados, porque a la hora que
menos penséis viene el Hijo del Hombre. ¿Dónde hay un criado
fiel y cuidadoso, a quien el amo encarga de dar a la servidumbre
la comida a sus horas? Pues dichoso ese criado, si el amo, al llegar, lo encuentra portándose así. Os aseguro que le confiará la
administración de todos sus bienes. Pero si el criado es un canalla y, pensando que su amo tardará, empieza a pegar a sus compañeros, y a comer y a beber con los borrachos, el día y la hora
que menos se lo espera, llegará el amo y lo hará pedazos, como
se merecen los hipócritas. Allí será el llanto y el rechinar de dientes.»

   Palabra del Señor.

VIERNES   Años impares

PRIMERA LECTURA

Esto quiere Dios de vosotros: una vida sagrada

LECTURA DE LA PRIMERA CARTA DEL
APOSTOL SAN PABLO A LOS TESALONICENSES   4, 1-8

   Hermanos: Por Cristo Jesús os rogamos y exhortamos: Habéis aprendido de nosotros cómo proceder para agradar a Dios;
pues proceded así y seguid adelante. Ya conocéis las instrucciones que os dimos, en nombre del Señor Jesús. Esto quiere Dios
de vosotros: una vida sagrada, que os apartéis del desenfreno,
que sepa cada cual procurarse mujer santa y respetuosamente, no
por pura pasión, como hacen los gentiles que no conocen a
Dios. Y que en este asunto nadie pase por encima de su hermano
ni se aproveche con engaño, porque el Señor venga todo esto,
como ya os dijimos y aseguramos. Dios no nos ha llamado a una

vida impura, sino sagrada. El que desprecia este mandato no desprecia a un hombre, sino a Dios, que os ha dado su Espíritu Santo.

Palabra de Dios.

SALMO RESPONSORIAL 96

R. **Alegraos, justos, con el Señor.**

El Señor reina, la tierra goza, | se alegran las islas innumerables. | Justicia y derecho sostienen su trono. R.

Los montes se derriten como cera | ante el dueño de toda la tierra. | Los cielos pregonan su justicia | y todos los pueblos contemplan su gloria. R.

El Señor ama al que aborrece el mal, | protege la vida de sus fieles | y los libra de los malvados. R.

Amanece la luz para el justo, | y la alegría para los rectos de corazón. | Alegraos, justos, con el Señor, | celebrad su santo nombre. R.

ALELUYA p. 1932ss.

EVANGELIO p. 1689

VIERNES   Años pares

PRIMERA LECTURA

Predicamos a Cristo crucificado: escándalo para los hombres, pero para los llamados a Cristo, sabiduría

LECTURA DE LA PRIMERA CARTA DEL APOSTOL SAN PABLO A LOS CORINTIOS

1, 17-25

Hermanos: No me envió Cristo a bautizar, sino a anunciar el Evangelio, y no con sabiduría de palabras, para no hacer ineficaz la cruz de Cristo. El mensaje de la cruz es necedad para los que están en vías de perdición; pero para los que están en vías de salvación —para nosotros— es fuerza de Dios. Dice la Escritura: "Destruiré la sabiduría de los sabios, frustraré la sagacidad de los sagaces." ¿Dónde está el sabio? ¿Dónde está el letrado? ¿Dónde está el sofista de nuestros tiempos? ¿No ha convertido Dios en necedad la sabiduría del mundo? Y como en la sabiduría de Dios, el mundo no lo conoció por el camino de la sabiduría, quiso Dios valerse de la necedad de la predicación, para salvar a los creyentes. Porque los judíos exigen signos, los griegos buscan sabiduría; pero nosotros predicamos a Cristo crucificado: escándalo para los judíos, necedad para los griegos; pero para los llamados a Cristo —judíos o griegos—: fuerza de Dios y sabiduría de Dios. Pues lo necio de Dios es más sabio que los hombres; y lo débil de Dios es más fuerte que los hombres.

Palabra de Dios.

SALMO RESPONSORIAL 32

R. **La misericordia del Señor llena la tierra.**

Aclamad, justos, al Señor, | que merece la alabanza de los buenos; | dad gracias al Señor con la cítara, | tocad en su honor el arpa de diez cuerdas. R.

La palabra del Señor es sincera | y todas sus acciones son leales; | él ama la justicia y el derecho | y su misericordia llena la tierra. R.

El Señor deshace los planes de las naciones, | frustra los proyectos de los pueblos; | pero el plan del Señor subsiste por siempre, | los proyectos de su corazón, de edad en edad. R.

ALELUYA p. 1932ss.

EVANGELIO

Que llega el esposo, salid a recibirlo

✠ LECTURA DEL S. EVANGELIO SEGUN
SAN MATEO   25, 1-13

En aquel tiempo, dijo Jesús a sus discípulos esta parábola: «El reino de los Cielos se parecerá a diez doncellas que tomaron

sus lámparas y salieron a esperar al esposo. Cinco de ellas eran
necias y cinco eran sensatas. Las necias, al tomar las lámparas, se
dejaron el aceite; en cambio, las sensatas se llevaron alcuzas de
aceite con las lámparas. El esposo tardaba, les entró sueño a todas y se durmieron. A medianoche se oyó una voz: "¡Que llega
el esposo, salid a recibirlo!" Entonces se despertaron todas aquellas doncellas y se pusieron a preparar sus lámparas. Y las necias
dijeron a las sensatas: "Dadnos un poco de vuestro aceite, que se
nos apagan las lámparas." Pero las sensatas contestaron: "Por si
acaso no hay bastante para vosotras y nosotras, mejor es que vayáis a la tienda y os lo compréis." Mientras iban a comprarlo llegó el esposo, y las que estaban preparadas entraron con él al
banquete de bodas y se cerró la puerta. Más tarde llegaron también las otras doncellas, diciendo: "Señor, señor, ábrenos." Pero
él respondió: "Os lo aseguro: no os conozco." Por tanto, velad,
porque no sabéis el día ni la hora.»

Palabra del Señor.

SABADO   Años impares

PRIMERA LECTURA

Dios mismo os ha enseñado a amaros los unos a los otros

LECTURA DE LA PRIMERA CARTA DEL
APOSTOL SAN PABLO A LOS TESALONICENSES   4, 9-11

Hermanos: Acerca del amor fraterno no hace falta que os escriba, porque Dios mismo os ha enseñado a amaros los unos a
los otros. Como ya lo hacéis con todos los hermanos de Macedonia. Hermanos, os exhortamos a seguir progresando: esforzaos
por mantener la calma, ocupándoos de vuestros propios asuntos
y trabajando con vuestras propias manos, como os lo tenemos
mandado.

Palabra de Dios.

SALMO RESPONSORIAL 97

R El Señor llega para regir los pueblos con rectitud.

Cantad al Señor un cántico nuevo, | porque ha hecho maravillas; | su diestra le ha dado la victoria, | su santo brazo. R.

Retumbe el mar y cuanto contiene, | la tierra y cuantos la habitan; | aplaudan los ríos, aclamen los montes. R.

Al Señor que llega para regir la tierra. | Regirá el orbe con justicia | y los pueblos con rectitud. R.

ALELUYA p. 1932ss.

EVANGELIO p. 1692

SABADO   Años pares

PRIMERA LECTURA

Dios ha escogido lo débil del mundo

LECTURA DE LA PRIMERA CARTA DEL APOSTOL SAN PABLO A LOS CORINTIOS   1, 26-31

Hermanos: Fijaos en vuestra asamblea: no hay en ella muchos sabios en lo humano, ni muchos poderosos, ni muchos aristócratas; todo lo contrario, lo necio del mundo lo ha escogido Dios para humillar a los sabios; lo débil del mundo lo ha escogido Dios para humillar a lo fuerte. Aún más, ha escogido la gente baja del mundo, lo despreciable, lo que no cuenta, para anular a lo que cuenta, de modo que nadie pueda gloriarse en presencia del Señor. Por él vosotros sois en Cristo Jesús, en este Cristo que Dios ha hecho para nosotros sabiduría, justicia, santificación y redención. Y así —como dice la Escritura— el que se gloría que se gloríe en el Señor.

Palabra de Dios.

SALMO RESPONSORIAL 32

℟ **Dichoso el pueblo que el Señor se escogió como heredad.**

Dichosa la nación cuyo Dios es el Señor, | el pueblo que él se escogió como heredad. | El Señor mira desde el cielo, | se fija en todos los hombres. ℟

Los ojos del Señor están puestos en sus fieles, | en los que esperan en su misericordia, | para librar sus vidas de la muerte | y reanimarlos en tiempo de hambre. ℟

Nosotros aguardamos al Señor: | él es nuestro auxilio y escudo; | con él se alegra nuestro corazón, | en su santo nombre confiamos. ℟

ALELUYA p. 1932ss.

EVANGELIO

Como has sido fiel en lo poco, pasa al banquete de tu señor

✠ LECTURA DEL S. EVANGELIO SEGUN
SAN MATEO   25, 14-30

En aquel tiempo, dijo Jesús a sus discípulos esta parábola: «Un hombre que se iba al extranjero llamó a sus empleados y los dejó encargados de sus bienes: a uno le dejó cinco talentos de plata, a otro dos, a otro uno, a cada cual según su capacidad; luego se marchó. El que recibió cinco talentos fue en seguida a negociar con ellos y ganó otros cinco. El que recibió dos hizo lo mismo y ganó otros dos. En cambio, el que recibió uno, hizo un hoyo en la tierra y escondió el dinero de su señor. Al cabo de mucho tiempo volvió el señor de aquellos empleados y se puso a ajustar las cuentas con ellos. Se acercó el que había recibido cinco talentos y le presentó otros cinco diciendo: "Señor, cinco talentos me dejaste; mira, he ganado otros cinco." Su señor le dijo: "Muy bien. Eres un empleado fiel y cumplidor; como has sido fiel en lo poco, te daré un cargo importante; pasa al banquete de tu Señor." Se acercó luego el que había recibido dos talentos y dijo: "Señor, dos talentos me dejaste; mira, he ganado otros dos." Su señor le dijo: "Muy bien. Eres un empleado fiel y cumplidor: como has sido fiel en lo poco, te daré un cargo importante; pasa al banquete de tu Señor." Finalmente se acercó el que había recibido un talento y dijo: "Señor, sabía que eres exigente, que siegas donde no siembras y recoges donde no esparces; tuve miedo y fui a esconder tu talento bajo tierra. Aquí tienes lo tuyo." El señor le respondió: "Eres un empleado negligente y holgazán, ¿con que sabías que siego donde no siembro y recojo donde no esparzo? Pues debías haber puesto mi dinero en el banco, para que, al volver yo, pudiera recoger lo mío con los intereses. Quitadle el talento y dádselo al que tiene diez. Porque al que tiene se le dará y le sobrará, pero al que no tiene, se le quitará hasta lo que tiene. Y a ese empleado inútil echadlo fuera, a las tinieblas: allí será el llanto y el rechinar de dientes."»

Palabra del Señor.

VIGESIMA SEGUNDA SEMANA
LUNES   Años impares

PRIMERA LECTURA

A los que han muerto en Jesús, Dios los llevará con él

LECTURA DE LA PRIMERA CARTA DEL
APOSTOL SAN PABLO A LOS TESALONICENSES 4, 13-18

Hermanos: No queremos que ignoréis la suerte de los difuntos para que no os aflijáis como los hombres sin esperanza. Pues si creemos que Jesús ha muerto y resucitado, del mismo modo a los que han muerto en Jesús, Dios los llevará con él. Esto es lo que os decimos como Palabra del Señor: Nosotros, los que vivimos y quedamos para su venida, no aventajaremos a los difuntos. Pues él mismo, el Señor, a la voz del arcángel y al son de la trompeta divina, descenderá del cielo, y los muertos en Cristo resucitarán en primer lugar. Después nosotros, los que aún vivimos seremos arrebatados con ellos en la nube, al encuentro del Señor, en el aire. Y así estaremos siempre con el Señor.

Palabra de Dios.

SALMO RESPONSORIAL 95

℟ El Señor llega a regir la tierra.

Cantad al Señor un cántico nuevo, | cantad al Señor toda la tierra. | Contad a los pueblos su gloria, | sus maravillas a todas las naciones. ℟.

Porque es grande el Señor, | y muy digno de alabanza, | más temible que todos los dioses. | Pues los dioses de los gentiles son apariencia, | mientras que el Señor ha hecho el cielo. ℟.

Alégrese el cielo, goce la tierra, | retumbe el mar y cuanto lo llena, | vitoreen los campos y cuanto hay en ellos. ℟.

Aclamen los árboles del bosque, | delante del Señor, que ya llega | ya llega a regir la tierra: | regirá el orbe con justicia | y los pueblos con fidelidad. ℟.

ALELUYA p. 1932ss.

EVANGELIO p. 1696

LUNES   Años pares

PRIMERA LECTURA

Os he anunciado el testimonio de Cristo crucificado

LECTURA DE LA PRIMERA CARTA DEL
APOSTOL SAN PABLO A LOS CORINTIOS   2, 1-5

Hermanos: Cuando vine a vosotros a anunciaros el testimonio de Dios, no lo hice con sublime elocuencia o sabiduría, pues nunca entre vosotros me precié de saber cosa alguna, sino a Jesucristo, y éste crucificado. Me presenté a vosotros débil y temeroso; mi palabra y mi predicación no fue con persuasiva sabiduría humana, sino en la manifestación y el poder del Espíritu, para que vuestra fe no se apoye en la sabiduría de los hombres, sino en el poder de Dios.

Palabra de Dios.

SALMO RESPONSORIAL 118

℟ **¡Cuánto amo tu voluntad, Señor!**

Cuánto amo tu voluntad: | todo el día la estoy meditando. ℟.

Tu mandato me hace más sabio que mis enemigos, | siempre me acompaña. ℟.

Soy más docto que todos mis maestros, | porque medito tus preceptos. ℟.

Soy más sagaz que los ancianos, | porque cumplo tus leyes. ℟.

Aparto mi pie de toda senda mala, | para guardar tu palabra. ℟.

No me aparto de tus mandamientos, | porque tú me has instruido. ℟.

ALELUYA p. 1932ss.

EVANGELIO

Me ha enviado para dar la Buena Noticia a los pobres...
Ningún profeta es bien mirado en su tierra

✠ LECTURA DEL S. EVANGELIO SEGUN
SAN LUCAS
                                                                      4, 16-30

En aquel tiempo, fue Jesús a Nazaret, donde se había criado, entró en la sinagoga, como era su costumbre los sábados, y se puso en pie para hacer la lectura. Le entregaron el Libro del Profeta Isaías y, desenrollándolo, encontró el pasaje donde estaba escrito: «El Espíritu del Señor está sobre mí, porque él me ha ungido. Me ha enviado para dar la Buena Noticia a los pobres, para anunciar a los cautivos la libertad, y a los ciegos, la vista. Para dar libertad a los oprimidos; para anunciar el año de gracia del Señor.» Y, enrollando el libro, lo devolvió al que le ayudaba y se sentó. Toda la sinagoga tenía los ojos fijos en él. Y él se puso a decirles: «Hoy se cumple esta Escritura que acabáis de oír.» Y todos le expresaban su aprobación y se admiraban de las palabras de gracia que salían de sus labios. Y decían: «¿No es éste el hijo de José?» Y Jesús les dijo: «Sin duda me recitaréis aquel refrán: "Médico, cúrate a ti mismo": haz también aquí en tu tierra lo que hemos oído que has hecho en Cafarnaum.» Y añadió: «Os aseguro que ningún profeta es bien mirado en su tierra. Os garantizo que en Israel había muchas viudas en tiempos de Elías, cuando estuvo cerrado el cielo tres años y seis meses y hubo una gran hambre en todo el país; sin embargo, a ninguna de ellas fue enviado Elías más que a una viuda de Sarepta, en el territorio de Sidón. Y muchos leprosos había en Israel en tiempos del Profeta Eliseo, sin embargo, ninguno de ellos fue curado más que Naamán, el sirio.» Al oír esto, todos en la sinagoga se pusieron furiosos y, levántandose, lo empujaron fuera del pueblo hasta un barranco del monte en donde se alzaba su pueblo, con intención de despeñarlo. Pero Jesús se abrió paso entre ellos y se alejaba.

Palabra del Señor.

MARTES   Años impares

PRIMERA LECTURA

Murió por nosotros para que vivamos con él

LECTURA DE LA PRIMERA CARTA DEL APOSTOL S. PABLO A LOS TESALONICENSES   5, 1-6.9-11

Hermanos: En lo referente al tiempo y a las circunstancias no necesitáis que os escriba. Sabéis perfectamente que el Día del Señor llegará como un ladrón en la noche. Cuando estén diciendo: «paz y seguridad», entonces, de improviso, les sobrevendrá la ruina, como los dolores de parto a la que está encinta, y no podrán escapar. Pero vosotros, hermanos, no vivís en tinieblas para que ese día no os sorprenda como un ladrón, porque todos sois hijos de la luz e hijos del día; no lo sois de la noche ni de las tinieblas. Así, pues, no durmamos como los demás, sino estemos vigilantes y vivamos sobriamente. Porque Dios no nos ha destinado al castigo, sino a obtener la salvación por medio de nuestro Señor Jesucristo; él murió por nosotros para que, despiertos o dormidos, vivamos con él. Por eso, animaos mutuamente y ayudaos unos a otros a crecer, como ya lo hacéis.

Palabra de Dios.

SALMO RESPONSORIAL 26

R. **Espero gozar de la dicha del Señor en el país de la vida.**

El Señor es mi luz y mi salvación, | ¿a quién temeré? | El Señor es la defensa de mi vida, | ¿quién me hará temblar? R.

Una cosa pido al Señor, | eso buscaré: | habitar en la casa del Señor | por los días de mi vida; | gozar de la dulzura del Señor | contemplando su templo. R.

Espero gozar de la dicha del Señor | en el país de la vida. | Espera en el Señor, sé valiente, | ten ánimo, espera en el Señor. R.

ALELUYA p. 1932ss.

EVANGELIO p. 1699

MARTES   Años pares

PRIMERA LECTURA

A nivel humano uno no capta lo que es propio del Espíritu de Dios; en cambio, el hombre de espíritu tiene un criterio para juzgarlo todo

LECTURA DE LA PRIMERA CARTA DEL APOSTOL SAN PABLO A LOS CORINTIOS
2, 10b-16

Hermanos: El Espíritu lo sondea todo, incluso lo profundo de Dios. ¿Quién conoce lo íntimo del hombre, sino el espíritu del hombre, que está dentro de él? Pues lo mismo, lo íntimo de Dios lo conoce sólo el Espíritu de Dios. Y nosotros hemos recibido un Espíritu que no es del mundo, es el Espíritu que viene de Dios, para que tomemos conciencia de los dones que de Dios recibimos. Cuando explicamos verdades espirituales a hombres de espíritu, no las exponemos en el lenguaje que enseña el saber humano, sino en el que enseña el Espíritu, expresando realidades espirituales en términos espirituales. A nivel humano uno no capta lo que es propio del Espíritu de Dios, le parece una locura; no es capaz de percibirlo, porque sólo se puede juzgar con el criterio del Espíritu. En cambio, el hombre de espíritu tiene un criterio para juzgarlo todo, mientras él no está sujeto al juicio de nadie. «¿Quién conoce la mente del Señor para poder instruirlo?» Pues bien, nosotros tenemos la mente de Cristo.

Palabra de Dios.

SALMO RESPONSORIAL 144

R︎ **El Señor es justo en todos sus caminos.**

El Señor es clemente y misericordioso, | lento a la cólera y rico en piedad; | el Señor es bueno con todos, | es cariñoso con todas sus criaturas. R︎

Que todas tus criaturas te den gracias, Señor, | que te bendigan tus fieles; | que proclamen la gloria de tu reinado, | que hablen de tus hazañas. R︎

Que expliquen tus hazañas a los hombres, | la gloria y majestad de tu reinado. | Tu reinado es un reinado perpetuo, | tu gobierno va de edad en edad. R︎

El Señor es fiel a sus palabras, | bondadoso en todas sus acciones. | El Señor sostiene a los que van a caer, | endereza a los que ya se doblan. R︎

EVANGELIO

Sé quién eres: el Santo de Dios

✠ LECTURA DEL S. EVANGELIO SEGUN
SAN LUCAS   4, 31-37

En aquel tiempo, Jesús bajó a Cafarnaum, ciudad de Galilea, y los sábados enseñaba a la gente. Se quedaban asombrados de su enseñanza, porque hablaba con autoridad. Había en la sinagoga un hombre que tenía un demonio inmundo, y se puso a gritar a voces: «¿Qué quieres de nosotros, Jesús Nazareno? ¿Has veni-

do a destruirnos? Sé quién eres: El Santo de Dios.» Jesús le inti-
mó: «¡Cierra la boca y sal!» El demonio tiró al hombre por tierra
en medio de la gente, pero salió sin hacerle daño. Todos comentaban estupefactos: «¿Qué tiene su palabra? Da órdenes con autoridad y poder a los espíritus inmundos, y salen.» Noticias de él
iban llegando a todos los lugares de la comarca.

Palabra del Señor.

MIERCOLES   Años impares

PRIMERA LECTURA

El mensaje de la verdad ha llegado a vosotros y al mundo entero

COMIENZO DE LA CARTA DEL APOSTOL
SAN PABLO A LOS COLOSENSES   1, 1-8

Pablo, apóstol de Cristo Jesús por designio de Dios, y el hermano Timoteo al pueblo santo que vive en Colosas, de hermanos fieles a Cristo. Os deseamos la gracia y la paz de Dios nuestro Padre. En nuestras oraciones damos siempre gracias por vosotros a Dios Padre de nuestro Señor Jesucristo, desde que nos
enteramos de vuestra fe en Cristo Jesús y del amor que tenéis a
todo el pueblo santo. Os anima a esto la esperanza de lo que
Dios os tiene reservado en los cielos, que ya conocisteis cuando
llegó hasta vosotros por primera vez la Buena Noticia, el mensaje de la verdad. Esta se sigue propagando y dando fruto en el
mundo entero, como ha ocurrido entre vosotros desde el día en
que lo escuchasteis y comprendisteis de verdad lo generoso que
es Dios. Fue Epafra quien os lo enseñó, nuestro querido compañero de servicio, auxiliar fiel que Cristo nos ha dado. El ahora
nos ha hecho ver el profundo amor que sentís por nosotros.

Palabra de Dios.

SALMO RESPONSORIAL 51

℟ **Confío en tu misericordia, Señor, por siempre jamás.**

Pero yo, como verde olivo, | en la casa de Dios, | confío en la misericordia de Dios, | por siempre jamás. ℟.

Te daré siempre gracias | porque has actuado; | proclamaré delante de tus fieles: | «Tu nombre es bueno.» ℟.

ALELUYA p. 1932ss.

EVANGELIO p. 1702

MIERCOLES   Años pares

PRIMERA LECTURA

Nosotros somos colaboradores de Dios, y vosotros campo de Dios, edificio de Dios

LECTURA DE LA PRIMERA CARTA DEL APOSTOL SAN PABLO A LOS CORINTIOS   3, 1-9

Hermanos: No pude hablaros como a hombres de espíritu, sino como a gente débil, como a cristianos todavía en la infancia. Por eso os alimenté con leche, no con comida, porque no estabais para más. Por supuesto, tampoco ahora, que seguís los bajos instintos. Mientras haya entre vosotros envidias y contiendas, es que os guían los bajos instintos y que procedéis como gente cualquiera. Cuando uno dice «yo estoy por Pablo» y otro, «yo por Apolo», ¿no sois como cualquiera? En fin de cuentas, ¿qué es Apolo y qué es Pablo? Agentes de Dios que os llevaron a la fe, cada uno como lo encargó el Señor. Yo planté, Apolo regó, pero fue Dios quien hizo crecer; por tanto, el que planta no significa nada, ni el que riega tampoco; cuenta el que hace crecer, o sea, Dios. El que planta y el que riega son una misma cosa; si bien cada uno recibirá el salario según lo que haya trabajado. Nosotros somos colaboradores de Dios y vosotros, campo de Dios. Sois también edificio de Dios.

Palabra de Dios.

SALMO RESPONSORIAL 32

R. **Dichoso el pueblo que el Señor se escogió como heredad.**

Dichosa la nación cuyo Dios es el Señor, | el pueblo que él escogió como heredad. | El Señor mira desde el cielo, | se fija en todos los hombres. R.

Desde su mirada observa | a todos los habitantes de la tierra: | él modeló cada corazón | y comprende todas sus acciones. R.

Nosotros aguardamos al Señor: | él es nuestro auxilio y escudo; | con él se alegra nuestro corazón, | en su santo nombre confiamos. R.

ALELUYA p. 1932ss.

EVANGELIO

También a los otros pueblos tengo que anunciarles el Reino de Dios, para eso me han enviado

✠ LECTURA DEL S. EVANGELIO SEGUN SAN LUCAS 4, 38-44

En aquel tiempo, al salir Jesús de la sinagoga, entró en casa de Simón. La suegra de Simón estaba con fiebre muy alta y le pidieron que hiciera algo por ella. El, de pie a su lado, increpó a la fiebre, y se le pasó; ella, levantándose en seguida, se puso a servirles. Al ponerse el sol, los que tenían enfermos con el mal que fuera, se los llevaban; y él, poniendo las manos sobre cada uno, los iba curando. De muchos de ellos salían también demonios, que gritaban: «Tú eres el Hijo de Dios.» Los increpaba y no les dejaba hablar, porque sabían que él era el Mesías. Al hacerse de día, salió a un lugar solitario. La gente lo andaba buscando; dieron con él e intentaban retenerlo para que no se les fuese. Pero él les dijo: «También a los otros pueblos tengo que anunciarles el reino de Dios, para eso me han enviado.» Y predicaba en las sinagogas de Judea.

Palabra del Señor.

JUEVES   Años impares

PRIMERA LECTURA

Nos ha sacado del dominio de las tinieblas, y nos ha trasladado al reino de su Hijo querido

LECTURA DE LA CARTA DEL APOSTOL
SAN PABLO A LOS COLOSENSES   1, 9-14

Hermanos: Desde que nos enteramos de vuestra conducta, no dejamos de rezar por vosotros y de pedir que consigáis un conocimiento perfecto de su voluntad, con toda sabiduría e inteligencia espiritual. De esta manera vuestra conducta será digna del Señor, agradándole en todo; fructificaréis en toda clase de obras buenas y aumentará vuestro conocimiento de Dios. El poder de su gloria os dará fuerza para soportar todo con paciencia y magnanimidad, con alegría dando gracias a Dios Padre, que os ha hecho capaces de compartir la herencia del pueblo santo en la luz. El nos ha sacado del dominio de las tinieblas, y nos ha trasladado al reino de su Hijo querido, por cuya sangre hemos recibido la redención, el perdón de los pecados.

Palabra de Dios.

SALMO RESPONSORIAL 97

R El Señor da a conocer su victoria.

El Señor da a conocer su victoria | revela a las naciones su justicia: | se acordó de su misericordia y de su fidelidad | en favor de la casa de Israel. R.

Los confines de la tierra han contemplado | la victoria de nuestro Dios. | Aclama al Señor, tierra entera, | gritad, vitoread, tocad. R.

Tocad la cítara para el Señor, | suenen los instrumentos: | con clarines y al son de trompetas | aclamad al Rey y Señor. R.

ALELUYA p. 1932ss.

EVANGELIO p. 1705

JUEVES   Años pares

PRIMERA LECTURA

Todo es vuestro, vosotros de Cristo y Cristo de Dios

LECTURA DE LA PRIMERA CARTA DEL APOSTOL SAN PABLO A LOS CORINTIOS

3, 18-23

Hermanos: Que nadie se engañe. Si alguno de vosotros se cree sabio en este mundo, que se haga necio para llegar a ser sabio. Porque la sabiduría de este mundo es necedad ante Dios, como está escrito: «El caza a los sabios en su astucia.» Y también: «El Señor penetra los pensamientos de los sabios y conoce que son vanos.» Así, pues, que nadie se gloríe en los hombres, pues todo es vuestro: Pablo, Apolo, Cefas, el mundo, la vida, la muerte, lo presente, lo futuro. Todo es vuestro, vosotros de Cristo y Cristo de Dios.

Palabra de Dios.

SALMO RESPONSORIAL 23

R **Del Señor es la tierra y cuanto la llena.**

Del Señor es la tierra y cuanto la llena, | el orbe y todos sus habitantes: | él la fundó sobre los mares, | él la afianzó sobre los ríos. R.

¿Quién puede subir al monte del Señor? | ¿Quién puede estar en el recinto sacro? | El hombre de manos inocentes | y puro corazón, | que no confía en los ídolos. R.

Ese recibirá la bendición del Señor, | le hará justicia el Dios de salvación. | Este es el grupo que busca al Señor, | que viene a tu presencia, Dios de Jacob. R.

ALELUYA p. 1932ss.

EVANGELIO

Dejándolo todo, lo siguieron

✠ LECTURA DEL S. EVANGELIO SEGUN
SAN LUCAS   5, 1-11

En aquel tiempo, la gente se agolpaba alrededor de Jesús para oír la Palabra de Dios, estando él a orillas del lago de Genesaret; y vio dos barcas que estaban junto a la orilla: los pescadores habían desembarcado y estaban lavando las redes. Subió a una de las barcas, la de Simón, y le pidió que la apartara un poco de tierra. Desde la barca, sentado, enseñaba a la gente. Cuando acabó de hablar, dijo a Simón: «Rema mar adentro y echad las redes para pescar.» Simón contestó: «Maestro, nos hemos pasado la noche bregando y no hemos cogido nada; pero, por tu palabra, echaré las redes.» Y, puestos a la obra, hicieron una redada de peces tan grande, que reventaba la red. Hicieron señas a los socios de la otra barca, para que vinieran a echarles una mano. Se acercaron ellos y llenaron las dos barcas, que casi se hundían. Al ver esto, Simón Pedro se arrojó a los pies de Jesús, diciendo: «Apártate de mí, Señor, que soy un pecador.» Y es que el asombro se había apoderado de él y de los que estaban con él, al ver la redada de peces que habían cogido; y lo mismo les pasaba a

Santiago y Juan, hijos de Zebedeo, que eran compañeros de Simón. Jesús dijo a Simón: «No temas: desde ahora serás pescador de hombres.» Ellos sacaron las barcas a tierra y, dejándolo todo, lo siguieron.

Palabra del Señor.

VIERNES   Años impares

PRIMERA LECTURA

Todo fue creado por él y para él

LECTURA DE LA CARTA DEL APOSTOL
SAN PABLO A LOS COLOSENSES

1, 15-20

Cristo Jesús es imagen de Dios invisible, primogénito de toda criatura; porque por medio de él fueron creadas todas las cosas: celestes y terrestres, visibles e invisibles. Tronos, Dominaciones, Principados, Potestades; todo fue creado por él y para él. El es anterior a todo, y todo se mantiene en él. El es también la cabeza del cuerpo: de la Iglesia. El es el principio, el primogénito de entre los muertos, y así es el primero en todo. Porque en él quiso Dios que residiera toda la plenitud. Y por él quiso reconciliar consigo todos los seres: los del cielo y los de la tierra, haciendo la paz por la sangre de su cruz.

Palabra de Dios.

SALMO RESPONSORIAL 99

℟ **Entrad en la presencia del Señor con vítores.**

Aclama al Señor, tierra entera, | servid al Señor con alegría, | entrad en su presencia con vítores. ℟

Sabed que el Señor es Dios: | que él nos hizo y somos suyos, | su pueblo y ovejas de su rebaño. ℟

Entrad por sus puertas con acción de gracias, | por sus atrios con himnos, | dándole gracias y bendiciendo su nombre. ℟

«El Señor es bueno, | su misericordia es eterna, | su fidelidad por todas las edades.» ℞.

ALELUYA p. 1932ss.

EVANGELIO p. 1708

VIERNES Años pares

PRIMERA LECTURA

El Señor pondrá al descubierto los designios del corazón

LECTURA DE LA PRIMERA CARTA DEL APOSTOL SAN PABLO A LOS CORINTIOS 4, 1-5

Hermanos: Que la gente sólo vea en nosotros servidores de Cristo y administradores de los misterios de Dios. Ahora, en un administrador lo que se busca es que sea fiel. Para mí lo de menos es que me pidáis cuentas vosotros o un tribunal humano; ni siquiera yo me pido cuentas. La conciencia, es verdad, no me remuerde; pero tampoco por eso quedo absuelto: mi juez es el Señor. Así, pues, no juzguéis antes de tiempo, dejad que venga el Señor. El iluminará lo que esconden las tinieblas y pondrá al descubierto los designios del corazón; entonces cada uno recibirá de Dios lo que merece.

Palabra de Dios.

SALMO RESPONSORIAL 36

℞ **El Señor es quien salva a los justos.**

Confía en el Señor y haz el bien, | habita tu tierra y practica la lealtad; | sea el Señor tu delicia, | y él te dará lo que pide tu corazón. ℞.

Encomienda tu camino al Señor, | confía en él, y él actuará: | hará tu justicia como el amanecer, | tu derecho, como el mediodía. ℞.

Apártate del mal y haz el bien, | y siempre tendrás una casa; | porque el Señor ama la justicia | y no abandona a sus fieles. ℞.

El Señor es quien salva a los justos, | él es su alcázar en el peligro; | el Señor los protege y los libra, | los libra de los malvados y los salva, | porque se acogen a él. ℟.

ALELUYA p. 1932ss.

EVANGELIO

Llegará el día en que se lleven al Novio, y entonces ayunarán

✠ LECTURA DEL S. EVANGELIO SEGUN
SAN LUCAS
                                                    5, 33-39

En aquel tiempo, dijeron a Jesús los fariseos y los letrados: «Los discípulos de Juan ayunan a menudo y oran, y los de los fariseos también; en cambio los tuyos, a comer y a beber.» Jesús les contestó: «¿Queréis que ayunen los amigos del novio mientras el novio está con ellos? Llegará el día en que se lo lleven, y entonces ayunarán.» Y añadió esta comparación: «Nadie recorta una pieza de un manto nuevo para ponérsela a un manto viejo; porque se estropea el nuevo, y la pieza no le pega al viejo. Nadie echa vino nuevo en odres viejos: porque revientan los odres, se derrama, y los odres se estropean. A vino nuevo, odres nuevos. Nadie que cate vino añejo quiere del nuevo, pues dirá: "Está bueno el añejo".»

Palabra del Señor.

SABADO   Años impares

PRIMERA LECTURA

Habéis sido reconciliados y Dios puede admitiros a su presencia como a un pueblo santo y sin mancha

LECTURA DE LA CARTA DEL APOSTOL
SAN PABLO A LOS COLOSENSES
                                                    1, 21-23

Hermanos: Antes estabais también vosotros alienados de Dios y erais enemigos suyos por la mentalidad que engendraban vuestras malas acciones; ahora en cambio, gracias a la muerte que Cristo sufrió en su cuerpo de carne, habéis sido reconciliados y Dios puede admitiros a su presencia como a un pueblo santo sin mancha y sin reproche. La condición es que permanezcáis cimentados y estables en la fe, e inamovibles en la esperanza que escuchasteis en el Evangelio. Es el mismo que se proclama en la creación entera bajo el cielo, y yo, Pablo, fui asignado a su servicio.

Palabra de Dios.

SALMO RESPONSORIAL 53

℟. **Ved que Dios es mi auxilio.**

Oh Dios, sálvame por tu nombre, | sal por mí con tu poder. | Oh Dios, escucha mi súplica, | atiende a mis palabras. ℟.

Pero Dios es mi auxilio, | el Señor sostiene mi vida, | Te ofreceré un sacrificio voluntario | dando gracias a tu nombre | que es bueno. ℟.

ALELUYA p. 1932ss.

EVANGELIO p. 1710

SABADO   Años pares

PRIMERA LECTURA

Hemos pasado hambre y sed y falta de ropa

LECTURA DE LA PRIMERA CARTA DEL APOSTOL SAN PABLO A LOS CORINTIOS   4, 6b-15

Hermanos: Aprended de Apolo y de mí a jugar limpio y no os engriáis el uno contra el otro. A ver, ¿quién te hace tan importante? ¿Tienes algo que no hayas recibido? Y, si lo has recibido, ¿a qué tanto orgullo, como si nadie te lo hubiera dado? Ya tenéis todo lo que ansiabais, ya sois ricos, habéis conseguido un reino sin nosotros. ¿Qué más quisiera yo? Así reinaríamos juntos. Por lo que veo, a nosotros, los apóstoles, Dios nos coloca los últimos, parecemos condenados a muerte, dados en espectáculo público para ángeles y hombres. Nosotros unos locos por Cristo, vosotros, ¡qué cristianos tan sensatos! Nosotros débiles, vosotros fuertes; vosotros célebres, nosotros despreciados; hasta ahora hemos pasado hambre y sed y falta de ropa; recibimos bofetadas, no tenemos domicilio, nos agotamos trabajando con nuestras propias manos; nos insultan y les deseamos bendiciones; nos persiguen y aguantamos; nos calumnian y respondemos con buenos modos; nos tratan como a la basura del mundo, el desecho de la humanidad; y así hasta el día de hoy. No os escribo esto para avergonzaros, sino para haceros recapacitar, porque os quiero como a hijos; ahora que sois cristianos tendréis mil tutores, pero padres no tenéis muchos; por medio del Evangelio soy yo quien os ha engendrado para Cristo Jesús.

Palabra de Dios.

SALMO RESPONSORIAL 144

℟ **Cerca está el Señor de los que lo invocan.**

El Señor es justo en todos sus caminos, | es bondadoso en todas sus acciones; | cerca está el Señor de los que lo invocan, | de los que lo invocan sinceramente. ℟.

Satisface los deseos de sus fieles, | escucha sus gritos y los salva. | El Señor guarda a los que lo aman, | pero destruye a los malvados. ℟.

Pronuncie mi boca la alabanza del Señor, | todo viviente bendiga su santo nombre | por siempre jamás. ℟.

ALELUYA p. 1932ss.

EVANGELIO

¿Por qué hacéis en sábado lo que no está permitido?

✚ **LECTURA DEL S. EVANGELIO SEGUN SAN LUCAS**   6, 1-5

Un sábado, Jesús atravesaba un sembrado; sus discípulos arrancaban espigas y, frotándolas con las manos, se comían el grano. Unos fariseos les preguntaron: «¿Por qué hacéis en sábado lo que no está permitido?» Jesús les replicó: «¿No habéis leído lo que hizo David, cuando él y sus hombres sintieron hambre? Entró en la casa de Dios, tomó los panes presentados —que sólo pueden comer los sacerdotes—, comió él y les dio a sus compañeros. Y añadió: «El Hijo del Hombre es señor del sábado.»

Palabra del Señor.

VIGESIMA TERCERA SEMANA

LUNES   Años impares

PRIMERA LECTURA

*Dios me ha nombrado ministro de la Iglesia para anunciaros a
vosotros el misterio escondido desde los siglos*

LECTURA DE LA CARTA DEL APOSTOL
SAN PABLO A LOS COLOSENSES   1, 24—2, 3

Hermanos: Me alegro de sufrir por vosotros: así completo en
mi carne los dolores de Cristo, sufriendo por su cuerpo que es
la Iglesia, de la cual Dios me ha nombrado ministro, asignándome la tarea de anunciaros a vosotros su mensaje completo: el
misterio que Dios ha tenido escondido desde siglos y generaciones y que ahora ha revelado a su pueblo santo. Dios ha querido
dar a conocer a los suyos la gloria y riqueza que este misterio encierra para los gentiles: es decir, que Cristo es para vosotros la
esperanza de la gloria. Nosotros anunciamos a ese Cristo; amonestamos a todos, enseñamos a todos, con todos los recursos de
la sabiduría, para que todos lleguen a la madurez en su vida cristiana: esta es mi tarea, en la que lucho denodadamente con la
fuerza poderosa que él me da. Quiero que tengáis noticia del em-
peñado combate que sostengo por vosotros y los de Laodicea, y
por todos los que no me conocen personalmente. Busco que tengan ánimos y estén compactos en el amor mutuo, para conseguir
la plena convicción que da el comprender y que capten el misterio de Dios. Este misterio es Cristo, en quien están encerrados
todos los tesoros del saber y el conocer.

Palabra de Dios.

SALMO RESPONSORIAL 61

R De Dios viene mi salvación y mi gloria.

Descansa en Dios, alma mía, | porque él es mi esperanza; |
sólo él es mi roca y mi salvación, | mi alcázar; no vacilaré. R.

Pueblo suyo, confiad en él, | desahogad ante él vuestro corazón, | que Dios es nuestro refugio. R̸.

ALELUYA p. 1932ss.

EVANGELIO p. 1714

LUNES   **Años pares**

PRIMERA LECTURA

Barred la levadura vieja, porque ha sido inmolada nuestra víctima pascual: Cristo

LECTURA DE LA PRIMERA CARTA DEL APOSTOL SAN PABLO A LOS CORINTIOS   5, 1-8

Hermanos: Se sabe de buena tinta que hay un caso de unión ilegítima en vuestra comunidad, y tan grave, que ni los gentiles la toleran; me refiero a ése que vive con la mujer de su padre. ¿Y todavía tenéis humos? Estaría mejor ponerse de luto y pidiendo que el que ha hecho eso desaparezca de vuestro grupo. Lo que es yo, ausente en el cuerpo, pero presente en espíritu, ya he tomado una decisión como si estuviera presente: reunidos vosotros en nombre de nuestro Señor Jesús, y yo presente en espíritu, con el poder de nuestro Señor Jesús entregar al que ha hecho eso en manos del diablo; humanamente quedará destrozado, pero así la persona se salvará en el día del Señor. Ese orgullo vuestro no tiene razón de ser. ¿No sabéis que un poco de levadura fermenta toda la masa? Barred la levadura vieja para ser una masa nueva, ya que sois panes ázimos. Porque ha sido inmolada nuestra víctima pascual: Cristo. Así, pues, celebramos la Pascua, no con levadura vieja (levadura de corrupción y de maldad), sino con los panes ázimos de la sinceridad y la verdad.

Palabra de Dios.

SALMO RESPONSORIAL 5

℟ **Señor, guíame con tu justicia.**

Tú no eres un Dios que ame la maldad, | ni el malvado es tu huésped, | ni el arrogante se mantiene en tu presencia. ℟.

Detestas a los malhechores, | destruyes a los mentirosos; | al hombre sanguinario y traicionero | lo aborrece el Señor. ℟.

Que se alegren los que se acogen a ti, | con júbilo eterno; | protégelos, para que se llenen de gozo | los que aman tu nombre. ℟.

ALELUYA p. 1932ss.

EVANGELIO

Estaban al acecho para ver si curaba en sábado

✠ LECTURA DEL S. EVANGELIO SEGUN
SAN LUCAS   6, 6-11

Un sábado entró Jesús en la sinagoga a enseñar. Había allí un hombre que tenía parálisis en el brazo derecho. Los letrados y los fariseos estaban al acecho para ver si curaba en sábado, y encontrar de qué acusarlo. Pero él, sabiendo lo que pensaban, dijo al hombre del brazo paralítico: «Levántate y ponte ahí en medio.» El se levantó y se quedó en pie. Jesús les dijo: «Os voy a hacer una pregunta: ¿Qué está permitido en sábado?, ¿hacer el bien o el mal, salvar a uno o dejarlo morir?» Y, echando en torno una mirada a todos, le dijo al hombre: «Extiende el brazo.» El lo hizo, y su brazo quedó restablecido. Ellos se pusieron furiosos y discutían qué había que hacer con Jesús.

Palabra del Señor.

MARTES   **Años impares**

PRIMERA LECTURA

Dios os dio vida en Cristo, perdonándoos todos los pecados

LECTURA DE LA CARTA DEL APOSTOL
SAN PABLO A LOS COLOSENSES   2, 6-15

Hermanos: Ya que habéis aceptado a Cristo Jesús, el Señor, proceded como cristianos. Arraigados en él, dejaos construir y afianzar en la fe que os enseñaron, y rebosad agradecimiento. Cuidado con que haya alguno que os capture con esa teoría que es una insulsa patraña forjada y transmitida por hombres, fundada en los elementos del mundo y no en Cristo. Porque es en Cristo en quien habita corporalmente la plenitud de la divinidad, y por él, que es cabeza de todo poder y autoridad, habéis obtenido vuestra plenitud. Por él fuisteis también circuncidados con una circuncisión no hecha por hombres, cuando os despojaron de los bajos instintos de vuestro ser, por la circuncisión de Cristo. Por el bautismo fuisteis sepultados con Cristo y habéis resucitado con él, porque habéis creído en la fuerza de Dios que lo resucitó. Estabais muertos por vuestros pecados, porque no estabais circuncidados; pero Dios os dio vida en Cristo, perdonándoos todos los pecados. Borró el protocolo que nos condenaba con sus cláusulas y era contrario a nosotros; lo quitó de enmedio, clavándolo en la cruz, y, destituyendo por medio de Cristo a los poderes y autoridades, los ofreció en espectáculo público y los llevó cautivos en su cortejo.

Palabra de Dios.

SALMO RESPONSORIAL 144

℟ **El Señor es bueno con todos.**

Te ensalzaré, Dios mío, mi Rey, | bendeciré tu nombre por siempre jamás. | Día tras día te bendeciré | y alabaré tu nombre por siempre jamás. ℟

El Señor es clemente y misericordioso, | lento a la cólera y
rico en piedad; | el Señor es bueno con todos, | es cariñoso con
todas sus criaturas. R .

Que todas tus criaturas te den gracias, Señor, | que te bendi-
gan tus fieles; | que proclamen la gloria de tu reinado, | que ha-
blen de tus hazañas. R .

ALELUYA p. 1932ss.

EVANGELIO p. 1717

MARTES   **Años pares**

PRIMERA LECTURA

*¡Un hermano tiene que estar en pleito con otro y además entre
paganos!*

LECTURA DE LA PRIMERA CARTA DEL
APOSTOL SAN PABLO A LOS CORINTIOS   6, 1-11

Hermanos: Cuando uno de vosotros está en pleito con otro,
¿cómo tiene el descaro de llevarlo a un tribunal pagano y no ante
los miembros del pueblo santo? ¿Habéis olvidado que el pueblo
santo juzgará al universo? Pues si vosotros vais a juzgar al mundo, ¿no estaréis a la altura de juzgar minucias? Recordad que juz-
garemos a ángeles; cuánto más, asuntos de la vida ordinaria. De
manera que para juzgar los asuntos ordinarios dais jurisdicción a
ésos que en la Iglesia no pintan nada. ¿No os da vergüenza? ¿Es
que no hay entre vosotros ningún entendido que sea capaz de ar-
bitrar entre dos hermanos? No señor, un hermano tiene que estar
en pleito con otro y además entre paganos. Desde cualquier punto de vista ya es un fallo que haya pleitos entre vosotros. ¿No estaría mejor sufrir la injusticia? ¿No estaría mejor dejarse robar?

En cambio, sois vosotros los injustos y los ladrones, y eso con hermanos vuestros. Sabéis muy bien que ningún malhechor heredará el reino de Dios. No os hagáis ilusiones: los inmorales, idólatras, adúlteros, afeminados, invertidos, ladrones, codiciosos, borrachos, difamadores o estafadores no heredarán el reino de Dios. Así erais algunos antes. Pero os lavaron, os consagraron, os perdonaron invocando al Señor Jesucristo y al Espíritu de nuestro Dios.

Palabra de Dios.

SALMO RESPONSORIAL 149

℟ **El Señor ama a su pueblo.**

Cantad al Señor un cántico nuevo, | resuene su alabanza en la asamblea de los fieles; | que se alegre Israel por su Creador, | los hijos de Sión por su Rey. ℟.

Alabad su nombre con danzas, | cantadle con tambores y cítaras; | porque el Señor ama a su pueblo | y adorna con la victoria a los humildes. ℟.

Que los fieles festejen su gloria | y canten jubilosos en filas: | con vítores a Dios en la boca: | es un honor para todos sus fieles. ℟.

ALELUYA p. 1932ss.

EVANGELIO

Pasó la noche orando. Escogió a doce y los nombró apóstoles

✠ **LECTURA DEL S. EVANGELIO SEGUN SAN LUCAS**   6, 12-19

Por entonces, subió Jesús a la montaña a orar, y pasó la noche orando a Dios. Cuando se hizo de día, llamó a sus discípulos, escogió a doce de ellos y los nombró apóstoles: Simón, al que puso de nombre Pedro, y Andrés, su hermano, Santiago, Juan, Felipe, Bartolomé, Mateo, Tomás, Santiago Alfeo, Simón

apodado el Celotes, Judas el de Santiago y Judas Iscariote, que
fue el traidor. Bajó Jesús del monte con los Doce y se paró en
un llano con un grupo grande de discípulos y de pueblo, procedente de toda Judea, de Jerusalén y de la costa de Tiro y de Sidón. Venían a oírlo y a que los curara de sus enfermedades; los
atormentados por espíritus inmundos quedaban curados, y la
gente trataba de tocarlo, porque salía de él una fuerza que los curaba a todos.

Palabra del Señor.

MIERCOLES   **Años impares**

PRIMERA LECTURA

*Habéis muerto con Cristo; en consecuencia, dad muerte a todo lo
terreno que hay en vosotros*

LECTURA DE LA CARTA DEL APOSTOL
SAN PABLO A LOS COLOSENSES   3, 1-11

Hermanos: Ya que habéis resucitado en Cristo, buscad los
bienes de allá arriba, donde está Cristo, sentado a la derecha de
Dios; aspirad a los bienes de arriba, no a los de la tierra. Porque
habéis muerto; y vuestra vida está con Cristo escondida en Dios.
Cuando aparezca Cristo, vida nuestra, entonces también vosotros
apareceréis, juntamente con él, en gloria. En consecuencia, dad
muerte a todo lo terreno que hay en vosotros: la fornicación, la
impureza, la pasión, la codicia, y la avaricia, que es una idolatría.
Eso es lo que atrae el castigo de Dios sobre los desobedientes.
Entre ellos andabais también vosotros, cuando vivíais de esa manera; ahora, en cambio, deshaceos de todo eso: ira, coraje, maldad, calumnias y groserías, ¡fuera de vuestra boca! No sigáis engañándoos unos a otros. Despojaos de la vieja condición humana, con sus obras, y revestíos de la nueva condición, que se va

renovando como imagen de su creador, hasta llegar a conocerlo. En este orden nuevo no hay distinción entre judíos y gentiles, circuncisos e incircuncisos, bárbaros y escitas, esclavos y libres; porque Cristo es la síntesis de todo y está en todos.

Palabra de Dios.

SALMO RESPONSORIAL 144

R. **El Señor es bueno con todos.**

Día tras día te bendeciré | y alabaré tu nombre por siempre jamás. | Grande es el Señor y merece toda alabanza, | es incalculable su grandeza. R.

Que todas las criaturas te den gracias, Señor, | que te bendigan tus fieles; | que proclamen la gloria de tu reinado, | que hablen de tus hazañas. R.

Explicando tus hazañas a los hombres, | la gloria y majestad de tu reinado. | Tu reinado es un reinado perpetuo, | tu gobierno va de edad en edad. R.

ALELUYA p. 1932ss.

EVANGELIO p. 1720

MIERCOLES   Años pares

PRIMERA LECTURA

¿Estás unido a una mujer? No busques la separación. ¿Estás libre? No busques mujer

LECTURA DE LA PRIMERA CARTA DEL APOSTOL SAN PABLO A LOS CORINTIOS   7, 25-31

Hermanos: Respecto al celibato no tengo órdenes del Señor, sino que doy mi parecer como hombre de fiar que soy por la misericordia del Señor. Estimo que es un bien, por la necesidad actual: quiero decir que es un bien vivir así. ¿Estás unido a una mujer? No busques la separación. ¿Estás libre? No busques mujer; aunque si te casas, no haces mal; y si una soltera se casa, tampoco hace mal. Pero estos tales sufrirán la tribulación en su carne. Yo respeto vuestras razones. Digo esto, hermanos: que el momento es apremiante. Queda como solución que los que tienen mujer vivan como si no la tuvieran; los que lloran, como si no lloraran; los que están alegres, como si no lo estuvieran; los que compran, como si no poseyeran; los que negocian en el mundo, como si no disfrutaran de él: porque la representación de este mundo se termina.

Palabra de Dios.

SALMO RESPONSORIAL 44

℟ **Escucha, hija, mira: inclina el oído.**

Escucha, hija, mira: inclina el oído, | olvida tu pueblo y la casa paterna: | prendado está el rey de tu belleza, | póstrate ante él, que él es tu Señor. ℟.

Ya entra la princesa, bellísima, | vestida de perlas y brocado; | la llevan ante el rey, con séquito de vírgenes; | la siguen sus compañeras. ℟.

Las traen entre alegría y algazara, | van entrando en el palacio real. | A cambio de tus padres tendrás hijos, | que nombrarás príncipes por toda la tierra. ℟.

ALELUYA p. 1932ss.

EVANGELIO

Dichosos los pobres. ¡Ay de vosotros, los ricos!

✠ LECTURA DEL S. EVANGELIO SEGUN SAN LUCAS   6, 20-26

En aquel tiempo, Jesús, levantando los ojos hacia sus discípulos, les dijo: «Dichosos los pobres, porque vuestro es el Reino de Dios. Dichosos los que ahora tenéis hambre, porque quedaréis saciados. Dichosos los que ahora lloráis, porque reiréis. Dichosos vosotros cuando os odien los hombres, y os excluyan, y os insulten y proscriban vuestro nombre como infame, por causa del Hijo del Hombre. Alegraos ese día y saltad de gozo: porque vuestra recompensa será grande en el cielo. Eso es lo que hacían vuestros padres con los profetas. Pero, ¡Ay de vosotros, los ricos, porque ya tenéis vuestro consuelo! ¡Ay de vosotros, los que estáis saciados, porque tendréis hambre! ¡Ay de los que ahora reís, porque haréis duelo y lloraréis! ¡Ay si todo el mundo habla bien de vosotros! Eso es lo que hacían vuestros padres con los falsos profetas.»

Palabra del Señor.

JUEVES

Años impares

PRIMERA LECTURA

Por encima de todo, el amor, que es el ceñidor de la unidad consumada

LECTURA DE LA CARTA DEL APOSTOL SAN PABLO A LOS COLOSENSES

3, 12-17

Hermanos: Como pueblo elegido de Dios, pueblo sacro y amado, sea vuestro uniforme: la misericordia entrañable, la bondad, la humildad, la dulzura, la comprensión. Sobrellevaos mutuamente y perdonaos, cuando alguno tenga quejas contra otro. El Señor os ha perdonado: haced vosotros lo mismo. Y por encima de todo esto, el amor, que es el ceñidor de la unidad consumada. Que la paz de Cristo actúe de árbitro en vuestro corazón: a ella habéis sido convocados, en un solo cuerpo. Y celebrad la Acción de Gracias: la Palabra de Cristo habite entre vosotros en toda su riqueza; enseñaos unos a otros con toda sabiduría; exhortaos mutuamente. Cantad a Dios, dadle gracias de corazón, con salmos, himnos y cánticos inspirados. Y todo lo que de palabra o de obra realicéis, sea todo en nombre de Jesús, ofreciendo la Acción de Gracias a Dios Padre por medio de él.

Palabra de Dios.

SALMO RESPONSORIAL 150

℟ Todo ser que alienta alabe al Señor.

Alabad al Señor en su templo, | alabadlo en su fuerte firmamento. | Alabadlo por sus obras magníficas, | alabadlo por su inmensa grandeza. ℟.

Alabadlo tocando trompetas, | alabadlo con arpas y cítaras, | alabadlo con tambores y danzas, | alabadlo con trompas y flautas. ℟.

Alabadlo con platillos sonoros, | alabadlo con platillos vibrantes. | Todo ser que alienta alabe al Señor. ℟.

ALELUYA p. 1932ss.

EVANGELIO p. 1723

JUEVES   Años pares

PRIMERA LECTURA

Al pecar contra los hermanos, turbando su conciencia insegura, pecáis contra Cristo

LECTURA DE LA PRIMERA CARTA DEL APOSTOL SAN PABLO A LOS CORINTIOS
8, 1b-7.11-13

Hermanos: El conocimiento engríe, lo constructivo es el amor mutuo. Figurarse que uno tiene conocimiento, es no haber empezado a conocer como es debido. A uno que ama es a quien Dios reconoce. Vengamos a eso de comer de lo sacrificado: Sabemos que en el mundo real un ídolo no es nada y que Dios no hay más que uno; pues aunque hay los llamados dioses en el cie-

lo y en la tierra —y son numerosos los dioses y numerosos los
señores—, para nosotros no hay más que un Dios, el Padre, de
quien procede el universo y a quien estamos destinados nosotros,
y un solo Señor, Jesucristo, por quien existe el universo y por
quien nosotros vamos al Padre. Sin embargo, no todos tienen
ese conocimiento: algunos, acostumbrados a la idolatría hasta
hace poco, comen pensando que la carne está consagrada al ídolo, y como su conciencia está insegura, se mancha. Así tu conocimiento llevará al desastre al inseguro, a un hermano por quien
Cristo murió. Al pecar de esa manera contra los hermanos, turbando su conciencia insegura, pecáis contra Cristo. Por eso, si
por cuestión de alimento peligra un hermano mío, nunca volveré
a comer carne, para no ponerlo en peligro.

Palabra de Dios.

SALMO RESPONSORIAL 138

℟ **Guíame, Señor, por el camino eterno.**

Señor, tú me sondeas y me conoces: | me conoces cuando me
siento y me levanto, | de lejos penetras mis pensamientos; | dis-
tingues mi camino y mi descanso, | todas mis sendas te son fami-
liares. ℟.

Tú has creado mis entrañas, | me has tejido en el seno mater-
no. | Te doy gracias porque me has escogido portentosamen-
te, | porque son admirables tus obras. ℟.

Señor, sondéame y conoce mi corazón, | ponme a prueba y
conoce mis sentimientos; | mira si mi camino se desvía, | guíame
por el camino eterno. ℟.

ALELUYA p. 1932ss.

EVANGELIO

Sed compasivos, como vuestro Padre es compasivo

✠ LECTURA DEL S. EVANGELIO SEGUN
SAN LUCAS   6, 27-38

En aquel tiempo, dijo Jesús a sus discípulos: «A los que me
escucháis os digo: Amad a vuestros enemigos, haced el bien a los

que os odian, bendecid a los que os maldicen, orad por los que os injurian. Al que te pegue en una mejilla, preséntale la otra; al que te quite la capa, déjale también la túnica. A quien te pide, dale; al que se lleve lo tuyo, no se lo reclames. Tratad a los demás como queréis que ellos os traten. Pues, si amáis sólo a los que os aman, ¿qué mérito tenéis? También los pecadores aman a los que los aman. Y si hacéis bien sólo a los que os hacen bien, ¿qué merito tenéis? También los pecadores lo hacen. Y si prestáis sólo cuando esperáis cobrar, ¿qué mérito tenéis? También los pecadores prestan a otros pecadores con intención de cobrárselo. ¡No! Amad a vuestros enemigos, haced el bien y prestad sin esperar nada: tendréis un gran premio y seréis hijos del Altísimo, que es bueno con los malvados y desagradecidos. Sed compasivos como vuestro Padre es compasivo; no juzguéis y no seréis juzgados; no condenéis y no seréis condenados; perdonad y seréis perdonados; dad y se os dará: os verterán una medida generosa, colmada, remecida, rebosante. La medida que uséis la usarán con vosotros.»

Palabra del Señor.

VIERNES   Años impares

PRIMERA LECTURA

Yo antes era un blasfemo, pero Dios tuvo compasión de mí

COMIENZO DE LA PRIMERA CARTA DEL
APOSTOL SAN PABLO A TIMOTEO
                                                        1, 1-2.12-14

Pablo, apóstol de Cristo Jesús por disposición de Dios nuestro salvador y de Jesucristo nuestra esperanza, a Timoteo, verdadero hijo en la fe. Te deseo la gracia, la misericordia y la paz de Dios Padre y de Cristo Jesús Señor nuestro. Doy gracias a Cristo Jesús nuestro Señor que me hizo capaz, se fió de mí y me confió este ministerio. Eso que yo antes era un blasfemo, un perseguidor y un violento. Pero Dios tuvo compasión de mí, porque yo no era creyente y no sabía lo que hacía. Dios derrochó su gracia en mí, dándome la fe y el amor cristiano.

Palabra de Dios.

SALMO RESPONSORIAL 15

R. **Tú eres, Señor, mi heredad.**

Protégeme, Dios mío, que me refugio en ti; | yo digo al Señor: «Tú eres mi bien.» | El Señor es el lote de mi heredad y mi cáliz, | mi suerte está en tu mano. R.

Bendeciré al Señor que me aconseja, | hasta de noche me instruye internamente. | Tengo siempre presente al Señor, | con él a mi derecha no vacilaré. R.

Me enseñarás el sendero de la vida, | me saciarás de gozo en tu presencia, | de alegría perpetua a tu derecha. R.

ALELUYA p. 1932ss.

EVANGELIO p. 1726

VIERNES   Años pares

PRIMERA LECTURA

Me he hecho todo a todos, para ganar, como sea, a algunos

LECTURA DE LA PRIMERA CARTA DEL
APOSTOL SAN PABLO A LOS CORINTIOS   9, 16-19.22b-27

Hermanos: El hecho de predicar no es para mí motivo de soberbia. No tengo más remedio y, ¡ay de mí si no anuncio el Evangelio! Si yo lo hiciera por mi propio gusto, eso mismo sería mi paga. Pero, si lo hago a pesar mío, es que me han encargado este oficio. Entonces, ¿cuál es la paga? Precisamente dar a conocer el Evangelio, anunciándolo de balde, sin usar el derecho que me da la predicación de esta Buena Noticia. Porque, siendo libre

como soy, me he hecho esclavo de todos para ganar a todos. Me
he hecho débil con los débiles, para ganar a los débiles; me he
hecho todo a todos, para ganar, sea como sea, a algunos. Y hago
todo esto por el Evangelio, para participar yo también de sus
bienes. Ya sabéis que en el estadio todos los corredores cubren
la carrera, aunque uno solo se lleva el premio. Corred así: para
ganar. Pero un atleta se impone toda clase de privaciones; ellos
para ganar una corona que se marchita; nosotros, en cambio, una
que no se marchita. Por eso corro yo, pero no al azar; boxeo,
pero no contra el aire; mis golpes van a mi cuerpo y lo tengo a
mi servicio, no sea que, después de predicar a los otros, me des-
califiquen a mí.

Palabra de Dios.

SALMO RESPONSORIAL 83

℟ **¡Qué deseables son tus moradas, Señor de los Ejércitos!**

Mi alma se consume y anhela los atrios del Señor, | mi cora-
zón y mi carne retozan por el Dios vivo. ℟.

Hasta el gorrión ha encontrado una casa, | y la golondrina,
un nido donde colocar sus polluelos: | tus altares, Señor de los
Ejércitos, | rey mío y Dios mío. ℟.

Dichosos los que viven en tu casa, | alabándote siempre. |
Dichosos los que encuentran en ti su fuerza | al preparar su pere-
grinación: ℟.

Porque el Señor es sol y escudo, | él da la gracia y la gloria.
| El Señor no niega sus bienes | a los de conducta intachable. ℟.

ALELUYA p. 1932ss.

EVANGELIO

¿Acaso puede un ciego guiar a otro ciego?

✠ LECTURA DEL S. EVANGELIO SEGUN
SAN LUCAS   6, 39-42

En aquel tiempo, ponía Jesús a sus discípulos esta comparación: «¿Acaso puede un ciego guiar a otro ciego? ¿No caerán los

dos en el hoyo? Un discípulo no es más que su maestro, si bien
cuando termine su aprendizaje, será como su maestro. ¿Por qué
te fijas en la mota que tiene tu hermano en el ojo y no reparas
en la viga que llevas en el tuyo? ¿Cómo puedes decirle a tu hermano: "hermano, déjame que te saque la mota del ojo", sin fijarte en la viga que llevas en el tuyo? ¡Hipócrita! Sácate primero la
viga de tu ojo, y entonces verás claro para sacar la mota del ojo
de tu hermano.»

Palabra del Señor.

SABADO   Años impares

PRIMERA LECTURA

Vino al mundo para salvar a los pecadores

LECTURA DE LA PRIMERA CARTA DEL
APOSTOL SAN PABLO A TIMOTEO   1, 15-17

Querido hermano: Podéis fiaros y aceptar sin reserva lo que
os digo: Que Jesús vino al mundo para salvar a los pecadores,
y yo soy el primero. Y por eso se compadeció de mí: para que
en mí, el primero, mostrara Cristo toda su paciencia, y pudiera
ser modelo de todos los que creerán en él y tendrán vida eterna.
Al rey de los siglos, inmortal, invisible, único Dios, honor y gloria por los siglos de los siglos. Amén.

Palabra de Dios.

SALMO RESPONSORIAL 112

R. **Bendito sea el nombre del Señor por siempre.**

Alabad, siervos del Señor, | alabad el nombre del Señor. |
Bendito sea el nombre del Señor por siempre. R.

De la salida del sol hasta el ocaso, | alabado sea el nombre del Señor. | El Señor se eleva sobre todos los pueblos, | su gloria sobre el cielo. ℟.

¿Quién como el Señor, Dios nuestro, | que se abaja para mirar, | al cielo y a la tierra? | Levanta del polvo al desvalido, | alza de la basura al pobre. ℟.

ALELUYA p. 1932ss.

EVANGELIO p. 1729

SABADO   Años pares

PRIMERA LECTURA

Aunque somos muchos, formamos un solo cuerpo, porque comemos todos del mismo pan

LECTURA DE LA PRIMERA CARTA DEL APOSTOL SAN PABLO A LOS CORINTIOS   10, 14-22

Amigos míos: No tengáis que ver con la idolatría. Os hablo como a gente sensata, formaos vuestro juicio sobre lo que digo. El cáliz de nuestra Acción de Gracias, ¿no nos une a todos en la sangre de Cristo? Y el pan que partimos, ¿no nos une a todos en el cuerpo de Cristo? El pan es uno, y así nosotros, aunque somos muchos, formamos un solo cuerpo, porque comemos todos del mismo pan. Considerad al pueblo de Israel: los que comen de las víctimas se unen al altar. ¿Qué quiero decir? ¿Que las víctimas son algo o que los ídolos son algo? No, sino que los paganos ofrecen sus sacrificios a los demonios, no a Dios, y no quiero que os unáis a los demonios. No podéis beber de las dos copas, de la del Señor y de la de los demonios. No podéis participar de las dos mesas, de la del Señor y de la de los demonios. ¿Vamos a provocar al Señor? ¿Es que somos más fuertes que él?

Palabra de Dios.

SALMO RESPONSORIAL 115

℟ **Te ofreceré, Señor, un sacrificio de alabanza.**

¿Cómo pagaré al Señor | todo el bien que me ha hecho? | Alzaré el cáliz de la salvación, | invocando su nombre. ℟.

Te ofreceré un sacrificio de alabanza, | invocando tu nombre, Señor. | Cumpliré al Señor mis votos | en presencia de todo el pueblo. ℟.

ALELUYA p. 1932ss.

EVANGELIO

¿Por qué me llamáis «Señor, Señor», y no hacéis lo que digo?

✠ LECTURA DEL S. EVANGELIO SEGUN
SAN LUCAS   6, 43-49

En aquel tiempo, decía Jesús a sus discípulos: «No hay árbol sano que dé fruto dañado, ni árbol dañado que dé fruto sano. Cada árbol se conoce por su fruto: porque no se cosechan higos de las zarzas, ni se vendimian racimos de los espinos. El que es bueno, de la bondad que atesora en su corazón saca el bien, y el que es malo, de la maldad saca el mal; porque lo que rebosa del corazón, lo habla la boca. ¿Por qué me llamáis «Señor, Señor», y no hacéis lo que digo? El que se acerca a mí, escucha mis palabras y las pone por obra, os voy a decir a quién se parece: se parece a uno que edificaba una casa: cavó, ahondó y puso los cimientos sobre roca; vino una crecida, arremetió el río contra aquella casa, y no pudo tambalearla, porque estaba sólidamente construida. El que escucha y no pone por obra se parece a uno que edificó una casa sobre tierra, sin cimiento; arremetió contra ella el río, y en seguida se derrumbó desplomándose.»

Palabra del Señor.

VIGESIMA CUARTA SEMANA
LUNES   Años impares

PRIMERA LECTURA

Pedid por todos los hombres a Dios, que quiere que todos se salven

LECTURA DE LA PRIMERA CARTA DEL
APOSTOL SAN PABLO A TIMOTEO   2, 1-8

Querido hermano: Te ruego, lo primero de todo, que hagáis oraciones, plegarias, súplica, acciones de gracias por todos los hombres, por los reyes y por todos los que están en el mundo, para que podamos llevar una vida tranquila y apacible, con toda piedad y decoro. Eso es bueno y grato ante los ojos de nuestro Salvador, Dios, que quiere que todos los hombres se salven y lleguen al conocimiento de la verdad. Pues Dios es uno, y uno solo es el mediador entre Dios y los hombres, el hombre Cristo Jesús, que se entregó en rescate por todos; éste es el testimonio en el tiempo apropiado: para él estoy puesto como anunciador y apóstol —digo la verdad, no miento—, maestro de los paganos en fe y verdad. Encargo a los hombres que recen en cualquier lugar alzando las manos limpias de ira y divisiones.

Palabra de Dios.

SALMO RESPONSORIAL 27

℟ **Bendito el Señor que escuchó mi voz suplicante.**

Escucha mi voz suplicante | cuando te pido auxilio, | cuando alzo las manos | hacia tu santuario. ℟

El Señor es mi fuerza y mi escudo: | en él confía mi corazón, | me socorrió, y mi corazón se alegra | y le canta agradecido. ℟

El Señor es fuerza para su pueblo, | apoyo y salvación para su ungido. | Salva a tu pueblo y bendice tu heredad, | sé su pastor y llévalos siempre. ℟

ALELUYA p. 1932ss.

EVANGELIO p. 1732

LUNES　　　　　　　　　　　　　　　　Años pares

PRIMERA LECTURA

Si os dividís en bandos, os resulta imposible comer la cena del Señor

LECTURA DE LA PRIMERA CARTA DEL APOSTOL SAN PABLO A LOS CORINTIOS　　11, 17-26.33

Hermanos: Al recomendaros esto, no puedo aprobar que vuestras reuniones causen más daño que provecho. En primer lugar, he oído que cuando se reúne vuestra asamblea os dividís en bandos; y en parte lo creo, porque hasta partidos tiene que haber entre vosotros para que se vea quiénes resisten a la prueba. Así, cuando os reunís en comunidad, os resulta imposible comer la cena del Señor, pues cada uno se adelanta a comerse su propia cena, y mientras uno pasa hambre, el otro está borracho. ¿No tenéis casas donde comer y beber? ¿O tenéis en tan poco a la Iglesia de Dios que humilláis a los pobres? ¿Qué queréis que os diga? ¿Que os apruebe? En esto no os apruebo. Porque yo he recibido una tradición, que procede del Señor y que a mi vez os he transmitido: Que el Señor Jesús, en la noche en que iban a entregarlo, tomó pan y, pronunciando la Acción de Gracias, lo partió y dijo: «Esto es mi cuerpo, que se entrega por vosotros. Haced esto en memoria mía.» Lo mismo hizo con el cáliz, después de cenar, diciendo: «Este cáliz es la nueva alianza sellada con mi sangre; haced esto cada vez que lo bebáis, en memoria mía.» Por eso, cada vez que coméis de este pan y bebéis del cáliz, proclamáis la muerte del Señor, hasta que vuelva.

Palabra de Dios.

SALMO RESPONSORIAL 39

R̶ **Proclamad la muerte del Señor, hasta que vuelva.**

Tú no quieres sacrificios ni ofrendas, | y en cambio me abriste el oído: | no pides sacrificio expiatorio, | entonces yo digo: «Aquí estoy.» R̶.

Como está escrito en mi libro: | «Para hacer tu voluntad.» | Dios mío, lo quiero, | y llevo tu ley en las entrañas. R̶.

He proclamado tu salvación | ante la gran asamblea; | no he cerrado los labios; | Señor, tú lo sabes. R̶.

Alégrense y gocen contigo | todos los que te buscan; | digan siempre: «Grande es el Señor», | los que desean tu salvación. R̶.

ALELUYA p. 1932ss.

EVANGELIO

Ni en Israel he encontrado tanta fe

✠ LECTURA DEL S. EVANGELIO SEGUN
SAN LUCAS   7, 1-10

En aquel tiempo, cuando terminó Jesús de hablar a la gente, entró en Cafarnaum. Un centurión tenía enfermo, a punto de morir, a un criado a quien estimaba mucho. Al oír hablar de Jesús, le envió unos ancianos de los judíos, para rogarle que fuera a curar a su criado. Ellos, presentándose a Jesús, le rogaban encarecidamente: «Merece que se lo concedas, porque tiene afecto a nuestro pueblo y nos ha construido la sinagoga.» Jesús se fue con ellos. No estaba lejos de la casa, cuando el centurión le envió unos amigos a decirle: «Señor, no te molestes; no soy yo quién para que entres bajo mi techo; por eso tampoco me creí digno de venir personalmente. Dilo de palabra, y mi criado quedará sano. Porque yo también vivo bajo disciplina y tengo soldados a mis órdenes, y le digo a uno: "ve", y va; al otro: "ven", y viene; y a mi criado: "haz esto", y lo hace.» Al oír esto, Jesús se admiró de él, y, volviéndose a la gente que lo seguía, dijo:

«Os digo que ni en Israel he encontrado tanta fe.» Y al volver a casa, los enviados encontraron al siervo sano.

Palabra del Señor.

MARTES Años impares

PRIMERA LECTURA

El obispo tiene que ser irreprochable; también los diáconos han de conservar la fe revelada con una conciencia limpia

LECTURA DE LA PRIMERA CARTA DE SAN PABLO A TIMOTEO 3, 1-13

Querido hermano: Está muy bien dicho que quien aspira a ser obispo no es poco lo que desea, porque el obispo tiene que ser irreprochable, fiel a su mujer, sensato, equilibrado, bien educado, hospitalario, hábil para enseñar, no dado al vino ni amigo de reyertas, comprensivo, no agresivo ni interesado. Tiene que gobernar bien en su propia casa y hacerse obedecer de sus hijos con dignidad. Uno que no sabe gobernar su casa ¿cómo va a cuidar de una asamblea de Dios? Que no sea recién convertido, por si se le sube a la cabeza y lo condenan como al diablo. Se requiere, además, que tenga buena fama entre los de fuera, para evitar el descrédito y que lo atrape el diablo. También los diáconos tienen que ser respetables, hombres de palabra, no aficionados a beber mucho ni a negocios sucios, conservando la fe revelada con una conciencia limpia. También éstos tienen que ser probados primero, y cuando se vea que son irreprensibles, que empiecen a su servicio. Las mujeres lo mismo, sean respetables, no chismosas, sensatas y de fiar en todo. Los diáconos sean fieles a su mujer y gobiernen bien sus casas y sus hijos, porque los que se hayan distinguido en el servicio progresarán y tendrán mucha libertad para exponer la fe cristiana.

Palabra de Dios.

SALMO RESPONSORIAL 100

℞ **Andaré con rectitud de corazón.**

Voy a cantar la bondad y la justicia, | para ti es mi música, Señor; | voy a explicar el camino perfecto: | ¿cuándo vendrás a mí? ℞

Andaré con rectitud de corazón | dentro de mi casa; | no pondré mis ojos | en intenciones viles; | aborrezco al que obra mal. ℞

Al que en secreto difama a su prójimo | lo haré callar; | ojos engreídos, corazones arrogantes, | no los soportaré. ℞

Pongo mis ojos en los que son leales, | ellos vivirán conmigo; | el que sigue un camino perfecto, | ése me servirá. ℞

ALELUYA p. 1932ss.

EVANGELIO p. 1735

MARTES   Años pares

PRIMERA LECTURA

Vosotros sois el cuerpo de Cristo y cada uno es un miembro

LECTURA DE LA PRIMERA CARTA DE SAN PABLO A LOS CORINTIOS

12, 12-14.27-31a

Hermanos: Lo mismo que el cuerpo es uno y tiene muchos miembros, y todos los miembros del cuerpo, a pesar de ser muchos, son un solo cuerpo, así es también Cristo. Todos nosotros, judíos y griegos, esclavos y libres, hemos sido bautizados en un mismo Espíritu, para formar un solo cuerpo. Y todos hemos bebido de un solo Espíritu. El cuerpo tiene muchos miembros, no uno solo. Vosotros sois el cuerpo de Cristo y cada uno es un miembro. Y Dios os ha distribuido en la Iglesia: en el primer puesto los apóstoles, en el segundo los profetas, en el tercero los maestros, después vienen los milagros, luego el don de curar, la beneficencia, el gobierno, la diversidad de lenguas, el don de interpretarlas. ¿Acaso son todos apóstoles?, ¿o todos son profetas?, ¿o todos maestros?, ¿o hacen todos milagros?, ¿tienen todos don para curar?, ¿hablan todos en lenguas o todos las interpretan? Ambicionad los carismas mejores.

Palabra de Dios.

SALMO RESPONSORIAL 99

℟. **Somos su pueblo y ovejas de su rebaño.**

Aclamad al Señor, tierra entera, | servid al Señor con alegría, | entrad en su presencia con vítores. ℟.

Sabed que el Señor es Dios: | que él nos hizo y somos suyos, | su pueblo y ovejas de su rebaño. ℟.

Entrad por sus puertas con acción de gracias, | por sus atrios con himnos, | dándole gracias y bendiciendo su nombre. ℟.

«El Señor es bueno, | su misericordia es eterna, | su fidelidad por todas las edades.». ℟.

ALELUYA p. 1932ss.

EVANGELIO

¡Muchacho, a ti te lo digo, levántate!

✠ LECTURA DEL S. EVANGELIO SEGUN
SAN LUCAS   7, 11-17

En aquel tiempo, iba Jesús camino de una ciudad llamada Naín, e iban con él sus discípulos y mucho gentío. Cuando estaba cerca de la ciudad, resultó que sacaban a enterrar a un muerto, hijo único de su madre, que era viuda; y un gentío considerable de la ciudad la acompañaba. Al verla el Señor, le dio lástima y le dijo: «No llores.» Se acercó al ataúd, lo tocó (los que lo llevaban se pararon) y dijo: «¡Muchacho, a ti te lo digo, levántate!»

El muerto se incorporó y empezó a hablar, y Jesús se lo entregó a su madre. Todos, sobrecogidos, daban gloria a Dios, diciendo: «Un gran profeta ha surgido entre nosotros. Dios ha visitado a su pueblo.» La noticia del hecho se divulgó por toda la comarca y por Judea entera.

Palabra del Señor.

MIERCOLES   Años impares

PRIMERA LECTURA
Grande es el misterio que veneramos

LECTURA DE LA PRIMERA CARTA DE SAN PABLO A TIMOTEO   3, 14-16

Querido hermano: Aunque espero ir a verte pronto, te escribo esto por si me retraso; quiero que sepas cómo hay que conducirse en un templo de Dios, es decir, en la asamblea de Dios vivo, columna y base de la verdad. Sin discusión, grande es el misterio que veneramos: Se manifestó como hombre, lo rehabilitó el Espíritu, se apareció a los mensajeros, se proclamó a las naciones, creyó en él el mundo, fue exaltado a la gloria.

Palabra de Dios.

SALMO RESPONSORIAL 110

℟ **Grandes son las obras del Señor.**

Doy gracias al Señor de todo corazón, | en compañía de los rectos, en la asamblea. | Grandes son las obras del Señor, | dignas de estudio para los que las aman. ℟.

Esplendor y belleza son su obra, | su generosidad dura por siempre; | ha hecho maravillas memorables, | el Señor es piadoso y clemente. ℟.

El da alimento a sus fieles, | recordando siempre su alianza. | Mostró a su pueblo la fuerza de su obrar, | dándoles la heredad de los gentiles. ℟.

ALELUYA p. 1932ss.

EVANGELIO p. 1738

MIERCOLES   Años pares

PRIMERA LECTURA

Quedan la fe, la esperanza, el amor; pero la más grande es el amor

LECTURA DE LA PRIMERA CARTA DE SAN PABLO A LOS CORINTIOS   12, 31—13, 13

Hermanos: Ambicionad los carismas mejores. Y aun os voy a mostrar un camino mejor. Ya podría yo hablar las lenguas de los hombres y de los ángeles; si no tengo amor, no soy más que un metal que resuena o unos platillos que aturden. Ya podría tener el don de predicción y conocer todos los secretos y todo el saber; podría tener fe como para mover montañas; si no tengo amor, no soy nada. Podría repartir en limosnas todo lo que tengo y aun dejarme quemar vivo; si no tengo amor, de nada me sirve. El amor es comprensivo, el amor es servicial y no tiene envidia; el amor no presume ni se engríe; no es mal educado ni egoísta; no se irrita, no lleva cuentas del mal; no se alegra de la injusticia, sino que goza con la verdad. Disculpa sin límites, cree sin límites, espera sin límites, aguanta sin límites. El amor no pasa nunca. ¿El don de predicar? —se acabará. ¿El don de lenguas? —enmudecerá. ¿El saber? —se acabará. Porque inmaduro es nuestro saber e inmaduro nuestro predicar; pero cuando venga la madurez, lo inmaduro se acabará. Cuando yo era niño, hablaba como un niño, sentía como un niño, razonaba como un niño. Cuando me hice un hombre, acabé con las cosas de niño. Ahora vemos como en un espejo de adivinar; entonces veremos cara a cara. Mi conocer es por ahora inmaduro, entonces podré conocer como Dios me conoce. En una palabra: quedan la fe, la esperanza, el amor: estas tres. La más grande es el amor.

Palabra de Dios.

SALMO RESPONSORIAL 32

R̃. **Dichoso el pueblo que el Señor se escogió como heredad.**

Dad gracias al Señor con la cítara, | tocad en su honor el arpa de diez cuerdas; | cantadle un cántico nuevo, | acompañando los vítores con bordones. R̃.

La palabra del Señor es sincera | y todas sus acciones son leales; | él ama la justicia y el derecho, | y su misericordia llena la tierra. R̃.

Dichosa la nación cuyo Dios es el Señor, | el pueblo que él se escogió como heredad. | Que tu misericordia, Señor, venga sobre nosotros, | como lo esperamos de ti. R̃.

ALELUYA p. 1932ss.

EVANGELIO

Tocamos y no bailáis, cantamos lamentaciones y no lloráis

✠ LECTURA DEL S. EVANGELIO SEGUN SAN LUCAS

7, 31-35

En aquel tiempo, dijo el Señor: «¿A quién se parecen los hombres de esta generación? ¿A quién los compararemos? Se parecen a unos niños, sentados en la plaza, que gritan a otros: "Tocamos la flauta y no bailáis, cantamos lamentaciones y no lloráis." Vino Juan el Bautista, que ni comía ni bebía, y dijisteis que tenía un demonio; viene el Hijo del hombre, que come y bebe, y decís: "Mirad qué comilón y qué borracho, amigo de recaudadores y pecadores." Sin embargo, los discípulos de la Sabiduría le han dado la razón.»

Palabra del Señor.

JUEVES
Años impares

PRIMERA LECTURA

Cuídate tú y cuida la enseñanza; así te salvarás a ti y a los que te escuchan

LECTURA DE LA PRIMERA CARTA DE SAN PABLO A TIMOTEO
4, 12-16

Querido hermano: Nadie te desprecie por ser joven; sé tú un modelo para los fieles, en el hablar y en la conducta, en el amor, la fe y la honradez. Mientras llego preocúpate de la lectura pública, de animar y enseñar. No descuides el don que posees, que se te concedió por indicación de una profecía con la imposición de manos de los presbíteros. Preocúpate de esas cosas y dedícate a ellas, para que todos vean cómo adelantas. Cuídate tú y cuida la enseñanza; sé constante; si lo haces, te salvarás a ti y a los que te escuchan.

Palabra de Dios.

SALMO RESPONSORIAL 110

℟ **Grandes son las obras del Señor.**

Justicia y verdad son las obras de sus manos, | todos sus preceptos merecen confianza: | son estables para siempre jamás, | se han de cumplir con verdad y rectitud. ℟.

Envió la redención a su pueblo, | ratificó para siempre su alianza: | su nombre es sagrado y temible. ℟.

Primicia de la sabiduría es el temor del Señor, | tienen buen juicio los que lo practican; | la alabanza del Señor dura por siempre. ℟.

ALELUYA p. 1932ss.

EVANGELIO p. 1741

JUEVES   Años pares

PRIMERA LECTURA

Esto es lo que predicamos; esto es lo que habéis creído

LECTURA DE LA PRIMERA CARTA DE SAN PABLO A LOS CORINTIOS   15, 1-11

Hermanos: Os recuerdo el Evangelio que os proclamé, y que vosotros aceptasteis, y en el que estáis fundados, y que os está salvando, si es que conserváis el Evangelio que os proclamé; de lo contrario, se ha malogrado vuestra adhesión a la fe. Porque lo primero que yo os transmití, tal como lo había recibido, fue esto: que Cristo murió por nuestros pecados, según las Escrituras; que fue sepultado y que resucitó al tercer día, según las Escrituras; que se le apareció a Cefas y más tarde a los Doce; después se apareció a más de quinientos hermanos juntos, la mayoría de los cuales viven todavía, otros han muerto; después se le apareció a Santiago, después a todos los Apóstoles; por último, como a un aborto, se me apareció también a mí. Porque yo soy el menor de los Apóstoles y no soy digno de llamarme apóstol, porque he perseguido a la Iglesia de Dios. Pero por la gracia de Dios soy lo que soy y su gracia no se ha frustrado en mí. Antes bien, he trabajado más que todos ellos. Aunque no he sido yo, sino la gracia de Dios conmigo. Pues bien; tanto ellos como yo esto es lo que predicamos; esto es lo que habéis creído.

Palabra de Dios.

SALMO RESPONSORIAL 117

℞ **Dad gracias al Señor porque es bueno.**

Dad gracias al Señor porque es bueno, | porque es eterna su misericordia. | Diga la casa de Israel: | eterna es su misericordia. ℞

La diestra del Señor es poderosa, | la diestra del Señor es excelsa. | No he de morir, viviré | para contar las hazañas del Señor. ℞

Tú eres mi Dios, te doy gracias, | Dios mío, yo te ensalzo. ℞

ALELUYA p. 1932ss.

EVANGELIO

Sus muchos pecados están perdonados, porque tiene mucho amor

✠ LECTURA DEL S. EVANGELIO SEGUN
SAN LUCAS   7, 36-50

En aquel tiempo, un fariseo rogaba a Jesús que fuera a comer con él. Jesus, entrando en casa del fariseo, se recostó a la mesa. Y una mujer de la ciudad, una pecadora, al enterarse de que estaba comiendo en casa del fariseo, vino con un frasco de perfume, y, colocándose detrás junto a sus pies, llorando, se puso a regarle los pies con sus lágrimas, se los enjugaba con sus cabellos, los cubría de besos y se los ungía con el perfume. Al ver esto, el fariseo que lo había invitado, se dijo: «Si éste fuera profeta, sabría quién es esta mujer que lo está tocando y lo que es: una pecadora.» Jesús tomó la palabra y le dijo: «Simón, tengo algo que decirte.» El respondió: «Dímelo, maestro.» Jesús le dijo: «Un prestamista tenía dos deudores: uno le debía quinientos denarios y el otro cincuenta. Como no tenían con qué pagar, los perdonó a los dos. ¿Cuál de los dos lo amará más?» Simón contestó: «Supongo que aquel a quien le perdonó más.» Jesús le dijo: «Has juzgado rectamente.» Y, volviéndose a la mujer, dijo a Simón: «¿Ves a esta mujer? Cuando yo entré en tu casa, no me

pusiste agua para los pies; ella en cambio me ha lavado los pies
con sus lágrimas y me los ha enjugado con su pelo. Tú no me
besaste; ella en cambio, desde que entró, no ha dejado de besarme los pies. Tú no me ungiste la cabeza con ungüento; ella en
cambio me ha ungido los pies con perfume. Por eso te digo, sus
muchos pecados están perdonados, porque tiene mucho amor:
pero al que poco se le perdona, poco ama.» Y a ella le dijo: «Tus
pecados están perdonados.» Los demás convidados empezaron a
decir entre sí: «¿Quién es éste, que hasta perdona pecados?» Pero
Jesús dijo a la mujer: «Tu fe te ha salvado, vete en paz.»

Palabra del Señor.

VIERNES   **Años impares**

PRIMERA LECTURA

Tú, en cambio, hombre de Dios, practica la justicia

LECTURA DE LA PRIMERA CARTA DE SAN
PABLO A TIMOTEO
6, 2c-12

Querido hermano: Esto es lo que tienes que enseñar y recomendar. Si alguno enseña otra cosa distinta, sin atenerse a las sa-
nas palabras de nuestro Señor Jesucristo y a la doctrina que ar-
moniza con la piedad, es un orgulloso y un ignorante, que pa-
dece la enfermedad de plantear cuestiones inútiles y discutir
atendiendo sólo a las palabras. Esto provoca envidias, polémicas,
difamaciones, sospechas maliciosas, controversias propias de personas tocadas de la cabeza, sin el sentido de la verdad, que se
han creído que la piedad es un medio de lucro. Es verdad que
la religión es una ganancia, cuando uno se contenta con poco.
Sin nada vinimos al mundo y sin nada nos iremos de él. Teniendo qué comer y qué vestir nos basta. En cambio, los que buscan
riquezas, se enredan en mil tentaciones, se crean necesidades ab-
surdas y nocivas, que hunden a los hombres en la perdición y la
ruina. Porque la codicia es la raíz de todos los males, y muchos,

arrastrados por ella, se han apartado de la fe y se han acarreado muchos sufrimientos. Tú en cambio, hombre de Dios, huye de todo esto, practica la justicia, la religión, la fe, el amor, la paciencia, la delicadeza. Combate el buen combate de la fe. Conquista la vida eterna a la que fuiste llamado, y de la que hiciste noble profesión ante muchos testigos.

Palabra de Dios.

SALMO RESPONSORIAL 48

℟ **Dichosos los pobres en el espíritu, porque de ellos es el Reino de los cielos.**

¿Por qué habré de temer los días aciagos, | cuando me cerquen y acechen los malvados | que confían en su opulencia | y se jactan de sus inmensas riquezas? ℟.

Nadie puede salvarse | ni dar a Dios un rescate. | Es tan caro el rescate de la vida, | que nunca le bastará | para vivir perpetuamente, | sin bajar a la fosa. ℟.

No te preocupes si se enriquece un hombre | y aumenta el fasto de su casa: | cuando muera, no se llevará nada, | su fasto no bajará con él. ℟.

Aunque en vida se felicitaba: | «Ponderan lo bien que lo pasa», | irá a reunirse con sus antepasados, | que no verán nunca la luz. ℟.

ALELUYA p. 1932ss.

EVANGELIO p. 1744

VIERNES   Años pares

PRIMERA LECTURA

Si Cristo no ha resucitado, vuestra fe no tiene sentido

LECTURA DE LA PRIMERA CARTA DE SAN
PABLO A LOS CORINTIOS   15, 12-20

Hermanos: Si anunciamos que Cristo resucitó de entre los muertos, ¿cómo es que decía alguno que los muertos no resucitan? Si los muertos no resucitan, tampoco Cristo resucitó; y si Cristo no ha resucitado, nuestra predicación carece de sentido y vuestra fe lo mismo. Además, como testigos de Dios, resultamos unos embusteros, porque en nuestro testimonio le atribuimos falsamente haber resucitado a Cristo, cosa que no ha hecho si es verdad que los muertos no resucitan. Porque si los muertos no resucitan, tampoco Cristo ha resucitado. Y si Cristo no ha resucitado, vuestra fe no tiene sentido, seguís con vuestros pecados; y los que murieron con Cristo, se han perdido. Si nuestra esperanza en Cristo acaba con esta vida, somos los hombres más desgraciados. ¡Pero no! Cristo resucitó de entre los muertos: el primero de todos.

Palabra de Dios.

SALMO RESPONSORIAL 16

℟ **Al despertar me saciaré de tu semblante, Señor.**

Señor, escucha mi apelación, | atiende a mis clamores, | presta oído a mi súplica, | que en mis labios no hay engaño. ℟

Yo te invoco porque tú me respondes, Dios mío, | inclina el oído y escucha mis palabras. | Muestra las maravillas de tu misericordia, | tú que salvas de los adversarios | a quien se refugia a tu derecha. ℟

Guárdame como a las niñas de tus ojos, | a la sombra de tus alas escóndeme. | Pero yo con mi apelación vengo a tu presencia, | y al despertar me saciaré de tu semblante. ℟

ALELUYA p. 1932ss.

EVANGELIO

Algunas mujeres acompañaban a Jesús y le ayudaban con sus bienes

✠ LECTURA DEL S. EVANGELIO SEGUN
SAN LUCAS   8, 1-3

En aquel tiempo, Jesús iba caminando de ciudad en ciudad y de pueblo en pueblo, predicando la Buena Noticia del Reino de

Dios; lo acompañaban los Doce y algunas mujeres que él había curado de malos espíritus y enfermedades: María la Magdalena, de la que habían salido siete demonios; Juana, mujer de Cusa, intendente de Herodes; Susana y otras muchas que le ayudaban con sus bienes.

Palabra del Señor.

SABADO　　　　　　　　　　　　　Años impares

PRIMERA LECTURA

Guarda el Mandamiento sin mancha, hasta la venida del Señor

LECTURA DE LA PRIMERA CARTA DE SAN PABLO A TIMOTEO　　　　　　　　　6, 13-16

Querido hermano: En presencia de Dios que da la vida al universo y de Cristo Jesús que dio testimonio ante Poncio Pilato: te insisto en que guardes el Mandamiento sin mancha ni reproche, hasta la venida de Nuestro Señor Jesucristo, que en tiempo oportuno mostrará el bienaventurado y único Soberano, Rey de los reyes y Señor de los señores, el único poseedor de la inmortalidad, que habita en una luz inaccesible a quien ningún hombre ha visto ni puede ver. A él honor e imperio eterno. Amén.

Palabra de Dios.

SALMO RESPONSORIAL 99

℟ **Entrad en la presencia del Señor con vítores.**

Aclama al Señor, tierra entera, | servid al Señor con alegría, | entrad en su presencia con vítores. ℟.

Sabed que el Señor es Dios: | que él nos hizo y somos suyos, | su pueblo y ovejas de su rebaño. ℟.

Entrad por sus puertas con acción de gracias, | por sus atrios con himnos, | dándole gracias y bendiciendo su nombre. ℞.

«El Señor es bueno, | su misericordia es eterna, | su fidelidad por todas las edades.» ℞.

ALELUYA p. 1932ss.

EVANGELIO p. 1747

SABADO   Años pares

PRIMERA LECTURA

Se siembra lo corruptible, resucita incorruptible

LECTURA DE LA PRIMERA CARTA DE SAN PABLO A LOS CORINTIOS   15, 35-37.42-49

Hermanos: Alguno preguntará: ¿Y cómo resucitan los muertos? ¿Qué clase de cuerpo traerán? Tonto, lo que tú siembras no recibe vida si antes no muere. Y al sembrar, no siembras lo mismo que va a brotar después, sino un simple grano, de trigo, por ejemplo, o de otra planta. Igual pasa en la resurrección de los muertos: se siembra lo corruptible, resucita incorruptible; se siembra lo miserable, resucita glorioso; se siembra lo débil, resucita fuerte; se siembra un cuerpo animal, resucita cuerpo espiritual. Si hay cuerpo animal, lo hay también espiritual. En efecto, así es como dice la Escritura: «El primer hombre, Adán, se convirtió en ser vivo.» El último Adán, en espíritu que da vida. El espíritu no fue lo primero: primero vino la vida y después el espíritu. El primer hombre, hecho de tierra, era terreno; el segundo hombre es del cielo. Pues igual que el terreno son los hombres terrenos; igual que el celestial son los hombres celestiales. Nosotros, que somos imagen del hombre terreno, seremos también imagen del hombre celestial.

Palabra de Dios.

SALMO RESPONSORIAL 55

℟ **Caminaré en presencia de Dios a la luz de la vida.**

Que retrocedan mis enemigos cuando te invoco, | y así sabré que eres mi Dios. ℟.

En Dios, cuya promesa alabo, | en el Señor, cuya promesa alabo, | en Dios confío y no temo: | ¿qué podrá hacerme un hombre? ℟.

Te debo, Dios mío, los votos que hice, | los cumpliré con acción de gracias: | porque libraste mi alma de la muerte, | mis pies, de la caída; | para que camine en presencia de Dios | a la luz de la vida. ℟.

ALELUYA p. 1932ss.

EVANGELIO

Los de la tierra buena son los que escuchan la palabra, la guardan y dan fruto perseverando

✠ LECTURA DEL S. EVANGELIO SEGUN SAN LUCAS
8, 4-15

En aquel tiempo, se le juntaba a Jesús mucha gente, y, al pasar por los pueblos, otros se iban añadiendo. Entonces les dijo esta parábola: «Salió el sembrador a sembrar su semilla. Al sembrarla, algo cayó al borde del camino, lo pisaron, y los pájaros se lo comieron. Otro poco cayó en terreno pedregoso, y, al crecer, se secó por falta de humedad. Otro poco cayó entre zarzas, y las zarzas, creciendo al mismo tiempo, lo ahogaron. El resto cayó en tierra buena, y, al crecer, dio fruto al ciento por uno.» Dicho esto, exclamó: «El que tenga oídos para oír, que oiga.» Entonces le preguntaron los discípulos: «¿Qué significa esa parábola?» El les respondió: «A vosotros se os ha concedido conocer los secretos del Reino de Dios; a los demás, sólo en parábolas, para que viendo no vean y oyendo no entiendan. El sentido de la parábola es éste: La semilla es la Palabra de Dios. Los del borde del camino son los que escuchan, pero luego viene el diablo y se lleva la Palabra de sus corazones, para que no crean y se salven. Los del terreno pedregoso son los que, al escucharla, reciben la Palabra con alegría, pero no tienen raíz; son los que por algún tiempo creen, pero en el momento de la prueba fallan. Lo que cayó entre zarzas son los que escuchan, pero con los afanes y riquezas y placeres de la vida, se van ahogando y no maduran. Los de la tierra buena son los que con un corazón noble y generoso escuchan la Palabra, la guardan y dan fruto perseverando.»

Palabra del Señor.

VIGESIMA QUINTA SEMANA

LUNES   Años impares

PRIMERA LECTURA

*Los que pertenezcan al pueblo del Señor, que suban a Jerusalén
para reedificar el templo del Señor*

COMIENZO DEL LIBRO DE ESDRAS   1, 1-6

El año primero de Ciro, rey de Persia, el Señor, para cumplir
lo que había anunciado por boca de Jeremías, movió a Ciro, rey
de Persia, a proclamar de palabra y por escrito en todo su reino:
«Así dice Ciro, rey de Persia: Todos los reinos de la tierra los ha
puesto en mis manos el Señor Dios del cielo, y me ha encargado
edificarle un templo en Jerusalén de Judá. Los que pertenezcan
a ese pueblo, que su Dios los acompañe, y que suban a Jerusalén
de Judá para reedificar el templo del Señor, Dios de Israel, el
Dios que habita en Jerusalén. Y a todos los judíos supervivientes, dondequiera que residan, la gente del lugar se la proporciona-
rán plata, oro, hacienda y ganado, además de las ofrendas que
quieran hacer voluntariamente para el templo de Dios de Jerusalén.» Entonces se pusieron en marcha los cabezas de familia de
Judá y Benjamín, los sacerdotes y los levitas, es decir, todos los
que se sintieron impulsados por Dios a ir a reedificar el templo
del Señor de Jerusalén. Sus vecinos les proporcionaron de todo:
plata, oro, hacienda, ganado y otros muchos regalos, además de
las ofrendas voluntarias.

Palabra de Dios.

SALMO RESPONSORIAL 125

℟ **El Señor ha estado grande con nosotros.**

Cuando el Señor cambió la suerte de Sión, | nos parecía so-
ñar: | la boca se nos llenaba de risas, | la lengua de cantares. ℟.

Hasta los gentiles decían: «El Señor | ha estado grande con
ellos.» | El Señor ha estado grande con nosotros, | y estamos ale-
gres. ℟.

Que el Señor cambie nuestra suerte, | como los torrentes del Negueb. | Los que sembraban con lágrimas, | cosechan entre cantares. ℟.

Al ir, iba llorando, | llevando la semilla; | al volver, vuelve cantando, | trayendo sus gavillas. ℟.

ALELUYA p. 1932ss.

EVANGELIO p. 1751

LUNES   **Años pares**

PRIMERA LECTURA

El Señor aborrece al perverso

LECTURA DEL LIBRO DE LOS PROVERBIOS
3, 27-34

Hijo mío, no niegues un favor a quien lo necesita, si está en tu mano hacérselo. Si tienes, no digas al prójimo: «Anda, vete; mañana te lo daré.» No trames daños contra tu prójimo, mientras él vive confiado contigo; no pleitees con nadie sin motivo, si no te ha hecho daño; no envidies al violento, ni sigas su camino; porque el Señor aborrece al perverso, pero se confía a los honrados; el Señor maldice la casa del malvado y bendice la morada del justo; se burla de los burlones y concede su favor a los humildes: otorga honores a los sabios y reserva baldón para los necios.

Palabra de Dios.

SALMO RESPONSORIAL 14

℟. **El justo habitará en tu monte santo, Señor.**

El que procede honradamente | y practica la justicia, | el que tiene intenciones leales | y no calumnia con su lengua. ℟.

El que no hace mal a su prójimo | ni difama al vecino, | el que considera despreciable al impío | y honra a los que temen al Señor. ℟.

El que no presta dinero a usura | ni acepta soborno contra el inocente. | El que así obra, nunca fallará. ℟.

ALELUYA p. 1932ss.

EVANGELIO

El candil se pone en el candelero para que los que entran tengan luz

✠ LECTURA DEL S. EVANGELIO SEGUN
SAN LUCAS   8, 16-18

En aquel tiempo, dijo Jesús a la gente: «Nadie enciende un candil y lo tapa con una vasija o lo mete debajo de la cama; lo pone en el candelero para que los que entran tengan luz. Nada hay oculto que no llegue a descubrirse, nada secreto que no llegue a saberse o a hacerse público. A ver si me escucháis bien: al que tiene se le dará, al que no tiene se le quitará hasta lo que cree tener.»

Palabra del Señor.

MARTES   **Años impares**

PRIMERA LECTURA

Terminaron la construcción del templo y celebraron la Pascua

LECTURA DEL LIBRO DE ESDRAS   6, 7-8.12b.14-20

En aquellos días, el rey Darío escribió a los sátrapas de Transeufratina: «Permitid al sátrapa y a los ancianos de Judá que trabajen para reconstruir el templo de Dios en su antiguo sitio. En cuanto a los ancianos de Judá y a la construcción del templo de Dios, os ordeno que se paguen a esos hombres todos los gastos puntualmente y sin interrupción, utilizando los fondos reales de los impuestos de Transeufratina. La orden es mía y quiero que se cumpla exactamente. Darío.» De este modo, los ancianos de Judá adelantaron mucho la construcción, como habían profetiza- do el profeta Ageo y Zacarías, hijo de Iddó, hasta que por fin la terminaron, conforme a lo mandado por el Dios de Israel y por Ciro, Darío y Artajerjes, reyes de Persia. El templo se terminó el día tres del mes de Adar, el año sexto del reinado de Darío. Los israelitas —los sacerdotes, los levitas y el resto de los deporta- dos— celebraron con júbilo la dedicación del templo, ofreciendo con este motivo cien toros, doscientos carneros, cuatrocientos corderos y doce machos cabríos —uno por cada tribu—, como sacrificio expiatorio por todo Israel. Asignaron a los sacerdotes y a los levitas las categorías y las órdenes que les correspondían en el culto del templo de Jerusalén, como está escrito en la ley de Moisés. Los deportados celebraron la Pascua el día catorce del mes primero; como los sacerdotes y los levitas se habían purifica- do a la vez, todos estaban puros e inmolaron la víctima pascual para todos los deportados, para los sacerdotes, sus hermanos, y para ellos mismos.

Palabra de Dios.

SALMO RESPONSORIAL 121

℟ **Llenos de alegría vamos a la casa del Señor.**

Que alegría cuando me dijeron: | «Vamos a la casa del Se- ñor.» | Ya están pisando nuestros pies | tus umbrales, Jeru- salén. ℟.

Jerusalén está fundada | como ciudad bien compacta. | Allá suben las tribus, | las tribus del Señor. ℟.

Según la costumbre de Israel, | a celebrar el nombre del Se- ñor. | En ella están los tribunales de justicia | en el palacio de David. ℟.

ALELUYA p. 1932ss.

EVANGELIO p. 1754

MARTES   Años pares

PRIMERA LECTURA

Diversas sentencias

LECTURA DEL LIBRO DE LOS PROVERBIOS   21, 1-6.10-13

El corazón del rey es una acequia en manos de Dios: la dirige adonde quiere. Al hombre le parece siempre recto su camino, pero es Dios quien pesa los corazones. Practicar el derecho y la justicia Dios lo prefiere a los sacrificios. Altivez de ojos, mente ambiciosa, faro de los malvados es el pecado. Los planes del diligente traen ganancia, los del atolondrado traen indigencia. Tesoros ganados por boca embustera son humo que se disipa y lazos mortales. Afán del malvado es buscar el mal, no mira con piedad a su prójimo. Cuando el cínico la paga, aprende el inexperto, pero el sabio aprende con la enseñanza. El justo observa el corazón malvado y entrega al malvado a la desgracia. Quien cierra los oídos al clamor del necesitado, no será escuchado cuando grite.

Palabra de Dios.

SALMO RESPONSORIAL 118

℞ **Guíame, Señor, por la senda de tus mandatos.**

Dichoso el que, con vida intachable, | camina en la voluntad del Señor. ℞.

Instrúyeme en el camino de tus decretos, | y meditaré tus maravillas. ℞.

Escogí el camino verdadero, | deseé tus mandamientos. ℞.

Enséñame a cumplir tu voluntad | y a guardarla de todo corazón. ℞.

Guíame por la senda de tus mandatos, | porque ella es mi gozo. ℞.

Cumpliré sin cesar tu voluntad, | por siempre jamás. ℞.

ALELUYA p. 1932ss.

EVANGELIO

Mi madre y mis hermanos son éstos: los que escuchan la Palabra de Dios y la ponen por obra

✠ LECTURA DEL S. EVANGELIO SEGUN
SAN LUCAS   8, 19-21

En aquel tiempo, vinieron a ver a Jesús su madre y sus hermanos, pero con el gentío no lograban llegar hasta él. Entonces le avisaron: «Tu madre y tus hermanos están fuera y quieren verte.» El les contestó: «Mi madre y mis hermanos son éstos: los que escuchan la Palabra de Dios y la ponen por obra.»

Palabra del Señor.

MIERCOLES   **Años impares**

PRIMERA LECTURA

Dios no nos abandonó en nuestra esclavitud

LECTURA DEL LIBRO DE ESDRAS   9, 5-9

Yo, Esdras, al llegar la hora de la oblación de la tarde, salí de mi abatimiento y con los vestidos y el manto rasgados caí de rodillas, alcé mis manos al Señor mi Dios y dije: «Dios mío, me avergüenzo y sonrojo de levantar mi rostro hacia ti, porque estamos hundidos en nuestros pecados y nuestro delito es tan grande que llega al cielo. Desde los tiempos de nuestros padres hasta el día de hoy hemos sido gravemente culpables, y por nuestros pecados nos entregaste a nosotros, a nuestros reyes y a nuestros sacerdotes en manos de reyes extranjeros, y a la espada, al cautiverio, al saqueo y al oprobio, como ocurre hoy. Pero ahora, en un instante, el Señor nuestro Dios se ha compadecido de nosotros, dejándonos algunos supervivientes y otorgándonos un resto en su lugar santo; nuestro Dios ha iluminado nuestros ojos y nos ha reanimado un poco en medio de nuestra esclavitud. Porque éramos esclavos, pero nuestro Dios no nos abandonó en nuestra esclavitud; nos granjeó el favor de los reyes de Persia y nos dio ánimos para levantar el templo de nuestro Dios y restaurar sus ruinas, concediéndonos un valladar en Judá y Jerusalén.

Palabra de Dios.

SALMO RESPONSORIAL   Tob 13, 2-5.8

R. **Bendito sea Dios, que vive eternamente.**

El azota y se compadece, | hunde hasta el abismo y saca de él, | y no hay quien escape de su mano. R.

Dadle gracias, israelitas, ante los gentiles, | porque él nos dispersó entre ellos. | Proclamad allí su grandeza, | ensalzadlo ante todos los vivientes: | que él es nuestro Dios y Señor, | nuestro padre por todos los siglos. R.

Veréis lo que hará con vosotros, | le daréis gracia a boca llena, | bendeciréis al Señor de la justicia | y ensalzaréis al rey de los siglos. R.

Yo le doy gracias en mi cautiverio, | anuncio su grandeza y su poder | a un pueblo pecador. R.

Convertíos, pecadores, | obrad rectamente en su presencia: | quizás os mostrará benevolencia | y tendrá compasión. R.

ALELUYA p. 1932ss.

EVANGELIO p. 1756

MIERCOLES   **Años pares**

PRIMERA LECTURA

LECTURA DEL LIBRO DE LOS PROVERBIOS
30, 5-9

La palabra de Dios es acendrada, él es escudo para los que se refugían en él. No añadas nada a sus palabras, porque te replicará y quedarás por mentiroso. Dos cosas te he pedido; no me las niegues antes de morir: aleja de mí falsedad y mentira; no me des riqueza ni pobreza, concédeme mi ración de pan; no sea que me sacie y reniegue de ti, diciendo: «¿Quién es el Señor?»; no sea que, necesitando, robe y blasfeme el nombre de mi Dios.

Palabra de Dios.

SALMO RESPONSORIAL 118

℟ **Lámpara, Señor, es tu palabra para mis pasos.**

Apártate del camino falso | y dame la gracia de tu voluntad. ℟

Más estimo yo los preceptos de tu boca, | que miles de monedas de oro y plata. ℟

Tu palabra, Señor, es eterna, | más estable que el cielo. ℟

Aparto mi pie de toda senda mala, | para guardar tu palabra. ℟

Considero tus decretos | y odio el camino de la mentira. ℟

Detesto y aborrezco la mentira | y amo tu voluntad. ℟

ALELUYA p. 1932ss.

EVANGELIO

Los envió a proclamar el Reino de Dios y a curar a los enfermos

✠ LECTURA DEL S. EVANGELIO SEGUN SAN LUCAS
9, 1-6

En aquel tiempo, Jesús reunió a los Doce y les dio poder y autoridad sobre toda clase de demonios y para curar enfermedades. Luego los envió a proclamar el Reino de Dios y a curar los enfermos, diciéndoles: «No llevéis nada para el camino: ni bastón ni alforja, ni pan ni dinero; tampoco llevéis túnica de repuesto. Quedaos en la casa donde entréis, hasta que os vayáis de aquel sitio. Y si alguien no os recibe, al salir de aquel pueblo sacudíos el polvo de los pies, para probar su culpa.» Ellos se pusieron en camino y fueron de aldea en aldea, anunciando la Buena Noticia y curando en todas partes.

Palabra del Señor.

JUEVES   Años impares

PRIMERA LECTURA

Construid el Templo, para que pueda complacerme

COMIENZO DEL PROFETA AGEO   1, 1-8

El año segundo del rey Darío, el mes sexto, el día primero, vino la palabra del Señor, por medio del profeta Ageo, a Zorobabel Ben-Salatiel, gobernador de Judea, y a Josué Ben-Josabak, Sumo Sacerdote: «Así dice el Señor de los Ejércitos: Este pueblo anda diciendo: "Todavía no es tiempo de reconstruir el Templo."» La palabra del Señor vino por medio del profeta Ageo. «¿De modo que es tiempo de vivir en casas revestidas de madera, mientras el Templo está en ruinas? Pues ahora —dice el Señor de los Ejércitos— meditad vuestra situación: Sembrasteis mucho y cosechasteis poco, comisteis sin saciaros, bebisteis sin apagar la sed, os vestisteis sin abrigaros, y el que trabaja a sueldo recibe la paga en bolsa rota. —Así dice el Señor—. Meditad en vuestra situación: Subíd al monte, traed maderos, construid el Templo, para que pueda complacerme y mostrar mi gloria —dice el Señor.»

Palabra de Dios.

SALMO RESPONSORIAL 149

℟ **El Señor ama a su pueblo.**

Cantad al Señor un cántico nuevo, | resuene su alabanza en la asamblea de los fieles; | que se alegre Israel por su Creador, | los hijos de Sión por su Rey. ℟.

Alabad su nombre con danzas, | cantadle con tambores y cítaras; | porque el Señor ama a su pueblo, | y adorna con la victoria a los humildes. ℟.

Que los fieles festejen su gloria | y canten jubilosos en filas: | con vítores a Dios en la boca; | es un honor para todos sus fieles. ℟.

ALELUYA p. 1932ss.

EVANGELIO p. 1759

JUEVES   Años pares

PRIMERA LECTURA

Nada nuevo hay bajo el sol

LECTURA DEL LIBRO DEL ECLESIASTES   1, 2-11

Vaciedad sin sentido, dice el Predicador, vaciedad sin sentido; todo es vaciedad. ¿Qué saca el hombre de todas las fatigas que lo fatigan bajo el sol? Una generación se va, otra generación viene, mientras la tierra siempre permanece. Sale el sol, se pone el sol, se afana por llegar a su puesto, y de allí vuelve a salir. Camina al sur, gira al norte, gira y gira y camina el viento, y sigue girando el viento. Todos los ríos caminan al mar, y el mar no se llena; llegados al puesto adonde caminan, de allí vuelven a caminar. Todas las cosas cansan, nadie es capaz de explicarlas. No se sacian los ojos de ver, no se hartan los oídos de oír. Lo que pasó, eso pasará, lo que sucedió, eso sucederá: nada hay nuevo bajo el sol. Si de algo se dice: Mira, esto es nuevo, ya sucedió en otros tiempos, mucho antes de nosotros. Nadie se acuerda de los antiguos, lo mismo pasará con los que vengan: no se acordarán de ellos sus sucesores.

Palabra de Dios.

SALMO RESPONSORIAL 89

R Señor, tú has sido nuestro refugio de generación en generación.

Tú reduces el hombre a polvo, | diciendo: «Retornad, hijos de Adán.» | Mil años en tu presencia | son un ayer, que pasó, | una vela nocturna. R.

Los siembras año por año, | como hierba que se renueva: | que florece y se renueva por la mañana, | y por la tarde la siegan y se seca. R.

Enséñanos a calcular nuestros años, | para que adquiramos un corazón sensato. | Vuélvete, Señor, ¿hasta cuando? | Ten compasión de tus siervos. R.

Por la mañana sácianos de tu misericordia, | y toda nuestra vida será alegría y júbilo. | Baje a nosotros la bondad del Señor | y haga prósperas las obras de nuestras manos. R.

ALELUYA p. 1932ss.

EVANGELIO

A Juan lo mandé decapitar yo. ¿Quién es éste de quien oigo semejantes cosas?

✠ LECTURA DEL S. EVANGELIO SEGUN
SAN LUCAS 9, 7-9

En aquel tiempo, el virrey Herodes se enteró de lo que pasaba y no sabía a qué atenerse, porque unos decían que Juan había resucitado, otros que había aparecido Elías, y otros que había

vuelto a la vida uno de los antiguos profetas. Herodes se decía:
«A Juan lo mandé decapitar yo. ¿Quién es éste de quien oigo semejantes cosas?» Y tenía ganas de verlo.

Palabra del Señor.

VIERNES   Años impares

PRIMERA LECTURA

Todavía un poco más y llenaré de gloria este Templo

LECTURA DEL PROFETA AGEO   2, 1-9

El año segundo del reinado de Darío, el día veintiuno del
séptimo mes vino la palabra del Señor por medio del profeta
Ageo: «Di a Zorababel Ben-Salatiel, gobernador de Judea, y a
Josué Ben-Josadak, Sumo Sacerdote, y al resto del pueblo:
¿Quién entre vosotros vive todavía, de los que vieron este templo en su esplendor primitivo? ¿Y qué veis vosotros ahora? ¿No
es como si no existiese ante vuestros ojos? ¡Animo! Zorobabel
—oráculo del Señor—; ¡Animo! Josué Ben-Josadak, Sumo
Sacerdote; ¡Animo!, pueblo entero —oráculo del Señor—, a la
obra: que yo estoy con vosotros, —oráculo del Señor de los
Ejércitos—. La palabra pactada con vosotros, cuando salíais de
Egipto, y mi espíritu habitan con vosotros: no temáis. Así dice
el Señor de los Ejércitos: Todavía un poco más y agitaré cielo y
tierra, mar y continentes. Pondré en movimiento los pueblos;
vendrán las riquezas de todo el mundo, y llenaré de gloria este
Templo —dice el Señor de los Ejércitos—. Mía es la plata y
mío es el oro —dice el Señor de los Ejércitos—. La gloria de
este segundo Templo será mayor que la del primero —dice el
Señor de los Ejércitos—; y en este sitio daré la paz» —oráculo
del Señor de los Ejércitos.

Palabra de Dios.

SALMO RESPONSORIAL 42

℟ **Espera en Dios, que volverás a alabarlo: «Salud de mi rostro, Dios mío.»**

Hazme justicia, oh Dios, defiende mi causa, | contra gente sin piedad, | sálvame del hombre traidor y malvado. ℟.

Tú eres mi Dios y protector: | ¿por qué me rechazas? | ¿por qué voy andando sombrío, | hostigado por mi enemigo? ℟.

Envía tu luz y tu verdad: | que ellas me guíen | y me conduzcan hasta tu monte santo, | hasta tu morada. ℟.

Que yo me acerque al altar de Dios, | al Dios de mi alegría; | que te dé gracias al son de la cítara | Dios, Dios mío. ℟.

ALELUYA p. 1932ss.

EVANGELIO p. 1762

VIERNES   Años pares

PRIMERA LECTURA

Todas las tareas bajo el cielo tienen su momento

LECTURA DEL LIBRO DEL ECLESIASTES   3, 1-11

Todo tiene su tiempo y su momento, todas las tareas bajo el cielo: Tiempo de nacer, tiempo de morir, tiempo de plantar, tiempo de arrancar, tiempo de matar, tiempo de sanar, tiempo de derruir, tiempo de construir, tiempo de llorar, tiempo de reír, tiempo de hacer duelo, tiempo de bailar, tiempo de arrojar piedras, tiempo de recoger piedras, tiempo de abrazar, tiempo de desprenderse, tiempo de buscar, tiempo de perder, tiempo de guardar, tiempo de arrojar, tiempo de rasgar, tiempo de coser, tiempo de callar, tiempo de hablar, tiempo de amar, tiempo de odiar, tiempo de guerra, tiempo de paz. ¿Qué saca el obrero de sus fatigas? Comprobé las ocupaciones que encomendó Dios a los hombres, para afligirlos: Todo lo hizo hermoso y a su tiempo, les dio el mundo para que pensaran, y el hombre no abarca las obras que hizo Dios, del principio hasta el fin.

Palabra de Dios.

SALMO RESPONSORIAL 143

℟ **Bendito el Señor, mi Roca.**

Bendito el Señor, mi Roca, | mi bienhechor, mi alcázar, | baluarte donde me ponga a salvo, | mi escudo y mi refugio. ℟.

Señor, ¿qué es el hombre para que te fijes en él? | ¿qué los hijos de Adán para que pienses en ellos? | El hombre es igual que un soplo, | sus días, una sombra que pasa. ℟.

ALELUYA p. 1932ss.

EVANGELIO

Tú eres el Mesías de Dios. El Hijo del hombre tiene que padecer mucho

✠ LECTURA DEL S. EVANGELIO SEGUN
SAN LUCAS   9, 18-22

Una vez que Jesús estaba orando solo, en presencia de sus discípulos, les preguntó: «¿Quién dice la gente que soy yo?» Ellos contestaron: «Unos que Juan el Bautista, otros que Elías, otros dicen que ha vuelto a la vida uno de los antiguos profetas.» El les preguntó: «Y vosotros, ¿quién decís que soy yo?» Pedro tomó la palabra y dijo: «El Mesías de Dios.» El les prohibió terminantemente decírselo a nadie. Y añadió: «El Hijo del Hombre tiene que padecer mucho, ser desechado por los ancianos, sumos sacerdotes y letrados, ser ejecutado y resucitar al tercer día.»

Palabra del Señor.

SABADO **Años impares**

Yo vengo a habitar dentro de ti

LECTURA DEL PROFETA ZACARIAS 2, 5-9.14-15a

Alcé los ojos y vi un hombre con un cordel de medir. Pregunté: «¿A dónde vas?» El me contestó: «A medir a Jerusalén, para comprobar su anchura y longitud.» Entonces salió el ángel que hablaba conmigo, y otro ángel le vino al encuentro, diciendo: «Corre y di a aquel joven: "Jerusalén será ciudad abierta, por la multitud de hombres y ganados que hay dentro de ella"; yo seré para ella —oráculo del Señor— una muralla de fuego en torno, y gloria dentro de ella. ¡Alégrate y goza, hija de Sión!, que yo vengo a habitar dentro de ti —oráculo del Señor—. Aquel día se unirán al Señor muchos pueblos, y serán pueblo mío, y habitaré en medio de ti.»

Palabra de Dios.

SALMO RESPONSORIAL Jr 31, 10-12ab.13

℟ **El Señor nos guardará, como pastor a su rebaño.**

Escuchad, pueblos, la palabra del Señor, | anunciadla en las islas remotas: | «El que dispersó a Israel lo reunirá, | lo guardará como pastor a su rebaño. ℟.

Porque el Señor redimió a Jacob, | lo rescató de una mano más fuerte. | Vendrán con aclamaciones a la altura de Sión, | afluirán hacia los bienes del Señor. ℟.

Entonces se alegrará la doncella en la danza, | gozarán los jóvenes y los viejos; | convertirá su tristeza en gozo, | los alegraré y aliviaré sus penas.» ℟.

ALELUYA p. 1932ss.

EVANGELIO p. 1765

SABADO   **Años pares**

PRIMERA LECTURA

Acuérdate de tu Hacedor durante la juventud, antes de que el
polvo vuelva a la tierra y el espíritu vuelva a Dios

LECTURA DEL LIBRO DEL ECLESIASTES   11, 9—12, 8

Disfruta mientras eres muchacho y pásalo bien en la juventud; déjate llevar del corazón, de lo que atrae a los ojos; pero que Dios te llevará a juicio para dar cuenta de todo. Rechaza las penas del corazón, rehúye los dolores del cuerpo: niñez y juventud son vanidad. Acuérdate de tu Hacedor durante la juventud, antes de que lleguen los días desgraciados y te alcancen los años en que dirás: «no les saco gusto»; antes de que se oscurezca la luz del sol, la luna y las estrellas, y a la lluvia siga el nublado. Ese día temblarán los guardianes de casa y los valientes se encorvarán; las que muelen serán pocas y se pararán, los que miran por las ventanas se ofuscarán; las puertas de la calle se cerrarán y el ruido del molino se apagará; se debilitará el canto de los pájaros, las canciones se irán callando; darán miedo las alturas y rondarán los terrores; cuando florezca el almendro y se arrastre la langosta y no dé gusto la alcaparra; porque el hombre marcha a la morada eterna y el cortejo fúnebre recorre las calles. Antes de que se rompa el hilo de plata y se destroce la copa de oro, se quiebre el cántaro en la fuente y se raje la polea del pozo, y el polvo vuelva a la tierra que fue, y el espíritu vuelva al Dios que lo dio. Vaciedad de vaciedades, dice el Predicador, vaciedad de vaciedades y todo vaciedad.

Palabra de Dios.

SALMO RESPONSORIAL 89

℟ **Señor, tú has sido nuestro refugio de generación en generación.**

Tú reduces el hombre a polvo, | diciendo: «Retornad, hijos de Adán» | Mil años en tu presencia | son un ayer, que pasó, | una vela nocturna. ℟.

Los siembras año por año, | como hierba que se renueva; | que florece y se renueva por la mañana, | y por la tarde la siegan y se seca. ℟.

Enséñanos a calcular nuestros años, | para que adquiramos un corazón sensato. | Vuélvete, Señor, ¿hasta cuándo? | Ten compasión de tus siervos. ℟.

Por la mañana sácianos de tu misericordia, | y toda nuestra vida será alegría y júbilo. | Baje a nosotros la bondad del Señor | y haga prósperas las obras de nuestras manos. ℟.

ALELUYA p. 1932ss.

EVANGELIO

*Al Hijo del Hombre lo van a entregar. Les daba miedo
preguntarle sobre el asunto*

✠ LECTURA DEL S. EVANGELIO SEGUN
SAN LUCAS   9, 43b-45

En aquel tiempo, entre la admiración general por lo que hacía, Jesús dijo a sus discípulos: «Meteos bien esto en la cabeza: al Hijo del Hombre lo van a entregar en manos de los hombres.» Pero ellos no entendían este lenguaje; les resultaba tan oscuro, que no cogían el sentido. Y les daba miedo preguntarle sobre el asunto.

Palabra del Señor.

VIGESIMA SEXTA SEMANA
LUNES   Años impares

Yo libertaré a mi pueblo del país de Oriente y de Occidente

LECTURA DEL PROFETA ZACARIAS   8, 1-8

En aquellos días, vino la palabra del Señor de los Ejércitos: Así dice el Señor de los Ejércitos: «Siento gran celo por Sión, gran cólera en favor de ella.» Así dice el Señor de los Ejércitos: «Volveré a Sión y habitaré en medio de Jerusalén. Jerusalén se llamará "Ciudad Fiel", y el monte del Señor de los Ejércitos, "Monte Santo".» Así dice el Señor de los Ejércitos: «De nuevo se sentarán en las calles de Jerusalén ancianos y ancianas, hombres que, de viejos, se apoyan en bastones. Las calles de Jerusalén se llenarán de muchachos y muchachas que jugarán en la calle.» Así dice el Señor de los Ejércitos: «Si el resto del pueblo encuentra esto imposible aquel día, ¿será también imposible a mis ojos? —oráculo del Señor de los Ejércitos—.» Así dice el Señor de los Ejércitos: «Yo libertaré a mi pueblo del país de Oriente y del país de Occidente, y los traeré para que habiten en medio de Jerusalén. Ellos serán mi pueblo y yo seré su Dios con verdad y con justicia.»

Palabra de Dios.

SALMO RESPONSORIAL 101

℟ **El Señor reconstruyó Sión, y apareció en su gloria.**

Los gentiles temerán tu nombre, | los reyes del mundo, tu gloria: | cuando el Señor reconstruya Sión, | y aparezca en su gloria, | y se vuelva a la súplica de los indefensos, | y no desprecie sus peticiones. ℟.

Quede esto escrito para la generación futura, | y el pueblo que será creado alabará al Señor: | Que el Señor ha mirado desde su excelso santuario, | desde el cielo se ha fijado en la tierra, |

para escuchar los gemidos de los cautivos, | y librar a los conde-
nados a la muerte. R̂.

ALELUYA p. 1932ss.

EVANGELIO p. 1768

LUNES   Años pares

PRIMERA LECTURA

*El Señor me lo dio, el Señor me lo quitó; bendito sea el nombre
del Señor*

LECTURA DEL LIBRO DE JOB   1, 6-22

Un día fueron los ángeles y se presentaron al Señor; entre
ellos llegó también Satanás. El Señor le preguntó: «¿De dónde
vienes?» El respondió: «De dar vueltas por la tierra.» El Señor le
dijo: «¿Te has fijado en mi siervo Job? En la tierra no hay otro
como él: es un hombre justo y honrado, que teme a Dios y se
aparta del mal.» Satanás le respondió: «¿Y crees que teme a Dios
de balde? ¡Si tú mismo lo has cercado y protegido, a él a su hogar y todo lo suyo! Has bendecido sus trabajos, y sus rebaños se
ensanchan por el país. Pero extiende la mano, daña sus posesiones, y te apuesto a que te maldecirá en tu cara.» El Señor le dijo:
«Haz lo que quieras con sus cosas, pero a él no lo toques.» Y Satanás se marchó. Un día que sus hijos e hijas comían y bebían en
casa del hermano mayor, llegó un mensajero a casa de Job y le
dijo: «Estaban los bueyes arando y las burras pastando a su lado,
cuando cayeron sobre ellos unos sabeos, apuñalaron a los mozos
y se llevaron el ganado. Sólo yo pude escapar para contártelo.»
No había acabado de hablar, cuando llegó otro y dijo: «Ha caído
un rayo del cielo que ha quemado y consumido tus ovejas y pastores. Sólo yo pude escapar para contártelo.» No había acabado

de hablar, cuando llegó otro y dijo: «Una banda de caldeos, dividiéndose en tres grupos, se echó sobre los camellos y se los llevó, y apuñaló a los mozos. Sólo yo pude escapar para contártelo.» No había acabado de hablar, cuando llegó otro y dijo: «Estaban tus hijos y tus hijas comiendo y bebiendo en casa del hermano mayor, cuando un huracán cruzó el desierto y embistió por los cuatro costados la casa, que se derrumbó y los mató. Sólo yo pude escapar para contártelo.» Entonces Job se levantó, se rasgó el manto, se rapó la cabeza, se echó por tierra y dijo: «Desnudo salí del vientre de mi madre y desnudo volveré a él. El Señor me lo dio, el Señor me lo quitó; bendito sea el nombre del Señor.» A pesar de todo, Job no protestó contra Dios.

Palabra de Dios.

SALMO RESPONSORIAL 16

℟ **Inclina el oído y escucha mis palabras.**

Señor, escucha mi apelación, | atiende a mis clamores; | presta oído a mi súplica, | que en mis labios no hay engaño. ℟.

Emane de ti la sentencia, | miren tus ojos la rectitud. | Aunque sondees mi corazón, | visitándolo de noche; | aunque me pruebes al fuego, | no encontrarás malicia en mí. ℟.

Yo te invoco porque tú me respondes, Dios mío, | inclina el oído y escucha mis palabras. | Muestra las maravillas de tu misericordia, | tú que salvas de los adversarios | a quien se refugia a tu derecha. ℟.

ALELUYA p. 1932ss.

EVANGELIO

El más pequeño de vosotros es el más importante

✠ LECTURA DEL S. EVANGELIO SEGUN
SAN LUCAS   9, 46-50

En aquel tiempo, los discípulos se pusieron a discutir quién era el más importante. Jesús, adivinando lo que pensaban, cogió de la mano a un niño, lo puso a su lado y les dijo: «El que acoge a este niño en mi nombre, me acoge a mí; y el que me acoge a mí, acoge al que me ha enviado. El más pequeño de vosotros es el más importante.» Juan tomó la palabra y dijo: «Maestro, hemos visto a uno que echaba demonios en tu nombre, y, como no es de los nuestros, se lo hemos querido impedir.» Jesús le respondió: «No se lo impidáis: el que no está contra vosotros, está a favor vuestro.»

Palabra del Señor.

MARTES   Años impares

PRIMERA LECTURA

Vendrán pueblos incontables a consultar al Señor en Jerusalén

LECTURA DEL PROFETA ZACARIAS   8, 20-23

Así dice el Señor de los Ejércitos: Todavía vendrán pueblos y habitantes de grandes ciudades, y los de una ciudad irán a otro diciendo: «Vayamos a implorar al Señor, a consultar al Señor de los Ejércitos. —Yo también voy contigo.» Y vendrán pueblos incontables y numerosas naciones a consultar al Señor de los Ejércitos en Jerusalén y a implorar su protección. Así dice el Señor de los Ejércitos: Aquel día diez hombres de cada lengua extranjera agarrarán a un judío por la orla del manto, diciendo: «Queremos ir con vosotros, pues hemos oído que Dios está con vosotros.»

Palabra de Dios.

SALMO RESPONSORIAL 86

℟. **Dios está con nosotros.**   Zac 8, 23

El la ha cimentado sobre el monte santo: | y el Señor prefiere las puertas de Sión | a todas las moradas de Jacob. | ¡Qué pregón tan glorioso para ti, | ciudad de Dios! ℟.

«Contaré a Egipto y a Babilonia | entre mis fieles; | filisteos, tirios y etíopes | han nacido allí.» | Se dirá de Sión: «Uno por uno | todos han nacido en ella: | el Altísimo en persona la ha fundado.» ℟.

El Señor escribirá en el registro de los pueblos: | «Este ha nacido allí.» | Y cantarán mientras danzan: | «Todas mis fuentes están en ti.» ℟.

ALELUYA p. 1932ss.

EVANGELIO p. 1771

MARTES   Años pares

PRIMERA LECTURA

¿Por qué dio luz a un desgraciado?

LECTURA DEL LIBRO DE JOB   3, 1-3.11-17.20-23

Job abrió la boca y maldijo su día, diciendo: «¡Muera el día en que nací, la noche que dijo: "Se ha concebido un varón"! ¿Por qué al salir del vientre no morí, o perecí al salir de las entrañas? ¿Por qué me recibió un regazo y unos pechos me dieron de mamar? Ahora dormiría tranquilo, descansaría en paz, lo mismo que los reyes de la tierra que se alzan mausoleos; o como los nobles que amontonan oro y plata en sus palacios. Ahora sería un aborto enterrado, una criatura que no llegó a ver la luz. Allí acaba el tumulto de los malvados, allí reposan los que están rendidos. ¿Por qué dio luz a un desgraciado y vida al que la pasa en amargura, al que ansía la muerte que no llega y escarba buscándola, más que un tesoro, al que se alegraría ante la tumba y gozaría al recibir sepultura, al hombre que no encuentra camino porque Dios le cerró la salida?»

Palabra de Dios.

SALMO RESPONSORIAL 87

℟ **Llegue, Señor, hasta ti mi súplica.**

Señor, Dios mío, de día te pido auxilio, | de noche grito en tu presencia; | llegue hasta ti mi súplica, | inclina tu oído a mi clamor. ℟.

Porque mi alma está colmada de desdichas | y mi vida está al borde del Abismo; | ya me cuentan con los que bajan a la fosa, | soy como un inválido. ℟.

Tengo mi cama entre los muertos, | como los caídos que yacen en el sepulcro, | de los cuales ya no guardas memoria, | porque fueron arrancados de tu mano. ℟.

Me has colocado en lo hondo de la fosa, | en las tinieblas del fondo. | Tú cólera pesa sobre mí, | me echas encima todas tus olas. ℟.

ALELUYA p. 1932ss.

EVANGELIO

Tomó la decisión de ir a Jerusalén

✠ LECTURA DEL S. EVANGELIO SEGUN
SAN LUCAS   9, 51-56

Cuando se iba cumpliendo el tiempo de ser llevado al cielo, Jesús tomó la decisión de ir a Jerusalén. Y envió mensajeros por delante. De camino entraron en una aldea de Samaria para prepararle alojamiento. Pero no lo recibieron, porque se dirigía a Jerusalén. Al ver esto, Santiago y Juan, discípulos suyos, le preguntaron: «Señor, ¿quieres que mandemos bajar fuego del cielo y acabe con ellos?» El se volvió y les regañó, y dijo: «No sabéis de qué espíritu sois. Porque el Hijo del Hombre no ha venido a perder a los hombres, sino a salvarlos.» Y se marcharon a otra aldea.

Palabra del Señor.

MIERCOLES   **Años impares**

PRIMERA LECTURA

*Si a Su Majestad le parece bien, déjame ir y reconstruiré la
ciudad de mis padres*

LECTURA DEL LIBRO DE NEHEMIAS   2, 1-8

El mes de Nisán del año veinte del rey Artajerjes, siendo yo,
Nehemías, copero mayor, tomé vino y se lo ofrecí al rey. Nunca
me había presentado ante él con cara triste. Y me dijo el rey:
«¿Qué te pasa que estás tan triste? Tú no estás enfermo, sino
preocupado.» Me llevé un susto enorme y respondí al rey: «Viva
el rey eternamente. ¿Cómo no he de estar triste cuando la ciudad
donde se hallan enterrados mis padres está en ruinas y sus puertas consumidas por el fuego?» El rey me dijo: «¿Qué pretendes?»
Me encomendé al Dios del cielo y contesté al rey: «Si a Su Majestad le parece bien, y si está satisfecho de su siervo, déjame ir
a Judá y reconstruiré la ciudad donde están enterrados mis padres.» El rey y la reina, que estaba sentada a su lado, me preguntaron: «¿Cuánto durará tu viaje y cuándo volverás?» Al rey le pareció bien la fecha que le indiqué y me dejó ir. Pero añadí: «Ruego a Su Majestad que me den cartas para los gobernadores de
Transeufratina, para que me faciliten el viaje hasta Judá. Y una
carta dirigida a Asaf, encargado de los bosques reales, para que
suministre vigas de madera para los portones de la ciudadela del
templo, para el muro de la ciudad y para la casa donde me voy
a instalar.» Por un favor de Dios el rey me lo concedió todo.

Palabra de Dios.

SALMO RESPONSORIAL 136

℟ **Que se me pegue la lengua al paladar, si no me
acuerdo de ti.**

Junto a los canales de Babilonia | nos sentamos a llorar con
nostalgia de Sión; | en los cauces de sus orillas | colgábamos
nuestras cítaras. ℟.

Allí los que nos deportaron | nos invitan a cantar, | nuestros opresores, a divertirlos. | «Cantadnos un cantar de Sión.» ℞.

¡Cómo cantar un cántico del Señor | en tierra extranjera! | Si me olvido de ti, Jerusalén, | que se me paralice la mano derecha. ℞.

Que se me pegue la lengua al paladar | si no me acuerdo de ti, | si no pongo a Jerusalén | en la cumbre de mis alegrías. ℞.

ALELUYA p. 1932ss.

EVANGELIO p. 1784

MIERCOLES   Años pares

PRIMERA LECTURA

El hombre no es justo frente a Dios

LECTURA DEL LIBRO DE JOB   9, 1-12.14-16

Respondió Job a sus amigos: «Sé muy bien que es así: que el hombre no es justo frente a Dios. Si Dios se digna pleitear con él, él no podrá rebatirle de mil razones una. ¿Quién, fuerte o sabio, le resiste y queda ileso? El desplaza las montañas sin que se advierta y las vuelca con su cólera; estremece la tierra en sus cimientos, y sus columnas retiemblan; manda al sol que no brille y guarda bajo sello las estrellas; él solo despliega los cielos y camina sobre la espalda del mar; creó la Osa y Orión, las Pléyades y las Cámaras del Sur; hace prodigios insondables, maravillas sin cuento. Si cruza junto a mí, no puedo verlo, pasa rozándome y no lo siento; si coge una presa, ¿quién se la quitará?, ¿quién le reclamará: "qué estás haciendo"? Cuánto menos podré yo replicarle o escoger argumentos contra él. Aunque tuviera razón, no recibiría respuesta, tendría que suplicar a mi adversario; aunque lo citara y me respondiera, no creo que me hiciera caso.»

Palabra de Dios.

SALMO RESPONSORIAL 87

℟ **Llegue, Señor, hasta ti mi súplica.**

Todo el día te estoy invocando, | tendiendo las manos hacia ti. | ¿Harás tú maravillas por los muertos? | ¿Se alzarán las sombras para darte gracias? ℟.

¿Se anuncia en el sepulcro tu misericordia, | o tu fidelidad en el reino de la muerte? | ¿Se conocen tus maravillas en la tiniebla, | o tu justicia en el país del olvido? ℟.

Pero yo te pido auxilio, | por la mañana irá a tu encuentro mi súplica. | ¿Por qué, Señor, me rechazas | y me escondes tu rostro? ℟.

ALELUYA p. 1932ss.

EVANGELIO

Te seguiré a donde vayas

✝ LECTURA DEL S. EVANGELIO SEGUN
SAN LUCAS   9, 57-62

En aquel tiempo, mientras iban de camino Jesús y sus discípulos, le dijo uno: «Te seguiré a donde vayas.» Jesús le respondió: «Las zorras tienen madriguera y los pájaros, nido, pero el Hijo del Hombre no tiene donde reclinar la cabeza.» A otro le dijo: «Sígueme.» El respondió: «Déjame primero ir a enterrar a mi padre.» Le contestó: «Deja que los muertos entierren a sus muertos, tú vete a anunciar el Reino de Dios.» Otro le dijo: «Te seguiré, Señor. Pero déjame primero despedirme de mi familia.» Jesús le contestó: «El que echa mano al arado y sigue mirando atrás, no vale para el Reino de Dios.»

Palabra del Señor.

JUEVES   Años impares

Esdras abrió el libro de la ley, pronunció la bendición del Señor, y el pueblo entero respondió: Amén, amén

LECTURA DEL LIBRO DE NEHEMIAS   8, 1-4a.5-6.7b-12

En aquellos días, todo el pueblo se congregó como un solo hombre en la plaza que hay ante la puerta del agua. Dijeron al escriba Esdras que trajera el libro de la ley de Moisés que el Señor había prescrito a Israel. Esdras trajo el libro a la asamblea de hombres y mujeres y de todos los que podían comprender. Era el día primero del mes séptimo. Leyó el libro en la plaza que hay ante la puerta del agua, desde el amanecer hasta el mediodía, en presencia de hombres, mujeres y de los que podían comprender; y todo el pueblo estaba atento al libro de la ley. Esdras, el escriba, estaba de pie sobre un estrado de madera, que habían hecho para el caso. Esdras abrió el libro a vista del pueblo, pues los dominaba a todos, y cuando lo abrió, el pueblo entero se puso en pie. Esdras pronunció la bendición del Señor Dios grande, y el pueblo entero, alzando las manos, respondió: «Amén, Amén»; se inclinó y se postró rostro a tierra ante el Señor. Mientras los levitas explicaban al pueblo la ley, el pueblo permanecía en sus puestos. Los levitas leían el libro de la ley de Dios con claridad y explicando el sentido, de forma que comprendieron la lectura. Nehemías, el Gobernador, Esdras, el sacerdote y escriba, y los levitas que enseñaban al pueblo decían al pueblo entero: «Hoy es un día consagrado a nuestro Dios: No hagáis duelo ni lloréis» (porque el pueblo entero lloraba al escuchar las palabras de la ley). Y añadieron: «Andad, comed buenas tajadas, bebed vino dulce y enviad porciones a quien no tiene preparado, pues es un día consagrado a nuestro Dios. No estéis tristes, pues el gozo en el Señor es vuestra fortaleza.» Los levitas acallaban al pueblo diciendo: «Silencio; no estéis tristes, que es un día santo.» Por fin el pueblo se fue a comer y beber, a repartir alimentos y a organizar una gran fiesta porque habían comprendido lo que les habían enseñado.

Palabra de Dios.

SALMO RESPONSORIAL 18

℞ **Los mandatos del Señor son rectos y alegran el corazón.**

La ley del Señor es perfecta | y es descanso del alma; | el precepto del Señor es fiel | e instruye al ignorante. ℞

Los mandatos del Señor son rectos | y alegran el corazón; | la norma del Señor es límpida | y da luz a los ojos. ℞

La voluntad del Señor es pura | y eternamente estable; | los mandamientos del Señor son verdaderos | y enteramente justos. ℞

Más preciosos que el oro, | más que el oro fino; | más dulces que la miel | de un panal que destila. ℞

ALELUYA p. 1932ss.

EVANGELIO p. 1777

JUEVES   Años pares

PRIMERA LECTURA

Yo sé que está vivo mi Vengador

LECTURA DEL LIBRO DE JOB   19, 21-27

Job dijo: «¡Piedad, piedad de mí, amigos míos, que me ha herido la mano de Dios! ¿Por qué me perseguís como Dios y no os hartáis de escarnecerme? ¡Ojalá se escribieran mis palabras, ojalá se grabaran en cobre; con cincel de hierro y en plomo se escribieran para siempre en la roca! Yo sé que está vivo mi Ven-

gador y que al final se alzará sobre el polvo: después que me
arranquen la piel, ya sin carne, veré a Dios; yo mismo lo veré,
y no otro, mis propios ojos lo verán. ¡Desfallezco de ansias en
mi pecho!»

Palabra de Dios.

SALMO RESPONSORIAL 26

℞ **Espero gozar de la dicha del Señor en el país de la
vida.**

Escúchame, Señor, que te llamo, | ten piedad, respóndeme.
Oigo en mi corazón: «Buscad mi rostro.» ℞

Tu rostro buscaré, Señor, | no me escondas tu rostro. | No
rechaces con ira a tu siervo, | que tú eres mi auxilio; | no me de-
seches. ℞

Espero gozar de la dicha del Señor | en el país de la vida.
| Espera en el Señor, sé valiente, | ten ánimo, espera en el
Señor. ℞

ALELUYA p. 1932ss.

EVANGELIO

Vuestra paz descansará sobre ellos

✠ LECTURA DEL S. EVANGELIO SEGUN
SAN LUCAS　　　　　　　　　　　　　　　　　　　　10, 1-12

En aquel tiempo, designó el Señor otros setenta y dos, y los
mandó por delante, de dos en dos, a todos los pueblos y lugares
adonde pensaba ir él. Y les decía: «La mies es abundante y los
obreros pocos: rogad, pues, al dueño de la mies que mande obreros a su mies. ¡Poneos en camino! Mirad que os mando como
corderos en medio de lobos. No llevéis talega, ni alforja, ni sandalias; y no os detengáis a saludar a nadie por el camino. Cuando
entréis en una casa, decid primero: "Paz a esta casa". Y si allí
hay gente de paz, descansará sobre ellos vuestra paz; si no, volverá a vosotros. Quedaos en la misma casa, comed y bebed de

lo que tengan: porque el obrero merece su salario. No andéis cambiando de casa. Si entráis en un pueblo y os reciben bien comed lo que os pongan, curad a los enfermos que haya, y decid: "está cerca de vosotros el Reino de Dios". Cuando entréis en un pueblo y no os reciban, salid a la plaza y decid: "Hasta el polvo de vuestro pueblo, que se nos ha pegado a los pies, nos lo sacudimos sobre vosotros. De todos modos, sabed que está cerca el Reino de Dios". Os digo que aquel día será más llevadero para Sodoma que para ese pueblo.»

Palabra del Señor.

VIERNES   Años impares

PRIMERA LECTURA

Pecamos contra el Señor no haciéndole caso

LECTURA DEL PROFETA BARUC   1, 15-22

Confesamos que el Señor nuestro Dios es justo, nosotros en cambio, sentimos la vergüenza de la culpa de este día: judíos, vecinos de Jerusalén, nuestros reyes y gobernantes, nuestros sacerdotes y profetas y nuestros antepasados; porque pecamos contra el Señor no haciéndole caso, desobedecimos al Señor nuestro Dios no siguiendo los mandatos que el Señor nos había propuesto. Desde el día en que el Señor sacó a nuestros padres de Egipto hasta hoy, no hemos hecho caso al Señor nuestro Dios, hemos rehusado obedecerle. Por eso nos han sucedido ahora las desgracias y la maldición que el Señor conminó a Moisés cuando sacó a nuestros padres de Egipto, para darnos una tierra que mana leche y miel. No obedecimos al Señor que nos hablaba por medio de sus enviados los profetas; todos seguimos nuestros malos deseos sirviendo a dioses ajenos y haciendo lo que el Señor nuestro Dios reprueba.

Palabra de Dios.

SALMO RESPONSORIAL 78

℟ **Por el honor de tu nombre, sálvanos, Señor.**

Dios mío, los gentiles han entrado en tu heredad, | han profanado tu santo templo, | han reducido Jerusalén a ruinas; | echaron los cadáveres de tus siervos | en pasto a las aves del cielo, | y la carne de tus fieles a las fieras de la tierra. ℟.

Derramaron su sangre como agua | en torno a Jerusalén, y nadie la enterraba. | Fuimos el escarnio de nuestros vecinos, | la irrisión y la burla de los que nos rodean. | ¿Hasta cuándo, Señor? | ¿Vas a estar siempre enojado? | ¿Va a arder como fuego tu cólera? ℟.

No recuerdes contra nosotros | las culpas de nuestros padres; | que tu compasión nos alcance pronto, | pues estamos agotados. ℟.

Socórrenos, Dios, Salvador nuestro, | por el honor de tu nombre; | líbranos y perdona nuestros pecados, | a causa de tu nombre. ℟.

ALELUYA p. 1932ss.

EVANGELIO p. 1780

VIERNES   Años pares

PRIMERA LECTURA

¿Has mandado a la mañana, o has entrado por los hontanares del mar?

LECTURA DEL LIBRO DE JOB   38, 1.12-21; 40, 3-5

El Señor habló a Job desde la tormenta: «¿Has mandado en tu vida a la mañana o has señalado su puesto a la aurora, para que agarre la tierra por los bordes y sacuda de ella a los malvados; para que la transforme como arcilla bajo el sello y la tiña como la ropa; para que les niegue la luz a los malvados y se quiebre el brazo sublevado? ¿Has entrado por los hontanares del mar o paseado por la hondura del océano? ¿Te han enseñado las puertas de la Muerte o has visto los portales de las Sombras? ¿Has examinado la anchura de la tierra? Cuéntamelo, si lo sabes todo. ¿Por dónde se va a la casa de la luz y dónde viven las tinieblas? ¿Podrías conducirlas a su país o enseñarles el camino de casa? Lo sabrás, pues ya habías nacido entonces y has cumplido tantísimos años.» Job respondió al Señor: «Me siento pequeño, ¿qué replicaré? Me llevaré la mano a la boca; he hablado una vez, y no insistiré, dos veces, y no añadiré nada.»

Palabra de Dios.

SALMO RESPONSORIAL 138

℟ **Guíame, Señor, por el camino eterno.**

Señor, tú me sondeas y me conoces: | me conoces cuando me siento y me levanto, | de lejos penetras mis pensamientos; | distingues mi camino y mi descanso, | todas mis sendas te son familiares. ℟.

¿A dónde iré lejos de tu aliento, | a dónde escaparé de tu mirada? | Si escalo el cielo, allí estás tú; | si me acuesto en el abismo, allí te encuentro. ℟.

Si vuelo hasta el margen de la aurora, | si emigro hasta el confín del mar, | allí me alcanzará tu izquierda, | me agarrará tu derecha. ℟.

Tú has creado mis entrañas, | me has tejido en el seno materno. | Te doy gracias, porque me has escogido portentosamente, | porque son admirables tus obras. ℟.

ALELUYA p. 1932ss.

EVANGELIO

Quien me rechaza a mí, rechaza al que me ha enviado

✠ LECTURA DEL S. EVANGELIO SEGUN SAN LUCAS
10, 13-16

En aquel tiempo, dijo Jesús: «¡Ay de ti Corozaín, ay de ti, Betsaida! Si en Tiro y en Sidón se hubieran hecho los milagros que en vosotras, hace tiempo que se habrían convertido, vestidos de sayal y sentados en la ceniza. Por eso el juicio les será más llevadero a Tiro y a Sidón que a vosotras. Y tú, Cafarnaum, ¿piensas escalar el cielo? Bajarás al abismo. Quien a vosotros os escucha, a mí me escucha; quien a vosotros os rechaza, a mí me rechaza; y quien me rechaza a mí, rechaza al que me ha enviado.»

Palabra del Señor.

SABADO   Años impares

PRIMERA LECTURA

El que os mandó las desgracias, os mandará el gozo eterno

LECTURA DEL PROFETA BARUC   4, 5-12.27-29

¡Animo, pueblo mío, que llevas el nombre de Israel! Os vendieron a los gentiles, no para ser aniquilados; por la cólera de Dios contra vosotros, os entregaron a vuestros enemigos. Porque irritasteis a vuestro Creador, sacrificando a demonios que no son dios; os olvidasteis del Señor eterno que os había criado y afligisteis a Jerusalén que os sustentó. Cuando ella vio que el castigo de Dios se avecinaba dijo: «Escuchad, habitantes de Sión, Dios me ha enviado una pena terrible: El Eterno mandó cautivos a mis hijos e hijas; yo los crié con alegría, los despedí con lágrimas de pena. Que nadie se alegre viendo a esta viuda abandonada de todos. Si estoy desierta, es por los pecados de mis hijos que se apartan de la ley de Dios. ¡Animo, hijos, gritad a Dios!, que el que os castigó se acordará de vosotros. Si un día os empeñasteis en alejaros de Dios, volveos a buscarlo con redoblado empeño. El que os mandó las desgracias, os mandará el gozo eterno de vuestra salvación.»

Palabra de Dios.

SALMO RESPONSORIAL 68

R El Señor escucha a los pobres.

Miradlo, los humildes, y alegraos, | buscad al Señor, y vivirá vuestro corazón. | Que el Señor escucha a los pobres, | no desprecia a los cautivos. | Alábenlo el cielo y la tierra, | las aguas y cuanto bulle en ellas. R.

El Señor salvará a Sión, | reconstruirá las ciudades de Judá, | y las habitarán en posesión. | La estirpe de sus siervos la heredará, | los que aman su nombre vivirán en ella. R.

ALELUYA p. 1932ss.

EVANGELIO p. 1783

SABADO   Años pares

PRIMERA LECTURA

Ahora te han visto mis ojos, por eso me retracto

LECTURA DEL LIBRO DE JOB   42, 1-3.5-6.12-16

Job respondió al Señor: «Reconozco que lo puedes todo y ningún plan es irrealizable para ti —yo, el que empaño tus designios con palabras sin sentido—; hablé de grandezas que no entendía, de maravillas que superan mi comprensión. Te conocía sólo de oídas, ahora te han visto mis ojos; por eso me retracto y me arrepiento, echándome polvo y ceniza.» El Señor bendijo a Job al final de su vida más aún que al principio; sus posesiones fueron catorce mil ovejas, seis mil camellos, mil yuntas de bueyes y mil borricas. Tuvo siete hijos y tres hijas: la primera se llamaba «Paloma», la segunda «Acacia», la tercera «Azabache». No había en todo el país mujeres más bellas que las hijas de Job. Su padre les repartió heredades como a sus hermanos. Después Job vivió cuarenta años, y conoció a sus hijos y a sus nietos y a sus biznietos. Y Job murió anciano y satisfecho.

Palabra de Dios.

SALMO RESPONSORIAL 118

℟ **Haz brillar, Señor, tu rostro sobre tu siervo.**

Enséñame a gustar y a comprender, | porque me fío de tus mandatos. ℟

Me estuvo bien el sufrir, | así aprendí tus mandamientos. ℟

Reconozco, Señor, que tus mandamientos son justos, | que con razón me hiciste sufrir. ℟

Por tu mandamiento subsisten hasta hoy, | porque todo está a tu servicio. ℟

Yo soy tu siervo: dame inteligencia, | y conoceré tus preceptos. ℟

La explicación de tus palabras ilumina, | da inteligencia a los ignorantes. ℟

ALELUYA p. 1932ss.

EVANGELIO

Estad alegres porque vuestros nombres están escritos en el cielo

✠ LECTURA DEL S. EVANGELIO SEGUN SAN LUCAS   10, 17-24

En aquel tiempo, los setenta y dos volvieron muy contentos y dijeron a Jesús: «Señor, hasta los demonios se nos someten en tu nombre.» El les contestó: «Veía a Satanás caer del cielo como un rayo. Mirad: os he dado potestad para pisotear serpientes y escorpiones y todo el ejército del enemigo. Y no os hará daño alguno. Sin embargo, no estéis alegres porque se os someten los espíritus; estad alegres porque vuestros nombres están inscritos en el cielo.» En aquel momento, lleno de la alegría del Espíritu Santo, exclamó: «Te doy gracias, Padre, Señor del cielo y de la tierra, porque has escondido estas cosas a los sabios y a los entendidos, y las has revelado a la gente sencilla. Sí, Padre, porque así te ha parecido bien. Todo me lo ha entregado mi Padre, y nadie conoce quién es el Hijo, sino el Padre; ni quién es el Padre, sino el Hijo, y aquél a quien el Hijo se lo quiere revelar.» Y volviéndose a sus discípulos, les dijo aparte: «¡Dichosos los ojos que ven lo que vosotros veis! Porque os digo que muchos profetas y reyes desearon ver lo que veis vosotros y no lo vieron; y oír lo que oís, y no lo oyeron.»

Palabra del Señor.

VIGESIMA SEPTIMA SEMANA
LUNES   Años impares

Se levantó Jonás para huir lejos del Señor

COMIENZO DEL PROFETA JONAS   1, 1—2, 1.11

Jonás Ben-Amitai recibió la palabra del Señor: «Levántate y vete a Nínive, la gran ciudad, y proclama en ella: Su maldad ha llegado hasta mí.» Se levantó Jonás para huir a Tarsis, lejos del Señor; bajó a Jafa, y encontró un barco que zarpaba para Tarsis; pagó el precio y embarcó para navegar con ellos a Tarsis, lejos del Señor. Pero el Señor envió un viento impetuoso sobre el mar, y se alzó una gran tormenta en el mar, y la nave estaba a punto de naufragar. Temieron los marineros, e invocaba cada cual a su dios. Arrojaron los pertrechos al mar, para aligerar la nave, mientras Jonás, que había bajado a lo hondo de la nave, dormía profundamente. El capitán se le acercó y le dijo: «¿Por qué duermes? Levántate e invoca a tu Dios; quizá se compadezca ese Dios de nosotros, para que no perezcamos.» Y decían unos a otros: «Echemos suertes para ver por culpa de quién nos viene esta calamidad.» Echaron suertes, y la suerte cayó sobre Jonás. Le interrogaron: «Dinos, ¿por qué nos sobreviene esta calamidad? ¿Cuál es tu oficio? ¿De dónde vienes? ¿Cuál es tu país? ¿De qué pueblo eres?» El les contestó: «Soy un hebreo; adoro al Señor Dios del cielo, que hizo el mar y la tierra firme.» Temieron grandemente aquellos hombres y le dijeron: «¿Qué has hecho?» (pues comprendieron que huía del Señor, por lo que él había declarado). Entonces le preguntaron: «¿Qué haremos contigo para que se nos aplaque el mar?» Porque el mar seguía embraveciéndose. El contestó: «Levantadme y arrojadme al mar, y el mar se os aplacará; pues sé que por mi culpa os sobrevino esta terrible tormenta.» Pero ellos remaban para alcanzar tierra firme, y no podían, porque el mar seguía embraveciéndose. Entonces invocaron al Señor, diciendo: «¡Ah, Señor, que no perezcamos por culpa de este hombre; no nos hagas responsables de una sangre inocente! Tú eres el Señor que obras como quieres.» Levantaron, pues, a Jonás y lo arrojaron al mar; y el mar calmó su cólera. Y temieron mucho al Señor aquellos hombres. Ofrecieron un sacrificio al Señor y le hicieron votos. El Señor envió un gran pez a que se comiera a Jonás, y estuvo Jonás en el vientre del pez tres días y tres noches seguidas. El Señor dio orden al pez y vomitó a Jonás en tierra firme.

Palabra de Dios.

SALMO RESPONSORIAL   Jon 2, 2-5.8

℟ **Sacaste mi vida de la fosa, Señor.**

En mi aflicción clamé al Señor | y me atendió, | desde el vientre del infierno pedí auxilio, | y escuchó mi clamor. ℟.

Me arrojaste a lo profundo | en alta mar, | me rodeaban las olas, | tus corrientes y tu oleaje pasaban sobre mí. ℟.

Yo dije: Me has arrojado de tu presencia, | quién pudiera ver de nuevo tu santo templo. ℟.

Cuando se me acababan las fuerzas | me acordé del Señor; | llegó hasta ti mi oración, | hasta tu santo Templo. ℟.

ALELUYA p. 1932ss.

EVANGELIO p. 1787

LUNES   Años pares

PRIMERA LECTURA

No he recibido ni aprendido de ningún hombre el Evangelio, sino por revelación de Jesucristo

LECTURA DE LA CARTA DE SAN PABLO A LOS GALATAS   1, 6-12

Hermanos: Me sorprende que tan pronto hayáis abandonado al que os llamó por amor a Cristo, y os hayáis pasado a otro

Evangelio. No es que haya otro Evangelio, lo que pasa es que algunos os turban para volver del revés el Evangelio de Cristo. Pues bien, si alguien os predica un Evangelio distinto del que os hemos predicado —seamos nosotros mismos o un ángel del cielo—, ¡sea maldito! Lo he dicho y lo repito: si alguien os anuncia un Evangelio diferente del que os hemos anunciado, ¡sea maldito! Cuando digo esto, ¿busco la aprobación de los hombres, o la de Dios? ¿Trato de agradar a los hombres? Si siguiera agradando a los hombres, no sería servidor de Cristo. Os notifico, hermanos, que el Evangelio anunciado por mí no es de origen humano; yo no lo he recibido ni aprendido de ningún hombre, sino por revelación de Jesucristo.

Palabra de Dios.

SALMO RESPONSORIAL 110

℟ **Doy gracias al Señor de todo corazón.**

Doy gracias al Señor de todo corazón, | en compañía de los rectos, en la asamblea. | Grandes son las obras del Señor, | dignas de estudio para los que las aman. ℟.

Justicia y verdad son las obras de sus manos, | todos sus preceptos merecen confianza: | son estables para siempre jamás, | se han de cumplir con verdad y rectitud. ℟.

Envió la redención a su pueblo, | ratificó para siempre su alianza; | su nombre es sagrado y temible; | la alabanza del Señor dura por siempre. ℟.

ALELUYA p. 1932ss.

EVANGELIO

¿Quién es mi prójimo?

✠ LECTURA DEL S. EVANGELIO SEGUN
SAN LUCAS   10, 25-37

En aquel tiempo, se presentó un letrado y le preguntó a Jesús para ponerlo a prueba: «Maestro, ¿qué tengo que hacer para heredar la vida eterna?» El le dijo: «¿Qué está escrito en la Ley? ¿qué lees en ella?» El letrado contestó: «Amarás al Señor tu Dios con todo tu corazón y con toda tu alma y con todas tus fuerzas y con todo tu ser. Y al prójimo como a ti mismo.» El le dijo: «Bien dicho. Haz esto y tendrás la vida.» Pero el letrado, queriendo aparecer como justo, preguntó a Jesús: «¿Y quién es mi prójimo?» Jesús dijo: «Un hombre bajaba de Jerusalén a Jericó, cayó en manos de unos bandidos, que lo desnudaron, lo molieron a palos y se marcharon, dejándolo medio muerto. Por casualidad, un sacerdote bajaba por aquel camino, y, al verlo, dio un rodeo y pasó de largo. Y lo mismo hizo un levita que llegó a aquel sitio: al verlo dio un rodeo y pasó de largo. Pero un samaritano que iba de viaje, llegó adonde estaba él, y al verlo, le dio lástima, se le acercó, le vendó las heridas, echándoles aceite y vino y, montándolo en su propia cabalgadura, lo llevó a una posada y lo cuidó. Al día siguiente sacó dos denarios y, dándoselos al posadero, le dijo; "Cuida de él y lo que gastes de más yo te lo pagaré a la vuelta." ¿Cuál de estos tres te parece que se portó como prójimo del que cayó en manos de los bandidos?» El letrado contestó: «El que practicó la misericordia con él.» Díjole Jesús: «Anda, haz tú lo mismo.»

Palabra del Señor.

MARTES   Años impares

PRIMERA LECTURA

Los ninivitas se convirtieron de su mala vida y Dios se compadeció

LECTURA DEL PROFETA JONAS   3, 1-10

De nuevo vino la palabra del Señor sobre Jonás: «Levántate y vete a Nínive, la gran capital, y pregona allí el pregón que te diré.» Se levantó Jonás y fue a Nínive, como le había mandado el Señor. (Nínive era una ciudad enorme, tres días hacían falta para atravesarla.) Comenzó Jonás a entrar por la ciudad y caminó durante un día pregonando: «Dentro de cuarenta días Nínive será arrasada.» Los ninivitas creyeron en Dios, proclamaron un ayuno y se vistieron de sayal, grandes y pequeños. Llegó la noticia al rey de Nínive: se levantó del trono, dejó el manto, se vistió de sayal y se sentó en tierra, y mandó proclamar a Nínive en nombre suyo y del gobierno: «Que hombres y animales, vacas y ovejas, no prueben bocado, no pasten ni beban; vístanse de sayal hombres y animales; invoquen con ahínco a Dios, conviértase cada cual de su mala vida y de las injusticias cometidas. ¡Quién sabe si Dios se arrepentirá y nos dará respiro, si aplacará el incendio de su ira, y no pereceremos!» Cuando vio Dios sus obras y cómo se convertían de su mala vida, se compadeció y se arrepintió de la catástrofe con que había amenazado a Nínive, y no la ejecutó.

Palabra de Dios.

SALMO RESPONSORIAL 129

℟ **Si llevas cuentas de los delitos, Señor, ¿quién podrá resistir?**

Desde lo hondo a ti grito, Señor; | Señor, escucha mi voz; | estén tus oídos atentos | a la voz de mi súplica. ℟.

Si llevas cuenta de los delitos, Señor, | ¿quién podrá resistir? | Pero de ti procede el perdón, | y así infundes respeto. ℟.

Porque del Señor viene la misericordia, | la redención copiosa: | y él redimirá a Israel | de todos sus delitos. ℟.

ALELUYA p. 1932ss.

EVANGELIO p. 1791

MARTES   **Años pares**

Se dignó revelar a su Hijo en mí, para que yo lo anunciara a los gentiles

LECTURA DE LA CARTA DE SAN PABLO A LOS GALATAS
1, 13-24

Hermanos: Habéis oído hablar de mi conducta pasada en el judaísmo: con qué saña perseguía a la Iglesia de Dios y la asolaba, y me señalaba en el judaísmo más que muchos de mi edad y de mi raza, como partidario fanático de las tradiciones de mis antepasados. Pero, cuando Aquel que me escogió desde el seno de mi madre y me llamó a su gracia, se dignó revelar a su Hijo en mí, para que yo lo anunciara a los gentiles, en seguida, sin consultar con hombres, sin subir a Jerusalén a ver a los Apóstoles anteriores a mí, me fui a Arabia, y después volví a Damasco. Más tarde, pasados tres años, subí a Jerusalén para conocer a Pedro, y me quedé quince días con él. Pero no vi a ningún otro Apóstol; vi solamente a Santiago, el pariente del Señor. Dios es testigo de que no miento en lo que os escribo. Fui después a Siria y a Cilicia. Las iglesias cristianas de Judea no me conocían personalmente; sólo habían oído decir que el antiguo perseguidor predicaba ahora la fe que antes intentaba destruir, y alababan a Dios por causa mía.

Palabra de Dios.

SALMO RESPONSORIAL 138

℟ **Guíame, Señor, por el camino eterno.**

Señor, tú me sondeas y me conoces: | me conoces cuando me siento o me levanto, | de lejos penetras mis pensamientos; | distingues mi camino y mi descanso, * todas mis sendas te son familiares. ℟.

Tú has creado mis entrañas, | me has tejido en el seno materno. | Te doy gracias porque me has escogido portentosamente, | porque son admirables tus obras. R.

Conocías hasta el fondo de mi alma, | no desconocías mis huesos. | Cuando, en lo oculto, me iba formando | y entretejiendo en lo profundo de la tierra. R.

ALELUYA p. 1932ss.

EVANGELIO

María lo recibió en su casa. María ha escogido la mejor parte

✠ LECTURA DEL S. EVANGELIO SEGUN
SAN LUCAS   10, 38-42

En aquel tiempo, entró Jesús en una aldea, y una mujer llamada Marta lo recibió en su casa. Esta tenía una hermana llamada María que, sentada a los pies del Señor, escuchaba su palabra. Y Marta se multiplicaba para dar abasto con el servicio; hasta que se paró y dijo: «Señor, ¿no te importa que mi hermana me haya dejado sola con el servicio? Dile que me eche una mano.» Pero el Señor le contestó: «Marta, Marta: andas inquieta y nerviosa con tantas cosas: sólo una es necesaria. María ha escogido la parte mejor, y no se la quitarán.»

Palabra del Señor.

MIERCOLES   **Años impares**

PRIMERA LECTURA

Tú te lamentas por el ricino, y yo, ¿no voy a sentir la suerte de Nínive, la gran ciudad?

LECTURA DEL PROFETA JONAS   4, 1-11

Jonás sintió un disgusto enorme, y estaba irritado. Oró al Señor en estos términos: «Señor, ¿no es esto lo que me temía yo en mi tierra? Por eso me adelanté a huir a Tarsis, porque sé que eres compasivo y misericordioso, lento a la cólera y rico en piedad, que te arrepientes de las amenazas. Ahora, Señor, quítame la vida; más vale morir que vivir.» Respondióle el Señor: «¿Y tienes tú derecho a irritarte?» Jonás había salido de la ciudad, y estaba sentado al Oriente. Allí se había hecho una choza y se sentaba a la sombra, esperando el destino de la ciudad. Entonces hizo crecer el Señor un ricino, alzándose por encima de Jonás para darle sombra y resguardarle del ardor del sol. Jonás se alegró mucho de aquel ricino. Pero el Señor envió un gusano, cuando el sol salía al día siguiente, el cual dañó al ricino, que se secó. Y cuando el sol apretaba, envió el Señor un viento solano bochornoso; el sol hería la cabeza de Jonás, haciéndole desfallecer. Deseó Jonás morir, y dijo: «Más vale morir que vivir.» Respondió el Señor a Jonás: «¿Crees que tienes derecho a irritarte por el ricino?» Contestó él: «Con razón siento un disgusto mortal.» Respondióle el Señor: «Tú te lamentas por el ricino, que no cultivaste con tu trabajo, y que brota una noche y perece la otra. Y yo, ¿no voy a sentir la suerte de Nínive, la gran ciudad, que habitan más de ciento veinte mil hombres, que no distinguen la derecha de la izquierda, y en la que hay gran cantidad de ganado?»

Palabra de Dios.

SALMO RESPONSORIAL 85

℟ **Tú, Señor, eres lento a la cólera y rico en piedad.**

Piedad de mí, Señor, | que a ti estoy llamando todo el día: | alegra el alma de tu siervo, | pues levanto mi alma hacia ti. ℟.

Porque tú, Señor, eres bueno y clemente, | rico en misericordia con los que te invocan. | Señor, escucha mi oración, | atiende a la voz de mi súplica. ℟.

Todos los pueblos vendrán | a postrarse en tu presencia, Señor, | bendecirán tu nombre: | «Grande eres tú, y haces maravillas, | tú eres el único Dios.» ℟.

ALELUYA p. 1932ss.

EVANGELIO p. 1794

MIERCOLES   **Años pares**

PRIMERA LECTURA

Reconocieron el don que he recibido

LECTURA DE LA CARTA DE SAN PABLO A LOS GALATAS

2, 1-2.7-14

Hermanos: Transcurridos catorce años, subí otra vez a Jerusalen en compañía de Bernabé, llevando también a Tito. Subí por una revelación. Les expuse el Evangelio que predico a los gentiles, aunque en privado, a los más representativos, por si acaso mis afanes de entonces o de antes eran vanos. Al contrario, vieron que Dios me ha encargado de anunciar el Evangelio a los gentiles, como a Pedro de anunciarlo a los judíos; el mismo que capacita a Pedro para su misión entre los judíos, me capacita a mí para la mía entre los gentiles. Reconociendo, pues, el don que he recibido, Santiago, Pedro y Juan, considerados como columnas, nos dieron la mano a Bernabé y a mí en señal de solidaridad, de acuerdo en que nosotros fuéramos a los gentiles y ellos a los judíos. Una sola cosa nos pidieron: que nos acordáramos de sus pobres, y eso lo he tomado muy a pecho. Pero cuando Pedro llegó a Antioquía, tuve que encararme con él, porque era reprensible. Antes de que llegaran ciertos individuos de parte de Santiago, comía con los gentiles; pero cuando llegaron aquéllos, se retrajo y se puso aparte, temiendo a los partidarios de la circuncisión. Los demás judíos lo imitaron en esta simulación, tanto que el mismo Bernabé se vio arrastrado con ellos a la simulación. Ahora que, cuando yo vi que su conducta no cuadraba con la verdad del Evangelio, le dije a Pedro delante de todos: «Si tú, siendo judío, vives a lo gentil y no a lo judío, ¿cómo fuerzas a los gentiles a las prácticas judías?»

Palabra de Dios.

SALMO RESPONSORIAL 116

℟ **Id al mundo entero y proclamad el Evangelio.**

Alabad al Señor todas las naciones, | aclamadlo todos los pueblos. ℟.

Firme en su misericordia con nosotros, | su fidelidad dura por siempre. ℟.

ALELUYA p. 1932ss.

EVANGELIO

Señor, enséñamos a orar

✠ LECTURA DEL S. EVANGELIO SEGUN SAN LUCAS   11, 1-4

Una vez que estaba Jesús orando en cierto lugar, cuando terminó, uno de sus discípulos le dijo; «Señor, enséñanos a orar, como Juan enseñó a sus discípulos.» El les dijo: «Cuando oréis, decid: "Padre, santificado sea tu nombre, venga tu reino, danos cada día nuestro pan del mañana, perdónanos nuestros pecados, porque también nosotros perdonamos a todo el que nos debe algo, y no nos dejes caer en la tentación."»

Palabra del Señor.

JUEVES   Años impares

PRIMERA LECTURA
Mirad que llega el día, ardiente como un horno

LECTURA DEL PROFETA MALAQUIAS   3, 13-20a

Vuestros discursos son arrogantes contra mí —oráculo del Señor—. Vosotros objetáis: «¿Cómo es que hablamos arrogantemente?» Porque decís: «No vale la pena servir al Señor; ¿qué sacamos con guardar sus mandamientos? ¿Para qué andamos enlutados en presencia del Señor de los Ejércitos? Al contrario: nos parecen dichosos los malvados; a los impíos les va bien, tientan a Dios, y quedan impunes.» (Entonces los hombres religiosos hablaron entre sí: El Señor atendió y les escuchó. Ante él se escribía un libro de memorias a favor de los hombres religiosos que honran su nombre.) Me pertenecen —dice el Señor de los Ejércitos— como bien propio, el día que yo preparo. Me compadeceré de ellos, como un padre se compadece del hijo que le sirve. Entonces veréis la diferencia entre justos e impíos, entre los que sirven a Dios y los que no le sirven. Porque mirad que llega el día, ardiente como un horno: malvados y perversos serán la paja, y los quemaré el día que ha de venir —dice el Señor de los Ejércitos—, y no quedará de ellos ni rama ni raíz. Pero a los que honran mi nombre los iluminará un sol de justicia que lleva la salud en las alas.

Palabra de Dios.

SALMO RESPONSORIAL 1

℟ **Dichoso el hombre, que ha puesto su confianza en el Señor.**
Sal 39, 5a

Dichoso el hombre | que no sigue el consejo de los impíos; | ni entra por la senda de los pecadores, | ni se sienta en la reunión de los cínicos, | sino que su gozo es la ley del Señor. ℟.

Será como un árbol | plantado al borde de la acequia: | da fruto en su sazón, | y no se marchitan sus hojas; | y cuanto emprende tiene buen fin. ℟.

No así los impíos, no así: | serán paja que arrebata el viento, | porque el Señor protege el camino de los justos, | pero el camino de los impíos acaba mal. ℟.

ALELUYA p. 1932ss.

EVANGELIO p. 1797

JUEVES   **Años pares**

*¿Recibisteis el Espíritu por observar la Ley, o por haber
respondido a la fe?*

LECTURA DE LA CARTA DE SAN PABLO A
LOS GALATAS   3, 1-5

¡Insensatos gálatas! ¿Quién os ha embrujado? ¡Y pensar que
vuestros ojos presentaron la figura de Jesucristo en la cruz! Contestadme a una sola pregunta: ¿Recibisteis el Espíritu por observar la ley, o por haber respondido a la fe? ¿Tan estúpidos sois?
¡Empezasteis por el espíritu para terminar con la materia! ¡Tantas
magníficas experiencias en vano! Si es que han sido en vano. Vamos a ver: Cuando Dios os concede el Espíritu y obra prodigios
entre vosotros, ¿por qué lo hace? ¿Porque observáis la ley, o
porque respondéis a la fe?

Palabra de Dios.

SALMO RESPONSORIAL   Lc 1, 69-75

℟ **Bendito sea el Señor, Dios de Israel, porque ha visitado a su pueblo.**

Nos ha suscitado una fuerza de salvación | en la casa de Da-
vid, su siervo; | según lo había predicho desde antiguo | por
boca de sus santos profetas. ℟.

Es la salvación que nos libra de nuestros enemigos | y de la
mano de todos los que nos odian; | realizando la misericordia
que tuvo con nuestros padres, | recordando su santa alianza. ℟.

El juramento que juró a nuestro padre Abrahán, | para con-
cedernos que, libres de temor, | arrancados de la mano de los
enemigos, | le sirvamos con santidad y justicia, | en su presencia,
todos nuestros días. ℟.

ALELUYA p. 1932ss.

EVANGELIO

Pedid y se os dará

✠ LECTURA DEL S. EVANGELIO SEGUN
SAN LUCAS   11, 5-13

En aquel tiempo, dijo Jesús a sus discípulos: «Si alguno de
vosotros tiene un amigo y viene a medianoche para decirle:
"Amigo, préstame tres panes, pues uno de mis amigos ha venido
de viaje y no tengo nada que ofrecerle." Y, desde dentro, el otro
le responde: "No me molestes; la puerta está cerrada; mis niños
y yo estamos acostados: no puedo levantarme para dártelo." Si el
otro insiste llamando, yo os digo que, si no se levanta y se los
da por ser amigo suyo, al menos por la importunidad se levantará
y le dará cuanto necesite. Pues así os digo a vosotros: Pedid y se
os dará, buscad y hallaréis, llamad y se os abrirá; porque quien
pide, recibe, quien busca, halla, y al que llama, se le abre. ¿Qué
padre entre vosotros, cuando el hijo le pide pan, le dará una piedra? ¿O si le pide un pez, le dará una serpiente? ¿O si le pide un
huevo, le dará un escorpión? Si vosotros, pues, que sois malos,
sabéis dar cosas buenas a vuestros hijos, ¿cuánto más vuestro Padre celestial dará el Espíritu Santo a los que se lo piden?»

Palabra del Señor.

VIERNES   **Años impares**

PRIMERA LECTURA

El día del Señor, día de oscuridad y tinieblas

LECTURA DEL PROFETA JOEL   1, 13-15; 2, 1-2

Vestíos de luto y haced duelo, sacerdotes; llorad, ministros
del altar; venid a dormir en esteras, ministros de Dios, porque

faltan en el templo del Señor ofrenda y libación. Proclamad el ayuno, congregad la asamblea, reunid a los ancianos, a todos los habitantes de la tierra, en el templo del Señor nuestro Dios, y clamad al Señor. «¡Ay de este día!» Que está cerca el día del Señor, vendrá como azote del Dios de las montañas. Tocad a trompeta en Sión, gritad en mi monte santo, tiemblen los habitantes del país: que viene, ya está cerca el día del Señor. Día de oscuridad y tinieblas, día de nube y nubarrón, como negrura extendida sobre los montes, una horda numerosa y espesa; como ella, no la hubo jamás; después de ella, no se repetirá por muchas generaciones.

Palabra de Dios.

SALMO RESPONSORIAL 9

R. **El Señor juzgará el orbe con justicia.**

Te doy gracias, Señor, de todo corazón, | proclamando todas tus maravillas; | me alegro y exulto contigo | y toco en honor de tu nombre, oh Altísimo. R.

Reprendiste a los pueblos, destruiste al impío | y borraste para siempre su apellido. | Los pueblos se han hundido en la fosa que hicieron, | su pie quedó prendido en la red que escondieron. R.

Dios está sentado por siempre | en el trono que ha colocado para juzgar. | El juzgará el orbe con justicia | y regirá las naciones con rectitud. R.

ALELUYA p. 1932ss.

EVANGELIO p. 1800

VIERNES　　　　　　　　　　　　　　　　　　**Años pares**

PRIMERA LECTURA

*Son los hombres de la fe los que reciben la bendición con
Abrahán el fiel*

LECTURA DE LA CARTA DE SAN PABLO A
LOS GALATAS　　　　　　　　　　　　　　　　　3, 7-14

Hermanos: Entended de una vez que hijos de Abrahán son
los hombres de fe. Además, la Escritura, previendo que Dios
aceptaría a los gentiles por la fe, le adelantó a Abrahán la buena
noticia: «Por ti serán benditas todas las naciones.» Así que son
los hombres de fe los que reciben la bendición con Abrahán el
fiel. En cambio, los que se apoyan en la observancia de la ley tienen encima una maldición, porque dice la Escritura: «Maldito el
que no cumple todo lo escrito en el libro de la ley.» Que en base
a la ley nadie consigue salvarse es evidente, porque lo que está
dicho es que «el que se justifica con la fe no es reo de muerte»,
y la ley no arranca de la fe, sino que «el que la cumple no será
reo de muerte, gracias a sus obras». Cristo nos rescató de la maldición de la ley, haciéndose por nosotros un maldito, porque
dice la Escritura: «Maldito todo el que cuelga de un árbol.» Esto
sucedió para que por medio de Jesucristo la bendición de Abrahán alcanzase a los gentiles, y por la fe recibiéramos el Espíritu
prometido.

Palabra de Dios.

SALMO RESPONSORIAL 110

R℣ **El Señor recuerda siempre su alianza.**

Doy gracias al Señor de todo corazón, | en compañía de los
rectos, en la asamblea. | Grandes son las obras del Señor, | dig-
nas de estudio para los que las aman. R℣

Esplendor y belleza son su obra, | su generosidad dura por
siempre; | ha hecho maravillas memorables, | el Señor es piadoso
y clemente. R℣

El da alimento a sus fieles, | recordando siempre su alianza. | Mostró a su pueblo la fuerza de su obrar, | dándoles la heredad de los gentiles. ℟.

ALELUYA p. 1932ss.

EVANGELIO

Si yo echo los demonios con el dedo de Dios, entonces es que el Reino de Dios ha llegado a vosotros

✠ LECTURA DEL S. EVANGELIO SEGUN
SAN LUCAS
                                                                    11, 15-26

En aquel tiempo, habiendo echado Jesús un demonio, algunos de entre la multitud dijeron: «Si echa los demonios, es por arte de Belzebú, el príncipe de los demonios.» Otros, para ponerlo a prueba, le pedían un signo en el cielo. El leyendo sus pensamiento, les dijo: «Todo reino en guerra civil va a la ruina y se derrumba casa tras casa. Si también Satanás está en guerra civil, ¿cómo mantendrá su reino? Vosotros decís que yo echo los demonios con el poder de Belzebú; y si yo echo los demonios con el poder de Belzebú, vuestros hijos, ¿por arte de quién los echan? Por eso, ellos mismos serán vuestros jueces. Pero si yo echo los demonios con el dedo de Dios, entonces es que el Reino de Dios ha llegado a vosotros. Cuando un hombre fuerte y bien armado guarda su palacio, sus bienes están seguros. Pero si otro más fuerte lo asalta y lo vence, le quita las armas de que se fiaba y reparte el botín. El que no está conmigo, está contra mí; el que no recoge conmigo, desparrama. Cuando un espíritu inmundo sale de un hombre, da vueltas por el desierto, buscando un sitio para descansar; pero como no lo encuentra, dice: "Volveré a la casa de donde salí." Al volver se la encuentra barrida y arreglada. Entonces va a coger otros siete espíritus peores que él, y se mete a vivir allí. Y el final de aquel hombre resulta peor que el principio.»

Palabra del Señor.

SABADO   **Años impares**

PRIMERA LECTURA

Mano a la hoz, madura está la mies

LECTURA DEL PROFETA JOEL   4, 12-20

Así dice el Señor: Alerta, vengan las naciones al valle de Josafat: allí me sentaré a juzgar a las naciones vecinas. Mano a la
hoz, madura está la mies; venid y pisad, lleno está el lagar. Rebosan las cubas porque abunda su maldad. Turbas y turbas en el
valle de la Decisión, se acerca el día del Señor en el valle de la
Decisión. El sol y la luna se oscurecen, las estrellas retiran su
resplandor. El Señor ruge desde Sión, desde Jerusalén alza la
voz, tiemblan cielos y tierra. El Señor protege a su pueblo, auxilia a los hijos de Israel. Sabréis que yo soy el Señor vuestro
Dios, que habito en Sión, mi monte santo. Jerusalén será santa,
y no pasarán por ella extranjeros. Aquel día los montes manarán
vino, los collados se desharán en leche, las acequias de Judá irán
llenas de agua, brotará un manantial del templo del Señor, y en-
grosará el Torrente de las Acacias. Egipto será un desierto,
Edón se volverá árida estepa, porque oprimieron a los judíos,
derramaron sangre inocente en su país. Pero Judá estará habitada
por siempre, Jerusalén, de generación en generación. Vengaré su
sangre, no quedará impune, y el Señor habitará en Sión.

Palabra de Dios.

SALMO RESPONSORIAL 96

℟ **Alegraos, justos, con el Señor.**

El Señor reina, la tierra goza, | se alegran las islas innumera-
bles. | Tiniebla y Nube lo rodean, | Justicia y Derecho sostienen
su trono. ℟.

Los montes se derriten como cera | ante el dueño de toda la
tierra. | Los cielos pregonan su justicia | y todos los pueblos pre-
gonan su gloria. ℟.

Amanece la luz para el justo, | y la alegría para los rectos de corazón. | Alegraos, justos, con el Señor, | celebrad su santo nombre. ℟.

ALELUYA p. 1932ss.

EVANGELIO p. 1803

SABADO   Años pares

PRIMERA LECTURA

Todos sois hijos de Dios por la fe

LECTURA DE LA CARTA DE SAN PABLO A
LOS GALATAS
                                                            3, 22-29

Hermanos: La Escritura presenta al mundo entero prisionero del pecado, para que lo prometido se dé por la fe en Jesucristo a todo el que cree. Antes de que llegara la fe, estábamos prisioneros, custodiados por la ley, esperando que la fe se revelase. Así, la ley fue nuestra niñera, hasta que llegara Cristo y Dios nos aceptara por la fe. Una vez que la fe ha llegado, ya no estamos sometidos a la niñera, porque todos sois hijos de Dios por la fe en Cristo Jesús. Los que os habéis incorporado a Cristo por el bautismo, os habéis revestido de Cristo. Ya no hay distinción entre judíos y gentiles, esclavos y libres, hombres y mujeres, porque todos sois uno en Cristo Jesús. Y si sois de Cristo, sois descendencia de Abrahán y herederos de la promesa.

Palabra de Dios.

SALMO RESPONSORIAL 104

℟. **El Señor se acuerda de su alianza eternamente.**

Cantadle al son de instrumentos, | hablad de sus maravillas; | gloriaos de su nombre santo, | que se alegren los que buscan al Señor. ℟.

Recurrid al Señor y a su poder, | buscad continuamente su rostro. | Recordad las maravillas que hizo, | sus prodigios, las sentencias de su boca. ℟.

¡Estirpe de Abrahán, su siervo, | hijos de Jacob, su elegido! | El Señor es nuestro Dios, | él gobierna toda la tierra. ℟.

EVANGELIO

¡Dichoso el vientre que te llevó! Mejor: ¡Dichosos los que escuchan la Palabra de Dios!

✝ LECTURA DEL S. EVANGELIO SEGUN SAN LUCAS

11, 27-28

En aquel tiempo, mientras Jesús hablaba a las turbas, una mujer de entre el gentío levantó la voz diciendo: «¡Dichoso el vientre que te llevó y los pechos que te criaron!» Pero él repuso: «Mejor: ¡Dichosos los que escuchan la Palabra de Dios y la cumplen!»

Palabra del Señor.

VIGESIMA OCTAVA SEMANA

LUNES   Años impares

PRIMERA LECTURA

Por Cristo hemos recibido este don y esta misión: hacer que los gentiles respondan a la fe

COMIENZO DE LA CARTA DE SAN PABLO
A LOS ROMANOS
1, 1-7

Pablo, siervo de Cristo Jesús, llamado a ser apóstol, escogido para anunciar el Evangelio de Dios. Este Evangelio, prometido ya por sus profetas en las Escrituras Santas, se refiere a su Hijo, nacido, según lo humano, de la estirpe de David; constituido, según el Espíritu Santo, Hijo de Dios, con pleno poder por su resurrección de la muerte: Jesucristo nuestro Señor. Por él hemos recibido este don y esta misión: hacer que todos los gentiles respondan a la fe, para gloria de su nombre. Entre ellos estáis también vosotros, llamados por Cristo Jesús. A todos los de Roma, a quienes Dios ama y ha llamado a formar parte de su pueblo santo, os deseo la gracia y la paz de Dios nuestro Padre y del Señor Jesucristo.

Palabra de Dios.

SALMO RESPONSORIAL 97

℟ **El Señor da a conocer su victoria.**

Cantad al Señor un cántico nuevo, | porque ha hecho maravillas; | su diestra le ha dado la victoria, | su santo brazo. ℟ .

El Señor da a conocer su victoria | revela a las naciones su justicia: | se acordó de su misericordia y su fidelidad | en favor de la casa de Israel. ℟ .

Los confines de la tierra han contemplado | la victoria de nuestro Dios. | Aclama al Señor, tierra entera, | gritad, vitoread, tocad. ℟ .

ALELUYA p. 1932ss.

EVANGELIO p. 1806

LUNES   Años pares

PRIMERA LECTURA

No somos hijos de esclava, sino de la mujer libre

LECTURA DE LA CARTA DE SAN PABLO A LOS GALATAS
4, 22-24.26-27.31—5, 1

Hermanos: En la Escritura se cuenta que Abrahán tuvo dos hijos, uno de la esclava y otro de la libre; el hijo de la esclava nació de modo natural, y el de la libre por una promesa de Dios. Esto tiene un significado: Las dos mujeres representan dos alianzas. Agar, la que engendra hijos para la esclavitud, significa la alianza del Sinaí. La Jerusalén de arriba es libre, ésa es nuestra madre, como dice la Escritura: «Alégrate, estéril, que no das a luz, rompe a gritar, tú que no conocías los dolores, porque la abandonada tiene más hijos que la que vive con el marido.» Resumiendo, hermanos, no somos hijos de esclava, sino de la mujer libre. Para vivir en libertad, Cristo nos ha liberado. Por tanto, manteneos firmes, y no os sometáis de nuevo al yugo de la esclavitud.

Palabra de Dios.

SALMO RESPONSORIAL 112

R̷ **Bendito sea el nombre del Señor por siempre.**

Alabad, siervos, al Señor, | alabad el nombre del Señor. | Bendito sea el nombre del Señor, | ahora y por siempre. R̷

De la salida del sol hasta el ocaso, | alabado sea el nombre del Señor. | El Señor se eleva sobre todos los pueblos, | su gloria sobre el cielo. R̷

¿Quién como el Señor Dios nuestro, | que se eleva en su trono, | y se abaja para mirar | al cielo y a la tierra? | Levanta del polvo al desvalido, | alza de la basura al pobre. ℟.

ALELUYA p. 1932ss.

EVANGELIO

A esta generación no se le dará más signo que el signo de Jonás

✠ LECTURA DEL S. EVANGELIO SEGUN
SAN LUCAS   11, 29-32

En aquel tiempo, la gente se apiñaba alrededor de Jesús y él se puso a decirles: «Esta generación es una generación perversa. Pide un signo, pero no se le dará más signo que el signo de Jonás. Como Jonás fue un signo para los habitantes de Nínive, lo mismo será el Hijo del Hombre para esta generación. Cuando sean juzgados los hombres de esta generación, la reina del Sur se levantará y hará que los condenen; porque ella vino desde los confines de la tierra para escuchar la sabiduría de Salomón y aquí hay uno que es más que Salomón. Cuando sea juzgada esa generación, los hombres de Nínive se alzarán y harán que los condenen; porque ellos se convirtieron con la predicación de Jonás, y aquí hay uno que es más que Jonás.»

Palabra del Señor.

MARTES   **Años impares**

PRIMERA LECTURA

Conociendo los hombres a Dios no le han dado la gloria que Dios se merecía

LECTURA DE LA CARTA DE SAN PABLO A
LOS ROMANOS   1, 16-25

Hermanos: Yo no me avergüenzo del Evangelio: es fuerza de salvación de Dios para todo el que cree, primero para el judío, pero también para el griego. Porque en él se revela la justicia salvadora de Dios para los que creen, en virtud de su fe, como dice la Escritura: «El justo vivirá por su fe.» Desde el cielo Dios revela su reprobación de toda impiedad e injusticia de los hombres, que tienen la verdad prisionera de la injusticia. Es decir, lo que puede conocerse de Dios lo tienen a la vista: Dios mismo se lo ha puesto delante. Desde la creación del mundo, sus perfecciones invisibles, su poder eterno y su divinidad, son visibles para la mente que penetra en sus obras. Realmente no tienen defensas, porque conociendo a Dios no le han dado la gloria y las gracias que Dios se merecía. Al contrario, su razonar acabó en vaciedades y su mente insensata se sumergió en tinieblas. Alardeando de sabios, resultaron unos necios que cambiaron la gloria del Dios inmortal por imágenes del hombre mortal, de pájaros, cuadrúpedos y reptiles. Por esa razón los ha entregado Dios a la bajeza de sus deseos, con la consiguiente degradación de sus propios cuerpos; por haber cambiado al Dios verdadero por uno falso, adorando y dando culto a la criatura en vez de al Creador. ¡Bendito él por siempre! Amén.

Palabra de Dios.

SALMO RESPONSORIAL 18

℟ **El cielo proclama la gloria de Dios.**

El cielo proclama la gloria de Dios, | el firmamento pregona la obra de sus manos: | el día al día le pasa el mensaje, | la noche a la noche se lo susurra. ℟.

Sin que hablen, sin que pronuncien, | sin que resuene su voz, | a toda la tierra alcanza su pregón | y hasta los límites del orbe su lenguaje. ℟.

ALELUYA p. 1932ss.

EVANGELIO p. 1809

MARTES   **Años pares**

PRIMERA LECTURA

*Da lo mismo estar circuncidado o no; lo único que cuenta es una
fe activa en la práctica del amor*

LECTURA DE LA CARTA DE SAN PABLO A
LOS GALATAS   5, 1-6

Hermanos: Para vivir en libertad, Cristo nos ha liberado. Por
tanto, manteneos firmes, y no os sometáis de nuevo al yugo de
la esclavitud. Mirad lo que os digo yo, Pablo: Si os circuncidáis,
Cristo no os servirá de nada. Lo afirmo de nuevo: El que se cir-
cuncida tiene el deber de observar la ley entera. Los que buscáis
ser aceptados por Dios en virtud de la ley, habéis roto con Cristo, habéis caído fuera del ámbito de la gracia. Para nosotros, la
esperanza del perdón que aguardamos es obra del Espíritu, por
medio de la fe, pues, como cristianos, da lo mismo estar circuncidado o no estarlo; lo único que cuenta es una fe activa en la
práctica del amor.

Palabra de Dios.

SALMO RESPONSORIAL 118

℟ **Señor, que me alcance tu favor.**

Señor, que me alcance tu favor, | tu salvación, según tu pro-
mesa. ℟

No quites de mi boca las palabras sinceras, | porque yo espe-
ro en tus mandamientos. ℟

Cumpliré sin cesar tu voluntad, | por siempre jamás. ℟

Andaré por un camino ancho, | buscando tus decretos. ℟

Serán mi delicia tus mandatos, | que tanto amo. ℟

Levantaré mis manos hacia ti, | recitando tus mandatos. ℟

ALELUYA p. 1932ss.

EVANGELIO

Dad limosna, y lo tendréis limpio todo

✠ LECTURA DEL S. EVANGELIO SEGUN
SAN LUCAS   11, 37-41

En aquel tiempo, cuando Jesús terminó de hablar, un fariseo
lo invitó a comer a su casa. El entró y se puso a la mesa. Como
el fariseo se sorprendió al ver que no se lavaba las manos antes
de comer, el Señor le dijo: «Vosotros, los fariseos, limpiáis por
fuera la copa y el plato, mientras por dentro rebosáis de robos
y maldades. ¡Necios! El que hizo lo de fuera, ¿no hizo también
lo de dentro? Dad limosna de lo de dentro, y lo tendréis limpio
todo.»

Palabra del Señor.

MIERCOLES   **Años impares**

PRIMERA LECTURA

*Pagará a cada uno según sus obras, primero al judío, pero
también al griego*

LECTURA DE LA CARTA DE SAN PABLO A
LOS ROMANOS   2, 1-11

Tú, el que seas, que te eriges en juez, no tienes defensa; al
dar sentencia contra el otro te condenas tú mismo, porque tú, el
juez, te portas igual. Todos admitimos que Dios condena con
derecho a los que obran mal, a los que obran de esa manera. Y
tú, que juzgas a los que hacen eso, mientras tú haces lo mismo,
¿te figuras que vas a escapar de la sentencia de Dios? ¿O es que
desprecias el tesoro de su bondad, tolerancia y paciencia, al no
reconocer que esa bondad es para empujarte a la conversión?

Con la dureza de tu corazón impenitente te estás almacenando
castigos para el día del castigo, cuando se revelará el justo juicio
de Dios pagando a cada uno según sus obras. A los que han perseverado en hacer el bien, porque buscaban contemplar su gloria
y superar la muerte, les dará vida eterna; a los porfiados que se
rebelan contra la verdad y se rinden a la injusticia, les dará un
castigo implacable. Pena y angustia tocarán a todo malhechor,
primero al judío, pero también al griego; porque Dios no es parcial con nadie.

Palabra de Dios.

SALMO RESPONSORIAL 61

℟ **Tú, Señor, pagas a cada uno según sus obras.**

Sólo en Dios descansa mi alma, | porque de él viene mi sal-
vación; | sólo él es mi roca y mi salvación, | mi alcázar: no vaci-
laré. ℟.

Descansa sólo en Dios, alma mía, | porque él es mi esperan-
za; | sólo él es mi roca y mi salvación, | mi alcázar: no vaci-
laré. ℟.

Pueblo suyo, confiad en él, | desahogad ante él vuestro cora-
zón, | que Dios es nuestro refugio. ℟.

ALELUYA p. 1932ss.
EVANGELIO p. 1811

MIERCOLES   Años pares

PRIMERA LECTURA

*Los que son de Cristo Jesús han crucificado su carne con sus
pasiones*

LECTURA DE LA CARTA DE SAN PABLO A
LOS GALATAS   5, 18-25

Hermanos: Si os guía el espíritu, no estáis bajo el dominio de
la Ley. Las obras de la carne están patentes: fornicación, impure-

za, libertinaje, idolatría, hechicería, enemistades, contiendas, celos, rencores, rivalidades, partidismo, sectarismo, envidias, borracheras, orgías y cosas por el estilo. Y os prevengo, como ya os previne, que los que así obran no heredarán el Reino de Dios. En cambio, el fruto del Espíritu es: amor, alegría, paz, comprensión, servicialidad, bondad, lealtad, amabilidad, dominio de sí. Contra esto no va la Ley. Y los que son de Cristo Jesús han crucificado su carne con sus pasiones y sus deseos. Si vivimos por el Espíritu, marchemos tras el Espíritu.

Palabra de Dios.

SALMO RESPONSORIAL 1

℟ **El que te sigue, Señor, tendrá la luz de la vida.**

Dichoso el hombre | que no sigue el consejo de los impíos; | ni entra por la senda de los pecadores, | ni se sienta en la reunión de los cínicos, | sino que su gozo es la ley del Señor, | y medita su ley día y noche. ℟.

Será como un árbol | plantado al borde de la acequia: | da fruto en su sazón, | y no se marchitan sus hojas; | y cuanto emprende tiene buen fin. ℟.

No así los impíos, no así: | serán paja que arrebata el viento, | porque el Señor protege el camino de los justos, | pero el camino de los impíos acaba mal. ℟.

ALELUYA p. 1932ss.

EVANGELIO

¡Ay de vosotros, fariseos! ¡Ay de vosotros también, juristas!

✠ LECTURA DEL S. EVANGELIO SEGUN
SAN LUCAS 11, 42-46

En aquel tiempo, dijo el Señor: «¡Ay de vosotros, fariseos, que pagáis el diezmo de la hierbabuena, de la ruda y de toda clase de legumbres, mientras pasáis por alto el derecho y el amor de

Dios! Esto habría que practicar sin descuidar aquello. ¡Ay de
vosotros, fariseos, que os encantan los asientos de honor en las
sinagogas y las reverencias por la calle! ¡Ay de vosotros, que sois
como tumbas sin señal, que la gente pisa sin saberlo!» Un jurista
intervino y le dijo: «Maestro, diciendo eso nos ofendes también
a nosotros.» Jesús replicó: «¡Ay de vosotros también, juristas,
que abrumáis a la gente con cargas insoportables, mientras vosotros no las tocáis ni con un dedo!»

Palabra del Señor.

JUEVES   Años impares

PRIMERA LECTURA

El hombre es justificado por la fe, sin las obras de la Ley

LECTURA DE LA CARTA DE SAN PABLO A
LOS ROMANOS
3, 21-30

Hermanos: Ahora, la justicia de Dios, atestiguada por la Ley
y los Profetas, se ha manifestado independientemente de la Ley.
Por la fe en Jesucristo viene la justicia de Dios a todos los que
creen, sin distinción alguna. Pues todos pecaron y todos están
privados de la gloria de Dios, y son justificados gratuitamente
por su gracia, mediante la redención de Cristo Jesús, a quien
constituyó sacrificio de propiciación mediante la fe en su sangre.
Así quería Dios demostrar que no fue injusto dejando impunes
con su tolerancia los pecados del pasado; se proponía mostrar en
nuestros días su justicia salvadora, justificándose a sí mismo y
cancelando la culpa del que apela a la fe en Jesús. Y ahora, ¿dónde queda el orgullo? Queda eliminado. ¿En nombre de qué? ¿De
las obras? No, en nombre de la fe. Sostenemos, pues, que el
hombre es justificado por la fe, sin las obras de la Ley. ¿Acaso
es Dios sólo de los judíos? ¿No lo es también de los gentiles?

Evidente que también de los gentiles, si es verdad que no hay más que un Dios. El absuelve a los circuncisos en virtud de la fe y a los no circuncisos también por la fe.

Palabra de Dios.

SALMO RESPONSORIAL 129

℟ **Del Señor viene la misericordia, la redención copiosa.**

Desde lo hondo a ti grito, Señor: | Señor, escucha mi voz; | están tus oídos atentos | a la voz de mi súplica. ℟.

Si llevas cuenta de los delitos, Señor, | ¿quién podrá resistir? | Pero de ti procede el perdón, | y así infundes respeto. ℟.

Mi alma espera en el Señor, | espera en su palabra; | mi alma guarda al Señor. ℟.

ALELUYA p. 1932ss.

EVANGELIO p. 1814

JUEVES   Años pares

PRIMERA LECTURA

Nos eligió en la persona de Cristo, antes de crear el mundo

COMIENZO DE LA CARTA DE SAN PABLO A LOS EFESIOS   1, 1-10

Pablo, apóstol de Cristo Jesús por designio de Dios, al pueblo santo, a los fieles cristianos que residen en Efeso. Os deseo la gracia y la paz de Dios nuestro Padre y del Señor Jesucristo. Bendito sea Dios, Padre de Nuestro Señor Jesucristo, que nos ha bendecido en la persona de Cristo con toda clase de bienes espirituales y celestiales. El nos eligió en la persona de Cristo —antes de crear el mundo— para que fuésemos santos e irreprochables ante él por el amor. El nos ha destinado en la persona de Cristo —por pura iniciativa suya— a ser sus hijos, para que la gloria de su gracia, que tan generosamente nos ha concedido en su querido Hijo, redunde en alabanza suya. Por este Hijo, por su sangre, hemos recibido la redención, el perdón de los pecados. El tesoro de su gracia, sabiduría y prudencia ha sido un derroche para nosotros, dándonos a conocer el Misterio de su Voluntad. Este es el plan que había proyectado realizar por Cristo, cuando llegase el momento culminante: recapitular en Cristo todas las cosas del cielo y de la tierra.

Palabra de Dios.

SALMO RESPONSORIAL 97

R. **El Señor da a conocer su victoria.**

Cantad al Señor un cántico nuevo, | porque ha hecho maravillas: | su derecha le ha dado la victoria, | su santo brazo. R.

El Señor da a conocer su victoria, | revela a las naciones su justicia: | se acordó de su misericordia y su fidelidad | en favor de la casa de Israel. R.

Los confines de la tierra han contemplado | la victoria de nuestro Dios. | Aclama al Señor, tierra entera, | gritad, vitoread, tocad. R.

Tocad la cítara para el Señor, | suenen los instrumentos; | con clarines y al son de las trompetas | aclamad al Rey y Señor.

ALELUYA p. 1932ss.

EVANGELIO

Se pedirá cuenta de la sangre de los profetas, desde la sangre de Abel hasta la de Zacarías

✠ LECTURA DEL S. EVANGELIO SEGUN SAN LUCAS
11, 47-54

En aquel tiempo, dijo el Señor: «¡Ay de vosotros, que edificáis mausoleos a los profetas, después que vuestros padres los mataron! Así sois testigos de lo que hicieron vuestros padres, y lo aprobáis; porque ellos los mataron y vosotros les edificáis sepulcros. Por algo dijo la sabiduría de Dios: "Les enviaré profetas y apóstoles: a algunos los perseguirán y matarán"; y así a esta generación se le pedirá cuenta de la sangre de los profetas derramada desde la creación del mundo; desde la sangre de Abel hasta la de Zaracarías, que pereció entre el altar y el santuario. Sí, os lo repito: se le pedirá cuenta a esta generación. ¡Ay de vosotros, juristas, que os habéis quedado con la llave del saber: vosotros que no habéis entrado y habéis cerrado el paso a los que intentaban entrar!» Al salir de allí, los letrados y fariseos empezaron a acosarlo y a tirarle de la lengua con muchas preguntas capciosas, para cogerlo con sus propias palabras.

Palabra del Señor.

VIERNES   Años impares

PRIMERA LECTURA

Abrahán creyó a Dios y se lo contó en su haber

LECTURA DE LA CARTA DE SAN PABLO A LOS ROMANOS

4, 1-8

Hermanos: Veamos el caso de Abrahán, antepasado de nuestra raza. ¿Aceptó Dios a Abrahán por sus obras? Si es así, tiene de qué estar orgulloso; pero de hecho, delante de Dios no tiene de qué. A ver, ¿qué dice la Escritura?: «Abrahán creyó a Dios y se le fue computado como justicia.» Pues bien, a uno que hace un trabajo, el jornal no se le cuenta como un favor, sino como algo debido; en cambio, a éste que no hace ningún trabajo, pero tiene fe en que Dios absuelve al culpable, esa fe se le cuenta en su haber. También David llama dichoso al que Dios cuenta como inocente, prescindiendo de sus obras: «Dichoso el hombre que está absuelto de su culpa, a quien le han sepultado su pecado; dichoso el hombre a quien Dios no le cuenta el pecado.»

Palabra de Dios.

SALMO RESPONSORIAL 31

℟ **Tú eres mi refugio; me rodeas de cantos de liberación.**

Dichoso el que está absuelto de su culpa, | a quien le han sepultado su pecado; | dichoso el hombre a quien el Señor | no le apunta el delito. ℟.

Había pecado, lo reconocí, | no te encubrí mi delito; | propuse: «Confesaré al Señor mi culpa», | y tú perdonaste mi culpa y mi pecado. ℟.

Alegraos, justos, y gozad con el Señor, | aclamadlo, los de corazón sincero. ℟.

ALELUYA p. 1932ss.
EVANGELIO p. 1817

VIERNES   **Años pares**

PRIMERA LECTURA

Ya esperábamos en Cristo, y también vosotros habéis sido marcados con el Espíritu Santo

LECTURA DE LA CARTA DE SAN PABLO A LOS EFESIOS

1, 11-14

Hermanos: Con Cristo hemos heredado también nosotros, los israelitas. A esto estábamos destinados por decisión del que hace todo según su voluntad. Y así, nosotros, los que ya esperábamos en Cristo, seremos alabanza de su gloria. Y también vosotros

—que habéis escuchado la Verdad, la extraordinaria noticia de que habéis sido salvados, y habéis creído— habéis sido marcados por Cristo con el Espíritu Santo prometido; el cual —mientras llega la redención completa del pueblo, propiedad de Dios— es prenda de nuestra herencia, para alabanza de su gloria.

Palabra de Dios.

SALMO RESPONSORIAL 32

℟ **Dichoso el pueblo que el Señor se escogió como heredad.**

Aclamad, justos, al Señor, | que merece la alabanza de los buenos; | dad gracias al Señor con la cítara, | tocad en su honor el arpa de diez cuerdas. ℟.

La palabra del Señor es sincera, | y todas sus acciones son leales; | él ama la justicia y el derecho, | y su misericordia llena la tierra. ℟.

Dichosa la nación cuyo Dios es el Señor, | el pueblo que él escogió como heredad. | El Señor mira desde el cielo, | se fija en todos los hombres. ℟.

ALELUYA p. 1932ss.

EVANGELIO

Los pelos de vuestra cabeza están contados

✠ LECTURA DEL S. EVANGELIO SEGUN SAN LUCAS   12, 1-7

En aquel tiempo, miles y miles de personas se agolpaban hasta pisarse unos a otros. Jesús empezó a hablar, dirigiéndose primero a sus discípulos: «Cuidado con la levadura de los fariseos, o sea, con su hipocresía. Nada hay cubierto que no llegue a descubrirse, nada hay escondido que no llegue a saberse. Por eso, lo que digáis de noche, se repetirá a pleno día, y lo que digáis al oído en el sótano, se pregonará desde la azotea. A vosotros os digo, amigos míos: no tengáis miedo a los que matan el cuerpo, pero no pueden hacer más. Os voy a decir a quién tenéis que temer: temed al que tiene poder para matar y después echar en el fuego. A ése tenéis que temer, os lo digo yo. ¿No se venden cinco gorriones por dos cuartos? Pues ni de uno solo se olvida Dios. Hasta los pelos de vuestra cabeza están contados. Por lo tanto, no tengáis miedo: no hay comparación entre vosotros y los gorriones.»

Palabra del Señor.

SABADO   Años impares

PRIMERA LECTURA

Apoyado en la esperanza, creyó contra toda esperanza

LECTURA DE LA CARTA DE SAN PABLO A
LOS ROMANOS

4, 13.16-18

Hermanos: No fue la observancia de la ley, sino la fe, la que obtuvo para Abrahán y su descendencia la promesa de heredar el mundo. Por eso, como todo depende de la fe, todo es gracia: así la promesa está asegurada para toda la descendencia, no solamente para la descendencia legal, sino también para la que nace de la fe de Abrahán, que es padre de todos nosotros. Así lo dice la Escritura: «Te hago padre de muchos pueblos.» Al encontrarse con el Dios, que da vida a los muertos y llama a la existencia lo que no existe, Abrahán creyó. Apoyado en la esperanza creyó, contra toda esperanza, que llegaría a ser padre de muchas naciones, según lo que se le había dicho: «Así será tu descendencia.»

Palabra de Dios.

SALMO RESPONSORIAL 104

R. **El Señor se acuerda de su alianza eternamente.**

¡Estirpe de Abrahán, su siervo, | hijos de Jacob, su elegido! | El Señor es nuestro Dios, | él gobierna toda la tierra. R.

Se acuerda de su alianza eternamente, | de la palabra dada, por mil generaciones; | de la alianza sellada con Abrahán, | del juramento hecho a Isaac. R.

Porque se acordaba de la palabra sagrada | que había dado a su siervo Abrahán: | sacó a su pueblo con alegría, | a sus escogidos con gritos de triunfo. R.

ALELUYA p. 1932ss.

EVANGELIO p. 1820

SABADO   Años pares

PRIMERA LECTURA

Dio a Cristo como Cabeza a la Iglesia, que es su cuerpo

LECTURA DE LA CARTA DE SAN PABLO A LOS EFESIOS   1, 15-23

Hermanos: Yo, que he oído hablar de vuestra fe en Cristo y de vuestro amor a todo el pueblo santo, no ceso de dar gracias por vosotros, recordándoos en mi oración, a fin de que el Dios de nuestro Señor Jesucristo, el Padre de la gloria, os dé espíritu de sabiduría y revelación para conocerlo. Ilumine los ojos de vuestro corazón para que comprendáis cuál es la esperanza a la que os llama, cuál la riqueza de gloria que da en herencia a los santos y cuál la extrordinaria grandeza de su poder para nosotros, los que creemos, según la eficacia de su fuerza poderosa, que desplegó en Cristo, resucitándolo de entre los muertos y sentándolo a su derecha en el cielo, por encima de todo principio, potestad, fuerza y dominación, y por encima de todo nombre conocido, no sólo en este mundo, sino en el futuro. Y todo lo puso bajo sus pies, y lo dio a la Iglesia, como cabeza, sobre todo. Ella es su cuerpo, plenitud del que lo acaba todo en todos.

Palabra de Dios.

SALMO RESPONSORIAL 8

℟ **Diste a tu Hijo el mando sobre las obras de tus manos.**

¡Señor, dueño nuestro, | qué admirable es tu nombre | en toda la tierra! | Ensalzaste tu majestad sobre los cielos; | de la boca de los niños de pecho | has sacado una alabanza. ℟

Cuando contemplo el cielo, obra de tus dedos, | la luna y las estrellas que has creado, | ¿qué es el hombre, para que te acuerdes de él, | el ser humano, para darle poder? ℟

Lo hiciste poco inferior a los ángeles, | lo coronaste de gloria y dignidad; | le diste el mando sobre las obras de tus manos. ℟

ALELUYA p. 1932ss.

EVANGELIO

El Espíritu Santo os enseñará en aquel momento lo que tenéis que decir

✠ LECTURA DEL S. EVANGELIO SEGUN
SAN LUCAS   12, 8-12

En aquel tiempo, dijo Jesús a sus discípulos: «Si uno se pone de mi parte ante los hombres, también el hijo del Hombre se pondrá de su parte ante los ángeles de Dios. Y si uno me reniega ante los hombres, lo renegarán a él ante los ángeles de Dios. Al que hable contra el Hijo del Hombre se le podrá perdonar, pero al que blasfeme contra el Espíritu Santo, no se le perdonará. Cuando os conduzcan a la sinagoga, ante los magistrados y las autoridades, no os preocupéis de lo que vais a decir, o de cómo os vais a defender. Porque el Espíritu Santo os enseñará en aquel momento lo que tenéis que decir.»

Palabra del Señor.

VIGESIMA NOVENA SEMANA
LUNES   Años impares

PRIMERA LECTURA

Está escrito también por nosotros a quienes se computará si creemos en él

LECTURA DE LA CARTA DE SAN PABLO A LOS ROMANOS
4, 20-25

Hermanos: Ante la promesa de Dios, Abrahán no fue incrédulo, sino que se hizo fuerte en la fe por la gloria dada a Dios al persuadirse de que Dios es capaz de hacer lo que promete, por lo cual fue computado como justicia. Y no sólo por él está escrito: «le fue computado», sino también por nosotros a quienes se computará si creemos en el que resucitó de entre los muertos, nuestro Señor Jesús, que fue entregado por nuestros pecados y resucitado para nuestra justificación.

Palabra de Dios.

SALMO RESPONSORIAL   Lc 1, 69-75

℟ **Bendito sea el Señor, Dios de Israel, porque ha visitado a su pueblo.**

Nos ha suscitado una fuerza de salvación | en la casa de David, su siervo; | según lo había predicho desde antiguo | por boca de sus santos profetas. ℟.

Es la salvación que nos libra de nuestros enemigos | y de la mano de todos los que nos odian; | realizando la misericordia que tuvo con nuestros padres, | recordando su alianza. ℟.

Y el juramento que juró a nuestro padre Abrahán. | Para concedernos que, libres de temor, | arrancados de la mano de los enemigos, | le sirvamos con santidad y justicia, | en su presencia, todos nuestros días. ℟.

ALELUYA p. 1932ss.
EVANGELIO p. 1823

LUNES   **Años pares**

PRIMERA LECTURA

*Nos ha hecho revivir con Cristo y nos ha sentado en el cielo con
él*

LECTURA DE LA CARTA DE SAN PABLO A
LOS EFESIOS   2, 1-10

Hermanos: Hubo un tiempo en que estabais muertos por
vuestras culpas y pecados, cuando seguíais la corriente del mundo presente, bajo el jefe que manda en esta zona inferior, el espíritu que ahora actúa en los rebeldes contra Dios. Antes procedía-
mos nosotros también así; siguiendo las tendencias sensuales,
obedeciendo los impulsos del instinto y de la imaginación; y,
naturalmente, estábamos destinados a la reprobación como los demás. Pero Dios, rico en misericordia, por el gran amor con que
nos amó: estando nosotros muertos por los pecados, nos ha hecho vivir con Cristo —por pura gracia estáis salvados—, nos ha
resucitado con Cristo Jesús y nos ha sentado en el cielo con él.
Así muestra en todos los tiempos la inmensa riqueza de su gracia, su bondad para con nosotros en Cristo Jesús. Porque estáis
salvados por su gracia y mediante la fe. Y no se debe a vosotros,
sino que es un don de Dios; y tampoco se debe a las obras, para
que nadie pueda presumir. Somos, pues, obra suya. Dios nos ha
creado en Cristo Jesús, para que nos dediquemos a las buenas
obras, que el determinó practicásemos.

Palabra de Dios.

SALMO RESPONSORIAL 99

℟ **El Señor nos hizo y somos suyos.**

Aclama al Señor, tierra entera, | servid al Señor con alegría,
| entrad en su presencia con vítores. ℟

Sabed que el Señor es Dios: | que él nos hizo y somos su-
yos, | su pueblo y ovejas de su rebaño. ℟

Entrad por sus puertas con acción de gracias, | por sus atrios
con himnos, | dándole gracias y bendiciendo su nombre. ℟

«El Señor es bueno, | su misericordia es eterna, | su fidelidad por todas las edades.» ℞.

ALELUYA p. 1932ss.

EVANGELIO

Lo que has acumulado, ¿de quién será?

✠ LECTURA DEL S. EVANGELIO SEGUN
SAN LUCAS   12, 13-21

En aquel tiempo, dijo uno del público a Jesús: «Maestro, dile a mi hermano que reparta conmigo la herencia.» El le contestó: «Hombre, ¿quién me ha nombrado juez o árbitro entre vosotros?» Y dijo a la gente: «Mirad: guardaos de toda clase de codicia. Pues aunque uno ande sobrado, su vida no depende de sus bienes.» Y les propuso una parábola: «Un hombre rico tuvo una gran cosecha. Y empezó a echar cálculos: ¿Qué haré? No tengo donde almacenar la cosecha. Y se dijo: "Haré lo siguiente: derribaré los graneros y construiré otros más grandes, y almacenaré allí todo el grano y el resto de mi cosecha. Y entonces me diré a mí mismo: Hombre, tienes bienes acumulados para muchos años: túmbate, come, bebe y date buena vida." Pero Dios le dijo: "Necio, esta noche te van a exigir la vida. Lo que has acumulado, ¿de quién será?" Así será el que amasa riquezas para sí y no es rico ante Dios.»

Palabra del Señor.

MARTES   **Años impares**

PRIMERA LECTURA

Por el pecado de un solo hombre comenzó el reinado de la muerte. ¡Cuánto más ahora vivirán y reinarán!

LECTURA DE LA CARTA DE SAN PABLO A
LOS ROMANOS   5, 12.15b.17-19.20b-21

Hermanos: Lo mismo que por un solo hombre entró el pecado en el mundo, y por el pecado la muerte, y la muerte se propa-

gó a todos los hombres, porque todos pecaron... Si por culpa de
uno murieron todos, mucho más, gracias a un solo hombre, Jesucristo, la benevolencia y el don de Dios desbordaron sobre todos. Por el pecado de un solo hombre comenzó el reinado de la
muerte. ¡Cuánto más ahora, por un solo hombre, Jesucristo, vivirán y reinarán todos los que han recibido un derroche de gracia y el don de la salvación! Por tanto, si el pecado de uno trajo
la condena a todos, también la justicia de uno traerá la salvación
y la vida. Si por la desobediencia de uno todos se convirtieron
en pecadores, así por la obediencia de uno todos se convertirán
en justos. Si creció el pecado, más desbordante fue la gracia. Y
así como reinó el pecado causando la muerte, así también, por
Jesucristo nuestro Señor, reinará la gracia causando la salvación
y la vida eterna.

Palabra de Dios.

SALMO RESPONSORIAL 39

R Aquí estoy, Señor, para hacer tu voluntad.

Tú no quieres sacrificios ni ofrendas, | y, en cambio, me
abriste el oído; | no pides sacrificio expiatorio, | entonces yo
digo: «Aquí estoy.» R.

—Como está escrito en mi libro— | «para hacer tu volun-
tad». | Dios mío, lo quiero, | y lo llevo en mis entrañas. R.

He proclamado tu salvación | ante la gran asamblea; | no he
cerrado los labios: | Señor, tú lo sabes. R.

Alégrense y gocen contigo, | todos los que te buscan; | digan
siempre: «Grande es el Señor, | los que desean tu salvación.» R.

ALELUYA p. 1932ss.

EVANGELIO p. 1826

MARTES   Años pares

PRIMERA LECTURA

El es nuestra paz. El ha hecho de los dos pueblos una sola cosa

LECTURA DE LA CARTA DE SAN PABLO A LOS EFESIOS   2, 12-22

Hermanos: Entonces no teníais un Mesías, erais extranjeros a la ciudadanía de Israel y ajenos a las instituciones portadoras de la promesa. En el mundo no teníais ni esperanza ni Dios. Ahora, en cambio, estáis en Cristo Jesús. Ahora, por la sangre de Cristo, estáis cerca los que antes estabais lejos. El es nuestra paz. El ha hecho de los dos pueblos una sola cosa, derribando con su cuerpo el muro que los separaba: el odio. El ha abolido la Ley con sus mandamientos y reglas, haciendo las paces, para crear, en él, un solo hombre nuevo. Reconcilió con Dios a los dos pueblos, uniéndolos en un solo cuerpo mediante la cruz, dando muerte, en él, al odio. Vino y trajo la noticia de la paz; paz a vosotros los de lejos, paz también a los de cerca. Así, unos y otros, podemos acercarnos al Padre con un mismo Espíritu. Por lo tanto, ya no sois extranjeros ni forasteros, sino que sois ciudadanos del pueblo de Dios y miembros de la familia de Dios. Estáis edificados sobre el cimiento de los apóstoles y profetas, y el mismo Cristo Jesús es la piedra angular. Por él todo el edificio queda ensamblado, y se va levantando hasta formar un templo consagrado al Señor. Por él también vosotros os vais integrando en la construcción, para ser morada de Dios, por el Espíritu.

Palabra de Dios.

SALMO RESPONSORIAL 84

℟ **Dios anuncia la paz a su pueblo.**

Voy a escuchar lo que dice el Señor: | «Dios anuncia la paz a su pueblo y a sus amigos.» | La salvación está ya cerca de sus fieles | y la gloria habitará en nuestra tierra. ℟

La misericordia y la fidelidad se encuentran, | la justicia y la paz se besan; | la fidelidad brota de la tierra | y la justicia mira desde el cielo. R̸.

El Señor nos dará la lluvia, | y nuestra tierra dará su fruto. | La justicia marchará ante él, | la salvación seguirá sus pasos. R̸.

ALELUYA p. 1932ss.

EVANGELIO

Dichosos los criados a quienes el Señor, al llegar, los encuentre en vela

✠ LECTURA DEL S. EVANGELIO SEGUN
SAN LUCAS   12, 35-38

En aquel tiempo, dijo Jesús a sus discípulos: «Tened ceñida la cintura y encendidas las lámparas: Vosotros estad como los que aguardan a que su señor vuelva de la boda, para abrirle, apenas venga y llame. Dichosos los criados a quienes el señor, al llegar, los encuentre en vela: os aseguro que se ceñirá, los hará sentar a la mesa y los irá sirviendo. Y si llega entrada la noche o de madrugada, y los encuentra así, dichosos ellos.»

Palabra del Señor.

MIERCOLES   Años impares

PRIMERA LECTURA

Ofreceos a Dios como hombres que de la muerte han vuelto a la vida

LECTURA DE LA CARTA DE SAN PABLO A
LOS ROMANOS   6, 12-18

Hermanos: Que el pecado no siga dominando vuestro cuerpo mortal, ni seáis súbditos de los deseos del cuerpo. No pongáis vuestros miembros al servicio del pecado como instrumentos del mal; ofreceos a Dios como hombres que de la muerte han vuelto a la vida, y poned a su servicio vuestros miembros, como instrumentos del bien. Porque el pecado no os dominará: ya no estáis bajo la ley, sino bajo la gracia. Pues, ¿qué? ¿Pecaremos porque no estamos bajo la ley, sino bajo la gracia? ¡De ningún modo! ¿No sabéis que al ofreceros a alguno como esclavos para obedecerle, os hacéis esclavos de aquel a quien obedecéis: bien del pecado, para la muerte, bien de la obediencia, para la justicia? Pero gracias a Dios, vosotros, que erais esclavos del pecado, habéis obedecido de corazón a aquel modelo de doctrina al que fuisteis entregados y, liberados del pecado, os habéis hecho esclavos de la justicia.

Palabra de Dios.

SALMO RESPONSORIAL 123

℟ **Nuestro auxilio es el nombre del Señor.**

Si el Señor no hubiera estado de nuestra parte | —que lo diga Israel—, | si el Señor no hubiera estado de nuestra parte, | cuando nos asaltaban los hombres, | nos habrían tragado vivos, | tanto ardía su ira contra nosotros. ℟.

Nos habrían arrollado las aguas, | llegándonos el torrente hasta el cuello; | nos habrían llegado hasta el cuello | las aguas espumantes. | Bendito sea el Señor que no nos entregó | en presa a sus dientes. ℟.

Hemos salvado la vida como un pájaro | de la trampa del cazador; | la trampa se rompió y escapamos. | Nuestro auxilio es el nombre del Señor, | que hizo el cielo y la tierra. ℟.

ALELUYA p. 1932ss.

EVANGELIO p. 1829

MIERCOLES   **Años pares**

*El misterio de Cristo ha sido revelado ahora: que también los
gentiles son coherederos de la Promesa*

LECTURA DE LA CARTA DE SAN PABLO A
LOS EFESIOS   3, 2-12

Hermanos: Habéis oído hablar de la distribución de la gracia
de Dios que se me ha dado en favor vuestro. Ya que se me dio
a conocer por revelación el misterio, del que os he escrito arriba
brevemente. Leedlo y veréis cómo comprendo yo el misterio de
Cristo, que no había sido manifestado a los hombres en otros
tiempos, como ha sido revelado ahora por el Espíritu a sus santos apóstoles y profetas: que también los gentiles son coherederos, miembros del mismo cuerpo y partícipes de la Promesa en
Jesucristo, por el Evangelio, del cual yo soy ministro por la gracia que Dios me dio con su fuerza y su poder. A mí, el más insignificante de todo el pueblo santo, se me ha dado esta gracia:
Anunciar a los gentiles la riqueza insondable que es Cristo; e iluminar la realización del misterio, escondido desde el principio de
los siglos en Dios, creador de todo. Así, mediante la Iglesia, los
Principados y Potestades en los cielos conocen ahora la multiforme sabiduría de Dios, según el designio eterno, realizado en
Cristo, Señor, nuestro, por quien tenemos libre y confiado acceso a Dios por la fe en él.

Palabra de Dios.

SALMO RESPONSORIAL   Is 12, 2-3.4bcd-6

℟ **Sacaréis aguas con gozo de las fuentes de la salvación.**

El es mi Dios y salvador: | confiaré y no temeré; | porque mi
fuerza y mi poder es el Señor, | él fue mi salvación. | Y sacaréis
aguas con gozo | de las fuentes de la salvación. ℟.

Dad gracias al Señor, | invocad su nombre; | contad a los pueblos sus hazañas, | proclamad que su nombre es excelso. ℞.

Tañed para el Señor, que hizo proezas, | anunciadlas a toda la tierra; | gritad jubilosos, habitantes de Sión: | «Qué grande es en medio de ti el santo de Israel.» ℞.

ALELUYA p. 1932ss.

EVANGELIO

Al que mucho se le dio, mucho se le exigirá

✠ LECTURA DEL S. EVANGELIO SEGUN
SAN LUCAS   12, 39-48

En aquel tiempo, dijo Jesús a sus discípulos: «Comprended que si supiera el dueño de casa a qué hora viene el ladrón, no le dejaría abrir un boquete. Lo mismo vosotros, estad preparados, porque a la hora que menos penséis, viene el Hijo del Hombre.» Pedro le preguntó: «Señor, ¿has dicho esa parábola por nosotros o por todos?» El Señor le respondió: «¿Quién es el administrador fiel y solícito a quien el amo ha puesto al frente de su servidumbre para que les reparta la ración a sus horas? Dichoso el criado a quien su amo al llegar lo encuentre portándose así. Os aseguro que lo pondrá al frente de todos sus bienes. Pero si el empleado piensa: "Mi amo tarda en llegar", y empieza a pegarles a los mozos y a las muchachas, a comer y beber y emborracharse; llegará el amo de ese criado el día y a la hora que menos los espera y lo despedirá, condenándolo a la pena de los que no son fieles. El criado que sabe lo que su amo quiere y no está dispuesto a ponerlo por obra, recibirá muchos azotes; el que no lo sabe, pero hace algo digno de castigo, recibirá pocos. Al que mucho se le dio, mucho se le exigirá; al que mucho se le confió, más se le exigirá.»

Palabra del Señor.

JUEVES **Años impares**

PRIMERA LECTURA

Ahora, emancipados del pecado, habéis sido hechos esclavos de Dios

LECTURA DE LA CARTA DE SAN PABLO A LOS ROMANOS
6, 19-23

Hermanos: Uso un lenguaje corriente, adaptándome a vuestra debilidad, propia de hombres: quiero decir esto: si antes cedisteis vuestro cuerpo como esclavo a la impureza y la maldad, para que realizase el mal, ponedlo ahora al servicio del Dios libertador, para que os santifiquéis. Cuando erais esclavos del pecado, no pertenecíais al Dios libertador. ¿Qué frutos dabais entonces? Los que ahora consideráis un fracaso, porque acababan en la muerte. Ahora, en cambio, emancipados del pecado y hechos esclavos de Dios, producís frutos que llevan a la santidad y acaban en vida eterna. Porque el pecado paga con muerte, mientras Dios regala vida eterna por medio de Cristo Jesús, Señor nuestro.

Palabra de Dios.

SALMO RESPONSORIAL 1

R. **Dichoso el hombre que ha puesto su confianza en el Señor.**

Dichoso el hombre | que no sigue el consejo de los impíos; | ni entra por la senda de los pecadores, | ni se sienta en la reunión de los cínicos, | sino que su gozo es la ley del Señor, | y medita su ley día y noche. R.

Será como un árbol | plantado al borde de la acequia: | da fruto en su sazón, y no se marchitan sus hojas; | y cuanto emprende tiene buen fin. R.

No así los impíos, no así; | serán paja que arrebata el viento. | Porque el Señor protege el camino de los justos, | pero el camino de los impíos acaba mal. R.

ALELUYA p. 1932ss.

EVANGELIO p. 1832

JUEVES   Años pares

PRIMERA LECTURA

*Que el amor sea vuestra raíz y vuestro cimiento; así llegaréis a
vuestra plenitud, según la Plenitud total de Dios*

LECTURA DE LA CARTA DE SAN PABLO A LOS EFESIOS
                                        3, 14-21

Hermanos: Doblo las rodillas ante el Padre, de quien toma
nombre toda familia en el cielo y en la tierra, pidiéndole que, de
los tesoros de su gloria, os conceda por medio de su Espíritu:
robusteceros en lo profundo de vuestro ser; que Cristo habite
por la fe en vuestros corazones; que el amor sea vuestra raíz y
vuestro cimiento; y así, con todo el pueblo de Dios, lograréis
abarcar lo ancho, lo largo, lo alto y lo profundo, comprendiendo
lo que trasciende toda filosofía: el amor cristiano. Así llegaréis a
vuestra plenitud, según la Plenitud total de Dios. Al que puede
hacer mucho más sin comparación de lo que pedimos o concebimos, con ese poder que actúa entre nosotros, a él la gloria de la
Iglesia y de Cristo Jesús por todas las generaciones, de edad en
edad. Amén.

Palabra de Dios.

SALMO RESPONSORIAL 32

℞ **La misericordia del Señor llena la tierra.**

Aclamad, justos, al Señor, | que merece la alabanza de los
buenos; | dad gracias al Señor con la cítara, | tocad en su honor
el arpa de diez cuerdas. ℞.

Que la palabra del Señor es sincera, | y todas sus acciones
son leales; | él ama la justicia y el derecho, | y su misericordia
llena la tierra. ℞.

Pero el plan del Señor subsiste por siempre, | los proyectos de su corazón, de edad en edad. | Dichosa la nación cuyo Dios es el Señor, | el pueblo que él se escogió como heredad. ℟.

Los ojos del Señor están puestos en sus fieles, | en los que esperan en su misericordia, | para librar sus vidas de la muerte | y reanimarlos en tiempo de hambre. ℟.

ALELUYA p. 1932ss.

EVANGELIO

No he venido a traer paz, sino división

✠ LECTURA DEL S. EVANGELIO SEGUN
SAN LUCAS
                                                            12, 49-53

En aquel tiempo, dijo Jesús a sus discípulos: «He venido a prender fuego en el mundo: ¡y ojalá estuviera ya ardiendo! Tengo que pasar por un bautismo, ¡y qué angustia hasta que se cumpla! ¿Pensáis que he venido a traer al mundo paz? No, sino división. En adelante, una familia de cinco estará dividida: tres contra dos y dos contra tres; estarán divididos: el padre contra el hijo y el hijo contra el padre, la madre contra la hija y la hija contra la madre, la suegra contra la nuera y la nuera contra la suegra.»

Palabra del Señor.

VIERNES   **Años impares**

PRIMERA LECTURA

¿Quién me librará de este ser mío, presa de la muerte?

LECTURA DE LA CARTA DE SAN PABLO A
LOS ROMANOS
                                                            7, 18-25a

Hermanos: Sé muy bien que no es bueno eso que habita en mí, es decir, en mis bajos instintos; porque el querer lo bueno lo tengo a mano, pero el hacerlo, no. El bien que quiero hacer no lo hago; el mal que no quiero hacer, eso es lo que hago. Entonces, si hago precisamente lo que no quiero, señal que no soy yo el que actúa, sino el pecado que llevo dentro. Cuando quiero hacer lo bueno, me encuentro inevitablemente con lo malo en las manos. En mi interior me complazco en la ley de Dios, pero percibo en mi cuerpo un principio diferente que guerrea contra la ley que aprueba mi razón, y me hace prisionero de la ley del pecado que está en mi cuerpo. ¡Desgraciado de mí! ¿Quién me librará de este ser mío presa de la muerte? Dios, por medio de nuestro Señor Jesucristo, y le doy gracias.

Palabra de Dios.

SALMO RESPONSORIAL 118

℞ **Instrúyeme, Señor, en tus leyes.**

Enséñame a gustar y a comprender, | porque me fío de tus mandatos. ℞.

Tú eres bueno y haces el bien; | instrúyeme en tus leyes. ℞.

Que tu bondad me consuele, | según la promesa hecha a tu siervo. ℞.

Cuando me alcance tu compasión, viviré, | y mis delicias serán tu voluntad. ℞.

Jamás olvidaré tus decretos, | pues con ellos me diste vida. ℞.

Soy tuyo, sálvame, | que yo consulto tus leyes. ℞.

ALELUYA p. 1932ss.

EVANGELIO p. 1834

VIERNES

Años pares

PRIMERA LECTURA

Un solo cuerpo, un Señor, una fe, un bautismo

LECTURA DE LA CARTA DE SAN PABLO A LOS EFESIOS

4, 1-6

Hermanos: Yo, el prisionero por Cristo, os ruego que andéis como pide la vocación a la que habéis sido convocados. Sed siempre humildes y amables, sed comprensivos; sobrellevaos mutuamente con amor; esforzaos en mantener la unidad del Espíritu, con el vínculo de la paz. Un solo cuerpo y un solo Espíritu, como una sola es la meta de la esperanza en la vocación a la que habéis sido convocados. Un Señor, una fe, un bautismo. Un Dios, Padre de todo, que lo trasciende todo, y lo penetra todo, y lo invade todo.

Palabra de Dios.

SALMO RESPONSORIAL 23

℞ **Este, Señor, es el grupo que busca tu presencia.**

Del Señor es la tierra y cuanto la llena, | el orbe y todos sus habitantes: | él la fundó sobre los mares, | él la afianzó sobre los ríos. ℞.

¿Quién puede subir al monte del Señor? | ¿Quién puede estar en el recinto sacro? | El hombre de manos inocentes y puro corazón, | que no confía en los ídolos. ℞.

Ese recibirá la bendición del Señor, | le hará justicia el Dios de salvación. | Este es el grupo que busca al Señor, | que viene a tu presencia, Dios de Jacob. ℞.

ALELUYA p. 1932ss.

EVANGELIO

Si sabéis interpretar el aspecto de la tierra y del cielo, ¿cómo no sabéis interpretar el tiempo presente?

✠ LECTURA DEL S. EVANGELIO SEGUN
SAN LUCAS   12, 54-59

En aquel tiempo, decía Jesús a la gente: «Cuando veis subir una nube por el poniente, decís en seguida: "Chaparrón tenemos", y así sucede. Cuando sopla el sur decís: "Va a hacer bochorno", y lo hace. Hipócritas: si sabéis interpretar el aspecto de la tierra y del cielo, ¿cómo no sabéis interpretar el tiempo presente? ¿Cómo no sabéis juzgar vosotros mismos lo que se debe hacer? Cuando te diriges al tribunal con el que te pone pleito, haz lo posible por llegar a un acuerdo con él, mientras vais de camino; no sea que te arrastre ante el juez y el juez te entregue al guardia, y el guardia te meta en la cárcel. Te digo que no saldrás de allí hasta que no pagues el último céntimo.»

Palabra del Señor.

SABADO   Años impares

PRIMERA LECTURA

El Espíritu del que resucitó a Jesús de entre los muertos habita en vosotros

LECTURA DE LA CARTA DE SAN PABLO A LOS ROMANOS
8, 1-11

Hermanos: No pesa condena alguna sobre los que están unidos a Cristo Jesús, pues por la unión con Cristo, la ley vivificante del Espíritu me ha librado de la ley del pecado y de la muerte. Lo que no pudo hacer la ley, por causa de la debilidad humana, lo ha hecho Dios: envió a su Hijo en una condición pecadora como la nuestra, haciéndolo víctima por el pecado, y en su ser mortal, condenó el pecado. Así, el ideal que proponía la ley puede realizarse en nosotros, que ya no procedemos dirigidos por la carne, sino por el Espíritu. Los que se dejan dirigir por la carne tienden a lo carnal; en cambio, los que se dejan dirigir por el Espíritu tienden a lo espiritual. Nuestra carne tiende a la muerte, el Espíritu, a la vida y a la paz. Porque la tendencia de la carne es rebelarse contra Dios; no sólo no se somete a la ley de Dios, ni siquiera lo puede. Los que están en la carne no pueden agradar a Dios. Pero vosotros no estáis en la carne, sino en el espíritu, ya que el Espíritu de Dios habita en vosotros. El que no tiene el Espíritu de Cristo no es de Cristo. Si Cristo está en vosotros, el cuerpo está muerto por el pecado, pero el espíritu vive por la justicia. Si el Espíritu del que resucitó a Jesús de entre los muertos habita en vosotros, el que resucitó de entre los muertos a Cristo Jesús vivificará también vuestros cuerpos mortales, por el mismo Espíritu que habita en vosotros.

Palabra de Dios.

SALMO RESPONSORIAL 23

℟ **Este es el grupo, Señor, que busca tu presencia.**

Del Señor es la tierra y cuanto la llena, | el orbe, y todos sus habitantes: | él la fundó sobre los mares, | él la afianzó sobre los ríos. ℟.

¿Quién puede subir al monte del Señor? | ¿Quién puede estar en el recinto sacro? | El hombre de manos inocentes, | y puro corazón, | que no confía en los ídolos. ℟.

Ese recibirá la bendición del Señor, | le hará justicia el Dios de salvación. | Este es el grupo que busca al Señor, | que viene a tu presencia, Dios de Jacob. ℟.

ALELUYA p. 1932ss.

EVANGELIO p. 1837

SABADO   Años pares

PRIMERA LECTURA

Cristo es la cabeza; de él todo el cuerpo se procura el crecimiento

LECTURA DE LA CARTA DE SAN PABLO A LOS EFESIOS   4, 7-16

Hermanos: A cada uno de nosotros se le ha dado la gracia según la medida del don de Cristo. Por eso dice la Escritura: «Subió a lo alto llevando cautivos y dio dones a los hombres.» El «subió» supone que había bajado a lo profundo de la tierra;

y el que bajó es el mismo que subió por encima de los cielos para llenar el universo. Y él ha constituido a unos, apóstoles, a otros, profetas, a otros, evangelistas, a otros, pastores y doctores, para el perfeccionamiento de los fieles, en función de su ministerio, y para la edificación del cuerpo de Cristo; hasta que lleguemos todos a la unidad en la fe y en el conocimiento del Hijo de Dios, al Hombre perfecto, a la medida de Cristo en su plenitud. Para que ya no seamos niños sacudidos por las olas y llevados al retortero por todo viento de doctrina, en la trampa de los hombres, que con astucia conduce al error; sino que, realizando la verdad en el amor, hagamos crecer todas las cosas hacia él, que es la cabeza: Cristo, del cual todo el cuerpo, bien ajustado y unido a través de todo el complejo de junturas que lo nutren, actuando a la medida de cada parte, se procura el crecimiento del cuerpo, para construcción de sí mismo en el amor.

Palabra de Dios.

SALMO RESPONSORIAL 121

R Llenos de alegría vamos a la casa del Señor.

Qué alegría cuando me dijeron: | «Vamos a la casa del Señor.» | Ya están pisando nuestros pies | tus umbrales, Jerusalén. R.

Jerusalén está fundada | como ciudad bien compacta. | Allá suben las tribus, | las tribus del Señor. R.

Según la costumbre de Israel, | a celebrar el nombre del Señor. | En ella están los tribunales de justicia | en el palacio de David. R.

ALELUYA p. 1932ss.

EVANGELIO

Si no os convertís, todos pereceréis de la misma manera

✠ LECTURA DEL S. EVANGELIO SEGUN SAN LUCAS 13, 1-9

En aquella ocasión, se presentaron algunos a contar a Jesús lo de los galileos, cuya sangre vertió Pilato con la de los sacrificios que ofrecían. Jesús les contestó: «¿Pensáis que esos galileos eran más pecadores que los demás galileos, porque acabaron así? Os digo que no; y si no os convertís, todos pereceréis lo mismo. Y aquellos dieciocho que murieron aplastados por la torre de Siloé, ¿pensáis que eran más culpables que los demás habitantes de Jerusalén? Os digo que no. Y si no os convertís, todos pereceréis de la misma manera.» Y les dijo esta parábola: «Uno tenía una higuera plantada en su viña, y fue a buscar fruto de ella, y no lo encontró. Dijo entonces al viñador: "Ya ves: tres años llevo viniendo a buscar fruto en esta higuera, y no lo encuentro. Córtala. ¿Para qué va a ocupar terreno en balde?" Pero el viñador contestó: "Señor, déjala todavía este año; yo cavaré alrededor y le echaré estiércol, a ver si da fruto. Si no, el año que viene la cortarás".»

Palabra del Señor.

TRIGESIMA SEMANA

LUNES   Años impares

PRIMERA LECTURA

Habéis recibido un espíritu de hijos adoptivos, que nos hace gritar: ¡Abba! (Padre)

LECTURA DE LA CARTA DE SAN PABLO A LOS ROMANOS
8, 12-17

Hermanos: Estamos en deuda, pero no con la carne para vivir carnalmente. Pues si vivís según la carne, vais a la muerte; pero si con el Espíritu dais muerte a las obras del cuerpo, viviréis. Los que se dejan llevar por el Espíritu de Dios, ésos son hijos de Dios. Habéis recibido, no un espíritu de esclavitud, para recaer en el temor, sino un espíritu de hijos adoptivos, que nos hace gritar: ¡Abba! (Padre). Ese Espíritu y nuestro espíritu dan un testimonio concorde: que somos hijos de Dios; y si somos hijos, también herederos, herederos de Dios y coherederos con Cristo, ya que sufrimos con él, para ser también con él glorificados.

Palabra de Dios.

SALMO RESPONSORIAL 67

℟. **Nuestro Dios es un Dios que salva.**

Se levanta Dios, y se dispersan sus enemigos, | huyen de su presencia los que lo odian; | en cambio, los justos se alegran, | gozan en la presencia de Dios, | rebosando de alegría. ℟.

Padre de huérfanos, protector de viudas, | Dios vive en su santa morada. | Dios prepara casa a los desvalidos, | libera a los cautivos y los enriquece. ℟.

Bendito sea el Señor cada día, | Dios lleva nuestras cargas, | es nuestra salvación. | Nuestro Dios es un Dios que salva, | el Señor Dios nos hace escapar de la muerte. ℟.

ALELUYA p. 1932ss.
EVANGELIO p. 1841

LUNES   **Años pares**

PRIMERA LECTURA

Vivid en el amor como Cristo

LECTURA DE LA CARTA DE SAN PABLO A LOS EFESIOS
4, 32—5, 8

Hermanos: Sed buenos, comprensivos, perdonándoos unos a otros como Dios os perdonó en Cristo. Sed imitadores de Dios, como hijos queridos, y vivid en el amor como Cristo os amó y se entregó por nosotros como oblación y víctima de suave olor. Por otra parte, de inmoralidad, indecencia o afán de dinero, ni hablar; por algo sois un pueblo santo. Y nada de chabacanerías, estupideces o frases de doble sentido; todo eso está fuera de sitio. Lo vuestro es alabar a Dios. Meteos bien esto en la cabeza: nadie que se da a la inmoralidad, a la indecencia o al afán del dinero —que es una idolatría—, tendrá herencia en el reino de Cristo y de Dios. Que nadie os engañe con argumentos especiosos; estas cosas son las que atraen el castigo de Dios sobre los rebeldes. No tengáis parte con ellos; porque antes sí erais tinieblas, pero ahora, como cristianos, sois luz. Vivid como gente hecha a la luz.

Palabra de Dios.

SALMO RESPONSORIAL 1

℟ **Seamos imitadores de Dios, como hijos queridos.**

Dichoso el hombre que no sigue el consejo de los impíos; | ni entra por la senda de los pecadores, | ni se sienta en la reunión de los cínicos, | sino que su gozo es la ley del Señor, | y medita su ley día y noche. ℟.

Será como un árbol plantado al borde de la acequia: | da fruto en su sazón y no se marchitan sus hojas; | y cuanto emprende tiene buen fin. ℟.

No así los impíos, no así: | serán paja que arrebata el viento; | porque el Señor protege el camino de los justos, | pero el camino de los impíos acaba mal. ℟.

ALELUYA p. 1932ss.

EVANGELIO

A ésta, que es hija de Abrahán, ¿no había que soltarla en sábado?

✢ LECTURA DEL S. EVANGELIO SEGUN
SAN LUCAS   13, 10-17

Un sábado, enseñaba Jesús en una sinagoga. Había una mujer que desde hacía dieciocho años estaba enferma por causa de un espíritu, y andaba encorvada, sin poderse enderezar. Al verla, Jesús la llamó y le dijo: «Mujer, quedas libre de tu enfermedad.» Le impuso las manos, y en seguida se puso derecha. Y glorificaba a Dios. Pero el jefe de la sinagoga, indignado porque Jesús había curado en sábado, dijo a la gente: «Seis días tenéis para trabajar: venid esos días a que os curen, y no los sábados.» Pero el Señor, dirigiéndose a él, dijo: «Hipócritas: cualquiera de vosotros, ¿no desata del pesebre al buey o al burro, y lo lleva a abrevar, aunque sea sábado? Y a ésta, que es hija de Abrahán, y que Satanás ha tenido atada dieciocho años, ¿no había que soltarla en sábado?» A estas palabras, sus enemigos quedaron abochornados, y toda la gente se alegraba de los milagros que hacía.

Palabra del Señor.

MARTES   **Años impares**

PRIMERA LECTURA

La creación, expectante, está aguardando la plena manifestación de los hijos de Dios

LECTURA DE LA CARTA DE SAN PABLO A
LOS ROMANOS   8, 18-25

Hermanos: Considero que los trabajos de ahora no pesan lo que la gloria que un día se nos descubrirá. Porque la creación, expectante, está aguardando la plena manifestación de los hijos de Dios; ella fue sometida a la frustración, no por su voluntad, sino por uno que la sometió; pero fue con la esperanza de que la creación misma se vería liberada de la esclavitud de la corrupción, para entrar en la libertad gloriosa de los hijos de Dios. Porque sabemos que hasta hoy la creación está gimiendo toda ella con dolores de parto. Y no sólo eso; también nosotros, que poseemos las primicias del Espíritu, gemimos en nuestro interior, aguardando la hora de ser hijos de Dios, la redención de nuestro cuerpo. Porque en esperanza fuimos salvados. Y una esperanza que se ve, ya no es esperanza. ¿Cómo seguirá esperando uno aquello que ve? Cuando esperamos lo que no vemos, esperamos con perseverancia.

Palabra de Dios.

SALMO RESPONSORIAL 125

R Él Señor ha estado grande con nosotros.

Cuando el Señor cambió la suerte de Sión, | nos parecía soñar: | la boca se nos llenaba de risas, | la lengua de cantares. R.

Hasta los gentiles decían: «El Señor | ha estado grande con ellos.» | —El Señor ha estado grande con nosotros, | y estamos alegres. R.

Que el Señor cambie nuestra suerte, | como los torrentes del Negueb. | Los que sembraban con lágrimas, | cosechan entre cantares. R.

Al ir, iba llorando, | llevando la semilla; | al volver, vuelve cantando, | trayendo las gavillas. R.

ALELUYA p. 1932ss.

EVANGELIO p. 1844

MARTES   **Años pares**

Es éste un gran misterio, referido a Cristo y a la Iglesia

LECTURA DE LA CARTA DE SAN PABLO A LOS EFESIOS
                                                              5, 21-33

Hermanos: Sed sumisos unos a otros con respeto cristiano. Las mujeres, que se sometan a sus maridos como al Señor; porque el marido es cabeza de la mujer, así como Cristo es cabeza de la Iglesia; él, que es el salvador del cuerpo. Pues como la Iglesia se somete a Cristo, así también las mujeres a sus maridos en todo. Maridos amad a vuestras mujeres como Cristo amó a su Iglesia: El se entregó a sí mismo por ella, para consagrarla, purificándola con el baño del agua y la palabra, y para colocarla ante sí gloriosa, la iglesia, sin mancha ni arruga ni nada semejante, sino santa e inmaculada. Así deben también los maridos amar a sus mujeres, como cuerpos suyos que son. Amar a su mujer es amarse a sí mismo. Pues nadie jamás ha odiado su propia carne, sino que le da alimento y calor, como Cristo hace con la Iglesia, porque somos miembros de su cuerpo. «Por eso abandonará el hombre a su padre y a su madre, y se unirá a su mujer y serán los dos una sola carne.» Es éste un gran misterio: y yo lo refiero a Cristo y a la Iglesia. En una palabra, que cada uno de vosotros ame a su mujer como a sí mismo, y que la mujer respete al marido.

Palabra de Dios.

SALMO RESPONSORIAL 127

℟. **Dichosos los que temen al Señor.**

¡Dichoso el que teme al Señor | y sigue sus caminos! | Comerás el fruto de tu trabajo, | serás dichoso, te irá bien. ℟.

Tu mujer, como parra fecunda, | en medio de tu casa; | tus hijos, como renuevos de olivo, | alrededor de tu mesa. ℟.

Esta es la bendición del hombre | que teme al Señor. | Que el Señor te bendiga desde Sión, | que veas la prosperidad de Jerusalén, | todos los días de tu vida. ℟.

ALELUYA p. 1932ss.

EVANGELIO

Crece el grano, y se hace un arbusto

✠ LECTURA DEL S. EVANGELIO SEGUN
SAN LUCAS   13, 18-21

En aquel tiempo, Jesús decía: «¿A qué se parece el reino de Dios? ¿A qué lo compararé? Se parece a un grano de mostaza que un hombre toma y siembra en su huerto; crece, se hace un arbusto y los pájaros anidan en sus ramas. Y añadió: "¿A que compararé el Reino de Dios?" Se parece a la levadura que una mujer toma y mete en tres medidas de harina, hasta que todo fermenta.»

Palabra del Señor.

MIERCOLES   **Años impares**

PRIMERA LECTURA

A los que aman a Dios todo les sirve para el bien

LECTURA DE LA CARTA DE SAN PABLO A
LOS ROMANOS   8, 26-30

Hermanos: El Espíritu viene en ayuda de nuestra debilidad, porque nosotros no sabemos pedir lo que nos conviene, pero el Espíritu mismo intercede por nosotros con gemidos inefables. El que escudriña los corazones sabe cuál es el deseo del Espíritu, y que su intercesión por los santos es según Dios. A los que aman a Dios todo les sirve para el bien: a los que ha llamado conforme a su designio. A los que había escogido, Dios los predestinó a ser imagen de su Hijo, para que él fuera el primogénito de muchos hermanos. A los que predestinó, los llamó; a los que llamó, los justificó; a los que justificó, los glorificó.

Palabra de Dios.

SALMO RESPONSORIAL 12

℟ **Yo confío, Señor, en tu misericordia.**

Atiende y respóndeme, Señor Dios mío, | da luz a mis ojos, | para que no me duerma en la muerte; | para que no diga mi enemigo: «Le he podido», | ni se alegre mi adversario de mi fracaso. ℟

Porque yo confío en tu misericordia: | alegra mi corazón con tu auxilio, | y cantaré al Señor | por el bien que me ha hecho. ℟

ALELUYA p. 1932ss.

EVANGELIO p. 1846

MIERCOLES

Años pares

PRIMERA LECTURA

No como quien sirve a los hombres, sino como esclavos de Cristo

LECTURA DE LA CARTA DE SAN PABLO A LOS EFESIOS

6, 1-9

Hijos, obedeced a vuestros padres como el Señor quiere, porque eso es justo. Honra a tu padre y a tu madre es el primer mandamiento al que se añade una promesa: Te irá bien y vivirás largo tiempo en la tierra. Padres, vosotros no exasperéis a vuestros hijos; criadlos educándolos y corrigiéndolos como haría el Señor. Esclavos, obedeced a vuestros amos de la tierra con profundo respeto, de todo corazón, como a Cristo. No por las apariencias, para quedar bien, sino como esclavos de Cristo que hacen lo que Dios quiere; con toda el alma, de buena gana, como quien sirve al Señor y no a hombres. Sabed que lo que uno haga de bueno, sea esclavo o libre, se lo pagará el Señor. Amos, correspondedles dejándoos de amenazas; sabéis que ellos y vosotros tenéis un amo en el cielo y que ése no es parcial con nadie.

Palabra de Dios.

SALMO RESPONSORIAL 144

℞ **El Señor es fiel a sus palabras.**

Que todas tus criaturas te den gracias, Señor, | que te bendigan tus fieles; | que proclamen la gloria de tu reinado, | que hablen de tus hazañas. ℞.

Que expliquen tus hazañas a los hombres, | la gloria y majestad de tu reinado. | Tu reinado es un reinado perpetuo, | tu gobierno va de edad en edad. ℞.

El Señor es fiel a sus palabras, | bondadoso en todas sus acciones. | El Señor sostiene a los que van a caer, | endereza a los que ya se doblan. ℞.

ALELUYA p. 1932ss.

EVANGELIO

Vendrán de Oriente y Occidente y se sentarán a la mesa en el Reino de Dios

✟ LECTURA DEL S. EVANGELIO SEGUN
SAN LUCAS
                                          13, 22-30

En aquel tiempo, Jesús, de camino hacia Jerusalén, recorría ciudades y aldeas enseñando. Uno le preguntó: «Señor, ¿serán pocos los que se salven?» Jesús les dijo: «Esforzaos en entrar por la puerta estrecha. Os digo que muchos intentarán entrar y no podrán. Cuando el amo de la casa se levante y cierre la puerta, os quedaréis fuera y llamaréis a la puerta diciendo: "Señor abrénos" y él os replicará: "No sé quiénes sois." Entonces comenzaréis a decir: "Hemos comido y bebido contigo y tú has enseñado en nuestras plazas." Pero él os replicará: "No sé quiénes sois. Alejaos de mí, malvados." Entonces será el llanto y el rechinar de dientes, cuando veáis a Abrahán, Isaac y Jacob y a todos los profetas en el Reino de Dios y vosotros os veáis echados fuera. Y vendrán de Oriente y Occidente, del Norte y del Sur y se sentarán a la mesa en el Reino de Dios. Mirad: hay últimos que serán primeros y primeros que serán últimos.»

Palabra del Señor.

JUEVES   Años impares

PRIMERA LECTURA

Ninguna criatura podrá apartarnos del amor de Dios manifestado en Cristo

LECTURA DE LA CARTA DE SAN PABLO A LOS ROMANOS   8, 31b-39

Si Dios está con nosotros, ¿quién estará contra nosotros? El que no perdonó a su propio Hijo, sino que lo entregó a la muerte por nosotros, ¿cómo no nos dará todo con él? ¿Quién acusará a los elegidos de Dios? Dios es el que justifica. ¿Quién condenará? ¿Será acaso Cristo que murió, más aún, resucitó y está a la derecha de Dios, y que intercede por nosotros? ¿Quién podrá apartarnos del amor de Cristo?; ¿la aflicción?, ¿la angustia?, ¿la persecución?, ¿el hambre?, ¿la desnudez?, ¿el peligro?, ¿la espada?, como dice la Escritura: «Por tu causa nos degüellan cada día, nos tratan como a ovejas de matanza.» Pero en todo esto vencemos fácilmente por aquel que nos ha amado. Pues estoy convencido de que ni muerte, ni vida, ni ángeles, ni principados, ni presente, ni futuro, ni potencias, ni altura, ni profundidad, ni criatura alguna, podrá apartarnos del amor de Dios manifestado en Cristo Jesús, Señor nuestro.

Palabra de Dios.

SALMO RESPONSORIAL 108

℟ **Sálvame, Señor, por tu bondad.**

Tú, Señor, trátame bien, por tu nombre, | líbrame con la ternura de tu bondad; | que yo soy un pobre desvalido, | y llevo dentro el corazón traspasado. ℟.

Socórreme, Señor, Dios mío, | sálvame por tu bondad. | Reconozcan que aquí está tu mano, | que eres tú, Señor, quien lo ha hecho. ℟.

Yo daré gracias al Señor con voz potente, | lo alabaré en medio de la multitud: | porque se puso a la derecha del pobre, | para salvar su vida de los jueces. ℟.

ALELUYA p. 1932ss.

EVANGELIO p. 1849

JUEVES   **Años pares**

PRIMERA LECTURA

Tomad las armas de Dios para poder mantener las posiciones

LECTURA DE LA CARTA DE SAN PABLO A
LOS EFESIOS   6, 10-20

Hermanos: Buscad vuestra fuerza en el Señor y en su invencible poder. Poneos las armas que Dios os da, para poder resistir a las estratagemas del diablo, porque nuestra lucha no es contra hombres de carne y hueso sino contra los soberanos, autoridades y poderes que dominan este mundo de tinieblas, contra las fuerzas sobrehumanas y supremas del mal. Por eso, tomad las armas de Dios para poder resistir en el día fatal y, después de actuar a fondo, mantener las posiciones. Estad firmes, repito: abrochaos el cinturón de la verdad, por coraza poneos la justicia; bien calzados para estar dispuestos a anunciar la noticia de la paz. Y, por supuesto, tened embrazado el escudo de la fe, donde se apagarán las flechas incendiarias del malo. Tomad por casco la salvación y por espada la del Espíritu, toda palabra de Dios, insistiendo y pidiendo en la oración. Orad en toda ocasión con la ayuda del Espíritu. Tened vigilias en que oréis con constancia por todo el pueblo santo. Pedid también por mí, para que Dios abra mi boca y me conceda palabras que anuncien sin temor el secreto designio contenido en el Evangelio, del que soy embajador... en cadenas. Pedid que tenga valor para hablar de él como debo.

Palabra de Dios.

SALMO RESPONSORIAL 143

℟ **Bendito el Señor, mi Roca.**

Bendito el Señor, mi Roca, | que adiestra mis manos para el combate, | mis dedos para la pelea. ℟.

Mi bienhechor, mi alcázar, | baluarte donde me pongo a salvo; | mi escudo y mi refugio, | que me somete los pueblos. ℟.

Dios mío, te cantaré un cántico nuevo, | tocaré para ti el arpa de diez cuerdas: | para ti que das la victoria a los reyes | y salvas a David tu siervo. ℟.

ALELUYA p. 1932ss.

EVANGELIO

No cabe que un profeta muera fuera de Jerusalén

✠ **LECTURA DEL S. EVANGELIO SEGUN SAN LUCAS**   13, 31-35

En aquella ocasión, se acercaron unos fariseos a decirle: «Márchate de aquí, porque Herodes quiere matarte.» El contestó: «Id a decirle a ese zorro: Hoy y mañana seguiré curando y echando demonios; pasado mañana llego a mi término. Pero hoy y mañana y pasado tengo que caminar, porque no cabe que un profeta muera fuera de Jerusalén. ¡Jerusalén, Jerusalén, que matas a los profetas y apedreas a los que se te envían! ¡Cuántas veces he querido reunir a tus hijos, como la gallina reúne a sus pollitos bajo las alas! Pero no habéis querido. Vuestra casa se os quedará vacía. Os digo que no me volveréis a ver hasta el día que exclaméis: Bendito el que viene en nombre del Señor.»

Palabra del Señor.

VIERNES   Años impares

PRIMERA LECTURA

Quisiera ser un proscrito por el bien de mis hermanos

LECTURA DE LA CARTA DE SAN PABLO A LOS ROMANOS   9, 1-5

Hermanos: Como cristiano que soy, voy a ser sincero; mi conciencia, iluminada por el Espíritu Santo, me asegura que no miento. Siento una gran pena y un dolor incesante, pues por el bien de mis hermanos, los de mi raza y sangre, quisiera incluso ser un proscrito lejos de Cristo. Ellos descienden de Israel, fueron adoptados como hijos, tienen la presencia de Dios, la alianza, la ley, el culto y las promesas. Suyos son los patriarcas, de quienes, según lo humano, nació el Mesías, el que está por encima de todo: Dios bendito por los siglos. Amén.

Palabra de Dios.

SALMO RESPONSORIAL 147

R. **Glorifica al Señor, Jerusalén.**

Glorifica al Señor, Jerusalén, | alaba a tu Dios, Sión: | que ha reforzado los cerrojos de tus puertas, | y ha bendecido a tus hijos dentro de ti. R.

Ha puesto paz en tus fronteras, | te sacia con flor de harina; | él envía su mensaje a la tierra, | y su palabra corre veloz. ℞.

Anuncia su palabra a Jacob, | sus decretos y mandatos a Israel; | con ninguna nación obró así | ni les dio a conocer sus mandatos. ℞.

ALELUYA p. 1932ss.

EVANGELIO p. 1852

VIERNES   Años pares

PRIMERA LECTURA

El que ha inaugurado entre vosotros una empresa buena, la llevará adelante hasta el Día de Cristo

COMIENZO DE LA CARTA DE SAN PABLO
A LOS FILIPENSES   1, 1-11

Pablo y Timoteo, servidores de Cristo Jesús, a todo el pueblo santo de cristianos que residen en Filipos, con sus responsables y auxiliares. Os deseamos la gracia y la paz de Dios nuestro Padre y del Señor Jesucristo. Doy gracias a mi Dios cada vez que os menciono; siempre que rezo por vosotros, lo hago con gran alegría. Porque habéis sido colaboradores míos en la obra del evangelio, desde el primer día hasta hoy. Esta es nuestra confianza: que el que ha inaugurado entre vosotros una empresa buena, la llevará adelante hasta el Día de Cristo Jesús. Esto que siento por vosotros está plenamente justificado: os llevo dentro, porque tanto en la prisión como en mi defensa y prueba del Evangelio, todos compartís el privilegio que me ha tocado. Testigo me es Dios de lo entrañablemente que os quiero, en Cristo Jesús. Y ésta es mi oración: que vuestra comunidad de amor siga creciendo más y más en penetración y en sensibilidad para apreciar los valores. Así llegaréis al Día de Cristo limpios e irreprochables, cargados de frutos de justicia, por medio de Cristo Jesús, a gloria y alabanza de Dios.

Palabra de Dios.

SALMO RESPONSORIAL 110

℟ **Grandes son las obras del Señor.**

Doy gracias al Señor de todo corazón, | en compañía de los rectos, en la asamblea. | Grandes son las obras del Señor, | dignas de estudio para los que las aman. ℟.

Esplendor y belleza son su obra, | su generosidad dura por siempre; | ha hecho maravillas memorables, | el Señor es piadoso y clemente. ℟.

El da alimento a sus fieles, | recordando siempre su alianza. | Mostró a su pueblo la fuerza de sus obras, | dándoles la heredad de los gentiles. ℟.

ALELUYA p. 1932ss.

EVANGELIO

Si a uno se le cae al pozo el burro o el buey, ¿no lo saca, aunque sea sábado?

✠ LECTURA DEL S. EVANGELIO SEGUN
SAN LUCAS   14, 1-6

Un sábado, entró Jesús en casa de uno de los principales fariseos para comer, y ellos le estaban espiando. Jesús se encontró delante un hombre enfermo de hidropesía y, dirigiéndose a los letrados y fariseos, preguntó: «¿Es lícito curar los sábados, o no?» Ellos se quedaron callados. Jesús, tocando al enfermo, lo curó y lo despidió. Y a ellos les dijo: «Si a uno de vosotros se le cae al pozo el burro o el buey, ¿no lo saca en seguida, aunque sea sábado?» Y se quedaron sin respuesta.

Palabra del Señor.

SABADO   **Años impares**

PRIMERA LECTURA

*Si la reprobación de los judíos es reconciliación del mundo, ¿qué
será su reintegración, sino un volver de la muerte a la vida?*

LECTURA DE LA CARTA DE SAN PABLO A
LOS ROMANOS   11, 1-2a.11-12.25-29

Hermanos: ¿Habrá desechado a su pueblo? Ni hablar: también yo soy israelita, descendiente de Abrahán, de la tribu de
Benjamín. Dios no ha desechado al pueblo que él eligió. Pregunto ahora: ¿han caído para no levantarse? Por supuesto que no.
Por haber caído ellos, la salvación ha pasado a los gentiles, para
dar envidia a Israel. Por otra parte, si su caída es riqueza para el
mundo, es decir, si su devaluación es la riqueza de los gentiles,
¿qué será cuando alcancen su pleno valor? Hay aquí una profunda verdad, hermanos, y, para evitar pretensiones entre vosotros,
no quiero que la ignoréis: El endurecimiento de una parte de Israel durará hasta que entren de todos los pueblos; entonces todo
Israel se salvará, según el texto de la Escritura: «Llegará de Sión
el Libertador, para alejar los crímenes de Jacob; así será la alianza que haré con ellos cuando perdone sus pecados.» Considerando el Evangelio, son enemigos, y ha sido para vuestro bien; pero
considerando la elección, Dios los ama en atención a los patriarcas, pues los dones y la llamada de Dios son irrevocables.

Palabra de Dios.

SALMO RESPONSORIAL 93

℟ **El Señor no rechaza a su pueblo.**

Dichoso el hombre a quien tú educas, | al que enseñas tu
ley, | dándole descanso tras los años duros. ℟.

Porque el Señor no rechaza a su pueblo, | ni abandona su he-
redad; | el justo obtendrá su derecho, | y un porvenir, los rectos
de corazón. ℟.

Si el Señor no me hubiera auxiliado, | ya estaría yo habitando en el silencio. | Cuando me parece que voy a tropezar, | tu misericordia, Señor, me sostiene. ℟.

ALELUYA p. 1932ss.

EVANGELIO p. 1855

SABADO   Años pares

PRIMERA LECTURA

Para mí la vida es Cristo, y una ganancia el morir

LECTURA DE LA CARTA DE SAN PABLO A LOS FILIPENSES

1, 18b-26

Hermanos: Con tal de que se anuncie a Cristo, yo me alegro; y me seguiré alegrando, porque sé que esto será para mi bien, gracias a vuestras oraciones y al espíritu de Cristo que me socorre. Lo espero con impaciencia, porque en ningún caso saldré derrotado; al contrario, ahora como siempre, Cristo será glorificado en mi cuerpo, sea por mi vida o por mi muerte. Para mí la vida es Cristo, y una ganancia el morir. Pero, si el vivir esta vida normal me supone trabajo fructífero, no sé qué escoger. Me encuentro en esta alternativa: por un lado deseo partir para estar con Cristo, que es con mucho lo mejor; pero por otro, quedarme en esta vida, veo que es más necesario para vosotros. Convencido de esto, siento que me quedaré y estaré a vuestro lado, para que avancéis alegres en la fe, de modo que el orgullo cristiano que sentís por mí rebose cuando me encuentre de nuevo entre vosotros.

Palabra de Dios.

SALMO RESPONSORIAL 41

℟ **Mi alma tiene sed del Dios vivo.**

Como busca la cierva corrientes de agua, | así mi alma te busca a ti, Dios mío. ℟.

Mi alma tiene sed de Dios, del Dios vivo: | ¿cuándo entraré a ver el rostro de Dios? ℟.

Recuerdo cómo marchaba a la cabeza del grupo | hacia la casa de Dios, | entre cantos de júbilo y alabanza, | en el bullicio de la fiesta. ℟.

ALELUYA p. 1932ss.

EVANGELIO

El que se enaltece será humillado; y el que se humilla será enaltecido

✠ LECTURA DEL S. EVANGELIO SEGUN SAN LUCAS
14, 1.7-11

En aquel tiempo, entró Jesús un sábado en casa de uno de los principales fariseos para comer, y ellos le estaban espiando. Notando que los convidados escogían los primeros puestos, les propuso este ejemplo: «Cuando te conviden a una boda, no te sientes en el puesto principal, no sea que hayan convidado a otro de más categoría que tú; y vendrá el que os convidó a ti y al otro, y te dirá: "Cédele el puesto a éste". Entonces, avergonzado, irás a ocupar el último puesto. Al revés, cuando te conviden, vete a sentarte en el último puesto, para que, cuando venga el que te convidó, te diga: "Amigo, sube más arriba". Entonces quedarás muy bien ante todos los comensales. Porque todo el que se enaltece será humillado; y el que se humilla será enaltecido.»

Palabra del Señor.

TRIGESIMA PRIMERA SEMANA
LUNES   Años impares

PRIMERA LECTURA

Dios nos encerró a todos en desobediencia, para tener
misericordia de todos

LECTURA DE LA CARTA DE SAN PABLO A
LOS ROMANOS
                                                              11, 29-36

Hermanos: Los dones y la llamada de Dios son irrevocables.
Vosotros, en otro tiempo, desobedecisteis a Dios; pero ahora, al
desobedecer ellos, habéis obtenido misericordia. Así también
ellos que ahora no obedecen, con ocasión de la misericordia obtenida por vosotros, alcanzarán misericordia. Pues Dios nos encerró a todos en desobediencia, para tener misericordia de todos.
¡Qué abismo de generosidad, de sabiduría y de conocimiento, el
de Dios! ¡Qué insondables sus decisiones y qué irrastreables sus
caminos! ¿Quién conoció la mente del Señor? ¿Quién fue consejero? ¿Quién le ha dado primero para que él le devuelva? El es
el origen, guía y meta del universo. A él la gloria por los siglos.
Amén.

Palabra de Dios.

SALMO RESPONSORIAL 68

℟. **Que me escuche, Señor, tu gran bondad.**

Yo soy un pobre malherido, | Dios mío, tu salvación me le-
vante. | Alabaré el nombre de Dios con cantos, | proclamaré su
grandeza con acción de gracias. ℟.

Miradlo, los humildes, y alegraos, | buscad al Señor, y vivirá
vuestro corazón. | Que el Señor escucha a sus pobres, | no des-
precia a sus cautivos. ℟.

El Señor salvará a Sión, | reconstruirá las ciudades de Ju-
dá, | y las habitarán en posesión. | La estirpe de sus siervos la
heredará, | los que aman su nombre vivirán en ella. ℟.

ALELUYA p. 1932ss.
EVANGELIO p. 1859

LUNES   Años pares

PRIMERA LECTURA

Dadme esta gran alegría: Manteneos unánimes

LECTURA DE LA CARTA DE SAN PABLO A LOS FILIPENSES   2, 1-4

Hermanos: Si queréis darme el consuelo de Cristo y aliviarme con vuestro amor, si nos une el mismo Espíritu y tenéis entrañas compasivas, dadme esta gran alegría: Manteneos unánimes y concordes, con un mismo amor y un mismo sentir. No obréis por envidia ni por ostentación, dejaos guiar por la humildad y considerad siempre superiores a los demás. No os encerréis en vuestros intereses, sino buscad todos el interés de los demás.

Palabra de Dios.

SALMO RESPONSORIAL 130

℟ **Guarda mi alma en la paz, junto a ti, Señor.**

Señor, mi corazón no es ambicioso, | ni mis ojos altaneros; | no pretendo grandezas | que superen mi capacidad. ℟.

Yo acallo y modero mis deseos, | como un niño en brazos de su madre. ℟.

Espera Israel en el Señor | ahora y por siempre. ℟.

ALELUYA p. 1932ss.

EVANGELIO

No invites a tus amigos, sino a pobres y lisiados

✠ LECTURA DEL S. EVANGELIO SEGUN SAN LUCAS   14, 12-14

En aquel tiempo, decía Jesús a uno de los principales fariseos que le había invitado: «Cuando des una comida o una cena, no invites a tus amigos ni a tus hermanos ni a tus parientes ni a los vecinos ricos; porque corresponderán invitándote y quedarás pagado. Cuando des un banquete, invita a pobres, lisiados, cojos y ciegos; dichoso tú, porque no pueden pagarte; te pagarán cuando resuciten los justos.»

Palabra del Señor.

MARTES   Años impares

PRIMERA LECTURA

Cada miembro está al servicio de los otros miembros

LECTURA DE LA CARTA DE SAN PABLO A LOS ROMANOS
                                                       12, 5-16a

Hermanos: Nosotros, siendo muchos, somos un solo cuerpo en Cristo, pero cada miembro está al servicio de los otros miembros. Los dones que poseemos son diferentes, según la gracia que se nos ha dado, y se han de ejercer así: si es la predicación, teniendo en cuenta a los creyentes; si es el servicio, dedicándose a servir; el que enseña, aplicándose a enseñar; el que exhorta, a exhortar; el que se encarga de la distribución, hágalo con sencillez; el que preside, con empeño; el que reparte la limosna, con agrado. Que vuestra caridad no sea una farsa; aborreced lo malo y apegaos a lo bueno. Como buenos hermanos, sed cariñosos unos con otros, estimando a los demás más que a uno mismo. En la actividad, no seáis descuidados; en el espíritu, manteneos ardientes. Servid constantemente al Señor. Que la esperanza os tenga alegres: estad firmes en la tribulación, sed asiduos en la oración. Contribuid en las necesidades del Pueblo de Dios; practicad la hospitalidad. Bendecid a los que os persiguen; bendecid, sí, no maldigáis. Con los que ríen, estad alegres; con los que lloran, llorad. Tened igualdad de trato unos con otros: no tengáis grandes pretensiones, sino poneos al nivel de la gente humilde.

Palabra de Dios.

SALMO RESPONSORIAL 130

℟ **Guarda mi alma en la paz junto a ti, Señor.**

Señor, mi corazón no es ambicioso, | ni mis ojos altaneros; | no pretendo grandezas | que superan mi capacidad. ℟.

Sino que acallo y modero mis deseos, | como a un niño en brazos de su madre. ℟.

Espere Israel en el Señor, | ahora y por siempre. ℟.

ALELUYA p. 1932ss.

EVANGELIO p. 1860

MARTES   Años pares

PRIMERA LECTURA

Se rebajó, por eso Dios lo levantó

LECTURA DE LA CARTA DE SAN PABLO A
LOS FILIPENSES   2, 5-11

Hermanos: Tened entre vosotros los sentimientos propios de una vida en Cristo Jesús. El, a pesar de su condición divina, no hizo alarde de su categoría de Dios; al contrario, se despojó de su rango y tomó la condición de esclavo, pasando por uno de tantos. Y así, actuando como un hombre cualquiera, se rebajó hasta someterse incluso a la muerte, y una muerte de cruz. Por eso Dios lo levantó sobre todo y le concedió el «Nombre-sobre-todo-nombre»; de modo que al nombre de Jesús toda rodilla se doble —en el Cielo, en la Tierra, en el Abismo—, y toda lengua proclame: «¡Jesucristo es Señor!», para gloria de Dios Padre.

Palabra de Dios.

SALMO RESPONSORIAL 21

℞ **El Señor es mi alabanza en la gran asamblea.**

Cumpliré mis votos delante de tus fieles. | Los desvalidos comerán hasta saciarse, | alabarán al Señor los que le buscan: | viva su corazón por siempre. ℞.

Lo recordarán y volverán al Señor | hasta de los confines del orbe; | en su presencia se postrarán | las familias de los pueblos. | Porque del Señor es el reino, | él gobierna a los pueblos; | ante él se postrarán las cenizas de la tumba. ℞.

Me hará vivir para él, | mi descendencia le servirá; | hablarán del Señor a la generación futura, | contarán su justicia al pueblo que ha de nacer: | todo lo que hizo el Señor. ℞.

ALELUYA p. 1932ss.

EVANGELIO

Sal por los caminos y senderos, e insísteles hasta que entren y se me llene la casa

✠ LECTURA DEL S. EVANGELIO SEGUN
SAN LUCAS   14, 15-24

En aquel tiempo, uno de los comensales dijo a Jesús: «¡Dichoso el que coma en el banquete del reino de Dios!» Jesús le contestó: «Un hombre daba un gran banquete y convidó a mucha gente; a la hora del banquete mandó un criado a avisar a los convidados: "Venid, que ya está preparado." Pero ellos se excusaron uno tras otro. El primero le dijo: "He comprado un campo y tengo que ir a verlo. Dispénsame, por favor." Otro dijo: "He comprado cinco yuntas de bueyes y voy a probarlas. Dispénsame, por favor." Otro dijo: "Me acabo de casar y, naturalmente, no puedo ir." El criado volvió a contárselo al amo. Entonces el dueño de casa, indignado, le dijo al criado: "Sal corriendo a las plazas y calles de la ciudad y tráete a los pobres, a los lisiados, a los ciegos y a los cojos." El criado dijo: "Señor, se ha hecho lo que mandaste y todavía queda sitio." Entonces el amo dijo: "Sal por los caminos y senderos, e insísteles hasta que entren y se me llene la casa. Y os digo que ninguno de aquellos convidados probará mi banquete".»

Palabra del Señor.

MIERCOLES   Años impares

PRIMERA LECTURA
Amar es cumplir la ley entera

LECTURA DE LA CARTA DE SAN PABLO A LOS ROMANOS

13, 8-10

Hermanos: A nadie le debáis nada, más que amor; porque el que ama tiene cumplido el resto de la ley. De hecho, el «no cometerás adulterio, no matarás, no robarás, no envidiarás», y los demás mandamientos que haya, se resumen en esta frase: «Amarás a tu prójimo como a ti mismo.» Uno que ama a su prójimo no le hace daño; por eso amar es cumplir la ley entera.

Palabra de Dios.

SALMO RESPONSORIAL 111

℟ **Dichoso el que se apiada y presta.**

Dichoso quien teme al Señor, | y ama de corazón sus mandatos. | Su linaje será poderoso en la tierra, | la descendencia del justo será bendita. ℟.

En las tinieblas brilla como una luz | el que es justo, clemente y compasivo. | Dichoso el que se apiada y presta, | y administra rectamente sus asuntos. ℟.

Reparte limosna a los pobres, | su caridad es constante, sin falta | y alzará la frente con dignidad. ℟.

ALELUYA p. 1932ss.

EVANGELIO p. 1863

MIERCOLES   **Años pares**

PRIMERA LECTURA

*Seguid actuando vuestra salvación, porque es Dios quien activa en
vosotros el querer y la actividad*

LECTURA DE LA CARTA DE SAN PABLO A
LOS FILIPENSES   2, 12-18

Queridos hermanos: Ya que siempre habéis obedecido, no
sólo cuando yo estaba presente, sino mucho más ahora en mi
ausencia, seguid actuando vuestra salvación escrupulosamente,
porque es Dios quien activa en vosotros el querer y la actividad
para realizar su designio de amor. Cualquier cosa que hagáis sea
sin protestas ni discusiones, así seréis irreprochables y límpidos,
hijos de Dios sin tacha, en medio de una gente torcida y depra-
vada, entre la cual brilláis como lumbreras del mundo, mostrando una razón para vivir. El día de Cristo, ése será mi argumento
para probar que mis trabajos no fueron inútiles ni mis fatigas
tampoco. Y aun en el caso de que mi sangre haya de derramarse,
rociando el sacrificio litúrgico que es vuestra fe, yo estoy alegre
y me asocio a vuestra alegría; por vuestra parte estad alegres y
asociaos a la mía.

Palabra de Dios.

SALMO RESPONSORIAL 26

R. **El Señor es mi luz y mi salvación.**

El Señor es mi luz y mi salvación, | ¿a quién temeré? | El Se-
ñor es la defensa de mi vida, | ¿quién me hará temblar?. R.

Una cosa pido al Señor, | eso buscaré: | habitar en la casa del
Señor | por los días de mi vida; | gozar de la dulzura del Se-
ñor, | contemplando su templo. R.

Espero gozar de la dicha del Señor | en el país de la vida.
| Espera en el Señor, sé valiente, | ten ánimo, espera en el
Señor. R.

ALELUYA p. 1932ss.

EVANGELIO

El que renuncia a todos los bienes, no puede ser discípulo mío

✠ LECTURA DEL S. EVANGELIO SEGUN
SAN LUCAS   14, 25-33

En aquel tiempo, mucha gente acompañaba a Jesús; él se volvió y les dijo: «Si alguno se viene conmigo y no pospone a su padre y a su madre, y a su mujer y a sus hijos, y a sus hermanos y a sus hermanas, e incluso a sí mismo, no puede ser discípulo mío. Quien no lleve su cruz detrás de mí, no puede ser discípulo mío. Así, ¿quién de vosotros, si quiere construir una torre, no se sienta primero a calcular los gastos, a ver si tiene para terminarla? No sea que, si echa los cimientos y no puede acabarla, se pongan a burlarse de él los que miran, diciendo: "Este hombre empezó a construir y no ha sido capaz de acabar." ¿O qué rey, si va a dar la batalla a otro rey, no se sienta primero a deliberar si con diez mil hombres podrá salir al paso del que le ataca con veinte mil? Y si no, cuando el otro está todavía lejos, envía legados para pedir condiciones de paz. Lo mismo vosotros: el que no renuncia a todos sus bienes, no puede ser discípulo mío.»

Palabra del Señor.

JUEVES   **Años impares**

PRIMERA LECTURA

En la vida y en la muerte somos del Señor

LECTURA DE LA CARTA DE SAN PABLO A
LOS ROMANOS   14, 7-12

Hermanos: Ninguno de nosotros vive para sí mismo y ninguno muere para sí mismo. Si vivimos, vivimos para el Señor; si morimos, morimos para el Señor; en la vida y en la muerte somos del Señor. Para esto murió y resucitó Cristo: para ser Señor de vivos y muertos. Tú, ¿por qué juzgas a tu hermano? Y tú, ¿por qué desprecias a tu hermano? Todos compareceremos ante el Tribunal de Dios, porque está escrito: «Por mi vida, dice el Señor, ante mí se doblará toda rodilla, a mí me alabará toda lengua.» Por eso, cada uno dará cuenta a Dios de sí mismo.

Palabra de Dios.

SALMO RESPONSORIAL 26

℞ **Espero gozar de la dicha del Señor en el país de la vida.**

El Señor es mi luz y mi salvación, | ¿a quién temeré? | El Señor es la defensa de mi vida, | ¿quién me hará temblar? ℞.

Una cosa pido al Señor, | eso buscaré: | habitar en la casa del Señor | por los días de mi vida; | gozar de la dulzura del Señor | contemplando su templo. ℞.

Espero gozar de la dicha del Señor | en el país de la vida. | —Espera en el Señor, sé valiente, | ten ánimo, espera en el Señor. ℞.

ALELUYA p. 1932ss.

EVANGELIO p. 1865

JUEVES   Años pares

PRIMERA LECTURA

Eso que para mí era ganancia, lo consideré pérdida comparado con Cristo

LECTURA DE LA CARTA DE SAN PABLO A
LOS FILIPENSES   3, 3-8a

Hermanos: Los circuncisos somos nosotros, que servimos a Dios desde dentro, y que ponemos nuestra gloria en Cristo Jesús, sin confiar en lo exterior. Aunque lo que es yo, ciertamente tendría motivos para confiar en lo exterior, y si algún otro piensa que puede hacerlo, yo mucho más: circuncidado a los ocho días de nacer, israelita de nación, de la tribu de Benjamín, hebreo por los cuatro costados, y, por lo que toca a la ley, fariseo; si se trata de intransigencia, fui perseguidor de la Iglesia, si de ser justo por la ley, era irreprochable. Sin embargo, todo eso que para mí era ganancia, lo consideré pérdida comparado con Cristo; más aún, todo lo estimo pérdida, comparado con la excelencia del conocimiento de Cristo Jesús, mi Señor. Por él lo perdí todo, y todo lo estimo basura con tal de ganar a Cristo.

Palabra de Dios.

SALMO RESPONSORIAL 104

R̸ **Que se alegren los que buscan al Señor.**

Cantadle al son de instrumentos, | hablad de sus maravillas; | gloriaos de su nombre santo, | que se alegren los que buscan al Señor. R̸.

Recurrid al Señor y a su poder, | buscad continuamente su rostro. | Recordad las maravillas que hizo, | sus prodigios, las sentencias de su boca. R̸.

¡Estirpe de Abrahán, su siervo, | hijos de Jacob, su elegido! | El Señor es nuestro Dios, | él gobierna toda la tierra. R̸.

ALELUYA p. 1932ss.

EVANGELIO

Habrá alegría en el cielo por un solo pecador que se convierta

✠ **LECTURA DEL S. EVANGELIO SEGUN SAN LUCAS** 15, 1-10

En aquel tiempo, se acercaban a Jesús los publicanos y los pecadores a escucharle. Y los fariseos y los letrados murmuraban entre ellos: «Ese acoge a los pecadores y come con ellos.» Jesús les dijo esta parábola: «Si uno de vosotros tiene cien ovejas y se le pierde una, ¿no deja las noventa y nueve en el campo y va tras la descarriada, hasta que la encuentra? Y cuando la encuentra, se la carga sobre los hombros, muy contento; y al llegar a casa, reúne a los amigos y a los vecinos para decirles: "¡Felicitadme!, he encontrado la oveja que se me había perdido." Os digo que así también habrá más alegría en el cielo por un solo pecador que se convierta, que por noventa y nueve justos que no necesitan convertirse. Y si una mujer tiene diez monedas y se le pierde una, ¿no enciende una lámpara y barre la casa y busca con cuidado, hasta que la encuentra? Y cuando la encuentra, reúne a las amigas y vecinas para decirles: "¡Felicitadme!, he encontrado la moneda que se me había perdido." Os digo que la misma alegría habrá entre los ángeles de Dios por un solo pecador que se convierta.»

Palabra del Señor.

VIERNES   Años impares

PRIMERA LECTURA

Oficiante de Cristo Jesús para con los gentiles, para que la ofrenda de los gentiles agrade a Dios

LECTURA DE LA CARTA DE SAN PABLO A
LOS ROMANOS   15, 14-21

Respecto a vosotros, hermanos, yo personalmente estoy convencido de que rebosáis buena voluntad y de que os sobra saber para aconsejaros unos a otros. A pesar de eso, para traeros a la memoria lo que ya sabéis, os he escrito, a veces propasándome un poco. Me da pie el don recibido de Dios, que me hace ministro de Cristo Jesús para con los gentiles: mi acción sacra consiste en anunciar la buena noticia de Dios, para que la ofrenda de los gentiles, consagrada por el Espíritu Santo, agrade a Dios. Como cristiano, pongo mi orgullo en lo que a Dios se refiere. Sería presunción hablar de algo que no fuera lo que Cristo hace por mi medio para que los gentiles respondan a la fe, con mis palabras y acciones, con la fuerza de señales y prodigios, con la fuerza del Espíritu Santo. Tanto, que en todas direcciones, a partir de Jerusalén y llegando hasta la Iliria, lo he dejado todo lleno del Evangelio de Cristo. Eso sí, para mí es cuestión de amor propio no anunciar el Evangelio más que donde no se ha pronunciado aún el nombre de Cristo; en vez de construir sobre cimiento ajeno, hago lo que dice la Escritura: «Los que no tenían noticia lo verán, los que no habían oído hablar comprenderán.»

Palabra de Dios.

SALMO RESPONSORIAL 97

℟ **El Señor revela a las naciones su victoria.**

Cantad al Señor un cántico nuevo, | porque ha hecho maravillas: | su diestra le ha dado la victoria, | su santo brazo. ℟

El Señor da a conocer su victoria | revela a las naciones su justicia: | se acordó de su misericordia y su fidelidad | en favor de la casa de Israel. ℟

Los confines de la tierra han contemplado | la victoria de nuestro Dios. | Aclama al Señor, tierra entera; | gritad, vitoread, tocad. ℟

ALELUYA p. 1932ss.
EVANGELIO p. 1868

VIERNES   Años pares

PRIMERA LECTURA

Aguardamos un Salvador; él transformará nuestra condición humilde, según el modelo de su condición gloriosa

LECTURA DE LA CARTA DE SAN PABLO A LOS FILIPENSES   3, 17—4, 1

Hermanos: Seguid mi ejemplo y fijaos en los que andan según el modelo que tenéis en mí. Porque, como os decía muchas

veces, y ahora lo repito con lágrimas en los ojos, hay muchos
que andan como enemigos de la cruz de Cristo: su paradero es
la perdición; su Dios, el vientre; su gloria, sus vergüenzas. Sólo
aspiran a cosas terrenas. Nosotros por el contrario somos ciudadanos del cielo, de donde aguardamos un Salvador: el Señor Jesucristo. El transformará nuestra condición humilde, según el
modelo de su condición gloriosa, con esa energía que posee para
sometérselo todo. Así, pues, hermanos míos queridos y añorados, mi alegría y mi corona, manteneos así, en el Señor, queridos.

Palabra de Dios.

SALMO RESPONSORIAL 121

R. **Llenos de alegría vamos a la casa del Señor.**

Qué alegría cuando me dijeron: | «Vamos a la casa del Se-
ñor.» | Ya están pisando nuestros pies | tus umbrales, Jerusa-
lén. R.

Allá suben las tribus, | las tribus del Señor, | según la cos-
tumbre de Israel, | a celebrar el nombre del Señor. | En ella es-
tán los tribunales de justicia | en el palacio de David. R.

ALELUYA p. 1932ss.

EVANGELIO

*Los hijos de este mundo son más astutos con su gente que los
hijos de la luz*

✠ LECTURA DEL S. EVANGELIO SEGUN
SAN LUCAS   16, 1-8

En aquel tiempo, dijo Jesús a sus discípulos: «Un hombre
rico tenía un administrador y le llegó la denuncia de que derro-
chaba sus bienes. Entonces lo llamó y le dijo: "¿Qué es eso que
me cuentan de ti? Entrégame el balance de tu gestión, porque
quedas despedido." El administrador se puso a echar sus cálcu-

los: "¿Qué voy a hacer ahora que mi amo me quita el empleo? Para cavar no tengo fuerzas; mendigar, me da vergüenza. Ya sé lo que voy a hacer para que cuando me echen de la administración, encuentre quien me reciba en su casa." Fue llamando uno a uno a los deudores de su amo, y dijo al primero: "¿Cuánto debes a mi amo?" Este respondió: "Cien barriles de aceite." El le dijo: "Aquí está tu recibo: aprisa, siéntate y escribe cincuenta." Luego dijo a otro: "Y tú, ¿cuánto debes?" El contestó: "Cien fanegas de trigo." Le dijo: "Aquí está tu recibo: Escribe ochenta." Y el amo felicitó al administrador injusto, por la astucia con que había procedido. Ciertamente, los hijos de este mundo son más astutos con su gente que los hijos de la luz.»

Palabra del Señor.

SABADO   Años impares

PRIMERA LECTURA

Saludaos unos a otros con el beso santo

LECTURA DE LA CARTA DE SAN PABLO A
LOS ROMANOS   16, 3-9.16.22-27

Hermanos: Saludos a Prisca y Aquila, colaboradores míos en la obra de Cristo Jesús; por salvar mi vida expusieron su cabeza, y no soy yo sólo quien les está agradecido, también todas las Iglesias del mundo pagano. Saludad a la Iglesia que reúne en su casa. Saludos a mi querido Epéneto, el primero convertido de Cristo en Asia. Saludos a María, que ha trabajado mucho por vosotros. Saludos a Andrónico y Junia, mis parientes y compañeros de prisión, ilustres entre los apóstoles, que llegaron a Cristo antes que yo. Saludos a Ampliato, mi amigo en el Señor. Saludos a Urbano, colaborador mío en la obra de Cristo, y a mi querido Estaquis. Saludaos unos a otros con el beso santo. To-

das las iglesias de Cristo os saludan. Yo, Tercio, que escribo la
carta, os mando un saludo cristiano. Os saluda Gayo, que me
hospeda, y toda esta Iglesia. Os saluda Erasto, tesorero de la ciudad, y nuestro hermano Cuarto. Al que puede fortaleceros según
el Evangelio que yo proclamo, predicando a Cristo Jesús —revelación del misterio mantenido en secreto durante siglos eternos
y manifestado ahora en la Sagrada Escritura, dado a conocer por
decreto del Dios eterno, para traer a todas las naciones a la obediencia de la fe—, al Dios, único Sabio, por Jesucristo, la gloria
por los siglos de los siglos. Amén.

Palabra de Dios.

SALMO RESPONSORIAL 144

℟ **Bendeciré tu nombre por siempre, Dios mío, mi Rey.**

Día tras día te bendeciré | y alabaré tu nombre por siempre
jamás. | Grande es el Señor, y merece toda alabanza, | es incalcu-
lable su grandeza. ℟.

Una generación pondera tus obras a la otra, | y le cuenta sus
hazañas; | alaban ellos la gloria de tu majestad, | y yo repito tus
maravillas. ℟.

Que todas las criaturas te den gracias, Señor, | que te bendi-
gan tus fieles; | que proclamen la gloria de tu reinado, | que ha-
blen de tus hazañas. ℟.

ALELUYA p. 1932ss.

EVANGELIO

SABADO   Años pares

PRIMERA LECTURA

Todo lo puedo en aquel que me conforta

LECTURA DE LA CARTA DE SAN PABLO A
LOS FILIPENSES   4, 10-19

Hermanos: Como fiel de Cristo, me alegré muchísimo de que
ahora por fin pudierais expresar el interés que sentís por mí;

siempre lo habíais sentido, pero os faltaba la ocasión. Aunque ando escaso de recursos, no lo digo por eso; yo he aprendido a arreglarme en toda circunstancia. Sé vivir en pobreza y abundancia. Estoy entrenado para todo y en todo: la hartura y el hambre, la abundancia y la privación. Todo lo puedo en aquel que me conforta. En todo caso hicisteis bien en compartir mi tribulación. Vosotros los filipenses sabéis además que, desde que salí de Macedonia y empecé la misión, ninguna iglesia, aparte de vosotros, me abrió una cuenta de haber y debe. Ya a Tesalónica me mandasteis más de una vez un subsidio para aliviar mi necesidad; no es que yo busque regalos, busco que los intereses se acumulen en vuestra cuenta. Este es mi recibo: por todo y por más todavía. Estoy plenamente pagado al recibir lo que me mandáis con Epafrodito: Es un incienso perfumado, un sacrificio aceptable que agrada a Dios. En pago, mi Dios proveerá a todas vuestras necesidades con magnificencia, conforme a su riqueza en Cristo Jesús.

Palabra de Dios.

SALMO RESPONSORIAL 111

℟ **Dichoso quien teme al Señor.**

Dichoso quien teme al Señor | y ama de corazón sus mandatos. | Su linaje será poderoso en la tierra, | la descendencia del justo será bendita. ℟.

Dichoso el que se apiada y presta, | y administra rectamente sus asuntos. | El justo jamás vacilará, | su recuerdo será perpetuo. ℟.

Su corazón está seguro, sin temor; | reparte limosna a los pobres, | su caridad es constante, sin falta, | y alzará la frente con dignidad. ℟.

ALELUYA p. 1932ss.

EVANGELIO

Si no fuisteis de fiar en el vil dinero, ¿quién os confiará lo que vale de veras?

✠ LECTURA DEL S. EVANGELIO SEGUN
SAN LUCAS　　　　　　　　　　　　　　　　16, 9-15

En aquel tiempo, decía Jesús a sus discípulos: «Ganaos amigos con el dinero injusto, para que cuando os falte, os reciban en las moradas eternas. El que es de fiar en lo menudo, también en lo importante es de fiar; el que no es honrado en lo menudo, tampoco en lo importante es honrado. Si no fuisteis de fiar en el vil dinero, ¿quién os confiará lo que vale de veras? Si no fuisteis de fiar en lo ajeno, ¿lo vuestro quién os lo dará? Ningún siervo puede servir a dos amos: porque o bien aborrecerá a uno y amará al otro, o bien se dedicará al primero y no hará caso del segundo. No podéis servir a Dios y al dinero.» Oyeron esto unos fariseos, amigos del dinero, y se burlaban de él. Jesús les dijo: «Vosotros presumís de observantes delante de la gente, pero Dios os conoce por dentro. La arrogancia con los hombres, Dios la detesta.»

Palabra del Señor.

TRIGESIMA SEGUNDA SEMANA

LUNES   Años impares

PRIMERA LECTURA

*La sabiduría es un espíritu amigo de los hombres; el Espíritu
del Señor llena la tierra*

COMIENZO DEL LIBRO DE LA SABIDURIA   1, 1-7

Amad la justicia, los que regís la tierra, pensad correctamente
del Señor y buscadlo con corazón entero. Lo encuentran los que
no exigen pruebas, y se revela a los que no desconfían. Los razonamientos retorcidos alejan de Dios, y su poder, sometido a
prueba, pone en evidencia a los necios. La sabiduría no entra en
alma de mala ley ni habita en cuerpo deudor del pecado. El espíritu educador y santo rehúye la estratagema, levanta el campo
ante los razonamientos sin sentido y se rinde ante el asalto de la
maldad. La sabiduría es un espíritu amigo de los hombres, que
no deja impune al deslenguado; Dios penetra en su interior, vigi-
la puntualmente su corazón y escucha lo que dice su lengua. Porque el espíritu del Señor llena la tierra y, como da consistencia
al universo, no ignora ningún sonido.

Palabra de Dios.

SALMO RESPONSORIAL 138

℟ Guíame, Señor, por el camino recto.

Señor, tú me sondeas y me conoces: | me conoces cuando me
siento y me levanto, | de lejos penetras mis pensamientos; | dis-
tingues mi camino y mi descanso. ℟.

Todas mis sendas te son familiares; | no ha llegado la palabra
a mi lengua, | y ya, Señor, te la sabes toda. ℟.

Me estrechas detrás y delante, | me cubres con tu palma. |
Tanto saber me sobrepasa; | es sublime, y no lo abarco. ℟.

¿A dónde iré lejos de tu aliento, | a dónde escaparé de tu mi-
rada? | Si escalo el cielo, allí estás tú; | si me acuesto en el abis-
mo, allí te encuentro. ℟.

Si vuelo hasta el margen de la aurora, | si emigro hasta el confín del mar, | allí me alcanzará tu izquierda, | me agarrará tu derecha. ℟.

ALELUYA p. 1932ss.

EVANGELIO p. 1875

LUNES   Años pares

PRIMERA LECTURA

Establece presbíteros, siguiendo las instrucciones que te di

COMIENZO DE LA CARTA DE SAN PABLO
A TITO   1, 1-9

Pablo, siervo de Dios y Apóstol de Jesucristo, para promover la fe de los elegidos de Dios, y el conocimiento de la verdad, según nuestra religión y la esperanza de la vida eterna. Dios, que no miente, había prometido esa vida desde tiempos inmemoriales; al llegar el momento, la ha manifestado abiertamente con la predicación que se me ha confiado, según lo dispuso Dios nuestro Salvador. Querido Tito, verdadero hijo mío en la fe que compartimos: te deseo la gracia y la paz de Dios Padre y de Cristo Jesús Salvador nuestro. Mi intención al dejarte en Creta era que pusieras en regla lo que faltaba y establecieses presbíteros en cada ciudad, siguiendo las instrucciones que te di. El candidato, que sea un hombre sin tacha, fiel a su única mujer, con hijos creyentes, que no sean indóciles ni acusados de mala conducta. Porque el obispo siendo administrador de Dios, tiene que ser intachable, no arrogante ni colérico, no dado al vino ni pendenciero, ni tampoco ávido de ganancias poco limpias. Al contrario, ha de ser hospitalario, amigo de lo bueno, de sanos principios, justo, fiel, dueño de sí. Debe mostrar adhesión a la doctrina cierta, para ser capaz de predicar una enseñanza sana y de rebatir a los adversarios.

Palabra de Dios.

SALMO RESPONSORIAL 23

℟ **Estos son los que buscan al Señor.**

Del Señor es la tierra y cuanto la llena, | el orbe y todos sus habitantes: | él la fundó sobre los mares, | él la afianzó sobre los ríos. ℟.

¿Quién puede subir al monte del Señor? | ¿Quién puede estar en el recinto sacro? | El hombre de manos inocentes y puro de corazón, | que no confía en los ídolos. ℟.

Este recibirá la bendición del Señor, | le hará justicia el Dios de salvación. | Este es el grupo que busca al Señor, | que viene a tu presencia, Dios de Jacob. ℟.

ALELUYA p. 1932ss.

EVANGELIO

Si siete veces vuelve a decirte: «lo siento», lo perdonarás

✠ LECTURA DEL S. EVANGELIO SEGUN
SAN LUCAS   17, 1-6

En aquel tiempo, Jesús dijo a sus discípulos: «Es inevitable que sucedan escándalos; pero, ¡ay del que los provoca! Al que escandaliza a uno de estos pequeños, más le valdría que le encajaran en el cuello una piedra de molino y lo arrojasen al mar. Tened cuidado. Si tu hermano te ofende, repréndelo; si se arrepiente, perdónalo; si te ofende siete veces en un día, y siete veces vuelve a decirte: "lo siento", lo perdonas.» Los apóstoles le pidieron al Señor: «Auméntanos la fe.» El Señor contestó: «Si tuvierais fe como un granito de mostaza, diríais a esa morera: "Arráncate de raíz y plántate en el mar", y os obedecería.»

Palabra del Señor.

MARTES   **Años impares**

PRIMERA LECTURA

La gente insensata pensaba que morían, pero ellos están en paz

LECTURA DEL LIBRO DE LA SABIDURIA   2, 23—3, 9

Dios creó al hombre incorruptible, le hizo imagen de su misma naturaleza. Por envidia del diablo entró la muerte en el mundo, y la experimentan los que le pertenecen. En cambio, la vida de los justos está en manos de Dios y no los tocará el tormento. La gente insensata pensaba que morían, consideraba su tránsito como una desgracia, su partida de entre nosotros como una destrucción; pero ellos están en paz. La gente pensaba que eran castigados; pero ellos esperaban seguros la inmortalidad. Sufrieron un poco; recibirán grandes favores, porque Dios los puso a prueba y los halló dignos de sí: los probó como oro en crisol, los recibió como sacrificio de holocaustos. El día de la cuenta resplandecerán ellos como chispas que prenden por un cañaveral. Gobernarán naciones, someterán pueblos, y su Señor reinará eternamente. Los que en él confían conocerán la verdad y los fieles permanecerán con él en el amor, porque sus elegidos encontrarán gracia y misericordia.

Palabra de Dios.

SALMO RESPONSORIAL 33

R̶ **Bendigo al Señor en todo momento.**

Bendigo al Señor en todo momento, | su alabanza está siempre en mi boca; | mi alma se gloría en el Señor: | que los humildes lo escuchen y se alegren. R̶.

Los ojos del Señor miran a los justos, | sus oídos escuchan sus gritos; | pero el Señor se enfrenta con los malhechores | para borrar de la tierra su memoria. R̶.

Cuando uno grita, el Señor lo escucha | y lo libra de sus angustias; | el Señor está cerca de los atribulados, | salva a los abatidos. R̶.

ALELUYA p. 1932ss.

EVANGELIO p. 1878

MARTES   Años pares

PRIMERA LECTURA

*Llevemos una vida religiosa, aguardando la dicha que esperamos:
la aparición del Dios y Salvador nuestro: Jesucristo*

LECTURA DE LA CARTA DE SAN PABLO A
TITO   2, 1-8.11-14

Querido hermano: Habla de lo que es conforme a la sana enseñanza. Di a los ancianos que sean sobrios, serios y que piensen
bien; que estén robustos en la fe, en el amor y en la paciencia.
A las ancianas, lo mismo: que sean decentes en el porte, que no
sean chismosas ni se envicien con el vino, sino maestras en lo
bueno, de modo que inspiren buenas ideas a las jóvenes, enseñándoles a amar a los maridos y a sus hijos, a ser moderadas y
púdicas, a cuidar de la casa, a ser bondadosas y sumisas a los maridos, para que no se desacredite el Evangelio. A los jóvenes ex-
hórtalos también a tener ideas justas, presentándote en todo
como un modelo de buena conducta. En la enseñanza sé íntegro
y grave, con un hablar sensato e intachable, para que la parte
contraria se abochorne no pudiendo criticarnos en nada. Porque
ha aparecido la gracia de Dios, que trae la salvación para todos
los hombres; enseñándonos a renunciar a la vida sin religión y a
los deseos mundanos, y a llevar ya desde ahora una vida sobria,
honrada y religiosa, aguardando la dicha que esperamos: la aparición gloriosa del gran Dios y Salvador nuestro: Jesucristo. El se
entregó por nosotros para rescatarnos de toda impiedad y para
prepararse un pueblo purificado, dedicado a las buenas obras.

Palabra de Dios.

SALMO RESPONSORIAL 36

℟ **El Señor es quien salva a los justos.**

Confía en el Señor y haz el bien, | habita su tierra y practica la lealtad; | sea el Señor tu delicia, | y él te dará lo que pide tu corazón. ℟.

El Señor vela por los días de los buenos, | y su herencia durará siempre. | El Señor asegura los pasos del hombre, | se complace en sus caminos. ℟.

Apártate del mal y haz el bien, | y siempre tendrás una casa; | pero los justos poseen la tierra, | la habitarán por siempre jamás. ℟.

ALELUYA p. 1932ss.

EVANGELIO

Somos unos pobres siervos, hemos hecho lo que teníamos que hacer

✠ LECTURA DEL S. EVANGELIO SEGUN
SAN LUCAS   17, 7-10

En aquel tiempo, dijo el Señor: «Suponed que un criado vuestro trabaja como labrador o como pastor; cuando vuelve del campo, ¿quién de vosotros le dice: "En seguida, ven y ponte a la mesa?" ¿No le diréis: "Prepárame de cenar, cíñete y sírveme mientras como y bebo; y después comerás y beberás tú?" ¿Tenéis que estar agradecidos al criado porque ha hecho lo mandado? Lo mismo vosotros: Cuando hayáis hecho todo lo mandado, decid: "Somos unos pobres siervos, hemos hecho lo que teníamos que hacer."»

Palabra del Señor.

MIERCOLES   Años impares

PRIMERA LECTURA

Oíd, reyes, para que aprendáis sabiduría

LECTURA DEL LIBRO DE LA SABIDURIA   6, 1-11

Oíd, reyes, y entended. Aprended, soberanos de los confines de la tierra. Estad atentos los que gobernáis multitudes y estáis orgullosos de la muchedumbre de vuestros pueblos. Porque del Señor habéis recibido el poder, del Altísimo la soberanía; él examinará vuestras obras y sondeará vuestras intenciones. Si, como ministros que sois de su reino, no habéis gobernado rectamente, ni guardado la ley, ni caminado siguiendo la voluntad de Dios, terrible y repentino caerá sobre vosotros. Porque un juicio implacable espera a los que mandan; al pequeño, por piedad, se le perdona, pero los poderosos serán poderosamente castigados. Que el Señor de todos ante nadie retrocede, no hay grandeza que se le imponga; al pequeño como al grande él mismo los hizo y de todos tiene igual cuidado, pero un examen severo espera a los que están en el poder. A vosotros, pues, soberanos, se dirigen mis palabras para que aprendáis sabiduría y no caigáis; porque los que guardaren santamente las cosas santas, serán reconocidos santos, y los que se dejaren instruir en ellas, encontrarán defensa. Desead, pues, mis palabras; ansiadlas, que ellas os instruirán.

Palabra de Dios.

SALMO RESPONSORIAL 81

R. **Levántante, oh Dios, y juzga la tierra.**

Proteged al desvalido y al huérfano, | haced justicia al humilde y al necesitado, | defended al pobre y al indigente, | sacándolos de las manos del culpable. R.

Yo declaro: «Aunque seáis dioses | e hijos del Altísimo todos, | moriréis como cualquier hombre, | caeréis, príncipes, como uno de tantos.» R.

ALELUYA p. 1932ss.

EVANGELIO p. 1881

MIERCOLES   Años pares

PRIMERA LECTURA

*Ibamos fuera de camino, pero según su propia misericordia nos
ha salvado*

LECTURA DE LA CARTA DE SAN PABLO A
TITO
3, 1-7

Querido hermano: Recuérdales que se sometan al gobierno y
a las autoridades, que los obedezcan, que estén dispuestos a toda
forma de trabajo honrado, sin insultar ni buscar riñas; sean con-
descendientes y amables con todo el mundo. Porque antes también nosotros, con nuestra insensatez y obstinación, íbamos fuera
de camino; éramos esclavos de pasiones y placeres de todo género, nos pasábamos la vida fastidiando y comidos de envidia, éramos insoportables y nos odiábamos unos a otros. Mas cuando ha
aparecido la bondad de Dios y su amor al hombre, no por las
obras de justicia que hayamos hecho nosotros, sino que según su
propia misericordia nos ha salvado: con el baño del segundo nacimiento y con la renovación por el Espíritu Santo; Dios lo derramó copiosamente sobre nosotros por medio de Jesucristo
nuestro Salvador. Así, justificados por su gracia, somos, en esperanza, herederos de la vida eterna.

Palabra de Dios.

SALMO RESPONSORIAL 22

℟ **El Señor es mi pastor, nada me falta.**

El Señor es mi pastor, | nada me falta: | en verdes praderas
me hace recostar; | me conduce hacia fuentes tranquilas | y repa-
ra mis fuerzas. ℟

Me guía por el sendero justo, | por el honor de su nombre. | Aunque camine por cañadas oscuras, | nada temo, porque tú vas conmigo: | tu vara y tu cayado me sosiegan. ℟.

Preparas una mesa ante mí | enfrente de mis enemigos; | me unges la cabeza con perfume, | y mi cáliz rebosa. ℟.

Tu bondad y tu misericordia me acompañan | todos los días de mi vida, | y habitaré en la casa del Señor | por años sin término. ℟.

ALELUYA p. 1932ss.

EVANGELIO

¿No ha vuelto más que este extranjero para dar gloria a Dios?

✠ **LECTURA DEL S. EVANGELIO SEGUN SAN LUCAS**   17, 11-19

En aquel tiempo, yendo Jesús camino de Jerusalén, pasaba entre Samaria y Galilea. Cuando iba a entrar en un pueblo, vinieron a su encuentro diez leprosos, que se pararon a lo lejos y a gritos le decían: «Jesús, maestro, ten compasión de nosotros.» Al verlos, les dijo: «Id a presentaros a los sacerdotes.» Y mientras iban de camino, quedaron limpios. Uno de ellos, viendo que estaba curado, se volvió alabando a Dios a grandes gritos, y se echó por tierra a los pies de Jesús, dándole gracias. Este era un samaritano. Jesús tomó la palabra y dijo: «¿No han quedado limpios los diez?; los otros nueve ¿dónde están? ¿No ha vuelto más que este extranjero para dar gloria a Dios?» Y le dijo: «Levántate, vete: tu fe te ha salvado.»

Palabra del Señor.

JUEVES   **Años impares**

PRIMERA LECTURA

*La sabiduría es reflejo de la luz eterna, espejo nítido de la
actividad de Dios*

LECTURA DEL LIBRO DE LA SABIDURIA   7, 22—8, 1

La sabiduría es un espíritu inteligente, santo, único, múltiple,
sutil, móvil, penetrante, inmaculado, lúcido, invulnerable, bondadoso, agudo, incoercible, bienhechor, amigo del hombre, firme,
seguro, sereno, todopoderoso, todovigilante, que penetra todos
los espíritus inteligentes, puros, sutilísimos. La sabiduría es más
móvil que cualquier movimiento y, en virtud de su pureza, lo
atraviesa y lo penetra todo. Es efluvio del poder divino y emana-
ción genuina de la gloria del Omnipotente, por eso nada inmundo se le pega. Es reflejo de la luz eterna, espejo nítido de la actividad de Dios e imagen de su bondad. Siendo una sola, todo lo
puede; sin cambiar en nada, renueva el universo; entrando en las
almas buenas de cada época, va haciendo amigos de Dios y profetas; pues Dios ama sólo a quien convive con la sabiduría. Es
más bella que el sol y que todas las constelaciones; comparada a
la luz del día, sale ganando, pues a éste le releva la noche, mientras que a la sabiduría no le puede el mal. Alcanza con vigor de
extremo a extremo y gobierna el universo con acierto.

Palabra de Dios.

SALMO RESPONSORIAL 118

℟. **Tu palabra, Señor, es eterna.**

Tu palabra, Señor, es eterna, | más estable que el cielo. ℟.

Tu fidelidad, de generación en generación, | igual que fun-
daste la tierra y permanece. ℟.

Por tu mandamiento subsisten hasta hoy, | porque todo está
a su servicio. ℟.

La explicación de tus palabras ilumina, | da inteligencia a los ignorantes. ℞.

Haz brillar tu rostro sobre tu siervo, | enséñame tus leyes. ℞.

Que mi alma viva para alabarte, | que tus mandamientos me auxilien. ℞.

ALELUYA p. 1932ss.

EVANGELIO p. 1884

JUEVES   Años pares

PRIMERA LECTURA

Recíbelo no como esclavo, sino como hermano querido

LECTURA DE LA CARTA DE SAN PABLO A FILEMON   7-20

Querido hermano: Me alegró y animó mucho tu caridad, hermano, porque tú has aliviado los sufrimientos del pueblo santo. Por eso, aunque como cristiano tengo plena libertad para indicarte lo que conviene hacer, prefiero rogártelo apelando a tu caridad, yo, Pablo, anciano y prisionero por Cristo Jesús. Te recomiendo a Onésimo, mi hijo, a quien he engendrado en la prisión, que antes era tan inútil para ti, y ahora en cambio es tan útil para ti y para mí; te lo envío como algo de mis entrañas. Me hubiera gustado retenerlo junto a mí, para que me sirviera en tu lugar en esta prisión que sufro por el Evangelio; pero no he querido retenerlo sin contar contigo: así me harás este favor no a la fuerza, sino con toda libertad. Quizá se apartó de ti para que le recobres ahora para siempre; y no como esclavo, sino mucho mejor: como hermano querido. Si yo lo quiero tanto, cuánto más lo has de querer tú, como hombre y como cristiano. Si me consideras compañero tuyo, recíbelo a él como a mí mismo. Si en algo te ha perjudicado y te debe algo, ponlo en mi cuenta: yo, Pablo, te firmo el pagaré de mi puño y letra, para no hablar de que tú me debes tu propia persona. Por Dios, hermano, a ver si me das esta satisfacción; alivia mi ansiedad, por amor a Cristo.

Palabra de Dios.

SALMO RESPONSORIAL 145

℟ **Dichoso a quien auxilia el Dios de Jacob.**

Que mantiene su fidelidad perpetuamente, | que hace justicia a los oprimidos, | que da pan a los hambrientos; | el Señor liberta a los cautivos. ℟

El Señor abre los ojos al ciego, | el Señor endereza a los que ya se doblan; | el Señor ama a los justos, | el Señor guarda a los peregrinos. ℟

Sustenta al huérfano y a la viuda | y transtorna el camino de los malvados. | El Señor reina eternamente, | tu Dios, Sión, de edad en edad. ℟

ALELUYA p. 1932ss.

EVANGELIO

El reino de Dios está dentro de vosotros

✠ LECTURA DEL S. EVANGELIO SEGUN SAN LUCAS
                                                    17, 20-25

En aquel tiempo, a unos fariseos que le preguntaban cuándo iba a llegar el reino de Dios, Jesús les contestó: «El reino de Dios no vendrá espectacularmente, ni anunciarán que está aquí o allí; porque mirad, el reino de Dios está dentro de vosotros.» Dijo a sus discípulos: «Llegará un tiempo en que desearéis vivir un día con el Hijo del Hombre, y no podréis. Si os dicen que está aquí o allí, no os vayáis detrás. Como el fulgor del relámpago brilla de un horizonte a otro, así será el Hijo del Hombre en su día. Pero antes tiene que padecer mucho y ser reprochado por esta generación.»

Palabra del Señor.

VIERNES **Años impares**

LECTURA DEL LIBRO DE LA SABIDURIA 13, 1-9

Eran naturalmente vanos todos los hombres que ignoraban a Dios y fueron incapaces de conocer al que es partiendo de las cosas buenas que están a la vista, y no reconociendo al Artífice, fijándose en sus obras, sino que tuvieron por dioses al fuego, al viento, al aire leve, a la bóveda estrellada, al agua impetuosa, a las lumbres celestes, regidoras del mundo. Si, fascinados por su hermosura, los creyeron dioses, sepan cuánto los aventaja su Señor, pues los creó el autor de la belleza. Y si los asombró su poder y actividad, calculen cuánto más poderoso es quien los hizo. Pues por la magnitud y belleza de las criaturas, se percibe por analogía el que les dio el ser. Con todo, a éstos poco se les puede echar en cara, pues tal vez andan extraviados buscando a Dios y queriéndolo encontrar; en efecto, dan vueltas a sus obras, las exploran, y su apariencia los subyuga, porque es bueno lo que ven. Pero ni siquiera éstos son perdonables, pues, si lograron saber tanto, que fueron capaces de desvelar el cosmos, ¿cómo no descubrieron antes a su Señor?

Palabra de Dios.

℟. **El cielo proclama la gloria de Dios.**

El cielo proclama la gloria de Dios, | el firmamento pregona la obra de sus manos, | el día al día le pasa el mensaje, | la noche a la noche se lo susurra. ℟.

Sin que hablen, sin que pronuncien, | sin que resuene su voz, | a toda la tierra alcanza su pregón | y hasta los límites del orbe su lenguaje. ℟.

ALELUYA p. 1932ss.

EVANGELIO p. 1887

VIERNES   Años pares

PRIMERA LECTURA

Quien permanece en la doctrina, vive con el Padre y el Hijo

LECTURA DE LA SEGUNDA CARTA DE
SAN JUAN   4-9

Señora elegida: Me alegré mucho al enterarme de que tus hijos proceden con autenticidad, según el mandamiento que el Padre nos dio. Ahora tengo algo que pedirte, señora. No pienses que escribo para mandar algo nuevo, sólo para recordaros el mandamiento que tenemos desde el principio, amarnos unos a otros. Y amar significa seguir los mandamientos de Dios. Como oísteis desde el principio, éste es el mandamiento que debe regir vuestra conducta. Es que han salido en el mundo muchos embusteros, que no reconocen que Jesucristo vino en un cuerpo de carne. El que diga eso es el embustero y el anticristo. Estad en guardia, para que recibáis el pleno salario y no perdáis vuestro trabajo. Todo el que se propasa y no se mantiene en la doctrina de Cristo, vive sin Dios; quien permanece en la doctrina, vive con el Padre y el Hijo.

Palabra de Dios.

SALMO RESPONSORIAL 118

℟ **Dichoso el que camina en la voluntad del Señor.**

Dichoso el que, con vida intachable, | camina en la voluntad del Señor. ℟

Dichoso el que, guardando sus preceptos, | lo busca de todo corazón. ℟.

Te busco de todo corazón, | no consientas que me desvíe de tus mandamientos. ℟.

En mi corazón escondo tus consignas, | así no pecaré más. ℟.

Haz bien a tu siervo: viviré | y cumpliré tus palabras. ℟.

Abreme los ojos y contemplaré | las maravillas de tu voluntad. ℟.

ALELUYA p. 1932ss.

EVANGELIO

El día que se manifieste el Hijo del Hombre

✠ LECTURA DEL S. EVANGELIO SEGUN
SAN LUCAS   17, 26-37

En aquel tiempo, dijo Jesús a sus discípulos: «Como sucedió en los días de Noé, así será también en los días del Hijo del Hombre: comían, bebían y se casaban, hasta el día que Noé entró en el arca; entonces llegó el diluvio y acabó con todos. Lo mismo sucedió en tiempos de Lot: comían, compraban, vendían, sembraban, construían; pero el día que Lot salió de Sodoma, llovió fuego y azufre del cielo y acabó con todos. Así sucederá el día que se manifieste el Hijo del Hombre. Aquel día, si uno está en la azotea y tiene sus cosas en casa que no baje por ellas; si uno está en el campo, que no vuelva. Acordaos de la mujer de Lot. El que pretenda guardarse su vida, la perderá; y el que la pierda, la recobrará. Os digo esto: aquella noche estarán dos en una cama: a uno se lo llevarán y al otro lo dejarán; estarán dos moliendo juntas: a una se la llevarán y a la otra la dejarán; estarán dos en el campo: a uno se lo llevarán y al otro lo dejarán. Ellos le preguntaron: «¿Dónde, Señor?» El contestó: «Donde está el cadáver se reunirán los buitres.»

Palabra del Señor.

1888 Tiempo ordinario - 32.ª semana

SABADO   Años impares

PRIMERA LECTURA

*Se vio el mar Rojo convertido en camino practicable, y triscaban
como corderos*

LECTURA DEL LIBRO DE LA SABIDURIA   18, 14-16; 19, 6-9

Un silencio sereno lo envolvía todo, y al mediar la noche su
carrera, tu Palabra todopoderosa se abalanzó, como paladín ine-
xorable, desde el trono real de los cielos al país condenado. Llevaba como espada afilada tu orden terminante; se detuvo y lo llenó todo de muerte; pisaba la tierra y tocaba el cielo. Toda la
creación, cumpliendo tus órdenes, fue configurada de nuevo en
su naturaleza, para guardar incólumes a tus siervos. Se vio la
nube dando sombra al campamento, la tierra firme emergiendo donde
había antes agua, el mar Rojo convertido en camino practicable y el violento oleaje hecho una vega verde; por allí pasaron, en formación compacta, los que iban protegidos por tu
mano, presenciando prodigios asombrosos. Retozaban como po-
tros y triscaban como corderos, alabándote a ti, Señor, su libertador.

Palabra de Dios.

SALMO RESPONSORIAL 104

℟ **Recordad las maravillas que hizo el Señor.**

Cantadle al son de instrumentos, | hablad de sus maravi-
llas; | gloriaos de su nombre santo, | que se alegren los que bus-
can al Señor. ℟.

Hirió de muerte a los primogénitos del país, | primicias de su
virilidad. | Sacó a su pueblo cargado de oro y plata, | y entre sus
tribus nadie tropezaba. ℟.

Porque se acordaba de la palabra sagrada | que había dado a
su siervo Abrahán: | sacó a su pueblo con alegría, | a sus escogi-
dos con gritos de triunfo. ℟.

ALELUYA p. 1932ss.

EVANGELIO p. 1890

SABADO   Años pares

PRIMERA LECTURA

*Debemos sostener a los hermanos, cooperando así en la
propagación de la verdad*

LECTURA DE LA TERCERA CARTA DE SAN
JUAN   5-8

Querido hermano: Te portas con plena lealtad en todo lo que
haces por los hermanos, y eso que para ti son extraños. Ellos
han hablado de tu caridad ante la comunidad de aquí. Por favor,
próveelos para el viaje como Dios se merece; ellos se pusieron en
camino para trabajar por Cristo, sin aceptar nada de los paganos.
Por eso debemos nosotros sostener a hombres como éstos, cooperando así en la propagación de la verdad.

Palabra de Dios.

SALMO RESPONSORIAL 111

℟ **Dichoso quien teme al Señor.**

Dichoso quien teme al Señor | y ama de corazón sus manda-
tos. Su linaje será poderoso en la tierra, | la descendencia del jus-
to será bendita. ℟.

En su casa habrá riquezas y abundancia, | su caridad es cons-
tante, sin falta. | En las tinieblas brilla como una luz | el que es
justo, clemente y compasivo. ℟.

Dichoso el que se apiada y presta, | y administra rectamente
sus asuntos. | El justo jamás vacilará, | su recuerdo será perpe-
tuo. ℟.

ALELUYA p. 1932ss.

EVANGELIO

Dios hará justicia a sus elegidos que le gritan

✠ LECTURA DEL S. EVANGELIO SEGUN
SAN LUCAS
18, 1-8

En aquel tiempo, Jesús, para explicar a los discípulos cómo
tenían que orar, siempre sin desanimarse, les propuso esta parábola: «Había un juez en una ciudad que ni temía a Dios ni le importaban los hombres. En la misma ciudad había una viuda que
solía ir a decirle: "Hazme justicia frente a mi adversario"; por algún tiempo se negó, pero después se dijo: "Aunque ni temo a
Dios ni me importan los hombres, como esa viuda me está fastidiando, le haré justicia, no vaya a acabar pegándome en la
cara." Y el Señor añadió: "Fijaos en lo que dice el juez injusto;
pues Dios, ¿no hará justicia a sus elegidos que le gritan día y noche? ¿O les dará largas? Os digo que les hará justicia sin tardar.
Pero cuando venga el Hijo del Hombre, ¿encontrará esta fe en la
tierra?"»

Palabra del Señor.

TRIGESIMA TERCERA SEMANA
LUNES　　　　　　　　　　　　　　　**Años impares**

PRIMERA LECTURA
Una cólera terrible se abatió sobre Israel

LECTURA DEL PRIMER LIBRO DE LOS MACABEOS

　　　　　　　　　　　　　　　　　1, 10-15.41-43.54-57.62-64

En aquellos días, brotó un renuevo pecador, Antíoco Epifanes, hijo del rey Antíoco, que estuvo como rehén en Roma. Subió al trono el año ciento treinta y siete del imperio de los griegos. Por entonces hubo unos israelitas sin conciencia que convencieron a muchos: «Vamos a hacer un pacto con las naciones vecinas, pues desde que nos hemos aislado nos han venido muchas desgracias.» Gustó la propuesta, y algunos del pueblo se decidieron a ir al rey. El rey los autorizó a adoptar la legislación gentil; y entonces, acomodándose a las costumbres de los gentiles, construyeron en Jerusalén un gimnasio, disimularon la circuncisión, apostataron de la alianza santa, se juntaron a los gentiles y se vendieron para hacer el mal. El rey decretó la unidad nacional para todos sus súbditos, obligando a todos a abandonar su legislación particular. Todas las naciones acataron la orden del rey e incluso muchos israelitas adoptaron la religión oficial: ofrecieron sacrificios a los ídolos y profanaron el sábado. El día quince de diciembre del año ciento cuarenta y cinco, el rey Antíoco mandó poner sobre el altar un ara sacrílega; y fueron poniendo aras por todas la poblaciones judías del contorno. Quemaban incienso ante las puertas de las casas y en las plazas. Los libros de la Ley que encontraban, los rasgaban y los echaban al fuego; al que le encontraban en casa un libro de la Alianza, y al que vivía de acuerdo con la Ley, lo ajusticiaban según el decreto real. Pero hubo muchos israelitas que resistieron, haciendo el firme propósito de no comer alimentos impuros. Prefirieron la muerte antes que contaminarse con aquellos alimentos y profanar la alianza santa. Y murieron. Una cólera terrible se abatió sobre Israel.

Palabra de Dios.

SALMO RESPONSORIAL 118

℟ **Dame vida, Señor, y guardaré tus decretos.**

Sentí indignación ante los malvados, | que abandonan tu voluntad. ℟.

Los lazos de los malvados me envuelven, | pero no olvido tu voluntad. ℟.

Líbrame de la opresión de los hombres, | y guardaré tus decretos. ℟.

Ya se acercan mis inicuos perseguidores, | están lejos de tu voluntad. ℟.

La justicia está lejos de los malvados, | que no buscan tus leyes. ℟.

Viendo a los renegados sentía asco, | porque no guardan tus mandatos. ℟.

ALELUYA p. 1932ss.

EVANGELIO p. 1893

LUNES   Años pares

PRIMERA LECTURA

Recuerda de dónde has caído y conviértete

COMIENZO DEL LIBRO DEL APOCALIPSIS   1, 1-4; 2, 1-5a

Esta es la revelación que Dios ha entregado a Jesucristo, para que muestre a sus siervos lo que tiene que suceder pronto. Dio la señal enviando su ángel a su siervo Juan. Este, narrando lo que ha visto, se hace testigo de la palabra de Dios y del testimonio de Jesucristo. Dichoso el que lee y dichosos los que escuchan las palabras de esta profecía y tienen presente lo que en ella está escrito, porque el plazo está cerca. Juan a las siete iglesias de Asia: Gracia y paz a vosotros de parte del que es y era y viene y de parte de los siete espíritus que están ante su trono. Oí una voz que decía desde el cielo: Al ángel de la Iglesia de Efeso escribe así: Esto dice el que tiene las siete estrellas en su mano derecha y anda entre los siete candelabros de oro: Conozco tu manera de obrar, tu fatiga y tu aguante; sé que no puedes soportar a los malvados, que pusiste a prueba a los que se llamaban apóstoles sin serlo y descubriste que eran unos embusteros. Eres tenaz, has sufrido por mí y no te has rendido a la fatiga; pero tengo en contra tuya que has abandonado el amor primero. Recuerda de dónde has caído, conviértete y vuelve a proceder como antes.

Palabra de Dios.

SALMO RESPONSORIAL 1

℞ **Al que venciere le daré a comer del árbol de la vida.**

Dichoso el hombre que no sigue el consejo de los impíos; | ni entra por la senda de los pecadores, | ni se sienta en la reunión de los cínicos, | sino que su gozo es la ley del Señor, | y medita su ley día y noche. ℞

Será como un árbol plantado al borde de la acequia: | da fruto en su sazón, | y no se marchitan sus hojas; | y cuanto emprende tiene buen fin. ℞

No así los impíos, no así: | serán paja que arrebata el viento; | porque el Señor protege el camino de los justos, | pero el camino de los impíos acaba mal. ℞

ALELUYA p. 1932ss.

EVANGELIO

¿Qué quieres que haga por ti? — Señor, que vea otra vez

✠ LECTURA DEL S. EVANGELIO SEGUN
SAN LUCAS   18, 35-43

En aquel tiempo, cuando se acercaba Jesús a Jericó, había un ciego sentado al borde del camino, pidiendo limosna. Al oír que pasaba gente, preguntaba qué era aquello; y le explicaron: «Pasa Jesús Nazareno.» Entonces gritó: «¡Jesús, hijo de David, ten compasión de mí!» Los que iban delante le regañaban para que se callara, pero él gritaba más fuerte: «¡Hijo de David, ten compasión de mí!» Jesús se paró y mandó que se lo trajeran. Cuando estuvo cerca, le preguntó: «¿Qué quieres que haga por ti?» El dijo: «Señor, que vea otra vez.» Jesús le contestó: «Recobra la vista, tu fe te ha curado.» En seguida recobró la vista y siguió glorificando a Dios. Y todo el pueblo, al ver esto, alababa a Dios.

Palabra del Señor.

MARTES　　　　　　　　　　　　　　　Años impares

PRIMERA LECTURA

Legaré un noble ejemplo, para que aprendan a arrostrar una muerte voluntaria por amor a nuestra ley

LECTURA DEL SEGUNDO LIBRO DE LOS MACABEOS

6, 18-31

En aquellos días, Eleazar era uno de los principales maestros de la ley, hombre de edad avanzada y semblante muy digno. Le abrían la boca a la fuerza, para que comiera carne de cerdo. Pero él, prefiriendo una muerte honrosa a una vida de infamia, escupió la carne y avanzó voluntariamente al suplicio, como deben hacer los que son constantes en rechazar manjares prohibidos, aun a costa de la vida. Algunos de los encargados, viejos amigos de Eleazar, movidos por una compasión ilegítima, lo llevaron aparte y le propusieron que hiciera traer carne permitida, preparada por él mismo, y que la comiera haciendo como que comía la carne del sacrificio ordenado por el rey, para que así se librara de la muerte y, dada su antigua amistad, lo tratasen con consideración. Pero él, adoptando una actitud cortés, digna de sus años, de su noble ancianidad, de canas honradas e ilustres, de su conducta intachable desde niño y, sobre todo digna de la ley santa dada por Dios, respondió sin cortarse, diciendo en seguida: «¡Enviadme al sepulcro! No es digno de mi edad ese engaño. Van a creer los jóvenes que Eleazar a los noventa años ha apostatado, y si miento por un poco de vida que me queda se van a extraviar con mi mal ejemplo. Eso sería manchar e infamar mi vejez. Y aunque de momento me librase del castigo de los hombres, no me libraría de la mano del Omnipotente, ni vivo ni muerto. Si muero ahora como un valiente, me mostraré digno de mis años y legaré a los jóvenes un noble ejemplo, para que aprendan a arrostrar una muerte noble y voluntaria, por amor a nuestra santa y venerable ley.» Dicho esto se fue en seguida al suplicio. Los que le llevaban, considerando insensatas las palabras que acababa de pronunciar, cambiaron en dureza su actitud benévola de poco antes. Pero él, a punto de morir a causa de los golpes, dijo entre suspiros: «Bien sabe el Señor, dueño de la ciencia santa, que, pudiendo librarme de la muerte, aguanto en mi cuerpo los crueles dolores de la flagelación, y que en mi alma los sufro con gusto por temor de él.» De esta manera terminó su vida, dejando no sólo a los jóvenes, sino también a toda la nación, un ejemplo memorable de heroísmo y de virtud.

Palabra de Dios.

SALMO RESPONSORIAL 3

R. **El Señor me sostiene.**

Señor, cuántos son mis enemigos, | cuántos se levantan contra mí; | cuántos dicen de mí: | «Ya no le protege Dios.» R.

Pero tú, Señor, eres mi escudo y mi gloria, | tú mantienes alta mi cabeza. | Si grito invocando al Señor, | él me escucha desde su monte santo. R.

Puedo acostarme y dormir y despertar: | el Señor me sostiene. | No temeré al pueblo innumerable | que acampa a mi alrededor. R.

ALELUYA p. 1932ss.

EVANGELIO p. 1897

MARTES   Años pares

PRIMERA LECTURA

Si alguien me abre, entraré y comeremos juntos

LECTURA DEL LIBRO DEL APOCALIPSIS   3, 1-6.14-22

Yo, Juan, oí al Señor, que me decía: «Al ángel de la Iglesia
de Sardes escribe así: Esto dice el que tiene los siete Espíritus de
Dios y las siete estrellas. Conozco tu conducta; tienes nombre
como de quien vive, pero estás muerto. Ponte en vela, reanima
lo que te queda y está a punto de morir. Pues no he encontrado
tus obras perfectas a los ojos de mi Dios. Acuérdate, por tanto,
de cómo recibiste y oíste mi palabra: guárdala y arrepiéntete.
Porque, si no estás en vela, vendré como ladrón, y no sabrás a
qué hora vendré sobre ti. Ahí en Sardes tienes unos cuantos que
no han manchado su ropa; ésos irán conmigo vestidos de blanco,
pues se lo merecen. El que venza se vestirá todo de blanco, y no
borraré su nombre del libro de la vida, pues ante mi Padre y
ante sus ángeles reconoceré su nombre. El que tiene oídos, que
oiga lo que dice el Espíritu a las Iglesias. Al ángel de la Iglesia
de Laodicea escribe así: Habla el testigo fidedigno y veraz, el
Amén, el principio de la creación: Conozco tu manera de obrar
y no eres frío ni caliente. Ojalá fueras frío o caliente, pero como
estás tibio y no eres frío ni caliente, voy a escupirte de mi boca.
Tú dices: Soy rico, tengo reservas y nada me falta. Aunque no
lo sepas, eres desventurado y miserable, pobre, ciego y desnudo.
Te aconsejo que me compres oro refinado en el fuego, y así serás
rico; y un vestido blanco, para ponértelo y que no se vea tu ver-
gonzosa desnudez; y colirio para untártelo en los ojos y ver. A

los que yo amo los reprendo y los corrijo. Sé ferviente y conviértete. Estoy a la puerta llamando: si alguien oye y me abre, entraré y comeremos juntos. A los vencedores los sentaré en mi trono, junto a mí; lo mismo que yo, cuando vencí, me senté en el trono de mi Padre, junto a él. El que tiene oídos, que oiga lo que dice el Espíritu a las Iglesias.

Palabra de Dios.

SALMO RESPONSORIAL 14

℟ **A los vencedores los sentaré en mi trono, junto a mí.**

El que procede honradamente | y practica la justicia, | el que tiene intenciones leales | y no calumnia con su lengua. ℟.

El que no hace mal a su prójimo | ni difama al vecino, | el que considera despreciable al impío | y honra a los que temen al Señor. ℟.

El que no presta dinero a usura | ni acepta soborno contra el inocente. | El que así obra nunca fallará. ℟.

ALELUYA p. 1932ss.

EVANGELIO

El Hijo del Hombre ha venido a buscar y a salvar lo que estaba perdido

✠ LECTURA DEL S. EVANGELIO SEGUN SAN LUCAS   19, 1-10

En aquel tiempo, entró Jesús en Jericó y atravesaba la ciudad. Un hombre llamado Zaqueo, jefe de publicanos y rico, trataba de distinguir quién era Jesús, pero la gente se lo impedía, porque era bajo de estatura. Corrió más adelante y se subió a una higuera, para verlo, porque tenía que pasar por allí. Jesús, al llegar a aquel sitio, levantó los ojos y dijo: «Zaqueo, baja en seguida, porque hoy tengo que alojarme en tu casa.» El bajó en seguida, y lo recibió muy contento. Al ver esto, todos murmuraban diciendo: «Ha entrado a hospedarse en casa de un pecador.» Pero Zaqueo se puso en pie, y dijo al Señor: «Mira, la mitad de mis bienes, Señor, se la doy a los pobres; y si de alguno me he aprovechado, le restituiré cuatro veces más.» Jesús le contestó: «Hoy ha sido la salvación de esta casa; también éste es hijo de Abrahán. Porque el Hijo del Hombre ha venido a buscar y a salvar lo que estaba perdido.»

Palabra del Señor.

MIERCOLES   Años impares

PRIMERA LECTURA
El Creador del universo os devolverá el aliento y la vida

LECTURA DEL SEGUNDO LIBRO DE LOS MACABEOS   7, 1.20-31

En aquellos días, arrestaron a siete hermanos con su madre. El rey los hizo azotar con látigos y nervios para forzarlos a comer carne de cerdo, prohibida por la ley. Ninguno más admirable y digno de recuerdo que la madre. Viendo morir a sus siete hijos en el espacio de un día, lo soportó con entereza, esperando en el Señor. Con noble actitud, uniendo un temple viril a la ternura femenina, fue animando a cada uno, y les decía en su lengua: «Yo no sé cómo aparecisteis en mi seno: yo no os di el aliento ni la vida, ni formé con los elementos vuestro organismo. Fue el Creador del universo, el que modela la raza humana y determina el origen de todo. El, con su misericordia, os devolverá el aliento y la vida, si ahora os sacrificáis por su ley.» Antíoco creyó que la mujer lo despreciaba, y sospechó que lo estaba insultando. Todavía quedaba el más pequeño, y el rey intentaba persuadirlo; más aún, le juraba que si renegaba de sus tradiciones lo haría rico y feliz, lo tendría por amigo y le daría algún cargo.

Pero como el muchacho no hacía el menor caso, el rey llamó a la madre y le rogaba que aconsejase al chiquillo para su bien. Tanto le insistió, que la madre accedió a persuadir al hijo: se inclinó hacia él y, riéndose del cruel tirano, habló así en su idioma: «Hijo mío, ten piedad de mí, que te llevé nueve meses en el seno, te amamanté y crié tres años y te he alimentado hasta que te has hecho un joven. Hijo mío, te lo suplico, mira el cielo y la tierra, fíjate en todo lo que contienen y ten presente que Dios lo creó todo de la nada, y lo mismo da el ser al hombre. No temas a ese verdugo; ponte a la altura de tus hermanos y acepta la muerte. Así, por la misericordia de Dios, te recobraré junto con ellos.» Estaba todavía hablando, cuando el muchacho dijo: «¿Qué esperáis? No me someto al decreto real. Yo obedezco los preceptos de la ley dada a nuestros antepasados por medio de Moisés. Pero tú, que has tramado toda clase de crímenes contra los hebreos, no te escaparás de las manos de Dios.»

Palabra de Dios.

SALMO RESPONSORIAL 16

℟ **Al despertar, Señor, me saciaré de tu semblante.**

Señor, escucha mi apelación, | atiende a mis clamores, | presta oído a mi súplica, | que en mis labios no hay engaño. ℟.

Mis pies estuvieron firmes en tus caminos, | y no vacilaron mis pasos. | Yo te invoco porque tú me respondes, Dios mío, | inclina el oído y escucha mis palabras. ℟.

Guárdame como a la niñas de tus ojos, | a la sombra de tus alas escóndeme. | Pero yo con mi apelación vengo a tu presencia, | y al despertar me saciaré de tu semblante. ℟.

ALELUYA p. 1932ss.

EVANGELIO p. 1901

MIERCOLES   **Años pares**

PRIMERA LECTURA
Santo es el Señor, soberano de todo; el que era y es y viene

LECTURA DEL LIBRO DEL APOCALIPSIS   4, 1-11

Yo, Juan, miré y vi en el cielo una puerta abierta; la voz con
timbre de trompeta que oí al principio me estaba diciendo: «Sube
aquí y te mostraré lo que tiene que suceder después. Al momento caí en éxtasis.» En el cielo había un trono y uno sentado en
el trono. El que estaba sentado en el trono brillaba como jaspe
y granate, y alrededor del trono había un arco iris que brillaba
como una esmeralda. En círculo alrededor del trono había otros
veinticuatro tronos, y sentados en ellos veinticuatro ancianos con
ropajes blancos y coronas de oro en la cabeza. Del trono salían
relámpagos y retumbar de truenos; ante el trono ardían siete
lámparas, los siete espíritus de Dios, y delante se extendía una especie de mar transparente, parecido al cristal. En el centro, alrededor del trono, había cuatro seres vivientes cubiertos de ojos
por delante y por detrás: el primero se parecía a un león, el segundo a un novillo, el tercero tenía cara de hombre y el cuarto
parecía un águila en vuelo. Los cuatro seres vivientes, cada uno
con seis alas, estaban cubiertos de ojos por fuera y por dentro.
Día y noche cantan sin pausa: «Santo, Santo, Santo es el Señor,
soberano de todo; el que era y es y viene.» Y cada vez que los
cuatro seres vivientes gritan gloria y honor y acción de gracias
al que está sentado en el trono, que vive por los siglos de los siglos, los veinticuatro ancianos se postran ante el que está sentado
en el trono, adorando al que vive por los siglos de los siglos, y
arrojan sus coronas ante el trono diciendo: «Digno eres, Señor y
Dios nuestro, de recibir la gloria, el honor y la fuerza, por haber
creado el universo: por tu voluntad fue creado y existe.»

Palabra de Dios.

SALMO RESPONSORIAL 150

℟ **Santo, Santo, Santo es el Señor, soberano de todo.**

Alabad al Señor en su templo, | alabadlo en su fuerte firmamento. | Alabadlo por sus obras magníficas, | alabadlo por su inmensa grandeza. ℟.

Alabadlo tocando trompetas, | alabadlo con arpas y cítaras; | alabadlo con tambores y danzas, | alabadlo con trompetas y flautas. ℟.

Alabadlo con platillos sonoros, | alabadlo con platillos vibrantes. | Todo ser que alienta | alabe al Señor. ℟.

ALELUYA p. 1932ss.

EVANGELIO

¿Por qué no pusiste mi dinero en el banco?

✟ LECTURA DEL S. EVANGELIO SEGUN
SAN LUCAS   19, 11-28

En aquel tiempo, dijo Jesús una parábola; el motivo era que estaba cerca de Jerusalén y se pensaban que el reino de Dios iba a despuntar de un momento a otro. Dijo, pues: «Un hombre noble se marchó a un país lejano para conseguirse el título de rey, y volver después. Llamó a diez empleados suyos y les repartió diez onzas de oro, diciéndoles: "Negociad mientras vuelvo". Sus conciudadanos, que lo aborrecían, enviaron tras de él una embajada para informar: "No queremos que él sea nuestro rey". Cuando volvió con el título real, mandó llamar a los empleados a quienes había dado el dinero, para enterarse de lo que había ganado cada uno. El primero se presentó y dijo: "Señor, tu onza ha producido diez." El le contestó: "Muy bien, eres un empleado cumplidor; como has sido fiel en una minucia, tendrás autoridad sobre diez ciudades." El segundo llegó y dijo: "Tu onza, señor, ha producido cinco." A ése le dijo también: "Pues toma el mando de cinco ciudades." El otro llegó y dijo: "Señor, aquí está tu onza; la he tenido guardada en el pañuelo; te tenía miedo porque eres hombre exigente, que reclamas lo que no prestas y siegas lo que no siembras." El le contestó: "Por tu boca te condeno, empleado holgazán." ¿Conque sabías que soy exigente, que reclamo lo que no presto y siego lo que no siembro? Pues, ¿por qué no pusiste mi dinero en el banco? Al volver yo, lo habría cobrado con los intereses. Entonces dijo a los presentes: "Quitadle a éste la onza y dádsela al que tiene diez." Le replicaron: "Señor, si ya tiene diez onzas." "Os digo: Al que tiene se le dará, pero al que no tiene, se le quitará hasta lo que tiene." Y a esos enemigos míos, que no me querían por rey, traedlos acá y degolladlos en mi presencia.» Dicho esto, echó a andar delante de ellos, subiendo hacia Jerusalén.

Palabra del Señor.

JUEVES   Años impares

PRIMERA LECTURA

Viviremos según la alianza de nuestros padres

LECTURA DEL PRIMER LIBRO DE LOS
MACABEOS   2, 15-29

En aquellos días, los funcionarios reales encargados de hacer apostatar por la fuerza, llegaron a Modín, para que la gente ofreciese sacrificios, y muchos israelitas acudieron a ellos. Matatías se reunió con sus hijos, y los funcionarios del rey le dijeron: «Eres un personaje ilustre, un hombre importante en este pueblo, y estás respaldado por tus hijos y parientes. Adelántate el primero, haz lo que manda el rey, como lo han hecho todas las naciones, y los mismos judíos, y los que han quedado en Jerusalén. Tú y tus hijos recibiréis el título de amigos del rey, os premiarán con oro y plata y muchos regalos.» Pero Matatías respondió en voz alta: «Aunque todos los súbditos del rey le obedezcan, apostatando de la religión de sus padres; y aunque prefieran cumplir sus órdenes, yo, mis hijos y mis parientes, viviremos según la alianza de nuestros padres. ¡Dios me libre de abandonar la ley y nuestras costumbres! No obedeceremos las órdenes del rey, desviándonos de nuestra religión a derecha ni a izquierda.» Nada más decirlo, un judío se adelantó a la vista de todos, dispuesto a sacrificar sobre el ara de Modín, como lo mandaba el rey. Al verlo, Matatías se indignó, tembló de cólera y, en un arrebato de santa ira, corrió a degollar a aquel hombre sobre el ara. Y entonces mismo mató al funcionario real que obligaba a sacrificar, y derribó el ara. Lleno de celo por la ley, hizo lo que Finées a Zamrí, hijo de Salu. Luego empezó a decir a voz en grito por la ciudad: «¡El que sienta celo por la ley y quiera mantener la Alianza, que me siga!» Después se echó al monte, con sus hijos, dejando en el pueblo cuanto tenía. Por entonces, muchos bajaron al desierto para instalarse allí, porque deseaban vivir santamente según su ley.

Palabra de Dios.

SALMO RESPONSORIAL 49

℟ **Al que sigue buen camino | le haré ver la salvación de Dios.**

El Dios de los dioses, el Señor, habla: | convoca la tierra de Oriente a Occidente. | Desde Sión, la Hermosa, Dios resplandece. ℟

«Congregadme a mis fieles | que sellaron mi pacto con un sacrificio.» | Proclame el cielo su justicia: | Dios en persona va a juzgar. ℟

Ofrece a Dios un sacrificio de alabanza, | cumple tus votos al Altísimo, | e invócame el día del peligro: | yo te libraré, y tú me darás gloria. ℟

ALELUYA p. 1932ss.

EVANGELIO p. 1905

JUEVES **Años pares**

PRIMERA LECTURA

El Cordero fue degollado, y con su sangre nos ha comprado de toda nación

LECTURA DEL LIBRO DEL APOCALIPSIS 5, 1-10

Yo, Juan, vi a la derecha del que estaba sentado en el trono, un rollo escrito por dentro y por fuera, y sellado con siete sellos. Y vi a un ángel poderoso, gritando a grandes voces: «¿Quién es digno de abrir el rollo y soltar sus sellos?» Y nadie, ni en el cielo ni en la tierra ni debajo de la tierra podía abrir el rollo y ver su contenido. Yo lloraba mucho, porque no se encontró a nadie digno de abrir el rollo y de ver su contenido. Pero uno de los ancianos me dijo: «No llores más. Sábete que ha vencido el león de la tribu de Judá, el vástago de David, y que puede abrir el rollo y sus siete sellos.» Entonces vi delante del trono, rodeado por los seres vivientes y los ancianos, a un Cordero en pie; se notaba que lo habían degollado, y tenía siete cuernos y siete ojos —son los siete espíritus que Dios ha enviado a toda la tierra—. El Cordero se acercó, y el que estaba sentado en el trono le dio el libro con la mano derecha. Cuando tomó el libro, los cuatro seres vivientes y los veinticuatro ancianos se postraron ante él; tenían cítaras y copas de oro llenas de perfume; son las oraciones del pueblo santo. Y entonaron un cántico nuevo: «Eres digno de tomar el libro y abrir sus sellos, porque fuiste degollado, y con tu sangre has comprado para Dios, hombres de toda tribu, lengua, pueblo y nación; has hecho de ellos una dinastía sacerdotal, que sirva a Dios y reine sobre la tierra.»

Palabra de Dios.

SALMO RESPONSORIAL 149

℟ **Nos hiciste para nuestro Dios reyes y sacerdotes.**

Cantad al Señor un cántico nuevo, | resuene su alabanza en la asamblea de los fieles; | que se alegre Israel por su Creador, | los hijos de Sión por su Rey. ℟.

Alabad su nombre con danzas, | cantadle con tambores y cítaras; | porque el Señor ama a su pueblo | y adorna con la victoria a los humildes. ℟.

Que los fieles festejen su gloria | y canten jubilosos en filas: | con vítores a Dios en la boca; | es un honor para todos sus fieles. ℟.

ALELUYA p. 1932ss.

EVANGELIO

¡Si comprendieras lo que conduce a la paz!

✠ LECTURA DEL S. EVANGELIO SEGUN
SAN LUCAS   19, 41-44

En aquel tiempo, al acercarse Jesús a Jerusalén y ver la ciudad, le dijo llorando: «¡Si al menos tú comprendieras en este día lo que conduce a la paz! Pero no: está escondido a tus ojos. Llegará un día en que tus enemigos te rodearán de trincheras, te sitiarán, apretarán el cerco, te arrasarán con tus hijos dentro, y no dejarán piedra sobre piedra. Porque no reconociste el momento de mi venida.»

Palabra del Señor.

VIERNES   **Años impares**

PRIMERA LECTURA

Celebraron la consagración del altar, ofreciendo con alegría holocaustos

LECTURA DEL PRIMER LIBRO DE LOS
MACABEOS   4, 36-37.52-59

En aquellos días, Judas y sus hermanos propusieron: «Ahora que tenemos derrotado al enemigo, subamos a purificar y consagrar el templo.» Se reunió toda la tropa, y subieron al monte Sión. El día cinco del mes noveno (Casléu), todos madrugaron para ofrecer un sacrificio, según la ley, en el altar de los holocaustos que habían reconstruido. En el aniversario del día en que los habían destruido los gentiles, lo volvieron a consagrar, cantando himnos y tocando cítaras, laúdes y timbales. Todo el pueblo se postró en tierra adorando y alabando a Dios, que les había dado éxito. Durante ocho días celebraron la consagración, ofreciendo con alegría holocaustos y sacrificios de comunión y de alabanza. Decoraron la fachada del templo con coronas de oro y escudos. Consagraron también el portal y las habitaciones, poniéndoles puertas. El pueblo celebró una gran fiesta, que canceló la profanación de los gentiles. Judas, con sus hermanos y toda la asamblea de Israel, determinó que se conmemorara anualmente la nueva consagración del altar con solemnes festejos, durante ocho días a partir del veinticinco de Casléu.

Palabra de Dios.

SALMO RESPONSORIAL   1 Cro 29, 10.11ab.11d-12

℟. **Alabamos, Señor, tu nombre glorioso.**

Bendito eres, Señor, | Dios de nuestro padre Israel, | por los siglos de los siglos. ℟.

Tuyos son, Señor, la grandeza y el poder, | la gloria, el esplendor, la majestad, | porque tuyo es cuanto hay en cielo y tierra. ℟.

Tú eres Rey y soberano de todo: | de ti viene la riqueza y la gloria. ℟.

Tú eres el Señor del universo, | en tu mano está el poder y la fuerza, | tú engrandeces y confortas a todos. ℟.

ALELUYA p. 1932ss.

EVANGELIO p. 1908

VIERNES   **Años pares**

PRIMERA LECTURA

Cogí el librito y me lo comí

LECTURA DEL LIBRO DEL APOCALIPSIS   10, 8-11

Yo, Juan, oí cómo la voz del cielo que había escuchado antes se puso a hablarme de nuevo diciendo: «Ve a coger el librito abierto de la mano del ángel que está de pie sobre el altar y la tierra.» Me acerqué al ángel y le dije: «Dame el librito.» El me contestó: «Cógelo y cómetelo; al paladar será dulce como la miel, pero en el estómago sentirás ardor.» Cogí el librito de mano del ángel y me lo comí; en la boca sabía dulce como la miel, pero, cuando me lo tragué, sentí ardor en el estómago. Entonces me dijeron: «Tienes que profetizar todavía contra muchos pueblos, naciones, lenguas y reinos.»

Palabra de Dios.

SALMO RESPONSORIAL 118

℟ **Qué dulce al paladar tu promesa.**

Mi alegría es el camino de tus preceptos, | más que todas las riquezas. ℟

Tus preceptos son mi delicia, | tus decretos son mis consejeros. ℟

Más estimo yo los preceptos de tu boca | que miles de monedas de oro y plata. ℟

Qué dulce al paladar tu promesa: | más que miel en la boca. ℟

Tus preceptos son mi herencia perpetua, | la alegría de mi corazón. ℟

Abro la boca y respiro, | ansiando tus mandamientos. ℟

ALELUYA p. 1932ss.

EVANGELIO

Habéis convertido la casa de Dios en una cueva de bandidos

✠ LECTURA DEL S. EVANGELIO SEGUN
SAN LUCAS   19, 45-48

En aquel tiempo, entró Jesús en el templo y se puso a echar
a los vendedores, diciéndoles: «Escrito está: Mi casa es casa de
oración; pero vosotros la habéis convertido en una cueva de bandidos.» Todos los días enseñaba en el templo. Los sumos sacerdotes, los letrados y los senadores del pueblo intentaban quitarlo
de en medio; pero se dieron cuenta de que no podían hacer nada,
porque el pueblo entero estaba pendiente de sus labios.

Palabra del Señor.

SABADO   **Años impares**

PRIMERA LECTURA

Por el daño que hice en Jerusalén muero de tristeza

LECTURA DEL PRIMER LIBRO DE LOS
MACABEOS   6, 1-13

En aquellos días, el rey Antíoco recorría las provincias del
norte, cuando se enteró de que había en Persia una ciudad llamada Elimaída, famosa por su riqueza en plata y oro, con un templo lleno de tesoros: escudos dorados, lorigas y armas dejadas
allí por Alejandro el de Filipo, rey de Macedonia, que en otro
tiempo había sido rey de Grecia. Antíoco fue allá e intentó apo-
derarse de la ciudad y saquearla; pero no pudo, porque los de la
ciudad, dándose cuenta de lo que pretendía, salieron a atacarle.
Antíoco tuvo que huir, y emprendió el viaje de vuelta a Babilo-

nia, apesadumbrado. Entonces llegó a Persia un mensajero, con la noticia de que la expedición militar contra Judea había fracasado: Lisias, que había ido como caudillo un ejército poderoso, había huido ante el enemigo; los judíos, sintiéndose fuertes con las armas y pertrechos y el enorme botín de los campamentos saqueados, habían derribado el ara sacrílega construida sobre el altar de Jerusalén, habían levantado en torno al santuario una muralla alta como la de antes, y habían hecho lo mismo en Betsur, ciudad que pertenecía al rey. Al oír este informe, el rey se asustó y se impresionó de tal forma que tuvo una gran depresión, porque no le habían salido las cosas como quería. Allí pasó muchos días, cada vez más deprimido. Pensó que se moría, llamó a todos sus amigos y les dijo: «El sueño ha huido de mis ojos; me siento abrumado de pena, y me digo: ¡A qué tribulación he llegado, en qué violento oleaje estoy metido, yo, que era feliz y querido cuando era poderoso! Pero ahora me viene a la memoria el daño que hice en Jerusalén, robando todo el ajuar de plata y oro que había allí, y enviando gente que exterminase a los habitantes de Judea, sin motivo. Reconozco que por eso me han venido estas desgracias. Ya veis, muero de tristeza en tierra extranjera.»

Palabra de Dios.

SALMO RESPONSORIAL 9

R. **Gozaré, Señor, de tu salvación.**

Te doy gracias, Señor, de todo corazón, | proclamando todas tus maravillas; | me alegro y exulto contigo | y toco en honor de tu nombre, oh Altísimo. R.

Porque mis enemigos retrocedieron, | cayeron y perecieron ante tu rostro. | Reprendiste a los pueblos, destruiste al impío | y borraste para siempre su apellido. R.

Los pueblos se han hundido en la fosa que hicieron, | su pie quedó prendido en la red que escondieron. | El no olvida jamás al pobre, | ni la esperanza del humilde perecerá. R.

ALELUYA p. 1932ss.

EVANGELIO p. 1911

SABADO   Años pares

PRIMERA LECTURA

*Estos dos profetas eran un tormento para los habitantes de la
tierra*

LECTURA DEL LIBRO DEL APOCALIPSIS   11, 4-12

Me fue dicho a mí, Juan: Estos son mis dos testigos, los dos
olivos y las dos lámparas que están en la presencia del Señor de
la tierra. Si alguno quiere hacerles daño, echarán fuego por la
boca y devorará a sus enemigos; así, el que intente hacerles daño,
morirá sin remedio. Tiene poder para cerrar el cielo, de modo
que no llueva mientras dura su profecía; tienen también poder
para transformar el agua en sangre y herir la tierra a voluntad
con plagas de toda especie. Pero, cuando terminen su testimonio,
la bestia que sube del abismo, les hará la guerra, los derrotará y
los matará. Sus cadáveres yacerán en la calle de la gran ciudad,
simbólicamente llamada Sodoma y Egipto, donde también su Señor fue crucificado. Durante tres días y medio, gente de todo
pueblo y raza, de toda lengua y nación, contemplarán sus cadáveres, y no permitirán que les den sepultura. Todos los habitantes de la tierra se felicitarán por su muerte, harán fiesta y se cam-
biarán regalos; porque estos dos profetas eran un tormento para
los habitantes de la tierra. Al cabo de los tres días y medio, un
aliento de vida mandado por Dios entró en ellos, y se pusieron
en pie en medio del terror de todos los que lo veían. Oyeron entonces una voz fuerte que les decía desde el cielo: «Subid aquí.»
Y subieron al cielo en una nube, a la vista de sus enemigos.

Palabra de Dios.

SALMO RESPONSORIAL 143

℟ **Bendito el Señor, mi Roca.**

Bendito el Señor, mi Roca, | que adiestra mis manos para el combate, | mis dedos para la pelea. ℟.

Mi bienhechor, mi alcázar, | baluarte donde me pongo a salvo; | mi escudo, mi refugio, | que me somete los pueblos. ℟.

Dios mío, te cantaré un cántico nuevo, | tocaré para ti el arpa de diez cuerdas: | para ti, que das la victoria a los reyes | y salvas a David tu siervo. ℟.

ALELUYA p. 1932ss.

EVANGELIO

No es Dios de muertos, sino de vivos

✠ LECTURA DEL S. EVANGELIO SEGUN
SAN LUCAS   20, 27-40

En aquel tiempo, se acercaron a Jesús unos saduceos, que niegan la resurrección y le preguntaron: «Maestro, Moisés nos dejó escrito: "Si a uno se le muere su hermano, dejando mujer pero sin hijos, cásese con la viuda y dé descendencia a su hermano." Pues bien, había siete hermanos: el primero se casó y murió sin hijos. Y el segundo y el tercero se casaron con ella, y así los siete murieron sin dejar hijos. Por último murió la mujer. Cuando llegue la resurrección, ¿de cuál de ellos será la mujer? Porque los siete han estado casados con ella.» Jesús les contestó: «En esta vida hombres y mujeres se casan; pero los que sean juzgados dignos de la vida futura y de la resurrección de entre los muertos, no se casarán. Pues ya no pueden morir, son como ángeles; son hijos de Dios, porque participan en la resurrección. Y que resucitan los muertos, el mismo Moisés lo indica en el episodio de la zarza, cuando llama al Señor: "Dios de Abrahán, Dios de Isaac, Dios de Jacob." No es Dios de muertos sino de vivos: porque para él todos están vivos.» Intervinieron unos letrados: «Bien dicho, Maestro.» Y no se atrevían a hacerle más preguntas.

Palabra del Señor.

TRIGESIMA CUARTA SEMANA
LUNES   Años impares

No se encontró a ninguno como Daniel, Ananías, Misael y Azarías

LECTURA DEL PROFETA DANIEL   1, 1-6.8-20

El año tercero del reinado de Joaquín, rey de Judá, llegó a Jerusalén Nabucodonosor, rey de Babilonia, y la asedió. El Señor entregó en su poder a Joaquín y todo el ajuar que quedaba en el templo; se los llevó a Senaar, y el ajuar del templo lo metió en el tesoro del templo de su dios. El rey ordenó a Aspenaz, jefe de eunucos, seleccionar algunos israelitas de sangre real y de la nobleza, jóvenes, perfectamente sanos, de buen tipo, bien formados en la sabiduría, cultos e inteligentes, y aptos para servir en el palacio; y ordenó que les enseñasen la lengua y literatura caldeas. Cada día el rey les pasaba una ración de comida y vino de la mesa real. Su educación duraría tres años, al cabo de los cuales pasarían a servir al rey. Entre ellos había unos judíos: Daniel, Ananías, Misael y Azarías. Daniel hizo el propósito de no contaminarse con los manjares y el vino de la mesa real, y pidió al jefe de eunucos que se le dispensase de aquella contaminación. El jefe de eunucos, movido por Dios, se compadeció de Daniel y le dijo: «Tengo miedo al rey mi señor, que os ha asignado la ración de comida y bebida; si os ve más flacos que vuestros compañeros, me juego la cabeza.» Daniel dijo al guardia que el jefe de eunucos había puesto para cuidarle a él y a Ananías, Misael y Azarías: «Haz una prueba diez días con nosotros: que nos den legumbres para comer y agua para beber. Compara después nuestro aspecto con el de los jóvenes que comen de la mesa real, y trátanos según el resultado.» El aceptó la propuesta e hizo la prueba durante diez días. Al acabar, tenían mejor aspecto y estaban más gordos que los jóvenes que comían de la mesa real. Así que les retiró la ración de comida y de vino, y les dio legumbres.

Dios les concedió a los cuatro un conocimiento profundo de todos los libros de la sabiduría. Daniel sabía, además, interpretar visiones y sueños. Al cumplirse el plazo señalado por el rey, el jefe de eunucos se los presentó a Nabucodonosor. Después de hablar con ellos, el rey no encontró ninguno como Daniel, Ananías, Misael y Azarías, y los tomó a su servicio. Y en todas las cuestiones y problemas que el rey les proponía, lo hacían diez veces mejor que todos los magos y adivinos de todo el reino.

Palabra de Dios.

SALMO RESPONSORIAL   Dn 3, 52-56

℟ **A ti gloria y alabanza por los siglos.**

Bendito tu nombre santo y glorioso. ℟.
Bendito eres en el templo de tu santa gloria. ℟.
Bendito eres sobre el trono de tu reino. ℟.
Bendito eres tú, que, sentado sobre querubines, sondeas los abismos. ℟.
Bendito eres en la bóveda del cielo. ℟.

ALELUYA p. 1932ss.

EVANGELIO p. 1914

LUNES   Años pares

PRIMERA LECTURA

Llevaban grabado en la frente el nombre de Cristo y el de su Padre

LECTURA DEL LIBRO DEL APOCALIPSIS   14, 1-3.4b-5

Yo, Juan, miré, y allí estaba el Cordero de pie sobre el monte Sión, y con él ciento cuarenta y cuatro mil que llevaban grabado en la frente el nombre del Cordero y el nombre de su Padre. Oí también un sonido que bajaba del cielo, parecido al estruendo de grandes cataratas, y como el estampido de un trueno podero- so; era el son de arpistas que tañían sus arpas delante del trono, delante de los cuatro seres vivientes y los ancianos, cantando un cántico nuevo. Y nadie podía aprender el cántico fuera de los ciento cuarenta y cuatro mil, los rescatados de la tierra. Ellos son el cortejo del Cordero adonde quiera que vaya; son los rescata- dos como primicias de la humanidad para Dios y el Cordero. En sus labios no se encontró mentira: son irreprochables.

Palabra de Dios.

SALMO RESPONSORIAL 23

℞. **Estos son los que buscan al Señor.**

Del Señor es la tierra y cuanto la llena, | el orbe y todos sus habitantes: | él la fundó sobre los mares, | él la afianzó sobre los ríos. ℞.

¿Quién puede subir al monte del Señor? | ¿Quién puede estar en el recinto sacro? | El hombre de manos inocentes y puro co- razón, | que no confía en los ídolos. ℞.

Ese recibirá la bendición del Señor, | le hará justicia el Dios de salvación. | Este es el grupo que busca al Señor, | que viene a tu presencia, Dios de Jacob. ℞.

ALELUYA p. 1932ss.

EVANGELIO

Vio una viuda pobre que echaba dos reales

✠ LECTURA DEL S. EVANGELIO SEGUN
SAN LUCAS   21, 1-4

En aquel tiempo, alzando Jesús los ojos, vio unos ricos que echaban donativos en el cepillo del templo; vio también una viu- da pobre que echaba dos reales, y dijo: «Sabed que esa pobre viuda ha echado más que nadie, porque todos los demás han echado de lo que les sobra, pero ella, que pasa necesidad, ha echado todo lo que tenía para vivir.»

Palabra del Señor.

MARTES Años impares

PRIMERA LECTURA

Dios suscitará un Reino que nunca será destruido, sino que acabará con todos los demás reinos

LECTURA DEL PROFETA DANIEL 2, 31-45

En aquellos días, dijo Daniel a Nabucodonosor: «Tú, rey, viste una visión: una imagen majestuosa, una imagen gigantesca y de un brillo extraordinario; su aspecto era terrible. Tenía la cabeza de oro fino, el pecho y los brazos de plata, el vientre y los muslos de bronce, las piernas de hierro, y los pies, de hierro mezclado con barro. Mientras estabas mirando, una piedra se desprendió sin intervención humana, chocó con los pies de hierro y barro de la estatua y la hizo pedazos; del golpe se hicieron pedazos el hierro y el barro, el bronce, la plata y el oro, triturados como tamo de una era en verano, que el viento lo arrebata y desaparece sin dejar rastro. Y la piedra que había deshecho la estatua creció hasta hacerse una montaña enorme que ocupaba toda la tierra. Este era el sueño; ahora explicaremos al rey su sentido. Tú, oh rey, rey de reyes, a quien el Dios del cielo ha entregado el reino y el poder, y el dominio y la gloria; a quien ha dado poder sobre los hombres dondequiera que vivan, sobre las bestias del campo y las aves del cielo, para que reines sobre todos ellos, tú, eres la cabeza de oro. Te sucederá un reino de plata, menos poderoso; después, un tercer reino de bronce, que dominará a todo el orbe. Vendrá después un cuarto reino, fuerte como el hierro; como el hierro destroza y machaca todo, así destrozará y triturará a todos. Los pies y los dedos que viste, de hie-

rro mezclado con barro de alfarero, representan un reino dividido, aunque conservará algo del vigor del hierro, porque viste
hierro mezclado con arcilla. Los dedos de los pies, de hierro y
barro, son un reino a la vez poderoso y débil. Como viste, el
hierro mezclado con la arcilla, así se mezclarán los linajes, pero
no llegarán a fundirse, lo mismo que no se puede alear el hierro
con el barro. Durante ese reinado, el Dios del cielo suscitará un
reino que nunca será destruido, ni su dominio pasará a otro, sino
que destruirá y acabará con todos los demás reinos, y él durará
por siempre. La piedra que viste desprendida del monte sin intervención humana, y que destrozó el hierro, el bronce, el barro,
la plata y el oro, es el destino que el Dios poderoso comunica a
tu Majestad. El sueño tiene sentido, la interpretación es cierta.»

Palabra de Dios.

SALMO RESPONSORIAL   Dn 3, 57-61

℟ **Ensalzadlo con himnos por los siglos.**

Criaturas todas del Señor: | bendecid al Señor. ℟
Ángeles del Señor: | bendecid al Señor. ℟
Cielos: bendecid al Señor. ℟
Aguas del espacio: | bendecid al Señor. ℟
Ejércitos del Señor: | bendecid al Señor. ℟

ALELUYA p. 1932ss.

EVANGELIO p. 1914

MARTES   Años pares

PRIMERA LECTURA

*Ha llegado la hora de la siega, pues la mies de la tierra está
más que madura*

LECTURA DEL LIBRO DEL APOCALIPSIS   14, 14-19

Yo, Juan, miré, y apareció una nube blanca; estaba sentado
encima uno con aspecto de hombre, llevando en la cabeza una

corona de oro y en la mano una hoz afilada. Del templo salió otro ángel y gritó fuerte al que estaba sentado en la nube: «Arrima tu hoz y siega; ha llegado la hora de la siega, pues la mies de la tierra está más que madura.» Y el que estaba sentado encima de la nube acercó su hoz a la tierra y la segó. Otro ángel salió del templo celeste llevando él también una hoz afilada. Del altar salió otro, el ángel que tiene poder sobre el fuego, y le gritó fuerte al de la hoz afilada: «Arrima tu hoz afilada y vendimia los racimos de la viña de la tierra, porque las uvas están en sazón.» El ángel acercó su hoz a la tierra y vendimió la viña de la tierra y echó las uvas en el gran lagar de la ira de Dios. Pisotearon el lagar fuera de la ciudad, y del lagar corrió tanta sangre, que subió hasta los bocados de los caballos en un radio de sesenta leguas.

Palabra de Dios.

SALMO RESPONSORIAL 95

℟ **El Señor llega a regir la tierra.**

Decid a los pueblos: «El Señor es rey, | él afianzó el orbe, y no se moverá; | él gobierna a los pueblos rectamente.» ℟.

Alégrese el cielo, goce la tierra, | retumbe el mar y cuanto lo llena; | vitoreen los campos y cuanto hay en ellos, | aclamen los árboles del bosque. ℟.

Delante del Señor, que ya llega, | ya llega a regir la tierra: | regirá el orbe con justicia | y los pueblos con fidelidad. ℟.

ALELUYA p. 1932ss.

EVANGELIO

No quedará piedra sobre piedra

✠ **LECTURA DEL S. EVANGELIO SEGUN SAN LUCAS** 21, 5-11

En aquel tiempo, algunos ponderaban la belleza del templo, por la calidad de la piedra y los exvotos. Jesús les dijo: «Esto

que contempláis, llegará un día en que no quedará piedra sobre
piedra: todo será destruido.» Ellos le preguntaron: «Maestro,
¿cuándo va a ser esto?, ¿y cuál será la señal de que todo eso está
para suceder?» El contestó: «Cuidado con que nadie os engañe.
Porque muchos vendrán usando mi nombre, diciendo: "Yo
soy", o bien "el momento está cerca"; no vayáis tras ellos. Cuando oigáis noticias de guerras y de revoluciones, no tengáis pánico. Porque eso tiene que ocurrir primero, pero el final no vendrá
en seguida.» Luego les dijo: «Se alzará pueblo contra pueblo y
reino contra reino, habrá grandes terremotos, y en diversos países epidemias y hambre. Habrá también espantos y grandes signos en el cielo.»

Palabra del Señor.

MIERCOLES   Años impares

PRIMERA LECTURA

Aparecieron unos dedos de mano humana escribiendo

LECTURA DEL PROFETA DANIEL   5, 1-6.13-14.16-17.23-28

En aquellos días, el rey Baltasar ofreció un banquete a mil
nobles del reino, y se puso a beber delante de todos. Después de
probar el vino, mandó traer los vasos de oro y plata que su padre Nabucodonosor había cogido en el templo de Jerusalén, para
que bebieran en ellos el rey y los nobles, sus mujeres y concubinas. Cuando trajeron los vasos de oro que habían cogido en el
templo de Jerusalén, brindaron con ellos el rey y los nobles, sus
mujeres y concubinas. Apurando el vino, alababan a los dioses
de oro y plata, de bronce y hierro, de piedra y madera. De repente aparecieron unos dedos de mano humana escribiendo sobre el revoque del muro del palacio, frente al candelabro; y el
rey veía cómo escribían los dedos. Entonces su rostro palideció,
la mente se le turbó, las fuerzas le faltaron, las rodillas le entre-

chocaban. Trajeron a Daniel ante el rey, y éste le preguntó: «¿Eres tú Daniel, uno de los judíos desterrados que trajo de Judea el rey mi padre? Me han dicho que posees espíritu de profecía, inteligencia, prudencia y un saber extraordinario. Me han dicho que tú puedes interpretar sueños y resolver problemas; pues bien, si logras leer lo escrito y explicarme su sentido, te vestirás de púrpura, llevarás al cuello un collar de oro y ocuparás el tercer puesto en mi reino.» Entonces Daniel habló así al rey: «Quédate con tus dones y da a otro tus regalos. Yo leeré al rey lo escrito y le explicaré su sentido. Te has rebelado contra el Señor del cielo, has hecho traer los vasos de su templo, para brindar con ellos en compañía de tus nobles, tus mujeres y tus concubinas. Habéis alabado a dioses de oro y plata, de bronce y hierro, de piedra y madera, que ni ven ni oyen, ni entienden; mientras que al Dios dueño de vuestra vida y vuestras empresas, no lo has honrado. Por eso Dios ha enviado esa mano para escribir ese texto. Lo que está escrito es: *"Contado, Pesado, Dividido."* Y la interpretación es ésta: *"Contado:"* Dios ha contado los días de tu reinado y les ha señalado el límite. *"Pesado."* Te ha pesado en la balanza, y te falta peso. *"Dividido."* Tu reino se ha dividido, y se lo entregarán a medos y persas.»

Palabra de Dios.

SALMO RESPONSORIAL Dn 3, 62-67

℟ **Ensalzadlo con himnos por los siglos.**

Sol y luna: | bendecid al Señor. ℟.
Astros del cielo: | bendecid al Señor. ℟.
Lluvia y rocío: | bendecid al Señor. ℟.
Vientos todos: | bendecid al Señor. ℟.
Fuego y calor: | bendecid al Señor. ℟.
Fríos y heladas: | bendecid al Señor. ℟.

ALELUYA p. 1932ss.

EVANGELIO p. 1921

MIERCOLES   **Años pares**

Cantaban el cántico de Moisés y el cántico del Cordero

LECTURA DEL LIBRO DEL APOCALIPSIS   15, 1-4

Yo, Juan, vi en el cielo otra señal, magnífica y sorprendente: Siete ángeles que llevaban siete plagas, las últimas, pues con ellas se puso fin a la ira de Dios. Vi una especie de mar de vidrio veteado de fuego; en la orilla estaban de pie los que habían vencido a la bestia, a su imagen y al número que es cifra de su nombre; tenían en la mano las arpas que Dios les había dado. Cantaban el cántico de Moisés el siervo de Dios y el cántico del Cordero, diciendo: «Grandes y admirables son tus obras, Señor, Dios soberano de todo; justos y verdaderos tus caminos, rey de las naciones. ¿Quién no te respetará? ¿Quién no dará gloria a tu nombre, si tú solo eres santo? Todas las naciones vendrán y se postrarán ante ti, porque tus justas sentencias han quedado manifiestas.»

Palabra de Dios.

SALMO RESPONSORIAL 97

℟ **Grandes y admirables son tus obras, Señor, Dios soberano de todo.**

Cantad al Señor un cántico nuevo, | porque ha hecho maravillas: | su diestra le ha dado la victoria, | su santo brazo. ℟

El Señor da a conocer su victoria, | revela a las naciones su justicia: | se acordó de su misericordia y su fidelidad | en favor de la casa de Israel. ℟

Retumbe el mar y cuanto contiene, | la tierra y cuantos la habitan; | aplaudan los ríos, aclamen los montes. ℟

Ante el Señor que llega para regir la tierra. | Regirá el orbe con justicia | y los pueblos con rectitud. ℟

ALELUYA p. 1932ss.

EVANGELIO

Todos os odiarán por causa de mi nombre, pero ni un cabello de vuestra cabeza perecerá

✠ LECTURA DEL S. EVANGELIO SEGUN
SAN LUCAS   21, 12-19

En aquel tiempo, dijo Jesús a sus discípulos: «Os echarán mano, os perseguirán, entregándoos a los tribunales y a la cárcel, y os harán comparecer ante reyes y gobernadores por causa de mi nombre: así tendréis ocasión de dar testimonio. Haced propósito de no preparar vuestra defensa; porque yo os daré palabras y sabiduría a las que no podrá hacer frente ni contradecir ningún adversario vuestro. Y hasta vuestros padres, y parientes, y hermanos, y amigos os traicionarán, y matarán a algunos de vosotros, y todos os odiarán por causa de mi nombre. Pero ni un cabello de vuestra cabeza perecerá: con vuestra perseverancia salvaréis vuestras almas.»

Palabra del Señor.

JUEVES   **Años impares**

PRIMERA LECTURA

Dios envió su ángel a cerrar las fauces de los leones

LECTURA DEL PROFETA DANIEL   6, 12-28

En aquellos días, unos hombres espiaron a Daniel y lo sorprendieron orando y suplicando a su Dios. Entonces fueron a decirle al rey: «Majestad, ¿no has firmado tú un decreto que prohíbe hacer oración a cualquier dios fuera de ti, bajo pena de ser arrojado al foso de los leones?» El rey contestó: «El decreto está en vigor, como ley irrevocable de medos y persas.» Ellos le replicaron: «Pues, Daniel, uno de los deportados de Judea, no te obedece a ti, Majestad, ni al decreto que has firmado, sino que tres veces al día hace oración a su Dios.» Al oírlo, el rey, todo sofocado, se puso a pensar la manera de salvar a Daniel, y hasta la puesta del sol hizo lo imposible por librarlo. Pero aquellos hombres le urgían, diciéndole: «Majestad, sabes que, según la ley de medos y persas, un decreto o edicto real es válido e irrevocable.» Entonces el rey mandó traer a Daniel y echarlo al foso de los leones. El rey dijo a Daniel: «¡Que te salve ese Dios a quien tú veneras fielmente!» Trajeron una piedra, taparon con ella la boca del foso, y el rey la selló con su sello y con el de sus nobles, para que nadie pudiese modificar la sentencia dada contra Daniel. Luego el rey volvió a su palacio, pasó la noche en ayunas, sin mujeres y sin poder dormir. Madrugó y fue corriendo al foso de los leones. Se acercó al foso y gritó afligido: «¡Daniel, siervo del Dios vivo! ¿Ha podido salvarte de los leones ese Dios a quien veneras fielmente?» Daniel le contestó: «¡Viva siempre el rey! Mi Dios envió su ángel a cerrar las fauces de los leones, y no me han hecho nada, porque ante él soy inocente, como tampoco he hecho nada contra ti.» El rey se alegró mucho; mandó que sacaran a Daniel del foso; al sacarlo, no tenía ni un rasguño, porque había confiado en su Dios. Luego mandó el rey traer a los que habían calumniado a Daniel, y arrojarlos al foso de los leones con sus hijos y esposas. No habían llegado al suelo y ya los leones los habían atrapado y despedazado. Entonces el rey Darío escribió a todos los pueblos, naciones y lenguas de la tierra: «¡Paz y bienestar! Ordeno y mando: Que en mi imperio, todos respeten y teman al Dios de Daniel. El es el Dios vivo, que permanece siempre. Su reino no será destruido, su imperio dura hasta el fin. El salva y libra, hace prodigios y signos en cielo y tierra. El salvó a Daniel de los leones.»

Palabra de Dios.

SALMO RESPONSORIAL   Dn 3, 68-74

℞ **Ensálzalo con himnos por los siglos.**

Rocíos y nevadas: | bendecid al Señor. ℞

Témpanos y hielos: | bendecid al Señor. ℞.
Escarchas y nieves: | bendecid al Señor. ℞.
Noche y día: | bendecid al Señor. ℞.
Luz y tinieblas: | bendecid al Señor. ℞.
Rayos y nubes: | bendecid al Señor. ℞.
Bendiga la tierra al Señor. ℞.

ALELUYA p. 1932ss.

EVANGELIO p. 1924

JUEVES   Años pares

PRIMERA LECTURA

Ha caído Babilonia la grande

LECTURA DEL LIBRO DEL APOCALIPSIS   18, 1-2.21-23; 19, 1-3.9a

Yo, Juan, vi un ángel que bajaba del cielo; venía con gran
autoridad y su resplandor iluminó la tierra. Gritó a pleno pulmón: «Ha caído, ha caído Babilonia la grande. Se ha convertido
en morada de demonios, en guarida de todo espíritu impuro, en
guarida de todo pájaro inmundo y abominable.» Un ángel vigo-
roso levantó una piedra grande como una rueda de molino y la
tiró al mar diciendo: «Así, de golpe, precipitarán a Babilonia, la
gran metrópoli, y desaparecerá.» El son de arpistas y músicos, de
flautas y trompetas, no se oirá más en ti. Artífices de ningún arte
habrá más en ti, ni murmullo de molino se oirá más en ti; ni luz
de lámpara brillará más en ti, ni voz de novio y novia se oirá
más en ti, porque tus mercaderes eran los magnates de la tierra
y con tus brujerías embaucaste a todas las naciones. Oí después
en el cielo algo que recordaba el vocerío de una gran muchedumbre; cantaban: «Aleluya. La victoria, la gloria y el poder pertenecen a nuestro Dios; porque sus sentencias son rectas y justas.

El ha condenado a la gran prostituta que corrompía a la tierra con sus fornicaciones, y le ha pedido cuenta de la sangre de sus siervos.» Y repitieron: «Aleluya. El humo de su incendio sube por los siglos de los siglos.» Y me dijo: «Escribe: Dichosos los invitados al banquete de bodas del Cordero.»

Palabra de Dios.

SALMO RESPONSORIAL 99

℟ **Dichosos los invitados al banquete de bodas del Cordero.**

Aclama al Señor, tierra entera, | servid al Señor con alegría; | entrad en su presencia con vítores. ℟.

Sabed que el Señor es Dios: | que él nos hizo y somos suyos | su pueblo y ovejas de su rebaño. ℟.

Entrad por sus puertas con acción de gracias, | por sus atrios con himnos, | dándole gracias y bendiciendo su nombre. ℟.

«El Señor es bueno, | su misericordia es eterna, | su fidelidad por todas las edades.» ℟.

ALELUYA p. 1932ss.

EVANGELIO

Jerusalén será pisoteada por los gentiles, hasta que a los gentiles les llegue a su hora

✠ LECTURA DEL S. EVANGELIO SEGUN
SAN LUCAS   21, 20-28

En aquel tiempo, dijo Jesús a sus discípulos: «Cuando veáis a Jerusalén sitiada por ejércitos, sabed que está cerca su destrucción. Entonces los que estén en Judea, que huyan a la sierra; los que estén en la ciudad, que se alejen; los que estén en el campo, que no entren en la ciudad; porque serán días de venganza en que se cumplirá todo lo que está escrito. ¡Ay de las que estén encinta o criando en aquellos días! Porque habrá angustia tremenda en esta tierra y un castigo para este pueblo. Caerán a filo de espada, los llevarán cautivos a todas las naciones, Jerusalén será pisoteada por los gentiles, hasta que a los gentiles les llegue su hora. Habrá signos en el sol y la luna y las estrellas, y en la tierra angustia de las gentes, enloquecidas por el estruendo del mar y el oleaje. Los hombres quedarán sin aliento por el miedo y la ansiedad, ante lo que se le viene encima al mundo, pues las potencias del cielo temblarán. Entonces verán al Hijo del Hombre venir en una nube, con gran poder y gloria. Cuando empiece a suceder esto, levantaos, alzad la cabeza; se acerca vuestra liberación.»

Palabra del Señor.

VIERNES   Años impares

PRIMERA LECTURA

Vi venir una especie de hombre entre las nubes del cielo

LECTURA DEL PROFETA DANIEL   7, 2-14

«Tuve una visión nocturna: Los cuatro vientos del cielo agitaban el océano. Cuatro figuras gigantescas salieron del mar, las cuatro distintas. La primera era como un león con alas de águila; la estaba mirando, cuando le arrancaron las alas, la alzaron del suelo, la pusieron de pie como un hombre y le dieron una mente humana. La segunda era como un oso medio erguido, con tres costillas en la boca, entre los dientes. Le dijeron: "¡Arriba! Come carne en abundancia." Después vi otra fiera como un leopardo, con cuatro alas de ave en el lomo y cuatro cabezas. Y le dieron el poder. Después tuve otra visión nocturna: una cuarta fiera terrible, espantosa, fortísima; tenía grandes dientes de hierro, con los que comía y descuartizaba; y las sobras las pateaba con las pezuñas. Era diversa de las fieras anteriores, porque tenía diez cuernos. Miré atentamente los cuernos, y vi que entre ellos salía otro cuerno pequeño; para hacerle sitio, arrancaron tres de los cuernos precedentes. Aquel cuerno tenía ojos humanos, y una boca que profería insolencias. Durante la visión miré y vi que colocaban unos tronos. Un anciano se sentó. Su vestido era blanco como nieve, su cabellera como lana limpísima; su trono, llamas de fuego; sus ruedas, llamaradas; un río impetuoso de fuego brotaba delante de él. Miles y miles le servían, millones estaban a sus órdenes. Comenzó la sesión y se abrieron los libros. Yo seguí mirando, atraído por las insolencias que profería aquel cuerno; hasta que mataron a la fiera, la descuartizaron y la echaron al fuego. A las otras fieras les quitaron el poder, dejándolas vivas una temporada. Seguí mirando. Y en mi visión nocturna vi venir una especie de hombre entre las nubes del cielo. Avanzó hacia el anciano venerable y llegó hasta su presencia. A él se le dio poder, honor y reino. Y todos los pueblos, naciones y lenguas le sirvieron. Su poder es eterno, no cesará. Su reino no acabará.»

Palabra de Dios.

SALMO RESPONSORIAL   Dn 3, 75-81

℞. **Ensalzadlo con himnos por los siglos.**

Montes y cumbres: | bendecid al Señor. ℞.
Cuanto germina en la tierra: | bendiga al Señor. ℞.
Manantiales: | bendecid al Señor. ℞.
Mares y ríos: | bendecid al Señor. ℞.
Cetáceos y peces: | bendecid al Señor. ℞.
Aves del cielo: | bendecid al Señor. ℞.
Fieras y ganados: | bendecid al Señor. ℞.

ALELUYA p. 1932ss.

EVANGELIO p. 1928

VIERNES   **Años pares**

PRIMERA LECTURA

*Los muertos fueron juzgados según sus obras. Vi la nueva
Jerusalén, que descendía del cielo*

LECTURA DEL LIBRO DEL APOCALIPSIS   20, 1-4.11—21, 2

Yo, Juan, vi un ángel que bajaba del cielo llevando la llave
del abismo y una cadena grande en la mano. Agarró al dragón,
que es la antigua serpiente, el diablo o satanás, y lo encadenó
para mil años; lo arrojó al abismo, echó la llave y puso un sello
encima, para que no pueda extraviar a las naciones antes que se
cumplan los mil años. Después tiene que estar suelto por un
poco de tiempo. Vi también unos tronos y en ellos se sentaron
los encargados de juzgar; vi también las almas de los decapitados
por el testimonio de Jesús y el mensaje de Dios, los que no habían rendido homenaje a la bestia ni a su imagen y no habían recibido su señal en la frente ni en la mano. Estos volvieron a la
vida y reinaron con Cristo mil años. Luego vi un trono blanco
y grande, y al que estaba sentado en él. A su presencia desapare-
cieron cielo y tierra, porque no hay sitio para ellos. Vi a los
muertos, pequeños y grandes, de pie ante el trono. Se abrieron
los libros y se abrió otro libro, el registro de los vivos. Los
muertos fueron juzgados según sus obras, escritas en los libros.
El mar entregó sus muertos, Muerte y Abismo entregaron sus
muertos, y todos fueron juzgados según sus obras. Después
Muerte y Abismo fueron arrojados al lago de fuego —el lago de
fuego es la segunda muerte—. Los que no estaban escritos en el
libro de los vivos fueron arrojados al lago de fuego. Luego vi un
cielo nuevo y una tierra nueva, porque el primer cielo y la primera tierra han pasado y el mar ya no existe. Y vi la ciudad santa, la nueva Jerusalén, que descendía del cielo, enviada por Dios,
arreglada como una novia que se adorna para su esposo.

Palabra de Dios.

SALMO RESPONSORIAL 83

R. **Esta es la morada de Dios con los hombres.**

Mi alma consume y anhela los atrios del Señor, | mi corazón y mi carne retozan por el Dios vivo. R.

Hasta el gorrión ha encontrado una casa, | y la golondrina, un nido, | donde colocar sus polluelos: | tus altares, Señor de los Ejércitos, | rey mío y Dios mío. R.

Dichosos los que viven en tu casa, | alabándote siempre. | Dichosos los que encuentran en ti su fuerza: | caminan de baluarte en baluarte. R.

ALELUYA p. 1932ss.

EVANGELIO

Cuando veáis que suceden estas cosas, sabed que está cerca el Reino de Dios

✠ LECTURA DEL S. EVANGELIO SEGUN SAN LUCAS　　　　　　　　　　　　21, 29-33

En aquel tiempo, puso Jesús una comparación a sus discípulos: «Fijaos en la higuera o en cualquier árbol: cuando echan brotes, os basta verlos para saber que la primavera está cerca. Pues cuando veáis que suceden estas cosas, sabed que está cerca el reino de Dios. Os aseguro que antes que pase esta generación, todo eso se cumplirá. El cielo y la tierra pasarán, mis palabras no pasarán.»

Palabra del Señor.

SABADO　　　　　　　　　　　　**Años impares**

PRIMERA LECTURA

El poder real y el dominio será entregado al pueblo de los santos del Altísimo

LECTURA DEL PROFETA DANIEL　　　　　　　　　　　　7, 15-27

Yo, Daniel, me sentía agitado por dentro, y me turbaban las visiones de mi fantasía. Me acerqué a uno de los que estaban allí en pie y le pedí que me explicase todo aquello. El me contestó explicándome el sentido de la visión: «Esas cuatro fieras gigantescas representan cuatro reinos que surgirán en el mundo. Pero los santos del Altísimo recibirán el reino y lo poseerán por los siglos de los siglos.» Yo quise saber lo que significaba la cuarta fiera, diversa de las demás; la fiera terrible, con dientes de hierro y garras de bronce, que devoraba y trituraba, y pateaba las sobras con las pezuñas; lo que significaban los diez cuernos de su cabeza, y el otro cuerno que le salía y eliminaba a otros tres, que tenía ojos y una boca que profería insolencias, y era más grande que los otros. Mientras yo seguía mirando, aquel cuerno luchó contra los santos y los derrotó. Hasta que llegó el Anciano para hacer justicia a los santos del Altísimo, y empezó el imperio de los santos. Después me dijo: «La cuarta bestia es un cuarto reino que habrá en la tierra, diverso de todos los demás; devorará toda la tierra, la trillará y tritutará. Sus diez cuernos son diez reyes que habrá en aquel reino; después vendrá otro, diverso de los precedentes, que destronará a tres reyes; blasfemará contra el Altísimo, e intentará aniquilar a los santos y cambiar el calendario, y la ley. Le dejarán los santos en su poder, durante un año, y otro año, y otro año y medio. Pero cuando se siente el tribunal a juzgar, le quitará el poder y será destruido y aniquilado totalmente. El poder real y el dominio sobre todos los reinos bajo el cielo será entregado al pueblo de los santos del Altísimo. Será un reino eterno, al que temerán y se someterán todos los soberanos.»

Palabra de Dios.

SALMO RESPONSORIAL   Dn 3, 82-87

℟ **Ensalzadlo con himnos por los siglos.**

Hijos de los hombres: | bendecid al Señor. ℟.
Bendiga Israel al Señor. ℟.
Sacerdotes del Señor: | bendecid al Señor. ℟.
Siervos del Señor: | bendecid al Señor. ℟.

Almas y espíritus justos: | bendecid al Señor. ℞.
Santos y humildes de corazón: | bendecid al Señor. ℞.

ALELUYA p. 1932ss.
EVANGELIO p. 1931

SABADO   Años pares

PRIMERA LECTURA

*Ya no habrá más noche, porque el Señor irradiará luz sobre
ellos*

LECTURA DEL LIBRO DEL APOCALIPSIS   22, 1-7

El ángel del Señor me mostró a mí, Juan, el río de agua
viva, luciente como el cristal, que salía del trono de Dios y del
Cordero. A mitad de la calle de la ciudad, a ambos lados del río,
crecía un árbol de la vida; da doce cosechas, una cada mes del
año, y las hojas del árbol sirven de medicina a las naciones. Allí
no habrá ya nada maldito. En la ciudad estarán el trono de Dios
y el del Cordero, y sus servidores le prestarán servicio, lo verán
cara a cara y llevarán su nombre en la frente. Ya no habrá más
noche ni necesitarán luz de lámpara o del sol, porque el Señor
Dios irradiará luz sobre ellos, y reinarán por los siglos de los siglos. Añadió el ángel: «Estas palabras son ciertas y verdaderas.
El Señor Dios que inspira a los profetas, ha enviado su ángel
para que mostrase a sus servidores lo que tiene que pasar muy
pronto. Mira que estoy para llegar. Dichoso quien tiene presente
el mensaje profético contenido en este libro.»

Palabra de Dios.

SALMO RESPONSORIAL 94

℞ **¡Marana tha! Ven, Señor Jesús.**

Venid, aclamemos al Señor, | demos vítores a la Roca que
nos salva; | entremos a su presencia dándole gracias, | aclamán-
dolo con cantos. ℞.

Porque el Señor es un Dios grande, | soberano de todos los dioses: | tiene en su mano las simas de la tierra, | son suyas las cumbres de los montes; | suyo es el mar, porque él lo hizo; | la tierra firme, que modelaron sus manos. R̸.

Entrad, postrémonos por tierra, | bendiciendo al Señor, creador nuestro. | Porque él es nuestro Dios | y nosotros su pueblo, | el rebaño que él guía. R̸.

ALELUYA p. 1932ss.

EVANGELIO

Estad siempre despiertos para escapar de todo lo que está por venir

✠ LECTURA DEL S. EVANGELIO SEGUN
SAN LUCAS   21, 34-36

En aquel tiempo, dijo Jesús a sus discípulos: «Tened cuidado: no se os embote la mente con el vicio, la bebida y la preocupación del dinero, y se os eche encima de repente aquel día; porque caerá como un lazo sobre todos los habitantes de la tierra. Estad siempre despiertos, pidiendo fuerza para escapar de todo lo que está por venir, y manteneos en pie ante el Hijo del Hombre.»

Palabra del Señor.

VERSICULOS PARA EL ALELUYA

1 Sm 3, 9; Jn 6, 69b

Habla, Señor, que tu siervo te escucha; tú tienes palabras de vida eterna.

Sal 18, 9

Tus palabras, Señor, alegran el corazón, tu enseñanza da luz a los ojos.

Sal 24, 4c.5

Dios mío, instrúyeme en tus sendas, haz que camine con lealtad.

Sal 26, 11

Señor, enséñame tu camino, guíame por la senda llana.

Sal 94, 8ab

No endurezcáis hoy el corazón, sino escuchad la voz del Señor.

Sal 110, 8ab

Tus preceptos, Señor, merecen confianza, son estables para siempre jamás.

Sal 118, 18

Abreme los ojos, Señor, y contemplaré las maravillas de tu voluntad.

Sal 118, 27

Instrúyeme en el camino de tus decretos, y meditaré tus maravillas.

Sal 118, 34

Enséñame a cumplir tu voluntad, Señor, y a guardarla de todo corazón.

Sal 118, 36a.29b

Inclina mi corazón a tus preceptos, Señor, y dame la gracia de tu voluntad.

Sal 118, 88

Por tu bondad dame vida, para que observe los preceptos de tu boca.

Sal 118, 105

Lámpara es tu palabra para mis pasos, luz en mi sendero.

Sal 118, 135

Haz brillar tu rostro sobre tu siervo, enséñame tus leyes.

Sal 129, 5

Espero en el Señor, espero en su palabra.

Sal 144, 13cd

El Señor es fiel a sus palabras, bondadoso en todas sus acciones.

Sal 147, 12a.15a

Glorifica al Señor, Jerusalén, él envía su mensaje a la tierra.

Mt 4, 4b

No sólo de pan vive el hombre, sino de toda palabra que sale de la boca de Dios.

Cf. Mt 11, 25

Bendito seas, Padre, Señor de cielo y tierra, porque has revelado los secretos del Reino a la gente sencilla.

Cf. Lc 8.15

Dichosos los que con un corazón noble y generoso guardan la palabra de Dios, y dan fruto perseverando.

Jn 6, 64b.69b

Tus palabras, Señor, son espíritu y son vida; tú tienes palabras de vida eterna.

Jn 8, 12

Yo soy la luz del mundo, dice el Señor; el que me sigue tendrá la luz de la vida.

Jn 10, 27

Mis ovejas escuchan mi voz, dice el Señor; y yo las conozco y ellas me siguen.

Jn 14, 6

Yo soy el camino y la verdad y la vida, dice el Señor; nadie va al Padre, sino por mí.

Jn 14, 23

El que me ama guardará mi palabra, dice el Señor; y mi Padre lo amará y vendremos a él.

Jn 15, 15b

A vosotros os llamo amigos, dice el Señor, porque todo lo que he oído a mi Padre os lo he dado a conocer.

Jn 17, 17b.a

Tu Palabra, Señor, es verdad; santifícanos en la verdad.

Cf. Hch 16, 14b

Abrenos el corazón, Señor, para que aceptemos las palabras de tu Hijo.

2 Cor 5, 19

Dios estaba en Cristo reconciliando al mundo consigo, y a nosotros nos ha confiado el mensaje de la reconciliación.

Cf. Ef 1, 17-18

El Padre de nuestro Señor Jesucristo ilumine los ojos de nuestro corazón, para que comprendamos cuál es la esperanza a la que nos llama.

Flp 2, 15-16

Brilláis como lumbreras del mundo, mostrando una razón para vivir.

Col 3, 16a.17c

La palabra de Cristo habite entre vosotros en toda su riqueza; ofreced la Acción de Gracias a Dios Padre por medio de Cristo.

1 Tes 2, 13

Acoged la palabra de Dios, no como palabra de Dios.

2 Tes 2, 14

Dios nos llamó por medio del Evangelio, para que sea nuestra la gloria de nuestro Señor Jesucristo.

2 Tim 1, 10b

Nuestro Salvador Jesucristo destruyó la muerte, y por medio del Evangelio sacó a la luz la vida.

Hb 4, 12

La palabra de Dios es viva y eficaz, y juzga los deseos e intenciones del corazón.

Sant 1, 18

El Padre, por propia iniciativa, con la palabra de la verdad, nos engendró, para que seamos como la primicia de sus criaturas.

Sant 1, 21

Aceptad dócilmente la palabra que ha sido plantada, y es capaz de salvaros.

1 Pe 1, 25

La palabra del Señor permanece para siempre; y esa palabra es el Evangelio que os anunciamos.

1 Jn 2, 5

Quien guarda la palabra de Cristo, ciertamente el amor de Dios ha llegado en él a su plenitud.

Para las últimas semanas

Mt 24, 42a.44

Estad en vela y preparados, porque a la hora que menos penséis viene el Hijo del Hombre.

Lc 21, 28

Levantaos, alzad la cabeza; se acerca vuestra liberación.

Lc 21, 36

Estad siempre despiertos, pidiendo fuerza para manteneros en pie ante el Hijo del Hombre.

Ap 2, 10c

Sé fiel hasta la muerte, dice el Señor, y te daré la corona de la vida.

Para las últimas semanas

Estad en vela y preparados, porque a la hora que menos pensáis viene el Hijo del Hombre.

Levantaos, alzad la cabeza; se acerca vuestra liberación.

Estad siempre despiertos, pidiendo fuerza para manteneros en pie ante el Hijo del Hombre.

Sé fiel hasta la muerte, dice el Señor, y te daré la corona de la vida.

PROPIO
DE LOS SANTOS

«En la celebración del círculo anual de los misterios de Cristo, la Santa Iglesia venera con amor especial a la bienaventurada Madre de Dios, la Virgen María, unida con lazo indisoluble a la obra salvífica de su Hijo...

Además, la Iglesia introdujo en el círculo anual el recuerdo de los mártires y de los demás santos que... cantan la perfecta alabanza a Dios en el cielo e interceden por nosotros. Porque, al celebrar el tránsito de los Santos de este mundo al cielo, la Iglesia proclama el misterio pascual cumplido en ellos, que sufrieron y fueron glorificados con Cristo, propone a los fieles sus ejemplos, los cuales atraen a todos por Cristo al Padre, y por los méritos de los mismos implora los beneficios divinos» *(Sacrosanctum Concilium* 103-104).

Los Santos son realizaciones concretas y personales del Misterio Pascual. Es lógico que la Iglesia haya venerado a estos miembros eminentes de su cuerpo.

El culto de los Santos empezó con el culto de los mártires, cristianos que con el derramamiento de su sangre habían conseguido una imitación perfecta y total de Cristo; en los aniversarios de su martirio, se celebraba la eucaristía junto a sus sepulcros.

Acabadas las persecuciones, hubo cristianos que se distinguieron por una vida ascética muy intensa y por la práctica de la virginidad. Era el equivalente del martirio. Junto a los ascetas y vírgenes, han descollado también en la Iglesia, por el ejercicio heroico de las virtudes cristianas, multitud de hombres y mujeres, de toda edad, estado y condición, que, al igual que los mártires, han sido objeto de culto y veneración, al mismo tiempo que el ejemplo de su vida ha impulsado a otros cristianos a imitarlos.

Entre todos ellos, ocupa un lugar excepcional el culto a la Madre de Dios, la Virgen María.

Así, poco a poco, el año litúrgico, centrado en torno al Misterio Pascual de Cristo, se vio enriquecido con las memorias de los Santos, en cuyas vidas se había realizado de manera eminente la participación en el Misterio de Cristo. Este es el sentido de las memorias de los Santos en la celebración de la Iglesia.

El fundamento del culto litúrgico a un Santo es su inscripción en el Martirologio y en el Calendario. La finalidad de la inscripción en el Martirologio es fijar la fecha de su fiesta. No todos los Santos inscritos en el Martirologio pasan al Calendario; solamente se proponen en el Calendario aquellos Santos que tienen cierta importancia para la Iglesia Universal, para las Iglesias Particulares o para las Familias Religiosas (cfr. *Sacrosanctum Concilium* 111); aunque, según la categoría de los días litúrgicos, se puede celebrar la fiesta de cualquier Santo inscrito en el Martirologio.

Las celebraciones de los Santos se dividen en cuatro categorías: solemnidad, fiesta, memoria y memoria libre.

En las solemnidades y fiestas se usa el formulario propio de la misa (lecturas y oraciones), tal como viene indicado en el Misal y en el Leccionario.

En las memorias (aparece la palabra *memoria* bajo el nombre del Santo), se usan las oraciones tal como viene indicado en el Misal (colecta propia o del común; la oración sobre las ofrendas y la poscomunión, si no son propias, pueden tomarse del común o de la feria). Normalmente se usará el leccionario ferial, a no ser que la memoria tenga lecturas propias, es decir, que la lectura bíblica trate de la persona concreta del Santo o haga alusión a él. Hay también algunas lecturas apropiadas a un particular aspecto del Santo, que pueden usarse por razones pastorales. *(Ordo Lectionum Missae. Praenotanda* 83.)

En las memorias libres (no aparece la palabra *memoria* bajo el nombre del Santo) se puede omitir totalmente la celebración del Santo, o usar los elementos que proponen el Misal y el Leccionario.

Así, la celebración de las fiestas de los Santos no oscurecerá la celebración fundamental de la Iglesia a través del Año Litúrgico: el Misterio Pascual de Cristo; sino todo lo contrario, las celebraciones de los Santos nos conducirán a una celebración más plena del Misterio de Cristo.

1. El grado de la celebración —solemnidad, fiesta, memoria— ya indicado cada día. Si no hay ninguna indicación, se trata de una memoria libre.

2. Para cada una de las solemnidades y fiestas el Misal proporciona íntegro el texto de la misa propia, que debe utilizarse.

3. En lo referente a las memorias, téngase en cuenta lo siguiente:

a) Los textos propios, que se señalan para ciertos días, deben utilizarse siempre.

b) Cuando el Misal remite a un Común determinado, elíjanse los textos más aptos, conforme a lo que se indica en las rúbricas que preceden a los Comunes. La página que se cita indica sólo el inicio del Común.

c) Cuando el Misal remite a varios Comunes, puede elegirse cualquiera de ellos, según la utilidad pastoral, e incluso pueden intercambiarse los textos de varias misas del mismo Común. Por ejemplo, si un santo es mártir y obispo, puede utilizarse o el Común de mártires o el Común de pastores (obispos).

d) Además de los Comunes que destacan notas características de santidad (por ejemplo, las de los mártires, las vírgenes, los pastores, etc.), se pueden también emplear los Comunes de santos y santas que se refieren a la santidad en general. Por ejemplo, para una santa, virgen y mártir, además de los Comunes de mártires o de vírgenes, se pueden emplear también los textos del Común de santos y santas.

e) Las oraciones sobre las ofrendas y después de la comunión, si no son propias, se pueden tomar o del Común o del tiempo litúrgico correspondiente.

4. Las misas que se encuentran en el Propio de los santos pueden también celebrarse como votivas. En este caso, se omiten en las oraciones, las palabras que hagan alusión al natalicio, solemnidad o fiesta, y se las substituye con la palabra **memoria** o **conmemoración.** En la misma forma, cuando la antífona de entrada es: **Alegrémonos todos en el Señor,** en vez de esta antífona se dice otra del respectivo Común.

No se pueden utilizar como votivas las misas de los misterios de la vida del Señor y de la Virgen ni las misas de algunos santos (por ejemplo, san Pedro y san Pablo), para los que ya existen misas votivas especiales.

ENERO

2 de enero

San Basilio Magno y san Gregorio Nacianceno, obispos y doctores de la Iglesia

Memoria

Basilio y Gregorio, unidos por una amistad tan fuerte «que nos parecía como si los dos tuviéramos solamente un alma que sostuviera los dos cuerpos», nacieron el año 330; el primero en Cesarea de Capadocia, el segundo en Nacianzo. Los dos fueron hijos, hermanos y nietos de santos; los dos siguieron el mismo camino: formación literaria, vida eremítica, episcopado.

Basilio luchó contra el arrianismo, organizó y desarrolló la liturgia, escribió Reglas Monásticas. A Gregorio se le llama «El Teólogo», a causa de la profundidad y lucidez de su producción teológica.

Basilio murió el 1 de enero del año 379; Gregorio, el 25 de enero del año 389 ó 390.

Del Común de pastores: obispos (p. 2367) o de los doctores de la Iglesia (p. 2384).

ORACION COLECTA

Señor Dios, que te dignaste instruir a tu Iglesia con la vida y doctrina de san Basilio Magno y san Gregorio Nacianceno, haz que busquemos humildemente tu verdad y la vivamos fielmente en el amor. Por nuestro Señor Jesucristo.

PRIMERA LECTURA	Ef 4, 1-7.11-13. (pp. 1833, 1836)
SALMO RESPONSORIAL	22, 1-6. (p. 1664)

7 de enero

San Raimundo de Peñafort, presbítero

Ramón nació en el castillo de Peñafort, cerca de Barcelona, entre los años 1175 y 1180. Estudió Derecho en Barcelona y en Bolonia, siendo luego profesor de esta universidad. El año 1220 obtuvo una canonjía de la catedral de Barcelona. El año 1222 redactó unas Constituciones para la recién fundada Orden de la Merced, y en este mismo año entró en la Orden de predicadores, de la cual fue el tercer Maestro General. Entre sus muchos escritos de Derecho Eclesiástico y Teología Moral, sobresale la *Summa Casuum*, para la recta administración del sacramento de la penitencia. Casi centenario, murió en Barcelona el día 6 de enero del año 1275.

Del Común de pastores (p. 2367).

ORACION COLECTA

Oh Dios, que diste a san Raimundo de Peñafort una entrañable misericordia para con los cautivos y los pecadores, concédenos por su intercesión que, rotas las cadenas del pecado, nos sintamos libres para cumplir tu divina voluntad. Por nuestro Señor Jesucristo.

PRIMERA LECTURA

Nos encargó el ministerio de la reconciliación

LECTURA DE LA SEGUNDA CARTA DEL APOSTOL SAN PABLO A LOS CORINTIOS 5, 14-20

Hermanos: Nos apremia el amor de Cristo, al considerar que, si uno murió por todos, todos murieron. Cristo murió por todos, para que los que viven ya no vivan para sí, sino para el que murió y resucitó por ellos. Por tanto, no valoramos a nadie según la carne. Si alguna vez juzgamos a Cristo según la carne, ahora ya no. El que es de Cristo es una criatura nueva. Lo antiguo ha pasado, lo nuevo ha comenzado. Todo esto viene de Dios, que por medio de Cristo nos reconcilió consigo y nos encargó el ministerio de la reconciliación. Es decir, Dios mismo estaba en Cristo reconciliando al mundo consigo, sin pedirle cuenta de sus pecados, y a nosotros nos ha confiado la palabra de la reconciliación. Por eso, nosotros actuamos como enviados de Cristo, y es como si Dios mismo os exhortara por nuestro medio. En nombre de Cristo os pedimos que os reconciliéis con Dios.

Palabra de Dios.

SALMO RESPONSORIAL 102

R̶ **Bendice, alma mía, al Señor.**

Bendice, alma mía, al Señor, | y todo mi ser a su santo nombre. | Bendice, alma mía, al Señor, | y no olvides sus beneficios. R̶.

El perdona todas tus culpas | y cura todas tus enfermedades; | él rescata tu vida de la fosa | y te colma de gracia y de ternura. R̶.

El Señor es compasivo y misericordioso, | lento a la ira y rico en clemencia; | no está siempre acusando | ni guarda rencor perpetuo. R̶.

Como un padre siente ternura por sus hijos, | siente el Señor ternura por sus fieles; | porque él conoce nuestra masa, | se acuerda de que somos barro. R̶.

Pero la misericordia del Señor dura siempre, | su justicia pasa de hijos a nietos, | para los que guardan la alianza. R̶.

EVANGELIO Lc 12, 35-40 (p. 1826)

9 de enero

San Eulogio de Córdoba, presbítero y mártir

Nacido hacia el año 800, consagró su vida al servicio clerical, proponiéndose como meta la restauración en Andalucía de la cultura isidoriana y el robustecimiento de la fe, amenazada a causa de las invasiones árabes. Creó escuelas y bibliotecas, y se convirtió en el padre espiritual y cultural de la comunidad cordobesa. En el año 851 fue hecho prisionero; puesto en libertad, fue elegido obispo de Toledo, sede que no llegó a ocupar. De nuevo prisionero, murió en el año 859.

Del Común de pastores (p. 2367) o de mártires (p. 2350) o de santos (p. 2401).

ORACION COLECTA

Señor y Dios nuestro: tú que, en la difícil situación de la Iglesia mozárabe, suscitaste en san Eulogio un espíritu heroico para la confesión intrépida de la fe, concédenos superar con gozo y energía, fortalecidos por ese mismo espíritu, todas nuestras situaciones adversas. Por nuestro Señor Jesucristo.

PRIMERA LECTURA

Deseo partir; pero, por otro lado, quedarme en esta vida veo que es más necesario para vosotros

LECTURA DE LA CARTA DEL APOSTOL SAN PABLO A LOS FILIPENSES
1, 21-30

Hermanos: Para mí la vida es Cristo, y una ganancia el morir. Pero, si el vivir esta vida mortal me supone trabajo fructífero, no sé qué escoger. Me encuentro en este dilema: por un lado, deseo partir para estar con Cristo, que es con mucho lo mejor; pero, por otro, quedarme en esta vida veo que es más necesario para vosotros. Convencido de esto, siento que me quedaré y es-

taré a vuestro lado, para que avancéis alegres en la fe, de modo
que el orgullo que sentís por mí en Jesucristo rebose cuando me
encuentre de nuevo entre vosotros. Lo importante es que vosotros llevéis una vida digna del Evangelio de Cristo, de modo
que, ya sea que vaya a veros o que tenga de lejos noticias vuestras, sepa que os mantenéis firmes en el mismo espíritu y que lucháis juntos como un solo hombre por la fidelidad al Evangelio,
sin el menor miedo a los adversarios; esto será para ellos signo
de perdición, para vosotros de salvación, todo por obra de Dios.
Porque a vosotros se os ha concedido la gracia de estar del lado
de Cristo, no sólo creyendo en él, sino sufriendo por él, estando
como estamos en el mismo combate; ése en que me visteis una
vez y que ahora conocéis de oídas.

Palabra de Dios.

13 de enero

San Hilario, obispo y doctor de la Iglesia

Hilario nació en Poitiers, iniciado el siglo IV. Cuando recibió
el bautismo, estaba ya casado y era padre de una hija llamada
Abra. Fue elegido obispo de su ciudad hacia el año 350. Tuvo
que luchar contra los arrianos, lo que le motivó el destierro a
Frigia. En Oriente tuvo ocasión de profundizar en la doctrina
trinitaria; fue entonces cuando escribió el *De Trinitate*. Vuelto a
Poitiers, Hilario se preocupó por la restauración de la ortodoxia.
Tuvo como discípulo a san Martín, futuro obispo de Tours. Murió en el año 367.

*Del Común de pastores: obispos (p. 2367) o de doctores de la Iglesia
(p. 2384).*

ORACION COLECTA

Concédenos, Dios todopoderoso, progresar cada día en el conocimiento de la divinidad de tu Hijo y proclamarla con firmeza,

como lo hizo, con celo infatigable, tu obispo y doctor san Hilario. Por nuestro Señor Jesucristo.

PRIMERA LECTURA
Quien confiesa al Hijo posee también al Padre

LECTURA DE LA PRIMERA CARTA DEL APOSTOL SAN JUAN

2, 18-25

Hijos míos, es el momento final. Habéis oído que iba a venir un Anticristo; pues bien, muchos anticristos han aparecido, por lo cual nos damos cuenta que es el momento final. Salieron de entre nosotros, pero no eran de los nuestros. Si hubiesen sido de los nuestros, habrían permanecido con nosotros. Pero sucedió así para poner de manifiesto que no todos son de los nuestros. En cuanto a vosotros, estáis ungidos por el Santo, y todos vosotros lo conocéis. Os he escrito, no porque desconozcáis la verdad, sino porque la conocéis, y porque ninguna mentira viene de la verdad. ¿Quién es el mentiroso, sino el que niega que Jesús es el Cristo? Ese es el Anticristo, el que niega al Padre y al Hijo. Todo el que niega al Hijo tampoco posee al Padre. Quien confiesa al Hijo posee también al Padre. En cuanto a vosotros, lo que habéis oído desde el principio permanezca en vosotros. Si permanece en vosotros lo que habéis oído desde el principio, también vosotros permaneceréis en el Hijo y en el Padre; y ésta es la promesa que él mismo nos hizo: la vida eterna.

Palabra de Dios.

SALMO RESPONSORIAL 109

℟. **Tú eres sacerdote eterno, | según el rito de Melquisedec.**

Oráculo del Señor a mi Señor: | «Siéntate a mi derecha, | y haré de tus enemigos | estrado de tus pies.» ℟.

Desde Sión extenderá el Señor | el poder de tu cetro; | somete en la batalla a tus enemigos. ℟.

«Eres príncipe desde el día de tu nacimiento, | entre esplendores sagrados; | yo mismo te engendré como rocío, | antes de la aurora.» ℟.

El Señor lo ha jurado y no se arrepiente: | «Tú eres sacerdote eterno, | según el rito de Melquisedec.» ℟.

EVANGELIO   Mt 5, 13-19 (p. 2390)

17 de enero

San Antonio, abad

Memoria

Antonio, monje y padre de monjes, nació en Egipto hacia el año 250. Fiel a las palabras del Señor: «Si quieres ser perfecto... vende lo que tienes...», distribuyó todos sus bienes entre los pobres y se retiró a la soledad. Tuvo muchos discípulos, y su fama de santidad se extendió por toda la Iglesia.

Fue a Alejandría a confortar a los confesores de la fe durante la persecución de Diocleciano; al final de su vida, ayudó a san Atanasio en la defensa de la fe contra los arrianos.

San Atanasio escribió su vida. Murió el año 356.

ANTIFONA DE ENTRADA   Sal 91, 13-14

El justo crecerá como palmera, se alzará como cedro del Líbano; plantado en la casa del Señor, en los atrios de nuestro Dios.

ORACION COLECTA

Señor y Dios nuestro, que llamaste al desierto a san Antonio, abad, para que te sirviera con una vida santa, concédenos por su intercesión que sepamos negarnos a nosotros mismos para amarte a ti siempre sobre todas las cosas. Por nuestro Señor Jesucristo.

PRIMERA LECTURA   Ef 6, 10-13. 18 (p. 1848)

SALMO RESPONSORIAL   15, 1-2a.5. 7-8. 11 (p. 1725)

ALELUYA   Jn 8, 31b-32

Si os mantenéis en mi palabra, seréis de verdad discípulos míos y conoceréis la verdad —dice el Señor.

EVANGELIO

Si quieres llegar hasta el final, vende lo que tienes

✠ LECTURA DEL S. EVANGELIO SEGUN
SAN MATEO   19, 16-26

En aquel tiempo, se acercó uno a Jesús y le preguntó: «Maestro, ¿qué tengo que hacer de bueno para obtener la vida eterna?» Jesús le contestó: «¿Por qué me preguntas qué es bueno? Uno solo es Bueno. Mira, si quieres entrar en la vida, guarda los mandamientos.» El le preguntó: «¿Cuáles?» Jesús le contestó: «No matarás, no cometerás adulterio, no robarás, no darás falso testimonio, honra a tu padre y a tu madre, y ama a tu prójimo como a ti mismo.» El muchacho le dijo: «Todo eso lo he cumplido. ¿Qué me falta?» Jesús le contestó: «Si quieres llegar hasta el final, vende lo que tienes, da el dinero a los pobres —así tendrás un tesoro en el cielo— y luego vente conmigo.» Al oír esto, el joven se fue triste, porque era rico. Jesús dijo a sus discípulos: «Creedme: difícilmente entrará un rico en el reino de los cielos. Lo repito: Más fácil le es a un camello pasar por el ojo de una aguja, que a un rico entrar en el reino de los cielos.» Al oírlo, los discípulos dijeron espantados: «Entonces, ¿quién puede salvarse?» Jesús se les quedó mirando y les dijo: «Para los hombres es imposible; pero Dios lo puede todo.»

Palabra del Señor.

ORACION SOBRE LAS OFRENDAS

Acepta, Señor, las ofrendas que, en la conmemoración de san Antonio, abad, presentamos en tu altar, y concede a tu pueblo que, libre de los lazos que lo atan a la tierra, se sienta siempre rico poseyéndote a ti. Por Jesucristo nuestro Señor.

ANTIFONA DE COMUNION   Mt 19, 21

Si quieres llegar hasta el final vende lo que tienes, da el dinero a los pobres y luego vente conmigo —dice el Señor.

ORACION DESPUES DE LA COMUNION

Señor, tú que otorgaste a san Antonio la gracia de salir vencedor de todas las tentaciones del demonio, concédenos a nosotros que, alimentados con tus sacramentos, salgamos siempre triunfantes de las asechanzas de nuestro enemigo. Por Jesucristo nuestro Señor.

20 de enero

San Fructuoso, obispo y mártir, y sus diáconos, santos Augurio y Eulogio, mártires

El obispo de Tarragona y sus dos diáconos, pueden ser considerados los protomártires de la Hispania cristiana del siglo III. San Agustín y Aurelio Prudencio nos describen el martirio, acaecido durante la persecución de Valeriano y Galieno.

Del Común de mártires (p. 2350).

ANTIFONA DE ENTRADA

Abrasados por el amor de Cristo más que por el fuego de las llamas, Fructuoso, Augurio y Eulogio, como los tres jóvenes arrojados al horno, daban con su alegría manifiesto testimonio de la resurrección que esperaban.

ORACION COLECTA

Señor, tú que concediste al obispo san Fructuoso dar su vida por la Iglesia, que se extiende de oriente a occidente, y quisiste que sus diáconos, Augurio y Eulogio, le acompañaran al martirio llenos de alegría; haz que tu Iglesia viva siempre gozosa en la esperanza y se consagre, sin desfallecimientos, al bien de todos los pueblos. Por nuestro Señor Jesucristo.

ORACION SOBRE LAS OFRENDAS

Recibe, Señor, las ofrendas que te presentamos en la fiesta de tus santos Fructuoso, Augurio y Eulogio, y haz que estos misterios que dieron fortaleza a los mártires en la persecución, nos ayuden a nosotros a no desfallecer en las adversidades. Por Jesucristo nuestro Señor.

ANTIFONA DE COMUNION   2 Cor 4, 11

Nos entregan a la muerte por causa de Jesús, para que también la vida de Jesús se manifieste en nuestra carne mortal.

ORACION DESPUES DE LA COMUNION

Señor, que los sacramentos que acabamos de recibir, memorial de la pasión de tu Hijo por la salvación de los hombres, aviven el fuego de nuestra caridad, para que, como los santos Fructuoso, Augurio y Eulogio, no vacilemos en ofrecer la vida por el bien de todos los pueblos. Por Jesucristo nuestro Señor.

San Fabián, papa y mártir

Fabián fue obispo de Roma durante los años 236 a 250. Coronó el supremo pontificado con el martirio en el año 250, en la

persecución de Decio. San Cipriano escribió una carta a los presbíteros de Roma con motivo de la muerte del papa Fabián.

Del Común de mártires (p. 2350) o de pastores: papas (p. 2367).

ORACION COLECTA

Dios todopoderoso, glorificador de tus sacerdotes, concédenos por intercesión de san Fabián, papa y mártir, progresar cada
día en la comunión de su misma fe y en el deseo de servirte cada
vez con mayor generosidad. Por nuestro Señor Jesucristo.

PRIMERA LECTURA   1 Pe 5, 1-4 (p. 1984)

SALMO RESPONSORIAL   39, 2.4ab.7-10 (p. 724)

EVANGELIO   Jn 21, 15-17 (p. 667)

San Sebastián, mártir

Según San Ambrosio, Sebastián era de origen milanés y sufrió el martirio en la persecución de Diocleciano. El cementerio
en donde fue enterrado en Roma, recibió su nombre: «Catacumbas de San Sebastián». Es uno de los mártires más famosos de la
antigüedad cristiana.

Del Común de mártires (p. 2350).

ORACION COLECTA

Te rogamos, Señor, nos concedas el espíritu de fortaleza para
que, alentados por el ejemplo glorioso de tu mártir san Sebastián, aprendamos a someternos a ti antes que a los hombres. Por
nuestro Señor Jesucristo.

PRIMERA LECTURA   1 Pe 3, 14-17 (p. 617)

SALMO RESPONSORIAL   33, 2-9 (p. 1459)

EVANGELIO   Mt 10, 28-33 (p. 817)

21 de enero
Santa Inés, virgen y mártir
Memoria

La basílica construida sobre el sepulcro de Inés en la Vía Nomentana antes del año 349, es el gran testimonio arqueológico del martirio de esta virgen. A él se tiene que añadir el de la *Depositio Martyrum,* que asigna al 21 de enero el día de la celebración de su fiesta.

Dámaso ornó su sepulcro con versos, Prudencio la cantó en sus himnos, Ambrosio la exaltó en sus escritos.

Del Común de mártires (p. 2350) o de vírgenes (p. 2393).

ORACION COLECTA

Dios todopoderoso y eterno, que eliges a los débiles para confundir a los fuertes de este mundo; concédenos a cuantos celebramos el triunfo de tu mártir santa Inés imitar la firmeza de su fe. Por nuestro Señor Jesucristo.

PRIMERA LECTURA	1 Cor 1, 26-31 (p. 1691)
SALMO RESPONSORIAL	22, 1-6 (p. 1664)
EVANGELIO	Mt 13, 44-46 (p. 1602)

22 de enero
San Vicente, diácono y mártir

En España: Memoria
En América Latina: Memoria libre

Los testimonios de la veneración de san Vicente son muy numerosos, sobre todo en Occidente. Vicente tiene en Prudencio a su cantor, y en Agustín a su panegirista.

Siendo diácono de la Iglesia de Zaragoza, sufrió el martirio en Valencia junto con su obispo Valerio, a principios del siglo IV, durante la persecución de Diocleciano.

ANTIFONA DE ENTRADA

Este santo mártir derramó su sangre por el nombre de Cristo, no temió las amenazas de los jueces, y así alcanzó el reino de los cielos.

ORACION COLECTA

Dios todopoderoso y eterno, derrama sobre nosotros tu Espíritu, para que nuestros corazones se abrasen en el amor intenso que ayudó a san Vicente a superar los tormentos. Por nuestro Señor Jesucristo.

PRIMERA LECTURA   2 Cor 4, 7-15 (p. 1471)

SALMO RESPONSORIAL   33, 2-9 (p. 1459)

EVANGELIO   Mt 10, 17-22 (p. 2308)

ORACION SOBRE LAS OFRENDAS

Señor, te ofrecemos llenos de alegría este sacrificio de alabanza, con el que celebramos el triunfo de san Vicente, mártir, y nos gozamos al ofrecértelo de poder merecer su protección gloriosa. Por Jesucristo nuestro Señor.

ANTIFONA DE COMUNION   Jn 12, 26

El que quiera servirme, que me siga —dice el Señor—; y donde esté yo, allí también estará mi servidor.

ORACION DESPUES DE LA COMUNION

Te suplicamos, Señor, que el celeste alimento que hemos recibido nos comunique la misma fortaleza de espíritu que hizo a san Vicente ministro fiel en tu servicio y vencedor valiente en el martirio. Por Jesucristo nuestro Señor.

23 de enero

San Ildefonso, obispo

El autor del «Tratado sobre la perpetua virginidad de María» fue monje en el cenobio agaliense. Trabajó para que el X Concilio de Toledo instituyese la fiesta de la Virgen el 18 de diciembre. En el año 657 fue elegido obispo de Toledo. Murió en el año 667, tras gobernar durante nueve años la Iglesia de Toledo.

Del Común de pastores: obispos (p. 2367).

ORACION COLECTA

Dios todopoderoso, que hiciste a san Ildefonso insigne defensor de la virginidad de María; concede a los que creemos en este privilegio de la Madre de tu Hijo, sentirnos amparados por su poderosa y materna intercesión. Por nuestro Señor Jesucristo.

24 de enero

San Francisco de Sales, obispo y doctor de la Iglesia

Memoria

Nació en el año 1567 en Saboya. Estudió en París y en Padua. En París, debido a la influencia calvinista, sufrió una crisis religiosa de la que salió vigorizado en el servicio de Dios. Ordenado sacerdote, trabajó por la restauración católica de la región calvinista de Chablais. Obispo de Ginebra, con residencia en Annecy, se esforzó por implantar la reforma tridentina en su diócesis.

Con la colaboración de Madame de Chantal, fundó la Orden de la Visitación. Murió el 28 de diciembre de 1622 en Lyon, pero su cuerpo fue trasladado a Annecy.

Del Común de pastores: obispos (p. 2367) o de doctores de la Iglesia (p. 2384).

ORACION COLECTA

Señor, Dios nuestro, tú has querido que el santo obispo Francisco de Sales se entregara a todos generosamente para la salvación de los hombres; concédenos, a ejemplo suyo, manifestar la dulzura de tu amor en el servicio a nuestros hermanos. Por nuestro Señor Jesucristo.

PRIMERA LECTURA   Ef 3, 8-12 (p. 712)

SALMO RESPONSORIAL   36, 3-6.30-31 (p. 2076)

EVANGELIO   Jn 15, 9-17 (p. 620)

ORACION SOBRE LAS OFRENDAS

Por este sacrificio de salvación que te ofrecemos, enciende, Señor, nuestros corazones en el fuego del Espíritu Santo, con que encendiste el alma, llena de ternura, de san Francisco de Sales. Por Jesucristo nuestro Señor.

ORACION DESPUES DE LA COMUNION

Concédenos, Señor, por estos sacramentos que hemos celebrado, imitar en la tierra la mansedumbre y el amor de san Francisco de Sales, para que también podamos alcanzar la gloria del cielo. Por Jesucristo nuestro Señor.

25 de enero

La conversión del Apóstol san Pablo

Fiesta

La celebración de la conversión del Apóstol san Pablo es una fiesta occidental, testimoniada por el Martirologio Jeronimiano, y posteriormente, por los libros litúrgicos galicanos. Con esta fiesta, se recuerda la conversión del Apóstol a las puertas de Damasco.

ANTIFONA DE ENTRADA   2 Tim 1, 12; 4, 8

Sé de quién me he fiado y estoy firmemente persuadido de que tiene poder para asegurar hasta el último día, en que vendrá como juez justo, el encargo que me dio.

ORACION COLECTA

Señor, Dios nuestro, tú que has instruido a todos los pueblos con la predicación del apóstol san Pablo, concede a cuantos celebramos su Conversión caminar hacia ti, siguiendo su ejemplo, y ser ante el mundo testigos de tu verdad. Por nuestro Señor Jesucristo.

PRIMERA LECTURA

Levántate, recibe el bautismo que, por la invocación del nombre de Jesús, lavará tus pecados

LECTURA DEL LIBRO DE LOS HECHOS DE LOS APOSTOLES   22, 3-16

En aquellos días, dijo Pablo al pueblo: «Yo soy judío, nací en Tarso de Cilicia, pero me crié en esta ciudad; fui alumno de Gamaliel y aprendí hasta el último detalle de la ley de nuestros padres; he servido a Dios con tanto fervor como vosotros mostráis ahora. Yo perseguí a muerte este nuevo camino, metiendo en la cárcel, encandenados, a hombres y mujeres; y son testigos de esto el mismo sumo sacerdote y todos los ancianos. Ellos me dieron cartas para los hermanos de Damasco, y fui allí para traerme presos a Jerusalén a los que encontrase, para que los castigaran. Pero en el viaje, cerca ya de Damasco, hacia mediodía, de repente una gran luz del cielo me envolvió con su resplandor, caí por tierra y oí una voz que me decía: "Saulo, Saulo, ¿por qué me persigues?" Yo pregunté: "¿Quién eres, Señor?" Me respondió: "Yo soy Jesús Nazareno, a quien tú persigues." Mis compañeros vieron el resplandor, pero no comprendieron lo que decía la voz. Yo pregunté: "¿Qué debo hacer, Señor?" El Señor me respondió: "Levántate, sigue hasta Damasco, y allí te dirán lo que tienes que hacer." Como yo no veía, cegado por el resplandor de aquella luz, mis compañeros me llevaron de la mano a Damasco. Un cierto Ananías, devoto de la Ley, recomendado por todos los judíos de la ciudad, vino a verme, se puso a mi lado y me dijo: "Saulo, hermano, recobra la vista." Inmediatamente recobré la vista y lo vi. El me dijo: "El Dios de nuestros padres te ha elegido para que conozcas su voluntad, para que vieras al Justo y oyeras su voz, porque vas a ser su testigo ante todos los hombres, de lo que has visto y oído. Ahora, no pierdas tiempo; levántate, recibe el bautismo que, por la invocación de su nombre, lavará tus pecados."»

Palabra de Dios.

SALMO RESPONSORIAL 116

℟ **Id al mundo entero y proclamad el Evangelio** (o Aleluya).

Alabad al Señor, todas las naciones, | aclamadlo, todos los pueblos. ℟

Firme es su misericordia con nosotros, | su fidelidad dura por siempre. ℟

ALELUYA

Yo os he elegido del mundo, para que vayáis y deis fruto, y vuestro fruto dure —dice el Señor.

EVANGELIO

Id al mundo entero y proclamad el Evangelio

✝ LECTURA DEL S. EVANGELIO SEGÚN SAN MARCOS

16, 15-18

En aquel tiempo, se apareció Jesús a los Once y les dijo: «Id al mundo entero y proclamad el Evangelio a toda la creación. El que crea y se bautice se salvará; el que se resista a creer será condenado. A los que crean, les acompañarán estos signos: echarán demonios en mi nombre, hablarán lenguas nuevas, cogerán serpientes en sus manos y, si beben un veneno mortal, no les hará daño. Impondrán la manos a los enfermos, y quedarán sanos.»

Palabra del Señor.

En las misas votivas de san Pablo, apóstol, se toman las lecturas precedentes.

ORACION SOBRE LAS OFRENDAS

Al celebrar, Señor, este santo sacrificio, haz que nos ilumine el Espíritu Santo con la luz de la fe que impulsó siempre al apóstol san Pablo a la propagación de tu Evangelio. Por Jesucristo nuestro Señor.

Prefacio I de los Apóstoles, p. 1099.

ANTIFONA DE COMUNION

Gal 2, 20

Vivo de la fe en el Hijo de Dios, que me amó hasta entregarse por mí.

ORACION DESPUES DE LA COMUNION

Te pedimos, Señor Dios nuestro, que los sacramentos que hemos recibido nos enciendan en el fuego de amor, que abrasaba

el corazón de san Pablo y le impulsaba al servicio de todas las Iglesias. Por Jesucristo nuestro Señor.

26 de enero

San Timoteo y san Tito, obispos

Memoria

Timoteo y Tito fueron discípulos predilectos de Pablo, quien escribió al primero dos cartas y una al segundo. Estas forman parte del canon de los libros del Nuevo Testamento. Timoteo fue obispo de Efeso, y Tito de Creta.

Del Común de pastores: obispos (p. 2367).

ORACION COLECTA

Oh Dios, que hiciste brillar con virtudes apostólicas a los santos Timoteo y Tito, concédenos por su intercesión que, después de vivir en este mundo en justicia y santidad, merezcamos llegar al reino de los cielos. Por nuestro Señor Jesucristo.

PRIMERA LECTURA

Refrescando la memoria de tu fe sincera

LECTURA DE LA SEGUNDA CARTA DEL
APOSTOL SAN PABLO A TIMOTEO   1, 1-8

Pablo, apóstol de Cristo Jesús por designio de Dios, llamado a anunciar la promesa de vida que hay en Cristo Jesús, a Timoteo, hijo querido; te deseo la gracia, misericordia y paz de Dios Padre y de Cristo Jesús, Señor nuestro. Doy gracias a Dios, a quien sirvo con pura conciencia, como mis antepasados, porque tengo siempre tu nombre en mis labios cuando rezo, de noche y de día. Al acordarme de tus lágrimas, ansío verte, para llenarme de alegría, refrescando la memoria de tu fe sincera, esa fe que tu-

vieron tu abuela Loide y tu madre Eunice, y que estoy seguro
que tienes también tú. Por esta razón te recuerdo que reavives el
don de Dios, que recibiste cuando te impuse las manos; porque
Dios no nos ha dado un espíritu cobarde, sino un espíritu de
energía, amor y buen juicio. No te avergüences de dar testimonio de nuestro Señor y de mí, su prisionero. Toma parte en los
duros trabajos del Evangelio, según la fuerza de Dios.

Palabra de Dios.

SALMO RESPONSORIAL 95

℞ **Contad las maravillas del Señor a todas las naciones.**

Cantad al Señor un cántico nuevo, | cantad al Señor, toda la
tierra; | cantad al Señor, bendecid su nombre. ℞.
Proclamad día tras día su victoria. | Contad a los pueblos su
gloria, | sus maravillas a todas las naciones. ℞.
Familias de los pueblos, aclamad al Señor, | aclamad la gloria
y el poder del Señor, | aclamad la gloria del nombre del
Señor. ℞.
Decid a los pueblos: «El Señor es rey, | él afianzó el orbe, y
no se moverá; | él gobierna a los pueblos rectamente.» ℞.

EVANGELIO   Lc 10, 1-9 (p. 1981)

27 de enero

Santa Angela de Mérici, virgen

Nació Angela en Desenzano (Venecia) en el año 1474. Tomó
el hábito de penitencia de la Tercera Orden Franciscana. Huérfa-
na a los quince años, fundó más tarde la Congregación de Santa
Ursula para atender a las niñas huérfanas. Escribió una Regla
para su obra. Murió en Brescia el año 1540.

Del Común de vírgenes (p. 2393) o de santos: educadores (p. 2409).

ORACION COLECTA

Señor, que no deje de encomendarnos a tu misericordia la santa virgen Angela de Mérici, para que, siguiendo sus ejemplos de caridad y prudencia, sepamos guardar tu doctrina y llevarla a la práctica en la vida. Por nuestro Señor Jesucristo.

PRIMERA LECTURA   1 Pe 4, 7b-11 (p. 1433)

SALMO RESPONSORIAL   148, 1-2. 11-14 (p. 1636)

EVANGELIO   Mc 9, 34-37 (p. 941)

28 de enero

Santo Tomás de Aquino, presbítero y doctor de la Iglesia

Memoria

Tomás nació hacia el año 1225, de la familia condal de Aquino. En Montecasino inició su formación, que luego continuó en Colonia y París. Ingresó en la Orden de Predicadores.

Su gran saber teológico y filosófico se hace patente en sus obras, sobre todo en la «Suma Teológica» y en la «Suma contra los Gentiles».

De camino hacia el concilio de Lyon, murió en el monasterio cisterciense de Fossanova el 7 de marzo de 1274. Su cuerpo reposa en Toulouse (Francia).

Del Común de doctores de la Iglesia (p. 2384) o de pastores (p. 2367).

ORACION COLECTA

Oh Dios, que hiciste de santo Tomás de Aquino un varón preclaro por su anhelo de santidad y por su dedicación a las ciencias sagradas; concédenos entender lo que él enseñó e imitar el ejemplo que nos dejó en su vida. Por nuestro Señor Jesucristo.

PRIMERA LECTURA   Sab 7, 7-10.15-16 (p. 968)

SALMO RESPONSORIAL   118, 9-14 (p. 2122)

EVANGELIO   Mt 23, 8-12 (p. 2167)

31 de enero

San Juan Bosco, presbítero

Memoria

La vida de san Juan Bosco abarca casi la totalidad del siglo XIX. En este marco cronológico realizó su ministerio de educación de los jóvenes pobres y obreros en colegios y talleres de formación profesional, e hizo brillar la santidad de una nueva manera.

Para la educación de los jóvenes fundó la Sociedad de San Francisco de Sales y el Instituto de Hijas de María Auxiliadora.

Había nacido en Castelnuovo d'Asti el 16 de agosto de 1815, y murió en Turín el 31 de enero de 1888.

Del Común de pastores (p. 2367) o de santos educadores: (p. 2409).

ORACION COLECTA

Señor, tú que has suscitado en san Juan Bosco un padre y un maestro para la juventud, danos también a nosotros un celo infatigable y un amor ardiente, que nos impulse a entregarnos al bien de los hermanos y a servirte a ti en ellos con fidelidad. Por nuestro Señor Jesucristo.

PRIMERA LECTURA   Flp 4, 4-9 (p. 61)

SALMO RESPONSORIAL   102, 1-4.8-9.13-14.17-18a (p. 1946)

EVANGELIO   Mt 18, 1-5 (p. 1890)

FEBRERO

2 de febrero

La Presentación del Señor

Fiesta

El que dio la Ley de Moisés en el monte Sinaí, hoy, hecho hombre, se somete a los preceptos de la Ley: la presentación del hijo y la purificación de la madre.

Pero en este acto de humildad se realiza el primer encuentro oficial de Jesús con su pueblo en la persona de Simeón; por esto, la fiesta de hoy se llama del «Encuentro» (liturgia oriental), o de la «Presentación» (liturgia romana).

El origen de esta fiesta con la bendición de los cirios y la procesión, hay que situarlo en Jerusalén y en el siglo IV.

Bendición y procesión de las candelas

Primera forma: Procesión

1.   En la hora más oportuna se reúnen todos en una iglesia menor o en otro lugar conveniente, fuera de la iglesia hacia la que va a encaminarse la procesión. Los fieles tienen en sus manos las candelas apagadas.

2.   Llega el sacerdote con sus ministros, revestidos con vestiduras blancas como para la misa, si bien puede el sacerdote usar el pluvial hasta que se termine la procesión.

3.   Se encienden las candelas mientras se canta la antífona:

El Señor llega con poder. Iluminará los ojos de sus siervos. Aleluya.

U otro cántico apropiado.

4.   El sacerdote saluda como de costumbre al pueblo y hace luego una breve monición para invitar a los fieles a celebrar esta fiesta de manera activa y consciente. Puede servirse de esta monición o de otra semejante:

Hace hoy cuarenta días hemos celebrado, llenos de gozo, la fiesta del Nacimiento del Señor.

Hoy es el día en que Jesús fue presentado en el templo para cumplir la ley, pero sobre todo para encontrarse con el pueblo creyente. Impulsados por el Espíritu Santo, llegaron al templo los santos ancianos Simeón y Ana que iluminados por el mismo Espíritu, conocieron al Señor y lo proclamaron con alegría. De la misma manera nosotros, congregados en una sola familia por el Espíritu Santo, vayamos a la casa de Dios, al encuentro de Cristo. Lo encontraremos y lo conoceremos en la fracción del pan, hasta que vuelva revestido de gloria.

5.   Después de la monición, el sacerdote bendice las candelas diciendo con las manos juntas:

Oremos.

Oh Dios, fuente y origen de toda luz, que has mostrado hoy a Cristo, luz de las naciones, al justo Simeón: dígnate santificar con tu ✠ bendición estos cirios; acepta los deseos de tu pueblo que, llevándolos encendidos en las manos, se ha reunido para cantar tus alabanzas, y concédenos caminar por la senda del bien, para que podamos llegar a la luz eterna. Por Jesucristo nuestro Señor.

℟. Amén.

O bien:

Oremos.

Oh Dios, luz verdadera, autor y dador de la luz eterna, infunde en el corazón de los fieles la luz que no se extingue, para que, cuantos son iluminados en tu templo por la luz de estos cirios, puedan llegar felizmente al esplendor de tu gloria. Por Jesucristo nuestro Señor.

℟. Amen.

Y rocía las candelas con agua bendita, sin decir nada.

6. El sacerdote recibe su propia candela y comienza la procesión, después de decir:

Marchemos en paz al encuentro del Señor.

7. Durante la procesión se canta la siguiente antífona con el cántico indicado u otro semejante:

Ant. Luz para alumbrar a las naciones y gloria de tu pueblo Israel. Ahora, Señor, según tu promesa, puedes dejar a tu siervo irse en paz.

Ant. Luz para alumbrar a las naciones y gloria de tu pueblo Israel. Porque mis ojos han visto a tu salvador.

Ant. Luz para alumbrar a las naciones y gloria de tu pueblo Israel. A quien has presentado ante todos los pueblos.

Ant. Luz para alumbrar a las naciones y gloria de tu pueblo Israel.

8. Al entrar la procesión en la iglesia se canta el introito de la misa. Llegado el sacerdote al altar, lo venera, y si parece oportuno lo inciensa. Va a la sede, se quita el pluvial, si es que lo ha usado en la procesión, y se pone la casulla, y, después del cántico del Gloria, dice la colecta. Y la misa prosigue como de costumbre.

Segunda forma: Entrada solemne

9. Los fieles con las canciones en sus manos, se reúnen en la Iglesia. El sacerdote, con vestiduras blancas, acompañado de los ministros y algunos fieles, se va a un lugar adecuado, bien delante de la puerta de la iglesia, bien dentro del recinto sagrado, con tal de que los fieles puedan ver y participar cómodamente en el rito.

10. Una vez llegados al lugar elegido para la bendición, se encienden las candelas y se canta la antífona: El Señor llega, *o algún otro cántico apropiado.*

11. Tras el saludo y la monición, el sacerdote bendice las candelas, tal como se indica más arriba en los núms. 4-5 (p. 1967); y se organiza la pro-

cesión hacia el altar con cánticos (núms. 6-7, p. 1968). Para la misa se observa lo ya indicado en el núm. 8.

Misa

ANTIFONA DE ENTRADA   Sal 47, 10-11

Oh Dios, hemos recibido tu misericordia en medio de tu templo. Como tu renombre, oh Dios, tu alabanza llega al confín de la tierra; tu diestra está llena de justicia.

ORACION COLECTA

Dios todopoderoso y eterno, te rogamos humildemente que, así como tu Hijo unigénito, revestido de nuestra humanidad, ha sido presentado hoy en el templo, nos concedas, de igual modo, a nosotros la gracia de ser presentados delante de ti con el alma limpia. Por nuestro Señor Jesucristo.

Cuando esta fiesta no cae en domingo, antes del evangelio se escoge una sola de las lecturas siguientes:

PRIMERA LECTURA

Entrará en el santuario el Señor a quien vosotros buscáis

LECTURA DE LA PROFECIA DE MALAQUIAS   3, 1-4

Así dice el Señor: «Mirad, yo envío a mi mensajero, para que prepare el camino ante mí. De pronto entrará en el santuario el Señor a quien vosotros buscáis, el mensajero de la alianza que vosotros deseáis. Miradlo entrar —dice el Señor de los ejércitos— ¿Quién podrá resistir el día de su venida?, ¿quién quedará en pie cuando aparezca? Será un fuego de fundidor, una lejía de lavandero: se sentará como un fundidor que refina la plata, como a plata y a oro refinará a los hijos de Leví, y presentarán al Señor la ofrenda como es debido. Entonces agradará al Señor la ofrenda de Judá y de Jerusalén, como en los días pasados, como en los años antiguos.»

Palabra de Dios.

SALMO RESPONSORIAL 23

℟ **El Señor, Dios de los ejércitos, | es el Rey de la gloria.**

¡Portones!, alzad los dinteles | que se alcen las antiguas compuertas: | va a entrar el Rey de la gloria. ℟.

¿Quién es ese Rey de la gloria? | El Señor, héroe valeroso; | el Señor, héroe de la guerra. ℟.

¡Portones!, alzad los dinteles, | que se alcen las antiguas compuertas: | va a entrar el Rey de la gloria. ℟.

¿Quién es ese Rey de la gloria? | El Señor, Dios de los ejércitos. | El es el Rey de la gloria. ℟.

SEGUNDA LECTURA

Tenía que parecerse en todo a sus hermanos

LECTURA DE LA CARTA A LOS HEBREOS $\qquad$ 2, 14-18

Los hijos de una familia son todos de la misma carne y sangre, y de nuestra carne y sangre participó también Jesús, así, muriendo, aniquiló al que tenía el poder de la muerte, es decir, al diablo, y liberó a todos los que por miedo a la muerte pasaban la vida entera como esclavos. Notad que tiende una mano a los hijos de Abrahán, no a los ángeles. Por eso tenía que parecerse en todo a sus hermanos, para ser sumo sacerdote compasivo y fiel en lo que a Dios se refiere, y expiar así los pecados del pueblo. Como él ha pasado por la prueba del dolor, puede auxiliar a los que ahora pasan por ella.

Palabra de Dios.

ALELUYA $\qquad$ Lc 2, 32

Luz para alumbrar a las naciones y gloria de tu pueblo Israel.

EVANGELIO

Mis ojos han visto a tu Salvador

✠ LECTURA DEL S. EVANGELIO SEGUN
SAN LUCAS 2, 22-40

Cuando llegó el tiempo de la purificación, según la ley de Moisés, los padres de Jesús lo llevaron a Jerusalén, para presentarlo al Señor, de acuerdo con lo escrito en la ley del Señor: «Todo primogénito varón será consagrado al Señor», y para entregar la oblación, como dice la ley del Señor: «un par de tórtolas o dos pichones.» Vivía entonces en Jerusalén un hombre llamado Simeón, hombre justo y piadoso, que aguardaba el consuelo de Israel; y el Espíritu Santo moraba en él. Había recibido un oráculo del Espíritu Santo: que no vería la muerte antes de ver al Mesías del Señor. Impulsado por el Espíritu, fue al templo. Cuando entraban con el niño Jesús sus padres para cumplir con él lo previsto por la ley, Simeón lo tomó en brazos y bendijo a Dios diciendo: «Ahora, Señor, según tu promesa, puedes dejar a tu siervo irse en paz. Porque mis ojos han visto a tu Salvador, a quien has presentado ante todos los pueblos: luz para alumbrar a las naciones y gloria de tu pueblo Israel.» Su padre y su madre estaban admirados por lo que se decía del niño. Simeón los bendijo, diciendo a María, su madre: «Mira, éste está puesto para que muchos en Israel caigan y se levanten; será como una bandera discutida: así quedará clara la actitud de muchos corazones. Y a ti, una espada te traspasará el alma.» Había también una profetisa, Ana, hija de Fanuel, de la tribu de Aser. Era una mujer muy anciana; de jovencita había vivido siete años casada, y luego viuda hasta los ochenta y cuatro; no se apartaba del templo día y noche, sirviendo a Dios con ayunos y oraciones. Acercándose en aquel momento, daba gracias a Dios y hablaba del niño a todos los que aguardaban la liberación de Jerusalén. Y, cuando cumplieron todo lo que prescribía la ley del Señor, se volvieron a Galilea, a su ciudad de Nazaret. El niño iba creciendo y robusteciéndose, y se llenaba de sabiduría; y la gracia de Dios lo acompañaba.

Palabra del Señor.

ORACION SOBRE LAS OFRENDAS

Sea grata a tus ojos, Señor, la ofrenda que la Iglesia te presenta llena de alegría, a ti que has querido que tu Hijo unigénito se inmolara como cordero inocente por la salvación del mundo. Por Jesucristo nuestro Señor.

PREFACIO

El misterio de la Presentación del Señor

En verdad es justo y necesario, es nuestro deber y salvación darte gracias siempre y en todo lugar, Señor, Padre santo, Dios todopoderoso y eterno.

Porque hoy tu Hijo es presentado en el templo y es proclamado por el Espíritu: Gloria de Israel y luz de las naciones.

Por eso, nosotros, llenos de alegría, salimos al encuentro del Salvador, mientras te alabamos con los ángeles y los santos cantando sin cesar:

Santo, Santo, Santo...

ANTIFONA DE COMUNION   Lc 2, 30-31

Mis ojos han visto a tu Salvador, a quien has presentado ante todos los pueblos.

ORACION DESPUES DE LA COMUNION

Por estos sacramentos que hemos recibido, llénanos de tu gracia, Señor, tú que has colmado plenamente la esperanza de Simeón; y así como a él no le dejaste morir sin haber tenido en sus brazos a Cristo, concédenos a nosotros, que caminamos al encuentro del Señor, merecer el premio de la vida eterna. Por Jesucristo nuestro Señor.

3 de febrero

San Blas, obispo y mártir

Blas, fue obispo de Sebaste, en Armenia [actualmente Sivas (Turquía)]. Su popularidad, favorecida por la leyenda, hizo que su culto se propagara por el Occidente.

Del Común de mártires (p. 2350) o de pastores: obispos (p. 2367).

ORACION COLECTA

Escucha, Señor, las súplicas de tu pueblo, que hoy te invoca apoyado en la protección de tu mártir san Blas: concédenos, por sus méritos, la paz en esta vida y el premio de la vida eterna. Por nuestro Señor Jesucristo.

PRIMERA LECTURA   Rom 5, 1-5 (p. 696)

SALMO RESPONSORIAL   116, 1. 2 (p. 2091)

EVANGELIO   Mc 16, 15-20 (p. 2010)

San Oscar, obispo

Oscar, monje benedictino de la abadía de Corbie, es llamado justamente «el Apóstol del Norte de Europa», porque predicó el evangelio en los países escandinavos. Su labor fue ardua y tenaz, teniendo como punto culminante la conversión del rey Olaf de Suecia. Murió el 3 de febrero del año 865.

Del Común de pastores: misioneros (p. 2374) u obispos (p. 2367).

ORACION COLECTA

Señor, Dios nuestro, que has querido enviar al obispo san Oscar a evangelizar numerosos pueblos; concédenos, por su intercesión, caminar siempre en la luz de tu verdad. Por nuestro Señor Jesucristo.

PRIMERA LECTURA   Is 52, 7-10 (p. 121)

SALMO RESPONSORIAL   95, 1-3.7-8a.10 (p. 2290)

EVANGELIO   Mc 1, 14-20 (p. 1287)

5 de febrero

Santa Agueda, virgen y mártir

Memoria

Según la tradición, Agueda fue martirizada en Catania durante la persecución de Decio. El Papa Símaco introdujo oficialmente su culto en Roma, y posteriormente su nombre entró en el canon romano.

Del Común de mártires (p. 2350) o de vírgenes (p. 2393).

ORACION COLECTA

Te rogamos, Señor, que la virgen santa Agueda nos alcance tu perdón, pues ella fue agradable a tus ojos por la fortaleza que mostró en su martirio y por el mérito de su castidad. Por nuestro Señor Jesucristo.

PRIMERA LECTURA   1 Cor 1, 26-31 (p. 2036)

SALMO RESPONSORIAL   30, 3cd-4.6.8ab.16bc-17 (p. 2095)

EVANGELIO   Lc 9, 23-26 (p. 200)

6 de febrero

San Pablo Miki y compañeros, mártires

Memoria

Nagasaki (Japón) fue, el 6 de febrero del año 1597, escenario de la muerte de los protomártires del Extremo Oriente: seis misioneros franciscanos españoles, tres jesuitas japoneses, y decisiete seglares japoneses (catequistas, intérpretes, médicos y niños). La cruz fue el instrumento de su martirio, y desde ella Pablo Miki exhortaba y animaba a sus compañeros.

Del Común de mártires (p. 2350).

ORACION COLECTA

Oh Dios, fortaleza de todos los santos, que has llamado a san Pablo Miki y a sus compañeros a la vida eterna por medio de la cruz; concédenos, por su intercesión, mantener con vigor, hasta la muerte, la fe que profesamos. Por nuestro Señor Jesucristo.

PRIMERA LECTURA

Vivo yo, pero no soy yo, es Cristo quien vive en mí

LECTURA DE LA CARTA DEL APOSTOL
SAN PABLO A LOS GALATAS   2, 19-20

Hermanos: Para la Ley yo estoy muerto, porque la Ley me ha dado muerte; pero así vivo para Dios. Estoy crucificado con Cristo: vivo yo, pero no soy yo, es Cristo quien vive en mí. Y, mientras vivo en esta carne, vivo de la fe en el Hijo de Dios, que me amó hasta entregarse por mí.

Palabra de Dios.

SALMO RESPONSORIAL 125

℟ **Los que sembraban con lágrimas | cosechan entre cantares.**

Cuando el Señor cambió la suerte de Sión, | nos parecía soñar: | la boca se nos llenaba de risa, | la lengua de cantares. ℟.

Hasta los gentiles decían: | El Señor ha estado grande con ellos. | El Señor ha estado grande con nosotros, | y estamos alegres. ℟.

Que el Señor cambie nuestra suerte, | como los torrentes del Negueb. | Los que sembraban con lágrimas | cosechan entre cantares. ℞.

Al ir, iba llorando, | llevando la semilla; | al volver, vuelve cantando, | trayendo sus gavillas. ℞.

ALELUYA   Mt 28, 19a.20b

Id y haced discípulos de todos los pueblos —dice el Señor—; yo estoy con vosotros todos los días, hasta el fin del mundo.

EVANGELIO

Id y haced discípulos de todos los pueblos

✠ LECTURA DEL S. EVANGELIO SEGUN
SAN MATEO   28, 16-20

En aquel tiempo, los once discípulos se fueron a Galilea, al monte que Jesús les había indicado. Al verlo, ellos se postraron, pero algunos vacilaban. Acercándose a ellos, Jesús les dijo: «Se me ha dado pleno poder en el cielo y en la tierra. Id y haced discípulos de todos los pueblos, bautizándolos en el nombre del Padre y del Hijo y del Espíritu Santo; y enseñándoles a guardar todo lo que os he mandado. Y sabed que yo estoy con vosotros todos los días, hasta el fin del mundo.»

Palabra del Señor.

8 de febrero

San Jerónimo Emiliani

Nació en Venecia, de noble familia, el año 1486. Abandonada la carrera militar, y después de una profunda conversión, se dedicó a socorrer a los pobres, huérfanos y jóvenes abandonados.

Con algunos compañeros que se unieron a él en esta tarea, fundó en Somasca (Bérgamo) la Compañía de los Servidores de los Pobres, que luego se llamó Orden de Clérigos Regulares de Somasca. Murió en Somasca el año 1537.

Del Común de santos educadores (p. 2409).

ORACION COLECTA

Señor, Dios de las misericordias, que hiciste a san Jerónimo Emiliani padre y protector de los huérfanos; concédenos, por su intercesión, la gracia de permanecer siempre fieles al espíritu de adopción que nos hace verdadermente hijos tuyos. Por nuestro Señor Jesucristo.

PRIMERA LECTURA	Tob 12, 6-13 (p. 1455)
SALMO RESPONSORIAL	33, 2-11 (p. 2119)
EVANGELIO	Mc 10, 17-30 (p. 969)

10 de febrero

Santa Escolástica, virgen

Memoria

A través de los capítulos 33 y 34 del segundo libro de los «Diálogos», de san Gregorio Magno, conocemos a la hermana de san Benito.

Escolástica se consagró a Dios junto con su hermano, y la encontramos platicando con él, en Casino, antes de su muerte, acaecida hacia el año 547.

De ella nos dirá san Gregorio que «pudo más que su hermano, porque amó más».

Del Común de vírgenes (p. 2393) o de santos: religiosos (p. 2406).

ORACION COLECTA

Te rogamos, Señor, al celebrar la fiesta de santa Escolástica, virgen, que imitando su ejemplo te sirvamos con un corazón puro, y alcancemos así los saludables efectos de tu amor. Por nuestro Señor Jesucristo.

PRIMERA LECTURA	Cant 8, 6-7 (p. 2556)
SALMO RESPONSORIAL	148, 1-2.11-14 (p. 1636)
EVANGELIO	Lc 10, 38-42 (p. 1791)

11 de febrero

Nuestra Señora de Lourdes

En el año 1858 se apareció la Virgen María en la gruta de Massabielle, a orillas del Gave, cerca de Lourdes, a Bernardita Soubirous.

El mensaje de la Virgen es que allí se edifique un santuario, para orar y hacer penitencia por la conversión de los pecadores.

Del Común de santa María Virgen (p. 2333).

ORACION COLECTA

Dios de misericordia, remedia con el amparo del cielo nuestro desvalimiento, para que, cuantos celebramos la memoria de la inmaculada Virgen María, Madre de de Dios, podamos, por su intercesión, vernos libres de nuestros pecados. Por nuestro Señor Jesucristo.

PRIMERA LECTURA
Yo haré derivar hacia ella, como un río, la paz

LECTURA DEL LIBRO DE ISAIAS   66, 10-14c

Festejad a Jerusalén, gozad con ella, todos los que la amáis, alegraos de su alegría, los que por ella llevasteis luto. Mamaréis a sus pechos y os saciaréis de sus consuelos, y apuraréis las delicias de sus ubres abundantes. Porque así dice el Señor: «Yo haré derivar hacia ella, como un río, la paz, como un torrente de crecida, las riquezas de las naciones. Llevarán en brazos a sus criaturas y sobre las rodillas las acariciarán; como a un niño a quien su madre consuela, así os consolaré yo, y en Jerusalén seréis consolados. Al verlo, se alegrará vuestro corazón, y vuestros huesos florecerán como un prado; la mano del Señor se manifestará a sus siervos.»

Palabra de Dios.

SALMO RESPONSORIAL   Jdt 13

℞ **Tú eres el orgullo de nuestra raza.**

El Altísimo te ha bendecido, hija, | más que a todas las mujeres de la tierra. | Bendito el Señor, creador del cielo y tierra. ℞.

Que hoy ha glorificado tu nombre de tal modo, | que tu alabanza estará siempre en la boca de todos | los que se acuerden de esta obra poderosa de Dios. ℞.

EVANGELIO   Jn 2, 1-11 (p. 727)

14 de febrero

San Cirilo, monje, y san Metodio, obispo, patronos de Europa

En España: Fiesta

En América Latina: Memoria

Los dos hermanos, Cirilo y Metodio, nacieron en Tesalónica hacia el año 825. Ambos fueron enviados para la evangelización de Moravia. Allí crearon el alfabeto eslavo y tradujeron la Biblia y los textos litúrgicos a la lengua eslava.

Fueron llamados a Roma, donde Cirilo murió el 14 de febrero del año 869; Metodio, consagrado obispo, fue enviado como legado del papa a los países eslavos. Murió en Velehrad (Checoslovaquia) el 6 de abril del año 885.

El gran mérito de estos dos hermanos misioneros consiste en su perfecta acomodación a los pueblos evangelizados.

ANTIFONA DE ENTRADA

Estos son los hombres santos, amigos de Dios, insignes en la predicación de la verdad divina.

ORACION COLECTA

Oh Dios, que iluminaste a los pueblos eslavos mediante los trabajos apostólicos de los santos hermanos Cirilo y Metodio, concédenos la gracia de aceptar tu palabra y de llegar a formar un pueblo unido en la confesión y defensa de la verdadera fe. Por nuestro Señor Jesucristo.

PRIMERA LECTURA

Sabed que nos dedicamos a los gentiles

LECTURA DEL LIBRO DE LOS HECHOS DE LOS APOSTOLES
13, 46-49

En aquellos días, Pablo y Bernabé dijeron a los judíos: «Teníamos que anunciaros primero a vosotros la palabra de Dios; pero como la rechazáis y no os consideráis dignos de la vida eterna, sabed que nos dedicamos a los gentiles. Así nos lo ha mandado el Señor: "Yo te haré luz de los gentiles, para que lleves la salvación hasta el extremo de la tierra."» Cuando los gentiles oyeron esto, se alegraron y alababan la palabra del Señor; y los que estaban destinados a la vida eterna creyeron. La palabra del Señor se iba difundiendo por toda la región.

Palabra de Dios.

SALMO RESPONSORIAL
116, 1-2 (R.: Mc 16-15)

℟ **Id al mundo entero y proclamad el Evangelio** (o, Aleluya).

Alabad al Señor, todas las naciones, | aclamadlo, todos los pueblos. ℟.

Firme es su misericordia con nosotros, | su fidelidad dura por siempre. ℟.

ALELUYA   Lc 4, 18

El Señor me ha enviado para anunciar el Evangelio a los pobres, para anunciar a los cautivos libertad.

EVANGELIO

La mies es abundante y los obreros pocos

✠ LECTURA DEL S. EVANGELIO SEGUN
SAN LUCAS   10, 1-9

En aquel tiempo, designó el Señor otros setenta y dos y los mandó por delante, de dos en dos, a todos los pueblos y lugares adonde pensaba ir él. Y les decía: «La mies es abundante y los obreros pocos; rogad, pues, al dueño de la mies que mande obreros a su mies. ¡Poneos en camino! Mirad que os mando como corderos en medio de lobos. No llevéis talega, ni alforja, ni sandalias; y no os detengáis a saludar a nadie por el camino. Cuando entréis en una casa, decid primero: "Paz a esta casa." Y, si allí hay gente de paz, descansará sobre ellos vuestra paz; si no, volverá a vosotros. Quedaos en la misma casa, comed y bebed de lo que tengan, porque el obrero merece su salario. No andéis cambiando de casa. Si entráis en un pueblo y os reciben bien, comed lo que os pongan, curad a los enfermos que haya, y decid: "Está cerca de vosotros el reino de Dios."»

Palabra del Señor.

ORACION SOBRE LAS OFRENDAS

Mira complacido, Señor, las ofrendas que te presentamos en la fiesta de san Cirilo y san Metodio, y haz que se conviertan en

signo de una humanidad nueva, reconciliada contigo en el amor.
Por Jesucristo nuestro Señor .

Prefacio I o II de los Santos, pp. 1101-02.

ANTIFONA DE COMUNION   Cf. Mc 16, 20

Los discípulos se fueron a predicar el Evangelio, y el Señor cooperaba confirmando la palabra con las señales que
los acompañaban.

ORACION DESPUES DE LA COMUNION

Oh Dios, Padre de todos los hombres, que nos haces participar de un mismo pan y un mismo Espíritu, como anticipación
del convite eterno, te pedimos, en esta fiesta de san Cirilo y san
Metodio, que quienes formamos la multitud de tus hijos, mante-
niéndonos en la unidad de la fe, edifiquemos unánimes el reino
de la justicia y de la paz. Por Jesucristo nuestro Señor .

17 de febrero

Los siete santos Fundadores de la Orden de los Siervos de la Virgen María (Servitas)

Dentro de los movimientos evangélicos del siglo XIII, hay
que colocar la iniciativa llevada a cabo por siete seglares florenti-
nos, que hacia 1233 se reunieron en el monte Senario, para llevar
vida eremítica. Imprimieron a este estado de vida una peculiar
devoción a la Virgen María.

Del Común de santos: religiosos (p. 2406).

ORACION COLECTA

Señor, infunde en nosotros el espíritu del amor que llevó a
estos santos hermanos a venerar con la mayor devoción a la Ma-

dre de Dios, y les impulsó a conducir a tu pueblo al conocimiento y al amor de tu nombre. Por nuestro Señor Jesucristo.

PRIMERA LECTURA   Rom 8, 26-30 (p. 1844)

SALMO RESPONSORIAL   33, 2-11 (p. 2119)

EVANGELIO   Mt 19, 27-29 (p. 2098)

21 de febrero

San Pedro Damiani, obispo y doctor de la Iglesia

Pedro Damiano nació en Rávena el año 1007. Acabados sus estudios, se retiró al desierto de Fonte Avellana para ser ermitaño. En unos tiempos difíciles, luchó contra la simonía y la inmoralidad de los clérigos, y fomentó la vida religiosa. Fue promovido al cardenalato y episcopado de la diócesis suburbicaria de Ostia. Murió el año 1072.

Del Común de doctores de la Iglesia (p. 2384) o de pastores: obispos (p. 2367).

ORACION COLECTA

Dios todopoderoso, concédenos seguir con fidelidad los consejos y ejemplos de san Pedro Damiani, obispo, para que, amando a Cristo sobre todas las cosas, y dedicados siempre al servicio de tu Iglesia, merezcamos llegar a los gozos eternos. Por nuestro Señor Jesucristo.

PRIMERA LECTURA   2 Tim 4, 1-5 (p. 1456)

SALMO RESPONSORIAL   15, 1-2a.5.7-8.11 (p. 2214)

EVANGELIO   Jn 15, 1-8 (p. 2455)

22 de febrero

La Cátedra del Apóstol san Pedro

Fiesta

La *Depositio Martyrum* de mediados del siglo IV indica ya la fiesta de la Cátedra de San Pedro.

Con esta fiesta se quiere recordar el ministerio de supremo Pastor de la Iglesia que el Señor confirió a Pedro. Ministerio que es signo de la unidad de la Iglesia edificada sobre los Apóstoles.

ANTIFONA DE ENTRADA   Lc 22, 32

El Señor dice a Simón Pedro: Yo he pedido por ti, para que tu fe no se apague. Y tú, cuando te recobres, da firmeza a tus hermanos.

ORACION COLECTA

Dios todopoderoso, no permitas que seamos perturbados por ningún peligro, tú que nos has afianzado sobre la roca de la fe apostólica. Por nuestro Señor Jesucristo.

PRIMERA LECTURA

Presbítero como ellos y testigo de los sufrimientos de Cristo

LECTURA DE LA PRIMERA CARTA DEL APOSTOL SAN PEDRO
5, 1-4

Queridos hermanos: A los presbíteros en esa comunidad, yo, presbítero como ellos, testigo de los sufrimientos de Cristo y partícipe de la gloria que va a manifestarse, os exhorto: Sed pastores del rebaño de Dios que tenéis a vuestro cargo, gobernándolo no a la fuerza, sino de buena gana, como Dios quiere; no por sórdida ganancia, sino con generosidad; no como déspotas sobre la heredad de Dios, sino convirtiéndoos en modelos del rebaño. Y cuando aparezca el supremo Pastor, recibiréis la corona de gloria que no se marchita.

Palabra de Dios.

SALMO RESPONSORIAL 22

R. **El Señor es mi pastor, | nada me falta.**

El Señor es mi pastor, | nada me falta: | en verdes praderas me hace recostar; | me conduce hacia fuentes tranquilas | y repara mis fuerzas; | me guía por el sendero justo, | por el honor de su nombre. R.

Aunque camine por cañadas oscuras, | nada temo, porque tú vas conmigo: | tu vara y tu cayado me sosiegan. R.

Preparas una mesa ante mí, | enfrente de mis enemigos; | me unges la cabeza con perfume, | y mi copa rebosa. R.

Tu bondad y tu misericordia me acompañan | todos los días de mi vida, | y habitaré en la casa del Señor | por años sin término. R.

ALELUYA   Mt 16, 18

Tú eres Pedro, y sobre esta piedra edificaré mi Iglesia, y el poder del infierno no la derrotará.

EVANGELIO

Tú eres Pedro, y te daré las llaves del reino de los cielos

✠ LECTURA DEL S. EVANGELIO SEGUN
SAN MATEO   16, 13-19

En aquel tiempo, al llegar a la región de Cesarea de Filipo, Jesús preguntó a sus discípulos: «¿Quién dice la gente que es el Hijo del hombre?» Ellos contestaron: «Unos que Juan Bautista, otros que Elías, otros que Jeremías o uno de los profetas.» El les preguntó: «Y vosotros, ¿quién decís que soy yo?» Simón Pedro tomó la palabra y dijo: «Tú eres el Mesías, el Hijo de Dios vivo.» Jesús le respondió: «¡Dichoso tú, Simón, hijo de Jonás!, porque eso no te lo ha revelado nadie de carne y hueso, sino mi

Padre que está en el cielo. Ahora te digo yo: Tú eres Pedro, y
sobre esta piedra edificaré mi Iglesia, y el poder del infierno no
la derrotará. Te daré las llaves del reino de los cielos; lo que ates
en la tierra quedará atado en el cielo, y lo que desates en la tierra
quedará desatado en el cielo.»

Palabra del Señor.

En las misas votivas de san Pedro, apóstol, se toman las lecturas pre-
cedentes.

ORACION SOBRE LAS OFRENDAS

Acepta, Señor, las oraciones y ofrendas de tu Iglesia, para
que bajo el pastoreo de san Pedro, de quien recibe la integridad
de su fe, pueda llegar a la vida eterna. Por Jesucristo nuestro
Señor.

Prefacio I de los Apóstoles, p. 1099.

ANTIFONA DE COMUNION   Mt 16, 16.18

Pedro dijo a Jesús: Tú eres el Mesías, el Hijo de Dios
vivo. Jesús le respondió: Tú eres Pedro, y sobre esta piedra edificaré mi Iglesia.

ORACION DESPUES DE LA COMUNION

Señor, Dios nuestro, que al celebrar la festividad de la Cátedra de san Pedro nos has alimentado con el Cuerpo y la Sangre
de Cristo; haz que este misterio de redención sea para nosotros
sacramento de unidad y de paz. Por Jesucristo nuestro Señor.

23 de febrero
San Policarpo, obispo y mártir
Memoria

«Hace ochenta y seis años que sirvo a Cristo y jamás me ha
hecho ningún mal ¿por qué, pues, he de blasfemar de mi Rey y

Salvador?». Con esta confesión, el anciano obispo de Esmirna, discípulo del apóstol Juan, subía a la hoguera en el estadio de su ciudad, el 23 de febrero del año 155.

En ella, el cuerpo del mártir se coció como el pan que se cuece para la eucaristía; de esta manera se preparó para recibir el golpe mortal de donde saldría la sangre, consumando así su sacrificio.

Del Común de mártires (p. 2350) o de pastores: obispos (p. 2367).

ORACION COLECTA

Dios de todas las criaturas, que te has dignado agregar a san Policarpo, tu obispo, al número de los mártires; concédenos, por su intercesión, participar con él en la pasión de Cristo, y resucitar a la vida eterna. Por nuestro Señor Jesucristo.

PRIMERA LECTURA

Conozco tus apuros y tu pobreza

LECTURA DEL LIBRO DEL APOCALIPSIS 2, 8-11

Yo, Juan, oí cómo el Señor me decía: «Al ángel de la Iglesia de Esmirna escribe así: "Esto dice el que es el primero y el último, el que estuvo muerto y volvió a la vida: Conozco tus apuros y tu pobreza, y, sin embargo, eres rico; conozco también cómo te calumnian esos que se llaman judíos y no son más que sinagoga de Satanás. No temas nada de lo que vas a sufrir, porque el diablo va a meter a algunos de vosotros en la cárcel para poneros a prueba; tus apuros durarán diez días. Sé fiel hasta la muerte, y te daré la corona de la vida. Quien tenga oídos, oiga lo que dice el Espíritu a las Iglesias. El que salga vencedor no será víctima de la muerte segunda."»

Palabra de Dios.

SALMO RESPONSORIAL 30

℞ **A tus manos, Señor, encomiendo mi espíritu.**

Sé la roca de mi refugio, | un baluarte donde me salve, | tú que eres mi roca y mi baluarte; | por tu nombre dirígeme y guíame. ℞.

A tus manos encomiendo mi espíritu: | tú, el Dios leal, me librarás. | Tu misericordia sea mi gozo y mi alegría. | Te has fijado en mi aflicción. ℞.

Líbrame de los enemigos que me persiguen; | haz brillar tu rostro sobre tu siervo, | sálvame por tu misericordia. ℞.

EVANGELIO

No sois del mundo, sino que yo os he escogido sacándoos del mundo

✠ LECTURA DEL S. EVANGELIO SEGUN
SAN JUAN   15, 18-21

En aquel tiempo, dijo Jesús a sus discípulos: «Si el mundo os odia, sabed que me ha odiado a mí antes que a vosotros. Si fuerais del mundo, el mundo os amaría como cosa suya, pero como no sois del mundo, sino que yo os he escogido sacándoos del mundo, por eso el mundo os odia. Recordad lo que os dije: No es el siervo más que su amo. Si a mí me han perseguido, también a vosotros os perseguirán; si han guardado mi Palabra, también guardarán la vuestra. Y todo eso lo harán con vosotros a causa de mi nombre, porque no conocen al que me envió.»

Palabra del Señor.

MARZO

4 de marzo

San Casimiro

Hijo de Casimiro IV, rey de Polonia, nació en Cracovia en el año 1458. Casimiro se distinguió por la práctica eminente de las virtudes cristianas, sobre todo la de la castidad, el amor a los pobres, la devoción a la Virgen María y a la Eucaristía. Murió a los veinticinco años, el 4 de marzo de 1484 en Grodno (Lituania, hoy Rusia).

Del Común de santos (p. 2401).

ORACION COLECTA

Dios todopoderoso, sabemos que servirte es reinar; por eso te pedimos nos concedas, por intercesión de san Casimiro, vivir sometidos a tu voluntad en santidad y justicia. Por nuestro Señor Jesucristo.

PRIMERA LECTURA	Flp 3, 8-14 (p. 2211)
SALMO RESPONSORIAL	14, 2-5 (p. 1391)
EVANGELIO	Jn 15, 9-17 (p. 2032)

7 de marzo

Santa Perpetua y santa Felicidad, mártires

Memoria

Cartago fue el escenario del martirio de Perpetua y Felicidad, día 7 de marzo del año 203. Siendo aún catecúmenas, fueron encarceladas, y en la prisión recibieron el bautismo, bautismo que confirmaron con el testimonio de su sangre.

Del Común de mártires (p. 2350) o de santos: santas mujeres (p. 2411).

ORACION COLECTA

Señor, tus santas mártires Perpetua y Felicidad, a instancias de tu amor, pudieron resistir al que las perseguía y superar el suplicio de la muerte; concédenos, por su intercesión, crecer constantemente en nuestro amor a ti. Por nuestro Señor Jesucristo.

PRIMERA LECTURA	Rom 8, 31b-39 (p. 1847)
SALMO RESPONSORIAL	123, 2-5.7b-8 (p. 2086)
EVANGELIO	Mt 10, 34-39 (p. 1559)

8 de marzo

San Juan de Dios, religioso

Juan Ciudad nació en Portugal el año 1495. Después de una agitada juventud (pastor, soldado y librero), al oír un sermón de san Juan de Avila, experimentó una profunda conversión, orientando su vida y actividad hacia el servicio de los enfermos; para ello fundó un hospital en Granada. En esta tarea se le unieron otros compañeros, constituyendo después la Orden Hospitalaria de san Juan de Dios. Juan de Dios murió en Granada el 8 de marzo de 1550.

Del Común de santos: religiosos (p. 2406) o los que se han consagrado a una actividad caritativa (p. 2408).

ORACION COLECTA

Señor, tú que infundiste en san Juan de Dios espíritu de misericordia, haz que nosotros, practicando las obras de caridad, merezcamos encontrarnos un día entre los elegidos de tu reino. Por nuestro Señor Jesucristo.

PRIMERA LECTURA   1 Jn 3, 14-18 (p. 170)

SALMO RESPONSORIAL   111, 1-9 (p. 2415)

ALELUYA   Jn 13, 34

Os doy un mandamiento nuevo —dice el Señor—: que os améis unos a otros, como yo os he amado.

EVANGELIO

Cada vez que lo hicisteis con mis humildes hermanos, conmigo lo hicisteis

✠ LECTURA DEL S. EVANGELIO SEGUN SAN MATEO   25, 31-40

En aquel tiempo, dijo Jesús a sus discípulos: «Cuando venga en su gloria el Hijo del hombre, y todos los ángeles con él, se sentará en el trono de su gloria, y serán reunidas ante él todas las naciones. El separará a unos de otros, como un pastor separa las ovejas de las cabras. Y pondrá las ovejas a su derecha y las cabras a su izquierda. Entonces dirá el rey a los de su derecha: "Venid vosotros, benditos de mi Padre; heredad el reino preparado para vosotros desde la creación del mundo. Porque tuve hambre y me disteis de comer, tuve sed y me disteis de beber, fui forastero y me hospedasteis, estuve desnudo y me vestisteis, enfermo y me visitasteis, en la cárcel y vinisteis a verme." Entonces los justos le contestarán: "Señor, ¿cuándo te vimos con hambre y te alimentamos, o con sed y te dimos de beber?; ¿cuándo te vimos forastero y te hospedamos, o desnudo y te vestimos?; ¿cuándo te vimos enfermo o en la cárcel y fuimos a verte?" Y el rey les dirá: "Os aseguro que cada vez que lo hicisteis con uno de éstos, mis humildes hermanos, conmigo lo hicisteis."»

Palabra del Señor.

9 de marzo

Santa Francisca Romana, religiosa

Romana por nacimiento en el año 1384, la vida de Francisca transcurrió toda ella en la Ciudad eterna. Viviendo santamente en el matrimonio, se dedicó a una gran actividad caritativa. Para mejor servir a los hospitales, fundó la Congregación de las Oblatas bajo la Regla benedictina. Después de enviudar, ingresó en la Congregación que había fundado y de la que fue Superiora General. Murió en Roma el 9 de marzo de 1440.

Del Común de santos: religiosos (p. 2406).

ORACION COLECTA

Oh Dios, que nos diste en santa Francisca Romana un modelo singular de vida matrimonial y monástica; concédenos vivir en tu servicio con tal perseverancia, que podamos descubrirte y seguirte en todas las circunstancias de la vida. Por nuestro Señor Jesucristo.

PRIMERA LECTURA	Prov 31, 10-13.19-20.30-31 (p. 1009)
SALMO RESPONSORIAL	33, 2-11 (p. 2119)
EVANGELIO	Mt 22, 34-40 (p. 1672)

17 de marzo

San Patricio, obispo

Patricio, el apóstol de Irlanda, nació en Inglaterra el año 385. Los años de cautividad en Irlanda, siendo aún joven, despertaron en él el deseo de retornar a la tierra de su cautividad, de donde había logrado escapar, para allí predicar el evangelio.

Creado obispo de Irlanda, evangelizó toda la isla, convirtiendo a muchos a la fe. Murió en Down el año 461. La fe quedaba ya sólidamente implantada en la isla.

Del Común de pastores: misioneros (p. 2373) u obispos (p. 2367).

ORACION COLECTA

Oh Dios, que elegiste a tu obispo san Patricio para que anunciara tu gloria a los pueblos de Irlanda; concede, por su intercesión y sus méritos, a cuantos se glorían de llamarse cristianos, la gracia de proclamar siempre tus maravillas delante de los hombres. Por nuestro Señor Jesucristo.

PRIMERA LECTURA	1 Pe 4, 7b-11 (p. 1433)
SALMO RESPONSORIAL	95, 1-3.7-8a.10 (p. 1963)
EVANGELIO	Lc 5, 1-11 (p. 1705)

18 de marzo

San Cirilo de Jerusalén, obispo y doctor de la Iglesia

Nació en Jerusalén, el año 315. El año 348 fue ordenado presbítero por el obispo de Jerusalén, y el mismo año le sucedió en la sede jerosolimitana. Este mismo año, o quizás el año 350, pronunció sus célebres veinticuatro catequesis. Por defender la fe de Nicea, tuvo que soportar muchas vejaciones de los arrianos, y por tres veces fue desterrado. Murió el año 386.

Del Común de pastores: obispos (p. 2367) o de doctores de la Iglesia (p. 2384).

ORACION COLECTA

Señor, Dios nuestro, que has permitido a tu Iglesia penetrar con mayor profundidad en los sacramentos de la salvación, por la predicación de san Cirilo, obispo de Jerusalén; concédenos, por su intercesión, llegar a conocer de tal modo a tu Hijo que podamos participar con mayor abundancia de su vida divina. Por nuestro Señor Jesucristo.

PRIMERA LECTURA	1Jn 5, 1-5 (p. 2023)
SALMO RESPONSORIAL	18, 8-11 (p. 1776)

EVANGELIO   Jn 15, 1-8 (p. 447)

19 de marzo

San José, esposo de la Virgen María

Solemnidad

El culto a san José se generalizó en Occidente durante los siglos XIV y XV, fruto de la devoción medieval hacia la Virgen María y el Niño Jesús. En el siglo XVII se convirtió en fiesta de precepto. Pío IX, en 1870, proclamó a san José patrono de la Iglesia universal, y Juan XXIII introdujo su nombre en el canon romano.

ANTIFONA DE ENTRADA   Lc 12, 42

Este es el criado fiel y solícito a quien el Señor ha puesto al frente de su familia.

ORACION COLECTA

Dios todopoderoso que confiaste los primeros misterios de la salvación de los hombres a la fiel custodia de san José; haz que, por su intercesión, la Iglesia los conserve fielmente y los lleve a plenitud en su misión salvadora. Por nuestro Señor Jesucristo.

PRIMERA LECTURA

El Señor Dios le dará el trono de David, su padre

LECTURA DEL SEGUNDO LIBRO DE SAMUEL   7, 4-5a.12-14a.16

En aquellos días, recibió Natán la siguiente palabra del Señor: «Ve y dile a mi siervo David: "Esto dice el Señor: Cuando tus días se hayan cumplido y te acuestes con tus padres, afirmaré después de ti la descendencia que saldrá de tus entrañas, y consolidaré el trono de su realeza. El construirá una casa para mi nombre, y yo consolidaré el trono de su realeza para siempre. Yo seré para él padre, y él será para mí hijo. Tu casa y tu reino durarán por siempre en mi presencia; tu trono permanecerá por siempre."»

Palabra de Dios.

SALMO RESPONSORIAL 88

R. **Su linaje será perpetuo.**

Cantaré eternamente las misericordias del Señor, | anunciaré tu fidelidad por todas las edades. | Porque dije: «Tu misericordia es un edificio eterno, | más que el cielo has afianzado tu fidelidad.» R.

Sellé una alianza con mi elegido, | jurando a David, mi siervo: | «Te fundaré un linaje perpetuo, | edificaré tu trono para todas las edades.» R.

El me invocará: «Tú eres mi padre, | mi Dios, mi Roca salvadora.» | Le mantendré eternamente mi favor, | y mi alianza con él será estable. R.

SEGUNDA LECTURA
Apoyado en la esperanza, creyó, contra toda esperanza

LECTURA DE LA CARTA DEL APOSTOL
SAN PABLO A LOS ROMANOS
4, 13.16-18.22

Hermanos: No fue la observancia de la Ley, sino la justificación obtenida por la fe, la que obtuvo para Abrahán y su descendencia la promesa de heredar el mundo. Por eso, como todo depende de la fe, todo es gracia; así, la promesa está asegurada para toda la descendencia, no solamente para la descendencia legal, sino también para la que nace de la fe de Abrahán, que es padre de todos nosotros. Así, dice la Escritura: «Te hago padre de muchos pueblos.» Al encontrarse con el Dios que da vida a los muertos y llama a la existencia lo que no existe, Abrahán creyó. Apoyado en la esperanza, creyó, contra toda esperanza, que llegaría a ser padre de muchas naciones, según lo que se le había dicho: «Así será tu descendencia.» Por lo cual le valió la justificación.

Palabra de Dios.

ALELUYA   Sal 83, 5

Dichosos los que viven en tu casa, Señor, alabándote siempre.

EVANGELIO

José hizo lo que le había mandado el ángel del Señor

✠ LECTURA DEL S. EVANGELIO SEGUN
SAN MATEO   1, 16.18-21.24a

Jacob engendró a José, el esposo de María, de la cual nació Jesús, llamado Cristo. El nacimiento de Jesucristo fue de esta manera: María, su madre, estaba desposada con José y, antes de vivir juntos, resultó que ella esperaba un hijo por obra del Espíritu Santo. José, su esposo, que era justo y no quería denunciarla, decidió repudiarla en secreto. Pero, apenas había tomado esta resolución, se le apareció en sueños un ángel del Señor que le dijo: «José, hijo de David, no tengas reparo en llevarte a María, tu mujer, porque la criatura que hay en ella viene del Espíritu Santo. Dará a luz un hijo, y tú le pondrás por nombre Jesús, porque él salvará a su pueblo de los pecados.» Cuando José se despertó, hizo lo que le había mandado el ángel del Señor.

Palabra del Señor.

Se dice «Credo».

ORACION SOBRE LAS OFRENDAS

Concédenos, Señor, que podamos servirte en el altar con un corazón puro como san José, que se entregó por entero a servir a tu Hijo, nacido de la Virgen María. Por Jesucristo nuestro Señor.

Prefacio de san José: en la solemnidad, *p. 1098.*

ANTIFONA DE COMUNION

Mt 25, 21

Siervo fiel y cumplidor, pasa al banquete de tu Señor.

ORACION DESPUES DE LA COMUNION

Señor, protege sin cesar a esta familia tuya, que ha celebrado con gozo la festividad de san José participando en la eucaristía; y conserva en ella los dones que con tanta bondad les concedes. Por Jesucristo nuestro Señor.

23 de marzo

Santo Toribio de Mogrovejo, obispo

En América Latina: Fiesta

Nació en el año 1538 en el antiguo reino de León. Estudió derecho en Salamanca y fue presidente del Consejo de la Inquisición de Granada. Siendo aún seglar, fue elegido arzobispo de Lima, en Perú.

Rigió y elevó el nivel de su inmensa diócesis por medio de concilios, sínodos y visitas pastorales. Su obra encontró mucha resistencia de parte del gobierno colonial.

Murió en el año 1606, mientras estaba realizando la visita pastoral.

Del Común de pastores (*p. 2367.*)

PRIMERA LECTURA   2 Tim 1, 13-14; 2, 1-3 (p. 2292)

SALMO RESPONSORIAL   95, 1-3.7-8a.10 (p. 726)

EVANGELIO   Mt 9, 35-38 (p. 2125)

25 de marzo

La Anunciación del Señor

Solemnidad

Para celebrar el misterio de la Encarnación del Verbo, ninguna fecha mejor que el 25 de marzo, nueve meses antes de su nacimiento, que se celebra el 25 de diciembre. Un autor del siglo III cree que el Verbo se encarnó en el equinoccio de primavera, el mismo día en que también fue creado Adán.

Primitivamente, esta fiesta se celebraba dentro del ciclo de Navidad: la iglesia de Siria le dedica los dos domingos anteriores a esa fecha. En Occidente, la liturgia ambrosiana celebra este misterio el sexto domingo de adviento, el anterior a la Navidad. A la liturgia hispánica le cabe el honor de haber introducido la primera fiesta de la Virgen, en toda la Iglesia, el 18 de diciembre.

ANTIFONA DE ENTRADA   Heb 10, 5.7

Cuando el Señor entró en el mundo dijo: Aquí estoy, oh Dios, para hacer tu voluntad.

ORACION COLECTA

Señor, tú has querido que la Palabra se encarnase en el seno de la Virgen María; concédenos, en tu bondad, que cuantos confesamos a nuestro Redentor, como Dios y como hombre verdadero, lleguemos a hacernos semejantes a él en su naturaleza divina. Por nuestro Señor Jesucristo.

PRIMERA LECTURA

Mirad: la virgen está encinta

LECTURA DEL LIBRO DE ISAIAS   7, 10-14; 8, 10

En aquel tiempo, el Señor habló a Acaz: «Pide una señal al Señor, tu Dios: en lo hondo del abismo o en lo alto del cielo.»

Respondió Acaz: «No la pido, no quiero tentar al Señor.» Entonces dijo Dios: «Escucha, casa de David: ¿No os basta cansar a los hombres, que cansáis incluso a mi Dios? Pues el Señor, por su cuenta, os dará una señal: Mirad: la virgen está encinta y da a luz un hijo, y le pondrá por nombre Emmanuel, que significa "Dios-con-nosotros".»

Palabra de Dios.

SALMO RESPONSORIAL 39

℞ **Aquí estoy, Señor, para hacer tu voluntad.**

Tú no quieres sacrificios ni ofrendas, | y, en cambio, me abriste el oído; | no pides sacrificio expiatorio, | entonces yo digo: «Aquí estoy.» ℞.

«Como está escrito en mi libro, | para hacer tu voluntad.» | Dios mío, lo quiero, | y llevo tu ley en las entrañas. ℞.

He proclamado tu salvación, | ante la gran asamblea; | no he cerrado los labios: | Señor, tú lo sabes. ℞.

No me he guardado en el pecho tu defensa, | he contado con tu fidelidad y tu salvación; | no he negado tu misericordia y tu lealtad | ante la gran asamblea. ℞.

SEGUNDA LECTURA

Está escrito en el libro: «Aquí estoy, oh Dios, para hacer tu voluntad»

LECTURA DE LA CARTA A LOS HEBREOS   10, 4-10

Hermanos: Es imposible que la sangre de los toros y de los machos cabríos quite los pecados. Por eso, cuando Cristo entró en el mundo dijo: «Tú no quieres sacrificios ni ofrendas, pero me has preparado un cuerpo; no aceptas holocaustos ni víctimas expiatorias. Entonces yo dije lo que está escrito en el libro: "Aquí estoy, oh Dios, para hacer tu voluntad."» Primero dice:

«No quieres ni aceptas sacrificios ni ofrendas, holocaustos ni víctimas expiatorias», que se ofrecen según la Ley. Después añade: «Aquí estoy yo para hacer tu voluntad.» Niega lo primero, para afirmar lo segundo. Y conforme a esa voluntad todos quedamos santificados por la oblación del cuerpo de Jesucristo, hecha una vez para siempre.

Palabra de Dios.

ALELUYA   Jn 1, 14ab

La Palabra se hizo carne y acampó entre nosotros, y hemos contemplado su gloria.

EVANGELIO

Concebirás en tu vientre y darás a luz un hijo

✠ LECTURA DEL S. EVANGELIO SEGUN
SAN LUCAS   1, 26-38

A los seis meses, el ángel Gabriel fue enviado por Dios a una ciudad de Galilea llamada Nazaret, a una virgen desposada con un hombre llamado José, de la estirpe de David; la virgen se llamaba María. El ángel, entrando en su presencia, dijo: «Alégrate, llena de gracia, el Señor está contigo.» Ella se turbó ante estas palabras y se preguntaba qué saludo era aquél. El ángel le dijo: «No temas, María, porque has encontrado gracia ante Dios. Concebirás en tu vientre y darás a luz un hijo, y le pondrás por nombre Jesús. Será grande, se llamará Hijo del Altísimo, el Señor Dios le dará el trono de David, su padre, reinará sobre la casa de Jacob para siempre, y su reino no tendrá fin.» Y María dijo al ángel: «¿Cómo será eso, pues no conozco a varón?» El ángel le contestó: «El Espíritu Santo vendrá sobre ti, y la fuerza del Altísimo te cubrirá con su sombra; por eso el Santo que va a nacer se llamará Hijo de Dios. Ahí tienes a tu pariente Isabel, que, a pesar de su vejez, ha concebido un hijo, y ya está de seis meses

la que llamaban estéril, porque para Dios nada hay imposible.»
María contestó: «Aquí está la esclava del Señor; hágase en mí según tu palabra.» Y la dejó el ángel.

Palabra del Señor.

Se dice «Credo». A las palabras: **Y por obra...,** *todos se arrodillan.*

ORACION SOBRE LAS OFRENDAS

Dígnate, Señor, aceptar los dones de tu Iglesia; y, pues reconoce que ha tenido su origen en la encarnación de tu Unigénito,
llénala del don de tu alegría al celebrar este sagrado misterio. Por
Jesucristo nuestro Señor.

PREFACIO

El misterio de la Encarnación

En verdad es justo y necesario, es nuestro deber y salvación
darte gracias siempre y en todo lugar, Señor, Padre santo, Dios
todopoderoso y eterno, por Cristo, Señor nuestro.

Porque la Virgen creyó el anuncio del ángel: que Cristo, por
obra del Espíritu Santo, iba a hacerse hombre por salvar a los
hombres; y lo llevó en sus purísimas entrañas con amor.

Así, Dios cumplió sus promesas al pueblo de Israel y colmó
de manera insospechada la esperanza de los otros pueblos.

Por eso, los ángeles te cantan con júbilo eterno y nosotros
nos unimos a sus voces cantando humildemente tu alabanza:

Santo, Santo, Santo...

ANTIFONA DE COMUNION
Is 7, 14

Mirad: la Virgen está encinta y dará a luz un hijo, y le
pondrá por nombre Dios-con-nosotros.

ORACION DESPUES DE LA COMUNION

Confirma, Señor, en nosotros la verdadera fe, mediante los sacramentos que hemos recibido; para que cuantos confesamos al Hijo de la Virgen, como Dios y como hombre verdadero, podamos llegar a las alegría del reino por el poder de su santa resurrección. Por Jesucristo nuestro Señor.

ABRIL

2 de abril

San Francisco de Paula, ermitaño

Paola (Calabria) fue la cuna de Francisco; allí nació el año 1416. Vistió el hábito franciscano, pero, al cabo de pocos años, se retiró para llevar una rigurosa vida eremítica. Se le unieron algunos compañeros, y con ellos fundó la Orden de Ermitaños de San Francisco de Asís, conocida como Orden de los Mínimos.

Por mandato del Papa fue a Francia como consejero del rey Luis XI, y allí murió en Pléssis-lez-Tours, el Viernes Santo, 2 de abril del año 1507.

Del Común de santos: religiosos (p. 2406).

ORACION COLECTA

Señor, Dios nuestro, grandeza de los humildes, que has elevado a san Francisco de Paula a la gloria de tus santos; concédenos, por su intercesión y a imitación suya, alcanzar de tu misericordia el premio prometido a los humildes. Por nuestro Señor Jesucristo.

PRIMERA LECTURA	Flp 3, 8-14 (p. 2211)
SALMO RESPONSORIAL	15, 1-2a.5.7-8.11 (p. 2214)
EVANGELIO	Lc 12, 32-34 (p. 888)

5 de abril

San Vicente Ferrer, presbítero

Vicente Ferrer nació en Valencia el año 1350. Ingresó en la Orden de Predicadores, en donde fue famoso no sólo como maestro de filosofía y teología, sino también como predicador popular, ya que recorrió España, Francia e Italia.

Trabajó por la unidad de la Iglesia a fin de superar el cisma de Aviñón; fue compromisario en Caspe; luchó por la paz en la guerra de los Cien Años. Murió en Vannes (Francia) el 5 de abril de 1419.

Del Común de pastores: misioneros (p. 2373).

ORACION COLECTA

Dios todopoderoso, tú que elegiste a san Vicente Ferrer ministro de la predicación evangélica, concédenos la gracia de ver glorioso en el cielo a nuestro Señor Jesucristo, cuya venida a este mundo, como juez, anunció san Vicente en su predicación. Por nuestro Señor Jesucristo.

PRIMERA LECTURA	2 Tim 4, 1-5 (p. 1456)
SALMO RESPONSORIAL	39, 2.4ab.7-10 (p. 2039)
EVANGELIO	Lc 12, 35-40 (p. 1826)

7 de abril

San Juan Bautista de la Salle, presbítero

Memoria

La educación de los niños pobres fue la obsesión del joven canónigo de Reims, en donde nació el año 1651. A este fin fundó la Congregación de Hermanos de las Escuelas Cristianas, Congregación que se abrió paso, a pesar de las muchas dificultades que le crearon sus métodos de enseñanza. Murió en Rouen el 7 de abril, Viernes Santo del año 1719.

Del Común de pastores (p. 2367) o de santos: educadores (p. 2409).

ORACION COLECTA

Señor, tú que has elegido a san Juan Bautista de la Salle para educar a los jóvenes en la vida cristiana, suscita maestros en tu Iglesia que se entreguen con generosidad a la formación humana y cristiana de la juventud. Por nuestro Señor Jesucristo.

PRIMERA LECTURA	2 Tim 1, 13-14; 2, 1-3 (p. 2292)
SALMO RESPONSORIAL	1, 1-4.6 (p. 2037)
EVANGELIO	Mt 18, 1-5 (p. 2210)

11 de abril

San Estanislao, obispo y mártir

Memoria

Nació Estanislao en Szczepanowski, cerca de Cracovia, hacia el año 1030. Fue elegido obispo de Cracovia por expreso deseo del rey Boleslao II y del pueblo; pero el mismo rey a quien Estanislao había excomulgado, lo mandó asesinar el día 11 de abril de 1079, mientras celebraba la misa.

Del Común de mártires (p. 2350) o de pastores: obispos (p. 2367).

ORACION COLECTA

Señor, tú has otorgado a san Estanislao, tu obispo, la gracia de sucumbir en aras de tu gloria bajo la espada de los perseguidores; concédenos, por su intercesión, perseverar con firmeza en la fe, hasta la muerte. Por nuestro Señor Jesucristo.

PRIMERA LECTURA	Ap 12, 10-12a (p. 2364)
SALMO RESPONSORIAL	33, 2-9 (p. 2051)
EVANGELIO	Jn 17, 11b-19 (p. 661)

13 de abril

San Martín I, papa y mártir

Elegido papa en el año 649, condenó la herejía de los monotelitas, para lo cual convocó un concilio. Esto provocó las iras del emperador Constante II, quien lo desterró. Murió en el Quersoneso (Crimea) el año 655.

Del Común de mártires (p. 2350) o de pastores: papas (p. 2367).

ORACION COLECTA

Dios todopoderoso, tú has querido que san Martín primero, papa y mártir, no fuera vencido ni por las amenazas, ni por los sufrimientos; concédenos, a nosotros, soportar con fortaleza de espíritu las adversidades de este mundo. Por nuestro Señor Jesucristo.

PRIMERA LECTURA   2 Tim 2, 8-13; 3, 10-12 (pp. 971 y 1453)

SALMO RESPONSORIAL   125, 1-6 (p. 1975)

EVANGELIO   Jn 15, 18-21 (p. 613)

San Hermenegildo, mártir

Nombrado por su padre gobernador de Sevilla, traba sólida amistad con su obispo, san Leandro. Debido a la influencia de su esposa y del santo Obispo, abjura del arrianismo. Por negarse a recibir la comunión de manos de un obispo arriano, su padre lo manda ejecutar en el año 585.

Del Común de mártires (p. 2350).

ORACION COLECTA

Oh Dios, que suscitaste en tu Iglesia a san Hermenegildo, mártir, como intrépido defensor de la fe; concédenos a cuantos veneramos hoy la memoria de su martirio la unidad en la confesión de tu nombre y la perseverancia en tu amor. Por nuestro Señor Jesucristo.

21 de abril

San Anselmo, obispo y doctor de la Iglesia

Nació el año 1033 en Aosta (Piamonte). Profesó como monje benedictino en el monasterio de Le Bec (Francia); fue profesor de teología y abad.

Elegido para la sede primada de Inglaterra, Canterbury, luchó por la libertad de la Iglesia, lo que le valió por dos veces el destierro. Murió en el año 1109.

Es el teólogo más representativo de la teología medieval, y el teólogo más importante de la tradición monástica occidental.

Del Común de pastores: obispos (p. 2367) o de doctores de la Iglesia (p. 2384).

ORACION COLECTA

Señor Dios, que has concedido a tu obispo san Anselmo el don de investigar y enseñar las profundidades de tu sabiduría; haz que nuestra fe ayude de tal modo a nuestro entendimiento, que lleguen a ser dulces a nuestro corazón las cosas que nos mandas creer. Por nuestro Señor Jesucristo.

PRIMERA LECTURA · Ef 3, 14-19 (p. 2244)

SALMO RESPONSORIAL · 33, 2-11 (p. 2119)

EVANGELIO · Mt 7, 21-29 (p. 1510)

23 de abril

San Jorge, mártir

Existen testimonios de que el «megalomártir» Jorge ya recibía culto en el siglo IV, en Lidda. Los cruzados difundieron su culto en Occidente.

Del Común de mártires (p. 2350).

ORACION COLECTA

Señor, alabamos tu poder y te rogamos que san Jorge, fiel imitador de la pasión de tu Hijo, sea para nosotros protector generoso en nuestra debilidad. Por nuestro Señor Jesucristo.

PRIMERA LECTURA · Ap 21, 5-7 (p. 2417)

SALMO RESPONSORIAL   125, 1-6 (p. 1975)

EVANGELIO   Lc 9, 23-26 (p. 200)

24 de abril

San Fidel de Sigmaringa, presbítero y mártir

Marcos Roy, doctor en filosofía y en ambos derechos por la universidad de Friburgo de Brisgovia, entró en la Orden de los Frailes Menores Capuchinos, tomando el nombre de Fidel. Después de dedicarse al apostolado castrense, fue designado por la Congregación Romana de la Propagación de la Fe, misionero entre los protestantes en el país de los Grisones. Fue asesinado por los herejes de Seewis (Suiza) el año 1622.

Del Común de mártires (p. 2350) o de pastores (p. 2367)

ORACION COLECTA

Señor Dios, que te has dignado conceder la palma del martirio a san Fidel de Sigmaringa cuando, abrasado en tu amor, se entregaba a la propagación de la fe; concédenos, te rogamos, que arraigados, como él, en el amor, lleguemos a conocer el poder de la resurrección de Jesucristo. Que vive y reina contigo.

PRIMERA LECTURA   Col 1, 24-29 (p. 859)

SALMO RESPONSORIAL   33, 2-9 (p. 2051)

EVANGELIO   Jn 17, 20-26 (p. 2617)

25 de abril

San Marcos, Evangelista

Fiesta

Marcos, de sobrenombre Juan, compañero de Pablo junto con su primo Bernabé, siguió a Pedro hasta Roma como su fiel intérprete, escribiendo allí el segundo evangelio.

Según la tradición, corroborada por Eusebio de Cesarea, fundó la Iglesia de Alejandría. Su cuerpo fue trasladado a Venecia en el siglo noveno.

ANTIFONA DE ENTRADA   Mc 16, 15

Id al mundo entero y proclamad el Evangelio a toda la creación.

ORACION COLECTA

Señor, Dios nuestro, que enalteciste a tu evangelista san Marcos con el ministerio de la predicación evangélica; concédenos aprovechar de tal modo sus enseñanzas que sigamos siempre fielmente las huellas de Cristo. Que vive y reina contigo.

PRIMERA LECTURA

Os saluda Marcos, mi hijo

LECTURA DE LA PRIMERA CARTA DEL
APOSTOL SAN PEDRO   5, 5b-14

Queridos hermanos: Tened sentimientos de humildad unos con otros, porque Dios resiste a los soberbios, pero da su gracia a los humildes. Inclinaos, pues, bajo la mano poderosa de Dios, para que, a su tiempo, os ensalce. Descargad en él todo vuestro agobio, que él se interesa por vosotros. Sed sobrios, estad alerta, que vuestro enemigo, el diablo, como león rugiente, ronda buscando a quién devorar. Resistidle firmes en la fe, sabiendo que vuestros hermanos en el mundo entero pasan por los mismos sufrimientos. Tras un breve padecer, el mismo Dios de toda gracia, que os ha llamado en Cristo a su eterna gloria, os restablecerá, os afianzará, os robustecerá. Suyo es el poder por los siglos. Amén. Os he escrito esta breve carta por mano de Silvano, al que tengo por hermano fiel, para exhortaros y atestiguaros que ésta es la verdadera gracia de Dios. Manteneos en ella. Os saluda

la comunidad de Babilonia, y también Marcos, mi hijo. Saludaos
entre vosotros con el beso del amor fraterno. Paz a todos vosotros, los cristianos.

Palabra de Dios.

SALMO RESPONSORIAL 88

℟. **Cantaré eternamente tus misericordias, Señor** (o, Aleluya.)

Cantaré eternamente las misericordias del Señor, | anunciaré
tu fidelidad por todas las edades. | Porque dije: «Tu misericordia
es un edificio eterno, | más que el cielo has afianzado tu fideli-
dad.» ℟.

El cielo proclama tus maravillas, Señor, | y tu fidelidad, en la
asamblea de los ángeles. | ¿Quién sobre las nubes se compara a
Dios? | ¿Quién como el Señor entre los seres divinos? ℟.

Dichoso el pueblo que sabe aclamarte: | caminará, oh Señor,
a la luz de tu rostro; | tu nombre es su gozo cada día, | tu jus-
ticia es su orgullo. ℟.

ALELUYA   1 Cor 1, 23-24

Nosotros predicamos a Cristo crucificado, fuerza de Dios
y sabiduría de Dios.

EVANGELIO
Proclamad el Evangelio a toda la creación

✠ LECTURA DEL S. EVANGELIO SEGUN
SAN PEDRO   16, 15-20

En aquel tiempo, se apareció Jesús a los Once y les dijo: «Id
al mundo entero y proclamad el Evangelio a toda la creación. El
que crea y se bautice se salvará; el que se resista a creer será condenado. A los que crean, les acompañarán estos signos: echarán
demonios en mi nombre, hablarán lenguas nuevas, cogerán ser-

pientes en sus manos y, si beben un veneno mortal, no les hará daño. Impondrán las manos a los enfermos, y quedarán sanos.» Después de hablarles, el Señor Jesús subió al cielo y se sentó a la derecha de Dios. Ellos se fueron a pregonar el Evangelio por todas partes, y el Señor cooperaba confirmando la palabra con las señales que los acompañaban.

Palabra del Señor.

ORACION SOBRE LAS OFRENDAS

Te ofrecemos, Señor, este sacrificio de alabanza, celebrando la gloria de tu evangelista san Marcos; y te pedimos, humildemente, que tu Iglesia se mantenga siempre fiel a la misión de anunciar el Evangelio. Por Jesucristo nuestro Señor.

Prefacio II de los Apóstoles, p. 1100.

ANTIFONA DE COMUNION   Mt 28, 20

Sabed que estoy con vosotros todos los días, hasta el fin del mundo —dice el Señor—. Aleluya.

ORACION DESPUES DE LA COMUNION

Dios todopoderoso, que este sacramento nos santifique y nos otorgue la gracia de creer con firmeza en el Evangelio que san Marcos nos ha transmitido. Por Jesucristo nuestro Señor.

26 de abril

San Isidoro, Obispo y Doctor de la Iglesia

En España: Fiesta

En América latina: Memoria libre

En el Perú se celebra el día 4 de abril

Isidoro, hermano de san Leandro, san Fulgencio y santa Florentina, nació en Sevilla de familia hispano-romana hacia el año

560. Fue educado por su hermano san Leandro, a quien sucedió en la sede hispalense.

Contribuyó a la formación de los clérigos con escuelas clericales y monásticas, escribió muchas obras literarias, ordenó la liturgia hispánica, y su influencia se dejó sentir en muchos concilios que él mismo presidió, sobre todo en el IV concilio de Toledo (633).

Murió el 4 de abril del año 636. En el siglo XI su cuerpo fue trasladado a León, en donde se venera en la iglesia de su nombre.

ANTIFONA DE ENTRADA   Sb 6, 13

Radiante e inmarcesible es la sabiduría; fácilmente la ven los que aman y la encuentran los que la buscan. Aleluya.

ORACION COLECTA

Señor, Dios todopoderoso, tú elegiste a san Isidoro, obispo y doctor de la Iglesia, para que fuese testimonio y fuente del humano saber; concédenos, por su intercesión, una búsqueda atenta y una aceptación generosa de tu eterna verdad. Por nuestro Señor Jesucristo.

PRIMERA LECTURA

Muchos alabarán su inteligencia

LECTURA DEL LIBRO DEL ECLESIASTICO   39, 8-15

Si el Señor lo quiere, él se llenará de espíritu de inteligencia; Dios le hará derramar sabias palabras, y él confesará al Señor en su oración; Dios guiará sus consejos prudentes, y él meditará sus misterios; Dios le comunicará su doctrina y enseñanza, y él se gloriará de la ley del Altísimo. Muchos alabarán su inteligencia, que no perecerá jamás; nunca faltará su recuerdo, y su fama vivirá por generaciones; los pueblos contarán su sabiduría, y la asamblea anunciará su alabanza; mientras vive, tendrá renombre entre mil, que le bastará cuando muera.

Palabra de Dios.

En tiempo pascual:

Vuestra fe se apoye en el poder de Dios

LECTURA DE LA PRIMERA CARTA DEL APOSTOL SAN PABLO A LOS CORINTIOS

2, 1-10

Yo, hermanos, cuando vine a vosotros a anunciaros el misterio de Dios, no lo hice con sublime elocuencia o sabiduría, pues nunca entre vosotros me precié de saber cosa alguna, sino a Jesucristo, y éste crucificado. Me presenté a vosotros débil y temblando de miedo; mi palabra y mi predicación no fue con persuasiva sabiduría humana, sino en la manifestación y el poder del Espíritu, para que vuestra fe no se apoye en la sabiduría de los hombres, sino en el poder de Dios. Hablamos, entre los perfectos, una sabiduría que no es de este mundo ni de los príncipes de este mundo, que quedan desvanecidos, sino que enseñamos una sabiduría divina, misteriosa, escondida, predestinada por Dios antes de los siglos para nuestra gloria. Ninguno de los príncipes de este mundo la ha conocido; pues, si la hubiesen conocido, nunca hubieran crucificado al Señor de la gloria. Sino, como está escrito: «Ni el ojo vio, ni el oído oyó, ni el hombre puede pensar lo que Dios ha preparado para los que lo aman.» Y Dios nos lo ha revelado por el Espíritu. El Espíritu lo sondea todo, incluso lo profundo de Dios.

Palabra de Dios.

SALMO RESPONSORIAL 118

R Lámpara es tu palabra para mis pasos, | luz en mi sendero.

Soy más docto que todos mis maestros, | porque medito tus preceptos. | Soy más sagaz que los ancianos, | porque cumplo tus leyes. ℞.

Aparto mi pie de toda senda mala, | para guardar tu palabra; | no me aparto de tus mandamientos, | porque tú me has instruido. ℞.

¡Qué dulce al paladar tu promesa: | más que miel en la boca! | Considero tus decretos, | y odio el camino de la mentira. ℞.

ALELUYA   Mt 5, 16

Alumbre así vuestra luz a los hombres, para que vean vuestras buenas obras y den gloria a vuestro Padre.

EVANGELIO

Vosotros sois la luz del mundo

✠ LECTURA DEL S. EVANGELIO SEGUN
SAN MATEO   5, 13-16

En aquel tiempo, dijo Jesús a sus discípulos: «Vosotros sois la sal de la tierra. Pero si la sal se vuelve sosa, ¿con qué la salarán? No sirve más que para tirarla fuera y que la pise la gente. Vosotros sois la luz del mundo. No se puede ocultar una ciudad puesta en lo alto de un monte. Tampoco se enciende una lámpara para meterla debajo del celemín, sino para ponerla en el candelero y que alumbre a todos los de casa. Alumbre así vuestra luz a los hombres, para que vean vuestras buenas obras y den gloria a vuestro Padre que está en el cielo.»

Palabra del Señor.

ORACION SOBRE LAS OFRENDAS

Que estas ofrendas, Señor, fruto del trabajo del hombre, atraigan tus bendiciones y nos hagan dóciles al Espíritu de la verdad. Por Jesucristo nuestro Señor.

PREFACIO

El magisterio de san Isidoro

En verdad es justo y necesario, es nuestro deber y salvación darte gracias siempre y en todo lugar, Señor, Padre santo, Dios todopoderoso y eterno, por Cristo, Señor nuestro.

Porque nos concedes la alegría de celebrar hoy la fiesta de san Isidoro, y fortaleces a tu Iglesia con el ejemplo de su vida, la abundancia de su doctrina y la luz de su saber: de este modo la instruyes con su palabra y la proteges con su intercesión.

Por eso nos asociamos al júbilo de los coros celestiales y, llenos de su misma alegría, proclamamos tu gloria diciendo:

Santo, Santo, Santo...

ANTIFONA DE COMUNION   Sb 7, 13-14

Aprendí la sabiduría sin malicia, reparto sin envidia y no me guardo sus riquezas; porque es un tesoro inagotable para los hombres: los que la adquieren se atraen la amistad de Dios, porque el don de su enseñanza los recomienda. Aleluya.

ORACION DESPUES DE LA COMUNION

A los que has alimentado con Cristo, pan de vida, ilumínalos, Señor, con las enseñanzas de Cristo, Maestro, para que en la fiesta de san Isidoro aprendan tu verdad y la hagan vida propia en la práctica del amor. Por Jesucristo nuestro Señor.

28 de abril

San Pedro Chanel, presbítero y mártir

Pedro Chanel, misionero protomártir de Oceanía, nació en Cuet (Francia) en 1803. Ingresó en la Sociedad de María y fue enviado como misionero a Polinesia, en donde tuvo poco éxito apostólico. En la isla Futuna encontró el martirio el año 1841, día 28 de abril. Su sangre derramada por Cristo propició la conversión de los habitantes de la isla.

Del Común de mártires (p. 2350) o de pastores: misioneros (p. 2373).

ORACION COLECTA

Señor, tú que has concedido la palma del martirio a san Pedro Chanel cuando trabajaba por extender tu Iglesia, concédenos a nosotros que, en medio de las alegrías pascuales, celebremos de tal modo el misterio de Cristo, muerto y resucitado, que seamos verdaderamente testigos de una vida nueva. Por nuestro Señor Jesucristo.

PRIMERA LECTURA	1 Cor 1, 18-25 (p. 2050)
SALMO RESPONSORIAL	116, 1-2 (p. 2091)
EVANGELIO	Mc 1, 14-20 (p. 1287)

29 de abril

Santa Catalina de Siena, virgen y doctora de la Iglesia

Memoria

Catalina Benincasa nació en Siena hacia el año 1347. Siendo todavía muy joven, se afilió a la Tercera Orden de Santo Domingo, entre las Hermanas de Penitencia. Trabajó por la pacificación de Italia, por la vuelta del papa a Roma y por la unidad de la Iglesia en Occidente. Recibió en su cuerpo las llagas del Señor, y muy joven aún, a los treinta y tres años, murió en Roma el 29 de abril del año 1380.

Pablo VI, en septiembre del año 1970, la proclamó doctora de la Iglesia junto con Santa Teresa de Jesús.

ANTIFONA DE ENTRADA

Esta es una virgen sabia y prudente, que salió a recibir a Cristo con la lámpara encendida.

ORACION COLECTA

Señor Dios, que hiciste a santa Catalina de Siena arder de amor divino en la contemplación de la pasión de tu Hijo y en su entrega al servicio de la Iglesia; concédenos, por su intercesión, vivir asociados al misterio de Cristo para que podamos llenarnos de alegría con la manifestación de su gloria. Por nuestro Señor Jesucristo.

PRIMERA LECTURA

La sangre de Jesús nos limpia los pecados

LECTURA DE LA PRIMERA CARTA DEL APOSTOL SAN JUAN

1, 5—2, 2

Queridos hermanos: Os anunciamos el mensaje que hemos oído a Jesucristo: Dios es luz sin tiniebla alguna. Si decimos que estamos unidos a él, mientras vivimos en las tinieblas, mentimos con palabras y obras. Pero, si vivimos en la luz, lo mismo que él está en la luz, entonces estamos unidos unos con otros, y la sangre de su Hijo Jesús nos limpia los pecados. Si decimos que no hemos pecado, nos engañamos y no somos sinceros. Pero, si confesamos nuestros pecados, él, que es fiel y justo, nos perdonará los pecados y nos limpiará de toda injusticia. Si decimos que no hemos pecado, lo hacemos mentiroso y no poseemos su palabra. Hijos míos, os escribo esto para que no pequéis. Pero, si alguno peca, tenemos a uno que abogue ante el Padre: a Jesucristo, el Justo. El es víctima de propiciación por nuestros pecados, no sólo por los nuestros, sino también por los del mundo entero.

Palabra de Dios.

SALMO RESPONSORIAL 102

℞ **Bendice, alma mía, al Señor.**

Bendice, alma mía, al Señor, | y todo mi ser a su santo nombre. | Bendice, alma mía, al Señor, | y no olvides sus beneficios. ℞.

El perdona todas tus culpas | y cura todas tus enfermedades; | él rescata tu vida de la fosa | y te colma de gracia y de ternura. ℞.

El Señor es compasivo y misericordioso, | lento a la ira y rico en clemencia; | no está siempre acusando | ni guarda rencor perpetuo. ℞.

Como un padre siente ternura por sus hijos, | siente el Señor ternura por sus fieles; | porque él conoce nuestra masa, | se acuerda de que somos barro. ℞.

Pero la misericordia del Señor dura siempre, | su justicia pasa de hijos a nietos, | para los que guardan la alianza. ℞.

EVANGELIO   Mt 11, 25-30 (p. 2215)

ORACION SOBRE LAS OFRENDAS

Recibe, Señor, el sacrificio de salvación que te ofrecemos en la fiesta de santa Catalina; que ella nos instruya con sus enseñanzas para que podamos darte gracias con mayor fervor. Por Jesucristo nuestro Señor.

ANTIFONA DE COMUNION   1 Jn 1, 7

Si vivimos en la luz, lo mismo que Dios está en la luz, entonces estamos unidos unos con otros y la sangre de su Hijo Jesús nos limpia los pecados. Aleluya.

ORACION DESPUES DE LA COMUNION

Señor, el alimento del cielo, que hemos recibido y que sustentó la vida temporal de santa Catalina, sea para nosotros prenda de gloria eterna. Por Jesucristo nuestro Señor.

30 de abril

San Pío V, papa

Pío V es el papa cuyo pontificado se caracterizó por su celo en poner en práctica la reforma del concilio de Trento: promulgó el Catecismo Romano, el Breviario y el Misal Romano.

Es también el papa propagador de la devoción del Rosario, al que atribuyó la victoria sobre los turcos en la batalla de Lepanto.

Murió el 1 de mayo de 1572.

Del Común de pastores: papas (p. 2367).

ORACION COLECTA

Señor, tú que has suscitado providencialmente en la Iglesia al papa san Pío quinto, para proteger la fe y dignificar el culto, concédenos, por su intercesión, participar con fe viva y con amor fecundo en tus santos misterios. Por nuestro Señor Jesucristo.

PRIMERA LECTURA	1 Cor 4, 1-5 (p. 1707)
SALMO RESPONSORIAL	109, 1-4 (p. 1949)
EVANGELIO	Jn 21, 15-17 (p. 2079)

MAYO

1 de mayo

San José, obrero

La fecha del primero de mayo, durante el siglo XIX y principios del XX, evoca una jornada de luchas y reivindicaciones de la clase obrera. Pío XII, al instituir en este día la fiesta de san José, obrero, quiso cristianizar una fiesta profana, proponiendo a san José, el carpintero de Nazaret, como modelo de los trabajadores.

ANTIFONA DE ENTRADA   Sal 127, 1-2

¡Dichoso el que teme al Señor y sigue sus caminos! Comerás del fruto de tu trabajo, serás dichoso, te irá bien. Aleluya.

ORACION COLECTA

Dios todopoderoso, creador del universo, que has impuesto la ley del trabajo a todos los hombres; concédenos que, siguiendo el ejemplo de san José, y bajo su protección, realicemos las obras que nos encomiendas y consigamos los premios que nos prometes. Por nuestro Señor Jesucristo.

PRIMERA LECTURA

Llenad la tierra y sometedla

LECTURA DEL LIBRO DEL GENESIS   1, 26—2, 3

Dijo Dios: «Hagamos al hombre a nuestra imagen y semejanza; que domine los peces del mar, las aves del cielo, los animales domésticos, los reptiles de la tierra.» Y creó Dios al hombre a su imagen; a imagen de Dios lo creó; hombre y mujer los creó. Y los bendijo Dios y les dijo: «Creced, multiplicaos, llenad la tierra y sometedla; dominad los peces del mar, las aves del cielo, los vivientes que se mueven sobre la tierra.» Y dijo Dios: «Mirad, os entrego todas las hierbas que engendran semilla sobre la faz de la tierra; y todos los árboles frutales que engendran semilla os servirán de alimento; y a todas las fieras de la tierra, a todas las aves del cielo, a todos los reptiles de la tierra, a todo ser que respira, la hierba verde les servirá de alimento.» Y así fue. Y vio Dios todo lo que había hecho; y era muy bueno. Pasó una tarde, pasó una mañana: el día sexto. Y quedaron concluidos el cielo, la tierra y sus ejércitos. Y concluyó Dios para el día séptimo todo el trabajo que había hecho; y descansó el día séptimo de todo el trabajo que había hecho. Y bendijo Dios el día séptimo y lo consagró, porque en él descansó de todo el trabajo que Dios había hecho cuando creó.

Palabra de Dios.

SALMO RESPONSORIAL 89

R̠ **Haz prósperas, Señor, las obras de nuestras manos** (o Aleluya.)

Antes que naciesen los montes | o fuera engendrado el orbe de la tierra, | desde siempre y por siempre tú eres Dios. R̠

Tú reduces el hombre a polvo, | diciendo: «Retornad, hijos de Adán.» | Mil años en tu presencia | son un ayer, que pasó; | una vela nocturna. R̠

Enséñanos a calcular nuestro años, | para que adquiramos un corazón sensato. | Vuélvete, Señor, ¿hasta cuándo? | Ten compasión de tus siervos. R̠

Por la mañana sácianos de tu misericordia, | y toda nuestra vida será alegría y júbilo. | Que tus siervos vean tu acción, | y sus hijos tu gloria. R̠

ALELUYA   Sal 67, 20

Bendito el Señor cada día, Dios lleva nuestras cargas, es nuestra salvación.

EVANGELIO

¿No es el hijo del carpintero?

✠ LECTURA DEL S. EVANGELIO SEGUN
SAN MATEO   13, 54-58

En aquel tiempo, fue Jesús a su ciudad y se puso a enseñar en la sinagoga. La gente decía admirada: «¿De dónde saca éste esa sabiduría y esos milagros? ¿No es el hijo del carpintero? ¿No es su madre María, y sus hermanos Santiago, José, Simón y Judas? ¿No viven aquí todas sus hermanas? Entonces, ¿de dónde saca todo eso?» Y aquello les resultaba escandaloso. Jesús le dijo: «Sólo en su tierra y en su casa desprecian a un profeta.» Y no hizo allí muchos milagros, porque les faltaba fe.

Palabra del Señor.

ORACION SOBRE LAS OFRENDAS

Señor, Dios nuestro, fuente de misericordia, acepta nuestra ofrenda en la fiesta de san José, obrero, y haz que estos dones se transformen en fuente de gracia para los que te invocan. Por Jesucristo nuestro Señor.

Prefacio de san José: en la conmemoración, *p. 1098.*

ANTIFONA DE COMUNION   Col 3, 17

Todo lo que de palabra o de obra realicéis sea todo en nombre de Jesús, ofreciendo la acción de gracias a Dios. Aleluya.

ORACION DESPUES DE LA COMUNION

Señor, tú nos has alimentado con la eucaristía; por ello te pedimos que, dando testimonio, como san José, del amor que infundes en nuestros corazones, podamos gozar continuamente de la paz verdadera. Por Jesucristo nuestro Señor.

2 de mayo

San Atanasio, obispo y doctor de la Iglesia

Memoria

Atanasio nació en Alejandría el año 295. Dice de sí mismo que fue discípulo de san Antonio el Grande. Siendo diácono, acompañó a su obispo Alejandro al primer concilio ecuménico de Nicea (325). En el año 328 sucedió a Alejandro en la sede de Alejandría, en donde se reveló como el gran defensor de la fe nicena en contra del arrianismo; esto le acarreó muchos sufrimientos y destierros.

De los cuarenta y cinco años de episcopado, diecisiete años, seis meses y veinte días los pasó en el destierro. Durante sus destierros en Tréveris y Roma, dio a conocer en Occidente el incipiente monaquismo egipcio. Murió en Alejandría el año 373.

Del Común de pastores: obispos (p. 2367) o de doctores de la Iglesia (p. 2384).

ORACION COLECTA

Dios todopoderoso y eterno, que hiciste de tu obispo san Atanasio un preclaro defensor de la divinidad de tu Hijo; concédenos, en tu bondad, que, fortalecidos con su doctrina y protección, te conozcamos y te amemos cada vez más plenamente. Por nuestro Señor Jesucristo.

PRIMERA LECTURA

Lo que ha conseguido la victoria sobre el mundo es nuestra fe

LECTURA DE LA PRIMERA CARTA DEL APOSTOL SAN JUAN

5, 1-5

Queridos hermanos: Todo el que cree que Jesús es el Cristo ha nacido de Dios; y todo el que ama a aquél que da el ser ama también al que ha nacido de él. En esto conocemos que amamos

a los hijos de Dios: si amamos a Dios y cumplimos sus mandamientos. Pues en esto consiste el amor a Dios: en que guardemos
sus mandamientos. Y sus mandamientos no son pesados, pues
todo lo que ha nacido de Dios vence al mundo. Y lo que ha
conseguido la victoria sobre el mundo es nuestra fe. ¿Quién es el
que vence al mundo, sino el que cree que Jesús es el Hijo de
Dios?

Palabra de Dios.

SALMO RESPONSORIAL 36

R. **La boca del justo expone la sabiduría** (o Aleluya.)

Confía en el Señor y haz el bien, | habita tu tierra y practica
la lealtad; | sea el Señor tu delicia, | y él te dará lo que pide tu
corazón. R.

Encomienda tu camino al Señor, | confía en él, y él actua-
rá: | hará tu justicia como el amanecer, | tu derecho como el me-
diodía. R.

La boca del justo expone la sabiduría, | su lengua explica el
derecho; | porque lleva en el corazón la ley de su Dios, | y sus
pasos no vacilan. R.

ALELUYA   Mt 5, 10

Dichosos los perseguidos por causa de la justicia, porque
de ellos es el reino de los cielos.

EVANGELIO

Cuando os persigan en una ciudad, huid a otra

✠ LECTURA DEL S. EVANGELIO SEGUN
SAN MATEO   10, 22-25a

En aquel tiempo, dijo Jesús a sus discípulos: «Todos os odiarán por mi nombre; el que persevere hasta el final se salvará.
Cuando os persigan en una ciudad, huid a otra. Porque os asegu-

ro que no terminaréis con las ciudades de Israel antes de que vuelva el Hijo del hombre. Un discípulo no es más que su maestro, ni un esclavo más que su amo; ya le basta al discípulo con ser como su maestro, y al esclavo como su amo. Si al dueño de casa lo han llamado Belzebú, ¡cuánto más a los criados!»

Palabra del Señor.

ORACION SOBRE LAS OFRENDAS

Mira, Señor, propiciamente los dones que presentamos en tu altar, y que la confesión de tu verdad conduzca a la salvación a cuantos profesamos la misma fe de tu obispo san Atanasio, cuya festividad estamos celebrando. Por Jesucristo nuestro Señor.

ORACION DESPUES DE LA COMUNION

Dios todopoderoso, concede a los que confesamos, con san Atanasio, que tu Hijo es verdaderamente Dios, que su divinidad nos otorgue, por esta comunión, la vida y la fuerza que necesitamos. Por Jesucristo nuestro Señor.

3 de mayo

San Felipe y Santiago, Apóstoles

Fiesta

En América Latina se celebra el día 4 de mayo.

Felipe nació en Betsaida, y de discípulo de Juan Bautista pasó a ser discípulo del Señor. Santiago, hijo de Alfeo, «hermano del Señor», gobernó la iglesia de Jerusalén y es el autor de una carta canónica.

El motivo de la celebración conjunta de la fiesta de estos dos apóstoles, es la dedicación de la basílica de los Doce Apóstoles en Roma, en el siglo VI, en donde habrían sido colocadas las reliquias de ambos apóstoles.

ANTIFONA DE ENTRADA

Estos son los santos varones a quienes eligió el Señor amorosamente y les dio una gloria eterna. Aleluya.

ORACION COLECTA

Señor, Dios nuestro, que nos alegras todos los años con la fiesta de los santos apóstoles Felipe y Santiago; concédenos, por su intercesión, participar en la muerte y resurrección de tu Hijo, para que merezcamos llegar a contemplar en el cielo el esplendor de tu gloria. Por nuestro Señor Jesucristo.

PRIMERA LECTURA

El Señor se le apareció a Santiago, después a todos los apóstoles

LECTURA DE LA PRIMERA CARTA DEL APOSTOL SAN PABLO A LOS CORINTIOS   15, 1-8

Os recuerdo, hermanos, el Evangelio que os proclamé y que vosotros aceptásteis, y en el que estáis fundados, y que os está salvando, si es que conserváis el Evangelio que os proclamé; de lo contrario, se ha malogrado vuestra adhesión a la fe. Porque lo primero que yo os transmití, tal como lo había recibido, fue esto: que Cristo murió por nuestros pecados, según las Escrituras; que fue sepultado y que resucitó al tercer día, según las Escrituras; que se le apareció a Cefas y más tarde a los Doce; después se apareció a más de quinientos hermanos juntos, la mayoría de los cuales viven todavía, otros han muerto; después se le apareció a Santiago, después a todos los apóstoles; por último, como a un aborto, se me apareció también a mí.

Palabra de Dios.

SALMO RESPONSORIAL 18

℞ **A toda la tierra alcanza su pregón** (o Aleluya.)

El cielo proclama la gloria de Dios, | el firmamento pregona la obra de sus manos: | el día al día le pasa el mensaje, | la noche a la noche se lo susurra. R̸.

Sin que hablen, sin que pronuncien, | sin que resuene su voz, | a toda la tierra alcanza su pregón, | y hasta los límites del orbe su lenguaje. R̸.

ALELUYA Jn 14, 6b y 9c

Yo soy el camino, y la verdad, y la vida —dice el Señor—; Felipe, quien me ha visto a mí ha visto al Padre.

EVANGELIO

Hace tanto tiempo que estoy con vosotros, ¿y no me conoces?

✠ LECTURA DEL S. EVANGELIO SEGUN SAN JUAN 14, 6-14

En aquel tiempo, dijo Jesús a Tomás: «Yo soy el camino, y la verdad, y la vida. Nadie va al Padre, sino por mí. Si me conocéis a mí, conoceréis también a mi Padre. Ahora ya lo conocéis y lo habéis visto.» Felipe le dice: «Señor, muéstranos al Padre y nos basta.» Jesús le replica: «Hace tanto que estoy con vosotros, ¿y no me conoces, Felipe? Quien me ha visto a mí ha visto al Padre. ¿Cómo dices tú: "Muéstranos al Padre"? ¿No crees que yo estoy en el Padre, y el Padre en mí? Lo que yo os digo no lo hablo por cuenta propia. El Padre, que permanece en mí, él mismo hace sus obras. Creedme: yo estoy en el Padre, y el Padre en mí. Si no, creed a las obras. Os lo aseguro: el que cree en mí, también él hará las obras que yo hago, y aún mayores. Porque yo me voy al Padre; y lo que pidáis en mi nombre, yo lo haré, para que el Padre sea glorificado en el Hijo. Si me pedís algo en mi nombre, yo lo haré.»

Palabra del Señor.

En las misas votivas de san Felipe, cuando se dicen por separado de Santiago, la primera lectura se toma de la misa del día 28 de octubre, p. 2256.

En las misas votivas de Santiago, cuando se dicen por separado de san Felipe, el evangelio se toma de la misa del día 28 de octubre, p. 2257.

ORACION SOBRE LAS OFRENDAS

Recibe, Señor, las ofrendas que te presentamos en la fiesta de tus santos apóstoles Felipe y Santiago, y concédenos vivir en la práctica una religión pura y sincera. Por Jesucristo nuestro Señor.

Prefacio de los Apóstoles, pp. 1099-1100.

ANTIFONA DE COMUNION   Jn 14, 8-9

Señor, muéstranos al Padre y nos basta. Felipe, quien me ha visto a mí, ha visto al Padre. Aleluya.

ORACION DESPUES DE LA COMUNION

Señor, dígnate purificar nuestros corazones por este sacramento que hemos recibido, y haz que sepamos contemplarte en tu Hijo, como tus santos apóstoles Felipe y Santiago, para que merezcamos recibir la vida eterna. Por Jesucristo nuestro Señor.

10 de mayo

San Juan de Avila, presbítero

Memoria

Era el año de 1517, cuando Juan, estudiante en Salamanca, oye la voz del Señor que lo llama. Ordenado sacerdote, piensa en marchar a América, pero el Señor le destinaba otro campo de apostolado: Andalucía. Juan tuvo que soportar la persecución inquisitorial. Retirado en Montilla, muere el 10 de mayo de 1569.

Del Común de pastores (p. 2367) o de santos (p. 2401).

ORACION COLECTA

Oh Dios, que hiciste de san Juan de Avila un maestro ejemplar para tu pueblo por la santidad de su vida y por su celo apostólico; haz que también en nuestros días crezca la Iglesia en santidad por el celo ejemplar de tus ministros. Por nuestro Señor Jesucristo.

12 de mayo

San Nereo y san Aquiles, mártires

Son dos mártires genuinamente romanos, que dejaron la milicia del Emperador para alistarse en la de Cristo. Murieron en la persecución de Diocleciano. Sobre su sepulcro se edificó una basílica en el cementerio de Domitila, junto a la vía Ardeatina.

Del Común de mártires (p. 2350 o bien p. 2355).

ORACION COLECTA

Dios todopoderoso, concédenos sentir la piadosa protección de los gloriosos mártires Nereo y Aquiles, que nos han dado en su martirio un valeroso testimonio de fe. Por nuestro Señor Jesucristo.

PRIMERA LECTURA   Ap 7, 9-17 (p. 2363)

SALMO RESPONSORIAL   123, 2-6.7b-8 (p. 2313)

EVANGELIO   Mt 10, 17-22 (p. 2308)

San Pancracio, mártir

También Pancracio es un mártir genuinamente romano, que probablemente murió en la persecución de Diocleciano. Su sepulcro y basílica están en la vía Aurelia, cerca de Roma.

Del Común de mártires (p. 2350 o bien p. 2355).

ORACION COLECTA

Señor, que se alegre tu Iglesia, confiada en la protección de san Pancracio, y que por los ruegos de tu mártir se mantenga fiel a ti y se consolide en la paz verdadera. Por nuestro Señor Jesucristo.

PRIMERA LECTURA	Ap 12, 10-12a (p. 2364)
SALMO RESPONSORIAL	102, 1-4.8-9.13-14.17-18a (p. 1946)
EVANGELIO	Mt 11, 25-30 (p. 2215)

14 de mayo

San Matías, Apóstol

Fiesta

Matías, según Eusebio, uno de los setenta discípulos del Señor, fue admitido, echando a suertes, en el grupo de los Doce, para ocupar el sitio de Judas Iscariote.

ANTIFONA DE ENTRADA   Jn 15, 16

No sois vosotros los que me habéis elegido, soy yo quien os he elegido y os he destinado para que vayáis y deis fruto, y vuestro fruto dure. *(T.P.* Aleluya.*)*

ORACION COLECTA

Oh Dios, que quisiste agregar a san Matías al colegio de los apóstoles; concédenos, por sus ruegos, que podamos alegrarnos de tu predilección al ser contados entre tus elegidos. Por nuestro Señor Jesucristo.

PRIMERA LECTURA

Echaron a suertes, le tocó a Matías, y lo asociaron a los once apóstoles

LECTURA DEL LIBRO DE LOS HECHOS DE LOS APOSTOLES

1, 15-17.20-26

Uno de aquellos días, Pedro se puso en pie en medio de los hermanos y dijo (había reunidas unas ciento veinte personas): «Hermanos, tenía que cumplirse lo que el Espíritu Santo, por boca de David, había predicho, en la Escritura, acerca de Judas, que hizo de guía a los que arrestaron a Jesús. Era uno de nuestro grupo y compartía el mismo ministerio. En el libro de los Salmos está escrito: "Que su morada quede desierta, y que nadie habite en ella", y también: "Que su cargo lo ocupe otro."

Hace falta, por tanto, que uno se asocie a nosotros como testigo de la resurrección de Jesús, uno de los que nos acompañaron mientras convivió con nosotros el Señor Jesús, desde que Juan bautizaba, hasta el día de su ascensión.»

Propusieron dos nombres: José, apellidado Barsabá, de sobrenombre Justo, y Matías. Y rezaron así: «Señor, tú penetras el corazón de todos; muéstranos a cuál de los dos has elegido para que, en este ministerio apostólico, ocupe el puesto que dejó Judas para marcharse al suyo propio.» Echaron suertes, le tocó a Matías, y lo asociaron a los once apóstoles.

Palabra de Dios.

SALMO RESPONSORIAL 112

R. **El Señor lo sentó con los príncipes de su pueblo** (o, Aleluya.)

Alabad, siervos del Señor, | alabad el nombre del Señor. | Bendito sea el nombre del Señor, | ahora y por siempre. R.

De la salida del sol hasta su ocaso, | alabado sea el nombre del Señor. | El Señor se eleva sobre todos los pueblos, | su gloria sobre los cielos. R.

¿Quién como el Señor, Dios nuestro, | que se eleva en su trono | y se abaja para mirar | al cielo y a la tierra? R̷.

Levanta del polvo al desvalido, | alza de la basura al pobre, | para sentarlo con los príncipes, | los príncipes de su pueblo. R̷.

ALELUYA   Cf. Jn 15, 16

Yo os he elegido del mundo, para que vayáis y deis fruto, y vuestro fruto dure —dice el Señor.

EVANGELIO

No sois vosotros los que me habéis elegido, soy yo quien os he elegido

✠ LECTURA DEL S. EVANGELIO SEGUN SAN JUAN
                                                            15, 9-17

En aquel tiempo, dijo Jesús a sus discípulos: «Como el Padre me ha amado, así os he amado yo; permaneced en mi amor. Si guardáis mis mandamientos, permaneceréis en mi amor; lo mismo que yo he guardado los mandamientos de mi Padre y permanezco en su amor. Os he hablado de esto para que mi alegría esté con vosotros, y vuestra alegría llegue a plenitud. Este es mi mandamiento: que os améis unos a otros como yo os he amado. Nadie tiene amor más grande que el que da la vida por sus amigos. Vosotros sois mis amigos, si hacéis lo que yo os mando. Ya no os llamo siervos, porque el siervo hace lo que hace su señor: a vosotros os llamo amigos, porque todo lo que he oído a mi Padre os lo he dado a conocer. No sois vosotros los que me habéis elegido, soy yo quien os he elegido y os he destinado para que vayáis y deis fruto, y vuestro fruto dure. De modo que lo que pidáis al Padre en mi nombre os lo dé. Esto os mando: que os améis unos a otros.»

Palabra del Señor.

ORACION SOBRE LAS OFRENDAS

Dígnate, Señor, recibir las ofrendas que te presenta la Iglesia en la festividad de san Matías, y confírmanos, por esta oblación, con el poder de tu gracia. Por Jesucristo nuestro Señor.

Prefacio de los Apóstoles, pp. 1099-1100.

ANTIFONA DE COMUNION
Jn 15, 12

Este es mi mandamiento: que os améis unos a otros como yo os he amado —dice el Señor—. *(T. P.* Aleluya.)

ORACION DESPUES DE LA COMUNION

No te canses, Señor, de colmar a tu familia con los dones del cielo, y por la intercesión de san Matías dígnate recibirnos en la luz y en la heredad de tus santos. Por Jesucristo nuestro Señor.

15 de mayo

San Isidro, labrador

Memoria

En torno al año 1080 nace Isidro en Madrid. Casó con María de la Cabeza. Trabajó toda su vida como agricultor, hasta que murió en edad muy avanzada. Su cuerpo se conserva en la catedral de Madrid.

ANTIFONA DE ENTRADA
Sant 5, 7

El labrador aguarda paciente el fruto valioso de la tierra mientras recibe la lluvia temprana y tardía. *(T.P.* Aleluya.)

ORACION COLECTA

Señor, Dios nuestro, que en la humildad y sencillez de san Isidro labrador nos dejaste un ejemplo de vida escondida en ti, con Cristo; concédenos que el trabajo de cada día humanice nuestro mundo y sea al mismo tiempo plegaria de alabanza a tu nombre. Por nuestro Señor Jesucristo.

PRIMERA LECTURA

El labrador aguarda paciente el fruto valioso de la tierra

LECTURA DE LA CARTA DEL APOSTOL SANTIAGO

5, 7-8.11.16-18

Tened paciencia, hermanos, hasta la venida del Señor. El labrador aguarda paciente el fruto valioso de la tierra, mientras recibe la lluvia temprana y tardía. Tened paciencia también vosotros, manteneos firmes, porque la venida del Señor está cerca. Llamamos dichosos a los que tuvieron constancia. Habéis oído ponderar la paciencia de Job y conocéis el fin que le otorgó el Señor. Porque el Señor es compasivo y misericordioso. Así pues, confesaos los pecados unos a otros, y rezad unos por otros, para que os curéis. Mucho puede hacer la oración intensa del justo. Elías, que era un hombre de la misma condición que nosotros, oró fervorosamente para que no lloviese; y no llovió sobre la tierra durante tres años y seis meses. Luego volvió a orar, y el cielo derramó lluvia y la tierra produjo sus frutos.

Palabra de Dios.

SALMO RESPONSORIAL 1

R. **Su gozo es la ley del Señor** (o, Aleluya.)

Dichoso el hombre | que no sigue el consejo de los impíos, | ni entra por la senda de los pecadores, | ni se sienta en la reunión de los cínicos; | sino que su gozo es la ley del Señor, | y medita su ley día y noche. R.

Será como un árbol | plantado al borde de la acequia: | da fruto en su sazón | y no se marchitan sus hojas; | y cuanto emprende tiene buen fin. R.

No así los impíos, no así; | serán paja que arrebata el viento. | Porque el Señor protege el camino de los justos, | pero el camino de los impíos acaba mal. ℞.

ALELUYA Jn 15, 9b.5b

Permaneced en mi amor —dice el Señor—; el que permanece en mí y yo en él, ése da fruto abundante.

EVANGELIO

Yo soy la verdadera vid, y mi Padre es el labrador

✠ LECTURA DEL S. EVANGELIO SEGUN
SAN JUAN 15, 1-7

En aquel tiempo, dijo Jesús a sus discípulos: «Yo soy la verdadera vid, y mi Padre es el labrador. A todo sarmiento mío que no da fruto lo arranca, y a todo el que da fruto lo poda, para que dé más fruto. Vosotros ya estáis limpios por las palabras que os he hablado; permaneced en mí, y yo en vosotros. Como el sarmiento no puede dar fruto por sí, si no permanece en la vid, así tampoco vosotros, si no permanecéis en mí. Yo soy la vid, vosotros los sarmientos; el que permanece en mí y yo en él, ése da fruto abundante; porque sin mí no podéis hacer nada. Al que no permanece en mí lo tiran fuera, como el sarmiento, y se seca; luego los recogen y los echan al fuego, y arden. Si permanecéis en mí, y mis palabras permanecen en vosotros, pediréis lo que deseéis, y se realizará.»

Palabra del Señor.

ORACION SOBRE LAS OFRENDAS

Acepta y santifica, Señor, estos dones de pan y de vino, fruto de la tierra que cultivó san Isidro labrador regándola con el sudor de su frente. Por Jesucristo nuestro Señor.

ANTIFONA DE COMUNION Sant 5; 18

Oró y el cielo derramó lluvia y la tierra produjo sus frutos. *(T.P. Aleluya.)*

O bien: Jn 15, 1

Yo soy la verdadera vid y mi Padre es el labrador. *(T.P.* Aleluya.)

ORACION DESPUES DE LA COMUNION

Te pedimos, Señor, que el alimento santo que hemos recibido sea en nosotros siembra prometedora de cosecha abundante de caridad, para que, a imitación de san Isidro, cuya memoria hemos celebrado, sepamos compartir nuestro pan de cada día con nuestros hermanos los hombres. Por Jesucristo nuestro Señor.

17 de mayo

San Pascual Bailón, religioso

Nació Pascual en el seno de una humilde familia en el año 1540. Trabajaba como pastor, cuando ingresó como hermano lego en la Orden de Frailes Menores en el convento de Ntra. Sra. de Loreto, de Valencia. Después de atender a sus trabajos, se daba de lleno a la adoración del Santísimo Sacramento. Murió el 17 de mayo de 1592.

Del Común de santos: religiosos (p. 2406).

ORACION COLECTA

Oh Dios, que otorgaste a san Pascual Bailón un amor extraordinario a los misterios del Cuerpo y de la Sangre de tu Hijo; concédenos la gracia de alcanzar las divinas riquezas que él alcanzó en este sagrado banquete que prepara a tus hijos. Por nuestro Señor Jesucristo.

PRIMERA LECTURA

Dios ha escogido lo débil del mundo

LECTURA DE LA PRIMERA CARTA DEL
APOSTOL SAN PABLO A LOS CORINTIOS   1, 26-31

Fijaos en vuestra asamblea, hermanos, no hay en ella muchos sabios en lo humano, ni muchos poderosos, ni muchos aristócratas; todo lo contrario, lo necio del mundo lo ha escogido Dios para humillar a los sabios, y lo débil del mundo lo ha escogido Dios para humillar el poder. Aún más, ha escogido la gente baja del mundo, lo despreciable, lo que no cuenta, para anular a lo que cuenta, de modo que nadie pueda gloriarse en presencia del Señor. Por él vosotros sois en Cristo Jesús, en este Cristo que Dios ha hecho para nosotros sabiduría, justicia, santificación y redención. Y así —como dice la Escritura— «el que se gloríe, que se gloríe en el Señor.»

Palabra de Dios.

SALMO RESPONSORIAL 1

℟ **Su gozo es la ley del Señor** (o Aleluya).

Dichoso el hombre | que no sigue el consejo de los impíos, | ni entra por la senda de los pecadores, | ni se sienta en la reunión de los cínicos; | sino que su gozo es la ley del Señor, | y medita su ley día y noche. ℟

Será como un árbol | plantado al borde de la acequia: | da fruto en su sazón | y no se marchitan sus hojas; | y cuanto emprende tiene buen fin. ℟

No así los impíos, no así; | serán paja que arrebata el viento. | Porque el Señor protege el camino de los justos, | pero el camino de los impíos acaba mal. ℟

EVANGELIO   Mt 11, 25-30 (p. 2215)

18 de mayo

San Juan I, papa y mártir

Juan fue elegido papa en el año 523. Durante su pontificado, tuvo que cumplir la difícil misión de viajar a Constantinopla, como enviado del emperador Teodorico. Este, ante los escasos resultados de su misión (interceder por los godos orientales oprimidos), lo encarceló en Ravena, en donde murió el año 526.

Del Común de mártires (p. 2350 o bien p. 2355) o de pastores: papas (p. 2367).

ORACION COLECTA

Oh Dios, remunerador de las almas fieles, que has consagrado este día con el martirio del papa san Juan primero; escucha las oraciones de tu pueblo y concédenos imitar la constancia en la fe de aquel cuyos méritos veneramos. Por nuestro Señor Jesucristo.

PRIMERA LECTURA	Ap 7, 9-17 (p. 2363)
SALMO RESPONSORIAL	22, 1-6 (p. 1985)
EVANGELIO	Mt 10, 17-22 (p. 2308)

20 de mayo

San Bernardino de Siena, presbítero

Nació en Massa Maritima, territorio de Siena, el año 1380. Una vez tomado el hábito franciscano y ordenado sacerdote, se dedicó al estudio y a la predicación, recorriendo toda Italia. Uno de los principales temas de sus sermones era el santo Nombre de Jesús. Murió el año 1444 en Aquila, en donde se conserva su sepulcro.

Del Común de pastores: misioneros (p. 2373).

ORACION COLECTA

Señor Dios, que infundiste en el corazón de san Bernardino de Siena un amor admirable al nombre de Jesús; concédenos, por su intercesión y sus méritos, vivir siempre impulsados por el espíritu de tu amor. Por nuestro Señor Jesucristo.

PRIMERA LECTURA

Ningún otro puede salvar

LECTURA DEL LIBRO DE LOS HECHOS DE LOS APOSTOLES

4, 8-12

En aquellos días, Pedro, lleno de Espíritu Santo, dijo: «Jefes del pueblo y ancianos: Porque le hemos hecho un favor a un enfermo, nos interrogáis hoy para averiguar qué poder ha curado a ese hombre; pues, quede bien claro a todos vosotros y a todo Israel que ha sido el nombre de Jesucristo Nazareno, a quien vosotros crucificasteis y a quien Dios resucitó de entre los muertos; por su nombre, se presenta éste sano ante vosotros. Jesús es la piedra que desechasteis vosotros, los arquitectos, y que se ha convertido en piedra angular; ningún otro puede salvar; bajo el cielo, no se nos ha dado otro nombre que pueda salvarnos.»

Palabra de Dios.

SALMO RESPONSORIAL 39

R. **Aquí estoy, Señor, para hacer tu voluntad.**

Yo esperaba con ansia al Señor; | él se inclinó y escuchó mi grito; | me puso en la boca un cántico nuevo, | un himno a nuestro Dios. R.

Tú no quieres sacrificios ni ofrendas, | y, en cambio, me abriste el oído; | no pides sacrificio expiatorio. R.

Entonces yo digo: «Aquí estoy | —como está escrito en mi libro— | para hacer tu voluntad.» | Dios mío, lo quiero, | y llevo tu ley en las entrañas. R.

He proclamado tu salvación | ante la gran asamblea; | no he cerrado los labios; | Señor, tú lo sabes. R.

EVANGELIO   Lc 9, 57-62 (p. 1774)

22 de mayo

Santa Joaquina Vedruna, religiosa

Nació en Barcelona el 16 de abril de 1783. Adolescente aún, quiso ser carmelita, cosa que no logró a causa de su tierna edad. Casada a los dieciséis años, cumplió como auténtica madre de familia. Al enviudar, además de cuidar de sus hijos, cuidaba también de los enfermos. Con algunas compañeras fundó la Congregación de Carmelitas de la Caridad. Murió en Barcelona durante una epidemia de cólera, el 28 de agosto de 1854.

Del Común de santos: religiosos (p. 2406).

ORACION COLECTA

Señor, tú que has hecho surgir en la Iglesia a santa Joaquina Vedruna para la educación cristiana de la juventud y el alivio de los enfermos, haz que nosotros sepamos imitar sus ejemplos y dediquemos nuestra vida a servir con amor a nuestros hermanos. Por nuestro Señor Jesucristo.

PRIMERA LECTURA	
fuera del tiempo pascual:	Prov 31, 10-13.19-20.30-31 (p. 1009)
en tiempo pascual:	1 Jn 3, 14-18 (p. 170)
SALMO RESPONSORIAL	111, 1-9 (p. 2415)
EVANGELIO	Mc 9, 34-37 (p. 941)

ORACION SOBRE LAS OFRENDAS

Acepta, Señor, estos dones con los que vamos a celebrar el memorial del amor de tu Hijo, y concede a cuantos participamos en estos misterios que, a ejemplo de santa Joaquina Vedruna, sepamos amarte sobre todas las cosas y a todos los hombres por amor a ti. Por Jesucristo nuestro Señor.

ORACION DESPUES DE LA COMUNION

Te pedimos, Señor, que esta eucaristía acreciente tu vida en nosotros, y que, por nuestras palabras y acciones, seamos, como santa Joaquina Vedruna, amor para los que nos rodean y luz para los que nos contemplan. Por Jesucristo nuestro Señor.

25 de mayo

San Beda el Venerable, presbítero y doctor de la Iglesia

Beda nació el año 673, y a los siete años fue ofrecido al monasterio inglés de Wearmouth-Jarrow, donde recibió su formación. Su vida puede resumirse en esta frase: «mis delicias fueron aprender, enseñar o escribir.» Murió en Jarrow el año 735.

Del Común de doctores de la Iglesia (p. 2384) o de santos: religiosos (p. 2406).

ORACION COLECTA

Señor Dios, que has iluminado a tu Iglesia con la sabiduría de san Beda el Venerable, concede a tus siervos la gracia de ser constantemente orientados por las enseñanzas de tu santo presbítero y ayudados por su méritos. Por nuestro Señor Jesucristo.

PRIMERA LECTURA	1 Cor 2, 10b-16 (p. 1698)
SALMO RESPONSORIAL	118, 9-14 (p. 2122)
EVANGELIO	Mt 7, 21-29 (p. 2391)

San Gregorio VII, papa

«He procurado que la Iglesia santa, esposa de Dios, señora y madre nuestra, se mantuviera libre, casta y católica». Esta frase de una carta de Gregorio resume toda su actividad reformista, centrada sobre la simonía y a favor del celibato de los sacerdotes. Suprimió el rito hispánico, substituyéndolo por el romano.

Fue perseguido por el rey Enrique IV de Alemania, a causa de las diferencias surgidas entre ambos. Murió en el exilio de Salerno el año 1085.

Del Común de pastores: papas (p. 2367).

ORACION COLECTA

Señor, concede a tu Iglesia el espíritu de fortaleza y la sed de justicia con que has esclarecido al papa san Gregorio séptimo, y haz que, por su intercesión, sepa tu Iglesia rechazar siempre el mal y ejercer con entera libertad su misión salvadora en el mundo. Por nuestro Señor Jesucristo.

PRIMERA LECTURA   Hch 20, 17-18a.28-32.36 (p. 2379)

SALMO RESPONSORIAL   109, 1-4 (p. 2042)

EVANGELIO   Mt 16, 13-19 (p. 2083)

Santa María Magdalena de Pazzi, virgen

Catalina de Pazzi nació en Florencia en el año 1566, y profesó en el convento carmelitano de Santa María de los Angeles de la misma ciudad, cambiando su nombre por el de María-Magdalena. Tuvo grandes experiencias místicas que dejó escritas. Anheló siempre la reforma de la Iglesia. Murió en su convento de profesión el año 1607.

Del Común de vírgenes (p. 2393) o de santos: religiosos (p. 2406).

ORACION COLECTA

Señor Dios, tú, que amas la virginidad, has enriquecido con dones celestiales a tu virgen santa María Magdalena de Pazzi, cuyo corazón se abrasaba en tu amor; concede a cuantos celebramos hoy su fiesta imitar los ejemplos de su caridad y su pureza. Por nuestro Señor Jesucristo.

PRIMERA LECTURA   1 Cor 7, 25-35 (p. 1719)

SALMO RESPONSORIAL   148, 1-2.11-14 (p. 1636)

EVANGELIO   Mc 3, 31-35 (p. 1329)

26 de mayo

San Felipe Neri, presbítero

Memoria

Nació en Florencia en el año 1515, pero su actividad apostólica y sacerdotal la desarrolló en Roma. Su temperamento optimista y alegre se puso de manifiesto en su apostolado con los jóvenes.

En santa María in Vallicella tuvo origen la Congregación de Sacerdotes del Oratorio, en donde el Santo erigió una nueva iglesia que aún hoy se llama Chiesa Nuova. Murió octogenario en Roma el año 1595.

De Común de pastores (p. 2367) o de santos religiosos (p. 2406).

ORACION COLECTA

Señor Dios, que no cesas en enaltecer a tus siervos con la gloria de la santidad, concédenos que el Espíritu Santo nos encienda con aquel mismo fuego con que abrasó el corazón de san Felipe Neri. Por nuestro Señor Jesucristo.

PRIMERA LECTURA	Flp 4, 4-9 (p. 61)
SALMO RESPONSORIAL	33, 2-11 (p. 2119)
EVANGELIO	Jn 17, 20-26 (p. 2617)

ORACION SOBRE LAS OFRENDAS

Al ofrecerte, Señor, este sacrificio de alabanza, te rogamos que, a ejemplo de san Felipe Neri, nos consagremos con gozo a glorificar tu nombre y a servir a nuestros hermanos. Por Jesucristo nuestro Señor.

ORACION DESPUES DE LA COMUNION

Señor, tú que nos has alimentado con el pan celestial, concédenos que, a imitación de san Felipe Neri, deseemos siempre beber en las fuentes de la verdadera vida. Por Jesucristo nuestro Señor.

Santa Mariana de Jesús Paredes y Flores, virgen

En el Ecuador: Fiesta

En América Latina: Memoria

Mariana, sin entrar en ninguna orden religiosa, vivió como ermitaña en su propia casa, en Ecuador. Su vida la dedicó a la oración y a la penitencia, bajo la dirección de los Padres de la Compañía de Jesús.

Del Común de vírgenes (p. 2393).

ORACION COLECTA

Padre de bondad, que hiciste florecer también en tierra americana la gloria de la santidad en la virgen santa Mariana de Jesús, concede a estos pueblos imitar su celo por el Evangelio, y dar vivo testimonio de fe. Por nuestro Señor Jesucristo.

ORACION SOBRE LAS OFRENDAS

Acepta, Padre Santo, las ofrendas y oraciones de tus hijos, para que esta liturgia celebrada con piedad, en memoria de santa Mariana de Jesús, nos conceda participar en la gloria de tus Santos. Por Jesucristo nuestro Señor.

ORACION DESPUES DE LA COMUNION

Alimentados con el Cuerpo y Sangre de tu Hijo, Señor, vivamos unidos en caridad, a ejemplo de santa Mariana de Jesús, cuya fiesta celebramos. Por Jesucristo nuestro Señor.

27 de mayo

San Agustín de Cantorbery, obispo

Gregorio Magno envió a Agustín, prior del monasterio de san Andrés de Roma, a evangelizar la Gran Bretaña, al frente de un nutrido grupo de monjes. El rey de Kent, Etelberto, recibió a los misioneros y los acompañó hasta su residencia de Cantorbery. Los esfuerzos misioneros se vieron coronados por el éxito: Agustín bautizó al mismo rey y fundó iglesias, sobre todo en el país de Kent. Murió el año 605.

Del Común de pastores: misioneros (p. 2373) u obispos (p. 2367).

ORACION COLECTA

Señor Dios, que por la predicación de tu obispo san Agustín de Cantorbery llevaste a los pueblos de Inglaterra la luz del Evangelio, concédenos que el fruto de su trabajo apostólico perdure en tu Iglesia con perenne fecundidad. Por nuestro Señor Jesucristo.

PRIMERA LECTURA	1 Tes 2, 2b-8 (p. 2151)
SALMO RESPONSORIAL	95, 1-3.7-8a.10 (p. 2290)
EVANGELIO	Mt 9, 35-38 (p. 2125)

30 de mayo

San Fernando

Nació Fernando el Santo el año 1198 en el reino de León, y murió el 30 de mayo de 1252 en Sevilla.

En él se unieron los dos reinos de León y de Castilla. Se santificó ejerciendo su oficio de Rey, llevando una vida austera, dedicándose a la oración, y amando filialmente a María Santísima.

Del Común de santos (p. 2401).

ORACION COLECTA

Oh Dios, que elegiste al rey san Fernando como defensor de tu Iglesia en la tierra, escucha las súplicas de tu pueblo que te pide tenerlo como protector en el cielo. Por nuestro Señor Jesucristo.

PRIMERA LECTURA	
fuera del tiempo pascual:	Si 3, 17-24 (p. 914)
en tiempo pascual:	Ef 6, 10-13.18 (p. 1848)
SALMO RESPONSORIAL	130, 1-3 (p. 2146)
ALELUYA	Mt 23, 11, 12b

El primero entre vosotros será vuestro servidor —dice el Señor—, y el que se humilla será enaltecido.

EVANGELIO

Estad alegres porque vuestros nombres están inscritos en el cielo

✠ LECTURA DEL S. EVANGELIO SEGUN
SAN LUCAS   10, 17-20

En aquel tiempo, los setenta y dos volvieron muy contentos y dijeron a Jesús: «Señor, hasta los demonios se nos someten en tu nombre.» El les contestó: «Veía a Satanás caer del cielo como un rayo. Mirad: os he dado potestad para pisotear serpientes y escorpiones y todo el ejército del enemigo. Y no os hará daño alguno. Sin embargo, no estéis alegres porque se os someten los espíritus; estad alegres porque vuestros nombres están inscritos en el cielo.»

Palabra del Señor.

31 de mayo

La Visitación de la Virgen María

Fiesta

Lucas nos dice en su evangelio que, cuando María fue a visitar a su prima Isabel, se quedó con ella unos tres meses. En el tiempo que media entre la Anunciación del Señor y el nacimiento de su Precursor, celebramos el encuentro entre María e Isabel, y sobre todo, el encuentro entre los seres que llevaban en su seno: Jesús y Juan Bautista. El «Magníficat» es como la rúbrica de este encuentro.

Esta fiesta es de origen franciscano; los frailes Menores ya la celebraban antes del año 1263. El papa Urbano VI la impuso a toda la iglesia latina para impetrar el fin del cisma de Occidente.

ANTIFONA DE ENTRADA   Sal 65, 16

Fieles de Dios, venid a escuchar; os contaré lo que el Señor ha hecho conmigo. *(T.P.* Aleluya.)

ORACION COLECTA

Dios todopoderoso, tú que inspiraste a la Virgen María, cuando llevaba en su seno a tu Hijo, el deseo de visitar a su prima Isabel, concédenos, te rogamos, que, dóciles al soplo del Espíritu, podamos, con María, cantar tus maravillas durante toda nuestra vida. Por nuestro Señor Jesucristo.

PRIMERA LECTURA

El Señor será el rey de Israel, en medio de ti

LECTURA DE LA PROFECIA DE SOFONIAS   3, 14-18

Regocíjate, hija de Sión; grita de júbilo, Israel; alégrate y gózate de todo corazón, Jerusalén. El Señor ha cancelado tu condena, ha expulsado a tus enemigos. El Señor será el rey de Israel, en medio de ti, y ya no temerás. Aquel día dirán a Jerusalén: «No temas, Sión, no desfallezcan tus manos. El Señor, tu Dios, en medio de ti, es un guerrero que salva. El se goza y se complace en ti, te ama y se alegra con júbilo como en día de fiesta.» Apartaré de ti la amenaza, el oprobio que pesa sobre ti.

Palabra de Dios.

SALMO RESPONSORIAL   Is 12, 2-3.4bcd-6

℞. **Qué grande es en medio de ti | el Santo de Israel.**

El Señor es mi Dios y salvador: | confiaré y no temeré, | porque mi fuerza y mi poder es el Señor, | él fue mi salvación. | Y sacaréis aguas con gozo | de las fuentes de la salvación. ℞.

Dad gracias al Señor, | invocad su nombre, | contad a los pueblos sus hazañas, | proclamad que su nombre es excelso. ℞.

Tañed para el Señor, que hizo proezas, | anunciadlas a toda la tierra; | gritad jubilosos, habitantes de Sión: | «Qué grande es en medio de ti | el Santo de Israel.» ℞.

ALELUYA   Cf. Lc 1, 45

Dichosa tú, Virgen María, que has creído, porque lo que te ha dicho el Señor se cumplirá.

EVANGELIO

¿Quién soy yo para que me visite la madre de mi Señor?

✠ LECTURA DEL S. EVANGELIO SEGUN SAN LUCAS

1, 39-56

En aquellos días, María se puso en camino y fue aprisa a la montaña, a un pueblo de Judá; entró en casa de Zacarías y saludó a Isabel. En cuanto Isabel oyó el saludo de María, saltó la criatura en su vientre. Se llenó Isabel del Espíritu Santo y dijo a voz en grito: «¡Bendita tú entre las mujeres, y bendito el fruto de tu vientre! ¿Quién soy yo para que me visite la madre de mi Señor? En cuanto tu saludo llegó a mis oídos, la criatura saltó de alegría en mi vientre. Dichosa tú, que has creído, porque lo que te ha dicho el Señor se cumplirá.» María dijo: «Proclama mi alma la grandeza del Señor, se alegra mi espíritu en Dios, mi salvador; porque ha mirado la humillación de su esclava. Desde ahora me felicitarán todas las generaciones, porque el Poderoso ha hecho obras grandes por mí: su nombre es santo, y su misericordia llega a sus fieles de generación en generación. El hace proezas con su brazo: dispersa a los soberbios de corazón, derriba del trono a los poderosos y enaltece a los humildes, a los hambrientos los colma de bienes y a los ricos los despide vacíos. Auxilia a Israel, su siervo, acordándose de la misericordia —como lo había prometido a nuestros padres— en favor de Abrahán y su descendencia por siempre.» María se quedó con Isabel unos tres meses y después volvió a su casa.

Palabra del Señor.

ORACION SOBRE LAS OFRENDAS

Señor, complácete en este sacrificio de salvación que te ofrecemos, como te has complacido en el gesto de amor de la Virgen María al visitar a su prima Isabel. Por Jesucristo nuestro Señor.

Prefacio II de santa María Virgen, p. 1093.

ANTIFONA DE COMUNION   Lc 1, 48-49

Me felicitarán todas las generaciones porque el Poderoso ha hecho obras grandes por mí; su nombre es santo. (*T.P.* Aleluya.)

ORACION DESPUES DE LA COMUNION

Que tu Iglesia te glorifique, Señor, por todas las maravillas que has hecho con tus hijos, y así como Juan Bautista exultó de alegría al presentir a Cristo en el seno de la Virgen, haz que tu Iglesia lo perciba siempre vivo en este sacramento. Por Jesucristo nuestro Señor.

JUNIO

1 de junio

San Justino, mártir

Memoria

El «filósofo y mártir» Justino nació de padres paganos en Neápolis (Naplusa), Samaria, a principios del siglo II. Apasionado buscador de la verdad, no la encontró en las escuelas filosóficas; la lectura del Antiguo Testamento lo llevó a abrazar la fe cristiana.

En Roma fundó una escuela; aquí escribió sus obras, de las cuales sólo conservamos el *Diálogo con Trifón* y dos *Apologías*. Sufrió el martirio con otros compañeros en la persecución de Marco Aurelio, hacia el año 165.

ANTIFONA DE ENTRADA   Cf. Sal 118, 85. 46

Me han cavado fosas los insolentes ignorando tu voluntad; pero yo comentaré tus preceptos ante los reyes y no me avergonzaré. *(T.P. Aleluya.)*

ORACION COLECTA

Señor, tú que has enseñado a san Justino a encontrar en la locura de la cruz la incomparable sabiduría de Cristo, concédenos, por intercesión de tu mártir, la gracia de alejar los errores que nos cercan y de mantenernos firmes en la fe. Por nuestro Señor Jesucristo.

PRIMERA LECTURA

Quiso Dios valerse de la necedad de la predicación, para salvar a los creyentes

LECTURA DE LA PRIMERA CARTA DEL APOSTOL SAN PABLO A LOS CORINTIOS   1, 18-25

Hermanos: El mensaje de la cruz es necedad para los que están en vías de perdición; pero para los que están en vías de salvación —para nosotros— es fuerza de Dios. Dice la Escritura: «Destruiré la sabiduría de los sabios, frustraré la sagacidad de los sagaces.» ¿Dónde está el sabio? ¿Dónde está el escriba? ¿Dónde está el sofista de nuestros tiempos? ¿No ha convertido Dios en necedad la sabiduría del mundo? Y como, en la sabiduría de Dios, el mundo no lo conoció por el camino de la sabiduría, quiso Dios valerse de la necedad de la predicación, para salvar a los creyentes. Porque los judíos exigen signos, los griegos buscan sabiduría; pero nosotros predicamos a Cristo crucificado: escándalo para los judíos, necedad para los gentiles; pero para los llamados —judíos o griegos—, un Mesías que es fuerza de Dios y sabiduría de Dios. Pues lo necio de Dios es más sabio que los hombres; y lo débil de Dios es más fuerte que los hombres.

Palabra de Dios.

SALMO RESPONSORIAL 33

R. **El Señor me libró de todas mis ansias.**

Bendigo al Señor en todo momento, | su alabanza está siempre en mi boca; | mi alma se gloría en el Señor: | que los humildes lo escuchen y se alegren. R.

Proclamad conmigo la grandeza del Señor, | ensalcemos juntos su nombre. | Yo consulté al Señor, y me respondió, | me libró de todas mis ansias. R.

Contempladlo, y quedaréis radiantes, | vuestro rostro no se avergonzará. | Si el afligido invoca al Señor, él lo escucha | y lo salva de sus angustias. R.

El ángel del Señor acampa | en torno a sus fieles y los protege. | Gustad y ved qué bueno es el Señor, | dichoso el que se acoge a él. R.

EVANGELIO   Mt 5, 13-19 (p. 2390)

ORACION SOBRE LAS OFRENDAS

Concédenos, Señor, celebrar dignamente estos misterios que defendió con valentía tu mártir san Justino. Por Jesucristo nuestro Señor.

ANTIFONA DE COMUNION   1 Cor 2, 2

Nunca entre vosotros me precié de saber cosa alguna, sino a Jesucristo, y éste crucificado. *(T.P.* Aleluya.)

ORACION DESPUES DE LA COMUNION

Tú, que nos has reconfortado con el pan del cielo, concédenos, Señor, que, siguiendo fielmente las enseñanzas del mártir san Justino, nos mantengamos en continua acción de gracias por los dones que de ti recibimos. Por Jesucristo nuestro Señor.

2 de junio

San Marcelino y san Pedro, mártires

Marcelino, presbítero y Pedro, exorcista, fueron martirizados en la persecución de Diocleciano, según nos atestigua el epigrama del papa san Dámaso. Sus cuerpos fueron sepultados en la vía Labicana, *Inter duos Lauros,* allá por el año 304. Constantino hizo edificar una basílica sobre su sepulcro.

Del Común de mártires (p. 2350 o bien p. 2355).

ORACION COLECTA

Señor, tú nos has hecho del glorioso testimonio de tus mártires san Marcelino y san Pedro nuestra protección y defensa, concédenos la gracia de seguir sus ejemplos y de vernos continuamente sostenidos por su intercesión. Por nuestro Señor Jesucristo.

PRIMERA LECTURA   2 Cor 6, 4-10 (p. 1478)

SALMO RESPONSORIAL   123, 2-5.7b-8 (p. 2086)

EVANGELIO   Jn 17, 11b-19 (p. 661)

3 de junio

San Carlos Luanga y compañeros, mártires

Memoria

Carlos Luanga y sus veintiún compañeros son los protomártires del Africa negra; las narraciones de su martirio en nada desdicen de las de los mártires del Africa antigua. Todos ellos fueron víctimas de la persecución del vicioso rey Mugamba de Uganda. Las fechas de su martirio van desde el 3 de junio de 1886, en que murieron Carlos Luanga y doce compañeros, hasta el 27 de enero de 1877. En esta persecución murieron más de un centenar entre católicos y anglicanos.

Del Común de mártires (p. 2350 o bien p. 2355).

ORACION COLECTA

Señor, Dios nuestro, tú haces que la sangre de los mártires se convierta en semilla de nuevos cristianos; concédenos que el campo de tu Iglesia, fecundo por la sangre de san Carlos Luanga y de sus compañeros, produzca continuamente, para gloria tuya, abundante cosecha de cristianos. Por nuestro Señor Jesucristo.

PRIMERA LECTURA	2 Cro 24, 18-22 (p. 2359)
SALMO RESPONSORIAL	123, 2-5.7b-8 (p. 2086)
EVANGELIO	Mt 5, 1-12a (p. 2261)

ORACION SOBRE LAS OFRENDAS

Te presentamos Señor, nuestras ofrendas y te suplicamos humildemente que, así como tus mártires prefirieron morir antes que pecar, nosotros vivamos consagrados a ti, sobre todas las cosas, y entregados a servirte en el altar. Por Jesucristo nuestro Señor.

ORACION DESPUES DE LA COMUNION

Recordando la victoria de san Carlos Luanga y de sus compañeros hemos recibido, Señor, los sacramentos que nos salvan; concédenos ahora que, así como tus mártires encontraron fortaleza en la eucaristía para soportar los tormentos, encontremos nosotros en ella la fuerza necesaria para vivir en fe y en caridad en medio de las pruebas de este mundo. Por Jesucristo nuestro Señor.

5 de junio

San Bonifacio, obispo y mártir

Memoria

Si Agustín, al frente de un grupo de monjes romanos enviados por el papa Gregorio Magno, evangelizó Inglaterra, un monje inglés, Bonifacio, a principios del siglo VIII, evangelizó Alemania, extendiendo su actividad apostólica hasta el reino franco. Consagrado obispo, fundó iglesias, creó monasterios, entre ellos el de Fulda, en donde reposa su cuerpo. Mientras evangelizaba en Frisia (Países Bajos), murió a manos de unos paganos en el año 754.

Del Común de mártires (p. 2350 o bien p. 2355) o de pastores: misioneros (p. 2373).

ORACION COLECTA

Concédenos, Señor, la intercesión de tu mártir san Bonifacio, para que podamos defender con valentía y confirmar con nuestras obras la fe que él enseñó con su palabra y rubricó en el martirio con su sangre. Por nuestro Señor Jesucristo.

PRIMERA LECTURA   Hch 26, 19-23 (p. 2380)

SALMO RESPONSORIAL   116, 1-2 (p. 1794)

EVANGELIO   Jn 10, 11-16 (p. 575)

6 de junio

San Norberto, obispo

Nació Norberto en Renania hacia el año 1080. A pesar de ser canónigo de la iglesia de Santes, llevaba una vida mundana; convertido de su anterior vida, renunció a la canonjía y empezó una vida de oración, penitencia y predicación de la reforma. En Prémontré, fundó la Orden de Canónigos Regulares bajo la Regla de san Agustín, cuyo objetivo era la regeneración del clero por medio de la vida común, la celebración del oficio divino y la predicación. En 1126 fue elegido obispo de Magdeburgo, continuando su tarea de reforma de la vida cristiana. Murió el año 1134.

Del Común de pastores: obispos (p. 2367) o de santos: religiosos (p. 2406).

ORACION COLECTA

Señor, tú hiciste del obispo san Norberto un pastor admirable de tu Iglesia por su espíritu de oración y su celo apostólico; te rogamos que, por su intercesión, tu pueblo encuentre siempre pastores ejemplares que lo conduzcan a la salvación. Por nuestro Señor Jesucristo.

PRIMERA LECTURA   Ez 34, 11-16 (p. 714)

SALMO RESPONSORIAL   22, 1-6 (p. 1880)

EVANGELIO   Lc 14, 25-33 (p. 1863)

9 de junio

San Efrén, diácono y doctor de la Iglesia

Efrén, la «cítara del Espíritu Santo», nació en Nísibe (Turquía) el año 306. Fue ordenado diácono de esta Iglesia. En Edesa, tuvo una parte muy importante en la fundación de la escuela de teología.

Efrén es el gran poeta de la escuela siríaca; se sirvió de la poesía como de una gran instrumento pastoral. Murió en Edesa el año 373.

Del Común de doctores de la Iglesia (p. 2384).

ORACION COLECTA

Señor, infunde en nuestros corazones el Espíritu Santo que con su inspiración impulsaba a tu diácono san Efrén a cantar con alegría tus misterios y a consagrar su vida a tu servicio. Por nuestro Señor Jesucristo.

PRIMERA LECTURA	Col 3, 12-17 (p. 1721)
SALMO RESPONSORIAL	36, 3-6.30-31 (p. 2076)
EVANGELIO	Lc 6, 43-45 (p. 1729)

11 de junio

San Bernabé, apóstol

Memoria

Bernabé, que significa «hijo de la consolación o de la predicación», es el sobrenombre de José, levita, natural de Chipre, hombre bueno y lleno del Espíritu Santo, que vendió el campo que poseía y entregó su precio a los apóstoles.

Predicó el evangelio en Antioquía, acompañó a san Pablo en su primer viaje apostólico, participó en el concilio de Jerusalén. Murió en Chipre.

ANTIFONA DE ENTRADA   Cf. Hch 11, 24

Dichoso este santo que mereció ser contado entre los apóstoles, pues era hombre de bien, lleno de Espíritu Santo y de fe. *(T.P.* Aleluya.)

ORACION COLECTA

Señor, tú mandaste que san Bernabé, varón lleno de fe y de Espíritu Santo, fuera designado para llevar a las naciones tu mensaje de salvación; concédenos, te rogamos, que el Evangelio de Cristo, que él anunció con tanta firmeza, sea siempre proclamado en la Iglesia con fidelidad, de palabra y de obra. Por nuestro Señor Jesucristo.

PRIMERA LECTURA

Era hombre de bien, lleno de Espíritu Santo y de fe

LECTURA DEL LIBRO DE LOS HECHOS DE LOS APOSTOLES
11, 21b-26; 13, 1-3

En aquellos días, gran número creyó y se convirtió al Señor. Llegó noticia a la Iglesia de Jerusalén, y enviaron a Bernabé a Antioquía; al llegar y ver la acción de la gracia de Dios, se alegró mucho, y exhortó a todos a seguir unidos al Señor con todo empeño; como era hombre de bien, lleno de Espíritu Santo y de fe, una multitud considerable se adhirió al Señor. Más tarde, salió para Tarso, en busca de Saulo; lo encontró y se lo llevó a Antioquía. Durante un año fueron huéspedes de aquella Iglesia e instruyeron a muchos. Fue en Antioquía donde por primera vez llamaron a los discípulos cristianos. En la Iglesia de Antioquía había profetas y maestros: Bernabé, Simeón, apodado el Moreno, Lucio el Cireneo, Manahén, hermano de leche del virrey Herodes, y Saulo. Un día que ayunaban y daban culto al Señor, dijo el Espíritu Santo: «Apartadme a Bernabé y a Saulo para la misión a que los he llamado.» Volvieron a ayunar y a orar, les impusieron las manos y los despidieron.

Palabra de Dios.

SALMO RESPONSORIAL 97

℟. **El Señor revela a las naciones su justicia.**

Cantad al Señor un cántico nuevo, | porque ha hecho maravillas | su diestra le ha dado la victoria, | su santo brazo. ℟.

El Señor da a conocer su victoria, | revela a las naciones su justicia: | se acordó de su misericordia y su fidelidad | en favor de la casa de Israel. R.

Los confines de la tierra han contemplado | la victoria de nuestro Dios. | Aclama al Señor, tierra entera; | gritad, vitoread, tocad. R.

Tañed la cítara para el Señor, | suenen los instrumentos: | con clarines y al son de trompetas, | aclamad al Rey y Señor. R.

ALELUYA   Mt 28, 19a.20b

Id y haced discípulos de todos los pueblos —dice el Señor—; yo estoy con vosotros todos los días, hasta el fin del mundo.

EVANGELIO

Id y proclamad que el reino de los cielos está cerca

✠ LECTURA DEL S. EVANGELIO SEGUN
SAN MATEO   10, 7-13

En aquel tiempo, dijo Jesús a sus apóstoles: «Id y proclamad que el reino de los cielos está cerca. Curad enfermos, resucitad muertos, limpiad leprosos, echad demonios. Lo que habéis recibido gratis, dadlo gratis. No llevéis en la faja oro, plata ni calderilla; ni tampoco alforja para el camino, ni túnica de repuesto, ni sandalias, ni bastón; bien merece el obrero su sustento. Cuando entréis en un pueblo o aldea, averiguad quién hay allí de confianza y quedaos en su casa hasta que os vayáis. Al entrar en una casa, saludad; si la casa se lo merece, la paz que le deseáis vendrá a ella. Si no se lo merece, la paz volverá a vosotros.»

Palabra del Señor.

ORACION SOBRE LAS OFRENDAS

Santifica, Señor, estas ofrendas y que ellas nos alcancen de tu gracia aquel amor ardiente, que impulsó a tu apóstol san Bernabé a llevar a las naciones la luz del Evangelio. Por Jesucristo nuestro Señor.

Prefacio de los Apóstoles, pp. 1099-1100.

ANTIFONA DE COMUNION   Jn 15, 15

Ya no os llamo siervos, porque el siervo no sabe lo que hace su señor; a vosotros os llamo amigos, porque todo lo que he oído a mi Padre os lo he dado a conocer. *(T.P.* Aleluya.

ORACION DESPUES DE LA COMUNION

Después de recibir en esta eucaristía la prenda de la vida eterna, te suplicamos, Señor, que cuanto hoy realizamos en imagen, al celebrar la fiesta de san Bernabé, lo alcancemos un día como plena realidad en el cielo. Por Jesucristo nuestro Señor.

13 de junio

San Antonio de Padua, presbítero y doctor de la Iglesia

Memoria

Nació en Lisboa hacia el año 1195 y le fue impuesto el nombre de Fernando. Al contemplar los despojos de los cinco protomártires franciscanos de Marruecos, siendo canónigo regular, se sintió movido a entrar en la Orden de Frailes Menores. Aquí es en donde recibió el nombre de Antonio. Misionó con gran fruto en Italia y Francia. Después de haber predicado una cuaresma, exhausto de fuerzas, moría en Padua el 13 de junio de 1231.

Del Común de pastores (p. 2367) o de doctores de la Iglesia (p. 2384) o de santos: religiosos (p. 2406).

ORACION COLECTA

Dios todopoderoso y eterno, tú que has dado a tu pueblo en la persona de san Antonio de Padua un predicador insigne y un intercesor poderoso, concédenos seguir fielmente los principios de la vida cristiana, para que merezcamos tenerte como protector en todas las adversidades. Por nuestro Señor Jesucristo.

PRIMERA LECTURA   Is 61, 1-3a (p. 403)

SALMO RESPONSORIAL   88, 2-5.21-22.25.27 (p. 2152)

EVANGELIO   Lc 10, 1-9 (p. 1981)

15 de junio

Santa María Micaela del Santísimo Sacramento, virgen

Micaela Desmaisièrers y López de Dicastillo, vizcondesa de Jorbalán, nació en Madrid el año 1809. A impulsos de su caridad, abrió una pequeña casa-residencia para las mujeres de la calle; dejando su propia casa, se fue a vivir con ellas. Poco a poco se le fueron añadiendo algunas compañeras, y fundó las Adoratrices del Santísimo Sacramento y de la Caridad. Murió víctima del cólera, en Valencia, el año 1865.

Del Común de vírgenes (p. 2393) o de santos (p. 2401).

ORACION COLECTA

Oh Dios, que amas a los hombres y concedes a todos tu perdón, suscita en nosotros un espíritu de generosidad y de amor que, alimentado y fortalecido por la eucaristía, a imitación de santa María Micaela, nos impulse a encontrarte en los más pobres y en los más necesitados de tu protección. Por nuestro Señor Jesucristo.

19 de junio

San Romualdo, abad

Romualdo, padre de los monjes benedictinos camaldulenses, nació en Ravena a mediados del siglo x. Profesó la vida monástica en el monasterio de san Apolinar in Classe de su ciudad natal; al cabo de tres años, dejó el monasterio y empezó vida eremítica cerca de Venecia. Esta será la característica de su vida y de su obra: la fundación de los monjes ermitaños camaldulenses en Camaldoli, al norte de Arezzo. Murió en la ermita de Val di Castro, cerca de Fabriano, hacia el año 1027.

Del Común de santos: religiosos (p. 2406).

ORACION COLECTA

Oh Dios, que has renovado en tu Iglesia la vida eremítica por medio del abad san Romualdo, haz que, negándonos a nosotros mismos para seguir a Cristo, merezcamos llegar felizmente al reino de los cielos. Por nuestro Señor Jesucristo.

PRIMERA LECTURA	Flp 3, 8-14 (p. 331)
SALMO RESPONSORIAL	130, 1-3 (p. 2146)
EVANGELIO	Lc 14, 25-33 (p. 1863)

21 de junio

San Luis Gonzaga, religioso

Memoria

Luis Gonzaga, hijo de los marqueses de Castiglione, nació el año 1568. A los diecisiete años, renuncia a sus derechos de príncipe de Mantua para ingresar en la Compañía de Jesús. A pesar de alimentar un gran ideal misionero, no pudo realizarlo, ya que murió el 21 de junio de 1591, a los veintitrés años, por contagio de los apestados que estaban a su cuidado, en Roma.

ANTIFONA DE ENTRADA   Cf. Sal 23, 4. 3

El hombre de manos inocentes y puro corazón puede subir al monte del Señor y estar en el recinto sacro.

ORACION COLECTA

Señor Dios, dispensador de los dones celestiales, que has querido juntar en san Luis Gonzaga una admirable inocencia de vida y un austero espíritu de penitencia, concédenos, por su intercesión, que si no hemos sabido imitarle en su vida inocente sigamos fielmente sus ejemplos en la penitencia. Por nuestro Señor Jesucristo.

PRIMERA LECTURA   1 Jn 5, 1-5 (p. 2023)

SALMO RESPONSORIAL   15, 1-2a.5.7-8.11 (p. 2214)

EVANGELIO   Mt 22, 34-40 (p. 1672)

ORACION SOBRE LAS OFRENDAS

Señor, haz que nos acerquemos siempre a tu banquete con la vestidura nupcial, como san Luis Gonzaga, para que la participación en este misterio nos llene de las riquezas de tu gracia. Por Jesucristo nuestro Señor.

ANTIFONA DE COMUNION   Sal 77, 24-25

Les dio un trigo celeste; el hombre comió pan de ángeles.

ORACION DESPUES DE LA COMUNION

Tú que nos has alimentado, Señor, con el pan de los ángeles, concédenos servirte con una vida pura y haz que, siguiendo el ejemplo de san Luis Gonzaga, vivamos en continua acción de gracias. Por Jesucristo nuestro Señor.

22 de junio

San Paulino de Nola, obispo

Paulino, de familia senatorial, nació en Burdeos hacia el año
353. San Ambrosio lo inició en la fe cristiana. De paso por España conoció y se unió en matrimonio con Terasia, y fue bautizado
en su ciudad natal. El hecho de que el pueblo de Barcelona pidiera la ordenación de Paulino, induce a concluir que pasó una
larga temporada en esta ciudad. Pronto el neopresbítero toma la
resolución de dejar todos sus bienes y retirarse a Nola, en la
Campania, para vivir allí con su mujer y otras personas la vida
monástica. En el año 409 fue elegido obispo de Nola. Murió el
año 431.

Del Común de pastores: obispos (p. 2367).

ORACION COLECTA

Señor, Dios nuestro, tú has querido enaltecer a tu obispo san
Paulino de Nola por su celo pastoral y su amor a la pobreza;
concede a cuantos celebramos hoy sus méritos imitar los ejemplos de su vida de caridad. Por nuestro Señor Jesucristo.

PRIMERA LECTURA

*Siendo rico, se hizo pobre por vosotros, para enriqueceros con su
pobreza*

LECTURA DE LA SEGUNDA CARTA DEL
APOSTOL SAN PABLO A LOS CORINTIOS   8, 9-15

Hermanos: Ya sabéis lo generoso que fue nuestro Señor Jesucristo: siendo rico, se hizo pobre por vosotros, para enriqueceros con su pobreza. En este asunto os doy sólo mi opinión: Ya
que no sólo con la obra, sino incluso con la decisión, iniciasteis
vosotros la colecta el año pasado, os conviene ahora llevarla a
término; de modo que a la buena voluntad corresponda la reali-

zación, según vuestros medios. Porque, si uno tiene buena voluntad, se le agradece lo que tiene, no lo que no tiene. Pues no se trata de aliviar a otros, pasando vosotros estrecheces; se trata de igualar. En el momento actual, vuestra abundancia remedia la falta que ellos tienen; y un día, la abundancia de ellos remediará vuestra falta; así habrá igualdad. Es lo que dice la Escritura: «Al que recogía mucho no le sobraba; y al que recogía poco no le faltaba.»

Palabra de Dios.

SALMO RESPONSORIAL 39

R Aquí estoy, Señor, para hacer tu voluntad.

Yo esperaba con ansia al Señor; | él se inclinó y escuchó mi grito; | me puso en la boca un cántico nuevo, | un himno a nuestro Dios. R.

Tú no quieres sacrificios ni ofrendas, | y, en cambio, me abriste el oído; | no pides sacrificio expiatorio. R.

Entonces yo digo: «Aquí estoy | —como está escrito en mi libro— | para hacer tu voluntad.» | Dios mío, lo quiero, | y llevo tu ley en las entrañas. R.

He proclamado tu salvación | ante la gran asamblea; | no he cerrado los labios; | Señor, tú lo sabes. R.

EVANGELIO   Lc 12, 32-34 (p. 888)

San Juan Fisher, obispo, y santo Tomás Moro, mártires

Juan Fisher, obispo y cardenal, y Tomás Moro, canciller de Inglaterra, son dos ejemplos de humanismo cristiano. Por no haberse plegado a las exigencias de Enrique VIII (ostentar la supremacía espiritual sobre la Iglesia de Inglaterra, y el asunto de su divorcio con Catalina de Aragón), ambos murieron por la fe.

Juan Fisher nació el año 1469, estudio teología en Cambridge. El año 1504 fue nombrado obispo de Rochester y canciller

de la universidad de Cambridge. Fue ejecutado el 22 de junio de
1535.

Tomás Moro nació el año 1477, estudió en Oxford, y llegó
a ser Lord-Canciller. Fue ejecutado el 6 de julio de 1535.

Del Común de mártires (p. 2350).

ORACION COLECTA

Señor, tú has querido que el testimonio del martirio sea perfecta expresión de la fe; concédenos, te rogamos, por la intercesión de san Juan Fisher y de santo Tomás Moro, ratificar con
una vida santa la fe que profesamos de palabra. Por nuestro Señor Jesucristo.

PRIMERA LECTURA   1 Pe 4, 12-19 (p. 648)

SALMO RESPONSORIAL   125, 1-6 (p. 1975)

EVANGELIO   Mt 10, 34-39 (p. 1559)

24 de junio

La Natividad de san Juan Bautista

Solemnidad

De la misma manera que en el solsticio de invierno, día 25 de
diciembre, se celebra el nacimiento de Cristo, Sol que nace de lo
alto, verdadera Luz del mundo; así también, en el solsticio de verano, día 24 de junio, se celebra el nacimiento de Juan Bautista,
de aquel que no era la Luz, sino testigo de la Luz. Por esto era
necesario que la Luz creciera, y que el testigo de la Luz men-
guara.

Hay una perfecta correlación entre las fiestas de la Anunciación (25 de marzo), del nacimiento de Juan Bautista (24 de junio), y del nacimiento del Señor (25 de diciembre).

Misa vespertina de la vigilia

*Esta misa se utiliza en la tarde del día 23 de junio, antes o después
de las primeras Vísperas de la solemnidad.*

ANTIFONA DE ENTRADA   Lc 1, 15.14

Este será grande a los ojos del Señor, se llenará de Espíritu Santo ya en el vientre materno, y muchos se alegrarán de su nacimiento.

Se dice «Gloria».

ORACION COLECTA

Dios todopoderoso, concede a tu familia caminar por la senda de la salvación para que, siguiendo la voz de san Juan, el precursor, pueda llegar con alegría al Salvador que él anunciaba,
nuestro Señor Jesucristo. Que vive y reina contigo.

PRIMERA LECTURA
Antes de formarte en el vientre, te escogí

LECTURA DEL LIBRO DE JEREMIAS   1, 4-10

En tiempo de Josías, recibí esta palabra del Señor: «Antes de
formarte en el vientre, te escogí; antes de que salieras del seno
materno, te consagré: te nombré profeta de los gentiles.» Yo repuse: «¡Ay, Señor mío! Mira que no sé hablar, que soy un muchacho.» El Señor me contestó: «No digas: "Soy un muchacho",
que a donde yo te envíe, irás, y lo que yo te mande, lo dirás. No
les tengas miedo, que yo estoy contigo para librarte.» Oráculo
del Señor. El Señor extendió la mano y me tocó la boca; y me
dijo: «Mira: yo pongo mis palabras en tu boca, hoy te establezco
sobre pueblos y reyes, para arrancar y arrasar, para destruir y demoler, para edificar y plantar.»

Palabra de Dios.

SALMO RESPONSORIAL 70

R. **En el seno materno tú me sostenías.**

A ti, Señor, me acojo: | no quede yo derrotado para siempre; | tú que eres justo, líbrame y ponme a salvo, | inclina a mí tu oído, y sálvame. R.

Sé tú mi roca de refugio, | el alcázar donde me salve, | porque mi peña y mi alcázar eres tú. | Dios mío, líbrame de la mano perversa. R.

Porque tú, Dios mío, fuiste mi esperanza | y mi confianza, Señor, desde mi juventud. | En el vientre materno ya me apoyaba en ti, | en el seno tú me sostenías. R.

Mi boca contará tu auxilio, | y todo el día tu salvación. | Dios mío, me instruiste desde mi juventud, | y hasta hoy relato tus maravillas. R.

SEGUNDA LECTURA

Esta salvación fue el tema que investigaron y escrutaron los profetas

LECTURA DE LA PRIMERA CARTA DEL APOSTOL SAN PEDRO
1, 8-12

Queridos hermanos: No habéis visto a Jesucristo, y lo amáis; no lo veis, y creéis en él; y os alegráis con un gozo inefable y transfigurado, alcanzando así la meta de vuestra fe: vuestra propia salvación. La salvación fue el tema que investigaron y escrutaron los profetas, los que predecían la gracia destinada a vosotros. El Espíritu de Cristo, que estaba en ellos, les declaraba por anticipado los sufrimientos de Cristo y la gloria que seguiría; ellos indagaron para cuándo y para qué circunstancia lo indicaba el Espíritu. Se les reveló que aquello de que trataban no era para su tiempo, sino para el vuestro. Y ahora se os anuncia por medio de predicadores que os han traído el Evangelio con la fuerza del Espíritu enviado del cielo. Son cosas que los ángeles ansían penetrar.

Palabra de Dios.

ALELUYA   Jn 1, 7; Lc 1, 17

Este venía para dar testimonio de la luz, preparando para
Dios un pueblo bien dispuesto.

EVANGELIO

Te dará un hijo, y le pondrás por nombre Juan

✠ LECTURA DEL S. EVANGELIO SEGUN
SAN LUCAS   1, 5-17

En tiempos de Herodes, rey de Judea, había un sacerdote llamado Zacarías, del turno de Abías, casado con una descendiente
de Aarón llamada Isabel. Los dos eran justos ante Dios, y caminaban sin falta según los mandamientos y leyes del Señor. No tenían hijos, porque Isabel era estéril, y los dos eran de edad avanzada. Una vez que oficiaba delante de Dios con el grupo de su
turno, según el ritual de los sacerdotes, le tocó a él entrar en el
santuario del Señor a ofrecer el incienso; la muchedumbre del
pueblo estaba fuera rezando durante la ofrenda del incienso. Y se
le apareció el ángel del Señor, de pie a la derecha del altar del incienso. Al verlo, Zacarías se sobresaltó y quedó sobrecogido de
temor. Pero el ángel le dijo: «No temas, Zacarías, porque tu ruego ha sido escuchado: tu mujer Isabel te dará un hijo, y le pondrás por nombre Juan. Te llenarás de alegría, y muchos se alegrarán de su nacimiento. Pues será grande a los ojos del Señor:
no beberá vino ni licor; se llenará de Espíritu Santo ya en el
vientre materno, y convertirá muchos israelitas al Señor, su
Dios. Irá delante del Señor, con el espíritu y poder de Elías, para
convertir los corazones de los padres hacia los hijos, y a los desobedientes, a la sensatez de los justos, preparando para el Señor
un pueblo bien dispuesto.»

Palabra del Señor.

*En las misas votivas de san Juan Bautista se toman las lecturas pre-
cedentes.*

Se dice «Credo».

ORACION SOBRE LAS OFRENDAS

Mira con bondad, Señor, la ofrenda que tu pueblo te presenta en la fiesta de san Juan Bautista, y concédenos realizar, mediante una vida entregada a tu sevicio, el misterio que ahora celebramos. Por Jesucristo nuestro Señor.

Prefacio propio, como en la misa siguiente, p. 2072.

ANTIFONA DE COMUNION
Lc 1, 68

Bendito sea el Señor, Dios de Israel, porque ha visitado y redimido a su pueblo.

ORACION DESPUES DE LA COMUNION

Señor, que la poderosa intercesión de san Juan Bautista acompañe siempre a los que has alimentado con el pan del cielo, y el que anunció al Cordero que había de quitar el pecado del mundo implore también para nosotros la misericordia de tu Hijo, nuestro Señor Jesucristo. Que vive y reina por los siglos de los siglos.

Esta misa se puede utilizar también como votiva, con vestiduras de color rojo.

Misa del día

ANTIFONA DE ENTRADA
Jn 1, 6-7; Lc 1, 17

Surgió un hombre enviado por Dios, que se llamaba Juan; éste venía para dar testimonio de la luz y preparar para el Señor un pueblo bien dispuesto.

ORACION COLECTA

Oh Dios, que suscitaste a san Juan Bautista para que preparase a Cristo el Señor un pueblo bien dispuesto, concede a tu familia el don de la alegría espiritual y dirige la voluntad de tus hi-

jos por el camino de la salvación y de la paz. Por nuestro Señor
Jesucristo.

      Mira con bondad, Señor, la ofrenda que tu pueblo
te en la fiesta de san Juan Bautista, y como dijos cuben, tru
dura una vida entregada a tu servicio.

PRIMERA LECTURA

Te hago luz de las naciones

LECTURA DEL LIBRO DE ISAIAS   49, 1-6

Escuchadme, islas; atended, pueblos lejanos: Estaba yo en el
vientre, y el Señor me llamó; en las entrañas maternas, y pronunció mi nombre. Hizo de mi boca una espada afilada, me escondió
en la sombra de su mano; me hizo flecha bruñida, me guardó en
su aljaba y me dijo: «Tú eres mi siervo, de quien estoy orgulloso.» Mientras yo pensaba: «En vano me he cansado, en viento y
en nada he gastado mis fuerzas», en realidad mi derecho lo llevaba el Señor, mi salario lo tenía mi Dios. Y ahora habla el Señor,
que desde el vientre me formó siervo suyo, para que le trajese a
Jacob, para que le reuniese a Israel —tanto me honró el Señor,
y mi Dios fue mi fuerza—: «Es poco que seas mi siervo y restablezcas las tribus de Jacob y conviertas a los supervivientes de
Israel; te hago luz de las naciones, para que mi salvación alcance
hasta el confín de la tierra.»

Palabra de Dios.

SALMO RESPONSORIAL 138

℟ **Te doy gracias, | porque me has escogido portentosa-
mente.**

Señor, tú me sondeas y me conoces; | me conoces cuando me
siento o me levanto, | de lejos penetras mis pensamientos; | dis-
tingues mi camino y mi descanso, | todas mis sendas te son fami-
liares. ℟.

Tú has creado mis entrañas, | me has tejido en el seno mater-
no. | Te doy gracias, | porque me has escogido portentosamen-
te, | porque son admirables tus obras; | conocías hasta el fondo
de mi alma. ℟.

No desconocías mis huesos, | cuando, en lo oculto, me iba formando, | y entretejiendo en lo profundo de la tierra. R.

Antes de que llegara Cristo, Juan predicó

LECTURA DEL LIBRO DE LOS HECHOS DE LOS APOSTOLES

13, 22-26

En aquellos días, dijo Pablo: «Dios nombró rey a David, de quien hizo esta alabanza: "Encontré a David, hijo de Jesé, hombre conforme a mi corazón, que cumplirá todos mis preceptos." Según lo prometido, Dios sacó de su descendencia un salvador para Israel: Jesús. Antes de que llegara, Juan predicó a todo Israel un bautismo de conversión; y, cuando estaba para acabar su vida, decía: "Yo no soy quien pensáis; viene uno detrás de mí a quien no merezco desatarle las sandalias." Hermanos, descendientes de Abrahán y todos los que teméis a Dios: A vosotros se os ha enviado este mensaje de salvación.»

Palabra de Dios.

ALELUYA   Lc 1, 76

A ti, niño, te llamarán profeta del Altísimo, porque irás delante del Señor a preparar sus caminos.

EVANGELIO

El nacimiento de Juan Bautista. Juan es su nombre

✠ LECTURA DEL S. EVANGELIO SEGUN SAN LUCAS

1, 57-66.80

A Isabel se le cumplió el tiempo del parto y dio a luz un hijo. Se enteraron sus vecinos y parientes de que el Señor le había hecho una gran misericordia, y la felicitaban. A los ocho días fueron a circuncidar al niño, y lo llamaban Zacarías, como a su

padre. La madre intervino diciendo: «¡No! Se va a llamar Juan.»
Le replicaron: «Ninguno de tus parientes se llama así.» Entonces
preguntaban por señas al padre cómo quería que se llamase. El
pidió una tablilla y escribió: «Juan es su nombre.» Todos se quedaron extrañados. Inmediatamente se le soltó la boca y la lengua,
y empezó a hablar bendiciendo a Dios. Los vecinos quedaron sobrecogidos, y corrió la noticia por toda la montaña de Judea. Y
todos los que lo oían reflexionaban diciendo: «¿Qué va a ser este
niño?» Porque la mano del Señor estaba con él. El niño iba creciendo, y su carácter se afianzaba; vivió en el desierto hasta que
se presentó a Israel.

Palabra del Señor.

Se dice «Credo».

ORACION SOBRE LAS OFRENDAS

Colmamos de ofrendas tus altares, Señor, para celebrar dignamente la natividad de san Juan Bautista; porque él proclamó
que el Salvador del mundo ya estaba cerca y lo mostró, ya presente, entre los hombres. Por Jesucristo nuestro Señor.

PREFACIO

La misión del Precursor

En verdad es justo y necesario, es nuestro deber y salvación
darte gracias siempre y en todo lugar, Señor, Padre santo, Dios
todopoderoso y eterno, por Cristo, Señor nuestro.

Y al celebrar hoy la gloria de Juan el Bautista, precursor de
tu Hijo y el mayor de los nacidos de mujer, proclamamos tu
grandeza.

Porque él saltó de alegría en el vientre de su madre, al llegar
el Salvador de los hombres, y su nacimiento fue motivo de gozo
para muchos.

El fue escogido entre todos los profetas para mostrar a las
gentes el Cordero que quita el pecado del mundo.

El bautizó en el Jordán al Autor del bautismo, y el agua viva tiene, desde entonces, poder de salvación para los hombres.

Y él dio, por fin, su sangre como supremo testimonio por el nombre de Cristo.

Por eso, como los ángeles te cantan en el cielo, te aclamamos nosotros en la tierra, diciendo sin cesar:

Santo, Santo, Santo...

ANTIFONA DE COMUNION   Lc 1, 78

Por la entrañable misericordia de nuestro Dios nos visitará el Sol que nace de lo alto.

ORACION DESPUES DE LA COMUNION

Señor, tú que has restaurado nuestras fuerzas con el banquete del Cordero celestial, haz que tu Iglesia, llena de gozo por la natividad de san Juan Bautista, reconozca a su Redentor en aquel cuya venida inminente anunciaba el Precursor. Por Jesucristo nuestro Señor.

26 de junio

San Pelayo, mártir

Pelayo (o Pelagio) nació en Galicia en el año 911. Junto con su tío Hermigio, obispo de Tuy, fue llevado a Córdoba. La esbelta figura del adolescente cautivó al califa, pero el joven no se dobló a sus proposiciones, manteniendo intacta la virtud de la castidad. El califa lo hizo martirizar el 26 de junio del año 925.

Del Común de mártires (p. 2350).

ORACION COLECTA

Señor, Padre nuestro, que prometiste a los limpios de corazón la recompensa de ver tu rostro; concédenos, tu gracia y tu

fuerza para que, a ejemplo de san Pelayo, mártir, antepongamos
tu amor a las seducciones del mundo y guardemos el corazón
limpio de todo pecado. Por nuestro Señor Jesucristo.

27 de junio

San Cirilo de Alejandría, obispo y doctor de la Iglesia

Cirilo nació en el año 370. Abrazó la vida monástica, y posteriormente sucedió a su tío en la sede de Alejandría. Luchó contra Nestorio, a quien condenó en el concilio de Efeso, afirmando
que María es la Madre de Dios. Después de haber defendido con
valentía y tenacidad la ortodoxia, murió en el año 444.

*Del Común de pastores: obispos (p. 2367) o de doctores de la Iglesia
(p. 2384).*

ORACION COLECTA

Señor, tú que hiciste de tu obispo san Cirilo de Alejandría un
defensor invicto de la maternidad divina de la Virgen María,
concédenos a cuantos la proclamamos verdadera Madre de Dios,
llegar por la encarnación de tu Hijo a la salvación eterna. Por
nuestro Señor Jesucristo.

PRIMERA LECTURA	2 Tim 4, 1-5 (p. 1456)
SALMO RESPONSORIAL	88, 2-5.21-22.25.27 (p. 2152)
EVANGELIO	Mt 5, 13-19 (p. 2390)

28 de junio

San Ireneo, obispo y mártir

Memoria

Ireneo, discípulo de Policarpo, quien a su vez lo fue del
apóstol san Juan, nació en Esmirna hacia el año 130. En el año

177 era presbítero de Lyon (formaba parte de la colonia griega, procedente del Asia Menor, establecida en las Galias). En la persecución que tuvo lugar aquel año, murió el obispo, e Ireneo fue designado para sucederle.

Haciendo honor a su nombre, fue a Roma para procurar la paz entre el papa Víctor y los cuatordecimanos. Ireneo es el gran teólogo del siglo II. Escribió libros en defensa de la fe católica contra los gnósticos. Murió hacia el año 200.

Del Común de mártires (p. 2350) o de pastores: obispos (p. 2367).

ORACION COLECTA

Señor, Dios nuestro, que otorgaste a tu obispo san Ireneo la gracia de mantener incólume la doctrina y la paz de la Iglesia, concédenos, por su intercesión, renovarnos en fe y en caridad y trabajar sin descanso por la concordia y la unidad entre los hombres. Por nuestro Señor Jesucristo.

PRIMERA LECTURA

Uno que sirve al Señor debe ser amable con todos, suave para corregir

LECTURA DE LA SEGUNDA CARTA DEL APOSTOL SAN PABLO A TIMOTEO
2, 22b-26

Querido hermano: Esmérate en la justicia y en la fe, en el amor y la paz con los que invocan al Señor con corazón limpio. Niégate a discusiones estúpidas y superficiales, sabiendo que acaban en peleas; y uno que sirve al Señor no debe pelearse, sino ser amable con todos; debe ser hábil para enseñar, sufrido, suave para corregir a los contradictores; puede que Dios les conceda convertirse y comprender la verdad; entonces recapacitarán y se zafarán del lazo del diablo que los tiene ahora cogidos y sumisos a su voluntad.

Palabra de Dios.

SALMO RESPONSORIAL 36

℞ **La boca del justo expone la sabiduría.**

Confía en el Señor y haz el bien, | habita tu tierra y practica la lealtad; | sea el Señor tu delicia, | y él te dará lo que pide tu corazón. ℞.

Encomienda tu camino al Señor, | confía en él, y él actuará; | hará tu justicia como el amanecer, | tu derecho como el mediodía. ℞.

La boca del justo expone la sabiduría, | su lengua explica el derecho; | porque lleva en el corazón la ley de su Dios, | y sus pasos no vacilan. ℞.

EVANGELIO   Jn 17, 20-26 (p. 2617)

ORACION SOBRE LAS OFRENDAS

Señor, que este sacrificio, que ofrecemos con gozo, en la fiesta de san Ireneo, glorifique tu nombre y nos impulse a nosotros a amar la verdad, para que mantengamos intacta la fe de la Iglesia y guardemos segura la unidad. Por Jesucristo nuestro Señor.

ORACION DESPUES DE LA COMUNION

Por estos misterios que hemos celebrado ten piedad de nosotros, Señor, y aumenta nuestra fe, y tú, que glorificas a tu obispo san Ireneo por haber profesado su fe hasta la muerte, haz que esa fe nos justifique también a nosotros viviéndola en toda su verdad. Por Jesucristo nuestro Señor.

29 de junio

San Pedro y san Pablo, apóstoles

Solemnidad

San Pedro y san Pablo sufrieron el martirio en Roma. El primero, entre los años 54 y 67; el segundo, el año 67. Pedro murió crucificado, cabeza abajo, cerca del lugar que ocupa la basílica Vaticana, edificada sobre su sepulcro. Pablo murió decapitado, según la tradición, *Ad aquas Salvias,* junto a la vía Ostiense, a cinco kilómetros de Roma, cerca de la basílica construida sobre su sepulcro.

Misa vespertina de la vigilia

Esta misa se utiliza en la tarde del día 28 de junio, antes o después de las primeras Vísperas de la solemnidad.

ANTIFONA DE ENTRADA

Pedro, el apóstol, y Pablo, el doctor de las gentes, nos enseñaron tu ley, Señor.

Se dice «Gloria».

ORACION COLECTA

Señor, Dios nuestro, tú que entregaste a la Iglesia las primicias de tu obra de salvación mediante el misterio apostólico de san Pedro y san Pablo, concédenos, pr su intercesión y sus méritos, los auxilios necesarios para nuestra salvación. Por nuestro Señor Jesucristo.

PRIMERA LECTURA

Te doy lo que tengo: en nombre de Jesucristo, echa a andar

LECTURA DEL LIBRO DE LOS HECHOS DE
LOS APOSTOLES
3, 1-10

En aquellos días, subían al templo Pedro y Juan, a la oración de media tarde, cuando vieron traer a cuestas a un lisiado de nacimiento. Solían colocarlo todos los días en la puerta del templo llamada «Hermosa», para que pidiera limosna a los que entraban. Al ver entrar en el templo a Pedro y a Juan, les pidió limosna.

Pedro, con Juan a su lado, se le quedó mirando y le dijo: «Míranos.» Clavó los ojos en ellos, esperando que le dieran algo. Pedro le dijo: «No tengo plata ni oro, te doy lo que tengo: en nombre de Jesucristo Nazareno, echa a andar.» Agarrándolo de la mano derecha lo incorporó. Al instante se le fortalecieron los pies y los tobillos, se puso en pie de un salto, echó a andar y entró con ellos en el templo por su pie, dando brincos y alabando a Dios. La gente lo vio andar alabando a Dios; al caer en la cuenta de que era el mismo que pedía limosna sentado en la puerta Hermosa, quedaron estupefactos ante lo sucedido.

Palabra de Dios.

SALMO RESPONSORIAL 18

R. **A toda la tierra alcanza tu pregón.**

El cielo proclama la gloria de Dios, | el firmamento pregona la obra de sus manos: | el día al día le pasa el mensaje, | la noche a la noche se lo susurra. R.

Sin que hablen, sin que pronuncien, | sin que resuene su voz, | a toda la tierra alcanza su pregón | y hasta los límites del orbe su lenguaje. R.

SEGUNDA LECTURA

Dios me escogió desde el seno de mi madre

LECTURA DE LA CARTA DEL APOSTOL SAN PABLO A LOS GALATAS
1, 11-20

Os notifico, hermanos, que el Evangelio anunciado por mí no es de origen humano; yo no lo he recibido ni aprendido de ningún hombre, sino por revelación de Jesucristo. Habéis oído hablar de mi conducta pasada en el judaísmo: con qué saña perseguía la Iglesia de Dios y la asolaba, y me señalaba en el judaísmo más que muchos de mi edad y de mi raza, como partidario fanático de las tradiciones de mis antepasados. Pero cuando aquel que me escogió desde el seno de mi madre y me llamó por su gracia se dignó revelar a su Hijo en mí, para que yo lo anunciara a los gentiles, en seguida, sin consultar con hombres, sin subir a Jerusalén a ver a los apóstoles anteriores a mí, me fui a Arabia, y después volví a Damasco. Más tarde, pasados tres años, subí a Jerusalén para conocer a Pedro, y me quedé quince días con él. Pero no vi a ningún otro apóstol, excepto a Santiago, el pariente del Señor. Dios es testigo de que no miento en lo que os escribo.

Palabra de Dios.

ALELUYA   Jn 21, 17d

Señor, tú conoces todo, tú sabes que te quiero.

EVANGELIO

Apacienta mis corderos, apacienta mis ovejas

✝ LECTURA DEL S. EVANGELIO SEGUN
SAN JUAN   21, 15-19

Habiéndose aparecido Jesús a sus discípulos, después de comer con ellos, dice a Simón Pedro: «Simón, hijo de Juan, ¿me amas más que éstos?» El le contestó: «Sí, Señor, tú sabes que te quiero.» Jesús le dice: «Apacienta mis corderos.» Por segunda vez le pregunta: «Simón, hijo de Juan, ¿me amas?» El le contesta: «Sí, Señor, tú sabes que te quiero.» El le dice: «Pastorea mis ovejas.» Por tercera vez le pregunta: «Simón, hijo de Juan, ¿me quieres?» Se entristeció Pedro de que le preguntara por tercera vez si lo quería y le contestó: «Señor, tú conoces todo, tú sabes que te quiero.» Jesús le dice: «Apacienta mis ovejas. Te lo aseguro: cuando eras joven, tú mismo te ceñías e ibas adonde querías; pero, cuando seas viejo, extenderás las manos, otro te ceñirá y te llevará adonde no quieras.» Esto dijo aludiendo a la muerte con que iba a dar gloria a Dios. Dicho esto, añadió: «Sígueme.»

Palabra del Señor.

*En las misas votivas de san Pedro y san Pablo, apóstoles, se toman
las lecturas precedentes.*

Se dice «Credo».

ORACION SOBRE LAS OFRENDAS

Señor, al celebrar con alegría la festividad de tus apóstoles
san Pedro y san Pablo, traemos a tu altar nuestras ofrendas y te
suplicamos que, al desconfiar de nuestros propios méritos, nos
gloriemos de alcanzar la salvación como gracia de tu misericordia. Por Jesucristo nuestro Señor.

Prefacio propio, como en la misa siguiente, p. 2083.

ANTIFONA DE COMUNION   Jn 21, 15.17

Simón, hijo de Juan, ¿me amas más que éstos? Señor, tú
conoces todo, tú sabes que te quiero.

ORACION DESPUES DE LA COMUNION

Te rogamos, Señor, que fortalezcas con estos sacramentos al
pueblo a quien has iluminado con la doctrina de tus santos apóstoles. Por Jesucristo nuestro Señor.

*Esta misa se puede utilizar también como votiva, con vestiduras de
color rojo.*

Misa del día

ANTIFONA DE ENTRADA

Estos son los que, mientras estuvieron en la tierra con su
sangre, plantaron la Iglesia: bebieron el cáliz del Señor y
lograron ser amigos de Dios.

ORACION COLECTA

Señor, tú que nos llenas de santa alegría en la celebración de
la fiesta de san Pedro y san Pablo, haz que tu Iglesia se manten-

ga siempre fiel a las enseñanzas de aquellos que fueron fundamento de nuestra fe cristiana. Por nuestro Señor Jesucristo.

Se dice «Gloria».

PRIMERA LECTURA

Era verdad: el Señor me ha librado de las manos de Herodes

LECTURA DEL LIBRO DE LOS HECHOS DE LOS APOSTOLES

12, 1-11

En aquellos días, el rey Herodes se puso a perseguir a algunos miembros de la Iglesia. Hizo pasar a cuchillo a Santiago,
hermano de Juan. Al ver que esto agradaba a los judíos, decidió
detener a Pedro. Era la semana de Pascua. Mandó prenderlo y
meterlo en la cárcel, encargando de su custodia a cuatro piquetes
de cuatro soldados cada uno; tenía intención de presentarlo al
pueblo pasadas las fiestas de Pascua. Mientras Pedro estaba en la
cárcel bien custodiado, la Iglesia oraba insistentemente a Dios
por él. La noche antes de que lo sacara Herodes, estaba Pedro
durmiendo entre dos soldados, atado con cadenas. Los centinelas
hacían guardia a la puerta de la cárcel. De repente, se presentó
el ángel del Señor, y se iluminó la celda. Tocó a Pedro en el
hombro, lo despertó y le dijo: «Date prisa, levántate.» Las cadenas se le cayeron de las manos, y el ángel añadió: «Ponte el cinturón y las sandalias.» Obedeció, y el ángel le dijo: «Echate el
manto y sígueme.» Pedro salió detrás, creyendo que lo que hacía
el ángel era una visión y no realidad. Atravesaron la primera y
la segunda guardia, llegaron al portón de hierro que daba a la calle, y se abrió solo. Salieron, y al final de la calle se marchó el
ángel. Pedro recapacitó y dijo: «Pues era verdad: el Señor ha enviado a su ángel para librarme de las manos de Herodes y de la
expectación de los judíos.»

Palabra de Dios.

SALMO RESPONSORIAL 33

℟. **El Señor me libró de todas mis ansias.**

Bendigo al Señor en todo momento, | su alabanza está siempre en mi boca; | mi alma se gloría en el Señor: | que los humildes lo escuchen y se alegren. ℟.

Proclamad conmigo la grandeza del Señor, | ensalcemos juntos su nombre. | Yo consulté al Señor, y me respondió, | me libró de todas mis ansias. ℟.

Contempladlo, y quedaréis radiantes, | vuestro rostro no se avergonzará. | Si el afligido invoca al Señor, él lo escucha | y lo salva de sus angustias. ℟.

El ángel del Señor acampa | en torno a sus fieles y los protege. | Gustad y ved qué bueno es el Señor, | dichoso el que se acoge a él. ℟.

SEGUNDA LECTURA

Ahora me aguarda la corona merecida

LECTURA DE LA SEGUNDA CARTA DEL APOSTOL SAN PABLO A TIMOTEO

4, 6-8.17-18

Querido hermano: Yo estoy a punto de ser sacrificado, y el momento de mi partida es inminente. He combatido bien mi combate, he corrido hasta la meta, he mantenido la fe. Ahora me aguarda la corona merecida, con la que el Señor, juez justo, me premiará en aquel día; y no sólo a mí, sino a todos los que tienen amor a su venida. El Señor me ayudó y me dio fuerzas para anunciar íntegro el mensaje, de modo que lo oyeran todos los gentiles. El me libró de la boca del león. El Señor seguirá librándome de todo mal, me salvará y me llevará a su reino del cielo. A él la gloria por los siglos de los siglos. Amén.

Palabra de Dios.

ALELUYA

Mt 16, 18

Tú eres Pedro, y sobre esta piedra edificaré mi Iglesia, y el poder del infierno no la derrotará.

EVANGELIO

Tú eres Pedro, y te daré las llaves del reino de los cielos

✠ LECTURA DEL S. EVANGELIO SEGUN SAN MATEO

16, 13-19

En aquel tiempo, al llegar a la región de Cesarea de Filipo, Jesús preguntó a sus discípulos: «¿Quién dice la gente que es el Hijo del hombre?» Ellos contestaron: «Unos que Juan Bautista, otros que Elías, otros que Jeremías o uno de los profetas.» El les preguntó: «Y vosotros, ¿quién decís que soy yo?» Simón Pedro tomó la palabra y dijo: «Tú eres el Mesías, el Hijo de Dios vivo.» Jesús le respondió: «¡Dichoso tú, Simón, hijo de Jonás!, porque eso no te lo ha revelado nadie de carne y hueso, sino mi Padre que está en el cielo. Ahora te digo yo: Tú eres Pedro, y sobre esta piedra edificaré mi Iglesia, y el poder del infierno no la derrotará. Te daré las llaves del reino de los cielos; lo que ates en la tierra quedará atado en el cielo, y lo que desates en la tierra quedará desatado en el cielo.»

Palabra del Señor.

Se dice «Credo».

En las misas votivas de san Pedro, apóstol, se toman las lecturas de la fiesta de la Cátedra del mismo apóstol, día 22 de febrero, p. 1984.

En las misas votivas de san Pablo, apóstol, se toman las lecturas de la fiesta de la Conversión del mismo apóstol, día 25 de enero, p. 1959.

ORACION SOBRE LAS OFRENDAS

Haz, Señor, que la oración de tus apóstoles acompañe esta ofrenda que te presentamos y nos vuelva agradables a ti, al celebrar este santo sacrificio. Por Jesucristo nuestro Señor.

PREFACIO

La doble misión de Pedro y Pablo en la Iglesia

En verdad es justo y necesario, es nuestro deber y salvación darte gracias siempre y en todo lugar, Señor, Padre santo, Dios todopoderoso y eterno, por Cristo, Señor nuestro.

Porque en los apóstoles Pedro y Pablo has querido dar a tu Iglesia un motivo de alegría:

Pedro fue el primero en confesar la fe, Pablo, el maestro insigne que la interpretó; aquél fundó la primitiva Iglesia con el resto de Israel, éste la extendió a todas las gentes.

De esta forma, Señor, por caminos diversos, los dos congregaron la única Iglesia de Cristo, y a los dos, coronados por el martirio, celebra hoy tu pueblo con una misma veneración.

Por eso, con todos los ángeles y santos, te alabamos, proclamando sin cesar:

Santo, Santo, Santo...

ANTIFONA DE COMUNION   Mt 16, 16.18

Pedro dijo a Jesús: Tú eres el Mesías, el Hijo de Dios vivo. Jesús le respondió: Tú eres Pedro, y sobre esta piedra edificaré mi Iglesia.

ORACION DESPUES DE LA COMUNION

Concede, Señor, a los que has alimentado con este sacramento, la gracia de vivir de tal modo en tu Iglesia que, perseverando en la fracción del pan y en la doctrina de los apóstoles, tengamos un solo corazón y una sola alma, arraigados firmemente en tu amor. Por Jesucristo nuestro Señor.

Para la misa votiva de san Pedro o san Pablo, véanse pp. 2485-88.

30 de junio

Santos Protomártires de la santa Iglesia Romana

Según el testimonio del historiador Tácito y del obispo de Roma Clemente, se desató una persecución contra los cristianos, porque fueron declarados responsables del incendio de Roma que tuvo lugar en julio del año 64. Muchos critianos murieron en esta persecución. Son los primeros mártires de la Iglesia de Roma.

Del Común de mártires (p. 2350).

ORACION COLECTA

Señor, Dios nuestro, que santificaste los comienzos de la Iglesia Romana con la sangre abundante de los mártires, concédenos que su valentía en el combate nos infunda el espíritu de fortaleza y la santa alegría de la victoria. Por nuestro Señor Jesucristo.

PRIMERA LECTURA

Ni muerte, ni vida podrá apartarnos del amor de Dios

LECTURA DE LA CARTA DEL APOSTOL SAN PABLO A LOS ROMANOS

8, 31b-39

Hermanos: Si Dios está con nosotros, ¿quién estará contra nosotros? El que no perdonó a su propio Hijo, sino que lo entregó por todos nosotros, ¿cómo no nos dará todo con él? ¿Quién acusará a los elegidos de Dios? ¿Dios, el que justifica? ¿Quién condenará? ¿Será acaso Cristo, que murió, más aún, resucitó y está a la derecha de Dios, y que intercede por nosotros? ¿Quién podrá apartarnos del amor de Cristo?: ¿la aflicción?, ¿la angustia?, ¿la persecución?, ¿el hambre?, ¿la desnudez?, ¿el peligro?, ¿la espada?, como dice la Escritura: «Por tu causa nos degüellan cada día, nos tratan como a ovejas de matanza.»

Pero en todo esto vencemos fácilmente por aquel que nos ha amado. Pues estoy convencido de que ni muerte, ni vida, ni ángeles, ni principados, ni presente, ni futuro, ni potencias, ni altura, ni profundidad, ni criatura alguna podrá apartanos del amor de Dios manifestado en Cristo Jesús, Señor nuestro.

Palabra de Dios.

SALMO RESPONSORIAL 123

℞ **Hemos salvado la vida, como un pájaro | de la trampa del cazador.**

Si el Señor no hubiera estado de nuestra parte, | cuando nos asaltaban los hombres, | nos habrían tragado vivos: | tanto ardía su ira contra nosotros. ℞.

Nos habrían arrollado las aguas, | llegándonos el torrente hasta el cuello; | nos habrían llegado hasta el cuello | las aguas espumantes. ℞.

La trampa se rompió, y escapamos. | Nuestro auxilio es el nombre del Señor, | que hizo el cielo y la tierra. ℞.

ALELUYA   Mt 5, 10

Dichosos los perseguidos por causa de la justicia, porque de ellos es el reino de los cielos.

EVANGELIO

Por mi causa os odiarán todos los pueblos

✠ LECTURA DEL S. EVANGELIO SEGUN
SAN MATEO
                                                    24, 4-13

En aquel tiempo, dijo Jesús a sus discípulos: «Cuidado con que nadie os extravíe. Vendrán muchos usurpando mi nombre, diciendo: "Yo soy el Mesías", y extraviarán a mucha gente. Vais a oír estruendo de batallas y noticias de guerra. No os alarméis; eso tiene que ocurrir, pero todavía no es el final. Se alzarán pueblo contra pueblo y reino contra reino, habrá hambre, epidemias y terremotos por diversos países; todos ésos serán los primeros dolores. Os entregarán al suplicio y os matarán, y por mi causa os odiarán todos los pueblos. Caerán muchos y se delatarán, y se odiarán unos a otros. Aparecerán muchos falsos profetas y engañarán a mucha gente, y, al crecer la maldad, se enfriará el amor en la mayoría; pero el que persevere hasta el final se salvará.»

Palabra del Señor.

Sábado posterior al segundo domingo después de Pentecostés

El Inmaculado Corazón de la Virgen María

La devoción al Inmaculado Corazón de María lógicamente va unida a la devoción al Sagrado Corazón de Jesús. Este movimiento devocional arranca de san Juan Eudes, en el siglo XVII, quien en principio no separaba a los dos Corazones en su proyecto de culto litúrgico. El papa Pío XII instituyó, en el año 1944, la fiesta del Corazón Inmaculado de María, independiente de la fiesta del Sagrado Corazón de Jesús.

ANTÍFONA DE ENTRADA   Sal 12, 6

Alegra mi corazón con tu auxilio y cantaré al Señor por el bien que me ha hecho.

ORACION COLECTA

Oh Dios, tú que has preparado en el Corazón de la Virgen María una digna morada al Espíritu Santo, haz que nosotros, por intercesión de la Virgen, lleguemos a ser templos dignos de tu gloria. Por nuestro Señor Jesucristo.

PRIMERA LECTURA

Desbordo de gozo con el Señor

LECTURA DEL LIBRO DE ISAIAS   61, 9-11

Su estirpe será célebre entre las naciones, y sus vástagos, entre los pueblos. Los que los vean reconocerán que son la estirpe que bendijo el Señor. Desbordo de gozo con el Señor, y me alegro con mi Dios: porque me ha vestido un traje de gala y me ha envuelto en un manto de triunfo, como novio que se pone la corona, o novia que se adorna con sus joyas. Como el suelo echa sus brotes, como un jardín hace brotar sus semillas, así el Señor hará brotar la justicia y los himnos ante todos los pueblos.

Palabra de Dios.

SALMO RESPONSORIAL   1 Sm 2, 1-8 (R.: 1a)

R. **Mi corazón se regocija por el Señor, mi salvador.**

Mi corazón se regocija por el Señor, | mi poder se exalta por
Dios; | mi boca se ríe de mis enemigos, | porque gozo con tu
salvación. R.

Se rompen los arcos de los valientes, | mientras los cobardes
se ciñen de valor; | los hartos se contratan por el pan, | mientras
los hambrientos engordan; | la mujer estéril da a luz siete hi-
jos, | mientras la madre de muchos queda baldía. R.

El Señor da la muerte y la vida, | hunde en el abismo y le-
vanta; | da la pobreza y la riqueza, | humilla y enaltece. R.

El levanta del polvo al desvalido, | alza de la basura al po-
bre, | para hacer que se siente entre príncipes | y que herede un
trono de gloria. R.

ALELUYA   Cf. Lc 2, 19

Dichosa es la Virgen María, que conservaba la palabra de
Dios, meditándola en su corazón.

EVANGELIO

Tu padre y yo te buscábamos angustiados

✠ LECTURA DEL S. EVANGELIO SEGUN
SAN LUCAS   2, 41-52

Los padres de Jesús solían ir cada año a Jerusalén por las
fiestas de Pascua. Cuando Jesús cumplió doce años, subieron a la
fiesta según la costumbre y, cuando terminó, se volvieron; pero
el niño Jesús se quedó en Jerusalén, sin que lo supieran sus padres. Estos, creyendo que estaba en la caravana, hicieron una jornada y se pusieron a buscarlo entre los parientes y conocidos; al
no encontrarlo, se volvieron a Jerusalén en su busca. A los tres
días, lo encontraron en el templo, sentado en medio de los maestros, escuchándolos y haciéndoles preguntas; todos los que le
oían quedaban asombrados de su talento y de las respuestas que

daba. Al verlo, se quedaron atónitos, y le dijo su madre: «Hijo, ¿por qué nos has tratado así? Mira que tu padre y yo te buscábamos angustiados.» El les contestó: «¿Por qué me buscabais? ¿No sabíais que yo debía estar en las cosas de mi Padre?» Pero ellos no comprendieron lo que quería decir. El bajó con ellos a Nazaret y siguió bajo su autoridad. Su madre conservaba todo esto en su corazón.

Palabra del Señor.

ORACION SOBRE LAS OFRENDAS

Acoge, Señor, la ofrenda y las súplicas que te presentamos en la conmemoración de María, la Madre de Dios; haz que sean agradables a tus ojos y atraigan sobre el pueblo el auxilio de tu protección. Por Jesucristo nuestro Señor.

Prefacio I de santa María Virgen: en la veneración, *p. 1092, o II, p. 1093.*

ANTIFONA DE COMUNION   Lc 2, 19

María conservaba todas estas cosas, meditándolas en su corazón.

ORACION DESPUES DE LA COMUNION

Como partícipes de la redención eterna, te rogamos, Señor, que al celebrar la memoria de la Madre de tu Hijo nos gocemos en la abundancia de tu gracia y sintamos el aumento continuo de la salvación. Por Jesucristo nuestro Señor.

JULIO

3 de julio

Santo Tomás, apóstol

Fiesta

Tomás es el apóstol que no creyó en la resurrección de Jesús, incredulidad que se convirtió en fe ante el mismo Resucitado. Según la tradición, llevó la noticia de la resurrección hasta la India, acontecimiento que reivindican los cristianos malabares, quienes, junto con los sirio-occidentales, celebran hoy la fiesta del apóstol Tomás.

ANTIFONA DE ENTRADA   Sal 117, 28

Tú eres mi Dios; te doy gracias, Dios mío, yo te ensalzo. Te alabo, porque tú eres mi salvación.

ORACION COLECTA

Dios todopoderoso, concédenos celebrar con alegría la fiesta de tu apóstol santo Tomás; que él nos ayude con su protección para que tengamos en nosotros vida abundante por la fe en Jesucristo, tu Hijo a quien tu apóstol reconoció como su Señor y su Dios. Por nuestro Señor Jesucristo.

PRIMERA LECTURA

Estáis edificados sobre el cimento de los apóstoles

LECTURA DE CARTA DEL APOSTOL SAN
PABLO A LOS EFESIOS   2, 19-22

Hermanos: Ya no sois extranjeros ni forasteros, sino que sois ciudadanos de los santos y miembros de la familia de Dios. Estáis edificados sobre el cimiento de los apóstoles y profetas, y el mismo Cristo Jesús es la piedra angular. Por él todo el edificio queda ensamblado, y se va levantando hasta formar un templo consagrado al Señor. Por él también vosotros os vais integrando en la construcción, para ser morada de Dios, por el Espíritu.

Palabra de Dios.

SALMO RESPONSORIAL   116, 1-2 (R.: Mc 16, 15)

R. **Id al mundo entero y proclamad el Evangelio** (o Aleluya).

Alabad al Señor, todas las naciones, | aclamadlo, todos los pueblos. R.

Firme es su misericordia con nosotros, | su fidelidad dura por siempre. R.

ALELUYA   Jn 20, 29

Porque me has visto, Tomás, has creído —dice el Señor—. Dichosos los que creen sin haber visto.

EVANGELIO

¡Señor mío y Dios mío!

✠ LECTURA DEL S. EVANGELIO SEGUN SAN JUAN
                                                                    20, 24-29

Tomás, uno de los Doce, llamado el Mellizo, no estaba con ellos cuando vino Jesús. Y los otros discípulos le decían: «Hemos visto al Señor.» Pero él les contestó: «Si no veo en sus manos la señal de los clavos, si no meto el dedo en el agujero de los clavos y no meto la mano en su costado, no lo creo.» A los ocho días, estaban otra vez dentro los discípulos y Tomás con ellos. Llegó Jesús, estando cerradas las puertas, se puso en medio y dijo: «Paz a vosotros.» Luego dijo a Tomás: «Trae tu dedo, aquí tienes mis manos; trae tu mano y métela en mi costado; y no seas incrédulo, sino creyente.» Contestó Tomás: «¡Señor mío y Dios mío!» Jesús le dijo: «¿Porque me has visto has creído? Dichosos los que crean sin haber visto.»

Palabra del Señor.

ORACION SOBRE LAS OFRENDAS

Recibe, Señor, el tributo de nuestro servicio y guarda en nosotros el fruto de estos dones que, en la fiesta de santo Tomás, te ofrecemos como sacrificio de alabanza. Por Jesucristo nuestro Señor.

Prefacio de los Apóstoles, pp. 1099-1100.

ANTIFONA DE COMUNION   Cf. Jn 20, 27

Trae tu mano y toca la señal de los clavos: y no seas incrédulo, sino creyente.

ORACION DESPUES DE LA COMUNION

Oh Dios, que nos has dado realmente en este sacramento el Cuerpo de tu Hijo, concédenos, te rogamos, que cuantos le hemos confesado por la fe nuestro Dios y Señor, como santo Tomás, le sigamos proclamando ante los hombres con nuestra vida y nuestras obras. Por Jesucristo nuestro Señor.

4 de julio

Santa Isabel de Portugal

Isabel era hija de Pedro III, rey de Aragón y conde de Barcelona, nieta de Jaime I y sobrina segunda de santa Isabel de Hungría. Fue dada en matrimonio a Dionisio, rey de Portugal. Su vida estuvo llena de muchas pruebas, sobre todo familiares, que ella afrontó procurando pacificar a su familia dividida.

Después de enviudar, Isabel renunció al mundo e ingresó en la Tercera Orden Franciscana, viviendo junto al monasterio de clarisas de Coimbra. Murió en Estremoz el 4 de julio de 1336.

Del Común de santos: los que se han consagrado a una actividad caritativa (p. 2408).

ORACION COLECTA

Oh Dios, que creas la paz y amas la caridad, tú que otorgaste a santa Isabel de Portugal la gracia de conciliar a los hombres enfrentados, muévenos, por su intercesión, a poner nuestros esfuerzos al servicio de la paz para que merezcamos llamarnos hijos de Dios. Por nuestro Señor Jesucristo.

PRIMERA LECTURA	1 Jn 3, 14-18 (p. 170)
SALMO RESPONSORIAL	111, 1-9 (p. 2415)
EVANGELIO	Mt 25, 31-46 (p. 1021)

5 de julio

San Antonio María Zaccaría, presbítero

Antonio-María nació en Cremona en 1502, y allí mismo moría, joven aún, el año 1539. Estudió medicina y ejerció su carrera, sobre todo entre los pobres. Ordenado sacerdote, fundó la Congregación de Clérigos Regulares de San Pablo, para promover la reforma de clérigos y laicos.

Del Común de pastores (p. 2367) o de santos: educadores (p. 2409) o religiosos (p. 2406).

ORACION COLECTA

Concédenos, Señor, crecer, según el espíritu de san Pablo, apóstol, en el conocimiento incomparable de tu Hijo Jesucristo, que impulsó a san Antonio María Zaccaría a proclamar en tu Iglesia la palabra de salvación. Por nuestro Señor Jesucristo.

PRIMERA LECTURA   2 Tim 1, 13-14; 2, 1-3 (p. 2292)

SALMO RESPONSORIAL   1, 1-4.6 (p. 2037)

EVANGELIO   Mc 10, 13-16 (p. 2498)

6 de julio

Santa María Goretti, virgen y mártir

María Goretti era hija de una familia muy pobre; al enviudar su madre (contaba entonces diez años) cuidó de sus hermanos y de otros niños de familias que trabajaban en el campo. Cuando tenía doce años, resistió a las repetidas solicitaciones de un joven de dieciocho, quien, ante la negativa de la niña, le asestó catorce puñaladas. La mártir moría al día siguiente, el 6 de julio del año 1902, después de haber perdonado al agresor.

Del Común de mártires (p. 2350) o de vírgenes (p. 2393).

ORACION COLECTA

Señor, fuente de la inocencia y amante de la castidad que concediste a tu sierva María Goretti la gracia del martirio en plena adolescencia, concédenos a nosotros, por su intercesión, firmeza para cumplir tus mandamientos, ya que le diste a ella la corona del premio por su fortaleza en el martirio. Por nuestro Señor Jesucristo.

PRIMERA LECTURA

Vuestros cuerpos son miembros de Cristo

LECTURA DE LA PRIMERA CARTA DEL APOSTOL SAN PABLO A LOS CORINTIOS   6, 13c-15a.17-20

Hermanos: El cuerpo no es para la fornicación, sino para el Señor; y el Señor, para el cuerpo. Dios, con su poder, resucitó al Señor y nos resucitará también a nosotros. ¿No sabéis que vuestros cuerpos son miembros de Cristo? El que se une al Señor es un espíritu con él. Huid de la fornicación. Cualquier pecado que cometa el hombre queda fuera de su cuerpo. Pero el que fornica peca en su propio cuerpo. ¿O es que no sabéis que vuestro cuerpo es templo del Espíritu Santo? El habita en vosotros porque lo habéis recibido de Dios. No os poseéis en propiedad, porque os han comprado pagando un precio por vosotros. Por tanto, ¡glorificad a Dios con vuestro cuerpo!

Palabra de Dios.

SALMO RESPONSORIAL 30

R. **A tus manos, Señor, encomiendo mi espíritu.**

Sé la roca de mi refugio, | un baluarte donde me salve, | tú que eres mi roca y mi baluarte; | por tu nombre dirígeme y guíame. R.

A tus manos encomiendo mi espíritu: | tú, el Dios leal, me librarás. | Tu misericordia sea mi gozo y mi alegría. | Te has fijado en mi aflicción. R.

Líbrame de los enemigos que me persiguen; | haz brillar tu rostro sobre tu siervo, | sálvame por tu misericordia. R.

EVANGELIO   Jn 12, 24-26 (p. 2135)

9 de julio

Nuestra Señora del Rosario de Chiquinquirá, patrona principal de Colombia

Fiesta

El Santuario de la Virgen del Rosario de *Chiqui*nquirá es uno de los más importantes de Colombia, en el que a lo largo *de* los siglos se eleva la alabanza del pueblo colombiano al Señor por medio de María. María está representada en un lienzo con su Hijo en brazos, y desgranando el rosario con su mano izquierda.

ANTIFONA DE ENTRADA

Alegrémonos en el Señor, celebrando esta fiesta en honor de la Santísima Virgen María; los ángeles se alegran en esta solemnidad y alaban al Hijo de Dios.

ORACION COLECTA

Padre nuestro, en tu amorosa solicitud has querido favorecer a nuestra Patria dándonos en Chiquinquirá un signo de tu presencia; por la intercesión poderosa de la Virgen María, cuyo patrocinio hoy celebramos, concédenos crecer en la fe y lograr la prosperidad por caminos de paz y de justicia. Por nuestro Señor Jesucristo...

Lecturas: Del Común de Sta. María Virgen (p. 2333).

ORACION SOBRE LAS OFRENDAS

Que el mismo Espíritu Santo, Señor, que consagró con su virtud las entrañas de la Virgen María, santifique los dones que colocamos en tu altar. Por Jesucristo nuestro Señor.

Prefacio de la Santísima Virgen María I: en la festividad, *pág. 1092.*

ANTIFONA DE COMUNION   Is 7, 14

La Virgen ha concebido y da a luz a un Hijo y le pone por nombre «Dios con nosotros».

ORACION DESPUES DE LA COMUNION

El sacramento de salvación que *hemos* recibido, Señor, nos alcance siempre tu mis*eric*ordia, para que habiendo conmemorado la Muer*te y Re*surrección de tu Hijo, seamos asociados a su *Pasión* para poder participar en el tri*u*nfo de su gloria. Por Jesucristo nuestro Señor.

11 de julio

San Benito, abad, patrón de Europa

En España: Fiesta

En América Latina: Memoria

«Hubo un varón de vida venerable, bendito por gracia y por nombre...» Así empieza san Gregorio Magno la narración de la vida de san Benito, recogiendo el testimonio de discípulos inmediatos.

Nació Benito en Nursia allá por el año 480. Educado en Roma, inició vida eremítica en Subiaco; se trasladó después a Casino, en donde fundó el célebre monasterio y escribió la Regla para los monjes, Regla que se extendió por todo el Occidente. Murió el 21 de marzo del año 547.

Del Común de santos: religiosos (p. 2406).

ORACION COLECTA

Señor, Dios nuestro, que hiciste del abad san Benito un esclarecido maestro en la escuela del divino servicio, concédenos, por su intercesión, que, prefiriendo tu amor a todas las cosas, avancemos por la senda de tus mandamientos con libertad de corazón. Por nuestro Señor Jesucristo.

PRIMERA LECTURA

Presta atención a la prudencia

LECTURA DEL LIBRO DE LOS PROVERBIOS

2, 1-9

Hijo mío, si aceptas mis palabras y conservas mis consejos, prestando oído a la sensatez y prestando atención a la prudencia; si invocas a la inteligencia y llamas a la prudencia; si la procuras

como el dinero y la buscas como un tesoro, entonces comprenderás el temor del Señor y alcanzarás el conocimiento de Dios. Porque es el Señor quien da sensatez, de su boca proceden saber e inteligencia. El atesora acierto para los hombres rectos, es escudo para el de conducta intachable, custodia la senda del deber, la rectitud y los buenos senderos. Entonces comprenderás la justicia y el derecho, la rectitud y toda obra buena.

Palabra de Dios.

SALMO RESPONSORIAL 33

R. **Bendigo al Señor en todo momento.**

Bendigo al Señor en todo momento, | su alabanza está siempre en mi boca; | mi alma se gloría en el Señor: | que los humildes lo escuchen y se alegren. R.

Proclamad conmigo la grandeza del Señor, | ensalcemos juntos su nombre. | Contempladlo, y quedaréis radiantes, | vuestro gozo no se avergonzará. R.

Gustad y ved qué bueno es el Señor, | dichoso el que se acoge a él. | Venid, hijos, escuchadme: | os instruiré en el temor del Señor. R.

Guarda tu lengua del mal, | tus labios de la falsedad; | apártate del mal, obra el bien, | busca la paz y corre tras ella. R.

ALELUYA   Mt 5, 3

Dichosos los pobres en el espíritu, porque de ellos es el reino de los cielos.

EVANGELIO

Vosotros, los que me habéis seguido, recibiréis cien veces más

✠ LECTURA DEL S. EVANGELIO SEGUN   19, 27-29
SAN MATEO

En aquel tiempo, dijo Pedro a Jesús: «Nosotros lo hemos dejado todo y te hemos seguido: ¿qué nos va a tocar?» Jesús les

dijo: «Os aseguro, cuando llegue la renovación, y el Hijo del hombre se siente en el trono de su gloria, también vosotros, los que me habéis seguido, os sentaréis en doce tronos para regir a las doce tribus de Israel. El que por mí deja casa, hermanos o hermanas, padre o madre, mujer, hijos o tierras, recibirá cien veces más, y heredará la vida eterna.»

Palabra del Señor.

ORACION SOBRE LAS OFRENDAS

Mira con bondad, Señor, estas ofrendas que te presentamos en la fiesta de san Benito, y haz que nosotros, buscándote a ti solo, como él te buscó, merezcamos encontrar en tu servicio el don de la unidad y de la paz. Por Jesucristo nuestro Señor.

ORACION DESPUES DE LA COMUNION

Después de recibir la eucaristía, prenda de vida eterna, concédenos, Señor, seguir las enseñanzas del abad san Benito, para que nos mantengamos fieles en tu servicio y amemos a nuestros hermanos con caridad ardiente. Por Jesucristo nuestro Señor.

13 de julio

San Enrique

Nació en Baviera en el año 973. Sucedió a su padre en el ducado de Baviera y luego fue coronado emperador por el papa junto con su esposa Cunegunda. Fundó obispados y dotó muchos monasterios. Murió el año 1024. Junto con su esposa descansa en la catedral de Bamberg.

Del Común de santos (p. 2401).

ORACION COLECTA

Oh Dios, que has llevado a san Enrique, movido por la generosidad de tu gracia, a la contemplación de las cosas eternas desde las preocupaciones del gobierno temporal, concédenos por sus ruegos, caminar hacia ti con sencillez de corazón en medio de las vicisitudes de este mundo. Por nuestro Señor Jesucristo.

PRIMERA LECTURA   Mi 6, 6-8 (p. 1576)

SALMO RESPONSORIAL   1, 1-4.6 (p. 2037)

EVANGELIO   Mt 7, 21-27 (p. 788)

14 de julio

San Camilo de Lelis, presbítero

Nació Camilo en Bucchiànico, cerca de los Abruzos. Al igual que su padre, escogió la carrera de las armas. De la guerra, Camilo retorna enfermo y es llevado al hospital de Santiago de los Incurables, en Roma. Aquí se realiza en él una profunda conversión, que lo lleva a una plena dedicación a los enfermos. Con unos cuantos compañeros funda la Orden de Clérigos Regulares Servidores de los Enfermos, vulgarmente llamados «Camilos». Murió en Roma, en la Magdalena (donde se venera su cuerpo) el 14 de julio de 1614.

Del Común de santos: los que se han consagrado a una actividad caritativa (p. 2408).

ORACION COLECTA

Oh Dios, que has enaltecido a san Camilo de Lelis con el carisma singular del amor a los enfermos, infunde en nosotros, por su intercesión, el espíritu de tu caridad, para que, sirviéndote en nuestros hermanos, podamos llegar seguros a ti en la hora de la muerte. Por nuestro Señor Jesucristo.

PRIMERA LECTURA   1 Jn 3, 14-18 (p. 170)

SALMO RESPONSORIAL   111, 1-9 (p. 2415)

EVANGELIO   Jn 15, 9-17 (p. 2032)

14 de julio

San Francisco Solano, presbítero

Fiesta

Nació en Montilla (Andalucía) el año 1549. Ingresa en la Orden de Frailes Menores, y después de haber ejercido varios cargos, embarca hacia Perú con un grupo de franciscanos. Desde allí ejercitará su apostolado. Murió el 14 de julio de 1610.

Del Común de pastores: misioneros (p. 2373).

ORACION COLECTA

Señor, que por medio del presbítero san Francisco Solano llevaste a muchos pueblos de América al seno de tu Iglesia: por sus méritos e intercesión, míranos con bondad y atrae hacia ti a los pueblos que aún no te conocen. Por nuestro Señor Jesucristo.

15 de julio

San Buenaventura, obispo y doctor de la Iglesia

Memoria

Juan Fidanza nació en Bagnoregio cerca de Viterbo. Estudió filosofía y teología en París. Con el nombre de Buenaventura, vistió el hábito de los frailes menores, de los cuales llegó a ser Ministro General. En él, la Orden encontró el estructurador y organizador que necesitaba. En 1237 tuvo que aceptar el obispado de Albano junto con el cardenalato. En Roma, Gregorio X le encargó la preparación del Concilio II de Lyon, que tenía como objetivo la unión con los Griegos. El concilio se abrió el 7 de mayo de 1274; el 28 de junio se llegó a un cierto acuerdo de unión; el 15 de julio moría Buenaventura en Lyon.

Del común de pastores: obispos (p. 2367) o de doctores de la Iglesia (p. 2384).

ORACION COLECTA

Dios todopoderoso, concede a cuantos hoy celebramos la fiesta de tu obispo san Buenaventura la gracia de aprovechar su admirable doctrina e imitar los ejemplos de su ardiente caridad. Por nuestro Señor Jesucristo.

PRIMERA LECTURA   Ef 3, 14-19 (p. 2244)

SALMO RESPONSORIAL   118, 9-14 (p. 2122)

EVANGELIO   Mt 23, 8-12 (p. 2167)

16 de julio

Nuestra Señora del Carmen

En España: Memoria

En América Latina: Memoria libre

En el monte Carmelo, cuya belleza es ensalzada por la Sagrada Escritura, se refugió Elías al defender la pureza de la fe en el Dios de Israel. En el siglo XII, unos ermitaños vivieron en aquel monte; posteriormente, en el siglo XIII, estos ermitaños se reunieron en una familia religiosa bajo la Regla que les había dado Alberto, patriarca de Jerusalén, y que aprobó el papa Honorio III. La Orden, desde sus inicios se puso bajo el patrocinio de la Virgen María.

Del común de santa María Virgen (p. 2333).

ORACION COLECTA

Te suplicamos, Señor, que la poderosa intercesión de la Virgen María, en su advocación del monte Carmelo, nos ayude y nos haga llegar hasta Cristo, monte de salvación. Quien vive y reina contigo.

PRIMERA LECTURA   Zc 2, 14-17 (p. 1763)

SALMO RESPONSORIAL   Lc 1, 46-55 (p. 2343)

EVANGELIO   Mt 12, 46-50 (p. 2349)

21 de julio

San Lorenzo de Brindis, presbítero y doctor de la Iglesia

Nació Julio Cesar Russo en el año 1559, en Brindis. Profesó en la rama capuchina de la Orden Franciscana con el nombre de Lorenzo. Hombre de gran cultura y versado en lenguas, fue un predicador nato que recorrió toda Europa. Escribió muchos libros de teología y exégesis bíblica. Mientras estaba ocupado en una misión diplomática con el rey de España, Felipe III, murió en Lisboa el 22 de julio de 1619.

Del Común de pastores (p. 2367) o doctores de la Iglesia (p. 2384).

ORACION COLECTA

Oh Dios, que para gloria de tu nombre y salvación de las almas otorgaste a san Lorenzo de Brindis espíritu de consejo y fortaleza, concédenos llegar a conocer con ese mismo espíritu las cosas que debemos realizar y la gracia de llevarlas a la práctica después de conocerlas. Por nuestro Señor Jesucristo.

PRIMERA LECTURA   2 Cor 4, 6-11 (p. 791)

SALMO RESPONSORIAL   39, 2.4ab.7-10 (p. 2064)

EVANGELIO   Mc 4, 1-10.13-20 (p. 1332)

22 de julio

Santa María Magdalena

Memoria

María de Magdala, la santa «mirófora», fue la primera que vio a Jesús resucitado, cuando fue al sepulcro para embalsamar

su cuerpo. Ella fue el apóstol de los Apóstoles en el anuncio de
la resurrección.

ANTIFONA DE ENTRADA   Jn 20,17

Dijo el Señor a María Magdalena: Anda, ve a mis hermanos y diles: Subo al Padre mío y Padre vuestro, al Dios
mío y Dios vuestro.

ORACION COLECTA

Señor, Dios nuestro, Cristo, tu Unigénito, confió, antes que
a nadie, a María Magdalena la misión de anunciar a los suyos la
alegría pascual; concédenos a nosotros, por la intercesión y el
ejemplo de aquella cuya fiesta celebramos, anunciar siempre a
Cristo resucitado y verle un día glorioso en el reino de los cielos.
Por nuestro Señor Jesucristo.

PRIMERA LECTURA

Encontré al amor de mi alma

LECTURA DEL LIBRO DEL CANTAR DE
LOS CANTARES

3, 1-4a

Así dice la esposa: «En mi cama, por la noche, buscaba al
amor de mi alma: lo busqué y no lo encontré. Me levanté y reco-
rrí la ciudad por las calles y las plazas, buscando al amor de mi
alma; lo busqué y no lo encontré. Me han encontrado los guardias que rondan por la ciudad: "¿Visteis al amor de mi alma?"
Pero, apenas los pasé, encontré al amor de mi alma.»

Palabra de Dios.

SALMO RESPONSORIAL 62

℟ **Mi alma está sedienta de ti, mi Dios.**

Oh Dios, tú eres mi Dios, por ti madrugo, | mi alma está sedienta de ti; | mi carne tiene ansia de ti, | como tierra reseca, agostada, sin agua. ℞.

¡Cómo te contemplaba en el santuario | viendo tu fuerza y tu gloria! | Tu gracia vale más que la vida, | te alabarán mis labios. ℞.

Toda mi vida te bendeciré | y alzaré las manos invocándote. | Me saciaré como de enjundia y de manteca, | y mis labios te alabarán jubilosos. ℞.

Porque fuiste mi auxilio, | y a la sombra de tus alas canto con júbilo; | mi alma está unida a ti, | y tu diestra me sostiene. ℞.

ALELUYA

«¿Qué has visto de camino, María, en la mañana?» «A mi Señor glorioso, la tumba abandonada, los ángeles testigos, sudarios y mortaja.»

EVANGELIO

Mujer, ¿por qué lloras?, ¿a quién buscas?

✠ LECTURA DEL S. EVANGELIO SEGUN
SAN JUAN   20, 1.11-18

El primer día de la semana, María Magdalena fue al sepulcro al amanecer, cuando aún estaba oscuro, y vio la losa quitada del sepulcro. Fuera, junto al sepulcro, estaba María, llorando. Mientras lloraba, se asomó al sepulcro y vio dos ángeles vestidos de blanco, sentados, uno a la cabecera y otro a los pies, donde había estado el cuerpo de Jesús. Ellos le preguntan: «Mujer, ¿por qué lloras?» Ella les contesta: «Porque se han llevado a mi Señor y no sé dónde lo han puesto.» Dicho esto, da media vuelta y ve a Jesús, de pie, pero no sabía que era Jesús. Jesús le dice: «Mujer, ¿por qué lloras?, ¿a quién buscas?» Ella, tomándolo por el hortelano, le contesta: «Señor, si tú te lo has llevado, dime dónde lo has puesto y yo lo recogeré.» Jesús le dice: «¡María!» Ella se vuelve y le dice: «¡Rabboní!», que significa: «¡Maestro!» Jesús le dice: «Suéltame, que todavía no he subido al Padre. Anda, ve a mis hermanos y diles: "Subo al Padre mío y Padre vuestro, al Dios mío y Dios vuestro."» María Magdalena fue y anunció a los discípulos: «He visto al Señor y me ha dicho esto.»

Palabra del Señor.

ORACION SOBRE LAS OFRENDAS

Recibe, Señor, los dones que te presentamos en la fiesta de santa María Magdalena, cuya ofrenda de amor aceptó con tanta misericordia tu Hijo Jesucristo. Que vive y reina por los siglos de los siglos.

ANTIFONA DE COMUNION   2 Cor 5, 14-15

Nos apremia el amor de Cristo para que los que viven ya no vivan para sí, sino para el que murió y resucitó por ellos.

ORACION DESPUES DE LA COMUNION

Que la participación en tus misterios, Señor, infunda en nosotros aquel amor que impulsó a santa María Magdalena a entregarse por siempre a Cristo, su Maestro. Que vive y reina por los siglos de los siglos.

23 de julio

Santa Brígida, religiosa

Brígida nació en Suecia el año 1303. Casada con el noble Ulf Gudmarsson, del cual tuvo ocho hijos, entre los que se cuenta a santa Catalina de Suecia, llevó con él una vida sumamente piadosa. Después de haber peregrinado a Santiago de Compostela murió su marido, y ella intensificó su vida de ascesis y oración. Fundó una Orden religiosa a base de monasterios dobles, bajo la Regla de san Agustín, Orden que aprobó el papa Urbano V. Pasó los veinticuatro últimos años de su vida en Roma, en donde murió el año 1373.

Del Común de santos: santas mujeres (p. 2411).

ORACION COLECTA

Señor, Dios nuestro, que has manifestado a santa Brígida secretos celestiales mientras meditaba la pasión de tu Hijo, concédenos a nosotros, tus siervos, gozarnos siempre en la manifestación de tu gloria. Por nuestro Señor Jesucristo.

PRIMERA LECTURA	Gal 2, 19-20 (p. 1975)
SALMO RESPONSORIAL	33, 2-11 (p. 2119)
EVANGELIO	Jn 15, 1-8 (p. 2455)

25 de julio

Santiago, apóstol, patrono de España

En España: Solemnidad
En América Latina: Fiesta

Santiago, hermano de Juan, ambos hijos del Zebedeo, junto con Pedro forma el grupo de los apóstoles más íntimamente relacionado con el Señor.

Alrededor de la fiesta de Pascua del año 43 ó 44, Herodes Agripa lo hizo decapitar.

Desde el siglo IX el sepulcro de Santiago en Compostela (al igual que el de san Pedro en Roma, y el sepulcro vacío del Señor en Jerusalén) es uno de los centros mundiales de peregrinación, al que se accede por el Camino de Santiago.

ANTÍFONA DE ENTRADA   Cf. Mt 4, 18. 21; Mc 3, 17

Pasando Jesús junto al lago de Galilea vio a Santiago, hijo de Zebedeo, y a Juan, su hermano, que estaban repasando las redes, y los llamó, y les dio el sobrenombre de Boanerges, que significa Los Truenos.

ORACIÓN COLECTA

Dios todopoderoso y eterno, que consagraste los primeros trabajos de los apóstoles con la sangre de Santiago, haz que, por su martirio, sea fortalecida tu Iglesia y, por su patrocinio, España se mantenga fiel a Cristo hasta el final de los tiempos. Por nuestro Señor Jesucristo.

PRIMERA LECTURA

El rey Herodes hizo pasar a cuchillo a Santiago

LECTURA DEL LIBRO DE LOS HECHOS DE
LOS APÓSTOLES   4, 33; 5, 12.27-33; 12.2

En aquellos días, los apóstoles daban testimonio de la resurrección del Señor Jesús con mucho valor y hacían muchos signos y prodigios en medio del pueblo. Los condujeron a presencia del Sanedrín y el sumo sacerdote los interrogó: «¿No os habíamos prohibido formalmente enseñar en nombre de ése? En cambio, habéis llenado Jerusalén con vuestra enseñanza y queréis hacernos responsables de la sangre de ese hombre.» Pedro y los apóstoles replicaron: «Hay que obedecer a Dios antes que a los hombres. El Dios de nuestros padres resucitó a Jesús, a quien vosotros matasteis, colgándolo de un madero. La diestra de Dios lo exaltó, haciéndolo jefe y salvador, para otorgarle a Israel la conversión con el perdón de los pecados. Testigos de esto somos

nosotros y el Espíritu Santo, que Dios da a los que le obedecen.»
Esta respuesta los exasperó, y decidieron acabar con ellos. Más
tarde, el rey Herodes hizo pasar a cuchillo a Santiago, hermano
de Juan.

Palabra de Dios.

SALMO RESPONSORIAL 66

R Oh Dios, que te alaben los pueblos, | que todos los
pueblos te alaben.

El Señor tenga piedad y nos bendiga, | ilumine tu rostro so-
bre nosotros; | conozca la tierra tus caminos, | todos los pueblos
tu salvación. R.

Que canten de alegría las naciones, | porque riges el mundo
con justicia, | riges los pueblos con rectitud | y gobiernas las na-
ciones de la tierra. R.

La tierra ha dado su fruto, | nos bendice el Señor, nuestro
Dios. | Que Dios nos bendiga; que le teman | hasta los confines
del orbe. R.

SEGUNDA LECTURA

Llevamos en el cuerpo la muerte de Jesús

LECTURA DE LA SEGUNDA CARTA DEL
APOSTOL SAN PABLO A LOS CORINTIOS

4, 7-15

Hermanos: El tesoro del ministerio lo llevamos en vasijas de
barro, para que se vea que una fuerza tan extraordinaria es de
Dios y no proviene de nosotros. Nos aprietan por todos lados,
pero no nos aplastan; estamos apurados, pero no desesperados;
acosados, pero no abandonados; nos derriban, pero no nos rematan; en toda ocasión y por todas partes, llevamos en el cuerpo la
muerte de Jesús, para que también la vida de Jesús se manifieste
en nuestro cuerpo. Mientras vivimos, continuamente nos están
entregando a la muerte, por causa de Jesús; para que también la

vida de Jesús se manifieste en nuestra carne mortal. Así, la muerte está actuando en nosotros, y la vida en vosotros. Teniendo el mismo espíritu de fe, según lo que está escrito: «Creí, por eso hablé», también nosotros creemos y por eso hablamos; sabiendo que quien resucitó al Señor Jesús también con Jesús nos resucitará y nos hará estar con vosotros. Todo es para vuestro bien. Cuantos más reciban la gracia, mayor será el agradecimiento, para gloria de Dios.

Palabra de Dios.

ALELUYA

Astro brillante de España, apóstol Santiago, tu cuerpo descansa en la paz, tu gloria pervive entre nosotros.

EVANGELIO

Mi cáliz lo beberéis

✠ LECTURA DEL S. EVANGELIO SEGUN SAN MATEO

20, 20-28

En aquel tiempo, se acercó a Jesús la madre de los Zebedeos con sus hijos y se postró para hacerle una petición. El le preguntó: ¿«Qué deseas?» Ella contestó: «Ordena que estos dos hijos míos se sienten en tu reino, uno a tu derecha y el otro a tu izquierda.» Pero Jesús replicó: «No sabéis lo que pedís. ¿Sois capaces de beber el cáliz que yo he de beber?» Contestaron: «Lo somos.» El les dijo: «Mi cáliz lo beberéis; pero el puesto a mi derecha o a mi izquierda no me toca a mí concederlo, es para aquellos para quienes lo tiene reservado mi Padre.» Los otros diez, que lo habían oído, se indignaron contra los dos hermanos. Pero Jesús, reuniéndolos, les dijo: «Sabéis que los jefes de los pueblos los tiranizan y que los grandes los oprimen. No será así entre vosotros: el que quiera ser grande entre vosotros, que sea vuestro servidor, y el que quiera ser primero entre vosotros, que sea vuestro esclavo. Igual que el Hijo del hombre no ha venido para que le sirvan, sino para servir y dar su vida en rescate por muchos.»

Palabra del Señor.

Se dice «Credo».

ORACION SOBRE LAS OFRENDAS

Purifícanos, Señor, con el bautismo salvador de la muerte de tu Hijo, para que, en la solemnidad de Santiago, el primer apóstol que participó en el cáliz redentor de Cristo, podamos ofrecerte un sacrificio agradable a tu Divina Majestad. Por Jesucristo nuestro Señor.

PREFACIO

El patronazgo del Apóstol

En verdad es justo y necesario, es nuestro deber y salvación darte gracias siempre y en todo lugar, Señor, Padre santo, Dios todopoderoso, Pastor eterno.

Porque Santiago, testigo predilecto, anunció el reino que viene por la muerte y resurrección de tu Hijo, y, el primero entre los apóstoles, bebió el cáliz del Señor:

Con su guía y patrocinio se conserva la fe en los pueblos de España y se dilata por toda la tierra, mientras tu Apóstol alienta a los que peregrinan para que lleguen finalmente a ti, por Cristo, Señor nuestro.

Por eso, Señor, con todos los ángeles te alabamos ahora y por siempre, diciendo con humilde fe:

Santo, Santo, Santo...

ANTIFONA DE COMUNION   Cf. Mt 20, 22-23

Bebió el cáliz del Señor y se hizo amigo de Dios.

ORACION DESPUES DE LA COMUNION

Al darte gracias, Señor, por los dones santos que hemos recibido en esta solemnidad de Santiago, apóstol, patrono de Espa-

ña, te pedimos que sigas protegiéndonos siempre con su poderosa intercesión. Por Jesucristo nuestro Señor.

26 de julio

San Joaquín y santa Ana, padres de la Virgen María

Memoria

Por una tradición muy antigua conocemos los nombres de
los padres de la Virgen María. En el rito bizantino se celebra el
día 25 de julio la muerte de santa Ana, madre de la Virgen;
en este día, en el siglo VI, fue dedicada una basílica en su honor. El
culto a san Joaquín es más reciente, y se unió al de su esposa.

ANTIFONA DE ENTRADA

Alabemos a Joaquín y a Ana por su hija: en ella les dio
el Señor la bendición de todos los pueblos.

ORACION COLECTA

Señor, Dios de nuestros padres, tú concediste a san Joaquín
y a santa Ana la gracia de traer a este mundo a la Madre de tu
Hijo; concédenos, por la plegaria de estos santos, la salvación
que has prometido a tu pueblo. Por nuestro Señor Jesucristo.

PRIMERA LECTURA

Vive su fama por generaciones

LECTURA DEL LIBRO DEL ECLESIASTICO   44, 1.10-15

Hagamos el elogio de los hombres de bien, de la serie de
nuestros antepasados. Fueron hombres de bien, su esperanza no
se acabó; sus bienes perduran en su descendencia, su heredad
pasa de hijos a nietos. Sus hijos siguen fieles a la alianza, y tam-

bién sus nietos, gracias a ellos. Su recuerdo dura por siempre, su caridad no se olvidará. Sepultados sus cuerpos en paz, vive su fama por generaciones; el pueblo cuenta su sabiduría, la asamblea pregona su alabanza.

Palabra de Dios.

SALMO RESPONSORIAL 131

R. **El Señor Dios le ha dado | el trono de David, su padre.**

El Señor ha jurado a David | una promesa que no retractará: | «A uno de tu linaje | pondré sobre tu trono.» R.

Porque el Señor ha elegido a Sión, | ha deseado vivir en ella: | «Esta es mi mansión por siempre, | aquí viviré, porque la deseo.» R.

«Haré germinar el vigor de David, | enciendo una lámpara para mi Ungido. | A sus enemigos los vestiré de ignominia, | sobre él brillará mi diadema.» R.

ALELUYA

Cf. Lc 2, 25c

Aguardaban el consuelo de Israel, y el Espíritu Santo moraba en ellos.

EVANGELIO

Muchos profetas y justos desearon ver lo que veis vosotros

✠ LECTURA DEL S. EVANGELIO SEGUN
SAN MATEO

13, 16-17

En aquel tiempo, dijo Jesús a sus discípulos: «¡Dichosos vuestros ojos, porque ven, y vuestros oídos, porque oyen! Os aseguro que muchos profetas y justos desearon ver lo que veis vosotros y no lo vieron, y oír lo que oís y no lo oyeron.»

Palabra del Señor.

ORACION SOBRE LAS OFRENDAS

Te rogamos, Señor, que recibas los dones que te presentamos para que nos hagas partícipes de aquella bendición que prometiste a Abrahán y a su descendencia. Por Jesucristo nuestro Señor.

ANTIFONA DE COMUNION   Cf. Sal 23, 5

Recibieron la bendición del Señor, les hizo justicia el Dios de salvación.

ORACION DESPUES DE LA COMUNION

Tú has querido, Señor, que tu Hijo unigénito naciera de los hombres, para que los hombres, en misterio admirable, renaciesen de ti; concédenos, por tu misericordia, que cuantos hemos sido alimentados con el pan de los hijos seamos también santificados por el espíritu de adopción. Por Jesucristo nuestro Señor.

28 de julio

María, Reina de la Paz

Fiesta

Con razón María, la madre del Mesías, el Rey pacífico, el que nos trae la paz, es llamada «Reina de la Paz». Bajo esta advocación la celebran las naciones de América Latina.

ANTIFONA DE ENTRADA

Dice el Señor: Yo extiendo sobre ella la paz como un río, y la gloria de las naciones como un torrente que se desborda.

ORACION COLECTA

Abre, Señor, a tus servidores la riqueza de tu gracia, y ya que la Maternidad de la Virgen María fue para nosotros el comienzo de la salvación, concédenos que esta celebración acreciente nuestra paz. Por nuestro Señor Jesucristo.

Lecturas: Del Común de Sta. María Virgen (p. 2342).

ORACION SOBRE LAS OFRENDAS

Al ofrecerte este sacrificio de reconciliación, te pedimos humildemente, Señor, que por la intercesión de la Virgen María, Madre de Dios, nos concedas los dones de la unidad y de la paz. Por Jesucristo.

Prefacio de la Virgen María, en la fiesta, p. 1092 ó 1093.

ANTIFONA DE COMUNION

Dignísima Virgen María, Reina del mundo, tú que engendraste a Cristo, el Señor y Salvador de todos, pide para nosotros la paz y la salvación.

ORACION DESPUES DE LA COMUNION

Te pedimos, Señor, que por estos sacramentos recibidos, nos concedas la paz del alma y del cuerpo, y por la intercesión de la santísima Virgen María nos protejas contra todos los ataques del enemigo. Por Jesucristo.

29 de julio

Santa Marta

Memoria

Marta aparece tres veces en el evangelio: en el banquete de Betania; en la resurrección de su hermano Lázaro; y en la cena ofrecida a Jesús seis días antes de Pascua. Su fiesta fue introducida por los franciscanos en el año 1262.

ANTIFONA DE ENTRADA   Lc 10, 38

Entró Jesús en una aldea y una mujer llamada Marta lo recibió en su casa.

ORACION COLECTA

Dios todopoderoso, tu Hijo aceptó la hospitalidad de santa Marta y se albergó en su casa; concédenos, por intercesión de esta santa mujer, servir fielmente a Cristo en nuestros hermanos y ser recibidos, como premio, en tu casa del cielo. Por nuestro Señor Jesucristo.

PRIMERA LECTURA   1 Jn 4, 7-16 (p. 2166)

SALMO RESPONSORIAL   33, 2-11 (p. 2119)

ALELUYA   Jn 8, 12b

Yo soy la luz del mundo —dice el Señor—; el que me sigue tendrá la luz de la vida.

EVANGELIO

Creo que tú eres el Mesías, el Hijo de Dios

✠ LECTURA DEL S. EVANGELIO SEGUN
SAN JUAN   11, 19-27

En aquel tiempo, muchos judíos habían ido a ver a Marta y a María, para darles el pésame por su hermano. Cuando Marta se enteró de que llegaba Jesús, salió a su encuentro, mientras María se quedaba en casa. Y dijo Marta a Jesús: «Señor, si hubieras estado aquí no habría muerto mi hermano. Pero aún ahora sé que todo lo que pidas a Dios, Dios te lo concederá.» Jesús le dijo: «Tu hermano resucitará.» Marta respondió: «Sé que resucitará en la resurrección del último día.» Jesús le dice: «Yo soy la resurrección y la vida: el que cree en mí, aunque haya muerto, vivirá; y el que está vivo y cree en mí, no morirá para siempre. ¿Crees esto?» Ella le contestó: «Sí, Señor: yo creo que tú eres el Mesías, el Hijo de Diios, el que tenía que venir al mundo.»

Palabra del Señor.

ORACION SOBRE LAS OFRENDAS

Señor, al proclamar las maravillas que has realizado en santa Marta, te rogamos que, así como aceptaste con agrado su solicitud caritativa, aceptes de igual modo el homenaje de nuestro servicio. Por Jesucristo nuestro Señor.

ANTIFONA DE COMUNION   Jn 11, 27

Marta dijo a Jesús: Tú eres el Mesías, el Hijo de Dios, el que tenía que venir al mundo.

ORACION DESPUES DE LA COMUNION

Te rogamos, Señor, que la participación en el Cuerpo y la Sangre de tu Hijo nos aparte de las cosas perecederas, para que, a ejemplo de santa Marta, podamos servirte en la tierra con caridad sincera y gozar eternamente de tu vista en el cielo. Por Jesucristo nuestro Señor.

30 de julio

San Pedro Crisólogo, obispo y doctor de la Iglesia

Pedro nació en Imola alrededor del año 380. En el año 424 fue elegido obispo de Ravena, que en el siglo V era residencia imperial. Fue famoso por sus sermones con los que instruía al pueblo cristiano (han llegado hasta nosotros cerca de 180). Murió hacia el año 450.

Del Común de pastores: obispos (p. 2367) o doctores de la Iglesia (p. 2384).

ORACION COLECTA

Señor Dios, que hiciste de tu obispo san Pedro Crisólogo un insigne predicador de la Palabra encarnada, concédenos, por su intercesión, guardar y meditar en nuestros corazones los mis-

terios de la salvación y vivirlos en la práctica con fidelidad. Por
nuestro Señor Jesucristo.

PRIMERA LECTURA	Ef 3, 8-12 (p. 1828)
SALMO RESPONSORIAL	118, 9-14 (p. 2122)
EVANGELIO	Lc 6, 43-45 (p. 1729)

31 de julio

San Ignacio de Loyola, presbítero

Memoria

Iñigo López de Loyola nació en el País Vasco en el año
1491, de una antigua familia de caballeros. Herido en la defensa
del castillo de Pamplona, experimentó una profunda conversión
durante la convalecencia, leyendo a Ludolfo de Saxonia y la *Le-
genda Aurea*. Peregrina a Tierra Santa; de regreso estudia en Barcelona, Alcalá de Henares, Salamanca y París. En París, en
Montmartre, funda la Compañía de Jesús (1534); en Venecia es
ordenado sacerdote. Finalmente se traslada a Roma para ponerse
plenamente a la disposición del Papa y organizar la Compañía.
Murió en Roma día 31 de julio de 1556.

ANTIFONA DE ENTRADA   Flp 2, 10-11

Al nombre de Jesús toda rodilla se doble —en el Cielo,
en la Tierra, en el Abismo— y toda lengua proclame: Jesucristo es Señor, para gloria de Dios Padre.

ORACION COLECTA

Señor, Dios nuestro, que has suscitado en tu Iglesia a san Ignacio de Loyola para extender la gloria de tu nombre, concédenos que después de combatir en la tierra, bajo su protección y si-

guiendo su ejemplo, merezcamos compartir con él la gloria del cielo. Por nuestro Señor Jesucristo.

PRIMERA LECTURA

Hacedlo todo para gloria de Dios

LECTURA DE LA PRIMERA CARTA DEL APOSTOL SAN PABLO A LOS CORINTIOS 10, 31—11, 1

Hermanos: Cuando comáis o bebáis o hagáis cualquier otra cosa, hacedlo todo para gloria de Dios. No deis motivo de escándalo a los judíos, ni a los griegos, ni a la Iglesia de Dios, como yo, por mi parte, procuro contentar en todo a todos, no buscando mi propio bien, sino el de la mayoría, para que se salven. Seguid mi ejemplo, como yo sigo el de Cristo.

Palabra de Dios.

SALMO RESPONSORIAL 33

℟ **Gustad y ved qué bueno es el Señor.**

Bendigo al Señor en todo momento, | su alabanza está siempre en mi boca; | mi alma se gloría en el Señor: | que los humildes lo escuchen y se alegren. ℟.

Proclamad conmigo la grandeza del Señor, | ensalcemos juntos su nombre. | Yo consulté al Señor, y me respondió, | me libró de todas mis ansias. ℟.

Contempladlo, y quedaréis radiantes, | vuestro gozo no se avergonzará. | Si el afligido invoca al Señor, él lo escucha | y lo salva de sus angustias. ℟.

El ángel del Señor acampa | en torno a sus fieles y los protege. | Gustad y ved qué bueno es el Señor, | dichoso el que se acoge a él. ℟.

Todos sus santos, temed al Señor, | porque nada les falta a los que le temen; | los ricos empobrecen y pasan hambre, | los que buscan al Señor no carecen de nada. ℟.

EVANGELIO Lc 14, 25-33 (p. 1863)

ORACION SOBRE LAS OFRENDAS

Acepta complacido, Señor, las ofrendas que te presentamos en la fiesta de san Ignacio de Loyola, y concédenos que estos sagrados misterios, fuente de toda santificación, nos santifiquen también en la verdad. Por Jesucristo nuestro Señor.

ANTIFONA DE COMUNION   Lc 12, 49

He venido a prender fuego en el mundo —dice el Señor—. ¡Y ojalá estuviera ya ardiendo!

ORACION DESPUES DE LA COMUNION

Señor, el sacrificio de alabanza que te hemos ofrecido para darte gracias, en la fiesta de san Ignacio de Loyola, nos lleve a glorificar tu inmensa gloria por toda la eternidad. Por Jesucristo nuestro Señor.

AGOSTO

1 de agosto

San Alfonso María de Ligorio, obispo y doctor de la Iglesia

Memoria

Nació en Nápoles en el año 1696. En la Universidad napolitana recibió el grado de doctor en ambos derechos. Después de ejercer como abogado, se ordenó sacerdote y se dedicó al apostolado entre los pobres y abandonados. Fundó la Congregación del Santísimo Redentor para la evangelización del mundo rural. Elegido obispo de Santa Águeda de los Godos rigió su diócesis durante trece años, renunció a la sede y se retiró a Pagani en donde murió el año 1787, a los noventa y tres años de edad.

Frente al pesimismo religioso y al rigorismo jansenista, Alfonso opuso el gran principio del amor y la misericordia de Dios.

Del Común de pastores: obispos (p. 2367) o de doctores de la Iglesia (p. 2384).

ORACION COLECTA

Oh Dios, que suscitas continuamente en tu Iglesia nuevos ejemplos de santidad, concédenos la gracia de imitar en el celo apostólico a tu obispo san Alfonso María de Ligorio, para que podamos compartir en el cielo su misma recompensa. Por nuestro Señor Jesucristo.

PRIMERA LECTURA

Por la unión con Cristo Jesús, la ley del Espíritu de vida me ha librado de la ley del pecado y de la muerte

LECTURA DE LA CARTA DEL APOSTOL SAN PABLO A LOS ROMANOS
8, 1-4

Hermanos: Ahora no pesa condena alguna sobre los que están unidos a Cristo Jesús, pues, por la unión con Cristo Jesús, la ley del Espíritu de vida me ha librado de la ley del pecado y de la muerte. Lo que no pudo hacer la ley, reducida a la impotencia por la carne, lo ha hecho Dios; envió a su Hijo encarnado en una carne pecadora como la nuestra, haciéndolo víctima por el pecado, y en su carne condenó el pecado.

Así, la justicia que proponía la Ley puede realizarse en nosotros, que ya no procedemos dirigidos por la carne, sino por el Espíritu.

Palabra de Dios.

SALMO RESPONSORIAL 118

℟ **Enséñame, Señor, tus leyes.**

¿Cómo podrá un joven andar honestamente? | Cumpliendo tus palabras. ℟

Te busco de todo corazón, | no consientas que me desvíe de tus mandamientos. ℟

En mi corazón escondo tus consignas, | así no pecaré contra ti. ℟

Bendito eres, Señor, | enséñame tus leyes. ℟

Mis labios van enumerando | los mandamientos de tu boca. ℟

Mi alegría es el camino de tus preceptos, | más que todas las riquezas. ℟

EVANGELIO   Mt 5, 13-19 (p. 2390)

ORACION SOBRE LAS OFRENDAS

Abrasa nuestros corazones, Señor, en aquel fuego del Espíritu Santo con que san Alfonso María celebraba estos misterios y se ofrecía a sí mismo como hostia de alabanza. Por Jesucristo nuestro Señor.

ORACION DESPUES DE LA COMUNION

Señor Dios, que hiciste a san Alfonso María predicador y ministro fiel de estos santos misterios, concédenos, por su intercesión, la gracia de celebrarlos con frecuencia y de alabarte siempre al recibirlos. Por Jesucristo nuestro Señor.

2 de agosto

San Eusebio de Vercelli, obispo

Nació en Cerdeña a principios del siglo IV. Siendo clérigo de la Iglesia de Roma, fue elegido para la sede de Vercelli en el año 345; fue el primer obispo de esta Iglesia.

Su fidelidad a Nicea le acarreó muchos sinsabores de parte de los semiarrianos, llegando incluso a sufrir el destierro. Murió el 1 de agosto del año 371.

Del Común de pastores: obispos (p. 2367).

ORACION COLECTA

Concédenos, Señor, Dios nuestro, imitar la fortaleza de tu obispo san Eusebio de Vercelli al proclamar su fe en la divinidad de tu Hijo, y haz que, perseverando en esa misma fe de la que fue maestro, merezcamos un día participar de la vida divina de Cristo. Que vive y reina contigo.

PRIMERA LECTURA   1 Jn 5, 1-5 (p. 2023)
SALMO RESPONSORIAL   88, 2-5.21-22.25.27 (p. 2152)

EVANGELIO   Mt 5, 1-12a (p. 86)

4 de agosto

San Juan María Vianney, presbítero

Memoria

Juan María nació en Dardilly, cerca de Lyon, el año 1786. Hubo de vencer muchas dificultades para llegar al sacerdocio, debido a su poca capacidad para los estudios. Nombrado cura de la parroquia de Ars, desarrollará todo su ministerio sacerdotal en esta pequeña parroquia, que transformó radicalmente. Su fama de confesor y director de almas atrajeron a Ars gente de todas partes. Murió el 4 de agosto de 1859.

Del Común de pastores: (p. 2370).

ORACION COLECTA

Dios de poder y misericordia, que hiciste admirable a san Juan María Vianney por su celo pastoral, concédenos, por su intercesión y su ejemplo, ganar para Cristo a nuestros hermanos y alcanzar, juntamente con ellos, los premios de la vida eterna. Por nuestro Señor Jesucristo.

PRIMERA LECTURA

Te he puesto de atalaya en la casa de Israel

LECTURA DE LA PROFECIA DE EZEQUIEL   3, 16-21

En aquellos días, me vino esta palabra del Señor: «Hijo de Adán, te he puesto de atalaya en la casa de Israel. Cuando escuches una palabra de mi boca, les darás la alarma de mi parte. Si yo digo al malvado que es reo de muerte, y tú no le das la alarma —es decir, no hablas, poniendo en guardia al malvado, para que cambie su mala conducta y conserve la vida—, entonces el malvado morirá por su culpa; y, a ti, te pediré cuenta de su sangre. Pero, si tú pones en guardia al malvado, y no se convierte de su maldad y de su mala conducta, entonces él morirá por su culpa, pero tú habrás salvado la vida. Y, si el justo se aparta de su justicia y comete maldades, pondré un tropiezo delante de él, y morirá; por no haberle puesto en guardia, él morirá por su pecado, y no se tendrán en cuenta las obras justas que hizo; pero, a ti, te pediré cuenta de su sangre. Si tú, por el contrario, pones en guardia al justo para que no peque, y en efecto no peca, ciertamente conservará la vida, por haber estado alerta; y tú habrás salvado la vida.»

Palabra de Dios.

SALMO RESPONSORIAL 116

℟ **Id al mundo entero y proclamad el Evangelio** (o Aleluya.)

Alabad al Señor, todas las naciones, | aclamadlo, todos los pueblos. ℟.

Firme es su misericordia con nosotros, | su fidelidad dura por siempre. ℟.

ALELUYA   Lc 4, 18

El Señor me ha enviado para anunciar el Evangelio a los pobres, para anunciar a los cautivos la libertad.

EVANGELIO

Al ver a las gentes, se compadecía de ellas

✠ LECTURA DEL S. EVANGELIO SEGUN
SAN MATEO   9, 35—10, 1

En aquel tiempo, Jesús recorría todas las ciudades y aldeas, enseñando en sus sinagogas, anunciando el Evangelio del reino y curando todas las enfermedades y todas las dolencias. Al ver a las gentes, se compadecía de ellas, porque estaban extenuadas y abandonadas, como ovejas que no tienen pastor. Entonces dijo a sus discípulos: «La mies es abundante, pero los trabajadores son pocos; rogad, pues, al Señor de la mies que mande trabajadores a su mies.» Y llamando a sus doce discípulos, les dio autoridad para expulsar espíritus inmundos y curar toda enfermedad y dolencia.

Palabra del Señor.

5 de agosto

La Dedicación de la basílica de Santa María

Después del concilio de Efeso, el papa Sixto III (432-440) erigió en Roma, en el Esquilino, una basílica dedicada a la Madre de Dios. Es la iglesia más antigua de Occidente dedicada a la Madre de Dios. Se llama basílica Liberiana, Santa María *ad nives* y también *ad praesepe*.

Del Común de santa María Virgen (p. 2333).

ORACION COLECTA

Perdona, Señor, los pecados de tus hijos, y ya que nuestras obras no pueden complacerte, concédenos la salvación por medio de la Madre de tu Hijo. Que vive y reina contigo.

PRIMERA LECTURA	Ap 21, 1-5a (p. 2327)
SALMO RESPONSORIAL	Jdt 13, 18bcde, 19 (p. 1979)
EVANGELIO	Lc 11, 27-28 (p. 2143)

6 de agosto

La transfiguración del Señor

Fiesta

Por medio de la transfiguración de Cristo en la montaña, los discípulos pudieron contemplar su gloria y hacerse capaces de comprender el misterio de la crucifixión libremente aceptada, y de proclamar que Cristo es el resplandor de la gloria del Padre.

Esta fiesta tiene su origen en la dedicación de las iglesias edificadas en el monte Tabor. En el siglo VI ya hay indicios de la celebración de esta fiesta.

ANTIFONA DE ENTRADA

Cf. Mt 17, 5

En una nube luminosa se apareció el Espíritu Santo y se oyó la voz del Padre que decía: Este es mi Hijo, el amado, mi predilecto. Escuchadlo.

ORACION COLECTA

Oh Dios, que en la gloriosa Transfiguración de tu Unigénito confirmaste los misterios de la fe con el testimonio de los profetas, y prefiguraste maravillosamente nuestra perfecta adopción como hijos tuyos, concédenos, te rogamos, que, escuchando siempre la palabra de tu Hijo, el Predilecto, seamos un día coherederos de su gloria. Por nuestro Señor Jesucristo.

Cuando esta fiesta no cae en domingo, antes del evangelio se escoge una sola de las lecturas siguientes:

PRIMERA LECTURA

Su vestido era blanco como nieve

LECTURA DE LA PROFECIA DE DANIEL

7, 9-10.13-14

Durante la visión, vi que colocaban unos tronos, y un anciano se sentó; su vestido era blanco como nieve, su cabellera como lana limpísima; su trono, llamas de fuego; sus ruedas, llamaradas. Un río impetuoso de fuego brotaba delante de él. Miles y miles le servían, millones estaban a sus órdenes. Comenzó la sesión y se abrieron los libros. Mientras miraba, en la visión nocturna vi venir en las nubes del cielo como un hijo de hombre, que se acercó al anciano y se presentó ante él. Le dieron poder real y dominio; todos los pueblos, naciones y lenguas lo respetarán. Su dominio es eterno y no pasa, su reino no tendrá fin.

Palabra de Dios.

SALMO RESPONSORIAL 96

R. **El Señor reina, altísimo sobre toda la tierra.**

El Señor reina, la tierra goza, | se alegran las islas innumerables. | Tiniebla y nube lo rodean, | justicia y derecho sostienen su trono. R.

Los montes se derriten como cera | ante el dueño de toda la tierra; | los cielos pregonan su justicia, | y todos los pueblos contemplan su gloria. R.

Porque tú eres, Señor, | altísimo sobre toda la tierra, | encumbrado sobre todos los dioses. R.

SEGUNDA LECTURA

Esta voz del cielo la oímos nosotros

LECTURA DE LA SEGUNDA CARTA DEL APOSTOL SAN PEDRO

1, 16-19

Queridos hermanos: Cuando os dimos a conocer el poder y la última venida de nuestro Señor Jesucristo, no nos fundábamos en fábulas fantásticas, sino que habíamos sido testigos oculares de su grandeza. El recibió de Dios Padre honra y gloria, cuando la Sublime Gloria le trajo aquella voz: «Este es mi Hijo amado, mi predilecto.» Esta voz, traída del cielo, la oímos nosotros, estando con él en la montaña sagrada. Esto nos confirma la palabra de los profetas, y hacéis muy bien en prestarle atención, como a una lámpara que brilla en un lugar oscuro, hasta que despunte el día, y el lucero nazca en vuestros corazones.

Palabra de Dios.

ALELUYA   Mt 17, 5c

Este es mi Hijo, el amado, mi predilecto. Escuchadlo.

EVANGELIO

Ciclo A:

Su rostro resplandecía como el sol

✠ **LECTURA DEL S. EVANGELIO SEGUN
SAN MATEO**   17, 1-9

En aquel tiempo, Jesús tomó consigo a Pedro, a Santiago y
a su hermano Juan y se los llevó aparte a una montaña alta. Se
transfiguró delante de ellos, y su rostro resplandecía como el sol,
y sus vestidos se volvieron blancos como la luz. Y se les aparecieron Moisés y Elías conversando con él. Pedro, entonces, tomó
la palabra y dijo a Jesús: «Señor, ¡qué bien se está aquí! Si quieres, haré tres tiendas: una para ti, otra para Moisés y otra para
Elías.» Todavía estaba hablando cuando una nube luminosa los
cubrió con su sombra, y una voz desde la nube decía: «Este es
mi Hijo, el amado, mi predilecto. Escuchadlo.» Al oírlo, los discípulos cayeron de bruces, llenos de espanto. Jesús se acercó y,
tocándolos, les dijo: «Levantaos, no temáis.» Al alzar los ojos, no
vieron a nadie más que a Jesús, solo. Cuando bajaban de la montaña, Jesús les mandó: «No contéis a nadie la visión hasta que el
Hijo del hombre resucite de entre los muertos.»

Palabra del Señor.

Ciclo B:

Este es mi Hijo amado

✠ **LECTURA DEL S. EVANGELIO SEGUN
SAN MARCOS**   9, 2-10

En aquel tiempo, Jesús se llevó a Pedro, a Santiago y a Juan,
subió con ellos solos a una montaña alta, y se transfiguró delante
de ellos. Sus vestidos se volvieron de un blanco deslumbrador,

como no puede dejarlos ningún batanero del mundo. Se les aparecieron Elías y Moisés, conversando con Jesús. Entonces Pedro tomó la palabra y le dijo a Jesús: «Maestro, ¡qué bien se está aquí! Vamos a hacer tres tiendas, una para ti, otra para Moisés y otra para Elías.» Estaban asustados, y no sabía lo que decía. Se formó una nube que los cubrió, y salió una voz de la nube: «Este es mi Hijo amado; escuchadlo.» De pronto, al mirar alrededor, no vieron a nadie más que a Jesús, solo con ellos. Cuando bajaban de la montaña, Jesús les mandó: «No contéis a nadie lo que habéis visto, hasta que el Hijo del hombre resucite de entre los muertos.» Esto se les quedó grabado y discutían qué querría decir aquello de «resucitar de entre los muertos.»

Palabra del Señor.

Ciclo C:
Moisés y Elías hablaban de su muerte

✠ LECTURA DEL S. EVANGELIO SEGUN
SAN LUCAS   9, 28b-36

En aquel tiempo, Jesús cogió a Pedro, a Juan y a Santiago y subió a lo alto de la montaña, para orar. Y, mientras oraba, el aspecto de su rostro cambió, sus vestidos brillaban de blancos. De repente, dos hombres conversaban con él: eran Moisés y Elías, que, apareciendo con gloria, hablaban de su muerte, que iba a consumar en Jerusalén. Pedro y sus compañeros se caían de sueño; y, espabilándose, vieron su gloria y a los dos hombres que estaban con él. Mientras éstos se alejaban, dijo Pedro a Jesús: «Maestro, qué bien se está aquí. Haremos tres tiendas: una para ti, otra para Moisés y otra para Elías.» No sabía lo que decía. Todavía estaba hablando, cuando llegó una nube que los cubrió. Se asustaron al entrar en la nube. Una voz desde la nube decía: «Este es mi Hijo, el escogido, escuchadle.» Cuando sonó la voz, se encontró Jesús solo. Ellos guardaron silencio y, por el momento, no contaron a nadie nada de lo que habían visto.

Palabra del Señor.

ORACION SOBRE LAS OFRENDAS

Santifica, Señor, nuestras ofrendas por la gloriosa Transfiguración de tu Unigénito y, con los resplandores de su luz, límpianos de las manchas de nuestros pecados. Por Jesucristo nuestro Señor.

PREFACIO

El misterio de la Transfiguración

En verdad es justo y necesario, es nuestro deber y salvación darte gracias siempre y en todo lugar, Señor, Padre santo, Dios todopoderoso y eterno.

Porque Cristo, nuestro Señor, manifestó su gloria a unos testigos predilectos, y les dio a conocer en su cuerpo, en todo semejante al nuestro, el resplandor de su divinidad.

De esta forma, ante la proximidad de la pasión, fortaleció la fe de los apóstoles, para que sobrellevasen el escándalo de la cruz, y alentó la esperanza de la Iglesia, al revelar en sí mismo la claridad que brillará un día en todo el cuerpo que le reconoce como cabeza suya.

Por eso ahora nosotros, llenos de alegría, te aclamamos con los ángeles y los santos diciendo:

Santo, Santo, Santo...

ANTIFONA DE COMUNION   1 Jn 3, 2

Cuando Cristo se manifieste, seremos semejantes a él, porque le veremos tal cual es.

ORACION DESPUES DE LA COMUNION

Los celestes alimentos que hemos recibido, Señor, nos transformen en imagen de tu Hijo, cuya gloria nos has manifestado en el misterio de su Transfiguración. Por Jesucristo nuestro Señor.

7 de agosto

San Sixto II, papa, y compañeros, mártires

«Sabed que Sixto fue muerto en el cementerio el seis de agosto, y con él cuatro diáconos.» Este es el testimonio de san Cipriano acerca del martirio de Sixto y de sus diáconos; martirio que él sufrirá el mes siguiente, víctima de la misma persecución. El martirio tuvo lugar en el año 258.

Del Común de mártires (p. 2350).

ORACION COLECTA

Dios todopoderoso, tú que has concedido al papa san Sixto segundo y a sus compañeros mártires la gracia de morir por tu palabra y por el testimonio de Jesús, concédenos que el Espíritu Santo nos haga dóciles en la fe y fuertes para confesarla ante los hombres. Por nuestro Señor Jesucristo.

PRIMERA LECTURA	Sb 3, 1-9 (p. 2138)
SALMO RESPONSORIAL	125, 1-6 (p. 1975)
EVANGELIO	Mt 10, 28-33 (p. 817)

San Cayetano, presbítero

Cayetano nació en Vicenza en 1480. Con Juan-Pedro Caraffa, obispo de Chieti, fundó una Orden de Clérigos regulares, cuya finalidad era la renovación de la vida de los clérigos. Vulgarmente se les llama «Padres Teatinos», nombre que procede de uno de los obispados de Caraffa, Teate. Cayetano murió en Nápoles en el año 1574.

Del Común de pastores (p. 2367) o de santos: religiosos (p. 2406).

ORACION COLECTA

Señor, Dios nuestro, que concediste a san Cayetano imitar el modo de vivir de los apóstoles, concédenos, por su intercesión y ejemplo, poner en ti nuestra confianza y buscar siempre el reino de los cielos. Por nuestro Señor Jesucristo.

PRIMERA LECTURA — Si 2, 7-13 (p. 1405)

SALMO RESPONSORIAL — 111, 1-9 (p. 2415)

EVANGELIO — Lc 12, 32-34 (p. 888)

8 de agosto

Santo Domingo de Guzmán, presbítero

Memoria

Nació Domingo en Caleruega (Burgos) hacia el año 1170. Fue canónigo regular de Osma. Consciente del peligro que suponían para los católicos los herejes albigenses y valdenses del sur de Francia, emprendió la tarea de la predicación. Al juntársele algunos compañeros, inició la Orden de Predicadores: su ideal sería la predicación, y el estilo de vida la pobreza. Murió Domingo en Bolonia el 6 de agosto de 1221.

Del Común de pastores (p. 2367) o de santos: religiosos (p. 2406).

ORACION COLECTA

Te pedimos, Señor, que santo Domingo de Guzmán, insigne predicador de tu palabra, ayude a tu Iglesia con sus enseñanzas y sus méritos, e interceda también con bondad por nosotros. Por nuestro Señor Jesucristo.

PRIMERA LECTURA — 1 Cor 2, 1-10a (p. 2013)

SALMO RESPONSORIAL — 95, 1-3.7-8a.10 (p. 1963)

EVANGELIO — Lc 9, 57-62 (p. 1774)

ORACION SOBRE LAS OFRENDAS

Acepta, Señor, por intercesión de santo Domingo, las súplicas que te dirigimos, y por la eficacia de este sacrificio fortalece

con la ayuda de tu gracia a los defensores de la fe. Por Jesucristo
nuestro Señor.

ORACION DESPUES DE LA COMUNION

Que tu Iglesia, Señor, reciba en plenitud la eficacia salvadora
de este sacramento con el que nos has alimentado en la fiesta de
santo Domingo, y el que fue gloria de la Iglesia por su predicación, sea ahora su protector desde el cielo. Por Jesucristo nuestro Señor.

10 de agosto

San Lorenzo, diácono y mártir

Fiesta

Lorenzo, diácono de la Iglesia de Roma, murió mártir en la
persecución de Valeriano, cuatro días después que el papa Sixto.
Fue ejecutado el 10 de agosto en el campo Verano.

ANTIFONA DE ENTRADA

El diácono san Lorenzo se entregó por entero al servicio
de la Iglesia: así mereció pasar el martirio y por él subir
hasta Cristo nuestro Señor.

ORACION COLECTA

Señor, Dios nuestro, encendido en tu amor, san Lorenzo se
mantuvo fiel a tu servicio y alcanzó la gloria en el martirio; concédenos, por su intercesión, amar lo que él amó y practicar sinceramente lo que nos enseñó. Por nuestro Señor Jesucristo.

PRIMERA LECTURA

Al que da de buena gana lo ama Dios

LECTURA DE LA SEGUNDA CARTA DEL
APOSTOL SAN PABLO A LOS CORINTIOS

9, 6-10

Hermanos: El que siembra tacañamente, tacañamente cosechará; el que siembra generosamente, generosamente cosechará.

Cada uno dé como haya decidido su conciencia: no a disgusto ni por compromiso; porque al que da de buena gana lo ama Dios. Tiene Dios poder para colmaros de toda clase de favores, de modo que, teniendo siempre lo suficiente, os sobre para obras buenas. Como dice la Escritura: «Reparte limosna a los pobres, su justicia es constante, sin falta.» El que proporciona semilla para sembrar y pan para comer os proporcionará y aumentará la semilla, y multiplicará la cosecha de vuestra justicia.

Palabra de Dios.

SALMO RESPONSORIAL 111

R Dichoso el que se apiada y presta.

Dichoso quien teme al Señor | y ama de corazón sus mandatos. | Su linaje será poderoso en la tierra, | la descendencia del justo será bendita. R.

Dichoso el que se apiada y presta, | y administra rectamente sus asuntos. | El justo jamás vacilará, | su recuerdo será perpetuo. R.

No temerá las malas noticias, | su corazón está firme en el Señor. | Su corazón está seguro, sin temor, | hasta que vea derrotados a sus enemigos. R.

Reparte limosna a los pobres; | su caridad es constante, sin falta, | y alzará la frente con dignidad. R.

ALELUYA   Jn 8, 12bc

El que me sigue no camina en tinieblas, sino que tendrá la luz de la vida —dice el Señor.

EVANGELIO

A quien me sirva, el Padre lo premiará

✠ LECTURA DEL S. EVANGELIO SEGUN
SAN JUAN   12, 24-26

En aquel tiempo, dijo Jesús a sus discípulos: «Os aseguro que si el grano de trigo no cae en tierra y muere, queda infecundo; pero si muere, da mucho fruto. El que se ama a sí mismo se pierde, y el que se aborrece a sí mismo en este mundo se guardará para la vida eterna. El que quiera servirme, que me siga, y donde esté yo, allí también estará mi servidor; a quien me sirva, el Padre lo premiará.»

Palabra del Señor.

ORACION SOBRE LAS OFRENDAS

Recibe, Señor, los dones que te presentamos con gozo en la fiesta de tu diácono san Lorenzo; que sean para nosotros prenda de salvación. Por Jesucristo nuestro Señor.

Prefacio de los santos mártires, p. 1103.

ANTIFONA DE COMUNION   Jn 12, 26

El que quiera servirme, que me siga; y donde esté yo allí también estará mi servidor —dice el Señor.

ORACION DESPUES DE LA COMUNION

Alimentados con los dones sagrados, te suplicamos, Señor, que este sacrificio, humilde servicio de tu pueblo, aumente en nosotros los frutos de la salvación. Por Jesucristo nuestro Señor.

11 de agosto

Santa Clara, virgen

Memoria

Nació en Asís en 1193, y huyó de casa junto con su hermana Inés para seguir el camino iniciado por Francisco. Con él fundó la segunda Orden Franciscana, o de monjas clarisas, en la cual entraron su madre y otra hermana, Beatriz. Consiguió el singular privilegio de no poder poseer nada en absoluto. Murió en san Damián, extra muros de Asís el 11 de agosto de 1253.

Del Común de vírgenes (p. 2393) o de santos: religiosos (p. 2406).

ORACION COLECTA

Oh Dios, que infundiste en santa Clara un profundo amor a la pobreza evangélica, concédenos, por su intercesión, que, siguiendo a Cristo en la pobreza de espíritu, merezcamos llegar a contemplarte en tu reino. Por nuestro Señor Jesucristo.

PRIMERA LECTURA   Flp 3, 8-14 (p. 331)

SALMO RESPONSORIAL   15, 1-2a.5.7-8.11 (p. 2214)

EVANGELIO   Mt 19, 27-29 (p. 2098)

13 de agosto

San Ponciano, papa, y san Hipólito, presbítero, mártires

Ponciano e Hipólito murieron a causa de los malos tratos sufridos en los trabajos de las minas de Cerdeña, adonde fueron deportados por el emperador Maximino en el año 235.

Los que habían sido rivales en la Iglesia de Roma, ahora, en el destierro, por el bien de la misma Iglesia, exhortan a todos a la unidad: Ponciano, renunciando al papado, e Hipólito, a su condición de jefe de un cisma.

Del Común de mártires (p. 2350) o de pastores (p. 2367).

ORACION COLECTA

Te rogamos, Señor, que el glorioso martirio de tus santos aumente en nosotros los deseos de amarte y fortalezca la fe en nuestros corazones. Por nuestro Señor Jesucristo.

PRIMERA LECTURA   1 Pe 4, 13-16 (p. 648)

SALMO RESPONSORIAL   123, 2-5.7b-8 (p. 2086)

EVANGELIO   Jn 15, 18-21 (p. 1988)

14 de agosto

San Maximiliano María Kolbe, presbítero y mártir

Memoria

Maximiliano María nació en Polonia, y, siendo aún muy joven, entró en la Orden de Frailes Menores Conventuales. Fue ordenado sacerdote en el año 1918. Su intensa devoción a María Santísima le llevó a fundar «La Legión de María». Ofreció su exhausta vida, en el campo de concentración de Auschwitz, como holocausto de caridad, el 14 de agosto de 1941.

ANTIFONA DE ENTRADA   Mt 25, 34. 40

Venid vosotros, benditos de mi Padre —dice el Señor—. Os aseguro que cada vez que lo hicisteis con uno de estos mis humildes hermanos, conmigo lo hicisteis.

ORACION COLECTA

Oh Dios, que al mártir san Maximiliano María Kolbe, apóstol de la Inmaculada, le llenaste de celo por las almas y de amor al prójimo, concédenos, por tu intercesión, trabajar generosamente por tu gloria en el servicio de los hombres y tener el valor de asemejarnos a tu Hijo, incluso hasta en la muerte. Por nuestro Señor Jesucristo.

PRIMERA LECTURA

Los recibió como sacrificio de holocausto

LECTURA DEL LIBRO DE LA SABIDURIA   3, 1-9

La vida de los justos está en manos de Dios, y no los tocará el tormento. La gente insensata pensaba que morían, consideraba

su tránsito como una desgracia, y su partida de entre nosotros
como una destrucción; pero ellos están en paz. La gente pensaba
que cumplían una pena, pero ellos esperaban de lleno la inmortalidad; sufrieron pequeños castigos, recibirán grandes favores,
porque Dios los puso a prueba y los halló dignos de sí; los probó como oro en crisol, los recibió como sacrificio de holocausto;
a la hora de la cuenta resplandecerán como chispas que prenden
por un cañaveral; gobernarán naciones, someterán pueblos, y el
Señor reinará sobre ellos eternamente. Los que confían en él
comprenderán la verdad, los fieles a su amor seguirán a su lado;
porque quiere a sus devotos, se apiada de ellos y mira por sus
elegidos.

Palabra de Dios.

SALMO RESPONSORIAL 115

R Mucho le cuesta al Señor | la muerte de sus fieles.

Tenía fe, aun cuando dije: | «¡Qué desgraciado soy!» | Yo de-
cía en mi apuro: | «Los hombres son unos mentirosos.» R.

¿Cómo pagaré al Señor | todo el bien que me ha hecho?
| Alzaré la copa de la salvación, | invocando su nombre. R.

Señor, yo soy tu siervo, | siervo tuyo, hijo de tu esclava: |
rompiste mis cadenas. | Te ofreceré un sacrificio de alabanza,
| invocando tu nombre. Señor. R.

ALELUYA   Jn 12, 15

El que se aborrece a sí mismo en este mundo se guardará
para la vida eterna

EVANGELIO

Nadie tiene amor más grande

✠ LECTURA DEL S. EVANGELIO SEGUN
SAN JUAN   15, 12-16

En aquel tiempo, dijo Jesús a sus discípulos: «Este es mi
mandamiento: que os améis unos a otros como yo os he amado.

Nadie tiene amor más grande que el que da la vida por sus amigos. Vosotros sois mis amigos, si hacéis lo que yo os mando. Ya no os llamo siervos, porque el siervo no sabe lo que hace su señor: a vosotros os llamo amigos, porque todo lo que he oído a mi Padre os lo he dado a conocer. No sois vosotros los que me habéis elegido, soy yo quien os he elegido y os he destinado para que vayáis y deis fruto, y vuestro fruto dure. De modo que lo que pidáis al Padre en mi nombre os lo dé.»

Palabra del Señor.

ORACION SOBRE LAS OFRENDAS

Te presentamos, Señor, nuestros dones, pidiéndote humildemente que, a ejemplo de san Maximiliano María, sepamos ofrecerte nuestra vida. Por Jesucristo nuestro Señor.

ANTIFONA DE COMUNION   Jn 15, 13

Nadie tiene amor más grande que el que da la vida por sus amigos —dice el Señor.

ORACION DESPUES DE LA COMUNION

Alimentados con tu Cuerpo y tu Sangre, te pedimos, Señor, encendernos con aquel fuego de amor que recibió de este banquete san Maximiliano María Kolbe. Por Jesucristo nuestro Señor.

15 de agosto

La Asunción de la Virgen María

Solemnidad

La fiesta de la Asunción (o Dormición, como la llaman los orientales) de la Virgen, nos recuerda el tránsito de María de este mundo al Padre, es decir, su pascua. La Madre íntegra del Hijo de Dios no podía corromperse en el sepulcro; por esto, «al final de su vida terrestre, fue elevada en cuerpo y alma a la gloria del cielo».

Misa vespertina de la vigilia

Esta misa se utiliza en la tarde del día 14 de agosto, antes o después de las primeras Vísperas de la solemnidad.

ANTIFONA DE ENTRADA

¡Qué pregón tan glorioso para ti, María! Hoy has sido elevada por encima de los ángeles y con Cristo triunfas para siempre.

Se dice «Gloria».

ORACION COLECTA

Porque te has complacido, Señor, en la humildad de tu sierva, la Virgen María, has querido elevarla a la dignidad de Madre de tu Hijo y la has coronado en este día de gloria y esplendor; por su intercesión, te pedimos que a cuantos has salvado por el misterio de la redención nos concedas también el premio de tu gloria. Por nuestro Señor Jesucristo.

PRIMERA LECTURA

Metieron el arca de Dios y la instalaron en el centro de la tienda que David le había preparado

LECTURA DEL PRIMER LIBRO DE LAS CRONICAS
15, 3-4.15-16; 16, 1-2

En aquellos días, David congregó en Jerusalén a todos los israelitas, para trasladar el arca del Señor al lugar que le había preparado. Luego reunió a los hijos de Aarón y a los levitas. Luego los levitas se echaron los varales a los hombros y levantaron en peso el arca de Dios, tal como había mandado Moisés por orden del Señor. David mandó a los jefes de los levitas organizar a los cantores de sus familias, para que entonasen cantos festivos acompañados de instrumentos, arpas, cítaras y platillos. Metieron el arca de Dios y la instalaron en el centro de la tienda que David le había preparado. Ofrecieron holocaustos y sacrificios de comunión a Dios y, cuando David terminó de ofrecerlos, bendijo al pueblo en nombre del Señor.

Palabra de Dios.

SALMO RESPONSORIAL 131

℞ **Levántate, Señor, ven a tu mansión, | ven con el arca de tu poder.**

Oímos que estaba en Efrata, | la encontramos en el Soto de Jaar; | entremos en su morada, | postrémonos ante el estrado de sus pies. ℞

Que tus sacerdotes se vistan de gala, | que tus fieles vitoreen. | Por amor a tu siervo David, | no niegues audiencia a tu Ungido. ℞

Porque el Señor ha elegido a Sión, | ha deseado vivir en ella: | «Esta es mi mansión por siempre, | aquí viviré, porque la deseo.» ℞

SEGUNDA LECTURA

Nos da la victoria por Jesucristo

LECTURA DE LA PRIMERA CARTA DEL APOSTOL SAN PABLO A LOS CORINTIOS

15, 54-57

Hermanos: Cuando esto corruptible se vista de incorrupción, y esto mortal se vista de inmortalidad, entonces se cumplirá la palabra escrita: «La muerte ha sido absorbida en la victoria. ¿Dónde está, muerte, tu victoria? ¿Dónde está, muerte, tu aguijón?» El aguijón de la muerte es el pecado, y la fuerza del pecado es la Ley. ¡Demos gracias a Dios, que nos da la victoria por nuestro Señor Jesucristo!

Palabra de Dios.

ALELUYA
Lc 11, 28

Dichosos los que escuchan la palabra de Dios y la cumplen.

EVANGELIO
Dichoso el vientre que te llevó

✠ LECTURA DEL S. EVANGELIO SEGUN
SAN LUCAS
11, 27-28

En aquel tiempo, mientras Jesús hablaba a las gentes, una mujer entre el gentío levantó la voz, diciendo: «Dichoso el vientre que te llevó y los pechos que te criaron.» Pero él repuso: «Mejor, dichosos los que escuchan la palabra de Dios y la cumplen.»

Palabra del Señor.

Se dice «Credo».

ORACION SOBRE LAS OFRENDAS

Recibe, Señor, en la fiesta de la Asunción de la Virgen María, Madre de tu Hijo, este sacrificio de reconciliación y alabanza; que él nos obtenga el perdón de los pecados y nos ayude a vivir en continua acción de gracias. Por Jesucristo nuestro Señor.

Prefacio propio, como en la misa siguiente, p. 2146.

ANTIFONA DE COMUNION
Cf. Lc 11, 27

Dichoso el vientre de María, la Virgen, que llevó al Hijo del eterno Padre.

ORACION DESPUES DE LA COMUNION

Después de participar en tu banquete, Señor, imploramos de tu misericordia que, cuantos celebramos la fiesta de la Asunción de la Virgen María, Madre de tu Hijo, vivamos siempre libres de todos los males. Por Jesucristo nuestro Señor.

Misa del día

ANTIFONA DE ENTRADA   Ap 12, 1

Apareció una figura portentosa en el cielo: una mujer vestida del sol, la luna por pedestal, coronada con doce estrellas.

O bien:

Alegrémonos todos en el Señor al celebrar este día de fiesta en honor de la Virgen María: de su Asunción se alegran los ángeles y alaban al Hijo de Dios.

ORACION COLECTA

Dios todopoderoso y eterno, que has elevado en cuerpo y alma a los cielos a la inmaculada Virgen María, Madre de tu Hijo, concédenos, te rogamos, que aspirando siempre a las realidades divinas lleguemos a participar con ella de su misma gloria en el cielo. Por nuestro Señor Jesucristo.

PRIMERA LECTURA
Una mujer vestida de sol, la luna por pedestal

LECTURA DEL LIBRO DEL
APOCALIPSIS   11, 19a; 12, 1.3-6a.10ab

Se abrió en el cielo el santuario de Dios y en su santuario apareció el arca de su alianza. Después apareció una figura portentosa en el cielo: Una mujer vestida de sol, la luna por pedestal, coronada con doce estrellas. Apareció otra señal en el cielo:

Un enorme dragón rojo, con siete cabezas y diez cuernos y siete diademas en las cabezas. Con la cola barrió del cielo un tercio de las estrellas, arrojándolas a la tierra. El dragón estaba enfrente de la mujer que iba a dar a luz, dispuesto a tragarse el niño en cuanto naciera. Dio a luz un varón, destinado a gobernar con vara de hierro a los pueblos. Arrebataron al niño y lo llevaron junto al trono de Dios. La mujer huyó al desierto, donde tiene un lugar reservado por Dios. Se oyó una gran voz en el cielo: «Ahora se estableció la salud y el poderío, y el reinado de nuestro Dios, y la potestad de su Cristo.»

Palabra de Dios.

SALMO RESPONSORIAL 44

℟ **De pie a tu derecha está la reina,** | **enjoyada con oro de Ofir.**

Hijas de reyes salen a tu encuentro, | de pie a tu derecha está la reina, | enjoyada con oro de Ofir. ℟

Escucha, hija, mira: inclina el oído, | olvida tu pueblo y la casa paterna; | prendado está el rey de tu belleza: | póstrate ante él, que él es tu señor. ℟

Las traen entre alegría y algazara, | van entrando en el palacio real. ℟

SEGUNDA LECTURA

Primero Cristo, como primicia; después todos los que son de Cristo

LECTURA DE LA PRIMERA CARTA DEL APOSTOL SAN PABLO A LOS CORINTIOS

15, 20-27a

Hermanos: Cristo resucitó de entre los muertos: el primero de todos. Si por un hombre vino la muerte, por un hombre ha venido la resurrección. Si por Adán murieron todos, por Cristo todos volverán a la vida. Pero cada uno en su puesto: primero

Cristo, como primicia; después, cuando él vuelva, todos los que son de Cristo; después los últimos, cuando Cristo devuelva a Dios Padre su reino, una vez aniquilado todo principado, poder y fuerza. Cristo tiene que reinar hasta que Dios haga de sus enemigos estrado de sus pies. El último enemigo aniquilado será la muerte. Porque Dios ha sometido todo bajo sus pies.

Palabra de Dios.

ALELUYA

María ha sido llevada al cielo, se alegra el ejército de los ángeles.

SALMO RESPONSORIAL 130

℟ Guarda mi alma en la paz, junto a ti, Señor.

Señor, mi corazón no es ambicioso, | ni mis ojos altaneros; | no pretendo grandezas | que superan mi capacidad. ℟.

Sino que acallo y modero mis deseos, | como un niño en brazos de su madre. ℟.

Espere Israel en el Señor | ahora y por siempre. ℟.

EVANGELIO   Mt 11, 25-30 (p. 2048)

ORACION SOBRE LAS OFRENDAS

Llegue a tu presencia, Señor, nuestra humilde oblación, y por la intercesión de la Santísima Virgen María, que ha subido a los cielos, haz que nuestros corazones, abrasados en tu amor, vivan siempre orientados hacia ti. Por Jesucristo nuestro Señor.

PREFACIO

La gloria de la Asunción de María

En verdad es justo y necesario, es nuestro deber y salvación darte gracias siempre y en todo lugar, Señor, Padre santo, Dios todopoderoso y eterno, por Cristo, Señor nuestro.

Porque hoy ha sido llevada al cielo la Virgen, Madre de Dios; ella es figura y primicia de la Iglesia que un día será glorificada; ella es consuelo y esperanza de tu pueblo, todavía peregrino en la tierra.

Con razón no quisiste, Señor, que conociera la corrupción del sepulcro la mujer que, por obra del Espíritu, concibió en su seno al autor de la vida, Jesucristo, Hijo tuyo y Señor nuestro.

Por eso, unidos a los ángeles, te aclamamos llenos de alegría: Santo, Santo, Santo...

ANTIFONA DE COMUNION   Lc 1, 48-49

Me felicitarán todas las generaciones porque el Poderoso ha hecho obras grandes por mí.

ORACION DESPUES DE LA COMUNION

Después de recibir los sacramentos que nos salvan, te rogamos, Señor, que, por intercesión de la Virgen María, que ha subido a los cielos, lleguemos a la gloria de la resurrección. Por Jesucristo nuestro Señor.

16 de agosto

San Esteban de Hungría

Esteban nació hacia el año 969, y recibió el bautismo en torno al año 985. En el año 1000 fue coronado por el papa Silvestre II como «rey apostólico de Hungría». Gobernó con sabiduría y prudencia y defendió a su nación a la que proveyó de sedes episcopales y monasterios. Murió el 15 de agosto de 1038.

Del Común de santos (p. 2401).

ORACION COLECTA

Dios todopoderoso, te rogamos que tu Iglesia tenga como glorioso intercesor en el cielo a san Esteban de Hungría, que durante su reinado se consagró a propagarla en este mundo. Por nuestro Señor Jesucristo.

PRIMERA LECTURA	Si 15, 1-6 (p. 2387)
SALMO RESPONSORIAL	Sal 118, 9-14 (p. 2122)
EVANGELIO	Jn 17, 20-26 (p. 2617)

18 de agosto

San Roque

Memoria

Hijo del gobernador de Montpellier, nació hacia el año 1300. A la muerte de sus padres, renunció a todos sus bienes y marchó en peregrinación a Roma. Mientras la peste asolaba a grandes regiones de Europa, él se dedica al cuidado de los apestados y moribundos. Vuelto a Montpellier, no es reconocido por los suyos, que lo toman por un malhechor y lo encarcelan. Olvidado por ellos, muere en la ciudad que lo vio nacer.

Del Común de santos y santas (por los que practicaron la misericordia) (p. 2408).

ORACION COLECTA

Te suplicamos, Señor, protejas a tu pueblo con tu constante bondad, y por los méritos del bienaventurado Roque, lo preserves de todo contagio de alma y cuerpo. Por nuestro Señor.

19 de agosto

San Juan Eudes, presbítero

Juan Eudes nació en la diócesis francesa de Séez el año 1601. Siendo miembro del Oratorio de Francia, fundó la Congregación de Jesús y de María (vulgarmente llamada de Padres Eudistas), para la dirección de los seminarios y la predicación de misiones populares. Fundó también la Congregación de Religiosas de Ntra. Sra. de la Caridad del Refugio, para consolidar la vida cristiana de las mujeres en peligro.

En su actividad apostólica encontró mucha oposición de parte de los jansenistas, porque fomentaba la devoción hacia los Sgdos. Corazones de Jesús y de María. Murió el año 1680.

Del Común de pastores (p. 2367) o de santos: religiosos (p. 2406).

ORACION COLECTA

Oh Dios, que elegiste a san Juan Eudes para anunciar al mundo las insondables riquezas del misterio de Cristo, concédenos, te rogamos, que por su palabra y su ejemplo crezcamos en el conocimiento de tu verdad y vivamos según el Evangelio. Por nuestro Señor Jesucristo.

20 de agosto

San Bernardo, abad y doctor de la Iglesia

Memoria

El siglo XII ha sido llamado la «época bernardina», para poner de relieve la influencia que ejerció en el mundo medieval la figura de Bernardo de Claraval.

El joven señor de Fontaines-les-Dijon, a los veintidós años, entra en el Cister, abandonándolo todo para seguir a Cristo. Elegido abad de Claraval, promovió y extendió la reforma del Cister. Recorrió los caminos de Europa, predicando la paz y la unidad, y promoviendo la Cruzada. Murió en Claraval el 20 de agosto de 1153.

Del Común de doctores de la Iglesia (p. 2384) o de santos: religiosos (p. 2406).

ORACION COLECTA

Señor, Dios nuestro, tú hiciste del abad san Bernardo, inflamado en el celo de tu casa, una lámpara ardiente y luminosa en medio de tu Iglesia; concédenos, por su intercesión, participar de su ferviente espíritu y caminar siempre como hijos de la luz. Por nuestro Señor Jesucristo.

ORACION SOBRE LAS OFRENDAS

Te ofrecemos, Señor, este misterio de unidad y de paz en memoria del abad san Bernardo, que brilló por su palabra y sus obras y defendió con firmeza la concordia y el orden de tu Iglesia. Por Jesucristo nuestro Señor.

ORACION DESPUÉS DE LA COMUNION

El alimento que hemos recibido, Señor, produzca en nosotros su fruto, para que, instruidos por la doctrina de san Bernardo y confortados por su ejemplo, nos dejemos arrebatar por el amor de tu Unigénito, Jesucristo nuestro Señor. Que vive y reina por los siglos de los siglos.

21 de agosto

San Pío X, papa

Memoria

José Sarto nació en Riese el año 1835. Fue sacerdote, obispo, cardenal y finalmente papa en el cónclave de 1903. Fomentó la comunión frecuente y la comunión de los niños; promovió la reforma litúrgica; procuró una nueva codificación de las leyes canónicas. Murió el 20 de agosto de 1914.

Del Común de pastores: papas (p. 2367).

ORACION COLECTA

Señor, Dios nuestro, que, para defender la fe católica e instaurar todas las cosas en Cristo, colmaste al papa san Pío décimo de sabiduría divina y fortaleza apostólica; concédenos que, siguiendo su ejemplo y su doctrina, podamos alcanzar la recompensa eterna. Por nuestro Señor Jesucristo.

ORACION SOBRE LAS OFRENDAS

Acepta, Señor, nuestras ofrendas y concédenos que, dóciles a las enseñanzas del papa san Pío décimo, celebremos con dignidad estos santos misterios y los recibamos con fe. Por Jesucristo nuestro Señor.

ORACION DESPUES DE LA COMUNION

Al celebrar la fiesta de san Pío décimo, te rogamos, Señor, Dios nuestro, que por la eficacia de esta eucaristía seamos fuertes en la fe y vivamos la unidad en el amor. Por Jesucristo nuestro Señor.

PRIMERA LECTURA

Deseábamos entregaros no sólo el Evangelio, sino hasta nuestras propias personas

LECTURA DE LA PRIMERA CARTA DEL APOSTOL SAN PABLO A LOS TESALONICENSES 2, 2b-8

Hermanos: Tuvimos valor —apoyados en nuestro Dios— para predicaros el Evangelio de Dios en medio de fuerte oposición. Nuestra exhortación no procedía de error o de motivos turbios, ni usaba engaños, sino que Dios nos ha aprobado y nos ha confiado el Evangelio, y así lo predicamos, no para contentar a los hombres, sino a Dios, que aprueba nuestras intenciones. Como bien sabéis, nunca hemos tenido palabras de adulación ni codicia disimulada. Dios es testigo. No pretendimos honor de los hombres, ni de vosotros, ni de los demás, aunque, como apóstoles de Cristo, podíamos haberos hablado autoritariamente; por el contrario, os tratamos con delicadeza, como una madre cuida de sus hijos. Os teníamos tanto cariño que deseábamos entregaros no sólo el Evangelio de Dios, sino hasta nuestras propias personas, porque os habíais ganado nuestro amor.

Palabra de Dios.

SALMO RESPONSORIAL 88

R/ **Cantaré eternamente tus misericordias, Señor.**

Cantaré eternamente las misericordias del Señor, | anunciaré tu fidelidad por todas las edades. | Porque dije: «Tu misericordia es un edificio eterno, | más que el cielo has afianzado tu fidelidad.» R/

Sellé una alianza con mi elegido, | jurando a David, mi siervo: | Te fundaré un linaje perpetuo, | edificaré tu trono para todas las edades. R/

Encontré a David, mi siervo, | y lo he ungido con óleo sagrado; | para que mi mano esté siempre con él | y mi brazo lo haga valeroso. R/

Mi fidelidad y misericordia lo acompañarán, | por mi nombre crecerá su poder. | El me invocará: «Tú eres mi padre, | mi Dios, mi Roca salvadora.» R/

EVANGELIO   Jn 21, 15-17 (p. 2079)

22 de agosto

Santa María Virgen, Reina

Memoria

La celebración de la fiesta de María con el título de Reina, ocho días después de celebrar su Asunción al cielo, nos pone de manifiesto su perfecta y total glorificación junto a su Hijo, Rey y Señor de todo el universo.

ANTIFONA DE ENTRADA   Cf. Sal 44, 10. 14

María, nuestra Reina, está de pie, a la derecha de Cristo, enjoyada con oro, vestida de perlas y brocado.

ORACION COLECTA

Dios todopoderoso, que nos has dado como Madre y como Reina a la Madre de tu Unigénito, concédenos que, protegidos por su intercesión, alcancemos la gloria de tus hijos en el reino de los cielos. Por nuestro Señor Jesucristo.

PRIMERA LECTURA

Un hijo se nos ha dado

LECTURA DEL LIBRO DE ISAIAS 9, 1-3.5-6

El pueblo que caminaba en tinieblas vio una luz grande; habitaban tierra de sombras, y una luz les brilló. Acreciste la alegría, aumentaste el gozo; se gozan en tu presencia, como gozan al segar, como se alegran al repartirse el botín. Porque la vara del opresor, y el yugo de su carga, el bastón de su hombro, los quebrantaste como el día de Madián. Porque un niño nos ha nacido, un hijo se nos ha dado: lleva a hombros el principado, y es su nombre: «Maravilla de Consejero, Dios guerrero, Padre perpetuo, Príncipe de la paz.» Para dilatar el principado, con una paz sin límites, sobre el trono de David y sobre su reino. Para sostenerlo y consolidarlo con la justicia y el derecho, desde ahora y por siempre. El celo del Señor de los ejércitos lo realizará.

Palabra de Dios.

SALMO RESPONSORIAL 112

℟ **Bendito sea el nombre del Señor, | ahora y por siempre (o Aleluya.)**

Alabad, siervos del Señor, | alabad el nombre del Señor. | Bendito sea el nombre del Señor, | ahora y por siempre. ℟.

De la salida del sol hasta su ocaso, | alabado sea el nombre del Señor. | El Señor se eleva sobre todos los pueblos, | su gloria sobre los cielos. ℟.

¿Quién como el Señor, Dios nuestro, | que se eleva en su trono | y se abaja para mirar | al cielo y a la tierra?. ℟.

Levanta del polvo al desvalido, | alza de la basura al pobre, | para sentarlo con los príncipes, | los príncipes de su pueblo. ℞.

Alégrate, María, llena de gracia, el Señor está contigo; bendita tú eres entre las mujeres.

EVANGELIO

Concebirás en tu vientre y darás a luz un hijo

✠ LECTURA DEL S. EVANGELIO SEGUN
SAN LUCAS   1, 26-38

En aquel tiempo, el ángel Gabriel fue enviado por Dios a una ciudad de Galilea llamada Nazaret, a una virgen desposada con un hombre llamado José, de la estirpe de David; la virgen se llamaba María. El ángel, entrando en su presencia, dijo: «Alégrate, llena de gracia, el Señor está contigo.» Ella se turbó ante estas palabras y se preguntaba qué saludo era aquél. El ángel le dijo: «No temas, María, porque has encontrado gracia ante Dios. Concebirás en tu vientre y darás a luz un hijo, y le pondrás por nombre Jesús. Será grande, se llamará Hijo del Altísimo, el Señor Dios le dará el trono de David, su padre, reinará sobre la casa de Jacob para siempre, y su reino no tendrá fin.» Y María dijo al ángel: «¿Cómo será eso, pues no conozco a varón?» El ángel le contestó: «El Espíritu Santo vendrá sobre ti, y la fuerza del Altísimo te cubrirá con su sombra; por eso el Santo que va a nacer se llamará Hijo de Dios. Ahí tienes a tu pariente Isabel, que, a pesar de su vejez, ha concebido un hijo, y ya está de seis meses la que llamaban estéril, porque para Dios nada hay imposible.» María contestó: «Aquí está la esclava del Señor; hágase en mí según tu palabra.» Y la dejó el ángel.

Palabra del Señor.

ORACION SOBRE LAS OFRENDAS

Te presentamos, Señor, nuestras ofrendas en conmemoración de la Virgen María, y te suplicamos la protección de Jesucristo, tu Hijo, que se ofreció a ti en la cruz, como hostia inmaculada. Por Jesucristo nuestro Señor.

Prefacio I de santa María Virgen: en la fiesta, *p. 1092, o II, p. 1093.*

ANTIFONA DE COMUNION   Lc 1, 45

Dichosa tú, que has creído, porque lo que te ha dicho el Señor se cumplirá.

ORACION DESPUES DE LA COMUNION

Después de recibir este sacramento celestial, te suplicamos, Señor, que cuantos hemos celebrado la memoria de la Santísima Virgen María lleguemos a participar en el banquete del cielo. Por Jesucristo nuestro Señor.

23 de agosto

Santa Rosa de Lima, virgen

En América Latina: Solemnidad. Patrona principal de algunos países de América Latina. Con «Gloria», «Credo» y «Prefacio de Vírgenes». Donde sólo sea fiesta, no se dice el «Credo».
En algunos de estos países se celebra el día 30.

Isabel Flores y de Oliva nació en Lima de padres españoles en el año 1586. Rosa es el sobrenombre que le dio una sierva india, y conservó como nombre de religión, cuando a los veinte años ingresó como terciaria en la Orden Dominicana. Se distinguió como gran penitente y mística extraordinaria. Murió el

24 de agosto de 1617. Rosa es cronológicamente la primera santa del continente americano.

Del Común de vírgenes (p. 2393) o de santos: religiosos (p. 2406).

ORACION COLECTA

Señor, Dios nuestro, tú has querido que santa Rosa de Lima, encendida en tu amor, se apartara del mundo y se consagrara a ti en la penitencia; concédenos, por su intercesión, que, siguiendo en la tierra el camino de la verdadera vida, lleguemos a gozar en el cielo de la abundancia de los gozos eternos. Por nuestro Señor Jesucristo.

PRIMERA LECTURA	2 Cor 10, 17—11, 2 (p. 2418)
SALMO RESPONSORIAL	148, 1-2.11-14 (p. 1636)
EVANGELIO	Mt 13, 44-45 (p. 1602)

24 de agosto

San Bartolomé, apóstol

Fiesta

Felipe fue quien presentó al Maestro a Bartolomé, natural de Caná de Galilea.

Según la tradición, predicó en la India; también según la tradición, convirtió al rey de Armenia, y por esto fue martirizado por mandato del hermano del rey.

ANTIFONA DE ENTRADA   Sal 95, 2-3

Proclamad día tras día la victoria del Señor, contad a los pueblos su gloria.

ORACION COLECTA

Afianza, Señor, en nosotros aquella fe con la que san Bartolomé, tu apóstol, se entregó sinceramente a Cristo, y haz que, por sus ruegos, tu Iglesia se presente ante el mundo como sacramento de salvación para todos los hombres. Por nuestro Señor Jesucristo.

PRIMERA LECTURA

Doce basamentos que llevaban doce nombres: los nombres de los apóstoles del Cordero

LECTURA DEL LIBRO DEL APOCALIPSIS 21, 9b-14

El ángel me habló así: «Ven acá, voy a mostrarte a la novia, a la esposa del Cordero.» Me transportó en éxtasis a un monte altísimo, y me enseñó la ciudad santa, Jerusalén, que bajaba del cielo, enviada por Dios, trayendo la gloria de Dios. Brillaba como una piedra preciosa, como jaspe traslúcido. Tenía una muralla grande y alta y doce puertas custodiadas por doce ángeles, con doce nombres grabados: los nombres de las tribus de Israel. A oriente tres puertas, al norte tres puertas, al sur tres puertas, y a occidente tres puertas. La muralla tenía doce basamentos que llevaban doce nombres: los nombres de los apóstoles del Cordero.

Palabra de Dios.

SALMO RESPONSORIAL 144

℟ **Que tus fieles, Señor, proclamen la gloria de tu reinado.**

Que todas tus criaturas te den gracias, Señor, | que te bendigan tus fieles; | que proclamen la gloria de tu reinado, | que hablen de tus hazañas. ℟.

Explicando tus hazañas a los hombres, | la gloria y la majestad de tu reinado. | Tu reinado es un reinado perpetuo, | tu gobierno va de edad en edad. ℟.

El Señor es justo en todos sus caminos, | es bondadoso en todas sus acciones; | cerca está el Señor de los que lo invocan, | de los que lo invocan sinceramente. ℟.

ALELUYA   Jn 1, 49b

Rabí, tú eres el Hijo de Dios, tú eres el Rey de Israel.

EVANGELIO

Ahí tenéis a un israelita de verdad, en quien no hay engaño

✠ LECTURA DEL S. EVANGELIO SEGUN
SAN JUAN   1, 45-51

En aquel tiempo, Felipe encuentra a Natanael y le dice:
«Aquel de quien escribieron Moisés en la Ley y los profetas, lo
hemos encontrado: Jesús, hijo de José, de Nazaret.» Natanael le
replicó: «¿De Nazaret puede salir algo bueno?» Felipe le contestó: «Ven y verás.» Vio Jesús que se acercaba Natanael y dijo de
él: «Ahí tenéis a un israelita de verdad, en quien no hay engaño.»
Natanael le contesta: «¿De qué me conoces?» Jesús le responde:
«Antes de que Felipe te llamara, cuando estabas debajo de la higuera, te vi.» Natanael respondió: «Rabí, tú eres el Hijo de Dios,
tú eres el Rey de Israel.» Jesús le contestó: «¿Por haberte dicho
que te vi debajo de la higuera, crees? Has de ver cosas mayores.»
Y le añadió: «Yo os aseguro: veréis el cielo abierto y a los ángeles de Dios subir y bajar sobre el Hijo del hombre.»

Palabra del Señor.

ORACION SOBRE LAS OFRENDAS

Al celebrar la fiesta del apóstol san Bartolomé, te pedimos,
Señor, que alcancemos, por su intercesión, tus divinos auxilios,
ya que en su honor te ofrecemos este sacrificio de alabanza. Por
Jesucristo nuestro Señor.

Prefacio de los Apóstoles, pp. 1099-1100.

ANTIFONA DE COMUNION   Lc 22, 29-30

Yo os transmito el Reino como me lo transmitió mi Padre a mí; comeréis y beberéis a mi mesa en mi Reino
—dice el Señor.

ORACION DESPUES DE LA COMUNION

En la fiesta de tu apóstol san Bartolomé hemos recibido, Señor, la prenda de la eterna salvación; haz que sea para nosotros auxilio en la vida presente y garantía de la vida futura. Por Jesucristo nuestro Señor.

25 de agosto

San Luis de Francia

Luis IX, rey de Francia, educado cristianamente por su madre Blanca de Castilla, terciario franciscano, es el ejemplo de un jefe de Estado animado por el espíritu evangélico. Fue ejemplar en su vida de oración y mortificación, procurando siempre el bien de sus súbditos. Emprendió varias cruzadas para librar Tierra Santa. Murió en Africa el 25 de agosto de 1270, en una cruzada contra los musulmanes.

Del Común de santos (p. 2401).

ORACION COLECTA

Oh Dios, que has trasladado a san Luis de Francia desde los afanes del gobierno temporal al reino de tu gloria, concédenos, por su intercesión, buscar ante todo tu reino en medio de nuestras ocupaciones temporales. Por nuestro Señor Jesucristo.

PRIMERA LECTURA	Is 58, 6-11 (p. 2161)
SALMO RESPONSORIAL	111, 1-9 (p. 2415)
EVANGELIO	Mt 22, 34-40 (p. 2521)

San José de Calasanz, presbítero

Nació en Peralta de la Sal (diócesis de Urgell) en el año 1556 ó 1557. Ordenado sacerdote, fue a Montserrat como visitador canónico. Fue Vicario General de Urgell, y después se trasladó a Roma. Viendo la ignorancia y abandono en que vivían los niños, fundó una escuela gratuita en el Transtevere; pronto encontró colaboradores, y con ellos fundó la Orden de los Pobres Clérigos de la Madre de Dios de las Escuelas Pías (vulgarmente llamados Escolapios), de la cual fue General. No faltaron las adversidades: fue depuesto de su cargo, y la Orden suprimida. Murió nonagenario el 25 de agosto de 1648; después de su muerte, la Orden fue plenamente restablecida.

Del Común de santos: educadores (p. 2409) o de pastores (p. 2367).

ORACION COLECTA

Señor, Dios nuestro, que has enriquecido a san José de Calasanz con la caridad y la paciencia, para que pudiera entregarse sin descanso a la formación humana y cristiana de los niños, concédenos, te rogamos, imitar en su servicio a la verdad al que veneramos hoy como maestro de sabiduría. Por nuestro Señor Jesucristo.

PRIMERA LECTURA	1 Cor 12, 31—13, 13 (p. 1737)
SALMO RESPONSORIAL	33, 2-11 (p. 2119)
EVANGELIO	Mt 18, 1-5 (p. 2210)

26 de agosto

Santa Teresa de Jesús Jornet e Ibars, virgen, patrona de la ancianidad

Memoria

Nació en Aitona (diócesis de Lérida) en el año 1843. Dedicó toda su vida al servicio de los ancianos; a este fin fundó la Con-

gregación de Hermanitas de los Ancianos Desamparados. Hasta
que murió, fue la Superiora General de su Congregación que
dejó consolidada y difundida. Murió en Liria (Valencia), el día
26 de agosto del año 1897.

ANTIFONA DE ENTRADA

Ven, esposa de Cristo, recibe la corona que el Señor te ha
preparado desde la eternidad.

ORACION COLECTA

Oh Dios, que has guiado a la virgen santa Teresa a la perfecta caridad en el cuidado de los ancianos, concédenos, a ejemplo
suyo, servir a Cristo en el prójimo, para ser testimonios de su
amor. Por nuestro Señor Jesucristo.

PRIMERA LECTURA

Parte tu pan con el hambriento

LECTURA DEL LIBRO DE ISAIAS 58, 6-11

Así dice el Señor: «El ayuno que yo quiero es éste: Abrir las
prisiones injustas, hacer saltar los cerrojos de los cepos, dejar libres a los oprimidos, romper todos los cepos; partir tu pan con
el hambriento, hospedar a los pobres sin techo, vestir al que ves
desnudo, y no cerrarte a tu propia carne. Entonces romperá tu
luz como la aurora, en seguida te brotará la carne sana; te abrirá
camino la justicia, detrás irá la gloria del Señor. Entonces clamarás al Señor, y te responderá; gritarás, y te dirá: «Aquí estoy.»
Cuando destierres de ti la opresión, el gesto amenazador y la maledicencia, cuando partas tu pan con el hambriento y sacies el estómago del indigente, brillará tu luz en las tinieblas, tu oscuridad
se volverá mediodía. El Señor te dará reposo permanente, en el
desierto saciará tu hambre, hará fuertes tus huesos, serás un

huerto bien regado, un manantial de aguas cuya vena nunca engaña.»

Palabra de Dios.

SALMO RESPONSORIAL 150

℞ **Alabad al Señor en su templo** (o Aleluya.)

Alabad al Señor en su templo, | alabadlo en su fuerte firmamento. ℞.

Alabadlo por sus obras magníficas, | alabadlo por su inmensa grandeza. ℞.

Alabadlo tocando trompetas, | alabadlo con arpas y cítaras. ℞.

Alabadlo con tambores y danzas, | alabadlo con trompas y flautas. ℞.

Alabadlo con platillos sonoros, | alabadlo con platillos vibrantes. | Todo ser que alienta alabe al Señor. ℞.

EVANGELIO   Mt 25, 31-40 (p. 2273)

ORACION SOBRE LAS OFRENDAS

Recibe, Señor, los dones de tu pueblo y concédenos que, al recordar las maravillas que el amor de tu Hijo realizó en nosotros, nos reafirmemos, a ejemplo de los santos, en el amor a ti y al prójimo. Por Jesucristo nuestro Señor.

ANTIFONA DE COMUNION   Mt 25, 6

Que llega el esposo, salid a recibir a Cristo, el Señor.

ORACION DESPUES DE LA COMUNION

Alimentados con el sacramento de salvación, te rogamos, Dios de misericordia, que, imitando la caridad de santa Teresa, seamos un día partícipes de su gloria. Por Jesucristo nuestro Señor.

Santa Mónica

Memoria

Los datos biográficos de santa Mónica los debemos a la pluma de su hijo san Agustín. Nació de una familia cristiana del Africa romana el año 331. Fue desposada con un pagano del cual tuvo dos hijos y una hija, el más ilustre de ellos, Agustín. Vio con gozo que su marido abrazara la fe, y que su hijo se hiciera cristiano y católico, lo que el Señor se lo concedió con creces. Cuando madre e hijo se disponían a regresar a Africa, murió Mónica en Ostia el año 387.

Del Común de santos: santas mujeres (p. 2411).

ORACION COLECTA

Oh Dios, consuelo de los que lloran, que acogiste piadosamente las lágrimas de santa Mónica impetrando la conversión de su hijo Agustín; concédenos, por intercesión de madre e hijo, la gracia de llorar nuestros pecados y alcanzar tu misericordia y tu perdón. Por nuestro Señor Jesucristo.

PRIMERA LECTURA

El sol brilla en el cielo, la mujer bella, en su casa bien arreglada

LECTURA DEL LIBRO DEL ECLESIASTICO   26, 1-4.13-16

Dichoso el marido de una mujer buena; se doblarán los años de su vida. La mujer hacendosa hace prosperar al marido, él cumplirá sus días en paz. Mujer buena es buen partido que recibe el que teme al Señor; sea rico o pobre, estará contento y tendrá cara alegre en toda sazón. Mujer hermosa deleita al marido, mujer prudente lo robustece; mujer discreta es don del Señor; no se paga un ánimo instruido; mujer modesta duplica su encanto: no hay belleza que pague un ánimo casto. El sol brilla en el cielo del Señor, la mujer bella, en su casa bien arreglada.

Palabra de Dios.

SALMO RESPONSORIAL 130

℟ **Guarda mi alma en la paz, junto a ti, Señor.**

Señor, mi corazón no es ambicioso, | ni mis ojos altaneros; | no pretendo grandezas | que superan mi capacidad. ℟.

Sino que acallo y modero mis deseos, | como un niño en brazos de su madre. ℟.

Espere Israel en el Señor | ahora y por siempre. ℟.

ALELUYA   Jn 8, 12b

Yo soy la luz del mundo —dice el Señor—; el que me sigue tendrá la luz de la vida.

EVANGELIO

Mi madre me presentaba en el ataúd de su pensamiento, para que tú me dijeras a mí, hijo de la viuda: «¡Muchacho, a ti te lo digo, levántate!»

✠ LECTURA DEL S. EVANGELIO SEGUN
SAN LUCAS   7, 11-17

En aquel tiempo, iba Jesús camino de una ciudad llamada Naín, e iban con él sus discípulos y mucho gentío. Cuando se acercaba a la entrada de la ciudad, resultó que sacaban a enterrar a un muerto, hijo único de su madre, que era viuda; y un gentío considerable de la ciudad lo acompañaba. Al verla el Señor, le dio lástima y le dijo: «No llores.» Se acercó al ataúd, lo tocó (los que lo llevaban se pararon) y dijo: «¡Muchacho, a ti te lo digo, levántate!» El muerto se incorporó y empezó a hablar, y Jesús se lo entregó a su madre. Todos, sobrecogidos, daban gloria a Dios, diciendo: «Un gran Profeta ha surgido entre nosotros. Dios ha visitado a su pueblo.» La noticia del hecho se divulgó por toda la comarca y por Judea entera.

Palabra del Señor.

28 de agosto

San Agustín, obispo y doctor de la Iglesia

Memoria

El 28 de agosto del año 430, en Hipona, mientras la ciudad era sitiada por los vándalos, moría su obispo Aurelio-Agustín. Había nacido en Tagaste el año 354; después de una vida ligera e ideológicamente turbulenta, recibió el bautismo en Milán de manos de San Ambrosio, durante la vigilia pascual del año 387.

Vuelto a Africa, abraza la vida monástica, se ordena de presbítero, y, finalmente, es promovido al episcopado. Su producción teológica, exegética y pastoral es inmensa; se le llama «Doctor de la gracia», por su lucha contra el pelagianismo.

ANTIFONA DE ENTRADA   Si 15, 5

Abre la boca en la asamblea, el Señor lo llena de espíritu de sabiduría e inteligencia, lo viste con un traje de honor.

ORACION COLECTA

Renueva, Señor, en tu Iglesia el espíritu que infundiste en tu obispo san Agustín, para que, penetrados de ese mismo espíritu, tengamos sed de ti, fuente de la sabiduría, y te busquemos como el único amor verdadero. Por nuestro Señor Jesucristo.

PRIMERA LECTURA

Si nos amamos unos a otros, Dios permanece en nosotros

LECTURA DE LA PRIMERA CARTA DEL APOSTOL SAN JUAN
4, 7-16

Queridos hermanos: Amémonos unos a otros, ya que el amor es de Dios, y todo el que ama ha nacido de Dios y conoce a Dios. Quien no ama no ha conocido a Dios, porque Dios es amor. En esto se manifestó el amor que Dios nos tiene: en que Dios envió al mundo a su Hijo único, para que vivamos por medio de él. En esto consiste el amor: no en que nosotros hayamos amado a Dios, sino en que él nos amó y nos envió a su Hijo como víctima de propiación para nuestros pecados. Queridos hermanos, si Dios nos amó de esta manera, también nosotros debemos amarnos unos a otros. A Dios nadie lo ha visto nunca. Si nos amamos unos a otros, Dios permanece en nosotros y su amor ha llegado en nosotros a su plenitud. En esto conocemos que permanecemos en él, y él en nosotros: en que nos ha dado de su Espíritu. Y nosotros hemos visto y damos testimonio de que el Padre envió a su Hijo para ser Salvador del mundo. Quien confiese que Jesús es el Hijo de Dios, Dios permanece en él, y él en Dios. Y nosotros hemos conocido el amor que Dios nos tiene y hemos creído en él. Dios es amor, y quien permanece en el amor permanece en Dios, y Dios en él.

Palabra de Dios.

ALELUYA
Mt 23, 9b. 10b

Uno solo es vuestro Padre, el del cielo, y uno solo es vuestro consejero, Cristo.

EVANGELIO

El primero entre vosotros será vuestro servidor

✠ LECTURA DEL S. EVANGELIO SEGUN
SAN MATEO   23, 8-12

En aquel tiempo, dijo Jesús a sus discípulos: «Vosotros no
os dejéis llamar maestro, porque uno solo es vuestro maestro, y
todos vosotros sois hermanos. Y no llaméis padre vuestro a nadie en la tierra, porque uno solo es vuestro Padre, el del cielo.
No os dejéis llamar consejeros, porque uno solo es vuestro consejero, Cristo. El primero entre vosotros será vuestro servidor.
El que se enaltece será humillado, y el que se humilla será enaltecido.»

Palabra del Señor.

ORACION SOBRE LAS OFRENDAS

Al celebrar el memorial de nuestra salvación, te pedimos,
Dios nuestro, que este sacramento de amor sea para nosotros
signo de unidad y vínculo de caridad. Por Jesucristo nuestro
Señor.

ANTIFONA DE COMUNION   Mt 23, 10. 8

Dice el Señor: Uno solo es vuestro maestro, Cristo, y todos vosotros sois hermanos.

ORACION DESPUES DE LA COMUNION

Te rogamos, Señor, que nuestra participación en la mesa de
tu Hijo nos santifique para que, como miembros de su Cuerpo,
nos transformemos en el mismo Cristo a quien recibimos. Que
vive y reina por los siglos de los siglos.

29 de agosto

El Martirio de san Juan Bautista

Memoria

La celebración de hoy en honor del Precursor del Señor, recordando su martirio, tiene su origen en la dedicación de la iglesia edificada sobre su sepulcro, en Sebaste de Samaria.

ANTIFONA DE ENTRADA   Sal 118.46-47

Comentaré tus preceptos ante los reyes, Señor, y no me avergonzaré; serán mi delicia tus mandatos, que tanto amo.

ORACION COLECTA

Señor, Dios nuestro, tú has querido que san Juan Bautista fuese el precursor del nacimiento y de la muerte de tu Hijo; concédenos, por su intercesión, que así como él murió mártir de la verdad y la justicia, luchemos nosotros valerosamente por la confesión de nuestra fe. Por nuestro Señor Jesucristo.

PRIMERA LECTURA

Diles lo que yo te mando. No les tengas miedo

LECTURA DEL LIBRO DE JEREMIAS   1, 17-19

En aquellos días, recibí esta palabra del Señor: «Cíñete los lomos, ponte en pie y diles lo que yo te mando. No les tengas miedo, que si no, yo te meteré miedo de ellos. Mira; yo te convierto hoy en plaza fuerte, en columna de hierro, en muralla de bronce, frente a todo el país; frente a los reyes y príncipes de Judá, frente a los sacerdotes y la gente del campo. Lucharán contra ti, pero no te podrán, porque yo estoy contigo para librarte.» Oráculo del Señor.

Palabra de Dios.

SALMO RESPONSORIAL 70

R. **Mi boca contará tu auxilio.**

A ti, Señor, me acojo: | no quede yo derrotado para siempre; | tú que eres justo, líbrame y ponme a salvo, | inclina a mí tu oído, y sálvame. R.

Sé tu mi roca de refugio, | el alcázar donde me salve, | porque mi peña y mi alcázar eres tú, | Dios mío, líbrame de la mano perversa. R.

Porque tú, Dios mío, fuiste mi esperanza | y mi confianza, Señor, desde mi juventud. | En el vientre materno ya me apoyaba en ti, | en el seno tú me sostenías. R.

Mi boca contará tu auxilio, | y todo el día tu salvación. | Dios mío, me instruiste desde mi juventud, | y hasta hoy relato tus maravillas. R.

ALELUYA   Mt 5, 10

Dichosos los perseguidos por causa de la justicia, porque de ellos es el reino de los cielos.

EVANGELIO

Quiero que ahora mismo me des en una bandeja la cabeza de Juan, el Bautista

✠ LECTURA DEL S. EVANGELIO SEGUN
SAN MARCOS   6, 17-29

En aquel tiempo, Herodes había mandado prender a Juan y lo había metido en la cárcel, encadenado. El motivo era que Herodes se había casado con Herodías, mujer de su hermano Filipo, y Juan le decía que no le era lícito tener la mujer de su hermano. Herodías aborrecía a Juan y quería quitarlo de en medio; no acababa de conseguirlo, porque Herodes respetaba a Juan, sabiendo que era un hombre honrado y santo, y lo defendía. Cuando lo escuchaba, quedaba desconcertado, y lo escuchaba con gusto. La ocasión llegó cuando Herodes, por su cumpleaños, dio un banquete a sus magnates, a sus oficiales y a la gente principal de Galilea. La hija de Herodías entró y danzó, gustando mucho a Herodes y a los convidados. El rey le dijo a la joven: «Pídeme lo que quieras, que te lo doy.» Y le juró: «Te daré lo que me pidas, aunque sea la mitad de mi reino.» Ella salió a preguntarle a su madre: «¿Qué le pido?» La madre le contestó: «La cabeza de Juan, el Bautista.» Entró ella en seguida, a toda prisa, se acercó al rey y le pidió: «Quiero que ahora mismo me des en una bandeja la cabeza de Juan, el Bautista.» El rey se puso muy triste; pero, por el juramento y los convidados, no quiso desairarla. En seguida le mandó a un verdugo que trajese la cabeza de Juan. Fue, lo decapitó en la cárcel, trajo la cabeza en una bandeja y se la entregó a la joven; la joven se la entregó a su madre. Al enterarse sus discípulos, fueron a recoger el cadáver y lo enterraron.

Palabra del Señor.

ORACION SOBRE LAS OFRENDAS

Por estos dones que te presentamos, concédenos, Señor, seguir tus caminos rectamente, como san Juan Bautista, voz que clama en el desierto, nos enseñó de palabra y selló con su sangre. Por Jesucristo nuestro Señor.

PREFACIO

La misión del Precursor

En verdad es justo y necesario, es nuestro deber y salvación darte gracias siempre y en todo lugar, Señor, Padre santo, Dios todopoderoso y eterno por Cristo, Señor nuestro.

Y al celebrar hoy la gloria de Juan el Bautista, precursor de tu Hijo y el mayor de los nacidos de mujer, proclamamos tu grandeza.

Porque él saltó de alegría en el vientre de su madre, al llegar el Salvador de los hombres, y su nacimiento fue motivo de gozo para muchos.

El fue escogido entre todos los profetas, para mostrar a las gentes el Cordero que quita el pecado del mundo.

El bautizó en el Jordán al Autor del bautismo, y el agua viva tiene, desde entonces, poder de salvación para los hombres.

Y el dio, por fin, su sangre como supremo testimonio por el nombre de Cristo.

Por eso, como los ángeles te cantan en el cielo, te aclamamos nosotros en la tierra, diciendo sin cesar:

Santo, Santo, Santo...

ANTIFONA DE COMUNION   Jn 3, 27.30

Contestó Juan: El tiene que crecer y yo tengo que menguar.

ORACION DESPUES DE LA COMUNION

Concédenos, Señor, al celebrar el martirio de san Juan Bautista, comprender y venerar estos sacramentos que hemos recibido y percibir en nosotros su fruto abundante. Por Jesucristo nuestro Señor.

SEPTIEMBRE

3 de septiembre

San Gregorio Magno, papa y doctor de la Iglesia

Memoria

Nació en Roma hacia el año 540, de familia senatorial; llegó a ser Prefecto de la ciudad. Renuncia a todo y abraza la vida monástica en el monasterio de san Andrés de Roma. Ordenado diácono por el papa Pelagio II, éste lo envió como delegado suyo a Constantinopla. Muerto Pelagio, fue elegido papa el 3 de septiembre del año 590.

Gregorio fue un gran místico y un gran hombre de acción; de ahí arranca la paradoja de su vida: añora el monasterio, pero no deja de gobernar la totalidad de la Iglesia. Murió el 12 de marzo del año 604.

Del Común de pastores: papas (p. 2367) o de doctores de la Iglesia (p. 2384).

ORACION COLECTA

Oh Dios, que cuidas a tu pueblo con misericordia y lo gobiernas con amor, concede el don de sabiduría, por intercesión del papa san Gregorio Magno, a quienes confiaste la misión del gobierno en tu Iglesia, para que el progreso de los fieles sea el gozo eterno de sus pastores. Por nuestro Señor Jesucristo.

PRIMERA LECTURA	1 Cor 2, 1-10a (p. 2303)
SALMO RESPONSORIAL	95, 1-3.7-8a.10 (p.2290)
EVANGELIO	Mt 13, 47-52 (p. 1605)

ORACION SOBRE LAS OFRENDAS

Asístenos con tu gracia, Señor, para que al celebrar la festividad de san Gregorio, nos sirva de provecho esta ofrenda con cuya inmolación se perdonan los pecados del mundo. Por Jesucristo nuestro Señor.

ORACION DESPUES DE LA COMUNION

Señor, que cuantos hemos sido fortalecidos con Cristo, verdadero pan de vida y único maestro de los hombres, aprendamos en la fiesta del papa san Gregorio a conocer tu verdad y a vivirla con amor. Por Jesucristo nuestro Señor.

8 de septiembre

La Natividad de la Santísima Virgen María

Fiesta

Esta fiesta de María tiene su origen en Oriente, y su génesis se remonta al siglo V: la dedicación, en Jerusalén, de una basílica en el lugar en donde se supone que nació la Virgen, hoy basílica de Santa Ana.

ANTIFONA DE ENTRADA

Celebremos con alegría el Nacimiento de María, la Virgen: de ella salió el sol de justicia, Cristo, nuestro Dios.

ORACION COLECTA

Concede, Señor, a tus hijos el don de tu gracia, para que, cuantos hemos recibido las primicias de la salvación por la maternidad de la Virgen María, consigamos aumento de paz en la fiesta de su Nacimiento. Por nuestro Señor Jesucristo.

PRIMERA LECTURA

El tiempo en que la madre dé a luz

LECTURA DE LA PROFECIA DE MIQUEAS

5, 1-4a

Así dice el Señor: «Pero tú, Belén de Efrata, pequeña entre las aldeas de Judá, de ti saldrá el jefe de Israel. Su origen es desde lo antiguo, de tiempo inmemorial. Los entrega hasta el tiempo en que la madre dé a luz, y el resto de sus hermanos retornará a los hijos de Israel. En pie, pastoreará con la fuerza del Señor, por el nombre glorioso del Señor, su Dios. Habitarán tranquilos, porque se mostrará grande hasta los confines de la tierra, y éste será nuestra paz.»

Palabra de Dios.

SALMO RESPONSORIAL 12

℟ **Desbordo de gozo con el Señor.** (Is 61, 10)

Porque yo confío en tu misericordia: | alegra mi corazón con tu auxilio. ℟.

Y cantaré al Señor por el bien que me ha hecho. ℟.

ALELUYA

Dichosa eres, santa Virgen María, y digna de toda alabanza: de ti salió el sol de justicia, Cristo, nuestro Señor.

EVANGELIO

La criatura que hay en ella viene del Espíritu Santo

✠ LECTURA DEL S. EVANGELIO SEGUN
SAN MATEO
1, 1-16.18-23

Genealogía de Jesucristo, hijo de David, hijo de Abrahán. Abrahán engendró a Isaac, Isaac a Jacob, Jacob a Judá y a sus hermanos. Judá engendró, de Tamar, a Farés y a Zará, Farés a Esrón, Esrón a Aram, Aram a Aminadab, Aminadab a Naasón, Naasón a Salmón, Salmón engendró, de Rahab, a Booz; Booz engendró, de Rut, a Obed; Obed a Jesé, Jesé engendró a David, el rey David, de la mujer de Urías, engendró a Salomón, Salomón a Roboam, Roboam a Abías, Abías a Asaf, Asaf a Josafat, Josafat a Joram, Joram a Ozías, Ozías a Joatán, Joatán a Acaz, Acaz a Ezequías, Ezequías engendró a Manasés, Manasés a

Amós, Amós a Josías; Josías engendró a Jeconías y a sus hermanos, cuando el destierro de Babilonia. Después del destierro de
Babilonia, Jeconías engendró a Salatiel, Salatiel a Zorobabel, Zorobabel a Abiud, Abiud a Eliaquín, Eliaquín a Azor, Azor a Sadoc, Sadoc a Aquim, Aquim a Eliud, Eliud a Eleazar, Eleazar a
Matán, Matán a Jacob; y Jacob engendró a José, el esposo de
María, de la cual nació Jesús, llamado Cristo. El nacimiento de
Jesucristo fue de esta manera: María, su madre, estaba desposada
con José y, antes de vivir juntos, resultó que ella esperaba un
hijo por obra del Espíritu Santo. José, su esposo, que era justo
y no quería denunciarla, decidió repudiarla en secreto. Pero, apenas había tomado esta resolución, se le apareció en sueños un ángel del Señor que le dijo: «José, hijo de David, no tengas reparo
en llevarte a María, tu mujer, porque la criatura que hay en ella
viene del Espíritu Santo. Dará a luz un hijo, y tú le pondrás por
nombre Jesús, porque él salvará a su pueblo de los pecados.»
Todo esto sucedió para que se cumpliese lo que había dicho el
Señor por el Profeta: «Mirad: la Virgen concebirá y dará a luz un
hijo y le pondrá por nombre Emmanuel, que significa "Dios-
con-nosotros".»

Palabra del Señor.

ORACION SOBRE LAS OFRENDAS

El amor y la gracia de tu Hijo, hecho hombre por nosotros,
sea nuestro socorro, Señor, y el que al nacer de la Virgen no menoscabó la integridad de su Madre, sino que la santificó, nos libre del peso de nuestros pecados y vuelva así aceptable nuestra
ofrenda delante de tus ojos. Por Jesucristo nuestro Señor.

*Prefacio I de santa María Virgen: en la natividad, p. 1092, o II,
p. 1093.*

ANTIFONA DE COMUNION   Is 7, 14; Mt 1, 21

La Virgen dará a luz un Hijo que salvará a su pueblo de
los pecados.

ORACION DESPUES DE LA COMUNION

Que se alegre tu Iglesia, Señor, fortalecida con estos sacramentos, y se goce en el Nacimiento de la Virgen María, que fue para el mundo esperanza y aurora de salvación. Por Jesucristo nuestro Señor.

9 de septiembre

San Pedro Claver, presbítero

Memoria

Nació en Verdú (Cataluña) el año 1584. Entró en la Compañía de Jesús, y en el Colegio de Montesión de Palma de Mallorca, convivió con San Alonso Rodríguez, hermano coadjutor y portero del convento. De este santo recibió la inspiración y el consejo para ser evangelizador de los esclavos negros en Cartagena de Indias, en donde murió en 1654.

Del Común de pastores: misioneros (p. 2373) o de santos (p. 2401).

ORACION COLECTA

Oh Dios, que con el fin de llevar el Evangelio a los esclavos negros, has dotado a san Pedro Claver de admirable amor y paciencia; concédenos, por su intercesión y ejemplo, que superadas todas las discriminaciones raciales, amemos a todos los hombres con sincero corazón. Por nuestro Señor Jesucristo...

ORACION SOBRE LAS OFRENDAS

Este sacrificio de amor, que te ofrecemos, sírvanos, Señor, por tu misericordia para expiar nuestras culpas, y por las oraciones y méritos de san Pedro Claver, ayude eficazmente a nuestra salvación. Por Jesucristo nuestro Señor.

ORACION DESPUES DE LA COMUNION

Acrecienta, Señor, en nosotros los saludables efectos de tu misericordia para que, alimentados con el Pan celestial, alcancemos felizmente, por intercesión de san Pedro Claver, la corona de la vida eterna. Por Jesucristo nuestro Señor.

11 de septiembre

Nuestra Señora de Coromoto

Fiesta

El santuario de Ntra. Sra. de Coromoto es el centro de peregrinación de los fieles de Venezuela, en donde expresan su fe y su amor a la Madre de Dios.

Según la leyenda, se apareció la Virgen el año 1651 al jefe de los indios Cospes de Guanare y a su esposa, invitándoles a que se bautizaran. Toda la población india se reunió en el lugar de Coromoto, en donde se bautizaron, y allí mismo veneraron a la imagen de la Virgen que se había aparecido a su cacique.

ANTIFONA DE ENTRADA

Celebremos con alegría la festividad (la memoria) de María Virgen, Madre y Patrona nuestra: de ella nació Cristo, nuestro Dios y Salvador.

ORACION COLECTA

Padre de misericordia, que desde el comienzo de nuestra historia nos has puesto bajo la maternal protección de la siempre Virgen María, Madre de tu Hijo, a la cual veneramos bajo la advocación de Coromoto: concédenos por su intercesión, vivir nuestro bautismo y hallar el progreso de nuestra patria por caminos de justicia y de paz. Por nuestro Señor.

PRIMERA LECTURA

LECTURA DEL LIBRO DEL ECLESIASTICO 24, 5-7.12-19.26

Yo salí de la boca del Altísimo como niebla cubrí toda la tierra. Yo habité en las alturas y mi trono está sobre una columna de nube. Entonces mandó y me habló el Creador de todas las cosas; el que me creó y reposó en mi tabernáculo, me dijo: Habita en Jacob y ten tu herencia en Israel. Desde el principio, y antes de los siglos fui creada y no faltaré yo por todos los siglos futuros y serví delante de El en la morada santa. Y así afirmada soy en Sión y reposé asimismo en la ciudad santificada y en Jerusalén está mi potestad. Y me arraigué en un pueblo honrado, y en la porción de mi Dios que es su heredad. Venid a mí todos los que me codiciáis.

Palabra de Dios.

SALMO RESPONSORIAL   Jdt 13, 23-25

℟ **Tú eres el orgullo de nuestro Pueblo.**

Bendita eres del Señor Dios excelso tú, oh hija, | sobre todas las mujeres de la tierra. | Bendito el Señor que creó el cielo y la tierra. ℟.

Porque hoy ha engrandecido tanto tu nombre, | que no se apartará tu alabanza de la boca de los hombres | que se acordaren siempre del poder del Señor. ℟.

SEGUNDA LECTURA   Gal 4, 4-7 (p. 2347)

ALELUYA

Dichosa eres, Virgen María, que nos has dado el Hijo del Eterno Padre.

EVANGELIO

✠ LECTURA DEL S. EVANGELIO SEGUN
SAN LUCAS   2, 15-19

En aquel tiempo, los pastores se decían los unos a los otros: Pasemos hasta Belén y veamos esto que ha acontecido, lo cual el Señor nos ha mostrado. Y fueron apresurados y hallaron a María y a José y al Niño echado en el pesebre. Y cuando vieron esto, entendieron lo que se les había dicho acerca de aquel Niño. Y todos los que lo oyeron, se maravillaron, y también de lo que les habían referido los pastores. Y María guardaba todas estas cosas, ponderándolas en su corazón.

Palabra del Señor.

ORACION SOBRE LAS OFRENDAS

Señor, escucha las plegarias y recibe las ofrendas que te presentan los fieles en honor de María siempre Virgen; que sean agradables a tus ojos y atraigan sobre el pueblo tu protección y tu auxilio. Por Jesucristo nuestro Señor.

Prefacio de la Santísima Virgen María II, pág. 1093.

ANTIFONA DE COMUNION   Lc 1, 49

El Poderoso ha hecho obras grandes por mí: su nombre es santo.

ORACION DESPUES DE LA COMUNION

Que el Cuerpo y la Sangre de tu Hijo, que hemos recibido en este sacramento, celebrando la memoria de María siempre Virgen, nos ayuden a reconocernos y amarnos todos como verdaderos hermanos. Por Jesucristo nuestro Señor.

13 de septiembre

San Juan Crisóstomo, obispo y doctor de la Iglesia

Memoria

Nació alrededor del año 349 en Antioquía. Fue educado en las letras profanas y cristianas. Bautizado cuando contaba cerca de veinte años, poco después formó parte del clero de Antioquía, hasta que fue elegido obispo de Constantinopla.

Predicador elocuente, no dudó en fustigar a la emperatriz Eudoxia en la enseñanza de la moral evangélica. Esta actitud le valió por dos veces el destierro; en el último, murió en Comana (Turquía) el 14 de septiembre del año 407.

Del Común de pastores: obispos (p. 2367) o de doctores de la Iglesia (p. 2384).

ORACION COLECTA

Oh Dios, fortaleza de los que esperan en ti, que has hecho brillar en la Iglesia a san Juan Crisóstomo por su admirable elocuencia y su capacidad de sacrificio, te pedimos que, instruidos por sus enseñanzas, nos llene de fuerza el ejemplo de su valerosa paciencia. Por nuestro Señor Jesucristo.

PRIMERA LECTURA	Ef 4, 1-7.11-13 (p. 2193)
SALMO RESPONSORIAL	39, 2.4ab.7.10 (p. 2212)
EVANGELIO	Mc 4, 1-10.13-20 (p. 1332)

ORACION SOBRE LAS OFRENDAS

Recibe complacido, Señor, el sacrificio que te ofrecemos con gozo en la fiesta de san Juan Crisóstomo, cuyas enseñanzas nos impulsan a entregarnos enteramente a ti y a alabarte de todo corazón. Por Jesucristo nuestro Señor.

ORACION DESPUES DE LA COMUNION

Concédenos, Señor misericordioso, que los sacramentos recibidos en la fiesta de san Juan Crisóstomo nos confirmen en tu amor y nos conviertan en fieles testigos de tu verdad. Por Jesucristo nuestro Señor.

14 de septiembre

La exaltación de la Santa Cruz

Fiesta

En América Latina se celebra el día 3 de mayo

La fiesta de la exaltación de la Santa Cruz va unida a la dedicación de dos basílicas constantinianas: la del Gólgota, y la de la Resurrección. Esto tenía lugar el día 13 de septiembre del año

335. Al día siguiente fue expuesta a la veneración de los fieles la reliquia de la cruz que, según la tradición, había sido encontrada el 14 de septiembre.

ANTIFONA DE ENTRADA   Cf. Gal 6, 14

Nosotros hemos de gloriarnos en la cruz de nuestro Señor Jesucristo: en él está nuestra salvación, vida y resurrección; él nos ha salvado y libertado.

ORACION COLECTA

Señor, Dios nuestro, que has querido realizar la salvación de todos los hombres por medio de tu Hijo, muerto en la cruz, concédenos, te rogamos, a quienes hemos conocido en la tierra este misterio alcanzar en el cielo los premios de la redención. Por nuestro Señor Jesucristo.

Cuando esta fiesta no cae en domingo, antes del evangelio se escoge una sola de las lecturas siguientes:

PRIMERA LECTURA

Miraban a la serpiente de bronce y quedaban curados

LECTURA DEL LIBRO DE LOS NUMEROS   21, 4b-9

En aquellos días, el pueblo estaba extenuado del camino, y habló contra Dios y contra Moisés: «¿Por qué nos has sacado de Egipto para morir en el desierto? No tenemos ni pan ni agua, y nos da náusea ese pan sin cuerpo.» El Señor envió contra el pueblo serpientes venenosas, que los mordían y murieron muchos israelitas. Entonces el pueblo acudió a Moisés, diciendo: «Hemos pecado hablando contra el Señor y contra ti; reza al Señor para que aparte de nosotros las serpientes.» Moisés rezó al Señor por el pueblo, y el Señor le respondió: «Haz una serpiente venenosa y colócala en un estandarte: los mordidos de serpientes quedarán sanos al mirarla.» Moisés hizo una serpiente de bronce y la colocó en un estandarte. Cuando una serpiente mordía a uno, él miraba a la serpiente de bronce y quedaba curado.

Palabra de Dios.

SALMO RESPONSORIAL 77

℞ **No olvidéis las acciones del Señor.**

Escucha, pueblo mío, mi enseñanza, | inclina el oído a las palabras de mi boca: | que voy a abrir mi boca a las sentencias, | para que broten los enigmas del pasado. ℞.

Cuando los hacía morir, lo buscaban, | y madrugaban para volverse hacia Dios; | se acordaban de que Dios era su roca, | el Dios Altísimo su redentor. ℞.

Lo adulaban con sus bocas, | pero sus lenguas mentían: | su corazón no era sincero con él, | ni eran fieles a su alianza. ℞.

El, en cambio, sentía lástima, | perdonaba la culpa y no los destruía: | una y otra vez reprimió su cólera, | y no despertaba todo su furor. ℞.

SEGUNDA LECTURA

Se rebajó, por eso Dios lo levantó sobre todo

LECTURA DE LA CARTA DEL APOSTOL
SAN PABLO A LOS FILIPENSES   2, 6-11

Cristo, a pesar de su condición divina, no hizo alarde de su categoría de Dios; al contrario, se despojó de su rango y tomó la condición de esclavo, pasando por uno de tantos. Y así, actuando como un hombre cualquiera, se rebajó hasta someterse incluso a la muerte, y una muerte de cruz. Por eso Dios lo levantó sobre todo y le concedió el «Nombre-sobre-todo-nombre»; de modo que al nombre de Jesús toda rodilla se doble en el cielo, en la tierra, en el abismo, y toda lengua proclame: Jesucristo es Señor, para gloria de Dios Padre.

Palabra de Dios.

ALELUYA

Te adoramos, oh Cristo, y te bendecimos, porque con tu cruz has redimido el mundo.

EVANGELIO

Tiene que ser elevado el Hijo del hombre

✠ LECTURA DEL S. EVANGELIO SEGUN SAN JUAN
3, 13-17

En aquel tiempo, dijo Jesús a Nicodemo: «Nadie ha subido al cielo, sino el que bajó del cielo, el Hijo del hombre. Lo mismo que Moisés elevó la serpiente en el desierto, así tiene que ser elevado el Hijo del hombre, para que todo el que cree en él tenga vida eterna.» Tanto amó Dios al mundo que entregó a su Hijo único para que no perezca ninguno de los que creen en él, sino que tengan vida eterna. Porque Dios no mandó su Hijo al mundo para condenar al mundo, sino para que el mundo se salve por él.

Palabra del Señor.

ORACION SOBRE LAS OFRENDAS

Señor, que nos limpie de toda culpa este sacrificio, el mismo que, ofrecido en el ara de la cruz, quitó el pecado del mundo. Por Jesucristo nuestro Señor.

PREFACIO

La victoria de la cruz gloriosa

En verdad es justo y necesario, es nuestro deber y salvación darte gracias siempre y en todo lugar, Señor, Padre santo, Dios todopoderoso y eterno.

Porque has puesto la salvación del género humano en el árbol de la cruz, para que donde tuvo origen la muerte, de allí resurgiera la vida, y el que venció en un árbol, fuera en un árbol vencido, por Cristo, Señor nuestro.

Por él, los ángeles y arcángeles, y todos los coros celestiales, celebran tu gloria unidos en común alegría. Permítenos asociarnos a sus voces cantando humildemente tu alabanza:

Santo, Santo, Santo...

Puede decirse también el prefacio I de la Pasión del Señor, p. 1067.

ANTIFONA DE COMUNION   Jn 12, 32

Cuando yo sea elevado sobre la tierra atraeré a todos hacia mí —dice el Señor.

ORACION DESPUES DE LA COMUNION

Fortalecidos con esta eucaristía, te pedimos, Señor Jesucristo, que lleves a la gloria de la resurrección a los que has redimido en el madero salvador de la cruz. Tú que vives y reinas por los siglos de los siglos.

15 de septiembre

Nuestra Señora, la Virgen de los Dolores

Memoria

El origen de esta fiesta hay que buscarlo en la devoción privada a los siete dolores de la Virgen, muy en boga a partir del siglo XV. Los religiosos Servitos obtuvieron, en el siglo XVII, la aprobación de la celebración de la fiesta de los Siete Dolores de la Virgen.

ANTIFONA DE ENTRADA   Lc 2. 34-35

Simeón dijo a María: Mira, éste está puesto para que muchos en Israel caigan y se levanten; será como una bande-

ra discutida: así quedará clara la actitud de muchos corazones. Y a ti una espada te traspasará el alma.

ORACION COLECTA

Señor, tú que has querido que la Madre compartiera los dolores de tu Hijo al pie de la cruz; haz que la Iglesia, asociándose
con María a la pasión de Cristo, merezca participar de su resurrección. Por nuestro Señor Jesucristo.

PRIMERA LECTURA

*Aprendió a obedecer y se ha convertido en autor de salvación
eterna*

LECTURA DE LA CARTA A LOS HEBREOS   5, 7-9

Cristo, en los días de su vida mortal, a gritos y con lágrimas,
presentó oraciones y súplicas al que podía salvarlo de la muerte,
cuando en su angustia fue escuchado. El, a pesar de ser Hijo,
aprendió, sufriendo, a obedecer. Y, llevado a la consumación, se
ha convertido para todos los que le obedecen en autor de salvación eterna.

Palabra de Dios.

SALMO RESPONSORIAL 30

℟ **Sálvame, Señor, por tu misericordia.**

A ti, Señor, me acojo: | no quede yo nunca defraudado; | tú,
que eres justo, ponme a salvo, | inclina tu oído hacia mí. ℟.

Ven aprisa a librarme, | sé la roca de mi refugio, | un baluar-
te donde me salve, | tú que eres mi roca y mi baluarte; | por tu
nombre dirígeme y guíame. ℟.

Sácame de la red que me han tendido, | porque tú eres mi
amparo. | A tus manos encomiendo mi espíritu: | tú, el Dios
leal, me librarás. ℟.

Pero yo confío en ti, Señor, | te digo: «Tú eres mi Dios.» | En tu mano están mis azares: | líbrame de los enemigos que me persiguen. ℟.

Qué bondad tan grande, Señor, | reservas para tus fieles, | y concedes a los que a ti se acogen | a la vista de todos. ℟.

SECUENCIA

Esta secuencia es potestativa y puede decirse entera o en forma abreviada, desde las palabras: Y, porque a amarle me animé.

La Madre piadosa estaba | junto a la cruz y lloraba | mientras el Hijo pendía; | cuya alma, triste y llorosa, | traspasada y dolorosa, | fiero cuchillo tenía.

¡Oh cuán triste y cuán aflicta | se vio la Madre bendita, | de tantos tormentos llena! | Cuando triste contemplaba | y dolorosa miraba | del Hijo amado la pena.

Y ¿cuál hombre no llorara, | si a la Madre contemplara | de Cristo, en tanto dolor? | ¿Y quién no se entristeciera, | Madre piadosa, si os viera | sujeta a tanto rigor?

Por los pecados del mundo, | vio a Jesús en tan profundo | tormento la dulce Madre. | Vio morir al Hijo amado, | que rindió desamparado | el espíritu a su Padre.

¡Oh dulce fuente de amor!, | hazme sentir tu dolor | para que llore contigo. | Y que, por mi Cristo amado, | mi corazón abrasado | más viva en él que conmigo.

Y, porque a amarle me anime, | en mi corazón imprime | las llagas que tuvo en sí. | Y de tu Hijo, Señor, | divide conmigo ahora | las que padeció por mí.

Hazme contigo llorar | y de veras lastimar | de sus penas mientras vivo; | porque acompañar deseo | en la cruz, donde le veo, | tu corazón compasivo.

¡Virgen de vírgenes santas!, | llore ya con ansias tantas, | que el llanto dulce me sea; | porque su pasión y muerte | tenga en mi alma, de suerte | que siempre sus penas vea.

Haz que su cruz me enamore | y que en ella viva y
more | de mi fe y amor indicio; | porque me inflame y
encienda, | y contigo me defienda | en el día del juicio.

Haz que me ampare la muerte | de Cristo, cuando en
tan fuerte | trance vida y alma estén; | porque, cuando
quede en calma | el cuerpo, vaya mi alma | a su eterna
gloria. Amén.

ALELUYA

Feliz la Virgen María, que, sin morir, mereció la palma
del martirio junto a la cruz del Señor.

EVANGELIO

Triste contemplaba y dolorosa miraba del Hijo amado la pena

✠ LECTURA DEL S. EVANGELIO SEGUN
SAN JUAN
19, 25-27

En aquel tiempo, junto a la cruz de Jesús estaba su madre,
la hermana de su madre, María, la de Cleofás, y María, la Magdalena. Jesús, al ver a su madre y cerca al discípulo que tanto quería, dijo a su madre: «Mujer, ahí tienes a tu hijo.» Luego, dijo al
discípulo: «Ahí tienes a tu madre.» Y desde aquella hora, el discípulo la recibió en su casa.

Palabra del Señor.

ORACION SOBRE LAS OFRENDAS

Dios de misericordia, recibe los dones y oraciones que ofrecemos, a gloria de tu nombre, en esta fiesta de la Virgen María,
a quien tú nos entregaste como madre amorosa cuando estaba
junto a la cruz de tu Hijo, Jesucristo nuestro Señor. Que vive y
reina por los siglos de los siglos.

*Prefacio I de santa María Virgen: en la fiesta, p. 1092, o II,
p. 1093.*

ANTIFONA DE COMUNION   1 Pe 4, 13

Estad alegres cuando compartís los padecimientos de
Cristo para que cuando se manifieste su gloria reboséis de
gozo.

ORACION DESPUES DE LA COMUNION

Después de recibir el sacramento de la eterna redención, te
pedimos, Señor, que, al recordar los dolores de la Virgen María,
completemos en nosotros, en favor de la Iglesia, lo que falta a la
pasión de Jesucristo. Que vive y reina por los siglos de los siglos.

16 de septiembre

San Cornelio, papa, y san Cipriano, obispo, mártires

Memoria

Cornelio fue elegido obispo de Roma el año 251. Tuvo que
luchar contra la minoría rigorista cismática, al frente de la cual
estaba Novaciano. Cipriano, con la mayoría de los obispos vecinos, apoyaron a Cornelio. Desterrado éste por el emperador
Galo a Civitavecchia, murió allí, por confesar la fe, el año 253.

Cipriano, profesional de la retórica, después de su conversión
y bautismo, fue elegido obispo de Cartago el año 249. Si Cipriano apoyó al papa Cornelio, en cambio tuvo dificultades con el
papa Esteban a causa de la controversia sobre el bautismo de los
herejes. Es uno de los escritores africanos más importantes. Durante la persecución de Valeriano, fue desterrado y martirizado el
día 14 de septiembre del año 258.

Del Común de mártires (p. 2350) o de pastores: obispos (p. 2367).

ORACION COLECTA

Oh Dios, que has puesto al frente de tu pueblo como abne-
gados pastores y mártires intrépidos a los santos Cipriano y Cor-

nelio, concédenos, por su intercesión, fortaleza de ánimo y de fe para trabajar con empeño por la unidad de tu Iglesia. Por nuestro Señor Jesucristo.

PRIMERA LECTURA	2 Cor 4, 7-15 (p. 2109)
SALMO RESPONSORIAL	125, 1-6 (p. 1975)
EVANGELIO	Jn 17, 11b-19 (p. 661)

ORACION SOBRE LAS OFRENDAS

Recibe, Señor, la ofrenda de tu pueblo en la celebración del martirio de tus santos, y estos dones, que dieron fortaleza en la prueba a los mártires Cornelio y Cipriano, nos hagan fuertes también a nosotros frente a todas las adversidades. Por Jesucristo nuestro Señor.

ORACION DESPUES DE LA COMUNION

Concédenos, Señor por este sacramento que hemos recibido que, a ejemplo de los santos Cipriano y Cornelio, y llenos de la fortaleza de tu Espíritu, demos fiel testimonio de la verdad del Evangelio. Por Jesucristo nuestro Señor.

San Juan Macías, religioso

Nació en febrero de 1585. Huérfano de padres, hubo de proveer a su propio sustento; para ello entra a servicio de un mercader sevillano con quien hace la travesía a América. Abandonado por su amo, entra como lego en la Orden de Predicadores, en Lima. Aquí ejerce el oficio de portero, que conjuga con una vida de altísima oración. Murió el 17 de septiembre de 1645.

Del Común de religiosos (p. 2406).

ORACION COLECTA

Oh Dios, que quisiste enriquecer a tu bienaventurado confesor Juan, con la abundancia de tu gracia, y que resplandeciese en humilde condición por la inocencia de costumbres, concédenos, te rogamos, seguir de tal manera sus huellas que merezcamos llegar a Ti con alma pura. Por nuestro Señor Jesucristo.

ORACION SOBRE LAS OFRENDAS

Presentámoste, Señor, la víctima de alabanza en honor de tu bienaventurado confesor Juan, quien ofrecióse a sí mismo a tu Majestad como víctima de propiciación por la salvación de los fieles. Por Jesucristo nuestro Señor.

ORACION DESPUES DE LA COMUNION

Concédenos, omnipotente Dios, que robustecidos con este pan celestial, adelantemos siempre en tu amor, por la intercesión del bienaventurado confesor Juan, a quien concediste la inocencia de las costumbres y la perfecta caridad. Por Jesucristo nuestro Señor.

17 de septiembre

San Roberto Belarmino, obispo y doctor de la Iglesia

Nació en Montepulciano, en la Toscana, el año 1542. Ingresó a los dieciocho años en la Compañía de Jesús; fue profesor en Lovaina y después en el Colegio Romano. Fue creado cardenal y luego obispo de Capua. Desplegó una gran actividad como teólogo en la Curia Romana. Murió en Roma el año 1621.

Del Común de pastores (p. 2367) o de doctores de la Iglesia (p. 2384).

ORACION COLECTA

Señor, tú que dotaste a san Roberto Belarmino de santidad y sabiduría admirable para defender la fe de tu Iglesia, concede a tu pueblo, por su intercesión, la gracia de vivir con la alegría de profesar plenamente la fe verdadera. Por nuestro Señor Jesucristo.

PRIMERA LECTURA	Sb 7, 7-10.15-16 (p. 968)
SALMO RESPONSORIAL	18, 8.11 (p. 2292)
EVANGELIO	Mt 7, 21-29 (p. 2391)

19 de septiembre

San Jenaro, obispo y mártir

San Jenaro, obispo de Benevento, fue martirizado con otros seis compañeros cerca de Nápoles durante la persecución de Diocleciano. Su culto es muy popular en Nápoles.

Del Cómun de mártires (p. 2350) o de pastores: obispos (p. 2367).

ORACION COLECTA

Tú que nos concedes, Señor, venerar la memoria de tu mártir san Jenaro, otórganos también la gracia de gozar de su compañía en el cielo. Por nuestro Señor Jesucristo.

PRIMERA LECTURA	Heb 10, 32-36 (p. 1336)
SALMO RESPONSORIAL	125, 1-6 (p. 1975)
EVANGELIO	Jn 12, 24-26 (p. 2135)

20 de septiembre

San Andrés Kim Taegon, presbítero, y san Pablo Chong Hasang y compañeros, mártires

Memoria

A principios del siglo XVII, gracias al celo apostólico de unos laicos, entró el cristianismo en Corea. La comunidad cristiana fue dirigida por laicos hasta que en el año 1836 entraron furtivamente en el país los primeros misioneros venidos de Francia. La persecución de los años 1839, 1849 y 1866 produjo ciento tres mártires de toda edad y condición social; entre ellos descuellan Andrés, presbítero, y Pablo, laico.

ANTIFONA DE ENTRADA

Alegrémonos todos en el Señor al celebrar este día de fiesta en honor de los santos mártires; los ángeles se alegran de esta solemnidad y alaban a una al Hijo de Dios.

ORACION COLECTA

Oh Dios, creador y salvador de todos los hombres, que en Corea, de modo admirable, llamaste a la fe católica a un pueblo de adopción y lo acrecentaste por la gloriosa profesión de fe de los santos mártires Andrés, Pablo y sus compañeros, concédenos, por su ejemplo e intercesión, perseverar también nosotros hasta la muerte en el cumplimiento de tus mandatos. Por nuestro Señor Jesucristo.

PRIMERA LECTURA	Sb 3, 1-9 (p. 2138)
SALMO RESPONSORIAL	Sal 125, 1-6 (p. 1975)
EVANGELIO	Lc 9, 23-26 (p. 200)

ORACION SOBRE LAS OFRENDAS

Dios todopoderoso, mira con benevolencia las ofrendas de tu pueblo y concédenos, por la intercesión de los santos mártires, convertirnos en sacrificio agradable a ti, para la salvación de todo el mundo. Por Jesucristo nuestro Señor.

ANTIFONA DE COMUNION   Mt 10, 32

Si uno se pone de mi parte ante los hombres, yo también me pondré de su parte ante mi Padre del cielo —dice el Señor.

ORACION DESPUES DE LA COMUNION

Alimentados con el pan de los fuertes, en la celebración de los santos mártires, te pedimos humildemente, Señor, que, unidos firmemente a Cristo, trabajemos en la Iglesia por la salvación de todos. Por Jesucristo nuestro Señor.

21 de septiembre

San Mateo, apóstol y evangelista

Fiesta

Mateo, de cobrador de impuestos se convirtió en apóstol del Señor. Fue el primero que escribió el evangelio en hebreo.

ANTIFONA DE ENTRADA

Mt 28, 19-20

Id y haced discípulos de todos los pueblos bautizándolos y enseñándoles a guardar todo lo que que os he mandado —dice el Señor.

ORACION COLECTA

Oh Dios, que en tu infinita misericordia te dignaste elegir a san Mateo para convertirlo de publicano en apóstol, concédenos que, fortalecidos con su ejemplo y su intercesión, podamos seguirte siempre y pemanecer unidos a ti con fidelidad. Por nuestro Señor Jesucristo.

PRIMERA LECTURA

El ha constituido a unos, apóstoles, a otros, evangelizadores

LECTURA DE LA CARTA DEL APOSTOL SAN PABLO A LOS EFESIOS

4, 1-7.11-13

Hermanos: Yo, el prisionero por el Señor, os ruego que andéis como pide la vocación a la que habéis sido convocados. Sed siempre humildes y amables, sed comprensivos, sobrellevaos mutuamente con amor; esforzaos en mantener la unidad del Espíritu con el vínculo de la paz. Un solo cuerpo y un solo Espíritu, como una sola es la esperanza de la vocación a la que habéis sido convocados. Un Señor, una fe, un bautismo. Un Dios, Padre de todo, que lo trasciende todo, y lo penetra todo, y lo invade todo. A cada uno de nosotros se le ha dado la gracia según la medida del don de Cristo. Y él ha constituido a unos, apóstoles, a otros, profetas, a otros, evangelizadores, a otros, pastores y maestros, para el perfeccionamiento de los santos, en función de su ministerio, y para la edificación del cuerpo de Cristo; hasta que lleguemos todos a la unidad en la fe y en el conocimiento del Hijo de Dios, al hombre perfecto, a la medida de Cristo en su plenitud.

Palabra de Dios.

SALMO RESPONSORIAL 18

℟ **A toda la tierra alcanza su pregón.**

El cielo proclama la gloria de Dios, | el firmamento pregona la obra de sus manos: | el día al día le pasa el mensaje, | la noche a la noche se lo susurra. ℟.

Sin que hablen, sin que pronuncien, | sin que resuene su voz, | a toda la tierra alcanza su pregón | y hasta los límites del orbe su lenguaje. ℟.

ALELUYA

A ti, oh Dios, te alabamos, a ti, Señor, te reconocemos. A ti te ensalza el glorioso coro de los apóstoles.

EVANGELIO

Sígueme. El se levantó y lo siguió

✠ LECTURA DEL S. EVANGELIO SEGUN SAN MATEO
                                                    9, 9-13

En aquel tiempo, vio Jesús al pasar a un hombre llamado Mateo, sentado al mostrador de los impuestos, y le dijo: «Sígueme.» El se levantó y lo siguió. Y, estando en la mesa en casa de Mateo, muchos publicanos y pecadores, que habían acudido, se sentaron con Jesús y sus discípulos. Los fariseos, al verlo, preguntaron a los discípulos: «¿Cómo es que vuestro maestro come con publicanos y pecadores?» Jesús lo oyó y dijo: «No tienen necesidad de médico los sanos, sino los enfermos. Andad, aprended lo que significa "misericordia quiero y no sacrificios": que no he venido a llamar a los justos, sino a los pecadores.»

Palabra del Señor.

ORACION SOBRE LAS OFRENDAS

Al venerar la memoria de san Mateo, te presentamos, Señor, nuestra oración y nuestra ofrenda, y te suplicamos que cuides con amor de tu Iglesia, cuya fe alimentaste con la predicación de los apóstoles. Por Jesucristo nuestro Señor.

Prefacio de los Apóstoles, pp. 1099-1100.

ANTIFONA DE COMUNION   Mt 9, 13

No he venido a llamar a los justos, sino a los pecadores —dice el Señor.

ORACION DESPUES DE LA COMUNION

Hemos participado, Señor, de la alegría saludable que experimentó tu apóstol san Mateo al tener de invitado en su casa al mismo Salvador; concédenos seguir alimentándonos siempre con el Cuerpo y la Sangre de Cristo, que no ha venido a salvar a los justos, sino a los pecadores. Por Jesucristo nuestro Señor.

24 de septiembre

Nuestra Señora de la Merced

Fiesta

En el siglo XIII, san Pedro Nolasco se sintió inspirado a fundar una Orden para la redención de los cautivos, bajo el título de la Merced. A la fundación de esta Orden va unida esta advocación de la Virgen.

ANTIFONA DE ENTRADA

Te saludamos, santa Madre de Dios, porque diste al mundo al Rey que gobierna para siempre el cielo y la tierra.

ORACION COLECTA

Señor, que por medio de la gloriosa Madre de tu Hijo, quisiste enriquecer a tu Iglesia con una nueva Orden religiosa dedicada a la liberación de los cristianos cautivos: te rogamos que, al venerar a la inspiradora de esa obra, por sus méritos e intercesión, también nosotros seamos liberados del pecado y de la esclavitud del demonio. Por nuestro Señor.

Lecturas: Del Común de Sta. María Virgen (p. 2342).

ANTIFONA DE COMUNION

Feliz la Virgen María que llevó en su seno al Hijo del Padre eterno.

ORACION DESPUES DE LA COMUNION

Después de habernos alimentado con este sacramento de la salvación, concédenos, Señor, la gracia de contar en todas partes con la protección de la santísima Virgen María, en cuyo honor te hemos ofrecido este sacrificio. Por Jesucristo.

ORACION SOBRE LAS OFRENDAS

Te rogamos, Señor, por tu bondad y por la intercesión de la santísima Virgen María, que este sacrificio nos dé la prosperidad y la paz en esta vida y en la eterna. Por Jesucristo.

Prefacio de la Virgen María, en la fiesta, p. 1092.

26 de septiembre

San Cosme y san Damián, mártires

Cosme y Damián sufrieron el martirio en Kyro (Siria), en donde se les dedicó una basílica. En el siglo V su culto se extendió por toda la Iglesia. El papa Félix IV (525-530) les dedicó una basílica en el Foro Romano.

Del Común de mártires (p. 2350).

ORACION COLECTA

Proclamamos, Señor, tu grandeza al celebrar la memoria de tus mártires Cosme y Damián, porque a ellos les diste el premio de la gloria y a nosotros nos proteges con tu maravillosa providencia. Por nuestro Señor Jesucristo.

PRIMERA LECTURA	Sb 3, 1-9 (p. 2138)
SALMO RESPONSORIAL	125, 1-6 (p. 1975)
EVANGELIO	Mt 10, 28-33 (p. 1556)

ORACION SOBRE LAS OFRENDAS

Al conmemorar la muerte preciosa de tus santos te ofrecemos, Señor, el mismo sacrificio de la cruz, fundamento y modelo de todo martirio. Por Jesucristo nuestro Señor.

ORACION DESPUES DE LA COMUNION

Señor, conserva en nosotros tu gracia, y el don que de ti hemos recibido, en la fiesta de tus mártires Cosme y Damián, sea para nosotros prenda de salvación y de paz. Por Jesucristo nuestro Señor.

27 de septiembre

San Vicente de Paúl, presbítero

Memoria

Nació en 1581 en Aquitania. Ordenado sacerdote, ejerció el ministerio en una parroquia de París. Fueron importantes en su vida los contactos con Bérule y san Francisco de Sales. Las cuatro grandes obras de Vicente de Paúl son: las Damas de la Caridad, los Servidores de los pobres, la Congregación de la Misión y las Hijas de la Caridad que fundó en colaboración con santa Luisa de Marillac. Murió en París el año 1660.

ANTIFONA DE ENTRADA   Lc 4, 18

El Espíritu del Señor está sobre mí, porque él me ha ungido. Me ha enviado para dar la Buena Noticia a los pobres, para vendar los corazones desgarrados.

ORACION COLECTA

Señor, Dios nuestro, que dotaste de virtudes apostólicas a tu presbítero san Vicente de Paúl para que entregara su vida al servicio de los pobres y a la formación del clero, concédenos, te rogamos, que, impulsados por su mismo espíritu, amemos cuanto él amó y practiquemos sus enseñanzas. Por nuestro Señor Jesucristo.

PRIMERA LECTURA

Dios ha escogido lo débil del mundo

LECTURA DE LA PRIMERA CARTA DEL
APOSTOL SAN PABLO A LOS CORINTIOS   1, 26-31

Fijaos en vuestra asamblea, hermanos, no hay en ella muchos sabios en lo humano, ni muchos poderosos, ni muchos aristócratas; todo lo contrario, lo necio del mundo lo ha escogido Dios para humillar a los sabios, y lo débil del mundo lo ha escogido Dios para humillar el poder. Aún más, ha escogido la gente baja del mundo, lo despreciable, lo que no cuenta, para anular a lo que cuenta, de modo que nadie pueda gloriarse en presencia del Señor. Por él vosotros sois en Cristo Jesús, en este Cristo que Dios ha hecho para nosotros sabiduría, justicia, santificación y redención. Y así —como dice la Escritura— «el que se gloríe, que se gloríe en el Señor.»

Palabra de Dios.

SALMO RESPONSORIAL 111

℟ **Dichoso quien teme al Señor** (o Aleluya.)

Dichoso quien teme al Señor | y ama de corazón sus mandatos. | Su linaje será poderoso en la tierra, | la descendencia del justo será bendita. ℟.

En su casa habrá riquezas y abundancia, | su caridad es constante, sin falta. | En las tinieblas brilla como una luz | el que es justo, clemente y compasivo. ℟.

Dichoso el que se apiada y presta, | y administra rectamente sus asuntos. | El justo jamás vacilará, | su recuerdo será perpetuo; | no temerá las malas noticias. ℟.

Su corazón está firme en el Señor. | Su corazón está seguro, sin temor, | hasta que vea derrotados a sus enemigos. ℟.

Reparte limosna a los pobres; | su caridad es constante, sin falta, | y alzará la frente con dignidad. ℟.

EVANGELIO   Mt 9, 35-38 (p. 2125)

ORACION SOBRE LAS OFRENDAS

Señor, tú que concediste a san Vicente de Paúl la gracia de realizar en su vida lo que celebraba en estos santos misterios, concédenos, por la eficacia de este sacrificio, llegar a transformarnos en ofrenda agradable a tus ojos. Por Jesucristo nuestro Señor.

ANTIFONA DE COMUNION   Sal 106, 8-9

Den gracias al Señor por su misericordia, por las maravillas que hace con los hombres. Calmó el ansia de los sedientos y a los hambrientos los colmó de bienes.

ORACION DESPUES DE LA COMUNION

Tú, que nos has alimentado con los sacramentos del cielo, concédenos, Señor, que, a ejemplo de san Vicente de Paúl, y ayudados por su protección, imitemos a Jesucristo, tu Hijo, anunciando el Evangelio a los pobres. Por Jesucristo nuestro Señor.

28 de septiembre
San Wenceslao, mártir

Nació Wenceslao hacia el año 907. Siendo muy joven, obtuvo el ducado de Bohemia. Dentro de la corte llevaba una vida de penitencia, preocupado por los pobres y por la conversión de su pueblo, aún pagano en su mayoría. Fue traicionado por su hermano Boleslao y asesinado en el año 935. En seguida fue venerado como mártir.

Del Común de mártires (p. 2350).

ORACION COLECTA

Señor, Dios nuestro, que inspiraste a tu mártir san Wenceslao preferir el reino de los cielos al reino de este mundo, concédenos, por sus ruegos, llegar a negarnos a nosotros mismos para seguirte a ti de todo corazón. Por nuestro Señor Jesucristo.

PRIMERA LECTURA	1 Pe 3, 14-17 (p. 617)
SALMO RESPONSORIAL	125, 1-6 (p. 1975)
EVANGELIO	Mt 10, 34-39 (p. 1559)

Santos Lorenzo Ruiz y compañeros mártires

Memoria

En los años 1633-1637, dieciséis mártires derramaron su sangre por Cristo en la ciudad de Nagasaki (Japón). Este grupo de mártires, formado por nueve presbíteros, dos religiosos, dos vírgenes y tres laicos, pertenecía a la Orden de Predicadores, o estaba vinculado a ella. Entre ellos descuella Lorenzo Ruiz, padre de familia, oriundo de las islas Filipinas.

Del Común de mártires (p. 2350).

ORACION COLECTA

Concédenos, Señor, servirte a ti y al prójimo con aquella fortaleza que tuvieron tus santos mártires, Lorenzo y sus compañeros; ya que son felices en tu reino los que aquí han padecido persecución por la justicia. Por nuestro Señor Jesucristo.

29 de septiembre

Santos Arcángeles Miguel, Gabriel y Rafael

Fiesta

El nuevo calendario une por primera vez en una sola celebración la memoria de los tres arcángeles. La fecha de hoy corresponde a la dedicación de una basílica a san Miguel, en el siglo V, en la vía Salaria.

ANTIFONA DE ENTRADA   Sal 102, 20

Bendecid al Señor, ángeles suyos, poderosos ejecutores de sus órdenes, prontos a la voz de su palabra.

ORACION COLECTA

Oh Dios, que con admirable sabiduría distribuyes los ministerios de los ángeles y los hombres, te pedimos que nuestra vida esté siempre protegida en la tierra por aquellos que te asisten continuamente en el cielo. Por nuestro Señor Jesucristo.

PRIMERA LECTURA

Miles y miles le servían

LECTURA DE LA PROFECIA DE DANIEL   7, 9-10.13-14

Durante la visión, vi que colocaban unos tronos, y un anciano se sentó; su vestido era blanco como nieve, su cabellera como lana limpísima; su trono, llamas de fuego; sus ruedas, llamaradas.

Un río impetuoso de fuego brotaba delante de él. Miles y miles le servían, millones estaban a sus órdenes. Comenzó la sesión y se abrieron los libros. Mientras miraba, en la visión nocturna vi venir en las nubes del cielo como un hijo de hombre, que se acercó al anciano y se presentó ante él. Le dieron poder real y dominio; todos los pueblos, naciones y lenguas lo respetarán. Su dominio es eterno y no pasa, su reino no tendrá fin.

Palabra de Dios.

SALMO RESPONSORIAL 137

R. **Delante de los ángeles tañeré para ti, Señor.**

Te doy gracias, Señor, de todo corazón; | delante de los ángeles tañeré para ti, | me postraré hacia tu santuario. R.

Daré gracias a tu nombre: | por tu misericordia y tu lealtad, | porque tu promesa supera a tu fama; | cuando te invoqué, me escuchaste, | acreciste el valor en mi alma. R.

Que te den gracias, Señor, los reyes de la tierra, | al escuchar el oráculo de tu boca; | canten los caminos del Señor, | porque la gloria del Señor es grande. R.

ALELUYA   Sal 102, 21

Bendecid al Señor, ejércitos suyos, servidores que cumplís sus deseos.

EVANGELIO

Veréis a los ángeles de Dios subir y bajar sobre el Hijo del hombre

✠ LECTURA DEL S. EVANGELIO SEGUN
SAN JUAN   1, 47-51

En aquel tiempo, vio Jesús que se acercaba Natanael y dijo de él: «Ahí tenéis a un israelita de verdad, en quien no hay engaño.» Natanael le contesta: «¿De qué me conoces?» Jesús le responde: «Antes de que Felipe te llamara, cuando estabas debajo de la higuera, te vi.» Natanael respondió: «Rabí, tú eres el Hijo de Dios, tú eres el Rey de Israel.» Jesús le contestó: «¿Por haberte dicho que te vi debajo de la higuera, crees? Has de ver cosas mayores.» Y le añadió: «Yo os aseguro: veréis el cielo abierto y a los ángeles de Dios subir y bajar sobre el Hijo del hombre.»

Palabra del Señor.

ORACION SOBRE LAS OFRENDAS

Te ofrecemos, Señor, este sacrificio de alabanza y te suplicamos humildemente que, llevado a tu presencia por manos de los ángeles, lo recibas con bondad, y nos sirva para nuestra salvación. Por Jesucristo nuestro Señor.

Prefacio de los Angeles, p. 1097.

ANTIFONA DE COMUNION   Sal 137, 1

Te doy gracias, Señor, de todo corazón; delante de los ángeles tañeré para ti.

ORACION DESPUES DE LA COMUNION

Que nos fortalezca, Señor, el pan celestial con que nos has alimentado, para que caminemos seguros por la senda de la salvación bajo la fiel custodia de tus ángeles. Por Jesucristo nuestro Señor.

30 de septiembre

San Jerónimo, presbítero y doctor de la Iglesia

Memoria

Nació alrededor del año 340 en Istria (Dalmacia). Recibió su formación en Roma, en donde fue bautizado. Inició su vida mo-

nástica en el desierto de Calcis. El papa Dámaso lo llamó a
Roma, encargándole la gran obra de su vida: la traducción latina
de los libros de la sagrada Escritura. Muerto Dámaso, regresó a
Oriente y se estableció en Belén, en donde promovió la vida monástica. Murió en donde nació el Señor en el año 420.

ANTIFONA DE ENTRADA   Jos 1, 8

En tus labios estén las palabras de Dios; día y noche medita en ellas, cuida hacer todo lo que ellas dicen, así tu
vida tendrá sentido y valor.

ORACION COLECTA

Oh Dios, tú que concediste a san Jerónimo una estima tierna
y viva por la Sagrada Escritura, haz que tu pueblo se alimente
de tu palabra con mayor abundancia y encuentre en ella la fuente
de la verdadera vida. Por nuestro Señor Jesucristo.

PRIMERA LECTURA

Toda Escritura inspirada por Dios es útil para enseñar

LECTURA DE LA SEGUNDA CARTA DEL
APOSTOL SAN PABLO A TIMOTEO   3, 14-17

Querido hermano: Permanece en lo que has aprendido y se te
ha confiado, sabiendo de quién lo aprendiste y que desde niño
conoces la sagrada Escritura; ella puede darte la sabiduría que,
por la fe en Cristo Jesús, conduce a la salvación. Toda Escritura
inspirada por Dios es también útil para enseñar, para reprender,
para corregir, para educar en la virtud; así el hombre de Dios estará perfectamente equipado para toda obra buena.

Palabra de Dios.

SALMO RESPONSORIAL 118

℟ **Enséñame, Señor, tus leyes.**

¿Cómo podrá un joven andar honestamente? | Cumpliendo tus palabras. ℟.

Te busco de todo corazón, | no consientas que me desvíe de tus mandamientos. ℟.

En mi corazón escondo tus consignas, | así no pecaré contra ti. ℟.

Bendito eres, Señor, | enséñame tus leyes. ℟.

Mis labios van enumerando | los mandamientos de tu boca. ℟.

Mi alegría es el camino de tus preceptos, | más que todas las riquezas. ℟.

EVANGELIO   Mt 13, 47-52 (p. 1605)

ORACION SOBRE LAS OFRENDAS

Concédenos, Señor, que, después de acoger con devoción tu palabra a ejemplo de san Jerónimo, nos dispongamos a ofrecerte con mayor fervor este sacrificio de salvación. Por Jesucristo nuestro Señor.

ANTIFONA DE COMUNION   Jr 15, 16

Cuando encontraba palabras tuyas las devoraba; tus palabras eran mi gozo y la alegría de mi corazón, porque tu nombre fue pronunciado sobre mí, Señor Dios.

ORACION DESPUES DE LA COMUNION

Esta eucaristía que hemos celebrado, Señor, al venerar con gozo la memoria de san Jerónimo, mueva el corazón de tus fieles para que, atentos a la divina palabra, conozcan el camino que debe seguir y, siguiéndolo, lleguen a la vida eterna. Por Jesucristo nuestro Señor.

OCTUBRE

1 de octubre

Santa Teresa del Niño Jesús, virgen

Memoria

Teresa del Niño Jesús y de la Santa Faz (Teresa Martín), nació en Alençon (Francia) el año 1873. A los quince años, entró en el Carmelo de Lisieux, en donde murió a los veinticuatro de tuberculosis pulmonar el 30 de septiembre de 1897.

Teresa dejó escrita, por obediencia, su experiencia espiritual, que no se puede compendiar solamente en la frase «infancia espiritual», sino que es mucho más amplia y eminentemente teocéntrica.

ANTIFONA DE ENTRADA   Cf. Dt 32, 10-12

El Señor la rodeó cuidando de ella, la guardó como a las niñas de sus ojos; como el águila extendió sus alas, la tomó y la llevó sobre sus plumas; el Señor solo la condujo.

ORACION COLECTA

Oh Dios, que has preparado tu reino para los humildes y los sencillos, concédenos la gracia de seguir confiadamente el camino de santa Teresa del Niño Jesús para que nos sea revelada, por su intercesión, tu gloria eterna. Por nuestro Señor Jesucristo.

PRIMERA LECTURA

Yo haré derivar hacia ella, como un río, la paz

LECTURA DEL LIBRO DE ISAIAS   66, 10-14c

Festejad a Jerusalén, gozad con ella, todos los que la amáis, alegraos de su alegría, los que por ella llevasteis luto. Mamaréis a sus pechos y os saciaréis de sus consuelos, y apuraréis las delicias de sus ubres abundantes. Porque así dice el Señor: «Yo haré derivar hacia ella, como un río, la paz, como un torrente en crecida, las riquezas de las naciones. Llevarán en brazos a sus criaturas y sobre las rodillas las acariciarán; como a un niño a quien su madre consuela, así os consolaré yo, y en Jerusalén seréis consolados. Al verlo, se alegrará vuestro corazón y vuestros huesos florecerán como un prado; la mano del Señor se manifestará a sus siervos.»

Palabra de Dios.

SALMO RESPONSORIAL 130

℟ **Guarda mi alma en la paz, junto a ti, Señor.**

Señor, mi corazón no es ambicioso, | ni mis ojos altaneros; | no pretendo grandezas | que superan mi capacidad. ℟.

Sino que acallo y modero mis deseos, | como un niño en brazos de su madre. ℟.

Espere Israel en el Señor | ahora y por siempre. ℟.

ALELUYA   Cf. Mt 11, 25

Bendito seas, Padre, Señor de cielo y tierra, porque has revelado los secretos del reino a la gente sencilla.

EVANGELIO

Si no volvéis a ser como niños, no entraréis en el reino de los cielos

✠ LECTURA DEL S. EVANGELIO SEGUN
SAN MATEO   18, 1-4

En aquel momento, se acercaron los discípulos a Jesús y le preguntaron: «¿Quién es el más importante en el reino de los cielos?» El llamó a un niño, lo puso en medio y dijo: «Os aseguro que, si no volvéis a ser como niños, no entraréis en el reino de los cielos. Por tanto, el que se haga pequeño como este niño, ése es el más grande en el reino de los cielos.»

Palabra del Señor.

ORACION SOBRE LAS OFRENDAS

Señor, al proclamar las maravillas que has realizado en santa Teresa del Niño Jesús, te suplicamos que, así como su vida fue agradable a tus ojos, aceptes igualmente complacido el homenaje de este servicio sagrado. Por Jesucristo nuestro Señor.

ANTIFONA DE COMUNION   Mt 18, 3

Dice el Señor: Si no volvéis a ser como niños, no entraréis en el reino de los cielos.

ORACION DESPUES DE LA COMUNION

El sacramento que hemos recibido, Señor, encienda en nosotros aquel amor ardiente con el que santa Teresa del Niño Jesús se entregó a ti e impetró de tu misericordia el perdón para todos los hombres. Por Jesucristo nuestro Señor.

2 de octubre

Santos Angeles Custodios

Memoria

Hasta el siglo XVII no encontramos una celebración particular para festejar a los ángeles custodios. La fiesta del 29 de septiembre, festeja también de alguna manera todos los coros angélicos.

ANTIFONA DE ENTRADA   Dn 3, 58

Angeles del Señor, bendecid al Señor, ensalzadlo con himnos por los siglos.

ORACION COLECTA

Oh Dios, que en tu providencia amorosa te has dignado enviar para nuestra custodia a tus santos ángeles, concédenos, atento a nuestras súplicas, vernos siempre defendidos por su protección y gozar eternamente de su compañía. Por nuestro Señor Jesucristo.

PRIMERA LECTURA

Mi ángel irá por delante

LECTURA DEL LIBRO DEL EXODO
23, 20-23a

Así dice el Señor: «Voy a enviarte un ángel por delante, para que te cuide en el camino, y te lleve al lugar que he preparado. Respétalo y obedécelo. No te rebeles, porque lleva mi nombre y no perdonará tus rebeliones. Si lo obedeces fielmente y haces lo que yo digo, tus enemigos serán mis enemigos, y tus adversarios serán mis adversarios. Mi ángel irá por delante.»

Palabra de Dios.

SALMO RESPONSORIAL 90

℟ **A sus ángeles ha dado órdenes | para que te guarden en tus caminos.**

Tú que habitas al amparo del Altísimo, | que vives a la sombra del Omnipotente, | di al Señor: «Refugio mío, alcázar mío, | Dios mío, confío en ti.» ℟.

El te librará de la red del cazador, | de la peste funesta. | Te cubrirá con sus plumas, | bajo sus alas te refugiarás. ℟.

Su brazo es escudo y armadura. | No temerás el espanto nocturno, | ni la flecha que vuela de día, | ni la peste que se desliza en las tinieblas, | ni la epidemia que devasta a mediodía. ℟.

No se te acercará la desgracia, | ni la plaga llegará hasta tu tienda, | porque a sus ángeles ha dado órdenes | para que te guarden en tus caminos. ℟.

ALELUYA Sal 102, 21

Bendecid al Señor, ejércitos suyos, servidores que cumplís sus deseos.

EVANGELIO

Sus ángeles están viendo siempre en el cielo el rostro de mi Padre celestial

✠ **LECTURA DEL S. EVANGELIO SEGUN SAN MATEO** 18, 1-5.10

En aquel momento, se acercaron los discípulos a Jesús y le preguntaron: «¿Quién es el más importante en el reino de los cielos?» El llamó a un niño, lo puso en medio y dijo: «Os aseguro que, si no volvéis a ser como niños, no entraréis en el reino de los cielos. Por tanto, el que se haga pequeño como este niño, ése es el más grande en el reino de los cielos. El que acoge a un niño como éste en mi nombre me acoge a mí. Cuidado con despreciar a uno de estos pequeños, porque os digo que sus ángeles están viendo siempre en el cielo el rostro de mi Padre celestial.»

Palabra del Señor.

ORACION SOBRE LAS OFRENDAS

Recibe, Señor, las ofrendas que te presentamos en honor de tus santos ángeles, y concédenos que su continua protección nos libre de los peligros presentes y nos lleve a la vida eterna. Por Jesucristo nuestro Señor.

Prefacio de los Angeles, p. 1097.

ANTIFONA DE COMUNION Sal 137, 1

Delante de los ángeles tañeré para ti, Dios mío.

ORACION DESPUES DE LA COMUNION

A los que has alimentado, Señor, con estos sacramentos que llevan a la vida eterna, dirígelos bajo la tutela de tus ángeles por los caminos de la salvación y de la paz. Por Jesucristo nuestro Señor.

3 de octubre

3 de octubre

San Francisco de Borja, presbítero

El duque de Gandía, Marqués de Lombay, Virrey de Cataluña y Grande de España, lo dejó todo para servir a Señor que no pueda morir.

Nació en Gandía en 1510. Su vida transcurrió en la corte de Carlos V y Felipe II. La muerte de la reina y de su mujer, Leonor de Castro, de quien había tenido ocho hijos, hicieron cambiar el rumbo de su vida.

Entró en la Compañía de Jesús en 1551, de la cual fue el tercer Prepósito General. Murió en Roma el 30 de septiembre de 1572.

Del Común de pastores (p. 2367) o de santos (p. 2401).

ORACION COLECTA

Señor y Dios nuestro, que nos mandas valorar los bienes de este mundo, según el criterio de tu ley; al celebrar la fiesta de san Francisco de Borja, tu siervo fiel y cumplidor, enséñanos a comprender que nada hay en el mundo comparable a la alegría de gastar la vida en tu servicio. Por nuestro Señor Jesucristo.

PRIMERA LECTURA

Lo que para mí era ganancia lo consideré pérdida comparado con Cristo

LECTURA DE LA CARTA DEL APOSTOL SAN PABLO A LOS FILIPENSES

3, 7-14

Hermanos: Todo lo que para mí era ganancia lo consideré pérdida comparado con Cristo; más aún, todo lo estimo pérdida comparado con la excelencia del conocimiento de Cristo Jesús, mi Señor. Por él lo perdí todo, y todo lo estimo basura con tal de ganar a Cristo y existir en él, no con una justicia mía, la de la Ley, sino con la que viene de la fe de Cristo, la justicia que viene de Dios y se apoya en la fe. Para conocerlo a él, y la fuerza de su resurrección, y la comunión con sus padecimientos, muriendo su misma muerte, para llegar un día a la resurrección de entre los muertos. No es que ya haya conseguido el premio, o que ya esté en la meta: yo sigo corriendo a ver si lo obtengo, pues Cristo Jesús lo obtuvo para mí. Hermanos, yo no pienso haber conseguido el premio. Sólo busco una cosa: olvidándome de lo que queda atrás y lanzándome hacia lo que está por delante, corro hacia la meta, para ganar el premio, al que Dios desde arriba llama en Cristo Jesús.

Palabra de Dios.

SALMO RESPONSORIAL 39

℟ **Aquí estoy, Señor, para hacer tu voluntad.**

Yo esperaba con ansia al Señor; | él se inclinó y escuchó mi grito; | me puso en la boca un cántico nuevo, | un himno a nuestro Dios. ℟.

Tú no quieres sacrificios ni ofrendas, | y, en cambio, me abriste el oído; | no pides sacrificio expiatorio. ℟.

Entonces yo digo: «Aquí estoy | —como está escrito en mi libro— | para hacer tu voluntad.» | Dios mío, lo quiero, | y llevo tu ley en las entrañas. ℟.

He proclamado tu salvación | ante la gran asamblea; | no he cerrado los labios; | Señor, tú lo sabes. ℟.

ALELUYA   Mt 23, 9b.10b

Uno solo es vuestro Padre, el del cielo, y uno solo es vuestro consejero, Cristo.

EVANGELIO

El publicano bajó a su casa justificado, y el fariseo no

✠ LECTURA DEL S. EVANGELIO SEGUN
SAN LUCAS   18, 9-14

En aquel tiempo, a algunos que, teniéndose por justos, se
sentían seguros de sí mismos y despreciaban a los demás, dijo Jesús esta parábola: «Dos hombres subieron al templo a orar. Uno
era fariseo; el otro, un publicano. El fariseo, erguido, oraba así
en su interior: "¡Oh Dios!, te doy gracias, porque no soy como
los demás: ladrones, injustos, adúlteros; ni como ese publicano.
Ayuno dos veces por semana y pago el diezmo de todo lo que
tengo." El publicano, en cambio, se quedó atrás y no se atrevía
ni a levantar los ojos al cielo; sólo se golpeaba el pecho, diciendo: "¡Oh Dios!, ten compasión de este pecador." Os digo que
éste bajó a su casa justificado, y aquél no. Porque todo el que se
enaltece será humillado, y el que se humilla será enaltecido.»

Palabra del Señor.

4 de octubre

San Francisco de Asís

Memoria

Francisco nació en Asís en 1182. Su conversión se concretizó
en la renuncia a su patrimonio y a su casa, para dedicarse libremente a Dios, abrazando a «Dama Pobreza» con quien se despo-
só. Dio sabias Reglas a los que le siguieron, con el nombre de
Hermanos Menores. Inició una Orden de monjas y una sociedad
de seglares penitentes. Su plena configuración con Cristo, meta
de toda su vida, se culminó externamente con la estigmatización.
Murió en Asís en 1226.

ANTIFONA DE ENTRADA

Francisco de Asís dejó su casa, abandonó la herencia que
le pertenecía y logró llegar a ser pobre y necesitado. Así,
el Señor le tomó a su servicio.

ORACION COLECTA

Dios todopoderoso, que otorgaste a san Francisco de Asís la
gracia de asemejarse a Cristo por la humildad y la pobreza, concédenos caminar tras sus huellas para que podamos seguir a tu
Hijo y entregarnos a ti con amor jubiloso. Por nuestro Señor Jesucristo.

PRIMERA LECTURA

El mundo está crucificado para mí, y yo para el mundo

LECTURA DE LA CARTA DEL APOSTOL
SAN PABLO A LOS GALATAS   6, 14-18

Hermanos: Dios me libre de gloriarme si no es en la cruz de
nuestro Señor Jesucristo, en la cual el mundo está crucificado
para mí, y yo para el mundo. Pues lo que cuenta no es circuncisión o incircuncisión, sino una criatura nueva. La paz y la misericordia de Dios vengan sobre todos los que se ajustan a esta norma; también sobre el Israel de Dios. En adelante, que nadie me
venga con molestias, porque yo llevo en mi cuerpo las marcas de
Jesús. La gracia de nuestro Señor Jesucristo esté con vuestro espíritu, hermanos, Amén.

Palabra de Dios.

SALMO RESPONSORIAL 15

℟ **Tú, Señor, eres el lote de mi heredad.**

Protégeme, Dios mío, que me refugio en ti; | yo digo al Se-
ñor: «Tú eres mi bien.» | El Señor es el lote de mi heredad y mi
copa; | mi suerte está en tu mano. ℟.

Bendeciré al Señor, que me aconseja, | hasta de noche me
instruye internamente. | Tengo siempre presente al Señor, | con
él a mi derecha no vacilaré. ℟.

Me enseñarás el sendero de la vida, | me saciarás de gozo en
tu presencia, | de alegría perpetua a tu derecha. ℟.

ALELUYA   Cf. Mt 11, 25

Bendito seas, Padre, Señor de cielo y tierra, porque has
revelado los secretos del reino a la gente sencilla.

EVANGELIO

*Has escondido estas cosas a los sabios y las has revelado a la
gente sencilla*

✠ LECTURA DEL S. EVANGELIO SEGUN
SAN MATEO   11, 25-30

En aquel tiempo, exclamó Jesús: «Te doy gracias, Padre, Señor de cielo y tierra, porque has escondido estas cosas a los sabios y entendidos y se las has revelado a la gente sencilla. Sí, Padre, así te ha parecido mejor. Todo me lo ha entregado mi Padre, y nadie conoce al Hijo más que el Padre, y nadie conoce al
Padre sino el Hijo, y aquel a quien el Hijo se lo quiera revelar.
Venid a mí todos los que estáis cansados y agobiados, y yo os
aliviaré. Cargad con mi yugo y aprended de mí, que soy manso
y humilde de corazón, y encontraréis vuestro descanso. Porque
mi yugo es llevadero y mi carga ligera.»

Palabra del Señor.

ORACION SOBRE LAS OFRENDAS

Al presentarte, Señor, nuestras ofrendas, te rogamos nos dispongas para celebrar dignamente el misterio de la cruz, al que se
consagró san Francisco de Asís con el corazón abrasado en tu
amor. Por Jesucristo nuestro Señor.

ANTIFONA DE COMUNION   Mt 5, 3

Dichosos los pobres en el espíritu, porque de ellos es el
reino de los cielos.

ORACION DESPUES DE LA COMUNION

Por este sacramento que hemos recibido, concédenos, Señor, imitar a san Francisco de Asís en su caridad y en su celo apostólico, para que gustemos los frutos de tu amor y nos entreguemos a la salvación de nuestros hermanos. Por Jesucristo nuestro Señor.

5 de octubre

Témporas de Acción de Gracias y de petición

Feria mayor

Las Témporas son días de acción de gracias y de petición que la comunidad cristiana ofrece a Dios, terminadas las vacaciones y la recolección de las cosechas, al reemprender la actividad habitual.

Se celebrarán, al menos, el día 5 de octubre (o el día 6, cuando el día 5 sea domingo), y, siempre que sea posible, es aconsejable celebrarlas también otros dos días de la misma semana.

Misa para cuando las Témporas
se celebran sólo el día 5 de octubre

Cuando la celebración de las Témporas se limita a un solo día, se elegirán, de entre las diversas misas que se proponen para los tres días, aquellos formularios que abarquen los tres aspectos de esta celebración, es decir, la acción de gracias, la petición y la conversión. Para esta celebración de las Témporas en un solo día están indicados principalmente los siguientes textos:

ANTIFONA DE ENTRADA   Cf. Ef 5, 19-20

Cantemos y salmodiemos para nuestro Dios; démosle gracias por todos sus beneficios en nombre de Jesucristo, nuestro Señor.

ORACION COLECTA

Señor Dios, Padre lleno de amor, que diste a nuestros padres de Israel una tierra buena y fértil, para que en ella encontraran descanso y bienestar, y con el mismo amor nos das a nosotros fuerza para dominar la creación y sacar de ella nuestro progreso y nuestro sustento; al darte gracias por todas tus maravillas, te pedimos que tu luz nos haga descubrir siempre que has sido tú, y no nuestro poder, quien nos ha dado fuerza para crear las riquezas de la tierra. Por nuestro Señor Jesucristo.

PRIMERA LECTURA

Dios te da la fuerza para crearte estas riquezas

LECTURA DEL LIBRO DEL DEUTERONOMIO

8, 7-18

Habló Moisés al pueblo, diciendo: «Cuando el Señor, tu Dios, te introduzca en la tierra buena, tierra de torrentes, de fuentes y veneros que manan en el monte y la llanura, tierra de trigo y cebada, de viñas, higueras y granados, tierra de olivares y de miel, tierra en que no comerás tasado el pan, en que no carecerás de nada, tierra que lleva hierro en sus rocas, y de cuyos montes sacarás cobre, entonces comerás hasta hartarte, y bendecirás al Señor, tu Dios, por la tierra buena que te ha dado. Pero cuidado, no te olvides del Señor, tu Dios, siendo infiel a los preceptos, mandatos y decretos que yo te mando hoy. No sea que, cuando comas hasta hartarte, cuando te edifiques casas hermosas y las habites, cuando críen tus reses y ovejas, aumenten tu plata y tu oro, y abundes de todo, te vuelvas engreído y te olvides del Señor, tu Dios, que te sacó de Egipto, de la esclavitud, que te hizo recorrer aquel desierto inmenso y terrible, con dragones y alacranes, un sequedal sin una gota de agua, que sacó agua para ti de una roca de pedernal; que te alimentó en el desierto con un maná que no conocían tus padres, para afligirte y probarte, y para hacerte el bien al final. Y no digas: "Por mi fuerza y el poder de mi brazo me he creado estas riquezas." Acuérdate del Señor, tu Dios: que es él quien te da la fuerza para crearte estas riquezas, y así mantiene la promesa que hizo a tus padres, como lo hace hoy.»

Palabra de Dios.

SALMO RESPONSORIAL 1 Cro 29

℟ **Tú eres Señor del universo.**

Bendito eres, Señor, | Dios de nuestro padre Israel, | por los siglos de los siglos. ℟.

Tuyos son, Señor, la grandeza y el poder, | la gloria, el esplendor, la majestad, | porque tuyo es cuanto hay en cielo y tierra. ℟.

Tú eres rey y soberano de todo. | De ti viene la riqueza y la gloria. ℟.

Tú eres Señor del universo, | en tu mano está el poder y la fuerza, | tú engrandeces y confortas a todos. ℟.

SEGUNDA LECTURA
Os pedimos que os reconciliéis con Dios

LECTURA DE LA SEGUNDA CARTA DEL APOSTOL SAN PABLO A LOS CORINTIOS

5, 17-21

Hermanos: El que es de Cristo es una criatura nueva. Lo antiguo ha pasado, lo nuevo ha comenzado. Todo esto viene de Dios, que por medio de Cristo nos reconcilió consigo y nos encargó el ministerio de la reconciliación. Es decir, Dios mismo estaba en Cristo reconciliando al mundo consigo, sin pedirle cuentas de sus pecados, y a nosotros nos ha confiado la palabra de la reconciliación. Por eso, nosotros actuamos como enviados de Cristo, y es como si Dios mismo os exhortara por nuestro medio. En nombre de Cristo os pedimos que os reconciliéis con Dios. Al que no había pecado Dios lo hizo expiación por nuestro pecado, para que nosotros, unidos a él, recibamos la justificación de Dios.

Palabra de Dios.

Está cerca el reino de Dios: convertíos y creed en el Evangelio.

EVANGELIO

Quien pide recibe

✠ LECTURA DEL S. EVANGELIO SEGUN
SAN MATEO 7, 7-11

En aquel tiempo, dijo Jesús a sus discípulos: «Pedid y se os dará, buscad y encontraréis, llamad y se os abrirá; porque quien pide recibe, quien busca encuentra y al que llama se le abre. Si a alguno de vosotros le pide su hijo pan, ¿le va a dar una piedra?; y si le pide pescado, ¿le dará una serpiente? Pues si vosotros, que sois malos, sabéis dar cosas buenas a vuestros hijos, ¡cuánto más vuestro Padre del cielo dará cosas buenas a los que le piden!»

Palabra del Señor.

ORACION SOBRE LAS OFRENDAS

Te ofrecemos, Señor, este sacrificio de alabanza en acción de gracias por los dones que nos has concedido; ayúdanos a reconocer que es dádiva tuya lo que hemos recibido sin merecerlo. Por Jesucristo nuestro Señor.

Prefacio: el más apropiado es el prefacio común, IV, p. 1109.

ANTIFONA DE COMUNION Cf. Sal 64, 12.6

Coronarás el año con tus bienes, Señor, y serás la esperanza del confín de la tierra.

ORACION DESPUES DE LA COMUNION

Señor, tú que nos has reunido en torno a esta mesa donde construyes tu familia en la unidad y el amor, danos tu fuerza para que, con nuestro esfuerzo, cooperemos a la construcción de la ciudad terrena y trabajemos sin cesar por la llegada de tu reino. Por Jesucristo nuestro Señor.

Misa para cuando las Témporas
se celebran en tres días

Día de acción de gracias

ANTIFONA DE ENTRADA   Cf. Ef 5, 19-20

Cantemos y salmodiemos para nuestro Dios; démosle gracias por todos sus beneficios en nombre de Jesucristo, nuestro Señor.

ORACION COLECTA

Señor Dios, Padre lleno de amor, que diste a nuestros padres de Israel una tierra buena y fértil, para que en ella encontraran descanso y bienestar, y con el mismo amor nos das a nosotros fuerza para dominar la creación y sacar de ella nuestro progreso y nuestro sustento; al darte gracias por todas tus maravillas, te pedimos que tu luz nos haga descubrir siempre que has sido tú, y no nuestro poder, quien nos ha dado fuerza para crear la riqueza de la tierra. Por nuestro Señor Jesucristo.

PRIMERA LECTURA

El dominio del hombre sobre el mundo es don de Dios

LECTURA DEL LIBRO DEL GENESIS   1, 27-30

Creó Dios al hombre a su imagen; a imagen de Dios lo creó; hombre y mujer los creó. Y los bendijo Dios y les dijo: «Creced, multiplicaos, llenad la tierra y sometedla; dominad los peces del mar, las aves del cielo, los vivientes que se mueven sobre la tierra.» Y dijo Dios: «Mirad, os entrego todas las hierbas que engendran semilla sobre la faz de la tierra; y todos los árboles frutales que engendran semilla os servirán de alimento; y a todas las fieras de la tierra, a todas las aves del cielo, a todos los reptiles de la tierra, a todo ser que respira, la hierba verde les servirá de alimento.» Y así fue.

Palabra de Dios.

SALMO RESPONSORIAL 8

R. **Señor, diste al hombre el mando sobre las obras de tus manos.**

Cuando contemplo el cielo, obra de tus dedos, | la luna y las estrellas que has creado, | ¿qué es el hombre, para que te acuerdes de él, | el ser humano, para darle poder? R.

Lo hiciste poco inferior a los ángeles, | lo coronaste de gloria y dignidad, | le diste el mando sobre las obras de tus manos, | todo lo sometiste bajo sus pies. R.

Rebaños de ovejas y toros, | y hasta las bestias del campo, | las aves del cielo, los peces del mar, | que trazan sendas por el mar. R.

Señor, dueño nuestro, | ¡qué admirable es tu nombre | en toda la tierra!. R.

SEGUNDA LECTURA

Sed agradecidos

LECTURA DE LA CARTA DEL APOSTOL
SAN PABLO A LOS COLOSENSES
3, 15b-17

Hermanos: Sed agradecidos. La palabra de Cristo habite entre vosotros en toda su riqueza; enseñaos unos a otros con toda sabiduría; corregíos mutuamente. Cantad a Dios, dadle gracias de corazón, con salmos, himnos y cánticos inspirados. Y, todo lo que de palabra o de obra realicéis, sea todo en nombre del Señor Jesús, dando gracias a Dios Padre por medio de él.

Palabra de Dios.

ALELUYA

A ti, oh Dios, te alabamos, a ti, Señor, te reconocemos. A ti, eterno Padre, te venera toda la creación.

EVANGELIO

Se echó por tierra a los pies de Jesús, dándole gracias

✠ LECTURA DEL S. EVANGELIO SEGUN
SAN LUCAS   17, 11-19

Yendo Jesús camino de Jerusalén, pasaba entre Samaria y Galilea. Cuando iba a entrar en un pueblo, vinieron a su encuentro diez leprosos, que se pararon a lo lejos y a gritos le decían: «Jesús, maestro, ten compasión de nosotros.» Al verlos, le dijo: «Id a presentaros a los sacerdotes.» Y, mientras iban de camino, quedaron limpios. Uno de ellos, viendo que estaba curado, se volvió alabando a Dios a grandes gritos y se echó por tierra a los pies de Jesús, dándole gracias. Este era un samaritano. Jesús tomó la palabra y dijo: «¿No han quedado limpios los diez?; los otros nueve, ¿dónde están? ¿No ha vuelto más que este extranjero para dar gloria a Dios?» Y le dijo: «Levántate, vete; tu fe te ha salvado.»

Palabra del Señor.

ORACION SOBRE LAS OFRENDAS

Te ofrecemos, Señor, este sacrificio de alabanza en acción de gracias por los dones que nos has concedido; ayúdanos a reconocer que es dádiva tuya lo que hemos recibido sin merecerlo. Por Jesucristo nuestro Señor.

Prefacio: el más apropiado es el prefacio común, IV, p. 1109.

ANTIFONA DE COMUNION   Sal 137, 1. 3

Te doy gracias, Señor, de todo corazón, porque cuando te invoqué me escuchaste.

ORACION DESPUES DE LA COMUNION

Señor, el sacramento de tu Hijo, que nosotros te hemos presentado como acción de gracias, tú nos lo has devuelto como alimento espiritual; concédenos que, fortalecidos ahora por el don eucarístico, te sirvamos cada día con mayor entrega y así nos dispongamos a recibir de ti nuevos favores. Por Jesucristo nuestro Señor.

Día penitencial

La celebración del día penitencial se hará, si es posible, el viernes siguiente al 5 de octubre, o, si el 5 de octubre es viernes, el día 6 o uno de los días de la semana siguiente.

Es de alabar que en este día tenga lugar, además de la misa por el perdón de los pecados, una celebración comunitaria del sacramento de la penitencia.

ANTIFONA DE ENTRADA   Sb 11, 24-25. 27

Te compadeces de todos, Señor, y no odias nada de lo que has hecho; cierras los ojos a los pecados de los hombres para que se arrepientan y los perdonas, porque tú eres nuestro Dios y Señor.

ORACION COLECTA

Nos sentimos culpables, Señor, y confesamos ante ti nuestros pecados; ten misericordia de nosotros y danos la abundancia de tu paz. Por nuestro Señor Jesucristo.

PRIMERA LECTURA

Rasgad los corazones y no las vestiduras

LECTURA DE LA PROFECIA DE JOEL 2, 12-18

Ahora —oráculo del Señor— convertíos a mí de todo corazón con ayuno, con llanto, con luto. Rasgad los corazones y no las vestiduras; convertíos al Señor, Dios vuestro, porque es compasivo y misericordioso, lento a la cólera, rico en piedad; y se arrepiente de las amenazas. Quizá se arrepienta y nos deje todavía su bendición, la ofrenda, la libación para el Señor, vuestro Dios. Tocad la trompeta en Sión, proclamad el ayuno, convocad la reunión. Congregad al pueblo, santificad la asamblea, reunid a los ancianos. Congregad a muchachos y niños de pecho. Salga el esposo de la alcoba, la esposa del tálamo. Entre el atrio y el altar lloren los sacerdotes, ministros del Señor, y digan: «Perdona, Señor, a tu pueblo; no entregues tu heredad al oprobio, no la dominen los gentiles; no se diga entre las naciones: ¿Dónde está su Dios? El Señor tenga celos por su tierra, y perdone a su pueblo.»

Palabra de Dios.

SALMO RESPONSORIAL 129

℟ **Si llevas cuenta de los delitos, Señor, | ¿quién podrá resistir?**

Desde lo hondo a ti grito, Señor; | Señor, escucha mi voz; | estén tus oídos atentos | a la voz de mi súplica. ℟.

Si llevas cuenta de los delitos, Señor, | ¿quién podrá resistir? | Pero de ti procede el perdón, | y así infundes respeto. ℟.

Mi alma espera en el Señor, | espera en su palabra; | mi alma aguarda al Señor, | más que el centinela la aurora. ℟.

Aguarde Israel al Señor, | como el centinela la aurora; | porque del Señor viene la misericordia, | la redención copiosa; | y él redimirá a Israel | de todos sus delitos. ℟.

SEGUNDA LECTURA

Quitémonos lo que nos estorba y el pecado que nos ata

LECTURA DE LA CARTA A LOS HEBREOS 12, 1-5

Hermanos: Una nube ingente de testigos nos rodea: por tanto, quitémonos lo que nos estorba y el pecado que nos ata, y corramos en la carrera que nos toca, sin retirarnos, fijos los ojos en el que inició y completa nuestra fe: Jesús, que, renunciando al gozo inmediato, soportó la cruz, despreciando la ignominia, y ahora está sentado a la derecha del trono de Dios. Recordar al que soportó la oposición de los pecadores, y no os canséis ni perdáis el ánimo. Todavía no habéis llegado a la sangre en vuestra pelea contra el pecado. Habéis olvidado la exhortación paternal que os dieron: «Hijo mío, no rechaces la corrección del Señor, no te enfades por su reprensión.»

Palabra de Dios.

ALELUYA Mc 1, 15

Está cerca el reino de Dios: convertíos y creed en el Evangelio.

EVANGELIO

Producid el fruto que la conversión pide

✠ LECTURA DEL S. EVANGELIO SEGUN SAN LUCAS 3, 7-14

En aquel tiempo, muchos iban a que Juan los bautizara; y les decía: «¡Camada de víboras! ¿Quién os ha enseñado a escapar del castigo inminente? Producid el fruto que la conversión pide y no os hagáis ilusiones, pensando: "Abrahán es nuestro padre", porque os digo que de estas piedras Dios es capaz de sacar hijos de Abrahán. El hacha está tocando la base de los árboles, y el árbol que no dé buen fruto será talado y echado al fuego.» La gente le preguntaba: «¿Entonces, qué hacemos?» El contestó: «El que

tenga dos túnicas, que se las reparta con el que no tiene; y el que
tenga comida, haga lo mismo.» Vinieron también a bautizarse
unos publicanos y le preguntaron: «Maestro, ¿qué hacemos nosotros?» El les contestó: «No exijáis más de lo establecido.» Unos
militares le preguntaron: «¿Qué hacemos nosotros?» El les contestó: «No hagáis extorsión ni os aprovechéis de nadie, sino contentaos con la paga.»

Palabra del Señor.

Para esta celebración pueden utilizarse también las lecturas de la
misa para el perdón de los pecados (p. 2463).

ORACION SOBRE LAS OFRENDAS

Te ofrecemos, Señor, este sacrificio de alabanza porque en tu
amor has perdonado nuestros pecados; dígnate protegernos con
tu ayuda, porque vacila nuestro corazón y sin ti no podemos hacer nada. Por Jesucristo nuestro Señor.

Prefacio de la Penitencia, p. 1090.

ANTIFONA DE COMUNION   Lc 15, 10

Os digo que habrá alegría entre los ángeles de Dios por
un solo pecador que se convierta.

ORACION DESPUES DE LA COMUNION

Padre de misericordia, al invitarnos a la mesa de tu Hijo nos
has dado un signo de tu amor y una prenda de tu perdón; te pedimos ahora que sigas ayudándonos para que en adelante sepamos evitar el pecado y servirte con alegría. Por Jesucristo nuestro Señor.

Día de petición por la actividad humana

ANTIFONA DE ENTRADA   Sal 89, 17.14

Haz prósperas, Señor, las obras de nuestras manos y toda
nuestra vida será alegría y júbilo.

ORACION COLECTA

Oh Dios, tú has querido que el estudio y el trabajo del hombre perfeccionaran cada día el universo que has creado; te pedimos que nuestro trabajo y afanes resulten siempre provechosos a la familia humana y contribuyan al cumplimiento de tus designios sobre el mundo. Por nuestro Señor Jesucristo.

PRIMERA LECTURA

Señor, todo está bajo tu poder

LECTURA DEL LIBRO DE ESTER   4, 17b-17e.17k-17l

En aquellos días, Mardoqueo oró así, recordando todas las hazañas del Señor: «Señor, Señor, rey y dueño de todo, porque todo está bajo tu poder, y no hay quien se oponga a tu voluntad de salvar a Israel. Tú creaste el cielo y la tierra y todas las maravillas que hay bajo el cielo, y eres Señor de todo; ni hay, Señor, quien se te pueda oponer. No desprecies la porción que te rescataste del país de Egipto; escucha mi súplica, apiádate de tu heredad, cambia nuestro duelo en fiesta, para que vivamos celebrando tu nombre, Señor. No hagas enmudecer la boca de los que te alaban.»

Palabra de Dios.

SALMO RESPONSORIAL 24

℟ **Dios mío, en ti confío | no quede yo defraudado.**

A ti, Señor, levanto mi alma; | Dios mío, en ti confío, | no quede yo defraudado, | que no triunfen de mí mis enemigos; | pues los que esperan en ti no quedan defraudados, | mientras que el fracaso malogra a los traidores. ℟.

Señor, enséñame tus caminos, | instrúyeme en tus sendas: | haz que camine con lealtad; | enséñame, porque tú eres mi Dios y Salvador; | y todo el día te estoy esperando. ℟.

Recuerda, Señor, que tu ternura | y tu misericordia son eternas; | no te acuerdes de los pecados | ni de las maldades de mi

juventud; | acuérdate de mí con misericordia, | por tu bondad,
Señor. R.

SEGUNDA LECTURA

Mucho puede hacer la oración intensa del justo

LECTURA DE LA CARTA DEL APOSTOL
SANTIAGO

5, 13-18

Queridos hermanos: ¿Sufre alguno de vosotros? Rece. ¿Está
alegre alguno? Cante cánticos. ¿Está enfermo alguno de vosotros? Llame a los presbíteros de la Iglesia, y que recen sobre él,
después de ungirlo con óleo, en el nombre del Señor. Y la oración de fe salvará al enfermo, y el Señor lo curará y, si ha cometido pecado, lo perdonará. Así, pues, confesaos los pecados unos
a otros, y rezad unos por otros, para que os curéis. Mucho puede hacer la oración intensa del justo. Elías, que era un hombre
de la misma condición que nosotros, oró fervorosamente para
que no lloviese; y no llovió sobre la tierra durante tres años y
seis meses. Luego volvió a orar, y el cielo derramó lluvia y la
tierra produjo sus frutos.

Palabra de Dios.

ALELUYA   Sal 67, 20b.21a

Dios lleva nuestras cargas, es nuestra salvación. Nuestro
Dios es un Dios que salva.

EVANGELIO

Dios hará justicia a sus elegidos que le gritan

✠ LECTURA DEL S. EVANGELIO SEGUN
SAN LUCAS

18, 1-8

En aquel tiempo, Jesús, para explicar a sus discípulos cómo
tenían que orar siempre sin desanimarse, les propuso esta parábola: «Había un juez en una ciudad que ni temía a Dios ni le im-

portaban los hombres. En la misma ciudad había una viuda que solía ir a decirle: "Hazme justicia frente a mi adversario." Por algún tiempo se negó, pero después se dijo: "Aunque ni temo a Dios ni me importan los hombres, como esta viuda me está fastidiando, le haré justicia, no vaya a acabar pegándome en la cara."» Y el Señor añadió: «Fijaos en lo que dice el juez injusto; pues Dios, ¿no hará justicia a sus elegidos que le gritan día y noche?; ¿o les dará largas? Os digo que les hará justicia sin tardar. Pero, cuando venga el Hijo del hombre, ¿encontrará esta fe en la tierra?»

Palabra del Señor.

ORACION SOBRE LAS OFRENDAS

Te presentamos, Señor, el pan y el vino con los que tú alimentas nuestra vida en la tierra y renuevas nuestra vida eterna; te pedimos que no ceses de darnos este pan que es nuestro sustento y este sacramento que es fuente de vida eterna. Por Jesucristo nuestro Señor.

Prefacio: el más apropiado es el prefacio V dominical del T.O. (p. 1081).

ANTIFONA DE COMUNION

Mt 7, 7

Pedid y se os dará, buscad y encontraréis, llamad y se os abrirá —dice el Señor.

ORACION DESPUES DE LA COMUNION

Señor, tú que nos has fortalecido con estos sacramentos de vida eterna, no dejes de ayudarnos con tu gracia también en los quehaceres temporales. Por Jesucristo nuestro Señor.

6 de octubre

San Bruno, presbítero

Bruno nació en Colonia en 1035; recibió la ordenación sacerdotal tras sus estudios en la escuela catedral de Reims, de la que posteriormente fue maestro. Deseoso de vida solitaria, se retiró a Molesmes; con algunos compañeros que se le juntaron, dio comienzo a lo que luego será la Orden Cartujana. Fue llamado a Roma por el papa Urbano II para hacer frente con él a las necesidades de la Iglesia. Mientras fundaba nuevas cartujas, murió en Calabria en 1101.

Del Común de pastores (p. 2367) o de santos: religiosos (p. 2406).

ORACION COLECTA

Señor, Dios nuestro, tú que llamaste a san Bruno para que te sirviera en la soledad, concédenos, por su intercesión, que en medio de las vicisitudes de este mundo vivamos entregados siempre a ti. Por nuestro Señor Jesucristo.

PRIMERA LECTURA	Flp 3, 8-14 (p. 331)
SALMO RESPONSORIAL	1, 1-4.6 (p. 2037)
EVANGELIO	Lc 9, 57-62 (p. 1774)

7 de octubre

Nuestra Señora, la Virgen del Rosario

Memoria

La celebración de esta fiesta conmemora en su origen la singular victoria sobre los turcos, obtenida en Lepanto por los cristianos en 1571. Esta victoria fue atribuida a la intercesión de la Virgen, invocada con el rezo del rosario.

ANTIFONA DE ENTRADA   Lc 1, 28.42

Alégrate, María, llena de gracia, el Señor está contigo; bendita tú entre las mujeres y bendito el fruto de tu vientre.

ORACION COLECTA

Derrama, Señor, tu gracia sobre nosotros, que, por el anuncio del ángel, hemos conocido la encarnación de tu Hijo, para que lleguemos por su pasión y su cruz, y con la intercesión de la Virgen María, a la gloria de la resurrección. Por nuestro Señor Jesucristo.

PRIMERA LECTURA   Hch 1, 12-14 (p. 648)

SALMO RESPONSORIAL   Lc 1, 46-55 (p. 2343)

ALELUYA   Lc 1, 28

Alégrate, María, llena de gracia, el Señor está contigo; bendita tú eres entre las mujeres.

EVANGELIO

Concebirás en tu vientre y darás a luz un hijo

✠ LECTURA DEL S. EVANGELIO SEGUN SAN LUCAS   1, 26-38

En aquel tiempo, el ángel Gabriel fue enviado por Dios a una ciudad de Galilea llamada Nazaret, a una virgen desposada con un hombre llamado José, de la estirpe de David; la virgen se llamaba María. El ángel, entrando en su presencia, dijo: «Alégrate, llena de gracia, el Señor está contigo.» Ella se turbó ante estas palabras y se preguntaba qué saludo era aquél. El ángel le dijo: «No temas, María, porque has encontrado gracia ante Dios. Concebirás en tu vientre y darás a luz un hijo, y le pondrás por nombre Jesús. Será grande, se llamará Hijo del Altísimo, el Señor Dios le dará el trono de David, su padre, reinará sobre la casa de Jacob para siempre, y su reino no tendrá fin.» Y María dijo al ángel: «¿Cómo será eso, pues no conozco varón?» El ángel le contestó: «El Espíritu Santo vendrá sobre ti, y la fuerza del Altísimo te cubrirá con su sombra; por eso el Santo que va a nacer se llamará Hijo de Dios. Ahí tienes a tu pariente Isabel, que, a pesar de su vejez, ha concebido un hijo, y ya está de seis meses la que llamaban estéril, porque para Dios nada hay imposible.» María contestó: «Aquí está la esclava del Señor; hágase en mí según tu palabra.» Y la dejó el ángel.

Palabra del Señor.

ORACION SOBRE LAS OFRENDAS

Te rogamos, Señor, que tú mismo nos dispongas para celebrar dignamente este sacrificio, y por la meditación de los misterios de tu Unigénito concédenos ser dignos de alcanzar sus promesas. Por Jesucristo nuestro Señor.

Prefacio I de santa María Virgen: en la fiesta, p. 1092, o II, p. 1093.

ANTIFONA DE COMUNION   Lc 1, 31

Concebirás en tu vientre y darás a luz a un hijo, y le pondrás por nombre Jesús.

ORACION DESPUES DE LA COMUNION

Te rogamos, Señor, que cuantos hemos anunciado en este sacramento la muerte y resurrección de tu Hijo, asociados a los dolores de su pasión, podamos participar en el gozo de su gloria. Por Jesucristo nuestro Señor.

9 de octubre
San Dionisio, obispo, y compañeros, mártires

San Gregorio de Tours atestigua que, hacia mediados del siglo III, Dionisio fue enviado de Roma a las Galias, y que fue el primer obispo de París. Murió mártir con dos miembros de su presbiterio. Sobre su sepulcro se edificó la famosa abadía de san Dionisio.

Del Común de mártires (p. 2350).

ORACION COLECTA

Oh Dios, que enviaste a san Dionisio y a sus compañeros a proclamar tu gloria ante las gentes, y les dotaste de admirable fortaleza en el martirio, concédenos imitarlos en su desprecio a la soberbia del mundo para que no temamos nunca sus ataques. Por nuestro Señor Jesucristo.

PRIMERA LECTURA	2 Cor 6, 4-10 (p. 1478)
SALMO RESPONSORIAL	125, 1-6 (p. 1975)
EVANGELIO	Mt 5, 13-16 (p. 2014)

San Juan Leonardi, presbítero

Nació en Luca (Toscana) el año 1541. Una vez ordenado sacerdote, se dedicó a la enseñanza de la Doctrina Cristiana; a este fin instituyó la Compañía de la Doctrina Cristiana. Fundó la Orden de Clérigos Regulares de la Madre de Dios. En Roma sentó las bases del colegio que habría de preparar sacerdotes para la propagación de la fe. Esta institución, desarrollada posteriormente por la acción de los Papas, recibiría el nombre de «Congregación para la Propagación de la Fe». Murió en Roma en el año 1609.

Del Común de pastores: misioneros (p. 2373) o de santos: los que se han consagrado a una actividad caritativa (p. 2408).

ORACION COLECTA

Señor, Dios nuestro, fuente de todo bien, que anunciaste el Evangelio a numerosos pueblos por medio de tu presbítero san Juan Leonardi, haz que, por su intercesión, se difunda siempre en todo el mundo la verdadera fe. Por nuestro Señor Jesucristo.

PRIMERA LECTURA	1 Cor 12, 31—13, 13 (p. 1737)
SALMO RESPONSORIAL	95, 1-3.7-8a.10 (p. 2290)
EVANGELIO	Lc 5, 1-11 (p. 1705)

10 de octubre

Santo Tomás de Villanueva, obispo

Tomás García y Martínez de Castellanos nació en Fuenllana, el año 1486, en el seno de una familia de molineros. Estudió en la universidad de Alcalá de Henares, de la cual fue profesor. Ingresó en la Orden de Ermitaños de san Agustín; después de ejercer en ella varios cargos, fue nombrado obispo de Valencia, convirtiéndose en un ejemplo de pastor celoso. Murió el 8 de septiembre de 1555.

Del Común de pastores: obispos (p. 2367).

ORACION COLECTA

Oh Dios, que quisiste asociar a santo Tomás de Villanueva, insigne por su doctrina y caridad, al número de los santos pastores de tu Iglesia, concédenos, por su intercesión, la gracia de permanecer continuamente entre los miembros de tu familia santa. Por nuestro Señor Jesucristo.

| PRIMERA LECTURA | 2 Tim 4, 1-5 (p. 1456) |
| EVANGELIO | Jn 10, 11-16 (p. 575) |

ORACION SOBRE LAS OFRENDAS

Las ofrendas que te presentamos, Señor, en la fiesta de santo Tomás de Villanueva, nos merezcan una vida iluminada por la ciencia y una ciencia enriquecida por la vida. Por Jesucristo nuestro Señor.

ORACION DESPUES DE LA COMUNION

Señor, Dios nuestro, te rogamos que los sacramentos recibidos susciten en nosotros el espíritu de caridad que impulsó a santo Tomás de Villanueva a entregarse constantemente por tu Iglesia. Por Jesucristo nuestro Señor.

San Luis Beltrán, presbítero

Fiesta

Nació en Valencia el año 1526, y a los veinte años entra en la Orden de Predicadores. Fue enviado a América a misionar aquellas tierras. Vuelto a España, gobernó varios conventos. Murió en 1581.

Del Común de pastores (misioneros) (p. 2373).

ORACION COLECTA

Oh Dios, que has hecho digno de la gloria de los santos al bienaventurado Luis, por la mortificación del cuerpo y la predicación de la fe; concédenos que lo que profesamos con la fe, lo realicemos constantemente con obras de piedad. Por nuestro Señor.

11 de octubre

Santa Soledad Torres Acosta, virgen

Su vida transcurrió en Madrid. Allí nació el 2 de diciembre de 1826, y allí murió en 1887. Su vida la dedicará al cuidado espiritual y material de los enfermos, siguiendo la preocupación del Párroco de la parroquia de san José. Su dedicación a los enfermos cristalizará en la fundación de la Congregación de Siervas de María el 15 de agosto de 1851.

Del Común de vírgenes (p. 2393).

ORACION COLECTA

Señor, tú que concediste a santa Soledad Torres Acosta la gracia de servirte con amor generoso en los enfermos que visitaba, concédenos tu luz y tu gracia para descubrir tu presencia en los que sufren y merecer tu compañía en el cielo. Por nuestro Señor Jesucristo.

PRIMERA LECTURA   1 Jn 4, 7-16 (p. 2166)

EVANGELIO   Mt 25, 31-46 (p. 1021)

12 de octubre
Nuestra Señora del Pilar
Fiesta

Según la tradición, la Virgen se apareció a Santiago Apóstol en Zaragoza, sobre una columna. Esta columna o pilar se ha convertido en el signo de la presencia de María. Desde el siglo IX, el culto y la devoción son notables en el santuario del Pilar, en Zaragoza, a orillas del Ebro. Clemente XII concedió para España la misa y el oficio de la Virgen del Pilar. Pío VII aumentó la categoría litúrgica de la fiesta. Finalmente, Pío XII concedió a las naciones de América Latina el poder celebrar la misa y el oficio de la fiesta de Ntra. Señora del Pilar.

Por razones pastorales, puede celebrarse esta misa en el caso de que el 12 de octubre coincida con un domingo.

ANTIFONA DE ENTRADA   Cf. Sb 18, 3; Ex 13, 21-22

Tú permaneces como la columna que guiaba y sostenía día y noche al pueblo en el desierto.

ORACION COLECTA

Dios todopoderoso y eterno, que en la gloriosa Madre de tu Hijo has concedido un amparo celestial a cuantos la invocan con la secular advocación del Pilar; concédenos, por su intercesión, fortaleza en la fe, seguridad en la esperanza y constancia en el amor. Por nuestro Señor Jesucristo.

Si el día 12 de octubre cae en domingo y, por motivos pastorales, se juzga oportuno celebrar esta fiesta, se proclamarán las tres lecturas que siguen. Fuera del domingo, puede elegirse libremente como primera lectura la del antiguo Testamento o bien la del nuevo.

PRIMERA LECTURA

Metieron el arca de Dios y la instalaron en el centro de la tienda que David le había preparado

LECTURA DEL PRIMER LIBRO DE LAS CRONICAS

15, 3-4.15-16; 16, 1-2

En aquellos días, David congregó en Jerusalén a todos los israelitas, para trasladar el arca del Señor al lugar que le había preparado. Luego reunió a los hijos de Aarón y a los levitas. Luego los levitas se echaron los varales a los hombros y levantaron en peso el arca de Dios, tal como había mandado Moisés por orden del Señor. David mandó a los jefes de los levitas organizar a los cantores de sus familias, para que entonasen cantos festivos acompañados de instrumentos, arpas, cítaras y platillos. Metieron el arca de Dios y la instalaron en el centro de la tienda que David le había preparado. Ofrecieron holocaustos y sacrificios de comunión a Dios y, cuando David terminó de ofrecerlos, bendijo al pueblo en nombre del Señor.

Palabra de Dios.

SALMO RESPONSORIAL 26

℟ **El Señor me ha coronado, | sobre la columna me ha exaltado.**

El Señor es mi luz y mi salvación, | ¿a quién temeré? | El Señor es la defensa de mi vida, | ¿quién me hará temblar? ℟ .

Si un ejército acampa contra mí, | mi corazón no tiembla; | si me declaran la guerra, | me siento tranquilo. ℟ .

Una cosa pido al Señor, | eso buscaré: | habitar en la casa del Señor | por los días de mi vida; | gozar de la dulzura del Señor, | contemplando su templo. ℟ .

El me protegerá en su tienda | el día del peligro; | me esconderá en lo escondido de su morada, | me alzará sobre la roca. ℟.

ALELUYA   Sal 39, 3d.4a

Afianzó mis pies sobre roca, me puso en la boca un cántico nuevo.

EVANGELIO

Dichoso el vientre que te llevó

✠ LECTURA DEL S. EVANGELIO SEGUN
SAN LUCAS   11, 27-28

En aquel tiempo, mientras Jesús hablaba a la gente, una mujer de entre el gentío levantó la voz, diciendo: «Dichoso el vientre que te llevó y los pechos que te criaron.» Pero él repuso: «Mejor, dichosos los que escuchan la palabra de Dios y la cumplen.»

Palabra del Señor.

ORACION SOBRE LAS OFRENDAS

Dios todopoderoso y eterno, que hiciste brillar sobre nosotros la luz de la fe, haz que los dones que ahora te presentamos y las súplicas que te dirigimos nos consignan, por intercesión de santa María del Pilar, permanecer firmes en la fe y generosos en el amor. Por Jesucristo nuestro Señor.

PREFACIO

La gloria de la Virgen

En verdad es justo y necesario, es nuestro deber y salvación darte gracias siempre y en todo lugar, Señor, Padre santo, Dios todopoderoso y eterno, por todas las grandes maravillas que has realizado en la Virgen, Madre de tu Hijo.

Ella, concebida sin pecado, no fue contaminada por la corrupción del sepulcro; pues, siendo intacta en su virginidad, gloriosa en su descendencia y triunfante en su asunción, fue madre de Cristo, esposo de la Iglesia, luz de las gentes, esperanza de los fieles y gozo de todo nuestro pueblo.

Por eso, al celebrar ahora la solemnidad del Pilar, te alabamos con los ángeles y arcángeles, y con todos los coros celestiales cantando sin cesar el himno de tu gloria:

Santo, Santo, Santo...

ANTIFONA DE COMUNION   Lc 1, 48

Me felicitarán todas las generaciones, porque el Poderoso ha hecho obras grandes por mí.

ORACION DESPUES DE LA COMUNION

Oh Dios, que de modo maravilloso multiplicas tu presencia en medio de nosotros, al darte gracias por este sacramento con que nos has alimentado, te rogamos nos concedas, por intercesión de santa María del Pilar, llegar a contemplarte eternamente en el cielo. Por Jesucristo nuestro Señor.

14 de octubre

San Calixto I, papa y mártir

Calixto, esclavo cristiano, una vez que hubo obtenido la libertad, fue constituido diácono de la Iglesia de Roma por el papa Ceferino, y siéndole confiado el cuidado del cementerio que todavía hoy lleva su nombre. Sucedió a Ceferino en la sede de Pedro. Luchó contra las herejías adopcionistas y modalistas. Murió mártir el año 222 y fue enterrado en la vía Aurelia.

Del Común de mártires (p. 2350) o de pastores: papas (p. 2367).

ORACION COLECTA

Escucha, Señor, las súplicas de tu pueblo y concédenos la protección del papa san Calixto primero, cuyo martirio celebramos llenos de alegría. Por nuestro Señor Jesucristo.

PRIMERA LECTURA	1 Pe 5, 1-4 (p. 1984)
SALMO RESPONSORIAL	39, 2.4ab.7-10 (p. 2212)
EVANGELIO	Mt 23, 8-12 (p. 2167)

15 de octubre

Santa Teresa de Jesús, virgen y doctora de la Iglesia

En España: Fiesta

En América Latina: Memoria

Teresa de Cepeda y Ahumada nació en Avila el año 1515. A los dieciocho años entró en el Carmelo de su ciudad. Después de sufrir diversas enfermedades, se realizó en Teresa una «conversión»: se siente transformada interiormente, intensificando y perfeccionando su vida de oración. Paralelamente, nace en ella una vocación reformadora del propio Carmelo, con una fuerte tendencia a la contemplación y al anacoretismo. En 1562 abre el primer Carmelo reformado: San José de Avila. Sus escritos son una guía segura por los caminos de la oración y de la perfección. Murió en Alba de Tormes la noche del 14 al 15 de octubre de 1582, año en que se introdujo la reforma gregoriana en el calendario.

ANTIFONA DE ENTRADA   Sal 41, 2-3

Como busca la cierva corrientes de agua, así mi alma te busca a ti, Dios mío; tiene sed de Dios, del Dios vivo.

ORACION COLECTA

Señor Dios nuestro, que por tu Espíritu has suscitado a santa Teresa de Jesús, para mostrar a tu Iglesia el camino de la perfección, concédenos vivir de su doctrina y enciende en nosotros el deseo de la verdadera santidad. Por nuestro Señor Jesucristo.

PRIMERA LECTURA

Lo llena de sabiduría e inteligencia

LECTURA DEL LIBRO DEL ECLESIASTICO 15, 1-6

El que teme al Señor obrará así, observando la ley, alcanzará la sabiduría. Ella le saldrá al encuentro como una madre y lo recibirá como la esposa de la juventud; lo alimentará con pan de sensatez y le dará a beber agua de prudencia; apoyado en ella no vacilará y confiado en ella no fracasará; lo ensalzará sobre sus compañeros, para que abra la boca en la asamblea; lo llena de sabiduría e inteligencia, lo cubre con vestidos de gloria; alcanzará gozo y alegría, le dará un nombre perdurable.

Palabra de Dios.

SALMO RESPONSORIAL 88

℟ **Contaré tu fama a mis hermanos, | en medio de la asamblea te alabaré.**

Cantaré eternamente las misericordias del Señor, | anunciaré tu fidelidad por todas las edades. | Porque dije: «Tu misericordia es un edificio eterno, | más que el cielo has afianzado tu fidelidad. ℟

El cielo proclama tus maravillas, Señor, | y tu fidelidad, en la asamblea de los ángeles. | ¿Quién sobre las nubes se compara a Dios? | ¿Quién como el Señor entre los seres divinos? ℟

Dios es temible en el consejo de los ángeles, | es grande y terrible para toda su corte. | Señor de los ejércitos, ¿quién como tú? | El poder y la fidelidad te rodean. ℟

Dichoso el pueblo que sabe aclamarte: | caminará, oh Señor, a la luz de tu rostro; | tu nombre es su gozo cada día, | tu justicia es su orgullo. ℟

Porque tú eres su honor y su fuerza, | y con tu favor realzas nuestro poder. | Porque el Señor es nuestro escudo, | y el Santo de Israel nuestro rey. ℟.

ALELUYA   Si 39, 14

Los pueblos contarán su sabiduría, y la asamblea anunciará su alabanza.

EVANGELIO
Soy manso y humilde de corazón

✠ LECTURA DEL S. EVANGELIO SEGUN
SAN MATEO
                                                              11, 25-30

En aquel tiempo, exclamó Jesús: «Te doy gracias, Padre, Señor de cielo y tierra, porque has escondido estas cosas a los sabios y entendidos y se las has revelado a la gente sencilla. Sí, Padre, así se ha parecido mejor. Todo me lo ha entregado mi Padre, y nadie conoce al Hijo más que el Padre, y nadie conoce al Padre sino el Hijo, y aquel a quien el Hijo se lo quiera revelar. Venid a mí todos los que estáis cansados y agobiados, y yo os aliviaré. Cargad con mi yugo y aprended de mí, que soy manso y humilde de corazón, y encontraréis vuestro descanso. Porque mi yugo es llevadero y mi carga ligera.»

Palabra del Señor.

ORACION SOBRE LAS OFRENDAS

Señor, sean aceptables a tu majestad los dones que te presentamos, como te fue grato el don de sí misma, que te ofreció santa Teresa de Jesús. Por Jesucristo nuestro Señor.

Prefacio de las santas Vírgenes y Religiosos, p. 1105.

ANTIFONA DE COMUNION   Sal 88, 2

Cantaré eternamente las misericordias del Señor, anunciaré tu fidelidad por todas las edades.

ORACION DESPUES DE LA COMUNION

Señor, Dios nuestro, concede a tu pueblo, alimentado con el pan celestial, cantar eternamente tus misericordias como santa Teresa de Jesús. Por Jesucristo nuestro Señor.

16 de octubre

Santa Eduvigis, religiosa

Nació en Baviera alrededor del año 1174. A los trece años, fue dada por esposa a Enrique I, duque de Silesia y Polonia; de este matrimonio nacieron siete hijos. Fue modelo de madre y princesa cristiana, ejerciendo sobre todo la caridad con los pobres y enfermos para los que fundó hospitales. Muerto su marido, entró en el monasterio de Trebnitz, en donde murió en 1243.

Del Común de santos: religiosos (p. 2406).

ORACION COLECTA

Señor, por intercesión de santa Eduvigis, cuya vida fue para todos un admirable ejemplo de humildad, concédenos siempre los auxilios de tu gracia. Por nuestro Señor Jesucristo.

PRIMERA LECTURA	Si 26, 1-4.13-16 (p. 2163)
SALMO RESPONSORIAL	127, 1-5 (p. 1843)
EVANGELIO	Mc 3, 31-35 (p. 1329)

Santa Margarita María de Alacoque, virgen

Nació en el año 1647 en Autun, y a los veinticuatro años recibió el hábito de la Visitación, en el monasterio de Paray-le-Monial. Bajo la dirección del P. de La Colombière, avanzó admirablemente por los caminos de la perfección, que culminaron en las revelaciones místicas centradas en el Sgdo. Corazón de Jesús, de cuya devoción fue Margarita María el gran apóstol. Murió en su monasterio de Paray-le-Monial el 17 de octubre de 1690.

Del Común de vírgenes (p. 2393) o de santos: religiosos (p. 2406).

ORACION COLECTA

Infunde, Señor, en nuestros corazones el mismo espíritu con que enriqueciste a santa Margarita María de Alacoque, para que lleguemos a un conocimiento profundo del misterio incomparable del amor de Cristo y alcancemos nuestra plenitud según la plenitud total de Dios. Por nuestro Señor Jesucristo.

PRIMERA LECTURA

Comprendiendo lo que trasciende toda filosofía: el amor cristiano

LECTURA DE LA CARTA DEL APOSTOL
SAN PABLO A LOS EFESIOS
                                                               3, 14-19

Hermanos: Doblo las rodillas ante el Padre, de quien toma nombre toda familia en el cielo y en la tierra, pidiéndole que, de los tesoros de su gloria, os conceda por medio de su Espíritu robusteceros en lo profundo de vuestro ser, que Cristo habite por la fe en vuestros corazones, que el amor sea vuestra raíz y vuestro cimiento; y así, con todos los santos, lograréis abarcar lo ancho, lo largo, lo alto y lo profundo, comprendiendo lo que trasciende toda filosofía: el amor cristiano. Así llegaréis a vuestra plenitud, según la plenitud total de Dios.

Palabra de Dios.

SALMO RESPONSORIAL 22

℟ **El Señor es mi pastor | nada me falta.**

El Señor es mi pastor, | nada me falta: | en verdes praderas me hace recostar; | me conduce hacia fuentes tranquilas | y repara mis fuerzas; | me guía por el sendero justo, | por el honor de su nombre. ℟

Aunque camine por cañadas oscuras, | nada temo, porque tú vas conmigo: | tu vara y tu cayado me sosiegan. ℟

Preparas una mesa ante mí, | enfrente de mis enemigos; | me unges la cabeza con perfume, | y mi copa rebosa. ℟

Tu bondad y tu misericordia me acompañan | todos los días de mi vida, | y habitaré en la casa del Señor | por años sin término. ℟

EVANGELIO   Mt 11, 25-30 (p. 2242)

17 de octubre

San Ignacio de Antioquía, obispo y mártir

Memoria

Ignacio, Teóforo (como él mismo se apodaba), fue el sucesor de Pedro en la sede de Antioquía. En la persecución de Trajano, fue llevado a Roma para allí sufrir martirio en el año 107.

Durante el camino escribió siete cartas a diversas Iglesias, y una a Policarpo, obispo de Esmirna. En ellas se nos transmite su ferviente amor a Cristo y a la Iglesia, junto con un apasionado deseo de martirio para poder realizar en su vida la perfecta imitación de Cristo.

ANTIFONA DE ENTRADA   Gal 2, 19-20

Estoy crucificado con Cristo: vivo yo, pero no soy yo, es Cristo quien vive en mí; vivo de la fe en el Hijo de Dios, que me amó hasta entregarse por mí.

ORACION COLECTA

Dios todopoderoso y eterno, tú has querido que el testimonio de tus mártires glorificara a toda la Iglesia, Cuerpo de Cristo; concédenos que, así como el martirio que ahora conmemoramos fue para san Ignacio de Antioquía causa de gloria eterna, nos merezca también a nosotros tu protección constante. Por nuestro Señor Jesucristo.

Nosotros somos ciudadanos del cielo

LECTURA DE LA CARTA DEL APOSTOL SAN PABLO A LOS FILIPENSES

3, 17—4, 1

Seguid mi ejemplo, hermanos, y fijaos en los que andan según el modelo que tenéis en nosotros. Porque, como os decía muchas veces, y ahora lo repito con lágrimas en los ojos, hay muchos que andan como enemigos de la cruz de Cristo: su paradero es la perdición; su Dios, el vientre; su gloria, sus vergüenzas. Sólo aspiran a cosas terrenas. Nosotros, por el contrario, somos ciudadanos del cielo, de donde aguardamos un Salvador: el Señor Jesucristo. El transformará nuestro cuerpo humilde, según el modelo de su cuerpo glorioso, con esa energía que posee para sometérselo todo. Así, pues, hermanos míos queridos y añorados, mi alegría y mi corona, manteneos así, en el Señor, queridos.

Palabra de Dios.

SALMO RESPONSORIAL 33

℟ **El Señor me libró de todas mis ansias.**

Bendigo al Señor en todo momento, | su alabanza está siempre en mi boca; | mi alma se gloría en el Señor: | que los humildes lo escuchen y se alegren. ℟.

Proclamad conmigo la grandeza del Señor, | ensalcemos juntos su nombre. | Yo consulté al Señor, y me respondió, | me libró de todas mis ansias. ℟.

Contempladlo, y quedaréis radiantes, | vuestro rostro no se avergonzará. | Si el afligido invoca al Señor, él lo escucha | y lo salva de sus angustias. ℟.

El ángel del Señor acampa | en torno a sus fieles y los protege. | Gustad y ved qué bueno es el Señor, | dichoso el que se acoge a él. ℟.

ALELUYA   Sant 1, 12

Dichoso el hombre que soporta la prueba, porque, una
vez aquilatado, recibirá la corona de la vida.

EVANGELIO

Si el grano de trigo muere, da mucho fruto

✠ LECTURA DEL S. EVANGELIO SEGUN
SAN JUAN   12, 24-26

En aquel tiempo, dijo Jesús a sus discípulos: «Os aseguro
que si el grano de trigo no cae en tierra y muere, queda infecundo; pero si muere, da mucho fruto. El que se ama a sí mismo se
pierde, y el que se aborrece a sí mismo en este mundo se guardará para la vida eterna. El que quiera servirme, que me siga, y
donde esté yo, allí también estará mi servidor; a quien me sirva,
el Padre lo premiará.»

Palabra del Señor.

ORACION SOBRE LAS OFRENDAS

Señor, tú que aceptaste a san Ignacio de Antioquía, trigo de
Cristo, como pan inmolado en el martirio, acepta, igualmente
complacido, la oblación que ahora te presentamos. Por Jesucristo
nuestro Señor.

ANTIFONA DE COMUNION

Trigo de Cristo soy: seré molido por los dientes de las
fieras, a fin de llegar a ser blanco pan.

ORACION DESPUES DE LA COMUNION

Señor, este pan del cielo que hemos recibido en la fiesta de
san Ignacio de Antioquía nos otorgue nuevas fuerzas y nos ayude a vivir como cristianos de palabra y de obra. Por Jesucristo
nuestro Señor.

18 de octubre

San Lucas, evangelista

Fiesta

Lucas, el evangelista de la misericordia, el «médico querido», acompañó a Pablo en sus viajes apostólicos y en sus cadenas.

Es el autor del tercer Evangelio y del libro de los Hechos de los Apóstoles, en donde narra los principios de la Iglesia guiada por el Espíritu Santo, hasta la primera estancia de Pablo en Roma.

ANTIFONA DE ENTRADA   Is 52, 7

¡Qué hermosos son sobre los montes los pies del mensajero que anuncia la paz, que trae la buena nueva, que pregona la victoria!

ORACION COLECTA

Señor y Dios nuestro, que elegiste a san Lucas para que nos revelara con su predicación y sus escritos tu amor a los pobres, concede, a cuantos se glorían en Cristo, vivir con un mismo corazón y un mismo espíritu y atraer a todos los hombres a la salvación. Por nuestro Señor Jesucristo.

PRIMERA LECTURA

Sólo Lucas está conmigo

LECTURA DE LA SEGUNDA CARTA DEL APOSTOL SAN PABLO A TIMOTEO
4, 9-17a

Querido hermano: Dimas me ha dejado, enamorado de este mundo presente, y se ha marchado a Tesalónica; Crescente se ha ido a Galacia; Tito, a Dalmacia; sólo Lucas está conmigo. Coge a Marcos y tráetelo contigo, pues me ayuda bien en la tarea. A Tíquico lo he mandado a Efeso. El abrigo que me dejé en Troas, en casa de Carpo, tráetelo al venir, y los libros también, sobre todo los de pergamino. Alejandro, el metalúrgico, se ha portado muy mal conmigo; el Señor le pagará lo que ha hecho. Ten cuidado con él también tú, porque se opuso violentamente a mis palabras. La primera vez que me defendí, todos me abandonaron, y nadie me asistió. Que Dios los perdone. Pero el Señor me ayudó y me dio fuerzas para anunciar íntegro el mensaje, de modo que lo oyeran todos los gentiles.

Palabra de Dios.

SALMO RESPONSORIAL 144

℟ **Que tus fieles, Señor, proclamen la gloria de tu reinado.**

Que todas tus criaturas te den gracias, Señor, | que te bendigan tus fieles; | que proclamen la gloria de tu reinado, | que hablen de tus hazañas. ℟.

Explicando tus hazañas a los hombres, | la gloria y majestad de tu reinado. | Tu reinado es un reinado perpetuo, | tu gobierno va de edad en edad. ℟.

El Señor es justo en todos sus caminos, | es bondadoso en todas sus acciones; | cerca está el Señor de los que lo invocan, | de los que lo invocan sinceramente. ℟.

ALELUYA Cf. Jn 15, 16

Yo os he elegido del mundo, para que vayáis y deis fruto, y vuestro fruto perdure —dice el Señor.

EVANGELIO

La mies es abundante y los obreros pocos

✠ LECTURA DEL S. EVANGELIO SEGUN SAN LUCAS 10, 1-9

En aquel tiempo, designó el Señor otros setenta y dos y los mandó por delante, de dos en dos, a todos los pueblos y lugares a donde pensaba ir él. Y les decía: «La mies es abundante y los obreros pocos; rogad, pues, al dueño de la mies que mande obreros a su mies. ¡Poneos en camino! Mirad que os mando como corderos en medio de lobos. No llevéis talega, ni alforja, ni sandalias; y no os detengáis a saludar a nadie por el camino. Cuando entréis en una casa, decid primero: "Paz a esta casa." Y si allí hay gente de paz, descansará sobre ellos vuestra paz; si no, volverá a vosotros. Quedaos en la misma casa, comed y bebed de lo que tengan, porque el obrero merece su salario. No andéis cambiando de casa. Si entráis en un pueblo y os reciben bien, comed lo que os pongan, curad a los enfermos que haya, y decid: "Está cerca de vosotros el reino de Dios."»

Palabra del Señor.

ORACION SOBRE LAS OFRENDAS

Por estos dones del cielo, concédenos, Señor, servirte con libertad de espíritu, para que la ofrenda que te presentamos en la fiesta de san Lucas remedie nuestros males y nos alcance la gloria eterna. Por Jesucristo nuestro Señor.

Prefacio II de los Apóstoles, p. 1100.

ANTIFONA DE COMUNION   Cf. Lc 10, 1-9

Envió el Señor a los discípulos a anunciar por los pueblos: Está cerca de vosotros el reino de Dios.

ORACION DESPUES DE LA COMUNION

Concédenos, Dios todopoderoso, que esta eucaristía de la que hemos participado en tu altar nos santifique y nos haga fuertes en la fe del Evangelio que san Lucas predicó. Por Jesucristo nuestro Señor.

19 de octubre

San Pedro de Alcántara, presbítero

Pedro Garabito y Vilella nació en Alcántara el año 1499. Acabados sus estudios en Salamanca, ingresó en la Orden de

Frailes Menores. Fue el reformador de su Orden en España, al mismo tiempo que santa Teresa de Jesús lo era del Carmelo, a la que ayudó mucho en su tarea de reforma. Murió el 18 de octubre de 1562.

Del Común de pastores (p. 2367) o de santos (p. 2401).

ORACION COLECTA

Señor y Dios nuestro, que hiciste resplandecer a san Pedro de Alcántara por su admirable penitencia y su altísima contemplación, concédenos, por sus méritos, que caminando en austeridad de vida alcancemos más fácilmente los bienes del cielo. Por nuestro Señor Jesucristo.

San Juan de Brébeuf y San Isaac Jogues, presbíteros, y compañeros, mártires

Esta memoria abraza a los ocho jesuitas franceses que, entre los años 1642 y 1649, murieron mártires, víctimas de los indios iroqueses y hurones, entre los cuales ejercían su labor misionera en los territorios que actualmente forman parte del Canadá y de los Estados Unidos.

Del Común de mártires (p. 2350) o de pastores: misioneros (p. 2373).

ORACION COLECTA

Oh Dios, tú quisiste que los comienzos de tu Iglesia en América del Norte fueran santificados con la predicación y la sangre de san Juan y san Isaac y sus compañeros mártires, haz que, por su intercesión, crezca de día en día, y en todas las partes del mundo, una abundante cosecha de nuevos cristianos. Por nuestro Señor Jesucristo.

PRIMERA LECTURA 2 Cor 4, 7-15 (p. 2109)

SALMO RESPONSORIAL   125, 1-6 (p. 1975)

EVANGELIO   Mt 28, 16-20 (p. 1976)

San Pablo de la Cruz, presbítero

Nació Pablo Danei en el año 1694 en la Liguria. Después de ayudar a su padre en el comercio y servir por algún tiempo en la milicia, recibió el hábito de penitencia, y con su hermano Juan se retiró al monte Argentario para llevar allí vida eremítica. Obtuvo de Benedicto XIII la autorización para fundar la Congregación de Clérigos Descalzos de la Santa Cruz y de la Pasión, bajo la regla mitigada que él había escrito. Pablo de la Cruz murió en Roma el 18 de octubre de 1775.

ANTIFONA DE ENTRADA   1 Cor 2, 2

Nunca entre vosotros me precié de saber cosa alguna, sino a Jesucristo, y éste crucificado.

ORACION COLECTA

Concédenos, Señor, que san Pablo de la Cruz, cuyo único amor fue Cristo crucificado, nos alcance tu gracia para que, estimulados por su ejemplo, nos abracemos con fortaleza a la cruz de cada día. Por nuestro Señor Jesucristo.

PRIMERA LECTURA

Quiso Dios valerse de la necedad de la predicación, para salvar a los creyentes

LECTURA DE LA PRIMERA CARTA DEL APOSTOL SAN PABLO A LOS CORINTIOS   1, 18-25

Hermanos: El mensaje de la cruz es necedad para los que están en vías de perdición; pero para los que están en vías de salvación —para nosotros— es fuerza de Dios. Dice la Escritura: «Destruiré la sabiduría de los sabios, frustraré la sagacidad de los sagaces.» ¿Dónde está el sabio? ¿Dónde está el escriba? ¿Dónde está el sofista de nuestros tiempos? ¿No ha convertido Dios en necedad la sabiduría del mundo? Y como, en la sabiduría de Dios, el mundo no lo conoció por el camino de la sabiduría, quiso Dios valerse de la necedad de la predicación, para salvar a los creyentes. Porque los judíos exigen signos, los griegos buscan sabiduría; pero nosotros predicamos a Cristo crucificado: escándalo para los judíos, necedad para los gentiles; pero para los llamados —judíos o griegos—, un Mesías que es fuerza de Dios y sabiduría de Dios. Pues lo necio de Dios es más sabio que los hombres; y lo débil de Dios es más fuerte que los hombres.

Palabra de Dios.

SALMO RESPONSORIAL 116

℟ **Id al mundo entero y proclamad el Evangelio (o Aleluya).**

Alabad al Señor, todas las naciones, | aclamadlo, todos los pueblos. ℟.

Firme es su misericordia con nosotros, | su fidelidad dura por siempre. ℟.

EVANGELIO   Mt 16, 24-27 (p. 910)

ORACION SOBRE LAS OFRENDAS

Dios todopoderoso, mira complacido la ofrenda que te presentamos en la fiesta de san Pablo de la Cruz, y concede a cuantos celebramos este memorial de la pasión de tu Hijo hacerlo realidad en nuestra vida. Por Jesucristo nuestro Señor.

ANTIFONA DE COMUNION   1 Cor 1, 23-24

Nosotros predicamos a Cristo crucificado, fuerza de Dios y sabiduría de Dios.

ORACION DESPUES DE LA COMUNION

Oh Dios, que ilustraste de modo admirable el misterio de la cruz en la vida de tu presbítero san Pablo; concédenos que, fortalecidos por este sacrificio, permanezcamos siempre fieles a Cristo y nos entreguemos a trabajar en la Iglesia por la salvación de todos los hombres. Por Jesucristo nuestro Señor.

23 de octubre

San Juan de Capistrano, presbítero

Juan nació en Capistrano, en los Abruzos. Ejerciendo el cargo de juez en Perusa, donde había estudiado ambos derechos, tomó el hábito de los Frailes Menores en esta misma ciudad. Ordenado sacerdote, empezó su vida de predicación que duró hasta su muerte. Corrió por todos los caminos de Europa, predicando la reforma de las costumbres cristianas y combatiendo la herejía. Fue consejero de papas, visitador de Tierra Santa y predicador de la Cruzada contra los Turcos. Murió el año 1456 en Ilok (Yugoslavia).

Del Común de pastores misioneros (p. 2373).

ORACION COLECTA

Oh Dios, que suscitaste a san Juan de Capistrano para confortar a tu pueblo en las adversidades, te rogamos humildemente que reafirmes nuestra confianza en tu protección y conserves en paz a tu Iglesia. Por nuestro Señor Jesucristo.

PRIMERA LECTURA	2 Cor 5, 14-20 (p. 1945)
SALMO RESPONSORIAL	15, 1-2a.5.7-8.11 (p. 2214)
EVANGELIO	Lc 9, 57-62 (p. 1774)

24 de octubre

San Antonio María Claret, obispo

Antonio Claret y Clarà nació en Sallent (Diócesis de Vic) el año 1807. Ordenado sacerdote, y después de haber regentado algunas parroquias, se dedicó plenamente a su vocación: la de misionero. Recorrió predicando toda Cataluña e Islas Canarias. Junto al de la predicación inició otro apostolado: el de las publicaciones, creando para ello la «Librería Religiosa». Fundó la Congregación de Misioneros Hijos del Inmaculado Corazón de María. Elegido obispo de Cuba, trabajó por la promoción humana y religiosa de los habitantes de la Isla. La reina Isabel II lo llamó a Madrid para que fuera su confesor. Murió en la abadía de Fontfroide (Francia) en 1870.

Del Común de pastores: misioneros (p. 2373) u obispos (p. 2367).

ORACION COLECTA

Oh Dios, que concediste a tu obispo san Antonio María Claret una caridad y un valor admirables para anunciar el Evangelio a los pueblos, concédenos, por su intercesión, que, buscando siempre tu voluntad en todas las cosas, trabajemos generosamente para ganar nuevos hermanos para Cristo. Que vive y reina contigo.

PRIMERA LECTURA	Is 52, 7-10 (p. 121)
SALMO RESPONSORIAL	95, 1-3.7-8a.10 (p. 2290)
EVANGELIO	Mc 1, 14-20 (p. 1287)

28 de octubre

San Simón y San Judas, apóstoles

Fiesta

En el Perú se celebra el día 29 de octubre.

Simón y Judas aparecen siempre juntos en las listas de los Doce. Simón es apellidado Celotes o Cananeo, porque seguramente había pertenecido al partido extremista de los Celotes, que propugnaban la resistencia activa a la dominación romana. Judas, llamado Tadeo, es el que en la última cena preguntó al Señor por qué solamente se había manifestado a sus discípulos y no al mundo. Es el autor de la última de las epístolas católicas.

ANTIFONA DE ENTRADA

Estos son los santos varones, a quienes eligió el Señor amorosamente y les dio una gloria eterna.

ORACION COLECTA

Señor Dios nuestro, que nos llevaste al conocimiento de tu nombre por la predicación de los apóstoles, te rogamos que, por intercesión de san Simón y san Judas, tu Iglesia siga siempre creciendo con la conversión incesante de los pueblos. Por nuestro Señor Jesucristo.

PRIMERA LECTURA

Estáis edificados sobre el cimiento de los apóstoles

LECTURA DE LA CARTA DEL APOSTOL SAN PABLO A LOS EFESIOS
2, 19-22

Hermanos: Ya no sois extranjeros ni forasteros, sino que sois ciudadanos de los santos y miembros de la familia de Dios. Estáis edificados sobre el cimiento de los apóstoles y profetas, y el mismo Cristo Jesús es la piedra angular. Por él todo el edificio queda ensamblado, y se va levantando hasta formar un templo consagrado al Señor. Por él también vosotros os vais integrando en la construcción, para ser morada de Dios, por el Espíritu.

Palabra de Dios.

SALMO RESPONSORIAL 18

℟ **A toda la tierra alcanza su pregón.**

El cielo proclama la gloria de Dios, | el firmamento pregona la obra de sus manos: | el día al día le pasa el mensaje, | la noche a la noche se lo susurra. ℟.

Sin que hablen, sin que pronuncien, | sin que resuene su voz, | a toda la tierra alcanza su pregón | y hasta los límites del orbe su lenguaje. ℟.

A ti, oh Dios, te alabamos, a ti, Señor, te reconocemos. A ti te ensalza el glorioso coro de los apóstoles.

EVANGELIO

Escogió a doce de ellos y los nombró apóstoles

✠ LECTURA DEL S. EVANGELIO SEGUN SAN LUCAS   6, 12-19

En aquel tiempo, subió Jesús a la montaña a orar, y pasó la noche orando a Dios. Cuando se hizo de día, llamó a sus discípulos, escogió a doce de ellos y los nombró apóstoles: Simón, al que le puso de nombre Pedro, y Andrés, su hermano, Santiago, Juan, Felipe, Bartolomé, Mateo, Tomás, Santiago Alfeo, Simón, apodado el Celotes, Judas el de Santiago y Judas Iscariote, que fue el traidor. Bajó del monte con ellos y se paró en un llano, con un grupo grande de discípulos y de pueblo, procedente de toda Judea, de Jerusalén y de la costa de Tiro y de Sidón. Venían a oírlo y a que los curara de sus enfermedades; los atormentados por espíritus inmundos quedaban curados, y la gente trataba de tocarlo, porque salía de él una fuerza que los curaba a todos.

Palabra del Señor.

En las misas votivas de todos los santos apóstoles se toman las lecturas precedentes.

ORACION SOBRE LAS OFRENDAS

Al venerar la gloria inmarcesible de tus apóstoles san Simón y san Judas, te pedimos, Señor, que recibas nuestras súplicas y nos dispongas tú mismo para celebrar dignamente estos santos misterios. Por Jesucristo nuestro Señor.

Prefacio de los Apóstoles, pp. 1099-1100.

ANTIFONA DE COMUNION   Jn 14, 23

El que me ama guardará mi palabra —dice el Señor—; y mi Padre lo amará y vendremos a él y haremos morada en él.

ORACION DESPUES DE LA COMUNION

Señor, después de participar de la eucaristía y movidos por el Espíritu Santo, te rogamos que este memorial de la pasión de tu Hijo, celebrado en honor de San Simón y San Judas, nos ayude a perseverar en tu amor. Por Jesucristo nuestro Señor.

NOVIEMBRE

1 de noviembre

TODOS LOS SANTOS

Solemnidad

El origen de esta fiesta hay que buscarlo en la dedicación del Panteón romano a Santa María y a todos los mártires. A partir de ahí, diversas Iglesias en distintas fechas, empezaron a celebrar la fiesta de todos los Santos. Alcuino la propagó en esta fecha, y en el siglo IX, se extendió por todo el país franco.

Mucho antes que en Occidente, ya en el siglo IV Oriente honraba a todos los Santos; la Iglesia bizantina, en particular, el primer domingo después de Pentecostés, clausurando con esta fiesta el ciclo pascual.

ANTIFONA DE ENTRADA

Alegrémonos todos en el Señor al celebrar este día de fiesta en honor de todos los Santos. Los ángeles se alegran de esta solemnidad y alaban a una al Hijo de Dios.

ORACION COLECTA

Dios todopoderoso y eterno, que nos has otorgado celebrar en una misma fiesta los méritos de todos los Santos, concédenos, por esta multitud de intercesores, la deseada abundancia de tu misericordia y tu perdón. Por nuestro Señor Jesucristo.

PRIMERA LECTURA

Apareció en la visión una muchedumbre inmensa, que nadie podría contar, de toda nación, raza, pueblo y lengua

LECTURA DEL LIBRO DEL APOCALIPSIS 7, 2-4.9-14

Yo, Juan, vi a otro ángel que subía del oriente llevando el sello del Dios vivo. Gritó con voz potente a los cuatro ángeles encargados de dañar a la tierra y al mar, diciéndoles: «No dañéis a la tierra ni al mar ni a los árboles hasta que marquemos en la frente a los siervos de nuestro Dios.» Oí también el número de los marcados, ciento cuarenta y cuatro mil, de todas las tribus de Israel. Después de esto apareció en la visión una muchedumbre inmensa, que nadie podría contar, de toda nación, raza, pueblo y lengua, de pie delante del trono y del Cordero, vestidos con vestiduras blancas y con palmas en sus manos. Y gritaban con voz potente: «¡La victoria es de nuestro Dios, que está sentado en el trono, y del Cordero!» Y todos los ángeles que estaban alrededor del trono y de los ancianos y de los cuatro vivientes cayeron rostro a tierra ante el trono, y rindieron homenaje a Dios, diciendo: «Amén. La alabanza y la gloria y la sabiduría y la acción de gracias y el honor y el poder y la fuerza son de nuestro Dios, por los siglos de los siglos. Amén.» Y uno de los ancianos me dijo: «Esos que están vestidos con vestiduras blancas, ¿quiénes son y de dónde han venido?» Yo le respondí: «Señor mío, tú lo sabrás.» El me respondió. «Estos son los que vienen de la gran tribulación: han lavado y blanqueado sus vestiduras en la sangre del Cordero.»

Palabra de Dios.

SALMO RESPONSORIAL 23

R Este es el grupo que viene a tu presencia, Señor.

Del Señor es la tierra y cuanto la llena, | el orbe y todos sus habitantes: | él la fundó sobre los mares, | él la afianzó sobre los ríos. R .

¿Quién puede subir al monte del Señor? | ¿Quién puede estar en el recinto sacro? | El hombre de manos inocentes | y puro corazón, | que no confía en los ídolos. R .

Ese recibirá la bendición del Señor, | le hará justicia el Dios de salvación. | Este es el grupo que busca al Señor, | que viene a tu presencia, Dios de Jacob. R .

SEGUNDA LECTURA

Veremos a Dios tal cual es

LECTURA DE LA PRIMERA CARTA DEL APOSTOL SAN JUAN
3, 1-3

Queridos hermanos: Mirad qué amor nos ha tenido el Padre para llamarnos hijos de Dios, pues ¡lo somos! El mundo no nos conoce porque no le conoció a él. Queridos, ahora somos hijos de Dios y aún no se ha manifestado lo que seremos. Sabemos que, cuando se manifieste, seremos semejantes a él, porque lo veremos tal cual es. Todo el que tiene esperanza en él se purifica a sí mismo, como él es puro.

Palabra de Dios.

ALELUYA
Mt 11, 28

Venid a mí todos los que estáis cansados y agobiados, y yo os aliviaré —dice el Señor.

EVANGELIO

Estad alegres y contentos, porque vuestra recompensa será grande en el cielo

✠ LECTURA DEL S. EVANGELIO SEGUN SAN MATEO
5, 1-12a

En aquel tiempo, al ver Jesús el gentío, subió a la montaña, se sentó, y se acercaron sus discípulos; y él se puso a hablar, enseñándoles: «Dichosos los pobres en el espíritu, porque de ellos es el reino de los cielos. Dichosos los que lloran, porque ellos serán consolados. Dichosos los sufridos, porque ellos heredarán la tierra. Dichosos los que tienen hambre y sed de la justicia, porque ellos quedarán saciados. Dichosos los misericordiosos, porque ellos alcanzarán misericordia. Dichosos los limpios de corazón, porque ellos verán a Dios. Dichosos los que trabajan por la paz, porque ellos se llamarán los Hijos de Dios. Dichosos los perseguidos por causa de la justicia, porque de ellos es el reino de los cielos. Dichosos vosotros cuando os insulten y os persigan y os calumnien de cualquier modo por mi causa. Estad alegres y contentos, porque vuestra recompensa será grande en el cielo.»

Palabra del Señor.

Se dice «Credo».

ORACION SOBRE LAS OFRENDAS

Dígnate aceptar, Señor, las ofrendas que te presentamos en honor de todos los Santos, y haz que sintamos interceder por nuestra salvación a todos aquellos que ya gozan de la gloria de la inmortalidad. Por Jesucristo nuestro Señor.

PREFACIO

La gloria de nuestra madre Jerusalén

En verdad es justo y necesario, es nuestro deber y salvación darte gracias siempre y en todo lugar, Señor, Padre santo, Dios todopoderoso y eterno, por Cristo, Señor nuestro.

Porque hoy nos concedes celebrar la gloria de tu ciudad santa, la Jerusalén celeste, que es nuestra madre, donde eternamente te alaba la asamblea festiva de todos los Santos, nuestros hermanos.

Hacia ella, aunque peregrinos en país extraño, nos encaminamos alegres, guiados por la fe y gozosos por la gloria de los mejores hijos de la Iglesia; en ellos encontramos ejemplos y ayuda para nuestra debilidad.

Por eso, unidos a estos Santos y a los coros de los ángeles, te glorificamos y cantamos diciendo:

Santo, Santo, Santo...

ANTIFONA DE COMUNION   Mt 5, 8-10

Dichosos los limpios de corazón, porque ellos verán a Dios. Dichosos los que trabajan por la paz, porque ellos se llamarán los hijos de Dios. Dichosos los perseguidos por causa de la justicia, porque de ellos es el reino de los cielos.

ORACION DESPUES DE LA COMUNION

Señor, te proclamamos admirable y el solo Santo entre todos los Santos; por eso imploramos de tu misericordia que, realizando nuestra santidad por la participación en la plenitud de tu amor, pasemos de esta mesa de la Iglesia peregrina al banquete del reino de los cielos. Por Jesucristo nuestro Señor.

Para la misa votiva de todos los Santos, véase p. 2489.

2 de noviembre

Conmemoración de todos los Fieles Difuntos

El abad san Odilón, de Cluny, en el año 998, prescribió a todos los monasterios sometidos a su jurisdicción, que el día siguiente al de la festividad de Todos los Santos se hiciera memoria de todos los difuntos. En el siglo XIV, Roma admitió esta celebración.

Las siguientes misas pueden elegirse a gusto del celebrante.
Cuando el 2 de noviembre cae en domingo se celebra la misa de la Commemoración de todos los fieles difuntos.

1

ANTIFONA DE ENTRADA   1 Tes 4, 14; 1 Cor 15, 22

Del mismo modo que Jesús ha muerto y resucitado, a los que han muerto en Jesús Dios los llevará con él. Si por Adán murieron todos, por Cristo todos volverán a la vida.

ORACION COLECTA

Escucha, Señor, nuestras súplicas para que, al confesar la resurrección de Jesucristo, tu Hijo, se afiance también nuestra esperanza de que todos tus hijos resucitarán. Por nuestro Señor Jesucristo.

Lecturas: pp. 2595ss. y 2624ss.

ORACION SOBRE LAS OFRENDAS

Mira, Señor, con bondad las ofrendas que te presentamos por tus fieles difuntos y recíbelos en la gloria con tu Hijo Jesucristo, al que nos unimos por la celebración del memorial de su amor. Por Jesucristo nuestro Señor.

Prefacio de difuntos, pp. 1115-17.

ANTIFONA DE COMUNION   Jn 11, 25-26

Yo soy la resurrección y la vida —dice el Señor—: el que cree en mí, aunque haya muerto, vivirá; y el que está vivo y cree en mí, no morirá para siempre.

ORACION DESPUES DE LA COMUNION

Te pedimos, Dios todopoderoso, que nuestros hermanos difuntos, por cuya salvación hemos celebrado el misterio pascual, puedan llegar a la mansión de la luz y de la paz. Por Jesucristo nuestro Señor.

2

ANTIFONA DE ENTRADA   Cf. 4 Esd 2, 34. 35

Señor, dales el descanso eterno y brille sobre ellos la luz eterna.

ORACION COLECTA

Oh Dios, gloria de los fieles y vida de los justos, nosotros, los redimidos por la muerte y resurrección de tu Hijo, te pedimos que acojas con bondad a tus siervos difuntos, y pues creyeron en la resurrección futura, merezcan alcanzar los gozos de la eterna bienaventuranza. Por nuestro Señor Jesucristo.

Lecturas: pp. 2595ss. y 2624ss.

ORACION SOBRE LAS OFRENDAS

Dios de justicia y misericordia, limpia en la Sangre de Cristo, por medio de este sacrificio, los pecados de tus siervos difuntos, y a los que ya habías lavado con el agua del bautismo, purifícalos ahora con el mismo amor indulgente. Por Jesucristo nuestro Señor.

Prefacio de difuntos, pp. 1115-17.

ANTIFONA DE COMUNION   Cf. 4 Esd 2, 34. 35

Brille, Señor, sobre ellos la luz eterna; vivan con tus santos por siempre, porque tú eres compasivo. Señor, dales el descanso eterno y brille sobre ellos la luz eterna; vivan con tus santos por siempre, porque tú eres compasivo.

ORACION DESPUES DE LA COMUNION

Alimentados con el Cuerpo y la Sangre de Cristo, que murió y resucitó por nosotros, te pedimos, Señor, por tus siervos difuntos para que, purificados por el misterio pascual, gocen ya de la resurrección eterna. Por Jesucristo nuestro Señor.

3

ANTIFONA DE ENTRADA   Cf. Rom 8, 11

Dios, que resucitó de entre los muertos a Jesús, vivificará también nuestros cuerpos mortales, por su Espíritu que habita en nosotros.

ORACION COLECTA

Oh Dios, que resucitaste a tu Hijo para que, venciendo la muerte, entrara en tu reino, concede a tus siervos difuntos que, superada su condición mortal, puedan contemplarte para siempre como su Creador y Salvador. Por nuestro Señor Jesucristo.

Lecturas: pp. 2595ss. y 2624ss.

ORACION SOBRE LAS OFRENDAS

Recibe, Señor, en tu bondad, las ofrendas que te presentamos por todos los fieles que descansan en Cristo, para que, rotos los lazos de la muerte por la eficacia de este sacrificio, merezcan alcanzar la vida eterna. Por Jesucristo nuestro Señor.

Prefacio de difuntos, pp. 1115-17.

ANTIFONA DE COMUNION   Flp 3, 20-21

Aguardamos un Salvador: el Señor Jesucristo. El transformará nuestra condición humilde, según el modelo de su condición gloriosa.

ORACION DESPUES DE LA COMUNION

Por este sacrificio que hemos celebrado derrama, Señor, con largueza tu misericordia sobre nuestros hermanos difuntos; tú que les concediste la gracia del bautismo, concédeles también la plenitud de los gozos eternos. Por Jesucristo nuestro Señor.

3 de noviembre

San Martín de Porres, religioso

En el Perú se celebra como solemnidad.
Memoria obligatoria en Colombia, Panamá y Venezuela.

Nació en Lima (Perú), en el año 1569, como hijo natural de un caballero español y de una mujer mulata. Ejercía de barberocirujano cuando entró en el convento de los frailes dominicos, primero como terciario laico y después como hermano lego. Fue enfermero de sus hermanos religiosos, dando profundos ejemplos de humildad; socorrió a los pobres, llevó una vida mortificada y se distinguió por su gran amor a la eucaristía. Murió en Perú el año 1639.

Del Común de santos: religiosos (p. 2406).

ORACION COLECTA

Señor, Dios nuestro, que has querido conducir a san Martín de Porres por el camino de la humildad a la gloria del cielo, concédenos la gracia de seguir sus ejemplos, para que merezcamos ser coronados con él en la gloria. Por nuestro Señor Jesucristo.

PRIMERA LECTURA   Flp 4, 4-9 (p. 2444)

SALMO RESPONSORIAL   130, 1-3 (p. 2207)

EVANGELIO   Mt 22, 34-40 (p. 2521)

4 de noviembre

San Carlos Borromeo, obispo

Memoria

Nació en la Lombardía en 1538. Fue llamado a Roma por su tío el papa Pío IV, quien le nombró cardenal, confiándole el gobierno de los negocios eclesiásticos. A los veintidós años ejerció las funciones de lo que hoy llamaríamos Secretario de Estado. Al mismo tiempo se le confió la diócesis de Milán. Movió eficazmente al papa a la continuación del Concilio de Trento. Muerto el pontífice, se trasladó a su diócesis que gobernó con gran celo pastoral, introduciendo la reforma de Trento mediante Sínodos y Visitas Pastorales. Murió el 3 de noviembre de 1584.

Del Común de pastores: obispos (p. 2367).

ORACION COLECTA

Conserva, Señor, en tu pueblo el espíritu que infundiste en san Carlos Borromeo, para que tu Iglesia se renueve sin cesar y, transformada en imagen de Cristo, pueda presentar ante el mundo el verdadero rostro de tu Hijo. Que vive y reina contigo.

PRIMERA LECTURA   Rom 12, 3-13 (p. 1858)

SALMO RESPONSORIAL   88, 2-5.21-22.25.27 (p. 2152)

EVANGELIO   Jn 10, 11-16 (p. 575)

ORACION SOBRE LAS OFRENDAS

Acoge, Señor, los dones que presentamos en tu altar en la fiesta de san Carlos Borromeo y concédenos, por la eficacia de este sacrificio, que así como a él le llenaste de gloria por su celo pastoral y sus virtudes nos hagas abundar a nosotros en frutos de buenas obras. Por Jesucristo nuestro Señor.

ORACION DESPUES DE LA COMUNION

Que esta eucaristía, Señor, nos otorgue aquella fortaleza de espíritu que hizo de san Carlos Borromeo un ministro fiel a tu servicio y un apóstol de la caridad. Por Jesucristo nuestro Señor.

9 de noviembre

La dedicación de la basílica de Letrán

Fiesta

La basílica lateranense fue obra del emperador Constantino, y fue dedicada hacia el año 324. A partir del siglo XI, la dedicación de la basílica se celebra el 9 de noviembre. Esta dedicación la celebra toda la Iglesia Romana, ya que la basílica de Letrán, por ser la catedral del papa, es la Iglesia cabeza y madre de todas las Iglesias de la Urbe y del Orbe, a las que preside en la caridad.

Del Común de la dedicación de una iglesia (p. 2320 o bien p. 2321).

Cuando esta fiesta no cae en domingo, antes del evangelio se escoge una sola de las lecturas siguientes:

PRIMERA LECTURA

Vi que manaba agua del lado derecho del templo, y habrá vida dondequiera que llegue la corriente

LECTURA DE LA PROFECIA DE EZEQUIEL   47, 1-2. 8-9. 12

En aquellos días, el ángel me hizo volver a la entrada del templo. Del zaguán del templo manaba agua hacia levante —el templo miraba a levante—. El agua iba bajando por el lado derecho del templo, al mediodía del altar. Me sacó por la puerta septentrional y me llevó a la puerta exterior que mira a levante. El agua iba corriendo por el lado derecho. Me dijo: «Estas aguas fluyen hacia la comarca levantina, bajarán hasta la estepa, desembocarán en el mar de las aguas salobres, y lo sanearán. Todos los seres vivos que bullan allí donde desemboque la corriente, tendrán vida; y habrá peces en abundancia. Al desembocar allí estas aguas, quedará saneado el mar y habrá vida dondequiera que llegue la corriente. A la vera del río, en sus dos riberas, crecerán toda clase de frutales; no se marchitarán sus hojas ni sus frutos se acabarán; darán cosecha nueva cada luna, porque los riegan aguas que manan del santuario; su fruto será comestible y sus hojas medicinales.»

Palabra de Dios.

SALMO RESPONSORIAL 45

℟ **El correr de las acequias alegra la ciudad de Dios, | el Altísimo consagra su morada.**

Dios es nuestro refugio y nuestra fuerza, | poderoso defensor en el peligro. | Por eso no tememos aunque tiemble la tierra, | y los montes se desplomen en el mar. ℟

El correr de las acequias alegra la ciudad de Dios, | el Altísimo consagra su morada. | Teniendo a Dios en medio, no vacila; | Dios la socorre al despuntar la aurora. ℟

El Señor de los ejércitos está con nosotros, | nuestro alcázar es el Dios de Jacob. | Venid a ver las obras del Señor, | las maravillas que hace en la tierra: | pone fin a la guerra hasta el extremo del orbe. ℟.

SEGUNDA LECTURA

Sois templo de Dios

LECTURA DE LA PRIMERA CARTA DEL APOSTOL SAN PABLO A LOS CORINTIOS

3, 9c-11.16-17

Hermanos: Sois edificio de Dios. Conforme al don que Dios me ha dado, yo, como hábil arquitecto, coloqué el cimiento, otro levanta el edificio. Mire cada uno cómo construye. Nadie puede poner otro cimiento fuera del ya puesto, que es Jesucristo. ¿No sabéis que sois templo de Dios y que el Espíritu de Dios habita en vosotros? Si alguno destruye el templo de Dios, Dios lo destruirá a él; porque el templo de Dios es santo: ese templo sois vosotros.

Palabra de Dios.

ALELUYA

2 Cro 7, 16

Elijo y consagro este templo —dice el Señor— para que esté en él mi nombre eternamente.

EVANGELIO

Hablaba del templo de su cuerpo

✠ LECTURA DEL S. EVANGELIO SEGUN SAN JUAN

2, 13-22

Se acercaba la Pascua de los judíos, y Jesús subió a Jerusalén. Y encontró en el templo a los vendedores de bueyes, ovejas y palomas, y a los cambistas sentados; y, haciendo un azote de cordeles, los echó a todos del templo, ovejas y bueyes; y a los cambistas les esparció las monedas y les volcó las mesas; y a los que vendían palomas les dijo: «Quitad esto de aquí; no convirtáis en un mercado la casa de mi Padre.» Sus discípulos se acordaron de lo que está escrito: «El celo de tu casa me devora.» Entonces intervinieron los judíos y le preguntaron: «¿Qué signos nos muestras para obrar así?» Jesús contestó: «Destruid este templo, y en tres días lo levantaré.» Los judíos replicaron: «Cuarenta y seis años ha costado construir este templo, ¿y tú lo vas a levantar en tres días?» Pero él hablaba del templo de su cuerpo. Y, cuando resucitó de entre los muertos, los discípulos se acordaron de que lo había dicho, y dieron fe a la Escritura y a la palabra que había dicho Jesús.

Palabra del Señor.

10 de noviembre

San León Magno, papa y doctor de la Iglesia

Memoria

León, de la región de la Toscana, arcediano de la Iglesia de Roma, fue elegido papa en el año 440, y gobernó la Iglesia durante veintiún años. Se preocupó por mantener la integridad de la fe y de la disciplina; tuvo un gran papel en el desarrollo de la liturgia romana; sus relaciones con el Oriente fueron buenas; su formulación teológica sobre las dos naturalezas de Cristo fue definitiva en el Concilio Ecuménico de Calcedonia. todo esto hace de León el papa más importante del siglo V. Jugó un gran papel en su relación con los bárbaros que invadían el Imperio. Murió el 10 de noviembre del año 461.

Del Común de pastores: papas (p. 2367) o de doctores de la Iglesia (p. 2384).

ORACION COLECTA

Oh Dios, tú que no permites que el poder del infierno derrote a tu Iglesia, fundada sobre la firmeza de la roca apostólica, concédele, por los ruegos del papa san León Magno, permanecer siempre firme en la verdad para que goce de una paz duradera. Por nuestro Señor Jesucristo.

PRIMERA LECTURA   Si 39, 6-11 (p. 2012)

SALMO RESPONSORIAL   36, 3-6.30-31 (p. 2304)

EVANGELIO   Mt 16, 13-19 (p. 2083)

ORACION SOBRE LAS OFRENDAS

Por estas ofrendas que te presentamos te rogamos, Señor, que ilumines a tu Iglesia, para que tu rebaño se multiplique en todo el mundo y sus pastores, conducidos por ti, actúen siempre según tu corazón. Por Jesucristo nuestro Señor.

ORACION DESPUES DE LA COMUNION

Gobierna, Señor, a tu Iglesia a la que alimentas en esta mesa santa, para que, dirigida por tu mano poderosa, tenga cada vez mayor libertad y persevere firme al servicio de la fe. Por Jesucristo nuestro Señor.

11 de noviembre

San Martín de Tours, obispo

Memoria

Bautizado a los dieciocho años, dejó la milicia y se puso bajo la dirección de san Hilario de Poitiers. Fundó el monasterio de Ligugé, cerca de Poitiers, el primer monasterio de Occidente. Elegido obispo de Tours por aclamación del pueblo, fundó el monasterio de Marmoutier que se convirtió en un gran centro de evangelización y vida religiosa. Misionó el centro de Francia. Murió en Candes el año 397. Martín es uno de los primeros santos no mártires venerados en la Iglesia.

Yo me suscitaré un sacerdote fiel, que obre según mi corazón y mis deseos —dice el Señor.

ORACION COLECTA

Oh Dios, que fuiste glorificado con la vida y la muerte de tu obispo san Martín de Tours, renueva en nuestros corazones las maravillas de tu gracia, para que ni la vida ni la muerte puedan apartarnos de tu amor. Por nuestro Señor Jesucristo.

PRIMERA LECTURA Is 61, 1-3a (p. 403)

SALMO RESPONSORIAL 88, 2-5.21-22.25.27 (p. 2152)

ALELUYA Jn 13, 34

Os doy un mandamiento nuevo —dice el Señor—: que os améis unos a otros, como yo os he amado.

EVANGELIO

Cada vez que lo hicisteis con mis humildes hermanos, conmigo lo hicisteis

✠ LECTURA DEL S. EVANGELIO SEGUN SAN MATEO 25, 31-40

En aquel tiempo, dijo Jesús a sus discípulos: «Cuando venga en su gloria el Hijo del hombre, y todos los ángeles con él, se sentará en el trono de su gloria, y serán reunidas ante él todas las naciones. El separará a unos de otros, como un pastor separa las ovejas de las cabras. Y pondrá las ovejas a su derecha y las cabras a su izquierda. Entonces dirá el rey a los de su derecha: "Venid vosotros, benditos de mi Padre; heredad el reino preparado para vosotros desde la creación del mundo. Porque tuve hambre y me disteis de comer, tuve sed y me disteis de beber, fui forastero y me hospedasteis, estuve desnudo y me vestisteis, enfermo y me visitasteis, en la cárcel y vinisteis a verme." Entonces los justos le contestarán: "Señor, ¿cuándo te vimos con hambre y te alimentamos, o con sed y te dimos de beber?; ¿cuándo te vimos forastero y te hospedamos, o desnudo y te vestimos?; ¿cuándo te vimos enfermo o en la cárcel y fuimos a verte?" Y el rey les dirá: "Os aseguro que cada vez que lo hicisteis con uno de éstos, mis humildes hermanos, conmigo lo hicisteis."»

Palabra del Señor.

ORACION SOBRE LAS OFRENDAS

Santifica, Señor, los dones que te presentamos con gozo en la fiesta de san Martín; que ellos orienten nuestra vida en medio de los bienes y males de este mundo. Por Jesucristo nuestro Señor.

ANTIFONA DE COMUNION   Mt 25, 40

Os aseguro que cada vez que lo hicisteis con uno de estos mis humildes hermanos, conmigo lo hicisteis —dice el Señor.

ORACION DESPUES DE LA COMUNION

Concede, Señor, a los que has alimentado con el sacramento de la unidad, la aceptación perfecta de tu voluntad en todas las cosas, para que, así como san Martín se entregó por entero a tu servicio, también nosotros vivamos el gozo de ser verdaderamente tuyos. Por Jesucristo nuestro Señor.

12 de noviembre

San Josafat, obispo y mártir

Memoria

Juan Kuncewycz nació en Vladimir (Ucrania) hacia el año 1580, y se adhirió a la Unión. (La Iglesia de Ucrania aseguró, a partir del Concilio de Florencia (1439), la presencia del mundo eslavo dentro de la unidad católica.) Se hizo monje basiliano en el monasterio de la Santísima Trinidad de Vilna; ordenado sacerdote, fue elegido archimandrita con el nombre de Josafat, coadjutor del arzobispo de Polotk, a quien sucedió en el gobierno de la diócesis. Trabajó admirablemente por la unión de la Iglesia. Contra él se desató una campaña de calumnias y hostilidades; fue asesinado bárbaramente en 1623.

Del Común de mártires (p. 2350) o de pastores: obispos (p. 2367).

ORACION COLECTA

Aviva, Señor, en tu Iglesia, el Espíritu que impulsó a san Josafat, obispo y mártir, a dar la vida por su rebaño, y concédenos, por su intercesión, que ese mismo Espíritu nos dé fuerza a nosotros para entregar la vida por nuestros hermanos. Por nuestro Señor Jesucristo.

PRIMERA LECTURA	Ef 4, 1-7.11-13 (p. 2193)
SALMO RESPONSORIAL	1, 1-4.6 (p. 2037)
EVANGELIO	Jn 17, 20-26 (p. 2617)

ORACION SOBRE LAS OFRENDAS

Dios de misericordia, bendice estos dones y fortalece a tu pueblo en la fe, que confirmó san Josafat con el derramamiento de su sangre. Por Jesucristo nuestro Señor.

ORACION DESPUES DE LA COMUNION

Señor, que el banquete eucarístico nos llene de paz y fortaleza, para que, a ejemplo de san Josafat, gastemos generosamente nuestra vida por la extensión y la unidad de la Iglesia. Por Jesucristo nuestro Señor.

13 de noviembre

San Leandro, obispo

Leandro nació en torno a los años 535-540. Muy pronto abrazó el estado monástico. Nombrado obispo de Sevilla, influyó en la conversión de Hermenegildo. Desterrado por el rey Leovigildo, marchó a Constantinopla, en donde trabó amistad con el que sería el papa san Gregorio Magno. Al reinar Recaredo, hermano de Hermenegildo, pudo volver a Sevilla y presidió, en Toledo, el año 589, el Concilio III, concilio de la abjuración de la herejía arriana por Recaredo, y de la unidad de la fe en Hispania. Murió hacia el año 600.

Del Común de pastores: obispos (p. 2367) o de santos (p. 2401).

ORACION COLECTA

Oh Dios, que por medio de tu obispo san Leandro mantuviste en tu Iglesia la integridad de la fe, concede a tu pueblo permanecer siempre libre de todos los errores. Por nuestro Señor Jesucristo.

15 de noviembre

San Alberto Magno, obispo y doctor de la Iglesia

Nació en Lauingen (Alemania) hacia el año 1206. Siendo estudiante en la universidad de Padua, recibió el hábito de la Orden de Predicadores. Enseñó en el estudio de Colonia, el más importante de la Orden; allí tuvo como discípulo a Tomás de Aquino. Fue obispo de Ratisbona, pero renunció a la sede. Escribió muchas obras de filosofía y teología. Murió en Colonia el año 1280.

Del Común de pastores: obispos (p. 2367) o de doctores de la Iglesia (p. 2384).

ORACION COLECTA

Señor, tú que has hecho insigne al obispo san Alberto Magno porque supo conciliar de modo admirable la ciencia divina con la sabiduría humana, concédenos a nosotros aceptar de tal forma su magisterio que, por medio del progreso de las ciencias, lleguemos a conocerte y a amarte mejor. Por nuestro Señor Jesucristo.

PRIMERA LECTURA   Si 15, 1-6 (p. 2241)

SALMO RESPONSORIAL   118, 9-14 (p. 2415)

EVANGELIO   Mt 13, 47-52 (p. 2392)

16 de noviembre

Santa Margarita de Escocia

Margarita nació en Hungría durante el destierro de su padre. Vuelta a Inglaterra, tuvo que refugiarse a causa de las guerras en Escocia, en donde se casó con el rey Malcom III de Escocia. Se distinguió por su vida austera, por su interés por la reforma y por el fomento de la vida religiosa. Murió en el año 1093, en Edimburgo.

Del Común de santos: los que se han consagrado a una actividad caritativa (p. 2401).

ORACION COLECTA

Señor Dios nuestro, que hiciste de santa Margarita de Escocia un modelo admirable de caridad para con los pobres, concédenos, por su intercesión, que, siguiendo su ejemplo, seamos nosotros fiel reflejo de tu bondad entre los hombres. Por nuestro Señor Jesucristo.

PRIMERA LECTURA   Is 58, 6-11 (p. 2161)

SALMO RESPONSORIAL   111, 1-9 (p. 2415)

EVANGELIO   Jn 15, 9-17 (p. 2032)

Santa Gertrudis, virgen

Los padres de Gertrudis la consagraron a Dios a los cinco años, en el monasterio cisterciense de Hefta (Turingia), el año 1231. En el monasterio recibió una esmerada formación humanista y artística. A los veinticinco años, tiene una visión del Señor que transformó completamente su vida. Gertrudis ha dejado un testimonio de su espiritualidad en sus «Revelaciones», y en sus «Ejercicios Espirituales». Murió el 17 de noviembre del año 1301.

Del Común de vírgenes (p. 2393) o de santos: religiosos (p. 2406).

ORACION COLECTA

Oh Dios, que hiciste del corazón de tu virgen santa Gertrudis una gozosa morada para ti, por su oración y sus méritos, ilumina las tinieblas de nuestro corazón y concédenos experimentar con alegría tu presencia y tu acción entre nosotros. Por nuestro Señor Jesucristo.

PRIMERA LECTURA

Comprendiendo lo que trasciende toda filosofía: el amor cristiano

LECTURA DE LA CARTA DEL APOSTOL SAN PABLO A LOS EFESIOS
3, 14-19

Hermanos: Doblo las rodillas ante el Padre, de quien toma nombre toda familia en el cielo y en la tierra, pidiéndole que, de los tesoros de su gloria, os conceda por medio de su Espíritu robusteceros en lo profundo de vuestro ser, que Cristo habite por la fe en vuestros corazones, que el amor sea vuestra raíz y vuestro cimiento; y así, con todos los santos, lograréis abarcar lo ancho, lo largo, lo alto y lo profundo, comprendiendo lo que trasciende toda filosofía: el amor cristiano. Así llegaréis a vuestra plenitud, según la plenitud total de Dios.

Palabra de Dios.

SALMO RESPONSORIAL 22

℟ **El Señor es mi pastor, nada me falta.**

El Señor es mi pastor, nada me falta: | en verdes praderas me hace recostar; | me conduce hacia fuentes tranquilas | y repara mis fuerzas; | me guía por el sendero justo, | por el honor de su nombre. ℟.

Aunque camine por cañadas oscuras, | nada temo, porque tú vas conmigo: | tu vara y tu cayado me sosiegan. ℟.

Preparas una mesa ante mí, | enfrente de mis enemigos; | me unges la cabeza con perfume, | y mi copa rebosa. ℟.

Tu bondad y tu misericordia me acompañan | todos los días de mi vida, | y habitaré en la casa del Señor | por años sin término. ℟.

EVANGELIO   Jn 15, 1-8 (p. 2455)

17 de noviembre

Santa Isabel de Hungría

Memoria

Hija de Andrés II, rey de Hungría, nació Isabel en el año 1207. Casó con Luis IV de Turingia. Muerto su esposo, confió a otros el cuidado de sus hijos, y edificó un hospital en donde servía a los enfermos. Murió en Marburg el año 1231.

Del Común de santos: los que se han consagrado a una actividad caritativa (p. 2408).

ORACIÓN COLECTA

Oh Dios, que concediste a santa Isabel de Hungría la gracia de reconocer y venerar en los pobres a tu Hijo Jesucristo, concédenos, por tu intercesión, servir con amor infatigable a los humildes y a los atribulados. Por nuestro Señor Jesucristo.

PRIMERA LECTURA   1 Jn 3, 14-18 (p. 170)

SALMO RESPONSORIAL   33, 2-11 (p. 2119)

EVANGELIO Lc 6, 27-38 (p. 1723)

18 de noviembre

La Dedicación de las basílicas de los apóstoles San Pedro y San Pablo

La memoria de hoy celebra la dedicación de las basílicas erigidas sobre los sepulcros de los Apóstoles Pedro y Pablo. El primero en el Vaticano, el segundo en la vía Ostiense, junto al Tíber. Esta conmemoración conjunta de la dedicación de las dos basílicas se celebra desde el siglo XI.

ANTIFONA DE ENTRADA
Cf. Sal 44, 17-18

A Pedro y Pablo los has nombrado príncipes por toda la tierra. Ellos han hecho memorable tu nombre por generaciones y generaciones, y los pueblos te alabarán por los siglos de los siglos.

ORACION COLECTA

Defiende a tu Iglesia, Señor, con la protección de los apóstoles, y pues has recibido por ellos el primer anuncio del Evangelio, reciba también, por su intercesión, aumento de gracia hasta el fin de los tiempos. Por nuestro Señor Jesucristo.

PRIMERA LECTURA

Llegamos a Roma

LECTURA DEL LIBRO DE LOS HECHOS DE LOS APOSTOLES
28, 11-16.30-31

Al cabo de tres meses, zarpamos en un barco que había invernado en la isla de Malta. Era de Alejandría y llevaba por mascarón a Cástor y Pólux. Tocamos en Siracusa y nos detuvimos tres días; desde allí, costeando, arribamos a Reggio. Al día siguiente, se levantó viento sur, y llegamos a Pozzuoli en dos días. Allí encontramos algunos hermanos que nos invitaron a pasar una semana con ellos. Después llegamos a Roma. Los hermanos de Roma, que tenían noticia de nuestras peripecias, salieron a recibirnos al Foro Apio y Tres Tabernas. Al verlos, Pablo dio gracias a Dios y se sintió animado. En Roma, le permitieron a Pablo vivir por su cuenta en una casa, con un soldado que lo vigilase. Vivió allí dos años enteros a su propia costa, recibiendo a todos los que acudían, predicándoles el reino de Dios y enseñando lo que se refiere al Señor Jesucristo con toda libertad, sin estorbos.

Palabra de Dios.

SALMO RESPONSORIAL 97

℟ **El Señor revela a las naciones su justicia.**

Cantad al Señor un cántico nuevo, | porque ha hecho maravillas: | su diestra le ha dado la victoria, | su santo brazo. ℟.

El Señor da a conocer su victoria, | revela a las naciones su justicia: | se acordó de su misericordia y su fidelidad | en favor de la casa de Israel. ℟.

Los confines de la tierra han contemplado | la victoria de nuestro Dios. | Aclama al Señor, tierra entera; | gritad, vitoread, tocad: ℟.

Tañed la cítara para el Señor, | suenen los instrumentos: | con clarines y al son de trompetas, | aclamad al Rey y Señor. ℟.

ALELUYA

A ti, oh Dios, te alabamos, a ti, Señor, te reconocemos.
A ti te ensalza el glorioso coro de los apóstoles.

EVANGELIO

Mándame ir hacia ti andando sobre el agua

✠ **LECTURA DEL S. EVANGELIO SEGUN SAN MATEO** 14, 22-33

Después que la gente se hubo saciado, Jesús apremió a sus discípulos a que subieran a la barca y se le adelantaran a la otra orilla, mientras él despedía a la gente. Y, después de despedir a la gente, subió al monte a solas para orar. Llegada la noche, estaba allí solo. Mientras tanto, la barca iba ya muy lejos de tierra, sacudida por las olas, porque el viento era contrario. De madrugada se les acercó Jesús, andando sobre el agua. Los discípulos, viéndole andar sobre el agua, se asustaron y gritaron de miedo, pensando que era un fantasma. Jesús, les dijo en seguida: «¡Ánimo, soy yo, no tengáis miedo!» Pedro le contestó: «Señor, si eres tú, mándame ir hacia ti andando sobre el agua.» El le dijo; «Ven.» Pedro bajó de la barca y echó a andar sobre el agua, acercándose a Jesús; pero, al sentir la fuerza del viento, le entró miedo, empezó a hundirse y gritó: «Señor, sálvame.» En seguida Jesús extendió la mano, lo agarró y le dijo: «¡Qué poca fe! ¿Por qué has dudado?» En cuanto subieron a la barca, amainó el viento. Los de la barca se postraron ante él, diciendo: «Realmente eres Hijo de Dios.»

Palabra del Señor.

ORACION SOBRE LAS OFRENDAS

Al ofrecerte, Señor, los dones con que te servimos te suplicamos que guardes intacta en nuestros corazones la verdad que nos fue transmitida por el misterio de tus apóstoles san Pedro y san Pablo. Por Jesucristo nuestro Señor.

Prefacio I de los Apóstoles, p. 1099.

ANTIFONA DE COMUNION   Jn 6, 69-70

Señor, tú tienes palabras de vida eterna; nosotros creemos que tú eres el Santo consagrado por Dios.

ORACION DESPUES DE LA COMUNION

Señor, haz que tu pueblo, alimentado con el pan celestial, se llene de alegría al conmemorar a tus santos apóstoles san Pedro y san Pablo, bajo cuya tutela has querido dirigirle. Por Jesucristo nuestro Señor.

21 de noviembre

La Presentación de la Santísima Virgen

Memoria

Los orígenes de esta fiesta hay que buscarlos en el escrito apócrifo «Protoevangelio de Santiago». Según este documento, María habría sido presentada en el Templo a la edad de tres años.

Hoy María se manifiesta abiertamente en el Templo de Dios, y anuncia anticipadamente a Cristo a todo el mundo.

Históricamente, el origen de esta fiesta fue la dedicación de la iglesia de Santa María la Nueva en Jerusalén, en el año 543.

Del Común de santa María Virgen (p. 2333).

ORACION COLECTA

Te rogamos, Señor, que a cuantos hoy honramos la gloriosa memoria de la Santísima Virgen María, nos concedas, por su intercesión, participar, como ella, de la plenitud de tu gracia. Por nuestro Señor Jesucristo.

PRIMERA LECTURA   Zc 2, 14-17 (p. 1763)
SALMO RESPONSORIAL   Lc 1, 46-55 (p. 2343)
EVANGELIO   Mt 12, 46-50 (p. 2349)

22 de noviembre

Santa Cecilia, virgen y mártir

Memoria

Durante el siglo V se edificó en el Transtévere una basílica dedicada al nombre de Cecilia. Asimismo, su nombre figura en la sepultura de una mártir, en las catacumbas de Calixto.

Del Común de mártires (p. 2350) o de vírgenes (p. 2393).

ORACION COLECTA

Acoge nuestras súplicas, Señor, y, por intercesión de santa Cecilia, dígnate escucharnos con bondad. Por nuestro Señor Jesucristo.

PRIMERA LECTURA   Os 2, 16b.17b.21-22 (p. 781)

SALMO RESPONSORIAL   44, 11-12.14-17 (p. 2398)

EVANGELIO   Mt 25, 1-13 (p. 1689)

23 de noviembre

San Clemente I, papa y mártir

Clemente fue el tercer sucesor de Pedro en la Sede de Roma, a finales del siglo I. Escribió una carta a la Iglesia de Corinto, para solucionar los problemas de divisiones existentes en aquella comunidad, continuación de los mismos que obligaron a intervenir a Pablo.

Del Común de mártires (p. 2350) o de pastores: papas (p. 2367).

ORACION COLECTA

Dios todopoderoso y eterno, que te muestras admirable en la gloria de tus santos, concédenos celebrar con alegría la fiesta de san Clemente primero, sacerdote y mártir de tu Hijo, que dio testimonio con su muerte de los misterios que celebraba y confirmó con el ejemplo lo que predicó con su palabra. Por nuestro Señor Jesucristo.

PRIMERA LECTURA   1 Pe 5, 1-4 (p. 1984)

SALMO RESPONSORIAL   88, 2-5.21-22.25.27 (p. 2152)

EVANGELIO   Mt 16, 13-19 (p. 2083)

San Columbano, abad

Nació en Irlanda en la primera mitad del siglo VI. Formado en el monasterio de Bangor, desplegó su actividad misionera en el reino franco, en donde fundó monasterios; sobre todo el de Luxueil, centro de importante irradiación religiosa y cultural. Desterrado, se dirigió a Italia en donde fundó el monasterio de Bobbio. Murió el año 615.

Del Común de pastores: misioneros (p. 2373) o de santos: religiosos (p. 2406).

ORACION COLECTA

Señor, Dios nuestro, que has unido de modo admirable en el abad san Columbano la tarea de la evangelización y el amor a la vida monástica, concédenos, por su intercesión y su ejemplo, que te busquemos a ti sobre todas las cosas y trabajemos por la propagación de tu reino. Por nuestro Señor Jesucristo.

PRIMERA LECTURA	Is 52, 7-10 (p. 121)
SALMO RESPONSORIAL	95, 1-3.7-8a.10 (p. 2290)
EVANGELIO	Lc 9, 57-62 (p. 1774)

30 de noviembre

San Andrés, apóstol

Fiesta

Andrés, hermano de Pedro, fue el primer discípulo de Cristo; por esto se le llama «Protokletós», primer llamado. Según la tradición, murió crucificado en Patras (Grecia).

ANTIFONA DE ENTRADA   Cf. Mt 4, 18-19

El Señor, junto al lago de Galilea, vio a dos hermanos, a Pedro y Andrés, y los llamó: Veníos conmigo y os haré pescadores de hombres.

ORACION COLECTA

Protégenos, Señor, con la constante intercesión del apóstol san Andrés a quien escogiste para ser predicador y pastor de tu Iglesia. Por nuestro Señor Jesucristo.

PRIMERA LECTURA

La fe nace del mensaje, y el mensaje consiste en hablar de Cristo

LECTURA DE LA CARTA DEL APOSTOL
SAN PABLO A LOS ROMANOS   10, 9-18

Si tus labios profesan que Jesús es el Señor, y tu corazón cree que Dios lo resucitó de entre los muertos, te salvarás. Por la fe del corazón llegamos a la justificación, y por la profesión de los labios, a la salvación. Dice la Escritura: «Nadie que cree en él quedará defraudado.» Porque no hay distinción entre judío y griego; ya que uno mismo es el Señor de todos, generoso con todos los que lo invocan. Pues «todo el que invoca el nombre del Señor se salvará.» Ahora bien, ¿cómo van a invocarlo, si no creen en él?; ¿cómo van a creer, si no oyen hablar de él?; y ¿cómo van a oír sin alguien que proclame?; y ¿cómo van a proclamar si no los envían? Lo dice la Escritura: «¡Qué hermosos los pies de los que anuncian el Evangelio!» Pero no todos han prestado oídos al Evangelio; como dice Isaías: «Señor, ¿quién ha dado fe a nuestro mensaje?» Así, pues, la fe nace del mensaje, y el mensaje consiste en hablar de Cristo. Pero yo pregunto: «¿Es que no lo han oído?» Todo lo contrario: «A toda la tierra alcanza su pregón, y hasta los límites del orbe su lenguaje.»

Palabra de Dios.

SALMO RESPONSORIAL 18

℞ **A toda la tierra alcanza su pregón.**

El cielo proclama la gloria de Dios, | el firmamento pregona la obra de sus manos: | el día al día le pasa el mensaje, | la noche a la noche se lo susurra. ℞.

Sin que hablen, sin que pronuncien, | sin que resuene su voz, | a toda la tierra alcanza su pregón | y hasta los límites del orbe su lenguaje. ℟.

Mt 4, 19

Venid y seguidme —dice el Señor—, y os haré pescadores de hombres.

EVANGELIO

Inmediatamente dejaron las redes y lo siguieron

✠ LECTURA DEL S. EVANGELIO SEGUN SAN MATEO
4, 18-22

En aquel tiempo, pasando Jesús junto al lago de Galilea, vio a dos hermanos, a Simón, al que llaman Pedro, y a Andrés, su hermano, que estaban echando el copo en el lago, pues eran pescadores. Les dijo: «Venid y seguidme, y os haré pescadores de hombres.» Inmediatamente dejaron las redes y lo siguieron. Y, pasando adelante, vio a otros dos hermanos, a Santiago, hijo de Zebedeo, y a Juan, que estaban en la barca repasando las redes con Zebedeo, su padre. Jesús los llamó también. Inmediatamente dejaron la barca y a su padre y lo siguieron.

Palabra del Señor.

ORACION SOBRE LAS OFRENDAS

Dios todopoderoso, estos dones que te presentamos en la festividad de san Andrés, nos hagan agradables a ti y, al recibirlos, renueven nuestra vida. Por Jesucristo nuestro Señor.

Prefacio de los Apóstoles, pp. 1099-1100.

ANTIFONA DE COMUNION Jn 1, 41-42

Dijo Andrés a su hermano Simón: Hemos encontrado al Mesías (que significa Cristo). Y lo llevó a Jesús.

ORACION DESPUES DE LA COMUNION

Te rogamos, Señor, que la participación en tus sacramentos nos dé fortaleza para que, compartiendo la muerte de Cristo, a ejemplo del apóstol san Andrés, merezcamos vivir con él en la gloria. Por Jesucristo nuestro Señor.

DICIEMBRE

3 de diciembre

San Francisco Javier, presbítero

Memoria

Nació de noble familia en el castillo de Javier (Navarra), en el año 1506. Mientras estudiaba en París, se unió al primer grupo de san Ignacio de Loyola. En 1541 fue destinado por san Ignacio a la misión de las Indias portuguesas; desde Goa desarrolló una intensísima actividad misional. Murió el 3 de diciembre de 1552 en la isla de Shang-ch'uan, a las puertas de China.

Del Común de pastores: misioneros (p. 2373).

ORACION COLECTA

Señor, y Dios nuestro, tú has querido que numerosas naciones llegaran al conocimiento de tu nombre por la predicación de san Francisco Javier; infúndenos su celo generoso por la propagación de la fe, y haz que tu Iglesia encuentre su gozo en evangelizar a todos los pueblos. Por nuestro Señor Jesucristo.

PRIMERA LECTURA

¡Ay de mí si no anuncio el Evangelio!

LECTURA DE LA PRIMERA CARTA DEL APOSTOL SAN PABLO A LOS CORINTIOS   9, 16-19.22-23

Hermanos: El hecho de predicar no es para mí motivo de orgullo. No tengo más remedio y, ¡ay de mí si no anuncio el Evangelio! Si yo lo hiciera por mi propio gusto, eso mismo sería mi paga. Pero, si lo hago a pesar mío, es que me han encargado este oficio. Entonces, ¿cuál es la paga? Precisamente dar a conocer el

Evangelio, anunciándolo de balde, sin usar el derecho que me da
la predicación del Evangelio. Porque, siendo libre como soy, me
he hecho esclavo de todos para ganar a los más posibles. Me he
hecho débil con los débiles, para ganar a los débiles; me he hecho todo a todos, para ganar, sea como sea, a algunos. Y lo
hago todo esto por el Evangelio, para participar yo también de
sus bienes.

Palabra de Dios.

SALMO RESPONSORIAL 95

R. **Contad las maravillas del Señor a todas las naciones.**

Cantad al Señor un cántico nuevo, | cantad al Señor, toda la
tierra; | cantad al Señor, bendecid su nombre. R.

Proclamad día tras día su victoria. | Contad a los pueblos su
gloria, | sus maravillas a todas las naciones. R.

Familias de los pueblos, aclamad al Señor, | aclamad la gloria
y el poder del Señor, | aclamad la gloria del nombre del
Señor. R.

Decid a los pueblos: «El Señor es rey, | él afianzó el orbe, y
no se moverá; | él gobierna a los pueblos rectamente.» R.

ALELUYA   Mt 28, 19a.20b

Id y haced discípulos de todos los pueblos —dice el Señor—; yo estoy con vosotros todos los días, hasta el fin
del mundo.

EVANGELIO

Id al mundo entero y proclamad el Evangelio

✠ LECTURA DEL S. EVANGELIO SEGUN
SAN MARCOS   16, 15-20

En aquel tiempo, se apareció Jesús a los Once y les dijo: «Id
al mundo entero y proclamad el Evangelio a toda la creación. El

que crea y se bautice se salvará; el que se resista a creer será condenado. A los que crean, les acompañarán estos signos: echarán demonios en mi nombre, hablarán lenguas nuevas, cogerán serpientes en sus manos y, si beben un veneno mortal, no les hará daño. Impondrán las manos a los enfermos, y quedarán sanos.» Después de hablarles, el Señor Jesús subió al cielo y se sentó a la derecha de Dios. Ellos se fueron a pregonar el Evangelio por todas partes, y el Señor cooperaba confirmando la palabra con las señales que lo acompañaban.

Palabra del Señor.

ORACION SOBRE LAS OFRENDAS

Señor, recibe los dones que te presentamos en la festividad de san Francisco Javier, y si él partió a lejanos continentes, impulsado por el celo de la salvación de los hombres, concédenos a nosotros que, dando testimonio eficaz del Evangelio, sintamos la urgencia de llegar a ti en unión de todos los hermanos. Por Jesucristo nuestro Señor.

ORACION DESPUES DE LA COMUNION

El sacramento que hemos recibido, Señor, despierte en nosotros el amor ardiente que inflamó a san Francisco Javier en el celo por la salvación de las almas; así, trabajando según las exigencias de nuestra vocación, conseguiremos el premio que tú has prometido a aquellos que te sirven con un corazón generoso. Por Jesucristo nuestro Señor.

4 de diciembre

San Juan Damasceno, presbítero y doctor de la Iglesia

Nació en Damasco de una ilustre familia árabe cristiana a mediados del siglo VII. Abandonada su posición social en el mundo, se hizo monje en la laura de San Sabas. Recibió el sacerdocio de manos del Patriarca de Jerusalén, Juan V. Compuso muchas piezas litúrgicas en honor de la Virgen y de los Santos; luchó contra los iconoclastas. Murió hacia el año 749.

Del Común de pastores (p. 2367) o de doctores de la Iglesia (p. 2384).

ORACION COLECTA

Te rogamos, Señor, que nos ayude en todo momento la intercesión de Juan Damasceno, para que la fe verdadera que tan admirablemente enseñó sea siempre nuestra luz y nuestra fuerza. Por nuestro Señor Jesucristo.

PRIMERA LECTURA

Guarda este precioso depósito con la ayuda del Espíritu Santo

LECTURA DE LA SEGUNDA CARTA DEL APOSTOL SAN PABLO A TIMOTEO
1, 13-14; 2, 1-3

Querido hermano: Ten delante la visión que yo te di con mis palabras sensatas y vive con fe y amor en Cristo Jesús. Guarda este precioso depósito con la ayuda del Espíritu Santo que habita en nosotros. Por lo tanto, hijo mío, saca fuerzas de la gracia de Cristo Jesús, y lo que me oíste a mí, garantizado por muchos testigos, confíalo a hombres fieles, capaces, a su vez, de enseñar a otros. Toma parte en las penalidades, como buen soldado de Cristo Jesús.

Palabra de Dios.

SALMO RESPONSORIAL 18

℟ **Tus palabras, Señor, son espíritu y vida.**

La ley del Señor es perfecta | y es descanso del alma; | el precepto del Señor es fiel | e instruye al ignorante. ℟.

Los mandamientos del Señor son rectos | y alegran el corazón; | la norma del Señor es límpida | y da luz a los ojos. ℟.

La voluntad del Señor es pura | y eternamente estable; | los mandamientos del Señor son verdaderos | y enteramente justos. ℞.

Más preciosos que el oro, | más que el oro fino; | más dulces que la miel | de un panal que destila. ℞.

EVANGELIO   Mt 25, 14-30 (p. 1692)

6 de diciembre

San Nicolás, obispo

San Nicolás fue obispo de Mira en el siglo IV. Su culto se propagó en Europa cuando sus reliquias fueron trasladadas a Bari (Italia), en el año 1087. Su fama de taumaturgo ha dado lugar a una leyenda del todo fantástica, que dio pie a las fiestas infantiles tanto en Oriente como en Occidente.

Del Común de pastores: obispos (p. 2367).

ORACION COLECTA

Imploramos, Señor, tu misericordia y te suplicamos que, por la intercesión de tu obispo san Nicolás, nos protejas en todos los peligros para que podamos caminar seguros por la senda de la salvación. Por nuestro Señor Jesucristo.

PRIMERA LECTURA   Is 6, 1-8 (p. 1555)

SALMO RESPONSORIAL   39, 2.4ab.7-10 (p. 2212)

EVANGELIO   Lc 10, 1-9 (p. 2249)

7 de diciembre

San Ambrosio, obispo y doctor de la Iglesia

Memoria

Ambrosio nació en Tréveris hacia el año 340. Educado en Roma, fue nombrado Prefecto de la Liguria y la Emilia. En el año 374, cuando aún no había recibido el bautismo, fue elegido por aclamación popular obispo de Milán, en sustitución del arriano Auxencio.

Gobernó sabiamente su Iglesia; luchó contra el arrianismo; se opuso al poder temporal; dejó numerosos tratados y escritos; compuso himnos para el oficio divino. Murió en el año 397.

Del Común de pastores: obispos (p. 2367) o de doctores de la Iglesia (p. 2384).

ORACION COLECTA

Señor y Dios nuestro, tú que hiciste al obispo san Ambrosio doctor esclarecido de la fe católica y ejemplo admirable de fortaleza apostólica, suscita en medio de tu pueblo hombres que, viviendo según tu voluntad, gobiernen a tu Iglesia con sabiduría y fortaleza. Por nuestro Señor Jesucristo.

PRIMERA LECTURA	Ef 3, 8-12 (p. 712)
SALMO RESPONSORIAL	88, 2-5.21-22.25.27 (p. 2152)
EVANGELIO	Jn 10, 11-16 (p. 575)

ORACION SOBRE LAS OFRENDAS

Al celebrar estos santos misterios te pedimos, Señor, que el Espíritu Santo nos ilumine con la misma fe que infundió a san Ambrosio para propagar sin descanso tu gloria. Por Jesucristo nuestro Señor.

ORACION DESPUES DE LA COMUNION

Ahora que nos has robustecido con la fuerza de este sacramento, concédenos, Señor, seguir las enseñanzas de tu obispo san Ambrosio; haz que siguiendo fielmente tus senderos vayamos preparándonos a participar en los gozos del banquete del reino. Por Jesucristo nuestro Señor.

8 de diciembre

La Inmaculada Concepción de Santa María Virgen

Solemnidad

Hoy se celebra la concepción inmaculada de aquélla que tenía que concebir el Verbo que trasciende todo lo creado.

Los orígenes de esta fiesta se remontan a los siglos VII/VIII en Oriente. Poco a poco fue penetrando en Occidente y extendiéndose por toda la Iglesia, hasta que el papa Pío IX, el día 8 de diciembre del año 1854, declaró como dogma de fe que María, por un singular privilegio, fue preservada de toda mancha de pecado original.

ANTIFONA DE ENTRADA   Is 61, 10

Desbordo de gozo con el Señor y me alegro con mi Dios; porque me ha vestido un traje de gala y me ha envuelto en un manto de triunfo, como novia que se adorna con sus joyas.

ORACION COLECTA

Oh Dios, que por la Concepción Inmaculada de la Virgen María preparaste a tu Hijo una digna morada, y en previsión de la muerte de tu Hijo la preservaste de todo pecado, concédenos por su intercesión llegar a ti limpios de todas nuestras culpas. Por nuestro Señor Jesucristo.

Se dice **Credo.**

PRIMERA LECTURA

Establezco hostilidades entre tu estirpe y la de la mujer

LECTURA DEL LIBRO DEL GENESIS   3, 9-15.20

Después que Adán comió del árbol, el Señor llamó al hombre: «¿Dónde estás?» El contestó: «Oí tu ruido en el jardín, me dio miedo, porque estaba desnudo, y me escondí.» El Señor le replicó: «¿Quién te informó de que estabas desnudo? ¿Es que has comido del árbol del que te prohibí comer?» Adán respondió: «La mujer que me diste como compañera me ofreció del fruto, y comí.» El Señor dijo a la mujer: «¿Qué es lo que has hecho?» Ella respondió: «La serpiente me engañó, y comí.» El Señor Dios dijo a la serpiente: «Por haber hecho eso, serás maldita entre todo el ganado y todas las fieras del campo; te arrastrarás sobre el vientre y comerás polvo toda tu vida; establezco hostilidades entre ti y la mujer, entre tu estirpe y la suya; ella te herirá en la cabeza cuando tú la hieras en el talón.» El hombre llamó a su mujer Eva, por ser la madre de todos los que viven.

Palabra de Dios.

SALMO RESPONSORIAL 97

R. **Cantad al Señor un cántico nuevo, | porque ha hecho maravillas.**

Cantad al Señor un cántico nuevo, | porque ha hecho maravillas: | su diestra le ha dado la victoria, | su santo brazo. R.

El Señor da a conocer su victoria, | revela a las naciones su justicia: | se acordó de su misericordia y su fidelidad | en favor de la casa de Israel. R.

Los confines de la tierra han contemplado | la victoria de nuestro Dios. | Aclama al Señor, tierra entera; | gritad, vitoread, tocad. R.

SEGUNDA LECTURA

Nos eligió en la persona de Cristo, antes de crear el mundo

LECTURA DE LA CARTA DEL APOSTOL
SAN PABLO A LOS EFESIOS   1, 3-6.11-12

Bendito sea Dios, Padre de nuestro Señor Jesucristo, que nos ha bendecido en la persona de Cristo con toda clase de bienes espirituales y celestiales. El nos eligió en la persona de Cristo, antes de crear el mundo, para que fuésemos santos e irreprochables ante él por el amor. El nos ha destinado en la persona de Cristo, por pura iniciativa suya, a ser sus hijos, para que la gloria de su gracia, que tan generosamente nos ha concedido en su querido Hijo, redunde en alabanza suya. Por su medio hemos heredado también nosotros. A esto estábamos destinados por decisión del que hace todo según su voluntad. Y así, nosotros, los que ya esperábamos en Cristo, seremos alabanza de su gloria.

Palabra de Dios.

ALELUYA   Lc 1, 28

Alégrate, María, llena de gracia, el Señor está contigo; bendita tú eres entre las mujeres.

EVANGELIO

Alégrate, llena de gracia, el Señor está contigo

✠ LECTURA DEL S. EVANGELIO SEGUN
SAN LUCAS   1, 26-38

En aquel tiempo, el ángel Gabriel fue enviado por Dios a una ciudad de Galilea llamada Nazaret, a una virgen desposada con un hombre llamado José, de la estirpe de David; la virgen se llamaba María. El ángel, entrando en su presencia, dijo: «Alégrate, llena de gracia, el Señor está contigo.» Ella se turbó ante estas palabras y se preguntaba qué saludo era aquél. El ángel le dijo: «No temas, María, porque has encontrado gracia ante Dios. Concebirás en tu vientre y darás a luz un hijo, y le pondrás por nombre Jesús. Será grande, se llamará Hijo del Altísimo, el Señor Dios le dará el trono de David, su padre, reinará sobre la casa de Jacob para siempre, y su reino no tendrá fin.» Y María dijo al ángel: «¿Cómo será eso, pues no conozco a varón?» El ángel le contestó: «El Espíritu Santo vendrá sobre ti, y la fuerza del Altísimo te cubrirá con su sombra; por eso el Santo que va a nacer se llamará Hijo de Dios. Ahí tienes a tu pariente Isabel, que, a pesar de su vejez, ha concebido un hijo, y ya está de seis meses la que llamaban estéril, porque para Dios no hay nada im-

posible.» María contestó: «Aquí está la esclava del Señor; hágase
en mí según tu palabra.» Y la dejó el ángel.

Palabra del Señor.

ORACION SOBRE LAS OFRENDAS

Señor, recibe complacido el sacrificio que te ofrecemos en la
solemnidad de la Inmaculada Concepción de la Virgen María, y
así como a ella la preservaste limpia de toda mancha, guárdanos
también a nosotros, por su poderosa intercesión, limpios de todo
pecado. Por Jesucristo nuestro Señor.

PREFACIO

El misterio de María y de la Iglesia

En verdad es justo y necesario, es nuestro deber y salvación
darte gracias siempre y en todo lugar, Señor, Padre santo, Dios
todopoderoso y eterno.

Porque preservaste a la Virgen María, de toda mancha de pecado original, para que en la plenitud de la gracia fuese digna
madre de tu Hijo y comienzo e imagen de la Iglesia, esposa de
Cristo, llena de juventud y de limpia hermosura.

Purísima había de ser, Señor, la Virgen que nos diera el Cordero inocente que quita el pecado del mundo.

Purísima la que, entre todos los hombres, es abogada de gracia y ejemplo de santidad.

Por eso, unidos a los ángeles, te aclamamos llenos de alegría:
Santo, Santo, Santo...

ANTIFONA DE COMUNION

¡Qué pregón tan glorioso para ti, Virgen María!, porque
de ti ha nacido el sol de justicia, Cristo, nuestro Dios.

ORACION DESPUES DE LA COMUNION

Señor Dios nuestro, que el sacramento que hemos recibido
repare en nosotros los efectos de aquel primer pecado del que

fue preservada de modo singular, en su Concepción, la Inmaculada Virgen María. Por Jesucristo nuestro Señor.

10 de diciembre

Santa Eulalia de Mérida, virgen y mártir

Eulalia nació en la colonia Augusta Emérita, la actual Mérida, a finales del siglo III. Murió mártir en la persecución de Diocleciano y Maximiano, a la edad de doce años. Prudencio canta el martirio de la virgen en sus versos.

Del Común de vírgenes (p. 2393) o de mártires (p. 2350).

ORACION COLECTA

Oh Dios, fuente de todos los bienes, que para llevarnos a la confesión de tu nombre te has servido incluso del martirio de los niños, haz que tu Iglesia, alentada por el ejemplo de santa Eulalia de Mérida, mártir, no tema sufrir por ti y desee ardientemente la gloria del premio eterno. Por nuestro Señor Jesucristo.

11 de diciembre

San Dámaso I, papa

La elección de Dámaso, originario de España, para la sede de Pedro, no se hizo sin dificultad. Fue elegido papa en el año 366. Son de destacar: su devoción a los mártires, para los cuales compuso epigramas que adornaron sus tumbas; y su interés por la revisión de los textos bíblicos y su traducción al latín, para cuyo menester se sirvió de san Jerónimo. Murió en el año 384.

Del Común de pastores: papas (p. 2367).

ORACION COLECTA

Concédenos la gracia, Señor, de glorificarte siempre por el triunfo de tus mártires, a quienes profesó devoción entrañable el papa san Dámaso primero. Por nuestro Señor Jesucristo.

PRIMERA LECTURA   Hch 20, 17-18a.28-32.36 (p. 2379)

SALMO RESPONSORIAL   109, 1-4 (p. 2380)

EVANGELIO   Jn 15, 9-17 (p. 2032)

12 de diciembre

Santa Juana Francisca de Chantal, religiosa

Juana Francisca Frémiot, viuda de Chantal, nació en Dijon el año 1572. Casada con el barón de Chantal, tuvo cuatro hijos. Muerto su marido, se entregó plenamente a la educación de sus hijos y a una vida espiritual muy intensa bajo la dirección de san Francisco de Sales. Con él fundó la Orden de la Visitación. Murió en Moulins el 13 de diciembre de 1641.

Del Común de santos: religiosos (p. 2406).

ORACION COLECTA

Señor, Dios nuestro, que adornaste con excelsas virtudes a santa Juana Francisca de Chantal en los distintos estados de su vida, concédenos, por su intercesión, caminar fielmente según nuestra vocación para dar siempre testimonio de la luz. Por nuestro Señor Jesucristo.

PRIMERA LECTURA   Prov 31, 10-13.19-20.30-31 (p. 1009)

SALMO RESPONSORIAL   130, 1-3 (p. 2207)

EVANGELIO   Mc 3, 31-35 (p. 1329)

12 de diciembre

Nuestra Señora de Guadalupe

Solemnidad en México

Era el mes de diciembre de 1531, cuando, en la colina de Tepeyac, la Virgen se apareció al humilde indio Juan Diego. En

1910, Pío X proclamó a la Virgen de Guadalupe patrona de toda Hispano-América.

ANTIFONA DE ENTRADA

Te saludamos, santa Madre, porque diste al mundo al Rey que gobierna para siempre el cielo y la tierra.

ORACION COLECTA

Señor, que quisiste colmar con beneficios incesantes a quienes nos hemos acogido bajo el patrocinio especial de la santísima Virgen María: escucha nuestras oraciones y concédenos que después de celebrar con alegría su fiesta en la tierra, podamos llenarnos de gozo al contemplarla en el Cielo. Por nuestro Señor Jesucristo.

Lecturas: Del Común de Sta. María Virgen (p.2342).

ORACION SOBRE LAS OFRENDAS

Te pedimos, Señor, por tu bondad y por la intercesión de la santísima Virgen María, que este sacrificio nos dé la prosperidad y la paz en esta vida y en la eterna. Por Jesucristo.

Prefacio de la Virgen María, en la fiesta, p. 1092.

ANTIFONA DE COMUNION   Sal 147, 20

A ningún otro pueblo trató así el Señor, ni le dio a conocer sus mandamientos.

ORACION DESPUES DE LA COMUNION

Después de haber recibido este Sacramento de nuestra salvación, te pedimos, Señor, que experimentemos en todo lugar la protección de la santísima Virgen María, en cuyo honor te hemos ofrecido este sacrificio. Por Jesucristo.

13 de diciembre

Santa Lucía, virgen y mártir

Memoria

La historicidad de la mártir está atestiguada por la inscripción de su sepulcro en las catacumbas de Siracusa. Esta inscripción del siglo V constituye el primer testimonio de su culto, que se extendió rápidamente a Roma y al Oriente. Su nombre entró en el canon romano de la misa.

Del Común de mártires (p. 2350) o de vírgenes (p. 2393).

ORACION COLECTA

Que la poderosa intercesión de santa Lucía, virgen y mártir, sea nuestro apoyo, Señor, para que en la tierra celebremos su triunfo y en el cielo participemos de su gloria. Por nuestro Señor Jesucristo.

PRIMERA LECTURA	2 Cor 10, 17—11, 2 (p. 2418)
SALMO RESPONSORIAL	30, 3cd-4.6.8ab.16bc.17 (p. 2363)
EVANGELIO	Mt 25, 1-13 (p. 1689)

14 de diciembre

San Juan de la Cruz, presbítero y doctor de la Iglesia

Memoria

Juan de Yepes nació en Fontiveros (Avila) en 1542. Entró en la Orden del Carmen con el nombre de Juan de San Matías. Ordenado sacerdote, fue ganado por santa Teresa de Jesús para la reforma del Carmelo, y tomó el nombre de Juan de la Cruz. Extremadamente asceta y serio de carácter, escribió obras de carácter místico. Murió en Ubeda (Jaén) el año 1591.

ANTIFONA DE ENTRADA

Gal 6, 14

Dios me libre de gloriarme si no es en la cruz de nuestro Señor Jesucristo, en la cual el mundo está crucificado para mí y yo para el mundo.

ORACION COLECTA

Dios, Padre nuestro, que hiciste a tu presbítero san Juan de la Cruz modelo perfecto de negación de sí mismo y de amor a la cruz, ayúdanos a imitar su vida en la tierra para llegar a gozar de tu gloria en el cielo. Por nuestro Señor Jesucristo.

PRIMERA LECTURA

Enseñamos una sabiduría divina, misteriosa

LECTURA DE LA PRIMERA CARTA DEL APOSTOL SAN PABLO A LOS CORINTIOS

2, 1-10a

Yo, hermanos, cuando vine a vosotros a anunciaros el misterio de Dios, no lo hice con sublime elocuencia o sabiduría, pues nunca entre vosotros me precié de saber cosa alguna, sino a Jesucristo, y éste crucificado. Me presenté a vosotros débil y temblando de miedo; mi palabra y mi predicación no fue con persuasiva sabiduría humana, sino en la manifestación y el poder del Espíritu, para que vuestra fe no se apoye en la sabiduría de los hombres, sino en el poder de Dios. Hablamos, entre los perfectos, una sabiduría que no es de este mundo ni de los príncipes de este mundo, que quedan desvanecidos, sino que enseñamos una sabiduría divina, misteriosa, escondida, predestinada por Dios antes de los siglos para nuestra gloria. Ninguno de los príncipes de este mundo la ha conocido; pues, si la hubiesen conocido, nunca hubieran crucificado al Señor de la gloria. Sino, como está escrito: «Ni el ojo vio, ni el oído oyó, ni el hombre puede pensar lo que Dios ha preparado para los que lo aman.» Y Dios nos lo ha revelado por el Espíritu.

Palabra de Dios.

SALMO RESPONSORIAL 36

℞ **La boca del justo expone la sabiduría.**

Confía en el Señor y haz el bien, | habita tu tierra y practica la lealtad; | sea el Señor tu delicia, | y él te dará lo que pide tu corazón. ℞.

Encomienda tu camino al Señor, | confía en él, y él actuará: | hará tu justicia como el amanecer, | tu derecho como el mediodía. ℞.

La boca del justo expone la sabiduría, | su lengua explica el derecho; | porque lleva en el corazón la ley de su Dios, | y sus pasos no vacilan. ℞.

EVANGELIO   Lc 14, 25-33 (p. 1863)

ORACION SOBRE LAS OFRENDAS

Acepta, Señor, estos dones que te presentamos en la fiesta de san Juan de la Cruz, y concede a cuantos celebramos los misterios de la pasión del Señor manifestar fielmente en nuestras vidas lo que celebramos en la eucaristía. Por Jesucristo nuestro Señor.

ANTIFONA DE COMUNION   Mt 16, 24

El que quiera venirse conmigo, que se niegue a sí mismo, que cargue con su cruz y me siga —dice el Señor.

ORACION DESPUES DE LA COMUNION

Señor, Dios nuestro, que has iluminado de modo admirable el misterio de la pasión en la vida de san Juan de la Cruz, concédenos ahora, fortalecidos por este sacrificio, permanecer siempre unidos a Cristo por la fe y trabajar en la Iglesia por la salvación de todos los hombres. Por Jesucristo nuestro Señor.

21 de diciembre

San Pedro Canisio, presbítero y doctor de la Iglesia

Pedro Kanijs (Canisio) nació en Nimega (Países Bajos) en 1521. Entró en la Compañía de Jesús en Alemania, dedicándose a la contrarreforma. Tomó parte como teólogo en el concilio de Trento. La mayor parte de su apostolado lo ejerció en Alemania. Murió en Friburgo (Suiza) en el año 1597.

Del Común de pastores (p. 2367) o de doctores de la Iglesia (p. 2384).

ORACION COLECTA

Señor, Dios nuestro, que fortaleciste a san Pedro Canisio con la virtud y la ciencia para salvaguardar la unidad de la fe, concede a la comunidad de creyentes perseverar en la confesión de tu nombre, y a todos los que buscan la verdad el gozo de encontrarte. Por nuestro Señor Jesucristo.

PRIMERA LECTURA	2 Tim 4, 1-5 (p. 1456)
SALMO RESPONSORIAL	39, 2.4ab.7-10 (p. 2476)
EVANGELIO	Mt 5, 13-19 (p. 2390)

23 de diciembre

San Juan de Kety, presbítero

Nació en Kety, cerca de Cracovia, en 1390. Su vida discurrió en torno a la universidad de Cracovia, primero como alumno y luego como profesor. Peregrinó a Jerusalén y repetidas veces a

Roma. Se distinguió por su amor a los pobres y por su espíritu de penitencia. Murió en Cracovia la noche de Navidad del año 1437.

Del Común de pastores (p. 2367) o de santos: los que se han consagrado a una actividad caritativa (p. 2408).

ORACION COLECTA

Dios todopoderoso, concédenos crecer en santidad a ejemplo de san Juan de Kety, tu presbítero, para que, ejerciendo el amor y la misericordia con el prójimo, obtengamos nosotros tu perdón. Por nuestro Señor Jesucristo.

PRIMERA LECTURA   Sant 2, 14-17 (p. 930)

SALMO RESPONSORIAL   111, 1-9 (p. 2415)

EVANGELIO   Lc 6, 27-38 (p. 1723)

26 de diciembre

San Esteban, Protomártir

Fiesta

Esteban, uno de los siete diáconos elegidos para ayudar a los apóstoles en la administración, fue el primero que dio la vida por Cristo, siendo Saulo testigo de su martirio.

ANTIFONA DE ENTRADA

Las puertas del cielo se han abierto para Esteban, el primero de los mártires; por eso ha recibido el premio de la corona del triunfo.

ORACION COLECTA

Concédenos, Señor, la gracia de imitar a tu mártir san Esteban y de amar a nuestros enemigos, ya que celebramos la

muerte de quien supo orar por sus perseguidores. Por nuestro
Señor Jesucristo.

PRIMERA LECTURA

Veo el cielo abierto

LECTURA DEL LIBRO DE LOS HECHOS DE
LOS APOSTOLES

6, 8-10; 7, 54-60

En aquellos días, Esteban, lleno de gracia y poder, realizaba
grandes prodigios y signos en medio del pueblo. Unos cuantos
de la sinagoga llamada de los libertos, oriundos de Cirene, Alejandría, Cilicia y Asia, se pusieron a discutir con Esteban; pero
no lograban hacer frente a la sabiduría y al espíritu con que hablaba. Oyendo estas palabras, se recomían por dentro y rechinaban los dientes de rabia. Esteban, lleno de Espíritu Santo, fijó la
mirada en el cielo, vio la gloria de Dios, y a Jesús de pie a la derecha de Dios, y dijo: «Veo el cielo abierto y al Hijo del hombre
de pie a la derecha de Dios.» Dando un grito estentóreo, se taparon los oídos; y, como un solo hombre, se abalanzaron sobre él,
lo empujaron fuera de la ciudad y se pusieron a apedrearlo. Los
testigos, dejando sus capas a los pies de un joven llamado Saulo,
se pusieron también a apedrear a Esteban, que repetía esta invocación: «Señor Jesús, recibe mi espíritu.» Luego, cayendo de rodillas, lanzó un grito: «Señor, no les tengas en cuenta este pecado.» Y, con estas palabras, expiró.

Palabra de Dios.

SALMO RESPONSORIAL 30

℟ **A tus manos, Señor, encomiendo mi espíritu.**

Sé la roca de mi refugio, | un baluarte donde me salve, | tú
que eres mi roca y mi baluarte; | por tu nombre dirígeme y guía-
me. ℟

A tus manos encomiendo mi espíritu: | tú, el Dios leal, me li-
brarás. | Tu misericordia sea mi gozo y mi alegría. | Te has fija-
do en mi aflicción. ℟

Líbrame de los enemigos que me persiguen; | haz brillar tu
rostro sobre tu siervo, | sálvame por tu misericordia. ℞.

ALELUYA   Sal 117, 26a y 27a

Bendito el que viene en nombre del Señor; el Señor es
Dios, él nos ilumina.

EVANGELIO

*No seréis vosotros los que habléis, sino el Espíritu de vuestro
Padre*

✠ LECTURA DEL S. EVANGELIO SEGUN
SAN MATEO   10, 17-22

En aquel tiempo, dijo Jesús a sus apóstoles: «No os fiéis de
la gente, porque os entregarán a los tribunales, os azotarán en las
sinagogas y os harán comparecer ante gobernadores y reyes, por
mi causa; así daréis testimonio ante ellos y ante los gentiles.
Cuando os arresten, no os preocupéis de lo que vais a decir o de
cómo lo diréis: en su momento se os sugerirá lo que tenéis que
decir; no seréis vosotros los que habléis, el Espíritu de vuestro
Padre hablará por vosotros. Los hermanos entregarán a sus hermanos para que los maten, los padres a los hijos; se rebelarán los
hijos contra sus padres, y los matarán. Todos os odiarán por mi
nombre; el que persevere hasta el final se salvará.»

Palabra del Señor.

ORACION SOBRE LAS OFRENDAS

Dígnate, Señor, aceptar los dones que te presentamos este
día, en conmemoración del triunfo glorioso de tu mártir san Esteban. Por Jesucristo nuestro Señor.

Prefacio de Navidad, pp. 1058-60.

ANTIFONA DE COMUNION   Hch 7, 58

Se pusieron a apedrear a Esteban, que repetía esta invocación: Señor Jesús, recibe mi espíritu.

ORACION DESPUES DE LA COMUNION

Señor, te damos gracias por la abundancia de tus misericordias, pues nos salvas por el nacimiento de tu Hijo y nos llenas de júbilo por el triunfo de tu mártir san Esteban. Por Jesucristo nuestro Señor.

27 de diciembre

San Juan, Apóstol y Evangelista

Fiesta

Juan, el autor del cuarto evangelio, el que reclinó su cabeza sobre el pecho del Señor en la última cena, el que dio testimonio del Verbo-Carne, es recordado en torno a la fiesta del Verbo hecho Carne.

ANTIFONA DE ENTRADA

Este es el apóstol Juan que durante la cena reclinó su cabeza en el pecho del Señor. Este es el apóstol que conoció los secretos divinos y difundió la palabra de vida por toda la tierra.

O bien: Si 15, 5

En la asamblea le da la palabra, el Señor lo llena de espíritu de sabiduría e inteligencia, lo viste con un traje de honor.

ORACION COLECTA

Dios y Señor nuestro, que nos has revelado por medio del apóstol san Juan el misterio de tu Palabra hecha carne, concéde-

nos, te rogamos, llegar a comprender y a amar de corazón lo que
tu apóstol nos dio a conocer. Por nuestro Señor Jesucristo.

PRIMERA LECTURA

Os anunciamos lo que hemos visto y oído

COMIENZO DE LA PRIMERA CARTA DEL
APOSTOL SAN JUAN   1, 1-4

Queridos hermanos: Lo que existía desde el principio, lo que
hemos oído, lo que hemos visto con nuestros propios ojos, lo
que contemplamos y palparon nuestras manos: la Palabra de la
vida (pues la vida se hizo visible), nosotros la hemos visto, os
damos testimonio y os anunciamos la vida eterna que estaba con
el Padre y se nos manifestó. Eso que hemos visto y oído os lo
anunciamos, para que estéis unidos con nosotros en esa unión
que tenemos con el Padre y con su Hijo Jesucristo. Os escribimos esto, para que nuestra alegría sea completa.

Palabra de Dios.

SALMO RESPONSORIAL 96

℟ **Alegraos, justos, con el Señor.**

El Señor reina, la tierra goza, | se alegran las islas innumera-
bles. | Tiniebla y nube lo rodean, | justicia y derecho sostienen
su trono. ℟.

Los montes se derriten como cera | ante el dueño de toda la
tierra; | los cielos pregonan su justicia, | y todos los pueblos con-
templan su gloria. ℟.

Amanece la luz para el justo, | y la alegría para los rectos de
corazón. | Alegraos, justos, con el Señor, | celebrad su santo
nombre. ℟.

ALELUYA

A ti, oh Dios, te alabamos, a ti, Señor, te reconocemos.
A ti te ensalza el glorioso coro de los apóstoles.

EVANGELIO

*El otro discípulo corría más que Pedro y llegó primero al
sepulcro*

✠ LECTURA DEL S. EVANGELIO SEGUN SAN JUAN
20, 2-8

El primer día de la semana, María Magdalena echó a correr
y fue donde estaba Simón Pedro y el otro discípulo, a quien tanto quería Jesús, y les dijo: «Se han llevado del sepulcro al Señor
y no sabemos dónde lo han puesto.» Salieron Pedro y el otro
discípulo camino del sepulcro. Los dos corrían juntos, pero el
otro discípulo corría más que Pedro; se adelantó y llegó primero
al sepulcro; y, asomándose, vio las vendas en el suelo; pero no
entró. Llegó también Simón Pedro detrás de él y entró en el sepulcro: vio las vendas en el suelo y el sudario con que le habían
cubierto la cabeza, no por el suelo con las vendas, sino enrollado
en un sitio aparte. Entonces entró también el otro discípulo, el
que había llegado primero al sepulcro; vio y creyó.

Palabra del Señor.

ORACION SOBRE LAS OFRENDAS

Santifica, Señor, los dones que presentamos en tu altar y haz
que por esta cena, que fue para san Juan fuente de revelación,
también lleguemos nosotros a participar plenamente en el misterio de tu Palabra eterna. Por Jesucristo nuestro Señor.

Prefacio de Navidad, pp. 1058-60.

ANTIFONA DE COMUNION
Jn 1, 14. 16

La Palabra se hizo carne, y acampó entre nosotros. De su
plenitud todos hemos recibido.

ORACION DESPUES DE LA COMUNION

Te rogamos, Señor, que la Palabra hecha carne de que nos
habló san Juan, tu evangelista, habite siempre entre nosotros por

esta eucaristía que hemos celebrado. Por Jesucristo nuestro Señor.

28 de diciembre

Los Santos Inocentes, Mártires

Fiesta

Desde antiguo, la Iglesia ha celebrado la fiesta de aquellos niños que fueron ejecutados por orden de Herodes. Estos no pudieron confesar a Cristo de palabra, pero lo confesaron con su martirio.

ANTIFONA DE ENTRADA

Los niños inocentes murieron por Cristo, son el cortejo del Cordero sin mancha, a quien alaban diciendo: Gloria a ti, Señor.

ORACION COLECTA

Los mártires Inocentes proclaman tu gloria en este día, Señor, no de palabra, sino con su muerte; concédenos, por su intercesión, testimoniar con nuestra vida la fe que confesamos de palabra. Por nuestro Señor Jesucristo.

PRIMERA LECTURA

La sangre de Jesús nos limpia los pecados

LECTURA DE LA PRIMERA CARTA DEL
APOSTOL SAN JUAN   1, 5—2, 2

Queridos hermanos: Os anunciamos el mensaje que hemos oído a Jesucristo: Dios es luz sin tiniebla alguna. Si decimos que estamos unidos a él, mientras vivimos en las tinieblas, mentimos con palabras y obras. Pero, si vivimos en la luz, lo mismo que él está en la luz, entonces estamos unidos unos con otros, y la sangre de su Hijo Jesús nos limpia los pecados. Si decimos que no hemos pecado, nos engañamos y no somos sinceros. Pero, si confesamos nuestros pecados, él que es fiel y justo, nos perdonará los pecados y nos limpiará de toda injusticia. Si decimos que no hemos pecado, lo hacemos mentiroso y no poseemos su palabra. Hijos míos, os escribo esto para que no pequéis. Pero, si alguno peca, tenemos a uno que abogue ante el Padre: a Jesucristo, el Justo. El es víctima de propiación por nuestros pecados, no sólo por los nuestros, sino también por los del mundo entero.

Palabra de Dios.

SALMO RESPONSORIAL 123

R Hemos salvado la vida, como un pájaro | de la trampa del cazador.

Si el Señor no hubiera estado de nuestra parte, | cuando nos asaltaban los hombres, | nos habrían tragado vivos: | tanto ardía su ira contra nosotros. R.

Nos habrían arrollado las aguas, | llegándonos el torrente hasta el cuello; | nos habrían llegado hasta el cuello | las aguas espumantes. R.

La trampa se rompió, y escapamos. | Nuestro auxilio es el nombre del Señor, | que hizo el cielo y la tierra. R.

ALELUYA

A ti, oh Dios, te alabamos, a ti, Señor, te reconocemos. A ti te ensalza el blanco ejército de los mártires.

EVANGELIO

Herodes mandó matar a todos los niños en Belén

✠ LECTURA DEL S. EVANGELIO SEGUN
SAN MATEO   2, 13-18

Cuando se marcharon los magos, el ángel del Señor se apareció en sueños a José y le dijo: «Levántate, coge al niño y a su madre y huye a Egipto; quédate allí hasta que yo te avise, porque Herodes va a buscar al niño para matarlo.» José se levantó, cogió al niño y a su madre, de noche, se fue a Egipto y se quedó hasta la muerte de Herodes. Así se cumplió lo que dijo el Señor por el profeta: «Llamé a mi hijo, para que saliera de Egipto.» Al verse burlado por los magos, Herodes montó en cólera y mandó matar a todos los niños de dos años para abajo, en Belén y sus alrededores, calculando el tiempo por lo que había averiguado de los magos. Entonces se cumplió el oráculo del profeta Jeremías: «Un grito se oye en Ramá, llanto y lamentos grandes; es Raquel que llora por sus hijos, y rehúsa el consuelo, porque ya no viven.»

Palabra del Señor.

ORACION SOBRE LAS OFRENDAS

Acepta, Señor, las ofrendas de tu pueblo, y por estos misterios con los que santificas aun a aquéllos que no te conocen, purifica a los que venimos con amor a celebrar la eucaristía. Por Jesucristo nuestro Señor.

Prefacio de Navidad, pp. 1058-60.

ANTIFONA DE COMUNION   Ap 14, 4

Ellos son los rescatados como primicias de la humanidad para Dios y el Cordero; ellos son el cortejo del Cordero adonde quiera que vaya.

ORACION DESPUES DE LA COMUNION

Haznos partícipes, Señor, de la plenitud de la salvación a los que hemos comido a tu mesa en la fiesta de los Inocentes; ellos carecían del uso de la palabra para confesar a tu Hijo, pero fueron, en cambio, coronados de gloria en virtud del nacimiento de Cristo. Que vive y reina por los siglos de los siglos.

29 de diciembre

Santo Tomás Becket, obispo y mártir

Tomás Becket, antiguo canciller del Reino de Inglaterra, fue obispo de Canterbury en 1162. Defensor de la libertad de la Iglesia, fue desterrado por el rey Enrique II. Pasó su exilio en Francia. De vuelta en su Sede, fue asesinado por unos caballeros del Rey en 1170.

Del Común de mártires (p. 2350) o de pastores: obispos (p. 2367).

ORACION COLECTA

Señor, tú que has dado a santo Tomás Becket grandeza de alma para entregar su vida en pro de la justicia, concédenos, por su intercesión, sacrificar por Cristo nuestra vida terrena para recuperarla de nuevo en el cielo. Por nuestro Señor Jesucristo.

PRIMERA LECTURA   2 Tim 2, 8-13; 3, 10-12 (pp. 971 y 1453)

SALMO RESPONSORIAL   33, 2-9 (p. 2364)

EVANGELIO   Mt 16, 24-27 (p. 910)

31 de diciembre

San Silvestre I, papa

Silvestre fue papa inmediatamente después de la paz de Constantino, desde el año 314 al 335. Estuvo representado en el concilio de Nicea por medio de sus Legados.

Del Común de pastores: papas (p. 2367).

ORACION COLECTA

Socorre, Señor, a tu pueblo que se acoge a la intercesión del papa san Silvestre primero, para que, pasando esta vida bajo tu

pastoreo, pueda alcanzar en la gloria la vida que no acaba. Por
nuestro Señor Jesucristo.

PRIMERA LECTURA   Ez 34, 11-16 (p. 714)

SALMO RESPONSORIAL   22, 1-6 (p. 1361)

EVANGELIO

Tú eres Pedro y te daré las llaves del reino de los cielos

✠ LECTURA DEL S. EVANGELIO SEGUN
SAN MATEO   16, 13-19

En aquel tiempo, al llegar a la región de Cesarea de Filipo,
Jesús preguntó a sus discípulos: «¿Quién dice la gente que es el
Hijo del hombre?» Ellos contestaron: «Unos que Juan Bautista,
otros que Elías, otros que Jeremías o uno de los profetas.» El les
preguntó: «Y vosotros, ¿quién decís que soy yo?» Simón Pedro
tomó la palabra y dijo: «Tú eres el Mesías, el Hijo de Dios
vivo.» Jesús le respondió: «¡Dichoso tú, Simón, hijo de Jonás!,
porque eso no te lo ha revelado nadie de carne y hueso, sino mi
Padre que está en el cielo. Ahora te digo yo: Tú eres Pedro, y
sobre esta piedra edificaré mi Iglesia, y el poder del infierno no
la derrotará. Te daré las llaves del reino de los cielos; lo que ates
en la tierra quedará atado en el cielo, y lo que desates en la tierra
quedará desatado en el cielo.»

Palabra del Señor.

MISAS COMUNES

1. Por razón de comodidad, en cada uno de los Comunes, se proponen varias misas con todos sus elementos, antífonas y oraciones.

El sacerdote puede, si lo juzga oportuno, cambiar entre sí las antífonas y oraciones de un mismo Común, eligiendo los textos que crea más aptos desde el punto de vista pastoral.

Más aún, en las misas que son «memoria», la oración sobre las ofrendas y la oración después de la comunión pueden tomarse también de las ferias del respectivo tiempo litúrgico, además de las propuestas en los mismos Comunes.

2. En el Común de mártires y en el Común de santos y santas, todas las oraciones que se proponen para los varones pueden utilizarse también para las mujeres, cambiando el género.

3. En cada uno de los Comunes, los textos redactados en singular pueden emplearse para varios, cambiando el número. Del mismo modo, los textos en plural se pueden aplicar para uno solo, cambiando igualmente el número.

4. Las misas que se proponen para determinados tiempos y circunstancias, utilícense en los mismos tiempos y circunstancias.

5. En el tiempo pascual al final de la antífona de entrada y de la antífona de comunión se añade un Aleluya.

COMUN DE LA DEDICACION DE LA IGLESIA

EN EL ANIVERSARIO DE LA DEDICACION

A. En la misma iglesia dedicada

ANTIFONA DE ENTRADA   Sal 67, 36

Desde el santuario Dios impone reverencia: es el Dios de Israel quien da fuerza y poder a su pueblo. ¡Dios sea bendito!

ORACIÓN COLECTA

Señor, tú que nos haces revivir cada año el día de la consagración de esta iglesia, escucha las plegarias de tu pueblo, y haz que en este lugar se te ofrezca siempre un servicio digno y así tus fieles obtengan los frutos de una plena redención. Por nuestro Señor Jesucristo.

ORACION SOBRE LAS OFRENDAS

Al conmemorar el día en que te dignaste llenar tu casa de gloria y santidad, te rogamos, Señor, que hagas de nosotros una ofrenda agradable a tus ojos. Por Jesucristo nuestro Señor.

PREFACIO

El misterio del templo de Dios, que es la Iglesia

En verdad es justo y necesario, es nuestro deber y salvación darte gracias siempre y en todo lugar, Señor, Padre santo, Dios todopoderoso y eterno, por Cristo, Señor nuestro.

Porque en esta casa visible que hemos construido, donde reúnes y proteges sin cesar a esta familia que hacia ti peregrina, manifiestas y realizas de manera admirable el misterio de tu comunión con nosotros. En este lugar, Señor, tú vas edificando aquel templo que somos nosotros, y así la Iglesia, extendida por toda la tierra, crece unida, como Cuerpo de Cristo, hasta llegar a ser la nueva Jerusalén, verdadera visión de paz.

Por eso, Señor, te celebramos en el templo de tu gloria, y con todos los ángeles te bendecimos y te glorificamos, diciendo:

Santo, Santo, Santo...

ANTIFONA DE COMUNION   1 Cor 3, 16-17

Sois templos de Dios y el Espíritu de Dios habita en vosotros. El templo de Dios es santo: ese templo sois vosotros.

ORACION DESPUES DE LA COMUNION

Te rogamos, Señor, que tu pueblo santo reciba la gracia y el gozo de tu bendición, para que consiga en el espíritu los frutos de la commemoración que ha celebrado en esta eucaristía. Por Jesucristo nuestro Señor.

BENDICION AL FINAL DE LA MISA

Puede usarse el texto de la bendición solemne con las palabras: para celebrar el aniversario de la dedicación de esta iglesia.

B. Fuera de la iglesia dedicada

ANTIFONA DE ENTRADA   Ap 21, 2

Vi la ciudad santa, la nueva Jerusalén, que descendía del cielo, enviada por Dios, arreglada como una novia que se adorna para su esposo.

ORACION COLECTA

Señor, tú que edificas el templo de tu gloria con piedras vivas y elegidas, multiplica, en tu Iglesia los dones del Espíritu Santo, a fin de que tu pueblo crezca siempre para edificación de la Jerusalén celeste. Por nuestro Señor Jesucristo.

O bien:

Señor, Dios nuestro, que has querido que tu pueblo se llamara Iglesia, haz que, reunida en tu nombre, te venere, te ame, te siga y, guiada por ti, alcance el reino que le has prometido. Por nuestro Señor Jesucristo.

ORACION SOBRE LAS OFRENDAS

Acepta, Señor, nuestras ofrendas y concede a tu pueblo, unido en la plegaria, recibir la gracia de estos sacramentos y el fruto de sus ruegos y deseos. Por Jesucristo nuestro Señor.

PREFACIO

El misterio de la Iglesia, que es esposa de Cristo y templo del Espíritu

En verdad es justo y necesario, es nuestro deber y salvación darte gracias siempre y en todo lugar, Señor, Padre santo, Dios todopoderoso y eterno.

Porque te has dignado habitar en toda casa consagrada a la oración, para hacer de nosotros, con la ayuda constante de tu gracia, templos del Espíritu Santo, resplandecientes por la santidad de vida. Con tu acción constante, Señor, santificas a la Iglesia, esposa de Cristo, simbolizada en edificios visibles, para que así, como madre gozosa por la multitud de sus hijos, pueda ser presentada en la gloria de tu reino.

Por eso, con todos los ángeles y santos, te alabamos, proclamando sin cesar:

Santo, Santo, Santo...

ANTIFONA DE COMUNION   1 Pe 2, 5

Vosotros, como piedras vivas, entráis en la construcción del templo del Espíritu formando un sacerdocio sagrado.

ORACION DESPUES DE LA COMUNION

Señor y Dios nuestro, que has querido hacer de la Iglesia signo temporal de la Jerusalén del cielo, concede a tus siervos, por la participación en este sacramento, ser transformados en templos del Espíritu y entrar en el reino de tu gloria. Por Jesucristo nuestro Señor.

LECTURAS

Cuando se hace una sola lectura antes del Evangelio, se puede escoger entre los textos que se proponen a continuación como 1.ª o como 2.ª lectura.

PRIMERA LECTURA

Fuera del tiempo pascual

1. **Estén tus ojos abiertos sobre este templo**

LECTURA DEL PRIMER LIBRO DE LOS
REYES   8, 22-23. 27-30 (p. 1369)

SALMO RESPONSORIAL 83

R. **¡Qué deseables son tus moradas, Señor de los ejércitos!**

Mi alma se consume y anhela | los atrios del Señor, | mi corazón y mi carne | retozan por el Dios vivo. R.

Hasta el gorrión ha encontrado una casa; | la golondrina, un nido | donde colocar sus polluelos: | tus altares, Señor de los ejércitos, | Rey mío y Dios mío. R.

Dichosos los que viven en tu casa, | alabándote siempre. | Fíjate, oh Dios, en nuestro Escudo, | mira el rostro de tu Ungido. ℟.

Vale más un día en tus atrios | que mil en mi casa, | y prefiero el umbral de la casa de Dios | a vivir con los malvados. ℟.

2. **Te he construido un palacio, un sitio donde vivas para siempre**

LECTURA DEL SEGUNDO LIBRO DE LAS CRONICAS
8, 22-23.27-30

En aquellos días, el rey Salomón, acompañado de toda la asamblea de Israel, reunida con él ante el arca, sacrificaba una cantidad incalculable de ovejas y bueyes. Los sacerdotes llevaron el arca de la alianza del Señor a su sitio, al camarín del templo, al lugar santísimo, bajo las alas de los querubines; los querubines extendían sus alas sobre el sitio del arca y cubrían el arca y los varales por encima. Allí se conservan actualmente. En el arca sólo había las dos tablas que escribió Moisés en el Horeb, cuando el Señor pactó con los israelitas, al salir de Egipto. Trompeteros y cantores entonaron al unísono los himnos y la acción de gracias al Señor; y, en medio del fragor de trompetas, platillos, instrumentos musicales e himnos al Señor, porque es bueno, porque es eterna su misericordia, una nube llenó el templo, de forma que los sacerdotes no podían seguir oficiando a causa de la nube, porque la gloria del Señor llenaba el templo de Dios. Entonces Salomón dijo: «El Señor quiere habitar en la tiniebla; y yo te he construido un palacio, un sitio donde vivas para siempre.»

Palabra de Dios.

SALMO RESPONSORIAL
1 Cro 29

℟ **Alabamos tu nombre glorioso, Señor.**

Bendito eres, Señor, | Dios de nuestro padre Israel, | por los siglos de los siglos. ℟.

Tuyos son, Señor, la grandeza y el poder, | la gloria, el esplendor, la majestad, | porque tuyo es cuanto hay en cielo y tierra, | tú eres rey y soberano de todo. R.

De ti viene la riqueza y la gloria, | tú eres Señor del universo, | en tu mano está el poder y la fuerza, | tú engrandeces y confortas a todos. R.

3. Mi casa es casa de oración, y así la llamarán todos los pueblos

LECTURA DEL LIBRO DE ISAIAS   56, 1.6-7

Así dice el Señor: «Guardad el derecho, practicad la justicia, que mi salvación está para llegar, y se va a revelar mi victoria. A los extranjeros que se han dado al Señor, para servirlo, para amar el nombre del Señor y ser sus servidores, que guardan el sábado sin profanarlo y perseveran en mi alianza, los traeré a mi monte santo, los alegraré en mi casa de oración, aceptaré sobre mi altar sus holocaustos y sacrificios; porque mi casa es casa de oración, y así la llamarán todos los pueblos.»

Palabra de Dios.

SALMO RESPONSORIAL 83

R. **Esta es la morada de Dios con los hombres.**

Mi alma se consume y anhela | los atrios del Señor, | mi corazón y mi carne | retozan por el Dios vivo. R.

Hasta el gorrión ha encontrado una casa; | la golondrina, un nido | donde colocar sus polluelos: | tus altares, Señor de los ejércitos, | Rey mío y Dios mío. R.

Dichosos los que viven en tu casa, | alabándote siempre. | Fíjate, oh Dios, en nuestro Escudo, | mira el rostro de tu Ungido. R.

Vale más un día en tus atrios | que mil en mi casa, | y prefiero el umbral de la casa de Dios | a vivir con los malvados. R.

Tiempo pascual

1. El Altísimo no habita en edificios construidos por hombres

LECTURA DEL LIBRO DE LOS HECHOS DE LOS APOSTOLES

7, 44-50

En aquellos días, Esteban decía al pueblo, a los ancianos y a los escribas: «Nuestros padres tenían en el desierto el tabernáculo de la alianza: Dios había ordenado a Moisés que lo construyera, copiando el modelo que había visto. Nuestros padres se fueron transmitiendo el tabernáculo hasta introducirlo, guiados por Josué, en el territorio de los gentiles, a los que Dios expulsó delante de ellos. Así estuvieron las cosas hasta el tiempo de David, que alcanzó el favor de Dios, y le pidió que le permitiera construir una morada al Dios de Jacob. Pero fue Salomón el que la construyó. Aunque el Altísimo no habita en edificios construidos por hombres, como dice el profeta: "Mi trono es el cielo, la tierra, el estrado de mis pies. ¿Qué templo podéis construirme —dice el Señor—, o qué lugar para que descanse? ¿No ha hecho mi mano todo esto?"»

Palabra de Dios.

SALMO RESPONSORIAL 94

℟ **Entremos a la presencia del Señor dándole gracias** (o Aleluya.)

Venid, aclamemos al Señor, | demos vítores a la Roca que nos salva; | entremos a su presencia dándole gracias, | aclamándolo con cantos. ℟.

Porque el Señor es un Dios grande, | soberano de todos los dioses: | tiene en su mano las simas de la tierra, | son suyas las cumbres de los montes; | suyo es el mar, porque él lo hizo, | la tierra firme que modelaron sus manos. ℟.

Entrad, postrémonos por tierra, | bendiciendo al Señor, creador nuestro. | Porque él es nuestro Dios, | y nosotros su pueblo, | el rebaño que él guía. ℞.

2. Esta es la morada de Dios con los hombres

LECTURA DEL LIBRO DEL APOCALIPSIS

21, 1-5a

Yo, Juan, vi un cielo nuevo y una tierra nueva, porque el primer cielo y la primera tierra han pasado, y el mar ya no existe. Y vi la ciudad santa, la nueva Jerusalén, que descendía del cielo, enviada por Dios, arreglada como una novia que se adorna para su esposo. Y escuché una voz potente que decía desde el trono: «Esta es la morada de Dios con los hombres: acampará entre ellos. Ellos serán su pueblo, y Dios estará con ellos y será su Dios. Enjugará las lágrimas de sus ojos. Ya no habrá muerte, ni luto, ni llanto, ni dolor. Porque el primer mundo ha pasado.» Y el que estaba sentado en el trono dijo: «Todo lo hago nuevo.»

Palabra de Dios.

SALMO RESPONSORIAL 83

℞ **Dios estará con ellos y será su Dios** (o Aleluya.)

Mi alma se consume y anhela | los atrios del Señor, | mi corazón y mi carne | retozan por el Dios vivo. ℞.

Hasta el gorrión ha encontrado una casa; | la golondrina, un nido | donde colocar sus polluelos: | tus altares, Señor de los ejércitos, | Rey mío y Dios mío. ℞.

Dichosos los que viven en tu casa, | alabándote siempre. | Fíjate, oh Dios, en nuestro Escudo, | mira el rostro de tu Ungido. ℞.

Vale más un día en tus atrios. | que mil en mi casa, | y prefiero el umbral de la casa de Dios | a vivir con los malvados. ℞.

3. Voy a mostrarte a la novia, a la esposa del Cordero

LECTURA DEL LIBRO DEL APOCALIPSIS   21, 9b-14

El ángel me habló así: «Ven acá, voy a mostrarte a la novia, a la esposa del Cordero.»

Me transportó en éxtasis a un monte altísimo, y me enseñó la ciudad santa, Jerusalén, que bajaba del cielo, enviada por Dios, trayendo la gloria de Dios. Brillaba como una piedra preciosa, como jaspe traslúcido. Tenía una muralla grande y alta y doce puertas custodiadas por doce ángeles, con doce nombres grabados: los nombres de las tribus de Israel. A oriente tres puertas, al norte tres puertas, al sur tres puertas, y a occidente tres puertas. La muralla tenía doce basamentos que llevaban doce nombres: los nombres de los apóstoles del Cordero.

Palabra de Dios.

SALMO RESPONSORIAL 121

℟ **Vamos alegres a la casa del Señor** (o Aleluya.)

¡Qué alegría cuando me dijeron: | «Vamos a la casa del Señor»! | Ya están pisando nuestros pies | tus umbrales, Jerusalén. ℟.

Jerusalén está fundada | como ciudad bien compacta. | Allá suben las tribus, | las tribus del Señor, | según la costumbre de Israel, | a celebrar el nombre del Señor. ℟.

Por mis hermanos y compañeros, | voy a decir: «La paz contigo.» | Por la casa del Señor, nuestro Dios, | te deseo todo bien. ℟.

SEGUNDA LECTURA

1. Sois templo de Dios

LECTURA DEL PRIMERA CARTA DEL
APOSTOL SAN PABLO A LOS CORINTIOS   3, 9c-11.16-17

Hermanos: Sois edificio de Dios. Conforme al don que Dios me ha dado, yo, como hábil arquitecto, coloqué el cimiento, otro levanta el edificio. Mire cada uno cómo construye. Nadie puede poner otro cimiento fuera del ya puesto, que es Jesucristo. ¿No sabéis que sois templo de Dios y que el Espíritu de Dios habita en vosotros? Si alguno destruye el templo de Dios, Dios lo destruirá a él; porque el templo de Dios es santo: ese templo sois vosotros.

Palabra de Dios.

2. Todo el edificio se va levantando hasta formar un templo consagrado al Señor

LECTURA DEL LA CARTA DEL APOSTOL SAN PABLO A LOS EFESIOS   2, 19-22

Hermanos: Ya no sois extranjeros ni forasteros, sino que sois ciudadanos de los santos y miembros de la familia de Dios.

Estáis edificados sobre el cimiento de los apóstoles y profetas, y el mismo Cristo Jesús es la piedra angular. Por él todo el edificio queda ensamblado, y se va levantando hasta formar un templo consagrado al Señor. Por él también vosotros os vais integrando en la construcción, para ser morada de Dios, por el Espíritu.

Palabra de Dios.

3. Os habéis acercado al monte Sión, ciudad del Dios vivo

LECTURA DE LA CARTA DE LOS HEBREOS   12, 18-19.22-24

Hermanos: Vosotros no os habéis acercado a un monte tangible, a un fuego encendido, a densos nubarrones, a la tormenta, al sonido de la trompeta; ni habéis oído aquella voz que el pueblo, al oírla, pidió que no les siguiera hablando. Vosotros os habéis acercado al monte Sión, ciudad del Dios vivo, Jerusalén del cielo, a millares de ángeles en fiesta, a la asamblea de los primogénitos inscritos en el cielo, a Dios, juez de todos, a las almas de los justos que han llegado a su destino y al Mediador de la nueva

alianza, Jesús, y a la aspersión purificadora de una sangre que
habla mejor que la de Abel.

Palabra de Dios.

ALELUYA   Mt 16, 18

Tú eres Pedro, y sobre esta piedra edificaré mi Iglesia, y
el poder del infierno no la derrotará.

EVANGELIO

1.   Tu eres Pedro, y te daré las llaves del reino de los cielos

✠ LECTURA DEL S. EVANGELIO SEGUN
SAN MATEO   16, 13-19

En aquel tiempo, al llegar a la región de Cesarea de Filipo,
Jesús preguntó a sus discípulos: «¿Quién dice la gente que es el
Hijo del hombre?» Ellos contestaron: «Unos que Juan Bautista,
otros que Elías, otros que Jeremías o uno de los profetas.» El les
preguntó: «Y vosotros, ¿quién decís que soy yo?» Simón Pedro
tomó la palabra y dijo: «Tú eres el Mesías, el Hijo de Dios
vivo.» Jesús le respondió: «¡Dichoso tú, Simón, hijo de Jonás!,
porque eso no te lo ha revelado nadie de carne y hueso, sino mi
Padre que está en el cielo. Ahora te digo yo: Tú eres Pedro, y
sobre esta piedra edificaré mi Iglesia, y el poder del infierno no
la derrotará. Te daré las llaves del reino de los cielos; lo que ates
en la tierra quedará atado en el cielo, y lo que desates en la tierra
quedará desatado en el cielo.»

Palabra del Señor.

ALELUYA   Cf. Mt 7, 8

En mi casa, quien pide recibe —dice el Señor—, quien
busca encuentra y al que llama se le abre.

EVANGELIO

2. Hoy ha sido la salvación de esta casa

✠ LECTURA DEL S. EVANGELIO SEGUN SAN LUCAS
19, 1-10

En aquel tiempo, entró Jesús en Jericó y atravesaba la ciudad. Un hombre llamado Zaqueo, jefe de publicanos y rico, trababa de distinguir quién era Jesús, pero la gente se lo impedía, porque era bajo de estatura. Corrió más adelante y se subió a una higuera, para verlo, porque tenía que pasar por allí. Jesús, al llegar a aquel sitio, levantó los ojos y dijo: «Zaqueo, baja en seguida, porque hoy tengo que alojarme en tu casa.» El bajó en seguida y lo recibió muy contento. Al ver esto, todos murmuraban, diciendo: «Ha entrado a hospedarse en casa de un pecador.»

Pero Zaqueo se puso en pie y dijo al Señor: «Mira, la mitad de mis bienes, Señor, se la doy a los pobres; y si de alguno me he aprovechado, le restituiré cuatro veces más.» Jesús le contestó: «Hoy ha sido la salvación de esta casa; también éste es hijo de Abrahán. Porque el Hijo del hombre ha venido a buscar y a salvar lo que estaba perdido.»

Palabra del Señor.

ALELUYA
2 Cro 7, 16

Elijo y consagro este templo, —dice el Señor—, para que esté en él mi nombre eternamente.

EVANGELIO

3. Hablaba del templo de su cuerpo

✠ LECTURA DEL S. EVANGELIO SEGUN SAN JUAN
2, 13-22

Se acercaba la Pascua de los Judíos, y Jesús subió a Jerusalén. Y encontró en el templo a los vendedores de bueyes, ovejas y palomas, y a los cambistas sentados; y, haciendo un azote de cordeles, los echó a todos del templo, ovejas y bueyes; y a los cambistas les esparció las monedas y les volcó las mesas; y a los que vendían palomas les dijo: «Quitad esto de aquí; no convirtáis en un mercado la casa de mi Padre.»

Sus discípulos se acordaron de lo que está escrito: «El celo de tu casa me devora.» Entonces intervinieron los judíos y le preguntaron: «¿Qué signos nos muestras para obrar así?» Jesús contestó: «Destruid este templo, y en tres días lo levantaré.» Los judíos replicaron: «Cuarenta y seis años ha costado construir este templo, ¿y tú lo vas a levantar en tres días?» Pero él hablaba del templo de su cuerpo. Y, cuando resucitó de entre los muertos, los discípulos se acordaron de lo que había dicho, y dieron fe a la Escritura y a la palabra que había dicho Jesús.

Palabra del Señor.

COMUN DE
SANTA MARIA VIRGEN

1

Estas misas se utilizan también para la celebración de la memoria de santa María en el sábado, y para las misas votivas de la Virgen.

ANTIFONA DE ENTRADA   Sedulio

¡Salve, Madre Santa!, Virgen, Madre del Rey, que gobierna cielo y tierra por los siglos de los siglos.

ORACION COLECTA

Te pedimos, Señor, que nosotros, tus siervos, gocemos siempre de salud de alma y cuerpo, y por la intercesión de santa María, la Virgen, líbranos de las tristezas de este mundo y concédenos las alegrías del cielo. Por nuestro Señor Jesucristo.

O bien:

Perdona, Señor, los pecados de tus fieles y, ya que nuestros actos no pueden complacerte, sálvanos por intercesión de la Madre de tu Hijo, nuestro Señor Jesucristo. Que vive y reina contigo.

ORACION SOBRE LAS OFRENDAS

El amor y la gracia de tu Hijo, hecho hombre por nosotros, sea nuestro socorro, Señor, y el que al nacer de la Virgen no menoscabó la integridad de su Madre, sino que la santificó, nos libre del peso de nuestros pecados y vuelva así aceptable nuestra ofrenda delante de tus ojos. Por Jesucristo nuestro Señor.

Prefacio de santa María Virgen (en las misas votivas: en la veneración), *pp. 1092ss.*

ANTIFONA DE COMUNION   Cf. Lc 11, 27

Dichoso el vientre de María, la Virgen, que llevó al Hijo
del eterno Padre.

ORACION DESPUES DE LA COMUNION

Al recibir estos sacramentos, Señor, imploramos de tu misericordia que cuantos nos gozamos en la festividad de María, siempre Virgen, nos entreguemos como ella al servicio de tu plan de
salvación sobre los hombres. Por Jesucristo nuestro Señor.

2

ANTIFONA DE ENTRADA

Dichosa eres, Virgen María, que llevaste en tu seno al
autor del universo; engendraste al que te creó y permaneces Virgen para siempre.

ORACION COLECTA

Dios de misericordia, fortalece nuestra débil condición y, al
recordar en este día a la Madre de tu Hijo, concédenos por su intercesión vernos libres de todas nuestras culpas. Por nuestro Señor Jesucristo.

O bien:

Te rogamos, Señor, que venga en nuestra ayuda la intercesión poderosa de la Virgen María, para que nos veamos libres de
todo peligro y podamos vivir en tu paz. Por nuestro Señor Jesucristo.

ORACION SOBRE LAS OFRENDAS

Al venerar la memoria de la Madre de tu Hijo, te rogamos,
Señor, que la ofrenda que te presentamos nos transforme a noso-

tros, por tu gracia, en oblación viva y perenne. Por Jesucristo nuestro Señor.

Prefacio de santa María Virgen (en las misas votivas: en la veneración), *pp. 1092ss.*

ANTIFONA DE COMUNION   Lc 1, 49

El Poderoso ha hecho obras grandes por mí: su nombre es santo.

ORACION DESPUES DE LA COMUNION

Como partícipes de la redención eterna te rogamos, Señor, que al celebrar la memoria de la Madre de tu Hijo, nos gloriemos en la abundancia de tu gracia y sintamos el aumento continuo de la salvación. Por Jesucristo nuestro Señor.

3

ANTIFONA DE ENTRADA   Cf. Jdt 13, 23.25

El Señor Dios te ha bendecido, Virgen María, más que a todas la mujeres de la tierra; ha glorificado tu nombre de tal modo, que tu alabanza está siempre en la boca de todos.

ORACION COLECTA

Concédenos, Señor, por intercesión de la Virgen María, cuya gloriosa memoria hoy celebramos, hacernos dignos de participar, como ella, de la plenitud de tu gracia. Por nuestro Señor Jesucristo.

O bien:

Señor Jesús, que elegiste el seno virginal de María como digna morada, haz que, protegidos por su ayuda materna, participemos alegres en la celebración de su fiesta. Tú que vives y reinas.

ORACION SOBRE LAS OFRENDAS

Jubilosos de poder celebrar la festividad de la Madre de tu Hijo, te ofrecemos, Señor, este sacrificio de alabanza, y te suplicamos que, por estos sagrados misterios, se acrecienten en nosotros los frutos de la redención eterna. Por Jesucristo nuestro Señor.

Prefacio de santa María Virgen (en las misas votivas: en la veneración), *pp. 1092ss.*

ANTIFONA DE COMUNION   Cf. Lc 1, 48

Me felicitarán todas las generaciones, porque Dios ha mirado la humillación de su esclava.

ORACION DESPUES DE LA COMUNION

Después de celebrar la eucaristía, te rogamos, Señor, que cuantos veneramos la memoria de santa María, siempre Virgen, nos sentemos un día a la mesa del banquete del reino de los cielos. Por Jesucristo nuestro Señor.

4. En tiempo de Adviento

ANTIFONA DE ENTRADA   Is 45, 8

Cielos, destilad el rocío; nubes, derramad la victoria; ábrase la tierra y brote la salvación.

O bien: Lc 1, 30-32

El ángel dijo a María: Has encontrado gracia ante Dios. Concebirás y darás a luz un hijo, y se llamará Hijo del Altísimo.

ORACION COLECTA

Dios todopoderoso, que, según lo anunciaste por el ángel, has querido que tu Hijo se encarnara en el seno de María, la Virgen, escucha nuestras súplicas y haz que sintamos la protección de María los que la proclamamos verdadera Madre de Dios. Por nuestro Señor Jesucristo.

ORACION SOBRE LAS OFRENDAS

El Espíritu Santo, que fecundó con su poder el seno de María, santifique, Señor, las ofrendas que te presentamos sobre el altar. Por Jesucristo nuestro Señor.

Prefacio de santa María Virgen (en las misas votivas: en la veneración), *pp. 1092ss. Se puede decir también el prefacio II de Adviento, p. 1055.*

ANTIFONA DE COMUNION   Is 7, 14

Mirad: la Virgen está encinta y dará a luz un hijo, y le pondrá por nombre Dios-con-nosotros.

ORACION DESPUES DE LA COMUNION

Señor, que los sacramentos que hemos recibido nos otorguen siempre tu misericordia, y por la encarnación de tu Hijo Jesucristo, salva a los que veneramos fielmente la memoria de su Madre, la Virgen María. Por Jesucristo nuestro Señor.

5. En tiempo de Navidad

ANTIFONA DE ENTRADA

La Madre engendró al Rey, que tiene un nombre eterno; su gozo de madre se une al honor de virgen. Nadie ha sido semejante a ella, ni antes ni después.

O bien:

Virgen Madre de Dios, el que no cabe en el universo, al hacerse hombre se encerró en tu seno.

ORACION COLECTA

Dios todopoderoso, que por la maternidad virginal de María entregaste a los hombres los bienes de la salvación, concédenos experimentar la intercesión materna de la que nos ha dado a tu Hijo Jesucristo, el autor de la vida. Que vive y reina contigo.

ORACION SOBRE LAS OFRENDAS

Recibe, Señor, los dones que te presentamos, y que nuestros corazones, encendidos por la luz del Espíritu Santo, busquen y conserven, a ejemplo de María, tu voluntad y tu palabra. Por Jesucristo nuestro Señor.

Prefacio de santa María Virgen (en las misas votivas: en la veneración), *pp. 1092ss.*

ANTIFONA DE COMUNION
Jn 1, 14

La Palabra se hizo carne y acampó entre nosotros, llena de gracia y de verdad.

ORACION DESPUES DE LA COMUNION

Alimentados por el Cuerpo y la Sangre de tu Hijo, hecho hombre, te rogamos, Señor, que estos sacramentos, recibidos con gozo en la festividad de la Virgen María, nos hagan partícipes de la divinidad de tu Hijo. Que vive y reina por los siglos de los siglos.

6. En tiempo pascual

ANTIFONA DE ENTRADA
Cf. Hch 1, 14

Los discípulos se dedicaban a la oración en común, junto con María, la madre de Jesús. Aleluya.

ORACION COLECTA

Oh Dios, que por la resurrección de tu Hijo, nuestro Señor Jesucristo, has llenado el mundo de alegría, concédenos, por intercesión de su Madre, la Virgen María, llegar a alcanzar los gozos eternos. Por nuestro Señor Jesucristo.

O bien:

Dios todopoderoso, que derramaste el Espíritu Santo sobre los apóstoles, reunidos en oración con María, la Madre de Jesús, concédenos, por intercesión de la Virgen, entregarnos fielmente a tu servicio y proclamar la gloria de tu nombre con testimonio de palabra y de vida. Por nuestro Señor Jesucristo.

ORACION SOBRE LAS OFRENDAS

Al celebrar la fiesta de santa María, siempre Virgen, te presentamos, Señor, nuestras ofrendas y te suplicamos que tu Hijo Jesucristo, sacerdote y víctima en el altar de la cruz, nos socorra siempre con su gracia. Por Jesucristo nuestro Señor.

Prefacio de santa María Virgen (en las misas votivas: en la veneración), *pp. 1092ss.*

ANTIFONA DE COMUNION

Alégrate, Virgen Madre, porque Cristo ha resucitado del sepulcro. Aleluya.

ORACION DESPUES DE LA COMUNION

Dios todopoderoso, confírmanos en la fe de estos misterios que hemos celebrado, y pues confesamos a tu Hijo Jesucristo, nacido de la Virgen, Dios y hombre verdadero, te rogamos que por la fuerza salvadora de su resurrección merezcamos llegar a las alegrías eternas. Por Jesucristo nuestro Señor.

Otras oraciones en las misas de la Virgen

1. La Virgen de la escucha

Señor, Dios nuestro, que nos has dado en la Virgen María el modelo de quien escucha tu Palabra y la pone en práctica; abre nuestro corazón al gozo de la escucha, y por medio de tu Espíritu haz que seamos lugar santo en el que tu Palabra de salvación se cumpla hoy. Por nuestro Señor.

2. El trono de la Sabiduría

Padre eterno, que has puesto en María, la Virgen, el trono real de tu Sabiduría; ilumina la Iglesia con la luz de la Palabra de la vida, para que en el resplandor de la verdad caminemos hasta el pleno conocimiento de tu misterio de amor. Por nuestro Señor.

3. De María brota el renuevo

Oh Dios, Padre nuestro, como de una raíz plantada en tierra fértil has hecho brotar de la Virgen María el renuevo santo, que es Cristo, tu Hijo; haz que todo cristiano, injertado en él por medio del Bautismo pueda renovar su juventud en el Espíritu y dar frutos de gracia para alabanza de tu gloria. Por nuestro Señor.

4. La humilde esclava del Señor

Dios santo y misericordioso, que te complaces en los humildes y cumples en ellos, por medio de tu Espíritu, las maravillas de la salvación; mira la inocencia de la Virgen María y danos un corazón sencillo y humilde, que sepa responder positivamente a todo signo de tu voluntad. Por nuestro Señor.

5. María, modelo de gratitud y de alabanza

Oh Dios, Padre de nuestro Señor Jesucristo, mira a la Virgen María, cuya existencia terrena se ha desarrollado bajo el signo de la gratitud y de la alabanza; concédenos también a nosotros el don de la plegaria incesante y del silencio, para que toda nuestra vida cotidiana se transfigure con la presencia de tu Santo Espíritu. Por nuestro Señor.

6. Signo de esperanza en el camino de la Iglesia

Padre santo, que en el camino de la Iglesia, peregrina en la tierra, has puesto como signo luminoso a la Virgen María; por su intercesión aumenta nuestra fe, y reaviva nuestra esperanza, para que ningún obstáculo nos desvíe del sendero que nos lleva a la salvación. Por nuestro Señor.

7. María, primicia de la redención

Oh Dios, Padre bueno, que en María, primicia de la redención, nos has dado una madre de inmensa ternura; abre nuestros corazones a la alegría del Espíritu y haz que, a imitación de la Virgen, sepamos alabarte por las maravillas realizadas en Cristo, tu Hijo. Que vive y reina contigo.

8. Con María, orante en el cenáculo

Señor, Dios nuestro, que has querido que la Madre de tu Hijo estuviese presente y participase en la oración de la primera comunidad cristiana; concédenos perseverar junto a ella con un solo corazón y una sola alma en la espera del Espíritu. Por nuestro Señor.

9. Causa de nuestra alegría

Dios de eterna gloria, que has introducido en el mundo la verdadería alegría, Cristo, tu Hijo, sol de justicia nacido de la Virgen Madre; líbranos del peso del pecado que entristece y extingue tu Espíritu en nosotros, y recíbenos en la mesa de tu Reino, para

saciarnos con el pan que contiene en sí todo deleite. Por nuestro
Señor.

10. María, imagen de la Iglesia
Oh Dios, Padre de Jesucristo, nuestro Salvador, que en Santa
María, Virgen y Madre, nos has dado la imagen de la Iglesia, envía tu Espíritu en ayuda de nuestra debilidad; para que, persene-
rando en la fe, crezcamos en el amor y caminemos juntos hasta
la meta de la bienaventurada esperanza. Por nuestro Señor.

LECTURAS

*Cuando se hace una sola lectura antes del Evangelio, se puede escoger
entre los textos que se proponen a continuación como 1.ª o como 2.ª lectura.*

PRIMERA LECTURA
Fuera del tiempo pascual

1. Establezco hostilidades entre tu estirpe y la de la mujer
LECTURA DEL LIBRO DEL GENESIS   3, 9-15.20 (p. 2295)

SALMO RESPONSORIAL   Jdt 13
℟ Tú eres el orgullo de nuestra raza.

El Altísimo te ha bendecido, hija, | más que a todas las muje-
res de la tierra. | Bendito el Señor, creador del cielo y tierra. ℟.

Que hoy ha glorificado tu nombre de tal modo, | que tu ala-
banza estará siempre en la boca de todos, | los que se acuerden
de esta obra poderosa de Dios. ℟.

2. Como lo había prometido a nuestros padres, en favor de
    Abrahán y su descendencia por siempre
LECTURA DEL LIBRO DEL GENESIS   12, 1-7

En aquellos días, el Señor dijo a Abrán: «Sál de tu tierra y
de la casa de tu padre, hacia la tierra que te mostraré. Haré de

ti un gran pueblo, te bendeciré, haré famoso tu nombre, y será una bendición. Bendeciré a los que te bendigan, maldeciré a los que te maldigan. Con tu nombre se bendecirán todas las familias del mundo.» Abrán marchó, como le había dicho el Señor, y con él marchó Lot. Abrán tenía sesenta y cinco años cuando salió de Harán. Abrán llevó consigo a Saray, su mujer, a Lot, su sobrino, todo lo que había adquirido y todos los esclavos que había ganado en Harán. Salieron en dirección de Canaán y llegaron a la tierra de Canaán. Abrán atravesó el país hasta la región de Siquén, hasta la encina de Moré. En aquel tiempo habitaban allí los cananeos. El Señor se apareció a Abrán y le dijo: «A tu descendencia le daré esta tierra.» El construyó allí un altar en honor del Señor, que se le había aparecido.

Palabra de Dios.

SALMO RESPONSORIAL   Lc 1, 46-55

℟. **El Poderoso ha hecho obras grandes por mí: | su nombre es santo.**

Proclama mi alma la grandeza del Señor, | se alegra mi espíritu en Dios, mi salvador. ℟.

Porque ha mirado la humillación de su esclava. | Desde ahora me felicitarán todas las generaciones, | porque el Poderoso ha hecho obras grandes por mí: | su nombre es santo. ℟.

Y su misericordia llega a sus fieles | de generación en generación. | El hace proezas con su brazo: | dispersa a los soberbios de corazón. ℟.

Derriba del trono a los poderosos | y enaltece a los humildes, | a los hambrientos los colma de bienes | y a los ricos los despide vacíos. ℟.

Auxilia a Israel, su siervo, | acordándose de la misericordia | —como lo había prometido a nuestros padres— | en favor de Abrahán y su descendencia por siempre. ℟.

3.   Dios le dará el trono de David, su padre

LECTURA DEL SEGUNDO LIBRO DE
SAMUEL   7, 1-5. 8b-11.16

Cuando el rey David se estableció en su palacio, y el Señor
le dio la paz con todos los enemigos que le rodeaban, el rey dijo
al profeta Natán: «Mira, yo estoy viviendo en casa de cedro,
mientras el arca del Señor vive en una tienda.» Natán respondió
al rey: «Vé y haz cuanto piensas, pues el Señor está contigo.»
Pero aquella noche recibió Natán la siguiente palabra del Señor:
«Vé y dile a mi siervo David: "Así dice el Señor: ¿Eres tú quien
me va a construir una casa para que habite en ella? Yo te saqué
de los apriscos, de andar tras las ovejas, para que fueras jefe de
mi pueblo de Israel. Yo estaré contigo en todas tus empresas,
acabaré con tus enemigos, te haré famoso como a los más famosos de la tierra. Daré un puesto a Israel, mi pueblo: lo plantaré
para que viva en él sin sobresaltos, y en adelante no permitiré
que los malvados lo aflijan como antes, cuando nombré jueces
para gobernar a mi pueblo Israel. Te pondré en paz con todos
tus enemigos, te haré grande y te daré una dinastía. Tu casa y tu
reino durarán por siempre en mi presencia; tu trono permanecerá
por siempre."»

Palabra de Dios.

SALMO RESPONSORIAL   1 Sm 2

R. Mi corazón se regocija por el Señor, mi salvador.

Mi corazón se regocija por el Señor, | mi poder se exalta por
Dios; | mi boca se ríe de mis enemigos, | porque gozo con tu
salvación. R.

Se rompen los arcos de los valientes, | mientras los cobardes
se ciñen de valor; | los hartos se contratan por el pan, | mientras
los hambrientos engordan; | la mujer estéril da a luz siete hi-
jos, | mientras la madre de muchos queda baldía. R.

El Señor da la muerte y la vida, | hunde en el abismo y levanta; | da la pobreza y la riqueza, | humilla y enaltece. ℟.

El levanta el polvo al desvalido, | alza de la basura al pobre, | para hacer que se siente entre príncipes | y que herede un trono de gloria. ℟.

PRIMERA LECTURA

Tiempo pascual

1. Se dedicaban a la oración, junto con María, la madre de Jesús

LECTURA DEL LIBRO DE LOS HECHOS DE LOS APOSTOLES 1, 12-14 (p. 648)

SALMO RESPONSORIAL Lc 1, 46-55 (p. 2343)

2. Apareció una figura portentosa en el cielo

LECTURA DEL LIBRO DEL APOCALIPSIS 11, 19a; 12, 1. 3-6a.10 ab (p. 2144)

SALMO RESPONSORIAL 44 (p. 2398)

3. Vi la nueva Jerusalén, arreglada como una novia que se adorna para su esposo

LECTURA DEL LIBRO DEL APOCALIPSIS 21, 1-5a

Yo, Juan, vi un cielo nuevo y un tierra nueva, porque el primer cielo y la primera tierra han pasado, y el mar ya no existe. Y vi la ciudad santa, la nueva Jerusalén, que descendía del cielo, enviada por Dios, arreglada como una novia que se adorna para su esposo. Y escuché una voz potente que decía desde el trono: «Esta es la morada de Dios con los hombres: acampará entre ellos. Ellos serán su pueblo, y Dios estará con ellos y será su Dios. Enjugará las lágrimas de sus ojos. Ya no habrá muerte, ni luto, ni llanto, ni dolor. Porque el primer mundo ha pasado.» Y el que estaba sentado en el trono dijo: «Todo lo hago nuevo.»

Palabra de Dios.

SALMO RESPONSORIAL   Jdt 13, 18bcde.19 (R.: 15, 9d)

℟ **Tú eres el orgullo de nuestra raza** (o Aleluya.)

El Altísimo te ha bendecido, hija, | más que a todas las muje-
res de la tierra. | Bendito el Señor, creador del cielo y tierra. ℟.

Que hoy ha glorificado tu nombre de tal modo, | que tu ala-
banza estará siempre en la boca de todos | los que se acuerden de
esta obra poderosa de Dios. ℟.

SEGUNDA LECTURA

1. **Si creció el pecado, más desbordante fue la gracia**

LECTURA DE LA CARTA DEL APOSTOL
SAN PABLO A LOS ROMANOS   5, 12. 17-19

Hermanos: Lo mismo que por un hombre entró el pecado en
el mundo, y por el pecado la muerte, y así la muerte pasó a todos los hombres, porque todos pecaron. Por el delito de un sólo
hombre comenzó el reinado de la muerte, por culpa de uno sólo.
Cuanto más ahora, por un solo hombre, Jesucristo, vivirán y reinarán todos los que han recibido un derroche de gracia y el don
de la justificación. En resumen: si el delito de uno trajo la condena a todos, también la justicia de uno traerá la justificación y la
vida. Si por la desobediencia de uno todos se convirtieron en pecadores, así por la obediencia de uno todos se convertirán en justos.

Palabra de Dios.

2. **A los que había escogido, Dios los predestinó**

LECTURA DE LA CARTA DEL APOSTOL
SAN PABLO A LOS ROMANOS   8, 28-30

Hermanos: Sabemos que a los que aman a Dios todo les sirve para el bien: a los que ha llamado conforme a su designio. A
los que había escogido, Dios los predestinó a ser imagen de su

Hijo, para que él fuera el primogénito de muchos hermanos. A los que predestinó, los llamó; a los que llamó, los justificó; a los que justificó, los glorificó.

Palabra de Dios.

3. **Envió Dios a su Hijo, nacido de una mujer**

LECTURA DE LA CARTA DEL APOSTOL
SAN PABLO A LOS GALATAS   4, 4-7

Hermanos: Cuando se cumplió el tiempo, envió Dios a su Hijo, nacido de una mujer, nacido bajo la Ley, para rescatar a los que estaban bajo la Ley, para que recibiéramos el ser hijos por adopción. Como sois hijos, Dios envió a nuestros corazones el Espíritu de su Hijo que clama: «¡Abba! Padre.» Así que ya no eres esclavo, sino hijo; y si eres hijo, eres también heredero por voluntad de Dios.

Palabra de Dios.

Y así, nosotros, los que ya esperábamos en Cristo, seremos alabanza de su gloria.

Palabra de Dios.

ALELUYA

Dichosa eres, santa Virgen María, y digna de toda alabanza: de ti salió el sol de justicia, Cristo, nuestro Señor.

EVANGELIO

1. **La criatura que hay en ella viene del Espíritu Santo**

✠ LECTURA DEL S. EVANGELIO SEGUN
SAN MATEO   1, 18-23

El nacimiento de Jesucristo fue de esta manera: María, su madre, estaba desposada con José y, antes de vivir juntos, resultó que ella esperaba un hijo por obra del Espíritu Santo. José, su esposo, que era justo y no quería denunciarla, decidió repudiarla en secreto. Pero, apenas había tomado esta resolución se le apareció en sueños un ángel del Señor que le dijo: «José, hijo de David, no tengas reparo en llevarte a María, tu mujer, porque la criatura que hay en ella viene del Espíritu Santo. Dará a luz un hijo, y tú le pondrás por nombre Jesús, porque él salvará a su pueblo de los pecados.»

Todo esto sucedió para que se cumpliese lo que había dicho el Señor por el Profeta: «Mirad: la Virgen concebirá y dará a luz un hijo y le pondrá por nombre Emmanuel, que significa "Dios-con-nosotros".»

Palabra del Señor.

ALELUYA   Cf. Lc 1, 45

Dichosa tú, Virgen María, que has creído, porque lo que te ha dicho el Señor se cumplirá.

EVANGELIO

2.   Dichosa tú, Virgen María, que has creído, porque lo que te ha dicho el Señor se cumplirá

✠ LECTURA DEL S. EVANGELIO SEGUN
SAN MATEO   2, 13-15.19-23

Cuando se marcharon los magos, el ángel del Señor se apareció en sueños a José y le dijo: «Levántate, coge al niño y a su madre y huye a Egipto; quédate allí hasta que yo te avise, porque Herodes, va a buscar al niño para matarlo.» José se levantó, cogió al niño y a su madre, de noche, se fue a Egipto y se quedó hasta la muerte de Herodes. Así se cumplió lo que dijo el Señor por el profeta: «Llamé a mi hijo, para que saliera de Egipto.» Cuando murió Herodes, el ángel del Señor se apareció de nuevo en sueños a José en Egipto y le dijo: «Levántate, coge al niño y a su madre y vuélvete a Israel; ya han muerto los que atentaban contra la vida del niño.» Se levantó, cogió al niño y a su madre y volvió a Israel. Pero, al enterarse de que Arquelao reinaba en Judea como sucesor de su padre Herodes, tuvo miedo de ir allá. Y, avisado en sueños, se retiró a Galilea y se estableció en un pueblo llamado Nazaret. Así se cumplió lo que dijeron los profetas, que se llamaría Nazareno.

Palabra del Señor.

ALELUYA   Lc 11, 28

Dichosos los que escuchan la palabra de Dios y la cumplen.

EVANGELIO

3. Señalando con la mano a los discípulos, dijo: «Estos son mi madre y mis hermanos»

✠ LECTURA DEL S. EVANGELIO SEGUN SAN MATEO   12, 46-50

En aquel tiempo, estaba Jesús hablando a la gente, cuando su madre y sus hermanos se presentaron fuera, tratando de hablar con él. Uno se lo avisó: «Oye, tu madre y tus hermanos están fuera y quieren hablar contigo.» Pero él contestó al que le avisaba: «¿Quién es mi madre y quiénes son mis hermanos?» Y, señalando con la mano a los discípulos, dijo: «Estos son mi madre y mis hermanos. El que cumple la voluntad de mi Padre del cielo, ése es mi hermano, y mi hermana, y mi madre.»

Palabra del Señor.

COMUN DE MARTIRES

De varios mártires, fuera del tiempo pascual

ANTIFONA DE ENTRADA

Los santos, que siguieron las huellas de Cristo, viven gozosos en el cielo. Derramaron la sangre por su amor, por eso se alegran con Cristo para siempre.

ORACION COLECTA

Concédenos, Señor, que nuestras oraciones nos sirvan de alegría y ayuda, para que, al celebrar la fiesta anual de los santos mártires N. y N., imitemos su constancia en la fe. Por nuestro Señor Jesucristo.

ORACION SOBRE LAS OFRENDAS

Recibe, Padre santo, las ofrendas que te presentamos en la fiesta de tus mártires N. y N., y concédenos la gracia de permanecer siempre firmes en la confesión de tu nombre. Por Jesucristo nuestro Señor.

ANTIFONA DE COMUNION   Lc 22, 28-30

Vosotros sois los que habéis perseverado conmigo en mis pruebas, y yo os transmito el reino —dice el Señor—; comeréis y beberéis a mi mesa en mi reino.

ORACION DESPUES DE LA COMUNION

Señor y Dios nuestro, que iluminaste el misterio de la cruz en la muerte gloriosa de tus mártires, escucha nuestra súplica y haz que, fortalecidos por este sacrificio, nos unamos a Cristo fielmente y trabajemos en la Iglesia por la salvación de todos los hombres. Por Jesucristo nuestro Señor.

De varios mártires, fuera del tiempo pascual

ANTIFONA DE ENTRADA   Sal 33, 20-21

Aunque el justo sufra muchos males, de todos lo libra el
Señor; él cuida de todos sus huesos, y ni uno solo se quebrará.

ORACION COLECTA

Dios todopoderoso y eterno que concediste a los mártires N.
y N. la gracia de morir por Cristo, ayúdanos en nuestra debilidad
para que, así como ellos no dudaron en morir por ti, así también
nosotros nos mantengamos fuertes en la confesión de tu nombre.
Por nuestro Señor Jesucristo.

ORACION SOBRE LAS OFRENDAS

Sea agradable a tus ojos, Señor, esta ofrenda que va a ser
consagrada en la festividad gloriosa de tus mártires, para que nos
purifique de nuestros pecados y te mueva a escuchar las plegarias
de tu pueblo. Por Jesucristo nuestro Señor.

ANTIFONA DE COMUNION   Jn 15, 13

Nadie tiene amor más grande que el que da la vida por
sus amigos —dice el Señor.

ORACION DESPUES DE LA COMUNION

Alimentados con el pan del cielo, viviendo la unidad como
miembros del Cuerpo de Cristo, te rogamos, Señor, que no nos
separemos del amor de tu Hijo, y a ejemplo de tus mártires N.
y N. logremos superar con valentía cualquier dificultad por aquel
que nos amó sobre toda medida. Por Jesucristo nuestro Señor.

De varios mártires, fuera del tiempo pascual

ANTIFONA DE ENTRADA   Sal 36, 39

El Señor es quien salva a los justos, él es su alcázar en el peligro.

ORACION COLECTA

Señor, que el triunfo de estos mártires nos llene de alegría, aumente el vigor de nuestra fe y nos consuele en la certeza de que todos ellos interceden por nosotros. Por nuestro Señor Jesucristo.

O bien:

Que la oración de tus mártires N. y N. nos valga, Señor, en tu presencia, y nos dé la fortaleza necesaria para confesar con firmeza tu verdad. Por nuestro Señor Jesucristo.

ORACION SOBRE LAS OFRENDAS

Recibe, Señor, esta ofrenda de tu pueblo en honor del martirio de tus santos, y ya que en la persecución dio fortaleza a los gloriosos N. y N., nos dé a nosotros constancia para resistir la adversidad. Por Jesucristo nuestro Señor.

ANTIFONA DE COMUNION   Mc 8, 35

El que pierda su vida por mí y por el Evangelio la salvará —dice el Señor.

ORACION DESPUES DE LA COMUNION

Señor, guarda intacto tu don en nuestros corazones, y lo que de tu mano hemos recibido en la festividad de tus santos N. y N., sea para nosotros prenda de salvación y de paz. Por Jesucristo nuestro Señor.

De varios mártires, fuera del tiempo pascual

ANTIFONA DE ENTRADA

En la tierra los santos mártires han derramado su sangre por Cristo, por eso han alcanzado el premio eterno.

ORACION COLECTA

Aumenta, Señor, en nosotros aquella fe que tus santos mártires N. y N. conservaron hasta la muerte, y haz que nos justifique por haberla guardado con fidelidad. Por nuestro Señor Jesucristo.

ORACION SOBRE LAS OFRENDAS

Recibe, Señor, este sacrificio, para que cuanto celebramos en el memorial de la pasión de tu Hijo, por intercesión y a ejemplo de tus santos N. y N., se haga vida en nosotros. Por Jesucristo nuestro Señor.

O bien:

Que esta ofrenda que te presentamos, Señor, en el día del triunfo de tus mártires N. y N., encienda en nuestros corazones la llama perenne de tu amor, y nos disponga a recibir el premio prometido a los que perseveran en la fe. Por Jesucristo nuestro Señor.

ANTIFONA DE COMUNION
Cf. Rom 8, 38-39

Ni muerte, ni vida, ni criatura alguna podrá apartarnos del amor de Cristo.

ORACION DESPUES DE LA COMUNION

Alimentados, Señor, con el Cuerpo y la Sangre de tu Hijo, concédenos en la fiesta de tus mártires, san N. y san N., perma-

necer siempre en ti, perseverar en tu amor, vivir de tu vida y ser
conducidos por tu mano. Por Jesucristo nuestro Señor.

De un mártir, fuera del tiempo pascual

ANTIFONA DE ENTRADA

Este santo luchó hasta la muerte en defensa de la ley de
Dios, y no temió las palabras de los malvados; estaba
afianzado sobre roca firme.

ORACION COLECTA

Dios de todo poder y misericordia, que infundiste tu fuerza
a san N. para que pudiera soportar el dolor del martirio, concede
a los que hoy celebramos su victoria vivir defendidos de los engaños del enemigo bajo tu protección amorosa. Por nuestro Señor Jesucristo.

ORACION SOBRE LAS OFRENDAS

Señor, santifica con tu bendición estas ofrendas que te presentamos, y concédenos la gracia de vivir encendidos en el fuego
de tu amor que dio fuerza al mártir san N. para soportar los tormentos. Por Jesucristo nuestro Señor.

O bien:

Acepta, Señor, los dones que te presentamos en honor del
mártir san N. y sean a tus ojos ofrenda tan preciosa como el derramamiento de su sangre. Por Jesucristo nuestro Señor.

ANTIFONA DE COMUNION   Mt 16, 24

El que quiera venirse conmigo que se niegue a sí mismo,
que cargue con su cruz y me siga —dice el Señor.

ORACION DESPUES DE LA COMUNION

Señor, que el sacramento que hemos recibido nos dé la fortaleza con que el mártir san N. se mostró siempre fiel a tu servicio y vencedor en el tormento. Por Jesucristo nuestro Señor.

De varios mártires, en tiempo pascual

ANTIFONA DE ENTRADA   Mt 25, 34

Venid vosotros, benditos de mi Padre; heredad el reino preparado para vosotros desde la creación del mundo. Aleluya.

ORACION COLECTA

Dios todopoderoso, tú que has dado a tus mártires N. y N. la gracia de entregarse hasta la muerte por confesar tu palabra y dar testimonio de Jesús, concédenos a nosotros la fuerza del Espíritu Santo, para permanecer fieles en la fe y fuertes en la confesión de tu nombre. Por nuestro Señor Jesucristo.

O bien:

Señor y Dios nuestro, que nos das constancia en la fe y fortaleza en la debilidad, concédenos, por el ejemplo y los méritos de los santos N. y N., participar en la muerte y resurrección de tu Hijo para que también gocemos contigo, en compañía de tus mártires, de la plena alegría de tu reino. Por nuestro Señor Jesucristo.

ORACION SOBRE LAS OFRENDAS

Al celebrar la muerte preciosa de los santos te ofrecemos, Señor, el sacrificio que da al martirio todo su valor y fundamento. Por Jesucristo nuestro Señor.

ANTIFONA DE COMUNION   Ap 2, 7

Al vencedor le daré a comer el árbol de la vida que está en el paraíso de Dios. Aleluya.

ORACION DESPUES DE LA COMUNION

Señor, hemos celebrado con banquete divino la victoria de tus mártires san N. y san N.; te rogamos ahora que a quienes hemos comido el pan de vida nos ayudes a vencer en la lucha, y, como a vencedores, nos permitas comer del árbol de la vida en el paraíso. Por Jesucristo nuestro Señor.

De un mártir, en tiempo pascual

ANTIFONA DE ENTRADA   Cf. 4 Esd 2, 35

Una luz perpetua brillará para tus santos, Señor, y vivirán para siempre. Aleluya.

ORACION COLECTA

Señor, tú que has hecho más hermosa a la Iglesia al glorificar con el triunfo del martirio a san N., concédenos, te rogamos, que así como a él le diste la gracia de imitar con su muerte la pasión de Cristo, alcancemos nosotros, siguiendo las huellas de tu mártir, los premios eternos. Por nuestro Señor Jesucristo.

ORACION SOBRE LAS OFRENDAS

Recibe, Señor, este sacrificio de expiación y alabanza que te ofrecemos en la fiesta de tu mártir san N., para que nos alcance tu perdón y nos mantenga en continua acción de gracias. Por Jesucristo nuestro Señor.

ANTIFONA DE COMUNION

Jn 12, 24-25

Si el grano de trigo no cae en tierra y muere, queda infecundo; pero si muere, da mucho fruto. Aleluya.

ORACION DESPUES DE LA COMUNION

Penetrados del gozo de esta fiesta hemos recibido, Señor, los dones del cielo; concédenos, te rogamos, a quienes anunciamos con este banquete divino la muerte de Cristo, participar con tus mártires en la gloria de su resurrección. Por Jesucristo nuestro Señor.

Otras oraciones de mártires

Misioneros mártires

ORACION COLECTA

Dios de poder y misericordia, te rogamos humildemente que así como infundiste el conocimiento de tu Hijo Jesucristo en el corazón de los pueblos, por la predicación de tus santos N. y N., les concedas también, por intercesión de estos mártires, arraigar con firmeza en la fe recibida. Por nuestro Señor Jesucristo.

ORACION SOBRE LAS OFRENDAS

Al recordar el martirio de tus santos N. y N. concédenos, Señor, anunciar dignamente la muerte de tu Hijo, que no sólo exhortó de palabra a los que iban a ser testigos, sino que les precedió con el ejemplo. Por Jesucristo nuestro Señor.

ORACION DESPUES DE LA COMUNION

Después de gustar los dones del cielo, te rogamos, Señor, humildemente, que, a ejemplo de los santos mártires N. y N., grabes en nuestros corazones los signos del amor y de la pasión de tu Hijo, y nos permitas gozar continuamente los frutos de la paz verdadera. Por Jesucristo nuestro Señor.

Virgen mártir

ORACION COLECTA

Padre nuestro del cielo, que hoy nos alegras con la fiesta anual de santa N., concédenos la ayuda de sus méritos a los que hemos sido iluminados con el ejemplo de su virginidad y de su fortaleza. Por nuestro Señor Jesucristo.

ORACION SOBRE LAS OFRENDAS

Señor, Padre nuestro, que en la fiesta de tu mártir santa N. sean aceptables a tus ojos, como lo fue un día su glorioso martirio, estos dones que vamos a ofrecerte. Por Jesucristo nuestro Señor.

ORACION DESPUES DE LA COMUNION

Señor y Dios nuestro, que has querido contar a santa N. en el número de los santos con la doble corona de la virginidad y el martirio, concédenos, te rogamos, en virtud del sacramento que hemos recibido, vencer con fortaleza el espíritu del mal y conseguir de este modo la gloria del cielo. Por Jesucristo nuestro Señor.

Santa mujer mártir

ORACION COLECTA

Padre todopoderoso, por gracia tuya la fuerza se realiza en la debilidad; por eso te pedimos que a cuantos celebramos el triunfo de tu mártir santa N., nos concedas el don de fortaleza con el que ella salió vencedora en el martirio. Por nuestro Señor Jesucristo.

ORACION SOBRE LAS OFRENDAS

En el día de hoy te ofrecemos, Señor, gozosamente este santo sacrificio, con el que recordamos la gloriosa victoria de tu mártir santa N.; con él proclamamos tu grandeza y nos llenamos de alegría porque nos has concedido tan poderosa intercesora. Por Jesucristo nuestro Señor.

ORACION DESPUES DE LA COMUNION

Hemos participado, Señor, de los gozos eternos al recibir este sacramento, para celebrar la memoria de tu mártir santa N.; por eso humildemente te rogamos que lo que por don tuyo hemos celebrado con diligente actitud de servicio, lo experimentemos sensiblemente en tu sacramento. Por Jesucristo nuestro Señor.

LECTURAS

Cuando se hace solamente una sola lectura antes del Evangelio, se puede elegir entre los textos que siguen como 1.ª o como 2.ª lectura.

PRIMERA LECTURA
Fuera del tiempo pascual

1. Zacarías, al que matasteis entre el santuario y el altar

LECTURA DEL SEGUNDO LIBRO DE LAS CRONICAS
24, 18-22

En aquellos días, olvidaron el templo del Señor, Dios de sus padres, dieron culto a las estelas y a los ídolos. Este pecado de-

sencadenó la cólera de Dios contra Judá y Jerusalén. Les envió
profetas para convertirlos, pero no hicieron caso de sus amonestaciones. Entonces el espíritu de Dios se apoderó de Zacarías,
hijo del sacerdote Yehoyadá, que se presentó ante el pueblo y le
dijo: «Así dice Dios: ¿Por qué quebrantáis los preceptos del Señor? Vais a la ruina. Habéis abandonado al Señor, y él os abandona.» Pero conspiraron contra él y lo lapidaron en el atrio del
templo por orden del rey. El rey Joás, sin tener en cuenta los beneficios recibidos de Yehoyadá, mató a su hijo, que murió diciendo; «¡Que el Señor juzgue y sentencie!»

Palabra de Dios.

SALMO RESPONSORIAL 30

R̂ **A tus manos, Señor, encomiendo mi espíritu.**

Sé la roca de mi refugio, | un baluarte donde me salve, | tú
que eres mi roca y mi baluarte; | por tu nombre dirígeme y
guíame. R̂

A tus manos encomiendo mi espíritu: | tú, el Dios leal, me li-
brarás. | Tu misericordia será mi gozo y mi alegría. | Te has fija-
do en mi aflicción. R̂

Líbrame de los enemigos que me persiguen; | haz brillar tu
rostro sobre tu siervo; | sálvame por tu misericordia. R̂

2. Sufro con gusto por respeto a él

LECTURA DEL SEGUNDO LIBRO DE LOS MACABEOS

6, 18.21.24-31

En aquellos días, a Eleazar, uno de los principales escribas,
hombre de edad avanzada y semblante muy digno, le abrían la
boca a la fuerza para que comiera carne de cerdo. Los que presi-
dían aquel sacrificio ilegal, viejos amigos de Eleazar, lo llevaron
aparte y le propusieron que hiciera traer carne permitida, preparada por él mismo, y que la comiera, haciendo como que comía
la carne del sacrificio ordenado por el rey. Pero él respondió:

«No es digno de mi edad ese engaño. Van a creer muchos jóvenes que Eleazar, a los noventa años, ha apostatado, y, si miento por un poco de vida que me queda, se van a extraviar con mi mal ejemplo. Eso sería manchar e infamar mi vejez. Y, aunque de momento me librase del castigo de los hombres, no escaparía de la mano del Omnipotente, ni vivo ni muerto. Si muero ahora como un valiente, me mostraré digno de mis años y legaré a los jóvenes un noble ejemplo, para que aprendan a arrostrar voluntariamente una muerte noble por amor a nuestra santa y venerable Ley.» Dicho esto, se dirigió en seguida al suplicio. Los que lo llevaban, poco antes deferentes con él, se endurecieron, considerando insensatas las palabras que acababa de pronunciar. El, a punto de morir a fuerza de golpes, dijo entre suspiros: «Bien sabe el Señor, que posee la santa sabiduría, que, pudiendo librarme de la muerte, aguanto en mi cuerpo los crueles dolores de la flagelación, y los sufro con gusto en mi alma por respeto a él.» Así terminó su vida, dejando, no sólo a los jóvenes, sino a toda la nación, un ejemplo memorable de heroísmo y de virtud.

Palabra de Dios.

SALMO RESPONSORIAL 33

℟ **El Señor me libró de todas mis ansias.**

Bendigo al Señor en todo momento, | su alabanza está siempre en mi boca; | mi alma se gloría en el Señor: | que los humildes lo escuchen y se alegren. ℟.

Proclamad conmigo la grandeza del Señor, | ensalcemos juntos su nombre. | Yo consulté al Señor, y me respondió, | me libró de todas mis ansias. ℟.

Contempladlo, y quedaréis radiantes; | vuestro rostro no se avergonzará. | Si el afligido invoca al Señor, él lo escucha | y lo salva de sus angustias. ℟.

El ángel del Señor acampa | en torno a sus fieles y los protege. | Gustad y ved qué bueno es el Señor, | dichoso el que se acoge a él. ℟.

3. Estamos dispuestos a morir antes que quebrantar la ley de nuestros padres

LECTURA DEL SEGUNDO LIBRO DE LOS MACABEOS
7, 1-2.9-14 (p. 1005)

SALMO RESPONSORIAL 123

℟ **Hemos salvado la vida, como un pájaro | de la trampa del cazador.**

Si el Señor no hubiera estado de nuestra parte, | cuando nos asaltaban los hombres, | nos habrían tragado vivos: | tanto ardía su ira contra nosotros. ℟.

Nos habrían arrollado las aguas, | llegándonos el torrente hasta el cuello; | nos habrían llegado hasta el cuello; | las aguas espumantes. ℟.

La trampa se rompió, y escapamos. | Nuestro auxilio es el nombre del Señor, | que hizo el cielo y la tierra. ℟.

PRIMERA LECTURA

Tiempo pascual

1. Señor Jesús, recibe mi espíritu

LECTURA DEL LIBRO DE LOS HECHOS DE LOS APOSTOLES
7, 55-60

En aquellos días, Esteban, lleno de Espíritu Santo, fijó la mirada en el cielo, vio la gloria de Dios, y a Jesús de pie a la derecha de Dios, y dijo: «Veo el cielo abierto y al Hijo del hombre de pie a la derecha de Dios.» Dando un grito estentóreo, se taparon los oídos; y, como un solo hombre, se abalanzaron sobre él, lo empujaron fuera de la ciudad y se pusieron a apedrearlo. Los testigos, dejando sus capas a los pies de un joven llamado Saulo, se pusieron también a apedrear a Esteban, que repetía esta invocación: «Señor Jesús, recibe mi espíritu.» Luego, cayendo de rodillas, lanzó un grito: «Señor, no les tengas en cuenta este pecado.» Y, con estas palabras, expiró.

Palabra de Dios.

SALMO RESPONSORIAL 30

℟ **A tus manos, Señor, encomiendo mi espíritu** (o Aleluya.)

Sé la roca de mi refugio, | un baluarte donde me salve, | tú que eres mi roca y mi baluarte; | por tu nombre dirígeme y guíame. ℟.

A tus manos encomiendo mi espíritu; | tú, el Dios leal, me librarás. | Tu misericordia sea mi gozo y mi alegría. | Te has fijado en mi aflicción. ℟.

Líbrame de los enemigos que me persiguen; | haz brillar tu rostro sobre tu siervo, | sálvame por tu misericordia. ℟.

2. Estos son los que vienen de la gran tribulación

LECTURA DEL LIBRO DEL APOCALIPSIS   7, 9-17

Yo, Juan, vi una muchedumbre inmensa, que nadie podría contar, de toda nación, raza, pueblo y lengua, de pie delante del trono y del Cordero, vestidos con vestiduras blancas y con palmas en sus manos. Y gritaban con voz potente: «¡La victoria es de nuestro Dios, que está sentado en el trono, y del Cordero!» Y todos los ángeles que estaban alrededor del trono y de los ancianos y de los cuatro vivientes cayeron rostro a tierra ante el trono, y rindieron homenaje a Dios, diciendo: «Amén. La alabanza y la gloria y la sabiduría y la acción de gracias y el honor y el poder y la fuerza son de nuestro Dios, por los siglos de los siglos. Amén.» Y uno de los ancianos me dijo: «Esos que están vestidos con vestiduras blancas ¿quiénes son y de dónde han venido?» Yo le respondí: «Señor mío, tú lo sabrás.» El me respondió: «Estos son los que vienen de la gran tribulación: han lavado y blanqueado sus vestiduras en la sangre del Cordero. Por eso están ante el trono de Dios, dándole culto día y noche en su templo. El que se sienta en el trono acampará entre ellos. Ya no pasarán hambre ni sed, no les hará daño el sol ni el bochorno. Porque el Cordero que está delante del trono será su pastor, y los conducirá hacia fuentes de aguas vivas. Y Dios enjugará las lágrimas de sus ojos.»

Palabra de Dios.

SALMO RESPONSORIAL 123

℟ **Hemos salvado la vida, como un pájaro de la trampa del cazador** (o Aleluya.)

Si el Señor no hubiera estado de nuestra parte, | cuando nos asaltaban los hombres, | nos habrían tragado vivos: | tanto ardía su ira contra nosotros. ℟

Nos habrían arrollado las aguas, | llegándonos el torrente hasta el cuello; | nos habrían llegado hasta el cuello | las aguas espumantes. ℟

La trampa se rompió, y escapamos. | Nuestro auxilio es el nombre del Señor, | que hizo el cielo y la tierra. ℟

3. No amaron tanto su vida que temieran la muerte

LECTURA DEL LIBRO DEL APOCALIPSIS   12, 10-12a

Yo, Juan, oí una gran voz en el cielo: «Ahora se estableció la salud y el poderío, y el reinado de nuestro Dios, y la potestad de su Cristo; porque fue precipitado el acusador de nuestros hermanos, el que los acusaba ante nuestro Dios día y noche. Ellos le vencieron en virtud de la sangre del Cordero y por la palabra del testimonio que dieron, y no amaron tanto su vida que temieran la muerte. Por esto, estad alegres, cielos, y los que moráis en sus tiendas.»

Palabra de Dios.

SALMO RESPONSORIAL 33

℟ **El Señor me libró de todas mis ansias** (o Aleluya.)

Bendigo al Señor en todo momento, | su alabanza está siempre en mi boca; | mi alma se gloría en el Señor: | que los humildes lo escuchen y se alegren. ℟

Proclamad conmigo la grandeza del Señor, | ensalcemos juntos su nombre. | Yo consulté al Señor, y me respondió, | me libró de todas mis ansias. ℟

Contempladlo, y quedaréis radiantes, | vuestro rostro no se avergonzará. | Si el afligido invoca al Señor, él lo escucha | y lo salva de sus angustias. ℟

El ángel del Señor acampa | en torno a sus fieles y los protege. | Gustad y ved qué bueno es el Señor, | dichoso el que se acoge a él. ℟

SEGUNDA LECTURA

1. Nos gloriamos en las tribulaciones

LECTURA DE LA CARTA DEL APOSTOL
SAN PABLO A LOS ROMANOS   5, 1-5 (p. 696)

2. Ni muerte, ni vida podrá apartarnos del amor de Dios

LECTURA DE LA SEGUNDA CARTA DEL
APOSTOL SAN PABLO A LOS ROMANOS   8, 31b-39 (p. 2085)

3. Llevamos en el cuerpo la muerte de Jesús

LECTURA DE LA SEGUNDA CARTA DEL
APOSTOL SAN PABLO A LOS CORINTIOS   4, 7-15

Hermanos: El tesoro del ministerio lo llevamos en vasijas de barro, para que se vea que una fuerza tan extraordinaria es de Dios y no proviene de nosotros. Nos aprietan por todos los lados, pero no nos aplastan; estamos apurados, pero no desesperados; acosados, pero no abandonados; nos derriban, pero no nos rematan; en toda ocasión y por todas partes, llevamos en el cuerpo la muerte de Jesús, para que también la vida de Jesús se manifieste en nuestro cuerpo. Mientras vivimos, continuamente nos están entregando a la muerte, por causa de Jesús; para que también la vida de Jesús se manifieste en nuestra carne mortal. Así, la muerte está actuando en nosotros, y la vida en vosotros. Teniendo el mismo espíritu de fe, según lo que está escrito: «Creí,

por eso hablé», también nosotros creemos y por eso hablamos;
sabiendo que quien resucitó al Señor Jesús también con Jesús
nos resucitará y nos hará estar con vosotros. Todo es para vuestro bien. Cuantos más reciban la gracia, mayor será el agradecimiento para gloria de Dios.

Palabra de Dios.

ALELUYA   Mt 5, 10

   Dichosos los perseguidos por causa de la justicia, porque
   de ellos es el reino de los cielos.

EVANGELIO

1. Os harán comparecer ante gobernadores y reyes, por mi
    causa; así daréis testimonio ante ellos y ante los gentiles

✣ LECTURA DEL S. EVANGELIO SEGUN
SAN MATEO   10, 17-22 (p. 2308)

ALELUYA   Sant 1, 12

   Dichoso el hombre que soporta la prueba, porque, una
   vez aquilatado, recibirá la corona de la vida.

EVANGELIO

2. No tengáis miedo a los que matan el cuerpo

✣ LECTURA DEL S. EVANGELIO SEGUN
SAN MATEO   10, 28-33 (p. 817)

ALELUYA   Mt 5, 10

   Dichosos los perseguidos por causa de la justicia, porque
   de ellos es el reino de los cielos.

EVANGELIO

3. No he venido a sembrar paz, sino espadas

✣ LECTURA DEL S. EVANGELIO SEGUN
SAN MATEO   10, 34-39 (p. 1559)

COMUN DE PASTORES

Papas u obispos

ANTIFONA DE ENTRADA

El Señor lo eligió sumo sacerdote y derramó sobre él todos los bienes.

ORACION COLECTA

Para papas:

Dios todopoderoso y eterno, que pusiste al papa san N. al frente de tu pueblo, para que con su ejemplo y su palabra lo ayudara a crecer en santidad, protege, por su intercesión, a los pastores de la Iglesia y al rebaño que les has confiado, para que siempre caminen por las sendas de la salvación. Por nuestro Señor Jesucristo.

Para obispos:

Señor, Dios nuestro, que en la figura de san N. has querido dar a tu Iglesia un modelo de buen pastor, concédenos, por su intercesión, ser apacentados un día con la grey de tus santos en la abundancia de los gozos eternos. Por nuestro Señor Jesucristo.

ORACION SOBRE LAS OFRENDAS

Te ofrecemos, Señor, este sacrificio de alabanza en honor de tus santos; que su protección poderosa nos defienda contra todos los males presentes y futuros. Por Jesucristo nuestro Señor.

ANTIFONA DE COMUNION

Cf. Jn 10, 11

El buen pastor dio la vida por las ovejas.

ORACION DESPUES DE LA COMUNION

Señor, Dios nuestro, que estos sacramentos enciendan en nosotros el fuego de amor que abrasó el corazón de san N. y le impulsó a entregarse sin reserva al servicio de la Iglesia. Por Jesucristo nuestro Señor.

Papas u obispos

ANTIFONA DE ENTRADA   Cf. Si 45, 30

El Señor hizo con él una alianza de paz, y lo nombró príncipe para que fuera sacerdote eternamente.

ORACION COLECTA

Para papas:

Señor, Dios nuestro, que pusiste a san N. como pastor de toda la Iglesia y le adornaste de virtud y sabiduría, concede a cuantos veneramos los méritos de este santo papa que iluminemos a los hombres con nuestras buenas obras y podamos servirte de todo corazón. Por nuestro Señor Jesucristo.

Para obispos:

Concédenos, Dios todopoderoso, celebrar dignamente la memoria de tu obispo san N., y así como has querido ponerle como ejemplo ante sus fieles por su predicación y su vida, haz que nosotros sintamos la eficacia de su intercesión en tu presencia. Por nuestro Señor Jesucristo.

ORACION SOBRE LAS OFRENDAS

Concédenos, Señor, que nos valgan de ayuda los dones que te presentamos en la fiesta de san N., ya que tú has querido perdonar los pecados del mundo mediante el sacrificio de esta ofrenda. Por Jesucristo nuestro Señor.

ANTIFONA DE COMUNION   Jn 21, 17

Señor, tú conoces todo, tú sabes que te quiero.

ORACION DESPUES DE LA COMUNION

Señor, que la eficacia de estos dones produzca su fruto en nosotros al celebrar la fiesta de san N., y nos alcance de tu misericordia ayuda para la vida presente y las alegrías de la vida futura. Por Jesucristo nuestro Señor.

Obispos

ANTIFONA DE ENTRADA   Ez 34, 11, 23-24

Buscaré a mis ovejas —dice el Señor— y suscitaré un pastor que las apaciente: yo, el Señor, seré su Dios.

ORACION COLECTA

Dios todopoderoso y eterno, que has puesto al obispo san N. al frente de tu pueblo, te rogamos que por la eficacia de sus méritos concedas a tu pueblo tu amor y tu perdón. Por nuestro Señor Jesucristo.

ORACION SOBRE LAS OFRENDAS

Señor, dirige tu mirada propicia sobre las ofrendas que te presentamos en la festividad de san N.; que ellas nos merezcan tu perdón y glorifiquen tu piedad y tu nombre. Por Jesucristo nuestro Señor.

ANTIFONA DE COMUNION   Jn 15, 16

No sois vosotros los que me habéis elegido —dice el Señor—; soy yo quien os he elegido, y os he destinado para que vayáis y deis fruto y vuestro fruto dure.

ORACION DESPUES DE LA COMUNION

Reanimados por estos sacramentos te rogamos, Señor, humildemente que, a ejemplo de san N., nos esforcemos en dar testimonio de aquella misma fe que él profesó en su vida, y en llevar a la práctica todas sus enseñanzas. Por Jesucristo nuestro Señor.

Pastores

ANTIFONA DE ENTRADA   Lc 4, 18

El Espíritu del Señor está sobre mí, porque él me ha ungido. Me ha enviado para dar la Buena Noticia a los pobres, para vendar los corazones desgarrados.

ORACION COLECTA

Señor, luz de tu pueblo y pastor de los hombres, que, dentro de la Iglesia, has confiado a [al obispo] san N. la misión de apacentar a tu pueblo con su predicación y de iluminarlo con su vida y su ejemplo, concédenos, por su intercesión, guardar íntegro el don de la fe que nos legó su palabra y seguir el camino que nos marcó su ejemplo. Por nuestro Señor Jesucristo.

ORACION SOBRE LAS OFRENDAS

Dios todopoderoso, humildemente imploramos de tu Divina Majestad que estos dones, que ofrecemos en honor de tus santos y que testimonian tu poder y tu gloria, le alcancen a tu pueblo los frutos de la eterna salvación. Por Jesucristo nuestro Señor.

ANTIFONA DE COMUNION   Mt 28, 20

Sabed que yo estoy con vosotros todos los días, hasta el fin del mundo —dice el Señor.

ORACION DESPUES DE LA COMUNION

Señor, que estos sacramentos que hemos recibido nos hagan dignos de los gozos eternos que mereció san N., tu servidor bueno y fiel. Por Jesucristo nuestro Señor.

O bien:

Fortalecidos con el pan de vida, te rogamos, Señor, que, a ejemplo de san N., nos concedas servirte con entrega generosa y amar a nuestros hermanos con amor incansable. Por Jesucristo nuestro Señor.

Pastores

ANTIFONA DE ENTRADA
Jr 3, 15

Os daré pastores conforme a mi corazón, que os apacienten con ciencia y experiencia.

O bien:
Dn 3, 84. 87

Sacerdotes del Señor, bendecid al Señor; santos y humildes de corazón, bendecid al Señor.

ORACION COLECTA

Señor, Dios nuestro, que infundiste en los santos [obispos] N. y N. espíritu de verdad y de amor para apacentar a tu pueblo, concede a cuantos celebramos su memoria crecer en santidad, imitando su ejemplo, y recibir el auxilio de su intercesión poderosa. Por nuestro Señor Jesucristo.

ORACION SOBRE LAS OFRENDAS

Recibe, Señor, el sacrificio de tu pueblo, y lo que ahora te ofrecemos a gloria de tus santos N. y N., sea para nosotros gracia de salvación. Por Jesucristo nuestro Señor.

ANTIFONA DE COMUNION   Mt 20, 28

El Hijo del Hombre no ha venido para que le sirvan,
sino para servir y dar su vida en rescate por muchos.

ORACION DESPUES DE LA COMUNION

Hemos recibido tus sacramentos, Señor, celebrando la memoria de los santos N. y N.; concédenos, por su intercesión, que lo
que ahora celebramos en la tierra nos ayude a conseguir las alegrías del cielo. Por Jesucristo nuestro Señor.

O bien:

ANTIFONA DE COMUNION   Lc 12, 42

Este es el criado fiel y solícito a quien el Señor ha puesto
al frente de su familia para que les reparta la ración a sus
horas.

ORACION DESPUES DE LA COMUNION

Dios todopoderoso, que el banquete eucarístico intensifique
en nosotros el poder de la gracia, al celebrar la memoria de tus
santos N. y N.; así guardaremos íntegro el don de la fe y seguiremos siempre el camino de la salvación que tú nos has señalado.
Por Jesucristo nuestro Señor.

Fundadores de Iglesias

ANTIFONA DE ENTRADA   Is 59, 21; 56, 7

Dice el Señor: Las palabras mías que puse en tu boca no
se caerán de tu boca, y aceptaré sobre mi altar tus holocaustos y sacrificios.

ORACION COLECTA

Señor, tú que has llevado a nuestros padres a la luz del
Evangelio por la predicación de san N., concédenos, por su in-

tercesión, que cuantos nos gloriamos de llamarnos cristianos mostremos siempre con las obras la fe que profesamos. Por Jesucristo nuestro Señor.

O bien:

Mira, Señor, a tu pueblo al que [el obispo] san N. engendró con la predicación de la palabra y alimentó con el sacramento de la vida, y haz que quienes por tu misericordia se han mantenido fieles a sus enseñanzas, por su oración y por sus méritos, mantengan siempre vivo el fuego del amor. Por nuestro Señor Jesucristo.

ORACION SOBRE LAS OFRENDAS

Dios todopoderoso, que este sacrificio que te ofrece tu pueblo en la fiesta de san N. traiga consigo los dones del cielo que esperamos de tu misericordia. Por Jesucristo nuestro Señor.

ANTIFONA DE COMUNION   Mc 10, 45

El Hijo del Hombre ha venido para dar su vida en rescate por todos.

ORACION DESPUES DE LA COMUNION

Celebrando con gozo la fiesta de san N. hemos recibido, Señor, la prenda de la salvación eterna; que ella sea para nosotros auxilio en esta vida y primicia de la vida futura. Por Jesucristo nuestro Señor.

Misioneros

ANTIFONA DE ENTRADA

Estos son los hombres santos, amigos de Dios, insignes en la predicación de la verdad divina.

ORACION COLECTA

Oh Dios, que has sacado a los pueblos infieles de las tinieblas a la luz mediante la predicación de [tu obispo] san N.: concédenos, por tu intercesión, permanecer firmes en la fe y constantes en la esperanza del Evangelio que él nos anunció. Por nuestro Señor Jesucristo.

O bien:

Dios todopoderoso y eterno, que has santificado este día de júbilo con la glorificación de san N.: concédenos, por tu bondad, mantener firmemente y consolidar con obras la misma fe que él proclamó con celo infatigable. Por nuestro Señor Jesucristo.

ORACION SOBRE LAS OFRENDAS

Dios todopoderoso, acepta la ofrenda que te presentamos en la fiesta de san N., y concédenos a cuantos celebramos el sacramento de la muerte de tu Hijo cumplir en la vida lo que ahora realizamos. Por Jesucristo nuestro Señor.

ANTIFONA DE COMUNION   Ez 34, 15

Yo mismo apacentaré mis ovejas, yo mismo las haré sestear —dice el Señor.

ORACION DESPUES DE LA COMUNION

Por la eficacia de este sacramento confirma, Señor, a tu pueblo en la verdadera fe, para que la proclame en todas partes de palabra y de obra, a ejemplo de san N. que trabajó y se entregó hasta la muerte por su propagación. Por Jesucristo nuestro Señor.

Misioneros

ANTIFONA DE ENTRADA   Is 52, 7

¡Qué hermosos son sobre los montes los pies del mensajero que anuncia la paz, que trae la buena nueva, que pregona la victoria!

ORACION COLECTA

Señor, tú que has hecho crecer a la Iglesia mediante el celo y los trabajos apostólicos de san N.; haz, por su intersección, que tu pueblo crezca siempre en la fe y santidad. Por nuestro Señor Jesucristo.

ORACION SOBRE LAS OFRENDAS

Escucha nuestras súplicas, Señor, y líbranos de todas nuestras culpas, para que tu gracia nos purifique, por estos sacramentos que ahora celebramos. Por Jesucristo nuestro Señor.

ANTIFONA DE COMUNION   Mc 16, 15; Mt 28, 20

Id al mundo entero y proclamad el Evangelio: yo estoy con vosotros todos los días —dice el Señor.

O bien: Jn 15, 4-5

Permaneced en mí y yo en vosotros —dice el Señor—; el que permanece en mí y yo en él, ése da fruto abundante.

ORACION DESPUES DE LA COMUNION

Señor, Dios nuestro, que los sacramentos recibidos fortalezcan en nosotros la fe que nos legó la predicación de los apóstoles, y conservó con su celo tu siervo san N. Por Jesucristo nuestro Señor.

LECTURAS

Cuando se hace solamente una lectura antes del Evangelio, se puede elegir entre los textos que siguen como 1.ª o como 2.ª lectura.

1. Dios hablaba ya de aniquilarlos; pero Moisés, su elegido,
se puso en la brecha frente a él, para apartar su cólera

LECTURA DEL LIBRO DEL EXODO

32, 7-14

En aquellos días, el Señor dijo a Moisés: «Anda, baja del
monte, que se ha pervertido tu pueblo, el que tú sacaste de
Egipto. Pronto se han desviado del camino que yo les había señalado. Se han hecho un novillo de metal, se postran ante él, le
ofrecen sacrificios y proclaman: "Este es tu Dios, Israel, el que
te sacó de Egipto."» Y el Señor añadió a Moisés: «Veo que este
pueblo es un pueblo de dura cerviz. Por eso, déjame: mi ira se
va a encender contra ellos hasta consumirlos. Y de ti haré un
gran pueblo.» Entonces Moisés suplicó al Señor, su Dios: «¿Por
qué, Señor, se va a encender tu ira contra tu pueblo, que tú sacaste de Egipto, con gran poder y mano robusta? ¿Tendrán que
decir los egipcios: "Con mala intención los sacó, para hacerlos
morir en las montañas y exterminarlos de la superficie de la tierra"? Aleja el incendio de tu ira, arrepiéntete de la amenaza contra tu pueblo. Acuérdate de tus siervos, Abrahán, Isaac y Jacob,
a quienes juraste por ti mismo, diciendo: "Multiplicaré vuestra
descendencia con las estrellas del cielo, y toda esta tierra de que
he hablado se la daré a vuestra descendencia para que la posea
por siempre."» Y el Señor se arrepintió de la amenaza que había
pronunciado contra su pueblo.

Palabra de Dios.

SALMO RESPONSORIAL 105

R Acuérdate de mí, Señor, por amor a tu pueblo.

En Horeb se hicieron un becerro, | adoraron un ídolo de
fundición; | cambiaron su gloria por la imagen | de un toro que
come hierba. R

Se olvidaron de Dios, su salvador, | que había hecho prodigios en Egipto, | maravillas en el país de Cam, | portentos junto al mar Rojo. ℞.

Dios hablaba ya de aniquilarlos; | pero Moisés, su elegido, | se puso en la brecha frente a él, | para apartar su cólera del exterminio. ℞.

2. El Señor es su heredad

LECTURA DEL LIBRO DEL DEUTERONOMIO

10, 8-9

En aquellos días, Moisés habló al pueblo, diciendo: «El Señor apartó a la tribu de Leví para que llevara el arca de la alianza del Señor, estuviera a disposición del Señor para servirle y para que bendijera en su nombre, y así hacen todavía hoy. Por eso el levita no recibe parte en la heredad de sus hermanos, sino que el Señor es su heredad, como le dijo el Señor, tu Dios.»

Palabra de Dios.

SALMO RESPONSORIAL 15

℞ **Tú, Señor, eres el lote de mi heredad.**

Protégeme, Dios mío, que me refugio en ti; | yo digo al Señor: «Tú eres mi bien.» | El Señor es el lote de mi heredad y mi copa; | mi suerte está en tu mano. ℞.

Bendeciré al Señor, que me aconseja, | hasta de noche me instruye eternamente. | Tengo siempre presente al Señor, | con él a mi derecha no vacilaré. ℞.

Me enseñarás el sendero de la vida, | me saciarás de gozo en tu presencia, | de alegría perpetua a tu derecha. ℞.

3. Anda, unge al pequeño, porque es éste

LECTURA DEL PRIMER LIBRO DE SAMUEL

16, 1b.6-13a

En aquellos días, el Señor dijo a Samuel: «Llena la cuerna de aceite y vete, por encargo mío, a Jesé, el de Belén, porque entre sus hijos me he elegido un rey.» Cuando llegó, vio a Eliab y pensó: «Seguro, el Señor tiene delante a su ungido.» Pero el Señor le dijo: «No te fijes en las apariencias ni en su buena estatura. Lo rechazo. Porque Dios no ve como los hombres, que ven la apariencia: el Señor ve el corazón.» Jesé llamó a Abinadab y lo hizo pasar ante Samuel; y Samuel le dijo: «Tampoco a este lo ha elegido el Señor.» Jesé hizo pasar a Samá; y Samuel dijo: «Tampoco a este lo ha elegido el Señor.» Jesé hizo pasar a siete hijos suyos ante Samuel; y Samuel le dijo: «Tampoco a éstos los ha elegido el Señor.» Luego preguntó a Jesé: «¿Se acabaron los muchachos?» Jesé respondió: «Queda el pequeño, que precisamente está cuidando las ovejas.» Samuel dijo: «Manda por él, que no nos sentaremos a la mesa mientras no llegue.» Jesé mandó a por él y lo hizo entrar: era de buen color, de hermosos ojos y buen tipo. Entonces el Señor dijo a Samuel: «Anda, úngelo, porque es este.» Samuel tomó la cuerna de aceite y lo ungió en medio de sus hermanos. En aquel momento invadió a David el espíritu del Señor, y estuvo con él en adelante. Samuel emprendió la vuelta a Ramá.

Palabra de Dios.

SALMO RESPONSORIAL 88

℟ **Cantaré eternamente tus misericordias, Señor.**

Cantaré eternamente las misericordias del Señor, | anunciaré tu fidelidad por todas las edades. | Porque dije: «Tu misericordia es un edificio eterno, | más que el cielo has afianzado tu fidelidad.» ℟.

Sellé una alianza con mi elegido, | jurando a David, mi siervo: | Te fundaré un linaje perpetuo, | edificaré tu trono para todas las edades. ℟.

Encontré a David, mi siervo, | y lo he ungido con óleo sagrado; | para que mi mano esté siempre con él | y mi brazo lo haga valeroso. ℟.

Mi fidelidad y misericordia lo acompañarán, | por mi nombre crecerá su poder. | El me invocará: «Tú eres mi padre, | mi Dios, mi Roca salvadora.» ℟.

PRIMERA LECTURA

Tiempo pascual

Para los misioneros:

1. Sabed que nos dedicamos a los gentiles

LECTURA DEL LIBRO DE LOS HECHOS DE LOS APOSTOLES
13, 46-49

En aquellos días, Pablo y Bernabé dijeron a los judíos: «Teníamos que anunciaros primero a vosotros la palabra de Dios; pero, como la rechazáis y no os consideráis dignos de la vida eterna, sabed que nos dedicamos a los gentiles. Así nos lo ha mandado el Señor: "Yo te haré luz de los gentiles, para que lleves la salvación hasta el extremo de la tierra."» Cuando los gentiles oyeron esto, se alegraron y alababan la palabra del Señor; y los que estaban destinados a la vida eterna creyeron. La palabra del Señor se iba difundiendo por toda la región.

Palabra de Dios.

SALMO RESPONSORIAL 116

℟ **Id al mundo entero y proclamad el Evangelio** (o, Aleluya.)

Alabad al Señor, todas las naciones, | aclamadlo, todos los pueblos ℟.

Firme es su misericordia con nosotros, | su fidelidad dura por siempre. ℟.

2. Tened cuidado de vosotros y del rebaño que el Espíritu Santo os ha encargado guardar, como pastores de la Iglesia de Dios

LECTURA DEL LIBRO DE LOS HECHOS DE LOS APOSTOLES
20, 17-18a.28-32.36

En aquellos días, Pablo, desde Mileto, mandó llamar a los presbíteros de la Iglesia de Efeso. Cuando se presentaron, les dijo: «Tened cuidado de vosotros y del rebaño que el Espíritu

Santo os ha encargado guardar, como pastores de la Iglesia de
Dios, que él adquirió con su propia sangre. Ya sé que, cuando
os deje, se meterán entre vosotros lobos feroces, que no tendrán
piedad del rebaño. Incluso algunos de vosotros deformarán la
doctrina y arrastrarán a los discípulos. Por eso, estad alerta: acordaos que durante tres años, de día y de noche, no he cesado de
aconsejar con lágrimas en los ojos a cada uno en particular. Ahora os dejo en manos de Dios y de su palabra de gracia, que tiene
poder para construiros y daros parte en la herencia de los
santos.»

Cuando terminó de hablar, se pusieron todos de rodillas, y
Pablo rezó.

Palabra de Dios.

SALMO RESPONSORIAL 109

R Tú eres sacerdote eterno, | según el rito de Melquise-
dec (o Aleluya.)

Oráculo del Señor a mi Señor: | «Siéntate a mi derecha, | y
haré de tus enemigos | estrado de tus pies.» R.

Desde Sión extenderá el Señor | el poder de tu cetro: | so-
mete en la batalla a tus enemigos. R.

«Eres príncipe desde el día de tu nacimiento, | entre esplen-
dores sagrados; | yo mismo te engendré como rocío, | antes de la
aurora.» R.

El Señor lo ha jurado y no se arrepiente: | «Tú eres sacerdote
eterno, | según el rito de Melquisedec.» R.

Para los misioneros:

3. El Mesías anunciaría el amanecer a su pueblo y a los
    gentiles

LECTURA DEL LIBRO DE LOS HECHOS DE
LOS APOSTOLES   26, 19-23

En aquellos días, Pablo dijo: «Yo, rey Agripa, no he sido de-
sobediente a la visión del cielo. He predicado primero a los ju-

díos de Damasco, luego a los de Jerusalén y de toda Judea, y por último a los gentiles, que se arrepientan y se conviertan a Dios, portándose como corresponde a su conversión. Por este motivo me prendieron los judíos en el templo y trataron de matarme, pero, con la ayuda de Dios, he seguido hasta hoy dando testimonio a nobles y plebeyos.

No añado nada a lo que predijeron Moisés y los profetas: que el Mesías tenía que padecer y que, al resucitar el primero de entre los muertos, anunciaría el amanecer a su pueblo y a los gentiles.»

Palabra de Dios.

SALMO RESPONSORIAL 116

℟ **Id al mundo entero y proclamad el Evangelio** (o Aleluya.)

Alabad al Señor, todas las naciones, | aclamadlo, todos los pueblos. ℟

Firme es su misericordia con nosotros, | su fidelidad dura por siempre. ℟

SEGUNDA LECTURA

1. Los dones que poseemos son diferentes, según la gracia que se nos ha dado

LECTURA DE LA CARTA DEL APOSTOL
SAN PABLO A LOS ROMANOS   12, 3-13 (p. 1858)

Para los misioneros:

2. Quiso Dios valerse de la necedad de la predicación, para salvar a los creyentes

LECTURA DEL LA PRIMERA CARTA DEL
APOSTOL SAN PABLO A LOS CORINTIOS   1, 18-25 (p. 2252)

3. **Servidores de Cristo y administradores de los misterios de Dios**

LECTURA DE LA PRIMERA CARTA DEL APOSTOL SAN PABLO A LOS CORINTIOS   4, 1-5 (p. 1707)

ALELUYA   Jn 10, 14

Yo soy el buen Pastor —dice el Señor—, conozco mis ovejas, y las mías me conocen.

EVANGELIO

1. **La mies es abundante, pero los trabajadores son pocos**

✠ LECTURA DEL S. EVANGELIO SEGUN SAN MATEO   9, 35-38 (p. 2125)

Para un papa:

ALELUYA   Mc 1, 17

Venid conmigo —dice el Señor— y os haré pescadores de hombres.

EVANGELIO

2. **Tú eres Pedro, y sobre esta piedra edificaré mi Iglesia**

✠ LECTURA DEL S. EVANGELIO SEGUN SAN MATEO   16, 13-19 (p. 2330)

ALELUYA   Mt 23, 9b.10b

Uno sólo es vuestro Padre, el del cielo, y uno sólo es vuestro consejero, Cristo.

EVANGELIO

3. El primero entre vosotros será vuestro servidor

✠ **LECTURA DEL S. EVANGELIO SEGUN
SAN MATEO**   23, 8-12 (p. 2167)

Para los misioneros:

ALELUYA   Mt 28, 19a.20b

Id y haced discípulos de todos los pueblos —dice el
Señor—; yo estoy con vosotros todos los días, hasta el
fin del mundo.

EVANGELIO

4. Id y haced discípulos de todos los pueblos

✠ **LECTURA DEL S. EVANGELIO SEGUN
SAN MATEO**   28, 16-20 (p. 1976)

COMUN DE DOCTORES
DE LA IGLESIA
1

ANTIFONA DE ENTRADA   Si 15, 5

En la asamblea le da la palabra, el Señor lo llena de espíritu de sabiduría e inteligencia, lo viste con un traje de honor.

O bien: Sal 36, 30-31

La boca del justo expone la sabiduría, su lengua explica el derecho, porque lleva en el corazón la ley de su Dios.

ORACION COLECTA

Dios todopoderoso y eterno, que le has dado un doctor a tu Iglesia en la figura de [tu obispo] san N., haz que todo cuanto él enseñó bajo el magisterio del Espíritu, arraigue para siempre en nuestros corazones; y el que, por gracia tuya, es nuestro protector sea también nuestro abogado y atraiga sobre nosotros tu misericordia. Por nuestro Señor Jesucristo.

ORACION SOBRE LAS OFRENDAS

Sea agradable a tus ojos, Señor, el sacrificio que te ofrecemos con gozo en la fiesta de san N., cuya vida y doctrina nos impulsan a alabarte con todo nuestro ser. Por Jesucristo nuestro Señor.

ANTIFONA DE COMUNION   Lc 12, 42

Este es el criado fiel y solícito a quien el Señor ha puesto al frente de su familia para que les reparta la ración a sus horas.

ORACION DESPUES DE LA COMUNION

Señor, que cuantos hemos sido fortalecidos con Cristo, verdadero pan de vida y único maestro de los hombres aprendamos en la fiesta de san N. a conocer tu verdad y a vivirla con amor. Por Jesucristo nuestro Señor.

2

ANTIFONA DE ENTRADA
Dn 12, 3

Los sabios brillarán como el fulgor del firmamento, y los que enseñaron a muchos la justicia, como las estrellas, por toda la eternidad.

O bien:
Cf. Si 44, 15.14

El pueblo cuenta la sabiduría de los santos, la asamblea pregona su alabanza; vive su fama por generaciones.

ORACION COLECTA

Señor, Dios nuestro, que has querido infundir en san N. tu admirable doctrina, concédenos, por su intercesión, permanecer siempre fieles a esa misma doctrina, y modelar conforme a ella nuestra propia conducta. Por nuestro Señor Jesucristo.

ORACION SOBRE LAS OFRENDAS

Al celebrar estos divinos misterios, te rogamos, Señor, que el Espíritu Santo derrame sobre nosotros aquella misma luz con la que iluminó a tu siervo san N. y lo impulsó a la propagación de tu gloria. Por Jesucristo nuestro Señor.

ANTIFONA DE COMUNION
1 Cor 1, 23-24

Nosotros predicamos a Cristo crucificado, fuerza de Dios y sabiduría de Dios.

ORACION DESPUES DE LA COMUNION

Reanimados con el pan del cielo, te rogamos, Señor, que, a
imitación de san N., permanezcamos en continua acción de gracias por los dones recibidos. Por Jesucristo nuestro Señor.

LECTURAS

*Cuando se hace solamente una lectura antes del Evangelio, se puede
elegir entre los textos que siguen como 1.ª o como 2.ª lectura.*

PRIMERA LECTURA
Fuera del tiempo pascual

1.   Te doy un corazón sabio e inteligente

LECTURA DEL PRIMER LIBRO DE LOS
REYES
                                                              3, 11-14

En aquellos días, Dios dijo a Salomón: «Por haber pedido
esto y no haber pedido para ti vida larga ni riquezas ni la vida
de tus enemigos, sino que pediste discernimiento para escuchar y
gobernar, te cumplo tu petición: te doy un corazón sabio e inteligente, como no lo ha habido antes ni lo habrá después de ti. Y
te daré también lo que no has pedido: riquezas y fama, mayores
que las de rey alguno. Y, si caminas por mis sendas, guardando
mis preceptos y mandatos, como hizo tu padre David, te daré
larga vida.»

Palabra de Dios.

SALMO RESPONSORIAL 36

℟ La boca del justo expone la sabiduría.

Confía en el Señor y haz el bien, | habita tu tierra y practica
la lealtad; | sea el Señor tu delicia, | y él te dará lo que pide tu
corazón. ℟

Encomienda tu camino al Señor, | confía en él, y él actuará: | hará tu justicia como el amanecer, | tu derecho como el mediodía. ℞.

La boca del justo expone la sabiduría, | su lengua explica el derecho; | porque lleva en el corazón la ley de su Dios, | y sus pasos no vacilan. ℞.

2. **Quise más la sabiduría que la salud y la belleza**

LECTURA DEL LIBRO DE LA SABIDURIA 7, 7-10.15-16 (p. 968)

SALMO RESPONSORIAL 18 (p. 2388)

3. **Lo llena de sabiduría e inteligencia**

LECTURA DEL LIBRO DEL ECLESIASTICO 15, 1-6

El que teme al Señor obrará así, observando la ley, alcanzará la sabiduría. Ella le saldrá al encuentro como una madre y lo recibirá como la esposa de la juventud; lo alimentará con pan de sensatez y le dará a beber agua de prudencia; apoyado en ella no vacilará y confiado en ella no fracasará; lo ensalzará sobre sus compañeros, para que abra la boca en la asamblea; lo llena de sabiduría e inteligencia, lo cubre con vestidos de gloria; alcanzará gozo y alegría, le dará un nombre perdurable.

Palabra de Dios.

SALMO RESPONSORIAL 118

℞ **Enséñame, Señor, tus leyes.**

¿Cómo podrá un joven andar honestamente? | Cumpliendo tus palabras. ℞.

Te busco de todo corazón, | no consientas que me desvíe de tus mandamientos. ℞.

En mi corazón escondo tus consignas, | así no pecaré contra ti. ℞.

Bendito eres, Señor, | enséñame tus leyes. ℟.

Mis labios van enumerando | los mandamientos de tu boca. ℟.

PRIMERA LECTURA

Tiempo pascual

1. Dios lo ha constituido Señor y Mesías

LECTURA DEL LIBRO DE
LOS HECHOS DE LOS APOSTOLES   2, 14a.22-24.32-36

El día de Pentecostés, Pedro de pie con los Once, pidió atención y les dirigió la palabra: «Escuchadme, israelitas: Os hablo de Jesús Nazareno, el hombre que Dios acreditó ante vosotros realizando por su medio los milagros, signos y prodigios que conocéis. Conforme al designio previsto y sancionado por Dios, os lo entregaron, y vosotros, por mano de paganos, lo matasteis en una cruz. Pero Dios lo resucitó, rompiendo las ataduras de la muerte; no era posible que la muerte lo retuviera bajo su dominio. Pues bien, Dios resucitó a este Jesús, y todos nosotros somos testigos. Ahora, exaltado por la diestra de Dios, ha recibido del Padre el Espíritu Santo que estaba prometido, y lo ha derramado. Esto es lo que estáis viendo y oyendo. David no ha subido al cielo, y, sin embargo, dice: "Oráculo del Señor a mi Señor: Siéntate a mi derecha, y haré de tus enemigos estrado de tus pies." Por lo tanto, todo Israel esté cierto de que al mismo Jesús, a quien vosotros crucificasteis, Dios lo ha constituido Señor y Mesías.»

Palabra de Dios.

SALMO RESPONSORIAL 18

℟ **Tus palabras, Señor, son espíritu y vida** (o Aleluya.)

La ley del Señor es perfecta | y es descanso del alma; | el precepto del Señor es fiel | e instruye al ignorante. ℟.

Los mandamientos del Señor son rectos | y alegran el corazón; | la norma del Señor es límpida | y da luz a los ojos. ℞.

La voluntad del Señor es pura | y eternamente estable; | los mandamientos del Señor son verdaderos | y enteramente justos. ℞.

Más preciosos que el oro, | más que el oro fino; | más dulces que la miel | de un panal que destila. ℞.

2.   Dios ha cumplido la promesa resucitando a Jesús

LECTURA DEL LIBRO DE LOS HECHOS DE LOS APOSTOLES
13, 26-33

En aquellos días, habiendo llegado Pablo a Antioquía de Pisidia, decía en la sinagoga: «Hermanos, descendientes de Abrahán y todos los que teméis a Dios: A vosotros se os ha enviado este mensaje de salvación. Los habitantes de Jerusalén y sus autoridades no reconocieron a Jesús ni entendieron las profecías que se leen los sábados, pero las cumplieron al condenarlo. Aunque no encontraron nada que mereciera la muerte, le pidieron a Pilato que lo mandara ejecutar. Y, cuando cumplieron todo lo que estaba escrito de él, lo bajaron del madero y lo enterraron. Pero Dios lo resucitó de entre los muertos. Durante muchos días, se apareció a los que lo habían acompañado de Galilea a Jerusalén, y ellos son ahora sus testigos ante el pueblo. Nosotros os anunciamos que la promesa que Dios hizo a nuestros padres, nos la ha cumplido a los hijos resucitando a Jesús. Así está escrito en el salmo segundo: "Tú eres mi Hijo: yo te he engendrado hoy."»

Palabra de Dios.

SALMO RESPONSORIAL 36

℞. **La boca del justo expone la sabiduría**   (o Aleluya.)

Confía en el Señor y haz el bien, | habita tu tierra y practica la lealtad; | sea el Señor tu delicia, | y él te dará lo que pide tu corazón. ℞.

Encomienda tu camino al Señor, | confía en él, y él actuará: | hará tu justicia como el amanecer, | tu derecho como el mediodía. ℟.

La boca del justo expone la sabiduría, | su lengua explica el derecho; | porque lleva en el corazón la ley de su Dios, | y sus pasos no vacilan. ℟.

SEGUNDA LECTURA

1. Quiso Dios valerse de la necedad de la predicación, para salvar a los creyentes

LECTURA DE LA PRIMERA CARTA DEL APOSTOL SAN PABLO A LOS CORINTIOS   1, 18-25 (p. 2252)

2. Enseñamos una sabiduría divina, misteriosa

LECTURA DE LA PRIMERA CARTA DEL APOSTOL SAN PABLO A LOS CORINTIOS   2, 1-10a (p. 2013)

ALELUYA   Mt 5, 16

Alumbre así vuestra luz a los hombres, para que vean vuestras buenas obras y den gloria a vuestro Padre.

EVANGELIO

1. Vosotros sois la luz del mundo

✠ LECTURA DEL S. EVANGELIO SEGUN SAN MATEO   5, 13-19

En aquel tiempo, dijo Jesús a sus discípulos: «Vosotros sois la sal de la tierra. Pero si la sal se vuelve sosa, ¿con qué la salarán? No sirve más que para tirarla fuera y que la pise la gente. Vosotros sois la luz del mundo. No se puede ocultar una ciudad puesta en lo alto de un monte. Tampoco se enciende una lámpara para meterla debajo del celemín, sino para ponerla en el candelero y que alumbre a todos los de casa. Alumbre así vuestra luz a los hombres, para que vean vuestras buenas obras y den gloria a vuestro Padre que está en el cielo. No creáis que he venido a abolir la Ley y los profetas: no he venido a abolir, sino a dar plenitud. Os aseguro que antes pasarán el cielo y la tierra que deje de cumplirse hasta la última letra o tilde de la Ley. El que se salte uno sólo de los preceptos menos importantes, y se lo enseñe así a los hombres será el menos importante en el reino de los cielos. Pero quien los cumpla y enseñe será grande en el reino de los cielos.»

Palabra del Señor.

ALELUYA   Jn 6, 63b.68b

Tus palabras, Señor, son espíritu y vida; tú tienes palabras de vida eterna.

EVANGELIO

2. Jesús enseñaba con autoridad

✠ LECTURA DEL S. EVANGELIO SEGUN SAN MATEO   7, 21-29

En aquel tiempo, dijo Jesús a sus discípulos: «No todo el que me dice "Señor, Señor" entrará en el reino de los cielos, sino el que cumple la voluntad de mi Padre que está en el cielo. Aquel día, muchos dirán: "Señor, Señor, ¿no hemos profetizado en tu nombre, y en tu nombre echado demonios, y no hemos hecho en tu nombre muchos milagros?" Yo entonces les declararé: "Nunca os he conocido. Alejaos de mí, malvados." El que escucha estas palabras mías y las pone en práctica se parece a aquel hombre prudente que edificó su casa sobre roca. Cayó la lluvia, se salieron los ríos, soplaron los vientos y descargaron contra la casa; pero no se hundió, porque estaba cimentada sobre roca. El que escucha estas palabras mías y no las pone en práctica se parece a aquel hombre necio que edificó su casa sobre arena. Cayó la lluvia, se salieron los ríos, soplaron los vientos y rompieron contra la casa, y se hundió totalmente.» Al terminar Jesús este discurso, la gente estaba admirada de su enseñanza, porque les enseñaba con autoridad, y no como los escribas.

Palabra del Señor.

ALELUYA   Cf. Hch 16, 14b

Abrenos el corazón, Señor, para que aceptemos las palabras de tu Hijo.

EVANGELIO

3. Lo nuevo y lo antiguo

✠ LECTURA DEL S. EVANGELIO SEGUN SAN MATEO

13, 47-52

En aquel tiempo, dijo Jesús a la gente: «El reino de los cielos se parece a la red que echan en el mar y recoge toda clase de peces; cuando está llena, la arrastran a la orilla, se sientan, y reúnen los buenos en cestos, y los malos los tiran. Lo mismo sucederá al final del tiempo: saldrán los ángeles, separarán a los malos de los buenos y los echarán al horno encendido. Allí será el llanto y el rechinar de dientes. ¿Entendéis bien todo esto?» Ellos le contestaron: «Sí.» El les dijo: «Ya veis, un escriba que entiende del reino de los cielos es como un padre de familia que va sacando del arca lo nuevo y lo antiguo.»

Palabra del Señor.

COMUN DE VIRGENES

1

ANTIFONA DE ENTRADA

Esta es una virgen sabia y prudente, que salió a recibir a Cristo con la lámpara encendida.

ORACION COLECTA

Escúchanos, Dios, Salvador nuestro, para que en la alegría de la fiesta de tu virgen santa N. aprendamos a servirte con amor. Por nuestro Señor Jesucristo.

ORACION SOBRE LAS OFRENDAS

Señor, te proclamamos admirable en tu virgen santa N., y humildemente rogamos a tu Divina Majestad que, así como te complaces en los méritos de esta virgen, aceptes igualmente complacido el culto que tu pueblo te tributa. Por Jesucristo nuestro Señor.

ANTIFONA DE COMUNION   Mt 25, 6

Que llega el esposo, salid a recibir a Cristo, el Señor.

ORACION DESPUES DE LA COMUNION

Señor, fortalecidos con tu eucaristía, te pedimos que, a ejemplo de santa N., llevemos en nuestro cuerpo la muerte de Cristo y nuestra vida sea un esfuerzo continuo por unirnos cada vez más a ti. Por Jesucristo nuestro Señor.

2

ANTIFONA DE ENTRADA

Alegrémonos, llenémonos de gozo, porque el Señor ha amado a esta virgen santa y gloriosa.

ORACION COLECTA

Señor, Dios nuestro, que has derramado sobre la virgen santa N. abundancia de dones celestiales, concédenos imitar en la tierra sus virtudes, para que también podamos gozar en su compañía de las alegrías de la gloria. Por nuestro Señor Jesucristo.

O bien, para una virgen fundadora:

Señor, Dios nuestro, que la virgen santa N., tu fiel esposa, suscite en nuestros corazones aquel fuego de amor que encendió, para gloria de tu Iglesia, en sus hermanas vírgenes. Por nuestro Señor Jesucristo.

ORACION SOBRE LAS OFRENDAS

Concédenos, Señor, hacer nuestro el fruto de esta ofrenda para que, a ejemplo de santa N., libres de la decrepitud del hombre viejo, recomencemos una nueva vida en continuo progreso espiritual. Por Jesucristo nuestro Señor.

ANTIFONA DE COMUNION   Mt 25, 4.6

Las cinco vírgenes sensatas se llevaron alcuzas de aceite con las lámparas. A media noche se oyó una voz: ¡Que llega el esposo, salid a recibir a Cristo, el Señor!

ORACION DESPUES DE LA COMUNION

Señor, que la comunión del Cuerpo y de la Sangre de tu Hijo nos aparte de las cosas caducas, para que, a ejemplo de santa N., crezcamos, a lo largo de la vida, en caridad sincera y podamos gozar en el cielo de la visión eterna. Por Jesucristo nuestro Señor.

3

ANTIFONA DE ENTRADA

Ven, esposa de Cristo; recibe la corona que el Señor te ha preparado desde la eternidad.

ORACION COLECTA

Señor, tú que te complaces en habitar en los limpios de corazón, concédenos, por intercesión de santa N., virgen, vivir, por tu gracia, de tal manera que merezcamos tenerte siempre con nosotros. Por nuestro Señor Jesucristo.

O bien:

Escucha, Señor, nuestras plegarias, para que cuantos devotamente recordamos las virtudes de tu virgen santa N., permanezcamos en tu amor y crezcamos en él hasta la muerte. Por nuestro Señor Jesucristo.

ORACION SOBRE LAS OFRENDAS

Recibe, Señor, los dones que humildemente te ofrecemos en memoria de tu virgen santa N., y concédenos, por esta hostia inmaculada, permanecer ardiendo en tu presencia en el fuego sagrado de tu amor. Por Jesucristo nuestro Señor.

ANTIFONA DE COMUNION   Cf. Lc 10, 42

Esta virgen sensata ha elegido la parte mejor y no se la quitarán.

ORACION DESPUES DE LA COMUNION

Reconfortados con el pan del cielo, imploramos, Señor, de tu bondad que a cuantos nos llena de alegría el recuerdo de tu virgen santa N., nos concedas el perdón de las culpas, la salud de los cuerpos, la gracia del alma y la gloria eterna. Por Jesucristo nuestro Señor.

4

ANTIFONA DE ENTRADA   Sal 148, 12-14

Las vírgenes alaben el nombre del Señor, el único nombre sublime. Su majestad sobre el cielo y la tierra.

ORACION COLECTA

Manifiesta, Dios nuestro, la grandeza de tu amor hacia nosotros, para que, así como hoy nos alegramos al celebrar la fiesta de tus santas N. y N., podamos igualmente disfrutar en la gloria de su eterna compañía. Por nuestro Señor Jesucristo.

ORACION SOBRE LAS OFRENDAS

Señor, te proclamamos admirable al conmemorar a las santas vírgenes N. y N. en cuyo honor presentamos en tu altar estos dones, y por ello te rogamos que, así como te alegras en los méritos de tus santas, te complazcas también en el culto que tu pueblo te ofrece. Por Jesucristo nuestro Señor.

ANTIFONA DE COMUNION   Mt 25, 10

Llegó el esposo y las vírgenes que estaban preparadas entraron con él al banquete de bodas.

O bien: Jn 14, 21. 23

Al que me ama, lo amará mi Padre, y vendremos a él y haremos morada en él.

ORACION DESPUES DE LA COMUNION

Te rogamos Señor, que estos misterios de que hemos participado en la fiesta de las vírgenes N. y N., nos estimulen e iluminen siempre, para que anunciemos dignamente la vuelta del Señor, y seamos admitidos al banquete de bodas en el reino de los cielos. Por Jesucristo nuestro Señor.

LECTURAS

Cuando se hace solamente una lectura antes del Evangelio, se puede elegir entre los textos que siguen como 1.ª o como 2.ª lectura.

PRIMERA LECTURA

Fuera del tiempo pascual

1. Es fuerte el amor como la muerte

LECTURA DEL LIBRO DEL CANTAR DE LOS CANTARES 8, 6-7 (p. 2556)

SALMO RESPONSORIAL 148 (p. 1636)

2. Me casaré contigo en matrimonio perpetuo

LECTURA DE LA PROFECIA DE OSEAS 2, 16b.17b.21-22 (p. 781)

SALMO RESPONSORIAL 44 (p. 2398)

PRIMERA LECTURA

Tiempo pascual

1. Dichosos los invitados al banquete de bodas del Cordero

LECTURA DEL LIBRO DEL APOCALIPSIS 19, 1.5-9a (p. 2416)

SALMO RESPONSORIAL 148

℟ **Jóvenes y doncellas, | alabad el nombre del Señor** (o Aleluya.)

Alabad al Señor en el cielo, | alabad al Señor en lo alto. | Alabadlo, todos sus ángeles; | alabadlo, todos sus ejércitos. ℟.

Reyes y pueblos del orbe, | príncipes y jefes del mundo, | las jóvenes y también las doncellas, | los viejos junto con los niños, | alaben el nombre del Señor, | el único nombre sublime. ℟.

Su majestad sobre el cielo y la tierra; | él acrece el vigor de su pueblo. | Alabanza de todos sus fieles, | de Israel, su pueblo escogido. ℟.

2. Vi la nueva Jerusalén, arreglada como una novia que se adorna para su esposo

LECTURA DEL LIBRO DEL APOCALIPSIS 21, 1-5a

Yo, Juan, vi un cielo nuevo y una tierra nueva, porque el primer cielo y la primera tierra han pasado, y el mar ya no existe.

Y vi la ciudad santa, la nueva Jerusalén, que descendía del cielo, enviada por Dios, arreglada como una novia que se adorna para su esposo. Y escuché una voz potente que decía desde el trono: «Esta es la morada de Dios con los hombres: acampará entre ellos. Ellos serán su pueblo, y Dios estará con ellos y será su Dios. Enjugará las lágrimas de sus ojos. Ya no habrá muerte, ni luto, ni llanto, ni dolor. Porque el primer mundo ha pasado.» Y el que estaba sentado en el trono dijo: «Todo lo hago nuevo.»

Palabra de Dios.

SALMO RESPONSORIAL 44

℟ **Llega el Esposo; | salid a recibid a Cristo, el Señor** (o Aleluya.)

Escucha, hija, mira: inclina el oído, | olvida tu pueblo y la casa paterna; | prendado está el rey de tu belleza: | póstrate ante él, que él es tu señor. ℟.

Ya entra la princesa, bellísima, | vestida de perlas y brocado; | la llevan ante el rey, con séquito de vírgenes, | la siguen sus compañeras. ℟.

Las traen entre alegría y algazara, | van entrando en el palacio real. | A cambio de tus padres, tendrás hijos, | que nombrarás príncipes para todas la tierra. ℟.

SEGUNDA LECTURA

1.   La soltera se preocupa de los asuntos del Señor

LECTURA DE LA PRIMERA CARTA DEL
APOSTOL SAN PABLO A LOS CORINTIOS   7, 25-35 (p. 1719)

2.   Quise desposaros con un sólo marido, presentándoos a Cristo como una virgen intacta

LECTURA DE LA SEGUNDA CARTA DEL APOSTOL
SAN PABLO A LOS CORINTIOS   10, 17—11, 2 (p. 2418)

ALELUYA

Ven, esposa de Cristo, recibe la corona eterna que el Señor te tiene preparada.

EVANGELIO

1. Por el reino de los cielos

✠ LECTURA DEL S. EVANGELIO SEGUN
SAN MATEO · 19, 3-12

En aquel tiempo, se acercaron a Jesús unos fariseos y le preguntaron, para ponerlo a prueba: «¿Es lícito a uno despedir a su mujer por cualquier motivo?» El les respondió: «¿No habéis leído que el Creador, en el principio, "los creó hombre y mujer", y dijo: "Por eso abandonará el hombre a su padre y a su madre, y se unirá a su mujer, y serán los dos una sola carne"? De modo que ya no son dos, sino una sola carne. Pues lo que Dios ha unido, que no lo separe el hombre.» Ellos insistieron: «¿Y por qué mandó Moisés darle acta de repudio y divorciarse?» El les contestó: «Por lo tercos que sois os permitió Moisés divorciaros de vuestras mujeres; pero, al principio, no era así. Ahora os digo yo que si uno se divorcia de su mujer —no hablo de impureza— y se casa con otra, comete adulterio.» Los discípulos le replicaron: «Si ésa es la situación del hombre con la mujer, no trae cuenta casarse.» Pero él les dijo: «No todos pueden con eso, sólo los que han recibido ese don. Hay eunucos que salieron así del vientre de su madre, a otros los hicieron los hombres, y hay quienes se hacen eunucos por el reino de los cielos. El que pueda con esto, que lo haga.»

Palabra del Señor.

ALELUYA

Esta es la virgen prudente a quien el Señor encontró velando; al llegar el Señor, entro con él al banquete de bodas.

EVANGELIO

2. ¡Que llega el esposo, salid a recibirlo!

✠ LECTURA DEL S. EVANGELIO SEGUN
SAN MATEO   25, 1-13 (p. 1689)

ALELUYA   Jn 14, 23 (p. 825)

El que me ama guardará mi palabra —dice el Señor—,
y mi Padre lo amará, y vendremos a él.

EVANGELIO

3. Marta lo recibió en su casa. María ha escogido la parte
    mejor

✠ LECTURA DEL S. EVANGELIO SEGUN
SAN LUCAS   10, 38-42 (p. 1791)

COMUN DE SANTOS Y SANTAS

Las misas que siguen, si se señalan para una determinada categoría de santos, utilícense para ellos. Las misas a las que no se les asigna ningún título, pueden emplearse para cualquier santo.

1

ANTIFONA DE ENTRADA   Sal 144, 10-11

Que todas tus criaturas te den gracias, Señor, que te bendigan tus santos; que proclamen la gloria de tu reinado, que hablen de tus hazañas.

ORACION COLECTA

Dios todopoderoso y eterno, tú has querido darnos una prueba suprema de tu amor en la glorificación de tus santos, concédenos ahora que su intercesión nos ayude y su ejemplo nos mueva a imitar fielmente a tu Hijo Jesucristo. Que vive y reina contigo.

ORACION SOBRE LAS OFRENDAS

Señor, escucha con bondad nuestra súplica y protégenos con la intercesión de tus santos, para que tributemos siempre un culto digno a tu Divina Majestad. Por Jesucristo nuestro Señor.

ANTIFONA DE COMUNION   Sal 67, 4

Los justos se alegran, gozan en la presencia de Dios, rebosando de alegría.

O bien: Lc 12, 37

Dichosos los criados a quienes el Señor, al llegar, los encuentre en vela; os aseguro que se ceñirá, los hará sentar a la mesa y los irá sirviendo.

ORACION DESPUES DE LA COMUNION

Dios todopoderoso y eterno, Padre del consuelo y de la paz, concede a tu pueblo, reunido en la fiesta de los santos, para alabar tu nombre, recibir de tu misericordia, por el misterio de Cristo en que ha participado, la prenda de la eterna redención. Por Jesucristo nuestro Señor.

2

ANTIFONA DE ENTRADA   Sal 63, 11

El justo se alegra con el Señor, se refugia en él y se felicitan los rectos de corazón.

ORACION COLECTA

Proclamamos, Señor, que sólo tú eres santo, sólo tú eres bueno y nadie puede serlo sin tu gracia; por eso te pedimos que, mediante la intercesión de san N., nos ayudes a vivir de tal forma en el mundo, que nunca nos veamos privados de tu gloria. Por nuestro Señor Jesucristo.

ORACION SOBRE LAS OFRENDAS

Te suplicamos, Dios todopoderoso, que este sacrificio ofrecido humildemente en honor de tus santos, sea grato a tus ojos y purifique nuestro cuerpo y nuestro espíritu. Por Jesucristo nuestro Señor.

ANTIFONA DE COMUNION   Jn 12, 26

El que quiera servirme, que me siga —dice el Señor—; y donde esté yo, allí también estará mi servidor.

ORACION DESPUES DE LA COMUNION

En el aniversario de la glorificación de tus santos, te suplicamos, Señor, que, robustecidos con los sacramentos, alcancemos plenamente en el cielo los bienes con que ahora nos ayudas por tu misericordia. Por Jesucristo nuestro Señor.

3

ANTIFONA DE ENTRADA   Sal 20, 2-3

Señor, el justo se alegra por tu fuerza. ¡Y cuánto goza con tu victoria! Le has concedido el deseo de su corazón.

ORACION COLECTA

Oh Dios, que en nuestra fragilidad nos has puesto a los santos como ejemplo y defensa para allanarnos el camino de la salvación, concédenos, te rogamos, que al celebrar la fiesta de san N. sigamos de tal modo sus ejemplos que podamos llegar al reino de tu amor. Por nuestro Señor Jesucristo.

ORACION SOBRE LAS OFRENDAS

Señor, por esta oblación que te presentamos en la fiesta de san N., concédenos los bienes de la paz y la unidad. Por Jesucristo nuestro Señor.

ANTIFONA DE COMUNION   Mt 16, 24

El que quiera venirse conmigo que se niegue a sí mismo, que cargue con su cruz y me siga —dice el Señor.

ORACION DESPUES DE LA COMUNION

Los sacramentos que hemos recibido en la fiesta de san N. santifiquen, Señor, nuestro corazón y nuestro espíritu, para que merezcamos ser partícipes de tu naturaleza divina. Por Jesucristo nuestro Señor.

4

ANTIFONA DE ENTRADA   Ml 2, 6

Una doctrina auténtica llevaba en su boca, y en sus labios no se hallaba maldad; con paz y rectitud andaba conmigo, y apartaba a muchos de la culpa.

ORACION COLECTA

Señor, tú ves que somos débiles y que desfallecemos; por medio del ejemplo de tus santos, afiánzanos misericordiosamente en tu amor. Por nuestro Señor Jesucristo.

ORACION SOBRE LAS OFRENDAS

Señor, que el sacrificio que ofrecemos a tu Divina Majestad en la fiesta de san N. sea al mismo tiempo eficaz para nuestra salvación y agradable a tu misericordia. Por Jesucristo nuestro Señor.

ANTIFONA DE COMUNION   Mt 5, 8-10

Dichosos los limpios de corazón, porque ellos verán a Dios. Dichosos los que trabajan por la paz, porque ellos se llamarán los hijos de Dios. Dichosos los perseguidos por causa de la justicia, porque de ellos es el reino de los cielos.

ORACION DESPUES DE LA COMUNION

Alimentados con el don eucarístico, te rogamos, Señor, que este sacrificio de tus siervos aumente en nosotros el poder de la salvación. Por Jesucristo nuestro Señor.

5

ANTIFONA DE ENTRADA   Sal 91, 13-14

El justo crecerá como palmera, se alzará como cedro del Líbano; plantado en la casa del Señor, en los atrios de nuestro Dios.

ORACION COLECTA

Señor, que la oración de tus santos alcance a tus fieles el auxilio oportuno y nos haga partícipes de la suerte de los bienaventurados en el cielo a cuantos celebramos con devoción esta fiesta. Por nuestro Señor Jesucristo.

ORACION SOBRE LAS OFRENDAS

Señor, al presentar sobre tu altar esta ofrenda concédenos aquel sentimiento de piedad que infundiste a san N., para que nos entreguemos con pureza de alma y corazón devoto a esta sagrada celebración; que nuestro sacrificio te sea agradable a ti y provechoso para nosotros. Por Jesucristo nuestro Señor.

ANTIFONA DE COMUNION   Mt 11, 28

Venid a mí todos los que estáis cansados y agobiados y yo os aliviaré —dice el Señor.

ORACION DESPUES DE LA COMUNION

Que la comunión de tus sacramentos nos salve, Señor, y nos afiance en la luz de tu verdad. Por Jesucristo nuestro Señor.

6

ANTIFONA DE ENTRADA   Jr 17, 7-8

Bendito quien confía en el Señor y pone en el Señor su confianza; será un árbol plantado junto al agua, que junto a la corriente echa raíces; cuando llegue el estío no lo sentirá.

ORACION COLECTA

Concédenos, Dios todopoderoso, que el ejemplo de los santos nos estimule a una vida más perfecta, para que al celebrar la memoria de san N. le sepamos imitar en las obras. Por nuestro Señor Jesucristo.

ORACION SOBRE LAS OFRENDAS

Al presentar en tu altar nuestros dones en la fiesta de tus santos, te pedimos, Señor, que esta ofrenda sea para tu mayor gloria y nos obtenga a nosotros abundancia de gracia. Por Jesucristo nuestro Señor.

ANTIFONA DE COMUNION   Jn 15, 9

Como el Padre me ha amado, así os he amado yo —dice el Señor—; permaneced en mi amor.

ORACION DESPUES DE LA COMUNION

Te rogamos, Señor, Dios nuestro, que los sagrados misterios que celebramos en conmemoración de tus santos realicen en nosotros la paz y la salvación eterna. Por Jesucristo nuestro Señor.

7. Religiosos

ANTIFONA DE ENTRADA   Sal 15, 5-6

El Señor es el lote de mi heredad y mi copa, mi suerte está en tu mano; me ha tocado un lote hermoso, me encanta mi heredad.

ORACION COLECTA

Señor, tú que otorgaste a san N. la gracia de imitar con fidelidad a Cristo pobre y humilde, concédenos también a nosotros, por intercesión de este santo, la gracia de vivir fielmente nuestra vocación, para que así tendamos a la perfección que tú nos has propuesto en la persona de tu Hijo. Que vive y reina contigo.

O bien, para un abad:

Señor, tú que has querido dejarnos en san N., abad, un claro testimonio de perfección evangélica, concédenos, por su intercesión, abrazar de corazón las realidades del cielo en medio de las vicisitudes de este mundo. Por nuestro Señor Jesucristo.

ORACION SOBRE LAS OFRENDAS

Dios de bondad, que en san N. has querido destruir el hombre viejo y crear en él un hombre nuevo, a tu imagen, concédenos, por sus méritos, ser renovados por ti, como él lo fue, para que podamos ofrecerte un sacrificio que te sea agradable. Por Jesucristo nuestro Señor.

ANTIFONA DE COMUNION   Cf. Mt 19, 27.28.29

Creedme, los que habéis dejado todo y me habéis seguido recibiréis cien veces más y heredaréis la vida eterna.

ORACION DESPUES DE LA COMUNION

Te rogamos, Señor, que nosotros tus siervos, fortalecidos por este sacramento, aprendamos a buscarte sobre todas las cosas a ejemplo de san N., y a ser nosotros, mientras vivamos en el mundo, imagen del hombre nuevo. Por Jesucristo nuestro Señor.

8. Religiosos

ANTIFONA DE ENTRADA   Cf. Sal 23, 5-6

Estos son los santos que recibieron la bendición del Señor, a los que hizo justicia el Dios de salvación; este es el grupo que busca al Señor.

ORACION COLECTA

Oh Dios, que has llamado a san N. para que buscase tu reino sobre todas las cosas por el camino de la caridad perfecta, concédenos que, fortalecidos por su intercesión, avancemos con espíritu de alegría en el camino del amor. Por nuestro Señor Jesucristo.

ORACION SOBRE LAS OFRENDAS

Acepta, Señor, estos dones que como siervos tuyos presentamos en tu altar para celebrar la fiesta de san N., y concédenos que, libres de los obstáculos del mundo, seas tú nuestra única riqueza. Por Jesucristo nuestro Señor.

ANTIFONA DE COMUNION   Sal 33, 9

Gustad y ved qué bueno es el Señor; dichoso el que se acoge a él.

ORACION DESPUES DE LA COMUNION

Te rogamos, Señor, que, por la gracia de este sacramento, y a ejemplo de san N., nos mantengas siempre en tu amor y lleves a su perfección la obra que has comenzado en nosotros hasta que vuelva Cristo. Que vive y reina por los siglos de los siglos.

9. Santos que se han consagrado a una actividad caritativa

ANTIFONA DE ENTRADA   Mt 25, 34.36.40

Venid vosotros, benditos de mi Padre —dice el Señor—; estuve enfermo y me visitasteis. Os aseguro que cada vez que lo hicisteis con uno de estos mis humildes hermanos, conmigo lo hicisteis.

ORACION COLECTA

Señor, Dios todopoderoso, tú nos has revelado que toda la ley se compendia en el amor a ti y al prójimo, concédenos que, imitando la caridad de san N., podamos ser un día contados entre los elegidos de tu reino. Por nuestro Señor Jesucristo.

ORACION SOBRE LAS OFRENDAS

Recibe, Señor, los dones de tu pueblo y concédenos que, al recordar las maravillas que el amor de tu Hijo realizó con nosotros, nos reafirmemos, a ejemplo de los santos, en el amor a ti y al prójimo. Por Jesucristo nuestro Señor.

ANTIFONA DE COMUNION   Jn 15, 13

Nadie tiene amor más grande que el que da la vida por sus amigos.

O bien: Jn 13, 35

La señal por la que conocerán que sois discípulos míos será que os améis unos a otros —dice el Señor.

ORACION DESPUES DE LA COMUNION

Alimentados con estos sagrados misterios, te pedimos, Señor, nos ayudes a seguir los ejemplos de san N., que te rindió culto con devoción constante, y se entregó a tu pueblo en un continuo servicio de amor. Por Jesucristo nuestro Señor.

O bien:

Alimentados por el sacramento de salvación, te rogamos, Dios de misericordia, que, imitando la caridad de san N., seamos un día partícipes de su gloria. Por Jesucristo nuestro Señor.

10.   Educadores

ANTIFONA DE ENTRADA   Mc 10, 14

Dejad que los niños se acerquen a mí: no se lo impidáis; de los que son como ellos es el reino de Dios —dice el Señor.

O bien: Mt 5, 19

Quien cumpla y enseñe será grande en el reino de los cielos —dice el Señor.

ORACION COLECTA

Señor, tú elegiste entre tus fieles a san N. para que mostrara
a sus hermanos el camino que conduce a ti, concédenos que su
ejemplo nos ayude a seguir a Jesucristo, nuestro Maestro, para
que un día logremos alcanzar, junto con nuestros hermanos, la
gloria de tu reino. Por nuestro Señor Jesucristo.

ORACION SOBRE LAS OFRENDAS

Acepta, Señor, los dones que tu pueblo te presenta en honor
de tus santos, y concédenos que, mediante nuestra participación
en este sagrado misterio, seamos siempre testimonio de tu amor.
Por Jesucristo nuestro Señor.

ANTIFONA DE COMUNION   Mt 18, 3

Si no volvéis a ser como niños, no entraréis en el reino
de los cielos —dice el Señor.

O bien: Jn 8, 12

El que me sigue no camina en las tinieblas, sino que tendrá la luz de la vida —dice el Señor.

ORACION DESPUES DE LA COMUNION

Señor, que este sagrado banquete nos dé fuerza para que, siguiendo el ejemplo de los santos, llevemos en el corazón y mani-
festemos en la práctica el amor a los demás y la luz de tu verdad.
Por Jesucristo nuestro Señor.

11. Santas mujeres

ANTIFONA DE ENTRADA   Cf. Prov 31, 30.28

La mujer que teme al Señor merece alabanza. Sus hijos se levantan para felicitarla, su marido proclama su alabanza.

ORACION COLECTA

Señor Dios, que cada año nos alegras con la fiesta de santa N., concede a los que celebramos su memoria imitar también los ejemplos de su vida santa. Por nuestro Señor Jesucristo.

O bien, para varias santas mujeres:

Dios todopoderoso, la admirable vida de tus santas N. y N. nos da a todos ejemplo saludable; concédenos ahora que su poderosa intercesión nos obtenga también las ayudas del cielo. Por nuestro Señor Jesucristo.

ORACION SOBRE LAS OFRENDAS

Te presentamos, Señor, estas ofrendas en conmemoración de santa N., rogándote humildemente nos alcancen el perdón y la salvación. Por Jesucristo nuestro Señor.

ANTIFONA DE COMUNION   Mt 13, 45-46

El reino de los cielos se parece a un comerciante en perlas finas que, al encontrar una de gran valor, se va a vender todo lo que tiene y la compra.

ORACION DESPUES DE LA COMUNION

Dios todopoderoso, te suplicamos que la eficacia divina de este sacramento nos ilumine en la fiesta de santa N., para que

abundemos en santos deseos y en buenas obras. Por Jesucristo
nuestro Señor.

12. Santas mujeres

ANTIFONA DE ENTRADA   Cf. Prov 14, 1-2

Esta es la mujer sabia que edificó su casa, y, temiendo al
Señor, caminó en rectitud.

ORACION COLECTA

Señor Dios, grandeza de los humildes, tú has querido hacer
brillar a santa N. por su caridad y su paciencia, concédenos, por
su intercesión y sus méritos, que llevando día a día nuestra cruz
podamos crecer siempre en amor hacia ti. Por nuestro Señor Jesucristo.

O bien:

Derrama, Señor, sobre nosotros el espíritu de tu sabiduría y
amor con que llenaste a tu hija santa N., para que, a imitación
suya, te obedezcamos siempre con sencillez y te agrademos con
nuestra fe y nuestras buenas obras. Por nuestro Señor Jesucristo.

ORACION SOBRE LAS OFRENDAS

Recibe, Señor, la ofrenda de tu pueblo y hazle sentir que el
misterio que ahora celebra en honor de tus santos, con devoción
sincera, le ayuda eficazmente a alcanzar la eterna salvación. Por
Jesucristo nuestro Señor.

ANTIFONA DE COMUNION   Mt 12, 50

El que cumple la voluntad de mi Padre del cielo, ése es
mi hermano, y mi hermana, y mi madre —dice el Señor.

ORACION DESPUES DE LA COMUNION

Señor, al celebrar la memoria de santa N. nos has colmado
con los dones sagrados que hemos recibido; concédenos que sus
saludables efectos nos purifiquen y su auxilio nos fortalezca por
siempre. Por Jesucristo nuestro Señor.

ANTIFONAS DE ENTRADA DE LIBRE ELECCION

Para las solemnidades y fiestas

1. Alegrémonos todos en el Señor al celebrar este día de fiesta
    en honor de san (santa) N. (mártir, pastor...): los ángeles se
    alegran de esta solemnidad (fiesta, martirio), y alaban a una
    al Hijo de Dios.

2. Alegrémonos todos en el Señor en la solemnidad de san N.,
    nuestro patrón, que, gracias a su fe, mereció el triunfo de
    subir al cielo para reinar eternamente con Cristo.

3. Celebremos con gozo el glorioso combate de nuestro patrón,
    que confesó a Cristo delante de los hombres y mereció ser
    exaltado por Cristo delante del Padre que está en el cielo.

4. Celebremos con gozo la solemnidad del mártir san N., que
    luchó hasta la muerte por la ley de Dios y hoy mereció ser
    coronado por Cristo en el cielo.

5. Alabad a nuestro Dios, todos sus santos y los que teméis a
    Dios, pequeños y grandes, porque ha establecido su reinado
    el Señor, nuestro Dios todopoderoso. Con alegría y regocijo
    démosle gloria.

6. Hoy, san N. recibió el premio de su trabajo. Hoy se sienta
    glorioso con todos los santos en el banquete del cielo.

LECTURAS

Cuando se hace solamente una lectura antes del Evangelio, se puede elegir entre los textos que siguen como 1.ª o como 2.ª lectura.

PRIMERA LECTURA

Fuera del tiempo pascual

1. Sál de tu tierra y de la casa de tu padre

LECTURA DEL LIBRO DEL GENESIS   12, 1-4a (p. 233)

SALMO RESPONSORIAL 15   (p. 2431)

2. Amarás a tu prójimo como a ti mismo

LECTURA DEL LIBRO DEL LEVITICO   19, 1-2.17-18 (p. 768)

SALMO RESPONSORIAL 14   (p. 1391)

3. Amarás al Señor, tu Dios, con todo el corazón

LECTURA DEL LIBRO DEL
DEUTERONOMIO   6, 3-9

En aquellos días, habló Moisés al pueblo, diciendo; «Escucha, Israel, y pon por obra, para que te vaya bien y crezcas en número. Ya te dijo el Señor, Dios de tus padres: "Es una tierra que mana leche y miel." Escucha Israel: El Señor, nuestro Dios, es solamente uno. Amarás al Señor, tu Dios, con todo el corazón, con toda el alma, con todas las fuerzas. Las palabras que hoy te digo quedarán en tu memoria, se las repetirás a tus hijos y hablarás de ellas estando en casa y yendo de camino, acostado y levantado; las atarás a tu muñeca como un signo, serán en tu frente una señal; las escribirás en las jambas de tu casa y en tus portales.»

Palabra de Dios.

SALMO RESPONSORIAL 111

R̠ **Dichoso quien teme al Señor** (o Aleluya.)

Dichoso quien teme al Señor | y ama de corazón sus mandatos. | Su linaje será poderoso en la tierra, | la descendencia del justo será bendita. R̠.

En su casa habrá riquezas y abundancia, | su caridad es constante, sin falta. | En las tinieblas brilla como una luz | el que es justo, clemente y compasivo. R̠.

Dichoso el que se apiada y presta, | y administra rectamente sus asuntos. | El justo jamás vacilará, | su recuerdo será perpetuo; | no temerá las malas noticias. R̠.

Su corazón está firme en el Señor. | Su corazón está seguro, sin temor, | hasta que vea derrotados a sus enemigos. R̠.

Reparte limosna a los pobres; | su caridad es constante, sin falta, | y alzará la frente con dignidad. R̠.

Para los religiosos:

4.   El Señor es su heredad

LECTURA DEL LIBRO DEL DEUTERONOMIO

10, 8-9

En aquellos días, Moisés habló al pueblo, diciendo: «El Señor apartó a la tribu de Leví para que llevara el arca de la alianza del Señor, estuviera a disposición del Señor para servirle y para que bendijera en su nombre, y así lo hacen todavía hoy. Por eso el levita no recibe parte en la heredad de sus hermanos, sino que el Señor es su heredad, como le dijo el Señor, tu Dios.»

Palabra de Dios.

SALMO RESPONSORIAL 15

PRIMERA LECTURA

Tiempo pascual

Para los religiosos:

1. Todos pensaban y sentían lo mismo

LECTURA DEL LIBRO DE LOS HECHOS DE LOS APOSTOLES
4, 32-35 (p. 516)

SALMO RESPONSORIAL 15

R Tú, Señor, eres el lote de mi heredad (o **Aleluya.**)

Protégeme, Dios mío, que me refugio en ti; | yo digo al Señor: «Tú eres mi bien.» | El Señor es el lote de mi heredad y mi copa; | mi suerte está en tu mano. R

Bendeciré al Señor, que me aconseja, | hasta de noche me instruye internamente. | Tengo siempre presente al Señor, | con él a mi derecha no vacilaré. R

Me enseñarás el sendero de la vida, | me saciarás de gozo en tu presencia, | de alegría perpetua a tu derecha. R

2. Comeremos juntos

LECTURA DEL LIBRO DEL APOCALIPSIS
3, 14b.20-22

Habla el Amén, el testigo fidedigno y veraz, el principio de la creación de Dios: «Estoy a la puerta llamando: si alguien oye y me abre, entraré y comeremos juntos. Al que salga vencedor lo sentaré en mi trono, junto a mí; lo mismo que yo, cuando vencí, me senté en el trono de mi Padre, junto a él. Quien tenga oídos, oiga lo que dice el Espíritu a las Iglesias.»

Palabra de Dios.

SALMO RESPONSORIAL 22   (p. 2591)

3. **Dichosos los invitados al banquete de bodas del Cordero**

LECTURA DEL LIBRO DEL APOCALIPSIS 19, 1.5-9a

Yo, Juan, oí en el cielo algo que recordaba el vocerío de una gran muchedumbre; cantaban: «Aleluya. La salvación y la gloria y el poder son de nuestro Dios.» Y salió una voz del trono que decía: «Alabad al Señor, sus siervos todos, los que le teméis, pequeños y grandes.» Y oí algo que recordaba el rumor de una muchedumbre inmensa, el estruendo del océano y el fragor de fuertes truenos. Y decían: «Aleluya. Porque reina el Señor, nuestro Dios, dueño de todo, alegrémonos y gocemos y démosle gracias. Llegó la boda del Cordero, su esposa se ha embellecido, y se le ha concedido vestirse de lino deslumbrante de blancura, el lino son las buenas acciones de los santos.» Luego me dice: «Escribe: "Dichosos los invitados al banquete de bodas del Cordero."».

Palabra de Dios.

SALMO RESPONSORIAL 102 (p. 2018)

4. **Al sediento, le daré a beber de la fuente de agua viva**

LECTURA DEL LIBRO DEL APOCALIPSIS 21, 5-7

El que estaba sentado en el trono dijo: «Todo lo hago nuevo.» Y añadió: «Escribe, que estas palabras son fidedignas y verídicas.» Y me dijo todavía: «Ya son un hecho. Yo soy el alfa y la omega, el principio y el fin. Al sediento, yo le daré a beber de balde de la fuente de agua viva. Quien salga vencedor heredará esto, porque yo seré su Dios, y él será mi hijo.»

Palabra de Dios.

SALMO RESPONSORIAL 130

℟ **Guarda mi alma en la paz, junto a ti, Señor** (o, Aleluya)

Señor, mi corazón no es ambicioso | ni mis ojos altaneros; | no pretendo grandezas | que superan mi capacidad. ℟

Sino que acallo y modero mis deseos, | como un niño en brazos de su madre. ℟.

Espere Israel en el Señor | ahora y por siempre. ℟.

SEGUNDA LECTURA

1. A los que justificó, los glorificó

LECTURA DE LA CARTA DEL APOSTOL
SAN PABLO A LOS ROMANOS   8, 26-30 (p. 1844)

2. Dios ha escogido lo débil del mundo

LECTURA DE LA PRIMERA CARTA DEL
APOSTOL SAN PABLO A LOS CORINTIOS   1, 26-31 (p. 2198)

3. El amor no pasa nunca

LECTURA DE LA PRIMERA CARTA DEL
APOSTOL S. PABLO A LOS CORINTIOS   12, 31—13, 13 (p. 1737)

**4. Quise desposaros con un sólo marido, presentándoos a
     Cristo como una virgen intacta**

LECTURA DE LA SEGUNDA CARTA DEL
APOSTOL SAN PABLO A LOS CORINTIOS   10, 17—11, 2

Hermanos: El que se gloría que se gloríe del Señor, porque no está aprobado el que se recomienda él solo, sino el que está recomendado por el Señor. Ojalá me toleraseis unos cuantos desvaríos; bueno, ya sé que me los toleráis. Tengo celos de vosotros, los celos de Dios; quise desposaros con un sólo marido, presentándoos a Cristo como una virgen intacta.

Palabra de Dios.

ALELUYA   Mt 5, 3

Dichosos los pobres en el espíritu, porque de ellos es el reino de los cielos.

EVANGELIO

1. **Estad alegres y contentos, porque vuestra recompensa será grande en el cielo**

✠ LECTURA DEL S. EVANGELIO SEGUN
SAN MATEO   5, 1-12a

En aquel tiempo, al ver Jesús el gentío, subió a la montaña, se sentó, y se acercaron sus discípulos; y él se puso a hablar, enseñándoles: «Dichosos los pobres en el espíritu, porque de ellos es el reino de los cielos. Dichosos los que lloran, porque ellos serán consolados. Dichosos los sufridos, porque ellos heredarán la tierra. Dichosos los que tienen hambre y sed de la justicia, porque ellos quedarán saciados. Dichosos los misericordiosos, porque ellos alcanzarán misericordia. Dichosos los limpios de corazón, porque ellos verán a Dios. Dichosos los que trabajan por la paz, porque ellos se llamarán los Hijos de Dios. Dichosos los perseguidos por causa de la justicia, porque de ellos es el reino de los cielos. Dichosos vosotros cuando os insulten y os persigan y os calumnien de cualquier modo por mi causa. Estad alegres y contentos, porque vuestra recompensa será grande en el cielo.»

Palabra del Señor.

ALELUYA   Jn 8, 12b

Yo soy la luz del mundo —dice el Señor—; el que me sigue tendrá la luz de la vida.

EVANGELIO

2. **Vosotros sois la luz del mundo**

✠ LECTURA DEL S. EVANGELIO SEGUN
SAN MATEO   5, 13-16 (p. 2014)

ALELUYA   Jn 14, 23

El que me ama guardará mi palabra —dice el Señor—, y mi padre lo amará, y vendremos a él.

EVANGELIO

3. **La casa edificada sobre roca y la casa edificada sobre arena**

✠ **LECTURA DEL S. EVANGELIO SEGUN SAN MATEO**   7, 21-27 (p. 788)

ALELUYA   Cf. Mt 11, 25

Bendito seas, Padre, Señor de cielo y tierra, porque has revelado los secretos del reino a la gente sencilla.

EVANGELIO

4. **Has escondido estas cosas a los sabios y las has revelado a la gente sencilla**

✠ **LECTURA DEL S. EVANGELIO SEGUN SAN MATEO**   11, 25-30 (p. 2242)

ALELUYA   Jn 15, 9b.5b

Permaneced en mi amor —dice el Señor—; el que permanece en mí y yo en él, ése da fruto abundante.

EVANGELIO

5. **Vende todo lo que tiene y compra el campo**

✠ **LECTURA DEL S. EVANGELIO SEGUN SAN MATEO**   13, 44-46 (p. 1602)

Para los educadores:

ALELUYA   Mt 23, 11.12b

El primero entre vosotros será vuestro servidor —dice el Señor—, y el que se humilla será enaltecido.

EVANGELIO

6.   El que acoge a un niño en mi nombre me acoge a mí

✠ LECTURA DEL S. EVANGELIO SEGUN
SAN MATEO   18, 1-5 (p. 2207)

Para los religiosos:

ALELUYA   Jn 8, 31b-32

Si os mantenéis en mi palabra seréis de verdad discípulos
míos y conoceréis la verdad —dice el Señor.

EVANGELIO

7.   Por el reino de los cielos

✠ LECTURA DEL S. EVANGELIO SEGUN
SAN MATEO   19, 3-12

En aquel tiempo, se acercaron a Jesús unos fariseos y le preguntaron, para ponerlo a prueba: «¿Es lícito a uno despedir a su
mujer por cualquier motivo?» El les respondió: «¿No habéis leído que el Creador, en el principio, los creó hombre y mujer:
"Por eso abandonará el hombre a su padre y a su madre, y se
unirá a su mujer, y serán los dos una sola carne"? De modo que
ya no son dos, sino una sola carne. Pues lo que Dios ha unido,
que no lo separe el hombre.» Ellos insistieron: «¿Y por qué mando Moisés darle acta de repudio y divorciarse?» El les contestó:
«Por lo tercos que sois os permitió Moisés divorciaros de vuestras mujeres; pero, al principio, no era así. Ahora os digo yo
que, si uno se divorcia de su mujer —no hablo de impureza—
y se casa con otra, comete adulterio.» Los discípulos le replicaron: «Si ésa es la situación del hombre con la mujer, no trae
cuenta casarse.» Pero él les dijo: «No todos pueden con eso, sólo
los que han recibido ese don. Hay eunucos que salieron así del
vientre de su madre, a otros los hicieron los hombres, y hay
quienes se hacen eunucos por el reino de los cielos. El que pueda
con esto, que lo haga.»

Palabra del Señor.

Para los que se han consagrado a una actividad caritativa:

ALELUYA   Jn 13, 34

Os doy un mandamiento nuevo —dice el Señor—: que os améis unos a otros, como yo os he amado.

EVANGELIO

8. **Cada vez que lo hicisteis con mis humildes hermanos, conmigo lo hicisteis**

✠ LECTURA DEL S. EVANGELIO SEGUN SAN MATEO

                                            25, 31-40

En aquel tiempo, dijo Jesús a sus discípulos: «Cuando venga en su gloria el Hijo del hombre, y todos los ángeles con él, se sentará en el trono de su gloria, y serán reunidas ante él todas las naciones. El separará a unos de otros, como un pastor separa las ovejas de las cabras. Y pondrá las ovejas a su derecha y las cabras a su izquierda. Entonces dirá el rey a los de su derecha: "Venid vosotros, benditos de mi Padre; heredad el reino preparado para vosotros desde la creación del mundo. Porque tuve hambre y me disteis de comer, tuve sed y me disteis de beber, fui forastero y me hospedasteis, estuve desnudo y me vestisteis, enfermo y me visitasteis, en la cárcel y vinisteis a verme." Entonces los justos le contestarán: "Señor, ¿cuándo te vimos con hambre y te alimentamos, o con sed y te dimos de beber?; ¿cuándo te vimos forastero y te hospedamos, o desnudo y te vestimos?; ¿cuándo te vimos enfermo o en la cárcel y fuimos a verte?" Y el rey les dirá: "Os aseguro que cada vez que lo hicisteis con uno de éstos, mis humildes hermanos, conmigo lo hicisteis."»

Palabra del Señor.

MISAS Y ORACIONES POR DIVERSAS NECESIDADES

Las Misas y oraciones por diversas necesidades alcanzan, en el Misal Romano, el número de 46, agrupadas en cuatro grandes divisiones:

I. Por la Santa Iglesia. II. Por las necesidades públicas. III. En diversas circunstancias públicas. IV. Por algunas necesidades particulares.

Incluimos en este misal una selección de estas Misas.

El sacerdote puede decir siempre todas las oraciones de esta serie o solamente la oración colecta en las Misas de Feria del Tiempo Ordinario.

Pueden decirse con vestiduras del color propio del día o del tiempo litúrgico.

I. POR LA SANTA IGLESIA

POR LA IGLESIA

ANTIFONA DE ENTRADA   Cf. Ef 1, 9a.10

Dios nos ha dado a conocer el misterio de su voluntad: recapitular en Cristo todas las cosas del cielo y de la tierra.

ORACION COLECTA

Oh Dios, que has dispuesto con admirable providencia que el reino de Cristo se extienda por toda la tierra y que todos los hombres participen de la redención salvadora, te rogamos que tu Iglesia sea para todos sacramento de salvación universal y manifieste y realice el misterio de tu amor a los hombres. Por nuestro Señor Jesucristo.

PRIMERA LECTURA   Is 56, 1.6-7 (p. 2325)
SALMO RESPONSORIAL 18

℟. **A toda la tierra alcanza su pregón.**

El cielo proclama la gloria de Dios, | el firmamento pregona la obra de sus manos: | el día al día le pasa su mensaje, | la noche a la noche se lo susurra. ℟.

Sin que hablen, sin que pronuncien, | sin que resuene su voz, | a toda la tierra alcanza su pregón | y hasta los límites del orbe su lenguaje. ℟.

SEGUNDA LECTURA

Eran constantes en la fracción del pan

LECTURA DEL LIBRO DE LOS HECHOS DE LOS APOSTOLES   2, 42-47

Los hermanos eran constantes en escuchar la enseñanza de los apóstoles, en la vida común, en la fracción del pan y en las oraciones. Todo el mundo estaba impresionado, por los muchos prodigios y signos que los apóstoles hacían en Jerusalén. Los creyentes vivían todos unidos, y lo tenían todo en común; vendían posesiones y bienes y lo repartían entre todos según la necesidad de cada uno. A diario acudían al templo todos unidos, celebraban la fracción del pan en las casas, y comían juntos alabando a Dios con alegría y de todo corazón; eran bien vistos de todo el pueblo, y día tras día el Señor iba agregando al grupo los que se iban salvando.

Palabra de Dios.

EVANGELIO Mt 16, 13-19 (p. 2330)

ORACION SOBRE LAS OFRENDAS

Dios misericordioso, mira complacido las ofrendas del pueblo que te está consagrado, y, por la eficacia de este sacrificio, haz que la multitud de los creyentes sea siempre para ti estirpe elegida, sacerdocio real, nación consagrada, pueblo de tu propiedad. Por Jesucristo nuestro Señor.

Prefacio VIII dominical del tiempo ordinario, p. 447.

ANTIFONA DE COMUNION Ap 22, 17a.20

El Espíritu y la novia dicen: Ven. Amén. Ven, Señor Jesús.

ORACION DESPUES DE LA COMUNION

Oh Dios, que alimentas y robusteces siempre a tu Iglesia con estos sacramentos, concede a cuantos hemos participado de la eucaristía que, practicando tu doctrina acerca del amor, seamos en la convivencia humana fermento de vida e instrumento de salvación. Por Jesucristo nuestro Señor.

POR EL PAPA

Esta misa se dice, con vestiduras de color blanco, en el aniversario de la elección del Papa, allí donde tengan lugar celebraciones especiales, fuera de los domingos de Adviento, Cuaresma y Pascua, de las solemnidades, del Miércoles de Ceniza y de la Semana Santa.

ANTIFONA DE ENTRADA   Mt 16, 18-19

Tú eres Pedro y sobre esta piedra edificaré mi Iglesia, y el poder del infierno no la derrotará. Te daré las llaves del reino de los cielos.

ORACION COLECTA

Oh Dios, que en tu providencia quisiste edificar tu Iglesia sobre la roca de Pedro, príncipe de tus apóstoles, mira con amor a nuestro papa N., y tú que lo has constituido sucesor de san Pedro, concédele la gracia de ser principio y fundamento visible de la unidad de fe y de comunión de tu pueblo. Por nuestro Señor Jesucristo.

O bien:

Oh Dios, pastor y guía de todos los fieles, mira con bondad a tu siervo N., a quien has elegido pastor de tu Iglesia; concédele que su palabra y su ejemplo sean provechosos al pueblo que él preside, para que llegue a la vida eterna junto con el rebaño que le ha sido confiado. Por nuestro Señor Jesucristo.

Las lecturas pueden tomarse del Común de Pastores (p. 2367).

ORACION SOBRE LAS OFRENDAS

Acepta, Señor, en tu bondad, estas ofrendas, y tú, que has hecho pastor de tu Iglesia a tu siervo N., asístelo siempre con tu protección. Por Jesucristo nuestro Señor.

ANTIFONA DE COMUNION   Jn 21, 15.17

Jesús preguntó a Pedro: Simón, hijo de Juan, ¿me amas más que éstos? Pedro le contestó: Señor, tú conoces todo, tú sabes que te quiero.

ORACION DESPUES DE LA COMUNION

Después de participar en esta mesa santa, te suplicamos, Señor, que, por la eficacia de este sacrificio, confirmes a tu Iglesia en la unidad y en la caridad, y guardes y protejas a tu siervo N. junto con la grey que le fue confiada. Por Jesucristo nuestro Señor.

POR EL OBISPO

A

Esta misa se dice, con vestiduras de color blanco, en el aniversario de la elección del Obispo, allí donde tengan lugar celebraciones especiales, fuera de los domingos de Adviento, Cuaresma y Pascua, de las solemnidades, del Miércoles de Ceniza y de la Semana Santa.

ANTIFONA DE ENTRADA   Ez 34, 11.23.24

Buscaré a mis ovejas —dice el Señor— y suscitaré un pastor que las apaciente. Yo, el Señor, seré su Dios.

ORACION COLECTA

Oh Dios, eterno pastor de los fieles, que diriges y gobiernas a tu Iglesia con providencia y amor, te rogamos concedas a tu siervo N., a quien pusiste al frente de tu pueblo, la gracia de presidir, en nombre de Cristo, la grey que pastorea, y ser maestro fiel de la verdad, sacerdote de los sagrados misterios y guía de tu pueblo santo. Por nuestro Señor Jesucristo.

O bien:

Oh Dios, pastor y guía de todos los fieles, mira con bondad a tu siervo N., a quien has hecho pastor de la Iglesia de N.; concédele que su palabra y su ejemplo sean provechosos al pueblo

que él preside, para que llegue a la vida eterna junto con el rebaño que le ha sido confiado. Por nuestro Señor Jesucristo.

Las lecturas pueden tomarse del Común de Pastores (p. 2367).

ORACION SOBRE LAS OFRENDAS

Señor, acepta complacido la ofrenda que te presentamos por
tu siervo N., y dígnate enriquecer con virtudes apostólicas, para
bien de tu Iglesia, al que pusiste como pontífice al frente de tu
pueblo. Por Jesucristo nuestro Señor.

ANTIFONA DE COMUNION   Mt 20, 28

El Hijo del Hombre no ha venido para que le sirvan,
sino para servir y dar su vida en rescate por muchos.

ORACION DESPUES DE LA COMUNION

Señor, por la eficacia del sacrificio que hemos celebrado multiplica en tu siervo N., nuestro obispo, los dones de tu gracia,
para que ejerza dignamente el ministerio pastoral y consiga los
premios eternos por su fidelidad en tu servicio. Por Jesucristo
nuestro Señor.

B

Otra oración por el Obispo

ORACION COLECTA

Te rogamos, Señor, que concedas a tu siervo N., a quien pusiste al frente de tu pueblo como sucesor de los apóstoles, el espíritu de consejo y de fortaleza, de sabiduría y de amor, para
que, pastoreando fielmente al pueblo que se le ha confiado, realice el misterio de la Iglesia en el mundo. Por nuestro Señor Jesucristo.

POR LOS SACERDOTES

El Espíritu del Señor está sobre mí porque él me ha ungido. Me ha enviado para dar la Buena Noticia a los pobres, para anunciar a los cautivos la libertad, para dar libertad a los oprimidos.

ORACION COLECTA

Oh Dios, que constituiste a tu Hijo unigénito sumo y eterno sacerdote, te rogamos que cuantos fueron elegidos por Cristo como ministros de tus misterios, se mantengan siempre fieles en el cumplimiento de su servicio. Por nuestro Señor Jesucristo.

O bien:

Señor Dios nuestro, que para regir a tu pueblo has querido servirte del ministerio de los sacerdotes, concédeles perseverar al servicio de tu voluntad para que, en su ministerio y en su vida, busquen solamente tu gloria. Por nuestro Señor Jesucristo.

PRIMERA LECTURA Jr 1, 4-10 (p. 2066)
SALMO RESPONSORIAL 15

℟ **Tú, Señor, eres el lote de mi heredad.**

Protégeme, Dios mío, que me refugio en ti; | yo digo al Señor: «Tú eres mi bien». | El Señor es el lote de mi heredad y mi copa, | mi suerte está en tu mano. ℟.

Bendeciré al Señor que me aconseja, | hasta de noche me instruye internamente. | Tengo siempre presente al Señor, | con él a mi derecha no vacilaré. ℟.

Me enseñarás el sendero de la vida, | me saciarás de gozo en tu presencia, | de alegría perpetua a tu derecha. ℟.

SEGUNDA LECTURA 1 Cor 11, 23-26 (p. 705)
EVANGELIO Mt 20, 20-28 (p. 2110)
ORACION SOBRE LAS OFRENDAS

Tú has querido, Señor, que tus sacerdotes sean ministros del altar y del pueblo; te rogamos que, por la eficacia de este sacrificio, su ministerio te sea siempre grato y dé frutos permanentes en tu Iglesia. Por Jesucristo nuestro Señor.

ANTIFONA DE COMUNION   Jn 17, 17-18

Padre santo, santifícalos en la verdad; tu palabra es verdad. Como tú me enviaste al mundo, así los envío yo también al mundo —dice el Señor.

ORACION DESPUES DE LA COMUNION

Te pedimos, Señor, que el sacrificio que te hemos ofrecido y la víctima santa que hemos comulgado llenen de vida a tus sacerdotes y a tus fieles, para que, unidos a ti por un amor constante, puedan servirte dignamente. Por Jesucristo nuestro Señor.

POR LOS RELIGIOSOS

ANTIFONA DE ENTRADA   Sal 36, 3-4

Confía en el Señor y haz el bien, habita tu tierra y practica la lealtad; sea el Señor tu delicia y él te dará lo que pide tu corazón.

ORACION COLECTA

Señor Dios, que inspiras y realizas todos los buenos deseos, dirige a tus hijos por el camino de la salvación y haz que cuantos se entregaron a ti, abandonándolo a ti, sigan a Cristo, renuncien al poder del mundo y te sirvan a ti y a sus hermanos con espíritu de pobreza y humildad de corazón. Por nuestro Señor Jesucristo.

PRIMERA LECTURA

Ponte de pie en el monte ante el Señor

LECTURA DEL PRIMER LIBRO DE LOS REYES
                                                           19, 4-9a.11-15a

En aquellos días, Elías continuó por el desierto, una jornada de camino, y, al final, se sentó bajo una retama y se deseó la muerte: «¡Basta, Señor! ¡Quítame la vida, que yo no valgo más que mis padres!» Se echó bajo la retama y se durmió. De pronto un ángel le tocó y le dijo: «¡Levántate, come!» Miró Elías y vio a su cabecera un pan cocido sobre piedras y un jarro de agua. Comió, bebió y se volvió a echar. Pero el ángel del Señor le volvió a tocar y le dijo: «¡Levántate, come!, que el camino es superior a tus fuerzas.» Elías se levantó, comió y bebió, y, con la fuerza de aquel alimento, caminó cuarenta días y cuarenta noches hasta el Horeb, el monte de Dios. Allí se metió en una cueva donde pasó la noche. El Señor le dijo: «Sal y ponte de pie en el monte ante el Señor. ¡El Señor va a pasar!» Vino un huracán tan violento que descuajaba los montes y hacía trizas las peñas delante del Señor; pero el Señor no estaba en el viento. Después del viento, vino un terremoto; pero el Señor no estaba en el terremoto. Después del terremoto, vino un fuego; pero el Señor no estaba en el fuego. Después del fuego, se oyó una brisa tenue; al sentirla, Elías se tapó el rostro con el manto, salió afuera y se puso en pie a la entrada de la cueva. Entonces oyó una voz que le decía: «¿Qué haces aquí, Elías?» Respondió: «Me consume el celo por el Señor, Dios de los ejércitos, porque los israelitas han abandonado tu alianza, han derruido tus altares y asesinado a tus profetas; sólo quedo yo, y me buscan para matarme.» El Señor dijo: «Desanda tu camino hacia el desierto de Damasco.»

Palabra de Dios.

SALMO RESPONSORIAL 18

℟ **Señor, tú tienes palabras de vida eterna.**

La ley del Señor es perfecta | y es descanso del alma; | el precepto del Señor es fiel | e instruye al ignorante. ℟.

Los mandatos del Señor son rectos | y alegran el corazón; | la norma del Señor es límpida | y da luz a los ojos. ℟.

La voluntad del Señor es pura | y eternamente estable; | los mandamientos del Señor son verdaderos | y enteramente justos. ℟.

Más preciosos que el oro, | más que el oro fino; | más dulce que la miel | de un panal que destila. ℟.

SEGUNDA LECTURA   1 Cor 1, 22-31 (pp. 265 y 740)

EVANGELIO   Mt 11, 25-30 (p. 2242)

ORACION SOBRE LAS OFRENDAS

Te rogamos, Señor, que por estos dones que te presentamos santifiques a tus hijos unidos en tu nombre, para que cumpliendo fielmente sus votos puedan servirte con sincero corazón. Por Jesucristo nuestro Señor.

ANTIFONA DE COMUNION   1 Re 19, 7

El ángel del Señor dijo a Elías: Levántate, come, que el camino es superior a tus fuerzas.

O bien: Ap 22, 17a.20

El Espíritu y la novia dicen: Ven. Amén. Ven, Señor Jesús.

ORACION DESPUES DE LA COMUNION

Señor, te suplicamos concedas a tus hijos, que se juntan en tu amor y participan en un mismo pan, la gracia de animarse mutuamente a la práctica de la caridad y de las buenas obras, para que puedan presentarse ante el mundo como verdaderos testigos de Cristo. Que vive y reina por los siglos de los siglos.

POR LOS LAICOS

ANTIFONA DE ENTRADA   Mt 13, 33

El reino de los cielos se parece a la levadura; una mujer la amasa con tres medidas de harina y basta para que todo fermente.

ORACION COLECTA

Señor Dios nuestro, que pusiste como fermento en el mundo la fuerza del Evangelio, concede a cuantos has llamado a vivir en medio de los afanes temporales que, encendidos de espíritu cristiano, se entreguen de tal modo a su tarea en el mundo que con ella construyan y proclamen tu reino. Por nuestro Señor Jesucristo.

PRIMERA LECTURA

Os recogeré de entre las naciones y os daré un corazón nuevo

LECTURA DEL PROFETA EZEQUIEL 36, 24-28

Esto dice el Señor Dios: Os recogeré de entre las naciones, os reuniré de todos los países, y os llevaré a vuestra tierra, derramaré sobre vosotros un agua pura que os purificará: de todas vuestras inmundicias e idolatrías os he de purificar; y os daré un corazón nuevo, y os infundiré un espíritu nuevo; arrancaré de vuestra carne el corazón de piedra, y os daré un corazón de carne. Os infundiré mi espíritu, y haré que caminéis según mis preceptos, y que guardéis y cumpláis mis mandatos. Y habitaréis en la tierra que di a vuestros padres. Vosotros seréis mi pueblo y yo seré vuestro Dios.

Palabra de Dios.

SALMO RESPONSORIAL 84

℟ **Muéstranos, Señor, tu misercordia y danos tu salvación.**

Señor, has sido bueno con tu tierra, | has restaurado la suerte de Jacob, | has perdonado la culpa de tu pueblo, | has sepultado todos sus pecados, | has reprimido tu cólera, | has frenado el incendio de tu ira. ℟.

Restáuranos, Dios salvador nuestro, | cesa en tu rencor contra nosotros. | ¿Vas a estar siempre enojado, | o a prolongar tu ira de edad en edad?. ℟.

¿No vas a devolvernos la vida, | para que tu pueblo se alegre contigo? | Muéstranos, Señor, tu misericordia | y danos tu salvación. ℟.

SEGUNDA LECTURA   Hch 2, 1-11 (p. 679)

EVANGELIO   Mt 5, 1-12a (p. 1461)

ORACION SOBRE LAS OFRENDAS

Dios, Padre nuestro, que quisiste salvar al mundo entero por el sacrificio de tu Hijo, haz que, por la eficacia de esta ofrenda, todos los que has llamado al apostolado seglar infundan en el mundo el Espíritu de Cristo y sean el fermento de su santificación. Por Jesucristo nuestro Señor.

ANTIFONA DE COMUNION   Sal 99, 2

Aclamad al Señor, tierra entera, servid al Señor con alegría, entrad en su presencia con vítores. Aleluya.

ORACION DESPUES DE LA COMUNION

Después de participar de la plenitud de tu gracia, te pedimos, Señor, que los fieles que has llamado a trabajar en las tareas seculares, fuertes con la fuerza de la eucaristía sean valientes testigos de la verdad evangélica y hagan que tu Iglesia se mantenga, presente y activa, en el progreso temporal de este mundo. Por Jesucristo nuestro Señor.

POR LA UNIDAD DE LOS CRISTIANOS

Esta misa puede decirse, incluso en los domingos del tiempo ordinario, cuando tienen lugar celebraciones por la unidad de los cristianos.

ANTIFONA DE ENTRADA   Jn 10, 14-15

Yo soy el buen Pastor, que conozco a mis ovejas y mis ovejas me conocen —dice el Señor—, igual que el Padre me conoce y yo conozco al Padre; yo doy mi vida por las ovejas.

ORACION COLECTA

Dios todopoderoso y eterno, que reúnes lo que está disperso y conservas lo que has unido, mira con amor al pueblo de tu Hijo, para que, cuantos han recibido un mismo bautismo, vivan unidos por la misma fe y por el mismo amor. Por nuestro Señor Jesucristo.

PRIMERA LECTURA

De nuevo te reunirá de entre todos los pueblos por donde te dispersó

LECTURA DEL LIBRO DEL DEUTERONOMIO
30, 1-4

Habló Moisés al pueblo y le dijo: Cuando se cumplan en ti todas estas palabras, la bendición y la maldición que te he propuesto, y las medites, viviendo entre los pueblos adonde te expulsará el Señor tu Dios, te convertirás al Señor tu Dios, escucharás su voz, lo que yo te mando hoy, con todo el corazón y con toda el alma, Tú y tus hijos. El Señor cambiará tu suerte, compadecido de ti, el Señor, tu Dios, volverá y te reunirá sacándote de todos los pueblos por donde te dispersó; aunque tus dispersos se encuentren en los confines del cielo, el Señor, tu Dios, te reunirá, te recogerá de allí.

Palabra de Dios.

SALMO RESPONSORIAL   Jr 31, 10-12ab.13

℟ **Reúne, Señor, a tu pueblo disperso, | guárdalo como pastor a su rebaño.**

Escuchad, pueblos, la palabra del Señor, | anunciadla en las islas remotas: | El que dispersó a Israel lo reunirá, | lo guardará como pastor a su rebaño. ℟

Porque el Señor redimió a Jacob, | lo rescató de una mano más fuerte. | Vendrán con aclamaciones a la altura de Sión, | afluirán hacia los bienes del Señor. ℞.

Entonces se alegrará la doncella en la danza, | gozarán los jóvenes y los viejos; | convertiré su tristeza en gozo, | los alegraré y aliviaré sus penas. | Alimentaré a los sacerdotes con enjundia | y mi pueblo se saciará de mis bienes. ℞.

SEGUNDA LECTURA

No andéis divididos. ¿Está dividido Cristo?

LECTURA DE LA PRIMERA CARTA DEL
APOSTOL SAN PABLO A LOS CORINTIOS   1, 10-13

Hermanos: Os ruego en nombre de nuestro Señor Jesucristo poneos de acuerdo y no andéis divididos. Estad bien unidos con un mismo pensar y sentir. Hermanos, me he enterado por los de Cloe de que hay discordias entre vosotros. Y por eso os hablo así, porque andáis divididos diciendo: «Yo soy de Pablo, yo soy de Apolo, yo soy de Pedro, yo soy de Cristo» ¿Está dividido Cristo? ¿Ha muerto Pablo en la cruz por vosotros? ¿Habéis sido bautizados en nombre de Pablo?

Palabra de Dios.

ALELUYA   Jn 17, 21

Que todos sean uno, como tú, Padre, en mí y yo en ti, para que el mundo vea que tú me has enviado, dice el Señor.

EVANGELIO

Donde están dos o tres reunidos en mi nombre, allí estoy yo en medio de ellos

✠ LECTURA DEL S. EVANGELIO SEGUN
SAN MATEO   18, 19-22

En aquel tiempo, dijo Jesús a sus discípulos: Os aseguro que si dos de vosotros se ponen de acuerdo en la tierra para pedir algo, se lo dará mi Padre del cielo. Porque donde dos o tres están reunidos en mi nombre, allí estoy yo en medio de ellos. Entonces se acercó Pedro y le preguntó: Si mi hermano me ofende, ¿cuántas veces le tengo que perdonar?, ¿hasta siete veces? Jesús le contestó: No te digo hasta siete veces, sino hasta setenta veces siete.

Palabra del Señor.

ORACION SOBRE LAS OFRENDAS

Con un solo sacrificio, Señor, adquiriste para ti un pueblo de adopción: concédenos ahora la unidad y la paz en tu Iglesia. Por Jesucristo nuestro Señor.

PREFACIO

La unidad del Cuerpo de Cristo, que es la Iglesia

En verdad es justo y necesario, es nuestro deber y salvación darte gracias siempre y en todo lugar, Señor, Padre santo, Dios todopoderoso y eterno, por Cristo, Señor nuestro.

Por él nos ha conducido, al conocimiento de la verdad, para hacernos miembros de su Cuerpo mediante el vínculo de una misma fe y un mismo bautismo; por él has derramado sobre todas las gentes tu Espíritu Santo, admirable constructor de la unidad por la abundancia de sus dones, que habita en tus hijos de adopción, santifica a toda la Iglesia y la dirige con sabiduría.

Por eso, unidos a los coros angélicos, te alabamos con alegría diciendo:

Santo, Santo, Santo...

ANTIFONA DE COMUNION   Cf. 1 Cor 10, 17

El pan es uno, y así nosotros, aunque somos muchos, formamos un solo cuerpo, porque comemos todos del mismo pan y bebemos del mismo cáliz.

ORACION DESPUES DE LA COMUNION

Esta comunión, Señor, que significa la unión de los fieles en ti, realice también ahora en tu Iglesia la unidad de todos los creyentes. Por Jesucristo nuestro Señor.

POR LA EVANGELIZACION DE LOS PUEBLOS

Esta misa puede decirse, incluso en los domingos del Tiempo Ordinario, cuando tienen lugar especiales celebraciones por las misiones, fuera de los domingos de Adviento, Cuaresma y Pascua y de las solemnidades.

ANTIFONA DE ENTRADA　　　　　　　　　　　　Sal 66, 2-3

El Señor tenga piedad y nos bendiga, ilumine su rostro sobre nosotros; conozca la tierra tus caminos, todos los pueblos tu salvación.

ORACION COLECTA

Oh Dios, que quieres que todos los hombres se salven y lleguen al conocimiento de la verdad, mira tu inmensa mies y envíale operarios, para que sea predicado el Evangelio a toda criatura, y tu grey, congregada por la palabra de vida y sostenida por la fuerza de los sacramentos, camine por las sendas de la salvación y del amor. Por nuestro Señor Jesucristo.

PRIMERA LECTURA

Subamos al monte del Señor

LECTURA DEL PROFETA ISAIAS　　　　　　　　　2, 1-5

Visión de Isaías, hijo de Amós, acerca de Judá y de Jerusalén: Al final de los días estará firme el monte de la casa del Señor, en la cima de los montes, encumbrado sobre las montañas.

Hacia él confluirán los gentiles, caminarán pueblos numerosos. Dirán: Venid, subamos al monte del Señor, a la casa del Dios de Jacob: El nos instruirá en sus caminos y marcharemos por sus sendas; porque de Sión saldrá la ley, de Jerusalén la palabra del Señor. Será el árbitro de las naciones, el juez de pueblos numerosos. De las espadas forjarán arados, de las lanzas podaderas. No alzará la espada pueblo contra pueblo, no se adiestrarán para la guerra. Casa de Jacob, vamos, caminemos a la luz del Señor.

Palabra de Dios.

SALMO RESPONSORIAL 18

℟ **A toda la tierra alcanza su pregón.**

El cielo proclama la gloria de Dios, | el firmamento pregona la obra de sus manos: | el día al día le pasa su mensaje, | la noche a la noche se lo susurra. ℟.

Sin que hablen, sin que pronuncien, | sin que resuene su voz, | a toda la tierra alcanza su pregón | y hasta los límites del orbe su lenguaje. ℟.

SEGUNDA LECTURA

Seréis mis testigos hasta los confines del mundo

LECTURA DE LOS HECHOS DE LOS APOSTOLES

1, 3-8

Jesús se presentó a los apóstoles después de su pasión, dándoles numerosas pruebas de que estaba vivo y, apareciéndoseles durante cuarenta días, les habló del reino de Dios. Una vez que comían juntos les recomendó: No os alejéis de Jerusalén; aguardad que se cumpla la promesa de mi Padre, de la que yo os he hablado. Juan bautizó con agua, dentro de pocos días vosotros seréis bautizados con Espíritu Santo. Ellos lo rodearon preguntándole: Señor, ¿es ahora cuando vas a restaurar la soberanía de Israel? Jesús contestó: No os toca a vosotros conocer los tiempos y las fechas que el Padre ha establecido con su autoridad. Cuando el Espíritu Santo descienda sobre vosotros, recibiréis fuerza para ser mis testigos en Jerusalén, en toda Judea, en Samaria y hasta los confines del mundo.

Palabra de Dios.

ALELUYA   Mt 28, 19a-20b

Id y haced discípulos de todos los pueblos, dice el Señor: yo estoy con vosotros todos los días, hasta el fin del mundo.

EVANGELIO   Mt 28, 16-20 (p. 1976)

ORACION SOBRE LAS OFRENDAS

Mira, Señor, el rostro de tu Cristo, que se entregó a la muerte para redimirnos a todos; y haz que por su mediación sea glorificado tu nombre en las naciones desde donde sale el sol hasta el ocaso, y se ofrezca en todo el mundo un mismo sacrificio a tu divina Majestad. Por Jesucristo nuestro Señor.

ANTIFONA DE COMUNION   Mt 28, 20

Haced discípulos de todos los pueblos, enseñándoles a guardar todo lo que os he mandado —dice el Señor—. Y sabed que yo estoy con vosotros todos los días hasta el fin del mundo.

ORACION DESPUES DE LA COMUNION

Fortalecidos, Señor, por el banquete de nuestra redención, te pedimos que, por este auxilio de salvación eterna, crezca sin cesar en el mundo la fe verdadera. Por Jesucristo nuestro Señor.

II. POR LAS NECESIDADES PUBLICAS

POR LA PAZ Y LA JUSTICIA

ANTIFONA DE ENTRADA   Cf. Si 36, 18.19

Señor, da la paz a los que esperan en ti, escucha las súplicas de tus siervos y llévanos por el camino de la justicia.

ORACION COLECTA

Señor, tú dijiste que cuantos trabajan por la paz serían llamados hijos de Dios; concédenos entregarnos sin descanso a instaurar en el mundo la única justicia que puede garantizar a los hombres una paz firme y verdadera. Por nuestro Señor Jesucristo.

O bien:

Oh Dios, que, con amor paternal, gobiernas el mundo, te rogamos que todos los hombres, a quienes diste un idéntico origen, constituyan una sola familia en la paz y vivan siempre unidos por el amor fraterno. Por nuestro Señor Jesucristo.

PRIMERA LECTURA

Para dilatar el principado con una paz sin límites

LECTURA DEL PROFETA ISAIAS   9, 2-7

El pueblo que caminaba en tinieblas vio una luz grande; habitaban tierras de sombras, y una luz les brilló. Acreciste la alegría, aumentaste el gozo: se gozan en tu presencia, como gozan al segar, como se alegran al repartirse el botín. Porque la vara del opresor, el yugo de su carga, el bastón de su hombro, los quebrantaste como el día de Madián. Porque la bota que pisa con estrépito y la túnica empapada de sangre serán combustible, pasto del fuego. Porque un niño nos ha nacido, un hijo se nos ha dado: lleva al hombro el principado, y es su nombre: Maravilla de Consejero, Dios guerrero, Padre perpetuo, Príncipe de la paz. Para dilatar el principado con una paz sin límites, sobre el trono de David y sobre su reino. Para sostenerlo y consolidarlo con la justicia y el derecho, desde ahora y por siempre. El celo del Señor lo realizará.

Palabra de Dios.

SALMO RESPONSORIAL 71

℞ **Que en sus días florezca la justicia y la paz abunde eternamente.**

Dios mío, confía tu juicio al rey, | tu justicia al hijo de reyes: | para que rija a tu pueblo con justicia, | a tus humildes con rectitud. ℞.

Que los montes traigan paz | y los collados, justicia. | Que él defienda a los humildes del pueblo, | socorra a los hijos del pobre. ℞.

Que en sus días florezca la justicia | y la paz hasta que falte la luna; | que domine de mar a mar, | del Gran Río al confín de la tierra. ℞.

Porque él librará al pobre que clamaba, | al afligido que no tenía protector; | él se apiadará del pobre y del indigente, | y salvará la vida de los pobres. ℞.

Que su nombre sea eterno, | y su fama dure como el sol: | que él sea la bendición de todos los pueblos, | y lo proclamen dichoso todas las razas de la tierra. ℞.

SEGUNDA LECTURA

La paz de Dios custodiará vuestros corazones y vuestros pensamientos

LECTURA DE LA CARTA DEL APOSTOL
SAN PABLO A LOS FILIPENSES   4, 6-9

Hermanos: Nada os preocupe; sino que, en toda ocasión, en la oración y súplica con acción de gracias, vuestras peticiones sean presentadas a Dios. Y la paz de Dios, que sobrepasa todo juicio, custodiará vuestros corazones y vuestros pensamientos en Cristo Jesús. Finalmente, hermanos, todo lo que es verdadero, noble, justo, puro, amable, laudable, todo lo que es virtud o mérito, tenedlo en cuenta. Y lo que aprendisteis, recibisteis, oísteis y visteis en mí, ponedlo por obra. Y el Dios de la paz estará con vosotros.

Palabra de Dios.

ALELUYA   Mt 5, 9

Dichosos los que trabajan por la paz, porque ellos se llamarán «los Hijos de Dios».

EVANGELIO   Mt 5, 1-12a (p. 2419)

ORACION SOBRE LAS OFRENDAS

Señor, que el sacrificio salvador de tu Hijo, Rey pacífico, ofrecido bajo estos signos sacramentales de paz y de unidad, sirva para estrechar la concordia entre todos tus hijos. Por Jesucristo nuestro Señor.

ANTIFONA DE COMUNION   Mt 5, 9

Dichosos los que trabajan por la paz, porque ellos se llamarán los «Hijos de Dios».

O bien: Jn 14, 27

La paz os dejo, mi paz os doy —dice el Señor.

ORACION DESPUES DE LA COMUNION

Concédenos, Señor, tu espíritu de caridad para que, alimentados con el Cuerpo y Sangre de tu Hijo, trabajemos con eficacia por mantener entre los hombres la paz que él nos dejó. Por Jesucristo nuestro Señor.

III. EN DIVERSAS CIRCUNSTANCIAS PUBLICAS

POR LA SANTIFICACION DEL TRABAJO HUMANO

ANTIFONA DE ENTRADA   Gn 1, 1.27.31

Al principio creó Dios el cielo y la tierra y creó Dios al hombre a su imagen; y vio Dios todo lo que había hecho y era muy bueno.

O bien: Sal 89, 17

Baje a nosotros la bondad del Señor y haga prósperas las obras de nuestras manos.

ORACION COLECTA

Señor, Dios, creador de todas las cosas, que mandaste a los hombres cumplir los deberes del trabajo, haz que, por tu misericordia, sirvan nuestras tareas para el progreso humano y para la extensión del reino de Cristo. Que vive y reina contigo.

O bien:

Dios y Señor nuestro, que, por medio del trabajo del hombre, diriges y perfeccionas sin cesar la obra grandiosa de la creación, escucha nuestras súplicas, y haz que todos los hombres encuentren un trabajo digno, que ennoblezca su condición humana y les permita vivir más unidos, sirviendo a sus hermanos. Por nuestro Señor Jesucristo.

PRIMERA LECTURA

Llenad la tierra y sometedla

LECTURA DEL LIBRO DEL GENESIS   1, 26—2, 3

Dijo Dios: Hagamos al hombre a nuestra imagen y semejanza; que domine los peces del mar, las aves del cielo, los animales domésticos, los reptiles de la tierra. Y creó Dios al hombre a su imagen; a imagen de Dios lo creó; hombre y mujer los creó. Y los bendijo Dios y les dijo: Creced, multiplicaos, llenad la tierra y sometedla; dominad los peces del mar, las aves del cielo, los vivientes que se mueven sobre la tierra. Y dijo Dios: Mirad, os entrego todas las hierbas que engendran semilla sobre la faz de la tierra; y todos los árboles frutales que engendran semilla os servirán de alimento; y a todas las fieras de la tierra, a todas las aves del cielo, a todos los reptiles de la tierra —a todo ser que respira— la hierba verde les servirá de alimento. Y así fue. Y vio Dios todo lo que había hecho: y era muy bueno —pasó una tarde, pasó una mañana: el día sexto—. Y quedaron concluidos el cielo, la tierra y sus ejércitos. Y concluyó Dios para el día séptimo todo el trabajo que había hecho; y descansó el día séptimo de todo el trabajo que había hecho. Y bendijo Dios el día séptimo y lo consagró, porque en él descansó de todo el trabajo que Dios había hecho cuando creó.

Palabra de Dios.

SALMO RESPONSORIAL 89

R. **El Señor haga prósperas las obras de nuestras manos.**

Antes que naciesen los montes, | o fuera engendrado el orbe de la tierra, | desde siempre y por siempre tú eres Dios. | El Señor haga prósperas las obras de nuestras manos. R.

Tú reduces el hombre a polvo, | diciendo: «Retornad, hijos de Adán». | Mil años en tu presencia | son un ayer, que pasó, | una vela nocturna. R.

Enséñanos a calcular nuestros años, | para que admiremos un corazón sensato. | Vuélvete, Señor, ¿hasta cuándo? | Ten compasión de tus siervos. R.

Por la mañana sácianos de tu misericordia, | y toda nuestra vida será alegría y júbilo. | Que tus siervos vean tu acción | y sus hijos tu gloria. | El Señor haga prósperas las obras de nuestras manos. R.

SEGUNDA LECTURA

El que no trabaja, que no coma

LECTURA DE LA SEGUNDA CARTA DEL APOSTOL SAN PABLO A LOS TESALONICENSES   3, 6-12.16

Hermanos: En nombre del Señor Jesucristo os exhortamos: no tratéis con los hermanos que llevan una vida desordenada y se apartan de las tradiciones que recibieron de mí. Ya sabéis cómo tenéis que imitar mi ejemplo: No viví entre vosotros sin trabajar, nadie me dio de balde el pan que comí, sino que trabajé y me cansé día y noche, a fin de no ser carga para nadie. No es que no tuviera derecho para hacerlo, pero quise daros un ejemplo que imitar. Cuando viví con vosotros os lo dije: El que no trabaja, que no coma. Porque me he enterado de que algunos viven sin trabajar, muy ocupados en no hacer nada. Pues a esos les digo y les recomiendo, por el Señor Jesucristo, que trabajen con tranquilidad para ganarse el pan. Que el Señor de la paz os dé la paz siempre y en todo lugar. El Señor esté con todos vosotros.

Palabra de Dios.

ALELUYA   Sal 67, 20

Bendito el Señor cada día. Dios lleva nuestras cargas, es nuestra salvación.

EVANGELIO

No os agobiéis por el mañana

✠ LECTURA DEL S. EVANGELIO SEGUN SAN MATEO   6, 31-34

En aquel tiempo, dijo Jesús a sus discípulos: No andéis agobiados pensando qué vais a comer, o qué vais a beber, o con qué os vais a vestir. Los paganos se afanan por esas cosas. Ya sabe vuestro Padre del cielo que tenéis necesidad de todo eso. Sobre todo buscad el Reino de Dios y su justicia; lo demás se os dará por añadidura. Por tanto, no os agobiéis por el mañana, porque el mañana traerá su propio agobio. A cada día le bastan sus disgustos.

Palabra del Señor.

ORACION SOBRE LAS OFRENDAS

En estos dones que te presentamos, Señor, tú ofreces al género humano el alimento para esta vida y el sacramento de una vida nueva; haz que nunca nos falte el sustento del cuerpo y del alma. Por Jesucristo nuestro Señor.

Prefacio V dominical del Tiempo Ordinario, p. 444.

ANTIFONA DE COMUNION   Col 3, 17

Todo lo que de palabra o de obra realicéis, sea todo en nombre de Jesús, ofreciendo la Acción de gracias a Dios Padre por medio de él.

ORACION DESPUES DE LA COMUNION

Después de participar en el banquete de la unidad y del amor, te suplicamos, Dios nuestro, que, por el trabajo que nos has encomendado, obtengamos el sustento diario y edifiquemos tu reinado fiados en tu providencia. Por Jesucristo nuestro Señor.

POR LOS ENFERMOS

ANTIFONA DE ENTRADA   Sal 6, 3-4

Misericordia, Señor, que desfallezco, cura, Señor, mis huesos dislocados; tengo el alma en delirio.

O bien: Cf. Is 53, 4

El Señor soportó nuestros sufrimientos y aguantó nuestros dolores.

ORACION COLECTA

Tu quisiste, Señor, que tu Hijo unigénito soportara nuestras debilidades, para poner de manifiesto el valor de la enfermedad y la paciencia; escucha ahora las plegarias que te dirigimos por nuestros hermanos enfermos, y concede a cuantos se hallan sometidos al dolor, la aflicción o la enfermedad, la gracia de sentirse elegidos entre aquellos que tu Hijo ha llamado dichosos, y de saberse unidos a la pasión de Cristo para la redención del mundo. Por nuestro Señor Jesucristo.

PRIMERA LECTURA
He visto tus lágrimas: yo te curaré

LECTURA DEL SEGUNDO LIBRO DE LOS REYES   20, 1-6

En aquellos días, el rey Ezequías cayó enfermo de muerte. Vino a visitarlo el profeta Isaías, hijo de Amós y le dijo: Esto dice el Señor: Haz testamento, porque vas a morir sin remedio. Entonces Ezequías volvió la cara a la pared y oró al Señor: Señor, acuérdate que he caminado en tu presencia con corazón sincero y leal, y que he hecho lo que te agrada. Y Ezequías lloró con largo llanto. No había cruzado Isaías el atrio mediano, cuando le vino la palabra del Señor: Ve y dile a Ezequías: Así dice el Señor Dios de tu padre David: He escuchado tu oración y he visto tus lágrimas: yo te curaré, y pasado mañana subirás al templo del Señor. Añadiré quince años a tus días, te libraré de las manos del rey de Asiria, a ti y a esta ciudad y la protegeré, por mí y por mi siervo David.

Palabra de Dios.

SALMO RESPONSORIAL 101

℟ **Señor, escucha mi oración, que mi grito llegue hasta ti.**

Señor, escucha mi oración, | que mi grito llegue hasta ti; | no me escondas tu rostro | el día de tu desgracia. | Inclina tu oído hacia mí; | cuando te invoco, escúchame en seguida. ℟.

El agotó mis fuerzas en el camino, | acortó mis días; | y yo dije: Dios mío, no me arrebates | en la mitad de mis días. | Tus años duran por todas las generaciones. ℟.

Quede esto escrito para la generación futura, | y el pueblo que será creado alabará al Señor: | Que el Señor ha mirado desde su excelso santuario, | desde el cielo se ha fijado en la tierra, | para escuchar los gemidos de los cautivos, | y librar a los condenados a muerte. ℟.

SEGUNDA LECTURA

Los enfermos de la isla acudieron, y Pablo los curó

LECTURA DE LOS HECHOS DE LOS APOSTOLES

28, 7-10

En aquellos lugares tenía una finca el principal de la isla de Malta, que se llamaba Publio; nos recibió y nos hospedó tres días amablemente. Coincidió que el padre de Publio estaba en cama con fiebre y disentería: Pablo entró a verlo, rezó, le impuso las manos y lo curó. Como consecuencia de esto los enfermos de la isla acudieron y Pablo los curó. Nos colmaron de atenciones, y al hacernos a la mar nos proveyeron de todo lo necesario.

Palabra de Dios.

ALELUYA

Mt 8, 17

El tomó nuestras dolencias y cargó con nuestras enfermedades.

EVANGELIO

El tomó nuestras dolencias

✠ LECTURA DEL S. EVANGELIO SEGUN
SAN MATEO   8, 14-17

En aquel tiempo, al llegar Jesús a casa de Pedro, encontró a
la suegra en cama con fiebre; la cogió de la mano, y se le pasó
la fiebre; se levantó y se puso a servirles. Al anochecer, le llevaron muchos endemoniados; él con su palabra expulsó los espíritus y curó a todos los enfermos. Así se cumplió lo que dijo el
profeta Isaías: «El tomó nuestras dolencias y cargó con nuestras
enfermedades.»

Palabra del Señor.

ORACION SOBRE LAS OFRENDAS

Oh Dios, bajo cuya providencia transcurre cada instante de la
vida, recibe las súplicas y oblaciones que te ofrecemos por nuestros hermanos enfermos, para que, superado todo peligro, nos
alegremos de verles recobrar la salud. Por Jesucristo nuestro
Señor.

ANTIFONA DE COMUNION   Col 1, 24

Completo en mi carne los dolores de Cristo, sufriendo
por su cuerpo que es la Iglesia.

ORACION DESPUES DE LA COMUNION

Oh Dios, singular protector en las enfermedades, muestra el
poder de tu auxilio con tus hijos enfermos, para que, aliviados
por tu misericordia, vuelvan sanos y salvos a tu santa Iglesia.
Por Jesucristo nuestro Señor.

POR LOS MORIBUNDOS

ANTIFONA DE ENTRADA   Rom 14, 7-8

Ninguno de vosotros vive para sí mismo y ninguno muere para sí mismo. Si vivimos, vivimos para el Señor; si

morimos, morimos para el Señor. En la vida y en la muerte somos del Señor.

O bien:

Cf. Is 53, 4

El Señor soportó nuestros sufrimientos y aguantó nuestros dolores.

ORACION COLECTA

Oh Dios, lleno de poder y de amor, que, al decretar la muerte, le abriste al hombre con tu misericordia las puertas de la vida eterna; mira con piedad a tu hijo que lucha en agonía, para que, asociado a la pasión de Cristo y sellado con su sangre, pueda llegar a tu presencia limpio de todo pecado. Por nuestro Señor Jesucristo.

O bien, por los que van a morir hoy:

Dios todopoderoso y lleno de misericordia, que manifiestas siempre tu amor a todas las criaturas, escucha con bondad las súplicas que te hacemos por los que hoy van a morir, para que, redimidos por la preciosa sangre de tu Hijo, puedan salir de este mundo sin mancha de pecado y descansar para siempre en el regazo de tu misericordia. Por nuestro Señor Jesucristo.

PRIMERA LECTURA

El soportó nuestro sufrimientos

LECTURA DEL PROFETA ISAIAS

53, 1-5.10-11

¿Quién creyó nuestro anuncio? ¿A quien se reveló el Abrazo del Señor? Creció en su presencia como un brote, como raíz en tierra árida, sin figura, sin belleza. Lo vimos sin aspecto atrayente, despreciado y evitado por los hombres, como un hombre de dolores, acostumbrado a sufrimientos, ante el cual se ocultan los rostros; despreciado y desestimado. El soportó nuestros sufrimientos y aguantó nuestros dolores; nosotros lo estimamos leproso, herido de Dios y humillado, traspasado por nuestras rebeliones, triturado por nuestros crímenes. Nuestro castigo saludable vino sobre él, sus cicatrices nos curaron. El Señor quiso triturarlo con el sufrimiento. Cuando entregue su vida como expiación, verá su descendencia, prolongará sus años; lo que el Señor quiere prosperará por sus manos. A causa de los trabajos de su alma, verá y se hartará; con lo aprendido, mi Siervo justificará a muchos, cargando con los crímenes de ellos.

Palabra de Dios.

SALMO RESPONSORIAL   Is 38, 10-12.16

℟ **Señor, detuviste mi alma ante la tumba vacía.**

Yo pensé: «En medio de mis días | tengo que marchar hacia las puertas del Abismo; | me privan del resto de mis años.» ℟.

Yo pensé: «Ya no veré más al Señor | en la tierra de los vivos, | ya no miraré a los hombres | entre los habitantes del mundo». ℟.

Levantan y enrollan mi vida, | como una tienda de pastores. | Como un tejedor devanaba yo mi vida, | y me cortan la trama. ℟.

Los que Dios protege, viven | y entre ellos vivirá mi espíritu: | me has curado, me has hecho revivir. ℟.

SEGUNDA LECTURA

Nos están entregando a la muerte por causa de Jesús

LECTURA DE LA SEGUNDA CARTA DEL
APOSTOL SAN PABLO A LOS CORINTIOS   4, 10-18

Hermanos: Llevamos siempre en el cuerpo la muerte de Jesús, para que también la vida de Jesús se manifieste en nuestro cuerpo. Mientras vivimos, continuamente nos están entregando a la muerte, por causa de Jesús; para que también la vida de Jesús se manifieste en nuestra carne mortal. Así, la muerte está actuando en nosotros, y la vida en vosotros. Teniendo el mismo espíritu de fe, según lo que está escrito: «Creí, por eso hablé», también nosotros creemos y por eso hablamos; sabiendo que quien resucitó al Señor Jesús, también con Jesús nos resucitará y nos hará estar con vosotros. Todo es para vuestro bien. Cuantos más reciban la gracia, mayor será el agradecimiento, para gloria de Dios. Por eso no nos desanimamos. Aunque nuestra condición física se vaya deshaciendo, nuestro interior se renueva día a día. Y una tribulación pasajera y liviana produce un inmenso e incalculable tesoro de gloria. No nos fijamos en lo que se ve, sino en lo que no se ve. Lo que se ve, es transitorio; lo que no se ve, es eterno.

Palabra de Dios.

ALELUYA   2 Cor 1, 3b-4a

Bendito sea el Padre de las misericordias y Dios de toda consolación, que nos consuela en todas nuestras tribulaciones.

EVANGELIO

A todo sarmiento que da fruto lo poda, para que dé más fruto

✠ LECTURA DEL S. EVANGELIO SEGUN
SAN JUAN   15, 1-8

En aquel tiempo, dijo Jesús a sus discípulos: Yo soy la verdadera vid y vosotros los sarmientos: A todo sarmiento mío que no da fruto, lo arranca; y a todo el que da fruto lo poda, para que dé más fruto. Vosotros ya estáis limpios por las palabras que os he hablado; permaneced en mí y yo en vosotros. Como el sarmiento no puede dar fruto por sí, si no permanece en la vid, así tampoco vosotros, si no permanecéis en mí. Yo soy la vid, vosotros los sarmientos; el que permanece en mí y yo en él, ése da fruto abundante; porque sin mí no podéis hacer nada. Al que no permanece en mí, lo tiran fuera, como al sarmiento, y se seca; luego los recogen y los echan al fuego, y arden. Si permanecéis en mí y mis palabras permanecen en vosotros, pediréis lo que deséeis, y se realizará. Con esto recibe gloria mi Padre, con que deis fruto abundante; así seréis discípulos míos.

Palabra del Señor.

ORACION SOBRE LAS OFRENDAS

Recibe, Señor, la ofrenda que te presentamos por tu hijo moribundo; concédele por ella el perdón de sus pecados, y ya que soportó en esta vida, porque así lo has querido, los dolores de la enfermedad, dale el descanso eterno en la vida futura. Por Jesucristo nuestro Señor.

ANTIFONA DE ENTRADA   Col 1, 24

Completo en mi carne los dolores de Cristo, sufriendo por su cuerpo que es la Iglesia.

O bien: Jn 6, 54

El que come mi carne y bebe mi sangre, tiene vida eterna, y yo lo resucitaré en el último día —dice el Señor.

EN CUALQUIER NECESIDAD

ANTIFONA DE ENTRADA

Yo soy la salvación del pueblo —dice el Señor—. Cuando me llamen desde el peligro, yo les escucharé y seré para siempre su Señor.

ORACION COLECTA

Señor Dios, refugio nuestro en la tribulación, apoyo en la debilidad, consuelo en el llanto, perdona a tu pueblo y, una vez corregido con los castigos que merece, concédele vivir en la paz de tu misericordia. Por nuestro Señor Jesucristo.

Convierte nuestro luto en alegría

LECTURA DEL LIBRO DE ESTER

13, 8-11.15-17

En aquellos días, Mardoqueo oró al Señor acordándose de todas sus maravillas diciendo: Señor, Señor rey todopoderoso, en cuyo poder está todo; nadie puede resistir a tu decisión si quieres salvar a Israel. Tú creaste el cielo y la tierra y las maravillas todas que hay bajo el cielo. Tú eres dueño del universo, y no hay quien pueda oponerse a ti, el Señor. No te desentiendas de tu posesión, que rescataste para ti, sacándola de Egipto. Escucha mi oración, muéstrate propicio a tu pueblo, y convierte nuestro luto en alegría: para que viviendo, Señor, podamos cantar himnos a tu nombre: no cierres la boca de los que te alaban.

Palabra de Dios.

SALMO RESPONSORIAL 79

℟. **Que brille tu rostro, Señor, y nos salve.**

Pastor de Israel, escucha: | tú que te sientas sobre querubines, resplandece, | despierta tu poder y ven a salvarnos. ℟.

Señor Dios de los Ejércitos, | ¿hasta cuándo estarás airado | mientras tu pueblo te suplica? ℟.

Les diste a comer llanto, | a beber lágrimas a tragos; | nos entregaste a las contiendas de nuestros vecinos, | nuestros enemigos se burlan de nosotros. ℟.

SEGUNDA LECTURA

A los que aman a Dios todo les sirve para el bien

LECTURA DE LA CARTA DEL APOSTOL
SAN PABLO A LOS ROMANOS

8, 18-30

Hermanos: Considero que los trabajos de ahora no pesan lo que la gloria que un día se nos descubrirá. Porque la creación, expectante, está aguardando la plena manifestación de los hijos de Dios; ella fue sometida a la frustración, no por su voluntad, sino por uno que la sometió; pero fue con la esperanza de que la creación misma se vería liberada de la esclavitud de la corrupción, para entrar en la libertad gloriosa de los hijos de Dios. Porque sabemos que hasta hoy la creación entera está gimiendo toda ella con dolores de parto. Y no sólo eso; también nosotros, que poseemos las primicias del Espíritu, gemimos en nuestro interior, aguardando la hora de ser hijos de Dios, la redención de nuestro cuerpo. Porque en esperanza fuimos salvados. Y una esperanza que se ve, ya no es esperanza. ¿Cómo seguirá esperando uno aquello que ve? Cuando esperamos lo que no vemos, esperamos con perseverancia. Así también el Espíritu viene en ayuda de nuestra debilidad, porque nosotros no sabemos pedir lo que nos conviene, pero el Espíritu mismo intercede por nosotros con gemidos inefables. El que escudriña los corazones sabe cuál es el deseo del Espíritu, y que su intercesión por los santos es según Dios. A los que aman a Dios todo les sirve para el bien: a los que ha llamado conforme a su designio. A los que había escogido, Dios los predestinó a ser imagen de su Hijo, para que él fuera el primogénito de muchos hermanos. A los que predestinó, los llamó; a los que llamó, los justificó; a los que justificó, los glorificó.

Palabra de Dios.

ALELUYA Sal 32, 22

Que tu misericordia, Señor, venga sobre nosotros, como lo esperamos de ti.

EVANGELIO

Quien pide, recibe

✠ LECTURA DEL S. EVANGELIO SEGUN
SAN MATEO 7, 7-11

En aquel tiempo, dijo Jesús a sus discípulos: Pedid y se os dará, buscad y encontraréis, llamad y se os abrirá; porque quien pide recibe, quien busca encuentra y al que llama se le abre. Si a alguno de vosotros le pide su hijo pan, ¿le va a dar una piedra?; y si le pide pescado, ¿le dará una serpiente? Pues si vosotros, que sois malos, sabéis dar cosas buenas a vuestros hijos, ¿cuánto más vuestro Padre del cielo dará cosas buenas a los que le piden?

Palabra del Señor.

ORACION SOBRE LAS OFRENDAS

Escucha nuestras súplicas, Señor, acepta nuestra ofrenda, y por la gracia de tu misericordia, libra de todo mal a los que ahora sufrimos castigo por causa de nuestros pecados. Por Jesucristo nuestro Señor.

ANTIFONA DE COMUNION   Mt 11, 28

Venid a mí todos los que estáis cansados y agobiados, y yo os aliviaré —dice el Señor.

ORACION DESPUES DE LA COMUNION

Apiádate, Señor, de nuestras penas y, por la pasión de tu Hijo, aparta de nosotros los castigos que merecemos justamente por nuestros pecados. Por Jesucristo nuestro Señor.

PARA DAR GRACIAS A DIOS

ANTIFONA DE ENTRADA   Ef 5, 19-20

Cantad y tocad con toda el alma para el Señor. Celebrad constantemente la Acción de Gracias a Dios Padre por todos, en nombre de nuestro Señor Jesucristo.

ORACION COLECTA

Oh Dios, que escuchas siempre a tus hijos atribulados, al darte gracias por tu misericordia, te rogamos que, liberados de todo mal, te sirvamos siempre con alegría de corazón. Por nuestro Señor Jesucristo.

PRIMERA LECTURA

Bendito sea el Señor que ha dado descanso a su pueblo

LECTURA DEL PRIMER LIBRO DE LOS REYES

8, 55-61

En aquellos días, el rey Salomón, en pie y en alta voz bendijo a la asamblea de Israel con la siguiente fórmula: Bendito sea el Señor que ha dado descanso a su pueblo Israel, cumpliendo todo lo prometido. No ha fallado ni una sola de las promesas que hizo por medio de su siervo Moisés. Que el Señor nuestro Dios esté con nosotros como estuvo con nuestros padres, que no nos abandone ni nos rechace; así nosotros le rendiremos el corazón y seguiremos sus caminos, cumpliendo sus mandatos, preceptos y decretos que mandó a nuestros padres. Que esta súplica que pronuncio ante el Señor, llegue hasta el Señor nuestro Rey día y noche, para que gobierne a su siervo y a su pueblo Israel en los asuntos de cada día. Así sabrán todos los pueblos de la tierra que el Señor es nuestro Dios y que no hay otro. Sed leales con el Señor vuestro Dios, siguiendo sus órdenes y cumpliendo sus mandatos, como lo hacéis hoy.

Palabra de Dios.

SALMO RESPONSORIAL

1 Cro 29, 10-12

℞ **Alabamos tu nombre glorioso, Señor.**

Bendito eres, Señor, | Dios de nuestro padre Israel, | por los siglos de los siglos. ℞.

Tuyos son, Señor, la grandeza y el poder, | la gloria, el esplendor, la majestad, | porque tuyo es cuanto hay en cielo y tierra. ℞.

Tú eres rey y soberano de todo, | de ti viene la riqueza y la gloria. ℞.

Tú eres Señor del universo, | en tu mano está el poder y la fuerza, | tú engrandeces y confortas a todos. ℞.

SEGUNDA LECTURA

En mi Acción de Gracias a Dios os tengo siempre presentes

LECTURA DE LA PRIMERA CARTA DEL APOSTOL SAN PABLO A LOS CORINTIOS

1, 3-9

Hermanos: La gracia y la paz de parte de Dios, nuestro Padre, y del Señor Jesucristo sean con vosotros. En mi Acción de Gracias a Dios os tengo siempre presentes, por la gracia que Dios os ha dado en Cristo Jesús. Pues por él habéis sido enriquecidos en todo: en el hablar y en el saber; porque en vosotros se ha probado el testimonio de Cristo. De hecho, no carecéis de ningún don, vosotros que aguardáis la manifestación de nuestro Señor Jesucristo. El os mantendrá firmes hasta el final, para que no tengan de qué acusaros en el tribunal de Jesucristo Señor Nuestro. Dios os llamó a participar en la vida de su Hijo, Jesucristo Señor Nuestro. ¡Y El es fiel!

Palabra de Dios.

ALELUYA
Ef 1, 3

Bendito sea Dios, Padre de nuestro Señor Jesucristo, que nos ha bendecido en la persona de Cristo con toda clase de bienes espirituales.

EVANGELIO

Anúnciales lo que el Señor ha hecho contigo

✠ LECTURA DEL S. EVANGELIO SEGUN SAN MARCOS
5, 18-20

En aquel tiempo, mientras se embarcaba Jesús, el endemoniado le pidió que lo admitiese en su compañía. Pero no se lo permitió, sino que le dijo: Vete a casa con los tuyos y anúnciales lo que el Señor ha hecho contigo por su misericordia. El hombre se marchó y empezó a proclamar por la Decápolis lo que Jesús había hecho con él; todos se admiraban.

Palabra del Señor.

ORACION SOBRE LAS OFRENDAS

Señor Dios, que nos entregaste a tu Hijo para librarnos de la muerte y del mal, te rogamos aceptes este sacrificio en acción de gracias porque ya estamos libres de nuestra tribulación. Por Jesucristo nuestro Señor.

Prefacio común, IV, p. 1109.

ANTIFONA DE COMUNION   Sal 137, 1

Te doy gracias, Señor, de todo corazón; cuando te invoqué me escuchaste.

O bien: Sal 115, 12-13

¿Cómo pagaré al Señor todo el bien que me ha hecho? Alzaré la copa de la salvación invocando su nombre.

ORACION DESPUES DE LA COMUNION

Señor, Dios nuestro, que robusteces a tus hijos con este pan de vida y los libras de las ataduras del pecado, haz que constantemente crezca nuestra esperanza de conseguir el premio de tu gloria. Por Jesucristo nuestro Señor.

IV. POR ALGUNAS NECESIDADES PARTICULARES

POR EL PERDON DE LOS PECADOS

ANTIFONA DE ENTRADA   Cf. Sb 11, 24.25.27

Te compadeces de todos, porque todo lo puedes, Señor;
cierras los ojos a los pecados de los hombres para que se
arrepientan. Amas a todos los seres y no odias nada de lo
que has hecho; a todos perdonas porque son tuyos, Señor, amigo de la vida.

ORACION COLECTA

Escucha Señor, nuestras súplicas y perdona nuestros pecados,
para que recibamos juntamente tu perdón y tu paz. Por nuestro
Señor Jesucristo.

O bien:

Ten misericordia de tu pueblo, Señor; perdónale todos sus
pecados, y aleja de nosotros los castigos que nos han merecido
nuestras culpas. Por nuestro Señor Jesucristo.

PRIMERA LECTURA

Regrese al Señor, que es rico en perdón

LECTURA DEL PROFETA ISAIAS   55, 6-9

Buscad al Señor mientras se le encuentra, invocadlo mientras
está cerca; que el malvado abandone su camino, y el criminal sus
planes; que regrese al Señor, y él tendrá piedad, a nuestro Dios,
que es rico en perdón. Mis planes no son vuestros planes, vuestros caminos no son mis caminos —oráculo del Señor—. Como
el cielo es más alto que la tierra, mis caminos son más altos que
los vuestros, mis planes, que vuestros planes.

Palabra de Dios.

SALMO RESPONSORIAL 50

℟ **Misericordia, Señor, porque hemos pecado.**

Misericordia, Dios mío, por tu bondad, | por tu inmensa compasión borra mi culpa. | Lava del todo mi delito, | limpia mi pecado. ℟.

Pues yo reconozco mi culpa, | tengo siempre presente mi pecado. | Contra ti, contra ti, sólo pequé, | cometí la maldad que aborreces. ℟.

Oh Dios, crea en mí un corazón puro, | renuévame por dentro con espíritu firme; | no me arrojes lejos de tu rostro, | no me quites tu santo espíritu. ℟.

Devuélveme la alegría de tu salvación, | afiánzame con espíritu generoso. | Señor, me abrirás los labios, | y mi boca proclamará tu alabanza. ℟.

SEGUNDA LECTURA

Pensad que habéis muerto al pecado y vivid para Dios

LECTURA DE LA CARTA DEL APOSTOL
SAN PABLO A LOS ROMANOS   6, 2-4.12-14

Hermanos: Los que hemos muerto al pecado, ¿cómo seguir viviendo en él? Los que por el bautismo nos incorporamos a Cristo, fuimos incorporados a su muerte. Por el bautismo fuimos sepultados con él en la muerte, para que, así como Cristo fue despertado de entre los muertos por la gloria del Padre, así también nosotros andemos en una vida nueva. Que el pecado no siga dominando vuestro cuerpo mortal, ni seáis súbditos de los deseos del cuerpo. No pongáis vuestros miembros al servicio del pecado como instrumentos del mal; ofreceos a Dios como hombres que de la muerte han vuelto a la vida, y poned a su servicio vuestros miembros, como instrumentos del bien. Porque el pecado no os dominará: ya no estáis bajo la ley, sino bajo la gracia.

Palabra de Dios.

ALELUYA   Ez 33, 11

No me complazco en la muerte del pecador, dice el Señor, sino en que se convierta y viva.

EVANGELIO

La gente alababa a Dios, que da a los hombres tal potestad

✠ LECTURA DEL S. EVANGELIO SEGUN
SAN MATEO   9, 1-8

En aquel tiempo, subió Jesús a una barca, cruzó a la otra orilla y fue a su ciudad. Le presentaron un paralítico, acostado en
una camilla. Viendo la fe que tenían, dijo al paralítico: ¡Animo,
hijo!, tus pecados están perdonados. Algunos de los letrados se
dijeron: Este blasfema. Jesús, sabiendo lo que pensaban, les dijo:
¿Por qué pensáis mal? ¿Qué es más fácil decir: «tus pecados están
perdonados», o decir «levántate y anda»? Pues para que veáis que
el Hijo del hombre tiene potestad en la tierra para perdonar pecados —dijo dirigiéndose al paralítico—: Ponte en pie, coge tu
camilla, y vete a tu casa. Se puso en pie, y se fue a su casa. Al
ver esto, la gente quedó sobrecogida y alababa a Dios, que da a
los hombres tal potestad.

Palabra del Señor.

ORACION SOBRE LAS OFRENDAS

Te ofrecemos, Señor, este sacrificio de expiación y alabanza,
para que perdones nuestros pecados y dirijas nuestros corazones
inconstantes. Por Jesucristo nuestro Señor.

Prefacio IV dominical del Tiempo Ordinario, p. 1080.

ANTIFONA DE COMUNION   Lc 15, 10

Os digo que habrá alegría entre los ángeles de Dios por
un solo pecador que se convierta.

ORACION DESPUES DE LA COMUNION

Después de recibir con este sacramento el perdón de los pecados, te pedimos, Dios de misericordia, que por tu gracia no volvamos a pecar y que podamos servirte con sincero corazón. Por Jesucristo nuestro Señor.

POR LA FAMILIA

ANTIFONA DE ENTRADA   Ef 6, 2-3

Honra a tu padre y a tu madre, es el primer mandamiento al que se añade una promesa: Te irá bien y vivirás largo tiempo en la tierra.

ORACION COLECTA

Señor, Dios nuestro, en cuyos mandatos encuentra la familia su auténtico y seguro fundamento, atiende nuestras súplicas y concédenos que, siguiendo los ejemplos de la Sagrada Familia, practicando las virtudes domésticas y manteniendo vivo el amor, lleguemos a gozar de los premios de tu reino. Por nuestro Señor Jesucristo.

Las lecturas pueden tomarse de la fiesta de la Sda. Familia, el Domingo infraoctava de Navidad.

ORACION SOBRE LAS OFRENDAS

Al ofrecerte, Señor, este sacrificio de expiación, te suplicamos que guardes nuestras familias en tu gracia y en tu paz verdadera. Por Jesucristo nuestro Señor.

ANTIFONA DE COMUNION   Is 49, 15

¿Es que puede una madre olvidarse de su criatura? Pues, aunque ella se olvide, yo no te olvidaré —dice el Señor.

ORACION DESPUES DE LA COMUNION

Padre nuestro, que nos amas y nos perdonas, concede a cuantos has renovado con estos divinos sacramentos imitar fielmente los ejemplos de la Sagrada Familia de tu Hijo, para que, después de las pruebas de esta vida, podamos gozar en el cielo de su eterna compañía. Por Jesucristo nuestro Señor.

MISAS VOTIVAS

1. DE LA SANTISIMA TRINIDAD

Se dice, con vestiduras de color blanco, la misa de la solemnidad, p. 689.

2. DEL MISTERIO DE LA SANTA CRUZ

Se dice, con vestiduras de color rojo, la misa de la fiesta de la Exaltación de la Santa Cruz, del 14 de septiembre, p. 2180.

3. DE LA SANTISIMA EUCARISTIA

Se dice, con vestiduras de color blanco, la misa de la solemnidad del Santísimo Cuerpo y Sangre de Cristo, p. 697.

4. DEL SANTISIMO NOMBRE DE JESUS

Esta misa se dice con vestiduras de color blanco.

ANTIFONA DE ENTRADA   Flp 2, 10-11

Al nombre de Jesús toda rodilla se doble —en el cielo, en la tierra, en el abismo— y toda lengua proclame: Jesucristo es Señor, para gloria de Dios Padre.

ORACION COLECTA

Al venerar el santísimo nombre de Jesús, te rogamos, Señor, que, después de gustar su dulzura en este mundo, recibamos en el cielo los gozos eternos. Por nuestro Señor Jesucristo.

Fuera del tiempo pascual

Yo soy el que soy. Este es mi nombre para siempre

LECTURA DEL LIBRO DEL EXODO 3, 13-15

En aquellos días, Moisés, después de oír la voz del Señor desde la zarza ardiendo, le replicó: Mira, yo iré a los israelitas y les diré: el Dios de vuestros padres me ha enviado a vosotros. Si ellos me preguntan cómo se llama este Dios, ¿qué les respondo? Dios dijo a Moisés: «Soy el que soy.» Esto dirás a los israelitas: «Yo-soy» me envía a vosotros. Dios añadió: Esto dirás a los israelitas: el Señor Dios de vuestros padres, Dios de Abrahán, Dios de Isaac, Dios de Jacob, me envía a vosotros. Este es mi nombre para siempre: así me llamaréis de generación en generación.

Palabra de Dios.

PRIMERA LECTURA
Tiempo pascual

En nombre de Jesucristo, echa a andar

LECTURA DE LOS HECHOS DE LOS APOSTOLES 3, 1-10

En aquellos días, Pedro y Juan subían al templo, a la oración de media tarde, cuando vieron traer a cuestas a un lisiado de nacimiento. Solían colocarlo todos los días en la Puerta Hermosa del templo para que pidiera limosna a los que entraban. Al ver entrar en el templo a Pedro y a Juan, les pidió limosna. Pedro, con Juan a su lado, se le quedó mirando y le dijo: Míranos. Clavó los ojos en ellos esperando que le darían algo; Pedro le dijo: No tengo plata ni oro, te doy lo que tengo: en nombre de Jesucristo Nazareno, echa a andar. Agarrándolo de la mano derecha lo incorporó. Al instante se le fortalecieron los pies y los tobillos, se puso en pie de un salto, echó a andar y entró con ellos en el templo por su pie, dando brincos y alabando a Dios. La gente lo vio andar alabando a Dios; al caer en la cuenta de que era el mismo que pedía limosna sentado en la Puerta Hermosa, quedaron estupefactos ante lo sucedido.

Palabra de Dios.

SALMO RESPONSORIAL 15

℟ **Dad gracias al Señor, | invocad su nombre.**

El Señor es mi Dios y Salvador: | confiaré y no temeré, | porque mi fuerza y mi poder es el Señor; | él fue mi salvación. | Y sacaréis aguas con gozo | de las fuentes de la salvación. ℟.

Dad gracias al Señor, | invocad su nombre, | contad a los pueblos sus hazañas, | proclamad que su nombre es excelso. ℟.

Tañed para el Señor, que hizo proezas, | anunciadlas a toda la tierra; | gritad jubilosos, habitantes de Sión: | «Qué grande es en medio de ti | el santo de Israel.» ℟.

ALELUYA   Sal 95, 2

Cantad al Señor, bendecid su nombre, proclamad día tras día su victoria.

EVANGELIO

Le pondrás por nombre Jesús

✠ LECTURA DEL S. EVANGELIO SEGUN
SAN MATEO   1, 18-25

El nacimiento de Jesucristo fue de esta manera: La madre de Jesús estaba desposada con José y, antes de vivir juntos, resultó que ella esperaba un hijo, por obra del Espíritu Santo. José, su esposo, que era bueno y no quería denunciarla, decidió repudiarla en secreto. Pero apenas había tomado esta resolución, se le apareció en sueños un ángel del Señor que le dijo: José, hijo de David, no tengas reparo en recibir a María, tu mujer, porque la criatura que hay en ella viene del Espíritu Santo. Dará a luz un hijo y tú le pondrás por nombre Jesús, porque él salvará a su pueblo de los pecados. Todo esto sucedió para que se cumpliese lo que había dicho el Señor por el Profeta: Mirad: la Virgen concebirá y dará a luz un hijo y le pondrá por nombre Enmanuel (que significa «Dios con nosotros»). Cuando José se despertó, hizo lo que le había mandado el ángel del Señor, y la recibió en su casa. Y sin que él hubiera tenido relación con ella, dio a luz un hijo; y él le puso por nombre Jesús.

Palabra del Señor.

ORACION SOBRE LAS OFRENDAS

Padre todopoderoso, acepta complacido las ofrendas que te presentamos en nombre de Cristo, pues sabemos, por su promesa, que cuanto pidamos en su nombre nos será concedido. Por Jesucristo nuestro Señor.

ANTIFONA DE COMUNION   Hch 4, 12

Bajo el cielo no se nos ha dado otro nombre que pueda salvarnos.

ORACION DESPUES DE LA COMUNION

Concédenos, Señor, venerar dignamente en estos santos misterios a Jesús, el Señor, en cuyo nombre quieres que toda rodilla se doble y todos los hombres alcancen la salvación. Por Jesucristo nuestro Señor.

5.   DE LA PRECIOSISIMA SANGRE DE NUESTRO SEÑOR JESUCRISTO

Esta misa se dice con vestiduras de color rojo.

ANTIFONA DE ENTRADA   Ap 5, 9-10

Con tu sangre has comprado para Dios hombres de toda tribu, lengua, pueblo y nación; has hecho de ellos una dinastía sacerdotal, que sirva a Dios y reine sobre la tierra.

ORACION COLECTA

Oh Dios, que has redimido a todos los hombres con la Sangre preciosa de tu Hijo unigénito, conserva en nosotros la acción de tu misericordia para que, celebrando siempre el misterio de nuestra salvación, podamos conseguir sus frutos eternos. Por nuestro Señor Jesucristo.

PRIMERA LECTURA

Fuera del tiempo pascual

Cuando vea el Señor la sangre en el dintel y las jambas, pasará de largo

LECTURA DEL LIBRO DEL EXODO 12, 21-27

En aquellos días, Moisés llamó a todos los ancianos de Israel y les dijo: Escogeos una res por familia y degollad la víctima de pascua. Tomad un manojo de hisopo, mojadlo en la sangre del plato y untad de sangre el dintel y las dos jambas; y ninguno de vosotros salga por la puerta de casa hasta mañana. El Señor va a pasar hiriendo a Egipto, y cuando vea la sangre en el dintel y las jambas, el Señor pasará de largo y no permitirá al exterminador entrar en vuestras casas para herir. Cumplid la palabra del Señor: es ley perpetua para vosotros y para vuestros hijos. Y cuando entréis en la tierra que el Señor os va a dar, según lo prometido, observaréis este rito. Y cuando os pregunten vuestros hijos qué significa este rito, les responderéis: «Es el sacrificio de la Pascua, cuando el Señor pasó junto a las casa de los israelitas, hiriendo a los egipcios y protegiendo nuestras casa.» El pueblo se inclinó y se prosternó.

Palabra de Dios.

PRIMERA LECTURA

Tiempo pascual

Nos amó y nos ha liberado de nuestros pecados por su sangre

LECTURA DEL LIBRO DEL APOCALIPSIS 1, 5-8

Gracia y paz a vosotros de parte de Jesucristo, el Testigo fiel, el Primogénito de entre los muertos, el Príncipe de los reyes de la tierra. A aquel que nos amó —nos ha librado de nuestros pecados por su sangre, nos ha convertido en un reino, y hecho sacerdotes de Dios, su Padre—, a él la gloria y el poder por los siglos de los siglos. Amén. Mirad: El viene en las nubes. Todo ojo lo verá; también los que lo atravesaron. Todos los pueblos de la tierra se lamentarán por su causa. Sí. Amén. Dice Dios: «Yo soy el Alfa y la Omega, el que es, el que era y el que viene, el Todopoderoso.»

Palabra de Dios.

SALMO RESPONSORIAL 39

R. **Aquí estoy, Señor, para hacer tu voluntad.**

Yo esperaba con ansia al Señor; | él se inclinó y escuchó mi grito; | me puso en la boca un cántico nuevo, | un himno a nuestro Dios. R.

Tú no quieres sacrificios ni ofrendas, | y en cambio me abriste el oído; | no pides sacrificio expiatorio, | entonces yo digo: «Aquí estoy». R.

Como está escrito en mi libro: | «Para hacer tu voluntad.» | Dios mío, lo quiero, | y llevo tu ley en las entrañas. R.

He proclamado tu salvación | ante la gran asamblea; | no he cerrado los labios: | Señor, tú lo sabes. R.

SEGUNDA LECTURA

Por su propia sangre ha entrado en el santuario

LECTURA DE LA CARTA A LOS HEBREOS   9, 11-15

Hermanos: Cristo ha venido como Sumo Sacerdote de los bienes definitivos. Su templo es más grande y más perfecto: no hecho por manos de hombre, es decir, no de este mundo creado. No usa sangre de machos cabríos ni de becerros, sino la suya propia; y así ha entrado en el santuario una vez para siempre, consiguiendo la liberación eterna. Si la sangre de machos cabríos y de toros y el rociar con las cenizas de una becerra tienen el poder de consagrar a los profanos, devolviéndoles la pureza externa; cuánto más la sangre de Cristo que, en virtud del Espíritu eterno, se ha ofrecido a Dios como sacrificio sin mancha, podrá purificar nuestra conciencia de las obras muertas, llevándonos al culto del Dios vivo. Por eso él es mediador de una alianza nueva: en ella ha habido una muerte que ha redimido de los pecados cometidos durante la primera alianza; y, así, los llamados pueden recibir la promesa de la herencia eterna.

Palabra de Dios.

ALELUYA   Ap 1, 5ab

Jesucristo, el Testigo fiel, el Primogénito de entre los muertos, nos amó y nos ha liberado de nuestros pecados por su sangre.

EVANGELIO

Esto es mi cuerpo. Esta es mi sangre

✠ LECTURA DEL S. EVANGELIO SEGUN
SAN MARCOS   14, 12-16.22-26

El primer día de los ázimos, cuando se sacrificaba el cordero pascual, le dijeron a Jesús sus discípulos: ¿Dónde quieres que vayamos a prepararte la cena de Pascua? El envió a dos discípulos, diciéndoles: Id a la ciudad, encontraréis un hombre que lleva un cántaro de agua; seguidlo, y en la casa en que entre, decidle al dueño: «El Maestro pregunta: ¿Dónde está la habitación en que voy a comer la Pascua con mis discípulos?» Os enseñará una sala grande en el piso de arriba, arreglada con divanes. Preparadnos allí la cena. Los discípulos se marcharon, llegaron a la ciudad, encontraron lo que les había dicho y prepararon la cena de Pascua. Mientras comían, Jesús tomó un pan, pronunció la bendición, lo partió y se lo dio, diciendo: Tomad, esto es mi cuerpo. Cogiendo un cáliz, pronunció la acción de gracias, se la dio y todos bebieron. Y les dijo: Esta es mi sangre, sangre de la alianza, derramada por todos. Os aseguro que no volveré a beber del fruto de la vid hasta el día que beba el vino nuevo en el Reino de Dios. Después de cantar el salmo, salieron para el monte de los Olivos.

Palabra del Señor.

ORACION SOBRE LAS OFRENDAS

Al presentarte nuestras ofrendas, te suplicamos, Señor, que en estos misterios nos acerquemos a Jesús, Mediador de la nueva alianza, y renovemos la acción salvadora de su Sangre. Por Jesucristo nuestro Señor.

Prefacio I de la Pasión del Señor, p. 1068.

ANTIFONA DE COMUNION   Cf. 1 Cor 10, 16

El cáliz de nuestra Acción de gracias nos une a todos en la sangre de Cristo; el pan que partimos nos une a todos en el cuerpo de Cristo.

ORACION DESPUES DE LA COMUNION

Alimentados con estos sacramentos, te rogamos, Señor, que nos purifiques siempre con la Sangre de Cristo, fuente de agua viva que salta hasta la vida eterna. Por Jesucristo nuestro Señor.

O bien:

Alimentados con los sacramentos del cielo, te rogamos, Dios todopoderoso, que liberes del temor de los enemigos a cuantos redimiste con la Sangre preciosa de tu Hijo. Que vive y reina por los siglos de los siglos.

6.   DEL SAGRADO CORAZON DE JESUS

Se dice, con vestiduras de color blanco, la misa de la solemnidad, p. 706 o también la siguiente:

6 bis.   DE JESUCRISTO, SUMO Y ETERNO SACERDOTE

ANTIFONA DE ENTRADA   Heb 7, 24

Cristo, mediador de una nueva alianza, como permanece para siempre, tiene el sacerdocio que no pasa.

ORACION COLECTA

Oh Dios, que para gloria tuya y salvación del género humano constituiste a tu Hijo único sumo y eterno Sacerdote, concede a quienes él eligió para ministros y dispensadores de sus misterios la gracia de ser fieles en el cumplimiento del ministerio recibido. Por nuestro Señor Jesucristo.

PRIMERA LECTURA

El fue traspasado por nuestras rebeliones

LECTURA DEL LIBRO DE ISAIAS   52, 13—53, 12

Mirad, mi siervo tendrá éxito, subirá y crecerá mucho. Como muchos se espantaron de él, porque desfigurado no parecía hombre, ni tenía aspecto humano, así asombrará a muchos pueblos, ante él los reyes cerrarán la boca, al ver algo inenarrable y contemplar algo inaudito. ¿Quién creyó nuestro anuncio?, ¿a quién se reveló el brazo del Señor? Creció en su presencia como brote, como raíz en tierra árida, sin figura, sin belleza. Lo vimos sin aspecto atrayente, despreciado y evitado de los hombres, como un hombre de dolores, acostumbrado a sufrimientos, ante el cual se ocultan los rostros, despreciado y desestimado. El soportó nuestros sufrimientos y aguantó nuestros dolores; nosotros lo estimamos leproso, herido de Dios y humillado; pero él fue traspasado por nuestras rebeliones, triturado por nuestros crímenes. Nuestro castigo saludable cayó sobre él, sus cicatrices nos curaron. Todos errábamos como ovejas, cada uno siguiendo su camino; y el Se-

ñor cargó sobre él todos nuestros crímenes. Maltratado, voluntariamente se humillaba y no abría la boca; como cordero llevado
al matadero, como oveja ante el esquilador, enmudecía y no
abría la boca. Sin defensa, sin justicia, se lo llevaron, ¿quién meditó en su destino? Lo arrancaron de la tierra de los vivos, por
los pecados de mi pueblo lo hirieron. Le dieron sepultura con
los malvados, y una tumba con los malhechores, aunque no había cometido crímenes ni hubo engaño en su boca. El Señor quiso triturarlo con el sufrimiento, y entregar su vida como expiación; verá su descendencia, prolongará sus años, lo que el Señor
quiere prosperará por su mano. Por los trabajos de su alma verá
la luz, el justo se saciará de conocimiento. Mi siervo justificará a
muchos, porque cargó con los crímenes de ellos. Le daré una
multitud como parte, y tendrá como despojo una muchedumbre.
Porque expuso su vida a la muerte y fue contado entre los pecadores, él tomó el pecado de muchos e intercedió por los pecadores.

Palabra de Dios.

SALMO RESPONSORIAL 39

R. **Aquí estoy, Señor, para hacer tu voluntad.**

Cuántas maravillas has hecho, | Señor, Dios mío, | cuántos
planes en favor nuestro; | nadie se te puede comparar. | Intento
proclamarlas, decirlas, | pero superan todo número. R.

Tú no quieres sacrificios ni ofrendas, | y, en cambio, me
abriste el oído; | no pides sacrificio expiatorio. R.

Entonces yo digo: «Aquí estoy | —como está escrito en mi
libro— | para hacer tu voluntad.» | Dios mío, lo quiero, | y lle-
vo tu ley en las entrañas. R.

He proclamado tu salvación | ante la gran asamblea; | no he
cerrado los labios; | Señor, tú lo sabes. R.

No me he guardado en el pecho tu defensa, | he contado tu
fidelidad y tu salvación, | no he negado tu misericordia y tu leal-
tad | ante la gran asamblea. R.

ALELUYA Is 42, 1

Mirad a mi siervo, a quien sostengo; mi elegido, a quien prefiero. Sobre él he puesto mi espíritu, para que traiga el derecho a las naciones.

EVANGELIO

Esto es mi cuerpo. Esta copa es la nueva alianza, sellada con mi sangre

✠ LECTURA DEL S. EVANGELIO SEGUN SAN LUCAS 22, 14-20

Llegada la hora, se sentó Jesús con sus discípulos y les dijo: «He deseado enormemente comer esta comida pascual con vosotros, antes de padecer, porque os digo que ya no la volveré a comer, hasta que se cumpla en el reino de Dios.» Y, tomando una copa, pronunció la acción de gracias y dijo: «Tomad esto, repartidlo entre vosotros; porque os digo que no beberé desde ahora del fruto de la vid, hasta que venga el reino de Dios.» Y, tomando pan, pronunció la acción de gracias, lo partió y se lo dio, diciendo: «Esto es mi cuerpo que se entrega por vosotros; haced esto en memoria mía.» Después de cenar, hizo lo mismo con la copa, diciendo: «Esta copa es la nueva alianza, sellada con mi sangre, que se derrama por vosotros.»

Palabra del Señor.

ORACION SOBRE LAS OFRENDAS

Jesucristo, nuestro Mediador, te haga aceptables estos dones, Señor, y nos presente juntamente con él, como ofrenda agradable a tus ojos. Por Jesucristo nuestro Señor.

PREFACIO

El sacerdocio de Cristo y el ministerio de los sacerdotes

En verdad es justo y necesario, es nuestro deber y salvación darte gracias siempre y en todo lugar, Señor, Padre santo, Dios todopoderoso y eterno.

Que constituiste a tu único Hijo Pontífice de la alianza nueva y eterna por la unción del Espíritu Santo, y determinaste, en tu designio salvífico, perpetuar en la Iglesia su único sacerdocio.

El no sólo confiere el honor del sacerdocio real a todo su pueblo santo, sino también, con amor de hermano, elige a hombres de este pueblo, para que, por la imposición de las manos, participen de su sagrada misión.

Ellos renuevan en nombre de Cristo el sacrificio de la redención, preparan a tus hijos el banquete pascual, presiden a tu pueblo santo en el amor, lo alimentan con tu palabra y lo fortalecen con tus sacramentos.

Tus sacerdotes, Señor, al entregar su vida por ti y por la salvación de los hermanos, van configurándose a Cristo, y han de darte así testimonio constante de fidelidad y amor.

Por eso, nosotros, Señor, con los ángeles y los santos cantamos tu gloria diciendo:

Santo, Santo, Santo...

ANTIFONA DE COMUNION   Mt 28, 20

Sabed que yo estoy con vosotros todos los días hasta el fin del mundo —dice el Señor.

ORACION DESPUES DE LA COMUNION

La eucaristía que hemos ofrecido y recibido, nos dé la vida, Señor, para que, unidos a ti en caridad perpetua, demos frutos que siempre permanezcan. Por Jesucristo nuestro Señor.

7.   DEL ESPIRITU SANTO

Esta misa se dice con vestiduras de color rojo. Puede tomarse la misa de la Solemnidad de Pentecostés, p. 672.

8. DE LA SANTISIMA VIRGEN MARIA

A

Se toma la misa del Común de santa María Virgen, pp. 2333ss., según los diversos tiempos del año litúrgico.

B

De santa María Virgen, Madre de la Iglesia

ANTIFONA DE ENTRADA   Cf. Hch 1, 14

Los discípulos se dedicaban a la oración en común, junto con María, la madre de Jesús.

ORACION COLECTA

Oh Dios, Padre de misericordia, cuyo Hijo, clavado en la cruz, proclamó como Madre nuestra a santa María Virgen, Madre suya, concédenos, por su mediación amorosa, que tu Iglesia, cada día más fecunda, se llene de gozo por la santidad de sus hijos, y atraiga a su seno a todas las familias de los pueblos. Por nuestro Señor Jesucristo.

ORACION SOBRE LAS OFRENDAS

Acepta, Señor, nuestros dones y conviértelos en sacramento de salvación que nos inflame en el amor de la Virgen María, Madre de la Iglesia, y nos asocie más estrechamente a ella en la obra de la salvación de los hombres. Por Jesucristo nuestro Señor.

PREFACIO

María, modelo y Madre de la Iglesia

En verdad es justo y necesario, es nuestro deber y salvación, darte gracias siempre y en todo lugar, Señor, Padre santo, Dios todopoderoso y eterno, y alabarte debidamente en esta celebración en honor de la Virgen María.

Ella, al aceptar tu Palabra con limpio corazón, mereció concebirla en su seno virginal, y al dar a luz a su Hijo preparó el nacimiento de la Iglesia.

Ella, al recibir junto a la cruz el testamento de tu amor divino, tomó como hijos a todos los hombres, nacidos a la vida sobrenatural por la muerte de Cristo.

Ella, en la espera pentecostal del Espíritu, al unir sus oraciones a las de los discípulos, se convirtió en el modelo de la Iglesia suplicante.

Desde su asunción a los cielos, acompaña con amor materno a la Iglesia peregrina, y protege sus pasos hacia la patria celeste, hasta la venida gloriosa del Señor.

Por eso, con todos los ángeles y santos, te alabamos diciendo sin cesar:

Santo, Santo, Santo...

ANTIFONA DE COMUNION   Cf. Jn 2, 1.11

Había una boda en Caná de Galilea y la madre de Jesús estaba allí; allí Jesús comenzó sus signos, manifestó su gloria y creció la fe de sus discípulos en él.

O bien: Cf. Jn 19, 26-27

Jesús, desde la cruz, dijo al discípulo que tanto quería: Ahí tienes a tu madre.

ORACION DESPUES DE LA COMUNION

Después de recibir la prenda de la redención y de la vida, te pedimos, Señor, que tu Iglesia, por la mediación maternal de la Virgen, anuncie a todas las gentes el Evangelio y llene el mundo entero de la efusión de tu Espíritu. Por Jesucristo nuestro Señor.

C

El Santísimo Nombre de María

Se toma la misa del Común de santa María Virgen, pp. 2333ss., según los diversos tiempos del año litúrgico, con la siguiente oración colecta:

ORACION COLECTA

Oh Dios, cuyo Hijo al expirar en la cruz quiso que su Madre, la Virgen María, fuese en adelante nuestra Madre, concédenos a quienes recurrimos a su protección ser confortados por la invocación de su santo nombre. Por nuestro Señor Jesucristo.

9.   DE LOS SANTOS ANGELES

Esta misa se dice con vestiduras de color blanco. Puede decirse la misa de los santos Angeles Custodios, como en el 2 de octubre, p. 2208.

10.   DE SAN JOSE

Esta misa se dice con vestiduras de color blanco. Puede decirse la misa de la solemnidad, como en el 19 de marzo, p. 1994, o la de san José, obrero, como en el 1 de mayo, p. 2020.

11.   DE TODOS LOS SANTOS APOSTOLES

Esta misa se dice con vestiduras de color rojo. Se toman las lecturas de la Misa en la fiesta de los Santos Simón y Judas el 28 de octubre (p. 2255):

12.   DE SAN PEDRO Y SAN PABLO, APOSTOLES

Se dice, con vestiduras de color rojo, la misa de la vigilia de la solemnidad de los mismos Apóstoles, p. 2077.

13.   DE SAN PEDRO, APOSTOL

Esta misa se dice con vestiduras de color rojo. Las lecturas se toman de la fiesta de la Cátedra del Apóstol san Pedro, el 22 de febrero (p. 1984).

ANTIFONA DE ENTRADA   Lc 22, 32

El Señor dice a Simón Pedro: Yo he pedido por ti, para que tu fe no se apague. Y tú, cuando te recobres, da firmeza a tus hermanos.

ORACION COLECTA

Oh Dios, que al confiar al apóstol san Pedro las llaves del reino de los cielos le entregaste el poder de atar y desatar, concédenos, por su intercesión y auxilio, el perdón de todos nuestros pecados. Por nuestro Señor Jesucristo.

ORACION SOBRE LAS OFRENDAS

Señor, tú que impulsaste a san Pedro a proclamarte a ti y a tu Hijo Dios vivo y verdadero y a dar con su martirio glorioso testimonio de Cristo, su Maestro, dígnate aceptar las ofrendas que tu pueblo te presenta para celebrar la memoria de tu apóstol. Por Jesucristo nuestro Señor.

Prefacio I de los Apóstoles, p. 1099.

ANTIFONA DE COMUNION   Mt 16, 16.18

Pedro dijo a Jesús: Tú eres el Mesías, el Hijo de Dios vivo. Jesús le respondió: Tú eres Pedro, y sobre esta piedra edificaré mi Iglesia.

ORACION DESPUES DE LA COMUNION

Tú que nos has admitido al banquete de salvación al venerar la memoria del apóstol san Pedro, concédenos, Señor, vivir entregados a tu Hijo, el único que tiene palabras de vida eterna, para que, fieles ovejas de tu grey, seamos conducidos bajo tu pastoreo a la abundancia de los gozos eternos. Por Jesucristo nuestro Señor.

14. DE SAN PABLO, APOSTOL

Esta misa se dice con vestiduras de color rojo. Las lecturas se toman de la fiesta de la Conversión de San Pablo, el 25 de enero (p. 1959).

ANTIFONA DE ENTRADA 2 Tim 1, 12; 4, 8

Estoy seguro de que el juez justo tiene poder para guardar hasta aquel día el depósito de la fe que me ha confiado.

ORACION COLECTA

Dios y Señor nuestro, que elegiste a san Pablo para predicar el Evangelio, haz que penetre en todo el mundo la fe que el Apóstol llevó a las naciones, para que tu Iglesia crezca sin cesar. Por nuestro Señor Jesucristo.

ORACION SOBRE LAS OFRENDAS

Te suplicamos, Señor, que al celebrar este sacrificio nos ilumine aquel fulgor del Espíritu que deslumbró a san Pablo, al ser llamado para propagar tu gloria entre las gentes. Por Jesucristo nuestro Señor.

Prefacio I de los Apóstoles, p. 1099.

ANTIFONA DE COMUNION Gal 2, 20

Vivo de la fe en el Hijo de Dios, que me amó hasta entregarse por mí.

ORACION DESPUES DE LA COMUNION

Alimentados con el Cuerpo y la Sangre de tu Hijo, te pedimos, Señor, que Cristo sea nuestra vida y nada nos aparte de su amor, y, fieles al consejo del Apóstol, haz que vivamos siempre en caridad con los hermanos. Por Jesucristo nuestro Señor.

15. DE UN SANTO APOSTOL

Se dice, con vestiduras de color rojo, la misa de su festividad. Si en ésta se celebran juntamente dos apóstoles y los textos de la misma no concuerdan con el apóstol que se quiere celebrar, se dice, con vestiduras de color rojo la misa siguiente.

ANTIFONA DE ENTRADA   Sal 95, 2-3

Proclamad día tras día la victoria del Señor, contad a los pueblos su gloria.

ORACION COLECTA

Señor, robustece en nosotros la fe por la que san N., tu apóstol, se entregó con generosidad a tu Hijo, y concédenos, por su intercesión, que sea tu Iglesia sacramento de salvación para todos los hombres. Por nuestro Señor Jesucristo.

ORACION SOBRE LAS OFRENDAS

Al presentarte nuestra ofrenda en la conmemoración de tu apóstol san N., te rogamos, Señor, que, siguiendo su ejemplo, vivamos el Evangelio de Cristo y colaboremos a la extensión de tu reino. Por Jesucristo nuestro Señor.

Prefacio II de los Apóstoles, p. 1100.

ANTIFONA DE COMUNION   Lc 22, 29-30

Yo os transmito el Reino como me lo transmitió mi Padre a mí; comeréis y beberéis a mi mesa en mi Reino —dice el Señor.

ORACION DESPUES DE LA COMUNION

Señor, al conmemorar a tu apóstol san N., hemos participado de la eucaristía, prenda de salvación eterna; haz que ella sea para nosotros auxilio poderoso en esta vida y nos ayude a ganar la vida eterna. Por Jesucristo nuestro Señor.

16. DE TODOS LOS SANTOS

Esta misa se dice con vestiduras de color blanco. Las lecturas se toman de la Solemnidad de Todos los Santos, el 1 de noviembre (p. 2259).

ANTIFONA DE ENTRADA

Los santos, que siguieron las huellas de Cristo, viven gozosos en el cielo, por eso se alegran con Cristo para siempre.

ORACION COLECTA

Oh Dios, fuente de toda santidad, por intercesión de tus Santos, que tuvieron en la tierra diversidad de carismas y un mismo premio en el cielo, haz que caminemos dignamente en la vocación particular con que nos has llamado a cada uno de nosotros. Por nuestro Señor Jesucristo.

ORACION SOBRE LAS OFRENDAS

Dígnate aceptar, Señor, las ofrendas que te presentamos en honor de todos los Santos, y haz que sintamos interceder por nuestra salvación a todos aquellos que ya gozan de la gloria de la inmortalidad. Por Jesucristo nuestro Señor.

Prefacio de los Santos, p. 2262.

ANTIFONA DE COMUNION   Mt 5, 8-10

Dichosos los limpios de corazón, porque ellos verán a Dios. Dichosos los que trabajan por la paz, porque ellos se llamarán los Hijos de Dios. Dichosos los perseguidos por causa de la justicia, porque de ellos es el reino de los cielos.

ORACION DESPUES DE LA COMUNION

Oh Dios, que nos alimentas con un mismo pan y nos confortas con una misma esperanza, danos también fuerza con tu gracia para que todos juntos, formando con tus Santos un solo cuerpo y un solo espíritu en Cristo, resucitemos con él a la gloria. Por Jesucristo nuestro Señor.

* * *

MISAS DE DIFUNTOS

Para las misas exequiales ver las pp. 2597ss, y para las misas de aniversario de difuntos ver las pp. 2624ss.

SACRAMENTOS

BAUTISMO

BAUTISMO DE UNO
O VARIOS NIÑOS

El Bautismo de los niños se ha de conferir en el domingo, día en que la Iglesia celebra el Misterio pascual (a no ser que una causa justa lo impida), y en una celebración común para todos los niños que han nacido recientemente, a la que asistirán los fieles, al menos los familiares, amigos y vecinos, participando activamente.

El padre y la madre, en unión con los padrinos, deben presentar al niño a la Iglesia para ser bautizado.

RITO DE ACOGIDA

Mientras los fieles cantan un salmo o himno apropiado para este momento, el sacerdote o el diácono celebrante, vestido con alba y estola, o incluso con capa pluvial de color festivo, se dirigirá con los ministros a la puerta de la iglesia o al lugar donde se encuentran los padres y padrinos con los bautizandos.

El celebrante saluda a los presentes, principalmente a los padres y padrinos, recordándoles el gozo con que han recibido a este niño como un don de Dios, que es la fuente de toda vida y que quiere ahora comunicarla. Lo puede hacer con las siguientes palabras u otras espontáneas:

Hermanos:

Con gozo habéis vivido en el seno de vuestra familia el nacimiento de un niño. Con gozo venís ahora a la Iglesia a dar gracias a Dios y celebrar el nuevo y definitivo nacimiento por el Bautismo.

Todos los aquí presentes nos alegramos en este momento, porque se va a acrecentar el número de los bautizados en Cristo.

Dispongámonos a participar activamente.

El celebrante, en primer lugar, interroga a los padres de cada niño:

Celebrante:

¿Qué nombre habéis elegido para este niño?

Padres:

N.

Celebrante:

¿Qué pedís a la Iglesia para N?

Padres:

El Bautismo.

El celebrante, en el diálogo, puede usar otras palabras.
La primera respuesta la puede dar otra persona si, según las costumbres de la región, tiene el derecho de imponer el nombre.

Más adelante el celebrante se dirige a los padres con estas palabras u otras semejantes:

Al pedir el Bautismo para vuestros hijos, ¿sabéis que os obligáis a educarlos en la fe, para que estos niños, guardando los mandamientos de Dios, amen al Señor y al prójimo, como Cristo nos enseña en el Evangelio?

Padres:

Sí, lo sabemos.

Esta respuesta debe darla cada familiar por separado. Sin embargo, si son muy numerosos los bautizados, pueden responder todos conjuntamente.

Dirigiéndose después a los padrinos, les pregunta con estas u otras palabras:

Y vosotros, padrinos, ¿estáis dispuestos a ayudar a sus padres en esta tarea?

Todos los padrinos al mismo tiempo:

Sí, estamos dispuestos.

Prosigue el celebrante diciendo:

N., N., la comunidad cristiana os recibe con gran alegría. Yo, en su nombre, os signo con la señal de Cristo Salvador. Y vosotros, padres (y padrinos), haced también sobre ellos la señal de la cruz.

Y, en silencio, signa a cada niño en la frente. Después invita a los padres, y si parece oportuno a los padrinos, para que hagan lo mismo.

Si el bautismo se celebra dentro de la Misa puede emplearse el formulario del día correspondiente o emplear la Misa ritual del Bautismo, propuesta a continuación. Esta Misa puede utilizarse cualquier día del año, fuera de los domingos de Adviento, Cuaresma y Pascua, de las solemnidades, del Miércoles de Ceniza y de la Semana Santa.

ANTÍFONA DE ENTRADA   Ef 4, 24

Vestíos de la nueva condición humana, creada a imagen de Dios: justicia y santidad verdaderas.

ORACION COLECTA

Oh Dios, que nos haces participar del misterio de la muerte
y la resurrección de tu Hijo, concédenos que, fortalecidos por el
Espíritu de la adopción filial, caminemos siempre en novedad de
vida. Por nuestro Señor Jesucristo.

LITURGIA DE LA PALABRA

El celebrante invita a los padres, padrinos y demás asistentes a participar en la celebración de la Palabra de Dios. Si las circunstancias lo permiten hágase una procesión con cantos, v. gr.: Sal 84, 7-8-9, hasta el lugar previsto.

Los niños que van a ser bautizados pueden dejarse en un lugar aparte, hasta que termine la celebración de la Palabra de Dios, con el fin de
poder celebrar con la atención debida esta liturgia.

Estando todos sentados, se lee una o algunas de las siguientes lecturas, según la oportunidad.

PRIMERA LECTURA

El agua es símbolo de la efusión del Espíritu

LECTURA DEL PROFETA EZEQUIEL   36, 24-28

Me vino esta palabra del Señor: Os recogeré de entre las naciones, os reuniré de todos los países, y os llevaré a vuestra tierra. Derramaré sobre vosotros un agua pura que os purificará: de
todas vuestras inmundicias e idolatrías os he de purificar; y os
daré un corazón nuevo, y os infundiré un espíritu nuevo; arrancaré de vuestra carne el corazón de piedra, y os daré un corazón
de carne. Os infundiré mi espíritu, y haré que caminéis según
mis preceptos, y que guardéis y cumpláis mis mandatos. Y habi-

taréis en la tierra que di a vuestros padres. Vosotros seréis mi pueblo y yo seré vuestro Dios.

Palabra de Dios.

SALMO RESPONSORIAL 26

℟ **El Señor es mi luz y mi salvación.**

El Señor es mi luz y mi salvación, | ¿a quién temeré? | El Señor es la defensa de mi vida, | ¿quién me hará temblar? ℟

Una cosa pido al Señor, | eso buscaré: | habitar en la casa del Señor | por los días de mi vida; | gozar de la dulzura del Señor | contemplando su templo. ℟

Tu rostro buscaré, Señor, | no me escondas tu rostro. | No rechaces con ira a tu siervo, | que tú eres mi auxilio. ℟

Espero gozar de la dicha del Señor | en el país de la vida. | Espera en el Señor, sé valiente, | ten ánimo, espera en el Señor. ℟

SEGUNDA LECTURA

El Bautismo nos introduce en un misterio de comunión con Cristo, con los hermanos, con la Trinidad

LECTURA DE LA CARTA DEL APOSTOL SAN PABLO A LOS EFESIOS

4, 1-6

Hermanos: Yo, el prisionero por Cristo, os ruego que andéis como pide la vocación a la que habéis sido convocados. Sed siempre humildes y amables, sed comprensivos; sobrellevaos mutuamente con amor; esforzaos en mantener la unidad del Espíritu, con el vínculo de la paz. Un solo cuerpo y un solo Espíritu, como una sola es la meta de la esperanza en la vocación a la que habéis sido convocados. Un Señor, una fe, un Bautismo. Un Dios, Padre de todo, que lo trasciende todo, y lo penetra todo, y lo invade todo. Bendito sea por los siglos de los siglos. Amén.

Palabra de Dios.

Un Señor, una fe, un bautismo. Un Dios, Padre de todo.

EVANGELIO

*«Nacer de nuevo», «nacer de arriba», ser como un niño, es
condición para entrar en el Reino de los cielos*

✠ LECTURA DEL S. EVANGELIO SEGUN
SAN MARCOS   10, 13-16

En aquel tiempo, presentaron a Jesús unos niños para que
los tocara, pero los discípulos les regañaban. Al verlo, Jesús se
enfadó y les dijo: Dejad que los niños se acerquen a mí: no se
lo impidáis; de los que son como ellos es el Reino de Dios. Os
aseguro que el que no acepte el Reino de Dios como un niño,
no entrará en él. Y los abrazaba y los bendecía imponiéndoles las
manos.

Palabra del Señor.

Otras lecturas: pp. 2512 ss.

Después de la lectura el celebrante hace una breve homilía, para ilus-
trar a los oyentes sobre lo que han oído, haciéndoles penetrar más profundamente en el misterio del Bautismo e invitándoles a abrazar con entusiasmo la misión que les concierne especialmente como padres y padrinos.

Después de la homilía o de la letanía, o durante la misma letanía, es
muy conveniente que el celebrante invite a la asamblea a orar en silencio,
y que los fieles oren al Señor en su interior. Después, si se puede, se entona un canto apropiado.

ORACION DE LOS FIELES

Seguidamente se tiene la oración de los fieles:

Celebrante:

Hermanos: oremos ahora por estos niños que van a ser bautizados, por sus padres y padrinos, y por todo el pueblo santo de Dios.

Para que estos niños, al participar en el misterio de la muerte y resurrección de Cristo, alcancen nueva vida, y por el Bautismo se incorporen a su Santa Iglesia. Roguemos al Señor.

Todos: Te rogamos, óyenos (u otra respuesta habitual).

Celebrante: Para que el Bautismo y la Confirmación los haga fieles discípulos suyos, que den testimonio del Evangelio en el mundo. Roguemos al Señor.

Todos: Te rogamos, óyenos.

Celebrante: Para que a través de una vida santa lleguen al Reino de los cielos. Roguemos al Señor.

Todos: Te rogamos, óyenos.

Celebrante: Para que los padres y padrinos sean ejemplo de fe viva para estos niños. Roguemos al Señor.

Todos: Te rogamos, óyenos.

Celebrante: Para que Dios guarde siempre en su amor a estas familias. Roguemos al Señor.

Todos: Te rogamos, óyenos.

Celebrante: Para que renueve en todos nosotros la gracia del Bautismo. Roguemos al Señor.

Todos: Te rogamos, óyenos.

Después el celebrante invita a los presentes a invocar a los Santos (en este momento, si hace el caso, se introduce de nuevo a los niños en la iglesia).

Santa María, Madre de Dios, ruega por nosotros.
San José, esposo de la Virgen, ruega por nosotros.
San Juan Bautista, ruega por nosotros.
Santos Apóstoles Pedro y Pablo, rogad por nosotros.

Pueden añadirse los nombres de otros Santos, sobre todo de los que sean patronos de los niños, de la iglesia o del lugar.

San N.
San N.

Se termina así:

Todos los Santos y Santas de Dios, rogad por nosotros.

ORACION DE EXORCISMO Y UNCION PREBAUTISMAL

Acabadas las invocaciones, el celebrante dice:

Dios todopoderoso y eterno, que has enviado tu Hijo al mundo, para librarnos del dominio de Satanás, espíritu del mal, y llevarnos así, arrancados de las tinieblas, al Reino de tu luz admirable; te pedimos que estos niños, lavados del pecado original, sean templo tuyo, y que el Espíritu Santo habite en ellos. Por Cristo nuestro Señor.

Prosigue el celebrante:

Para que el poder de Cristo Salvador os fortalezca, os ungimos con este óleo de salvación en el nombre del mismo Jesucristo, Señor nuestro, que vive y reina por los siglos de los siglos.

Se hace la unción con el óleo de los catecúmenos en el pecho. Si los niños son muy numerosos, las unciones pueden hacerlas varios ministros.

Por razones pastorales (v. gr.: gran número de bautizandos) puede omitirse esta unción. En este caso se dice solamente:

Os fortalezca el poder de Cristo Salvador, que vive y reina por los siglos de los siglos.

Todos: **Amén.**

E inmediatamente impone la mano sobre cada uno de los niños, sin decir nada.

LITURGIA DEL SACRAMENTO

Seguidamente, si el bautisterio está situado fuera de la Iglesia, o alejado de la vista de los fieles, se va procesionalmente a él.

Si está a la vista de la asamblea, el celebrante, los padres y padrinos con los niños se acercarán a él, permaneciendo los demás en su sitio.

Si el bautisterio no es capaz para todos los presentes, se puede celebrar el Bautismo en un lugar más apto de la Iglesia, acercándose en su momento oportuno los padres y padrinos.

Entre tanto, si puede hacerse dignamente, se canta un canto apropiado, v. gr.: Sal 22.

BENDICION E INVOCACION A DIOS SOBRE EL AGUA

Cuando hubieren llegado a la fuente bautismal, el celebrante recordará brevemente a los presentes la admirable providencia de Dios, que ha

querido santificar el alma y el cuerpo del hombre por medio del agua. Lo
puede hacer con estas o parecidas palabras:

Oremos, hermanos, al Señor Dios todopoderoso, para que
conceda a estos niños la vida nueva por el agua y el Espíritu Santo.

Fuera del tiempo pascual, el celebrante, vuelto hacia la fuente, dice la
siguiente bendición:

Oh Dios, que realizas en tus sacramentos obras admirables
con tu poder invisible, y de diversos modos te has servido
de tu creatura, el agua para significar la gracia del Bautismo.

Oh Dios, cuyo Espíritu, en los orígenes del mundo, se
cernía sobre las aguas, para que ya desde entonces concibieran el poder de santificar.

Oh Dios, que incluso en las aguas torrenciales del diluvio
prefiguraste el nacimiento de la nueva humanidad, de
modo que una misma agua pusiera fin al pecado y diera
origen a la santidad.

Oh Dios, que hiciste pasar a pie enjuto por el mar Rojo
a los hijos de Abrahán para que el pueblo liberado de la
esclavitud del Faraón fuera imagen de la familia de los
bautizados.

Oh Dios, cuyo Hijo, al ser bautizado en el agua del Jordán, fue ungido por el Espíritu Santo; colgado en la cruz
vertió de su costado agua, junto con la sangre; y después

de su resurrección mandó a sus apóstoles: «Id y haced discípulos de todos los pueblos, bautizándoles en el nombre del Padre, y del Hijo, y del Espíritu Santo.»

Mira, ahora, a tu Iglesia en oración y abre para ella la fuente del Bautismo: Que este agua reciba, por el Espíritu Santo, la gracia de tu Unigénito, para que el hombre, creado a tu imagen y limpio en el Bautismo, muera al hombre viejo y renazca, como niño, a nueva vida por el agua y el Espíritu.

El celebrante toca el agua con la mano derecha y prosigue:

Te pedimos, Señor, que el poder del Espíritu Santo, por tu Hijo, descienda sobre el agua de esta fuente, para que los sepultados con Cristo en su muerte, por el Bautismo, resuciten con él a la vida. Por Jesucristo nuestro Señor.

RENUNCIAS Y PROFESION DE FE

El celebrante amonesta a los padres y padrinos con estas palabras:

Queridos padres y padrinos:
En el sacramento del Bautismo, estos niños que habéis presentado a la Iglesia van a recibir, por el agua y el Espíritu Santo, una nueva vida que brota del amor de Dios.
Vosotros, por vuestra fe, debéis esforzaros en educarlos en la fe, de tal manera que esta vida divina quede preservada del pecado y crezca en ellos de día en día.
Así, pues, si estáis dispuestos a aceptar esta obligación, recordando vuestro propio bautismo, renunciad al pecado y

confesad vuestra fe en Cristo Jesús, que es la fe de la Iglesia, en la que van a ser bautizados vuestros hijos.

Después pregunta a los mismos:

Celebrante: **¿Renunciáis a Satanás?**

Padres y padrinos: **Sí, renuncio.**

Celebrante: **¿Y a todas sus obras?**

Padres y padrinos: **Sí, renuncio.**

Celebrante: **¿Y a todas sus seducciones?**

Padres y padrinos: **Sí, renuncio.**

Seguidamente el celebrante pide esta triple profesión de fe a los padres y padrinos:

Celebrante: **¿Creéis en Dios, Padre todopoderoso, Creador del cielo y de la tierra?**

Padres y padrinos: **Sí, creo.**

Celebrante: **¿Creéis en Jesucristo, su único Hijo, nuestro Señor, que nació de Santa María Virgen, murió, fue sepultado, resucitó de entre los muertos y está sentado a la derecha del Padre?**

Padres y padrinos: **Sí, creo.**

Celebrante: **¿Creéis en el Espíritu Santo, en la Santa Iglesia Católica, en la comunión de los Santos, en el perdón de los pecados, en la resurrección de los muertos y en la vida eterna?**

Padres y padrinos: **Sí, creo.**

A esta profesión de fe asiente el celebrante y la comunidad, diciendo:

**Esta es nuestra fe.
Esta es la fe de la Iglesia, que nos gloriamos de profesar en Cristo Jesús, Señor nuestro.**

Todos: **Amén.**

Oportunamente esta fórmula puede ser sustituida por otra. Se puede cantar también un canto apropiado, en el que la comunidad expresa su fe.

BAUTISMO

El celebrante invita a la primera familia para que se acerque a la fuente. Después de conocer el nombre del niño, pregunta a los padres y padrinos:

Celebrante: **¿Queréis, por tanto, que vuestro hijo N. sea bautizado en la fe de la Iglesia que todos juntos acabamos de profesar?**

Padres y padrinos: **Sí, queremos.**

E inmediatamente el celebrante bautiza al niño diciendo:

N., yo te bautizo en el nombre del Padre

primera inmersión o infusión de agua

y del Hijo

segunda inmersión o infusión de agua

y del Espíritu Santo.

tercera inmersión o infusión de agua

UNCION CON EL SANTO CRISMA

Después el celebrante dice:

Dios todopoderoso, Padre de nuestro Señor Jesucristo, que os ha liberado del pecado y dado nueva vida por el agua y el Espíritu Santo, os consagre con el crisma de la salvación para que entréis a formar parte de su pueblo y seáis para siempre miembros de Cristo, sacerdote, profeta y rey.

Seguidamente, en silencio, el sacerdote unge en la coronilla a cada uno con el santo crisma.

Si son numerosos los bautizandos y están presentes varios sacerdotes o diáconos, cada uno de ellos puede ungir a algunos niños.

IMPOSICION DE LA VESTIDURA BLANCA

El celebrante dice:

N. y N., sois ya nueva creatura y habéis sido revestidos de Cristo. Esta vestidura blanca sea signo de vuestra dignidad de cristianos. Ayudados por la palabra y el ejemplo de los vuestros, conservadla sin mancha hasta la vida eterna.

Y se impone a cada uno el vestido blanco. Es de desear que las mismas familias lleven la vestidura.

ENTREGA DEL CIRIO

Después el celebrante muestra el cirio pascual y dice:

Recibid la luz de Cristo.

Uno de cada familia (v. gr.: el padre o el padrino) enciende la vela del niño en el cirio pascual.

Seguidamente el celebrante dice:

A vosotros, padres y padrinos, se os confía acrecentar esta luz.
Que vuestros hijos, iluminados por Cristo, caminen siempre como hijos de la luz.
Y perseverando en la fe, puedan salir con todos los Santos al encuentro del Señor.

EFFETA

Si al celebrante le parece oportuno, puede añadir el rito del «effeta» de la forma siguiente: tocando con el dedo pulgar los oídos y la boca de cada uno de los niños, dice:

El Señor Jesús, que hizo oír a los sordos y hablar a los mudos, te conceda, a su tiempo, escuchar su Palabra y proclamar la fe, para alabanza y gloria de Dios Padre.

Si los niños son muy numerosos, el celebrante pronuncia la fórmula una sola vez en plural, omitiendo el tocar los oídos y la boca.

Si se celebra Misa

ORACION SOBRE LAS OFRENDAS

Te pedimos, Señor, que, juntamente con los dones que te presenta tu Iglesia, aceptes como ofrenda espiritual a quienes, configurados a Cristo, tu Hijo, por el bautismo [y confirmados con la señal del crisma] has agregado a tu pueblo sacerdotal. Por Jesucristo nuestro Señor.

PREFACIO

Sacramento del Nuevo Nacimiento

En verdad es justo darte gracias, y exaltar tu nombre, Padre santo y misericordioso, por Jesucristo, Señor y Redentor nuestro.

Te alabamos, te bendecimos y te glorificamos por el sacramento del nuevo nacimiento.

Tú has querido que del corazón abierto de tu Hijo manara para nosotros el don nupcial del Bautismo, primera Pascua de los creyentes, puerta de nuestra salvación, inicio de la vida en Cristo, fuente de la humanidad nueva.

Del agua y del Espíritu engendras en el seno de la Iglesia, virgen y madre, un pueblo de sacerdotes y reyes, congregado de entre todas las naciones en la unidad y santidad de tu amor.

Por este don de tu benevolencia tu familia te adora y, unida a los ángeles y a los santos, canta el himno de tu gloria:

Santo, Santo, Santo...

Cuando se utiliza el Canon romano, al decir: Acuérdate, Señor, de tus hijos, se hace mención de los padrinos:

Acuérdate, Señor, de tus hijos N. y N., padrinos de tus elegidos, que se han encargado de guiarlos al bautismo, y de todos los aquí reunidos, cuya fe y entrega bien conoces...

Y se dice Acepta, Señor, en tu bondad propio:

Acepta, Señor, en tu bondad, esta ofrenda de tu siervos y de toda tu familia santa por aquellos que has hecho renacer del agua y del Espíritu Santo, perdonándoles todos sus pecados, para incorporarlos a Cristo Jesús, Señor nuestro, e inscribe sus nombres en el libro de la vida. [Por Cristo nuestro Señor. Amén.]

Cuando se utiliza otra plegaria eucarística, se hace la memoria de los neófitos con los siguientes formularios:

a) En las intercesiones de la plegaria eucarística II:

... llévala a su perfección por la caridad.

Acuérdate también, Señor, de los neófitos que hoy han sido agregados a tu familia por medio del bautismo [y de la confirmación], para que sigan a Cristo, tu Hijo, con todo su corazón y con toda su alma.

Acuérdate también de nuestros hermanos...

b) En las intercesiones de la plegaria eucarística III:

... Atiende los deseos de esta familia que has congregado en tu presencia.

Conserva firmes en su compromiso cristiano a los que hoy han sido agregados a tu pueblo por medio del baño de la regeneración [y el don del Espíritu Santo], y concédeles caminar siempre en novedad de vida.

Reúne en torno a ti, Padre misericordioso, a todos tus hijos dispersos por el mundo...

c) En las intercesiones de la plegaria eucarística IV, la mención de los neófitos se intercala de esta manera:

... de los oferentes y de los aquí reunidos, de los nuevos hijos que hoy has hecho renacer del agua y del Espíritu, de todo tu pueblo santo, y de aquellos que te buscan con sincero corazón...

ANTIFONA DE COMUNION   1 Jn 3, 1

Mirad qué amor nos ha tenido el Padre para llamarnos hijos de Dios, pues ¡lo somos!

ORACION DESPUES DE LA COMUNION

Te pedimos, Señor, que, alimentados con el sacramento del Cuerpo y de la Sangre de tu Hijo, crezcamos en la comunión del Espíritu y en el amor de los hermanos, de tal modo que alcancemos con ardiente caridad la plenitud del Cuerpo de Cristo. Que vive y reina por los siglos de los siglos.

CONCLUSION DEL RITO

Después, a no ser que el Bautismo haya tenido lugar en el mismo presbiterio, se va procesionalmente al altar llevando encendidos los cirios de los bautizados.

Es de desear que mientras tanto se cante un cántico bautismal, por ejemplo:

Los que en Cristo habéis sido bautizados,
de Cristo os habéis revestido. Aleluya, aleluya.

RECITACION DE LA ORACION DOMINICAL

El celebrante, de pie ante el altar, dice a los padres y padrinos y a todos los presentes estas palabras u otras semejantes:

Hermanos:

Estos niños, nacidos de nuevo por el Bautismo, se llaman y son hijos de Dios. Un día recibirán por la Confirmación la plenitud del Espíritu Santo. Se acercarán al altar del Señor, participarán en la mesa de su sacrificio y lo invocarán como Padre en medio de su Iglesia. Ahora nosotros, en nombre de estos niños, que son ya hijos por el espíritu de adopción que todos hemos recibido, oremos juntos como Cristo nos enseñó.

Y todos juntamente con el celebrante dicen:

Padre nuestro que estás en el cielo, santificado sea tu nombre, venga a nosotros tu Reino, hágase tu voluntad en la tierra como en el cielo.
Danos hoy nuestro pan de cada día, perdona nuestras ofensas como también nosotros perdonamos a los que nos ofenden, no nos dejes caer en la tentación, y líbranos del mal.

BENDICION

Seguidamente el celebrante bendice a las madres, que tienen en sus brazos a los niños, a los padres y a todos los presentes, diciendo:

Celebrante:

El Señor todopoderoso, por su Hijo, nacido de María la Virgen, bendiga a estas madres y alegre su corazón con la esperanza de la vida eterna, alumbrada hoy en sus hijos, para que del mismo modo que le agradecen el fruto de sus entrañas, perseveren con ellos en constante acción de gracias. Por Jesucristo nuestro Señor.

Todos: Amén.

Celebrante:

El Señor todopoderoso, dispensador de la vida temporal y la eterna, bendiga a estos padres, para que junto con sus esposas sean los primeros que, de palabra y obra, den testimonio de la fe ante sus hijos, en Jesucristo nuestro Señor.

Todos: Amén.

Celebrante:

El Señor todopoderoso, que nos ha hecho renacer a la vida eterna por el agua y el Espíritu Santo, bendiga a estos fieles, para que, siempre y en todo lugar, sean miembros vivos de su pueblo; y conceda la abundancia de su paz a todos los aquí presentes, en Jesucristo nuestro Señor.

Todos: Amén.

Celebrante: La bendición de Dios todopoderoso, Padre,
Hijo y Espíritu Santo, descienda sobre vosotros.

Todos: Amén.

Después de la bendición, oportunamente todos cantan un cántico
apropiado que exprese la alegría pascual y la acción de gracias, o el canto
de la Virgen, el Magníficat.

* * *

LECCIONARIO

Antiguo Testamento

* «El paso del mar Rojo, que prefigura la Pascua del Señor es
también figura del Bautismo cristiano» (Ex 14, 15—15, 1, p. 460).

* «El agua que brota de la roca de Horeb es figura del Bautismo» (Ex 17, 3-7, p. 259).

* «Las aguas del Bautismo brotan «del lado derecho del templo»; es decir, del costado de Cristo traspasado en la pasión» (Ez
47, 1-9.12, p. 307).

Lecturas Apostólicas

* «El Bautismo es incorporación a Cristo en su muerte y resurrección» (Rom 6, 3-5, p. 470).

* «El Bautismo nos introduce en la Historia de la Salvación»
(Rom 8, 28-32, p. 863).

* «El Bautismo nos incorpora a la Iglesia en virtud del Espíritu que nos comunica» (1 Cor 12, 12-13, p. 1734).

* «El Bautismo nos incorpora a Cristo» (Gal 3, 26-28, p. 821).

* «El Bautismo nos introduce en un misterio de comunión
con Cristo, con los hermanos, con la Trinidad» (Ef 4, 1-6, p. 2497).

* «El Bautismo es agregación a la Iglesia, que es "templo del
Espíritu" y pueblo sacerdotal» (1 Pe 2, 4-5.9-10, p. 1430).

Salmos

* Sal 22, 1-3a. 3b-4 5.6, p. 292.
* Sal 26, 1. 4. 8b-9abc. 13-14, p. 2497.
* Sal 33, 2-3.6-9.14-19, p. 2098.

Evangelios

* «Por el Bautismo ingresamos en la Iglesia, pueblo de la nueva Alianza» (Mt 22, 35-40, p. 2521).

* «La fórmula trinitaria nos descubre el sentido de misión de la Iglesia y el misterio de nuestro Bautismo» (Mt 28, 18-20, p. 1976).

* «El Bautismo de Jesús es figura y fundamento del Bautismo cristiano» (Mc 1, 9-11, p. 155).

* «"Nacer de nuevo" es condición para entrar en el Reino de los cielos» (Mc 10, 13-16, p. 2498).

* «El Bautismo nos obliga a aceptar y respetar las leyes y costumbres del Reino» (Mc 12, 28b-34, p. 1451).

* «El Bautismo es un nuevo nacimiento a la vida divina» (Jn 3, 1-6, p. 521).

* «El Bautismo es don de Dios: nos da la vida divina, la vida eterna» (Jn 4, 5-14, p. 270).

* «El Bautismo es el sacramento de la fe y, por eso mismo, es sacramento de la vida eterna» (Jn 6, 44-47, p. 556).

* «El Bautismo es la fuente de agua viva que brotó, para la Iglesia, del costado de Cristo» (Jn 7, 37b-39, p. 677).

* «El Bautismo nos incorpora a Cristo; es como un injertarnos en Cristo» (Jn 15, 1-11, p. 2455).

PENITENCIA

RITO PARA RECONCILIAR
A UN SOLO PENITENTE

ACOGIDA DEL PENITENTE

El sacerdote acoge con bondad al penitente y le saluda con palabras de afecto.

Luego, el penitente, y si lo juzga oportuno, también el sacerdote, hace la señal de la cruz, diciendo:

En el nombre del Padre y del Hijo y del Espíritu Santo. Amén

El sacerdote invita al penitente a poner su confianza en Dios, con estas o parecidas palabras:

Dios, que ha iluminado nuestros corazones, te conceda un verdadero conocimiento de tus pecados y de su misericordia

El penitente responde: **Amén.**

LECTURA DE LA PALABRA DE DIOS

El sacerdote, si lo juzga oportuno, lee o recita de memoria algún texto de la Sagrada Escritura, en el que se proclama la misericordia de Dios y la llamada del hombre a la conversión.

Pongamos los ojos en el Señor Jesús que fue entregado por nuestros pecados y resucitado para nuestra justificación.

CONFESION DE LOS PECADOS Y ACEPTACION DE LA SATISFACCION

Inmediatamente después, donde sea costumbre, el penitente recita una fórmula de confesión general «Yo confieso» y, al terminar ésta, confiesa sus pecados.

Si fuera necesario, el sacerdote ayuda al penitente a hacer una confesión íntegra, le da los consejos oportunos y lo exhorta a la contrición de sus culpas, recordándole que el cristiano por el sacramento de la penitencia, muriendo y resucitando con Cristo, es renovado en el misterio pascual. Luego le propone una obra de penitencia que el fiel acepta para satisfacción por sus pecados y para enmienda de su vida.

Procure el sacerdote acomodarse en todo a la condición del penitente, tanto en el lenguaje como en los consejos que le dé.

ORACION DEL PENITENTE

El sacerdote invita al penitente a que manifieste su contrición. Este lo hará con alguna de las siguientes fórmulas u otra semejante:

Dios, Padre lleno de clemencia, como el hijo pródigo, que marchó hacia tu encuentro, te digo: «He pecado contra ti, ya no merezco llamarme hijo tuyo.» Cristo Jesús, Salvador del mundo, como el ladrón al que abriste las puertas del paraíso, te ruego: «Acuérdate de mí, Señor, en tu reino.» Espíritu Santo, fuente de amor, confiadamente te invoco: «Purifícame, y haz que camine como hijo de la luz.»

IMPOSICION DE MANOS Y ABSOLUCION

El sacerdote, extendiendo ambas manos o, al menos, la derecha sobre la cabeza del penitente, dice:

Dios, Padre misericordioso, que reconcilió consigo al mundo por la muerte y la resurrección de su Hijo y derra-

mó el Espíritu Santo para la remisión de los pecados, te
conceda, por el ministerio de la Iglesia, el perdón y la paz.
Y YO TE ABSUELVO DE TUS PECADOS
EN EL NOMBRE DEL PADRE, Y DEL HIJO,
✠ Y DEL ESPIRITU SANTO.

El penitente responde: **Amén**

ACCION DE GRACIAS Y DESPEDIDA DEL PENITENTE

Después de haberle dado la absolución, el sacerdote prosigue:

Dad gracias al Señor, porque es bueno.

El penitente responde: **Porque es eterna su misericordia.**

Después, el sacerdote despide al penitente, ya reconciliado, diciéndole:

El Señor ha perdonado tus pecados. Vete en paz.

* * *

RITO PARA RECONCILIAR A VARIOS
PENITENTES CON CONFESION Y
ABSOLUCION INDIVIDUAL

CANTO

Una vez reunidos los fieles, y mientras el sacerdote entra, si parece
oportuno, se entona algún salmo, antífona u otro canto adaptado a las
circunstancias, v. g.

Respóndenos, Señor, con la bondad de tu gracia. Por tu gran compasión, vuélvete hacia nosotros (Sal 68, 17).

O bien:

Acerquémonos con seguridad al trono de la gracia, para alcanzar misericordia y encontrar gracia que nos auxilie oportunamente (Heb 4, 16).

SALUDO

Terminado el canto, el sacerdote saluda a los asistentes, diciendo:

La gracia, la misericordia y la paz de Dios Padre y de Jesucristo, nuestro Salvador, estén con todos vosotros.
℞ A él la gloria por los siglos de los siglos. Amén.

Después, el sacerdote, u otro ministro, hace una monición a los asistentes sobre la importancia y el orden de esta celebración.

ORACION

El sacerdote invita a todos a la oración, con estas o parecidas palabras:

Oremos, hermanos, para que Dios, que nos llama a la conversión, nos conceda la gracia de una verdadera y fructuosa penitencia.

Todos oran en silencio durante algunos momentos. Luego, el sacerdote recita la siguiente plegaria:

Escucha, Señor, nuestras súplicas humildes y perdona los pecados de quienes nos confesamos culpables para que así podamos recibir tu perdón y tu paz. Por Jesucristo nuestro Señor.

LITURGIA DE LA PALABRA

Comienza ahora la celebración de la Palabra. Si hay varias lecturas, puede intercalarse entre ellas un salmo, un canto apropiado o un momento de silencio, para conseguir así que la Palabra de Dios sea mejor comprendida por cada uno, y se le preste una mayor adhesión. Si hubiese solamente una lectura, conviene que se tome del Evangelio.

PRIMERA LECTURA

Amarás al Señor tu Dios con todo el corazón

LECTURA DEL LIBRO DEL DEUTERONOMIO

5, 1-3.6-7.11-12.16-21a; 6, 4-6.30

En aquellos días, Moisés convocó a los israelitas y les dijo: Escucha, Israel, los mandatos y decretos que hoy os predico, para que los aprendáis, los guardéis y los pongáis por obra. El Señor nuestro Dios hizo alianza con nosotros en el Horeb: No hizo esa alianza con nuestros padres, sino con nosotros, con los que estamos vivos hoy, aquí. El Señor dijo: «Yo soy el Señor tu Dios; Yo te saqué de Egipto, de la esclavitud. No tendrás otros dioses frente a mí. No pronunciarás el nombre del Señor tu Dios en falso, porque no dejará el Señor impune a quien pronuncie su nombre en falso. Guarda el día del sábado, santificándolo: como el Señor tu Dios te ha mandado. Honra a tu padre y a tu madre; Así se prolongarán tus días y te irá bien en la tierra que el Señor tu Dios te va a dar. No matarás. Ni cometerás adulterio. Ni robarás. Ni darás testimonio falso contra tu prójimo. Ni pretenderás la mujer de tu prójimo. Ni codiciarás su casa, ni sus tierras, ni su esclavo, ni su esclava, ni su buey, ni su asno, ni nada que sea de él.» Escucha, Israel: El Señor nuestro Dios es solamente uno. Amarás al Señor tu Dios con todo el corazón, con toda el alma, con todas las fuerzas. Las palabras que hoy te digo quedarán en tu memoria.

Palabra de Dios

CANTO RESPONSORIAL   Bar 1, 15-22

℟. **Escucha, Señor, y ten piedad, | porque hemos pecado contra ti.**

Confesamos que el Señor nuestro Dios es justo, | nosotros en cambio, sentimos | la vergüenza de la culpa en este día: | judíos, vecinos de Jerusalén, | nuestros reyes y gobernantes, | nuestros sacerdotes y profetas | y nuestros antepasados. ℟.

Porque pecamos contra el Señor | no haciéndole caso, | desobedecimos al Señor nuestro Dios | no siguiendo los mandatos | que el Señor nos había propuesto. ℟.

Desde el día en que el Señor sacó | a nuestros padres de Egipto hasta hoy, | no hemos hecho caso al Señor nuestro Dios, | hemos rehusado obedecerle. ℟.

Por eso nos han sucedido ahora las desgracias y la maldición que el Señor conminó a Moisés | cuando sacó a nuestros padres de Egipto, | para darnos una tierra que mana leche y miel. ℟.

No obedecimos al Señor que nos hablaba | por medio de sus enviados los profetas; | todos seguimos nuestros malos deseos | sirviendo a dioses ajenos | y haciendo lo que el Señor nuestro Dios reprueba. ℟.

SEGUNDA LECTURA

Caminad en el amor, como Cristo nos amó

LECTURA DE LA CARTA DEL APOSTOL
SAN PABLO A LOS EFESIOS   5, 1-14

Hermanos: Sed imitadores de Dios, como hijos queridos, y vivid en el amor como Cristo os amó y se entregó por nosotros como oblación y víctima de suave olor. Por otra parte, de inmoralidad, indecencia o afán de dinero, ni hablar; por algo sois un pueblo santo. Y nada de chabacanerías, estupideces o frases de doble sentido; todo eso está fuera de sitio. Lo vuestro es alabar a Dios. Meteos bien esto en la cabeza: nadie que se da a la inmoralidad, a la indecencia o al afán de dinero —que es una idolatría— tendrá herencia en el reino de Cristo y de Dios. Que nadie os engañe con argumentos especiosos; estas cosas son las que atraen el castigo de Dios sobre los rebeldes. No tengáis parte con ellos; porque antes sí erais tinieblas, pero ahora, como cristianos, sois luz. Vivid como gente hecha a la luz. En otro tiempo erais tinieblas, ahora sois luz en el Señor. Caminad como hijos de la luz (toda bondad, justicia y verdad son fruto de la luz) buscando lo que agrada al Señor, sin tomar parte en las obras estériles de las tinieblas, sino más bien poniéndolas en evidencia. Pues hasta ahora da vergüenza mencionar las cosas que ellos hacen a escondidas. Pero la luz, denunciándolas, las pone al descubierto, y todo lo descubierto es luz. Por eso dice: «Despierta tú que duermes, levántate de entre los muertos y Cristo será tu luz.»

Palabra de Dios.

VERSICULO ANTES DEL EVANGELIO   Jn 8, 12b

Yo soy la luz del mundo, dice el Señor; quien me sigue tendrá la luz de la vida.

EVANGELIO

Estos dos mandamientos sostienen la Ley entera y los profetas

✠ LECTURA DEL S. EVANGELIO SEGUN
SAN MATEO   22, 34-40

En aquel tiempo, los fariseos, al oír que había hecho callar a los saduceos, se acercaron a Jesús y uno de ellos le preguntó para ponerlo a prueba: Maestro, ¿cuál es el mandamiento principal de la Ley? El le dijo: «Amarás al Señor tu Dios con todo tu corazón, con toda tu alma, con todo tu ser.» Este mandamiento es el principal y primero. El segundo es semejante a él: «Amarás a tu prójimo como a ti mismo.» Estos dos mandamientos sostienen la Ley entera y los profetas.

Palabra del Señor.

O bien:

Os doy un mandamiento nuevo

✠ **LECTURA DEL S. EVANGELIO SEGUN SAN JUAN**   13, 34-35; 15, 10-13

Os doy un mandamiento nuevo: que os améis unos a otros como yo os he amado. La señal por la que conocerán que sois discípulos míos, será que os améis unos a otros. Si guardáis mis mandamientos, permaneceréis en mi amor; lo mismo que yo he guardado los mandamientos de mi Padre y permanezco en su amor. Os he hablado de esto para que mi alegría esté en vosotros, y vuestra alegría llegue a plenitud. Este es mi mandamiento: que os améis unos a otros como yo os he amado. Nadie tiene amor más grande que el que da la vida por sus amigos.

Palabra del Señor.

HOMILIA

Sigue la homilía que, partiendo del texto de las lecturas, debe conducir a los penitentes al examen de conciencia y a la renovación de vida.

EXAMEN DE CONCIENCIA

Es conveniente que se guarde un tiempo de silencio para examinar la conciencia y suscitar la verdadera contrición de los pecados. El sacerdote o el diácono u otro ministro, pueden ayudar a los fieles con breves pensamientos o algunas preces litánicas, teniendo siempre en cuenta su mentalidad, su edad, etc.

RITO DE RECONCILIACION

CONFESION GENERAL DE LOS PECADOS

A invitación del diácono o de otro ministro los asistentes se arrodillan o se inclinan, y recitan la confesión general (el «Yo confieso»). Luego de pie, si se juzga oportuno se hace alguna oración litánica o se entona un cántico. Al final, se acaba con la oración dominical que nunca deberá omitirse.

El diácono o el ministro:

Hermanos: confesad vuestros pecados y orad unos por otros, para que os salvéis.

Todos juntos dicen:

Yo confieso ante Dios todopoderoso y ante vosotros, hermanos, que he pecado mucho de pensamiento, palabra, obra y omisión. Por mi culpa, por mi culpa, por mi gran culpa. Por eso ruego a Santa María, siempre Virgen, a los Angeles, a los Santos y a vosotros, hermanos, que intercedáis por mí ante Dios nuestro Señor.

El diácono o el ministro:

Pidamos humildemente a Dios misericordioso, que purifica los corazones de quienes se confiesan pecadores y libra de las ataduras del mal a quienes se acusan de sus pecados, que conceda el perdón a los culpables y cure sus heridas.

Que nos concedas la gracia de una verdadera penitencia.

R. Te rogamos, óyenos.

Que nos concedas el perdón y borres las deudas de nuestros antiguos pecados. R.

Que quienes nos hemos apartado de la santidad de la Iglesia, consigamos el perdón de nuestras culpas y volvamos limpios a ella. ℟.

Que a quienes con el pecado hemos manchado nuestro bautismo, nos devuelvas a su primitiva blancura. ℟.

Que, al acercarnos de nuevo a tu altar santo seamos transformados por la esperanza de la vida eterna. ℟.

Que permanezcamos, de aquí en adelante, con entrega sincera, fieles a tus sacramentos, y mostremos siempre nuestra adhesión a ti. ℟.

Que renovados en la caridad, seamos testigos de tu amor en el mundo. ℟.

Que perseveremos fieles a tus mandamientos y lleguemos a la vida eterna. ℟.

El diácono o el ministro:

Con las mismas palabras que Cristo nos enseñó pidamos a Dios Padre que perdone nuestros pecados y nos libre de todo mal.

Todos juntos prosiguen:

Padre nuestro, que estás en el cielo, santificado sea tu Nombre, venga a nosotros tu reino, hágase tu voluntad en la tierra como en el cielo. Danos hoy nuestro pan de cada día; perdona nuestras ofensas, como también nosotros perdonamos a los que nos ofenden; no nos dejes caer en la tentación, y líbranos del mal.

El sacerdote concluye, diciendo:

Escucha Señor a tus siervos, que se reconocen pecadores; y haz que, liberados por tu Iglesia de toda culpa, merezcan darte gracias con un corazón renovado. Por Jesucristo nuestro Señor.

Todos responden: **Amén.**

CONFESION Y ABSOLUCION INDIVIDUAL

A continuación, los fieles se acercan a los sacerdotes que se hallan en lugares adecuados, y confiesan sus pecados, de los que son absueltos cada penitente individualmente, una vez impuesta y aceptada la correspondiente satisfacción. Tras la confesión y, si se juzga oportuno, después de una conveniente exhortación, omitido todo lo que suele hacerse en la reconciliación de un solo penitente, el sacerdote, extendiendo ambas manos, o al menos la derecha, sobre la cabeza del penitente, da la absolución diciendo:

Dios, Padre misericordioso, que reconcilió consigo al mundo por la muerte y la resurrección de su Hijo y derramó el Espíritu Santo para la remisión de los pecados, te conceda, por el ministerio de la Iglesia, el perdón y la paz. Y YO TE ABSUELVO DE TUS PECADOS EN EL NOMBRE DEL PADRE Y DEL HIJO ✠ Y DEL ESPIRITU SANTO.

El penitente responde: **Amén.**

ACCION DE GRACIAS PARA LA MISERICORDIA DE DIOS

Una vez concluidas las confesiones de los penitentes, el sacerdote que preside la celebración, teniendo junto a sí a los otros sacerdotes, invita a la acción de gracias y a la práctica de las buenas obras, con las que se manifiesta la gracia de la penitencia, tanto en la vida de cada uno como en la de la comunidad. Es conveniente que todos juntos canten algún salmo o himno apropiado, o bien que se haga una oración litánica, para proclamar el poder y la misericordia de Dios. Por ejemplo, el Magnificat o el salmo 135, 1-9.13-14.16.25-26.

MAGNIFICAT   Lc 1, 46-55

℟ **Acuérdate, Señor, de tu misericordia.**

Proclama mi alma la grandeza del Señor, | se alegra mi espíritu en Dios mi salvador; | porque ha mirado la humillación de su esclava. ℟.

Desde ahora me felicitarán todas las generaciones | porque el Poderoso ha hecho obras grandes por mí: | su nombre es santo | y su misericordia llega a sus fieles | de generación en generación. ℟.

El hace proezas con su brazo: | dispersa a los soberbios de corazón, | derriba del trono a los poderosos | y enaltece a los humildes, | a los hambrientos los colma de bienes | y a los ricos los despide vacíos. ℟.

Auxilia a Israel su siervo, | acordándose de la misericordia, | —como lo había prometido a nuestros padres— | en favor de Abrahán y su descendencia por siempre. ℟.

ORACION FINAL DE ACCION DE GRACIAS

Después del canto de alabanza o la plegaria litánica, el sacerdote concluye la oración comunitaria, diciendo:

Dios omnipotente y misericordioso, que admirablemente creaste al hombre y más admirablemente aún lo redimiste; que no abandonas al pecador, sino que lo acompañas con amor paternal.

Tú enviaste tu Hijo al mundo para destruir con su pasión el pecado y la muerte y para devolvernos, con su resurrección, la vida y la alegría.

Tú has derramado el Espíritu Santo en nuestros corazones para hacernos herederos e hijos tuyos.

Tú nos renuevas constantemente con los sacramentos de salvación para liberarnos de la servidumbre del pecado y transformarnos, de día en día, en una imagen cada vez más perfecta de tu Hijo amado.

Te damos gracias por las maravillas de tu misericordia y te alabamos con toda la Iglesia cantando para ti un cántico nuevo con nuestros labios, nuestro corazón y nuestras obras. A ti la gloria por Cristo en el Espíritu Santo, ahora y por siempre.

Todos: Amén.

O bien:

Padre Santo, tú nos has renovado a imagen de tu Hijo; concédenos tu misericordia, para que seamos testigos de tu amor en el mundo. Por Jesucristo nuestro Señor.

Todos: Amén.

RITO DE CONCLUSION

El sacerdote bendice a todos, diciendo:

El Señor dirija vuestros corazones en la caridad de Dios y en la espera de Cristo.

Todos: Amén.

Para que podáis caminar con una vida nueva y agradar a Dios en todas las cosas.

Todos: Amén.

Y os bendiga Dios todopoderoso. Padre, Hijo ✠ y Espíritu Santo.

Todos: Amén.

Después, el diácono, u otro ministro, o el mismo sacerdote, despide a la asamblea, diciendo:

El Señor ha perdonado vuestros pecados.
Podéis ir en paz.

Todos: Demos gracias a Dios.

Puede utilizarse cualquier otra fórmula conveniente.

* * *

RITO PARA RECONCILIAR A MUCHOS PENITENTES CON CONFESION Y ABSOLUCION GENERAL

Para reconciliar a muchos penitentes con confesión y absolución general en los casos previstos por el derecho, se procede según lo indicado más arriba para la celebración de la reconciliación de muchos penitentes con confesión y absolución individual, excepto en lo que se indica seguidamente.

MONICION

Después de la homilía, o en la misma homilía, adviértase a los fieles que quieran beneficiarse de la absolución general, que se dispongan debidamente, es decir, que cada cual se arrepienta de sus pecados, esté decidido a enmendarse de ellos, determine reparar los escándalos y daños que hubiese ocasionado, y a la vez, proponga confesar individualmente a su debido tiempo los pecados graves que en las presentes circunstancias no ha podido confesar; además, propóngase una satisfacción que todos habrán de cumplir, a la que cada uno, si quisiera, podrá añadir alguna otra cosa.

CONFESION GENERAL

Luego, el diácono, u otro ministro, o el mismo sacerdote, invita a los penitentes que quieren recibir la absolución general, a que manifiesten este deseo con algún signo. Por ejemplo:

Quienes desean recibir la absolución general, pónganse de rodillas y reciten la fórmula de la confesión general.

O bien:

Quienes deseen recibir la absolución sacramental, inclínense y reciten la fórmula de la confesión general.

Los penitentes recitan una fórmula de confesión general «Yo confieso»). Luego, puede rezarse una plegaria litánica o entonarse un cántico, del mismo modo que en la reconciliación de varios penitentes con confesión y absolución individual. Se acaba siempre con el Padre nuestro.

ABSOLUCION GENERAL

El sacerdote, con las manos extendidas sobre los penitentes da la absolución, diciendo:

Dios Padre, que no se complace en la muerte del pecador, sino en que se convierta y viva, que nos amó primero y mandó su Hijo al mundo para que el mundo se salve por él, os muestre su misericordia y os conceda la paz.
R̷. Amén.

Nuestro Señor Jesucristo, que fue entregado por nuestros pecados y resucitado para nuestra justificación, que infundió el Espíritu Santo en sus apóstoles para que recibieran el poder de perdonar los pecados, os libre, por mi ministerio, de todo mal y os llene de su Espíritu Santo.
R̷. Amén.

El Espíritu Consolador, que se nos dio para el perdón de los pecados, purifique vuestros corazones y los llene de su claridad, para que proclaméis las hazañas del que os llamó a salir de la tiniebla y a entrar en su luz maravillosa.
R̷. Amén.

Y YO OS ABSUELVO DE VUESTROS PECADOS EN EL NOMBRE DEL PADRE Y DEL HIJO ✠ Y DEL ESPIRITU SANTO.

O bien:

Dios, Padre misericordioso, que reconcilió consigo al mundo por la muerte y la resurrección de su Hijo y derramó el Espíritu Santo para la remisión de los pecados, os conceda, por el ministerio de la Iglesia, el perdón y la paz.
Y YO OS ABSUELVO DE VUESTROS PECADOS EN EL NOMBRE DEL PADRE Y DEL HIJO ✠ Y DEL ESPIRITU SANTO.

ACCION DE GRACIAS Y CONCLUSION

El sacerdote invita a todos a dar gracias a Dios y proclamar su misericordia. Tras un canto o himno adaptado a las circunstancias y sin recitar ninguna oración de conclusión, bendice y despide a la asamblea como se indica en el rito para la reconciliación de varios penitentes con confesión y absolución individual.

* * *

RITO BREVE

En caso de urgente necesidad, puede abreviarse este rito de reconciliación de muchos penitentes con confesión y absolución general. En tal caso, y según se crea más oportuno, tras una lectura breve de la Sagrada Escritura, y después de la acostumbrada monición y la conveniente satisfacción, se invita a los penitentes a recitar la fórmula de la confesión general «Yo confieso» y el sacerdote da la absolución general, con la invocación más arriba indicada.

Cuando exista peligro inminente de muerte, basta con que el sacerdote pronuncie la fórmula de la absolución que, en este caso, puede abreviarse así:

YO OS ABSUELVO DE VUESTROS PECADOS EN NOMBRE DEL PADRE Y DEL HIJO ✠ Y DEL ESPIRITU SANTO.

℟. Amén.

El fiel, a quien se le han perdonado sus pecados graves por una absolución general, queda obligado a manifestarlos la primera vez que se acerque a la confesión individual.

EUCARISTIA

RITO CON UNA BREVE CELEBRACION DE LA PALABRA DE DIOS

Esta forma se ha de emplear cuando las circunstancias no aconsejan la celebración extensa de la Palabra de Dios, especialmente cuando sólo van a comulgar uno o dos, y por tanto no se trata de una verdadera celebración de la comunidad.

RITOS INICIALES

Una vez preparado todo, el ministro saluda a los que van a comulgar y los invita a hacer el acto penitencial.

LECTURA BREVE DE LA PALABRA DE DIOS

En seguida, omitida la celebración de la Palabra de Dios, si se juzga oportuno léase por uno de los presentes o por el mismo ministro un breve texto de la Sagrada Escritura, que trate del pan de vida.

Jn 6, 54-55

El que come mi carne y bebe mi sangre, tiene vida eterna, y yo lo resucitaré en el último día.
Mi carne es verdadera comida y mi sangre es verdadera bebida.

Jn 6, 54-58

El que come mi carne y bebe mi sangre, tiene vida eterna, y yo lo resucitaré en el último día.
Mi carne es verdadera comida y mi sangre es verdadera bebida.
El que come mi carne y bebe mi sangre, habita en mí y yo en él.

El Padre que vive me ha enviado y yo vivo por el Padre; del mismo modo, el que me come vivirá por mí.

Este es el pan que ha bajado del cielo: no como el de vuestros padres, que lo comieron y murieron: el que come este pan vivirá para siempre.

Jn 14, 6

Yo soy el camino, y la verdad, y la vida. Nadie va al Padre, sino por mí.

Jn 14, 23

El que me ama guardará mi palabra y mi Padre lo amará, y vendremos a él y haremos morada en él.

SAGRADA COMUNION

El ministro toma el vaso o copón con el Cuerpo del Señor, lo pone sobre el altar y hace una genuflexión. Después inicia la oración dominical con estas o parecidas palabras:

Fieles a la recomendación del Salvador y siguiendo su divina enseñanza nos atrevemos a decir:

Y todos juntos prosiguen:

Padre nuestro, que estás en el cielo, etc.

A continuación el ministro hace genuflexión, toma la hostia y elevándola un poco sobre el vaso o copón y vuelto hacía los comulgantes, dice:

Este es el Cordero de Dios, que quita el pecado del mundo. Dichosos los llamados a esta cena.

Y los que van a comulgar añaden una sola vez:

Señor, no soy digno de que entres en mi casa, pero una palabra tuya bastará para sanarme.

Si también el ministro comulga, dice en voz baja:

El Cuerpo de Cristo me guarde para la vida eterna.

Y con reverencia come el Cuerpo de Cristo.

Después toma el vaso o copón, se acerca a los comulgantes y elevando un poco la hostia, la muestra a cada uno, y dice:

El Cuerpo de Cristo.

Y el que va a comulgar responde: **Amén.**

Y comulga.

Acabada la distribución de la comunión, si aparecen algunos fragmentos sobre la patena, el ministro los echa en el copón y se purifica las manos si lo juzga necesario. Si quedan algunas formas, guarda el Sacramento en el sagrario y hace una genuflexión.

Entonces, si se juzga conveniente, se puede observar algún momento de silencio, o se puede entonar algún salmo o cántico de alabanza.

A continuación el ministro concluye con esta oración:

Oremos: Oh Dios, que en este Sacramento admirable nos dejaste el memorial de tu pasión; te pedimos nos concedas venerar de tal modo los sagrados misterios de tu Cuerpo y de tu Sangre, que experimentemos constantemente en nosotros el fruto de tu redención. Tú, que vives y reinas por los siglos de los siglos.

RITO DE DESPEDIDA

Después el ministro, si es sacerdote o diácono, vuelto al pueblo, extiende las manos y dice:

El Señor esté con vosotros.

Todos: **Y con tu espíritu.**

Y bendice al pueblo, diciendo:

La bendición de Dios todopoderoso, Padre, Hijo, ✠ y Espíritu Santo, descienda sobre vosotros.

El pueblo responde: **Amén.**

Pero si el ministro no es sacerdote ni diácono, invocando la bendición de Dios y santiguándose dice:

El Señor nos bendiga, nos guarde de todo mal y nos lleve a la vida eterna.

O bien:

El Señor omnipotente y misericordioso, Padre, Hijo y Espíritu Santo, nos bendiga y guarde.

El pueblo responde: **Amén.**

Finalmente el ministro dice: **Podéis ir en paz.**

El pueblo responde: **Demos gracias a Dios.**

Entonces, hecha la debida reverencia, el ministro se retira.

* * *

LA COMUNION
DE LOS ENFERMOS

Los pastores de almas deben esmerarse en facilitar al máximo el acceso de los enfermos y ancianos a la Eucaristía, aun cuando su estado no sea grave ni haya peligro de muerte. Siempre que sea posible, déseles la comunión cada día, sobre todo durante el tiempo pascual. La comunión puede administrarse a cualquier hora del día.

Puede darse la Eucarística bajo la sola especie de vino a los enfermos que no pueden recibirla bajo la especie de pan.

Los que asisten al enfermo pueden recibir la comunión junto con él, respetando lo establecido por el derecho.

Al llevar la sagrada Eucaristía para administrar la comunión fuera de la iglesia utilícese una cajita o un vaso cerrados y, en cuanto al modo de portar las sagradas especies y al uso del vestido, téngase presentes las circunstancias de cada caso y lugar.

Los que viven con el enfermo o los que los cuidan procuren preparar adecuadamente la habitación y provean una mesa cubierta con un mantel para colocar sobre ella el Sacramento. Dispóngase también, si es costumbre, un vaso con agua bendita y el hisopo o un ramo pequeño apto para la aspersión, y cirios sobre la mesa.

RITO ORDINARIO DE LA COMUNION DE LOS ENFERMOS

El sacerdote, vestido cual conviene al sagrado ministerio que va a realizar, llega a la habitación y, con sencillas y afectuosas palabras, saluda al enfermo y a cuantos están con él. Puede decir, si le parece, este saludo:

La paz del Señor a esta casa y a todos los aquí presentes.

O bien:

La paz del Señor sea con vosotros (contigo).

Una vez colocado el Sacramento sobre la mesa, lo adora junto con los presentes.

Luego, si es oportuno, rocía con agua bendita al enfermo y a la habitación, diciendo esta fórmula:

Que este agua nos recuerde nuestro bautismo en Cristo, que nos redimió con su muerte y resurrección.

Si es necesario, escuche el sacerdote la confesión sacramental del enfermo.

Pero cuando no se celebra dentro del rito la confesión sacramental del enfermo o hay otros enfermos que han de comulgar, el sacerdote invita a todos al acto penitencial.

Hermanos: para participar con fruto en esta celebración, comencemos por reconocer nuestros pecados.

Se hace una breve pausa en silencio. Después, todos juntos hacen la confesión.

Yo confieso ante Dios todopoderoso y ante vosotros, hermanos, que he pecado mucho de pensamiento, palabra, obra y omisión.

Dándose golpes de pecho añaden:

Por mi culpa, por mi culpa, por mi gran culpa.

Y a continuación:

Por eso ruego a Santa María, siempre Virgen, a los Angeles, a los Santos y a vosotros, hermanos, que intercedáis por mí ante Dios, nuestro Señor.

Sigue la absolución del sacerdote:

Dios todopoderoso tenga misericordia de nosotros, perdone nuestros pecados y nos lleve a la vida eterna.

℟. Amén.

A continuación, puede leerse por uno de los presentes o por el mismo sacerdote algún texto de la Sagrada Escritura, v. g.:

Jn 6, 54-55

El que come mi carne y bebe mi sangre, tiene vida eterna, y yo lo resucitaré en el último día.

Mi carne es verdadera comida y mi sangre es verdadera bebida.

Jn 14, 6

Yo soy el camino, y la verdad, y la vida. Nadie va al Padre, sino por mí.

Jn 14, 23

El que me ama guardará mi palabra y mi Padre lo amará, y vendremos a él y haremos morada en él.

Si parece oportuno, puede hacerse una breve explicación de estos textos.

El sacerdote inicia la oración dominical con estas o parecidas palabras:

Y ahora, todos juntos, invoquemos a Dios con la oración que el mismo Cristo nos enseñó:

Padre nuestro, que estás en el cielo, etc.

El sacerdote muestra el Santísimo Sacramento, diciendo:

Este es el Cordero de Dios, que quita el pecado del mundo. Dichosos los llamados a la cena del Señor.

El enfermo y los que van a comulgar dicen a la vez:

Señor, no soy digno de que entres en mi casa, pero una palabra tuya bastará para sanarme.

El sacerdote se acerca al enfermo y, ofreciéndole el Sacramento, dice:

El Cuerpo de Cristo (o, la Sangre de Cristo).

El enfermo responde: Amén.

Y comulga.

Los demás comulgantes reciben el Sacramento en la forma acostumbrada. Una vez distribuida la comunión, el ministro purifica los vasos sagrados. Pueden seguir unos momentos de silencio.

Luego, el sacerdote concluye con esta oración:

Oremos. Señor, Padre santo, Dios todopoderoso y eterno, te suplicamos con fe viva que el Cuerpo (la Sangre) de nuestro Señor Jesucristo, tu Hijo, que nuestro hermano acaba de recibir, le conceda la salud corporal y la salvación eterna. Por Jesucristo nuestro Señor.

R̥. Amén.

Finalmente, el sacerdote bendice al enfermo y a los presentes, bien haciendo sobre ellos la señal de la cruz con el copón si ha quedado sacramento, bien utilizando alguna de las siguiente fórmulas:

Que Dios Padre te bendiga.

R̥. Amén.

Que el Hijo de Dios te devuelva la salud.

R̥. Amén.

Que el Espíritu Santo te ilumine.

R̥. Amén.

Que el Señor proteja tu cuerpo y salve tu alma.

℞. Amén.

Que haga brillar su rostro sobre ti y te lleve a la vida eterna.

℞. Amén.

Y a todos vosotros, que estáis aquí presentes, os bendiga Dios todopoderoso, Padre, Hijo ✠ y Espíritu Santo.

℞. Amén.

* * *

RITO BREVE
DE LA COMUNION DE ENFERMOS

Este rito sirve cuando hay que dar la sagrada comunión a varios enfermos que moran en varias dependencias de una misma casa, por ejemplo, en sanatorios, hospitales o clínicas. Si parece conveniente, pueden añadirse algunos elementos tomados del rito ordinario.

El rito puede comenzar o en la iglesia o en la capilla o en la primera habitación. El sacerdote dice esta antífona:

¡Oh sagrado banquete, en que Cristo es nuestra comida, se celebra el memorial de su pasión, el alma se llena de gracia y se nos da la prenda de la gloria futura!

Luego, el sacerdote, acompañado si es posible por alguna persona que porte un cirio, se acerca a los enfermos y dice una sola vez a todos los enfermos que están en la misma sala o a cada uno en particular:

Este es el Cordero de Dios, que quita el pecado del mundo. Dichosos los llamados a la cena del Señor.

Cada uno de los comulgantes responde:

Señor, no soy digno de que entres en mi casa, pero una palabra
tuya bastará para sanarme.

Y reciben la comunión en la forma acostumbrada.

La oración final puede decirse en la iglesia, en la capilla o en la última habitación, y no se da la bendición.

EL VIATICO

Corresponde a los párrocos y a los sacerdotes, a quienes les ha sido confiada la atención espiritual de los enfermos, procurar que éstos, cuando se hallen en inmediato peligro de muerte, sean fortalecidos con el Viático del Cuerpo y de la Sangre de Cristo. Para ello, deberá hacerse una previa y conveniente preparación pastoral del enfermo, de su familia y de los que le cuidan, teniendo en cuenta las circunstancias de cada caso.

Puede administrarse el Viático o bien dentro de la Misa, si a juicio del Ordinario, se tiene la celebración eucarística junto al enfermo, o bien fuera de la Misa, según el rito y las normas que se indican luego.

Se puede dar la comunión bajo la sola especie de vino a aquellos enfermos que no la puedan recibir bajo la especie de pan.

Si no se celebra la Misa junto al enfermo, guárdese después de la Misa y en el sagrario la Sangre del Señor en un cáliz debidamente cubierto, y llévese al enfermo en un recipiente cerrado para evitar cualquier riesgo. Para administrar el Sacramento, elíjase en cada caso el modo más apto entre los que se proponen en el rito de la comunión bajo las dos especies. Si, una vez dada la comunión, quedase algo de la preciosísima Sangre del Señor, deberá sumirla el ministro, que hará también las oportunas abluciones.

Todos cuantos participan en la celebración pueden comulgar bajo las dos especies.

EL VIATICO DENTRO DE LA MISA

Siempre que se dé el Viático dentro de la Misa, el sacerdote, con vestiduras blancas, podrá decir la Misa «para administrar el Viático» o la Misa «de la Santísima Eucaristía». Si coincide con alguna dominica de Adviento, Cuaresma y Pascua, con una solemnidad, con el Miércoles de Ceniza o con una feria de la Semana Santa, se dirá la Misa del Día, manteniéndose, si parece oportuno, la fórmula de la bendición final o la fórmula que aparece al final de la Misa.

Las lecturas se tomarán de las propuestas en el Leccionario de la Misa o de las que se indican más adelante, a no ser que el bien del enfermo y de los presentes aconseje seleccionar otras distintas.

Cuando esté prohibida la Misa votiva, una de las lecturas puede tomarse de los textos que se acaba de indicar, siempre que no coincida el día con el Triduo Sacro, con la Natividad del Señor, la Epifanía, la Ascensión, Pentecostés, Córpus Christi u otra solemnidad de precepto.

Si fuera necesario, el sacerdote acogerá la confesión sacramental del enfermo antes de la celebración de la Misa.

La Misa se celebra como de costumbre.

Fuera de los domingos de Adviento, Cuaresma y Pascua, de las solemnidades y de las ferias del Miércoles de Ceniza y de toda la Semana Santa, puede decirse, oportunamente, la Misa por los enfermos con las oraciones y lecturas que siguen:

ORACION COLECTA

Dios todopoderoso, cuyo Hijo es para nosotros el camino, la verdad y la vida, mira con piedad a tu siervo N., y concédele que, confiando en tus promesas y fortalecido con el Cuerpo y Sangre de tu Hijo, llegue en paz a tu reino. Por nuestro Señor.

PRIMERA LECTURA

¿Quién conocerá tu designio, si tú no le das sabiduría?

LECTURA DEL LIBRO DE LA SABIDURIA 9, 9-11.13-18

Señor misericordioso, contigo está la sabiduría, conocedora de tus obras, que te asistió cuando hacías el mundo, y que sabe lo que es grato a tus ojos y lo que es recto según tus preceptos. Mándala de tus santos cielos, y de tu trono de gloria envíala, para que me asista en mis trabajos y venga yo a saber lo que te es grato. Porque ella conoce y entiende todas las cosas, y me guiará prudentemente en mis obras y me guardará en su esplendor. ¿Qué hombre conoce el designio de Dios, quién comprende lo que Dios quiere? Los pensamientos de los mortales son mezquinos y nuestros razonamientos son falibles; porque el cuerpo mortal es lastre del alma y la tienda terrestre abruma la mente que medita. Apenas conocemos las cosas terrenas y con trabajo encontramos lo que está a mano: ¿Pues quién rastreará las cosas del cielo, quién conocerá tu designio, si tú no le das sabiduría enviando tu Santo Espíritu desde el cielo? Sólo así serán rectos los caminos de los terrestres, los hombres aprenderán lo que te agrada; y te salvarán con la sabiduría los que te agradan, Señor, desde el principio.

Palabra de Dios.

SALMO RESPONSORIAL 6

℟ **Misericordia, Señor, que desfallezco.**

Señor, no me corrijas con ira, | no me castigues con cólera. ℟.

Misericordia, Señor, que desfallezco, | cura, Señor, mis huesos dislocados. | Tengo el alma en delirio. ℟.

Y tú, Señor, ¿hasta cuándo? | Vuélvete, Señor, liberta mi alma, | sálvame, por tu misericordia: | porque en el reino de la muerte nadie te invoca, | y en el Abismo ¿quién te alabará? ℟.

Apartaos de mí, los malvados, | porque el Señor ha escuchado mis sollozos; | el Señor ha escuchado mi súplica, | el Señor ha aceptado mi oración. ℟.

SEGUNDA LECTURA

LECTURA DE LOS HECHOS DE LOS APOSTOLES

13, 32-39

En aquellos días, Pablo dijo: Nosotros os anunciamos que la promesa que Dios hizo a nuestros padres, nos la ha cumplido a los hijos resucitando a Jesús. Así está escrito en el salmo segundo: «Tú eres mi Hijo: yo te he engendrado hoy.» Su resurrección para no volver a morir la anunció diciendo: «Os cumpliré la promesa que aseguré a David»; y así dice en otro lugar: «No dejarás a tu fiel conocer la corrupción.» David murió después de haber cumplido la misión que Dios le dio para su época; se juntó con sus padres y conoció la corrupción, pero aquél a quien Dios resucitó no ha conocido la corrupción. Sabedlo, hermanos: os anunciamos que por él se os perdonan los pecados, que él justificará, al que crea, de lo que no pudo justificarlo la ley de Moisés.

Palabra de Dios.

VERSICULO ANTES DEL EVANGELIO   Sal 32, 22

Que tu misericordia, Señor, venga sobre nosotros, como lo esperamos de ti.

EVANGELIO
Venid a mí todos los que estáis cansados

✠ LECTURA DEL S. EVANGELIO SEGUN
SAN MATEO   11, 25-30

En aquel tiempo, Jesús exclamó: Te doy gracias, Padre, Señor de cielo y tierra, porque has escondido estas cosas a los sabios y entendidos, y se las has revelado a la gente sencilla. Sí, Padre, así te ha parecido mejor. Todo me lo ha entregado mi Padre, y nadie conoce al Hijo más que el Padre, y nadie conoce al Padre sino el Hijo, y aquel a quien el Hijo se lo quiera revelar. Venid a mí todos los que estáis cansados y agobiados, y yo os aliviaré. Cargad con mi yugo y aprended de mí, que soy manso y humilde de corazón, y encontraréis vuestro descanso. Porque mi yugo es llevadero y mi carga ligera.

Palabra del Señor.

ORACION SOBRE LAS OFRENDAS

Padre santo, mira con bondad esta ofrenda: sea para ti el Cordero pascual, cuya pasión abrió las puertas del paraíso, e introduzca por tu gracia a tu siervo N. en el reino eterno.

Por Jesucristo.

ORACION DESPUES DE LA COMUNION

Señor, tú que eres la salvación eterna de los que creen en Ti, concede a tu hijo N. que, fortalecido con el pan y el vino del Viático, llegue seguro a tu reino de luz y vida.
Por Jesucristo.

* * *

EL VIATICO FUERA DE LA MISA

Si el enfermo quisiera confesarse (para lo que el sacerdote debe estar siempre solícito) hágalo, a ser posible, antes de recibir el viático. Si se confiesa dentro de la misma celebración, lo hará al comienzo del rito. De lo contrario, y también en el caso en que haya otros enfermos que quieran comulgar, hágase oportunamente el acto penitencial.

RITOS INICIALES

SALUDO

El sacerdote, vestido cual conviene al sagrado ministerio que va a realizar, llega a la habitación y, con sencillas y afectuosas palabras, saluda al enfermo y a cuantos están con él. Puede decir, si le parece, este saludo.

La paz del Señor a esta casa y a todos los aquí presentes.

O bien:

La paz del Señor sea con vosotros (contigo).

Una vez colocado el Sacramento sobre la mesa, lo adora junto con los presentes.

Luego, si es oportuno, rocía con agua bendita al enfermo y a la habitación, diciendo esta fórmula:

Que este agua nos recuerde nuestro bautismo en Cristo, que nos redimió con su muerte y resurrección.

Luego, con esta monición o con otra más adaptada a la situación del enfermo, se dirige a los presentes:

Queridos hermanos, nuestro Señor Jesucristo, antes de pasar de este mundo al Padre, nos legó el sacramento de su Cuerpo y de su Sangre, para que, robustecidos con su Viático, prenda de resurrección, nos sintamos protegidos a la hora de pasar también nosotros de esta vida a Dios. Unidos por la caridad con nuestro hermano, oremos por él.

ACTO PENITENCIAL

Si fuera necesario, el sacerdote acoge la confesión sacramental del enfermo, la cual puede hacerse de modo genérico si no se puede hacer de otro modo.

Pero cuando no se celebra dentro del rito la confesión sacramental del enfermo, o hay otros enfermos que han de comulgar, el sacerdote invita a todos al acto penitencial.

Hermanos: para participar con fruto en esta celebración, comencemos por reconocer nuestros pecados.

Se hace una breve pausa en silencio. Después, todos juntos, hacen la confesión.

Yo confieso ante Dios todopoderoso y ante vosotros, hermanos, que he pecado mucho de pensamiento, palabra, obra y omisión.

Dándose golpes de pecho añaden:

Por mi culpa, por mi culpa, por mi gran culpa.

Y a continuación:

Por eso ruego a Santa María, siempre Virgen, a los Angeles, a los Santos y a vosotros, hermanos, que intercedáis por mi ante Dios, nuestro Señor.

Sigue la absolución del sacerdote:

Dios todopoderoso tenga misericordia de nosotros, perdone nuestros pecados y nos lleve a la vida eterna.

R̟. Amén.

LITURGIA DE LA PALABRA

PROCLAMACION DE LA PALABRA DE DIOS

Es muy conveniente que el sacerdote o uno de los presentes lean un texto breve de la Sagrada Escritura, v. g.:

Jn 6, 54-55

El que come mi carne y bebe mi sangre, tiene vida eterna, y yo resucitaré en el último día.
Mi carne es verdadera comida y mi sangre es verdadera bebida.

Jn 6, 54-59

El que come mi carne y bebe mi sangre, tiene vida eterna, y yo lo resucitaré en el último día.

Mi carne es verdadera comida y mi sangre es verdadera bebida.

El que come mi carne y bebe mi sangre, habita en mí y yo en él.

El Padre que vive me ha enviado y yo vivo por el Padre; del mismo modo, el que me come, vivirá por mí.

Este es el pan que ha bajado del cielo: no como el de vuestros padres, que lo comieron y murieron; el que come este pan vivirá para siempre.

Jn 14, 6

Yo soy el camino, y la verdad, y la vida. Nadie va al Padre, sino por mí.

PROFESION DE FE BAUTISMAL

Conviene también que, antes de recibir el Viático, el enfermo renueve la profesión de fe bautismal. Para ello, el sacerdote, después de crear con palabras adecuadas un ambiente propicio, preguntará al enfermo:

¿Crees en Dios, Padre todopoderoso, Creador del cielo y de la tierra?

R. Sí, creo.

¿Crees en Jesucristo, su único Hijo, nuestro Señor, que nació de Santa María Virgen, murió, fue sepultado, resucitó de entre los muertos y está sentado a la derecha del Padre?

R. Sí, creo.

¿Crees en el Espíritu Santo, en la santa Iglesia católica, en la comunión de los santos, en el perdón de los pecados, en la resurrección de los muertos y en la vida eterna?

℟. Sí, creo.

LETANIA

Luego, si las condiciones del enfermo lo permiten, se hace una breve letanía con éste o parecido formulario, respondiendo todos los presentes.

Invoquemos, queridos hermanos, con un solo corazón a nuestro Señor Jesucristo, y digámosle: Te rogamos por nuestro hermano.

℟. Te rogamos por nuestro hermano.

A ti, Señor, que nos amaste hasta el extremo y te entregaste a la muerte para darnos la vida. ℟.

A ti, Señor, que dijiste: «El que come mi cuerpo y bebe mi sangre tiene vida eterna.» ℟.

A ti, Señor, que nos invitas al banquete en que ya no habrá ni dolor, ni llanto, ni tristeza, ni separación. ℟.

VIATICO

El sacerdote inicia la oración dominical con estas o parecidas palabras:

Y ahora, todos juntos, invoquemos a Dios con la oración que el mismo Cristo nos enseñó:

Padre nuestro, que estás en el cielo, santificado sea tu
Nombre, venga a nosotros tu reino, hágase tu voluntad
así en la tierra como en el cielo;
Danos hoy nuestro pan de cada día, perdona nuestras
ofensas, como también nosotros perdonamos a los que
nos ofenden, no nos dejes caer en la tentación, y líbranos
del mal.

El sacerdote muestra el Santísimo Sacramento, diciendo:

Este es el Cordero de Dios, que quita el pecado del mundo. Dichosos los llamados a la cena del Señor.

El enfermo, si puede, y los que van a comulgar dicen a la vez:

Señor, no soy digno de que entres en mi casa, pero una palabra
tuya bastará para sanarme.

El sacerdote se acerca al enfermo y, ofreciéndole el Sacramento, dice:

El Cuerpo de Cristo (o la Sangre de Cristo).

El enfermo responde: Amén.

Y ahora, o después de dar la comunión, añade el sacerdote:

El mismo te guarde y te lleve a la vida eterna.

El enfermo responde: Amén. ·

Los presentes que deseen comulgar reciben el Sacramento en la forma acostumbrada. Una vez distribuida la comunión, el ministro purifica
los vasos sagrados. Pueden seguir unos momentos de silencio.

CONCLUSION DEL RITO

El sacerdote dice la oración final.

Dios todopoderoso, cuyo Hijo es para nosotros el camino,
la verdad y la vida, mira con piedad a tu siervo N., y con-

cédele que, confiando en tus promesas y fortalecido con el Cuerpo y la Sangre de tu Hijo, llegue en paz a tu reino. Por Jesucristo nuestro Señor.

Y bendice al enfermo y a los presentes diciendo:

Que Dios Padre te bendiga.
R̠. Amén.

Que el Hijo de Dios te devuelva la salud.
R̠. Amén.

Que el Espíritu Santo te ilumine.
R̠. Amén.

Que el Señor proteja tu cuerpo y salve tu alma.
R̠. Amén.

Que haga brillar su rostro sobre ti y te lleve a la vida eterna.
R̠. Amén.

Y a todos vosotros, que estáis aquí presentes, os bendiga Dios todopoderoso, Padre, Hijo ✠ y Espíritu Santo.
R̠. Amén.

Puede bendecir también con el Sacramento. Finalmente, tanto el sacerdote como los presentes pueden dar la paz al enfermo.

... radie que sentado en las primeras y omiteode con el
Cuerpo y la Sangre de tu Hijo llegue en paz a tu reino.
Por Jesucristo nuestro Señor.

Que Dios Padre te bendiga
R. Amén

Que el Hijo de Dios te devuelva la salud
R. Amén

Que el Espíritu santo te ilumine
R. Amén

Que el Señor proteja tu cuerpo y salve tu alma
R. Amén

Que haga brillar su rostro sobre ti, te lleve adelante
eterna
R. Amén

Y todas vosotros, que estáis aquí presentes, os bendiga
Dios todopoderoso, Padre, Hijo y Espíritu Santo
R. Amén

MATRIMONIO

CELEBRACION DEL MATRIMONIO DENTRO DE LA MISA

RITO DE ENTRADA

Existen dos posibilidades:

a) Los esposos y padrinos de honor entran en la iglesia y se colocan de pie ante los asientos o bancos preparados para ellos en lugar visible. Entonces el celebrante, revestido para la misa, se dirige a la sede, acompañado de los ministros.

Una vez acomodada, toda la asamblea y hecho el debido silencio, el celebrante saluda a los esposos y a la comunidad haciéndoles saber que la Iglesia comparte su alegría, preocupaciones y esperanzas.

b) El celebrante se dirige a la entrada de la iglesia, para recibir a los esposos; los saluda y los acompaña hasta el lugar que han de ocupar. Mientras, se canta el canto de entrada.

El celebrante va a la sede, acompañado de los ministros; los esposos y padrinos de honor se colocan de pie ante los asientos o bancos preparados para ellos en lugar visible.

Una vez acomodada toda la asamblea y hecho el debido silencio, el celebrante saluda a los esposos y a la comunidad haciéndoles saber que la Iglesia comparte su alegría, preocupaciones y esperanzas.

SALUDO

El saludo puede hacerse con éstas o parecidas palabras:

Hermanos: nos hemos reunido aquí para celebrar la unión sagrada de N. y N. Bienvenidos seáis todos, familiares y amigos. (Que vuestra presencia no sea sólo estar pasivamente, esperando a que todo concluya, para dar la enhorabuena a los esposos.)

Nuestra reunión no es sólo un acto de sociedad, es reunión de la Iglesia de Cristo, presente aquí; por eso nuestra Iglesia es alegría de la Iglesia.

Vamos a escuchar la Palabra de Dios, que de un modo eficaz y misterioso se realizará en el sacramento del matrimonio y de la eucaristía. Participemos en esta celebración, unidos en la plegaria por los nuevos esposos.

COLECTA

El rito de entrada concluye con la oración «colecta»:

Oremos. Escucha nuestras súplicas, Señor, derrama tu gracia sobre estos hijos tuyos, que se unen en tu presencia, y hazlos fuertes en el amor. Por nuestro Señor Jesucristo.

LITURGIA DE LA PALABRA

Pueden proclamarse tres lecturas; en este caso la primera lectura es siempre del Antiguo Testamento.

PRIMERA LECTURA

El amor es fuerte como la muerte

LECTURA DEL CANTAR DE LOS CANTARES
2, 8-10.14.16a; 8, 6-7a

La voz de mi Amado. Mirad: ya viene, saltanto por los montes, brincando por las colinas; mi Amado es una gacela, es como un cervatillo. Mirad: se ha parado detrás de mi tapia; atisba por las ventanas, observa por las rejas. Mi Amado me habla así: «Levántate, Amada mía, hermosa mía, ven a mí. Paloma mía que anidas en los' huecos de la peña, en las grietas del barranco, déjame con tu figura.» Mi amado es para mí y yo para él. Ponme como sello sobre tu corazón, como un sello en tu brazo. Porque el amor es fuerte como la muerte; el celo, obstinado como el infierno. Sus saetas son saetas de fuego. Las grandes aguas no pueden apagar el amor ni los ríos arrastrarlo.

Palabra de Dios.

SALMO RESPONSORIAL 144

R. **El Señor es bueno con todos.**

El Señor es clemente y misericordioso, | lento a la cólera y rico en piedad; | el Señor es bueno con todos, | es cariñoso con todas sus criaturas. R.

Que todas tus criaturas te den gracias, Señor | que te bendigan tus fieles. | Los ojos de todos te están aguardando, | tú les das la comida a su tiempo. R.

El Señor, es justo en todos sus caminos, | es bondadoso en todas sus acciones. | Cerca está el Señor de los que lo invocan, | de los que lo invocan sinceramente. R.

SEGUNDA LECTURA

Dios es amor

LECTURA DE LA PRIMERA CARTA DEL APOSTOL SAN JUAN

4, 7-12

Queridos hermanos: Amémonos unos a otros, ya que el amor es de Dios, y todo el que ama ha nacido de Dios y conoce a Dios. Quien no ama no ha conocido a Dios, porque Dios es Amor. En esto se manifestó el amor que Dios nos tiene: en que Dios envió al mundo a su Hijo único para que vivamos por medio de él. En esto consiste el amor: no en que nosotros hayamos amado a Dios, sino en que El nos amó y nos envió a su Hijo como propiciación por nuestros pecados. Queridos, si Dios nos amó de esta manera, también nosotros debemos amarnos unos a otros. A Dios nadie lo ha visto nunca. Si nos amamos unos a otros, Dios permanece en nosotros y su amor ha llegado en nosotros a su plenitud.

Palabra de Dios.

ALELUYA   1 Jn 4, 8.11

Dios es Amor;
Amémonos unos a otros, como Dios nos ha amado.

EVANGELIO
Permaneced en mi amor

✠ LECTURA DEL S. EVANGELIO SEGUN SAN JUAN
                                                            15, 9-12

En aquel tiempo, dijo Jesús a sus discípulos: Como el Padre me ha amado, así os he amado yo: permaneced en mi amor. Si guardáis mis mandamientos, permaneceréis en mi amor, lo mismo que yo he guardado los mandamientos de mis Padre y permanezco en su amor. Os he hablado de esto para que mi alegría esté en vosotros, y vuestra alegría llegue a plenitud. Este es mi mandamiento: que os améis unos a otros como yo os he amado.

Palabra del Señor.

Otras lecturas, ver p. 2568ss.

Después de las lecturas se tiene la homilía a partir de los textos sagrados, exponiendo el misterio del matrimonio cristiano, la dignidad del amor conyugal, la gracia del sacramento y la misión de los esposos cristianos en la Iglesia y en el mundo. Debe tenerse en cuenta la capacidad y otras circunstancias de los oyentes, principalmente de los que celebran el matrimonio.

RITO DEL MATRIMONIO

Todos se ponen de pie. Sería conveniente que los esposos estuviesen colocados de tal modo que no diesen la espalda a la asamblea.

MONICION

El sacerdote se dirige a los esposos con estas palabras u otras semejantes:

Habéis venido aquí, hermanos, para que Dios garantice con su sello vuestro amor, ante el pueblo de Dios aquí congregado y presidido por su ministro. Un día fuisteis consagrados en el bautismo; hoy, con un nuevo sacramento, Cristo va a bendecir vuestro amor, y os enriquecerá y dará fuerza, para que os guardéis siempre mutua fidelidad y podáis cumplir con vuestra misión de casados. Por tanto, ante esta asamblea, os pregunto sobre vuestra intención.

ESCRUTINIO

El sacerdote pregunta a los esposos:

N. y N., ¿venís a contraer matrimonio sin ser coaccionados, libre y voluntariamente?

℞. Sí, venimos libremente (u otra respuesta adecuada).

¿Estáis decididos a amaros y respetaros mutuamente durante toda la vida?

℞. Sí, estamos decididos.

¿Estáis dispuestos a recibir de Dios responsable y amorosamente los hijos, y educarlos según la ley de Cristo y de su Iglesia?

R. Sí, estamos dispuestos.

Si son dos o más parejas las que celebran el matrimonio, el sacerdote pregunta por separado a cada una de ellas.

Si los esposos son de edad evanzada, o existiera otra razón, la tercera pregunta puede omitirse.

CONSENTIMIENTO

El sacerdote invita a los esposos a expresar su consentimiento, diciéndoles:

Así, pues, ya que queréis contraer santo matrimonio, unid vuestras manos, y manifestad vuestro consentimiento ante Dios y su Iglesia.

Primera fórmula

Los esposos unen su mano derecha y dicen:

El esposo:

Yo, N., te quiero a ti, N., como esposa y me entrego a ti, y prometo serte fiel en las alegrías y en las penas, en la salud y en la enfermedad, todos los días de mi vida.

La esposa:

Yo N., te quiero a ti, N., como esposo y me entrego a ti, y prometo serte fiel en las alegrías y en las penas, en la salud y en la enfermedad, todos los días de mi vida.

Segunda fórmula

Los esposos unen su mano derecha y dicen:

El esposo: N., ¿quieres ser mi mujer?

La esposa: Sí, quiero.

La esposa: N., ¿quieres ser mi marido?

El esposo: Sí, quiero.

El esposo: N., yo te recibo como esposa y prometo amarte fielmente durante toda mi vida.

La esposa: N., yo te recibo como esposo y prometo amarte fielmente durante toda mi vida.

Tercera fórmula

Los esposos unen su mano derecha y responden a las preguntas del sacerdote:

El sacerdote:

N., ¿quieres recibir a N., como esposa, y prometes serle fiel en las alegrías y en las penas, en la salud y en la enfermedad, y, así, amarla y respetarla todos los día de tu vida?

El esposo: Sí, quiero.

El sacerdote:

N., ¿quieres recibir a N., como esposo, y prometes serle fiel en las alegrías y en las penas, en la salud y en la enfermedad, y, así, amarle y respetarle todos los días de tu vida?

La esposa: **Sí, quiero.**

El sacerdote prosigue diciendo:

**El Señor, que hizo nacer en vosotros el amor, confirme
este consentimiento mutuo, que habéis manifestado ante la
Iglesia.**

Lo que Dios ha unido, que no lo separe el hombre.

ACLAMACION DE LA ASAMBLEA

El sacerdote, a continuación, puede invitar a la asamblea con
estas palabras u otras semejantes:

**Proclamemos la bondad de Dios
para con estos dos hijos suyos.**

La asamblea responde:

**Bendito sea Dios, que les ha unido.
(¡Aleluya, aleluya!)**

También un solista puede cantar o proclamar la aclamación, que después repite la asamblea.

BENDICION Y ENTREGA DE LOS ANILLOS

El sacerdote dice:

**El Señor bendiga ✠ estos anillos que vais a entregaros
uno al otro en señal de amor y de fidelidad.
R. Amén.**

El esposo pone el anillo a la esposa diciendo:

N., recibe esta alianza,
en señal de mi amor y fidelidad a ti.

La esposa pone el anillo al esposo diciendo:

N., recibe esta alianza, en señal de mi amor y fidelidad a ti.

Si son dos o más parejas, se imponen simultáneamente los anillos sin decir nada.

BENDICION Y ENTREGA DE LAS ARRAS (AD LIBITUM)

Si es costumbre entregar las arras (unas monedas), el sacerdote dice:

Bendice ✠ , estas arras, que pone N. en manos de N., y derrama sobre ellos la abundancia de tus bienes.

El esposo toma las arras y las entrega a la esposa diciéndole:

N., recibe estas arras como prenda de la bendición de Dios y signo de los bienes que vamos a compartir.

Si son dos o más parejas, la entrega de las arras se hace simultáneamente sin decir nada.

ORACION DE LOS FIELES

A continuación se hace la oración de los fieles. Del formulario que se propone aquí a modo de ejemplo, se pueden escoger las preces más oportunas entre las numeradas.

Celebrante:

Oremos, hermanos, por las necesidades de la santa Iglesia y de todo el mundo, y encomendemos especialmente a nuestros hermanos N. y N., que acaban de celebrar con gozo su matrimonio.

Por la santa Iglesia, para que Dios le conceda ser siempre la esposa fiel de Jesucristo. Roguemos al Señor.

Por la paz de todo el mundo, para que cesen las ambiciones, desaparezcan las injusticias y enemistades y brote por todas partes el amor y la paz. Roguemos al Señor.

Por los nuevos esposos N. y N., para que el Espíritu Santo los llene con su gracia y haga de su unión un signo vivo del amor de Jesucristo a su Iglesia. Roguemos al Señor.

Por nuestro hermano N., para que sea siempre fiel al Señor como Abrahán y admirable por su piedad y honradez como Tobías. Roguemos al Señor.

Por nuestra hermana N., para que sea siempre irreprensible en su conducta, brille en ella la dulzura y la pureza, la humildad y la prudencia. Roguemos al Señor.

Por las familias que sufren a causa de las enfermedades, por las que no tienen el pan necesario o viven lejos de sus hogares, para que el Señor sea su auxilio y su ayuda. Roguemos al Señor.

Por los miembros de nuestras familias que han muerto en la esperanza de la resurrección, para que Cristo los acoja en su reino y los revista de gloria y de inmortalidad. Roguemos al Señor.

Celebrante:

Escucha, Padre de bondad, nuestra oración y concede a tus siervos, que confían en ti, conseguir los dones de tu gracia, conservar el amor en la unidad y llegar con su descendencia, después de esta vida, al reino eterno. Por Jesucristo nuestro Señor.

R. Amén.

Si las rúbricas lo prescriben, en este momento se dice el Credo.

LITURGIA EUCARISTICA

En el momento de la presentación de los dones, los esposos pueden llevar el pan y el vino al altar.

ORACION SOBRE LAS OFRENDAS

Recibe en tu bondad, Señor, los dones que te presentamos con alegría, y guarda con amor de padre a quienes has unido en alianza sacramental. Por Jesucristo.

PREFACIO

Consagración del amor humano

Realmente es justo y necesario, es nuestro deber y salvación darte gracias siempre y en todo lugar, Señor, Padre Santo, Dios todopoderoso y eterno.

Porque al hombre, creado por tu bondad, lo dignificaste tanto, que has dejado la imagen de tu propio amor en la unión del varón y de la mujer.

Y al que creaste por amor y al amor llamas, le concedes participar en tu amor eterno. Y así, el sacramento de estos desposorios, signo de tu caridad, consagra el amor humano: por Jesucristo nuestro Señor.

Por eso, con los ángeles y los santos cantamos sin cesar el himno de tu gloria:

Santo, Santo, Santo...

BENDICION SOBRE LA ESPOSA Y EL ESPOSO

Después del Padre nuestro, omitido el «Líbranos, Señor» el celebrante invita a todos a orar, diciendo:

Hermanos, roguemos al Señor que derrame su bendición sobre esta hija suya, en la que el sacramento del matrimonio alcanza

Sacramentos

particular significación; porque ella es la tierra fecunda, la imagen de la Iglesia unida a Cristo, pidamos que estos dos hermanos nuestros unidos en santa alianza, perseveren en el amor.

Todos oran en silencio unos instantes. Después el sacerdote, con las manos extendidas, pronuncia la plegaria de bendición por los esposos:

Oh Dios, que con tu poder creaste todo de la nada, y, desde el comienzo de la creación, hiciste al hombre a tu imagen y le diste la ayuda inseparable de la mujer, de modo que ya no fuesen dos, sino una sola carne, enseñándonos que nunca será lícito separar lo que quisiste fuera una sola cosa.

Oh Dios, que al consagrar la unión conyugal le diste un significado tan grande, que en ella prefiguraste la unión de Cristo con la Iglesia.

Oh Dios, que unes la mujer al varón y otorgas a esta unión, establecida desde el principio, aquella bendición que nunca fue abolida ni por la pena del pecado original, ni por el castigo del diluvio.

Mira con bondad a tu hija N., que, unida en matrimonio, pide tu protección. Abunde en ella el amor y la paz, y siga siempre los ejemplos de las santas mujeres, cuyas alabanzas canta la Escritura. Confíe en ella el corazón de N., su esposo, y, teniéndola por digna compañera y coheredera de la gracia de la vida, la respete y ame siempre como Cristo ama a su Iglesia.

También, Señor, te suplicamos por estos hijos tuyos: que permanezcan en la fe y amen tus preceptos; que, unidos en matrimonio, sean ejemplo por la integridad de sus costumbres; y, fortalecidos con el poder del Evangelio manifiesten a todos el testimonio de Cristo; (que su unión sea fecunda, sean padres de probada virtud, vean ambos los hijos de sus hijos) y, después de una feliz ancianidad, lleguen a la vida de los bienaventurados en el reino celestial. Por Jesucristo nuestro Señor.

R̕. Amén.

Lo que está entre paréntesis puede omitirse, si las circunstancias lo aconsejan, por ejemplo, si los esposos son de edad avanzada. Después de la monición del rito de la paz, los esposos se dan la paz, según se juzgue oportuno. Los esposos pueden comulgar también con el cáliz. No se precisa autorización del ordinario.

ORACION DESPUES DE LA COMUNION

Después de participar en tu mesa, Señor, te pedimos por N. y N., que hoy se ha unido en santo matrimonio, para que te sean siempre fieles y sean testigos de tu amor. Por Jesucristo.

RITO DE CONCLUSION

El sacerdote bendice a los esposos y a todos los presentes, diciendo, con las manos extendidas sobre ellos:

Nuestro Señor Jesucristo, que santificó con su presencia las bodas de Caná, os conceda a vosotros y a vuestros familiares y amigos, su bendición.

R̕. Amén.

Nuestro Señor Jesucristo, que amó a su Iglesia hasta el extremo, os conceda amaros el uno al otro de la misma manera.

R̕. Amén.

Nuestro Señor Jesucristo os conceda ser testigos fieles de su resurrección en el mundo y esperar con alegría su venida gloriosa.

R̕. Amén.

Y a todos vosotros, que estáis aquí presentes, os bendiga
Dios todopoderoso Padre, Hijo ✠ y Espíritu Santo.
℟. Amén.

La celebración se concluye con la fórmula ordinaria de despedida de
la asamblea.

* * *

LECCIONARIO

Antiguo Testamento

* «Hombre y mujer los creó» (Gn 1, 26-28. 31a, p. 2220).
* «Serán los dos una sola carne» (Gn 2, 18-24, p. 959).
* «Tanto amó Isaac a Rebeca, que se consoló de la muerte
de su madre» (Gn 24, 48-51. 58-67).
* «Que él os una y os colme de su bendición» (Tob 7, 9c-10.
11c-17).
* «Los dos juntos vivíamos felices hasta nuestra vejez» (Tob
8, 5-10).
* «El sol brilla en el cielo del Señor; la mujer bella en su
casa bien arreglada» (Si 26, 1-4, 16-21, p. 2163).
* «Haré con la casa de Israel y la casa de Judá una alianza
nueva» (Jr 31, 31-34a, p. 1626).

Lecturas Apostólicas

* «¿Quién podrá apartarnos del amor de Cristo» (Rom 8,
31b-35.37-39, pp. 236 y 872).
* «Presentad vuestros cuerpos como hostia viva, agradable a
Dios» (Rom 12, 1-2.9-18, pp. 909 y 1858).
* «Vuestro cuerpo es templo del Espíritu Santo» (1 Cor 6,
13c-15a.17-20, p. 2094).

* «Si no tengo amor, de nada me sirve» (1 Cor 12, 31—13, 8a, p. 1737).
* «Es éste un gran misterio; y yo lo refiero a Cristo y la Iglesia» (Ef 5, 2a.21-33, p. 1843).
* «Por encima de todo esto, el amor, que es el ceñidor de la unidad consumada» (Col 3, 12-17, p. 1721).
* «Tened un mismo pensar y sentir con afecto fraternal» (1 Pe 3, 1-9).
* «Amemos de verdad y con obras» (1 Jn 3, 18-24, p. 595).
* «Dios es amor» (1 Jn 4, 7-12, p. 2557).
* «Dichosos los invitados al banquete de bodas del Cordero» (Ap 19, 1.5-9a, p. 2417).

Salmos

* Sal 32, 12.18.20-22, p. 1702.
* Sal 33, 2-9, p. 2364.
* Sal 102, 1-2.8.13.17-18a, p. 1352.
* Sal 111, 1-9, p. 2415.
* Sal 127, 1-5, p. 2629.
* Sal 148, 1-4.9-14a, p. 1636.

Aleluyas

* 1Jn 4, 8.11, p. 2557.
* 1Jn 4, 12, p. 181.
* 1Jn 4, 16, p. 183.
* 1Jn 5, 7b, p. 172.

Evangelios

* «Estad alegres y contentos, porque vuestra recompensa será grande en el cielo» (Mt 5, 1-12a, p. 2419).
* «Vosotros sois la luz del mundo» (Mt 5, 13-16, p. 2014).
* «Edificó su casa sobre roca» (Mt 7, 21.24-29, p. 24).
* «Lo que Dios ha unido, que no lo separe el hombre» (Mt 19, 3-6, p. 2421).
* «Este mandamiento es el principal y primero. El segundo es semejante a él» (Mt 22, 35-40, p. 2521).

* «Serán los dos una sola carne» (Mc 10, 6-9, p. 1415).
* «Así, en Caná de Galilea, Jesús comenzó sus signos» (Jn 2, 1-11, p. 772).
* «Este es mi mandamiento: que os améis unos a otros» (Jn 15, 12-16, p. 2139).
* «Que todos sean uno» (Jn 17, 20-26, p. 2617).

7

UNCION DE LOS ENFERMOS

RITO ORDINARIO

El sacerdote, antes de administrar la santa Unción a un enfermo, se informará del estado del mismo, de modo que tenga en cuenta su situación en la disposición del rito y en la elección de lecturas y oraciones. Si le es posible, el sacerdote debe determinar estas cosas de acuerdo con el enfermo o con su familia, explicando la significación del sacramento.

Cuando sea necesario oír al enfermo en confesión sacramental, el sacerdote se acercará al enfermo antes de celebrar la Unción. En el caso de que el enfermo haya de confesarse durante la Unción lo hará al principio del rito. Pero cuando no haya confesión dentro del rito, hágase el acto penitencial.

El enfermo que no está en cama puede recibir el Sacramento en la iglesia o en otro lugar conveniente, en el que haya un asiento adecuado para el enfermo y donde pueden reunirse al menos los parientes y amigos, los cuales participarán en la celebración. En los sanatorios, el sacerdote deberá tener en cuenta la situación de los otros enfermos que, tal vez, se encuentran en la misma habitación. Vea si éstos pueden participar algo en la celebración o si se cansan o si, por no profesar la fe católica, se sienten de algún modo molestados.

El rito que se va a describir sirve también para el caso en que se dé la Unción a varios enfermos a la vez, siempre que sobre cada uno se hagan la imposición de manos y la Unción con su fórmula; todo lo demás se dirá en plural.

RITOS INICIALES

El sacerdote, vestido cual conviene al sagrado ministerio que va a realizar, llega a la habitación y, con sencillas y afectuosas palabras, saluda al enfermo y a cuantos están con él. Pueden decir, si le parece, este saludo:

La paz del Señor a esta casa y a todos los aquí presentes.

Luego, si es oportuno, rocía con agua bendita al enfermo y a la habitación, diciendo esta fórmula:

Que este agua nos recuerde nuestro bautismo en Cristo, que nos redimió con su muerte y resurrección.

Seguidamente se dirige a los presentes con estas o parecidas palabras:

Queridos hermanos: En el Evangelio leemos que nuestro Señor Jesucristo curaba a los enfermos, que acudían a él en busca de salud. El mismo, que durante su vida sufrió tanto por los hombres, está ahora presente en medio de nosotros, reunidos en su nombre, y nos dice por medio del apóstol Santiago: «¿Está enfermo alguno de vosotros? Llame a los presbíteros de la Iglesia, y que recen sobre él, después de ungirlo con óleo, en nombre del Señor. Y la oración de fe salvará al enfermo, y el Señor lo curará, y si ha cometido pecado, lo perdonará.»
Pongamos, pues, a nuestro hermano enfermo en manos de Cristo, que lo ama y puede curarlo, para que le conceda alivio y salud.

O bien puede decir la siguiente oración:

Señor, Dios nuestro, que por medio de tu apóstol Santiago nos has dicho: «¿Está enfermo alguno de vosotros? Llame a los presbíteros de la Iglesia, y que recen sobre él, después de ungirlo con óleo en nombre del Señor. Y la oración de fe salvará al enfermo, y el Señor lo curará, y si ha cometido pecado, lo perdonará.»

Escucha la oración de quienes nos hemos reunido en tu nombre y protege misericordiosamente a N., nuestro hermano enfermo (y a todos los otros enfermos de esta casa). Por Jesucristo nuestro Señor.

℟. Amén.

ACTO PENITENCIAL

Si no hay confesión sacramental, hágase el acto penitencial

El sacerdote invita a los fieles a la penitencia:

Hermanos: para participar con fruto en esta celebración, comencemos por reconocer nuestros pecados.

Se hace una breve pausa en silencio. Después, todos juntos, hacen la confesión.

Yo confieso ante Dios todopoderoso y ante vosotros, hermanos, que he pecado mucho de pensamiento, palabra, obra y omisión.

Dándose golpes de pecho añaden:

Por mi culpa, por mi culpa, por mi gran culpa.

Y a continuación:

Por eso ruego a Santa María, siempre Virgen, a los Angeles, a los Santos y a vosotros, hermanos, que intecedáis por mí ante Dios, nuestro Señor.

Sigue la absolución del sacerdote:

Dios todopoderoso tenga misericordia de nosotros, perdone nuestros pecados y nos lleve a la vida eterna.

℞. Amén.

LITURGIA DE LA PALABRA

A continuación, puede leerse por uno de los presentes o por el mismo sacerdote algún texto de la Sagrada Escritura, v. gr.:

PROCLAMACION DE LA PALABRA DE DIOS

Escuchad ahora, hermanos, las palabras del santo Evangelio según San Mateo 8, 5-10.13.

En aquel tiempo, al entrar Jesús en Cafarnaún, un centurión se le acercó diciéndole: «Señor, tengo en casa un criado que está en cama paralítico y sufre mucho.» El le contestó: «Voy yo a curarlo.» Pero el centurión le replicó: «Señor, ¿quién soy yo para que entres bajo mi techo? Basta que lo digas de palabra y mi criado quedará sano. Porque yo también vivo bajo disciplina y tengo soldados a mis órdenes: y le digo a uno "ve", y va; al otro, "ven", y viene; a mi criado, "haz esto", y lo hace.» Cuando Jesús lo oyó quedó admirado y dijo a los que le seguían: «Os aseguro que en Israel no he encontrado en nadie tanta fe.» Y al centurión le dijo: «Vuelve a casa que se cumpla lo que has creído.»

Palabra del Señor.

U otra lectura apropiada. Si parece oportuno, puede hacerse una breve explicación de estos textos.

LETANIA

Puede recitarse ahora o después de la Unción, o también en ambos momentos. El sacerdote puede abreviar o adaptar el formulario según aconsejen las circunstancias.

Con humildad y confianza invoquemos al Señor en favor de N., nuestro hermano.

Dígnate visitarlo con tu misericordia y confortarlo con la santa Unción.

R. Te rogamos, óyenos.

Líbralo, Señor, de todo mal.

R. Te rogamos, óyenos.

Alivia el dolor de todos los enfermos (de esta casa).

R. Te rogamos, óyenos.

Asiste a los que se dedican al cuidado de los enfermos.

R. Te rogamos, óyenos.

Libra a este enfermo del pecado y de toda tentación.

R. Te rogamos, óyenos.

Da vida y salud a quien en tu nombre vamos a imponer las manos.

R. Te rogamos, óyenos.

Ahora el sacerdote, en silencio, impone las manos sobre la cabeza del enfermo.

LITURGIA DEL SACRAMENTO

BENDICION DEL OLEO

Cuando, el sacerdote haya de bendecir el óleo dentro del rito, procederá así:

Señor Dios, Padre de todo consuelo, que has querido sanar las dolencias de los enfermos por medio de tu Hijo: escucha con amor la oración de nuestra fe y derrama desde el cielo tu Espíritu Santo Paráclito sobre este óleo.

Tú que has hecho que el leño verde del olivo produzca aceite abundante para vigor de nuestro cuerpo, enriquece con tu bendición ✠ este óleo, para que cuantos sean ungidos con él sientan en cuerpo y alma tu divina protección y experimenten alivio en sus enfermedades y dolores.

Que por tu acción, Señor, este aceite sea para nosotros óleo santo, en nombre de Jesucristo nuestro Señor.

Que vive y reina por los siglos de los siglos.

℟. Amén.

Si el óleo está ya bendecido, dice sobre él una oración de acción de gracias:

Bendito seas, Dios, Padre todopoderoso, que por nosotros y por nuestra salvación enviaste tu Hijo al mundo.

℟. Bendito seas por siempre, Señor.

Bendito seas, Dios, Hijo unigénito, que te has rebajado haciéndote hombre como nosotros, para curar nuestras enfermedades.

℟. Bendito seas por siempre, Señor.

Bendito seas, Dios, Espíritu Santo Consolador, que con tu poder fortaleces la debilidad de nuestro cuerpo.

℟. Bendito seas por siempre, Señor.

Mitiga, Señor, los dolores de este hijo tuyo, a quien ahora, llenos de fe, vamos a ungir con el óleo santo; haz que se sienta confortado en su enfermedad y aliviado en sus sufrimientos.
Por Jesucristo nuestro Señor.

R̷. Amén.

SANTA UNCION

El sacerdote toma el santo óleo y unge al enfermo en la frente y en las manos, diciendo una sola vez:

Por esta santa Unción y por su bondadosa misericordia te ayude el Señor con la gracia del Espíritu Santo.

R̷. Amén.

Para que, libre de tus pecados, te conceda la salvación y te conforte en tu enfermedad.

R̷. Amén.

Después dice esta oración:

Te rogamos, Redentor nuestro, que por la gracia del Espíritu Santo, cures el dolor de este enfermo, sanes sus heridas, perdones sus pecados, ahuyentes todo sufrimiento de su cuerpo y de su alma y le devuelvas la salud espiritual y corporal, para que, restablecido por tu misericordia, se incorpore de nuevo a los quehaceres de su vida.
Tú, que vives y reinas por los siglos de los siglos.

R̷. Amén.

Otras oraciones adaptadas a las diversas condiciones del enfermo:

Para un anciano:

Señor, mira con bondad a nuestro hermano que, sintiéndose débil por el peso de sus años, pide recibir la gracia de la santa Unción para bien de su cuerpo y de su alma; concédele que, confortado con el don del Espíritu Santo, permanezca en la fe y en la esperanza, dé a todos ejemplos de paciencia y así manifieste el consuelo de tu amor.
Por Jesucristo nuestro Señor.

℟. Amén.

Para uno que está en peligro grave:

Señor Jesucristo, Redentor de los hombres, que en tu Pasión quisiste soportar nuestros sufrimientos y aguantar nuestros dolores, te pedimos por N., que está enfermo; tú, que los has redimido, aviva en él la esperanza de su salvación y conforta su cuerpo y su alma.
Tú, que vives y reinas por los siglos de los siglos.

℟. Amén.

Para cuando se administran conjuntamente la Unción y el Viático:

Padre de misericordia y Dios de todo consuelo, mira con amor a tu hijo N., que en su angustia pone en ti toda su esperanza; alívialo con la gracia de la santa Unción y reanímalo con el Cuerpo y la Sangre de tu Hijo, Viático para la vida eterna.
Por Jesucristo nuestro Señor.

℟. Amén.

Para uno que está en agonía:

Padre misericordioso, tú que conoces hasta dónde llega la buena voluntad del hombre, tú que siempre estás dispuesto a olvidar nuestras culpas, tú que nunca niegas el perdón a los que acuden a ti, compadécete de tu hijo N., que se debate en la agonía.

Te pedimos que, ungido con el óleo santo y ayudado por la oración de nuestra fe, se vea aliviado en su cuerpo y en su alma, obtenga el perdón de sus pecados y sienta la fortaleza de tu amor.

Por Jesucristo, tu Hijo, que venció a la muerte y nos abrió las puertas de la vida y contigo vive y reina por los siglos de los siglos.

℟. Amén.

CONCLUSION DEL RITO

El sacerdote inicia la oración dominical con estas o parecidas palabras:

Y ahora, todos juntos, invoquemos a Dios con la oración que el mismo Cristo nos enseñó:

Padre nuestro, que estás en el cielo, santificado sea tu Nombre, venga a nosotros tu reino, hágase tu voluntad en la tierra como en el cielo. Danos hoy nuestro pan de cada día, perdona nuestras ofensas como también nosotros perdonamos a los que nos ofenden, no nos dejes caer en la tentación, y líbranos del mal.

Si ha de comulgar el enfermo, después de la oración dominical se procede como se indica en el rito de la comunión de enfermos.

El rito se concluye con la bendición del sacerdote:

Que Dios Padre te bendiga.

℞. Amén.

Que el Hijo de Dios te devuelva la salud.

℞. Amén.

Que el Espíritu Santo te ilumine.

℞. Amén.

Que el Señor proteja tu cuerpo y salve tu alma.

℞. Amén.

Que haga brillar su rostro sobre ti y te lleve a la vida eterna.

℞. Amén.

(Y a todos vosotros, que estáis aquí presentes, os bendiga Dios todopoderoso, Padre Hijo ✠ y Espíritu Santo.

℞. Amén.)

LA ENTREGA DE LOS MORIBUNDOS A DIOS

(Recomendación del alma)

La caridad hacia el prójimo urge a los cristianos a que expresen la comunión con los hermanos que van a morir, implorando con ellos y por ellos la misericordia de Dios y la confianza en Cristo.

Las oraciones, letanías, jaculatorias, lecturas bíblicas y los salmos que se incluyen en este capítulo para encomendar el alma a Dios tienen como primordial finalidad que el moribundo, si todavía tiene conocimiento, imitando a Cristo dolorido y moribundo que, al morir, destruyó nuestra muerte, supere con su poder la innata ansiedad de la muerte y la acepte con la esperanza de la vida celestial y de la resurrección.

Los presentes, aunque el moribundo haya perdido su conocimiento, encontrarán en estas plegarias una fuente de consuelo al descubrir el sentido pascual de la muerte cristiana. Con frecuencia será conveniente subrayar este sentido con un signo visible, haciendo la señal de la cruz sobre la frente del moribundo, donde fue marcado por vez primera en el bautismo.

Inmediatamente después de que el enfermo haya expirado, conviene que todos se pongan de rodillas y el sacerdote, el diácono o uno de los presentes dice la oración que se indica más adelante.

Los sacerdotes y diáconos procuren, en cuanto puedan, asistir personalmente a los moribundos en compañía de sus familiares, y recitar las preces de la recomendación del alma y de la expiración; con su presencia aparecerá con mayor claridad que el cristiano muere en comunión con la Iglesia. Cuando, debido a sus graves oficios pastorales, no pueda hacerse presente, no olvide de prevenir a los seglares para que asistan a los moribundos y reciten con ellos las oraciones que aquí se indican u otras parecidas; para ello, convendrá que los seglares dispongan de los textos convenientes.

FORMULAS BREVES

¿Quién podrá apartarnos del amor de Cristo? (Rom 8, 35).
En la vida y en la muerte somos del Señor (Rom 14, 8).

Tenemos una casa que tiene duración eterna en los cielos (2 Cor 5, 1).

Estaremos siempre con el Señor (1 Tes 4, 17).

Veremos a Dios tal cual es (1 Jn 3, 2).

Hemos pasado de la muerte a la vida, porque amamos a los hermanos (1 Jn 3, 14).

A ti, Señor, levanto mi alma (Sal 24, 1).

El Señor es mi luz y mi salvación (Sal 26, 1).

Espero gozar de la dicha del Señor en el país de la vida (Sal 26, 13).

Mi alma tiene sed del Dios vivo (Sal 41, 3).

Aunque camine por cañadas oscuras, nada temo, porque tú vas conmigo (Sal 22, 4).

Venid vosotros, benditos de mi Padre, dice el Señor Jesús, heredad el reino preparado para vosotros (Mt 25, 34).

Te lo aseguro: hoy estarás conmigo en el paraíso, dice el Señor Jesús (Lc 23, 43).

En la casa de mi Padre hay muchas estancias (Jn 14, 2).

Dice el Señor Jesús: voy a prepararos sitio y os llevaré conmigo (Jn 14, 2-3).

Este es mi deseo: que los que me confiaste estén conmigo, dice el Señor Jesús (Jn 17, 24).

Todo el que cree en el Hijo tiene vida eterna (Jn 6, 40).

A tus manos, Señor, encomiendo mi espíritu (Sal 30, 6a).

Señor Jesús, recibe mi espíritu (Hch 7, 59).

Santa María, ruega por mí.

San José, ruega por mí.

Jesús, José y María, asistidme en mi agonía.

LECTURAS BIBLICAS

Pueden tomarse de las que se indican en la p. 2588.

Si el moribundo pudiera soportar una plegaria más larga, es aconsejable que, según las circunstancias, los presentes recen por él recitando las letanías de los santos (o algunas de sus invocaciones) con la respuesta «ruega por él», haciendo especial mención del santo o de los santos patronos del moribundo o de la familia. Pueden también recitarse algunas de las oraciones más conocidas.

Cuando parece que se acerca el momento de la muerte, alguien puede decir, según las disposiciones cristianas del moribundo, una o varias de estas oraciones:

ORACIONES

Alma cristiana, al salir de este mundo, marcha en el nombre de Dios Padre todopoderoso, que te creó, en el nombre de Jesucristo, Hijo de Dios vivo, que murió por ti, en el nombre del Espíritu Santo que sobre ti descendió.

Entra en el lugar de la paz y que tu morada esté junto a Dios en Sión, la ciudad santa, con Santa María Virgen, Madre de Dios, con San José y todos los ángeles y santos.

Querido hermano, te entrego a Dios, y, como criatura suya, te pongo en sus manos, pues es tu Hacedor, que te formó del polvo de la tierra. Y al dejar esta vida, salgan a tu encuentro la Virgen María y todos los ángeles y santos.

Que Cristo, que sufrió muerte de cruz por ti, te conceda la libertad verdadera. Que Cristo, Hijo de Dios vivo, te aloje en su paraíso. Que Cristo, buen Pastor, te cuente entre sus ovejas. Que te perdone todos los pecados y te agregue al número de sus elegidos. Que puedas contemplar cara a cara a tu Redentor y gozar de la visión de Dios por los siglos de los siglos.

R. Amén.

Acoge, Señor, en tu reino a tu siervo para que alcance la salvación, que espera de tu misericordia. ℟.

Libra, Señor, a tu siervo de todos sus sufrimientos. ℟.

Libra, Señor, a tu siervo, como libraste a Noé del diluvio. ℟.

Libra, Señor, a tu siervo, como libraste a Abrahán del país de los caldeos. ℟.

Libra, Señor, a tu siervo, como libraste a Job de sus padecimientos. ℟.

Libra, Señor, a tu siervo, como libraste a Moisés del poder del Faraón. ℟.

Libra, Señor, a tu siervo, como libraste a Daniel de la fosa de los leones. ℟.

Libra, Señor, a tu siervo, como libraste a los tres jóvenes del horno ardiente y del poder del rey inicuo. ℟.

Libra, Señor, a tu siervo, como libraste a Susana de la falsa acusación. ℟.

Libra, Señor, a tu siervo, como libraste a David del rey Saúl y de las manos de Goliat. ℟.

Libra, Señor, a tu siervo, como libraste a Pedro y Pablo de la cárcel. ℟.

Libra, Señor, a tu siervo por Jesús, nuestro Salvador, que por nosotros sufrió muerte cruel y nos obtuvo la vida eterna. ℟.

Señor, Jesús, Salvador del mundo, te encomendamos a N. y te rogamos que lo recibas en el gozo de tu reino, pues por él bajaste a la tierra. Y aunque haya pecado en esta vida, nunca negó al Padre, al Hijo y al Espíritu Santo, sino que permaneció en la fe y adoró fielmente al Dios que hizo todas las cosas.

Puede también decirse o cantarse esta antífona:

Dios te salve, Reina y Madre de misericordia, vida, dulzura y esperanza nuestra; Dios te salve.

A ti llamamos los desterrados hijos de Eva; a ti suspiramos, gimiendo y llorando, en este valle de lágrimas.

Ea, pues, Señora, abogada nuestra, vuelve a nosotros esos tus ojos misericordiosos, y después de este destierro, muéstranos a Jesús, fruto bendito de tu vientre.

¡Oh clementísima, oh piadosa, oh dulce Virgen María!

Después de que haya expirado, dígase:

℞. Venid en su ayuda, santos de Dios; salid a su encuentro, ángeles del Señor. Recibid su alma y presentadla ante el Altísimo.

℣. Cristo, que te llamó, te reciba, y los ángeles te conduzcan al regazo de Abrahán.

℞. Recibid su alma y presentadla ante el Altísimo.

℣. Dale, Señor, el descanso eterno, y brille para él la luz perpetua. Recibid su alma y presentadla ante el Altísimo.

Oremos. Te pedimos, Señor, que tu siervo N., muerto ya para este mundo, viva para ti, y que tu amor misericordioso borre los pecados que cometió por fragilidad humana. Por Jesucristo nuestro Señor.

℞. Amén.

* * *

FORMULARIOS DE MISAS

POR LOS ENFERMOS

ANTIFONA DE ENTRADA
Sal 6, 3

Misericordia, Señor, que desfallezco; cura, Señor, mis huesos dislocados.

o bien: Cf. Is 53, 4

El Señor soportó nuestros sufrimientos y aguantó nuestros dolores.

ORACION COLECTA

Tú quisiste, Señor, que tu Hijo Unigénito soportara nuestras debilidades, para poner de manifiesto el valor de la enfermedad y la paciencia; escucha ahora las plegarias que te dirigimos por nuestros hermanos enfermos, y concede a cuantos se hallan sometidos al dolor, la aflicción o la enfermedad, la gracia de sentirse elegidos entre aquellos que tu Hijo ha llamado dichosos, y de saberse unidos a la pasión de Cristo para la redención del mundo. Por nuestro Señor.

ORACION SOBRE LAS OFRENDAS

Oh Dios, bajo cuya providencia transcurre cada instante de la vida; recibe las súplicas y oblaciones que te ofrecemos por nuestros hermanos enfermos, para que, superado todo peligro, nos alegremos de verles recobrar la salud. Por Jesucristo.

ANTIFONA DE COMUNION   Col 1, 24

Completo en mi carne los dolores de Cristo, sufriendo por su cuerpo que es la Iglesia.

ORACION DESPUES DE LA COMUNION

Oh Dios, singular protector en las enfermedades, muestra el poder de tu auxilio con tus hijos enfermos, para que, aliviados por tu misericordia, vuelvan sanos y salvos a tu santa Iglesia. Por Jesucristo.

POR LOS MORIBUNDOS

ANTIFONA DE ENTRADA   Rom 14, 7-8

Ninguno de nosotros vive para sí mismo y ninguno muere para sí mismo. Si vivimos, vivimos para el Señor; si morimos, morimos para el Señor. En la vida y en la muerte somos del Señor.

o bien: Cf. Is 53, 4

El Señor soportó nuestros sufrimientos y aguantó nuestros dolores.

ORACION COLECTA

Oh Dios, lleno de poder y de amor, que, al decretar la muerte, le abriste al hombre con tu misericordia las puertas de la vida eterna; mira con piedad a tu hijo que lucha en agonía, para que, asociado a la pasión de Cristo y sellado con su Sangre, pueda llegar a tu presencia limpio de todo pecado. Por nuestro Señor.

ORACION SOBRE LAS OFRENDAS

Recibe, Señor, la ofrenda que te presentamos por tu hijo moribundo; concédele por ella el perdón de sus pecados, y ya que soportó en esta vida, porque así lo has querido, los dolores de la enfermedad, dale el descanso eterno en la vida futura. Por Jesucristo.

ANTIFONA DE COMUNION

Col 1, 24

Completo en mi carne los dolores de Cristo, sufriendo por mi cuerpo que es la Iglesia.

o bien: Jn 6, 24

El que come mi carne y bebe mi sangre tiene vida eterna y yo lo resucitaré en el último día —dice el Señor.

ORACION DESPUES DE LA COMUNION

Dígnate, Señor, confortar piadosamente a tu hijo por la eficacia de este sacramento, para que, en la hora de la muerte, pueda vencer al enemigo y entrar con tus ángeles en la vida eterna. Por Jesucristo.

* * *

LECCIONARIO

Antiguo Testamento

* «Elías, desfallecido por el camino, fue confortado por el Señor» (1 Re 19, 1-8, p. 883).

«¿Por qué dio a luz un desgraciado?» (Job 3, 1-3.11-17.20-23, p. 1770).

«Recuerdo que mi vida es un soplo» (Job 7, 1-4.6-11, p. 752).

«¿Qué es el hombre para que le des importancia?» (Job 7, 12-21).

* «Yo sé que está vivo mi Vengador» (Job 19, 1.23-27a, p. 1776).

* «Fortaleced las manos débiles» (Is 35, 1-10, p. 40).

* «El soportó nuestros sufrimientos» (Is 52, 13—53, 12, p. 2479).

* «El Espíritu del Señor me ha enviado para consolar a los afligidos» (Is 61, 1-3a, p. 403).

Nuevo Testamento

* «En nombre de Jesús, echa a andar» (Hch 3, 1-10, p. 2472).

* «La fe en quien Dios resucitó le ha restituido completamente la salud» (Hch 3, 11-16, p. 502).

* «No se nos ha dado otro nombre que pueda salvarnos» (Hch 4, 8-12, p. 2038).

* «A quien Dios resucitó, no conoció la corrupción» (Hch 13, 32-39, p. 2545).

* «El compartir sufrimientos es señal de que compartiremos su gloria» (Rom 8, 14-17, p. 694).

* «Aguardando la redención de nuestro cuerpo» (Rom 8, 18-27, p. 2457).

* «¿Quién podrá apartarnos del amor de Cristo?» (Rom 8, 31b-35.37-39, p. 2085).

* «Lo débil de Dios es más fuerte que los hombres» (1 Cor 1, 18-25, p. 2252).

* «Cuando un miembro sufre, todos sufren con él» (1 Cor 12, 12-22.24b-27, p. 736).

* «Si los muertos no resucitan, tampoco Cristo ha resucitado» (1 Cor 15, 12-20, p. 1743).

* «Nuestro interior se renueva día a día» (2 Cor 4, 16-18, p. 2454).

* «Tenemos una casa eterna en los cielos» (2 Cor 5, 1.6-10, p. 809).

* «Os anuncié el Evangelio con motivo de una enfermedad mía» (Gal 4, 12-19).

* «Estuvo enfermo, pero Dios tuvo misericordia de él» (Flp 2, 25-30).

* «Completo en mi carne los dolores de Cristo, sufriendo por su cuerpo» (Col 1, 22-29, p. 859).

Salmos

Is 38, 10.11.12abcd.16, p. 2454
Sal 6, 2-6.9-10, p. 211
Sal 24, 4bc-5ab. 6-7bc. 8-9, p. 211
Sal 33, 2-7.10-13.17.19, p. 988
Sal 41, 3-5bcd, p. 1854
Sal 62, 2-3.4-6.7-9, p. 2104
Sal 70, 1-2.5-6ab.8-9.14-15ab, p. 2169
Sal 85, 1-6, p. 1349
Sal 89, 2-6.12.14.16, p. 1764

Evangelios

* «Estad alegres y contentos, porque vuestra recompensa será grande en el cielo» (Mt 5, 1-12a, p. 2419).

* «Si quieres, puedes limpiarme» (Mt 8, 1-4, p. 1514).

* «El cargó con vuestras enfermedades» (Mt 8, 5-17, p. 1517).
* «Venid a mí todos los que estáis cansados» (Mt 11, 25-30, p. 2242).
* «Jesús curó a muchos» (Mt 15, 29-31, p. 21).
* «Cada vez que lo hicisteis con uno de estos mis humildes hermanos, conmigo lo hicisteis» (Mt 25, 31-40, p. 2273).
* «Viendo la fe que tenían, dijo: tus pecados quedan perdonados» (Mc 2, 1-12, p. 1299).
* «¿Por qué sois tan cobardes? ¿Aún no tenéis fe?» (Mc 4, 35-40, p. 1343).
* «Hijo de David, Jesús, ten compasión de mí» (Mc 10, 46-52, p. 1431).
* «Impondrán las manos a los enfermos y quedarán sanos» (Mc 16, 15-20, p. 2290).
* «Id a anunciar a Juan lo que habéis visto y oído» (Lc 7, 19-23, p. 69).
* «Curad a los enfermos» (Lc 10, 5-6.8-9, p. 2249).
* «¿Quién es mi prójimo?» (Lc 10, 25-37, p. 1787).

EXEQUIAS

VIGILIA POR UN DIFUNTO

Es muy aconsejable la celebración de una vigilia de oración por el difunto, en la misma casa mortuoria, bajo la dirección de un sacerdote o de un laico, en el momento que parezca más oportuno, antes de la celebración de las exequias propiamente dichas.

Si se hace, se puede omitir la estación en casa del difunto, en el rito completo de las exequias. También puede tenerse en la Iglesia a una hora conveniente; sin embargo, no sea nunca inmediatamente antes de la Misa exequial, para que no se alargue demasiado el rito y no parezca que se duplica la Liturgia de la Palabra.

MONICION INTRODUCTORIA

El que preside la celebración se dirige a los presentes con estas palabras u otras espontáneas:

Hermanos:

Es lógico vuestro dolor, pues siempre duele la separación de los seres que amamos. Pero en este momento tengamos confianza en el Señor que nos dice: «Venid a mí todos los que estáis cansados y agobiados, que yo os aliviaré.» Por eso, vamos ahora a escuchar su palabra de consuelo y a orar con la confianza de los hijos de Dios.

SALMO 22

A continuación se recita o canta el siguiente salmo con su antífona:

℞.   **Acuérdate de mí en tu Reino, Señor.**

El Señor es mi pastor, | nada me falta: | en verdes praderas me hace recostar; | me conduce hacia fuentes tranquilas | y repa-

ra mis fuerzas; | me guía por el sendero justo, | por el honor de
su nombre. | Aunque camine por cañadas oscuras, | nada temo,
porque tú vas conmigo: | tu vara y tu cayado me sosiegan. ℟.

Preparas una mesa ante mí | enfrente de mis enemigos; | me
unges la cabeza con perfume, | y mi copa rebosa. | Tu bondad y
tu misericordia me acompañan | todos los días de mi vida, | y
habitaré en la casa del Señor | por años sin término. ℟.

ORACION

Oremos. Escucha en tu bondad, Señor, nuestras súplicas ahora que imploramos tu misericordia por tu siervo N., a quien has
llamado de este mundo: dígnate llevarlo al lugar de la luz y de
la paz, para que tenga parte en la asamblea de tus santos. Por Jesucristo nuestro Señor.

LECTURA BIBLICA

*La muerte es la ocasión de percibir el fruto de lo que hemos
sembrado en nuestra vida*

✠ LECTURA DEL S. EVANGELIO SEGUN
SAN JUAN   12, 23-28

En aquel tiempo, dijo Jesús a sus discípulos: Ha llegado la
hora de que sea glorificado el Hijo del Hombre. Os aseguro, que
si el grano de trigo no cae en tierra y muere, queda infecundo;
pero si muere, da mucho fruto. El que se ama a sí mismo, se
pierde, y el que se aborrece a sí mismo en este mundo, se guardará para la vida eterna. El que quiera servirme, que me siga y
donde esté yo, allí también estará mi servidor; a quien me sirva,
el Padre le premiará. [Ahora mi alma está agitada y, ¿qué diré?:
Padre, líbrame de esta hora. Pero si por esto he venido, para esta
hora, Padre, glorifica tu nombre. Entonces vino una voz del cielo: Lo he glorificado y volveré a glorificarlo.]

Palabra del Señor.

A continuación el sacerdote pronuncia una breve homilía.

ORACION DE LOS FIELES

La celebración concluye con las siguientes preces:

Presidente:

Pidamos por nuestro hermano a Jesucristo, que ha dicho: «Yo soy la resurrección y la vida: el que cree en mí, aunque haya muerto, vivirá, y el que está vivo y cree en mí no morirá para siempre.»
Señor, tú que lloraste en la tumba de Lázaro, dígnate enjugar nuestras lágrimas.

Todos: Te lo pedimos, Señor.

Presidente:

Tú que resucitaste a los muertos, dígnate dar la vida eterna a nuestro hermano.

Todos: Te lo pedimos, Señor.

Presidente:

Tú que perdonaste en la cruz al buen ladrón y le prometiste el paraíso, dígnate perdonar y llevar al cielo a nuestro hermano.

Todos: Te lo pedimos, Señor.

Presidente:

Tú que has purificado a nuestro hermano en el agua del Bautismo y lo ungiste con el óleo de la confirmación, dígnate admitirlo entre tus santos y elegidos.

Todos: Te lo pedimos, Señor.

Presidente:

Tú que alimentaste a nuestro hermano con tu Cuerpo y tu Sangre, dígnate también admitirlo en la mesa de tu Reino.

Todos: Te lo pedimos, Señor.

Presidente:

Y a nosotros, que lloramos su muerte, dígnate confortarnos con la fe y la esperanza de la vida eterna.

Todos: Te lo pedimos, Señor.

Presidente:

Terminemos nuestra oración repitiendo la plegaria que el Señor nos enseñó.

Todos: Padre nuestro, que estás en el cielo...

Presidente: Dale, Señor, el descanso eterno.

Todos: Brille para él la luz perpetua.

EXEQUIAS EN LA IGLESIA

En los lugares donde existen dificultades pastorales para la celebración de las exequias según el rito completo, sobre todo por lo que se refiere a la organización de las procesiones, utilícese este modo simplificado, que se desarrolla íntegramente en el interior de la Iglesia. De suyo, comporta la celebración de la Misa exequial, la cual, sin embargo, puede omitirse por motivos pastorales, aunque debe procurar celebrarse oportunamente en otro día.

RITO DE ACOGIDA

SALUDO

El sacerdote, revestido con alba (o sobrepelliz) y estola, o bien con casulla si tiene que celebrar la Misa, se dirige a la puerta de la Iglesia. Si las condiciones del lugar lo permiten, saluda a los presentes con toda amabilidad, comunicándoles con sus palabras el consuelo de la fe y citando oportunamente algunos textos de la Sagrada Escritura. Lo puede hacer con las siguientes palabras u otras espontáneas:

Hermanos:
Habéis sufrido al perder un ser querido. Pero en este momento de dolor podemos decir, llenos de esperanza: «Bendito sea Dios, Padre de nuestro Señor Jesucristo, Padre de misericordia y Dios de todo consuelo: él nos conforta en toda tribulación.»

2 Cor 1, 3-4

Después rocía el cuerpo con agua bendita.

Si las condiciones del lugar así lo aconsejan, el sacerdote, sin decir nada, recibe el cuerpo del difunto a la puerta de la Iglesia y lo rocía con agua bendita.

CANTO DE ENTRADA

Luego, se introduce el cadáver en la Iglesia, mientras se entona el siguiente responsorio:

Creo que mi Redentor vive
y que al final de los tiempos he de resucitar del polvo.
Y en esta carne mía contemplaré a Dios, mi Salvador.
℣. Lo veré yo mismo, no otro;
    mis propios ojos lo contemplarán.
Y en esta carne mía...

ORACION

Una vez colocados todos los fieles en sus sitios, y puesto el féretro en medio de la asamblea, el sacerdote desde el presbiterio dice la siguiente oración, a no ser que se tenga que celebrar la Misa exequial.

Celebrante: El Señor esté con vosotros.

Todos: Y con tu espíritu.

Celebrante:

Oremos. Escucha en tu bondad, Señor, nuestras súplicas ahora que imploramos tu misericordia por tu siervo N., a quien has llamado de este mundo: dígnate llevarlo al lugar de la luz y de la paz, para que tenga parte en la asamblea de tus santos. Por Jesucristo nuestro Señor.

Si parece oportuno, guárdese la costumbre de colocar al difunto según la orientación que normalmente adoptaba en la asamblea litúrgica. Es decir: los laicos, mirando hacia el altar; los ministros sagrados, mirando al pueblo. Sobre el féretro se puede colocar el libro de los Evangelios, o la Biblia, u otro signo cristiano. No se debe colocar ninguna cruz cerca del féretro, si la cruz presidencial del presbiterio se ve desde la nave. Alrededor del féretro se pueden colocar cirios encendidos, o bien únicamente el Cirio pascual a la cabecera del difunto.

MONICION INTRODUCTORIA

Antes de dar comienzo a la Misa o, si ésta no se celebra, antes de la Liturgia de la Palabra, el sacerdote se dirige a los fieles congregados con estas palabras u otras espontáneas:

Hermanos:

Nos hemos reunido en esta casa de oración, acompañando a una familia que pasa por el trance doloroso de haber perdido a uno de los suyos, N., al que nos unía la amistad y la estima personal. Que nuestra oración le acompañe ahora en la fe y en la esperanza cristiana para encomendarlo a nuestro Padre y a la Iglesia que está en el cielo.

Después de los ritos iniciales, se celebra la Liturgia de la Palabra, en la que puede haber tres lecturas, tomadas del Leccionario de difuntos, siendo la primera, en este caso, del Antiguo Testamento. Si no se celebra Misa, después de la monición introductoria, se organiza una Celebración de la Palabra de Dios, que puede iniciarse con la siguiente oración:

ORACION

Oremos. Prepara nuestros corazones, Señor, a escuchar tu Palabra, para que encontremos por ella luz en nuestra oscuridad, fe en nuestra duda, y nos consolemos mutuamente. Por Jesucristo nuestro Señor.

MISA EXEQUIAL

A) FUERA DEL TIEMPO PASCUAL

ANTIFONA DE ENTRADA 4 Esd 2, 34-35

Señor, dales el descanso eterno y brille sobre ellos la luz perpetua.

ORACION COLECTA

Dios Padre omnipotente, nuestra fe confiesa que tu Hijo ha muerto y ha resucitado. Concede a tu siervo, que ha participado ya en la muerte de Cristo, participar también en su resurrección. Por nuestro Señor.

o también:

¡Oh Dios, siempre dispuesto a la misericordia y al perdón!, escucha nuestra súplica por tu siervo N. que acabas de llamar a tu presencia, pues creyó y esperó en ti; condúcelo a la patria verdadera para que goce contigo de la alegría eterna. Por nuestro Señor.

PRIMERA LECTURA

La edad avanzada, una vida sin tacha

LECTURA DEL LIBRO DE LA SABIDURIA   4, 7-15

El justo, aunque muera prematuramente, tendrá el descanso. Vejez venerable no son los muchos días, ni se mide por el número de los años; que las canas del hombre son la prudencia, la edad avanzada, una vida sin tacha. Agradó a Dios, y Dios lo amó, vivía entre pecadores, y Dios se lo llevó; lo arrebató, para que la malicia no pervirtiera su conciencia, para que la perfidia no sedujera su alma. La fascinación del vicio oscurece lo bueno, el vértigo de la pasión pervierte una mente sin malicia. Madurando en pocos años, llenó mucho tiempo. Como su alma era agradable a Dios, lo sacó aprisa de en medio de la maldad. Lo vieron las gentes, pero no lo entendieron, no reflexionaron sobre ello; la gracia y la misericordia son para los elegidos del Señor y la visitación para sus santos.

Palabra de Dios.

SALMO RESPONSORIAL 26

℟ **El Señor es mi luz y mi salvación.**

El Señor es mi luz y mi salvación, | ¿a quién temeré? | El Señor es la defensa de mi vida, | ¿quién me hará temblar? ℟.

Una cosa pido al Señor, | eso buscaré: | habitar en la casa del Señor | por los días de mi vida; | gozar de la dulzura del Señor | contemplando su templo. ℟.

Escúchame, Señor, que te llamo, | ten piedad, respóndeme. | Tu rostro buscaré, Señor, | no me escondas tu rostro. ℟.

Espero gozar de la dicha del Señor | en el país de la vida. | Espera en el Señor, sé valiente, | ten ánimo, espera en el Señor. ℟.

SEGUNDA LECTURA

Justificados ahora por su sangre, seremos por él salvos de la cólera

LECTURA DE LA CARTA DEL APOSTOL SAN PABLO A LOS ROMANOS

5, 5-11

Hermanos: La esperanza no defrauda, porque el amor de Dios ha sido derramado en nuestros corazones con el Espíritu Santo que nos ha dado. En efecto, cuando estábamos todavía sin fuerza, en el tiempo señalado, Cristo murió por los impíos —en verdad, apenas habrá quien muera por un justo; por un hombre de bien tal vez se atrevería uno a morir—; mas la prueba de que Dios nos ama es que Cristo, siendo nosotros todavía pecadores, murió por nosotros. ¡Con cuánta más razón, pues, justificados ahora por su sangre, seremos por él salvados de la cólera! Si cuando éramos enemigos, fuimos reconciliados con Dios por la muerte de su Hijo, ¡con cuánta más razón, estando ya reconciliados, seremos salvos por su vida! Y no sólo eso, sino que también nos gloriamos en Dios, por nuestro Señor Jesucristo, por quien hemos obtenido ahora la reconciliación.

Palabra de Dios.

VERSICULO ANTES DEL EVANGELIO

Jn 11, 25a.26

Yo soy la resurrección y la vida, dice el Señor; el que cree en mí no morirá jamás.

EVANGELIO

En la casa de mi Padre hay muchas estancias

✠ LECTURA DEL S. EVANGELIO SEGUN
SAN JUAN   14, 1-6

En aquel tiempo, dijo Jesús a sus discípulos: No perdáis la
calma: creed en Dios y creed también en mí. En la casa de mi
Padre hay muchas estancias, y me voy a prepararos sitio. Cuando
vaya y os prepare sitio, volveré y os llevaré conmigo, para que
donde estoy yo, estéis también vosotros. Y adonde yo voy, ya
sabéis el camino. Tomás le dice: Señor, no sabemos adónde vas,
¿cómo podemos saber el camino? Jesús le responde: Yo soy el
camino, y la verdad, y la vida. Nadie va al Padre, sino por mí.

Palabra del Señor.

ORACION DE LOS FIELES

Para esta oración se emplean entre otros los textos siguientes:

El celebrante:

Hermanos, invoquemos con fe a Dios Padre todopoderoso, que resucitó a su Hijo Jesucristo para salvación de vivos y muertos.
Por nuestro hermano difunto N., que en el bautismo recibió la
semilla de vida eterna, para que Dios le admita en su reino con
los santos, roguemos al Señor.

R. Te lo pedimos, Señor.

El celebrante:

Para que nuestro hermano N., que comió el Cuerpo de
Cristo, pan de vida eterna, resucite en el último día, roguemos al Señor. R.

El celebrante:

Por las almas de nuestros hermanos, parientes y bienhechores, para que reciban el premio de sus trabajos, rogamos al Señor. ℟.

El celebrante:

Por los que han muerto en la esperanza de la resurrección para que Dios los reciba y los ilumine con la claridad de su rostro, roguemos al Señor. ℟.

El celebrante:

Por todos los que se han reunido aquí con nosotros en la fe y en el amor, para que Dios nos reúna también en su reino glorioso, roguemos al Señor. ℟.

Si no se celebra Misa se puede terminar la Oración de los fieles de la siguiente manera:

El celebrante:

Terminemos nuestra oración repitiendo la plegaria que el Señor nos enseñó.

Todos:

Padre nuestro que estás en el cielo...

Una vez terminado el **Padre nuestro** se prosigue con la última recomendación y despedida (p. 2607).

Si se celebra misa se puede terminar con esta oración:

La oración de tus fieles Señor, ayude a tus hijos, para que sean absueltos de todos sus pecados y puedan participar de los frutos de la redención. Por Jesucristo nuestro Señor.

ORACION SOBRE LAS OFRENDAS

Te presentamos, Señor, estas ofrendas implorando de tu bondad la salvación de nuestro hermano N.; concédele que tu Hijo Jesucristo, en quien siempre creyó como su Salvador, sea para él Juez misericordioso. Por Jesucristo nuestro Señor.

Prefacio, pp. 1115ss.

ANTIFONA DE COMUNION   4 Esd 2, 35.34

Brille, Señor, sobre ellos la luz eterna; vivan con tus santos por siempre, porque tú eres piadoso. Señor, dales el descanso eterno y brille sobre ellos la luz eterna; vivan con tus santos por siempre, porque tú eres piadoso.

ORACION DESPUES DE LA COMUNION

Señor y Dios nuestro, por esta Eucaristía que tu Hijo nos dejó como viático para la Vida eterna, te pedimos que nuestro hermano N. sea conducido al banquete de tu reino. Por Jesucristo.

B)   *DURANTE EL TIEMPO PASCUAL*

ANTIFONA DE ENTRADA   1 Tes 4, 14; 1 Cor 15, 22

Del mismo modo que Jesús ha muerto y resucitado, a los que han muerto en Jesús, Dios los llevará con él. Si por Adán murieron todos, por Cristo todos volverán a la vida. Aleluya.

ORACION COLECTA

Escucha, Señor, nuestras súplicas, para que, al confesar la resurrección, se afiance también la esperanza de que nuestro hermano resucitará. Por nuestro Señor.

PRIMERA LECTURA

Los recibió como sacrificio de holocausto

LECTURA DEL LIBRO DE LA SABIDURIA 3, 1-9

El texto entre [ ] puede suprimirse por razones pastorales.

La vida de los justos está en manos de Dios y no los tocará el tormento. La gente insensata pensaba que morían, considera su tránsito como una desgracia, su partida entre nosotros, como una destrucción; pero ellos están en paz. La gente pensaba que eran castigados, pero ellos esperaban seguros la inmortalidad. Sufrieron un poco, recibirán grandes favores, porque Dios los puso a prueba, y los halló dignos de sí: los probó como oro en crisol, los recibió como sacrificio de holocausto. [El día de la cuenta resplandecerán ellos como chispas que prenden por un cañaveral. Gobernarán naciones, someterán pueblos, y su Señor reinará eternamente. Los que en él confían conocerán la verdad y los fieles permanecerán con él en el amor, porque sus elegidos encontrarán gracia y misericordia.]

Palabra de Dios.

SALMO RESPONSORIAL 22

R. **El Señor es mi pastor, nada me falta.**

El Señor es mi pastor, | nada me falta: | en verdes praderas me hace recostar; | me conduce hacia fuentes tranquilas | y repara mis fuerzas. R.

Me guía por el sendero justo, | por el honor de su nombre. | Aunque camine por cañadas oscuras, | nada temo, porque tú vas conmigo: | tu vara y tu cayado me sosiegan. R.

Preparas una mesa ante mí | enfrente de mis enemigos; | me unges la cabeza con perfume, | y mi copa rebosa. R.

Tu bondad y tu misericordia me acompañan | todos los días de mi vida, | y habitaré en la casa del Señor | por años sin término. ℟.

SEGUNDA LECTURA

Estaremos siempre con el Señor

LECTURA DE LA PRIMERA CARTA DEL APOSTOL SAN PABLO A LOS TESALONICENSES   4, 12-17

Hermanos: No queremos que ignoréis la suerte de los difuntos, para que no os aflijáis como los hombres sin esperanza. Pues si creemos que Jesús ha muerto y resucitado, del mismo modo a los que han muerto en Jesús, Dios los llevará con él. Esto es lo que os decimos como Palabra del Señor: Nosotros, los que vivimos y quedamos para su venida, no aventajaremos a los difuntos. Pues él mismo, el Señor, a la voz del arcángel y al son de la trompeta divina, descenderá del cielo; y los muertos en Cristo resucitarán en primer lugar. Después nosotros, los que aún vivimos, seremos arrebatados con ellos en la nube, al encuentro del Señor, en el aire. Y así estaremos siempre con el Señor. Consolaos, pues mutuamente con estas palabras.

Palabra de Dios.

VERSICULO ANTES DEL EVANGELIO   Jn 6, 40

Esta es la voluntad de mi Padre: que todo el que cree en el Hijo tenga vida eterna, y yo lo resucitaré en el último día.

EVANGELIO

Este es mi deseo: que estén donde yo estoy

✠ LECTURA DEL S. EVANGELIO SEGUN SAN JUAN   17, 24-26

En aquel tiempo, elevando los ojos al cielo, Jesús oró diciendo: Padre, éste es mi deseo: que los que me confiaste estén conmigo, donde yo estoy y contemplen mi gloria, la que me diste, porque me amabas, antes de la fundación del mundo. Padre justo, si el mundo no te ha conocido, yo te he conocido, y éstos han conocido que tú me enviaste. Les he dado a conocer y les daré a conocer tu Nombre, para que el amor que me tenías esté en ellos, como también yo estoy en ellos.

Palabra del Señor.

Otras lecturas ver p. 2624

ORACION DE LOS FIELES

Para esta oración se emplean entre otros los textos siguientes:

El celebrante:

Hermanos, invoquemos con fe a Dios Padre todopoderoso, que resucitó a su Hijo Jesucristo para salvación de vivos y muertos. Por nuestro hermano difunto N., que en el bautismo recibió la semilla de vida eterna, para que Dios le admita en su reino con los santos, roguemos al Señor.

℟. Te lo pedimos, Señor.

El celebrante:

Para que nuestro hermano N., que comió el Cuerpo de Cristo, pan de vida eterna, resucite en el último día, roguemos al Señor. ℟.

El celebrante:

Por las almas de nuestros hermanos, parientes y bienhechores, para que reciban el primero de sus trabajos, roguemos al Señor. ℟.

El celebrante:

Por los que han muerto en la esperanza de la resurrección, para que Dios los reciba y los ilumine con la claridad de su rostro, roguemos al Señor. ℞.

El celebrante:

Por todos los que se han reunido aquí con nosotros en la fe y en el amor, para que Dios nos reúna también en su reino glorioso, roguemos al Señor. ℞.

Si no se celebra misa se puede terminar la oración de los fieles de la siguiente manera:

El celebrante:

Terminemos nuestra oración repitiendo la plegaria que el Señor nos enseñó.

Todos:

Padre nuestro que estás en el cielo...

Una vez terminado el **Padre nuestro...** se prosigue con la última recomendación y despedida (p. 2607).

Si se celebra misa se puede terminar con esta oración:

La oración de tus fieles Señor, ayude a tus hijos, para que sean absueltos de todos sus pecados y puedan participar de los frutos de la redención. Por Jesucristo nuestro Señor.

ORACION SOBRE LAS OFRENDAS

Mira, Señor, con bondad las ofrendas que te presentamos por tu siervo N., y recíbelo en la gloria con tu Hijo Jesucristo, al que nos unimos por la celebración del memorial de su amor. Por Jesucristo.

Prefacio pp. 1115ss.

ANTIFONA DE COMUNION Jn 11, 25-26

Yo soy la resurrección y la vida, dice el Señor. El que cree en mí, aunque haya muerto, vivirá; y el que está vivo y cree en mí, no morirá para siempre. Aleluya.

ORACION DESPUES DE LA COMUNION

Te pedimos, Dios todopoderoso, que nuestro hermano N., por cuya salvación hemos celebrado el misterio pascual, pueda llegar a la mansión de la luz y de la paz. Por Jesucristo.

ULTIMA RECOMENDACION Y DESPEDIDA

Después de la poscomunión o, si no se ha celebrado el sacrificio eucarístico, acabada la Liturgia de la Palabra, el sacerdote, revestido de casulla o de capa pluvial, procede al rito de la última recomendación y despedida.

INVITACION Y ORACION EN SILENCIO

Cerca del féretro, vuelto al pueblo y acompañado de los ministros que tienen el agua bendita y el incienso, introduce el rito con estas o semejantes palabras:

Según la costumbre cristiana daremos sepultura al cuerpo de nuestro hermano. Oremos con fe a Dios para quien toda criatura vive. Este cuerpo que enterramos ahora en debilidad pidamos que Dios lo resucite en fortaleza, y lo agregue a la asamblea de sus elegidos. Que el Señor sea misericordioso con nuestro hermano, para que, libre de la muerte, absuelto de sus culpas, reconciliado con el Padre y llevado sobre los hombros del buen Pastor, merezca gozar de la perenne alegría de los santos en el séquito del Rey eterno.

Y todos oran unos momentos en silencio.

PALABRAS DE DESPEDIDA

Si parece oportuno, después de la pausa de silencio, uno de los familiares del difunto —u otra persona—, en nombre de todos, se dirige a los presentes con estas o semejantes palabras:

Antes de separarnos, permitidnos unas palabras de despedida y agradecimiento en nombre de todos los familiares de nuestro querido N. Vuestro acompañamiento y vuestra presencia aquí expresan, en primer lugar, la estima y consideración que tanto el difunto como nosotros os merecemos. Pero especialmente os queremos agradecer vuestra oración sincera, porque nos consuela compartir con vosotros la fe en la resurrección futura.

CANTO DE DESPEDIDA

Seguidamente se asperja e inciensa el cuerpo, lo cual puede hacerse también después del canto de despedida:

Venid en su ayuda, santos de Dios; salid a su encuentro, ángeles del Señor. Recibid su alma y presentadla ante el Altísimo.

℣. Cristo, que te llamó, te reciba, y los ángeles te conduzcan al regazo de Abrahán. Recibid su alma y presentadla ante el Altísimo.

℟. Dale, Señor, el descanso eterno, y brille para él la luz perpetua. Recibid su alma y presentadla ante el Altísimo.

ORACION

Después el sacerdote dice la oración:

En tus manos, Padre de bondad, encomendamos el alma de nuestro hermano; nos sostiene la esperanza de que resucitará con Cristo en el último día con todos los que en Cristo han muerto. (Te damos gracias, Señor, por los beneficios derramados sobre tu siervo en su vida mortal, signos de tu bondad y manifestación de la comunión de tus santos.) Escucha nuestras oraciones, Dios de misericordia, para que se abran a tu siervo las puertas del paraíso, y nosotros, los que aún permanecemos en este mundo, nos consolemos mutuamente con palabras de fe (hasta que salgamos todos al encuentro de Cristo, y así, con nuestro hermano, gocemos en tu presencia). Por Jesucristo nuestro Señor.

Acabada la oración, y mientras sacan el cuerpo de la Iglesia, pueden cantarse una u otra de estas antífonas:

Al paraíso te lleven los ángeles, a tu llegada te reciban los mártires y te introduzcan en la ciudad santa de Jerusalén.

Otra antífona:

El coro de los ángeles te reciba, y junto con Lázaro, pobre en esta vida, tengas descanso eterno.

JUNTO AL SEPULCRO

BENDICION DEL SEPULCRO

Si el sepulcro no está bendecido, bendígase antes de depositar el cuerpo en él.

Celebrante:

Oremos. Señor Jesucristo, tú permaneciste tres días en el sepulcro, dando así a toda sepultura un carácter de espera en la esperanza de la resurrección. Concede a tu siervo reposar en la paz de este sepulcro hasta que tú, resurrección y vida de los hombres, le resucites y le lleves a contemplar la luz de tu rostro. Tú que vives y reinas por los siglos de los siglos.

Dicha la oración, si existe la costumbre, el sacerdote rocía con agua bendita e inciensa el sepulcro y el cuerpo del difunto, a no ser que esto se haga dentro del rito de la última recomendación.

RITO DE INHUMACION

El acto de sepultar al difunto se hace inmediatamente o al final del rito, según la costumbre del lugar. Mientras se coloca el cuerpo en el sepulcro, o en otro momento oportuno, el sacerdote puede decir:

Dios todopoderoso ha llamado a nuestro hermano y nosotros ahora enterramos su cuerpo, para que vuelva a la tierra de donde fue sacado. Con la fe puesta en la resurrección de Cristo, primogénito de los muertos, creemos que él transformará nuestro cuerpo humillado y lo hará semejante a su cuerpo glorioso. Por eso encomendamos nuestro hermano al Señor, para que lo resucite en el último día y le admita en la paz de su Reino.

PRECES FINALES

Seguidamente el sacerdote puede decir las siguientes preces, total o parcialmente:

Celebrante:

Pidamos por nuestro hermano a Jesucristo, que ha dicho: «Yo soy la resurrección y la vida; el que cree en mí, aunque haya muerto, vivirá, y el que está vivo y cree en mí, no morirá para siempre.» Señor, tú que lloraste en la tumba de Lázaro, dígnate enjugar nuestras lágrimas.

Todos: Te lo pedimos, Señor.

Celebrante:

Tú que resucitaste a los muertos, dígnate dar la vida eterna a nuestro hermano.

Todos: Te lo pedimos, Señor.

Celebrante:

Tú que perdonaste en la cruz al buen ladrón y le prometiste el paraíso, dígnate perdonar y llevar al cielo a nuestro hermano.

Todos: Te lo pedimos, Señor.

Celebrante:

Tú que has purificado a nuestro hermano en el agua del Bautismo y lo ungiste con el óleo de la confirmación, dígnate admitirlo entre tus santos y elegidos.

Todos: Te lo pedimos, Señor.

Celebrante:

Tú que alimentaste a nuestro hermano con tu Cuerpo y tu Sangre, dígnate también admitirlo en la mesa de tu Reino.

Todos: Te lo pedimos, Señor.

Celebrante:

Y a nosotros, que lloramos su muerte, dígnate confortarnos con la fe y la esperanza de la vida eterna.

Todos: Te lo pedimos Señor.

Seguidamente todos pueden recitar el Padrenuestro, o el celebrante puede decir esta oración:

Señor, ten misericordia de tu siervo, para que no sufra castigo por sus faltas, pues deseó cumplir tu voluntad. La verdadera fe le unió aquí, en la tierra, al pueblo fiel, que tu bondad le una ahora al coro de los ángeles y elegidos. Por Jesucristo nuestro Señor.

Todos: Amén.

Celebrante: Dale, Señor, el descanso eterno.

Todos: Brille para él la luz perpetua.

Como conclusión de todo el rito puede entonarse algún canto apropiado.

EXEQUIAS DE NIÑOS EN LA IGLESIA

En los lugares donde existan dificultades pastorales para la celebración de las exequias de niños según el rito completo, sobre todo por lo que se refiere a la organización de las procesiones, utilícese este modo simplificado, que se desarrolla íntegramente en el interior de la Iglesia.

RITO DE ACOGIDA

SALUDO

El sacerdote, revestido con alba (o sobrepelliz) y estola, o bien con casulla si se tiene que celebrar la Misa, se dirige a la puerta de la Iglesia. Si las condiciones del lugar lo permiten, saluda a los presentes con toda amabilidad, comunicándoles con sus palabras el consuelo de la fe y citando oportunamente algunos textos de la Sagrada Escritura. Lo puede hacer con las siguientes palabras u otras espontáneas:

Hermanos:
Habéis sufrido al perder un ser querido. Pero en este momento de dolor, podemos decir, llenos de esperanza: «Bendito sea Dios, Padre de nuestro Señor Jesucristo, Padre de misericordia y Dios de todo consuelo: él nos conforta en toda tribulación.»

2 Cor 1, 3-4

Después rocía el cuerpo con agua bendita.

Si las condiciones del lugar así lo aconsejan, el sacerdote, sin decir nada, recibe el cuerpo del difunto a la puerta de la Iglesia, y lo rocía con agua bendita.

CANTO DE ENTRADA

Luego, se introduce el cadáver en la Iglesia, mientras se canta la siguiente antífona:

Te damos gracias, Padre, Señor del cielo y de la tierra, porque has revelado a los pequeños los misterios de tu Reino.

ORACION

Una vez colocados todos los fieles en sus sitios, y puesto el féretro en medio de la asamblea, el sacerdote, desde el presbiterio dice la siguiente oración, a no ser que tenga que celebrar la Misa exequial.

Celebrante: El Señor esté con vosotros.

Todos: Y con tu espíritu.

Celebrante:

Oremos. Escucha, Señor, las súplicas con que imploramos tu misericordia, para que un día participemos en la vida eterna con este niño, que ya vive en tu Reino. Por Jesucristo nuestro Señor.

Se puede adornar el féretro con flores o plantas aromáticas. No se debe colocar ninguna cruz cerca del féretro, si la cruz presidencial del presbiterio se ve bien desde la nave. Alrededor del féretro se pueden colocar cirios encendidos, o bien únicamente el Cirio pascual a la cabecera del difunto.

MONICION INTRODUCTORIA

Antes de dar comienzo a la Misa o, si ésta no se celebra, antes de la Liturgia de la Palabra, el sacerdote se dirige a los fieles congregados con estas palabras u otras espontáneas:

Hermanos:
Nos hemos reunido en esta casa de oración, acompañando a una familia que pasa por el doloroso trance de la muerte

de N. Este niño, que fue recibido en la familia de los hijos de Dios por el Bautismo, ha completado en poco tiempo su peregrinación, marcado con la señal de Cristo. Que nuestra oración al encomendarle a la Iglesia del cielo, le dé a él la posesión del Reino y a sus padres, hermanos y amigos les confirme en la paz y esperanza cristianas.

Después de los ritos iniciales, se celebra la Liturgia de la Palabra, en la que puede haber tres lecturas, tomadas del Leccionario de difuntos, siendo la primera, en este caso, del Antiguo Testamento.

Si no se celebra la Misa, después de la monición introductoria, se organiza una Celebración de la Palabra de Dios, que puede iniciarse con la oración siguiente:

ORACION

Oremos. Prepara nuestros corazones, Señor, a escuchar tu Palabra, para que encontremos por ella luz en nuestra oscuridad, fe en nuestra duda, y nos consolemos mutuamente. Por Jesucristo nuestro Señor.

MISA EXEQUIAL

ANTIFONA DE ENTRADA   Mt 25, 34

Venid vosotros, benditos de mi Padre; heredad el reino preparado para vosotros desde la creación del mundo.

ORACION COLECTA

Dios de amor y de clemencia, que en los planes de tu sabiduría has querido llamar a ti, desde el mismo umbral de la vida, a este niño, a quien hiciste hijo tuyo de adopción en el bautismo; escucha con bondad nuestra plegaria y reúnenos un día con él en tu gloria donde creemos que vive ya contigo. Por nuestro Señor.

PRIMERA LECTURA

Primero Cristo como primicia; después todos los cristianos

LECTURA DE LA PRIMERA CARTA DEL APOSTOL SAN PABLO A LOS CORINTIOS

15, 20-26

Hermanos: Cristo ha resucitado, primicia de todos los que han muerto. Si por un hombre vino la muerte, por un hombre ha venido la resurrección. Si por Adán murieron todos, por Cristo todos volverán a la vida. Pero cada uno en su puesto: primero Cristo como primicia; después, cuando él vuelva, todos los cristianos; después, los últimos, cuando Cristo devuelva a Dios Padre su reino, una vez aniquilado todo principado, poder y fuerza. Cristo tiene que reinar hasta que Dios «haga de sus enemigos estrado de sus pies.» El último enemigo aniquilado será la muerte. Porque dice la Escritura: «Dios ha sometido todo bajo sus pies.»

Palabra de Dios.

SALMO RESPONSORIAL 22

℟ **El Señor es mi pastor, nada me falta.**

El Señor es mi pastor, | nada me falta: | en verdes praderas me hace recostar; | me conduce hacia fuentes tranquilas | y repara mis fuerzas. ℟.

Me guía por el sendero justo, | por el honor de su nombre. | Aunque camine por cañadas oscuras, | nada temo, porque tú vas conmigo: | tu vara y tu cayado me sosiegan. ℟.

Preparas una mesa ante mí, | enfrente de mis enemigos; | me unges la cabeza con perfume, | y mi copa rebosa. ℟.

Tu bondad y tu misericordia me acompañan | todos los días de mi vida, | y habitaré en la casa del Señor | por años sin término. ℟.

ALELUYA Jn 6, 39

Esta es la voluntad de mi Padre: que no pierda nada de lo que me dio, sino que lo resucite en el último día.

EVANGELIO

Que sean completamente uno

✠ LECTURA DEL S. EVANGELIO SEGUN
SAN JUAN
                                                   17, 20-26

En aquel tiempo, levantando los ojos al cielo, Jesús dijo:
«Padre santo: No sólo por ellos ruego, sino también por los que
crean en mí por la palabra de ellos, para que todos sean uno,
como tú, Padre, en mí y yo en ti, que ellos también lo sean en
nosotros, para que el mundo crea que tú me has enviado. También les di a ellos la gloria que me diste, para que sean uno,
como nosotros somos uno: yo en ellos y tú en mí, para que sean
completamente uno, de modo que el mundo sepa que tú me has
enviado y los has amado como me has amado a mí. Padre, éste
es mi deseo: que los que me confiaste estén conmigo, donde yo
estoy y contemplen mi gloria, la que me diste, porque me amabas antes de la fundación del mundo. Padre justo, si el mundo
no te ha conocido, yo te he conocido y éstos han conocido que
tú me enviaste. Les he dado a conocer y les daré a conocer tu
Nombre, para que el amor que me tenías esté en ellos, como
también yo estoy con ellos.»

Palabra del Señor.

ORACION DE LOS FIELES

Seguidamente se tiene la oración de los fieles:

Celebrante:

Hermanos, invoquemos con fe a Dios Padre todopoderoso, que resucitó de entre los muertos a su Hijo Jesucristo
para la salvación de todos los hombres.
Para que afiance al pueblo cristiano en la fe y en la unidad, roguemos al Señor.

Todos: Te lo pedimos Señor.

Celebrante:

Para que libre al mundo entero de todos los males, roguemos al Señor.

Todos: Te lo pedimos, Señor.

Celebrante:

Por nuestro hermano, el niño N., que en su corta vida recibió la semilla de la vida eterna en el Bautismo, para que goce de la compañía de los santos, roguemos al Señor

Todos: Te lo pedimos, Señor.

Celebrante:

Por sus padres y familiares, para que sepan hallar en la fe el consuelo y la esperanza, roguemos al Señor.

Todos: Te lo pedimos, Señor.

Celebrante:

Por los que se han dormido en la esperanza de la resurrección, para que Dios los reciba y los ilumine con la claridad de su rostro, roguemos al Señor.

Todos: Te lo pedimos, Señor.

Celebrante:

Por todos los que nos hemos reunido aquí en la fe y en el amor, para que Dios nos reúna también en su Reino glorioso, roguemos al Señor.

Todos: Te lo pedimos, Señor.

Si no se celebra Misa se puede terminar la oración de los fieles de la siguiente manera:

Celebrante:

Terminemos nuestra oración repitiendo la plegaria que el Señor nos enseñó:

Todos: Padre nuestro que estás en el cielo...

Una vez terminado el Padre nuestro... se prosigue con la última recomendación y despedida (p. 2620).

Si no se celebra misa se puede terminar con esta oración:

Escucha, Señor, las súplicas con que imploramos tu misericordia, para que un día participemos en la vida eterna con este niño, que ya vive en tu Reino. Por Jesucristo nuestro Señor.

ORACION SOBRE LAS OFRENDAS

Santifica, Señor, nuestras ofrendas y concede a estos padres, que con dolor te devuelven el hijo que de ti habían recibido, el gozo de abrazarlo nuevamente llenos de alegría en tu reino. Por Jesucristo.

Prefacio, pp. 1115ss.

ANTIFONA DE COMUNION   Rom 6, 4.8

Sepultados por el bautismo con Cristo en la muerte, creemos que también viviremos con él.

ORACION DESPUES DE LA COMUNION

Por la comunión del Cuerpo y la Sangre de tu Hijo, muerto en la cruz y resucitado a nueva vida, has alimentado, Señor, en nosotros la esperanza de la vida eterna; concede, pues, a los que han participado en estos santos misterios, ayuda en las dificultades y consuelo en las lágrimas de esta vida. Por Jesucristo.

ULTIMA RECOMENDACION Y DESPEDIDA

Después de la poscomunión o, si no se ha celebrado la Misa, acabada la Liturgia de la Palabra, el sacerdote, revestido de casulla o de capa pluvial, procede al rito de la última recomendación y despedida.

INVITACION Y ORACION EN SILENCIO

Cerca del féretro, vuelto al pueblo y acompañado de los ministros que tienen el agua bendita y el incienso, introduce el rito con éstas o semejantes palabras:

Dios ha querido, en su providencia, llamar junto a sí a este niño, hijo suyo de adopción por el Bautismo. Su cuerpo, que ahora vamos a sepultar, un día resucitará y florecerá eternamente en una nueva vida. En la esperanza cierta de esa vida, en la que confiamos ha entrado ya, supliquemos a Dios que consuele a sus padres y familiares y nos mueva a todos a desear siempre el cielo.

Y todos oran unos momentos en silencio.

PALABRAS DE DESPEDIDA

Si parece oportuno, uno de los familiares del niño difunto —u otra persona—, en nombre de todos, se dirige a los presentes con éstas o semejantes palabras:

Antes de separarnos, permitidme unas palabras de despedida y agradecimiento en nombre de todos los familiares de nuestro querido N. Vuestro acompañamiento y vuestra presencia aquí expresan, en primer lugar, la estima que nos profesáis. Pero especialmente os queremos agradecer vuestra oración sincera, porque nos consuela compartir con vosotros, a pesar de todas las oscuridades, la fe en la resurrección futura.

CANTO DE DESPEDIDA

Seguidamente se asperja e inciensa el cuerpo, lo cual puede hacerse también después del canto de despedida:

Creo que mi Redentor vive y que al final de los tiempos he de resucitar del polvo. Y en esta carne mía contemplaré a Dios, mi Salvador.

℣. Lo veré yo mismo, no otro; mis propios ojos lo contemplarán.

Y en esta carne mía...

ORACION

Después el sacerdote dice la oración:

Te rogamos, Señor, humildemente por N. (este niño), a quien tanto amas: recíbelo en el paraíso, donde ya no hay luto, ni dolor, ni llanto, sino paz y gozo, con tu Hijo y el Espíritu Santo, por los siglos de los siglos.

Acabada la oración, y mientras sacan el cuerpo de la Iglesia, pueden cantarse una u otra de estas antífonas:

Al paraíso te lleven los ángeles, a tu llegada te reciban los mártires y te introduzcan en la ciudad santa de Jerusalén.

Otra antífona:

El coro de los ángeles te reciba, y junto con Lázaro, pobre en esta vida, tengas descanso eterno.

JUNTO AL SEPULCRO

BENDICION DEL SEPULCRO

Si el sepulcro no está bendecido, bendígase antes de depositar el cuerpo en él.

Oremos. Oh Dios, por cuya misericordia descansan las almas de los fieles, dígnate bendecir esta sepultura, y que tus ángeles la custodien; recibe, en tu bondad, el alma de este niño que enterramos aquí, para que pueda gozar eternamente con tus santos. Por Jesucristo nuestro Señor.

Dicha la oración, si existe la costumbre, el sacerdote rocía con agua bendita e inciensa el sepulcro y el cuerpo del difunto, a no ser que esto se haga dentro del rito de la última recomendación.

RITO DE INHUMACION

El acto de sepultar al difunto se hace inmediatamente o al final del rito, según la costumbre del lugar. Mientras se coloca el cuerpo en el sepulcro, o en otro momento oportuno, el sacerdote puede decir:

Dios todopoderoso ha llamado a nuestro hermano y nosotros ahora enterramos su cuerpo, para que vuelva a la tierra de donde fue sacado. Con la fe puesta en la resurrección de Cristo, primogénito de los muertos, creemos que él transformará nuestro cuerpo humillado y lo hará semejante a su cuerpo glorioso. Por eso encomendamos nuestro hermano al Señor, para que lo resucite en el último día y le admita en la paz de su Reino.

PRECES FINALES

Seguidamente el sacerdote puede decir las siguientes preces:

Celebrante:

Antes de separarnos del sepulcro de nuestro hermano, elevemos nuestras súplicas al Señor, implorando los bienes de su misericordia y de su bondad. Que hagas participar de los bienes eternos a nuestro hermano N., sellado con la marca bautismal.

Todos: Te lo pedimos, Señor.

Celebrante:

Que mitigues el dolor de la separación de sus padres y familiares.

Todos: Te lo pedimos, Señor.

Celebrante:

Que avives en todos nosotros la esperanza de la resurrección.

Todos: Te lo pedimos, Señor.

A continuación todos pueden recitar el Padrenuestro, o el celebrante puede decir esta oración:

Te pedimos, Señor, que santa María, Madre de Dios, que estuvo al pie de la cruz del Hijo que moría, comunique su fe a éstos que están, como ella, afligidos, les socorra y les alcance el premio eterno. Por Jesucristo nuestro Señor.

Celebrante: Dale, Señor, el descanso eterno.

Todos: Brille para él la luz perpetua.

Como conclusión de todo el rito puede entonarse algún canto apropiado.

* * *

EN EL ANIVERSARIO DE UN DIFUNTO

A) Fuera del tiempo pascual

ANTIFONA DE ENTRADA   Ap 21, 4

Dios enjugará las lágrimas de sus ojos. Ya no habrá muerte, ni luto, ni llanto, ni dolor. Porque el primer mundo ha pasado.

ORACION COLECTA

Oh Dios, gloria de los fieles y vida de los justos, nosotros, los redimidos por la muerte y resurrección de tu Hijo, te pedimos que acojas con bondad a tu siervo N., y pues creyó en la resurrección futura, merezca alcanzar los gozos de la eterna bienaventuranza. Por nuestro Señor Jesucristo.

PRIMERA LECTURA	Is 25, 6a.7-9 (p. 965)
SALMO RESPONSORIAL	121, 1-9 (p. 1868)
SEGUNDA LECTURA	Rom 8, 31b-35.37-39 (p. 2085)
EVANGELIO	Lc 7, 11-17 (p. 2146)

ORACION SOBRE LAS OFRENDAS

Acepta, Señor, las ofrendas que te presentamos por tu siervo N.; haz que, purificado por este sacramento, viva por siempre feliz en tu reino. Por Jesucristo nuestro Señor.

Prefacio pp. 1115ss.

ANTIFONA DE COMUNION   Jn 11, 25; 3, 36; 5, 24

Yo soy la resurrección y la vida —dice el Señor—: el
que cree en mí posee la vida eterna y no será condenado,
porque ha pasado ya de la muerte a la vida.

ORACION DESPUES DE LA COMUNION

Confortados con los sacramentos que dan la vida, te pedimos, Señor, por nuestro hermano N., que participó de tu alianza
en la tierra; purifícalo por esta celebración para que pueda gozar
eternamente de la paz de Cristo. Que vive y reina por los siglos
de los siglos.

B) En tiempo pascual

ANTIFONA DE ENTRADA   Cf. Rom 8, 11

Dios, que resucitó de entre los muertos a Jesús, vivificará
también nuestros cuerpos mortales, por su Espíritu que
habita en nosotros. Aleluya.

ORACION COLECTA

Dios de poder y misericordia, cuyo Hijo se entregó voluntariamente a la muerte por todos nosotros, concede a tu siervo N.
participar con él en la admirable victoria de su resurrección. Por
nuestro Señor Jesucristo.

PRIMERA LECTURA   2 Mac 12, 38-44 (p. 1004)

SALMO RESPONSORIAL   62, 2-9 (p. 2104)

SEGUNDA LECTURA   1 Cor 15, 51-57 (p. 2142)

EVANGELIO   Lc 23, 44-49 (p. 636)

ORACION SOBRE LAS OFRENDAS

Dios de justicia y misericordia, limpia en la sangre de Cristo,
por medio de este sacrificio, los pecados de tu siervo N., y al

que ya habías lavado con el agua del bautismo, purifícale ahora con el mismo amor indulgente. Por Jesucristo nuestro Señor.

Prefacio pp. 1115ss.

ANTIFONA DE COMUNION   Jn 6, 51-52

Yo soy el pan vivo que ha bajado del cielo —dice el Señor—; el que coma de este pan vivirá para siempre. Y el pan que yo daré es mi carne, para la vida del mundo. Aleluya.

ORACION DESPUES DE LA COMUNION

Alimentados con el Cuerpo y la Sangre de Cristo que murió y resucitó por nosotros, te pedimos, Señor, por tu siervo N., para que, purificado por el misterio pascual, goce ya de la resurrección eterna. Por Jesucristo nuestro Señor.

EN DIVERSAS CONMEMORACIONES

A) Por un difunto

ANTIFONA DE ENTRADA

El Señor le abra las puertas del paraíso para que pueda volver a aquella patria donde ya no hay muerte, sino paz y alegría sin fin.

ORACION COLECTA

Dios, Padre todopoderoso, que por el bautismo nos has configurado con la muerte y resurrección de tu Hijo, concede a tu siervo N. que libre, de los lazos de la muerte, pueda gozar de la compañía de tus elegidos. Por nuestro Señor Jesucristo.

PRIMERA LECTURA   Sb 4, 7-15 (p. 2598)

SALMO RESPONSORIAL   26, 1.4.7-8.13-14 (p. 2598)

SEGUNDA LECTURA 2 Tim 2, 8-13 (p. 971)

EVANGELIO Jn 6, 37-40 (p. 553)

ORACION SOBRE LAS OFRENDAS

Ten misericordia, Señor, de tu siervo N., por quien te ofrecemos este sacrificio de alabanza, para que, en virtud de estos misterios de reconciliación, merezca resucitar a la vida verdadera. Por Jesucristo nuestro Señor.

Prefacio pp. 1115ss.

ANTIFONA DE COMUNION Jn 6, 37

Todo lo que me da el Padre vendrá a mí —dice el Señor—, y al que venga a mí, no lo echaré afuera.

ORACION DESPUES DE LA COMUNION

Confortados con los sacramentos que dan la vida te pedimos, Señor, por nuestro hermano N., que participó de tu alianza en la tierra; purifícalo por esta celebración para que pueda gozar eternamente de la paz de Cristo. Que vive y reina por los siglos de los siglos.

B) Por varios difuntos

Pueden utilizarse las misas del 2 de noviembre, Conmemoración de todos los Fieles Difuntos.

BENDICIONES

BENDICION DE LOS HIJOS

Como atestigua el Evangelio, la gente presentaba niños a Jesús para que los bendijera y les impusiera las manos. Los padres cristianos desean también vivamente que se imparta a sus hijos una bendición semejante. Más aún, en las tradiciones de los pueblos es tenida en gran estima la bendición impartida a los hijos por los mismos padres.

Ello puede hacerse en determinadas circunstancias de la vida de los hijos, o también cuando la familia se reúne para hacer oración o para meditar la sagrada Escritura.

Si se halla presente un sacerdote o un diácono —principalmente con ocasión de la visita que los pastores hacen a cada familia en unos tiempos fijos y determinados para bendecirlas—, a ellos incumbe entonces más adecuadamente este ministerio de bendición.

Por tanto, el rito que aquí se propone pueden utilizarlo los padres, el sacerdote o el diácono, los cuales, respetando los principales elementos y la estructura del rito, adaptarán cada una de sus partes a las circunstancias concretas del momento.

Si se ha de bendecir a un hijo o hijos dentro de otra celebración de bendición puede emplearse la fórmula breve que se halla al final del rito.

RITO DE LA BENDICION

RITOS INICIALES

Reunida la familia, el que preside dice:

En el nombre del Padre, y del Hijo, y del Espíritu Santo.

Todos se santiguan y responden:

Amén.

Luego, si el que preside es sacerdote o diácono, saluda a los presentes, diciendo:

La gracia de Dios Padre, | que nos ha hecho sus hijos adoptivos, | esté con todos vosotros.

Todos responden: **Y con tu espíritu.**

Si el que preside es laico, saluda a los presentes, diciendo:

Hermanos, alabemos a Dios Padre, que nos ha hecho sus hijos adoptivos.

Todos responden:

A él la gloria por los siglos de los siglos.

O bien: **Amén.**

El que preside dispone a los hijos y a los presentes a recibir la bendición, con estas palabras u otras semejantes:

Con razón el salmo compara a los hijos con los renuevos de olivo alrededor de la mesa familiar; ellos, en efecto, no sólo son signo y anuncio de la bendición divina, sino que atestiguan la presencia eficaz del mismo Dios, el cual, como dador de la fecundidad en los hijos, multiplica el júbilo en la familia y aumenta su alegría.

No sólo se debe a los hijos el mayor respeto, sino que conviene que se les enseñe oportunamente el amor y el temor de Dios, para que, conscientes de sus obligaciones, vayan creciendo en sabiduría y en gracia, y, teniendo ya en cuenta y poniendo por obra todo lo que es verdadero, justo y santo, sean testigos de Cristo en el mundo y mensajeros de su Evangelio.

LECTURA DE LA PALABRA DE DIOS

Luego uno de los presentes, o el mismo que preside, lee un texto de la sagrada Escritura:

Mt 19, 13-15: *No impidáis a los niños acercarse a mí*

Escuchad ahora, hermanos, las palabras del santo Evangelio según san Mateo.

En aquel tiempo, le acercaron unos niños a Jesús para que les impusiera las manos y rezara por ellos, pero los discípulos les regañaban. Jesús dijo: «Dejadlos, no impidáis a los niños acercarse a mí; de los que son como ellos es el reino de los cielos.» Les impuso las manos y se marchó de allí.

Palabra del Señor.

Puede también leerse: Mt 18, 1-5.10, p. 2210.

Según las circunstancias se puede decir o cantar un salmo responsorial u otro canto adecuado.

SALMO RESPONSORIAL 127

℟ Esta es la bendición del que teme al Señor.

Dichoso el que teme al Señor | y sigue sus caminos. | Comerás del fruto de tu trabajo, | serás dichoso, te irá bien; ℟.

Tu mujer, como parra fecunda, | en medio de tu casa; | tus hijos, como renuevos de olivo, | alrededor de tu mesa; ℟.

Esta es la bendición del hombre | que teme al Señor. | Que el Señor te bendiga desde Sión, | que veas la prosperidad de Jerusalén | todos los días de tu vida; | que veas a los hijos de tus hijos. ℟.

El que preside, según las circunstancias, exhorta brevemente a los presentes, explicándoles la lectura bíblica, para que perciban por la fe el significado de la celebración.

PRECES

Invoquemos a Dios todopoderoso, a quien Jesús, el Señor, nos enseñó a llamar Padre, y digámosle suplicantes:

℟. *Padre santo, guarda a tus hijos.*

Padre lleno de amor, que tanto amaste a los hombres que entregaste a tu Hijo único, protégenos y defiéndenos a nosotros, tus hijos, nacidos de nuevo por el bautismo. ℟.

Tú que te complaciste en tu Hijo amado, haz que cumplamos fielmente la misión encomendada a cada uno en el mundo y en la Iglesia. ℟.

Tú que confiaste tu Hijo a la custodia amorosa de María y José, durante su infancia, haz que los hijos crezcan en todo hacia Cristo. ℟.

Tú que tienes un amor especial a los desamparados, haz que todos los niños carentes de afecto familiar, con la ayuda de la comunidad cristiana, experimenten vivamente tu paternidad. ℟.

ORACION DE BENDICION

Los padres, según las circunstancias, haciendo la señal de la cruz en la frente de sus hijos, dicen la oración de bendición:

Padre santo, fuente inagotable de vida y autor de todo bien, te bendecimos y te damos gracias, porque has querido alegrar nuestra comunión de amor con el don de los hijos; te pedimos que estos jóvenes miembros de la familia encuentren la sociedad doméstica el camino por el que tiendan siempre hacia lo mejor y puedan llegar un día, con tu ayuda, a la meta que tienen señalada. Por Jesucristo nuestro Señor.

℞. Amén.

Los ministros, si no son los padres, dicen esta oración de bendición:

Señor Jesucristo, tanto amaste a los niños que dijiste que quienes los reciben te reciben a ti mismo; escucha nuestras súplicas en favor de estos niños (este niño/esta niña) y, ya que los (lo/la) enriqueciste con la gracia del bautismo, guárdalos (guárdalo/guárdala) con tu continua protección, para que, cuando lleguen a mayores (llegue a mayor), profesen (profese) libremente su fe, sean fervorosos (sea fervoroso/sea fervorosa) en la caridad y perserveren (persevere) con firmeza en la esperanza de tu reino. Tú que vives y reinas por los siglos de los siglos.

℞. Amén.

CONCLUSION DEL RITO

Los padres concluyen el rito, santiguándose y diciendo:

Jesús, el Señor, que amó a los niños, nos bendiga y nos guarde en su amor.

Esta fórmula la emplea también el ministro laico.

El ministro, si es sacerdote o diácono, concluye el rito, diciendo:

Jesús, el Señor, que amó a los niños, nos bendiga y nos guarde en su amor.

Todos responden: Amén.

* * *

BENDICION DE LOS PROMETIDOS

Entre los deberes de los esposos cristianos y sus diversas formas de apostolado, además de la educación de los hijos, tiene no poca importancia el ayudar a los prometidos a que se preparen mejor para el matrimonio.

Así pues, los honestos esponsales de los cristianos constituyen para las dos familias un acontecimiento singular, que conviene celebrar con algún rito especial y con la oración en común, para invocar la bendición divina y llevar a feliz término lo que felizmente comienza.

Para mejor alcanzar este objetivo, la celebración deberá acomodarse a las circunstancias del momento.

Cuando los esponsales se celebran en la intimidad de las dos familias, uno de los padres pueden presidir el rito de la bendición. Pero si se halla presente un sacerdote o un diácono, entonces a ellos corresponde más adecuadamente el cometido de presidir, con tal de que quede bien claro ante los presentes que no se trata de la celebración del matrimonio.

Por tanto, el rito que aquí se propone pueden utilizarlo los padres, el sacerdote, el diácono o un laico. Estos, respetando los principales elementos y la estructura del rito, adapatarán cada una de sus partes a las circunstancias.

Esta celebración puede emplearse también cuando, comenzando ya el noviazgo, los prometidos se reúnen para la catequesis que precede a la celebración del matrimonio. Pero nunca se han de unir los esponsales o la peculiar bendición de los novios a la celebración de la Misa.

RITO DE LA BENDICION

RITOS INICIALES

Reunida la familia, el que preside dice:

En el nombre del Padre, y del Hijo, y del Espíritu Santo.

Todos se santiguan y reponden:

Amén.

Luego el ministro, si es sacerdote o diácono, saluda a los presentes, diciendo:

La gracia y la paz de nuestro Señor Jesucristo, que nos amó hasta entregarse por nosotros, estén con vosotros.

Todos responden: Y con tu espíritu.

O de otro modo adecuado.

Si el ministro es laico, saluda a los presentes, diciendo:

Hermanos, alabemos a nuestro Señor Jesucristo, que nos amó hasta entregarse por nosotros.

Todos responden: Amén.

El ministro dispone a los presentes a recibir la bendición con estas palabras u otras semejantes:

Sabemos que la gracia de Dios es siempre necesaria para todos y en todo momento; pero nadie duda que esta gracia la necesitan los cristianos de manera especial cuando se preparan para formar una nueva familia.

Por tanto, para que estos hermanos nuestros crezcan en el mutuo respeto, se amen cada vez más sinceramente, y, con el debido trato y la oración en común, se vayan preparando castamente para la celebración del santo matrimonio, imploremos para ellos la bendición divina.

LECTURA DE LA PALABRA DE DIOS

Luego uno de los presentes, o el mismo que preside, lee un texto de la sagrada Escritura.

Jn 15, 9-12: *Este es mi mandamiento: que os améis unos a otros como yo os he amado.*

Escuchad ahora, hermanos, las palabras del santo Evangelio según San Juan.

Dijo Jesús a sus discípulos: «Como el Padre me ha amado, así os he amado yo; permaneced en mi amor. Si guardáis mis mandamientos, permaneceréis en mi amor; lo mismo que yo he guardado los mandamientos de mi Padre y permanezco en su amor. Os he hablado de esto para que mi alegría esté en vosotros, y vuestra alegría llegue a plenitud. Este es mi mandamiento: que os améis unos a otros como yo os he amado.»

Palabra del Señor.

Pueden también leerse: Flp 2, 1-5, p. 1857.

Según las circunstancias, se puede decir o cantar un salmo responsorial u otro canto adecuado.

SALMO RESPONSORIAL 144

℟ **El Señor es bueno con todos.**

El Señor es clemente y misericordioso, | lento a la cólera y rico en piedad; | el Señor es bueno con todos, | es cariñoso con todas sus criaturas. ℟.

Que todas tus criaturas te den gracias, Señor, | que te bendigan tus fieles. | Los ojos de todos te están aguardando, | tú les das la comida a su tiempo. ℟.

El Señor es justo en todos sus caminos, | es bondadoso en todas sus acciones; | cerca está el Señor de los que lo invocan, | de los que lo invocan sinceramente. ℟.

El que preside, exhorta brevemente a los presentes, explicándoles la lectura bíblica, para que perciban por la fe el significado de la celebración y puedan distinguirla claramente de la celebración del matrimonio.

PRECES

Invoquemos a Dios Padre, que tanto ama a los hombres que los hace hijos suyos en Cristo y los pone en el mundo como testigos de su amor. Digámosle confiadamente:

℟. Haz que te amemos siempre, Señor.

Tú que has querido que tus verdaderos hijos, hermanos de Cristo, se hicieran conocer por su mutuo amor. ℟.

Tú que impones a los hombres las suaves exigencias de tu amor, para que, sometiéndose a ellas, encuentren la felicidad. ℟.

Tú que unes al hombre y a la mujer con el amor recípro-
co, para que la familia que nace de esta unión se alegre
con el gozo de los hijos. ℟.

Tú que prefiguraste espiritualmente la plenitud del amor
de los desposados en el sacramento del matrimonio por el
sacrificio pascual de tu Hijo, que amó a la Iglesia, y, por
su sangre, la presentó ante tí inmaculada. ℟.

Tú que llamas a N. y N. a aquella plena comunión de
amor por la que los miembros de la familia cristiana llegan
a tener un mismo pensar y un mismo sentir. ℟.

Antes de la oración de bendición, de acuerdo con las costumbres de
cada lugar, los que contraen esponsales pueden expresar su compromiso
con algún signo, por ejemplo, firmando un documento, o con la entrega
de los anillos o de algún otro presente.

Se pueden bendecir los anillos o los otros presentes de desposorio
con la fórmula siguiente:

El Señor haga que de tal manera guardéis estos dones que
os habéis intercambiado que a su tiempo llevéis a término
lo que os habéis prometido con esta donación recíproca.

℟. Amén.

ORACION DE BENDICION

El que preside, con las manos juntas, dice la oración; si es sacerdote
o diácono, con las manos extendidas:

Te alabamos, Señor, porque, en tu designio de bondad,
mueves y preparas a estos hijos tuyos N. y N. para que se
amen mutuamente; dígnate fortalecer sus corazones, para
que, guardándose fidelidad y agradándote en todo, lleguen

felizmente al sacramento del matrimonio. Por Jesucristo, nuestro Señor.

℟. Amén.

O bien, cuando preside un sacerdote o un diácono:

Señor Dios, fuente de todo amor, tu designio providente hizo que estos prometidos se encontraran; te pedimos que a quienes imploran tu gracia en este tiempo de preparación al matrimonio les otorgues la ayuda de tu bendición, para que progresen en el mutuo afecto y se amen con amor sincero. Por Jesucristo, nuestro Señor.

℟. Amén.

CONCLUSION DEL RITO

El que preside concluye el rito, diciendo:

El Dios del amor y de la paz habite en vosotros, dirija vuestros pasos y confirme vuestros corazones en su amor.

Todos: Amén.

Es aconsejable terminar la celebración con un canto adecuado.

* * *

BENDICION DE LOS ANCIANOS QUE NO SALEN DE CASA

Los ancianos cuyas fuerzas se van debilitando, tanto si viven en su propia casa como si conviven juntos en algún hospital o residencia, necesitan la ayuda fraterna de los demás, para que sigan sintiéndose plenamente acogidos en la familia y en la comunidad eclesial.

Esta bendición tiende a que los ancianos reciban de los hermanos un testamento de respeto y de agradecimiento. Al mismo tiempo nosotros, junto con ellos, damos gracias a Dios por los beneficios que de él han recibido y por las buenas obras que han realizado con su ayuda.

El rito que aquí se propone puede utilizarlo el sacerdote, el diácono o también el laico, los cuales, respetando la estructura del rito y los principales elementos, adaptarán la celebración a cada una de las circunstancias.

La bendición de los ancianos también puede hacerse, seleccionando algunos elementos de este rito, dentro de la celebración de la Misa, después de la homilía, o al final de la Misa, o cuando se lleva la sagrada eucaristía a los ancianos que no pueden salir de casa, incluso cuando se la lleva un acólito u otro ministro extraordinario de la sagrada comunión delegado al efecto según las normas del derecho, con los ritos y preces previstos para los laicos.

Si se ha de bendecir a uno o dos ancianos dentro de otra celebración de bendición, puede emplearse la fórmula breve que se halla al final de estos ritos.

RITO DE LA BENDICION

RITOS INICIALES

Reunida la familia o la comunidad de fieles, el ministro dice:

En el nombre del Padre, y del Hijo, y del Espíritu Santo.

Todos se santiguan y responden: Amén.

Luego el ministro, si es sacerdote o diácono, saluda a los ancianos y a los demás presentes, diciendo:

La gracia de nuestro Señor Jesucristo, el amor del Padre y la comunión del Espíritu Santo estén con vosotros.

Todos responden: Y con tu espíritu.

Si el ministro es laico, saluda a los ancianos y a los demás presentes, diciendo:

Hermanos, bendigamos a Jesús, el Señor, que, al ser tomado en brazos por Simeón, el anciano lo llevaba a él, y él guiaba al anciano.

Todos responden:

Bendito seas por siempre, Señor.

O bien: Amén.

El ministro dispone a los ancianos y a los presentes a recibir la bendición, con estas palabras u otras semejantes:

El tiempo de la vejez es un don de Dios, que ha de recibirse con gratitud. Estos hermanos nuestros, de edad ya avanzada, pueden transmitirnos un verdadero tesoro de experiencia y de vida cristiana. Unidos a ellos, demos gracias a Dios y pidámosle su ayuda en favor suyo, para que su esperanza y confianza cobren nuevo impulso.

LECTURA DE LA PALABRA DE DIOS

Luego el lector, uno de los presentes o el mismo ministro, lee un texto de la sagrada Escritura.

Lc 2, 25-32.36-38: *Aguardando el consuelo de Israel.*

Escuchad ahora hermanos, las palabras del santo Evangelio según san Lucas.

Vivía en Jerusalén un hombre llamado Simeón, hombre justo y piadoso, que aguardaba el consuelo de Israel; y el Espíritu Santo moraba en él. Había recibido un oráculo del Espíritu Santo: que no vería la muerte antes de ver al Mesías del Señor. Impulsado por el Espíritu, fue al templo. Cuando entraban con el niño Jesús sus padres para cumplir con él lo previsto por la ley, Simeón lo tomó en brazos y bendijo a Dios diciendo: «Ahora, Señor, según tu promesa, puedes dejar a tu servidor irse en paz. Porque mis ojos han visto a tu Salvador, a quien has presentado ante todos los pueblos: luz para alumbrar a las naciones y gloria de tu pueblo Israel.» Había también una profetisa, Ana, hija de Fanuel, de la tribu de Aser. Era una mujer muy anciana; de jovencita había vivido siete años casada, y luego viuda hasta los ochenta y cuatro; no se apartaba del templo día y noche, sirviendo a Dios con ayunos y oraciones. Acercándose en aquel momento, daba gracias a Dios y hablaba del niño a todos los que aguardaban la liberación de Jerusalén.

Palabra del Señor.

Pueden también leerse: Sir 3, 2-8, p. 126; Sb 4, 8-9, p. 2598; Flp 3, 20—4, 1, p. 2246.

Según las circunstancias, se puede decir o cantar un salmo responsorial u otro canto adecuado.

SALMO RESPONSORIAL 125

℟. **El Señor ha estado grande con nosotros, | y estamos alegres.**

Cuando el Señor cambió la suerte de Sión, | nos pareció soñar: | la boca se nos llenaba de risas, | la lengua de cantares. ℞

Hasta los gentiles decían: | El Señor ha estado grande con ellos. | El Señor ha estado grande con nosotros, | y estamos alegres. ℞

Que el Señor cambie nuestra suerte, | como los torrentes del Negueb. | Los que sembraban con lágrimas | cosechan entre cantares. ℞

Al ir, iba llorando, | llevando la semilla; | al volver, vuelve cantando, | trayendo sus gavillas. ℞

El ministro, según las circunstancias, exhorta brevemente a los presentes, explicándoles la lectura bíblica, para que perciban por la fe el significado de la celebración.

PRECES

Invoquemos a Dios, Padre todopoderoso, que en cualquier edad nos rejuvenece con la fuerza de su gracia, y digámosle suplicantes:

℞ No nos abandones, Señor.

Oh Dios, que por tu misericordia revelaste a tu Hijo a Simeón y Ana, que aguardaban la liberación de Israel, haz que estos servidores tuyos vean con los ojos de la fe a tu Salvador y se alegren con el consuelo del Espíritu Santo. ℞

Tú que, por medio de tu Hijo, prometiste alivio y paz a todos los que están cansados y agobiados, haz que estos servidores tuyos carguen con paciencia su cruz cada día. ℞

Tú que eres la misma bondad, haz que a estos servidores tuyos nunca les falte el debido consuelo de sus familiares y amigos. ℞ .

Tú que a nadie privas de tu amor de padre y muestras un cariño especial por los más débiles, haz que en nuestra sociedad se reconozca y respete la dignidad y derechos de los ancianos. ℞ .

ORACION DE BENDICION

El ministro, si es sacerdote o diácono, extendiendo, según las circunstancias, las manos sobre todos los ancianos a la vez o sobre cada uno en particular, o haciendo la señal de la cruz en la frente de cada uno, de lo contrario con las manos juntas, dice la oración de bendición:

Señor, Dios nuestro, que has concedido a estos fieles tuyos la gracia de esperar en ti y de experimentar tu bondad, en medio de los vaivenes de la vida, te bendecimos por haberles concedido abundantemente tus dones a lo largo de tantos años, y te pedimos que vivan siempre con la alegría de una juventud de espíritu constantemente renovada, que tengan el necesario vigor corporal y que su conducta sea un hermoso ejemplo para todos. Por Jesucristo, nuestro Señor.

℞ . Amén.

CONCLUSION DEL RITO

El celebrante, si es sacerdote o diácono, concluye el rito, diciendo, vuelto hacia los ancianos, la invitación: Inclinaos para recibir la bendición, u otra semejante, y añadiendo, con las manos extendidas:

Jesucristo, el Señor, esté siempre a vuestro lado para defenderos.

℞. Amén.

Que él vaya delante de vosotros para guiaros y vaya tras de vosotros para guardaros.

℞. Amén.

Que él vele por vosotros, os sostenga y os bendiga.

℞. Amén.

Finalmente bendice a todos los presentes, diciendo:

Y a todos vosotros, que estáis aquí presentes, os bendiga Dios todopoderoso, Padre, Hijo ✠ y Espíritu Santo.

℞. Amén.

Si el ministro es laico, implora la bendición del Señor sobre los ancianos y todos los presentes, santiguándose y diciendo:

El Señor nos bendiga, nos guarde de todo mal y nos lleve a la vida eterna.

℞. Amén.

Es aconsejable terminar la celebración con un canto adecuado.

* * *

BENDICION DE LOS ENFERMOS

Existe la antiquísima costumbre, que tiene su origen en la manera de obrar del mismo Cristo y de los apóstoles, de que los enfermos sean bendecidos por los ministros de la Iglesia. Los ministros, cuando visitan a los enfermos, deben observar diligentemente lo que se dice en el Ritual de la unción y de la pastoral de los enfermos, pero sobre todo les han de poner de manifiesto la solicitud y el amor de Cristo y de la Iglesia.

En el Ritual de la unción y de la pastoral de los enfermos están previstas diversas ocasiones en que se bendice a los enfermos, y en él se indican las fórmulas de bendición.

El rito que aquí se describe puede utilizarlo el sacerdote, el diácono y también el laico, con los ritos y preces previstos para el laico; todos estos, respetando la estructura y los principales elementos del rito, adaptarán la celebración a las circunstancias concretas de los enfermos y del lugar.

I. RITO DE LA BENDICION

A. PARA LOS ADULTOS

RITOS INICIALES

Reunida la comunidad, el ministro dice:

En el nombre del Padre, y del Hijo, y del Espíritu Santo.

Todos se santiguan y responden: Amén.

Luego el ministro, si es sacerdote o diácono, saluda a los enfermos y a los presentes, diciendo:

La paz del Señor a esta casa y a todos los aquí presentes.

o bien:

La paz del Señor sea siempre con vosotros.

Todos responden: Y con tu espíritu.

Si el ministro es laico, saluda a los enfermos y a los presentes, diciendo:

Hermanos, bendigamos al Señor, que pasó haciendo el bien y curando a todos.

Todos responden:

Bendito seas por siempre, Señor.

o bien: Amén.

El ministro dispone a los enfermos y a los presentes a recibir la bendición con estas palabras u otras semejantes:

Jesús, el Señor, que pasó haciendo el bien y curando todas las dolencias y enfermedades, encomendó a sus discípulos que cuidaran de los enfermos, que les impusieran las manos y que los bendijeran en su Nombre. En esta celebración, encomendaremos a Dios a nuestros hermanos enfermos, para que los ayude a soportar con paciencia los sufrimientos del cuerpo y del espíritu, sabiendo que si son compañeros de Cristo en el sufrir, también lo serán en el buen ánimo.

LECTURA DE LA PALABRA DE DIOS

Luego el lector, uno de los presentes o el mismo ministro, lee un texto de la sagrada Escritura.

2 Cor 1, 3-7: *Dios del consuelo*

Escuchad ahora, hermanos, las palabras del apóstol san Pablo a los Corintios.

¡Bendito sea Dios, Padre de nuestro Señor Jesucristo, Padre de misericordia y Dios del consuelo! El nos alienta en nuestras luchas hasta el punto de poder nosotros alentar a los demás en cualquier lucha, repartiendo con ellos el ánimo que nosotros recibimos de Dios. Si los sufrimientos de Cristo rebosan sobre nosotros, gracias a Cristo rebosa en proporción nuestro ánimo. Si nos toca luchar, es para vuestro aliento y salvación; si recibimos aliento, es para comunicaros un aliento con el que podáis aguantar los mismos sufrimientos que padecemos nosotros. Nos dáis firmes motivos de esperanza, pues sabemos que si sois compañeros en el sufrir, también lo sois en el buen ánimo.

Palabra de Dios.

O bien:

Mt 11, 28-30: *Venid a mí, y yo os aliviaré*

Escuchad ahora, hermanos, las palabras del santo Evangelio según san Mateo.

En aquel tiempo, dijo Jesús a sus discípulos: «Venid a mí todos los que estáis cansados y agobiados, y yo os aliviaré. Cargad con mi yugo y aprended de mí, que soy manso y humilde de corazón, y encontraréis vuestro descanso. Porque mi yugo es llevadero y mi carga ligera.»

Palabra del Señor.

Según las circunstancias, se puede decir o cantar un salmo responsorial u otro canto adecuado.

SALMO RESPONSORIAL 101

℟ **Señor, escucha mi oración, | que mi grito llegue hasta ti.**

Señor, escucha mi oración, | que mi grito llegue hasta ti; | no me escondas tu rostro | el día de la desgracia. | Inclina tu oído hacia mí; | cuando te invoco, escúchame en seguida. ℟.

El agotó mis fuerzas en el camino, | acortó mis días; | y yo dije: «Dios mío, no me arrebates | en la mitad de mis días.» | Tus años duran por todas las generaciones. ℟.

El ministro, según las circunstancias, exhorta brevemente a los presentes, explicándoles la lectura bíblica, para que perciban por la fe el significado de la celebración.

PRECES

Llenos de confianza, pidamos a Jesús, el Señor, que consuele con su gracia a nuestros hermanos enfermos, y digámosle suplicantes:

℟. Atiende con bondad, Señor, a estos enfermos.

Tú que viniste al mundo como médico de los cuerpos y de las almas, para curar nuestras enfermedades. ℟.

Tú que, como un hombre de dolores, soportaste nuestros sufrimientos y aguantaste nuestros dolores. ℟.

Tú que quisiste parecerte en todo a tus hermanos, para manifestarte compasivo. ℟.

Tú que quisiste experimentar la debilidad de la carne, para librarnos del mal. ℟.

Tú que tuviste a tu Madre junto a la cruz, compartiendo tus sufrimientos, y nos la diste por madre. R.

Tú que quieres que completemos en nuetra carne tus dolores, sufriendo por tu cuerpo, que es la Iglesia. R.

ORACION DE BENDICION

El ministro, si es sacerdote o diácono, imponiendo, según las circunstancias, las manos sobre todos los enfermos a la vez o sobre cada uno en particular, dice la oración de bendición:

Señor, Dios nuestro, que enviaste al mundo a tu Hijo para que sobrellevara nuestros sufrimientos y aguantara nuestros dolores, te pedimos por nuestros hermanos enfermos; dales paciencia y fortaleza, reanima su esperanza; que, con tu bendición, lleguen a superar la enfermedad y, con tu ayuda, alcancen un completo restablecimiento. Por Jesucristo, nuestro Señor.

R. Amén.

O bien, sin imposición de manos:

Señor, que pasaste haciendo el bien y curando a todos, te pedimos que te dignes bendecir ✠ a estos servidores tuyos enfermos; da vigor a su cuerpo, firmeza a su espíritu; dales paciencia en sus sufrimientos y haz que recuperen la salud, para que, reintegrados a la convivencia con los hermanos, puedan bendecirte llenos de alegría. Tú que vives y reinas por los siglos de los siglos.

R. Amén.

Si el ministro es laico, haciendo la señal de la cruz en la frente de cada uno, dice la oración de bendición:

Por tu amor, sálvanos, Señor, Dios nuestro, tú que velas solícitamente por la obra de tus manos; conforta con el poder de tu brazo el ánimo de estos servidores tuyos enfermos, remedia tus dolencias, sana sus debilidades y haz que alcancen felizmente el consuelo que de ti esperan. Por Jesucristo, nuestro Señor.

R̥. Amén.

O bien, por un solo enfermo:

Señor, Padre santo, Dios todopoderoso y eterno, que con tu bendición levantas y fortaleces nuestra frágil condición, mira con bondad a este servidor tuyo N. aparta de él la enfermedad y devuélvele la salud, para que, agradecido, bendiga tu santo Nombre. Por Jesucristo, nuestro Señor.

R̥. Amén.

Después de la oración de bendición, el ministro invita a todos los presentes a invocar la protección de la Santísima Virgen María, lo que puede hacerse con la recitación o el canto de una antífona mariana, por ejemplo: Bajo tu protección, o la Salve.

CONCLUSION DEL RITO

El ministro, si es sacerdote o diácono, concluye el rito, diciendo vuelto hacia los enfermos:

Que Dios Padre os (te) bendiga.

R̥. Amén.

Que el Hijo de Dios os (te) devuelva la salud.

℟. Amén.

Que el Espíritu Santo os (te) ilumine.

℟. Amén.

Finalmente bendice a todos los presentes, añadiendo:

Y a todos vosotros, que estáis aquí presentes, os bendiga Dios todopoderoso, Padre, Hijo ✠ y Espíritu Santo.

℟. Amén.

Si el ministro es laico, implora la bendición del Señor sobre los enfermos y todos los presentes y, santiguándose, dice:

Jesús, el Señor, que pasó haciendo el bien y curando a todos los enfermos nos conserve la salud y nos llene de sus bendiciones.

℟. Amén.

B. PARA LOS NIÑOS

Para la bendición de los niños enfermos, hay que adaptar a su edad los textos antes indicados. En este formulario se proponen unas preces y una oración de bendición especial para ellos.

PRECES

A las intercesiones que aquí se proponen el ministro pueden añadir otras más directamente relacionadas con las circunstancias del momento y de los enfermos:

Pidamos por estos niños a Jesús, el Señor, que ama y guarda a los pequeños con especial predilección, diciendo:

℟. Guárdalos en sus caminos.

Tú que, llamando a los niños, dijiste que de los que son como ellos es el reino de los cielos, escucha con piedad nuestra oración por estos niños. ℟.

Tú que dijiste que los misterios del reino se revelan, no a los sabios y entendidos, sino a los sencillos, manifiesta a estos niños los signos de tu amor. ℟.

Tú que aceptaste gustosamente la alabanza de los niños, que en las vísperas de tu pasión te aclamaban con el Hosanna, fortalece a estos niños y a sus padres con tu bondadoso consuelo. ℟.

Tú que recomendaste a tus discípulos la solicitud por los enfermos, asiste con bondad a los que se dedican al cuidado de estos niños. ℟.

ORACION DE BENDICION

El ministro, si es sacerdote o diácono, imponiendo las manos, según las circunstancias, sobre todo los niños enfermos a la vez o sobre cada uno en particular, dice la oración de bendición:

Señor, Dios nuestro, cuyo Hijo Jesucristo recibió con afecto a los niños y los bendijo, extiende benigno tu mano protectora sobre estos servidores tuyos (N. y N.), enfermos en su temprana edad; así, recobradas sus fuerzas, y devueltos en perfecta salud a tu santa Iglesia y a sus padres, puedan darte gracias de corazón. Por Jesucristo, nuestro Señor.

℞. Amén.

Si el ministro es laico, y principalmente cuando el padre o la madre bendicen al hijo enfermo, haciendo la señal de la cruz en la frente de cada uno, dice:

Padre misericordioso y Dios del consuelo, que velas con solicitud constante por tus criaturas y, por tu bondad, concedes la salud corporal y espiritual, dígnate librar de la enfermedad a estos niños N. y N. (a este niño N.) (al hijo que tú me has dado), para que creciendo durante toda su vida en gracia y sabiduría ante ti y los hombres, te sirva con santidad y justicia y te dé gracias por tu misericordia. Por Jesucristo, nuestro Señor.

℞. Amén.

II. RITO BREVE

El ministro dice:

Nuestro auxilio es el nombre del Señor.

Todos responden: Que hizo el cielo y la tierra.

Uno de los presentes, o el mismo ministro, lee un texto de la sagrada Escritura, por ejemplo:

2 Co 1, 3-4: ¡Bendito sea Dios, Padre de nuestro Señor Jesucristo, padre de misericordia y Dios del consuelo! El

nos alienta en nuestras luchas hasta el punto de poder nosotros alentar a los demás en cualquier lucha.

Mt 11, 28-29: Venid a mí todos los que estáis cansados y agobiados, y yo os aliviaré. Cargad con mi yugo y aprended de mí, que soy manso y humilde de corazón, y encontraréis vuestro descanso.

Luego dice:

Y la bendición de Dios todopoderoso, Padre, Hijo ✠ y Espíritu Santo, descienda sobre vosotros.

R. Amén.

Si es laico, el ministro, invocando la bendición de Dios y santiguándose, dice:

Dios, de quien procede todo bien, ilumine su rostro sobre nosotros y nos guíe por el camino de la paz.

R. Amén.

Es aconsejable terminar el rito con un canto adecuado.

* * *

BENDICION DE LOS CAMPOS, LAS TIERRAS DE CULTIVO Y LOS TERRENOS DE PASTO

Con este rito los fieles manifiestan su agradecimiento a Dios, que con amor inefable creó el mundo y lo confió al cuidado del hombre, para que éste, con su trabajo asiduo, proporcione a los hermanos lo necesario para el sustento.

Este rito puede emplearse en aquellas ocasiones más adecuadas de la vida agrícola, de manera que, con la ayuda de la oración, se santifique el trabajo humano, y la bendición del Señor acompañe las alternativas de las estaciones y sus faenas correspondientes.

Este rito pueden usarlo el sacerdote, el diácono, y también el laico, con los ritos y fórmulas previstos para él.

Con el fin de acomodar la celebración a las circunstancias del lugar y de las personas, pueden adaptarse algunos de los elementos de este rito, respetando siempre la estructura de la celebración y sus elementos principales.

RITO DE LA BENDICION

RITOS INICIALES

Reunida la comunidad, puede entonarse un canto adecuado, terminado el cual, el ministro dice:

En el nombre del Padre, y del Hijo, y del Espíritu Santo.

Todos se santiguan y responden: **Amén.**

Luego el ministro, si es sacerdote o diácono, saluda a los presentes, diciendo:

Dios, que es admirable en sus obras, esté con todos vosotros.

U otras palabras adecuadas, tomadas preferentemente de la sagrada Escritura.

Todos responden: Y con tu espíritu.

Si el ministro es laico, saluda a los presentes, diciendo:

Bendigamos unánimes a Dios, que nos concede el rocío del cielo y la fertilidad de la tierra.

Todos responden: Amén.

El ministro dispone a los presentes a recibir la bendición, con estas palabras u otras semejantes:

Bendigamos a Dios, que con su omnipotencia creó la tierra y con su providencia la enriquece, y la dio a los hombres para que la cultivasen y de ella sacasen los frutos con que sustentar su vida.

Al mismo tiempo que damos gracias a Dios por su generosidad, aprendamos también, según las palabras del Evangelio, a buscar sobre todo el reino de Dios y su justicia, ya que entonces todo lo que necesitemos se nos dará por añadidura.

LECTURA DE LA PALABRA DE DIOS

Luego el lector, uno de los presentes o el mismo ministro, lee un texto de la sagrada Escritura.

Gén 1, 1.11-12.29-31: *Vio Dios todo lo que había hecho; y era muy bueno*

Escuchad ahora, hermanos, las palabras del libro del Génesis.

Al principio creó Dios el cielo y la tierra. Y dijo Dios: «Verdee la tierra hierba verde que engendre semilla, y árboles frutales que den fruto según su especie y que lleven semilla sobre la tierra.» Y así fue. La tierra brotó hierba verde que engendraba semilla según su especie, y árboles que daban fruto y llevaban semilla según su especie. Y vio Dios que era bueno. Y dijo Dios: «Mirad, os entrego todas las hierbas que engendran semilla sobre la faz de la tierra; y todos los árboles frutales que engendran semilla os servirán de alimento; y a todas las fieras de la tierra, a todas las aves del cielo, a todos los reptiles de la tierra, a todo ser que respira, la hierba verde les servirá de alimento.» Y así fue. Y vio Dios todo lo que había hecho; y era muy bueno.

Palabra de Dios.

Pueden también leerse: Mt 6, 25-34, p. 1497; Mc 4, 26-29, p. 1339.

Según las circunstancias, se puede decir o cantar un salmo responsorial u otro canto adecuado:

SALMO RESPONSORIAL 103

℟ **La tierra está llena de tus criaturas, Señor.**

Bendice, alma mía, al Señor, | ¡Dios mío, qué grande eres! | Te vistes de belleza y majestad, | la luz te envuelve como un manto. ℟.

Haces brotar hierba para los ganados, | y forraje para los que sirven al hombre. | El saca pan de los campos, | y vino que le alegra el corazón; | y aceite que da brillo a su rostro, | y alimento que le da fuerzas. ℟.

Cuántas son tus obras, Señor, | y todas las hiciste con sabiduría; | la tierra está llena de tus criaturas. ℟.

Todos ellos aguardan | a que les eches comida a su tiempo: | se la echas, y la atrapan; | abres tu mano, y se sacian de bienes. ℞.

O bien:

Sal 64, 10-14, p. 842.
℞. Nos respondes, Dios, salvador nuestro.
Sal 106, 35-36.37-38.41-42
℞. Dad gracias al Señor porque es bueno.

El ministro, según las circunstancias, exhorta brevemente a los presentes, explicándoles la lectura bíblica, para que perciban por la fe el significado de la celebración.

PRECES

Si se estima oportuno, antes de la oración de bendición puede hacerse la plegaria común. Entre las invocaciones que aquí se proponen, el ministro puede seleccionar las que le parezcan más adecuadas o añadir otras más directamente relacionadas con las circunstancias del momento.

Dios providente, Padre de todos, se preocupa amorosamente por sus hijos y los alimenta y protege, bendiciendo la tierra para que dé los frutos para el sustento del hombre. Invoquémoslo con espíritu filial, diciendo:

℞. Te rogamos, óyenos.

Tú que por el apóstol Pablo nos llamaste campo tuyo, haz que, cumpliendo en todo momento tu voluntad, vivamos siempre unidos a ti. ℞.

Tú que nos enseñaste que somos sarmientos de aquella vid que es Cristo, haz que, permaneciendo en tu Hijo, demos fruto abundante. ℞.

Tú que bendices la tierra y la enriqueces sin medida, haz que nuestros campos, con tu bendición, produzcan el alimento que necesitamos. ℟.

Tú que multiplicas el trigo, con el cual nos das el pan nuestro de cada día y el alimento de la Eucaristía, concédenos cosechas abundantes con el rocío del cielo y la fertilidad de la tierra. ℟.

Tú que alimentas a los pájaros del cielo y vistes a los lirios del campo, enséñanos a no estar agobiados pensando qué vamos a comer o con qué nos vamos a vestir, sino a buscar sobre todo tu reino y tu justicia. ℟.

Sigue la oración de bendición, como se indica más adelante.

Cuando no se dicen las preces, antes de la oración de bendición el ministro dice:

Oremos.

Y, según las circunstancias, todos oran durante algún tiempo en silencio. Luego dice la oración de bendición.

ORACION DE BENDICION

El ministro, si es sacerdote o diácono, con las manos extendidas, si es laico, con las manos juntas, dice la oración de bendición:

Señor, Padre santo, que mandaste al hombre que guardara y cultivara la tierra, te suplicamos con humildad que nos concedas siempre cosechas abundantes, des fertilidad a nuestros sembrados, y, alejando de nuestros campos las tormentas y el granizo, las semillas puedan germinar con abundancia. Por Jesucristo, nuestro Señor.

℟. Amén.

CONCLUSION DEL RITO

El ministro, si es sacerdote o diácono, concluye el rito, diciendo:

Dios, fuente de todos los bienes, os bendiga✠ y dé fecundidad a nuestro trabajo, para que podáis alegraros de sus dones y proclamar siempre sus alabanzas.

℞. Amén.

Si el ministro es laico, concluye el rito santiguándose y diciendo:

Dios, fuente de todos los bienes, nos bendiga y dé fecundidad a nuestro trabajo, para que podamos alegrarnos de sus dones y proclamar siempre sus alabanzas.

℞. Amén.

Es aconsejable terminar el rito con un canto adecuado.

Luego el ministro, si es sacerdote o diácono, con las manos extendidas, si es laico, con las manos juntas, dice la oración de bendición:

Oremos.

La tierra, Señor, se alegra en estos días, y tu Iglesia desborda de gozo ante tu Hijo, el Señor, que se avecina como luz esplendorosa, para iluminar a los que yacemos en las tinieblas de la ignorancia, del dolor y del pecado. Lleno de esperanza en su venida, tu pueblo ha preparado esta corona con ramos del bosque y la ha adornado con luces. Ahora, pues, que vamos a empezar el tiempo de preparación para la venida de tu Hijo, te pedimos, Señor, que, mientras se acrecienta cada día el esplendor de esta corona, con nuevas luces, a nosotros nos ilumines con el esplendor de aquel que, por ser la luz del mundo, iluminará todas las oscuridades. El que vive y reina por los siglos de los siglos.

R. Amén.

Y se enciende el cirio que corresponda según la semana del Adviento.

* * *

BENDICION DEL BELEN NAVIDEÑO

Es laudable la costumbre de instalar en las casas un «belén» o «nacimiento», que recuerda y ayuda a vivir el misterio de la Navidad.

Para dar más sentido religioso o para significar su inauguración puede hacerse un rito de bendición, que signifique el comienzo de las solemnes fiestas navideñas. Este rito es introductorio de los misterios que se celebran en la Liturgia.

BENDICION DEL BELEN FAMILIAR

RITO DE LA BENDICION

RITOS INICIALES

Reunida la familia, el padre o la madre de la misma dice:

En el nombre del Padre, y del Hijo, y del Espíritu Santo.

Todos se santiguan y responden: Amén.

El que dirige la celebración puede decir:

Alabemos y demos gracias al Señor, que tanto amó al mundo que le entregó a su Hijo.

Todos responden:

Bendito seas por siempre, Señor.

Luego, el que dirige la celebración dispone a los presentes para la bendición, con estas palabras u otras semejantes:

Durante estos días contemplaremos asiduamente en nuestro hogar este pesebre y meditaremos el gran amor del Hijo de Dios, que ha querido habitar con nosotros. Pidamos, pues, a Dios que el pesebre colocado en nuestro hogar avive en nosotros la fe cristiana y nos ayude a celebrar más intensamente estas fiestas de Navidad.

Uno de los miembros de la familia lee un texto de la sagrada Escritura.

Lc 2, 4-7a: *María dio a luz a su hijo primogénito*

Escuchad ahora, hermanos, las palabras del santo Evangelio según san Lucas.

En aquellos días, José, que era de la casa y familia de David, subió desde la ciudad de Nazaret, en Galilea, a la ciudad de David, que se llama Belén, en Judea, para inscribirse con su esposa María, que estaba encinta. Y mientras estaban allí le llegó el tiempo del parto, y dio a luz a su hijo primogénito, lo envolvió en pañales y lo acostó en un pesebre.

Palabra del Señor.

Después de la lectura, según las circunstancias, puede cantarse un canto adecuado.

PRECES

Sigue la plegaria común:

En este momento en que nos hemos reunido toda la familia para iniciar las fiestas de Navidad, dirijamos nuestra oración a Cristo, Hijo de Dios vivo, que quiso ser también hijo de una familia humana; digámosle:

℟ Por tu nacimiento, Señor, protege a esta familia.

Oh Cristo, por el misterio de tu sumisión a María y a José enséñanos el respeto y la obediencia a quienes dirigen esta familia. ℟.

Tú que amaste y fuiste amado por tus padres, afianza a nuestra familia en el amor y la concordia. ℟.

Tú que estuviste siempre atento a las cosas de tu Padre, haz que en nuestra familia Dios sea honorificado. ℟.

Tú que has dado parte de tu gloria a María y a José, admite a nuestros familiares, que otros años celebraban las fiestas de Navidad con nosotros, en tu familia eterna. ℟.

ORACION DE BENDICION

Luego el ministro, con las manos juntas, dice:

Señor Dios, Padre nuestro, que tanto amaste al mundo que nos entregaste a tu Hijo único nacido de María la Virgen, dígnate bendecir ✠ este nacimiento y a la comunidad cristiana que está aquí presente, para que las imágenes de este Belén ayuden a profundizar en la fe a los adultos y a los niños. Te lo pedimos por Jesús, tu Hijo amado, que vive y reina por los siglos de los siglos.

R̟. Amén.

CONCLUSION DEL RITO

El que dirige la celebración concluye el rito, santiguándose y diciendo:

Cristo, el Señor, que se ha aparecido en la tierra y ha querido convivir con los hombres nos bendiga y nos guarde en su amor.

Todos responden: Amén.

BENDICION PARA DIVERSAS OCASIONES

Se ofrece aquí un rito de celebración destinado a santificar con una bendición especial todas aquellas circunstancias de la vida que en los ritos precedentes no se indican de manera expresa (por ejemplo, una reunión de los miembros de alguna familia o grupo para celebrar un acontecimiento determinado, o un conjunto de cosas destinadas a los pobres, etc.). Este rito, al proponer varios textos de libre elección, puede acomodarse fácilmente a las diversas circunstancias.

Este rito no pretende en absoluto invalidar los principios. No es conveniente, en efecto, pretextar cualquier motivo (por ejemplo, la erección de un monumento cualquiera, la inauguración de unos instrumentos bélicos recién construidos u otras motivaciones similares) para celebrar una bendición. Cada celebración debe siempre someterse a un ecuánime criterio pastoral, sobre todo si se prevé el riesgo de que tal celebración pudiera causar extrañeza en los fieles o en los demás asistentes.

El rito que aquí se describe pueden utilizarlo el sacerdote, el diácono, o un laico, con los ritos y preces previstos para el laico; todos éstos, respetando la estructura y sus principales elementos, adaptarán cada una de sus partes a las circunstancias de las personas y del lugar.

RITO DE LA BENDICION

RITOS INICIALES

Reunida la comunidad, el ministro dice:

En el nombre del Padre, y del Hijo, y del Espíritu Santo.

Todos se santiguan y responden: Amén.

Luego el ministro, si es sacerdote o diácono, saluda a los presentes, diciendo:

Dios, fuente de todo bien, esté con vosotros.

U otras palabras adecuadas, tomadas preferentemente de la sagrada Escritura.

Todos responden: Y con tu espíritu.

Si el ministro es laico, saluda a los presentes, diciendo:

Bendigamos, hermanos, a Dios, fuente de todo bien.

Todos responden: Amén.

El ministro dispone a los presentes a recibir la bendición, con estas palabras u otras semejantes:

Todo lo que Dios ha creado y sustenta, todos los acontecimientos que él dirige con su providencia, así como las buenas obras de los hombres que induzcan al bien, son motivo para que los fieles bendigan, de corazón y de palabra, a Dios, origen y fuente de todo bien. Con esta nuestra celebración, nosotros profesamos nuestra fe en el hecho de que a los que temen y aman a Dios todo les sirve para el bien, así como nuestra convicción de que siempre y en toda situación debemos buscar la ayuda divina para que, uniéndonos a la voluntad de nuestro Padre, podamos hacerlo todo para gloria de Dios en Cristo.

LECTURA DE LA PALABRA DE DIOS

Luego el lector, uno de los presentes o el mismo ministro lee un texto de la sagrada Escritura.

Col 1, 9b-14: *Fructificad en toda clase de obras buenas*

Escuchad ahora, hermanos, las palabras del apóstol san Pablo a los Colosenses.

No dejamos de rezar a Dios por vosotros y de pedir que consigáis un conocimiento perfecto de su voluntad, con toda sabiduría e inteligencia espiritual. De esta manera, vuestra conducta será digna del Señor, agradándole en todo; fructificaréis en toda clase de obras buenas y aumentará vuestro conocimiento de Dios. El poder de su gloria os dará fuerza para soportar todo con paciencia y magnanimidad, con alegría, dando gracias al Padre, que os ha hecho capaces de compartir la herencia del pueblo santo en la luz. El nos ha sacado del dominio de las tinieblas, y nos ha trasladado al reino de su Hijo querido, por cuya sangre hemos recibido la redención, el perdón de los pecados.

Palabra de Dios.

O bien:

Rom 8, 24-28: *El Espíritu viene en ayuda de nuestra debilidad*

Escuchad ahora, hermanos, las palabras del apóstol san Pablo a los Romanos.

En esperanza fuimos salvados. Y una esperanza que se ve ya no es esperanza. ¿Cómo seguirá esperando uno aquello que se ve? Cuando esperamos lo que no vemos, aguardamos con perseverancia. Pero además el Espíritu viene en ayuda de nuestra debilidad, porque nosotros no sabemos pedir lo que nos conviene, pero el Espíritu mismo intercede por nosotros con gemidos inefables. Y el que escudriña los corazones sabe cuál es el deseo del Espíritu, y que su intercesión por los santos es según Dios.

Palabra de Dios.

SALMO RESPONSORIAL 104

R. **El Señor sacó a su pueblo con alegría.**

Dad gracias al Señor, invocad su nombre, | dad a conocer sus hazañas a los pueblos. | Cantadle al son de instrumentos, | hablad de sus maravillas; R.

Gloriaos de su nombre santo, | que se alegren los que buscan al Señor. | Recurrid al Señor y a su poder, | buscad continuamente su rostro. R.

Recordad las maravillas que hizo, | sus prodigios, las sentencias de su boca. | El Señor es nuestro Dios, | él gobierna toda la tierra. R.

Se acuerda de su alianza eternamente, | de la palabra dada, por mil generaciones; | de la alianza sellada con Abrahán, | del juramento hecho a Isaac. R.

El ministro, según las circunstancias, exhorta brevemente a los presentes, explicándoles la lectura bíblica, para que perciban por la fe el significado de la celebración.

PRECES

Si se estima oportuno, antes de la oración de bendición puede hacerse la plegaria común. Entre las invocaciones que aquí se proponen, el ministro puede seleccionar las que le parezcan más adecuadas o añadir otras más directamente relacionadas con las circunstancias del momento.

Dios ama todo lo que ha creado y lo conserva con su bendición. Pidámosle ahora que nos imparta su bendición y su consuelo, diciendo:

℟ **Descienda sobre nosotros, Señor, tu bendición.**

Dios eterno, que nos das un sentido más profundo de esta vida, cuando nos sometemos de corazón a tu voluntad,
— dígnate llenarnos de tu espíritu de santidad. ℟

Tú que deseas que tus dones se devuelvan multiplicados a ti y a los hermanos,
— acepta el ofrecimiento de nuestra sumisión y de nuestro amor ℟

Tú que nos miras siempre con ojos de piedad,
— escucha la voz de los que esperamos en ti, Señor. ℟

Tú que enviaste tu Hijo al mundo para que destruyera la maldición del pecado y nos trajera tu bendición,
— dígnate bendecirnos en su persona con toda clase de bienes celestiales. ℟

Tú que enviaste a nuestros corazones el Espíritu de tu Hijo, que nos hace gritar: «Abbá», Padre,
— escúchanos a nosotros, tus hijos, que reconocemos y ensalzamos tu bondad de Padre. ℟

Tú que por la muerte y resurrección de tu Hijo nos has escogido
para ser tu pueblo y tu heredad,
— acuérdate de nosotros en nuestras necesidades y bendice tu
heredad. ℟.

ORACION DE BENDICION

El ministro, si es sacerdote o diácono, con las manos extendidas, si
es laico, con las manos juntas, dice:

a) *Para las cosas creadas*

Bendito seas, oh Dios, Creador del universo, que hiciste
buenas todas las cosas y confiaste la tierra al hombre para
que la cultivase; haz que usemos siempre con agradecimiento de las cosas que tú has creado y que, conscientes
de que son un don tuyo, sepamos compartirlas con los necesitados, en la caridad de Cristo, nuestro Señor, que vive
y reina por los siglos de los siglos.

℟. Amén.

b) *Para las cosas hechas por mano de hombre*

Dios todopoderoso y eterno, que sometiste al hombre el
mundo creado para que nos ayudáramos mutuamente por
la caridad, dígnate atender a nuestras súplicas, con las cuales imploramos tu bendición sobre los que usarán de estas
cosas según su necesidad, para que siempre te reconozcan
a ti como el bien supremo y amen a sus hermanos con sincero corazón. Por Jesucristo, nuestro Señor.

℟. Amén.

c) *Para determinadas circunstancias de la vida*

Concede, Señor, a tus fieles encontrar seguridad y riqueza en la abundancia de tus misericordias y haz que, protegidos por tu bendición, se mantengan en continua acción de gracias y te bendigan rebosantes de alegría. Por Jesucristo, nuestro Señor.

℟. Amén.

CONCLUSION DEL RITO

El ministro, si es sacerdote o diácono, concluye el rito diciendo:

Dios, bendito a través de todo, os bendiga por Cristo en todo, para que todo os sirva para el bien.

℟. Amén.

Y la bendición de Dios todopoderoso, Padre, Hijo ✠ y Espíritu Santo, descienda sobre vosotros.

℟. Amén.

Si el ministro es laico, concluye el rito santiguándose y diciendo:

Dios, bendito a través de todo, nos bendiga por Cristo en todo, para que todo nos sirva para el bien.

℟. Amén.

Es aconsejable terminar el rito con un canto adecuado.

BENDICION DE LA MESA

El cristiano, antes y después de comer, tanto si lo hace solo como si comparte los alimentos con otros hermanos, da gracias al Dios providente por los manjares que cada día recibe de su bondad. No deja de recordar, además, que el Señor Jesús unió el sacramento de la Eucaristía al rito de un banquete y que, una vez resucitado de entre los muertos, se manifestó a los discípulos al partir el pan.

El cristiano, cuando se sienta a la mesa, reconociendo en los manjares que le dan una señal de la bendición de Dios, no debe echar en olvido a los pobres que posiblemente carecen del sustento del que él, quizás, disfruta en abundancia. Por eso debe, con su sobriedad, subvenir en la medida que le sea posible a la necesidad de aquéllos. Más aún, de vez en cuando los invita de buen grado a la mesa en señal de confraternidad, según las palabras de Cristo en el Evangelio (cf. Lc 14, 13-14).

Los esquemas, textos y fórmulas que se proponen a continuación pueden considerarse como recursos que pueden utilizar tanto las familias como las comunidades en general. Conviene, no obstante, tener en cuenta la tónica y carácter distinto de algunos días o tiempos litúrgicos, para dar a esta bendición de la mesa alguna nota más característica de su índole penitencial o festiva.

ANTES DEL ALMUERZO

El que preside dice:

En el nombre del Padre, y del Hijo, y del Espíritu Santo.

Todos se santiguan y responden:

Amén.

Luego:

℣. Todos esperan a que les des comida a su tiempo.
℟. Se la das, y la reciben; abres tu mano, y se sacian de bienes.

℣. Invoquemos al Padre, que vela siempre por sus hijos.

℟. Padre nuestro... Tuyo es el reino, tuyo el poder y la gloria por siempre, Señor. Amén.

Luego el que preside, santiguándose a sí mismo y los dones, si es sacerdote o diácono, dice:

℣. Bendícenos, ✠ Señor, a nosotros y estos dones tuyos que vamos a tomar y que hemos recibido de tu generosidad. Por Jesucristo, nuestro Señor.

℟. Amén.

DESPUES DEL ALMUERZO

℣. Que todas tus criaturas te den gracias, Señor.

℟. Que te bendigan tus fieles.

℣. Te damos gracias, Dios todopoderoso, por todos tus beneficios. Tú que vives y reinas por los siglos de los siglos.

℟. Amén.

℣. Señor, a todos los que por amor a ti se han hecho nuestros benefactores, dígnate recompensarlos con la vida eterna.

℟. Amén.

O bien:

℣. Señor, dígnate saciar a todos los hombres con el necesario sustento, para que puedan darte gracias junto con nosotros.

℟. Amén.

ANTES DE LA CENA

El que preside dice:

En el nombre del Padre, y del Hijo, y del Espíritu Santo.

Todos se santiguan y responden:

Amén.

Luego:

℣.   Los desvalidos comerán hasta saciarse, alabarán al Señor los que lo buscan.

℟.   Viva su corazón por siempre.

℣.   Invoquemos al Señor, que nos da el pan de cada día.

℟.   Padre nuestro... Tuyo es el reino, tuyo es el poder y la gloria por siempre, Señor. Amén.

℣.   Protégenos, Señor, Dios nuestro, y concédenos el sustento que necesita nuestra debilidad. Por Jesucristo, nuestro Señor.

℟.   Amén.

DESPUES DE LA CENA

℣.   Ha hecho maravillas memorables, el Señor es piadoso y clemente.

℟.   El da alimento a sus fieles.

℣.   Nos hemos saciado, Señor, con los bienes que nos has dado; cólmanos también de tu misericordia. Tú que vives y reinas por los siglos de los siglos.

℟.   Amén.

O bien:

℣.   El Señor es bendito en sus dones, bondadoso en todas sus acciones. El que vive y reina por los siglos de los siglos.

℟.   Amén.

℣.   Señor, a todos los que por amor a ti se han hecho nuestros benefactores, dígnate recompensarlos con la vida eterna.

℟.   Amén.

O bien:

℣. Señor, dígnate saciar a todos los hombres con el necesario sustento, para que puedan darte gracias junto con nosotros.

℟. Amén.

Este modo de bendecir la mesa y de dar gracias se observará en todo tiempo, excepto en los días indicados a continuación, en los que se varían únicamente los versículos.

I. *Tiempo de Adviento*

ANTES DE LAS COMIDAS

℣. Pastor de tu pueblo, Señor, escucha.

℟. Despierta tu poder y ven a salvarnos.

DESPUES DE LAS COMIDAS

℣. Llevemos ya desde ahora una vida sobria, honrada y religiosa.

℟. Aguardando la dicha que esperamos: la aparición del Salvador nuestro, Jesucristo.

II. *Tiempo de Navidad*

ANTES DE LAS COMIDAS

℣. La Palabra se hizo carne. Aleluya.

℟. Y acampó entre nosotros. Aleluya.

DESPUES DE LAS COMIDAS

℣. El Señor da a conocer. Aleluya.

℟. Su victoria. Aleluya.

III.   *Tiempo de Cuaresma*

ANTES DE LAS COMIDAS

℣.   No sólo de pan vive el hombre.
℟.   Sino de toda palabra que sale de la boca de Dios.

DESPUES DE LAS COMIDAS

℣.   Han llegado los días de penitencia.
℟.   Expiemos nuestros pecados y salvaremos nuestras almas.

IV.   *Jueves Santo, viernes Santo y sábado Santo*

ANTES Y DESPUES DE LAS COMIDAS

℣.   Cristo, por nosotros, se sometió incluso a la muerte.
℟.   Y una muerte de cruz.

V.   *Octava de Pascua*

ANTES Y DESPUES DE LAS COMIDAS

℣.   Este es el día en que actuó el Señor. Aleluya.
℟.   Sea nuestra alegría y nuestro gozo. Aleluya.

VI.   *Tiempo pascual*

ANTES DE LAS COMIDAS

℣.   Los creyentes comían juntos, alabando a Dios. Aleluya.
℟.   Con alegría y de todo corazón. Aleluya.

DESPUES DE LAS COMIDAS

℣.   Los discípulos reconocieron al Señor. Aleluya.
℟.   Al partir el pan. Aleluya.

INDICES

INDICES

INDICE DE CITAS
DEL ANTIGUO TESTAMENTO

INDICE DE CITAS
DE LOS SALMOS

78, 8.9.11.13 **241, 1426, 1599**
79, 2ac.3b.5-7 **2457**
79, 2ac.3b.15-16 **1549**
79, 2ac.3b.15-16.18-19 **10, 53, 83**
79, 2-3.5-7 **1322**
79, 9.12-16.19-20 **956**
80, 3-6ab.10-11ab **1607**
80, 3-8a.10-11ab **790**
80, 6c-11ab.14.17 **285**
80, 10-11ab.12-15 **1379**
80, 12-17 **1613**
81, 3-4.6-7 **1879**
83, 3-5.10-11 **1369, 2323, 2325, 2327**
83, 3-6.12 **1726**
83, 3-6a.8a.11 **1592, 1604, 1928**
84, 2-8 **1580, 2435**
84, 8.10-14 **1317**
84, 9ab-14 **68, 846, 881, 1825**
84, 9.11-14 **1537, 1660**
84, 9-14 **35, 40, 1469, 1674**
85, 1-6 **204, 1349**
85, 3-6.9-10 **1792**
85, 5-6.9-10.15-16a **853**
86, 1-7 **577, 1796**
87, 2-8 **1771**
87, 10bc-15 **1774**
88, 2-3.6-7.16-17 **2010**
88, 2-3.6-9.16-19 **2241**
88, 2-3.16-19 **824**
88, 2-3.21-22.25.27 **582**
88, 2-5.21-22.25.27 **2152, 2378**
88, 2-5.27.29 **80, 104, 1995**

88, 4-5.16-17.27.29 **110**
88, 4-5.29-34 **1496**
88, 16-19 **1299**
88, 20-22.25-26 **1326, 1332**
88, 20-22.27-28 **1309**
88, 21-22.25-27 **403**
89, 2-4.10.14.16 **1444**
89, 2-4.12-14b.16 **2021, 2447**
89, 2-6.12-13 **1381**
89, 3-4.12-14.17 **1685**
89, 3-6.12-14.17 **877, 923, 1759, 1764**
89, 12-17 **968**
90, 1-2.10-15 **213**
90, 1-2.14-16 **1441**
90, 1-4.14-15ab **1540**
90, 1-6.10-11 **2209**
91, 2-3.13-16 **783, 809**
92, 1ab-2.5 **1402**
92, 1-2.5 **1022, 1556**
92, 1-5 **523**
93, 5-10.14-15 **1565**
93, 12-13a.14-15.17-18 **1853**
93, 12-13a.14-15.18-19 **1388**
94, 1-2.3-7 **2326, 1930**
94, 1-2.6-9 **260, 270, 282, 743, 918, 962, 1625**
94, 6-11 **1294**
95, 1-2.11-13 **138**
95, 1-3.5b-6 **132**
95, 1.3-5.7-9.10ac **974**
95, 1.3-5.11-13 **1694**
95, 1-3.7-8a.9-10ac **726**
95, 1-3.7-8a.10 **1963, 2290**
95, 1-3.10 **608**

INDICE DE CITAS
DEL NUEVO TESTAMENTO

5, 7-10 57
5, 9-12 1414
5, 13-18 2228
5, 13-20 1417

1 TESALONICENSES (1 Tes)

1, 1-5b 975
1, 5c-10 983
1, 5.8b-10 1676
2, 1-8 1679
2, 2b-8 2151
2, 7b-9.13 991
2, 9-13 1682
3, 7-13 1684
3, 12—4, 2 13
4, 1-8 1687
4, 9-11 1690
4, 12-17 2604
4, 13-17 1000
4, 13-18 1694
5, 1-6 1010
5, 1-6.9-11 1697
5, 16-24 59

2 TESALONICENSES (2 Tes)

1, 1-5.11b-12 1677
1, 11—2, 2 997
2, 1-3a.13-16 1680
2, 16—3, 5 1006
3, 6-10.16-18 1683
3, 6-12.16 2448
3, 7-12 1015

1 TIMOTEO (1 Tim)

1, 1-2.12-14 1724
1, 12-17 933
1, 15-17 1727
2, 1-8 943, 1730
3, 1-13 1733
3, 14-16 1736
4, 12-16 1739
6, 2c-12 1742
6, 11-16 953
6, 13-16 1745

2 TIMOTEO (2 Tim)

1, 1-3.6-12 1446
1, 1-8 1962
1, 6-8.13-14 962
1, 8b-10 234
1, 14; 2, 1-3 2292
2, 8-13 971
2, 8-15 1450
2, 22b-26 2075
3, 10-17 1453
3, 14—4, 2 980
3, 14-17 2204
4, 1-8 1456
4, 6-8.16-18 988
4, 6-8.17-18 2082
4, 9-17a 2248

TITO (Tit)

1, 1-9 1874
2, 1-8.11-14 1877
2, 11-14 115
3, 1-7 1880
3, 4-7 119

INDICE DE FIESTAS

INDICE DE FIESTAS
DEL SEÑOR

INDICE DE FIESTAS
DE SANTA MARIA VIRGEN

INDICE DE FIESTAS
DE LOS SANTOS

INDICE DE PREFACIOS

INDICE GENERAL